Aus dem Programm Huber: Psychologie Lehrbuch

Wissenschaftlicher Beirat:
Prof. Dr. Dieter Frey, München
Prof. Dr. Kurt Pawlik, Hamburg
Prof. Dr. Meinrad Perrez, Freiburg (Schweiz)
Prof. Dr. Hans Spada, Freiburg i.Br.

Zum
Lehrbuch Klinische Psychologie – Psychotherapie
existiert – als Hilfe bei der Kontrolle des Lernerfolgs und für
die Hand des Dozenten – ein spezieller
Fragenkatalog
von Thomas Harder und Guy Bodenmann.
Dieser Fragenkatalog kann kostenlos aus dem
Internet
abgerufen werden, und zwar unter folgender Adresse:

http://verlag.hanshuber.com/lehrbuch/klinpsy/

Urs Baumann
Meinrad Perrez
(Herausgeber)

Lehrbuch
Klinische Psychologie –
Psychotherapie

Verlag Hans Huber
Bern · Göttingen · Toronto · Seattle

Gewidmet

Annette Baumann und Ulrike Perrez

Das Umschlagbild stammt von Jean-Pierre Corpaato, dem Freiburger «peintre boucher».

Dieses Lehrbuch ist auch in russischer (Piter Press. St. Petersburg) und spanischer (Herder, Barcelona) Übersetzung erhältlich.

Die Deutsche Bibliothek – CIP-Einheitsaufnahme

Lehrbuch Klinische Psychologie – Psychotherapie/ Urs Baumann und Meinrad Perrez (Hrsg.) –
2., vollst. überarb. Aufl. – Bern ; Göttingen ; Toronto ; Seattle: Huber, 1998
(Aus dem Programm Huber: Psychologie-Lehrbuch)
ISBN 3-456-82988-4

2., vollständig überarbeitete Auflage 1998 des zweibändigen Lehrbuchs Klinische Psychologie (1990/91)
© Verlag Hans Huber, Bern 1990/91, 1998
Satz und Druck: Konkordia Druck GmbH, Bühl
Printed in Germany

Vorwort

Die Weiterführung eines Lehrbuches, das 1990/91 zum ersten Mal erschienen ist, bedarf aufgrund der breiten Akzeptanz keiner besonderen Rechtfertigung. Da aber im deutschsprachigen Raum zur Klinischen Psychologie verschiedene Lehrbücher angeboten werden, sollen die *Gründe für die Neuauflage* des umfassend revidierten und erweiterten Lehrbuches dennoch vorgelegt werden:

- Wie im Einleitungskapitel gezeigt, können Lehrbücher störungsübergreifend oder störungsbezogen konzipiert werden. Vielfach wird der Schwerpunkt auf die störungsbezogene Variante gesetzt, während eine gleichrangige Darstellung der beiden Perspektiven, auch in neueren Lehrbüchern, nicht vorgenommen wird. Eine umfassende Sicht der Klinischen Psychologie – Psychotherapie benötigt aber die *störungsübergreifende und störungsbezogene* Perspektive gleichermaßen, so daß wir in der Berücksichtigung dieser Zielvorstellung eine erste Rechtfertigung für die Neuauflage des Lehrbuches sehen.

- Eine zweite Rechtfertigung liegt in dem hier realisierten Anliegen, zwischen der Klinischen Psychologie – Psychotherapie und anderen Teilgebieten der Psychologie, insbesondere der Allgemeinen Psychologie, eine Brücke zu schlagen. Indem wir *Störungen mit unterschiedlichem Auflösungsgrad* – Einzelfunktionen, Funktionsmuster, interpersonelle Systeme – betrachten, kann diesem Anliegen Rechnung getragen werden. In einer Zeit, in der die internationalen Klassifikationssysteme ICD und DSM dominieren, ist es für die Psychologie besonders wichtig, sich auf die Breite ihrer Erkenntnisse zu besinnen und neben den gestörten Funktionsmustern gem. ICD und DSM auch die gestörten Funktionen und die gestörten interpersonellen Systeme zu beachten. Eine alleinige Orientierung der Klinischen Psychologie – Psychotherapie an den Diagnosen bringt eine Verkürzung des Praxis- und Forschungsfeldes mit sich.

Gegenüber der ersten Fassung weist das vorliegende Lehrbuch folgende *formale Änderungen* auf:

- Das Lehrbuch erscheint unter dem Titel *Klinische Psychologie – Psychotherapie*. Berufsständisch ist zum Teil der Begriff der Psychotherapie wichtiger geworden als der Begriff der Klinischen Psychologie, da Krankenkassen Psychotherapie und nicht klinischpsychologische Behandlung bezahlen. Teilweise wird die enge Verknüpfung von Psychotherapie mit der Klinischen Psychologie von nichtpsychologischen Berufsgruppen in Frage gestellt. Zur Klärung haben wir daher den erweiterten Titel *Klinische Psychologie–Psychotherapie* gewählt. Diese Begriffserweiterung im Titel des Lehrbuches beinhaltet aber keine Neuorientierung, da Psychotherapie weiterhin als Teil der Klinischen Psychologie gesehen wird; es wird aber eine berufspolitisch unumgängliche Präzisierung vorgenommen.

- Im *störungsbezogenen* Teil werden pro Störungsart die Kapitel Klassifikation/Diagnostik, Ätiologie/Bedingungsanalyse und Intervention jeweils hintereinander abgehandelt, um den Zusammenhang der verschiedenenen Aspekte bei den einzelnen Störungen zu verdeutlichen.

- Die Neuauflage erscheint in *einem* Band, so daß es den LeserInnen leichter fällt, den Bogen vom störungsübergreifenden zum störungsbezogenen Teil zu schlagen und die einzelnen Bereiche, insbesondere Klassifikation/Diagnostik, Ätiologie/Bedingungsanalyse, Intervention/Psychotherapie, miteinander zu vernetzen.

Inhaltlich sind die bisherigen Kapitel auf den neusten Stand gebracht worden, was bei verschiedenen Kapiteln umfassende Änderungen mit sich brachte. Zusätzlich sind folgende Neuerungen eingeführt worden:

- Im *störungsübergreifenden* Teil sind folgende Kapitel hinzugekommen: Ethik in der Klinischen Psychologie; Ätiologie/Bedingungsanalyse: Biochemische Aspekte; Ätiologie/Bedingungsanalyse: Neurophysiologische Aspekte; Ätiologie/Bedingungsanalyse: Psychophysiologische Aspekte (bisheriges Kapitel zu den biologischen Ätiologie-Modellen wird durch die drei neuen Kapitel ersetzt); Streß/Coping als Konzepte der Ätiologie/Bedingungsanalyse. Bei den Interventionen findet sich neu ein Kapitel zu den interpersonellen Ansätzen der Paar- und Familientherapie.

- Der *störungsbezogene* Teil ist bei den gestörten Funktionen durch folgende zusätzliche Bereiche – jeweils ein Kapitel zur Klassifikation/Diagnostik, Ätiologie/Bedingungsanalyse, Intervention – erweitert worden: Wahrnehmungsstörungen, Eßstörungen. Bei den gestörten Funktionsmustern sind die bisherigen Kapitel zu den Neurosen und psychosomatischen Störungen durch die Kapitel zu den Angststörungen und den somatoformen, dissoziativen Störungen ersetzt worden.

- Eine wesentliche Ergänzung bilden die *neuen Kapitel zur Ätiologie/Bedingungsanalyse* bei folgenden gestörten Funktionsmustern: Störung durch psychotrope Substanzen, Schizophrenie, depressvie Störungen, Angststörungen, somatoforme Störungen und dissoziative Störungen. Damit sind auch diese Störungen umfassend dargestellt worden.

- Eine weitere Neuerung betrifft den *Fragenkatalog*. Thomas Harder und Guy Bodenmann haben den Fragenkatalog der ersten Auflage in Zusammenarbeit mit den Autoren vollständig überarbeitet. Er steht den Benützern des Lehrbuchs kostenlos auf dem Internet zur Verfügung, und zwar unter der gegenüber der Titelseite angegebenen Adresse.

Trotz aller Bemühungen konnten zwei formale Probleme nicht immer zufriedenstellend gelöst werden. Zum einen gilt dies für die Rechtschreibreform mit der zur Zeit bestehenden Ungewißheit; das Lehrbuch ist einheitlich nach alter Rechtschreibung angelegt. Auch die übergeordnete, beide Geschlechter umfassende Schreibweise ist weiterhin nicht zufriedenstellend einheitlich lösbar, so daß die einzelnen AutorInnen jeweils ihren eigenen Weg wählten.

Durch das im Einleitungskapitel dargestellte Konzept haben die Herausgeber und die AutorInnen Neuland betreten, da vergleichbare Lehrbücher weder im deutschsprachigen, noch im englischsprachigen Raum vorhanden sind. Diese Situation hat sich auch bis heute nicht geändert. Daß die AutorInnen erneut das Wagnis eines ungewohnten Konzeptes eingegangen sind, erfüllt uns mit besonderer Dankbarkeit. Die Realisierung dieses Buches benötigte viele Absprachen und Überarbeitungen; die AutorInnen haben sich dieser oft mühevollen Prozedur mehr oder weniger geduldig unterzogen, wofür ihnen besonders gedankt sei. Die meisten AutorInnen haben Termine als Realität und nicht als Fiktion betrachtet, was uns die Arbeit erleichterte. Dank gebührt auch allen KollegInnen und MitarbeiterInnen die uns bei einzelnen Kapiteln beratend zur Seite gestanden sind.

Die besten Manuskripte erblicken das Licht der wissenschaftlichen Öffentlichkeit nur, wenn sie formal bearbeitet und in druckfertige Form gegossen werden. Hier sei Frau Erika Feichtinger (Salzburg), die Sekretärin des Erstherausgebers, mit besonderem Dank erwähnt. Mit hoher Kompetenz, großer Sorgfalt und Schnelligkeit hat sie – aufbauend auf unterschiedlich lesbaren Disketten – eine einheitliche Textverarbeitungsversion erstellt und damit eine wesentliche Druckvoraussetzung geschaffen. Ebenso hat sie bei den Korrekturen hilfreich und geduldig mitgewirkt. Danken möchten wir auch Frau Dorly Aebischer, die in Fribourg dem Zweitherausgeber mit großem Einsatz und viel Kompetenz hilfreich zur Seite stand und damit für die Schlußredaktion einen wichtigen Beitrag leistete. Nicht zuletzt sei dem Verlag Hans Huber, insbesondere Herrn Dr. Peter Stehlin, für die sehr gute Zusammenarbeit und das Verständnis für unsere Wünsche gedankt. Besonders zu Dank verpflichtet sind wir Herrn Jean-Pierre Corpaato (Fribourg), zu dem uns ein besonders herzliches Verhältnis verbindet, für die Erlaubnis, eines seiner Gemälde als Titelbild zu verwenden.

Abschließend sei den beiden Ehefrauen Annette Baumann und Ulrike Perrez für ihr Verständnis bei der physischen und/oder geistigen Abwesenheit ihrer Ehemänner aufgrund der mit dem Lehrbuch verbundenen Tätigkeiten besonders herzlich gedankt. Es ist uns klar, daß dieser kleine Dankessatz und die Widmung nur ein Symbol sein können für eine Dankbarkeit, die sich letztlich nicht in Worte fassen läßt. Wir hoffen, daß die Mühe der Erstellung dieses Lehrbuches sich dadurch lohnt, daß wir Studierenden, praktisch Tätigen und ForscherInnen ein Konzept in die Hand geben, das der Weiterentwicklung der Klinischen Psychologie – Psychotherapie dient.

Urs Baumann und Meinrad Perrez
Salzburg und Fribourg, Januar 1998

Inhaltsverzeichnis

A. Störungsübergreifender Teil

Teil II:
Klassifikation, Diagnostik: Allgemeine Grundlagen 81

A. Störungsübergreifender Teil

Teil III:
Epidemiologie 117

A. Störungsübergreifender Teil

Teil IV:
Ätiologie/Bedingungsanalyse: Allgemeine Grundlagen 133

A. Störungsübergreifender Teil

Teil V:
Intervention: Allgemeine Grundlagen 307

B. Störungsbezogener Teil

Teil VI:
Störungen von psychischen Funktionen

B. Störungsbezogener Teil

Teil VII:
Störungen von Funktionsmustern

B. Störungsbezogener Teil

Teil VIII:
Störungen von interpersonellen Systemen 1003

Autorenverzeichnis

Baumann, Urs, Prof. Dr. phil. Dipl. Psych.,
Institut für Psychologie der Universität
Salzburg
Hellbrunnerstr. 34
A-5020 Salzburg

Blöschl, Lilian, Prof. Dr. phil., Abt. f. Pädagog.
Psychologie der Universität Graz
Merangasse 70/II
A-8010 Graz

Bodenmann, Guy, Dr. phil., Institut für
Familienforschung und -beratung der Univer-
sität Fribourg
Ave de la gare 1
CH-1700 Fribourg

Brunner, Ewald, Prof. Dr. phil. Dipl. Psych.,
Lehrstuhl für Pädagog. Psychologie, Institut für
Erziehungswissenschaften der Universität Jena
Otto-Schott-Str. 41
D-07740 Jena

Bühringer, Gerhard, Dr. rer. soc. Dipl. Psych.,
IFT Institut f. Therapieforschung
Parzivalstr. 25
D-80804 München

Buske-Kirschbaum, Angelika, Dr. rer. nat. Dipl.
Psych., Forschungszentrum für Psychobiologie
und Psychosomatik der Universität Trier
Universitätsring 15
D-54286 Trier

Cohen, Rudolf, Prof. Dr. phil. Dipl. Psych.,
Fachgruppe Psychologie an der Universität
Konstanz
Postfach 5560, D 44
D-78434 Konstanz

Corpataux, Jean-Pierre, «Le boucher
CORPAATO», Maison Tour Rouge,
Chemin du Verger 2
CH-1700-Fribourg

Elbert, Thomas, Prof. Dr. rer. soz. Dipl. Phys.,
Fachgruppe Psychologie an der Universität
Konstanz
Postfach 5560, D 44
D-78434 Konstanz

Ellgring, Heiner, Prof. Dr. rer. nat. Dipl. Psych.,
Institut für Psychologie der Universität
Würzburg
Domerschulstr. 13
D-97070 Würzburg

Ferstl, Roman, Prof. Dr. phil., Institut für
Psychologie der Universität Kiel
Olshausenstr. 40-60
D-24098 Kiel

Florin, Irmela, Prof. Dr. rer. soc. Dipl. Psych.,
Fachbereich Psychologie der Philipps-Universi-
tät Marburg
Gutenbergstr. 18
D-35032 Marburg

Greif, Siegfried, Prof. Dr. phil. Dipl. Psych.,
Fachbereich Psychologie der Universität
Osnabrück
Seminarstraße 20
D-49069 Osnabrück

Häfner, Heinz, Prof. Dr. med. Dr. phil. Dr. h. c.,
Zentralinstitut für Seelische Gesundheit
J 5
D-68159 Mannheim

Hamm, Alfons, Prof. Dr. phil. Dipl. Psych.,
Institut für Psychologie der Universität
Greifswald
Franz-Mehring-Str. 47
D-17487 Greifswald

Heim, Christine, Dr. rer. nat. Dipl. Psych.,
Forschungszentrum für Psychobiologie und
Psychosomatik der Universität Trier
D-54286 Trier

Hellhammer, Dirk, Prof. Dr. phil. Dipl. Psych.,
Fachbereich I Psychologie der Universität Trier
Tarforst, Gebäude D
D-54286 Trier

Heuer, Herbert, Prof. Dr. rer. nat. Dipl. Psych.,
Institut f. Arbeitsphysiologie an der Universi-
tät Dortmund
Ardeystr. 67
D-44139 Dortmund

Hiller, Wolfgang, PD. Dr. rer. nat. Dipl. Psych.,
Klinik Roseneck
Am Roseneck 6
D-83209 Prien/Chiemsee

Huber, Günter L., Prof. Dr. phil. Dipl. Psych.,
Abt. Pädagogische Psychologie der Universität
Tübingen
Münzgasse 22-30
D-72070 Tübingen

Klimesch, Wolfgang, Prof. Dr. phil., Institut für
Psychologie der Universität Salzburg
Hellbrunnerstr. 34
A-5020 Salzburg

Koch, Uwe, Prof. Dr. med. Dr.phil. Dipl.
Psych., Universitäts-Krankenhaus Eppendorf,
Abt. Medizin.Psychologie
Martinistr. 52 (Pav. 69)
D-20246 Hamburg

Kraiker, Christoph, Dr. phil. Dipl. Psych.,
Institut für Psychologie der Universität
München
Leopoldstr. 13
D-80802 München

Kruse, Andreas, Prof. Dr. phil. Dipl. Psych.,
Institut für Gerontopsychologie der Universi-
tät Heidelberg
Bergheimerstrasse 20
D-69115 Heidelberg

Laireiter, Anton R., Dr. phil., Institut für
Psychologie der Universität Salzburg
Hellbrunnerstr. 34
A-5020 Salzburg

Lakatos, Angelika, Dr. phil. Dipl. Psych.,
Lehrstuhl Klinische Psychologie der Universi-
tät Bamberg
Markusplatz 3
D-96045 Bamberg

Lauth, Gerhard W., Prof. Dr. phil. Dipl. Psych.,
Heilpädagogische Fakultät der Universität zu
Köln
Klosterstr. 79 b
D-50931 Köln

Lieb, Roselind, Dr. phil. Dipl. Psych., Max-
Planck-Institut für Psychiatrie, Klinisches
Institut, AG Klinische Psychologie
Kraepelinstr. 10
D-80804 München

Mai, Norbert, Prof. Dr. phil. Dipl. Psych. Dr.
med. habil., Neurologische Klinik, Klinikum
Großhadern
Marchionistr. 15
D-81377 München

Maier, Wolfgang, Prof. Dr. med. Dipl. Math.,
Klinik und Poliklinik für Psychiatrie und
Psychotherapie der Universität Bonn
Sigmund-Freud-Str. 25
D-53105 Bonn

Pekrun, Reinhard, Prof. Dr. phil. Dipl. Psych.,
Institut für Psychologie der Universität
Regensburg
Universitätsstr. 31
D-93040 Regensburg

Perez, Meinrad, Prof. Dr. phil., Psychologi-
sches Institut der Universität Fribourg
Rue de Faucigny 2
CH-1700 Fribourg

Petermann, Franz, Prof. Dr. phil. Dipl. Psych.,
Zentrum f. Reha-Forschung Universität
Bremen
Grazer Str. 2, 6 u. 8
D-28359 Bremen

Reicherts, Michael, Prof. Dr. phil. Dipl. Psych.
Dipl. Kfm., Psychologisches Institut der
Universität Fribourg
Rue de Faucigny 2
CH-1700 Fribourg

Reinecker, Hans, Prof. Dr. phil., Lehrstuhl
Klinische Psychologie der Universität Bamberg
Markusplatz 3
D-96045 Bamberg

Reinecker-Hecht, Christa, Dr. phil.
Franz-Reiter-Weg 26
A-5061 Elsbethen/Salzburg

Reiter-Theil, Stella, Dr. rer. soc. Dipl. Psych.,
Zentrum f. Ethik u. Recht in d. Medizin,
Klinikum der Albert-Ludwigs-Universität
Elsässerstr. 2m, 1a
D-79110 Freiburg i. Br.

Revenstorf, Dirk, Prof. Dr. rer. soc. Dipl.Psych.,
Psychologisches Institut der Universität
Tübingen
Gartenstr. 29
D-72074 Tübingen

Richter, Rainer, Prof. Dr. phil., Universitäts-
Krankenhaus Eppendorf, Klinik für Psychiatrie
und Psychotherapie
D-20246 Hamburg

Rief, Winfried, PD. Dr. rer. soc. Dipl.Psych.,
Klinik Roseneck
Am Roseneck 6
D-83209 Prien/Chiemsee

Rist, Fred, Prof. Dr. rer. soc. Dipl. Psych.,
Psychologisches Institut I der Universität
Münster
Fliednerstr. 21
D-48149 Münster

Rockstroh, Brigitte, Prof. Dr. rer. soc.
Dipl.Psych., Fachgruppe Psychologie an der
Universität Konstanz
Postfach 5560, D23
D-78457 Konstanz

Schenk, Thomas, Dr. phil. Dipl. Psych.,
Neurologische Klinik, Klinikum Großhadern
Marchionistr. 15
D-81377 München

Schulte, Dietmar, Prof. Dr. phil. Dipl. Psych.,
Fakultät für Psychologie der Universität
Bochum
D-44780 Bochum

Schuri, Uwe, Dr. rer. nat. Dipl. Psych.,
Neuropsycholog. Abt. d. Krankenhauses
München-Bogenhausen
Engelschalkinger Str.77
D-81925 München

Siegrist, Johannes, Prof. Dr. phil., Institut für
Medizin. Soziologie der Universität Düsseldorf
Universitätsstr. 1
D-40225 Düsseldorf

Spiegel, René, Prof. Dr. phil., Central Medical
Affairs, Novartis Pharma AG
CH-4002 Basel

Stieglitz, Rolf-Dieter, PD. Dr. rer. nat. Dipl.
Psych., Klinikum d. Universität Freiburg i. Br.
Abt. f. Psychiatrie u. Psychotherapie mit
Poliklinik
Hauptstrasse 5
D-79104 Freiburg i. Br.

Strauch, Inge, Prof. Dr. phil. Dipl. Psych.,
Psychologisches Institut der Universität Zürich
Schmelzbergstr. 40
CH-8044 Zürich

Tuschen-Caffier, Brunna, PD Dr. phil. Dipl.
Psych., Fachbereich Psychologie der Philipps-
Universität
Gutenbergstr. 18
D-35032 Marburg

Vaitl, Dieter, Prof. Dr. phil. Dipl. Psych.,
Fachbereich 06 Psychologie an der Universität
Giessen Abt. f. Klinische u. Physiologische
Psychologie
Otto-Behaghel-Str. 10
D-35394 Gießen

Watzl, Hans, Dr. rer. soc. Dipl. Psych.,
Fachgruppe Psychologie an der Universität
Konstanz
Postfach 5560, D 27
D-78434 Konstanz

Weis, Joachim, PD. Dr. phil. Dipl. Psych.,
Klinik f. Tumorbiologie – Psychosoziale
Abteilung – der Universität Freiburg i. Br.
Breisacherstr. 117
D-79106 Freiburg i. Br.

Westmeyer, Hans, Prof. Dr. phil. Dipl. Psych.,
Studiengang Psychologie (WE 08) der Freien
Universität Berlin
Habelschwerdter Allee 45
D-14195 Berlin

Weyerer, Siegfried, PD. Dr. phil. Dipl. Psych.,
Zentralinstitut für Seelische Gesundheit , J 5
D-68159 Mannheim

Wiedl, Karl Heinz, Prof. Dr. phil. Dipl. Psych.,
Fachbereich Psychologie der Universität
Osnabrück
Seminarstr. 20
D-49069 Osnabrück

Wittchen, Hans-Ulrich, Prof. Dr. phil., Max-
Planck-Institut für Psychiatrie, AG Klinische
Psychologie u. Epidemiologie
Kraepelinstr. 10
D-80804 München

Zihl, Josef, Prof. Dr. phil. Dr. med. habil.,
Institut für Psychologie – Neuropsychologie –
der Universität München
Leopoldstr. 13
D-80802 München

Zuber, Hans, Dr. phil. Dipl. Psych., Institut für
Psychologie, Abt. f. Reha-Psychologie an der
Universität Freiburg i. Br.
Belfortstr. 16
D-79085 Freiburg i. Br.

A. Störungsübergreifender Teil

Teil I
Allgemeine Grundlagen

1. Grundbegriffe – Einleitung

Urs Baumann und Meinrad Perrez

Inhaltsverzeichnis

1. Begriff Klinische Psychologie

1.1 Definitionen, Positionen

Der Begriff der Klinischen Psychologie hat im Laufe der Zeit unterschiedliche Akzentuierungen erfahren. Die Anfänge der wissenschaftlichen Klinischen Psychologie datieren aus dem Ende des 19. Jahrhunderts. Der Amerikaner *Ligthner Witmer* (1867–1956), der bei Wundt in Leipzig studierte, prägte den Begriff der Klinischen Psychologie durch die erste Psychologische Klinik und die erste klinisch-psychologische Fachzeitschrift «The Psychological Clinic» (zur Geschichte der Klinischen Psychologie s. Abschnitt 2). Seit 1917 ist die Klinische Psychologie als Organisation von ForscherInnen und PraktikerInnen durch die *American Association of Clinical Psychologists* repräsentiert (nachher in der American Psychological Association APA integriert). Im deutschsprachigen Raum gibt es zwar seit Beginn des 20. Jahrhunderts in der Psychologie eine Vielzahl an wissenschaftlichen und praktischen Aktivitäten, die dem Felde der Klinischen Psychologie zuzuordnen sind; den Begriff selbst finden wir aber erst in der Mitte des 20. Jahrhunderts. So hat Hellpach (1946) ein Buch zur Klinischen Psychologie verfaßt, wobei er aber unter Klinischer Psychologie die Psychologie der somatischen Medizin verstand. Schraml (1970, S. 21) hat als einer der ersten im deutschsprachigen Raum betont, daß Klinische Psychologie sehr breit zu konzipieren und nicht nur als Psychologie der Klinik zu verstehen sei: «Klinische Psychologie ist die Anwendung der Erkenntnisse, Techniken und Methoden der psychologischen Grundlagenfächer und ihrer Nachbardisziplinen der Tiefenpsychologie, der Soziologie und Sozialpädagogik im breiten klinischen Felde von der Beratungsstelle über Heilerziehungsheime bis zu Krankenhäusern». Während die Definition von Schraml über die Institutionen erfolgt, definieren wir Klinische Psychologie vom Forschungsgegenstand – den Störungen – her:

Klinische Psychologie ist diejenige Teildisziplin der Psychologie, die sich mit psychischen Störungen und den psychischen Aspekten somatischer Störungen/Krankheiten befaßt.
Dazu gehören u. a. die Themen Ätiologie/ Bedingungsanalyse, Klassifikation, Diagnostik, Epidemiologie, Intervention (Prävention, Psychotherapie, Rehabilitation, Gesundheitsversorgung, Evaluation).

Im englischsprachigen Raum finden wir ebenso den Begriff der Klinischen Psychologie; teilweise wird bei Fachzeitschriften und Lehrbüchern auch der Begriff *Abnormal Psychology* verwendet. Dabei handelt es sich zum Teil um ein Synonym für Klinische Psychologie (zum Beispiel Davison & Neale, 1996), zum Teil wird der Bereich der psychologischen Deskription und Ätiologie psychischer Störungen umschrieben (zum Beispiel in dem wegweisenden Handbuch von Eysenck, das er 1969 zum ersten Mal herausgegeben hat; Eysenck, 1973).

Die Fächer der Psychologie werden vielfach unterteilt in Grundlagen- und Anwendungsfächer; die Klinische Psychologie wird dabei als Anwendungsfach betrachtet Die wissenschaftstheoretische Diskussion (vgl. auch Kap. 3 und 4/Wissenschaftstheorie) hat aber gezeigt, daß die Unterteilung in Grundlagen- und Anwendungsfächer teilweise willkürlich ist, da auch in den Anwendungsfächern Grundlagenfragen behandelt werden und die Grundlagenfächer Lösungen für Anwendungsgebiete bereitstellen. Dies trifft auch für die Klinische Psychologie zu, bei der zum Beispiel aus der Erforschung von gestörten Funktionen sich allgemeine Erkenntnisse über ungestörte Funktionen ergeben. Dies gilt insbesondere für die Ätiologieforschung, die vorwiegend Grundlagencharakter hat, zum Teil aber auch für die Interventionsforschung.

Bezüglich der wissenschaftstheoretischen Grundposition besteht innerhalb der wissenschaftlichen Klinischen Psychologie weitgehend Konsens darüber, daß es sich um eine empirische Wissenschaft (Baumann, 1995; s. Kap. 3 und 4/Wissenschaftstheorie), das heißt erfahrungswissenschaftliche Disziplin handelt, wobei dem Experiment eine besondere Bedeutung zukommt. Ungeachtet dessen ist aber im Praxisbereich dieses Selbstverständnis

nicht unumstritten, da eine beachtliche Zahl an Klinischen PsychologInnen sich aufgrund ihrer tiefenpsychologischen oder humanistischen psychotherapeutischen Tätigkeit eher einen verstehenden Ansatz (phänomenologisches, hermeneutisches Wissenschaftsverständnis) zugehörig fühlt und den empirischen Ansatz kritisch betrachtet.

1.2 Störung und Störungsart psychisch, somatisch

Bei unserer Definition zur Klinischen Psychologie werden zwei Begriffe – Störung und Störungsart (psychisch, somatisch) – angesprochen, die zu erläutern sind:

• *Störung (disorder):* Anstelle von psychischen Krankheiten spricht man von psychischen Störungen (vgl. DSM-IV, ICD-10; s. Kap. 6/Klassifikation). Der Begriff Krankheit (s. Kap. 2/ Gesundheit, Krankheit) impliziert zum Teil Einheiten mit spezifischen Symptom- und Verlaufsmustern und dazugehörigen biologischen Prozessen (inkl. biologischer Ursache), wie sie zum Teil bei gestörten somatischen Phänomenen vorkommen. Bei gestörten psychischen Phänomenen sind derartige Zusammenhänge zum Teil strittig, zum Teil sind andere Konzepte sinnvoll, so daß der offenere Begriff der psychischen Störung verwendet wird.

• *Störungsart psychisch, somatisch:* Unter Klinischer Psychologie wird primär der Bereich der psychischen Störungen subsumiert, doch gehören auch die psychischen Phänomene somatischer Erkrankungen dazu, da viele Problemstellungen bei psychischen und somatischen Störungen vergleichbar sind. Psychische Phänomene können bei somatischen Erkrankungen im Rahmen der Ätiologie/Bedingungsanalyse (vgl. Kap. 9; zum Beispiel psychische Risikofaktoren bei Herzinfarkt), der Deskription (zum Beispiel Körpergefühl nach Amputation) oder der Intervention (zum Beispiel Verbesserung der Krankheitsbewältigung bei Hörstörungen) bedeutsam sein.

Durch die Unterscheidung psychisch/somatisch werden die in Frage kommenden Datenebenen – als Grundkategorien des Verständnisses von Menschen – angesprochen (s. Kap. 7/ Diagnostik). Meist wird zwischen den biologisch/somatischen, psychischen, sozialen und ökologischen Datenebenen unterschieden. Durch Begriffe wie Psychophysiologie, Psychosomatik, etc. wird betont, daß die Verknüpfung der verschiedenen Datenebenen von Bedeutung ist. Mit den Begriffen psychisch, somatisch wird das *Leib-Seele-Problem* angesprochen, für das in der Philosophie unterschiedliche ontologische und epistemiologische Lösungsansätze diskutiert werden (vgl. Bunge 1984). Es seien hier nur zwei Positionen erwähnt, die für die Klinische Psychologie besonders relevant erscheinen: Komplementaritätskonzept von Fahrenberg und Emergenzkonzept von Bunge (s. **Kasten 1**).

Aufgrund der angeführten Positionen ist jede Störung/Krankheit bezüglich Ätiologie/ Bedingungsanalyse und Intervention multimodal, das heißt in unterschiedlichen Datenebenen zu konzipieren: somatische Erkrankungen in der somatischen *und* psychischen, bzw. psychische Störungen in der psychischen *und* somatischen Datenebene (vgl. auch Melamed, 1995). Eine Reduktion auf die biologische Ebene ist abzulehnen. Die Unterteilung in psychische und somatische Störungen ist letztlich willkürlich und akzentuiert höchstens eine zur Zeit dominant erscheinende Datenebene. Die Wissenschaftsstruktur der Klinischen Psychologie ist trotz der Problematik der Unterteilung psychisch/somatisch gefolgt; nicht zuletzt auch weil die klinisch-psychologischen Erkenntnisse zu den somatischen Erkrankungen so umfangreich geworden sind, daß sie kaum mehr zusammen mit den psychischen Störungen abgehandelt werden können. Daher werden im vorliegenden Lehrbuch nur die psychischen Störungen dargestellt. Der Allgemeine Teil dieses Lehrbuches (Teil A) ist aber bezüglich vieler Aspekte auch für das Verständnis von somatischen Erkrankungen von Bedeutung.

1.3 Klinische Psychologie und Nachbargebiete

Der Begriff Klinische Psychologie stellt einen Brennpunkt für Forschung und Praxis dar; er beinhaltet sowohl ein Forschungs- und Praxisgebiet, als auch eine berufspolitische Bezeichnung (der/die Klinische PsychologIn). Klinische Psychologie weist mit anderen Begriffen Überschneidungen auf; im folgenden soll vor allem auf die Relationen zur Verhaltensmedizin, Medizinischen Psychologie, Klinische Neuropsychologie, Gesundheitspsychologie, Public Health und Psychiatrie eingegangen werden (Überblick s. **Tab. 1**), die alle für das Gesundheitswesen bedeutsam sind.

Kasten 1
Positionen zum Leib-Seele Problem

Das *Komplementaritätskonzept* geht davon aus, daß die beiden Datenebenen (somatische, psychische) auf der Grundlage verschiedener Bezugssysteme in einer sich wechselseitig ergänzenden Weise zur Beschreibung höherer Lebensprozesse dienen (Fahrenberg 1981). Beide Ebenen rekurrieren auf je eigene Kategoriensysteme, theoretische Begründungszusammenhänge und Begründungsmethodologien. Die Komplementarität besteht in der Innen-Aussen-Perspektive. Erlebensphänomene können in beiden Bezugssystemen angeordnet werden als zwei Klassen von Attributen der einheitlichen Klasse von psychophysischen ZNS-Zuständen. Diese Interpretation kann für sich ontologische und epistemologische Neutralität beanspruchen.

Im *emergentistischen psychoneuronalen Monismus* postuliert Bunge (1984) ebenfalls psychische Phänomene und mentale Prozesse als eigene kategoriale Zustände des Organismus, die aber ohne neurobiologische Grundlagen nicht existent wären. Psychische Phänomene werden als «emergente Qualität» betrachtet, die aus neuronalen Prozessen des ZNS hervorgehen und sich nicht auf die zugrundeliegenden zellulären Komponenten des Gehirns reduzieren lassen. Die emergenten Zustände vermögen ihrerseits wiederum auf physische Zustände einzuwirken. Damit verwirft dieser systemische Ansatz den ontologischen Reduktionismus und postuliert – wie im Komplementaritätskonzept – den einzelnen Datenebenen jeweils eine eigenständige Rolle.

• *Verhaltensmedizin (behavioral medicine):* Erkenntnisse der verhaltens- und biomedizinischen Wissenschaften sollen – orientiert an einem bio-psycho-sozialen Modell – für Gesundheits- und Krankheitsprobleme – insbesondere somatische Erkrankungen, aber auch psychische Störungen – fruchtbar gemacht werden; diese Erkenntnisse sollen ihre Anwendung in Prävention, Intervention und Rehabilitation finden (Blanchard, 1992; Miltner, Birbaumer & Gerber, 1986; Miltner, 1997; Stone et al., 1987). Wenn auch teilweise theoretische und therapeutische Konzepte der Verhaltenstherapie im Vordergrund standen, ist die Verhaltensmedizin konzeptuell nicht einer einzigen Berufsgruppe zuzuordnen, so daß sich diesem Feld Klinische PsychologInnen, GesundheitspsychologInnen, MedizinerInnen und auch andere Berufsgruppen zugehörig fühlen. Zur Zeit stellt der Begriff der Verhaltensmedizin eher ein Programm für Forschung und Praxis als eine Berufsidentität dar. So finden wir zum Beispiel auf der Ebene der «Division» in der American Psychological Association keine Gruppierung für Verhaltensmedizin. In den amerikanischen Graduiertenstudien für Klinische Psychologie nimmt aber Verhaltensmedizin eine besonders wichtige Stellung ein (Sayette & Mayne, 1990).

• *Medizinische Psychologie:* In einer weiteren Umschreibung versteht man unter Medizinischer Psychologie «die Anwendung von Erkenntnissen und Methoden der Psychologie auf Probleme der Medizin» (Rösler, Szewczyk & Wildgrube, 1996, S. 19); gem. diesen Autoren ist der Gegenstand vor allem «das Erleben und Verhalten in der Situation des Krankseins und alle Formen der Krankheitsvorbeugung und Gesundheitsförderung» (S. 19). Nach Schwenkmezger und Schmidt (1994) stehen bei der Medizinischen Psychologie die Situation der PatientInnen und die Interaktion zwischen ÄrztInnen und PatientInnen im Vordergrund. Medizinische Psychologie beinhaltet das Unterrichtsfach Psychologie für MedizinerInnen und stellt keine Berufsgruppe außerhalb der Hochschulen dar; dieses Fach wird vielfach von PsychologInnen repräsentiert, teilweise sind aber auch MedizinerInnen als HochschullehrerInnen für Medizinische Psychologie tätig. Bezüglich der Forschungsthematik bestehen zwischen Medizinischer Psychologie, Klinischer Psychologie, Verhaltensmedizin und Gesundheitspsychologie starke Überlappungen.

• *Klinische Neuropsychologie:* Gem. der Denkschrift von Dick, Gauggel, Hättig und Wittlieb-Verpoort (1996) wird die Klinische Neuropsychologie als wissenschaftliches Anwendungsfach verstanden, das die Auswirkungen von Erkrankungen und Verletzungen des Gehirns auf das Erleben und Verhalten untersucht; im Vordergrund stehen Diagnostik und Intervention. Es handelt sich um ein Anwendungsfach mit starken Überlappungen zur Klinischen Psychologie, das in Deutschland mit einem eigenen Berufstitel des/r Klinischen Neuropsychologen/in versehen ist.

• *Gesundheitspsychologie (health psychology):* Nach Schmidt und Schwenkmezger (1992) kann man eine enge und eine weite Definition vornehmen (s. **Tab. 1**). Bei der engeren Definition stehen Gesundheitsförderung und Prävention im Vordergrund; daher grenzt sich die Gesundheitspsychologie von der Klinischen Psychologie nicht klar ab, da die Klinische Psychologie insbesondere die Prävention und teilweise auch die Gesundheitsförderung zum Gegenstand hat. Bei der weiten Definition haben wir für die Gesundheitspsychologie eine Umschreibung vergleichbar zur Klinischen Psychologie oder zur Verhaltensmedizin (mit psychologischer Akzentuierung), so daß die Gesundheitspsychologie kein spezifisches und abgrenzbares Feld mehr darstellt. Inhaltlich überlappt sich die Gesundheitspsychologie auch mit der Verhaltensmedizin und der Medizinischen Psychologie (zur Relation s. Schwenkmezger & Schmidt, 1994). Die Graduiertenprogramme für Klinischer Psychologie in den USA weisen darauf hin, daß Verhaltensmedizin und Gesundheitspsychologie als Teil der Klinischen Psychologie betrachtet werden (Sayette & Mayne, 1990). In neuerer Zeit ist die Gesundheitspsychologie dabei, sich durch Akzentuierung der an Gesundheitsmodellen ausgerichteten Prävention eine eigene fachliche Identität zu bilden. Teilweise wird Gesundheitspsychologie eher als Grundlagenfach und nicht als Anwendungsfach verstanden (Schwarzer, 1997). Mit dem Begriff Gesundheitspsychologie ist in Österreich eine gesetzlich festgelegte Berufsidentität umschrieben; in Deutschland und der

Tabelle 1: Klinische Psychologie und Nachbargebiete: Definitionen und Berufspolitische Bezeichnungen

	Definition	Berufspolitische Bezeichnung
Klinische Psychologie	Teildisziplin der Psychologie, die sich mit psychischen Störungen und den psychischen Aspekten somatischer Störungen/Krankheiten befaßt. Dazu gehören u.a. die Themen Ätiologie/Bedingungsanalyse, Klassifikation, Diagnostik, Epidemiologie, Intervention (Prävention, Psychotherapie, Rehabilitation, Gesundheitsversorgung, Evaluation).	ja (für PsychologInnen). In Österreich gesetzliche Regelung für Klinische PsychologInnen.
Verhaltensmedizin (behavioral medicine)	Interdisziplinäres Forschungs- und Praxisfeld, das sich an einem bio-psycho-sozialen Modell für Gesundheits- und Krankheitsprobleme orientiert. Erkenntnisse der verhaltens- und biomedizinischen Wissenschaften sollen für Gesundheits- und Krankheitsprobleme fruchtbar gemacht werden; diese Erkenntnisse sollen ihre Anwendung in Prävention, Intervention und Rehabilitation finden (Miltner, Birbaumer & Gerber, 1986; Miltner, 1997).	nein.
Medizinische Psychologie	«Anwendung von Erkenntnissen und Methoden der Psychologie auf Probleme der Medizin» (Rösler, Szewczyk & Wildgrube, 1996, S. 19). Im Vordergrund stehen vor allem die Situation der PatientInnen und die Interaktion ÄrztInnen/PatientInnen (Schwenkmezger & Schmidt, 1994). Im weiteren Sinne kommen Krankheitsvorbeugung (Prävention) und Gesundheitsförderung hinzu. Medizinische Psychologie beinhaltet das Unterrichtsfach Psychologie für MedizinerInnen.	nein.
Klinische Neuropsychologie	Klinische Neuropsychologie ist eine Teildisziplin der Psychologie, die sich mit den Auswirkungen von Erkrankungen und Verletzungen des Gehirns auf das Erleben und Verhalten in Forschung und Praxis befaßt (Dick, Gauggel, Hättig & Wittlieb-Verpoort, 1996).	ja (für PsychologInnen).
Gesundheitspsychologie (health psychology)	*Enge Definition*: Teildisziplin der Psychologie «zur (1) Förderung und Erhaltung von Gesundheit, (2) Verhütung von Krankheiten, (3) Bestimmung von Risikoverhaltensweisen, (4) Verbesserung des Systems gesundheitlicher Versorgung» (Schmidt & Schwenkmezger, 1992, S. 1,2). *Weite Definition*: «Wissenschaftlicher und *pädagogischer Beitrag* der Psychologie zur (1) Förderung und Erhaltung von Gesundheit, (2) Verhütung und *Behandlung* von Krankheiten, (3) Bestimmung von Risikoverhaltensweisen, (4) *Diagnose und Ursachenbestimmung von gesundheitlichen Störungen*, (5) *Rehabilitation*, (6) Verbesserung des Systems gesundheitlicher Versorgung» (Schwarzer, 1997, S. V; kursiv gesetzt durch Verf.: Unterschied zur engen Def.).	im Aufbau begriffen (für PsychologInnen). In Österreich gesetzliche Regelung für GesundheitspsychologInnen.
Public Health (deutsch: Gesundheitswissenschaften)	Interdisziplinäres Forschungs- und Praxisfeld zur Verbesserung der Gesundheit (Krankheitsverhütung (Prävention), Lebensverlängerung, Förderung des Wohlbefindens) mittels gemeindebezogener Maßnahmen bzw. mittels Beeinflussung des Gesundheitssystems (Margraf, 1995). Es handelt sich um einen bevölkerungs- und systembezogenen Ansatz.	im Aufbau begriffen (u.a. auch für PsychologInnen).
Psychiatrie	Teildisziplin der Medizin, die sich mit psychischen Krankheiten befaßt (teilweise mit biologischer Akzentuierung). Dazu gehören u.a. die Themen Ätiologie/Bedingungsanalyse, Klassifikation, Diagnostik, Epidemiologie, Intervention (Prävention, Psychotherapie, Rehabilitation, Gesundheitsversorgung, Evaluation).	ja (nur für MedizinerInnen bei Facharzttitel).

Schweiz ist eine Berufsidentität im Aufbau begriffen.

• *Public Health:* Public Health bezieht sich interdisziplinär auf Gesundheit aus der Makroperspektive (System, Gemeinde etc.), es handelt sich um einen bevölkerungs- und systembezogenen Ansatz. Gutzwiller und Jeanneret (1996, S. 25) postulieren für Public Health folgenden Aufgabenbereich: «Die Aufgaben von Public Health bestehen darin, sich für die Schaffung von gesellschaftlichen Bedingungen, Umweltbedingungen und Bedingungen der gesundheitlichen Versorgung einzusetzen, unter welchen die Menschen gesund leben können». Nach Troschke, Hoffmann-Markwald und Häberlein (1993) geht es bei Public Health um Krankheitsverhinderung (Prävention), Leben zu verlängern und Gesundheitsförderung (s. auch Lee & Paxman, 1997). Als deutschsprachiger Begriff wurden verschiedene Bezeichnungen vorgeschlagen (u.a. Bevölkerungsmedizin, Öffentliche Gesundheit); heute wird vielfach der Begriff Gesundheitswissenschaften verwendet. Mit dem Begriff der *Health promotion* werden Bemühungen um die Gesundheitsförderung aus der Makroperspektive umschrieben; die Weltgesundheitsorganisation WHO hat dazu wesentliche Impulse gesetzt. Die Gesundheitspsychologie, bei der die spezifischen Beiträge der Psychologie zu Public Health mit «Public Health – Psychologie» umschrieben werden (Schmidt, 1994), und die Klinische Psychologie bringen wesentliche Impulse für Public Health aus der Individualperspektive (Mikroperspektive) (Margraf, 1995). Medizinische Ansätze zu Public Health werden u.a. mit «Community medicine» umschrieben (vgl. zum Beispiel Schwerpunkt der Medizinischen Fakultät Greifswald). Im Felde Public Health sind unterschiedliche Berufsgruppen, darunter auch Klinische- und GesundheitspsychologInnen, involviert. Public Health stellt bisher primär ein Forschungs- und Praxisfeld ohne eigene Berufsidentität dar. Aufgrund von spezifischen Ausbildungsgängen in Public Health (zum Beispiel Graduiertenstudium für AbsolventInnen mit Hochschulabschluß unterschiedlicher Fachrichtungen) beginnen sich aber eigene Berufsidentitäten zu entwickeln.

• *Psychiatrie:* Diese stellt eine medizinische Disziplin dar, die aber mit der Klinischen Psychologie starke Überlappungen aufweist (Freyberger & Stieglitz, 1996; Berger, 1998). Wissenschaftlich gesehen sind Klinische Psychologie und Psychiatrie mit psychischen Störungen befaßt, wobei die Klinische Psychologie als Forschungsfeld auch Störungen «ohne Krankheitswert» (zum Beispiel Partnerschaftsprobleme) und die psychischen Aspekte von somatischen Störungen beinhaltet. Klinische Psychologie und Psychiatrie überlappen sich also im Forschungsgegenstand, wenn auch aufgrund der jeweiligen Fachentwicklungen unterschiedliche Akzentuierungen im Forschungsverständnis festgestellt werden können. Während die Psychiatrie als Teildisziplin der Medizin bei psychischen Störungen stärker die somatische Perspektive berücksichtigt, akzentuiert die Klinische Psychologie bei ihrer Betrachtung eher die psychologische Datenebene. Bei den Fachdisziplinen ist es aber klar, daß ein umfassendes Verständnis psychischer Störungen nur in komplexen bio-psycho-sozialen Modellen möglich ist (vgl. Kap. 7/Diagnostik: multimodale Betrachtungsweise). Konzeptuell sind daher oft keine Unterschiede zwischen Modellen, die in den beiden Disziplinen erarbeitet werden, feststellbar; oft handelt es sich sogar um interdisziplinäre Forschungsarbeiten.

Bezüglich der Berufsidentität bestehen zwischen Klinischer Psychologie und Psychiatrie klare Unterschiede. Psychiatrie stellt ein berufsrechtlich umschriebenes Teilgebiet der Medizin mit Medizinstudium und spezifischer Weiterbildung dar, die durch einen Facharzttitel repräsentiert wird (NervenärztInnen, Fachärztinnen für Psychiatrie und Neurologie, Fachärztinnen für Psychiatrie und Psychotherapie; Fachärztinnen für Psychosomatische Medizin etc.). Vergleichbare, von Gesetzgebern und Krankenkassen anerkannte Weiterbildungsgänge für Klinische Psychologie liegen bisher in Deutschland und der Schweiz nicht vor; der gesetzliche Titel des Klinischen PsychologIn in Österreich stellt zum Facharzt kein Äquivalent dar. Bezüglich Psychotherapie haben sich in neuerer Zeit teils berufsrechtlich, teils sozialrechtlich Überlappungen zwischen PsychologInnen und MedizinerInnen ergeben (Details s. Kap. 19/Gesundheitsversorgung). Durch das Psychotherapiegesetz in Deutschland ist für PsychologInnen eine der fachärztlichen Weiterbildung vergleichbare Form der Weiterbildung in Psychotherapie geschaffen worden, die aber rechtlich aufgrund der Approbation nicht als Weiterbildung, sondern als Berufsqualifikation zählt (vgl. auch Österreich). Bezüglich der Intervention liegen international insofern Unterschiede vor, als meist nur MedizinerInnen medikamentös behandeln dürfen, während Psychotherapie – sofern die entsprechenden spezifischen Qualifikationen und Zulassungen vorliegen – von MedizinerInnen, PsychologInnen und zum Teil auch anderen Berufsgruppen durchgeführt werden dürfen.

Insgesamt gesehen finden für das Gesundheitswesen unterschiedlichste Begriffe, die zum Teil Forschungs- und Praxisfelder, zum Teil aber auch Berufsidentitäten umschreiben. Für die Klinische Psychologie wird sich die Frage ergeben, inwieweit sie weiterhin für PsychologInnen den umfassenden Rahmen abgibt oder ob sich – vergleichbar der unterschiedlichen Facharzttitel – auch für den Sektor des Gesundheitswesens unterschiedliche psychologische SpezialistInnen herausbilden.

1.4 Klinische Psychologie und Psychotherapie

Aus der Sicht der wissenschaftlichen Klinischen Psychologie wird Psychotherapie als Teilgebiet der Klinischen Psychologie gesehen, bzw. es wird zwischen Psychologie und Psychotherapie ein besonderes Nahverhältnis postuliert (vgl. Kap. 18/Systematik der Intervention und Kap. 22.1/Psychotherapie: Systematik; Baumann, 1995, 1996; Perez, 1992). Fachwissenschaftlich wird Psychotherapie als Spezialfall der *klinisch-psychologischen Intervention* gesehen, die vor allem durch die Spezifität der Methode charakterisiert ist, indem die Methoden in der psychischen Datenebene, das heißt im Erleben und Verhalten, ihren Ansatzpunkt haben. Die Grundlagen dieser Methode sind Gegenstand der Psychologie als Wissenschaft vom Erleben und Verhalten. Nicht die Ätiologie der Störung oder der Zielbereich charakterisieren klinisch-psychologische Interventionen, sondern deren Methoden. Klinisch-psychologische Interventionen können daher auch auf somatische

Merkmale ausgerichtet sein. Der traditionelle *Psychotherapiebegriff* bezeichnet eine Teilmenge der klinisch-psychologischen Interventionsmethoden, nämlich jene Methoden, die auf die Therapie gestörter Funktionsmuster (Syndrome) und gestörter interpersoneller Systeme bei psychischen Störungen bezogen sind (s. Kap. 22.1/Psychotherapie: Systematik). Teilweise wird – insbesondere von Therapieverbänden – der Psychotherapiebegriff ausgeweitet und dem oben angesprochen klinisch-psychologischen Interventionsbegriff gleichgesetzt.

Das von der Klinischen Psychologie postulierte besondere Naheverhältnis der Psychotherapie zur Psychologie (Baumann, 1995, 1996; Perez, 1992) wird wissenschaftlich vielfach von der Medizin bestritten, die Psychotherapie aufgrund folgender Argumente im Nahverhältnis zur Medizin sieht: (1) Krankenbehandlung ist Aufgabe der Medizin und (2) Psychotherapie ist Krankenbehandlung; daher folgt aus (1) und (2): Psychotherapie ist Aufgabe der Medizin. Diese Position wird dadurch gestützt, daß Psychotherapie in den deutschsprachigen Ländern als *Heilkunde* betrachtet wird, wofür primär MedizinerInnen legitimiert sind. Durch entsprechende Gesetze sind in Österreich und Deutschland auch PsychologInnen – sofern sie entsprechende Qualifikationen aufweisen – zur Heilkunde zugelassen worden, was aber bisher das Primat der Medizin für die Heilkunde nicht geändert hat.

Das Nahverhältnis der Psychotherapie zur Psychologie wird aber auch durch – vor allem tiefenpsychologisch oder humanistisch orientierte – PsychologInnen oder PsychotherapeutInnen aus anderen Berufsgruppen bestritten, die Psychotherapie als eigene Disziplin sehen, die gespeist wird von Psychologie, Medizin, Philosophie, Theologie (zum Beispiel Pritz, 1996). Mit dieser Position wird als Zielvorstellung eine eigene Ausbildung in Psychotherapie (zum Beispiel Studium an Universität oder Fachhochschule) gefordert, wobei meistens die einzelnen Therapierichtungen als wesentliche Strukturelemente gesehen werden. Diese Position hat sich der Gesetzgeber in Österreich zu eigen gemacht; in der Schweiz wird zur Zeit diese Position teilweise vertreten, während in Deutschland dieser Diskussionspunkt nicht so sehr im Vordergrund steht (s. Kap. 19/Gesundheitsversorgung).

Berufsständisch ist zum Teil der Begriff der Psychotherapie wichtiger geworden als der Begriff der Klinischen Psychologie, da Krankenkassen Psychotherapie und nicht klinisch-psychologische Behandlung bezahlen. Vor allem in der Auseinandersetzung mit der Psychiatrie in Deutschland, die ihr Fachgebiet um den Begriff der Psychotherapie erweitert hat, wird zur Zeit auch in der deutschsprachigen wissenschaftlichen Klinischen Psychologie eine Begriffserweiterung in «Klinische Psychologie und Psychotherapie» vollzogen. Diese Begriffserweiterung beinhaltet keine Neuorientierung, da Psychotherapie immer als Teil der Klinischen Psychologie gesehen wurde; es wird aber eine berufspolitisch unumgängliche Präzisierung vorgenommen. Diese Präzisierung spiegelt sich auch im Titel des vorliegenden Lehrbuches wider, das in der Neuauflage «Lehrbuch für Klinische Psychologie – Psychotherapie» genannt wird.

Aus der Sicht der wissenschaftlichen Psychologie ist eine enge Verknüpfung der Psychotherapie mit der Psychologie von großer Wichtigkeit; eine Abkoppelung der Psychotherapie würde der Weiterentwicklung von Psychotherapie schaden und die Qualitätssicherung in diesem Sektor erschweren (Baumann, 1995). Trotz der engen Verknüpfung von Klinischer Psychologie und Psychotherapie sollte die Klinische Psychologie aber nicht außer acht lassen, daß sie eine über die Psychotherapie hinausgehende Interventionskompetenz hat, die sie pflegen und weiterentwickeln sollte (Humphreys, 1996).

2. Geschichte der Klinischen Psychologie

Die Geschichte der Klinischen Psychologie kann hier nur mit einigen Stichworten angesprochen werden (Details s. Bastine, 1990; Pongratz, 1977; Routh, 1994; Walker, 1991; Geschichte der Psychotherapie: Freedheim, 1992). Die Anfänge der wissenschaftlichen Klinischen Psychologie datieren aus dem Ende des 19. Jahrhunderts. Als ein wesentlicher Ausgangspunkt ist das von Wilhelm Wundt begründete Institut für experimentelle Psychologie in Leipzig zu nennen. An diesem Institut waren auch Psychologen als Studierende und Mitarbeiter tätig, die als Begründer der Klinischen Psychologie gelten.

So hat der Amerikaner *Ligthner Witmer* (1867–1956), der den Begriff der Klinischen Psychologie prägte, bei Wundt studiert (Routh, 1994). Nach der Promotion bei Wundt kehrte er nach den USA zurück und arbeitete am Departement of Psychology der Pennsylvania Universität. 1896 gründete er die erste Psychologische Klinik (Psychological clinic) an der Universität von Pennsylvania; an dieser Institution, die man heute als Erziehungsberatungsstelle bezeichnen würde, wurden vor allem Kinder mit Leistungsproblemen untersucht und behandelt. 1907 gründete er die Zeitschrift «The Psychological Clinic». Witmer übernahm den Begriff *klinisch* aus der Medizin, meinte damit aber weder eine medizinische Psychologie noch die Klinik als Ort der psychologischen Tätigkeit, sondern die Arbeit mit dem Einzelfall. Obwohl Witmer als Namensgeber für die Klinische Psychologie gilt, hat er die Weiterentwicklung des Faches nur begrenzt beeinflußt. Verschiedene Klinische Psychologen gründeten 1917 die *American Association of Clinical Psychologists*, die 1919 in der *American Psychological Association APA* als klinische Sektion aufging; damit wurde der Begriff der Klinischen Psychologie auch ein berufsständischer Begriff, wobei aber Klinische Psychologie nicht definiert wurde. Neben dem Begriff der Klinischen Psychologie wurde durch die 1907 gegründete Zeitschrift «Journal of Abnormal Psychology» der bis heute im englischsprachigen Raum verwendete Begriff *Abnormal Psychology* eingeführt, der teilweise synonym für Klinische Psychologie, teilweise mehr für psychologische Definitionen und Ätiologietheorien psychischer Störungnn verwendet wird.

Aus dem Labor von Wundt ging auch der deutsche Psychiater *Emil Kraepelin* (1856–1926) hervor, der bereits in den neunziger Jahren des 19. Jahrhunderts experimentelle Ansätze der Psychologie auf psychiatrische Fragestellungen zu übertragen suchte und damit für die Klinische Psychologie wesentliche Impulse gab. Kraepelin wandte sich dezidiert gegen die spekulativen Ansätze der damaligen Psychopathologie und forderte für die Psychiatrie die experimentelle Forschung.

Für die Entwicklung der – insbesondere deutschsprachigen – Klinischen Psychologie, war ein weiterer Mediziner, nämlich *Sigmund Freud* (1856–1939), von Bedeutung, als er auch für NichtmedizinerInnen den Bereich der Psychotherapie erschloß und wesentliche Impulse für psychologische Theorien der Entstehung von psychischen Störungen gab. Sein Vorgehen war zwar ursprünglich dem von Kraepelin vergleichbar, indem er sich den Naturwissenschaften verpflichtet fühlte, doch hat er sich nachher dem deutenden, verstehenden Ansatz zugewandt.

Kraepelin und Freud – beide Mediziner und keine Psychologen – können als wesentliche Impulsgeber für die deutschsprachige und internationale Klinische Psychologie angesehen werden. Die beiden Namen stehen aber auch für zwei unterschiedliche Selbstverständnisse der Klinischen Psychologie, die bis heute in der Wissenschaft und der Praxis vielfach als widersprüchlich gesehen werden: Kraepelin als Protagonist der empirischen Klinischen Psychologie, Freud als Repräsentant eines hermeneutischen Wissenschaftsverständnisses, das vor allem in der Tiefenpsychologie ihren Niederschlag fand.

Wie verschiedene Experten betonen (vgl. Ash & Geuter, 1985), hat der Begriff der Klinischen Psychologie im engeren Sinne im deutschsprachigen Raum als Wissenschaft und als Berufsfeld lange Zeit keine große Bedeutung gehabt. Die Klinische Psychologie war aber in der ersten Hälfte des 20. Jahrhunderts im deutschsprachigen Raum indirekt durch folgende Bereiche vertreten:

• *Psychodiagnostik:* Psychodiagnostik stellte ein zentrales Arbeitsfeld dar, in dem auch klinisch-psychologische Fragestellungen beantwortet wurden; u.a. hat Binet für dieses Arbeitsfeld durch seine Beiträge zur Intelligenzdiagnostik wesentliche Impulse gegeben. Die in den beiden Weltkriegen stark geförderte Eignungsdiagnostik hat maßgebend zur Verbreitung der Diagnostik im allgemeinen, aber auch der klinischen Diagnostik beigetragen.

• *Erziehungsberatung:* Ausgehend von den psychodynamischen Ansätzen Freuds und Adlers, aber auch den klinisch-psychologischen Überlegungen Witmers wurden bereits sehr früh Erziehungsberatungsstellen eingerichtet (Pennsylvania 1896; Wien: 1919; München: 1922). Dieses Tätigkeitsfeld blieb lange Zeit – neben der tiefenpsychologisch orientierten Psychotherapie – das einzige Interventionsfeld für den Klinischen Psychologen. Das Tätigkeitsfeld der Erziehungsberatung wurde teilweise mit dem Begriff *Psychagogik* (zum Beispiel Adler, Schultz-Hencke) umschrieben, worunter man aktiv gestaltete Interventionen von begrenzter Zeitdauer verstand, die bei psychischen Störungen und Verhaltensproblemen angewandt wurden.

• *Psychologische Intervention (insbesondere Psychotherapie) bei psychischen Störungen:* Psychotherapie war zwar seit der Jahrhundertwende auch für PsychologInnen in den tiefenpsychologischen Schulen zugänglich, so daß für PsychologInnen sehr früh eine therapeutische Identität möglich war. Die tiefenpsychologischen Ausbildungsgänge waren aber wenig in die Universitäten integriert. In der Regel führten PsychologInnen nach dem wissenschaftlichen Studium an entsprechenden Ausbildungsinstitutionen ihre Weiterbildung durch, was auch heute noch den üblichen Ausbildungsgang darstellt. Das tiefenpsychologische Ausbildungs- und Berufsfeld wurde von der wissenschaftlichen Psychologie wenig beachtet oder sogar bekämpft (Fallend, Handlbauer, Kienreich, Reichmayr & Steiner, 1985), so daß die betreffenden Personen ihre Identität vielfach nicht in der Psychologie, sondern in der Psychoanalyse bzw. anderen tiefenpsychologischen Schulen hatten; Psychotherapie konnte daher für die Psychologie nicht als Anwendungsfeld im engeren Sinne gesehen werden.

Obwohl der Begriff der Klinischen Psychologie in den USA seit Beginn des 20. Jahrhunderts eingeführt war, findet sich im *deutschsprachigen* Raum der Begriff der *Klinischen Psychologie* erst um die Mitte dieses Jahrhunderts. Hellpach hat 1946 ein Buch mit dem Titel «Klinische Psychologie» verfaßt; dabei verstand er unter der Klinischen Psychologie die Psychologie somatischer Krankheiten (seelisches Verhalten bei körperlichen Erkrankungen). Seit den fünfziger Jahren finden wir im deutschsprachigen Raum Bücher unter dem Titel Klinische Psychologie.

So gab E. Stern in den fünfziger Jahren ein dreibändiges Handbuch der Klinischen Psychologie heraus; ebenso stammt aus den fünfziger Jahren der Leitfaden der Klinischen Psychologie von Meyerhoff (vgl. Schraml, 1969). Lehrbücher für Klinische Psychologie, die eher dem heutigen Selbstverständnis der Klinischen Psychologie entsprechen und die sich vor allem an PsychologInnen und Studierende der Psychologie richteten, finden wir seit den Werken von Schraml (1969, 1970; Schraml & Baumann, 1974, 1975). Diese Lehrbücher weisen auf ein neues Selbstverständnis der Klinischen Psychologie hin, das durch die *psychologienahen Psychotherapieverfahren* Gesprächspsychotherapie (klientenzentrierten Psychotherapie) und Verhaltenstherapie geprägt wurde. So begründete Rogers mit seinem Buch «Counseling and psychotherapy» 1942 die Gesprächspsychotherapie, die seit den fünfziger Jahren im amerikanischen Raum ihren Aufschwung nahm. Im deutschsprachigen Raum begannen R. und A. Tausch Anfang der sechziger Jahre an der Universität Hamburg (Deutschland) im Rahmen des Psychologiestudiums mit der Einführung der Gesprächspsychotherapie. Etwas später – beginnend in den fünfziger Jahren – hat die Verhaltenstherapie mit Beiträgen aus den USA, England und Südafrika ihren Weg begonnen (s. Margraf, 1996) und seit den sechziger Jahren auch auf die Praxis starken Einfluß genommen. Seit Mitte der sechziger Jahre finden wir die Verhaltenstherapie auch im deutschsprachigen Raum (München: Brengelmann, Münster: Kemmler; Düsseldorf: Blöschl; Margraf, 1996).

Mit dem neuen Selbstverständnis der Klinischen Psychologie kann man seit Beginn der siebziger Jahre im deutschsprachigen Raum von einer zunehmenden Bedeutung der Klinische Psychologie als Anwendungsfach in der Wissenschaft und als Berufsfeld sprechen. Durch die verschiedenen Psychotherapieverfahren verlagerte sich die Berufsidentität der Klinischen PsychologInnen von der Diagnostik zur Therapie. Durch die veränderten Konzepte der Gesundheitsversorgung haben PsychologInnen mit ihrer breiten Kompetenz auch Eingang in unterschiedliche Institutionen der Gesundheitsversorgung gefunden (s. Kap. 19/Gesundheitsversorgung), so daß neben der therapeutischen Arbeit auch präventive und rehabilitative Gesichtspunkte hinzukamen.

Seit Mitte der achtziger Jahre hat die Klinische Psychologie eine Erweiterung im Hinblick auf die somatische Medizin erfahren. Mit dem Begriff der *Verhaltensmedizin* (Behavioral medicine) wurde ein Forschungs- und Berufsfeld konstituiert, in dem auch Psychologen maßgebende Beiträge liefern. Eine zusätzliche Erweiterung zur Klinischen Psychologie kam Ende der achtziger Jahre mit der *Gesundheitspsychologie* hinzu.

Die heutige Situation ist durch eine zunehmende Auffächerung der Klinischen Psychologie in Teilgebiete charakterisiert, was zu Spezialisierungen in der Wissenschaft, aber auch der Praxis führt. Auf die Klinische Psychologie als Berufsfeld (inkl. Aus-, Weiter-, Fortbildung) wird im Kapitel zur Gesundheitsversorgung (Kap. 19) eingegangen.

3. Struktur der Klinischen Psychologie

Klinische Psychologie kann unterschiedlich strukturiert werden, wobei sich störungsübergreifende und störungsbezogene Aspekte der Klinischen Psychologie anbieten:

• *Störungsübergreifende Aspekte:* Verschiedene Problemfelder der Klinischen Psychologie finden sich bei unterschiedlichsten Störungen, so daß sich oft eine Strukturierung unabhängig von den Störungsgruppen anbietet. Nach Bastine (1990) sind als Teilgebiete zu nennen: Pathopsychologie (Symptomatologie, Ätiologie, Prognose, Klassifikation, Epidemiologie); Psychodiagnostik; Psychologische Intervention; psychosoziales Gesundheitswesen. Für unser Lehrbuch verwenden wir folgende störungsübergreifenden Teilgebiete: Allgemeine Grundlagen, Klassifikation, Diagnostik, Epidemiologie, Ätiologie/Bedingungsanalyse, Intervention.

• *Störungsbezogene Aspekte*: Neben den störungsübergreifenden Teilgebieten kann die Klinische Psychologie auch störungsbezogen strukturiert werden. Stehen psychische Störungen im Vordergrund, werden vielfach Einheiten gem. ICD bzw. DSM verwendet (s. Kap. 6/ Klassifikation); bei somatischen Krankheiten finden wir häufig eine Unterteilung in Hauptgebiete der Medizin (zum Beispiel Gynäkologie, Hautkrankheiten), Syndrome (zum Beispiel Schmerz) oder Diagnosen (zum Beispiel Krebs, Diabetes Mellitus). In unserem Lehrbuch wird eine umfassendere Strukturierung vorgenommen, so daß unser Ansatz über die herkömmlichen Störungsklassifikationen hinausgeht. Dies scheint uns besonders wichtig zu sein, da Störungen nicht nur mittels Syndromen bzw. Diagnosen (zum Beispiel ICD, DSM) strukturiert werden sollten; vielmehr sollte auch das Wissen aus anderen Gebieten der Psychologie (insbesondere der Allgemeinen Psychologie) in der Klinischen Psychologie Berücksichtigung finden. Wir betrachten daher Störungen mit unterschiedlichem *Auflösungsgrad*, wobei wir eine intra- und interpersonelle Perspektive annehmen (s. **Abb. 1**):

– *intrapersonell:* Störungen bei psychischen Funktionen und Funktionsmustern.

– *interpersonell:* Störungen bei Systemen, die unterschiedlichen Auflösungsgrad besitzen (Paar; Familie; Schule, Betrieb; Gemeinde; etc.).

(1) Den geringsten Auflösungsgrad besitzen *Störungen von einzelnen psychischen Funktionen* des Menschen. Als Ordnungsgesichtspunkte für

psychische Funktionen bieten sich vor allem Einheiten der Allgemeinen Psychologie an (Denken, Lernen, Wahrnehmung etc.; Spada, 1992). Es sind aber auch – je nach Fragestellung – physiologische Funktionen von Bedeutung, wenn psychophysiologische Themen im Vordergrund stehen.

(2) Auf einer komplexeren Stufe sind *Störungen von Funktionsmustern* zu sehen. In der Allgemeinen Psychologie werden vermehrt komplexere Modelle entwickelt, die mehrere Einzelfunktionen umfassen. Es bieten sich daher als Ordnungseinheiten Störungen bei unterschiedlichen Funktionsmustern oder unterschiedliche Störungen bei *einem* komplexen Funktionsmuster an. Da die Modellentwicklungen von Funktionsmustern in der Allgemeinen Psychologie nicht so weit gediehen sind, daß sie als Basis für Störungsmodelle klinischer Störungen herangezogen werden könnten, wird diese Ebene in der Terminologie der Syndrome bzw. der Diagnosen abgehandelt. Unser Lehrbuch ist auf psychische Störungen bezogen, so daß wir uns an ICD und DSM orientieren (zum Beispiel Depressive Störung, Schizophrenie).

(3) Geht man über das intraindividuelle System des Indviduums hinaus, gelangt man zu *inter-*

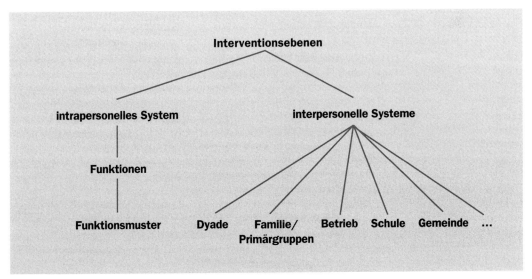

Abbildung 1: Intra- und interpersonelle Interventionsebene

personellen Systemen, das heißt zum Verbund von zwei und mehr Personen (Paar, Familie, Schule, Betrieb, Gemeinde etc.); auch auf dieser Ebene können Störungen erforscht werden. Diese Bereiche sind eng mit den jeweiligen Disziplinen der Psychologie (zum Beispiel Pädagogische Psychologie, Arbeits- und Organisationspsychologie) verknüpft, so daß sie in der Klinischen Psychologie vielfach gar nicht oder nur am Rande abgehandelt werden.

Faßt man den störungsübergreifenden und den störungsbezogenen Teil zusammen, so erhalten wir die in **Abbildung 2** dargestellte zweidimensionale Matrix der Klinischen Psychologie. Orientiert man sich *störungsübergreifend*, so werden die allgemeinen Gesichtspunkte herausgearbeitet, ohne die differentiellen Aspekte (Unterschiede für Funktionen etc.) zu negieren. Dabei beinhalten einzelne Gebiete (zum Beispiel Ethik, Wissenschaftstheorie, Krankheitsbegriffe) in geringerem Ausmaß differentielle Aspekte als andere Gebiete (Klassifikation, Diagnostik, Epidemiologie, Ätiologie, Intervention). Beim *störungsbezogenen* Ansatz werden dagegen die in der störungsübergreifenden Dimension angeführten Gesichtspunkte jeweils auf eine spezifische Störung bezogen; so beinhaltet die Beschäftigung mit Angststörungen deren Klassifikation, Diagnostik, Epidemiologie, Ätiologie/Bedingungsanalyse und Intervention.

4. Struktur des Lehrbuches

Vorhandene Lehrbücher bzw. Handbücher haben jeweils die eine oder die andere Variante präferiert (vgl. Bastine, 1990, 1992; Ehlers & Hahlweg, 1996; Hahlweg & Ehlers, 1997; Reinecker, 1990; als Beispiel für eine Vielzahl an ähnlichen englischsprachigen Lehrbüchern sei genannt: Davison & Neale, 1996). Das vorliegende Lehrbuch sucht beiden Aspekten gerecht zu werden und sie gleichrangig zu behandeln, wobei die psychischen Störungen, nicht aber somatische Störungen/Krankheiten abgehandelt werden, da dies sonst den Rahmen sprengen würde. Die Komplexität dieses Konzeptes führt dazu, daß die Gliederung nach zwei Dimensionen – projiziert auf den eindimensionalen Buchablauf – an manchen Punkten Kompromisse erforderlich macht.

4.1 Störungsübergreifende Teilgebiete des Lehrbuches

In unserem Lehrbuch werden folgende störungsübergreifende Teilgebiete im Teil A abgehandelt:

Teil I: Allgemeine Grundlagen
Grundbegriffe – Einleitung (Kap. 1); Begriffe Gesundheit, Krankheit (Kap. 2); Wissenschaftstheorie (Kap. 3: Klassifikation, Diagnostik, Ätiologie; Kap. 4: Intervention); Ethik (Kap. 5).

Teil II: Klassifikation, Diagnostik: Allgemeine Grundlagen
Klassifikation (insbesondere ICD und DSM; Kap. 6), Diagnostik (Kap. 7).

Teil III: Epidemiologie
Epidemiologie (methodische und inhaltliche Ergebnisse; Kap. 8).

Teil IV: Ätiologie/Bedingungsanalyse: Allgemeine Grundlagen
In diesem Teil des Buches werden allgemeine methodische Gesichtspunkte (Kap. 9) und verschiedene Determinanten psychischer Störungen (Kap. 10 bis 17) dargestellt. Es handelt sich um Erklärungsansätze, die als Theorienklasse für unterschiedliche Störungen herangezogen werden können:

– Genetische Faktoren (Kap. 10);
– Biologische Aspekte: Biochemische- (Kap. 11), Neurophysiologische- (Kap. 12), Psychophysiologische Aspekte (Kap. 13). Die biologischen Aspekte repräsentieren genetische und/oder Umwelteinflüsse.
– Die Kapitel 14 bis 17 weisen auf die Bedeutung der Umwelteinflüsse hin: Sozialisationseinflüsse (Kap. 14); Sozialpsychologische Aspekte (Kap. 15); Soziologische Aspekte (Kap. 16); Streßkonzepte (Kap. 17).

Im Vordergrund stehen störungsübergreifende Gesichtspunkte, doch lassen die jeweiligen Erklärungsansätze für einzelne Störungen durchaus spezifische Aussagen zu.

Teil V: Intervention: Allgemeine Grundlagen
In diesem Teil werden störungsübergreifende Aspekte der Intervention dargestellt: Systema-

Störungsübergreifende Aspekte	Störungsbezogene Aspekte													
	Intrapersonell									Interpersonell				
	gestörte Funktion				gestörtes Funktionsmuster					gestörtes System				
	Wahrnehmung	Denken	Lernen	....	Depressive Störung	Angststörung	....	Schmerz	Neurodermitis	....	Paar	Familie	Schule	Betrieb	....
Grundbegriffe (Definitionen, Geschichte etc.)														
Gesundheit/Krankheit														
Wissenschaftstheorie														
Ethik														
Klassifikation														
Diagnostik														
Epidemiologie														
Ätiologie/Bedingungsanalyse – Methodische Gesichtspunkte – Allgemeine Determinanten (Genetik, Biologische Aspekte, Umwelteinflüsse: Sozialisation, Streß etc.)														
Intervention – Methodische Gesichtspunkte – Gesundheitsversorgung – Interventionen (Prävention, Psychotherapie, Rehabilitation)														

Abbildung 2: Struktur der Klinischen Psychologie. Funktionen (psychische Funktionen in Anlehnung an Allgemeine Psychologie, z. B. Denken, Wahrnehmen); Funktionsmuster gem. Syndromen bzw. Diagnosen (psychische Störungen nach ICD oder DSM; somatische Krankheiten gem. betreffendem Fachgebiet); Funktionsmuster unterteilt nach Komplexitätsgrad (Paar, Familie etc.)

tik der Intervention (Kap. 18); Gesundheits-versorgung (Intervention aus der Makro-perspektive inkl. Qualitätssicherung; Kap. 19); Methodik der Interventionsforschung (inkl. Evaluation; Kap. 20).

In Anlehnung an die Funktionen der kli-nisch-psychologischen Intervention folgen die drei Interventionsfunktionen Prävention (Kap. 21), Psychotherapie (Kap. 22) und Rehabili-tation (Kap. 23); zusätzlich wird ein Kapitel zur Psychopharmakotherapie (Kap. 24) vorgelegt.

Das Kapitel zur Psychotherapie wird unter-teilt in eine Systematik (Kap. 22.1) und in vier verschiedene Grundorientierungen, die sich je-weils in ihrem Ansatzpunkt unterscheiden (zur Detailbegründung s. Kap. 22.1/Psychotherapie: Systematik):

– Ansatzpunkt TherapeutIn-PatientIn-Bezie-hung: psychoanalytisch orientierte Psycho-therapie (Kap. 22.2); gesprächstherapeu-tisch orientierte Psychotherapie (Kap. 22.3);
– Ansatzpunkt Erleben-Verhalten: verhaltens-therapeutisch orientierte Psychotherapie (Kap. 22.4);
– Ansatzpunkt interpersonelle Systeme: Paar- und Familientherapie (Kap. 22.5).

In allen Kapiteln des allgemeinen Teils werden auch Bezüge zum speziellen Teil hergestellt, in-dem einzelne Störungen als Beispiel angeführt werden.

4.2 Störungsbezogene Teilgebiete des Lehrbuches

Unser Lehrbuch geht – wie bereits betont – über die herkömmlichen Störungsklassifikationen hinaus, so daß der störungsbezogene Teil B in drei Bereiche (Teile VI bis VIII) gegliedert ist. Dies scheint uns besonders wichtig zu sein, da psychische Störungen nicht nur nach ICD und DSM strukturiert werden sollten; vielmehr soll-te auch das Wissen aus anderen Gebieten der Psychologie (insbesondere der Allgemeinen Psychologie) in der Klinischen Psychologie Be-rücksichtigung finden.

Teil VI: Störungen von Funktionen
Auf der untersten Ebene werden Störungen von einzelnen psychischen Funktionen des Men-

schen betrachtet. Damit schließt unser Lehr-buch an klassische Lehrbücher und Monogra-phien des englischsprachigen Raumes an (zum Beispiel Eysenck, 1973) und sucht eine Brücke zwischen Klinischer Psychologie und Allgemei-ner Psychologie zu schlagen. Aus verschiede-nen Gründen können hier nicht alle möglichen Funktionen abgehandelt werden, so daß notge-drungen eine Auswahl wichtiger Funktionen getroffen werden mußte: Motorik (Kap. 25), Wahrnehmung (Kap. 26), Gedächtnis (Kap. 27), Lernen (Kap. 28), Denken/Problemlösen (Kap. 29), Emotion (Kap. 30), Motivation (Kap. 31), Schlaf (Kap. 32), Essen (Kap. 33).

Jede Funktion wird bezüglich Klassifikation, Diagnostik (Kap. xx.1), Ätiologie/Bedingungs-analyse (Kap. xx.2) und Intervention (Kap. xx.3) abgehandelt. Damit wird der störungs-bezogene Teil mit den störungsübergreifenden Hauptfragestellungen verbunden. In den je-weiligen Kapiteln zur Ätiologie/Bedingungs-analyse geht es um die Beschreibung und Bedingungsanalyse von gestörten Einzelfunk-tionen in der Modellsprache dieser Funktio-nen. Sofern möglich, werden exemplarisch auch Ausführungen zur Erklärung von gestör-ten Funktionsmustern (zum Beispiel Depres-sion) auf der Basis gestörter Einzelfunktionen gemacht (zum Beispiel Emotionsstörung als Basis der Depression).

Teil VII: Störungen von Funktionsmustern
Auf einer komplexeren Stufe sind Störungen von Funktionsmustern zu sehen. Auf dieser Stu-fe werden behandelt: Störungen durch psycho-trope Substanzen (Kap. 34), Schizophrenie (Kap. 35), Depressive Störungen (Kap. 36), Angststörungen (Kap. 37), Somatoforme und dissoziative Störungen (Kap. 38). Auch bei den gestörten Funktionsmustern werden Kapitel zur Klassifikation, Diagnostik (Kap. xx.1), Ätiolo-gie/Bedingungsanalyse (Kap. xx.2) und Inter-vention (Kap. xx.3) vorgelegt. Angaben zur Epi-demiologie sind dem allgemeinen Kapitel zur Epidemiologie (Kap. 8) zu entnehmen bzw. teil-weise in den jeweiligen Unterkapiteln enthal-ten.

Die Ausführungen zu den Störungen bei Funktionen und Funktionsmustern sind viel-fach altersunabhängig, insbesondere auch die Ätiologietheorien. Es entspricht aber dem Spezialisierungsgrad der Sektoren, auch altersspezifische Störungen zu behandeln. Daher ergänzen Kapitel zu Störungen bei Kindern und Jugendlichen (Kap. 39) und im Alter (Kap. 40) die Darstellung (jeweils ein Kapitel mit Klassifikation, Diagnostik – Kap. xx.1 – und Intervention – Kap. xx.2).

Teil VIII: Störungen von interpersonellen Systemen

Auch bei den interpersonellen Systemen, das heißt Verbund von zwei und mehr Personen, können psychische Störungen konzipiert werden. Hier interessieren vor allem die in Kleinsystemen relevanten Beziehungs- und Sexualstörungen (Kap. 41), aber auch die beiden großen Bereiche Bildung (hier durch Schule repräsentiert; Kap. 42) und Arbeit (betriebliche Organisationen; Kap. 43). Jeder dieser Bereiche wird bezüglich Klassifikation, Diagnostik (Kap. xx.1) und Intervention (Kap. xx.2) abgehandelt.

Durch die Berücksichtigung unterschiedlicher Gesichtspunkte kann die Komplexität der Klinischen Psychologie angemessen dargestellt werden. Insbesondere wird Gewicht auf eine Verschränkung der Klinischen Psychologie mit der Allgemeinen Psychologie und auf die Berücksichtigung unterschiedlicher Auflösungsgrade (Funktion, Funktionsmuster, interpersonelle Systeme) gelegt. Damit wird deutlich gemacht, daß Klinische PsychologInnen ein breites und differenziertes Wissen um psychische Störungen haben.

5. Literatur

Ash, M.G. & Geuter, U. (Hrsg). (1985). *Geschichte der deutschen Psychologie im 20. Jahrhundert.* Opladen: Westdeutscher Verlag.

Bastine, R. (1990). *Klinische Psychologie* (Band 1; 2. Aufl.). Stuttgart: Kohlhammer.

Bastine, R. (Hrsg.). (1992). *Klinische Psychologie* (Band 2). Stuttgart: Kohlhammer.

Baumann, U. (1995). Bericht zur Lage der deutschsprachigen Psychologie 1994 – Fakten und Perspektiven. *Psychologische Rundschau, 46,* 3–17.

Baumann, U. (1996). Wissenschaftliche Psychotherapie auf der Basis der Wissenschaftlichen Psychologie. *Report Psychologie, 21,* 686–689.

Baumann, U. (1997). Zur Verwechslung von Psychologie mit Psychologen/innen. *Report Psychologie, 22,* 38–42.

Berger, M. (Hrsg.). (1998). *Lehrbuch der Psychiatrie und Psychotherapie.* München: Urban und Schwarzenberg.

Blanchard, E.B. (1992). Behavioral medicine: an update for the 1990s (special issue). *Journal of Consulting and Clinical psychology, 60* (4).

Bunge, M. (1984) Das Leib-Seele-Problem. Tübingen: Mohr.

Davison, G.C. & Neale, J.M. (1996). *Abnormal psychology* (4rd ed.). New York: Wiley (deutsch: Klinische Psychologie. München: Psychologie Verlags Union).

Dick, F., Gauggel, S., Hättig, H. & Wittlieb & Verpoort, E. (1996). *Klinische Neuropsychologie.* Bonn: Deutscher Psychologen Verlag.

Ehlers, A. & Hahlweg, K. (Hrsg.). (1996). *Grundlagen der Klinischen Psychologie.* (Enzyklopädie der Psychologie, Serie Klinische Psychologie Band 1). Göttingen: Hogrefe.

Eysenck, H.J. (Eds.). (1973). *Handbook of abnormal psychology* (2nd ed.). London: Pitman.

Fahrenberg, J. (1981). Zum Verständnis des Komplementaritätsprinzips. *Zeitschrift für Klinische Psychologie, 29,* 205–208.

Fallend, K., Handlbauer, B., Kienreich, W., Reichmayr, J. & Steiner, M. (1985). Psychoanalyse bis 1945. In M.G. Sah & U. Geuter (Hrsg.), *Geschichte der deutschen Psychologie im 20. Jahrhundert* (S. 113–145). Opladen: Westdeutscher Verlag.

Freedheim, D.K. (Ed.). (1992). *History of psychotherapy.* Washington: American Psychological Association.

Freyberger, H.J. & Stieglitz, R.D. (Hrsg.). (1996). *Kompendium der Psychiatrie und Psychotherapie* (10. Aufl.). Basel: Karger.

Geuter, U. (1984). *Die Professionalisierung der deutschen Psychologie im Nationalsozialismus.* Frankfurt: Suhrkamp.

Gutzwiller, F. & Jaenneret, O. (1996). Konzepte und Definitionen. In F. Gutzwiller, F. & O. Jaenneret (Hrsg.), *Sozial und Präventivmedizin Public Health* (S. 23–29). Huber: Bern.

Hahlweg, K. & Ehlers, A. (Hrsg.). (1997). *Klinisch-psychologische Störungen und ihre Behandlung* (Enzyklopädie der Psychologie, Serie Klinische Psychologie Band 2). Göttingen: Hogrefe.

Hellpach, W. (1946). *Klinische Psychologie.* Stuttgart: Thieme.

Humphreys, K. (1996). Clinical psychologists as psychotherapists. *American Psychologist, 51,* 190–197.

Lee, P. & Paxman, D. (1997). Reinventing public health. *Annual Review of Public Health, 18,* 1–35.

Margraf, J. (1995). Interdisziplinäre Ziele und fachübergreifende Methoden der Public Health Forschung. In J. Margraf & H. Kunath (Hrsg.), *Methodische Ansätze in der Public Health Forschung* (S. 4–6). Regensburg: Roderer-Verlag.

Margraf, J. (1996). Grundprinzipien und historische Entwicklung. In J. Margraf (Hrsg.), *Lehrbuch der Verhaltenstherapie* (Bd1, S. 1–30). Berlin: Springer.

Melamed, B.G. (Ed.). (1995). The interface of mental and physical health (Special section). *Health Psychology, 14* (5).

Miltner, W. (Hrsg.). (1997). Abstract – 6. Kongreß der Deutschen Gesellschaft für Verhaltensmedizin und Verhaltensmodifikation. *Verhaltenstherapie, 7* (Suppl. 1).

Miltner, W., Birbaumer, N. & Gerber, W.D. (Hrsg.). (1986). *Verhaltensmedizin.* Berlin: Springer.

Perez, M. (Hrsg.). (1992). Zur Situation der Klinischen Psychologie und der Psychotherapie (Themenheft Klinische Psychologie/Psychotherapie: Berichtteil). *Psychologische Rundschau, 43* (3).

Pongratz, J.L. (1977). Geschichte, Gegenstand und Grundlagen der Klinischen Psychologie. In J.L. Pongratz (Hrsg.), *Klinische Psychologie* (Handbuch der Psychologie, Band 8, 1. Halbband). Göttingen: Hogrefe.

Pritz, A. (Hrsg.). (1996). *Psychotherapie – eine neue Wissenschaft vom Menschen.* Wien: Springer.

Reinecker, H. (Hrsg.). (1990). *Lehrbuch Klinische Psychologie.* Göttingen: Hogrefe.

Rösler, H.D. , Szewczyk, H. & Wildgrube, K. (1996). *Medizinische Psychologie.* Heidelberg: Spektrum Akademischer Verlag.

Routh, D.K. (1994). *Clinical psychology since 1917.* New York: Plenum Press.

Sayette, M.A. & Mayne, T.J. (1990). Survey of current clinical and research trends in clinical psychology. *American Psychologist, 45,* 1263–1266.

Schmidt, L. & Schwenkmezger, P. (1992). Zur Gesundheitspsychologie (Editorial). *Zeitschrift für Klinische Psychologie, 21,* 1–3.

Schraml, W.J. (1969). *Abriß der Klinischen Psychologie.* Stuttgart: Kohlhammer.

Schraml, W.J. (Hrsg.). (1970). *Klinische Psychologie.* Bern: Huber.

Schraml, W.J. & Baumann, U. (Hrsg.). (1974). *Klinische Psychologie* (Band 2). Bern: Huber.

Schraml, W.J. & Baumann, U. (Hrsg.). (1975). *Klinische Psychologie* (Band 1; 3.Aufl.). Bern: Huber.

Schwarzer, R. (Hrsg.). (1997). *Gesundheitspsychologie* (2. Aufl.). Göttingen: Hogrefe.

Schwenkmezger, P. & Schmidt, L. (1994). Gesundheitspsychologie: Alter Wein in neuen Schläuchen? In P. Schwenkmezger & L. Schmidt (Hrsg.), *Lehrbuch der Gesundheitspsychologie* (S. 1–8). Stuttgart: Enke.

Spada, H. (Hrsg.). (1992). *Allgemeine Psychologie* (2. Aufl.). Bern: Huber.

Stone, G.C., Weiss, S.M., Matarazzo, J.D., Miller, N.E., Rodon, J., Belar, C.D., Follick, M.J. & Singer, J.E. (Eds.). (1987). *Health psychology.* Chicago: University of Chicago Press.

Troschke, J. von, Hoffmann-Markwald, A. & Häberlein, U. (1993). *Entwicklung der Gesundheitswissenschaften/Public Health in Deutschland.* Freiburg: Druckerwerkstatt im Grün.

Walker, C.E. (Ed.). (1991). *Clinical psychology: Historical and research foundations.* New York: Plenum.

2. Psychische Gesundheit, Psychische Krankheit, Psychische Störung

Dietmar Schulte

Inhaltsverzeichnis

1. Krankheit, Kranksein, Krankenrolle

Der Gegenstandsbereich der Klinischen Psychologie – weitgehend identisch mit dem der Psychiatrie – ist vielfältig und nicht leicht zu fassen. Es gibt im alltäglichen Sprachgebrauch eine Vielzahl von Begriffen, um unbegreifliche Auffälligkeiten im Verhalten von Menschen oder die sich so verhaltenden Menschen selber zu kennzeichnen: komisch, nervös, verschroben, verklemmt, durchgedreht, gemütskrank, verrückt, nervenkrank, verblödet, idiotisch, schwachsinnig, geisteskrank, irre, geistesgestört und noch viele mehr.

Diese Begriffe werden im Alltag nicht synonym verwendet. Nach Untersuchungen von Stumme (1975) geben sie in der angegebenen Reihenfolge eine Zunahme des Grades psychischer Gestörtheit an. Laien beurteilen geringere psychische Störungen (zum Beispiel

Neurosen), die ihnen in Fallgeschichten zur Beurteilung vorgelegt wurden, durchaus noch als tolerierbare Varianten normalen Verhaltens. Das gilt auch für körperliche «Symptome». Der Begriff «Krankheit» wird erst zur Kennzeichnung solcher Zustände einer Person benutzt, die nicht mehr als normal angesehen werden und daher einer besonderen Erklärung bedürfen. Dabei handelt es sich um beobachtbare oder drohende Veränderungen im Wohlbefinden (vor allem Schmerzen), im Verhalten und in der Leistungsfähigkeit einer Person, die normalerweise nicht zu erwarten sind. Normal wären sie etwa als Folgen einer besonderen Anstrengung oder als Folgen von Schicksalsschlägen, wie zum Beispiel Trauer nach dem Verlust eines geliebten Menschen. Durch die Verwendung des Begriffs Krankheit werden solche Veränderungen erklärt: Sie sind Folge irgendwelcher (vermuteter) Veränderungen in der Person, in der Regel im Körper der Person. Dies entspricht dem subjektiven Eindruck eines Menschen, der sich selbst als krank bezeichnet. Genauer wäre dieser Zustand als *Kranksein* zu bezeichnen, während dasjenige, was die Person «hat» – die Veränderung in der Person –, die *Krankheit* ist.

Neben dem psychologischen Aspekt des Krankseins und dem in der Regel körperlich-biologischen Aspekt der Krankheit gibt es noch einen sozialen Aspekt: Das veränderte Verhalten des Kranken (Krankheitsverhalten) wird für andere sichtbar und damit zu einem sozialen Phänomen. Sofern diese Veränderungen von anderen tatsächlich als Folge eines Nicht-Könnens angesehen werden und nicht als ein Nicht-Wollen, wird die betreffende Person als krank betrachtet und als krank behandelt: Sie erfährt Mitleid und Hilfe, wird von ihren normalen Aufgaben und auch von der Beachtung sozialer Verhaltensregeln weitgehend befreit, hat dafür aber neue Pflichten. Sie muß sich schonen, muß versuchen, gesund zu werden und dazu den Arzt aufsuchen und sich seinen Anweisungen fügen. Der Soziologe Parsons (1967) hat dieses System veränderter Erwartungen als *Krankenrolle* bezeichnet, die einer Person zugewiesen wird.

Der Sachverhalt, der in der deutschen Sprache mit dem Begriff «krank» oder «Krankheit» bezeichnet wird, ist demnach aus jeweils unterschiedlicher Perspektive gesehen etwas anderes: (1) ein (biologisch) veränderter Zustand der Person, des Körpers oder seiner Teile, (2) das Erleben von Beeinträchtigungen und Unwohlsein oder (3) eine zugeschriebene Rolle mit besonderen Ansprüchen und Privilegien.

Das gleiche gilt für den Begriff *Gesundheit*. Gesundheit wird zunächst verstanden als Abwesenheit von Krankheit, also das Fehlen biologisch-abweichender Körperstrukturen oder Körperprozesse. Jahoda (1958) ging einen entscheidenden Schritt darüber hinaus, indem er eine positive Definition von «mental health» versuchte. Entsprechend wird in der Präambel der Charta der Weltgesundheitsorganisation ein «Zustand vollkommenen körperlichen, seelischen und sozialen Wohlbefindens» als Gesundheit definiert. Dieser Begriff ist eher als umfassender Gegenpol zum Begriff Kranksein zu sehen, also als Gesundsein. Nach Parsons (1967, S. 71) kann Gesundheit schließlich « … definiert werden als der Zustand optimaler Leistungsfähigkeit eines Individuums für die wirksame Erfüllung der Rollen und Aufgaben, für die es sozialisiert worden ist.» Gesund ist danach die leistungsfähige Person, die ihren «normalen» Rollenerwartungen optimal nachkommt bzw. die Alltagsanforderungen zu bewältigen vermag (Becker, 1995), so daß ihr nicht die besondere Rolle des Kranken zugeschrieben werden muß. Auch Gesundheit ist also aus drei unterschiedlichen Perspektiven zu betrachten: Gesundheit, Gesundsein, Rolle des Gesunden.

2. Der allgemeine Krankheitsbegriff als Modell

Der Begriff «Krankheit» ist nicht nur ein beschreibender Begriff. Er kennzeichnet vielmehr ein theoretisches Konstrukt, ein allgemeines Denkmodell, das dazu dient, auffällige und unerklärbare Veränderungen beim Menschen begrifflich zu fassen und damit (scheinbar) zu begreifen, und darüber hinaus gibt er Hinweise, wie man sich solchen Personen gegenüber verhalten sollte.

Solche grundlegenden Denkmodelle spielen in den Wissenschaften eine wichtige Rolle; Kuhn (1972) hat sie als Paradigmata bezeichnet. Ein solches Paradigma ist ein Grundmodell, an dem die Erforschung spezieller Fragestellungen ausgerichtet und organisiert wird. In der Medizin stellt das allgemeine Krankheitskonzept ein solches Grundmodell dar (vgl. **Abb. 1**):

– Beschwerden, Abweichungen körperlicher Funktionen und Verhaltensauffälligkeiten (das Kranksein) sind auf eine primäre Störung im Sinne eines spezifizierbaren Defekts zurückzuführen (der möglicherweise noch nicht bekannt ist).
– Dieser Defekt ist in der Person gelegen und bildet die eigentliche Krankheit.
– Der Defekt ist zurückzuführen auf eine eindeutige Ursache bzw. ein immer wiederkehrendes Muster von Ursachen.
– Nach dem klassischen biomedizinischen Krankheitsmodell ist dieser Defekt (nicht unbedingt die Ursache) körperlicher Art.

Das Krankheitsmodell nimmt also die folgende Verursachungskette an: Ursache – Defekt –

Erscheinungsbild – Folgen; mit anderen Worten: *Krankheitsursache – Krankheit – Kranksein – Krankenrolle* (s. **Abb. 1**).

Das allgemeine Krankheitsmodell dient der *Forschung* als Leitfigur für die Hypothesenbildung, als Suchmodell für die Erklärung erklärungsbedürftiger Abweichungen (Häfner, 1981): Beschwerden werden hypothetisch zu einer Krankheitseinheit zusammengefaßt, für die dann der zugrundeliegende Defekt und seine Ursachen gesucht werden.

In der *Praxis* bietet das Krankheitsmodell die Möglichkeit, Forschungsergebnisse direkt nutzbar zu machen. Der Arzt oder Therapeut muß lediglich die Beschwerden und Auffälligkeiten eines Patienten einer der verschiedenen Krankheitseinheiten zuordnen. Ärztliche Diagnostik ist als ein solcher Klassifikationsprozeß zu verstehen. Sobald diese Zuordnung erfolgt ist, kann der Arzt all das Wissen über Ursachen, Verlauf und Behandlungsmöglichkeiten, die die Forschung für diese Krankheitseinheit zusammengetragen hat, auf seinen Patienten übertragen. Er braucht also im Einzelfall nicht extra wieder nach Ursachen zu suchen und Behandlungskonzepte zu entwickeln.

Das Krankheitsmodell hat nicht nur Folgen für die Wissenschaft, die Praxis und den Kranken, sondern auch für die *Gesellschaft*. Die Sorge um die als krank Diagnostizierten hat seit dem Mittelalter das Gemeinwesen übernommen und mit den Krankenhäusern spezielle Einrichtungen geschaffen. Die Versorgung wurde einer besonderen Berufsgruppe, den Ärzten, übertragen, verbunden mit Pflichten und Rechten. Wird ein Zustand als Krankheit definiert, so fällt er in die Verantwortung des Gesundheitssystems. Wird umgekehrt die Angemessenheit des Krankheitsmodells für bestimmte abweichende Zustände bestritten, so wird auch die Zuständigkeit des Arztes in Frage gestellt. Gesundheitspolitische Fragen und berufspolitische Interessen sind daher zwangsläufig mit der wissenschaftlichen Diskussion um den Geltungsbereich des Krankheitsmodells verbunden (Keupp, 1972).

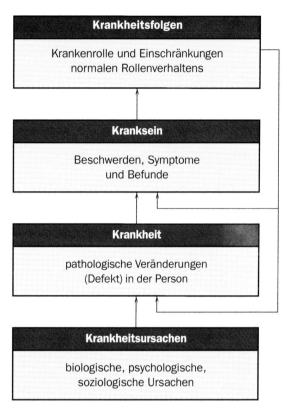

Abbildung 1: Die Ebenen des allgemeinen Krankheitsmodells.

3. Anwendung des Krankheitsmodells

Zu Beginn des Urteils- und Bewertungsprozesses, der am Ende zur Diagnose einer Krankheit führt, gibt es lediglich Hinweise darauf, daß vermutlich eine Krankheit vorliegt: die *Beobachtung einer Abweichung* und deren *Bewertung* als abnorm und als änderungsbedürftig. Diese Vermutung bedarf anschließend der *Überprüfung*.

(1) *Beobachtung:* Notwendige Voraussetzung dafür, daß die Sichtweise des Krankheitsmodells auf einen bestimmten Zustand angewendet wird, ist die Beobachtung von Abweichungen (Fabrega & Manning, 1979). Ein Zustand oder ein Verhalten muß als «anders als» auffallen. In der Regel handelt es sich um eine Abweichung von dem zuvor gegebenen Zustand, also um

die Feststellung einer intraindividuellen Veränderung in der Zeit. In Ausnahmefällen wird aber auch ein von vornherein gegebener abweichender Zustand als Krankheit bezeichnet (zum Beispiel Erbkrankheiten) oder eine sich durch einen unmerklichen Veränderungsprozeß langsam einstellende Abweichung. In diesen Fällen handelt es sich nicht um eine Abweichung von zuvor, sondern um eine Abweichung von anderen.

(2) *Bewertung:* Die Feststellung einer Veränderung oder eines «Andersseins» reicht jedoch nicht aus. Hinzu kommen muß ein Bewertungsprozeß. Die festgestellte Abweichung oder Veränderung muß als *abnorm* beurteilt werden. Sie kann nicht mehr als Variante innerhalb des noch als natürlich oder normal geltenden Spielraums angesehen werden. Wann dieser Punkt überschritten ist, wann also eine Variante nicht mehr als Extremfall des Normalen, sondern als Repräsentant des Anormalen anzusehen ist, ist in der Regel nicht objektiv bestimmt (s. **Tab. 1**).

Durchschnittswerte (*statistische Normen*: Bastine, 1984; Hofstätter, 1957) sind nur begrenzt für die Definition von Normalität hilfreich, wie das Beispiel der Volkskrankheit Karies veranschaulicht. Für einzelne Krankheiten oder Symptome definiert die Wissenschaft Erfahrungswerte als *funktionale Normen* (beispielsweise beim Blutdruck). Funktionale Normen bewerten Zustände im Hinblick auf ihre Auswirkungen und Folgen bzw. die intendierten Ziele, also hinsichtlich ihrer Funktion (als funktional oder dysfunktional, als förderlich oder schädlich) für übergeordnete Zustände. Solche funktionalen Normen können von dafür gesellschaftlich legitimierten Berufsgruppen (zum Beispiel von Ärzten) de-

finiert werden oder auf Vorschlag von Fachleuten durch die gesetzgebenden Institutionen festgelegt werden, zum Beispiel bei Schwellenwerten für Umweltgifte. Gerechtfertigt werden die Norm- oder Grenzwerte durch allgemeinere Werte, in der Regel durch *Idealnormen* zum Beispiel die Gesundheit oder Unversehrtheit menschlichen Lebens, die bei Überschreiten der (funktionalen) Norm gefährdet sein könnten. Solche *Idealnormen* definieren einen «Zustand der Vollkommenheit» (Hofstätter, 1957, S. 218). Sie gelten als allgemeingültig und sind philosophisch-weltanschaulich begründet.

Soziale Systeme entwickeln Normen, *soziale Normen*, um das Verhalten ihrer Mitglieder zu steuern und zu kontrollieren. Manche sind in Gesetzen explizit, andere soziale Normen regeln das Miteinander der Menschen, ohne daß sie schriftlich fixiert oder gar quantifiziert sind, zum Beispiel die Norm, eine gewisse Distanz zum Gesprächspartner einzuhalten oder auf Fragen zu antworten. In der Diskussion um die Angemessenheit der Konzipierung psychischer Störungen als Krankheiten sind psychische Störungen als Abweichung von gesellschaftlich definierten Sozialnormen verstanden und auf diesem Hintergrund kritisiert worden: Behandlung einer Störung bedeutet dann Anpassung an die geltenden (Mittelstands-) Normen.

Doch für die Bewertung des Zustandes einer Person als «nicht mehr normal» wird in der Regel zunächst eine andere Norm zugrunde gelegt, eine *subjektive Norm.* Denn Anlaß für die Bewertung «anormal» ist – wie erwähnt – in der Regel nicht die Beobachtung einer Abweichung von anderen, sondern von dem Zustand, den die Person selber zuvor innehatte und der ihren Zielsetzungen, ihren Möglichkeiten und ihren Lebensumständen entsprach. Vergleichs-

Tabelle 1: Unterschiedliches Verständnis von Normalität

Statistische Norm	Idealnorm	Sozialnorm	Subjektive Norm	Funktionale Norm
definiert anhand von empirischen Durchschnittswerten – abnorm ist das Ungewöhnliche –	als allgemeingültig postulierte und philosophisch-weltanschaulich begründete «Zustände der Vollkommenheit» – abnorm ist das Verwerfliche –	gesellschaftlich definierte Verhaltensnormen – abnorm ist das Abweichende –	individuelle Gegebenheiten als Maßstab zur Beurteilung von Veränderungen – abnorm ist das Unpassende –	als funktionale (vs. dysfunktionale) Zwischenschritte für «übergeordnete» erwünschte Zustände – abnorm ist das Schädliche –

punkt sind dabei nicht die Allgemeinheit (wie bei der statistischen Norm) oder eine absolute Wertlehre (wie bei der Idealnorm), sondern die Möglichkeiten und die Leistungsfähigkeit des Individuums. Therapie bedeutet dann nicht primär Anpassung an soziale Normen (des Mittelstandes), sondern Wiederherstellung eines für dieses Individuum normalen Zustandes.

Bei der Beurteilung des Zustandes einer Person als psychische Störung wirken die verschiedenen Normen in der Regel zusammen. Die spontane Beurteilung einer beobachteten Veränderung im Verhalten und Erleben als abnorm stimmt zumeist mit dem subjektiven Eindruck des Nicht-mehr-normal-Seins (subjektive Norm) überein. Bei der nachfolgenden Beurteilung durch Fachleute, in unserem Falle durch Psychiater und Psychologen, werden zusätzlich soziale Normen, statistische Normen und funktionale Normen herangezogen. Bei der Definition einer psychischen Störung in den gängigen Klassifikationssystemen, dem ICD 10 der Weltgesundheitsorganisation oder dem DSM-IV der American Psychiatric Association, ist das erkennbar: Bestimmte Verhaltensweisen dürfen eine in der Regel statistisch ermittelte Frequenz nicht überschreiten (zum Beispiel nicht mehr als drei Panikattacken innerhalb von vier Wochen bei der Panikstörung). Andere Verhaltensweisen sind sozial nicht akzeptabel, zum Beispiel bestimmte sexuelle Orientierungen, die als Paraphilien diagnostiziert werden (allerdings nur dann, wenn die Person selber darunter leidet – subjektive Norm – oder anderen Leid zugefügt wird – soziale Norm). Andere Zustände werden als dysfunktional und insofern als für die Person schädlich angesehen, zum Beispiel eine Erektionsstörung, die dysfunktional für die sexuelle Befriedigung oder die Fortpflanzung ist. Den Fortschritt, den die modernen Klassifikationssysteme für die Objektivität und Reliabilität klinischer Diagnosestellung gebracht haben, liegt nicht zuletzt in der expliziten Definition von statistischen Normen, funktionalen Normen und Sozialnormen für jede einzelne psychische Störung.

Manche als abnorm beurteilten Zustände können durchaus toleriert werden. Zum Krankheitsmodell gehört hingegen zusätzlich die Bewertung, daß ein als abnorm angesehener Zustand verändert werden sollte. Durch die Bewertung als *änderungsbedürftig* wird auf der jeweiligen Abweichungsdimension ein zweiter Grenzwert festgelegt, der in der Regel höher liegt als der Grenzwert zwischen normal und abnorm. Ein Änderungswunsch kann von Seiten des Patienten selbst geäußert werden. Er wirkt bereits als ein deutlicher Hinweis darauf, daß tatsächlich ein abweichender und abnormer Zustand, also vermutlich eine Krankheit, vorliegt.

Die Unterscheidung beider Grenzwerte gilt auch für psychische Krankheiten. Frühe epidemiologische Untersuchungen an Zufallsstichproben der Bevölkerung (zum Beispiel Srole & Langner, 1974) hatten ergeben, daß etwa 80 Prozent der Untersuchten Symptome psychischer Krankheiten aufweisen. Als Schlußfolgerung aus solchen Ergebnissen wurde durch Einführung des Kriteriums «Behandlungsbedürftigkeit» dieser Prozentsatz auf ein «angemessenes» Maß reduziert. In den Klassifikationssystemen (ICD und DSM) wird die Behandlungsbedürftigkeit dann als gegeben angenommen, wenn die Symptome die berufliche Leistungsfähigkeit, die üblichen sozialen Aktivitäten oder die sozialen Beziehungen beeinträchtigen oder ausgeprägtes Leiden verursachen, und die Diagnose wird nur gestellt, wenn zusätzlich zur Symptomatik eine solche Beeinträchtigung festzustellen ist.

Beobachtung einer Veränderung und *Bewertung* dieser Veränderung sind die ersten beiden Schritte bei der Anwendung des Krankheitsmodells. Hinzukommen muß ein weiterer Schritt:

(3) *Überprüfung:* Eine als abnorm und änderungsbedürftig bewertete Veränderung im Zustand von Personen legt die Vermutung nahe, daß es sich um Folgen einer Krankheit handelt. Durch objektive Befunde (zum Beispiel Röntgenbilder oder Blutwerte), die unabhängig von den Aussagen des Patienten sind, wird versucht, diese Hypothese zu erhärten, das heißt den Krankheitsdefekt nachzuweisen – sowohl bei der Erforschung einer neuen Krankheit als auch bei der alltäglichen Diagnosestellung im Einzelfall. Fehlen solche objektiven Kriterien (das gilt für die psychischen Störungen), so gewinnen die Kriterien «Beobachtung einer Abweichung» und vor allem «Bewertung als abnorm und als änderungsbedürftig» für die «Interpretation als pathologisch», also für die Anwendung des Krankheitsmodells ein großes Gewicht.

Gerade weil die Bewertung bei diesem Prozeß einen so zentralen Stellenwert hat, ist der Gegenstandsbereich nicht fest abgegrenzt. Mit dem Wechsel von Wertauffassungen im Laufe der Zeit kann das Krankheitsmodell (probeweise) auf andere, bislang noch nicht berücksichtigte Sachverhalte angewendet werden, wie etwa auf Nikotinabhängigkeit oder Spielsucht, oder es kann zurückgezogen werden, wie etwa bei der Homosexualität. Entsprechend ändert sich die Vorstellung von Gesundheit.

Diese Unbestimmtheit eröffnet jedoch gleichzeitig die Gefahr des Mißbrauchs, indem Abweichungen von geltenden sozialen Normen pathologisiert werden. Beispiele dafür sind etwa die Diagnose «demokratischer Wahnsinn», die 1850, zwei Jahre nach der 48iger Revolution, der Psychiater Groddeck entdeckte, oder die Internierung von Dissidenten in psychiatrischen Kliniken in der UDSSR (weitere Beispiele bei Storz, 1976).

einen Gegenstandsbereich, sondern ein «Suchmodell», mit dem an einen Gegenstandsbereich herangegangen wird.

In der Medizin ist ein allgemeiner deskriptiver Krankheitsbegriff auch gar nicht notwendig; erforderlich sind lediglich spezielle Krankheitsdefinitionen, also genaue Abgrenzungen einzelner Krankheitseinheiten (Häfner, 1981). Nur für die gesellschaftlichen Aufgaben der Krankenversorgung ist eine allgemeine Abgrenzung von Krankheit und Gesundheit notwendig. Dazu wird auf eine pragmatische Lösung zurückgegriffen: Krank sind all die Menschen, die von Ärzten, im Extremfall von Vertrauensärzten, als krank definiert werden, indem für sie eine jeweils spezifische Krankheitsdiagnose gestellt wird.

Für den Begriff «Gesundheit» ist die Situation anders. Es gibt keine speziellen Gesundheitsbegriffe; man ist nicht in einer

4. Definition von Krankheit und Gesundheit

4.1 Krankheit und Gesundheit

Bemühungen zur Definition von Krankheit gibt es seit der Zeit des Hippokrates (vgl. Rothschuh, 1975). Dabei sind die Gesichtspunkte, die zur Abgrenzung herangezogen werden, äußerst unterschiedlich (s. **Kasten 1**).

Durch die Definition von Krankheit wird in der Regel versucht, den Gegenstandsbereich der Medizin zu kennzeichnen, also einen Teilbereich von beobachtbaren Abweichungen möglichst eindeutig abzugrenzen. Nach den vorausgehenden Ausführungen ist das Scheitern solcher Definitionsversuche nicht verwunderlich. Wäre der Gegenstandsbereich allgemeinverbindlich definiert, so wäre grundsätzlich abgesteckt, welche Erscheinungen unter diesem Begriff zu subsumieren sind und welche nicht. Damit würde das Krankheitsmodell seine forschungsleitende Funktion verlieren. Gerade weil und solange es noch relativ offen ist, kann es probeweise auf immer neue Erscheinungen und Zustände angewendet werden. Der allgemeine Krankheitsbegriff meint nicht lediglich

---

Kasten 1
Definition von Krankheit und Gesundheit

Der römische Arzt Galen († 200) definiert Krankheit als eine Abweichung «praeter» oder «contra naturam». Entsprechend auch Hufeland (1795): Eine Krankheit liegt vor, «insofern sie nehmlich als Abweichung percipiert wird, oder die Funcitionen des Menschen stört» (S. 19). Für Dietrich Georg Kieser (1817), geprägt durch die romantische Naturphilosophie, ist Krankheit die «Abweichung des Lebens von der normalen, das heißt zum Leben nothwendigen Lebensform, so daß ... das Negative (des Lebens) vorwaltend herrschend auftritt» (S. 25). In der Definition von Victor Weizsäcker steht die subjektive Sicht des Kranken im Mittelpunkt: «Das Wesen des Krankseins ist eine Not und äußert sich als Bitte um Hilfe». Die subjektive oder «klinische» Hilfsbedürftigkeit benutzt Rothschuh (1976) zur Abgrenzung, und der Gesichtspunkt der Heilbarkeit wird vom Bundesgerichtshof betont (zit. nach Becker, 1982, S. 3): «Krankheit ist jede Störung der normalen Beschaffenheit oder der normalen Tätigkeit des Körpers, die geheilt, das heißt beseitigt oder gelindert werden kann».

besonderen Art und Weise gesund. Wenn eine Person irgendeine Krankheit hat, also ein «Defekt in der Person» vorliegt, ist sie nicht gesund, egal welche spezifische Krankheit sie hat. Insoweit ist Gesundheit als Abwesenheit von jeglicher Krankheit zu verstehen.

4.2 Kranksein und Gesundsein

Eine Person, die eine Krankheit hat, muß sich jedoch nicht krank fühlen, und Krankheitssymptome sind möglicherweise auch nicht für Dritte von außen erkennbar, etwa bei einer bereits seit längerer Zeit wuchernden Krebsgeschwulst. Der Betroffene kann vielleicht den Eindruck haben, völlig gesund zu sein – gesund im Sinne von Gesundsein. Gelegentlich ist diskutiert worden, ob krank und gesund nicht sinnvollerweise als zwei unabhängige Dimensionen definiert werden sollten (Lutz & Mark, 1995). Das gilt sicherlich für die objektive Krankheit und das subjektive Gesundsein bzw. Kranksein: Ich kann mich krank fühlen, obwohl ich keine Krankheit habe, und ich kann mich trotz Krankheit gesund fühlen.

Die Symptome und Befunde des Krankseins sind vielfältig. Eine allgemeine, umfassende Beschreibung und Erklärung aller Symptome erscheint wenig sinnvoll. Im Bereich der psychischen Störungen hat sich die psychiatrische Teildisziplin der Allgemeinen Psychopathologie um ein allgemeines Verständnis von psychischen Symptomen bemüht. Spätestens seit Einführung des DSM-III werden jedoch auch die psychischen Symptome im Zusammenhang mit ihren jeweiligen Störungen betrachtet.

Für das Gesundsein ist eine solche Zuordnung nicht möglich, da es – wie dargestellt – nicht unterschiedliche Formen von Gesundheit gibt. Von daher gibt es für den Bereich des Gesundseins eine Vielfalt von Versuchen, durch Auflistung entsprechender Merkmale zu einer positiven Definiton zu kommen. Ein Beispiel ist der Begriff «Wohlbefinden» in der oben erwähnten Definition der WHO. Andere Merkmale sind denkbar, zum Beispiel Glücklichkeit, Zufriedenheit, ausgeglichenes Temperament, Intelligenz und rücksichtsvolles Sozialverhalten (Menninger, 1946). Jahoda (1958)

kommt nach Durchsicht der Literatur zu sechs Kriterien *psychologischer* Gesundheit: (1) Positive Einstellung zur eigenen Person, (2) Wachstum und Selbstverwirklichung, (3) Integrierte Persönlichkeit, (4) Autonomie, Selbständigkeit, (5) Adäquate Realitätswahrnehmung und (6) Kompetenz in der Bewältigung von Anforderungen der Umwelt.

Auf der Grundlage umfassender Fragebogenanalysen unterscheidet Becker (1982, 1995) drei Hauptkomponenten (Faktoren zweiter Ordnung) der seelischen Gesundheit: Seelisch-körperliches Wohlbefinden (mit den Primärfaktoren Sinnerfülltheit, Selbstvergessenheit und Beschwerdefreiheit), Selbstaktualisierung (Expansivität, Autonomie) und selbst- und fremdbezogene Wertschätzung (Selbstwertgefühl, Liebesfähigkeit). Einen Überblick über weitere Definitionsversuche gibt Schorr (1995).

In der Auswahl solcher Merkmale (bzw. der Konstruktion und Auswahl der entsprechenden Fragebögen) zeigt sich besonders deutlich, daß nicht nur in die Definition von Kranksein, sondern auch in die Definition von Gesundsein Bewertungen eingehen, die kulturell mitgeprägt und daher nicht konstant sind. Nicht nur der Zustand des (psychischen) Krankseins, sondern auch des (psychischen) Gesundseins impliziert ein Werturteil auf der Grundlage «normativer Vorstellungen menschlicher Existenz und Koexistenz» (Brandtstädter, 1982, S. 107).

Die genannten Auflistungen von Kriterien psychischen Gesundseins von Menninger, Jahoda oder von Becker machen deutlich, daß damit wohl kaum ein «Durchschnittszustand» definiert wird, sondern ein Idealzustand; Brandtstädter (1982) spricht von «Konzepten optimaler Entwickung». Zwischen diesem Idealzustand des psychischen Gesundseins im Sinne einer optimalen Entwicklung bzw. einer «voll funktionierenden Person» (Rogers, 1973) einerseits und dem Extremwert psychischen Krankseins bzw. der Erscheinungsform einzelner psychischer Krankheiten andererseits ist vermutlich ein neutraler Mittelbereich des durchschnittlich-Normalen (eine «neutralitas»; Schorr, 1995) anzunehmen.

Während also Krankheit und Gesundheit als sich zwei ausschießende Kategorien zu verstehen sind, sind Kranksein und Gesundsein als Extrempole eines Kontinuums mit einem neutralen Mittelbereich zu verstehen, deren Grenzwerte fließend sind.

4.3 Rolle des Kranken und Rolle des Gesunden

Genauso wie einer Person bei Vorliegen entsprechender Hinweise von ihrer Umwelt die Rolle des Kranken mit einem entsprechend veränderten Erwartungsspektrum zugewiesen werden kann, wird einem Menschen ohne beobachtbare Hinweise auf Beeinträchtigungen und Abweichungen die Rolle des Gesunden zugeschrieben. Das impliziert die Erwartung, daß diese Person ihre normalen Rollen (als Berufstätiger, Familienvater, Vorsitzender des Sportvereins und mündiger Bürger) zu erfüllen vermag, vermutlich sogar, daß sie diesen Rollenerwartungen besonders gut gerecht wird. Denn auch hier ist ein neutraler Mittelbereich sozialer Rollenerwartungen anzunehmen. Die Rolle des Gesunden wird erst dann explizit zugesprochen, wenn nicht nur Hinweise auf eine Krankheit fehlen, sondern wenn die Person unter anderem als sportlich und ausgeglichen gilt. Analog zu den negativen, stigmatisierenden Rückwirkungen der Rollenzuweisung als Kranker sind auch Rückwirkungen der Rollenzuweisung als Gesunder festzustellen, vor allem die Annahme einer besonderen Leistungsfähigkeit und Belastbarkeit (Parsons, 1967; vgl. auch Becker, 1995; Franke, 1990).

4.4 Krankheitsursachen und Gesundheitsursachen

Auf der untersten Ebene des Krankheitsmodells wurden die Krankheitsursachen angesiedelt (s. **Abb. 1**). Eine Person kann letztlich nur dann als vollständig geheilt, als wieder gesund gelten, wenn auch die individuellen Krankheitsursachen verschwunden sind.

Krankheit als unmittelbare Folge von Krankheitsursachen ist zu vereinfacht gesehen. Krankheit oder Gesundheit sind Resultat des Zusammenwirkens von krankmachenden Faktoren, beispielsweise Viren, Strahlen oder Streß, und gesundheitsfördernden Faktoren wie intaktes Immunsystem, gute Konstitution oder elaborierte Kopingstrategien zur Streßbewältigung.

Gesundheit ist nicht nur der Zustand, der durch kurative Maßnahmen wiederhergestellt werden soll, sondern Gesundheit ist auch Ziel

für präventive Maßnahmen. Entsprechend definiert Becker (1982, S. 282): «Unter ‹seelischer Gesundheit› wollen wir das Muster all jener psychischen Eigenschaften (das heißt relativ stabilen Kennzeichen des Verhaltens und Erlebens) verstehen, die … die Wahrscheinlichkeit des Auftretens einer psychischen Erkrankung verringern.»

Doch die Wahrscheinlichkeit des Auftretens einer psychischen Störung wird nicht nur durch bestimmte Merkmale der Person verringert, sondern auch durch Merkmale ihrer ökologischen, ökonomischen und sozialen Lebensbedingungen. Ein Idealzustand der «Ungestörtheit», der für Prävention leitend sein könnte, ist demnach nicht nur durch Merkmale der Person, sondern umfassender durch Merkmale des Körpers, der Psyche, der Person-Umwelt-Interaktion und der Umwelt zu kennzeichnen, genauso wie Krankheitsursachen auch im Somatischen, Psychischen und Sozialen zu finden sind.

Die Begriffe gesund und krank sind aufeinander bezogen. Das gilt nicht nur für Krankheit und Gesundheit, sondern für alle vier Ebenen, die im Krankheitsmodell unterschieden werden: Krankmachende und präventive, gesundheitsfördernde Faktoren, Krankheit und Gesundheit, Kranksein und Gesundsein und schließlich Rolle des Kranken und des Gesunden. Die Vielfalt der Definitionsversuche von (psychischer) Krankheit und mehr noch von (psychischer oder seelischer) Gesundheit (Schorr, 1995) lassen sich durch Zuordnung zu den Ebenen des allgemeinen Krankheitsmodells ordnen und systematisieren.

5. Anwendung des Krankheitsmodells auf Verhaltensauffälligkeiten

5.1 Zur Geschichte des Krankheitsmodells

In der Zeit der Aufklärung wurde das Krankheitsparadigma herangezogen, um damit auch auffällige, unbegreifliche Verhaltensweisen zu erklären. Sarbin (1979) hat am Beispiel der Hl. Theresa von Avila (1515–1582) deutlich gemacht, daß das Konzept Krankheit zunächst nur als Metapher verwendet wurde. Nonnen eines Klosters zeigten ein in jener Zeit häufiges Verhalten, das heute als Massenhysterie gelten würde. Um die drohende Inquisition abzuwenden, sprach sich Theresa dafür aus, die Nonnen «als ob krank» (como enferma) zu betrachten. Denn die beobachteten Abweichungen seien nicht auf Hexerei, sondern vermutlich auf natürliche Gründe zurückzuführen.

Damit trat das Krankheitsmodell in Konkurrenz zu dem «Besessenheitsmodell». Unberechenbares, absonderliches Verhalten war nun nicht mehr eine Strafe Gottes (wie im frühen Mittelalter) oder (im späten Mittelalter) Zeichen für einen freiwilligen Pakt mit dem Teufel (Zilboorg & Henry, 1941), sondern es wurde wie Krankheit erklärt als Folge einer zentralen Störung in der Person. Allerdings wurde diese Störung nicht im Körper, sondern im Geist, in der Vernunft oder dem Gemüt gesehen. Im Rahmen der Rückbesinnung auf die griechischen Philosophen während der Renaissance und der Aufklärung verlor der christliche Begriff der Seele an Bedeutung; er wurde ersetzt durch die Begriffe Geist, Vernunft und Psyche. Entsprechend dem Leib-Seele-Dualismus wurde auch diesen eine eigene Entität zugesprochen, so daß es auch *Geisteskrankheiten* geben konnte.

5.2 Krankheitsmodelle der Psychiatrie und Psychoanalyse

Mit dem Siegeszug der Naturwissenschaften im 19. Jahrhundert wurde diese Position allerdings in Frage gestellt. Auch die Psychiatrie schloß sich mehr und mehr der naturwissenschaftlich geprägten Medizin an. Sie übernahm das engere biomedizinische Krankheitsmodell. Auch Geisteskrankheiten – so etwa die kämpferische Position von Griesinger und anderen führenden Psychiatern des späten neunzehnten Jahrhunderts – sind Gehirnkrankheiten. Die Basisstörung, der «Defekt», ist demnach körperlicher Art. Tatsächlich half dieses biomedizinische Krankheitsmodell, eine Reihe von bis dahin unerklärlichen Geistes- und Gemütszuständen auf eine zentrale organische Störung zurückzuführen. Als Paradebeispiel gilt die progressive Paralyse, die erstmals 1825 von A.L.J. Bayle als Krankheitseinheit abgegrenzt wurde und die

schließlich 1913 von Noguchi und Moore endgültig als Spätfolge einer syphilitischen Ansteckung erklärt werden konnte.

Die Auffassung, daß es Krankheiten des Geistes oder der Psyche gibt, wurde durch die biomedizinische Position jedoch nicht völlig verdrängt. Es war vor allem Freud, der zur gleichen Zeit, als Kraepelin in München dem biomedizinischen Modell zum Durchbruch verhalf, in Wien ein modernes Denkmodell für rein psychische Krankheiten formulierte. Den Grundgedanken des Modells behielt Freud bei: Psychische Störungen sind zurückzuführen auf einen zentralen Defekt innerhalb der Person. Dieser Defekt liegt jedoch nicht im Körperlichen, sondern im Psychischen, hervorgerufen durch einen unverarbeiteten Konflikt. «Zu den bekannten Viren, Bakterien, Genen, Röntgenstrahlen, Giften usw. hat die Psychoanalyse eine weitere Ursache entdeckt: den unbewußt gewordenen Konflikt» (Muck, 1974, S. 12).

Neben der Psychoanalyse haben auch geisteswissenschaftlich-phänomenologisch geprägte Richtungen der Psychiatrie das Konzept der Geisteskrankheit aufrechterhalten. Psychisch krank bedeutet danach eine krankhaft veränderte Psyche. Karl Jaspers (1883–1969) sah im Erleben des Kranken den zentralen Zugang zu diesen Veränderungen. Aussagen über die Ursachen und die Genese psychischer Krankheiten sollen von dieser Grundlage aus nicht gemacht werden, sondern lediglich Aussagen zur Psychopathologie, also zur Beschreibung und Klassifikation psychischer Krankheiten (Degkwitz, Hoffmann & Kindt, 1982). Die Diagnoseeinheiten sind demnach keine ätiologisch begründeten Einheiten mehr wie bei Kraepelin, sondern für die Abgrenzung der Einheiten ist die Primärstörung, der primäre Defekt, kennzeichnend. Der wird im Psychischen gesehen, nämlich als *Defekt des Erlebens*, gleichgültig ob er psychisch, sozial oder somatisch verursacht ist.

Diese Position ist inzwischen von der Psychiatrie weitgehend übernommen worden. Entsprechend werden nach dem ICD-Schlüssel und dem DSM die Auswirkungen neurologischer Krankheiten gleichzeitig als psychische Krankheiten bezeichnet, nämlich als organisch bedingte oder «symptomatische» psychische Störungen. Zu dem organischen Primärdefekt, etwa einer Hirnschrumpfung (Atrophie),

kommt demnach ein psychologischer Primärdefekt, etwa eine Demenz. Diese Verdoppelung
macht deutlich, was mit «Geisteskrankheit» gemeint ist: ein Defekt im Erleben.

5.3 Psychologische Störungskonzepte

Die Psychologie hat einen anderen Zugang zu
gestörtem und auffälligem Verhalten und Erleben bevorzugt. Gesucht wird nach psychologischen Ursachen. In den USA hat sich für diese
Forschungsrichtung seit der Jahrhundertwende
der Begriff «Abnormal Psychology» eingebürgert. Im deutschsprachigen Raum wurde von
Hugo Münsterberg (1912) der Begriff «Pathopsychologie» vorgeschlagen. Der entscheidende Unterschied zum psychiatrischen Begriff
«Psychopathologie» liegt in der Annahme einer Kontinuität zwischen normalen und abnormen psychischen Prozessen. Psychische
Störungen sind lediglich «Steigerungen oder
Hemmungen der normalen psychischen Prozesse» (Münsterberg, 1912, S. 56); ein Defekt
wird nicht angenommen. Unter dieser Voraussetzung ist es gerechtfertigt, die gleichen
Forschungsmethoden anzuwenden und prinzipiell die gleichen Gesetzmäßigkeiten anzunehmen wie im Bereich der Normalpsychologie.

Nach jahrzehntelanger Dominanz tiefenpsychologischer Ansätze hat sich diese grundsätzliche Position in den fünfziger Jahren in der
Klinischen Psychologie weitgehend durchgesetzt. Zunächst wurden lernpsychologische
Methoden und Forschungsergebnisse der
Grundlagenforschung auf die Erklärung und
Behandlung psychischer Störungen übertragen;
es entstand die Verhaltenstherapie. Vor allem
aus der Anwendung der Skinnerschen Lern-
psychologie resultierte ein anderes Verständnis
von psychischen Störungen: Verhaltensauffälligkeiten sind nicht Folge eines Defektes innerhalb der Person, sondern direkte Auswirkungen ungünstiger verhaltenssteuernder
Umgebungsbedingungen (Ullmann & Krasner,
1969). Die Rückführung verschiedener Beschwerden und Auffälligkeiten auf einen typischen Defekt, auf eine Krankheit, wurde von
Eysenck (Eysenck & Rachman, 1967, S. 20) abgelehnt: «Es gibt keine Neurose, die dem Symptom zugrundeliegt, sondern nur das Symptom

selbst». Für die Symptome oder Verhaltensauffälligkeiten sind im Einzelfall die jeweiligen Ursachen und aufrechterhaltenden Bedingungen
direkt zu suchen (Schulte, 1996).

Inzwischen ist nicht nur die lernpsychologische Forschung zur Analyse psychischer
Störungen angewandt worden, sondern das gesamte Spektrum psychologischer Grundlagenforschung, wie dieses Lehrbuch zeigt. Entsprechend sind auch neue Therapiemethoden
entwickelt worden, vor allem solche, die Kognitionen und kognitive Verarbeitungsprozesse zu
verändern suchen. Gemeinsam ist diesen Ansätzen, daß in der Regel nicht komplexe Krankheitseinheiten Gegenstand der Analyse und
gegebenenfalls der Therapie sind, sondern einzelne Funktionen und Strukturen der Verhaltenssteuerung und der Informationsverarbeitung. Nicht die Person ist krank, sondern
einzelne Verhaltensweisen und einzelne psychische Funktionen zeigen extreme Abweichungen, die gegebenenfalls von der Gesellschaft
und dem Betroffenen als anormal und als
änderungsbedürftig bewertet werden.

5.4 Sozialwissenschaftliche Störungskonzepte

Auch von den Sozialwissenschaften, vor allem
der Devianzforschung, sind alternative Auffassungen von psychischen Störungen entwickelt
worden, die zusammen mit der Kritik an den
Verhältnissen der psychiatrischen Versorgung
in den siebziger Jahren zu einer radikalen Ablehnung der Psychiatrie und ihrer Krankheitskonzepte geführt haben. Gemeinsam ist diesen
Ansätzen die Betonung sozialer Variablen für
die Entstehung und Aufrechterhaltung psychischer Störungen.

Nach der Labeling-Theorie führt erst die
Etikettierung einer Person als geisteskrank zur
Entstehung der eigentlichen Störung. Aus einer
primären Störung im Sinne geringfügiger Regel-
abweichungen wird durch den Etikettie-
rungsprozeß seitens der sozialen Umwelt und
schließlich durch die Diagnosestellung seitens
der Fachleute die eigentliche Störung, indem
der Betroffene die ihm aufgetragene Rolle des
Abweichenden und Kranken übernimmt, sich
so fühlt und verhält und indem die Umwelt
ihn so behandelt und nur noch in dieser Rolle

akzeptiert (Scheff, 1972; Keupp, 1979). Demnach existiert die Krankenrolle ohne eine Krankheit, und das Kranksein ist primär Folge der zugeschriebenen Krankenrolle.

Auch für den Psychiater Thomas Szasz (1960) ist die Bezeichnung einer Person als psychisch krank nicht die Beschreibung eines vorfindbaren Zustandes, sondern die Zuschreibung einer Diagnose und damit der Krankenrolle. Die Konzeption psychischer Störungen – und damit meint er in erster Linie die Schizophrenie – als Krankheit bezeichnet er als Mythos, als Analogie, für die es keine Beweise gibt. Szasz sieht in der Schizophrenie sozial unangepaßtes Verhalten als Folge gestörter Sozialisationsbedingungen in der Familie. Diese Position wird von anderen Vertretern der sogenannten Antipsychiatrie geteilt (Bopp, 1980). Allerdings wird dabei nicht unbedingt nur die Familie, sondern die Gesellschaft schlechthin als die zentrale Bedingung angesehen, die für die Entstehung psychotischen Verhaltens verantwortlich ist. Damit wird der zentrale Defekt nicht mehr in der Person gesehen, sondern in sozialen Gruppen oder in der Gesellschaft, und damit verliert das Krankheitsmodell seine Berechtigung.

Daß soziale Bedingungen nicht nur Ursachen für individuelle Störungen, sondern die eigentliche Störung selber sind, wird von Vertretern der Familientherapie (vgl. Hoffman, 1982) und Vertretern anderer interpersoneller Modelle (Sullivan, 1953; Kiesler, 1982) herausgestellt. Die Störung liegt im sozialen System (der Familie), in der Interaktion, Kommunikation und Beziehung der Mitglieder untereinander. Auffälligkeiten einzelner Personen sind lediglich Folge oder Ausdruck dieser sozialen, nicht individuellen «Basisstörung».

5.5 Humanistische Störungskonzepte

Vertreter der sogenannten humanistischen Psychologie haben keine Alternative zum Krankheitskonzept entwickelt – sie haben es vielmehr ignoriert. Zwischen verschiedenen Störungen werden keine Unterschiede gemacht, weder in ihrem grundsätzlichen Verständnis, noch hinsichtlich der Entstehungsbedingungen, noch im Hinblick auf die Therapie. Nicht einmal gesund und krank werden prinzipiell unterschieden.

Grundlage dafür ist das Menschenbild des humanistischen Ansatzes. Rogers (1951, dt. 1973) nimmt einen grundlegenden, kontinuierlichen Prozeß der Reifung und Selbstaktualisierung an. Würde dieser Prozeß nicht gestört, so würde eine «fully functioning person» resultieren. Doch der Prozeß der Selbstentfaltung wird bei allen Menschen durch Einflüsse von außen blockiert. Lediglich der Grad dieser Störungen ist unterschiedlich.

Auch Pearls (1969, dt. 1974), der Begründer der Gestalttherapie, nimmt einen allgemeinen Wachstums- und Reifungsprozeß an. Umweltbedingungen hindern jedoch alle Menschen in unterschiedlichem Ausmaß, bestimmte Bedürfnisse zu befriedigen oder Affekte auszuleben. Diese unbefriedigten oder unabgeschlossenen Bedürfnisse und Affekte sieht Pearls als «unabgeschlossene Gestalten», die wie Fremdkörper nachwirken und zu einer fortschreitenden Entfremdung führen.

Psychische Störungen sind demnach Wachstums- oder Entwicklungsstörungen (Bünte-Ludwig, 1984). Kein Mensch erreicht den Idealzustand einer gereiften oder voll funktionierenden Persönlichkeit. Es gibt keinen grundsätzlichen, qualitativen Unterschied zwischen psychisch gesund und psychisch krank. Personen unterscheiden sich lediglich graduell hinsichtlich ihrer Möglichkeit, aktuelle Lebensprobleme zu bewältigen (Bastine, 1984). Die Erscheinungsweisen dieser im Prinzip gleichen Schwierigkeiten bei der Bewältigung von Lebensproblemen sind unterschiedlich, aber das ist ein peripherer, für die Therapie unwesentlicher Gesichtspunkt. Sie werden vom Therapeuten nicht besonders thematisiert oder zum Gegenstand von Diagnostik und Therapie gemacht. Im Zentrum der Therapie steht vielmehr die Begegnung (encounter) und die besondere Beziehung zum Therapeuten.

In den letzten Jahren wurden in der Gesprächspsychotherapie Ansätze entwickelt, die spezifische Ausformungen des Roger'schen Grundmodells für einzelne Störungsarten postulieren (Finke, 1994; Speierer, 1994). Zum Teil werden dabei die Grundpositionen von Rogers aufgegeben und neue, auf eine einzelne Störung ausgerichtete Modelle entwickelt, etwa von Sachse für psychosomatische Krankheiten (Sachse, 1995; Atrops & Sachse, 1994).

5.6 Differentielle Störungskonzepte

Zu den verschiedenen Varianten des Krankheitsmodells für psychische Störungen sind damit noch drei grundsätzlich andere Sichtweisen hinzugekommen: Psychische Auffälligkeiten als Extremausprägungen einzelner psychischer Prozesse und Funktionen, psychische Auffälligkeiten als Ausdruck unangemessener oder gestörter Prozesse in sozialen Systemen und psychische Störungen als Folge einer Behinderung eines natürlichen Wachstumsprozesses. Der Unterschied liegt auf den ersten Blick in der Betonung verschiedenen Ursachen. Doch selbst für körperliche Krankheiten wird zunehmend akzeptiert, daß neben biologischen auch psychische und soziale Bedingungen beteiligt sind. In diesen erweiterten biopsychosozialen Krankheitsmodellen (Engel, 1979, 1980; Mechanic, 1986) wird jedoch nach wie vor daran festgehalten, daß all diese Ursachen zusammenwirken bei der Entstehung und Aufrechterhaltung eines inneren Defektes.

Die Annahme eines solchen Defektes wird von den alternativen Konzepten jedoch zurückgewiesen, zumindest wird ein solcher Defekt nicht als in der Person liegend gesehen. Damit wird das Krankheitsmodell mit all seinen persönlichen und politischen Implikationen zurückgewiesen.

Die verschiedenen Sichtweisen sind nicht notwendigerweise als sich ausschließende Alternativen zu sehen. Nicht alle psychischen Störungen sind gleich, vermutlich unterscheiden sie sich nicht nur hinsichtlich ihrer Ursachen und Bedingungen, sondern auch hinsichtlich der Lokalisation eines Defektes – wenn man überhaupt dann noch von einem Defekt sprechen will.

Der Defekt kann im Körperlichen liegen, etwa im Nervensystem. Entsprechende psychische Störungen sind dann als Folge körperlicher Krankheiten aufzufassen.

Der Defekt kann primär im Psychischen liegen im Sinne einer erworbenen, gelernten *Fehlprogrammierung.* Durch psychologische Forschung können die *Fehler* der informationsverarbeitenden und verhaltenssteuernden Prozesse grundsätzlich nachgewiesen werden, und die medizinische Forschung untersucht die entsprechenden Besonderheiten der neuro-

nalen und biochemischen Informationsübertragung, etwa Verschiebungen im Haushalt der Neurotransmitter. Die resultierenden Verhaltensauffälligkeiten sind genauso als *Fehler des Programms* wie als *Fehler der neurologisch-biochemischen Informationsübertragung* zu beschreiben; der Defekt liegt gewissermaßen in der Software und kann sowohl psychologisch als auch medizinisch beschrieben und analysiert werden. Der Begriff *Verhaltensstörung* wäre für solche Fehlprogrammierungen angemessen. Sind solche Programmstörungen lediglich als vorübergehende reaktive Überforderungen des Systems zu verstehen, so sind die Begriffe *Krisenreaktion* oder *Anpassungsstörung* zutreffend.

Ein als unangemessen, unangepaßt, störend oder abweichend beurteiltes Verhalten kann auch ohne eine Fehlprogrammierung vorkommen. Das ist dann der Fall, wenn die verhaltenssteuernde Umwelt selber als unangepaßt, ineffizient, gestört oder krankhaft bezeichnet werden müßte. Beispiele dafür wären ein angepaßtes Sozialverhalten an die Normen einer extremen sozialen Subgruppe (etwa Jugendbanden), die Anpassung an eine gestörte Familie oder ein angepaßtes Reagieren auf extreme Verstärkungskontingenzen (Mängel oder Überfluß), wie sie etwa unter Hospitalisierungsbedingungen gegeben sind. In all diesen Fällen kommt es zu Verhalten, das von der weiteren sozialen Umwelt als *abnorm* und *änderungsbedürftig* beurteilt wird, ohne daß ein Defekt in der Person vorliegt. In diesen Fällen wäre der Begriff *abweichendes Verhalten* angemessen.

Verschiedene *Typen* psychischer Störungen lassen sich demnach unterscheiden. Den beobachtbaren Auffälligkeiten liegen Störungen auf unterschiedlicher Ebene in und außerhalb der Person zugrunde: Störungen des Körpers und des Nervensystems, der Psyche im Sinne informationsverarbeitender und verhaltenssteuernder Programme und der ihnen zugrundeliegenden Prozesse der biochemischen Informationsübertragung oder Störungen der Umwelt. In vielen Fällen werden Störungen verschiedener Art zusammenkommen, denn alle haben Auswirkungen auf das Verhalten und können sich somit durch innere und äußere Wechselwirkungen auf andere Störungen auswirken. *Psychische Störung* bietet sich als Oberbegriff an, der die verschiedenen Störungsarten umfaßt, einschließlich Krankheiten im engeren Sinn. Entsprechend heißt das Klassifikationssystem der American Psychiatric Association *Diagnostisches und statistisches Manual psychischer Störungen* (mental disorders) und nicht psychischer Krankheiten (deseases) (s. Kap. 6/Klassifikation).

6. Literatur

Atrops, A. & Sachse, R. (1994). Vermeiden psychosomatische Klienten die Klärung eigener Motive? Eine empirische Untersuchung mit Hilfe des Fokussing. In M. Behr, U. Esser, F. Petermann, R. Sachse & R. Tausch (Hrsg.), *Jahrbuch für Personenzentrierte Psychologie und Psychotherapie* (Bd. 4, S. 41–59). Salzburg: Otto Müller.

Bastine, R. (1984). *Klinische Psychologie* (Bd. 1). Stuttgart: Kohlhammer.

Becker, P. (1982). *Psychologie der seelischen Gesundheit. Bd. 1. Theorien, Modelle, Diagnostik.* Göttingen: Hogrefe.

Becker, P. (1995). *Seelische Gesundheit und Verhaltenskontrolle.* Göttingen: Hogrefe.

Bopp, J. (1980). *Antipsychiatrie. Theorien, Therapien, Politik.* Frankfurt: Syndikat.

Brandtstädter, J. (1982). Kern- und Leitbegriffe psychologischer Prävention. In J. Brandtstädter & A. von Eye (Hrsg.), *Psychologische Prävention* (S. 81–115). Bern: Huber.

Bünte-Ludwig, C. (1984). Gestalttherapie – Integrative Therapie. Leben heißt Wachsen. In H. Petzold (Hrsg.), *Wege zu Menschen* (Bd.1, S. 217–307). Paderborn: Jungfermann.

Degkwitz, R., Hoffmann, S.D. & Kindt, H. (1982). *Psychisch krank. Einführung in die Psychiatrie für das klinische Studium.* München: Urban & Schwarzenberg.

Engel, G.L. (1979). Die Notwendigkeit eines neuen medizinischen Modells: Eine Herausforderung der Biomedizin. In H. Keupp (Hrsg.), *Normalität und Abweichung* (S. 63–85). München: Urban & Schwarzenberg.

Engel, G.L. (1980). The clinical application of the biopsychosocial model. *American Journal of Psychiatry,* 137, 535–544.

Eysenck, H.J. & Rachman, S. (1967). *Neurosen – Ursachen und Heilmethoden.* Berlin: VEB Deutscher Verlag der Wissenschaften.

Fabrega, H. & Manning, P. (1979). Krankheit, Kranksein und abweichende Karrieren. In H. Keupp (Hrsg.), *Normalität und Abweichung* (S. 213–239). München: Urban & Schwarzenberg.

Finke, J. (1994). Die Krankheitslehre der Gesprächspsychotherapie. In M. Behr, U. Esser, F. Petermann, R. Sachse & R. Tausch (Hrsg.), *Jahrbuch für Personenzentrierte Psychologie und Psychotherapie* (Bd.4, S. 9–29). Salzburg: Otto Müller.

Franke, A. (1990). Gesundheit – ein Begriff im Spektrum der Wertsysteme. *Praxis der Klinischen Verhaltensmedizin und Rehabilitation,* 12, 313–320.

Häfner, H. (1981). Der Krankheitsbegriff in der Psychiatrie. In R. Degkwitz & H. Siedow (Hrsg.), *Standorte der Psychiatrie. Bd. 2. Zum umstrittenen psychiatrischen Krankheitsbegriff* (S. 16–54). München: Urban & Schwarzenberg.

Hoffmann, L. (1982). *Grundlagen der Familientherapie.* Hamburg: ISKO-Press.

Hofstätter, P. (1957). *Psychologie.* Frankfurt: Fischer.

Hufeland, C. W. (1795, Neudruck 1975). Begriff und Wesen der Krankheit. Neudruck in K.E. Rothschuh (Hrsg.), *Was ist Krankheit?* (S. 19–23). Darmstadt: Wissenschaftliche Buchgesellschaft.

Jahoda, M. (1958). *Current concepts of positive mental health.* New York: Basic Books.

Keupp, H. (1972). *Psychische Störungen als abweichendes Verhalten.* München: Urban & Schwarzenberg.

Keupp, H. (1979). Psychische Krankheit als hergestellte Wirklichkeit – eine Grenzbestimmung des Etikettierungsparadigmas. In H. Keupp (Hrsg.), *Normalität und Abweichung* (S. 199–212). München: Urban & Schwarzenberg.

Kieser, D.G. (1817, Neudruck 1975). Gesundheit und Krankheit. Neudruck in K.E. Rothschuh (Hrsg.), *Was ist Krankheit* (S. 24–29). Darmstadt: Wissenschaftliche Buchgesellschaft.

Kiesler, D.J. (1982). Interpersonal theory for personality and psychotherapy. In J.C. Anchin & D.J. Kiesler (Eds.), *Handbook of interpersonal psychotherapy* (pp. 3–24). New York: Pergamon.

Kuhn, T.S. (1972). *Die Struktur wissenschaftlicher Revolutionen.* Frankfurt: Suhrkamp.

Lutz, R. & Mark, N. (1995). Zur Gesundheit bei Kranken. In R. Lutz & N. Mark (Hrsg.), *Wie gesund sind Kranke?* (S. 11–24). Göttingen: Verlag für Angewandte Psychologie.

Mechanic, D. (1986). Role of social factors in health and well being: Biopsychosocial model from a social perspective. *Integrative Psychiatry, 4,* 2–11.

Menninger, K. (1946). *The human mind.* New York.

Muck, M. (1974). Krankheit, Konflikt und das Konzept der Psychoanalyse. In M. Muck, K. Schröter, R. Klüwer u. a. (Hrsg.), *Informationen über Psychoanalyse. Theoretische, therapeutische und interdisziplinäre Aspekte* (S. 10–36). Frankfurt: Suhrkamp.

Münsterberg, H. (1912). Psychologie und Pathologie. *Zeitschrift for Pathopsychologie, 1,* 50–66.

Parsons, T. (1967). Definition von Gesundheit und Krankheit im Lichte der Wertbegriffe und der sozialen Struktur Amerikas. In A. Mitscherlich, T. Brocher, O. von Mering & K. Horn (Hrsg.), *Der Kranke in der modernen Gesellschaft* (S. 57–87). Köln: Kiepenheuer & Witsch.

Pearls, F.S. (1969). *Gestalt therapy verbatim.* Lafayette: Real People Press (Deutsch: Fliegel, S., Stuttgart: Klett, 1974).

Rogers, C.R. (1951). *Client-centered therapy.* Boston: Houghton Mifflin (Deutsch: Die klientenbezogene Gesprächstherapie. München: Kindler, 1973).

Rothschuh, K.E. (Hrsg.). (1975). *Was ist Krankheit? Erscheinung, Erklärung, Sinngebung.* Darmstadt: Wissenschaftliche Buchgesellschaft.

Rothschuh, K.E. (1976). Krankheit. In J. Ritter (Hrsg.), *Historisches Wörterbuch der Philosophie* (Bd. 4; S. 1184–1190). Basel: Schwabe.

Sachse, R. (1995). *Der psychosomatische Patient in der Praxis. Grundlage einer effektiven Therapie mit «schwierigen» Klienten.* Stuttgart: Kohlhammer.

Sarbin, T.R. (1979). Der wissenschaftliche Status der Krankheitsmetapher für psychische Störungen. In H. Keupp (Hrsg.), *Normalität und Abweichung* (S. 23–46). München: Urban & Schwarzenberg.

Scheff, T. J. (1972). Die Rolle des psychisch Kranken und die Dynamik psychischer Störungen: Ein Bezugsrahmen für die Forschung. In H. Keupp (Hrsg.), *Der Krankheitsmythos in der Psychopathologie* (S. 136–156). München: Urban & Schwarzenberg.

Schorr, A. (1995). Gesundheit und Krankheit: Zwei Begriffe mit getrennter Historie? In R. Lutz & N. Mark (Hrsg.), *Wie gesund sind Kranke?* (S. 53–69). Göttingen: Verlag für Angewandte Psychologie.

Schulte, D. (1996). *Therapieplanung*. Göttingen: Hogrefe.

Speierer, G.-W. (1994). Die Inkongurenzdynamik bei Neurosen mit vorrangiger Angstsymptomatik als Voraussetzung der Indikation der Gesprächspsychotherapie. In M. Behr, U. Esser, F. Petermann, R. Sachse & R. Tausch (Hrsg.), *Jahrbuch für Personenzentrierte Psychologie und Psychotherapie* (Bd. 4, S. 30–40). Salzburg: Otto Müller.

Srole, L. & Langner, T. S. (1974). Sozioökonomische Statusgruppen: Ihr Verteilungsmuster psychischer Gesundheit. In H. Keupp (Hrsg.), *Verhaltensstörungen und Sozialstruktur* (S. 66–90). München: Urban & Schwarzenberg.

Storz, D. (1976). Politische Psychiatrie I–III. *Psychologie heute, 3*, Heft 8, 13–19; Heft 9, 42–55; Heft 10, 52–58.

Stumme, W. (1975). *Psychische Erkrankungen – Im Urteil der Bevölkerung*. München: Urban & Schwarzenberg.

Sullivan, H. S. (1953). *The interpersonal theory of psychiatry*. New York: Norton.

Szasz, T. S. (1960). The myth of mental illness. *American Psychologist, 15*, 113–118.

Ullmann, L. P. & Krasner (1969). *A psychological approach to abnormal behavior*. Englewood Cliffs, N. J.: Prentice-Hall.

Zilboorg, G. & Henry, G. W. (1941). *A history of medical psychology*. New York: Norton.

3. Wissenschaftstheoretische Grundlagen der Klassifikation, Ätiologie und Diagnostik

Hans Westmeyer

Inhaltsverzeichnis

1. Einleitung

Wissenschaftstheorie handelt vorrangig von den *Zielen* wissenschaftlicher Forschung. Sie versucht, diese Zielzustände in allgemeiner Form so präzise wie möglich zu beschreiben und Kriterien für die Beantwortung der Frage bereitzustellen, wie weit sich die Forschung in einer Disziplin diesen Zielen angenähert hat. Zentrale Themen sind Struktur und Aufbau wissenschaftlicher Theorien, ihre Prüfung und Bewährung, ihre Anwendung zum Zwecke der Erklärung, Vorhersage und Kontrolle der Ereignisse im intendierten Anwendungsbereich. Mit Hilfe wissenschaftstheoretischer Konzepte und Modellvorstellungen lassen sich einzelwissenschaftliches Handeln und seine Produkte rational rekonstruieren und so die Forschung stärker an ihren Zielen orientieren, die allzu leicht im Alltag eines von Ritualen bestimmten Wissenschaftsbetriebs aus dem Blick geraten. Wissenschaftstheorie ist als Teil der Philoso-phie selbst eine wissenschaftliche Disziplin mit langer Tradition, vielfältiger Literatur und einem Erkenntnisbestand, der dem der Klinischen Psychologie an Umfang nicht nachsteht. Wenn wir uns hier mit Klassifikation, Ätiologie und Diagnostik aus wissenschaftstheoretischer Sicht befassen, so kann vieles nur angedeutet werden. Eine intensivere Auseinandersetzung mit einschlägigen wissenschaftstheoretischen Vorstellungen findet sich in Breuer (1989), Groeben und Westmeyer (1981), Stegmüller (1983) und Ströker (1992). Die wissenschaftstheoretischen Grundlagen der Intervention werden in Kapitel 4 dieses Lehrbuchs abgehandelt.

2. Klassifikation

Das Klassifizieren gehört in der Klinischen Psychologie zu den zentralen Aktivitäten. Klassifikationssysteme gibt es u. a. für Personen, Situationen, Reaktionen, diagnostische Instrumente, therapeutische Verfahren, Folgen therapeutischer Eingriffe und vor allem für psychische Störungen (s. Kap. 6/Klassifikation). Einige Beispiele für in diesem Zusammenhang häufig verwendete Klassen finden sich in **Tabelle 1**.

Die dort aufgeführten Klassenbegriffe sind wesentliche Elemente der Sprache der Klinischen Psychologie, Bausteine, die in die Formulierung von *Theorien* im Bereich von Klinischer Psychologie als *Wissenschaft* und in die Formulierung von *therapeutischen Handlungsregeln* im Bereich von Klinischer Psychologie als *Technologie* eingehen.

Der Wissenschaftstheoretiker wird *Klassifikation* als Strategie wissenschaftlicher Begriffsbildung verstehen, die als Resultat zu einem System von Klassenbegriffen (qualitativen, kategorischen Begriffen), dem sog. *Klassifikations-*

Tabelle 1: Einige typische Klassifikationen in der Klinischen Psychologie

Einheiten	Klassen
Personen	krank, gesund gestört, normal behandelt, unbehandelt
Situationen	belastend, nicht belastend therapeutisch, außer- therapeutisch in vitro, in vivo künstlich, natürlich
Reize	auslösend, aufrechterhaltend positiver Verstärker, negativer Verstärker, neutraler Reiz
Reaktionen	abweichend, normal respondent, operant verdeckt (covert), offen (overt) Elemente eines Kategoriensystems
Diagnostische Instrumente	Elemente der Einteilungen durch Seidenstücker & Baumann (1978) oder Brickenkamp (1996)
Therapeutische Verfahren	Elemente der Einteilung durch Benesch (1995) oder Corsini (1994)
Behandlungseffekte	Hauptwirkungen, Nebenwirkungen erwünscht, unerwünscht Besserung, keine Veränderung, Verschlechterung
Psychische Störungen	Elemente des DSM-IV oder der ICD-10

system, führt. Die *Identifikation* als Zuordnung einer Einheit zu einer Klasse entspricht daher der Feststellung, ob diese Einheit unter den betreffenden Klassenbegriff fällt bzw., wie man es in der Begriffslehre auszudrücken pflegt, zu seiner Extension gehört. Die Grundlagen, Prinzipien, Verfahren und Regeln der Klassifikation werden in der *Taxonomie* behandelt (Janke, 1982).

Wesentlicher Schritt bei der Bildung von Klassenbegriffen ist die Bedeutungsfestlegung. Die *Bedeutung* eines Begriffs (genauer: des Zeichens, das für diesen Begriff steht) setzt sich aus dem *Begriffsumfang* (der *Extension)* und dem *Begriffsinhalt* (der *Intension)* zusammen. Die Extension ist einfach die Menge der Einheiten (zum Beispiel Situationen, Verhaltensweisen, psychische Störungen, Personen), die unter diesen Begriff fallen, die Intension die Menge der Attribute, die eine Einheit besitzen muß, damit sie zu einer Extension gehört. Alle interessanten Klassenbegriffe in der Klinischen Psychologie sind in ihrer Extension offen, so daß die Begriffsumfänge nur über die Begriffsinhalte bestimmt werden können. Bei der Festlegung der Intensionen lassen sich nun alle in der wissenschaftlichen Begriffsbildung bekannten Verfahren zur Festlegung bzw. Präzisierung von Begriffsbedeutungen anwenden (s.d. Groeben & Westmeyer, 1981). Hier wollen wir uns darauf beschränken, eine Variante zu skizzieren, die den bekanntesten Klassifikationssystemen in der Klinischen Psychologie, den mit der Einteilung psychischer Störungen befaßten Ansätzen, zugrunde liegt und aus der Wissenschaftstheorie als *Explikation* bekannt ist. Unter einer Explikation wird die Überführung eines vorgegebenen mehr oder weniger unexakten Begriffs, des *Explikandums,* in ein exaktes Konzept, das *Explikat,* verstanden. Ein Begriff muß, um als *adäquates* Explikat für ein gegebenes Explikandum gelten zu können, bestimmte Bedingungen erfüllen: Ähnlichkeit mit dem Explikandum, Exaktheit, Fruchtbarkeit und Einfachheit (Groeben & Westmeyer, 1981). *Ähnlichkeit mit dem Explikandum* verlangt, daß das Explikat in den meisten Fällen, in denen bisher das Explikandum verwendet wurde, anwendbar ist. Eine vollständige Deckung der Anwendungsbereiche ist aber nicht erforderlich. Die Bedingung der *Exaktheit* läßt nur solche Begriffe als Explikata zu, für die präzise Gebrauchsregeln und Anwendungsvorschriften vorhanden sind. *Fruchtbarkeit* eines Explikats ist gegeben, wenn auf seiner Grundlage allgemeine Aussagen formuliert und bewährt werden können und Beziehungen deutlich werden, auf die man, ausgehend vom Explikandum, nicht gestoßen ist. *Einfachheit* schließlich bezieht sich auf die Begriffsfestlegungen und die Annahmen und Regeln, die diesen Begriff mit anderen in Verbindung bringen. Diese Bedingung ist von nachgeordneter Bedeutung. In der Klinischen Psychologie wird es in der Regel für ein Explikandum mehrere Explikate geben, die miteinander konkurrieren und unterschiedliche Aspekte des Explikandums zur Geltung bringen.

Nehmen wir den Begriff der psychischen Störung. Bei ihm handelt es sich ganz sicher um einen mehrdeutigen, vagen, unexakten Begriff. Die Bemühungen, eine Klassifikation psychischer Störungen vorzunehmen, können als Explikationsversuche begriffen werden, innerhalb derer eine Differenzierung und Bedeutungsfestlegung dieses Begriffs erfolgen. Im DSM-IV zum Beispiel wird der Begriff der psychischen Störung als *hierarchisches Gefüge von Klassenbegriffen* expliziert (s. Kap. 6/Klassifikation). Betrachten wir einen kleinen Ausschnitt aus diesem Gefüge. Auf der obersten Stufe steht der Begriff der Psychischen Störung, auf der Stufe darunter u.a. der Begriff der Persönlichkeitsstörung, unter diesem wiederum der Begriff der Zwanghaften Persönlichkeitsstörung. Dieser Klassenbegriff wird im DSM-IV seinerseits durch sog. *diagnostische Kriterien* in bestimmter Weise intensional bestimmt. Der Begriff der psychischen Störung wird durch eine derartige Explikation in einen exakten Begriff überführt, wenn es sich bei allen Klassenbegriffen, für die diagnostische Kriterien im DSM-IV formuliert sind, um exakte Begriffe handelt. Das ist dann der Fall, wenn die in den diagnostischen Kriterien selbst vorkommenden Begrifflichkeiten exakt bestimmt sind. In den Kriterien des DSM-IV wird auf Begrifflichkeiten Bezug genommen, die zwar der Beobachtungssprache näher sind als die Explikanda, bei denen es sich aber selbst noch um *Dispositionsbegriffe* handelt, die le-

diglich durch die Anführung von Beispielen in ihrer Bedeutung bestimmt werden. So ist in den Kriterien für die Zwanghafte Persönlichkeitsstörung u.a. von übermäßiger Gewissenhaftigkeit, Perfektionismus, Rigidität und Halsstarrigkeit die Rede. Präzise Gebrauchsregeln für die Verwendung dieser Begriffe gibt es innerhalb des DSM-IV nicht. Die Erfüllung der Bedingung der Exaktheit des Explikats läßt deshalb zu wünschen übrig. Ähnlichkeit mit dem Explikandum ist gegeben. Einfachheit des Explikats ist nur im Vergleich mit der anderer Resultate gleichartiger Explikationsbemühungen, wie zum Beispiel der ICD-10, zu bewerten. Von entscheidender Bedeutung ist die Fruchtbarkeit des Explikats. Sie hängt davon ab, ob es gelingt, auf den Klassenbegriffen des DSM-IV aufbauend, theoretische Annahmen zur Ätiologie der betreffenden Störungen und auf die Beseitigung dieser Störungen zielende therapeutische Handlungsregeln zu formulieren und erfolgreich zu überprüfen. Die Konstrukteure des DSM haben das Klassifikationssystem weitgehend unabhängig von ätiologischen Erwägungen entwickelt, verbinden damit aber die Hoffnung, daß im Zuge weiterer Forschungen störungsspezifische Ursachen entdeckt werden.

Begriffslogisch ist noch von Interesse, daß es sich bei den Elementen des DSM oder der ICD um pragmatische oder, moderner ausgedrückt, *sozial konstruierte* Begriffe (s. Westmeyer, 1995) handelt, deren Bedeutungsfestlegung auf bestimmte Zeitpunkte und bestimmte Personengruppen zu relativieren ist. So werden die Explikationen von bestimmten in ihrer personellen Zusammensetzung wechselnden Expertengruppen der Amerikanischen Psychiatrischen Gesellschaft bzw. der Weltgesundheitsorganisation vorgenommen und, wie die bisher vier Versionen des DSM und die zehn Versionen der ICD belegen, fortlaufend weiterentwickelt. Nichts spricht deshalb dagegen, diese sozial konstruierten Klassenbegriffe als *Konstrukte* zu bezeichnen und Bemühungen um den Nachweis der Fruchtbarkeit der Explikate als *Konstruktvalidierung* zu begreifen (Skinner, 1981).

3. Ätiologie

Unter Ätiologie in der Klinischen Psychologie verstehen wir die Lehre von den *Ursachen* psychischer Störungen. In der Ätiologie geht es um die Beantwortung vor allem folgender Fragen: Wie entstehen psychische Störungen? Wodurch werden sie ausgelöst? Wodurch werden sie aufrechterhalten? Bemühungen, auf diese Fragen eine Antwort zu finden, sind aus wissenschaftstheoretischer Sicht *Erklärungsversuche*. In der Wissenschaftstheorie werden, wenn es um die Suche nach Erklärungen geht, Fragen wie die hier gestellten so verstanden: *Aufgrund von welchen Ursachen (Antezedensbedingungen) und welchen Gesetzesannahmen ist es der Fall, daß eine bestimmte psychische Störung entstanden ist, ausgelöst bzw. aufrechterhalten wird?*

Der Begriff der Erklärung gehört zu den zentralen Konzepten der Wissenschaftstheorie (s. Stegmüller, 1983; vgl. auch Schurz, 1988). Je nach Art der verfügbaren Gesetzesannahmen (deterministische, probabilistische), der Antezedensbedingungen (konstitutionelle, disponierende, auslösende, aufrechterhaltende) und der zu erklärenden Sachverhalte (zum Beispiel Vorliegen psychischer Störungen ganz allgemein, Vorliegen einer bestimmten psychischen Störung, Vorliegen einer bestimmten psychischen Störung bei einer bestimmten Person, usw.) sind unterschiedliche Varianten und Modelle wissenschaftlicher Erklärung relevant. Wir wollen hier nur auf einige wenige, für die Klinische Psychologie besonders bedeutsame Modelle eingehen, die auch in der wissenschaftstheoretischen Diskussion eine zentrale Rolle spielen. Eine Klassifikation psychologischer Erklärungen unter inhaltlichem Aspekt, orientiert an den Begrifflichkeiten, auf die in den Antezedensbedingungen Bezug genommen wird, findet sich am Ende dieses Unterabschnitts.

3.1 Deduktiv-nomologische Erklärungen

Den Einstieg sollte das bekannteste und am weitesten ausgearbeitete Erklärungsmodell von Hempel und Oppenheim (1948) bilden (s. **Tab. 2**), das die Struktur der sogenannten deduktiv-nomologischen *Ereigniserklärungen* expliziert (zum hier vorausgesetzten Begriff des nomologischen Wissens s. Kap. 4/Wissenschaftstheorie: Intervention).

Da Erklärungen von unterschiedlicher Güte sein können, haben Hempel und Oppenheim Bedingungen formuliert, denen korrekte Erklärungen genügen müssen. Diese sogenannten *Adäquatheitsbedingungen* sind (nach Stegmüller, 1983):

B_1 Das Argument, das vom Explanans zum Explanandum führt, muß logisch korrekt sein.

B_2 Das Explanans muß mindestens ein *allgemeines Gesetz* enthalten (oder einen Satz, aus dem ein allgemeines Gesetz ableitbar ist).

B_3 Das Explanans muß *empirischen Gehalt* besitzen.

B_4 Die Sätze, aus denen das Explanans besteht, müssen *gut bewährt* sein.

Tabelle 2: Struktur und Bestandteile des H-O-Modells der wissenschaftlichen Erklärung

Struktur		Bestandteile
$G_1, G_2, \ldots$		sind allgemeine Gesetze, Hypothesen oder theoretische Annahmen.
	Explanans	
$A_1, A_2, \ldots$		sind Sätze, die die Antezedensbedingungen beschreiben.
————		deutet an, daß E logisch aus $G_1, G_2, \ldots$ und $A_1, A_2, \ldots$ folgt, und symbolisiert den Argumentationsschritt.
E	Explanandum	ist die Beschreibung des zu erklärenden Ereignisses.
$G_1, G_2, \ldots$ und $A_1, A_2, \ldots$ bilden zusammen das Explanans, das Erklärende.		

Kasten 1
Deduktiv-nomologische Erklärung

Schulte (1982) versucht, im Rahmen der Theorie des operanten Verhaltens eine deduktiv-nomologische Erklärung dafür zu geben, daß ein Junge – er nennt ihn Peter – sehr häufig in Gegenwart seiner Mutter aggressiv reagiert:

G_1: Wenn unmittelbar auf die Ausführung eines Verhaltens ein positiver Verstärker dargeboten wird, dann steigt die Reaktionsrate dieses Verhaltens.

A_1: Auf das aggressive Verhalten von Peter erfolgt reaktionskontingent eine Zuwendung seiner Mutter.

A_2: Die Zuwendung der Mutter ist ein positiver Verstärker für Peter.

E: Peter ist sehr häufig aggressiv.

Um zu erklären, warum die Mutter ihrerseits so reagiert und damit das unerwünschte Verhalten aufrechterhält, schlägt Schulte (1982, S. 166) folgendes Argument vor:

G_2: Wenn auf ein Verhalten die Beendigung der Darbietung eines negativen Verstärkers folgt, so steigt die Reaktionsrate dieses Verhaltens.

A_3: Die Zuwendung der Mutter ist gefolgt von einer Beendigung des aggressiven Verhaltens von Peter.

A_4: Das aggressive Verhalten von Peter ist für die Mutter ein negativer Verstärker.

E: Die Mutter zeigt häufig das Verhalten «Zuwendung» auf Aggressionen von Peter.

Beide Erklärungsargumente entsprechen in ihrer Struktur zwar dem H-O-Modell, enthalten mit G_1 und G_2 aber Gesetzesannahmen, die nur unter bestimmten idealisierenden Bedingungen Gültigkeit besitzen (s.d. Westmeyer, 1978, S. 113 f.). So gilt zum Beispiel G_2 u.a. nur unter der Bedingung:

B_1: Es gibt kein anderes Verhalten, auf das in derselben Situation die Darbietung eines effektiveren positiven Verstärkers folgt.

Wäre dies der Fall – und in A_3 und A_4 ist dazu nichts ausgesagt –, müßten andere Gesetzesannahmen (zum Beispiel nur Parallelverstärkung) zur Erklärung herangezogen werden. Für komplexere Verhältnisse, wie sie in der klinischen Praxis die Regel sind, fehlen häufig gut bewährte Gesetzesannahmen ganz.

Die Rechtfertigung dieser Adäquatheitsbedingungen ergibt sich für B_2 und B_3 unmittelbar aus der Interpretation der Erklärungsuchenden-Frage, die auf die Angabe von Antezedensbedingungen (Ursachen) und Gesetzesaussagen abzielt. B_1 stellt sicher, daß der Schluß vom Explanans auf das Explanandum ein logisch-deduktiver Schluß ist. Unlogische Argumentationen und logische Fehlschlüsse sind so ausgeschlossen. B_4 gewährleistet, daß nur gut bewährte Gesetzesannahmen in Frage kommen und die Antezedensbedingungen im gegebenen Fall tatsächlich zutreffen. Ohne B_4 wären auch solche Erklärungen korrekt, die aus ungeprüften Aussagen, die nur formal Gesetzescharakter haben, oder aus rein hypothetischen Antezedensbedingungen bestehen.

Das H-O-Modell der deduktiv-nomologischen Erklärung ist ein *Idealmodell,* und es fällt schwer, in der Klinischen Psychologie Erklärungsargumente zu finden, die den Anforderungen dieses Modells voll genügen (s. **Kasten 1**).

Das ist in Anbetracht des Entwicklungsstandes unserer Disziplin nicht weiter verwunderlich und trifft auf die medizinischen Teildisziplinen, die sich mit psychischen Störungen befassen, erst recht zu. Dabei stellt sich allerdings die Frage, welche Funktion ein solches Idealmodell hat. Die Antwort ist einfach: Wenn eines der Ziele der Psychologie die Erklärung der Ereignisse ihres Gegenstandsbereichs ist, bilden Erklärung-suchende-Fragen den Ausgangspunkt psychologischer Forschung. Ob bzw. wieweit die Ziele bereits erreicht sind, läßt sich an dem Ausmaß ablesen, in dem die aufgrund des bisherigen Standes der Forschung formulierbaren Erklärungsargumente die Adäquatheitsbedingungen erfüllen. Das Erklärungsmodell und die zugeordneten Adäquatheitsbedingungen explizieren also formale Charakteristika der Zielzustände psychologischer Forschung. Für die Ätiologie psychischer Störungen sind vor allem zwei Varianten dieses Erklärungsmodells von besonderer Bedeutung.

3.2 Dispositionelle Erklärungen

Bei der Beantwortung der Frage, warum bei einer Person eine bestimmte psychische Störung vorliegt, ist es zunächst von Interesse, *welche Bedingungen diese Störung auslösen bzw. aufrechterhalten.* Innerhalb eines verhaltenstherapeutischen Ansatzes will man zum Beispiel wissen, wenn es sich bei dem fehlangepaßten Verhalten um respondente Reaktionen handelt, von welchen bedingten Reizen diese ausgelöst werden. Im Falle operanten Verhaltens interessiert, welche Reize dieses Verhalten kontrollieren und welche es wie nach welchem Plan verstärken. Innerhalb eines psychoanalytischen Ansatzes, in dem Symptome als Reaktion des Abwehrsystems auf einen nicht bewußten neurotischen Konflikt begriffen werden, wird dieser in Abhängigkeit gesehen von der Intensität der äußeren traumatischen Situationen, der neurotischen Disposition seitens der Triebe, dem Ich als dispositionellem Faktor (der Ich-Stärke) und dem dispositionellen Ergänzungsverhältnis von Ich, Es und Über-Ich.

Die in diesen Beispielen angedeuteten Erklärungen werden innerhalb der Wissenschaftstheorie als *dispositionelle Erklärungen* bezeichnet. Gestörtes bzw. abweichendes Verhalten einer Person wird dadurch erklärt, daß ihr bestimmte *Dispositionen* zugeschrieben werden. In ihrer Bedeutung bestimmt sind die diese Dispositionen bezeichnenden Dispositionsbegriffe durch hinreichende und/oder notwendige *Symptomsätze (Manifestationsgesetze)*. Wenn es zu einem bestimmten Dispositionsbegriff nur einen hinreichenden und notwendigen Symptomsatz gibt, hat dieser definitorischen Charakter. Wenn dagegen mehrere Manifestationsgesetze existieren, handelt es sich um empirische Gesetzmäßigkeiten.

Über die eben genannten Beispiele hinaus haben wir es in der Klinischen Psychologie auch dann mit dispositionellen Erklärungen zu tun, wenn das Vorliegen psychischer Störungen zurückgeführt wird auf die Körperkonstitution der betreffenden Person, auf bestimmte Stoffwechselstörungen, auf einen genetischen Defekt, auf irrationale Überzeugungen, auf mangelnde soziale Kompetenz, auf fehlerhafte kognitive Kontingenzen, Fehlwahrnehmungen, Inkongruenzen zwischen Selbstkonzept und organismischer Bewertung, auf soziale Benachteiligung u. ä. Als Gesetzesaussagen kommen im Explanans einer dispositionellen Erklärung zusätzlich entsprechende Manifestationsgesetze vor, in denen meist auf bestimmte *Situationen* und bestimmte *Verhaltensweisen* eingegangen wird, die vom *Dispositionsträger* in den betreffenden Situationen zu erwarten sind (s. **Kasten 2**).

Kasten 2
Dispositionelle Erklärung

Ein Patient berichtet dem Therapeuten über soziale Ängste und Durchsetzungsschwierigkeiten. Der Therapeut, der dem kognitiv-behavioralen Ansatz nahesteht, führt diese Probleme auf eine starke Neigung zu Selbstabwertung auf seiten des Patienten zurück. Damit unterstellt er die Korrektheit der folgenden dispositionellen Erklärung:

G: In sozialen Situationen treten bei Personen, die zu starker Selbstabwertung neigen, Ängste und Durchsetzungsschwierigkeiten auf.

A_1: Der Patient neigt zu starker Selbstabwertung.

A_2: Der Patient befindet sich in einer sozialen Situation.

E: Bei dem Patienten treten Ängste und Durchsetzungsschwierigkeiten auf.

G ist das Manifestationsgesetz, A_1 die Aussage, in der dem Patienten die Disposition zugeschrieben wird, A_2 nimmt auf die situativen Bedingungen Bezug, unter denen die in E beschriebenen Probleme auftreten.

In vielen Fällen verbinden die Symptomsätze die Dispositionsbegriffe in der Klinischen Psychologie nicht direkt mit bestimmten Situations-Verhaltens-Zusammenhängen, sondern setzen sie mit anderen Dispositionsbegriffen in Beziehung. Das ist zum Beispiel innerhalb der schon erwähnten Klassifikationssysteme für psychische Störungen der Fall, die aus einer ganzen Hierarchie von Dispositionsbegriffen bestehen. Für den wissenschaftlichen Wert derartiger Systeme von entscheidender Bedeutung ist die Frage, ob es innerhalb eines solchen Systems Dispositionsbegriffe gibt, die durch Manifestationsgesetze mit Situations-Verhaltens-Erwartungen in Verbindung gebracht werden. Wo dies nicht der Fall ist, hängen die Systeme buchstäblich in der Luft. Wo dies nur unzureichend der Fall ist, stehen sie auf dünnen Beinen. Das hat natürlich Konsequenzen für die Möglichkeit, Erklärungen für das Vorliegen psychischer Störungen zu geben. Im übrigen gelten für dispositionelle Erklärungen dieselben Bedingungen wie für deduktiv-nomologische Erklärungen, wenn die Manifestationsgesetze deterministischen Charakter haben. Ein Umstand verdient dabei besondere Beachtung: Da Begriffe psychischer Störung selbst Dispositionsbegriffe sind, kommt es innerhalb der Klinischen Psychologie nicht selten vor, daß das Vorliegen bestimmter Symptome bei einer Person dadurch erklärt wird, daß ihr eine psychische Störung als Disposition zugeschrieben wird. Eine solche Erklärung ist nur dann akzeptabel, wenn das entsprechende Manifestationsgesetz, das Symptome und Disposition verbindet, nicht definitorischen Charakter hat, also zum Beispiel innerhalb des DSM-IV Bestandteil der diagnostischen Kriterien für die betreffende psychische Störung ist. Wo dies der Fall ist, wird die vermeintliche Erklärung *zirkulär*.

3.3 Historisch-genetische Erklärungen

Von einer dispositionellen Erklärung wird das *Vorliegen* einer psychischen Störung bei einer Person, ihr gegenwärtiges Auftreten, ihr Erscheinungsbild, ihr Zustand durch Verweis u. a. auf bestimmte idiographische Hypothesen, in denen der Person bestimmte Dispositionen zugeschrieben werden, erklärt. Gerade innerhalb der Klinischen Psychologie ist es darüber hinaus von Interesse zu klären, auf welche Weise die betreffende Person die psychische Störung bzw. die entsprechenden Dispositionen, bei denen es sich ja um situationsbezogene Bereitschaften, Geneigtheiten, Tendenzen zu abweichendem Verhalten handelt, *erworben* hat, wie sie *entstanden* sind bzw. wie sie sich *entwickelt* haben. Dabei reicht es nicht, die einzelnen Schritte des Entstehungsprozesses zu *beschreiben*, es ist auch die Frage nach ihrem *Warum* auf der Grundlage gut bewährter Sukzessionsgesetze zu beantworten. Derartige Erklärungen werden als *historisch-genetische Erklärungen* bezeichnet. Es handelt sich dabei um eine Kette einzelner Erklärungsargumente, bei der das Explanandum eines Erklärungsarguments im Antezedens des nachfolgenden enthalten ist. Dieses Antezedens umfaßt aber darüber hinaus eine ganze Reihe weiterer Informationen, ohne die der Übergang zum nächsten Explanandum nicht möglich wäre. Diese *Zusatzinformationen* werden innerhalb der historisch-genetischen Erklärung nicht selbst erklärt, sondern nur zur Ergänzung der Antezedensbedingungen, die dem vorangehenden Explanandum entsprechen, hinzugezogen. Auf diese Weise ist es möglich, die Entstehung von Störungen zu erklären, die sich zwar nach ganz bestimmten Gesetzmäßigkeiten vollzieht, aber in ihrem Verlauf und ihrer Eigenart von *Umgebungsbedingungen* abhängt, die innerhalb der historisch-genetischen Erklärung selbst unerklärt bleiben.

Historisch-genetische Erklärungsversuche gibt es in der Klinischen Psychologie in großer Zahl. Werden für die Entstehung einer psychischen Störung die Lerngeschichte, die Erziehung, das Vorliegen einer Störung bei den Eltern der betroffenen Person verantwortlich gemacht, kann so etwas nur im Rahmen historisch-genetischer Erklärungen ausformuliert werden. Wenn ein Therapeut im Rahmen einer dispositionellen Erklärung die sozialen Ängste und Durchsetzungsschwierigkeiten eines Klienten zum Beispiel auf dessen Neigung zu starker Selbstabwertung zurückgeführt hat, so müßte er innerhalb einer historisch-genetischen Erklärung verständlich zu machen suchen, warum bei diesem Klienten überhaupt diese Disposition vorliegt, das heißt, wie es zum Entstehen dieser Neigung zu starker Selbstabwertung gekommen ist. Eine genauere Analyse könnte zum Beispiel ergeben, daß diese Neigung das Resultat einer in mehreren Phasen erfolgten Generalisierung ist, die ihren Ausgangspunkt in einer sehr spezifischen, situationsbezogenen Selbstabwertung hat, die ihrerseits auf eine vermutete Fremdabwertung zurückzuführen ist. Anlaß war ein umschriebenes Leistungsversagen, das von einer geschätzten Person beobachtet, aber nicht einmal kommentiert wurde. Beginnend mit einer Beschreibung dieses Ereignisses läßt sich eine Kette von Erklärungsargumenten entwickeln, durch die letztlich die Neigung des Klienten zu starker Selbstabwertung historisch-genetisch erklärt werden kann.

Perez (1979) hat an vielen Beispielen belegt, daß die historisch-genetische Erklärungsvariante auch innerhalb des psychoanalytischen Ansatzes vorherrschend ist, der in diesem Zusammenhang insbesondere auf die psychosexuelle Entwicklung verweist. Von nicht geringer Bedeutung ist der historisch-genetische Erklärungstyp für viele soziologische bzw. sozialpsychologische Theorien abweichenden Verhaltens, wie zum Beispiel die Labeling- oder die Reaktionstheorie.

3.4 Wie-es-möglich-war-daß-Erklärungen

Der Versuch, die Entstehung einer psychischen Störung in einem konkreten Fall adäquat zu erklären, stößt in der Praxis der Klinischen Psychologie aber regelmäßig auf Schwierigkeiten. Innerhalb der meisten therapeutischen Ansätze setzt eine korrekte historisch-genetische Erklärung die Kenntnis der gesamten Situations- und Verhaltensgeschichte des betreffenden Individuums in ihren relevanten Abschnitten voraus. Da ex post facto eine Rekonstruktion dieser Geschichte im erforderlichen Umfang nicht vorgenommen werden kann, ist man außerstande, die Antezedensbedingungen jedes Erklärungsarguments einer historisch-genetischen Erklärung nachträglich verbindlich zu ermitteln. Wenn nun für die Erklärung von Ereignissen alternative Mengen hinreichender Bedingungen in Frage kommen, sind für ein gegebenes Explanandum mehrere verschiedene Erklärungsketten konstruierbar, ohne daß wir in der Lage sind, zwischen diesen Möglich-

keiten die im gegebenen Fall tatsächlich zutreffende herauszufinden. Westmeyer (1973) hat diese konkurrierenden historisch-genetischen Erklärungen als *Wie-es-möglich-war-daß-Erklärungen* bezeichnet, da lediglich erklärt wird, wie es möglich war, daß es zu dem im Explanandum beschriebenen Ereignis gekommen ist, es aber offen bleibt, ob nicht vielleicht ganz andere Ursachen vorgelegen haben, die sich in einer rivalisierenden Erklärung finden.

Dieser Erklärungsbegriff ergibt sich unmittelbar aus einer *Liberalisierung der vierten Adäquatheitsbedingung* für deduktiv-nomologische Erklärungen. B_4 wird dabei ersetzt durch:

B'_4 Die im Explanans enthaltenen Gesetze G_1, G_2, ... müssen gut bewährt sein.

Während B_4 verlangt, daß alle Sätze, die im Explanans vorkommen, gut bewährt sind, also auch die Antezedensbedingungen, schreibt B'_4 die Eigenschaft, gut bewährt zu sein, nur noch für die Gesetzesaussagen im Explanans verbindlich vor. Historisch-genetische Erklärungen in der Klinischen Psychologie, aber auch in der Psychologie ganz allgemein, sind in der Regel *bestenfalls* Wie-es-möglich-war-daß-Erklärungen. Die Einschränkung «bestenfalls» ist deshalb erforderlich, weil Wie-es-möglich-war-daß-Erklärungen immer noch recht hohe Ansprüche stellen. So verlangen sie die Aufführung gut bewährter Gesetzesaussagen in den Explanantien. Die meisten Erklärungen in der Klinischen Psychologie erfüllen diese Adäquatheitsbedingungen nicht. Es ist deshalb erforderlich, nun den Typen unvollkommener Erklärungen unsere Aufmerksamkeit zuzuwenden.

3.5 Unvollkommene Erklärungen

Viele Erklärungsversuche bleiben deshalb unvollkommen, weil die Gesetzesaussagen, die für die Erklärung eines Sachverhalts herangezogen werden müßten, noch gar nicht formuliert und geprüft worden sind oder weil die für die Erklärung eines Sachverhalts relevanten Antezedensbedingungen nur zum Teil bekannt sind. Oft sind auch die Produkte klinisch-psychologischer Erklärungsbemühungen nicht an den Standards eines logischsystematischen Modells orientiert. Sie haben eher die Gestalt eines Narrativs, einer *Geschichte,* in der trotz ihrer Länge das Explanans nur bruchstückhaft enthalten ist und ein stringenter Zusammenhang zwischen Explanans und Explanandum fehlt. Es soll an dieser Stelle nicht unerwähnt bleiben, daß manche in der Psychologie davon ausgehen, daß mehr als derartige Narrative ohnehin nicht erreichbar sind und daß deshalb kein Grund besteht, sie als unvollkommene Produkte zu begreifen, die verbesserungsbedürftig sind (vgl. Murray, 1995).

Innerhalb der Wissenschaftstheorie werden vier Typen unvollkommener Erklärungen unterschieden und von korrekten wissenschaftlichen Erklärungen abgegrenzt (Stegmüller, 1983): (1) ungenaue Erklärungen, (2) rudimentäre Erklärungen, (3) partielle Erklärungen, (4) skizzenhafte Erklärungen.

(1) *Ungenaue Erklärungen* liegen u. a. dann vor, wenn im Explanans einer Erklärung eine im Hinblick auf das Explanandum zu *schwache Begriffsform* gewählt wird. Das ist zum Beispiel dann der Fall, wenn man im Explanandum den zu erklärenden Sachverhalt mit quantitativen Begriffen beschreibt, im Explanans aber nur mit komparativen oder qualitativen Begriffen operiert. Die Begriffsform im Explanans ist dann schwächer als die Begriffsform im Explanandum. Man erklärt nur, warum eine bestimmte Störung vorliegt oder eine bestimmte Änderung eingetreten ist. Man erklärt aber nicht – obwohl im Explanandum angegeben – die Intensität dieser Störung bzw. das Ausmaß der Veränderung.

(2) *Rudimentäre Erklärungen* sind bruchstückhafte, verstümmelte oder elliptisch formulierte Erklärungen, in denen die Antezedensbedingungen nur unvollständig angegeben und die entsprechenden Gesetzesaussagen meist ganz fortgelassen werden, weil man sie als unproblematisch voraussetzt. Typisch sind rudimentäre Erklärungen in Form von *Weil-Sätzen,* in denen Ursachen und Wirkungen angegeben werden, ohne explizit auf entsprechende Gesetzesannahmen Bezug zu nehmen.

(3) *Partielle Erklärungen* liegen dann vor, wenn das angegebene Explanans nicht zur Erklärung des gesamten Explanandums ausreicht, sondern nur eine *Erklärung für Teile des Explanandums* liefert. So etwas kommt in der Klinischen Psychologie recht häufig vor. Wenn zum Beispiel erklärt wird, warum es bei einer bestimmten Person zum Ausbruch einer bestimmten psychischen Störung gekommen ist, ohne daß zugleich erklärt wird, warum diese Störung gerade in der und der Situation zu dem und dem Zeitpunkt aufgetreten ist und nicht zu einem früheren oder späteren Zeitpunkt oder in einer anderen Situation, hat man nur eine partielle Erklärung des Explanandums gegeben. Oder man erklärt im Rahmen des diagnostischen Prozesses, warum eine Person Leistungsschwierigkeiten in der Schule hat, während im Explanandum zusätzlich von Kontaktstörungen und Ängsten die Rede ist.

(4) *Skizzenhafte Erklärungen* liegen dann vor, wenn das vorgeschlagene Explanans eine Erklärung nur umrißhaft andeutet und lediglich aus vagen Hinweisen besteht, wie eine wissenschaftliche Erklärung des Explanandums auszusehen hätte. Die Antezedensbedingungen werden unvollständig oder nur hypothetisch angegeben, die Gesetzesaussagen bestenfalls angedeutet. In diesem Fall ist die Diskrepanz zwischen Ist- und Sollwert für wissenschaftliche Erklärungen am größten. Die Überführung der Erklärungsskizze in eine korrekte wissenschaftliche Erklärung hängt wesentlich vom Fortschritt wissenschaftlicher Forschung ab. Ohne entsprechende Gesetzesaussagen, die im Verlauf des Forschungsprozesses zu formulieren und zu prüfen sind, ist eine Vervollständigung nicht möglich. Insbesondere dieser Typ unvollkommener Erklärungen ist für die Klinische Psychologie charakteristisch, in der die erforderlichen Gesetzesannahmen noch häufig fehlen. Bei den meisten Versuchen, die Entstehung psychischer Störungen im Einzelfall zu klären, kommen wir über skizzenhafte Wie-es-möglich-war-daß-Erklärungen nicht hinaus.

Diese Einschätzung der Situation steht im Widerspruch zu der in der Klinischen Psychologie weit verbreiteten Auffassung, daß wir für eine ganze Reihe von psychischen Störungen schon recht gut darüber Bescheid wissen, wie sie entstehen und aufrechterhalten werden. Wie läßt sich dieser Widerspruch auflösen? Die Gesetzesannahmen in psychologischen Theorien zur Entstehung psychischer Störungen sind in der Regel so formuliert, daß sie *Gültigkeit für alle Personen* beanspruchen. Geprüft werden diese Annahmen aber dadurch, daß aus ihnen *statistische Hypothesen* abgeleitet und dann an *Personenaggregaten* getestet werden. Verläuft die statistische Prüfung erfolgreich – und das ist in der Klinischen Psychologie oft der Fall –, wird darin auch eine Bewährung der Gesetzesannahmen gesehen. Tatsächlich kann so aber nur etwas über Personenaggregate (fiktive statistische Durchschnittspersonen) ausgesagt werden, ein Nachweis, daß die Gesetzesannahmen, die Gültigkeit für den Einzelfall beanspruchen, gut bewährt sind, ist damit nicht erbracht. Der Eindruck, wir wären schon zum gegenwärtigen Zeitpunkt in der Klinischen Psychologie in der Lage, die Entstehung psychischer Störungen im allgemeinen und bestimmter psychischer Störungen im besonderen zu erklären, resultiert aus dem Umstand, daß wir für erfolgreich geprüfte statistische Hypothesen in diesem Bereich eine theoretische Erklärung mit Hilfe von Gesetzesannahmen geben können, die sich jedoch bei der Anwendung auf psychische Störungen bei einzelnen Personen als eben nicht in jedem einzelnen Fall gültig herausstellen.

Diese Sachlage ist übrigens keineswegs spezifisch für die Klinische Psychologie, sondern gilt ebenso für die Psychiatrie und weite Bereiche der somatischen Medizin.

3.6 Performanz-Erklärungen

Im Rahmen verhaltenstherapeutischer Ansätze richten sich Erklärungsbemühungen zunächst in der Regel auf die Identifikation der aktuellen Bedingungen, die ein bestimmtes Verhalten, das als defizitär, gestört oder wie auch immer bezeichnet wird, aufrechterhalten. Eine solche Identifikation ist ein zentrales Ziel der sogenannten Verhaltensanalyse (s. Kap. 7/Diagnostik). Wie das betreffende Verhalten entstanden ist, interessiert dabei nur in zweiter Linie, entscheidend sind die aktuellen Bedingungen, die es aufrechterhalten und als Ansatzpunkte für eine Verhaltensmodifikation in Frage kommen. Als derartige Bedingungen, auf die bei der Erklärung der Performanz, also des gegenwärtig zu beobachtenden Verhaltens, zurückgegriffen wird, sind vor allem dem Verhalten vorangehende und ihm nachfolgende kontrollierende Ereignisse zu nennen, also zum Beispiel das Vorliegen bestimmter diskriminativer Reize für das Auftreten bzw. Nichtauftreten des fraglichen Ver-

Tabelle 3: Humphreys' (1989) Modell der probabilistischen Kausal-Erklärung einzelner Ereignisse

Erklärungsverlangen	Adäquate Erklärung	Anmerkungen	Bedingungen	Konkretes Beispiel
Was ist die Erklärung für Y in S zur Zeit t?	Y in S zur Zeit t (tritt auf, lag vor) auf Grund von *F* trotz *I*.	«Y» ist ein Ausdruck, der sich auf eine Eigenschaft oder eine Änderung in einer Eigenschaft bezieht. «S» ist ein Ausdruck, der sich auf ein System bezieht. «F» ist eine (nicht-leere) Liste von Ausdrücken, die sich auf zu Y beitragende Ursachen beziehen. «I» ist eine (u. U. leere) Liste von Ausdrücken, die sich auf Y entgegenwirkende Ursachen beziehen.	Damit etwas eine Ursache ist, muß sie unveränderlich ihre Wirkung erzeugen. Probabilistische Ursachen erzeugen Änderungen im Wert der (Auftritts-) Wahrscheinlichkeit der Wirkung: zu Y beitragende Ursachen erzeugen eine Zunahme, Y entgegenwirkende Ursachen erzeugen eine Abnahme des Wertes der (Auftritts-) Wahrscheinlichkeit von Y.	Bei dem Schüler Dirk (S) hat sich die Teilnahme am Unterricht in ihrer Rate pro Unterrichtsstunde verdoppelt (Y) auf Grund der selektiven Aufmerksamkeit, die er seit einer schulpsychologischen Beratung von seiten des Lehrers erfährt (*F*), trotz der unveränderten Mitschülerbedingungen (*I*), die unterrichtsstörendes Verhalten bei Dirk eher fördern.

haltens oder die dem Verhalten nachfolgende Anwendung bzw. Entfernung positiver bzw. negativer Verstärker.

Sicher ist es möglich, diese Erklärungsvariante unter die bereits behandelten Erklärungsmodelle zu subsumieren, wie wir das zu Beginn von Abschnitt 3.2 schon angedeutet haben. Wesentlich besser paßt aber ein anderes Modell, das von Humphreys (1989) für die *probabilistische Kausal-Erklärung* von einzelnen Ereignissen vorgeschlagen wurde. Daß sich dieses Modell von Humphreys auch auf Performanz-Erklärungen im Rahmen verhaltensmodifikatorischer Bemühungen anwenden läßt, zeigt das Beispiel in **Tabelle 3**.

Y würde sich im Falle der Verhaltensanalyse auf bestimmte Aspekte des aktuellen Verhaltens zur Zeit t, der Verhaltens-Performanz, beziehen, S nähme auf den betroffenen Einzelfall Bezug. Die Liste F der zum Auftreten von Y beitragenden Ursachen würde die vorliegenden diskriminativen Reize für das Auftreten des betreffenden Verhaltens ebenso enthalten wie die positiven Verstärker, deren Anwendung dem Verhalten nachfolgt, oder die negativen Verstärker, die im Anschluß an das Verhalten entfernt werden. Auf die Liste I der dem Auftreten von Y entgegenstehenden Ursachen gehörten einmal die vorliegenden diskriminativen Reize für das Nichtauftreten des betreffenden Verhaltens, zum anderen die positiven Verstärker, die im Anschluß an das Verhalten entfernt werden, und die negativen Verstärker, deren Anwendung dem Verhalten nachfolgt. Und es sind die Annahmen der Verhaltenstheorie, aus denen hervorgeht, daß die in den Listen F und I aufgeführten Ereignisse gerade die Bedingungen erfüllen, die Humphreys für probabilistische Ursachen fordert (vgl. Westmeyer, 1996).

3.7 Psychologische Erklärungen aus inhaltlicher Sicht

Eine Klassifikation psychologischer Erklärungen nach der Eigenart der in ihnen vorkommenden Antezedensbedingungen verdanken wir dem Wissenschaftsphilosophen Bunge (1985), der sich besonders intensiv mit psychologischen Grundsatzproblemen beschäftigt hat. Wir wollen sie hier nur erwähnen, ohne darauf im Detail einzugehen. Bunge unterscheidet –

typische Antezedensbedingungen jeweils in Klammern – *tautologische* Erklärungen (mentale Fähigkeiten, Vermögen), *teleologische* Erklärungen (Ziele, Zwecke), *mentalistische* Erklärungen (mentale Ereignisse), *metaphorische* Erklärungen (Analogien zu physikalischen oder sozialen Prozessen, zu Tieren oder Computern), *genetische* Erklärungen (genetische Ausstattung), *entwicklungsbezogene* Erklärungen (Stadien der biologischen oder kognitiven Entwicklung), *umgebungsbezogene* Erklärungen (äußere Bedingungen und Faktoren, Reize, Situationen), *evolutionsbezogene* Erklärungen (Selektionsvor- und -nachteile), *neurophysiologische* Erklärungen (neurophysiologische Prozesse und Mechanismen), *gemischte* Erklärungen (Kombinationen verschiedener Typen von Antezedensbedingungen). Übrigens hält Bunge die ersten vier Erklärungstypen trotz ihrer weiten Verbreitung gerade auch in der Klinischen Psychologie für wissenschaftlich nicht akzeptabel.

4. Diagnostik

Bezüglich der Diagnostik können wir uns kurz fassen und auf das zurückgreifen, was wir in den vorangegangenen Abschnitten eingeführt haben (s. auch Kap. 7/Diagnostik). Wesentliche Grundbegriffe, die für eine wissenschaftstheoretische Betrachtung der Diagnostik benötigt werden, haben wir bereits kennengelernt. Diagnostik kann in diesem Zusammenhang drei Zwecken dienen: der Zuordnung einer Person (allgemeiner: einer Einheit) zu einer Klasse eines Klassifikationssystems, der Erklärung der Schwierigkeiten und Probleme, die sich in einem konkreten Einzelfall stellen, und der Vorbereitung einer therapeutischen Entscheidung. Im ersten Fall ist der dem Begriff der Diagnostik vorgeordnete Begriff der der Klassifikation, im zweiten Fall der der Ätiologie. Deshalb behandeln wir hier, abweichend vom üblichen Vorgehen, den Begriff der Diagnostik erst nach dem Ätiologiebegriff.

Diagnostik als Zuordnung einer Person zu einem Element eines Klassifikationssystems birgt wissenschaftstheoretisch kein Geheimnis. Orientiert an den hinreichenden und notwendigen Manifestationsgesetzen für die einzelnen Klassenbegriffe wird auf der Grundlage der in den relevanten Situationen beobachteten Verhaltensweisen der Person eine Zuordnung vorgenommen. Probleme, die bei derartigen Identifikationen auftreten können, sind vor allem methodischer Art und werden in der Taxonomie behandelt (Janke, 1982).

Eine Betrachtung von *Diagnostik als Erklärung* kann sich auf die bereits eingeführten Erklärungsbegriffe stützen. Westmeyer (1972) hat eine Explikation des Begriffs der Diagnose als Explikandum auf der Grundlage des Begriffs der wissenschaftlichen Erklärung als Explikat gegeben. Bemühungen um eine Diagnose werden zu Bemühungen, eine adäquate wissenschaftliche Erklärung für ein Explanandum zu finden, in dem die Probleme und Schwierigkeiten, die sich im konkreten Einzelfall stellen, beschrieben werden. Das Erklärungsargument entspricht der diagnostischen Systematisierung, die *Antezedensbedingungen bilden die Diagnose*. Immer dann, wenn für den Einzelfall eine dispositionelle oder eine historisch-genetische Erklärung für eine Störung gesucht wird, erfordert die Feststellung der Antezedensbedingungen, daß diagnostiziert wird. Und immer, wenn am Einzelfall diagnostiziert wird, führt dies zu einer dispositionellen und/oder historisch-genetischen Erklärung, wie unvollkommen auch immer sie ausfallen mag. Durch die Explikation des Begriffs der Diagnose durch den der wissenschaftlichen Erklärung wird eine exakte Kennzeichnung der Struktur diagnostischer Systematisierungen erreicht und zugleich die Möglichkeit eröffnet, anhand der Adäquatheitsbedingungen für korrekte wissenschaftliche Erklärungen, die damit zu Adäquatheitsbedingungen für korrekte diagnostische Systematisierungen werden, vorgelegte Diagnosen hinsichtlich ihrer Güte zu beurteilen. Auf dieser Grundlage läßt sich der gesamte diagnostische Prozeß in seiner Struktur und seinem Ablauf regeln (s. Westmeyer, 1982; Jäger, 1986). Auch wenn es im klinischen Bereich noch vielfach an den erforderlichen Wissensgrundlagen fehlt, um im Einzelfall zu adäquaten diagnostischen Systematisierungen zu kommen, ist die Fruchtbarkeit dieser Explikation bereits im Rahmen der computerunterstützten Diagnostik deutlich geworden (s. Hageböck, 1994).

Diagnostik bemüht sich nicht nur um Identifikationen und Erklärungen, sondern dient ebenso der *Vorbereitung therapeutischer Entscheidungen*. Bei einer Analyse dieser Funktion verlassen wir jedoch den Bereich der Klinischen Psychologie als Wissenschaft und wechseln in den Bereich der Klinischen Psychologie als Technologie über. Das bedeutet nicht, daß die bisher eingeführten Begrifflichkeiten in diesem neuen Bereich nicht verwendbar wären. Klassifiziert wird hier wie dort. Soll zum Beispiel durch die Erhebung diagnostischer Informationen eine Entscheidung darüber herbeigeführt werden, ob eine geplante therapeutische Maßnahme bei einem Klienten mit hinreichender Aussicht auf Erfolg angewendet werden kann, so ist das Ergebnis dieser Bemühungen bei positivem Ausgang die Zuweisung dieses Klienten zur Klasse der Personen, bei denen die Anwendung dieser therapeutischen Maßnahmen indiziert ist. Auch eine vorherige Abklärung der Ätiologie einer Störung ist in vielen Fällen für eine fundierte therapeutische Entscheidungsfindung hilfreich. Insoweit können im Zuge diagnostischer Untersuchungen formulierte dispositionelle oder historisch-genetische Erklärungen für die zu behandelnde Störung außerordentlich nützlich bei der Vorbereitung therapeutischer Entscheidungen sein.

Andererseits stellen sich im Bereich Klinischer Psychologie als Technologie wissenschaftstheoretische Probleme ganz eigener Art (s.d. Westmeyer, 1982a), die gesondert zu behandeln sind (s. Kap. 4/Wissenschaftstheorie: Intervention).

5. Literatur

Benesch, H. (1995). *Enzyklopädisches Wörterbuch Klinische Psychologie und Psychotherapie*. Weinheim: Psychologie Verlags Union.

Breuer, F. (1989). *Wissenschaftstheorie für Psychologen. Eine Einführung (4. Aufl.)*. Münster: Aschendorff.

Brickenkamp, R. (1996). *Handbuch psychologischer und pädagogischer Tests* (2. Aufl.). Göttingen: Hogrefe.

Bunge, M. (1985). Types of psychological explanation. In J. McGaugh (Ed.), *Contemporary psychology: Biological processes and theoretical issues* (p. 489–501). Amsterdam: North-Holland.

Corsini, R.J. (Hrsg.). (1994). *Handbuch der Psychotherapie* (Band 1, 2; 3. Aufl.). Weinheim: Psychologie Verlags Union.

Groeben, N. & Westmeyer, H. (1981). *Kriterien psychologischer Forschung* (2. Aufl.). München: Juventa.

Hageböck, J. (1994). *Computerunterstützte Diagnostik in der Psychologie*. Göttingen: Hogrefe.

Hempel, C.G. & Oppenheim, P. (1948). Studies in the logic of explanation. *Philosophy of Science, 15,* 135–175.

Humphreys, P. W. (1989). Scientific explanation: The causes, some of the causes, and nothing but the causes. *Minnesota Studies in the Philosophy of Science, 13,* 283–306.

Jäger, R. S. (1986). *Der diagnostische Prozeß* (2. Aufl.). Göttingen: Hogrefe.

Janke, W. (1982). Klassenzuordnung. In K. J. Groffmann & L. Michel (Hrsg.), *Grundlagen psychologischer Diagnostik* (S. 376–466). Göttingen: Hogrefe.

Murray, K. D. (1995). Narratology. In J. A. Smith, R. Harre & L. V. Langenhove (Eds.), *Rethinking psychology* (pp. 179–195). London: Sage.

Perrez, M. (1979). *Ist die Psychoanalyse eine Wissenschaft?* (2. Aufl.). Bern: Huber.

Schulte, D. (1982). Psychodiagnostik zur Erklärung und Modifikation von Verhalten. In K. Pawlik (Hrsg.), *Diagnose der Diagnostik* (2. Aufl., S. 149–176). Stuttgart: Klett.

Schurz, G. (Hrsg.). (1988). *Erklären und Verstehen in der Wissenschaft.* München: Oldenbourg.

Seidenstücker, G. & Baumann, U. (1978). Multimethodale Diagnostik. In U. Baumann, H. Berbalk & G. Seidenstücker (Hrsg.), *Klinische Psychologie. Trends in Forschung und Praxis* (Band 1, S. 134–182). Bern: Huber.

Skinner, H. A. (1981). Toward the integration of classification theory and methods. *Journal of Abnormal Psychology, 90,* 68–87.

Stegmüller, W. (1983). *Erklärung – Begründung – Kausalität* (2. Aufl.). Berlin: Springer.

Ströker, E. (1992). *Einführung in die Wissenschaftstheorie* (4. Aufl.). Darmstadt: Wissenschaftliche Buchgesellschaft.

Westmeyer, H. (1972). *Logik der Diagnostik.* Stuttgart: Kohlhammer.

Westmeyer, H. (1973). *Kritik der psychologischen Unvernunft.* Stuttgart: Kohlhammer.

Westmeyer, H. (1978). Wissenschaftstheoretische Grundlagen Klinischer Psychologie. In U. Baumann, H. Berbalk & G. Seidenstücker (Hrsg.), *Klinische Psychologie. Trends in Forschung und Paxis* (Band 1, S. 108–132). Bern: Huber.

Westmeyer, H. (1982). Grundlagenprobleme psychologischer Diagnostik. In K. Pawlik (Hrsg.), *Diagnose der Diagnostik* (2. Aufl., S. 71–101). Stuttgart: Klett.

Westmeyer, H. (1982a). Diagnostik und therapeutische Entscheidung. In G. Jüttemann (Hrsg.), *Neue Aspekte klinisch-psychologischer Diagnostik* (S. 77–101). Göttingen: Hogrefe.

Westmeyer, H. (1995). Persönlichkeitspsychologie zwischen Realismus und Konstruktivismus. In K. Pawlik (Hrsg.), *Bericht über den 39. Kongreß der Deutschen Gesellschaft für Psychologie in Hamburg 1994* (S. 748–753). Göttingen: Hogrefe.

Westmeyer, H. (1996). A concept of explanation for social interaction models. In R. Hegselmann, U. Mueller & K. G. Troitzsch (Eds.), *Modelling and simulation in the social sciences from the philosophy of science point of view* (pp. 169–181). Dordrecht: Kluwer.

4. Wissenschaftstheoretische Grundlagen der klinisch-psychologischen Intervention

Meinrad Perrez

Inhaltsverzeichnis

1. Einleitung

Im vorausgehenden Kapitel von Westmeyer finden sich die wissenschaftstheoretischen Grundlagen der Klassifikation, Ätiologie und Diagnostik psychischer Störungen; im folgenden werden jene der klinisch-psychologischen Intervention dargestellt. Die Frage der wissenschaftlichen Legitimation psychotherapeutischer Methoden wird heute leidenschaftlicher diskutiert denn je. Sie stellt sich auf dem Hintergrund von Verteilungskämpfen des therapeutischen Angebotes, das durch die Solidarleistungen der Krankenkassen finanziert werden soll. Hierfür allgemein akzeptierbare Kriterien zu finden, ist keine leichte Aufgabe. Welchen Beitrag leistet hierfür die empirische Forschung? Welchen die Wissenschaftstheorie? Zur ersten Frage wird das Kapitel zur Evaluation von Pychotherapien (Kap. 20/Methodik der Interventionsforschung) Antworten geben, zur zweiten soll das vorliegende Kapitel einige elementare Aspekte vermitteln.

Aus der Vielzahl psychotherapeutischer Methoden werden in **Kasten 1** drei Beispiele in Form von Kurzbeschreibungen vorgestellt, auf die später Bezug genommen wird.

Prof. Dr. Giovanni Sommaruga, Universität Freiburg i. Br. und Prof. Dr. Hans Westmeyer, Freie Universität Berlin, danke ich für hilfreiche kritische Rückmeldungen bei der Vorbereitung dieses Beitrages.

Psychotherapie durch Modelldarbietung

«Das therapeutische Verfahren des Modelldarbietens wird auch als Imitationslernen oder Beobachtungslernen bezeichnet. In seiner einfachsten Form besteht es darin, daß eine Person oder ein Symbol, das sogenannte Modell, irgend ein Verhalten zeigt, das wiederum von einer anderen Person beobachtet wird. Der Beobachter muß das Modellverhalten sehr genau beobachten und es lernen, im Sinne von Behalten. Dieser erste Schritt wird als Aneignungsphase bezeichnet. Unter günstigen Bedingungen wird Verhalten in dieser Aneignungsphase gelernt. Der Beobachter muß seine Beobachtungen dann selbst in eigenes Verhalten umsetzen, soweit er dazu fähig ist, die Voraussetzungen dafür hat, sich in der entsprechenden Umgebung befindet und dazu motiviert ist. Diese Durchführungsphase ist die zweite Phase des Modell-Lernens.
Modelldarbietung wird therapeutisch unter verschiedenen Zielrichtungen eingesetzt. Am häufigsten sollen durch Modell-Lernen neue Fertigkeiten erworben werden. Ein typisches Beispiel hierfür ist die Demonstration von neuen akademischen und sozialen Fertigkeiten durch Lehrer von Studenten. Modell-Lernen wird auch bei Patienten eingesetzt, die einen Mangel an sozialen Fertigkeiten haben und die neues Sozialverhalten lernen sollen. Auch geistig retardierte Personen können sich durch Modell-Lernen neues Verhalten aneignen.» (Perry, 1996, S. 234–239).

Die Intuitionstherapie

«Auf die Intuitionstherapie bin ich durch eine persönliche Erfahrung gekommen. Ich habe erkannt, den bisherigen Weg als Irrweg zu begreifen und mich nicht mehr anderen, sondern meiner eigenen Intuition anzuvertrauen. Die Ursache vielen psychischen Leidens ist die falsche Weltverpflichtung. Die Therapie ist im Grunde einfach: Der Intuitionstherapeut, der diese Erfahrung selbst gemacht hat, hilft dem Patienten unter Nutzung verschiedener Mittel auf seine innere Stimme zu hören; er hilft ihm, die unterdrückten Minderheiten des Psychischen zu Wort kommen zu lassen, die Botschaft seines Tiefenselbst wahr- und ernst zu nehmen. Als wichtigste Mittel empfehle ich die «geführte Innenschau», den «Weg zur Weltabsage» und den «Weg zum Ego-Geheimnis». Diese drei Wege sind Stufen. Man muß sie durchlebt haben, um ihr Wesen erahnen zu können. Das Ziel der Intuitionstherapie ist der Aufbruch zu sich. Kein Therapeut kann vorhersagen, wohin der Weg im Einzelfall führt.» (Limani, 1997, S. 39f.)

Die Organismische Psychotherapie

Katherine und Malcolm Brown entwickelten im Umfeld der bioenergetischen und anderer psychotherapeutischer Ansätze «eine stärker klientenorientierte, regressionsbejahende, nährende, direkt berührende Art von Behandlung. (…) Die Organismische Psychotherapie verzichtet nicht auf die evozierende, katalysierende Berührung. Gefühlsentladungen sind jedoch erst sinnvoll und heilend, wenn sie spontan auftreten, wenn der Zeitpunkt mehr vom Organismus bestimmt wird als willensbetont ist. Dann werden die eigenen beziehungsvermeidenden psychologischen Strategien und ihre tieferen Ursprünge von lebensvermeidenden Botschaften aus der eignen unbearbeiteten Vergangenheit bewußt. Organismische Psychotherapie geht davon aus, daß das verdrängte individuelle und das kollektive Unbewußte im Körper erfahrbar ist und die unmittelbaren Gefühlswahrnehmungen durch den Körper geschehen. Ich-Bildung ist die notwendige Voraussetzung für die Seelenbildung. Entscheidend ist jedoch die Seelenbildung, das heißt die Ganzheit eines psycho-organisch integrierten Wirkens, welches entsteht, wenn Psyche und Körper sich langsam annähern. Diese Annäherung geschieht im eigenen Rhythmus von Differenzierung und Integration der vier ontologischen Seinszentren – Eros, Hara, Logos und phallisch-spiritueller Krieger …» (SGOPT, 1996, S. 50)

Solche Texte finden sich in Büchern zur Psychotherapie. Die wissenschaftliche Diskussion solcher Beschreibungen kann sich zunächst auf einer *Psychologie-internen* Ebene bewegen. Es kann gefragt werden, mit welchen Methoden diese Psychotherapien bisher untersucht worden sind. Gibt es Gruppenstudien über ihre Wirksamkeit? Kontrollierte Einzelfallstudien? Prozeßstudien, in denen Hypothesen über Wirkfaktoren untersucht worden sind? Man mag sich fragen, von welchen psychologischen Grundlagentheorien sie hergeleitet sind, oder man kann darüber spekulieren, warum sie wirksam sind, wenn man an ihre Wirksamkeit glaubt. Die Diskussion kann sich aber auch auf eine andere Ebene begeben: Ist der Nachweis der Wirksamkeit überhaupt von Psychotherapiemethoden zu fordern? Ist Psychotherapie nicht ein viel zu komplexes Geschehen, als daß es wissenschaftlicher Analyse zugänglich wäre? Besteht denn ein Ableitungszusammenhang zwischen psychotherapeutischen Methoden und psychologischen Grundlagentheorien? Was sollen die Kriterien für die wissenschaftliche Fundierung von Psychotherapie sein? *Das sind wissenschaftstheoretische Fragen.*

Die Wissenschaftstheorie kann im allgemeinsten Sinne als eine Reflexion über die Grundlagen einer wissenschaftlichen Disziplin verstanden werden. Diese betreffen u.a. die Ziele wissenschaftlicher Forschung, Kriterien der Forschung, die rationale Rekonstruktion des Forschungsprozesses, die Begründungsstrukturen von Behauptungen über die untersuchte Realität und die Rekonstruktion der Beziehung von Theorien und Technologien und ähnliches. Solche metatheoretischen Reflexionen begründen ein Stück weit das Selbstverständnis einer Disziplin. Sie machen die logische Struktur von sprachlich formulierten Ergebnissen der Forschung transparent. Sie thematisiert neben dieser deskriptiven Zielsetzung auch wissenschaftliche, methodologische Normen im Hinblick auf die Forschungsziele, die die Einzelwissenschaften implizit oder explizit leiten, wie z.B. die Kriterien der Intersubjektivität oder der logischen Konsistenz von Aussagensystemen. Von solchen Fragen sind Fragestellungen der Wissenschaftspsychologie, -soziologie und -geschichte zu unterscheiden, die sich unter psychologischen, soziologischen oder geschichtlichen Aspekten mit Forschungsprozessen beschäftigen.

Im folgenden werden einige wissenschaftstheoretische Grundbegriffe auf dem Hintergrund der Analytischen Wissenschaftstheorie (vgl. Bunge, 1985; Lenk, 1980) eingeführt, die für die psychotherapeutische Interventionsforschung auf der Grundlage einer nomothetischen Psychologie relevant sind (vgl. Diskussion: Bickhard, 1989; Kanfer, 1989; Fischer, 1989 und Perrez, 1989).

2. Verschiedene Arten des Wissens: Nomologisches, nomopragmatisches und Tatsachenwissen

«Wenn ein Therapeut bei einem Patienten die Methode der differentiellen Beachtung für selbstexploratives Verhalten praktiziert, so erzielt er damit die Stärkung des selbstexplorativen Verhaltens.» Worin besteht die Ähnlichkeit bzw. Unähnlichkeit einer solchen Aussage mit der folgenden? «Wenn ein unkonditionierter Stimulus (UCS) häufig mit einem neutralen (NS) gepaart wird, bildet sich in Abhängigkeit von der Art und Stärke des UCS, von der Latenzzeit zwischen NS und UCS (und weiteren Bedingungen) aus dem NS ein bedingter Reiz.» In beiden Fällen handelt es sich um Zusammenhangsbehauptungen. Im ersten Fall geht es um einen *praktischen* Handlungszusammenhang, im zweiten um einen *theoretischen,* der nicht notwendig an Handlungen gebunden ist. Die Paarung von neutralen mit unkonditionierten Reizen kann auch durch zufällige Begegnungen mit der physikalischen Welt zustandekommen. Die erste Aussage hat nomopragmatischen, die zweite nomologischen Charakter. Diese beiden Aussagetypen entstammen verschiedenen Forschungsprogrammen (vgl. Herrmann, 1994), die verschiedene Arten des Wissens ansteuern, nämlich im einen Fall handlungs- und interventionsbezogenes praktisches (technologisches) Wissen und im anderen Fall theoretisches (nomologisches) Wissen über Zusammenhänge dieser Welt, das die Grundlagen für wissenschaftliche Erklärungen darstellt, wie es im Kapitel 3 von Westmeyer beschrieben worden ist. Diese Unterscheidung ist auch auf Alltagswissen übertragbar. Diese beiden Wissensarten sind zu ergänzen durch

Wissen, das nicht praktische oder theoretische Zusammenhänge, sondern einzelne Tatbestände, Sachverhalte, individuelle Ereignisse betrifft, das wir Tatsachen- oder Faktenwissen nennen (vgl. Westmeyer, 1976).

Man kann noch andere Wissenstypen unterscheiden, wie z.B. das definitorische oder das Begriffswissen, das im Kennen der Bedeutung von Begriffen besteht. Im folgenden beschränken wir uns auf die ersten drei Arten. Diese Unterscheidungen sind hilfreich bei der Klärung der Beziehungen von Grundlagenwissen zu anwendungsorientiertem Wissen. Was versteht man genauer unter diesen drei Wissensarten?

2.1 Nomologisches Wissen

Nomologisches Wissen umfaßt Erkenntnisse über gesetzesartige Zusammenhänge zwischen Variablen. Diese Erkenntnisse werden als Gesetzesaussagen formuliert, wobei deterministische und probabilistische unterschieden werden können. Deterministische Gesetze weisen in ihrer einfachsten Form die folgende Struktur auf:

> «G.: (x) (Ax→Bx)»; d.h. «Für alle x gilt: Wenn auf x A zutrifft, dann trifft auf x B zu» (vgl. Hempel, 1977).

> Probabilistische Gesetze enthalten an einer Stelle eine Wahrscheinlichkeit, also z.B. «Für alle x gilt : wenn auf x A zutrifft, dann trifft mit der Wahrscheinlichkeit p auf x B zu».

Hypothesen über das Modellernen betreffen u.a. nomologische Zusammenhänge, z.B. die Annahmen, daß die Wirkung der Modelldarbietung stärker sei, wenn das Modellverhalten eine positive Verstärkung erfahre; oder die Annahme, daß Kinder von ängstlichen Eltern über das ängstliche Modellverhalten ängstliches Verhalten lernen. Einen nomologischen Anstrich haben auch Limanis oben zitierte Aussage, daß die Ursachen psychischen Leidens in der falschen Weltverpflichtung bestehen, oder die Annahme der Organismischen Psychotherapie, daß die «Ich-Bildung» der «Seelenbildung» vorausgehe. Als Hypothesen wollen wir sie nicht bezeichnen, da sie in dieser Vagheit keiner Überprüfung zugänglich sind.

2.2 Nomopragmatisches (technologisches) Wissen

Neben dem theoretischen Ziel, gesetzesartiges Wissen zu gewinnen, wird durch die meisten Wissenschaften auch Wissen zur praktischen Verwertbarkeit angestrebt: das nomopragmatische (technologische) Wissen. In der Psychologie gehört die Entwicklung von Interventionsmethoden zu diesem Forschungsziel. Erlaubt nomologisches Wissen die Erklärung von Ereignissen, so ist die technologische Forschung auf die Generierung von Wissen über die Herstellbarkeit und Beeinflußbarkeit von Phänomenen gerichtet. Dieses definiert sich durch seinen Handlungsbezug. Aussagen dieser Art haben zunächst eine nomopragmatische Form, d.h. sie beschreiben Handlungen (T) und ihre Handlungsfolgen (F) unter bestimmten Ausgangsbedingungen (A): Wenn man T unter den Ausgangsbedingungen A tut, kann man mit der Wahrscheinlichkeit p die Folgen F feststellen. Als Beispiel gelte die Feststellung, daß man bei Vorliegen einer monosymptomatischen Phobie (A) eine Reduktion der phobischen Reaktionen in 70 Prozent der Fälle feststellen kann (F), wenn die phobische Person der angstauslösenden Situation lege artis exponiert wird (T). Derartige auf systematischer Wirkungsforschung beruhende Aussagen bilden die Grundlage für die Formulierung technologischer Regeln, die bestimmte Handlungen *empfehlen*, wenn unter gewissen Ausgangsbedingungen definierte Ziele erreicht werden sollen: «Um F zu erreichen, empfiehlt es sich unter der Voraussetzung der Ausgangsbedingungen A, T zu tun.» Innerhalb der Psychotherapie entsprechen technologische Regeln der Struktur von Indikationsaussagen respektive -empfehlungen (vgl. Baumann & von Wedel, 1981).

Im Unterschied zu nomologischen Aussagen kennzeichnen die technologischen Regeln als Empfehlungssätze (und nicht als Aussagen) nicht das Wahrheitskriterium, sondern das *Effektivitätskriterium*. Das *Effizienzkriterium* bewertet die Effektivität (= Nutzen) unter dem Aspekt der Kosten (Kosten-Nutzen-Relation). Die Methodologie der technologischen Wissenschaften, zu denen die psychotherapeutische Wirkungsforschung gehört, kümmert sich vorrangig um die Effektivitätsbeurteilung (vgl. Lenk, 1980) Eine technologische Regel R1 wird dann als effektiver als eine Regel R2 anerkannt, wenn das Ziel F unter der Voraussetzung von A mittels T der Regel R1 mit einer größeren Wahrscheinlichkeit erreicht werden kann als durch die Anwendung der Regel R2. Für die nomopragmatische Aussage und für die Erklärung des Zusammenhanges der Handlung mit ihren Folgen ist allerdings wiederum das Wahrheitskriterium von Interesse. Ebenso ist für die Wirksamkeitsbehauptung als Aussage das Wahrheitskriterium relevant. Damit beschäftigt sich die *Technologie* als angewandte Wissenschaft. Sie zielt nach Agazzi (1995) darauf ab, die Wirkungen der Technik bzw. der Interventionsmethoden zu erklären.

2.3 Tatsachenwissen

Tatsachenwissen bildet eine dritte Art von Wissen, die wir hier unterscheiden. Nomologisches wie technologisches Wissen beziehen sich auf mehr oder weniger extensive Generalisierungen, im ersten Fall theoretischer, im zweiten Fall praktischer Art. Tatsachenwissen hat demgegenüber singulären Charakter und beruht auf singulären Beobachtungstatsachen (Ströker, 1992), die durch singuläre Aussagen beschrieben werden. Es bezieht sich auf den Ist-Zustand bestimmter Merkmale in einer bestimmten Population oder bei bestimmten Individuen zu einem gegebenen Zeitpunkt – ohne Wenn-dann- oder Je-desto-Verknüpfungen verschiedener Merkmale untereinander und ohne Generalisierung über Situationen, Orte oder Zeit; allenfalls wird ein Merkmal aufgrund einer repräsentativen Stichprobe einer entsprechenden Grundgesamtheit zugeschrieben. Es hat also einen erheblich geringeren Informationswert als nomologisches oder technologisches Wissen.

Um singuläre Tatsachen geht es in Aussagen wie «Bei Peter wurde am 10. Oktober mit dem KABT ein IQ von 124 gemessen» oder «Die Lehrerverhaltensbeobachtungen während der Zeit T an den Stichproben der Grundschullehrer von Hamburg ergaben in der Studie von T. und M., daß 40 Prozent der verbalen Äußerungen lenkender Art sind»

oder «60 Prozent der in der Schweiz 1997 praktizierenden Psychotherapeuten haben eine psychoanalytische Ausbildung».

3. Unterschiedliche Wissensstandards

Wer durch seine berufliche Erfahrung gelernt hat, daß eine bestimmte therapeutische Übung vielen Patienten hilft, anschließend mit größerer Offenheit über selbstwertbedrohliche Inhalte zu sprechen, der weiß, daß diese Übung hilft. Wer das Beben der Erde oder die Wogen des Meeres auf das Wirken von Poseidon zurückführt, der weiß, daß Alexandrien durch diesen Gott versenkt worden ist. Oder, wer in einer kontrollierten Psychotherapie-Studie beobachtet, daß eine Behandlungsgruppe die besseren Effektivitätswerte aufweist, der weiß, daß diese auf die Behandlungsmethode zurückzuführen sind, mit der diese Gruppe behandelt worden ist.

In allen drei Fällen liegt ein «Wissen» vor, das indes auf der Ebene der epistemologischen Standards unterschiedliche Charakteristika aufweist. Diese Charakteristika lassen sich auf alle drei Wissensarten, die oben beschrieben worden sind, anwenden. Das wichtigste unterscheidende Charakteristikum ist der *Erfahrungstyp*, der dem jeweiligen Wissen zugrunde liegt.

Es seien hier drei Typen unterschieden (Perrez, 1991): *Die wissenschaftliche Erfahrung, die Alltagserfahrung* und *Ideologien* als «Wissens»-Grundlage. Die wissenschaftliche Erfahrung ist u.a. dadurch gekennzeichnet, daß sie solche Vermutungen (Hypothesen) einem Test unterwirft, die theoretisch durch die Empirie kritisiert werden können, was bei den subjektiven Erwartungen, die wir im Alltag «testen» mitunter in eingeschränkter Weise der Fall ist. Ideologische Überzeugungen (und auch Mythen) sind weder für wissenschaftliche noch für Alltagserfahrung «sensibel». Sie gewinnen ihre Autorität statt durch kontrollierte Erfahrung über Rhetorik. Ein zweites Charakteristikum stellt das Ausmaß der methodischen Kontrolle der Erfahrung dar. Während die Alltagserfahrung (auch die berufliche) mehr oder weniger durch psychologische Gesetzmäßigkeiten unserer Eindrucksbildung reguliert wird und sich durch zahlreiche Fehlerquellen, von denen die Sozialpsychologie eine Reihe genauer untersucht hat (wie z.B. den Pygmalion oder den Primacy-Effekt), kennzeichnet, wird die wissenschaftliche Erfahrung durch methodische Regeln geleitet, die diese Fehlerquellen kontrollieren sollen.

Dieses Wissen kann also mehr oder weniger subjektiv bzw. wissenschaftlich geartet sein. Als wissenschaftlich fundiertes Wissen qualifizieren wir es solange, wie es der methodisierten Überprüfung standhält. Als Alltags- oder naives Wissen betrachten wir es dann, wenn seine Entstehung subjektiver, zufälliger und unkontrollierter Erfahrung entstammt und keine systematische wissenschaftliche Rechtfertigung vorliegt.

Von nomopragmatischen, nomologischen oder singulären *wissenschaftlichen Hypothesen* wollen wir dann sprechen, wenn es sich um theoretische oder praktische verallgemeinernde Zusammenhangsannahmen oder um Vermutungen über Einzeltatsachen handelt, die überprüfbaren Charakter haben, die auf vorhandener Erkenntnis beruhen oder mit dieser verträglich sind und die nicht semantisch leer sind (vgl. Bunge, 1967a, 1985). Die Annahme z.B., daß die systematische Desensibilisierung geeignet sei, Angst zu reduzieren, ist zunächst eine nomopragmatische (technologische) Hypothese. In dem Ausmaß, wie diese Annahme empirisch bestätigt worden ist, kann sie als nomopragmatisches (technologisches) *Wissen* betrachtet werden, das als prinzipiell revidierbar verstanden wird.

Von nomopragmatischem (technologischen), nomologischem oder singulärem *Alltagswissen* wollen wir dann sprechen, wenn es sich um Zusammenhangsannahmen gewissermaßen «privater Natur» handelt, also um subjektive Überzeugungen, die nicht in ein wissenschaftliches theoretisches Netzwerk, sondern in das der Alltagstheorien und -erfahrung eingebettet sind. Sie sind oft nicht zureichend überprüfbar, und die Personen, die sie vertreten, haben sie mit subjektiver Gewißheit, obwohl sie wissenschaftlich nicht abgesichert sind. Unter *Lehrmeinungen* wollen wir schließlich mit Westmeyer (1976) technologische oder nomologische Meinungen verstehen, die von Autoritäten als allgemeine Erkenntnis gelehrt und propagiert werden, obwohl sie lediglich auf privater Erfahrung oder unkontrollierten kollektiven Erlebnissen beruhen.

Die **Tabelle 1** faßt die verschiedenen Wissensarten und Rechtfertigungsquellen bzw. Wissensstandards zusammen.

Tabelle 1: Matrix Wissensarten und Rechtfertigungsquellen mit Beispielen

Wissensarten	Rechtfertigungsquellen (Wissenstandards)		
	Kontrollierte wissenschaftliche Erfahrung (führt zu wissenschaftl. Wissen)	Subjektive Alltagserfahrung (führt zu Alltagswissen)	Ideologien/Mythen (Rhetorik/Tradition)
Nomologisches Wissen	Gesetz der Klassischen Konditionierung	«Wie der Herr, so der Knecht»	Wiedergeburtslehre
Technologisches Wissen	Methode der Expositionstherapie	«Wer Großes will, muß sich zusammenraffen» (Goethe)	Methode der Urschreitherapie
Singuläres Tatsachenwissen	Epidemiologische Verteilung einer Störung in einer Stichprobe	«In dieser Schulklasse sind die Schüler heute sehr zerstreut»	Schöpfungsmythos

4. Psychotherapeutische Methoden als technologische Regeln

Unter «Psychotherapie» verstehen wir in der Alltagssprache normalerweise entweder eine *Menge von Methoden,* die psychologische Mittel zur Behebung von psychischen Problemen beschreiben bzw. empfehlen, oder die *praktische Tätigkeit* von Menschen, bei der solche Methoden angewendet werden. Diese Unterscheidung entspricht dem Unterschied von technologischen Regeln und der psychologischen Praxis. Psychotherapeutische Methoden lassen sich dann als technologische Regeln interpretieren, wenn die Beschreibung der Methode Informationen darüber enthält, (1) für welche Problemausgangslage und Diagnose und (2) für welche Therapieziele (3) welche psychotherapeutischen Handlungen empfohlen werden. Zur Problemausgangslage und Diagnose mögen auch differentielle Persönlichkeitsmerkmale, Umweltbedingungen usw. gehören, die für die Interventionsauswahl bedeutungsvoll sind. Die therapeutischen Handlungsempfehlungen können von einfachen bis zu hochkomplexen Interventionen variieren. Im Prinzip müssen diese manualisierbar sein, wenn man unter Manualisierung nicht determinierte rigide Handlungssequenzen, sondern klar verständliche Handlungsprinzipien im Sinne von Regeln und Heuristiken versteht. *Psychotherapeutische Manuale* stellen Beschreibungssysteme solcher therapeutischer Handlungsprinzipien zur Lösung von umschriebenen Problemen dar. Ihr zentrales Gütekriterium liegt in der Sicherung der Information, die nötig ist, um zu gewährleisten, daß verschiedene Therapeuten unter Anwendung des gleichen Manuals die gleichen Handlungsprinzipien zur Lösung eines definierten Problems ins Spiel bringen (Task Force, 1995).

Auch Anwendungsempfehlungen von elementaren therapeutischen *Substrategien* wie Fokussieren, Deuten, Konfrontieren usw. weisen die gleiche Struktur auf. Auch hier erwarten wir Informationen darüber, unter welchen Ausgangsbedingungen innerhalb des therapeutischen Prozesses mit welcher Zielsetzung welche Handlungen zu realisieren sind.

Der technologischen Regelstruktur entspricht die Definition von Indikationsempfehlungen: «Indikationsaussagen sind allgemeine Handlungsregeln, die angeben, welche Maßnahmen unter vorgegebenen Randbedingungen (u.a. auch Ziele) optimal sind. Dazu gehören Prädiktoren, die im Einzelfall die Erfolgswahrscheinlichkeit (Prognose) abzuschätzen erlauben.» (Baumann & von Wedel, 1981, S. 13; vgl. dazu auch Westmeyer, 1983) Im **Kasten 2** werden Psychotherapie durch Modelllernen und die Intuitionstherapie auf ihre Regelstruktur hin befragt (s. **Kasten 2**, S. 53).

Grawe (1982) hat darauf hingewiesen, daß wir es bei der Behandlung von psychischen Störungen oft nicht mit wohldefinierten Problemen zu tun haben und die Interventionsmethoden, die praktisches therapeutisches Handeln leiten, oft mehr der Natur von *Heuristiken* als einfachen technologischen Regeln entsprechen. Heuristiken sind Suchverfahren zur Findung von Lösungen. Sie bestehen in der Abfolge bestimmter geistiger Operationen (Dörner, 1979). Heuristiken lassen sich jedoch als komplexe technologische Regelsysteme rekonstruieren. Auch sie gelangen unter der Voraussetzung bestimmter Ausgangsbedingungen sub specie gewisser Ziele zur Anwendung. Ein Merkmal von Ausgangsbedingungen kann z.B. darin bestehen, daß die Problemlage zunächst unklar ist. Die dann gewählte Operation kann sich zunächst darauf beziehen, statt direkt mit einer therapeutischen Handlung, zunächst mit der Problemeingrenzung zu beginnen. Die Handlungslogik der Verhaltensmodifikation, wie sie Kaminski (1970), oder die Prinzipien der Verhaltensdiagnostik und Interventionsplanung, wie sie Schulte (1986, 1995) beschrieben haben, sind Beispiele komplexer Heuristiken und prozeduraler Handlungsempfehlungen, die sich nicht nur auf wohldefinierte Probleme beziehen. Diese Problemlösestrategien bestehen u.a. darin, eine geeignete Methode zur Lösung eines gegebenen Problems in einer ersten Handlungssequenz zu suchen bzw. zu konzipieren. Teil eines solchen Regelsystems können Prozeßregeln sein, wie ein diffuses oder komplexes Problem eingegrenzt werden kann. Das Konzept der einfachen technologischen Regel ist

---

Kasten 2
Regelstruktur der Modellerntherapie und der Intuitionstherapie (s. Kasten 1)

Die kurze obige Beschreibung der *Modell-lerntherapie* enthält Informationen über Ausgangsbedingungen, unter denen sich diese Therapieart u. a. empfiehlt (Mangel an sozialen Fertigkeiten), über Ziele (Aufbau von Sozialverhalten) und über die zu realisierenden therapeutischen Handlungen (Aneignungsphase: Modelldarbietung, Durchführungsphase: Beobachtetes Verhalten umsetzen). Der weitere Text enthält auch Angaben über die Wirksamkeit und über Studien, in denen diese untersucht worden ist.

Bei der *Intuitionstherapie* von Limani (1997) fehlen präzisere Indikationsangaben. Gemeint ist wohl, daß diese Therapie im Sinne der Enrichment-Funktion nicht nur bei Störungen, sondern auch zur psychischen Bereicherung zu empfehlen sei. Die Zielangaben sind so vage (Lernen, sich der eigenen Intuition anzuvertrauen, Botschaften des Tiefenselbst wahrnehmen lernen, Aufbruch zu sich), daß eine Klärung der Wirksamkeit dieser Methode schon aus diesem Grunde kaum möglich erscheint. Noch schwieriger ist es um die Beschreibung der therapeutischen Handlungsstrategien bestellt. Diese werden wohl kurz umschrieben, aber es wird betont, daß sie eigentlich nicht zu beschreiben, sondern nur zu erfahren sind. Die Frage nach der Wirksamkeit erübrigt sich wohl schon deshalb, weil davon ausgegangen wird, daß es zum Wesen dieser Therapie gehört, das Ergebnis nicht vorhersagen zu können. Das bedeutet, daß sich die Intuitionstherapie nicht als technologische Regel rekonstruieren läßt, da die Beschreibung ihres Begründers weder Informationen über relevante Problembereiche noch Zielangaben oder ausreichende Präzisierungen über die therapeutischen Maßnahmen enthält.

Analoge Probleme ergeben sich für die *Organismische Psychotherapie.*

---

also zu erweitern durch technologische Regeln vom heuristischen Typ, ferner durch Regelsequenzen und -systeme bzw. -hierarchien. Auch sie weisen im Prinzip die Struktur technologischer Regeln auf; auch für sie stellt sich die Frage nach Kennwerten ihrer Wirksamkeit.

5. Psychotherapie als Anwendung von Theorien der Psychologie?

Die Forderung nach einer besseren psychotherapeutischen Versorgung der Bevölkerung, die durch die Allgemeinheit zu bezahlen ist, erfordert einen minimalen Konsens dieser Allgemeinheit über die Frage, was eine gute Versorgung charakterisiert. Ein naheliegendes, weil kostensparendes, aber nicht ausschließliches Charakteristikum liegt in der Forderung, daß eine solche Versorgung psychotherapeutische Methoden anbieten und anwenden soll, deren Wirksamkeit wissenschaftlich erprobt ist; fer-

ner, daß diese Methoden auch theoretisch wissenschaftlich begründet seien, d.h. in ihrer theoretischen Fundierung auf den rationalen Corpus der wissenschaftlichen Psychologie Bezug nehmen (vgl. Baumann, 1996).

Es ist kein Geheimnis, daß viele der derzeit verbreiteten Psychotherapiemethoden nicht unter dem Einfluß psychologischer Theorien der wissenschaftlichen Psychologie entstanden sind, sondern auf privater Erfahrung und wirkungsvoll kommunizierter Intuition beruhen. Von einer wissenschaftlichen Fundierung kann in vielen Fällen keine Rede sein. Was heißt jedoch «wissenschaftlich fundiert»? Ist eine Methode dann wissenschaftlich begründet, wenn es sich um aus einer Grundlagendisziplin abgeleitete Verfahrensprinzipien handelt? In dieser Weise haben L. Witmer und E. Kraepelin die Klinische Psychologie als Anwendung der Allgemeinen Psychologie verstanden. Bunge (1983) hat indes gezeigt, daß praktische Verfahrensprinzipien nie im stringenten Sinne aus Grundlagentheorien ableitbar sind, weil sich Grundlagentheorien immer auf idealisierte Bedingungen beziehen und die Variablen, deren Verknüpfung theoretisch beschrieben wird, normalerweise nicht für Handlungen, sondern für abstraktere, theoretische Konstrukte stehen. «Theoretisches Wissen (über Gegenstände und Prozesse) ist nicht zugleich (und weder hinreichend noch notwendig für) instrumentelles Know-how (Lenk, 1980, S. 629); aber es erleichtert meistens die Konzeption und Wirkungsbeurteilung von technologischen Handlungsregeln, worauf Lenk (a.a.O.) die zunehmende Verwissenschaftlichung der Technik zurückführt. Selbst Begriffe wie «autoritärer Führungsstil» sind zunächst theoretische Konstrukte (vgl. Lukesch, 1979) und beschreiben nicht direkt konkrete Handlungen, weshalb aus einer Theorie des autoritären Führungsstils nicht ohne weiteres konkrete Handlungsempfehlungen abzuleiten sind. Dennoch können therapeutische Methoden mehr oder weniger stark auf Erkenntnissen der wissenschaftlichen Psychologie beruhen.

Wie ist nun die Beziehung von grundlagenwissenschaftlichen zu anwendungsbezogenen Aussagen bzw. Hypothesen geartet?

Bunge (1967 b) sieht zwischen Gesetzesaussagen und technologischen Regeln lediglich eine pragmatische Beziehung. Die Überleitung des Gesetzes «Wenn A, dann B» (z.B. «Wenn Reaktionsklasse R verstärkt wird, dann Erhöhung ihrer Auftretenswahrscheinlichkeit») in die Regel «Tue A*, um B* zu erhalten!» erfordert nach Bunge den Zwischenschritt der *nomopragmatischen Aussage,* die in einer Übersetzung der theoretischen Begriffe in Handlungsbegriffe («pragmatische Begriffe») besteht und eine neue Hypothese über einen pragmatischen Zusammenhang darstellt: «Wenn A* getan wird, kann man B* feststellen.» (Zum Beispiel «Wenn ein Therapeut die Methode der differentiellen Beachtung praktiziert, so wird das systematisch beachtete Patientenverhalten gestärkt».)

Hat sich diese nomopragmatische Zusammenhangsannahme in empirischen Studien bewährt, so kann die begründete Regel formuliert werden: «Um B* zu erhalten, tue A*!» Bunge (1967 b) nennt eine so gewonnene Regel wissenschaftlich fundiert.

Der Zusammenhang von psychologischem Grundlagenwissen und technologischem Wissen wurde u.a. von Brocke (1993), Patry und Perrez (1982) und für die Klinische Psychologie von Westmeyer (1977) eingehender diskutiert.

Daß die Grundlagentheorien nicht ohne weiteres angemessene Erklärungen therapeutischer Effekte zu leisten vermögen, haben für den Bereich gewisser verhaltenstherapeutischer Methoden bereits Breger und McGaugh (1965) und Westmeyer (1977) gezeigt; sie haben nachgewiesen, daß der hierfür erforderliche stringente logische Ableitungszusammenhang von verhaltenstherapeutischen Methoden aus den Lerntheorien nicht gegeben ist. Dennoch sind viele verhaltenstherapeutische Methoden in nahem Zusammenhang mit und dank Grundlagentheorien entstanden und dann auf ihre Wirksamkeit hin untersucht worden.

Wolpe (1958) hat die *systematische Desensibilisierung* in enger Anlehnung an die Konditionierungstheorien entwickelt und entsprechende Tierversuche durchgeführt. Die Übertragung dieser Methode zur Angstreduktion auf Phobien bei Menschen hat befriedigende Effektivitätswerte ergeben. Prozeßuntersuchungen und theoretische Erwägungen ließen jedoch die ursprüngliche Theorie der reziproken Hemmung für die Erklärung der Treatmenteffekte als immer unbefriedigender erscheinen. So folgten auf die Erklärung durch die reziproke Hemmung extinktionstheoretische Erklärungen und die Theorie der maximalen Habituation von Lader und Mathews (1968) und dann verschiedene kognitive theoretische Erklärungsversuche (z.B. Birbaumer, 1973; Ehlers & Lüer, 1996). Prinzipiell kann auch eine falsche Grundlagentheorie eine wirksame Methode inspirieren.

Auch die *Modelldarbietungstherapie,* wie sie oben kurz beschrieben wurde, stellt keine logisch stringente Ableitung aus der sozialkognitiven Lerntheorie von Bandura (1986) dar, wenngleich sich ihre Herleitung deutlich an dieser Theorie orientiert. Die soziale Lerntheorie differenziert die Voraussetzungen beim Modell und die in Wechselwirkung stehenden Subprozesse der Aufmerksamkeit, des Gedächtnisses, der motorischen Reproduktion und der Motivation. Auch hier gilt analog zur systematischen Desensibilisierung, daß für die Wirkungen, die durch die Modelldarbietung ausgelöst werden, unterschiedliche Theorien zu ihrer Erklärung entwickelt wurden.

Der Zusammenhang zwischen den Theorien der Allgemeinen Psychologie zu psychotherapeutischen Interventionskonzepten hängt also davon ab, in welchem Ausmaß die in der therapeutischen Methode vorgesehenen therapeutischen Handlungen als Realisierungen der theoretischen Konzepte der Grundlagentheorie gelten können. Je nach dem besteht ein größerer oder geringerer Zusammenhang. Baumann (1996) hat die Bezüge der wissenschaftlichen Psychologie zu einer wissenschaftlich fundierten Psychotherapie in den wesentlichen Aspekten thematisiert und in Thesen zusammengefaßt (vgl. Kap. 22.1/Psychotherapie: Systematik in diesem Lehrbuch).

6. Unter welchen Voraussetzungen soll eine psychotherapeutische Methode als wissenschaftlich fundiert betrachtet werden?

Diese Frage ist nicht kategorialer, sondern komparativer Natur; Methoden können mehr oder weniger gut fundiert sein. Zu den wesentlichen Kriterien gehört (1) der *Nachweis ihrer Wirksamkeit*. Als weiteres Kriterium schlagen wir vor, daß sie (2) *nicht auf Voraussetzungen beruhen, die mit wissenschaftlichen Erkenntnissen unvereinbar* sind. Diesen Kriterien genügen beispielsweise die Bioenergetik, die Urschreitherapie, die Intuitionstherapie oder die Organismische Psychotherapie, die die Charaktersitika von technologischen Lehrmeinungen haben, nicht. Das letzte Kriterium schließt aber auch etwa den Exorzismus aus dem Kanon psychologisch fundierter Methoden aus, selbst wenn er für die Behandlung von Hysterien wirksam wäre, da seine Proponenten seine Wirkung Kräften zuschreiben, die mit dem rationalen Corpus der Psychologie und anderer wissenschaftlicher Disziplinen unvereinbar sind. Allerdings sind solche «therapeutischen» Rituale, deren Vertreter selbst wissenschaftsfremde Kausalattributionen favorisieren, natürlich stets einer psychologischen Reinterpretation und der empirischen Erforschung zugänglich. Insofern solche Methoden wirksam sind, ist unter Umständen mit dem paradoxen Umstand zu rechnen, daß sie ihrer Wirksamkeit verlustig gehen, wenn Behandler und Behandelte die abergläubischen Ursachenzuschreibungen zugunsten wissenschaftlicher

Erklärungen aufgeben würden, dann nämlich, wenn die naive Kausalattribution einen erwartungsinduzierenden Bedingungsfaktor für die Wirksamkeit darstellt.

Neben dem Nachweis der Wirksamkeit und der Feststellung, daß eine gegebene Methode nicht auf Voraussetzungen beruht, die mit dem rationalen Corpus der Psychologie oder anderer wissenschaftlicher Disziplinen unvereinbar sind, verfügen wir (3) im Idealfall zusätzlich über Regeln, deren *nomopragmatische Grundlage* von bewährten *psychologischen Gesetzen* hergeleitet ist. Für psychotherapeutische Interventionsmethoden hat Perrez (1983) neben den drei bereits genannten Kriterien in Übereinstimmung mit anderen zusätzlich die folgenden *allgemeinen Gütekriterien* vorgeschlagen: (4) Die ethische Legitimierbarkeit der Therapieziele, für die eine Methode Erfolg verspricht, (5) die ethische Vertretbarkeit der Methode selber, (6) die Qualität und Wahrscheinlichkeit der zu erwartenden Nebeneffekte und (7) das Ausmaß der Kosten, die mit der Anwendung einer Methode verbunden sind. Die Kriterien (1), (6) und (7) sind am *technologischen* Aspekt der Wirksamkeit, dem Kosten-Nutzen-Verhältnis orientiert; die Kriterien (2) und (3) am *epistemologischen* Aspekt der Wahrheit, während die Kriterien 4 und 5 die *ethische* Dimension der Fundierung von technologischen Regeln betreffen (vgl. Bunge, 1983, S. 142).

7. Nomologisches und technologisches Wissen als Grundlage des praktischen Handelns

Die oben ausgeführte Interpretation der Beziehung von nomologischem zu technologischem Wissen sagt noch wenig aus über die Bedeutung nomologischen und technologischen Wissens für das *praktische* Handeln. Die wirksame Lösung von Verhaltens- und Erlebensproblemen wird nicht nur durch Veränderungswissen erleichtert, sondern natürlich auch durch *Erkenntnisse über Bedingungen und Dynamik der Probleme*. Diese sind als sogenanntes Bedingungswissen Bestandteil des nomologischen Grundlagenwissens. Damit sind die Fortschritte der Psychotherapie mit abhängig von den Fortschritten der Pathopsychologie, die die Prozesse der Entstehung und Aufrechterhaltung von psychischen Problemen erforscht.

Auf der Grundlage der oben umschriebenen Kriterien lassen sich praktische Handlungsmaximen formulieren, deren Struktur abhängig ist vom Typ der zu lösenden Probleme (vgl. **Tab. 2**). Der psychotherapeutische Prozeß besteht indes nicht nur in der Anwendung solcher Maximen. Er strukturiert sich in seinem Ablauf in einem übergeordneten Geschehensrahmen, der eine zeitliche und inhaltliche Struktur besitzt: Am Anfang steht der Aufbau der Therapeut-Patient-Beziehung als Grundlage für die therapeutische Arbeit im Vordergrund. Später können bei der Anwendung technologischer Regelsysteme (z.B.

der Expositionstherapie) Subprobleme oder neue Probleme auftreten, die die Anwendung entsprechender anderer Regeln erfordern. Psychotherapie sollte sowohl auf der übergeordneten Geschehensebene als auch in der Anwendung von therapeutischen Taktiken, wie Fokussieren oder Konfrontieren (Cooke & Kipnis, 1986), im Prinzip technologisch rekonstruierbar sein. In dem Maße, wie sie es nicht ist, ist sie rational nicht fundierbar, da dann entweder die Probleme, die Ziele oder der Mitteleinsatz oder mehrere dieser für rationales Handeln erforderlichen Komponenten unklar sind. Die Problematik stellt sich für alle klinisch-psychologischen Interventionsmethoden in ähnlicher Weise dar, wobei bei den präventiven Interventionen die nomologische Grundlage durch Prognosen

Tabelle 2: Therapeutische Handlungsmaximen

Als *erste Maxime* für die Lösung eines psychischen Problems B kann gelten: (1.) Untersuche die Ursachen von B. Wenn B als Wirkung von A diagnostiziert werden kann (A→B), so versuche (2.) «non-B per non-A» zu erreichen. Dann stellt sich die Frage, wie non-A zu realisieren ist. Im Idealfall verfügen wir über eine nomopragmatische Aussage von der Struktur «Wenn T getan wird, dann kann man die Veränderung von A zu non-A feststellen». Dann versuche (3.) die Regel «non-A per T» unter <Berücksichtigung der Gütekriterien für technolgische Regeln anzuwenden (vgl. Bunge, 1983, S. 142). Eine spezielle Ausgangslage liegt vor, wenn zunächst die relevanten *Charakteristika des Problems*, also das Explanandum oder die Ziele *unklar* sind. Dann empfiehlt sich zunächst die Anwendung von technologischen Regeln des heuristischen Typs, um die Voraussetzungen dafür zu schaffen, die erste Maxime anwenden zu können. Diese Handlungsstrategie ist im Rahmen der Verhaltensdiagnostik eingehend diskutiert worden (vgl. Kaminski, 1970; Schulte, 1974, 1996).	Der *zweite Problemtyp* kennzeichnet sich dadurch, daß die *Problemdeterminanten nicht identifiziert* werden können. Dieser Fall hängt einerseits mit dem begrenzten pathopsychologischen, ätiologischen Wissensstand, das heißt mit dem begrenzten nomologischen Grundlagenwissen zusammen (vgl. Fischer, 1989) und andererseits mit den Grenzen der diagnostischen Möglichkeiten, ursächliche Faktoren im Einzelfall erkennen zu können. Ätiologisches Wissen über das Zustandekommen der Störung ist indes keine conditio sine qua non für fundiertes Änderungswissen, wenngleich es im Normalfall hilfreich ist (vgl. die erste Maxime). Wenn der unerwünschte Zustand B verändert und in einen Zustand C überführt werden soll, so ist es ausreichend – wenngleich kognitiv unbefriedigend –, wenn Wissen darüber vorliegt, wie B in C überführt werden kann, auch wenn unbekannt bleibt, wie B entstanden ist. Zum Beispiel kennen wir die Determinanten der Dyslexie nur unzureichend; wenn aber Interventionsmethoden bekannt sind, die dieser Störung wirksam Abhilfe leisten und diese Methoden nicht auf theoretischen Voraussetzungen beruhen, die mit vorhandenem psychologischen und neurologischen Wissen unvereinbar sind, so schlagen wir vor, auf dieser Grundlage durchgeführte Interventionen als rational fundiert zu betrachten. Die *zweite Maxime* empfiehlt: Wenn die Determinanten eines Problems B nicht identifiziert werden können, als Therapieziel die Veränderung von B in C gilt und eine fundierte Regel bekannt ist von der Struktur «Von B in C per T», so versuche in Anwendung dieser Regel das Therapieziel C durch die Methode T zu erreichen.	Ein *dritter Problemtyp liegt* vor, wenn für die Erreichung eines Therapieziels C, bzw. für die Veränderung von B in C kein technologisches Wissen, keine einschlägige Regel vorliegt. Dieser für die Psychotherapie nicht seltene Fall, mitunter verbunden mit der zweiten Problemvariante, erfordert die Anwendung heuristischer Regeln zur Generierung von Mittelideen. Im Rahmen der Allgemeinen Psychologie hat u.a. Dörner (1987) hierfür Strategien beschrieben. Nach seiner Terminologie handelt es sich beim dritten Problemtyp um Probleme im engeren Sinn. Unseren ersten und zweiten Problemtyp bezeichnet Dörner als Aufgaben, da Ziele und Mittel bekannt sind. Die Entwicklung von Maximen für den dritten Problemtyp steht in der Klinischen Psychologie an. Die systematische Handlungsevaluation im Sinne der kontrollierten Praxis (Petermann, 1992) erlangt in diesem Zusammenhang eine besondere Bedeutung, damit unwirksame oder schädigende Interventionsentwicklungen rechtzeitig erkannt und korrigiert werden können.

und bei Behandlungen und Therapie, soweit die Ätiologie eine Rolle spielt, durch Erklärungen gebildet wird (vgl. Brandtstädter, 1982).

Wissenschaftlich fundierte Psychotherapie verbindet sich mit dem Anspruch, die Kriterien *professionellen zweckrationalen Handelns* zu approximieren. Nach Weber (1988, S. 566) handelt zweckrational, «wer sein Handeln nach Zweck, Mittel und Nebenfolgen orientiert und dabei sowohl die Mittel gegen die Zwecke, wie die Zwecke gegen die Nebenfolgen, wie endlich auch die verschiedenen möglichen Zwecke gegeneinander *abwägt*.» Das heißt daß professionelles Handeln dann zweckrational genannt werden kann, wenn es durch wissenschaftlich erhärtete Handlungsfolgen als Mittel für ethisch legitimierte Ziele bestimmt ist. Nach Weber (a.a.O.) beruht es auf der «konsequenten planvollen Orientierung» an diesen «Richtpunkten». Die wissenschaftliche Fundierung technologischer Regeln stellt einen Teil der wissenschaftlichen Begründung solcher «Richtpunkte» durch die intersubjektive Bewährung der Mittel dar. Die Ziele bedürfen der ethischen Rechtfertigung (vgl. Kap. 5/Ethik), (s. **Tab. 2**).

Das Ideal des zweckrationalen professionellen Handelns hat viele Hindernisse zu überwinden. Einerseits bietet die Praxis sehr häufig Probleme, die weit komplexer sind als jene, für deren Lösung wirkungsvolle Mittel bereits untersucht worden sind. Andererseits ist die Forschungslage weder definitiv noch einheitlich in ihren Ergebnissen, so daß der einfache Bezug zu fundierten Handlungsregeln oft unmöglich ist und Heuristiken, wie sie bereits skizziert worden sind, zu Hilfe genommen werden müssen. Dieser Sachlage Rechnung tragend und mit der Zielsetzung, die Rationalität im oben umschriebenen Sinne nicht der Willkür und Beliebigkeit preis zu geben, hat Westmeyer (1987) ein Verhandlungsmodell für die Begründung von therapeutischen Entscheidungen vorgeschlagen. Dieses Modell schlägt vor, daß ein *Praktiker*, der eine Entscheidung für die Wahl einer Therapiemethode zu fällen hat, seine Entscheidung einem *Rationalitätsprüfer* gegenüber zu rechtfertigen hat. Beide Seiten

können *Sachverständige* zu Rate ziehen und zur Entwicklung und Verteidigung ihrer Argumentation einsetzen. Als Sachverständige kommen empirische Therapieforscher, Methodiker und Wissenschaftstheoretiker, andere Praktiker, Auftraggeber usw. in Frage. Der Verhandlungsprozeß wird durch einen *Rationalitätsbeurteiler* beobachtet, und dieser beurteilt schließlich nach rationalen Kriterien die wissenschaftliche Fundiertheit der Entscheidung. Zu diesen Kriterien gehört die Berücksichtigung der Erkenntnisse der empirischen Wirkungsforschung, die heuristische Nutzung grundwissenschaftlicher Theorien usw. Westmeyer hat verschiedene akzeptable Argumentationstypen beschrieben, die teilweise über den oben dargestellten Rekurs auf empirisch bewährte therapeutische Handlungsregeln hinausgehen. Dieses Modell zur Reduktion der Irrtumswahrscheinlichkeit bei therapeutischen Entscheidungen, das in Institutionen oder bei wichtigen Entscheidungen durchaus anwendbar ist, trägt dem begrenzten Wissensstand Rechnung und ist geeignet, Entscheidungen zu optimieren. Es stellt eine intersubjektiv gestaltete Variante des von Weber umschriebenen zweckrationalen Handelns unter unsicheren Voraussetzungen dar, das sich an der bewährten Praxis der Wahrheitsfindung im juristischen Kontext orientiert, der ebenfalls normalerweise durch eine unklare Ausgangslage gekennzeichnet ist.

8. Wie beeinflußt wissenschaftliches Wissen das praktische Handeln?

Diese Frage ist – an der Nahtstelle von Theorie und Praxis – nicht mehr wissenschaftstheoretischer, sondern *handlungspsychologischer* Natur. Der um wissenschaftliche Fundierung bemühte praktische Psychologe versucht nomologisches und technologisches Wissen, das sich aus wissenschaftlichen und naiven Anteilen zusammensetzt, bei der Lösung konkreter Probleme anzuwenden. Die verschiedenen Wissensbestände sind in der epistemischen und heuristischen kognitiven Struktur des praktisch Handelnden repräsentiert. Unter der epistemischen Struktur versteht man das organisierte Fakten- und Zusammenhangswissen (nomologischer oder nomopragmatischer Art) im Langzeitgedächtnis und unter der heuristischen Struktur das operative Wissen, das wir oben unter den Begriffen von Heuristiken angesprochen haben (vgl. Dörner, 1987). Das epistemische Wissen reicht dann aus zur Lösung von Aufgaben, wenn beim Problemlösen Ausgangslage, Ziel *und* die für die Zielerreichung erforderlichen Handlungen bekannt sind. Ist dies nur mit Einschränkung der Fall, benötigen wir für die Problemlösung zusätzlich zum vorhandenen Regelwissen Heuristiken, prozedurale Ideen eventuell zur Zielklärung oder zur Entwicklung von Mittelideen usw., so wie es in **Tabelle 2** als dritte Problemvariante oder wie es von Westmeyer (1987) im Rahmen des Verhandlungsmodells beschrieben worden ist.

Indem wir die Ebene des nomologischen und technologischen Wissenscorpus als Bestandteil einer Wissenschaftskultur vom persönlichen Wissenscorpus eines konkreten Psychologen unterscheiden, können wir sagen, daß die *Kunst der fundierten psychotherapeutischen Praxis* in der Fähigkeit des Handelnden besteht, bewährtes Gesetzeswissen, evaluierte Regeln und Heuristiken bewußt oder routinisiert anzuwenden. Die Kunstmetapher verweist hier die Psychotherapie nicht in die Sphäre des Undurchschaubaren. Die Fähigkeit, Regeln anzuwenden, ist vielmehr das prinzipiell untersuchbare Resultat eines Lehr-Lernprozesses, bei dem Unterrichtsmerkmale, Lernermerkmale und Merkmale des zu lernenden nomologischen Wissens und der zu lernenden Regeln selbst Einfluß auf das Lernresultat haben.

Wissenschaftlich fundierte Psychotherapie ist demnach in dem Ausmaß möglich, wie bewährtes nomologisches und technologisches Wissen zur Verfügung stehen. Die Diskrepanz zwischen den verfügbaren wissenschaftlich evaluierten Wissensbeständen und den tatsächlich erforderlichen überbrückt der praktisch Handelnde durch das auf Grund seiner privaten Erfahrung angesammelte idiosynkratische Wissen. Seine privat erworbenen Regeln, Heuristiken und Kausalattributionen, die er dabei für die Erklärung seiner Handlungseffekte heranzieht, können vollkommen falsch sein, woraus nicht der Schluß zu ziehen ist, er könne auf dieser Grundlage nicht therapeutisch erfolgreich sein.

Die epistemische und heuristische Grundlage des praktisch Handelnden wird also im Idealfall eine Mischung von psychologisch fundiertem, sozusagen «öffentlich» evaluiertem und von privat evaluiertem Wissen sein, wie es Herrmann (1979) beschrieben hat. Diese verschiedenen Wissensbestandteile integriert er in idiosynkratischer Weise. In dem Ausmaß, wie die epistemische und heuristische Struktur des praktisch Handelnden durch wissenschaftlich bewährtes Wissen angereichert wird, wird seine Problemlösefähigkeit wissenschaftlich fundiert und normalerweise auch erhöht. Dies ist aber nicht zwingend der Fall. Ein durch private Erfahrung geformter Therapeut mit irrigen Kausalattributionen kann im Einzelfall auch Erfolge erzielen. Mit solchen, durch private Erfahrung ausgeformten, «Spezialtalenten» verbindet sich die Gefahr, daß sie – wenn sie auch noch über eine charismatische Begabung verfügen und ihr spezielles «Angebot» einer gerade aktuellen Nachfrage entspricht – aus ihren privaten Kausalattributionen eine therapeutische Schule machen. Die künftige Verbreitung der Intuitionstherapie des *von mir erfundenen Limani* (1997) wird von solchen Faktoren abhängig sein. Durch ihre Propagierung avanciert sie von einer privaten technologischen Meinung zu einer öffentlichen Lehrmeinung. Die Attraktivität solcher Einmann-Konzeptionen ergibt sich u. a. aus ihrer theoretischen Schlichtheit, scheinbaren Plausibilität und ihrem umfassenden Geltungsanspruch – Eigenschaften, die dem menschlichen Bedürfnis nach Transparenz und sparsamen Handlungsmaximen entgegenkommen. Die wissenschaftlichen Grundlagen des psychologischen Handelns sind dagegen – wie die Texte dieses Lehrbuches zeigen – komplex, uneinheitlich, weiteren Entwicklungen gegenüber prinzipiell offen und revidierbar.

9. Normative Aspekte des therapeutischen Handelns

Die Konditionalnorm «Wenn Ängste reduziert werden sollen, so konfrontieren Sie den Patienten oder die Patientin mit den angstauslösenden Situationen!» hat ihre Begründung im Nachweis, daß sich diese Therapieart für die Angstreduktion als hilfreich (effektiv) erwiesen hat und diese Methode dieses Ziel im Vergleich zu anderen Methoden in kürzerer Zeit (Effizienz) erreicht. Daß man aber jemandem helfen soll, Ängste zu reduzieren, ist damit nicht begründet. In vielen Fällen der therapeutischen Praxis ist die Frage nach dieser Begründung praktisch gegenstandslos, weil der «Druck der Probleme» für den Therapeuten ausreichend ist, um in eine bestimmte Richtung aktiv zu werden; in anderen Fällen ist diese Frage durchaus auch praktisch nicht trivial.

Wenn sich ein Psychologe für die Erreichung gewisser Therapie- oder Präventionsziele einsetzt, trifft er implizit oder explizit eine Wertentscheidung, die er nicht mit dem rationalen Corpus der Psychologie begründen kann. Es sei festgehalten, daß «ein Ziel begründen» nicht bedeutungsgleich ist mit «die Zielfindung erklären». *Warum* Therapeuten und/oder Klienten dieses oder jenes Ziel festlegen, kann prinzipiell psychologisch *erklärt* werden durch die Ableitung dieses Explanandums aus den dafür relevanten psychologischen Gesetzesaussagen und historischen Randbedingungen. Damit kann die Frage beantwortet werden: «Warum wurde dieses Ziel ausgewählt?» Analog gilt für die sogenannte «Evolutionäre Ethik», die einen empirischen Beitrag zum Ursprung von Normen und Werten zu leisten vermag, die durch historisch-genetische Erklärungen die Entwicklung von Normen in der Phylogenese und in Sozietäten zu erklären versucht, ohne dadurch Rechtfertigungsfragen der Ethik zu berühren (vgl. Irrgang, 1993; Morscher, 1986). Dadurch läßt sich jedoch nicht die Frage beantworten, durch welche allgemeinen oder speziellen Normen Ziele begründet sind. Das ist ein Begründungs- und kein Erklärungsproblem. Das erste erklärt, warum der Therapeut so handelt, und das zweite begründet, warum er so handeln *soll*.

Die Kennzeichnung eines Verhaltens als gestörtes und das an dieser Einschätzung orientierte Therapieziel stellen Werturteile dar. Die Bedingungsanalyse vermag als solche keine Aussagen darüber zu machen, welche Gegebenheiten als gestört oder als erstrebenswert zu etikettieren sind, da zwischen deskriptiven und normativen Sätzen zu unterscheiden ist und normative Sätze nicht aus deskriptiven ableitbar sind. Normative Sätze sind nicht wahr oder falsch, sondern gültig oder ungültig. Über ihre Gültigkeit entscheidet ihre Ableitbarkeit aus gültigen Prämissen. Damit ist auch gesagt, daß in den Prämissen wiederum Normen enthalten sein müssen, mit denen sich das Begründungsproblem von neuem verbindet.

Ein Beispiel für die Begründungsstruktur eines Therapiezieles via deontische Argumentation findet sich in **Kasten 3**.

Dieses Begründungsprinzip führt zum unendlichen Regreß. Für die Überwindung des Regreßproblems werden unter anderen die folgenden Lösungen gewählt:

Die Berufung auf oberste Normen: Diese obersten Normen können universelle Normen wie Menschenrechte, das Gerechtigkeitsprinzip, staatliche Gesetze oder Normen der Offenbarung einer religiösen Gemeinschaft sein, bei der ein gewisser faktischer Konsens über die Gültigkeit gewisser allgemeiner Normen existiert. Dieser Konsens kann auf Autoritätsgläubigkeit oder auf allgemein akzeptierten *Verfahrensprinzipien* beruhen, durch die die Norm herbeigeführt wurde. Andere Begründungskonzeptionen vertreten u. a. der ethische Naturalismus, der normative Sätze auf deskriptive zurückführen zu können glaubt oder der ethische Intuitionismus, der für die Erkennung ethischer Prinzipien ein eigenes Erkenntnisorgan postuliert (vgl. Morscher, 1981).

Die gleiche Problemstruktur wie bei der Therapiezielbegründung liegt der Bewertung von therapeutischen Methoden hinsichtlich ihrer ethischen Legitimation zugrunde.

Analog zur *Wissensstruktur* kann man die im Langzeitgedächtnis gespeicherten und organisierten Normen als die *Gewissensstruktur* bezeichnen.

Kasten 3
Beispiel für die Begründungsstruktur

Ein Beispiel für die Begründungsstruktur eines Therapieziels via deontische Argumentation wäre: «Warum soll bei Patient P eine störende konditionierte Angst durch eine Konfrontationsmethode geheilt werden?»

Das Argument macht die Voraussetzung, daß Menschen von störenden konditionierten Ängsten nur durch die Konfrontation mit der angstauslösenden Situation geheilt werden können. Dafür wurden in der Verhaltenstherapie mehrere Methoden (Konfrontationsverfahren) entwickelt (vgl. Kap. 22.4/Verhaltenstherapeutisch orientierte Intervention):

(1) Es gilt notwendigerweise für alle Menschen x: Wenn x von einer störenden konditionierten Angst geheilt wird, dann wurde auf x ein Konfrontationsverfahren angewendet. (Empirische Hypothesen)

(2) Für alle Menschen x gilt:
Wenn x eine störende konditionierte Angst hat, dann ist geboten, daß x von einer störenden konditionierten Angst geheilt wird! (Allgemeine Norm; zweite Prämisse)

(3) Patient P hat eine störende konditionierte Angst. (Randbedingung)

(4) Es ist geboten, daß auf Patient P ein Konfrontationsverfahren angewendet wird! (Singuläre Norm)

Nun kann man weiter fragen, wie die zweite Prämisse begründet werde. Das Problem ist vorerst lösbar, wenn diese wiederum aus anderen derartigen Prämissen ableitbar ist.

10. Gibt es *die* wissenschaftliche Fundierung?

Aus einer sozio-historischen Perspektive kann man geneigt sein, das, was jeweils als wissenschaftlich begründete Psychotherapie bezeichnet wird, als Ausdruck des Zeitgeistes zu verstehen. Mit den kollektiven Mentalitäten variierte in der Geschichte auch das Verständnis darüber, was psychische Störungen seien und wie ihnen therapeutisch zu begegnen sei. Auch in gegenwärtigen Kulturen können wir charakteristische kultur- und subkulturgebundene Vorstellungen über Entstehung und Therapie psychischer Störungen beobachten, wie etwa die Beispiele der Intuitions- und der Modelldarbietungstherapie zeigen. Sind nicht auch die sogenannten «wissenschaftlichen» Psychotherapien Ausdruck des Zeitgeistes? Die Psychoanalyse ein Interpretationssystem, in dem sich wichtige Ideenströmungen des 19. Jahrhunderts verdichten? Der Behaviorismus ein später Ableger des englischen Sensualismus? Die «kognitive Wende» eine Erscheinung der im Schatten der Computer-Entwicklung sprießenden «Cognitive sciences»? Sollte sich eine Wissenschaft der Psychotherapie nicht besser auf das Studium der kollektiven Mentalitäten konzentrieren? Die obigen Ausführungen implizieren eine klare Antwort auf diese Frage. Wissenschaftliches Wissen unterscheidet sich in wichtigen Kriterien vom Alltagswissen, vom privaten Wissen und von Meinungen. Seine rationale Begründung geht über die private Erfahrung hinaus. Seine Aufnahme in den rationalen Corpus einer Disziplin hängt u. a. von seiner Validierung durch intersubjektive, nach den Spielregeln wissenschaftlicher Methodologie gewonnener Erfahrung ab. Was von einer «scientific community» in einem gegebenen Zeitabschnitt als Bestandteil des rationalen Corpus anerkannt wird, hängt nicht nur von soziologischen Phänomenen, sondern auch von den tatsächlich erzielten, allerdings stets revidierbaren Erkenntnisfortschritten ab. Nach der Entdeckung des bedingten Reflexes denkt man über gewisse psychologische Fragen anders als vorher. Die wissenschaftliche Fundierung von Technologien ist also der Dynamik des Erkenntnisfortschrittes unterworfen. In diesem Sinne ist natürlich auch eine wissenschaftlich fundierte Psychotherapie eine Spiegelung des Zeitgeistes, insoweit der gegebene Zeitgeist die Dynamik der Erkenntnisfortschrittes mit zeitlicher Verzögerung integriert. Der Umgang einer Gesellschaft oder gesellschaftlicher Untergruppen mit psychischen Problemen spiegelt das Alltags- und das wissenschaftliche Wissen von Menschen über die Welt. Im Mittelalter war dies anders geartet als in der Renaissance. In gleichen Kulturen und kulturellen Epochen haben verschiedene «Wissenskulturen» nebeneinander koexistiert. Im 16. oder 17. Jahrhundert hat man sowohl den Exorzismus betrieben als auch chirurgische Operationen vorgenommen. So koexistieren auch im Zeitalter wissenschaftlicher Psychologie verschiedene Wissenskulturen. Jene der akademischen Wissenschaft stellt eine Teilmenge des heutigen Wissens über die Welt dar. Die akademische Wissenskultur hat sich strenge Regeln auferlegt, und die Aufgabe der Universität besteht darin, diesen Typ des Wissens zu mehren und auf dieser Grundlage zur Lösung praktischer Probleme beizutragen. Das bedeutet nicht, daß die wissenschaftliche Evaluation von Psychotherapie kulturfrei erfolgen könne (vgl. Perrez, 1994), da Kulturen wie Subkulturen sowohl darauf Einfluß ausüben, was jeweils als erstrebenswerte Therapieziele zu gelten habe, als auch auf die Bewertung der Kosten. Daß Therapien möglichst kurz dauern sollen, ist eine Folge des sozialstaatlichen Gesundheitssystems, das gewährleisten soll, daß mit begrenzten finanziellen Ressourcen möglichst viele Bedürftige in ihren Genuß kommen.

11. Literatur

Agazzi, E. (1995). *Das Gute, das Böse und die Wissenschaft. Die ethische Dimension der wissenschaftlich-technischen Unternehmung.* Berlin: Akademie Verlag.

Albert, H. & Keuth, H. (Hrsg.). (1973). *Kritik der kritischen Psychologie.* Hamburg: Hoffmann und Campe.

Bandura, A. (1986). *Social foundations of thought and action.* Englewood Cliffs: Prentice-Hall.

Baumann, U. (1996). Wissenschaftliche Psychotherapie auf der Basis der wissenschaftlichen Psychologie. *Report Psychologie, 21,* 686–699.

Baumann, U. & von Wedel, B. (1981). Stellenwert der Indikationsfrage im Psychotherapiebereich. In U. Baumann (Hrsg.), *Indikation zur Psychotherapie* (S. 1–36). München: Urban & Schwarzenberg.

Bickhard, M.H. (1989). Ethical psychotherapy and psychotherapy as ethics: A response to Perrez. *New Ideas in Psychology, 7,* 159–164.

Birbaumer, N. (1973). Überlegungen zu einer psychologischen Theorie der Desensibilisierung. In N. Birbaumer (Hrsg.), *Neuropsychologie der Angst.* München: Urban & Schwarzenberg.

Brandtstädter, J. (1982). Methodologische Grundfragen psychologischer Prävention. In J. Brandtstädter & A. von Eye (Hrsg.), *Psychologische Prävention* (S. 37–79). Bern: Huber.

Breger, L. & McGaugh, J.L. (1965). A critique and reformulation of «learning theory» approaches to psychotherapy and neurosis. *Psychological Bulletin, 63,* 335–358.

Brocke, B. (1993). Wissenschaftliche Fundierung psychologischer Praxis. In W. Bungard & Th. Herrmann (Hrsg.), *Arbeits- und Organisationspsychologie im Spannungsfeld zwischen Grundlagenorientierung und Anwendung* (S. 15–47). Bern: Huber.

Bunge, M. (1967a). *Scientific research I. The search for system.* Berlin: Springer.

Bunge, M. (1967b). *Scientific research II. The search for truth.* Berlin: Springer.

Bunge, M. (1983). *Treatise on basic philosophy. Vol. 6. Epistemology and methodolgy II: Understanding the world.* Dodrecht: D. Reidel Publishing Compagny.

Bunge, M. (1985). *Philosophy of science and technology: Part II. Life science, social science and technology.* Dordrecht and Boston: Reidel.

Dörner, D. (1987). *Problemlösen als Informationsverarbeitung* (3. Aufl.). Stuttgart: Kohlhammer.

Ehlers, A. & Lüer, G. (1996). Pathologische Prozesse der Informationsverarbeitung. In A. Ehlers & K. Hahlweg (Hrsg.), *Enzyklopädie der Psychologie. Grundlagen der Klinischen Psychologie* (S. 351–403). Göttingen: Hogrefe.

Fischer, H.J. (1989). On the rejection of unscientific proposals: A response to Perrez. *New Ideas in Psychology, 7,* 155–157.

Grawe. K. (1982). Soll psychotherapeutische Praxis für die Wissenschaft tabu bleiben? Eine kritische Auseinandersetzung mit Perrez' Artikel «Was nützt Psychotherapie?». *Psychologische Rundschau, 33,* 127–135.

Groeben, N. & Westmeyer, H. (1975). *Kriterien psychologischer Forschung.* München Juventa.

Grünbaum, A. (1984). *The foundations of psychoanalysis.* Berkeley: University of California Press.

Hempel, C.G. (1977). *Philosophie der Naturwissenschaften.* München: Deutscher Taschenbuch-Verlag.

Herrmann, Th. (1979). *Psychologie als Problem.* Stuttgart: Klett.

Herrmann, Th. (1994) Forschungsprogramme. In Th. Herrmann & W. Tack (Hrsg.), *Enzyklopädie der Psychologie. Methodologische Grundlagen der Psychologie* (S. 251–294). Göttingen: Hogrefe.

Irrgang, B. (1993). *Lehrbuch der Evolutionären Erkenntnistheorie.* München: Reinhardt.

Kaminski, G. (1970). *Verhaltenstheorie und Verhaltensmodifikation.* Stuttgart: Klett.

Kanfer, F.K. (1989). The scientist-practitioner connection: Myth or reality? A response to Perrez. *New Ideas in Psychology, 7,* 147–154.

Lader, M.H. & Mathews, A.M. (1968). A physiological model of phobic anxiety and desensitization. *Behavior Research and Therapy, 6,* 411–421.

Lenk, H. (1980). Wissenschaftstheoretische Probleme der Technikwissenschaften. In J. Speck (Hrsg.), *Handbuch wissenschaftstheoretischer Begriffe* (Bd. 3.; S. 627–632). Göttingen: Vandenhoeck & Ruprecht.

Limani, J.Q. (1997). *Neue Wege zur Psychotherapie* (3. Aufl.). Freudenstadt: Horizonte-Verlag.

Lukesch, H. (1979). Forschungsstrategien zur Begründung einer Technologie erzieherischen Handelns. In J. Brandstädter, G. Reinert & K.A. Schneewind (Hrsg.), *Pädagogische Psychologie: Probleme und Perspektiven* (S. 329–352). Stuttgart: Klett-Cotta.

Morscher, E. (1981). Zur «Verankerung» der Ethik. In E. Morscher, O. Neumaier & G. Zecha (Hrsg.), *Philosophie als Wissenschaft - Essays in Scientific Philosophy* (S. 429–446). Bad Reichenhall: Comes.

Morscher, E. (1982). Sind Moralnormen wissenschaftlich überprüfbar und begründbar? In J. Seifert, F. Wenisch & E. Morscher (Hrsg.), *Vom Wahren und Guten* (S. 102–116). Salzburg: St. Peter.

Morscher, E. (1986). Was ist und was soll Evolutionäre Ethik? *Conceptus, 49*, S. 73–77.

Patry, J.-L. (1997). Educational research and practice from a critico-rationalist point of view. *Salzburger Beiträge zur Erziehungswissenschaft, 1*, 5–40.

Patry, J.-L. & Perez, M. (1982). Entstehungs-, Erklärungs- und Anwendungszusammenhang technologischer Regeln. In J.-L. Patry (Hrsg.), *Feldforschung* (S. 389–412). Bern: Huber.

Perrez. M. (1976). Zum Problem der Relevanzforderungen in der Klinischen Psychologie am Beispiel der Therapieziele. In A. Iseler & M. Perrez (Hrsg.), *Relevanz in der Psychologie* (S. 139–154). München: Reinhard.

Perrez, M. (1979). *Ist die Psychoanalyse eine Wissenschaft?* Bern: Huber.

Perrez, M. (1982). Die Wissenschaft soll für die therapeutische Praxis nicht länger tabu bleiben! Eine Antwort auf K. Grawes «Soll psychotherapeutische Praxis für die Wissenchaft tabu bleiben?» *Psychologische Rundschau, 33*, 136–141.

Perrez, M. (1983). Wissenschaftstheoretische Probleme der Klinischen Psychologie: Psychotherapeutische Methoden – zum Stand ihrer metatheoretischen Diskussion. In W.-R. Minsel & R. Scheller (Hrsg.), *Forschungskonzepte der Klinischen Psychologie* (S. 148–163). München: Kösel.

Perrez, M. (1989). Psychotherapeutic knowledge in a prescientific state of founded on an ethico-ontological discours on human relationship. Reply to Kanfer, Fischer & Bickhard. *New Ideas in Psychology, 7*, 165–171.

Perrez, M. (1991). The difference between everyday knowledge, ideology, and scientific knowledge. *New Ideas in Psychology, 2*, 227–231.

Perrez, M. (1994). Culture-free evaluation of psychotherapy? *Dynamic Psychiatry, 27*, 357–367.

Perrez, M. & Patry, J.-L. (1982). Nomologisches Wissen, technologisches Wissen, Tatsachenwissen – drei Ziele sozialwissenschaftlicher Forschung. In J.-L. Patry (Hrsg.), *Feldforschung* (S. 45–66). Bern: Huber.

Perry, M.A. (1996). Modelldarbietung. In M. Linden & M. Hautzinger (Hrsg.), *Verhaltenstherapie. Techniken, Einzelverfahren und Behandlungsanleitungen* (3. überarb. Auflage) (S. 234–239). Berlin: Springer.

Petermann, F. (1992). *Einzelfalldiagnose und Klinische Praxis* (2. Aufl.).München: Quintessenz.

Schulte, D. (1976). *Diagnostik in der Verhaltenstherapie.* München: Urban & Schwarzenberg.

Schulte, D. (1996). *Therapieplanung.* Göttingen: Hogrefe.

SGOPT Schweizerische Gesellschaft für Organismische Psychotherapie (1996). Organismische Psychotherapie. In European Association for Body-Psychotherapy – Schweiz (Hrsg.), *Körperbezogene Psychotherapie* (S. 50). Bern: Schneider.

Stegmüller, W. (1969). *Probleme und Resultate der Wissenschaftstheorie und Analytischen Philosophie. Bd. I. Wissenschaftliche Erklärung und Begründung.* Berlin: Springer.

Ströker, E. (1992). *Einführung in die Wissenschaftstheorie.* Darmstadt: Wissenschaftliche Buchgesellschaft.

Task Force on Promotion and Dissemination of Psychological Procedures. Division of Clinical Psychology. American Psychological Association (1995). Training in and dissemination of empirical validated psychological treatments: Report and recommendations. *The Clinical Psychologist, 1*, 3–23.

Weber, M. (1988). *Gesammelte Aufsätze zur Wissenschaftslehre* (7. Aufl.) Tübingen: J.C.B. Mohr.

Westmeyer, H. (1976). Zum Problem der Prüfung von Relevanzbehauptungen. In A. Iseler & M. Perrez (Hrsg.), *Relevanz in der Psychologie* (S. 157–188). München: Reinhard.

Westmeyer, H. (1977). Verhaltenstherapie: Anwendung von Verhaltenstheorien oder kontrollierte Praxis? Möglichkeiten und Probleme einer theoretischen Fundierung der Verhaltenstherapie. In H. Westmeyer & N. Hoffmann (Hrsg.), *Verhaltenstherapie. Grundlegende Texte* (S. 187–203). Hamburg: Hoffmann und Campe.

Westmeyer, H. (1978). Wissenschaftstheoretische Grundlagen Klinischer Psychologie. In U. Baumann, H. Berbalk & G. Seidenstücker (Hrsg.), *Klinische Psychologie. 1. Trends in Forschung und Praxis* (S. 108–132). Bern: Huber.

Westmeyer. H. (1987). Möglichkeiten der Begründung therapeutischer Entscheidungen. In F. Caspar (Hrsg.), *Problemanalyse in der Psychotherapie* (S. 20–31). München: dgvt.

Wipplinger, R. & Reinecker, H. (1994). *Zur Normenproblematik in der Verhaltenstherapie.* Bergheim: Mackinger Verlag.

Wolpe, S. (1958). *Psychotherapy by reciprocal inhibition.* Stanford: Stanford University Press.

5. Ethik in der Klinischen Psychologie

Stella Reiter-Theil

Inhaltsverzeichnis

1. Einführung

1.1 Der systematische Ort der Ethik in der Lehre: Vermittlung ethischer Kompetenz

Ein Ethik-Kapitel in einem Lehrbuch der Klinischen Psychologie sollte heute keine Überraschung mehr auslösen angesichts des großen Interesses, das der Ethik in verschiedenen Wissenschaftsgebieten, ihren Anwendungen und auch in der Öffentlichkeit entgegengebracht wird. Dennoch hat Ethik im Rahmen des Psychologiestudiums – und damit auch in der Vermittlung Klinischer Psychologie – noch keine generelle feste Etablierung gefunden. Mit Ausnahme von Österreich, wo das Psychologengesetz seit 1991 vorschreibt, ethische Grundlagen zu vermitteln, besteht im deutschsprachigen Raum keine Verpflichtung, Lehrveranstaltungen zur Ethik in der

Psychologie anzubieten (Kierein, Pritz & Sonneck, 1991).

Zugrunde gelegt werden sollte hier ein breites Verständnis von Ethik als Selbstreflexion und systematische Reflexion professionellen Handelns bezüglich seiner Folgen und Voraussetzungen, besonders hinsichtlich der an diesem Handeln beteiligten und von diesem betroffenen Menschen. Ein solches breites Verständnis von Ethik in der Psychologie erlaubt eine konstruktiv-kritische Auseinandersetzung mit Fragen der Universalität ethischer Grundsätze gegenüber der aktuell zu beobachtenden Ausformung verschiedener Spezial-Ethiken wie medizinische Ethik, Gesundheitsethik, professionelle Ethik, Patientenethik usw. Insbesondere obliegt der ethischen Reflexion die kritische Überprüfung und Legitimierung von Zielen der Klinischen Psychologie und deren Anwendungen, besonders auch der für diese Ziele eingesetzten Mittel und Wege. Ethik muß in der Lehre explizit bearbeitet werden, wenn erreicht werden soll, daß ethische Grundsätze nicht aus bloßer Konvention, sondern bewußt verfolgt und mit Argumenten vertreten werden können. Die Ausbildung in Ethik hat sowohl auf eine *allgemeine* ethische Grundhaltung des Psychologen hinzuwirken, als auch die Fähigkeit zu vermitteln, *spezielle* ethische Fragen in bestimmten Tätigkeitsbereichen zu durchdringen. Daher kann die Vermittlung von Ethik in der Klinischen Psychologie – wie in der Psychologie und in den Humanwissenschaften überhaupt – nicht eindimensional erfolgen, sondern muß so vielfältige Wege wie Modellernen, Regelwissen, Einübung in Empathie, stringentes Schlußfolgern und anderes integrieren (Kahlke & Reiter-Theil, 1995).

1.2 Das Allgemeine und das Besondere

Ethik in der – Klinischen – Psychologie bedeutet nicht, eine «Sonder-Ethik» für eine spezielle Gruppe von Personen und Tätigkeitsbereichen zu konstruieren. Ein solcher Ansatz würde den Geltungsbereich der ethischen Grundsätze untergraben und zugleich eine Aufsplitterung der Gesundheitsberufe hinsichtlich ihrer Grundwerte nahelegen oder sogar fördern. Es ist zwar evident, daß die ethische Reflexion der Forschungsmethoden und -ergebnisse, der Theorien und deren Anwendung im Bereich der Klinischen Psychologie spezifische Inhalte und Strukturmerkmale aufgreifen muß. Die ethische Analyse selbst basiert aber notwendig auf allgemeinen Gesichtspunkten und ist auch auf eine allgemeingültige Orientierung angelegt, die zugleich dem Handelnden und Entscheidenden einen großen Interpretationsspielraum ermöglicht. Dieser Freiraum ist die Domäne der *praktischen Vernunft* oder der Kompetenz, fachliche und ethische Aspekte zu unterscheiden und dennoch zu vereinen.Wenn dabei individuelle und situative Besonderheiten im Vordergrund stehen, bedeutet dies nicht, einer «Situationsethik» oder der Beliebigkeit zu verfallen; vielmehr wird die Notwendigkeit deutlich, allgemeine ethische Orientierung und spezielle Erfordernisse immer wieder neu zu integrieren.

2. Beiträge der Ethik zur Klinischen Psychologie

Ethik in der Klinischen Psychologie ist nicht Selbstzweck, sondern hat sich ihrerseits Fragen nach Bedeutung, Wert und Nutzen zu stellen. Eine Übersicht über Funktionen von Ethik in der Klinischen Psychologie gibt **Tabelle 1** (Reiter-Theil, 1996).

Tabelle 1: Funktionen von Ethik in der Klinischen Psychologie

1	Ethik-Voraussetzungen:
1.1	Übersicht über Ergebnisse ethikrelevanter Humanwissenschaften
1.2	Spezielle empirische Grundlagen
2	Ethische Reflexion der Praxis:
2.1	Identifikation von Problemen
2.2	Kritik
2.3	Legitimation
3	Umsetzung und Durchsetzung ethischer Orientierung in der Praxis
3.1	Einrichtung verantwortlicher Gremien u. ä.
3.2	Formulierung von Standards
3.3	Maßnahmen zum Schutz vor Schaden und Mißbrauch
4	Förderung ethischer Kompetenz: Aus-, Weiter- und Fortbildung
5	Ethik-Folgen: Evaluation der Anwendung ethischer Standards

2.1 Ethik-Voraussetzungen

In dieser Zeit eines Ethik-Booms und der Rede von angewandter oder praktischer Ethik könnte man es für selbstverständlich halten, wenn sich die Ethik eines Wissenschaftsgebietes samt seiner Anwendungen auf *Ergebnisse relevanter Humanwissenschaften* und auf spezielle empirische Grundlagen bezieht, um zu begründeten Aussagen zu kommen. Ethik als philosophische Disziplin ist jedoch lange akademisch autark betrieben und vermittelt worden, und infolge dieser Undurchlässigkeit hat es angrenzenden Gebieten wiederum an Anregungen für ethikbezogene Forschung gefehlt (Reiter-Theil, 1997a). Zu den Folgen dieser Orientierung zählt bis heute der Vorwurf der Praxisferne auf seiten der Ethik einerseits, andererseits der Verdacht der Theoriefeindlichkeit auf seiten der Anwendung. Mit der gezielten Öffnung der Ethik für Ergebnisse – speziell empirische – aus anderen Humanwissenschaften soll die Basis für realitätsnahe und praxisbezogene ethische Reflexion geschaffen werden.

Andererseits hat die bisher zaghafte Vernetzung von Ethik und Humanwissenschaften auch damit zu tun, daß eines der zentralen Probleme in der wissenschaftlichen Fundierung moralischer bzw. ethischer Sätze liegt: viele Philosophen gehen von der Unmöglichkeit der Ableitung normativer Sätze von deskriptiven Aussagen aus. Die Verletzung dieses Prinzips wird als *naturalistischer Fehlschluß* bezeichnet. Es ist kein triviales Problem, wie man von Beobachtungen der Humanwissenschaften zur Begründung ethischer Sätze gelangt. Dennoch sind die Ergebnisse der empirischen Wissenschaften für die Ethik von Bedeutung, und zwar vor allem im Hinblick auf die konkrete und praktische Interpretation der ethischen Normen und Werte.

Fachgebiete, deren Ergebnisse für die Ethik insgesamt große Bedeutung haben, sind: Psychologie und Soziologie der Moral, insbesondere auch die Untersuchung bestimmter Personengruppen, die Zielgruppen klinisch-psychologischer Forschung oder Anwendung darstellen, aber auch die humanbiologische Forschung, die zur Weiterentwicklung unseres Menschenbildes beiträgt. Für die Entwicklung einer professionellen Ethik im Bereich der Klinischen Psychologie sind auch Ergebnisse aus Untersuchungen von großem Interesse, die den faktischen Umgang mit ethischen Grundsätzen bei forschenden, beratenden und behandelnden Psychologen, ebenso wie Patienten und Klienten zum Gegenstand haben. Ein konkretes Beispiel für solche Forschung ist etwa die Anwendung sozial- und wertpsychologischer Methoden zur Untersuchung der Frage, welche ethische Orientierung bei Psychotherapeuten unterschiedlicher Ausrichtung vorliegt (Reiter, 1975; Reiter & Steiner, 1978) oder die Befragung von Psychologen bezüglich der wichtigsten ethischen Probleme in ihrer Praxis, wie sie von der American Psychological Association unternommen worden ist (Pope & Vetter, 1992).

2.2 Ethische Reflexion der Praxis

Während die Auseinandersetzung der Ethik mit Ergebnissen empirischer Humanwissenschaften einen Nachholbedarf aufweist und daher besonderer Betonung bedarf, ist die ethische Reflexion der Praxis selbst ein Kernstück der ethischen Theorie mit einer langen Tradition (Pieper, 1979). Dabei stehen Aufgaben der *Kritik* im Vordergrund, die über jene Selbstkritik hinausgehen, zu der die betroffene Gruppe der Praktiker selbst in der Lage wäre. Um solche Kritik spezifisch und konstruktiv zu gestalten, ist Sorgfalt auf die *Identifikation von Problemen* zu verwenden, die auf dem Wege der *Legitimation* von anderen Grundsätzen oder Verfahrensweisen als den vorgefundenen gelöst werden sollen. Hieraus wird deutlich, daß die ethische Reflexion der Praxis in der Klinischen Psychologie ein interdisziplinäres Unternehmen darstellt und Gebiete wie Forschung, Diagnostik, Beratung und Therapie einbeziehen soll. Die weiter unten ausgeführte kasuistische Reflexion über die ethischen Grundlagen der Therapie ist ein Beispiel für dieses Unternehmen (vgl. auch Reiter-Theil, 1996). Evaluation, Supervision sowie Fragen der Aus-, Weiter- und Fortbildung sind ebenfalls bezüglich der ihnen zugrunde liegenden ethischen Kriterien und Zielvorstellungen zu untersuchen.

2.3 Umsetzung und Durchsetzung ethischer Orientierung in der Praxis

Im Anschluß an die Wahrnehmung und Formulierung von Problemen der Ethik in einem Praxisfeld tritt konsequenterweise die Frage nach der Umsetzung ethischer Einsichten auf.

• *Deutschland:* In der Psychologie insgesamt sind in Deutschland hierzu folgende Maßnahmen ergriffen worden, die im wesentlichen auf der Wirkung von *Gremien* bzw. der Formulierung von *Standards* beruhen: die Einsetzung eines Ethik-Ausschusses beim Berufsverband Deutscher Psychologen (BDP), dessen Erarbeitung einer Berufsordnung, die insbesondere auf ethische Fragen – in einem Teilbereich des Spektrums psychologischer Tätigkeit – eingeht (Schuler, 1982), die Einsetzung eines Schieds- und Ehrengerichtes sowie einer Ethik-Kommission der Deutschen Gesellschaft für Psychologie (DGPs). Diese Ethik-Kommission erarbeitet gegenwärtig in Kooperation mit dem Ethik-Ausschuß des BDP eine erweiterte Fassung von Ethik-Richtlinien, die auch die Bereiche von Forschung und Lehre berücksichtigen sollen.

• *Schweiz*: Im Auftrag der Schweizerischen Gesellschaft für Psychologie wurden «Ethische Richtlinien» formuliert, die neben allgemeinen Grundsätzen insbesondere die Beziehung zum Klienten sowie die Tätigkeitsbereiche der Forschung und Lehre thematisieren.

• *Österreich*. Es gelten die einschlägigen österreichischen Gesetze (Psychologen-Gesetz, Psychotherapie-Gesetz) seit 1992 (vgl. Kierein et al., 1992) sowie die Ethik-Richtlinien des Berufsverbandes Österreichischer Psychologen (BÖP).

Klinisch-psychologische Forschung, die institutionell in der medizinischen Fakultät verankert ist, unterliegt ebenso wie die biomedizinische Forschung am Menschen der Verpflichtung zur Begutachtung durch die jeweilige Ethik-Kommission der betreffenden Fakultät. Diese Ethik-Kommissionen an deutschen medizinischen Fakultäten wurden seit Ende der siebziger Jahre nach amerikanischem Vorbild und nicht ohne externen (moralischen) Druck etabliert. Eine Schlüsselrolle spielte hierbei die Deutsche Forschungsgemeinschaft DFG, die auf die 1975 in Tokyo revidierte Fassung der Deklaration von Helsinki und deren Forderung nach Ethik-Kommissionen reagierte (Helmchen, 1995). Die Bezeichnung als «Ethik-Kommission» ist indessen irreführend und gibt immer wieder Anlaß zu Kritik. Im anglo-amerikanischen Sprachraum werden diese ausschließlich zur Begutachtung von Forschungsprotokollen eingerichteten Gremien als *Institutional Review Boards* bezeichnet, während *Ethics Committees* in den amerikanischen Universitätskrankenhäusern ein Beratungsangebot für Behandelnde sowie Patienten oder deren Angehörige darstellen, die mit schwierigen ethischen Fragen konfrontiert sind.

Die Ethik-Kommission an deutschen medizinischen Fakultäten wird häufig mit dem Vorwurf bedacht, sich mit «Ethik» nicht wirklich zu befassen, sondern lediglich formalen und bürokratischen Gesichtspunkten zu genügen und womöglich die Freiheit der Forschung zu behindern. In der Tat läßt sich aber im Rückgriff auf die Erfahrungen und die Dokumentation von Vorsitzenden solcher Kommissionen feststellen, daß nur in den seltensten Fällen Forschungsanträge zurückgewiesen werden, während in einer beträchtlichen Anzahl der Fälle lediglich Mängel beanstandet werden, die auf dem Wege der Beratung des Antragstellers und dessen Nachbesserung seines Protokolls behoben werden dürften. Die Arbeit solcher Gremien verlangt die Formulierung von intersubjektiven Standards oder Verfahrensrichtlinien, die eine transparente und sachliche Handhabung ermöglichen sollen (Arbeitskreis medizinischer Ethik-Kommissionen, zitiert nach Wagner, 1993).

Für die Psychologie in Deutschland existiert bisher vor allem die Berufsordnung, während die Grundsätze der psychotherapeutischen Weiterbildung, wie sie von privaten Einrichtungen formuliert werden, aufgrund der multiprofessionellen und gesetzlich noch unterstrukturierten Situation der Psychotherapie in Deutschland nur von begrenztem Wert sind. Die Koexistenz einander überschneidender oder widersprechender Richtlinien oder Standards im Bereich der Klinischen Psychologie und der verschiedenen psychotherapeutischen Schulen kann aus ethischer Sicht nicht anders als problematisch eingeschätzt werden, da sie Unsicherheit und Willkür nicht beseitigt sondern geradezu verstärkt.

Als ein Instrument der Umsetzung und Durchsetzung ethischer Orientierung ist an dieser Stelle auch der Ethik-Kodex zu nennen, der seit der Formulierung des Nürnberger Kodex im Anschluß an die Nürnberger Ärzteprozesse 1947 in der Medizin und im gesamten Gesundheitswesen eine bemerkenswerte Karriere gemacht hat (Tröhler & Reiter-Theil, 1997). In den letzten 50 Jahren finden wir international einen exponentiellen Anstieg von Richtlinien, Deklarationen und Kodizes, die alle dem Ziel dienen, den verantwortlichen Umgang des Forschers, Arztes,

Therapeuten oder Pflegers mit dem Patienten zu gewährleisten. Eine zentrale Stellung, besonders für den Bereich der Forschung am Menschen, nimmt die Deklaration von Helsinki in ihrer revidierten Fassung aus 1989 ein (Reich, 1995). Aber auch im Bereich der Kodizes finden wir die beschriebene Situation des Nebeneinanderbestehens, der Überschneidung und des Widerspruchs, die in einer erweiterten internationalen Perspektive noch potenziert wird. Zusätzlich zu der ungelösten Frage der politischen und ethischen Legitimation der zuständigen Gremien sind wir hier mit dem Problem konfrontiert, daß gegenwärtig selbst Experten nicht in der Lage sind, einen Überblick über diese Situation zu gewinnen, geschweige denn die betroffenen Berufsgruppen oder Patienten, die nach Orientierung durch solche Regelwerke suchen. Dringend zu fordern ist daher auf diesem Gebiet der Umsetzung und Durchsetzung die Koordination der im Gesundheitswesen tätigen Berufsgruppen hinsichtlich einer breiten und integrierten Suche nach gemeinsamen ethischen Rahmenrichtlinien, zumindest auf nationaler Ebene. Die Abstimmung nationaler Gegebenheiten wird im Zuge von Forschungsförderungsmaßnahmen der Europäischen Kommission, Brüssel, seit einigen Jahren vorangetrieben; diese Unternehmen bedürfen jedoch intensiver Vor- und Zusatzleistungen von nationaler Seite, die überwiegend noch nicht erbracht worden sind. Dies gilt auch für die deutsche Situation, die sich gegenüber europäischen Nachbarländern und dem anglo-amerikanischen Sprachraum durch das Fehlen einer öffentlichen interdisziplinären Forschungseinrichtung und Koordinationsstelle für ethische Fragen im Gesundheitswesen und in den Heilberufen auszeichnet.

Unter den *Maßnahmen zum Schutz vor Schaden und Mißbrauch* sind neben den genannten Einrichtungen vor allem die Patienten- und Selbsthilfeorganisationen zu nennen, die sich vor allem mit somatischen und psychosomatischen Krankheitsbildern und deren Bewältigung befassen und somit Bereiche betreffen, in denen Klinische Psychologen verantwortlich tätig sind wie z.B. Alkoholabhängigkeit, psychische Störungen oder Schmerz. Im Gegensatz zum *Ethical Board* der American Psychological Association, das offenbar auch von betroffenen

Patienten und Klienten konsultiert wird, ist in den vergangenen Jahren die Inanspruchnahme des Ethik-Ausschusses des Bundes Deutscher Psychologen durch Betroffene eher gering gewesen. Eine zusätzliche eigene Einrichtung, die den sogenannten Schlichtungsstellen der Landesärztekammern entspräche, existiert in Deutschland in der Psychologie nicht. Da wir nicht annehmen dürfen, daß Klienten und Patienten, die psychologische Betreuung erfahren, keine – ethischen – Probleme hätten, dürfte hier ein Defizit bestehen. Aber auch klinisch-psychologisch tätige Kollegen machen von den wenigen Einrichtungen nur in sehr geringem Umfang Gebrauch. Dabei weiß jeder praktisch Tätige um die Häufigkeit, mit der ethische Fragen und Konflikte in der Beratung, Therapie oder Supervision auftreten. Über die fehlende Artikulation und deren Hintergründe läßt sich nur spekulieren. Abhilfe wäre beispielsweise dadurch zu schaffen, daß Ethik eine angemessene Berücksichtigung im Lehrplan findet, was im Idealfall damit verbunden wäre, daß auch eine kompetente Person als Ansprechpartner in der Fakultät identifiziert wäre. Ähnliches gilt für die postgradualen Weiter- und Fortbildungen.

2.4 Förderung ethischer Kompetenz: Aus-, Weiter- und Fortbildung

Die Förderung ethischer Kompetenz von angehenden und praktizierenden Psychologen, gerade im Bereich der Klinischen Psychologie, erscheint nach den bisherigen Ausführungen geradezu als ein Imperativ. Ethische Grenzverletzungen in der psychologischen Beratung und Behandlung sind häufig subtil und beschränken sich keineswegs auf sexuelle Übergriffe, die aufgrund ihres Sensationscharakters häufig in den Vordergrund treten (Reimer, 1991; Reiter-Theil, 1991). Die Subtilität einerseits und die besonderen Erwartungen, die bezüglich Sensibilität, Respekt und Verantwortung von Betroffenen an Klinische Psychologen und psychologische Psychotherapeuten herangetragen werden, andererseits, würden eine stärkere Berücksichtigung von Ethik in Aus-, Weiter- und Fortbildung erwarten lassen als die tatsächlich vorgefundene (Kottje-Birnbacher & Birnbacher, 1995). Die Tatsache, daß nach dem Zweiten Weltkrieg in der Bundesrepublik Deutschland

Generationen von Psychologiestudenten und Psychotherapeuten keinerlei professionsbezogene ethische Grundlagen vermittelt bekommen haben – wenn man von der impliziten Vermittlung ethischer Grundhaltungen durch Vorbilder einmal absieht – ist peinlich. Gerade die Klinische Psychologie, die sich in mancher Hinsicht mit der Medizin vergleicht, hat hier ein Defizit zu füllen, weil sie eben nicht – wie dies in der Medizin der Fall ist – auf eine bald 2000jährige Tradition professionsbezogener Ethik oder auf Formeln und Rituale wie den Eid des Hippokrates oder das Genfer Gelöbnis verweisen kann. Ein interessantes Beispiel im deutschsprachigen Raum hat Österreich im Zuge seiner Gesetzgebung zur Psychologie und Psychotherapie gegeben: Seit 1991 ist hier Ethik Bestandteil der Weiterbildung in Klinischer Psychologie und Gesundheitspsychologie sowie der psychotherapeutischen Propädeutik (Kierein et al., 1991; Reiter-Theil, 1994; Reiter-Theil, 1996,1998).

2.5 Ethik-Folgen: Evaluation der Anwendung ethischer Standards

Ethisch legitimierte Zielsetzungen und Strategien, moralische Intentionen – «der gute Wille» – und die Konsequenzen aus all diesen stehen nicht selten in einem Spannungsverhältnis zueinander. Es ist jedoch nicht nur die Kluft zwischen Theorie und Praxis oder die vielbeklagte Pluralität der Werte, die Zweifel und Konflikte erzeugen. Es ist vielfach auch die unzureichende Möglichkeit, Konsequenzen komplexer Handlungen und Maßnahmen zu antizipieren und im voraus zu bewerten. Gut begründete und noch besser gemeinte Projekte der Ethik können in ihren Folgen hinter den Erwartungen zurückbleiben oder sogar schädliche Folgen haben. Aus diesen Gründen hat die Ethik als eine auf die Praxis zielende normative Wissenschaft eine Selbstverpflichtung, ihre Folgen wiederum zum Gegenstand wissenschaftlicher Auseinandersetzung zu machen. Dies bedeutet beispielsweise, daß die Arbeit der Ethik-Kommissionen systematischer als bisher zu dokumentieren und auszuwerten wäre; die Resonanz des Ethik-Unterrichtes sollte evaluiert werden und auch die beschriebene Vielfalt von Ethik-Kodizes im Gesundheitswesen bietet Anlaß, hinsichtlich ihrer fraglichen Wirkung auf das praktische Verhalten untersucht zu werden.

3. Instrumente für die ethische Analyse

In der gegenwärtigen, stark anglo-amerikanisch geprägten Ethik in der Medizin und im Gesundheitswesen hat sich die sogenannte *Prinzipienethik* sehr weitgehend durchgesetzt. Beauchamp und Childress (1989) haben vier zentrale Prinzipien für die ethische Reflexion der Medizin eingeführt, die nicht nur für die somatische Medizin, sondern für den gesamten Bereich heilberuflicher und auch klinisch-psychologischer Tätigkeit fruchtbar sind. Sie betreffen die ethische Orientierung des therapeutisch tätigen sowie des in der Beratung oder Forschung arbeitenden Psychologen in seiner Arbeit mit Patienten und Klienten: (1) Respekt vor der Autonomie des Patienten (Klienten), (2) Schadensvermeidung (non-maleficence), (3) Hilfeleistung (beneficence), (4) Gerechtigkeit.

Beauchamp und Childress versuchen, mit diesen vier Prinzipien mehrere Strömungen zu vereinigen: die Tradition ärztlicher Ethik gemäß dem Eid des Hippokrates, der vor allem das Gebot nicht zu schaden und die Verpflichtung zur Hilfeleistung hervorhebt (Eckart, 1990), das Gedankengut der philosophischen Aufklärung und der amerikanischen Bürgerrechtsbewegung mit ihrer Betonung der Autonomie des einzelnen sowie das Prinzip der Verteilungsgerechtigkeit in einem Gesundheitswesen der Hochleistungsmedizin. Die vier Prinzipien werden als universell gültig und weltanschaulich annähernd neutrale Orientierungspunkte für die Medizin und das Gesundheitswesen insgesamt betrachtet. Je nach Kontext der Anwendung sind unterschiedliche Akzente zu setzen und vor allem Konkretisierungen zu leisten. Ein prominentes Beispiel für die Konkretisierung des ersten Prinzips «Respekt vor der Autonomie des Patienten/Klienten» stellt die Regel der *Informierten Zustimmung (Informed Consent)* dar (Faden & Beauchamp, 1986), die in weiten Bereichen der Psychotherapie oder psychologischen Beratung noch nicht angemessen rezipiert oder praktiziert wird (Reiter-Theil, Eich & Reiter, 1991, 1993; Reiter-Theil, 1996; Dsubanko-

Obermayr & Baumann, 1998). Diese fordert, daß der Therapeut vor der Behandlung ausführlich über diese, ihre Chancen, Risiken und Nebenfolgen sowie auch über therapeutische Alternativen informiert, damit der Patient/Klient eine bewußte Wahl treffen kann. Dabei ist die Komplexität der Aufklärung und der Zustimmung nur in einem Prozeßmodell angemessen nachzuvollziehen (Eich, Reiter & Reiter-Theil, 1997).

Historisch betrachtet, läßt sich übereinstimmend, zumindest in der westlichen Medizin, eine Umorientierung feststellen von der hippokratischen Ethik, die die Rolle des Arztes gegenüber dem Patienten als primär *väterlich* bestimmt und daher auch mit dem inzwischen meist abwertend gemeinten Begriff des *Paternalismus* belegt wird, hin zu einer mehr autonomieorientierten ethischen Grundhaltung. Ob man allerdings in Theorie, Praxis und Forschung von einem Paradigmenwechsel oder gar einer wissenschaftlichen Revolution sprechen darf, ist zumindest mit Vorsicht zu betrachten (Reiter-Theil, 1997a). Auch in der Geschichte der Psychoanalyse sowie anderer psychotherapeutischer Schulen finden wir den Einfluß des hippokratischen Modells für die Therapeut-Patient-Beziehung. Und gerade in diesem Tätigkeitsbereich subtiler Beeinflussung und Kontrolle des Patienten oder Klienten kann sich eine paternalistische Grundhaltung der begrifflichen Analyse und auch der Beobachtung leicht entziehen, während in der somatischen Medizin Übergriffe vergleichsweise offensichtlicher zutage treten. Eine weitere aus dem ersten Prinzip abgeleitete Regel ist die der *Verschwiegenheit* oder *Schweigepflicht* des Behandelnden gegenüber Dritten. Dies scheint eines der häufigsten und schwierigsten ethischen Probleme für Psychologen in verschiedenen Praxisfeldern, gerade in der Klinischen Psychologie, zu sein, wenn man den Daten einer Umfrage im Auftrag der Amerikanischen Psychologenvereinigung glauben darf (Pope & Vetter, 1992). Vergleichbare Daten aus den deutschsprachigen Ländern liegen allerdings bisher nicht vor. Dennoch läßt sich aus den bei Pope und Vetter genannten Beispielen sowie aus jüngeren Arbeiten zur Ethik in der Psychotherapie bzw. Klinischen Psychologie schlußfolgern, daß die Regel der *Informierten Zustimmung* und die Regel der *Verschwiegenheit* besonders sorgfältiger Vermitt-

lung bedürften, um praktisch tätigen Psychologen eine angemessene Handhabung zu ermöglichen (Eich, Reiter & Reiter-Theil, 1997; Koch, Reiter-Theil & Helmchen, 1996).

Die Dominanz des Vier-Prinzipien-Ansatzes nach Beauchamp und Childress in weiten Bereichen der internationalen medizinethischen Diskussion läßt die intensive Suche nach anderen Modellen verständlich erscheinen (Reiter-Theil, 1998). So findet seit einigen Jahren eine verstärkte Hinwendung oder Rückwendung zu einer *Tugendethik* statt, die anscheinend insbesondere Kreise der Klinischen Medizin anspricht, die Lösungen für ethische Probleme vor allem auf dem Wege der Persönlichkeitsbildung des Arztes suchen möchten (z. B. Pellegrino & Thomasma, 1993). Die *Prinzipienethik* wird aus der Sicht der Tugendethik als zu abstrakt, zu beliebig und zu realitätsfern kritisiert. Ähnliche Kritik wird von Theoretikern vorgebracht, die eine *narrative Ethik* vorschlagen, in der nicht von abstrakten Prinzipien, sondern von konkreten Geschichten über Problemsituationen ausgegangen wird. Die m. E. problematische und nicht ganz risikolose Voraussetzung dieser narrativen Ethik liegt in der Annahme, daß die Geschichte über die Problemsituation selbst bereits alle notwendigen ethischen Elemente der Bewertung und Problemlösung bereithalte. Kritische ethische Reflexion und die Legitimation weiterführender Strategien wären demnach auf dem Wege einer mehr oder weniger transparenten Interpretationskunst aus dem Gegebenen zu entwickeln. In diesem Wettstreit der Ansätze ist es jedoch wichtig zu unterscheiden, ob der jeweilige Zugang als ein ausschließlicher oder mit anderen kombinierbarer dargestellt wird und ob die Methode primär der Erkenntnisgewinnung oder mehr der Vermittlung ethischer Orientierung für praktisch Tätige dienen soll. Für beide Zwecke leistet m. E. gegenwärtig ein Methodenpluralismus deutlich mehr als der Rückzug auf einen einzelnen Ansatz. Dies gilt umsomehr für die Vermittlung von Ethik in Aus-, Weiter- und Fortbildung der Heilberufe. Gerade die *kasuistische Methode* hat in der Medizin, in der Psychotherapie und auch in der Ethik selbst – jedenfalls in der theologischen Ethik – traditionell einen hohen Stellenwert, und zwar sowohl für die Erkenntnisgewinnung als auch in der Vermittlung. So ist für die Generierung von Hypothesen und Fragestellungen und vor allem für individuelle und soziale Lernprozesse, wie sie im Krankheitserleben, in der Bewältigung und in der Verantwortung der Patientenbetreuung gefordert sind, die Auseinandersetzung mit dem eigenen und dem fremden Einzelschicksal unerläßlich. Neben dieser psychologisch-ethischen Bedeutung kommt der Kasuistik auch eine wichtige Rolle im Problemlösungsprozeß des Praktikers zu. Diese resultiert aus der bekannten, aber oft vernachlässigten Tatsache, daß Praktiker bei der Lösung von Problemen nicht in erster Linie auf Theorie zurückgreifen, sondern in ihrem Repertoire von Beispielen (Fällen) nach Anhaltspunkten suchen (Reiter & Steiner, 1996). Eine Brücke zur Prinzipienethik – oder auch zu anderen Ansätzen – läßt sich auch von hier aus mühelos schlagen, indem bei jeder Fallbesprechung Prinzipien, Regeln, Tugenden oder anderes als *regulative Ideen, Maximen* oder zumindest als *Ordnungsgesichtspunkte* wirksam werden können (Mc Cullough & Ashton, 1994; ten Have, 1994; Thomasma, 1994; Tomlinson, 1994).

Für die systematische Reflexion ethischer Probleme in der klinisch-psychologischen und psychotherapeutischen Praxis hat sich die in **Tabelle 2** dargestellte Übersicht als hilfreich erwiesen, in der mehrere Perspektiven unterschieden werden (Reiter-Theil, 1996).

Diese Perspektiven eignen sich sowohl zur individuellen Bearbeitung konkreter Probleme im Sinne eines kasuistischen Vorgehens, als auch zur Heranführung an eine systematische ethische Reflexion, in der es darauf ankommt, möglichst alle relevanten Bereiche zu erfassen. Es sind die individualistische Tradition der philosophischen Ethik des Abendlandes, ebenso wie die individuumzentrierte Psychologie und Psychotherapie, welche uns dazu verführen, die soziale, institutionelle, gesellschaftliche und universelle Perspektive der Ethik zu vernachlässigen. Die Schwierigkeit der ethischen Reflexion, insbesondere aber der Lösung ethischer Konflikte und Dilemmata, zeigt sich erst darin, daß die Rekonstruktion eines Problems in den je verschiedenen Perspektiven unterschiedlich ausfällt und somit auch zu unterschiedlichen Bewertungen und Konsequenzen führen kann. Dieses Grundproblem zeigt sich auch in dem bereits dargestellten Ansatz der vier ethischen Prinzipien nach Beauchamp und Childress. Solange keine Rangordnung von Prinzipien oder Perspektiven festgelegt und begründet wird – dies gilt analog auch für Tugenden oder andere ethische Konzepte – kann es auch bei sorgfältiger ethischer Reflexion zu einem «Patt» und damit zu Entscheidungs- und Handlungsunfähigkeit kommen. Dies ist m. E. nicht als Konstruktionsfehler der Instrumente anzusehen, sondern als Unzulänglichkeit der Anwendung. Für jeden Anwendungsbereich sollte vielmehr von den verantwortlichen Personen und Institutionen mit entsprechender ethischer Begründung eine Rangordnung der angelegten Prinzipien oder Regeln für den Konfliktfall definiert werden. Diese kann selbstverständlich, ebenso wie jede konkrete Problemlösung, einer Kritik unterzogen werden, denn eine absolut gültige und gegen Kritik immunisierte Ethik kann es in einem pluralistischen System nicht geben (Höffe, 1993). Für die Konflikte zwischen Perspektiven, Prinzipien oder Regeln gilt jedoch allgemein, daß jene Lösung, die mehr Übereinstimmung und zugleich weniger Konflikt bewirkt, die überlegene und daher vorzuziehende neue sei. Dies soll im folgenden Abschnitt auf konkrete Konfliktfelder in der Klinischen Psychologie hin reflektiert werden.

Tabelle 2: Perspektiven ethischer Reflexion

1 Individuum: (A) Patient/in, Klient/in und (B) Therapeut/in, Berater/in, Arzt/Ärztin.

2 Therapeutische Beziehung zwischen (A) und (B).

3 Beziehungssystem: (A) Angehörige, Familie, soziales Umfeld und (B) institutioneller Rahmen, therapeutisches Team.

4 Gesellschaftliche Bedingungen: juristische Voraussetzungen, soziale Aspekte, gesundheitspolitischer Rahmen.

5 Universelle ethische Prinzipien für die Heilberufe.

4. Anwendung auf Konfliktfelder in der Klinischen Psychologie

4.1 Forschung

Psychologische Forschung am Menschen unterliegt wie biomedizinische Humanforschung ethischen Grundsätzen der *Freiwilligkeit* und des *Schutzes* der Probanden *vor nachteiligen Folgen,* wie sie in der Helsinki-Deklaration festgelegt sind. Durch die Einführung ethischer Richtlinien zur Wahrung der Menschenrechte, insbesondere der Patienten- und Probandenrechte, lassen sich einige ethische Probleme prinzipiell lösen, andere aber nicht. Zu den im Prinzip gelösten Problemen kann für den Bereich psychologischer Forschung die Aufklärung und Einwilligung der Versuchsperson gelten, sofern bei Forschungsanträgen noch vor deren eigentlicher Begutachtung das Votum einer Ethik-Kommission eingeholt wird, die gerade dieses Kriterium und seine vorgesehene Handhabung in dem Projekt prüft. Dies erfolgt in Deutschland bei Anträgen an die Deutsche Forschungsgemeinschaft durch die Ethik-Kommission der Deutschen Gesellschaft für Psychologie. Wünschenswert wäre eine Vereinheitlichung der Prüfung ethischer Kriterien bei Forschungsanträgen, auch an anderen Fördereinrichtungen. Klinisch-pychologische Forschung am Menschen, die an medizinischen Fakultäten unternommen wird, unterliegt unabhängig davon der Begutachtung durch die zuständige Ethik-Kommission, die ebenfalls die Grundsätze der Deklaration von Helsinki anzulegen verpflichtet ist. Ungelöst bleibt dabei das praktische Problem der Einhaltung und Umsetzung im Forschungsprozeß selbst. Hierfür zeichnet kein Gremium verantwortlich; dies fällt in die persönliche Kompetenz des leitenden Forschers. Ebenfalls ungelöst ist das Problem der angemessenen Wiedergabe der Forschungsresultate in Publikationen. Zwar hat sich, zumindest in der Medizin, bei führenden Zeitschriften die Praxis etabliert, nur solche Publikationen zum Druck anzunehmen, bei denen eine Begutachtung durch eine Ethik-Kommission nachgewiesen wird; gegen eine absichtliche Verfälschung von Daten oder Schlußfolgerungen ist dies jedoch, ebensowenig wie gegen Veruntreuung geistigen Eigentums, kein Schutz. Dies zeigen immer wieder auftretende Verstöße, auf die die Deutsche Forschungsgemeinschaft DFG mit aktuellen Forderungen reagiert hat.

Zu den auf prinzipieller Ebene nicht gelösten ethischen Problemen gehören in der Psychologie – wie auch in anderen humanwissenschaftlichen Disziplinen – solche, die von der jeweiligen Scientific Community oder in der Öffentlichkeit kontrovers beurteilt werden, weil sie den beschriebenen Grundsätzen der Freiwilligkeit – auf der Basis von Information – sowie des Schutzes vor nachteiligen Folgen nicht folgen oder deren Geltung zugunsten anderer, höher bewerteter Ziele ganz oder teilweise zurückstellen. In der Psychologie gilt dies insbesondere für Untersuchungen mit fehlender, eingeschränkter bzw. nachträglicher Aufklärung oder sogar bewußter Täuschung wie dies beispielsweise bei den berühmten Experimenten von Milgram der Fall war (Milgram, 1974; zu ethischen Problemen in der psychologischen Forschung allgemein siehe auch: Kruse & Kumpf, 1981; Schuler, 1982). Es trifft aber auch auf Forschungsansätze zu, in denen Personen Belastungen oder Risiken ausgesetzt werden, deren Ausmaß und Dauer nicht immer voll zu antizipieren sind wie z. B. in der Panikforschung. Besonders sensibel ist der Bereich klinisch-psychologischer Forschung bei all jenen Personengruppen, deren Kompetenz für eine Informierte Zustimmung vorübergehend oder dauernd eingeschränkt ist, sei es wegen einer kognitiven Behinderung und daraus resultierenden Verständnisschwierigkeiten, sei es infolge einer psychischen Störung, die die Willens-Komponente der Entscheidung betrifft Das Ausmaß der ethischen, fachinternen und öffentlichen Kontroverse bezüglich der Zulässigkeit solcher Forschung, die unter anderen Gesichtspunkten durchaus als «hochrangig» oder «nützlich» erscheinen mag wie z.B. die Demenzforschung (Helmchen & Lauter, 1995), zeigte sich angesichts der heftigen Debatte um die sogenannte Bioethik-Konvention des Europarates, in der auch eine Wiederbelebung der Diskussion über die menschenverachtende «Forschung» der nationalsozialistischen Medizin nicht ausblieb (Bockenheimer-Lucius, 1995; Tröhler & Reiter-Theil, 1997).

4.2 Diagnostik

Psychologische Diagnostik wird, ebenso wie psychiatrische oder psychoanalytische Diagnostik, nicht nur als Gegenstand anwendungsbezogener Forschung und wissenschaftlich gestützter Therapieplanung betrachtet, sondern mindestens seit der «Antipsychiatriebewegung» auch als potentiell schädliches Instrument ordnungspolitisch motivierter Entscheidungsträger verdächtigt (Keupp, 1972). Eine jüngere Diskussion um die Bedeutung von Diagnose und Diagnostik wurde von der Bewegung des sogenannten radikalen Konstruktivismus ausgelöst, in der allerdings die Verwandtschaft des Gedankengutes mit den Postulaten der Antipsychiatrie m.W. bisher nicht reflektiert wird. Der radikale Konstruktivismus hatte im Übergang von der Familientherapie zur systemischen Therapie zur Folge, daß die dort entwickelte Familien- und Paardiagnostik zurückgedrängt wurde und stattdessen andere Ansätze wie z.B. das Konversationsmodell zur Grundlegung der Therapie dienten (Goolishian & Anderson, 1997). War in der Auseinandersetzung um Psychiatrie und Antipsychiatrie die ethische Dimension meist implizit angesprochen, während politische und institutionelle Aspekte im Vordergrund standen (Reiter-Theil, 1992, 1997b), so hat die Diskussion um den radikalen Konstruktivismus auch explizit ethische Fragen aufgegriffen, die vor allem um den Respekt vor dem Klienten oder «Kunden» kreisen (Ludewig, 1988; Krüll, 1991; kritisch dazu Reiter-Theil, 1991). Problematisch erscheint die Preisgabe von Diagnostik und therapeutischer Verantwortung für Diagnose und Prognose sowie Therapieplanung vor allem unter den ethischen Gesichtspunkten der Aufklärung des Klienten oder Patienten, der Antizipation von Risiken und der Qualitätssicherung nach intersubjektiven Kriterien.

Zu kritisieren ist diese Tendenz auch unter professionstheoretischen Aspekten, da die radikalkonstruktivistischen Veränderungen des Verhältnisses zwischen Therapeut und Klient («Kunde») die heilberufliche Identität in Frage stellen (Reiter & Steiner, 1996). Beide Hauptströmungen der Kritik an psychodiagnostischen Systemen haben jedoch Verdienste daran, eine breite Schicht beraterisch und therapeutisch Tätiger bezüglich der Voraussetzungen und Folgen ihres Umgehens mit diagnostischen Kategorien zu sensibilisieren. Die Lösung der ethischen Problematik dürfte wohl vor allem in einer selbstkritischen, vorsichtigen und therapeutisch orientierten Umgehensweise zu finden sein, die in der Aus- und Weiterbildung des Klinischen Psychologen vermittelt werden kann und soll.

4.3 Beratung und Therapie

Ethische Probleme in Beratung und Therapie zeichnen sich meist durch große Komplexität aus, die eine gezielte und problemlösungsorientierte Reflexion erschwert. Die Folge kann – trotz guten Willens – eine Vermengung der Ebenen von ethischer Analyse einerseits und moralischer (oder moralisierender) Bewertung andererseits sein, die mit der Suche von Schuldigen, Emotionalisierung und sogar Eskalation des Konfliktes zwischen den Beteiligten, z.B. Kollegen, enden kann. Zur Strukturierung eines ethischen Diskurses mit sich selbst oder mit anderen – in der Teambesprechung, Supervision oder Weiterbildung – haben sich die bereits vorgestellten Instrumente für die ethische Analyse (vgl. Abschnitt 3) auch in der Psychotherapie bewährt. Dies soll anhand eines Fallbeispiels dargestellt werden (s. **Kasten 1**). Dabei wird auf eine kürzlich publizierte Darstellung zurückgegriffen, die auf ein von der Deutschen Forschungsgemeinschaft gefördertes Projekt Bezug nimmt. Gegenstand des Projekts ist eine Auseinandersetzung mit der Ethik des Therapeuten (psychoanalytischer oder tiefenpsychologischer bzw. familientherapeutischer Orientierung), die mittels fallbezogener Interviews mit maßgeblichen Vertreterinnen und Vertretern der beiden Schulen geführt wurden (Reiter-Theil, 1996).

Bei dem in **Kasten 1** dargestellten Fallbeispiel stellen sich zahlreiche ethisch relevante Fragen. Diese sollen im folgenden nach den *Perspektiven ethischer Reflexion* betrachtet werden, die in Abschnitt 3 vorgestellt worden sind (s. auch **Tab. 2**). Liegt ein behandlungsbedürftiges und

Kasten 1
Fallbeispiel

Frau A. hat ihren Mann nach zehnjähriger Ehe dazu veranlaßt, bis auf weiteres aus dem gemeinsamen Haus auszuziehen. Anlaß hierfür war die wiederholte Klage der 14-jährigen Tochter von Frau A. aus erster Ehe, der Stiefvater habe sie heimlich beim Baden und auf der Toilette beobachtet – in dem neuen Haus der Familie fehlen noch die Türstöcke, so daß man durch die Schlitze hindurchsehen kann. Frau A. schenkte den Klagen ihrer Tochter zunächst keinen Glauben. Erst als sie ihren Mann selbst dabei überraschte, wie er die Stieftochter im Schlaf abdecken und berühren wollte, war sie überzeugt. Nachdem es sich bei diesen Annäherungsversuchen von Herrn A. an das Mädchen nicht um ein einmaliges Ereignis handelte, entschloß sich Frau A., therapeutische Hilfe in Anspruch zu nehmen.

Beim Erstgespräch in der Institution sind außer dem Therapeuten nur Mutter und Tochter anwesend. Das Mädchen weigert sich, mit dem Stiefvater über die Angelegenheit zu sprechen. In einem Gespräch mit dem Ehepaar stellt sich heraus, daß Herr A. auch sehr an therapeutischen Gesprächen interessiert ist und daß er bereit ist, sich mit seinen Handlungen auseinanderzusetzen. Sein Wunsch ist es, wieder in die Familie zurückzukehren, die Tochter dagegen möchte den Stiefvater nicht mehr in der Familie haben. Frau A. steht dazwischen. Ihre Schwierigkeiten in der Entscheidung werden dadurch verstärkt, daß sie selbst, ebenso wie ihre eigene Mutter, als Kind vom Vater sexuell mißbraucht worden war. So fühlt sie sich als Frau und Mutter hin und her gerissen, zumal sie von ihrem Ehemann finanziell abhängig ist.

ein behandelbares Leiden vor, wenn ja, welches? Diese Fragen sprechen die Perspektive 1 des beobachtenden Therapeuten oder Beraters an; sie reflektieren die Bedürfnisse und Befindlichkeiten der einzelnen Gesprächsteilnehmer und potentiellen Klienten. Weitere Fragen lauten: Wer von den Betroffenen leidet, wer leidet am meisten? Wer ist eigentlich als Klient oder Patient zu betrachten? Wer hat einen Anspruch oder auch ein Vorrecht auf Empathie, auf Hilfe, auf ein Therapieangebot? Ebenfalls in der Perspektive 1 bewegen sich Fragen, die der Therapeut oder Berater an sich selbst richtet: Kann ich mit dieser Problematik bzw. mit dieser oder jener Person arbeiten? Bin ich für die notwendigen Entscheidungen oder Maßnahmen kompetent? Vorentscheidungen zur Diagnostik, zur Methode oder zum Setting der Behandlung haben bereits ethische Implikationen. Sie betreffen das Krankheitsmodell, Vorstellungen von der Verursachung des Leidens und die damit zusammenhängende Attribution von Verantwortung oder auch die Einschätzung der psychischen und moralischen Voraussetzungen, die ein Klient zur aktiven Mitwirkung in einer Therapie benötigt, u. v. a. m.

Diese ethischen Implikationen treten dann als Problem oder als Dilemma deutlich zu Tage, wenn die Perspektiven 2 und 3 hinzugenommen werden. Ein Interessenkonflikt zwischen Familienmitgliedern schlägt sich nieder in der Schlüsselfrage der Indikationsstellung: Einzel-, Paar- oder Familientherapie, symptomorientierte oder konfliktverarbeitende Behandlung, aktive Krisenintervention oder geduldiges Suchen nach Verstehensmöglichkeiten. Diese Fragen erreichen auch die Ebene der therapeutischen Beziehung, wenn es um die Entscheidung geht, ob dem im Erstgespräch abwesenden Stiefvater, dem «Täter», eine therapeutische Beziehung angeboten oder zumindest durch geeignete Überweisung vermittelt werden sollte. In der Diskussion um die richtige Therapie bei sexueller (Kindes-)Mißhandlung stellt sich die ethische Frage, ob die Schutzbedürftigkeit der Betroffenen eine so hohe Priorität einzunehmen habe, daß die etwaigen Nöte oder Bedürfnisse des (sexuellen) Aggressors grundsätzlich außer acht gelassen und aus dem therapeutischen Setting ausgeklammert werden sollen, oder, ob die Opfer-Täter-Dichotomie aufgegeben werden sollte, was sich in einer beziehungsorientierten Auffassung des Problems begründen und therapeutisch bearbeiten ließe.

In diesem Fallbeispiel wird nichts darüber ausgesagt, wie das therapeutische Vorgehen aussieht. Es läßt sich leicht vorstellen, welche Schwierigkeiten mit dieser Behandlung verbunden sein könnten, etwa dann, wenn ein Therapeut sich allen Familienmitgliedern zugleich therapeutisch und moralisch verpflichtet fühlt, dabei aber meint, den Stiefvater nicht mit einbeziehen zu können, ohne dabei die Gefühle und die Rechte des jungen Mädchens zu verletzen. Es läßt sich hier aus der Sicht des Therapeuten nicht nur ein Konflikt mit der Familie der Klienten denken, sondern auch ein Konflikt mit dem eigenen professionellen Beziehungssystem (Perspektive 3). Die therapeutischen Leitlinien der betreffenden Institution oder des Therapeutenteams könnten den Therapeuten darin einschränken, einen selbst für richtig gehaltenen Weg einzuschlagen. So stellt sich in Fällen mit gravierender sexueller (Kindes-) Mißhandlung die Frage der Anzeigepflicht, der Strafverfolgung und auch der Entfernung eines betroffenen Familienmitgliedes: z.B. des Kindes oder des Aggressors aus der Familie. Alle diese möglichen Schritte müssen hinsichtlich ihrer vorhersehbaren positiven, vor allem aber bezüglich ihrer negativen Konsequenzen bewußt abgewogen werden. Damit bewegt sich die Reflexion bereits in der gesellschaftlichen (Perspektive 4). Gerade die hier eingeschlossenen juristischen Rahmenbedingungen können zusätzliche Fragen für den Therapeuten aufwerfen, die im Lichte ethischer Prinzipien (Perspektve 5) zu reflektieren sind.

Noch schärfer lassen sich ethische Probleme und Dilemmata herausarbeiten, wenn man von vornherein bei dem Vier-Prinzipien-Ansatz nach Beauchamp und Childress (1989) ansetzt (vgl. Abschnitt 3).

Es lassen sich vor allem zwei ethische Brennpunkte lokalisieren:

(1) Ein möglicher ethischer Konflikt liegt zwischen dem Respekt, den der Therapeut der Autonomie des jungen Mädchens und ihren Ausdrucksformen schuldet – hier: ihrer Weigerung, mit dem Stiefvater in Kontakt zu treten – auf der einen Seite, und auf der anderen Seite der möglichen therapeutischen Erwartung, daß die Hilfelei-

stung oder der Nutzen einer Therapie für das junge Mädchen möglicherweise dann am größten wäre, wenn der Kontakt zum Stiefvater im Interesse der Bearbeitung des Problems wieder aufgenommen werden könnte.

(2) Ein weiterer ethischer Konflikt kann zwischen dem Willen des jungen Mädchens entstehen, den Kontakt mit dem Stiefvater zu vermeiden und dessen Bedürfnis (das hier unterstellt wird), seinerseits verstanden, nicht verurteilt und aus der Familie ausgestoßen zu werden a). Dieser Konflikt erweitert sich noch, wenn man von einem Interesse am Zusammenhalt der Familie in der bisherigen Form bei allen Familienmitgliedern – mit Ausnahme der Tochter – ausgeht b). Wir haben damit ein Dilemma zwischen dem ersten Prinzip, Respekt vor der Autonomie des einzelnen, und dem vierten Prinzip, Gerechtigkeit, vor uns: einen Konflikt zwischen den Interessen zweier Personen, Stieftochter und Stiefvater a), bzw. b), zwischen den Interessen eines einzelnen (des jungen Mädchens) und denen der übrigen Familienmitglieder. Diese Konstellation würde nur dann nicht zu einem Dilemma führen, wenn man ein zusätzliches therapeutisch-ethisches Prinzip einführte, nämlich, daß Interessen von Kindern und Jugendlichen allgemein Schutz und Priorität gegenüber denjenigen von Erwachsenen genießen sollten (vgl. die UN-Konvention über die Rechte des Kindes: Cohen & Naimark, 1991). In strukturell ähnlicher, aber inhaltlich verschiedener Weise könnte ein weiteres Prinzip fordern, daß gerade die Bedürfnisse der von sexueller Mißhandlung Betroffenen – seien dies Kinder oder Erwachsene – gegenüber denjenigen, die diese ausgeübt haben, unbedingt vorrangig berücksichtigt werden sollten.

Welche ethischen Probleme werden charakteristischerweise von psychotherapeutischen Berufsanfängern erlebt? In Ethik-Blockseminaren im Rahmen des österreichischen Curriculums zur Weiterbildung in Klinischer Psychologie/ Gesundheitspsychologie wurden seit 1992 in der kasuistischen Arbeit mehrfach Entscheidungsprobleme aus der psychoonkologischen Betreuung besprochen. So kann es für den klinisch-psychologischen Betreuer zum Problem werden, wenn ein Patient auf seiner verzweifelten Suche nach Therapiemöglichkeiten auch solche Angebote aufgreift, deren Wirkung mehr als fragwürdig, ja sogar gesundheitsschädlich erscheint. Das Dilemma spitzt sich in der Frage zu: «Soll ich dem Patienten seinen Glauben an eine irrationale Heilungschance lassen, oder bin ich zu wahrhaftiger Aufklärung verpflichtet?» Noch prekärer wird der Konflikt, wenn zugunsten der «unkonventionellen Therapie» Behandlungen mit nachgewiesener therapeutischer Wirkung versäumt werden. Ein anderes Beispiel veranschaulicht ebenfalls eine charakteristische Problemkonstellation: die teilweise ineffiziente Kooperation zwischen und innerhalb von Institutionen der Patientenversorgung und der Sozialfürsorge. Nach schwerem Unfall und stationärer Behandlung wird ein Patient aus dem Krankenhaus entlassen und in ein Wohnprojekt «überwiesen». Aufgrund der sehr begrenzten Fürsorgemöglichkeiten in diesem Wohnprojekt kommt es schon bald und wiederholt zu kritischen medizinischen Zwischenfällen bei dem gesundheitlich labilen Mann. Die Betreuer erkennen, daß sie mangels medizinischer Kompetenz und wegen der fehlenden lückenlosen Betreuung das Risiko weiterer schwerer Zwischenfälle mit möglicher Todesfolge nicht ausschließen können. Es muß eine andere Lösung gefunden werden; der Betroffene möchte jedoch in dem Wohnprojekt bleiben, da ihm dies als letzte Zuflucht erscheint. In beiden Fällen muß eine schwierige Abwägung zwischen möglicher Hilfe und möglichem Schaden bzw. dessen Abwendung vorgenommen werden. Der Respekt vor der Selbstbestimmung des Betroffenen ist in beiden Fällen nicht allein damit zu erfüllen, daß blindlings dessen Wünsche befolgt werden. Eine Voraussetzung der Selbstbestimmung des Patienten ist aber das Verständnis der Wahlmöglichkeiten und der Vor- und Nachteile der Alternativen; also ist Aufklärung und Beratung angezeigt. Zugleich müssen aber auch auf Seiten der Betreuer die – ethischen – Ziele, Möglichkeiten und Grenzen überprüft werden, um realistische und verläßliche Angebote machen zu können.

5. Forschung über Ethik in der Klinischen Psychologie

Wenn ethisch begründete Innovationen wie Richtlinien, Gremien oder Kurse bezüglich ihres praktischen Nutzens und ethischen Wertes evaluiert werden sollen, wie dies im ersten Abschnitt *Funktionen* postuliert wurde, bedarf es entsprechender Ethik-Folgen-Forschung im Bereich Klinischer Psychologie. Diese existiert im deutschsprachigen Raum m.W. nicht, während man die Untersuchungen der *American Psychological Association* durchaus als vielversprechende Ansätze in diese Richtung verstehen kann.

Ein anderes Gebiet der Ethik-Forschung in der Klinischen Psychologie liegt ebenfalls brach: die Untersuchung der moralischen Werte von psychotherapeutisch Tätigen. Es finden sich jedoch zumindest einige exemplarische Studien, die vor allem mit dem in der Sozialpsychologie bekannten Instrument des «Value Survey» von Milton Rokeach interessante Daten erbracht haben (Reiter, 1975, 1976; Ermann, Janta & Riedel, 1985). Zu den am häufigsten zitierten Ergebnissen gehört der Befund, daß in den frühen siebziger Jahren psychologische und psychosoziale Berater sowie Familien- und Psychotherapeuten ein gemeinsames Wertemuster aufweisen, das unter zahlreichen anderen aus ganz verschiedenen gesellschaftlichen Gruppen dem der Hippies am ähnlichsten war (Reiter & Steiner, 1976). Angesichts der inzwischen lebhafter gewordenen Auseinandersetzung mit ethischen Fragen, auch in der Klinischen Psychologie, wäre eine Aktualisierung dieser Daten angebracht.

Im Interesse künftiger Bemühungen, Ethik auch im Unterricht verstärkt zu vermitteln, würde sich eine Bestandsaufnahme sowie eine Defizitanalyse hinsichtlich des ethischen Grundwissens und entsprechender praktischer Fertigkeiten zur Umsetzung unter Studierenden und bereits berufstätigen Klinischen Psychologen empfehlen. Dabei stellt sich die Frage, ob nicht die zunehmende Arbeitsteilung in der Patientenversorgung allgemein und die immer notwendiger werdende Kooperation unterschiedlicher Berufsgruppen in Einrichtungen des Gesundheitswesens von vornherein gemeinsame vergleichende Forschungs- und Lösungsansätze nahelegt. Schon seit dem Anwachsen des «Ethikbooms», der den deutschsprachigen Raum in den achtziger Jahren verspätet erreichte, verzeichnen wir eine Tendenz zur Ausbildung von Spezialethiken verschiedener Professionen und Personengruppen, nicht nur im Gesundheitswesen. In der Betreuung und Behandlung von Patienten und Klienten sollte einer Partikularisierung, gerade hinsichtlich der ethischen Grundhaltung, unbedingt entgegengewirkt werden. Es bedarf keiner großen Vorstellungskraft zu erkennen, welche zusätzliche Verunsicherung sich für die beteiligten Berufsgruppen, besonders aber die betroffenen Patienten und Klienten ergäbe, wenn zu dem exponentiellen Ansteigen der Zahl spezieller Ethik-Kodizes auch noch voneinander abweichende Curricula und womöglich heterogene ethische Spezialterminologien kämen, die eine Verständigung im multiprofessionellen Team und die Konsensfindung erschweren, vor allem aber die universelle Geltung ethischer Prinzipien für die Heilberufe in Frage stellen würden. Ethik und ihre Reflexion kann und soll durch den Rekurs auf moralische Grundstrukturen und universelle Prinzipien vielmehr als Medium der Integration fungieren. Im Interesse der Weiterentwicklung der Klinischen Psychologie und ihrer therapeutischen Anwendungen sollten ethische Fragen und Kriterien gezielt und verstärkt in die Prozeß- und Ergebnisforschung der Psychotherapie einbezogen werden. Hierzu gehören Fragen wie: die Umsetzung der Regel der Aufklärung und Informierten Zustimmung, direkte oder indirekte Belastungen bzw. Schädigung von Patienten (Klienten) und deren Angehörigen durch Interventionen, die adäquate Indikationsstellung bzw. Überweisung und Kooperation mit anderen Gesundheitsberufen, z.B. Ärzten, sowie die Einhaltung der Schweigepflicht und der Bestimmungen des Datenschutzes in der Dokumentation.

Schließlich, und hier liegt wahrscheinlich das größte Defizit der (Klinischen) Psychologie wie auch der Medizin, ist es an der Zeit, sich in der Forschung den ethischen Fragen zuzuwenden, die aus der Sicht von Klienten und Patienten vorrangig sind. Zwar hat sich in den letzten Jahren die Zahl der Publikationen vervielfacht, in denen – ehemalige – Patientinnen oder Patienten ihre Erfahrungen aus Therapien auswerten. So wichtig diese Literatur ist, ersetzt sie doch nicht eine systematische Untersuchung zu verschiedenen ethischen Fragen. Die erwähnte Flut ethischer Richtlinien im Gesundheitswesen soll – so darf man wohl annehmen – dem Wohl des Patienten oder Probanden dienen und eine angemessene ethische Grundhaltung und Handlungsweise der Betreuenden fördern. Solange jedoch weder der «Geist» dieser Initiativen zu den Betroffenen dringt, noch deren Anliegen anders als *anekdotisch* erfaßt werden, sind wir von Transparenz, Fairneß oder Partizipation weit entfernt. Ethik bleibt beim guten Willen derjenigen stehen, die – aus welchen Gründen auch immer – annehmen zu wissen, was für andere gut und richtig sei. In diesem Sinne ist also Forschung über Ethik notwendige Aufklärung und Selbstkritik.

6. Programmatische Vorschläge

Zur konsequenten Vermittlung der Ethik im Studium der Psycholgie sollten mehrere Schritte unternommen werden. Zunächst sollten – nach einer *Bestandsaufnahme,* wie oben angesprochen – möglichst früh im *Studium* Grundbegriffe der Ethik in möglichst praxisnaher Form vermittelt werden. Dadurch soll den Studierenden nicht nur ein Grundwissen und die Möglichkeit, über ethische Fragen explizit zu kommunizieren, vermittelt werden; sie sollen dadurch auch frühzeitig ermuntert werden, ihre eigene ethische Orientierung zu reflektieren und weiterzuentwickeln, um auf diesem Hintergrund ihr Studium bewußter gestalten zu können. Daneben wäre es sinnvoll, ethische *Diskurse* zwischen allen Mitgliedern des Lehrkörpers anzuregen, um Möglichkeiten der Wiederaufnahme ethischer Begriffe und ihre Bedeutung in unterschiedlichen Feldern der Psychologie wie z.B. Methodenlehre oder in Experimentalpraktika zu erreichen. Nach eigenen Erfahrungen mit dem Ethikunterricht für Studierende der Psychologie und vergleichbaren Initiativen innerhalb der Medizin in den letzten Jahren scheint es durchaus möglich, daß auch studentische Initiativen zur Reflexion über ethische Fragen, speziell aus studentischer Sicht, zustandekommen, die die Lehrplanung insgesamt positiv anregen könnten. Für fortgeschrittene Studierende und Weiterbildungskandidaten der Klinischen Psychologie sollten eigene praxisorientierte Angebote entwickelt werden, die eine sichere Handhabung analytischer Instrumente zur ethischen Reflexion, gerade auch im multiprofessionellen Team, vermitteln (Reiter-Theil, 1994, 1998). Da analoge Bestrebungen zur Etablierung der Ethik im Medizinstudium im Gange sind und die Ethik in der Krankenpflege zwar gesetzlich verankert, jedoch nicht generell kompetent angeboten werden kann, wäre der Versuch verdienstvoll, fächer- und professionenübergreifende *Veranstaltungen zur Ethik in den Heilberufen und im Gesundheitswesen* anzubieten. An medizinischen Fakultäten mit freiwilligen, gut eingeführten Ethik-Seminaren ist seit Jahren zu beobachten, daß nicht nur Hörer anderer Fachbereiche als der Medizin, sondern auch schon im Beruf stehende Ärzte und Pflegekräfte in «ihr» Seminar kommen, um über aktuelle Fragen und Fälle zu diskutieren. Ein weiteres Unternehmen der Vermittlung von Ethik in den Heilberufen und im Gesundheitswesen ist das Patientenforum Medizinische Ethik, in dem nicht nur alle beteiligten Berufsgruppen, sondern vor allem auch Patienten und ihre Angehörigen zu speziellen ethischen Fragen diskutieren (Reiter-Theil, 1995; Reiter-Theil & Hiddemann, 1996). Es mag sein, daß dieser Veranstaltungstyp im Bereich somatischer Erkrankungen leichter akzeptiert wird, als dies bei psychischen Störungen der Fall wäre; dennoch bietet er eine spezifische Gelegenheit, die Verständigung über ethische Fragen mit allen beteiligten Gruppen zu erproben und zu üben, die auch für Klinische Psychologie hilfreich sein dürfte.

In der praktischen Anwendung, sowohl in der klinisch-psychologischen Forschung, als auch in Beratung und Therapie, kann die Präsenz ethischer Prinzipien gezielt verbessert werden. Für die zukünftige Praxis nachwachsender Generationen lohnt sich die Investition in die Aus- und Weiterbildung. Für die bereits in der Forschung Tätigen lassen sich Möglichkeiten der Fortbildung, z.B. über forschungsrelevante Ethik-Kodizes wie die Deklaration von Helsinki oder über spezielle Dilemmata klinisch-psychologischer Forschung entwickeln, etwa das Di-

lemma der Notwendigkeit randomisierter Studien bei gleichzeitiger Verpflichtung, die Probanden aufzuklären. Inwieweit die Scientific Community der Klinischen Psychologie eine über das jetzige Maß hinausgehende *Selbstkontrolle der Forschung* anstreben will oder soll, beispielsweise durch verstärkte Begleitung von Forschungsprojekten bis zur Publikation, hängt von der Bewertung des Bedarfs an Kontrolle ab, der allein auf subjektivem Wege nicht seriös zu ermitteln ist. Es wäre vielleicht ein sinnvoller Kompromiß, gegenüber einem Zuwachs an Kontrolle und dem Status quo an jeder Fakultät nicht nur einen Ethik-Lehrbeauftragten, sondern auch einen Ansprechpartner für ethische Fragen in der Forschung zu haben, der ja mit jenem identisch sein könnte. Auch hier erscheint wiederum eine Kooperation mit der Medizin, mit dem Datenschutz der Universität oder den zunehmenden Fachbereichen für Pflegewissenschaft sinnvoll.

In der psychologischen Beratung und Psychotherapie sollten intensive und systematische Maßnahmen unternommen werden, um die Proliferation von «Spezialethiken» der unterschiedlichen Schulen einzudämmen (Reiter-Theil, 1988, 1996). Ein wichtiger Anreiz hierzu ist auch in den aktuellen Bemühungen um Qualitätssicherung in der Psychotherapie zu sehen. Setzt sich aber der gegenwärtige Trend fort, werden Klinische Psychologen und andere Psychotherapeuten künftig in einer Person ganze Bündel an Ethik-Richtlinien zu vereinigen haben, die sich überschneiden oder widersprechen, aber auch Leerformeln enthalten, deren Wert mehr als fragwürdig ist. Diese Entwicklung ist für die gesamte Psychologie, ebenso wie für das Gesundheitswesen als Ganzes untragbar und nicht zu rechtfertigen. Auf der Suche nach konstruktiven Ansatzpunkten bietet sich die Hypothese an, daß dieses Ethik-Babylon eine Folge der Unterversorgung mit geeigneten Aus-, Weiter- und Fortbildungsangeboten ist und daß die vergebliche Suche nach kompetenten Ansprechpartnern oder Ethik-Beauftragten an den Fakultäten und in den Vereinen die Formulierung von *Ethik-Kodizes* als eine Art Selbsthilfe erscheinen läßt. Entsprechend müßte Abhilfe gerade hier ansetzen. Die Multiprofessionalität der Psychotherapie ist eine weitere Bedingung dessen, daß berufsspezifische Richtlinien wie diejenigen des Bundes Deutscher Psychologen das Feld ethisch nicht vollständig auffangen und integrieren können. Dies gilt umsomehr für die mißliche Situation der unzureichenden gesetzlichen Regelung von Psychologie und nichtärztlicher Psychotherapie in Deutschland. Das Fazit aus dieser Problemanalyse ist aber nicht etwa die Forderung nach einer «Einheits-Ethik», sondern die Folgerung, daß ohne *gezielte und koordinierte Initiativen* keine Überwindung des gegenwärtigen Chaos zu erwarten ist. Das aber sollte uns die Reputation der Psychologie und der Klinischen Psychologie wert sein.

7. Literatur

Beauchamp, T. L. & Childress, J. F. (1989). *Principles of Biomedical Ethics* (3. Aufl.). Oxford: Oxford University Press.

Bockenheimer-Lucius, G. (1995). Die «Bioethik-Konvention» – Entwicklung und gegenwärtiger Stand der Kontroverse. *Ethik in der Medizin, 7*, 146–153.

Cohen, C. P., Naimark, H. (1991). United Nations Convention on the Rights of the Child. *American Psychologist 46*, 60–65.

Dsubanko-Obermayr, K. & Baumann, U. (1998). Informed consent in psychotherapy: demands and reality. *Psychotherapy research, 8*, 231–247.

Eckart, W. (1990). *Geschichte der Medizin*. Berlin: Springer.

Eich, H., Reiter, L. & Reiter-Theil, S. (1997). Informierte Zustimmung in der Psychotherapie – einmalige Handlung oder kontinuierlicher Prozeß? Ethische Überlegungen anhand einer Kasuistik zur Kindesmißhandlung. *Psychotherapeut 42*, 369–375

Ermann, M., Janta, B. & Riedel, P. (1985). Wertvorstellungen von Psychotherapeuten, Kandidaten und Studenten. *Psychotherapie, Medizinische Psychologie, 35*, 189–192.

Faden, R. & Beauchamp, T. L. (1986). *A History and Theory of Informed Consent*. Oxford: Oxford University Press.

Goolishian, H. A. & Anderson, H. (1997). Menschliche Systeme. Vor welche Probleme sie uns stellen und wie wir mit ihnen arbeiten. In L. Reiter, E. J. Brunner & S. Reiter-Theil (Hrsg.), *Von der Familientherapie zur systemischen Perspektive* (2. Aufl., S. 253–287). Berlin: Springer.

Helmchen, H. (1995). Ziele, Beratungsgegenstände und Verfahrensweisen medizinischer Ethikkommissionen. *Ethik in der Medizin, 7*, 58–70.

Helmchen, H. & Lauter, H. (1995). *Dürfen Ärzte mit Demenzkranken forschen?* Stuttgart: Thieme.

Höffe, O. (1993). *Moral als Preis der Moderne. Ein Versuch über Wissenschaft, Technik und Umwelt*. Frankfurt a. M.: Suhrkamp.

Höger, C., Reiter-Theil, S. &.Reiter, L. (1997). Fallbezogene ethische Reflexion. Ein Prozeßmodell zur Ethik–Konsultation in der Kinderpsychiatrie und Psychotherapie. *System Familie, 10*, 174–179

Kahlke, W. & Reiter-Theil, S. (Hrsg.). (1995). *Ethik in der Medizin*. Stuttgart: Enke.

Keupp, H. (Hrsg.). (1972). *Der Krankheitsmythos in der Psychopathologie*. München: Urban und Schwarzenberg.

Kierein, M., Pritz, A. & Sonneck, G. (1991). *Psychologen-Gesetz, Psychotherapie-Gesetz: Kurzkommentar*. Wien: Orac.

Koch, H. G., Reiter-Theil, S. & Helmchen, H. (Eds.). (1996). *Informed Consent in Psychiatry. European Perspectives of Ethics, Law, and Clinical Practice*. Baden-Baden: Nomos.

Kottje-Birnbacher, L. & Birnbacher, D. (1995). Ethische Aspekte der Psychotherapie und Konsequenzen für die Therapeutenausbildung. *Psychotherapeut, 40*, 59–68.

Kruse, L. & Kumpf, M. (Hrsg.). (1981). *Psychologische Grundlagenforschung: Ethik und Recht*. Bern: Huber.

Krüll, M. (1991). Psychotherapie und Ethik – in systemisch-konstruktivistischer Sichtweise. *Ethik und Sozialwissenschaften, 2*, 431–439.

Ludewig, K. (1988). Nutzen, Schönheit, Respekt – Drei Grundkategorien für die Evaluation von Therapien. *System Familie, 1*, 103–114.

McCullough, L. B. & Ashton, C. M. (1994). A Methodology for Teaching Ethics in the Clinical Setting: A Clinical Handbook for Medical Ethics. *Theoretical Medicine, 15*, 39–52.

Milgram, S. (1974). *Obedience to authority*. New York: Harper.

Pellegrino, E. D. & Thomasma, D. C. (1993). *The Virtues in Medical Practice*. Oxford: Oxford University Press.

Pieper, A. (1979). *Pragmatische und ethische Normenbegründung: Zum Defizit an ethischer Letztbegründung in zeitgenössischen Beiträgen zur Moralphilosophie*. Freiburg i. Br., München: Alber.

Pope, K. S. & Vetter, V. A. (1992). Ethical Dilemmas Encountered by Members of the American Psychological Association. National Survey. *American Psychologist, 47, 3*, 397–411.

Reich, W. T. (1995). *Declaration of Helsinki, World Medical Association 1964* (revised 1975, 1983, 1989). In Encyclopedia of Bioethics (Vol. 5, rev. ed., pp. 2765–2767). London: Simon & Schuster and Prentice Hall International.

Reimer, C. (1991). Ethik der Psychotherapie. In W. Pöldinger & W. Wagner, (Hrsg.), *Ethik in der Psychiatrie* (S. 127–147). Berlin: Springer.

Reiter, L. (1975). Werte, Ziele und Entscheidungen in der Psychotherapie. In H. Strotzka, (Hrsg.), *Psychotherapie: Grundlagen, Verfahren, Indikationen*. (S. 87–112). München: Urban & Schwarzenberg.

Reiter, L. (1976). Systematische Überlegungen zum Zielbegriff in der Psychotherapie. *Praxis Psychotherapie, 21*, 205–218.

Reiter, L. & Steiner, E. (1976). Allgemeine Wert- und Zielvorstellungen von Psychotherapeuten und Beratern. *Praxis der Psychotherapie, 21*, 80–90.

Reiter, L. & Steiner, E. (1996). Psychotherapie und Wissenschaft. Beobachtungen einer Profession. In A. Pritz (Hrsg.), *Psychotherapie – eine neue Wissenschaft vom Menschen*. (S. 159–203). Wien: Springer.

Reiter-Theil, S. (1988). *Autonomie und Gerechtigkeit. Das Beispiel der Familientherapie für eine therapeutische Ethik*. Berlin: Springer.

Reiter-Theil, S. (1991). Widersprüche einer relativistischen «Ethik» der Therapie auf konstruktivistischer Basis. *Ethik und Sozialwissenschaften, 2,* 480–482.

Reiter-Theil, S. (1991). Ethik der Verhaltens- und Familientherapie. Warum – Woher – Wofür? In W. Pöldinger & W. Wagner (Hrsg.), *Ethik in der Psychiatrie.* Berlin: Springer.

Reiter-Theil, S. (1992). The Ethics of Convulsive Therapy. *Convulsive Therapy, 8,* 237–244

Reiter-Theil, S. (1993). Wertfreiheit, Abstinenz und Neutralität? Normative Aspekte in Psychoanalyse und Familientherapie. In L.H. Eckensberger & U. Gähde (Hrsg.), *Ethische Norm und empirische Hypothese* (S. 302–327). Frankfurt/M.: Suhrkamp.

Reiter-Theil, S. (1994). Praktische Fälle und ethische Prinzipien. Ethik-Blockseminare in der Weiterbildung zur Familientherapie sowie Psychotherapie/Psychosomatik. *Ethik in der Medizin, 6,* 71–76.

Reiter-Theil, S. (1995). Von der Ethik in der Psychotherapie zur patientenorientierten Medizinethik. Das Modell Patientenforum Medizinische Ethik. *psychosozial, 18* (IV), 25–33.

Reiter-Theil, S. (1996). Ethische Probleme in der Klinischen Psychologie. In A. Ehlers & K. Hahlweg (Hrsg.), *Grundlagen der Klinischen Psychologie* (S. 937–955). Göttingen: Hogrefe.

Reiter-Theil, S. (1997a). Antworten auf Wandel: Das Problem des Paradigmenwechsels in der Medizinethik. Überlegungen aus deutscher Sicht. In U. Tröhler & S. Reiter-Theil (Hrsg.), *Ethik und Medizin 1947–1997. Was leistet die Kodifizierung von Ethik?* (S. 343–359). Göttingen: Wallstein

Reiter-Theil, S. (1997b). Therapie und Ethik in systemischer Perspektive. In L. Reiter, E.J. Brunner & S. Reiter-Theil (Hrsg.), *Von der Familientherapie zur systemischen Perspektive* (S. 41–65). Berlin: Springer.

Reiter-Theil, S. (1998). Kompetenz durch Ethik-Konsultation: ein Modell – dargestellt am Problem der Sterilisation einer geistig behinderten Frau. *Systeme, 12,* 2–15

Reiter-Theil, S. (1998). Vom Expertendiskurs zum Patientenforum Medizinische Ethik. *Deutsche Medizinische Wochenschrift (im Druck)*

Reiter-Theil, S., Eich, H. & Reiter, L. (1991). Informed Consent in Familiy Therapy: Necessary Discourse and Practice. *Changes,* June, 81–90.

Reiter-Theil, S., Eich, H. & Reiter, L. (1993). Der ethische Status des Kindes in der Familien- und Kinderpsychotherapie. *Praxis der Kinderpsychologie und Kinderpsychiatrie, 42,* 14–20.

Reiter-Theil, S. & Hiddemann, W. (1996). Problemwahrnehmung, Perspektivenwechsel, Mitverantwortung. Der Beitrag von Patienten zur Ethik in der Medizin. *Niedersächsisches Ärzteblatt 6,* 2–4.

Schuler, H. (1982). *Ethische Probleme psychologischer Forschung.* Göttingen: Hogrefe.

ten Have, H. (1994). The Hyperreality of Clinical Ethics: A Unitary Theory and Hermeneutics. *Theoretical Medicine, 15,* 113–131.

Thomasma, D.C. (1994). Clinical Ethics as Medical Hermeneutics. *Theoretical Medicine, 15,* 93–111.

Tomlinson, T. (1994). Casuistry in Medical Ethics: Rehabilitated, or Repeat Offender? *Theoretical Medicine, 15,* 5–20.

Tröhler, U. & S. Reiter-Theil (Hrsg.). (1997). *Ethik und Medizin 1947–1997. Was leistet die Kodifizierung von Ethik?* Göttingen: Wallstein.

Wagner, W. (Hrsg.). (1993). *Arzneimittel und Verantwortung. Grundlagen und Methoden der Pharmaethik.* Berlin: Springer.

A. Störungsübergreifender Teil

Teil II
Klassifikation, Diagnostik: Allgemeine Grundlagen

6. Klassifikation

Urs Baumann und Rolf-Dieter Stieglitz

Inhaltsverzeichnis

1. Methodische Bemerkungen

Klassifikationen sind Bemühungen, die Vielfalt an Einzelerscheinungen in *übergeordne*te Einheiten zu ordnen. Klassifikationsversuche findet man in allen Wissenschaften. Sie sind Grundprinzipien der Wissenschaften, da damit Gesetzmäßigkeiten herausgearbeitet werden. Neben der Suche nach übergeordneten Einheiten versteht man unter Klassifikation auch den Vorgang der *Zuordnung* eines Elementes, dessen Klassenzugehörigkeit man nicht kennt, zu vorgegebenen Klassen; letzteres wird hier nicht weiter vertieft. Die wissenschaftstheoretischen Gesichtspunkte zur Klassifikation finden sich in Kapitel 3.

In der Persönlichkeitspsychologie dominierte lange Zeit die Klassifikation von Merkmalen mittels der Faktorenanalyse (R-Technik; vgl. Kline, 1994); das Ergebnis dieser Klassifikationsversuche sind dimensionale Eigenschaftssysteme (z.B. Cattell, Eysenck). Von geringerer Bedeutung waren Bestrebungen um Personen-Klassifikationen (Q'-, Q-

Technik); noch weniger finden sich Ergebnisse zur O-Technik, die Situationstypologien generiert. Die verschiedenen Klassifikationsmöglichkeiten sind im Kovariationsschema von Cattell (Amelang & Bartussek, 1997) diskutiert worden.

In der Klinischen Psychologie und Psychiatrie haben wir Merkmals- und Personenklassifikationen. Bei der Merkmalsklassifikation stehen Bemühungen im Vordergrund, auf der Basis von Symptom- oder Merkmalskonfigurationen höhere Einheiten in Form von Syndromen zu definieren. Personen werden durch Syndromprofile (vergleichbar den Eigenschafts-Profilen) beschrieben. Die meisten Untersuchungsverfahren stellen implizit Systeme der Merkmalsklassifikation dar (z.B. Freiburger Persönlichkeits Inventar FPI). Neben den Merkmalsklassifikationen sind im medizinischen Sektor Personenklassifikationen in Form von Diagnosen besonders wichtig. Die Elemente der Diagnosen-Systeme sind in der Regel nicht durch notwendige und hinreichende Zugehörigkeitsbedingungen – wie bei Klassen (z.B. Klasse der Nationalitäten) – definiert; vielmehr sind sie durch hinreichende Bedingungen charakterisiert und stellen damit Typen dar. Typen sind geometrische Schwerpunkte in einem Merkmalsraum, wobei zwischen den einzelnen Typen keine exakten Grenzen vorhanden sind. Die Zugehörigkeit zu einem Typus kann durch unterschiedliche Datenkonfigurationen (Merkmalszusammenstellungen) gewährleistet sein, was den Typus von der Klasse unterscheidet.

Zur *Beurteilung* klinischer Klassifikationssysteme sind die in **Tabelle 1** dargestellten formalen und inhaltlichen Gesichtspunkte wichtig.

Auf Grund der Komplexität der Beurteilungsaspekte ist die Frage, welches Klassifikationssystem *generell* am besten sei, nicht zu beantworten (vgl. auch Problem der Theorienbeurteilung). Unterschiede zeigen sich jedoch bezüglich der Angemessenheit hinsichtlich einzelner Beurteilungskriterien (z.B. formale Genauigkeit, Nutzen).

2. Klassifikationssysteme für Personen mit psychischen Störungen

2.1 Allgemeine Gesichtspunkte

Im klinischen Sektor gibt es eine Vielzahl an Klassifikationssystemen, sei es für den gesamten Bereich der psychischen Störungen, sei es für Teilbereiche. So führen Berner et al. (1983) 15 verschiedene Klassifikationssysteme für Schizophrene Psychosen an (z.B. St. Louis-Kriterien, RDC-Kriterien, ICD-9). Dies hat zur Forderung nach einem *polydiagnostischen* Ansatz geführt, bei dem simultan die wichtigsten Systeme berücksichtigt werden (Berner et al., 1983; Philipp, 1994). Die Vielzahl an Klassifikationssystemen hat aber in neuerer Zeit an Bedeutung verloren, da die Klassifikation psychischer Störungen international von zwei Systemen dominiert wird: ICD (International Classification of Diseases), DSM (Diagnostic and Statistical Manual of Mental Disorders).

In Teil B dieses Buches werden zu verschiedenen Teilbereichen – zu Funktionen, Funktionsmustern (Syndromen/psychischen Störungen), interpersonellen Systemen – Klassifikationen vorgestellt. In diesem Kapitel sollen die beiden wichtigsten Systeme zur Personenklassifikation – ICD und DSM – überblicksweise dargestellt werden; in Teil B dieses Buches werden in den verschiedenen Kapiteln auf diese Systeme Bezug genommen und Details angeführt. In den entsprechenden Kapiteln erfolgt die Quellenangabe zu ICD-10 und DSM-IV nur bei Vorliegen von Zitaten.

In der Diskussion um die neueren Personenklassifikationssysteme finden sich einige zentrale Begriffe, die für ICD und DSM relevant sind und daher hier abgehandelt werden (Stieglitz & Freyberger, 1996):

• *Komorbidität:* Auftreten verschiedener psychischer Störungen bei einer Person. In der Regel handelt es sich um ein gleichzeitiges Auftreten; zum Teil wird aber auch das Auftreten bei einer Person innerhalb eines bestimmten Zeitraumes verstanden. Liegen neben psychischen Störungen auch somatische Erkrankungen vor, so spricht man von *Multimorbidität*. Aussagen zur Komorbidität sind von Bedeutung für die Therapie, aber auch für Hypothesen bezüglich Ätiologie/Bedingungsanalyse (bei Komorbidität der Störungen S1 und S2 kann dies ein Hinweis auf gemeinsame Ursache sein; es sind aber auch andere Bedingungsmodelle möglich: z.B. kann S1 zu S2 führen; vgl. auch Frances, Widiger & Fyer, 1990).

• *Multiaxialität.* Darunter versteht man die Beschreibung einer Person mittels mehren Achsen, wobei jede Achse durch spezifische Inhalte charakterisiert ist. Während bei den mehrdimensionalen – faktorenanalytisch gewonnenen – Persönlichkeitsmodellen (z.B. Eysenck) die einzelnen Dimensionen ein inhaltlich geschlossenes System darstellen, beinhalten die multiaxialen Systeme meist eine Sammlung unterschiedlicher Aspekte, die teilweise additiv und theoretisch nicht begründet zusammengefügt worden sind (s. nächste Abschnitte). Positiv ist anzumerken, daß die multiaxiale Betrachtungsweise eine differenziertere Personen-Beschreibung als eindimensionale Betrach-

Tabelle 1: Beurteilungskriterien für Klassifikationssysteme

- *Ziel der Klassifikation:* Kommunikationsmittel; Forschungsinstrument; Therapie-Einheiten (zum Beispiel Diagnose X1 ist mit Therapieform T1, Diagnose X2 mit T2 zu behandeln); Basis für Statistik im Gesundheitswesen etc.
- *Geltungsbereich:* zum Beispiel alle Störungen/Krankheiten wie in ICD-10; nur psychische Störungen wie in DSM-IV; gesamte Persönlichkeit (z.B. big-five); Teilbereiche (zum Beispiel Aspekte der Kontrollüberzeugung).
- *Klassifikationslogik:* Typen; Klassen; Dimensionen.
- *Klasseneigenschaften:* Zuordnung zu einer oder mehreren Einheiten möglich, das heißt, eine Person kann nur *einer* oder mehreren Einheiten angehören (vgl. Konzept der Komorbidität; s. Text).
- *Klassifikationseinheiten:* Personen (zum Beispiel Diagnosen); Merkmale (zum Beispiel Eigenschaften, Syndrome); Situationen usw.
- *Klassifikationsbasis* (welche Aspekte werden zur Klassifikation herangezogen): Auswahl der Datenebenen (s. Kap. 7/Diagnostik): biologisch/somatische, psychische, soziale, ökologische Ebene. Nutzung *einer* oder mehrerer Ebenen. Bezüglich einzelner Datenebenen kann man wiederum Unterteilungen vornehmen; zum Beispiel bei der psychischen Datenebene: Erleben, Verhalten (inkl. Leistung).
  Bei Diagnosensystemen werden vielfach folgende Aspekte unterschieden: Symptomatik; Schweregrad der Störung; Ätiologie (zum Beispiel ICD-10: F0 organisch, einschließlich symptomatischer psychischer Störungen); Verlauf (zum Beispiel Unterscheidung zwischen bipolarer affektiver Störung und depressiver Episode in ICD-10); Therapie. Die Klassifikation stellt dann eine *Nosologie* dar, wenn die Krankheitseinheiten gleichzeitig Aussagen zum klinischen Bild, zu Verlauf, Pathogenese, Ätiologie und Therapieresponse beinhalten.

- *Datenquelle für Klassifikationssystem:* Selbstbeobachtung; Fremdbeobachtung; apparative Verfahren (s. Kap. 7/Diagnostik). Nutzung *einer* oder mehrerer Datenquellen.
- *Gewinnung der Einheiten:* Klinisch-kombinatorisch (das heißt System resultiert aus dem Gesamt der Forschung und Praxis; stellt letztlich jedoch das Ergebnis von Konventionen durch Expertengremien dar); theoretisch (d.h. Einheiten resultieren aus einer Theorie; zum Beispiel psychoanalytische Neurosenlehre); algorithmisch (das heißt Einheiten stellen das Ergebnis von mathematisch-statistischen Verfahren dar, zum Beispiel Faktorenanalyse, Clusteranalyse).
- *Definition der Einheiten:* keine; textliche Umschreibung der Einheiten (meist Glossar oder Manual genannt); Kriterienkatalog mit Verknüpfungsregeln der Kriterien (operationale Diagnostik; s. Text).
- *Zuordnungsregeln für nicht klassifizierte Objekte zu Klassifikationseinheiten:* keine; implizite Regeln bei Glossar (Umschreibung gibt indirekt Zuordnungsregeln an); explizite Regeln (aufgrund von ausformulierten Zugehörigkeitsbedingungen); mathematisch-statistische Algorithmen (vgl. Computerdiagnostik mittels Ähnlichkeitskoeffizienten, Wahrscheinlichkeitsangaben etc.).
- *Formale Genauigkeit:* Reliabilität, im speziellen unter Interraterreliabilität (Beurteiler-Übereinstimmung; Objektivität; s. Text) abgehandelt.
- *Kriterien der Theorienbeurteilung:* Präzision; logische Konsistenz; Nutzen etc. Klassifikationssysteme stellen Konstruktsysteme dar und unterstehen daher den Kriterien der Theorienbildung. Obwohl Diagnosensysteme nicht wie Tests validiert werden können, spricht man dennoch teilweise von der Validierung bzw. Validität von Diagnosen (vgl. Robins & Barrett, 1989).

tung zuläßt; dies trifft dann zu, wenn Person X z.B. nur durch *eine* Diagnose im klassischen Sinne beschrieben wird.

- *Operationale Diagnostik.* Eine Diagnose wird durch einen Kriterienkatalog (Ein- und Ausschlußkriterien) mit Verknüpfungsregeln für die Kriterien definiert. Die einzelnen Kriterien haben vielfach folgende Struktur (Bsp. für Regeln: s. die einzelnen Kapitel zur Klassifikation und Diagnostik von Störungen bei Funktionsmustern):
  – Symptom/e muß/müssen vorhanden sein,
  – Symptom/e dürfen nicht vorhanden sein,
  – von den Symptomen müssen mindestens x vorhanden sein.

Die Regeln beinhalten meist Symptome; zusätzlich kommen vielfach Zeit- (z.B. länger als 1 Monat vorhanden) und zum Teil Verlaufskriterien (z.B. kontinuierlicher Verlauf) hinzu.

Die operationale Diagnostik führt – wie Studien zeigen – zu einer verbesserten Interrater-Reliabilität. Bezüglich der operationalen Diagnostik ist aber zu sagen, daß die angegebenen Kriterien (Art der Symptome, Häufigkeiten, Zeitaspekte etc.) letztlich Konventionen darstellen, die nicht zwingend homogene und inhaltlich sinnvolle Gruppen gewährleisten (Reliabilität gewährleistet nicht Validität). Ein weiteres Problem entsteht dadurch, daß die Vielzahl von Symptomkriterien (in ICD-10 wie DSM-IV mehrere hundert Symptomkriterien) meist nicht definiert sind, was einen relativ großen Interpretationsspielraum läßt.

- *Fehlerquellen im diagnostischen Prozeß:* Diagnosen werden im Rahmen eines diagnostischen

Prozesses erstellt, der durch verschiedene Faktoren beeinflußt werden kann (Stieglitz & Freyberger, 1996). Diese Faktoren fließen in der Regel als Fehlervarianz bei der Überprüfung von Diagnosensystemen ein, indem das Maß an Übereinstimmung der BeurteilerInnen (Inter-rater-Reliabilität, Objektivität) reduziert wird:

(1) *PatientInnen- oder Subjektvarianz* (Langzeitperspektive): zu zwei unterschiedlichen Zeitpunkten können PatientInnen sich in verschiedenen Krankheitszuständen befinden (z.B. Übergang von einer manischen in eine depressive Episode bei einer bipolaren affektiven Störung). Mangelnde Übereinstimmung bei der Diagnose ist daher nicht dem Diagnosensystem anzulasten.

(2) *Situationsvarianz* (kurzzeitige PatientInnenvarianz): PatientInnen können zu zwei Zeitpunkten unterschiedliche Störungsausprägungen haben (z.B. auch aufgrund der Behandlung), was sich ebenso auf die Reliabilität der Diagnose auswirken kann.

(3) *Informationsvarianz:* aufgrund unterschiedlicher Information über die kranke Person können verschiedene UntersucherInnen zu unterschiedlichen Diagnosen kommen. Vielfach liegen z.B. im Falle von Mehrfachhospitalisierungen bei späteren Hospitalisierungen mehr Informationen als bei früheren Einweisungen vor. Informationsvarianz entsteht auch dadurch, daß sich die einzelnen UntersucherInnen in ihrer Exploration unterscheiden, wodurch die diagnostischen Entscheidungen auf ungleichen Datenbasen beruhen (vgl. auch Begriff der Durchführungsobjektivität bei Tests: Ausmaß, inwiefern zwei UntersucherInnen bei der Testdurchführung identische Information gewinnen).

(4) *Beobachtungsvarianz:* verschiedene UntersucherInnen werten die erhobene Information unterschiedlich aus, d.h. sie geben den erhobenen Informationen unterschiedliches Gewicht (vorhandenes Verhalten wird z.B. bezüglich des Schweregrades der Symptomatik ungleich bewertet; vgl. Auswertungsobjektivität bei Tests).

(5) *Kriterienvarianz:* verschiedene UntersucherInnen kommen aufgrund des ausgewerteten Materials zu unterschiedlichen Diagnosen, d.h. verwenden jeweils ungleiche Kriterien, um zu diagnostischen Entscheidungen zu gelangen. Kriterienvarianz kann aber auch durch nicht präzise definierte Diagnosen zustande kommen (vgl. Interpretationsobjektivität bei Tests).

Während es sich bei der PatientInnen- und Situationsvarianz um wahre Varianzquellen handelt, die nicht zu Lasten der UrteilerInnen oder Diagnosensystems gehen, sind die anderen drei Quellen (3) bis (5) als Fehlervarianz im engeren Sinne anzusehen. Entwicklungen innerhalb der psychiatrischen Diagnostik in den vergangenen Jahrzehnten zielten daher darauf ab, diese zu reduzieren. Die Kriterienvarianz ist durch die Einführung und weitgehende Akzeptanz der operationalen Klassifikationssysteme ICD-10 und DSM-IV massiv reduziert worden. Informations- und Beobachtungsvarianz können durch die Anwendung von Interviewverfahren reduziert werden (s. Abschnitt 2.6).

2.2 ICD – Klassifikationssystem der Weltgesundheitsorganisation WHO

Von der Weltgesundheitsorganisation WHO wird ein Klassifikationssystem für den gesamten Bereich der Krankheiten, also auch für somatische, herausgegeben, das *ICD – International Classification of Diseases* – genannt wird. Die Ziffer weist auf die zugrundeliegende Revision hin; die Revisionen erfolgten bisher im Abstand von ca. 10 bis 15 Jahren. Seit kurzem ist ICD-10, d.h. die 10. Revision gültig (Dilling, Mombour & Schmidt, 1993). Da vor allem in der Literatur, zum Teil aber auch in Statistiken die bisherige Version ICD-9 (Degkwitz, Helmchen, Kockott & Mombour, 1980) verwendet wird, soll im folgenden auch die Version ICD-9 bezüglich des Teiles V (psychiatrische Krankheiten) kursorisch vorgestellt werden; im Lehrbuch selbst wird aber vor allem auf ICD-10 Bezug genommen.

In *ICD-9* sind die psychischen Störungen in vier Teilbereiche unterteilt: (1) Organische Psychosen; (2) andere Psychosen; (3) Neurosen, Persönlichkeitsstörungen (Psychopathien) und andere nichtpsychotische Störungen; (4) Oligophrenien. Jeder Teilbereich ist in

Hauptkategorien unterteilt, die durch drei Ziffern (290–319) gekennzeichnet werden (z.B. 295 Schizophrene Psychosen, 300 Neurosen). Die Verwendung der vierten Ziffer erlaubt die Kennzeichnung von Unterkategorien (z.B. 300.2 Phobie; 300.3 Zwangsneurose). ICD-9 (Teil V) enthält nicht nur einen Diagnosenschlüssel (Liste der vierstelligen Ziffern mit Krankheitsname); zusätzlich wurde ein Glossar herausgegeben, in dem die drei- und vierstelligen Klassifikationseinheiten umschrieben sind. In Anlehnung an ICD-9 wurde von der American Psychiatric Association eine modifizierte Form für die USA eingeführt, die ICD-9-CM («clinical modification») genannt wird; im Gegensatz zu ICD-9 enthält ICD-9-CM noch eine fünfte Klassifikationseinheit (z.B. 300.21 Panikstörung mit Agoraphobie). Die ICD-Klassifikation in Form von ICD-9-CM wird bei DSM-IV zu Vergleichszwecken angegeben; es ist zu erwarten, daß in den USA demnächst ICD-9-CM durch ICD-10 abgelöst wird. Daher werden in der deutschsprachigen Version von DSM-IV neben ICD-9-CM auch ICD-10 Codes angegeben (Bsp. Panikstörung mit Agoraphobie 300.21; F40.01).

Mit *ICD-10* ist eine umfassende Revision verbunden worden, indem das ICD-System bezüglich der psychischen Störungen in verschiedenen Punkten an das DSM-System angenähert wurde (auf Unterschiede wird weiter unten eingegangen). ICD-10 als Gesamtsystem aller Krankheiten umfaßt 21 Kapitel (I–XXI), wobei Kapitel V die psychischen Störungen enthält. Zusätzlich haben wir eine Untergliederung aller Krankheiten in die Bereiche A–Z, wobei zum Teil den jeweiligen Kapiteln mehr als ein Bereich zugeordnet wird. Kapitel V umfaßt nur den Bereich F; so daß die psychischen Störungen im Kapitel V (F) angeführt sind. Dies kommt auch im Titel des deutschsprachigen Manuals zum Ausdruck: «Internationale Klassifikation psychischer Störungen. ICD-10 Kapitel V (F)».

Gemäß den in **Tabelle 1** angeführten Kriterien kann ICD-10 – unter besonderer Berücksichtigung von Teil V (F) – wie folgt zusammenfassend beschrieben werden:

– *Ziel der Klassifikation:* Gesundheitsstatistik, Forschung, Kommunikation, Therapieeinheiten etc.

– *Geltungsbereich:* alle Krankheiten (nicht nur psychische Störungen).
– *Klassenlogik:* Typen (Diagnosen).
– *Klasseneigenschaften:* Komorbidität zugelassen.
– *Klassifikationseinheiten:* Personen.
– *Klassifikationsbasis:* uneinheitlich (Ätiologie, Verlauf, Syndromatik, Schweregrad etc.); atheoretisch, deskriptiv.
– *Datenquellen:* Nutzung aller Datenquellen.
– *Vorgehen bei Gewinnung der Einheiten:* klinisch-kombinatorisch, basierend auf Konventionen in Abstimmung mit den Mitgliedsländern der WHO
– *Definition der Einheiten* (hier: psychische Störungen): Glossar und Kriterienkataloge.
– *Zuordnungsregeln* (hier: psychische Störungen): zum Teil implizite, zum Teil explizite Regeln.
– *Formale Genauigkeit* (hier: psychische Störungen): mehrfach in Studien international überprüft (vgl. z.B. Freyberger, Stieglitz & Dilling, 1996).

Im Teil V (F) werden die psychischen Störungen in 10 Hauptgruppen (F0–9; Überblick s. **Tab. 2**) unterteilt, wobei jede psychische Störung – neben dem Buchstaben F – mit vier Ziffern (vereinzelt fünf) verschlüsselt werden, so daß man – inkl. dem Buchstaben F – von fünf-, bzw. sechsstelliger Klassifikation spricht: *Fab.cd, Fab.cde*. Der Punkt wird dabei nicht mitgezählt, da er nur der besseren Lesbarkeit dient. Für internationale Statistiken werden in der Regel dreistellige Klassifikationen *Fab* verwendet. Die einzelnen Positionen haben die gem. **Tabelle 3** dargestellte Bedeutung.

Will man zum Ausdruck bringen, daß bei einer somatisch klassifizierten Krankheit psychische Komponenten beteiligt sind, so ist neben der somatischen Kodierung zusätzlich die Kategorie F54 (psychologische Faktoren und Verhaltensfaktoren bei andernorts klassifizierten Krankheiten) zu verwenden.

ICD-10 V (F) ist in verschiedenen Versionen, die sich an unterschiedliche Zielgruppen richten, erschienen, wobei die Codierung in allen Versionen gleich ist:

• *Klinisch-diagnostische Leitlinien* (Dilling et al., 1993): konzipiert für die klinische Praxis.

Jede Störungseinheit ist mit den jeweiligen Codes und dem Text (Glossar) detailliert beschrieben. Für die einzelnen Einheiten finden sich zusätzlich Kriterienkataloge mit unterschiedlicher Präzisierung (operationale Diagnostik: s. unten)

• *Forschungskriterien* (Dilling, Mombour, Schmidt & Schulte-Markwort, 1994): Um für die Forschung homogene PatientInnenstichproben zu erreichen, ist jede Störungseinheit mit einem Kriterienkatalog beschrieben. Die Version «Forschungskriterien» enthält präzisere Kriterien als die Version «klinisch-diagnostische Leitlinien». Daher sind – um eine möglichst hohe Interrater-Reliablität zu erreichen – vor allem für Forschungsprojekte die Forschungskriterien zu verwenden. Diese Version entspricht am ehesten DSM-IV hinsichtlich des Präzisionsgrades der Definition von Störungsgruppen.

• *Leitfaden zur Diagnostik und Therapie in der Primärversorgung nach dem Kapitel V (F) der ICD* (Müßigbrodt, Kleinschmidt, Schürmann, Freyberger & Dilling, 1996). Diese Fassung ist für NutzerInnen außerhalb der Psychiatrie gedacht (Primärversorgung). Sie enthält neben den diagnostischen Kriterien (in verkürzter Form) auch Hinweise zur Therapie.

Ergänzend kommen diverse weitere Begleitmaterialien hinzu, die unterschiedlichen offiziellen Charakter haben:

– Computer-Tutorial (Malchow, Kanitz & Dilling, 1995);
– Fallbuch (Freyberger & Dilling, 1995);
– ICD-10-Merkmalsliste (Dittmann, Freyberger, Stieglitz & Zaudig, 1990);
– Lexikon psychopathologischer Grundbegriffe (Freyberger, Siebel, Mombour & Dilling, 1998);

Tabelle 2: Hauptkategorien ICD-10 (klinisch-diagnostische Leitlinien; Dilling et al., 1993) und DSM-IV (American Psychiatric Association, 1996)

	ICD-10	**DSM-IV**
F0	Organische, einschließlich symptomatischer psychischer Störungen	Delir, Demenz, amnestische und andere kognitive Störungen
F1	Psychische und Verhaltensstörungen durch psychotrope Substanzen	Störungen im Zusammenhang mit psychotropen Substanzen
F2	Schizophrenie, schizotype und wahnhafte Störungen	Schizophrenie und andere psychotische Störungen
F3	Affektive Störungen	Affektive Störungen
F4	Neurotische-, Belastungs- und somatoforme Störungen	Angststörungen; Somatoforme Störungen; Dissoziative Störungen; Anpassungsstörungen
F5	Verhaltensauffälligkeiten mit körperlichen Störungen und Faktoren[1]	Eßstörungen; Schlafstörungen; Sexuelle und Geschlechtsidentitätsstörungen (auch F6)
F6	Persönlichkeits- und Verhaltensstörungen	Persönlichkeitsstörungen; vorgetäuschte Störungen; Störungen der Impulskontrolle, nicht andernorts klassifiziert
F7	Intelligenzminderung	
F8	Entwicklungsstörungen	Störungen, die gewöhnlich zuerst im Kleinkindalter, in der Kindheit oder der Adoleszenz diagnostiziert werden
F9	Verhaltens- und emotionale Störungen mit Beginn in der Kindheit und Jugend	
		Psychische Störungen aufgrund eines medizinischen Krankheitsfalles
		Andere klinisch relevante Probleme (auch F5)

[1] Formulierung gem. ICD-10 Forschungskriterien (Dilling et al., 1994): Verhaltensauffälligkeiten in Verbindung mit körperlichen Störungen und Faktoren.

Tabelle 3: ICD-10 Klassifikation Fab.cde

Code	Klassifikationsebene	Bedeutung	Beispiel
F	einstellig	Hinweis auf psychische Störung	
Fa	zweistellig: Hauptkategorie	umfaßt verschiedene, als zusammengehörig betrachtete Störungen	F4: Neurotische-, Belastungs- und somatoforme Störungen
Fab	dreistellig: Kategorie	einzelne Störungseinheiten	F40 Phobische Störungen F14 Psych. und Verhaltensstörungen durch Kokain
Fab.c	vierstellig: Subkategorie	Spezifikation u.a. aufgrund inhaltlicher Gestaltung (z.B. Art der Phobie) oder Schweregrad	F40.0 Agoraphobie F32.0 leichte depressive Episode F14.2 Abhängigkeitssyndrom von Kokain
Fab.cd	fünfstellig: Zusatzspezifikationen	Spezifikation u.a. aufgrund von Verlauf, somatischer Syndromatik, inhaltlicher Gestaltung	F40.00 Agoraphobie ohne Panikstörung F40.01 ... mit Panikstörung F14.24 Abhängigkeitssyndrom von Kokain, bei gegenwärtigem Substanzgebrauch
Fab.cde	sechsstellig: Zusatzspezifikation	wird nur bei einigen Störungsgruppen (zum Beispiel Abhängigkeitssyndrom, bipolare affektive Störungen) zur Zusatzspezifizierung verwendet	F14.241 Abhängigkeitssyndrom von Kokain, bei gegenwärtigem Substanzgebrauch, mit körperlichen Symptomen

- Transformationsregeln ICD-10 zu anderen Systemen (insbesondere ICD-9, DSM-III-R; Freyberger, Schulte-Markwort & Dilling, 1993 a,b);
- Kurzfassung (DIMDI, 1994a, b).

Vorgesehen ist in Anlehnung an DSM-IV ein *multiaxiales* Konzept (Siebel et al., 1997), das folgende Achsen enthalten soll:

- *Achse I:* psychische Störungen (inkl. Persönlichkeitsstörungen) und somatischen Störungen/Erkrankungen.
- *Achse II:* soziale Funktionseinschränkungen (Globaleinschätzung und Subskalen wie z.B. familiäre oder berufliche Funktionsfähigkeit).
- *Achse III:* Umgebungs- und situationsabhängige Einflüsse/Probleme der Lebensführung und Lebensbewältigung (z.B. Probleme in Verbindung mit Erziehung und Bildung, Berufstätigkeit und Arbeitslosigkeit).

Gegenüber ICD-9 unterscheidet sich ICD-10 in diversen Punkten (s. Dilling, Schulte-Markwort & Freyberger, 1994); besonders sind zu erwähnen:

- Verwendung einer operationalen Diagnostik. Dieses Konzept findet sich bereits seit längerem im DSM-System, wurde nun auch im ICD-10-System aufgenommen.
- Vergrößerung der Kategorienzahl.
- Verwendung des Begriffes «Störung» anstelle von «Krankheit».
- Versuch der Zusammenfassung von Störungen mit ähnlichem Erscheinungsbild (z.B. affektive Störungen enthalten die sog. endogenen und neurotischen Depressionen).
- Verzicht auf den Begriff Neurose als Klassifikationseinheit (der Begriff «neurotisch» wird aber vereinzelt weiter deskriptiv verwendet).
- Bereitstellung von Untersuchungsverfahren (s. Abschnitt 2.6).

Neben dem ICD-Ansatz finden wir weitere Klassifikationssysteme, die sich an ICD orientieren, aber auch andere Aspekte umfassen. Zu nennen ist der Ansatz für Kinder und Jugendliche, der weiter unten abgehandelt wird. Ein weiteres Beispiel stellt die vom Arbeitskreis OPD (1996) herausgegebene operationale psychodynamische Diagnostik (OPD), die tiefenpsychologisch orientiert ist. Auf Achse 5 finden wir die ICD-Diagnosen, während die Achsen I–IV die Bereiche Krankheitserleben und Behandlungsvoraussetzungen, Beziehung, Konflikt, Struktur enthalten.

2.3 ICIDH – Klassifikationssystem der WHO für Schädigungen, Fähigkeitsstörungen und Beeinträchtigungen

Eine wichtige Ergänzung für ICD-10 bildet das von der WHO herausgegebene System *ICIDH International Classification of Impairments, Disabilities, and Handicaps (Internationale Klassifikation der Schädigungen, Fähigkeitsstörungen und Beeinträchtigungen;* Matthesius, Jochheim, Barolin & Hein, 1995). Es handelt sich um ein internationales Klassifikationssystem der WHO, das aufgrund der Focussierung auf die Folgeerscheinungen von Krankheiten vor allem für rehabilitative Bemühungen konzipiert wurde. Es werden Schädigungen (z.B. Intellektuelle-, Sprach-, Ohr-, Skelettschädigungen), 9 Funktionsstörungen (z.B. Verhalten, Kommunikation, Geschicklichkeit) und 9 Beeinträchtigungen (z.B. Orientierung, Mobilität, Soziale Integration) als Klassifikationseinheiten vorgegeben, wobei jede Einheit wiederum bis zu dreistellige Unterkategorien, die mit Zahlen codiert sind, aufweist. Zur Zeit wird eine Revision von ICIDH in Hinblick auf ICD-10 unternommen, wobei auch die Überlappungen zwischen den beiden Systemen bei den psychischen Störungen besonders beachtet werden (Dilling & Siebel, 1995).

2.4 DSM – Klassifikationssystem der American Psychiatric Association (APA)

Von der American Psychiatric Association wird mit dem System DSM – *Diagnostic and Statistical Manual of Mental Disorders* – ein Klassifikationssystem für die psychischen Störungen herausgegeben, das in Konkurrenz zu ICD steht (Originalversion auf englisch: American Psychiatric Association, 1994; deutschsprachi-

ge Version: American Psychiatric Association, 1996). Seit kurzem ist DSM-IV – die römischen Ziffern verweisen auf die Revisionszahl – gültig, das DSM-III-R (American Psychiatric Association, 1989) ablöste. DSM-IV ist aufgrund von umfangreichen Expertenberichten und Feldstudien konzipiert worden.

DSM-IV ist unterteilt in 17 Hauptgruppen (inkl. Hauptgruppe «Andere klinisch relevante Probleme»; s. **Tab. 2**), wobei jede Hauptgruppe weitere Einheiten (Störungen) beinhaltet. So finden wir z.B. in der Hauptgruppe der Angststörungen 12 verschiedene Formen (z.B. Panikstörung ohne Agoraphobie; weitere Beispiele sind in den Kapiteln Klassifikation und Diagnostik von Störungen von Funktionsmustern zu finden). Die einzelnen Einheiten sind in Form eines systematisierten kurzgefaßten *Lehrbuchtextes* beschrieben, der in der Regel folgende Punkte umfaßt: diagnostische Merkmale (allgemeine Beschreibung des Störungsbildes), Subtypen und/oder Zusatzcodierungen, Codierungsregeln, zugehörige Merkmale und Störungen; besondere kulturelle-, Alters- und Geschlechtsmerkmale; Prävalenz; Verlauf; familiäre Verteilungsmuster; Differentialdiagnose (aber keine Angaben zur Behandlung). Die Störungen sind jeweils durch eine operationale Diagnostik definiert. Die Störungseinheiten werden in der englischsprachigen Version (American Psychiatric Association, 1994) mittels dem ICD-9-CM-Code und der Verbalumschreibung (z.B. «300.20 Specific Phobia»), in der deutschsprachigen Version (American Psychiatric Association, 1996) mittels ICD-9-CM-Code, ICD-10-Code und Verbalumschreibung (z.B. «300.29 (F40.2) Spezifische Phobie») genannt.

DSM-IV ist in folgenden in **Tabelle 1** angeführten Punkten vergleichbar zu ICD-10 konzipiert: Ziel der Klassifikation, Klassenlogik, Klasseneigenschaften, Klassifikationseinheit, Klassifikationsbasis, Datenquelle, formale Genauigkeit. In folgenden Punkten haben wir Unterschiede zu ICD-10:

– *Geltungsbereich:* DSM-IV nur psychische Störungen; ICD-10: alle Krankheiten.
– *Gewinnung der Einheiten:* stärkere Orientierung an der empirischen Forschung (vgl. das Quellenmaterial in den Sourcebooks; Widinger et al., 1994, 1996).

– *Definition der Einheiten:* Bezüglich der Definitionen ist DSM-IV mit den ICD-10 Forschungskriterien vergleichbar, indem die operationale Diagnostik konsequent realisiert wird. ICD-10 berücksichtigt gegenüber DSM-IV weniger explizit, daß die Symptomatik zu Beeinträchtigungen in unterschiedlichen Funktionsbereichen führen muß.

– *Zuordnungsregeln:* aufgrund der operationalen Diagnostik haben wir explizite Zuordnungsregeln (bei ICD-10 zum Teil implizite, zum Teil explizite Zuordnungsregeln). Zusätzlich sind die *Entscheidungsbäume* zu nennen, die DSM-IV, aber nicht ICD-10 aufweist. Damit werden dem Untersucher für verschiedene Bereiche graphische Ablaufschemata vorgegeben, die Ein- und Ausschluß von Störungen erlauben (Bsp. s. Kap. 37.1/Angststörungen: Klassifikation und Diagnostik).

Weitere Unterschiede zwischen DSM-IV und ICD-10 sind:

– *Autorenschaft:* DSM-IV ist von einem einzigen Land (USA) konzipiert worden, ist aber international stark verbreitet; ICD-10 ist von der Weltgesundheitsorganisation WHO erarbeitet und verabschiedet worden.

– *Anzahl der Versionen:* DSM-IV umfaßt nur eine einzige Version, während ICD-10 mehrere Version beinhaltet (s. o.).

– *Darstellung:* DSM-IV ist in Form eines Lehrbuchtextes (s. oben) verfaßt, während ICD-10 nur allgemeine Beschreibungen beinhaltet.

– *Multiaxialität:* Während in ICD-10 eine multiaxiale Diagnostik in Vorbereitung ist, ist sie bei DSM-IV expliziter Bestandteil. Folgende Achsen werden in DSM-IV postuliert (Überblick über die Kategorien der Achsen I und II: s. **Tab. 2**):
Achse I: Klinische Störungen, andere klinisch relevante Probleme (Zustände, die nicht einer psychischen Störung zuzuschreiben sind, aber Anlaß zur Beobachtung oder Behandlung geben);
Achse II: Persönlichkeitsstörungen, geistige Behinderung (in der Kategorie Störungen, die gewöhnlich zuerst im Kleinkindalter, in der Kindheit oder Adoleszenz diagnostiziert werden);
Achse III: Medizinische Krankheitsfaktoren (somatische Krankheiten);

Achse IV: Psychosoziale und umgebungsbedingte Probleme (9 Hauptbereiche; z.B. Wohnungsprobleme oder wirtschaftliche Probleme);
Achse V: Globale Erfassung des Funktionsniveaus (Skala mit 10 Abstufungen; Bezugszeitraum aktuelle Situation oder z.B. höchstes Niveau während mindestens zwei Monaten im vergangenen Jahr).

Die Achsen I, II, III beinhalten die offiziellen DSM-IV Diagnosen, während Achsen IV und V ergänzende Achsen bilden, die für spezielle klinische und Forschungszwecke Anwendung finden. Auf den Achsen I bis IV sind jeweils mehrfache Einstufungen möglich. Die Multiaxialität soll die Benutzer zu einer komplexen Diagnostik führen, bei der auch psychosoziale Aspekte mitberücksichtigt werden. Aus psychologischer Sicht erscheinen aber die Achsen IV und V zu global und einseitig zu sein, um die psychosozialen Bedingungen differenziert abzubilden. So sind z.B. Belastungsfaktoren ohne Bewältigungserfassung nur begrenzt aussagekräftig. Auch in der klinischen Anwendung wie bei Forschungsprojekten haben sich diese Achsen bisher nicht durchgesetzt.

– *Diagnosenunterschiede:* Detailunterschiede ergeben sich bei einzelnen Diagnosen, so daß identische Begriffe bei ICD-10 und DSM-IV nicht immer identische Konzepte beinhalten. Es ist daher präzise anzugeben, nach welchem System man diagnostiziert.

Trotz aller Unterschiede ist zwischen ICD-10 und DSM-IV eine deutliche Konvergenz zu beobachten. Die in Abschnitt 2.6 dargestellten Untersuchungsverfahren lassen zum Teil gleichzeitig ICD- und DSM-Diagnosen stellen, so daß ein Vergleich der Ergebnisse in den unterschiedlichen Systemen möglich wird.

2.5 Multiaxiales System für Kinder und Jugendliche

ICD-10 und DSM-IV beinhalten den Bereich der Kinder und Jugendlichen implizit (diverse Diagnosen sind nicht altersbegrenzt) und explizit (spezifische Diagnosen für Kinder und Jugendliche wie z.B. in ICD-10: F94.1 reaktive Bindungsstörung des Kindesalters); dennoch wurde von Kinderpsychiatern (Remschmidt & Schmidt,

1994) für diese Altersgruppe ein eigenes *multiaxiales Klassifikationsschema für psychische Störungen des Kindes- und Jugendalters nach ICD-10 der WHO* herausgegeben. Dieses Schema basiert im wesentlichen auf Vorarbeiten der Arbeitsgruppe des englischen Psychiaters Rutter, der das erste offizielle multiaxiale System in den siebziger Jahren entwickelt hatte. Das System beinhaltet folgende Achsen:

– *Achse I:* Klinisch-psychiatrisches Syndrom (ICD-10: F0-F6, F9).
– *Achse II:* Umschriebene Entwicklungsstörungen (ICD-10: F8).

– *Achse III:* Intelligenzniveau (Erweiterung von ICD-10: F7).
– *Achse IV:* Körperliche Symptomatik (alle möglichen ICD-10-Ziffern mit Ausnahme von Sektion V(F)).
– *Achse V:* assoziierte aktuelle abnorme psychosoziale Umstände (9 Bereiche mit jeweils Unterpunkten; strukturell, aber inhaltlich nicht vergleichbar mit Achse IV von DSM-IV; Bsp. Behinderung eines Elternteils; elterliche Überfürsorge).
– *Achse VI:* Globalbeurteilung der psychosozialen Anpassung (Skala analog zu Achse V in DSM-IV).

Tabelle 4: Überblick über wichtige internationale bzw. deutschsprachige Erhebungsinstrumente für ICD-10 und DSM-IV

	Verfahren	Diagnosensystem
Gesamtbereich		
– Checklisten	Internationale Diagnosen Checklisten für ICD-10 und DSM-IV (IDCL; Hiller et al., 1995)	ICD-10, DSM-IV
	ICD-10 Symptom Checkliste für psychische Störungen (SCL; WHO, 1995)	ICD-10
	ICD-10 Merkmalsliste (ICDML; Dittmann et al., 1990)	ICD-10
– Strukturierte Interviews	Schedules for Clinical Assessment in Neuropsychiatry (SCAN; van Gülick-Bailer et al., 1995)	ICD-10
	Strukturiertes Klinisches Interview für DSM-IV Achse I: Psychische Störungen (SKID-I; Wittchen et al., 1997)	DSM-IV
	Diagnostisches Interview bei psychischen Störungen (DIPS; Margraf et al., 1994)	DSM-III-R
	Diagnostisches Interview bei psychischen Störungen im Kinder- und Jugendalter (Kinder DIPS; Unnewehr et al., 1995)	DSM-III-R, ICD-10
– Standardisierte Interviews	Composite International Diagnostic Interview (CIDI; Wittchen, Pfister & Garczynski, 1998)	DSM-IV
	Diagnostisches Beurteilungssystem psychischer Störungen (DIA-X)	
	– DIA-X Interview (Wittchen & Pfister, 1997)	DSM-IV, ICD-10
	– DIA-X Interview PC-Version (Wittchen, Weigel & Pfister, 1997)	DSM-IV, ICD-10
Teilbereiche Persönlichkeitsstörungen		
– Checklisten	Internationale Diagnosen Checkliste für Persönlichkeitsstörungen nach ICD-10 und DSM-IV (IDCL-P; Bronisch et al., 1995)	ICD-10, DSM-IV
	Aachener Integrierte Merkmalsliste zur Erfassung von Persönlichkeitsstörungen (AMPS; Saß et al., 1995)	ICD-10, DSM-IV
– Strukturierte Interviews	Strukturiertes Klinisches Interview für DSM-IV Achse II: Persönlichkeitsstörungen (SKID-II; Fydrich et al., 1997)	DSM-IV
	International Personality Disorder Examination – ICD-10 Modul (IPDE; Mombour et al., 1996)	ICD-10
Demenzen	Strukturiertes Interview für die Diagnose einer Demenz vom Alzheimer Typ, der Multiinfarkt- (oder vaskulären) Demenz und Demenzen anderer Ätiologie nach DSM-III-R, DSM-IV und ICD-10 (SIDAM; Zaudig et al., 1996)	ICD-10, DSM-III-R, DSM-IV

Das multiaxiale System für Kinder und Jugendliche berücksichtigt in Vergleich zu ICD-10 und DSM-IV am stärksten und detailliertesten die mit einer Störung zusammenhängenden psychischen Aspekte.

2.6 Untersuchungsverfahren

Ein zentrales Element bei der Weiterentwicklung der ICD- und DSM-Systeme bilden die Untersuchungsverfahren, die neben der operationalisierten Diagnostik zu einer weiteren Verbesserung der Reliabilität bei der Diagnosenstellung beitragen. Die neuesten Versionen der Klassifikationssysteme – ICD-10 und DSM-III-R/IV – sind eng mit diesen Verfahren verknüpft; daher werden sie im folgenden kursorisch vorgestellt (s. **Tab. 4**).

Je nach dem Grad der Formalisierung werden drei Verfahrensgruppen unterschieden: Checklisten, strukturierte Interviews, standardisierte Interviews.

Checklisten enthalten eine Zusammenstellung der relevanten Kriterien (meist in Symptomform), wobei die Informationsgewinnung offen ist und in Form eines freien Interviews erfolgt, d.h. es gibt keine Regeln für die Datengewinnung. Zusätzlich werden Entscheidungsbäume angegeben, mit deren Hilfe man Diagnosen stellen kann. Als Beispiel sei ein Item der *Internationalen Diagnosencheckliste IDCL* (Hiller, Zaudig & Mombour, 1995) genannt: «Depressive Episode: Verminderter Antrieb oder erhöhte Ermüdbarkeit: nein, Verdacht, ja».

Checklisten sind für die PraktikerInnen gedacht. Sie setzen neben klinischen Erfahrungen vor allem auch umfangreiche Kenntnisse des jeweiligen diagnostischen Systems voraus. Insbesondere das Problem der Beobachtungsvarianz bleibt bestehen und läßt sich nur durch umfangreiches Training reduzieren.

Bei *strukturierten Interviews* sind Ablauf, Inhalt und Formulierung der Fragen festgelegt, wodurch die Informationsvarianz reduziert wird. Ebenso ist die Auswertung im Hinblick auf die Diagnosen festgelegt, die oft computerisiert erfolgt. Im Unterschied zu den standardisierten Verfahren wird bei den strukturierten Interviews die Entscheidung, ob ein Symptom kriterienmäßig vorliegt, aufgrund des klinischen Urteils durch den/die UntersucherIn –

basierend auf der vorhandenen Information – gefällt. Daher ist das Problem der Beobachtungsvarianz nur zum Teil gelöst.

Bei den *standardisierten Verfahren* wird – zusätzlich zu den strukturierten Verfahren – explizit vorgegeben, wie die Antwort der PatientInnen zu bewerten ist. Mit Ausnahme der Befundinterpretation ist daher auch keine klinische Erfahrung notwendig. Durch die Festlegung der Fragen, der Informationsbewertung und der Auswertungsstrategien werden Informations-, Beobachtungs- und Kriterienvarianz reduziert, so daß diese Verfahren die höchste formale Genauigkeit aufweisen. In **Kasten 1** finden wir ein Itembeispiel für ein derartiges Verfahren.

Für Forschungsprojekte werden heute strukturierte und standardisierte Verfahren eingesetzt; vielfach ermöglichen die Verfahren Diagnosen bezüglich ICD-10 und DSM-IV (polydiagnostisches Vorgehen, s.o.). Mit Ausnahme des Diagnostischen Interviews bei psychischen Störungen (DIPS; Margraf, Schneider & Ehlers, 1994) geben die Verfahren im Hinblick auf Therapie keine expliziten Hinweise. Insbesondere die strukturierten und die standardisierten Verfahren benötigen für die Anwendung eine Trainingsphase, die in der Regel – je nach Verfahren – 3 bis 6 Tage dauern. Diverse Verfahren beinhalten neben der/den aktuellen Diagnose/n auch sog. *Life-Time-Diagnosen*, d.h. Diagnosen, die im bisherigen Leben aufgetreten sind.

Für die künftige Entwicklung wären Verfahren von Interesse, die die vielschichtigen Informationen nicht nur bezüglich der Diagnosen, sondern auch der Syndrome auswerten (Kombination von kategorialer mit dimensionaler Diagnostik). Ansatzpunkte hierfür finden sich bei Verfahren zur Erfassung von Persönlichkeitsstörungen wie z.B. IPDE oder SKID-II (vgl. **Tab. 4**). Diese Verfahren führen zu Diagnosen und erlauben zusätzlich auch dimensionale Auswertungen. Diese weisen, wie verschiedene Studien zeigen, in der Regel höhere Interrater-Reliabilitäten auf als kategoriale Auswertungen.

Kasten 1
Beispiel für ein standardisiertes Verfahren: DIA-X-Querschnitt (Wittchen & Pfister, 1997, S.9; computerisierte Version s. Wittchen, Weigel & Pfister, 1997).
Diagnostisches Expertensystem Interviewheft (Probanden) Version 1.1,5/96.
Sektion C: Somatoforme und dissoziative Störungen

Schlagen Sie bitte die Liste C1 auf. Hier sehen Sie eine Reihe von Beschwerden aufgelistet. Sind irgendwelche der dort angeführten Beschwerden *in den letzten 12 Monaten* bei Ihnen aufgetreten? Wenn ja, geben Sie mir bitte die Nummern an!
......

C2 Hatten Sie schon einmal erhebliche Probleme mit *Rückenschmerzen?*   PRB 1 2 3 4 5
                                                                          ONS 1 2 3 4 5 6
                                                                          Alter ONS -/-

     DR ....   PB ....

......

C5 Hatten Sie jemals Schmerzen im *Brustkorb?*   PRB 1 2 3 4 5
                                                     ONS 1 2 3 4 5 6
                                                     Alter ONS -/-

     DR ....   PB ....

......

Anmerkungen

Das Verfahren beschränkt sich auf häufige Formen psychischer Störungen und setzt voraus, daß die befragte Person zumindest eine Stunde lang kommunikationsfähig ist. Listen, die den PatientInnen vorgelegt werden, gibt es nur bei einigen Sektionen.
Der/die InterviewerIn muß in einem ersten Schritt aufgrund der Antwort des Probanden/Patienten entscheiden, ob diese von Relevanz ist im Hinblick auf das Vorliegen einer psychiatrischen Diagnose. Die einzelnen Kodierungen unter «PRB» («Probe»: überprüfen) bedeuten dabei:
1: Symptom nicht vorhanden resp. Proband erinnert sich nicht daran
2: Symptom nur schwach ausgeprägt, keine professionelle Hilfe notwendig
3: Symptom immer auf Medikamente, Drogen, Alkohol zurückzuführen

4: Symptom immer auf körperliche Erkrankungen oder Verletzungen zurückzuführen
5: möglicherweise psychiatrisch relevantes Symptom
Nur Kodierungen mit einer «5» gehen in die Diagnose ein. Bei strukturierten Verfahren müßte der Interviewer klinisch entscheiden, wie die Antwort des Patienten zu gewichten ist, da zwar auch Antwortkategorien vorgegeben sind, nicht jedoch explizite Kriterien, die erfüllt sein müssen, um sich für eine bestimmte Kategorie zu entscheiden.
In einer weiteren Frage («Wie alt waren Sie damals») wird festgestellt, wann das Symptom zum ersten Mal aufgetreten ist (Onset; ONS 1: innerhalb der letzten zwei Wochen, ...; 6: vor mehr als 12 Monaten; Alter ONS: Alter zu diesem Zeitpunkt).
DR: Angaben zu PRB beruhen auf Aussagen von Arzt/Ärztin; PB Angaben zu PRB 3,4 beruhen auf ProbandIn

2.7 Bewertung von Diagnosensystemen bei psychischen Störungen

Diagnosen als Klassifikationseinheiten sind mit unterschiedlichen Argumenten kritisiert worden:

(1) *Phänomenologische Kritik.* Diagnosen stellen Vergröberungen dar, die der Individualität nicht gerecht werden. Dazu ist anzumerken, daß Forschung immer allgemeine Aussagen beinhaltet, die auf eine konkrete Person abgestimmt werden müßen. Die phänomenologische Kritik ist daher nur nur bei fehlender Abstimmung zutreffend; der Prozeß der Umsetzung von allgemeinen Aussagen auf die konkrete Person ist insbesondere in der Verhaltenstherapie breit thematisiert worden, während er sonst oft vernachläßigt wird.

(2) *Verhaltenstherapeutische Kritik.* Diagnosen ergeben keinen Behandlungsplan und sind daher für den Praxisbereich wenig aussagekräftig; diese Kritik wurde in den sechziger, siebziger Jahren vielfach vorgebracht und war häufig Bestandteil verhaltenstherapeutischer Positionen. Teilweise finden wir auch heute in der Verhaltenstherapie Kritik an den Diagnosen; die große Varianz in der Individualität und die Spezifität unterschiedlicher Problemfelder würden durch die Diagnosen zu wenig berücksichtigt, so daß der Zusammenhang von Diagnosen mit Interventionen grundsätzlich nur sehr vage sein könne (Eifert, Evans & McKendrick, 1990; Follette, 1996). Diese Position wird in der Verhaltenstherapie heute aber nur noch begrenzt vertreten, da zwischen Diagnosen (im Sinne von ICD oder DSM) und spezifischen Interventionen engere Zusammenhänge postuliert werden (z.B. Therapieprogramm für Panikstörungen; s. Kap. 22.4/Verhaltenstherapeutisch orientierte Psychotherapie).

(3) *Sozialpsychologische Kritik.* Diagnosen führen zur Stigmatisierung (Labeling Ansatz) und erschweren die Rehabilitation. Dieser Einwand ist aufgrund der Ätiologiekenntnisse heute nur begrenzt zutreffend, da vielfach Personen mit psychischen Störungen nicht aufgrund der Dia-

gnose, sondern der Störungs-Charakteristika bzw. dem Wissen um Hospitalisierung benachteiligt werden.

(4) *Methodische Kritik.* Diagnosen sind zu wenig reliabel und daher wenig brauchbar. Wie die neuere Forschung zeigt, sind die in Abschnitt 2.1 angeführten Varianzquellen, die die Reliabilität beeinträchtigt haben, durch die operationale Diagnostik und die standardisierten und strukturierten Untersuchungsverfahren deutlich reduziert worden. Die mangelnde Reliabilität der Diagnosen kann heute nicht mehr als Gegenargument gegen die ICD- und DSM-Systeme verwandt werden. Wichtig ist aber darauf hinzuweisen, daß die Reliabilität von Diagnosen notwendige, aber nicht hinreichende Bedingungen für die Gültigkeit von Diagnosen darstellen. Die Diagnose X kann zwar reliabel gestellt werden, ist evtl. aber keine sinnvolle, «valide» Störungseinheit (s. unten).

Die Reliabilität von Diagnosen läßt sich auf verschiedene Weise überprüfen:

- *Interraterreliabilität* als Übereinstimmung unterschiedlicher BeurteilerInnen. Meist wird dies mittels Videoaufnahmen geprüft, bei denen den BeurteilerInnen (RaterInnen) eine Videoaufnahme eines Experteninterviews vorgelegt wird und eine Diagnose erstellt werden muß (Überprüfung der Auswertungs- und Interpretationsobjektivität bzw. Überprüfung der Beobachtungs- und Kriterienvarianz). Für die Berechnung der Übereinstimmung stehen verschiedene Koeffizienten zur Verfügung. Vielfach wird der Kappa-Koeffizient verwendet, der die Randwahrscheinlichkeiten miteinbezieht. Vergleicht man die Datengewinnung durch zwei BeurteilerInnen, so haben wir die Durchführungsobjektivität, d.h. eine Kontrolle der Informations- und Situationsvarianz.

- *Stabilität* (Retestmethode): Übereinstimmung von BeurteilerInnen zwischen verschiedenen Zeitpunkten, doch müßten die Zeitabstände relativ kurz sein (max. 1 Tag), da sonst die Situationsvarianz miteinfließt.

(5) *Inhaltliche Kritik («Validität»).* Wenn von der Gültigkeit bzw. Validität von Diagnosen gesprochen wird, so ist vorweg darauf hinzuweisen, daß bei Diagnosen – im Gegensatz zu psychologischen Tests – die *Gültigkeit* nicht in Form

von Validitätskoeffizienten berechenbar ist. Diagnosen sind keine Tests; vielmehr stellen sie Sammlungen von Konstruktsystemen dar, die nur in einer umfassenden Theoriediskussion bewertet werden können. Eine bestimmte Diagnose X ist nur dann inhaltlich sinnvoll (d.h. gültig), wenn sich mit der Diagnose X bezüglich Syndromatik und/oder Verlauf und/oder Ätiologie und/oder Therapie präzise Aussagen verbinden. Daher kann man Diagnosen nicht als Gesamtes, sondern nur einzelne Diagnosen aufgrund der Forschung kritisieren bzw. relativieren. Diagnosesysteme beinhalten Konstrukte, die so lange ihre Gültigkeit behalten, bis sich konkurrierende Konstrukte als besser erweisen. Einige inhaltliche Argumente richten sich gegenüber die gesamten Diagnosensysteme ICD-10 oder DSM-IV, da sie für eine größere Zahl an Einzeldiagnosen als zutreffend angesehen werden:

• Diagnosen stellen oft Konventionen von Expertengremien dar, so daß das Ergebnis forschungsmäßig als fraglich anzusehen ist; Erkenntnisfortschritt ist in der Forschung nur begrenzt durch Konvention festzulegen. So haben z.B. die Expertengremien in ICD-9 Homosexualität als Störung klassifiziert, was in ICD-10 weggefallen ist.

• Diagnosen homogenisieren, was evtl. heterogen ist. Gerade biologische Forschungsansätze haben teilweise die Diagnoseeinheiten kritisiert, da sie zu wenig biologische Mechanismen berücksichtigen und damit zu Unrecht heterogene Phänomene demselben Diagnosebegriff zuordnen.

• Diagnosesysteme wie ICD und DSM haben teilweise einen sehr großen Auflösungsgrad bezüglich der Einheiten (z.B. eine Vielzahl an Klassifikationsbezeichnungen für depressive Störungen), wobei offen bleibt, ob tatsächlich Unterschiede vorhanden sind.

• Der Zusammenhang zwischen Diagnosen und Intervention ist zu vage (s. Kritikpunkt 2). Die angeführten Kritikpunkt weisen auf wichtige inhaltliche Aspekte hin. Trotz aller inhaltlicher Kritik wurden aber bisher keine Klassifikationssysteme vorgelegt, die zumindest den Forschungssektor besser strukturieren als ICD-10 oder DSM-IV. Dies gilt auch für behaviorale Ansätze, die als Alternative vorgestellt worden sind (vgl. Follette, 1997).

(6) *Persönlichkeitspsychologische Kritik*. Die heutigen Diagnosensysteme favorisieren den typlogischen Ansatz unter Vernachläßigung der dimensionalen Konzepte, die sich in der Persönlichkeitsforschung gegenüber den typlogischen Ansätzen als fruchtbarer erwiesen haben. So finden wir bei den Syndromskalen vielfach alte klassische Verfahren, neuere Entwicklungen sind auf diesem Sektor nur wenig zu sehen (vgl. z.B. Ansätze der Felddiagnostik; s. Kap. 7/Diagnostik). Für die Datengewinnung werden Kombinationen von Selbst- und Fremdbeurteilungen verwendet, ohne die unterschiedlichen Datenquellen präzise auseinanderzuhalten; ebenso spielen Verhaltensdaten – gewonnen durch systematische Verhaltensbeobachtung – nur eine geringe Rolle.

(7) *Berufspolitische Kritik*. Diagnosen dienen der Umschreibung des Zuständigkeitsbereiches der Medizin und sind daher für die anderen Berufsgruppen problematisch. Dieser Kritikpunkt wurde von der Psychologie vorgebracht und ist dann zutreffend, wenn die Behandlung von psychischen Störungen vor allem ÄrztInnen zugebilligt wird und nicht oder nur eingeschränkt PsychologInnen (s. Kap. 19/Gesundheitsversorgung). Da in den deutschsprachigen Ländern die Tätigkeit der PsychologInnen berufsrechtlich und sozialrechtlich noch nicht befriedigend geregelt ist, ist dieser Kritkpunkt weiterhin von Bedeutung.

Die angeführten Punkte weisen auf problematische Aspekte der Diagnosen hin, dürfen aber nicht so verabsolutiert werden, daß Diagnosen grundsätzlich abzulehnen wären. Einzelne Kritikpunkte sind aufgrund neuerer Forschungsergebnisse nur begrenzt zutreffend. Bezüglich ICD und DSM ist kritisch anzumerken, daß sich zur Zeit weiterhin zwei große Klassifikationssysteme gegenüberstehen, so daß für die Forschung keine Einheitlichkeit besteht. Vielfach ist die Forschung gezwungen, jeweils die Diagnosen von beiden Systemen zu verwenden, was letztlich für die Versuchsplanung und Befunddarstellung problematisch ist. Aufgrund der allgemein relativ großen Konvergenz beider Systeme bzw. der großen Übereinstimmung bei einzelnen Störungsgruppen ist dieser Kritikpunkt nur von begrenztem Gewicht.

3. Merkmalsklassifikationen

In der Persönlichkeitspsychologie wurde der typologische Ansatz, der der Personenklassifikation entspricht, durch den Eigenschaftsansatz abgelöst; damit wurde eine differenziertere Beschreibung der Personen möglich. Im klinischen Sektor dagegen werden beide Klassifikationsformen (Personen: Diagnosen, Merkmale: Symptome, Syndrome) nebeneinander zur Beschreibung von PatientInnen angewandt. Für den dimensionalen Ansatz werden normalpsychologische und klinische Systeme verwendet. Aus dem normalpsychologischen Bereich bieten sich die Vielzahl an Eigenschaftskonzepten der Persönlichkeitspsychologie an, um Merkmale zu klassifizieren und auf Grund dieser Merkmalsklassifikation Personen zu beschreiben. Die normalpsychologischen Systeme haben den Vorteil, daß sie im Normalbereich gut differenzieren; im klinischen Sektor ist dagegen die Differenzierungsmöglichkeit oft gering, so daß nur zwischen Normalbereich und Extrembereich (= klinischer Sektor) unterschieden werden kann. Eine Brückenfunktion zwischen Normalbereich und klinischem Sektor stellt das System von Eysenck dar, der mittels der Faktoren Extraversion, Neurotizismus und Psychotizismus eine Verbindung zwischen Normalbereich und den Neurosen und Psychosen suchte. Aus der Sicht der neueren Konzepte ICD-10 und DSM-IV, die den Unterschied zwischen Neurosen und Psychosen relativiert haben, ist aber dieser Ansatz kritisch zu bewerten.

Von größerem Interesse für den klinischen Sektor sind dagegen klinische Systeme, die meist klinische Gruppen gut differenzieren (z.B. AMDP-System; Haug & Stieglitz, 1996) und/ oder Veränderungen abbilden lassen (z.B. Hamilton-Depressions-Skala; CIPS, 1996; s. auch Kap. 7/Diagnostik). Verschiedene Studien haben übereinstimmend zeigen können, daß Fremdbeurteilungsverfahren in der Regel besser zwischen (diagnostischen) Gruppen zu unterscheiden erlauben, änderungssensitiver sind und zudem auch bei schwerer beeinträchtigten Patienten einsetzbar sind als Selbstbeurteilungsverfahren (vgl. Stieglitz, 1998). Im deutschsprachigen Bereich wird – in Forschung wie in Praxis – als Fremdbeurteilungsverfahren am häufigsten das AMDP-System eingesetzt (AMDP, 1997; Haug & Stieglitz, 1996). Es ermöglicht neben der Erfassung anamnestischer Informationen vor allem mit den 100 psychopathologischen und 40 somatischen Symptomen eine umfassende Dokumentation. Diese Symptome lassen sich in 9 sog. Primärskalen (z.B. depressives Syndrom, manisches Syndrom, paranoid-halluzinatorisches Syndrom) gruppieren (vgl. Baumann & Stieglitz, 1983). Mittels der Syndrome können Störungsgruppen beschrieben werden; ebenso können einzelne PatientInnen aufgrund von Normwerten beurteilt werden.

Während bei der Klassifikation von Personen bezüglich der Störungen eine Konvergenz auf zwei ähnliche Systeme zu beobachten ist (ICD-10 und DSM-IV), trifft dies weder für normalpsychologische, noch klinische Merkmalsklassifikationen zu. Normalpsychologisch findet man Bemühungen um eine Konvergenz im Konzept der «Big-five-Faktoren» von Costa und McCrea (vgl. Ozer & Reise, 1994; Butcher & Rouse, 1996). Einschränkend ist zu sagen, daß diese Bemühungen zum Teil strittig sind und letztlich nur einen Teil der Persönlichkeitspsychologie (faktorenanalytische Trait-Konzepte im Sinn von Cattell, Eysenck) umfassen.

Für die mit der Merkmalsklassifikation (Eigenschaftsansatz) zusammenhängenden Probleme sei auf Lehrbücher der Persönlichkeitspsychologie (Asendorpf, 1996; Pervin & John, 1997) und Kap. 7/Diagnostik verwiesen. Das vorliegende Kapitel hat aus technischen Gründen die Personenklassifikation in den Vordergrund gerückt; die Merkmalsklassifikation wird in den verschiedensten Kapiteln unter dem jeweiligen Abschnitt Diagnostik umfassend abgehandelt wird (s. Teil B: VI – VIII).

Abschließend sei darauf hingewiesen, daß sich Personen- und Merkmalsklassifikation nicht gegenseitig ausschließen, sondern ergänzen (s.o.). Als Beispiel sei der Fragebogen zur Depressionsdiagnostik nach DSM-IV angeführt (FDD-DSM-IV; Kühner, 1997), der eine deutschsprachige Adaptation des *Inventory to Diagnose Depression* (IDD) von Zimmerman darstellt, welches im anglo-amerikanischen Bereich umfangreich evaluiert worden ist. Es ermöglicht neben der Diagnose einer Major Depression nach DSM-IV zusätzlich eine Quantifizierung des Schweregrades des depressiven Syndroms. Vergleichbare Ansätze sollten verstärkt entwickelt werden, da für eine komplexe Betrachtung psychischer Störungen beide Klassifikationsansätze – Personen und Merkmale – unerlässlich sind.

4. Literatur

AMDP (1997). *Das AMDP-System. Manual zur Dokumentation psychiatrischer Befunde* (6. unveränderte Auflage). Göttingen: Hogrefe.

Amelang, M. & Bartussek, D. (1997). *Differentielle Psychologie und Persönlichkeitsforschung* (4. Aufl.). Stuttgart: Kohlhammer.

American Psychiatric Association (1989). *Diagnostisches und statistisches Manual psychischer Störungen – DSM-III-R* (Deutsche Bearbeitung und Einleitung: Wittchen, H.U., Saß, H., Zaudig, M, Koehler, K.). Weinheim: Beltz.

American Psychiatric Association (1994). *Diagnostic and statistical manual for mental disorders – DSM-IV* (4th ed.). Washington: American Psychiatric Association.

American Psychiatric Association. (1996). *Diagnostisches und statistisches Manual psychischer Störungen – DSM-IV* (Deutsche Bearbeitung und Einleitung: Saß, H., Wittchen, H.U., Zaudig, M.). Göttingen: Hogrefe.

Asendorpf, J.B. (1996). *Psychologie der Persönlichkeit*. Berlin: Springer.

Baumann,U. & Stieglitz, R.-D. (1983). *Testmanual zum AMDP-System*. Berlin: Springer.

Berner, P., Gabriel, E., Katschnig, H., Kieffer, W., Koehler, K., Lenz,G. & Simhandl, Ch. (1983). *Diagnosekriterien für Schizophrene und Affektive Psychosen*. Wien: Weltverband für Psychiatrie.

Bronisch, Th., Hiller, W., Mombour, W. & Zaudig, M. (1995). *Internationale Diagnosen Checkliste für Persönlichkeitsstörungen nach ICD-10 und DSM-IV*. Bern: Huber.

Butcher, J.N. & Rouse, S.V. (1996). Personality: indiviual differences and clinical assessment. *Annual Review of Psychology, 47*, 87–111.

Cantor, N., Smith, E.E., French, R. & Mezzich, J. (1980). Psychiatric diagnosis as prototype categorization. *Journal of Abnormal Psychology 89*, 181–193.

CIPS (1996). *Internationale Skalen für Psychiatrie (4. Auflage)*. Göttingen: Beltz.

Degkwitz, R., Helmchen, H., Kockott, G. & Mombour, W. (Hrsg.). (1980). *Diagnoseschlüssel und Glossar psychiatrischer Krankheiten* (Deutsche Ausgabe der internationalen Klassifikation der Krankheiten der WHO ICD, 9. Revision, Kapitel V). Berlin: Springer.

Dilling, H., Mombour, W. & Schmidt, M.H. (1993). *Internationale Klassifikation psychischer Störungen. ICD-10 Kapitel V (F). Klinisch-diagnostische Leitlinien (2. Auflage)*. Bern: Huber.

Dilling, H., Mombour, W., Schmidt, M.H. & Schulte-Markwort, E. (1994). *Internationale Klassifikation psychischer Störungen. ICD-10 Kapitel V (F). Forschungskriterien*. Bern: Huber.

Dilling, H., Schulte-Markwort & Freyberger, H.J. (Hrsg.) (1994). *Von der ICD-9 zur ICD-10. Neue Ansätze der Diagnostik psychischer Störungen in der Psychiatrie, Psychosomatik und Kinder- und Jugendpsychiatrie*. Bern: Huber.

Dilling, H. & Siebel, U. (1995). Kommentierung der ICIDH aus psychiatrisch-rehabilitativer Sicht. In R.G. Matthesius, K.A. Jochheim, G.S. Barolin. & Ch. Hein (Hrsg.), *ICIDH - International classification of impairments, disabilities, and handicaps* (S. 143–152). Berlin: Ullstein Mosby.

DIMDI (1994a). *ICD-10. Internationale statistische Klassifikation der Krankheiten und verwandter Gesundheitsprobleme. 10. Revision. Band I Systematisches Verzeichnis*. München: Urban & Schwarzenberg.

DIMDI (1994b). *ICD-10. Internationale statistische Klassifikation der Krankheiten und verwandter Gesundheitsprobleme. 10. Revision. Band II Regelwerk*. München: Urban & Schwarzenberg.

Dittmann, V., Freyberger, H.J., Stieglitz, R.-D. & Zaudig, M. (1990). ICD-10-Merkmalsliste. In V. Dittmann, H. Dilling & H.J. Freyberger (Hrsg.), *Psychiatrische Diagnostik nach ICD-10 - klinische Erfahrungen bei der Anwendung* (S. 185–216). Bern: Huber.

Eifert, G.H., Evans, I.M. & McKendrick, V.G. (1990). Matching treatments to client problems not diagnostic labels: a case for paradigmatic behavior therapy. *Journal of Behavior Therapy and Experimental Psychiatry, 21*, 163–172.

Follette, W.C. (Ed.). (1996). Development of theoretically coherent alternatives to the DSM-IV (Special section). *Journal of Consulting and Clinical Psychology, 64* (6).

Frances, A., Widiger, T. & Fyer, M.R. (1990). The influence of classification methods on comorbidity. In J.D. Maser & C.R. Cloninger (eds.), *Comorbidity of mood and anxiety disorders* (pp. 41–59). Washington: American Psychiatric Associoation.

Freyberger, H.J., Schulte-Markwort, E. & Dilling, H. (1993a). Referenztabellen der WHO zum Kapitel V (F) der 10. Revision der Internationalen Klassifikation der Krankheiten (ICD-10): ICD-9 vs. ICD-10. *Fortschritte der Neurologie und Psychiatrie, 61*, 109–127.

Freyberger, H.J., Schulte-Markwort, E. & Dilling, H. (1993b). Referenztabellen der WHO zum Kapitel V (F) der 10. Revision der Internationalen Klassifikation der Krankheiten (ICD-10): ICD-10 vs. ICD-9. *Fortschritte der Neurologie und Psychiatrie, 61*, 128–143.

Freyberger, H.J. & Dilling, H. (Hrsg.) (1995). *Fallbuch Psychiatrie. Kasuistiken zum Kapitel V (F) der ICD-10* (2. Aufl.). Bern: Huber.

Freyberger ; H.J. Siebel, U., Mombour, W. & Dilling, H. (Hrsg.) (1998). *Lexikon psychopathologischer Grundbegriffe. Ein Glossar zum Kapitel V (F) der ICD-10*. Bern: Huber.

Freyberger, H.J., Stieglitz, R.-D. & Dilling, H. (1996). ICD-10 field trial of the Diagnostic Criteria for Research in German-speaking countries. *Psychopathology, 29*, 258–314.

Fydrich, Th., Renneberg, B., Schmitz, B. & Wittchen, H.-U. (1997). *Strukturiertes Klinisches Interview für DSM-IV. Achse II: Persönlichkeitsstörungen*. Göttingen: Hogrefe.

Gülick-Bailer, M., Maurer, K. & Häfner, H. (1995). *Schedules for Clinical Assessment in Neuropsychiatry (SCAN)*. Bern: Huber.

Haug, H.-J. & Stieglitz, R.-D. (Hrsg.) (1996). *Das AMDP-System in der klinischen Anwendung und Forschung*. Göttingen: Hogrefe.

Hiller, W., Zaudig, M. & Mombour, W. (1995). *IDCL – Internationale Diagnosen Checklisten für ICD-10 und DSM-IV*. Bern: Huber.

Kline, P. (1994). *An easy guide to factor analysis*. London: Routledge.

Kühner, Ch. (1997). *Fragebogen zur Depressionsdiagnostik nach DSM-IV (FDD-DSM-IV)*. Göttingen: Hogrefe.

Malchow, C., Kanitz, R.-D. & Dilling, H. (1995). *ICD-10 Computer-Tutorial: Psychische Störungen*. Bern: Huber.

Margraf, J., Schneider, S. & Ehlers, A. (1994). *Diagnostisches Interview bei psychischen Störungen (DIPS)*. Berlin: Springer.

Matthesius, R. G., Jochheim, K. A., Barolin, G. S. & Hein, Ch. (Hrsg.). (1995). *ICIDH – International Classification of Impairments. Disabilities, and Handicaps* (Teil 1: Die ICIDH - Bedeutung und Perspektiven; Teil 2: Internationale Klassifikation der Schädigungen, Fähigkeitsstörungen und Beeinträchtigungen – Handbuch). Berlin: Ullstein Mosby.

Mombour, W., Zaudig, M., Berger, P., Gutierrez, K., Berner, W., Berger, K., Cranach, M. von, Giglhuber, O. & Bose, M. von (1996). *International Personality Disorder Examination (IPDE)*. Bern: Huber.

Müßigbrodt, H., Kleinschmidt, S., Schürmann, A., Freyberger, H. J. & Dilling, H. (1996). *Psychische Störungen in der Praxis. Leitfaden zur Diagnostik und Therapie in der Primärversorgung nach dem Kapitel V (F) der ICD-10*. Bern: Huber.

OPD (Hrsg.) (1996). *Operationalisierte psychodynamische Diagnostik (OPD)*. Bern: Huber.

Ozer, D. J. & Reise, S. P. (1994). Personality assessment. *Annual Review of Psychology, 45,* 357–388.

Pervin, L. A. & John, O. P. (1997). *Personality* (7th ed.). New York: Wiley.

Philipp, M. (1994). Vor- und Nachteile des polydiagnostischen Ansatzes. In H. Dilling, E. Schulte-Markwort, & H. J. Freyberger (Hrsg.), *Von der ICD-9 zur ICD-10* (S. 59–63). Bern: Huber.

Remschmidt, H. & Schmidt, M. (Hrsg.). (1994). *Multiaxiales Klassifikationsschema für psychiatrische Erkrankungen im Kindes- und Jugendalter nach ICD-10 der WHO* (3. Aufl.). Bern: Huber.

Robins, L. N. & Barrett, J. E. (Eds.). (1989). *The validity of psychiatric diagnosis*. New York: Plenum.

Saß, H., Steinmeyer, E. M., Ebel, H. & Herpertz, S. (1995). Untersuchungen zur Kategorisierung und Dimensionierung von Persönlichkeitsstörungen. *Zeitschrift für Klinische Psychologie, 24,* 239 – 251.

Siebel, U., Michels, R., Hoff, P., Schaub, R. T., Droste, R., Freyberger, H. J. & Dilling, (1997). Multiaxiales System des Kapitels V (F) der ICD-10. *Nervenarzt, 68,* 231–238.

Stieglitz, R.-D. Aktueller Stand der syndromalen Diagnostik depressiver Störungen (1998). In R.-D. Stieglitz, E. Fähndrich & H.-J. Möller (Hrsg.), *Syndromale Diagnostik psychischer Störungen* (S. 115–128). Göttingen: Hogrefe.

Stieglitz, R.-D. & Freyberger, H. J. (1996). Klassifikation und diagnostischer Prozeß. In H. J. Freyberger & R.-D. Stieglitz (Hrsg.), *Kompendium der Psychiatrie und Psychotherapie* (S. 24–45). Basel: Karger.

Unnewehr, S., Schneider, S. & Margraf, J. (1995). *Diagnostisches Interview bei psychischen Störungen im Kindes- und Jugendalter*. Berlin: Springer.

WHO (1995). *ICD-10 Symptom Checkliste für psychische Störungen (SCL)*. Bern: Huber.

Widinger, Th. A., Frances, A. J., Pincus, H. A., First, M. B., Ross, R. & Davis, W. (Eds.). (1994). *DSM-IV Sourcebook* (Vol. 1). Washington: American Psychiatric Association.

Widinger, Th. A., Frances, A. J., Pincus, H. A., First, M. B., Ross, R. & Davis, W. (Eds.). (1996). *DSM-IV Sourcebook* (Vol. 2). Washington: American Psychiatric Association.

Wittchen, H.-U. & Pfister, H. (1997). *DIA-X Interviews*. Frankfurt/Main: Swets & Zeitlinger.

Wittchen, H.-U., Pfister & Garczynski, *Composite International Diagnostic Interview (CIDI)*. Göttingen: Hogrefe.

Wittchen, H.-U., Weigel, A. & Pfister, H. (1997). *Computergestütztes klinisches differentialdiagnostisches Expertensystem (DIA-CDE)*. Frankfurt/Main: Swets & Zeitlinger.

Wittchen, H.-U., Wunderlich, U., Gruschwitz, S. & Zaudig, M. (1997). *SKID-I. Strukturiertes Klinisches Interview für DSM-IV. Achse I: Psychische Störungen*. Göttingen: Hogrefe.

Zaudig, M. & Hiller, W. (1996). *Strukturiertes Interview für die Diagnose einer Demenz vom Alzheimer Typ, der Multiinfarkt- (oder vaskulären) Demenz und Demenzen anderer Ätiologie nach DSM-III-R, DSM-IV und ICD-10 (SIDAM)*. Bern: Huber.

7. Klinisch-psychologische Diagnostik: Allgemeine Gesichtspunkte

Christa Reinecker-Hecht und Urs Baumann

Inhaltsverzeichnis

1. Funktionen der klinisch-psychologischen Diagnostik

In der Psychologischen Diagnostik werden fächerübergreifende Fragen der Diagnostik bearbeitet (Amelang & Zielinksi, 1994; Butcher, Graham, Haynes & Nelson, 1995; Fisseni, 1990; Jäger & Petermann, 1995; Rost, 1996). Aus der Optik einzelner Teildisziplinen der Psychologie ergeben sich aber auch spezifische Probleme. In diesem Beitrag sollen Aspekte der klinisch-psychologischen Diagnostik behandelt werden; dazu werden zuerst die unterschiedlichen Funktionen und Ziele klinisch-psychologischer Diagnostik dargestellt (Überblicksliteratur zur klinisch-psychologischen Diagnostik: Maruish, 1994; Stieglitz & Baumann, 1994b; Goldstein & Hersen, 1991).

Gemäß Perrez (1985; vgl. auch Kanfer & Nay, 1982) können der klinisch-psychologischen Diagnostik folgende Funktionen zugeordnet werden: *Beschreibung, Klassifikation, Erklärung, Prognose, Evaluation.* Diese Funktionen können sich auf Einzelpersonen, aber auch auf interpersonelle Systeme (PartnerIn, Familien, Gruppen, Organisationen) beziehen; sie sind für Forschung und Praxis gültig. Je nach Funktion und Ziel sind unterschiedliche diagnostische Konzepte und Prozesse und nicht zuletzt unterschiedliche Untersuchungsverfahren sinnvoll.

• *Beschreibung:* Beschreibung ist die Ausgangsbasis der übrigen Funktionen (Klassifikation etc.). Es wird das oder die Probleme bzw. die Störung(en) einer Person oder eines interpersonellen Systems in ihrer Art, Ausprägung usw. erfaßt. Dabei müssen in der klinischen Praxis die Laienaussagen (Beschwerden und Klagen) in spezifische Diagnostik-Fragen übersetzt werden (Kanfer & Nay, 1982). Abhängig von der theoretischen Ausrichtung und den Zielen des Diagnostikers gestalten sich Modus der Erfassung und Beschreibung der Probleme; im störungsbezogenen Teil B dieses Buches (jeweils die Kapitel Klassifikation, Diagnostik) sind für verschiedene Bereiche diagnostische Verfahren angeführt, die der Beschreibung von psychischen Störungen dienen. Zu unterscheiden ist zwischen der Beschreibung des Ist-Zustandes und der Beschreibung der Veränderung; diese erfolgt meist durch Differenzenbildung zwischen den Meßzeitpunkten; es ist aber auch die direkte Veränderungsmessung möglich (Bsp. «Ich habe mehr/weniger/gleichviel Kopfweh wie vor drei Wochen»; Stieglitz & Baumann, 1994a).

• *Klassifikation:* Aufbauend auf Patientenbeschreibungen werden im klinischen Bereich meist Zuordnungen zu Klassifikationssystemen getroffen (z.B. ICD-10; DSM-IV; zum Thema Klassifikation s. Kap. 3/Wissenschaftstheorie: Klassifikation; Kap. 6/Klassifikation; Möller, 1994). Diese Zuordnung kann mittels expliziten (z.B. DSM-IV) oder impliziten Zuordnungsregeln (z.B. ICD-10: Version klinisch-diagnostische Leitlinien) erfolgen. Wenn auch im klinischen Sektor unter Klassifikation meist die Patientenzuordnung zu einer diagnostischen Einheit verstanden wird, ist der Klassifikationsvorgang nicht nur auf diese Variante beschränkt (z.B. Zuordnung zu Intervention). In der Medizin wird Diagnostik oft mit Klassifikation (Diagnosenzuordnung) gleichgesetzt; diese Aufgabe stellt aber nur *eine* Funktion der Diagnostik dar.

• *Erklärung:* Wie Westmeyer im Kapitel zur Wissenschaftstheorie (Kap. 3/Westmeyer) zeigt, gibt es unterschiedliche Erklärungsansätze. Die klinisch-psychologische Diagnostik sucht zur Erklärung psychischer Störungen beizutragen, indem sie die dazu notwendigen Daten so umfassend und präzise wie möglich bereitstellt. Diese Daten können dabei mögliche Erklärungen unterstützen oder ausschließen helfen (zum Thema Erklärung s. auch Kap. 9/Ätiologie, Bedingungsanalyse: methodische Gesichtspunkte).

• *Prognose:* Klinisch-psychologische Diagnostik trägt zur Vorhersage von Verläufen psychischer Störungen bei, wobei es sich um Verläufe mit oder ohne Intervention handeln kann. Die Prognose von Interventionsverläufen beinhaltet Aussagen zur Erfolgswahrscheinlichkeit von Therapien (Perrez, 1985), ein Forschungsgebiet, das auch unter dem Stichwort *Prädiktorforschung* bekannt ist. Den theoretischen Rahmen für die Prädiktion bilden Theorien zur Entstehung, Aufrechterhaltung und Veränderung von psychischen Störungen. Zu berücksichtigende Prädiktorvariablen sind Merkmale von PatientInnen, TherapeutInnen (inkl. Technikvariablen), Situationen (Zeitplan, Settingvariablen) und Interaktionen. Die Diagnostik von Prädiktormerkmalen erfordert daher eine komplexe Forschungsstrategie.

• *Evaluation:* Im klinischen Sektor spielen Bewertungen eine besonders große Rolle und sind für einzelne Interventionen, aber auch Versorgungssysteme vorzunehmen (s. Baumann & Reinecker-Hecht, 1986; s. auch Kap. 20/Methodik der Interventionsforschung). Meist basieren Bewertungen in der Interventionsforschung auf Veränderungsmessungen (Prozeßanalyse). *Indikationsaussagen* (unter Randbedingung X ist Intervention Y sinnvoll) stellen bewertete Veränderungsaussagen dar (vgl. unten: Verlaufskontrolle, Veränderungsmessung).

Während im deutschen Sprachbereich der Begriff Diagnostik verwendet wird, finden wir im englischsprachigen Raum für die klinische Diagnostik häufiger den Begriff *Assessment* bzw. *Behavioral Assessment* (z.B. Kanfer & Nay, 1982; Maruish, 1994). Mit Behavioral Assessment wird die Verhaltensdiagnostik umschrieben.

Wenn dieser auch vergleichbare Ziele wie der allgemeinen klinischen Diagnostik zugeordnet werden können (Beschreibung, Klassifikation, Erklärung, Prognose, Evaluation), so wird bei der Verhaltensdiagnostik stärker die Orientierung am konkreten Verhalten und die Verbindung zur Intervention betont (Reinecker, 1994). Eine interventionsbezogene Diagnostik umfaßt verschiedene Fragestellungen: Zuweisung zu einer diagnostischen Kategorie, Erfassung spezieller Fertigkeiten und Ressourcen, Transformation von vagen Beschwerden in konkrete Fragestellungen, Vorhersage künftiger Verhaltensweisen unter speziellen Bedingungen, Auswahl und Geeignetheit bestimmter Interventionsformen, aktiver Einbezug des Patienten in den diagnostischen Prozeß, Therapieplanung und Effektivitätskontrolle; die Diagnostik kann auch eine Interventionsmethode per se (z.B. Selbstaufzeichnungen) darstellen.

2. Diagnostische Konzepte

2.1 Diagnostischer Prozeß – Diagnostik als Problemlöseprozeß

Das Ziel des diagnostischen Prozesses ist die Beantwortung psychologischer Fragestellungen und das Bereitstellen von Entscheidungsgrundlagen im Rahmen eines *Problemlöseprozesses*. Ein relativ einfaches, aber immer noch gültiges Ablaufschema für den diagnostischen Prozeß erstellte Kaminski (1970; Steller, 1994) mit den folgenden Handlungsschritten: Fragestellung, Datenerhebung, Diagnose, Beratung – Behandlung – Gutachten.

Die für die unterschiedlichen diagnostischen Ziele formulierten Aussagen bzw. Entscheidungen (z.B. Indikationsdiagnostik, also Zuordnung einer Person zu einer bestimmten Behandlung, Auswahl und Selektion einer Person für bestimmte Aufgaben etc.) werden in einem komplexen diagnostischen Prozeß gewonnen (Jäger & Petermann, 1995).

Die Ergebnisse einer diagnostischen Untersuchung haben dabei Hypothesencharakter und sind ohne Rückgriff auf die unterschiedlichen Wissensspeicher wie Fachwissen, Berufserfahrung und persönliche Erfahrung nicht denkbar (Kaminski, 1970).

Andererseits dienen diagnostische Untersuchungen dazu, wissenschaftlich begründete Hypothesen zu überprüfen (Steller, 1994). Einzelfalldiagnostik besteht im wesentlichen «in einem systematischen hypothesengeleiteten Suchprozeß nach Diskrepanzen zwischen verschiedenen Reaktionsebenen oder Verhaltensbereichen» (Steller, 1994, S. 45,46); mögliche Diskrepanzen werden dann einer problembezogenen Interpretation unterzogen.

Bei der klinisch-psychologischen Interventionsdiagnostik haben wir eine ständige Überprüfung und Rückkoppelung von Hypothesen und Interventionsschritten, was einem dynamischen (rekursiven) Problemlöse- und Entscheidungsprozeß (Kanfer & Busemeyer, 1982) entspricht (vgl. auch Abschnitt zur Verlaufsdiagnostik).

Auf die Vielzahl der mit dem diagnostischen Prozeß zusammenhängenden Probleme, die zum größeren Teil für alle diagnostischen Felder von Bedeutung sind, kann in diesem Lehrbuch nicht eingegangen werden (vgl. Amelang & Zielinsky, 1994; Steller, 1994). Dies gilt auch für die Kontroverse *statistische versus klinische Urteilsbildung* (vgl. Wiggins,1973), die zwei unterschiedliche Wege der diagnostischen Entscheidungsfindung (Diagnose-Stellung) betrifft. Dabei unterscheiden sich die beiden Varianten durch die «Explizitheit der Regeln sowohl der Datenerhebung als auch der Datenkombination» (Fisseni, 1990, S. 257). Trotz des Begriffes «klinisch» handelt es sich bei dieser Kontroverse nicht um ein spezifisches klinisches Problem (klinisch als Kürzel für intuitiv).

2.2 Eigenschaftsdiagnostik

Die traditionelle Persönlichkeitsdiagnostik stellt eine Eigenschaftsdiagnostik dar. Sie strebt die Vorhersage von Verhalten basierend auf zugrundeliegenden Persönlichkeitseigenschaften (Traits) an, welche das individuelle Verhalten weitgehend bestimmen. Die Annahme von Eigenschaften, die weitgehend zeit- und situationsunabhängig sind, benötigt keine Beobachtung und Messung von Verhalten in verschiedenen Lebenssituationen. Wie die Auseinandersetzung zwischen Mischel und Epstein gezeigt hat, stellen Eigenschaften Kennwerte für das durchschnittliche Verhalten dar; agglutinierte, d.h. über mehrere Tage aufsummierte Werte sind stabil und korrelieren deutlich mit Eigenschaftswerten (Amelang & Bartussek, 1997). Der theoretische Bezugsrahmen der Eigenschaftsdiagnostik findet sich u.a. in den Persönlichkeitsmodellen Cattells und Eysencks; auch im Konzept der «big-five-Faktoren» findet sich die Eigenschaftsdiagnostik. Beim Eigenschaftsansatz werden die Eigenschaften aus den Items des betreffenden Verfahrens, die eine Erlebens- und Verhaltensstichprobe darstellen, erschlossen; eine inhaltliche Interpretation der einzelnen Items wird in der Regl nicht vorgenommen. In Anlehnung an die Konzeption

Pawliks (1976) entspricht die Eigenschaftsdiagnostik weitgehend den Dimensionen Statusdiagnostik, normorientierte Diagnostik, Testen und Diagnostik als Messung. Die Verknüpfung der Testantworten mit den Eigenschaften (Konstrukten) erfolgt meist formalisiert mittels der Faktorenanalyse. Meßtheoretisch werden die meisten Verfahren des Eigenschaftsansatzes durch die klassische Testtheorie fundiert. Bei den Verfahren der Eigenschaftsdiagnostik stehen häufig die formalen Gütekriterien (Itemkennwerte, Objektivität, Reliabilität) im Vordergrund; die Verankerung im Verhalten ist oft nur vage.

Im klinischen Sektor hat der Eigenschaftsansatz vor allem in der Forschung sowie in der Praxis zur Beschreibung und Klassifikation psychischer Merkmale und zur Evaluation von Interventionen große Verbreitung gefunden. Dem gegenüber steht jedoch der geringe Stellenwert dieser Ansätze bei der Realisierung therapeutischer Interventionen im Einzelfall. Um die Nachteile des Eigenschaftsansatzes zu kompensieren, empfiehlt sich eine Kombination mit der im folgenden angeführten Verhaltensdiagnostik (s. Abschnitt 2.3).

2.3 Verhaltensdiagnostik

2.3.1 Grundlagen der Verhaltensdiagnostik

Mit zunehmender Bedeutung der Verhaltenstherapie entwickelte sich auch die Verhaltensdiagnostik, die – ausgehend von einer genauen Analyse des Problems und dessen Auftrittsbedingungen (Verhaltensanalyse) – Hinweise zur Entstehung, Erklärung und Aufrechterhaltung eines Verhaltens sowie zu dessen Änderungsmöglichkeiten anstrebt. Wie in Abschnitt 2.3.3 dargestellt, handelt es sich bei den Konzepten der Verhaltensanalyse um Heuristiken, die vorwiegend nach Kriterien der Brauchbarkeit und weniger nach formalen Gütekriterien bzw. wissenschaftlicher Überprüfung beurteilt werden.

Entsprechend einem klassischen linearen Modell stellten Kanfer und Saslow (1965) die sogenannte «Verhaltensformel» auf, bestehend aus den folgenden Bestimmungsstücken (s. **Abb. 1**): S für Stimulus-Bedingungen, O für Organismusvariable, R für Reaktion, KV für Kontingenzverhältnis bzw. Verstärkungsplan (Beziehung zwischen Reaktion und Konsequenz) und C für Konsequenzen. Die Darbietung einer positiven Konsequenz (positive Verstärkung; C+) oder die Entfernung einer negativen Konsequenz (negative Verstärkung: ₵–) erhöhen die Auftrittswahrscheinlichkeit eines Verhaltens, während die Entfernung einer positiven Konsequenz (Bestrafung, Löschung: ₵+) oder die Darbietung einer negativen Konsequenz (Bestrafung: C–) die Auftrittswahrscheinlichkeit des entsprechenden Verhaltens senken.

Die Analyse eines problematischen Verhaltens mittels dieser «Verhaltensformel» wird in **Kasten 1** an einem einfachen Beispiel erläutert.

Ein zentraler Bestandteil der verhaltenstherapeutisch orientierten Problemanalyse ist die funktionale Bedingungsanalyse eines Problems, d.h. die Suche nach Bedingungen (Auslöser,

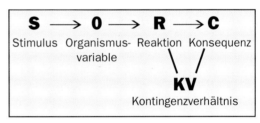

Abbildung 1: Klassische Verhaltensformel der Verhaltensdiagnostik

Kasten 1
Fallbeispiel für klassische Verhaltensformel

Beispiel: Langeweile, Frustration, Einsamkeit (S) führt bei gleichzeitigem Zustand der Überarbeitung und längerem Nicht-Essen (O) zu übermäßigem Nahrungskonsum (R), dies wird gefolgt von unterschiedlichen Konsequenzen (C) wie Wohlbefinden, Ablenkung (C+), Wegfall von Ablenkung (₵–) und Wegfall körperlicher Mangelzustände (₵–); diese kurzfristigen Konsequenzen folgen meist auf das Problemverhalten (übermäßiger Nahrungskonsum); das heißt, es handelt sich um eine intermittierende Verstärkung, welche ein besonders löschungsresistentes Verhalten bewirkt.

Konsequenzen), die für das Problemverhalten verantwortlich sind.

Als Ergebnis einer funktionalen Analyse wird ein hypothetisches Bedingungsmodell erstellt, das auch eine Grundlage für das konkrete Handeln in der Therapie darstellt. Das Bedingungsmodell enthält Hypothesen über Zusammenhänge von Bedingungen und Verhalten, die auf Beobachtungen und Theorien aufbauen; diese Hypothesen sollten einer wiederholten empirischen Überprüfung unterzogen werden. Das hypothetische Bedingungsmodell kann jedoch – auch durch eine erfolgreiche Therapie – nicht als wahr bestätigt werden (Reinecker, 1994); eine Ausnahme liegt bei einem experimentellen «N=1 Versuchsplan» vor.

Ein entscheidender Aspekt einer funktionalen Analyse ist die Auswahl dessen, was als Problem in den Mittelpunkt der Analyse gestellt wird (Target-selection) und auch welche der unzähligen möglichen Bedingungen tatsächlich als Auslöser bzw. als relevante Konsequenzbedingungen angesehen werden. In die Auswahl des Ansatzpunktes einer Analyse (welches ist das zu verändernde Problem?) fließen naturgemäß normative Aspekte mit ein.

Zur Datenvorhersage wählt die Verhaltensdiagnostik direkte Messungen individueller Reaktionswahrscheinlichkeiten auf verschiedene Lebenssituationen (z.B. durch Fremdbeobachtung in der natürlichen Umgebung, experimentelle Analogien und Simulation durch Rollenspiel, Selbstbeobachtung des Verhaltens in natürlichen Situationen etc.). Dementsprechend stellt ein Testverhalten in der Verhaltensdiagnostik einen Ausschnitt aus dem interessierenden Verhaltens dar. Nach Pawlik (1976) handelt es sich bei diesem Ansatz um Prozeßdiagnostik, kriteriumsorientierte Diagnostik, Inventarisieren und Diagnostik als Entscheidungsgrundlage. Einen Überblick über die Grundlagen des Verhaltensdiagnostik geben u.a. Nelson und Hayes (1986) und Haynes und O'Brien (1990).

2.3.2 Schemata zur Verhaltensanalyse

Zum praktischen Vorgehen einer interventionsbezogenen Diagnostik gibt es unterschiedliche Schemata, die sich alle an den Grundfragen von Kanfer und Saslow (1965) orientieren:

– Welche Verhaltensmuster bedürfen einer Änderung? (Zielanalyse)
– Welches sind die Bedingungen, unter denen dieses Verhalten erworben wurde und welche Faktoren halten es momentan aufrecht? (Problemanalyse)
– Welches sind die Möglichkeiten, um die erwünschten Veränderungen zu erzielen? (Therapieplanung)

In einer Weiterentwicklung des wegweisenden Schemas der Verhaltensanalyse von Schulte (1974) schlägt dieser (Schulte, 1996) neben der Problemstrukturierung (mit einer Diagnose nach ICD-10 oder DSM-IV) mehrere Bedingungsanalysen (Störungs-, Motivations- und Beziehungsanalysen) vor, um daraus die Therapieplanung inklusive therapiebegleitender Diagnostik abzuleiten.

Die Analyse eines kritischen Verhaltens kann auf verschiedenen Ebenen erfolgen: *horizontale -, vertikale Ebene (Plananalyse) und Systemebene:*

(1) *Situative Verhaltensanalyse auf der horizontalen Ebene.* Bei der horizontalen Analyse einer IST-Situation steht die Suche nach funktionalen Zusammenhängen auf der Ebene der vorausgehenden, begleitenden und nachfolgenden Bedingungen im Vordergrund. Das problematische Verhalten («target») wird als Funktion der vorausgehenden und nachfolgenden Bedingungen gesehen: V = f (vorher/nachher)

In **Abbildung 2** wird deutlich, daß im Gegensatz zu den Anfängen der funktionalen Analyse heute der Schwerpunkt vermehrt auf komplexe Interaktionen zwischen verschiedenen, das (Problem-) Verhalten kontrollierenden Variablen gelegt (Horner, 1994) wird. Anstelle einfacher linearer Modelle finden dynamisch, rekursive Modelle Verwendung wie das in **Abbildung 2** dargestellte dynamische Selbstregulationsmodell zeigt (Kanfer, Reinecker & Schmelzer, 1996). Ein Beispiel zu diesem Modell finden wir in **Kasten 2**.

(2) *Vertikale Verhaltensanalyse, Plananalyse.* In der vertikalen Verhaltensanalyse (Bartling et al., 1992; Caspar & Grawe, 1982) geht es um die Klärung der Frage, welche übergeordneten Pläne, Ziele und davon abgeleiteten Regeln be-

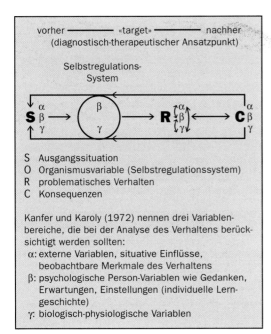

vorher ———— «target» ———— nachher
(diagnostisch-therapeutischer Ansatzpunkt)

Selbstregulations-
System

$S\begin{matrix}\alpha\\\beta\\\gamma\end{matrix} \longrightarrow \begin{matrix}\beta\\\\\gamma\end{matrix} \longrightarrow R\begin{Bmatrix}\alpha\\\beta\\\gamma\end{Bmatrix} \longleftarrow \longleftarrow C\begin{matrix}\alpha\\\beta\\\gamma\end{matrix}$

S   Ausgangssituation
O   Organismusvariable (Selbstregulationssystem)
R   problematisches Verhalten
C   Konsequenzen

Kanfer und Karoly (1972) nennen drei Variablen-
bereiche, die bei der Analyse des Verhaltens berücksichtigt werden sollten:
α: externe Variablen, situative Einflüsse,
   beobachtbare Merkmale des Verhaltens
β: psychologische Person-Variablen wie Gedanken,
   Erwartungen, Einstellungen (individuelle Lerngeschichte)
γ: biologisch-physiologische Variablen

Abbildung 2: Dynamische Selbstregulation – Modell in
Anlehnung an Kanfer, Reinecker und Schmelzer (1966)
und Reinecker (1997).

kehrt kann in deduktiver Weise (top-down) auf
der Basis übergeordneter Ziele/Pläne und Regeln ein konkretes Verhalten vorhergesagt werden. Eine Überprüfung am konkreten Verhalten ist dabei immer wieder notwendig.

Der Plan (Plan-Analyse-Konzept: Caspar,
1989) als zentrale Analyse-Einheit ist charakterisiert durch das angestrebte Ziel und die
entsprechende Strategie (Mittel) zur Zielerreichung. Im Gegensatz zur horizontalen Verhal-
tens-Analyse finden längerfristige Motivation,
situationsübergreifende Lernprozesse und übergeordnete Ziele Berücksichtigung. Die Erstellung einer Planstruktur dient der Erfassung und
der Beurteilung von Zielen, Regeln/Plänen und
entsprechenden Verhaltensweisen, ihrer Stim-
migkeit, Funktionalität, Rationalität etc. In **Abbildung 3** ist ein vereinfachtes Beispiel dargestellt.

Als Schnittstelle zwischen horizontaler und ver-
tikaler Verhaltensebene ist die Personvariable
(Kanfer, Reinecker & Schmelzer, 1996) bzw. das
Selbstregulationssystem als Erweiterung und
Präzisierung der ehemaligen O-Variable (Rein-
ecker, 1997) anzusehen.

stimmte Verhaltensweisen bedingen. Das Verhalten ist dabei eine Funktion der Ziele und
Pläne: V = f (Ziele, Pläne).

Die Regeln und Pläne können unterschiedlich abstrakt und miteinander vernetzt sein.
Nach Sammlung konkreter Verhaltensweisen
wird auf induktivem Weg auf übergeordnete
Ziele/Pläne geschlossen (bottom-up); umge-

(3) *Analyse von Systembedingungen.* In der Analyse der Systembedingungen (Bartling et al.,
1992) stehen Fragen zur Struktur und Dynamik
von Systemen, die Identifikation problem- und
systemstabilisierender Regeln, Regelkonflikte
aufgrund Zugehörigkeit zu verschiedenen Nor-
mensystemen oder Konsequenzen der Struktur-
diagnostik für weitere Therapieentscheidungen

Kasten 2
Fallbeispiel für dynamisches Selbstregulations-Modell

Beispiel: Eine (eßgestörte) Klientin kommt
nach einem Arbeitstag nach Hause (S_α), sie
hat unterwegs Diät gehalten (S_γ), ist nun müde
und hat einen niedrigen Blutzuckerspiegel
(O_γ): ihre Gedanken kreisen um einen einsa-
men Abend, daß sie heute nicht wieder «ent-
gleisen» will, aber daß doch im Kühlschrank
noch Essen sein müsste (O_β). Die Klientin ißt
beim offenen Kühlschrank (R_α), will sich zu-
mindestens etwas gönnen (R_β); sie verspürt
keinerlei Sättigungsgefühl (R_γ), erlebt vielmehr
totalen Kontrollverlust (R_β). Nach Beendigung
der «Freßattacke» fühlt sich die Klientin

schlecht durch übervollen Magen (C_γ^-), erlebt
massive Schuld- und Versagensgefühle (C_β^-),
schläft aber auf Grund von Erschöpfung bald
ein (C_γ^-). Die Selbstvorwürfe (S_β) am nächsten
Tag führen zu noch strengerer Diät (S_γ), welche aber dann wiederum von Fressattacken
(R_α) zunichte gemacht wird und die Klientin
zu immer stärkerer Selbstabwertung veranlaßt (C_β^-) und in Zusammenhang mit einer
Irritation des Stoffwechsels und von Hunger-
und Sättigungsregulation (C_γ), sowie Verstärkungsmechanismen das Problemverhalten
aufrecht erhält.

Abbildung 3: Vertikale Verhaltensanalyse (‗‗‗: Verhalten, das schlecht mit den Regeln/Zielen vereinbar ist)

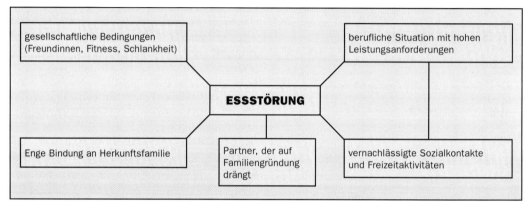

Abbildung 4: Systemmodell

im Vordergrund (Kanfer, Reinecker & Schmelzer, 1996). Das Verhalten ist dabei eine indirekte Funktion der Systembedingungen (s. **Abb. 4**).

Systemdiagnostik soll unter anderem auch Orientierungshilfen zur Erfassung von Systemen in Familien-, Paar- und Einzeltherapie bieten. Eine mehrdimensionale Makro- bzw. Systemanalyse ist notwendig, um der Komplexität menschlichen Verhaltens, das in gegenseitiger Wechselwirkung zu einem vielschichtigen System steht, Rechnung zu tragen (Karoly, 1993); man sollte dabei jedoch einen mittleren Auflösungsgrad wählen, damit die Modelle einerseits möglichst umfassend und andererseits praktisch handhabbar sind.

2.3.3 Bewertung

Nach Horner (1994) sind unterschiedliche Strategien der funktionalen Analyse je nach Fragestellung, Anforderungen und Möglichkeiten

einzusetzen. Sie sollten aber in jedem Fall bestimmte Standards erfüllen wie Operationalisierung des Problemverhaltens, Identifikation von Auslösebedingungen, Hypothesen über aufrechterhaltende Konsequenzbedingungen und direkte Verhaltensbeobachtungen, um Hinweise auf die prinzipielle Bedeutung verhaltenssteuernder Bedingungen zu erhalten.

Leitfäden (Schemata) der Verhaltensanalyse (Schulte,1974, 1996; Bartling et al., 1992; Kanfer, Reinecker & Schmelzer, 1996) sind als Heuristiken und zur Orientierung für das diagnostische Vorgehen anzusehen. Als Bewertungskriterium ist vor allem die Brauchbarkeit im diagnostisch-therapeutischen Prozeß zu sehen (treatment utility); vorwiegend pragmatische Erwägungen des Diagnostikers führen dazu, das eine oder andere Schema zu bevorzugen (Hayes, Nelson & Jarrett, 1987).

Obwohl die Verhaltensanalyse ein zentrales Element der Verhaltenstherapie darstellt, hat sich die umfangreiche verhaltenstherapeutische Forschung vornehmlich mit der Evaluation therapeutischer Methoden bei unterschiedlichsten Fragestellungen beschäftigt. Der direkten Evaluation der Diagnostik wurde bedeutend weniger Beachtung geschenkt (vgl. Hayes & Follette, 1992). Neuere Arbeiten zum funktionalen Ansatz für Diagnose und Therapie und zum Stellenwert der Verhaltensanalyse lassen jedoch interessante Weiterentwicklungen erwarten (Caspar, 1996b; Hayes et al., 1996; Fiedler, 1997; Schulte, 1993; Verhaltenstherapie und Verhaltensmedizin, 1997).

2.4 Verknüpfung Eigenschaftsdiagnostik und Verhaltensdiagnostik

Eine strikte Gegenüberstellung von Eigenschafts- und Verhaltensdiagnostik ist seit langem nicht mehr haltbar (Westmeyer, 1994; Williams & Thompson, 1993); die Dichotomie Eigenschaftsansatz versus Situationismus ist in der Persönlichkeitsforschung im Interaktionismus aufgelöst worden. Klinisch-psychologische Diagnostik muß sich daher an einem interaktiven Persönlichkeitsmodell orientieren, will sie ausreichend differenziert sein. Von daher sind die Ansätze der Eigenschafts- und Verhaltensdiagnostik miteinander zu kombinieren. Als Repräsentanten der Eigenschaftsdiagnostik sind neben den klassischen Tests vor allem die Diagnosesysteme mit ihren Untersuchungsverfahren (Margraf & Schneider, 1996; s. Kap. 6/Klassifikation) zu nennen; dabei sind konzeptuell Diagnosesysteme dem Eigenschaftsansatz und nicht der Verhaltensdiagnostik zuzuordnen. Nach Schulte (1993) kann der Rückgriff auf klinische Diagnosen die Objektivität und Reliabilität der Verhaltensanalyse erhöhen. Der Prozeß der Hypothesenbildung wird wesentlich erleichtert, wenn aufgrund der Diagnosen auf gut ausgearbeitete und empirisch abgesicherte Störungstheorien (z.B. Angststörungen) zurückgegriffen werden kann; ebenso wird die Auswahl der Behandlungsstrategie durch die Verbindung von Diagnosen mit Standardtherapien erleichtert (Fiedler, 1997).

Die Verhaltensanalyse dient der prinzipiellen Hypothesenprüfung im individuellen Fall sowie der individuellen Anpassung der störungsspezifischen Therapie. Für eine indikationsorientierte Diagnostik ist eine Verknüpfung

nosologischer Diagnostik und auf Störungstheorien aufgebauter Problemanalyse (Fiedler, 1997), die eingebettet sein muß in einen größeren diagnostischen Kontext, am sinnvollsten (Caspar, 1996a; Kanfer, Reinecker & Schmelzer, 1996). Ein derartiges Konzept wurde von Schulte (1993, 1996) mit dem integrierten präskriptiven Modell der Problemanalyse vorgelegt.

3. Veränderungsmessung

Unabhängig von den diagnostischen Konzepten sind Fragen der Erfassung von Veränderungen von großer Bedeutung für die klinisch-psychologische Diagnostik (Gottman & Rushe, 1993). Bezüglich der Veränderungsmessung (oft auch Prozeßdiagnostik genannt) lassen sich gem. Stieglitz und Baumann (1994a) folgende Problembereiche unterscheiden: Allgemeine Rahmenbedingungen, meßtheoretische Fragen und Erhebungstechnologie.

Die Beurteilung von Veränderung ist von *allgemeinen Rahmenbedingungen* abhängig. Zu nennen sind vor allem Gedächtnisprozesse, die nicht nur bei der Veränderungsmessung, sondern auch bei einmaliger Datenerfassung von Bedeutung sind, da meist eine Beurteilung von Zeiträumen verlangt wird. Diese Beurteilung stellt vielfach die Basis für eine Veränderungsberechnung dar, sofern nicht eine direkte Veränderungserfassung angestrebt wird (s. unten). Gerade bei verschiedenen psychischen Störungen haben wir aber Gedächtnisbeeinträchtigungen, so daß bei Selbstbeurteilungen entsprechende Fehlervarianz einfließen kann. Im weiteren können sich bei der Veränderungsmessung die Beurteilungskriterien verändern, indem den Urteilskategorien zu unterschiedlichen Zeitpunkten unterschiedliches Gewicht beigemessen wird (z.B. gleiche Beschwerdenausprägung wird bei Therapieanfang als leicht, bei Therapieende als «mittel» erlebt). Neben Skalenverschiebungen innerhalb eines Symptombereiches sind aber auch Verschiebungen in der Gewichtung einzelner Symptombereiche möglich, d.h. zu Beginn einer Therapie sind die Zielpräferenzen anders als nach drei Monaten Therapie. Die herkömmliche Veränderungserfassung läßt derartige Einflußgrößen unter die Fehlervarianz subsumieren. Wünschenswert wären Verfahren, die diese Varianz inhaltlich berücksichtigen.

Veränderungsmessung erfolgt meist mittels Verfahren, die auf der klassischen Testtheorie basieren. Wie verschiedentlich betont wurde (z.B. Rost, 1996), ist die klassische Testtheorie keine adäquate *Meßtheorie* für die Veränderungsmessung, da nach Rost (1996) vor allem folgende Punkte nicht befriedigend gelöst sind: Reliabilität von Differenzwerten, Korrelation von Ausgangswert und Differenzwert und Konstruktkonstanz über die Zeit (erfaßt der Test zu allen Zeitpunkten identisches Konstrukt?). Meist werden bei der klassischen Testtheorie die Testkennwerte (Trennschärfe, Konsistenz, Faktorenanalyse etc.) nur für *einen* Zeitpunkt berechnet, auch wenn das Verfahren zur Veränderungsmessung herangezogen werden soll. Notwendig wären aber Analysen für verschiedene Zeitpunkte, wobei die Wahl der Zeitabstände vom potentiellen Einsatzfeld abhängt. Trotz der berechtigten Einwände stellen aber die mit der klassischen Testheorie entwickelten Verfahren weiterhin den Hauptanteil bei der Veränderungserfassung. Letztlich werden die meßtheoretischen Bedenken durch technologische Argumente erwidert, indem auf die Nützlichkeit und Brauchbarkeit der Ergebnisse verwiesen wird. Konzeptuell bieten probabilistische Ansätze (Rost, 1996) stringentere Lösungen für die Veränderungsmessung an, doch haben diese bisher kaum Anwendung im klinischen Sektor gefunden.

Bezüglich der *Erhebungstechnologie* können nach Seidenstücker und Baumann (1978) vier verschiedene Formen der Veränderungserfassung unterschieden werden:

(1) *Indirekte* Veränderungsmessung: Bildung von Differenzen zwischen Statusbeurteilungen. Diese Form stellt die häufigste Variante dar, beinhaltet aber die oben angesprochenen meßtheoretischen Probleme der klassischen Testtheorie.

(2) *Direkte* Veränderungsmessung: direkte Einschätzung von Veränderungen bei einem Meßpunkt, indem zu einem Bezugspunkt Komparativaussagen – besser, schlechter, häufiger etc. – getroffen werden. Dieser Ansatz ist nur für eine Zweipunkterhebung möglich. Direkte und indirekte Veränderungsmessung führen zu unterschiedlichen Ergebnissen (Stieglitz & Baumann, 1994a).

(3) Beurteilung von *Therapiezielverwirklichung:* es sollen die Veränderungen von einem Ausgangszustand (Therapiebeginn) in einen Zielzustand (Therapieende) festgestellt werden. Am bekanntesten ist das *Goal Attainment Scaling* (Kirusek, Smith & Cordillo, 1968), bei dem eine Matrix erstellt wird, die aus Zielbereichen und Zielzuständen besteht.

(4) *Beurteilung* des (psychopathologischen) Status nach einem Zeitintervall bezüglich des *Normbereiches:* Feststellung, ob therapeutische Veränderungen innerhalb oder außerhalb des jeweiligen Normbereiches liegen. Zum Beispiel kann eine Patientin in einer Depressionsskala zu Therapiebeginn eine sehr schwere Ausprägung aufweisen, nach Therapieende haben sich aber ihre Werte normalisiert (Veränderung von «schwerer Ausprägung» hin zu «Normalbereich»).

Berücksichtigt man zusätzlich, daß Veränderungsmessung in der Klinischen Psychologie meistens multimodal (s. nächster Abschnitt) zu erfolgen hat, so wird deutlich, daß die exakte Erfassung von Veränderungen mit diversen Problemen behaftet ist, so daß ein umfassendes methodisches und inhaltliches Wissen für die Realisierung von Veränderungsmessung notwendig ist.

4. Multimodalität als Grundprinzip der Diagnostik

Eine zentrale Grundannahme der klinisch-psychologischen Diagnostik stellt das Prinzip der Multimodalität dar (Seidenstücker & Baumann,1978); dieses Prinzip wird in den unterschiedlichsten diagnostischen Konzepten akzeptiert. Multimodalität bedeutet, daß anstelle des univariaten Zuganges ein multivariates Vorgehen gewählt wird, bei dem jeweils innerhalb einzelner Kategorien variiert wird. Folgende Kategorien sind zu unterscheiden:

– Datenebenen (Grundkategorien organismischer Merkmale)
– Datenquellen (InformationsgeberIn)
– Untersuchungsverfahren

– Konstrukte/Funktionsbereiche (Einheiten innerhalb einzelner Datenebenen bzw. über einzelne Datenebenen hinweg).

Fisseni (1990) versteht unter multimodaler bzw. multimethodaler Diagnostik eine Integration von aus verschiedenen Methoden gewonnenen Informationen, wobei es darauf ankommt, daß der Diagnostiker über bestimmte Grundkenntnisse der Diagnostik verfügt, mit den Einzelverfahren vertraut ist und es beherrscht, die Ergebnisse in ein diagnostisches Urteil zu integrieren und auch unterschiedliche Aspekte der komplexen diagnostischen Situation einfließen zu lassen (simultane Verwendung eines Tests in der Verhaltensbeobachtung).

Im folgenden können zu den Kategorien nur einige globale Hinweise gegeben werden; Details sind der entsprechenden Spezialliteratur zu entnehmen.

4.1 Multimodalität: Datenebenen

Zur Erfassung menschlichen Erlebens und Verhaltens werden meist folgende Datenebenen unterschieden:

– *biologische/somatische Ebene:* oft unterteilt in biochemische, neurophysiologische, psychophysiologische Ebene; im Vordergrund stehen körperliche Vorgänge, die physikalisch oder chemisch erfaßbar sind;
– *psychische/psychologische Ebene:* Akzentuierung auf individuellem Erleben und Verhalten (inkl. Leistung);
– *soziale Ebene:* Akzentuierung auf interindividuellen Systemen (soziale Rahmenbedingungen);
– *ökologische Ebene:* beinhaltet materielle Rahmenbedingungen.

Die einzelnen Datenebenen stellen Brennpunkte mit spezifischen Konsequenzen für Forschung und Praxis dar. Durch Begriffe wie Neuropsychologie, Psychoimmunologie, Psychosomatik, etc. wird betont, daß die einzelnen Datenebenen keine abgeschlossenen Bereiche darstellen, sondern miteinander verknüpft sind. Die Verabsolutierung einzelner Datenebenen führt zu Verkürzungen in der Betrachtung des Menschen; es kann auch nicht das Ziel der Forschung sein, Aussagen der verschiedenen Datenebenen auf einer einzigen Datenebene zu vereinen.

In verhaltensorientierten Ansätzen wird die Beschreibung und Erfassung von Verhalten vielfach auf drei Ebenen konzipiert: motorisch-beobachtbare bzw. Verhaltensebene, subjektiv-kognitive Ebene und somatisch-psychophysiologische Ebene (Lang, 1971). Lazarus (1973) unterscheidet in seiner multimodalen Verhaltenstherapie die Ebenen Verhalten (behavior), Affekt (affect), Empfindung (sensation), Vorstellung (imagery), Kognition (cognition), soziale Beziehungen (interpersonal) und Medikamente (drugs) – kurz BASIC-ID genannt.

4.2 Multimodalität: Datenquellen

Neben den Datenebenen sind auch die Datenquellen zu variieren. Zu unterscheiden sind als InformationsgeberIn:

– die *befragte Person selbst,* die eine Selbstbeobachtung in Form von Selbstbeurteilungen (z.B. bezüglich Stimmung) oder Selbstregistrierungen des Verhaltens (z.B. Zigarettenkonsum) abgibt.
– *andere Personen* (Bezugspersonen, geschulte BeurteilerInnen, TherapeutInnen etc.), die eine Fremdbeobachtung in Form von Fremdbeurteilung bzw. Verhaltensbeobachtung vornehmen. Auch institutionell anfallende Daten (z.B. Zahl der Krankenhaustage) werden von anderen Personen festgehalten, so daß sie der Fremdbeobachtung zugeordnet werden können.
– *apparative Verfahren, Verfahren der Leistungs- und Intelligenzdiagnostik mittels Papier/ Bleistift* erbringen Funktions- und Leistungskennwerte, die die Zielperson generiert; sie stellen aber keine Form der Selbstbeobachtung, sondern eine eigene Datenquelle dar. Vielfach erfolgt heute die Erfassung entsprechender Kennwerte mittels Computerunterstützung (bezüglich Aufgabenpräsentation, Datenregistrierung, -aufbereitung und -auswertung). Zu den apparativen Verfahren gehören auch die physiologischen Verfahren wie EEG, EKG etc.

In der klinisch-psychologischen Diagnostik hat vor allem die Relation Selbst-Fremdbeobachtung immer wieder großes Interesse gefunden, da Selbst- und Fremdbeurteilungsverfahren (in Form von Ratings) häufig angewandt werden. Für eine Überprüfung der Relation zwischen den beiden Datenquellen ist zu berücksichtigen, daß Selbst- und Fremdbeurteilungsverfahren häufig nicht völlig unterschiedliche Verfahrensgruppen darstellen, da Einstufungen in Fremdbeurteilungsskalen zum Teil auf Selbstaussagen der PatientInnen beruhen. Besonders detailliert erforscht ist die Relation zwischen Selbst/Fremd in der Depressionsdiagnostik, aber auch in der Psychotherapieforschung. Paykel und Norton (1986) stellen in ihrem Literaturüberblick zur Depressionsdiagnostik fest, daß Selbst- und Fremdbeurteilungen in der Regel mit r = .4 bis r = .6 korrelieren; bei inhaltlich stärker übereinstimmenden Verfahren werden höhere Korrelationen berichtet. Mangelnde maximale Übereinstimmung ist nicht nur auf Meßungenauigkeiten zurückzuführen. Vielmehr ist zu berücksichtigen, daß Selbst- und Fremdbeurteilung grundsätzlich unterschiedliche Beurteilungen mit unterschiedlichen Aussagebereichen darstellen. Die Fremdbeurteilung kann daher nicht als richtiger bzw. objektiver als die Selbstbeurteilung angesehen werden; Fremd- und Selbstbeurteilung haben beide gleiche wissenschaftstheoretische Dignität.

4.3 Multimodalität: Untersuchungsverfahren

Für die einzelnen Datenebenen stehen jeweils unterschiedliche Untersuchungsverfahren zur Verfügung. Auf die Verfahren der biologischen Ebene kann hier nicht näher eingegangen werden, da dies den Rahmen sprengen würde. Bezüglich der ökologischen Datenebene liegen bisher keine Verfahren vor, die in ihrer Elaboriertheit mit den psychologischen Testverfahren vergleichbar wären. Im folgenden sollen daher einige allgemeine Gesichtspunkte zu den Verfahren der psychischen und der sozialen Datenebene angesprochen werden. Es liegen – wie die Ausführungen in Teil B dieses Bandes zeigen – eine Vielzahl an Untersuchungsverfahren vor. Es ist hier nicht möglich, die Vielzahl an Verfahren, die für den klinischen Bereich

wichtig sind, systematisch abzuhandeln; es sei daher auf Überblicksliteratur verwiesen (AMDP & CIPS, 1990; CIPS,1996; Kubinger, 1997; Maruish, 1994; Schneider & Margraf, 1996; Ogles, Lambert & Masters, 1996; Schutte & Malouff, 1995; Stieglitz & Baumann 1994b; Westhoff, 1993).

4.3.1 Systematik der Untersuchungsverfahren

Zur Systematisierung der Untersuchungsverfahren wurden verschiedenste Taxonomien vorgeschlagen. So hat z.B. Cattell für seine Persönlichkeitstheorie drei Datenarten unterschieden (Amelang & Bartussek, 1990): L (Life; Verhaltensdaten und Daten aus dem Lebenslauf), Q (Questionnaire; Selbstbeurteilungsdaten) und T (Test; objektive Test, d.h. Untersuchungsziel ist für ProbandIn nicht durchschaubar). In Erweiterung von Baumann und Stieglitz (1994) kann man vor allem folgende Verfahrensgruppen unterscheiden:

- Selbstbeobachtung in Form von Selbstbeurteilungs-Fragebögen.
- Fremdbeobachtung in Form von Fremdbeurteilungs-Verfahren (zum Teil (Fremd)-Ratings genannt), bei denen meist die Einstufungen von Konstrukten wie z.B. Konzentration, Depressivität etc. gefordert wird.
- Fremdbeobachtung in Form von Verhaltensbeobachtung (Registrierung von Verhaltensdaten mittels Häufigkeiten).
- Interview.
- Verfahren der Leistungsdiagnostik (zum Teil auch apparative Verfahren genannt).
- Verfahren der Felddiagnostik (insbesondere computerunterstützte Verfahren), die meist als Selbstbeobachtung, vereinzelt aber auch als Fremdbeobachtung benutzt werden (s. Abschnitt 4.3.4).
- Projektive Verfahren.
- Inhaltsanalytische Verfahren, bei denen Texte (direkt entstanden oder transskribiert) ausgewertet werden.

Eine für den klinischen Sektor wichtige Unterscheidung der Verfahren ist aufgrund entscheidungstheoretischer Gesichtspunkte zu treffen. Wir können Breitband- und Schmalbandverfahren unterscheiden, wobei erstere viel Information mit geringerer Genauigkeit, letztere wenig Information mit viel Genauigkeit erfassen. Gerade im klinischen Sektor benötigt man häufig Breitbandverfahren (z. B. Interview), um einen Überblick über eine Person zu erhalten (Michel & Mai, 1968). Der Nutzen eines Verfahrens ist daher nicht nur von den formalen Gütekriterien her zu bestimmen, sondern komplexer zu sehen (vgl. Amelang & Zielinski, 1994).

4.3.2 Psychologische Tests und andere Formen der Datengewinnung

Um zu einem diagnostischen Urteil zu kommen, gibt es unterschiedliche methodische Wege der Datengewinnung. Besonders stringent sind Verfahren, die als *psychologische Tests* bezeichnet werden. Tests sind u. a. wie folgt charakterisiert (Jäger & Petermann, 1995):

– Standardisierung (d.h. vorgegebene Regeln) bezüglich Durchführung, Auswertung, Interpretation;
– Gewinnung von Verhaltensstichprobe und Schluß auf Eigenschaft;
– Quantifizierung (Messung der Merkmale);
– Vorlage von Gütekriterien wie Objektivität, Reliabilität, Validität, Normen etc.; vielfach werden zusätzliche Kriterien gefordert (vgl. Testkuratorium, 1986).

Psychologische Tests können in Form von Selbst- oder Fremdbeurteilung (Ratings), als projektive Verfahren oder als Verfahren der Leistungsdiagnostik vorliegen. Die Qualifizierung von Verfahren als Test erfolgt bisher nicht kategorial (ja/nein), da Verfahren vielfach in unterschiedlichem Ausmaß die Kriterien eines Tests erfüllen; Überlegungen bezüglich der Qualitätssicherung mittels DIN-Normen, die zu kategorialen Beurteilungen führen würden, sind in Gange.

Wenn auch die psychologischen Tests die stringentesten Verfahren darstellen, so stellt das *diagnostische Gespräch (Interview)* in der Praxis das häufigste Verfahren dar (Hersen & Turner, 1994; Kanfer, 1985; Wittchen & Unland, 1991). Zum einen dient das diagnostische Gespräch der Datenerhebung bei den Fremdbeurteilungsverfahren in Testform; besonders wichtig haben sich Interviews für die Erstellung von ICD- und DSM-Diagnosen erwiesen (vgl. Kap. 6/Klassifikation). Vielfach wird aber das Gespräch ohne explizite Fremdbeurteilung als Basis für klinische Entscheidungen benutzt. Das diagnostische Gespräch dient jedoch nicht nur der Informationserhebung, sondern erfüllt gleichzeitig Funktionen beratender oder therapeutischer Art. Besonders wichtig für den Diagnostiker sind unterschiedliche, zum Teil interaktionelle Beeinflussungen, sowohl des Interview- als auch des Antwortverhaltens. Modelle der Informationsverarbeitung, kognitive Theorien, Lerntheorien und sozialpsychologische Befunde geben u.a. Hinweise auf die vielfältigen Faktoren, die diese – meist dyadisch gestaltete – Gesprächssituation beeinflussen (Lilly & Frey, 1993). Von besonderer Bedeutung ist das Interview in der Eingangsphase von klinischen Interventionen, da dadurch erste Daten zur Störung, aber auch zur *Anamnese* gewonnen werden (zu Anamneseschematas: Kessler, 1994).

Eine weitere Informationsquelle stellt das Verhalten der PatientInnen dar, das in der *Verhaltensbeobachtung* (Faßnacht, 1995) systematisiert wird. Beobachtet wird das Spontanverhalten, aber auch das Verhalten unter experimentellen Bedingungen (z.B. Rollenspiel) oder in der Realität (z.B. Reizkonfrontation in vivo). Durch die Hinzunahme von Aufzeichnungstechniken (z.B. Videotechnik) ergibt sich eine Fülle von diagnostischen Informationen. Wenn auch Verhaltensbeobachtungen vielfach den Stellenwert von ad-hoc Verfahren ohne spezielle Gütekriterien haben, so finden wir in neuerer Zeit einzelne Ansätze mit einem relativ hohen methodischen Standard, der die Verfahren vergleichbar mit herkömmlichen Tests macht (Wallbott, 1994).

4.3.3 Individualdiagnostik versus Diagnostik interpersoneller Systeme

Neben der methodischen Systematisierung der diagnostischen Verfahren können die Verfahren auch klassifiziert werden, inwieweit sie für die Diagnostik von *Einzelpersonen oder von interpersonellen Systemen* geeignet sind. Die meisten Untersuchungsverfahren, insbesondere psychologische Tests, sind für die Individualdiagnostik konzipiert. Eine weitere Gruppe von Verfahren erfaßt interindividuelle Systeme aus der Sicht des Einzelnen («egozentrierter Ansatz»). So kann z.B. das Soziale Netzwerk einer Person aus der Sicht der betreffenden Person erfaßt werden (Baumann & Laireiter, 1995), ohne daß man – wie im Soziogramm – alle Personen systematisch erfaßt. Vergleichbare Ansätze gibt es für Paar- und Familienbeziehungen (Cierpka, 1996; Hank, Hahlweg & Klann, 1990). Nur ein kleiner Teil der Verfahren ist tatsächlich systemisch konzipiert, d.h. daß alle Elemente des Systems in ihrer gegenseitigen Relation diagnostisch erfaßt werden (z.B. gemeinsames Problemlösen innerhalb einer Familie; Cierpka, 1996); vielfach sind diese Verfahren mit Ratingsystemen oder Verhaltensbeobachtung gekoppelt.

4.3.4 Datenerfassung im natürlichen Umfeld: Felddiagnostik

Die herkömmliche diagnostische Datenerfassung, wie sie vor allem durch einen Test repräsentiert ist, ist in der Regel einem Experiment vergleichbar, bei dem die Untersuchungssituation, das zu erfassende Verhalten und die Darbietung der Stimuli künstlich sind (Perrez, 1994). In der Verhaltenstherapie hat man seit langem versucht, auch aus dem Alltag mittels *Tagebüchern* Daten zu gewinnen. Erst in neuerer Zeit hat diese Form der Datengewinnung durch die Heranziehung von Kleincomputern (Notebook) neue Impulse erhalten und damit auch für die Diagnostik neue Wege eröffnet (Fahrenberg & Myrtek, 1996). Mit diesem Ansatz können im Alltag – in Form von Zeit - oder Ereignisstichproben – unterschiedlichste Merkmale (Stimmung, Bewältigung, Belastung, Kontakte etc.) in Form von Selbstregistrierung oder – in begrenztem Umfange – in Form der Fremdregistrierung erhoben werden. Die bisherigen Ergebnisse lassen diesen Ansatz für sehr zukunftsreich erscheinen, da komplexe Funktionsmuster direkt registriert werden können und damit Verzerrungseffekte (Gedächtnis, Verarbeitung etc.) bedeutend geringer als bei den üblichen Fragebögen sind. Nicht zu übersehen sind allerdings reaktive Effekte dieser Methode (manchmal therapeutisch erwünscht und genützt). Die Selbstregistrierung mittels Kleincomputer im Alltag setzt ein Mindestmaß an intakten Funktionen voraus, da sonst keine zuverlässige Gerätebedienung gewährleistet ist.

4.4 Multimodalität: Konstrukte

Multimodalität bedeutet nicht zuletzt auch eine Variation bezüglich der Konstrukte. Insbesondere in der Therapieforschung hat es sich als unabdingbar erwiesen, die Wirksamkeit komplex zu erfassen. Damit sollen nicht nur die erwünschten Wirkungen bezüglich der Zielsymptomatik, sondern auch evtl. auftretende unerwünschte Wirkungen («Nebenwirkungen») identifiziert werden. Für die klinische Diagnostik liegen keine anerkannten Konstrukttaxonomien vor, so daß im Einzelfall die sinnvolle Konstruktauswahl durch den aktuellen Forschungsstand bestimmt wird. Daher werden in der klinischen Diagnostik eine Vielzahl unterschiedlichster Konstrukte verwendet. Ein Spezifikum der klinischen Diagnostik ist aber, daß neben den üblichen Konstrukten (z.B. Neurotizismus, Internale Kontrolle, Depressivität) auch komplexe Globalkonstrukte verwendet werden (vgl. Laireiter, Baumann & Stieglitz, 1994). Diese Globalkonstrukte (z.B. Soziale Anpassung, Soziale Ressourcen, Soziale Integration) suchen primär Angaben zur sozialen Datenebene zu machen, so daß sie vielfach auch *Sozialkonstrukte* genannt werden. Kern der Instrumente sind meist Angaben zum Sozialen Netzwerk bzw. zur Sozialen Unterstützung (Baumann & Laireiter, 1995). Neben der sozialen Datenebene fließen häufig auch Indikatoren der psychischen (z.B. Bewältigung), der biologischen (z.B. Gesundheitszustand) und der ökologischen (z.B. Wohnqualität) Datenebene mit ein, so daß es sich um multidimensionale Konstrukte handelt. Diese Sozialkonstrukte suchen diejenigen Merkmale in einem Konzept und Untersuchungsverfahren zu subsumieren, die das Erkrankungs- bzw. Rückfallrisiko reduzieren (protektive Faktoren) oder erhöhen (vulnerabilisierende Faktoren; s. Kap. 9/Ätiologie, Bedingungsanalyse: methodische Gesichtspunkte). Neben der Funktion als unabhängige Variablen (Soziale Ressourcen als Risikominderung für Erkrankung) werden diese Konzepte auch als abhängige Variable verwendet (z.B. Soziale Anpassung als Folge von Erkrankung).

In neuerer Zeit hat vor allem in der somatischen Medizin ein weiteres Globalkonstrukt Beachtung gefunden, nämlich das Konzept der *Lebensqualität*. Darunter wird nach Bullinger (1996, S. 16) ein mehrdimensionales Konstrukt verstanden, das «die körperlichen, mentalen, sozialen, psychischen und funktionalen Aspekte des Befindens und der Funktionsfähigkeit der Patienten aus ihrer eigenen Sicht beschreibt». Wie Bullinger (1996) und Stieglitz (1996) zeigen, gibt es zu diesem Konstrukt eine Vielzahl an Untersuchungsverfahren, die vielfach in Form von Selbst-, zum Teil aber auch in Form von Fremdbeurteilung angewandt werden.

Zusammenfassend ist zu sagen, daß die Sozialkonstrukte und das Konzept der Lebensqualität klinisch sinnvolle Konstrukte darstellen, die gerade für die Praxis sehr bedeutsam sind. Die Konstruktpräzisierung durch Analyse der Einzelkomponenten, der Relation zu verwandten Konstrukten , aber auch die methodische Fundierung sind häufig nicht zufriedenstellend gelöst, so daß diesbezüglich weitere Forschungsaktivitäten notwendig sind.

4.5 Zur Problematik der Multimodalität

Multimodalität ist ein allgemeines Rahmenkonzept, das für die konkrete Untersuchung die Auswahl der Untersuchungsverfahren nicht bis ins einzelne spezifiziert. Bei der Wahl der Untersuchungsverfahren kommen neben den herkömmlichen Gütekriterien wie Objektivität, Reliablität und Validität weitere Kriterien hinzu, wie z.B. Durchführungsaspekt, Nützlichkeit, Kosten-Effizienz-Überlegungen, Sensitivität, soziale und ethische Akzeptiertheit, Zumutbarkeit, Irrtumsmöglichkeiten u.a.m. (vgl. Testkuratorium, 1986). Unter Berücksichtigung dieser Vielzahl an Randbedingungen sind die konkreten Untersuchungsverfahren auszuwählen. Multimodales Vorgehen verkompliziert nicht nur das Auswahlprozedere, sondern führt auch zu Interpretationsproblemen (Fahrenberg, 1984; Seidenstücker & Baumann, 1978). Mehrere Datenmodalitäten (Datenebenen, Datenquellen, Untersuchungsmethoden) können in ihren Ergebnissen pro Zeitpunkt oder im Verlauf übereinstimmen bzw. nicht übereinstimmen:

– Grad der Übereinstimmung bei *einem* Untersuchungszeitpunkt: Konkordanz/Diskordanz der Daten.
– Grad der Übereinstimmung bei *mehreren* Untersuchungszeitpunkten: Synchronizität/ Desynchronizität der Verlaufskurven.

Übereinstimmungen bzw. Nichtübereinstimmungen können wahre Sachverhalte, aber auch Scheinzusammenhänge repräsentieren. Voraussetzung für eine inhaltliche Interpretation ist ein gemeinsamer Bezugsrahmen. Nichtübereinstimmung unterschiedlicher Datenmodalitäten führt in Entscheidungssituationen zu Schwierigkeiten. Welche Modalität (Datenebene, Datenquelle, Untersuchungsverfahren) soll bei Widersprüchen den Ausschlag geben (z.B. unterschiedliche Bewertung des Therapieverlaufes durch Eltern, Therapeut, Kind)? Die Lösung der hier angesprochenen Probleme durch univariates Vorgehen erscheint wenig sinnvoll zu sein, da damit die Komplexität der zu untersuchenden Phänomene meist zu stark vereinfacht werden. Es bieten sich zwar keine Lösungen in dieser Problematik an, doch können folgende Gesichtspunkte zur Lösung beitragen (Seidenstücker & Baumann, 1978):

– Vermehrt sind die Verfahren hypothesen- und theoriengeleitet zu wählen.
– Stärker als bisher ist darzulegen, in welcher Relation Untersuchungsverfahren und Konstrukt stehen. Die technologische Begründung auf Grund der Bewährung ist nicht ausreichend.
– Zusätzlich sind Methodenstudien im Sinne der Multitrait-Multimethod-Analyse notwendig, um die Zusammenhänge empirisch zu klären.

5. Schlußbemerkungen

Psychologische Diagnostik, die wissenschaftlich fundiert ist, kann nicht nur Verfahrensapplikation sein. Vielmehr muß der/die DiagnostikerIn das Vorgehen methodisch und theoretisch reflektieren, um Untersuchungsstrategien und -methoden auszuwählen, damit differenzierte und begründete Aussagen erlangt werden. Dies wird heute durch die Vielzahl an vorgelegten Untersuchungsverfahren erschwert.

Wünschenswert wäre es daher für den klinisch-psychologischen Sektor (gilt aber auch für andere Bereiche), – anstelle der Vielzahl an unterschiedlichen Verfahren – einige wenige gut erprobte Methoden als Referenzinstrumente zu benutzen. Ein Beispiel dafür sind die im deutschsprachigen Raum ausgesprochenen Empfehlungen zur Standardisierung von Diagnostik und Evaluation in der Psychotherapie von Fydrich, Laireiter, Saile und Engberding (1996; vgl. auch Empfehlungen zur Angstforschung von Margraf & Bandelow, 1997). In den Empfehlungen werden unterschieden: Eingangsdiagnostik, klassifikatorische-kategoriale Diagnostik, symptomorientiertes Screening, spezifische Verfahren für einzelne Diagnosebereiche, Therapieverlaufs- und Veränderungsdiagnostik. Derartige Standardisierung würden die Befundlage vereinheitlichen und für die Praxis einen Beitrag zur Qualitätssicherung geben.

Die psychologische Diagnostik, aber auch die klinisch-psychologische Diagnostik haben lange Zeit stagniert. Dies ist umso bedauerlicher, als die Diagnostik seit Beginn dieses Jahrhunderts einen wesentlichen Bestandteil klinisch-psychologischer Tätigkeit darstellte. Für die künftige Entwicklung der Klinischen Psychologie ist es dringend erforderlich, daß die klinisch-psychologische Diagnostik sowohl in der Forschung, als auch in der Praxis vermehrt Beachtung findet. Erfreulicherweise sind entsprechende Aktivitäten in Gange, wie die im Literaturverzeichnis angeführten neueren Forschungsergebnisse zeigen; diese Ansätze bedürfen aber einer breiteren Förderung.

6. Literatur

AMDP & CIPS (Eds.). (1990). *Ratingscales for psychiatry.* Weinheim: Beltz.

Amelang, M. & Bartussek, D. (1997). *Differentielle Psychologie und Persönlichkeitsforschung* (4. Aufl.). Stuttgart: Kohlhammer,

Amelang, M. & Zielinksi, W. (1994). *Psychologische Diagnostik und Intervention.* Berlin: Springer.

American Psychiatric Association (1994). *Diagnostisches und Statistisches Manual Psychischer Störungen: DSM-IV* (Dt. Bearb. von Wittchen, H.-U. et al., 1996). Washington, D.C.: American Psychiatric Association.

Bartling, G., Echelmeyer, L., Engberding, M. & Krause, R. (1992). *Problemanalyse im therapeutischen Prozeß. Leitfaden für die Praxis.* (3. Aufl.). Stuttgart: Kohlhammer.

Baumann, U. & Laireiter, A. (1995). Individualdiagnostik interpersoneller Beziehungen. In K. Pawlik (Hrsg.), *Enzyklopädie der Psychologie: Grundlagen und Methoden der Differentiellen Psychologie* (Bd. 1, S. 609–643). Göttingen: Hogrefe.

Baumann, U. & Reinecker-Hecht, Ch. (1986). Psychotherapie-Evaluation. In K.P. Kisker, H. Lauter, J.E. Meyer, C. Müller & E. Strömgren (Hrsg.), *Neurosen, Psychosomatische Erkrankungen, Psychotherapie. Psychiatrie der Gegenwart* (Band 1, 3. Aufl.; S. 353–372). Berlin: Springer.

Baumann, U. & Stieglitz, R.D. (1994). Psychodiagnostik psychischer Störungen: Allgemeine Grundlagen. In R.D. Stieglitz & u. Baumann (1994), *Psychodiagnostik psychischer Störungen* (S. 3–20). Stuttgart: Enke.

Bullinger, M. (1996). Lebensqualität – ein Ziel- und Bewertungskriterium medizinischen Handelns? In H.J. Möller, R.E. Engel & P. Hoff (Hrsg.), *Befunderhebung in der Psychiatrie: Lebensqualität, Negativsymptomatik und andere aktuelle Entwicklungen* (S. 13–29). Berlin: Springer.

Butcher, J.N., Graham, J.R., Haynes, S.N. & Nelson, L.D. (Eds.). (1995). Methododological issues in psychological assessment research (special issues). *Psychological Assessment, 7* (3).

Caspar, F. (1989). *Beziehungen und Probleme verstehen. Eine Einführung in die psychotherapeutische Plananalyse.* Bern: Huber.

Caspar, F. (1996a). Die Anwendung standardisierter Methoden und das individuelle Neukonstruieren therapeutischen Handelns. In H. Reinecker & D. Schmelzer (Hrsg.), *Verhaltenstherapie, Selbstregulation, Selbstmanagement* (S. 23–47). Göttingen: Hogrefe.

Caspar, F. (Hrsg.). (1996b). *Psychotherapeutische Problemanalyse.* Tübingen: Deutsche Gesellschaft für Verhaltenstherapie.

Caspar, F. & Grawe, K. (1982). *Vertikale Verhaltensanalyse (VVA). Analyse des Interaktionsverhaltens als Grundlage der Problemanalyse und Therapieplanung.* Forschungsbericht aus dem Psychologischen Institut der Universität Bern.

Cierpka, M. (Hrsg.). (1996). *Familiendiagnostik* (2. Aufl.). Berlin: Springer.

CIPS (Hrsg.). (1996). *Internationale Skalen für Psychiatrie* (4. Aufl.). Weinheim: Beltz.

Fahrenberg, J. (1984). Methodische Überlegungen zur Mehrebenen-Prozeßforschung. In U. Baumann (Hrsg.), *Psychotherapie: Makro-Mikroperspektive* (S. 198–222). Göttingen: Hogrefe.

Fahrenberg, J. & Myrtek, M. (Eds.). (1996). *Ambulatory assessment. Computer-assisted psychological and psychophysiological methods in monitoring and field studies.* Seattle: Hogrefe & Huber Publ.

Faßnacht, G. (1995). *Systematische Verhaltensbeobachtung. Eine Einführung in die Methodologie und Praxis* (2. Aufl.). München: Reinhardt.

Fiedler, P. (1997). Therapieplanung in der modernen Verhaltenstherapie. Von der allgemeinen zur phänomen- und störungsspezifischen Behandlung. *Verhaltenstherapie und Verhaltensmedizin, 18,* 7–39.

Fisseni, H.-J. (1990). *Lehrbuch der psychologischen Diagnostik.* Göttingen: Hogrefe.

Fydrich, Th., Laireiter, A., Saile, H. & Engberding, M. (1996). Diagnostik und Evaluation in der Psychotherapie: Empfehlungen zur Standardisierung. *Zeitschrift für Klinische Psychologie, 25* , 161–168.

Goldstein, G. & Hersen, M. (Eds.). (1991).*Handbook of psychological assessment.* (2nd ed.). New York: Pergamon.

Gottman, J. M. & Rushe, R. H. (Eds.). (1993). The analysis of change (Special section). *Journal of Consulting and Clinical Psychology, 61* (6).

Hank, G., Hahlweg, K. & Klann, N. (1990). *Diagnostische Verfahren für Berater. Materialien zur Diagnostik und Therapie in Ehe-, Familien- und Lebensberatung.* Weinheim: Beltz.

Hayes, S. C. & Follette, W. C. (1992). Can functional analysis provide a substitute for syndromal classification? *Behavioral Assessment, 14,* 345–365.

Hayes, S., Nelson, R. & Jarrett, R. (1987). The Treatment Utility of Assessment. A Functional Approach to Evaluating Assessment Quality. *American Psychologist, 42,* 963–974.

Hayes, S., Wilson, K., Gifford, E., Follette, V. & Strohsahl, K. (1996). Experiential Avoidance and Behavioral Disorders: A Functional Dimensional Approach to diagnosis and Treatment. *Journal of Consulting and Clinical Psychology, 64,* 1152–1168.

Haynes, S. & O'Brien, W. (1990). Functional analysis in behavior therapy. *Clinical Psychology Review* , 10, 649–668.

Hersen, M & Turner, S. M. (1994). *Diagnostic Interviewing.* (2nd ed.). New York: Plenum.

Horner, R. (1994). Functional assessment: Contributions and future directions. *Journal of Applied Behavior Analysis, 27,* 401–404.

Jäger, S. & Petermann, F. (Hrsg.). (1995). *Psychologische Diagnostik.* Weinheim: Psychologie Verlags Union.

Kaminski, G. (1970). *Verhaltensthorie und Verhaltensmodifikation.* Stuttgart: Klett.

Kanfer, F. H. (1985). Die Bedeutung von Informationsverarbeitungsmodellen für das diagnostische Gespräch. *Verhaltensmodiflkation, 6,* 3–19.

Kanfer, F. H. & Busemeyer, J. R. (1982). The use of problem-solving and decision-making in behavior therapy. *Clinical Psychology Review, 2,* 239–266. (Dt.: Problemlösen und Entscheidungsfindung in der Verhaltenstherapie. *Verhaltensmodifikation, 3,* 140–156.)

Kanfer, F. H. & Nay, W. R. (1982). Behavioral assessment. In G. T. Wilson & C. M. Franks (Eds.), *Contemporary Behavior Therapy* (pp. 367–402). New York: Guilford Press.

Kanfer, F. H., Reinecker, H, & Schmelzer, D. (1996). *Selbstmanagement-Therapie. Ein Lehrbuch für die Klinische Praxis* . (2. Aufl). Berlin: Springer.

Kanfer, F. H. & Saslow, G. (1965). Behavioral analysis: An alternative to diagnostic classification. *Archives of General Psychiatry, 12,* 529–538.

Karoly, P. (1993). Mechanisms of self-regulation: A systems view. *Annual Review of Psychology, 44,* 23–52.

Kessler, B. H. (1994). Biographische Diagnostik. In R. D. Stieglitz & u. Baumann (Hrsg.), *Psychodiagnostik psychischer Störungen* (S. 177–190). Stuttgart: Enke.

Kiresuk, T., Smith, A. & Cardillo, J. E. (Eds.). (1968). *Goal attainment scaling: Application, theory and measure.* Hillsdale: Lawrence Erlbaum. Ass.

Kubinger, K. D. (Hrsg.). (1997). Testrezensionen (Themenheft). *Zeitschrift für Differentielle und Diagnostische Psychologie, 18* (1/2).

Laireiter, A., Baumann, U. & Stieglitz, R. D. (1994). Soziodiagnostik. In R. D. Stieglitz & U. Baumann (Hrsg.), *Psychodiagnostik psychischer Störungen.* (S. 191–206). Stuttgart: Enke.

Lang, P. (1971). The application of psychophysiological methods to the study of psychotherapy and behavior change. In A.. Bergin & S. Garfield (Eds.), *Handbook of Psychotherapy and Behavior Change. An Empirical Analysis* (pp. 77–125). New York: Wiley.

Lazarus, A. A. (1973). Multimodal behavior therapy: Treating the «Basic ID». *Journal of Nervous and Mentas Disease, 56,* 404–411.

Lilly, W. & Frey, D. (1993). Die Hypothesentheorie der sozialen Wahrnehmung. In D. Frey & M. Irle (Hrsg.), *Theorien der Sozialpsychologie. Kognitive Theorien.* (2. Aufl., S. 40–78). Göttingen: Huber.

Margraf, J. & Bandelow, B. (1997). Empfehlungen für die Verwendung von Meßinstrumenten in der klinischen Angstforschung. *Zeitschrift für Klinische Psychologie,26,* 150–156.

Margraf, J. & Schneider, S. (1996). Diagnostik psychischer Störungen mit strukturierten Interviews. In J. Margraf (Hrsg.), *Lehrbuch der Verhaltenstherapie* (Bd. 1, S. 155–178). Berlin: Springer.

Maruish, M. E. (Ed.). (1994). *The use of psychological testing for treatment planning and outcome assessment.* Hillsdale, New Jersey: Lawrence Erlbaum.

Michel, L. & Mai, N. (1968). Entscheidungstheorie und Probleme der Diagnostik bei Cronbach & Gleser. *Diagnostika, 14,* 98–121.

Möller, H.-J. (1994). Probleme der Klassifikation und Diagnostik. In H. Reinecker (Hrsg.), *Lehrbuch der Klinischen Psychologie. Modelle psychischer Störungen* (2. Aufl., S. 4–24). Göttingen: Hogrefe.

Nelson, R. & Hayes, C. (Eds.). (1986). *Conceptual foundations of behavioral assessment.* New York: Guilford Press.

Ogles, B. M., Lambert, M. J. & Masters, K. S. (1996). *Assessing outcome in clinical practice.* Boston: Allyn and Bacon.

Pawlik, K. (1976). Modell- und Praxisdimensionen psychologischer Diagnostik. In K. Pawlik (Hrsg.), *Diagnose der Diagnostik* (S. 13–43). Stuttgart: Klett.

Paykel, E. E. & Norton, K. R. (1986). Self-report and clinical interview in the assessment of depression. In N. Sartorius & Th. A. Ban (Eds.), *The assessment of depression* (pp. 356–366). Berlin: Springer.

Perez, M. (1985). Diagnostik in der Psychotherapie – ein anachronistisches Ritual? *Psychologische Rundschau, 36,* 106–109.

Perez, M. (1994). Felddiagnostik mit besonderer Berücksichtigung der computerunterstützten Diagnostik. In R.-D. Stieglitz & U. Baumann (Hrsg.), *Psychodiagnostik psychischer Störungen* (S. 140–161). Stuttgart: Enke.

Reinecker, H. (1994). *Grundlagen der Verhaltenstherapie* (2. Aufl.). München: PVU.

Reinecker, H. (1997). Verhaltenstherapie. In W. Senf & M. Broda (Hrsg.), *Praxis der Psychotherapie. Theoretische Grundlagen von Psychoanalyse und Verhaltenstherapie.* (Studienausgabe) (S. 112–153). Stuttgart: Thieme.

Rost, J. (1996). *Testtheorie und Testkonstruktion.* Bern: Huber.

Schneider, S. & Margraf, J. (1996). Fragebögen, Ratingskalen und Tagebücher für die verhaltenstherapeutische Praxis. In J. Margraf (Hrsg.), *Lehrbuch der*

Verhaltenstherapie. (Bd. 1, S. 189–200). Berlin: Springer.

Schulte, D. (1974). *Diagnostik in der Verhaltenstherapie*. München: Urban & Schwarzenberg

Schulte, D. (1993). Lohnt sich eine Verhaltensanalyse? *Verhaltenstherapie, 3,* 5–13.

Schulte, D. (1996). *Therapieplanung*. Göttingen: Hogrefe.

Schutte, N. S. & Malouff, J. M. (1995). *Sourcebook of adult assessment strategies*. New York: Plenum.

Seidenstücker, G. & Baumann, U. (1978). Multimethodale Diagnostik. In U. Baumann, H. Berbalk & G. Seidenstücker (Hrsg.), *Klinische Psychologie. Trends in Forschung und Praxis*. (Bd. 1, S.134–182). Bern: Huber.

Steller, M. (1994). Diagnostischer Prozeß. In R.-D. Stieglitz & U. Baumann (Hrsg.), *Psychodiagnostik psychischer Störungen*. (S. 37–46). Stuttgart: Enke.

Stieglitz, R. D. (1996). Erfassung von Lebensqualität bei schizophrenen Patienten. In H. J. Möller, R. E. Engel & P. Hoff (Hrsg.), *Befunderhebung in der Psychiatrie: Lebensqualität, Negativsymptomaik und andere aktuelle Entwicklungen* (S. 73–81). Berlin: Springer.

Stieglitz, R.-D. & Baumann, U. (1994a). Veränderungsmessung. In. R.-D. Stieglitz & U. Baumann (Hrsg.), *Psychodiagnostik psychischer Störungen*. (S. 21–36). Stuttgart: Enke.

Stieglitz, R.-D. & Baumann, U. (Hrsg.). (1994b). *Psychodiagnostik psychischer Störungen*. Stuttgart: Enke.

Testkuratorium der Föderation deutscher Psychologenverbände (1986). Kriterienkatalog (Mitteilung). *Diagnostica, 32,* 358–360.

Verhaltenstherapie und Verhaltensmedizin (Hrsg.). (1997). Planung in der Verhaltenstherapie: Diskurs zu Thesen von Peter Fiedler (Themenheft). *Verhaltenstherapie und Verhaltensmedizin, 18* (2).

Walbott, H. G. (1994). Verhaltensbeobachtung. In R.-D. Stieglitz & U. Baumann (Hrsg.), *Psychodiagnostik psychischer Störungen*. (S. 95–106). Stuttgart: Enke.

Westhoff, G. (Hrsg.). (1993). *Handbuch psychosozialer Meßinstrumente*. Göttingen: Hogrefe.

Westmeyer, H. (1994). Zu Selbstverständnis und Perspektiven der Verhaltensdiagnostik. *Diagnostica, 40,* 270–292.

Wiggins, J. S. (1973). *Personality and prediction. Principles of personality assessment*. Menlo Park, Calif.: Addison-Wesley.

Williams, D. E. & Thompson, J. K. (Eds.). (1993). Integrating personality assessment data and behavior therapy (Special Issue). *Behavior Modification, 17* (1).

Wittchen, H.-U. & Unland, H. (1991). Neue Ansätze zur Symptomerfassung und Diagnosestellung nach ICD-10 und DSM-III-R. Strukturierte und standardisierte Interviews. *Zeitschrift für Klinische Psychologie, 20,* 321–342.

A. Störungsübergreifender Teil

Teil III
Epidemiologie

8. Epidemiologie

Heinz Häfner und Siegfried Weyerer

Inhaltsverzeichnis

1. Was ist Epidemiologie?

Ursprünglich befaßte sich die Epidemiologie, und davon leitet sich ihr Wortsinn ab, mit Epidemien übertragbarer Krankheiten, Cholera und Typhus. So untersuchten im vorigen Jahrhundert in England Chadwick und Snow, in Deutschland Pettenkofer den Zusammenhang zwischen Choleramortalität und Trinkwasserverunreinigung. Die dabei gewonnenen Erkenntnisse über die Übertragung und Ausbreitung der Krankheit bildeten bereits vor der Entdeckung ihrer Ursache, der Choleravibrionen durch Robert Koch, die Grundlage für eine erfolgreiche Bekämpfung der Cholera durch Abwasserbeseitigung. Etwa zur selben Zeit führte Rudolf Virchow Untersuchungen über den Zusammenhang zwischen Armut, Hungersnot und dem epidemischen Auftreten von Typhus in Oberschlesien durch (zur Geschichte der Epidemiologie s. Häfner, 1978). Mit der erfolg-reichen Bekämpfung der Infektionskrankheiten verlagerte sich der Schwerpunkt epidemiologischer Forschung im Laufe dieses Jahrhunderts zunehmend auf nichtinfektiöse, insbesondere chronische Erkrankungen. Der Gegenstandsbereich der Epidemiologie weitete sich auf das gesamte Spektrum körperlicher und seelischer Krankheiten und auf gesundheitlich oder rechtlich relevante Formen des abweichenden Verhaltens aus. Ziele, Aufgaben, Forschungsdesigns und statistische Grundlagen der Epidemiologie sind in einer Reihe zumeist englischsprachiger Handbücher dokumentiert (Mezzich, Jorge & Salloum, 1994; Tsuang, Tohen & Zahner, 1995). Von Ahlbom und Norell (1991), Heinemann und Sinnecker (1994) und Kreienbrock und Schach (1995) liegen entsprechende neuere Übersichten in deutscher Sprache vor.

• *Definition:* MacMahon und Pugh (1970) definieren Epidemiologie als die Untersuchung der

Verteilung und der Determinanten der Krankheitshäufigkeit beim Menschen. Diese wie auch andere globale Definitionen decken einen wesentlichen Teil epidemiologischer Forschung nicht ab. Psychiatrische Epidemiologie beschäftigt sich mit der räumlichen und zeitlichen Verteilung psychischer Erkrankungen oder anderer gesundheitsrelevanter Variablen (etwa dem Maß an Depressivität oder abweichendem Verhalten) in der Bevölkerung und der unterschiedlichen Häufigkeit ihres Auftretens im Zusammenhang mit demographischen, genetischen, Verhaltens- und Umweltfaktoren (deskriptive Epidemiologie). Sie untersucht außerdem die Bedingungen des Auftretens und des Verlaufs psychischer Störungen mit dem Ziel, das Wissen über Ursachen, Risiko- und Auslösefaktoren von Krankheitsepisoden und Krankheitsfolgen zu vertiefen (analytische Epidemiologie) (Häfner, 1986). Neben der biologisch-naturwissenschaftlichen und der klinischen Forschung stellt die Epidemiologie eine der wesentlichen Grundlagen der wissenschaftlichen Medizin dar. Auch in der Psychologie wird die Bedeutung der Epidemiologie menschlichen Verhaltens im allgemeinen und von Gesundheitsrisiken im besonderen zunehmend besser erkannt. Der Hauptunterschied zwischen der klinischen und der epidemiologischen Forschung besteht darin, daß in der Epidemiologie das Schicksal eines Individuums in der Regel nur in bezug auf eine größere Population interessiert.

Zur Erreichung ihrer Forschungsziele ist die Epidemiologie auf inhaltliche und methodische Partnerdisziplinen angewiesen. Sie verwendet neben dem Instrumentarium der klinischen Fächer und der Psychologie Methoden der Mathematik, Demographie und Soziologie. Mit den Methoden übernimmt die Epidemiologie auch Denkweisen und Wertvorstellungen anderer Fächer, so daß ihre eigenen Fortschritte teilweise abhängig sind von der Entwicklung neuer Konzepte und Methoden in diesen anderen Wissenschaftsbereichen (Schwoon & Pflanz, 1974).

2. Aufgaben der Epidemiologie

• *Feststellung der Krankheitsverteilung über Raum und Zeit in Abhängigkeit von Umwelt, Persönlichkeit und Organismus.* Voraussetzung für die Erkennung einer Krankheitshäufung in Raum und Zeit ist die vollständige Erfassung aller Fälle in einer definierten Zeitspanne und in einer bestimmten Bevölkerung oder einem bestimmten Gebiet. Die räumliche und zeitliche Verteilung von Krankheiten stellt nicht nur eine wichtige Planungsgrundlage dar, sondern kann auch Hinweise auf mögliche Krankheitsursachen liefern. Der Nachweis einer räumlichen Ungleichverteilung von Krankheiten impliziert, daß den Bewohnern eines bestimmten Gebietes Eigenschaften von ätiologischer Bedeutung zukommen, die sich von denjenigen der Bewohner in anderen Gebieten unterscheiden oder daß regionale Unterschiede hinsichtlich ätiologisch bedeutsamer biologischer, chemischer, physikalischer oder sozialer Umweltfaktoren bestehen.

• *Untersuchung von Entstehung, Verlauf und Ausgang von Erkrankungen (Vervollständigung des klinischen Bildes).* Das traditionelle Wissen der Medizin, großteils auch die Ergebnisse klinischer Studien über Krankheiten und deren Behandlung stützen sich auf Beobachtungen in Behandlungseinrichtungen, vornehmlich in Kliniken. Durch diese einseitige Auswahl erhält man jedoch vielfach falsche oder verzerrte Aussagen. Deshalb wird in der Epidemiologie die vollständige Erfassung aller Fälle angestrebt, um unverzerrte Aussagen über Ursachen, Verteilung und Verlauf von Krankheiten machen zu können.

• *Ermittlung von individuellen Krankheitsrisiken.* Die Ermittlung von individuellen Krankheitsrisiken, d.h. die Berechnung der Wahrscheinlichkeit für eine Person, die bestimmten Risikofaktoren ausgesetzt ist, in einem definierten Zeitraum von einer bestimmten Krankheit befallen zu werden, ist ein Ziel epidemiologischer Forschung von großer praktischer Bedeutung. Unabhängig vom Stand der Debatte um Kausalfaktoren ist es unter Umständen möglich, mit Hilfe präventiver Maßnahmen Risikofaktoren auszuschalten (siehe Cholera).

• *Prüfung von Hypothesen über kausale Beziehungen zwischen Umweltfaktoren und Krankheit.* Lange Zeit hat sich die Epidemiologie auf die Bestimmung korrelativer Zusammenhänge zwischen verschiedenen Variablen beschränkt und die Prüfung von Hypothesen über mögliche

Kausalzusammenhänge stark vernachlässigt. Nach Suchmann (1968) sollte der Hauptbeitrag der epidemiologischen Forschung in der Entwicklung und Überprüfung von Hypothesen liegen, die sich auf spezifische Faktoren beziehen, die die Verteilung einer bestimmten Krankheit in einer definierten Bevölkerungsgruppe beeinflussen. Der Nachweis kausaler Beziehungen ist jedoch nur mit Hilfe von Longitudinalstudien unter Kontrolle aller wesentlichen intervenierenden oder Moderatorvariablen und unter Ausschluß alternativer Erklärungen – am besten mit einem experimentellen oder quasi-experimentellen Design – möglich.

3. Forschungsdesigns

3.1 Deskriptive, analytische, experimentelle Epidemiologie und psychiatrische Ökologie

• Die *deskriptive* Epidemiologie untersucht die Krankheitsverteilung in einer definierten Bevölkerung und in geographisch, biologisch und soziologisch abgrenzbaren Gruppen. Sie liefert wichtige Daten für die Planung und Evaluation von Gesundheitseinrichtungen.

• Ziel der *analytischen* Epidemiologie ist es, auf Grund gezielter Hypothesen Zusammenhänge und Determinanten von Krankheiten zu erforschen. Mit Hilfe *experimenteller* Studien soll der Zusammenhang mit Risikofaktoren untersucht und durch experimentelle Verminderung des Risikofaktors das Auftreten der Krankheit reduziert werden. Die experimentelle Epidemiologie verläßt im Unterschied zur deskriptiven und analytischen Epidemiologie das Feld der alleinigen Beobachtung zugunsten der Manipulation von Einflußgrößen (Pflanz, 1973).

• Die *psychiatrische* Ökologie geht auf die Stadtsoziologie der Chicago-Schule zurück. Die erste klassische ökologische Studie «Mental Disorders in Urban Areas» wurde von Faris und Dunham (1939) durchgeführt. Ziel der psychiatrischen Ökologie ist es, die Beziehungen zwischen geographisch definierten Umweltvariablen, den sogenannten Gebietsmerkmalen, und psychiatrischer Morbidität und ihrer Verteilungsprozesse in Gebieten und Bevölkerungen zu analysieren (Häfner, 1978).

3.2 Die epidemiologische Trias

Die Epidemiologie von Infektionskrankheiten ging ursprünglich von der *Trias* Wirt – schädliches Agens – Umwelt aus. Unter *Wirt* versteht man die von einer Krankheit betroffene Person, die bestimmte genetische, biochemische, physiologische oder psychologische Dispositionen in die Exposition gegenüber umweltabhängigen Risikofaktoren mitbringt. Als *schädliches Agens* bezeichnet man eine auf den Wirt einwirkende akute oder chronische Belastung, die psychischer oder sozialer Natur sein kann, aber auch in einer körperlichen Noxe bestehen kann, die den Organismus schädigt. *Umwelt* umfaßt die aktuelle soziale oder physische Umgebung, in der ein Wirt von einem schädlichen Agens getroffen wird. Bei der Bekämpfung von Infektionskrankheiten kann man nach Pflanz (1973) beim Wirt (Erhöhung der Resistenz des Wirtes durch aktive oder passive Immunisierung), beim schädlichen Agens (Bekämpfung des Agens z.B. durch Antisepsis) und bei den Umweltfaktoren ansetzen (z.B. um durch sanitäre Umweltmaßnahmen die Ausbreitung des Agens und den Kontakt zwischen Agens und Wirt zu verhindern). Das von Robert Koch aufgestellte Modell der epidemiologischen Trias läßt sich auch auf nichtinfektiöse Krankheiten anwenden, wie Katschnig (1980) beispielhaft für die Life-Event-Forschung gezeigt hat. Da ein schädliches Agens nach diesem Modell nur im Zusammenwirken mit anderen Faktoren wirkt, erscheint es für die Praxis der Life-Event-Forschung notwendig, Art und Intensität der von außen wirkenden lebensverändernden Ereignisse («schädliches Agens») getrennt von den als protektive bzw. Vulnerabilitätsfaktoren, also modifizierend wirkenden «Wirts- und Umgebungsvariablen» zu erfassen.

3.3 Epidemiologische Meßvariablen

3.3.1 Krankheitsmaß

Die *Prävalenz* ist das am häufigsten benutzte Krankheitsmaß. Man versteht darunter die Gesamtzahl aller Krankheitsfälle, die in einer definierten Population zu einem bestimmten Zeitpunkt (Punktprävalenz) oder während einer Zeitperiode (Periodenprävalenz) vorhanden sind. Prävalenzdaten können nur unter besonderen Bedingungen für die Überprüfung ätiologischer Fragestellungen herangezogen werden, weil sie nicht nur vom Erkrankungsrisiko, sondern auch von der Krankheitsdauer und der Lebenserwartung mitdeterminiert sind.

Unter *Inzidenz* versteht man die Häufigkeit des Neuauftretens einer Krankheit innerhalb eines bestimmten Zeitraums (z.B. eines Jahres), unabhängig davon, ob die Erkrankung zu Ende der Zeitperiode noch besteht oder nicht. Die Bestimmung erfolgt in der Regel mit Hilfe einer Longitudinalstudie, die mindestens zwei Querschnitte umfaßt. Die Inzidenzrate wird berechnet als Quotient der im Intervall Neuerkrankten, dividiert durch die Anzahl der Personen, die vor und während des ersten Querschnitts nicht an der betreffenden Krankheit litten.

Prävalenz- und Inzidenzraten können entweder für Behandlungseinrichtungen erfaßt werden; man spricht dann von Inanspruchnahmeraten (*administrative* Prävalenz oder Inzidenz), oder in der Bevölkerung selbst im Rahmen einer Feldstudie (*wahre* Prävalenz oder Inzidenz). Die Differenz zwischen beiden Morbiditätsmaßen ist von Faktoren abhängig wie Art und Schwere der Erkrankung, dem Umfang des Versorgungsangebots und in Gesundheitssystemen, in denen der Kranke selbst seine Behandlung zu bezahlen hat, von den Behandlungskosten, der Erreichbarkeit therapeutischer Institutionen und dem Krankheitsverhalten, d.h. der Wahrnehmung, Bewertung und Reaktion auf Krankheitssymptome.

Unter *relativem Risiko* versteht man das Verhältnis der Krankheitshäufigkeit in einer Bevölkerung mit einem Risikofaktor im Vergleich zu einer Bevölkerung ohne diesen Risikofaktor. Das relative Risiko gibt somit an, wievielmal häufiger bzw. seltener eine bestimmte Erkrankung bei Exponierten im Vergleich zu Nichtexponierten auftritt.

3.3.2 Abhängige Variablen

• *Falldefinition.* Bei der Variable psychische Erkrankung lassen sich zwei methodische Ansät-

ze unterscheiden: Der *dimensionale* stützt sich auf Merkmale oder Symptome als Analyseeinheiten und untersucht, unter Annahme gradueller Unterschiede, ihr Ausmaß und ihre Häufigkeit. Die gewonnenen Werte, beispielsweise von Ängstlichkeit und Depressivität, können dann aufgrund empirischer oder theoretischer Überlegungen bestimmten Syndromen zugeordnet werden. Der *kategoriale* Ansatz nimmt, der medizinischen Tradition entsprechend, kategoriale Unterschiede zwischen «Fällen» und «Nichtfällen» an und analysiert die jeweiligen Fallhäufigkeiten (Häfner & Veiel, 1986).

Ganz allgemein bezeichnet «Fall» diejenige Person, die wegen irgendeiner Krankheit der Hilfe bedarf oder bereits Hilfe erhält, im Unterschied zu den Gesunden oder leicht Erkrankten, die keiner Hilfe bedürfen. Eine exakte Falldefinition stellt eine unerläßliche Voraussetzung in der epidemiologischen Forschung dar, um Krankheitsraten vergleichen und Hypothesen über Ursachen und Verläufe von Erkrankungen überprüfen zu können. Die Falldefinition muß der jeweiligen Untersuchung angemessen sein. So wäre es problematisch, die Feststellung einer körperlichen Erkrankung aufgrund von pathologischen Veränderungen zu treffen, die erst post mortem oder überhaupt nicht objektiviert werden könnten. Ebenso sollte bei einer psychiatrischen Erhebung die Falldefinition auf beobachtbaren Phänomenen beruhen und nicht auf der Grundlage nicht objektivierbarer pathogenetischer Annahmen (etwa «unbewußter» Konflikte) erstellt werden. Weiterhin muß die Definition so präzise sein, daß dem Untersucher klar ist, welche Merkmale vorhanden sein müssen oder nicht vorhanden sein dürfen, um einen Fall positiv oder negativ zu identifizieren. Schließlich müssen meist künstliche Grenzen oder Schwellen für die Kategorisierung als Fall eingeführt werden, da Krankheit und Gesundheit häufig fließend ineinander übergehen (Häfner, 1989). Zusätzlich zu den diagnostischen Kriterien sind abhängig von den Zielen der Erhebung im Rahmen einer multiaxialen Klassifikation weitere Parameter wie Behandlungsbedürftigkeit, Schweregrad, Verlauf und Dauer der Erkrankung, ätiologische Faktoren sowie die funktionelle Beeinträchtigung in verschiedenen Lebensbereichen zu berücksichtigen. Multiaxiale Ansätze, wie sie im Rahmen der DSM-III-R, DSM-IV und ICD-10 entwickelt wurden, sind ein wichtiges Instrumentarium in der klinischen und epidemiologischen Forschung (Stieglitz & Freyberger, 1996).

• *Fallidentifikation.* In den meisten früheren Untersuchungen erfolgte die Fallidentifikation im klinischen Interview durch Psychiater, die die Probanden nach ihrer Vorgeschichte und ihren Krankheitserscheinungen befragten. Sie wendeten dann unkontrolliert die jeweils geltenden Diagnoseklassifikationen an, um zwischen Fällen und Nicht-Fällen zu unterscheiden bzw. die Diagnose festzulegen. Dieses Vorgehen, das vor allem in deutschen und skandinavischen Studien praktiziert wurde, erbrachte, soweit die Fallidentifikation durch erfahrene Kliniker erfolgte, für einigermaßen gut definierte und stabile Diagnosen, etwa die Schizophrenie, erstaunlich konsistente Ergebnisse. Sehr viel ungenauer waren jedoch die Beurteilungen bei Persönlichkeitsstörungen und neurotischen Erkrankungen, wo es an guten, auf beobachtbare Kriterien gründenden Konzepten fehlte und die Übergänge zwischen gesund und krank fließender sind.

Seit Anfang der siebziger Jahre erfolgte die Fallidentifikation in zunehmendem Maße mit Hilfe standardisierter Interviews wie etwa dem «Present State Examination» von Wing, Cooper und Sartorius (1974). In den letzten Jahren wurden diese Verfahren weiterentwickelt: Die Schedules for Clinical Assessment in Neuropsychiatry (SCAN), das Composite International Diagnostic Interview (CIDI) und das Strukturierte Interview für DSM-III-R (SKID) sind Untersuchungsinstrumente zur Diagnostik von ICD-10 und DSM-III-R/DSM-IV-Störungen (Stieglitz & Freyberger, 1996).

Nach dem Entscheidungsbaumprinzip erfolgt eine Zuordnung von Symptomen und Symptomkombinationen zu bestimmten unterschiedlich eng oder weit definierten Diagnosen. Mit Hilfe derartiger Auswertungsalgorithmen kann der subjektive Ermessensspielraum des Diagnostikers zugunsten einer sehr hohen Reliabilität eingeschränkt werden.

3.3.3 Unabhängige Variablen

Für die Interpretation epidemiologischer Hypothesen ist es von entscheidender Bedeutung, ob es sich bei den nichtabhängigen Variablen um Gebietsmerkmale, das sind geographisch definierbare Umweltvariablen, oder Populationsmerkmale handelt.

Die Verwendung von *Gebietsmerkmalen* als unabhängige Variablen wird durch demographische und andere statistische Daten über die Wohnbevölkerung in definierten Gebieten verschiedener Größe ermöglicht. Es gibt beispielsweise aufgrund der Volkszählung und anderer Erhebungen nach statistischen Bezirken aufgeschlüsselt eine Reihe von soziodemographischen Charakteristika, die mit der abhängigen Variable psychische Erkrankung in Beziehung gesetzt werden können und die Berechnung sog. ökologischer Korrelationen ermöglichen (Morgenstern, 1995).

Mit Hilfe der ökologischen Methode ist es allerdings nicht möglich, Krankheitsursachen zu ermitteln. Aus dem Ergebnis, daß psychische Erkrankungen in Gebieten, die durch einen hohen Anteil von Personen mit einem niedrigen sozioökonomischen Status charakterisiert sind, überdurchschnittlich häufig vorkommen, kann man nicht folgern, daß Angehörige der Unterschicht häufiger psychisch krank sind als diejenigen der Ober- und Mittelschicht. Die falsche Folgerung von Eigenschaften, die für Gebietseinheiten oder hochaggregierte Daten festgestellt wurden, auf kleinere Aggregate oder auf das Verhalten der Individuen in diesen Gebietseinheiten bezeichnet man als «ökologischen Fehlschluß».

Grundlegende *soziodemographische Variablen* wie Geschlecht, Alter, Familienstand und soziale Schicht sind stets in epidemiologischen Arbeiten zu berücksichtigen, da die meisten Erkrankungen von diesen Merkmalen abhängen. Unterschiede in den Krankheitsraten können nicht interpretiert werden, wenn der Einfluß soziodemographischer Variablen nicht kontrolliert wird. Die Suche nach soziodemographischen Korrelaten psychischer Erkrankungen als abhängige Variable stellt die niedrigste Stufe ätiologischer Hypothesengenerierung dar.

Lange Zeit gab es in der epidemiologischen Forschung einen Mangel an geeigneten Instrumenten zur detaillierten Erfassung von Umweltfaktoren, um die Ergebnisse für Präventions- und Interventionsmaßnahmen nutzen zu können (Robins, 1978). Über die globalen soziodemographischen Variablen hinaus ist es erforderlich, die Umstände zu spezifizieren, die das Risiko für das Entstehen bestimmter Erkrankungen erhöhen oder vermindern. Mit Hilfe zusätzlicher Annahmen über den vermittelnden Einfluß von sozialpsychologischen und Persönlichkeitsfaktoren ist es beispielsweise möglich, prüfbare Modelle zu bilden, die das überdurchschnittlich hohe Auftreten bestimmter psychischer Erkrankungen in der Unterschicht möglicherweise besser verstehen lassen.

Erhöhte Krankheitsanfälligkeiten, häufiges Auftreten von Krankheiten oder ungünstige Krankheitsverläufe in den unteren sozialen Klassen könnten mit einer unterschiedlichen schichtspezifischen Verteilung *sozialer Stressoren, sozialer und persönlicher Ressourcen und Risikoverhalten* in Zusammenhang stehen:

• Personen mit niedrigem sozioökonomischen Status sind mehr *sozialen Stressoren* ausgesetzt: Chronische Belastungen wie Unsicherheit des Arbeitsplatzes oder Arbeitslosigkeit treffen vor allem ungelernte Arbeiter überdurchschnittlich häufig.

• Unterschichtangehörige haben geringere *soziale Ressourcen* zur Verfügung: Soziale Ressourcen, d.h. die Hilfe und Unterstützung, die aus dem sozialen Netzwerk des Individuums stammen, weisen schichtspezifische Unterschiede auf. Einkommen, Vermögen, Wissen und Informationsquellen sind weitere Ressourcen, die möglicherweise einen wichtigen Einfluß auf die Erhaltung der Gesundheit haben. Der unterschiedliche Wissensstand über Risikofaktoren (z.B. Rauchen, Alkohol, schlechte Eßgewohnheiten) und über das Vorhandensein therapeutischer Einrichtungen ist ein Beispiel dafür.

• Soziale Schicht ist eine Determinante *persönlicher Ressourcen:* Persönlichkeitsmerkmale wie Fatalismus, Hilflosigkeit, Selbstwertgefühl, Internalität/Externalität sind schichtabhängig. Effiziente Bewältigungsstrategien finden sich häufiger in den oberen als in den unteren Schichten.

Ein Hauptproblem bei der Interpretation der Ergebnisse über soziale Schicht und psychische Erkrankung betrifft die kausale Richtung. Treten psychische Erkrankungen in den untersten sozialen Schichten deshalb häufiger auf, weil die Lebensbedingungen in diesen Schichten die Krankheitsentstehung begünstigen oder weil Menschen aus höheren sozialen Schichten, die psychisch erkranken oder zu einer psychischen Erkrankung disponiert sind, einen sozialen Abstieg erleiden?

4. Epidemiologische Projektdesigns

Unter einer *Querschnittstudie* versteht man die einmalige Untersuchung einer geographisch definierten Population zu einem bestimmten Zeitpunkt. Da jedoch aus praktischen Gründen in der Regel nicht alle Personen zum gleichen Zeitpunkt untersucht werden können, ist es korrekter zu sagen «während des für die Durchführung der Studie erforderlichen Zeitraums». Allerdings sollte der Erhebungszeitraum nicht zu lang sein, damit die für die Untersuchung vorgesehene Ausgangspopulation nicht durch Ausfälle aufgrund von Wegzug oder Tod verzerrt wird. Mit Hilfe von Querschnittsstudien erhält man eine Momentaufnahme des Gesundheitszustandes der Bevölkerung insgesamt und für ausgewählte soziodemographische Untergruppen. Im Vergleich zu Querschnittsuntersuchungen haben prospektive *Longitudinalstudien* vor allem folgende Vorteile (Pflanz, 1973): Die Beziehungen zwischen einem Charakteristikum und einer Krankheit lassen sich in eine zeitliche Ordnung bringen, die eine Grundvoraussetzung für die Erkennung ursächlicher Beziehungen ist. Sie erlauben eine genaue Bestimmung der Inzidenz, des natürlichen Verlaufs und des Ausgangs einer Krankheit.

Im Unterschied zu Querschnitts- und prospektiven Longitudinalstudien geht man bei *Fallkontrollstudien* von Personen mit einer bestimmten Krankheit aus (Indexgruppe) und vergleicht diese mit solchen, welche diese Krankheit nicht haben (Kontrollgruppe). Das Design bietet sich vor allem dann an, wenn Risikofaktoren für seltene Erkrankungen oder die Wirksamkeit von Interventionen ermittelt werden sollen. Wenn sich die Indexgruppe aus Patienten einer bestimmten Behandlungseinrichtung rekrutiert, deren Inanspruchnahme starken selektiven Faktoren unterliegt, ergibt sich eine große Fehlermöglichkeit. Die Verallgemeinerungsfähigkeit der Ergebnisse nimmt jedoch zu, wenn die Inanspruchnahmepopulation, aus der das Sample gezogen wird, mit der gesamten Krankenpopulation annähernd identisch ist. Dies trifft beispielsweise bei schweren Erkrankungen wie Herzinfarkt oder Schizophrenie zu, die derzeit noch nahezu alle stationär behandelt werden.

Mit Hilfe von *Interventionsstudien* ist es möglich, Ursache-Wirkungsbeziehungen dadurch zu untersuchen, daß der vermutete kausale Faktor bei weitgehender Kontrolle der Untersuchungsbedingungen modifiziert wird. Das Modell, das der Interventionsstudie zugrunde liegt, ist das Experiment. Der Mensch als Untersuchungsobjekt auferlegt dem Wissenschaftler jedoch enge Grenzen experimenteller Intervention. Sie sind durch ethische Normen markiert und verbieten eine Gefährdung der Gesundheit – etwa durch experimentell unterlassene Behandlung – und Eingriffe in die Selbstbestimmung des Individuums. Beispiele für experimentelle Studien sind die aktive Immunisierung oder die kontrollierte therapeutische Intervention und die Messung des Einflusses dieser Maßnahmen.

Ein Sonderfall eines experimentellen Designs liegt vor, wenn eine ausreichende Zahl von Menschen durch ungeplante gleichartige und gleich schwere oder nach Schwere graduierbare Ereignisse (z.B. Naturkatastrophen) getroffen wird, die als unabhängige Variablen von hohem Interesse sind (Bromet & Dew, 1995). Allerdings muß in solchen Studien auf ein wesentliches Element des experimentellen Designs verzichtet werden. So ist bei unvorhersehbaren Naturexperimenten eine Untersuchung mit identischen Methoden vor dem Ereignis nur extrem selten möglich. Die Beurteilung des Gesundheitszustandes vor dem Ereignis ist meist auf einen retrospektiven Untersuchungsteil angewiesen. Ein Vorteil, den Interventionsstudien gegenüber den meisten Surveys aufweisen und der für die wissenschaftliche Beweisführung von hoher Bedeutung ist: Interventionsstudien sind, wenn auch unter

einigem Aufwand reproduzierbar (Häfner, 1978). Bei Naturexperimenten ist dies in der Regel nicht möglich. Eine Ausnahme stellt beispielsweise eine von Schmidtke und Häfner (1986) durchgeführte Studie dar. In einem Abstand von eineinhalb Jahren wurde zweimal eine sechsteilige Fernsehsendung unter dem Titel «Tod eines Schülers» ausgestrahlt. Gegenstand der Serie war der fiktive «Eisenbahnselbstmord» eines 19jährigen Schülers. Die Ausstrahlung hatte in der Bundesrepublik Deutschland einen erheblichen Anstieg der mit gleicher Methode durchgeführten Selbstmorde in der Zeitspanne der Sendung und unmittelbar danach zur Folge, verglichen mit analogen Zeitperioden vor, zwischen und nach beiden Sendungen. Die Effekte beider Sendungen verhielten sich zueinander wie die jeweiligen Einschaltquoten.

5. Datenerfassung in der Epidemiologie

5.1 Primärerhebungen

Epidemiologische Studien, in denen die Daten durch den Untersucher oder seine Mitarbeiter selbst erhoben werden, bezeichnet man als Primärerhebungen. Der Vorteil von Primärdaten liegt in der Möglichkeit ihrer überprüfbaren und erschöpfenden Erhebung durch kontrollierbare Erheber und standardisierte Meßmethoden in einheitlichem Setting. Hypothesengeleitete analytische Untersuchungen, vor allem Fallkontroll-, prospektive und Interventionsstudien werden deshalb in der Regel als Primärerhebungen angelegt. Da diese jedoch oft aufwendig sind, können sie kaum als Totalerhebungen an großen Bevölkerungszahlen durchgeführt werden. Ein zweistufiges Vorgehen bietet hier einen Ausweg, vor allem wenn die Verbreitung relativ seltener Krankheiten ermittelt werden soll. In einem ersten Schritt werden mit Hilfe eines Screeningverfahrens diejenigen Personen ausgewählt, bei denen ein Krankheitsverdacht besteht. In den älteren Studien erfolgte dies häufig über Schlüsselpersonen (Ärzte, Geistliche, Lehrer), die dem Epidemiologen die Personen einer bestimmten Gemeinde benannten, bei denen sie eine seelische Erkrankung vermuteten. In einem zweiten Schritt erfolgte dann eine eingehendere Untersuchung, um diesen Verdacht gegebenenfalls zu bestätigen. Seit Beginn der fünfziger Jahre erfolgt das Screening zunehmend mit Hilfe von Selbstbeurteilungsbögen.

5.2 Sekundärdaten

Die Trennungslinie zwischen Primär- und Sekundärdaten ist nicht immer klar zu ziehen, erstere sind am ehesten dadurch gekennzeichnet, daß Datenerheber und Datenbenützer identisch sind. Bei Sekundärdaten sind Datenerheber und Datennutzer nicht die gleichen Personen- oder Arbeitsgruppen. Sekundärdaten für die epidemiologische Forschung können aus Primärerhebungen anderer (meist als «Sekundäranalysen» bezeichnet), Daten aus der amtlichen Statistik oder sonstigen Routinedatensammlungen stammen. Einen großen Vorteil für eine verbesserte Dokumentation psychischer Erkrankungen bieten die im Rahmen der ICD-10 entwickelten Erhebungsverfahren für verschiedene Benutzer: Kliniker, Primärärzte, Statistiker und in der medizinischen Dokumentation Tätige (Sartorius, 1992).

Sekundärerhebungen müssen wegen der zumeist großen Fallzahlen für das Studium von seltenen Ereignissen und gering besetzten Untergruppen zu Hilfe genommen werden. Daten aus der amtlichen Statistik und aus Routineerhebungen sind oft für lange Zeiträume vorhanden. Sie erlauben deshalb die Beurteilung von Trends. Schließlich können bestimmte Sachverhalte aus rechtlichen, ethischen oder praktischen Gründen überhaupt nur mit Sekundärmaterial untersucht werden. Hierzu gehören beispielsweise die Todesursachenstatistiken. Auch illegale oder mit Tabus behaftete Phänomene können mitunter an Hand von Sekundäranalysen untersucht werden. Ein Beispiel dafür ist die von Häfner und Böker (1982) durchgeführte epidemiologische Untersuchung über Gewalttaten Geistesgestörter, die auf den in Kriminalämtern, Staatsanwaltschaften und psychiatrischen Krankenhäusern der Bundesrepublik Deutschland registrierten Handlungen wider das Leben anderer in einer 10-Jahresperiode basierte.

5.3 Versorgungsebenen

• *Inanspruchnahmeuntersuchungen psychiatrischer und anderer Dienste.* Der epidemiologische Wert der Statistiken von Krankenhäusern oder ambulanten Diensten ist für die Versorgungsplanung dann hoch, wenn sie für eine große Bevölkerung, etwa landes- oder bundeseinheitlich, gesammelt werden. Vor allem die Verteilung der Versorgungslast und die Zusammensetzung der Inanspruchnahmepopulation von ambulanten gegenüber halbstationären und stationären Versorgungssektoren und gegenüber dem Heimsektor sind von größtem Interesse für die Analyse und Voraussage von versorgungsimmanenten Bedarfsverschiebungen.

Inanspruchnahmestudien einzelner Einrichtungen, die häufig als epidemiologische Studien ausgegeben werden, liefern keine verallgemeinerungsfähigen Ergebnisse, es sei denn, sie hätten ein Versorgungsmonopol für eine größere Bevölkerungszahl. Sie können jedoch hypothesengenerative Hinweise auf Morbiditäts- oder Inanspruchnahmefaktoren geben.

• *Bevölkerungsbezogene kumulative Fallregister.* In kumulativen psychiatrischen Fallregistern werden fortlaufend die Kontakte mit allen psychiatrischen Einrichtungen innerhalb und außerhalb des Untersuchungsgebietes registriert, die eine geographisch definierte Bevölkerung versorgen. Weltweit wurden seit 1960 über 50 psychiatrische Fallregister eingerichtet (Horn, Giel, Gulbinat & Henderson, 1986; Mortensen, 1995). Sie lieferten die Voraussetzung, Inzidenz-, Wiederbehandlungs- und Prävalenzraten zu berechnen und die Funktion psychiatrischer Institutionen zu evaluieren. Bei bestimmten schweren psychischen Erkrankungen wie z.B. der Schizophrenie, die nahezu ausschließlich psychiatrisch behandelt werden, kommt die im Rahmen von Fallregistern bestimmte Behandlungsprävalenz der wahren Prävalenz sehr nahe (Häfner & an der Heiden, 1986).

• *Erhebungen an der Klientel von Hausärzten.* Personen mit neurotischen und psychosomatischen Erkrankungen suchen dagegen zu einem sehr viel geringeren Anteil psychiatrische Behandlungseinrichtungen auf. Will man zuverlässige Informationen über deren Häufigkeit, ihre Erscheinungsbilder, ihren natürlichen Verlauf und ihr Verteilungsmuster gewinnen, so empfiehlt sich eine Untersuchung der Klientel von Primär- oder Hausarztpraxen (Allgemeinärzte und Internisten). Die Hausarztklientel kommt dort der Repräsentativität nahe, wo eine weitgehende Deckung der Behandlungskosten für die gesamte Bevölkerung und ein hoher primärärztlicher Versorgungsgrad besteht. In der Bundesrepublik Deutschland suchen über 90 Prozent der Erwachsenenbevölkerung mindestens einmal im Jahr einen Hausarzt auf. Untersuchungen in Hausarztpraxen bieten darüber hinaus den Vorteil, daß bestimmte, am untersuchten Fall retrospektiv oft nur ungenau erfaßbare Angaben wie Behandlungsdaten (Konsultationshäufigkeit, Medikation) auch über den Hausarzt erhoben und gegengeprüft werden können.

• *Feldstudien.* Will man alle selektiven Faktoren der Inanspruchnahme ausschließen, so ist eine Stichprobenuntersuchung in der Allgemeinbevölkerung die Methode der Wahl. Zwischen administrativen Studien und Feldstudien ist jedoch der unterschiedliche soziale Kontext zu berücksichtigen, in der der psychiatrische Befund erhoben wird. Während Patienten in Behandlungsinstitutionen in der Regel von sich aus therapeutische Hilfe suchen, also grundsätzlich bereit sind, über ihre Anamnese und gegenwärtige Beschwerden zu sprechen, erlebt man die Probanden in einer Feldstudie in ihrer Alltagssituation, möglicherweise unwillig, über ihr psychisches und körperliches Befinden Auskunft zu geben. Dadurch ist die Fallidentifikation oft erschwert. Im Gegensatz zu administrativen Studien sind die Möglichkeiten, bestimmte diagnostische Verfahren wie etwa körperliche Untersuchungen anzuwenden, sehr begrenzt. Außerdem ist der hohe Aufwand zu bedenken, Probanden zu erreichen und für die Teilnahme zu motivieren. Aus diesen Gründen sind Feldstudien nur dann angemessen, wenn die erhofften Ergebnisse nicht auf einfachere Art in ausreichender wissenschaftlicher Qualität gewonnen werden können.

6. Epidemiologie psychischer Störungen

6.1 Häufigkeit psychischer Erkrankungen auf verschiedenen Versorgungsebenen

Bei der Beurteilung der Prävalenz psychischer Erkrankungen ist es von entscheidender Bedeutung, auf welcher Versorgungsebene Häufigkeitsziffern gewonnen werden. Aufgrund des beträchtlichen Erhebungsaufwands liegen – bezogen auf fünf verschiedene Versorgungsebenen – nur wenige vergleichbare Prävalenzstudien vor (s. **Tab. 1**). Den englischen und deutschen Untersuchungen zufolge leiden etwa ein Viertel der Erwachsenenbevölkerung im Laufe eines Jahres an einer behandlungsbedürftigen psychischen Erkrankung, in der niederländischen Studie ist die wahre Prävalenz sogar noch höher. Da in diesen Ländern der primärärztliche Versorgungsgrad sehr hoch ist und die Behandlungskosten weitgehend gedeckt sind, kommt der Prävalenz psychischer Erkrankungen bei Patienten von Hausärzten der wahren Prävalenz sehr nahe. Die Studien zeigen auch, daß ein beträchtlicher Anteil der mit Hilfe standardisierter Interviews identifizierten psychisch Kranken von den Hausärzten nicht entdeckt wird. Nur ein geringer Bevölkerungsanteil nimmt im Laufe eines Jahres psychiatrische Einrichtungen in Anspruch, wobei die ambulante psychiatrische Behandlung im Vordergrund steht.

Tabelle 1: Jahresprävalenz psychischer Erkrankungen in Manchester (Goldberg & Huxley, 1980), Oberbayern (Dilling & Weyerer, 1978, 1984) und Groningen (Giel et al., 1989).

Ebene	Manchester %	Oberbayern %	Groningen %
1. Feldstudien	25,0	24,1	30,3
2. Hausarztpraxen	23,0	21,4	22,4
3. Vom Hausarzt erkannt	14,0	13,2	9,4
4. Psychiatrische Institutionen (insgesamt)	1,7	1,9	3,4
5. Psychiatrische Institutionen (stationär)	0,6	0,5	1,0

6.2 Wahre Prävalenz

In den Übersichtsarbeiten, in denen die Ergebnisse von Feldstudien dargestellt sind, werden die großen Schwankungsbreiten psychischer Erkrankungen in der Allgemeinbevölkerung deutlich (z.B. Dohrenwend et al., 1980). Die Vergleichbarkeit absoluter Prävalenzraten ist vor allem durch die unterschiedlichen Kriterien der Falldefinition stark erschwert. Eine weitere Schwierigkeit besteht darin, daß sehr unterschiedliche Altersgruppen berücksichtigt werden. Schließlich ist die Morbiditätsrate vom Erfassungszeitraum abhängig; manche Autoren gehen von der Stichtagsprävalenz, andere von der Periodenprävalenz aus. Um zumindest eine grobe Abschätzung der wahren Prävalenz psychischer Erkrankungen geben zu können, empfehlen Dohrenwend et al. (1980) in ihrer Übersichtsarbeit die Berechnung des Medians. Berücksichtigt werden hierbei europäische und nordamerikanische Feldstudien, die hauptsächlich seit 1950 durchgeführt wurden und in denen die Prävalenzraten auf klinischen Urteilen basieren. Darüber hinaus berichten wir über ausgewählte deskriptive Ergebnisse von Feldstudien, die im Rahmen des von Häfner (1978) initiierten Sonderforschungsbereichs «Psychiatrische Epidemiologie» in Mannheim und Oberbayern durchgeführt wurden. Dabei konzentrieren wir uns auf drei Gruppen: Kinder/Jugendliche, Erwachsene, alte Menschen. Hinsichtlich einer weitergehenden Differenzierung der Prävalenzraten nach ausgewählten soziodemographischen Charakteristika wie Geschlecht (Häfner et al., 1994; Jenkins, 1985; Wilhelm & Parker, 1994), sozialer Schicht (Angermeyer, 1987; Lennon, 1995) und Kulturzugehörigkeit (Leff, 1994; Pfeiffer, 1993) sei auf die Literatur verwiesen. Eine Darstellung der Ergebnisse aus prospektiven Längsschnittstudien über Risiko-faktoren zu Entstehung und Verlauf psychischer Erkrankungen, die inzwischen ebenfalls für Mannheim und Oberbayern vorliegen (Schmidt, 1990) sprengt ebenfalls den Rahmen dieser Übersicht.

• *Verhaltens- und Entwicklungsstörungen bei Kindern und Jugendlichen.* Bei der Mehrzahl der in diesem Bereich durchgeführten Untersuchungen erfolgte die Beurteilung psychischer Störungen ausschließlich durch Lehrer. Dabei wurden im allgemeinen niedrigere Raten ermittelt als in den Studien, in denen die Fallidentifikation nur über die Eltern bzw. über Informationen der Eltern/Lehrer/Kinder erfolgte (s. **Tab. 2**). In neueren Untersuchungen in den Vereinigten Staaten wurden psychische Erkrankungen bei Kindern und Jugendlichen mit Hilfe des Diagnostic Interview Schedule for Children (DISC) ermittelt, wobei in die Fallidentifikation Informationen der Eltern und Kinder eingingen. Die 6-Monats-Prävalenz psychiatrischer Erkrankungen lag zwischen 17 und 27 Prozent, wobei Angsterkrankungen am häufigsten vorkamen (Angold & Costello, 1995) (s. **Tab. 2** und **Tab. 3**).

In den kinderpsychiatrischen Feldstudien in Oberbayern und Mannheim, gingen bei der Diagnosestellung sowohl Angaben der Eltern als auch Untersuchungsbefunde der Kinder ein. In beiden Regionen war zwar die Gesamtprävalenz etwa gleich hoch, doch bestanden – zum Teil bedingt durch die unterschiedlichen Altersgruppen – deutliche Unterschiede in der diagnostischen Verteilung (s. **Tab. 3**). In Oberbayern standen vor allem spezielle Symptome (ICD-9: 307) im Vordergrund, während in Mannheim Neurosen und hyperkinetische Syndrome sowie, vor allem bei den 13jährigen, soziale Störungen überwogen.

Tabelle 2: Prävalenz von Verhaltensstörungen bei Kindern und Jugendlichen in Nordamerika und Europa (Dohrenwend et al., 1980)

	Art der Erhebung		
	Eltern	**Lehrer**	**Eltern/Lehrer/Kinder**
Median (%)	16,0	10,8	16,5
Schwankungsbreite (%)	10,9–37,0	6,6–22,0	6,8–25,4
Anzahl der Studien	9	28	4

Tabelle 3: Prävalenz kinderpsychiatrischer Diagnosen in Oberbayern (Artner et al., 1984) und Mannheim (Esser & Schmidt, 1987)

Diagnose (ICD-9)	Oberbayern 3–14jährige n = 358 %	Mannheim 8jährige n = 216 %	Mannheim 13jährige n = 191 %
Psychosen (299)	0,3	–	–
Neurosen/emotionale Störung (300; 313)	3,4	6,0	5,8
Spezielle Symptome (307)	13,4	4,2	2,1
Persönlichkeitsveränderungen nach Hirnschädigung (310)	0,3	–	–
Soziale Störungen (312)	0,6	1,8	8,4
Hyperkinetische Syndrome (314)	0,3	4,2	1,6
Gesamt	18,4	16,2	17,9

• *Psychische Erkrankungen bei Erwachsenen.* In der von Dohrenwend et al. (1980) erstellten internationalen Übersicht über die wahre Prävalenz psychischer Erkrankungen zeigt sich vor allem im Bereich der nichtpsychotischen Erkrankungen eine sehr große Schwankungsbreite (s. **Tab. 4**). Die in Oberbayern ermittelte Prävalenzrate von 18,6 Prozent stimmt in etwa mit dem Median (20,9%) überein, wie er an Hand von 27 Feldstudien ermittelt wurde. Die Raten für Schizophrenien und Neurosen liegen ebenfalls in einer vergleichbaren Größenordnung. Schepank (1987) ermittelte für eine Stichprobe der 25, 35 und 45jährigen Mannheimer eine Prävalenzrate psychogener Erkrankungen (ICD-8: 300–306) von 26 Prozent. Beim Vergleich mit der oberbayerischen Feldstudie ist zu berücksichtigen, daß nicht nur die Diagnose-und Altersgruppen stark voneinander abweichen, sondern auch unterschiedliche Kriterien des Schweregrades zugrundegelegt wurden (s. **Tab. 4**).

In neuerer Zeit verdient die in den Vereinigten Staaten durchgeführte «*Epidemiologic Catchment Area» (ECA)-Studie* besondere Aufmerksamkeit, in der in fünf Zentren 18 572 Personen (18 Jahre und älter) mit dem «Diagnostic Interview Schedule» (DIS) untersucht wurden (Robins & Regier, 1991). Das DIS ist ein hochstrukturiertes Interview, das mit Hilfe bestimmter Algorithmen unter anderem eine diagnostische Zuordnung nach DSM-III ermöglicht. Kritisch ist allerdings anzumerken, daß das Instrument für Laieninterviewer konzipiert wurde, was möglicherweise eine Verminderung der Datenqualität mit sich bringt. Die 6-Monatsprävalenz in der ECA-Studie lag bei 19,1 Prozent, wobei Phobien (7,7 %) und Alkoholmißbrauch oder -abhängigkeit (6,0 %) im Vordergrund standen.

Tabelle 4: Prävalenz psychischer Erkrankungen bei Erwachsenen in Nordamerika und Europa (Dohrenwend et al., 1980) sowie in Oberbayern (Dilling & Weyerer, 1984)

Diagnose	Anzahl der Studien %	Schwankungsbreite %	Median %	Oberbayern (in Klammern ICD-8) %
Psychosen	24	0,0–8,3	1,6	3,3 (290–299)
Schizophrenien	14	0,0–2,7	0,6	0,4 (295)
Affektive Psychosen	13	0,0–1,9	0,3	1,2 (296)
Neurosen	24	0,3–53,5	9,4	9,3 (300)
Persönlichkeitsstörungen	20	0,1–36,0	4,8	0,7 (301)
Alkoholismus	14	0,6–31,0	2,4	1,6 (303)
Gesamt	27	0,6–69,0	20,9	18,6 (290–315)

Tabelle 5: Prävalenz psychischer Erkrankungen bei alten Menschen in Nordamerika und Europa (Dohrenwend et al., 1980) sowie in Oberbayern (Dilling & Weyerer, 1984) und Mannheim (Cooper & Sosna, 1983)

Diagnose	Anzahl der Studien %	Schwankungs-breite %	Median %	Oberbayern %	Mannheim %
Organische Psychosen	13	0,0–6,8	3,6	3,5	5,8
Leichtes organisches Psychosyndrom	–	–	–	5,3	5,4
Endogene Psychosen	10	1,4–6,8	3,5	3,4	2,2
Neurosen und Persönlichkeitsstörungen	10	1,5–17,7	9,4	10,9	10,7
Gesamt	6	13,0–24,4	19,3	23,1	24,1

Psychische Erkrankungen bei alten Menschen. Der aufgrund von Feldstudien in Nordamerika und Europa bestimmte Median kommt insgesamt wie auch für diagnostische Untergruppen den Werten in Oberbayern und Mannheim recht nahe (s. **Tab. 5**). Im Rahmen der Berliner Altersstudie wurde die Häufigkeit psychiatrischer Erkrankungen (nach DSM-III-R-Diagnosen) bei über 70jährigen ermittelt (Helmchen et al., 1996). Die Gesamtprävalenz lag mit 23,5 Prozent innerhalb des Bereichs der aus der Literatur bekannten Prävalenzraten. Zu berücksichtigen ist dabei, daß die in **Tabelle 5** angegebenen Werte sich auf über 65jährige beziehen, also auf eine Population mit wesentlich höherem Anteil jüngerer Menschen und geringerer Demenzhäufigkeit. Die häufigsten psychiatrischen Erkrankungen bei den über 70jährigen Berlinern waren mit 13,9 Prozent Demenzen: Bezüglich des Schweregrads entfielen 4,7 Prozent auf leichte, 4,2 Prozent auf mittelschwere und 5,0 Prozent auf schwere Demenzen. Depressive Erkrankungen traten bei 9.1 Prozent auf, wobei über die Hälfte (5,4%) auf die Gruppe der Major Depression (DSM-III-R-Nr. 296.22–296.25, 296.35) entfiel.

In Mannheim und Oberbayern ergaben sich für die über 65jährigen, die jeweils mit Hilfe des Klinisch Psychiatrischen Interviews untersucht wurden, bei einer etwa gleich hohen Gesamtprävalenz nur geringfügige Unterschiede für einzelne Subgruppen. Die Rate für endogene Psychosen war in Oberbayern etwas höher, während in Mannheim organische Psychosen häufiger festgestellt wurden. In beiden Untersuchungsgebieten sind die Morbiditätsraten in der Altersgruppe 75 und älter jeweils deutlich höher als bei den 65- bis 74jährigen. Die Erkrankungshäufigkeit für funktionelle psychische Störungen – Depressionen, Angstzustände etc. – scheint dabei im Alter nicht anzusteigen, während sich jene für psychoorganische Syndrome, vor allem für Altersdemenzen vom 60. bis 65. Lebensjahr an etwa alle fünf Jahre verdoppelt und jenseits des 90. Lebensjahrs 30 Prozent überstiegen hat (Häfner, 1986a).

7. Praktische Bedeutung der epidemiologischen Forschung

Neben der Identifikation von Risiko- und Kausalfaktoren für psychische Erkrankungen liegt die praktische Bedeutung der Epidemiologie vor allem in zwei Bereichen (Häfner, 1986b):

– der Entwicklung von Methoden der Vorbeugung, Behandlung und Rehabilitation und Prüfung ihrer Wirksamkeit und Risiken (Therapieforschung);
– der Evaluation von Einrichtungen und Systemen der Versorgung psychisch Kranker, die der organisatorischen Umsetzung bewährter Therapie- und Rehabilitationsverfahren dienen, besonders im Hinblick auf ihre Wirksamkeit und auf ihre Kosten (Versorgungsforschung).

Seit Anfang der neunziger Jahre wurden an mehreren deutschen Universitäten auf dem Gebiet «Gesundheitswissenschaften/Public Health» gezielt Forschungsprojekte gefördert und postgraduierte Studiengänge eingerichtet. Es gibt gewichtige Gründe dafür, daß die Untersuchung psychischer Erkrankungen auf diesem Forschungsgebiet eine bedeutsame Rolle spielen sollte (Psychiatrie und Public Health, 1996): Psychische Erkrankungen gehören zu den häufigsten Erkrankungen in der Bevölkerung, sie verlaufen häufig chronisch, erhöhen die Inanspruchnahme ärztlicher Einrichtungen erheblich und haben beträchtliche ökonomische Belastungen zur Folge.

8. Literatur

Ahlbom, A. & Norell, S. (1991). *Einführung in die moderne Epidemiologie.* München: Medizin Verlag.

Angermeyer, M.C. (Ed.). (1987). *From social class to social stress. New developments in psychiatric epidemiology.* Berlin: Springer.

Angold, A. & Costello, E.J. (1995). Developmental epidemiology. *Epidemiologic Reviews, 17,* 74–82.

Artner, K., Biener, A.M. & Castell, R. (1984). Psychiatrische Epidemiologie im Kindesalter. In H. Dilling, S. Weyerer & R. Castell, R. (Hrsg.), *Psychische Erkrankungen in der Bevölkerung* (S. 123–186). Stuttgart: Enke.

Bromet, E. & Dew, M.A. (1995). Review of psychiatric epidemiologic research on disasters. *Epidemiologic Reviews, 17,* 113–119.

Cooper, B. & Sosna, U. (1983). Psychische Erkrankung in der Altenbevölkerung. Eine epidemiologische Feldstudie in Mannheim. *Der Nervenarzt, 54,* 239–249.

Dilling, H. & Weyerer, S. (1978). *Epidemiologie psychischer Störungen und psychiatrische Versorgung.* München: Urban und Schwarzenberg.

Dilling, H. & Weyerer, S. (1984). Psychische Erkrankungen in der Bevölkerung bei Erwachsenen und Jugendlichen. In H. Dilling, S. Weyerer & R. Castell (Hrsg.), *Psychische Erkrankungen in der Bevölkerung (S.1–120).* Stuttgart: Enke.

Dohrenwend, B.P., Dohrenwend, B.S., Schwartz Gould, M., Link, B., Neugebauer, R. & Wunsch-Hitzig, R. (1980). *Mental illness in the United States. Epidemiological estimates.* New York: Praeger.

Esser, G. & Schmidt, M.H. (1987). Epidemiologie und Verlauf kinderpsychiatrischer Störungen im Schulalter – Ergebnisse einer Längsschnittstudie. *Nervenheilkunde, 6,* 27–35.

Faris, R.E.L. & Dunham, H.W. (1939). *Mental disorders in urban areas.* Chicago: The University of Chicago Press.

Giel, R., Ormel, J. & van den Willige, G. (1989). Social factors determining permeability of filters in the Goldberg-Huxley model. In D. Goldberg & D. Tantam (Eds.), *Social psychiatry and public health* (pp. 25–34). Göttingen: Hogrefe & Huber.

Goldberg, D.P. & Huxley, P. (1980). *Mental illness in the community.* London: Tavistock.

Häfner, H. (1978). Einführung in die psychiatrische Epidemiologie. In H. Häfner (Hrsg.), *Psychiatrische Epidemiologie* (S. 1–56). Berlin: Springer.

Häfner, H. (1986a). *Psychische Gesundheit im Alter.* Stuttgart: Fischer.

Häfner, H. (1986b). Forschung auf dem Gebiet der Psychiatrie, Psychotherapie und psychosomatischen Medizin. In R. Gross (Hrsg.), *Wege der Gesundheitsforschung* (S.109–128). Berlin: Springer.

Häfner, H. (1989). The concept of mental illness. *Psychiatric Developments, 2,* 159–170.

Häfner, H. & an der Heiden, W. (1986). The contribution of European case registers to research on schizophrenia. *Schizophrenia Bulletin, 12,* 26–51.

Häfner, H. & Böker, W. (1982). *Crimes of violence by mentally abnormal offenders. A psychiatric and epidemiological study in the Federal German Republic.* Cambridge: Cambridge University Press.

Häfner, H., Maurer, K., Löffler, W., Fätkenhäuer, B., an der Heiden, W., Riecher-Rössler, A., Behrens, S. & Gattaz, W.F. (1994). The epidemiology of early schizophrenia. Influence of age and gender on onset and early course. *British Journal of Psychiatry, 164* (Suppl. 23), 29–38

Häfner, H. & Veiel, H. (1986). Epidemiologische Untersuchungen zu Angst und Depression. In H. Helmchen & M. Linden (Hrsg.), *Die Differenzierung von Angst und Depression* (S. 65–74). Berlin: Springer.

Heinemann, L. & Sinnecker, H. (1994). *Epidemiologische Arbeitsmethoden.* Stuttgart: Fischer.

Helmchen, H., Baltes, M.M., Geiselmann, B., Kanowski, S., Linden, M., Reischies, F.M., Wagner, M. & Wilms, H.U. (1996). Psychische Erkrankungen im Alter. In K.U. Mayer & P.B. Baltes (Hrsg.), *Die Berliner Altersstudie* (S. 185–219). Berlin: Akademie Verlag.

Horn, G.H.M.M., Giel, R., Gulbinat, W.H. & Henderson, J.H. (Eds.). (1986). *Psychiatric case registers in public health.* Amsterdam: Elsevier.

Jenkins, R. (1985). *Sex differences in minor psychiatric morbidity.* Psychological Medicine: Monograph Suppl. 7. Cambridge: Cambridge University Press.

Katschnig, H. (Hrsg.). (1980). *Sozialer Streß und psychische Erkrankung.* München: Urban & Schwarzenberg.

Kreienbrock, L. & Schach, S. (1995). *Epidemiologische Methoden.* Stuttgart: Fischer.

Leff, J. (1994). Cultural influences on psychiatry. *Current Opinion in Psychiatry 7,* 197–201

Lennon, M.C. (1995). Work conditions as explanations for relations between socioeconomic status, gender, and psychological disorders. *Epidemiologic Reviews, 17,* 120–127.

MacMahon, B. & Pugh, T.F. (1970). *Epidemiology. Principles and methods.* Boston: Little, Brown and Company.

Mezzich, J.E., Jorge, M.R. & Salloum, I.M. (Eds.). (1994). *Psychiatric epidemiology: assessment, concepts and methods.* Baltimore, MD: Johns Hopkins University Press.

Morgenstern, H. (1995). Ecologic studies in epidemiology: Concepts, principles, and methods. *Annual Review of Public Health 16,* 61–81

Mortensen, P.B. (1995). The untapped potential of case registers and record-linkage studies in psychiatric epidemiology. *Epidemiologic Reviews, 17,* 205–209.

Pfeiffer, W.M. (1993). *Transkulturelle Psychiatrie.* Stuttgart: Thieme.

Pflanz, M. (1973). *Allgemeine Epidemiologie.* Stuttgart: Thieme.

Psychiatrie und Public Health (1996). *Das Gesundheitswesen 58,* Sonderheft 1, 1–102.

Robins, L. N. & Regier, D. A. (1991). *Psychiatric disorders in America: The epidemiologic catchment area study.* New York: Free Press

Robins, L. N. (1978). Psychiatric epidemiology. *Archives of General Psychiatry, 35,* 697–702.

Sartorius, N. (1992). Die Klassifikation psychischer Störungen in der 10. Revision der Internationalen Klassifikation der Krankheiten (ICD-10). *Fundamenta Psychiatrica, 6,* 114–120.

Schepank, H. (1987). *Psychogene Erkrankungen der Stadtbevölkerung.* Eine epidemiologisch-tiefenpsychologische Feldstudie in Mannheim. Berlin: Springer.

Schmidt, M. H. (Hrsg.). (1990). *Fortschritte in der Psychiatrischen Epidemiologie.* Weinheim: VCH Verlagsgesellschaft.

Schmidtke, A. & Häfner, H. (1986). Die Vermittlung von Selbstmordmotivation und Selbstmordhandlung durch fiktive Modelle. Die Folgen der Fernsehserie Tod eines Schülers. *Nervenarzt, 57,* 502–510.

Schwoon, D. R. & Pflanz, M. (1974). Methodische Probleme der Epidemiologie psychischer Störungen. In H. Keupp (Hrsg.), *Verhaltensstörungen und Sozialstruktur* (S. 226–240). München: Urban & Schwarzenberg.

Stieglitz, R.-D. & Freyberger, H. J. (1996). Klassifikation und diagnostischer Prozeß. In H. J. Freyberger & R.-D. Stieglitz (Hrsg.), *Kompendium der Psychiatrie und Psychotherapie* (S. 24–45). Basel: Karger.

Suchmann, E. A. (1968). *Epidemiology.* An international encyclopedia of the social sciences (Vol. 5). New York: The Free Press.

Tsuang, M.T., Tohen, M. & Zahner, G.E.P. (Eds.) (1995). *Textbook in psychiatric epidemiology.* New York, NY: Wiley-Liss.

Wilhelm, K. & Parker, G. (1994). Sex differences in lifetime depression rates: fact or artefact? *Psychological Medicine, 24,* 97–111.

Wing, J.K., Cooper, J.E. & Sartorius, N. (1974). *Measurement and classification of psychiatric symptoms.* London: Cambridge University Press.

A. Störungsübergreifender Teil

Teil IV
Ätiologie/
Bedingungsanalyse:
Allgemeine Grundlagen

9. Ätiologie/Bedingungsanalyse: methodische Gesichtspunkte

Urs Baumann und Meinrad Perrez

Inhaltsverzeichnis

1. Begriffe

Die Frage nach der *Ursache* von Phänomenen gehört zum allgemeinen wissenschaftlichen Denken; Westmeyer (s. Kap. 3/Wissenschaftstheorie) zeigt, daß aus wissenschaftstheoretischer Sicht verschiedene Formen von Ursachen-Erklärungen postuliert werden können (z.B. deduktiv-nomologische Erklärung, dispositionelle Erklärung etc.). Für psychische Störungen ist die Ursachenfrage – die Frage nach der Ätiologie – nicht nur ein theoretisches, sondern auch ein praktisches Anliegen. Psychotherapie, Rehabilitation, insbesondere aber primäre Prävention sind ohne Ätiologie-/Bedingungswissen (Kaminski, 1970), das im weitesten Sinne Wissen um Ursachen enthält, nur begrenzt möglich. Symptomorientierte Therapie muß ohne dieses Wissen auskommen; sie stellt eine oft notwendige, aber nicht sehr befriedigende Therapieform dar, die zum

Teil bei für somatischen Krankheiten oder psychischen Störungen angewandt wird. Obwohl zwischen Intervention und Ätiologie-/Bedingungstheorien eine möglichst enge Verknüpfung anzustreben ist, kann aus erfolgreichen Interventionen nicht auf die Gültigkeit der angenommenen Ätiologietheorie geschlossen werden, wie wissenschaftstheoretische Überlegungen zeigen (vgl. Westmeyer, 1976; Westmeyer & Manns, 1977).

Bei den meisten psychischen Störungen können wir nicht von einer einzigen Ursache ausgehen. Meist nimmt man ein Ursachenbündel bzw. eine Ursachenkette an; man spricht von *Multikausalität* bzw. multifaktorieller Entstehung. Teilweise wird Multikausalität postuliert, weil keine Einzelursachen nachgewiesen sind, teilweise liegen positive Belege für Multikausalität vor. Wenn auch bei einzelnen Störungen *eine* Ursache bekannt ist (z.B. Chromosomenanomalie), so sind für den aktuellen Zustand des 10jährigen Kindes oder des 40jährigen Erwachsenen eine Kette von Bedingungen verantwortlich, die auf dem Tatbestand der Chro-

Für wertvolle Hinweise danken wir Herrn PD. Dr. R.-D. Stieglitz

mosomenanomalie aufbauen. Bei psychischen Störungen wird daher ein differenzierterer Ursachenbegriff benötigt, wenn man der Komplexität der Störung gerecht werden will. Oft spricht man daher nicht von *der* Ursache bzw. Ätiologie einer Störung, sondern von den Bedingungen einer Störung (zur Unterscheidung s. nächster Abschnitt). Multikausalität kann bedeuten, daß mehrere Faktoren aus der gleichen Datenebene wirksam sind; die einzelnen Faktoren können aber auch aus unterschiedlichen Datenebenen stammen. Daher sind vielfach für psychische Störungen *multikausale, multimodale* Modelle anzunehmen (zu den Datenebenen s. Kap. 7/Diagnostik). Psychische Störungen können bedingt sein durch Faktoren aus der *biologisch/somatischen* (z.B. dopaminerge Dysfunktion), *psychischen* (z.B. kognitive Defizite), *sozialen* (z.B. Partnerkonflikte) oder *ökologischen* (z.B. Wohnverhältnisse) Datenebene. Dabei ist von einem Konzept auszugehen (s. auch Kap. 1/Grundbegriffe – Einleitung), bei dem die Ursachen, Bedingungen letztlich nicht allein auf die biologische Datenebene reduziert werden können; vielmehr gehen wir davon aus, daß einzelne Datenebenen sich gegenseitig beeinflussen, so daß die Einflußfaktoren jeder einzelnen Datenebene von Bedeutung sind.

Mit dem Prinzip der *Komorbidität* (s. Kap. 6/Klassifikation) wird die Ursachenfrage zusätzlich verkompliziert, da die gegenseitige Relation der den jeweiligen Störungen zugeordneten Bedingungsketten zu präzisieren ist (Wittchen & Vossen, 1996). Dabei können verschiedene Modelle in Anspruch genommen werden: Störung X und Y sind voneinander unabhängig und haben jeweils unabhängige Bedingungsketten; Störung X und Y haben gemeinsame Ursachenkette etc. (Sher & Trull, 1996).

2. Störungsverlauf und seine Bedingungen

2.1 Phasenunterteilung

Zur Präzisierung des Ursachenbegriffes hat es sich als sinnvoll erwiesen, den Verlauf einer Störung in vier aufeinanderfolgende Phasen (vgl. z.B. Shepherd,1987) zu unterteilen und für jeden Abschnitt Bedingungsfaktoren mit unterschiedlicher Funktion zu postulieren. Dabei ist zu beachten, daß diese Unterteilung die Vielfalt möglicher Verläufe schematisiert. Im Einzelfall bzw. bei bestimmten Störungen kön-

Tabelle 1: Phase des Verlaufs psychischer Störungen

Phase	Altersbereich	potentielle, die Phasen beeinflussende Faktoren (F.): Beispiel für biologische, psychologische, soziale, ökologische Faktoren
1. Prä-, perinatale Phase	vor Geburt, Geburt	– Biol. F.: Genetische Faktoren; Erkrankungen der Mutter während Schwangerschaft, Geburtskomplikationen – Psychol. F.: Inakzeptanz der Mutterrolle – Soz. F.: Partnerschaftskonflikte – Ökol. F.: Radioaktive Belastung
2. Sozialisations-, Entwicklungsphase	frühe Kindheit, Kindheit, (bis Erwachsenenalter)	– Biol. F.: Infektionen – Psychol. F.: Kognitive Defizite – Soz. F.: qualitativ ungenügende Interaktion mit Bindungsperson
3. Phase vor dem Ausbruch der Störung (Prodomalphase)	–	– Biol. F.: Drogenkonsum – Psychol. F.: Arbeitsüberlastung – Soz. F.: Partnerverlust – Ökol. F.: Lärmbelastung
4. Phase nach Störungsausbruch	–	– Biol. F.: Inadäquate Medikation – Psychol. F.: Coping-Defizite – Soz. F.: Familienatmosphäre gem. Expressed Emotions – Ökol. F.: Inadäquate Wohnverhältnisse

nen fließende Übergänge vorkommen, bei denen Anfangs- und Endpunkt der jeweiligen Phase nicht exakt bestimmbar sind; ebenso ist das Gewicht einzelner Phasen für die Erklärung bestimmter Störungen unterschiedlich. Für die Ätiologieforschung sind die in **Tabelle 1** angeführten Phasen zu unterscheiden.

Phase 1:

Prä- und perinatale Phase. In diesem Abschnitt sind folgende Einflußgrößen von Bedeutung:

- Genetische, d.h. vererbte Faktoren (s. Kap. 10/Genetische Faktoren);
- Einflußgrößen, die während der Schwangerschaft wirksam werden (pränatale Periode);
- Einflußgrößen aus der Zeit um die Geburt (Perinatalperiode: Ende der 28. Schwangerschaftswoche bis einschließlich dem 7. Lebenstag; Pschyrembel, 1994).

Teilweise werden die bei der Geburt vorhandenen Zustände als angeboren bezeichnet, wobei offen bleibt, ob sie genetisch oder intrauterin bedingt sind. Die Summe der angeführten Einflußgrößen setzt für die einzelnen Individuen in unterschiedlichem Ausmaß Randbedingungen für die weitere Entwicklung. In der Genetik bzw. der prä- und perinatalen Psychologie versucht man für einzelne Funktionen (z.B. Intelligenz) bzw. einzelne Störungen diese Randbedingungen zu präzisieren. Das Ergebnis der in Phase 1 subsumierten Einflußgrößen bezüglich einer psychischen Störung werden für den klinischen Sektor unterschiedlich bezeichnet: Disposition oder Prädisposition, Diathese (s. unten: Diathese-Streßmodell) bzw. Vulnerabilität (vgl. auch Phase 2). Mit diesen Begriffen wird der Aspekt der Persönlichkeit umschrieben, der eine Störung begünstigt, bzw. das Risiko, die Wahrscheinlichkeit einer Person, an einer bestimmten psychischen Störung zu erkranken.

Phase 2:

Sozialisations- bzw. Entwicklungphase, Sozialisation (s. Kap. 14/Sozialisation) beinhaltet Persönlichkeitsveränderungen aufgrund der Einflüsse durch andere Personen und Institutionen (soziale Umwelt) (Prenzel & Schiefele, 1986). Stehen eher intraindividuelle Veränderungsquellen (Reifung etc.) im Vordergrund, so

spricht man oft von Entwicklung (Flammer, 1988); der Entwicklungsbegriff wird aber auch für das Gesamt an Veränderungen verwendet. Aufgrund der psychoanalytischen Entwicklungslehre hat man vielfach die Sozialisationsphase mit der Phase der frühen Kindheit (0 bis 5 Jahre) in Verbindung gebracht. Diese Sichtweise wird heute nicht mehr geteilt; die Begrenzung der Entwicklung auf die Zeit der Kindheit wurde durch die Perspektive der Entwicklung als lebenslangem Prozeß abgelöst (life-span development). Damit meint man, daß sich der Mensch in seinem gesamten Leben aufgrund unterschiedlicher Einflußgrößen verändert.

Dennoch scheint es bezüglich der Entstehung von Störungen sinnvoll zu sein, den Zeitbereich der frühen Kindheit und der Kindheit als eigene Zeitperiode bezüglich schädigenden, d.h. *vulnerabilisierenden* (z.B. ungünstige Erziehungsstile der Eltern; zum Begriff s. Abschnitt 2.2) und schützenden, d.h. *protektiven* Einflußgrößen (z.B. positive Bindungsqualität in der Familie) zu sehen; derartige Faktoren sind aber auch im Erwachsenenalter wirksam. Durch die Vielzahl an Einflußgrößen kann sich das Erkrankungsrisiko über die Zeit hinweg verändern. Dieses stellt theoretisch gesehen eine dynamische Größe dar und ist – weder intraindividuell, noch interindividuell – eine Konstante. Dennoch nimmt man bei einzelnen Störungen (z.B. Schizophrenie) an, daß das Ausmaß des Erkrankungsrisikos relativ früh festgelegt wird und sich im Verlaufe der Zeit nur wenig ändert. Von Bedeutung ist die Relation der Einflußgrößen der frühen Kindheit zu den Einflußgrößen, die im späteren Jugendalter oder im Erwachsenenalter wirksam werden. Das Postulat der Psychoanalyse, daß psychische Störungen des Erwachsenen *weitgehend* durch Vulnerabilisierung in der frühkindlichen Sozialisation determiniert sind, gilt heute als unbewiesen bzw. als widerlegt (vgl. Kap. 14/Sozialisation).

Das in den Phasen 1 und 2 erworbene Erkrankungsrisiko wird meist mit dem Begriff der *Vulnerabilität* (Verletzlichkeit, Anfälligkeit) umschrieben; die Vulnerablität bezüglich der Störung X ist eine spezifische Ausprägung von Persönlichkeitszügen, die die Erkrankung an Störung X begünstigen. Theoretisch wäre eine Unterscheidung des bei der Geburt (Phase 1) vorhandenen Risikos vom Risiko, das nach Phase 2 vorhanden ist, von Interesse. Konzeptuell und empirisch werden diese beiden Risikovarianten meist nicht unterschieden. Vulnerabilität beinhaltet also das Erkrankungsrisiko bezüglich einer spezifischen Störung; sie kann aber auch das Risiko für psychische Störungen im allgemeinen umschreiben. Ob eine Störung zustande kommt, hängt von zusätzlichen auslösenden Momenten ab: ist die Vulnerabiltät niedrig ausgepägt, sind massivere Auslöserbedingungen erforderlich als bei stärker ausgeprägter Vulnerabilität, bei der oft geringere Auslöser genügen.

Personen, die trotz vorhandener vulnerabilisierender Faktoren keine Störung entwickeln, werden als *resilient* bezeichnet; die *Resilienz* (Widerstandskraft; Task Force, 1996) ist als Gegenstück zur Vulnerabilität zu sehen. Für die Überprüfung ätiologischer Hypothesen sind derartige Personen von großem Interesse (z.B. Personen, die trotz gravierender Belastungen in der Sozialisation (z.B. Mißhandlungen, sexueller Mißbrauch) keine psychische Störung entwickeln.

Mit dem Begriff *Marker* (Sher & Trull, 1996; Schreiber & Kornhuber, 1995) werden in der klinischen Forschung Indikatoren für eine Störung umschrieben. Handelt es sich um Merkmale, die vor dem erstmaligen Auftreten einer Störung vorhanden sind und damit die Vulnerabilität messen lassen, so spricht man von Trait-Markern. Diese beinhalten eine Vorhersage für später auftretende psychische Störung. State-Marker sind Indikatoren, die nur während einer Störungsepisode gemessen werden können und Vorhersagen für den weiteren Verlauf ermöglichen.

Phase 3:
Vorfeld des Ausbruches einer Störung (zum Teil Prodromalphase genannt). Bei verschiedenen Störungen, aber auch bei einzelnen Personen sind oft fließende Übergänge zwischen den Phasen 2 und 3 des Störungsverlaufes anzunehmen. Dennoch versucht man – auch wenn der Störungsausbruch vielfach nicht plötzlich, sondern schleichend ist – den Beginn der manifesten Störung als Zeitpunkt festzulegen. Zuschreibung von Krankheitswert, Änderungswunsch, Hilfesuchverhalten können Datierungshilfen darstellen. Von Interesse ist das

Vorfeld des Störungsausbruches, indem die Frage nach *Auslösern* gestellt wird. Die Life-Event-Forschung (kritische Lebensereignisse) und die Streßforschung haben betont (s. Kap. 17/Streß, Coping), daß belastende – punktuelle und chronifizierte – Ereignisse Störungen auslösen können. Die Frage nach Ursache/Wirkung ist in diesem Forschungsfeld zum Teil schwierig zu beantworten. Ist z.B. die gehäufte Zahl an Life Events vor Ausbruch einer Störung ein Zeichen für erhöhte Belastung, eine Folge der sich anbahnenden Störung oder eine Wahrnehmungsverzerrung; letztere Variante käme dadurch zustande, daß aufgrund der Störung die Optik stärker als bei Gesunden auf belastende Ereignisse gelenkt wird, obwohl die Auftretenshäufigkeit sich bei PatientInnen und Gesunden nicht unterscheidet. Auch im Vorfeld des Störungsausbruches spricht man von schädigenden (vulnerablisierenden) oder schützenden (protektiven Faktoren). Modelle, die Störungen aus dem Zusammenspiel zwischen Anlage und Belastung erklären, werden vielfach als *Diathese-Streß-Modelle* bezeichnet.

Phase 4:
Verlauf nach Störungsausbruch. Betrachtet man die Zeit nach dem Störungsausbruch, so befassen wir uns mit den eine Störung aufrechterhaltenden Bedingungen. Es können auch hier schädigende (z.B. belastende Partnerbeziehung) und schützende (z.B. Soziale Unterstützung durch Angehörige) Einflußfaktoren unterschieden werden, die den weiteren Verlauf der Störung beeinflussen. Zur Phase 4 gehören Faktoren, die zu Verschlechterungen, Besserungen, Heilungen, aber auch zu Rückfällen führen. So hat die Forschung zum Konzept Expressed Emotions (s. Kap. 15/Sozialpsychologische Aspekte und Kap. 35/Schizophrenie) gezeigt, daß unterschiedliche Familienkonstellationen zu unterschiedlichem Rückfallrisiko bei schizophrenen PatientInnen führen.

Die Komplexität der zu untersuchenden Phänomene läßt es sinnvoll erscheinen, nicht nur nach den Ursachen im engeren Sinne (Faktoren der Phasen 1, 2, 3; Ätiologieforschung im engeren Sinne) zu fragen, sondern auch nach den Faktoren von Phase 4 (Verlauf einer Störung nach deren Ausbruch; Bedingungsanalyse). Nach Perrez und Waldow (1984) werden

Faktoren der Phasen 1 und 2 (zum Teil auch 3) als *Akquisitionsbedingungen* (Aneignungsbedingungen), Faktoren der Phase 4 als *Performanzbedingungen* (aufrechterhaltende Bedingungen) bezeichnet. Die Erforschung von Akquisitionsbedingungen ist für die primäre *Prävention* von zentraler Bedeutung. Erst ihre Kenntnisse ermöglichen die gezielte Verringerung bzw. Unterbindung störungsfördernder Bedingungen. Therapeutisch können sie u. U. für die Indikation und Prognose wichtig sein. Wissen über Performanzbedingungen hat für die *Therapie* einen besonders hohen Stellenwert. Es umfaßt Kenntnisse über jene Faktoren, die zum Zeitpunkt der Störung (Phase 4) das gestörte Erleben und Verhalten regulieren. Nach psychoanalytischen Hypothesen sind z.B. Kennwerte der aktuellen Psychodynamik als Performanzbedingungen von Interesse. In verhaltens- und kognitionspsychologischen Konzepten tragen Aussagen über funktionale Zusammenhänge zwischen gestörtem Verhalten und externen Stimulusbedingungen einerseits und internen kognitiven, verdeckten Verhaltenstendenzen andererseits zur Klärung der Performanzbedingungen bei. Als Performanzbedingungen kommen Alpha-, Beta- und Gammavariablen (s. Kap. 7/Diagnostik) in Frage. Die funktionale Verhaltensanalyse ist konsequent auf Performanzerklärungen ausgerichtet. Vielfach können einzelne Einflußgrößen Akquisitions- und Performanzbedingungen darstellen und so unterschiedlichen Phasen zugeordnet werden. Zur Frage, in welcher Relation spezifisches ätiologisches Wissen zur Psychotherapie stehe, wurde von Fiedler (1997) postuliert, daß u.a. das ätiologische Wissen im Sinne der Akquisitionsbedingungen (Phasen 1, 2, zum Teil 3) therapeutische Strategien bei psychischen Störungen begründe. Perrez und Bodenmann (1997) haben in ihrer Gegenposition darauf hingewiesen, daß für psychische Störungen Ätiologietheorien im engeren Sinn (vor allem Phasen 1, 2) derzeit nur begrenzt vorliegen und aktuelles Bedingungswissen, d.h. Information über die Faktoren, die die Störung aufrecht erhalten (vor allem Phase 4), vielfach bedeutsamer sei.

In Teil IV (Kap. 10–17) dieses Lehrbuches werden Klassen von Akquisitions- und Performanzbedingungen abgehandelt, die schwerpunktmäßig auch unterschiedlichen Phasen zugeordnet werden können. Während Aussagen der Genetik (Kap. 10) eindeutig mit der Phase 1 zusammenhängen, ist diese Eindeutigkeit bei den übrigen Faktoren nicht vorhanden. In der Regel können sie sowohl Akquisitions- und Performanzbedingungen beinhalten und sich auf verschiedene Phasen beziehen. Dies gilt z.B. für die im Hinblick auf alle 4 Phasen bedeutsamen biologischen Aspekte, die genetische-und Umwelteinflüsse repräsentieren (Kap. 11/Biochemische -, Kap. 12/Neurophysiologische -, Kap. 13/Psychophysiologische Aspekte). Die Kapitel 14–17 weisen auf die Bedeutung der Umwelteinflüsse hin: Sozialisationseinflüsse (Kap. 14), die vor allem, aber nicht ausschließlich der Phase 2 zuzuordnen sind, beinhalten vielfach Akquisitionsbedingungen. Sozialpsychologische - (Kap. 15) und Soziologische Aspekte (Kap. 16) können mit den Phasen 2 bis 4 in Verbindung gebracht werden (Akquisitions- und Performanzbedingungen); Streßkonzepte (Kap. 17) sind vielfach für die Phasen 3 und 4 bedeutsam (Akquisitions- und Performanzbedingungen). Für die Ätiologie/Bedingungsanalyse sind auch – analytisch akzentuierte (vgl. z.B. Schicht und psychische Störung) – epidemiologische Befunde wichtig, die für alle 4 Phasen Beiträge liefern können (vgl. Kap. 8/Epidemiologie).

2.2 Vulnerabilisierende versus protektive Faktoren

Im vorherigen Abschnitt wurde darauf hingewiesen, daß der Störungsverlauf durch Faktoren geregelt wird, die das Risiko erhöhen bzw. erniedrigen. Daher unterscheidet man zwischen *vulnerabilisierenden* (schädigenden) und *protektiven* Faktoren (Laireiter & Baumann, 1988; Reiss & Price, 1996). Nur durch die Analyse des Zusammenspiels von schädigenden und schützenden Faktoren kann eine Bedingungsanalyse umfassend erfolgen. Dieses Zusammenspiel ist für jede der vier genannten Phasen des Störungsverlaufes von Bedeutung. Vulnerabilisierende bzw. protektive Faktoren können intern oder extern (innerhalb, außerhalb der eigenen Person) lokalisiert sein (vulnerabilsierend intern: z.B. kognitive Defizite; extern: Familienstruktur); sie können im weiteren den verschiedenen Datenebenen zugeordnet werden: biologisch/somatisch (z. B. genetische Risiken), psychisch (z.B. Defekte in der Wahrnehmungsstruktur), sozial (z.B. Unzureichende Soziale Unterstützung), ökologisch (z.B. Umweltbelastung).

Konzeptuell werden vulnerabilisierende und protektive Faktoren unterschieden; bisher ist aber die gegenseitige Relation der beiden Bereiche unklar. Vielfach werden einzelne Faktoren – je nach Vorzeichen – sowohl als vulnerabilisierend, als auch als protektiv diskutiert (Veiel & Baumann, 1992). Zum Beispiel gilt ein Mangel an Sozialer Unterstützung als Belastungsfaktor, also als vulnerabilisierend (s. Pufferhypothese; Laireiter, 1993), während eine ausreichend vorhandene Soziale Unterstützung als protektiv angesehen wird. Eine differenzierte Bewältigungsstruktur mindert das Erkrankungsrisiko (protektiv), während eine rigide Copingstruktur das Risiko erhöht (vulnerabilisierend).

Vulnerabilisierende bzw. protektive Faktoren werden primär bezüglich der *Pathogenese,* d.h. der Entstehung einer Krankheit/Störung, gesehen. Geht man davon aus, daß Gesundheit mehr als die Abwesenheit von Krankheit beinhaltet, so ist neben der Pathogenese auch die *Salutogenese* von Bedeutung. Darunter wird die Entstehung und Aufrechterhaltung von Gesundheit verstanden. Auch bezüglich der Gesundheit wären schädigende und schützende Faktoren zu diskutieren. Inwieweit es gelingt, derartige Faktoren unabhängig von der Pathogenese zu formulieren, ist bislang offen.

2.3 Verlaufsformen

Der Ursachenbegriff legt meist ein einmaliges akutes Auftreten einer Störung nahe, die dann – mit oder ohne (spezifischer) Behandlung (vgl. Spontanremission nach Eysenck: Lambert & & Bergin, 1994) – nach einiger Zeit wieder verschwindet. Wenn auch diese *Verlaufsform* anzutreffen ist, so sind bei psychischen Störungen diverse andere Verlaufsformen nachweisbar. In Anlehnung an von Zerssen (1987), ICD-10 (Dilling, Mombour & Schmidt, 1993) und DSM-IV (American Psychiatric Association, 1996) können für psychische Störungen unterschiedliche Verlaufsformen dargestellt werden, die einzeln oder in Kombination einen Störungsverlauf charakterisieren; in **Abbildung 1** sind einige Beispiele dargestellt (s. Abb. 1).

Betrachtet man eine einzelne Manifestation einer Störung, so sprechen wir von einer *Episode (Krankheitsepisode).* Diese ist durch das Auftreten einer Störung mit einer Mindestausprägung (s. Kriterien ICD-10 oder DSM-IV) und einer Mindestdauer charakterisiert (z.B. bei manischer Episode nach DSM-IV: mindestens 1 Woche Symptomausprägung). Je nach Verlaufsdauer oder Verlaufsform werden Episoden zusätzlich spezifiziert:

• *Paroxysmaler Verlauf.* Punktueller, anfallsartiger Verlauf einer Störungsepisode; innerhalb weniger Minuten wird vielfach der Spitzenwert erreicht, der dann innerhalb von Minuten, Stunden wieder zum Ausgangswert zurückkehrt (z.B. müssen bei Panikattaken gem. DSM-IV die Symptome innerhalb von 10 Minuten ihren Höhepunkt erreichen, die vielfach nach ca. 30 Minuten beendet werden).

• *Chronischer, kontinuierlicher Verlauf:* Störungsepisode bleibt über längere Zeit (z.B. 1 Jahr, 2 Jahr) mit Mindestausprägung bestehen. Dieses Attribut ist erst nach längerem Beobachtungszeitraum zuschreibbar (z.B. DSM-IV: Major Depression: mindestens 2 Jahre).

Betrachtet man den Verlauf einer einzigen Episode, so können der Verlauf oder einzelne Abschnitte *stabil* (keine Veränderung), *progredient* (sich verschlechternd) oder *fluktuierend* (Ausprägungsgrad der Störung ist wechselnd; z.B. bei einzelnen Angststörungen) sein. Die Veränderungen können dabei schubweise oder kontinuierlich auftreten.

Betrachtet man bei einer einzelnen vorhandenen Störung die möglichen *Endzustände* einer Episode, so kann man in Anlehnung an von Zerssen (1987) folgende Varianten unterscheiden:

• *Heilung, Genesung (Person ist gesund):* es wird das gleiches Niveau wie vor Ausbruch der Störung erreicht, wobei die Störung nach der Beendigung während eines definierten Mindestzeitraums nicht mehr auftritt. Die vor dem Ausbruch vorhandene Persönlichkeitsstruktur wird mit dem Begriff der *prämorbiden Persönlichkeit* umschrieben (von Zerssen, 1996; zum Zusammenhang zwischen Persönlichkeit und psychischen Störungen: Watson & Clark, 1994). Heilung setzt dabei eine Mindestzeit der Vollremission voraus.

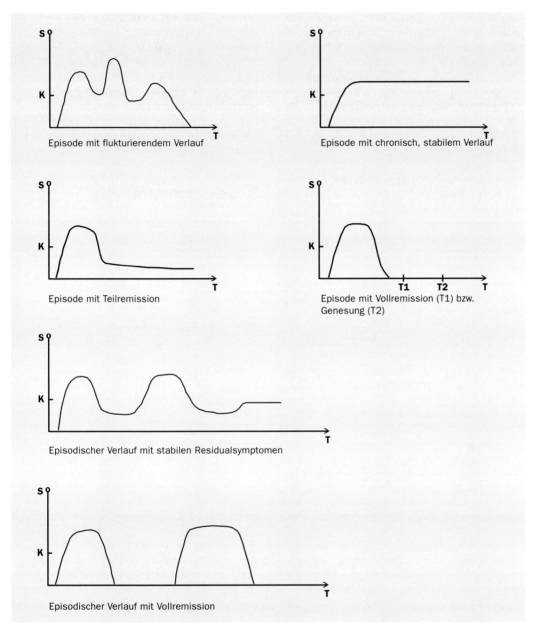

Abbildung 1: Beispiele für Verlaufsformen psychischer Störungen (T: Zeitachse; S: Ausprägung Symptomatik; K: Kritischer Wert, der für Störung überschritten werden muß)

- *Vollremission:* es gibt keine Zeichen oder Symptome der Störung mehr, wobei aber offen ist, ob die Störung nicht erneut auftritt. Gem. DSM-IV (American Psychiatric Association, 1996) kann erst nach einem Zeitraum der Vollremission aufgrund eines komplexen Entscheidungsprozesses entschieden werden, ob die Aussage «Gesund» oder «Diagnose X mit Vollremission» zutrifft.

• *Teilremission:* es liegen noch einzelne Symptome oder Zeichen vor, doch erfüllen sie nicht das Störungskriterium. Bei Schizophrenien spricht man vielfach auch von Residualsymptomen. Teilremission kann zu Vollremission oder neuer Erkrankung führen; besteht die Residualsymptomatik über längere Zeit, so spricht man bei der Schizophrenie von Schizophrenem Residuum (ICD-10 F20.5).

• *Chronifizierung:* Störung beibt auf Mindestniveau (Kriterien sind erfüllt) über längere Zeit, evtl. bis zum Tod bestehen.

• *Persönlichkeitsveränderung:* nach Abklingen der Störung wird das ursprüngliche Persönlichkeitsniveau nicht mehr erreicht; z.B. bei einzelnen Formen der Schizophrenie. Es wird dabei der Begriff der *postmorbiden Persönlichkeit* verwendet (von Zerssen, 1996).

• *Tod:* bei psychischen Störungen besteht gem. Ahrens (1996) ein erhöhtes Sterblichkeitsrisiko, wobei Suizid und Unfälle besonders wesentlich sind.

Treten *mindestens zwei Episoden* auf, so spricht man von episodischem, phasenhaftem oder rezidivierendem (Rezidiv: Rückfall) Verlauf. Dabei kann es sich um das gleiche Störungsbild oder um unterschiedliche Störungsbilder handeln (z.B. bipolare affektive Störung: Episoden einer Major Depression und Manische Episoden). Je nach Endzustand bei den jeweiligen Episoden wird der Langzeitverlauf unterschiedlich beschrieben (in DSM-IV und ICD-10 mit spezifischen Zusatzcodes). Bezüglich Schizophrenie werden – wenn mehr als eine Episode vorliegt – nach DSM-IV u.a. folgende Verlaufsformen unterschieden:

• *Episodischer Verlauf mit Residualsymptomen (= Teilremission):* zwischen den Episoden finden sich spezifische Symptome, die nicht mehr das ursprüngliche Diagnosekriterium der Episode erfüllen (bei Schizophrenie sind sog. Residualsymptome spezifisch definiert).

• *Episoden ohne Residualsymptomen (=Vollremission):* zwischen den Episoden treten keine Symptome mehr.

Ähnlich wird bei den Affektiven Störungen (DSM-IV) von rezidivierendem Verlauf mit Vollremission bzw. Teilremission gesprochen.

Sofern mehr als eine Episode vorliegt, können unterschiedlichste Verlaufsformen resultieren, da die einzelnen Episoden jeweils unterschiedliche Endzustände annehmen können (z.B. erste Episode mit anschließender Teilremission, zweite Episode mit Chronifizierung etc.).

3. Versuchsplanung

Für die Erforschung der für die Entstehung bzw. Aufrechterhaltung von Störungen bedeutsamer Faktoren können unterschiedliche Forschungsstrategien eingesetzt werden (vgl. Ricks & Dohrenwend, 1983; Erlenmeyer, Kimling & Miller, 1986); von Bedeutung sind auch die methodischen Überlegungen aus der Epidemiologie, soweit sie ätiologische Aussagen macht (s. Kap. 8). Als Ordnungsgesichtspunkte für ätiologische Versuchsplanung bieten sich die in **Tabelle 2** angeführten Gesichtspunkte an.

Die angeführten Aspekte lassen sich miteinander kombinieren: Werden z.B. Studierende unter den Bedingungen «mit/ohne kontrollierbarem Lärm» (erlernte Hilflosigkeit) bezüglich Leistung untersucht, so haben wir folgende Konfiguration: Querschnittstudie (Gruppenstudie) an einer ausgelesenen Stichprobe der Normalpopulation in Form einer Analogstudie (bezüglich Störungsausprägung, Untersuchungspersonen, Zeitdimension, Setting, Untersuchungsverfahren) im Labor zur Überprüfung von Ursache/Wirkung (Dependenzanalyse).

Ein wesentliches Problem bei allen ätiologischen Studien ist die Frage der Spezifität der Befunde (Sher & Trull, 1996). Findet man bei einer bestimmten Diagnosegruppe X bestimmte Wahrnehmungsstrukturen oder frühkindliche Defizite in der Sozialisation, so stellt sich die Frage, wie die Befunde (1) bei Personen ohne Störung (unauffällige, «gesunde» Vergleichsgruppe) und (2) bei Personen mit anderen Störungen sind. Spezifität für eine Störung ist daher gegenüber Gesunden und Personen mit anderen Störungen zu überprüfen. Für klinische Vergleichsgruppen sind u.a. auch Erkrankungs- und Hospitalisierungsdauer, Soziale

Tabelle 2: Methodische Gesichtspunkte zur Versuchsplanung ätiologischer Studien

Zahl der Erhebungszeitpunkte	– Längsschnittstudien (prospektive-) – fiktive Längsschnittstudien (Kohorten mit unter- schiedlichem Zeitparameter) – retrospektive Studien – Querschnittstudie
Stichprobenselektion	– (Un)ausgelesene Stichproben Normalpopulation – Risikogruppen – Klinische Gruppen
Abbildungsgenauigkeit Phänomen/Untersuchung	– Klinische Studien – Analogstudien
Zahl der untersuchten Personen	– Einzelfallstudien – Gruppenstudien
Ausmaß an Einflußnahme der UntersucherInnen	– Laborstudien – Feldstudien
Analysenform	– Interdependenzanalyse – Dependenzanalyse

Anpassung etc. relevante Parameter, nach denen die klinischen Vergleichsgruppen ausgesucht werden sollen.

3.1 Zahl der Erhebungszeitpunkte

3.1.1 Längsschnittstudien

Da psychische Störungen als zeitliches Geschehen (Phase 1 bis 4 des Störungsverlaufes) zu verstehen sind, bieten sich Längsschnittstudien zur Erforschung der Ätiologie/Bedingungsanalyse an (Baltes, 1968; Maier & Sandmann, 1994; s. auch allgemeine Methodik und Methodik der Entwicklungspsychologie). Aus ethischen Gründen verbieten sich dabei experimentell gesetzte Schädigungen, um das Bedingungsgefüge psychischer Störungen genau zu erforschen.

• *Prospektive Längsschnittstudie.* Die Entstehung einer Störungen soll unter natürlichen Bedingungen beobachtet werden; daher werden Personen vor Ausbruch einer Störung über einen längeren Zeitraum (Phase 1 bis 3; s. oben) beobachtet. Nach Ausbruch der Störung(en) kann man – unter Vergleich von Personen mit

und ohne Störung – aus den bereits erhobenen Daten Schlüsse auf Bedingungsfaktoren ziehen. Kritisch ist anzumerken, daß auch umfassende Längsschnittstudien jeweils nur einen Ausschnitt aus dem Variablengesamt und der Zeitachse herausgreifen. Daher ist ein theoretisch postuliertes Bedingungsgefüge nur in Grenzen empirisch abbildbar. Ein weiteres Problem ergibt sich aus dem sog. *Generationeneffekt,* d.h. daß die Befunde primär nur für die betreffende Kohorte gültig ist. So stellt sich die Frage, ob Ätiologiekonzepte, die von Personen der Jahrgänge 1940 bis 1950 gewonnen worden sind, für Personen der Jahrgänge 1970 und 1980 ebenso gültig sind, da die jeweiligen Personengruppen in vergleichbaren Altersabschnitten unterschiedlichen Sozialisationsbedingungen ausgesetzt waren.

Aus ethischen und wissenschaftlichen Gründen koppelt man heute teilweise ätiologische Studien mit Interventionstudien. Bei einem Teil der Risiko- und Kontrollgruppen werden Interventionen durchgeführt.

• »*Fiktive*« *Längsschnittstudie (cross sectional design).* In Anbetracht des hohen Aufwandes für echte Längsschnittstudien strebt man Versuchspläne an, die die Zeitachse miteinbeziehen, aber weniger aufwendig sind. Bei «fiktiven» Längsschnittstudien werden Personen untersucht, die sich bezüglich der Dauer der Zielvariable unterscheiden. Durch Aneinanderreihung der einzelnen Gruppen (= *Kohorten*) erhält man einen fiktiven Längsschnitt. Zum Beispiel untersucht man unterschiedliche Personengruppen, deren Erkrankungen an Schizophrenie vor 1 Jahr, vor 5 Jahren, vor 10 Jahren begonnen haben und zieht z.B. aus den Ergebnissen Schlüsse über die Auswirkung der Krankheitsdauer auf die soziale Anpassung. Wie die Methodik zeigt, können Kohorten- und Zeiteffekte zu falschen Schlußfolgerungen führen. Kohorteneffekte treten dadurch auf, daß die einzelnen Kohorten aufgrund der Altersunterschiede unterschiedlichen Sozialisationen unterworfen waren, Zeiteffekte (z.B. Arbeitslosigkeitsrate im Untersuchungsjahr) können differentiell die einzelnen Kohorten betreffen.

Bei kürzeren Zeitperioden sucht man durch eine Kombination von fiktiven und echten Längsschnittstudien möglichst differenzierte Ergebnisse zu erlangen (vgl. Rudinger, 1978); derartige Studien variieren systematisch Geburtsjahrgang, Alter der Untersuchungspersonen und Untersuchungszeitpunkte (longitudinal cohort sequential design).

• *Retrospektive (Längsschnitt)studie.* Personen berichten über vergangene Zeiten, woraus dann Verlaufsaussagen gewonnen werden (wichtigste Methode der Psychoanalyse, vielfach auch in der Life-Event- und Coping-Forschung verwendet). Retrospektive Aussagen stellen die Rekonstruktion der Vergangenheit aus aktueller Sicht dar; Prozesse der Informationsverarbeitung können dazu führen, daß die Rekonstruktion ein verzerrtes Abbild der ursprünglichen Situation darstellt. Für Therapien sind diese Informationen dennoch brauchbar, für die Gewinnung ätiologischer Erkenntnisse sind bei der Interpretation der Daten Verzerrungseffekte mitzuberücksichtigen.

3.1.2 Querschnittstudien

Zur Klärung der Ätiologie/Bedingungsgefüge werden vielfach Querschnittstudien durchgeführt, d.h. es werden zwei oder mehr Stichproben miteinander verglichen, die sich in ätiologisch wichtigen Aspekten unterscheiden:

• So berechnet man z.B. in der Genetik (s. Kap. 10/Genetische Faktoren) das Morbiditätsrisiko für Störung X bei verschiedenen Verwandtschaftsgraden (= Stichproben), ausgehend von Personen mit der Störung X. Aufgrund genetischer Hypothesen erwartet man Gesetzmäßigkeiten zwischen Verwandtschaftsgrad und Höhe des Morbiditätsrisikos.

• Ein ähnliches Vorgehen findet sich auch in der Epidemiologie (vgl. Kap. 8/Epidemiologie), in der Stichproben mit unterschiedlicher Schichtzugehörigkeit bezüglich des Erkrankungsrisikos untersucht werden. Die dabei gewonnenen Befunde sind vielfach korrelativ und lassen daher unterschiedliche Interpretationen zu. So können z.B. Zusammenhänge zwischen Schicht und Erkrankungsrisiko mittels der Streß- oder der Shifthypothese (Absteiger) erklärt werden.

• Querschnittstudien sind auch Experimente, bei denen eine Gruppe mit Störung S mit einer unauffälligen Kontrollgruppe und/oder anderen Patientengruppe verglichen wird, um ätiologische Aussagen zu gewinnen.

Querschnittstudien sind – methodisch gesehen – vielfach korrelative – oder quasiexperimentelle Studien (keine Zufallszuteilung der Personen zu den Gruppen); die Personen der untersuchten Gruppen können sich daher nicht nur bezüglich der Zielvariablen (z.B. Diagnose), sondern auch bezüglich anderer Merkmale unterscheiden. Vergleicht man z.B. zwei Gruppen mit Störungen durch unterschiedliche psychotrope Substanzen (z.B. Alkohol- und Halluzinogenabhängigkeit), so haben wir bei den Gruppen neben dem Diagnoseunterschied vielfach auch Unterschiede im Alter, beruflicher Sozialisation etc. Die Befunde können daher nicht ohne weiteres mit der Diagnose in Verbindung gebracht werden.

Querschnittstudien bringen zusätzlich Interpretationsprobleme bezüglich der Frage nach Ursache/Wirkung. Ein bei einer Gruppe mit Diagnose X (Depressive Störung) beobachtetes Phänomen S (z.B. verminderte Zahl an Kontakten: «Kontaktdefizit») kann unterschiedlich erklärt werden (Barnett & Gotlieb, 1988):

(1) *Symptom-Variante:* S ist Teil der Störung X (z. B. Kontaktdefizit als Teil der depressiven Störung).
(2) *Variante Aufrechterhaltung der Störung:* S folgt aus X (z. B. Kontaktdefizit als Folge der depressiven Störung, was u. a. zur Aufrechterhaltung der Störung führt).
(3) *Ursachen-, Bedingungsvariante:* S führt – allein oder mit anderen Faktoren – zu X (z. B. Kontaktdefizit führt zu depressiven Störungen).
(4) *Vulnerabilitätsvariante:* S – allein oder zusammen mit anderen Faktoren – erhöht das Risiko für X (z. B. Kontaktdefizit allein oder zusammen mit anderen Faktoren stellen Vulnerabilitätsfaktoren dar):

Aus einer einzigen Querschnittstudie ist vielfach keine Entscheidung bezüglich der verschiedenen Interpretationsvarianten möglich.

3.2 Stichprobenselektion

Die Erforschung von Ätiologie/Bedingungsgefüge kann bei unterschiedlichen Stichproben erfolgen:

• *(Un)ausgelesene Stichproben der Normalpopulation.* Für prospektive Längsschnittstudien (Dauer: meist mindestens mehrere Jahre) sind unausgelesene Stichproben aus der Normalpopulation von besonderer Bedeutung, da damit unselegiert Bedingungsgefüge überprüft werden. Bei diesem Ansatz ist aber eine entsprechend große Ausgangsstichprobe zu wählen, damit die zur Diskussion stehenden potentiellen klinischen Gruppen trotz relativ geringer Auftretenswahrscheinlichkeit genügend groß werden (Schätzwerte ergeben sich aus der Epidemiologie: Morbiditätsrisiko, Inzidenzziffern; s. Kap. 8/Epidemiologie). Als Beispiel sei die Zürcher-Studie von Angst (Angst, Dobler-Mikola & Binder, 1984) genannt, bei der die Ausgangspopulation durch die 19- bis 20jährigen jungen Frauen und Männer des Kantons Zürich definiert war; die Ausgangsstichprobe umfaßte 2021 Männer und 2346 Frauen.

• *Risikogruppen.* Untersuchung von Risikogruppen, bei denen aufgrund von theoretischen oder empirischen Vorannahmen mit erhöhtem Erkrankungsrisiko zu rechnen ist, lassen kleinere Stichprobengrößen zu (z. B. Kinder von Personen mit psychischer Störung; Kinder mit spezifischen Bindungsmuster; vgl. Kap. 14/Sozialisation). Risikogruppen sind mit Kontrollgruppen, die die Risikofaktoren nicht aufweisen, zu vergleichen. Dieser Ansatz ist für prospektive Längsschnittstudien von besonderem Interesse, da damit ein ökonomischerer Zugang zur Ätiologieforschung gewonnen wurde. Risikogruppen werden aber auch für Querschnittstudien verwendet, um z. B. Vulnerabilitätsfaktoren zu identifizieren.

• *Klinische Gruppen.* Für alle Designs der Längsschnitt- und Querschnittstudien können auch klinische Gruppen verwendet werden; in der Regel handelt es sich um Inanspruchnahmedaten, d. h. selegierte Stichproben, die eine bestimmte Institution frequentieren.

3.3 Abbildungsgenauigkeit Phänomen/Untersuchung

Der Begriff *Analogstudien* weist auf Studien hin, die die zu untersuchende Realität nur partiell oder vergleichsweise abbilden (Kazdin, 1980; Sher & Trull, 1996; s. Kap. 20/Methodik der Interventionsforschung). Prototyp sind Tieruntersuchungen als Analogon für Aussagen beim Menschen. Aber auch viele Experimente bei gesunden Menschen (z. B. erlernte Hilflosigkeit) stellen Analogstudien dar, ebenso Computersimulationen. Genauere Analysen zeigen, daß die Dichotomie Analogstudien versus klinische (echte) Studien nicht haltbar ist. Vielmehr haben wir eine – theoretisch postulierte und bei einzelnen PatientInnen wahrgenommene – Realität, die in empirischen Untersuchungen abgebildet wird. Analogstudien sind kein Gegenpol zur klinischen Realität; vielmehr bildet jede Forschung in einer Untersuchung die Realität in verschiedenen Dimensionen ab, wobei je nach Dimension die Abweichungen unterschiedlich stark sein können. Für die Ätiologieforschung sind vor allem die in **Tabelle 3** angeführten Abweichungen von der Realität bedeutsam.

Der Begriff Analogstudie weist darauf hin, daß jede Studie zu der Frage der Konstruktvalidität und der externen Validität detailliert Stellung beziehen muß, da es keine bezüglich aller As-

Tabelle 3: Abbildungsgenauigkeit Phänomen/Untersuchung: Analogstudien

Divergenz zur «Realität» bezüglich:	Form der Abweichung
Gattung	Modelle aus Tierstudien, Computersimulationsstudien versus Mensch
Störungsausprägung (als Klassifikationsvariable oder als Zielvariable von Einflußgrößen)	Quantitative und qualitative Abweichung von klinischen Störungen versus klinische Ausprägung (z. B. ICD-10-Diagnose). Bsp. Induzierung leichter Stimmungsbeeinträchtigung als Analogie für die Entstehung klinischer Depressionen
Untersuchungspersonen	Personen ohne Störung oder mit subklinischer Störung versus PatientInnen mit Leidensdruck und Behandlungswunsch. Bsp. Personen mit «Schlangenphobie», aber ohne Vermeidungsverhalten (Störungsanzeichen, die Diagnosekriterien nicht erfüllen) als Analogie für phobische PatientInnen gem. ICD-10
Zeitdimension	Minuten, Stunden versus Jahre. Bsp. Experiment zur erlernten Hilflosigkeit (wenige Stunden) als Analogon für die Entstehung einer Depression (mehrere Jahre)
Setting, unabhängigen Variablen	Experimentelle Stimuli versus natürliches, komplexes Setting (Familie, Arbeit, Freizeitbereich etc.). Bsp. Streßexperimente mit Lärm als Analogie für komplexes Streßmuster im Arbeitsbereich
Untersuchungsverfahren	Einzelne Verfahren (z. B. Selbst-, Fremdbeurteilungsskalen) versus «Gesamtheit» der Störung im Alltag

pekte valide Studie gibt (vgl. auch den Begriff der Feldforschung, Patry, 1982). Analogstudien können – auch wenn sie in verschiedenen Aspekten von der Realität abweichen – zur Frage der Ätiologie/Bedingungsanalyse wichtige Beiträge leisten, sofern durch den theoretischen Rahmen die Befunde mit der klinischen Realität in Beziehung gesetzt werden können.

3.4 Einzelfall-, Gruppenstudien

Die Erforschung der Ätiologie/Bedingungen soll zu allgemeinen Aussagen führen; daher sind entsprechende Aussagen an umfangreichem Datenmaterial zu belegen. Einzelfallstudien (s. auch Kap. 20/Methodik der Interventionsforschung) können durchaus wichtige Anregungen zur Ätiologie/Bedingungsanalyse geben. Sie können aber nicht das zentrale Beweismaterial für Ätiologieaussagen darstellen, da die externe Validität der Aussagen von Einzelfallstudien begrenzt ist. Daher werden für diesen Forschungszweig vor allem Gruppenstudien benötigt.

3.5 Ausmaß an Einflußnahme der UntersucherInnen

Bei wissenschaftlichen Untersuchungen können verschiedene Aspekte von den UntersucherInnen konstruiert werden bzw. werden dem – natürlichen – Alltag entnommen. Insbesondere handelt es sich um das Untersuchungssetting und die unabhängigen und abhängigen Variablen. Vielfach bezeichnet man Untersuchungen, bei denen von den UntersucherInnen durch Variation der unabhängigen Variablen systematisch eingegriffen wird, als Experiment (s. Abschnitt 3.6). Bei einem Maximum an Konstruierbarkeit handelt es sich um Laborstudien, bei einem Minimum um Feldstudien (natürliche Umgebung). Wie Patry (1982) zu Recht betont, sind die Übergänge zwischen Labor und Feld fließend, da unterschiedliche Bereiche konstruiert werden können. Bei vielen Ätiologiestudien haben wir ein hohes Maß an Konstruiertheit. So erbringen z.B. die meisten Längsschnittstudien konstruierte Daten wie z.B. Tests, Fremdbeurteilungen, Laborwerte etc. Die Vielzahl an Experimenten zur Ätiologie/Bedingungsanalyse sind meist als Laborexperiment durchgeführt worden, die eine besonders umfassend konstruierte Erkenntnisquelle darstellen. Bisher sind wenig Daten aus natürlichen Settings in die Ätiologietheorien eingeflossen; als Beispiel sind Videofilme zu nennen, die aus der Jugendzeit von Personen stammen, die später an psychischen Störungen erkrankt sind. Von Bedeutung sind auch Studien mit (Computer-)Tagebüchern, bei denen das Alltagsverhalten protokoliert wird (Fahrenberg & Myrtek, 1996). Für die künftige Ätiologieforschung bzw. Analyse der Bedingungsgefüge sind derartige Ansätze von großer Bedeutung und sollten verstärkt angewandt werden.

3.6 Analysenform

In der Versuchsplanung wird zwischen Interdependenz- und Dependenzanalyse unterschieden. Interdependenzanalysen stellen Zusammenhänge (Kovariationen, Korrelationen) fest und machen keine direkten Aussagen zur Relation Ursache/Wirkung; Dependenzanalysen streben dagegen Aussagen zur Relation Ursache/Wirkung an. Für Dependenzanalysen ist das Experiment besonders wesentlich, bei dem die unabhängige Variable systematisch variiert und die relevanten Störvariablen ausgeschalten werden; u.a. dient die Zufallszuteilung der Versuchspersonen auf die verschiedenen Bedingungen diesem Ziel (Huber, 1987). Quasiexperimente ohne diese Zufallszuteilung beinhalten systematische Variationen durch die VersuchsleiterInnen, doch können aufgrund der fehlenden Zufallszuteilung wesentliche Störvariablen nicht kontrolliert werden, so daß der Aussagewert derartiger Studien eingeschränkt ist (Bsp. s. Abschnitt 3.1.2; zu den unterschiedlichen Versuchsplänen s. Kazdin, 1980). Ätiologieforschung kann aus ethischen Gründen nicht auf echte Experimente zurückgreifen (gilt auch für Sozialisationstheorien etc.). Aber auch praktische Gründe lassen echte Experimente kaum zu, da multikausale multimodale Modelle aufgrund der Komplexität kaum in Experimenten nachgebildet werden können. Dependenzanalysen im engeren Sinne sind daher für Ätiologiestudien nicht möglich. Für die Ätiologieforschung stehen daher immer nur Experimente mit Analogcharakter

bzw. Quasiexperimente bzw. Korrelationsstudien zur Verfügung; dies bedeutet, daß die ätiologischen Aussagen aus Interdependenzanalysen bzw. Dependenzanalysen im weiteren Sinne resultieren. Unterscheiden sich z.B. verschiedene klinische Gruppen (unterschiedliche Diagnosen) in biographischen Daten (z.B. Zahl der Life-Events), so können wir – methodisch gesehen – nur einen korrelativen Zusammenhang zwischen Diagnose und Life-Event konstatieren, der aus unterschiedlichen Bedingungszusammenhängen resultieren kann; Kausalaussagen sind direkt nicht ableitbar. Auch Quasiexperimente (z.B. Vergleich von Personen mit Schizophrenie und depressiven Störungen bezüglich Aufmerksamkeit) haben eingeschränkte Interpretationsmöglichkeiten, weil die Ergebnisse auf die Diagnosen, aber auch auf eine Vielzahl an anderen Stichprobenmerkmalen (z.B. Medikation, Krankheitsdauer, Alter, Beruf) zurückgeführt werden können.

3.7 Konsequenz

Die Erforschung der Ätiologie/Bedingungsgefüge von psychischen Störungen erfordert umfassende und komplexe Versuchspläne. Jeder der dargestellten Versuchsplantypen weist Vor- und Nachteile auf; die «Via Regia», das Experiment ohne Analogcharakter steht nicht zur Verfügung. Es sind daher unterschiedliche Forschungsstrategien notwendig, um Aussagen zur Ätiologie bzw. zum Bedingungsgefüge zu machen. Eine Einengung auf *einen* Versuchsplantyp allein innerhalb eines Forschungsfeldes kann nur begrenzte Aussagen erbringen. Für die Erforschung von Akquisitionsbedingungen der Phasen 1 und 2 sind unterschiedlichste Längsschnittstudien unverzichtbar; für die Untersuchung von Akquisitionsbedingungen der Phase 3 und der Performanzbedingungen (Phase 4) sind – neben Längsschnittstudien – Querschnittstudien (u.a. auch in Form von Analogstudien) und zum Teil auch Einzelfallstudien sinnvoll.

Forschung zur Ätiologie/Bedingungsanalyse ist für den klinischen Sektor von größter Wichtigkeit. Sie bedarf der interdisziplinären Zusammenarbeit, da psychische Störungen multimodal zu konzipieren und multikausal zu erklären sind. Biopsychosoziale Modelle (Engel, 1977) stellen die Zielvorstellung für die

Ätiologie/Bedingungsanalyse und die Intervention dar. Nur durch einen komplexen Forschungsprozeß, in dem die unterschiedlichen Aspekte analysiert werden, können daher Fragen der Ätiologie/Bedingungsanalyse psychischer Störungen beantwortet werden.

4. Literatur

Ahrens, B. (1996). Mortalität und Suizidalität bei psychischen Störungen. In H.J. Freyberger & R.D. Stieglitz (Hrsg.), *Kompendium der Psychiatrie und Psychotherapie* (10. Aufl., S. 522–533). Basel: Karger.

American Psychiatric Association. (1996). *Diagnostisches und statistisches Manual psychischer Störungen – DSM-IV* (Deutsche Bearbeitung und Einleitung: Saß, H., Wittchen, H.U., Zaudig, M.). Göttingen: Hogrefe.

Angst, J., Dobler-Mikola, A. & Binder, J. (1984). The Zurich study – a prospective epidemiological study of depressive, neurotic and psychosomatic syndromes. *European Archives of Psychiatry and Neurological Science, 234,* 13–20.

Baltes, P.B. (1968). Longitudinal and cross-sectional sequences in the study of age and geneation effects. *Human Development, 11,* 171–175.

Barnett, P.A. & Gotlib, I.H. (1988). Psychosocial functioning and depression: distinguishing among antecedents, concomitants, and consequences. *Psychological Bulletin, 104,* 97–127.

Dilling, H., Mombour, W. & Schmidt, M.H. (Hrsg.). (1993). *Internationale Klassifikation psychischer Störungen ICD-10 Kapitel V(F). Klinisch-diagnostische Leitlinien* (2. Aufl.). Bern: Huber.

Engel, G.L. (1977). The need for a new medical model: a challange for biomedicine. *Science, 196,* 129–136.

Erlenmeyer-Kimling, L. & Miller, N. (Eds.). (1986). *Lifespan research on the prediction of psychopathology.* London: Lawrence Erlbaum.

Fahrenberg, J. & Myrtek, M. (Eds.). (1996). *Ambularory assessment.* Seattle: Hogrefe & Huber Publ.

Fiedler, P. (1997). Therapieplanung in der modernen Verhaltenstherapie. *Verhaltenstherapie und Verhaltensmedizin, 1,* 7–39.

Flammer, A. (1988). *Entwicklungstheorien.* Bern: Huber.

Huber, O. (1987). *Das psychologische Experiment: eine Einführung.* Bern: Huber.

Kaminski, G. (1970). *Verhaltenstheorie und Verhaltensmodikation.* Stuttgart: Klett.

Kazdin, A.E. (1980). *Research design in clinical psychology.* London: Harper.

Laireiter, A. (Hrsg.). (1993). *Soziales Netzwerk und soziale Unterstützung.* Bern: Huber.

Laireiter, A. & Baumann, U. (1988). Klinisch-psychologische Soziodiagnostik: Protektive Variablen und soziale Anpassung. *Diagnostica, 34,* 190–226.

Lambert, M.J. & Bergin, A.E. (1994). The effectiveness of psychotherapy. In A.E. Bergin & S.L. Garfield (Eds.), *Handbook of psychotherapy and behavior change* (4rd ed., pp. 143–2189). London: Wiley.

Maier, W. & Sandmann, J. (1994). Diagnostik in Langzeitstudien. In R.D. Stieglitz & U. Baumann (Hrsg.), *Psychodiagnostik psychischer Störungen* (S. 272–283). Stuttgart: Enke.

Patry, J.L. (Hrsg.). (1982). *Feldforschung.* Bern: Huber.

Perez, M. & Bodenmann, G. (1997). Ist ätiologisches Wissen unverzichtbar für die Therapie? *Verhaltenstherapie und Verhaltensmedizin, 2,* 221–227.

Perez, M. & Waldow, M. (1984). Theoriegeleitete Verlaufsdiagnostik im Bereich Psychotherapie. In G. Jüttemann (Hrsg.), *Neue Aspekte klinisch-psychologischer Diagnostik.* Göttingen: Hogrefe.

Prenzel, M. & Schiefele, H. (1986). Konzepte der Veränderung und Erziehung. In B. Weidenmann, A. Krapp, M. Hofer, G. Huber & H. Mandl (Hrsg.), *Pädagogische Psychologie* (S. 105–142). Weinheim: Psychologie Verlags Union.

Pschyrembel (1994). *Klinisches Wörterbuch* (257. Aufl.). Berlin: Walter de Gruyter.

Reiss, D.R. & Price, R.H. (1996). National research agenda for prevention research. *American Psychologist, 51,* 1109–1115.

Ricks, D.F. & Dohrenwend, B.S. (Eds.). (1983). *Origins of psychopathology.* Cambridge: Cambridge University Press.

Rudinger, G. (1978). Erfassung von Entwicklungsveränderungen im Lebenslauf. In H. Rauh (Hrsg.), *Jahrbuch der Entwicklungspsychologie* (1/1979). Stuttgart: Klett.

Schreiber, H. & Kornhuber, H. (1995). Biologische Marker in der Psychiatrie: Forschungskonzept und bisherige Ergebnisse am Beispiel der Schizophrenie. In K. Lieb, D. Riemann & M. Berger (Hrsg.), *Biologischpsychiatrische Forschung* (S. 196–213). Stuttgart: Fischer.

Shepherd, M. (1987). Formulation of new research strategies on schizophrenis. In H. Häfner, W.F. Gattez & W. Janzarik (Eds.), *Search for the causes of schizophrenia* (pp. 28–38). Berlin: Springer.

Sher, K.J. & Trull, T.J. (1996). Methodological issues in psychopathology research. *Annual Review of Psychology, 47,* 371–400.

Task Force – Basic Behavioral Science Task Force of the National Advisory Mental Health Council (1996). Basic behavioraal science research for mental health. *American Psychologist, 51,* 22–28.

Veiel, H.O. & Baumann, U. (Eds.). (1992). *The meaning and measurement of social support.* New York: Hemisphere.

Watson. D. & Clark, A. (Eds.). (1994). Personality and psychopathology (special issue). *Journal of Abnormal Psychology, 103* (1).

Westmeyer, H. (1976). Grundlagenprobleme psychologischer Diagnostik. In K. Pawlik (Hrsg.), *Diagnose der Diagnostik* (S. 71–102). Stuttgart: Klett.

Westmeyer, H. & Manns, M. (1977). Beobachtungsverfahren in der Verhaltensdiagnostik. In H. Westmeyer & N. Hoffmann (Hrsg.), *Verhaltenstherapie – Grundlegende Texte* (S. 248–262). Hamburg: Hoffmann und Campe.

Wittchen, H.U. & Vossen, A. (1996). Komorbiditätsstrukturen bei Angststörungen. Häufigkeiten und mögliche Implikationen. In J. Margraf (Hrsg.), *Lehrbuch der Verhaltenstherapie* (Bd. 1, S. 217–233). Berlin: Springer.

Zerssen, D. v. (1987). Die Klassifikation affektiver Störungen nach ihrem Verlauf. In Ch. Simhandl, P. Berner, H. Luccioni & C. Alf (Hrsg.), *Klassifikationsprobleme in der Psychiatrie* (S. 203–215). Purkersdorf: Medizinischpharmazeutische Verlagsgesellschaft.

Zerssen, D.v. (1996). Forschung zur prämorbiden Persönlichkeit in der Psychiatrie der deutschsprachigen Länder: Die letzten drei Jahrzehnte. *Fortschritte der Neurologie– Psychiatrie, 64,* 168–183.

10. Genetische Faktoren

Wolfgang Maier

Inhaltsverzeichnis

1. Einleitung und Fragestellungen

Viele Verhaltensvarianten und psychische Störungen zeigen eine überzufällig ausgeprägte intrafamiliäre Ähnlichkeit: Zwei Mitglieder derselben Familie zeigen häufiger ähnliche Ausprägungen oder leiden häufiger an derselben Störung als zwei nicht miteinander verwandte Personen aus der Normalbevölkerung. Die Analyse intrafamiliärer Ähnlichkeiten von Verhaltensdispositionen und von Störungen ist Gegenstand einer wissenschaftlichen Disziplin, die heute mit «Verhaltensgenetik» bezeichnet wird und die sich der Methoden der humangenetischen und genetischen Epidemiologie bedient. Diese Bezeichnungen sind teilweise irreführend und sollten nicht fehlverstanden werden: Der Anspruch, familiäre Ähnlichkeiten ausschließlich durch genetische Faktoren

im engeren Sinn zu erklären, wird nicht erhoben. Sowohl genetische wie nicht-genetische familiäre Ursachen- bzw. Bedingungsfaktoren können zum Erkrankungsrisiko beitragen (s. z.B. Zerbin-Rüdin, 1990).

Die Anwendung humangenetischer und genetisch-epidemiologischer Methoden auf Verhaltensmuster und psychische Störungen erlaubt u.a. die Bearbeitung der folgenden Fragestellungen:

(1) Sind Verhaltensdimensionen und Störungsmuster mit erhöhter familiärer Ähnlichkeit bzw. überzufälliger familiärer Häufung zu identifizieren und abzugrenzen? Wie hoch ist das Ausmaß der Ähnlichkeit?

(2) Welche Komponenten tragen zur familiären Ähnlichkeit bei (genetische und nicht-genetische Komponenten als *Ursachenbedingungen*)?

(3) Welche genetischen *Ursachen- und Risikofaktoren* können auf der «Mikro»-ebene des Genoms identifiziert werden? Wo sind die risikomodulierenden Gene auf dem Genom zu lokalisieren? Für welche Proteine kodieren diese Gene? Welche Funktion nehmen diese Proteine wahr?

(4) Welche Mechanismen tragen, ausgehend von den determinierenden Genen, zur Entwicklung des Phänotyps bei (d.h. *Pathogenese* genetisch determinierter bzw. (teil-) determinierter Störungen)?

Die genetische Arbeitsrichtung ist aber auch für die Entwicklung valider *Diagnosesysteme* bedeutsam (Maier & Propping, 1991). Die Klassifikation sollte idealerweise an Ursachenfaktoren bzw. Bedingungsfaktoren orientiert sein, die aber für die meisten psychischen Störungen weitgehend unbekannt sind. Trotz der Unkenntnis über spezifische Ursachen ist aber folgende Vermutung plausibel: Sind zwei Mitglieder derselben Familie von derselben Erkrankung betroffen, so ist in beiden Fällen eine ähnliche Verursachung wahrscheinlich. Folglich zeigen familiäre Häufungsmuster die Wirkung ähnlicher Ursachenfaktoren an. Wenn dagegen zwei Störungen nicht überzufällig häufig gleichzeitig in derselben Familie auftreten, ist es unwahrscheinlich, daß ihnen ähnliche, familiär begründete Ursachenfaktoren zugrundeliegen. Auch wenn die Ursachenfaktoren für psychische Störungen noch nicht hinreichend spezifiziert sind, können doch familiäre Häufungsmuster dazu beitragen, in ätiologischer Hinsicht relativ homogene Klassen von Störungen zu definieren.

2. Grundbegriffe: Gene, Genotyp, Phänotyp

Dieses Kapitel stellt gerafft Grundbegriffe der Humangenetik dar, die in einschlägigen Lehrbüchern ausführlicher geschildert werden (s. z.B. Propping, 1989).

2.1 Gene und Genprodukte

Genetische Information liegt als Desoxyribonukleinsäure-(DNA)sequenzen im Zellkern vor.

Man nennt die Stelle, an der im Genom (Gesamtheit der genetischen Information) eine bestimmte genetische Information vorgesehen ist, einen *Genort* oder genetischen *Locus,* der jeweils wegen der paarigen Anordnung der autosomalen Chromosomen in paariger Form besetzt ist. Die auf einem Genort vorliegende Information kann in beiden Chromosomen identisch (homozygot) oder different (heterozygot) sein. Die tatsächlich an diesem Ort vorhandene Information stellt dann das *Gen* dar. Verschiedene Varianten an einem Genort werden *Allele* genannt. 22 Chromosomen sind paarig vorhanden, wobei an einem Genort immer zwei Allele vorliegen. Beim Geschlechtschromosom gilt diese Aussage nur für Frauen, während Männer zwei differente Geschlechtschromosomen (XY) aufweisen. Allele sind also Gene mit prinzipiell gleichartiger Funktion (im Einzelfall allerdings mit zuweilen unterschiedlicher Güte) am gleichen Ort. Unterschiedliche Allele eines Gens sind Folgen von Mutationen. Gene sind auf Chromosomen angeordnet.

In den 23 Chromosomen-Paaren (22 Paare Autosomen, 1 Paar geschlechtsabhängige Chromosomen) stellen sie die Gesamtheit der im Zellkern enthaltenen Erbanlagen dar (Genom). Mit Hilfe molekulargenetischer Methoden ist es heute möglich, unmittelbar in der Erbsubstanz, der DNA, interindividuelle Unterschiede (genetische Variabilität) nachzuweisen. Da die DNA in allen somatischen Zellen eines Menschen identisch ist, kann man auch aus dem Zellkern von Zellen in der Peripherie, z.B. aus den Leukozyten, die gesamte genetische Information extrahieren.

Varianten eines Gens können damit einen wesentlichen Beitrag zur Erklärung der Variabilität von Merkmalen und Zuständen *(Phänotypen)* leisten. Ein kleinerer Teil (ca. 5%) der Gene (sog. Strukturgene) können in Genprodukte umgesetzt (exprimiert) werden, die biochemisch die Form von Proteinen haben, während der restliche Teil der Gene stumm bleibt. Proteine steuern z.B. als Enzyme den Stoffwechsel; auch Rezeptoren, Strukturen des Informationstransports in der Zelle und die biochemischen Korrelate von Gedächtnisleistungen sind Proteine. Verschiedene Varianten eines Gens können als unterschiedliche Varianten eines Proteins exprimiert werden, die möglicherweise quantitative oder qualitative funktionelle Konsequenzen haben; z.B. kann das Bindungsverhalten an verschiedenen genetischen Varianten eines Rezeptors quantitativ unterschiedlich sein. Die Allele eines Genorts vererben sich über die Generationen nach den von Mendel beschriebenen Gesetzen in dominanter oder rezessiver Form (s. unten). Folglich müssen auch die korrespondierenden Merkmalsausprägungen nach den Mendelschen Regeln übertragen werden.

Der *Genotyp* gibt die genetische Situation an einem bestimmten Genort für beide Chromosomen an. Die beiden Allele am Genort können übereinstimmen (Homozygote) oder different sein (Heterozygote). Unterschiedliche Varianten eines Genotyps an einem Genort können im heterozygoten oder erst im homozygoten Zustand phänotypische Konsequenzen haben. Wenn sich bereits die Heterozygotie für ein bestimmtes Gen phänotypisch auswirkt, dann bezeichnet man dies als *dominante Genwirkung*. Wenn nur die Homozygotie für ein variantes Gen (und damit Genprodukt) äußere Konsequenzen hat, dann handelt es sich um *rezessive Genwirkung*.

2.2 Nicht-genetische Faktoren

Die phänotypische Varianz von Verhaltensmerkmalen (also z.B. die Variation von Persönlichkeitsfaktoren oder kognitiver Fähigkeiten oder des Auftretens psychischer Störungen) ist meist nicht nur durch die Variation des Genotyps zu erklären. Sämtliche Bedingungsfaktoren, die sich nicht auf Strukturunterschiede in der DNA zurückführen lassen (d.h. alle nicht-genetischen Faktoren), werden in der Genetik als *umgebungsbezogen* betrachtet (vgl. auch Kap. 14/Sozialisation). Das Konzept «Umgebung» ist in der Genetik also umfassender definiert als in anderen Disziplinen; Umgebungsfaktoren können entweder *familiären* (d.h., sie betreffen mehrere Mitglieder derselben Familie überzufällig häufig) oder *individuumspezifischen* (d.h., sie betreffen einzelne Personen, ohne überzufällig häufig in derselben Familie vorzukommen) Ursprungs sein. Familiäre Umgebungsfaktoren können ebenso wie genetische Faktoren familiäre Merkmalshäufungen erklären. Die genetische Forschung muß daher stets Umgebungsfaktoren mitberücksichtigen.

Umgebungsbezogene Faktoren können in unterschiedlicher Form wirksam werden: Das Vorhandensein eines bestimmten Allels bei einer Person kann das Risiko für das Auftreten einer Krankheit erhöhen. In vielen Fällen ist die Krankheit aber nicht schicksalhafte Konsequenz eines Genotyps, sondern es bedarf zur Verwirklichung spezifischer äußerer Bedingungen, die selbst nicht genetisch bedingt sind. Es resultiert dann eine reduzierte Penetranz oder Expressivität. Diese Konstellation kann heute teilweise verstanden werden. Die genetische Information wird nämlich nur unter bestimmten Bedingungen exprimiert; z.B. wenn bestimmte regulatorische Metaboliten (die z.B. durch Streß induziert sein können) im Zellkern vorliegen, die dann an die die Genexpression steuernden Regulatorgene binden.

2.3 Phänotyp-Genotyp-Beziehung

Gegenstand genetischer Forschung ist die Aufklärung interindivideller Unterschiede von Merkmalen und Zuständen (von sogenannten *Phänotypen*) mit den Mitteln molekularer, biochemischer und biometrischer Genetik. Auch psychologische Variablen können als Phänotypen verstanden werden, und zwar sowohl die zeitlich relativ stabilen Eigenschaften wie Persönlichkeitsmerkmale wie auch die zeitlich häufig nur intermittierend auftretenden Zustände (z.B. Krankheitsepisoden).

Das überzufällig häufige Auftreten eines Merkmals bzw. ähnlicher Merkmale (Phänotypen) in Familien kann folgendermaßen zustandekommen:

(1) durch genetische Ursachen, d.h., bestimmte Allele erhöhen die Wahrscheinlichkeit für das Auftreten eines Merkmals,

(2) durch familiär-umgebungsbezogene Faktoren, die von Mitgliedern derselben Familie überzufällig häufig geteilt werden,

(3) durch ein additives Zusammenwirken oder eine Interaktion zwischen diesen beiden familiären Ursachenkomponenten [(1) und (2)]; dies ist für die meisten nicht-organisch bedingten psychiatrischen Erkrankungen, die eine familiäre Häufung zeigen, wahrscheinlich. Interak-

tionen können aber auch zwischen verschiedenen familiären und individuumspezifischen Faktoren vorkommen.

Drei Typen von Interaktionen können das manifeste Verhalten beeinflussen (Plomin, 1994):

• *Passive Interaktion:* Falls Mitglieder einer Familie zusammenleben, teilen sie nicht nur genetische Varianz, sondern auch Charakteristika der familiären Umgebung; folglich sind genetische und umgebungsbezogene Faktoren miteinander assoziiert und diese Assoziation wird in der Familie übertragen.

• *Reaktive Interaktion:* Genetisch bedingtes Verhalten eines Indexfalles induziert Reaktionen bei Bezugspersonen, was wiederum auf den Indexfall zurückwirkt. Diese Reaktion stellt also einen genetisch vermittelten Umgebungsfaktor dar.

• *Aktive Interaktion:* Bestimmte genetische Dispositionen können den Genträger zur Schaffung bestimmter Umgebungsbedingungen motivieren.

Das Verhältnis zwischen Phänotyp und Genotyp ist bei vielen Erkrankungen meist nicht eindeutig (genetische Heterogenie): Einem bestimmten Phänotyp liegen dabei verschiedene genetische Mechanismen zugrunde.

2.4 Übertragungsmodelle für genetisch komplexe Störungen und Merkmale

Bei monogenen Erkrankungen ist ein Gen oder verschiedene Varianten am selben Genort für das Auftreten einer Erkrankung ursächlich. Unter dieser Bedingung spricht man von einem *kausalen* Gen, das nach den Regeln von Mendel übertragen wird (in dominanter oder rezessiver Form). Treten dagegen psychische Störungen familiär gehäuft auf, so folgen sie in der Regel keinem Mendelschen Erbgang. Daraus kann aber nicht gefolgert werden, daß das familiäre Häufungsmuster für psychische Störungen ausschließlich durch nicht-genetische familiäre Umgebungsfaktoren induziert ist. Das Zusammenwirken mehrerer Gene (*polygene* Übertragung) kann nämlich auch zu einem unregelmäßigen familiären Häufungsmuster führen.

Im polygenen Übertragungsmodell können aber genetische Varianten an verschiedenen Genorten zur Ausprägung des Phänotyps beitragen; diese risikomodulierenden Gene entfalten kumulative Wirkungen (d.h., die Effekte addieren sich) und können sich in ihrer Wirkung auch möglicherweise gegenseitig vertreten. Unter dieser Modellannahme ist ein einzelnes, beitragendes Gen also für das Merkmal weder hinreichend noch notwendig, es ist auch nicht kausal, vielmehr beeinflußt es die Manifestationswahrscheinlichkeit des Merkmals *(Suszeptibilitätsgen)* (Greenberg, 1993). Tragen neben genetischen bzw. polygenetischen Faktoren auch Umgebungsfaktoren zur Krankheitsentstehung bei, spricht man von einer *multifaktoriellen* Übertragung.

Im multifaktoriellen Übertragungsmodell wird die Polarisierung zwischen *genetisch bedingt* und *umweltbedingt* problematisch. Unter dieser Modellannahme lauten die Fragen vielmehr: Wie groß ist der genetisch bedingte und wie groß ist der familiär-umweltbedingte Varianzanteil? Gibt es Interaktionen zwischen diesen beiden familiären Komponenten? Welche spezifischen Gene und welche spezifischen familiär-umgebungsbezogenen Faktoren sind beteiligt und wie entfalten diese ihre Wirkung? Bei nahezu allen psychologisch relevanten Phänotypen ist diese Betrachtungsweise angemessen. Nur wenige Ausnahmen dieser Regel sind bisher bekannt [vor allem monogen bedingte mentale Retardierung wie beim fragilen X-Syndrom (Rousseau et al., 1994)].

3. Forschungsmethoden

Die Untersuchung familiär gehäuft auftretender Phänotypen kann auf verschiedenen Ebenen durchgeführt werden (ausführlicher s. Khoury, Beaty & Cohen, 1993):

• *Analyse der familiären Ähnlichkeitsmuster des Phänotyps.* Das Ausmaß der Ähnlichkeit eines genetisch determinierten Merkmals variiert dabei in Abhängigkeit von dem biologischen Verwandtschaftsgrad; aus der Variation der familiären Ähnlichkeit mit dem Verwandtschaftsgrad kann folglich auf das Ausmaß der genetischen Determination zurückgeschlossen werden (Familien-, Zwillings-, Adoptionsstudien).

• *Analyse der Genotyp-Phänotyp-Beziehung.* Dabei sind Assoziationen zwischen spezifischen Phänotypen und spezifischen Genotypen (Assoziationsstudien) und Kosegregationen (gemeinsame intrafamiliäre Übertragung) von spezifischen Phänotypen und spezifischen Genotypen (Kopplungsanalysen) zu identifizieren. In den vergangenen Jahrzehnten war weitgehend nur ein indirekter Zugang zum determinierenden Genotyp über die Genprodukte möglich. Diese Situation veränderte sich, nachdem molekulargenetische Methoden zur direkten Untersuchung genetischer Polymorphismen (z.B. Austausch einer Aminosäure an einer Stelle des Genoms) in den vergangenen Jahren eine explosionsartige Entwicklung erfuhren. Ebenso wurden Methoden zur Lokalisation von Genen, die die Ausprägung des Phänotyps determinieren, möglich.

Tabelle 1 stellt die wichtigsten Designs für beide Fragestellungen zusammen.

Tabelle 1: Die wichtigsten Varianten von Studiendesigns in der klinisch orientierten genetischen Forschung

Studiendesigns ohne genetischen Marker	
• Familienstudien	– Abschätzung von Wiederholungsrisiken
	– Abschätzung der Relevanz familiärer im Vergleich zu nicht-familiären Ursachenfaktoren
	– Nosologische Differenzierung zwischen Störungen
	– Auffinden kosegregierender Merkmale und Definition von Vulnerabilitätsdimensionen
° High-Risk-Studien	– Entdeckung prämorbider Normabweichungen familiärer Störungen
• Zwillingsstudien	– Differenzierung und Quantifizierung des genetischen Anteils an den familiären Faktoren
	– Abschätzung des Einflusses von Gen-Umgebungs-Interaktion
	– Abschätzung der Relevanz spezifischer Umgebungsfaktoren
• Adoptionsstudien	– Abschätzung des umgebungsbedingten Anteils an den familiären Faktoren
• Segregationsanalysen	– Feststellung des familiären bzw. genetischen Übertragungsmodus
Studiendesigns mit genetischen Markern	
• Assoziationsuntersuchungen	– Assoziation zwischen bestimmten Genvarianten (Allelen) und Erkrankungen
	– Entdeckung von Kopplungsungleichgewicht und Suszeptibilitätsgenen
• Kopplungsuntersuchungen	– Kosegregation zwischen genetischer Variation an einem Genort und Erkrankung
	– Lokalisation von Genorten
	– Sukzessive Einengung von Genorten

3.1 Familienstudien

• *Familiäre Häufung.* Eine familiäre Häufung von Merkmalen der Erkrankungen liegt dann vor, wenn in Familien von Merkmalsträgern oder Erkrankten eine höhere Prävalenz als in Familien von Kontrollpersonen beobachtet wird. Die Wahl der optimalen Kontrollgruppe ist manchmal kritisch. Optimalerweise sollten Kontrollpersonen in der Allgemeinbevölkerung rekrutiert werden, wobei Merkmalsträger bzw. Erkrankte entsprechend ihrer Prävalenz in der Allgemeinbevölkerung berücksichtigt werden; damit kann der Gefahr begegnet werden, daß aufgrund einer Unterschätzung der Merkmalshäufigkeit in der Kontrollgruppe falsch-positive Häufungsbefunde resultieren.

• *Aussagekraft von Familienstudien.* Der Befund einer familiären Häufung eines Merkmals sagt natürlich noch nichts darüber aus, ob der Häufung genetische Faktoren oder andere Ursachenfaktoren zugrundeliegen, die verschiedene Mitglieder derselben Familie gleichermaßen betreffen (familiäre Umgebungsfaktoren). Trotz dieses Mangels kommt den Familienstudien aus folgenden Gründen eine zentrale Bedeutung in der klinischen Forschung zu:

– Sie stellen ein wichtiges Validierungskriterium für Definitionen von psychischen Störungen dar, die familiär gehäuft auftreten.
– Familienstudien, in denen verschiedene diagnosespezifische Gruppen von Indexfällen verglichen werden, erlauben Aussagen über das Verhältnis zwischen den Ursachen der untersuchten Erkrankungen. Angesichts der Unkenntnis über die Pathophysiologie psychischer Störungen eröffnet die Hypothese, daß Unterschiede im familiären Belastungsmuster unterschiedliche *ätiologische* bzw. *pathophysiologische Bedingungen* anzeigen, erfolgversprechende, ätiologisch relevante Forschungsstrategien.
Informative Beiträge zur Pathophysiologie der familiär gehäuft auftretenden Störung sind insbesondere von prospektiven Längsschnittuntersuchungen bei Personen mit erhöhtem Erkrankungsrisiko (vor allem Kinder von Erkrankten) zu erwarten; solche Studien werden auch *High-Risk-Studien* genannt.

Bei der Durchführung von Familienstudien sollten einige Anforderungen unbedingt eingehalten werden, die auch für andere nachfolgend geschilderte Untersuchungen von Phänotypen Gültigkeit haben:

• *Reliabilität der Fallidentifikation und der Charakterisierung des Phänotyps.* Persönliche Interviews durch trainierte Untersucher unter Benutzung strukturierter Interviews und operationalisierter Diagnosen bei Indexfällen und möglichst vielen Angehörigen; für alle Angehörigen (inkl. verstorbener und nicht erreichbarer Angehöriger) fremdanamnestische Befragung möglichst mehrerer Informanten mit zumindest semistrukturierten Interviews («family history method»).

• *Kontrollkollektiv.* Das Kontrollkollektiv (d.h. psychiatrisch gesunde Indexpersonen und deren Angehörige 1. Grades) sollte möglichst parallelisiert sein.

• *Blindbedingung.* Informationserhebung und Diagnostik von Angehörigen in Unkenntnis des Status der Indexperson; diese Bedingung ist entscheidend, falls eine Auswertung unter dem Gesichtspunkt der diagnostischen Spezifität erfolgt.

• *Diagnosestellung für Probanden und Angehörige.* Für jede Person werden die oben genannten Informationen sowie die Krankenakten (soweit vorhanden) zusammengeführt, und ein erfahrener Kliniker führt auf dieser Grundlage die Klassifikation zu einer Konsensusdiagnose («best estimate diagnosis») durch.

• *Repräsentativität.* Systematische Rekrutierung in einer definierten Grundgesamtheit; Zwillingsstudien sind z.B. wesentlich aussagefähiger, wenn die Rekrutierung unabhängig vom Behandlungsstatus erfolgt (z.B. skandinavische Zwillingsregister).

3.2 Zwillingsstudien

Zwillingsstudien stellen eine Unterform der Familienstudien dar. Die besondere Aussagekraft von Zwillingsstudien basiert auf der (zwischen ein- und zweieiigen Zwillingen) unterschiedlichen Übereinstimmung der genetischen Information zwischen den Zwillingspartnern bei weitgehend ähnlichen Umgebungsbedingungen in beiden Vergleichsgruppen.

Der Unterschied in der Übereinstimmung zwischen eineiigen und zweieiigen Zwillingspaaren (nach Bereinigung der zufallsbedingten Übereinstimmung) gibt Auskunft über das Ausmaß der genetisch determinierten Varianz: Übereinstimmungsmaße sind im Fall heterogenealer Phänotypen Konkordanzraten, im Fall kontinuierlich ausgeprägter Phänotypen Intraclass-Koeffizienten.

In der Regel kann aus Zwillingsstudien nur eine Schätzung des Varianzanteils der Gesamtheit von familiären bzw. individuellen Umgebungsfaktoren abgeleitet werden, ohne daß diese Faktoren näher spezifiziert werden. Voraussetzungsstärkere biometrische Analysen lassen aber auch die Spezifikation einzelner Umweltfaktoren zu (z.B. Erziehungsstile, kritische Lebensereignisse) (Kendler, 1993).

Die Aussagekraft von Zwillingsstudien kann in mehrfacher Hinsicht begrenzt sein:

• *Annahme der Gleichheit von Umgebungsbedingungen.* Die Annahme der Gleichheit von Umgebungsbedingungen für zweieiige im Vergleich zu eineiigen Zwillingspaaren ist problematisch. Diese Einschränkung gilt insbesondere für die pränatalen Bedingungen. Eineiige Zwillinge können sich eine Plazenta teilen, d.h., die Blutkreisläufe beider Zwillingspartner sind intrauterin unmittelbar miteinander verbunden; dagegen liegen bei zweieiigen Zwillingsschwangerschaften regelmäßig zwei Plazenten vor. Infektionen der Mutter in der Schwangerschaft, die einen der beiden Zwillinge affizieren, werden bei nur einer Plazenta wegen des gemeinsamen Blutkreislaufes regelmäßig auch den Zwillingspartner betreffen, was bei unterschiedlicher Plazenta für jeden Zwillingspartner nicht regelmäßig der Fall ist. Ähnlich verfälschend kann sich die erhöhte Rate an Geburtskomplikationen bei eineiigen Zwillingen auswirken. In bezug auf Sozialisationseffekte ist auch die Annahme problematisch, daß sich Eltern gegenüber eineiigen Zwillingen, die einander aus genetischen Gründen besonders ähnlich sind, ebenso verhalten wie gegenüber den sich deutlicher unterscheidenden zweieiigen Zwillingen. Möglicherweise haben solche diffe-

renten Erziehungseffekte unterschiedliche Auswirkungen auf das manifeste Verhalten. Der Einfluß solcher möglicherweise differenten Umgebungsbedingungen kann durch die Untersuchung von Zwillingen, die frühzeitig getrennt wurden, abgeschätzt werden.

• Repräsentativität
a) Repräsentativität bezüglich aller Zwillinge. Idealerweise sollten untersuchte Zwillingspaare in der Allgemeinbevölkerung rekrutiert werden. Stichproben von Zwillingen in sogenannten Inanspruchnahmekollektiven können nämlich verfälscht sein: Die Wahrscheinlichkeit der Rekrutierung eines Zwillingspaares, bei denen beide Zwillinge dasselbe Inanspruchnahmeverhalten zeigen, ist größer als die Wahrscheinlichkeit der Rekrutierung von Zwillingspaaren mit unterschiedlichem Inanspruchnahmeverhalten. Die Repräsentativität wird auch durch eine häufig beobachtete differentielle Compliance beeinträchtigt. Eineiige Zwillingspaare sind einander ähnlicher, auch bezüglich einer Bereitschaft zur Teilnahme an wissenschaftlichen Untersuchungen, als zweieiige Paare. Folge dieses möglichen Unterschieds kann eine reduzierte Rekrutierungsquote bei zweieiigen Zwillingen sein. Möglicherweise resultiert daraus eine relative Überschätzung der Konkordanzraten bei eineiigen Zwillingspaaren.
b) Repräsentativität für andere Populationen als Zwillingspopulationen. Zwillingspaare unterscheiden sich in ihrer pränatalen Entwicklung, in ihren perinatalen Bedingungen sowie während ihrer Sozialisation von anderen Personen. Insbesondere kommen bei Zwillingen mehr Schwangerschafts- und Geburtskomplikationen vor, das Geburtsgewicht ist im Mittel geringer als bei Einzelgeburten, das Zusammenleben mit einem gleichaltrigen Geschwister schafft eine besondere Erziehungs- und Sozialisationssituation. Alle diese Faktoren beeinflussen möglicherweise die psychische Entwicklung und können damit die Repräsentativität von Zwillingsstichproben in Frage stellen.

3.3 Adoptionsstudien

Während Zwillingsstudien das Erkrankungsrisiko (Konkordanzraten) unter systematischer Variation der genetischen Varianz untersuchen, haben Adoptionsstudien den Einfluß der systematischen Variation familiärer Umgebungsfaktoren auf Erkrankungsprävalenzen zum Gegenstand. Für Adoptionsstudien stehen verschiedene Forschungsstrategien bereit:

(1) Die Prävalenzraten einer Erkrankung oder die Ausprägung einer Verhaltensdifferenz können zwischen wegadoptierten Kindern von Merkmalsträgern und wegadoptierten Kindern von Eltern ohne diesem Merkmal verglichen werden.

(2) Die Prävalenz der Erkrankung kann zwischen biologischen Eltern von erkrankten Adoptivpersonen und biologischen Eltern von gesunden Adoptivpersonen verglichen werden.

(3) Die Erkrankungsprävalenzen können zwischen wegadoptierten Kindern (d. h. in einen Haushalt gesunder Adoptiveltern) von erkrankten Eltern und deren nicht wegadoptierten Geschwistern verglichen werden.

Adoptionsstudien interpretieren beobachtete Prävalenzunterschiede in den unter (1) und (2) genannten Studienformen als genetisch bedingt; beobachtete Prävalenzunterschiede bei der Studienform (3) werden als umgebungsbedingt («shared environment») angesehen.
   Adoptionsstudien setzen voraus, daß die Auswahl der Adoptiveltern zufällig und unabhängig vom sozialen und Erkrankungsstatus der biologischen Eltern erfolgt. Bei Studienform (3) wird angenommen, daß die Wegadoption des Kindes eines erkrankten Elternteils unabhängig vom Verhalten des Kindes erfolgt. Diese Annahmen treffen häufig nicht zu und schränken die Aussagekraft von Adoptionsstudien ein.

Die Aussagekraft von Adoptionsstudien ist aus den nachfolgenden Gründen häufig eingeschränkt:

• *«Selective Placement».* Adoptionsstudien setzen voraus, daß die genetischen Bedingungen von den Umgebungsbedingungen im Adoptionshaushalt unabhängig sind. Bei der Vermittlung von Kindern wird meist versucht, einen der sozialen Schicht der biologischen Eltern entsprechenden Adoptivhaushalt auszuwählen. Das soziale Milieu der biologischen Eltern ist aber vermutlich in verschiedener Hinsicht von den genetischen Voraussetzungen der biologischen Eltern abhängig (z. B. sind Intelligenz und soziale Schicht assoziiert, Intelligenzausprägung ist teilweise genetisch bedingt). Damit wäre die Grundannahme der genetischen Voraussetzungen bei den Eltern des Adoptivkindes und den Milieubedingungen im Adoptionshaushalt nicht mehr gewährleistet.

• *Zeitpunkt der Adoption.* Viele Adoptionen erfolgen, nachdem das spätere Adoptivkind für einen bestimmten Zeitraum mit seinen biologischen Eltern zusammengelebt hat. Folglich ist die Gültigkeit der genannten Unabhängigkeitsvoraussetzung nicht mehr sicher gewährleistet.

• *Adoption als kritisches Lebensereignis.* Adoption (zusammen mit den vorausgehenden, zur Adoption führenden Lebensereignissen) stellt selbst ein kritisches Lebensereignis dar, das psychische Störungen beim wegadoptierten Kind auslösen kann. Die durch diese Maßnahmen induzierten psychischen Störungen sind möglicherweise nicht repräsentativ für die Gesamtheit der Störungen mit gleicher Diagnose. Weiterhin schränkt dieser Gesichtspunkt die Vergleichbarkeit adoptierter und nicht wegadoptierter Kinder derselben Familie ein.

3.4 Segregationsanalysen

Biometrische Analysen der familiären Häufungsmuster einer Störung können (auch ohne Verwendung genetischer Marker) entscheiden, mit welchem genetischen Transmissionsmodus die beobachteten Häufungsmuster besonders gut übereinstimmen. Insbesondere kann dabei vorläufig entschieden werden, ob ein möglicher Erbgang (dominant oder rezessiv) dem beobachteten familiären Belastungsmuster entspricht oder ob mehrere Gene einen Einfluß ausüben. Einschränkend ist jedoch die geringe Trennschärfe zwischen alternativen Transmissionsmodellen in Segregationsanalysen (ohne Anwendung von genetischen Markern) hervorzuheben.

3.5 Assoziationsstudien

Assoziationsstudien stellen fest, ob Varianten eines Gens bei Merkmalsträgern oder Erkrankten häufiger oder seltener vorkommen als bei Kontrollen (Propping et al., 1994). Unterschiedliche Allelfrequenzen können durch zwei verschiedene Mechanismen zustandekommen:

– Das Allel kodiert ein Genprodukt (Protein), das für die Krankheitsentstehung mitverantwortlich ist.
– Der Genort des Allels ist einem Genort auf demselben Chromosom benachbart, der für ein Genprodukt kodiert, das für die Krankheitsentstehung mitverantwortlich ist. Zwischen Allelen am Marker und am Krankheitsort besteht Kopplungsungleichgewicht, d.h. beide treten in der untersuchten Population überzufällig häufig oder selten gemeinsam auf.

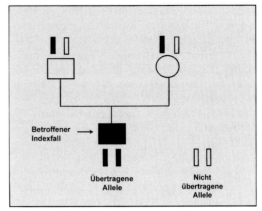

Abbildung 1: «Haplotype Relative Risk»-Methode. Die an den Erkrankten von den Eltern weitergegebenen Allele werden mit den nicht übertragenen Allelen verglichen.

Genetische Assoziationsstudien können insbesondere dann zu falsch-positiven Ergebnissen führen, wenn Merkmalsträger und Kontrollen nicht hinreichend parallelisiert sind. Diese Bedingung ist angesichts der hohen Variabilität von Allelfrequenzen über die verschiedenen Populationen nicht immer sicherzustellen.

Die «Haplotype Relative Risk»-Methode benutzt eine interne Kontrolle und erlaubt es damit, eine in populationsgenetischer Hinsicht perfekte Parallelisierung zwischen Fällen und Kontrollen herzustellen: Untersuchungseinheit sind nicht unabhängige Indexfälle, sondern unabhängige Kernfamilien (Kind, Vater, Mutter) mit erkrankten Indexfällen (s. **Abb. 1**). Am Markergenort tragen beide Eltern wegen des doppelt vorliegenden Chromosomensatzes eine paarige Besetzung. Insgesamt tragen also beide Eltern zusammengenommen vier Ausprägungen, von denen zwei an den erkrankten Indexfall weitergegeben werden. Die anderen beiden nicht an den Indexfall weitergegebenen Allele bilden die Kontrollen. Dieses Vorgehen ist natürlich nur dann anwendbar, wenn beide Eltern am Markergenort heterozygot sind. Die Anwendung dieses überzeugenden, zunehmend akzeptierten Designs ist durch die Notwendigkeit der Kenntnis des elterlichen Genotyps auf jüngere Indexfälle begrenzt und z.B. bei psychischen Störungen im Alter (z.B. dementielle Syndrome) nicht möglich.

3.6 Kopplungsstudien

Kopplungsanalysen haben Familien mit mehr als einem Erkrankungsfall zum Gegenstand und stellen fest, ob die genetische Variation an einem Genort zusammen mit der Erkrankung in Familien übertragen wird (Propping et al., 1994). Es wird untersucht, ob die Ausprägung an einem Genort zusammen mit dem phänotypischen Merkmal in den Familien übertragen wird (Kosegregation). Falls eine Kosegregation gefunden wird, können wiederum zwei Mechanismen zugrunde liegen:

– Der Genort kodiert ein Protein, das für die Krankheitsentstehung mitverantwortlich ist.
– Der Genort ist einem Genort auf demselben Chromosom benachbart, der für ein Genprodukt kodiert, das für die Krankheitsentstehung mitverantwortlich ist.

In Kopplungsanalysen ist also ein genetischer Marker nicht nur für sich selbst bezüglich der Lage informativ, sondern für eine Region auf dem Genom, in der der Marker liegt. Kopplungsuntersuchungen mit DNA-Markern stellen ein außerordentlich effizientes Mittel zur Lokalisation von Krankheitsgenen dar; man braucht nämlich nur eine begrenzte Anzahl von über das Genom verteilten Markern, um Regionen auf dem Genom zu lokalisieren, die Krankheitsgene beinhalten. Die minimale Anzahl von Markern, die erforderlich ist, um über das gesamte Genom hinreichend Informationen zu erhalten, ist 300 bis 500. Ein solcher, sogenannter Genom-Scan stellt den ersten Schritt zur Eingrenzung der Lage eines Krankheitsgens dar. Anschließend muß mit weiterführenden Methoden festgestellt werden, welches der in der Regel mehreren tausend Gene in der gekoppelten Region das Krankheitsgen darstellt.

Die Methode der genetischen Kopplungsanalyse war vor allem bei der Identifikation kausaler Gene bei monogenen Erkrankungen (z.B. Morbus Huntington) zielführend. Obwohl die Anwendung dieser Methode bei multifaktoriellen Erkrankungen problematisch ist, wurde diese Methode doch neuerdings erfolgreich bei diesen genetisch komplexen Erkrankungen eingesetzt (z.B. Diabetes mellitus, Typ I). Kopplungsuntersuchungen werden derzeit auch als die erfolgversprechendste Methode zur Lokalisation von Genen, die das Auftreten psychischer Störungen beeinflussen, angesehen.

3.7 Tiermodelle

Bestimmte Varianten menschlichen Verhaltens sind bei Versuchstieren modellierbar. So können z.B. auch bei Mäusen und Ratten Abhängigkeiten von Alkohol und Opiaten auftreten. Das «craving», Ausprägung der Entzugssymptomatik, Toleranzentwicklung, erhöhte Sensitivität bezüglich der angenehmen und reduzierte Sensitivität bezüglich der toxischen Effekte zeigen über die Spezies hinweg deutliche Isomorphien (Begleiter & Kissin, 1995).

Tierisches Verhalten kann wesentlich systematischer als menschliches Verhalten auf seine genetischen Determinanten hin untersucht werden. In systematischen und Züchtungsexperimenten können nämlich die Genotypen bei den Tieren manipuliert werden. So kann das Ausmaß der genetischen Determinationen des tierischen Verhaltens und die einzelnen, dieses Verhalten determinierenden Gene beim Tier untersucht werden. Aufgrund der speziesübergreifenden Isomorphien können dann hypothetische Rückschlüsse auf menschliches Verhalten und deren genetische Determination vorgenommen werden.

4. Genetik einzelner psychischer Störungen und Verhaltensdispositionen

4.1 Demenz vom Alzheimer-Typ (DAT)

Familienstudien belegen eine familiäre Häufung der DAT. Die Prävalenzraten sind stark altersabhängig. Eine neuere, besonders sorgfältige Familienstudie bis zum 85. Lebensjahr gibt 30 Prozent Wiederholungsrisiko bei Angehörigen 1. Grades von Patienten mit DAT im Vergleich zu 11 Prozent bei Kontrollen an (Silverman et al., 1994); andere Arbeiten liegen im selben Bereich (Maier & Heun, 1997). Familiäre Fälle haben im Mittel ein früheres Ersterkrankungsalter. Je früher der Indexfall erkrankt, desto höher ist das Wiederholungsrisiko bei Angehörigen. Ein seit langem bekanntes, bemerkenswertes Charakteristikum der DAT sind Großfamilien mit vielen Erkrankten, die sich nach einem dominanten Muster über den Stammbaum verteilen. Überzeugende Zwillingsstudien wurden nicht durchgeführt, so daß in früheren Jahrzehnten die Hypothese einer nicht-genetischen, umgebungsbezogenen Genese (z.B. Umwelttoxine) verfolgt wurde. Genetische und nicht-genetische Ursachenfaktoren sind aber wahrscheinlich gleichermaßen relevant. Unter den nicht-genetischen Risikofaktoren ist ein früheres Schädel-Hirn-Trauma aufgrund epidemiologischer Studien am besten gesichert.

Mittlerweile ist aber, im Gegensatz zu allen anderen psychischen Störungen – mit Ausnahme des Alkoholismus in asiatischen Populationen (s. unten) –, der direkte Beleg für eine genetische Verursachung bzw. Beeinflussung bei wesentlichen Teilgruppen durch die Identifikation von kausalen bzw. Suszeptibilitätsgenen erbracht.

(1) Genetische Kopplungsuntersuchungen konnten für jede von drei Untergruppen von mit mehrfach mit DAT (mit frühem Erkrankungsbeginn) belasteten Großfamilien je ein kausales Gen identifizieren und zwar auf den Chromosomen 1, 14 und 21. Mehrere Mutanten sind bekannt und werden derzeit bezüglich ihrer Funktion untersucht. Diese Mutanten können zwar den größten Teil der familiären Fälle (< 55

Tabelle 2: Altersadjustierte Wiederholungsrisiken für psychische Störungen bei Angehörigen 1. Grades im Vergleich zu Kontrollen aus der Allgemeinbevölkerung.

Diagnosen	Wiederholungsrisiko (Lebenszeitprävalenz) für Erkrankung des Indexfalles bei Angehörigen 1. Grades	Lebenszeitprävalenz in Allgemeinbevölkerung
Schizophrenie		
Coryell & Zimmerman, 1988 (RDC/DSM-III)	1,4%	0,0%
Gershon et al., 1988 (RDC/DSM-III)	3,1%	0,6%
Kendler et al., 1993c (DSM-III-R)	8,0%	1,1%
Maier et al., 1993a (RDC/DSM-III-R)	5,2%	0,5%
Parnas et al., 1993 * (DSM-III-R)	16,2%	1,9%
Bipolare Störung		
Gershon et al., 1988 (RDC/DSM-III)	7,2%	6,7%
Maier et al., 1993a (RDC/DSM-III-R)	7,0%	1,8%
Unipolare Depression		
Gershon et al., 1988 (RDC/DSM-III)	16,7%	0,3%
Kendler et al., 1993d (DSM-III-R)	31,1%	22,8%
Maier et al., 1993a (RDC/DSM-III-R)	21,6%	10,6%
Alkoholabhängigkeit		
Maier et al., 1993b (DSM-III-R)	17,3%	6,8%
Panikstörung/Agoraphobie		
Noyes et al., 1986 (DSM-III-R)	17,1%	1,8%
Weissman et al., 1993 (DSM-III-R)	18,7%	1,1%
Maier et al., 1993b (DSM-III-R)	7,9%	2,3%
Einfache Phobien		
Fyer et al., 1990 (DSM-III)	31,0%	11,0%
Soziale Phobien		
Fyer et al., 1993 (DSM-III-R)	16,0%	5,0%
Generalisierte Angststörung		
Noyes et al., 1987	19,5%	3,5%

*Prospektive Untersuchung bei Kindern schizophrener Mütter und Kontrollen (Kopenhagen-High-Risk-Studie).

Tabelle 3: Ergebnisse neuerer Zwillingsstudien

Diagnose des Indexfalles	Anzahl untersuchter Paare		Probandenweise Konkordanzraten	
	MZ	DZ	MZ	DZ
Schizophrenie				
Kringlen, 1976 (ICD-7)	55	90	45%	15%
Farmer et al., 1987 (DSM-III-R)	21	21	48%	10%
Onstad et al., 1991 (DSM-III-R)	31	28	48%	4%
Bipolare Störung				
Bertelsen et al., 1977 (ICD-7)	34	37	79%	19%
Unipolare Depression				
Torgersen, 1986 (DSM-III)	28	46	25%	11%
McGuffin et al., 1991 (DSM-III)	62	79	53%	28%
Kendler et al., 1992d (DSM-III)	*	*	49%	42%
Kendler et al., 1993b (DSM-III-R)	*	*	48%	42%
Alkoholabhängigkeit Männliche Paare:				
Pickens et al., 1991** (DSM-III)	50	64	59%	36%
Weibliche Paare:				
Pickens et al. 1991** (DSM-III)	31	24	25%	5%
Kendler et al., 1992a (DSM-III-R)	*	*	26%	12%
Panikstörung/Agoraphobie				
Torgersen, 1983 (DSM-III)	17	28	41%	4%
Kendler et al., 1993a (DSM-III-R)	*	*	24%	11%
Phobische Störung				
Kendler et al., 1992b (DSM-III-R)	*	*	22–26%	11–24%
Generalisierte Angststörung				
Torgersen, 1983 (DSM-III)	12	20	0%	5%
Andrews et al., 1990 (DSM-III)	63	81	22%	14%
Kendler et al., 1992c (DSM-III)	*	*	28%	17%
Kendler et al., 1992c (DSM-III-R)	*	*	4%	10%

Jahre) erklären, sie tragen aber zur überwiegenden Mehrzahl von DAT-Fällen, die nach dem 65. Lebensjahr beginnen, nichts bei.

(2) Ein entscheidender Durchbruch bei der Aufklärung genetischer Risikofaktoren für DAT waren genetische Assoziationsuntersuchungen, die durch Normabweichungen des Lipoproteinstoffwechsels bei DAT-Patienten motiviert waren. Es konnte festgestellt werden, daß das Allel Apo-E4 bei Patienten mit DAT häufiger ist, die anderen beiden Allele Apo-E2 und -E3 waren beide seltener (Corder et al., 1994). Keiner der Replikationsversuche stellte bisher die Assoziation zwischen Apo-E4 und DAT in Frage. Mehrheitlich wurden bei familiär mit DAT belasteten Personen deutlich höhere Apo-E4-Frequenzen beobachtet als bei isolierten Fällen. Außerdem zeigte sich ein Gen-Dosis-Effekt: Träger zweier Apo-E4-Allele (Homozygote) wiesen im Vergleich zu allen anderen Genotypen das maximale Erkrankungsrisiko auf. Träger von nur einem Apo-E4-Allel tragen ein erhöhtes Risiko im Vergleich zu altersparallelisierten Probanden ohne Apo-E4-Allel.

Während also früh beginnende familiäre Fälle mit DAT monogene Erkrankungen darstellen können, bei denen eine Mutation die Erkrankung hervorruft, sind offenbar später beginnende familiäre Demenzen vom Alzheimer-Typ genetisch komplexe Störungen. Verschiedene Gene können wahrscheinlich die Entstehung der häufigen, spät beginnenden Störung begünstigen, das Apo-E4-Allel stellt dabei einen unter mehreren genetischen Risikofaktoren dar. Das Apo-E-Gen ist also kein kausales Gen, sondern ein Suszeptibilitätsgen. Weitere Suszeptibilitätsgene für DAT sind derzeit nicht bekannt (Greenberg, 1993).

4.2 Schizophrenie

In der überwiegenden Mehrheit der Familienstudien wurde bei Angehörigen Schizophrener eine signifikante Erhöhung von Sekundärfällen im Vergleich zu Angehörigen Gesunder (1 bis 16% im Vergleich zu 0 bis 2%) gefunden (s. **Tab. 2**). Nach der Mehrheit der Studien findet sich eine Häufung von Schizophrenie zwar auch in Familien von Patienten mit anderen psychotischen Störungen; in Familien von Patienten ohne psychotische Störungen findet sich eine solche Häufung aber nicht (Kendler & Diehl, 1993).

Eine große Anzahl von publizierten Zwillingsstudien belegt übereinstimmend die Relevanz genetischer Faktoren für das Auftreten der Schizophrenie (**Tab. 3**). Die aus dem Verhältnis der Konkordanzraten ermittelte Schätzung für den Anteil der durch genetische Faktoren erklärbaren ätiologischen Varianz beträgt etwa 50 Prozent (Metaanalyse über alle publizierten Studien nach McGue & Gottesman, 1991); dagegen scheinen familiäre Umgebungsfaktoren keine entscheidende Rolle zu spielen.

Zwillingsstudien zeigen eine ausgeprägte Variation des Quotienten der Konkordanzraten eineiiger und zweieiiger Zwillinge in Abhängigkeit von der Definition der Diagnose «Schizophrenie». Bei der Fallidentifikation nach DSM-III, die u.a. eine halbjährige Episodendauer fordert, ließ sich ein genetischer Einfluß nachweisen, nicht jedoch für die Positivsymptomatik (definiert nach den Symptomen 1. Ranges nach K. Schneider) (McGuffin, Farmer, Gottesman, Murray & Reveley, 1984). Dementsprechend wurden besonders hohe Konkordanzraten bei jenen eineiigen Zwillingen beobachtet, bei denen der Indexpatient eine ausgeprägte schizophrene Negativsymptomatik

◄ *Anmerkungen.* Berechnung der Konkordanzraten. ZK: Zahl der Indexfälle der konkordanten Paare (bei Fällen, die nur über das betreffende Geschwister bekannt geworden sind, wird nur der unabhängig identifizierte Fall verrechnet); ZD: Zahl der Indexfälle der diskordanten Paare. Probandenweise Konkordanzrate: ZK/ (ZK+ZD). Bsp.: 12 unabhängig erfaßte Indexfälle von 6 konkordanten Paaren (12 Indexfälle), 4 Indexfälle von 4 konkordanten Paaren mit Erfassung des jeweiligen zweiten Indexfalles über das Geschwister (4 abhängig identifizierte Fälle werden nicht verrechnet), 8 Indexfälle von 8 diskordanten Paaren: ZK=12+4, ZD=8. Konkordanzrate: 16/(16+8)=67%.
* Zwillingsstudie in der weiblichen Allgemeinbevölkerung, diagnostisch unselektiert (MZ 510, DZ 440).
** Alternative Auswertung dieser Stichprobe in McGue et al., 1992.

mit einer langen Episodendauer aufwies (Kendler & Diehl, 1993).

In einer in Dänemark durchgeführten Adoptionsstudie wurden in Familien schizophrener Patienten gehäuft psychopathologische Auffälligkeiten beobachtet, die zwar der Symptomatik einer Schizophrenie verwandt sind, jedoch zur Diagnose einer Schizophrenie nicht ausreichen. Statt dessen ließen sich viele dieser Auffälligkeiten als Persönlichkeitsstörungen charakterisieren, die in den Klassifikationssystemen DSM-IV/ICD-10 als «schizotypisch» bezeichnet werden. Diese Befunde begründeten das Konzept des sog. «schizophrenen Spektrums», das neben der Schizophrenie alle jene psychopathologisch definierten Bedingungen umfaßt, die sich in Familien schizophrener Patienten gehäuft finden (Kendler & Diehl, 1993).

Seit etwa 30 Jahren werden genetische Kopplungs- und Assoziationsstudien durchgeführt, um kausale oder begünstigende Gene für die Schizophrenie zu entdecken. In jüngster Zeit sind diese Untersuchungen wegen der durch die Fortschritte der molekulargenetischen Forschung sehr großen Anzahl von informativen DNA-Markern, die das gesamte menschliche Genom abzudecken vermögen, in großem Umfang von vielen Arbeitsgruppen durchgeführt worden. Replizierbare genetische Kopplungsuntersuchungen konnten dabei mehrere Regionen auf dem Genom eingrenzen, in denen mit hoher Wahrscheinlichkeit Gene liegen, die das Auftreten der Schizophrenie begünstigen. Keines dieser Gene oder die Genprodukte sind bisher identifiziert. Es ist aber offensichtlich, daß jedes von ihnen nicht mehr als ca. 10 Prozent der ätiologischen Varianz erklären kann. Aus diesen Untersuchungen kann auch der Schluß gezogen werden, daß nicht ein kausales Gen, sondern mehrere begünstigende (im einzelnen aber noch nicht bekannte Gene) die genetische Grundlage der Schizophrenie bilden.

Im **Kasten 1** wird die Genetik der Schizophrenie aus der Perspektive einer umfänglichen Familienuntersuchung näher erläutert.

Kasten 1
Familienstudie bei Schizophrenie: Nosologische Differenzierung und Lokalisierung von Suszeptibilitätsgenen (s. Maier et al., 1993a; Schwab et al., 1995).

Fragestellungen

(1) Treten schizophrene Störungen familiär gehäuft auf? (2) Können schizophrene und affektive Störungen mit Hilfe von Familienstudien differenziert werden? (3) Werden in Familien Schizophrener neben diagnostisch identifizierbaren Psychosyndromen auch andere Normabweichungen übertragen? (4) Gibt es Gene, die das Auftreten der Schizophrenie verursachen bzw. begünstigen? Wo liegen diese Gene?

Methode

• *Stichprobe:* 146 Patienten mit Schizophrenie oder schizophreniformer Störung (DSM-III-R) und deren Angehörige 1. Grades (älter als 17 Jahre; n = 435); 109 Personen aus Allgemeinbevölkerung (zu Patienten parallelisiert) und deren Angehörige 1. Grades (älter als 17 Jahre; n = 320); 264 Patienten mit affektiver Störung

und deren Angehörige 1. Grades (älter als 17 Jahre; n = 795).

• *Diagnosestellung:* Diagnostische Interviews mit DSM-III-R-Diagnosen (SADS-LA: Assessment of Affective Disorders and Schizophrenia, Lifetime Version); Befragung von direkt untersuchten Familienangehörigen über psychische Störungen anderer Mitglieder derselben Familie mit semistandardisierten «Family History Interviews» (Diagnosekriterien DSM-III-R oder ICD-10); diagnostische Auswertung von Krankenakten aufgrund von DSM-III-R-Kriterien.

• *Neuropsychologische Untersuchungen:* Wisconsin-Karten-Sortier-Test bei Untergruppe von Geschwistern von Schizophrenen und von Kontrollpersonen.

• *Genetische Marker:* Blutproben, aus denen DNA gewonnen wurde (Familien mit zwei an Schizophrenie erkrankten Geschwisterpaaren:

36 Paare, ergänzt mit 50 Geschwistenpaaren aus anderen Kliniken). Die Variationen an eng plazierten, hochpolymorphen Markern auf dem langen Arm des Chromosoms 6 werden auf Kosegregation mit der Variation des Phänotyps (erkrankt an Schizophrenie versus nicht an Schizophrenie erkrankt) untersucht.

Ergebnisse

• *Ergebnisse Fragestellung 1.* Bei allen Untergruppen von Angehörigen 1. Grades tritt die Schizophrenie dann häufiger auf, wenn auch der Indexfall an Schizophrenie leidet: Eltern 1,1% (Kontrollen K: 0,5%); Geschwister 7,0% (K: 0,9%); Kinder 4,9% (K: 0,0%).

• *Ergebnisse Fragestellung 2.* Gemäß **Tabelle 4** tritt die Diagnose Schizophrenie nur bei Angehörigen Schizophrener im Vergleich zu Angehörigen von Kontrollen häufiger auf. Die Schizophrenie ist also aufgrund von Familienstudien nosologisch von affektiven Störungen differenzierbar. Umgekehrt gilt dasselbe auch für bipolare Störungen. Die diagnostische Spezifität des familiären Häufungsmusters trifft nicht für unipolare Depressionen zu, die bei Angehörigen aller drei Patientengruppen etwa doppelt so häufig vorkommen wie bei Angehörigen von Kontrollen.

Tabelle 4: Alterskumuliertes Risiko für psychische Störungen in Abhängigkeit vom Status des Indexfalles.

Diagnose bei Angehörigen 1. Grades	Status des Indexfalles			
	Schizophrenie	Bipolare Störung	Unipolare depressive Episode	Kontrollen
Schizophrenie	3,9%	0,5%	0,4%	0,5%
Bipolare Störung	1,1%	4,4%	1,1%	1,2%
Unipolare depressive Episode	11,0%	11,1%	11,3%	6,9%

• *Ergebnisse Fragestellung 3.* Bei Schizophrenen treten in allen Leistungskriterien Funktionseinbußen auf (vgl. **Tab. 5**). Auch bei gesunden Angehörigen (ohne frühere psychiatrische Diagnose) finden sich im Vergleich zu Kontrollen Funktionseinschränkungen, die aber geringer als bei schizophrenen Indexfällen ausgeprägt sind. Offenbar stellen also neuropsychologische Dysfunktionen Indikatoren für ein erhöhtes, familiär vermitteltes Erkrankungsrisiko dar.

Tabelle 5: Mittlere Leistungen im Wisconsin-Karten-Sortier-Test (WCST) bei Schizophrenen, deren Geschwister und Kontrollen (aus Franke et al., 1992).

Leistungskriterien im WCST	Schizophrene Patienten	Geschwister von	
		schizophrenen Indexfällen	Kontrollen
Richtige Antworten	32,8%	39,3%	41,6 %
Perseverative Fehler	7,7%	4,1%	2,2 %
Ungewöhnliche Antworten	1,9%	0,4%	0,1 %
Nicht-perseverative Fehler	5,6%	4,3%	3,6 %

• *Ergebnisse Fragestellung 4.* Kopplungsanalysen untersuchen, ob die Variation an einem oder mehreren, in ihrer Lage bekannten Genorten und die Variation des Erkrankungsstatus gemeinsam in Familien mit mehrfacher Krankheitsbelastung übertragen werden. **Abbildung 2** stellt für die untersuchte Region auf dem Chromosom 6 die angewandten Sonden für genetische Polymorphismen (auf der X-Achse) dar, die eng plaziert nur jeweils wenige Centimorgan (cM) voneinander entfernt liegen. Der Lod-Score (Y-Achse) gibt die Stärke der Kopplung zwischen den in **Abbildung 2** dargestellten Markergenorten und der Schizo-phrenie an. Lod-Scores über 3,0 zeigen Kopplung an, Werte über 2,0 zeigen einen Verdacht auf Kopplung an. Lod-Scores unter -2,0 schließen Kopplung aus. Dazwischen liegende Werte erlauben keine Schlußfolgerungen.

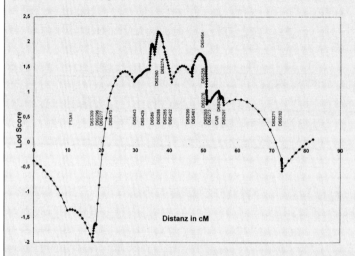

Abbildung 2:
Stärkung der Kopplung zwischen Schizophrenie und genetischen Markern auf Chromosom 6 (aus Schwab et al., 1995).

In Regionen auf dem Chromosom mit Lod-Scores über 2,0 besteht der Verdacht auf Kopplung zwischen den jeweiligen Markergenorten und der Schizophrenie. In dieser Region liegt daher vermutlich ein Gen, das das Risiko für das Auftreten der Schizophrenie beeinflußt. Dieser Befund steht im Einklang mit dem Originalbefund von Straub et al. (1995). Es ist sehr unwahrscheinlich, daß die zwei vorliegenden umfangreichsten Kopplungsuntersuchungen zufällig gleichermaßen zu einem Resultat mit Verdacht auf Kopplung gelangen. Somit liegt es nahe, in der dargestellten Region ein oder mehrere Suszeptibilitätsgene zu vermuten, deren genaue Lokalisation und Identifikation Gegenstand weiterführender Arbeiten sind.

4.3 Affektive Störungen

Die affektiven Erkrankungen zeigen in allen Familienstudien eine familiäre Häufung im Vergleich zu Familien gesunder Kontrollen (s. **Tab. 2**). Das berichtete familiäre Lebenszeitrisiko, d.h. das Risiko eines Angehörigen 1. Grades, irgendwann an einer affektiven Störung zu erkranken, variiert erheblich zwischen den Studien (Lebenszeitrisiken 7% bis über 31% unter den Verwandten 1. Grades von Patienten); eine ähnlich breite Variation der Lebenszeitrisiken für unipolare Depressionen ist aus Allgemeinbevölkerungs- bzw. Kontrollstichproben bekannt (0 bis 23%). Die unterschiedlichen Lebenszeitrisiken für unipolare Depression sind teilweise auf unterschiedliche Methoden der Fallidentifikation zurückzuführen (Übersicht s. Maier & Lichtermann, 1993).

Die seit 30 Jahren bei affektiven Störungen durchgeführten Kopplungs- und Assoziationsuntersuchungen mit genetischen Markern haben die Vermutung bekräftigt, daß affektive Störungen keine monogenen Störungen darstellen (insbesondere bipolar affektive Störungen). Vielmehr sind mehrere Regionen auf Chromosom 18 und 4 eingegrenzt worden, in denen mit hoher Wahrscheinlichkeit begünstigende Gene liegen. Diese Gene sind noch nicht identifiziert. Es ist offensichtlich, daß jedes dieser Gene nur einen kleineren Teil der genetischen und damit auch der ätiologischen Varianz erklärt (Risch & Botstein, 1996). Insgesamt ist also bei bipolar affektiven Störungen eine multifaktorielle Genese mit mehreren beteiligten Genen wahrscheinlich.

4.3.1 Unipolare Depression vs bipolare affektive Störungen

Die Unterscheidung zwischen unipolar verlaufenden depressiven Episoden und bipolaren Erkrankungen stellt die familiengenetisch bedeutsame Subtypisierung affektiver Erkrankungen dar: Die überwiegende Mehrheit der publizierten Familienstudien belegt eine deutliche Erhöhung des Lebenszeitrisikos für bipolare Störungen bei Angehörigen 1. Grades von Patienten mit einer bipolaren affektiven Erkrankung (3 bis 10%), während das Lebenszeitrisiko für bipolar affektive Erkrankungen bei Angehörigen von unipolar depressiven Patienten lediglich 0,5 bis 2 Prozent beträgt und daher dem Lebenszeitrisiko bei Angehörigen gesunder Kontrollen gleicht (0,5 bis 1%) (Gershon et al., 1988; Maier et al., 1993a).

Eine analoge Spezifität kann für die Verwandten von Patienten mit unipolar depressiven Erkrankungen nicht nachgewiesen werden: Bei Angehörigen von Patienten mit unipolaren Depressionen wie mit bipolar affektiven Störungen treten unipolare Depressionen gehäuft auf und zwar mit nahezu identischem Lebenszeitrisiko (Gershon et al., 1988; Maier et al., 1993a).

Zwillingsstudien belegen (s. a. **Tab. 3**), daß das Auftreten affektiver Störungen, insbesondere bipolarer affektiver Störungen, teilweise von genetischen Faktoren bestimmt wird (Propping, 1989). Auch Zwillingsstudien bekräftigen die Validität der Unterscheidung unipolar/bipolar affektiver Störungen: Die Konkordanz des bipolaren Verlaufstyps bei eineiigen Zwillingen beträgt 80 Prozent. Etwa 50 Prozent der ätiologischen Varianz ist durch genetische Faktoren determiniert. Die Konkordanzrate bei eineiigen Zwillingen für unipolare Depressionen ist deutlich niedriger (maximal 50%), ebenso die durch genetische Faktoren erklärbare Varianz.

Biometrische Analysen des familiären Übertragungsmusters bei affektiven Störungen können weitgehend eine monogene Übertragung ausschließen (Rice et al., 1987). Gesicherte Modellvorstellungen über den komplexen genetischen Übertragungsmodus gibt es nicht.

Bipolare affektive Störungen unterliegen also einer stärkeren genetischen Determination als unipolare Störungen. Folglich werden die effizienten, molekulargenetischen Techniken vorwiegend bei bipolaren affektiven Störungen eingesetzt.

4.3.2 Subtypisierung der unipolaren Depression

Eine klassische Hypothese besagt, daß sich bei Depressionen reaktiven oder neurotischen Ursprungs gehäuft sporadische Fälle finden, während endogene Depressionen und insbesondere bipolar affektive Störungen mit einer ausgeprägten familiären Belastung verbunden sind (Maier & Philipp, 1993). Die Gültigkeit dieser Hypothese ist aufgrund neuerer Forschung unwahrscheinlich. In allen neueren Familienstudien, die diagnostische Zuordnungen nach gängigen, operationalisierten Diagnosemanualen (wie RDC, DSM-III-R, ICD-10, Newcastle-Skalen) treffen, war bei den Verwandten von Probanden mit endogenen unipolar depressiven Erkrankungen im Vergleich zu nicht-endogenen unipolaren Depressionen keine vermehrte familiäre Häufung depressiver Erkrankungen zu finden. Auch die Hypothese einer subtypspezifischen Homogenität der familiären Häufungsmuster konnte nicht bestätigt werden. So fanden sich in Familien von Patienten mit endogenen Depressionen nicht nur endogene, sondern auch nicht-endogene Depressionen überzufällig häufig (Maier & Philipp, 1993).

Replizierbare genetische Assoziations- und Kopplungsanalysen für unipolare Depressionen liegen bisher nicht vor. Für die familiäre Übertragung unipolarer Depression liegen komplexe Modellvorstellungen vor (Kendler et al., 1993b); dabei werden eine (derzeit noch nicht näher spezifizierbare) genetische Komponente in Interaktion mit familiären Umgebungsfaktoren (vor allem früher Verlust eines Elternteils) und nicht-familiäre Komponenten (wie kritische Lebensereignisse im späteren Lebensalter) angenommen. Die genetische Komponente der Depression wird teilweise über einen gesteigerten prämorbiden Neurotizismus vermittelt, der selbst wieder partiell genetisch determiniert wird.

4.4 Angststörungen

Die Untersuchung der familiären Belastung bei Patienten mit Angsterkrankungen ist durch den Wandel diagnostischer Konzepte erschwert. Während die klassischen Studien die Diagnose der Angstneurose zugrundelegen, arbeitet die klinische Psychiatrie heute mit den Konzepten der Panikerkrankung, phobischen Störungen und dem generalisierten Angstsyndrom. Außerdem hat das Konzept der hierarchischen Diagnosen im Bereich der Angsterkrankungen zu einer sehr starken Selektion von Patientenkollektiven geführt.

Seit langem ist eine familiäre Häufung von Angstneurosen bekannt. Auf der Basis neuerer Klassifikationsprinzipien sind nur wenige Familienstudien publiziert (s. **Tab. 2**). Dabei wurden jeweils familiäre Häufungen des Paniksyndroms und der Agoraphobie gefunden. Als Wiederholungsrisiken für das Paniksyndrom werden 7 bis 20 Prozent (gegenüber 1 bis 4% in der Allgemeinbevölkerung) und als Wiederholungsrisiken für Agoraphobie 7 bis 9 Prozent (gegenüber 1 bis 4% in der Allgemeinbevölkerung) angegeben. Generalisierte Angstsyndrome kommen nur bei Angehörigen von Patienten mit derselben Diagnose (Wiederholungsrisiko ca. 20% gegenüber 3 bis 5% in der Allgemeinbevölkerung) gehäuft vor, nicht aber bei Angehörigen von Patienten mit Paniksyndrom oder Agoraphobie. Die familiäre Häufung von Angstsyndromen findet sich auch in Familien von depressiven Patienten, die daneben Angstsyndrome berichten (Weissman et al., 1993).

Zur diagnostischen Spezifität dieser familiären Häufung von Angstsyndromen gibt es unterschiedliche Resultate; regelmäßig wurde gefunden, daß Panikattacken und phobische Störungen eine deutliche Überlappung in den Familien von Patienten mit einer der beiden Störungen zeigen.

Eine Zwillingsstudie an repräsentativen Patienten berichtet eine deutlich erhöhte Konkordanzrate bei eineiigen im Vergleich zu zweieiigen Zwillingen mit Paniksyndrom bzw. Agoraphobie (Kendler et al., 1993 a), so daß keine gesicherten, eigenständigen genetischen Bedingungsfaktoren angenommen werden können (s. **Tab. 3**). Für das generalisierte Angstsyndrom wurden dagegen bei ein- und zwei-

eiigen Zwillingspaaren gleiche Konkordanzraten gefunden (Torgersen, 1983). Diese Befunde sprechen für eine unterschiedliche Ätiologie beider Syndromgruppen und stützen damit die DSM-III-R-Diagnostik von Angsterkrankungen.

Empirisch abgesicherte Modellvorstellungen über den Modus familiärer und genetischer Übertragung von Angsterkrankungen liegen derzeit noch nicht vor. Es ist aber sehr wahrscheinlich, daß die genetische Komponente über ein einziges Gen vermittelt wird. Die bisher bei Angsterkrankungen durchgeführten genetischen Kopplungs- und Assoziationsuntersuchungen erbrachten noch keinen Hinweis auf kausale oder begünstigende Gene.

4.5 Alkoholismus

Es liegen zwar ca. 40 Familienstudien zum Alkoholismus vor, nur sehr wenige dieser Familienstudien erfüllen jedoch die für Familienstudien genannten methodischen Anforderungen. Übereinstimmend ergab sich eine familiäre Häufung des Alkoholismus (bis zu 7fache Erhöhung im Vergleich zu Kontrollkollektiven). Die Lebenszeitrisiken für Alkoholismus in der Allgemeinbevölkerung und bei Angehörigen von Alkoholikern variieren zwischen den Studien erheblich und sind stark von der Befragungstechnik, den Rekrutierungsmethoden und dem kulturellen Kontext abhängig. Alle Familienstudien zeigen eine familiäre Häufung für beide Geschlechter (Maier, 1995), das Ausmaß der Häufung ist in manchen Studien bei Männern ausgeprägter.

Die familiäre Häufung des Alkoholismus ist diagnostisch nicht spezifisch: Patienten mit unipolarer Depression (insbesondere Patienten mit neurotischer bzw. reaktiver Depression) zeigen in einigen Familienstudien eine Häufung von Alkoholismus. Daneben wurde übereinstimmend bei Patienten mit Agoraphobie ein erhöhtes familiäres Risiko für Alkoholismus gefunden (Begleiter & Kissin, 1995).

Drei von 5 publizierten Zwillingsstudien berichten bei männlichen Zwillingspaaren über eine deutlich höhere Konkordanzrate bei eineiigen im Vergleich zu zweieiigen Zwillingen (s. **Tab. 3**); weibliche Zwillingspaare zeigen dagegen niedrigere Konkordanzraten und Heredität. Diese Aussagen gelten auch für Folgeerkrankungen des Alkoholismus wie alkoholinduzierte Psychosen, Leberzirrhose, Pankreatitis (Maier, 1995).

Die Suche nach Genen, die das Risiko für Alkoholismus beeinflussen, ist durch die Kenntnis der Verstoffwechselung von Alkohol begünstigt. Die Gene für alkoholabbauende Enzyme wurden daher Gegenstand genetischer Assoziationsstudien. Dabei wurden Mutationen in den Genen für die Enzyme für Aldehyddehydrogenase und Alkoholdehydrogenase gefunden, die funktionell relevant sind: Bei Vorliegen dieser Mutanten wird Alkohol nur verzögert abgebaut, so daß die toxischen Effekte von Alkohol besonders ausgeprägt in Erscheinung treten; dies wird insbesondere im Auftreten eines «flush» erkennbar. In einigen Populationen (vor allem in Asien) konnte festgestellt werden, daß Träger dieser Mutationen ein gegenüber der Allgemeinbevölkerung reduziertes Risiko für Alkoholismus haben. Diese Mutanten sind in europäischen Populationen sehr selten, so daß sie hier keine relevante protektive Rolle entfalten können (Propping, 1989). Allerdings ist es aufgrund neuerer Familienstudien (Schuckit & Smith, 1996) wahrscheinlich, daß auch in der europäischen Bevölkerung genetisch vermittelte protektive Mechanismen einen Schutz vor Alkoholabhängigkeit induzieren, wodurch ein Teil der genetischen Varianz von Alkoholabhängigkeit erklärt wird.

4.6 Persönlichkeitsfaktoren

Mehrere Zwillingsstudien belegen, daß verschiedene Persönlichkeitsfaktoren genetischen Einflüssen unterliegen. Die ersten überzeugenden Studien wurden 1976 von Loehlin und Nichols in den USA und 1977 von Eaves und Eysenck in England vorgelegt (Übersicht in Eaves, Eysenck & Martin, 1989; Loehlin, 1992). Die Faktoren Neurotizismus, Introversion, Extraversion und Psychotizismus zeigten eine höhere Ähnlichkeit zwischen eineiigen im Vergleich zu zweieiigen Zwillingen. Auch die meisten Faktoren in alternativen Modellen der Persönlichkeit unterliegen genetischen Einflüssen (z.B. 5-Faktorenmodell oder Modell von Cloninger) (Cloninger, Svrakic & Przybeck, 1993). Das Ausmaß der genetischen Determi-

nation variiert über Studien und Modellannahmen.

Bestimmte Persönlichkeitsfaktoren stellen Risikofaktoren für bestimmte psychische Störungen dar (v. Zerssen, 1996). Insbesondere ist das Risiko für depressive Episoden bei hohen Ausprägungen im Faktor «Neurotizismus» erhöht. Sowohl die Ausprägung von Persönlichkeitsfaktoren wie auch das Auftreten psychischer Störungen unterliegt genetischen Einflüssen. Es ist also zu fragen, ob die genetische Determination psychischer Störungen über die genetische Determination der das Erkrankungsrisiko modulierenden Persönlichkeitsfaktoren vermittelt wird. Diese Vermutung läßt sich für den Faktor «Neurotizismus» und das Auftreten depressiver Episoden jedenfalls teilweise bestätigen (Kendler et al., 1993b).

5. Genetische Beratung

Ein Komitee der «American Society of Human Genetics» hatte 1975 genetische Beratung folgendermaßen charakterisiert (s. Propping, 1989): Genetische Beratung ist ein Kommunikationsprozeß, bei dem es um menschliche Probleme geht, die mit dem Auftreten und dem Risiko des Auftretens einer genetischen Erkrankung in der Familie zu tun haben. Dieser Prozeß erfordert eine entsprechend ausgebildete Person, um dem einzelnen oder seiner Familie Hilfe beim Verständnis der folgenden Sachverhalte zu geben: medizinische Zusammenhänge einschließlich Diagnose, voraussichtlicher Verlauf der Erkrankung und Therapiemöglichkeiten, Art der Vererbung, Erkrankungsrisiko bei Verwandten des Probanden, mögliche Strategien zur Auseinandersetzung mit dem Erkrankungsrisiko, bewußte Entscheidung für eine Strategie, die der eigenen Lebenssituation am besten angemessen ist, Möglichkeiten zu einer optimalen Anpassung an das Leben mit der Krankheit und mit dem Erkrankungsrisiko für Familienangehörige (s. u. a. Benjamin et al., 1994; Sharpe, 1994).

Ein wichtiger Grundsatz für die genetische Beratung ist, daß sie grundsätzlich nichtdirektiv sein soll. Es wird lediglich Information vermittelt, die sich jedoch nicht nur auf das Erkrankungsrisiko beziehen soll, sondern auch die damit verbundenen Lebenseinschränkungen und deren Bewältigung beinhalten sollen. Die Entscheidung muß dem Ratsuchenden selbst überlassen werden. Die Vermittlung eines hohen Erkrankungsrisikos kann einen erheblichen Einschnitt für den Ratsuchenden bedeuten, der die zukünftigen Entwicklungsmöglichkeiten erheblich verändert; ggf. sind Mitteilungen über den genetischen Risikostatus daher durch psychosoziale, stützende Angebote vorzubereiten und zu ergänzen.

Die Beratungssituation bei psychischen und neuropsychiatrischen Störungen hängt entscheidend von dem Wissensstand über die genetischen Ursachen- und Bedingungsfaktoren ab. Drei prinzipiell unterschiedliche Situationen können differenziert werden:

• *Beratung bei familiär gehäuft auftretenden und genetisch teildeterminierten Störungen, bei denen weder kausale noch Suszeptibilitätsgene identifiziert sind.* Bei funktionellen psychischen Erkrankungen sind bislang keine Suszeptibilitätsgene identifiziert. Die Frage eines Ratsuchenden nach seinem eigenen Risiko bzw. nach dem Risiko eines Kindes muß sich daher auf die aus den Familienstudien ermittelten Wiederholungsziffern beschränken (s. **Tab. 2**). Die in der genetischen Beratung gebotene nicht-direktive Einstellung des Beraters ist bei diesen Erkrankungen noch durch den Hinweis zu ergänzen, daß die in Frage stehenden Erkrankungen behandelbar sind und es in Zukunft noch in erhöhtem Maße sein werden.

• *Beratung bei Störungen, für die risikomodulierende Gene bekannt sind.* Wichtigstes Beispiel unter psychischen Störungen für diese Beratungssituation ist die Demenz vom Alzheimer-Typ. Das Apo-E4-Allel ist mit dem Auftreten von sporadischen und familiären Fällen von Alzheimer-Demenz assoziiert. Träger des Allels tragen also ein erhöhtes Risiko, das im Mittel 2 bis 4 mal bei Heterozygoten und noch deutlicher bei Homozygoten erhöht ist. Die exakten relativen Risiken sind aber altersabhängig und mit hohen Unsicherheitsintervallen umgeben. Bei der Beratung ist darauf hinzuweisen, daß die Angabe entsprechend der relativen Risiken Wahrscheinlichkeitsaussagen darstellen. Zudem ist die Information eines Ratsuchenden bezüglich seines Genotyps am Apo-E-Genort mit keinen therapeutischen Konsequenzen verbunden, da effiziente prophylaktische Therapiemaßnahmen derzeit nicht bekannt sind. Es ist daher angebracht, einen Ratsuchenden auf diese Unsicherheit hinzuweisen und ihn zu ersuchen, seinen Wunsch nach Kenntnis seines Risikostatus bezüglich des Apo-E-Genorts zu überdenken. Vereinzelt wird sogar vorgeschlagen, dem Ratsuchenden in dieser Situation unter Hinweis auf die mangelnde Behandlungsfähigkeit dieser Störung die Auskunft über den Apo-E-Genotyp zu verweigern (Förstl, Czech, Sattel & Geiger-Kabisch, 1994). Dieser Vorschlag ist aber zu weitreichend, da er gegen das vorrangige Prinzip der Autonomie des Ratsuchenden (Chapman, 1990) verstößt.

• *Beratung bei Störungen, für die kausale Gene bekannt sind.* Hierunter fallen einerseits eine große Anzahl relativ seltener Formen geistiger Behinderung und im Erwachsenenalter beginnende degenerative Störungen (vor allem Morbus Huntington und die oben genannten Unterformen monogen bedingter Demenzen vom Alzheimer-Typ mit frühem Erkrankungsbeginn). Unter dieser Bedingung ist eine prädiktive Diagnostik möglich, die definitive Aussagen über den Risikostatus erlaubt. Zwei Varianten der Beratung sind dabei besonders relevant:

a) Pränatale Diagnostik, die vorwiegend bei bekannter oder vermuteter familiärer Belastung mit geistiger Behinderung gewünscht wird (z.B. fragiles X-Syndrom); entscheidender Gesichtspunkt für betroffene Eltern ist dabei die Langzeitprognose unter optimaler Therapie, die, ohne in eine direktive Einstellung zu geraten, mitzuteilen ist.

b) Prädiktive Diagnostik bei im mittleren Lebensalter beginnenden Erkrankungen, wobei insbesondere neurodegenerative Erkrankungen praktisch wichtig sind, für die derzeit keine wirksame Therapie verfügbar ist (vor allem Morbus Huntington). Ratsuchende sind meist Gesunde mit familiärer Belastung. Zum Beispiel läßt sich heute bei der dominant übertragenen Huntington-Erkrankung durch eine molekulargenetische Diagnostik feststellen, ob ein Ratsuchender das Krankheitsgen trägt. Ein Genträger für eine bisher nicht behandelbare Erkrankung zu sein und die daraus sich ergebenden

Konsequenzen für das weitere Lebensschicksal können in der Regel nicht ohne vorbereitende, den Beratungsprozeß begleitende und anschließende verarbeitende psychosoziale Unterstützung erfolgen. In den meisten Zentren, die eine genetische Beratung im Bereich der Huntington-Erkrankung anbieten, sind deshalb auch entsprechende psychotherapeutische Hilfsangebote nicht nur vorhanden, sie müssen von einem ratsuchenden Probanden auch in Anspruch genommen werden, damit die humangenetischen diagnostischen Maßnahmen in Angriff genommen werden.

6. Literatur

Andrews, G., Stewart, G., Allen, R. & Henderson, A.S. (1990). The genetics of six neurotic disorders: a twin study. *Journal of Affective Disorders, 19,* 23–29.

Begleiter, H. & Kissin, B. (Eds.). (1995). *The genetics of alcoholism.* New York: Oxford University Press.

Benjamin, C.M., Adam, S., Wiggins, S. Theilmann, J.L., Copley, T.T., Bloch, M., Squitieri, F., McKelling, W., Cox, S., Brown, S.A. et al. (1994). Proceed with care: direct predictive testing for Huntington disease. *American Journal of Human Genetics, 55,* 606–617.

Bertelsen, A., Harvald, B. & Hauge, M. (1977). A Danish twin study of manic-depressive disorders. *British Journal of Psychiatry, 130,* 330–351.

Chapman, M.A. (1990). Invited editorial: Predictive testing for adult-onset genetic disease: ethical and legal implications of the use of linkage analysis for Huntington disease. *American Journal of Medical Genetics, 47,* 1–3.

Cloninger, C.R., Svrakic, D.M. & Przybeck, T.R. (1993). A psychobiological model of temperament and character. *Archives of General Psychiatry, 50,* 975–990.

Corder, E.H., Saunders, A.M., Risch, N.J., Strittmatter, W.J., Schmechel, D.E., Gaskell, P.C., Rimmler, J.B., Locke, P.A., Conneally, P.M., Schmader, K.E., Small, G.W., Roses, A.D., Haines, J.L. & Pericak Vance, M.A. (1994). Protective effect of apolipoproteine E type 2 allele for late onset Alzheimer's disease. *Nature Genetics, 7,* 180–183.

Coryell, W. & Zimmerman, M. (1988). The heritability of schizophrenia and schizoaffective disorder. *Archives of General Psychiatry, 45,* 323–327.

Eaves, L.J., Eysenck, H.J. & Martin, N.G. (1989). *Genes, culture and personality. An empirical approach.* London: Academic Press.

Farmer, A.E., McGuffin, P. & Gottesman, I.I. (1987). Twin concordance for DSM-III schizophrenia: scrutinising the validity of the definition. *Archives of General Psychiatry, 44,* 634–641.

Förstl, H., Czech, C., Sattel, H., Geiger-Kabisch, C. (1994). Apolipoprotein E und Alzheimer-Demenz. *Nervenarzt, 65,* 780–786.

Franke, P., Maier, W., Hain, C. & Klingler, T. (1992). The Wisconsin Card Sorting Test: an indicator of vulnerability to schizophrenia? *Schizophrenia Research, 6,* 243–249.

Fyer, A.J., Mannuzza, S., Gallops, M.S., Martin, L.Y., Aaronson, C., Gorman, J.M., Liebowitz, M.R & Klein, D.F. (1990). Familial transmission of simple phobias and fears. *Archives of General Psychiatry, 47,* 252–256.

Fyer, A.J., Mannuzza, S., Chapman, T.F., Liebowitz, M.R. & Klein, D.F. (1993). A direct interview family study of social phobia. *Archives of General Psychiatry, 50,* 286–293.

Gershon, E.S., DeLisi, L.E., Hamovit, J., Nurnberger, J.I., Maxwell, M.E., Schreiber, J., Dauphinais, D., Dingman, C.W. & Guroff, J.J. (1988). A controlled family study of chronic psychoses. Schizophrenia and schizoaffective psychoses. *Archives of General Psychiatry, 45,* 328–336.

Greenberg, D.A. (1993). Linkage analysis of «necessary» disease loci versus «susceptibility» loci. *American Journal of Human Genetics, 52,* 135–143.

Kendler, K.S. (1993). Twin studies of psychiatric illness: current status and future directions. *Archives of General Psychiatry, 50,* 905–915.

Kendler, K.S. & Diehl, S.R. (1993): The genetics of schizophrenia: a current, genetic-epidemiologic perspective. *Schizophrenia Bulletin, 19,* 261–285.

Kendler, K.S., Heath, A.C., Neale, M.C., Kessler, R.C. & Eaves, L.J. (1992a). A population-based twin study of alcoholism in women. *Journal of the American Medical Association, 268,* 1877–1882.

Kendler, K.S., Neale, M.C., Kessler, R.C., Heath, A.C. & Eaves, L.J. (1992b). The genetic epidemiology of phobias in women: the interrelationship of agoraphobia, social phobia, situational phobia, and simple phobia. *Archives of General Psychiatry, 49,* 273–281.

Kendler, K.S., Neale, M.C., Kessler, R.C., Heath, A.C & Eaves, L.J. (1992c). Generalized anxiety disorder in women: a population-based twin study. *Archives of General Psychiatry, 49,* 267–272.

Kendler, K.S., Neale, M.C., Kessler, R.C., Heath, A.C & Eaves, L.J. (1992 d). A population-based twin study of major depression in women. The impact of varying definitions of illness. *Archives of General Psychiatry, 49,* 257–266.

Kendler, K.S., Neale, M.C., Kessler, R.C., Heath, A.C. & Eaves, L.J. (1993a). Panic disorder in women: a population-based twin study. *Psychological Medicine, 23,* 397–406.

Kendler, K.S., Kessler, R.C., Neale, M.C., Heath, A.C. & Eaves, L.J. (1993b). The prediction of major depression in women: toward an integrated etiologic model. *American Journal of Psychiatry, 150,* 1139–1148.

Kendler, K.S., McGuire, M., Gruenberg, A.M., O'Hare, A., Spellman, M. & Walsh, D. (1993c). The Roscommon family study. I. Methods, diagnosis of probands and risk of schizophrenia in relatives. *Archives of General Psychiatry, 50,* 527–540.

Kendler, K.S., McGuire, M., Gruenberg, A.M., O'Hare, A., Spellman, M. & Walsh, D. (1993d): The Roscommon family study. IV. Affective illness, anxiety disorders, and alcoholism in relatives. *Archives of General Psychiatry, 50,* 952–960.

Khoury, M.J., Beaty, T.H. & Cohen, B.H. (1993). *Fundamentals of genetic epidemiology. Monographs in epidemiology and biostatistics* (vol. 19). New York: Oxford University Press.

Kringlen, E. (1976). Twins – still our best method. *Schizophrenia Bulletin, 2,* 429–433.

Loehlin, J.C. (1992). *Genes and environment in personality development.* Newbury Park: Sage.

Maier, W. (1995). Mechanismen der familiären Übertragung von Alkoholabhängigkeit und Alkoholabusus. *Zeitschrift für Klinische Psychologie, 24,* 147–158.

Maier, W. & Heun, R. (1997). Genetik gerontopsychiatrischer Erkrankungen am Beispiel der Alzheimer-Demenz. In H. Förstl (Hrsg.), *Lehrbuch der Gerontopsychiatrie* (S. 16–30). Stuttgart: Enke.

Maier, W. & Lichtermann, D. (1993). Die familiäre Häufung affektiver Erkrankungen. Eine Übersicht über neuere familiengenetische Arbeiten. *Nervenheilkunde, 12,* 34–40.

Maier, W., Lichtermann, D., Minges, J., Hallmayer, J., Heun, R., Benkert, O. & Levinson, D.F. (1993a). Continuity and discontinuity of affective disorders and schizophrenia. *Archives of General Psychiatry, 50,* 871–883.

Maier, W., Minges, J. & Lichtermann, D. (1993b). Alcoholism and panic disorder: co-occurrence and co-transmission in families. *European Archives of Psychiatry and Clinical Neuroscience, 243,* 205–211.

Maier, W. & Philipp, M. (1993). *Reliabilität und Validität der Subtypisierung und Schweregradmessung depressiver Syndrome.* Monographien aus dem Gesamtgebiete der Psychiatrie (Bd. 72). Berlin: Springer.

Maier, W. & Propping, P. (1991). Die familiäre Häufung psychischer Störungen und die Konsequenzen für die psychiatrische Diagnostik. *Nervenarzt, 62,* 398–407.

McGue, M. & Gottesman, I.I. (1991). The genetic epidemiology of schizophrenia and the design of linkage studies. *European Archives of Psychiatry and Clinical Neuroscience, 240,* 174–181.

McGue, M., Pickens, R.W. & Sviskis, D.S. (1992). Sex and age effects on the inheritance of alcohol problems: a twin study. *Journal of Abnormal Psychology, 101,* 3–17.

McGuffin, P., Farmer, A.E., Gottesman, I.I., Murray, R.M. & Reveley, A.M. (1984). Twin concordance for operationally defined schizophrenia. *Archives of General Psychiatry, 41,* 541–545.

McGuffin, P., Katz, R. & Rutherford, J. (1991). Nature, nurture and depression: a twin study. *Psychological Medicine, 21,* 329–335.

Noyes, R., Crowe, R.R., Harris, E.L., Hamra, B.J., McChesney, C.M. & Chaudhry, D.R. (1986). Relationship between panic disorder and agoraphobia: a family study. *Archives of General Psychiatry, 43,* 227–232.

Noyes, R., Clarkson, C., Crowe, R.R., Yates, W.R. & McChesney, C.M. (1987). A family study of generalized anxiety disorder. *American Journal of Psychiatry, 144,* 1019–1024.

Onstad, S., Skre, I., Torgersen, S. & Kringlen, E. (1991). Twin concordance for DSM-III-R schizophrenia. *Acta Psychiatrica Scandinavica, 83,* 395–402.

Parnas, J., Cannon, T.D., Jacobsen, B., Schulsinger, H., Schulsinger, F. & Mednick, S.A. (1993). Lifetime DSM-III-R diagnostic outcomes in the offspring of schizophrenic mothers. Results from the Copenhagen high-risk-study. *Archives of General Psychiatry, 50,* 707–714.

Pickens, R.W., Sviskis, D.S., McGue, M., Lykken, D.T., Heston, L.L. & Clayton, P.J. (1991). Heterogeneity in the inheritance of alcoholism: a study of male and female twins. *Archives of General Psychiatry, 48,* 19–28.

Plomin, R. (1994). *Genetics and experience. The interplay between nature and nurture.* Oakes: Sage.

Propping, P. (1989). *Psychiatrische Genetik. Befunde und Konzepte.* Berlin: Springer.

Propping, P., Nöthen, M.M., Körner, J., Rietschel, M. & Maier, W. (1994). Genetische Assoziationsstudien bei psychiatrischen Erkrankungen. *Nervenarzt 65,* 725–740.

Rice, J., Reich, T., Andreasen, N.C., Endicott, J., Van Eerdewegh, M., Fishman, R., Hirschfeld, R.M.A. & Klerman, G.L. (1987). The familial transmission of bipolar illness. *Archives of General Psychiatry, 44,* 441–447.

Risch, N. & Botstein, D. (1996). A manic depressive history. *Nature Genetics, 12,* 351–353.

Rousseau, F., Heitz, D., Tarleton, J., MacPherson, J., Malmgren, H., Dahl, N., Barnicoat, A., Mathew, C., Mornet, E., Tejada, I., Maddalena, A., Spiegel, R., Schinzel, A., Marcos, J.A.G., Schorderet, D.F., Schaap, T., Maccioni, L., Russo, S., Jacobs, P.A., Schwartz, C. & Mandel, J.L. (1994). A multicenter study on genotype-phenotype correlations in the fragile X syndrome, using direct diagnosis with probe StB 12.3: the first 2,253 cases. *American Journal of Human Genetics, 55,* 225–237.

Schuckit, M.A. & Smith, T.L. (1996). An 8-year follow-up of 450 sons of alcoholic and control subjects. *Archives of General Psychiatry, 53,* 202–210.

Schwab, S.G., Albus, M., Hallmayer, J., Hönig, S., Borrmann, M., Lichtermann, D., Ebstein, R.P., Ackenheil, M., Lerer, B., Risch, N., Maier, W. & Wildenauer, D.B. (1995). Evaluation of a susceptibility gene for schizophrenia on chromosome 6p by multipoint affected sib-pair linkage analysis. *Nature Genetics, 11,* 325–327.

Sharpe, N.F. (1994). Psychological aspects of genetic counseling: a legal perspective. *American Journal of Medical Genetics, 50,* 234–238.

Silverman, J.M., Li, G., Zaccario, M.L., Smith, C.J., Schmeidler, J., Mohs, R.C. & Davis, K.L. (1994). Patterns of risk in first-degree relatives of patients with Alzheimer's disease. *Archives of General Psychiatry, 51,* 577–586.

Straub, R.E., MacLean, C.J., Oneill, F.A., Burke, J., Murphy, B., Duke, F., Shinkwin, R., Webb, B.T., Zhang, J., Walsh, D. & Kendler, K.S. (1995). A potential vulnerability locus for schizophrenia on chromosome 6p24-22: evidence for genetic heterogeneity. *Nature Genetics, 11,* 287–293.

Torgersen, S. (1983). Genetic factors in anxiety disorders. *Archives of General Psychiatry, 40,* 1085–1089.

Torgersen, S. (1986). Genetic factors in moderately severe and mild affective disorders. *Archives of General Psychiatry, 43,* 222–226.

Weissman, M.M., Wickramaratne, P., Adams, P.B., Lish, J.D., Horwath, E., Charney, D., Woods, S.W., Leeman, E. & Frosch, E. (1993). The relationship between panic disorder and major depression. *Archives of General Psychiatry, 50,* 767–780.

Zerbin-Rüdin, E. (1990). Genetik: Ätiologie/Bedingungsanalyse. In U. Baumann & M. Perrez (Hrsg.), *Lehrbuch Klinische Psychologie, Bd. 1: Grundlagen, Diagnostik, Ätiologie* (S. 260–273). Bern: Huber.

Zerssen, D. v. (1996). Forschungen zur prämorbiden Persönlichkeit in der Psychiatrie der deutschsprachigen Länder: Die letzten drei Jahrzehnte. *Forschritte der Neurologie-Psychiatrie, 64,* 168–183.

11. Biochemische Aspekte

Dirk Hellhammer, Christine Heim und Angelika Buske-Kirschbaum

Inhaltsverzeichnis

1. Einführung

Die Regulation der Kommunikation zwischen Nervenzellen im Gehirn sowie zwischen zentralem und peripherem Nervensystem erfolgt mittels chemischer Botenstoffe, welche an der Erregungsübertragung an Synapsen teilhaben. Darüberhinaus benutzen das Immun- und das Hormonsystem Signalsubstanzen, welche über die Blutbahn ferner gelegene Zielzellen erreichen. Die Biochemie beschäftigt sich mit Molekülen, die an diesen Kommunikationsvorgängen partizipieren. Neue technische Entwicklungen, vor allem im Bereich der molekularen Biochemie haben einen raschen Erkenntniszuwachs bewirkt, der zwischenzeitlich auch die Klinische Psychologie sehr stimuliert hat.

Forschungswerkzeuge der Biochemie erlauben die Bestimmung, molekulare Beschreibung und gezielte pharmakologische Manipulation dieser Signalsubstanzen (Transmitter) und ihrer Empfangsstellen (Rezeptoren). Sie tragen so dazu bei, die Funktionen des Nerven-, Hormon- und Immunsystems zu verstehen, aber auch pathologische Veränderungen zu messen und zu korrigieren. Als gut verständliche Einführung in die Biochemie empfehlen wir das Lehrbuch von Luber Stryer (1990), dort findet sich auch eine Darstellung unterschiedlicher Rezeptortypen, auf die wir in diesem Kapitel nicht eingehen können. Wir haben dabei gelernt, daß alle drei Systeme in einer überaus komplexen Weise miteinander interagieren. Ferner haben wir erfahren, daß bestimmte Signalsubstanzen in jeweils charakteristischer Weise Verhalten und Erleben beeinflussen.

In diesem Kapitel behandeln wir zunächst einige wichtige neurochemische Botenstoffe, welche die Aktivität des ZNS maßgeblich beeinflussen. Im Anschluß beschreiben wir Hormonsysteme, dabei auch neuere klinisch relevante endokrinologische Verfahren. Abschließend erfolgt ein kurzer Exkurs über das Immunsystem und seine Bedeutung für Arbeitsbereiche der Klinischen Psychologie.

Die wissenschaftliche Beurteilung von biochemischen Forschungsergebnissen erfordert recht detaillierte Methodenkenntnisse, welche an dieser Stelle nicht hinreichend erläutert werden können. Als einführende Literatur in die Labortechniken zur Messung der in diesem Kapitel angesprochenen Substanzen sei das Buch von Häder und Häder (1993) empfohlen. Dazu gehören Immunoassays (z.B. zur Messung von Steroidhormonen), Hochdrucksflüssigkeitschromatographie (z.B. zur Messung von biogenen Aminen), oder Enzym-gebundene Immunoassays (z.B. zur Bestimmung von Peptiden). Diese sehr empfindlichen Meßverfahren ermitteln Werte, welche mit bekannten Mengen der zu bestimmenden Substanz verglichen werden, die jedem Assay in unterschiedlichen Dosierungen zur Ermittlung einer Standardkurve beigefügt werden. Da aufgrund der Empfindlichkeit leichte Schwankungen der Werte bei der Durchführung eines oder mehrere Assays vorkommen, wird die Variation der Werte in seriösen Veröffentlichungen stets als Intra-Assay-Variationskoeffizient, resp. als Inter-Assay-Variationskoeffizient angegeben. Der Bereich statistisch normaler Werte in klinischen Assays ist sehr groß, und so werden manche sehr niedrige oder sehr hohe Werte oft noch nicht als pathologisch bedeutsam angesehen. Diese könnte zu Fehlbeurteilungen führen, etwa dann, wenn die Schilddrüsenhormone eines Patienten im gesunden Zustand im unteren Normbereich lagen und nach einem Trauma nun im oberen Normbereich angesiedelt sind. In diesem Fall könnten körperliche Funktionsveränderungen (Schwitzen, Herzrasen, etc.), welche infolge einer relativen Überfunktion auftreten, als psychogene Störungen mißinterpretiert werden. Schließlich muß darauf hingewiesen werden, daß zahlreiche Meßwerte in der Biochemie mit der Tageszeit variieren (vgl. Touitou & Haus, 1992), so daß bei einem Vergleich von Meßwerten die Uhrzeit der Probenentnahme berücksichtigt werden muß.

2. Verhaltensregulierende neurochemische Systeme

In diesem Abschnitt skizzieren wir kurz die wichtigsten Transmitter im zentralen Nervensystem, welche für die Klinische Psychologie Bedeutung haben. Transmitter werden von Nervenzellen synthetisiert und an den Axonendigungen freigesetzt. Dort erreichen sich Rezeptoren an Verzweigungen (Dendriten) oder am Zellkörper (Soma) der Zielzellen. Die präsynaptische Membran, aus der die Transmitter freigesetzt werden, der schmale synaptische Spalt und die postsynaptische Membran der Zielzelle, welche die Rezeptoren beheimatet, werden als Synapse bezeichnet. Die Effizienz der Signalübertragung hängt vom Ausmaß der Rezeptorstimulation ab. Diese wiederum variiert mit der Anzahl der Rezeptoren, die sich vermehren (Up-Regulation) und verringern kann (Down-Regulation), aber auch von der Verfügbarkeit der Transmittermoleküle. Die Verfügbarkeit hängt u. a. vom Ausmaß der Herstellung (Synthese) und der Freisetzung (Release) der Transmitter, der enzymatischen Inaktivierung im synaptischen Spalt und der Wiederaufnahme (Reuptake) in das präsynaptische Axonterminal ab. Die Wiederaufnahme ist ein besonders wichtiger Mechanismus der Inaktivierung, der oft durch sog. Transporter-Moleküle unterstützt wird. Der Abbau freigesetzter Transmitter im synaptischen Spalt, aber auch nach Wiederaufnahme in das präsynaptische Endknöpfchen läßt Abbauprodukte (Metaboliten) entstehen, die z.B. im Liquor gemessen werden können und so mittelbar neuronale Aktivität reflektieren. In der Regel finden wir für einzelne Transmitter verschiedene Rezeptoren mit unterschiedlichen Wirkungen. Rezeptoren kommen dabei nicht nur in der postsynaptischen Membran vor, sondern auch präsynaptisch. Präsynaptische Rezeptoren beeinflussen die Transmitterfreisetzung zumeist autoregulativ. Bemerkenswert ist, daß auch andere Stoffe in Nervenzellen vorkommen; diese sogenannten kolokalisierten Transmitter können als Co-Transmitter, als Rezeptorprotein oder als Transporter ebenfalls das Ausmaß der postsynaptischen Stimulation beeinflussen.

Von den hier genannten Mechanismen hängt im Wesentlichen ab, ob und in welchem Ausmaß Nervenzellen miteinander kommunizieren. Psychischen Störungen und Erkrankungen unterliegen Veränderungen dieser Prozesse, welche z. B. durch Reizverarbeitung, Lernerfahrungen oder genetische Einflüße induziert werden. Die Psychopharmakologie versucht, die biochemischen Mechanismen gezielt zu beeinflussen, etwa über die Entwicklung von fördernden (Agonisten) oder blockierenden Substanzen (Antagonisten). Ausgezeichnete weiterführende Übersichtsarbeiten zu diesem Thema finden wir in Lehrbüchern zur Psychopharmakologie von Bloom und Kupfer (1995) und Schatzberg und Nemeroff (1995).

2.1 Biogene Amine

Die biogenen Amine sind besonders bedeutsame Botenstoffe im zentralen Nervensystem. Zu ihnen gehören die Katecholamine Dopamin (DA), Noradrenalin (NA) und Adrenalin (A) sowie das Indolamin Serotonin (5-Hydroxytryptamin; 5-HT). In den vergangenen dreißig Jahren sind die biogenen Amine intensiv untersucht worden.

2.1.1 Dopamin

Die wesentlichen dopaminergen Nervenzellen befinden sich in der Substantia nigra, von wo aus die Axone vor allem in das Neostriatum ziehen (nigrostriatales System) sowie im ventralen Tegmentum, von wo aus die Axone vornehmlich in das limbische System projizieren (mesolimbisches System). Kleinere dopaminerge Systeme befinden sich im Hypothalamus. Bisher wurden fünf Dopaminrezeptoren identifiziert, ein Dopamin-Transporter beeinflußt die Wiederaufnahme des Transmitters (Bannon, Granneman & Kapatos,1995; Civelli, 1995; Moore & Lookingland,1995).

Das nigrostriatale und das mesolimbische DA-System regulieren gemeinsam ziel- und zweckgerichtetes Verhalten. Das nigrostriatale System ist vornehmlich an der sensomotorischen Abstimmung im Handlungsablauf beteiligt sowie an der Initiierung zweckgerichteter Reaktionen und der Beschleunigung kognitiver Funktionen. Das mesolimbische System beeinflußt die motorische Zuwendung auf Reize mit emotionaler und motivationaler Bedeutung und ist Voraussetzung für affektiv determiniertes, zielgerichtetes Handeln (Hellhammer, 1983; Le Moal, 1995).

Funktionelle und morphologische Veränderungen der DA-Systeme wurden vornehmlich bei der *Parkinsonschen* Erkrankung und anderen neurologischen Erkrankungen, der Schizophrenie und der Depressiven Störung untersucht. Bei der Parkinsonschen Erkrankung finden wir eine Störung motorischer Funktionen (Tremor, Verlangsamung von Bewegungsabläufen, Rigidität) bei zum Teil frühzeitiger Beeinträchtigung der Konzentrations- und Aufmerksamkeitsleistung mit späterer Demenz. Als primäre Ursache dieser Erkrankung wird die Degeneration von DA-Neuronen in der Substantia nigra angesehen, entsprechend erklärt sich die therapeutische Wirksamkeit von Levodopa, welches im Gehirn in DA umgewandelt wird und so das Defizit an DA-Produktion kompensiert (Korczyn, 1995).

Bei der *Schizophrenie* scheint DA ebenfalls eine dominante Rolle zu spielen. Da einerseits klinisch wirksame Neuroleptika besonders dann wirksam sind, wenn der DA-Metabolit Homovanillinsäure (HVA) erhöht ist, andererseits der Therapieerfolg mit absinkenden HVA-Spiegeln einhergeht, kann auf eine funktionelle Überaktivität von DA bei Schizophrenie geschlossen werden. *Post mortem*-Untersuchungen lassen vermuten, daß die therapeutische Wirksamkeit von Neuroleptika vor allem auf einen verstärkten DA-Stoffwechsel im Striatum zurückgeführt werden kann. Andere Befunde deuten darauf hin, daß bei Schizophrenie eine Vermehrung von DA1-Rezeptoren im Striatum vorkommt, deren Blockade durch Neuroleptika ebenfalls den Therapieeffekt erklären könnte. Bemerkenswert ist, daß DA-Antagonisten zwar Halluzinationen, Wahnerleben und formalen Denkstörungen entgegenwirken, die sog. Negativsymptomatik (Antriebsdefizit, Interessensverlust, Affekt-Nivellierung) aber eher verstärken. Grund dafür scheint zu sein, daß einer subkortikalen Hyperfunktion von DA eine kortikale Hypofunktion gegenübersteht, welche primär über mesolimbische D1- und D5-Rezeptoren vermittelt wird. Von daher ist man derzeit bemüht, neben D2-Antagonisten auch D1-

und D5-Agonisten in die Pharmakotherapie einzubeziehen (Kahn & Davis, 1995). Es soll nicht unerwähnt bleiben, daß das Peptidhormon Neurotensin eng mit dem mesolimbischen und nigrostriatalen dopaminergen System interagiert und erste Ergebnisse der pharmakologischen Grundlagenforschung die Hoffnung wecken, daß mit Neurotensin-Agonisten eine Gruppe neuer, nebenwirkungsfreier Antipsychotika entwickelt werden kann (Nemeroff, pers. Kommunikation).

Bei *affektiven Erkrankungen* scheinen Noradrenalin und Serotonin besonders bedeutsam zu sein. Neuerdings mehren sich die Hinweise, daß die klinische Wirksamkeit von Antidepressiva mit einer erhöhten DA-Aktivität an D2- und D3-Rezeptoren im Nucleus accumbens einhergeht. Erste vorklinische Untersuchungen zeigen zudem, daß Agonisten dieser Rezeptoren eine antidepressive Wirkung zu besitzen scheinen (Willner, 1995).

2.1.2 Noradrenalin

Noradrenalin ist nicht nur ein besonders wichtiger Botenstoff im sympathischen Nervensystem, sondern auch ein sehr bedeutsamer Neurotransmitter im zentralen Nervensystem. Noradrenerge Nervenzellen befinden sich im Hirnstamm, vornehmlich im Locus coeruleus (Region A6), von wo aus die Axone in zahlreiche Hirngebiete aufsteigen, aber auch in tiefer gelegene Areale des Stammhirns und Rückenmarks absteigen. Neben diesem dorsalen noradrenergen Bündel existiert das kleinere ventrale noradrenerge Bündel mit Zellkörpern in der Region A1 und aufsteigenden Bahnen primär zum Hypothalamus. In beiden Bündeln koexistieren die Peptide Galanin und Neuropeptid Y (NPY) und beeinflussen die breite Palette von psychischen und neuroendokrinen Effekten, welche durch Noradrenalin über verschiedene Alpha- und Betarezeptoren prä- und postsynaptisch vermittelt werden (Holmes & Crawley, 1995; Duman & Nestler, 1995). Auch die Wiederaufnahme von Noradrenalin wird über Transportermoleküle reguliert, deren spezifische Bedeutung allerdings erst ansatzweise bekannt ist (Barker & Blakely, 1995)

Schon die ungewöhnlich weitgefächerte Projektion dorsaler noradrenerger Bahnen in das zentrale Nervensystem läßt vermuten, daß dieses stammesgeschichtlich alte Transmittersystem eine eher allgemeine Funktion haben könnte, welche vielfältige Funktionen des Zentralen Nervensystem synchronisiert oder aufeinander abstimmt. Ähnlich wie im sympathischen Nervensystem scheint Noradrenalin auch im Gehirn eine allgemein aktivierende Funktion auszuüben. So werden Aufmerksamkeit, Konzentration und Wachheit verbessert, mittelbar auch emotional und motivational determiniertes Verhalten beeinflußt, und zumeist erfolgt parallel eine Aktivierung des sympathischen Nervensystems (Robbins & Everitt, 1995; Valentino & Aston-Jones, 1995).

Streß und (konditionierte) Furcht bewirken im Tierexperiment eine deutliche Aktivierung des dorsalen noradrenergen Bündels, umgekehrt wird eine elektrophysiologisch oder pharmakologisch induzierte noradrenerge Aktivierung als beängstigend erlebt. Ferner reduzieren klinische wirksame Anxiolytika die noradrenerge Aktivität. In verschiedenen klinischen Untersuchungen wurde der Noradrenalin-Metabolit 4-Hydroxy-3-methoxypphenyglycol (MHPG) als Indikator zentraler noradrenerger Aktivität gemessen. Ferner wurden Reaktionen von Patienten mit psychischen Störungen auf spezifische Agonisten und Antagonisten von Noradrenalin untersucht. Dabei wurde deutlich, daß noradrenerge Aktivierungen vor allem bei Panikattacken und postraumatischer Belastungsstörung bedeutsam sind sowie bei Angststörungen, welche mit hoher sympathischer Aktivität einhergehen (Charney, Bremner & Redmond, 1995). Ferner werden Störungen des dorsalen noradrenergen Systems als Ursache oder Korrelat der unipolaren Depressiven Störung diskutiert (Nathan, Musselman, Schatzberg & Nemeroff, 1995; Schatzberg & Schildkraut, 1995).

Offensichtlich wird das noradrenerge System recht unspezifisch bei Verhaltensweisen aktiviert, welche Wachheit, Aufmerksamkeit und Konzentration erfordern und mit Handlungsaktivität verbunden sind. Klinisch relevante Verhaltensphänomene wie Aggressivität, Ärger und Ärgerunterdrückung, oder Typ-A Verhalten scheinen mit einer Aktivierung dieses Bahnensystems und Sympathikusaktivierung einherzugehen und streßbezogen körperliche Funktionsstörungen zu begünstigen (s. **Kasten 1**).

Demgegenüber wird bei einigen depressiven Störungen eher eine Unteraktivität vemutet wird (vgl. Schatzberg & Nemeroff, 1995).

2.1.3 Serotonin

Serotonin ist ein ähnlich bedeutsamer Neurotransmitter wie Noradrenalin. Serotonerge Nervenzellen befinden sich in dorsalen und medialen Raphé-Kernen im Hirnstamm. Die aufsteigenden und absteigenden Bahnen ähneln in ihrem Verlauf denen des dorsalen noradrenergen Systems (Azmitia & Whitaker-Azmitia, 1995). Bisher sind fast zwanzig Serotonin-Rezeptoren bekannt, allerdings finden sich bei Mensch und Tier große Unterschiede der einzelnen Rezeptoren, resp. Rezeptor-Subtypen (Glennon & Dukat, 1995; Shih, Chen & Gallaher, 1995).

Es besteht eine enge wechselseitige Innervation von Locus coeruleus und Raphé-Kernen, welche auch funktionell bedeutsam zu sein scheint. So scheint das serotonerge System oft gegenläufige Effekte zum Noradrenalin auf das zentrale und autonome Nervensystem auszuüben. Kognitive und affektive Aktivierung werden gedämpft, und die parasympathische Aktivität nimmt zu. Das serotonerge System scheint unter normalen Umständen Entspannung und Ruhe zu vermitteln und eine schlafanstoßende Wirkung zu besitzen (Hellhammer, 1983)

In einer nahezu unübersehbaren Vielfalt präklinischer und klinischer Untersuchungen wurden pathophysiologisch relevante Veränderungen der serotonergen Neurotransmission u. a. bei depressiven Störungen, Zwangsstörungen, Phobien, posttraumatischer Belastungsstörung, Bulimia nervosa, autistische Störung, Schlaf- und Schmerzstörungen sowie motorischen Störungen festgestellt (Heninger, 1995). Besonders intensiv wurde die Bedeutung von Serotonin bei der depressiven Störung untersucht, bei welcher ein Defizit an Serotonin als wesentlicher Vulnerabilitätsfaktor angesehen wird (Maes & Meltzer, 1995). Pharmakologische Veränderungen der serotonergen Neurotransmission bewirken Veränderungen einzelner Symptome dieser Störungen, welche als mittelbare oder unmittelbare Folge der serotonergen Neurotransmission aufgefaßt werden können, deren Bedeutung für die Pathogenese allerdings

meist noch unklar ist. Bemerkenswert ist aber, daß eine Aktivierung des serotonergen Systems im Tierexperiment auch reaktiv beobachtet wurde, etwa im Modell der erlernten Hilflosigkeit (Hellhammer, Gutberlet, Kreutz, Traupe & John, 1989). Derartige Ergebisse lassen den Schluß zu, daß erlerntes Verhalten klinisch relevante neurochemische Veränderungen beeinflussen können.

Im *psychosomatischen* Bereich scheint die Balance des dorsalen noradrenergen und des serotonergen Systems bedeutsam zu sein. Angenommen wird, daß es bei chronischem Streß durch hohe Anforderungen an das noradrenerge System zu einer zunehmenden Entleerung dieses Neurotransmitters kommt. Nach der Belastung scheint es aufgrund des Noradrenalindefizits zu einer Inbalance beider Systeme zu kommen, mit erhöter serotonerger und parasympathischer Aktivität. Es wird diskutiert, ob Spasmen des Verdauungstraktes, asthmatische Reaktionen, Migräne oder Herz-Kreislaufstörungen im Poststreß-Zustand durch eine Imbalance dieser Systeme zustandekommen. Auch in diesem Fall werden neurochemische Vorgänge durch Verhalten induziert und bewirken dann, in biologischer Eigenwirkung Veränderungen des autonomen Nervensystems, welche zu somatoformen Störungen führen können (Hellhammer, Ehlert & Lehnert, 1992).

2.2 Aminosäuren

• *Glutamat.* In der derzeitigen psychobiologischen Grundlagenforschung zu Lern- und Gedächtnisprozessen gewinnt der Neurotransmitter Glutamat besondere Bedeutung. Glutamat ist eine exzitatorische Aminosäure, welche die postsynaptische Membran über sog. NMDA- und non-NMDA-Rezeptoren aktiviert (Cotman, Kahle, Miller, Ulas & Bridges, 1995). Im klinischen Bereich zeigen sich Hinweise auf eine Bedeutung von Glutamat bei kognitiven Störungen bei Morbus Alzheimer und Schizophrenie (Knable, Kleinman & Weinberger, 1995; Marin, Davis & Speranza, 1995).

• *Gamma-Amino-Buttersäure (GABA).* Die Aminosäure GABA ist der wichtigste inhibitorische Neurotransmitter im ZNS. Etwa 30 Prozent aller Synapsen im Gehirn sind GABAerg. GABAerge Synapsen kommen vornehmlich in Interneuronen vor, ohne spezifische Lokalisation im ZNS. Die klinische Relevanz dieses Neurotransmitters wurde deutlich, als entdeckt wurde, daß die Benzodiazepine ihre psychotrope Wirkung über den GABA-A Rezeptor ausüben. Da die Benzodiazepine aufgrund ihrer angstlösenden, krampflösenden und schlafanstoßenden Wirkung zu den am häufigsten benutzten Arzneimitteln gehören, haben GABAerge Synapsen großes Interesse gefunden. Dabei stellte sich heraus, daß Benzodiazepine nicht direkt die Freisetzung von GABA beeinflussen, sondern postsynaptisch durch Veränderungen an Untereinheiten des Rezeptors die Effizienz GABAerger Übertragung steigern. Pharmakologische Untersuchungen mit Aktivierung und Hemmung dieser «Benzodiazepin-Rezeptoren» legen die Vermutung nahe, daß auch endogene Substanzen existieren, welche bei Angststörungen freigesetzt werden und anxiolytisch wirken, bzw. über Blockade Angststörungen erzeugen und Alarmfunktion haben (Ballenger, 1995; Hellhammer & Ehlert, 1991).

3. Endokrine Systeme und Neuropeptide

Das Gehirn beeinflußt Körperfunktionen über Hormone der Hirnanhangsdrüse (Hypophyse) und Zirbeldrüse (Epiphyse). Die Hirnanhangsdrüse besitzt einen Vorderlappen (Adenohypophyse) und einen Hinterlappen (Neurohypophyse) und ist über den Hypophysenstiel (Infundibulum) mit der Schädelbasis verbunden. Die Epiphyse befindet sich an der Hinterwand des dritten Ventrikels und wird in der englischen Sprache auch als «Pineal Gland» bezeichnet, da sie ähnlich wie ein Pinienzapfen geformt ist.

Die Freisetzung der Hypophysenhormone wird vom Hypothalamus kontrolliert. Spezifische Hypothalamusneurone besitzen lange Axone, welche in den Hypophysenhinterlappen ziehen und an den Nervenendigungen Hormone direkt in die Blutbahn abgeben. Andere Hypothalamusneuronen geben ihre Botenstoffe in ein im Hypophysenstiel gelegenes kleines Gefäßsystem ab, welches im Vorderlappen in ein weiteres Gefäßnetz übergeht. Die hypothalamischen Botenstoffe erreichen über diese kleinen Blutgefäße Rezeptoren an hormonproduzierenden Zellen. Als weiterführende Literatur empfehlen wir Übersichtsarbeiten bei Nemeroff (1992) sowie bei Hellhammer und Kirschbaum (im Druck). Klinisch relevante psychoendokrinologischer Befunde haben wir kürzlich an anderer Stelle ausführlicher dargestellt (Hellhammer & Pirke, im Druck).

3.1 Hypothalamus-Hypophysen-Nebennierenrinden-Achse

Die Freisetzung des Adrenocorticotropen Hormons (ACTH) aus dem Hypophysenvorderlappen wird durch hypothalamischen Corticotropin-Releasing Faktor (CRF; CRH) verursacht, aber auch durch Vasopressin, welches in etwa der Hälfte der CRF-Neurone als Co-Faktor freigesetzt wird. CRF bewirkt die Synthese und Freisetzung von ACTH, und ACTH setzt über die Blutbahn Cortisol aus der Nebennierenrinde frei. ACTH und Cortisol regulieren im Sinn negativer Rückmeldung wiederum die Freisetzung von CRF.

CRF ist nicht nur für die Freisetzung von ACTH aus der Hypophyse verantwortlich, sondern übt auch als Neurotransmitter im ZNS verschiedene (synergistische) Funktionen aus. CRF-Gabe in das ZNS simuliert bei einem Versuchstier eine vollständige Streßreaktion: Blutdruck, Herzrate, Adrenalin-, Noradrenalin- und Corisolspiegel steigen rasch an, Magen- und Dünndarmaktivität nehmen ab, Dickdarmaktivität und Ausscheidefunktionen werden aktiviert, die Hypothalamus-Hypophysen-Gonaden-Achse wird gehemmt, und auf der Verhaltensebene treten genau jene Reaktionen auf, welche, je nach Situation, bei einem Tier im Angstzustand beobachtet werden können. Da CRF bei (konditionierter) Angststörungen mobilisiert wird und die endokrine, autonome und behaviorale Streßreaktion zu synchronisieren scheint, wird es heute als klinisch bedeutsamstes Neuropeptid angesehen. Bemerkenswert ist, daß CRF-Neuronen eng mit dem dorsalen noradrenergen System interagieren und gleichsinnig die Anpassungsleistung des Organismus an Belastung beeinflussen. Die genannten Eigenschaften von CRF haben dazu geführt, daß diesem Neuropeptid eine bedeutsame Rolle bei psychischen (Angststörungen, depressiven Störungen) und körperlichen Störungen (Colon irritabile, Bluthochdruck), bei welchen psychische Faktoren eine Rolle spielen, zugesprochen wird (Hellhammer & Pirke, im Druck).

Auch ACTH und Cortisol üben psychotrope Funktionen aus, indem die Fähigkeit des ZNS optimiert wird, auf belastungs- und vermeidungsrelevante Stimuli zu reagieren. Cortisol mobilisiert im Organismus Energiereserven und erlaubt so eine dauerhafte Anpassung an Belastungssituationen. Bei anhaltendem Streß begünstigt wahrscheinlich ein dauerhafter Hypercortisolismus das Auftreten von Infektionserkrankungen, da Cortisol immunsuppressive Eigenschaften besitzt und das Abwehrsystem schwächen kann. Bei posttraumatischer Belastungsreaktion und Erschöpfung kann andererseits ein Hypocortisolismus auftreten, der wahrscheinlich die Schmerzschwelle senkt und atopische Erkrankungen begünstigt. Eigene Untersuchungen an psychosomatischen Patienten lassen vermuten, daß ein Hypocortisolismus auch über Disinhibierung von CRF im Gehirn die erwähnten psychischen und psychosomatischen Störungen begünstigt. Eine weitere abnormale Veränderung der Hypothalamus-Hypophysen-Nebennierenrinden-Achse ist bei der depressiven Störung bekannt; hier scheinen CRF, ACTH und Cortisol dauerhaft erhöht zu sein. Fraglich ist, ob diese Veränderungen Ursache, Korrelat oder Folge der depressiven Störung sind (Hellhammer & Pirke, im Druck; Nathan et al, 1995; Plotsky, Owens & Nemeroff, 1995).

Derartige Veränderungen der Achse lassen sich mittels endokriner Provokationstests konkreter messen. Wenn CRF intravenös verabreicht wird, kann es zwar nicht die Blut-Hirn-Schranke passieren, erreicht aber CRF-Rezeptoren in Zellen des Hypophysenvorderlappens und löst hier eine Freisetzung von ACTH aus. Eine reduzierte ACTH-Reaktion wurde bei depressiven Störungen, Angststörungen, posttraumatischer Belastungsstörung, chronischem Erschöpfungssyndrom sowie Schmerz- und Eßstörungen beobachtet. Man nimmt an, daß eine krankheitsbedingte erhöhte CRF-Aktivität im ZNS eine Down-Regulation von CRF-Rezeptoren bewirkt, so daß extern verabreichtes CRF weniger Rezeptoren vorfindet und daher weniger effizient ACTH freisetzen kann. Bei erhöhten Cortisolspiegeln muß man allerdings auch damit rechnen, daß die unterdrückte ACTH-Reaktion auf ein verstärktes negatives Feedback durch Cortisol zurückzuführen ist.

Weiterhin findet der Dexamethason-Test häufig Verwendung. Dexamethason ist ein synthetisches Glukokortikoid, welches die Wirkungen von Cortisol simuliert. Verabreicht man eine ausreichende Dosis von Dexamethason, bewirkt dieses über negatives Feedback eine komplette temporäre Hemmung der Hypothalamus-Hypophysen-Nebennierenrinden-Achse. Diese Hemmung kann dann fehlen, wenn Cortisol-Rezeptoren aufgrund eines Hypercortisolismus downreguliert sind. Entsprechende Befunde wurden bei depressiven, anorektischen und bulimischen Patienten berichtet. Es ist bisher unklar, ob ein so diagnostizierbarer Hypercortisolismus bei diesen Störungen eine pathogenetische Überaktivität von CRF im Gehirn reflektiert. So wird der Hypercortisolismus einerseits als Folge von Streßbelastung diskutiert, andererseits als Ursache einzelner psychischer und körperlicher Symptome dieser Störungen interpretiert

Am Münchener Max-Planck-Institut für Psychiatrie wurden Untersuchungen mit kombinierter Dexamethason und CRF Provokation durchgeführt. Aufgrund des unterstellten Defizits beim negativen Feedback durch Cortisol, kann eine verstärkte ACTH-Reaktion auf CRF beobachtet werden. Auch bei Patienten mit Panikstörungen wurden vergleichbare Veränderungen berichtet.

Neuerdings kommt auch eine modifizierte Version des Dexamethason-Tests zur Anwendung. Verwendet wird eine kleine, normalerweise wirkungslose Dosis, welche nur dann eine Suppression bewirken kann, wenn (z.B. aufgrund eines Hypocortisolismus) eine Up-Regulation von Cortisolrezeptoren stattgefunden hat. Dieser Test erwies sich bei Patienten mit posttraumatischen Belastungsstörungen und Schmerzstörungen als bedeutsam und scheint besonders geeignet zu sein, einen Hypocortisolismus zu diagnostizieren.

3.2 Hypothalamus-Hypophysen-Gonaden Achse

Hypothalamische Gonadotropin-Releasing-Hormone (GnRH) setzen im Hypophysenvorderlappen das follikelstimulierende Hormon (FSH) und das Luteinisierungshormon (LH) frei. LH und FSH erreichen über die Blutbahn die Fortpflanzungsorgane (Gonaden) bei Mann und Frau und steuern deren Funktion. Beim Mann stimuliert LH die Leydig-Zellen zur Testosteronproduktion, während FSH die Funktionen der Sertoli-Zellen beeinflußt, welche gemeinsam mit Testosteron die Steuerung der Samenreifung bewirken. Testosteron und das von den Sertoli-Zellen freigesetzte Hormon Inhibin beeinflussen im Sinne einer negativen Rückmeldung die GnRH Aktivität.

Wie erwähnt, kann Streß über Aktivierung von CRF die Gonaden-Achse über GnRH hemmen und so Sterilität begünstigen. Beim Mann scheint eine durch unkontrollierbare und unvorhersehbare Belastung induzierte Aktivierung von CRF die HHGA-Funktionen zu stören, wodurch eine Reduktion von Anzahl und Beweglichkeit der Spermien einzutreten scheint. Ferner scheint aktiver Umgang mit Streß über Aktivierung des sympathischen Nervensystems eine Vasokonstriktion testikulärer Blutgefäße

---

Kasten 1
Interfertilität und Streß

In einigen eigenen Untersuchungen haben wir versucht psychobiologische Forschungsmethoden in klinisch-psychologische Forschungsarbeiten einzubeziehen. Es ergaben sich drei Abschnitte in diesem Forschungsprojekt:

Abschnitt 1

Fragestellung. Kann die Zeugungsfähigkeit des Mannes durch psychische Belastung beeinträchtigt werden?

Ergebnisse. Klinische Untersuchungen: Psychodiagnostische Untersuchungen an zwei Stichproben von 117 und 101 infertilen Männern verweisen auf eine Subgruppe von Patienten, welche einerseits erhöhte Werte auf Skalen zur Messung von Selbstsicherheit, Typ A-Verhalten und Dominanz aufweisen, bei welchen andererseits eine erniedrigte Spermienanzahl und erniedrigte Testosteronwerte festzustellen waren.

Abschnitt 2

Fragestellung. Lassen sich im Tierexperiment entsprechende Beziehungen nachweisen und die pathophysiologischen Mechanismen erhellen?

Ergebnisse. Tierexperimentelle Untersuchungen: Im Tierexperimenten wurde aktives und passives Verhalten durch Streß induziert. Es zeigte sich, daß nur bei aktivem Umgang mit Streß eine starke Noradrenalinaktivierung in verschiedenen Gehirnregionen erfolgte, in deren Folge es zu einer Sympathikusaktivierung und einer daraus resultierenden Mangeldurchblutung des Hodengewebes kam. Aufgrund der eingeschränkten Blutversorgung wurden die Leydig-Zellen nicht mehr ausreichend durch LH stimuliert, so daß eine Reduktion der Testosteronproduktion erfolgte, mit nachfolgender Degeneration von Samenzellen in testosteronsensitiven Reifungsphasen. Aus den so identifizierten pathophysiologischen Mechanismen ergab sich die Schlußfolgerung, daß eine psychotherapeutische Indikation bei dieser Form der Infertilität angezeigt ist.

Abschnitt 3

Fragestellung. Lassen sich bei Männern mit entsprechenden Risikofaktoren psychotherapeutische Maßnahmen erfolgreich anwenden?
Ergebnisse. Eine bei einer Subgruppe infertiler Männer (N = 15) durchgeführte Verhaltenstherapie erbrachte eine deutliche Anzahl Steigerung der Spermienanzahl und sieben Konzeptionen im nachfolgenden viermonatigen Beobachtungszeitraum (vgl. Übersichtsartikel von Hellhammer et al., 1989).

zu bewirken (s. **Kasten 1**). Auch bei der Frau wurden Zyklusstörungen infolge von Streß beschrieben. Besonders relevant scheinen dauerhafte Leistungsanforderungen sowie Veränderungen der Lebensumwelt zu sein. Als relevanter physiologischer Mechanismus wird auch hier eine Aktivierung von hypothalamischem CRF angesehen, in deren Folge die HHGA mittelbar gestört wird. Störungen der GnRH Funktionen treten auch infolge von Untergewicht ein. Diese hypothalamisch induzierten Funktionsstörungen wurden bei Anorexia nervosa dokumentiert. Intermittierendes Fasten bei Bulimia nervosa, aber auch bei Frauen, welche häufig Reduktionsdiäten durchführen, bewirkt ebenfalls Zyklusstörungen, Anovulation und Störungen der Lutealphase. Hypothalamische Minderproduktion von GnRH mit nachfolgenden Zyklusstörungen kann auch durch intensive sportliche Aktivität ausgelöst werden (Hellhammer & Pirke, im Druck).

Effekte von Sexualhormonen auf Erleben und Verhalten wurden sehr häufig untersucht. Ein Absinken von Östrogen und Progesteron nach der Geburt scheint die postpartale Verstimmung zu begünstigen. Der Wegfall dieser Hormone im Klimakterium wird als ursächlich für Hitzewallungen, Schlafstörungen und Stimmungsveränderungen diskutiert. Weniger deutlich sind psychotrope Effekte von Testosteron dokumentiert.

Bei zahlreichen psychischen Störungen (u.a. Depression, Anorexie, Schizophrenie) findet man eine deutlich erhöhte geschlechtsspezifische Prävalenz, welche nicht selten als Folge der schädigenden oder schützenden Einflüsse der Geschlechtshormone interpretiert wird. Trotz eindrucksvoller Befunde fehlen bislang jedoch eindeutige Beweise zur pathogenetischen Bedeutung dieser Hormone.

3.3 Hypothalamus-Hypophysen-Schilddrüsen Achse

Hypothalamisches Thyreotropin Releasing Hormon (TRH) erreicht den Hypophysenvorderlappen und stimuliert dort die Synthese und Freisetzung von Thyroidea stimulierendem Hormon (TSH). TSH erreicht über die Blutbahn die Schilddrüse und bewirkt dort die Synthese und Freisetzung von Thyroxin (T4) und Trijod-

thyronin (T3). T3 und T4 sind an der Regulation des Kohlenhydrat-, Fett-, Eiweiß- und Mineralstoffwechsels beteiligt und beeinflussen ferner die Funktionen des ZNS und der Fortpflanzungsorgane.

Schilddrüsenüberfunktion führt zu Wärmeintoleranz mit verstärkter Schweißneigung, Herzklopfen, Belastungsdyspnoe, Tremor, Gewichtsverlust und Nervosität, bei Unterfunktion findet man Ermüdbarkeit, Kälteintoleranz und Gewichtszunahme. Es kommt daher nicht selten vor, daß Störungen der Schildrüse psychischen und psychosomatischen Störungen ähneln. Eine entsprechende Differentialdiagnostik spielt daher eine bedeutsame Rolle (vgl. Hellhammer & Pirke, im Druck).

3.4 Wachstumshormon und Prolaktin

Die Freisetzung von Wachstumshormon (growth hormone; GH) in der Hypophyse wird durch hypothalamisches «Growth Hormone Releasing Hormone» (GHRH) und Somatostatin reguliert. GH fördert das Längenwachstum und besitzt anabole und insulin-antagonistische Wirkungen. GH erhöht u.a. den Blutzuckerspiegel, vermindert die Insulinsensitivität, erhöht den Grundumsatz und steigert die Aminosäureaufnahme und Proteinsynthese der Zelle. Dieses geschieht mit Hilfe von Substanzen aus Leber und Niere, welche Somatomedine oder «Insuline-like Growth Factors» (IGF) genannt werden. Somatomedine kontrollieren im Sinne einer negativen Rückmeldung die PRL-Freisetzung über Somatostatin. Die Freisetzung von PRL unterliegt vorwiegend einer inhibitorischen Kontrolle durch Dopamin (DA). Ein stimulierender Einfluß wird TRH und dem vasoaktiven intestinale Peptid (VIP) zugeschrieben (Hellhammer & Pirke, im Druck).

Bei Streß findet man oft einen Anstieg von GH und PRL, etwa bei physischer Aktivität, Operationsstreß, Hypoglykämie und emotionaler Belastung beim Fallschirmsprung. Andererseits wurde keine Veränderung von PRL bei stark angstinduzierender Reizüberflutungstherapie an Phobikern oder bei Belastung durch Venipunktion beobachtet. Bei streßinduzierter noradrenerger Aktivierung können hypothalamische Kontrollmechanismen so beeinflußt werden, daß gleichzeitig eine Sekretion von

Cortisol, GH und PRL erfolgt. Kelley (1991) hat postuliert, daß GH und PRL die immunsuppressiven Wirkungen von Cortisol antagonisieren. Sie zeigen, daß die Wirkungen von GH und PRL recht spezifisch jene Immunreaktionen aktivieren, welche durch eine streßinduzierte Cortisolfreisetzung blockiert werden.

3.5 Oxytocin

Hypothalamisches Oxytocin (OT) wird über den Hinterlappen der Hypophyse in die Blutbahn abgegeben. Schließlich existiert OT auch als Neurotransmitter in zahlreichen Hirnarealen. Die Anzahl der Rezeptoren für OT und somit dessen physiologische Wirkung steigt in Abhängigkeit von verfügbarem Östrogen. OT spielt daher vor allem beim weiblichen Geschlecht eine Rolle. Neuere Übersichtsarbeiten zu psychobiologischen, physiologischen und anatomischen Aspekten findet man bei Pedersen, Caldwell, Peterson, Walker und Mason (1992) und North, Friedman und Yu. (1993).

Nach heutigem Wissen ist OT ein Hormon, welches gerade im Kontext des Reproduktionsverhaltens bedeutsam wird. Saugt das Neugeborene an den Brustwarzen der Mutter, bewirkt diese sensorische Stimulation die Freisetzung von PRL und OT in die Blutbahn. Oxytocin fördert über die Kontraktion der Milchdrüsen die Milchfreisetzung. Vergleichbar bewirkt der Druck des Kopfes im Geburtskanal eine Freisetzung von OT, welches Kontraktionen der glatten Uterusmuskulatur und somit die Austreibung des Neugeborenen begünstigt. In beiden Fällen wird die OT Freisetzung der Mutter vom Baby eingeleitet.

Aus tierexperimentellen Untersuchungen wissen wir, daß OT bei weiblichen Tieren die gegengeschlechtliche Partnersuche und das Paarungsverhalten fördert und das komplette Bemutterungsverhalten (Nestbau, Lecken, Säubern, Gruppieren fremder Neugeborener, Einnehmen der Stillposition) auslöst. Hemmung von OT führt dazu, daß weibliche Tiere ihre sozialen Beziehungen zum männlichen Partnertier und zu den eigenen Neugeborenen unterbrechen. OT wird daher auch eine Funktion bei der Etablierung und Aufrechterhaltung bei Partner- und Mutter-Kind-Beziehungen zugesprochen. Selbst beim Neugeborenen scheint OT bedeutsam zu sein. Die durch Milchaufnahme eintretende Dehnung des Magens bewirkt einen OT-Anstieg im ZNS des Neugeborenen, was die Kind-Mutter-Beziehung zu etablieren scheint (Hellhammer & Pirke, im Druck).

3.6 Vasopressin

Hypothalamisches Arginin-Vasopressin (AVP) wird über den Hypophysenhinterlappen in die Blutbahn abgegeben. AVP wird auch als antidiuretisches Hormon (ADH) bezeichnet, da es die Permeabilität der Sammelrohre und Tubuli der Nieren steigert und so die Wasserretention fördert. Hypothalamische AVP-Neurone reagieren entsprechend auf osmotische Stimuli und Natriumionen und registrieren so die Verfügbarkeit von Wasser und Blutvolumen. AVP kann den Blutdruck regulieren, wenn über kardiopulmonare oder arterielle Barorezeptoren ein Absinken des Blutdrucks oder des Blutvolumens signalisiert wird.

Bei Streß variiert die Freisetzung von AVP mit Wasser- und Salzverlust (Schwitzen), der streßinduzierten Aktivität des autonomen Nervensystems und der Art und Dauer der Belastung. Der Plasmaspiegel von AVP steigt bei physischem Streß an und scheint bei psychischem Streß abzusinken. Der letztgenannte Effekt wurde als potentielle Ursache der Enuresis nocturna diskutiert, zumal bei betroffenen Kindern der charakteristische nächtliche AVP-Anstieg fehlt und die meisten von ihnen symptomatisch gut auf die AVP-analoge Substanz Desmopressin ansprechen.

AVP kommt auch als Neurotransmitter in zahlreichen Hirngebieten vor. Die Wirkung von AVP scheint, zumindest bei männlichen Tieren, von Testosteron beeinflußt zu werden. Testosteron verändert die Plastizität der Nervenendigungen: Kastration verringert, Testosteron erhöht die Nervenfaserdichte besonders in sexuell dimorphen Hirnarealen. Neuere Befunde lassen vermuten, daß AVP bei männlichen Tieren ähnliche Effekte auf das Reproduktionsverhalten hat, wie OT beim weiblichen Tier. So induziert AVP beim Hamster das sog. «flank marking behavior». Dominante männliche Tiere reiben ihre Flanken an Objekten der Umgebung und markieren diese mit Duftstoffen. Das «flank marking» nimmt unter Testosteroneinfluß zu und scheint den sozialen Status eines männlichen Tiers zu reflektieren.

Die Bedeutung zentralnervöser Wirkungen von AVP wurden beim Menschen bislang nicht ausreichend erforscht. Erhöhte Liquorwerte von AVP wurden bei Patientinnen mit Anorexia nervosa und Bulimia nervosa gefunden, welche mit dem Durstempfinden korrelieren und ggf. Folgen einer gestörten Osmoregulation sind. Auch wurden positive Beziehungen zwischen Zwangsverhalten und AVP-Spiegeln im Liquor gefunden.

Demgegenüber zeigten sich niedrige AVP-Spiegel im Liquor von Patienten mit Schizophrenie und depressiven Störungen. Bei depressiven Patienten normalisieren sich diese Befunde jedoch unter antidepressiver Behandlung (Hellhammer & Pirke, im Druck).

3.7 Melatonin

Melatonin wird von Zellen der Epiphyse in die Blutbahn freigesetzt. Die Freisetzung von Melatonin wird durch zunehmende Dunkelheit stimuliert. Rezeptoren für Melatonin kommen in zahlreichen Hirnarealen vor. Bei Winterschläfern scheint Melatonin den Schlaf zu fördern und über Hemmung der Schilddrüsenfunktionen die Reproduktions- und Stoffwechselfunktionen zu reduzieren. Auch beim Menschen scheint Melatonin eine koordinierende Wirkung auf Schlaf, Stoffwechsel, Reproduktion und Immunsystem auszuübe (Yu, Tsin und Reiter,1993).

Im Tierexperiment verzögert chronischer Streß den nächtlichen Anstieg von Melatonin. Das Hormon kann ferner streßinduzierte Magengeschwüre und immunologische Veränderungen (Reduktion der Antikörperproduktion und T-Zellfunktion) präventieren. Andere Untersuchungen verweisen auf einen onkostatischen und lebensverlängernden Effekt von Melatonin. Auch beim Menschen wurden streßinduzierte Veränderungen von Melatonin unter physischer Belastung beobachtet. Während bei Patienten mit streßbezogener Infertilität, Anorexia nervosa und Bulimia nervosa erhöhte Melatoninspiegel gefunden wurden, zeigten sich bei Patienten mit prämenstruellem Syndrom, depressiven Störungen und Cluster-

kopfschmerzen erniedrigte Spiegel dieses Hormons. Da saisonal abhängige affektive Störungen lichtabhängig zu variieren scheinen, wurde Melatonin diesbezüglich besondere Aufmerksamkeit geschenkt, bislang allerdings ohne eindeutige Ergebnisse (Hellhammer & Pirke, im Druck).

Melatonin verstärkt, ähnlich wie Benzodiazepine, die Effekte von Gamma-Amino-Buttersäure. Entsprechend hat sich eine Kombination von Melatonin und Benzodiazepinen bei der Therapie von Einschlafstörungen bewährt, zumal eine deutliche Reduktion der Tranquilizer erreicht werden konnte. Melatonin wurden überdies bei Befindlichkeitsstörungen nach Transatlantikflügen (Jet-Lag) eingesetzt und bei bestimmten, im Tages-Wochen- und Jahresrhythmus variierenden Formen der Epilepsie untersucht. Dabei ergaben sich erste Hinweise auf positive Effekte einer Kombination von Lichttherapie und Melatonin (Hellhammer & Pirke, im Druck).

4. Das Immunsystem

Das Immunsystem erkennt und vernichtet körperfremde Partikel und pathogene Erreger und dient somit der Integrität des Organismus sowie dem Schutz vor Erkrankungen. Im Rahmen der Körperabwehr lassen sich unspezifische und spezifische Immunprozesse unterscheiden. So vernichten Immunzellen der unspezifischen Abwehr (z.B. Makrophagen) Pathogene durch Phagozytose und präsentieren antigene Fragmente auf ihrer Oberfläche (antigen processing), wobei letzteres die Aktivierung der spezifischen Immunabwehr einleitet. Träger des spezifischen Immunsystems sind Lymphozyten, die hochspezifisch ein Antigen erkennen und binden. Während B-Lymphozyten über die Produktion von spezifischen Antikörpern die Vernichtung eines Antigens einleiten, binden zytotoxische T-Zellen virusinfizierte und entartete Zellen und eliminieren diese über die Ausschüttung von toxischen Substanzen. T-Helferzellen hingegen können als Regulatoren der Immunabwehr betrachtet werden und stimulieren bzw. inhibieren durch die Ausschüttung von Zytokinen unterschiedliche Aspekte der spezifischen und unspezifischen Abwehr (Abbas, Lichtman & Pober, 1994).

Aufgrund von *in vitro*-Befunden sowie aufgrund der Beobachtung autoregulatorischer Immunprozesse galt das Immunsystem lange als autonom. Hierbei schien eine Regulation des Immunsystems durch andere Systeme des Organismus wie etwa dem zentralen Nervensystem (ZNS) oder dem endokrinen System (ES) als unwahrscheinlich, da eine physiologische Verbindung zwischen dem Gehirn und der jeweils aktivierten immunkompetenten Zelle nur schwer vorstellbar war. Befunde der Psychoneuroimmunologie deuten jedoch auf eine enge, funktionale Kommunikation zwischen dem ZNS und dem Immunsystem hin, wobei das ZNS einerseits Körperabwehrprozesse zu regulieren scheint, andererseits jedoch durch Botenstoffe des Immunsystems beeinflußt werden kann. Die letztgenannte Beobachtung könnte hierbei eine Modulation von Verhalten durch immunologische Prozesse implizieren (Ader, Felten & Cohen, 1991; Maier, Watkins & Fleshner, 1994).

4.1 Die Modulation des Immunsystems durch zentralnervöse Prozesse

Ein eindrucksvoller Hinweis einer Beeinflussung von Immunprozessen durch das ZNS stammt von Studien zur klassischen Konditionierung der Immunfunktion. So ließ sich unter Verwendung unterschiedlicher Lernparadigmen die klassisch konditionierte Modulation von humoralen Immunfunktionen wie etwa der Antikörperproduktion oder auch von zellulären Immunprozessen wie etwa der Lymphozytenproliferation oder der Aktivität der natürlichen Killer (NK)-Zellen zeigen. Neuere Befunde weisen hierbei auch auf eine erlernte Veränderung der menschlichen Immunreaktivität hin (Ader et al., 1991; Ader & Cohen, 1993; Buske-Kirschbaum et al., 1992, 1994).

Neben der klassischen Konditionierung von Immunfunktionen sprechen Befunde einer streßinduzierten Veränderung der Immunreaktivität für eine Regulation der Körperabwehr durch das ZNS. So ließ sich im Tiermodell durch Exposition unterschiedlicher Stressoren wie etwa Schock, Bewegungseinengung, Rotation oder auch unter Verwendung sozialer Stressoren wie etwa der Trennung vom Mutter-

tier oder der Konfrontation mit dominanten Artgenossen eine Suppression der Körperabwehr erzielen. Es ist jedoch festzuhalten, daß die nach Streßexposition beobachtete Veränderung der Immunfunktion von Frequenz und Dauer des Stressors, vom Zeitpunkt der Streßexposition sowie von der Art und Dosis des Antigens abhängig zu sein scheint. Diese Befunde deuten auf eine «kritische Phase» hin, in der immunologische Funktionen besonders sensitiv gegenüber Belastungsreizen sind (Ader & Cohen, 1993).

Vergleichbare Befunde einer veränderten Immunreaktivität nach Streß finden sich auch im Humanbereich. So wurde wiederholt von einem positiven Zusammenhang zwischen psychosozialer Belastung wie etwa Tod des Partners, Scheidung, Arbeitsplatzverlust oder Prüfungssituationen und einer reduzierten Reaktivität unterschiedlicher Immunparameter berichtet. Hierbei scheinen sowohl humorale Abwehrprozesse wie etwa der Antikörpertiter gegen latente Viren (Herpes simplex I, Ebstein-Barr-Virus) als auch zelluläre Immunfunktionen wie z. B. die Aktivität der NK-Zellen oder die Proliferation von Lymphozyten sensitiv auf psychosoziale Belastungen zu sein. Auch wenn in den letztgenannten Studien zur streßinduzierten Immunmodulation beim Menschen in erster Linie eine Suppression der Immunreaktiviät nach Streßexposition beobachtet wurde, so finden sich jedoch auch Berichte einer Aktivierung der Immunfunktion nach Belastung. Die zugrundeliegenden Mechanismen der bidirektionalen Reaktivität des Immunsystems nach Streß sind noch ungeklärt, jedoch scheinen Faktoren wie die Bewertung des Stressors, Copingstrategien oder die soziale Unterstützung der Betroffenen eine Rolle zu spielen (O,Leary, 1990; Kiecolt-Glaser & Glaser, 1991; Herbert & Cohen, 1993).

4.2 Die klinische Relevanz psychoneuroimmunologischer Zusammenhänge

Der Nachweis einer engen, bidirektionalen Kommunikation zwischen dem Immunsystem und dem ZNS ist von heuristischer, aber insbesondere auch von klinischer Relevanz. So deutet die Beobachtung einer Konditionierbarkeit des Immunsystems auf eine mögliche Beteiligung erlernter Immunreaktionen bei ausgewählten, immunbedingten Störungen hin. Diese Annahme wird durch klinische Beobachtungen wie etwa die Induktion allergischer Symptome durch die Wahrnehmung allergie-assoziierter Reize unterstützt. Mit diesem Hintergrund wären lerntheoretische Interventionen wie etwa eine Löschung der Assoziation oder eine latente Inhibition denkbar. Der Nachweis einer streßinduzierten Modulation krankheitsrelevanter Immunparameter könnte als ein psychobiologischer Erklärungsansatz für spezifische, streßbezogene Erkrankungen betrachtet werden und Beobachtungen eines positiven Zusammenhangs zwischen psychosozialer Belastung und dem Verlauf von Erkrankungen wie etwa Krebs, Rheumtoider Arthritis, Allergien, Infektionen u.a.m. erklären helfen (Dorian & Garfinkel, 1987; Cohen & Williamson, 1991). In diesem Zusammenhang wäre der Nachweis einer Reduktion der Symptomatik durch psychotherapeutische Maßnahmen wie etwa Streßmanagement oder Entspannung von klinischem Interesse.

Neben den o. a. Überlegungen stellt sich im Rahmen neuerer Befunde zunehmend die Frage, ob und welche klinische Bedeutung eine Beeinflussung zentralnervöser Prozesse durch das Immunsystem haben könnte. Auch wenn bislang wenig Befunde im Humanbereich vorliegen, so sprechen doch tierexperimentelle Daten für spezifische Veränderungen des Verhaltens nach Stimulation des Immunsystems, die sich durch Antriebslosigkeit, Apathie oder Verlust der Lernfähigkeit charakterisieren lassen. Im Rahmen dieser Studien ließ sich weiterhin zeigen, daß die beobachteten Verhaltensänderungen auf Zytokine zurückgeführt werden können, die im Verlauf der Immunreaktion sezerniert werden (Dantzer, Bluthe, Kent & Godall, 1993). Neuere Befunde einer erhöhten Immunreaktivität bei psychiatrischen Erkrankungen wie etwa der depressiven Störung könnten die Vermutung nahelegen, daß «immuno-neurologische» Prozesse bei der Pathogenese psychiatrischer Symptome beteiligt sein könnten (Maes, Smith & Scharpe, 1995). Auch wenn die Beobachtung charakteristischer Symptome einer depressiven Störung im Rahmen von Zytokintherapien diese Hypothese stützen würde, so ist doch in zukünftiger Forschung der Zusammenhang zwischen Immunfunktion, Zytokinen und psychischen Veränderungen zu klären. Der gegenwärtige Forschungsstand erlaubt noch keine Hypothesen zur konkreten Bedeutung immunologischer Determinanten psychischer Störungen. Es ist aber absehbar, daß sich schon in naher Zukunft entsprechende Kenntnisse ergeben werden.

5. Ausblick

In den vergangenen Jahren hat sich innerhalb der Psychologie ein zunehmendes Interesse an biochemischer Forschung gezeigt. Besonders in den USA sehen wir ein großes Engagement der Psychologie in den Neurowissenschaften. Da beide Disziplinen letztendlich den gleichen Forschungsgegenstand haben und nur voneinander profitieren können, ist eine zunehmende Verschwisterung, vielleicht auch Verschmelzung beider Fächer langfristig nicht unwahrscheinlich. Die rasche Verbesserung von Meßmethoden wird diesen Trend erleichtern. Neue, nicht-invasive molekularbiologische Analysemethoden, nicht-invasive bildgebende Verfahren und nicht-invasive Möglichkeiten, Hormone in Urin und Speichel zu messen, machen interdisziplinäre Forschung zunehmend einfacher.

Während man in der bisherigen Forschungstradition eher versuchte, psychologische Konzepte psychischer Störungen mit neurobiologischen Ergebnissen zu stützen, scheint sich nun eine neue Entwicklung zu ergeben. So scheint ein besondere Beitrag der Neurobiologie darin zu liegen, biologische Eigengesetzmäßigkeiten zu erkennen, welchen dann Verhaltensbedeutsamkeit zugeschrieben wird. Die oben beschriebenen Kenntnisse zu CRF und Oxytozin verdeutlichen bereits, daß das Zentrale Nervensystem bestimmte biochemische Stoffe nutzt, um äußerst komplexe Verhaltensweisen zu koordinieren. Auf dieses Wissen kann und darf die Psychologie nicht mehr verzichten. Weiterhin lernen wir derzeit, daß der Organismus gerade unter Anforderungsbedingungen zahlreiche protektive und regenerative Substanzen aktiviert, welche bedeutsame Schutz- und Erholungsfunktionen vermitteln. Es ist absehbar, daß wir einerseits lernen werden, die individuelle Mobilisierbarkeit dieser Substanzen zu messen und in die klinische Diagnostik einzubeziehen. Andererseits können wir prüfen, wie sich diese Stoffe mittels psychologischer Verfahren aktivieren lassen, um die Effizienz psychotherapeutischer Verfahren zu verbessern.

6. Literatur

Abbas, A. K. Lichtman, A. H. & Pober, J. S. (1994). *Cellular and molecular immunology.* Philadelphia: Saunders, W. B.

Ader, R. & Cohen, N. (1991). The influence of conditioning on immune responses. In R. Ader, D. L. Felten & N. Cohen (Eds.), *Psychoneuroimmunology* (pp. 611–646). San Diego: Academic Press.

Ader, R. & Cohen, N. (1993). Psychoneuroimmunology: Conditioning and stress. *Annual Reviews of Psychology, 44,* 1–5.

Ader, R., Felten, D. L. & Cohen, N. (1991). *Psychoneuroimmunologie.* San Diego: Academic Press.

Azmitia, C. E. & Whitaker-Azmitia, M. P. (1995). Anatomy, cell biology, and plasticity of the serotonergic system: Neuropsychopharmacological implications for the actions of psychotrophic drugs. In E.F. Bloom & J.D. Kupfer (Eds.), *Psychopharmacology: The Fourth Generation of Progress* (pp. 443–449). New York: Raven Press.

Ballenger, C. J. (1995). Benzodiazepines. In F. A. Schatzberg & B. C. Nemeroff (Eds.), *Textbook of Psychopharmacology* (pp. 215–230). Washington: American Psychiatric Press.

Bannon, J. M., Granneman, G. J. & Kapatos, G. (1995). The dopamine transporter. Potential involvement in neuropsychiatric disorders. In E. F. Bloom & J. D. Kupfer (Eds.), *Psychopharmacology: The Fourth Generation of Progress* (pp. 179–188). New York: Raven Press.

Barker, L. E. & Blakely, D. R. (1995). Norepinephrine and serotonin transporters molecular targets of antidepressant drugs. In E. F. Bloom & J. D. Kupfer (Eds.), *Psychopharmacology: The Fourth Generation of Progress* (pp. 321–333). New York: Raven Press.

Bloom, E. F. & Kupfer, J. D. (1995). *Psychopharmacology: The Fourth Generation of Progress.* New York: Raven Press.

Buske-Kirschbaum, A., Kirschbaum, C., Stierle, H., Lehnert, H. & Hellhammer, D. H. (1992). Conditioned increase of natural killer cell activity (NKCA) in humans. *Psychosomatic Medicine, 54,* 123–132.

Buske-Kirschbaum, A., Kirschbaum, C., Stierle, H., Jabaii, L. & Hellhammer, D. H. (1994). Conditioned manipulation of natural killer (NK) cells in humans using a discriminative learning protocol. *Biological Psychology, 38,* 143–155.

Charney, S. D., Bremner, J. D. & Redmond Jr., D. E. (1995). Noradrenergic neural substrates for anxiety and fear. In E. F. Bloom & J. D. Kupfer (Eds.), *Psychopharmacology: The Fourth Generation of Progress* (pp. 387–395). New York: Raven Press.

Civelli, O. (1995). Molecular biology of the dopamine receptor subtypes. In E. F. Bloom & J. D. Kupfer (Eds.), *Psychopharmacology: The Fourth Generation of Progress* (pp. 155–161). New York: Raven Press.

Cohen, S. & Williamson, C. (1991). Stress and infectious disease in humans. *Psychological Bulletin, 109,* 5–24.

Cotman, W. C., Kahle, S. J., Miller, E. S., Ulas, J. & Bridges, J. R. (1995). Excitatory amino acid neurotransmission. In E. F. Bloom & J. D. Kupfer (Eds.), *Psychopharmacology: The Fourth Generation of Progress* (pp. 75–85). New York: Raven Press.

Dantzer, R., Bluthe, R. L., Kent, S. & Godall, G. (1993). Behavioral effects of cytokines: An insight into mechanisms of sickness behavior. In E. B. DeSouza (Eds.), *Neurobiology of Cytokines* (pp. 130–151). San Diego: Academic Press.

Dorian, B. & Garfinkel, P. E. (1987). Stress, immunity and illness. *Psychological Medicine, 17,* 393–407.

Duman, S. R. & Nestler, J. E. (1995). Signal transduction pathways for catecholamine receptors. In E. F. Bloom & J. D. Kupfer (Eds.), *Psychopharmacology: The Fourth Generation of Progress* (pp. 303–320). New York: Raven Press.

Glennon, A. R. & Dukat, M. (1995). Serotonin receptor subtypes. In E. F. Bloom & J. D. Kupfer (Eds.), *Psychopharmacology: The Fourth Generation of Progress* (pp. 415–429). New York: Raven Press.

Häder, D.-P. & Häder, M. (1993). *Moderne Labortechniken,* Stuttgart: Thieme.

Hellhammer, D. H. (1983). *Gehirn und Verhalten. Eine anwendungsorientierte Einführung in die Psychobiologie.* Münster: Aschendorff.

Hellhammer, D. H. & Ehlert, U. (1991). Psychoneurobiologie der Angst. In D. H. Hellhammer & U. Ehlert (Hrsg.), *Verhaltensmedizin – Ergebnisse und Anwendungen* (S. 85–96). Göttingen: Hogrefe.

Hellhammer, D. H., Ehlert, U. & Lehnert, H. (1992). *Verhaltensmedizinische Aspekte der Hypertonie.* Gräfeling: Soziomedico Verlag.

Hellhammer, D. H., Gutberlet, I., Kreutz, M, Traupe, H. & John, F. (1989). Psychobiologie der männlichen Sterilität. In R. Wahl & M. Hautzinger (Hrsg.), *Verhaltensmedizin: Konzepte, Anwendungsgebiete, Perspektiven* (S. 105–112). Köln: Deutscher Ärzteverlag.

Hellhammer, D. H. & Kirschbaum, C. (im Druck). Die Hypothalamus-Hypophysen-Nebennierenrinden-Achse. In D. H. Hellhammer & C. Kirschbaum (Hrsg.), *Enzyklopädie der Psychologie. Psychoendokrinologie und Psychoneuroimmunologie.* Göttingen: Hogrefe.

Hellhammer, D. H. & Pirke, K. M. (Im Druck). Neuroendokrinologische Grundlagen. In A. Ehlers & K. Hahlweg (Hrsg.), *Grundlagen der Klinischen Psychologie.* Göttingen: Hogrefe.

Hellhammer, D. H., Rea, M. A., Bell, M. & Belkien, L. (1984). Leraned helplessness. Effects on brain monoamines and the pituitary gonadal axis. *Pharmacology, Biochemistry, and Behavior, 21,* 481–485

Heninger, R. G. (1995). Indoleamines. The role of serotonin in clinical disorders. In E. F. Bloom & J. D. Kupfer (Eds.), *Psychopharmacology: The Fourth Generation of Progress* (pp. 471–482). New York: Raven Press.

Herbert, T. B. & Cohen, S. (1993). Stress and immunity in humans: A meta-analytic review. *Psychosomatic Medicine, 55,* 364–379.

Holmes, V.P. & Crawley, N.J. (1995). Coexisting neurotransmitters in central noradrenergic neurons. In E.F. Bloom & J.D. Kupfer (Eds.), *Psychopharmacology: The Fourth Generation of Progress* (pp. 347–353). New York: Raven Press.

Kahn, S.R. & Davis, L.K. (1995). New developments in dopamine and schizophrenia. In E.F. Bloom & J.D. Kupfer (Eds.), *Psychopharmacology: The Fourth Generation of Progress* (pp. 1193–1203). New York: Raven Press.

Kelley, K.W. (1991). Growth hormone in immunobiology. In R. Ader, D.L. Felten & N. Cohen (Hrsg.), *Psychoneuroimmunology* (pp. 377–402), San Diego: Academic Press.

Kiecolt-Glaser, J.K. & Glaser, R. (1991). Stress and immune function in humans. In R. Ader, D.L. Felten, & N. Cohen (Eds.), *Psychoneuroimmunology* (pp. 849–867). San Diego: Academic Press.

Klein, J. (1991). *Immunologie.* Weinheim: VCH Verlagsgesellschaft.

Knable, B.M., Kleinman, E.J. & Weinberger, R.D. (1995). Neurobiology of schizophrenia. In F.A. Schatzberg & B.C. Nemeroff (Eds.), *Textbook of Psychopharmacology* (pp. 479–499). Washington: American Psychiatric Press.

Korczyn, D.A. (1995). Parkinson's disease. In E.F. Bloom & J.D. Kupfer (Eds.), *Psychopharmacology: The Fourth Generation of Progress* (pp. 1479–1484). New York: Raven Press.

Le Moal, M. (1995). Mesocorticolimbic dopaminergic neurons: Functional and regulatory roles. In E.F. Bloom & J.D. Kupfer (Eds.), *Psychopharmacology: The Fourth Generation of Progress* (pp. 283–294). New York: Raven Press.

Maes, M. & Meltzer, Y.H. (1995). The serotonin hypothesis of major depression. In E.F. Bloom & J.D. Kupfer (Eds.), *Psychopharmacology: The Fourth Generation of Progress* (pp. 933–944). New York: Raven Press.

Maes, M., Smith, R. & Scharpe, S. (1995). The monocyte-T-lymphocyte hypothesis of major depression. *Psychoneuroendocrinology, 20,* 111–116.

Maier, S.F., Watkins, R.R. & Fleshner, M. (1994). Psychoneuroimmunology. *American Psychologist, 49,* 1004–1017.

Marin, B.D., Davis, L.K. & Speranza, J.A. (1995). Cognitive enhancers. In F.A. Schatzberg & B.C. Nemeroff (Eds.), *Textbook of Psychopharmacology* (pp. 391–404). Washington: American Psychiatric Press.

Moore, E.K. & Lookingland, J.K. (1995). Dopaminergic neuronal systems in the hypothalamus. In E.F. Bloom & J.D. Kupfer (Eds.), *Psychopharmacology: The Fourth Generation of Progress* (pp. 245–256). New York: Raven Press.

Nathan, I.K., Musselman, L.D., Schatzberg, F.A. & Nemeroff, B.C. (1995). Biology of mood disorders. In F.A. Schatzberg & B.C. Nemeroff (Eds.), *Textbook of Psychopharmacology* (pp. 439–477). Washington: American Psychiatric Press.

Nemeroff, C.B. (1992). The presynaptic serotonin uptake site in depression. *Clinical Neuropharmacology, 15,* 347A–348 A.

North, W.G., Friedman, A.S. & Yu, X. (1993). Tumor biosynthesis of vasopressin and oxytocin. *Annals of the New York Academy of Sciences, 689,* 107–121.

O'Leary, A. (1990). Stress, emotion and immune function. *Psychological Bulletin, 108,* 363–382.

Pedersen, C.A., Caldwell, J.D., Peterson, G., Walker, C.H. & Mason, G.A. (1992). Oxytocin activation of maternal behavior in the rat. In C.A. Pedersen, J.D. Caldwell, G.F. Jirikowski & T.R. Insel (Eds.), *Oxytocin in Maternal, Sexual and Social Behavior.* Annals of the New York Academy of Sciences (pp. 58–69). New York: NYAA.

Plotsky, M.P., Owens, J.M. & Nemeroff, B.C. (1995). Neuropeptide alterations in mood disorders. In E.F. Bloom & J.D. Kupfer (Eds.), *Psychopharmacology: The Fourth Generation of Progress* (pp. 971–981). New York: Raven Press.

Robbins, W.T. & Everitt, J.B. (1995). Central norepinephrine neurons and behavior. In E.F. Bloom & J.D. Kupfer (Eds.), *Psychopharmacology: The Fourth Generation of Progress* (pp. 363–372). New York: Raven Press.

Schatzberg, F.A. & Nemeroff, B.C. (1995). *Textbook of psychopharmacology.* Washington, DC., London, England.: American Psychiatric Press.

Schatzberg, F.A. & Schildkraut, J.J. (1995). Recent studies on norepinephrine systems in mood disorders. In E.F. Bloom & J.D. Kupfer (Eds.), *Psychopharmacology: The Fourth Generation of Progress* (pp. 911–920). New York: Raven Press.

Shih, C.J., Chen, J.-S.K. & Gallaher, K.T. (1995). Molecular biology of serotonin receptors. A basis for understanding and addressing brain function. In E.F. Bloom & J.D. Kupfer (Eds.), *Psychopharmacology: The Fourth Generation of Progress* (pp. 407–414). New York: Raven Press.

Stryer, L. (1990). *Biochemie.* Heidelberg: Spektrum der Wissenschaft.

Touitou, Y. & Haus, E. (1992). *Biological rhythms in clinical and laboratory medicine.* Berlin: Springer

Valentino, J.R. & Aston-Jones, S.G. (1995). Physiological and anatomical determinants of locus coeruleus discharge. In E.F. Bloom & J.D. Kupfer (Eds.), *Psychopharmacology: The Fourth Generation of Progress* (pp. 373–385). New York: Raven Press.

Willner, P. (1995). Dopaminergic mechanisms in depression and mania. In E.F. Bloom & J.D. Kupfer (Eds.), *Psychopharmacology: The Fourth Generation of Progress* (pp. 921–931). New York: Raven Press.

Yu, H.S., Tsin, A.T. & Reiter, R.J. (1993). Melatonin: history, biosynthesis, and assay methodology. In H.S. Yu & R.J. Reiter (Eds.), *Melatonin, Biosynthesis, Physiological Facts and Clinical Applications* (pp. 1–16). Boca Raton: CRC Press.

12. Neurophysiologische Aspekte

Brigitte Rockstroh und Thomas Elbert

Inhaltsverzeichnis

1. Einführung

Die Erforschung der Seele beginnt mit der Erforschung des Gehirns. Diese bereits von Hippokrates vertretene Ansicht bedeutet natürlich nicht, daß damit der Erforschung der Seele vollständig genüge geleistet werden könnte. Sicher ist jedoch, daß jede Erkenntnis über Vorgänge im Gehirn und insbesondere in der Großhirnrinde beim Verständnis psychopathologischer Phänomene weiterhelfen kann. In den Vorgängen der Informationsverarbeitung im Gehirn könnte sogar der Schlüssel zum Verständnis psychischer Funktionen und seiner psychopathologischen Abweichungen liegen. Hirnorganische Störungen verändern Eigenschaften wie Bewußtsein, Wahrnehmung, Sprache, Gedächtnis und Denken oft auf dramatische Weise. Auch psychische Vorgänge wie Emotionen, Denkgewohnheiten, soziales Verhalten, hängen von intakten Hirnfunktionen ab. Veränderungen dieser Eigenschaften werden zunehmend aus dem neurowissenschaftlichen Wissen ungestörter psychischer Funktionen heraus erklärbar. Erschütterungen der Grundfesten unseres Menschenbildes bleiben dabei nicht aus.

Das folgende Kapitel beinhaltet eine Einführung in neurophysiologische Grundlagen der Entstehung meßbarer Gehirnaktivität, einen Überblick über Methoden zur Erfassung dieser Aktivitäten, sowie Ergebnisse und Modellüberlegungen zu neurophysiologischen Vorgängen, die als elementar für psychisches Geschehen diskutiert werden. Abschließend werden anhand von Beispielen aus der Klinischen Psychologie Aussagekraft und Grenzen solcher Maße und Verfahren für die Erforschung der Psychopathologie und der Ätiologie psychischer Störungen diskutiert.

2. Neurophysiologische Grundlagen der Entstehung meßbarer Gehirnaktiviät

Psychische Prozesse werden insbesondere den Funktionen der Großhirnrinde zugeschrieben. Die Informationsübertragung und -verarbeitung erfolgt beim Menschen in ca. 10^9 bis 10^{10} Neuronen. Daneben übernehmen ebenso viele Gliazellen Aufgaben der Versorgung und Stützung und halten das lokale biochemische Milieu aufrecht. Zu einer Zeit kann eine Nervenzelle Informationen von hundert bis tausend anderer Nervenzellen erhalten und sendet bei Aktivierung Informationen an fünf bis zehntausend weitere Zellen aus. Die Anzahl der Schaltstellen zwischen zwei Neuronen, Synapsen genannt, beträgt häufig 7000 bis 8000. Betrachtet man (Braitenberg & Schüz, 1991) quantitative Eigenschaften der Verschaltung, wie etwa die Zahl der Synapsen pro Neuron, die Zahl der Synapsen pro Axon (180/mm), die Axonlänge pro Neuron (4 cm) oder die Länge aller Axone innerhalb eines mm^3 (4,1 km) oder einfach nur die Verteilung der unterschiedlichen Zelltypen in verschiedenen Cortexarealen, so ergibt sich, daß sich die verschiedenen Areale nicht qualitativ hinsichtlich ihrer Architektur unterscheiden. Verteilung und Autokorrelation der Distanzen ergeben eher ein Bild, «als ob es Synapsen auf das Axon geregnet» hätte. Sieht man von makroskopischen Faserbündeln, die Fernverbindungen herstellen, einmal ab, so erscheint es, als ob die Herstellung von Verbindungen zwischen den Neuronen stochastischer Natur sei. Die Länge aller Dendriten pro Neuron läßt sich mit etwa 3 bis 5 mm abschätzen, entsprechend 400 m/(mm^3 Cortex). Demnach finden sich etwa 2 Synapsen auf einem µm eines Dendriten. Nach Anfärbung lassen sich zwei Arten von Synapsen elektronenmikroskopisch unterscheiden: Von Typ I wird angenommen, daß es sich um exzitatorische, von Typ II (höchstens 10% aller Synapsen) um inhibitorische Synapsen handelt. Dreiviertel aller Synapsen sitzen auf Spines (85% bei Typ I). Auch wenn in der Hirnrinde unterschiedliche Neuronentypen unterschieden werden können, so weist doch dieser «Mischwald» eine sehr ähnliche Zusammensetzung auf, so daß es naheliegt, sowohl ähnliche Schemata und Ge-

setzmäßigkeiten der Verarbeitung als auch eine ähnliche Generierung elektromagnetischer Phänomene in den verschiedenen Regionen der Hirnrinde anzunehmen.

Nervenzellen im Gehirn produzieren oft synchron gleichgerichtete elektrische Aktivität. (Für Grundlagenwissen der Impulsübertragung sei auf einschlägige Fachbücher zur Biologischen Psychologie, z.B. Schmidt & Thews, 1996, Birbaumer & Schmidt, 1996, verwiesen.) In ihrer Summe resultieren die auf Austritt und Wiederaufnahme von Ladungen in den Extrazellulärraum basierenden Stromflüsse in volumengeleiteten Potentialen, die an der Körperoberfläche abgegriffen werden können, z.B. im Elektrokardiogramm (EKG) oder im Elektroenzephalogramm (EEG). Der extrazelluläre Stromfluß wird über einen intrazellulären Stromfluß geschlossen, der im Dendriten von der Synapse weg (exzitatorisch) oder zu ihr hin (inhibitorisch) fließt. Jeder Stromfluß bzw. jede Wanderung elektrischer Ladungen ruft ein Magnetfeld hervor. Kommt ein Impuls an vielen exzitatorischen Synapsen im Bereich der apikalen Dendriten an, so kommt es zu einer elektrischen Negativierung in der Nähe der Cortexoberfläche, die über den Volumenstrom im EEG meßbar wird. Der intrazellulär ausgelöste Strom von den Dendriten zu den Somata produziert ein Magnetfeld, das mit entsprechend sensitiven Detektoren als MEG (Magnetoenzephalogramm) sichtbar gemacht werden kann.

Die sensorischen Eingangsfasern in den Cortex betragen beim Menschen ungefähr 1/1000 der Anzahl cortikaler Neurone. Die Mehrzahl der Neurone sind also Interneurone. Jedes sensorische Signal, das den Cortex erreicht, erfährt somit eine weite Verzweigung in viele Neurone, bevor es zu beobachtbarem motorischem Verhalten führt. Der funktionelle Status dieses Netzwerkes in einem bestimmten Moment bestimmt das Ergebnis viel mehr als der sensorische Eingang. Wir haben es also nicht mit einer Erregung elektronischer Natur wie im Computer zu tun, sondern könnten vielmehr von «Wolken» der Wechselwirkung sprechen, wobei eine Wolke durch die Verzweigung des Axons bzw. durch den Dendritenbaum definiert ist.

3. Methoden zur Erfassung von Gehirnprozessen

Das älteste und am häufigsten eingesetzte Verfahren zur Abbildung der Gehirnaktivität besteht in der Messung des vom Gehirn in Raum und Zeit erzeugten elektromagnetischen Feldes. Die elektrische und magnetische Aktivität des Gehirns läßt sich mit Elektroenzephalographie (EEG) und Magnetoenzephalogramms (MEG) erfassen. Hans Berger, der Entdecker des menschlichen *Elektroenzephalographie (EEG)* führte hierfür die Bezeichnung «Elektrenkephalogramm» ein. Lange Zeit bediente man sich der «Standardableitung» des EEGs von allen oder einer Auswahl aus den Meßpunkten, die Jasper 1958 im sog. «10–20–System» definierte (da die Elektroden auf 10 oder 20%-Werte von Strecken zwischen anatomischen Marken, z.B. zwischen der Nasenwurzel und dem Hinterhauptknochen gesetzt werden). Inzwischen setzt sich zunehmend die Erkenntnis durch, daß spezifischere Aussage über die corticale Repräsentation kognitiver und verhaltenssteuernder Prozesse nur aufgrund einer genaueren Lokalisation der Aktivität mittels möglichst vieler Meßfühler in Abhängigkeit spezifischer experimenteller Bedingungen gewonnen werden kann. Im EEG werden die elektrischen Spannungen, also die Potentialdifferenzen zwischen zwei Elektrodenorten erfaßt. Die Topographie der gemessenen Landschaft ist unabhängig davon, von welcher Referenz aus («Meeres- oder Seehöhe») sie bestimmt wurde. Aus dieser Potentiallandschaft läßt sich (durch die zweite Ableitung nach den Raumkoordinaten) berechnen, an welchen Stellen Ströme aus dem Schädel heraus- und hineinfließen. Die Analyse dieser Stromquellendichte (CSD, Current Source Density) gibt erste Hinweise auf darunterliegende aktive Areale. Die Abbildung der Potentialverteilung auf eine Schale innerhalb der Schädelkalotte bringt weitere Verbesserungen (Junghöfer, Elbert, Leiderer, Rockstroh & Berg, 1996). Hat man dagegen das EEG nur von wenigen Punkten (Elektroden) auf der Schädeloberfläche abgegriffenn, so läßt sich wenig über die Quellorte der elektrischen Aktivität aussagen. (Eine detailliertere Darstellung physikalischer Prinzipien der EEG-Aufzeichnung und Analyse sowie möglicher

Artefaktquellen und deren Kontrolle findet sich z.B. bei Rockstroh, Elbert, Canavan, Lutzenberger, & Birbaumer, 1989; für eine Darstellung der verschiedenen Frequenzbänder im EEG sei auf Birbaumer & Schmidt, 1996 verwiesen.)

Einen wichtigen Beitrag zur Aufklärung psychischer Prozesse erhofft man sich von der Ableitung *ereigniskorrelierter Potentiale (EKP)*. Dabei handelt es sich um Potentialschwankungen, die systematisch und reliabel vor, während oder nach einem (internen oder externen) Reiz oder einer motorischen oder kognitiven Reaktion auftreten (Elbert, 1992). Da EKP in ihren Amplituden (1 bis 30 µV) meist kleiner sind als Amplituden des Spontan-EEGs (bis zu 30 bis 50 µV), sind sie im Einzeldurchgang vom Spontan-EEG überlagert und daher kaum erkennbar. Aufgrund ihrer intraindividuellen Zuverlässigkeit treten diese Reizantworten bei wiederholter Auslösung jedoch zunehmend deutlicher hervor, während sich die zufälligen Schwankungen des Spontan-EEGs bei Überlagerung gegenseitig abschwächen bzw. aufheben. Die über Mittelungstechniken extrahierten EKP werden anhand ihrer Parameter Latenz zum auslösenden Reiz und Polarität («N» für negative Halbwelle, «P» für positive Halbwelle) als Komponenten definiert; charakteristische Amplitudenmaxima über bestimmten Hirnregionen definieren darüberhinaus einzelne Komponenten.

Magnetoenzephalographie (MEG). Im Jahre 1964 konstruierten Lambe und Mitarbeiter den ersten SQUID (Superconducting QUantum Interference Device), der auf der quantenmechanischen Interruption eines Stromflusses durch äußere Magnetfelder (Josephson-Effekt) beruht und der es ermöglichte, so extrem schwache Signale wie die biomagnetische Gehirnaktivität zu messen. Die Amplitude des MEGs liegt mit etwa 1 pT (10^{-12} Tesla) fast acht Größenordnungen unter der des Erdmagnetfeldes (70 µT), die durch sensorische Reize evozierten kortikalen Magnetfelder mit einigen 100 fT (10^{-13} Tesla) um eine weitere Größenordnung niedriger. Die MEG-Messung erfolgt nicht-invasiv und berührungsfrei. Die Meßtechnik erfordert jedoch hohe apparative Voraussetzungen, um die extrem schwachen Magnetfelder messen zu können (für Details siehe Hoke, 1988; Hari & Lounasmaa, 1989). In Anbetracht dieser methodischen Anforderungen käme der MEG wissenschaftlich und klinisch keine so hohe Bedeutung zu, besäße sie nicht wesentliche Vorteile gegenüber der Messung bioelektrischer Potentiale. Der wohl entscheidende Vorteil ist, daß die senkrecht zur Körperoberfläche stehende magnetische Feldkomponente im wesentlichen nur von den intrazellulären Strömen hervorgerufen wird, während die elektrische Potentialverteilung auf der Körperoberfläche von den Volumenströmen hervorgebracht wird und auch noch weit entfernt von der Quelle meßbar ist. Das bedeutet, daß die von einer bestimmten Quelle an der Körperoberfläche hervorgerufene magnetische Feldverteilung wesentlich weniger von Beiträgen entfernter liegender Quellen überlagert wird als dies bei der Verteilung des elektrischen Potentials der Fall ist. Hinzu kommt, daß das Körpergewebe quasi transparent für biomagnetische Felder ist, d. h. von ihnen unverzerrt durchdrungen wird. Die Volumenströme werden dagegen bei ihrer Ausbreitung im Körpergewebe erheblich verzerrt, weil manche Körpergewebe – z.B. das Muskelgewebe – stark anisotrop sind und verschiedene Gewebe eine unterschiedliche Leitfähigkeit besitzen. Daraus folgt, daß man mit biomagnetischen Messungen unter bestimmten Voraussetzungen den Ursprung der zugrundeliegenden biologischen Aktivität mit einer besseren räumlichen Auflösung (bis zu wenigen mm) bestimmen kann, als dies mit Messungen elektrischer Potentiale möglich ist. Dies trifft insbesondere für fokale Quellen zu, wie sie in den sensorischen Repräsentationsarealen der Großhirnrinde durch Sinnesreize verschiedener Modalitäten hervorgerufen werden. Die Genauigkeit der Lokalisierung des «äquivalenten Stromdipols» liegt hier bei etwa 2 bis 3 mm und ist damit wesentlich größer als diejenige bildgebender Verfahren wie PET oder SPECT.

Gegenüber EEG und MEG spricht man bei Verfahren, mit denen Gehirnstrukturen oder -funktionen anhand von Schnittbildern dargestellt werden können, von *bildgebenden* Verfahren. Die Entdeckung der Röntgenstrahlung im Jahre 1895 gestattete erstmals, Strukturen im Inneren des menschlichen Körpers «nicht-invasiv» – also ohne ihn öffnen zu müssen – abzubilden. Die Röntgendiagnostik macht sowohl Knochenstrukturen als auch – über die Injektion entsprechender Kontrastmittel – Adern und Flüssigkeitsleiter im Körper der Untersuchung zugänglich. Mithilfe entsprechender Rechner kann man aus einzelnen Schatten, die ein Objekt in verschiedene Raumrichtungen wirft, Schnittbilder durch dieses Objekt oder durch ein Organ oder dessen dreidimensionale Gestalt rekonstruieren. Verfahren der rechnergestützten Tomographie wurden nicht nur für Röntgenbilder – Röntgen-*Computertomographie CT* – sondern auch für radioaktive Verfahren – *Positronenemissionstomographie PET, Single Photon Emission Computertomographie SPECT* – und für bildgebende Techniken entwickelt, die auf der elektromagnetischen Resonanz der mittels magnetischer Wechselfelder angeregten Wasserstoffkerne basieren *(Magnetresonanztomographie MRT)*. Man kann diese sogenannten «bildgebenden» Verfahren unterteilen in Verfahren, die Abbilder von Gehirn*strukturen* (CT, MRT), und Verfahren, die *funktionelle* Informationen über metabolische Prozesse und deren zeitliche Entwicklung liefern (funktionelle Magnetresonanztomographie fMRT, fMRS; PET, SPECT). Es handelt sich dabei in der Regel um Schnittbilder funktioneller Aktivierung wie Blutflußänderungen oder Parameter, die im Gehirn durch veränderten Metabolismus lokal hervorgerufen werden können. Alle diese Verfahren haben Nachteile. So können etwa anhand der Abbilder nur Veränderungen im Blutfluß oder im Hirnstoffwechsel vor und nach einem Reiz interpretiert werden, da die direkten Bilder stark durch strukturelle Eigenschaften überlagert werden. Die Aussagekraft wird weiter dadurch eingeschränkt, daß der regionale Blutfluß nur ein indirektes Maß neuronaler Aktivität darstellt und nicht jede neuronale Aktivität bereits Veränderungen im Blutfluß hervorruft. Ein weiterer Nachteil besteht darin, daß die Aufnahmezeit für ein Bild bei PET und SPECT mit über 40 Sekunden vergleichsweise lang ist, so daß schneller ablaufende cortikale Aktivitäten, wie etwa bei kognitiven Prozessen, nicht angemessen zeitlich aufgelöst werden können. Entsprechend müssen experimentelle Bedingungen entweder wiederholt oder über ein entsprechend langes Zeitintervall hinweg konstant dargeboten werden können. Beim fMRT können die Schnitte für ein umschriebens Gehirngebiet zwar mit einer Frequenz von unter 100 ms abgetastet werden; der Blutfluß verändert sich jedoch wesentlich langsamer (im Sekundenbereich), was wiederum die Möglichkeit erschwert, Bild und kognitive/cortikale Aktivität in Beziehung zu setzen. Beim fMRT führen die gepulsten Magnetfelder zu lautem Knattergeräusch, das zusätzliche Verarbeitung akustischer Information stört. Außerdem erfordern diese Verfahren während der gesamten Untersuchungszeit eine unbewegliche (liegende) Position in einer Röhre. Schließlich sind PET und SPECT insofern invasive Verfahren, als radioaktive Stoffe mit entsprechender Strahlenbelastung in den Körper gebracht werden. Beim MRT und insbesondere beim fMRT mit seinen häufig stärkeren Magnetfeldern wird Energie ins Gehirn geleitet. Allerdings bieten diese Verfahren einen immer noch minimal invasiven Einblick in anderweitig unzugängliches physiologisches Geschehen im Gehirn.

Zusammenfassend sind wesentliche Vorteile von EEG und MEG für die Anwendung in klinischer Grundlagenforschung und Anwendung ihre hohe zeitliche Auflösung und ihre risikolose Anwendung. Vor allem bei komplizierteren bzw. unbekannten Quellstrukturen kann die über magnetische Quellenlokalisation ermittelte räumliche Verteilung durch entsprechende PET oder fMRT-Untersuchungen validiert werden.

4. Neurophysiologische Grundlagen psychischer Funktionen

Die im vorangegangenen Abschnitt beschriebenen neurophysiologischen Verfahren können zur Beschreibung der physiologischen Grundlagen psychischer Prozesse und Konzepte herangezogen werden. Dabei ist es allerdings praktisch ausgeschlossen, daß sich physiologische und die psychologische Beschreibungsebenen direkt überlagert abbilden lassen, so daß psychologisch faßbare Konstrukte wie Orientierung, Aufmerksamkeit oder Kurzzeitgedächtnis einem elementaren physiologischen Konzept zugeordnet werden können. Versuche, einzelne Neurotransmitter, Hirnstruktur oder EKP-Komponenten einem psychologischen Konstrukt wie Aufmerksamkeit oder einer Emotion wie Angst und damit verknüpften Störungen zuzuordnen, resultierten aus der

Vorstellung, zwei qualitativ unterschiedliche Ebenen in eine Beschreibung integrieren zu können. Erst die gesetzmäßige Beschreibung und Modellierung der Gehirnfunktionen kann uns hoffen lassen, Verknüpfungsregeln physiologischer Variablen ableiten zu können, deren Produkte dann psychologischen Variablen entsprechen könnten. Solche Regeln und Modelle liegen in den seltensten Fällen vor, da wir erst am Beginn der Entwicklung einer Gehirntheorie stehen. Wir können aber bereits jetzt physiologische Variablen spezifizieren, die mit bestimmten psychologisch faßbaren Vorgängen in Verbindung stehen. Dies sei im folgenden beispielhaft dargelegt.

4.1 Aufmerksamkeit, Orientierung und Habituation

Wie selegiert der Mensch aus dem permanenten ihn umgebenden Reizstrom (verhaltens-)relevante Reize? Eines der häufig diskutierten Konzepte in Antwort auf diese Frage betrifft «automatische» und «kontrollierte» Informationsverarbeitung und Aufmerksamkeit. Bereits William James schrieb 1890 über selektive Aufmerksamkeit: «Millions of items ... are presented to my senses which never properly enter my experience. Why? Because they have no interest for me ... Everyone knows what attention is. It is taking possession by the mind, in clear and vivid form, of one out of what seem several simultaneously possible objects or trains of thought. Focalization, concentration of consciousness are of its essence. It implies withdrawal from some things in order to deal effectively with others.» Aufmerksamkeitszuwendung und Reaktionsvorbereitung werden als Resultat modalitätsspezifischer Vergleichsprozesse zwischen wahrgenommenen Reizmustern und im Gedächtnis gespeicherten Spuren oder Modellen beschrieben. Ist das Ergebnis dieses Vergleichsprozesses eine Abweichung zwischen Gedächtnisspur und Reizmuster («mismatch»), resultiert eine Orientierungsreaktion (OR), während wiederholte Übereinstimmung («match») zur Verringerung der Orientierungsreaktion, zu Habituation führt (Sokolov, 1975). Neuroanatomische und neurophysiologische Grundlagen dieser Aspekte früher, automatischer Aufmerksamkeitsprozesse wurden z. B. über ereigniskorrelierte Potentiale untersucht; hierbei erwiesen sich das Vertexpotential als ein Indikator der OR, die «mismatch negativity» (MMN) als Indikator des automatischen Erkennens von Abweichungen in einem akustischen Reizstrom (Näätänen, 1992). MEG und EEG Studien ergaben Hinweise auf die Lokalisierung von Generatorstrukturen dieser Komponenten. So überlagern sich bei der akustisch evozierten N1 Quellen aus beiden auditorischen Cortices mit eher weitverteilten Aktivierungen im Frontallappen. Auch bei der MMN lassen sich (mindestens) zwei Komponenten differenzieren, von denen eine reizspezifische im sekundären auditorischen Cortex und eine zweite Komponente frontal generiert wird.

Veränderte hirnelektrische Korrelate von Aufmerksamkeitsprozessen könnten Aufschluß über Veränderungen solcher Funktionen der Informationverarbeitung und deren neurophysiologischen Grundlagen bei psychischen und neurologischen Störungen geben. Aus klinisch-psychologischer Perspektive dienen Vertexpotential oder MMN der Diagnostik und Aufklärung cortikaler Grundlagen psychopathologischer Phänomene. Eine veränderte MMN bei Hörstörungen und Aphasien wird als Hinweis auf defiziente Erkennung von Reizcharakteristika («feature-specific functions») im auditorischen Cortex gewertet. Bei schizophrenen Patienten werden häufig reduzierte Amplituden des Vertexpotentials, nicht jedoch der MMN berichtet; diese Ergebnisse werden zusammen mit Ergebnissen ebenfalls reduzierter Potentialkomponenten, die mit kontrollierter Verarbeitung assoziiert werden (P 300 und CNV) als Hinweis auf reduzierte kontrollierte bei gleichzeitig «übernormaler» (Callaway & Naghdi, 1982) automatischer Verarbeitung gedeutet (Cohen, 1991). Hierzu paßt der Befund einer bei schizophrenen Patienten ausgeprägteren P 200, die als positive Komponente des Vertexpotentials mit intensiver automatischer Informationsverarbeitung assoziiert wird (Cohen, 1991). Solche Veränderungen in elektrocortikalen Korrelaten von Aufmerksamkeitsprozessen könnten z. B. – wie MEG-Studien ergaben (Reite, 1990) – auf eine bei schizophrenen Patienten gegenüber gesunden Personen veränderte Asymmetrie der temporalen Cortices zurückzuführen sein, die tiefer gelegene Quellen und eine veränderte Ausrichtung cortikaler Dipole z. B. für die M 100 (dem magnetoenzephalographischen Äquivalent der N 100) bedingen. Auch Ergebnisse bildgebender Verfahren tragen zur Diskussion störungsspezifisch veränderter Aufmerksamkeit bei: Bei Angstpatienten etwa wurde erhöhte Durchblutung (rCBF, PET und SPECT) frontaler Areale, die unter Angstprovokation linksseitig frontal sogar noch ausgeprägter wurde, als Ausdruck (störungsbedingt) erhöhter Aufmerksamkeit für die Meßsituation und für die Angstprovokation gedeutet.

4.2 Wahrnehmung, Assoziationsbildung, Gedächtnis und kortikale Plastizität

Wie bereits oben erwähnt, bildet die Verstärkung von Synapsen eine Form des Langzeitgedächtnisses. Das Kurzzeitgedächtnis wird durch Verbände sich gegenseitig erregender Zellen realisiert, wobei unterschiedliche Rhythmizität in diesen Erregungsmustern die Trennung in die simultane Repräsentation verschiedener Objekte erlauben würde. Demnach könnten Ansätze einer solchen Theorie des Gehirns Grundelemente für Wahrnehmung, Gedächtnis und Lernen erklären. Die weitere Erforschung dieser neurophysiologischen Grundlagen von Wahrnehmung und Lernen dürfte die ätiologische oder psychopathologische Forschung in der Klinischen Psychologie beeinflussen: Assoziationsstörungen gelten seit den Anfängen psychopathologischer Deskription und (diagnostischer) Klassifikation als zentrales Phänomen schizophrener Störungen.

Lange Zeit war man der Meinung, daß die Verbindungen zwischen den Nervenzellen des Gehirns in der frühen Kindheit geformt werden und dann fest verdrahtet bleiben, mit Ausnahme derjenigen, die in Gedächtnis involviert wären. Im letzten Jahrzehnt haben nun Tierexperimente gezeigt, daß sich das Gehirn kontinuierlich selbst reorganisiert. Während der frühen Entwicklung formen sich Billionen von Verbindungen, von denen jedoch nicht alle aufrechterhalten bleiben. Welche Verbindungen fortbestehen, hängt von der Aktivität der daran beteiligten Nervenzellen ab. Bei Affen machte man nun die überraschende Entdeckung, daß Blockade der Nervenpulse, die von einem Finger aus ins Gehirn wandern, nicht zur Inaktivität der vom Ausfall betroffene Gehirnregion führte. Nach einiger Zeit reagierte diese Hirnregion vielmehr auf Impulse aus den benachbarten Fingern. Die Organisation des Gehirns hatte sich also entsprechend den Reizen aus der Körperperipherie verändert. Dies konnte bald auch für andere Körperregionen, aber in ähnlicher Weise auch für andere Sinne wie Sehen und Hören gezeigt werden. Demnach passen sich alle Hirnregionen kontinuierlich den sich verändernden Signalen aus der Umwelt an. Ein Verständnis dieser beständigen Reorganisation wäre für die Rehabilitation z.B. von Patienten nach Schädigung einer Gehirnregion durch Unfall oder Krankheit von großer Bedeutung. Obwohl keine neuen Nervenzellen nachwachsen, scheint die Ausbildung neuer Verbindungen möglich. Dies konnte mittels magnetoenzephalographischer (z.B. Elbert, Pantev, Wienbruch, Rockstroh, & Taub, 1995) und elektroenzephalographischer (z.B. Röder, 1995) Ableitungen auch beim Menschen nachgewiesen werden. Bei Musikern, die seit vielen Jahren regelmäßig ein Streichinstrument spielen, war dasjenige Gehirnareal vergrößert, das Signale aus den Fingern der linken Hand verarbeitet, der Hand also, die mit einer hohen Fingerfertigkeit die Saiten bedient. Die Effekte waren bei denjenigen Musikern, die mit dem Geigespiel bereits vor ihrem zwölften Lebensjahr begonnen hatten, doppelt so ausgeprägt wie bei Personen, die erst später mit regelmäßigem Spiel von Geige oder Cello begonnen hatten. Durch häufigeres späteres Üben konnte kein so ausgeprägter Effekt erzielt werden wie durch früheren Beginn des Spielens. Röder (1995) beobachtete unterschiedliche topographische Verteilungen späterer EKP auf taktile Stimulation zwischen Blindgeborenen, später erblindeten und sehenden Personen. Die Ausprägung über okzipitalen Arealen bei Blindgeborenen läßt darauf schließen, daß diese Areale nicht infolge der afferenten sensorischen Deprivation inaktiv wurden sondern andere Funktionen, etwa die Verarbeitung taktiler Reize übernahmen. Die alte Weisheit, wonach Hans nicht lernt, was Hänschen nicht gelernt hat, stimmt somit zwar teilweise, doch zeigt sich eben auch, daß

das Gehirn selbst im Alter noch viel plastischer ist, als dies die meisten von uns gemeinhin glauben.

4.3 Emotionale Erregung

Emotionen wie Euphorie, Trauer, Ärger und Freude sind uns gut bekannt. Aber obwohl – oder vielleicht gerade weil – Emotionen viele körperliche Vorgänge betreffen, scheint bisher keine wissenschaftlich präzise Definition dieses Begriffes verfügbar. Da wir Emotionen klar und bewußt wahrnehmen können, da an emotionalen Reaktionen immer auch kognitive Reaktionen beteiligt sind, geht man von einer Beteiligung des Cortex aus. Gleichzeitig werden Emotionen von autonomen, endokrinen und muskulären Reaktionen begleitet, die durch subkortikale Strukturen, insbesondere Amygdala, Hypothalamus und Hirnstamm moduliert werden. Das Wechselspiel zwischen diesen Zentren und dem limbischen und frontalen Cortex dürfte zu dem Phänomen der Emotionen führen. Diese Annahme wird durch das Studium von Patienten nach Stirnhirnläsionen bzw. frontaler Lobektomie unterstützt. So fühlen sich z.B. diese Patienten durch chronische Schmerzen weniger belästigt als Personen ohne Hirnläsionen. Demnach haben emotionale, also noxische wie angenehme Reize zwei Wirkungen: Zum einen bewirken sie, daß die Amygdala autonome und endokrine Reaktionen auslöst, die über den Hypothalamus das innere Milieu für entsprechend adaptives Verhalten gestalten, also z.B. die verschiedenen Komponenten einer Flucht/Furchtreaktion, Angriff oder sexuelle Aktivität etc. Diese Reaktionen erfordern keine bewußte Beteiligung und sind im wesentlichen angeboren. In der Wechselwirkung mit der Umwelt jedoch schaltet sich der Cortex modulierend und bewertend ein.

Hypothesen zu neurophysiologischen Grundlagen emotionaler Prozesse basieren zu einem großen Teil auf Ergebnissen veränderter emotionaler Reaktionen nach Dysfunktionen in den Hirnhemisphären. Berichte, daß Personen nach Läsionen in der rechten Hirnhemisphäre eher zu emotional indifferenten oder euphorisch disinhibierten Zustände neigen, während nach Insulten in der linken Hemisphäre oft depressive Zustände beobachtet werden, lassen sich jedoch nicht überzeugend bestätigen bzw. auf den Ort der Hirnläsion (und nicht auf transiente Zustände, Medikation o. ä.) zurückführen. Entsprechend erscheint der lange Zeit favorisierte Schluß auf eine linkshemisphärische Verankerung bzw. Steuerung positiver und rechtshemisphärischer Dominanz negativer Emotionen nicht haltbar. Die Prüfung neurophysiologischer Grundlagen emotionaler Reaktionen, z.B. mittels elektrischer Reizung während neurochirurgischer Eingriffe, ist nur begrenzt zu realisieren. In solchen Untersuchungen zeigten Patienten auf Reizung limbischer und temporaler Hirnareale deutliche Zeichen von Angst oder Traurigkeit (Penfield & Jasper, 1954). Diese Befunde finden Bestätigung in der Parallelität in der Symptomatik von Angstanfällen und Angstgefühlen im Zusammenhang mit Temporallappenepilepsien. Einen weiteren Zugang zu Grundlagen emotionaler Erregung bieten Untersuchungen zu Neurotransmittern: Über tierexperimentelle Studien zu intracranieller Selbstreizung einerseits und die zentralnervösen Wirkungen anxiolytischer oder antidepressiver Pharmaka oder psychotroper Rauschdrogen andererseits wurden Hypothesen zu dopaminerg und endorphinerg dominierten «Belohnungs-» und noradrenerg dominierten «Bestrafungssystemen» aufgestellt. Eine Lokalisation differenzierter emotionaler Reaktionen oder Zustände ließ sich bisher jedoch in elektrokortikalen Korrelation nicht überzeugend nachweisen; dies mag nicht zuletzt in der vorherrschend in subcortikalen Strukturen verankerten Steuerung emotionaler Prozesse liegen, die sich mit dem Oberflächen-EEG nicht erfassen lassen. Gegenüber Kontrollpersonen veränderte cortikale Indikatoren bei Personen mit Störungen des Erlebens (Angstsyndrome, depressive Störungen) lassen sich möglicherweise eher mit (durchaus emotional gefärbten oder störungsbedingt veränderten) Wahrnehmungs- und Aufmerksamkeitsprozessen in Verbindung bringen.

5. Anwendung neurophysiologischer Grundlagenkenntnisse und Maße in der Klinischen Psychologie

Mit zunehmendem Verständnis der Gehirnfunktionen werden neurophysiologische Grundlagen und Konzepte auch Eingang in klinisch-psychologisches Denken und ätiologische Modelle psychischer Störungen finden.

Im folgenden seien ausgewählte Beispiele vorgestellt (s. **Tab. 1**; für Detailwissen zu einzelnen Störungsbildern und ätiologischen Modellen sei auf andere Kapitel in diesem Lehrbuch oder andere einschlägige Lehrbücher der Klinischen Psychologie verwiesen, z.B. Davison & Neale, 1996; Reinecker, 1994).

5.1 Schizophrenien

Obwohl Ursachen und neuropathologische Korrelate schizophrener Psychosen fast ein Jahrhundert nach Kraepelins bahnbrechenden Berichten und Hypothesen nach wie vor unklar, vielfältig oder umstritten sind (Watzl & Rist, 1996), haben Erkenntnisse aus der neurophysiologischen und neuropsychologischen Hirnforschung im letzten Jahrzehnt zunehmend zu der Diskussion geführt, Schizophrenien als Ausdruck struktureller und funktioneller Veränderungen zu betrachten (z.B. Frith, 1993; Weinberger, 1995; Knable & Weinberger, 1995; Castle & Murray, 1991; Chua & McKenna, 1995). Mittels bildgebender Verfahren und postmortem Studien wurden wiederholt strukturelle Veränderungen (Erweiterungen der Ventrikel und Sulci) oder eine veränderte Orientierung hippocampaler Pyramidenzellen bei Personen mit einer schizophrenen Diagnose gegenüber gesunden oder psychiatrischen Kontrollpersonen nachgewiesen (Jones et al., 1994; Überblicke unter anderem bei Andreasen, 1990, oder Rockstroh et al., 1997), wobei allerdings nur eine Erweiterung der lateralen Ventrikel als zuverlässig bestätigt gilt. Da dieser Befund nur in ca. 1/3 der Patientenstichproben beobachtet wird, muß

Störung	Bildgebende Verfahren		EEG/MEG	an der Ätiologie der Störung beteiligte Transmitter/Rezeptorsysteme
	strukturell	funktionell		
Schizophrenien	Ventrikelerweiterung (Ä)	symptomspezifisch veränderte Asymmetrien (K, Ä?)	reduzierte Amplituden von Komponenten des ereigniskorrelierten Potentials (K), veränderte Hemisphärenasymmetrien (K, Ä?)	
Affektive Störungen	–	–	reduzierte EKP-Amplituden bei erhöhter peripherer Aktivierung (K)	endogene Formen: postsynaptische α2-Adrenorezeptor-Empfindlichkeit nicht-endogene Form: präsynaptisch Noradrenalin-Mangel
Phobien/Belastungsstörungen	–	reizabhängig erhöhte cerebrale Durchblutung (K)	erhöhte EKP-Amplituden auf phobischen Reiz erniedrigte EKP-Amplituden auf andere Reize im phobischen Zustand (Distraktion) (K)	Überempfindlichkeit des Locus coeruleus, GABA-Mangel
Zwangsstörungen	reduziertes Volumen von Basalganglien (Nc.) caudatus (Ä)	erhöhte Aktivierung motorischer Schaltkreise (K)	erhöhte EKP (Negativierung) (K)	Serotonin-Mangel
Demenzen	Hirnatrophie (Ä)	–	–	Acetylcholin-Mangel

Tabelle 1: Ergebnisse aus klinischen Studien mit neurophysiologischen Meßverfahren
(Ä) kennzeichnet eine ätiologische Interpretation des Befundes, (K) eine Interpretation als Kovariate des Zustandes

von einer starken Überlappung zwischen klinischen Stichproben und der Normalpopulation ausgegangen werden. Wiederholt wurde auch auf einen Zusammenhang struktureller und funktioneller Veränderungen (z.B. in den Temporallappen und in limbischen Strukturen) mit psychopathologischen Merkmalen wie z.B. vorherrschender Negativsymptomatik, geringerer prämorbider Anpassung, früherem Ausbruch der Psychose, ungünstigerer Prognose, schlechtem Ansprechen auf neuroleptische Medikation hingewiesen (Überblick z.B. bei Chua & McKenna, 1995; Andreasen, 1990; Crow, 1990; Castle & Murray, 1991).

Da diese strukturellen Veränderungen nicht über den Verlauf der Krankheit zunehmen und auch vor dem ersten Auftreten der Symptomatik beobachtet wurden, nimmt man von der These «neurodegenerativer» Prozesse Abstand (Frith, 1993; Knable & Weinberger, 1995). Die Bedeutung struktureller und funktioneller Veränderungen in der Ätiologie schizophrener Psychosen ist unklar.

Bei schizophrenen Patienten gegenüber gesunden Personen in charakteristischer Weise veränderte elektroenzephalographische und magnetoenzephalographische Befunde werden als Kovariate psychopathologischer Kennzeichen berücksichtigt, indem sie (etwa reduzierte Amplituden ereigniskorrelierter Potentiale) als Ausdruck einer Veränderung der «kognitiven» Korrelate dieser hirnelektrischen Kennwerte gedeutet werden. In der psychopathologischen Grundlagenforschung wurden aufgrund von EKP-, SPECT-, rCBF- und PET-Studien Hypothesen zu eingeschränkten Funktionen des Frontalcortex bei schizophrenen Patienten modifiziert: die Annahme globaler «Hypofrontalität» läßt sich nicht ausreichend bestätigen (Chua & McKenna, 1995), so daß eher gestörte Funktionskreise (Cleghorn & Albert, 1990; Buchsbaum, 1990; Weinberger, 1995; Lewis, 1995) angenommen werden, innerhalb derer frontocortikale Dysfunktionen nicht unabhängig von Dysfunktionen der Basalganglien und solchen im medialen Temporallappen gesehen werden dürfen. Studien zu regionaler Hirndurchblutung und Metabolismus deuten auf spezifische Muster über- und unteraktivierter Areale als Kovariate spezifischer schizophrener Symptomcluster hin (Liddle, 1995).

Analysen der topographischen Verteilung von EKP-Amplituden weisen auf eine bei schizophrenen Patienten gegenüber Kontrollpersonen veränderte Asymmetrie elektrocorticaler Kennwerte zwischen den Hirnhemisphären hin, wobei allerdings inkonsistente Befunde sowohl links- wie rechtshemisphärisch reduzierter elektrokortikaler Reaktionen bei schizophrenen Patienten die Interpretation erschweren (Überblick z.B. bei Taylor, 1987; Castle & Murray, 1991). Diskutiert wird hierbei auch, ob die «normale» strukturelle Asymmetrie zwischen linkem und rechtem Temporallappen (bei Rechtshändern ist der laterale Sulcus links weiter nach hinten ausgedehnt als rechts) bei schizophrenen Patienten möglicherweise reduziert ist und dadurch zu topographischen Asymmetrien im Oberflächen-EEG beiträgt. Magnetoenzephalographische Studien (Reite, 1990) dokumentieren bei schizophrenen Patienten veränderte Orientierungen der Dipole und geringer ausgeprägte Asymmetrie der M100 zwischen den Hemisphären, während sich aus Studien mit bildgebenden Verfahren ausgeprägtere Asymmetrien (größere Unterschiede zwischen linker und rechter Hemisphäre) temporaler Strukturen nur unsicher ableiten lassen. Auch bleibt der Zusammenhang zwischen strukturellen und funktionellen Asymmetrien, kompensatorischen Aktivitäten oder veränderten Regelkreisen, atypischen EKP-Mustern und psychopathologischen Phänomenen (wie Symptomatik oder neuropsychologischen Testleistungen) zu spezifizieren. Zusammen mit biochemischem Wissen um die Wirkungen antipsychotischer Medikamente, die primär die dopaminerge Transmission blockieren, haben diese Erkenntnisse jedoch auch die ätiologische Modellbildung beeinflußt. Zunächst wurden z.B. bei schizophrenen Patienten mit vorherrschender Negativsymptomatik und kognitiven Defiziten eher strukturelle Grundlagen, bei auf antipsychotische Medikation gut ansprechenden Patienten mit vorherrschender Positivsymptomatik eher biochemische Grundlagen diskutiert (Andreasen, 1990). Weinberger und Mitarbeiter (zusammenfassend Weinberger 1995; Knable & Weinberger, 1995) integrieren die Evidenz aus den verschiedenen neurophysiologischen und -psychologischen Forschungsbereichen zur Hypothese einer Entwicklungsstörung, die zu subtilen cytoarchitektonischen Veränderungen insbesondere in medial-temporalen Strukturen führt und im Verlauf der weiteren postnatalen Hirnentwicklung (evtl. noch beeinflußt durch Geburtskomplikationen oder geschlechtstypischen Entwicklungen, Castle & Murray, 1991) zur Ausprägung atypischer Regelprozesse zwischen subkortikalen und präfrontalen Strukturen oder – wie Weinberger annimmt – zu einer Trennung (cytoarchitektonischen Disorganisation) limbischer und frontocortikalen Strukturen führen kann. Demnach könnte ein früher pathologischer Prozeß erst durch die Reifung des Gehirns manifest werden. Die Wechselwirkung zwischen dieser cortikalen neuronalen Fehlentwicklung und normaler postnataler Entwicklung intrakortikaler neuronaler Systeme könnte als Grundlage der «Vulnerabilität» schizophrener Personen für psychopathologische Entwicklungen betrachtet werden (s. auch Crow, 1997). Die Heterogenität der Befunde und Modelle läßt nach wie vor keine eindeutige oder befriedigende Aussage zu neurophysiologischen Grundlagen schizophrener Störungen zu.

5.2 Affektive Störungen

Die ätiologische Theorienbildung zu Affektiven Störungen zeichnet sich vor allem durch eine Vielfalt aus, die auf Multikausalität oder diagnostische Heterogenität in dieser psychischen Störung hinweist. Neben der deutlichen genetischen Komponente bei uni- und bipolaren affektiven Störungen führten neuroendokrine Studien zu einer Spezifizierung der Katcholaminhypothese (Matussek, 1991, 1997): Während bei nicht endogenen Formen eine präsynaptische Transmitterstörung möglich erscheint, wird bei endogenen Formen als zustandsunabhängiges Merkmal eine geringere postsynaptische α2-Adrenorezeptor-Empfindlichkeit diskutiert. Darüberhinaus legen neuere Befunde nahe, die Beteiligung des Opioidsystems zu präzisieren. Störungen der circadianen Rhythmik bei Personen mit affektiven Störungen, etwa der Schlaf-Wach-Periodik mit Hyposomnie, Sleep-Onset-REM-Periods, frühmorgendlichem Erwachen, als auch circadiane Schwankungen der affektiven Symptomatik, weisen ebenfalls auf die neurophysiologischen Grundlagen der Störung hin. Chronobiolo-

gische Hypothesen affektiver Störungen im Sinne einer Phasen-Desynchronisation (Wever, 1984) bzw. eines schwachen Temperaturoszillators (Schulz & Lund, 1983), die auf eine Störung der biologischen Uhr hindeuten, haben sich aber nicht erhärten lassen. Beobachtungen peripher physiologischer Aktivierung und reduzierter Amplituden ereigniskorrelierter Potentiale bei Patienten mit affektiven Störungen wurden von Heimann (1979) als Indikatoren aktiver Inhibition von Außenreizen gedeutet, bedingt z. B. durch ein Überwiegen der Kopplung von Unlust auch mit positiven Reizen. Die relativ begrenzte Zahl elektroenzephalographischer und bildgebender Studien (Überblick Rockstroh, 1997) legt den Eindruck nahe, daß elektrokortikale Reaktionen vor allem Kovariate des depressiven Zustands charakterisieren und lassen kaum ätiologische Folgerungen zu neurophysiologischen Grundlagen der Störung oder charakteristischer Symptome zu. Außerdem wäre es bei «der engen Verknüpfung verschiedener neuronaler, hormonaler oder gar immunologischer Prozesse … beim gegenwärtigen Wissensstand verkehrt, die biologische Ursache eines depressiven Syndroms auf ein einzelnes neuronales System zurückzuführen» (Matussek, 1991, S.25).

5.3 Angststörungen

Spezifische Phobien und akute Belastungsstörungen (ohne unerwartete Angstattacken im Sinne einer Panikstörung) werden vermutlich entweder durch ein traumatisches Erlebnis erworben und dann weiter verstärkt oder bilden sich durch Konditionierung allmählich aus. Eine solche «Reorganisation» cortikaler Funktionen kann bei jeder Person auftreten, die den entsprechenden Bedingungen ausgesetzt wird. Vermutlich folgen solche Veränderungen in der Hirnorganisation den gleichen Gesetzmäßigkeiten, wie sie in Abschnitt 4 beschrieben wurden. Multiple Situationsphobien mit Angstattacken werden dagegen möglicherweise durch Stoffwechselerkrankungen und eine genetische Vulnerabilität begünstigt. Mehrere biologische Modelle wurden für die Entstehung der Angstattacken vorgeschlagen: Ein Modell macht das Arousal im Locus coeruleus (LC) verantwortlich, einem Nucleus im Hirnstamm, der mehr als die Hälfte aller noradrenerger Neurone enthält. Elektrische Stimulation des LC oder Aktivierung mit Yohimbin lösen Angstattacken und Furchtreaktionen aus. Umgekehrt lassen sich solche Reaktionen durch Läsion oder Ablation des LC blockieren. Das zweite Modell konzentriert sich auf den Neurotransmitter GABA und dessen Rezeptor: Sowohl aufgrund der angstlösenden Wirkung von Benzodiazepinen, die am GABA-Benzodiazepin-Rezeptor ihre Wirkung entfalten, als auch aufgrund des fließenden Übergangs zwischen angstlösenden und angsterzeugenden Eigenschaften von Präparaten, die den GABA$_A$-Benzodiazepin-Rezeptor-Komplex aktivieren (Delini-Stula, 1991), schließt man auf ein quantitatives und/oder qualitatives Defizit des inhibitorischen Transmitters GABA bei Angststörungen. Zustandsabhängig, z.B. bei Provokation phobischer Symptomatik, ergeben PET-Studien erhöhte Durchblutung in verschiedenen subkortikalen und kortikalen Regionen (Rauch et al., 1995). Neurophysiologische Kovariate von Angstsymptomen könnten demnach in erhöhter kortikaler und subkortikaler Aktivierung gesehen werden, ohne daß daraus auf eine ätiologische Bedeutung neurophysiologischer Mechanismen zu schließen wäre.

Die mangelhafte Bestätigung einer kausalen Beziehung von Angstreduktion und Zwangssymptomatik, der oftmals stereotype Charakter von Zwangshandlungen, der Erfolg des selektiven Serotonin-Wiederaufnahme-Hemmers Clomipramin (Anafranil) bei der Linderung stereotyper Zwangshandlungen und des entsprechenden Dranggefühls zu Zwangshandlungen, eine gewissen Ähnlichkeit von Zwangshandlungen und Tic-Störungen bezüglich stereotyper Bewegungsabläufe oder dem Auftreten zwangsartiger Handlungen bei bestimmten neurologischen Erkrankungen (Sydenham'sche Chorea) lenkten die Aufmerksamkeit in den letzten Jahren auf neurologische Grundlagen von *Zwangsstörungen.* Im Mittelpunkt ätiologischer Konzeptbildung und Forschung steht derzeit die Annahme einer Funktionsstörung in den Basalganglien (reduziertes Volumen des Nc Caudatus wurde mittels bildgebender Verfahren dokumentiert; Robinson et al., 1995) und mit ihnen verknüpften Schaltkreisen, die den Frontalcortex einschließen (Überblick bei

Stein, Hollander, & Cohen 1994). Es wird angenommen, daß diese Funktionsstörung mit einem Mangel an (inhibitorischem) Serotonin einhergeht, der zur Enthemmung motorischer Programme führt (Swedo & Rapoport, 1991). Diese Hypothese wurde zunächst durch bildgebende (Höhn-Saric & Benkelfat, 1994) und elektroenzephalographische Studien (Sartory & Master, 1984) gestützt, die auf Hyperaktivität in präfrontalen Arealen hinweisen. Allerdings erlauben die bisherigen, zum Teil inkonsistenten Befunde keinen Schluß, ob dieser Hyperaktivität primäre pathogenetische, also ätiologische Bedeutung beizumessen ist oder ob sie eine kompensatorische Reaktion auf eine Störung in anderen Hirnstrukturen darstellt, so daß Befunde bildgebender und elektroenzephalographsicher Studien eher Kovariate der Symptomatik darstellen (Höhn-Saric & Benkelfat, 1994).

5.4 Psychischer Störungen im Alter

Nachgewiesene morphologische und funktionsmindernde biochemische Veränderungen in Gehirnstrukturen mit zunehmendem Alter (Überblick z.B. bei Kandel, Schwartz, & Jessell, 1991) legen nahe, neurophysiologische Grundlagen für psychische Störungen anzunehmen, die in typischer Weise bei älteren Menschen auftreten.

Im Vordergrund alterstypischer psychischer Störungen stehen Symptome der Demenz. Neurophysiologische Grundlagen werden insbesondere für die *Demenz vom Alzheimer Typ* (DAT) diskutiert, bei der im Frühstadium Vergeßlichkeit, vorübergehende Verwirrung, Perioden der Ruhelosigkeit, Lethargie und Fehler der Urteilsbildung, in späteren Stadien vollständiger Gedächtnisverlust und Verlust der Kontrolle aller körperlichen Funktionen und geistigen Fähigkeiten dominieren (bei anderen Formen der Demenz werden die Symptome im Zusammenhang mit Depression, Multimorbidität, generellen hirnorganischen Veränderungen, Schlafstörungen, cerebrovaskulären Traumata etc. diskutiert). Neben Zeichen genereller Hirnatrophie infolge einer deutlichen Verminderung von Axonen und Dendriten und einer Erweiterung der Ventrikel fällt bei Patienten mit DAT eine deutliche Verminderung des

Neurotransmitters Acetylcholin (ACh) und dessen Enzyme Cholinacetyltransferase und Acetylcholinesterase, ebenso wie eine verminderte Aufnahme von Cholin und verminderte Synthese von ACh auf. Der Rückgang der Cholinacetyltransferase korreliert mit dem Ausmaß der kognitiven Störungen. Vor allem im Nc. Meynert im LC vermindert sich die Zahl cholinerger Neurone um 30 bis 90 Prozent. Daneben wurde bei Patienten mit DAT eine abnorme Anhäufung von Amyloid- (stärkehaltigem Eiweiß) Plaques, insbesondere in vielen Arealen der Großhirnrinde und im Hippocampus nachgewiesen, die weniger deutlich oder erst in späteren Stadien auch Cerebellum, Rückenmark und sensorische Cortexareale beeinträchtigen. Auch diese Amyloidanhäufung hat massive neuronale Degenerationen zur Folge. Die Schlußfolgerung liegt nahe, die Ursache für die Symptome des DAT in defizitären cholinergen Projektionen von subkortikalen zu neokortikalen Strukturen zu suchen. Die Amyloidanhäufung wird vermutlich genetisch hervorgerufen, wobei den auf Chromosom 21 kodierten Amyloid Precursor-Proteinen Bedeutung beigemessen wird.

6. Ausblick

Der Überblick über Befunde zu neurophysiologischen Grundlagen klinischer Störungen im vorangegangenen Abschnitt mag verdeutlicht haben, daß eine Bestimmung des ätiologischen Beitrags neurophysiologischer Prozesse bei den meisten Störungen bisher nicht befriedigend möglich ist. Dies mag zum einen darauf zurückzuführen sein, daß in der Konsequenz der Grundlagenforschung und Methodenentwicklung entsprechende klinische Forschung noch in den Anfängen steckt, zum anderen darauf, daß insbesondere bei funktionellen und elektro/magnetoenzephalographischen Auffälligkeiten, die Patienten im Zustand einer Erlebens- und Verhaltensstörung zeigen, meist kaum zu differenzieren ist, ob die jeweilige Auffälligkeit als Kovariate der Symptomatik oder als Ausdruck neurophysiologischer Prozesse von ätiologischer Valenz zu bewerten ist. Diese Lücke wird in Zukunft aufzufüllen sein.

Die Anwendung neurowissenschaftlicher Erkenntnisse zum besseren Verständnis und bei der Behandlung von Störungen des Fühlens, Denkens und Verhaltens wird auch als Neuropsychiatrie bezeichnet. Aus deren Perspektive werden klinisch-psychologische Störungen als Folge dysfunktionaler Hirnprozesse betrachtet. Wie eingangs erwähnt, könnte man die Doktrin der Körperflüssigkeiten von Hippokrates als ersten Versuch in diese Richtung deuten. Die jüngeren Forschungen zur Plastizität und zu funktioneller Reorganisation des Gehirns lassen jedoch nicht mehr zu, Kausalität nur in eine Richtung – nur von der physiologischen auf die psychologische Ebene – anzunehmen. Erfahrung, Übung, afferenter Reizeinstrom und Reafferenzen bestimmen die Organisation der Hirnrinde und letztlich vieler physiologischer Parameter in einem – in traditioneller Physiologie und Medizin – kaum für möglich gehaltenen Ausmaß. Ein einziges Erlebnis, das erinnert wird, führt zu einer Veränderung in der neuronalen Vernetzung und damit der «Hardware» des Gehirns. Ein einzelnes Erlebnis kann – wie etwa bei einer posttraumatischen Belastungsstörung – durch bisher noch wenig verstandene Prozesse bereits bis zu einer klinischen Störung führen. Inwieweit die vorgestellten nicht-invasiven Verfahren zur Aufdeckung von Hirnfunktionen die ätiologischen Modelle klinischer Störungen entscheidend beeinflussen können, ist schwer abzuschätzen, da auch sie nur ein makroskopisches Abbild sehr komplexer Vorgänge liefern können. In der Zukunft wird es darauf ankommen, die Kenntnis «psycho-physio» logischer Wechselwirkungen zum besseren Verständnis klinisch-psychologischer Störungen zu nutzen.

7. Literatur

Andreasen, N.C. (Ed.). (1990). *Schizophrenia: Positive and Negative Symptoms and Syndromes*. Basel: Karger.

Birbaumer, N. & Schmidt, R.F. (1996). *Biologische Psychologie* (3. Aufl.). Heidelberg:Springer.

Braitenberg, V. & Schüz, A. (1991). *Anatomy of the cortex*. Berlin: Springer.

Buchsbaum, M.S. (1990). The frontal lobes, basal ganglia, and temporal lobes as sites for schizophrenia. *Schizophrenia Bulletin, 16*, 379–389.

Callaway, E., & Naghdi, S. (1982). An information processing model for schizophrenia. *Archives of General Psychiatry, 39*, 339–347.

Castle, D.J. & Murray, R.M. (1991). The neurodevelopmental basis of sex differences in schizophrenia. *Psychological Medicine, 21,* 565–575.

Chua, S.E. & McKenna, P.J. (1995). Schizophrenia – A brain disease? A critical review of structural and functional cerebral abnormality in the disorder. *British Journal of Psychiatry, 166,* 563–582.

Cleghorn, J.M. & Albert, M.L. (1990). Modular disjunction in schizophrenia: A framework for a pathological psychophysiology. In A. Kales, C. Stefanis & J. Talbott (Eds.), *Recent Advances in Schizophrenia* (pp.59–80). Berlin: Springer.

Cohen, R. (1991). Event-related potentials and cognitive dysfunctions in schizophrenia. In H. Häfner & W.F. Gattaz (Eds.), *Search for the Causes of Schizophrenia* (Vol. II, pp. 342–360). Berlin: Springer.

Crow, T.J. (1990). Temporal lobe asymmetries as the key to the etiology of schizophrenia. *Schizophrenia Bulletin, 16,* 432–443.

Davison, G.C. & Neale, J.M. (1996). *Klinische Psychologie* (4. Aufl.). Weinheim: Beltz, Psychologie-Verlags-Union.

Delini-Stula, A. (1991). GABA und Angst. In H. Beckmann & M.Osterheider (Hrsg.), *Neurotransmitter und Psychische Erkrankungen* (S. 79–88). Heidelberg: Springer.

Elbert, T. (1992). A theoretical approach to the late components of the event-related brain potential. In A. Aertsen & V. Braitenberg (Eds.), *Information Processing in the Cortex* (pp. 225–245). Berlin: Springer.

Elbert, T., Pantev, C., Wienbruch, Ch., Rockstroh, B., & Taub, E. (1995). Increased use of the left hand in string players associated with increased cortical representation of the fingers. *Science, 270,* 305–307.

Frith, C.D. (1993). *The Cognitive Neuropsychology of Schizophrenie.* Hillsdale: Lawrence Erlbaum Ass.

Hari, R. & Lounasmaa, O.V. (1989). Recording and interpretation of cerebral magnetic fields. *Science, 244,* 432–436.

Heimann, H. (1979). Auf dem Wege zu einer einheitlichen psychophysiologischen Theorie depressiver Syndrome. *Praxis der Psychotherapie und Psychosomatik, 24,* 281–297.

Hoke, M. (1988). SQUID-Based measuring techniques – A challenge for the functional diagnostics in Medicine. In B. Kramer (Ed.), *The art of measurement* (pp. 287–335). Weinheim: VCH Verlagsanstalt.

Höhn-Saric, R. & Benkelfat, C. (1994). Structural and functional brain imaging in obsessive compulsive disorder. In E. Hollander, J. Zohar, D. Marazziti, & B. Olivier (Eds.), *Obsessive compulsive disorder* (pp. 183–211). New York: Wiley.

James, W. (1890). *The principles of psychology.* New York: Holt.

Jones, P.B., Harvey, I., Lewis, H.S., Toone, B.K., Van Os, J., Williams, M., & Murray, R.M. (1994). Cerebral ventrical dimensions as risk factors for schizophrenia and affective psychosis: An epidemiological approach to analysis. *Psychological Medicine, 24,* 995–1011.

Junghöfer, M., Elbert, T., Leiderer, P., Rockstroh, B. & Berg, P. (1997). Mapping EEG-potentials on the surface of the brain: A strategy for uncovering cortical sources. *Brain Topography, 9,* 203–217.

Kandel, E.R., Schwartz, J.H. & Jessell, T.M. (1991). *Principles of neural science* (3rd ed.). Norwalk: Appleton & Lange.

Knable, M. & Weinberger, D.R. (1995). Are mental diseases brain diseases? The contribution of neuropathology to understanding of schizophrenic psychoses. *European Archives of Clinical Neuroscience, 245,* 224–230.

Lewis, D.A. (1995). Neural circuitry of the prefrontal cortex in schizophrenia. *Archives of General Psychiatry, 52,* 269 273.

Liddle, P.F. (1995) Inner connections within domain of dementia praecox: Role of supervisory mental processes in schizophrenia. *European Archives of Clinical Neuroscience, 245,* 210–215.

Matussek, N. (1991). Katecholamin-Hypothese. In H. Beckmann & M.Osterheider (Hrsg.), *Neurotransmitter und Psychische Erkrankungen* (S. 21–28). Berlin: Springer.

Matussek, N. (1997). Geschichte und Geschichten der Neurotransmitterforschung bei Depressionen und antidepressiven Mechanismen. In B. Rockstroh, T. Elbert & H. Watzl (Hrsg.), *Impulse für die Klinische Psychologie* (S. 91–115). Göttingen: Hogrefe.

Näätänen, R. (1992). *Attention and brain function.* Hillsdale: Lawrence Erlbaum Ass.

Penfield, W. & Jasper, H.H. (1954). *Epilepsy and the functional anatomy of the human brain.* Boston: Little Brown.

Rauch, S.L., Savage, C.R., Alpert, N.M., Miguel, E.C., Baer, L., Breiter, H.C., Fischman, A.J., Manzo, P.A., Moretti, C., & Jenike, M.A. (1995). A positron emission tomographic study of simple phobic symptom provocation. *Archives of General Psychiatry, 52,* 20–29.

Reinecker, H. (Hrsg.). (1994). *Lehrbuch der Klinischen Psychologie (2.Aufl.).* Göttingen: Hogrefe.

Reite, M. (1990). Magnetoencephalography in the study of mental illness. In S. Sato (Ed.), *Magnetoencephalography* (pp. 207–222). New York: Raven Press.

Robinson, D., Wu, H., Munne, R.A., Ashtari, M., Alvir, J.M., Lerner, G., Koreen, A., Cole, K. & Bogerts, B. (1995). Reduced caudate nucleus volume in obsessive-compulsive disorder. *Archives of General Psychiatry, 52,* 393–399.

Rockstroh, B. (1997). Psychopathologie. In F. Rösler (Hrsg.), *Enzyklopädie der Gesamten Psychologie, Bd.2 Psychophysiologie* (Kap. 13, S. 619–680). Göttingen: Hogrefe.

Rockstroh, B., Elbert, T., Canavan, A.G.M., Lutzenberger, W., & Birbaumer, N. (1989). *Slow cortical potentials and behavior.* (2nd ed). München: Urban & Schwarzenberg.

Rockstroh, B., Elbert, T. & Berg, P. (1997). Die Untersuchung von Gehirnfunktionen in der experimentellen Psychopathologie am Beispiel der Schizophrenie. In B. Rockstroh, E. Elbert & H. Watzl (Hrsg.), *Impulse für die Klinische Psychologie* (S. 1–27). Göttingen: Hogrefe.

Röder, B. (1995). *Langsame Hirnrindenpotentiale als Indikatoren kortikaler Plastizität.* Dissertation, Universität Marburg.

Sartory, G. & Master, D. (1984). Contingent negative variation in obsessional-compulsive patients. *Biological Psychology, 18,* 253–267.

Schmidt, R.F. & Thews, G. (1996). (Hrsg.). *Physiologie des Menschen* (26. Aufl.) Berlin: Springer.

Schulz, H. & Lund, R. (1983). Sleep onset REM episodes are associated with circadian parameters of body temperature. A study of depressed patients and normal controls. *Biological Psychiatry, 18,* 1411–1426.

Sokolov, N. E. (1975). The neuronal mechanisms of the orienting reflex. In E. N. Sokolov & O.S. Vinogradowa (Eds.), *Neuronal mechanisms of the orienting reflex* (pp. 217–235). Hillsdale: Lawrence Erlbaum Ass.

Stein, D.J., Hollander, E., & Cohen, L. (1994). Neuropsychiatry of obsessive aompulsive disorder. In E. Hollander, J. Zohar, D. Marazziti, & B. Olivier (Eds.), *Obsessive compulsive disorder* (pp.167–182). New York: Wiley.

Swedo, S.W. & Rapoport, J.L. (1991). The neurobiology of obsessive-compulsive disorder. In M.J. Jenike & M. Asberg (Eds.), *Understanding obsessive-compulsive disorder (OCD)* (pp. 28–39). Göttingen: Hogrefe.

Taylor, P.J. (1987). Hemispheric lateralization and schizophrenia. In H. Helmchen & F. A. Henn (Eds.), *Biological perspectives of schizophrenia* (pp. 213–236). New York: Wiley.

Watzl, H. & Rist, F. (1996). Schizophrenie. In A. Ehlers & K. Hahlweg (Hrsg.), *Enzyklopädie der Gesamten Psychologie, Bd. 2 Klinische Psychologie* (S. 1–154). Göttingen: Hogrefe.

Weinberger, D. R. (1995) Schizophrenia as a neurodevelopmental disorder. In S.R. Hirsch & D.R. Weinberger (Eds.), *Schizophrenia* (pp. 293–323). London: Blackwood Press.

Wever, R. (1984). Circadian aspects of human sleep. In A. Borbely & J. Valatx (Eds.), *Sleep mechanisms* (pp. 258–271). Heidelberg: Springer.

13. Psychopysiologische Aspekte

Dieter Vaitl und Alfons Hamm

Inhaltsverzeichnis

1. Die Indikatorfunktion psychophysiologischer Meßgrößen

Das Grundanliegen der Psychophysiologie besteht in der systematischen Erfassung des Zusammenspiels von Erlebnis- und Verhaltensweisen mit physiologischen Prozessen. Mit Hilfe von kontrollierten Laborexperimenten und Felduntersuchungen wird untersucht, wie menschliches Erleben und Verhalten auf physiologische Reaktionen und Regulationsprozesse einwirkt, um daraus Gesetzmäßigkeiten der psycho-physischen Interaktion abzuleiten. Die Psychophysiologie, insbesondere die klinische Psychophysiologie, ist auf Methoden und Erkenntnisse aus benachbarten Disziplinen (Medizin, Neurowissenschaften, experimentelle Psychologie) angewiesen.

Psychophysiologische Meßgrößen werden in der Regel nicht-invasiv an der Körperoberfläche des Menschen erfaßt. Sie entstammen verschiedenen Funktionssystemen des Körpers (z.B. zentralnervöses, neuromuskuläres, kardiovas-

kuläres, elektrodermales, respiratorisches, gastrointestinales, endokrines System; Birbaumer & Schmidt, 1990). Aufgrund ihrer physikalischen Eigenschaften (z.B. Druck- und Volumenveränderung, elektrische Spannungs- und Widerstandsänderung) können sie mit Hilfe geeigneter Meßwertaufnehmer, Registrier- und Verstärkereinheiten in Biosignale verwandelt und einer Weiterverarbeitung (Parametrisierung) zugeführt werden. Einzelheiten hierzu finden sich in den entsprechenden Lehrbüchern (Schandry, 1989; Andreassi, 1995). Aus den Änderungen der Biosignal-Folge wird auf die zugrundeliegenden somatischen Vorgänge geschlossen. Dies setzt voraus, daß der Zusammenhang zwischen physiologischem Ursprungsort der Signale und ihrer Manifestation an der Körperoberfläche bekannt ist. Erst wenn diese *primäre* Indikatorfunktion feststeht, ist es sinnvoll, nach ihrer *sekundären* Indikatorfunktion, nämlich nach psychophysiologischen Kovariationen zu fragen. In **Tabelle 1** sind die in der Psychophysiologie gebräuchlichsten Meßgrößen samt Beispielen für psychische Prozesse, die mit ihnen verknüpft sind, dargestellt. Klinische

Störungsformen sollen darüber hinaus den Anwendungsbereich psychophysiologischer Methoden in Grundlagenforschung, Diagnostik und Therapie verdeutlichen.

2. Das Konzept der Aktivierung

Die Psychophysiologie zählt seit ihren Anfängen Aktivierungsprozesse zu einem ihrer zentralen Forschungsgebiete. Es handelt sich dabei um psychophysiologische Anregungsbedingungen, die zu kurzfristigen oder lang anhaltenden Funktionsveränderungen des autonomen und zentralen Nervensystems führen. Diese lassen sich mit Hilfe einzelner oder mehrerer Indikatorsysteme oder -variablen erfassen. Je nach Intensität, Dauer, Aversivität, Toxizität und Anzahl dieser Anregungsbedingungen (in der Alltagssprache «Belastung», «Beanspruchung» oder «Stressor» genannt) ergeben sich im schlimmsten Falle physiologische Funktions-

veränderungen, die pathologische Formen annehmen können.

Moderne Aktivierungstheorien gehen bei der Verwendung von Indikatorvariablen in der Regel von einem Mehrebenen-Ansatz aus. Dabei stellt sich die Frage, welche Reaktionen sich im Gesamt der aktivierten somatischen Prozesse als Leitvariablen eignen. Fahrenberg und seine Arbeitsgruppe haben diesem Thema zahlreiche Labor- und Feldstudien gewidmet (Übersicht bei Fahrenberg, Walschburger, Foerster, Myrtek & Müller, 1979). Es ergaben sich acht Leitvariablen, die für die Aktivierungsmessung geeignet erscheinen. Sie sind in **Tabelle 2** aufgeführt. Nicht berücksichtigt sind hier endokrine Aktivierungsindikatoren (vgl. hierzu Kap. 11/Biochemische Aspekte).

Bei Verwendung dieser Leitvariablen muß jedoch berücksichtigt werden, daß sie sich bei zunehmenden Anregungsbedingungen nicht in gleichem Maße verändern. Sie sprechen auf diese unterschiedlich sensibel an und besitzen außerdem systemspezifische Verlaufscharakte-

Tabelle 1: Wichtige Indikatoren in der Psychophysiologie

System	Registriermethode	Indikatorbereich	Relevanz für Störungen
Zentralnervöses	EEG	Vigilanz Informationsverarbeitung	Schizophrenie Schlafstörungen Depression
Neuromuskuläres	EMG Blinkreflex	Anspannung/Entspannung Körperliche Belastung Schreckreaktion	Spannungskopfschmerz Angststörungen Schizophrenie
Kardiovaskuläres	Herzrate (EKG)	Orientierungsreaktion Habituation Aktivierung	Angststörungen Somatoforme Störungen
	Blutdruck	Belastung/Beanspruchung	Hypertonie
	Vasomotorik	Orientierungsreaktion Habituation Aktivierung	Raynaud'sche Erkrankung Migräne
Respiratorisches	Atemfrequenz	Aktivierung	Asthma bronchiale
Elektrodermales	Hautleitfähigkeit	Orientierungsreaktion Habituation Aktivierung	Angststörungen Schizophrenie Depression

Weitere in der Psychophysiologie verwendete Meßgrößen: Augenbewegungen, Pupillenreaktion, Lidschlag, Körpertemperatur, Herzperiodenvariabilität, Pulswellengeschwindigkeit, Kardiodynamik, Magen-Darmaktivität, Durchblutung der Sexualorgane, usw.

Tabelle 2: Leitvariablen zur Aktivierungsmessung (nach Schandry, 1989)

(1) Subjektiv erlebte Anspannung	
(2) Herzrate	Mittelwert
(3) Pulsvolumen-Amplitude	Mittelwert
(4) Spontanfluktuationen der Hautleitfähigkeit	Anzahl/Minute
(5) EEG	Mittelwert der relativen Leistung im Alpha-Band (8-13-Hz)
(6) EMG (Stirnmuskel)	Mittelwert des integrierten EMG/Sekunde
(7) Lidschlag	Anzahl/Minute
(8) Atemform	Prozentuale Frequenzanteile in der Atemkurve außerhalb der Atemfrequenz

ristiken (sogenannte Kennlinien; Einzelheiten bei Schandry, 1989). So spiegeln sich bereits schwache Anregungsbedingungen (geringfügige Belastungen) in den elektrodermalen und vasomotorischen Reaktionen wider, während sich im Blutdruck und im Muskeltonus noch keine Veränderungen zeigen. Diese systemspezifischen Charakteristiken eines Reaktionsverlaufs können außerdem noch mit Komponenten individuum- und stimulusspezifischer Reaktionsmuster (ISR und SSR; s. u.) interagieren bzw. von diesen moduliert werden. Trägt man dieser psychophysiologischen Tatsache Rechung, kann es kein eindimensionales Aktivierungskonzept mehr geben. Aktivierung gliedert sich vielmehr auf in verschiedene Aktivierungskomponenten und -prozesse. Die einzige Möglichkeit, diese Variablenvielfalt methodisch zu beherrschen, besteht in einem multi-modalen und multi-methodalen Vorgehen (Einzelheiten bei Fahrenberg et al., 1979).

Aktivierungstheoretisch relevante Faktoren lassen sich bei der Entwicklung psychischer oder psychophysiologischer Störungen feststellen. Es sind dies unter ganz bestimmten Lebensbedingungen auftretende körperliche, emotionale und krankheitsbedingte Dauerbelastungen, die zu ernsthaften psychophysiologischen Störungen und Erkrankungen führen. Am intensivsten wurden diese Einflüsse im Bereich der kardiovaskulären Prozesse untersucht, z. B. im Zusammenhang mit der Entste-

hung von Bluthochdruck und koronaren Herzerkrankungen (KHK). So finden sich erhöhte Blutdruckwerte in Populationen, die dauernden Lärmbelastungen (z. B. in Wohngebieten mit starkem Flugzeug- oder Straßenlärm) ausgesetzt sind oder deren Berufe hohe Anforderungen stellen. So fand man bei Fluglotsen eine 5,6 mal höhere Inzidenzrate für Hypertonie als bei weniger belasteten, in der Luftfahrt beschäftigten Vergleichspersonen (Cobb & Rose, 1973).

Ob und inwieweit belastende Umgebungsbedingungen oder einschneidende Lebensereignisse an der Entstehung von KHK beteiligt sind, ist immer noch eine offene Frage. Befunde aus retrospektiven Studien haben sich als nicht aussagekräftig erwiesen, prospektive Studien sind daher beim heutigen Kenntnisstand unverzichtbar. In einer sechsjährigen Längsschnittstudie im Rahmen des Multiple Risk Factor Intervention Trial (MRFIT-Studie; Hollis, Connett, Stevens & Greenlick, 1990) fand sich beispielsweise kein Zusammenhang zwischen belastenden Lebensereignissen und der Häufigkeit von Herzinfarkten. Die Anzahl an Verlusterlebnissen war sogar negativ mit der Anzahl an Todesfällen infolge einer KHK korreliert. Auch in einer anderen, zehn Jahre dauernden Längsschnittstudie (Rosengren, Tiblin & Welhelmsen, 1991) konnte kein Zusammenhang zwischen belastenden Lebensereignissen und Herzinfarkten festgestellt werden. Der Mangel an empirischer Evidenz für einen Zusammenhang zwischen psychischen Prozessen und KHK liegt möglicherweise an der multifaktoriellen Pathogenese dieser Erkrankung. Im Vergleich dazu sind die Zusammenhänge zwischen psychischer Belastung/Beanspruchung und einzelnen Risikofaktoren, die zur Entstehung von KHK beitragen, wesentlich enger. Dies gilt beispielsweise für den Einfluß von Streßsituationen auf die Katecholaminausschüttung, den Cholesterinspiegel und die Thrombozytenaggregation (Einzelheiten bei Köhler, 1995). Weshalb sich diese Zusammenhänge nicht in prospektiven Studien wiederfinden lassen, liegt möglicherweise daran, daß sich im Laufe des Lebens unter Belastungen Gewohnheiten entwickeln, die ihrerseits ernstzunehmende Risikofaktoren für KHK darstellen, wie z.B. Rauchen und ungesunde Ernährung. Psychophysiologische Aktivierungskonzepte haben nur dann einen Sinn, wenn sie in Kombination mit anderen krankmachenden Faktoren gesehen werden.

2.1 Konzepte der psychophysiologischen Reaktionsspezifität

Im Rahmen der Aktivierungsforschung, insbesondere in der klinischen Psychophysiologie, stellen Konzepte der psychophysiologischen Reaktionsspezifität eine Präzisierung dieses Forschungsansatzes dar. Dabei geht es um die Frage, ob Patienten mit bestimmten Störungen und Erkrankungen, z.B. Bluthochdruck, Asthma bronchiale oder Kopfschmerzen, durch spezifische physiologische Reaktionsmuster gekennzeichnet sind, die regelmäßig unter verschiedenen Beanspruchungen und Belastungen auftreten. Zwei verschiedene Muster von Reaktionsspezifitäten sind hier von Bedeutung: die individuumspezifischen und die stimulusspezifischen Reaktionsmuster.

2.1.1 Individuumspezifische Reaktionsmuster (ISR)

Hierunter versteht man eine individuumspezifische Tendenz, unter verschiedenartigen Belastungen und Beanspruchungen («Streßsituationen») physiologisch in stets ähnlicher Weise zu reagieren. Dieses Konzept ist eng mit dem Konzept der Vulnerabilität verknüpft. Die Frage ist, ob beispielsweise Personen, die unter Belastungen stets zu kardiovaskulären Hyperreaktionen neigen, im Laufe ihres Lebens eine primäre Hypertonie oder KHK entwickeln. Ähnliche Fragen ergeben sich beim Asthma bronchiale (erhöhter Atemwegswiderstand bei Belastungen) oder beim Spannungskopfschmerz (erhöhter neuromuskulärer Tonus bei Belastungen). Klinisch von Bedeutung ist also die Frage, ob und inwieweit ein ISR einen Risikofaktor für spätere Erkrankungen darstellt. Hierüber sind die Meinungen jedoch geteilt. Falkner, Onesti und Hamstra (1991) konnten zeigen, daß 67 Prozent der Jugendlichen, die in einer früheren Untersuchung mit starken kardiovaskulären Reaktionen und einer erhöhten Katecholaminausschüttung auf kurzfristige Belastungen geantwortet hatten, im Laufe von fünf Jahren einen chronifizierten Bluthochdruck entwickelten. Ähnliche Beobachtungen werden auch von Light, Dolan, Davis und Sherwood (1992) berichtet. Hier wurden junge Männer über einen Zeitraum von 10 bis 15 Jahren untersucht. Diejenigen unter ihnen, die am Anfang des Beoachtungszeitraums als kardiovaskuläre Hyperreaktoren klassifiziert worden waren, bekamen im Laufe der Zeit einen Bluthochdruck. Die psychophysiologischen Erklärungsansätze führen diese individuumspezifischen Reaktionstendenzen auf eine schlechte Adaptation der Blutdruckregulation sowie auf eine vegetative Übererregbarkeit zurück.

Eine Übersichtsarbeit von Fredrikson und Matthews (1990) kommt allerdings zu dem Ergebnis, daß Hypertoniker nicht notwendigerweise auch kardiovaskuläre Hyperreaktoren sein müssen, wenn sie im Labor Belastungen (z.B. Kopfrechenaufgaben) ausgesetzt sind. Außerdem läßt die mangelnde Reproduzierbarkeit von kardiovaskulären Reaktionsmustern, wie die Metaanalyse von Swain und Suls (1996) gezeigt hat, Zweifel an der Brauchbarkeit von ISR als Risikofaktor für KHK aufkommen. Der Gang der psychophysiologischen Forschung auf diesem Gebiet hat folgendes deutlich gemacht: Je breiter das Wissen über die an den pathophysiologischen Prozessen beteiligten Faktoren wurde, umso fraglicher wurde das Konzept, wonach die Tendenz zu psychophysiologischen Hyperreaktionen einen Risikofaktor für die Entstehung einer psychophysiologischen Störung darstellt. Meist sind es, wie bereits erwähnt, mehrere Faktoren, die im Laufe des Lebens zusammenwirken müssen, um eine Störung bzw. eine Erkrankung hervorzurufen. Bei der Entstehung des Bluthochdrucks sind dies: genetische Disposition, Arteriosklerose, Ernährungsgewohnheiten, Dauerbelastungen, und nur zum Teil die kardiovaskuläre Hyperreaktion im Sinne eines ISR. Diesen Reaktionstendenzen kommt in Kombination mit den anderen Risikofaktoren wahrscheinlich die Funktion von Moderatorvariablen zu. Dies gilt auch für die ISR der Patienten mit Asthma bronchiale. Unter Belastungen tritt bei ihnen in der Regel eine Erhöhung des Atemwegswiderstandes infolge einer Bronchokonstriktion auf. Ob dieses ISR ein Risikofaktor im Sinne einer Prädisposition darstellt oder erst im Laufe der Erkrankung erworben wird, ist noch nicht geklärt. Bei Migräne wird z.B. ein ISR in der veränderten Vasomotorik der kranialen Gefäße unter Belastung gesehen. Auch hier sind die Befunde uneinheitlich oder sogar widersprüchlich. Dies kann möglicherweise daran liegen, daß die belastungsbedingten Änderungen der kranialen Vasomotorik nicht unbedingt während der akuten Belastung auftreten müssen, sondern sich häufig erst in der Folgezeit einstellen (Flor & Turk, 1989).

2.1.2 Stimulusspezifische Reaktionsmuster (SSR)

Dieses Konzept geht davon aus, daß unterschiedliche Reize (interne oder externe) zu physiologischen Reaktionsmustern führen, die größtenteils von der Art des Reizes abhängen. SSR findet man häufig bei Spezifischen Phobien. Werden Tierphobiker mit den gefürchteten Objekten (z.B. Bildern von Schlangen oder Spinnen) konfrontiert, reagieren sie mit Schwitzen, Herzratenakzeleration, Vasokonstriktion der peripheren Hautgefäße und Dilatation der Muskelgefäße. Dies sind Indikatoren, die für eine Hyperaktivität des Sympathikus sprechen (vgl. Übersicht bei Hamm, 1997). Sie werden als Vorbereitung auf eine effektive Fluchtreaktion interpretiert (Marks, 1987). Dieses SSR ist äußerst stabil, es tritt zuverlässig und unabhängig vom verwendeten Medium der Furchtinduktion (Bilder, Filme, Imagination) auf und

ist identisch mit dem Reaktionsprofil, das auch bei Konfrontation in vivo zu beobachten ist (Hamm, 1997).

Ein völlig anderes SSR zeigen dagegen Blut- und Injektionsphobiker. Nach einem anfänglichen Anstieg von Blutdruck und Herzrate kommt es häufig zu einer Bradykardie bis hin zu Phasen völliger Asystolie. Der Blutdruck fällt ab, es kommt zu Übelkeit und nicht selten zu völliger Ohnmacht. So sind 70 Prozent aller Blut- und 56 Prozent aller Injektionsphobiker im Laufe ihres Lebens beim Anblick von Blut oder bei invasiven medizinischen Maßnahmen in Ohnmacht gefallen (Öst, 1992). Dieses zunächst sympathisch, dann vagal dominierte Reaktionsmuster ist wahrscheinlich Teil einer tonischen Immobilisation, mit der der Organismus auf Bedrohung reagiert, wenn keine Fluchtmöglichkeit mehr besteht. Die adaptive Funktion dieses vasovagalen Reaktionsmusters liegt vermutlich darin, die Durchblutung der Peripherie zu verringern, um bei drohenden Verletzungen die Gefahr eines zu starken Blutverlusts zu reduzieren (Marks, 1987).

Ein völlig anderes psychophysiologisches Reaktionsmuster zeigen Agoraphobiker mit Panikattacken bei der Konfrontation mit gefürchteten Situationen. Hier fällt insbesondere die starke Dissoziation zwischen intensiv erlebten Furchtgefühlen und den autonomen Indikatoren dieser Furchtreaktion auf. Werden mit Hilfe ambulanter Messungen Herzratenveränderungen und subjektiv erlebte Panikgefühle erfaßt, so zeigt sich, daß nur 60 Prozent aller erlebten Panikattacken mit einem entsprechenden Herzratenanstieg verbunden waren (Pauli, Marquardt, Hartl, Nutzinger, Hölzl & Strian, 1991). In die gleiche Richtung weisen auch Befunde von Lang und Mitarbeitern, die Personen mit Spezifischer Phobie, Sozialer Phobie und Agoraphobie mit den für sie furchtrelevanten Situationen in sensu konfrontierten. Während Personen mit Spezifischer und Sozialer Phobie mit einem deutlichen Anstieg der Herzrate und intensiven Furchtgefühlen reagierten, kam es bei den Agoraphobikern nur zu schwachen vegetativen Veränderungen, obwohl die Patienten von starken Furchtgefühlen berichteten (Cook, Melamed, Cuthbert, McNeil & Lang, 1988).

3. Orientierungsreaktion und Habituation

Eine Orientierungsraktion (OR) ist eine kurzfristige psychophysiologische Aktivierung aufgrund von Veränderungen im Reizfeld des Individuums. Peripher-physiologische Kennzeichen einer OR sind: Erhöhung der Hautleitfähigkeit, Verlangsamung der Atemfrequenz, Senkung der Herzrate, Vasokonstriktion der peripheren Blutgefäße (z.B. in der Haut) und Vasodilatation der kranialen Gefäße. Die bekanntesten zentralnervösen Kennzeichen bestehen in einer Blockade des Alpha-Rhythmus im EEG und einer Zunahme der P300-Komponente im ereigniskorrelierten Potential (EKP). Bei Wiederholung identischer Reize kommt es zu einer Abschwächung dieser phasischen Reaktionen (= Habituation), bis schließlich keine Reaktion mehr auszulösen ist. Bereits geringfügige Änderungen der Reizdarbietung führen zu erneuter OR auf den ursprünglichen Reiz (= Dishabituation). OR und Habituation sind demnach funktional miteinander verkoppelte Prozesse.

Bezüglich der neurophysiologischen Mechanismen, die der OR und Habituation zugrundeliegen, gibt es verschiedene Erklärungsansätze. Die bekanntesten stammen von Sokolov (1963; «Neuronales Modell») und von Groves und Thompson (1970; «Zwei-Prozeß-Modell»). Neben diesen neurophysiologischen Modellen existieren noch vorwiegend kognitions- und neuropsychologische Erklärungsansätze, wie z.B. das Modell der Informationsverarbeitung von Öhman (1979) sowie das der «mismatch-match-negativity» von Näätänen (1992). Ähnlich wie das Modell von Sokolov zählen auch sie zu den sogenannten Reiz-Komperator-Modellen. Eine umfassende Darstellung und eine kritische Auseinandersetzung mit diesen Erklärungsansätzen finden sich bei Baltissen und Sartory (1998).

OR und Habituation spielen bei klinischen Störungsformen insofern eine wichtige Rolle, als sie Aufschluß über störungsspezifische Veränderungen von Aufmerksamkeits- und Informationsverarbeitungsprozesse geben. Beispiele aus dem Bereich der Angst-, Schizophrenie- und Depressionsforschung sollen dies verdeutlichen.

• *Angststörungen.* Lader (1969) fand einen Zusammenhang zwischen tonischem Erregungsniveau und Habituationsverzögerung der elektrodermalen OR auf Töne: Je höher die Anzahl an Spontanfluktuationen im elektrodermalen System ist, umso langsamer verläuft die Habituation. Patienten mit Spezifischen Phobien glichen hierin Personen ohne Angststörungen: sie hatten ein niedriges tonisches Erregungsniveau bei gleichzeitig rascher Habituation. Je ausgeprägter die Angststörung war (Agoraphobie), umso höher war auch das tonische Erregungsniveau und umso langsamer verlief die Habituation. Die pathogenetische Komponente liegt hier darin, daß die psychophysiologischen Rückregulationsprozesse verzögert sind und es infolgedessen bei wiederholter Konfrontation mit angstauslösenden Situationen zu einem anhaltend hohen Erregungsniveau kommen kann.

• *Schizophrenie.* Besondere Bedeutung besitzen die psychophysiologischen Indikatoren für OR und Habituation in der Schizophrenieforschung. Etwa 40 bis 50 Prozent der schizophrenen Patienten erwiesen sich als elektrodermale Non-Responders, d.h. sie zeigten keine OR auf einfache Reize hin (Übersicht bei Venables, 1991). Neben diesen phasisch-hyporeaktiven Schizophrenen gibt es aber auch eine Gruppe von tonisch-hyperaktiven Patienten (hohes Hautleitfähigkeits-Niveau, hohe Anzahl an spontanen elektrodermalen Reaktionen). Green, Nuechterlein und Salz (1989) stellten fest, daß die hyporeaktiven Patienten mehr psychotische Symptome, sowohl negative als auch positive, aufwiesen als die hyperreaktiven. Im Gegensatz dazu aber kommt der Hyperreaktivität, unabhängig vom Zusammanhang mit der klinischen Symptom-Klassifikation, eine gewisse Vorhersagekraft im Hinblick auf den Krankheitsverlauf zu; denn verzögerte Habituation und elektrodermale Hyperaktivität erwiesen sich als brauchbarer Prädiktor für das Ausmaß an pathologischen Restzuständen nach medikamentöser Stabilisation der psychotischen Symptomatik (Dawson, Nuechterlein, Schell & Mintz, 1992). Auffallend sind bei schizophrenen Patienten auch die Asymmetrien in der elektrodermalen Orientierungsreaktion, d.h. unterschiedlich starke elektrodermale Reaktionen an der rechten und linken Hand. Sie stehen offensichtlich mit Symptomen der schizophrenen Erkrankung in Zusammenhang. Stärkere OR der linken Hand kommt häufiger bei Patienten mit positiver Sympomatik vor, während eine stärkere OR der rechten vs. der linken Hand häufiger bei Patienten mit negativer Symptomatik zu finden ist. Diese Effekte werden auf unterschiedliche Beteiligung der Hirnhemisphären an den elektrodermalen OR und den psychotischen Syndromen zurückgeführt (Gruzelier & Raine, 1994).

Die psychophysiologischen Untersuchungen zur OR und Habituation von schizophrenen Patienten deuten in der Mehrzahl darauf hin, daß deren psychophysiologische Reaktionsauffälligkeiten eine veränderte Form der Informationsaufnahme und -verarbeitung indizieren. Es finden sich Hinweise auf eine unzureichende Ausblendung von irrelevanten Reizen (Filterfunktion) und auf einen erhöhten Zeitbedarf, um im Sinne von Sokolov ein «neurales Modell» der Reizrepräsentation zu entwickeln. Die Hirnfunktionen, die daran beteiligt sind, werden nach heutigem Kenntnisstand hauptsächlich im dopaminergen System des mesolimbischen (Hippokampus-Formation, Amygdala) und präfrontalen Kortex angesiedelt.

• *Depression.* Bei Patienten mit einer Major Depression findet sich häufig eine mangelnde Reaktivität des elektrodermalen Systems. Ihr Hautleitfähigkeits-Niveau ist im allgemeinen niedrig und ihre Reaktionen (OR) auf einfache Reize (Töne) fehlen oder sind nur schwach ausgeprägt. Diese Reaktionsauffälligkeit scheint aber auf das cholinerge System beschränkt zu sein, da sich z.B. vasomotorische OR, die sympatho-adrenerg gesteuert werden, bei ihnen ohne weiteres auslösen lassen.

4. Emotion

Emotionen (z.B. Furcht, Ärger, Trauer, Ekel) sind nach psychophysiologischem Verständnis Reaktionssyndrome, die durch diskrete Ereignisse ausgelöst werden und sich in mindestens drei meßbaren Systemen bzw. Indikatorbereichen manifestieren, nämlich a) in den verbalen Äußerungen über subjektive Erlebnisweisen (subjektive Komponente), b) im motorisch expressiven Verhalten (Verhaltens- oder Ausdruckskomponente) und c) in vegetativen Veränderungen (physiologische Komponente). Dieser sogenannte Drei-Ebenen-Ansatz (vgl. Lang, 1985) hat sich sowohl in der empirischen Emotionspsychologie als auch in der klinisch-psychologischen Forschung durchgesetzt (vgl. Öhman, 1987).

Obwohl die Notwendigkeit der Mehrebenen-Analyse immer wieder betont wurde, gehen viele Emotionstheorien nach wie vor von der impliziten bewußtseinspsychologischen Annahme aus, daß diese drei Reaktionskomponenten nur peripherer Ausdruck eines inneren emotionalen Zustandes seien, der isomorph mit dem subjektiven Gefühlserleben sei. Dies setzt jedoch eine enge Kovariation der verschiedenen Indikatoren für Emotionen voraus. Tatsache aber ist, daß die drei Reaktionsysteme nur mäßig miteinander korrelieren (Kovariationsproblem; Fahrenberg, 1982), d.h. daß Dissoziationen zwischen verschiedenen Indikatorebenen zu beobachten sind.

Besonders deutlich wird die Dissoziation zwischen den verschiedenen Indikatorebenen bei Angststörungen; klinische Studien belegen, daß die subjektiv erlebte Furcht, das aktuelle Vermeidungsverhalten und die vegetativen Reaktionen dissoziiert sind. Außerdem verlaufen die Veränderungen, die durch Behandlungsmaßnahmen in den verschiedenen Reaktionssystemen erzielt werden, desynchron. Lang und Lazovik (1963) fanden bei einer Systematischen Desensibilisierung von Schlangenphobikern zunächst eine Abnahme des Vermeidungsverhaltens, der erst viel später eine Verringerung der subjektiv erlebten Furcht folgte. Die Befunde aus Interventionsstudien sind auch für die Ätiologie verschiedener psychopathologischer Phänomene von Bedeutung. Im folgenden soll dies exemplarisch für Erklärungsmodelle der Entstehung von Phobien dargestellt werden.

Frühe lerntheoretische Erklärungsansätze von *Phobien* gingen davon aus, daß Furchtreaktionen durch klassisches Konditionieren erworben und durch instrumentelles Konditionieren aufrechterhalten werden (zur Diskussion vgl. Hamm, 1997). Es spricht nicht nur die oben beschriebene Dissoziation von Furcht und Vermeidung gegen ein solches Modell, ebensowenig kann der Erwerb der Furchtreaktion im Rahmen des traditionellen S-R-Lernens (CS als

Substitut für den US) erklärt werden. Pavlov'sches Konditionieren erzeugt weitaus komplexere Verhaltensadaptationen als die einfache Reproduktion der UR bzw. einiger Teile von ihr (Übersicht bei Vaitl & Hamm, 1998). Die durch den CS ausgelösten Verhaltensänderungen können sogar denen der UR entgegenlaufen. So besteht beispielsweise die UR eines Versuchstieres auf einen aversiven Schock in agitierter Hyperaktivität mit einem Anstieg der Herzrate, die CR dagegen in Bewegungsstarre und Dezeleration der Herzrate. Neuere lerntheoretische Erklärungsansätze des Furchterwerbs distanzieren sich daher von dem traditionellen Substitutskonzept des S-R-Lernens. Sie gehen vielmehr davon aus, daß durch den Konditionierungsprozeß assoziative Verknüpfungen (S-S-Lernen) zwischen internalen bzw. zentralen Repräsentationen von CS und US gebildet werden. Durch diese assoziative Verknüpfung erwirbt der CS die Fähigkeit, das «US-Gedächtnis» (Pearce & Hall, 1980) zu aktivieren (s. **Kasten 1**).

Bei der Furchtkonditionierung wird ein vormals affektiv neutraler Reiz mit einem aversiven Ereignis gepaart. Das Hauptmerkmal eines aversiven US besteht darin, daß er die defensiven Motivationssysteme des Organismus aktiviert. Dadurch, daß der CS ein solches aversives Ereignis ankündigt, wird er selbst aversiv. Neurophysiologische Befunde belegen, daß dabei subkortikale Strukturen, insbesondere die der Amygdala, eine entscheidende Rolle spielen (LeDoux, 1994). So kann eine Furchtreaktion auf einen Tonreiz hin trotz vollständiger Läsionen der kortikalen Projektionsfelder des CS erworben werden (LeDoux, 1994). Außerdem sind einfache protektive Reflexe, wie die Schreckreaktion, potenziert, wenn diese in Gegenwart des mit dem Schock assoziierten Reizes ausgelöst werden, wobei diese furchtinduzierte Potenzierung ebenfalls durch die Amygdala reguliert wird. Interessanterweise finden sich analoge Befunde auch im Humanbereich. Auch hier kommt es in Gegenwart eines aversiven CS zu einer deutlichen Potenzierung der Schreckreaktion. Es handelt sich hierbei um relativ automatische Prozesse, wobei der Kontext der aversiven Lernerfahrung nicht immer erinnert wird. Wenn also Personen nach Jahrzehnten solche Lernerfahrungen

in einem klinischen Interview nicht erinnern können, heißt das nicht, daß sie sie nicht gemacht haben.

5. Interozeption

Interozeption ist ein psychophysiologisches Konzept, das zwei Formen von Wahrnehmung umfaßt: Propriozeption und Viszerozeption. In beiden Fällen stammen die Wahrnehmungssignale (Afferenzen) aus dem Körperinneren: bei der Propriozeption aus den Hautarealen und dem Muskelapparat, bei der Viszerozeption aus den Hohlorganen des Körpers. Einzelheiten zu den Methoden, Grundlagen und wichtigsten Ergebnissen der Interozeptionsforschung finden sich bei Vaitl (1996).

Es gilt als erwiesen, daß kardiovaskuläre Prozesse (Herzschlag, Blutdruck) wahrgenommen werden können, doch ist die interindividuelle Streubreite dieser Wahrnehmungsleistungen beträchtlich. Klinisch bedeutsam ist der Befund, daß Patienten, die an einer Vielzahl kardiovaskulärer Beschwerden leiden (z. B. Patienten mit Panikattacken, generalisiertem Angstsyndrom) nicht notwendigerweise auch über eine bessere Wahrnehmungfähigkeit für diese Vorgänge verfügen. Häufig fand sich eine Diskrepanz zwischen den tatsächlichen kardiovaskulären Veränderungen und der subjektiven Einschätzung derselben. Der pathogene Faktor scheint nicht, wie meist vermutet, in einer Hypersensibilität für diese Vorgänge zu liegen, sondern vielmehr in einer Inkonsistenz der Wahrnehmung von Körpersignalen, d.h. in einem Schwanken zwischen sicherem und unsicherem Wahrnehmungsurteil, zwischen richtiger Diskrimination der afferenten Signale und «falschem Alarm» (Hartl & Strian, 1995). Auch in einer 24-Stunden-Registrierung des EKG von Gesunden und Patienten mit einem Herzphobie-Syndrom zeigte sich kein Zusammenhang zwischen emotionalen Vorgängen und der Wahrnehmung der währenddessen ablaufenden Herzratensteigerungen. Die akuten Beschwerdeschilderungen der Patienten während des 24stündigen Beobachtungszeitraums korrelierten nicht mit den kardiovaskulären Auffälligkeiten (Myrtek, Stiehls, Herrmann, Brügner, Müller, Höppner & Fichtler, 1995). Eine protektive Rolle kommt der Interozeption vor allem bei der Einschätzung der kardiovaskulären Belastung bzw. Überlastung bei Patienten mit Myokardschädigungen zu. Kollenbaum (1990) konnte zeigen, daß diese Patienten in der Regel das Ausmaß ihrer Herzkreislauf-Belastung während einer Fahrrad-Ergometrie deutlich unterschätzten. Dies stellt insofern einen Risikofaktor dar, als die individuellen Belastbarkeitsgrenzen überschritten und dadurch Myokard-Ischämien provoziert werden können. Allerdings ist eine solche Belastungsunterschätzung durch entsprechendes Training korrigierbar.

Ebensowenig zeigten sich Patienten mit Asthma bronchiale sensibler für Atemwegsobstruktionen als beschwerdefreie Personen. Sie unterschätzten entweder das Ausmaß experimentell erzeugter Atemwegswiderstände oder sie waren in ihren Wahrnehmungsurteilen äußerst unsicher. Diese Patienten aber waren es, die besonders große Angst vor einem erneuten Asthma-

---

Kasten 1
Psychophysiologische Forschungsmethodik in der experimentellen Psychopathologie (Angststörungen)

Fragestellungen

Ausgehend von der psychophysiologischen Konzeptualisierung von Emotionen wird in diesen Forschungsansätzen versucht, die Angst- oder Furchtreaktion experimentell oder im Feld (in vivo) zu evozieren und dann die verschiedenen Indikatorvariablen dieser affektiven Reaktion zu erfassen. In der Regel werden entweder Patienten mit gesunden Kontrollpersonen oder die Reaktionen vor und nach einer therapeutischen Intervention miteinander verglichen. Dabei muß zunächst die Frage beantwortet werden, welches Medium überhaupt Furcht induziert und ob nicht symbolische Repräsentationen der gefürchteten Situation zu ähnlichen Veränderungen in den verschiedenen Manifestationsebenen führen wie die Konfrontation mit dem realen Ereignis selbst.

Methode

Konfrontation mittels Bildern, Imagination gefürchteter Situationen, Exposition in vivo.

Ergebnisse

Werden Tierphobiker beispielsweise für sechs Sekunden mit Diapositiven von Spinnen und Schlange konfrontiert, kommt es zu einer deutlichen Beschleunigung der Herzrate, einer Vasokonstriktion der peripheren Hautgefäße, einem Blutdruckanstieg sowie zu einer vermehrten Aktivität ekkriner Schweißdrüsen («Angstschweiß»). Diese vegetativen Veränderungen sind Ausdruck einer allgemeinen sympathikotonen Aktivierung und schaffen so die metabolischen Voraussetzung für eine effektive Fluchtreaktion. Tatsächlich versuchen Phobiker, sich dieser Konfrontation sofort zu entziehen, sobald sie die Darbietungszeiten der Bilder selber bestimmen können (vgl. Hamm, Cuthbert, Globisch & Vaitl; 1997). Außerdem berichten die Phobiker in diesen Situationen von intensiven Furcht- und Ekelgefühlen. Interessanterweise ist dieses psychophysiologische Reaktionsprofil unabhängig vom Medium der Furchtinduktion. Werden Phobikern über Kopfhörer kurze Beschreibungen ihrer gefürchteten Situationen präsentiert (z. B. «In einer heißen Nacht liege ich nackt auf meinem Bett. Plötzlich landet eine große, fette Spinne direkt auf meiner Brust und will mir über den Hals krabbeln. Mit einem Satz springe ich aus dem Bett.») und sie instruiert, sich diese Szenen danach möglichst lebhaft vorzustellen, kommt es zu vergleichbaren vegetativen Reaktionsmustern wie bei der Exposition mit den Diapositiven.

Abbildung 1 zeigt die mittleren Herzratenveränderungen von Tierphobikern und Kontrollpersonen während des Betrachtens von Schlangen- bzw. Spinnenbildern (oben) sowie während der Präsentation («Zuhören») und der Imagination von Szenen («Vorstellen»), in denen der Kontakt mit Schlangen oder Spinnen beschrieben wird.

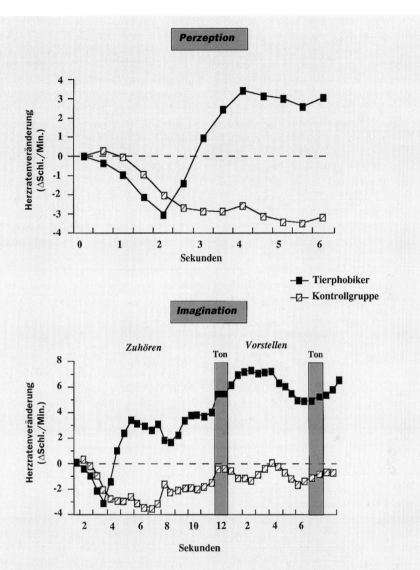

Abbildung 1: Mittlere Veränderungen der Herzrate während der Konfrontation mit furchtrelevanten Diapositiven (oben) und der Imagination gefürchteter Situationen (unten) (aus Hamm, 1997).

Interessanterweise werden die gleichen negativen Reaktionsmuster auch dann ausgelöst, wenn die Phobiker mit einer lebendigen Schlange konfrontiert werden, d.h. die Exposition in vivo durchgeführt wird. Der einzige Unterschied zu den unter Laborbedingungen zu beobachtenden Reaktionsprofilen besteht in der Intensität der Furchtreaktion. Während es bei den oben beschriebenen experimentellen Versuchsanordnungen zu einem mittleren Herzratenanstieg von 7 Schlägen/Minute kommt, beträgt die Herzratenakzeleration bei der Konfrontation in vivo 20 Schläge/Minute. Durch diese ausgeprägte Isomorphie psychophysiologischer Reaktionsmuster lassen sich bei dieser Patientengruppe daher durch solche Laboruntersuchungen Hinweise auf die Ätiologie der Störung und mögliche Wirkmechanismen therapeutischer Interventionen gewinnen. Allerdings gilt diese Konkordanz nicht für alle Angstpatienten.

anfall hatten und häufig den Notarzt um Hilfe riefen (Dahme, König, Nußbaum & Richter, 1991). Der pathogene Faktor besteht hier, ähnlich wie bei den Patienten mit Panikattacken und Herzphobie-Syndrom, in einer Inkonsistenz der interozeptiven Wahrnehmungsleistung und nicht in einer Hypersensibilität.

Die Beiträge der psychophysiologischen Interozeptionforschung sprechen also gegen die bislang vertretene These, daß es bei den genannten Störungen zu Symptomverschlechterungen oder psychosomatischen Aufschaukelungsprozessen (Änderung der Körpersignale – hypersensible Wahrnehmung – Aktivierungs- und Angststeigerung – Aggravation der Symptomatik) infolge einer system- bzw. störungsspezifischen Hypersensibilität komme. Es scheint eher das Krankheitsverhalten zu sein, das die Besonderheit des klinischen Störungsbildes ausmacht, und nicht die Hypersensibilität.

6. Ausblick

Der Beitrag, den die Psychophysiologie zur Entstehung und Aufrechterhaltung somatoformer und psychischer Störungen liefern kann, hängt von den Störungsformen selbst, aber auch von dem zur Verfügung stehenden Methodenrepertoire ab. Im Bereich somatoformer Störungen trägt sie hauptsächlich zur Bestimmung des Ausmaßes an körperlichen Beanspruchungen/Belastungen bei und versucht das Erkrankungsrisiko abzuschätzen, das in der individuellen Tendenz zu psychophysiologischen Hyperreaktionen liegt. Im Zusammenhang mit der Verarbeitung von somatoformen Störungen kommt der Psychophysiologie eine wichtige Rolle vor allem bei der Beurteilung der subjektiven Wahrnehmung von Signalen aus dem Körperinneren (Interozeption) zu. Sofern emotionale Reaktionen an der Entstehung von Störungen und Erkrankungen beteiligt sind, liefern sie die entsprechenden Methoden, mit denen sich die vegetativen Reaktionen, die an Emotionen beteiligt sind, quantifizieren lassen. Bei der Entwicklung von Erklärungsmodellen zur Ätiologie und Pathogenese dieser Störungsformen ist die Psychophysiologie auf das Wissen aus den Nachbardisziplinen (z.B. Physiologie, Pharmakologie, Medizin) angewiesen.

Ohne eine funktionale Integration dieser Kenntnisse bleiben psychophysiologische Störungskonzepte rudimentär und wenig aussagekräftig.

Neben psychophysiologischer Beanspruchung/Belastung spielen bei der Entstehung und Aufrechterhaltung von Störungen häufig Lernprozesse eine Rolle. Hier sind es die psychophysiologischen Methoden zum Assoziationslernen, die einen Einblick in die Dynamik und den Verlauf von Störungsprozessen liefern. Wegweisend für diese Untersuchungsansätze sind in immer größerem Umfang die aus Tierexperimenten abgeleiteten Modelle. Sie stellen heute eine unverzichtbare Basis für psychophysiologische Untersuchungen von Konditionierungsprozessen dar. Die Angstforschung ist hierfür ein Beispiel.

Mit Hilfe psychophysiologischer Indikatoren lassen sich pathologische Veränderungen in der Informationsverarbeitung feststellen, die bei psychischen Störungen, wie z.B. bei der Schizophrenie, eine entscheidende Rolle spielen. Dabei geht es im wesentlichen um den Nachweis einer mangelnden Inhibition irrelevanter Information und deren Einfluß auf die psychotische Symptomatik.

Psychophysiologische Methoden werden immer stärker zur Prozeßdiagnostik bei psychischen und somatoformen Störungen eingesetzt und dienen somit der Evalution von therapeutischen Maßnahmen. Dabei spielt vor allem die ökologische Validität dieser Untersuchungsansätze eine entscheidende Rolle. Verbesserungen psychophysiologischer Aussagen sind in dieser Hinsicht nur zu erwarten, wenn die in Laboruntersuchungen gewonnenen Erkenntnisse auch einer Überprüfung unter sogenannten Feldbedingungen standhalten. Hier steht die psychophysiologische Forschung allerdings erst am Anfang.

7. Literatur

Andreassi, J.L. (1995). *Psychophysiology: Human behavior and physiological responses* (3rd edition). Hillsdale, NJ: Erlbaum.

Baltissen, R. & Sartory, G. (1998). Orientierungs-, Defensiv- und Schreckreaktionen in Grundlagenforschung und Anwendung. In F. Rösler (Hrsg.), *Enzyklopädie der Psychologie, Biologische Psychologie* (Band 5; pp. 1–46). Göttingen: Hogrefe.

Birbaumer, N. & Schmidt, R.F. (1990). *Biologische Psychologie*. Berlin: Springer.

Cobb, S. & Rose, R. M. (1973). Hypertension, peptic ulcer and diabetes in air traffic controllers. *Journal of American Medical Association, 224,* 489–492.

Cook, E. W. III., Melamed, B. G., Cuthbert, B. N., McNeil, D. W. & Lang, P. J. (1988). Emotional imagery and the differential diagnosis of anxiety. *Journal of Consulting & Clinical Psychology, 56,* 734–740.

Dahme, B., König, R., Nußbaum, B. & Richter, R. (1991). Haben Asthmatiker Defizite in der Symptomwahrnehmung? Quasi-experimentelle und experimentelle Befunde zur Interozeption der Atemwegsobstruktion. *Psychotherapie, Psychosomatik, Medizinische Psychologie, 41,* 490–499.

Dawson, M. E., Nuechterlein, K. H., Schell, A. M. & Mintz, I. (1992). Concurrent and predictive electrodermal correlates of symptomatology in recent-onset schizophrenic patients. *Journal of Abnormal Psychology, 101,* 153–164.

Fahrenberg, J. (1982). *Probleme der Mehrebenen-Beschreibung und Prozeß-Forschung.* Forschungsberichte des Psychologischen Instituts der Albert-Ludwigs Universität Freiburg i. Br.

Fahrenberg, J., Walschburger, P., Foerster, F., Myrtek, M. & Müller, W. (1979). *Psychophysiologische Aktivierungsforschung.* München: Minerva.

Falkner, B., Onesti, G. & Hamstra, B. (1991). Stress response characteristics of adolescents with high genetic risk for essential hypertension: A five year follow-up. *Clinical Experimental Hypertension, 3,* 583–591.

Flor, H. & Turk, D. C. (1989). Psychophysiology of chronic pain: Do chronic pain patients exhibit symptom-specific psychophysiological responses? *Psychological Bulletin, 96,* 215–259.

Fredrikson, M. & Matthews, K. A. (1990). Cardiovascular responses to behavioral stress and hypertension: A meta-analytic review. *Annals of Behavioral Medicine, 12,* 30–39.

Green, M. F., Nuechterlein, K. & Salz, P. (1989). The relationship of symptomatology and medication to electrodermal activity in schizophrenia. *Psychophysiology, 26,* 148–157.

Groves, P. M. & Thompson, R. F. (1970). Habituation: A dual-process theory. *Psychological Review, 77,* 419–450.

Gruzelier, J. & Raine, A. (1994). Bilateral electrodermal activity and cerebral mechanisms in syndroms of schizophrenia and the schizotypal personality. *International Journal of Psychophysiology, 16,* 1–16.

Hamm, A. O. (1997). *Furcht und Phobien.* Göttingen: Hogrefe.

Hamm, A. O. & Vaitl, D. (1996). Affective learning: Awareness and aversion. *Psychophysiology, 33,* 698–710.

Hamm, A. O., Cuthbert, B. N., Globisch, J. & Vaitl, D. (1997). Fear and the startle reflex: Blink modulation and autonomic response patterns in animal and mutilation fearful subjects. *Psychophysiology, 34,* 97–107.

Hartl, L. (1995). A clinical approach to cardiac perception. In D. Vaitl & R. Schandry (Eds.), *From the heart to the brain. The psychophysiology of circulation – brain interaction* (pp. 251–263). Frankfurt: Lang.

Hollis, J. F., Connett, J. E., Stevens, V. J. & Greenlick (1990). Stressful live events, type A behavior, and the prediction of cardiovascular and total mortality over six years. *Journal of Behavioral Medicine, 32,* 263–280.

Köhler, T. (1995). *Psychosomatische Erkrankungen. Eine Einführung in die Allgemeine und Spezielle Psychosomatische Medizin* (3. Aufl.). Stuttgart: Kohlhammer.

Kollenbaum, V.-E. (1990). *Interozeption kardiovaskulärer Belastung bei Koronarpatienten.* Frankfurt: Lang.

Lader, M. M. (1969). Studies of anxiety. *British Journal of Psychiatry, Special Publication No. 3.*

Lang, P. J. (1985). The cognitive psychophysiology of emotion: Fear and anxiety. In A. H. Tuma & J. D. Maser (Eds.), *Anxiety and the anxiety disorders* (pp. 131–170). Hillsdale, NJ: Erlbaum.

Lang, P. J. & Lazovik, A. D. (1963). Experimental desensitization of a phobia. *Journal of Abnormal & Social Psychology, 66,* 519–525.

LeDoux, J. E. (1994). Das Gedächtnis für Angst. *Spektrum der Wissenschaft,* August (S. 76–83).

Light, K. C., Dolan, C. A., Davis, M. R. & Sherwood, A. (1992). Cardiovascular responses to an active coping challenge as predictors of blood pressure patterns 10 to 15 years later. *Psychosomatic Medicine, 54,* 217–230.

Marks, I. M. (1987). *Fears, phobias, and rituals.* Oxford: Oxford University Press.

Myrtek, M., Stiehls, W., Herrmann, G., Brügner, G., Müller, W., Höppner, V. & Fichtler, A. (1995). Emotional arousal, pain, and ECG changes during ambulatory monitoring in patients with cardiac neurosis and controls: Methodological considerations and first results. In D. Vaitl & R. Schandry (Eds.), *From the heart to the brain. The psychophysiology of circulation – brain interaction* (pp. 319–334). Frankfurt/M.: Lang.

Näätänen, R. (1992). *Attention and brain function.* Hillsdale, NJ: Erlbaum.

Öhman, A. (1979). The orienting response, attention, and learning: An information-processing perspective. In D. Kimmel, E. H. van Oest & J. F. Orlebeke (Eds.), *The orienting reflex in humans* (pp. 443–471). Hillsdale, NJ: Erlbaum.

Öhman, A. (1987). The psychophysiology of emotion: An evolutionary-cognitve perspective. In P. K. Ackles, J. R. Jennings, & M. G. H. Coles (Eds.), *Advances in psychophysiology* (Vol. 2, pp. 79–127). Greenwich, CT: JAI Press.

Öst, L.-G. (1992). Blood and injection phobia: Background and cognitive, physiological, and behavioral variables. *Journal of Abnormal Psychology, 101,* 68–74.

Pauli, P., Marquardt, C., Hartl, L., Nutzinger, D. O., Hölzl, R. & Strian, F. (1991). Anxiety induced by cardiac perceptions in patients with panic attacks: A field study. *Behaviour Research & Therapy, 29,* 137–145.

Pearce, J. M. & Hall, G. (1980). A model for Pavlovian learning: Variations in the effectiveness of conditioned but not of unconditioned stimuli. *Psychological Review, 87,* 532–552.

Rosengren, A., Tiblin, G. & Wilhelmsen, L. (1991). Self-perceived psychological stress and incidence of coronary artery disease in middle-aged men. *American Journal of Cardiology, 68,* 1171–1175.

Schandry, R. (1989). *Lehrbuch der Psychophysiologie. Körperliche Indikatoren psychischen Geschehens* (2. Aufl.). München: Psychologie Verlags Union.

Sokolov, E. N. (1963). *Perception and the conditioned reflex.* Oxford: Pergamon.

Swain, A. & Suls, J. (1996). Reproducibility of blood pressure and heart rate reactivity: A meta-analysis. *Psychophysiology, 33,* 162–174.

Vaitl, D. (1996). Interoception. *Biological Psychology, 42* (Nos. 1, 2), 1–27.

Vaitl, D., & Hamm, A.O. (1998). Assoziationslernen: Klassisches Konditionieren. In F. Rösler (Hrsg.), *Enzyklopädie der Psychologie: Biologische Psychologie* (Band 5; pp. 47–94). Göttingen: Hogrefe.

Venables, P.H. (1991). Overview of psychophysiology in relation to psychopathology with special reference to schizophrenia. In S.R. Steinhauer, J.H. Gruzelier & J. Zubin (Eds.), *Handbook of schizophrenia (Volume 5): Neuropsychology, psychophysiology and information processing.* (pp. 3–37). Amsterdam: Elsevier.

Säuglingsstation: Anfänge der Sozialisation … siehe Kapitel 14 (Foto: © Fernand Rausser, Bollingen/Bern)

14. Psychologische Faktoren: Einflüsse der Sozialisation

Meinrad Perrez

Inhaltsverzeichnis

1. Einleitung

In diesem Kapitel werden jene Hypothesen und Befunde zur Sozialisation psychischer Störun-gen dargestellt, die nicht direkt der Soziologie (vgl. Kap. 16/Soziologische Aspekte) und der So-zialpsychologie (vgl. Kap. 15/Sozialpsycho-logische Aspekte) entstammen; letztere haben mehr die aktuellen sozialen Regulationspro-zesse und weniger die historisch-genetischen Erklärungen zum Gegenstand. «Modelle» der Sozialisation, die sich mit der Entstehung von Störungen befassen, können als Ansätze cha-

Für hilfreiche Hinweise danke ich Herrn Dr. Guy Boden-mann und Frau Dr. Claudia Ermert, beide Universität Fribourg, und Herrn Prof. Dr. Rainer Richter, Universität Hamburg

rakterisiert werden, die sich mit den *sozialen* Einflüssen als Störungselemente von Entwicklungsverläufen befassen; darunter werden Einflüsse durch andere Personen und Institutionen als Veränderungsquellen verstanden (Prenzel & Schiefele, 1986). Einflüsse durch andere Personen und Institutionen stellen eine Teilmenge der Außenregulation dar; weitere Einflußgrößen sind materieller Art (z.B. enge Wohnverhältnisse).

Die sozialen Einflußfaktoren stellen eine Kodeterminante neben anderen Einflüssen dar, die im Lehrbuch dargestellt werden. Im Normalfall bahnen sie die Entwicklung von Störungen im Verbund mit anderen Faktoren an; im Grenzfall können sie den zentralen Faktor bilden. Die gestörte Entwicklung kann zur Vulnerabilisierung von Personen führen, was – zusammen mit auslösenden Belastungsmomenten – eine Störung bewirken kann (vgl. Kap. 17/ Streß und Coping); es sind aber auch Entwicklungen möglich, die schrittweise progressiv Störungen anbahnen. Als Kausalitätsmodelle werden in der Forschung u.a. das Modell der sensiblen Phasen (vgl. später), Schwellenmodelle, additive und multiplikative Modelle sowie Wechselwirkungsmodelle diskutiert (s. Flammer, 1988).

Im folgenden beschränken wir uns auf die psychoanalytischen, bindungstheoretischen und lerntheoretischen Beiträge; eine Klammer für die verschiedenen Sozialisationsmodelle bildet das Konzept der Entwicklungsaufgaben.

2. Soziale Einflüsse als Störungselemente von Entwicklungsverläufen: Das Konzept der Entwicklungsaufgaben

Der psychoanalytische und der bindungstheoretische Ansatz thematisieren soziale Störungsbedingungen explizit unter der Entwicklungsperspektive. Beide Interpretationsversuche, die in unterschiedlichem Ausmaß empirische Bestätigung erfahren haben und deren Forschungsprogramme sich weiter entfalten, thematisieren die Anfänge psychischer Störungen als Adaptationsprobleme. Diese machen

entweder im Sinne der massiven Störung des psychischen Gleichgewichtes durch biologische oder kulturell bedingte Destabilisatoren eine Neuanpassung erforderlich oder sie führen zu einer schleichenden Fehlanpassung durch dauerhaft ungünstige Sozialisationsbedingungen. In beiden Fällen können vorübergehend Entwicklungen gestört werden. Wenn nicht ausreichend innere und äußere Bewältigungsressourcen verfügbar sind, bahnt sich bei unzureichender Bewältigung die Entwicklung von dauerhaften Störungen an. Entwicklung ist dabei als *lebenslanger* Prozeß (Baltes, Reese & Lipsitt, 1980), als Sequenz von mehr oder weniger beanspruchenden Readaptations- oder *Entwicklungsaufgaben* zu verstehen (Havighurst, 1982; Flammer & Avramakis, 1992). Entwicklungsaufgaben sind Anforderungen, die der Organismus bzw. die Person in einem bestimmten Lebensabschnitt zu bewältigen hat; sie können biologisch, sozial und kulturell oder auch durch die Person selber bedingt sein. *Biologisch* bedingte Enwicklungsaufgaben werden als entwicklungsbedingte Ungleichgewichtszustände verstanden, die nach einer neuen Ordnung verlangen und die durch biologische Reifung bedingt sind, wie etwa die sexuelle Reifung in der Adoleszenz. *Sozial oder kulturell* bedingte Entwicklungsaufgaben sind Anforderungen, die die soziale Umwelt oder das kulturelle System für bestimmte Lebensperioden an die Person richtet, so etwa die Reinlichkeitserwartungen oder die Anforderungen, die mit der Einschulung oder mit der Pensionierung verbunden sind. *Selbstbedingte* Entwicklungsaufgaben stellen jene Zielvorgaben dar, die sich eine Person für einen bestimmten Lebensabschnitt selber vorgenommen hat.

Eine mit diesen Entwicklungsaufgaben teilweise überlappende Bedeutung hat das Konzept der «kritischen Lebensereignisse», die als lebensverändernde Ereignisse eine nachhaltige soziale Neuanpassung erfordern, die die psychischen Ressourcen der Person in hohem Maße beanspruchen (vgl. Kap. 17/Streß und Coping). Analog zu den kritischen Lebensereignissen werden auch für die Entwicklungsaufgaben normative und non-normative Aufgaben unterschieden. Das Kriterium für die Abgrenzung ist, ob sie einer sozialen und/oder biologischen Altersnormierung unterliegen oder nicht (vgl. Filipp, 1990). Von der sozialen Umweltregulation her sind vor allem die normativen Entwicklungsaufgaben relevant, weil primär sie bei Nichtbewältigung soziale Reaktionen auslösen (vgl. Flammer, 1991). Flammer (1988) macht darauf aufmerksam, daß neben den sozialen Sanktionen für die Nichtbewältigung kulturell bedingter Entwicklungsaufgaben vermutlich viele – auch kulturell bedingte – Entwicklungsaufgaben von den Betroffenen als *persönliche* Aufgaben wahrgenommen werden. Ihre Nichtbewältigung wird dann neben den sozialen Sanktionen auch den Selbstwert schädigen.

Die folgenden Abschnitte sind vor allem auf die Lebensabschnitte der Kindheit und Jugend zentriert. Entwicklungsaufgaben und kritische Lebensereignisse als «Stadien des relativen Ungleichgewichts» und als Ereignisse mit «emotionaler Nicht-Gleichgültigkeit» (Filipp, 1990, S. 24) verteilen sich indes über den *ganzen* Lebenslauf. Die neuere Forschung hat sich eingehend mit ihrer Bedeutung auch im Jugend- und Erwachsenenalter auseinandergesetzt.

Von diesen diskreten Ereignissen sind als psychosoziale Risikofaktoren *längerdauernde belastende Prozesse* zu unterscheiden. In allen Fällen wird ein nachhaltiges psychisches Ungleichgewicht ausgelöst, was zu Phasen erhöhter Störbarkeit führt. Von einer unzurei-

Tabelle 1: Entwicklungsaufgaben, aufgabentypische Störungsquellen (vgl. Havighurst, 1982; Newman & Newman, 1975)

Periode	Entwicklungsaufgaben	Aufgabentypische soziale Störungsquellen
Frühe Kindheit 0–3	Adaptation an Schlaf-Eß-Rhythmus Bindungsaufbau Sprachaufbau Aufrechter Gang Kontrolle der Ausscheidungsorgane Differenzierung der psychosexuellen Organisation	Gestörte Mutter-, oder Muttersubstitut-Kind-Interaktion Diskontinuitäten der Interaktion (Trennungserlebnisse) Zu wenig Interaktion
Vorschule Schule 3–12	Autonomie Soziale Anpassung Leistungsorientierung Erwerb der Kulturtechniken Aufbau der Geschlechtsrollen	Stark lenkende u. bestrafende Eltern Über- oder unterfordernde erzieherische Umgebung. Mißerfolg im Leistungsbereich. Desorganisierte oder überorganisierte Familie
Voradoleszenz Adoleszenz 12–18	Identitätsfindung Adaptation an sexuelle Reifung Sexuelle Identitätsfindung Ablösung vom Elternhaus	Desorganisierte oder überorganisierte Familie Tabuisierung der Sexualität Unangemessene Modelle Autonomiehemmende familiäre Bedingungen
Junges Erwachsenenalter	berufliche Ausbildung abschließen und berufliche Identitätsfindung Partnerfindung und oft Familiengründung Erziehung	Mißerfolg im Leistungsbereich Schlechte Arbeitsplatzbedingungen
Mittleres Erwachsenenalter	Entlassen der Kinder aus dem Elternhaus Weiterentwicklung der Partnerbeziehung Berufliche Konsolidierung	Soziales Ressourcendefizit
Höheres Erwachsenenalter	Abschluß des Berufslebens neue soziale Rollen Schwächung der physischen Funktionstüchtigkeit Adaptation an Partnerverlust	Starre Pensionierungsbedingungen Kontroll- und Verstärkerverlust durch Pensionierung und Alter

chenden Bewältigung wird eine unmittelbare Entwicklungsbeeinträchtigung oder eine Vergrößerung der Vulnerabilität, d.h. der allgemeinen oder differentiellen Störungsanfälligkeit, erwartet, die unmittelbar oder in späteren Lebenspha-sen im Zusammenspiel mit neuen Anforderungen zu Störungen führen kann. Bei der Bewältigung der Aufgaben spielen innere und äußere Ressourcen eine fördernde oder hemmende Rolle.

Tabelle 2: Stadien des Familienlebenszyklus (nach Carter & McGoldrick, 1989; Schneewind, 1995)

Stadien im Familienlebenszyklus	Emotionaler Übergangsprozeß: Schlüssel-Prinzipien	Für die weitere Entwicklung erforderliche Veränderungen im Familienstatus (Wandel zweiter Ordnung)
1. Verlassen des Elternhauses: alleinstehende junge Erwachsene	Emotionale und finanzielle Selbstverantwortung akzeptieren	a) Selbstdifferenzierung in Beziehungen zur Herkunftsfamilie b) Entwicklung intimer Beziehungen c) Eingehen eines Arbeitsverhältnisses
2. Die Verbindung von Familien durch Heirat	Verpflichtung gegenüber neuem System	a) Bildung des Ehesystems b) Neuorientierung der Beziehungen mit den erweiterten Familien und Freunden, um den Partner einzubeziehen
3. Familien mit jungen Kindern	Aufnahme neuer Mitglieder ins System	a) Anpassung des Ehesystems, um Raum für ein Kind bzw. Kinder zu machen b) Koordinieren von Aufgaben der Kindererziehung, des Umgangs mit Geld und der Haushaltsführung c) Neuorientierung der Beziehungen mit der erweiterten Familie
4. Familien mit Jugendlichen	Flexibilisierung der Familiengrenzen, um die Unabhängigkeit der Kinder und Gebrechlichkeit der Großeltern miteinzuschließen	a) Veränderungen der Eltern-Kind-Beziehungen, um Jugendlichen zu ermöglichen, sich innerhalb und außerhalb des Familiensystems zu bewegen b) Neue Fokussierung auf die ehelichen und beruflichen Themen der mittleren Lebensspanne c) Hinwendung auf die gemeinsame Pflege und Sorge für die ältere Generation
5. Entlassen der Kinder und nachelterliche Phase	Akzeptieren von Eintritten bzw. Austritten aus dem Familiensystem	a) Neuaushandeln des Ehesystems als Zweierbeziehung b) Entwicklung von Beziehungen mit Erwachsenenqualität zwischen Kindern und Eltern c) Neuorientierung der Beziehungen, um Schwiegersöhne/-töchter und Enkelkinder einzubeziehen d) Auseinandersetzung mit Behinderungen und Tod von Eltern (Großeltern)
6. Familien im letzten Lebensabschnitt	Akzeptieren des Wechsels von Generationenrollen	a) Aufrechterhalten des Funktionierens als Person und als Paar angesichts des körperlichen Verfalls. Erkundung neuer familiärer und sozialer Rollenoptionen b) Unterstützung einer zentralen Rolle der mittleren Generation c) Im System Raum schaffen für die Weisheit und Erfahrung des Alterns d) Auseinandersetzung mit dem Tod des Partners, dem Tod von Geschwistern und anderen Gleichaltrigen sowie Vorbereitung auf den eigenen Tod. Lebensrückschau und Integration

Eine Gliederung der normativen Entwicklungsaufgaben zeigt das in **Tabelle 1** dargestellte Schema (vgl. dazu Havighurst, 1982; Newman & Newman, 1975). Die schematische Gliederung der Abfolge von Entwicklungsaufgaben listet spezielle Ereignisse in einem typischen Lebenslauf unserer Kultur auf, die von der Person in dem betreffenden Zeitabschnitt einen besonderen Anpassungsaufwand erfordern. In Wechselwirkung mit äußeren ungünstigen Bedingungen können sie Ausgangspunkt von vorübergehenden Störungen der Entwicklung sein, die gegebenenfalls zu dauerhaften psychischen Störungen führen können.

Da Individuen einen großen Teil ihres Lebens in der Familie verbringen, die ihrerseits als Kleingruppe einem Entwicklungsprozeß unterworfen ist, der als Sequenz von *Familienentwicklungsaufgaben* beschrieben werden kann, hängt die individuelle Entwicklung auch von der gelungenen Bewältigung der Familienentwicklungsaufgaben ab. Entwicklungen vollziehen sich auch in der Familie meistens nicht linear und kontinuierlich, sondern sprunghaft.

Entwicklung verstehen wir in diesem Zusammenhang als den Wandel von einfacheren zu komplexeren Organisationsstrukturen. Die relative Komplexität der Organisationsstrukturen schlägt sich in den geltenden Verhaltensregeln nieder, die das Zusammenleben der kleinen Gemeinschaft bestimmen. Anlaß für die Neuanpassung der Regeln an neue Verhältnisse geben nachhaltige Veränderungen, die mit den in Familien organisierten Lebensläufen mehr oder weniger vorhersehbar verbunden sind. Die Familie beginnt mit einem derartigen Ereignis – der Erstelternschaft –, wenn das Paar durch die Ankunft des ersten Kindes zur Dreiergruppe wird; dies erfordert eine weitgehende Reorganisation des Lebens der jungen Eltern (Wicki, 1997). Andere solche markante Ereignisse, die das Gleichgewicht der Familie vorübergehend stören und die eine partielle Reorganisation erfordern, sind. z.B. der Eintritt eines Kindes in die Schule oder die Phase der Adoleszenz und Ablösung von den Eltern. Der vergleichsweise normierte typische Verlauf eines Familienzyklus der ersten Hälfte dieses Jahrhunderts wird zunehmend durch das Phänomen der Scheidung geprägt. Diese provoziert neue, gelegentlich mehrfache Übergänge, die auch als Entwicklungsaufgaben thematisiert werden können

(Fthenakis, 1995). Damit werden auch andere Familienformen aktueller, wie die Einelternfamilie oder die sogenannte Fortsetzungsfamilie. Solche Übergänge stellen die Familie vor spezifische Aufgaben, von deren Bewältigung ihre gedeihliche Weiterentwicklung abhängt. Carter und McGoldrick (1989) haben für den Familienlebenszyklus sechs Aufgabentypen unterschieden (vgl. **Tab. 2**). Es wird vermutet, daß diese Übergänge in der Familienentwicklung Phasen der besonderen Verletzbarkeit der familiären Gemeinschaft darstellen. Von ihrer gelungenen Bewältigung soll das Wohlergehen der einzelnen Personen und die weitere Entwicklung der Familie abhängen.

Schneewind (1995) sieht als übergeordnete Entwicklungsaufgabe für die individuelle Entwicklung die *Autonomie* und für die Familienentwicklung die *Verbundenheit* als zentrale «Metaentwicklungsaufgaben». Im Idealfall ergänzen sich familiäres und individuelles Handeln. Die unangemessene Bewältigung der individuellen und/oder Familienentwicklungsaufgaben kann zu Konflikten führen, die die Grundlage für die Anbahnung von psychischen Störungen bilden (Bsp. Scheidung).

Im folgenden sollen äußere soziale Bedingungen, die phasentypisch Störungen begünstigen, aber auch entwicklungsunabhängige pathogene soziale Bedingungen aus den Perspektiven der Psychoanalyse, der Bindungstheorie und der Lerntheorien erörtert werden.

3. Störungen als Folge einer unbewältigten Triebgeschichte: Das psychoanalytische Modell

3.1 Allgemeine psychoanalytische Hypothesen zur Entstehung von Neurosen

Freud hat als erster ein umfassendes psychologisches Modell zur Erklärung der Entwicklung und Aufrechterhaltung psychischer und psychosomatischer Störungen entworfen, das die Psychiatrie und die Klinische Psychologie nachhaltig beeinflußt hat. Auf dem Hintergrund der Interpretation des Lebenslaufes als Sequenz von

Entwicklungsaufgaben hat die Psychoanalyse Hypothesen über phasenspezifische Aufgaben der frühkindlichen Entwicklung formuliert. Sie hat darüber hinaus Annahmen über die Folgen von phasenspezifischen Bewältigungsproblemen für die spätere Entwicklung von psychischen Störungen thematisiert. Die phasentypische Verletzbarkeit variiert interindividuell, bedingt durch genetisch-konstitutionelle Unterschiede. Die wichtigsten Faktoren, die die Disposition für den Ausbruch einer späteren Störung in diesen Phasen beeinflussen, sind besondere Charakteristika der Kind-Mutter-Vater-Beziehung. Als sozialer Kernkonflikt wird von der Psychoanalyse die ödipale Konstellation thematisiert. Der manifeste Ausbruch der Störung erfolgt oft erst im Erwachsenenalter, wenn das zuvor erzielte psychodynamische Arrangement durch neue innere oder äußere Ereignisse labilisiert wird. Die Psychoanalyse versteht psychische Störungen als Resultat unbewältigter, biologisch bedingter Entwicklungsaufgaben. Zum Gelingen der Libidoentwicklung, die nach Freud (1905) die orale, anale, phallische, ödipale und die genitale Phase durchläuft, bedarf das Kind einerseits entwicklungsgemäßer Befriedigungen seiner Bedürfnisse und andererseits entwicklungsgemäßer Versagungsreize. Äußere und innere Bedingungen stehen in einem Ergänzungsverhältnis. Je stärker die konstitutionellen protektiven Prädispositionen sind, um so massiver müssen die schädigenden externen Faktoren sein, damit Fixierungen entstehen. Die wichtigste von Freud untersuchte Störungskategorie stellen die Neurosen dar. Darunter versteht die Psychoanalyse psychogene Affektionen, «deren Symptome symbolischer Ausdruck eines psychischen Konflikts sind, der seine Wurzeln in der Kindheitsgeschichte des Subjektes hat; die Symptome sind Kompromißbildungen zwischen dem Wunsch und der Abwehr» (Laplanche & Pontalis, 1973, S. 325). Als Hauptformen werden Hysterie, Phobien, Zwangsneurosen und Depressionen unterschieden. Im folgenden verwenden wir den Neurosebegriff als zentralen Begriff der Psychoanalyse, obwohl er in ICD-10 und DSM-IV keine Störungseinheit mehr repräsentiert.

Zu den besonderen Bedingungen, die nach dem ursprünglichen psychoanalytischen Modell das Ich in einen neurotischen Konflikt drängen, gehören *traumatische Situationen*. Sie bilden den Anlaß für die Neurosenentstehung. Da der Organismus von den inneren Reizen, den Trieben – anders als bei den äußeren Reizen – nicht von vornherein durch einen «Reizschutz» abgeschirmt wird, kann ein Triebanspruch so stark werden, daß das Ich die Spannungen im Konfliktfeld der Ich-Interessen, der Über-Ich- und der Realitätsanforderungen nicht mehr problemlos zu bewältigen vermag, wodurch dann eine traumatische Situation entsteht. Die traumatische Situation wird normalerweise durch eine äußere Versagung, d.h. durch eine aus der Umwelt stammende Hemmung der Triebbefriedigung hervorgerufen. Mögliche Reaktionen auf die traumatische Situation sind u.a. die Fixierung, die Regression, die Verdrängung und Symptomentwicklung als Kompromißbildung zwischen den verschiedenen Ansprüchen. Unter *Fixierung* wird in der Psychoanalyse das Haften der Libido an infantilen Triebzielen und -objekten verstanden. *Regression* bezeichnet die Reorganisation des libidinösen Haushaltes auf einer früheren, weniger differenzierten Entwicklungsstufe. Durch die *Verdrängung* versucht das Ich unter dem Einfluß der Über-Ich-Ansprüche kompromittierende Triebansprüche abzuwehren (Freud, 1917). Den Schutz vor inneren und äußeren bedrohlichen Reizen erwirbt die Person im Laufe der Entwicklung durch den Aufbau von *Abwehrmechanismen*. *Differentielle Aussagen* bezüglich spezieller Störungen werden im Zusammenhang mit störenden Sozialisationsbedingungen in den einzelnen Phasen gemacht. Störungen in speziellen Phasen vulnerabilisieren im Zusammenspiel mit der genetischen Konstitution für spezielle Störungen. Einzelne Störungsformen werden gewissermaßen als Folge nichtbewältigter Entwicklungsaufgaben verstanden. Die Psychoanalyse nimmt an, daß die späteren Stile der Auseinandersetzung des Ichs mit Ansprüchen der Triebe und der Außenwelt durch das *phasenspezifische* Schicksal der frühkindlichen Sexualität bestimmt werden. Als typische Charakterstrukturen bilden sich gemäß der Triebgeschichte in den psychosexuellen Phasen der orale, der anale oder der genitale *Charakter* heraus. Im mißlungenen Fall wird eine neurotische Charakterstruktur verfestigt oder eine spätere neurotische Störung prädisponiert. Traumatische Erfahrungen vulnerabilisieren, vereinfacht zusammengefaßt, in der oralen

Phase für schizophrene und depressive Störungen, in der analen Phase für Zwangsstörungen und in der genitalen Phase für hysterische Störungen.

3.2 Neuere Ansätze: emotionale Entwicklung und psychische Störungen

Die neueren theoretischen Entwicklungen zentrieren sich u. a. auf die Differenzierung der Ich-Funktionen (vgl. Loch, 1977; Kernberg, 1988; Überblick: Mertens, 1996) und auf die theoretische Reflexion der Entwicklung unter dem Aspekt der Motivation, eine Perspektive, die der Psychoanalyse von Anfang an inhärent war; diese Anknüpfung an die Motivationspsychologie erlaubt eine bessere Vernetzung mit der Allgemeinen Psychologie (vgl. Lichtenberg, 1991). Von besonderer Bedeutung sind neuere Ansätze zur *emotionalen Entwicklung*. Die Einengung auf die psychosexuelle Entwicklung wurde – neueren Erkenntnissen, insbesondere aus der Bindungsforschung, Rechnung tragend – zugunsten einer Theorie der emotionalen Entwicklung erweitert. Die Grundlage dieser neueren Konzepte bildet die Entwicklung der *menschlichen Grundbedürfnisse,* als deren wichtigste das Abhängigkeitsbedürfnis resp. Sicherheitsbedürfnis, das Autonomiebedürfnis, die sexuellen Bedürfnisse, die aggressiven Bedürfnisse und die narzißtischen Bedürfnisse angenommen werden (Hoffmann & Hochapfel, 1995). Diese Grundbedürfnisse werden mit verschiedenen Entwicklungsphasen in Verbindung gebracht.

• *Orale Phase:* Für das *erste Lebensjahr* (orale Phase) wird das Erlebnis der Abhängigkeit emotional als «*das* prägende Erlebnis der frühen Kindheit» betrachtet (Hoffmann & Hochapfel, 1995, S. 34). Dieses soll für das Kind als existentielle Abhängigkeit mit etwa dem 6. Monat besonders tiefgreifend erfahrbar werden, wenn es die vertrauten Pflegepersonen von Fremden zu unterscheiden vermag. Bis etwa zum 8. Monat erlebt es sich in seinen Phantasien als «aus eigener Macht wohlversorgt («primärer Narzißmus»)» (a. a. O.). Ab dann reagiert das Kind mit Ängsten bei Trennungserlebnissen oder beim Anblick von fremden Personen. Werden zu diesem Zeitpunkt Abhängigkeits- und Anlehnungsbedürfnisse nicht adäquat berücksichtigt, so prädisponieren diese Erlebnisse für eventuelle spätere *Verlustängste*. Verläßliche Kontinuität der Betreuung fördert das «Urvertrauen», wogegen häufiger Wechsel der Bezugspersonen in diesem Lebensabschnitt zu Entwicklungsstörungen führen soll (vgl. Abschnitt 4). Eine sichere Umwelt wird als Basis der späteren Selbstsicherheit betrachtet. Sie wird internalisiert über die Identifizierung mit bestimmten Menschen; dieser Identifizierungsprozeß konstituiert zusammen mit Reifungsprozessen und genetischen Vorgaben die Selbstentwicklung. Die sicherheitsgebende Innenrepräsentanz ist den Kindern nach Hoffmann und Hochapfel nicht vor Abschluß des 3. oder 4. Lebensjahres zur Verfügung. Wird dem Sicherheitsbedürfnis in dieser ersten Lebensphase nicht genügend Rechung getragen, so bahnt dies unmittelbare oder spätere Störungen an (vgl. Bindungstheorie von Bowlby; Abschnitt 4).

Die Entwicklung des *Körperschemas* erfolgt zunächst ohne Unterscheidung körperlicher und psychischer Erfahrung und ist auch an die Entwicklung des *Selbstbildes* gebunden. Eine ablehnende und desinteressierte Umwelt fördert die *Ich-Schwäche*. So zeigen abgelehnte Kinder bereits im ersten Lebensjahr Ernährungs- und andere Störungen.

Eine gesunde Entwicklung führt zum Vermögen, sich selbst von der Umwelt abzugrenzen, zwischen Wunsch und Wirklichkeit zu unterscheiden und zur Stärkung der Denkfunktionen («Sekundärvorgang») gegenüber den Triebfunktionen («Primärvorgang»). Eine in dieser ersten Phase gestörte Entwicklung des Selbstbildes unterstützt Omnipotenzphantasien, die auch durch *exzessive Verwöhnung* gefördert werden können.

Hoffmann und Hochapfel (1995, S. 42) charakterisieren die in dieser Phase grundgelegten Störungen als «eine ständige Auseinandersetzung mit den anderen, um die *Ängste vor dem Verlassenwerden* zu vermeiden». Sie unterscheiden *narzißtische Persönlichkeitsstörungen* als Ausdruck des emotionalen Rückzuges, *schizoide Persönlichkeitsstörungen* als Unterdrückung der Affekte und Störungen in Form exzessiven *Anklammerungsverhaltens*, das u. a. bei depressiven Patienten oder Suchtkranken oft zu beobachten ist.

• *Anale Phase:* In der analen Phase des Kleinkindalters (2. und 3. Lebensjahr) spielen nach psychoanalytischer Vorstellung die *Autonomie-* und die *aggressiven Bedürfnisse* eine zentrale Rolle für die Entwicklung; diese Bedürfnisse werden im Zusammenhang mit der Entwicklung der Körperschließmuskeln gesehen. Die Möglichkeit zum Neinsagen, aber auch zur Leistungserbringung wird mit dieser Phase assoziiert. Mißlungenes Lernen realitätsangemessenen «Festhaltens» und «Loslassens» prädisponiert zu «retentiven» Charakterstrukturen (im Unterschied zu den «kaptativen» der oralen Phase). Die Unterdrückung des kindlichen *Autonomiestrebens* und das durch die Umwelt provozierte exzessive «Festhalten kann zu einem zerstörenden und grausamen Besitz- und Zwangsverhalten (…) führen» (Hoffmann & Hochapfel, 1995, S. 47).

• *Phallische Phase:* Für die phallische bzw. ödipale oder infantil-genitale Phase (Vorschulalter) zwischen dem 4. und dem 6. Lebensjahr bestreitet die Neo-Psychoanalyse die von der klassischen Psychoanalyse postulierte Bedeutung des Ödipuskomplexes als Ursache späterer Störungen. Hoffmann und Hochapfel (1995) entkoppeln das Konzept der Kastrationsangst und des Penisneides von seiner ausschließlichen Orientierung am männlichen Penis und stellen die beim Mädchen wie Jungen in dieser Zeit häufiger feststellbare Bedrohung der *körperlichen Integrität* ins Zentrum ihrer Überlegungen. Die Identifizierung mit dem gleichgeschlechtlichen Elternteil als Geschlechtsrollenübernahme ist Thema dieser Phase, ein Prozeß, der von kulturellen und familienspezifischen Faktoren wesentlich beeinflußt ist. Er vollzieht sich (normalerweise) nicht mehr im eingeschränkten Rahmen der Mutter-Kind-Dyade, sondern im Rahmen der Triade, bei der es nicht mehr nur um Sicherheit, sondern auch um Rivalität und Schuldgefühle geht. Gelingt diese Entwicklungsaufgabe nicht, werden nach psychoanalytischer Erwartung Angststörungen prädisponiert.

3.3 Ausgewählte Hypothesen zur vorödipalen Ich-Entwicklung und zur Ätiologie von symbiotischen und Borderline-Störungen

Die ätiologische Idee, daß Neurosen durch den ungelösten Ödipuskonflikt verursacht seien und eine – durch die phasentypische psychosexuelle Abwehr bedingte – Regression oder Fixierung darstellten, wurde später u.a. durch Spitz, Mahler, Kohut oder G. und R. Blanck, die sich mehr als Freud besonders mit den frühen Phasen der vorödipalen Ich-Entwicklung und der Entstehung von schizophrenen Störungen auseinandergesetzt haben, erweitert. Sie interpretieren das Ich als *Organisationsprozeß* und seine Entwicklung als die Zunahme der Differenzierungs- und Integrationsleistung. Gegenstände der Organisation sind u.a. die Triebe, Selbstbilder, Objektbilder und die Außenwelt. Die erste Phase dieses Prozesses wird als die *symbiotische Phase* (auch als Phase des «normalen Autismus») bezeichnet, in der – gemäß älteren Annahmen – Selbst und Objekt noch eine Einheit bilden und die Objektkonstanz noch nicht gegeben ist. Dieser Prozeß zielt auf *Loslösung* aus der Symbiose und *Individuation* ab; er vollzieht sich in der Interaktion zwischen Mutter und Kind, das angeborene Potentialitäten mit in die Dyade einbringt. Das in dieser Interaktion Gebotene und Unterlassene wird nach diesen Autoren sukzessive mental repräsentiert; die Entwicklung dieser Repräsentation konstituiert die Ich-Identität, die im dritten Lebensjahr deutlicher in Erscheinung tritt. Lächeln, Fremdenangst und semantische Kommunikation sind nach Spitz (1965) Beispiele für Indikatoren verschiedener psychischer Organisationsniveaus. Sie verweisen auf sukzessiv komplexere und wirkungsvollere Stufen der Ich-Funktionen mit jeweils differenzierteren Möglichkeiten zum Austausch mit der Umwelt: Von der Fähigkeit zur libidinösen Besetzung äußerer Objekte, zur Fähigkeit, spezifische Objekte (Mutter) mit besonderem Wert auszustatten, hin zur Fähigkeit, die Umwelt und sich selbst zu symbolisieren und auf dieser neuen Basis interagieren zu können. Jede erreichte Phase ermöglicht die Auseinandersetzung mit neuen Entwicklungsaufgaben. Zunehmend wird dadurch der Loslösungs- und Individuationsprozeß ermöglicht

(Mahler, Pine & Bergman, 1975). Phasen-spezifische begrenzte Frustrationen (Blanck & Blanck, 1980) sollen den Entwicklungsprozeß erleichtern. Zu hohe Frustrationen stören die Differenzierung, führen zu Fehlbildungen der Organisation und disponieren je nach Phase zu entsprechenden psychischen Störungen. Bei Borderline-Zuständen wird z.B. angenommen, daß beim Loslösungs- und Individuations-prozeß keine Objektkonstanz erreicht werden konnte, die Störung also in der frühesten Entwicklungsphase ihre Wurzeln habe. Eine Störung in der symbiotischen Phase wirkt sich nach diesen Konzepten im symbiotischen Objektbezug gewisser psychotischer Narziß-musformen bei Erwachsenen aus.

3.4 Empirische Studien zu psychoanalytischen Hypothesen

Das psychoanalytische Entwicklungs- und Ätiologiekonzept psychischer Störungen wurde zunächst ausschließlich über die klinische Erfahrung der Bewährung unterzogen. Auf dieser Grundlage hat es Eingang in weite Teile der Psychiatrie, der Psychotherapie und der Alltagspsychologie gefunden. Die unkontrollierte klinische Erfahrung mit Einzelfällen kann indes aus vielerlei Gründen nicht als wissenschaftliche Bewährung von Hypothesen betrachtet werden. Weder ist die Introspektion des Patienten ein Garant für valide Daten mit explikativer Bedeutung, noch ist der behandelnde Therapeut ein unabhängiger Beobachter psychischer Vorgänge (vgl. Grünbaum, 1984). Mit der wissenschaftlichen Überprüfung psychoanalytischer Hypothesen auf der Grundlage der Methoden der empirischen Sozialforschung wurde bereits in den vierziger Jahren begonnen. Überblicksdarstellungen zeigen, daß ein großer Teil der Annahmen durch die empirischen Befunde kritisiert wird und korrekturbedürftig ist (Masling, 1986). Bestätigungen finden sich für Freuds Annahme über den analen Charakter; in mehreren Studien konnten die Merkmale «Sparsamkeit», «Eigensinn» und «Ordnungsliebe» auf der Grundlage verschiedener Methoden als überzufällig konfiguriert nachgewiesen werden (Kline, 1981). Eine schwache empirische Entsprechung fanden dagegen die typologischen Annahmen über den oralen und genitalen Charakter. Hinweise auf orale Persönlichkeitsaspekte findet man dagegen deutlicher in Eigenschaftsansätzen wie z.B. dem Konstrukt Optimismus, das sich in verschiedenen Konzepten als relevant erwiesen hat.

Als unhaltbar erweisen sich die Annahmen über die *Entstehung* der psychoanalytischen Charaktertypen. Frühkindliche Ernährungspraxis, Sauberkeitstrainings und ähnliches haben keinen Vorhersagewert für die Ausprägung analer Charaktermerkmale (Kline, 1981). Frühkindliche Erfahrungen scheinen als isolierte Prädiktoren überhaupt geringen Vorhersagewert zu besitzen für spezifisches Verhalten erwachsener Personen (Schaffer, 1977). Das gilt besonders für die differentielle Vorhersage von *speziellen Störungen*. Die durch die Psychoanalyse postulierten störungstypischen Ursachen in den verschiedenen psychosexuellen Phasen haben sich empirisch weder bei den verschiedenen Neurosen noch bei den psychotischen Störungen nachweisen lassen. So konnten z.B. Ernst und Klosinski (1989) bei zwangsneurotisch gestörten Kindern und Jugendlichen keine besonderen traumatisierenden Ereignisse in der analen Phase finden (vgl. **Kasten 1**).

Verschiedene empirische Studien, die als Beleg für psychoanalytische Thesen herangezogen wurden, sind methodisch kritisch zu bewerten (vgl. z.B. die vielzitierten Untersuchungen von Mahler, Pines & Bergman, 1975). Einige zentrale Grundannahmen der psychoanalytischen Entwicklungstheorie, wie das Konzept des «normalen Autismus», des «primären Narzißmus» oder der nicht vorhandenen Selbst-Objekt-Differenzierung beim Säugling werden durch die moderne Entwicklungsforschung in Frage gestellt (Stern, 1985; Lichtenberg, 1991). Auch Milton Klein (1981) kritisiert auf dem Hintergrund empirischer Untersuchungen die Idee einer «symbiotischen Phase», da der Säugling nie in einem Zustand der totalen Nichtdifferenzierung zwischen sich und der Objektwelt lebe. Dadurch werden Begriffe wie «primärer Narzissmus», «objektlose» oder «normale autistische Phase» gegenstandslos.

Es war aber die psychoanalytische Säuglingsforschung, die Anregungen zu neuen, von der Psychoanalyse abweichenden Konzepten gegeben hat. Zu diesen zentralen Diskussionspunkten gehört die Debatte über das Konzept der

Kasten 1
Studie zur Ätiologie der Zwangsstörungen (Ernst & Klosinski, 1989)

Fragestellung

Die Psychoanalyse postuliert für die Ätiologie zwangsneurotischer Störungen eine Fixierung in der Phase der prägenitalen Organisation, in der anal-erotische und sadistische Triebe vorherrschen (2. und 3. Lebensjahr). Liegt bei Kindern und Jugendlichen mit der Diagnose «Zwangsneurose» eine Störung in der analen Phase zugrunde?

Methode

• *Stichprobe:* 113 zwangsneurotisch gestörte Kinder und Jugendliche, die zwischen 1973 und 1984 ambulant (N = 89) oder stationär (N = 24) in einer Kinder- und Jugendpsychiatrischen Universitätsklinik behandelt worden sind, und 2957 Vergleichspatienten der gleichen Klinik mit anderen Diagnosen.

• *Versuchsplan:* Retrospektivstudie: Deskriptive Analyse der kritischen Merkmale bei der Zwangsgruppe und teilweiser Gruppenvergleich von zwangsneurotischen Kindern und Jugendlichen mit anderen Patienten.

• *Untersuchungsmethode:* Analyse der Krankengeschichten beider Patientenkollektive hinsichtlich der Zwangsformen und -inhalte, der Eltern- und Geschwisterbeziehungen, der Persönlichkeitsentwicklung und besonders bezüglich psychischer Belastungen im Alter von 0 bis 6 Jahren (besondere Ereignisse vor dem Auftreten der Störung in dieser Phase?).

Ergebnisse

• Psychische Belastungen im Alter von 0 bis 6: Die anale Phase war bei den zwangsneurotischen Patienten nur in zwei Fällen durch besondere Ereignisse gekennzeichnet. Störungen in der Sauberkeitsentwicklung lagen nicht vor. Häufig phasenübergreifende Überforderung im Leistungs- und Sozialbereich.

• Geschlechtsverteilung weist auf Übervertretung der Jungen (79%) im Vergleich zu den Mädchen (21%) hin, sowohl bei den stationär wie bei den ambulant Behandelten.

• Herkunftsfamilien: Anteil an Beamtenfamilien im Kollektiv der Zwangspatienten ist doppelt so hoch wie im Vergleichskollektiv. Ebenso häufiger formal-intakte Familienverhältnisse bei den Zwangspatienen als bei den anderen.

• Zwangsinhalte und -impulse: Häufigste Befürchtung bestand in der Angst, der Mutter könnte etwas zustoßen, gefolgt von der Angst vor Vergiftungen und Krankheiten. Sexuelle Inhalte kamen erst ab der Pubertät vor. Zwangsimpulse bei den Mädchen – anders als bei den Knaben – stets auf Tötung eines Menschen, meist der Mutter (ödipale Triebregung?) gerichtet.

Die Autoren verweisen auf frühe Über-Ich-Entwicklung mit strengen Moral- und Wertvorstellungen.

Die Hypothese über die differentielle Bedeutung von Störungen in der analen Phase für die Entwicklung von Zwangsneurosen wurde nicht bestätigt.

«inneren Repräsentanz» und deren Entwicklung als «unbewußte interaktionale Organisationsstrukturen» (Zelnick & Buchholz, 1991). Die repräsentationalen Fähigkeiten des Säuglings wurden von der frühen Psychoanalyse nach den Befunden der neueren Säuglingsforschung unterschätzt. Gewisse Fähigkeiten zur Selbst-Fremd-Differenzierung lassen sich bereits in den allerersten Lebensmonaten erschließen, was mindestens eine primitive Repräsentation

voraussetzt (Zelnick & Buchholz, 1991). Der Sexualtrieb wird als Motivator für die Besetzung der Selbst- und Objektrepräsentanzen bestritten; der zwischenmenschliche Kontakt, dessen Funktion die Sicherung des Überlebens und Entwickelns darstellt und für den von Anfang an eine gewisse Wahrnehmungsfähigkeit gesichert ist, wird ins Zentrum der Betrachtung gerückt (Stern, 1995). Diese Auseinandersetzung hat zur neuen Konzeptualisierung geführt wie

z. B. dem Konzept des Schemas (Stern, 1985) oder des inneren Arbeitsmodelles der Bindungstheorie (Bowlby, 1988).

Die empirischen Befunde zu den Hypothesen bezüglich des *Ödipuskomplexes* lassen sich in ihrem ursprünglich generellen Anspruch nicht aufrecht erhalten (vgl. Greve & Roos, 1996). Die binnenfamiliäre Interaktion und Rollendifferenzierung ist stark kulturabhängig.

Die Ergebnisse der empirischen Forschung lassen es als zweifelhaft erscheinen, daß das Schicksal der frühkindlichen Sexualität der *entscheidende* und *differentielle* Faktor für die Entwicklung späterer Störungen sei. Wichtiger scheinen dauerhafte Interaktionsstörungen und gravierende Trennungserlebnisse, die zu Schemata, zu inneren Repräsentationen des Selbst, der Bezugsperson und der Umwelt führen, die die Vulnerabilität für Störungen erhöhen oder Störungen direkt anbahnen (Stern, 1995). Die Annahme, daß belastende Kindheitserfahrungen in einem weniger spezifischen Sinn für den Erwerb von Störungen vulnerabilisieren können, ist in den Vulnerabilitätskonzepten neu konzeptualisiert und weiterverfolgt worden. Die Psychoanalyse hat zu dieser Thematik wichtige Hypothesen angeregt und versucht in neuerer Zeit vermehrt auch andere Befunde – z. B. aus der Bindungstheorie oder lerntheoretische Untersuchungen – einzubeziehen (vgl. z.B. Hoffmann & Hochapfel, 1995; Mertens, 1996).

Selbst wenn konkretere Vorhersagen über spezielle Störungen und Verhaltensweisen der Psychoanalyse wenig Bestätigung erfahren haben, wird doch die Grundannahme, daß die Erfahrungen der frühen Kindheit eine protektive oder (unspezifische) vulnerabilisierende Wirkung haben können, durch einen wachsenden Wissenskorpus gestützt. Mehrere Langzeitstudien belegen einerseits eine Reihe gesicherter biographischer Risikofaktoren für die Entstehung psychischer und psychosomatischer Störungen (vgl. Egle, Hoffmann & Steffens, 1997). Diese Studien zeigen aber auch, daß für störungsunspezifische Vorhersagen derzeit noch vieles bezüglich der komplexen Wechselwirkung zwischen protektiven und vulnerabilisierenden Faktoren bzw. zwischen biologischen (u. a. genetischen), psychischen und sozialen Faktoren ungeklärt bleibt.

4. Störungen als Folge der Deprivation: Das bindungstheoretische Modell

4.1 Aufbau von Bindung als Entwicklungsaufgabe

Aufbauend auf der Psychoanalyse und unter Einbezug ethologischer und biologischer Erkenntnisse, haben Spitz (1965) und Bowlby (1969, 1973, 1980) die Bedeutung der frühen Kindheit für die Entstehung von psychischen Störungen neu thematisiert. Bindung stellt für Bowlby (1969) das zentrale Konstrukt dar, das ein eigenes Verhaltenssystem mit eigener interner Organisation und Funktion umfaßt. Dieses ist in seiner Bedeutung vergleichbar mit den Verhaltenssystemen der Nahrungsaufnahme und des Sexualverhaltens. Bereits Säuglinge sind mit Verhaltensmöglichkeiten ausgestattet, die geeignet sind, die Nähe der Mutter herzustellen oder zu sichern. Weinen oder Lächeln z. B. haben die soziale Eigenschaft, die Nähe der Mutter und ihr *Pflegeverhalten* zu stimulieren. Alles Kindverhalten, das geeignet ist, die Nähe der Mutter und ihr Pflegeverhalten zu organisieren, nennt Bowlby *Bindungsverhalten;* dies ist bei allen Säugetieren anzutreffen, wobei seine Funktionen überlebenswichtig sind. Menschen zeigen bis zum Ende des dritten Lebensjahres besonders häufig und regelmäßig Bindungsverhalten. Auf vorübergehende, kurze Abwesenheit der Mutter wird in dieser Zeit mit Protest reagiert, solange das Kind die Objektpermanenz noch nicht entwickelt hat, die ihm die interne Repräsentanz der abwesenden Bindungsfigur erlaubt. Als zentraler angstprotektiver Faktor wird der Aufbau der Erwartung betrachtet, daß die Bindungsfigur in gefährlichen Situationen verfügbar sei. Wenn das Kind diese Sicherheitsgrundlage erworben hat, so wagt es in Anwesenheit seiner Bindungsfigur, seine *Umgebung zu explorieren.* Bischof (1975) und Sroufe und Waters (1977) haben Bindung und Exploration als in enger Wechselwirkung stehende Verhaltenssysteme systemanalytisch rekonzeptualisiert. Exploration wird in Abhängigkeit von der jeweils erlebten Sicherheit geregelt; letztere regelt das Bindungsverhalten des Kindes. Das Vertrauen oder Mißtrauen in die Verfügbarkeit der Bindungsfigur baut sich ab der frühen Kindheit in Abhängigkeit von der realen Erfahrung bis zur Adoleszenz auf und bleibt dann nach Bowlby lebenslang in seiner Eigenart erhalten. Die wichtigste Phase bildet die Zeit vom sechsten Monat bis zum fünften Lebensjahr. In dieser Periode hat das Kind nach Auffassung von Bowlby als wichtigste Entwicklungsaufgaben den Aufbau der Bindung und die erste Exploration der Umwelt.

Das instinkt-regulierte Bindungsverhalten wird in Funktion der erworbenen Erwartungen zunehmend kognitiv vermittelt. Das Individuum erwirbt kognitive Repräsentationsmodelle, «innere Arbeitsmodelle» seiner Umwelt und von sich selbst bezüglich der unterstützenden Verfügbarkeit seiner sozialen Umgebung und seiner Fähigkeit, Nähe zu stiften und zu erhalten. Diese kognitiven Repräsentationsmodelle regulieren später den Adaptationsvorgang in Situationen der Bedrohung oder des Verlustes.

Deutlich abgeschwächt wird das häufige Bindungsverhalten den Eltern gegenüber erst mit der Adoleszenz. In einer normalen Entwicklung wurde in der frühen Kindheit eine gefestigte affektive Beziehung zu den Eltern aufgebaut, die sich später in der Beziehung von Erwachsenen zu Erwachsenen reproduziert. Bowlby sieht die normale Entwicklung als Abfolge von Fähigkeiten zu Verhaltensleistungen, die aufeinander aufbauen: Das Bindungsverhalten geht dem Erkundungsverhalten voraus und dieses dem Reproduktionsverhalten. Die Abfolge der drei Verhaltensfunktionen stellen *drei Typen von Entwicklungsaufgaben* dar, bei denen die angemessene Bewältigung der späteren von der Bewältigung der vorausgegangenen abhängig ist: Störungen in der Phase des Beziehungsaufbaus behindern das angemessene Erkunden der Umwelt. Beide sind wiederum Voraussetzung für die Partnerfindung und das erfolgreiche Reproduktionsverhalten.

In der empirischen Bindungsforschung lassen sich drei Etappen unterscheiden. In der ersten Phase wurden in Anlehnung an die theoretischen Annahmen von Bowlby unterschiedliche Bindungstypen bei einjährigen Kindern ermittelt. Ainsworth, Blehar, Waters und Wall (1978) konnten im Fremden-Situations-Test bei Einjährigen *drei Reaktionsmuster* auf die vorübergehenden Trennungen von den Müttern beobachten, die sie als «sicheres», «meidendes» und «oppositionelles» Verhaltensmuster umschrei-

ben. Die Bindungskategorien wurden später weiter differenziert in «sichere Kinder» (B), «unsicher-vermeidende» (A), «unsicher-ambivalente» (C) und «desorientiert-desorganisierte» (D) Kinder (vgl. Main & Solomon, 1990; Grossmann et al., 1997). Diese Bindungsmerkmale erweisen sich als relativ stabil.

Mitte der neunziger Jahre steht verstärkt die Beobachtung des Bindungsverhaltens von Erwachsenen im Zentrum. Es wurde das *Adult Attachment Interview (AAI)* entwickelt (George, Kaplan & Main, 1996), das vier Bindungstypen bei Erwachsenen unterscheidet (vgl. **Kasten 2**). Die Indizien über die Beziehungsmerkmale werden dabei aus dem Interview erschlossen; z.B. weist kohärentes und kooperatives Verhalten im Interview auf eine sichere Bindung hin. Grossmann, Fremmer-Bombik, Rudolph und Grossmann (1988) adaptierten das Verfahren und die Klassifikation für deutschsprachige Personen. Asendorpf, Banse, Wilpers und Neyer (1998) haben für Erwachsene ein revidiertes Modell der Bindungsstile mit den Dimensionen «sicher-ängstlich» und «abhängig-unabhängig» vorgeschlagen und entsprechende Selbst-Beurteilungsskalen entwickelt. Andererseits wird der Entwicklung der sogenannten «inneren Arbeitsmodelle», der kognitiven Repräsentation der Beziehung, die das Beziehungsverhalten organisiert, vermehrte Aufmerksamkeit geschenkt (vgl. Larose & Boivin, 1997).

4.2 Hypothesen über bindungshemmende Faktoren und die Folgen der Deprivation

Der Sollwert des homöostatischen Bindungsverhaltensystems ist der Aufbau und die Erhaltung von Bindung. Die Homöostase vermag der Organismus nur innerhalb gewisser Grenzen von sozialen Umweltbedingungen zu erhalten. Werden diese für längere Zeit und/oder stark überschritten, so ist die Entwicklung des Organismus gefährdet. Wenn ein Kind Wärme, Intimität und eine kontinuierliche Beziehung mit seiner Mutter oder einer anderen Bindungsfigur nicht erleben kann, so wird die Homöostase gestört. Bowlby nennt diesen Zustand *Deprivation*. Der pathogene Effekt der Deprivation hängt nach den Bindungstheoretikern wesent-

Kasten 2
Kurzbeschreibung der Adult-Attachment-Interview-Kategorien bezogen auf die Fremden-Situation-Kategorien (Main, 1996)

Erwachsenen-Bindungsverhaltens-Interview

Sicher-autonom (F). Kohärente und kooperative Kommunikation beim Bericht und bei der Bewertung von bindungsbezogenen Erfahrungen, gleichgültig ob diese als angenehm oder unangenehm beschrieben werden. Der Sprecher bzw. die Sprecherin scheint seine/ihre Bindungen und Beziehungserfahrungen objektiv zu betrachten.

Distanziert (D). Positive Beschreibungen der Eltern («ausgezeichnete, sehr normale Mutter») werden nicht durch spezifische Erinnerungen bestätigt oder durch diese gar widerlegt. Negative Erfahrungen sollen keinen Effekt gehabt haben. Die Berichte sind kurz, oft fehlen Erinnerungen.

Verwickelt (E). Beschäftigt mit Erfahrungen, scheint wütend, verwirrt und passiv, oder furchtsam und überwältigt. Einige Sätze sind grammatikalisch verstrickt oder gefüllt mit unklaren Ausdrücken. Berichte sind lang, einige Antworten irrelevant.

Unverarbeitet-desorganisiert (U-d). Zeigt während Diskussionen über Verlust oder Mißbrauch auffallend Mängel in der Kontrolle von Gedanken oder Aussagen; z. B. Sprechen von einer verstorbenen Person als wenn sie noch am Leben wäre im physikalischen Sinn, schweigsam werden oder eine «lobrednerische» Sprache brauchen. Andererseits kann das Verhalten gut zu D, F, oder E passen.

Antwort des Kindes auf eine fremde Situation

Sicher (B). Macht Zeichen, daß es die Eltern vermißt bei der ersten Trennung und schreit während der zweiten Trennung. Begrüßt die Eltern aktiv: z. B. kriecht es sofort zu den Eltern, will gehalten werden. Nach kurzem erhaltenem Kontakt mit den Eltern läßt es ab und kehrt zum Spielen zurück.

Unsicher-vermeidend (A). Schreit nicht bei Trennung, lenkt während des Vorgangs die Aufmerksamkeit auf Spielzeuge oder die Umgebung. Vermeidet oder ignoriert die Eltern aktiv beim Wiedersehen, entfernt sich, dreht sich ab oder sträubt sich, wenn es in die Arme genommen wird. Emotionslos; kein Ausdruck von Ärger.

Unsicher-ambivalent (C). Während der Trennungsphase im Fremdensituationstest ausschließlich mit dem abwesenden Elternteil beschäftigt, zeigt deutlich den Kummer, verhält sich aber auch ambivalent: sucht einerseits den Elternteil, andererseits verhält es sich passiv oder widerspenstig bei der Rückkehr. Es mißlingt dem Kind, sich anzuschmiegen oder zu versöhnen, es konzentriert sich weinend auf sein Elternteil.

Desorientiert-desorganisiert (D). Unordentliches oder orientierungsloses Verhalten zeigt sich bei Elternanwesenheit; z. B. kann es erstarren mit einem tranceähnlichen Ausdruck, die Hände in der Luft, aufstehen und dann hingestreckt fallen beim Eintritt der Eltern, oder sich anklammern, während es sich neigt. Andererseits kann das Verhalten gut zu A, B oder C passen.

lich vom Deprivationsausmaß, der Deprivationsgeschichte und den der Deprivation nachfolgenden Bedingungen ab.

Als typische Reaktion von Babys, die sechs Monate und älter sind, auf die Trennung von der Mutterfigur kann zunächst das *Protestverhalten,* dann die *Kummerreaktion* beobachtet werden. Wenn diese Reaktionen erfolglos sind, so schwächt sich die Anstrengung ab, um periodisch wieder aktiviert zu werden. Dieser emotionale *Rückzug* entspricht dem depressiven Verhalten. Protestverhalten und Kummerverhalten konnten auch bei Tieren nachgewiesen werden, so bei kürzerer und längerer physischer Trennung von Affenbabys von ihren Müttern (Reite & Capitanio, 1985). Protest und Kummer bringen die beiden von Engel und Schmale (1972) beschriebenen Adaptationssysteme Aktivierung («fight-flight-reaction») und Desaktivierung («conservation-withdrawal-reaction») ins Spiel, für die sie eine neurobiologische Grundlage annehmen. Die Aktivierung ist geeignet, die Gefährdung des Verlustes zu beenden. Im Falle des Mißerfolges erweist sich die energiesparende Desaktivierung als biologisch adaptiv. Den beiden Reaktionssystemen ist auf der pathologischen Seite die Angst und die Depression zugeordnet. Bowlby betont, daß die individuellen Unterschiede der Reaktionen auf bindungshemmende oder -schädigende soziale frühkindliche Bedingungen mitabhängig sind von angeborenen Unterschieden, sowie von den sozialen Verhältnissen, die ein Kind vor und nach der kritischen Erfahrung erlebt. Auch das Geschlecht scheint einen Einfluß zu haben: Buben sollen eher mit Aggressivität, Mädchen eher mit Anklammerung und Ängstlichkeit reagieren.

Bowlby macht im Rahmen seiner Entwicklungstheorie Aussagen über *differentielle Effekte* hinsichtlich der Entstehung spezifischer Störungen auf Grund besonderer Merkmale der Bindungs- bzw. Trennungserfahrung.

• *Entstehung von phobischen Störungen und Angststörungen:* Das Erlebnis des *bedrohenden Verlustes* disponiert zur Angst. Wenn die Verfügbarkeit der Bindungsfigur in der frühen Kindheit als unsicher erlebt wird, strukturiert sich nach Bowlby (1973) ein ängstliches und unsicheres Bindungsverhalten, das je nach individuellen Voraussetzungen auch in eine überstarke Autonomieaffirmation münden kann. Insbesondere drohende Trennung oder eine gestörte Interaktion mit der Bindungsfigur in der frühen Kindheit erklären die Neigung zur diffusen Ängstlichkeit, zur Schulphobie und Agoraphobie, die durch spezielle innerfamiliäre Interaktionsschemata begünstigt werden.

• *Entstehung von Depressionen:* Wird bei der Angst durch die Bedrohung des Verlustes der

Organismus zur Herstellung von Sicherheit stark aktiviert, so findet bei der Depression das Gegenteil, nämlich eine partielle oder weitgehende Desaktivierung des Bindungsverhaltens auf Grund eines tatsächlich *eingetretenen Trennungs- bzw. Verlusterlebnisses* statt. Vorbereitet wird diese Desaktivierung durch starke Deprivationserfahrungen, insbesondere durch lang andauernde *Trennungserlebnisse* unter ungünstigen Umständen.

Bei Trennungserlebnissen ist die Vulnerabilität nach den Bindungstheoretikern in den ersten drei Lebensjahren am größten. Auch wenn die Vulnerabilität bis zur Adoleszenz langsam abnimmt, so sind auch im Erwachsenenalter Erfahrungen denkbar, die den gleichen Prozeß auslösen. Die pathogene Entwicklung kann durch günstige soziale Unterstützung nach der Trennung verhindert werden.

Rosenstein und Horowitz (1996) haben bezüglich der *kognitiven Repräsentationsstrukturen,* die das theoretische Bindeglied zwischen dem Pflegeverhalten der Bindungsperson und dem Bindungsverhalten des Kindes darstellt, Annahmen über *innere Arbeitsmodelle* formuliert, die bei bestimmtem Pflegeverhalten der Mütter oder Väter zu erwarten sind. Aufgrund von konstant unresponsiven, zurückweisenden Bezugspersonen wird beim Kind der Aufbau eines unsicheren inneren Arbeitsmodells erwartet. Das Kind lernt sekundäre kompensatorische Bindungsstrategien, um Nähe aufrecht erhalten und sich selbst organisieren zu können. Main (1990) nennt dies eine Strategie der Minimierung des Bindungsverhaltens zum Selbstschutz. Diese Kinder erleben oft Gefühle des Ärgers und der Angst vor Zurückweisung und zeigen ihre Belastung wenig offen. Kinder von unverläßlich zugänglichen Eltern entwickeln dagegen eine Strategie der Maximierung des Bindungsverhaltens.

4.3 Empirische Studien zu bindungstheoretischen Hypothesen

4.3.1 Studien zu allgemeinen bindungstheoretischen Konzepten

Das Werk von Bowlby hat in diesem Jahrhundert mit den Beiträgen von Rene Spitz zu einer Revolution im Umgang mit Heimkindern beigetragen. Darüber hinaus aber hat es in verschiedenen wissenschaftlichen Disziplinen eine rege Forschungstätigkeit ausgelöst und sich in dieser Hinsicht als überaus fruchtbar erwiesen. Neben den entwicklungspsychologischen Strängen, die etwa in den Arbeiten um Ainsworth in den USA oder um Grossmann in Deutschland (vgl. Grossmann & Grossmann, 1986) differenzierende und teilweise korrigierende Fortsetzung gefunden haben, wurden zunächst vor allem die Hypothesen über die Deprivationsfolgen empirisch untersucht. Bereits Bowlby war bemüht, seine Thesen durch empirische Befunde zu belegen.

• *Studien zur Stabilität und zur «sozialen Vererbung» von Bindungsmerkmalen.* Neuere Forschungsbefunde zeigen eine erstaunliche Stabilität der Bindungsmuster. Längsschnittstudien an Kleinkindern (erste Messung) bis zum Jugendalter (16/17 Jahre, zweite Messung) zeigen bei 77 Prozent der Personen Stabilität der Zuordnungen. Ebenso lassen sich deutliche Zusammenhänge der mütterlichen Bindungsmerkmale zu jenen ihrer Kinder feststellen (vgl. Benoit & Parker, 1994). In der Metaanalyse von Van Ijzendoorn (1995), die 18 verschiedene Stichproben erfaßte, konnten 7 Prozent der Kinder in ihrer Bindungsqualität aufgrund des Fremdensituationstests (sicher versus unsicher gebundene) den Bindungsmerkmalen der Mütter (kohärent versus inkohärent) zugeordnet werden.

• *Studien zum Zusammenhang von «inneren Arbeitsmodellen» und Störungen.* Die weitgehende Unbewußtheit des inneren Arbeitsmodells der Bindung macht sie änderungsresistent. Das Arbeitsmodell reguliert Erwartungen, Bewertungen und offenes Verhalten bezüglich der Beziehung. Neue Beziehungen (auch von Mutter zu Kind) werden in Übereinstimmung zu den inneren Arbeitsmodellen organisiert. Diese Annahmen finden in neueren Studien eine gewisse erste Bestätigung, z.B. bezüglich des Störungstyps bei Jugendlichen in Verbindung mit den Bindungsmerkmalen der Mütter (Rosenstein & Horowitz, 1996). Einige Autoren haben für gewisse Störungsgruppen sogar neue *Taxonomien* vorgeschlagen, die sich konsequent am Bindungskonzept orientieren (Zeanah, 1996).

• *Studien zum Einfluß des Pflegeverhaltens auf Störungen.* Shear (1996) hält in ihrem Übersichts-

artikel zum Einfluß der Qualität des Pflegeverhaltens auf die Ätiologie und Pathogenese der Panikstörungen bei Erwachsenen fest, daß in bisherigen Studien Patienten mit Panikstörungen im Vergleich zu normalen Personen häufiger eine gestörte Beziehung zu den Eltern berichten, eine größere Frequenz von Elternverlusten aufweisen und häufiger bereits in der Kindheit Ängste zeigten einschließlich erhöhter Trennungsängste. Personen mit Panikstörungen teilen indes diese Merkmale mit Personen, die andere Angststörungen haben und teilweise sogar mit anderen Störungsgruppen.

Rutters Kritik (Rutter, 1995) an den derzeit vorliegenden einschlägigen Forschungsergebnissen gilt teilweise auch für die folgenden Befunddarstellungen. Er macht auf verschiedene Probleme der bisherigen Untersuchungen aufmerksam, die die direkte Beziehung von Merkmalen der Bindungsqualität zu Störungen betreffen. Auf der methodischen Ebene ist die Reliabilität der Klassifikation der Bindungsmerkmale oft zu wenig gesichert. Theoretisch und empirisch werden die schwer zu erfassenden Wechselwirkungen mit Merkmalen des Temperaments und anderen angeborenen Merkmalen der Kinder stärker zu berücksichtigen sein.

4.3.2 Studien zu Deprivationsvarianten

Im folgenden werden einschlägige Befunde zu den drei Deprivationsvarianten dargestellt, wie sie Ainsworth (1985) zusammengefaßt hat und die in unterschiedlichem Ausmaß und in Kombination oder allein vorkommen können: *quantitativ ungenügende Interaktion, qualitativ gestörte Interaktion, Diskontinuität.*

4.3.2.1 Folgen von quantitativ ungenügender Interaktion

Eine erste Form besteht im Typus der *quantitativ ungenügenden Interaktion:* Diese betrifft sowohl Kinder, die eine Bindungsfigur zur Verfügung haben, aber nicht in ausreichendem Ausmaß, als auch Kinder, die aufgrund ihrer Unterbringung in Heimen oder Pflegestätten über quantitativ ungenügende Interaktionsangebote verfügen. Eine extreme Variante der quantitativ ungenügenden Interaktion stellt die Unterversorgung und *Vernachlässigung* des Kindes als eine Form der Kindesmißhandlung dar. In verschiedenen Studien konnte als Folge die Retardierung der körperlichen, emotionalen, sozialen und kognitiven Entwicklung und das Auftreten von Verhaltensstörungen beobachtet werden (Wolfe, 1987). Im Falle der Vernachlässigung ist indes zu beachten, daß hier nicht nur ein quantitativ unzureichendes Interaktionsangebot, sondern auch eine unzureichende qualitative Beziehung vorliegt (vgl. nächster Abschnitt).

Durch Unterstimulation bedingte sprachliche Retardierungen können bis zur Vorpubertät unter später günstigen Bedingungen weitgehend behoben werden. Bleibende schwere Schädigungen, die nur auf die Stimulationsarmut in der frühen Kindheit zurückzuführen wären – wie sie in einzelnen Kulturen die Norm ist – konnten bisher nicht nachgewiesen werden (Ernst & von Luckner, 1985).

Die Bedingung der quantitativ ungenügenden Interaktion wurde auch für *Kinder berufstätiger Mütter* angenommen. Die Folgen der Berufstätigkeit auf die Entwicklung der Kinder hängen u.a. von der Qualität der Betreuung während der Mutterabwesenheit ab. Kinder von Tagespflegestätten aus eher anregungsarmen Familien zeigen in einzelnen Studien (vgl. Schwarz, Krolick & Strickland, 1973) sogar bessere Werte in der sensumotorischen und kognitiven Entwicklung als ausschließlich familienerzogene Kinder. Die Auswirkungen der mütterlichen Berufstätigkeit hängen u.a. von der Bedeutung des Berufes für die Zufriedenheit der Mutter, von den sozialen und ökonomischen Verhältnissen der Familie und der Qualität der Kindbetreuung in der Tagesstätte oder durch andere Personen ab (Fthenakis, 1989). In allgemeiner Form läßt sich die These, daß sich die Berufstätigkeit der Mutter während der ersten Lebensjahre des Kindes störend auf die emotionale und soziale Entwicklung des Kindes auswirke, nicht aufrechterhalten (Schaffer, 1992).

4.3.2.2 Folgen einer qualitativ gestörten Interaktion

Ein zweiter Deprivationstypus ist in der *qualitativ gestörten Interaktion* gegeben, ungeachtet der Quantität des sozialen Austausches. Diese Form erleben Kinder, die abgelehnt werden, die eine ambivalente Zuwendung erleben, oder die Objekte der Angst ihrer Eltern sind.

Zahlreiche Forschungsbefunde zeigen, daß zerrüttete Familienverhältnisse oder andauernd ungünstige Pflegeverhältnisse die Entwicklung von psychischen Störungen begünstigen, wobei bei der Soziopathie, bei gewissen Depressionsarten und der Schizophrenie eine genetische Disposition mit im Spiele ist. Das Überblicksreferat von Ernst und von Luckner (1985) ergibt für konfliktreiche Familienbedingungen und sogenannte «broken home» Verhältnisse ein stärkeres störungsförderndes Gewicht als der Faktor von Trennungserlebnissen.

Der folgenreichste Ausdruck einer gestörten Interaktion ist die physische, psychische und sexuelle *Kindesmißhandlung*. Die schädigenden Folgen sind meistens eher auf das andauernde mißhandelnde Milieu als auf einzelne Tätlichkeiten zurückzuführen. Kurzzeitige Wirkungen der physischen und psychischen Mißhandlung sind häufig Retardierungen in verschiedenen Entwicklungsbereichen, Schlafstörungen, hohe Ängstlichkeit oder Aggressivität (Schneewind, Beckmann & Engfer, 1983). Die gut kontrollierte, seit 1985 laufende Mannheimer Langzeitstudie (Weindrich & Löffler, 1990) zeigt, daß vernachlässigte und/oder abgelehnte Säuglinge bereits am Ende des zweiten Lebensjahres in ihrer kognitiven Entwicklung verzögert sind und mehr Verhaltensstörungen aufweisen als eine Vergleichsgruppe nicht mißhandelter Kinder. Kendall-Tackett, Meyer und Finkelhor (1993) unterscheiden bei *sexuell mißhandelten* Kindern unmittelbare Folgen auf den Ebenen der emotionalen Reaktionen, der somatischen Beschwerden, des Sozialverhaltens und der Sexualität der Betroffenen. Folgen können auch erst später sichtbar werden («sleeper effects») und hängen u.a. von den protektiven Faktoren ab. Mit zunehmendem Alter zeigen in fiktiven wie in echten Langzeitstudien *mißhandelte* Kinder häufiger Bindungen vom Typ A (unsichervermeidend) (Schneider-Rosen, Braunwald, Carlson & Cicchetti, 1985). In neueren Studien (zum Teil Reanalysen, z.B. Carlson, Cicchetti, Barnett & Braunwald, 1989) erweisen sich bereits bei den 12 Monate alten Kindern – anstelle der zu erwartenden ca. 33 Prozent – nur noch 14 Prozent der mißhandelten Kinder als sicher gebunden, über 80 Prozent gehören zum Typ D (vgl. auch Cicchetti, Toth & Lynch, 1995). Als *Langzeitfolgen* der sexuellen Mißhandlung wurden Depressionen, Beeinträchtigungen des Selbstwertgefühls, Verhaltensstörungen und Störungen des Sexualverhaltens und -erlebens beobachtet (Egle, Hoffmann & Joraschky, 1997).

4.3.2.3 Folgen von Trennungserlebnissen (Diskontinuität der Interaktion)

Die dritte Variante läßt sich durch die *Diskontinuität* charakterisieren. Alle Arten von vorübergehenden kürzeren oder längeren sowie dauerhaften Trennungen gehören dazu. Jede Mutter-Kind-Trennung ist nach Ainsworth (1985) für das Kind mehr oder weniger belastend, vorausgesetzt, daß das Kind seine Mutter von anderen Personen unterscheiden kann, bereits eine Bindung zu ihr aufgebaut hat und die Trennungszeit noch nicht kognitiv zu überbrücken vermag. Kinder, die keine feste Bezugsperson haben, werden in der Entwicklung des Bindungsverhaltens gehemmt. Ein in unserer Kultur weit verbreiteter Anlaß für Trennungserlebnisse stellt die *Scheidung* der Eltern dar. Jedes sechste bis achte unmündige Kind hat im deutschen Sprachraum in den neunziger Jahren die Scheidung seiner Eltern erlebt. Die Scheidung ist für die sich trennenden Partner und für die Kinder normalerweise (mindestens) vorübergehend eine schwere Belastung, die als *kritisches Lebensereignis* einen hohen Adaptationsaufwand erfordert. Diese Belastung wird interindividuell und geschlechtstypisch verschieden verarbeitet. Nach der Repräsentativ-Studie von Napp-Peters (1995), in der 150 Scheidungsfamilien im Längsschnitt beobachtet wurden, reagieren Knaben häufiger als Mädchen mit Lernschwierigkeiten, Verhaltensstörungen, Schulängsten und wiederholen häufiger eine Klasse, während bei den Mädchen die Reaktionen stärker internalisierender Art sind und zunächst weniger in Erscheinung treten. 12 Jahre später zeigen indes bedeutend mehr Frauen Störungen als Männer. Die Folgen werden insgesamt stark beeinflußt durch das Familienklima *vor* und die Lebensverhältnisse *nach* der Scheidung (Fthenakis, Niesel & Oberndorfer, 1988). Wenn Scheidungskinder mit Kindern aus zerrütteten Familienverhältnissen in den kurzfristigen Folgen verglichen werden, so ergeben sich in mehreren Studien für die Scheidungskinder zwei Jahre nach der Scheidung weniger Verhaltensprobleme. Aber die Scheidungskinder zeigen mehr Probleme als Kinder aus konfliktnormalen Familien (Franke, 1983). Einfache Zusammenhänge der Scheidung mit der Entwicklung von persistierenden Störungen lassen sich nicht belegen. Sie sind die Folge des Zusammenwirkens verschiedener Kofaktoren wie erhöhte Vulnerabilität oder ungünstige Pflegeverhältnisse nach der Scheidung (vgl. Schmidt-Denter, Beelmann & Hauschild, 1997).

In analoger Komplexität stellt sich das Problem der Folgen der *Adoption* dar. Die Metaanalyse von Wierzbicki (1993), die 66 Studien über die Adaptationsprobleme von Adoptierten erfaßt, zeigt deutliche Unterschiede: Adoptierte haben signifikant stärker Anpassungsprobleme im Vergleich zu Nichtadoptierten. Sie zeigen häufiger externalisierende und Schulleistungsprobleme, was besonders für Adoleszente gilt. Klein-Allermann (1995) stellt solchen globalen Aussagen entgegen, daß nicht die Adoption *per se* als Risikofaktor zu betrachten ist und verdeutlicht, daß die adoptionsspezifischen Entwicklungsaufgaben ebenso Entwicklungspotential in sich bergen und bei günstigen Bedingungen zu gelungenen Bewältigungen führen können, wie die Ergebnisse ihrer eigenen Studie belegen.

Langzeiteffekte der Trennung wurden u. a. bezüglich der *Depression* untersucht. Patten (1991) hat in seiner Metaanalyse, die insgesamt 2432 Personen mit depressiven Störungen und Vergleichspersonen aus 6 verschiedenen Studien erfaßt, für Frauen ein doppelt so hohes Risiko, an einer depressiven Störung zu erkranken, festgestellt, wenn sie die Mutter als Kind (jünger als 11 Jahre) verloren haben. Für Männer kann die Studie keine Aussagen machen, da das Untersuchungskollektiv aus Frauen bestand. Der Verlust einer Bindungsfigur in der Kindheit kann nach gegenwärtigem Wissensstand als Risikofaktor betrachtet werden. Ob er zu einer Störung führt, hängt u. a. von den protektiven Faktoren ab.

Einzelne *befristete Trennungen* in der frühen Kindheit führen nur selten zu längeren Störungen, woraus man auf eine relative Robustheit der Säuglinge und Kleinkinder kurzfristigen und episodischen Belastungen gegenüber schliessen kann (Ernst & von Luckner, 1985; Schaffer, 1992). Mehrere, stärkere Trennungserlebnisse bewirken stärkere Störungen, am deutlichsten, wenn sie von chronischen aversiven Umständen begleitet sind. Für einen Überblick über die Bindungsforschung und ihre Implikationen für die Entstehung psychischer Störungen sei auf Grossmann et al. (1997) und Main (1996) verwiesen.

5. Störungen als Folge der Lerngeschichte: Lerntheoretische Modelle

Innerhalb der Psychologie und in Zusammenarbeit mit Nachbardisziplinen hat sich in diesem Jahrhundert eine dritte Forschungstradition zur Untersuchung der Ätiologie psychischer Störungen entfaltet, die soziale und andere Umwelteinflüsse auf die Entwicklung von Verhaltensmerkmalen und Störungen im Zentrum der Betrachtung hat. Es sind dies die verschiedenen lernpsychologischen Ansätze und die Beiträge der tierexperimentellen Forschung. Anders als die Psychoanalyse und die Bindungstheorie thematisieren die Lerntheorien nicht primär entwicklungsbedingte Faktoren, die die Entstehung von Störungen in Wechselwirkung mit sozialen Umweltbedingungen fördern können, sondern psychologische Prozesse, die in den verschiedenen Entwicklungsphasen für den Erwerb von Störungen bedeutsam sind. Sie gehen davon aus, daß Personen in jedem Lebensalter durch entsprechende Umweltbedingungen Störungen entwickeln können. Die Bedeutung dieser allgemeinen Lernprinzipien für bestimmte Lebensphasen wurde vor allem für die Kindheit und das Erwachsenenalter untersucht.

Die Beiträge der Lerntheorien und der «experimentellen Neurosenforschung» akzentuieren drei Typen von Lernbedingungen, die die Entstehung von Störungen fördern:

(1) Fehlangepaßtes Verhalten als *Folge von Konditionierungsprozessen:* Eine hochgeneralisierte Hundephobie als Folge eines Hundebisses mag in diesem Sinne das Ergebnis einer klassischen Konditionierung sein, die für den betroffenen Hundephobiker mit allerhand Behinderungen im Alltag verbunden ist. Analog kann das aggressive Durchsetzungsverhalten eines Kindes die Folge systematischer operanter Verstärkung sein. In beiden Fällen hat das Lernen gewissermaßen unter Bedingungen stattgefunden, die den Erwerb dieser fehlangepaßten Verhaltensweisen *optimal begünstigt* haben.

(2) Fehlangepaßtes und desorganisiertes Verhalten kann indes auch die Folge der *maximalen Störung von Konditionierungsprozessen* sein. Wenn die Orientierung für den Organismus beispielsweise unmöglich wird, oder die Verarbeitungskapazität durch Überreizung überschritten wird und adaptive Verhaltensleistungen dadurch verunmöglicht werden, reagieren Personen unter natürlichen Bedingungen und Tiere im Experiment mit Störungen. Der zweite Bedingungstyp ist das Thema eines großen Teiles der «experimentellen Neurosenforschung».

(3) Als dritter Typ von Lernbedingungen sind *kognitive Faktoren* zu unterscheiden, die das Lernen von Störungen beeinflussen.

5.1 Störungen als Folge von Konditionierungsprozessen

5.1.1 Klassische Konditionierung

Die Lernforschung hat seit Pawlows (1849–1936) Entdeckung des konditionierten Reflexes und Thorndikes (1874–1949) Experimenten zum Effektgesetz diese Erkenntnisse auch auf die Entwicklung von gestörtem Verhalten übertragen. Eine fruchtbare Systematisierung von Störungen nach der Art der Lernprozesse hat Eysenck in den sechziger Jahren formuliert, indem er *Störungen der ersten Art,* die sich durch vorausgegangene klassische Konditionierungsprozesse charakterisieren, von Störungen der *zweiten Art* unterschied, bei denen ein Mangel an bedingten Reaktionen vorliegt, was zu einer Unteranpassung der Person an die soziale Umwelt führt. Zur ersten Gruppe gehören in der Terminologie von Eysenck die *dysthymischen Störungen,* d.h. phobische Störungen, Angstzustände, Zwangsstörungen und gewisse depressive Störungen; zur zweiten die Psychopathien, die Enuresis und alle Störungen, die durch operante Konditionierungsprozesse aufrechterhalten werden.

Die dysthymische Fehlanpassung durchläuft nach Eysenck und Rachman (1968) *drei Phasen:* Im *ersten Stadium* erlebt die Person ein starkes Trauma oder eine Reihe subtraumatischer Ereignisse, die unbedingte starke autonome Reaktionen auslösen. Dieses universelle Reaktionsmuster als Antwort auf schädigende Reize ist normal. In einigen Fällen, besonders bei konditionierbareren Personen, bilden sich in einem *zweiten Stadium* bedingte Reaktionen heraus. Deutlich ist dies mitunter bei der Entstehung von Phobien beobachtbar, z.B. wenn eine Person nach einem Unfall eine Phobie vor dem Autofahren entwickelt. Bei der Entstehung diffuser Ängste postuliert Eysenck eine größere Zahl subtraumatischer Ereignisse. Diese Störungen unterliegen dem Prozeß der Löschung, wenn sie nicht erneut bekräftigt werden, was als «Spontanremission» bezeichnet wird. Persistierende Störungen gelangen in ein *drittes Stadium*. Ihre Aufrechterhaltung erklärte Eysenck zunächst durch das Meideverhalten dieser Personen, wodurch Löschung verunmöglicht werde, da es im Sinne der Mowrerschen Zwei-Prozeß-Theorie verstärkt werde.

Eysenck (1976) hat seine Theorie später modifiziert. Zu den revidierenden theoretischen Elementen bezüglich des Erwerbs von Angst- und Furchtreaktionen gehört, daß neben aversiven Schmerzreizen oder anderen leicht assoziierbaren («prepared») Ereignissen auch konditionierte frustrierende Nicht-Belohnung («frustrative non-reward») physiologische und Verhaltensfolgen haben können (Gray, 1982). Für das Erlernen von Angstreaktionen können diese Ereignisklassen zur konditionierten Bestrafung demnach funktionell äquivalente Wirkung haben.

Zur *Extinktion* korrigiert Eysenck seine früheren Hypothesen: Wenn ein CS ohne Verstärkung wiederholt präsentiert wird, so kann Löschung oder eine Verstärkung der CR erfolgen. Der zweite Prozeß findet dann statt, wenn die CR Antriebeigenschaften («drive properties») hat. Die Speichelabsonderung hat keine Antriebeigenschaften, da der CS eher zum Zeichen für den UCS wird als zum Erzeuger eines motivationalen Zustandes; der Glockenton erzeugt keinen Hunger. Ein Elektroschock nach der Präsentation eines CS erzeugt dagegen einen CS-induzierten Antrieb:

> UCS (Elektroschlag) → UCR (Schmerzreaktion)
> CS (Ton) (mit Elektroschlag) → CR (Schmerzreaktion)
>
> CR (Schmerzreaktion) hat Antrieb-Eigenschaften, so daß CS → CR relativ stabil bleibt, auch wenn der UCS (Elektroschlag) wegbleibt.

Höhere Organismen werden durch eine solche Konditionierung neue Verhaltensweisen lernen, bzw. bereits verfügbare einsetzen, um den CS zu vermeiden. Eysenck unterscheidet also CS, die keine antrieberzeugende Funktion haben und die in Abwesenheit von UCS der Löschung unterliegen, von solchen, die antrieberzeugende Wirkung haben und die dem «law of enhancement» (oder der «incubation») unterliegen (Eysenck, 1985).

Bei ersteren Störungen hat Eysenck eine hohe *Spontanremissionsquote* postuliert, während diese bei den letzteren Störungen aus naheliegenden Gründen nicht zu erwarten ist. Die unterschiedliche Bereitschaft, in der Lebensgeschichte in dysfunktionaler Weise zu viele oder zu wenige bedingte Reaktionen aufzubauen, wird nach Eysenck durch den Faktor der genetisch bedingten Konditionierbarkeit erklärt, der mit jenem des differentialpsychologischen Konstrukts der Introversion korreliert sei. Es gibt aber offensichtlich nicht nur Unterschiede in der Konditionierbarkeit auf Seiten der Personen, sondern auch auf der Seite der Reize: Nicht alle neutralen Reize sind gleichermaßen leicht durch klassische Konditionierungsprozesse mit unkonditionierten Reizen verknüpfbar.

Die Fähigkeit, auf bestimmte Stimulusklassen mit konditionierten Vermeidungsreaktionen zu reagieren, also spezifische CS-UCS-Verbindungen als stärker zusammengehörend , bzw. leichter verbindbar wahrzunehmen («belongingness»), liegt nach Seligman (Seligman & Hager, 1972) in der durch phylogenetische Erfahrungen («prepared learning») unter natürlichem Selektionsdruck determinierten Entwicklungsgeschichte der jeweiligen Spezies begründet. Die Konfrontation mit spezifischen, als biologisch-evolutionär «vorbereitet» («prepared», auch als «prepotent» bezeichnet) bezeichneten Stimulusklassen (weite Ebenen ohne Schutzmöglichkeiten, große Höhen, enge Räume, bestimmte Tierarten etc.) führt nach Seligman selektiv zur Ausbildung konditionierter Angstreaktionen mit folgenden Charakteristiken:

(1) Rasche Aneignung von (phobischem) Vermeidungsverhalten, oft nach bereits einmaliger Konfrontation.

(2) Spezifische CS-UCS-Assoziationen weisen eine erhöhte Extinktionsresistenz auf.

(3) Prepared-Assoziationen werden als primitive, non-kognitive Lernform interpretiert, da sie durch kognitive Instruktionen wenig beeinflußt werden können.

In einer Serie von differentiellen Konditionierungsexperimenten wiesen Öhman und Mitarbeiter (Übersicht in Öhman, 1993) nach, daß sich Individuen in Konfrontation mit potentiell phobischen Reizen (Schlangen, Spinnen) im Vergleich zu neutralen Reizen signifikant unterschieden: Die rasche Akquisition sowie hohe Extinktionsresistenz von elektrodermalen Reaktionen (Hautleitwertsveränderungen) als prinzipiellem psychophysiologischen Angstindikator weisen nach Öhman deutlich auf die phylogenetische Relevanz von Prepared-Reizen hin (s. auch Perez & Zbinden, 1996). Im weiteren ist zu beachten, daß einmal konditionierte Reaktionen, die gelöscht worden sind, Jahre später durch neue traumatisierende Erlebnisse schnell wieder etabliert werden können. Dabei muß der originale unkonditionierte Stimulus nicht mehr mit im Spiel sein. Bereits Pawlow stellte anläßlich der bekannten Überschwemmung seines Labors fest, daß bei einigen Hunden alte, bereits gelöschte CS wieder neu belebt wurden.

5.1.2 Operante Konditionierung

5.1.2.1 Verstärkerverlust

Aus der Perspektive des Paradigmas der *operanten Konditionierung* sind in den letzten zwanzig Jahren fruchtbare Hypothesen besonders zur Erklärung der *Depressionsentstehung* entwickelt worden. Ferster (1973) hat als erster das depressive Verhalten konsequent unter funktionalen,

verhaltenstheoretischen Aspekten analysiert. Danach unterscheidet sich depressives von nichtdepressivem Verhalten zunächst vor allem durch unterschiedliche Häufigkeiten im Sozial-, Berufs- und Freizeitverhalten, wo deutliche *Verhaltensdefizite* vorhanden sind; im Äußern von Beschwerden, bei Meide- und Fluchtverhalten findet man *Verhaltensexzesse*. Diesen eher quantitativen als qualitativen Unterschied erklärt Ferster wie folgt:

(1) Eine eingeschränkte und verzerrte Wahrnehmung von sich selbst und von der Umgebung reduziert die Empfänglichkeit für Verstärker.

(2) Ein eingeschränktes soziales Verhaltensrepertoire, dessen mangelnde Komplexität durch eine entsprechende Lerngeschichte in der frühen Kindheit erklärt wird (z. B. durch Verstärkerverlust oder -defizit in der Kindheit), macht die Person später vulnerabel für Depression, da es den Zugang zu sozialen Verstärkern erschwert. Eine wenig sozial responsive Umwelt verhindert beim Kind das Erlernen nuancierter Hinweisreize, die für die soziale Verhaltensregulation wichtig sind; statt dessen reagiert es mit starken emotionalen (aversiven) Verhaltensweisen, die dann in der Umwelt wirkungsvoll sind und damit verstärkt werden.

(3) Plötzlicher Verstärkerverlust durch Änderungen in der Umwelt (Trennung, Tod, Umzug, Pensionierung usw.) sind mögliche Depressionsauslöser.

Die Verringerung der Verhaltensrate bahnt so eine negative Verstärkerspirale an: Dadurch, daß die Person weniger instrumentelles Verhalten zeigt, bekommt sie auch weniger Verstärkung; diese erhält sie dann vorwiegend für unerwünschtes Verhalten, wie Klagen usw. Lewinsohn (1974) hat die theoretischen Annahmen von Ferster weiter differenziert, indem er der Frage nachgegangen ist, wie die *interindividuellen Unterschiede* in den Reaktionen bei ähnlichen äußeren Bedingungen zu erklären seien. Für die Auftretenswahrscheinlichkeit depressiver Reaktionen macht er das Zusammenwirken dreier Faktoren verantwortlich: (1) Das potentielle Verstärkeruniversum, über das eine Person verfügt. Darunter werden alle Aktivitäten, materiellen, geistigen und sozialen Güter, die durch die individuelle Lerngeschichte zu sekundären Verstärkern geworden sind, verstanden. Je mehr eine Person davon besitzt, umso geringer die Wahrscheinlichkeit, an Verstärkerverlust zu leiden. (2) Die tatsächlich zu einem Zeitpunkt für eine Person verfügbaren Verstärker. (3) Das Ausmaß und die Qualität der instrumentellen Fertigkeiten, um zu Verstärkern zu gelangen. Je größer diese sind, umso geringer ist die Wahrscheinlichkeit für Verstärkerdeprivation.

Die Hypothesen von Ferster und Lewinsohn haben eine Fülle von Untersuchungen angeregt, die die Fruchtbarkeit des Ansatzes unter Beweis gestellt haben. Im Lichte dieser Hypothesen können auch die Ergebnisse der *Separationsforschung* interpretiert werden. Die Trennung von nahen, geliebten Angehörigen wird als massiver Verstärkungsverlust verstanden. Blöschl (1986, 1978) differenziert die bindungstheoretischen Hypothesen über den Zusammenhang von Separation und Depression durch *verstärkungspsychologische* Aspekte und entwirft ein integrierendes verhaltenspsychologisches Konzept. Depressionsfördernd sind danach substantielle Veränderungen in den Kontingenzen relevanter Verhaltensweisen der Person bei gleichzeitigem Fehlen eines unterstützenden sozialen Netzwerkes. Andere Ätiologietheorien der Depression (u.a. konstitutionelle Prädispositionen) sind dadurch nicht ausgeschlossen. Verlust wird als objektiv erfaßbare wesentliche Reduktion von positiv verstärkenden Ereignissen und Aktivitäten definiert. Personelle Verluste im Kindesalter können die Vulnerabilität erhöhen und zu Verhaltensmerkmalen wie Rigidität und Dependenz prädisponieren, die bei erneutem Verstärkerentzug die soziale Verstärkersubstitution durch andere Personen erschweren. Der Wegfall der sozialen Verstärkung führt auch zur Löschung der Selbstverstärkung und beeinträchtigt damit das positive *Selbstbild* der Betroffenen. Neben dem Verlust von positiven Verstärkern fallen durch Trennungserlebnisse auch aktivitätsfördernde *Hinweisreize* weg, was zusätzlich aktivitätsmindernd wirkt.

Eine gewisse Bestätigung erhält die Verstärkerverlusthypothese durch die Befunde von Patten (1991), die oben bereits im Zusammenhang mit der Bindungstheorie referiert worden sind. Auch die Studie von Nolen-Hoeksema, Girgus

und Seligman (1992) enthält Teilergebnisse, die damit, besonders bei Verlusterlebnissen jüngerer Kinder, vereinbar sind (s. dazu Abschnitt 5.4.1).

Das Konzept des Verstärkerverlustes steht in theoretischer Konkurrenz zum Bindungskonzept und zur Theorie des Kontrollverlustes, wobei einschlägige Befunde teilweise auch durch die konkurrierenden Konzepte interpretierbar sind. Massive Verstärkerverluste sind indes auf jeden Fall als ein Risikofaktor für die Verursachung oder Auslösung gewisser depressiver Störungen zu betrachten.

5.1.2.2 Bestrafung in der Erziehung

Ein anderer für die Entstehung psychischer Störungen relevanter Risikofaktor, der zum operanten Paradigma zu zählen ist, stellt das Erleben massiver und/oder inkonsistenter und unvorhersehbarer Bestrafungen dar. Gemäß theoretischer Erwartung sollten negative Verhaltensfolgen die Auftretenswahrscheinlichkeit eines Verhaltens vermindern. Dies ist aber unter komplexen Bedingungen, wie sie in der Erziehung vorhanden sind, nicht zu realisieren (wie Kontingenzverhältnis von Verhalten : Strafe = 1:1; intensive Strafe usw.). Es kommt hinzu, daß starke Strafreize an sich schädigende Folgen haben können (Reinecker, 1980). Daher lernen bestrafte Kinder häufig nicht, unerwünschtes Verhalten zu hemmen; vielmehr werden sie zu Ängstlichkeit, Unsicherheit – mitunter auch Aggressivität – disponiert. Krohne und Hock (1994) haben in ihrem Zweikomponenten-Modell zeigen können, daß die Häufigkeit der bestrafenden Rückmeldung, die Strafintensität und die Inkonsistenz der Rückmeldung deutlich mit der Ängstlichkeit der Kinder verknüpft sind. Bei Strafen im Sinne von körperlicher und psychischer Mißhandlung können schwere Störungen vorhergesagt werden (s. Abschnitt 4.3.2.2). Daß dies kein seltenes Phänomen ist, zeigen repräsentative Studien z.B. aus der Schweiz, wonach 2,4 Prozent der Eltern angeben, ihre Kinder im Alter zwischen 0 und 2,5 Jahren «manchmal» bis «sehr häufig» mit Gegenständen zu schlagen; in absoluten Zahlen sind dies mehr als 4800 betroffene Kinder (Perez, 1997), deren Vulnerabilität durch derartige Vorgehensweisen erhöht wird oder die direkt Schaden nehmen.

5.2 Verhaltensdesorganisation als Folge von Störungen des Konditionierungsprozesses

Lernbedingungen, die den Konditionierungsprozeß in maximaler Weise *stören,* sind von den im vorherigen Abschnitt dargestellten Bedingungen klar zu unterscheiden. In der Pawlow-Schule hat man der Untersuchung dieser störenden Bedingungen besondere Aufmerksamkeit geschenkt. Neurotische Störungen werden dort als Folge (1) einer zu starken Erregung, (2) einer zu starken Hemmung oder (3) eines Konfliktes zwischen Erregungs- und Hemmungsprozessen interpretiert, was jeweils zu einem Versagen des Nervensystems und zur Verhaltensdesorganisation führt (vgl. Originalbeiträge von Pawlow, Maier und Masserman: Hamilton, 1967). Auch hier wurden die individuellen Unterschiede durch unterschiedliche genetisch bedingte Konstitutionen erklärt. In allen Fällen wird adaptives Verhalten erschwert oder verunmöglicht; neue konditionierte Reaktionen werden nicht mehr aufgebaut und bereits gelernte wieder gelöscht.

Eine starke Reizung liegt bei zu hoher *Reizintensität* und bei zu *starker Komplexität* von Reizbedingungen vor, was die Assoziation von CS und UCS aufgrund von Überforderung der Lernkapazität verunmöglicht. Zu starke Hemmung finden wir, wenn die *Wahrnehmungsdiskrimination* zu stark erschwert wird. Wenn z. B. bei einem Versuchstier ein Kreis als positiver konditionierter Stimulus und eine Ellipse als negativer, hemmender konditionierter Stimulus erfolgreich aufgebaut wird und dann Ellipsen mit zunehmender Kreisähnlichkeit dargeboten werden, gerät das Versuchstier in eine andauernde motorische Erregung oder in völlige Apathie. Der *Konflikt zwischen Erregung und Hemmung* ist geeignet, eine «experimentelle Neurose» zu erzeugen.

5.3 Tiermodelle für Angststörungen und depressive Störungen

Basierend auf den in Abschnitt 5.1 und 5.2 dargestellten Prinzipien wurden insbesondere für Angststörungen und depressive Störungen Tiermodelle entwickelt, die auch für den Humanbereich Geltung beanspruchen. So geht Gray

(1982) für die Erklärung depressiver und Angstreaktionen von zwei biologischen Subsystemen – Belohnungs- und Bestrafungssystem – aus. Das Bestrafungssystem motiviert zur Hemmung und Flucht, das Belohnungssystem zu aufsuchendem, appetitivem Verhalten. Angst wird primär durch Aktivierung des Bestrafungssystems ausgelöst (aversive Stimulation oder Verstärkerverlust). Sie disponiert zur Aufmerksamkeitssteigerung, zu Flucht- und Meideverhalten. Experimentell kann der Angstzustand bei Tieren durch physisch aversive Reize, durch unvertraute und bedrohliche Reize oder durch Reize, die mit Mißerfolg assoziiert werden, ausgelöst werden (Goldberg & Huxley, 1992). Bei gewissen Tieren kann die Angstreaktion leichter ausgelöst werden als bei anderen; es kann gezeigt werden, daß diese unterschiedliche Empfindlichkeit für Bestrafung genetisch bedingt ist, da intrauterine und perinatale Erfahrungsunterschiede diese nicht zu erklären vermögen (Gray, 1982). «Neurotische Personen» beschreiben Goldberg und Huxley (1992) als Personen mit einer erhöhten Empfindlichkeit für verstärkende oder bestrafende Ereignisse. Dies führt zu leichter und starker Emotionsauslösung. Sie integrieren diese stabilen Merkmalsdimensionen in das zweidimensionale Persönlichkeitssystem von Eysenck.

Angststörungen und einige der depressiven Störungen werden zur dysthymen Störungsgruppe (neurotisch und introvertiert) gezählt. Es wird angenommen, daß Personen mit einem hoch reaktiven Bestrafungssystem für verschiedene Formen von Angststörungen vulnerabel sind, besonders auch für Verlust von Verstärkung. Davon ausgehend, daß Belohnung und Bestrafung sich reziprok hemmen, beschreiben Goldberg und Huxley (1992) den Prozeß des Verstärkerverlustes als aversives Ereignis, das – wenn es chronisch ist – die Empfindlichkeit für Belohnung herabsetzt. So kann Verstärkerverlust zu einer primären depressiven Störung führen; sekundär wird dies zur Angststeigerung Anlaß geben, da das Bestrafungssystem aktiviert wird. Diese Beobachtung wird durch zahlreiche Tierexperimente belegt (Übersicht bei Mineka, 1985).

Komplementär kann nach Goldberg und Huxley (1992) ein aversives Ereignis (z. B. Krebsdiagnose) zu einer primären Angststeigerung durch die Aktivierung des Bestrafungssystems führen, was dann sekundär durch die Hemmung des Belohnungssystems zur depressiven Störung führen kann.

Ein eigenes Tiermodell für einzelne Formen der menschlichen Depression hat Seligman (1975, 1986) entwickelt. Danach äußern Versuchstiere wie menschliche Individuen ein Reaktionssyndrom, das er «erlernte Hilflosigkeit» nennt, wenn sie erleben, daß aversive Ereignisse nicht kontrolliert werden können. Im Tierversuch zeigen die Hunde dann Symptome auf der Verhaltens- (Passivität), motivationalen (unmotiviert), emotionalen (deprimiert), kognitiven (Erwartung des Kontrollunvermögens) und physiologischen Ebene (Katecholaminhaushalt), für die wir beim Menschen den Begriff der depressiven Episode (reaktiven Depression) verwenden (vgl. **Kasten 3**)

Die Beobachtungen der Seligman-Gruppe haben auch alternative Interpretationen erfahren, wie z. B. jene der erlernten Inaktivität, daß nämlich die geschockten Hunde die motorische Reaktion des Erstarrens («freezing») als spezies-spezifische Verteidigungsreaktion zu zeigen gelernt hatten (Fanselow, 1991).

Tiermodelle wurden auch für den Nachweis von Prozessen des *Modellernens* bei der Aneignung von Angstreaktionen verwendet. In einer Reihe von Primatenexperimenten gelang es Cook, Mineka, Wolkenstein und Laitsch (1985), durch stellvertretende Konditionierung bei Rhesus-Affen phobische Verhaltensweisen zu vermitteln. Naive Labortiere, die in Konfrontation mit Schlangenattrappen zunächst kein Vermeidungsverhalten zeigten, wiesen nach der Beobachtung von phobischen Artgenossen

---

Kasten 3
Der triadische Versuchsplan zur Untersuchung der Folgen des Kontrollverlustes (Seligman, 1986, S. 23f.)

Es gibt einen einfachen und eleganten experimentellen Versuchsplan, mit dessen Hilfe die Effekte von Kontrollierbarkeit von den Auswirkungen des Reizes, der kontrolliert wird, getrennt werden können. Bei diesem *triadischen Versuchsplan* werden drei Gruppen von Versuchspersonen bzw. Versuchstieren untersucht: (1) eine Gruppe erfährt als Vortraining eine Konsequenz, die sie mit Hilfe irgendeiner Reaktion kontrollieren kann. (2) Eine zweite Gruppe ist mit der ersten so verbunden (yoked), daß jede Versuchsperson bzw. jedes Versuchstier genau die gleichen physischen Konsequenzen erfährt wie sein Gegenüber aus der ersten Gruppe, jedoch führt keine Reaktion, die diese Kontrollpersonen oder -tiere ausführen, zu irgendeiner Modifikation dieser Konsequenzen. (3) Die dritte Gruppe erhält kein Vortraining. Anschließend werden alle Gruppen in einer neuen Aufgabe untersucht. Der triadische Versuchsplan erlaubt eine direkte Überprüfung der Hypothese, daß nicht der Schock selbst Hilflosigkeit verursacht, sondern die Erfahrung, daß der Schock unkontrollierbar ist. Im Rahmen eines triadischen Versuchsplanes wurden drei Gruppen von jeweils acht

Hunden untersucht. Die Hunde der «Flucht»-Gruppe lernten, im Pavlovschen Geschirr Schocks zu entfliehen, indem sie mit ihren Schnauzen auf eine Taste drückten. Die yoked-Kontrollgruppe erhielt Schocks in gleicher Anzahl, Dauer und Verteilung, wie sie der Flucht-Gruppe verabreicht wurden. Die yoked-Kontrollgruppe unterschied sich von der Flucht-Gruppe nur hinsichtlich der instrumentellen Kontrolle über den Schock: das Drücken der Taste beeinflußte die für die yoked-Kontrollgruppe vorprogrammierten Schocks nicht. Eine naive Vergleichsgruppe erhielt keine Schocks. 24 Stunden nach diesem Training wurden alle drei Gruppen einem Flucht-Vermeidungstraining in der shuttle box ausgesetzt. Die Tiere der Flucht-Gruppe und die naiven Kontrolltiere reagierten gut: sie sprangen leicht über die Barriere. Im Gegensatz dazu reagierten die Tiere der yoked-Kontrollgruppe signifikant langsamer. Sechs der acht Kontrolltiere versagten vollständig und führten keine einzige erfolgreiche Fluchtreaktion aus. Es war also nicht der Schock selbst, sondern die Unmöglichkeit, den Schock zu kontrollieren, die zu diesem Versagen führte.

vergleichbare phobische Reaktionen auf. Da diese «Modelle» im Gegensatz zu ihren Beobachtern ansonsten in der freien Wildbahn lebten und deshalb in ihrem bisherigen Leben mit Reptilien häufiger konfrontiert waren, gestaltete sich die Konditionierung von prepared-Reizen leichter als bei naiven Kontrolltieren. Neben der in-vivo Beobachtung genügten sogar symbolisch vermittelte Modelle in Form von Videoaufnahmen zum Erwerb der phobischen Reaktion (Cook & Mineka, 1989).

Die späteren, auf die Pawlowsche und amerikanische Pionierphase folgenden Tiermodellstudien versuchen, die Ähnlichkeit von Modell und Mensch in der Symptomatologie, Ätiologie und Therapie zu approximieren. Dies hat Wolpe (1958) für Phobien oder Seligman (1975) für depressive Störungen versucht. Giurgea (1986) beschreibt auf der Seite der Symptomatologie u. a. die folgenden Symptome, die bei tierexperimentellen «Neurosen» oft beobachtet werden können:

- *Negativistisches Verhalten:* Nahrung wird verweigert, wenn sie dargeboten wird, und gesucht, wenn sie weggenommen wird.
- *Katatones Verhalten:* Muskuläre Starre, Tics und Stereotypien.
- *Phobisches und zwangshaftes Verhalten.*

Diese Symptome sind durch die folgenden zu ergänzen:

- *Gestörtes Sozialverhalten* (Störungen des Sexualverhaltens, Aggressivität, Verletzung der Rangordnung und sozialer Rückzug), was u. a. auch in den Harlow-Experimenten deutlich beobachtbar war.
- *Somatoforme* Störungen und Störungen auf der histologischen Ebene (z. B. Geschwürentwicklungen).

Dennoch kann die Ähnlichkeit zwischen Tier und Mensch nur partiell erreicht werden, da bei gewissen Störungen bereits auf der Symptomebene klare Grenzen gesetzt sind, insbesondere dort, wo kognitive Verhaltensweisen wichtig sind. Mineka (1985) diskutiert die Aussagekraft und Grenzen der einschlägigen Forschung über Angststörungen (Phobien, Zwänge, generalisierte Ängste). Die Untersuchungsparadigmen zur Phobie beziehen sich besonders auf die klassische Konditionierung,

die Zwei-Faktoren-Theorie, das preparedness-Modell und die Inkubationstheorie. Ihre Grenzen werden u. a. darin deutlich, daß sich für viele Phobien (etwa 40 bis 50%) keine traumatisierenden Konditionierungsereignisse feststellen lassen (Öst & Hugdahl, 1981). Für die anderen und milderen Phobien scheinen andere Prozesse wichtiger zu sein, z. B. Konditionierungen zweiter Ordnung, durch innere Konflikte induzierte Ängste und Beobachtungslernen (Mineka, 1985), wofür es zahlreiche tierexperimentelle Belege gibt.

Die *kognitiven Komponenten* werden durch diese Versuche nicht erfaßt. Darin liegt eine deutliche Begrenzung ihrer möglichen Modellfunktion für Störungen im Humanbereich. Ebenso ist unklar, wie weit bei den konfliktinduzierenden Versuchsanordnungen tatsächlich ein Konflikt erzeugt wird oder lediglich die aversive Stimulation das gestörte Verhalten auslöst. Für die Erforschung der Störungen im Humanbereich haben Tierstudien dennoch eine heuristische Funktion.

5.4 Störungen als Folge von kognitiven Lernprozessen

5.4.1 Die Bedeutung von Kontrollüberzeugungen und Attributionstendenzen

Eine kognitive Erweiterung erfahren die traditionellen lerntheoretischen Ansätze zur Erklärung der Ätiologie von Störungen durch Seligmans Forschungen zur erlernten Hilflosigkeit und deren neueren Weiterentwicklungen. Die oben umschriebene ursprüngliche Theorie hat unter dem Eindruck uneinheitlicher empirischer Befunde bald eine Erweiterung erfahren, dergestalt, daß Abramson, Seligman und Teasdale (1978) und Abramson, Metalsky und Alloy (1989) nun für die Depressionsauslösung nicht mehr so sehr die Bedingung der objektiven Non-Kontingenz, sondern deren *subjektive Wahrnehmung* in den Vordergrund stellen. Hilflosigkeit respektive Hoffnungslosigkeit wird dann erlebt, wenn Personen die Reaktionsunabhängigkeit von negativen Konsequenzen nicht nur für spezifische Verhaltensbereiche, sondern *global* (generell), *intern* (also in der eigenen Person beruhend) und *stabil* (d.h. zeitüberdauernd, chronisch) attribuieren (vgl. Kap. 15/Sozialpsychologische Aspekte).

Die «neue» *Hoffnungslosigkeitstheorie* postuliert einen Subtyp von depressiven Störungen, der bei Personen vorliegt, die erwarten, daß wichtige Ziele nicht erreicht werden können oder daß hoch aversive Ereignisse eintreten werden. Diese Erwartung ist das der Hoffnungslosigkeit unmittelbar vorausgehende Antezedens. Man kann sich unfähig (hilflos) fühlen, potentielle aversive Ereignisse beeinflussen bzw. vermeiden zu können, aber gleichzeitig glauben, solche Ereignisse würden nicht eintreten. Das entspricht bei Heckhausen (1977) einer positiven Ereignisergebniserwartung oder einer hohen Wandelbarkeitserwartung (vgl. Kap. 17/ Streß und Coping), was mit dem Konstrukt Optimismus verbunden ist. Die Hoffnungslosigkeit charakterisiert sich durch eine hohe negative Ereignisergebniserwartung bei gleichzeitiger niedriger Handlungsergebniserwartung (oder Kontrollierbarkeitserwartung). So kann man hilflos sein ohne Hoffnungslosigkeit, nicht aber umgekehrt.

Nolen-Hoeksema, Girgus und Seligman (1992) haben in einer Längsschnittstudie über 5 Jahre 255 Drittklass-Schüler (third grade) bezüglich der Wirkung des Attributionsstiles und kritischer Lebensereignisse für die Entwicklung depressiver Störungen verfolgt (N zum ersten Zeitpunkt = 508). Die Ergebnisse zeigen, daß in der frühen Phase der Beobachtung kritische Lebensereignisse wie Trennung der Eltern oder Tod eines Familienmitgliedes eine gute Vorhersagekraft für das Eintreten einer depressiven Störung haben. Damit geht dann auch eine Veränderung des Attributionsstiles einher. Wenn die Kinder älter sind (zweite Hälfte der Beobachtungsphase), erhält der negative Attributionsstil allein wie auch gekoppelt mit kritischen Lebensereignissen Vorhersagekraft für depressive Symptome. Die negative Attributionstendenz bleibt nach der depressiven Phase bei den Kindern über zwei Jahre stabil, was der sogenannten «Narben-Hypothese» (scar hypothesis) entspricht, die davon ausgeht, daß das Erleben der Depression dauerhafte Folgen in einem pessimistischen Attributionsstil hinterläßt. Lewinsohn, Steinmetz, Larson und Franklin (1981) konnten dies bei Erwachsenen nicht finden.

Rose, Abramson, Hodulik, Halberstadt und Leff (1994) haben bei Erwachsenen mit Major Depressionen Subgruppen unterschieden. Jene mit dem negativsten kognitiven Stil waren Personen, die zusätzlich eine Persönlichkeitsstörung aufwiesen, Opfer einer sexuellen Mißhandlung in der Kindheit waren und grobe oder überkontrollierende Eltern erlebt hatten. Die Autoren sehen darin Sozialisationsbedingungen analog zum Hilflosigkeitstraining. Metalsky und Joiner (1992) fanden in einer Längsschnittstudie an 152 Personen, daß ein negativer Attributionsstil als Diathese-Faktor wirkt: er moderiert bei hinzukommendem Streß die Wahrscheinlichkeit des Auftretens einer depressiven Störung.

Aus der *Sozialisationsperspektive* interessiert, wie dysfunktionale Attributionstendenzen in Abhängigkeit von sozialen Einflüssen gelernt werden. Kausalattributionstendenzen werden auch durch die *Attributionen der Eltern,* mit denen sie das Verhalten ihrer Kinder kommentieren, beeinflußt (Perrez & Chervet, 1989; Überblick s. Diethelm, 1990). Der depressionsfördernde Attributionsstil wird u. a. durch *ungenügende Kontrollerfahrungen* in der Lerngeschichte vermittelt. Ein Defizit an Kontrollerfahrung disponiert zu externalen Kontrollüberzeugungen und zu entsprechenden Kausalattributionstendenzen (vgl. Heckhausen, 1983). Das Konstrukt der «generalisierten Kontrollüberzeugungen» (locus of control) ist nicht deckungsgleich mit dem der Kausalattributionen. «Kontrollüberzeugung» bezeichnet die subjektive Erwartung der Kontrollierbarkeit von Ereignissen durch eigene Handlungen (Krampen, 1991). Im externalen Fall sieht die Person die Kontrolle bei äußeren Faktoren. Die Kausalattribution betrifft u. a. die subjektive Erklärung dieses Sachverhaltes.

Es ist empirisch gut belegt, daß sich Depressive von Nichtdepressiven in ihrer stärker generalisierten externalen Kontrollüberzeugung unterscheiden (Benassi, Sweeney & Dufour, 1988). Depressive sind stärker überzeugt, daß die negativen Folgen ihres Verhaltens von person-externen Bedingungen abhängig sind. Wie weit derartige kognitive Faktoren auch einen *prädiktiven Wert* für die Entstehung der Depression haben, ist indes unklar. Nach einer an über 500 Personen durchgeführten Prospektivstudie von Lewinsohn, Hobermann und Rosenbaum (1988) haben weder Verstärkerverlust, noch mangelhafte Sozialkompetenzen, noch negative Kognitionen einen nennenswerten Vorhersagewert für das Auftreten einer depressiven Episode innerhalb von 8 Monaten gehabt. Die neueren Forschungsergebnisse belegen zwar, daß die postulierten kognitiven Merkmale deutlich mit depressiven Störungen assoziiert sind – auch hinsichtlich der kognitiven Merkmale der Belastungsverarbeitung von Depressiven – nicht aber ihre ätiologische Bedeutung. Damit sind sie als Performanzfaktoren – wie auch andere depressionstypische kognitive Merkmale der *Informationsverarbeitung* (vgl. Ehlers & Lüer, 1996) – möglicherweise relevanter für die Therapie als für die Erklärung der Entstehung.

Brewin (1988) faßt die möglichen Kausalbeziehungen zwischen Attributionen und depressiven Störungen in verschiedenen Modellvarianten zusammen:

a) Das *Symptom-Modell* sieht dysfunktionale Attributionen als Teil des depressiven Syndroms und nicht als Ursache.

b) Das *Auslöser-Modell* versteht die dysfunktionalen Attributionen als Folge eines negativen Ereignisses, die dann zur depressiven Störung führen.

c) Das *Diathese-Streß-Modell* geht vom stabilen Vorhandensein eines dysfunktionalen Attributionsstils als Vulnerabilitätsfaktor aus.

d) Das *Modell der Aufrechterhaltung* nimmt an, daß dysfunktionale Attributionen nicht auslösende, sondern aufrechterhaltende Wirkung haben.

e) Das *Coping-Modell* sagt ungeachtet von auslösenden Ereignissen voraus, daß die dysfunktionalen Attributionen mit einer niedrigeren Resistenz gegenüber depressiven Störungen verknüpft seien.

Bilanzierend ist festzuhalten, daß im Falle der Gültigkeit des Symptommodelles a) kognitive Faktoren zwar nicht für die Ätiologie relevant wären (Brewin, 1988). Ihre *therapeutische* Relevanz wäre aber davon nicht berührt. Wenn ein besonderes Attributions- und Kontrollüberzeugungsmuster Teil der depressiven Mechanismen ist, so ist es schlüssig, daß durch eine erfolgreiche Beeinflussung dieser Muster auch die depressive Störung mitbeeinflußt wird. Damit

sind die Ergebnisse der kognitiven Depressionstherapien (vgl. Kap. 36/Depressive Störungen) mit den hier vorgestellten Ansätzen vereinbar.

5.4.2 Modellernen

Zu den kognitiven Einflußfaktoren für die Entstehung psychischer Störungen, die sozialisationsrelevant sind, gehören Prozesse des *Modelllernens*. Bandura und Walters (1959) gehen davon aus, daß beim Erlernen von Verhalten neben den Prinzipien der klassischen und der operanten Konditionierung das Beobachtungslernen eine eigenständige Lernart darstelle. Menschen und höhere Tiere (s. oben) erwerben mitunter weder über klassische noch über operante Verstärkungsprozesse, sondern über den Weg der Beobachtung Kompetenzen. Dies gilt für erwünschte wie für unerwünschte Verhaltensdispositionen. Die wichtigsten Teilprozesse des Modell-Lernens (Aufmerksamkeitsprozesse, Behaltensprozesse, Prozesse der motorischen Reproduktion und Motivationsprozesse) stellen *kognitive Abläufe* dar. Es ist naheliegend, daß gestörte erzieherische Verhaltensmodelle geeignet sind, für die Ätiologie einzelner Störungen hervorragende Modellernbedingungen zu schaffen. Besonders für die Entwicklung aggressiven Verhaltens werden Modellernprozesse als relevant betrachtet (Selg, Mees & Berg, 1988; Bandura & Walters, 1959). Bezüglich *Ängstlichkeit* konnte in mehreren Studien glaubhaft gemacht werden, daß ängstliche Mütter ihren Kindern die *Ängstlichkeit* über Modellernprozesse weitergeben. Muris, Steerneman, Merckelbach und Meesters (1996) haben an 409 Kindern (<12 Jahre) mit verschiedenen Störungen zeigen können, daß die Trait-Angst der Kinder signifikant mit jener der Väter und Mütter korreliert ist. Die Werte in der Skala Furcht (Fear Survey Schedule) korrelieren deutlich mit dem Ausmaß, mit dem die Mütter ihre Angst *zeigen,* was die Autoren mit dem Beobachtungslernen erklären.

Die klinisch-psychologische Relevanz des Modellernens zeigt sich darüber hinaus im Kontext der Suizidnachahmung. Den sogenannten «Werther-Effekt» haben Schmidtke und Häfner (1988) im Anschluß an eine Fernsehsendung des ZDF über den Tod eines Studenten, der sich vor den Zug geworfen hatte, untersucht. Der

Film wurde im Jahresabstand zwei Mal ausgestrahlt; es wurden die Suizidraten vor und nach Fernsehsendungen erhoben. Dieses natürliche A-B-A-B-Experiment zeigt für die Alters- und Geschlechtsgruppe des suizidalen Modells eine deutliche Frequenzsteigerung der Selbstmordrate und zwar mit der gleichen Selbstmordvariante.

6. Gestörte Entwicklung – Entwicklung von Störungen

Die vorausgegangenen Abschnitte fassen Hypothesen und empirische Befunde über Faktoren zusammen, die die Entwicklung von psychischen Störungen fördern. Der Verfestigung gestörten Verhaltens und Erlebens geht nicht zwingend, aber oft eine Störung der Entwicklung in Phasen voraus, die einen besonderen Adaptationsaufwand erfordern. Der heutige Forschungsstand zeigt mit aller Deutlichkeit, daß die Antwort auf die Frage, unter welchen Bedingungen die vorübergehende Störung von Entwicklungen zur Entwicklung von persistierenden Störungen führt, vom Zusammenspiel mehrerer Faktorenbündel abhängt. Angeborene und durch die Lerngeschichte erworbene Unterschiede in der *Vulnerabilität* machen Menschen interindividuell unterschiedlich anfällig und empfänglich für noxische Einflüsse. Zu diesen Unterschieden gesellen sich möglicherweise noch geschlechtstypische Unterschiede für die Vulnerabilität und die Entwicklung einzelner Störungen. Männer bewältigen z. B. nach verschiedenen Studien die Partnertrennung schwerer als Frauen (Ermert, 1996); Depressionen sind bei den Frauen übervertreten. Das zweite pathogene Faktorenbündel sind die belastenden negativen *Lebensereignisse* und *chronische negative soziale Einflüsse,* die in allen Variationen zum Teil kulturell standardisiert, zum Teil nicht-normiert auf die Entwicklung einwirken. Dazu gehören nicht nur traumatische Erlebnisse und pathogene Sozialverhältnisse in der Familie, sondern auch kulturelle Bedingungen, die gewisse Störungen fördern bzw. die Ausdrucksform von Störungen moderieren. So ist diskutiert worden, ob die erhöhte Prävalenz für depressive Störungen bei Frauen und jene für Alkoholismus bei Männern durch kulturell bedingte Geschlechtsstereotypien und entsprechende Sozialisationseinflüsse unterstützt werde (Widom, 1984).

Für die Entwicklung von Störungen und die Moderation ihrer Ausdrucksformen sind aber nicht nur innere, teilweise konstitutionelle, und äußere *pathogene* Faktoren von Bedeutung. Für die Vorhersage von psychischen Störungen sind auch die *protektiven Faktoren* in Rechnung zu stellen (s. Kap. 9/Ätiologie, Bedingungsanalyse: methodische Gesichtspunkte). Auch hier können personinterne und -externe Quellen unterschieden werden. Individuelle Merkmale der *Belastungsbewältigungskompetenz* (vgl. Kap. 17/Streß und Coping), internale Kontrollüberzeugungen, berufliche und soziale Fähigkeiten aller Art und Merkmale der sozialen Unterstützung vermögen als protektive Faktoren die pathogenen Einflüsse zu mildern. Diese bestehen u. a. in stabilen Beziehungsangeboten in der Kindheit oder im Erwachsenenalter, in der positiven Verstärkung angemessenen Bewältigungsverhaltens oder in sozialen Modellen für eine realitätsgerechte Auseinandersetzung mit Anforderungen des Lebens. Egle, Hoffmann und Steffens (1997) fanden in ihrem Überblick über die in Längs- und Querschnittstudien gesicherten protektiven Faktoren durchgehend, daß positive Beziehungen zu primären Bezugspersonen einen wesentlichen Schutzfaktor darstellen. Das Zusammenspiel der pathogenen und protektiven inneren und äußeren Bedingungen entscheidet über die relativen Anpassungserfolge im lebenslangen Entwicklungsprozeß. Einige Modelle dieses Zusammenspiels sind im Kap. 17 (Streß und Coping) als Interaktion von Stressoren und Ressourcen dargestellt worden. Die *Resilienzforschung* (Werner & Smith, 1992), die sich mit den Faktoren befaßt, die die Wirkungen noxischer Bedingungen zu vermindern vermögen, wird in Zukunft die relativ guten Kenntnisse über die Risikofaktoren der Sozialisation zu ergänzen haben und bessere Modelle des Zusammenwirkens von Schutz- und Risikobedingungen ermöglichen.

7. Literatur

Abramson, L., Seligman, M.E.P. & Teasdale, J. (1978). Learned helplessness in humans: Critique and reformulation. *Journal of Abnormal Psychology, 87,* 49–74.

Abramson, L.Y., Metalsky, G.I. & Alloy, L.B. (1989). Hopelessness depression: A theory-based subtype of depression. *Psychological Review, 96,* 358–372.

Ainsworth, M.D.S. (1985). Weitere Untersuchungen über die schädlichen Folgen der Mutterentbehrung. In J. Bowlby (Hrsg.), *Mutterliebe und kindliche Entwicklung* (S. 171–218). Basel: Reinhardt.

Ainsworth, M.D.S., Blehar, M.D., Waters, E. & Wall, S. (1978). *Patterns of attachment.* Hillsdale, NJ: Erlbaum.

Asendorpf, J.B., Banse, R., Wilpers S. & Neyer, F.J. (1998). Beziehungsspezifische Bindungsskalen für Erwachsene und ihre Validierung durch Netzwerk- und Tagebuchverfahren. *Diagnostika, 43,* 289–313.

Baltes, P.B., Reese, H.W. & Lipsitt, L.P. (1980). Life-span development psychology. *Annual Review of Psychology, 31,* 65–110.

Bandura, A. & Walters, R.H. (1959). *Adolescent aggression.* New York: Ronald Press.

Benoit, D. & Parker, K.C.H. (1994). Stability and transmission of attachment across three generations. *Child Development, 65,* 1444–1456.

Bischof, N. (1975). A system approach toward the functional connections of attachment and fear. *Child Development, 46,* 801–817.

Blanck, G. & Blanck, R. (1980). *Ich-Psychologie II. Psychoanalytische Entwicklungspsychologie.* Stuttgart: Klett-Cotta.

Blöschl, L. (1978). *Psychosoziale Aspekte der Depression. Ein lerntheoretisch-verhaltenstherapeutischer Ansatz.* Bern: Huber.

Blöschl, L. (1986). Verhaltenstherapie. In S.K.D. Sulz (Hrsg.), *Verständnis und Therapie der Depression* (S. 105–121). München: Ernst Reinhardt

Bowlby, J. (1969). *Attachment and loss.* Vol. I. Attachment. New York: Basic Books. (dt.: Bindung. Eine Analyse der Mutter-Kind-Beziehung. Frankfurt a.M.: Fischer, 1984.)

Bowlby, J. (1973). *Attachment and loss.* Vol. II. Separation: Anxiety and anger. New York: Basic Books. (dt.: Trennung. Psychische Schäden als Folge der Trennung von Mutter und Kind. Frankfurt a.M.: Fischer, 1986.)

Bowlby, J. (1980). *Attachment and loss.* Vol. III. Loss: Sadness and depression. London: Hogarth Press. (dt.: Verlust. Trauer und Depression. Frankfurt a.M.: Fischer, 1983.)

Bowlby, J. (1988). Developmental psychiatry comes of age. *American Journal of Psychiatry, 145,* 1–10.

Brewin, C.R. (1988). *Cognitive foundations of clinical Psychology.* Hove und London: Lawrence Erlbaum.

Carlson, V., Cicchetti, D., Barnett, D. & Braunwald, K. (1989). Disorganized/disoriented attachment relationships in maltreated infants. *Developmental Psychology, 25,* 525–531.

Carter, B. & McGoldrick, M. (1989). *The Changing Family Life. Cycle: A Framework for Family Therapy.* Boston/London: Allyn and Bacon.

Cicchetti, D., Toth, S.L. & Lynch, M. (1995). Bowlby's Dream comes full circle: The application of attachment theory to risk and psychopathology. *Advances in Clinical Child Psychology, 17,* 1–75.

Cook, M. & Mineka, S. (1989). Observational conditioning of fear to fear-relevant versus fear-irrelevant stimuli in rhesus monkeys. *Journal of Abnormal Psychology, 98,* 448–459.

Cook, M., Mineka, S., Wolkenstein, B. & Laitsch, K. (1985). Observational conditioning of snake fear in rhesus monkeys. *Journal of Abnormal Psychology, 94, 4,* 307–318.

Diethelm, K. (1990). *Mutter-Kind-Interaktion und Entwicklung von Kontrollüberzeugungen.* Freiburg: Universitätsverlag und Bern: Huber.

Egle, U.T., Hoffmann, S.O. & Joraschky, P. (Hrsg.). (1997). *Sexueller Mißbrauch, Mißhandlung, Vernachlässigung.* Stuttgart: Schattauer.

Egle, U.T., Hoffmann, S.O. & Steffens, M. (1997). Psychosoziale Risiko- und Schutzfaktoren in Kindheit und Jugend als Prädisposition für psychische Störungen im Erwachsenenalter. *Der Nervenarzt, 9,* 683–695.

Ehlers, A. & Lüer, G. (1996). Pathologische Prozesse der Informationsverarbeitung. In A. Ehlers & K. Hahlweg (Hrsg.), *Grundlagen der Klinischen Psychologie. Enzyklopädie der Psychologie* (S. 351–406). Göttingen: Hogrefe.

Engel, G.L. & Schmale, A.H. (1972). *Conservation-withdrawal: A primary regulatory process for organismic homeostasis.* Ciba Foundation Symposion 8 (Physiology, emotion and psychosomatic). Amsterdam: Elsevier.

Ermert, C. (1996). Folgen von Scheidung für Erwachsene unter Berücksichtigung der Rolle als Erzieher. In G. Bodenmann & M. Perez (Hrsg.), *Scheidung und ihre Folgen* (S. 135–147). Fribourg: Universitätsverlag; Bern: Huber.

Ernst, C. & von Luckner, N. (1985). *Stellt die Frühkindheit die Weichen?* Eine Kritik an der Lehre von der schicksalshaften Bedeutung erster Erlebnisse. Stuttgart: Enke.

Ernst, H. & Klosinski, G. (1989). Entwicklung und familiales Umfeld bei zwangsneurotischen Kindern und Jugendlichen: eine Retrospektiv- und Vergleichsstudie. *Praxis der Kinderpsychologie und Kinderpsychiatrie, 38,* 256–263.

Eysenck, H.J. (1976). The learning theory model of neurosis – A new approach. *Behavior Research and Therapy, 14,* 251–267.

Eysenck, H.J. (1985). Incubation theory of fear/anxiety. In S. Reiss & R.R. Bootzin (Eds.), *Theoretical issues in behavior therapy* (pp. 83–105). New York: Academic Press.

Eysenck, H.-J. & Rachman, S. (1968). *Neurosen: Ursachen und Heilmethoden.* Berlin: Deutscher Verlag der Wissenschaft.

Fanselow, M.S. (1991). Analgesia as a response to aversive Pavlovian conditional stimuli: Cognitive and emotional mediators. In M.R. Denny (Ed.), *Fear, avoidance, and phobias: A fundamental analysis* (pp. 61–86). Hillsdale, N.J.: Lawrence Erlbaum.

Ferster, C.B. (1973). A functional analysis of depression. *American Psychologist, 28,* 857–870.

Filipp, S.-H. (1990). *Kritische Lebensereignisse* (2. Aufl.). München: Psychologie Verlags Union.

Flammer, A. (1988). *Entwicklungstheorien. Psychologische Theorien der menschlichen Entwicklung.* Bern: Huber.

Flammer, A. (1991). Entwicklungsaufgaben als Rituale? Entwicklungsaufgaben anstelle von Ritualen? In G. Klosinski (Hrsg.), *Pubertätsriten. Äquivalente und Defizite in unserer Gesellschaft* (S. 89–101). Bern: Huber.

Franke, L. B. (1983). *Growing Up Divorced.* New York: Linden Press.

Freud, S. (1905). *Drei Abhandlungen zur Sexualtheorie.* Leipzig und Wien: Verlag Franz Deuticke.

Freud, S. (1917). *Vorlesungen zur Einführung in die Psychoanalyse. 3. Teil. Allgemeine Neurosenlehre.* Leipzig und Wien: Heller.

Fthenakis, W. E. (1995). Ehescheidung als Übergangsphase im Familienentwicklungsprozeß. In M. Perrez, J.-L. Lambert, C. Ermert & B. Plancherel (Hrsg.), *Familie im Wandel* (S. 63–95). Fribourg: Universitätsverlag; Bern: Huber.

Fthenakis, W. E., Niesel, R. & Oberndorfer, R. (1988). Die Bedeutung des Vaters in geschiedenen und wiederverheirateten Familien. *Heilpädagogische Forschung, 14,* 180–190.

Fthenakis, W. E. (1989). Mütterliche Berufstätigkeit, außerfamiliale Betreuung und Entwicklung des (Klein-)Kindes aus kinderpsychologischer Sicht. *Zeitschrift für Familienforschung, 1,* 5–27.

George, C., Kaplan, N. & Main, M.(1996). *Adult Attachment Interview.* Unpublished protocol, Department of Psychology, University of California, Berkeley.

Gilbert, P. (1984). *Depression. From Psychology to Brain State.* London: Lawrence Erlbaum.

Giurgea, C.E. (1986). *L'Heritage de Pavlov.* Bruxelles: Pierre Mardaga.

Goldberg, D. & Huxley, P. (1992). *Common mental disorders. A bio-social model.* London/New York: Tavistock/Routledge.

Gray, J.A. (1982). *The neuropsychology of anxiety: An enquiry into the functions of the septo-hippocampal system.* Oxford: Oxford University Press.

Greve, W. & Roos, J. (1996). *Der Untergang des Ödipuskomplexes.* Bern: Huber.

Grossmann, K.E. & Grossmann, K. (1986). Phylogenetische und ontogenetische Aspekte der Entwicklung der Eltern-Kind-Bindung und der kindlichen Sachkompetenz. *Zeitschrift für Entwicklungspsychologie und Pädagogische Psychologie, 18,* 287–315.

Grossmann, K., Fremmer-Bombik, E., Rudolph, J. & Grossmann K.E. (1988). Maternal attachment representations as related to child-mother attachment patterns and maternal sensitivity and acceptance of her child. In R.A. Hinde & J. Stevenson-Hinde (Eds.), *Relations within families* (pp. 241–260). Oxford: University Press.

Grossmann, K.E., Becker-Stoll, F., Grossmann, K., Kindler, H., Schiecke, M., Spangler, G., Wensauer, M. & Zimmermann, P. (1997). Die Bindungstheorie. Modell, entwicklungspsychologische Forschung und Ergebnisse. In H. Keller (Hrsg.), *Handbuch der Kleinkindforschung* (2. Aufl., S. 51–96). Bern: Huber.

Grünbaum, A. (1984). *The foundations of psychoanalysis.* Berkeley: University of California Press.

Hamilton, M. (Ed.). (1967). *Abnormal psychology.* Harmondsworth: Penguin Books.

Havighurst, R.J. (1982). *Developmental tasks and education* (1st ed. 1948). New York: Longman.

Heckhausen, H. (1977). Achievement motivation and ist constructs: A cognitive model. *Motivation and Emotion, 1,* 283–329.

Heckhausen, H. (1983). Entwicklungsschritte in der Kausalattribution von Handlungsergebnissen. In D. Görlitz (Hrsg.), *Kindliche Erklärungsmuster* (S. 49–85). Weinheim: Beltz.

Hoffmann, S.O. & Hochapfel, G. (1995). *Einführung in die Neurosenlehre und Psychosomatische Medizin.* Stuttgart: Schattauer.

Kendall-Tackett, K., Meyer, W.I. & Finkelhor, D. (1993). Impact of sexual abuse on children: A review and synthesis of recent empirical studies. *Psychological Bulletin, 113,* 164–180.

Kernberg, O.F. (1988). *Innere Welt und äußere Realität. Anwendungen der Objektbeziehungstheorie.* München: Verlag Internationale Psychoanalyse.

Klein, M. (1981). On Mahler's autistic and symbiotic phases: An exposition and evaluation. *Psychoanalysis and Contemporary Thought, 4,* 69–105.

Klein-Allermann, E. (1995). *Die Bewältigung jugendtypischer Entwicklungsaufgaben. Ein Vergleich adoptierter und nicht adoptierter Jugendlicher.* Frankfurt: Peter Lang.

Kline, P. (1981). *The Fact and Fantasy in Freudian Theory* (2nd ed.). London: Methuen.

Krampen, G. (1991). *Fragebogen zu Kompetenz- und Kontrollüberzeugungen* (FKK). Göttingen: Hogrefe.

Krohne, H.W. & Hock, M. (1994). *Elterliche Erziehung und Angstentwicklung des Kindes.* Bern: Huber.

Laplanche, J. & Pontalis, J.B. (1973). *Das Vokabular der Psychoanalyse* (Bd. 1 und 2). Frankfurt: Suhrkamp.

Larose, S. & Boivin, M. (1997). Structural relations among attachment working modells of parents, general and specific support expectations, and personal adjustment in late adolescence. *Journal of Social and Personal Relationships, 14,* 579–601.

Lewinsohn, P.M. (1974). Clinical and theoretical aspects of depression. In K.S. Calhoun, H.E. Adams & K.M. Mitchell (Eds.), *Innovative methods in psychopathology* (pp. 63–120). New York: Wiley.

Lewinsohn, P.M., Hobermann, H.M. & Rosenbaum, M. (1988). A prospective study of risk factors for unipolar depression. *Journal of Abnormal Psychology, 97,* 357–367.

Lewinsohn, P.M., Steinmetz, J.L., Larson, D.W. & Franklin, J. (1981). Depression-related cognitions: Antecedent or consequence? *Journal of Abnormal Psychology, 90,* 213–219.

Lichtenberg, J.D. (1991). *Psychoanalyse und Säuglingsforschung.* Berlin: Springer.

Loch, W. (1977). Anmerkungen zum Thema Ich-Veränderungen, Ich-Defekte und psychoanalytische Technik. *Psyche, 31,* 216–227.

Mahler, M.S., Pine, F. & Bergman, A. (1975). *The psychological birth of the Human Infant.* New York: Basic Books. (dt.: Die psychische Geburt des Menschen. Frankfurt: Fischer, 1980.)

Main, M. (1990). Cross-cultural studies of attachment organisation: Recent studies, changing methodologies, and the concept of conditional strategies. *Human Development, 33,* 48–61.

Main, M. (1996). Introduction to the special section on attachment and psychopathology: 2. Overview of the field of attachment. *Journal of Consulting and Clinical Psychology, 64,* 237–243.

Main, M. & Solomon, J. (1990). Procedures for identifying infants as disorganized/disoriented during the Ainsworth strange situation. In M.T. Greenberg, D. Cicchetti & E.M. Cummings (Eds.), *Attachment in the preschool years* (pp. 121–160). Chicago: University of Chicago Press.

Masling, J. (Ed.). (1986). *Empirical studys of the psychoanalytic theories* (Vol. 2). Hillsdale, N.J./London: Erlbaum.

Mertens, W. (1996). *Entwicklung der Psychosexualität und der Geschlechtsidentität. Bd. 2 Kindheit und Adoleszenz.* (2. Aufl.). Stuttgart: Kohlhammer.

Metalsky, G.I. & Joiner, T.E. (1992). Vulnerability to depressive symptomatology: A prospective test of the diathesis-stress and causal mediation components of the hopelessness theory of depression. *Journal of Personality and Social Psychology, 63,* 667–675.

Mineka, S. (1985). Animal models of anxiety-based disorders: Their usefulness and limitations. In A.H. Tuma & J.D. Maser (Eds.), *Anxiety and the Anxiety Disorders* (pp. 199–244). Hillsdale, N.J.: Erlbaum.

Muris, P., Steerneman, P., Merckelbach, H. & Meesters, C. (1996). The role of parental fearfulness and modeling in children's fear. *Behavior Research and Therapy, 3,* 265–268.

Napp-Peters, A. (1995). *Familien nach der Scheidung.* München: Verlag Antje Kunstmann.

Newman, B.M. & Newman, P.R. (1975). *Development through Life. A Psychosocial Approach.* London: The Dorsey Press.

Nolen-Hoeksema, S., Girgus, J.S. & Seligman, M.E.P. (1992). Predictors and consequences of childhood Dedressive symptoms: A 5-year longitudinal study. *Journal of Abnormal Psychology, 101,* 405–422.

Öhman, A. (1993). Stimulus prepotency and fear learning: Data and theory. In N. Birbaumer & A. Öhman (Eds.), *The structure of emotion: Psychophysiological, cognitive and clinical aspects* (pp. 218–239). Seattle: Hogrefe & Huber.

Öst, L.-G. & Hugdahl, K. (1981). Acquisition of phobias and anxiety response patterns in clinical patients. *Behavior Research and Therapy, 19,* 439–447.

Patten, S.B. (1991). The loss of a parent during childhood as a risk factor for depression. *Canadian Journal of Psychiatry, 36,* 706–711.

Perrez, M. (1997). Gewalt gegen Kinder. Ausgewählte Ergebnisse der Repräsentativstudie zum Bestrafungsverhalten von Erziehungsberechtigten in der Schweiz mit besonderer Berücksichtigung der Körperstrafe. In B. Zöller (Hrsg.), *Mit Strafe leben? Über Strafen und Bestrafung im zwischenmenschlichen Bereich* (S. 299–308). Basel: Promedas.

Perrez, M. & Chervet, C. (1989). Rôle de la famille dans le developpement des attributions causales et des convictions de contrôle. In J.-P. Pourtois (Ed.), *Les thématiques en éducation familiale* (pp. 87–96). Bruxelles: De Boeck-Wesmael.

Perrez, M. & Zbinden, M. (1996). Grundlagen der Klinischen Psychologie: Lernen. In A. Ehlers & K. Hahlweg (Hrsg.), *Grundlagen der Klinische Psychologie.* (Enzyklopädie der Psychologie, Serie Klinische Psychologie Band 1; S. 301–349). Göttingen: Hogrefe.

Prenzel, M. & Schiefele, H. (1986). Konzepte der Veränderung und Erziehung. In B. Weidenmann, A. Krapp,

M. Hofer, G.L. Huber & H. Mandl (Hrsg.), *Pädagogische Psychologie* (S. 105–142). Weinheim: Psychologie Verlags-Union.

Reinecker, H. (Hrsg.). (1980). *Bestrafung. Experimente und Theorien.* Salzburg: Otto Müller.

Reite, M. & Capitanio, J.P. (1985). *On the nature of social separation and social attachment. The psychobiology of attachment and separation* (pp. 223–255). Orlando: Academic Press.

Rose, D.T., Abramson, L.Y., Hodulik, Ch.J., Halberstadt, L. & Leff, G. (1994). Heterogeneity of cognitive style among depressed inpatients. *Journal of Abnormal Psychology, 103,* 419–429.

Rosenstein, D.S. & Horowitz, H.A. (1996). Adolescent attachment and psychopathology. *Journal of Consulting and Clinical Psychology, 64,* 244–253.

Rutter, M. (1995). Clinical implications of attachment. Concepts: Retrospect and prospect. *Journal of Child Psychology and Psychiatry, 36,* 549–571.

Schaffer, R. (1977). *Mothering.* London: Fontana Open Books.

Schaffer, H.R. (1992). *Und was geschieht mit den Kindern?* Bern: Huber.

Schmidt-Denter, U., Beelmann, W. & Hauschild, S. (1997). Formen der Ehepartnerbeziehung und familiäre Anpassungsleistungen nach der Trennung. *Psychologie in Erziehung und Unterricht, 44,* 289–306.

Schmidtke, A. & Häfner, H. (1988). The Werther effect after television films: New evidence for an old hypothesis. *Psychological Medicine, 18,* 665–676.

Schneewind, K.A. (1995). Familienentwicklung. In R. Oerter & L. Montada (Hrsg.), *Entwicklungspsychologie. Ein Lehrbuch* (3. Aufl., S. 128–166). München: Psychologie Verlags Union.

Schneewind, K.A., Beckmann, M. & Engfer, A. (1983). *Eltern und Kinder.* Stuttgart: Kohlhammer.

Schneider-Rosen, K., Braunwald, K., Carlson, V., & Cicchetti, D. (1985). Current perspecitves in attachment theory: Illustration from the study of maltreated infants. *Monographs of the Society for Research in Child Development, 50* (1–2 Serial, No. 209), 194–210.

Schwarz, J.L., Krolick, G. & Strickland, R.G. (1973). Effects of early day care experience on adjustment to a new environment. *American Journal of Orthopsychiatry,* 340–346.

Selg, H., Mees, U. & Berg, D. (1988). *Psychologie der Aggressivität.* Göttingen: Hogrefe.

Seligman, M.E.P. (1975). *Helplessness: On depression, development and death.* San Francisco: Freeman.

Seligman, M.E.P. (Hrsg.). (1986). *Erlernte Hilflosigkeit* (2. Aufl.). München: Urban & Schwarzenberg.

Seligman, M.E.P. & Hager, J.L. (Eds.) (1972). *Biological boundaries of learning.* New York: Appleton-Century-Crofts.

Shear, M.K. (1996). Factors in the etiology and pathogenesis of panic disorders: Revisiting the attachment-separation paradigm. *American Journal of Psychiatry, 153,* 125–136.

Spitz, R.A. (1965). *The First Year of Life. A Psychoanalytic Study of Normal and Deviant Development of Object Relations.* New York: International Universities Press. (dt.: Vom Säugling zum Kleinkind. Stuttgart: Klett, 1972).

Sroufe, L.A. & Waters, E. (1977). Attachment as an organizational construct. *Child Development, 48,* 1184–1199.

Stern, D. N. (1985). *The interpersonal world of the infant: A view from psychoanalysis and developmental psychology.* New York: Basic Books.

Stern, D. N. (1995). *The motherhood constellation.* New York: Basic Books.

Van Ijzendoorn, M. H. (1995). Adult attachment representations, parental responsiveness and infant attachment: A meta-analysis on the predictive validity of the Adult Attachment Interview. *Psychological Bulletin, 117,* 387–403.

Weindrich, D. & Löffler, W. (1990). Auswirkungen von Frühformen der Kindesmißhandlung auf die kindliche Entwicklung vom 3. zum 24. Lebensmonat. In J. Martinius & R. Frank (Hrsg.), *Vernachlässigung, Mißbrauch und Mißhandlung von Kindern* (S. 49–55). Bern: Huber.

Werner, E. E. & Smith, R. S. (1992). *Overcoming the odds.* Ithaca: Cornell University Press.

Wicki, W. (1997). *Übergänge im Leben der Familie. Veränderungen bewältigen.* Bern: Huber.

Widom, C. S. (Ed.). (1984). *Sex roles and psychopathology.* New York: Plenum Press.

Wierzbicki, M. (1993). Psychological adjustment of adoptees: A meta-analysis. *Journal of Clinical Child Psychology, 22,* 447–454.

Wolfe, D. A. (1987). *Child abuse: Implication for child development and psychopathology.* Newbury Park: Sage.

Wolpe, J. (1958). *Psychotherapy by reciprocal inhibition.* Stanford: Stanford University Press.

Zeanah, C. H. (1996). Beyond insecurity: A reconceptualization of attachment disorders of infancy. *Journal of Consulting and Clinical Psychology, 64,* 42–52.

Zelnick, L. M. & Buchholz, E. S. (1991). Der Begriff der inneren Repräsentanz im Lichte der neueren Säuglingsforschung. *Psyche. Zeitschrift für Psychoanalyse und ihre Anwendung, 9,* 810–846.

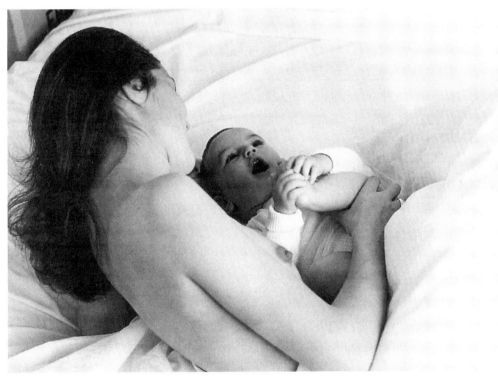

Mutter und Kind (Foto: © v. Mentlen/DGPh, Ittigen)

15. Sozialpsychologische Aspekte

Heiner Ellgring

Inhaltsverzeichnis

1. Einführung

Sozialpsychologische Prozesse tragen dazu bei, daß psychische sowie körperliche Störungen und Erkrankungen entstehen oder aufrechterhalten werden. In diesem Kapitel geht es vor allem darum, solche Modelle der Sozialpsychologie darzustellen, bei denen sich ein unmittelbarer Bezug zu psychischen oder psychosomatischen Störungen herstellen läßt. Diese Modelle beziehen sich auf:

– soziales Verhalten und soziale Interaktion, d.h. den Umgang mit anderen, und
– soziale Kognitionen, d.h. Gedanken, Vermutungen und Wissen über Ereignisse in unserer Umgebung.

Soziale Bedingungen, wie sie in den Erwartungen anderer an das Individuum (Rollenerwartungen), aber auch in sozioökonomischen und institutionellen Bedingungen gegeben sind, werden an anderer Stelle behandelt. Ebenso werden die Bereiche «Soziale Unterstützung und Netzwerke» gesondert betrachtet (s. Kap. 17/Streß, Coping). Da die verschiedenen Mo-delle hier nur exemplarisch erläutert werden können, ist zur Vertiefung auf Einführungen in die Sozialpsychologie (Baron & Byrne, 1984; Bierhoff, 1993; Fiske & Taylor, 1991; Frey & Greif, 1987; Mann, 1994; Semin & Fiedler, 1996) zu verweisen.

Obwohl wesentliche und stark expandierende Entwicklungen in der Klinischen Psychologie, wie z.B. die Gesundheitspsychologie, in erheblichem Maße auf sozialpsychologischen Modellen aufbauen (s. Schwarzer, 1990; Snyder & Forsyth, 1991; Nicassio & Smith, 1995), sieht sich die Sozialpsychologie immer noch vor einem Dilemma: Einerseits verfügt sie über attraktive Modelle, die unmittelbar auf klinische und gesundheitspsychologische Fragen anwendbar erscheinen. Für diese Modelle spricht zumeist auch klinische Evidenz und Plausibilität. Andererseits sind jedoch vergleichsweise wenige Beziehungen zwischen sozialpsychologischen Faktoren und körperlichen bzw. seelischen Störungen in spezifischer und eindeutiger Weise nachgewiesen. So erscheint es selbstverständlich, daß die Unterstützung von Familie, Freunden und Bekannten einem hilft, kritische Phasen im Leben zu meistern. Dennoch läßt sich nur schwer empirisch oder gar experimentell belegen, daß sozialer Kontakt und Zuspruch in direkter Form auf eine Erkrankung einwirkt.

Diese Schwierigkeiten sind sicherlich zum großen Teil darin begründet, daß bei einer Störung gleichzeitig sehr verschiedene Faktoren fördernd oder hemmend wirken. Einzelne sozialpsychologische Faktoren lassen sich nur bedingt isolieren, zumal sie ihre Wirksamkeit wahrscheinlich meist in Verbindung mit den anderen Einflüssen entfalten. Hinzu kommt, daß attraktive und anscheinend gut überprüfte Modelle bei kritischer Betrachtung immer noch erhebliche Mängel aufweisen oder ihren Geltungsanspruch erheblich reduzieren müssen. Beispiele sind die Befunde zu den Theorien der sozialen Deprivation (Ernst, 1987), der gelernten Hilflosigkeit (Coyne & Gotlib, 1983; Seligman, 1992), oder zur Labeling-Theorie (Gove, 1981) (s.u.).

Andererseits weist ein neues Gebiet wie die Psychoimmunologie einen Weg, auf dem der Einfluß psychologischer Faktoren auf störungs- bzw. krankheitsrelevante biologische Prozesse festgestellt werden kann. So belegt eine Reihe von Befunden, positive wie negative Einflüsse von psychosozialen Faktoren auf basale Immun-Funktionen (O'Leary, 1990). Aus sozialpsychologischer Sicht ist allerdings kritisch zu sehen, daß den präzisen immunologischen Messungen immer noch vergleichsweise unscharfe Bestimmungen psychologischer Faktoren gegenüberstehen.

Angesichts der vielfältigen möglichen Wirkfaktoren bei Störungen, deren Phänomenologie selbst häufig nur unzureichend beschrieben ist – man denke an die Schwierigkeiten psychiatrischer Diagnostik mit konkurrierenden Systemen wie ICD-10 und DSM-IV – sollte man eine einheitliche Theorie und damit ein allgemeines sozialpsychologisches Erklärungssystem nicht erwarten. Es wäre zum gegenwärtigen Zeitpunkt und bei dem gegebenen Wissensstand auch keineswegs wünschenswert. Denn gerade die Vielfalt der Ansätze liefert Anregungen für die weitere Forschung. Als sozialpsychologische Wirkfaktoren kommen die im folgenden aufgeführten Mechanismen in Betracht:

(1) *Soziales Verhalten* mit a) Interaktion und Kommunikation, b) Ausdruck von Emotionen,

c) Sozialer Kompetenz, d) Bindung und Unterstützung.

(2) *Soziale Kognition* mit a) Sozialer Wahrnehmung, b) Einstellungen, c) Attributionen, d) Erwartungen.

(3) *Soziale Bedingungen* mit a) Rollen, b) Status, c) Lebensbedingungen, d) kulturellen Einflüssen.

Diese Wirkfaktoren stehen beim Individuum mit dessen psychischer Ausstattung (Persönlichkeitsmerkmalen) sowie mit dessen körperlicher Ausstattung (z.B. einer Diathese, einer spezifischen körperlichen Vulnerabilität, oder auch Widerstandsfähigkeit) in Wechselwirkung.

• *Ebenen der Einwirkung:* Es lassen sich sehr verschiedene Ebenen der Einwirkung sozialpsychologischer Faktoren auf psychische und körperliche Störungen bzw. Erkrankungen annehmen:

a) Eine *direkte Einwirkung* eines sozialpsychologischen Faktors ist etwa der Einfluß sozialer Isolation auf das Verhalten. Die klassischen Beobachtungen von Spitz (1946) zur Auswirkung von fehlender sozialer Zuwendung auf kindliches Verhalten bieten hierfür ein überzeugendes Beispiel.

b) Eine *indirekte Einwirkung* bestünde in dem Einfluß der Arbeitssituation, die als psychologische Reaktion Streß erzeugt und damit indirekt körperliche Symptome bedingt. Die Auswirkungen von Arbeitslosigkeit auf die Entwicklung von Depression und Suizidrate (Jahoda, Lazarsfeld & Zeisel, 1932) liefern hierfür einen eindrucksvollen Beleg.

c) Als *Moderator-Variablen* treten z.B. zwischen Stimulus und Reaktion in aktuellen S-R-Modellen «Organismus-Variablen» (O-Variablen). Unter diese Organismus-Variablen werden auch überdauernde Einstellungen, Werthaltungen und Zielvorstellungen subsumiert (Kanfer, Reinecker & Schmelzer, 1996).

d) Als *Zusatzbedingung* kann z.B. bei bestehender Vulnerabilität die Interaktion in der Familie einen Rückfall der Schizophrenie bewirken. Die bisherigen Befunde zum Einfluß von «Expressed Emotion» (s.u.) belegen dies in eindrucksvoller Weise.

e) Eine *aufrechterhaltende Bedingung* stellt beispielsweise mangelnde soziale Kompetenz dar, die verhindert, daß eine depressive Person neue soziale Kontakte knüpft.

f) Meist wird man eine *Wechselwirkung* mit bestehenden organischen oder psychologischen Defiziten annehmen müssen, die dann zur Manifestation psychischer oder körperlicher Störungen führt.

Vom Interventionsansatz aus betrachtet, lassen sich noch intrapersonelle und interpersonelle Systeme (vgl. Kap. 1/Grundbegriffe – Einleitung) als Ebenen der Intervention unterscheiden. Je nachdem, ob die Person und deren Funktionen oder die soziale Umgebung, d. h. interpersonelle System (Dyade, Familie usw.) primär verursachend oder aufrechterhaltend für die Störung betrachtet werden, wird auch entsprechend der Zielbereich der Veränderung definiert. Unter sozialpsychologischer Perspektive erscheinen zunächst interpersonelle Systeme von Interesse. Allerdings sind Funktionen des intrapersonellen Systems ebenso bedeutsam, wie am Beispiel der sozialpsychologischen Attributionsforschung und ihrer Bedeutung für Interventionen leicht zu erkennen ist.

• *Ursache-Wirkung:* Bei jedem Zusammentreffen von bestimmten sozialpsychologischen Bedingungen mit psychischen oder körperlichen Störungen bzw. Erkrankungen ist die Frage nach Ursache und Wirkung sehr kritisch zu prüfen. Ein verändertes Kommunikationsverhalten kann Ursache für eine depressive Störung sein, es kann aber auch Begleiterscheinung oder Ausdruck des Zustands sein, oder es kann als Folge negativer Erfahrungen mit anderen Personen während dieses depressiven Zustands eintreten. Hier ist daran zu erinnern, daß korrelative Zusammenhänge keine Aussagen über Ursache und Wirkung erlauben. Um z.B. festzustellen, ob Einstellungen ursächlich zu Erkrankungen beitragen und nicht nur Korrelate bzw. nachträgliche subjektive Erklärungsmomente sind, wären aufwendige prospektive Langzeitstudien erforderlich. So müßte man frühzeitig nach Einstellungen zum Rauchen fragen, um bei Jugendlichen festzustellen, ob bestimmte frühere Einstellungen die Wahrscheinlichkeit für den Einstieg in das Rauchen erhöhen. Für eine kausale Aussage reicht es nicht, die Einstellungen von Rauchern und Nichtrauchern zu vergleichen, da das jeweilige Verhalten diese Einstellung mitbedingt und beeinflußt.

• *Spezifische und allgemeine Wirksamkeit:* Sozialpsychologische Modelle, aus denen sich spezifische klinische Wirkmechanismen ableiten lassen, sind vergleichsweise selten. Ein Beispiel hierfür ist die Annahme, daß soziale Deprivation depressive Symptome hervorrufen kann. Meist hat man es hingegen mit allgemeinen Modellen zu tun, wie etwa den Attributionstheorien. Die Attributionstheorien verweisen auf allgemeine psychologische Mechanismen, die bei sehr verschiedenen Störungen, sozialer Unsicherheit, Angst usw. relevant sein können. Das bedeutet, daß sich solche Modelle nicht eindeutig auf ein Krankheitsbild oder eine Störung beziehen. Sozialpsychologische Prozesse sind somit meist auch nicht als alleinverantwortlich für eine Störung anzusehen. Sie können jedoch als eine von verschiedenen Komponenten zum Störungsbild beitragen.

2. Soziales Verhalten und Interaktion

Zahlreiche Störungen und vor allem psychische Erkrankungen werden für andere zunächst am veränderten *Sozialverhalten* erkennbar. So bemerkt man im Umgang miteinander den sozialen Rückzug und den eingeschränkten nonverbalen Ausdruck in der Depression, das Vermeidungsverhalten eines phobischen Patienten oder auch die Unsicherheit einer körperbehinderten Person. Das veränderte Verhalten macht andere Personen auf die Störung aufmerksam. Dieses Verhalten kann entweder Teil der Störung selbst sein, wie in der Depression oder beim phobischen Patienten. Es kann sich aber auch sekundär entwickeln, wie die soziale Unsicherheit des Körperbehinderten, die sich aus den tatsächlichen oder vermuteten Reaktionen anderer auf die Behinderung ergibt. Auf der anderen Seite steht das Verhalten der sozialen Umgebung als Einflußgröße, etwa die Zurückhaltung oder gar Ablehnung anderer Personen, Kritik, aber auch Zuwendung und Unterstützung. Auch diese sozialen Umgebungsbedingungen sind unter dem Gesichtspunkt der Interaktion zu betrachten, denn nur in der sozialen Interaktion können sie wirksam werden.

Deprivation von sozialen Kontakten kann beispielsweise zu negativen Effekten bei der körperlichen und seelischen Entwicklung führen (Bowlby, 1973; zur Diskussion der «Umweltresistenz» des Kleinkindes und der höheren Empfindlichkeit älterer Kinder s. allerdings Ernst, 1987). Die im folgenden dargestellten Modelle zum kommunikativen Verhalten und zum Einfluß der sozialen Umgebung beziehen sich sowohl auf das Verhalten des gestörten oder erkrankten Individuums als auch auf den Einfluß anderer Personen bzw. deren Wechselwirkung.

Störungen der *Kommunikation* spielen in unterschiedlicher Weise für klinisch relevante Symptome oder Syndrome eine Rolle.

– Sie treten als Symptom an sich oder Teil eines Syndroms in Erscheinung. Beispiel ist die soziale Unsicherheit, die es dem Individuum erschwert oder unmöglich macht, Kontakte mit anderen aufzubauen. Die «Soziale Phobie» (DSM-IV: 300.23) bei Erwachsenen oder spezifische Probleme bei Kindern wie die «Expressive Sprachstörung» (DSM-IV: 315.31), bzw. das Stottern (DSM-IV: 307.0) wären klinische Zustandsbilder, für die die Kommunikationsstörung konstituierender Bestandteil ist.
– Sie sind Ursache für andere Symptome. Beispiel ist die vermutete Auswirkung widersprüchlicher verbaler und nonverbaler Informationen («double bind»). Unter bestimmten Bedingungen soll diese Art der Kommunikation zu psychotischen Reaktionen führen (s. u.).
– Sie sind Begleiterscheinungen, Ausdruck oder Folge anderer Störungen. Bestimmte nonverbale Verhaltensweisen depressiver Patienten sind ein Beispiel hierfür. Sie verändern sich entsprechend der Besserung oder Verschlechterung des subjektiven Zustands.

Am Beispiel der Depression ist allerdings auch zu ersehen, daß eine solche Differenzierung von Kommunikationsstörungen im konkreten Fall meist nicht möglich ist. So beeinflußt das nonverbale Verhalten des depressiven Patienten das Verhalten anderer Personen. Diese zeigen z. B. mehr Zuwendung dem Patienten gegenüber oder sie ziehen sich nach gewisser Zeit von der depressiven Person zurück. Dies wiederum hat Einfluß auf die depressive Symptomatik, so daß sich als Wechselwirkung auch ein indirekter Einfluß der Kommunikationsstörung auf das depressive Syndrom ergibt. Ursache und Wirkung stehen so im Wechselspiel miteinander.

2.1 Instrumentalität des Verhaltens

Von einer instrumentellen Funktion des Verhaltens in der sozialen Interaktion spricht man, wenn mit dem Verhalten einer Person ganz bestimmte Verhaltensweisen anderer Personen bewirkt werden. Solch eine Wirkung muß nicht notwendigerweise intendiert sein, ja kann sogar für die Person unerwünscht sein.

Im *depressiven* Verhalten, das nach Linden (1976) gleichzeitig Appellation, Hostilität und Deprivation enthält, manifestieren sich asymmetrische Kontingenzen der Interaktion: die eigenen Bedürfnisse überwiegen beim Patienten, während das Verhalten der anderen Personen keinen bemerkbaren Einfluß hat. Aus der fehlenden Wechselseitigkeit («Reziprozität») des Verhaltens erklärt sich nach Coyne (1976), warum Kommunikation mit depressiven Personen negative Komponenten enthält und somit langfristig vermieden wird.

Aus verhaltenstheoretischer Sicht ruft das depressive Verhalten zunächst positive Reaktionen hervor, indem vermehrte Zuwendung bei anderen ausgelöst wird. Diese Zuwendung führt nun aber keineswegs zu einer wechselseitigen Kontingenz, d. h. das Verhalten des Depressiven wird weiterhin nur vom eigenen internen Zustand, nicht aber vom Verhalten des Partners beeinflußt. Der damit langfristig ausgelöste Rückzug der Sozialpartner kann aber durch den Patienten nicht flexibel beantwortet und aufgehalten werden. Insofern trägt hier die spezifische Art der Interaktion, d. h. ihre fehlende Wechselseitigkeit, dazu bei, daß sich depressives Verhalten ausbildet und aufrechterhalten wird.

Einen speziellen Fall instrumentellen Verhaltens kann man in der «*gestützten Kommunikation*» sehen, mit Hilfe derer autistische Kinder zu ganz erstaunlichen sprachlichen Leistungen gebracht werden können. Hierbei wird durch eine betreuende Person der Arm des autistischen Kindes «gehalten». Mit der Hand betätigt das Kind die Tastatur einer Schreibmaschine (PC oder ähnliche Systeme) und erstellt Buchstabe für Buchstabe einzelne Wörter bzw. einen Text. Mit diesem Text kommuniziert das autistische Kind nach Meinung der Proponenten des Vorgehens mit seiner Umwelt. In der Tat handelt es sich hier um eine Kommunikation, allerdings in einer Form, deren Wirkweise bereits von Otto Pfungst (1907) an dem «Klugen Hans», einem rechnenden Pferd nachgewiesen wurde. Später wurde von Rosenthal (1967) dieses Phänomen als «Pygmalion» oder «Versuchsleiter-Effekt» dargestellt und untersucht. Das Phänomen der «gestützten Kommunikation» ist insofern lehrreich, als die systematisch nachgewiesene Ineffektivität des Vorgehens ohne den direkten motorischen Einfluß des Erwachsenen (Jacobson, Mulick & Schwartz, 1995) und die Erklärbarkeit der Effekte als von Erwachsenen induziertes Verhalten kaum die öffentliche Diskussion und den Glauben der Eltern zu beeinflussen scheinen.

2.2 Ökonomische Modelle der Interaktion

Vor allem auf Störungen im Partnerbereich beziehen sich verschiedene Modelle, die von einer im wesentlichen ökonomischen Denkweise des Menschen ausgehen: «Ich gebe Dir etwas, wenn und damit Du mir etwas gibst». Die in den sechziger Jahren von Thibaut und Kelley bzw. Homans entwickelten *Austausch-Theorien* gehen davon aus, daß Individuen danach streben, auch in ihrem sozialen Verhalten ihren eigenen Nutzen zu maximieren, d. h. möglichst viel Belohnung bei möglichst geringem Aufwand zu erhalten. In einer interpersonalen Beziehung entstehen einerseits «Kosten», wie etwa Zeitaufwand, Anstrengungen, Ärger oder Unsicherheit. Andererseits bietet eine Beziehung auch «Nutzen» oder «Belohnungen», wie z. B. Liebe, Beistand, Prestige, Ratschläge, Informationen.

Der Austausch von Belohnungen zwischen Partnern läßt sich auch unter dem Konzept der *Reziprozität* betrachten. Damit ist gemeint, daß der eine Partner den anderen belohnt, sofern er selbst zuvor belohnt wurde usw. Da der Austausch auch mit zeitlicher Verzögerung erfolgen kann, wird entsprechend diesem Modell das langfristige Geben und Nehmen in einer Beziehung nach dem Anteil positiver und negativer Elemente «bilanziert».

Im Gegensatz zu erfolgreichen Partnerschaften zeigen sich für problematische Partnerschaften im Dialog wenig positive und mehr negative Reaktionen, die zudem im Verlauf eskalieren (Hahlweg, Schindler & Revenstorf, 1982). Dies findet sich in der alltäglichen Interaktion wie auch in der Laborsituation. Bei der «Bilanzierung» von positiven und negativen Reaktionen ergibt sich insgesamt ein Ausgleich, wobei eine Tendenz besteht, negative Reaktionen («Bestrafungen») sofort zu erwidern. Dabei scheinen zufriedene Paare es im Gegensatz zu unzufriedenen zu vermeiden, sämtliche negativen Reaktionen zurückzugeben.

Die bei unglücklichen Paaren zu beobachtende Eskalation negativer Reaktionen muß nun aber keineswegs die Ursache einer unglücklichen Partnerschaft sein. Die Ursache kann vielmehr in unzureichenden Kommunikations- oder Problemlöse-Fertigkeiten liegen. Ein Paar kann sich auch deswegen streiten, weil sich die wahrgenommene Attraktivität des Partners langfristig verändert, positive Verstärker im Zeitverlauf ihre Wirksamkeit verlieren, negative Reaktionen betont werden. Solch ein Verlust an bisher bestehender positiver Verstärkung führt zu besonders deutlicher Ablehnung.

Außer auf Partnerschaft läßt sich das Prinzip des «Austausches» auch auf Phänomene wie die Depression übertragen. So führt depressives Verhalten dazu, daß das depressive Individuum zu wenig feedback gibt und daraufhin auch wenig feedback erhält (Coyne, 1976), daß depressive Frauen z. B. auch weniger extra-familiäre Kontakte haben (Blöschl, 1978). Die geringere Austauschrate wäre damit Teil in einem Prozeß, der den sozialen Rückzug des depressiven Individuums fördert.

Ökonomischen wie auch instrumentellen Modellen ist gemeinsam, daß das Verhalten als zielgerichtet betrachtet wird. Dabei folgt es bestimmten Kontingenzen, indem es durch den Partner oder, wie in den Austausch-Theorien postuliert, durch die wahrgenommene Verteilung von Geben und Nehmen gesteuert wird.

Gemeinsam folgt aus diesen Modellen, daß eine Störung nicht ein isoliertes Ereignis oder ein zeitlich stabiler Zustand ist, sondern sich entwickelt. Dies geschieht eingebettet in einen Zeitablauf sozialer Interaktion. Diese Modelle folgen somit nicht dem einfachen kausalen Schema – hier Ursache, da Wirkung. Vielmehr entwickeln sich in diesem Ablauf verschiedene Komponenten der Störung und tragen ihrerseits wieder zu einer veränderten Interaktion bei.

2.3 Soziale Kompetenz

Modelle der sozialen Kompetenz beziehen sich auf angemessenes und effektives Sozialverhalten. Sie sind anwendungsorientiert und bedienen sich daher verschiedener sozialpsychologischer Theorien. Soziale Kompetenz umfaßt sämtliche psychische Funktionen, d. h. Wahrnehmen, Denken und Handeln, einschließlich des verbalen und nonverbalen Verhaltens, bezogen auf soziale Situationen. Verwandte Begriffe sind soziale Geschicklichkeit, Selbstbehauptung, assertives Verhalten, Selbstsicherheit bzw. als Gegensatz dazu Schüchternheit. Je nach theoretischer Ausrichtung ist damit eher eine überdauernde Fähigkeit gemeint oder leichter veränderbare Fertigkeiten. Als entsprechende diagnostische Kategorie wird im DSM-IV die Soziale Phobie (300.23) definiert.

Die verschiedenen Komponenten sozial kompetenten Handelns lassen sich am Modell der Sozialen Fertigkeiten von Argyle und Kendon (1967) veranschaulichen (s. **Abb. 1**).

Dieses Modell, das verschiedenen Trainings sozialer Kompetenz oder sozialer Fertigkeiten und deren aktuellen Fortschreibungen zugrunde liegt, vermittelt prägnant die Wechselwirkungen zwischen Kognitionen, Verhalten und Reaktionen der sozialen Umgebung. Unser soziales Verhalten ist nach diesem Modell in vielen Aspekten mit motorischen Fertigkeiten vergleichbar. Die Motivation, z. B. jemanden zu überzeugen, beinhaltet eine Hierarchie von Plänen und Zielen. Die Absicht bzw. der Plan wird übersetzt in motorische Reaktionen oder Handlungen, die anschließend ausgeführt werden. Das motorische Reaktionspotential umschreibt die sozialen Fertigkeiten im engeren Sinne. Das Begrüßen, der Blickkontakt im Gespräch etc. wären solche Elemente sozialer Fertigkeiten. Die motorischen Reaktionen bewirken nun ihrerseits Veränderungen in der Außenwelt. In der darauffolgenden Wahrnehmung dieser Veränderungen wird ein Ist-Soll-Vergleich durchgeführt. Dieser Vergleich kann zu Korrekturen in der Übersetzung oder auch in der Motivation führen. Störungen oder Mängel in den sozialen Fertigkeiten können nun auf verschiedenen Ebenen auftreten. Störungen auf einer Ebene können ihrerseits die Ursache für solche auf einer anderen Ebene sein. So mag etwa ein Ziel zu hoch gesteckt sein, ohne daß man gewillt ist, es zu revidieren. Damit mag auch die Übersetzung nicht gelingen oder die motorischen Reaktionen sind noch nicht hinreichend geübt. Schließlich können auch Mängel in der Wahrnehmung bestehen: Man merkt vielleicht gar nicht den Widerstand und nimmt auch die negativen Reaktionen des anderen nicht wahr. Dieses Modell verdeutlicht, daß sowohl kognitive als auch Verhaltens-Komponenten bei den sozialen Fertigkeiten beteiligt sind.

Für Personen mit psychischen Störungen und Erkrankungen haben sich folgende Berei-

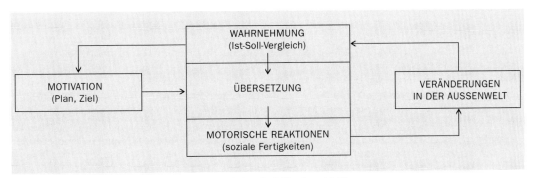

Abbildung 1: Modell der sozialen Fertigkeiten (nach Argyle & Kendon, 1967).

che, die sich sämtlich auf soziale Situationen beziehen, besonders häufig als defizitär erwiesen (Ullrich & Ullrich de Muynck, 1980): Forderungen stellen, Nein-sagen und andere ohne Aggression kritisieren, Kontakte herstellen. Hinzu kommen Angst vor Fehlern oder öffentlicher Beachtung.

Nach Trower, Bryant und Argyle (1978) erfordert die Bewältigung sozialer Situationen verschiedene spezifische Fertigkeiten: Kontakt zu Beginn des Gesprächs herstellen; Zuhören und dabei Rückmeldungen geben; Eingehen auf den anderen mit Signalen zum Weiterführen der Äußerung oder Sprecherwechsel; Ausdruck von Einstellungen; alltägliche soziale Routinen, wie Grüßen und Verabschieden. Diese Fertigkeiten wiederum sind bei psychischen Störungen nur mangelhaft vorhanden: Bei schizophrenen und depressiven Patienten ebenso wie bei Personen mit verschiedenen neurotischen Störungen.

Der Zusammenbruch des Kommunikationssystems wird z.B. als zentraler Vorgang für die Schizophrenie angesehen (Ploog, 1972). Bei Depression wurden häufig Defizite in der sozialen Interaktion nachgewiesen (Blöschl, 1978; Williams, 1986), usw. Man kann daher kaum von einer Spezifität mangelnder sozialer Kompetenz ausgehen. Die Frage ist vielmehr, in welcher Form eine mangelnde soziale Kompetenz zu bestimmten Störungen beiträgt.

Defizite sozialer Kompetenz können sich auch sekundär bei körperlichen Behinderungen einstellen. Ein Patient mit Parkinson-Erkrankung fürchtet beispielsweise, wegen seiner motorischen Behinderung in der Öffentlichkeit aufzufallen. Er vermeidet es, einkaufen zu gehen, und zieht sich allgemein stärker zurück als es aufgrund seiner körperlichen Behinderung notwendig wäre. Dieser Rückzug trägt dazu bei, daß der Patient sich immer stärker isoliert und als Folge zunehmend unter depressiven Verstimmungen leidet. Hier stehen also körperliche Erkrankung, mangelnde soziale Fertigkeiten und depressive Verstimmungen in Wechselwirkung miteinander (Ellgring, Seiler, Perleth, Frings, Gasser, & Oertel, 1993).

Die durch das Modell von Argyle und Kendon (1967) nahegelegte Wechselwirkung von Motivation, Verhalten, Reaktionen der Umwelt und der Wahrnehmung dieser Vorgänge erscheint plausibel. Auch wenn sich der Anteil einzelner Komponenten und Ursache-Wir-

kungs-Beziehungen bisher kaum hinreichend genau bestimmen läßt, behält dieses Modell doch seinen heuristischen und praktischen Wert und erleichtert den Umgang mit Problemen des Sozialverhaltens.

2.4 Kommunikation von Emotionen

Emotionen sind zu einem erheblichen Teil soziale Ereignisse. Bei etwa 80 Prozent erinnerter emotionaler Situationen spielen, weitgehend kulturunabhängig, soziale Ereignisse wie Beziehungen, Geburt, Tod, Interaktion mit Freunden oder Bekannten usw. eine Rolle (Wallbott & Scherer, 1986). Die Mitteilung des emotionalen Erlebens nach außen, etwa über das Ausdrucksverhalten, ist ein Bestandteil von Emotionen.

Die Frage, inwieweit Emotionen an der Entwicklung somatischer Störungen beteiligt sind, wurde vor allem durch Theorien und Untersuchungen «diskreter» Emotionen (Izard, 1977; Plutchik, 1980; Tomkins, 1982; Scherer, 1984) belebt. Diese Theorien wurden im Bereich der medizinischen Psychologie und Psychosomatik aufgegriffen (Temoshok, van Dyke & Zegans, 1983). Sie gehen davon aus, daß eine begrenzte Zahl «primärer» Emotionen existiert. Hierzu werden meist die Emotionen Freude, Ärger, Furcht, Überraschung, Trauer, Abscheu, Interesse, Scham gezählt. Die Emotionen unterscheiden sich auf der Ebene der physiologischen, motivationalen, Erlebens- und Verhaltensreaktionen. Aus sozialpsychologischer Sicht sind besonders die unterschiedlichen kommunikativen Funktionen von Bedeutung.

• *Kontrolle emotionalen Ausdrucks:* Emotionales Erleben, mimischer Ausdruck und spezifische Aktivierung des autonomen Nervensystems scheinen miteinander gekoppelt zu sein. Individuen, bei denen der nonverbale Ausdruck wenig Streß oder Ärger erkennen läßt, deren Ausdruck von Emotionen also eher gehemmt ist, zeigen stärkere physiologische Reaktionen als Personen mit deutlichem nonverbalen Ausdruck (Friedman, Hall & Harris, 1985; s. **Kasten 1**).

Verschiedene Untersuchungen (Krause, 1981; Florin, Freudenberg & Hollaender, 1985; Pennebaker & Traue, 1993) sprechen insgesamt dafür, daß eine starke Kontrolle des Ausdrucks bzw.

der zugrundeliegenden Emotion mit einer verstärkten Aktivierung physiologischer Prozesse einhergeht. Dies könnte bei Chronifizierung zu somatischer Erkrankung führen. Auch wenn die Frage der Kausalität weiterhin offen ist, so weisen die vorliegenden Arbeiten auch im pathologischen Bereich immerhin auf die Wechselwirkung von kommunikativem Verhalten einerseits und emotionalem Erleben sowie körperlichen Vorgängen andererseits hin.

• *Wirkung von emotionaler Kommunikation:* Die Kommunikation innerhalb von Familien mit einem psychisch erkrankten Mitglied hat bereits früh zu Spekulationen darüber geführt, welchen Einfluß bestimmte Formen von emotionalen Mitteilungen auf den Erkrankten haben. Zwei dieser Ansätze, die ältere «Doppelbindungs-Theorie» («double bind theory») und das in jüngerer Zeit häufig diskutierte Konzept der «Ausgedrückten Emotionen» («expressed emotions», EE) sind hier zu nennen. Beide Ansätze postulieren, daß negative emotionale Mitteilungen der Angehörigen zur Schizophrenie oder zum Rückfall nach vorheriger Schizophrenie beitragen. Nach der *Doppel-Bindungs-Theorie* der Schizophrenie von Bateson, Jackson, Haley und Weakland (1956) treten in schizophrenen Familien gehäuft Situationen auf, in denen auf zwei Ebenen, der inhaltlichen und der Beziehungsebene inkonsistente Botschaften gesendet werden. Trotz klinischer Evidenz konnte allerdings bisher nicht nachgewiesen werden, daß diese Art der Kommunikation als schizophrenogen, d.h. ursächlich verantwortlich für die Entstehung der Erkrankung, anzusehen ist. Zwar stellt Fontana (1966) bereits in einem Überblick fest, daß Eltern mehr Konflikte mit ihren schizophrenen Kindern haben und daß sie weniger adäquat miteinander kommunizieren als dies in Kontrollfamilien der Fall ist. Die Kausalität eines Einflusses auf die Schizophrenie ist allerdings ebenso offen wie die pathogene Wirkung der Doppel-Bindungs-Kommunikation für den Bereich der Ehe und der Familie (Raush, Greif & Nugent, 1979).

Während die «Doppel-Bindungs-Theorie» in den empirischen Arbeiten der jüngeren Zeit nicht mehr vertreten sind, so wird doch die Annahme einer pathogenen Wirkung bestimmter Interaktions- und Kommunikationsformen

auf einer anderen Ebene weiter untersucht (Flack & Laird, 1998).

Ansätze wie das Konzept der *Expressed Emotions* (EE) möchten nicht die Entstehung von Schizophrenie erklären, sondern einen Rückfall vorhersagen. «Expressed emotion» bedeutet dabei, daß der Angehörige sich negativ über den Patienten äußert.

Der Begriff «Ausgedrückte Emotionen» erweist sich bei genauerer Betrachtung als irreführend. Denn erfaßt wird keineswegs, welche Emotionen die Angehörigen dem Patienten gegenüber ausdrücken. Vielmehr wird in einem «Camberwell Family Interview» festgestellt, wie häufig ein Angehöriger über den Patienten «kritische Kommentare», «feindselige Äußerungen» und «emotionale Überbeteiligung» (emotional overinvolvement) äußert. Dies geschieht dem Interviewer gegenüber, ohne daß der Patient anwesend ist. Bei der Bewertung oder Codierung solcher Äußerungen als positiv oder negativ werden der Sprachinhalt und daneben auch die Stimme berücksichtigt, nicht jedoch andere nonverbale Verhaltensweisen. Um die Angehörigen als «High EE» oder «Low EE» zu klassifizieren, wird die Anzahl kritischer Äußerungen ermittelt. Entsprechende empirisch gefundene Grenzwerte liegen bei etwa 6 negativen Äußerungen von Angehörigen schizophrener Patienten im Interview, um zur Hoch-EE-Gruppe zugeordnet zu werden. Bei Angehörigen depressiver Patienten reichen bereits zwei negative Äußerungen für diese Zuordnung aus. Ein hohes Ausmaß an «Expressed Emotions» bei den Angehörigen läßt mit hoher Wahrscheinlichkeit einen Rückfall schizophrener Erkrankung erwarten, wenn zusätzlich die Medikation nicht eingehalten wird. Weiterhin ergaben verschiedene Untersuchungen, daß sich aus hohen «EE»-Werten der Angehörigen auch der Rückfall depressiver Patienten, vormals übergewichtiger Frauen sowie anorektischer Patientinnen überzufällig häufig vorhersagen ließ (s. Leff & Vaughan, 1985).

In neueren Übersichten wird der Zusammenhang zwischen EE und Rückfallgefährdung deutlich gestützt. So zeigte sich nach aggregierten Daten von insgesamt 518 schizophrenen Patienten, daß die Rückfallquote bei hoch EE-Angehörigen und hoher Kontaktdichte zwischen Patient und Angehörigen bei gleichzeitig nicht eingehaltener Medikation 75 Prozent be-

Kasten 1
Ausdrucksverhalten und Gesundheit (nach Friedman, Hall & Harris, 1985)

Fragestellung

Erleichtert ein offener nonverbaler Ausdrucksstil den Umgang mit Streß?

Methode

• *Stichprobe:* Die Fragestellung wurde von Friedman, Hall und Harris bei 60 männlichen Personen mit hohem Risiko für Herzerkrankungen untersucht. Entgegen der Theorie entwickeln nämlich die meisten Personen mit «Typ A» Verhalten, d.h. Personen, die unter Zeitdruck häufig mehrere Dinge gleichzeitig tun, Konkurrenzdruck erleben, schnell handeln, sich eher aggressiv gegenüber ihrer Umgebung verhalten usw. *keine* Herzerkrankungen.

• *Untersuchungsinstrumente:* Die Personen wurden nach dem Jenkins Activity Survey dem Typ A bzw. dem komplementären Typ B zuge-

ordnet und nach der Selbstbeurteilung im Affective Communication Test (ACT) in Personen mit hoher bzw. niedriger Tendenz zum affektiven Ausdruck eingeteilt. Verschiedene Verhaltensweisen wurden von kurzen Video-Ausschnitten (20 Sek. und 15 Sek.) aus einem nicht streßbeladenen Interview registriert bzw. beurteilt. Kriterien für die aktuelle Gesundheitsgefährdung waren zwei medizinisch ermittelte Indices für Herzrhythmusstörungen.

Ergebnisse

Die Ergebnisse stützen das von den Autoren vorgeschlagene Modell einer Wechselwirkung zwischen der Art, mit Streß umzugehen (Typ A bzw. B) und dem Ausdrucksstil. Es ergaben sich zwei Gruppen von Typ-A-Individuen: (a) gesunde, wortgewandte, kontrolliert und «charismatisch» ausdrucksstarke bzw. (b) gehemmte, gespannte. Bei den ruhigen Typ-B-Individuen ließen sich (c) gesunde, entspannt ruhige von (d) submissiven, gehemmten und gespannten Personen unterscheiden. Das Risiko für Coronar-Erkrankungen ist bei den Gruppen (b) und (d) hoch, es ist niedrig bei den Gruppen (a) und (c). Die vier Gruppen unterscheiden sich signifikant in Verhaltensweisen, die als gehemmt (übereinandergeschlagene Beine, Manipulationen und körperfocussierte Gesten, geschlossene Körperpositionen etc.) bzw. defensiv-feindselig (z.B. Faust ballen), oder redefreudig (Länge und Dauer des Sprechens, Blickzuwendung) zusammengefaßt werden können. Interessant erscheint bei diesem Vorgehen, Verhaltensweisen und Persönlichkeitsfaktoren mit objektiven medizinischen Daten in Beziehung zu setzen. Danach legt die Studie den Schluß nahe, daß eine bestimmte Art des Ausdrucksstils durchaus protektiv beim Umgang mit Streß und damit für das Risiko einer Herzerkrankung wirken kann.

Expressivität	Risiko für Coronar-Erkr. niedrig	hoch	Diagnostizierter Streß-Typ
hoch	gesund «charismatisch»	feindselig wettbewerbsorientiert	Typ A
	positiver Affektprospekt	eher bedrohlich, wenig positiver Affektausdruck	
	a	b	
niedrig	c entspannt ruhig	d gespannt überkontrolliert	Typ B
	geringer Affekt-Ausdruck	geringer Affekt-Ausdruck; «Explodieren» bei hinreichender Belastung	

trägt, mit Medikation 51 Prozent. Zeigen die Angehörigen geringe EE, so treten bei hoher Kontaktdichte ohne Medikation in 28 Prozent der Fälle, mit Medikation in 18 Prozent der Fälle Rückfälle ein. Am geringsten ist die Rückfallquote mit 8,5 Prozent bei niedriger EE der Angehörigen und geringer Kontaktdichte mit eingehaltener Medikation (Bebbington & Kujpers, 1994).

Obwohl aufgrund des EE-Kriteriums in verschiedenen Untersuchungen die Rückfallhäufigkeit innerhalb von 9 Monaten mit sehr hoher Wahrscheinlichkeit korrekt vorhergesagt werden konnte, ist bisher die Frage offen, wie sich eine hochgradig kritische Einstellung als Verhalten dem Patienten gegenüber manifestiert. In wenigen Untersuchungen wurden die Interview-Maße durch direkte Beobachtung der Familien-Interaktion ergänzt (Miklowitz, Goldstein, Falloon & Doane, 1984). Danach zeichnete sich in der Tat der «affektive Kommunikations-Stil» von Angehörigen mit hohem EE-Wert durch zahlreiche kritische und/oder bedrängende («intrusive, invasive») Äußerungen aus. Die Beziehungen zwischen EE-Maßen und Maßen des affektiven Stils waren allerdings nicht übermäßig stark. Offensichtlich werden mit «affektivem Kommunikation-Stil» und «Expressed Emotion» unterschiedliche Aspekte von emotionalen Einstellungen und Verhaltensweisen erfaßt.

Die vergleichsweise sichere Vorhersagbarkeit eines späteren Rückfalls des Patienten aufgrund aktuell geäußerter negativer Einstellungen der Angehörigen legt natürlich die Frage nahe, welches die Faktoren sind, die letztlich den Rückfall bewirken. Es ist zu vermuten, daß eine *Vulnerabilität* bzw. Diathese (konstitutionelle Schwäche) beim Patienten auch nach der Erkrankung fortbesteht. Kommen zusätzlich Streß-Faktoren, auch durch die Art des Zusammenlebens und die Form der Kommunikation in der Familie hinzu, so erhöht sich das Risiko für einen Rückfall. Kausalität bestünde insofern, als die negative Kommunikation dann einen Rückfall fördert, wenn zugleich ungünstige dispositionelle Faktoren gegeben sind. In diesem Fall aber bleibt zu klären, ob nicht auch andere unspezifische Streß-Faktoren einen ähnlichen Effekt haben.

Psychoimmunologie: Eine jüngere interdisziplinäre Forschungsrichtung, die Psychoimmu-

nologie, zeigt interessante Wirkbeziehungen zwischen Immunfunktionen und sozialen Aspekten, insbesondere emotionalen Prozessen (O'Leary, 1990). So wurde nachgewiesen, daß der Streß, der mit sozialer Trennung, Störungen und Unterbrechungen von sozialen Bindungen (social disruption) oder auch Einsamkeit verbunden ist, die Immunfunktionen beeinträchtigt (Kiecolt-Glaser, Kennedy, Malhoff, Fisher, Seicher & Glaser, 1988). Durch psychosoziale Interventionen können die Immunfunktionen wieder verstärkt werden (Pennebaker, Kiecolt-Glaser & Glaser, 1988a). Hautkontakt und positives, freundlich unterstützendes (haltendes) interaktives Verhalten erhöht die Ausschüttung von Oxytocin, einer Substanz, von der vermutet wird, daß sie in protektiver Weise gegen Streß wirkt (Uvnas-Moberg, 1996).

Einen positiven Einfluß auf verschiedene Bereiche körperlicher Gesundheit hat nach Pennebaker (1993) die Mitteilung von belastenden Ereignissen. Diese positiven Einflüsse manifestieren sich in geringeren Arztbesuchen, verbesserten Immun-Funktionen und anderen Merkmalen. Allerdings scheint dieser positive Effekt nicht an eine direkte Form der Mitteilung gekoppelt zu sein, sondern er tritt auch auf, wenn die belastenden Ereignisse in einem Tagebuch niedergeschrieben werden. Somit scheint eine kognitive ordnungstiftende Aktivität den wesentlichen Einfluß auszuüben. Diese ordnungstiftende Funktion kann in verschiedener Weise – durch das alltägliche Gespräch, das therapeutische Gespräch oder auch das Führen des Tagebuchs aktiviert werden.

3. Soziale Kognitionen

Mit dem Begriff «soziale Kognitionen» sind die Denkinhalte gemeint, die sich auf soziale Gegebenheiten beziehen bzw. durch soziale Einflüsse verändert werden. In der Sozialpsychologie werden darunter Phänomene wie soziale Wahrnehmung, Einstellungen und Werthaltungen, Attribution (= Zuschreibung von Ursachen) subsumiert. Für das Modellernen sind soziale Kognitionen ebenfalls zentrale Elemente. Rollen und Rollenerwartungen, bei denen Selbst- und Fremdwahrnehmung beteiligt sind, werden im Kapitel über soziologische Aspekte behandelt.

Die soziale Wahrnehmung und Urteilsbildung beziehen sich auf die sozialen Bedingungen, die unsere Sicht der Umwelt wie auch der Personen beeinflussen. Wesentliche Kennzeichen der sozialen Wahrnehmung sind die *Selektion*, d.h. die Auswahl der uns umgebenden Sinnesreize und die *Inferenz*, d.h. die Schlußfolgerungen, die wir aufgrund von beobachtetem Verhalten treffen und die über die eigentliche Wahrnehmung hinausgehen. Wir vermuten z.B., daß ein Ereignis, welches wiederholt vor einem anderen Ereignis auftritt, die Ursache für das nachfolgende Ereignis ist. Die Interpretation von vermuteten Ursachen für das eigene und für fremdes Verhalten wird im Zusammenhang mit den Attributionstheorien behandelt.

3.1 Labeling – Etikettierung

Ist die Selektivität unserer Wahrnehmung verantwortlich dafür, daß wir Verhalten als abweichend, gestört oder krank ansehen? Nach der in den sechziger Jahren entwickelten Labeling-Theorie kann ein erheblicher Teil abweichenden und auffälligen Verhaltens darauf zurückgeführt werden, daß die Gesellschaft das Individuum mit einem Etikett versieht. Der Aufenthalt in einer psychiatrischen Institution ist nach diesem Ansatz mit einer Stigmatisierung durch die Gesellschaft verbunden (Goffman, 1967). Diese Stigmatisierung führt nach der Labeling-Theorie zur Verfestigung der Abweichung bzw. ist sogar für den größten Teil auffälligen Verhaltens verantwortlich. Dieser Ansatz stützt sich auf die Kritik des Psychiaters Szasz (1960) an der traditionellen Psychiatrie und deren rein medizinischem Krankheitsmodell. Nach Szasz wird Normalität im Verhalten im allgemeinen nicht als ein rein medizinisch-physiologischer Zustand definiert. Vielmehr entwickeln sich Normen für angemessenes Verhalten als psychosoziale und ethische Phänomene. Psychische Störungen sind danach weniger als Krankheiten, sondern vielmehr als Lebensproblem zu betrachten, und Abnormität ist im wesentlichen fehlgeleitetes Anpassungsverhalten an die Gesellschaft (siehe auch Dörner, 1975). Labeling-Theoretiker unterscheiden zwischen primärer und sekundärer Devianz. Primäre Devianz ist das, was dazu führt, daß die Gesellschaft das Individuum mit einem Etikett, etwa als Geisteskranker, Krimineller, Alkoholiker, versieht. Die sekundäre Devianz wird durch die deviante Rolle hervorgerufen, die das Individuum nach Sicht der Gesellschaft zu spielen hat. Deviantes Verhalten wird nach dieser Sicht durch die gesellschaftlichen Reaktionen auf die primäre Devianz geschaffen und stellt ein Mittel der Verteidigung oder der Anpassung des Individuums an die daraus entstehenden Probleme dar.

Starke Diskussionen löst die Untersuchung von Rosenhan (1973) aus, der 8 «Pseudopatienten» in 12 psychiatrischen Kliniken psychotische Symptome («Stimmen hören») simulieren ließ. Aufgrund der nur bei der Aufnahme simulierten Symptome wurden die Pseudopatienten in 11 Fällen als schizophren und in einem Fall als manisch-depressiv diagnostiziert. Bei der Entlassung aus der Klinik nach durchschnittlich 19 Tagen wurden sie nach Rosenhan's Angaben mit der Diagnose «in Remission» entlassen. Die Erfahrungen dieser Pseudopatienten führten ihn zu der Schlußfolgerung, daß man nicht zwischen krank und gesund unterscheiden könne, sondern daß die Klinik eine Situation schaffe, in der Verhalten zu leicht als krankhaft fehlinterpretiert werden kann. Es wurde auch die Vermutung geäußert, daß möglicherweise zahllose Patienten ungerechtfertigt aufgrund von Fehlinterpretationen und Etikettierung durch das Personal in Kliniken gehalten werden. In der Folge wurde in einer weiteren Untersuchung Klinikern angekündigt, daß «Pseudopatienten» eingeschleust seien, ohne daß dies tatsächlich der Fall war. Daraufhin entdeckte das Personal tatsächlich etwa 10 Prozent solcher Pseudopatienten. Diese Untersuchungen haben zu heftigen Gegendarstellungen aus der Psychiatrie geführt (s. Spitzer, 1975), die solche Schlußfolgerungen aufgrund der gewählten Methoden für äußerst fragwürdig halten. Zwar liefern die Untersuchungen, wie durch die Reaktionen auf die angekündigten Pseudopatienten belegt, keinen schlüssigen Nachweis für die Wirksamkeit der «Etikettierung». Dennoch zeigen sie die Wirksamkeit der selektiven Wahrnehmung und weisen auf Unzulänglichkeiten in der klinischen Diagnostik hin.

Allgemein konnten die empirischen Untersuchungen bisher die von der Labeling-Theorie postulierten starken kausalen Effekte bei der Entstehung von Devianz nicht überzeugend belegen. Aus verschiedenen kritischen Übersichten, die von Gove (1980) herausgegeben und aktualisiert wurden, geht hervor, daß sich solche Effekte weder für psychiatrische Erkrankungen noch für Alkoholismus, noch für Delinquenz nachweisen lassen. Eher werden gegenteilige Effekte festgestellt. So ist es nicht die Rolle am Rande der Gesellschaft, wie von der Labeling-Theorie postuliert, sondern das jeweilige Verhalten des Individuums, das zum Etikett der Abweichung (Devianz) führt. Die gesellschaftlichen Merkmale, wie Zugehörigkeit zur Unterschicht oder zu ethnischen Gruppen, spielen nach Gove (1980) zwar eine Rolle, doch ist sie vergleichsweise untergeordnet. Sobald psychische Erkrankungen und körperliche Behinderungen durch Institutionen festgestellt, d. h. also etikettiert werden, führt dies eher zu einer institutionellen Behandlung und hat damit vorwiegend positive Effekte. Abweichende Verhaltensmuster und vermindertes Selbstwertgefühl treten zudem lange vor einer offiziellen Etikettierung durch Institutionen auf, sind also nicht Folge der Etikettierung, sondern gehen ihr voraus.

Einen gewissen Widerspruch dieser Befunde könnte man zu dem experimentell vielfach nachgewiesenen Phänomenen der sich «selbsterfüllenden Prophezeiungen» sehen. Danach verändern positive und negative Erwartungshaltungen das eigene Verhalten dem anderen gegenüber. Vorurteile und Stereotype können in der Tat das Verhalten der Person verändern, gegenüber der die Vorurteile bestehen. Die Person verhält sich schließlich tatsächlich so wie «prophezeit» wurde.

Auch wenn der Labeling-Ansatz keine ursächlichen Erklärungen für abweichendes Verhalten liefert, so hat er doch das Augenmerk auf die Bedeutsamkeit der sozialen Wahrnehmung bei deviantem Verhalten gelenkt. In der Diagnostik spielen diese Prozesse mit Sicherheit eine Rolle. Ein wesentlicher Beitrag dieser Theorien besteht zweifellos auch darin, daß sie das Problem der sozialen Bewertung von psychopathologischen Phänomenen und diagnostischen Kategorien aufgezeigt haben. Eine Etikettierung allein scheint allerdings nicht zu genügen, um entsprechende Verhaltensänderungen zu bewirken. Notwendig ist offen-sichtlich auch eine direkte Interaktion der Beteiligten, die das Verhalten des anderen im Sinne der «selbsterfüllenden Prophezeiung» beeinflußt.

3.2 Einstellungen

Inwieweit bestimmte Einstellungen oder Einstellungsprozesse als Ursachen für Störungen oder Erkrankungen in Frage kommen, kann bisher nur vermutet werden. Einstellungen, wie etwa die zur angemessenen Art von Problembewältigung, werden gelernt und können als erworbene kognitive Schemata und Verhaltenstendenzen in problematischen Situationen aktiviert werden. Kinder, die in der Familie lernen, daß die Eltern Streß durch psychotrope Substanzen wie Psychopharmaka und Alkohol »behandeln«, lernen damit gleichzeitig Einstellungen zum Gesundheits- und Streßbewältigungs-Verhalten. Insofern tragen gelernte Einstellungen zur Ausformung dysfunktionalen Verhaltens bei. In der Verhaltensanalyse werden solche Einstellungen und Werthaltungen auch als ein Teil der Organismus-Variablen (O-Variablen) in einem S-O-R-K-C-Schema berücksichtigt. Sie spielen dabei die Rolle eines Filters, durch den der Zusammenhang diskriminierender Reize und Reaktionen modifiziert wird. Wie bei anderen sozialpsychologischen Faktoren auch, können Einstellungen und Werthaltungen allerdings keineswegs als alleinige Einflußgröße angesehen werden, sondern ihr Einfluß wird im Zusammenwirken mit anderen Faktoren manifest.

Einstellungen beeinflussen auch wesentlich solche Störungen, bei denen ohne Verhaltensänderung eine Verschlechterung des körperlichen Zustandes oder eine Chronifizierung zu erwarten ist. Ein Beispiel wäre das Rauchen. Hier könnten Einstellungen zwar mit dazu beigetragen haben, daß sich Rauchgewohnheiten ausbildeten. In stärkerem Maße spielen sie jedoch, wie etwa die «kognitive Dissonanz» oder «Reaktanz» eine Rolle bei der späteren Resistenz gegenüber gesundheitsförderlichen Verhaltensänderungen (Brehm, 1980).

Insbesondere die Reaktanz, d. h. die wahrgenommene Einschränkung individueller Freiheiten und die Tendenz des Klienten, diese Freiheit wiederherzustellen, spielt bei direktiven

Therapieformen eine bedeutende Rolle, indem sie den Bemühungen der Therapeuten entgegenwirkt. Sie trägt somit zur Aufrechterhaltung von Störungen bei. Über ihr Rolle bei der Entstehung von Störungen kann nur spekuliert werden. So ist z.B. durchaus denkbar, daß Reaktanz zur Entstehung von Abhängigkeiten bei Jugendlichen beitragen kann oder verhindert, daß durch Kondom-Gebrauch das HIV-Risiko gemindert wird. Allerdings liegen uns hierzu keine empirisch gesicherten Befunde vor.

3.3 Attributions-Theorie – Ursachenzuschreibung

Unter den kognitiven Theorien der Sozialpsychologie, d.h. den Theorien, die sich auf die sozialen Bedingungen unseres Denkens beziehen, nehmen die Attributions-Theorien einen zentralen Platz ein. Als «Attribution» oder «Kausal-Attribution» bezeichnet man den Vorgang, mit dem man dem eigenen und fremden Handeln bestimmte Ursachen oder Gründe zuschreibt (attribuiert). Gegenstand dieser Theorien ist dabei nicht die tatsächliche Ursache einer Handlung, sondern die Vermutungen, Annahmen oder Hypothesen, die Individuen über die möglichen Ursachen entwickeln. Verhaltenstherapeutische (Lazarus, 1984) und hier vor allem kognitive Therapierichtungen (Beck, Rush, Shaw & Emery, 1981; Ellis, 1977) gehen davon aus, daß negative oder irrationale Gedanken ursächlich für negative emotionale Zustände und dysfunktionale Verhaltensweisen sind (Försterling, 1986). Falsche Attributionen tragen danach zur Entstehung von Störungen bei. Diese Art der Ursachen-Zuschreibung für ein beobachtetes Verhalten – Motivation, Fähigkeit, Schwierigkeit der Situation bzw. Aufgabe oder Zufall – hat durchaus soziale und praktische Implikationen (Brehm, 1980). Im Gesundheitsbereich etwa tragen solche Attributionen zu Entscheidungen über förderungswürdige Maßnahmen bei. So wird man beispielsweise unterschiedliche Behandlungskonzepte entwerfen, je nachdem, ob man die Entstehung des Alkoholismus oder auch einen Rückfall bei einer Person primär auf Umwelt-Variablen (Schwierigkeit der Situation) oder Personen-Variablen (Motivation, Fähigkeit) zurückführt. Auch macht es einen Unterschied,

ob man bei einem Rückfall des Alkoholikers konstitutionelle Schwäche (= Unfähigkeit) oder mangelnde Willensstärke (= Motivation) als Ursache betrachtet. Der Alkoholiker attribuiert z.B. die Entstehung seiner Abhängigkeit vor allem external – ungünstige Bedingungen sieht er als Hauptursache für seinen Alkoholabusus. Die Umwelt hingegen attribuiert eher internal – sieht z.B. Charakter- und Willensschwäche als Ursachen an. Entsprechend unterschiedlich sind die Erwartungen, die man an Behandlungsmaßnahmen stellt. Bei external attribuierten Ursachen erwartet man, daß nur veränderte Bedingungen oder günstigere äußere Umstände eine Besserung bringen können. Bei internaler Attribution hingegen sollte die Person sich selbst verändern. Insofern beeinflussen Attributionen nicht nur Krankheitsmodelle, sondern auch die Art der therapeutischen Maßnahmen bzw. die Änderungen, die Patienten und Therapeuten erwarten.

In besonders starkem Maße beruht das *Depressions-Modell* der «gelernten Hilflosigkeit» («Learned Helplessness Model») von Seligman und Mitarbeitern (Abramson, Seligman & Teasdale, 1978; Seligman, 1992) auf attributionstheoretischen Annahmen. Gelernte Hilflosigkeit besteht danach in motivationalen, emotionalen und kognitiven Lern-Defiziten, die aufgrund negativer Erfahrungen in unkontrollierbaren Situationen entstehen. Unkontrollierbarkeit bedeutet, daß eine Kontingenz zwischen eigenem Verhalten und dem Ergebnis in einer Situation fehlt bzw. als fehlend wahrgenommen wird.

Zwischen der Erfahrung, daß eine Situation nicht kontrollierbar ist (d.h. fehlende Kontingenz zwischen eigenem Verhalten und Ergebnis) und den Erwartungen hinsichtlich zukünftiger Kontingenzen wirken Attributionen als Mediatoren. Nach diesem Modell werden die für die Depression charakteristischen motivationalen, emotionalen und kognitiven Defizite bereits erzeugt, wenn man jemanden mit einer momentanen Unkontrollierbarkeit konfrontiert. Individuen müssen lediglich vermuten, daß auch zukünftige Ergebnisse unkontrollierbar sind, um bei ihnen Hilflosigkeit entstehen zu lassen.

Ob die Hilflosigkeits-Symptome generalisieren bzw. sich chronifizieren, hängt von der Art der Kausal-Attribution ab. Depressive tendieren dazu, negative Ergebnisse oder eigene Mißerfolge auf internale Faktoren (bei sich liegende), globale Faktoren (breite Auswirkungen) und stabile Faktoren (Persönlichkeit) zurückzuführen. Erfolge hingegen werden von ihnen external, spezifisch und instabil attribuiert (Rehm & O'Hara, 1979).

Eigene und Handlungen anderer werden unterschiedlich interpretiert. Handlungen anderer (Fremdattribution), die für depressive Personen positive Konsequenzen haben, führen sie auf die anderen oder auf die Situation zurück. Handlungen mit negativen Konsequenzen für die depressive Person werden aus einer negativen Sicht von sich selbst heraus als «wohlverdient» oder in einer negativen Sicht der Umwelt als «böswillig» interpretiert.

Die konzeptuelle Nähe zur kognitiven Depressionstheorie von Beck, Rush, Shaw und Emery (1981) ist offensichtlich. Darin wird festgestellt, daß sich Depressive durch eine «negative Triade», d. h. negative Sicht von sich selbst, der Umwelt und der Zukunft auszeichnen. Kognitive Schemata und kognitive Störungen bedingen nach diesem Modell die Depression.

Nach Wortman und Brehm (1975) führt eine kontinuierlich erlebte Einengung von Freiheiten zunächst zu Widerstandsreaktionen. Sieht das Individuum dagegen wiederholt, daß es die Handlungsergebnisse nicht kontrollieren kann, so entsteht ein Gefühl der Hilflosigkeit, und das Verhalten wird passiv. Die Vermutung, daß depressive Patienten vor der Erkrankung tatsächlich häufig ihre Handlungsfreiheiten bedroht sahen, d.h., daß dieser Prozeß als kausaler Faktor für Depression wirkt, müßte allerdings noch überprüft werden.

Auf Schwächen der kognitiven Modelle, vor allem, was die Annahme der Ursache-Wirkungs-Beziehungen angeht, weisen Coyne und Gotlib (1983) in einem sorgfältigen Überblick hin. So ergaben sich bei empirischen Untersuchungen dann Inkonsistenzen, wenn die Annahmen an klinischen Populationen untersucht wurden. Unklar ist, ob bestimmte Phänomene kognitiver Störungen spezifisch für die Depression sind. Ein ätiologisches Modell müßte zudem auch Phänomene der Spontanremission erklären. Immerhin klingt bei dem größten Anteil von depressiven Patienten auch unbehandelt die depressive Phase nach einer Dauer von etwa sechs Monaten ab. Auch die meisten der leicht depressiven College-Studenten, die häufig für experimentelle Untersuchungen herangezogen werden, erholen sich von ihrer depressiven Episode innerhalb von drei Wochen, und sehr wenige davon nehmen eine Therapie in Anspruch. Nach den kognitiven Theorien müßten dagegen die dysfunktionalen kognitiven oder Attributions-Stile zu einer Chronifizierung des Zustands führen und eine Spontanremission verhindern. Es scheinen also die ätiologischen Bedingungen der Depression durch die Attributions-Modelle noch nicht hinreichend geklärt. Auf einer deskriptiven Ebene hingegen kennzeichnen sie sehr wohl wichtige Aspekte des Denkens während der Depression.

Eine Theorie interagierender kognitiven Subsysteme (ICS) schlagen Teasdale und Barnard (1993; Teasdale, 1993) vor, um emotionale Reaktionen, speziell depressive Kognitionen zu verstehen. So unterscheiden die Autoren zwischen einer spezifischen und einer mehr ganzheitlichen Ebene von Bedeutungen, wobei letztere für die Erzeugung von Emotionen in besonderer Weise verantwortlich ist. Eine «kognitive Vulnerabilität» remittierter Depressiver, zeigt sich z. B. darin, daß sie bei induzierter leichter Depression eine stärker negative Sicht von sich selbst haben. Während «propositionale Code Muster» spezifische Bedeutungen im Sinne diskreter Konzepte und den Beziehungen zueinander repräsentieren, bildet der «implicationale Code» eine Bedeutung auf holistischer Ebene ab, die sich nicht direkt in der Sprache abbilden läßt. Diese «heißen» bilden im Gegensatz zu den meist stärker beachteten und klar benennbaren «kalten» Kognitionen das ab, was mit «gefühlsmäßiger intuitiver Überzeugung» bezeichnet wird. Dem gegenüber steht das sachliche explizite Wissen. Eine Veränderung dysfunktionaler Kognitionen müsse insbesondere deren bisher zu wenig beachtete «implikationshaltigen Bedeutungen» (implicational meaning) berücksichtigen und weniger sich nur auf die rationalen «propositionalen» Bedeutungen beziehen. Bei der Veränderung solcher Kognitionen seien dann besonders auch sensorische Aspekte, wie Stimmlage, Mimik, Haltung usw., d.h. also der nonverbale Gefühlsausdruck zu beachten. Hier werden Verbindungen hergestellt zwischen kognitiven Theorien und Theorien zum Ausdruck von Emotionen, die beide nach diesem Ansatz notwendige Bestandteile von Veränderungsbemühungen sind.

3.4 Sozial-kognitive Lerntheorie

Selbstwahrnehmung und Erwartungen hinsichtlich möglicher zukünftiger Ergebnisse des eigenen Handelns sind wesentliche Bestandteile sozial-kognitiver Lerntheorien. Mit diesem Modell lassen sich vor allem Vermeidungs-Verhalten, phobische Reaktionen, sozialer Rückzug und Verhaltensdefizite analysieren. Das Modell liefert auch Erklärungsmöglichkeiten für die Entstehung, zumindest die Aufrechterhaltung von Verhaltensdefiziten. Von Bandura (1982) wurde dazu das Konzept der (Selbst-)Wirksamkeits-Erwartung (self-efficacy expectation) und das der Ergebnis-Erwartung (response outcome expectation) eingeführt. Die Ergebnis-Erwartung bezeichnet ein Wissen, daß ein bestimmtes Verhalten den gewünschten Effekt haben wird. Die Wirksamkeitserwartung meint den Grad der Gewißheit, mit der man sich imstande sieht, ein Verhalten selbst durchzuführen. Beide Erwartungen müssen hinreichend hoch sein, damit ein Verhalten oder eine Handlung gezeigt wird. Nach Bandura (1982) führen die Effekte positiver und negativer Erwartungen zu folgenden Reaktionen (s. **Abb. 2**).

Hohe Wirksamkeits-Erwartung in die eigene Person und geringes Wissen über allgemein adäquates Verhalten (defizitäre Ergebnis-Erwartung) bewirken nach Bandura sozialen Aktivismus, Protest und Beschwerde, oder das Individuum wählt bei Schwierigkeiten ein anderes Milieu. Geringe Wirksamkeits-Erwartung mit geringer Ergebnis-Erwartung führen dagegen zu Resignation und Apathie. Geringe Wirksamkeits-Erwartung mit hoher Ergebnis-Erwartung führen zu Selbst-Abwertung und Verzweiflung. Nur bei hinreichend hoher Ergebnis- und Wirksamkeits-Erwartung wird angemessenes Verhalten gezeigt. Eine Veränderung der Ergebnis-Erwartung läßt sich durch Modellernen, Instruktion usw. erreichen, d.h. es findet ein Wissenserwerb statt. Die Wirksamkeits-Erwartung läßt sich nur durch eigenes, gegebenenfalls von außen unterstütztes Handeln verändern.

Bisher wurde die klinische Übertragbarkeit des Modells bei Schlangenphobien und in Analog-Studien, d.h. unter experimentellen Bedingungen im psychologischen Laboratorium, überprüft. In einer kritischen Analyse zeigt Kirsch (1985), daß sich das Modell Banduras direkt in das bereits früher von Rotter (1954) entwickelte Konstrukt des sozialen Lernens überführen läßt. Das Konzept der Erfolgs-Erwartung von Rotter entspräche der Wirksamkeits-Erwartung von Bandura, und die wahrgenommenen Kontingenzen in der Umgebung entsprächen der Ergebnis-Erwartung. Da die

		Ergebnis-Erwartung	
		+	−
Wirksamkeits-erwartung	+	Sicheres angemessenes Handeln	Sozialer Aktivismus Protest Beschwerde Milieu-Änderung
	−	Selbst-Abwertung Verzweiflung	Resignation Apathie

Abbildung 2: Effekte selbst wahrgenommener Ergebnis- und Wirksamkeitserwartung (nach Bandura, 1982, S. 140)

sozial-kognitive Lerntheorie allgemeine Verhaltensprinzipien zum Gegenstand hat, ist keine Spezifität der Wirkmechanismen für verschiedene Störungen zu erwarten. Für praktische Problemstellungen, wie die Analyse von sozialer Unsicherheit und Vermeidungsverhalten, liefert das Modell von Bandura ein leicht handhabbares Konzept, das es auch erlaubt, dem Klienten die Entstehung und Aufrechterhaltung seiner Störungen verständlich zu machen.

Der Vorzug solcher Modelle liegt darin, daß sie kognitive Variablen als vermittelnde Prozesse zwischen Stimulus und Verhalten berücksichtigen. Sie ermöglichen es gleichzeitig, am Verhalten überprüfbare Hypothesen zu entwickeln. Zumindest die Plausibilität dieser Hypothesen läßt sich auch in der Therapie bei Einzelfällen überprüfen.

4. Folgerungen zur Wirkweise sozialpsychologischer Faktoren

Betrachten wir nach diesen kritischen Anmerkungen die sozialpsychologischen Modelle zur Ätiologie von Störungen, so scheint folgender Schluß erlaubt: Sozialpsychologische Faktoren wirken in seltenen Fällen direkt und als Hauptursache auf eine Störung ein. Meist aber wirken sie im Zusammenspiel mit anderen Faktoren indirekt moderierend oder zusätzlich aufrechterhaltend.

Dies sagt nichts über die Wichtigkeit ihres Einflusses, sondern erklärt vor allem die Schwierigkeit, mit einfachen Modellen Erklärungen für komplexe Störungen zu finden. Für keines der hier beschriebenen Modelle ist eine spezifische Ursache-Wirkungs-Beziehung von sozialpsychologischen Prozessen zu psychischen oder körperlichen Erkrankungen unzweifelhaft nachgewiesen. Es wäre dies auch eine Überforderung von Modellen, die auf allgemeine sozialpsychologische Gesetzmäßigkeiten im Verhalten und Erleben abzielen. Selbst wo dies am nächsten liegt, nämlich beim Konzept sozialer Deprivation und bei den attributionstheoretischen Modellen zur Depression, sind verschiedene Fragen und Phänomene ungeklärt.

Dennoch: Sozialpsychologische Prozesse tragen zweifellos zur Aufrechterhaltung von Störungen und zum positiven oder negativen Verlauf der Erkrankungen in erheblichem Maße bei. Dies läßt sich nicht nur aus den bisher vorliegenden empirischen und experimentellen Untersuchungen schließen, sondern auch indirekt aus dem Ergebnis zahlreicher Therapie-Studien. Eine einfache Beziehung zwischen einem einzelnen sozialpsychologischen Merkmal und einer spezifischen Symptomatik sollte man allerdings nicht erwarten. Dagegen spricht, daß bei klinischen Phänomenen in der Regel mehrere Faktoren über den Zeitverlauf hinweg die kritischen Variablen beeinflussen.

Um die sozialpsychologischen Konzepte für den klinischen Bereich weiter zu entwickeln und zu prüfen, müßte der psychologische Methodenapparat erweitert werden. Die Frage nach der ursächlichen Wirkung sozialpsychologischer Faktoren muß zudem in prospektiven Verlaufsstudien untersucht werden, bei denen Vorhersagen über deren Wirksamkeit an eindeutig bestimmten Symptomen oder Syndromen zu überprüfen sind. Angesichts der kritischen Betrachtungen ist der heuristische Wert der zuvor dargestellten Modelle hervorzuheben. Dies gilt nicht nur für die Erforschung psychischer Störungen, sondern auch für die praktische klinische Tätigkeit. Gerade für diesen Bereich liefern sozialpsychologische Modelle theoretische Bezugspunkte, von denen aus sich Hypothesen zur Analyse und Behandlung verschiedener psychischer Störungen gezielt entwickeln lassen.

5. Literatur

Abramson, L.Y., Seligman, M.E.P. & Teasdale, J.D. (1978). Learned helplessness in humans. *Journal of Abnormal Psychology, 87*, 49–74.

Argyle, M. & Kendon, A. (1967). The experimental analysis of social performances. In L. Berkowitz (Ed.), *Advances in experimental social psychology.* (Vol. III, pp. 55–98). New York: Academic Press.

Bandura, A. (1982). Self-efficacy mechanisms in human agency. *American Psychologist, 37*, 122–147.

Baron, R.A. & Byrne, D. (1984). *Social psychology* (4th edition). Boston: Allyn & Bacon.

Bateson, G., Jackson, D.D., Haley, J. & Weakland, J. (1956). Toward a theory of schizphrenia. *Behavioral Science, 1*, 251–264.

Beck, A.T., Rush, J., Shaw, B. & Emery, G. (1981). *Kognitive Therapie der Depression*. München: Urban & Schwarzenberg.

Bebbington, P., & Kuipers, L. (1994) The predictive utility of expressed emotion in schizophrenia: An aggregate analysis. *Psychological Medicine, 24,* 707–718.

Bernard, L.C. (1994). *Health psychology: Biopsychological factors in health and illness.* New York: Hardcourt Brace.

Bierhoff, H.W. (1993). *Sozialpsychologie: Ein Lehrbuch.* Stuttgart: Kohlhammer.

Blöschl, L. (1978). *Psychosoziale Aspekte der Depression.* Bern: Huber.

Bowlby, J. (1973). *Attachment and loss: Separation, anxiety, and anger* (Vol. II). New York: Basic Books.

Brehm, S.S. (1980). *Anwendung der Sozialpsychologie in der klinischen Praxis.* Bern: Huber.

Coyne, J.C. (1976). Toward an interactional description of depression: A critical appraisal. *Psychological Bulletin, 94,* 472–505.

Coyne, J.C. & Gotlib, J.H. (1983). The role of cognition in depression: A critical appraisal. *Psychological Bulletin, 94,* 472–505.

Dörner, K. (1975). *Diagnosen in der Psychiatrie.* Frankfurt: Compur-Verlag.

Ellgring, H., Seiler, S., Perleth, B., Fings, W., Gasser, T. & Oertel, W. (1993). Psychosocial aspects of Parkinson's disease. *Neurology, 43* (Suppl. 6), 41–44

Ellis, A. (1977). *Die rational-emotive Therapie.* München: Pfeiffer.

Ernst, C. (1987). Frühdeprivation und spätere Entwicklung. Ergebnisse katamnestischer Untersuchungen. In G . Nissen (Hrsg.), *Prognose psychischer Erkrankungen im Kindes- und Jugendalter* (S. 88–111). Bern: Huber.

Fiske, S.T. & Taylor, S.E. (1991) *Social cognition* (2nd edition). New York, N.Y.: McGraw Hill.

Flack, W.F., & Laird, J.D. (Eds.). (1998). *Emotions in psychopathology.* Oxford: Oxford University Press.

Flanagan, D.A., & Wagner, H.L. (1991). Expressed emotion and panic-fear in the prediction of diet treatment compliance. *British Journal of Clinical Psychology, 30,* 231–240.

Florin, I., Freudenberg, G. & Hollaender, J. (1985). Facial expressions of emotion and physiologic reactions in children with bronchial asthma. *Psychosomatic Medicine, 47,* 382–393.

Försterling, F. (1980). *Attributionstheorie in der Klinischen Psychologie.* München: Psychologie Verlags Union.

Fontana, A. (1966). Familial etiology of schizophrenia. Is a scientific methodology possible? *Psychological Bulletin, 66,* 214–228.

Frey, D. & Greif, S. (Hrsg.). (1994). *Sozialpsychologie – Ein Handbuch in Schlüsselbegriffen* (3. Aufl.). Weinheim: Beltz PVU.

Friedman. H.S., Hall, J.A. & Harris, M.J. (1985). Type A behavior, nonverbal expressive style, and health. *Journal of Personality and Social Psychology, 48,* 1299–1315.

Goffman. E. (1967). *Stigma. Über Techniken der Bewältigung beschädigter Identität.* Frankfurt: Suhrkamp.

Gove, W. (Ed.). (1980). *The labeling of deviance – Evaluating a perspective* (2nd edition). London: Sage Publications.

Hahlweg, K., Schindler, L. & Revenstorf, D. (1982). *Partnerschaftsprobleme: Diagnose und Therapie.* Berlin: Springer.

Herkner, W. (1983). *Einführung in die Sozialpsychologie* (3. Aufl.). Bern: Huber.

Hooley, J.M., & Teasdale, J.D. (1989). Predictors of relapse in unipolar depressives: Expressed emotion, marital distress, and perceived criticism. *Journal of Abnormal Psychology, 98,* 229–235.

Izard, C.E. (1977). *Human emotions.* New York: Plenum Press.

Jacobson, J.W., Mulick, J.A., & Schwartz, A. (1995). A history of facilitated communication: Science, pseudoscience, and antiscience. *American Psychologist, 50,* 750–765.

Jahoda, M., Lazarsfeld, P.F., & Zeisel, H. (1932). *Die Arbeitslosen von Marienthal.* (2. Aufl. 1960). Allensbach: Verlag für Demoskopie.

Kanfer, F.H., Reinecker, H., & Schmelzer, D. (1996). *Selbstmanagement-Therapie,* (2. Aufl.). Berlin: Springer.

Kavanagh, D.J. (1992). Recent developments in Expressed Emotion and Schizophrenia. *British Journal of Psychiatry, 160,* 601–620.

Kiecolt-Glaser, J.K., Kennedy, S., Malhoff, S., Fisher, C., Seicher, C.E., & Glaser, R. (1988). Marital discord and immunity in males. *Psychosomatic Medicine, 50,* 213–229.

Kirsch, I. (1985). Self-efficacy and expectancy: Old wine with new labels. *Journal of Personality and Social Psychology, 49,* 824–830.

Krause, R. (1981). *Sprache und Affekt - Das Stottern und seine Behandlung.* Stuttgart: Kohlhammer.

Lazarus, R.S. (1984). On the primacy of cognition. *American Psychologist, 39,* 124–129.

Leff, J. & Vaughan, Ch. (1985). *Expressed emotion in families – its significance for mental illness.* New York: Guilford.

Linden, M. (1976). *Depression als aktives Verhalten. In N. Hoffmann (Hrsg.), Depressives Verhalten – Psychologische Modelle zur Ätiologie und Therapie* (S. 108–149). Salzburg: Otto Müller.

Mann, L. (1994). *Sozialpsychologie* (10. Aufl.). Weinheim: Beltz PVU.

Matarazzo, J.D. (1984). Behavioral health: A 1990 challenge for the health sciences professions. In J.D. Matarazzo, S.M. Weiss, J.A. Herd, N.E. Miller & S.M. Weiss (Eds.), *Behavioral health* (pp. 3–40). New York: Wiley.

Miklowitz, D., Goldstein, M.J., Falloon, I.R.H. & Doane, J. (1984). Interactional correlates of expressed emotion in the families of schizophrenics. *British Journal of Psychiatry, 144,* 48--487.

Nicassio, P.M., & Smith, T.W. (1995). *Managing chronic illness: A biopsychosocial perspective.* Washington, DC: APA.

O'Leary, A. (1990). Stress, emotion, and human immune function. *Psychological Bulletin, 108,* 363–382.

Pennebaker, J.W. (1993). Overcoming inhibition: Rethinking the roles of personality, cognition, and social behavior. In H.C. Traue & J.W. Pennebaker (Eds.), *Emotion, inhibition and health* (pp. 100–115). Göttingen: Hogrefe.

Pennebaker, J.W., Kiecolt-Glaser, J.K., & Glaser, R., (1988a). Disclosure of traumas and immune function: Health implications for psychotherapy. *Journal of Consulting and Clinical Psychology, 56,* 239–245.

Pennebaker, J.W., & Traue, H.C. (1993). Inhibition and psychosomatic processes. In H.C. Traue & J.W. Pennebaker (Eds.), *Emotion, inhibition and health* (pp. 146–163). Göttingen: Hogrefe.

Pfungst, O. (1907). *Das Pferd des Herrn von Osten (Der kluge Hans).* Leipzig: Joh. Ambrosius Barth. (Nachdruck: Frankfurt: Fachbuchhandlung für Psychologie, 1983)

Ploog, D. (1972). Breakdown of the social communication system: A key process in the development of schizophrenia? Prospects for research on schizophrenia? *Neurosciences Research Progress Bulletin, 10*, 394–395.

Plutchik, R. (1980). *Emotion: A psychoevolutionary synthesis*. New York: Harper & Row.

Radley, A. (1994). *Making sense of illness – The social psychology of health and disease*. London: Sage.

Raush, H. L., Greif, A. C. & Nugent, J. (1979). Communication in couples and families. In W. R. Burr, R. Hill, F. J. Neye & I. L. Reiss (Eds.), *Contemporary theories about the family, Vol. I: Research based theories* (pp. 468–489). New York: Free Press.

Rehm, L. P. & O'Hara, M. W. (1979). Understanding depression. In I. H. Frieze, D. Bar-Tal & J. S. Carroll (Eds.), *New approaches to social problems* (pp. 209–264). San Francisco: Jossey Bass.

Rosenhan, D. L. (1973). On being sane in insane places. *Science, 179*, 250–258.

Rosenthal, R. (1967). Covert communication in the psychological experiment. *Psychological Bulletin, 67*, 356–367.

Rotter, J. B. (1954). *Social learning and clinical psychology*. Englewood Cliffs, N. J.: Prentice-Hall.

Scherer, K. R. (1984). On the nature and function of emotion: A component process approach. In K. R. Scherer & P. Ekman (Eds.), *Approaches to emotion* (pp. 293–317). Hillsdale, N. J.: Lawrence Erlbaum.

Schwarzer, R. (Hrsg.) (1990). *Gesundheitspsychologie*. Göttingen: Hogrefe.

Seligman, M. E. P. (1992). *Erlernte Hilflosigkeit* (4. Aufl.). Weinheim: Beltz, PVU.

Semin, G., & Fiedler, K. (Eds.) (1996). *Applied social psychology*. London: Sage-Publications.

Snyder, C. R., & Forsyth, D. R. (Eds.) (1991). *Handbook of social and clinical psychology – The health perspective*. New York: Pergamon Press.

Spitz, R. (1946). Anaclitic depression: An inquiry into the genesis of psychiatric conditions in early childhood. *Psychoanalytic Study of the Child, 2*, 313–342.

Spitzer, R. (1975). Move on pseudoscience in science and the case for psychiatric diagnoses. *Archives of General Psychiatry, 33*, 459–470.

Stroebe, W., Hewstone, H., Codol, J. P., & Stephenson, G. (Hrsg.). (1990). *Sozialpsychologie*. Berlin: Springer.

Szasz, T. S. (1960). The myth of mental illness. *American Psychologist, 15*, 113–118.

Teasdale, J. D. (1993). Emotion and two kinds of meaning: Cognitive therapy and applied cognitive science. *Behavior Research and Therapy, 31*, 339–354.

Teasdale, J. D., & Barnard, P. J. (1993). *Affect, cognition, and change: Re-modelling depressive thought*. Hillsdale: Lawrence Erlbaum.

Temoshok, L., van Dyke, C. & Zegans, L. S. (Eds.). (1983). *Emotions in health and illness*. New York: Grune & Stratton.

Tomkins, S. (1982). Affect theory. In P. Ekman (Ed.), *Emotion in the human face* (pp. 353–395). Cambridge: Cambridge University Press.

Trower, P., Bryant, B. & Argyle, M. (1978). *Social skills and mental health*. London: Methuen.

Ullrich, R. & Ullrich de Muynck, R. (1980). *Diagnose und Therapie sozialer Störungen*. München: Pfeiffer.

Urnas-Moberg, K. (1996). *A comparison of oxytocin and blood pressure reduction in animals and humans. Biobehavioral interactions.* Paper presented at the 4th International Congress of Behavioral Medicine, Washington, D. C., March 13–16, 1996.

Wallbott, H. G. & Scherer, K. R. (1986). The antecedents of emotional experiences. In K. R. Scherer, H. G. Wallbott & A. B. Summerfield (Eds.), *Experiencing emotion - A cross-cultural study* (pp. 69–83). Cambridge: Cambridge University Press.

Williams, J. M. G. (1986). Social skills training in depression. In C. R. Hollin & P. Trower (Eds.), *Handbook of social skills training* (Vol. 2, pp. 91–110). Oxford: Pergamon Press.

Wortman, C. B. & Brehm, J. W. (1975). Responses to uncontrollable outcome: An integration of reactance theory and the learned helplessness model. In L. E. Berkowitz (Ed.), *Advances in experimental social psychology* (Vol. 8, pp. 277–336). New York: Academic Press.

16. Soziologische Aspekte

Johannes Siegrist

Inhaltsverzeichnis

1. Einleitung

Trotz vieler Berührungspunkte mit der Sozialpsychologie bildet die Soziologie eine eigenständige wissenschaftliche Disziplin. Wissenschaftliche Disziplinen lassen sich bekanntlich anhand dreier Kriterien definieren. Sie weisen einen eigenständigen Begriffsapparat und spezifische Methoden auf, sie zeichnen sich durch einen Bestand an Beobachtungswissen aus und sie bieten Theorien zur Erklärung der von ihnen behandelten Probleme an. In diesem Beitrag kann es nicht darum gehen, die disziplinäre Gestalt der Soziologie darzustellen, wie dies Aufgabe einschlägiger Lehrbücher ist, vielmehr sollen wichtige Anwendungsbereiche soziologischer Kenntnisse im Gebiet der Klinischen Psychologie erörtert werden. Die einleitenden Bemerkungen sollen dazu dienen, das Verständnis für diese Erörterungen zu erleichtern.

Soziologie (lat. socius = Gefährte, Mitmensch, griech. logos = Lehre, Wissenschaft) ist die Wissenschaft, die sich mit den Gesetzmäßigkeiten (Strukturmerkmalen, Entwicklungslinien) des gesellschaftlichen Lebens bzw. der Vergesellschaftungsprozesse zwischen Menschen befaßt. Gesellschaftliches Leben läßt sich auf drei verschiedenen Ebenen analysieren: auf der Makroebene ganzer gesellschaftlicher Systeme (Weltgesellschaft, Nationen als vergleichsweise distinkte gesellschaftliche Systeme), auf der Mesoebene gesellschaftlicher Subsysteme (z. B. zentrale institutionelle Bereiche wie Bildung, Arbeit, Recht, Gesundheit), schließlich auf der Mikroebene der Austauschprozesse zwischen einzelnen Individuen und Gruppen, und zwar unabhängig von dem Grad ihrer normativen Verfestigung (s. u.).

Vergleichsweise einfach faßbar scheinen uns die gesellschaftlichen Strukturmerkmale auf der Makroebene zu sein. Ihre Gliederung erfolgt unter horizontalen und vertikalen Gesichtspunkten: horizontal bedeutet eine Gliederung der Gesellschaft nach soziodemographischen Kriterien (Verteilung der Bevölkerung nach Alter, Geschlecht, Wohnort), vertikal bedeutet eine Gliederung nach Kriterien sozialer Ungleichheit (soziale Schichtung und Mobilität).

Ein wesentlicher Gesichtspunkt muß allerdings dazukommen: die evolutionäre, sozialhistorische Entwicklung von Gesellschaftssystemen, insbesondere der grundlegende Wandel von traditionalen zu modernen Gesellschaften, der vom europäischen Spätmittelalter und der Neuzeit seinen Ausgang genommen hat und über die Industrielle Revolution in das gegenwärtige Zeitalter der Globalisierung hineinführt.

Aus der Kombination dieser Kriterien auf der Makroebene lassen sich gesellschaftliche Systeme grob typisieren. So sprechen wir beispielsweise von vormodernen und modernen Gesellschaften, von Industrie- oder Dienstleistungsgesellschaften, von Arbeits- oder Freizeitgesellschaften, von egalitären oder nicht egalitären Gesellschaften. Eine allgemein akzeptierte Entwicklungstheorie menschlicher Gesellschaften existiert bis heute nicht. Wir wissen beispielsweise wenig darüber, in welchen Stadien der Menschheitsentwicklung grundlegende Formen zwischenmenschlicher Kooperation und grundlegende soziale Einrichtungen wie die Arbeitsteilung, die Vererbung von Besitz, das Verwandtschaftssystem, die Normierung sozialer Handlungen sowie die Etablierung von Herrschaft erfunden, erlernt und tradiert worden sind. Zwar ist der Modernisierungsprozeß von Gesellschaften, insbesondere im Zusammenhang mit der Doppelrevolution im 18. und 19. Jahrhundert, gründlich erforscht worden, aber wir wissen kaum, in welche Richtung sich globale Trends wie die Zunahme zweckrationalen Handelns und entsprechender Selbstkontrolltechniken, die Individualisierung des gesellschaftlichen Lebens sowie das Anwachsen sozio-technischer Strukturen in Zukunft entwickeln werden.

Auf der *Mesoebene* werden einzelnen gesellschaftliche Subsysteme in ihrer Struktur und Funktionsweise betrachtet. Trotz ihrer Vernetzung mit dem makrosozialen System besitzen sie ihre Eigengesetzlichkeiten und ihre Eigendynamik. Im Verlauf der Geschichte der Soziologie haben sich zahlreiche Spezialsoziologien gebildet, deren Aufgabe in der systematischen Erfassung spezifischer gesellschaftlicher Subsysteme besteht, so z.B. die Bildungs-, Rechts-, Wirtschafts-, Medizin-, Familien- oder Organisationssoziologie. In diesen Subsystemen werden für zentrale gesellschaftliche Aufgaben institutionalisierte, über spezifische Organisationsformen und Berufsgruppen vermittelte Lösungen angeboten (z.B. Schule, Betrieb, Krankenhaus). Wichtige Bereiche alltäglichen sozialen Handelns von Individuen werden in ihnen realisiert. Dabei versteht die Soziologie unter dem zentralen Begriff des *sozialen Handelns* alle Formen voraussehbarer Auseinandersetzung des einzelnen mit der ihn umgebenden gesellschaftlichen Wirklichkeit. Gesellschaftliche Wirklichkeit ist dem einzelnen in Form von Handlungserwartungen oder -zumutungen *(soziale Normen)* vorgegeben und bindet ihn durch die Vergabe bestimmter sozialer Positionen *(sozialer Status)* in ihre normative Erwartungsstruktur ein (rollenkonformes Handeln). Damit nehmen Individuen, häufig nach Maßgabe ihres Leistungsvermögens, an den Gütern, Belohnungen, Bindungen des gesellschaftlichen Lebens teil (gesellschaftliche Chancenstruktur).

Allerdings – und dieser Gesichtspunkt ist für die erwähnte *Mikroebene* der sozialen Interaktion von Bedeutung – ist gesellschaftliche Wirklichkeit nie vollständig durch normative Erwartungen determiniert. Soziale Normen, auch Rollennormen, sind stets «unterwegs», weisen unterschiedliche Geltung und Verbindlichkeit auf und wandeln sich im Laufe der Zeit. Insofern besteht stets eine Spannung zwischen gesellschaftlicher Struktur (Ordnung) einerseits und potentiell konflikthafter Dynamik von Vergesellschaftungsprozessen zwischen Individuen andererseits, in denen sich diese Ordnung reproduziert oder aber verändert (sozialer Wandel). Besonders folgenreich gestaltet sich dieses Spannungsverhältnis in der Sozialisation einer nachfolgenden Generation, insbesondere während der Adoleszenzphase.

Soziologie, so können wir zusammenfassend festhalten, ist die Wissenschaft von den Strukturmerkmalen und Prozessen menschlicher *Vergesellschaftung*. Gesellschaften werden als soziale Systeme aufgefaßt, welche unterschiedliche Räume und Zeiten umfassen, unterschiedliche Reichweite und Verbindlichkeit besitzen. Ihre Analyse erfolgt auf der Makro-, der Meso- und der Mikroebene des sozialen Handelns und seiner Determinanten. Soziale Systeme verbinden Individuen unter dem Aspekt des Austausches, der Kommunikation, der Differenzierung (d.h. Bevorzugung und Benachteiligung), der Entlastung und Problemlösung. Insofern nehmen sie selbststeuernde Aufgaben wahr, zu denen Individuen durch restriktive Handlungen (soziale Normierung, Rollenhandeln) beitragen. Zugleich gehen von der Tatsache der Vergesellschaftung für den einzelnen Menschen spezifische Nutz- und Kosteneffekte aus. Es ist dieser zuletzt genannte Gesichtspunkt des *Nutzens* und der *Kosten* von Vergesellschaftung, welcher für zentrale Fragestellungen der Klinischen Psychologie von Interesse ist. Insbesondere stellt sich die Frage, welche Auswirkungen von diesen Tatsachen menschlicher Vergesellschaftung auf Gesundheit und Wohlergehen des einzelnen zu erwarten sind, mit anderen Worten, welche Risiken, Belastungen, aber auch welche Schutzwirkungen von Vergesellschaftungsprozessen auf Gesundheit und Krankheit ausgehen. Mit dieser Frage befaßt sich, notwendigerweise in äußerst gedrängter Form, der folgende Abschnitt.

2. Soziologische Perspektiven zu Gesundheit und Krankheit

Theoretische und methodische Kenntnisse der Soziologie lassen sich auf vier Ebenen für die Bearbeitung der zentralen Frage nach *sozialen Einflüssen* auf *Gesundheit* und *Krankheit* nutzbar machen.

Die erste Ebene betrifft das gesellschaftliche Subsystem des Gesundheitswesens. Hier geht es um die Frage, wie weit gesundheitliche Risiken durch soziale Einflüsse bestimmt werden, welche sich aus unterschiedlichen Zugangs- und Teilhabechancen am gesundheitlichen Sicherungssystem ergeben. Internationale medizinsoziologische Forschungsergebnisse der letzten Jahrzehnte haben Umfang und Bestimmungsgründe sozial differentieller Morbidität und Mortalität als Folge unterschiedlicher Inanspruchnahme und Teilhabe am medizinischen Versorgungssystem dokumentiert und analysiert (s. Abschnitt 2.1).

Eine zweite Ebene der Analyse bezieht sich auf materielle Lebensumstände als pathogenem Potential. Armut, relative Benachteiligung, ungünstige Wohn- und Arbeitsverhältnisse, die mit einer niedrigen sozialen Schichtzugehörigkeit verbunden sein können, begünstigen akute und chronische körperliche und psychische Störungen und Erkrankungen. Materielle Benachteiligung wirkt sich besonders nachhaltig in der frühen Kindheit aus, in Mangelernährung, fehlender Hygiene, in Defiziten emotionaler Zuwendung und traumatischen Erfahrun-

gen. Diese ungünstigen Bedingungen setzen sich in der Adoleszenz und im Erwachsenenalter fort, vermittelt über eine ungleiche Chancenstruktur der Teilhabe am Erwerbsleben, über ungleiche Wettbewerbschancen im Kampf um Sicherheit und Belohnungen auf verschiedenen Ebenen des Alltagslebens (s. Abschnitt 2.2).

Ein genaueres Verständnis der Wirkungen, welche von materieller Benachteiligung auf Gesundheit und Wohlergehen ausgehen, erfordert allerdings, daß zwei weitere Gesichtspunkte in die Analyse einbezogen werden: (1) der Gesichtspunkt gesundheitsfördernder bzw. gesundheitsschädigender Verhaltensweisen betroffener Individuen, Verhaltensweisen, die allerdings in einen übergeordneten sozio-kulturellen Kontext der Lebensführung eingebunden sind (s. Abschnitt 2.3), und (2) der Gesichtspunkt negativer Emotionen und durch sie erzeugter chronischer Distresszustände im Organismus, die als Folge erfahrener sozialer Benachteiligungen und erlebter Kränkungen zu erwarten sind (s. Abschnitt 2.4).

Im folgenden sollen diese vier für eine soziologische Ergänzung klinisch-psychologischen Denkens zentralen Aspekte genauer ausgeführt werden.

2.1 Gesundheits- und Krankheitsverhalten

Eine medizinsoziologische Analyse der Ätiologie von Störungen kann sich nicht auf Informationen beschränken, die den von Patienten aufgesuchten Ärzten vorliegen, weil solche Daten lediglich die Behandlungsprävalenz von Störungen widerspiegeln. Bevölkerungsrepräsentative epidemiologische Untersuchungen ermitteln demgegenüber die ‹wahre› Prävalenz von Störungen. In allen bisher bekannten Studien, die sich auf Krankheitsbilder mit einer psychosozialen bzw. verhaltensbezogenen Entstehungskomponente beziehen, ist die wahre Prävalenz deutlich höher als die Behandlungsprävalenz. Dies bedeutet, daß ein medizinisches ‹Dunkelfeld› nicht diagnostizierter und/oder nicht behandelter Störungen besteht, dessen Aufklärung eine wichtige Aufgabe der medizinsoziologischen-epidemiologischen Forschung darstellt. In diesem Zusammenhang ist an die Begriffe «Gesundheitsverhalten» und «Krankheitsverhalten» (oder gleichbedeutend «Hilfe-suchen») zu erinnern, welche zusammenfassend jene Einstellungen, Wahrnehmungen, Informationen und Entscheidungen benennen, die dem Ziel der Gesundheitsförderung und -erhaltung sowie dem Ziel der rechtzeitigen Erkennung und angemessenen Behandlung von Krankheitsanzeichen dienen (Becker & Maiman, 1983; Mechanic, 1983; Siegrist, 1995). Insbesondere Krankheitsverhalten kann als ein Prozeß verstanden werden, der sich heuristisch in verschiedene Stufen der Entscheidungsbildung untergliedern läßt:

(1) die Stufe der Symptomwahrnehmung und -bewertung sowie der intrapsychischen Abwehrprozesse, die dadurch mobilisiert werden;

(2) die Stufe der Selbstmedikation sowie der Mitteilung an signifikante Andere;

(3) die Stufe der Inanspruchnahme des Laiensystems;

(4) die Stufe der Inanspruchnahme des professionellen Versorgungssystems (Arzt – Praxis – Krankenhaus).

Im allgemeinen gilt: je schmerzhafter, je sichtbarer, auffälliger ein Symptom ist, je bedrohlicher die Erkrankungshinweise, je stärker die Behinderung des Alltagshandelns, desto höher ist die Wahrscheinlichkeit der Inanspruchnahme professioneller Hilfe. Jedoch hängen Symptomwahrnehmung und Interpretation wesentlich vom verfügbaren Wissen (z.B. Vorherrschen sog. Laienätiologien) ab, ebenso von der Differenziertheit des eigenen Körpererlebens und den normativen Orientierungen der jeweiligen soziokulturellen Bevölkerungsschicht.

Nicht-adäquates Krankheitsverhalten kann selbst Ausdruck einer psychischen Störung sein. So geht beispielsweise bei schizophrenen Patienten die Symptomwahrnehmung zum Teil von den signifikanten Anderen, nicht von Patienten aus. Das Hilfesuchen ist in diesem Fall nicht selbst- sondern fremdinitiiert. Aber auch weniger dramatische Einschränkungen bzw. unrealistische Formen der Selbstbeurteilung und -wahrnehmung können zu verzögertem Hilfesuchen führen. Aus der medizinsoziologischen und -psychologischen Erforschung des Krankheitsverhaltens bei Herzinfarktpatien-

ten geht beispielsweise hervor, daß diese Patienten häufig Krankheitsanzeichen mißachten, weil diese Anzeichen möglicher Schwäche, Hinfälligkeit und Abhängigkeit mit einem motivational bedeutsamen Selbstbild der Stärke und der grenzenlosen Leistungsfähigkeit nicht in Einklang zu bringen sind (Croog & Levine, 1977). Weitere Beispiele nichtangemessenen Krankheitsverhaltens, welche auf eine psychische Problemkonstellation verweisen, sind die Selbstkontrollillusionen von Suchtkranken oder, im Falle des Gesundheitsverhaltens, übersteigerte Angst vor Krebs als Motiv der Nichtinanspruchnahme von Früherkennungsuntersuchungen.

Auch die zweite Entscheidungsstufe des Hilfesuchens, die Mitteilung an signifikante Andere, kann durch eine psychosoziale Belastungskonstellation, die ihrerseits pathogene Wertigkeit besitzt, beeinflußt werden. In diesem Zusammenhang ist insbesondere an das Hilfesuchen von Kindern, die in ein rigides System familialer Kontrolle eingebunden sind, zu denken: Familiendynamische Prozesse können das Hilfesuchen abblocken und zu einer Neubewertung der Symptome (etwa im Sinne der Bagatellisierung oder sogar Verleugnung) führen, wie dies aus Familienstudien bei psychisch Kranken oder bei Gruppen mit extremen religiös-weltanschaulichen Orientierungen aufgezeigt worden ist (Cockerham, 1992; Hildenbrand, 1983).

Selbst in Gesellschaften mit einem ausgebauten medizinischen Versorgungssystem lassen sich schichtenspezifische Formen des Krankheitsverhaltens feststellen, die sich in stärkerem Maße auf soziokulturelle und psychische Prozesse als auf finanzielle Barrieren zurückführen lassen. In soziologischer Sicht bildet Krankheitsverhalten Teil eines durch subkulturelle Normen gesteuerten Alltagshandelns und wird von relevanten Bezugsgruppen, speziell von Familie, Verwandtschaft und Nachbarschaft, im sozialen Austausch verstärkt und kontrolliert. Personen, die in sozio-ökonomischer und sozio-kultureller Hinsicht benachteiligt leben, orientieren sich an sozialen Normen, welche für gesundheitsbewußtes Verhalten häufig defizitär sind. In ihrer Sozialisation wird ihnen beispielsweise vermittelt, daß Dinge, die in ferner Zukunft liegen, von geringerer Bedeutung seien, daß vorrangig aktuell anliegende Probleme zur Lösung anstünden. Damit werden motivationale Fähigkeiten eines Aufschubes unmittelbarer Bedürfnisbefriedigung, eines Ansteuerns langfristiger Ziele (z.B. auch präventiver Orientierungen in Form gesundheitsfördernden Verhaltens) nur in geringem Maße realisiert. Gering ausgeprägte Symptomaufmerksamkeit korreliert nicht nur mit mangelnder Zukunftsorientierung, sondern auch mit dem Vorherrschen eines instrumentellen Verhältnisses zum eigenen Körper. In unteren sozialen Schichten wird der Körper häufiger als Maschine, die durch den Gebrauch einem unbeeinflußbaren Verschleiß unterliegt, betrachtet, während in höheren Schichten der Körper auch als Träger persönlicher Identität einen Symbolwert besitzt und damit nachdrücklicher thematisiert, geschont und gepflegt wird (Buchmann, 1985; Cockerham, 1992; Siegrist, 1995).

Ein wichtiger Beitrag medizinsoziologischer Forschung zur Klinischen Psychologie besteht somit im Nachweis der Bedeutung soziokultureller und psychosozialer Bestimmungsgründe eines medizinischen ‹Dunkelfeldes› bzw. nicht angemessener oder verzögerter Formen des Hilfesuchens. Zwischen Angebot und Nachfrage bestehen systematische bzw. system-immanente Diskrepanzen und Fehlsteuerungen, deren Identifizierung und Beeinflussung ein vorrangiges gesundheitspolitisches Ziel bilden sollte.

Wie vielfältig die Beziehungen zwischen Angebot, Bedarf und Inanspruchnahme sind, verdeutlicht **Abbildung 1** (nach Hulka & Wheat, 1985), in der sechs idealtypische Verlaufskarrieren von Nachfragen/Nicht-Nachfragen nach ärztlichen Leistungen mit unterschiedlichen Effekten auf der Ebene Gesundheitsrisiko bzw. Gesundheitszustand dargestellt sind:

(1) Angemessene Inanspruchnahme (d.h. dem Bedarf entsprechend);

(2) Ineffektive Inanspruchnahme (z.B. Behandlungsabbruch trotz Bedarf);

(3) Mangelnde Erreichbarkeit des Gesundheitssystems trotz Bedarf;

(4) Fehlende Inanspruchnahme trotz faktischen Bedarfs;

(5) Inanspruchnahme ohne Bedarf (hypochondrisches Verhalten);

(6) Abstinenz, da kein Bedarf besteht.

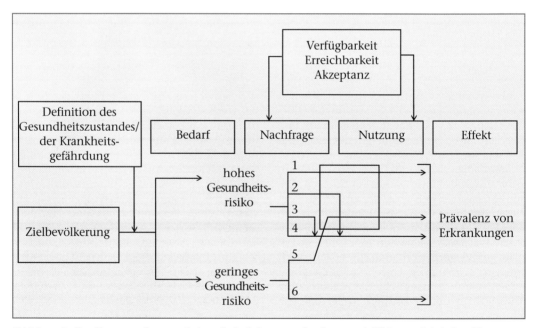

Abbildung 1: Der Zusammenhang zwischen Bedarf, Inanspruchnahme und Effekt medizinischer Versorgung (idealtypische Verläufe; Erläuterungen s. Text) (nach Hulka & Wheat, 1985).

Ergebnisorientierte Optimierung von Angebot an und Nachfrage nach ärztlichen Leistungen bedeutet somit, die Kategorien (1) und (6) auf Kosten der Kategorien (2) bis (5) auszuweiten. Aus umfangreichen Forschungen zur Frage der Einflüsse der Inanspruchnahme des Arztes geht hervor, daß dem subjektiven Gesundheitszustand im allgemeinen die wichtigste Rolle zufällt: je größer der wahrgenommene Leidensdruck, desto höher die Wahrscheinlichkeit der Inanspruchnahme. Ein zweiter Einflußfaktor besteht im Versichertenstatus: je höher der Anteil der im Krankheitsfall Versicherten, desto höher die Inanspruchnahme des Arztes. Ferner gilt: je höher die Selbstbeteiligung bei Versicherten, desto geringer die Inanspruchnahme.

Gravierender als der Versichertenstatus und das Ausmaß der Selbstbeteiligung dürfte sich jedoch die *soziale Differenzierung* der *Angebotsqualität* auf die Effekte des medizinischen Versorgungssystems auswirken. Kein bisher bekanntes gesundheitliches Versorgungssystem hat bisher die Hypothese widerlegt, daß die Angebotsqualität mit dem sozialen Status steigt. In Großbritannien ist beispielsweise der Zugang zu Spezialisten, die ein Recht haben, ambulant und stationär privat zu behandeln, durch sozioökonomische Filter stark begrenzt (Townsend, 1988). In den USA gibt es eine inverse statistische Beziehung zwischen Einkommenshöhe und Häufigkeit der Inanspruchnahme öffentlicher Notfall- und Ambulatoriumseinrichtungen, dagegen eine positive Beziehung zwischen Höhe des Einkommens und Konsultationshäufigkeit frei praktizierender Fachärzte (Cockerham, 1992).

Soziale Ungleichheiten der Inanspruchnahme von Ärzten in hochentwickelten modernen Gesellschaften beziehen sich daher in erster Linie auf die Qualität des ärztlichen Leistungsangebots, auf die Chance einer kontinuierlichen persönlichen Betreuung durch den Arzt und auf die Chance einer Einbeziehung präventiver Leistungen. In allen drei Aspekten haben höher bzw. finanziell besser gestellte Versicherte faktische Vorteile gegenüber schlechter gestellten Versicherten.

Trotz dieser unbestrittenen Tatsachen darf der Beitrag des medizinischen Versorgungssystems zur Veränderung der sozialen Verteilung von Krankheiten nicht überschätzt werden (vgl. McKeown, 1982). Informierte Schätzungen gehen davon aus, daß nur etwa 25 bis 30 Prozent der zum Tode führenden Krankheiten durch medizinische Interventionen signifikant zum Besseren beeinflußt werden können. Dies verdeutlicht die Notwendigkeit, die übrigen, oben genannten Ebenen der Analyse zu berücksichtigen.

2.2 Soziale Lage und Gesundheit

Wenn materielle Lebensbedingungen, wie sie in einer bestimmten sozialen Lage vorgegeben sind, die Gesundheit direkt beeinflussen, dann ist es von größter Wichtigkeit, zu verstehen, wie die soziale Lage eines Individuums erfaßt und die krankheitsrelevanten Vermittlungsprozesse erklärt werden können. Den Ansatzpunkt einer jeden Analyse dieser Art bildet das Konzept der *sozialen Ungleichheit*. Die Erfassung und Erklärung sozialer Ungleichheit und ihrer Folgen im Wandel des gesellschaftlichen Lebens bildet eine der zentralen Erkenntnisinteressen der Soziologie. Im Gegensatz zum Begriff der individuellen Ungleichheit zielt der Begriff der sozialen Ungleichheit auf Lebensumstände und Lebenschancen von Menschen ab, die in einer Gesellschaft als knappes Gut ungleich verteilt sind. Dies bedeutet, daß angestrebte, begehrte Güter, die einer gesellschaftlichen Verteilung unterliegen und die von der überwiegenden Mehrheit ihrer Mitglieder als wichtig erachtet und dementsprechend bewertet werden – so z. B. Eigentum, Einkommen, Bildung, Konsumgüter, Ansehen, Macht –, ungleich auf verschiedene soziale Positionen verteilt sind. Soziale Ungleichheit ist damit ein Merkmal der Sozialstruktur, d. h. einer relativ beständigen, das individuelle Leben mitbestimmenden und zugleich überdauernden Anordnung von Lebensumständen in bessere und schlechtere Lagen.

Mit den Begriffen «soziale Position» und «bessere bzw. schlechte Lage» werden zwei wesentliche Merkmale soziologischer Analyse von Ungleichheit herausgestellt: (1) das Merkmal der Kategorisierung oder Typisierung von Personen durch deren Zuordnung zu bestimmten sozialen Orten; (2) das Merkmal der gesellschaftlichen Bewertung ungleicher Lebenslagen, d. h. der vertikalen Differenzierung einer gesellschaftlichen Struktur. Mit dem Terminus «sozialer Status» verbindet die Soziologie diese beiden grundlegenden Konstruktionsprinzipien der Gesellschaft. Bekanntlich wurde in den vorindustriellen Gesellschaften der soziale Status für die überwiegende Mehrheit der Gesellschaftsmitglieder vererbt, d.h. über die Herkunftsfamilie tradiert, während er in modernen Gesellschaften – zumindest nach ihrem Selbstverständnis als demokratische, egalisierende Leistungsgesellschaften – erworben werden kann.

In einer sicherlich nur sehr globalen Zusammenfassung der modernen soziologischen Ungleichheitsforschung können wir sagen, daß in fortgeschrittenen Gesellschaften die Merkmale der *Ausbildung,* des *Berufs* und des *Einkommens* bei der Bestimmung des sozialen Status einer Person von ausschlaggebender Bedeutung sind. Mit der Herausstellung dieser drei Merkmale (sog. meritokratische Triade) wird wesentlichen gesellschaftlichen Entwicklungsprozessen von der frühindustriellen zur modernen Industrie- und Dienstleistungsgesellschaft Rechnung getragen, so u.a. der Überwindung der traditionellen Klassenstruktur frühindustriell-kapitalistischer Gesellschaft, dem zentralen Stellenwert von Bildung als Berufsstatus-zuweisender, einkommensdifferenzierender und den allgemeinen Lebensstil bestimmender Größe sowie dem überragenden Einfluß, der mittelbar oder unmittelbar von der Erwerbstätigkeit auf die Qualität der Lebensverhältnisse der arbeitenden Bevölkerung und der von ihr abhängigen Sozialgruppen (Kinder, Hausfrauen, Alte) ausgeht.

Diese Entwicklungen haben innerhalb der Soziologie der letzten Jahrzehnte dazu geführt, soziale Ungleichheit sozialstrukturell als eine vertikal angeordnete Abfolge von Statuslagen zu interpretieren, die es gestattet, jedes Mitglied der Gesellschaft anhand der drei genannten Kriterien einer als relativ homogen gedachten Bevölkerungsgruppe zuzuordnen. Solche Bevölkerungsgruppen werden *soziale Schichten* genannt. Soziale Schichten sind demnach Personengruppen, welche sich im Hinblick auf «Lebensstandard, Chancen und Risiken, Glücksmöglichkeiten, aber auch Privilegien und Diskriminationen, Rang und öffentliches Ansehen» (Geiger, 1932) in vergleichbarer Lage befinden.

Soziale Ungleichheiten bei altersstandardisierten Sterberaten, vor allem im jungen und mittleren Erwachsenenalter, stellen den sichtbarsten und tiefgreifendsten Einfluß sozialer Faktoren auf die Verwirklichung von Lebenschancen und Lebenszielen dar, soweit diese über Gesundheit und Krankheit vermittelt sind. In einer großen Zahl entwickelter Industrieländer ist eine *inverse Beziehung* zwischen sozialer Schichtzugehörigkeit und *Sterblichkeit* nachgewiesen worden (vgl. z.B. Fox, 1988; Marmot, 1994; Mielck, 1994; Siegrist, 1996).

Abbildung 2 belegt diesen Zusammenhang anhand des Schichtungskriteriums «berufliche Stellung» am Beispiel der bekannten Whitehall-Studie aus Großbritannien (s. **Kasten 1**). Dort ist ebenfalls belegt, daß die Mortalitätsunter-

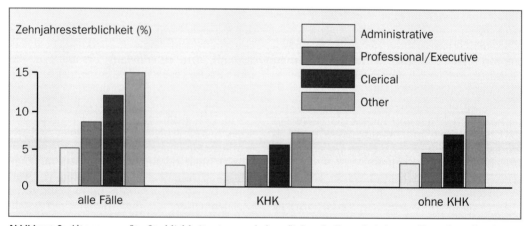

Abbildung 2: Altersangepaßte Sterblichkeitsraten nach beruflicher Stellung bei Angestellten des öffentlichen Dienstes (40–64 Jahre; n = 17 530): sog. Whitehall Study (Quelle: Marmot, 1994; Erläuterungen siehe Text). KHK = koronare Herzkrankheit. Administrative = leitende Beamte; Professional/Executive = qualifizierte Beamte/Angestellte; Clerical = einfache Beamte/Angestellte; other = restliche Angestellte (un- und angelernte).

Kasten 1
Die Whitehall II-Studie (Marmot et al., 1991)

Fragestellung

Überprüfung und Erklärung von Zusammenhängen zwischen sozialem Status (beruflicher Stellung) und Morbidität sowie Mortalität in einer repräsentativen großen Kohorte männlicher und weiblicher Beschäftigter in öffentlichen Verwaltungen in Großbritannien.

Methode

• *Stichprobe:* 10 308 Männer und Frauen im Alter von 35 bis 55 Jahren, die in den öffentlichen Verwaltungen Londons (Whitehall) beschäftigt sind. Beginn der Erhebung 1985. Bisher 3 Untersuchungswellen im Rahmen eines prospektiven epidemiologischen Studiendesigns.

• *Untersuchungsverfahren:* Biomedizinische, psychosoziologische und psychophysiologische Erhebungen mit standardisiertem Protokoll. Testung soziologischer und psychologischer Hypothesen zur Erklärung des sozialen Schichtgradienten. Endpunkte: Todesursachen, Inzidenz wesentlicher chronischer Erkrankungen, Prävalenz von Risikofaktoren kardiovaskulärer Erkrankungen sowie des Bronchialkarzinoms, Prävalenz psychischer Störungen.

Ergebnisse

Der bereits in einer früheren Studie in Whitehall gefunden soziale Gradient der koronaren Herzkrankheit wird bestätigt, ebenso die bekannten Zusammenhänge zwischen Übergewicht, Rauchen, Bluthochdruck ungesunder Ernährung und Schichtzugehörigkeit. Zusätzlich finden sich Effekte in die erwartete Richtung (je niedriger der Status, desto ungünstiger nachfolgende Bedingungen) für sozio-emotionalen Rückhalt, Entscheidungsspielraum am Arbeitsplatz, schwere Lebensereignisse und chronische Schwierigkeiten sowie Feindseligkeit. Vereinzelt, aber nicht systematisch vermögen diese psychologischen und soziologischen Faktoren die Höhe biomedizinischer Risikofaktoren mit zu erklären (z. B. Blutgerinnungsneigung). Eine überzeugende Verbindung mit psychophysiologischen Daten ist bisher nicht gelungen. Weitere Ergebnisse beziehen sich auf Zusammenhänge zwischen Arbeitsbelastungen und psychischen Störungen sowie neu aufgetretener koronarer Herzkrankheit (s. Abschnitt 2.4).

Praktische Bedeutung: Die Studie ist deshalb von besonderem Gewicht, weil sie über die fundierte Diskription des Zusammenhanges zwischen sozialer Schicht und Krankheit hinaus die verschiedenen, in den Abschnitten 2.1 bis 2.4 angesprochenen Erklärungsansätze überprüft und durch verfeinerte Meßansätze auslotet. Damit werden Ansatzpunkte für gezielte Präventions- und Interventionsmaßnahmen nicht nur auf der individuellen und interpersonellen Ebene, sondern auch auf der strukturellen Ebene (z. B. Arbeitsorganisation) aufgezeigt.

---

schiede im Erwerbsalter nach sozio-ökonomischen Kriterien sich seit Beginn der achtziger Jahre im Vergleich zum davorliegenden Dezennium vergrößert haben. Aber auch andere Kriterien sozialer Ungleichheit wie Bildungsgrad, Einkommen, Wohnsituation, belegen entsprechende Zusammenhänge. Besonders beunruhigend sind neue Daten aus den USA, die nicht nur den Zusammenhang zwischen Ausbildung oder Einkommen und Sterblichkeit belegen, sondern auch die Verschärfung sozialer Ungleichheiten bei der Lebenserwartung in jüngster Vergangenheit nachweisen (Pappas, Queen, Hadden & Fisher, 1993).

Erst in den vergangenen beiden Jahrzehnten ist die Rolle des Geschlechts beim Zusammenhang zwischen sozialer Lage und Gesundheit differenziert berücksichtigt worden. Aus heutiger Sicht läßt sich diesbezüglich folgendes festhalten. Erstens besteht der inverse Zusammenhang zwischen sozialer Schichtzugehörigkeit und Sterblichkeit auch bei Frauen, jedoch ist er hier im allgemeinen schwächer ausgeprägt als bei Männern (Fox, 1988). Zweitens weisen die großen Variationen weiblicher Morbidität und Mortalität in verschiedenen Ländern und zu verschiedenen Zeitpunkten auf das starke Gewicht soziologisch faßbarer, die Ausformung der weiblichen Geschlechtsrolle betreffenden Einflüsse im Vergleich zu biologischen Einflüssen hin (MacIntyre, Hunt & Sweenting, 1996). Drittens schließlich zeigen sich die nachhaltigsten geschlechtsspezifischen Unterschiede bezüglich Gesundheit und Krankheit, die auch von sozialen Belastungserfahrungen maßgeblich beeinflußt werden, nicht so sehr bei schweren, zum Tode führenden Krankheiten, sondern vor allem im Bereich psychosomatischer Störungen und Befindlichkeitseinschränkungen (Mirowsky & Ross, 1995).

Eine für die Klinische Psychologie wichtige Frage bezieht sich auf den *sozialen Schichtgradienten* psychischer Störungen. Die zu dieser Frage klassische Studie wurde 1958 von Hollingshead und Redlich veröffentlicht. Sie wies nach, daß einzelne psychiatrische Diagnosen schichtspezifische Häufungen besaßen und erklärte diese Beziehungen teilweise durch soziale Differenzierungen von Inanspruchnahme und Angebot, teilweise durch soziogen wirkende, in unteren Schichten häufiger vorfindbare Belastungskonstellationen. Zwei neuere Studien belegen einen inversen Zusammenhang zwischen psychischen Störungen und sozialer Lage. Besonders ausgeprägt ist er für die schwerste Form psychischer Störungen, die Schizophrenie (Dohrenwend, 1975; Link, Dohrenwend & Skodol, 1986). Allerdings liegen gegenwärtig keine prospektiven epidemiologischen Studien vor, die diesen Zusammenhang als zweifelsfrei kausal nachweisen (vgl. auch Cockerham, 1989). Interessanterweise deuten sich bezüglich der kritischen Frage «soziale Verursachung» versus «soziale Selektion» Unterschiede zwischen den Störungsbildern Schizophrenie und Depression ab. So liefern Dohrenwend et al. (1992), insbesondere bei Frauen, deutliche Hinweise auf soziogenetische Einflüsse bei Depression, dagegen, sowohl bei Männern wie bei Frauen, deutliche Hinweise auf soziale Selektionsprozesse bei schizophrenen Erkrankungen. Eine neue repräsentative nordamerikanische Studie zeigt für die am weitesten verbreiteten psychischen Störungen einen deutlichen inversen sozialen Schichtgradienten, und zwar für Männer wie für Frauen (Kessler et al., 1994).

Die möglichen sozialen Belastungsfaktoren, die bei Frauen niedriger sozialer Schichtzugehörigkeit zu einem erhöhten Depressionsrisiko führen, sind in besonders eindrucksvoller Weise von der Arbeitsgruppe um George W. Brown erforscht worden (Brown & Harris, 1978; 1989). Danach ist zwar bei Frauen die Depressionsrate in unteren sozialen Schichten höher, aber dieser Effekt läßt sich im wesentlichen durch die Anhäufung spezifischer sozialer Belastungskonstellationen wie schweren Lebensereignissen in Kombination mit fehlendem sozialem Rückhalt erklären.

Brown und Harris' Studien zeigen den Weg auf, den eine für die Klinische Psychologie fruchtbare medizinsoziologische Forschung gehen muß: die Entwicklung und Testung analytischer Konzepte, mit deren Hilfe das schichtspezifische Morbiditäts- und Mortalitätsrisiko erklärt werden kann und die Anwendung dieser Konzepte bei der Intervention und Prävention. In Abschnitt 2.4 werden drei solche analytische Konzepte skizziert und in eine allgemeinere theoretische Perspektive eingeordnet.

Zusammenfassend können wir festhalten, daß die Sterblichkeit im Erwerbsalter in allen entwickelten Industriegesellschaften, aus denen verwertbare Daten vorliegen, schichtenspezifisch variiert, und zwar bei Männern stärker als bei Frauen, bei Jüngeren stärker als bei Älteren. Die Zusammenhänge sind in der Regel linear: je ungünstiger der sozio-ökonomische Status, desto höher die Sterblichkeit. Faktoren wie Verfügbarkeit, Inanspruchnahme und Qualität medizinischer Leistungen spielen bei der Erklärung lediglich eine untergeordnete Rolle. Das Hauptgewicht kommt schichtenspezifischen Lebens- und Arbeitsbedingungen zu (s. auch Abschnitt 2.4)

2.3 Lebensstil und Gesundheit

Wie man gesundheitliche Risiken durch eigenes Verhalten vermeidet oder vermindert, welche Verantwortung und Schonung man seinem eigenen Körper gegenüber walten läßt – dies ergibt sich in wesentlichem Maße aus sozialem Lernen während der primären *Sozialisation* und aus gruppendynamischen Prozessen in der *Adoleszenz*. Gesundheitsschädigende Verhaltensweisen werden durch spezifische Angebotsstrukturen (Werbung, Verfügbarkeit von Genußmitteln) sowie durch psychosoziale Vulnerabilitäten in erhöhtem Maße begünstigt und stabilisiert. Solche psychischen und sozialen Vulnerabilitäten (Krisen des Selbst-Konzeptes während der Adoleszenz, sozialer und interpersoneller Problemdruck etc.) variieren nach sozialer Schichtzugehörigkeit und nach Geschlecht; sie sind häufig mit bestimmten Einstellungen, Werthaltungen und Gewohnheiten assoziiert und tragen in ihrer Gesamtheit zur Ausformung eines spezifischen «Lebensstils» bei. Weil einzelne gesundheitsschädigende Verhaltensweisen wie Zigarettenrauchen, Alkoholkonsum oder Bewegungsarmut Bestandteile eines solchen umfassenden Lebensstils sind, fällt ihre isolierte Veränderung, losgelöst von dessen Kontext, besonders schwer.

Gesundheitlich riskante Lebensstile finden sich in bildungsschwächeren Bevölkerungsgruppen im jungen und mittleren Erwachsenenalter zwei- bis dreimal so häufig wie in Gruppen mit 12- oder 13jähriger Schulbildung (Blaxter, 1990; Fox, 1988; Mielck, 1994). Berufliche Belastungserfahrungen (z.B. Schichtarbeit, Zeitdruck, Monotonie) verschärfen dieses Gefälle unter Umständen weiter.

Verschiedene Studien haben einen Schichtgradienten sowohl für gesundheitsschädigende Lebensstile wie für die Erkrankungshäufigkeit an Zivilisationskrankheiten wie Herz-Kreislauf-Krankheiten oder Krebs (speziell Lungenkrebs) nachgewiesen. Interessanterweise vermögen jedoch gesundheitsschädigende Verhaltensweisen nur einen begrenzten Anteil der Varianz der schichtspezifischen Krankheitsverteilung zu erklären: im Falle der koronaren Herzerkrankungen beispielsweise werden in einer groß angelegten Studie lediglich etwa 25 Prozent der Varianz erklärt (Marmot, 1994). Dies bedeutet, daß wir nach weiteren Antworten auf die Frage nach entscheidenden Determinanten sozial differentieller Morbidität und Mortalität suchen müssen.

2.4 Chronischer sozio-emotionaler Distress und Gesundheit

Drei Aspekte des Nutzens und der Kosten von Vergesellschaftung bezüglich menschlicher Gesundheit sind erläutert worden: die Teilhabe am gesellschaftlichen Subsystem der Gesundheitssicherung und Krankenversorgung, das Verfügen über materielle Bedingungen einer gesundheitsfördernden bzw. -schädigenden Lebensweise, und das Eingebundensein in gesellschaftlich geformte Lebensstile, welche gesundheitsschädigende Verhaltensweisen fördern oder verhindern. Abschließend soll ein vierter Aspekt erwähnt werden. Ihm kommt in einem biopsychosozialen Verständnis menschlicher Gesundheit und Krankheit zentrale Bedeutung zu.

Leiden an der Gesellschaft in Form von Gewalt, Benachteiligung, Überforderung, Ausschluß oder andern Arten zwischenmenschlicher Konflikte ruft starke, wiederkehrende *negative Emotionen* der Bedrohung, Angst und Hilflosigkeit, aber auch der Irritierung und Verärgerung hervor, die ihrerseits Aktivierungszustände im Organismus auslösen (chronischer sozio-emotionaler Distress). Vermittelt über das autonome Nervensystem, das neuroendokrine und das Immunsystem vermögen solche Aktivierungen längerfristig das geordnete Zusammenspiel physiologischer Funktionen zu beeinträchtigen und pathophysiologische Prozesse zu begünstigen, bis hin zu organischen Läsionen. Diese Kette von Ereignissen ist bisher in besonders überzeugender Weise für Herz-Kreislauf-Krankheiten nachgewiesen worden, gilt aber zweifellos auch für eine Reihe anderer chronischer Erkrankungen, insbesondere dann, wenn das Immunsystem in die Pathogenese einbezogen ist.

In soziologischer Perspektive ergibt sich die Intensität und Dramatik *sozio-emotionaler Distresserfahrungen* aus der Tatsache, daß diese Erfahrungen grundlegende Bedürfnisse des Individuums nach einem erfolgreichen Austausch zwischen selbstregulatorischen Aktivitäten (v.a. positiven Erfahrungen von Selbstwirksamkeit, Selbstbewertung und Selbsteinbindung; s.u.) einerseits und gesellschaftlicher Chancen- und Belohnungsstruktur andererseits gefährden. Diese drei, für das individuelle Wohlbefinden wichtigen selbstregulatorischen Bedürfnisse realisieren, externalisieren sich in der Regel im Medium eines dem Individuum verfügbaren *sozialen Status* und der mit ihm korrespondierenden sozialen Rolle (Erwerbsrolle, Familien- oder Partnerrolle, Mitgliedsrolle in Organisationen, Vereinen etc.). Indem die Gesellschaft dem Individuum einen sozialen Status zuweist, ermöglicht sie ihm – und erwartet zugleich von ihm – Leistungen, welche die sozio-emotionale Motivation der Selbstwirksamkeit aktivieren. Mit der Statuszuweisung verpflichtet sie sich zugleich, Rückmeldungen über diese Leistungen in Form gewährter oder versagter Belohnungen zu geben und damit der sozio-emotionalen Motivation der Selbstbewertung zu entsprechen. Den kontinuitätssichernden Rahmen für diese Erfahrungen stellt die Gesellschaft durch die Vergabe von Mitgliedschaftsrollen sicher; damit entspricht sie der sozio-emotionalen Motivation der Selbsteinbindung oder Zugehörigkeit (Siegrist, 1996).

Mit dieser Korrespondenz von statusgebundenen Optionen und von sozio-emotionalen Motivationslagen ist ein kategorialer Rahmen geschaffen, der erlaubt, die Dynamik des Austausches zwischen Individuum und Gesellschaft bezüglich ihrer gesundheitlichen Auswirkungen genauer zu analysieren. Dabei wird angenommen, daß von Erfahrungen gelungener status-vermittelter Selbstregulation starke positive Emotionen ausgehen, wie andererseits fehlende oder mißlungene status-vermittelte Selbstregulationen chronischen Distress auslösen. Affektiv gebahnte Prozesse der Gesundheitsförderung bzw. Krankheitsempfänglichkeit werden somit durch das Zusammenspiel von sozio-emotionalen Motivationen des einzelnen und der gesellschaftlichen Chancen- und Belohnungsstruktur moduliert. Der Kern dieser Argumentation ist in **Abbildung 3** anschaulich zusammengefaßt.

Auf diesem Hintergrund lassen sich nun verschiedene *soziogenetische Modelle* der Krankheitsentstehung bzw. -verhütung besser verstehen. Das Modell des *sozio-emotionalen Rückhalts* bzw. der sozialen Unterstützung (social support) geht von der Annahme aus, daß eine Person in ihrem sozialen Netzwerk dergestalt vergesellschaftet ist, daß eine oder mehrere enge, zuverlässige und vertrauensvolle Bindungen bestehen, von deren Aktivierung insbesondere in Krisen- und Belastungssituationen eine wichtige Schutzwirkung ausgeht (House, Landis & Umberson, 1988). Das distressmindernde Potential sozialen Rückhalts ist wesentlich auf positive Gefühle im Zusammenhang mit erlebter Zugehörigkeit und erfahrener Unterstützung zurückzuführen, die das Selbstwertgefühl erhöhen können und die auf der Ebene neuroendokriner Aktivierungen anabole, regenerationsfördernde Prozesse stimulieren (Broadhead, 1984). Zahlreiche Studien haben den Zusammenhang zwischen sozio-emotionalem Rückhalt und Krankheitsrisiko untersucht (z.B. Berkman & Syme, 1979; Brown & Harris, 1978; 1989; Cohen, 1988; House, 1981; House et al., 1988; als Überblick Siegrist, 1996).

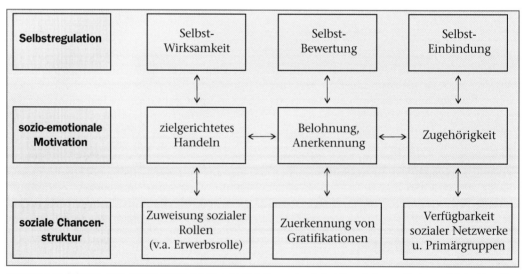

Abbildung 3: Schema zum Zusammenhang von Bedürfnissen der Selbst-Regulation mit der sozialstrukturellen Chancenstruktur.

Zwei weitere soziogenetische Modelle, die sich in das skizzierte Bezugssystem einfügen, betreffen das Erwerbsleben: das *Anforderungs-Kontroll-Modell* definiert Distress als Folge erfahrener Arbeitsbelastungen, die aus einem spezifischen Aufgabenprofil des Arbeitsplatzes resultieren. Es handelt sich um Aufgaben, die einerseits durch quantitativ hohe Anforderungen (z.B. Zeitdruck), andererseits durch einen niedrigen Entscheidungs- und Kontrollspielraum gekennzeichnet sind. Positive Erfahrungen der Selbstwirksamkeit und des Selbstwertgefühls werden dadurch behindert, affektive Spannungszustände können nicht angemessen abgebaut werden. Die herz-kreislauf-relevanten Wirkungen solcher Arbeitsbelastungen sind in einer beeindruckenden Zahl prospektiver und retrospektiver epidemiologischer Studien sowie in experimentellen Untersuchungen überzeugend belegt worden (Karasek & Theorell, 1990; Schnall et al, 1994).

Ein zweites Konzept, das *Modell beruflicher Gratifikationskrisen*, geht von der Annahme aus, daß chronischer sozio-emotionaler Distress aus der Erfahrung eines Ungleichgewichts zwischen hoher Verausgabung am Arbeitsplatz und vergleichsweise geringer Belohnung erfolgt. Belohnungen betreffen in diesem Modell nicht nur das Geld, sondern auch die Achtung und Anerkennung durch Vorgesetzte und Mitarbeiter, sowie die berufliche Statuskontrolle (z.B. Aufstiegsmöglichkeiten, Arbeitsplatzsicherheit). Hier bestimmt die Diskrepanz zwischen hohen Selbstwirksamkeitserfahrungen und geringem Selbstwerterleben (infolge nicht angemessener Belohnungen) die Distresswirkung. Auch dieses Modell ist in verschiedenen Längs- und Querschnittstudien überprüft und in seiner prädiktiven Bedeutung für Herz-Kreislauf-Risiken bestätigt worden (Siegrist, 1996).

Neueste, noch unveröffentlichte Ergebnisse aus der Whitehall II-Studie zeigen, daß beide Modelle, das Anforderungs-Kontroll-Modell und das Modell Beruflicher Gratifikationskrisen, bei simultaner Testung eigenständiger Beiträge zur Vorhersage neu diagnostizierter koronarer Herzkrankheit bzw. neu aufgetretener Agina pectoris Beschwerden liefern, und zwar bei Männern ebenso wie bei Frauen. Bei acht Prozent der Männer und Frauen, die unter hoher Verausgabung in Kombination mit niedrigen Gratifikationen und unter einem geringen Entscheidungsspielraum an Ihrem Arbeitsplatz leiden, treten Angina pectoris Beschwerden erstmals auf, jedoch nur bei einem Prozent der Beschäftigten ohne berufliche Gratifikationskrise und ohne geringen Entscheidungsspielraum (Bosma, Peter, Siegrist & Marmot, 1998).

3. Schlußbemerkung

Die Berücksichtigung soziologischer Gesichtspunkte bei der Analyse körperlicher und seelischer Störungen dient nicht nur dem Gewinnen neuer wissenschaftlicher Erkenntnisse, sondern besitzt auch unmittelbar praktische Bedeutung. So konnte mittlerweile in einer Reihe von Interventionsstudien eindrucksvoll belegt werden, daß interpersonelle und strukturelle Maßnahmen, welche die Korrespondenz zwischen Selbstregulation, sozio-emotionaler Motivation und gesellschaftlicher Chancen- und Belohnungsstruktur zu erhöhen vermögen, günstige gesundheitliche Wirkungen hervorbringen. Dies ist beispielsweise im Bereich betrieblicher Gesundheitsförderung anhand arbeitsorganisatorischer Innovationen gezeigt worden (Karasek & Theorell, 1990; Siegrist 1996), ebenso im Bereich sekundärpräventiver Programme zur Verbesserung der Krankheitsbewältigung durch sozio-emotionalen Rückhalt und verbesserte Selbstregulation (Frasure-Smith & Prince, 1989). Der Klinischen Psychologie stellen sich mit einer Integration soziologischer Erkenntnisse damit auch praktisch bedeutsame neue Aufgaben in Diagnostik, Therapie und Prävention.

4. Literatur

Becker, M.H. & Maiman, L.A. (1983). Models of health-related behavior. In D. Mechanic (Ed.), *Handbook of Health, Health Care, and the Health Professions* (pp. 539–553). New York: The Free Press.

Berkman, L.F. & Syme, S.L. (1979). Social networks, host resistance, and mortality: A nine year follow-up study of Alameda county residents. *American Journal of Epidemiology, 109*, 186–204.

Blaxter, M. (1990). *Health and Lifestyle*. London: Tavistock.

Bosma, H., Peter, R., Siegrist, J. & Marmot, M. (1998). Two alternative job stress models and the risk of coronary heart disease. *American Journal of Public Health, 88*, 68–74.

Broadhead, W. E., Caplan, B. H., James, S. A. & Gehlbach, S. H. (1983). The epidemiologic evidence for a relationship between social support and health. *American Journal of Epidemiology, 117,* 521–537.

Brown, G. W. & Harris, T. O. (1978). *Social Origines of Depression.* London: Tavistock.

Brown, G. W. & Harris, T. O. (Eds.). (1989). *Life Events and Illness.* New York: Gilford.

Buchmann, M. (1985). Krankheitsverhalten: Die Bedeutung von Alltagsvorstellungen über Gesundheit und Krankheit. In A. Gebert, F. Gutzwiller, C. Kleiber & G. Kocher (Hrsg.), *Der Umgang mit Gesundheit und Krankheit* (S. 71–91). Horgen, Schriftenreihe der Schweizerischen Gesellschaft für Gesundheit und Politik (SGGP), Nr. 9.

Cockerham, W. C. (1989). *Sociology of Mental Disorder.* Englewood Cliffs: Prentice Hall.

Cockerham, W. C. (1992). *Medical Sociology* (5th ed). Englewood Cliffs: Prentice Hall.

Cohen, S. (1988). Psychosocial models of the role of social support in the etiology of physical disease. *Health Psychology, 7,* 265–297.

Croog, S. H. & Levine, S. (1977). *The Heart Patient Recovers.* New York – London: Human Sciences Press.

Dohrenwend, B. P. (1975). Social cultural and social psychological factors in the Genesis of mental disorders. *Journal of Health and Social Behavior, 16,* 365–392.

Dohrenwend, B. P., Bruce, P., Levav, I. , Shrout, P., Schwartz, S., Naveh, G., Link, B., Skodal, A. & Stueve, A. (1992). Socioeconomic Status and Psychiatric Disorders: The Causation Selection Issue. *Science, 255,* 946–952.

Fox, A. J. (Ed.). (1988). *Social Inequalities in Health in Europe.* London: Gower.

Frasure-Smith, N. & Prince, R. (1989). Long-term follow-up of the ischemic life stress monitoring program. *Psychosomatic Medicine, 51,* 485–493.

Geiger, T. (1932). *Die soziale Schichtung des deutschen Volkes.* Stuttgart: Enke.

Hildenbrand, B. (1983). *Alltag und Krankheit.* Stuttgart: Klett-Cotta.

Hollingshead, A. B. & Redlich, F. C. (1958). *Social Class and Mental Illness.* New York: Wiley.

House, J. S. (1981). *Work Stress and Social Support.* Mass.: Addison-Wesley.

House, J. S., Landis, K.& Umberson, D. (1988). Social relationships and health. *Science, 241,* 540–545.

Hulka, B. S & Wheat, J. R. (1985). Patterns of utilization. The patient perspective. *Medical Care, 23,* 438–460.

Karasek, R. A. & Theorell, T. (1990). *Healthy Work: Stress, Productivity, and the Reconstruction of Working Life.* New York: Basic Books.

Kessler, R., McGonagke, K., Zhao, S., Nelson, C., Hughes, M., Eshlemann, S., Wittchen, H. & Kendler, K. (1994). Lifetime and 12-month prevalence of DSM-III-R psychiatric disorders in the United States: results from the national comorbidity survey. *Archives of General Psychiatry, 51,* 8–15.

Link, B. G., Dohrenwend, B. P & Skodol, A. E. (1986). Social Economic Status and Schizophrenia. *American Sociological Review, 51,* 242–258.

Macintyre, S., Hunt, K. & Sweenting, H. (1996). Gender differences in health: are things really as simple as they seem? *Social Science and Medicine, 42,* 617–624.

Marmot, M. G. (1994). Social differentials in health within and between populations. *Daedalus,123,* 197–216.

Marmot, M. G., Davey Smith, G. & Stansfeld, S. (1991). Health inequalities among British civil servants: The Whitehall II Study. *Lancet, 337,* 387–393.

McKeown, T. (1982). *Die Bedeutung der Medizin.* Frankfurt: Suhrkamp (engl. London 1979).

Mechanic, D. (1983). The experience and expression of distress: The study of illness behavior and medical utilization. In D. Mechanic (Ed.), *Handbook of Health, Health Care, and the Health Professions* (pp. 591–608). New York: The Free Press.

Mielck, A. (Hrsg.). (1994). *Krankheit und soziale Ungleichheit. Sozialepidemiologische Forschungen in Deutschland.* Opladen: Leske und Budrich.

Mirowsky J. & Ross C. E. (1995). Sex differences in distress. *American Sociological Review, 60,* 449–468.

Pappas, G., Queen, S., Hadden, W. & Fisher, G. (1993). The increasing disparity in mortality between socioeconomic groups in the United States, 1960 and 1986. *New England Journal of Medicine, 329,* 103–109.

Schnall, P. L., Pieper, C., Schwartz, J. E., Karasek, R. A., Schlussel, Y., Devereux, R. P. & Pickering, T. G. (1990). The relationsship between ‹job strain›, workplace diastolic blood pressure, and left ventricular mass index: results of a case-control study. *Journal of the American Medical Association, 263,* 1929–1935.

Siegrist, J. (1995). *Medizinische Soziologie* (5. Auflage). München: Urban & Schwarzenberg.

Siegrist, J. (1996). *Soziale Krisen und Gesundheit.* Göttingen: Hogrefe.

Townsend, P., Davidson, W. & Whitehead, W. (1988). *Inequalities in Health.* London: Penguin Books (zuerst P. Townsend (1982). The Black Report).

17. Streß und Coping als Einflußfaktoren

Meinrad Perez, Anton-Rupert Laireiter und Urs Baumann

Inhaltsverzeichnis

1. Einleitung

Daß vorübergehende schwere oder kleinere und mittlere chronische Belastungen Ursache oder Auslöser psychischer Störungen sein können, ist keine Erkenntnis der neueren Forschung. Robert Burton, ein gelehrter Oxforder Kanonikus, hat bereits 1621 in seinem Buch über die «Anatomie der Melancholie» die noxischen Einflüsse von Ereignissen wie unglückliche Heirat, Verarmung usw. auf depressive Störungen beschrieben. Dieses Wissen gehört zum Erfahrungsschatz aller Kulturen, die deswegen für die Bewältigung schwerer Belastungen wie z. B. den Tod von Angehörigen oder den Abschied von geliebten Personen Rituale entwickelt haben. Unklar ist indessen, ob solche Ereignisse wirklich Ursache oder Auslöser sind; wie die große Variabilität der Reaktionen auf Belastungen zu

Herrn Lic. phil. Marius Zbinden danken wir für hilfreiche Hinweise bei der Vorbereitung dieses Kapitels.

erklären ist; warum gewisse Personen sehr schnell mit Beeinträchtigungen gewisser psychischer und/oder somatischer Funktionen reagieren und andere es verstehen, aus Nöten Tugenden zu machen oder sich als resistent erweisen. Ebenso besitzt das Alltagswissen keine klaren und abgesicherten Taxonomien von Belastungsarten. Derartige Fragen sucht die moderne Streßforschung zu beantworten.

Die Streßforschung hat unterschiedliche Wurzeln und Stationen, auf die hier nicht eingegangen werden kann. Einige Stichworte sollen dies verdeutlichen: tierexperimentelle Forschung von Cannon, psychosomatische Streßforschung von Wolff, endokrinologische Forschung von Selye, Life-event-Forschung von Holmes und Rahe, psychologisches Streßmodell von Lazarus, ökologische Ansätze zum Einfluß der Umwelt auf den Menschen, Erforschung der Arbeitsbelastungen, Traumaforschung (insbesondere Kriegstrauma), Erforschung interpersonaler Belastungen, Angstforschung, Aktivierungsforschung, Krankheitsbewältigung (vgl. Goldberger & Breznitz, 1993; Lazarus, 1991). Der folgende Text soll einen Einblick in den Stellenwert der Streßkonzepte für die Ätiologie und Bedingungsanalyse psychischer Störungen geben.

2. Begriffe «Streß» und «Streßprozeß»

Der Begriff «Streß» ist mehrdeutig. Mit Nitsch (1981) kann man zwischen wenigstens vier verschiedenen Bedeutungen unterscheiden:

• *Streß als belastendes Ereignis (UV):* Streß als situatives oder Reizphänomen im Sinne von möglichen belastenden Ereignissen, teilweise auch Stressor genannt.

• *Streß als Reaktion (AV):* Streß als Reaktion auf bestimmte Ereignisse, zum Teil Streßreaktion, Streßemotion oder Streßerleben genannt.

• *Streß als intervenierende Variable:* Streß als Zustand zwischen Reiz (UV) und Reaktion (AV) bzw. als vermittelnder Prozeß.

• *Streß als transaktionaler Prozeß:* Streß als Prozeß der Auseinandersetzung des Individuums mit seiner Umwelt. Lazarus und Launier (1981) gehen davon aus, daß der transaktionale Prozeß mit einer spezifischen Bewertung eines Ereignisses und der eigenen Bewältigungsressourcen beginnt, woraus gegebenenfalls Streßemotionen resultieren. Auf diese Phase des Prozesses folgen adaptive Reaktionen (Coping). Streß repräsentiert keinen statischen Zustand, sondern stellt ein dynamisches Geschehen dar, das in ständiger und reziproker Interaktion (= Transaktion) zwischen Individuum und Umwelt abläuft.

Eine weitere wichtige Differenzierung wurde von Selye (1986) durch die Begriffe «Eustress» und »Distress« vorgenommen. Als *Eustress* wird ein Gleichgewichtsverlust dann bezeichnet, wenn das Subjekt eine Entsprechung von Beanspruchung und verfügbaren Ressourcen erlebt. Der Begriff *Distress* ist für jene psychischen Zustände und Prozesse vorbehalten, bei denen mindestens vorübergehend die Relation zwischen Beanspruchung und Ressourcen zu Ungunsten der Ressourcen als gestört erscheint.

Auf der Ebene der Stressoren können die Ereignisse nach dem Ausmaß ihrer negativen Valenz und nach der für die Adaptation erforderlichen Zeit systematisiert werden (vgl. **Abb. 1**). Je nachdem spricht die Streßforschung eher von kritischen Lebensereignissen, traumatischen Belastungen, Alltagsstressoren oder von chronischen Stressoren.

Stressoren können die physische, psychische oder soziale Integrität beeinträchtigen. Ein gebrochenes Bein bedroht zunächst die physische Integrität, wogegen eine schwere Beleidigung die psychische und die soziale Integrität beeinträchtigt. Auf der Reaktionsseite können emotionale, physiologische und behaviorale Streßreaktionen unterschieden werden. Typische *emotionale Streßreaktionen* sind Angst, Trauer oder Ärger; als *behaviorale Reaktionen* spielen Flucht und Attacke eine besondere Rolle. Die *physiologischen Reaktionsmuster* sind hochkomplex und können hier nicht abgehandelt werden (vgl. Birbaumer & Schmidt, 1996; Debus, Erdmann & Kallus, 1995).

Über das komplexe Zusammenwirken der verschiedenen *psychologischen Faktoren*, die das Streßerleben beeinflussen, gibt es zahlreiche Modelle (z.B. Filipp, 1990). Belastende Ereignisse allein verursachen selten psychische Störungen (vgl. Abschnitt 3.2.2). Erst im Zusam-

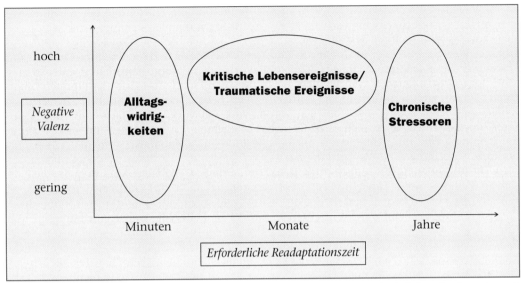

Abbildung 1: Systematisierung der Stressoren nach negativer Valenz und der erforderlichen Readaptationszeit (Perrez, Berger & Wilhelm, 1998)

menspiel mit verschiedenen inneren und äusseren Faktoren führen Stressoren zur mißlungenen Adaptation. Über einige dieser Faktoren liegen heute empirische Befunde vor. **Abbildung 2** zeigt – in Anlehnung an Cohen (1992) und Folkman und Lazarus (1988) – die wichtigsten psychologischen Faktoren, die das Streßgeschehen vermitteln und moderieren.

Ausgangspunkte sind streßvolle Ereignisse (Stressoren). Zentrale vermittelnde Faktoren auf Seiten des Individuums sind die Bewertungs-prozesse, die die Beurteilungen der Ereignisse nach verschiedenen Gesichtspunkten (Kontrollierbarkeit, Ursachenzuschreibungen etc.) repräsentieren. Diese determinieren die Art und Intensität der Streßreaktionen wesentlich mit, ebenso wie die individuellen Anpassungs- und Bewältigungsprozesse des Umgangs mit den Belastungen. Dieser Prozeß wird durch Persönlichkeitsfaktoren, Bewältigungstendenzen und -stile und Variablen der Sozialen Unterstützung und vorhandener Bezugspersonen auf komple-

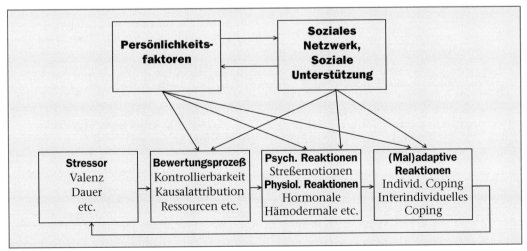

Abbildung 2: Schema der Struktur des Belastungserlebens und -verarbeitens und moderierender Einflußfaktoren

xe Weise moderiert (vgl. dazu ausführlicher Cohen, 1992). Persönlichkeits- und soziale Merkmale können zu einer Intensivierung wie auch zu einer Reduktion in der Art, Intensität und Dauer der Streßreaktion beitragen (Cohen, 1992; Lazarus & Folkman, 1984). Ob diese Faktoren Belastungen erhöhen oder puffern, hängt von vielen Bedingungen ab, u.a. von ihrer Beschaffenheit, aber auch von der Art der Belastung und ihrer Interaktion mit den anderen Moderator- und Vermittlungsvariablen. Die folgenden Ausführungen orientieren sich an diesem Schema: Zunächst werden zentrale Formen von Stressoren und deren Folgen dargestellt. Anschließend werden Faktoren erörtert, die das Streßerleben moderieren: Persönlichkeitsfaktoren, Copingtendenzen und Merkmale des Sozialen Netzwerkes und der Sozialen Unterstützung. Schließlich werden Untersuchungsverfahren zur Erfassung von Stressoren, Streßreaktionen, Copingtendenzen und Netzwerk- und Unterstützungsmerkmalen vorgestellt.

3. Stressoren und ihre Zusammenhänge mit psychischen Störungen

3.1 Mögliche Zusammenhänge

Stressoren können unterschiedliche Effekte auf psychische Störungen ausüben (vgl. auch Kap. 9/Ätiologie, Bedingungsanalyse: methodische Gesichtspunkte):

• *Ursache:* Stressoren als Ursache stellen eine notwendige und hinreichende Bedingung für die Entstehung einer Störung dar; andere Einflußfaktoren können nicht festgestellt werden (Katschnig, 1980). Typische Beispiele wären chronifizierte Anpassungs- und Belastungsreaktionen wie abnorme Trauer oder die posttraumatische Belastungsstörung (s. u.).

• *Teilursache* oder *Kodeterminante:* Diese Variante liegt dann vor, wenn andere Faktoren zusätzlich für die Entstehung von Störungen erforderlich sind. So wird z. B. bei der Diathese-Streß-Hypothese angenommen, daß neben den Stressoren noch eine besondere Vulnerabilität des Individuums für die Entstehung einer bestimmten Störung vorhanden sein muß.

• *Moderierende Wirkung:* Stressoren können eine vorhandene Störungsbedingung intensivieren und den Prozeß über einen bestimmten Grenzwert heben, so daß die Störung offensichtlich wird. Bei vielen Pubertäts- und Adoleszenzproblemen kann eine solche moderierende Funktion angenommen werden.

• *Auslösende Wirkung:* Stressoren können die Störung auch nur auslösen, indem sie als Triggerereignis im Vorfeld einer Störung wirken oder am Ende einer längeren Belastungsperiode als Ereignis den Belastungspegel über die Resistenzschwelle heben und so zu einer Störungsmanifestation beitragen. Zum Teil werden derartige Funktionen im Zusammenhang mit der Auslösung schizophrener Schübe angenommen. Das Hinzukommen eines belastenden Ereignisses könnte in diesem Fall zu einer Aktivierung maladaptiver Bewältigungs- und Verarbeitungsprozesse und dem Überschreiten einer kritischen Schwelle bei bereits bestehenden prodromalen Symptomen führen.

• *Störungsprotektive Funktionen:* Das Auftreten eines belastenden Ereignisses kann aber auch zu einer Aktivierung personaler und sozialer Ressourcen und dabei auch zu einer Veränderung im Umgang mit dem vorhandenen psychischen Problem führen.

Neben einfachen linearen Funktionen belastender Ereignisse sind auch komplexere Zusammenhänge unter Berücksichtigung anderer Variablen von Bedeutung. Ebenso können Stressoren auch eine verlaufssteuernde Funktion bei Vorhandensein einer Störung übernehmen (z. B. moderierender Effekt).

3.2 Kritische Lebensereignisse (Makrostressoren)

3.2.1 Begriff «Kritische Lebensereignisse»

Unter kritischen Lebensereignissen – *Life Events* – versteht man Ereignisse im Erlebensstrom eines Menschen, die nach Filipp (1990, S. 24f) mindestens die drei folgenden Kriterien erfüllen müssen: (1) Sie sind raumzeitlich datier-

und lokalisierbar, was sie von chronischen Stressoren abhebt. (2) Sie machen eine qualitativ-strukturelle Neuorganisation des Person-Umweltgefüges erforderlich, was sie von passageren Adaptationsleistungen unterscheidet. (3) Die affektiven Reaktionen sind nachhaltig und stellen nicht nur kurzfristige Emotionen dar, wie sie im Alltag regelmäßig vorkommen. Dementsprechend erfordern sie eine mittlere bis gelegentlich längere Adaptationszeit und einen höheren Adaptationsaufwand als Alltagsstressoren (vgl. **Abb. 1**). Wir nennen sie deshalb Makrostressoren (s. auch Katschnig, 1980; Filipp, 1990; Plancherel, 1998).

Als *normative* kritische Lebensereignisse werden sie bezeichnet, wenn sie wegen ihrer biologischen oder kulturellen Grundlage vorhersagbar sind (z.B. die Pubertät, Einschulung) und bei allen Mitgliedern einer Kultur mehr oder weniger sicher auftreten. Entsprechend sind die *nicht-normativen* kritischen Lebensereignisse durch ihre Plötzlichkeit und Nichtvorhersagbarkeit charakterisiert, wie z.B. der plötzliche Tod einer nahen Person. Als kritische Lebensereignisse können sowohl *positive* (= erwünschte, mit sozial deutlich positiven Valenzen verknüpfte Ereignisse, wie Heirat, Geburt eines Kindes etc.) wie auch *negative* (= unerwünschte, vorrangig mit negativen Emotionen wie Trauer, Angst, Deprimiertheit einhergehende) Ereignisse in Frage kommen. In beiden Fällen wird – wenn auch in unterschiedlicher Weise – das psychische System nachhaltig für eine Adaptationsleistung beansprucht. Unterschiedliche Folgen können ebenfalls erwartet werden je nach dem, ob es sich um sogenannte abhängige (dependent) bzw. unabhängige (independent) Ereignisse handelt. Bei abhängigen Ereignissen können die Ursachen mindestens teilweise eigenen Handlungen oder Unterlassungen des Individuums zugeschrieben werden (z.B. schwere zwischenmenschliche Zerwürfnisse). Unabhängige Ereignisse beruhen auf äußeren Ursachen, wie z.B. dem Verlust des Arbeitsplatzes aufgrund einer Firmenschließung.

Neben den genannten Aspekten (Normativität, Valenz, Abhängigkeit) entscheiden noch eine Reihe anderer Merkmale von Lebensereignissen und Stressoren über ihren Effekt auf das Befinden und die Gesundheit eines Menschen. Die bisherige Forschung hat folgende, zum Teil voneinander abhängige sieben Dimensionen als wichtig erscheinen lassen (vgl. dazu auch Lazarus & Folkman, 1984; Thoits, 1983): (1) die Intensität und Dauer eines Ereignisses; (2) das Vorliegen eines Einzelereignisses vs. die Kumulation von Ereignissen und Belastungen; (3) das Ausmaß an Veränderung, welches ein Ereignis nach sich zieht, und der Aufwand der Wiederanpassungsleistung nach seinem Auftritt; (4) die Vorhersagbarkeit und die Wahrscheinlichkeit des Auftretens sowie des Zeitpunktes des Auftretens (= Ereignis und zeitliche Sicherheit/Unsicherheit des Ereignisses) und damit verbunden die Möglichkeit zur präventiven Anpassung an das Ereignis und zur vorbereitenden Bewältigung; (5) die Neuheit und Unkenntnis des Ereignisses; (6) die Ambiguität und mangelnde Präzision und (7) seine Kontrollierbarkeit.

Goodyear (1994) macht auf verschiedene Konstellationen von Lebensereignissen aufmerksam, die im Vorfeld von Störungen unterschieden werden können. Lebensereignisse können gleichzeitig oder sequentiell auftreten. Ihre Wirkung kann additiv oder multiplikativ sein. Bezüglich der Wirkungspfade belastender Ereignisse sind verschiedene theoretische Modelle entwickelt worden. Plancherel, Bolognini und Nunez (1994) geben einen Überblick über die sogenannten «Puffer Modelle», die die Ressourcen als protektive Faktoren miteinbeziehen (s. **Abb. 3**).

Je nach Konstellation können unterschiedliche Wirkungen erwartet werden. Das gilt auch für die Wirkung der chronischen und der Alltagsstressoren. Auf moderierende Faktoren (z.B. Persönlichkeitsmerkmale) wird in Abschnitt 4 eingegangen.

3.2.2 Zusammenhänge mit psychischen Störungen

Zusammenhänge mit kritischen Lebensereignissen wurden bisher bei verschiedenen Störungen – am intensivsten bei den *depressiven* (vgl. Kessler, 1997) – untersucht. Im folgenden wird daher primär auf diese eingegangen; Angst- und schizophrene Störungen werden nur am Rande abgehandelt (andere Störungen s. z.B. Fiedler, 1995; Goldberger & Breznitz, 1993). Da die sogenannten posttraumatischen Belastungsstörungen vor allem mit traumatischen Lebens-

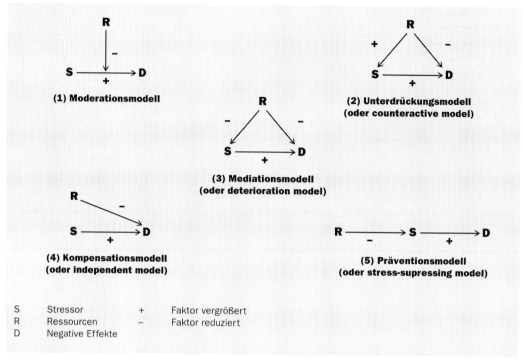

Abbildung 3: Verschiedene Wirkungsmodelle (Plancherel, Bolognini & Nunez, 1994)

ereignissen in Verbindung gebracht werden, werden diese in einem eigenen Abschnitt (traumatische Ereignisse) behandelt.

Verschiedene Untersuchungen zeigen eine erhöhte Auftretensrate von kritischen Lebensereignissen im Vorfeld von *depressiven Störungen*. Bereits Brown und Harris (1978) konnten in einer methodisch vorbildlichen, aber retrospektiven Studie, die u.a. chronischen Streß und soziale Unterstützung kontrollierte, eine im Vergleich zu Kontrollpersonen erhöhte Häufung von bedrohlichen oder Verlustereignissen als Antezedentien von depressiven Störungen feststellen, was in späteren Arbeiten bestätigt wurde. Kessler (1997) faßt die heutige Befundlage wie folgt zusammen: (1) Die Assoziation zwischen dem Erleben kritischer Lebensereignisse und dem Auftreten von major-depressiven Episoden kann konsistent festgestellt werden. (2) Das Ausmaß der Verknüpfung variiert zwischen den Studien in Abhängigkeit von den verwendeten Verfahren zur Erfassung der Lebensereignisse und (3) in Abhängigkeit von der negativen Valenz der Ereignisse. Kontextuelle Informationen zu den Ereignissen erhö-

hen die Assoziationsstärken. Analoge Ergebnisse berichtet Johnson (1986) in seiner Übersicht für depressive Störungen bei Jugendlichen. Kritische Lebensereignisse im Vorfeld von depressiven Episoden scheinen auch einen gewissen Vorhersagewert für den *Verlauf* der Therapie zu haben. Die Befundlage darf aber nicht darüber hinweg täuschen, daß die allermeisten einschlägigen Studien von der Versuchsanlage her nicht ausreichen, um einen kausalen Zusammenhang schlüssig zu beweisen (z.B. retrospektive Studien).

Wenngleich klinische Erfahrungen und Beobachtungen, aber auch theoretische Überlegungen (z.B. Eysenck's Theorie der Angstentstehung; die psychophysiologische Theorie der Panikstörung) darauf hinweisen, daß viele *Angststörungen* durch belastende Ereignisse ausgelöst werden, ist die empirische Evidenz im Vergleich zur Depression weniger einheitlich. Darüber hinaus fehlen für verschiedene Angststörungen methodisch akzeptable Studien (auch hier vor allem retrospektive Studien); lediglich für die Panikstörung, die Agoraphobie und die Zwangsstörung liegen ausreichend klare Befunde vor (vgl. Edelmann, 1992). Demnach können kritische Lebensereignisse – bei Vorhandensein entsprechender Prädisposition der Betroffenen – vor allem als traumatische Lebensbelastungen Angststörungen oder andere psychopathologische Symptome auslösen (Edelmann, 1992).

Umfassender sind die Beiträge zur *Schizophrenie*, zu der verschiedene methodisch befriedigende Studien (u.a. prospektive) vorliegen; doch ist auch hier die Befundlage nicht eindeutig. Bebbington (1996) kommt aufgrund seines Überblicks über 17 retrospektive und prospektive Studien zum Ergebnis, daß es keine sicheren Hinweise dafür gebe, daß kritische Lebensereignisse an der Auslösung einer Schizophrenie beteiligt seien. Es finden sich aber Hinweise, daß kritische Lebensereignisse einen zwar geringen, aber nicht immer eindeutigen Einfluß auf den Verlauf einer Schizophrenie haben. Von Bedeutung für Auslösung und Verlauf sind aber auch kleinere alltägliche Lebensbelastungen (s. unten). So sind vor allem chronische familiäre Belastungen zu nennen, wie sie im Konzept der «Expressed Emotions» (Leff, 1996) diskutiert werden. Weiter kommt Bebbington (1996) zum Schluß, daß bei der Auslösung und Verlaufssteuerung der Schizophrenie – im Gegensatz zu depressiven Störungen und Angststörungen – chronische Bedingungen sowie alltägliche Lebensbelastungen von größerer Bedeutung sind als kritische Lebensereignisse.

3.3 Traumatische Ereignisse und traumatischer Streß

3.3.1 Die Begriffe «Trauma» und «traumatischer Streß»

Die Erforschung extremer Belastungserfahrungen besitzt vor allem im Zusammenhang mit Kriegs- und Kampferfahrungen eine lange Tradition. Seit Anfang der achtziger Jahre gibt es eine eigene Forschungsrichtung, die sich mit Extrembelastungen und deren Bewältigung und Konsequenzen beschäftigt und die zur Konzipierung der Begriffe «traumatische Belastungen», «traumatischer Streß» oder kurz «psychologisches Trauma» führte. Der Begriff Trauma ist aber trotz seiner häufigen Verwendung

eher unklar und wird teilweise zirkulär definiert als ein Ereignis hoher Intensität mit gleichzeitig fehlender adäquater Bewältigungsmöglichkeit und einer Überlastung der Anpassungskapazität des Individuums mit Anpassungs- und Belastungsstörungen als Folge (vgl. z. B. Freedy & Hobfoll, 1995). Nach DSM-IV (American Psychiatric Association, 1996) ist ein traumatisches Ereignis dann gegeben, wenn es mit dem Tod, der Androhung des Todes, einer schweren Verletzung oder einer anderen Bedrohung der körperlichen Integrität assoziiert ist. Dabei kann das betreffende Ereignis die Person direkt oder indirekt über enge und nahestehende Bezugspersonen betreffen. Ein Trauma kann aber auch dadurch entstehen, daß eine Person Zeuge einer schweren Bedrohung, Verletzung oder Tötung einer fremden Person wird. Unter einer traumatischen Belastung kann man daher eine spezifische Klasse kritischer Lebensereignisse verstehen, die durch folgende Charakteristika zu umschreiben ist: unerwünscht; äußerst negative Valenz aufgrund der intensiven Bedrohung des (eigenen) Lebens; hohe Intensität; schwer bis gar nicht kontrollierbar; in der Regel Überforderung der Bewältigungsmöglichkeiten; Vorhersagbarkeit meist nicht gegeben. Für viele der Betroffenen besitzen sie ausgesprochene Neuheit und brechen oft jäh und unvorhergesehen herein. Die Wiederanpassungsleistung ist enorm, da oft nicht nur die Person selbst, sondern auch noch andere nahestehende Personen und – abhängig von der Art des Ereignisses – auch materielle Güter und gelegentlich die gesamte soziale und personale Existenz des Opfers betroffen sind (z. B. Wirbelsturm, erlittenes Gewaltverbrechen). Insofern kann man auch sagen, daß Opfer traumatischer Ereignisse Mehrfachbelastungen und häufig auch noch einer Reihe von Belastungsfolgen einschließlich ihrer Viktimisierung, d. h. einer negativen, ausgrenzenden Behandlung durch die Umwelt, ausgesetzt sind. Neben Kriegstraumata bei Soldaten und Zivilbevölkerung werden vermehrt auch «zivile» traumatische Belastungen erforscht (vgl. für Überblicke: Freedy & Hobfoll, 1995) wie z. B. Naturkatastrophen (z. B. Erdbeben), technische Katastrophen (z. B. Bahnunfälle), Gewaltverbrechen (z. B. Vergewaltigung, Geiselnahme), lebensbedrohliche Ereignisse (z. B. schwere (Verkehrs-) Unfälle).

3.3.2 Zusammenhänge mit psychischen Störungen

Trotz der Intensität der traumatischen Ereignisse, der extrem negativen Valenz und der intensiven Anpassungsleistung, die sie von den Betroffenen abverlangen, sind die Reaktionen auf derartige Ereignisse sehr unterschiedlich; bei den meisten Betroffenen klingen sie nach einer angemessenen Zeit (in der Regel zwischen vier und sechs Wochen) wieder ab bzw. werden verarbeitet; das Ereignis und die Erlebnisse werden in das eigene Selbstkonzept integriert. Dies soll jedoch nicht darüber hinwegtäuschen, daß Traumata bei den Betroffenen in der Regel intensive Spuren in Form psychischer Veränderungen hinterlassen, die sie sich allerdings nur bei einem Teil der Betroffenen zu einer psychischen Störung entwickeln. Zu berücksichtigen ist, daß derartige Störungen sehr heterogen sein können: direkter (Minuten, Stunden) oder verzögerter (nach Tagen, Wochen oder Monaten) Störungseintritt, mittelmäßige bis sehr starke Ausprägung, Variation der betroffenen psychischen Systeme, Dauer der Betroffenheit etc.

Sowohl ICD-10, als auch DSM-IV enthalten diagnostische Kategorien, die Reaktionen auf traumatische Ereignisse klassifizieren. In der ICD-10 werden Belastungs- und Anpassungsstörungen in der Störungsgruppe F43 kodiert, wobei unterschieden wird zwischen akuten Belastungsreaktionen (F43.0; Dauer: Stunde, Tage), Anpassungsstörungen (F43.2; Dauer: Wochen, <6 Monate), posttraumatischen Belastungsstörungen (F43.1; Auftreten mit Latenz; Dauer offen). Zusätzlich zur Gruppe F43 ist noch eine weitere Gruppe von Relevanz, die Persönlichkeitsveränderungen infolge extremer Belastungen beschreibt (F62.0). Neben den in der ICD-10 und dem DSM-IV angesprochenen Belastungs- und Anpassungsstörungen sind bei Opfern schwerer Belastungen häufig auch andere psychische Störungen und Reaktionen zu beobachten.

Am intensivsten beforscht wurde die sogenannte *posttraumatische Belastungsstörung (posttraumatic stress-disorder PTSD;* Saigh, 1995; Foa & Meadows, 1997). Nach ICD-10 und DSM-IV ist diese Störung u.a. wie folgt charakterisiert: Wiedererleben der traumatischen Erfahrungen (Träume, Gedanken, etc.), Vermeidung von mit dem Trauma verbundenen Reizen (Gedanken, Menschen, Orten, etc.), Reduktion der allgemeinen Erlebensfähigkeit (sozialer Rückzug, Verlust an emotionaler Reagibilität etc.), Erinnerungslücken an das Trauma; Symptome wie Schlafstörungen, Konzentrationsprobleme etc.). Die empirische Forschung konnte relativ deutliche Zusammenhänge zwischen dem Auftreten traumatischer Ereignisse und der Auslösung eines PTSD aufzeigen, wobei für Kriegsereignisse die deutlichsten, aber auch für andere Ereignisse Zusammenhänge beobachtet werden konnten. Wenig erforscht ist dagegen der Verlauf des PTSD ebenso wie die Faktoren, die die Dauer, den Verlauf und den Ausgang der Störung mitbestimmen.

3.4 Alltagsbelastungen (Mikrostressoren) und ihre Wirkungen

Kanner, Coyne, Schaefer und Lazarus (1981) haben mit dem Hinweis auf ein Gedicht von Charles Bukovsky eine Trendwende in der Life-Event-Forschung eingeleitet; nicht die großen Widrigkeiten des Lebens treiben demnach einen Menschen zum Irrsinn, sondern die fortlaufende Serie kleiner, sich täglich ereignender «Tragödien». Dabei werden verschiedene Klassen von Alltagsbelastungen diskutiert, die allerdings oft nicht klar voneinander und auch nicht von kritischen Lebensereignissen abgegrenzt werden können, die häufig auch kleinere Belastungen beinhalten (vgl. Filipp & Braukmann, 1990). Kanner et al. (1981) verstehen unter Alltagsbelastungen *(«daily hassels»)* störende, frustrierende Ereignisse im Alltagsleben, die das Wohlbefinden beeinträchtigen und als bedrohlich, kränkend, verlustbezogen oder frustrierend empfunden werden. Andere Definitionen sehen in Alltagsbelastungen kleinere Lebensereignisse, die eine hohe Auftretenswahrscheinlichkeit im Leben eines Menschen besitzen. Wieder andere, wie z.B. Perrez und Reicherts (1992), definieren Alltagsbelastungen als belastende Episoden des alltäglichen Erlebens und Verhaltens, die mit belastungsbezogenen Beurteilungen (streßrelevanten Kognitionen) und nicht routinemäßigen Anpassungsleistungen verbunden sind. Inhaltlich zeigten verschiedene Studien relativ ähnliche Ergebnisse. So wurden z.B. bei Kanner et al. (1981) folgende Probleme am häufigsten genannt: Probleme mit dem Körpergewicht und dem eigenen Aussehen, Gesundheitsprobleme eines Familienmitgliedes und daraus resultierende Notwendigkeit zur Pflege, Ärgernisse mit der Haushaltsführung, Preissteigerungen bei Lebensmitteln und Haushaltsgütern, Arbeitsstreß, Geldsorgen und Steuerzahlungen, etc. Über derartige Ereignisse hinaus können Alltagsbelastungen auch mit herkömmlichen Begriffen erfaßt und kategorisiert werden; als Beispiele seien genannt Arbeitsbelastungen (zu viel Arbeit; Konflikte im Arbeitsleben, Zeitdruck etc.), interpersonale und soziale Belastungen (z.B. Konflikte, Reibereien, Falschheit erleben etc.; vgl. Lettner, 1994), Rollenbelastungen (z.B. Doppelrollen wie Hausfrau und Berufstätigkeit).

Nach Lazarus und seinen Mitarbeitern gibt es jedoch nicht nur negative Alltagsereignisse, sondern auch sogenannte *uplifts,* die mit positiven Emotionen und Erlebnissen einhergehen. Diese könnten zu einer Pufferung negativer Ereignisse und Belastungen (= Reduktion der Anfälligkeit durch Schutz) beitragen. Diese Überlegungen konnten aber nicht bestätigt werden, weshalb dieser Ansatz nicht weiter verfolgt wurde.

Theoretisch wurden sowohl von der Lazarus-Gruppe wie auch von anderen Forschern verschiedene Modelle erörtert, die sowohl unabhängige, wie auch moderierende Funktionen der Alltagsbelastungen beinhalteten. So wurde z.B. angenommen (vgl. Kanner et al., 1981), daß Alltagsbelastungen direkte und unabhängige Effekte auf das Befinden und das psychische und somatische Funktionieren ausüben können, indem sie unabhängig von größeren Belastungen auftreten; sie können aber auch Effekte größerer oder chronischer Belastungen verstärken; so führt z.B. der Verlust des Partners zu einer Unzahl an Alltagsbelastungen, die mit einem Partner nicht gegeben sind, wie z.B. Erledigungen selbst durchführen zu müssen, weniger Geld zur Verfügung zu haben etc.

Empirisch kann die störungsvermittelnde Potenz belastender Alltagsereignisse als gut bestätigt angesehen werden. Probleme zeigten die vorliegenden Studien allerdings bei der Erforschung der Richtung des Effekts. Denn es zeigten sich sowohl relativ hohe Zusammenhänge zwischen dem Auftreten von Alltagsereignissen und nachfolgenden Befindenstrübungen, wie auch umgekehrt ein gewisser Zusammenhang zwischen vorhandenen psychischen Symptomen und dem Auftreten von Belastungen zu beobachten ist. Ebenso gibt es gut belegte Hinweise dafür, daß die pathogene Wirkung der Trait-Angst für das Auftreten psychischer Symptome durch die Alltagsbelastungen moderiert wird (Kohn, Lafreniere & Gurevich, 1991).

Kritisch kann gegen die bisherige Forschung eingewendet werden, daß es letztlich noch keine wirklich verläßliche Taxonomie alltäglicher Belastungen gibt, daß viele Ereignisse eher als Symptome psychischer Beschwerden denn als unabhängige Ereignisse angesehen werden können, daß die Belastung eines Ereignisses nicht unabhängig ist von subjektiven Bewertungen und von der Stimmung des Betroffenen und daß Alltagsereignisse ihrerseits in einem sehr komplexen Ursache-Wirkungsgefüge zueinander stehen.

3.5 Chronische Belastungen und ihre Wirkungen

Der Begriff «chronische Belastungen» wird durch das zeitliche Ausmaß einer Belastung definiert (vgl. **Abb. 1**). Im Gegensatz zu diskreten und in ihrer Auftretensdauer begrenzbaren Lebensereignissen und Alltagsbelastungen werden dadurch Belastungen beschrieben, die sich über einen längeren Zeitraum erstrecken und – zumindest nach Ansicht der meisten Autoren (z.B. Pearlin, 1982) – zu wiederkehrenden belastenden Erfahrungen führen (z.B. Arbeitsbelastung, Belastung in der Familie; oft als *chronic strain* bezeichnet). Unter chronischen Belastungen werden aber auch längerdauernde Belastungen bzw. Folgen von *diskreten* Ereignissen (z.B. langanhaltende Scheidungsbelastung) verstanden.

Empirische Arbeiten fanden, daß sowohl intensive, kürzer dauernde Lebensereignisse, als auch die lange Dauer der Folgen von diskreten Belastungen und das Vorhandensein chronischer Belastungen zu Beeinträchtigungen in Gesundheit und Befinden führen können. Dies zeigt sich sowohl bei der Verwendung allgemeiner Symptommaße (Pearlin, 1982), wie auch bei der Berücksichtigung spezifischer psychischer Störungen, bei denen vor allem interpersonale chronische Belastungen untersucht wurden (z. B. Schizophrenie: Leff, 1996;depressive Störungen: Gilbert, 1992).

4. Faktoren, die den Zusammenhang von Stressoren mit psychischen Störungen moderieren

Wie bereits in der Einleitung erwähnt, reagieren nicht alle Menschen auf gleiche Stressoren in ähnlicher Weise. Offensichtlich lassen sich die Wirkungen von Belastungsfaktoren nur sehr begrenzt vorhersagen. Das bedeutet, daß zwischen den Stressoren und ihren Wirkungen noch andere Faktoren eine vermittelnde Funktion ausüben müssen. Dazu zählen die im folgenden dargestellten Persönlichkeitseigenschaften, Belastungsbewältigungskompetenzen (Copingtendenzen) und soziale Faktoren (Soziales Netzwerk, Soziale Unterstützung).

4.1 Persönlichkeitsmerkmale als Vermittlungsfaktoren

Die Persönlichkeitsforschung hat sich seit langer Zeit mit der Frage befaßt, wieweit Persönlichkeitsmerkmale zu Störungen prädisponieren (vgl. Vollrath, 1997). Die in diesem Zusammenhang bekannteste Persönlichkeitseigenschaft ist die *emotionale Stabilität.* Hohe emotionale Stabilität stellt einen protektiven Faktor im Umgang mit Stressoren dar; eine geringe Ausprägung dieses Faktors wird die Störung des Verhaltens unter dem Einfluß von Stressoren erleichtern. Diese Annahmen finden in der Neurotizismusforschung eine gewisse Bestätigung (vgl. Amelang & Bartussek, 1997).

Als weiteres protektives Persönlichkeitsmerkmal ist die *seelische Gesundheit* zu nennen (Becker, 1995), die als Fähigkeit zur Bewältigung innerer und äußerer Anforderungen verstanden wird.

Von Bedeutung ist auch die *Widerstandsfähigkeit (hardiness);* darunter versteht Kobasa (1979) ein protektives Persönlichkeitsmerkmal, das ein komplexes System von selbst- und umweltbezogenen Überzeugungen einschließt, die die Person in ihrer Auseinandersetzung mit belastenden Ereignissen unterstützen. Die das

Konstrukt charakterisierenden Dimensionen «Commitment» (Sinn- und Zielorientierung der Person), Kontrolle (Kontrollüberzeugung) und Herausforderung (Überzeugung, daß Veränderungen zum Leben gehören und die Möglichkeit zu Wachstum enthalten) moderieren die Wirkungen von Stressoren, indem sie deren kognitive Interpretation (appraisal) selbstwertfördernd beeinflussen und die Bewältigungsressourcen des Individuums aktivieren (vgl. Maddi, 1990). Das Konzept überlappt sich mit anderen Konstrukten, wie etwa jenem des Kohärenzsinnes *(sense of coherence),* dem der Selbstwirksamkeit *(self-efficacy)* von Bandura oder auch mit dem *Optimismus*-Variable.

Als moderierende Faktoren für Streßemotionen werden *State-trait-Merkmale* wie z. B. Angst und Ärger diskutiert. Mehrere Studien zeigen, daß hoher *Trait-Ärger* bzw. *chronischer Ärger* und Hostilität signifikant mit höherem Risiko für kardiovaskuläre Erkrankungen verbunden sind (Booth-Kewley & Friedman, 1987; vgl auch Schwenkmezger & Hank, 1995).

Endler und Edwards (1982) haben in ihrem Interaktionsmodell der *Angst* postuliert, daß Trait-Angst und Trait-Ärger individuelle Prädispositionen darstellen, in Streßsituationen mit einer erhöhten Wahrscheinlichkeit mit Angst oder mit Ärger zu reagieren.

Neben den genannten Persönlichkeitseigenschaften werden auch *Abwehrstile* als weitere Persönlichkeitsmerkmale gezählt, die das Streßgeschehen beeinflussen. Sigmund Freud hatte in seinem Werk das Konzept der Abwehrmechanismen entwickelt, das von Anna Freud (1936/1964) weitergeführt wurde. In der modernen Persönlichkeitsforschung haben vor allem die Verdrängung und die Verleugnung eine gewisse Weiterentwicklung im «Repression»-Konstrukt erfahren. Nach Anna Freud (1936/1964) war die Funktionsrichtung der Verdrängung zur Beseitigung von bedrohlichen Triebimpulsen nach innen gerichtet. Die Verleugnung dagegen schützt das Ich als Vorstufe der Abwehr vor bedrohlichen Aspekten der Außenwelt. Analog stellt die Intellektualisierung eine nach innen, die Wachsamkeit eine nach außen gerichtete Gefahrenverhütung dar. Die psychoanalytischen Konzepte standen Pate für das *Repression-Sensitization*-Konstrukt. Dieses Konstrukt basiert auf der von Bruner formulierten Theorie, wonach der Wahrnehmungsvorgang wesentlich durch Hypothesen, d.h. Erwartungen, gesteuert wird, mit denen das Subjekt dem Wahrzunehmenden begegnet. Bezüglich dieser Erwartungen können interindividuelle Unterschiede festgestellt werden. Eriksen (1951) postulierte hierfür zwei elementare Grundformen, nämlich *vermeidungs-* versus *aufmerksamkeitsorientierte* Angstabwehr bzw. Angstreduzierung, wobei die beiden Abwehrstile als eindimensionales bipolares Persönlichkeitskonstrukt verstanden werden (s. auch Krohne, 1996).

In der gleichen Tradition ist das *Monitor/Blunter-Konzept* von Miller (1989) zu sehen (to monitor = überwachen; to blunt = abstumpfen). Hohe Tendenz zum «monitoring» charakterisiert Personen, die nach viel Information vor gefahrvollen Situationen (z.B. vor medizinischen Eingriffen) suchen. Die sogenannten «blunters» dagegen ziehen es vor, sich in gleichen Situationen eher zu zerstreuen oder zu entspannen; sie sind Informationsvermeider. Miller (1987) erfaßt die beiden kognitiven Stile mit zwei Skalen, die negativ (r = -.45) korreliert sind. Die beiden Tendenzen sind bei unterschiedlichen Typen von Situationen unterschiedlich adaptiv. Wenn die Kontrollierbarkeit der Situation hoch ist, bringen Personen mit starker «Monitor-» und niedriger «Blunting-Neigung» die adäquaten Voraussetzungen mit. Bei niedriger Kontrollierbarkeit verhält es sich umgekehrt (Miller, 1989). Auswirkungen auf das Krankheitsverhalten zeigten sich u.a. in der Studie von Miller, Brody und Summerton (1988), indem «Low-monitor»-Personen eher zu spät und «high-monitor»-Personen eher zu früh zum Arzt gehen.

Unterscheidet sich das Millersche Konzept – abgesehen von der empirischen Erfassungsweise der Variablen – nicht wirklich vom ursprünglichen Repression-Sensitization-Konzept, so geht Krohne (1996) mit seinem Ansatz der *Bewältigungsmodi* innerhalb der Persönlichkeitsforschung neue Wege. *Vigilanz* und *kognitive Vermeidung* stellen in seinem Konzept zwei getrennte Persönlichkeitsvariablen dar. Die beiden Konstrukte werden – anders als die deskriptive Repression-Sensitization-Dimension – auf einer explikativen Grundlage eingeführt. Die Funktion von Vigilanz als Aufmerksamkeitsverhalten ist die Reduktion von Unsicherheit. Kognitive Vermeidung zielt dagegen darauf ab, den Organismus von erregungsinduzierenden Stimuli abzuschirmen und wirkt damit präventiv. Erklärt werden die beiden Tendenzen durch spezifische Ausprägungen der Intoleranz gegenüber Unsicherheit und emotionaler Erregung. Zahlreiche Untersuchungen im Labor und Feld zeigen die klinische Relevanz des Modells für verschiedene Anwendungen, z.B. für Streßreaktionen vor, während und nach Operationen (Krohne, Fuchs & Slangen, 1994; Kohlmann, 1997).

4.2 Merkmale der Belastungsverarbeitung (Coping) als Vermittlungsfaktor

4.2.1 Konzepte der Belastungsverarbeitung

Persönlichkeitsmerkmale konzeptualisieren zeitstabile und relativ situationsunabhängige psychologische Reaktionstendenzen. Die sog. *Coping-Konzepte* versuchen die Ablaufprozesse von der Informationsverarbeitung über Streßemotionen bis zu den adaptiven Reaktionen zu erfassen. Dabei wird unter Coping das adaptive Bewältigungsverhalten zur Wiederherstellung des Gleichgewichtes verstanden.

Auch für die prozessuale Betrachtung war die Psychoanalyse Pionier durch ihre Thematisierung der Abwehrmechanismen (vgl. **Tab. 1**). Sigmund Freud und besonders Anna Freud haben verschiedene Abwehrformen beschrieben, die letztendlich alle im Dienste der Angstabwehr stehen.

Neuere Konzepte beziehen sich vor allem auf den *kognitiv-phänomenologischen Ansatz von R.S. Lazarus,* der sich von Selyes (1976) physiologischer Betrachtung des Streßgeschehens als allgemeines Adaptationssyndrom (A.A.S.) abhebt. Ebenso unterscheidet sich der Lazarus-Ansatz von der Makro-Perspektive der kritischen Lebensereignisforschung, die den Zugang zum Streßerleben zunächst wesentlich über objektive Merkmale bedeutsamer Ereignisse gesucht hat. Lazarus und Launier (1981) sehen die Streßreaktionen als Ergebnis einer *Beziehung* zwischen Anforderungsmerkmalen und den der Person verfügbaren Ressourcen. Die Qualität der Beziehung wird durch kognitive Bewertungsprozesse vermittelt. Nicht nur äußere Anforderungen können als Stressoren wirken,

Tabelle 1: Wichtige psychoanalytische Abwehrmechanismen

Das Ich versucht nach der Vorstellung von Freud unter dem Einfluß der Über-Ich-Ansprüche kompromittierende Triebansprüche *abzuwehren*. Den Schutz vor inneren Reizen, der die Funktion hat, dem Bewußtsein bedrohliche Reize fernzuhalten, erwirbt sich der Mensch im Laufe der Entwicklung durch den Aufbau der *Abwehrmechanismen*.

Projektion	Angstauslösende Wünsche oder Gefühle werden externalisiert und anderen zugeschrieben.
Verleugnung	Eine potentiell traumatisierende Realität wird nicht als solche wahrgenommen.
Rationalisierung	Angstbesetzte Probleme werden intellektuell erklärt und damit ihres bedrohenden Gehaltes entledigt.
Reaktionsbildung	Unakzeptierte, bedrohende Impulse werden durch Transformation ins Gegenteil neutralisiert (z. B. Fürsorge anstelle von Aggression).
Verdrängung	Angstauslösende Gedanken, Bilder oder Erinnerungen werden in das Unbewußte abgedrängt oder ihre Repräsentanz im Bewußtsein verhindert.
Regression	Übergang einer psychischen Organisationsform zu einer früheren Stufe, die einfachere Strukturen aufweist.
Sublimierung	Kulturell akzeptierte Umsetzung sexueller Triebe in einen nicht-sexuellen, allgemein akzeptierten Entfaltungsbereich (u. a. künstlerische, intellektuelle, soziale Bereiche).
Identifikation	Konfliktlösung erfolgt durch Übernahme der Werte, Anschauungen usw. einer anderen Person.

sondern auch innere, wie Ziele, Werte, Bewertungen, deren Ignorieren oder Nichtrealisierung für die Person negative Folgen zu haben drohen. Durch die sogenannte *primäre Bewertung (primary appraisal)* überwacht der Organismus im Wachzustand permanent, ob sich Veränderungen ereignen, die eine Adaptation zur Erhaltung des Wohlbefindens erfordern. Werden Ereignisse als irrelevant bewertet, so haben sie außer einer Orientierungsreaktion keine weiteren Prozesse zur Folge. Ein zweiter Typus von Ereignissen, der ebenfalls keine adaptiven Prozesse auslöst, besteht in angenehmen Situationen, die keinen Bewältigungsbedarf erkennen lassen (z. B. eine gelungene Leistung). Der dritte Typus ist durch Adaptationsbedarf charakterisiert (vgl. **Abb. 4**).

Das Bewertungsergebnis wird als Resultante einer Wechselwirkung zwischen der primären und der *sekundären Situationsbewertung* angenommen, die in der Einschätzung der verfügbaren Ressourcen zur Lösung des Problems besteht und die simultan stattfinden kann. Zu den inneren Ressourcen zählen Personvariablen wie Widerstandsfähigkeit, emotionale Stabilität, Attributionstendenzen usw., wie sie u. a. in Abschnitt 4.1 beschrieben sind; zu den Ressourcen aus der Umwelt gehören u. a. Merkmale des Sozialen Netzwerkes (s. unten). Wird das Verhältnis von Anforderungen und Fähigkeiten als ausgeglichen erlebt, so folgt die Einschätzung der Situation als Herausforderung, was der Definition von Eustress entspricht. Einschätzungen des Stressors als Schädigung und/oder Verlust lösen Beeinträchtigungen des Selbstwertgefühls, Trauer oder eventuell Ärger als Emotionen aus. Angst wird als Folge der Bewertung einer Situation als bedrohlich angenommen. Die Streßemotionen mobilisieren die Person in gerichteter Weise im Sinne der Veränderung ihrer «action readiness» (Frijda, 1987) für bestimmte adaptive Reaktionen (Coping).

Die Copingreaktionen können instrumentell darauf abzielen, die Umwelt oder das Selbst (oder beides) zu beeinflussen, was vom Anpassungsmodus her als systemexterne Assimilation oder systeminterne Akkomodation charakterisiert werden kann. Dem entspricht partiell die Unterscheidung von problembezogenem (problem focused) vs. emotionsbezogenem (emotion focused) Coping als übergeordnete Bewältigungsmodi (Lazarus, 1966). Als spezielle Bewältigungsmodi thematisieren Lazarus und Launier (1981) die Informationssuche und -unterdrückung, die

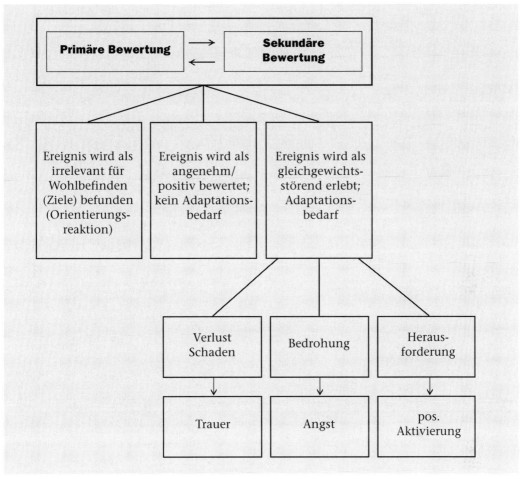

Abbildung 4: Bewertungsprozesse nach R. S. Lazarus

direkte Aktion und Aktionshemmung und intrapsychische Bewältigungsformen, wie die Aufmerksamkeitslenkung, Beruhigung usw. Die durch adaptive Reaktionen erzeugten Folgen werden einer erneuten Bewertung (re-appraisal) unterzogen, worauf – abhängig vom Ergebnis – gegebenenfalls weitere Bewältigungshandlungen folgen. Holahan, Moos und Schaefer (1996) fassen die verschiedenen adaptiven Reaktionsklassen unter den beiden Hauptkategorien Annäherung (approach) und Vermeidung (avoidance) zusammen; für beide Kategorien unterscheiden sie eine kognitive und behaviorale Variante. Schwarzer (1993) erweiterte das Modell von Lazarus und integrierte Kontroll- und Selbstkonzepte in sein Modell.

Im Zusammenhang mit der Bewältigung werden häufig auch Abwehrprozesse diskutiert (z.B. Nusko, 1986). Diese können unter den intrapsychischen Copingmodalitäten von Lazarus eingeordnet werden. Viele Autoren stellen der erlebnisorientierten Abwehr die verhaltensorientierte Bewältigung gegenüber. Haan (1977) charakterisiert die Copingprozesse als zielgerichtete, flexible und realitätsangemessene Adaptationshandlungen, während Abwehrprozesse als zwanghafte, rigide und realitätsverzerrende Varianten verstanden werden. Für eigentlich pathologische Anpassungsformen verwendet sie den Begriff «fragmentary processes» (Fragmentierungsprozesse).

Perrez und Reicherts (1992) haben einzelne Aspekte des psychologischen Streßkonzeptes von Lazarus auf der Grundlage eines *funktionalen Konzeptes* weiterentwickelt. Insbesondere wurde die kognitiv-phänomenologische Perspektive, die sich für die kognitiven Prozesse beschreibend an Erlebensdimensionen wie Bedrohung, Herausforderung usw. angelehnt hatte, durch eine Perspektive erweitert, die stärker den theoretischen Konzepten der Kontroll-, Appraisal-/Emotions- und Attributionstheorien verpflichtet ist. Als theoretisch relevant werden Appraisal-Merkmale dann verstanden, wenn sie Emotionen vorhersagen lassen und in einem funktionalen Zusammenhang mit der Adaptationsleistung vermutet werden. Ihre Coping-Taxonomie ordnet die Bewältigungshandlungen und -reaktionen nach dem Kriterium, ob sie (1) situations- (= stressor-), (2) repräsentations- oder (3) evaluationsbezogen sind (s. **Tab. 2**). Die repräsentationsbezogenen Reaktionen verändern durch Informationssuche oder -unterdrückung die kognitive Repräsentation des Stressors, während die evaluationsbezogenen durch Sinnstiftung, Umbewertung oder auch durch Zielveränderung die Einstellung zum Stressor verändern.

Aufbauend auf dieser Taxonomie lassen sich nomopragmatische Hypothesen erstellen (vgl. Kap. 3 und 4/Wissenschaftstheorie); sie lassen sich in *Verhaltensregeln* im Sinne von technologischen Regeln umwandeln, die für bestimmte Ziele unter gewissen Ausgangsbedingungen Handlungsempfehlungen abgeben. Die folgenden Aussagen stellen Beispiele für derartige Empfehlungen dar: Bei Situationen, die kontrollierbar, wenig aus sich heraus wandelbar (d.h. die sich mit geringer Wahrscheinlichkeit aus *eigener* Dynamik zum Guten wandeln) und deutlich negativ valent sind, stellt eine aktive Einflußnahme auf den Stressor eine wirkungsvolle Reaktion für den Abbau des Stressors und damit für die Wiederherstellung der Homöostase dar. Bei hochwandelbaren Situationen dagegen ist Passivität funktional. Flucht (z.B. Wechsel des schwer erträglichen Arbeitsplatzes) wird als funktional postuliert, wenn der Stressor weder kontrollierbar noch wandelbar, hoch negativ valent und Flucht möglich ist.

Tabelle 2: Taxonomie der Copingreaktionen und -handlungen (Perrez & Reicherts, 1992, S.30)

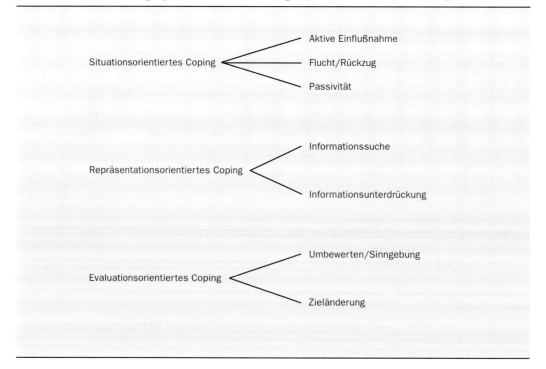

4.2.2 Einflüsse der Belastungsbewältigung auf Wohlbefinden und psychische Störungen

In verschiedenen Untersuchungen konnte gezeigt werden (Reicherts, 1998; Perrez & Matathia, 1993), daß Personen, die die auf der angeführten Taxonomie basierenden Verhaltensregeln häufiger berücksichtigen, Streß effektiver bewältigen und in verschiedenen Kriterien der seelischen Gesundheit höhere Werte aufweisen als Vergleichsgruppen. Es konnte auch gezeigt werden, daß Depressive erwartungsgemäß bestimmte Verhaltensregeln zu verletzen neigen, wie z.B. kontrollierbare Stressoren aktiv zu beeinflussen. Major Depressive unterschätzen die Kontrollierbarkeit und Wandelbarkeit von Stressoren und zeigen mehr Passivität (Reicherts, Kaeslin, Scheurer, Fleischhauer & Perrez, 1987; Perrez, 1988).

Angemessenes Coping setzt auch voraus, daß die Merkmale der Situation *angemessen wahrgenommen* werden. Systematische Fehler der Situationseinschätzung, wie sie bei Depressiven (Unterschätzung der Kontrollierbarkeit) oder Ärgerpatienten (Überschätzung der Internalität und der Kontrollierbarkeit bei der Ursachenzuschreibung) festgestellt werden, bezeichnet Scherer als «Appraisal Pathologie», die sowohl für die Bedingungsanalyse des Problems wie auch für die Therapie bedeutungsvoll sein kann. Die inadäquate Bewertung von Situationen führt zu inadäquaten Emotionen, die ihrerseits den Organismus dysfunktional für die adaptativen Reaktionen vorbereiten (Kaiser & Scherer, in press). Den Einfluß der Appraisalvariablen auf die Emotionsregulierung hat Scherer (1988, 1993) in verschiedenen Studien präzisiert. Für die Emotion Ärger haben Laux und Weber (1990) und für depressive Störungen Lazarus (1991) vertiefte Analysen der kognitiven Prozesse durchgeführt.

Haben sich die meisten Studien zur Wirkung der Belastungsbewältigung auf das individuelle Coping konzentriert, so konnte Bodenmann (1995) zeigen, daß unterstützende Belastungsbewältigung – das *dyadische Coping* – eine moderierende positive Wirkung zwischen subjektiv erlebten Belastungen des Partners und dessen Interaktionsverhalten hat. Es vermittelt zwischen Alltagsbelastungen und Partnerschaftszufriedenheit und ist ein Prädiktor für die Stabilität der Beziehung. Laux und Schütz (1996) analysierten auf der Ebene von Familien die moderierende Wirkung des sozialen Copings.

4.3 Merkmale der sozialen Umwelt als Belastungsmoderatoren

4.3.1 Soziales Netzwerk, Soziale Unterstützung

Neben Persönlichkeitsmerkmalen und Merkmalen der Bewältigung eines Ereignisses spielen Merkmale der sozialen Umwelt als Belastungsmoderatoren eine wichtige Rolle. Die Bedeutung derartiger Faktoren wurde in der empirischen Ätiologieforschung sehr früh erkannt und führte zur Formulierung verschiedener Konzepte wie z.B. *soziale Integration, soziale Ressourcen, soziale Anpassung* oder *soziale Aktiva (social assets)* (Laireiter & Baumann, 1988). Zentrale Bestandteile all dieser Konstrukte sind soziale Beziehungen, wie sie vor allem in den Konzepten des Sozialen Netzwerkes und der Sozialen Unterstützung angesprochen werden (Laireiter, 1993a). Wie Laireiter und Baumann (1992) zeigen, stehen die Konstrukte Soziale Integration, Soziales Netzwerk und die verschiedenen Konstruktkomponenten von Sozialer Unterstützung (s. unten) in einem komplexen Zusammenhang.

Unter einem *Sozialen Netzwerk* versteht man allgemein die beziehungsmäßigen Verknüpfungen eines bestimmten sozialen Aggregats (Schenk, 1984), es besteht also aus Knoten und deren Verbindungen, wobei die Knoten die Personen dieses sozialen Gebildes repräsentieren und die Verbindungen die Beziehungen, die zwischen diesen Personen bestehen. Im Unterschied zu verschiedenen anderen Disziplinen haben wir in der Psychologie und Psychiatrie einen spezifischen Netzwerkbegriff. Unter dem Sozialen Netzwerk wird hier das System der sozialen Beziehungen eines einzelnen Menschen verstanden; Begriffe wie «personales Soziales Netzwerk», «persönliches/individuelles Beziehungsnetzwerk», «Beziehungssystem» oder «egozentriertes Netzwerk» weisen auf diese Bedeutung hin. Zur Beschreibung dieses individuellen Beziehungsgefüges eines Menschen werden in der Literatur verschiedene Dimensionen entwickelt: strukturelle (z.B. Größe, Teilgruppen), interaktionale (z. B. Dauer der Beziehung) und funktionale Merkmale (z. B. Unterstützung, Belastung; Baumann & Laireiter, 1995). Zur Definition und Operationalisierung werden meistens folgende Kriterien entweder einzeln oder kombiniert verwendet: die subjektive Bedeutung eines Menschen (affektives Netzwerk), seine Rollenzugehörigkeit (z. B. Partner, Verwandter, Nachbar etc.; Rollennetzwerk), die (Unterstützungs-)Funktionen (Austausch- oder Unterstützungsnetzwerk) und die Kontaktfrequenz (interaktives Netzwerk). Häufig werden auch bestimmte Einzelrollen mit dem Netzwerkbegriff verknüpft und so z. B. das Verwandtschafts-, das Freundschafts- oder das Arbeitsnetzwerk definiert.

Unter *Sozialer Unterstützung* ist die Befriedigung spezifischer sozialer Bedürfnisse nach Nähe, Geborgenheit, Information, praktische Hilfe, Entspannung und Beruhigung etc. zu verstehen (Veiel & Ihle, 1993). Damit beschreibt der Begriff einen zentralen funktionalen Aspekt sozialer Beziehungen und Beziehungsnetzwerke. Die Forschung der achtziger Jahre führte in Abhängigkeit der Betrachtungs- und Erfassungsperspektive zu folgenden weiteren Differenzierungen des Begriffes:

• *Konstruktkomponenten*: *wahrgenommene* Unterstützung (*perceived support,* d.h. Kognitionen/Überzeugungen, unterstützt zu sein); *erhaltene* Unterstützung oder real applizierte und ausgetauschte Unterstützung *(enacted support);* Verfügbarkeit unterstützender Personen und Helfer in Form des *Unterstützungsnetzwerkes bzw. Unterstützungsressourcen (support network).*

• *Situationsbezug:* Alltagsbelastungen versus Makrostressoren (kritische Lebensereignisse).

• *Quellen der Unterstützung:* RollenträgerInnen (PartnerIn, Verwandte etc.).

• *Unterstützungsinhalte:* Meist wird zwischen zwei globalen Klassen unterschieden (psychologische vs. instrumentelle Unterstützung), die ihrerseits wiederum in verschiedene Subkategorien unterteilt werden (psychologische Unterstützung: emotionale, kognitive, selbstwertbezogene etc.; instrumentelle: Ratschläge, Informationen, Arbeit, Geld etc.; Laireiter, 1993b).

4.3.2 Einflüsse des Sozialen Netzwerkes und der Sozialen Unterstützung auf Wohlbefinden und psychische Störungen

Die Erforschung Sozialer Unterstützung und Sozialer Netzwerke hat zu einer Vielzahl an Publikationen geführt, die kaum überblickbar, geschweige denn integrierbar ist (Sarason, Sarason & Gurung, 1997; Laireiter, 1993a; Veiel & Baumann, 1992). Im folgenden sollen daher nur einige wesentliche Aspekte vorgestellt werden. Ursprünglich hat man angenommen, daß Soziale Unterstützung die negativen Effekte der belastenden Ereignisse auf das Befinden und die psychischen und somatischen Systeme moderiert, indem das Vorhandensein von Unterstützung mit positiverer Befindlichkeit und einer Reduktion an psychischen und somatischen Symptomen einhergeht. Dieser Effekt, der sich statistisch als ein interaktiver Effekt zwischen Belastungs- und Unterstützungsmaß zeigt (vgl. Schwarzer & Leppin, 1989), wurde als *Puffereffekt* bezeichnet. Wenngleich die empirische Evidenz für diesen Effekt uneinheitlich ist, gibt es doch eine Reihe von Studien, die ihn für bestimmte Komponenten des Globalkonstrukts Soziale Unterstützung belegen. Sehr viel häufiger als puffernde Effekte konnten in der Forschung jedoch direkte Effekte – sogenannte *Haupteffekte* – der Sozialen Unterstützung beobachtet werden; diese Effekte treten unabhängig vom Ausmaß vorhandener Belastung auf (Röhrle, 1994). Die Widersprüche zwischen diesen beiden Effekthypothesen können dadurch gelöst werden, daß die unterschiedlichen Effekte auf unterschiedliche Teilkomponenten der Sozialen Unterstützung zurückgeführt werden. Aspekte der Integration in ein Soziales Netzwerk wirken allgemein befindensförderlich (Haupteffekt); das Wissen und die Überzeugung, bei den speziellen Anforderungen belastender Lebensereignisse unterstützt zu sein (kognitive, emotionale, Selbstwert-Unterstützung), und das Verfügen über enge, nahestehende unterstützende Bezugspersonen über den Zeitraum der Belastung hinweg, tragen eher zur Pufferung der negativen Belastungseffekte bei (Cohen & Wills, 1985).

Obwohl diese Befunde im Zusammenhang mit verschiedenen Stressoren beobachtet werden konnten, ist nicht klar, ob diese Bezüge auch für die Manifestation von Störungen im engeren Sinn gelten und ob sie bei unterschiedlichen Störungsgruppen repliziert werden können (Cohen, 1992). Die am häufigsten eingesetzten Instrumente zur Erfassung von Belastungsreaktionen waren allgemeine Symptomskalen, die ein breites Maß an psychischer und psychophysiologischer Symptomatik erfassen. Verschiedene Studien lassen den Schluß zu, daß sich die Dynamik der Zusammenhänge bei klinischen Störungen und insbesondere bei somatischen Erkrankungen anders gestaltet. So konnten z. B. Schwarzer und Leppin (1989) zeigen, daß bei psychischen Störungen, insbesondere der Depression, viel deutlichere Zusammenhänge als z. B. bei somatischen Störungen bestehen. Wie Monroe und Johnson (1992) ausführen, dürfte bei psychischen Störungen wiederum die Funktion Sozialer Unterstützung bei der Entstehung und Aufrechterhaltung von Depression (Henderson, 1992) und Angstzuständen eine größere Bedeutung besitzen als bei der Schizophrenie.

Trotz der im allgemeinen positiven Bezüge zwischen Merkmalen des Sozialen Netzwerkes und der Sozialen Unterstützung und dem Wohlbefinden bzw. dem Fehlen psychischer und psychosomatischer Belastungserscheinungen, darf nicht übersehen werden, daß der Anteil dieser Variablen an der Varianzaufklärung relativ gering ist. Die Befunde weisen darauf hin, daß die ätiologische Bedeutung der Sozialen Unterstützung in einem engen Zusammenhang mit allgemeinen Bedingungen (Risiko- und Vulnerabilitätsfaktoren) der Entstehung psychischer und somatischer Störungen gesehen werden muß.

Eine weitere wichtige Erkenntnis der bisherigen Forschung ist die Feststellung, daß die einfache Dichotomisierung der Funktionen Sozialer Unterstützung bei Belastungen in Haupt- und Puffereffekt als zu kurzgefaßt anzusehen ist. Es wurden deshalb weitere Modelle entwickelt (vgl. Plancherel, 1998; Schwarzer & Leppin, 1989; s. auch Abschnitt 3.2.1), wobei Ansätze, die sich am Bewältigungsmodell von R. Lazarus orientieren, von besonderer Bedeutung sind. Damit kommt man zu einem um die soziale Dimension erweiterten «Streß-Bewältigungs- und Unterstützungsmodell» (Cohen, 1992; Perkonigg, 1993). Diesem Modell zufolge besitzt die soziale Umwelt und das soziale Beziehungsgefüge einer Person nicht nur potentiell protektive, sondern auch belastende Funktionen. In der folgenden Darstellung werden aber primär die protektiven Funktionen erörtert. Nach Ansicht verschiedener Autoren können insgesamt bis zu fünf positive Effektpfade sozialer Beziehungen und Unterstützung differenziert werden:

(1) *Sozialer Schildeffekt:* Die Effektvermittlung ist auf der Ebene der (beobachtbaren) sozialen Umwelt anzusiedeln, indem das soziale Beziehungsgefüge zu einer Reduktion belastender Ereignisse und zu einer Erhöhung positiver Erfahrungen und Ereignisse beiträgt (uplifts, positive events), die die Bewältigungskompetenz und die Befindlichkeit des Individuums stabilisieren und sogar erhöhen können.

(2) *Kognitiver Schildeffekt:* Es kann angenommen werden (vgl. auch Cohen, 1992), daß die Wahrnehmung der Verfügbarkeit Sozialer Unterstützung (im Sinne der wahrgenommenen Unterstützung) zu einer Reduktion der Wahrscheinlichkeit, streßrelevante Beurteilungen von Ereignissen zu erfahren, beiträgt und gleichzeitig zu einer Erhöhung sogenannter irrelevanter oder positiver Umweltwahrnehmungen (= «benign appraisals») führt. Dies kann zu mehr positiven Einschätzungen objektiver Situationsmerkmale und deren subjektiven Bedeutung veranlassen.

(3) *Emotionaler Erleichterungs- und Pufferungseffekt:* Auf der Ebene der emotionalen Reaktionen auf die Belastung zeigen viele Studien, daß bereits das Wissen um die Verfügbarkeit von Bezugspersonen, vor allem aber ihre konkrete Anwesenheit (von Schachter, 1959, als «social affiliation» bezeichnet) emotionale Reaktionen, insbesondere Angst und Ungewißheit, auf eine bevorstehende oder gerade ablaufende Belastungssituation reduzieren kann, ihr also entgegenarbeitet. Andererseits können Defizite an Bezugspersonen und Unterstützung zu einer direkten Reduktion der Befindlichkeit und damit zu einer Erhöhung der Anfälligkeit gegenüber Belastungen beitragen (Cohen & Wills, 1985).

(4) *Kognitiver Bewältigungs-/Problemlöseeffekt:* Dieser Wirkungsmechanismus verläuft über den kognitiven Prozeß des «secondary appraisal» und beeinflußt sowohl diesen wie auch die da-

bei seligierten Bewältigungsziele und Bewältigungsstrategien. Bereits das Wissen, jemanden für die Lösung eines bestimmten Problems einsetzen oder fragen zu können, bereits die Vorstellung, daß eine nahestehende Person das Problem versteht, kann zu einer bewältigungsbezogenen Veränderung der Belastungsrepräsentation führen, repräsentiert in diesem Sinn also eine kognitive Bewältigungsoperation.

(5) *Soziale Bewältigung/Bewältigungsassistenz:* Ein weiterer Effektpfad bezieht sich auf die Funktionen der erhaltenen Unterstützung. Es kann angenommen werden, daß real applizierte Unterstützung – im Sinne einer Bewältigungsassistenz – drei Funktionen besitzt: *Stützung der* relevanten psychologischen *Bewältigungssysteme* (z.B. Stärkung der Moral, des Selbstwerts, der Selbsteffizienz), aktive *Bewältigungs- und Problemlöseunterstützung* (z.B. Hilfestellung beim Erarbeiten von Lösungsmöglichkeiten) und *direkte Bewältigungsintervention* (z.B. Geben von Geld, Abnehmen von Besorgungen). Der Erhalt Sozialer Unterstützung allein ist allerdings, wie die Forschung zeigt, noch kein Garant für eine erfolgreiche Bewältigung. So betonen verschiedene Autoren (z.B. Cohen, 1992), daß es notwendig sei, sich in den Belasteten einfühlen zu können und im Bereich der erlebten Belastung erfahren zu sein. Die Unterstützung sollte die aus der Belastung resultierenden Anpassungs- und Bewältigungsbedürfnisse adäquat erfüllen. Sind diese Bedingungen erfüllt, kann erst damit gerechnet werden, daß Soziale Unterstützung einen entsprechend positiven Effekt auf das Bewältigungsergebnis ausübt.

Eine Verknüpfung zwischen den allgemeinen Funktions- (Haupt- vs. Puffereffekt) und den fünf spezifischen Vermittlungshypothesen ist aufgrund des unterschiedlichen Auflösungsgrades der beiden Modelle nicht ganz einfach. Nach einer strengen Auslegung der Pufferfunktion (Schwarzer & Leppin, 1989) sollte nur Variante 3 (emotionale Erleichterung/Pufferung) als Puffereffekt akzeptiert werden, allerdings können in einer erweiterten und den Bewältigungsprozeß berücksichtigenden Sichtweise auch Varianten 4 und 5 den Puffereffekten zugeordnet werden, da in diesen die Unterstützung die Bewältigung der Belastung erleichtert. Allgemein werden die beiden Schildeffekte dem

statistischen Haupteffekt zugeschrieben, da sie die Belastung in ihrem Auftreten reduzieren und nicht moderieren (was vom Puffereffekt erwartet wird). Darüber hinaus beinhaltet der statistische Haupteffekt sogenannte unabhängige Effekte Sozialer Unterstützung auf die Befindlichkeit, die hier nicht erwähnt wurden, da sie nach dem Postulat dieser Hypothese immer vorhanden sind, egal ob eine Belastung auftritt oder nicht (Schwarzer & Leppin, 1989).

Die bisher dargestellten Pfade repräsentieren direkte Effekte Sozialer Unterstützung auf das Befinden und die Gesundheit. Es sind natürlich auch indirekte Effekte, z.B. eine Vermittlung über das Bewältigungsverhalten, anzunehmen. Ausgehend von einem derart komplexen Verständnis der Wirkung von Sozialer Unterstützung sind auch bezüglich der Entstehung psychischer Störungen komplexe Zusammenhänge zu erwarten.

Eine weitere konzeptuelle Differenzierung betrifft das Verhältnis zwischen Belastung und Unterstützung, die nicht als unabhängige Ereignisse anzusehen sind. So führen viele Belastungen zu einer Reduktion Sozialer Unterstützung, z.B. kann der Verlust eines wichtigen Menschen auch zum Verlust von Unterstützung beitragen (Monroe & Steiner, 1986). Weiter ist zu berücksichtigen, daß soziale Beziehungen auch ein erhebliches Belastungsrisiko in sich bergen. Daher finden sich zum Teil höhere Zusammenhänge zwischen sozialer Belastung und Wohlbefinden als zwischen positiv konnotierten Beziehungen und Wohlbefinden (Negativitätseffekt; Rook, 1992). Insbesondere kann die Gabe von Unterstützung direkt mit *sozialen Belastungen* assoziiert sein, z.B. inadäquate Unterstützung (z.B. nicht gewünschte Unterstützung, Fehlen positiver Zuwendung), Kritik und Herabsetzung für Bedürfnis nach Unterstützung, Zuviel an Unterstützung (z.B. Überbehütung/Overprotection) (Lettner, 1994; Lettner, Sölva & Baumann, 1996).

Zusammenfassend ist festzuhalten, daß die ätiologiebezogene Unterstützungs- und Netzwerkforschung deutlich gemacht hat, daß die soziale Umwelt an den Bedingungen psychischer oder somatischer Störungen nicht nur in Form von belastenden Einwirkungen auf das Individuum beteiligt ist, sondern auch als Ressource auf vielfältige Weise die Effekte derartiger Einwirkungen moderiert und abschirmt, was zur Entwicklung differenzierter ätiologischer Modellvorstellungen geführt hat. Es wird deutlich, daß das Individuum nicht als passiver Rezipient der (diesmal positiven) Umweltgüter zu sehen ist, sondern durch seine aktive Gestaltung der Bewältigungsbemühungen und des Umgangs mit der Belastung zum Empfang von unterstützenden Interventionen aus der Umwelt beitragen kann. Auch diese Kompetenzen und Merkmale sind als zusätzliche protektive Faktoren in der Auseinandersetzung mit Lebensbelastungen, chronischen Einwirkungen aus der Umwelt und kleineren Alltagsbelastungen zu sehen.

5. Erfassung von Belastungen, Belastungsreaktionen, Belastungsverarbeitung (Coping) und Sozialem Netzwerk, Sozialer Unterstützung

Bei der Interpretation der Befunde zum Streßgeschehen ist es wichtig zu wissen, daß die verschiedenen Konstrukte unterschiedlich operationalisiert werden können; ein Teil der Varianz beruht daher auf Methodenvarianz. Im folgenden werden Untersuchungsverfahren zur Erfassung von Stressoren, Streßreaktion, Bewältigung und Sozialem Netzwerk/Sozialer Unterstützung angeführt. In der Regel werden aus Platzgründen nicht die Originalarbeiten, sondern Überblicksarbeiten zitiert; auf die Erfassung von Persönlichkeitsfaktoren gem. Abschnitt 4.1 wird nicht eingegangen, da dies den Rahmen sprengen würde (s. Amelang & Bartussek, 1997; Westhoff, 1993).

5.1 Erfassung von Stressoren

• *Kritische Lebensereignisse.* Mitte der sechziger Jahre wurde das erste normierte Verfahren – die *Social Readjustment Rating Scale (SRRS)* – entwickelt, die 43 Lebensereignisse umfaßt, deren Wiederanpassungswerte aufgrund einer Bevölkerungsstudie festgelegt worden sind (Ankergewicht bei der Normierung: Heirat 50 Punkte; Wertevorrat = 0 bis 100; Westhoff, 1993). Mit

der Gewichtung sollte das individuelle Risiko, nach der Ansammlung solcher Ereignisse eine psychische oder somatische Störung zu entwickeln, beurteilt werden. Die vielfache methodische Kritik an der SRRS (Gewichtung theoretisch nicht stimmig; Ereignisse zum Teil Folge einer Störung etc.) führte zur Entwicklung einer kaum mehr zu überblickenden Anzahl von Instrumenten, die sich zum Teil sehr stark auf diese Skala beziehen. Die Verfahren unterscheiden sich vor allem in folgenden Spezifikationen:

(1) *Methodische Aspekte:* Fragebogen vs. Interview, Anzahl der erfaßten Ereignisse, standardisierte Vorgabe vs. freie Wiedergabe, Zeitraum der Erfassung (Monate bis Jahre), Einschlußkriterien (Zeitraum, Schwere, Art, etc. s. Pkt. 2).

(2) *Inhaltliche Aspekte der Ereignisse:* Dauer, Art (Verlust, Gewinn; Bedrohung, Herausforderung usw.), Schwere des Ereignisses, Ausmaß der Veränderung, Kumulation von Ereignissen, Intensität der Belastung, Betroffenheit, individuelle vs. kollektive, normative vs. akzidentelle, neue vs. wiederholte (Erfahrenheit mit dem Ereignis), erwünschte vs. unerwünschte, abhängige vs. unabhängige, distinkte vs. chronische Ereignisse, Kontrollierbarkeit, Konfundierung mit psychischer Störung.

(3) *Auswertungsaspekte:* Anzahl der Ereignisse (Summenwerte), Anpassungswerte, Belastungswerte (Gesamt, für Subbereiche); Lebensbereiche der Ereignisse (Arbeit; Familie etc.), Gewichtung (Schwere, Dauer, Ausmaß der Veränderung etc.), Intensitätswerte (Verlust, Gewinn, Schaden etc.); positive vs. negative Veränderungswerte etc.

Tabelle 3 führt einige Verfahren an (für weitere Überblicke: vgl. Cohen, Kessler & Gordon, 1995; Westhoff, 1993). Als Beispiel für zwei unterschiedliche, besonders häufig verwendete Verfahren seien genannt: *Life-Events- and Difficulties Schedule (LEDS)* von Brown (Cohen et al., 1995); *Münchner Ereignis-Liste (MEL)* von Maier-Diewald, Wittchen, Hecht und Eilert (Westhoff, 1993). Die LEDS basiert auf einem halbstrukturierten Interview und ist auf die Exploration von Kontextbedingungen der im letzten Jahr aufgetretenen Lebensereignisse aus-

Tabelle 3: Ausgewählte Verfahren zur Belastungserfassung (Lebensereignisse, Alltagsbelastungen, chronische Belastungen)

Verfahren/Autoren	Belastungsart	Zeitfenster	Itemzahl/Skalen
Social Readjustment Ratings Scale (SRRS) von Holmes und Rahe (Westhoff, 1993) *Selbstbeurteilungsfragebogen*	kritische Lebensereignisse	variabel retrospektiv	43/1 (Wiederanpassungswert)
Life-Events- and Difficulties-Schedule (LEDS) von Brown und Harris (Cohen et al., 1995) *Halbstrukturiertes Interview*	kritische Lebensereignisse, chronische Belastungen	6–12 Monate retrospektiv	variabel (z.B. Lebensbereich)
Münchner Ereignis Liste (MEL) von Maier-Diewald, Wittchen, Hecht und Eilert (Westhoff, 1993) *Selbstbeurteilungsfragebogen oder standardisiertes Interview*	kritische Lebensereignisse	variabel retrospektiv	49/4 (Anzahl, Intensität, Kontrollierbarkeit, Erwünschtheit)
Daily Hassles Scale von Kanner, Coyne, Schafer und Lazarus (Westhoff, 1993) *Selbstbeurteilungsfragebogen oder standardisiertes Interview*	Alltagsbelastungen	1 Monat retrospektiv	117/2 (Anzahl, Belastungsausmaß)
Daily Stress Inventory DSI von Brantley und Jones (Kosarz, Hrabal & Traue, 1997) *Selbstbeurteilungsfragebogen, Bilanztagebuch (Eintragung am Abend)*	Alltagsbelastungen	variabel retrospektiv	60/2 (Anzahl, Intensität)
COMES/COMRES von Perrez und Reicherts (1989, 1996) *Ereignis-Tagebuch (computergestützte Selbstaufzeichnung)*	Alltagsbelastungen	direkt nach Ereignis	41 (komplexe Auswertung nach Indikatoren)

Anmerkung: Alle Verfahren besitzen Angaben zur Reliabilität und Validität.

gerichtet; diese werden nicht vorgegeben, sondern von den Probanden angegeben. Die MEL wird ebenfalls in Rahmen eines Interviews bearbeitet, kann den Probanden aber auch in Form eines Selbstbeurteilungsfragebogens vorgelegt werden. Sie besteht aus einer Liste von Ereignissen, die nach verschiedenen Zeitfenstern (meist 12 Monate) bearbeitet werden. Die Ereignisse werden nach Vorkommen, Intensität der erlebten Belastung, Kontrollierbarkeit und Erwünschtheit eingeschätzt.

• *Traumatische Ereignisse.* Zu diesem Bereich liegen bisher keine systematisch entwickelten Verfahren vor; in Einzelfällen bedient man sich modifizierter Lebensereignis-Skalen. In den meisten bisherigen Studien wurden jedoch spezifische und vorher definierte Einzelereignisse untersucht (Kriegserfahrungen, Raubüberfälle,

etc.). In einigen Studien wurden Traumata auch aufgrund der Reaktion der Untersuchten eruiert (z.B. «Haben Sie im letzten Jahr/in den letzten zwei Jahren ein Ereignis erlebt, das für Sie so extrem belastend war, daß Sie es fast nicht bewältigen konnten, oder das in Ihnen Gefühle der Überforderung und extremer Hilflosigkeit ausgelöst hat»; vgl. Freedy & Dankervoet, 1995).

• *Alltagsbelastungen.* Verfahren zur Erfassung von Alltagsbelastungen können – wie die Verfahren für kritische Lebensereignisse – bezüglich methodischer-, inhaltlicher- und Auswertungsaspekte strukturiert werden (Überblick s. Cohen et al., 1995; Westhoff, 1993; s. auch **Tab. 3**). Die bekanntesten Verfahren, die auch im deutschen Sprachraum Verwendung finden, sind die *Daily Hassles Scale* (auch *Hassles and*

Uplifts Scale genannt) von Kanner, Coyne, Schaefer und Lazarus (Westhoff, 1993) und das *Daily Stress Inventory (DSI)* von Brantley und Jones (Cohen et al., 1995; deutsche Übersetzung von Kosarz, Hrabal & Traue, 1997). Die *Hassles Scale* von Kanner et al. umfaßt 117 Items und enthält potentiell unangenehme Alltagsereignisse (Bsp.: einen Gegenstand verlieren); in der Originalform werden die Items auf einer dreistufigen Skala beurteilt, wie sehr sie das Leben im Laufe des letzten Monats gestört haben. Das DSI von Brantley und Jones besteht aus 60 Items (Bsp.: Man hat mich nicht beachtet), wobei anzugeben ist, ob das Ereignis in dem angegebenen Zeitraum (z. B. ein Tag, ein Monat) aufgetreten ist und wenn ja, wie stark das Ausmaß der Belastung erlebt wurde. Die statistischen Kennwerte der Skala werden als sehr gut bezeichnet. Im Gegensatz zur *Hassles Scale* besitzt das DSI weniger Items, die eine Konfundierung der Stressoren mit Streßemotionen nahelegen. Neben den erwähnten Verfahren sind auch Instrumente zur Belastungsbewältigung, die vielfach einen Teil zur Erfassung von Alltagsbelastungen enthalten (Bsp. COMES/COMRES von Perrez & Reicherts, 1989, 1996), als Skala zur Erfassung von Alltagsbelastungen zu nennen (s. unten).

• *Chronische Belastungen.* Chronische Belastungen können über Verfahren für kritische Lebensereignisse oder für Alltagsbelastungen erfaßt werden, wenn die Dauer der Belastungen miterhoben wird. Darüber hinaus werden chronische Belastungen durch spezielle Instrumente bereichsspezifisch gemessen (z. B. Familie, Arbeit, Finanzen; Cohen et al., 1995). Meistens handelt es sich um Selbstbeurteilungsfragebögen, seltener um Interviews. In der Regel sind spezifische Arten von Belastungen, wie auch weitere inhaltliche Bewertungsdimensionen vorgegeben (z. B. Dauer der Belastung, Veränderbarkeit etc.).

5.2 Erfassung von Belastungsreaktionen

Zur Erfassung von Belastungsreaktionen werden in der Literatur unterschiedliche Verfahren eingesetzt (Cohen et al., 1995). Diese können ein- bis mehrdimensional sein und als Selbst-

beurteilungsfragebögen oder als Interview durchgeführt werden. Inhaltlich können sie sich u. a. auf das Wohlbefinden (Sölva, Baumann & Lettner, 1995), auf spezifische Belastungsemotionen (z. B. Ärger etc.), die Befindlichkeit (Collegium Internationale Psychiatriae Scalarum, 1996), bis hin zu klinischen Symptomen/Syndromen (z. B. Angst-, Depressionsskalen; Stieglitz & Baumann, 1994) oder Diagnosen (ICD-10; DSM-IV) erstrecken. Neben Instrumenten zur Erfassung der emotionalen Reaktionen sind auch Verfahren zur Erfassung von Belastungsreaktionen auf anderen Datenebenen von Bedeutung (z. B. ambulantes Monitoring physiologischer und psychophysiologischer Reaktionen; Fahrenberg & Myrtek, 1996). Für weitere Details wird auf das Kapitel 7/Diagnostik und die jeweiligen Kapitel zur Klassifikation und Diagnostik von gestörten Funktionen, Funktionsmustern und interpersonellen Systemen verwiesen.

5.3 Belastungsverarbeitung

Verfahren zur Belastungsverarbeitung können nach verschiedenen Dimensionen beschrieben werden (Überblick s. Rüger, Blomert & Förster, 1990; Westhoff, 1993; Stieglitz & Baumann, 1994; Beispiele für Verfahren s. **Tab. 4**).

Einige wesentliche Dimensionen seien hier angeführt:

• *Erfassungsmodus:* Papier/Bleistift (meiste Verfahren); computerunterstützt (z. B. COMES/COMRES von Perrez & Reicherts, 1989, 1996; Fahrenberg & Myrtek, 1996).

• *Datenebene*: Neben Verfahren der psychischen Datenebene werden auch Verfahren zur Erfassung psychophysiologischer und biologischer Daten eingesetzt (Fahrenberg & Myrtek, 1996; Cohen et al., 1995).

• *Datenquelle:* Vielfach Selbstbeurteilungsfragebögen; vereinzelt Interviews.

• *Beurteilungszeitraum:* Vergangenheit (besonders belastendes Ereignis der letzten 6 Monate), Gegenwart (aktuelle Situation), Zukunft (wie würden Sie sich verhalten?).

Tabelle 4: Ausgewählte deutschsprachige Verfahren zur Erfassung der Belastungsbewältigung

Verfahren/Autoren	Zeitraum, Realität, Verhaltensstichprobe	Belastungsbereiche	Itemzahl/Skalen
Fragebogen zur Erfassung des Umgangs mit Belastungen im Verlauf (UBV) von Reicherts und Perrez (1993) *Selbstbeurteilungsfragebogen*	Zukunft: 18 hypothetische Ereignisse Alltag	allgemein	79/9 (z. B. Passivität, Rückzug)
Ways of Coping Checklist (WCCL) von Folkman und Lazarus (Westhoff, 1993) *Selbstbeurteilungsfragebogen*	Vergangenheit: 1 reales belastendes Ereignis	allgemein	64/2 (z. T. 5–8 Skalen; problem- und emotionszentriertes Coping)
Streßverarbeitungsfragebogen (SVF)* von Jahnke, Erdmann und Kallus (Westhoff, 1993) *Selbstbeurteilungsfragebogen*	Vergangenheit/ Gegenwart: Durchschnitt der realen Ereignisse	allgemein	114/9 (z. B. Bagatellisierung, Resignation) (Kurzv. 6 Skalen)
Fragebogen zur Erfassung der Formen der Krankheits-Bewältigung (FEKB) von Klauer, Filipp und Ferring (Westhoff, 1993) *Selbstbeurteilungsfragebogen*	Vergangenheit: reale spezif. Krankheit	Krankheit Schmerz	64/5 (Rumination, Suche nach sozialer Einbindung, Bedrohungsabwehr, Suche nach Informationen, Suche nach Halt in Religion)
Freiburger Fragebogen zur Krankheitsverarbeitung (FKV)** von Muthny (Westhoff, 1993) *Selbstbeurteilungsfragebogen*	Vergangenheit: reale spezif. Krankheit, Krankheitsereignis (z. B. Diagnosemitt.) od. Zeitraum	Krankheit	142/27 (z. B. Informationssuche, Gefühle ausleben)
COMES/COMRES von Perrez und Reicherts (1989, 1996) *Ereignis-Tagebuch/Belastung (computergestützte Selbstaufzeichnung)*	Gegenwart: reale Ereignisse pro Zeitintervall	allgemein	41/komplexe Auswertung nach Indikatoren

Anmerkungen: Alle Verfahren besitzen Angaben zur Reliabilität und Validität. * Der SVF liegt auch als situationsbezogene Version vor. ** Der FKV hat verschiedene Versionen (u.a. Kurzversion in Form von Fremdbeurteilung).

• *Realität der Belastungssituation:* Hypothetische Belastungssituation (z. B. *Umgang mit Belastungen im Verlauf UBV* von Reicherts & Perrez, 1993); Laborsituationen mit realen oder gefilmten Stressoren; konkret erlebte Belastung im Alltag (Vergangene Belastung: z. B. *Ways of Coping Checklist WCCL* von Folkman und Lazarus; Westhoff, 1993; Belastung der Gegenwart: z. B. COMES/COMRES); «durchschnittliche» Belastungssituation ohne Spezifizierung (z. B. *Streßverarbeitungsfragebogen SVF* von Janke, Erdmann und Kallus; s. Westhoff, 1993).

• *Größe der Verhaltensstichprobe:* Ein – konkretes oder hypothetisches – Ereignis (z. B. WCCL); Durchschnitt über Ereignismenge (z. B. SVF); Verhaltenspopulation (z.B. systematische Selbst-

beobachtung des Alltagsverhaltens mittels Computertagebuch COMES).

• *Bereichsspezifität:* Allgemeine Belastungen (z. B. SVF); Belastung durch Krankheit oder Schmerz (z. B. *Fragebogen zur Erfassung von Formen der Krankheitsbewältigung FEKB* von Klauer, Filipp und Ferring; *Fragebogen zur Krankheitsverarbeitung FKV* von Muthny; Westhoff, 1993).

• *Individuelles versus interindividuelles Coping:* Die meisten Verfahren beinhalten individuelles Streßerleben und -verhalten (z. B. SFV, WCCL, COMES). Zur *dyadischen* Belastung bzw. Verarbeitung bei Partnerbeziehungen hat Bodenmann (1995) sowohl ein Laborbeobachtungsverfahren als auch einen Fragebogen entwickelt. Für die Messung von *Familienbelastung und -bewältigung* hat sich die Forschung bis heute vor allem auf kritische Familienereignisse im Sinne von Makrostressoren konzentriert, wobei häufig nur die Eltern befragt wurden. Perrez, Berger und Wilhelm (1998) haben im Anschluß an das COMES/COMRES-Verfahren eine Methode zur computerunterstützten Selbstbeobachtung von Streßerleben und Streßverarbeitung in Familien vorgelegt, bei dem alle Familienmitglieder (älter als 13 Jahre) mit Hilfe eines Palmtop-Computers sieben mal pro Tag nach einem Zeit- und Ereignisstichprobenplan Merkmale ihres eigenen und des fremden Verhaltens registrieren. Abgebildet wird das Belastungserleben wie auch der damit verbundene individuelle und interindividuelle Umgang.

• *Altersbereich:* Die meisten Verfahren sind für Erwachsene entwickelt worden. Seiffge-Krenke (1989) hat für Jugendliche im Alter von 12 bis 20 Jahren einen Coping-Fragebogen konstruiert, der auf einer Matrix aus 8 jugendtypischen hypothetischen Problemsituationen und 20 Copingstrategien beruht.

• *Erfaßte Merkmale:* Je nach Verfahren werden Stressoren (Art, Dauer, Intensität usw.), Appraisal-Merkmale (Kontrollierbarkeit, Kausalattribution usw.), Merkmale der Streßemotionen (Emotionsarten, Intensität, Dauer usw.) und die Bewältigungsmerkmale (Reaktionstypen) erfaßt. Meist findet man bei den Bewältigungsformen mehrere Skalen (s. **Tab. 4**).

Die Vielzahl an Freiheitsgraden macht ersichtlich, daß der Forschungsstand auch durch die Methodenevarianz beeinflußt ist (vgl. Reicherts, 1988). Bisher standen Selbstbeurteilungsfragebogen- und Interviews im Vordergrund, die letztlich Bewältigung nur kursorisch erfassen können. In neuerer Zeit sind *computerunterstützte* Ansätze entwickelt worden, die präzieser und differenzierter den dynamischen Verlauf von Bewältigung erfassen. Es ist zu erwarten, daß durch derartige Ansätze auch wertvolle Impulse zur Theoriebildung gegeben werden.

5.4 Soziales Netzwerk/ Soziale Unterstützung

Zur Erfassung Sozialer Netzwerke und Sozialer Unterstützung wurden in der Psychologie eine große Anzahl an Verfahren entwickelt (Laireiter, 1993b). Folgende wichtige Parameter charakterisieren die Varianzquellen der Operationalisierungen Sozialer Netzwerke und Sozialer Unterstützung:

(1) *Methodische Aspekte:* Fragebogen, Interview, Tagebücher (Papier/Bleistift; Computer); schriftliche vs. graphische Vorgaben (Netzwerk); Zeitraum der Erfassung (Vergangenheit, Gegenwart, Zukunft); Einschlußkriterien (s. Punkt 2); methodische Elaboriertheit und testtheoretische Güte.

(2) *Inhaltliche Aspekte (Erhebungsdimensionen):*

(2.1) *Soziales Netzwerk:* Netzwerktaxonomie; Netzwerkkriterien (Kontaktfrequenz, Rollen, emotionale Qualität, Belastung, Unterstützung etc. als Indikator für Netzwerkperson); zahlenmäßige Begrenzungen der genannten Personen; Erhebung von strukturellen (z. B. Teilgruppen), interaktionellen (z. B. Kontaktfrequenz, Rollenzugehörigkeit) und funktionalen Merkmalen der Netzwerkmitglieder (Unterstützung, Belastung, etc.); Bewertungen (z. B. Zufriedenheit mit Kontakt).

(2.2) *Soziale Unterstützung:* Konstruktkomponenten (Ressourcen, Wahrnehmung, Verhalten/Interaktion usw.); Situationsbezug (Alltag, Belastungen (Stressoren); spezifische Ereignisse); Unterstützungsquellen (Partner, Freunde/Freundin, Familie etc.); Unterstützungsinhalte (psychologische, instrumentelle, etc.).

Zur Erfassung der Konstrukte wurden bisher hauptsächlich Selbstbeurteilungsfragebögen eingesetzt; im Netzwerkbereich sind aufgrund der Komplexität der Konstrukte Interviews üblich. Verschiedene Konstrukte, insbesondere die belastungsbezogene Alltagsunterstützung und das interaktionelle Netzwerk werden neuerdings konstruktadäquat über Tagebuchverfahren gemessen (Laireiter & Thiele, 1995).

• *Soziale Netzwerke* können über Kontakt-, Rollen-, Interaktions- und Austauschkriterien und über eine Kombination derselben abgebildet werden; entsprechend werden jeweils sehr unterschiedliche Teilbereiche des individuellen Beziehungssystems erfaßt. Neuerdings wurden auch Verfahren zur schwerpunktmäßigen Registrierung belastender Beziehungen entwickelt (Lettner, 1994; Lettner, Sölva & Baumann, 1996). Einen Überblick über die wichtigsten Verfahren findet sich in Laireiter (1993b) und Baumann und Laireiter (1995). In **Tabelle 5** sind die wichtigsten deutschsprachigen Verfahren zusammenfassend dargestellt.

Im deutschsprachigen Raum am häufigsten benutzt und am intensivsten evaluiert ist das

Tabelle 5: Ausgewählte deutschsprachige Verfahren zur Erfassung Sozialer Netzwerke und Sozialer Unterstützung

Verfahren/Autoren	Konstrukte	Itemzahl/Skalen
Interview zum Sozialen Netzwerk und zur Sozialen Unterstützung (SONET) von Baumann et al. (Westhoff, 1993) *Standardisiertes Interview*	Soziales Netzwerk Unterstützungsressourcen	56/–
Mannheimer Interview zur Sozialen Unterstützung (MISU) von Veiel (Westhoff, 1993) *Standardisiertes Interview*	Unterstützungsnetzwerk	38/–
Social Support Questionnaire (SSQ) 6-Item-Kurzversion von Sarason, Sarason, Shearin und Pierce (Westhoff, 1993) *Selbstbeurteilungsfragebogen*	Unterstützungsnetzwerk, Zufriedenheit mit Unterstützung	12/2 (Unterstützer, Zufriedenheit)
Beziehungs-Intervalltagebuch SONET-T von Laireiter, Baumann, Reisenzein und Untner (1998) *Bilanztagebuch/Interaktion*	Interaktives Netzwerk	8/1
Computerisiertes Interaktionstagebuch SONET-CT von Baumann, Thiele, Laireiter und Krebs (1996). *Ereignis-Tagebuch/Interaktion (computergestützte Selbstaufzeichnung*	Interaktives Netzwerk	43/–
Fragebogen zur Sozialen Unterstützung (F-SOZU) von Sommer und Fydrich (Kurzversion SOZU-K-22) (Westhoff, 1993) *Selbstbeurteilungsfragebogen*	Wahrgenommene Unterstützung	54/1 Gesamtskala, 6 Einzelskalen
Interpersonal Support Evaluation List (ISEL) von Cohen und Hoberman (Laireiter, 1996; Westhoff, 1993) *Selbstbeurteilungsfragebogen*	Wahrgenommene Unterstützung	40/1 Gesamtskala, 4 Einzelskalen
Social Support Appraisal Scale (SS-A) von Vaux (Laireiter, 1996; Westhoff, 1993) *Selbstbeurteilungsfragebogen*	Wahrgenommene Unterstützung	28/1 Gesamtskala 4 Einzelskalen
Inventory of Socially Supportive Behaviors (ISSB) von Barrera (Laireiter, 1996; Westhoff, 1993) *Selbstbeurteilungsfragebogen*	Erhaltene Unterstützung	40/1

Anmerkung: Alle Verfahren besitzen Angaben zur Reliabilität und Validität.

von Baumann und seinen MitarbeiterInnen entwickelte *Interview zum Sozialen Netzwerk und zur Sozialen Unterstützung (SONET)* (Laireiter, Baumann, Feichtinger, Reisenzein & Untner, 1997; Westhoff, 1993). Das Verfahren geht von einem Ansatz kombinierter Kriterien (Rollen-, Interaktions- und affektive Kriterien kombiniert) aus; es hat sich formal und inhaltlich in verschiedensten Studien bewährt (Überblick bei Laireiter et al., 1997).

Bei der *Sozialen Unterstützung* ergibt sich die Differenzierung der Verfahren vor allem aus den Konstruktkomponenten (s. oben). Entsprechend ist zu unterscheiden zwischen Verfahren, die Unterstützungsressourcen (Unterstützungsnetzwerke), wahrgenommene und erhaltene Unterstützung erfassen.

(1) Die den *ressourcenanalytischen* Verfahren zugrundeliegenden Kriterien führen in den meisten Fällen zur Nennung derjenigen Personen, die im Alltag oder bei kleineren Problemen Unterstützung geben würden (Zeitbezug: Zukunft), in einigen Fällen wird auch aktuell verabreichte Unterstützung erfragt (Zeitbezug: Gegenwart). Einige wenige Verfahren registrieren auch diejenigen Personen, die bei größeren Belastungen und Krisen Unterstützung geben würden (zukünftiger Zeitbezug). Die im deutschen Sprachraum bekanntesten Instrumente sind das *Mannheimer Interview zur Sozialen Unterstützung, MISU* von Veiel (Westhoff, 1993) sowie die deutschsprachige Übersetzung der 6-Item-Kurzform des *Social Support Questionnaire SSQ* von Sarason, Sarason, Shearin und Pierce (Westhoff, 1993). Beide Instrumente besitzen ausreichend gute psychometrische Qualität, ebenso ist ihre Validität belegt. Verschiedene Instrumente erfassen auch ein belastungsbezogenes Unterstützungsnetzwerk. Allerdings sind diese Instrumente kaum elaboriert und meist Bestandteil eines komplexeren Verfahrens, in dem neben diesen u.a. auch die Art der erlebten Belastungen, die Belastungsbewältigung und die erhaltene Soziale Unterstützung untersucht werden.

(2) Aufgrund seiner leichten Operationalisierbarkeit und seiner Konzeption als Persönlichkeitsvariable findet man für das Konstrukt der *wahrgenommenen Unterstützung* vergleichsweise

viele Instrumente. Sie sind fast ausschließlich als Selbstbeurteilungsfragebogen konzipiert und beziehen sich in der Regel auf Alltagsbelastungen bzw. nichtbelastungsbezogene Unterstützungswünsche. Die meisten dieser Verfahren orientieren sich an zwei Dimensionen: Quelle und Inhalt der Unterstützung. Es gibt allerdings kein Verfahren, bei welchem beide Aspekte systematisch berücksichtigt werden. Die im deutschen Sprachraum bekanntesten Instrumente sind der *Fragebogen zur Sozialen Unterstützung (F-SOZU)* von Sommer und Fydrich (Westhoff, 1993) in einer Lang- und einer Kurzform sowie die aus dem Amerikanischen übersetzten Bögen *Interpersonal Support Evaluation List ISEL* von Cohen und Hoberman und die *Social Support-Appraisal Scale SS-A* von Vaux (beide: deutsche Übersetzung durch Laireiter, 1996; Westhoff, 1993). Psychometrisch konnten vor allem für den F-SOZU und die SS-A-Skala hohe Reliabilitätswerte erbracht werden, auch die Validität kann als gut gesichert angesehen werden. Wahrgenommene Belastungs- und Krisenunterstützung wurde bisher nur sehr selten operationalisiert.

(3) Die *erhaltene Unterstützung* wird teilweise allgemein (ohne Belastungsbezug), teilweise bezüglich Belastungen erfaßt. Dabei werden Tagebuchverfahren oder Interviews und Fragebögen verwendet. Bei den allgemeinen Verfahren ist der auch im deutschen Sprachraum wiederholt verwendete Selbstbeurteilungsfragebogen *Inventory of Socially Supportive Behaviors ISSB* von Barrera am bekanntesten (deutsche Fassung: Laireiter, 1996; Westhoff, 1993). Dieses Inventar mißt in 40 Items das Ausmaß der im letzten Monat erhaltenen Unterstützungen für Alltagsbedürfnisse (z.B. Blumengießen, auf die Wohnung schauen, Einkäufe erledigen). Von den verschiedenen Tagebuchverfahren, die die erhaltene Unterstützung im Rahmen von Interaktionen messen, sind vor allem das Beziehungstagebuch SONET-T von Laireiter, Reisenzein, Baumann und Untner (1997) sowie das computerisierte Interaktionstagebuch SONET-CT von Baumann, Thiele, Laireiter und Krebs (1996; Weiterentwicklung SONET-CT-96) zu nennen.

Wichtig sind Ansätze, die die erhaltene Unterstützung *belastungsbezogen* erfassen. Dies erfolgt sowohl bei Alltagsbelastungen wie auch bei kritischen Lebensereignissen. Zur Erfassung alltagsbezogener Belastungsunterstützung werden in der Regel Tagebücher (vgl. Laireiter & Thiele, 1995), bei kritischen Lebensereignissen vor allem Interviews, aber auch Selbstbeurteilungsfragebogen eingesetzt. Ein bewährtes Tagebuch für Alltagsbelastungen ist das von Perrez und Reicherts (1989, 1996) entwickelte computerisierte Bewältigungstagebuch COMES/COMRES (Erweiterung mit Sozialer Unterstützung durch Perkonigg, Baumann, Reicherts & Perrez, 1993). Das bekannteste Verfahren zur Erfassung krisenbezogener Unterstützung ist das *Support-Interview* von Brown (vgl. Brown, 1992), mit dessen Hilfe die von der Umwelt erhaltenen Unterstützungen zur Bewältigung schwerer Lebensbelastungen und chronischer Schwierigkeiten (LEDS; s. oben) exploriert und anhand eines differenzierten Kodierungsschemas beurteilt werden.

6. Bilanz

Stressoren und Streßbewältigung stehen in enger Beziehung zu psychischen und somatischen Störungen. Dieser Bezug betrifft mindestens vier Ebenen (Heim & Perrez, 1994):

(1) Belastungen können (Mit)-Ursachen oder (Mit)-Auslöser von Störungen sein.

(2) Die noxische Wirkung von Belastungsbedingungen ist abhängig von Persönlichkeitsmerkmalen, von der Art und Weise, wie Personen mit Belastungen umgehen und von Merkmalen der sozialen Umwelt (Soziales Netzwerk, Soziale Unterstützung).

(3) Einzelne psychische Störungen lassen sich u. a. auch als charakteristische Modalitäten im Umgang mit Belastungen verstehen; z. B. beinhalten depressive Störungen ein typisches Muster von Appraisal-Merkmalen und Copingtendenzen.

(4) Psychische Störungen und somatische Krankheiten stellen normalerweise mehr oder weniger gravierende Belastungen dar, von deren Bewältigung die Lebensqualität und mitunter auch der Krankheitsverlauf mitbeeinflußt wird.

Diese psychophysiologischen Zusammenhänge stellen ein eigenes weites Forschungsfeld dar, das hier nicht beschrieben werden konnte.

Die zahlreich vorliegenden Einzelbefunde erlauben keine einfachen Antworten auf die meisten der gestellten Forschungsfragen. Einige Entwicklungstrends zeichnen sich – wie gezeigt wurde – aber ab, so daß die Konzepte Streß und Coping wesentliche Kategorien für die Ätiologie bzw. Bedingungsanalyse von Störungen darstellen. Bedeutsam sind diese Ansätze auch für die Intervention, was in diesem Kapitel aber nicht dargelegt werden konnte (s. die Interventionskapitel in diesem Lehrbuch).

7. Literatur

Amelang, M. & Bartussek, D. (1997). *Differentielle Psychologie und Persönlichkeitsforschung* (4. Aufl.). Stuttgart: Kohlhammer.

American Psychiatric Association (APA).(1996). *Diagnostisches und Statistisches Manual psychischer Störungen DSM IV*. [dt. Bearbeitung und Einleitung von H. Saß, H.-U. Wittchen & M. Zaudig]. Göttingen: Hogrefe

Baumann, U. & Laireiter, A. (1995). Individualdiagnostik interpersonaler Beziehungen. In K. Pawlik & M. Amelang (Hrsg.), *Enzyklopädie der Psychologie: Grundlagen und Methoden der Differentiellen Psychologie* (Band 1, S. 609–643). Göttingen: Hogrefe.

Baumann, U., Thiele, C. Laireiter, A.-R. & Krebs, A. (1996). Computer-assisted diary on social interactions, social relationships, social support and interpersonal strain. In J. Fahrenberg & M. Myrtek (Eds.), *Ambulatory assessment: Computer-assisted psychological and psychophysiological methods in monitoring and field studies* (pp. 69–84). Seattle, Toronto: Hogrefe & Huber Publishers.

Bebbington, P. (1996). The economic significance of social factors influencing the outcome of schizophrenia. In M. Moscarelli, A. Rupp & N. Sartorius (Eds.), *Handbook of mental health economics and halth policy*. Volume 1: Schizophrenia (pp. 65–78). Chichester: Wiley.

Becker, P. (1995). *Seelische Gesundheit und Verhaltenskontrolle*. Göttingen: Hogrefe.

Birbaumer, N. & Schmidt, R. F. (1996). *Biologische Psychologie* (3. Aufl.). Berlin: Springer.

Bodenmann, G. (1995). *Bewältigung von Streß in Partnerschaften*. Fribourg/Bern: Universitätsverlag/Huber.

Booth-Kewley, S. & Friedman, H. S. (1987). Psychological predictors of heart disease: A quantitative review. *Psychological Bulletin, 101*, 343–362.

Brown, G. W. (1992). Social support: An investigator-based approach. In H. O. F. Veiel & U. Baumann (Eds.), *The meaning and measurement of social support* (pp. 235–258). Washington DC: Hemisphere.

Brown, G. W. & Harris, T. (1978). *Social origin of depression. A study of psychiatric disorder in women*. London: Tavistock.

Cohen, S. (1992). Stress, social support, and disorder. In H. O. F. Veiel & U. Baumann (Eds.), *The meaning and* measurement of social support (pp. 109–124). Washington DC: Hemisphere.

Cohen, S., Kessler, R. C. & Gordon, L. U. (Eds.). (1995). *Measuring stress. A guide for health and social scientists.* New York/Oxford: Oxford University Press.

Cohen, S. & Wills, T. A. (1985). Stress, social support, and the buffering hypothesis. *Psychological Bulletin, 98,* 310–357.

Collegium Internationale Psychiatriae Scalarum (Hrsg.). (1996). *Internationale Skalen für Psychiatrie* (4. Aufl.). Göttingen: Beltz-Test.

Cutrona, C. E. & Russell, D. W. (1990). Types of social support and specific stress: Toward a theory of optimal matching. In I. G. Sarason, B. R. Sarason & G. R. Pierce (Eds.), *Social support: An interactional view* (pp. 319–366). New York: Wiley.

Debus, G., Erdmann, G. & Kallus, K. W. (Hrsg.), *Biopsychologie von Streß und emotionalen Reaktionen.* Göttingen: Hogrefe.

Edelmann, R. J. (1992). *Anxiety – Theory, research and intervention in clinical and health psychology.* New York: Wiley.

Endler, N. S. & Edwards, J. (1982). Stress and personality. In L. Goldberg & S. Breznitz (Eds.), *Handbook of stress* (pp. 36–48). New York/London: The Free Press / Collier Macmillan Publishers.

Eriksen, C. W. (1951). Some implications for TAT interpretation arising from need and perception experiments. *Journal of Personality, 19,* 282–288.

Fahrenberg, J. & Myrtek, M. (Eds.). (1996). *Ambulatory assessment. Computer-assisted psychological and psychophysiological methods in monitoring and field studies.* Seattle: Hogrefe & Huber Publishers.

Fiedler, P. (1995). *Persönlichkeitsstörungen.* Weinheim: Beltz Psychologie Verlags Union.

Filipp, S. H. (Hrsg.).(1990). *Kritische Lebensereignisse* (2. Aufl.). Weinheim: Beltz Psychologie Verlags Union.

Filipp, S. H. & Braukmann, W. (1990). Verfahren zur Erfassung kritischer Lebensereignisse: Eine Übersicht. In S. H. Filipp (Hrsg.), *Kritische Lebensereignisse* (2. Aufl., S. 92–103). Weinheim: Beltz Psychologie Verlags Union.

Foa, E. B. & Meadows, E. A. (1997). Psychosocial treatments for post-traumatic stress disorder: A critical review. *Annual Review of Psychology, 47,* 449–480.

Folkman, S. & Lazarus, R. S. (1988). Coping as a mediator of emotion. *Journal of Personality and Social Psychology, 54,* 466–475.

Freedy, J. R. & Donkervoet, J. C. (1995). Traumatic stress: An overview of the field. In J. R. Freedy & S. E. Hobfoll (Eds.), *Traumatic stress. From theory to practice* (pp. 3–28). New York: Plenum.

Freedy, J. R. & Hobfoll, S. E. (Eds.). (1995). *Traumatic stress. From theory to practice.* New York: Plenum.

Freud, A. (1936/ 1964). *Das Ich und die Abwehrmechanismen.* München: Kindler (Erstveröffentlichung 1936).

Frijda, N. H. (1987). *The emotions.* Cambridge/Paris: Cambridge University Press/Ed. de la maison des sciences de l'homme.

Gilbert, P. (1992). *Depression: The evolution of powerlessness.* Hove: L. Erlbaum Associates Ltd.

Goldberger, L. & Breznitz, S. (Eds.). (1993). *Handbook of stress. Theoretical and clinical Aspects* (2nd ed.). New York: The Free Press.

Goodyear, I. (1994). Les événements existentiels dans l'enfance et l'adolescence. In M. Bolognini, B.

Plancherel, R. Nunez & W. Bettschart (Eds.), *Préadolescence. Théorie, recherche et clinique* (S. 89–106). Paris: ESF éditeur.

Haan, N. (1977). *Coping and defending. Process of self-environment organization.* New York: Academic Press.

Heim, E. & Perrez, M. (Hrsg.). (1994). *Krankheitsverarbeitung. Jahrbuch der Medizinischen Psychologie 10.* Göttingen: Hogrefe.

Henderson, A. S. (1992). Social support and depression. In H. O. F. Veiel & U. Baumann (Eds.), *The meaning and measurement of social support* (pp. 85–92). Washington DC: Hemisphere.

Holahan, C. J., Moos, R. H. & Schaefer, J. A. (1996). Coping, stress-resistance and growth: Conceptualizing adaptive functioning. In M. Zeidner & N. Endler (Eds.), *Handbook of coping. Theory, research, applications* (pp. 24–43). New York: Wiley.

Johnson, J. H. (1986). *Life events as stressors in childhood and adolescence.* Newbury Park: Sage.

Kaiser, S. & Scherer, K. R. (in press). Models of «normal» emotions applied to facial and vocal expression in clinical disorders. In W. F. Flack & J. D. Lavid (Eds.), *Emotions in Psychopathology.* New York: Oxford Press.

Kanner, A. D., Coyne, J. C., Schaefer, C. & Lazarus, R. S. (1981). Comparison of two modes of stress measurement: Daily hassles and uplifts versus major life events. *Journal of Behavioral Medicine, 4,* 1–39.

Katschnig, H. (Hrsg.). (1980). *Sozialer Streß und psychische Erkrankung.* München: Urban & Schwarzenberg.

Kessler, R. C. (1997). The effects of stressful life events on depression. *Annual Review of Psychology, 48,* 191–214.

Kobasa, S. C. (1979). Stressful life events, personality, and health: An inquiry into hardiness. *Journal of Personality and Social Psychology, 37,* 1–11.

Kohlmann, C.-W. (1997). *Persönlichkeit und Emotionsregulation. Defensive Bewältigung von Angst und Streß.* Bern: Hans Huber.

Kohn, P. M., Lafreniere, K. & Gurevich, M. (1991). Hassles, health, and personality. *Journal of Personality and Social Psychology, 61,* 478–482.

Kosarz, P., Hrabal, V. & Traue, H. S. (1997). Ein Symptom- und Streßtagebuch für Patienten mit chronisch-entzündlichen Darmerkrankungen. In P. Kosarz & H. C. Traue (Hrsg.), *Psychosomatik chronisch-entzündlicher Darmerkrankungen* (S. 143–157). Bern: Hans Huber.

Krohne, H. W. (1993). Vigilance and cognitive avoidance as concepts in coping research. In H. W. Krohne (Ed.), *Attention and avoidance* (pp. 19–50). Seattle: Hogrefe & Huber Publishers.

Krohne, H. W. (1996). *Angst und Angstbewältigung.* Stuttgart: Kohlhammer.

Krohne, H. W., Fuchs, J. & Slangen, K. (1994). Operativer Streß und seine Bewältigung. *Zeitschrift für Gesundheitspsychologie, 2,* 155–175.

Laireiter, A.-R. (Hrsg.). (1993a). *Soziales Netzwerk und Soziale Unterstützung: Konzepte, Methoden und Befunde.* Bern: Huber.

Laireiter, A.-R. (1993b). Begriffe und Methoden der Netzwerk- und Unterstützungsforschung. In A.-R. Laireiter (Hrsg.), *Soziales Netzwerk und Soziale Unterstützung: Konzepte, Methoden und Befunde* (S. 15–44). Bern: Huber.

Laireiter, A.-R. (1996). *Skalen Soziale Unterstützung SSU. Testmanual.* Mödling: Schuhfried.

Laireiter, A.-R. & Baumann, U. (1988). Klinisch-psychologische Soziodiagnostik: Protektive Variablen und soziale Anpassung. *Diagnostica, 34*, 190–226.

Laireiter, A.-R. & Baumann, U. (1992). Network structures and support functions – Theoretical and empirical analyses. In H.O.F. Veiel & U. Baumann (Eds.), *The meaning and measurement of social support* (pp. 33–55). Washington DC: Hemisphere.

Laireiter, A.-R., Baumann, U., Reisenzein, E. & Untner, A. (1997). An instrument to assess everyday social relationships: The interval-diary «SONET-T». *Swiss Journal of Psychology, 56*, 217–238.

Laireiter, A.-R., Baumann, U., Feichtinger, L. & Reisenzein, E. & Untner, A. (1997). Interview und Fragebogen zum Sozialen Netzwerk und zur Sozialen Unterstützung SONET. *Rehabilitation, 36*, 15–30.

Laireiter, A.-R. & Thiele, C. (1995). Psychologische Soziodiagnostik: Tagebuchverfahren zur Erfassung sozialer Beziehungen, sozialer Interaktionen und Sozialer Unterstützung. *Zeitschrift für Differentielle und Diagnostische Psychologie, 16*, 125–151.

Laux, L. & Weber, H. (1990). Bewältigung von Emotionen. In K.R. Scherer (Hrsg.), *Psychologie der Emotion* (S. 560–629). Göttingen: Hogrefe.

Laux, L. & Schütz, A. (1996). *Streßbewältigung und Wohlbefinden in der Familie.* Stuttgart: Kohlhammer.

Lazarus, R.S. (1966). *Psychological stress and the coping process.* New York: McGraw Hill.

Lazarus, R.S. (1991). *Emotion and adaptation.* New York/Oxford: Oxford University Press.

Lazarus, R.S. & Folkman, S. (1984). *Stress, appraisal, and coping.* New York: Springer.

Lazarus, R.S. & Launier, R. (1981). Streßbezogene Transaktionen zwischen Person und Umwelt. In R. Nitsch (Hrsg.), *Streß: Theorien, Untersuchungen, Maßnahmen* (S. 213–259). Bern: Huber.

Leff, J. (1996). Working with families of schizophrenic patients: Effects on clinical and social outcomes. In M. Moscarelli, A. Rupp & N. Sartorius (Eds.), *Handbook of mental health economics and health policy.* Volume 1: Schizophrenia (pp. 261–270). Chichester: Wiley.

Lettner, K. (1994). *Negative Aspekte sozialer Beziehungen und sozialer Unterstützung.* Unveröff. Diss., Salzburg: Paris-Lodron-Universität.

Lettner, K., Sölva, M. & Baumann, U. (1996). Die Bedeutung positiver und negativer Aspekte sozialer Beziehungen für das Wohlbefinden. *Zeitschrift für Differentielle und Diagnostische Psychologie, 17*, 170–186.

Maddi, S.R. (1990). Issues and interventions in stress mastery. In H.S. Friedman (Ed.), *Personality and disease* (pp. 121–154). New York: Wiley.

McKenna, P.J. (1994). *Schizophrenia and related syndromes.* Oxford: Oxford University Press.

Miller, S.M. (1987). Monitoring and blunting: Validation of a questionnaire to assess styles of information-seeking under threat. *Journal of Personality and Social Psychology, 52*, 345–353.

Miller, S.M. (1989). Cognitive informational styles in the process of coping with theat and frustration. *Advances in Behaviour Research and Therapy, 11*, 223–234.

Miller, S.M., Brody, D.S. & Summerton, J. (1988). Styles of coping with threat: Implications for health. *Journal of Personality and Social Psychology, 54*, 142–148.

Monroe, S.M. & Johnson, S.L. (1992). Social support, depression, and other mental disorders: In Retrospect and toward future prospects. In H.O.F. Veiel & U. Baumann (Eds.), *The meaning and measurement of social support* (pp. 93–103). New York: Hemisphere.

Nitsch, J.R. (1981). Zur Gegenstandsbestimmung der Streßforschung. In J.R. Nitsch (Hrsg.), *Streß. Theorien, Untersuchungen, Massnahmen* (S. 29–51). Bern: Hans Huber.

Nusko, G. (1986). *Coping. Bewältigungsstrategien des Ich im Zusammenhang von Kontext-, Person- und Situationsmerkmalen.* Frankfurt a.M.: Peter Lang.

Pearlin, L.I. (1982). The social contexts of stress. In L. Goldberger & S. Breznitz (Eds.), *Handbook of stress. Theoretical and clinical aspects* (pp. 367–379). New York: The Free Press.

Perkonigg, A. (1993). Soziale Unterstützung und Belastungsverarbeitung: Ein Modell zur Verknüpfung der Konzepte und Analysen von Unterstützungsprozessen. In A.-R. Laireiter (Hrsg.), *Soziales Netzwerk und Soziale Unterstützung. Konzepte, Methoden und Befunde* (S. 115–127). Bern: Hans Huber.

Perkonigg, A., Baumann, U., Reicherts, M. & Perrez, M. (1993). Soziale Unterstützung und Belastungsverarbeitung: Eine Untersuchung mit computergestützter Selbstbeobachtung. In A.-R. Laireiter (Hrsg.), *Soziales Netzwerk und Soziale Unterstützung. Konzepte, Methoden und Befunde* (S. 128–140). Bern: Hans Huber.

Perrez, M. (1988). Belastungsverarbeitung bei neurotisch und endogen Depressiven. *Psychotherapie, Psychosomatik, Medizinische Psychologie, 38*, 59–66.

Perrez, M., Berger, R. & Wilhelm, P. (1998). Die Erfassung von Belastungserleben und Belastungsverarbeitung in der Familie: Self-Monitoring als neuer Ansatz. *Psychologie in Erziehung und Unterricht, 1*, 19–35.

Perrez, M. & Matathia, R. (1993). Differentielle Effekte des Bewältigungsverhaltens und seelische Gesundheit. *Zeitschrift für Gesundheitspsychologie, 1*, 235–253.

Perrez, M. & Reicherts, M. (1989). Belastungsverarbeitung: Computerunterstützte Selbstbeobachtung im Feld. *Zeitschrift für Differentielle und Diagnostische Psychologie, 10*, 129–139.

Perrez, M. & Reicherts, M. (1992). *Stress, coping, and health. A situation-behavior approach. Theory, methods, applications.* Seattle: Hogrefe & Huber Publishers.

Perrez, M. & Reicherts, M. (1996). A computer-assisted self-monitoring procedure for assessing stress-related behavior under real life conditions. In J. Fahrenberg & M. Myrtek (Eds.), *Ambulatory assessment: Computer-assisted psychological and psychophysiological methods in monitoring and field studies* (pp. 51–67). Seattle, Toronto: Hogrefe & Huber Publishers.

Plancherel, B. (1998). *Le stress des événements existentiels et des tracas quotidiens et son impact sur la santé des adolescents.* Fribourg: Editions universitaires.

Plancherel, B., Bolognini, M. & Nunez, R. (1994). L'hypothèse de l'effet buffer à la préadolescence. In M. Bolognini, B. Plancherel, R. Nunez & W. Bettschart (Eds.), *Préadolescence. Théorie, recherche et clinique* (S. 159–172). Paris: ESF éditeur.

Reicherts, M. (1988). *Diagnostik der Belastungsverarbeitung.* Fribourg/Bern: Universitätsverlag/Hans Huber.

Reicherts, M. (1998). *Règles cognitivo-comportementales. Bases théoriques et méthodologiques. Développement et fondation empirique d'un système de règles pour la maîtrise du stress.* Fribourg: Editions universitaires.

Reicherts, M., Kaeslin, S., Scheurer, F., Fleischhauer, J. & Perrez, M. (1987). Belastungsverarbeitung bei endogen Depressiven. *Zeitschrift für Klinische Psychologie, Psychopathologie und Psychotherapie, 35,* 197–210.

Reicherts, M. & Perrez, M. (1993). *Fragebogen zum Umgang mit Belastungen im Verlauf. UBV.* Bern: Hans Huber.

Röhrle, B. (1994). *Soziale Netzwerke und Soziale Unterstützung.* Weinheim: Beltz Psychologie Verlags Union.

Rook, K. S. (1992). Detrimental aspects of social relationships: Tacking stock of an emerging literature. In H. O. F. Veiel & U. Baumann (Eds.), *The meaning and measurement of social support* (pp. 157–170). Washington DC: Hemisphere.

Rüger, U., Blomert, A. F. & Förster, W. (1990). *Coping. Theoretische Konzepte, Forschungsansätze, Meßinstrumente zur Krankheitsbewältigung.* Göttingen: Verlag für Medizinische Psychologie, Vandenhoeck & Ruprecht.

Saigh, P. A. (Hrsg.). (1995). *Posttraumatische Belastungsstörung.* Bern: Hans Huber.

Sarason, B. R., Sarason, I. G. & Gurung, R. A. R. (1997). Close personal relationships and health outcomes: A key to the role of social support. In S. Duck (Ed.), *Handbook of personal relationships. theory, research and interventions* (2nd ed., pp. 547–574). Chichester: Wiley.

Schachter, S. (1959). *The psychology of affiliation.* Palo Alto CA: Stanford University Press.

Schenk, M (1984). *Soziale Netzwerke und Kommunikation.* Tübingen: Mohr.

Scherer, K. R. (1988). Criteria for emotion-antecedent appraisal: A review. In V. Hamilton, G. H. Bower & N. H. Frijda (Eds.), *Cognitive perspectives on emotion and motivation* (pp. 89–126). Dodrecht: Nijhoff.

Scherer, K. R. (1993). Studying the emotion-antecedent appraisal process: An expert system approach. *Cognition and Emotion, 7,* 325–355.

Schwarzer, R. (1993). *Streß, Angst und Handlungsregulation.* Stuttgart: Kohlhammer.

Schwarzer, R. & Leppin, A. (1989). *Sozialer Rückhalt und Gesundheit: Eine Meta-Analyse.* Göttingen: Hogrefe.

Schwenkmezger, P. & Hank, P. (1995). Ärger, Ärgerausdruck und Blutdruckverhalten: Ergebnisse einer kombinierten experimentellen und feldexperimentellen Untersuchung. *Zeitschrift für Gesundheitspsychologie, 3,* 39–58.

Seiffge-Krenke, I. (1989). Bewältigung alltäglicher Problemsituationen: Ein Coping-Fragebogen für Jugendliche. *Zeitschrift für Differentielle und Diagnostische Psychologie, 10,* 201–220.

Selye, H. (1986). History and present status of the stress concept. In L. Goldberger & S. Breznitz (Eds.), *Handbook of stress. Theoretical and clinical aspects* (pp. 7–17). New York: The Free Press.

Stieglitz, R. D. & Baumann, U. (Hrsg.). (1994). *Psychodiagnostik psychischer Störungen.* Stuttgart: Enke.

Thoits, P. A. (1983). Dimensions of life events that influence psychological distress: An evaluation and synthesis of the literature. In H. B. Kaplan (Ed.), *Psychological stress. Trends in theory and research* (pp. 33–103). New York: Academic Press.

Veiel, H. O. F. & Baumann, U. (Eds.). (1992). *The meaning and measurement of social support.* New York: Hemisphere.

Veiel, H. O. F. & Ihle, M. (1993). Das Copingkonzept und das Unterstützungskonzept: Ein Strukturvergleich. In A.-R. Laireiter (Hrsg.), *Soziales Netzwerk und Soziale Unterstützung: Konzepte, Methoden und Befunde* (S. 55–65). Bern: Huber.

Vollrath, M. (1997). Streßbewältigung und Persönlichkeit. *Swiss Journal of Psychology, 56,* 3–19.

Westhoff, G. (Hrsg.). (1993). *Handbuch psychosozialer Meßinstrumente.* Göttingen: Hogrefe.

A. Störungsübergreifender Teil

Teil V
Intervention:
Allgemeine Grundlagen

18. Systematik der klinisch-psychologischen Intervention

Meinrad Perez und Urs Baumann

Inhaltsverzeichnis

1. Psychologische Interventionsmethoden

Psychologie und Medizin lassen sich in ihren hauptsächlichen Anwendungen nach verschiedenen Interventionsbereichen gliedern; dabei ist die Abgrenzung primär durch die Art der verwendeten Mittel bedingt. Während in der Medizin Menschen vor allem durch medikamentöse, chirurgische, physikalische usw. Interventionsmethoden beeinflußt werden, charakterisiert sich die psychologische Intervention durch den Einsatz *psychologischer Mittel*. Psychologische Mittel kommen immer dann in Einsatz, wenn kurzfristige oder dauerhafte Veränderungen durch Erleben und Verhalten erwirkt werden sollen. Innerhalb der Psychologie unterscheiden wir heute vielfach in Anlehnung an die drei großen Anwendungsbereiche die arbeits- und organisationspsychologischen, die pädagogisch-psychologischen und die klinisch-psychologischen Interventionsmethoden (vgl. **Abb. 1**), die sich teilweise überlappen. Je nach Auflösungsgrad lassen sich weitere Interventionsfelder definieren mit den dazugehörigen Interventionsmethoden, so neuropsychologische Intervention, psychologische Intervention im forensischen Bereich, usw.

Im Rahmen der *Arbeits- und Organisationspsychologie* sind in den letzten Jahrzehnten zahlreiche Interventionsmethoden entwickelt worden, die heute zum Repertoire praktisch tätiger PsychologInnen gehören, wie etwa die Methode des «Diskussionstrainings» (Greif, 1976), die im arbeits- und organisationspsychologischen Kontext entwickelt und evaluiert worden ist, oder das sogenannte «partizipative Produktionsmanagement» (Kleinbeck & Schmidt, 1990), ein Führungskonzept, dessen Etablierung auf umschriebenen Handlungsprinzipien beruht, die Gegenstand der empirischen Evaluation sind. Viele andere Methoden sind zum Zwecke der Verbesserung sozialer und kommunikativer Fähigkeiten oder zur Kreativitätsförderung entstanden (vgl. z.B. Argyle's «Social Skills at work», 1987). Im *pädagogisch-psychologischen Kontext* wurden u. a. Lehr-Lern-Methoden erprobt, z.B. das zielerreichende

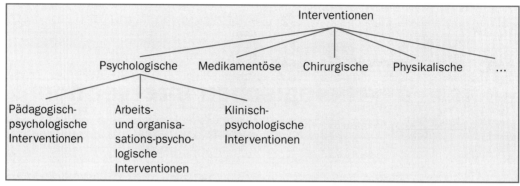

Abbildung 1: Systematik der Interventionsmethoden

Lernen («mastery-learning»), das Handlungsprinzipien zur Organisation optimaler individueller Lernbedingungen bereitstellt (Ingenkamp, 1979); oder Programme zur Denkförderung bei Kindern (vgl. Klauer, 1989; Hager, Elsner & Hübner, 1995). Das breiteste und nicht so leicht überschaubare Spektrum von Interventionsmethoden stellt der Bereich der *klinisch-psychologischen Interventionsmethoden* dar.

2. Klinisch-psychologische Interventionsmethoden

Die klinisch-psychologischen Interventionsmethoden sind eine Teilmenge der psychologischen Interventionsmethoden. Sie lassen sich durch sechs Merkmale charakterisieren (vgl. **Tab. 1**).

(1) Die Wahl der Mittel, (2) die spezifischen Interventionsfunktionen, (3) die Zielorientierung, (4) die theoretische Fundierung, (5) die empirische Evaluation und (6) durch die Professionalität des Handelns. Die Merkmale (1), (3), (4), (5) und (6) teilen sie mit den anderen wissenschaftlich fundierten psychologischen Interventionsmethoden, während Merkmal (2) wesentlich für die Abgrenzung innerhalb der psychologischen Interventionsmethoden ist.

2.1 Wahl der Mittel

Das erste Abgrenzungskriterium besteht in der spezifischen *Wahl der Mittel* bzw. der Methoden. Typische psychologische Mittel sind z.B. das Gespräch, die Übung oder die zwischen-

Tabelle 1: Klinisch-psychologische Intervention

Intervention mit folgenden Charakteristika	
(1) Wahl der Mittel	Psychologische Mittel, die im Erleben und Verhalten ihren Ansatzpunkt haben und sich in der sozialen Interaktion zwischen Helfern und Hilfesuchenden vollziehen.
(2) Interventionsfunktionen	Gesundheitsförderung und Pävention, Behandlung/Therapie (u.a. Psychotherapie), Rehabilitation. Die Funktionen stehen im Zusammenhang mit Gesundheit und Störungen/Krankheiten (psychische, somatische).
Zusätzliche Charakteristika:	
(3) Zielorientierte Prozesse	Prozesse zur Erreichung von Veränderungen
(4) Theoretische Fundierung	mittels Theorien der Psychologie
(5) Evaluation	Empirische Überprüfung (insbesondere der Wirksamkeit)
(6) Professionelles Handeln	

menschliche Beziehung als Beeinflussungsfaktoren. Sie haben ihren Ansatzpunkt stets im Erleben und Verhalten und vollziehen sich in der sozialen Interaktion zwischen Helfenden und Hilfesuchenden.

Das wesentliche Charakteristikum ist also nicht, wie man vielleicht zunächst annehmen möchte, die Veränderung *psychischer* Merkmale und Prozesse, sondern die Einflußnahme mit psychologischen *Mitteln*. Diese kann auch auf die Veränderung somatischer Zustände ausgerichtet sein. Ein Bluthochdruck z.B. stellt zunächst eine somatische Erscheinung dar; soweit dieser psychisch bedingt oder mitbedingt ist, kann er u.U. erfolgreich mittels klinisch-psychologischer Intervention behandelt werden. Daraus kann aber nicht gefolgert werden, psychologische Interventionen seien im Grenzbereiche somatischer Probleme nur dann indiziert, wenn diese psychische Ursachen haben. Selbst genetisch oder durch zerebrale Faktoren zu erklärende Verhaltensphänomene sind mitunter psychologischer Beeinflussung zugänglich, wie es Beispiele psychologischer Trainings mit geistig Behinderten oder mit überaktiven Kindern zeigen.

Mit psychologischen Mitteln hat man schon im Altertum versucht, auf Menschen vorbeugend oder helfend einzuwirken. So sind bereits in der Antike u.a. musik- und tanztherapeutische Verfahren zur Behandlung von melancholischen Zuständen eingesetzt worden. Auch der Exorzismus kann als vorwissenschaftliches Ritual zur Behebung von psychischen Problemen verstanden werden (vgl. Ernst, 1989). Im 18. Jahrhundert gab es eine breite Welle der Psychoprophylaxe oder «Seelendiätätik» (vgl. Moritz, 1783). Die wissenschaftliche Psychotherapieentwicklung im Sinne der modernen Psychologie setzt im letzten Jahrhundert mit Sigmund Freud (1856–1939) und den Wundt-Schülern Lightner Witmer (1867–1956) und Emil Kraepelin (1856–1926) ein (weitere Details s. Kap. 1/Grundbegriffe–Einleitung).

In Europa hat neben Kraepelin, der auch als Psychiater seinem Lehrer Wilhelm Wundt und dem Leipziger Labor verbunden blieb, Sigmund Freud für die psychologische Interpretation und Behandlung von psychischen Störungen eine historische Bresche geschlagen. Freud machte – gewissermaßen im fachlichen Gegenwind der psychiatrischen Schulmeinungen seiner Zeit – den konsequenten Versuch, psychische Störungen in ihrer Ätiologie und Behandlung wesentlich auf psychologischer Grundlage zu thematisieren.

2.2 Klinisch-psychologische Interventionsfunktionen

Klinisch-psychologische Interventionsmethoden grenzen sich von jenen der Pädagogischen Psychologie und der Arbeits- und Organisationspsychologie durch ihre speziellen *Interventionsfunktionen* ab.

Als wichtigste Interventionsfunktionen gelten heute (1) die Gesundheitsförderungs- und Präventionsfunktion, (2) die Behandlungs-/Therapie- (u.a. Psychotherapie) und (3) die Rehabilitationsfunktion.

• *Gesundheitsförderung und Präventionsfunktion:* Die *gesundheitsfördernde Funktion* ist von der präventiven nicht klar abzugrenzen: Sie dient der umfassenden gesundheitlichen Entfaltung, d.h. der Förderung der psychischen, körperlichen und sozialen Gesundheit. Sie wird heute zum Teil auch unter dem Stichwort «Gesundheitspsychologie» diskutiert und ist in den größeren Rahmen des öffentlichen (Public Health), aber auch privaten Gesundheitswesens eingebettet (vgl. Kap. 19/Gesundheitsversorgung). *Die Präventionsfunktion* umfaßt jene Interventionsmethoden und -strategien, die der Verhinderung von Störungen dienen, während die Gesundheitsförderung auf die Erhaltung und Förderung der Gesundheit ausgerichtet ist. Präventive Maßnahmen sollen die Inzidenzrate, d.h. das Neuauftreten von Störungen senken. Die vorbeugenden Maßnahmen können spezifisch auf spezielle Störungen, wie z.B. die Drogenabhängigkeit, oder unspezifisch auf die Förderung der seelischen Gesundheit im allgemeinen ausgerichtet sein. Auch die *Krisenintervention* zählen wir zur Präventionsfunktion, da sie in schwierigen, kritischen Lebenssituationen eine Adaptationshilfe leistet, die die Entstehung von Störungen zu verhindern hilft (vgl. Kap. 21/Prävention).

• *Behandlungs-/Therapiefunktion (u.a. Psychotherapie):* Sie zielt auf die Therapie von Störungen ab und soll damit die Prävalenzrate vermindern. Versorgungsadministrativ wird hier von Störungen mit Krankheitswert gesprochen, die den Anlaß zur Intervention geben. Der Begriff «*Psychotherapie*» wird zum Teil für diese Funktion verwendet; er deckt aber nur einen Teil dieser Funktion ab (s. auch **Abb. 3**), da auch die Behandlung gestörter psychischer Grundfunktionen – wie z.B. ein Gedächtnistraining nach einem neurochirurgischen Eingriff – zu dieser Funktion zählt. Der Begriff der Psychotherapie bezieht sich auf die Teilmenge dieser Interventionsfunktion, die die Behandlung gestörter psychischer Funktionsmuster und gestörter interpersoneller Systeme betrifft. Wir betrachten indes alle Interventionen, die dieser Funktion zu subsumieren sind, als *therapeutisch* und verwenden dazu die Oberbegriffe «Behandlung» bzw. «Therapie».

• *Rehabilitationsfunktion:* Ziel der Rehabilitation in einem umfassenden Sinn ist, nachdem eine Störung/Krankheit aufgetreten ist oder eine Behinderung vorliegt, die dauerhafte Wiedereingliederung von Personen in die Arbeit, das Sozialfeld und die Gesellschaft, (Badura & Lehmann, 1988). Dadurch sollen die Langzeitfolgen einer Störung oder Krankheit (1) verhindert oder (2) – bei chronischen, unheilbaren Störungen – vermindert bzw. minimiert werden. Rehabilitative Maßnahmen vermögen ebenfalls die Prävalenzrate zu senken (vgl. Kap. 23/Rehabilitation). Darüber hinaus hat die Rehabilitation auch die Funktion der Verhinderung von Rückfällen und beinhaltet in diesem Sinne auch präventive Aspekte.

Prävention, Behandlung/Therapie/Psychotherapie und Rehabilitation entsprechen der Zeitachse der Störungsverhinderung, -entwicklung und -behandlung, einschließlich der Wiedereingliederungsmaßnahmen. Caplan (1964) nannte diese Funktionen primäre, sekundäre und tertiäre Prävention. Wir ziehen es vor, den Präventionsbegriff ausschließlich auf die primäre Prävention zu beziehen und für die anderen beiden den Behandlungs- und Rehabilitationsbegriff zu verwenden.

Bei allen Funktionen (Gesundheitsförderung und Prävention, Behandlung/Therapie/Psychotherapie und Rehabilitation) kann *unmittelbar* eher die psychische oder *mittelbar* die somatische Zieldimension im Vordergrund stehen (s.

Abschnitt 2.3). Letzteres wäre z.B. gegeben, wenn durch eine präventive Intervention das Gesundheitsverhalten zur Verminderung des Risikos für koronare Erkrankungen verbessert werden soll. Dabei können unmittelbar Erlebens- und Verhaltenstendenzen beeinflußt werden mit dem mittelbaren Ziel, das somatische Erkrankungsrisikos zu vermindern.

2.3 Zielorientierung

In der Methode sind die *Ziele* explizit umschrieben, für die sie anzuwenden ist. Damit bildet sie die Grundlage für strukturierbare und zielorientierte Interventionsprozesse. Dabei können Methoden eine Menge oder ein System von Regeln und Heuristiken betreffen, die als Paket zur Erreichung von *Fernzielen*, von Makroergebnissen (vgl. Kap. 22/Psychotherapie) eingesetzt werden. Einzelne therapeutische Techniken, wie «Empathie zeigen», «Fokussieren» oder eine Entspannungsübung suchen konkrete *Nahziele* oder Mikroergebnisse zu erreichen. Vor allem die globalen Fernziele erfahren in verschiedenen therapeutischen Ansätzen Formulierungen auf sehr unterschiedlichen Abstraktionsebenen, von (quasi)theoretischen Begriffen, deren Bedeutung sich wesentlich durch eine Theorie definiert, über Dispositionsbegriffe bis zu Formulierungen in der Beobachtungssprache, die Zielbestimmungen in Begriffen meßbaren Verhaltens vornehmen (vgl. Perrez, 1976). Die Übergänge zwischen den verschiedenen Begriffstypen sind eher fließend als exakt abgrenzbar. Für die konkrete therapeutische Handlungsregulation sind konkrete Zielformulierungen in Beobachtungsbegriffen Voraussetzung (vgl. **Tab. 2**). Die psychologischen Mittel – das erste Bestimmungsstück klinisch-psychologischer Interventionsmethoden – müssen in ihrer Beziehung zu den Zielen klar umschrieben sein. In diesem Zusammenhang spielt die sogenannte «Manualisierung» von Methoden eine zunehmende, aber nicht unumstrittene Rolle (vgl. Huber, 1991; Grawe, 1997).

2.4 Theoretische Fundierung

Wissenschaftlich begründete klinisch-psychologische Interventionsmethoden haben einen

Tabelle 2: Klassifikation von Therapiezielen

Sachgehalt beschrieben in: / Änderungsrichtung	theoretischen bzw. quasi-theoretischen Begriffen	Dispositionsbegriffen	Beobachtungsbegriffen
Aufbau	Ichstärke, Integration von Es, Ich und Über-Ich, Individuation, gut funktionierende Persönlichkeit, Selbstkontrolle usw.	Fähigkeit zur positiven Selbstkommunikation, Empathiekompetenz in Partnerschaft, Kompetenz zur Ärgerkontrolle	Vorgesetzten gegenüber im Rollenspiel Bedürfnisse äußern, Selbstexplorieren in der Therapiesituation, angemessen Reattribuieren, Entspannen usw.
Abbau	Diskrepanz von Selbstkonzept und Idealkonzept, Widerstand, Fehler der Informationsverarbeitung usw.	Sucht, Angst, Neigung zu einem bestimmten Meideverhalten	ängstliches Sprechen in der Therapiesituation, Sprechen über Externales in der Therapiesitzung, Anzahl Zigaretten pro Tag

theoretischen Bezug zum rationalen Korpus der Psychologie und den einschlägigen Nachbarwissenschaften (vgl. Baumann, 1996). Unter dem rationalen Korpus einer wissenschaftlichen Disziplin verstehen wir jene Theorien, Hypothesen, empirischen Forschungsmethoden und empirischen Befunde, die zu einer gegebenen Zeit von der einschlägigen «Scientific community» akzeptiert resp. diskutiert werden. Welcher Art die logische Beziehung von technologischem Wissen zu Grundlagenwissen sein kann, wird im Kapitel zur Wissenschaftstheorie erörtert (s. Kap. 4). Dieses Kriterium unterscheidet klinisch-psychologische Interventionsmethoden von zahlreichen anderen Methoden, die ebenfalls für die gleichen Funktionen eingesetzt werden, deren Fundierung indes auf alltagspsychologischen bzw. unwissenschaftlichen Konzepten und auf privater Erfahrung beruhen.

2.5 Evaluation: Empirische Überprüfung (insbesondere der Wirksamkeit)

Klinisch-psychologische Interventionsmethoden benötigen bezüglich zweier Punkte der empirischen Überprüfung: (1) Theorien gemäß Abschnitt 2.4 gelten nur dann als gesichert, wenn sie empirisch überprüft worden sind. In diesem Sinne benötigen klinisch-psychologische Interventionsmethoden empirisch über-

prüfter Theorien, die ihre Wirksamkeit erklären. (2) Interventionen sind nur dann ethisch und wissenschaftlich vertretbar, wenn deren *Wirksamkeit* empirisch überprüft worden ist. Letztlich sind sogar Interventionsmethoden legitimiert, wenn die theoretische Fundierung unzureichend, aber die Wirksamkeitsüberprüfung zureichend ist (vgl. symptomatische Behandlung). Daher ist für jede Interventionsmethode die empirische Überprüfung der Wirksamkeit von zentraler Bedeutung. Wie in Kapitel 20 (Methodik der Interventionsforschung) gezeigt wird, wird die Frage nach der Wirksamkeitsprüfung im allgemeinen Rahmen der Evaluation diskutiert. Neben der Wirksamkeitsprüfung, die weiterhin an erster Stelle steht, kommen bei der Evaluation Fragen nach der Effizienz (Kosten – Nutzen bzw. Kosten – Wirkung) und nach der Patientenbewertung hinzu. Ein Wirksamkeitsnachweis kann nicht mittels subjektiver Evidenz erfolgen, sondern bedarf überprüfbarer Methoden, wie sie in der wissenschaftlichen Psychotherapieforschung erarbeitet und als angemessen betrachtet werden (vgl. dazu auch Kap. 4/Wissenschaftstheorie: Intervention).

2.6 Professionelles Handeln

Die durch klinisch-psychologisch initiierten, begleiteten und evaluierten Veränderungsprozesse werden durch psychologische *ExpertInnen* in einem professionellen Rahmen realisiert (vgl. dazu Strotzka, 1975). Das heißt, die oben umschriebenen Tätigkeitsfunktionen werden durch Personen mit spezifischer Kompetenz ausgeführt, die sie in Ausbildung, Weiterbildung und Fortbildung erlangt haben (s. Kap. 19/Gesundheitsversorgung). Die Tätigkeit wird berufsmäßig ausgeübt, wozu auch die offizielle Legitimation durch Berufstitel, Zulassungen etc. gehört.

2.7 Klinisch-psychologische Intervention als Teil eines Gesamtbehandlungsplanes

Klinisch-psychologische Intervention ist – wie in Abschnitt 1 gezeigt – in ein umfassendes Interventionsfeld eingebettet, wobei die Abgrenzung der Interventionsformen teilweise empirisch fundiert sind, teilweise aber auch berufsständisch erfolgen (z.B. Akzentuierung auf medikamentöse Therapie durch Mediziner-Innen, auf Psychotherapie durch Psycholog-Innen). Im Bereich der psychischen Störungen, die in diesem Lehrbuch im Vordergrund stehen, ist nach den Grundprinzipien der Gesundheitsversorgung (s. Kap. 19/Gesundheitsversorgung) ein komplexes Interventionsangebot vorzusehen, das neben der klinisch-psychologischen Intervention die medizinische Intervention, aber auch sozialarbeiterische Intervention etc. beinhaltet. Für Interventionskombinationen bzw. Interventionsalternativen sind bei psychischen Störungen vor allem die Psychopharmaka von Bedeutung (s. Kap. 24/Psychopharmakotherapie).

Werden Interventionen miteinander *kombiniert*, so können daraus – wie z.B. bei der Kombination von klinisch-psychologischer Intervention und Psychopharmakotherapie – folgende Effekte resultieren (s. Klerman et al., 1994):

• *Kein Kombinationseffekt:* die einzelnen Interventionen sind genau gleich wirksam wie die Kombination der Einzelinterventionen.

• *Positiver Kombinationseffekt:* die Kombination der Einzelinterventionen ist wirksamer als jede einzelne Intervention; der Kombinationseffekt kann dabei a) die Summe der einzelnen Effekte (additiver Effekt), b) weniger als die Summe,

aber mehr als der stärkste Einzeleffekt oder c) mehr als die Summe der Einzeleffekte (potenzierender Effekt) ausmachen.

• *Negativer Kombinationseffekt:* die Kombination der Einzelinterventionen ist weniger wirksam als jede einzelne Intervention.

Welche Variante gültig ist, ist eine Frage der Empirie, wobei z.B. nach Therapieende die Ergebnisse anders aussehen können als nach einer Katamnesenzeit. Zusätzlich ist zu sehen, daß einzelne Interventionen unterschiedliche Zielbereiche haben können, so daß die Frage nach einer Kombinationsbehandlung je nach Zielbereich unterschiedlich ausfallen kann.

2.8. Klinisch-psychologische Intervention und Beratung

Im Gesundheitswesen finden wir u.a. auch die *Beratung (counselling)* als weiteres Angebot (z.B. genetische Beratung, Schwangerschaftsberatung, Erziehungsberatung; Barker, Pistrang & Elliott, 1994; Dietrich, 1991; Heil & Scheller, 1981; Woolfe & Dryden, 1996). Seit längerer Zeit gibt es – nicht nur im Gesundheitswesen (z.B. Berufsberatung, Schulberatung) – Beraterberufe, die teilweise auch von psychologischen BeraterInnen wahrgenommen werden (vgl. Counselling Psychology in der American Psychological Association etc.). Insbesondere in der Gesundheitsversorgung stellt sich die Frage der Abgrenzung von Beratung zu klinisch-psychologischen Interventionsformen (vor allem zur Psychotherapie). Dazu werden unterschiedliche Positionen vertreten (s. auch Gössweiner, Peternell, Schattovits, Slunecko, Voracek & Widhalm, 1997): Beratung und Psychotherapie sind nicht eindeutig voneinander trennbar; Psychotherapie ist eine Teilmenge von Beratung; Beratung und Psychotherapie sind überlappende Konzepte, wobei der Überlappungsbereich zum Teil als groß angesehen wird. Aufgrund der in Abschnitt 2 angeführten Systematik kann man Beratung durch folgende Merkmale – zwar nicht exakt, aber dennoch akzentuierend – wie folgt umschreiben:

• *Merkmal Mittel (1):* Der Ansatzpunkt ist auch im Erleben und Verhalten, doch steht bei den psychologischen Mitteln die *Informationsvermittlung* für Ratsuchende im Vordergrund.

• *Merkmal Interventionsfunktion (2):* Beratung erfolgt im Gesundheitswesen vor allem bezüglich Gesundheitsförderung und Prävention; zum Teil geht es aber auch um die Behandlungs- und Rehabilitationsfunktion.

• *Merkmal Zielorientierung (3):* Für ein umschriebenes Problem werden im Rahmen einer Beratung Lösungsalternativen erarbeitet, um als Ziel die Entscheidungs- oder allgemein die Handlungsgrundlage zu verbessern, wobei die Entscheidung bzw. die Veränderung selbst durch die Beratenen eigenständig und nicht mehr im Rahmen der Beratung zu vollziehen ist. Bei den meisten klinisch-psychologischen Interventionen (Training, Behandlung/Psychotherapie) und Therapie hilft der/die ExpertIn nicht nur die Handlungs- bzw. Entscheidungsgrundlage zu verbessern; zentraler Inhalt der Intervention ist auch die Umsetzung der intendierten Veränderungen, wobei – je nach theoretischer Orientierung in unterschiedlichem Ausmaß – der/die ExpertIn bei diesem Umsetzungsprozeß aktiv mithilft.

In den Merkmalen (4) bis (6) finden sich zwischen Beratung und klinisch-psychologischer Intervention keine Unterschiede. Vielfach werden Beratung und Psychotherapie nicht nur bezüglich der angesprochenen Merkmale, sondern auch bezüglich des zeitlichen Aufwandes unterschieden (Beratung: wenige Sitzungen, vielfach in der Größenordnung zwischen 1 bis 5 Terminen).

Zentrales Unterscheidungsmerkmal zwischen Beratung im engeren Sinne und klinisch-psychologischer Intervention ist unseres Erachtens der Stellenwert des Veränderungsprozesses: im Beratungskonzept folgt dieser Prozeß nach der Beratung ohne Begleitung durch den/die ExpertIn, während beim Interventionskonzept der Veränderungsprozeß selbst zentrales Thema ist und von den ExpertInnen begleitet wird. In der Praxis finden wir häufig – zum Teil sehr starke – Überschneidungen zwischen Beratung und klinisch-psychologischer Intervention, indem in den Beratungen auch Interventionen vorgenommen werden; aus technischen Gründen (Berufszulassung, Finanzierung etc.) wird zum Teil in einzelnen Ländern eine administrative Differenzierung vorgenommen (z. B. Finanzierung von Beratungsstellen aus anderen Quellen als Psychotherapieambulanzen).

3. Ebenen der klinisch-psychologischen Intervention und ihre Verbindung zu den Interventionsfunktionen

Klinisch-psychologische Interventionen können sich – wie bereits in Kapitel 1 (Grundbegriffe – Einleitung) dargelegt – auf verschiedene Komplexitätsebenen beziehen. Wir unterscheiden folgende drei Interventionsebenen:

(1) Ebene der psychischen Funktionen (Wahrnehmung, Gedächtnis, Lernen usw.) bzw. Störungen der Funktionen.

(2) Ebene der Funktionsmuster bzw. Störungen von Funktionsmustern (repräsentiert durch Syndrome und Diagnosen).

(3) Ebene der interpersonellen Systeme (Dyade, Familie, Schule, Betrieb usw.) bzw. Störungen von interpersonellen Systemen.

Es werden also die intrapersonelle und die interpersonelle Ebene in unterschiedlichen Komplexitätsgraden erfaßt. In Kombination mit den in Abschnitt 2.2 angesprochenen Interventionsfunktionen ergibt sich eine Matrix Interventionsfunktionen/Interventionsebenen (vgl. **Abb. 2**).

Auf der Ebene der *psychischen Funktionen* sind z. B. präventive Gedächtnistrainings für betagte Personen, oder psychologische Interventionsprogramme für Behebung von Lese-Rechtschreibstörungen einzuordnen. Durch derartige Interventionen wird nicht zwingend eine umfassende Reorganisation der Persönlichkeit angestrebt. Auf der *Ebene von Funktionsmustern* soll dagegen ein Syndrom von Funktionen koordiniert beeinflußt werden. Eine Person mit depressiver Störung soll z. B. auf kognitiver Ebene lernen, Fehler der Informationsverarbeitung zu korrigieren; gleichzeitig wird die Realisierung bestimmter Aktivitäten angestrebt usw. Interventionen auf der *interpersonellen Systemebene* intendieren Veränderungen von Dyaden oder größeren Gruppen.

Interventions- ebene Funktionen	Psychische Funktionen	Funktionsmuster	Interpersonelle Systeme
Entfaltungsfunktion Gesundheitsförderung	Problemlösetraining	Selbsterfahrung	Kommunikationstraining im Betrieb
Prävention	Gedächtnistraining für gesunde ältere Personen	Training zur Streß-verarbeitung	Elterntraining für junge Paare
Behandlung/Therapie (u. a. Psychotherapie)	Behandlung von Schlafstö-rungen	Kognitive Verhaltens-therapie bei Depressionen	Familientherapie bei Tochter mit Anorexie
Rehabilitation	Gedächtnistraining nach Hirnverletzung	Behandlungsprogramm bei chronischem Alkoholismus	Familientherapie zur Rückfallprophylaxe schizophrener Patienten

Abbildung 2: Funktions-Interventionsebenen-Matrix mit Beispielen

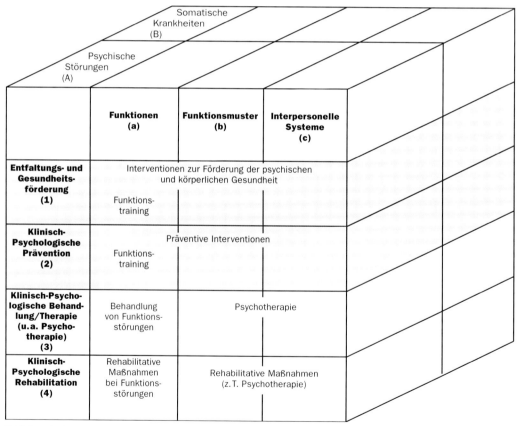

Abbildung 3: Systematik der klinisch-psychologischen Interventionsmethoden (Bereich Gesundheitspsychologie blau unterlegt)

Wenn bei der dargestellten Systematik noch die *Dimension «psychisch vs. somatisch»* einbezogen wird, so ergibt sich eine dreidimensionale Matrix (s. **Abb. 3**).

Die Unterscheidung in psychisch/somatisch weist auf unterschiedliche Arbeitsfelder hin, in denen einerseits mehr psychische Störungen, andererseits mehr somatische Krankheiten/Störungen im Vordergrund stehen. Die Problematik dieser Unterscheidung wurde bereits in Kapitel 1 (Grundbegriffe – Einleitung) dargelegt und darauf hingewiesen, daß die beiden Begriffe unterschiedliche Versorgungsnetze charakterisieren, so daß sie trotz aller Problematik auch hier verwendet werden. Die auf unterschiedlichen Datenebenen fokussierten Störungs- resp. Krankheitstypen implizieren also keine dualistische Interpretation der psycho-somatischen Einheit; vielmehr sind sie mit einem biopsychosozialen Modell vereinbar, das bei somatischen wie psychischen Störungen stets ein Zusammenspiel somatischer, psychischer wie sozialer Faktoren postuliert. Die klinisch-psychologischen Interventionen optimieren die Möglichkeiten der Beeinflussung des Organismus über den Zugang des Erlebens und Verhaltens.

Die Interventionsbereiche A1 (a–c), A2 (a–c), B1 (a–c), B2 (a–c) repräsentieren die genuinen Interventionsbereiche der *Gesundheitspsychologie* («health psychology»), die die Förderung und Erhaltung der psychischen und körperlichen Gesundheit sowie die Prävention von psychischen Störungen und somatischen Krankheiten beinhaltet (vgl. Becker, 1997; Schwenkmezger & Schmidt, 1994). Wir halten es für sinnvoll, den Begriff der Gesundheitspsychologie in einem umfassenden Sinn – wie Gesundheit auch von der WHO definiert wird – für jenen Teilbereich der Klinischen Psychologie zu reservieren, der sich mit der Erhaltung und Förderung der Gesundheit befaßt. Als Beispiel seien Interventionen zur Veränderung des Lebensstils (z. B. der Streßverarbeitung) zum Zwecke der Vorbeugung von koronaren Erkrankungen (B1b/B2b) oder präventive Interventionen (Medienkampagne STOP AIDS; s. auch Kap. 21/Prävention) auf der Ebene einer Schule, Gemeinde etc. (B1c/B2c) genannt.

Die Interventionsbereiche B1 (a–c) bis B4 (a–c) werden vielfach unter dem Titel der *Verhaltensmedizin* diskutiert (vgl. Miltner, Birbaumer & Gerber, 1986). Es handelt sich um Arbeitsfelder, in die insbesondere Klinische PsychologInnen ihre spezifische psychologische Kompetenz einbringen können. Verhaltensmedizin wird als ein interdisziplinäres Feld verstanden, das sich unter biopsychosozialer Perspektive mit der Ätiologie, Epidemiologie, Diagnostik, Prävention, Therapie und Rehabilitation von somatischer Gesundheit und Krankheit beschäftigt. Als Beispiele seien genannt: Interventionen bei Übergewicht, Rauchen, chronischen Schmerzen, Kopfschmerzen, Schlafstörungen, Typ-A Verhalten oder Interventionen zur Verbesserung der Lebensqualität von chronischen Krankheiten wie Krebs oder AIDS usw. (Blanchard, 1992).

Die Intervention in der Gesundheitspsychologie hat nach dieser Systematik eine gemeinsame Schnittmenge mit der Intervention der Verhaltensmedizin (B1, B2). Gleichgültig, ob die Intervention eine somatische Erkrankung oder eine psychische Störung bzw. deren Verhinderung zum Anlaß habe, in jedem Fall liegt der Ansatzpunkt der klinisch-psychologischen Intervention im Verhalten und Erleben.

Der Begriff *Psychotherapie* umfaßt in der Regel die klinisch-psychologische Behandlung/Therapie von gestörten Funktionsmustern (A3b) bzw. gestörten interpersonellen Systemen (A3c) bei psychischen Störungen; zum Teil bezieht sich der Begriff Psychotherapie auch auf die Behandlung/Therapie im Hinblick auf somatische Krankheiten (B3b, B3c). Mitunter wird der Begriff Psychotherapie auch für Interventionen im Sinne der klinisch-psychologischen Rehabilitation verwendet.

Eine definitive und exakte Abgrenzung der verschiedenen, sich neu entwickelnden Schwerpunkte ist nicht möglich, da sich die fachlichen Entwicklungen in einem dynamischen Prozeß der Differenzierung befinden. Wir verstehen die Klinische Psychologie als die Disziplin, aus der diese Spezialisierungen hervorgehen und die den größeren Rahmen für die fachliche Differenzierung bildet.

4. Struktur der Interventionskapitel

Bei der Darstellung der klinisch-psychologischen Interventionsmethoden stehen in diesem Lehrbuch die klinisch-psychologische Behandlung/Therapie gestörter psychischer Funktionen und die Psychotherapie gestörter Funktionsmuster und gestörter interpersoneller Systeme im Vordergrund; die Gesundheitsförderung und Prävention einerseits und Rehabilitation andererseits werden nur überblicksartig dargestellt. Diese Bereiche haben sich so ausdifferenziert, daß sie nicht mehr im gleichen Auflösungsgrad wie die Behandlung/Therapie/Psychotherapie in einem Band abgehandelt werden können. Grundkonzepte der Behandlung/Therapie sind aber auch für die Prävention und Rehabilitation von Bedeutung. Eine weitere Eingrenzung erfolgt im Hinblick auf psychische Störungen. Prävention, Behandlung/Therapie und Rehabilitation von somatischen Krankheiten mittels psychologischer Methoden (vgl. Gesundheitspsychologie und Verhaltensmedizin) kann – wie bereits erwähnt – nicht dargestellt werden (s. Kap. 1/Grundbegriffe – Einleitung).

Klinisch-psychologische Interventionen werden in diesem Lehrbuch – dem allgemeinen Konzept folgend – störungsübergreifend und störungsbezogen dargestellt. Im *störungsübergreifenden* Teil V folgen nach dem vorliegenden Kapitel 18 (Systematik der Intervention) im Kapitel 19 Ausführungen zur *Gesundheitsversorgung.* Intervention wird dabei aus der Makroperspektive betrachtet; es werden die historischen, soziologischen und institutionellen Einbettungen der präventiven, psychotherapeutischen und rehabilitativen Intervention behandelt. Anschließend wird die *Methodik der klinisch-psychologischen Interventionsforschung* (Kap. 20) erörtert. Die Kapitel 21, 22 und 23 sind der *Prävention, Psychotherapie* und *Rehabilitation* gewidmet. Ein eigenes Kapitel ist für die *Psychopharmakotherapie* (Kap. 24) vorgesehen, da Klinische PsychologInnen über Grundkenntnisse in diesem Gebiet verfügen müssen, auch wenn sie selber Psychopharmaka nicht verschreiben dürfen.

Die Darstellung der theoretischen Ansätze (psychoanalytisch, verhaltenstherapeutisch, gesprächstherapeutisch orientierte Psychotherapie, Paar- und Familientherapie) werden methodenorientiert nach einer einheitlichen Systematik dargestellt; die Begründung für die Auswahl der Interventionsformen findet sich in Kapitel 22/1 (Systematik der Psychotherapie).

Im *störungsspezifischen Teil* des Lehrbuches (Teil B: VI bis VIII) werden für die Störungen bei den einzelnen psychischen Funktionen, Funktionsmustern und interpersonellen Systemen die jeweiligen Interventionen vorgestellt. Dadurch wird ersichtlich, daß der Begriff der klinisch-psychologischen Intervention einen komplexen Interventionsbegriff impliziert, der weit über den Psychotherapiebegriff hinausgeht.

5. Literatur

Argyle, M. (1987). Rule for relationships in four cultures. *Australian Journal of Psychology, 38,* 309–318.

Badura, B. & Lehrmann, H. (1988). Sozialpolitische Rahmenbedingungen, Ziele und Wirkungen von Rehabilitation. In U. Koch, G. Lucius-Hoene & R. Stegie (Hrsg.), *Handbuch der Rehabilitationspsychologie* (S. 58–73). Hamburg: Springer.

Barker, Ch., Pistrang, N. & Elliott, R. (1994). *Research methods in clinical and counselling psychology.* New York: Wiley.

Baumann, U. (1996). Wissenschaftliche Psychotherapie auf der Basis der wissenschaftlichen Psychologie. *Report Psychologie, 21,* 686–689.

Becker, P. (1997). *Psychologie der seelischen Gesundheit* (Bd. 1, 2. Aufl.). Göttingen: Hogrefe.

Blanchard, E. B. (1992). Introduction to the special issue on behavioral medicine: An update for the 1990s. *Journal of Consulting and Clinical Psychology, 60,* 491–492.

Caplan, G. (1964). *Principles of preventive psychiatry.* New York: Basic Books.

Dietrich, G. (1991). *Allgemeine Beratungspsychologie: eine Einführung in die psychologische Theorie und Praxis der Beratung.* Göttingen: Hogrefe.

Ernst, C. (1989). Der Exorzismus. In G. Condrau (Hrsg.), *Psychologie des 20. Jahrhunderts, Bd. XV, Transzendenz, Imagination und Kreativität* (S. 717–725). Zürich: Kindler.

Gössweiner, V., Peternell, A., Schattovits, H., Slunecko, Th., Voracek, M & Widhalm, R. (1997). *Beratung – Psychotherapie.* Reihe des Familienministeriums, Wien.

Grawe, K. (1997). «Moderne» Verhaltenstherapie oder Allgemeine Psychotherapie? *Verhaltenstherapie und Verhaltensmedizin, 2,* 137–159.

Greif, S. (1976). *Diskussionstraining.* Salzburg: Otto Müller.

Hager, W., Elsner, B. & Hübner, S. (1995). Metaevaluation der Evaluation von einigen kognitiven Trainings. In W. Hager (Hrsg.), *Programme zur Förderung des Denkens bei Kindern. Konstruktion, Evluation und Metaevaluation* (S. 257–291). Göttingen: Hogrefe.

Heil, F. E. & Scheller, R. (1981). Entwicklungsmöglichkeiten der gegenwärtigen Beratungspraxis. In U. Baumann, H. Berbalk & G. Seidenstücker (Hrsg.), *Klinische Psychologie. Trends in Forschung und Praxis* (Bd. 4, S. 180–208). Bern: Hans Huber.

Huber, W. (1991). *Psychologische Hilfe und Therapie. Was man wissen sollte, wenn man Hilfe braucht.* Bern: Hans Huber.

Ingenkamp, F.D. (1979). *Zielerreichendes Lernen, mastery learning: Grundlagen, Forschungsbericht, Praxis.* Ravensburg: Ravensurger Buchverlag Otto Maier.

Klauer, K.J. (1989). *Denktraining für Kinder. I. Ein Programm zur intellektuellen Förderung.* Göttingen: Hogrefe.

Kleinbeck, U. & Schmidt, K.-H. (1990). The translation of work motivation into performance. In U. Kleinbeck, H.-H. Quast, H. Thierry & H. Häcker (Eds.), *Work motivation* (pp. 27–39). London: Erlbaum.

Klerman, G.L., Weissman, M.M., Markowitz, J., Glick, I., Wilner, Ph.J., Mason, B. & Shear, M.K. (1994). Medication and psychotherapy. In A.E. Bergin & S.L. Garfield (Eds.), *Handbook of psychotherapy and behavior change* (pp. 734–782). New York: Wiley.

Miltner, W., Birbaumer, N. & Gerber, W.D. (Hrsg.). (1986). *Verhaltensmedizin.* Berlin: Springer.

Moritz, C.P. (1783). *Gnothi sauton oder Magazin zur Erfahrungsseelenkunde.* Berlin: August Mylius.

Perez, M. (1976). Zum Problem der Relevanzforderungen in der Klinischen Psychologie am Beispiel der Therapieziele. In A. Iseler & M. Perrez (Hrsg.), *Relevanz der Psychologie* (S. 139–154). München: Reinhardt.

Schwenkmezger, P. & Schmidt, L.R. (1994). Gesundheitspsychologie: Alter Wein in neuen Schläuchen? In P. Schwenkmezger & L.R. Schmidt (Hrsg.), *Lehrbuch der Gesundheitspsychologie* (S. 1–8). Stuttgart: Enke.

Strotzka, H. (Hrsg.). (1975). *Psychologie: Grundlagen, Verfahren, Indikationen.* München: Urban & Schwarzenberg.

Woolfe, R. & Dryden, W. (Eds.). (1996). *Handbook of counselling psychology.* London: Sage.

Psychotherapie: Setting Einzeltherapie

19. Gesundheitsversorgung

Urs Baumann

Inhaltsverzeichnis

1. Einleitung

Interventionen im Versorgungssystem können in unterschiedlichem Auflösungsgrad betrachtet werden. Nach Baumann (1984) sind folgende Perspektiven wichtig:

• *Makroperspektive:* Interventionen werden als Versorgungsangebot betrachtet, welches für definierte Populationen durch Institutionen (mit einer oder mehreren Personen) im Hinblick auf definierte Ziele angeboten und durchgeführt werden. Im Vordergrund des Interesses stehen Beschreibung, Bewertung und theoretische Fundierung von Institutionen, Berufsgruppen und deren Verknüpfungen. Zur Makroperspektive gehört aber auch die Beschreibung und Bewertung normativer Randbedingungen wie Leitbilder der Versorgung und die die

Gesundheitsversorgung regelnden Gesetze und Vorschriften (Berufszulassung, Krankenkassen, etc.).

• *Mikroperspektive:* Wird Intervention nicht mehr als Versorgungsangebot für ein Bevölkerungsystem betrachtet, sondern als Methode und Tätigkeit bei Einzelpersonen, Paaren, Familien, Gruppen, so rückt das konkrete Interventionsgeschehen in den Mittelpunkt des Interesses. Indikation, Prozeßanalysen, kombinierte Prozeß-Erfolgsforschung sind Beispiele für Forschungsfragen der Mikroperspektive (s. Kap. 20/Methoden der Interventionsforschung).

• *Schnittstelle Makro-Mikroperspektive:* In der Makroperspektive stehen Versorgungsangebote, in der Mikroperspektive einzelne Methoden und Interventionen im Vordergrund. Es bleibt ein von beiden Perspektiven nicht berücksichtigter Aspekt, nämlich das *Handlungsfeld* der potentiellen KlientInnen/PatientInnen und der

Für wertvolle weiterführende Hinweise danke ich Herrn
PD. Dr. R.-D. Stieglitz

Intervention anbietenden Person. Im Vorfeld und begleitend zur Intervention spielen Gesundheits- und Krankheitsverhalten der KlientInnen/PatientInnen eine wichtige Rolle. Dieses Verhalten bewirkt u. a., ob eine Intervention gesucht und angenommen wird. Daneben sind aber auch die die Intervention anbietenden Personen bezüglich ihres Handelns zu analysieren. Erfahrungsbildung, klinische Urteilsbildung, Überweisungsverhalten etc. sind dazugehörige Fragestellungen (vgl. Kaminiski, 1970).

Die Makroperspektive der Intervention wird vielfach mit dem Begriff der *Gesundheitsversorgung* umschrieben. In der Regel wird die Gesundheitsversorgung national konzipiert, durch die Weltgesundheitsorganisation WHO werden aber auch internationale Konzepte realisiert (s. auch Abschnitt 3.2). Der Begriff Gesundheitsversorgung weist darauf hin, daß das Ziel aller Interventionen die Verbesserung der Gesundheit der Betroffenen ist, wobei Gesundheit nicht nur die Abwesenheit von Krankheit bedeutet. Behandlung und Therapie sind nicht isoliert zu sehen, sondern in ein Gesamtkonzept der Intervention einzuordnen, das auch Prävention und Rehabilitation umschließt. Der Begriff der Gesundheitsversorgung impliziert ein breiteres Konzept als der Begriff der Krankenversorgung, indem er sowohl Krankheit, als auch Gesundheit miteinschließt; ebenso ist der Begriff – im Gegensatz zum Begriff der psychiatrischen Versorgung – nicht standespolitisch akzentuiert. In diesem Kapitel wird vor allem die Gesundheitsversorgung bei psychischen Störungen abgehandelt; der somatische Bereich kann nur am Rande angesprochen werden. Wenn man bei der Gesundheitsversorgung die Gesundheit und ihre Förderung in den Vordergrund stellt, spricht man im angelsächsischen Raum vielfach von *Public Health;* die Gesundheits*förderung* (Health promotion) ist Teil der Gesundheitsversorgung (vgl. Abschnitt 3.2).

2. Geschichte der Gesundheitsversorgung

Die institutionalisierten Formen der Versorgung psychischer Störungen haben sich im Vergleich zur Versorgung somatischer Störungen relativ spät entwickelt (die folgenden Ausführungen basieren auf: Deutscher Bundestag, 1975; Häfner & an der Heiden, 1984; zur Geschichte der Klinischen Psychologie s. Kap. 1/Grundbegriffe – Einleitung). Im Laufe des 17. Jahrhunderts wurden psychisch Kranke (Geisteskranke) zusammen mit Bettlern, Landstreichern, Dirnen etc. in Anstalten abgesondert. In der Epoche der Aufklärung (18. Jahrhundert) hob man die Vermischung zwischen sozialer Devianz und psychischer Störung auf und brachte psychisch Kranke zusammen mit somatischen Patienten in Bürgerspitälern oder in eigenen Anstalten unter. Im 19. Jahrhundert wurde die Versorgung psychischer Störungen als wichtiges Anliegen gesehen, was den Bedarf an Behandlungsmöglichkeiten massiv steigerte. Dieser Bedarf konnte nicht durch die Bürgerspitäler (Allgemeine Krankenhäuser) gedeckt werden, weshalb es vermehrt zur Gründung eigener Anstalten für psychisch Kranke kam. Vielfach wurden diese Anstalten fern von Städten und getrennt von anderen medizinischen Diensten realisiert. Das durch die Anstalten realisierte Versorgungskonzept, das den psychisch Kranken einen Sonderstatus einräumte, kritisierte Griesinger 1867 (s. Rössler, Häfner, Martini, an der Heiden, Jung & Löffler, 1987). Mit seinem Satz, daß Geisteskrankheiten Krankheiten des Gehirns seien, forderte er implizit die Gleichstellung somatisch und psychisch Kranker und eine integrierte Versorgung. Dieses Konzept erfuhr aber aus verschiedenen Gründen keine Realisierung. Vielmehr fand in der Bundesrepublik Deutschland die Trennung zwischen Universitätskliniken und Anstaltspsychiatrie statt, die für beide Versorgungsformen verschiedenste Nachteile mit sich brachte. Anfangs dieses Jahrhunderts kam es durch Arbeits- und Beschäftigungstherapie, durch Außenfürsorge und die Gründung von Hilfsvereinen (vgl. Mental-Health Bewegung in USA) zu einer Verbesserung der Versorgung, die problematische Anstalts Versorgung erfuhr dadurch aber keine grundsätzliche Änderung. In der Zeit des Nationalsozialismus kam es dann zu den Verbrechen der Zwangssterilisation und Tötung von psychisch Kranken (s. Klee, 1997); diese Verbrechen haben über die Zeit des Nationalsozialismus hinweg die Gesundheitsversorgung im deutschsprachigen Raum beeinträchtigt.

Die Entwicklung der Gesundheitsversorgung nach dem zweiten Weltkrieg (s. auch Häfner & Rössler, 1991; Häfner, 1995) war vor allem geprägt durch eine zunehmende Vielfalt an therapeutischen Möglichkeiten: Sozialtherapie (seit Ende der vierziger Jahre), Psychopharmakotherapie (seit den fünfziger Jahren) und Psychotherapie. Letztere hatte zwar bereits zu Beginn dieses Jahrhunderts durch die Psychoanalyse punktuell Eingang in die Gesundheitsversorgung gefunden; in der Bundesrepublik Deutschland und Österreich führte aber der Nationalsozialismus zur Emigration fast aller PsychoanalytikerInnen, die dann in USA einen starken Einfluß auf die Psychiatrie ausübten. Seit den fünfziger Jahren hat die Psychotherapie zunehmend in der gesamten Gesundheitsversorgung an Bedeutung gewonnen, da nicht nur tiefenpsychologische Verfahren, sondern auch in der Psychologie begründete Verfahren wie Gesprächspsychotherapie und Verhaltenstherapie entwickelt wurden. Eine grundsätzlich neue Perspektive für die Gesundheitsversorgung, nämlich die *Integration* psychisch Kranker, zeichnete sich umfassend (Vorläufer jeweils früher) ab in England seit den fünfziger, in USA seit den sechziger (Mental health centers act von Kennedy 1963) und in den deutschsprachigen Ländern seit den siebziger Jahren (mit Vorläufern in den sechziger Jahren). Der Schlußbericht der Sachverständigenkommission des Deutschen Bundestages vom 25. November 1975 stellt das offizielle Datum für die Änderung der Gesundheitsversorgung psychischer Störungen der Bundesrepublik Deutschland dar (Deutscher Bundestag, 1975), in Österreich und der Schweiz verlief die Entwicklung ähnlich (Österreich: Mitteilungen der österreichischen Sanitätsverwaltung, 1992; Schweiz: vgl. Pöldinger, 1982; Gutzwiller & Paccaud, 1996).

Ende der siebziger Jahre wurde die Gesundheitsdiskussion um den Aspekt der Gesundheitsförderung – *Health promotion* – erweitert (s. Abschnitt 3.2) Damit geht es nicht mehr nur um eine Optimierung der Behandlung, sondern um Gesamtkonzepte für Gesundheit/Krankheit, in dem die Prävention und die Förderung der Gesundheit einen besonderen Stellenwert erhalten. Mit dem Begriff *Public Health* wird ein interdisziplinäres Forschungs- und Handlungsfeld umschrieben, das aus der Makroperspektive heraus die Verbesserung der Gesundheit der Bevölkerung bzw. von Teilbevölkerungen erforscht und umzusetzen sucht (s. auch Kap. 1/ Grundbegriffe – Einleitung).

Die Ergebnisse der Reformbemühungen der siebziger und achtziger Jahre um eine Verbesserung der Situation von Personen mit psychischen Störungen haben sich in Zielvorstellungen und Strukturänderungen niedergeschlagen, die eine deutliche Verbesserung der Gesundheitsversorgung psychisch Kranker gebracht haben (zur internationalen Entwicklung der neuerem Zeit s. Kulenkampff & Picard, 1989; Häfner & Rössler, 1991; Häfner, 1995). So wurden in fast allen europäischen Ländern die psychiatrischen Krankenhäuser verkleinert, die Bettenzahl aufgrund der halbstationären und komplementären Versorgung reduziert, die Verweildauer verkürzt (Rössler, Salize, Biechele & Riecher-Rössler, 1994). Der wirtschaftliche Rückgang in den neunziger Jahren hat aber den weiteren Ausbau erschwert, ebenso behindern weiterhin ambivalente Einstellungen der Bevölkerung gegenüber psychisch Kranken den Ausbau der Versorgung. Es ist daher nicht verwunderlich, wenn in der Gesundheitsversorgung verschiedene Aufgabenbereiche noch nicht befriedigend gelöst sind (z. B. berufliche Rehabilitation, Situation der chronisch psychisch Kranken und Behinderten).

3. Leitbilder der Gesundheitsversorgung

Als Zielpunkt für Veränderungen, aber auch zur Bewertung bestehender Systeme werden für die Gesundheitsversorgung Leitbilder benötigt. Diese finden sich meistens in Expertenberichten, die in der Regel auch Bestandsaufnahmen beinhalten. Vielfach sind diese Expertenberichte von MedizinerInnen maßgebend gestaltet worden, was sich in berufspolitischen Aussagen auswirkt, so daß die Rolle der PsychologInnen in der Gesundheitsversorgung nicht immer die aus psychologischer Sicht adäquate Funktionszuweisung erfährt (gilt z. B. für den Expertenbericht der Deutschen Gesellschaft für Psychiatrie, Psychotherapie und Nervenheilkunde, 1997). Andererseits fehlen neuere alternative ExpertInnenaussagen aus psychologischer Sicht, die die gesamte Breite der Gesundheitsversorgung abzudecken erlauben; auf entsprechende Leitbilder für Teilbereiche wird in Abschnitt 3.3 eingegangen. Alternative Konzepte – z. B. *Gemeindepsychologie* anstatt Gemeindepsychiatrie (vgl. Sommer & Ernst, 1977) haben nicht die notwendige nationale oder internationale Resonanz gefunden. Die Abschnitte 3.1 und 3.2 sind eher an der medizinischen Versorgung mit ihren spezifischen Rahmenbedingungen (Krankenkassen etc.) orientiert, während Abschnitt 3.3 auf Zielvorstellungen aus psychologischer Sicht eingeht. In neuerer Zeit werden auch Leitbilder der Qualitätssicherung (s. Abschnitt 5.2) formuliert, die einen anzustrebenden Behandlungsstandard umschreiben (Gaebel, 1995a).

3.1 Leitbilder zur psychiatrischen und psychotherapeutisch-psychosomatischen Versorgung

International wurden zu verschiedenen Zeitpunkten Expertenberichte mit Leitbildern zu gesamten Bereichen oder Teilsektoren der Gesundheitsversorgung entworfen, die zum Teil auch gesetzgeberische Konsequenzen hatten (vgl. für kurzgefaßten Überblick: Kulenkampf & Piccard, 1989). Besondere Beachtung erfuhren die auf Basaglia zurückzuführenden gesetzlichen Bemühungen Italiens um Minimierung der stationären Versorgung zugunsten der ambulanten Versorgung. Im deutschsprachigen Raum sind die 1975 vorgestellten Leit-

Tabelle 1: Grundsätze einer Neuordnung der Versorgung psychisch Kranker und Behinderter (Deutscher Bundestag 1975, S. 189, 190; Auszug aus der Originalversion; Kürzungen sind mit (…) symbolisiert)

---

(1) Die *Entstehungsbedingungen* psychischer Krankheiten und die Umstände, welche zu ihrer *Chronifizierung* beitragen können, machen es (…) notwendig, solchen Zusammenhängen und den Fragen und Möglichkeiten der *Prävention* fortschreitend nachzugehen und *Erkenntnisse darüber an die Betroffenen, an Institutionen und Entscheidungsinstanzen zu vermitteln.*

(2) Erforderlich ist eine intensivierte allgemeine Aufklärung der Bevölkerung auf dem Gebiet der psychischen Gesundheit und eine gründlichere spezielle *Schulung* solcher Berufsgruppen, die (…) mit Auffälligkeiten und Beeinträchtigungen konfrontiert werden.

(3) Durch volle Ausschöpfung präventiver Hilfen (…), sowie durch sinnvolle Förderung von Selbsthilfeinitiativen der Betroffenen (Selbsthilfegruppen) ist die *Vorsorge* auf dem Sektor der psychischen Gesundheit bereits im *Vorfeld der fachtherapeutischen Dienste* wesentlich zu verbessern. (…).

(4) Die Versorgung (…) muß als ein umfassendes *Angebot allen* von psychischer Krankheit oder Behinderung Betroffenen und Bedrohten zur Verfügung stehen. Dies bedeutet, daß eine *Vielzahl von* (miteinander koordinierten) Diensten vorhanden sein muß. (…).

(5) Alle Dienste, bei denen dies nur möglich ist, sollen *gemeindenah* eingereicht werden. (…).

(6) Alle noch bestehenden *Unterschiede* hinsichtlich rechtlicher, kostenmäßiger und sozialer Regelungen *zwischen* psychisch *Kranken* und *körperlich Kranken* müssen *beseitigt* werden.

(7) Die psychiatrischen und psychotherapeutisch/psychosomatischen Dienste können ihren Aufgaben nur durch eine *multidisziplinäre Zusammenarbeit zahlreicher Berufsgruppen* gerecht werden. (…) Sie macht (…) eine enge und verbindliche Zusammenarbeit mit sozialen, psychologischen und sonderpädagogischen Diensten erforderlich.

(8) *Fachkrankenhäuser (…)* sollen nur diejenigen psychisch Kranken aufnehmen, deren Zustand diesen diagnostischen und therapeutischen Einsatz erforderlich macht. Für *geistig* und *seelisch Behinderte*, die einer ständigen Betreuung bedürfen, ist die Unterbringung in einem Fachkrankenhaus in der Regel nicht erforderlich. Sie bedürfen überwiegend solcher Einrichtungen, in denen rehabilitative und pädagogische Angebote und eine normale Wohn- und Lebensraumgestaltung ausschlaggebend sind.

(9) Die vielfältig erforderlichen Angebote und Dienste sollen so *miteinander verbunden* sein, daß psychisch Kranke und Behinderte soweit und solange nur möglich die Beziehung zu derjenigen Einrichtung oder Fachgruppe, die sich ihrer Versorgung angenommen hat, aufrechterhalten können.

---

bilder der Bundesrepublik Deutschland (Deutscher Bundestag, 1975) besonders wichtig geworden und auch heute noch weitgehend aktuell (s. **Tab. 1**).

Durch einen weiteren Expertenbericht (Expertenkommission der Bundesregierung, 1988) wurden die Leitsätze von 1975 überprüft und erweitert. 1997 sind erneut Leitlinien aus psychiatrischer Sicht herausgegeben worden (Deutsche Gesellschaft für Psychiatrie, Psychotherapie und Nervenheilkunde, 1997; s. **Tab. 2**). Für Österreich liegen aus dem Jahr 1994 (Mitteilungen der österreichischen Sanitätsverwaltung) detaillierte Empfehlungen für die psychiatrische Versorgung Österreichs vor, die für unterschiedliche Institutionen Aufgabenzuschreibungen, Schlüsselzahlen (Institutionsparameter pro Einwohnerzahl), Personalbeset-

Tabelle 2: Leitlinien einer künftigen Behandlung psychischer Erkrankungen: Versorgungspolitische Grundprinzipien (Deutsche Gesellschaft für Psychiatrie, Psychotherapie und Nervenheilkunde, 1997, S. 31–37; mit «…» versehene Stellen sind Zitate)

(1) *Bedarfsdeckung.* «Oberstes Versorgungsprinzip ist, daß allen Behandlungsbedürftigen die von den Erfolgsaussichten und – bei mehreren vergleichbaren effektiven Verfahren – vom Kostenaufwand günstigste Therapieform ohne Barrieren zugänglich gemacht wird» (S. 31).

(2) *Gleichstellung psychisch und somatisch Kranker.* Diese umfaßt rechtliche, finanzielle und soziale Aspekte (s. auch Tab. 1); ergänzend wird die Versorgungsnähe zur somatischen Medizin gefordert.

(3) *Gegliedertes Versorgungssystem.* Gefordert wird ein «mehrstufig gegliedertes und zunehmend spezialisiertes Versorgungssystem» (S. 33), in dem nichtprofessionelle und professionelle (nichtspezialisierte und spezialisierte) Dienste unterschieden werden.

(4) *Patientenorientierte, individualisierte Behandlung.* Im Versorgungssystem «muß künftig stärker die Patientenzentrierung vor der Institutions- und Methodenzentrierung stehen» (S. 34). Da aber nicht jede Institution alle Interventionsvarianten anbieten kann, muß «gleichzeitig das Prinzip eines funktional vernetzten, gestuften Versorgungssystems mit fachlicher Schwerpunktbildung» (S. 34) stärker beachtet werden.

(5) *Freie Institutions- und Therapeutenwahl.* Die Realisierung dieses Postulates ergibt sich u. a. auch aus der Gleichstellung zu somatisch Kranken, bei denen dieses Postulat seit langem in vielen Bereichen erfüllt ist.

(6) *Normalisierung der Hilfen.* Die stationären und außerstationären Versorgungseinrichtungen sind in die allgemeinen Strukturen des Sozial- und Gesundheitswesens zu integrieren; damit werden für die betroffenen Personen die Versorgungsmodalitäten alltäglich und leichter zugänglich.

(7) *Wohnortnähe.* Das Postulat der *Gemeindenähe* gehört zu den klassischen Forderungen (s. Tab. 1: Punkt 5) und impliziert, daß bei der Behandlung von Personen mit psychischen Störungen die Integration in ihrer Gemeinde möglichst wenig tangiert wird, damit die Wiedereingliederung möglichst gut gelingt. Dies hat zur Konsequenz, daß die Institutionen räumlich, aber auch «psychologisch» möglichst nahe an der Gemeinde der jeweiligen PatientInnen anzusiedeln wären. Im neuen Postulat wird anstelle der Gemeindenähe die Wohnortnähe gefordert, d. h. die Erreichbarkeit mittels öffentlicher Verkehrsmittel innerhalb von 30 bis maximal 60 Minuten. Der Begriff der *Sektorisierung* d. h. daß Teilbereiche einer Institution für bestimmte geographische Regionen zuständig sind (z. B. Station A der Klinik ist für die Stadtteile I–V, Station B derselben Klinik für die Stadtteile VI–X zuständig), wird in den neuen Leitlinien nicht mehr in den Vordergrund gestellt.

(8) *Vorrang ambulanter vor stationärer Therapie.* Diese Forderung basiert auf ethischen Gründen (geringerer Eingriff ist dem umfassenderen Eingriff vorzuziehen) und auf Kosten-Nutzen-Überlegungen.

(9) *Koordination und Kooperation multiprofessioneller Behandlungsangebote.* «Fehlplazierungen und Mehrfachbetreuungen müssen vermieden und die Kontinuität der Behandlung über mehrere Institutionen hinweg gewährleistet werden» (S. 36). Mit dem Modell des *Case Managments* wird die kontinuierliche Betreuung von PatientInnen – unabhängig von der zur Zeit beanspruchten Institution – durch eine Betreuungsperson oder einem kleinen Betreuungsteam gefordert. Dieses Prinzip ist nicht ohne weiteres mit dem Prinzip der patientenorientierten Behandlung (Punkt 3) zu vereinbaren, wonach auch unterschiedliche Institutionen tätig werden müssen.

(10) *Qualitäts- und Effizienzkontrolle.* Es wird eine kontinuierliche Effektivitäts- und Effizienzüberprüfung für Institutionen und Professionen (z. B. Weiterbildungsgänge) gefordert, was durch Maßnahmen der Qualitätssicherung zu gewährleisten ist.

zung etc. angibt. Empfehlungen für die Schweiz liegen zum Teil für einzelne Kantone vor wie z. B. Thurgau (Gesundheitsdepartement Kanton Thurgau, 1995) oder St. Gallen (Staatskanzlei Kanton St. Gallen, 1995).

Zum Teil finden sich in den Expertenberichten auch Sollzahlen, die die institutionelle Umsetzung beinhalten. Im folgenden werden Sollwerte für Deutschland (Deutsche Gesellschaft für Psychiatrie, Psychotherapie und Nervenheilkunde, 1997), Österreich (Mitteilungen der österreichischen Sanitätsverwaltung, 1994) und die Schweiz (Gesundheitsdepartement Kanton Thurgau, 1995; Staatskanzlei Kanton St. Gallen, 1995) an einigen Beispielen vorgestellt:

- *Bettenbedarf für stationären Bereich pro 1000 EinwohnerInnen (Akut- und Pflegebetten: Erwachsene):* 0,6 bis 1,0 (Deutschland); 0,5 bis 0,7

Tabelle 3: Ottawa-Charta zur Gesundheitsförderung (WHO, 1986; Auszug aus der deutschsprachigen Originalversion; Kürzungen sind mit (…) symbolisiert)

Die erste Internationale Konferenz zur Gesundheitsförderung hat am 21. November 1986 in Ottawa die folgende Charta verabschiedet. Sie ruft damit auf zu aktivem Handeln für das Ziel «Gesundheit für alle bis zum Jahr 2000» und darüber hinaus. (…)

Gesundheitsförderung zielt auf einen Prozeß, allen Menschen ein höheres Maß an Selbstbestimmung über ihre Gesundheit zu ermöglichen und sie damit zur Stärkung ihrer Gesundheit zu befähigen. (…)

Aktives, gesundheitsförderndes Handeln erfordert:
– Entwicklung einer gesundheitsfördernden Gesamtpolitik. (…)
– Gesundheitsförderliche Lebenswelten schaffen. (…)
– Gesundheitsbezogene Gemeinschaftsaktionen unterstützen.(…)
– Persönliche Kompetenzen entwickeln. (…)
– Die Gesundheitsdienste neu orientieren. (…)

Gemeinsame Verpflichtung zur Gesundheitsförderung. Die Teilnehmer der Konferenz rufen dazu auf:
– an einer gesundheitsfördernden Gesamtpolitik mitzuwirken und sich dafür einzusetzen, daß ein eindeutiges politisches Engagement für Gesundheit und Chancengleichheit in allen Bereichen zustande kommt;
– allen Bestrebungen entgegenzuwirken, die auf die Herstellung gesundheitsgefährdender Produkte, auf die Erschöpfung von Ressourcen, auf ungesunde Umwelt- und Lebensbedingungen oder auf eine ungesunde Ernährung gerichtet sind; sie verpflichten sich, Fragen des öffentlichen Gesundheitsschutzes wie Luftverschmutzung, Gefährdungen am Arbeitsplatz sowie Wohn- und Raumplanung in den Mittelpunkt der Aufmerksamkeit zu stellen;
– die gesundheitlichen Unterschiede innerhalb der Gesellschaften und zwischen ihnen abzubauen und die von den Vorschriften und Gepflogenheiten dieser Gesellschaften geschaffenen Ungleichheiten im Gesundheitszustand zu bekämpfen;
– die Menschen selber als die Träger ihrer Gesundheit anzuerkennen und zu unterstützen und auch finanziell zu befähigen, sich selbst, ihre Familien und Freunde gesund zu erhalten. Soziale Organisationen und die Gemeinde sind dabei als entscheidende Partner im Hinblick auf Gesundheit, Lebensbedingungen und Wohlbefinden zu akzeptieren und zu unterstützen;
– die Gesundheitsdienste und ihre Mittel auf die Gesundheitsförderung umzuorientieren und auf das Zusammenwirken der Gesundheitsdienste mit anderen Sektoren, anderen Disziplinen und – was noch viel wichtiger ist – mit der Bevölkerung selbst hinzuwirken;
– die Gesundheit und ihre Erhaltung als wichtige gesellschaftliche Investition und Herausforderung zu betrachten und die globale ökologische Frage unserer Lebensweisen aufzuwerfen.
Die Konferenzteilnehmer rufen auf, sich in diesem Sinne zu einer starken Allianz zur Förderung der öffentlichen Gesundheit zusammenzuschließen.

Aufruf zu internationalem Handeln:
Die Konferenz ersucht die Weltgesundheitsorganisation und alle anderen internationalen Organisationen, für die Förderung von Gesundheit Partei zu ergreifen und ihre einzelnen Mitgliedsländer dabei zu unterstützen, Strategien und Programme für die Gesundheitsförderung zu entwickeln.
Die Konferenz ist der festen Überzeugung, daß dann, wenn Menschen in allen Bereichen des Alltags, wenn soziale Verbände und Organisationen, wenn Regierungen, die Weltgesundheitsorganisation und alle anderen betroffenen Gruppen ihre Kräfte entsprechend den moralischen und sozialen Werten dieser Charta vereinigen und Strategien der Gesundheitsförderung entwickeln, daß dann «Gesundheit für alle» im Jahre 2000 Wirklichkeit werden wird.

(Österreich: zusätzlich für Alkoholkranke: 0,1 Betten); 1,0 Betten (Schweiz/Kanton Thurgau).

• *Komplementäre Angebote pro 1000 Einwohner-Innen* (s. Abschnitt 4.2):
Wohnen: 0,24 bis 0,40 Plätze (Österreich; vgl. auch Rössler et al., 1994). Internationale Expertenberichte fordern 1,5 betreute Wohnplätze (Deutsche Gesellschaft für Psychiatrie, Psychotherapie und Nervenheilkunde, 1997). Tagesklinische Angebote: 0,15 (Deutschland), 0,40 bis 0,75 (Österreich); 0,1 Plätze (Schweiz/St. Gallen).

Die Richtwerte sind von der Versorgungsgüte anderer Institutionen abhängig; sofern z.B. der komplementäre Sektor schlecht ausgestattet ist, benötigt man mehr Betten als bei gutem Ausbau. Die Expertenberichte sind vielfach allgemein gehalten, bringen aber zusätzliche Empfehlungen für spezielle Gruppen, insbesondere für Kinder und Jugendliche, alte Menschen, Suchtbereich und psychisch kranke StraftäterInnen.

3.2 Leitbilder für die Gesundheitsförderung

Wie bereits angeführt, beinhaltet Gesundheitsversorgung auch das Konzept Gesundheit. Steht Gesundheit und ihre Förderung im Vordergrund, so wird im angelsächsischen Raum vielfach der Begriff *Public Health* verwendet (Gutzwiller & Jaenneret, 1996a). Gutzwiller und Jeanneret (1996b, S. 25) postulieren für Public Health folgenden Aufgabenbereich: «Die Aufgaben von Public Health bestehen darin, sich für die Schaffung von gesellschaftlichen Bedingungen, Umweltbedingungen und Bedingungen der gesundheitlichen Versorgung einzusetzen, unter welchen die Menschen gesund leben können». Public Health bezieht sich interdisziplinär auf Gesundheit aus der Makroperspektive (System, Gemeinde etc.); die Gesundheitspsychologie (health psychology; Schwarzer, 1997) bearbeitet das Thema Gesundheit eher aus der Mikroperspektive mit psychologischer Akzentuierung. Die spezifischen Beiträge der Psychologie zu Public Health werden zum Teil als «Public Health – Psychologie» bezeichnet (Schmidt, 1994). Die Weltgesundheits-

organisation WHO hat die Gesundheitsförderung *Health promotion* seit 1977 zu ihrem expliziten Anliegen gemacht und internationale interdisziplinäre Programme initiiert und realisiert, die sich nicht nur an die Wissenschaft, sondern auch an die Politik richten. Bei der ersten Internationalen WHO-Konferenz zur Gesundheitsförderung in Ottawa wurde am 21. November 1986 die *Ottawa-Charta zur Gesundheitsförderung (health promotion – the Ottawa charter)* mit dem Ziel «Gesundheit für alle bis zum Jahr 2000 und darüber hinaus» verabschiedet (WHO, 1986; s. **Tab. 3**).

Seit dieser Konferenz sind ergänzende Empfehlung von der WHO herausgegeben, die nach den jeweiligen Konferenzorten benannt wurden: 1989 Adelaide (Australien), 1991 Sundsvall (Schweden). Als besondere Anliegen wurden z.B. betont: Förderung der Gesundheit von Frauen (WHO, 1994) Bekämpfung des Hungers. Vom Regionalbüro Europa der WHO bzw. von Untergruppen der WHO wurden aufgrund von Konferenzen zusätzliche Deklarationen verabschiedet bzw. Programme initiiert, die zum Teil auch Handlungsprioritäten beinhalten, so z.B. «Gesunde Städte», Europäische Charta Umwelt und Gesundheit.

3.3 Psychologische Leitbilder für die Gesundheitsversorgung

Umfassende Konzepte zur Gesundheitsversorgung aus psychologischer Sicht liegen bisher nicht vor; zu Teilaspekten wurden aber Leitlinien formuliert. Die Heilkundekommission (1987) der Föderation deutscher Psychologenvereinigungen hat in ihrer Denkschrift eine Bestandesaufnahme der aktuellen Situation der Psychologie in der Heilkunde vorgenommen und die breite Kompetenz der Klinischen PsychologInnen für das Gesundheitswesen dargelegt. Die Denkschrift kritisiert dabei die in Deutschland damals gültigen Rahmenbedingungen und fordert für die Psychologie ein Gesetz, das die selbständige und eigenverantwortliche Tätigkeit von PsychologInnen im Gesundheitswesen ermöglicht; 1998 wurde dieses Gesetz verabschiedet. Die Föderation der Schweizerischen Psychologinnen und Psychologen (1994) formuliert für eine qualitätsorientierte Psychothe-

Tabelle 4: Leitbild der Föderation der Schweizerischen Psychologinnen und Psychologen (1994) für eine qualitätsorientierte Psychotherapie (Folgender Text beinhaltet die Überschriften gem. Originalversion; Erläuterungen vom Verf. in Klammer)

– Notwendigkeit und Wirksamkeit der Psychotherapie erwiesen.

– Psychologische Psychotherapeutinnen und -therapeuten: ausgewiesene Fachkräfte (Postulat, daß Psychotherapie eine anspruchsvolle Ausbildung erfordert, die den Abschluß eines Universitätsstudiums in Psychologie oder Medizin und eine vierjährige Weiterbildung in Psychotherapie beinhaltet).

– Qualitätssicherung im Dienste der Patientinnen und Patienten (Hinweis, daß die Erkenntnisse der Forschung durch kontinuierliche Fortbildung zu nutzen sind).

– Psychotherapie ein wichtiger Teil der Gesundheitsversorgung (Hinweis, daß psychologische PsychotherapeutInnen einen wesentlichen Beitrag zur Gesundheitsversorgung leisten).

– Keine Diskriminierung mehr bei der Psychotherapie (Forderung, daß Psychotherapie bei psychologischen PsychotherapeutInnen im gleichen Umfange wie bei den ÄrztInnen durch die Krankenkassen zu bezahlen ist).

rapie das in **Tabelle 4** dargestellte Leitbild; von der Föderation der Schweizerischen Psychologinnen und Psychologen (1992) sind auch Empfehlungen zur Rolle der Psychologie bei Prävention und Gesundheitsförderung vorgelegt worden.

4. Institutionen der Gesundheitsversorgung

In den Konzepten der Gesundheitsversorgung werden unterschiedliche Bereiche und Institutionen postuliert. Von Interesse ist zum einen die Art der Institutionen, zum andern der Weg der Inanspruchnahme durch PatientInnen. Letzteres wird mit dem Stichwort *Krankheitsverhalten* umschrieben; dieses beinhaltet den Weg von der Symptomwahrnehmung bis hin zur Behandlung.

4.1 Krankheitsverhalten

Unter Krankheitsverhalten sind die im Zusammenhang mit wahrgenommenen Symptomen sich ergebende Handlungen bzw. Verhaltensweisen der betroffenen Person zu verstehen. Teilweise wird auch anstelle von Krankheitsverhalten der Begriff *Hilfesuchen* verwendet (vgl. Siegrist, 1988). Es lassen sich beim Krankheitsverhalten unterschiedliche Stufen unterscheiden, die nicht in jedem Fall hintereinander durchlaufen werden (modifiziert nach Siegrist, 1988):

(1) *Symptomwahrnehmung und Eigenbewältigung:* Interpretation von beobachteten Phänomenen als Problem, es kann dadurch ein Leidensdruck entstehen. Sofern ein Änderungswunsch vorhanden ist, kann es zur Eigenbewältigung in Form von intrapsychischen Bewältigungsversuchen (Coping; z.B. Verleugnen, Informationssuche; s. auch Kap. 17/Streß-Coping) und/oder Selbstmedikation (z.B. vorhandene Medikamente, Methoden der Alternativmedizin) kommen.

(2) *Mitteilung an Vertraute («significant others»):* Die Krankheitserfahrung wird – sofern die Selbstmedikation bzw. die Bewältigungsversuche nicht helfen – anderen Personen, zu denen ein besonderes Vertrauen besteht, mitgeteilt. Damit wird das private Erleben zu einem sozialen Tatbestand, bei dem die Umwelt Einfluß auf die Symptomwahrnehmung nehmen kann. Es können unterschiedliche Einflußnahmen mit konstruktiver (z.B. Präzisierung der Diagnose) oder destruktiver Akzentuierung (z.B. Kritik; Verhindern von Hilfesuchen im professionellen System) erfolgen. Teilweise fallen (1) und (2) zusammen, wenn die Symptomwahrnehmung von Außen geschieht (zum Teil bei psychischen Störungen der Fall).

(3) *Problemlösung in unterschiedlichen Systemen:* Sofern der Änderungswunsch weiterhin besteht und die Eigenbewältigung nicht ausreicht, kommt es zum aktiven Hilfesuchverhalten, indem zu Lösungen andere Personen miteinbezogen werden (Fremdbewältigung).

Dabei stehen unterschiedliche Systeme zur Verfügung:

a) *Laiensystem:* Dieses System besteht aus für den Problembereich nicht ausgebildeten Helfern, die ihre Hilfe informell, d. h. nicht berufsmäßig geben. Zum Laiensystem gehört vor allem diejenige Personengruppe, die das Soziale Netzwerk konstituiert (z. B. Verwandte, Nachbarschaft, Arbeitsbereich, Vereine; Laireiter, 1993). Aus diesem Sozialen Netzwerk heraus kann die Soziale Unterstützung erfolgen, bei der Lösungswege vorgeschlagen bzw. realisiert werden. Zum Laiensystem gehören aber auch diejenigen nichtprofessionellen Personen, an die die betroffene Person von Mitgliedern des Sozialen Netzwerkes weiter empfohlen wird.

b) *Halbprofessionelles System im Vorfeld fachspezifischer Dienste:* In diesem Bereich finden wir die Berufsgruppen, die nicht im Gesundheitswesen tätig (daher Vorfeld), aber in begrenztem Umfange für das Erkennen oder den Umgang mit psychischen Störungen ausgebildet worden sind (z. B. Personen in der Seelsorge, Schule, Arbeitsverwaltung, Rechtswesen; Besier, 1980). Unter deren Klientelschaft kommen nur vereinzelt Personen mit psychischen Störungen vor.

c) *Professionelles System im Vorfeld oder im Feld fachspezifischer Dienste:* Dieser Bereich wird durch Berufsgruppen repräsentiert, die aufgrund ihrer Ausbildung für psychische Störungen im allgemeinen (Vorfeld fachspezifischer Dienste, keine Spezialisierung; z. B. PsychologInnen ohne klinisch-psychologische, psychotherapeutische Spezialisierung; AllgemeinärztInnen; ApothekerInnen; Gemeindepflegedienste) oder im speziellen kompetent sind (Feld fachspezifischer Dienste, spezialisiert: Klinische PsychologInnen, PsychiaterIn etc.).

d) *Paramedizinisches System:* Neben dem «offiziellen» Heilsystem ist im weiteren auch das paramedizinische System von Bedeutung, in dem HeilerInnen, RutengängerInnen etc. mit Methoden arbeiten, die im offiziellen Gesundheitssystem nicht anerkannt bzw. sogar verboten sind. Darunter sind u. a. ernstzunehmende Methoden, die in anderen Kulturen als erfolgreich gelten, aber auch problematische bis sogar vereinzelt betrügerische Ansätze zu subsumieren. Die Bedeutung des paramedizinischen Systems ist gerade in der heutigen Zeit nicht zu unterschätzen.

Vielfach führt das Krankheitsverhalten über folgende Stationen: Eigenbewältigung, Bewältigung mittels Sozialem Netzwerk (Laiensystem) und/oder halbprofessionellem System, Hilfesuchen im professionellen System. Innerhalb des offiziellen Gesundheitssystems (halb- und professionelles System) findet sich häufig ein Stufenmodell (Goldberg & Huxley, 1980; s. auch Kap. 8/Epidemiologie).

Wie die Medizinsoziologie zeigt (Siegrist, 1988; s. auch Kap. 16/Soziologische Aspekte), ist das Krankheitsverhalten abhängig von institutionellen Rahmenbedingungen (z. B. Bezahlung der Leistungen durch Kassen; Erreichbarkeit der Institutionen), aber auch von sozialen Merkmalen (z. B. Schicht) und Persönlichkeitsmerkmalen. Aufgabe der Gesundheitsversorgung ist die Optimierung des Krankheitsverhalten, um verspätete Behandlungen und Chronifizierungen zu vermeiden.

4.2 Institutionen

In früheren Expertenberichten zur Gesundheitsversorgung wurde von Standardversorgungsgebieten gesprochen (ursprünglich 250 000; dann ca. 100 000 bis 150 000 EinwohnerInnen; Expertenkommission der Bundesregierung, 1988), d. h. einem Gebiet, das in der Regel für die Versorgung so ausgestattet sein sollte, daß nur Spezialfälle außerhalb des Gebietes versorgt werden müssen. Da sich die Normierung an Einwohnerzahlen gerade in Großstädten, aber auch in Gebirgsregionen als problematisch erwiesen hat, ist der Begriff des Standardversorgungsgebietes bei den neueren Expertenberichten nicht mehr bedeutsam. Wesentlich ist eine umfassende komplexe Versorgung, die in der Regel das Kriterium der Wohnortnähe erfüllen sollte (Ausnahme: Spezialeinrichtungen wie z. B. stationäre Einrichtungen für Personen mit Störungen durch psychotrope Substanzen). Die Forderung nach Wohnortnähe ist insbesondere auch für Landregionen einzulösen, da die Versorgungsangebote nicht nur auf die (Groß)Städte konzentriert werden dürfen.

Wenn im folgenden von Institution gesprochen wird, so impliziert dies keine spezifische Rechtsform; es können darunter Einzel- oder Gruppenpraxen, Institutionen von privaten oder staatlichen Trägern, die für sich allein oder mit einem Krankenhaus verbunden sind, verstanden werden. Ebenso können unterschiedliche Finanzierungsmodalitäten (s. unten) vorkommen.

In den Expertenberichten werden in der Regel bestimmte Versorgungsangebote gefordert. Diese Versorgungsangebote unterscheiden sich in ihrer Auswirkung auf das Alltagsleben. Wing (1989) postuliert, daß sich die Gesundheitsversorgung vor allem auf folgende Alltagsfunktionen auswirkt: *Arbeit, Wohnen* (Tag/Nacht) und *Freizeit* (inkl. Kontaktbereich); der Bereich Freizeit wird heute umfassender konzipiert und beinhaltet neben dem Freizeitbereich, Kontaktmöglichkeiten, aber auch Alltagsgestaltung und Tagesstrukturierung; es geht um die soziale Teilhabe im Allgemeinen. Im folgenden

verwenden wir den Begriff der *Sozialen Funktionsfähigkeit* als Kürzel für diesen Aufgabenbereich. In **Tabelle 5** findet sich ein Überblick mit Beispielen über die für den Erwachsenenbereich notwendigen wichtigsten Versorgungsangebote.

Durch das halbprofessionelle System bzw. das nichtspezialisierte professionelle System werden die Alltagsfunktionen durch das Versorgungsangebot nicht oder kaum beeinträchtigt, d. h. das gewohnte Leben kann trotz Inanspruchnahme des Versorgungsangebotes weitergeführt werden. Evtl. vorhandene Beeinträchtigungen in den Alltagsfunktionen Arbeit (krankheitsbedingter Unterbruch) oder Soziale Funktionsfähigkeit sind nicht auf das Ver-

Tabelle 5: Versorgungsangebot für eine Region

Bereich	Bsp. für Berufsgruppen, Institutionen, Tätigkeiten	Alltagsfunktion		
		A	SF	W
(1) Halbprofessionelles System[1] (Vorfeld fachspezifischer Dienste)	Seelsorge, Erziehung, Rechtswesen etc.	+	+	+
(2) Professionelles System[2] (nicht spezialisiert: Vorfeld fachspezifischer Dienste)	PsychologInnen (nicht Klinische Psychologie), AllgemeinärztInnen, FachärztInnen (nicht Psychiatrie); ApothekerInnen etc.	+	+	+
(3) Professionelles System[2] (spezialisiert; Feld fachspezifischer Dienste)				
(3.1) Ambulante Dienste	Klinische PsychologInnen (mit/ohne Psychotherapie), FachärztInnen f. Psychiatrie, PsychagogInnen, etc.; Beratungsstellen, Krisen- und Notfalldienste, Ambulanzen an Fachkliniken, Sozialpsychiatrische Dienste etc.	+	+	+
(3.2) Halbstationäre Dienste	Tageskliniken (Nachtkliniken)	− +	+ −	+ −
(3.3) Stationäre Dienste	Fachkliniken (Psychiatrie, Psychosomatik, Psychotherapie) und entsprechende Abteilungen an Allgemeinkrankenhäusern etc.; Konsiliar-, Liaisondienst	−	+	+
(3.4) Komplementäre Dienste	Wohnbereich Arbeitsbereich Clubs, Tagesstätten, Kontaktstellen etc.	+ (+) +	(+) + (+)	(+) + +

Anmerkungen. Alltagsfunktionen A: Arbeit, SF: Soziale Funktionsfähigkeit, W: Wohnen. Auswirkungen auf Alltagsfunktionen: + keine Beeinträchtigung, (+) begrenzte Beeinträchtigung, − massive Beeinträchtigung.
[1] Halbprofessionell: nicht im Gesundheitswesen tätig, aber begrenzte Kompetenzen bezüglich psychischer Störungen.
[2] Professionell: im Gesundheitswesen tätig.

sorgungsangebot, sondern auf den eigenen Zustand zurückzuführen.

Die fachspezifischen Dienste können im Hinblick auf die beeinträchtigten Alltagsfunktionen unterschieden werden; vielfach werden folgende Institutionstypen gefordert:

• *ambulante Dienste:* darunter werden fachspezifische Dienste subsumiert, die die betroffene Person zur Konsultation bzw. Behandlung punktuell aufsucht und bei denen die Alltagsfunktionen durch das Versorgungsangebot nicht beeinträchtigt werden. Vielfach sind die Dienstleistungen medizinisch oder psychologisch akzentuiert, bei den Sozialpsychiatrischen Diensten werden zusätzliche soziale Leistungen (z. B. Hilfe bei Wohnungs- oder Arbeitssuche, bei Inanspruchnahme von Behörden) angeboten.

• *halbstationäre Dienste:* bei den halbstationären Diensten (Tages-, Nachtkliniken) erfolgt über einen Zeitraum ein Versorgungsangebot, das nur einen Teil des Tages umfaßt. Ein Teil der Alltagsfunktionen wird durch halbstationäre Angebote beeinträchtigt, d. h. die PatientInnen geben aufgrund der Institution zeitlich begrenzt gewohnte Funktionen auf. Halbstationäre Dienste dienen der Vermeidung oder Abkürzung von stationärer Versorgung; zu ihrer Ausstattung gehören ärztliche, psychologische, soziale Dienste, die insgesamt weniger umfassend sind als im stationären Bereich. In den *Tageskliniken* (Bosch & Veltin, 1983) leben akut oder subakut erkrankte PatientInnen am Tag und erhalten dort unterschiedliche therapeutische Interventionen; den Abend und die Nacht verbringen sie im gewohnten häuslichen Milieu. Die Alltagsfunktion Arbeit in Form der Berufstätigkeit ist aufgehoben. Bei den zum halbstationären Bereich zählenden *Nachtkliniken,* von denen aus für eine begrenzte Zeit die PatientInnen zur gewohnten Arbeit gehen, ist die Alltagsfunktion Arbeit im Idealfall intakt. Nachtkliniken haben sich nur begrenzt bewährt (z. B. Verlust der Funktion aufgrund der Arbeitsmarktlage), so daß das Konzept teilweise aufgegeben wurde. Ihre Funktion wird heute eher von komplementären Diensten (s. Wohnbereich) wahrgenommen.

• *stationäre Dienste:* in den stationären Diensten, die als Kliniken ein medizinisches Min-destangebot im 24-Stundendienst gewährleisten müssen, sind alle Alltagsfunktionen beeinträchtigt; PatientInnen erhalten einen neuen 24-Stundenablauf. Zu nennen sind die psychiatrischen bzw. psychotherapeutischen bzw. psychosomatischen Fachkrankenhäuser bzw. Universitätskliniken. Im Sinne der Gleichstellung psychisch und somatisch Erkrankter werden auch psychiatrische Fachabteilungen an Allgemeinkrankenhäusern gefordert, die eine Versorgungspflicht – vergleichbar den regulären psychiatrischen Fachkrankenhäusern – für eine bestimmte Region haben. Gemäß Expertenbericht gibt es in Deutschland ca. 125 derartige Einrichtungen (Bettenzahl im Durchschnitt ca. 80; Deutsche Gesellschaft für Psychiatrie, Psychotherapie und Nervenheilkunde, 1997).

Außerhalb der stationären Psychiatrie, Psychosomatik, Psychotherapie finden sich relativ viele Personen im somatisch-stationären Bereich, die zu ihrer somatischen Erkrankung zusätzlich eine psychische Störung aufweisen oder mit der psychischen Störung in der somatischen Medizin (z. B. Innere Medizin) stationär behandelt werden; so schätzt man, daß ca. 30 Prozent der PatientInnen im Allgemeinkrankenhaus eine diagnostizierbare psychische Störung aufweisen (Ehlert, 1997). Daher ist nicht nur in den für psychische Störungen zuständigen Fachkrankenhäusern eine optimale Behandlung dieser Störungen zu gewährleisten, sondern auch in der somatischen Medizin. Dazu wurde relativ früh ein sog. *Konsiliardienst* für Psychiatrie bzw. Psychosomatik in der stationären somatischen Medizin eingeführt. Der Konsiliardienst (PsychiaterIn, PsychologIn, etc.) wird von den behandelnden somatischen ÄrztInnen im Hinblick auf eine/n PatientIn angefordert mit der Bitte um Untersuchung und Behandlungsempfehlung. Beim *Liaisondienst* ist die Fachperson (Klinische PsychologInnen, PsychiaterInnen etc.) an den Aktivitäten der jeweiligen somatischen Station (Visiten, Stationsbesprechungen etc.) beteiligt bzw. in dem Stationsgeschehen partiell integriert. Institutionen, die beide Aufgaben wahrnehmen, werden *Konsiliar-Liaison-Dienst* genannt (zum Tätigkeitsfeld: Ehlert, 1997); für dieses Tätigkeitsfeld sind ÄrztInnen und klinische PsychologInnen mit psychotherapeutischer Kompetenz besonders wichtig (Saupe & Diefenbacher, 1996).

• *komplementäre Dienste:* ursprünglich hat man darunter die das Versorgungsnetz ergänzenden Dienste subsumiert. Heute findet man unter diesem Stichwort eine Vielzahl an Einrichtungen, die für die Gesundheitsversorgung eine zentrale Funktion übernommen haben (Priebe, 1996). Im Vordergrund stehen Angebote für Personen, die ohne besondere Hilfestellung nicht oder noch nicht den Wohn- oder Arbeitsbereich gestalten können bzw. in den Sozialen Funktionsfähigkeiten eingeschränkt sind (vgl. Bosch & Kulenkampf, 1985); die Alltagsfunktionen werden daher durch spezifische Rahmenbedingungen unterstützt. Es handelt sich um Institutionen mit zeitlich begrenztem Leistungsangebot oder mit der Möglichkeit zur Dauerunterbringung. Zu nennen sind (s. Holler, Schnabel & Marx, 1996; Mitteilungen der Österreichischen Sanitätsverwaltung, 1992):

– *Wohnbereich:* Betreutes Wohnen in Form von Langzeitwohnheimen (für chronische PatientInnen), Übergangswohnheime (Wohndauer begrenzt für ca. 2 bis 3 Jahre; für PatientInnen mit Rehabilitationsperspektive), geschützte/betreute Wohngemeinschaften bzw. Einzelwohnen. Dabei sind kleinere dezentralisierte Angebote größeren Heimen vorzuziehen.

– *Arbeitsbereich:* Nach Holler et al. (1996) sind vor allem folgende Aufgaben für Personen mit psychischen Störungen zu lösen: (1) Berufsvorbereitung (für Personen ohne Berufsausbildung); (2) Zusatzqualifikationen (Weiterbildung, Umschulung etc., um die Chancen der Arbeitsvermittlung zu verbessern); (3) beschützte Beschäftigung (für Personen, die den normalen Berufsbedingungen nicht oder noch nicht gewachsen sind); (4) Betreuung von Personen im normalen Arbeitsprozeß. Eine Vielzahl an unterschiedlichen Angeboten sucht diese Ziele zu erreichen; zu nennen sind vor allem: Arbeitstrainingszentren (Erwerb von Arbeitsfertigkeiten innert einer begrenzten Zeit), geschützte Werkstätten (kontinuierliche Tätigkeit – den Fähigkeiten entsprechend – für begrenzte oder unbegrenzte Zeit), geschützte Arbeitsplätze, Selbsthilfefirmen, nachgehende Betreuung am Arbeitsplatz (Österreich: Arbeitsassistenz) etc. Häufig sind für PatientInnen Angebote für den Wohn- und Arbeitsbereich zu machen. Je ungünstiger die Arbeitsmarktsituation insgesamt ist, umso mehr müssen komplementäre Dienste konzipiert werden, die für Personen mit psychischen Störungen eine Langzeitperspektive bezüglich des Arbeitsbereiches ermöglichen.

– *Soziale Funktionsfähigkeit:* Zu den angeführten komplementären Diensten kommen Institutionen, die u.a. die Funktionsbereiche Kontakt und Tagesstrukturierung (Realisierung von Alltagsaufgaben wie Kochen, Einkaufen, etc.; Freizeitgestaltung etc.) beinhalten. Zu nennen sind u.a. Patientenclubs, Tages(heim)stätten (s. auch Tageskliniken), Kontaktstellen. Diese Institutionen können punktuell oder auch regelmäßig in Anspruch genommen werden.

Vielfach wird zwischen *intramuraler* (stationärer) und *extramuraler* (nicht stationärer, nicht im Krankenhaus angebotener) Versorgung unterschieden. Die Vielzahl an Institutionen macht deutlich, daß im Einzelfall – zur Vermeidung von Doppelspurigkeiten und Lücken – eine Koordination der Leistungen erforderlich ist. Wenn auch in den Städten den Reform-Forderungen in verschiedensten Bereichen Rechnung getragen wurde, gilt dies für die Landregionen weiterhin nur sehr begrenzt. Hier liegt meist ein unzureichendes Angebot an Versorgungseinrichtungen (inkl. Einzelpraxen) vor, bzw. die Landbewohner sind gezwungen, die Dienste in den Städten in Anspruch zu nehmen; dadurch ist das Prinzip der Wohnortnähe nicht mehr gewährleistet, was zu Versorgungsnachteilen führt.

Für den Bereich Kinder/Jugendliche ist eine stärkere ambulante Versorgung unter Miteinbezug von Familie und Schule notwendig; teilstationäre, stationäre und komplementäre Einrichtungen sind in geringerem Umfange erforderlich (s. Remschmidt, 1997).

Wie oben angeführt, folgt das Krankheitsverhalten bestimmten Abläufen. Dies gilt nicht nur außerhalb, sondern auch innerhalb des offiziellen Versorgungssystems (Goldberg & Huxley, 1980). Meist wird zuerst ein Dienst im Vorfeld der fachspezifischen Dienste oder ein ambulanter Dienst in Anspruch genommen. Im ärztlichen System kommt den AllgemeinärztInnen eine Schlüsselfunktion zu, da die meisten

Personen dieses Versorgungsangebot konsultieren, so daß psychische Störungen dort identifizierbar wären; in der Regel wird aber nur ein Teil davon als psychische Störung erkannt (vgl. Kap. 8/Epidemiologie). Von den AllgemeinärztInnen erfolgt im kleineren Teil der Fälle eine Überweisung zu niedergelassenen PsychiaterInnen; von diesen wiederum wird ein kleinerer Teil der PatientInnen in den stationären Bereich überwiesen. Die Abläufe im medizinischen Gesundheitssystem sind vielfach erforscht und auch die Problemfelder bekannt. Entsprechend elaborierte Studien über andere Versorgungsgruppen, insbesondere über PsychologInnen bzw. psychologische Beratungsstellen fehlen weitgehend (vgl. Wittchen & Fichter, 1980; Wasilewski, 1989; Schorr, 1991). Besonders wichtig wären Studien zur Vernetzung der medizinischen und nicht-medizinischen Versorgungsteilsysteme (Bsp. für Vergleich Psychiater und Psychologen: Knespers, Belcher & Gross, 1989). Es wäre dringend erforderlich, insbesondere die Leistungen der Klinischen PsychologInnen stärker ins Gesundheitssystem zu integrieren, damit dieses Versorgungsangebot optimal genutzt werden kann.

5. Evaluation und Qualitätssicherung in der Gesundheitsversorgung

5.1 Evaluation

In der Psychotherapieforschung, aber auch der Gesundheitsversorgung ist die Forderung nach *Evaluation* seit längerer Zeit ein zentrales Postulat. Evaluation wird von Wottawa und Thierau (1990, S. 9) wie folgt definiert: «Prozeß der Beurteilung des Wertes eines Produktes, Prozesses oder eines Programmes, was nicht notwendigerweise systematische Verfahren oder datengestützte Beweise zur Untermauerung einer Beurteilung erfordert». Evaluationsforschung ist zum einen auf bestehende Versorgungssysteme ausgerichtet, zum anderen finden wir sie als Programmevaluation im Zusammenhang mit Strukturänderungen der Gesundheitsversorgung. Es ist notwendig, bei Strukturänderungen – häufig in Form von Modellversuchen – gleichzeitig eine Evaluation durchzuführen.

Evaluation der Gesundheitsversorgung bedeutet zwar vor allem Bewertung von Institutionen und deren Verknüpfungen. Evaluation muß aber auch Berufsgruppen mit ihren Aus-, Fort- und Weiterbildungsgängen umfassen.

Für die Evaluation von Versorgungssystemen werden vielfach die für die Psychotherapieforschung angeführten Kriterien der Effektivität, Effizienz (Kosten/Nutzen, Kosten/Wirkung), PatientInnen-Zufriedenheit, Praxisbewährung und ethische Angemessenheit verwendet (s. Kap. 20/Methodik der Interventionsforschung). Neben den in der Therapieforschung diskutierten Parametern können für die Evaluation von Gesundheitssystemen auch allgemeinere Parameter zu den Bereichen Arbeit, Wohnen und Soziale Funktionsfähigkeit herangezogen werden; in neuerer Zeit hat sich das Konzept der *Lebensqualität* für Evaluationsstudien als wichtig erwiesen (Bullinger, 1996; Stieglitz, 1996; s. auch Kap. 7/Diagnostik). Die Effizienz im Gesundheitssystem – obwohl häufig gefordert – ist schwierig zu bewerten, doch finden sich dazu unterschiedliche Lösungsansätze. Kosten/Nutzen-Analysen im Gesundheitswesen sind dadurch in ihrem Aussagegehalt eingeschränkt, als der Nutzen nur begrenzt monetär berechenbar ist. Die Arbeitsfähigkeit stellt zwar einen berechenbaren Nutzen dar, darüber hinaus sind aber auch andere Werte bei Interventionen von Bedeutung. Daher werden auch Kosten-Effektivitäts-Analysen durchgeführt, d. h. die Kosten werden bezüglich bestimmter Zielkriterien analysiert (z. B. Kosten für stationäre versus ambulante Versorgung; zur Frage der Kosten der Psychotherapie durch Klinische Psychologen s. Wasilewski, 1989). Sogenannte Nutzwertanalysen berücksichtigen, daß weder Kosten, noch Nutzen ausschließlich monetär berechenbar sind. Ein zentrales Anliegen der Evaluationsforschung stellt die Bedarfsklärung dar. Wing (1973) weist darauf hin, daß zum einen Inanspruchnahmedaten benötigt werden, d. h. Zahlenangaben über die Nutzung einzelner Institutionen; zum andern sind aber auch diejenigen Personen zu erfassen, die trotz Behandlungsbedürfnis keine Behandlung erhalten. Bei Untersuchungen zur Inanspruchnahme ist zu prüfen, ob die Institutionen die Bedürfnisse der Betroffenen adäquat erfüllen.

Zusammenfassend ist zu sagen, daß die bewertende Überprüfung – die Evaluation – ein zentrales Anliegen angewandter Forschung darstellt. Überprüfte Konzepte bzw. Therapiemethoden sind zwar notwendige Bedingungen, daß einer Person mit psychischen Störungen geholfen wird. Werden aber die Forschungserkenntnisse in der Praxis nicht verwendet, so kann es zu falschen oder nicht optimalen Behandlungen kommen. Daher stellt sich für jede einzelne Institution die Frage, ob sie adäquat handelt und wenn nicht, wie ein adäquater Standard erreicht werden kann. Diese Thematik – Umsetzung der Forschungserkenntnisse in die Praxis und deren Überprüfung – wird mit dem Stichwort Qualitätssicherung abgehandelt.

5.2 Qualitätssicherung, Qualitätsmanagement

In den letzten Jahren hat das Schlagwort der *Qualitätssicherung* (Quality assurance) in der Gesundheitsversorgung Eingang gefunden und den Ruf nach Evaluation etwas in den Hintergrund treten lassen (Überblicksliteratur, auf die sich die folgende Darstellung stützt: Gaebel, 1995a, b; Haug & Stieglitz, 1995; Laireiter, 1995, 1997; Richter, 1994). Der Begriff Qualitätssicherung stammt aus der Industrie und beinhaltet die Gewährleistung der Qualität; «Qualität ist die Gesamtheit der Eigenschaft und Merkmalen eines Produktes oder einer Dienstleistung, die sich auf deren Eignung zur Erfüllung festgelegter oder vorausgesetzter Erfordernisse bezieht» (Norm ISO: Internationale Standardisierungsorganisation, 1990). Qualitätssicherung bei Produkten wurde ursprünglich durch das Ausscheiden von Mangelware erreicht; später kam eine Vielzahl an unterschiedlichen Maßnahmen hinzu, um die Qualität zu sichern (z. B. Schulung der MitarbeiterInnen, Materialkontrolle, internationale Normen ISO). Obwohl sich die industrielle Qualitätssicherung nicht ohne weiteres auf die Gesundheitsversorgung übertragen läßt (z. B. aufgrund der Compliance der PatientInnen als modifizierenden Faktor), finden wir in USA seit den zwanziger Jahre diese Thematik im Gesundheitssektor. Aufgrund der Kostensteigerungen im Gesundheitswesen, aber auch der Sensibilisierung der Bevölkerung für Leistungen im Gesundheitswesen, ist die Qualitätssicherung in den letzten 10 Jahren zu einem sehr wichtigen internationalen Thema

für Politik und Fachsozietäten geworden. Daher finden wir in der Medizin vielfältigste Ansätze zur Qualitätssicherung; im Bereich der Psychotherapie ist – wie Richter (1994) und Laireiter (1995) feststellen – die Qualitätssicherung noch wenig systematisiert, obwohl implizit verschiedenste Ansätze (z. B. Supervision) seit langem vorhanden sind (Lutz, 1997; Piribauer, 1995; Bertelmann, Jansen & Fehling, 1996).

Qualitätssicherung im Gesundheitswesen ist heute ein Oberbegriff für eine Vielzahl an Forschungsaktivitäten, Überprüfungs- und Korrekturmechanismen geworden, die die Versorgungsqualität erhalten bzw. verbessern lassen (Piribauer, 1995). Heute wird teilweise der Begriff *Qualitätsmanagement* als Oberbegriff verwendet, mit dem man einen komplexen Prozeß umschreibt, der bezüglich Dienstleistungen im Gesundheitwesen die in **Tabelle 6** dargestellten Schritte umfaßt.

Qualitätssicherung bzw. Qualitätsmanagement kann sich auf eine ganze Region, aber auch auf eine einzelne Institution (z. B. Einzel-, Gruppenpraxis, Ambulatorium, Krankenhaus) und auf Berufsgruppen beziehen. Herkömmlicherweise unterscheidet man nach Donabedian im Gesundheitswesen drei Qualitätsbegriffe, die aber nicht völlig unabhängig voneinander sind: Struktur-, Prozeß-, Ergebnisqualität.

• *Strukturqualität.* Darunter werden Rahmenbedingungen (Ressourcen) verstanden, die eine konkrete Intervention (inkl. Diagnostik) ermöglichen (Gaebel, 1995b):

– politisch (z. B. Gesetze bezüglich Gesundheitswesen, Verordnungen der Krankenkassen);
– organisatorisch (z. B. Dienstplan innerhalb einer Klinik);
– finanziell (z. B. Jahresbudget der Institution; Mittel pro Behandlungstag);
– baulich-räumlich (z. B. Bauzustand der Büros, Patientzimmer);
– Ausstattung (z. B. Biofeedbackgeräte, Tests);
– personell (z. B. Personalschlüssel, Ausbildungsstand, interne Weiterbildung)
– therapeutisch (z. B. Breite des Psychotherapieangebotes, wissenschaftliche Fundierung des Angebotes).

Bei Versorgungsregionen gehören zur Strukturqualität Systemelemente (Versorgungsdichte,

Tabelle 6: Qualitätsmanagement

---

(1) Festlegung von *Standards* (Qalitätsstandards; zu erreichende Zielgrößen) und *Indikatoren* für Dienstleistung.

(2) Messung der Indikatoren und Vergleich mit den Standards: *Monitoring*.

(3) Konsequenz aus dem Vergleich:
    (3a) Sofern keine gravierende Differenz zwischen empirischen Daten und Standards festzustellen ist: Sicherung (Bewahrung, Aufrechterhaltung) der bestehenden Qualität, d. h. *Qualitätssicherung* im engeren Sinne.
    (3b) Sofern Differenz vorhanden: Verbesserung der Dienstleistung, d. h. *Qualitätsverbesserung*.

Die Festlegung von Standards verändert sich teilweise über die Zeit, so daß auch bei optimalen Verhältnissen nicht nur der Ablauf (1)–(3a) realisiert wird, sondern mittelfristig sich auch der Ablauf (1)–(3b) ergibt.

Bedarfsklärung, Erreichbarkeit, Wartelisten, Überbelegungen, Abweisungen etc.; s. auch Leitsätze in Abschnitt 3.1; aber auch Ausbildungs- und Weiterbildungskonzepte für Berufsgruppen; vgl. auch den Begriff der Makroperspektive). Jeder einzelne Punkt bedarf vielfach einer komplexen Klärung.

• *Prozeßqualität.* Nach Gaebel (1995b, S. 486) wird darunter «die Gesamtheit diagnostischer und therapeutisch-rehabilitativer Maßnahmen hinsichtlich ihrer Kongruenz zwischen expliziten Leitlinien/Standards und konkreten Durchführungsmodalitäten» verstanden. Geprüft wird, inwieweit die von der Forschung gewonnenen Erkenntnisse bzw. die von Instanzen (Gesetzgebern, Berufsverbände, Institutionsleitungen etc.) gesetzten Handlungsmaximen im konkreten Fall umgesetzt werden. Themen sind u. a., inwieweit die Diagnosen korrekt – z. B. gem. den akzeptierten Standards von ICD-10 – gestellt werden; ob die Indikationsfrage geklärt wird; ob Informed Consent eingeholt wird; ob tatsächlich die indizierte Therapieform angewandt wird (z. B. spezifische Psychotherapieform bei Angststörungen); ob die Supervision bei unerfahrenen BehandlerInnen ausreicht; ob Fehlplazierungen (stationäre anstelle halbstationäre Behandlung) vorgenommen wurden.

• *Ergebnisqualität.* Darunter wird «das Ausmaß an Kongruenz zwischen Behandlungsziel und Behandlungsergebnis» verstanden (Gaebel, 1995b, S. 487). Für die Beurteilung der Ergebnisqualität sind die in der Interventionsforschung (s. Kap. 20/Methodik der Interventionsforschung) vorhandenen Methoden heranzuziehen, ebenso sind die in Abschnitt 5.1 diskutierten Evaluationsgesichtspunkte wichtig; diese bilden auch die Basis für die Beurteilung der Strukturqualität der angebotenen Therapiemethoden. Vielfach sucht man globale Maße für die Ergebnisqualität zu verwenden (z. B. Verweildauer, Dauer der Therapie, Abnahme der Psychopathologie, Lebensqualität, Gebessertenrate); daneben werden nach Gaebel (1995b) auch unerwünschte Ereignisse als Indikator gewählt (z. B. Todesfälle, Suizide/-versuche, Komplikationen, Therapieabbrüche).

Für die Qualitätssicherung bzw. Qualitätsmanagement sind folgende Fragen bedeutsam:

– woher kommen die Standards zur Beurteilung einer Institution?
– welche Indikatoren können für die einzelnen Bereiche verwendet werden (Monitoring)?
– wie kann die Qualität erhalten bzw. verbessert werden?

Standards (Beurteilungsmaßstab) stellen zu erreichende oder zu bewahrende Zielgrößen dar, die vielfach quantitativ (Bsp. Zahl der Therapieabbrüche soll kleiner als x% sein), zum Teil mit Verbalumschreibungen (s. Leitsätze der Gesundheitsversorgung) definiert werden. *Schwellenwerte* markieren die noch akzeptablen unteren bzw. oberen Grenzwerte für Standards (z. B. mehr als (x+10)% Therapieabbrüche sind nicht akzeptabel). *Kriterien* bilden die Basis für Standards; mit dem Begriff Kriterium werden in der Qualitätssicherung Aussagen über eine adäquate Dienstleistung (Therapie, Diagnostik etc.) getroffen, die zum Teil in Form eines Bereiches formuliert werden (Range: z. B. für eine umfassende psychologische Diagnostik werden x bis y Stunden benötigt). Eine Kriterienaussage wäre z. B., daß in der Regel eine adäquate Psychotherapiewirkung mit einem Aufwand von ca. 40 bis 50 Stunden erreicht werden kann (Grawe, Donati & Bernauer, 1994). Daraus könnte man in einer Institution die Zielgröße – Standard – formulieren, daß x% aller Psychotherapien einer Institution nicht länger als 50 Stunden dauern sollten. Unter *Norm* versteht man in der Qualitätssicherung den durchschnittlichen Wert einer Dienstleistung (z. B. Therapiedauer, Dosierung von Medikament), also die statistische Norm. In der Diskussion um die Qualitätssicherung werden die angeführten Begriffe uneinheitlich verwendet; ebenso findet man für die Psychotherapie bis heute keine allgemein akzeptierten Zahlenangaben für Standards, Schwellenwerte, Kriterien, Normen.

Standards können aufgrund von ExpertInnenaussagen gewonnen werden. So beinhalten Behandlungsrichtlinien, die vor allem in den USA bereits weit entwickelt sind, Kriterien und Standards der Behandlung. Als Beispiel seien die von der American Psychiatric Association (1993, 1997) u. a. für depressive Störungen bzw. Schizophrenie verfaßten *Practice Guidelines* genannt. Diese Richtlinien sind nicht zuletzt auch – medizinisch – standespolitisch akzentuiert, so daß psychotherapeutische Ansätze nicht immer adäquat berücksichtigt werden (vgl. Persons, Thase & Crits-Christoph, 1996). Für die Gewinnung von Kriterien und Standards sind auch empirische Daten (z. B. Metaanalysen; s. Kap. 20/Methodik der Interventionsforschung), insbesondere statistische Normen (Durchschnittswerte und deren Streubereiche) wichtig; statistische Normen bedürfen aber einer sorgfältigen Interpretation, da Extrembereiche auch auf Qualitätsdefizite hinweisen können.

Für das *Qualitätsmonitoring* ist die Festlegung adäquater Indikatoren wesentlich. Dazu sind u. a. die Gesichtspunkte der multimodalen Diagnostik wichtig, d. h. es sind unterschiedliche Datenebenen, -quellen, -verfahren und Konstrukte heranzuziehen. Je nach Einsatzfeld der Qualitätssicherung werden unterschiedliche Parameter benötigt. Zur Qualitätsbeurteilung (insbesondere der Prozeß- und Ergebnisqualität) ist die Dokumentation – mittels Papier/EDV, zum Teil Video oder Tonband – der durchgeführten Aktivitäten unerlässlich (zur Dokumentation s. Kap. 20/Methodik der Interventionsforschung); umfassende überregionale Dokumentationssysteme, die in verschiedenen Institutionen verwendet werden, stellen Hilfsmittel bei der Strukturqualität dar.

Für das Qualitätsmanagement sind die Mechanismen der *Qualitätssicherung* (d. h. Bewahrung) im engeren Sinne bzw. der *Qualitätsverbesserung* zentral. Diese können durch interne (d. h. innerbetrieblich) und externe Organe – z. B. durch Aufsichtsbehörden, Krankenkassen oder durch Vergleich mit anderen Institutionen (Stieglitz et al., 1998) – erfolgen. Für die interne Qualitätssicherung haben sich u. a. sog. *Qualitätszirkel* (Vauth, 1995) bewährt; diese beinhalten Arbeitsgruppen von 10 bis 15 Personen, die sich in einer Institution regelmäßig treffen, um in ihrem Bereich die Qualitätssicherung bzw. -verbesserungen zu erreichen. Qualitätszirkel haben Ähnlichkeiten mit Balint- oder Supervisionsgruppen, sind aber aufgrund der Qualitätsthematik breiter angelegt; dennoch stellen Balint- und Supervisionsgruppen Möglichkeiten zur Sicherung der Prozeß- und Ergebnisqualität dar. Wesentliches Element der Qualitätssicherung bzw. -verbesserung sind Ausbildung, Weiter- und Fortbildung; auch diese Elemente sind bezüglich Struktur-, Prozeß- und Ergebnisqualität zu diskutieren. Auf der Strukturebene sind Ausbildungsgänge zu akkreditieren, sofern sie bestimmten Standards genügen. Die Prozeßebene beinhaltet die Realisierung der Ausbildungseinheiten (z. B. inwieweit werden die Kursinhalte tatsächlich vermittelt und wie ist die didaktische Qualität); die Ergebnisqualität beinhaltet die Frage, wie erfolgreich die Ausbildung ist.

Während Qualitätsmonitoring ein elaboriertes Feld darstellt, trifft dies für Strategien der Qualitätsverbesserung bzw. Qualitätssicherung weniger zu. Dies gilt insbesondere für die Gesundheitsversorgung psychischer Störungen und damit auch für die Klinische Psychologie bzw. Psychotherapie. Wesentliches Hintergrundwissen für alle Qualitätsbemühungen sind Forschungsergebnisse, so daß Qualitätssicherung bzw. -management mit der Forschung eng verzahnt sind. Dies kann am Konzept der Evaluation, ein zentrales Thema angewandter Forschung, gezeigt werden: (1) Evaluierung ist eine wesentliche Aufgabe der Interventionsforschung, die das Hintergrundwissen für Qualitätsmanagement und -sicherung ergibt. (2) Evaluation, d. h. bewertende Überprüfung ist aber auch für Qualitätsmanagement und -sicherung notwendig (z. B. Lutz, 1997). So ist z. B. die Frage nach der Effektivität, nach Kosten-Nutzen etc. von Qualitätszirkeln zu stellen; die Auswirkungen von Verbesserungen sind z. B. beim Personal zu überprüfen. Forschung (u. a. auch Evaluationsforschung) und Qualitätssicherung bzw. -management stellen daher sich überlappende und teilweise sich ergänzende Ansätze in der Gesundheitsversorgung dar.

6. Berufssituation der Klinischen Psychologie

6.1 Statistische Angaben

Die Berufssituation der Psychologien und im speziellen der Klinischen Psychologie stellt sich in den einzelnen Ländern unterschiedlich dar (für USA s. die verschiedensten Beiträge im American Psychologist; s. auch Routh, 1994). Für den deutschsprachigen Raum liegen diverse Studien zur Klinischen Psychologie bzw. Psychotherapie vor (s. auch Perez, 1992; Baumann, 1995); als Beispiele seien genannt:

– Deutschland: Wittchen und Fichter (1980); Wasilewski (1989); Schorr (1991); Meyer, Richter, Grawe, Schulenburg und Schulte (1991).
– Österreich: Jandl-Jager et al. (1987); Schaffensberger, Glatz, Frank und Rosian (1997)
– Schweiz: Thüring und Graf (1988); Hobi (1990); Schneuwly (1996).

1995 waren in *Deutschland* ca. 28 000 PsychologInnen berufstätig, wobei das Ausmaß der Beschäftigung (halbtags, ganztags etc.) offen ist (Angaben gem. Baumann, 1998). Es wird geschätzt, daß ca. 60 Prozent dieser PsychologInnen (ca. 16 000) im Bereich der Klinischen Psychologie arbeiten (ca. 2/3 in Institutionen angestellt, 1/3 freiberuflich); ca. 10 000 dieser Klinischen PsychologInnen sind psychotherapeutisch tätig (pers. Mitteilung Berufsverband Deutscher PsychologInnen BDP). Für *Österreich* wird geschätzt, daß ca. 3000 bis 4000 PsychologInnen berufstätig sind, wobei sich ca. 2000 als Klinische PsychologInnen definieren (ca. 50 bis 60 Prozent; pers. Mitteilung Berufsverband

Österreichischer PsychologInnen BÖP). Für die *Schweiz* betragen die Schätzungen ca. 4000 berufstätige PsychologInnen , wobei ca. 60 Prozent im Gesundheitswesen arbeiten (Schneuwly, 1996). Insgesamt kann man davon ausgehen, daß in den deutschsprachigen Ländern ca. 60 Prozent der PsychologInnen im Gesundheitswesen tätig sind und davon ca. zwei Drittel psychotherapeutische Qualifikationen aufweisen.

6.2 Struktur der Berufstätigkeit

Im folgenden soll auf die deutschsprachige Situation eingegangen werden. Wenn von Berufstätigkeit gesprochen wird, so kann dies unter drei verschiedenen Aspekten geschehen:

• *Kompetenz:* welche Fertigkeiten und Fähigkeiten werden für bestimmte Tätigkeiten benötigt und wie werden sie vermittelt? Es handelt sich um eine wissenschaftliche, ethische und berufspolitische Legitimation des Handelns.

• *Berufszulassung:* welche Personen bzw. Berufsgruppen mit welchen Kompetenzen sind berechtigt, bestimmte Tätigkeiten auszuüben? Hier geht es um institutionelle Legitimationen (Verbände, Gesetzgeber usw.).

• *Finanzierung:* welche Tätigkeiten welcher Berufsgruppen sollen von der Sozietät finanziell übernommen werden? Hier geht es um versicherungsrechtliche Fragen (Krankenkassen, staatlich unterstützte Ambulatorien etc.).

Zu den drei Punkten liegen verschiedene, zum Teil konkurrierende Lösungsvorschläge vor.

6.3 Kompetenzerwerb

Bezüglich der Vermittlung der Kompetenz zur eigenverantwortlichen und selbständigen Tätigkeit von PsychologInnen in Klinischer Psychologie und/oder Psychotherapie liegen unterschiedliche Modelle vor. Die Kompetenz kann während des Studiums oder nach dem Studium in Form von Weiterbildung oder einer Approbation (s. unten) erworben werden. *Weiterbildung* beinhaltet eine berufliche Spezialisierung und schließt vielfach mit der Anerkennung durch Berufsorganisationen, staatliche Stellen etc. ab (Weiterbildung zum Klinischen Psychologen/in, zum Facharzt/ärztin etc.). Im folgenden wird der Begriff Weiterbildung inhaltlich und nicht formal verwendet; daher wird die Ausbildung zur Psychotherapie in Deutschland gem. Psychotherapeutengesetz, die das Studium der Psychologie voraussetzt, auch darunter subsumiert, obwohl es sich um eine Ausbildung mit der Approbation als Abschluß handelt. Von der Weiterbildung abzugrenzen ist die *Fortbildung,* die der Aktualisierung der beruflichen Fähigkeiten und Kenntnissen dient. Die Unterscheidung zwischen Weiter- und Fortbildung ist gerade im Psychotherapiesektor oft schwierig; teilweise werden die beiden Begriffe in umgekehrter Bedeutung verwendet. Konsens besteht, daß neben einer Weiterbildung eine kontinuierliche Fortbildung erforderlich ist. Unabhängig vom gewählten Modell umfaßt Weiterbildung in Klinischer Psychologie bzw. Psychotherapie in der Regel einen mit einer Stundenanzahl umschriebenen Theorie- und Praxisteil, der in Form einer Halbtags- oder Ganztagsbeschäftigung über einen bestimmten Zeitrahmen zu absolvieren ist (Beutler & Kendall, 1995). Im folgenden werden einige Richtwerte angegeben, wie sie für PsychologInnen von der Föderation Deutscher Psychologenvereinigungen (1996; im folgenden abgekürzt F) der Arbeitsgemeinschaft Psychotherapie (1995; Zusammenschluß div. Psychotherapieverbände in Deutschland; Kürzel AGP) und dem deutschen Psychotherapeutengesetz (PsychThG) festgelegt worden sind:

• *Dauer der Weiterbildung:* im Rahmen einer Vollzeitausbildung 3 Jahre (F, AGP, PsychThG) bzw. bei berufsbegleitender Ausbildung 5 Jahre (AGP, PsychThG).

• *Theorie:* 600 Stunden (F, AGP, PsychThG).

• *Praxis:* Der Praxisteil enthält folgende Elemente:

(1) *Tätigkeit* in – vom Weiterbildungsträger – definierten und anerkannten Institutionen: mindestens 600 Behandlungsstunden in Form selbst durchgeführter Psychotherapie unter Supervision (F, AGP, PsychThG).

(2) *Supervision* (kritische Reflexion der Praxis unter Anleitung; Holloway & Neufeldt, 1995): Supervision von mindestens 10 Behandlungen (F) bzw. mindestens 100 Stunden Supervision (AGP, für PsychThG in Regelung).

(3) *Selbsterfahrung* (in Form von Lehrtherapie, Lehranalyse etc.; einzeln oder in Gruppen; s. Pieringer & Laireiter, 1996): 100 bis 250 Stunden (F, AGP, für PsychThG in Regelung). Letztere ist vielfach aufgrund der Bemühungen der tiefenpsychologischen Richtungen in die allgemeinen Weiterbildungsrichtlinien aufgenommen worden, obwohl ihr Stellenwert strittig ist (Lange, 1994).

Zusätzlich wird zum Teil ein *Eigenstudium* verlangt (AGP: 1200 Stunden).

Als Beispiel für einen Kompetenzerwerb, der während des Studiums erfolgt, seien die amerikanischen Konzepte genannt, wo die Kompetenz in Klinischer Psychologie (inkl. Psychotherapie) mit dem durch eine Promotion (incl. Dissertation) abgeschlossenem Graduierten-Studium erreicht wird. Das übliche Modell folgt der in der Boulder-Konferenz von 1949 festgelegten Zielvorstellung einer Kombination von Wissenschaft und Praxis: *Wissenschaftler-Praktiker-Modell* (scientist-practitioner model of clinical training; Eifert & Lauterbach, 1995; Long & Hollin, 1997). Nach einem vierjährigen Grundstudium mit dem Bachelor-Abschluß (B. A., B. Sc.: Bachelor of Arts, bzw. Science) folgt das Graduiertenstudium, das zur Kompetenz der eigenverantwortlichen Tätigkeit führt. Das Graduiertenstudium umfaßt 2 Jahre bis zum Master-Abschluß (M. A., M. Sc.) und danach weitere drei Jahre bis zum Doktoratsabschluß (Ph. D oder Psy. D.). Das Graduiertenstudium in Klinischer Psychologie (inkl. Psychotherapie; Magister- und Doktoratsstudium) dauert also insgesamt 5 Jahre (4 Jahre Theorie, Praxis; 1 praktisches Jahr (Internship) unter Supervision; s. Eifert & Lauterbach, 1995). Eine stärker praktisch orientierte Ausbildung wird in Programmen von «Graduate schools of professional psychology» angeboten, die zum Psy. D. führen (s. Shapiro & Wiggins, 1994). Zur Berufsausübung ist in den einzelnen amerikanischen Bundesländern nach dem Hochschulabschluß eine Lizenz zur Berufsausübung zu erwerben (Licence; Meyer et al., 1991).

In den deutschsprachigen Ländern besteht weitgehend Konsens darüber, daß das mit dem Diplom/Lizenziat/Magister bzw. mit dem zusätzlichen Doktorat abgeschlossene Universitätsstudium der Psychologie für eine eigenverantwortliche Tätigkeit im Klinischen Sektor nicht ausreicht. Es ist daher eine Weiterbildung erforderlich, die zur Zeit nach drei unterschiedlichen Modellen realisiert wird:

• *Methodenspezifische Weiterbildung in Psychotherapie (für Klinische Psychologie nicht vorhanden):* es werden spezifische Therapiekenntnisse in *einer* Psychotherapiemethode erworben (z.B. Psychoanalyse, Gesprächspsychotherapie, Verhaltenstherapie). Diese Variante ist – ausschließlich verwendet – insofern problematisch, als eine wissenschaftlich nicht vertretbare Einengung auf einzelne Perspektiven des Handelns erfolgt. Kritisch ist die methodenspezifische Weiterbildung auch bezüglich der Gesundheitsversorgung zu beurteilen, da zum Teil durch methodenspezifische Weiterbildung nur für Teilgruppen ein Versorgungsangebot gemacht werden kann. Im neuen Psychotherapeutengesetz Deutschlands ist eine Kombination von methodenübergreifenden Grundkenntnissen und methodenspezifischer Vertiefung in einem «wissenschaftlich anerkannten psychotherapeutischen Verfahren» vorgeschrieben. Das Psychotherapeutengesetz beinhaltet letztlich eine Kombination von methoden- und fachspezifischer Weiterbildung (formal Ausbildung genannt).

• *Tätigkeitsspezifische Weiterbildung:* es werden für bestimmte Tätigkeitsbereiche Qualifikationen vermittelt (z.B. Suchtbereich, Erziehungsberatung). Für eine Weiterbildung stellt dieses Modell meist eine zu früh erfolgte Spezialisierung innerhalb des Klinischen Sektors dar.

• *Fachspezifische Weiterbildung in Klinischer Psychologie (inkl. Psychotherapie) oder Psychotherapie:* es werden die für einen Berufssektor notwendigen Kompetenzen vermittelt (z.B. Weiterbildung zum Klinischen Psychologen/Psychotherapeuten, zur Fachärztin für Psychiatrie etc.). Diese Form der Kompetenzvermittlung gewährleistet am ehesten die notwendige Breite der Kompetenz und ist daher von allen drei Modellen vorzuziehen. Mit den Richtlinien zur

«Weiterbildung in Klinischer Psychologie. Bildungsgang zum Klinischen Psychologen/Psychotherapeuten» wurde 1987 ein Konzept zur fachspezifischen Weiterbildung in Klinischer Psychologie vorgelegt, das Psychotherapie miteinschließt; der erfolgreiche Abschluß ist mit dem Titel «Klinischer Psychologe/Psychotherapeut bzw. Klinische Psychologin/Psychotherapeutin» verbunden (Föderation Deutscher Psychologenvereinigungen, 1996). Dieses Modell ist von 10 Trägern in Deutschland realisiert worden. Wesentlich ist bei diesem Modell, daß die Weiterbildung im Verbund zwischen Universität und Praxiseinrichtungen und in Zusammenarbeit mit den Psychologenakademien des Berufsverbandes Deutscher Psychologen erfolgt. Wie bereits erwähnt, stellt die Ausbildung zum Psychotherapeuten gem. PsychThG in Deutschland eine Mischung von methoden- und fachspezifischem Kompetenzerwerb dar. Eine fachspezifische Weiterbildung in Klinischer Psychologie bzw. Gesundheitspsychologie erfolgt in Österreich aufgrund des Psychologengesetzes (Details s. nächster Abschnitt), wobei diese mit dem Titel «Klinischer Psychologe, Klinische Psychologin» bzw. «GesundheitspsychologIn» verknüpft ist. Eine nicht schulengebunde fachspezifische Weiterbildung in Psychotherapie wird für PsychologInnen von einzelnen psychologischen Universitätsinstituten der Schweiz angeboten.

Teilweise finden sich auch fachspezifische Weiterbildungen, die nicht psychologiespezifisch sind. So wird z.B. in der Schweiz ein interdisziplinäres Weiterbildungsprogramm in Public Health angeboten, das die Möglichkeit eines Abschlusses als «Master of Public Health» beinhaltet. Dieses Programm richtet sich an unterschiedliche Berufsgruppen mit Hochschulabschluß (u.a. PsychologInnen).

6.4 Regelungen zur Berufszulassung

Bezüglich der Berufszulassung sind wiederum verschiedene Varianten denkbar:

• *keine Regelung*: der freie Markt mit Angebot und Nachfrage soll den Sektor regeln. Dem steht gegenüber, daß für verschiedene Berufe und Tätigkeiten der Gesundheitsversorgung Regelungen vorliegen. Zum einen schützen diese Regelungen bestimmte Berufstitel, zum anderen reservieren sie auch Tätigkeitsbereiche für einzelne Berufe. In den verschiedenen Ländern genießen ÄrztInnen für ihre Tätigkeit durch den Gesetzgeber einen besonderen Schutz (Pulverich, 1996). Dies führt für gesetzlich nicht geschützte PsychologInnen zu Nachteilen, da im Falle von Überschneidungsgebieten (z. B. Psychotherapie) eher Zuschreibungen zu Gunsten der Ärzte vorgenommen werden. Sofern keine Regelung vorherrscht, ist auch zu bedenken, daß gerade psychisch beeinträchtigte Menschen nicht immer in der Lage sind, den freien Markt adäquat zu bewerten und daher auf formalisierte Legitimationen angewiesen sind. Keine Regelung findet man zum Teil in einzelnen Kantonen der Schweiz (z. B. Zürich).

• *Regelung für die gesamte Psychologie (inkl. Klinischer Psychologie):* teilweise wurden Lösungen diskutiert, bei denen der gesamte Beruf und das gesamte psychologische Handlungsfeld der Psychologie mittels Gesetz geregelt werden sollte (vergleichbar der ärztlichen Tätigkeit), womit auch die Klinische Psychologie eine Regelung erfahren würde. Wenn auch verschiedene berufspolitische Argumente für eine Regelung der gesamten Psychologie sprechen, so müssen die damit verbundenen Probleme gesehen werden. Jede Form von Reglementierung bringt Nachteile für das Berufsfeld und die KonsumentInnen mit sich, da oft durch Kammern etc. bestehende Strukturen fortgeschrieben werden und Veränderungen schwierig sind. Ein Gesetz für die gesamte Psychologie würde auch Bereiche zu regeln suchen, die zur Zeit keiner formalisierten Regelung bedürfen. In den deutschsprachigen Ländern liegen keine entsprechenden Gesetze vor; eine Ausnahme bildet der Kanton Tessin in der Schweiz, in dem die gesamte Psychologie (damit auch die Klinische Psychologie) geregelt ist (vgl. auch Italien: Meyer et al., 1991)

• *Regelung für die Klinische Psychologie (mit/ohne Psychotherapie):* diese Regelung kann mittels Gesetz oder Vorschriften (z. B. Erlässe von Behörden) erfolgen. Während in der Schweiz Regelungen für die Psychotherapie angestrebt werden (für Deutschland s. unten), liegt für Österreich ein Gesetz für die Bereiche Klinische Psychologie und Gesundheitspsychologie vor (Kierein, Pritz & Sonneck, 1991): «Bundesgesetz vom 7. Juni 1990 über die Führung der Berufsbezeichnung Psychologe oder Psychologin und über die Ausübung des psychologischen Berufes im Bereich des Gesundheitswesens (Psychologengesetz)». Das Gesetz bringt in der Einleitung den Titelschutz «Psychologe»

Tabelle 7: Psychologengesetz Österreich (Kierein et al., 199; Auszug aus der Originalversion; Kürzungen sind mit (...) symbolisiert)

---

§ 3. (1) Die Ausübung des psychologischen Berufes im Bereich des Gesundheitswesens ist die durch den Erwerb fachlicher Kompetenz (...) erlernte Untersuchung, Auslegung, Änderung und Vorhersage des Erlebens und Verhaltens von Menschen unter Anwendung wissenschaftlich-psychologischer Erkenntnisse und Methoden.
   (2) Die Ausübung des psychologischen Berufes gemäß Abs. 1 umfaßt insbesondere
   1. die klinisch-psychologische Diagnostik (...)
   2. die Anwendung psychologischer Behandlungsmethoden zur Prävention, Behandlung und Rehabiliation (...)
   3. die Entwicklung gesundheitsfördernder Maßnahmen und Projekte.

§ 4.   Die selbständige Ausübung des psychologischen Berufes (...) setzt den Erwerb theoretischer und praktischer fachlicher Kompetenz voraus.

§ 5. (1) Der Erwerb theoretischer fachlicher Kompetenz hat in einer Gesamtdauer von zumindest 160 Stunden zu erfolgen (...).

§ 6. (1) Der Erwerb praktischer fachlicher Kompetenz hat
   1. durch eine psychologische Tätigkeit (...) von zumindest 1480 Stunden (...) und
   2. durch eine die psychologische Tätigkeit gleichzeitig begleitende Supervision in der Gesamtdauer von zumindest 120 Stunden (...) zu erfolgen.

§ 19. (1) Zur Beratung des Bundeskanzlers in sämtlichen Angelegenheiten dieses Bundesgesetzes ist ein Psychologenbeirat beim Bundeskanzleramt einzurichten.

---

bzw. «Psychologin», da der Universitätsab-schluß mit dem Magister/Magistra keine Spezi-fizierung beinhaltet. Im Vordergrund des Geset-zes stehen aber die Ausführungen über die Ausübung des psychologischen Berufes im Ge-sundheitswesen (s. Tab. 7).

Die Abgrenzung zwischen Klinischer Psycholo-gie und Gesundheitspsychologie wird im Ge-setz nicht vorgenommen; in der bisherigen Pra-xis wird die Behandlung und zum Teil die Rehabilitation eher der Klinischen Psychologie, die Prävention und zum Teil die Rehabilitation der Gesundheitspsychologie zugeordnet. Vom Gesetzgeber werden für die beiden Qualifika-tionen keine unterschiedlichen Ausbildungs-gänge gefordert, so daß es im Ermessen der An-erkennungsgremien steht, ob für die erbrachten Ausbildungsleistungen ein oder beide Titel er-worben werden. Kritisch ist anzumerken, daß die Abgrenzung zwischen Psychotherapie und psychologischer Behandlung nicht erfolgt ist und wissenschaftlich letztlich auch nicht erfol-gen kann (s. Kap. 1/Grundbegriffe – Einleitung und Kap. 18/Systematik der Intervention). Da sich die Bezahlung der Leistungen durch Kran-kenkassen primär am Psychotherapiegesetz ori-entiert, ist das Psychologengesetz in der Praxis für die Psychologie finanziell gesehen nur von begrenztem Wert (Ausnahme: Diagnostik).

• *Regelung für die Psychotherapie:* Bei dieser Vari-ante wird ein Tätigkeitsfeld geregelt, wobei die Regelung – meist mittels Gesetz – (a) nur für PsychologInnen, (b) für unterschiedliche Be-rufsgruppen (mit jeweils abgeschlossenem Basis-beruf und Weiterbildung Psychotherapie) und (c) ohne Bezug zur Psychologie im Hinblick auf einen eigenen Psychotherapieberuf getroffen werden kann. Bezüglich einer Regelung für Psy-chotherapie ist kritisch anzumerken, daß diese das umfassende Tätigkeitsfeld der klinisch-psy-chologischen Intervention auf *ein* Segment, nämlich die Psychotherapie, eingrenzt, was versorgungspolitisch problematisch ist.

• *Deutschland.* Bis 1998 war in Ermangelung einer gesetzlichen Regelung die Tätigkeit der psychologischen PsychotherapeutInnen im Ge-sundheitswesen mittels der Hilfskonstruktio-nen des Heilpraktikergesetzes geregelt (Pulve-rich, 1996). 1998 wurde das «Gesetz über die

Berufe der psychologischen Psychotherapeuten und des Kinder- und Jugendlichenpsychothera-peuten (Psychotherapeutengesetz – PsychThG)» verabschiedet, das am 1. Januar 1999 in Kraft tritt. Das Gesetz ist für PsychologInnen konzi-piert, umfaßt aber bezüglich der Kinder und Jugendlichenpsychotherapie auch einige weni-ge andere Berufsgruppen. Das Gesetz regelt für die psychologischen PsychotherapeutInnen bzw. Kinder- und JugendpsychotherapeutInnen die Berufszulassung durch das Berufsrecht, Finanzierungsfragen durch das Sozialrecht (s. unten). Psychotherapeutische Tätigkeit bedarf einer anerkannten Ausbildung, die aufgrund ei-ner Prüfung mit einer von den einzelnen Län-dern festgelegten Approbation abgeschlossen wird. Die Ausbildung, die in Zusammenarbeit mit den Hochschulen realisiert werden soll, er-folgt in wissenschaftlich anerkannten psycho-therapeutischen Verfahren sowie in der vertief-ten Ausbildung in einem dieser Verfahren. Die Ausbildung dauert als Vollzeitausbildung drei Jahre (Theorie: mindestens 600 Stunden, Pra-xis: mindestens 600 Stunden Psychotherapie mit mindestens 6 Patientenbehandlungen). Die praktische Ausbildung beinhaltet 1 Jahr Tätig-keit in einer psychiatrischen klinischen Einrich-tung mit psychotherapeutischer Behandlung und 1/2 Jahr Tätigkeit in anderen, im Gesetz spezifizierten Einrichtungen der stationären oder ambulanten psychotherapeutischen Ver-sorgung. Bei der Berufstätigkeit arbeiten Psy-chotherapeutInnen berufsrechtlich autonom; gegebenfalls ist im Rahmen der Tätigkeit eine somatische Abklärung herbeizuführen. Für berufsrechtliche Fragen wird in der Bundes-ärztekammer ein wissenschaftlicher Beirat mit Vertretern der psychologischen Psychothera-peutInnen sowie der Kinder- und Jugendlichen-PsychotherapeutInnen und der ärztlichen Psy-chotherapeutInnen konstituiert.

• *Österreich.* Gleichzeitg mit dem Psychologen-gesetz wurde in Österreich ein *Psychotherapie-gesetz* verabschiedet (Kierein, Pritz & Sonneck, 1991) Mit dem Psychotherapiegesetz wurde eine Berufsgruppe der PsychotherapeutInnen geschaffen, die nicht mit bestimmten Aus-gangsberufen – auch nicht mit dem Universi-tätsstudium der Psychologie – verknüpft ist. Aufgrund einer Ausbildung von knapp drei Jah-ren, die in etwa Fachhochschulniveau hat und

• *PatientIn bezahlt keine Leistung: Gratisangebot durch Ambulatorien, Beratungsstellen etc.*: Die Leistungen werden ohne Kosten für die PatientInnen von Diensten der Gesundheitsversorgung angeboten, wobei die Kosten vom Träger (Vereine, Kirchen, Gewerkschaften, Staat etc.) übernommen werden. Diese Variante ist zum Teil in begrenztem Umfange in Deutschland, Österreich und der Schweiz realisiert. Strittig ist – gilt auch bezüglich der Krankenkassen – ob ein Selbstbehalt (unter Berücksichtigung der finanzielle Lage) für PatientInnen aus therapeutischer Sicht wünschenswert ist, so daß Gratisangebote bei ausreichender finanzieller Basis der PatientInnen kritisch zu sehen wären.

Eine umfassende Regelung hat unterschiedliche Varianten zu beinhalten: zum einen sind eigenverantwortliche und selbständige Tätigkeiten der Klinischen PsychologInnen (Diagnostik; Intervention insbesondere Psychotherapie) über Krankenkassen abzurechnen. Zum andern sind auch die Leistungen von Diensten der Gesundheitsversorgung, die von Trägern ausgehen, auszubauen.

Abschließend sei darauf hingewiesen, daß Gesundheitsversorgung nicht nur durch bessere Interventionsmethoden verbessert wird. Die Gesundheitsversorgung ist vom Angebot der Dienste, von den beteiligten Berufsgruppen, den finanziellen Regelungen und den gesetzlichen Rahmenbedingungen abhängig.

7. Literatur

American Psychiatric Asssociation (1993). Practice guideline for the major depressive disorder in adults. *American Journal of Psychiatry, 150* (suppl. 4).

American Psychiatric Asssociation (1997). Practice guideline for the treatment of patients with schizophrenia. *American Journal of Psychiatry, 154* (suppl. 4).

Arbeitsgemeinschaft Psychotherapie (1995). *Ausbildungs- und Prüfungsordnung für psychologische Psychotherapeutinnen und Psychotherapeuten.* Beschlossen von den Verbänden der Arbeitsgemeinschaft Psychotherapie (AGPF, BDP, DGPs, DVT, DGVT, DPTV, GwG, GPPMP), am 31.10.95.

Baumann, U. (Hrsg.). (1984). *Psychotherapie: Makro-/ Mikroperspektive.* Göttingen: Hogrefe.

Baumann, U. (1995). Bericht zur Lage der deutschsprachigen Psychologie 1994 – Fakten und Perspektiven. *Psychologische Rundschau, 46,* 3–17.

Baumann, U. (1996). Wissenschaftliche Psychotherapie auf der Basis der Wissenschaftlichen Psychologie. *Report Psychologie, 21,* 686–689.

Baumann, U. (1997). Zur Verwechslung von Psychologie mit Psychologen/innen. *Report Psychologie, 22,* 38–42.

Baumann, U. (1998). Clinical psychology in german-speaking countries. *World Psychology,* (im Druck).

Bertelmann, M., Jansen, J. & Fehling, A. (1996). Qualitätsmanagement in der psychotherapeutischen Praxis. *Report Psychologie, 21,* 892–901.

Berufsverband Deutscher Psychologen (1993). *Psychotherapeutengesetz. Stellungnahme und Vorschläge des BDP.* Bonn: Deutscher Psychologenverlag.

Besier, G. (1980). *Seelsorge und Klinische Psychologie.* Göttingen: Vandenhoeck & Ruprecht.

Beutler, L. E. (Ed.). (1988). Training to competency in psychotherapy (Special series). *Journal of Consulting and Clinical Psychology, 56* (5).

Beutler, L. E. & Kendall, P. C. (Eds.). (1995). The case for training in the provision of psychological therapy to competency in psychotherapy (Special section). *Journal of Consulting and Clinical Psychology, 63* (2).

Bosch, G. & Kulenkampff (Hrsg.).(1985). *Komplementäre Dienste – Wohnen und Arbeiten* (Tagungsberichte Band 11). Köln: Rheinland. .

Bosch, G. & Veltin, A. (Hrsg.).(1983). *Die Tagesklinik als Teil der psychiatrischen Versorgung* (Tagungsberichte Band 9). Köln: Rheinland.

Bullinger, M. (1996). Lebensqualität – ein Ziel- und Bewertungskriterium medizinischen Handelns? In H.-J. Möller, R. R. Engel & Hoff, P. (Hrsg.), *Befunderhebung in der Psychiatrie: Lebensqualität, Negativsymptomatik und andere aktuelle Entwicklungen* (S. 13–31). Wien: Springer.

Department of health and social security (1975). *Better services for the mentally ill.* Command 6233. London: HMSO.

Deutscher Bundestag (1975). *Bericht über die Lage der Psychiatrie in der Bundesrepublik Deutschland – Zur psychiatrischen und psychotherapeutisch/psychosomatischen Versorgung der Bevölkerung* (Drucksache 7/4200). Bonn: Universitäts-Buchdruckerei.

Deutsche Gesellschaft für Psychiatrie, Psychotherapie und Nervenheilkunde (1997). *Die Behandlung psychischer Erkrankungen in Deutschland.* Berlin: Springer.

Ehlert, U. (1997). Implementierung von Forschungsvorhaben zur Konsiliar-Liaison-Arbeit bei psychisch auffälligen Patienten im Allgemeinkrankenhaus. *Psychotherapie-Forum, 5,* 73–85.

Eifert, G. H. & Lauterbach, W. (1995). Das Wissenschaftler-Praktiker Modell zur Ausbildung von Klinischen Psychologen/Psychotherapeuten: Erfahrungen und Vorschläge aus amerikanischer Sicht. *Zeitschrift für Klinische Psychologie, 24,* 209–215.

Expertenkommission der Bundesregierung (1988). *Empfehlungen der Expertenkommission der Bundesregierung zur Reform der Versorgung im psychiatrischen und psychotherapeutisch/psychosomatischen Bereich.* Bonn: Bundesministerium für Jugend, Familie, Frauen und Gesundheit.

Föderation Deutscher Psychologenvereinigungen (1996). *Weiterbildungsrichtlinien zum Klinischen Psychologen/Psychotherapeuten.* Bonn: Föderation Duetscher Psychologenvereinigungen.

Föderation der Schweizer Psychologinnen und Psychologen (1992). *Psychologische Prävention, Gesundheits-*

psychologie und Gesundheitsförderung in der Schweiz (2. Aufl.). Bern: Föderation der Schweizer Psychologinnen und Psychologen.

Föderation der Schweizer Psychologinnen und Psychologen (1994). *Leitbild psychologische Psychotherapeutin, psychologischer Psychotherapeut.* Bern: Föderation der Schweizer Psychologinnen und Psychologen.

Gaebel, W. (1995a). *Qualitätssicherung im psychiatrischen Krankenhaus.* Wien: Springer.

Gaebel, W. (1995b). Qualitätssicherung in der Psychiatrie. *Nervenarzt, 66,* 481–493.

Gesundheitsdepartement Kanton Thurgau (1995). *Spital- und Heimplanung.* Frauenfeld: Gesundheitsdepartement.

Goldberg, D. & Huxley, P. (1980). *Mental illness in the community. The pathway to psychiatric care.* London: Tavistock.

Grawe, K., Donati, R. & Bernauer, F. (1994). *Psychotherapie im Wandel – Von der Konfession zur Profession.* Göttingen: Hogrefe.

Gutzwiller, F. & Jaenneret, O. (Hrsg.). (1996). *Sozial- und Präventivmedizin Public Health.* Huber: Bern.

Gutzwiller, F. & Jaenneret, O. (1996b). Konzepte und Definitionen. In F. Gutzwiller, F. & O. Jaenneret (Hrsg.), *Sozial- und Präventivmedizin Public Health* (S. 23–29). Huber: Bern.

Gutzwiller, F. & Paccaud, F. (1996). Das schweizerische Gesundheitswesen: Struktur und Aufbau. In F. Gutzwiller, F. & O. Jaenneret (Hrsg.), *Sozial- und Präventivmedizin Public Health* (S. 235–241). Huber: Bern.

Häfner, H. & an der Heiden, W. (1984). Evaluation und Veränderungen in einem psychiatrischen Versorgungssystem. In U. Baumann (Hrsg.), *Psychotherapie: Makro-Mikroperspektive* (S. 52–72). Göttingen: Hogrefe.

Häfner, H. & Rössler, W. (1991). Die Reform der Versorgung psychisch Kranker in der Bundesrepublik. In H. Häfner (Hrsg.), *Psychiatrie: ein Lesebuch für Fortgeschrittene* (S. 256–280). Stuttgart: Fischer.

Häfner, H. (1995). Psychiatrische Aspekte der öffentlichen Gesundheitspflege. *Das Gesundheitswesen., 57,* 122–127.

Haug, H.J. & Stieglitz, R.D. (Hrsg.). (1995). *Qualitätssicherung in der Psychiatrie.* Stuttgart: Enke.

Heilkundekommission (1987). *Grundlagen der heilkundlichen Tätigkeit von Psychologen.* Bonn: Deutscher Psychologen Verlag.

Hobi, V. (1990). Zur ambulanten, psychotherapeutischen Versorgung (am Beispiel der Kantone Basel-Stadt und Basel-Land). *Zeitschrift für Klinische Psychologie, Psychopathologie und Psychotherapie, 38,* 225–244.

Holler, G., Schnabel, R. & Marx, M. (1996). *Aufbau von gemeindepsychiatrischen Versorgungsstrukturen in ausgewählten Modellregionen in den neuen Ländern.* Schriftenreihe des Bunbesministeriums für Gesundheit, Bd. 78. Baden-Baden: Nomos-Verlag.

Holloway, E.L. & Neufeldt, S.A. (1995). Supervision: ist contribution to treatment efficacy. *Journal of Consulting and Clinical Psychology, 63,* 207–213.

Internationale Standardisierungsorganisation ISO (1990). *ISO 9000.* Berlin: Beuth-Verlag.

Jandl-Jager, E., Stumm, G., With, B., Stocker, K., Weber, G. & Ahlers, C. (1987). *Psychotherapeutische Versorgung in Österreich. Projektbericht.* Schriftenreihe des Instituts für Tiefenpsychologie und Psychotherapie der Universität Wien, Wien.

Kaminski, G. (1970). *Verhaltenstheorie und Verhaltensmodifikation.* Stuttgart: Klett.

Kierein, M., Pritz, A. & Sonneck, G. (1991). *Psychologen-Gesetz, Psychotherapie-Gesetz (Kurzkommentar).* Wien: Orac.

Klee, E. (1997). *Auschwitz, die NS-Medizin und ihre Opfer.* Frankfurt: Fischer.

Knespers, D., Belcher, B.E. & Gross, J.G. (1989). A market analysis comparing the prctices of psychiatrists and psychologists. *Archives of General Psychiatry, 46,* 305–314.

Kulenkampf, C. & Picard, W. (Hrsg.). (1989). *Fortschritte und Veränderungen in der Versorgung psychisch Kranker – ein internationaler Vergleich* (Tagungsberichte Band 15). Köln: Rheinland-Verlag.

Laireiter, A.-R. (Hrsg.). (1993). *Soziales Netzwerk und Soziale Unterstützung.* Bern: Huber.

Laireiter, A.-R. (Hrsg.). (1995). Qualitätssicherung und Qualitätsmanagement von Psychothertapie. *Psychotherapie Forum, 3* (3).

Laireiter, A.-R. (1997). Qualitässicherung von Psychothertapie: Zum Stand der entwicklung. In P. Hofmann, P., M. Lux, Ch. Probst, M. Steinbauer & H.G. Zapotoczky (Hrsg.), *Klinische Psychotherapie* (S. 37–46). Wien: Springer.

Lange, A. (1994). Nicht-schulenspezifische Faktoren und die Pflicht zur Lehrtherapie: Eine kritische Auseinandersetzung. *Psychologische Rundschau, 45,* 148–156.

Long, C.G. & Hollin, C.R. (1997). The scientist-practioner model in clinical psychology: a critique. *Clinical psychology and psychotherapy, 4,* 75–83.

Lutz, W. (1997). *Evaluation eines Qualitätssicherungsprogrammes in der Psychotherapie.* Regensburg: Roderer.

Meyer, A.E., Richter, R., Grawe, K., Schulenberg, J.M. & Schulte, B. (1991). *Forschungsgutachten zu Fragen eines Psychotherapeutengesetzes.* Hamburg: Universitäts-Krankenhaus.

Mitteilungen der österreichischen Sanitätsverwaltung (1992). Empfehlungen für die zukünftige psychiatrische Versorgung der Bevölkerung Österreichs. *Mitteilungen der österreichischen Sanitätsverwaltung, 93,* 265–289.

Perrez, M. (Hrsg.). (1992). Zur Situation der Klinischen Psychologie und der Psychotherapie (Themenheft Klinische Psychologie/Psychotherapie: Berichtteil). *Psychologische Rundschau, 43* (3)

Persons, J., Thase, M. & Crits-Christoph, P. (1996). The role of psychotherapy in the treatment of depression. *Archives of general psychiatry, 53,* 283–289.

Pieringer, W. & Laireiter, A.-R. (1996). Selbsterfahrung in der Ausbildung in Psychotherapie (Themenheft). *Psychotherapie Forum, 4* (4).

Piribauer, F. (1995). Qualitätsmanagement für Psychotherapeuten. *Psychotherapie-Forum, 3,* 186–196.

Pöldinger, W. (1982). Die psychiatrische Klinik im Wandel. *Schweizerische Ärztezeitung, 63,* 285–288.

Priebe, S. (1996). Sozialpsychiatrie und gemeindenahe Versorgung. In H.J. Freyberger & R. D. Stieglitz (Hrsg.), *Kompendium der Psychiatrie* (S. 430–445). Basel: Karger.

Pritz, A. (Hrsg.). (1996). *Psychotherapie – eine neue Wissenschaft vom Menschen.* Wien: Springer.

Psychoscope (1996). Zwischen Studium und Beruf. *Psychoscope (Zeitschrift der Föderation der Schweizer Psychologinnen und Psychologen), 17* (Heft 3), 10–13.

Pulverich, G. (1996). Rechtliche Rahmenbedingungen, In J. Margraf (Hrsg.), *Lehrbuch der Verhaltenstherapie* (Band 1; S. 470–489). Berlin: Springer.

Remschmidt, H. (1997). Das Marburger Modell einer umfassenden psychiatrisch-psychotherapeutischen Versorgung. In H. Remschmidt (Hrsg.), *Psychotherapie im Kindes- und Jugendalter* (S. 458–467). Stuttgart: Thieme.

Richter, R. (Hrsg.). (1994). Qualitätssicherung in der Psychotherapie (Themenschwerpunkt). *Zeitschrift für Klinische Psychologie, 23* (4).

Routh, D. K. (1994). *Clinical psychology since 1917*. New York: Plenum Press.

Rössler, W., Häfner, H., Martini, H., an der Heiden, W., Jung, E. & Löffler, W. (1987). *Landesprogramm zur Weiterentwicklung der außerstationären psychiatrischen Versorgung Baden-Württemberg – Analysen, Konzepte, Erfahrungen*. Weinheim: Deutscher Studien Verlag.

Rössler, W., Salize, H.-J., Biechele, U. & Riecher-Rössler, A. (1994). Stand und Entwicklung der psychiatrischen Versorgung. Ein europäischer Vergleich. *Nervenarzt, 65,* 427–437.

Saupe, R. & Diefenbacher, A. (1996). *Konsiliarpsychiatrie und - psychotherapie*. Stuttgart: Enke.

Schaffensberger, E., Glatz, W., Frank, W. & Rosian, I. (1997). *Ambulante psychotherapeutische Versorgung in Österreich*. Wien: Österreichisches Insttitu für Gesundheitswesen.

Schmidt, L. (1994). A psychological look at public health: Contents and methodology. *International Review of Health Psychology, 3,* 3–36.

Schneuwly, F. (1996). Unter der statistischen Lupe. *Psychoscope (Zeitschrift der Föderation der Schweizer Psychologinnen und Psychologen), 17* (Heft 7), 4–7.

Schorr, A. (1991). *Psychologen im Beruf*. Bonn: Deutscher Psychologen Verband

Schwarzer, R. (Hrsg.). (1997). *Gesundheitspsychologie*. Göttingen: Hogrefe.

Seitz, R., König, H. H. & Stillfreid, D. Graf von (1997). Grundlagen von Managed Care. In M. Arnold, K. W. Lauterbach & Preuß, K. J. (Hrsg), *Managed Care* (S. 3–21). Stuttgart: Schattauer.

Shapiro, A. E. & Wiggins, J. G. (1994). A PsyD degree for every practitioner. *American Psychologist, 49,* 207–210.

Siegrist, J. (1988). *Medizinische Soziologie* (4. Aufl.). München: Urban & Schwarzenberg.

Sommer, G. & Ernst, H. (Hrsg.). (1977). *Gemeindepsychologie*. München: Urban & Schwarzenberg.

Staatskanzlei Kanton St. Gallen (1995). *Spitalplanung*. Schriftenreihe Nr. 61 des Kantons St. Gallen.

Stieglitz, R.-D. (1996). Erfassung von Lebensqualität bei schizophrenen Patienten. In H.-J. Möller, R. R. Engel & P. Hoff (Hrsg.), *Befunderhebung in der Psychiatrie: Lebensqualität, Negativsymptomatik und andere aktuelle Entwicklungen* (S. 73–83). Wien: Springer.

Stieglitz, R.-D., Wolfersdorf, M., Metzger, R., Ruppe, A., Stabenow, S., Hornstein, Ch., Keller, F., Schell, G. & Berger, M. (1998). Stationäre Behandlung depressiver Patienten: Konzeptuelle Überlegungen und Ergebnisse eines Pilot-Projekts zur Qualitätssicherung in Baden-Württemberg. *Nervenarzt, 69,* 59–65.

Thüring, G. & Graf, P. (1988). Arbeitsmarktentwicklungen in der Psychologie. *Bulletin der Schweizer Psychologen, 9,* 1–14.

Vauth, R. (1995). Qualitätssicherung in der ambulanten Versorgung. Qualitätszirkel und ihr didaktisches Konzept. In H. J. Haug & R. D. Stieglitz (Hrsg.), *Qualitätssicherung in der Psychiatrie* (S. 112–131). Stuttgart: Enke.

Wasilewski, R. (1989). *Kosten der Psychotherapie bei Klinischen Psychologen*. Institut für Freie Berufe an der Universität Erlangen-Nürnberg. Bonn: Deutscher Psychologen-Verlag.

WHO (1986). *Ottowa-Charta zur Gesundheitsförderung* (health promotion – the Ottawa charter). World health organization, Division of health promotion, education and communication. Genf.

WHO (1994). *Grundsätze Investition in die Gesundheit von Frauen* (Investing in women's health). World health organization, regional office for europe & Ludwig Boltzmann Institut für Gesundheitspsychologie der Frau. Wien.

Wing, J. K. (1973). Principles of evaluation. In J. K. Wing & H. Häfner (Eds.), *Roots of evaluation. The epidemiological basis for planning psychiatric services*. London: Oxford Press.

Wing, J. K. (1989). Versorgungskonzepte und Versorgungsstrategien für psychisch Kranke und Behinderte in den letzten zehn Jahren in Großbritannien. In C. Kulenkampff & W. Picard (Hrsg.), *Fortschritte und Veränderungen in der Versorgung psychisch Kranker – ein internationaler Vergleich* (Tagungsberichte Band 15; S. 55–75). Köln: Rheinland-Verlag.

Wittchen, H. U. & Fichter, M. M. (1980). *Psychotherapie in der Bundesrepublik*. Weinheim: Beltz.

Wottawa, H. & Thierau, H. (1990). *Evaluation*. Bern: Huber.

20. Methodik der klinisch-psychologischen Interventionsforschung

Urs Baumann und Christa Reinecker-Hecht

Inhaltsverzeichnis

1. Einleitung

Klinisch-psychologische Interventionen (zum Begriff s. Kap. 18/Systematik der Intervention) erfordern aus folgenden Gründen eine wissenschaftliche und methodologische Reflexion:

• *Wissenschaftliche Begründung:* Werden Interventionen nicht nur als Handwerk verstanden, sondern als begründetes Handeln (vgl. Kap. 4/Wissenschaftstheorie: Intervention), so ist dieses Handeln zum Forschungsgegenstand zu machen, was entsprechende wissenschaftliche Theorien und empirische Untersuchungen erfordert.

• *Gesundheitspolitische Begründung:* Klinisch-psychologische Interventionen stellen eine Form von Maßnahmen im Rahmen der Gesundheitsversorgung dar (s. Kap. 19/Gesundheitsversorgung). Daher bedürfen sie gegenüber der Öffentlichkeit, die für die Kosten dieser Maßnahme aufkommt, einer Legitimation, die nur durch Interventionsforschung zu erreichen ist.

• *Ethische Begründung:* Klinisch-psychologische Interventionen sind auf in ihren Möglichkeiten eingeschränkte Menschen ausgerichtet. Ein Angebot auf Hilfe muß daher besonders sorgfältig begründet sein, was wiederum nur durch Interventionsforschung möglich ist (s. Kap. 5/Ethik).

Klinisch-psychologische Interventionsforschung kann technologisch oder grundlagenorientiert sein (vgl. Kap. 4/Wissenschafstheorie: Intervention). Bei der technologischen Forschung stehen Beschreibung, Bewertung und theoretische Begründung von Interventionen (Makroebene: Gesundheitsversorgungssysteme, Mikroebene: einzelne Methoden) im Vordergrund. Bei der Grundlagenforschung geht es um die Erklärung von Veränderungsprozessen im allgemeinen oder von Einzelaspekten der klinisch-psychologischen Intervention wie z.B. der Interaktion TherapeutIn/PatientIn.

Die Methodik der klinisch-psychologischen Interventionsforschung basiert zum einen auf der allgemeinen Methodologie der Psychologie; diese wird hier nicht behandelt. Zum andern aber hat sich im Laufe der Zeit auch eine spezifische Methodologie der klinisch-psychologischen Interventionsforschung herausgebildet, die im folgenden in Ausschnitten behandelt werden soll (vgl. Bellack & Hersen, 1984; Kazdin, 1980, 1992, 1994).

Wie in Kapitel 1 (Grundbegriffe – Einleitung) dargelegt, beziehen sich klinisch-psychologische Interventionen einerseits auf psychische und somatische Störungen; andererseits ist zwischen den Interventionsfeldern der Gesundheitsförderung, Prävention, Behandlung/Therapie (Psychotherapie) und Rehabilitation zu unterscheiden. Klinisch-psychologische Intervention kann dabei unter der Makro- und der Mikroperspektive betrachtet werden (siehe Kap. 19/Gesundheitsversorgung). Die Methodik der klinisch-psychologischen Interventionsforschung bezieht sich vor allem auf folgende Aspekte: Mikroperspektive, psychische Störungen, klinisch-psychologische Behandlung/Therapie (Psychotherapie) von Funktionsmustern, Behandlung von Erwachsenen. Vielfach wird dieses Thema unter dem Stichwort «Methodik der Psychotherapieforschung» abgehandelt. In dem vorliegenden Kapitel steht die Methodik der Psychotherapieforschung bei psychischen Störungen im Vordergrund. Die spezielle Methodik der Interventionsforschung in den Bereichen Gesundheitsförderung, Prävention und Rehabilitation, ebenso die Methodik der Intervention bei somatischen Krankheiten können hier nicht abgehandelt werden, da dies den Rahmen sprengen würde. Ebenso können die spezifischen methodischen Probleme der Intervention bei interpersonellen Systemen sowie bei Kindern und Jugendlichen nicht berücksichtigt werden. Verschiedene der hier angesprochenen Gesichtspunkte sind aber auch für diejenigen Gebiete von Bedeutung, die hier nicht im speziellen angesprochen werden.

Die Methodik der klinisch-psychologischen Interventionsforschung ist immer sehr stark durch die Effektivitätsfrage geprägt worden. Interventionsforschung ist aber nicht nur auf die Frage nach der Effektivität zu reduzieren, da erst nach der Erklärung der Wirkung eine umfassende wissenschaftliche Fundierung von Intervention vorliegt.

2. Leitbilder der Interventionsforschung

Interventionsforschung kann – was häufig zu beobachten ist – unsystematisch und punktuell betrieben werden. Es bieten sich aber auch Leitbilder von Forschungsprogrammen an, um die Forschung systematisch zu betreiben. Folgende Leitbilder waren und sind für die Interventionsforschung von Bedeutung:

• *Allgemeine Wirksamkeitsüberprüfung.* Psychotherapie bedarf einer systematischen Wirksamkeitsüberprüfung. Bereits 1930 wurde vom Berliner Psychoanalytischen Institut eine Studie zur Effektivität von Psychotherapie durchgeführt. In der folgenden Zeit wurden diverse Studien vorgelegt, die die Wirksamkeit von Psychotherapie bei psychischen Störungen belegten.

• *Kontrollgruppendesign.* Eysenck hat 1952 die provokative These aufgestellt, daß zwei Drittel von neurotischen PatientInnen innerhalb von 2 Jahren nach Erkrankungsbeginn mit oder ohne Psychotherapie geheilt oder erheblich gebessert wären. Der Erfolg von Psychotherapie (gemeint waren tiefenpsychologische Ansätze) wäre also vergleichbar der *Spontanremissionsrate* (Eysenck, 1952). Spontanremission im engeren Sinne beinhaltet die Besserungsquote, die ohne Intervention zustande kommt; im weiteren Sinn versteht man darunter die Besserungsquote, die ohne spezifische Intervention (Psychotherapie etc.) erreicht wird, wobei ärztliche Hilfe, Beratung, halbprofessionelle Hilfe nicht als spezifische Intervention gezählt werden. Letztere Quote ist höher als die Spontanremissionsquote im engeren Sinne. Um die Spontanremission als Alternativerklärung für den Therapieerfolg auszuschließen, forderte Eysenck für die Interventionsforschung Kontrollgruppendesigns, also ein Leitbild der experimentellen Psychologie. Diese These führte zu einer Vielzahl an methodischen Überlegungen zur Interventionsforschung (unbehandelte Kontrollgruppen, Therapieerfolg; s. unten).

• *Differentielle Therapieforschung.* In den sechziger Jahren forderte Kiesler (1969) mit seinem «Gittermodell», differentielle Aspekte bei PatientInnen, TherapeutInnen, Techniken zu berücksichtigen, Therapie als zeitliches Geschehen zu konzipieren (Prozeß-Erfolgsforschung) und den Therapieerfolg multimodal zu formulieren. Dieses Postulat erbrachte methodische Konsequenzen für Kontrollgruppenpläne, Prozeßanalysen und Variablenauswahl. Obwohl Kiesler bereits Ende der sechziger Jahre die kombinierte Prozeß-Erfolgsforschung forderte, wurde diese erst seit den achtziger Jahren ernsthaft realisiert (s. unten).

• *Perspektiven-Ansatz: Makro-, Mikroperspektive:* Die bisherigen Leitbilder hatten Intervention nicht als Versorgungsangebot für ein Bevölkerungssystem betrachtet, sondern als Methode und Tätigkeit bei Einzelpersonen, Paaren, etc. (Mikroperspektive). Sieht man Interventionen als Versorgungsangebot von Institutionen für definierte Populationen, so wird Intervention in das gesellschaftliche Geschehen eingebettet und dadurch auch beeinflußt (Makroperspektive). Seit den siebziger Jahren finden wir Ansätze, die die Psychotherapieforschung komplex, d.h. unter Makro- und Mikroperspektive konzipieren (z.B. Baumann, 1984; Howard & Orlinsky, 1972; Orlinsky, Grawe & Parks, 1994; s. dazu auch Kap. 19/Gesundheitsversorgung, Kap. 22.1/Psychotherapie: Systematik).

• *Phasenmodell/Forschungsprozeß.* Interventionsforschung ist – wie Forschung insgesamt – als komplexer Prozeß zu sehen, der sich über verschiedene Phasen erstreckt: Umsetzung eines neuen Konzeptes in die Realität, erste globale Überprüfung, systematische Evaluation, Implementierung in die Praxis, Überprüfung der Praxis. In einem derartigen Phasenkonzept ergeben sich – je nach Entwicklungsstand – unterschiedliche methodische Forderungen und Bewertungen. So können z.B. Einzelfallstudien beim Entwicklungsbeginn einer Methode sinnvoll sein, während sie zur breiten Evaluation wenig beitragen. Die Überprüfung von Pharmaka ist seit langem nach einem Ablaufschema strukturiert (Möller & Leimkühler, 1995). Von Agras und Berkowitz (1980) wurde für den Forschungsprozeß in der Verhaltenstherapie ein Ablaufschema vorgelegt. In Anlehnung an das Überprüfungsschema von Pharmaka wurde von Müller-Oerlinghausen und Linden (1981; s. **Tab. 1**) ein Ablaufschema für die Psychotherapieforschung vorgelegt.

• *Metaanalysen.* Aufgrund der zahlreichen Interventionsstudien hat sich die Notwendigkeit ergeben, die Vielzahl an Befunden zu integrieren. Seit Beginn der achtziger Jahre ist mit

Tabelle 1: Phasen der Interventionsforschung (für Psychotherapie modifizierte Version der Phasen I–IV der medikamentösen Arzneimittelprüfung; vgl. Müller-Oerlinghausen & Linden, 1981; Möller & Leimkühler, 1995)

Ausgangspunkt: Es liegt eine neue Interventionsmethode vor, die aufgrund von klinischen Beobachtungen, theoretischen Überlegungen und unsystematischen Einzelversuchen geschaffen wurde. Bei Medikamenten handelt es um ein neues, von einer Firma entwickeltes Präparat.

Phase I: Erkundungsphase. Diese dient der systematischen Beobachtung und Überprüfung der neuen Interventionsmethode, wobei wenige, inhaltlich nur global formulierte Hypothesen vorliegen. Dazu können Einzelfallstudien, Analogstudien und in begrenztem Umfang auch Gruppenstudien (zum Teil ohne Kontrollgruppen) durchgeführt werden. Bei Medikamenten wird die Überprüfung in dieser Phase meist bei gesunden ProbandInnen vorgenommen.

Phase II: Pilot-Phase: Aufbauend auf den in Phase I gewonnenen allgemeinen Erkenntnissen wird die therapeutische Wirkung mittels gezielter Hypothesen erforscht. Dazu sind kombinierte Prozeß-/Erfolgsstudien mit Kontrollgruppen notwendig, wobei die Wirkung auch mittels Katamnesen zu überprüfen ist. Die Überprüfung von Medikamenten erfolgt an PatientInnen; u.a. kommen auch Doppelblind-Studien zur Anwendung.

Phase III: Testphase. Es geht um die Überprüfung einer Interventionsmethode im Großversuch; vielfach werden Verbundstudien (gleiches Design in mehreren Institutionen: Multizenter-Studien) durchgeführt. Nach der Phase III können Medikamente registriert und für die Anwendung zugelassen werden.

Phase IV: Praxiskontrolle. Nachdem sich eine neue Interventionsmethode unter Forschungsbedingungen bewährt hat, steht die Implementierung der neuen Methode im Praxisbereich zur Diskussion; auch die Bewährung in der Routine muß überprüft werden (vgl. Qualitätssicherung); bei Medikamenten werden nach der Zulassung mit sog. Drug Monitoring kontinuierlich mögliche unerwünschte Wirkungen registriert.

den sogenannten Metaanalysen (s. unten) ein Instrumentarium geschaffen worden, das die Synopsis von Einzelbefunden erlaubt. Die dadurch erzielten Ergebnisse sind insbesonders auch für die gesundheitspolitischen Diskussionen wichtig geworden.

• *Richtlinien für Interventionen (Guideline).* Die Vielzahl an Therapieverfahren, aber auch der ökomische Druck, nur überprüfte und möglichst rasch wirksame Verfahren anzuwenden (vgl. Qualitätssicherung), hat in den neunziger Jahren zu Empfehlungen von ExpertInnengruppen geführt. Diese Empfehlungen beinhalten Aussagen, welche Verfahren erprobt seien, aber auch Aussagen darüber, bei welchen Störungen wie vorzugehen sei (Guideline; s. unten). Im gleichen Zeitraum sind nicht nur Richtlinien im allgemeinen (Güte und Indikation von Interventionen), sondern auch im speziellen entstanden, indem für einzelne Therapiemethoden Manuale vorgelegt wurden, die den Therapieablauf strukturieren.

• *Qualitätssicherung, Qualitätsmanagment.* Im Gesundheitswesen ist seit den neunziger Jahren die Qualitätssicherung bedeutsam geworden (s. Kap. 19/Gesundheitsversorgung). Es geht dabei um eine Optimierung der Phase IV (s. oben), d.h. des Praxisfeldes. Die Forderung nach Qualitätssicherung ist auch für klinisch-psychologische Interventionen bedeutsam, wie in Abschnitt 7 und Kap. 19 (Gesundheitsversorgung) gezeigt wird.

Für die Strukturierung der methodischen Probleme der Interventionsforschung haben wir das Phasenkonzept (I–IV; s. Tab. 1) gewählt, da einzelne methodische Probleme an speziellen Stellen des Forschungsablaufes aktuell werden. Die Zuordnung der methodischen Probleme zu einzelnen Phasen soll als Fokussierung auf diejenige Phase verstanden werden, in denen die Probleme besonders relevant sind; die methodischen Fragen können aber auch in anderen Phasen wichtig werden.

Das Phasenmodell impliziert definierbare Interventionstechniken, vergleichbar mit einzelnen Medikamenten. Dieses Konzept wird teilweise kritisch gesehen, da Intervention nicht als Applikation von Techniken, sondern als individuelles Zusammenfügen von Einzelelementen gesehen wird. Dazu ist anzumerken,

daß einerseits Interventionen – verstanden als Handlungsrahmen – in Form von Techniken konzipierbar sind (vgl. Therapiemanuale der Verhaltenstherapie); andererseits sind auch Einzelelemente systematisch zu erforschen, wozu das Phasenmodell ebenso von Bedeutung ist. Im Phasenmodell ist die Erforschung der Makroperspektive nicht angesprochen; als Rahmenkonzept muß aber diese Perspektive auch in das Phasenmodell einfließen. Ebenso nicht angesprochen ist die Frage nach der Erklärung der Wirksamkeit und den in der Intervention ablaufenden Prozessen. Diese Frage begleitet die Forschung in allen angesprochenen Phasen; im Sinne einer technologischen Forschung sind diese Fragen aber der systematischen Wirksamkeitsüberprüfung nachgeordnet (Expositionstherapie ist trotz unterschiedlicher Erklärungsansätze wirksam). Während die Phasen I–III bei genügender Zahl an Studien einen Stand erreichen lassen, bei dem die Evaluation einen vorläufigen Abschluß erreicht, gilt dies nicht für die Praxiskontrolle (Phase IV), da diese Phase eine Daueraufgabe darstellt.

3. Evaluationskriterien

In der Interventionsforschung werden verschiedene Evaluationskriterien diskutiert. Im folgenden wird auf die in Tabelle 2 angeführten Kriterien eingegangen; zu beachten ist, daß die angeführten Begriffe in der deutsch- und englischsprachigen Literatur nicht immer einheitlich verwendet werden.

(1) *Effektivität/Wirksamkeit (efficacy):* Die Wirksamkeit einer Interventionsmethode kann nur bezüglich definierter Ziele und im Hinblick auf einen Vergleichsmaßstab (z.B. Kontrollgruppe) beurteilt werden (zur Zielproblematik s. Kap. 4/ Wissenschaftstheorie: Intervention); die Wirksamkeit stellt daher das Ausmaß an Veränderung im Hinblick auf einen Zielzustand dar, die auf die Intervention zurückgeführt wird. Unter der Wirkung wird vielfach die Veränderung zwischen Ausgangs- und Endpunkt verstanden, ohne daß ein Normmaßstab herangezogen wird. Nach Baumann (1998) beinhaltet das Konstrukt Wirksamkeit verschiedene Freiheitsgrade, die im konkreten Fall zu präzisieren sind, da es *die* Wirksamkeit nicht gibt. So besteht

Tabelle 2: Evaluationskriterien

(1) Effektivität/Wirksamkeit (efficacy): Beurteilung der Wirksamkeit bezüglich definierter Ziele und bezüglich Vergleichsmaßstab.

(1.1) Statistische Signifikanz der Veränderung

(1.2) Statistische Signifikanz (Bedeutsamkeit) der Veränderung

(1.3) Prozentsatz an gebesserten PatientInnen

(1.4) Breite der Veränderung (Wirkumsspektrum)

(1.5) Veränderungsmuster

(1.6) Dauerhaftigkeit der Veränderung (Katamnese)

(1.7) Ausmaß an negativen Effekten

(2) Effizienz (cost-effectiveness, cost-benefit): Beurteilung des zur Zielerreichung benötigten Aufwandes (Kosten-Effektivitäts-Analyse; Kosten-Nutzen-Analyse).

(3) PatientInnen-Zufriedenheit (Consumer-Satisfaction)

(4) Praxisbewährung (effectiveness). Beurteilung der Wirksamkeit unter Praxisbedingungen (im deutschsprachigen Raum zum Teil mißverständlich mit Effizienz (s. oben) umschrieben).

(5) Ethische Angemessenheit

heute Einigkeit darüber, daß die Effektivität multimodal (vgl. Kap.7/Diagnostik), d. h. im Hinblick auf unterschiedliche Datenebenen, Datenquellen und Konstrukte erfaßt werden muß, was aber eine zusammenfassende Wirksamkeitsbeurteilung erschwert. Eine Wirksamkeitsbeurteilung kann je nach Zeitpunkt der Überprüfung unterschiedlich ausfallen (Therapieende, Katamnese), hängt von der Art des Vergleichmaßstabes ab und ist – je nach Ablauf im Forschungsprozeß – unterschiedlich zu definieren. Für die Erfassung der Wirkung steht eine große Zahl an Verfahren zur Verfügung (z. B. Ogles, Lambert & Masters, 1996), die teilweise störungsunabhängig, teilweise störungsspezifisch sind. Zu berücksichtigen sind bei der Wirkerfassung auch die unterschiedlichen Auflösungsgrade (Funktionen, Funktionsmuster; interpersonelle Systeme). Die Wirksamkeitsbeurteilung erfordert die Beurteilung von Veränderungen, was nach unterschiedlichen formalen Kriterien erfolgen kann (Kazdin & Wilson, 1978):

• *Statistische Signifikanz der Veränderung:* Insbesondere in Gruppenstudien wird die Signifikanz der Veränderung (im Vergleich zu einer Kontrollgruppe) als Kriterium der Wirksamkeit herangezogen. Auch im Einzelfall ist eine Signifikanzbeurteilung möglich (vgl. die Beurteilung von Testunterschieden in der Diagnostik).

• *Klinische Signifikanz (Bedeutsamkeit) der Veränderung:* Neben der statistischen Signifikanz ist die klinische Bedeutung der Veränderung zu beurteilen (Kazdin, 1994). Klinische Signifikanz bzw. klinische Bedeutsamkeit kann z. B. durch ExpertInnen-Urteil festgelegt werden (z. B. Festlegung von Mindestdifferenz in Verfahren X) oder durch die Überprüfung, inwieweit sich ein klinischer Ausgangsbefund in den Normbereich (durch unauffällige Kontrollgruppen festgelegt) verändert hat.

• *Prozentsatz an gebesserten PatientInnen:* Dieses Kriterium erfordert eine Zusammenfassung der multimodalen Erfolgsmessung bzw. es wird ein Hauptindikator herausgegriffen. Für die Festlegung der Besserungsrate werden häufig bedeutsame Veränderungen zugrunde gelegt. In der medikamentösen Forschung spricht man von Respondern bzw. Nonrespondern, d. h. PatientInnen, die auf Maßnahme erfolgreich bzw. nicht erfolgreich reagieren.

• *Breite der Veränderung (Wirkungsspektrum):* Die Erfassung möglicher – positiv und negativ bewerteter – Wirkungen macht eine breite multimodale Erfassung möglicher Effekte notwendig, die über die Zielsymptomatik hinausgehen. Therapiemethoden können sich in ihrem Wirkungsspektrum unterscheiden.

• *Veränderungsmuster:* Die Veränderungserfassung erfordert eine komplexe Analyse der Merkmale.

Therapieeffekte können durch spezifische Veränderungsmuster charakterisiert sein (z. B. Interkorrelationsmatrizen der Prä-/Postwerte unterscheiden sich bei einzelnen Therapien).

• *Dauerhaftigkeit der Veränderung:* Interventionen müssen nicht nur am Ende der Intervention ihre Wirksamkeit beweisen, sondern darüber hinaus, was zur heute akzeptierten Forderung nach Katamnesen, d. h. Nachuntersuchungen führt. Die Katamnesendauer ist dabei von den Störungstheorien abhängig.

• *Ausmaß an negativen Effekten:* Zur Wirksamkeitsbeurteilung gehören – neben den erwünschten – auch die unerwünschten Effekte (Mohr, 1995; Bents, Frank & Rey, 1996). Dazu zählen: unerwünschte Wirkungen in Funktionen oder Funktionsmustern zum Teil Nebenwirkungen genannt); Therapieablehnung (kein Therapiebeginn) trotz Indikation; Drop-Out-Raten, d. h. Anzahl der AbbrecherInnen vor Therapieende; Rückfälle innerhalb eines Zeitraumes, der zum Teil mehrere Jahre umfassen kann (z. B. bei Schizophrenie).

(2) *Effizienz (cost-effectiveness, cost-benefit).* Der Begriff Effizienz wird zum Teil auch für das Kriterium der Praxisbewährung (s. unten) verwendet. Während die Effektivität den Zielabstand beinhaltet, bezieht sich die Effzienz auf den zur Zielerreichung benötigten Aufwand (Bühringer & Hahlweg, 1986). Die Effizienzfrage beinhaltet Kostenüberlegungen:
a) Können nur zur Behandlung (Kosten), nicht aber zum Nutzen monetärer (Geld) Aussagen gemacht werden, so haben wir eine *Kosten-Effektivitäts-Analyse;* es wird geprüft, mit welchen Kosten das Erreichen von Therapiezielen verbunden ist («was kostet die Wirksamkeit/Effektivität»). So kann man z. B. die Kosten einer ambulanten mit einer stationären Therapie vergleichen, die beide das Ziel anstreben, eine Angststörung zu beheben (definiert mit Kriterienwerten). Dabei würde der Nutzen, der mit dem Therapieerfolg (keine Angststörung mehr) verbunden ist, finanziell nicht berechnet.
b) Bei *Kosten-Nutzen-Analysen* sind Behandlung (Kosten) und Gewinn (Nutzen), der durch das Erreichen eines Therapiezieles erzielt wird, monetär darstellbar.
Nach Neumer und Margraf (1996) unterscheidet man zwei Formen von *Nutzen:* positiver Nutzen (Bsp. aufgrund von Therapie bessere Arbeitsfähigkeit und damit höheres Einkommen) und Nutzen durch Kosteneinsparung (Bsp.: weniger Medikamente, weniger stationäre Aufenthalte). Bei den *Kosten* wird der mit der Behandlung verbundene monetäre Aufwand berücksichtigt (z. B. Therapiehonorar, Pflegesatz als Kosten der Leistungserbringer; Fahrtkosten PatientIn, Arbeitsausfall während der Therapie als Kosten der PatientInnen und deren Angehörige). Der Nutzen von Interventionen ist nur begrenzt monetär erfaßbar, da darüber hinaus auch ideelle Werte als Therapienutzen zu betrachten sind (z. B. PatientInnenzufriedenheit, konfliktfreiere Interaktionen zwischen Ehepaaren, Lebensqualität). Kosten-Effektivitäts-Analysen sind daher weniger problematisch als KostenNutzen-Analysen. Beispiele für Effizienzüberlegungen finden sich bei Neumer und Margraf (1996) sowie Gabbard, Lazar, Hornberger und Spiegel (1997).

(3) *PatientInnen-Zufriedenheit:* Klinisch-psychologische Interventionen können nur dann erfolgreich sein, wenn sich die PatientInnen dem therapeutischen Setting unterziehen und an die vereinbarten Regeln halten (in und außerhalb der Therapie). Letzteres wird mit *Compliance* umschrieben, als Grad, in dem das Verhalten des Patienten in bezug auf eine Intervention mit der vom Therapeuten intendierten Intervention übereinstimmt. Wesentlich für diese Zusammenarbeit ist die Bewertung der Therapie durch die PatientInnen als KonsumentInnen (Pekarik, 1993), so daß u. a. die PatientInnen-Zufriedenheit (Consumer-Satisfaction; Hollon, 1996;) zur Interventions-Bewertung hinzugenommen werden muß. Leimkühler und Müller (1996) weisen aber auch auf die Schwierigkeit der Erfassung von PatientInnenzufriedenheit hin.

(4) *Praxisbewährung:* In neuerer Zeit wurde die Wirksamkeit, überprüft in kontrollierten Studien (vgl. Phasen I–III) von der Wirksamkeitsbeurteilung unter Praxisbedingungen (Phase IV) abgegrenzt. Seligman (1995) hat unter dem Stichwort *effectiveness* die Praxisbewährung als zusätzliche Form der Wirksamkeitsüberprüfung für die Psychotherapieforschung gefordert (vgl. dazu die Diskussion bei Vandenbos, 1996). Praxisbewährung – im deutschsprachigen

Raum zum Teil mißverständlich mit Effizienz (s. oben) umschrieben – ist ein wesentliches Evaluationskriterium. Praxisbewährung kann aber nicht nur – wie beim Consumer Report Survey – in Form von Meinungsforschungsumfragen mit zum Teil geringen Rücklaufquoten realisiert werden (Seligman, 1995). Vielmehr sind umfassende Praxisstudien, die methodisch befriedigend sind, zu fordern.

(5) *Ethische Angemessenheit:* Interventionen haben nicht nur effektiv und effizient zu sein, sondern sie müssen auch unter ethischer Perspektive bewertet werden (Corey, Schneider-Corey & Callanan, 1993). Insbesondere stellt sich die Frage, ob die angewandten Mittel mit den Zielen kompatibel sind (Ziel-Mittel-Diskrepanz; «Der Zweck heiligt nicht immer die Mittel»); dieses Problem stellt sich vor allem bei Zwangsbehandlungen und Aversionsmethoden. Ethische Probleme ergeben sich u.a. auch dann, wenn Körperkontakte als Therapiemittel eingesetzt werden oder wenn Therapieverfahren nicht nur auf die PatientInnen, sondern auch auf die Umgebung Auswirkungen haben (evtl. unerwünschte Wirkungen aus der Sicht der Umgebung). Klinisch-psychologische Interventionen müssen daher jeweils auch unter ethischen Gesichtspunkten bewertet werden.

In den folgenden Abschnitten werden verschiedene methodische Probleme der Interventionsforschung anhand des Phasenmodells diskutiert. Die hier angesprochenen Bewertungskriterien sind für alle Phasen von Bedeutung und werden daher nicht mehr speziell berücksichtigt.

4. Methodik der Erkundungsphase

Für die Erkundungsphase, zum Teil aber auch für die Pilotphase sind u.a. Analogstudien und Einzelfallstudien von Bedeutung, da eine neue Methode vielfach ohne genaue Hypothesen in der Empirie erforscht werden soll.

4.1 Analogstudien

Der Begriff der Analostudien wurde bereits im Kapitel 9 (Ätiologie, Bedingungsanalyse: me-

thodische Gesichtspunkte: Abschnitt 3.3) dargestellt. Es wird daher auf die betreffenden Ausführungen verwiesen; im folgenden sollen hier nur die für Interventionen spezifischen Punkte ergänzend angeführt werden. Der Begriff Analogstudien weist auf Studien hin, die die zu untersuchende Realität nur partiell oder vergleichsweise abbilden (Kazdin, 1980). Bei der Interventionsforschung sind – wie bei der Ätiologieforschung – folgende Abweichungen von der Realität bedeutsam (s. Kap. 9, Abschnitt 3.3): *Gattung* (z.B. Tierstudien versus Humanbereich); *Störung* (als Klassifikationsvariable oder als Zielvariable von Einflußgrößen; quantitative und qualitative Abweichung von klinischen Störungen); *Untersuchungsverfahren* (Komplexität einer Störung wird mit *einem* Untersuchungsverfahren erfaßt).

Folgende Aspekte sind für die klinisch-psychologische Intervention zusätzlich bedeutsam:

• *Behandelte Personen:* ohne Störung; mit subklinischer Störung; mit Störung und Leidensdruck (z.B. angeworbene Personen); mit Störung, Leidensdruck, Behandlungswunsch und Bereitschaft, an einer Studie mitzumachen (in Institutionen).

• *TherapeutInnen:* Einsatz von für die Intervention geschulten StudentInnen, AusbildungskandidatInnen, TherapeutInnen mit wenig oder viel Erfahrung.

• *Setting:* Intervention im Labor in Form von Experiment mit Personen, die zufällig standardisierten Verfahren zugeordnet werden; Intervention in klinischen Forschungssettings (mit/ohne Zufallszuordnung); Interventionen im klinischen Alltag.

• *Zeitdimension:* Intervention von *einer* Sitzung, wenigen Sitzungen bis hin zur üblichen Psychotherapiedauer in der Praxis.

Analogstudien sind auch für den Interventionssektor kein Gegenpol zur klinischen Realität. Für die Interventionsforschung können Studien mit starken Abweichungen von der Realität («Analogstudien») insbesondere für die Phase I und zum Teil für die Phase II wichtige Beiträge leisten.

4.2 Einzelfallstudien

Einzelfallstudien machen ein einzelnes Element (z.B. Person, Gruppe, Gemeinde) zum Gegenstand der Analyse. Das Element wird exakt beobachtet, beschrieben und – beim experimentellen Ansatz – systematischen Bedingungsvariationen unterzogen (Reinecker, 1994). Einzelfallstudien sind besonders geeignet zur Untersuchung seltener Phänomene, aber auch zur umfassenden Erforschung komplexer Phänomene in der Phase der Hypothesengenerierung. Daher sind für neue Interventionsansätze Einzelfallstudien von besonderer Wichtigkeit (Jones, 1993, Franklin, Allison & Gorman, 1997).

Einzelfalldarstellungen können sich inhaltlich unterscheiden: Biographien umfassen vielfach das ganze Leben, während die Kasuistik bzw. die Einzelfallstudie sich auf spezifische Aspekte bezieht. Methodisch unterscheiden wir bei Einzelfallstudien drei Varianten: quantitativ-experimentelles (Einzelfallexperiment), quantitativ nicht-experimentelles (quantitative Einzelfallanalyse; z.B. statistische Analyse eines Testprofils hinsichtlich Unterschieden in Untertests), beschreibendes Vorgehen (Fallstudie).

Für die quantitative Einzelfallforschung – insbesondere für Einzelfallexperimente – wurde eine Vielzahl an methodischen Vorschlägen vorgelegt, insbesondere gilt dies für das Problem der Kontrollbedingungen (Petermann, 1996a). Während in Gruppenstudien die Kontrollbedingung durch zusätzliche Gruppen realisiert wird (s. oben), muß dies bei Einzelfallstudien durch entsprechende Bedingungsvariation innerhalb desselben Individuums erfolgen (Überblick über Einzelfalltherapiepläne: Petermann, 1996a). Die einfachste Form liegt im A-B-A-Design vor (A: Kontrollbedingung, meist in Form von unbehandelter Baseline; B: Interventionsbedingung); kritisch ist bei diesem Plan anzumerken, daß das Ausblenden der Intervention B in der Regel nicht mehr den Ausgangszustand A herstellt. Es wurden daher komplexere Designs entwickelt, um den Forderungen nach interner und externer Validität Rechnung zu tragen (z.B. Plan mit multiplen Kontingenzen oder multiple Baseline Pläne). Zur Auswertung von Einzelfallstudien werden verschiedenste Verfahren vorgeschlagen; zu nennen sind graphische Verfahren, Varianzanalysen, Faktorenanalysen, Zeitreihen-

analysen nach dem ARIMA-Modell, nonparametrische Verfahren, Trendanalysen etc. (Jones, 1993; Franklin et. al., 1997; Reinecker, 1994; Russell, 1995). Teilweise wird für eine Kombination von Einzelfall- und Gruppenstudien plädiert. Die Vielzahl an – im Rahmen von Prozeßanalysen gewonnenen – komplexen Datenmustern wird auf der Ebene der Untersuchungseinheit (Person, Paar etc.) statistisch bearbeitet; die derart gewonnenen Parameter werden anschließend über die Untersuchungseinheiten hinweg zusammengefaßt (Agglutination). Damit kann der Aussagegehalt von Einzelfallstudien erweitert werden. Grundsätzlich ist aber anzumerken, daß das Induktionsproblem (Schluß von einem Individuum auf das Nächste) sich nicht auf Einzelfallstudien beschränkt, sondern sich auch bei Gruppenstudien (Schluß von einer Gruppe auf ein nicht der Gruppe angehöriges Individuum) ergibt, da meistens keine repräsentativen Stichproben verwendet werden.

Einzelfallstudien sind nicht nur in der Erkundungsphase von Bedeutung. Auch in der Phase der Praxiskontrolle nehmen in Aus- und Fortbildung Einzelfallstudien in Form von Fallarbeiten, die zur Prüfung vorgelegt bzw. über die in den Supervisionen berichtet werden, einen besonderen Stellenwert ein. Es ist daher verwunderlich, daß Einzelfallstudien in der klinisch-psychologischen Forschung, aber auch in der Ausbildung deutlich unterrepräsentiert sind.

Psychotherapieforschung: Computerunterstützte systematische Beobachtung der Therapeut-Patient-Interaktion

5. Methodik der Pilot-Phase

Während in der Erkundungsphase eine neue Therapiemethode – vielfach ohne exakte Hypothesen – systematisch beobachtet wird, überprüft man in der Pilot-Phase eine neue Methode unter kontrollierten Bedingungen, was komplexe Versuchspläne erforderlich macht. Im folgenden gehen wir auf die Versuchspläne im allgemeinen (Kontrollgruppen) und die Prozeß-, Erfolgsforschung ein. Diese beiden von Eysenck und Kiesler initiierten Themenbereiche sind sehr früh als Leitbilder für die Psychotherapieforschung bedeutsam geworden (s. Abschnitt 2).

5.1 Versuchspläne

5.1.1 Kontrollgruppendesigns

Ausgehend von der Kontroverse Eysencks werden seit den fünfziger Jahren für die Beurteilung der Wirksamkeit einer Therapiemethode Vergleichsgruppen, d.h. Kontrollgruppendesigns gefordert. Mit diesem Ansatz wird die interne Validität, d.h. Schlüssigkeit von Studien, verbessert (Köhnken, Seidenstücker & Baumann, 1979). Gemäß dem Expertenbericht der American Psychiatric Association (APA, 1982, S. 21ff.) kann die Wirksamkeit einer Intervention mit verschiedenen Versuchsplantypen überprüft werden (Kazdin, 1980; s. **Tab. 3**), wobei diese von unterschiedlicher methodischer Güte sind und unterschiedlichen Aussagegehalt haben.

Die Varianten (1) bis (3) in **Tabelle 2** sind *ohne explizite Kontrollbedingungen,* so daß die interne Validität der Studie beeinträchtigt ist. Dennoch können derartige Studien für die Erkundungsphase (Phase I) sinnvoll sein, um global Wirkungen abzuschätzen (Veränderungen als notwendige, aber nicht hinreichende Bedingungen für Interventionseffekte). Als Vergleichmaßstab sind in diesem Falle Ergebnisse aus der Literatur heranzuziehen.

Für die Pilot-Phase sind *explizite Kontrollbedingungen* (Varianten 4 bis 10) anzustreben, bei denen die Personen – im Idealfall – zufällig (randomisiert) den Bedingungen zugeordnet werden. Dazu bieten sich Gruppen mit unterschiedlichem Behandlungsaufwand an: keine, geringe, übliche und spezifische Behandlung.

Tabelle 3: Versuchsplantypen für klinisch-psychologische Interventionsforschung (Gruppen-Design) (APA, 1982, S. 21 ff.; Baumann, 1986; Kazdin, 1980)

A. Keine expliziten Kontrollbedingungen: Eingruppenplan

(1) Eingruppenplan mit retrospektiver Datenerhebung am Interventionsende (Einpunkt-Erhebung; Interventionsbewertung bei Abschluß der Intervention).

(2) Eingruppenplan mit mindestens Prä- (vor) und Postmessung (nach Behandlung) (Zweipunkterhebung mit Differenzbildung als Veränderungsmaß; evtl. Mehrpunkterhebung).

(3) Eingruppenplan mit Eigenkontrollgruppe: PatientInnen bleiben einige Zeit unbehandelt (Baseline), so daß Kontroll- und Interventionsphase vorliegen, die miteinander verglichen werden können (Zeiteffekte nicht kontrolliert, interne Validität eingeschränkt).

B. Explizite Kontrollbedingungen: Kontrollgruppenplan mit Interventions- und Kontrollgruppe

(4) Kontrollbedingung ohne Behandlung: Unbehandelte Kontrollgruppe.

(5) Kontrollbedingung ohne Behandlung in der Kontrollphase mit anschließender Behandlungsphase: Wartelisten-Kontrollgruppe.

(6) Kontrollbedingung mit geringer Behandlung: Placebo-Kontrollgruppe.

(7) Kontrollbedingung mit üblicher Behandlung: Routine-Behandlung.

(8) Kontrollbedingung mit spezifischer Behandlung: andere Therapieform.

(9) Kontrollbedingung mit spezifischer Behandlung: Parametermodifikation in Form von Parametervariation, -addition, -subtraktion.

(10) Kombination der Varianten (4)–(9)

Keine Behandlung haben wir bei der unbehandelten Kontrollgruppe, in der die PatientInnen über längere Zeiträume (mehr als ein Jahr) ohne Behandlung wären; bei den Wartelisten-Kontrollgruppen ist die behandlungsfreie Zeit begrenzt (Monate). Bei letzterem Vorgehen wird ein Teil der PatientInnen nicht behandelt, während ein anderer Teil eine Behandlung erfährt. Nach Abschluß der Intervention in der Therapiegruppe wird die Wartezeit der Kontrollgruppe abgebrochen und eine Intervention mit der Kontrollgruppe durchgeführt. Das Konzept «Keine Behandlung» ist ethisch und klinisch problematisch. Auf längere Zeit darf eine Intervention nicht vorenthalten werden; im ambulanten Bereich ist diese Variante aber auch klinisch kaum realisierbar, da anderweitige Hilfe nicht verhindert werden kann.

Anstelle der unbehandelten Kontrollgruppe bieten sich Kontrollgruppen *mit Behandlung* an. Dazu gehört vor allem die Placebo-Kontrollgruppe, die einen geringen Behandlungsaufwand miteinschließt (Details s. unten). Ein höheres Ausmaß an Behandlung ist in der Routinebehandlung gewährleistet, die vielfach keine kontinuierlichen längeren Interventionen, sondern nur Kurzkontakte mit ÄrztInnen oder PsychologInnen beinhalten. Einen noch größeren Behandlungsaufwand finden wir bei Kontrollgruppen mit spezifischer Behandlung (Behandlungsalternativen). Als Interventionsalternativen sind nach Kazdin (1980) zu nennen:

- andere Therapieformen (Bsp. Kognitive Verhaltenstherapie der Depression versus Antidepressivum). In der medikamentösen Forschung wird als Alternative oft auch ein als bewährt geltendes Standardmedikament verwendet.
- Parametermodifikationen, bei der einzelne Parameter verändert werden: a) Parametervariation: Modifikation durch unterschiedliche Ausprägung einzelner Parameter (z. B. Bsp.: Interventionsform X mit unterschiedlicher Sitzungsdauer: 45 versus 90 Minuten); b) Parameteraddition bzw. -subtraktion: Modifikation durch Hinzufügen oder Wegnehmen von Therapieelementen (z. B. Systematische Desensibilisierung mit Angsthierarchie unter Entspannung versus ohne Entspannung).

Die verschiedenen Varianten sind nicht nur methodisch unterschiedlich zu bewerten, sondern haben auch unterschiedliche Zielsetzungen. Die Varianten (2), (3): Eingruppenpläne) und (4) bis (7) suchen die Wirkung einer Therapieform festzustellen, während die Variante (8) einen Beitrag zur Indikation bringt (welche Therapieform ist bei einer Störung eher indiziert). Variante (9) sucht eine bestehende Therapieform zu optimieren, eine Fragestellung, die auch zu Phase III gehört. Durch die Kombination unterschiedlicher Varianten kommt man zu komplexen Versuchsplänen. Variiert man nicht nur den Technikfaktor, sondern nach Kiesler (1969) auch die TherapeutInnen- und PatientInnen-Faktoren, so gelangen wir zu *differentiellen Therapiestudien*, die die Basis für komplexe Indikationsaussagen bilden. So können als TherapeutInnen-Merkmal z. B. die Erfahrung (z. B. erfahrene versus unerfahrene TherapeutInnen; s. Kap. 22.1/Psychotherapie: Systematik) und als PatientInnen-Merkmal z. B. die Diagnose (ICD, DSM) variiert werden. Differentielle Aspekte werden aber nicht nur bei den unabhängigen Variablen (TherapeutIn, Technik, PatientIn), sondern auch bei der abhängigen Variablen Therapieerfolg (s. oben) gefordert. Dadurch gelangt man zu multifaktoriellen multimodalen Versuchsplänen, die für die Phase II komplexe Aussagen ermöglichen. Standards über Struktur und Inhalt der Studien sind der spezifischen Interventionsmethodologie zu entnehmen. Ein Beispiel für einen derartigen Kriterienkatalog findet sich in **Tabelle 4** (s. auch Kazdin, 1994).

5.1.2 Placebo-Intervention

In der medikamentösen Forschung hat der Placebo-Begriff eine große Bedeutung erlangt; sogenannte Placebo-Kontrollgruppen dienen dazu, die Medikamentenwirkung exakt zu erfassen (Spiegel, 1995). Unter Placebo wird ein Scheinmedikament, eine pharmakologisch unwirksame Substanz verstanden, die aber psychologische Wirkungen haben kann. Für die klinisch-psychologische Interventionsforschung wurde – wie für die medikamentöse Prüfung – der Vergleich mit einer klinisch-psychologischen Placebo-Intervention (Placebo-Psychotherapie) gefordert (s. **Tab. 2**, Variante 6). In der

Tabelle 4: Kriterienkatalog zur Planung und Beurteilung klinisch-psychologischer Interventionsstudien (Köhnken et al., 1979; s. auch Kazdin, 1994)

(1) *Interventionen*	Beschreibung der Interventionsformen – Art der Kontrollgruppen *Darstellung und Vergleich der einzelnen Gruppen bezüglich der folgenden Punkte:* – Instruktionen pro Gruppe – Settings der Gruppen – Interventionsdauer – Häufigkeit und Dauer der Kontakte – Zeitraum der Untersuchung – Interferierende Interventionen
(2) *Klassifikation (Gruppenbildung bei PatientInnen und TherapeutInnen)*	– Beschreibung der Klassifikationsinstrumente (Inhalt; Gütekriterien, z.B. Reliabilität, Validität)
(3) *Abhängige Variablen*	Breite der abhängigen Variablen (Variablenrepräsentativität für gestörte bzw. ungestörte Bereiche) – Beschreibung der Instrumente (Inhalt; Gütekriterien) – DatenerheberInnen und DatenauswerterInnen (Beschreibung der Personen; Informiertheit über Messzeitpunkt bzw. zu erwartende Effekte) – Situationsbezug der Daten (Daten von Therapiesitzung bzw. außerhalb der Sitzungen) – Katamnesedauer – Katamneseinstrumente (Vergleichbarkeit der Instrumente aus vorausgehenden Messungen und Katamnese, Gütekriterien).
(4) *VersuchsleiterInnen/TherapeutInnen*	Funktionsteilung (Identität von VersuchsleiterIn und TherapeutIn) – Art der Zuordnung von TherapeutInnen zu PatientInnen/Interventionen – Kontrolle der Realisierung der Behandlung (Übereinstimmung zwischen TherapeutInnenverhalten und Therapiemanual) – Vergleichbarkeit der TherapeutInnen bezüglich Personenmerkmale (z.B. Geschlecht), Persönlichkeitsmerkmale, allgemeine Therapiekompetenz, Training/Erfahrung in den speziellen Therapietechniken – prognostische Erwatung (Kenntnis der vermuteten Ergebnisse bei den TherapeutInnen)
(5) *PatientInnen*	Beschreibung von Rekrutierungsprozedur – Beschreibung von Selektionsprozedur (inkl. Angaben zu den Selektionsinstrumenten) – Wissen der PatientInnen über Selektionsfunktion der Instrumente – Vermutungen der PatientInnen über Hypothesen – Klinischer Status der PatientInnen – Freiwilligkeit der Teilnahme – Beschreibung der PatientInnen (Störung in Form von Diagnosen und Symptomatik, Krankheitsanamnese, Person- und Persönlichkeitsmerkmale etc.) – Art der Gruppenzuweisung der PatientInnen
(6) *Verlauf der Untersuchung*	PatientInnen-Ausfälle – Selektivität der Ausfälle pro Gruppe – Berücksichtigung der Ausfälle bei der Auswertung – PatientInnenausschluß (Anzahl, Gründe etc.)
(7) *Datenanalyse*	Beschreibung der statistischen Prüfverfahren – Signifikanztests (Voraussetzungen etc.) – Signifikanzniveau (Alpha, Beta) – Maß für Effektstärke – Komplexität der Analysetechnik (univariat, multivariat) – Auswertungsmethode (Einzelgruppen und/oder Untersuchungstage)

Psychotherapieforschung finden sich daher verschiedenste Studien mit sogenannten Placebo-Kontrollgruppen; teilweise wurde behauptet, daß Psychotherapie nicht wirksamer als Placebo sei. Lambert und Bergin (1994; s. dort weitere Literatur) haben aufgrund der Literatur festgestellt, daß dies nicht zutrifft und Pychotherapie daher wirksamer als psychotherapeutische Placebos ist. Da darunter vielfach Therapien mit geringer Behandlung realisiert werden, stellen sie einen strengeren Vergleichsmaßstab als medikamentöse Placebos dar (s. unten). Aus folgenden Gründen ist eine Übertragung des medikamentösen Placebo-Begriffs auf die klinisch-psychologische Intervention nicht möglich (Baumann, 1986; Lambert & Bergin, 1994):

– Während das medikamentöse Placebo und die Substanz (Verum) äußerlich identisch sind und sich auch nicht in der Applikation unterscheiden (daher kein Unterschied in der Glaubwürdigkeit), sind diese Randbedingungen für die klinisch-psychologische Intervention kaum realisierbar. Daher ergeben sich bereits zu Beginn einer Maßnahme Unterschiede zwischen Intervention und Placebo-Intervention bezüglich der Glaubwürdigkeit der Prozedur, was einen methodisch adäquaten Vergleich nicht mehr zuläßt.

– Medikamentöse Placebos und die echte Substanz lassen sich bezüglich der pharmakologischen, nicht aber bezüglich der psychologischen Mechanismen unterscheiden. Psychotherapie und psychotherapeutisches Placebo ermöglichen keine vergleichbare Differenzierung, da beide im Erleben und Verhalten ansetzen. Dies gilt umso mehr, wenn unter Psychotherapie-Placebo Behandlungsformen subsumiert werden, die psychotherapeutische Elemente beinhalten (z. B. allgemeine Gruppenaktivitäten; Durcharbeiten von Büchern, die für die Störung relevant sind).

– In der medikamentösen Therapie ist die Substanz («Technik») und die damit verbundene psychologische Prozedur (repräsentiert durch Arzt/Ärztin) trennbar. In der klinisch-psychologischen Intervention trifft dies nicht zu, da die Technik durch das Therapeutenverhalten realisiert wird. Eine unwirksame Technik mit einer wirksamen TherapeutInnenhaltung – wie beim medikamentösen Placebo – zu koppeln, ist unmöglich.

– Teilweise finden wir eine Gleichsetzung des medikamentösen Placebo-Begriffes mit dem Begriff der allgemeinen, gemeinsamen, nicht spezifischen Faktoren, die vielfach in der Psychotherapieforschung für nicht vorhandene differentielle Effekte zwischen unterschiedlichen Interventionsfaktoren verantwortlich gemacht werden (vgl. Lambert & Bergin, 1994; s. auch Kap. 22.1/Systematik der Psychotherapie). Diese Gleichsetzung ist problematisch, da die allgemeinen Faktoren durchaus echte Wirkfaktoren darstellen, die für eine Therapie wesentlich sind.

Zusammenfassend ist zu sagen, daß aus heutiger Sicht der medikamentöse Placebo-Begriff nicht auf die Psychotherapie übertragbar ist. Die psychotherapeutischen Placebo-Realisierungen stellen daher Kontrollbedingungen mit zumindest geringer Behandlung dar.

5.2 Prozeßforschung, Prozeß-Erfolgsforschung

Kiesler hat nicht nur die Forderung nach differentiellen Therapiestudien und multimodaler Erfassung der Wirkung aufgestellt, sondern auch eine kombinierte Prozeß-Erfolgsforschung gefordert. Die herkömmliche Interventionsforschung hat meist den Zustand vor und nach der Intervention (prä/post) zu ihrer Bewertung herangezogen. Zusätzlich kam dann die Forderung, über das Ende der Intervention hinweg den Interventionserfolg zu untersuchen, d. h. eine katamnestische Untersuchung durchzuführen (3. Meßpunkt). Kiesler hat aber auch darauf hingewiesen, daß der Therapieverlauf selbst eine wichtige Größe darstellt, die es explizit zu analysieren gilt. Der Interventionserfolg ist im Zusammenhang mit dem Interventionsprozeß zu sehen, so daß daraus eine kombinierte Prozeß-Erfolgsforschung resultiert. Die Prozeßforschung ist aber nicht nur im Hinblick auf den Therapieerfolg von Interesse, sondern auch zur Beantwortung der Frage, was in einer Intervention geschieht und wie therapeutische Effekte zustande kommen (Schindler, 1995; s. auch Kap. 22.1/Systematik der Psychotherapie).

Während in der Erfolgsforschung vor allem Therapiebeginn (prä), Therapieende (post) und Katamnese (Follow-up) interessieren, wird in der Prozeßforschung das Hauptaugenmerk auf Mikro-Variablen der Veränderung (Schaap et al., 1993; Schindler, 1991) gelegt:

• *Veränderungen innerhalb einer therapeutischen Sitzung (Prozeßdauer: Sekunden, Minuten bis max. Therapiesitzungs-Dauer).* Elemente der Therapiesitzung werden im Verlauf einer Sitzung beobachtet und zum Teil in gegenseitige Relation gesetzt (Bsp.: Verhältnis von Redezeit zu Schweigen; Interaktionssequenzen zwischen TherapeutIn und PatientIn etc.); zusätzlich können auch Beurteilungen einer Sitzung erfolgen (z. B. Zufriedenheit der PatientInnnen mit der Therapiestunde).

• *Veränderungen zwischen den Sitzungen (Prozeßdauer: Tage).* Es werden zwischenzeitliche Geschehen analysiert (z. B. Veränderungen in der Gestaltung der Partnerschaft, Bewältigung von beruflichem Streß).

- *Veränderungen in einzelnen Phasen einer Intervention (Prozeßdauer: Wochen, Monate).* Analyseeinheit sind mehrere Sitzungen, die als Phase betrachtet werden (z. B. Auswirkungen kognitiver Umstrukturierung dysfunktionaler Gedanken auf die Stimmung; Veränderung von Vermeidungsverhalten durch Konfrontationstraining).

Die Varianten ergänzen sich und stellen nur als Gesamtes eine umfassende Prozeßanalyse dar. So können Interaktionsmuster in mehreren Therapiestunden erhoben und miteinander verglichen werden. Wir haben damit eine Verlaufsanalyse (über mehrere Sitzungen) von Verlaufsmustern (jeweils pro Sitzung). Bei der kombinierten Prozeß-Erfolgsforschung sind die jeweiligen Prozesse bzw. Veränderungsaspekte über die gesamte Interventionsdauer zu konzipieren und mit dem Erfolg in Verbindung zu setzen (Bsp. für Prozeßforschung: Bastine, Fiedler & Kommer, 1989; Greenberg & Newman, 1996).

Prozeßaussagen bzw. Prozeß-/Erfolgsaussagen bedürfen nach Orlinsky, Grawe und Parks (1994) – neben den spezifischen inhaltlichen Interpretationen – folgender vier Präzisierungen:

- *Beobachtungsperspektive:* Unterschiedliche Datenquellen (PatientInnen, TherapeutInnen, nicht in den Therapieprozeß involvierte BeobachterInnen) können Prozesse unterschiedlich konzipieren, so daß dies bei der Interpretation zu berücksichtigen ist.

- *Therapieprozeß versus Veränderungsprozeß:* Bei den Prozessen sollte terminologisch unterschieden werden zwischen Therapieprozeß (z. B. hypothesenorientierte Aussagen über Veränderungen im und durch das Therapiegeschehen; s. Kap. 22.1/Systematik der Psychotherapie) und Veränderungsprozeß (z. B. ohne spezifischen Theoriebezug beobachtete Veränderungen der PatientInnen im Laufe der Therapie).

- *Zeitliche versus kausale Verläufe:* Es sollte der Aussagegehalt bezüglich Ursache/Wirkung präzisiert werden, indem beschreibende Zeitreihen von Kausalketten unterschieden werden.

- *Zeitsegment:* Prozesse können von der Mikroanalyse einzelner Äußerungen bis hin zur Analyse von Behandlungsphasen reichen (s. oben).

In der Prozeßforschung sind zur genauen Erforschung von Interaktionen auch experimentelle Vorgehensweisen möglich, d. h. es können von den TherapeutInnen bestimmte Handlungsaspekte systematisch variiert werden, um deren Effekte zu beobachten. Für die Prozeßforschung werden unterschiedliche Untersuchungsverfahren eingesetzt (Ogles, Lambert & Masters, 1996: Laireiter & Baumann, 1996). Häufig werden in der Prozeßforschung Fragebögen zur Bewertung von Therapiesitzungen durch TherapeutInnen und PatientInnen verwendet; Fremdbeurteilungsverfahren aus der Interaktionsforschung dienen der Analyse von Therapiesitzungen. Für Feinanalysen werden zusätzliche Untersuchungsverfahren und Registrierungstechniken (Video, Audio) benötigt. Wichtig sind vor allem die Analyse *nonverbalen* (z. B. Fassnacht, 1995; Wallbott, 1994) und *verbalen* Verhaltens (z. B. Kächele, Novak & Traue, 1989; Koch & Schöfer, 1986; Schaap et al., 1993; Schindler, 1991). Orlinsky, Grawe und Parks (1994) nennen als entscheidende zu untersuchende Prozeßmerkmale formale (z. B. sozialer Rahmen der Therapie: Rollenverständnis), technische (therapeutische Intervention), interpersonale (therapeutische Beziehung), intrapersonale (Einstellung der PatientInnen zur Therapie), klinische (therapeutische Realisierung) und zeitliche Aspekte (Dauer der Therapie).

Prozeßanalysen erfordern für die Datenfülle elektronische Datenaufbereitungen und adäquate – häufig multivariate – statistische Verfahren (z. B. Russell, 1995; Gottman & Rushe, 1993). Beide Forderungen werden heute vielfältig realisiert; für die Auswertung von Prozeßdaten werden u. a. Methoden der Einzelfallstatistik herangezogen (siehe Abschnitt 4.2). Prozeßdaten können aber auch gruppenstatistisch ausgewertet werden, indem jeweils die Charakteristika der Einzelprozesse als multivariater Datenvektor für eine Gruppenauswertung benutzt werden.

6. Methodik der Testphase

Aufgabe der Testphase (Phase III) ist es, die Interventionstechnik auf eine möglichst breite empirische Basis zu stellen. Wünschenswert sind zum einen sogenannte Multizenter-Studien, bei denen ein gemeinsamer Versuchsplan für verschiedene Institutionen erstellt wird. Dieses Vorgehen bringt spezielle methodische Probleme (z. B. Koordination, Standardisierung des Vorgehens) mit sich, auf die hier nicht eingegangen werden kann. Wichtig ist aber auch die Replikation von Befunden durch voneinander unabhängig durchgeführte Studien (Kreuzvalidierung). Die Realisierung unterschiedlicher Studien führt u. a. zur Frage, wie die Befunde der einzelnen Studien zusammengefaßt (agglutiniert) werden können und welche Behandlungsempfehlungen sich aus der Literatur ergeben. Zwei Ansätze sollen im folgenden vorgestellt werden: Metaanalyse und Kriterienkataloge, Behandlungsrichtlinien. Beide Ansätze sind zusätzlich für die Befundintegration der Phase IV (Praxiskontrolle) von Bedeutung.

6.1 Metaanalysen

Zur Befundintegration wurden früher narrative Sammelreferate durchgeführt, in denen – in Abhängigkeit von der Findigkeit der zusammenfassenden Personen – die Literatur mehr oder weniger erschöpfend dargestellt wurde. Durch die Datenbanken ist die Beliebigkeit der Literaturagglutination gesunken, da die Literatur systematisch ausgeschöpft werden kann. Neben der systematischen Nutzung der Datenbanken kamen statistische Verfahren der Ergebnisaufbereitung hinzu, so daß eine neue Methode der Literaturaufbereitung zur Verfügung stand, die *Metaanalyse* (engl. Meta-analysis) genannt wird (Begriff von Glass: Lipsey & Wilson, 1993). In Metaanalysen wird die vorhandene Literatur systematisch unter Nutzung statistischer Verfahren ausgewertet. Metaanalysen finden sich dabei in den verschiedensten Wissenschaftsgebieten, nicht nur in der klinisch-psychologischen Interventionsforschung. Während sich Primär- (Originalauswertung) und Sekundäranalysen (erweiterte Auswertung der Daten der Primäranalyse) auf eine einzige Studien beziehen, integrieren Metaanalysen die Befunde mehrerer Studien (Fricke & Treinies, 1985). Metaanalysen können unterschiedlich erfolgen und stellen keine einheitliche Methode dar (s. Lipsey & Wilson, 1993; Rosenthal, 1995). Dennoch beinhaltet die Methode einen allgemeinen Ablauf, der in **Tabelle 5** dargestellt ist.

Für die einzelnen Schritte liegen vielfach unterschiedliche Lösungsvorschläge vor. Von besonderer Bedeutung ist die Quantifizierung der Studienergebnisse durch Kennwerte, die vom Maßstab der einzelnen Merkmale unabhängig sind, so daß ein Vergleich zwischen Studien möglich wird. Vielfach wird die Effektstärke ES als Kennwert herangezogen, die auf Korrelationskoeffizienten oder dem d-Koeffizienten beruht; die verschiedenen Ansätze können dabei ineinander übergeführt werden (Fricke & Treinies, 1985):

Effektstärke ES (effect size): $d = (MT-MK) / SK$

MT, MK: Mittelwerte nach Therapieende von Therapie (T)-, bzw. Kontrollgruppe (K)
SK: Standardabweichung der Kontrollgruppe am Therapieende

Als Vergleichsmaßstab sind Kontrollgruppen ohne oder mit nur geringer Behandlung heranzuziehen. Effektstärken werden nach Cohen als klein ($d = .20$), mittel ($d = .50$) und groß ($d = .80$) bezeichnet. Bei Normalverteilung der Nachtestwerte bedeutet eine Effektstärke von $d=.85$ (Wert von Smith, Glass & Miller, 1980), daß eine durchschnittliche Person (Prozentrang PR = 50) durch die Therapie einen Kriteriumswert von PR = 80 ($z = .85$) erreicht; dies bedeutet eine eindeutige Verbesserung. Es werden in der Methodik unterschiedliche Berechnungsformen und statistische Prüftests für Effektstärken diskutiert (Lipsey & Wilson, 1993). Sofern keine Kontrollgruppen vorliegen, können pro Behandlungsgruppe Effektstärken berechnet und diese miteinander verglichen werden: $(M_{prä} - M_{post})/S$. $M_{prä}$: Mittelwert zu Therapiebeginn; M_{post}: Mittelwert zu Therapieende; S: gepoolte Standardabweichung der Prätestwerte aller Behandlungsgruppen (Grawe et al., 1994).

Die Methode der Metaanalyse hat zu heftigen Kontroversen zwischen BefürworterInnen und KritikerInnen der Metaanalysen geführt (zur Kritik s. Lösel, 1987). U. a. werden folgende Kritikpunkte angeführt: Studien mit unterschiedlicher methodischer Dignität kann man nicht zusammenfassen; die Daten innerhalb der einzelnen Studien sind voneinander abhängig, so daß man pro Studie nur eine einzige mittlere Effektstärke rechnen darf; Therapiemethoden unterscheiden sich in Anzahl und

Tabelle 5: Methodisches Vorgehen bei Metaanalysen (nach Fricke & Treinies, 1985; Grawe et al., 1994; Köhnken, Seidenstücker & Baumann, 1979; Lösel, 1987; Rosenthal, 1995; Wittmann & Matt, 1986)

---

(1) Formulierung der Forschungsfragen, die mit der Metaanalyse zu beantworten sind
     Bsp. In welcher Relation steht die Wirksamkeit von Psychotherapie zur Wirksamkeit medikamentöser Therapie bei depressiven Störungen?

(2) Literatursuche
(2.1) Definition der Suchbegriffe: Eingangskriterien
     Bsp. (1) Psychotherapiestudie *und* (2) medikamentöse Therapie *und* (3) depressive Störungen
(2.2) Suchstrategien (in der Regel computerunterstützte Literatursuche)
     Bsp. PsycINFO/PsycLIT, PSYNDEX, MEDLARS, etc.
(2.3) Evtl. Selektion der gefundenen Literatur aufgrund weiterer Kriterien
     Bsp. PatientInnenzahl pro Behandlungsgruppe muß mehr als x PatientInnen betragen.

(3) Erstellen eines Beschreibungssystems (Kodier-, Ratingsystem) für die einzelnen Studien
(3.1) Struktur (Inhalt) der Studie (hier für Psychotherapiestudien; s. auch Tabelle 4)
     Bsp. Bibliographische Angaben; Versuchsplanung (Faktoren, Zeitraster etc.); Angaben zu TherapeutInnen, PatientInnen, Interventionen; Instrumente für Prozeß-, Erfolgsmessung; Statistik; etc.
(3.2) Quantifizierung der Studienergebnisse
     Bsp. Klassifizierung signifkanter Ergebnisse (Veränderung p <.05: +; p >.05: –); Wahrscheinlichkeiten (ln-Funktion); Effektstärken (d, r etc.) mit Vertrauensintervall; etc.
(3.3) Bewertung der Studien (meist Validitätskonzepte von Cook und Campbell: interne, externe, statistische Validität, Konstruktvalidität)
     Bsp. Güteprofil von Grawe et al. (1994): Klinische Relevanz, Interne Validität, Güte der Information, Vorsicht bei der Interpretation, Reichhaltigkeit der Messung, Güte und Reichaltigkeit der Auswertung, Reichhaltigkeit der Ergebnisse, Indikationsrelevanz.

(4) Überprüfung der BeurteilerInnen-Übereinstimmung bezüglich des Beschreibungssystems (evtl. Revision)

(5) Auswertung der einzelnen Studien mittels Beschreibungssystems

(6) Aufbereitung der Daten
     Bsp. Aufsummierung der Wahrscheinlichkeitswerte (Addition, ln-Funktion etc.); Mittlere Effektstärken; Zusammenhang von Struktur- und Bewertungsdaten mit Effektstärken (Bsp. Haben Studien mit erfahreneren TherapeutInnen höhere Effektstärken als Studien mit unerfahrenen TherapeutInnen)

(7) Ergebnisdarstellung und Interpretation

(8) Dokumentation (insbesondere Literaturverzeichnis der verwendeten Studien; evtl. Überblickstabellen zu den einzelnen Studien mit den wichtigsten Parametern)

Auswahl der Untersuchungsverfahren, was zu Vergleichsproblemen führt; Metaanalysen berücksichtigen keine Prozeßdaten und keine Einzelfallstudien. Die angeführten Kritikpunkte sind zwar wichtig, doch stellen sie keine grundsätzlichen Argumente gegen Metaanalysen dar. Wie die Auseinandersetzungen um die Ergebnisse der Metaanalysen von Grawe, Donati und Bernauer (1994) zeigen, sind Metaanalysen – wie jede empirische Studie – auf unterschiedlichen Ebenen kritisierbar. Die Auseinandersetzungen werden aber besonders heftig, wenn Metaanalysen die Basis für gesundheitspolitische Maßnahmen darstellen.

Zusammenfassend ist zu sagen, daß Metaanalysen auch zur Evaluation klinisch-psychologischer Interventionen einen wichtigen Beitrag leisten. Sie bringen primär Deskriptionen, können aber auch Unterschiede in der Wirksamkeit unterschiedlicher Therapieformen nachweisen. Die Bewertung der Unterschiede ist aber – wie bei allen statistischen Entscheidungsfragen – von Konventionen abhängig (Alpha-Risiko etc.) und muß neben der statistischen Signifikanz auch die klinische Bedeutsamkeit miteinschließen. Die Evaluation von Therapieverfahren kann sich daher nicht ausschließlich an Metaanalysen orientieren; sie benötigt auch andere Ansätze.

6.2 Normative Verfahren: Kriterienkataloge, Behandlungsrichtlinien

Zur Bewertung von Therapieverfahren hat die American Psychological Association (Task Force APA, 1993) einen Kriterienkatalog zur Überprüfung erstellt, inwieweit ein *Therapieverfahren empirisch validiert* ist (empirically validated treatments). Dabei wird unterschieden zwischen «Therapieverfahren mit gut belegter Wirksamkeit» und «wahrscheinlich wirksame Therapieverfahren». Es handelt sich dabei um ein normatives Vorgehen, indem explizite Regeln zur Beurteilung von Interventionen formuliert werden. Erforderlich sind für das Prädikat «gut belegte Wirksamkeit» mindestens zwei fundierte Gruppenuntersuchungen aus unterschiedlichen Forschergruppen oder eine große Anzahl von experimentellen Einzelfallstudien; in beiden Varianten müssen die Studien bestimmten, ausformulierten methodischen Gütekriterien genügen. So muß z.B. in den Gruppenstudien die Wirksamkeit der Therapie besser sein als in einer anderen Behandlung oder in einer Placebo-Therapie.

Wesentlich ist auch, daß die untersuchten Therapien auf *Behandlungsmanualen* basieren. Vielfach werden Therapiemanuale als nicht adäquate Einschränkung der TherapeutInnen angesehen. Dagegen ist anzumerken, daß letzlich jede Therapieform eine möglichst exakte Beschreibung ihres Vorgehens benötigt, was bei Therapiemanualen im expliziter Form geschieht. Therapiemanuale stellen auch kein Spezifikum der Verhaltenstherapie dar, sondern finden sich in verschiedenen Ansätzen (z.B. interpersonelle, psychodynamische Psychotherapie; s. Task Force APA, 1993). Behandlungsmanuale können in unterschiedlichem Auflösungsgrad vorliegen, indem Strukturen für einzelne Sitzungen oder allgemeinere Hinweise für das konkrete Vorgehen gegeben werden. Therapiemanuale gewährleisten nicht zwingend, daß die intendierten Konzepte in den einzelnen Therapien umgesetzt werden. Daher ist für die Therapieforschung die Überprüfung der Konzepttreue (Manualtreue; treatment integrity) wesentlich, d.h. das Ausmaß, inwieweit die intendierten Therapiekonzepte in der Realität umgesetzt werden.

Beachtenswert ist, daß bei dem Ansatz der American Psychological Association explizite Kriterien vorgelegt werden und daß – unter bestimmten Randbedingungen – Einzelfallstudien bezüglich der Gruppenstudien als äquivalent angesehen werden. Dieser Gesichtspunkt ist bisher bei den Metaanalysen nicht berücksichtigt worden. Die Expertengruppe ist sich der Willkürlichkeit der Kriterien bewußt, begründet aber die Formulierung von Kriterien auf der Basis von Expertenwissen und stellt eine Liste von Psychotherapieverfahren auf, die den aufgestellten Kriterien genügen. Derartige Listen sind selbstverständlich fortlaufend zu aktualisieren und zu überprüfen (vgl. Phase IV), so daß ein «Gütesiegel» nicht unbegrenzt verliehen werden kann (zur Kontroverse s. Kazdin, 1996a; Kendall & Chambless, 1998).

Während der angeführte Ansatz der American Psychological Association verfahrensorientiert ist, sind die von der American Psychiatric Association (1993, 1997) publizierten *Practice Guidelines* (Behandlungsrichtlinien) störungsorientiert, d.h. es werden Hinweise auf erprobte Behandlungsformen bei spezifischen Störungen gegeben. Diese Hinweise beinhalten – in der Terminologie der Qualitätssicherung (s. Kap. 19/Gesundheitsversorgung: Abschnitt 5.2) – Behandlungskriterien, die gegebenenfalls auch zum Behandlungsstandard erhoben werden können. Aus psychotherapeutischer Sicht sind diese Richtlinien teilweise kritisiert worden, da sie einseitig auf medikamentöse Therapie ausgerichtet seien. Behandlungsrichtlinien setzen ein kompetentes ExpertInnengremium voraus, das die vorhandene Literatur umfassend sichtet und daraus Empfehlungen ableitet. Wesentlich ist, daß diese Gremien breit, d.h. auch mit Klinische PsychologInnen/PsychotherapeutInnen zusammengesetzt sind, damit die unterschiedlichen Ansätze differenziert beurteilt werden können (vgl. American Psychologist, 1994). Die Behandlungsrichtlinien stehen im Grenzbereich der Phasen III und IV, da in die Behandlungsrichtlinien kontinuierlich die Erfahrungen der Phase IV (Praxiskontrolle) miteinzubeziehen sind. Dadurch dienen sie auch der Qualitätssicherung.

7. Methodik der Praxiskontrolle, Qualitätssicherung

Die Evaluierung neuer Interventionstechniken ist mit der Testphase soweit abgeschlossen, daß eine größere Verbreitung im Praxisfeld möglich ist. Trotz Abschluß der Evaluation im engeren Sinn ergeben sich aber weitere Evaluationsfragen. Zum einen sind Wege der Implementierung im Praxisfeld zu suchen und zu bewerten. Dabei ist es von zentraler Bedeutung, ob positiv evaluierte Verfahren (s. Grawe, Donati & Bernauer, 1994) in der Praxis eingesetzt werden. Margraf und Schneider (1996) weisen darauf hin, daß z.B. nur 1 Prozent der Personen mit behandlungsbedürftigen Ängsten mit kognitiver Verhaltenstherapie, einer für Angststörungen nachgewiesenermaßen effizienten Therapie, behandelt wurden. Zum anderen bedürfen – wie die medikamentöse Forschung zeigt – Interventionen auch nach ihrer Praxisimplementierung einer Überprüfung. Dadurch können die sich mit einer Intervention ergebenden Probleme identifiziert werden, die sich erst in der praktischen Anwendung und im Langzeitverlauf zeigen; zusätzlich resultieren aus dem Praxisfeld große und heterogene Stichproben, die eine umfassendere Evaluation als in den vorherigen Phasen ermöglichen. Während in der medikamentösen Forschung mit dem sogenannten Drug-monitoring inhaltliche und methodische Beiträge zur Praxiskontrolle geliefert werden, ist diese Thematik für den klinisch-psychologischen Interventionssektor noch wenig elaboriert. Mit dem Stichwort *effectiveness* wurde von Seligman (1995) die Forderung erhoben, Praxisbewährung als zusätzliche Form der Wirksamkeitsüberprüfung für die Psychotherapie zu verwenden und damit einen Beitrag zur Praxiskontrolle zu liefern (vgl. auch Roth & Fonagy, 1996). Ergebnisse solcher Studien könnten die notwendige Umsetzung von erforschten Therapieverfahren in die Gesundheitsversorgung beschleunigen (Vandenbos, 1996; Kazdin, 1996b). Dabei besteht die Möglichkeit, daß die zusammenfassenden Ergebnisse der Testphase (Metaanalysen, Kriterienkataloge, Behandlungsrichtlinien) aufgrund der Praxisbewährung modifiziert werden.

Mit dem Begriff der *Qualitätssicherung* bzw. *Qualitätsmanagment* ist in den letzten Jahren ein allgemeines Rahmenkonzept für die Praxiskontrolle in der Gesundheitsversorgung eingeführt worden, das auch für die Klinische Psychologie/Psychotherapie bedeutsam ist. Wesentliche Teilaspekte sind die Strukturqualität (Rahmenbedingungen der Intervention), Prozeßqualität (Güte der Umsetzung von Forschungsergebnissen in den klinischen Alltag) und Ergebnisqualität (Ausmaß, inwieweit Behandlungsziel und -ergebnis übereinstimmen). Die für klinisch-psychologische Intervention wichtigen Gesichtspunkte der Qualitätssicherung sind im Kapitel 19 (Gesundheitsversorgung) detailliert abgehandelt, so daß auf die betreffenden Ausführungen verwiesen wird.

Für die Qualitätssicherung der Struktur- und Ergebnisqualität liegen verschiedenste Vorschläge vor, doch ist bisher die Umsetzung in die Praxis der klinisch-psychologischen Intervention bzw. Psychotherapie nicht systematisch erfolgt. Mit dem Konzept der *kontrollierten Praxis* (Petermann,1996b) wird die am Einzelfall orientierte Evaluation des klinischen Handelns durch PraktikerInnen als Hilfsmittel zur Praxisoptimierung eingeführt und damit ein konzeptueller Beitrag zur Qualitätssicherung geleistet. Durch eine zielorientierte Evaluation des therapeutischen Vorgehens sollen die Interventionsschritte und Veränderungen bei den jeweiligen PatientInnen möglichst präzise erfaßt und in der Folge beurteilt werden. Hilfsmittel sind u. a. standardisierte Untersuchungsverfahren, Bezugnahme auf Dokumentationsunterlagen sowie der systematische Vergleich dokumentierter Therapieverläufe bei mehreren PatientInnen.

In der Qualitätssicherung nimmt die *Dokumentation* von Interventionen einen besonders wichtigen Stellenwert ein. Baumann und Ühlein (1994) haben die bezüglich Dokumentation notwendigen Gesichtspunkte in Leitsätzen zusammengefaßt und vor allem folgendes betont:

– Dokumentation ist aus rechtlichen, ethischen, berufsständischen und wissenschaftlichen Gründen unerläßlich.
– Rechtliche Rahmenbedingungen sind adäquat zu berücksichtigen (Schweigepflicht, Datenschutz, Einsichtsrecht von PatientInnen).

– Dokumentation hat multimodal, nach Möglichkeit mittels allgemein anerkannter Systeme, routinemäßig zu erfolgen.
– Die Dokumentationsinhalte sind komplex zu wählen (s. **Tab. 6**).

In der Psychiatrie liegen verschiedene überregionale Dokumentationssysteme vor, während dies für die klinisch-psychologischen Interventionen bisher nicht zutrifft. Dennoch gibt es auch für den Psychotherapiesektor verschiedene Dokumentationssysteme (vgl. Laireiter & Baumann, 1996; Laireiter, Lettner & Baumann, 1996; 1998), wobei die Bereiche Therapiebeginn und -ende besonders breit elaboriert sind; bezüglich der Verlaufsdokumentation sind – wie in der Psychiatrie – die Ansätze weniger entwickelt.

Insgesamt gesehen ist die Phase der Praxiskontrolle bisher noch am wenigsten methodisch aufgearbeitet und bedürfte daher besonderer Anstrengungen, um zu befriedigenden Lösungen zu gelangen.

8. Schlußbemerkungen

Klinisch-psychologische Interventionsforschung ist – im Gegensatz zur medikamentösen Forschung – häufig punktuell (eine Studie an einer Forschungsinstitution) betrieben worden; Forschungsprogramme sind in diesem Sektor eher selten. Ein Forschungsprogramm beinhaltet einen zeitlichen Rahmen, in dem verschiedene Teilschritte in eine Abfolge gebracht werden, damit ein Erkenntnisfortschritt resultiert. Neben der zeitlichen Dimension beinhaltet ein Programm aber auch eine überregionale Vernetzung, indem mehrere Institutionen gleichzeitig an gleichen oder ähnlichen Fragestellungen arbeiten. Derartige Forschungsprogramme müssen die Makro- und die Mikroebene der Interventionen miteinbeziehen. Forschungsprogramme dürfen sich aber nicht nur auf die Evaluierung einer Interventionsform (Phasen I–III) beschränken. Befriedigende Ergebnisse der Phasen I–III stellen notwendige, aber nicht hin-

Tabelle 6: Datenstruktur für die Dokumentation ambulanter Psychotherapie (nach Laireiter, Lettner & Baumann, 1996, S. 318)

---

(1) Daten zu Therapiebeginn
(1.1) Angaben über PatientIn (Persondaten; z. B. Geburtsdatum, Adresse)
(1.2) Anamnesedaten inkl. aktuelle Situation
    – Biographische Anamnese (Sozialisation: z. B. Angaben zu Eltern, Geschwistern, Lebensereignisse während der Jugend)
    – Soziale Anamnese (z. B. PartnerIn, eigene Kinder)
    – Berufliche Anamnese (z. B. Schulbesuch, Ausbildung, berufliche Positionen)
    – Störungsanamnese (bezüglich aktueller und anderer Störungen/Krankheiten (inkl. somatischer Krankheiten; Störungen/Krankheiten in der Familie)
(1.3.) Störungsdaten zur aktuellen Störung (z. B. Diagnose/n, Symptomatik, Problembereiche, Befindlichkeit, Persönlichkeit; ungestörte Bereiche)
(1.4) Angaben über TherapeutIn
(1.5) Therapieplanung und -ziele (z. B. Indikation/Prognose, Ziele PatientIn/ TherapeutIn, Informed consent)

(2) Daten zum Therapieverlauf, -prozeß
(2.1) Angaben zu den einzelnen Sitzungen (u. a. formale Aspekte; Interventionen; Inhalte; Hausaufgaben; Bewertungen durch TherapeutIn/PatientIn u. a. bezüglich Qualität, Beziehung, Verlauf)
(2.2) Störungsveränderungen, -verlauf
(2.3) Zwischenzeitliche Geschehen (z. B. Arbeitsplatzwechsel)

(3) Daten zu Therapieende
(3.1) Störungsdaten (weitgehend wie bei Therapiebeginn)
(3.2) Ergebnisbeurteilung (Veränderungsmessungen; Zielerreichung; Erfolgsbeurteilungen durch TherapeutIn/ PatientIn etc.)
(3.3) Behandlungsstruktur (formale und inhaltliche Zusammenfassung der Daten zum Therapieverlauf)

(4) Katamnesedaten
(4.1) Störungsdaten (weitgehend wie bei Therapieanfang und -ende)
(4.2) Ergebnisbeurteilungen (weitgehend wie bei Therapieende)
(4.3) Spezifisch katamnestische Daten (soziale Situation, Beziehungen, Beruf, Wohnsituation etc.)

---

reichende Bedingungen für eine Verbesserung der Gesundheitsversorgung dar. Forschung und ExpertInnenwissen haben deutlich gemacht, daß zusätzlich die Phase IV zu berücksichtigen ist, bei der die Umsetzung der Forschungsergebnisse in die Praxis unter dem Aspekt der Qualitätssicherung im Vordergrund steht. Wesentlich für eine Verbesserung der Gesundheitsversorgung ist eine gemeinsame Methodologie, zu der in diesem Kapitel einzelne Aspekte dargestellt worden sind. Diese Methodologie ist vor allem an der Wirküberprüfung orientiert; für die Erklärung der Wirkungen sind aber Inhalte und Methoden der verschiedensten Teilgebiete der Psychologie (Allgemeinen Psychologie, Persönlichkeits-, Entwicklungs-, Sozialpsychologie, Biologische Psychologie etc.) von Bedeutung. Übergeordnetes Ziel der klinisch-psychologischen Interventionsforschung muß eine ständige Optimierung der PatientInnenversorgung sein; dies ist nur möglich, wenn eine kontinuierliche Rückkoppelung zwischen Forschung und praktischer klinisch-psychologischer Tätigkeit vorhanden ist.

9. Literatur

Agras, W. S. & Berkowitz, R. (1980). Clinical research in behavior therapy: halfway there? *Behavior Therapy, 11*, 472–487.

American Psychiatric Asssociation (1993). Practice guideline for the major depressive disorder in adults. *American Journal of Psychiatry, 150* (suppl. 4).

American Psychiatric Asssociation (1997). Practice guideline for the treatment of patients with schizophrenia. *American Journal of Psychiatry, 154* (suppl. 4).

American Psychologist (1994). Psychology in the public forum (Practice Guidelines). *American Psychologist, 49*, 30–61.

APA Commission on Psychotherapies (1982). *Psychotherapy research.* American Psychiatric Association.

Bastine, R., Fiedler, P. & Kommer, D. (Hrsg.). (1989). Psychotherapeutische Prozeßforschung (Themenheft). *Zeitschrift für Klinische Psychologie, 18* (1).

Baumann, U. (Hrsg.). (1984). *Psychotherapie: Makro-/Mikroperspektive.* Göttingen: Hogrefe.

Baumann, U. (1986). Zum Placebo-Konzept in der Psychotherapie. In H. Hippius, K. Überla, G. Laakmann & J. Hasford (Hrsg.), *Das Placebo-Problem* (S. 97–105). Stuttgart: Fischer.

Baumann, U. (1998). Wie objektiv ist die Wirksamkeit der Psychotherapie. In Ch. Mundt, M. Linden & W. Barnett (Hrsg.), *Psychotherapie in der Psychiatrie* (S. 15–26). Berlin: Springer.

Baumann, U. & Ühlein, H. (1994). *Leitsätze zur Dokumentation klinisch-psychologischer/psychotherapeutischer Interventionen.* Bonn: Deutscher Psychologen Verlag.

Bellack, A. S. & Hersen, M. (Eds.). (1984). *Research methods in clinical psychology.* New York: Pergamon.

Bents, H., Frank, R. & Rey, E. R. (Hrsg.). (1996). *Erfolg und Mißerfolg in der Psychotherapie.* Regensburg: Roderer.

Bühringer, G. & Hahlweg, K. (1986). Kosten-Nutzen Aspekte psychologischer Behandlung. *Psychologische Rundschau, 37,* 1–19.

Corey, G., Schneider-Corey, M. & Callanan, P. (1993). *Issues and ethics in the helping professions.* Pacific Grove: Brooks/Cole Publ.

Eysenck, H. J. (1952). The effects of psychotherapy: an evaluation. *Journal of Consulting Psychology, 16,* 319–324.

Fassnacht, G. (1995). *Systematische Verhaltensbeobachtung.* München: Reinhardt.

Franklin, R., Allison, D. & Gorman, B. (Eds.). (1997). *Design and analysis of single-case research.* Mahwah N.J.: Lawrence Erlbaum.

Fricke, R. & Treinies, G. (1985). *Einführung in die Metaanalyse.* Bern: Huber.

Gabbhard, G. O., Lazar, S. G., Hornberger, J. & Spiegel, D. (1997). The economic impact of psychotherapy: a review. *American Journal of Psychatriy, 154,* 147–157.

Gottman, J. M. & Rushe, R. H. (Eds.). (1993). The analysis of change (special series). *Journal of Consulting and Clinical Psychology, 61* (6).

Grawe, K., Donati, R. & Bernauer, F. (1994). *Psychotherapie im Wandel. Von der Konfession zur Profession.* Göttingen: Hogrefe.

Greenberg, L. S. & Newman, F. L. (Eds.). (1996). Psychotherapy change process research (special series). *Journal of Consulting and Clinical Psychology, 64* (3).

Hollon, S. (1996). The efficacy and effectiveness of psychotherapy relative to medications. *American Psychologist, 51,* 1025–1030.

Howard, K. I. & Orlinsky, D. E. (1972). Psychotherapeutic processes. *Annual Review of Psychology, 23,* 615–668.

Jones, E. E. (Ed.). (1993). Single-case research in psychotherapy (special series). *Journal of Consulting and Clinical Psychology, 61* (3).

Kächele, H., Novak, P. & Traue, H. C. (1989). Psychotherapeutische Prozesse. *Zeitschrift für psychosomatisache Medizin und Psychoanalyse, 35,* 364–382.

Kaminski, G. (1970). *Verhaltenstheorie und Verhaltensmodifikation.* Stuttgart: Klett.

Kazdin, A. E. (1980). *Research design in clinical psychology.* New York: Harper & Row.

Kazdin, A. E. (Ed.). (1992). *Methodological issues and strategies in clinical research.* Washington DC: American Psychological Association.

Kazdin, A. E. (1994). Methodology, design and evaluation in psychotherapy research. In A. E. Bergin & S. L. Garfield (Eds.), *Handbook of psychotherapy and behavior change* (4ᵗʰ ed., pp. 19–71). New York: Wiley.

Kazdin, A. E. (Ed.). (1996a). Validated treatments (special series). *Clinical Psychology, 3* (3).

Kazdin, A. E. (Ed.). (1996b). Evaluation in clinical practice (special series). *Clinical Psychology, 3* (2).

Kazdin, A. E. & Wilson, G. T. (1978). *Evaluation of behavior therapy.* Cambridge: Ballinger Publ.

Kendall, Ph. & Chambless, D. L. (Eds.). (1998). Empirically supported psychological therapies. *Journal of Consulting and Clinical Psychology, 66* (1).

Kiesler, D. J. (1969). A grid model for theory and research in psychotherapies. In L. D. Eron & R. Callahan (Eds.), *The relation of theory to practice in psychotherapy*. Chicago: Aldine Publ. Comp.

Koch, U. & Schöfer, G. (Hrsg.). (1986). *Sprachinhaltsanalyse in der psychiatrischen und psychosomatischen Forschung*. München: Psychologie Verlags Union.

Köhnken, G., Seidenstücker, G. & Baumann, U. (1979). Zur Systematisierung von Methodenkriterien für Psychotherapiestudien. In U. Baumann, H. Berbalk & G. Seidenstücker (Hrsg.), *Klinische Psychologie. Trends in Forschung und Praxis* (Band 2, S. 72–128). Bern: Huber.

Laireiter, A.-R. & Baumann, U. (1996). Dokumentation von Verhaltenstherapie. In J. Margraf (Hrsg.), *Lehrbuch der Verhaltenstherapie* (Band 1, S. 499–525). Berlin: Springer.

Laireiter, A.-R., Lettner, K. & Baumann, U. (1996). Dokumentation von Psychotherapie. Möglichkeiten und Grenzen. In F. Caspar (Hrsg.), *Psychotherapeutische Problemanalyse* (S. 315–343). Tübingen: Deutsche Gesellschaft für Verhaltenstherapie.

Laireiter, A.-R., Lettner, K. & Baumann, U. (1998). *PsychoDok. Allgemeines Dokumentationssystem für Psychotherapie (Manual, Glossar, System)*. Tübingen: Deutsche Gesellschaft für Verhaltenstherapie.

Lambert, M.-J. & Bergin, A. E. (1994). The effectiveness of psychotherapy. In A. E. Bergin & S. L. Garfield (Eds.), *Handbook of psychotherapy and behavior change* (4ᵗʰ ed., pp. 143–189). New York: Wiley.

Leimkühler, A. M. & Müller, U. (1996). Patientenzufriedenheit – Artefakt oder soziale Tatsache. *Nervenarzt, 67,* 765–773.

Lipsey, M. & Wilson, D. B. (1993). The efficacy of psychological, educational, and behavioral treatment. Confirmation from meta-analysis. *American Psychologist, 48,* 1181–1209.

Lösel, F. (1987). Methodik und Problematik von Meta-Analysen – mit Beispielen der Psychotherapieforschung. *Gruppendynamik, 18,* 323-343.

Margraf, J. & Schneider, S. (1996). Paniksyndrom und Agoraphobie. In J. Margraf (Hrsg.), *Lehrbuch der Verhaltenstherapie* (Band 2, S. 1–27). Berlin: Springer.

Mohr, D. C. (1995). Negative outcome in psychotherapy: a critical review. *Clinical psychology, 2,* 1–27.

Möller, H. J. & Leimkühler, A. M. (1995). Qualitätssicherung in der psychiatrischen Forschung. In H. J. Haug & R. D. Stieglitz (Hrsg.), *Qualitätssicherung in der Psychiatrie* (S. 63–91). Stuttgart: Enke.

Müller-Oerlinghausen, B. & Linden, M. (1981). Rationalität der Indikation zur psychopharmakologischen Behandlung. In U. Baumann (Hrsg.), *Indikation zur Psychotherapie* (S. 210–220). München: Urban & Schwarzenberg.

Neumer, S. & J. Margraf (1996). Kosten-Effektivitäts- und Kosten-Nutzen-Analyse. In J. Margraf (Hrsg.), *Lehrbuch der Verhaltenstherapie* (Band 1, S. 543– 551). Berlin: Springer.

Ogles, B. M., Lambert, M. J. & Masters, K. S. (1996). *Assessing outcome in clinical practice*. Boston: Allyn and Bacon.

Orlinsky, D., Grawe, K. & Parks, B. (1994). Process and outcome in psychotherapy – noch einmal. In A. Bergin & S. Garfield (Eds.), *Handbook of psychotherapy and behavior change*. (4ᵗʰ ed., pp. 270–376). New York: Wiley.

Orlinsky, D. E. & Howard, K. I. (1986). Process and outcome in psychotherapy. In S. L. Garfield & A. E. Bergin (Eds.), *Handbook of psychotherapy and behavior change* (3ʳᵈ ed., pp. 311–381). New York: Wiley.

Pekarik, G. (1993). Beyond effectiveness: uses of consumer-oriented criteria in definig treatment success. In Th. R. Giles (Ed.), *Handbook of effective psychotherapy* (pp. 409–436). New York: Plenum.

Petermann, F. (Hrsg.). (1996a). *Einzelfallanalyse* (3. Aufl.). München: Oldenbourg.

Petermann, F. (1996b). *Einzelfalldiagnostik in der klinischen Praxis* (3. Aufl.). Weinheim: Beltz, PVU.

Reinecker, H. (1994). *Grundlagen der Verhaltenstherapie*. (2. Aufl.). Weinheim: Beltz, PVU.

Rosenthal, R. (1995). Writing meta-analytic reviews. *Psychological Bulletin, 118,* 183–192.

Roth, A. & Fonagy, P. (1996). *What works for whom? A critical review of psychotherapy research*. New York: Guilford Press.

Russell, R. L. (Ed.). (1995). Multivariate process research (special series). *Journal of Consulting and Clinical Psychology, 63* (1).

Schaap, C., Bennun, I., Schindler, L. & Hoogduin, K. (1993). *The therapeutic relationship in behavioural psychotherapy*. New York: Wiley.

Schindler, L. (1991). *Die empirische Analyse der therapeutischen Beziehung. Beiträge zur Prozeßforschung in der Verhaltenstherapie*. Berlin: Springer.

Schindler, L. (1995). Prozeßforschung. In A. Ehlers & K. Hahlweg (Hrsg.), *Enzyklopädie der Psychologie. Klinische Psychologie* (Bd. 1; S. 269–298). Göttingen: Hogrefe.

Schmelzer, D. (1997). *Verhaltenstherapeutische Supervision*. Göttingen: Hogrefe.

Seligman, M. E. P. (1995). The effectiveness of psychotherapy. *American Psychologist, 50,* 965–974.

Smith, M. L., Glass, G. V. & Miller, T. I. (1980). *The benefits of psychotherapy*. Baltimore: John Hopkins University Press.

Spiegel, R. (1995). *Einführung in die Psychopharmakologie* (2. Aufl.). Bern: Huber.

Task Force APA (1993). *Task Force on promotion and dissemination of psychological procedures*. Washington: American Psychological Association (übersetzt in Auszügen: Hahlweg, K. (1995). Zur Förderung und Verbreitung psychologischer Verfahren. Ein APA-Bericht (Editorial). *Zeitschrift für Klinische Psychologie, 24,* 275–284).

Vandenbos, G. R. (Ed.). (1996). Outcome assessment of psychotherapy (special section). *American Psychologist, 51* (10).

Wallbott, H. G. (1994).Verhaltensbeobachung. In R. D. Stieglitz & U. Baumann (Hrsg.), *Psychodiagnostik psychischer Störungen* (S. 95–106). Stuttgart: Enke.

Wittmann, W. W. & Matt, G. E. (1986). Meta-Analysen als Integration von Forschungsergebnissen am Beispiel deutschsprachiger Arbeiten. *Psychologische Rundschau, 37,* 20–40.

21. Prävention und Gesundheitsförderung

Meinrad Perrez

Inhaltsverzeichnis

1. Verhinderung von Störungen versus Förderung von Gesundheit

Unter Prävention versteht man Maßnahmen zur Vorbeugung und Verhinderung von unerwünschten psychischen oder physischen Störungen. Sie setzt per definitionem ein, *bevor* eine Störung auftreten konnte und zielt auf die

Verminderung der *Inzidenz* psychischer Störungen ab, während Behandlung/Therapie die Prävalenz verkleinert. Die *allgemeinen Ziele* der psychologischen Prävention und Gesundheitsförderung kann man zusammenfassen mit

(1) der Veränderung und *Abschwächung von Risikoverhalten und intrapersonalen Risikofaktoren,* wie beispielsweise Rauchen oder ein negatives Selbstbild.

(2) Eliminierung oder *Milderung von Risikofaktoren* in der sozialen und physikalischen *Umwelt.* Risikofaktoren sind Variablen, die die Wahrscheinlichkeit erhöhen, daß Störungen ausgelöst werden, oder die die Intensität einer Stö-

Prof. Dr. Rainer Hornung, Universität Zürich, danke ich für seine kritische Durchsicht und die hilfreichen Anregungen bei der Überarbeitung dieses Kapitels und Herrn Dominik Schöbi, Universität Fribourg, für seine tatkräftige Unterstützung bei der Erstellung der Tabellen und Abbildungen.

rung verstärken oder die Dauer einer Störung verlängern, wenn eine Person dem Faktor ausgesetzt ist (Coie et al., 1993). Präventive Interventionen zielen aber auch darauf ab,

(3) die *personinternen protektiven Faktoren* zu stärken, was auch als *Gesundheitsförderung* bezeichnet werden kann. Diese verbessern die Widerstandskraft gegenüber Risikofaktoren und Störungen (Coie et al., 1993). Als Risiko- und protektive Faktoren kommen genetische, biologische und psychosoziale Faktorengruppen in Frage, die teilweise in Wechselwirkung stehen und nicht alle gleichermaßen beeinflußbar sind. Zu den genuin personinternen protektiven Faktoren gehört generell die *Förderung* eines gesunden Verhaltensstils, u.a. durch die Stärkung der personalen Ressourcen. Speziell zählen dazu z.B. die Förderung der Streßtoleranz, kognitive selbstwertfördernde Kompetenzen, die Förderung realistischer (bzw. optimistischer) internaler Kontrollüberzeugungen oder auch ein selbstwertfördernder Kausalattributionsstil.

(4) Ein viertes Ziel besteht in der *Förderung gesundheitsunterstützender Umwelten,* wozu die Schaffung von Handlungsspielräumen für Kinder und Erwachsene oder die angemessene Arbeitsplatzgestaltung gehören. Ebenso zählen wir dazu die Befähigung der Eltern und Lehrer für ihre erzieherischen Aufgaben.
   Gesundheitsförderung zielt in diesem Sinne auf die Beeinflussung von Institutionen, Instanzen und Systeme, die auf das individuelle Verhalten Einfluß haben, damit diese das Gesundheitsverhalten fördern (Schnabel, Kolip & Hurrelmann, 1997).

(5) *Krisenintervention:* Wenn die vorhandenen persönlichen und sozialen Ressourcen zur Bewältigung von Belastungen nicht ausreichen, ist die Krisenintervention indiziert, bevor sich Störungen verfestigt haben. Caplan (1964) – einer der Begründer der modernen Prävention – hat primäre, sekundäre und tertiäre Prävention unterschieden. Er unterschied damit, der Zeitachse der Interventionen folgend, ob eine Maßnahme *vor* (primäre), *während* (sekundäre) oder *nach* (tertiäre) dem Auftreten der Störung erfolgt. Wir ziehen für diese Unterscheidungen die in unserem Sprachgebrauch üblichen Be-

griffe Prävention, Behandlung/Therapie und Rehabilitation vor, da sie zu weniger Mißverständnissen Anlaß geben. Diese engere Definition wird auch vom Komitee des US-Kongresses für Prävention von psychischen Störungen bevorzugt (Munoz, Mrazek & Haggerty, 1996).
   Die gegenwärtige Literatur zur psychologischen Prävention findet sich teilweise in Publikationsorganen und Lehrbüchern zur Gesundheitspsychologie (z.B. Schwarzer, 1992; Schwenkmezger & Schmidt, 1994; Weitkunat, Haisch & Kessler, 1997), in Lehrbüchern zu Public Health (z.B. Gutzwiller & Jeanneret, 1996) und in pädagogisch-psychologischen Publikationskontexten (z.B. Perrez, 1994).

2. Spezifische versus unspezifische Prävention und Gesundheitsförderung

Die *Ziele* der Prävention und Gesundheitsförderung können die Verhinderung spezieller Störungen oder die Verminderung des allgemeinen Erkrankungsrisikos sein. Mit dem ersten verbindet sich der Begriff der *spezifischen* und mit dem zweiten jener der *unspezifischen* Prävention (und Gesundheitsförderung). Die spezifische Prävention zielt auf die Verminderung spezieller psychischer Störungen und organischer Krankheiten ab, wie z.B. Streßprogramme zur Verminderung des Risikos für Herz-Kreislauf-Störungen. Unspezifische Programme dienen dagegen in einem allgemeinen Sinn der Verbesserung der biopsychosozialen Lebensbedingungen, z.B. durch Schaffung von mehr Kontrollmöglichkeiten zur Verbesserung des Wohlbefindens von betagten Heiminsassen oder durch Veränderung der Bewegungs- und Eßgewohnheiten zur Senkung des Erkrankungsrisikos.

2.1 Unspezifische Prävention und Gesundheitsförderung

Ein in der Geschichte der neueren Präventionsbewegung wichtiges unspezifisches Konzept stellt der Ansatz von Caplan (1964) dar. Nach Caplan erfordert die Entwicklung und Erhaltung der Gesundheit die Versorgung des Individuums mit lebens- und entfaltungswichtigen *Grundgütern* («basic supplies»). Dazu zählen vor allem

– *materielle* Grundgüter wie Nahrung, Wohnung, Qualitäten des Lebensraumes (Quartiergestaltung, Spielplätze usw.),
– *psychosoziale* Grundgüter wie Zuwendung, Akzeptierung, Soziale Unterstützung usw. sowie
– *soziokulturelle* Grundgüter wie Werte, Rollen oder Grundrechte einer Gesellschaft.

Störungen entstehen nach Caplan, wenn ein Individuum an einzelnen oder mehreren lebenswichtigen Grundgütern über längere Zeit mangelhaft partizipiert. Die Störungswahrscheinlichkeit ist aber nicht nur von der Umwelt abhängig, sondern auch von Bedingungen, die im *Individuum* selbst liegen. Von speziellen individuellen Merkmalen hängt es ab, wie schnell Belastungen oder potentiell noxische Faktoren schädigend wirken. Als individuelle Merkmale sind zu nennen u. a. das Ausmaß der Vulnerabilität oder die Kompetenzen, Belastungen zu bewältigen und sich gegebenenfalls lebenswichtige Grundgüter zu organisieren. Zu den individuumbezogenen Ursprungsorten von Störungen zählt Caplan auch passagere *Krisen*, d.h. Labilisierungen des psy-

Tabelle 1: Beispiele für unspezifische Präventionsziele in der Erziehung

Störungsquellen	mögliche Präventionsziele
(1) *Individuelle Ursprungsorte*	
allgemein:	*allgemein:*
– Kompetenzmangel	– Aufbau von Kompetenzen
– Vulnerabilität	– Förderung der Persönlichkeitsentwicklung
speziell:	*speziell:*
– Dysfunktionales Coping	– Förderung von Copingstrategien
– Mangel an metakognitiven Kompetenzen	– Förderung metakognitiver Kompetenzen
– Organische Behinderung	– Bei Defiziten gegebenenfalls Aufbau kompensatorischer Kompetenzen
(2) *Umweltbezogene Ursprungsorte* (2.1) *Materielle Grundgüter*	
allgemein:	*allgemein:*
– Armut	– Verbesserung der materiellen Bedingungen
speziell:	*speziell:*
– schlechte Wohnbedingungen	– Bereitstellen von Nahrung und Wohnung/Lebensraum
(2.2) *Psychosoziale Grundgüter*	
allgemein:	*allgemein:*
– Mangel an Interaktion oder gestörte Interaktion	– Verbesserung der Qualität der sozialen Ressourcen von Kindern
speziell:	*speziell:*
– Schädigender Erziehungsstil	– Förderung der Akzeptierung, Wertschätzung und Unterstützung bei Eltern/Lehrern/Erziehern
– Intolerante Einstellungen der Eltern	– Förderung der Toleranz gegenüber der Benützung von Frei- und Handlungsspielräumen
– Eltern als aggressive Verhaltensmodelle	– Förderung der Fähigkeit zur aggressionsfreien Konfliktlösung im Umgang mit Kindern und erwachsenen Personen

chischen Gleichgewichts durch im Leben mehr oder weniger vorprogrammierte kritische Lebensereignisse oder durch nichtvorhersehbare starke Belastungen wie Scheidungen, Todesfälle und ähnliches (vgl. Kap. 17/Streß, Coping). Die Risikogruppen- und die Life-event-Forschung befassen sich u. a. mit krisenbezogenen Präventionsmöglichkeiten. *Umwelt* und *Individuum* sind demnach die beiden potentiellen *Ursprungsorte* für die Entstehung psychischer Störungen, die in Wechselwirkung gesunde oder gestörte Entwicklungen bedingen. Sie bilden auch die beiden potentiellen Zielbereiche für präventive Maßnahmen. Dies sei am Beispiel der unspezifischen Prävention bei Kindern veranschaulicht (s. **Tab. 1**).

Die neuere Entwicklung hat dem Konzept von Caplan durch das *Ressourcen-Konzept* eine Revitalisierung verschafft. Gesundheitsförderung soll danach einerseits bereits vorhandene personinterne und -externe Ressourcen *zu erhalten* helfen (Hobfoll, 1989) und andererseits personinterne und -externe Ressourcen *fördern*. Die Ottawa-Charta zur Gesundheitsförderung (Paulus, 1992), das Abschlußdokument der ersten Internationalen Konferenz zur Gesundheitsförderung von 1986 fordert dazu auf, gesundheitsfördernde Lebenswelten zu schaffen (s. Kap. 19/Gesundheitsversorgung). Dazu gehört nach der Charta auch die Einrichtung von gesundheitsorientierten Lernmöglichkeiten, in denen persönliche Gesundheitskompetenzen erworben und gestärkt werden können. Einen Überblick über wichtige psychologische personinterne Kompetenzen, wie ein protektiver Attributionsstil, Kontrollüberzeugungen usw. gibt Hornung (1997).

Die neuen Konzepte betonen im Einklang mit Caplan, daß personinterne und -externe Ressourcen miteinander interagierend verstanden werden müssen. Die beiden Ressourcentypen stehen in einem Verhältnis der *Transaktion* (Hornung & Gutscher, 1994), deren Ergebnis zusätzlich von den personinternen und -externen noxischen Faktoren abhängig ist. Becker (1997) hat in Anlehnung an Albee (1980) unter Berücksichtigung noxischer und protektiver Faktoren ein Gesundheits- bzw. Präventionskonzept entwickelt, das schädigende und schützende personinterne und -externe Faktoren zueinander in Beziehung setzt (vgl. Schwenkmezger, 1997; s. **Abb. 1**).

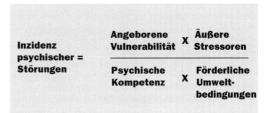

Abbildung 1: Inzidenzformel (in Anlehnung an Becker, 1997)

Auch wenn diese Inzidenz-Formel derzeit kaum befriedigend präzisierbar ist, so kann sie dennoch als Heuristik für die Grundlegung und Entwicklung von konkreten, auch spezifischen Präventionsprogrammen dienen. *Unspezifische Interventionsprogramme* sind z.B. *Elternverhaltenstrainings,* die Eltern in ihrer erzieherischen Kompetenz fördern und damit die Entwicklungsbedingungen ihrer Kinder verbessern. Auch die Programme zur «kompensatorischen Erziehung» (vgl. Perrez, 1994) haben unspezifische Präventionsfunktion.

Gesundheitstrainings, die das allgemeine Erkrankungsrisiko durch die Vermittlung spezieller Kompetenzen senken sollen, gehören ebenfalls zur unspezifischen Prävention bzw. Gesundheitsförderung. Matarazzo (1984) nennt vier «Verhaltenspathogene», über die relativ viel Forschung betrieben worden ist und deren Relevanz für die Erhöhung des allgemeinen Krankheitsrisikos nicht mehr anzuzweifeln ist: Typ-A-Verhalten, ungesundes Essen, zu viel Rauchen und Alkohol. Ihre schädigende Wirkung wird durch Synergieeffekte noch erhöht. Aus ihnen leitet er entsprechende «Verhaltensimmunogene» («behavioral immunogens») ab, die durch Präventionsprogramme zu fördern sind. Einzelne dieser Bereiche grenzen an spezifische Präventionsprogramme, wenn z.B. durch die Abgewöhnung des Rauchens das Risiko für die Erkrankung der Atemwege gesenkt werden soll.

2.2 Spezifische Präventionsprogramme

Spezifische Präventionsprogramme sollen umschriebene Störungen in ihrer Inzidenz vermindern. Es gibt heute für verschiedene psychische Störungen und organische Krankheiten spezifische, zum Teil großangelegte Präventionsprogramme und -projekte, die entweder zielgruppen- oder populationsbezogen sind (vgl. nächster Abschnitt). Spezifische Programme setzen ausreichende Kenntnisse über die Ursachen der Störung voraus, die verhindert werden soll. Zum Beispiel können dank der Kenntnis der Übertragungswege des AIDS-Virus entsprechende Programme konzipiert werden. Im Bereich der *Depressionsprävention* wurden aufgrund der Bindungstheorie von Bowlby (1968) jahrzehntelang präventive Aufklärung betrieben, um unnötige Trennungsereignisse von Säuglingen und Kleinkindern von ihren Bezugspersonen verhindern zu helfen; sie gingen von der Annahme aus, daß Trennungserlebnisse unter gewissen Bedingungen das Risiko für depressive Störungen erhöhen (vgl. Kap. 14/Sozialisation).

Im Rahmen der *Herz-Kreislauf-Prophylaxe* wurden zahlreiche Präventionsprojekte mit unterschiedlichen Ergebnissen durchgeführt. Das Typ-A-Pattern gilt als Risikofaktor für koronare Erkrankungen. Es bleibt bis heute umstritten, ob *Typ-A-Personen* mit der Neigung, sich unter Zeitdruck zu setzen, mit hohen Anforderungen an sich selbst und an die Umwelt, starker Leistungs- und Wettbewerbsorientierung einschließlich feindseliger Komponenten usw. und besonderen Merkmalen der physiologischen Reagibilität, durch spezifische Präventionsprogramme im Sinne der Risikoverminderung beeinflußt werden können. Umfassendere Programme zur Herzinfarktprophylaxe, die verschiedene Risikofaktoren und teilweise auch Umweltelemente einbeziehen, werden in Myrtek (1998) dargestellt und diskutiert.

Die metaanalytischen Befunde von Rundall und Bruvold (1988) zu den präventiven Interventionskonzepten für *Nikotin- und Alkoholkonsum* bei Schülern, die auf 47 Untersuchungen zum Rauchen und auf 29 Studien zum Alkoholkonsum beruhen, zeigen auf der Verhaltensebene für das Rauchen (.34) bessere Effekte als für die Alkoholprogramme (.15). Dabei gelten 0.2 als kleine, 0.5 als mittlere und ab 0.8 als hohe Effektstärken. Auf der Wissensebene sind erwartungsgemäß höhere Effektstärken (zwischen 0.5 und 0.6) zu beobachten.

Die kontinuierliche Evaluation der *AIDS-Kampagne* durch das Schweizerische Bundesamt für Gesundheit zeigt die nachhaltigen Effekte eines spezifischen Präventionsprogrammes (s. **Kasten 1**). Bei den 17–20jährigen hat der konsequente Präservativgebrauch bei Kontakten mit Gelegenheitspartnern von 16 Prozent im Jahr 1987 auf 69 Prozent im Jahr 1994 zugenommen (Dubois-Arber et al., 1997). Die Beobachtungen zeigen auch, daß der Anteil der Jugendlichen, die zu Beginn ihres Sexuallebens das Präservativ benützen, im Laufe der Zeit abnimmt, was zu entsprechenden zusätzlichen präventiven Maßnahmen Anlaß gab.

2.3 Trend zur spezifischen Prävention?

Albee (1996) sieht auf die letzten 20 Jahre Präventionsbewegung in den USA zurückblickend verschiedene Etappen des Präventionsverständnisses, im Hinblick auf die Akzentuierung spezifischer resp. unspezifischer Interventionen, die wesentlich durch politische und vorwissenschaftliche Präferenzen bedingt waren.

Bereits Präsident Johnson hatte in den sechziger Jahren auf ein Präventionsverständnis gesetzt, das Kriminalität und viele psychische Störungen auf Armut, schädigende Erziehungsverhältnisse, soziale und kulturelle Benachteiligung zurückführte. Dies rief die kompensatorischen Head-Start-Erziehungsprogramme Mitte der sechziger Jahre auf den Plan, die bis heute eine bemerkenswert starke Wirkung zeigen (vgl. Perrez, 1994). Dieser Richtung war auch der Bericht der Präsidenten Kommission zur seelischen Gesundheit «The President's Commission» (Mental Health, 1977/8) von Jimmy Carter verpflichtet, die Albee (1996) das *Streß-Lern-Modell* (stress-learning model) nennt.

Seit den achtziger Jahren ist eine Gegenbewegung unter der Führung des NIMH (National Institute of Mental Health) mit stark *biologischer Orientierung* beobachtbar. Präventive Forschungsprogramme, die sich mit gesellschaftlichen pathogenen Faktoren auseinandersetzten, mußten biologischen, neurologischen und genetischen Programmen weichen; die neunziger Jahre wurden als Jahrzehnt des Gehirns proklamiert. «The Preventions of Mental Disorders: A National Research Agenda» (NIMH Prevention Research Steering Commitee, 1993) setzt auf kontrollierte Studien, die sich an Risikofaktoren von spezifischen DSM-definierten

Kasten 1
STOP AIDS-Kampagne Schweiz – ein populationsbezogenes, spezifisches, personen-orientiertes Präventionsprogramm (Somaini, 1989)

Fragestellung/Zielsetzung

Eine an die ganze Bevölkerung gerichtete Informationskampagne sollte auf die Veränderung von riskanten Einstellungen AIDS-präventiv hinwirken. Eine systematische Evaluation sollte überprüfen, ob die gewählten Mittel eine Änderung bewirkten.

Methode

• *Population:* ganze Bevölkerung.

• *Intervention:* Über die Medien Fernsehen, Kino, Plakate, Zeitungen, Jugend- und Sexpresse wurde unter dem einheitlichen Signet «STOP AIDS» mit unterschiedlichen Schlagzeilen die zu vermittelnde Botschaft in immer neuer Formulierung und hoher Frequenz präsentiert. Außerdem wurde ein STOP-AIDS-Song produziert, der während mehrerer Wochen Eingang in die Schweizer Hitparade fand.

Phasenweises, mehrstufiges Vorgehen in der STOP AIDS-Kampagne

Phase	1. Febr. 87	2. Juni 87	3. Dez. 87	4. H. 88
Grundbotschaften	Präservative schützen	Präservative schützen	Präservative schützen	Präservative schützen
		Treue schützt	Treue schützt	Treue schützt
		Kein Spritzentausch	Kein Spritzentausch	Kein Spritzentausch
			Was nicht ansteckt	Was nicht ansteckt
			Klare Stellungnahme zu medizinischen und gesellschaftlichen Aspekten	Klare Stellungnahme zu medizinischen und gesellschaftlichen Aspekten
				Solidarität mit • AIDS-Kranken • HIV-Infizierten • Kindern infizierter Mütter

Ergebnisse

Im Januar 1987 wurde unmittelbar vor Beginn der Informationskampagne die erste telephonische Befragung durchgeführt. Seit Oktober 1987 wurde dann jährlich die Telefonbefragung unter der Allgemeinbevölkerung über den Kenntnisstand, Einstellungen und Verhalten im Zusammenhang mit AIDS und seiner Prävention durchgeführt.

Die Abbildung gibt den Präservativgebrauch (Prozente) bei sexuellen Gelegenheitskontakten, nach Altersgruppen getrennt, für die Jahre 1987–1994 wieder (Dubois-Arber et al., 1997, S. 166)

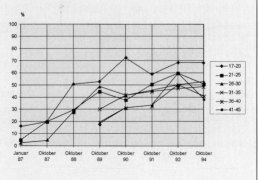

Kasten 2
Beispiel für ein populationsbezogenes, spezifisches, personenorientiertes Interventions-programm zur Prävention des Zigarettenrauchens (Gohlke, H., 1993)

Fragestellung/Zielsetzungen
Jugendliche Schüler sollen für die Gefahren des Rauchens sensibilisiert, vom Einstieg abgehalten oder zum Ausstieg bewegt werden.

Methode
• *Stichprobe:* Als Zielgruppe wurden Schüler aus 27 Klassen in 13 Schulen auf der Stufe der 7. Klasse (N = 752) im Alter von 12–13 Jahren

erfaßt. 38–48% der Jungen und 46–81% der Mädchen hatten zu Beginn der Intervention noch nie geraucht. Die Schulen wurden in Interventions- und Kontrollschulen eingeteilt.

• *Intervention*
Das Programm erstreckte sich auf 8 Unterrichtsstunden mit den folgenden Themen:

Unterrichtsstunde	Inhalt
1. Stunde: gesunde Ernährung	Darstellung einer cholesterinreduzierten und ballaststoffreichen Diät. Erklärung des Zusammenhangs zwischen diätinduzierter Hypercholesterinämie und Atherosklerose
2. u. 3. Stunde: Kreislauf und Lungenfunktion	Puls und Blutdruckmessung durch die Schüler, Wirkung des Nikotins und Kohlenoxids auf die Gefäße, Wirkung des Teers auf die Lungenfunktion
4. Stunde: Sport und Gesundheit	Trainingseffekte, Einfluß des Rauchens auf körperliche Fitneß
5. Stunde: Verführung zum Rauchen	Gründe für und gegen das Rauchen
6. u. 7. Stunde: Widerstand gegen Verführung zum Rauchen	Rollenspiele, um das Ablehnen einer angebotenen Zigarette einzuüben
8. Stunde: Werbung und Wirklichkeit	Werbeaussagen und tatsächliche Auswirkungen des Rauchens

Ergebnisse
Die Interventionsgruppe zeigt eine deutlich günstigere Entwicklung des Rauchverhaltens. 579 Schüler der beiden Gruppen konnten 2,3 Jahre später nachuntersucht werden. Von ihnen hatten 12,4% der Kontrollschüler versus 7,4% der Interventionsschüler in der Zwischenzeit zu rauchen begonnen. Täglichen Konsum hatten 8,4% Schüler der Kontroll-

gruppe versus 4% Schüler der Interventionsgruppe.
Dieses Programm wird nun durch die Arbeitsgruppe von Schwenkmezger und Krönig unter Einbezug von Ärzten, Sportlehrern und Psychologen weiter entwickelt und weiter evaluiert (vgl. Krönig & Schwenkmezger, 1997; Krönig, Schwenkmezger & Forster, 1997).

Störungen orientieren. Allgemeine Gesundheitsforschung hat in den Hintergrund zu treten. Albee (1996) nennt dieses Störungsmodell das «DSM-IV-discrete desease model», das nach physischen Ursachen genetischer, biochemischer oder anderer physikalischer Art sowie nach Umweltfaktoren sucht, die die Störungen auslösen. Die gegenwärtige Orientierung an der spezifischen und eher biologisch orientierten Prävention, die sicherlich zur Verbesserung der Kenntnisgrundlagen der Prävention beitragen kann, läuft Gefahr, folgende Tatsachen zu wenig zu berücksichtigen: Risikofaktoren weisen komplexe Beziehungen zu psychischen Störungen auf; verschiedene Risikofaktoren können oft zu gleichen Störungen oder gleiche Risikofaktoren zu verschiedenen Störungen führen (Coie et al., 1993), die gleichzeitige Einwirkung mehrerer Risikofaktoren kann additive oder kumulative Wirkungen haben. Die künftige Perspektive sollte dem biopsychosozialen Modell verpflichtet sein, das sich grundsätzlich an einer multifaktoriellen Determination von Verhalten orientiert.

3. Populations- versus zielgruppenorientierte Prävention

Seit den Anfängen der Präventionsbewegung im 19. Jahrhundert wurden im Zusammenhang mit der Entdeckung der Ansteckungswege von Infektionen durch Semmelweis Informationskampagnen organisiert, die sich an breite Bevölkerungskreise richteten, um u.a. das Kindbettfieber zu bekämpfen. *Populationsbezogene* Prävention zielt auf die Gesamtbevölkerung oder auf Teile der Gesamtbevölkerung, die nicht durch Risikokriterien definiert sind, z.B. an alle Schüler oder an alle Eltern. Dazu gehört z.B. die an vielen Orten obligatorisch eingeführte AIDS-Aufklärung an Schulen, um alle Schüler auf die Gefahren der Ansteckung mit dem AIDS-Virus aufmerksam zu machen und irrige Vorstellungen über die Ansteckungswege abzubauen. Als Beispiel einer differenzierten Evaluation eines solchen Programms kann die Studie von Hornung, Wydler, Vontobel, Tschopp und Gutzwiller (1989) gelten, die die obligatorische AIDS-Aufklärung in Zürcher Schulen auf ihre

Wirkung hin anhand verschiedener Wirkungskriterien untersucht haben. Ein Beispiel für ein populationsbezogenes spezifisches Präventionsprogramm zur Prävention des Zigarettenrauchens bei Schülern ist in **Kasten 2** dargestellt. Die Population stellen bei diesem Beispiel alle Schüler der 7. Klassen dar, ungeachtet besonderer Risikokriterien, z.B. ob sie bereits rauchen oder Drogen konsumieren.

Programme für Zielgruppen mit Risikoverhalten werden dagegen für spezielle Gruppen konzipiert, die für eine bestimmte Störung als überdurchschnittlich gefährdet erscheinen, da sie Risikoverhalten zeigen, aber noch keine Symptome einer Störung aufweisen. Als Risikofaktoren kommen vor allem verhaltensmäßige Faktoren wie z.B. ungeschützter Sexualverkehr in Frage. So sind z.B. Drogenabhängige, die ungeschützten Sexualverkehr pflegen, besonders für die Übertragung des AIDS-Virus gefährdet, was entsprechende Präventionsprogramme angeregt hat. Als weiteres Beispiel seien psychologische und soziale Risikokriterien für Kindesmißhandlung genannt, die zu Präventionsprogrammen geführt haben, die sich speziell an solche Eltern richten, die diese Kriterien erfüllen. Ein Beispiel für ein zielgruppenbezogenes (spezifisches) Interventionsprojekt zur Prävention der HIV-Übertragung bei Insassen eines Frauengefängnisses ist in **Kasten 3** dargestellt. Hier handelt es sich um eine Zielgruppe, in der durch den häufigen Drogenkonsum ein Risikoverhalten gezeigt wird.

Die Merkmale «spezifisch-unspezifisch» und «populationsbezogen-zielgruppenbezogen» können unabhängig voneinander variieren (vgl. **Tab. 2**). Die Matrix der Präventionsprogrammerkmale zeigt, daß Interventionsangebote in allen Kombinationen denkbar und je nach Zielsetzung und Voraussetzungen sinnvoll sind.

Neben der populations- und risikogruppenbezogenen Prävention kann noch die «*indizierte Prävention*» («indicated preventive intervention») unterschieden werden. Diese richtet sich an Personen mit hohem Risiko *und* mit bereits geringfügigen und identifizierbaren Zeichen oder Symptomen einer bevorstehenden psychischen Störung oder mit biologischen Markern, die eine Prädisposition für eine psychische Störung anzeigen (Munoz, Mrazek & Haggerty 1996).

4. Personenorientierte versus systemorientierte (umweltorientierte) Prävention: Interventionsorte bzw. -ebenen

Die Matrix in **Tabelle 2** ist durch eine dritte Dimension, die Dimension des Interventionsortes zu ergänzen: Sie unterscheidet, ob die Intervention personen- oder systemorientiert (umweltorientiert) lokalisiert ist (Legewie, 1982). Unter systemorientiert verstehen wir Maßnahmen, die auf die Veränderung der räumlichen, sozialen, ökologischen, gesetzlichen oder kulturellen Umwelt von Personen oder Personengruppen abzielen, um das Störungsrisiko zu verhindern. Wenn z.B. dem Trinkwasser einer Gemeinde zur Senkung der Kariesinzidenz Fluor beigemischt wird, so ist dies eine populationsbezogene, spezifische und systemorientierte präventive Maßnahme. Ein weiteres – fiktives – Beispiel wäre eine Entschließung des schweizerischen Parlamentes, die Gesetzgebung für die sogenannten «Saisonniers» (= ausländische Kurzaufenthalter: bis zu neun Monaten) dahingehend zu ändern, daß sie künftig auch ihre unmündigen Kinder für ihren Arbeitsaufenthalt in die Schweiz mitnehmen dürften. Dadurch würden unnötige Trennungserlebnisse – insbesondere bei Säuglingen und Kleinkindern – verhindert, was nach Bowlby die Depressionsrate senken könnte. Diese Gesetzesänderung wäre eine systemorientierte

Verbesserung der Lebensbedingungen eines Populationssegmentes. Eine solche Maßnahme wäre auch aus humanitären Gründen wünschenswert, selbst wenn Bowlbys Annahmen durch die empirische Forschung nur eine eingeschränkte Bestätigung erfahren haben (vgl. Kap. 14/Sozialisation). Beispiele für personenorientierte Ansätze finden sich in den **Kasten 1 und 2** (s. oben) und in **Kasten 3**.

Neben dem Interventionsort «Person vs. System» können die *Interventionsebenen* unterschieden werden, auf die die Prävention ausgerichtet ist. Alle Ebenen – ausgehend von Personen, über interindividuelle Systeme bis zur Gemeinde und kulturellen Einheiten – sind mögliche Adressaten der Prävention.

5. Ausgewählte Methoden der Prävention und Gesundheitsförderung

5.1 Für welche Zielgruppen welche Methoden?

Unter welchen Bedingungen haben personbezogene Interventionen die besten Erfolgschancen? Unter welchen Voraussetzungen sind umweltorientierte Interventionen indiziert?

Jeffery (1997) faßt die optimalen Voraussetzungen für personbezogene Interventionen mit folgenden Punkten zusammen: Die *Verhaltensänderung* verspricht a) großen und b) relativ unmittelbaren persönlichen Nutzen, c) der Auf-

---

Kasten 3
Zielgruppenbezogenes, spezifisches, personenbezogenes Präventionsprogramm für eine Gruppe mit Risikoverhalten: Strafgefangene (Nelles, 1997)

Es ist bekannt, daß im Strafvollzug die Übertragung von HIV besonders häufig stattfindet. In einem schweizerischen Frauengefängnis gab jede dritte der 137 befragten Insassinnen an, in der Anstalt Heroin oder Kokain zu konsumieren, drei Viertel von ihnen intravenös. Es wird angenommen, daß der Anteil der Drogenabhängigen in den Gefängnissen zwischen 30 und 50% variiert. Damit geht der häufige Spritzentausch und die Geldbeschaffung durch homo- und heterosexuelle Prostitution

einher. Die Prävalenz von HIV- und Hepatitisinfektionen ist bei Strafgefangenen rund 60 mal größer als in der übrigen Bevölkerung

Fragestellung/Zielsetzung
Die Gefahr für die HIV-Übertragung in einem Frauengefängnis sollte reduziert werden.

Methode
• *Stichprobe:* Während der Evaluationsphase waren 189 Insassinnen im Gefängnis, in dem

die Intervention stattgefunden hat. Von ihnen haben 137 (88%) mindestens an einem Interview teilgenommen.

• *Intervention:* Durch Gruppen- und Informationsveranstaltungen, durch Sprechstunden und durch die freie Abgabe von sterilen Spritzen mittels 1:1 Spritzentauschautomaten sollten die Insassinnen zu einem Verhalten finden, das sie selbst und andere nicht gefährdet.

• *Zeitplan, Untersuchungsverfahren:* Die Befragung fand unmittelbar vor Beginn der Präventionsmaßnahmen sowie 3,6 und 12 Monate später statt. Die Befragungen waren anonym und freiwillig und für die Angestellten teilweise schriftlich.

Erhebungsinstrumente und Befragungen (Nelles, 1997, S. 370)

Zeitpunkt	Evaluationsteam:	Präventionsteam:
Erhebung I (19.5.–9.6.94)	Interviews (Insassinnen und Angestellte)	
Beginn des Pilotprojekts (13.6.94)		Körperuntersuchung, Laboranalysen (Insassinnen)
Erhebung II (13.8.–31.8.94)	Interviews (Insassinnen), Befragung Direktorium, Gesundheitsdienst, Präventionsteam	Fragebogen zur Nutzung der Gruppen- und Informationsveranstaltungen (nach jeder Veranstaltung)
Erhebung III (24.11.–9.12.94)	Interviews (Insassinnen und Angestellte), Befragung Direktorium, Gesundheitsdienst, Präventionsteam	Fragebogen zur Nutzung der Sprechstunde (nach jeder Sprechstunde)
Erhebung IV (23.5.–30.5.95)	Interviews (Insassinnen), Schriftliche Befragung der Angestellten, Befragung Direktorium, Gesundheitsdienst, Präventionsteam	Erfassung der Anzahl am Automaten bezogener Spritzen (bei jedem Auffüllen)
Ende des Pilotprojekts (27.6.95)		

Ergebnisse

Es konnte eine gute Akzeptanz verzeichnet werden, wobei der Spritzenautomat teilweise abgelehnt worden ist. Es waren weder eine Zunahme des Drogenkonsums noch Neuinfektionen zu verzeichnen. Der Spritzentausch unter den Drogenabhängigen war drastisch zurückgegangen und war praktisch nur noch zu beobachten, wenn die Automaten nicht funktionierten.

Spritzentausch (Nelles, 1997, S. 373)

Monate nach Präventionsbeginn	Anzahl Interviews	Anzahl Insassinnen, die angaben, Spritzen getauscht zu haben	
0	65	8	davon 6 mit einer Person, 2 mit drei Personen
3	49	4	alle mit jeweils einer Person
6	33	2	beide mit jeweils einer Person
12	57	1	mit einer Person

Der Autor faßt die Resultate so zusammen, «daß Präventionsprojekte mit Einbezug von Spritzenabgabe im Gefängnis machbar sind und vergleichbare Effekte zeigen, wie gleiche Maßnahmen außerhalb der Gefängnisse» (Nelles, 1997, S. 375). Für Generalisierungen werden weitere kontrollierte Erfahrungen benötigt.

Tabelle 2: Matrix von Präventionsprogrammerkmalen

	spezifisch	unspezifisch
zielgruppenbezogen	Training für Typ-A-Personen oder Beispiel zur HIV-Übertragung (**Kasten 3**)	Gesundheitstraining für HIV-Positive
populationsbezogen	Stop-AIDS-Kampagne Schweiz (**Kasten 1**) Zigarettenkonsum (**Kasten 2**)	Elterntraining Paartraining (**Kasten 5**)

wand für die Veränderung ist bescheiden. Die *Umweltveränderung* (physikalische, ökologische, kulturelle) ist naheliegend, wenn viele Personen der Bevölkerung vom Risiko betroffen sind und die Störung bzw. das Risikoverhalten durch öffentliche und kontrollierbare Bedingungen mitbeeinflußt wird, und wenn ferner aus dem Risikoverhalten bzw. seinen Folgen hohe Kosten für die Allgemeinheit entstehen. Diese müssen nicht mit den individuellen Kosten korreliert sein. Die Entscheidungsträger für präventive Interventionsprogramme haben objektive Kosten- und Nutzen-Parameter zu berücksichtigen. Sie haben die populationsbezogene Perspektive zu vertreten, die sich von der individuellen deutlich unterscheidet, da die individuelle subjektive Risikoeinschätzung durch psychologische statt durch objektive Faktoren reguliert wird.

Zur Gewichtung dieser Faktoren werden heute verschiedene *Risikobegriffe* unterschieden (vgl. Abelin, Junker & Perneger, 1996): Unter dem *absoluten Risiko* wird die Wahrscheinlichkeit verstanden, daß ein Individuum in einer definierten Zeitperiode an einer bestimmten Störung erkranken oder sterben wird, gleichgültig ob die Person bestimmten Risikofaktoren ausgesetzt ist oder nicht.

Beispiel: Für einen 40jährigen Mann errechnet sich das absolute Risiko, innerhalb eines Jahres an Lungenkrebs zu sterben, durch die Relation von 11 Todesfällen auf 100 000 lebende Personen seines Alters (Vgl. Tod an Herzerkrankung 44 von 100 000; Tod durch Autounfall 30 von 100 000. Quellen: Jeffery, 1997; Mattson, Pollak & Cullen, 1987; Baker, O'Neill & Karpf, 1984).

Diesem Risiko ist das *relative Risiko* gegenüberzustellen. Dieses bezeichnet die Wahrscheinlichkeit für eine bestimmte Störung bzw. Todesfall für Individuen, die einem Risikofaktor ausgesetzt sind, im Vergleich zu Personen ohne Risikoexposition. Zum Beispiel ist das Verhältnis, an Lungenkrebs bzw. an einer koronaren Herzerkrankung zu erkranken, für 40jährige starke Zigarettenraucher im Vergleich zu den Nichtrauchenden 10 zu 1, respektive 2 zu 1 (Jeffery, 1997 und Mattson, Pollak & Cullen, 1987). Dies wird auch als «Risikounterschied» bezeichnet, der im Unterschied zwischen den Häufigkeitsraten der exponierten und der nichtexponierten Gruppe besteht (Beaglehole, Bonita & Kjellström, 1997).

Unter dem der «*Exposition zuzuschreibenden Risiko*» («attributablen Risiko») versteht man die Zahl der zusätzlichen Störungen einer Population, die einem speziellen Risikofaktor zugeschrieben werden können. Der expositionsbezogene Risikoanteil kann empirisch geschätzt werden, «indem der Risikounterschied durch die Häufigkeit des Auftretens in der exponierten Population dividiert wird.» (Beaglehole, Bonita & Kjellström, 1997, S. 49).

Ein hohes *relatives Risiko* kann aus der Populationsperspektive dann unbedeutend sein, wenn das absolute Risiko sehr niedrig ist. So ist etwa nach Johansson, Veden und Wilhelmsson (1983) das relative Risiko für koronare Herzerkrankungen von jungen Frauen, die orale Verhütungsmittel nehmen, etwa doppelt so hoch. Da das absolute Risiko extrem niedrig ist, bleibt dieses Risikoverhalten, wie auch das Verhalten von hohem relativem Risiko, das sehr selten vorkommt (z.B. Extremsport), von geringer Bedeutung für die Populationsperspektive.

Jeffery (1997) zeigt, daß Individuen auf das absolute *und* relative individuelle Risiko setzen. Wenn beide hoch sind, steigt die Motivation zur Veränderung. Zum Beispiel hören nach einem Herzinfarkt ca. 50 Prozent der Betroffenen mit dem Rauchen auf im Vergleich zu rund 5 Prozent, die aufgrund von allgemeinen Präventionskampagnen gegen das Rauchen aufhören.

Aus der öffentlichen Perspektive stellt sich die Motivation für Kampagnen indes anders dar. Für sie ist das der Exposition zuzuschreibende Risiko ausschlaggebend für Interventionsprogramme zur Kostensenkung des Gesundheitswesens. Die persönliche Perspektive charakterisiert sich normalerweise weniger durch Rationalität als vielmehr durch die Motivation nach unmittelbarem Nutzen bei gleichzeitiger Unterschätzung der fernerliegenden negativen Folgen (Schwarzer & Renner, 1997; Neuburger & Bader, 1998). Für die Wahl der Methode ist entscheidend, wie weit die Gefahr des Risikoverhaltens für Individuen nahegebracht werden kann. Ist dies nicht möglich, so sind umweltbezogene Maßnahmen indiziert (vgl. Jeffery, 1997).

Welche präventiven bzw. gesundheitsfördernden Methoden indiziert sind, hängt neben der Berücksichtigung der Perspektive (individuelle versus populationsbezogene) von den Zielen und von *Ausgangsmerkmalen der Adressaten* ab. Maccoby und Solomon (1981) haben ein Modell einer «Verhaltensänderungshierarchie» beschrieben. Dieses unterscheidet sechs verschiedene Ebenen, die Voraussetzung sind für die Veränderung des Gesundheitsverhaltens: Problembewußtsein, Wissen, Motivation, Fähigkeiten, Ausführung und Aufrechterhaltung. Für die Wahl einer präventiven Interventionsstrategie muß vorerst geklärt werden, auf welcher Stufe sich der Adressatenkreis befindet.

Somaini (1989) diskutiert dieses Modell am Beispiel des Rauchens, des Drogenkonsums und der HIV-Prävention. Für viele Raucher gilt, daß sie auf den Ebenen des Problembewußtseins, des Wissens und der Motivation keinen Interventionsbedarf haben, aber es fehlen ihnen die Kompetenzen, das neue Verhalten dauerhaft auszuführen. Viele Drogenabhängige sind in bezug auf die HIV-Prävention in einer ähnlichen Lage wie die abhängigen Streßraucher.

Wenn bei Zielgruppen Problembewußtsein, Wissen und Motivation vorausgesetzt werden können, sind nicht so sehr Informationskampagnen als vielmehr Verhaltenstrainings und umgebungsbezogene Interventionen angezeigt. Die zu wählende Interventionsmethode hängt auch von der Veränderungsresistenz der etablierten Gewohnheiten ab (s. **Tab. 3**).

Schwarzer (1992) hat unter Berücksichtigung verschiedener Konzepte des Gesundheitsverhaltens ein komplexes sozial-kognitives Prozeßmodell entworfen, das einzelne Determinanten, die die Änderung beeinflussen oder behindern, in ihrem Zusammenspiel modelliert. Dazu gehören u.a. das Ausmaß der erwarteten Belohnung, das mit dem Fortsetzen des bisherigen (Risiko-)verhaltens verbunden ist, Kompetenzerwartungen und volitionale Prozesse. Ein *sequentielles* übergreifendes Modell der Verhaltensänderung, das mehrere Phasen unterscheidet, die aneinander anknüpfen, haben Prochanska, DiClemente & Norcross (1992) am Beispiel der Veränderung des Zigarettenkonsums untersucht, das im Kapitel 22.1 (Psychotherapie: Systematik) zusammengefaßt wird.

Bei der Gliederung der ausgewählten präventiven Interventionsmethoden halten wir uns weitgehend an Becker (1984): Aufklärung, Beratung, Training, umgebungsbezogene Interventionen, Kriseninterventionen und systemorientierte Maßnahmen.

5.2 Aufklärung als Methode der Gesundheitsförderung und Prävention

Die Funktion der gesundheitsfördernden und präventiven Aufklärung besteht in der Verminderung von gesundheitsrelevanten Wissensdefiziten, im Schaffen von Problembewußtsein und im Motivieren zu neuen Verhaltensweisen durch Information. Als *psychologische Mittel* wendet die Aufklärung primär symbolisch kodierte Information an; sie ist als *repräsentationsorientierte Methode* direkt auf die Veränderung der kognitiven Repräsentation ausgerichtet (vgl. Kap. 22.1/Psychotherapie: Systematik). Auf diesem Wege sind besonders dann gute Resultate zu erzielen, wenn das mit dem Risikoverhalten verbundene

Tabelle 3: Präventionsmethoden in Funktion von Merkmalen der Zielpersonen resp. Gruppen (Somaini, 1989, S. 12)

Bezüglich der HIV-Prävention genügt bei vielen Personen, die ihr Verhalten kaum zu ändern haben oder denen solche Verhaltensänderungen leicht fallen, schon das Vermitteln von Informationen. Dies kann über Zeitungsmeldungen, über ein Gespräch beim Arzt oder mittels Informationsbroschüren geschehen. Ein größerer Teil der Bevölkerung benötigt zur Verhaltensänderung, insbesondere im Sexualbereich, eine entsprechende Motivation. Hier gilt es, die Einstellung dieser Personen zu beeinflussen, was mit Hilfe von Massenmedien und überzeugenden Kommunikationen, z.B. Unterrichtsmaterialien oder Vorträgen, erreicht wird. Über Gruppendiskussion oder sogar Verhaltenstrainings sind dann die Personen anzugehen, die nur schwer ihr Verhalten anpassen können oder ein potentiell hohes Risikoverhalten zeigen. Hier kommen insbesondere auch die individuelle Beratung und eine optimale Integration in bestehende soziale Netze zum Zuge (siehe unten). Wenn das Verhalten

nicht oder kaum beeinflußbar ist, sind letztendlich «Umgebungsänderungen», etwa durch technische Maßnahmen, in Betracht zu ziehen. Als Beispiel sei an dieser Stelle das obligatorische Blutscreening im Blutspendewesen genannt. Erst sofern sich alle Schritte als erfolglos erweisen, sind mögliche gesetzliche Vorschriften zu erwägen. In der Schweiz wie auch in anderen Ländern bestehen bereits Gesetzesregelungen, die bei AIDS angewendet werden können. Eine seriöse Analyse zeigt aber, daß viele dieser Vorschriften zur Zeit der Verhältnismäßigkeit entbehren oder aber nur in gezielten Einzelfällen in Betracht gezogen werden können. Die staatlichen Stellen, die solche gesetzlichen Interventionen erwägen, sind dann allerdings auch dazu verpflichtet, jeder Person die nötige Unterstützung (gemäß Tabelle) zu gewähren und die Chance zu einer Verhaltensanpassung auf freiwilliger Basis zu geben.»

Strategien zur Verhaltensänderung (in Anlehnung an Maccoby & Solomon, 1981)

Problemverhalten	Ziel	Strategie
«leicht zu ändern»	Problembewußtsein	Fakten/Information, aufklären
	Motivation	überzeugende Kommunikation, Beratung
	Soziale Verstärkung	Gruppendiskussion
	Vermehrte Verhaltensförderung	Verhaltenstraining
«schwer zu ändern»	Umgebungskontrolle	Umgebungsveränderung, Gesetze u.a.

Bedrohungspotential groß ist (z.B. HIV-Infektion) und das Risikoverhalten unter leicht beeinflußbaren psychischen oder sozialen Bedingungen steht. Automatisiertes, abhängiges Streßrauchen ist z.B. kaum durch Aufklärung allein zu verändern, während «genießendes Leichtrauchen» (vgl. Nöldner, 1989) bei vielen Menschen bereits durch Aufklärung reduziert werden kann. Die groß angelegten HIV-Aufklärungskampagnen (s. oben) zeigen, daß durch diese präventiven Interventionen bei beachtlichen Bevölkerungsanteilen eine Veränderung des Risikoverhaltens bewirkt werden konnte. Dennoch sind dem Versuch, Risikoverhalten allein durch Aufklärung zu verändern, in Funktion der oben genannten Merkmale, Grenzen gesetzt. Spezielle, veränderungsresistentere Risikogruppen müssen deshalb identifiziert und mit anderen präventiven Maßnahmen angesprochen werden,

wozu vor allem Beratung, Training und Umweltveränderung gehören.

5.3 Beratung als Methode der Gesundheitsförderung und Prävention

Beratung haben wir im Psychotherapiekapitel (Kap. 1/Grundbegriffe – Einleitung) als jene Form der Hilfestellung charakterisiert, die durch Informationsvermittlung die Handlungsgrundlage der Beratenen verbessert. Im Unterschied zu Aufklärungskampagnen richtet sie sich nicht an anonyme Populationen, sondern an Ratsuchende und erfolgt normalerweise im persönlichen Gespräch. Im Unterschied zur Methode der Aufklärung wird hier von den eingesetzten *psychologischen Mitteln* her neben der Information auch die *Person des Beraters* eingesetzt, die durch *Merkmale der Gesprächsgestaltung* die Akzeptanz der Information erleichtern kann. In den letzten Jahrzehnten sind zahlreiche Beratungsinstitutionen mit präventiven Zielen geschaffen worden, die der Bevölkerung frei zugänglich sind. Dazu gehören u. a. Schulpsychologische Beratungsstellen, die – ohne daß ihre Funktion auf die Beratung eingeschränkt wäre – den Schülern, Eltern, Lehrern und Schulbehörden individuelle und Systemberatung anbieten (vgl. Rüdiger, 1990; Schwarzer, Ch., 1997).

Präventive Einrichtungen zur Schwangerschaftsberatung verfolgen u. a. die Zielsetzung, Risikofamilien für Kindesmißhandlung zu entdecken und die Mütter und Väter mit hohem Risiko gezielt zu beraten. Kempe und Kempe (1980) haben im Rahmen der Schwangerschaftsberatung, der Geburtsvorbereitung und des Spitalaufenthaltes anläßlich der Geburt über verschiedene prädiktive Indikatoren eine Gruppe von Müttern mit hohem Risiko (N = 100) ausgewählt und anschließend die Hälfte über mehrere Monate nach einem standardisierten Programm intensiv beraten. Bei der Gruppe der beratenen Eltern konnte im Vergleich zur nicht beratenen Gruppe die Mißhandlungsrate massiv gesenkt werden. Mit den Risikoindikatoren von Kempe und Kempe (1980) wurden Ende der 80er Jahre in der «Maternité» des «Centre Hospitalier Universitaire» von Lausanne jährlich unter rund 900 schwangeren Frauen 20 bis 30 Familien mit mittlerem bis hohem Mißhandlungsrisiko entdeckt (Vuataz, 1990). Ähnliche Beratungsstellen mit teilweise präventiver Funktion existieren heute für die *AIDS-Beratung* und andere psychosoziale Bereiche, deren Aufgaben teilweise auf der Krisenintervention beruhen.

5.4 Training als Methode zur Gesundheitsförderung und Prävention

Wenn das Risikoverhalten bereits stark Gewohnheitscharakter hat, so sind Trainingsmethoden als Ergänzung zur Beratung für die präventive Verhaltensänderung angezeigt. Trainingskonzepte tragen dem Umstand Rechnung, daß Problembewußtsein, Wissen und

Motivation bei gewissen Personen und Personengruppen für die Veränderung bestimmter Risikoverhaltensweisen nicht ausreichend sind, daß es vielmehr der Einübung, des Lernens und Stabilisierens neuer Verhaltensweisen bedarf, u. U. unter Einbezug von Umweltveränderungen. So sind z. B. sogenannte *Streßimmunisierungsstrategien* entwickelt worden (Meichenbaum, 1986), die das Einüben angemessener Verhaltensstrategien in Versuchungssituationen oder besonderen Belastungssituationen vorsehen. Mit Jugendlichen kann beispielsweise trainiert werden, wie sie sich verhalten können, wenn sie von Peers zum Drogenkonsum angehalten werden. Evaluierte Trainingsprogramme liegen u. a. für die Veränderung des *Rauchverhaltens,* des *Eßverhaltens,* der *Sonnenexposition* oder für *Streßbewältigung* vor (für einen Überblick siehe Schwarzer, 1992; Perrez & Gebert, 1994). Für einen Überblick zu den präventiven *Elterntrainings* zur Optimierung des Erziehungsverhaltens sei auf Perrez (Perrez, Minsel & Wimmer, 1985; Perrez, 1994) verwiesen.

Wesentliche *psychologische Mittel,* die in Trainings eingesetzt werden, sind die Wiederholung/Übung, das Rollenspiel und das mentale Training. Durch mentales Training werden die angemessenen Verhaltensweisen für kritische Situationen gedanklich, imaginativ im Sinne des geistigen Probehandelns vorgestellt und durchgespielt. Als allgemeines Trainingsprinzip gilt es, die Gestaltung der Aufgaben in *kleinen Schritten* vorzunehmen. Übungserfolg und extrinsische Belohnung werden gezielt als Verstärker eingesetzt.

Ein Beispiel für ein unspezifisches, trainingsorientiertes Präventionsprogramm stellt das Freiburger Stresspräventionstraining für Paare (FSPT) dar (Bodenmann, 1997). Die Erkenntnisse der Therapiewirksamkeitsforschung der letzten Jahre zeigen, daß Paartherapien nur in ca. 40 bis 50 Prozent der Fälle wirksam sind. Meist erfolgt die Inanspruchnahme von professioneller Hilfe bei Partnerschaftsstörungen zu spät. Präventionsprogramme für Paare versuchen diesem Umstand Rechnung zu tragen und durch eine gezielte Förderung relevanter Aspekte einem negativen Partnerschaftsverlauf vorzubeugen. Als zentrale Prädiktoren für die längerfristige Beziehungsqualität und -stabilität haben sich v. a. drei Variablen erwiesen: a) Kom-

munikationskompetenzen; b) Problemlösefertigkeiten und c) Streßbewältigungskompe-
tenzen (s. **Kasten 4**).

5.5 Umgebungsbezogene (systembezogene) Interventionen

Die umgebungsbezogenen präventiven und gesundheitsfördernden Interventionen definieren
sich – anders als die oben genannten – durch
den *Ort* des Interventionsbezuges. Nicht die
Risikopersonen oder -gruppen selbst sind die
Adressaten der Maßnahme, sondern ihre soziale, ökologische, gesetzliche oder kulturelle Umwelt, resp. die Verantwortlichen dieser Umweltaspekte. Für die Umschreibung der in Frage
kommenden Beeinflussungsdimensionen eignet sich Caplans (1964) – allerdings nicht
trennscharfe – Einteilung der *Grundgüter* (s. Abschnitt 2.1), die für die Entwicklung und Erhaltung der Gesundheit Voraussetzung sind: die
(1) sozialen, (2) materiellen und (3) soziokulturellen Grundgüter.

(1) Maßnahmen, die sich auf *soziale Grundgüter*
beziehen, beabsichtigen die Qualität der sozialen Ressourcen von Personen oder Personengruppen zu verbessern. Dazu kann beispielsweise die Einrichtung von Beratungsstellen in
Gemeinden oder die bessere erzieherische Qualifikation von Lehrern (Perrez et al., 1985) oder
die Führungsqualifikation von Betriebsleitern
(Frieling, 1990) im Sinne des Mediatorenkonzeptes gehören, wodurch für Schüler ein Teil
ihrer sozialen Schulumwelt oder für Arbeiter die
soziale Qualität ihres Arbeitsplatzes verbessert
werden kann. Die Veränderung des oben genannten «Saisonnier Statutes» in der Schweiz
würde ebenfalls eine Maßnahme darstellen, die
die soziale Umwelt der Betroffenen zu ihren
Gunsten verändern würde.

(2) An der Deprivation von *materiellen Grundgütern* leiden weltweit jene Personengruppen,
die unter der *Armutsschwelle* zu leben haben.
Die Entwicklung von wirtschaftlichen und
sozialen Strukturen, die die befriedigende
Selbstversorgung resp. gerechte Verteilung der
vorhandenen materiellen Ressourcen gewährleisten, wäre für diese Personen und Bevölkerungsgruppen Voraussetzung für die Förderung

von Gesundheit und menschenwürdigen Lebensbedingungen. Ein zweites weltweit bedroh-
tes Grundgut stellt die Qualität der *physikalischen und organischen Umwelt* dar. Die Verfügbarkeit über eine intakte Umwelt beeinflußt in
direkter Weise das physische und psychische
Wohlergehen. Zu den umweltbezogenen Maßnahmen gehört z. B. die Geschwindigkeitsbe-
grenzung auf den Straßen zur Lärmbekämp-
fung, Emissionsherabsetzung und Verminderung der Unfallquoten. Neben den bisherigen –
in ihrer Qualität umstrittenen – Bemühungen
um Entwicklungshilfe und Umweltschutz gehören zu den präventiven Interventionen im
Bereich der materiellen Grundgüter u. a. auch
die *materielle Sicherung von Arbeitslosen,* oder die
Realisierung *architektonisch* kommunikations-
fördernder Lebens- und Siedlungsräume.

(3) Interventionen, die *soziokulturelle Grundgüter* betreffen, sollen die Lebensqualität durch
die Beeinflussung von Normen, Werten, Rol-
lenverhältnissen usw. verbessern. Kampagnen
zur Veränderung feindseliger Einstellungen
Ausländern, Asylbewerbern oder anderen Mi-
noritäten gegenüber haben diese Funktion;
z. B. der Autoaufkleber «Wir alle sind Auslän-
der – jedenfalls an fast allen Orten dieser
Welt». Die Bewegung um die Gleichberechti-
gung der Frauen bemüht sich um die Verbesserung der soziokulturellen Bedingungen der
Hälfte unserer Bevölkerung.

Die oben umschriebenen Interventionen sind
primär *gesundheitsfördernder* Art. Für *präventive*
umweltbezogene Interventionen unterscheidet
Jeffery (1997) drei Typen von Strategien:

(1) *Ökonomische Anreize,* die das Risikoverhalten
hemmen. Dazu gehören z. B. spürbare Steuern
auf schädigende Produkte. Gewünschtes Verhalten kann umgekehrt durch Verbilligung entsprechender Produkte oder Aktivitäten gefördert werden.

(2) *Aufbau von Umweltbarrieren* zwischen Individuen, Situationen oder Produkten, die ein Risiko darstellen. Dieser passive Schutz sieht z. B.
vor, daß bestimmte Produkte nur unter erschwerten Bedingungen zugänglich sind, oder
daß Straßen in Wohnquartieren so gebaut werden, daß langsam gefahren werden muß.

Kasten 4
Freiburger Streß-Präventions-Training für Paare (Bodenmann, 1997)

Inhalt

Aufbauend auf empirischen Ergebnissen der modernen Streß- und Partnerschaftsforschung werden im Freiburger Streßpräventionstraining folgende Aspekte berücksichtigt:
(a) Aufbau eines detaillierteren Verständnisses von Streß, seinen Ursachen, Erscheinungsformen und Folgen;
(b) Schulung der Wahrnehmung bezüglich eigener Streßreaktionen;
(c) Verbesserung des individuellen Umgangs mit Streß durch differenziertere Situationseinschätzungen, Streßvermeidung, Entspannungstechniken, Pflege von streßantagonistischen Tätigkeiten im Alltag und kognitive Umstrukturierung;
(d) Förderung der Wahrnehmung von Streß beim Partner;
(e) Auf- und Ausbau der eigenen konstruktiven Mitteilung von Streß gegenüber dem Partner;
(f) Förderung des unterstützenden und gemeinsamen Umgangs mit Streß als Paar (dyadisches Coping);
(g) Sensibilisierung für eigene negative Kommunikationsverhaltensweisen und Ausbildung einer angemessenen Paarkommunikation, Förderung von konstruktivem Konfliktverhalten;
(h) die Stärkung von Problemlösekompetenzen.
Weiter werden Themen wie gegenseitiger Respekt, Toleranz, Fairness und Gerechtigkeit in der Partnerschaft diskutiert.

Kursaufbau

Gearbeitet wird mit kurzen theoretischen Inputs, diagnostischen Übungen, Fallbeispielen und konkretem, intensivem Üben in Rollenspielen unter der Supervision eines Trainers oder einer Trainerin. Der Kurs dauert 18 Stunden und wird an einem Wochenende (Freitagabend bis Sonntagabend) oder während sechs Wochen jeweils an einem Abend während der Woche durchgeführt.

Evaluation

• *Methode:* Das Training wird zur Zeit an über 200 Paaren wissenschaftlich auf seine Wirksamkeit hin überprüft. Das Evaluationsdesign umfaßt vier Gruppen: (a) 60 Paare, welche das FSPT einmalig erhalten (erste Interventionsgruppe); (b) 60 Paare, welche am FSPT und anschließend an einem oder zwei Wiederholungs- und Festigungskursen teilnehmen (zweite Interventionsgruppe); (c) 30 Paare, welche das Training autodidaktisch in manualisierter Form absolvieren (Bibliointerventionsgruppe) sowie (d) 90 Paare, welche kein Training erhalten (Kontrollgruppe). Die Paare füllen zwei Wochen vor dem Training, zwei Wochen danach, sechs Monate, ein und zwei Jahre später ein Fragebogenset aus. Eine Teilmenge der Paare nimmt zudem an Videoaufnahmen teil, in deren Rahmen ein Konfliktgespräch sowie dyadisches Coping aufgenommen werden. Bei dieser Gruppe werden zusätzlich physiologische Messungen (Puls, Blutdruck) durchgeführt.

• *Ergebnisse:* Erste Ergebnisse zeigen, daß rund 85% der Paare zwei Wochen nach der Teilnahme am Kurs eine Verbesserung ihrer Partnerschaft feststellen, den Umgang miteinander als befriedigender beschreiben, Streß besser meistern und ein stärkeres «Wir-Gefühl» erfahren. Negative Copingstrategien werden reduziert und destruktive Kommunikationsverhaltensweisen vermindert. Gleichzeitig steigt die Anwendung konstruktiver Verhaltensweisen. Positive Effekte des Trainings zeigen sich auch in einer Zunahme der Lebenszufriedenheit, der Lust auf Sexualität mit dem Partner und der gemeinsam verbrachten Zeit. Das Training ermöglicht es Paaren, sich neu zu orientieren und Alltagsbelastungen ebenso wie Paarkonflikte konstruktiv anzugehen.

(3) *Kontrolle der Reklame und der Promotion von ungesunden Produkten und Verhalten.* Zum Beispiel Zigarettenreklame kann gesetzlich eingeschränkt werden, oder es können entwürdigende sexuelle Praktiken im Fernsehen zensuriert werden, oder es kann auf der Straße eine rigorosere Kontrolle über Fahrverhalten und Alkoholgehalt im Blut durchgeführt werden.

Wirksamkeitsstudien gibt es für alle drei Strategien (vgl. Jeffery, 1997). Diese sind nicht so sehr als Alternative, sondern als Ergänzung zu gesundheitsfördernden Maßnahmen und zu personbezogenen Strategien zu sehen.

Die umgebungsbezogenen präventiven und gesundheitsfördernden Interventionen können auch unter Berücksichtigung des *Adressatenkreises* bzw. des sozial-ökologischen Umwelttyps, der beeinflußt werden soll, gegliedert werden:

– Personen aus der Primärgruppe von Risikopersonen oder -gruppen (Mediatorenkonzept);
– betriebliche Umwelt (Führungsverhalten, Arbeitsbedingungen, vgl. dazu Kap. 43/Störungen betrieblicher Organisationen);
– Schulumwelt (Lehrerverhalten, Architektur, Schulordnung usw., vgl. dazu Kap. 42/Störungen der Schule);
– Gemeinde (Psychosoziales Versorgungssystem, Umweltbedingungen usw.);
– größere, kulturelle Einheiten (kulturelle Normen und Werte).

Als *Mittel zur umgebungsbezogenen Intervention* werden vor allem Aufklärung, Beratung, Training und gesetzliche Maßnahmen zur Veränderung der sozialen, ökologischen und kulturellen Bedingungen eingesetzt.

5.6 Krisenintervention

Unter Krisenintervention werden die professionellen psychosozialen Hilfestellungen verstanden, die Personen zuteil werden, die durch ein kritisches Lebensereignis in ihrem psychischen und sozialen Gleichgewicht nachhaltig gestört worden sind, ohne daß man deshalb von einer psychischen Störung sprechen könnte. Das kritische Lebensereignis (vgl. Kap. 17/Streß, Coping) führt zu einer mangelnden Entsprechung von psychischer Beanspruchung und den vorhandenen psychischen und natürlichen sozialen Ressourcen. Der Interventionsbedarf hängt somit von äußeren und inneren Bedingungen ab. Als Ereignisse kommen vorhersehbare, kulturell oder biologisch normierte Auslöser – wie z. B. die Pensionierung oder der Eintritt in das Klimakterium – oder unvorhersehbare – wie z. B. der plötzliche Tod eines Partners oder eine schwere Ehekrise – in Frage. Filipp und Gräser (1982, S. 159) weisen darauf hin, daß kritische Lebensereignisse in vielen Fällen die «punktuelle Verdichtung eines vorauslaufenden Geschehens» darstellen, das im speziellen kritischen Ereignis seine Kulmination findet und dadurch sichtbar psychische Realität erhält. Die Krisenintervention soll den Betroffenen helfen, das seelische und soziale Gleichgewicht wiederzuerlangen, *bevor* das Problem sich zu einer *Störung* verhärtet hat. In dieser Eigenschaft ist ihre Funktion präventiv und oft auch entfaltungsfördernd, dann nämlich, wenn die Krise durch die Betroffen als eine Entwicklungsaufgabe und -chance interpretiert werden kann, die der Person den Anlaß gibt, sich auf einer neuen persönlichen und sozialen Ebene zu organisieren (vgl. Danish & D'Angelli, 1981). Bei vorhersehbaren kritischen Lebensereignissen können betroffene Personenkreise (z. B. Personen vor der Pensionierung) durch gezielte Maßnahmen bereits *vor* dem Eintreten der antizipierbaren Belastung auf einen kompetenten Umgang mit dem Ereignis vorbereitet werden.

5.6.1 Kriseninterventionsziele und -mittel

Als wichtigste Interventionsziele versucht die Krisenintervention mit verschiedenen Mitteln und Methoden (1) die Person psychisch zu stabilisieren, (2) spezifische Kompetenzen zu fördern und (3) die verfügbaren sozialen Ressourcen zu mobilisieren bzw. die soziale Integration zu festigen (vgl. Roberts, 1990; Huxley & Kerfoot, 1995).

(1) *Stabilisierung der Person:* Personen, denen kritische Lebensereignisse widerfahren, befinden sich in einem vorübergehenden starken psychischen Ungleichgewicht. Die emotionale Betroffenheit behindert (vorübergehend) die realitätsgerechte Auseinandersetzung mit den

Anforderungen der Lebenssituation. Um den Betroffen die Voraussetzungen für die Bewältigung des destabilisierenden Ereignisses zu schaffen und vielleicht dieses als Entwicklungsaufgabe interpretieren zu können, stellen gezeigte Empathie, palliative und sicherheitsstiftende Maßnahmen sowie die Vermittlung neuer Sichtweisen wesentliche Elemente der Krisenintervention dar. Das bedeutet nicht, daß etwa beim Verlust einer geliebten Person die Trauerarbeit unterdrückt werden sollte, sondern daß durch Einfühlung die Betroffenen zur Annahme der Trauer – als einer notwendigen Antwort auf das Widerfahrene – ermutigt werden.

(2) *Kompetenzförderung:* Die Kompetenzförderung umfaßt je nach Voraussetzungen des Patienten und je nach Ereignistyp spezielle Lernziele. Im Verlustfall kann es die Fähigkeit zu trauern sein, die gefördert wird; bei Scheidungen ist es oft die Fähigkeit, die Perspektive des anderen einnehmen zu können; nach der Pensionierung ist die Fähigkeit, neue befriedigende soziale Beziehungen und Tätigkeiten aufzubauen, zu fördern. Diese Ziele sind personorientiert; sie zielen auf die Verbesserung der personinternen Ressourcen ab. Als *Mittel* werden Rollenspiel, gezielte Übungen, Gesprächspsychotherapie usw. eingesetzt.

(3) *Erschließung von sozialen Ressourcen und soziale Eingliederung (evtl. in einer neuen Umwelt):* Die Krisenintervention bezieht oft die soziale Umwelt des Patienten in die Hilfestellung ein. Im Sinne des Mediatorenkonzeptes können nahe Vertraute, Arbeitskolleginnen oder -kollegen oder Personen aus der unmittelbaren Nachbarschaft die Adressaten der Intervention sein, um deren Hilfspotential unterstützend ins Spiel zu bringen. Dies ist immer angezeigt, wenn die soziale Eingliederung der hilfesuchenden Person fragil ist (z.B. bei Suizidgefährdeten) und ungenutzte soziale Ressourcen verfügbar sind. Manchmal ist Hilfe angezeigt, um eine schädigende Umwelt aufzugeben (Huxley & Kerfoot, 1995).

haben die Schaffung spezieller Interventionskonzepte veranlaßt. 1992 sind in der BRD etwa 150 000 *Ehen geschieden* worden; davon waren über 100 000 minderjährige Kinder betroffen. In den letzten Jahren wurden für dieses in unserer Kultur geradezu «normativ» gewordene kritische Lebensereignis (Fthenakis, Niesel & Oberndorfer, 1988) eigene Interventionskonzepte entwickelt, die den Betroffen eine *Vermittlung* («divorce mediation») anbieten, um die Krise vor, während und nach der Scheidung zu mildern bzw. aufzufangen und um den in Mitleidenschaft gezogenen Kindern das nötige Wohl zu sichern (vgl. Folberg & Milne, 1988; Ermert, Klinkner & Sander, 1995; Jaede, 1991).

Andere ereignisbezogene Interventionskonzepte wurden für die Bewältigung schwerer *chronischer Krankheiten* entwickelt (vgl. Heim & Perrez, 1994). In fortgeschrittenen Krankenhäusern und Kliniken sind eigene psychologische Beratungsstellen für die Unterstützung der betroffenen Patienten zur besseren Bewältigung dieses bedrohlichen Ereignisses eingerichtet worden (vgl. Aebischer, 1987). In einem an der Universitätskinderklinik Bonn durchgeführten Projekt konnten Petermann et al. (1988) zeigen, daß Familien von krebskranken Kindern bei der Auseinandersetzung mit dem drohenden Verlust durch eine gezielte psychologische Unterstützung nachhaltig geholfen werden kann und daß sich diese Hilfestellung u. a. auch auf die medizinische Behandlung positiv auswirkt.

Andere ereignisbezogene Interventionskonzepte sind u.a. für Personen resp. Personengruppen, die an den Folgen der *Arbeitslosigkeit* leiden (vgl. Becker, 1984, S. 373f.), für junge Eltern zur *Bewältigung der Elternschaft* oder für Personen, deren *Partner oder Partnerin gestorben* ist (vgl. Filipp & Gräser, 1982, S. 193f.) oder für *HIV-Infizierte* (vgl. Perrez, 1992) entwickelt worden.

5.6.2 Ereignisbezogene Kriseninterventionskonzepte

Kritische Lebensereignisse, die in unserer Gesellschaft eine hohe Häufigkeit aufweisen,

6. Wissenschaftliche Fundierung und Evaluation von präventiven und gesundheitsfördernden Interventionsprogrammen

6.1 Fragestellungen

Für die wissenschaftliche Fundierung von präventiven und gesundheitsfördernden Programmen ist ätiologisches und Interventionswissen, d. h. sowohl nomologisches als auch technologisches Wissen erforderlich (vgl. Kap. 3 und 4/ Wissenschaftstheorie). Für die Planung wissenschaftlich fundierter Präventionsprogramme muß bekannt sein, durch welche Bedingungen der zu verhindernde Zustand begünstigt bzw. herbeigeführt wird (Ätiologie) und durch welche Handlungen (Intervention) diese Bedingungen unterbunden werden können. Das eine folgt nicht aus dem anderen. Die zu verhindernden Störungen seien beispielsweise koronare Erkrankungen: Von der ätiologischen Forschung ist bekannt, daß Übergewicht, Rauchen, Typ-A-Verhalten, Bewegungsarmut etc. das Risiko für koronare Erkrankungen erhöhen. Dieser statistische Zusammenhang kann physiologisch und biochemisch erklärt werden (nomologisches Wissen). Derartiges Grundlagenwissen ist die Voraussetzung für die Planung spezifischer Interventionsprogramme. Es beinhaltet indes noch keine Informationen darüber, wie das Eßverhalten, das Rauchen, Typ-A-Verhalten usw. erfolgreich beeinflußt werden kann. Dieses technologische Wissen ist durch die systematische Evaluation von Interventionsprogrammen zu gewinnen. Spezifische Prävention ist wissenschaftlich fundiert nur in dem Umfang möglich, wie wir über ätiologisches und technologisches Wissen im oben beschriebenen Sinn verfügen. Die methodischen Kapitel (Kap. 20/Methodik der Interventionsforschung) befassen sich mit der Frage, wie solches Wissen zu gewinnen und zu evaluieren ist. Ätiologisches Wissen und einschlägige Hypothesen sind in den Kapiteln 9 bis 17 dargestellt.

Die Fragestellung bekommt eine etwas andere Akzentuierung, wenn nicht gefragt wird, wie Störungen verhindert, sondern wie psychische *Gesundheit* erhalten und gefördert werden könne. Hier wird vorausgesetzt, daß man Vorstellungen darüber hat, was psychische Gesundheit sei und welche Bedingungen sie erhalten und fördern. Die resilienzorientierte neuere Forschung sucht nach protektiven Faktoren, die erklären sollen, warum bestimmte Personen, trotz störungsfördernder Bedingungen psychisch gesund geblieben sind.

Die Einschätzung über den gegenwärtigen Stand des präventiven Interventionswissens ist sehr kontrovers. Heller (1996) meint, daß die Präventionswissenschaft erst in ihren Anfängen sei und daß es eine solche bis zum letzten Jahrzehnt überhaupt nicht gegeben habe. Diese Meinung steht im Gegensatz etwa zu grundlegenden Beiträgen wie sie bereits von Harlow und Harlow (1962) zum Grundlagenwissen oder wie sie in der langen Tradition der Head-Start-Programme (Zigler, Taussig & Black, 1992) zum Interventionswissen geleistet worden sind.

6.2 Evaluationsziele und -typen

Das wichtigste Ziel der Evaluation von Interventionsprogrammen besteht zunächst in ihrer empirischen *Wirksamkeitsschätzung*. Eine zweite Zielsetzung betrifft die Untersuchung der *Akzeptanz* der Programme *durch die Betroffenen*. Eine dritte Zielsetzung gilt der *Kosten-(Nutzen-)Analyse*. Die *prozeßorientierte Evaluation* dient entweder der systematischen Ermittlung des Einflusses von Prozeßvariablen auf die Outcome-Variablen, oder sie bezweckt die möglichst schnelle Rückmeldung der Akzeptanz und der kurzzeitigen Effekte des Programms während der Intervention. Eine letzte Funktion, die hier genannt werden soll, besteht in der Bewertung des Programms nach *ethischen Standards* bezüglich der Ziele und Methoden (vgl. dazu z. B. in bezug auf Evaluation die Hochbegabten-Förderungsprogramme; Hany, 1988).

Die Untersuchung der Wirksamkeit (und eventuell der Kosten/Nutzen-Relation) entspricht der sogenannten «summativen» Evaluation, während die «formative» Evaluation die prozeßorientierten und die akzeptanz-bezogenen Zielsetzungen abdeckt.

Rossi und Freeman (1993) oder Mittag und Jerusalem (1997) unterscheiden in ihrem systematischen Evaluationskonzept Typen von Evaluationsaufgaben gemäß dem zeitlichen Ablauf der Entwicklung und Durchführung von Präventionsprogrammen (vgl. **Abb. 2**).

Die erste Phase bezieht sich auf die *Planungsphase,* in der es um die Ideenentwicklung und die Absicherung der Konzepte geht. Walter und Schwarz (1997) nennen für diese Phase u. a. die Identifizierung der Probleme, die Festlegung der Ziele des Programmes, die Relevanzabklärung (Kosten-Nutzen-Relation, vgl. oben die verschiedenen Risikoarten), die Identifizierung der Risikogruppen und die Entwicklung des Interventionsprogrammes. Als Methoden kommen hier demographische Surveys, Expertenbefragung, Fallanalyse usw. in Frage.

In der zweiten Phase folgt die *Evaluation der Implementierung des Programmes.* Die formative oder Prozeßevaluation soll gewährleisten, Programme vorschriftsgemäß umsetzen, auftretende Probleme erkennen und darauf reagieren zu können (vgl. **Abb. 2**).

Die *dritte Phase* entspricht der summativen Evaluation, der Ergebnisbewertung. Die wichtigsten Charakteristika dieser Phase sind in **Abbildung 2** nach Mittag und Jerusalem (1997) zusammengefaßt (s. auch Walter & Schwarz, 1997).

6.3 Versuchsplanerische Aspekte/ Unterschiedliche Komplexität der Programme

Im Normalfall handelt es sich bei den präventiven Interventionsstudien um *Feldexperimente* (vgl. Patry, 1982), womit ihre Fehleranfälligkeit wesentlich zusammenhängt. Dennoch kann die Aussagekraft der empirischen Wirksamkeitsschätzungen durch geeignete *Versuchspläne* – auch im Feld – erhöht werden (Wottawa & Thierau, 1990). Fast immer handelt es sich um quasi-experimentelle Designs mit nicht äquivalenten Vergleichsgruppen. Rossi und Freeman (1993) diskutieren neben den Vergleichsgruppendesigns auch *Eingruppen-Designs,* die – wenn auch unter ungünstigeren Bedingungen – ebenfalls gewisse Schätzungen der Wirkungen eines Programmes zulassen (z. B. Ischi & Perrez, 1988). Neben dem Problem der äquivalenten Vergleichsgruppen ist das Ausmaß der Komplexität der Intervention ein Faktor, der die Evaluierbarkeit beeinflußt. Auch die Kriteriumsvariablen können mehr oder weniger komplex sein.

Programme von *geringer Komplexität* zeichnen sich aus durch ihre kürzere Dauer, die sich über Wochen oder wenige Monate erstrecken kann. Die Ziele sind ebenfalls fest umschrieben. Treatment- und Vergleichsgruppen lassen sich mit vergleichsweise wenig Problemen bilden, und die Wirkungsbeobachtung (einschließlich Follow-up) vollzieht sich innerhalb von Monaten. Programme zur Raucherentwöhnung finden häufig in diesem Rahmen statt (vgl. z. B. Teld, Miller, Killen & Cooke, 1990).

Einen Überblick über die Evaluation derartiger präventiver *Programme von kürzerer Dauer im Bereich der HIV-Problematik* gibt die Metaanalyse von Hüsler (1995), wobei verschiedene Zielgruppen (Hämophile, Homosexuelle usw.),

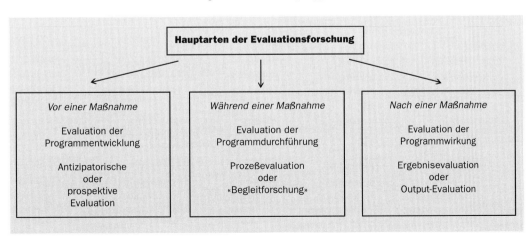

Abbildung 2: Evaluationstypen nach dem zeitlichen Verlauf (nach Mittag & Jerusalem, 1997)

verschiedene Trainingsziele (Coping, Safer sex usw.) und verschiedene Wirkungsvariablen unterschieden wurden (psychologische Variablen, immunologische Variablen). 36 Interventionen aus 31 Studien mit insgesamt 1483 beobachteten Personen haben in die Analyse Eingang gefunden. Die präventiven Angeboten konnten 6 verschiedenen Interventionstypen zugeordent werden (4 Interventionen konnten nicht klar zugeordnet werden):

(1) Kognitive behaviorale Interventionsstudien (10 Interventionen),
(2) Streßimmunisierungsprogramme (4 Interventionen),
(3) Hypnotherapie/Entspannungsverfahren (4 Interventionen),
(4) Humanistische Interventionsstudien (6 Interventionen)
(5) Sportbezogene Interventionsstudien (5 Interventionen),
(6) Aerobic-Interventionsstudien (3 Interventionen).

Die Studien wurden in Anlehnung an Grawe, Donati und Bernauer (1994) nach klinischer Relevanz, interner Validität, Reichhaltigkeit der Messungen und anderen Gütekriterien mit einer befriedigenden Interraterreliabilität bewertet. Die Effektmaße «R» wurden für verschiedene Veränderungsbereiche gesamthaft errechnet und erwiesen sich als eher schwach, aber in der erwarteten Richtung liegend. Wenn alle Interventionen zusammen mit den Kontrollgruppen verglichen werden, so ergibt sich in den meisten Effektmaßen eine Verbesserung. Der Vergleich der Effektstärken der verschiedenen Interventionstypen zeigt für die Streßmanagement-Interventionen die besten Werte, gefolgt von den kognitiv-behavioralen und dann den humanistischen Interventionen. Auch hier sind die Effektstärken insgesamt eher bescheiden mit einer Variation von .32 bis zu .20 (Effekte der drei Interventionstypen auf die Angstreduktion).

Programme zur Optimierung von Erziehungseinstellungen und erzieherischen Verhaltensweisen, zur Verbesserung der binnenfamiliären kommunikativen Interaktionen zielen durch mehrwöchige bis mehrmonatige Interventionen längerfristige Veränderungen an, in die mitunter auch Veränderungen des Kindverhaltens eingeschlossen sind (Dembo, Sweitzer & Lauritzen, 1985). Auch hier sind (quasi)-experimentelle Versuchspläne naheliegend, dessen wichtigste Elemente nach Campbell und Stanley (1966) der Prae-Post-Treatment- und der Kontrollgruppenvergleich (und die Randomisierung) sind. An Stelle einer simultan beobachteten (non-treatment) Kontrollgruppe wird oft eine Wartegruppe verwendet, die das Treatment zeitverzögert nach Abschluß der ersten Trainingsgruppe erhält (z. B. Minsel & Quast, 1988). Einen Warte-Kontrollgruppenplan legten Pedro-Carroll und Cowen (1985) dem über 10 Wochen sich erstreckenden Training für *Kinder* geschiedener Eltern zugrunde. Sie verglichen die randomisiert zugeteilten 40 Kinder der Trainingsgruppe mit 32 Kindern der Wartegruppe in Erfolgsmassen, die auf Lehrer-, Eltern- und Selbstbeurteilungsdaten beruhten.

Outcome- und prozeßorientiert war das Streßbewältigungstraining von Schinke, Schilling und Snow (1987), bei dem 278 im Durchschnitt 11,75 Jahre alte Jugendliche randomisiert einer Trainings- und einer Kontrollgruppe zugewiesen wurden. Das Training bestand in acht 50-Minuten Coping-Skillsitzungen über 2 Monate. Der Versuchsplan sah neben der Prae- und der Postmessung (outcome-Evaluation) die kontinuierliche Beobachtung der Trainierten während den Trainingssitzungen und ihre Befragung unmittelbar nach jedem Training vor. Zu den Trainingsevaluationen, in denen auch die *Stabilität* der erzielten Veränderungen durch Follow-up Beobachtungen kontrolliert wurde, gehört die Arbeit von Köhle und Köhle (1988).

Je komplexer und je längerfristiger präventive Programme angelegt sind, umso vielfältiger sind die Fehlerquellen für den Nachweis, daß multiple Langzeiteffekte auf spezielle Faktoren eines Programmes zurückzuführen sind. Nicht wenige Evaluationstheoretiker und -methodologen halten es deshalb für notwendig, die Forschungskriterien für komplexe Projekte zu liberalisieren. Bei Cronbach, Ambron und Dornbusch (1980) drückt sich das u. a. darin aus, daß sie der externen Validität bei der Evaluation komplexer Programme die größere Bedeutung beimessen als der internen. Oder es wird auf den Wert außerwissenschaftlicher Wissensquellen, wie z. B. auf den Erfahrungsschatz der am Programm Beteiligten, aufmerksam gemacht. Cook und Matt (1990) diskutieren die neueren teilweise kontroversen einschlägigen Konzepte.

Dennoch gibt es auch bei komplexen Präventionsprogrammen Evaluationsmöglichkeiten, die eine rationale und empirisch mehr oder weniger fundierte Schätzung ihrer Effekte und anderer handlungsrelevanter Merkmale (wie z.B. der Akzeptanz, der Kosten usw.) erlauben. Normalerweise werden auch bei komplexen Programmen ein Vergleichsgruppenplan, Mehrfachmessungen und verschiedene Datenquel-

len und -methoden («multi-method-measurement») zugrundegelegt (vgl. **Kasten 5**).

Analoge Aussagen zu dem in **Kasten 5** beschriebenen Projekt (Johnson, 1988) erlaubt das «Ypsilanti-Projekt» (Schweinhart & Weikart, 1988) für 3- und 4jährige schwarze Kinder aus armen materiellen Verhältnissen. Der Evaluationsplan war ähnlich wie beim «Houston Parent-Child Development Projekt». Der Vergleich der Experimental- mit der Kontrollgruppe zeigt bei der letzten Messung, als die teilnehmenden «Kinder» 19 Jahre alt waren, in wichtigen Kriterien signifikante Unterschiede.

Kasten 5
«Houston Parent-Child Development Center Program» (Johnson, 1988)

Fragestellung

Das «Houston Parent-Child Development Center Program» (vgl. Johnson, 1988), das die Förderung der Schulleistungen, die Reduktion der Inzidenz von Verhaltensproblemen und die Förderung der Gesundheit der Familie bei jungen Mexican-American-Kindern aus armen ökonomischen Verhältnissen intendierte, und das in einer 2jährigen Intervention bestand, sollte evaluiert werden.

Methode

• *Versuchsplan:* Es wurde ein Kontrollgruppenplan mit randomisierter Gruppenzuweisung und eine Mehrfachmessung (Prae, Post, 1. Follow-up und 2. Follow-up) unter Einbezug verschiedener Meßinstrumente und Datenquellen durchgeführt. Das Programm richtete sich zu Beginn an Kinder, die das erste Lebensjahr abgeschlossen hatten. Über 8 Jahre wurde jährlich eine Kohorte von 100 Familien rekrutiert. Die Kohorten waren in den relevanten Variablen vergleichbar und das Geschlecht der 1jährigen Zielkinder gleich verteilt.

• *Untersuchungsverfahren:* Die *Postmessung* sah u.a. die Beobachtung von videographierten Mutter-Kind-Interaktionen vor (Andrews et al., 1982). In der *1. Follow-up-Messung* (Kinder 4 bis 7 Jahre alt) wurden die Mütter und in der *2. Follow-up-Messung* (5 bis 8 Jahre nach

Programmende) die Lehrer und Kinder als Datenquelle verwendet.

Ergebnisse

Mit multivariaten Varianzanalysen konnten Haupteffekte und Interaktionen (z.B. Gruppe x Geschlecht der Kinder) identifiziert werden. Die Knaben der Kontrollgruppe erwiesen sich u.a. am Ende des 1. Follow-up als destruktiver, überaktiver und emotional weniger sensibel («less emotionally sensitive») (a.a.o. S. 48) als die Kinder der Interventionsgruppe.

Nach dem 2. Follow-up zeigten die Kontrollkinder u.a. mehr «acting out», impulsiveres Verhalten, und vier Mal mehr Kinder der Kontrollgruppe waren bei speziellen Beratungseinrichtungen angemeldet.

Die Befunde dieses sorgfältig angelegten Projektes zeigen, daß wesentliche Evaluationsinformationen durch eine Evaluationsstruktur zu gewinnen sind, die sich an der «klassischen» Versuchsplanung orientiert. Selbst wenn viele kausale Fragen offen bleiben – z.B. welche Elemente des Programmes was bewirken – so lassen die Befunde eine fundierte Schätzung der Möglichkeiten und Grenzen eines derartigen komplexen Programmpaketes zu. Das Programm wird nun repliziert und dann systematisch verbreitet, sofern sich die Ergebnisse bestätigen (vgl. Johnson, 1988).

Die Autoren haben auch eine Kosten-Nutzen-Berechnung durchgeführt und gezeigt, daß der Steuerzahler für jeden investierten Dollar in ein Einjahres-Programm 6 Dollar erspart, d.h. pro teilnehmende Person, die rund 5000 Dollar Programmkosten verursacht, werden rund 28000 Dollar für Sondererziehung, Verbrechensfolgen, öffentliche Gesundheits- und Sozialkosten erspart (vgl. Schweinhart & Weikart, 1988).

Die «Task Force on Promotion, Prevention and Intervention Alternatives in Psychology» der APA hat eine Reihe von Beispielen komplexer Programme publiziert (Price, Cowen, Lorion & Ramos-McKay, 1988), denen Modellcharakter zugeschrieben werden kann, sowohl in ihrer theoretischen Begründung als auch in ihrer empirischen Evaluation. In diesen Projekten ist es weitgehend gelungen, brauchbare Aussagen über die relative Wirksamkeit des Programmpaketes zu erzielen und die von Rosenberg und Reppucci (1985) bezeichneten Hauptprobleme komplexer primärer Präventionsprogramme einigermaßen befriedigend zu lösen: die Rekrutierung von adäquaten Vergleichsgruppen, die Applikation verschiedenartiger Meßinstrumente unter Berücksichtigung verschiedener Datenquellen und die Unterscheidung und Bewertung kurz- und längerfristiger Ziele.

7. Schlußbetrachtungen

Die Analyse der Grundlagen präventiven und gesundheitsfördernden Handelns zeigt, daß die wissenschaftliche Fundierung präventiver Maßnahmen heute nur sehr begrenzt möglich ist. Wir verfügen nur in geringem Umfang über gesichertes ätiologisches Wissen. Auch ist lediglich in Grenzen klar, was die lebens- und entfaltungswichtigen physikalischen, sozialen und kulturellen Grundgüter seien und wie sie mit individuellen Voraussetzungen von Personen zusammenspielen, deren psychische Gesundheit erhalten bzw. gefördert werden soll. Diese Bilanz darf nicht übersehen lassen, daß es in einzelnen Präventionsbereichen dennoch wissenschaftliche Erkenntnisse bzw. Anhaltspunkte für vorbeugende, insbesondere unspezifische, Maßnahmen gibt.

Der Streit um die richtige Methodologie der *empirischen Begründung* von Programmen hinsichtlich ihrer Wirksamkeit ist m.E. vorläufig deutlich zugunsten der klassischen Evaluationsforschung entschieden. Ethnomethodologische Alternativen vermochten sich nicht durchzusetzen (vgl. Cook & Matt, 1990). Die auf der klassischen Evaluationsidee beruhenden Head-Start-Programme erweisen sich auch für komplexe Programme als nützliche Lerngrundlage. Eine neue Generation von komplexen Förderungsprogrammen ist im Gange, die an den Erkenntnissen der frühen Head-Start-Erfahrungen anknüpfen (vgl. Price, Cowen, Lorion & Ramos-McKay, 1988).

Die wissenschaftliche Fundierung von Präventionsprogrammen ist eine notwendige Voraussetzung für eine erfolgreiche Vorbeugung. Für die stärkere Verbreitung der Prävention ist sie indes leider nicht ausreichend. Auf der *individuellen Ebene* stellt der konkret erlebte Leidensdruck den wirkungsvolleren Anlaß für die Inanspruchnahme therapeutischer Maßnahmen dar als die vorausschauende Einsicht in die Dringlichkeit vorbeugender Veränderungen des Lebens- und Verhaltensstils. Auf *gesellschaftlicher und wirtschaftlicher Ebene* hat die Prävention bisher vergleichsweise wenige Strukturveränderungen ausgelöst. Die Struktur des derzeitigen Versorgungssystems favorisiert die systematische Verstärkung der an der Therapie Beteiligten ungleich stärker als jene, die sich um die Prävention bemühen; das gilt sowohl für die Personen, die sich individuell um eine Verbesserung ihres eigenen Gesundheitsverhaltens einsetzen als auch für jene, die sich professionell in den Dienst der Prävention stellen. Ohne nachhaltige strukturelle Akzentverschiebungen in unserem Versorgungssystem zugunsten der Präventionsförderung ist eine Veränderung unseres krankheitsorientierten «Gesundheitsverhaltens» nicht zu erwarten.

8. Literatur

Abelin, T., Junker, C. & Perneger, T. (1996). Epidemiologie und Gesundheitsstatistik. In F. Gutzwiller & O. Jeanneret (Hrsg.), *Sozial- und Präventivmedizin, Public Health* (S. 55–107). Bern: Huber.

Aebischer, K. (1987). *Brustkrebs. Psychische Belastung und deren Bewältigung.* Fribourg/Schweiz: Universitätsverlag. Bern: Huber.

Albee, G.W. (1980). A competency model must replace the defect model. In L.A. Bond & J.C. Rosen (Eds.), *Competences and coping during adulthood* (pp. 75–104). Hanover, N.M.: University Press of New England.

Albee, G. W. (1996). Revolutions and counterrevolutions in prevention. *American Psychologist, 51,* 1130–1133.

Andrews, S. R., Blumenthal, J. B., Johnson, D. L., Kahn, A. J., Ferguson, C. J., Lasater, T. M., Malone, P. E. & Wallace, D. B. (1982). The skills of mothering: A study of parent child development centers. *Monographs of the Society for Research in Child Development, 47,* Serial No. 198.

Baker, S. P., O'Neill, B. & Karpf, R. S. (Eds.). (1984). *The injury fact book.* Lexington, MA: Heath.

Beaglehole, R., Bonita, R. & Kjellström, T. (1997). *Einführung in die Epidemiologie.* Bern: Huber.

Becker, P. (1984). Primäre Prävention. In L. R. Schmidt (Hrsg.), *Lehrbuch der Klinischen Psychologie* (S. 355–389). Stuttgart: Enke.

Becker, P. (1997). *Psychologie der seelischen Gesundheit. Bd. 1* (2. Aufl.). Göttingen: Hogrefe.

Bodenmann, G. (1997). *Streß und Partnerschaft. Gemeinsam den Alltag bewältigen.* Bern: Huber.

Bowlby, J. (1968). *Child care and the growth of love.* Harmondsworth/Middlesex: Penguin Books.

Campbell, D. T. & Stanley, J. C. (1966). *Experimental and quasi-experimental designs for research.* Chicago: Rand McNally.

Caplan, G. (1964). *Principles of preventive psychiatry.* New York: Basic Books.

Coie, J. D., Watt, N. F., West, St. G., Hawkins, W. J., Asarnow, J. R., Markman, H. J., Ramey, S. L., Shure, M. B. & Long, B. (1993). The Science of prevention. A conceptual framework and some directions for a national research program. *American Psychologist, 48,* 1013–1022.

Cook, T. D. & Matt, G. E. (1990). Theorien der Programmevaluation – Ein kurzer Abriß. In U. Koch & W. W. Wittmann (Hrsg.), *Evaluationsforschung* (S. 15–38). Heidelberg: Springer.

Cronbach, L. J., Ambron, S. R. & Dornbusch, S. M. (1980). *Toward reform of program evaluation.* San Francisco: Jossey-Bass.

Danish, S. J. & D'Angelli, A. R. (1981). Kompetenzerhöhung als Ziel der Intervention in Entwicklungsverläufen über die Lebensspanne. In S. H. Filipp (Hrsg.), *Kritische Lebensereignisse* (S. 156–183). München: Urban & Schwarzenberg.

Dembo, M. H., Sweitzer, M. & Lauritze, P. (1985). An evaluation of group parent education: Behavioral, PET, and Adlerian programs. *Review of Educational Research, 55,* 155–200.

Dubois-Arber, F., Jeannin, A., Meystre-Agustoni, G., Moreau-Gruet, F., Haour-Knipe, M., Spencer, B. & Paccaud, F. (Hrsg.). (1997). *Evaluation der Aids-Präventionsstrategie in der Schweiz im Auftrag des Bundesamtes für Gesundheit* (Bericht Nr. 120a). Lausanne: Institut für Sozial- und Präventivmedizin.

Ermert, C., Klinkner, M. & Sander, E. (1995). Elterntraining für alleinerziehende Mütter. In M. Perrez, J.-L. Lambert, C. Ermert & B. Plancherel (Hrsg.), *Familie im Wandel* (S. 96–105). Fribourg/Bern: Universitätsverlag/Huber.

Filipp, S. H. & Gräser, H. (1982). Psychologische Prävention im Umfeld kritischer Lebensereignisse. In J. Brandstädter & A. von Eye (Hrsg.), *Psychologische Prävention* (S. 155–195). Bern: Huber.

Folberg, J. & Milne, A. (Eds.). (1988). *Divorce mediation: Theory and practice.* New York: Guilford Press.

Frieling, E. (1990). Anspruch und Wirklichkeit von Humanisierungsprojekten. In F. Frei & I. Udris (Hrsg.), *Das Bild der Arbeit* (S. 227–243). Bern: Huber.

Fthenakis, W. E., Niesel, R. & Oberndorfer, R. (1988). Die Bedeutung des Vaters in geschiedenen und wiederverheirateten Familien. *Heilpädagogische Forschung, XIV,* 180–190.

Grawe, K., Donati, R. & Bernauer, F. (1994). *Psychotherapie im Wandel. Von der Konfession zur Profession.* Göttingen: Hogrefe.

Gutzwiller, F. & Jeanneret, O. (Hrsg.). (1996). *Sozial- und Präventivmedizin, Public Health.* Bern: Huber.

Hahlweg, K., Thurmaier, F., Engl, J., Eckert, V. & Markman, H. J. (1993). Prävention von Beziehungsstörungen. *System Familie, 6,* 89–100.

Hany, F. A. (1988). Programmevaluation in der Hochbegabtenförderung. *Psychologie in Erziehung und Unterricht, 35,* 241–255.

Harlow, H. F. & Harlow, M. K. (1962). Social deprivation in monkeys. *Scientific American, 207,* 136–146.

Heim, E. & Perrez, M. (Hrsg.). (1994). *Krankheitsverarbeitung. Jahrbuch der Medizinischen Psychologie 10.* Göttingen: Hogrefe.

Heller, K. (1996). Coming of age of prevention science. Comments on the 1994 National Institute of Mental Health-Institute of medicine prevention reports. *American Psychologist, 51,* 1123–1127.

Hobfoll, S. E. (1989). Conservation of ressources. A new attempt at conceptualizing stress. *American Psychologist, 44,* 513–524.

Hornung, R. (1997). Determinanten des Gesundheitsverhaltens. In R. Weitkunat, J. Haisch & M. Kessler (Hrsg.), *Public Health und Gesundheitspsychologie* (S. 36–37). Bern: Huber.

Hornung, R. & Gutscher, H. (1994). Gesundheitspsychologie: Die sozialpsychologische Perspektive. In P. Schwenkmezger & L. Schmidt (Hrsg.), *Lehrbuch der Gesundheitspsychologie* (S. 65–87). Stuttgart: Enke.

Hornung, R., Wydler, H., Vontobel, J., Tschopp, A. & Gutzwiller, F. (1989). *Evaluation der Aidspräventionskampagne in Züricher Schulen* (Forschung und Dokumentation Nr. 1). Zürich: Universität, Institut für Sozial- und Präventivmedizin.

Hüsler, G. (1995). *HIV und AIDS. Wirksamkeit psychologischer Interventionen.* Fribourg/Bern: Universitätsverlag/Huber.

Huxley, P. & Kerfoot, M. (1995). A typology of crisis services for mental health. *Journal of Mental Health, 4,* 431–435.

Ischi, N. & Perrez, M. (1988). Verhaltenstherapeutische Intervention in der Schulklasse durch Mediatoren: Erfolg mit Symptomverschiebung. *Heilpädagogische Forschung, 14,* 162–169.

Jaede, W. (1991). Trennungs- und Scheidungsberatung in Erziehungsberatungsstellen unter besonderer Berücksichtigung kindlicher Entwicklungskriterien. In W. E. Fthenakis & H.-R. Kunze (Hrsg.), *Trennung und Scheidung – Familie am Ende?* (S. 106–125). Grafschaft: Vektor-Verlag.

Jeffery, R. W. (1997). Risikoverhalten und Gesundheit: Individuelle und populationsbezogene Perspektive. In R. Weitkunat, J. Haisch & M. Kessler (Hrsg.), *Public Health und Gesundheitspsychologie* (S. 126–137). Bern: Huber. (Erstveröffentlichung: Risk behaviors and health. Contrasting individual and population perspectives. *American Psychologist, 44* (9), 1194–1202, 1989).

Johansson, S., Veden, A. & Wilhelmsson, C. (1983). Myocardial infarction in women. *Epidemiologic Review, 5,* 67–95.

Johnson, D.L. (1988). Primary prevention of behavior problems in young children: The Houston Parent-Child Development Center. In R.H. Price, E.L. Cowen, R.P. Lorion & J. Ramos-McKay (Eds.), *Fourteen ounces of prevention: A casebook for practitioners* (pp. 44–52). Washington DC: American Psychological Association.

Kempe, R.S. & Kempe, H. (1980). *Kindsmißhandlung.* Stuttgart: Klett/Cotta.

Köhle, C. & Köhle, P. (1988). Präventiv orientiertes Elterntraining. Evaluation zweier Kursprogramme. *Heilpädagogische Forschung, 14,* 142–147.

Legewie, H. (1982). Prävention. In R. Bastine, P.A. Fiedler, K. Grawe, S. Schmidtchen & G. Sommer (Hrsg.), *Grundbegriffe der Psychotherapie* (S. 269–272). Weinheim: Edition Psychologie.

Maccoby, N. & Solomon, D.S. (1981). Heart disease prevention. Community studies. In R.E. Rice & W.J. Paisley (Eds.), *Public communications campaigns* (pp. 105–125). Beverly Hills: Sage.

Matarazzo, J.D. (1984). Behavioral immunogens and pathogens in health and illness. In B.L. Hammonds & C.J. Scheirer (Eds.), *Psychology and health* (pp. 5–43). Washington: American Psychological Association.

Mattson, M.E., Pollack, E.S. & Cullen, J.W. (1987). What are the odds that smoking will kill you? *American Journal of Public Health, 77,* 425–431.

Meichenbaum, D. (1986). *Stress inoculation training.* New York: Pergamon Press.

Minsel, B. & Quast, W. (1988). Elterntraining für Eltern von Kindern mit Zu-Bett-Geh-Problemen, Ein- und Durchschlafstörungen. *Heilpädagogische Forschung, 14,* 135–141.

Mittag, W. & Jerusalem, M. (1997). Evaluation von Präventionsprogrammen. In R. Schwarzer (Hrsg.), *Gesundheitspsychologie. Ein Lehrbuch* (S. 595–611). Göttingen: Hogrefe.

Munoz, R.F., Mrazek, P.J. & Haggerty, R.J. (1996). Institute of medicine report on prevention of mental disorders. *American Psychologist, 51,* 1116–1122.

Myrtek, M. (1998). Metaanalyse zur psychophysiologischen Persönlichkeitsforschung. In F. Rösler (Hrsg.), *Enzyklopädie der Psychologie. Serie Biologische Psychologie. Bd. 5: Ergebnisse und Anwendungen der Psychophysiologie* (S. 285–344). Göttingen: Hogrefe.

Nelles, J. (1997). HIV-Prävention im Strafvollzug: Evaluationsprojekte. In M. Rihs-Middel & H. Lotti (Hrsg.), *Suchtforschung des Bundesamtes für Gesundheit 1993–1996* (S. 369–378). Bern: Bundesamt für Gesundheit (BAG).

Neuburger, B. & Bader, K. (1998). Optimistische Zukunftseinschätzung und ihre Auswirkung auf gesundheitliches Vorsorgeverhalten: Leben Pessimisten gesünder? *Zeitschrift für Gesundheitspsychologie* (im Druck).

NIMH Prevention Research Steering Committee (1993). *The prevention of mental disorders: A national research agenda: Executive summary.* Rockville, MD: Author.

Nöldner, W. (1989). Gesundheitspsychologie – Grundlagen und Forschungskonzepte. In D. Rüdiger, W. Nöldner, D. Haug & E. Kopp (Hrsg.), *Gesundheitspsychologie – Konzepte und empirische Beiträge* (S. 11–20). Regensburg: Roderer.

Patry, J.-L. (Hrsg.). (1982). *Feldforschung.* Bern: Huber.

Paulus, P. (1992). Ottawa-Charta zur Gesundheitsförderung. Weltgesundheitsorganisation (WHO). In P. Paulus (Hrsg.), *Prävention und Gesundheitsförderung* (S. 17–22). Köln: Gesellschaft für wissenschaftliche Gesprächspsychotherapie.

Pedro-Carroll, J.L. & Cowen, E.L. (1985). The children of divorce intervention program: An investigation of the efficacy of a school-based prevention program. *Journal of Consulting Clinical Psychology, 53,* 603–611.

Perrez, M. (1992). Counseling and preventive intervention for HIV-positive persons and AIDS patients. In F. Paccaud, J.P. Vader & F. Gutzwiller (Eds.), *Assessing AIDS prevention* (pp. 235–253). Basel: Birkhäuser.

Perrez, M. (1994). Optimierung und Prävention im erzieherischen Bereich. In K.A. Schneewind (Hrsg.), *Psychologie der Erziehung und Sozialisation. Enzyklopädie der Psychologie* (S. 585–617). Göttingen: Hogrefe.

Perrez, M., Büchel, F., Ischi, N., Patry, J.L., Thommen, B. & Kormann, A. (1985). *Erziehungspsychologische Beratung und Intervention als Hilfe zur Selbsthilfe in Familie und Schule.* Bern: Huber.

Perrez, M. & Gebert, S. (1994). Veränderung gesundheitsbezogenen Risikoverhaltens: Primäre und sekundäre Prävention. In P. Schwenkmezger & L.R. Schmidt (Hrsg.), *Lehrbuch der Gesundheitspsychologie* (S. 169–187). Stuttgart: Enke.

Perrez, M., Minsel, B. & Wimmer, H. (1985). *Was Eltern wissen sollten. Eine psychologische Schule für Eltern, Lehrer und Erzieher.* Salzburg: Otto Müller.

Petermann, F., Noeker, M., Bochmann, F., Bode, U., Grabisch, B. & Herlan-Criado, H. (1988). *Beratung von Familien mit krebskranken Kindern: Konzeption und empirische Ergebnisse.* Bern: Peter Lang.

President's Commission on Mental Health (1977/78). *Report to the President.* Washington, DC: U.S. Government Printing Office.

Price, R.H., Cowen, E.L., Lorion, R.P. & Ramos-McKay, J. (1988). *14 ounces of prevention. A casebook for practitioners.* Washington: American Psychological Association.

Prochanska, J.O., DiClemente, C.C., & Norcross, J.C. (1992). In search of how peoples change. *American Psychologist, 47,* 1102–1114.

Roberts, A.R. (Ed.). (1990). *Crisis intervention handbook: Assessment, treatment, and research.* Belmont, CA: Wadsworth.

Rosenberg, M.S. & Reppucci, N.D. (1985). Primary prevention of child abuse. *Journal of Consulting and Clinical Psychology, 53,* 576–585.

Rossi, P.H. & Freeman, H.E. (1993). *Evaluation. A systematic approach* (5th ed.). London: Sage.

Rüdiger, D. (1990). Beratung in der Schule. Aufgaben für Lehrer, Beratungslehrer und Schulpsychologen. In N. Grewe (Hrsg.), *Beratungslehrer – eine neue Rolle im System* (S. 27–36). Neuwied-Frankfurt: Luchterhand.

Rundall, T.G. & Bruvold, W.H. (1988). A meta-analysis of school-based smoking and alcohol use prevention programs. *Health Education Quarterly, 15,* 317–334

Schinke, S.P., Schilling, R.F. & Snow, W.H. (1987). Stress management with adolescent at the Junior High transition: An outcome evaluation of coping skills intervention. *Journal of Human Stress, 6,* 16–22.

Schnabel, P.-E., Kolip, P. & Hurrelmann, K. (1997). Gesundheitsförderung und Gesundheitswissenschaften. In Ch. Klotter (Hrsg.), *Prävention im Gesundheitswesen* (S. 61–81). Göttingen: Verlag für Angewandte Psychologie.

Schwarzer, Ch. (1997). Beratung in der Schule. In F. E. Weinert (Hrsg.), *Psychologie des Unterrichts und der Schule. Enzyklopädie der Psychologie* (S. 771–804). Göttingen: Hogrefe.

Schwarzer, R. (1992). *Psychologie des Gesundheitsverhaltens.* Göttingen: Hogrefe.

Schwarzer, R. & Renner, B. (1997). Risikoeinschätzung und Optimismus. In R. Schwarzer (Hrsg.), *Gesundheitspsychologie* (S. 43–66). Göttingen: Hogrefe.

Schweinhart, L.J. & Weikart, D.P. (1988). The High/Scope Perry Preschool Program. In R.H. Price, E.L. Cowen, R.P. Lorion & J. Ramos-McKay (Eds.), *Fourteen ounces of prevention: A casebook for practitioners* (pp. 53–65). Washington DC: American Psychological Association.

Schwenkmezger, P. (1997). Interaktionistische Konzepte personaler Dispositionen in der Gesundheitspsychologie. In R. Weitkunat, J. Haisch & M. Kessler (Hrsg.), *Public Health und Gesundheitspsychologie* (S. 62–67). Bern: Huber.

Schwenkmezger, P. & Schmidt, L. (Hrsg.). (1994). *Lehrbuch der Gesundheitspsychologie.* Stuttgart: Enke.

Somaini, B. (1989). Prävention. In H. Jäger (Hrsg.), *AIDS und HIV-Infektion. Diagnostik, Klinik, Behandlung. Handbuch und Atlas für Klinik und Praxis* (S. 1–17). Landsberg a.L.: ecomed.

Teld, M.J., Miller, L.M., Killen, J.D. & Cooke, S. (1990). Social influence approach to smoking prevention: The effects of videotape delivery with and without same-age peer leader participation. *Addictive Behaviors, 15,* 21–28.

Vuataz, M. (1990). *Arbeitspapier des «Centre Hospitalier Universitaire Vaudois. Département de gynecologie-obstétrique»* Lausanne. 20.2.1990.

Walter, U. & Schwarz, F.W. (1997). Evaluation und Präventionsmaßnahmen. In Ch. Klotter (Hrsg.), *Prävention im Gesundheitswesen* (S. 115–136). Göttingen: Verlag für Angewandte Psychologie.

Weitkunat, R., Haisch, J. & Kessler, M. (Hrsg.). (1997). *Public Health und Gesundheitspsychologie.* Bern: Huber.

Wottawa, H. & Thierau, H. (1990). *Lehrbuch Evaluation.* Bern: Huber.

Zigler, E., Taussig, C. & Black, K. (1992). Early childhood intervention. A promising preventative for juvenile delinquency. *American Psychologist, 47,* 997–1006.

22. Psychotherapie
22.1 Psychotherapie: Systematik

Meinrad Perrez und Urs Baumann

Inhaltsverzeichnis

1. Was charakterisiert psychotherapeutische Methoden?

Unter klinisch-psychologischen Behandlungs- und Therapiemethoden verstehen wir jene Teilmenge der klinisch-psychologischen Interventionsmethoden, die zur therapeutischen Beeinflussung von *Störungen* eingesetzt werden. Die Störungen können sich auf der intrapersonellen Ebene von psychischen Funktionen, Funktionsmustern oder der Ebene von interpersonellen Systemen lokalisieren. Durch ihre Anwendung soll die Prävalenz von Störungen vermindert werden. Im übrigen teilen sie die Merkmale von anderen klinisch-psychologischen Interventionsmethoden, die zur Prävention/Gesund-

heitsförderung und Rehabilitation angewendet werden (vgl. Huber, 1987): Verwendung *psychologischer Mittel, zielorientierter Prozeß,* durch den rationalen Korpus der Psychologie *theoretisch und empirisch fundiert,* durch psychologische *Experten* in einem professionellen *Setting* durchgeführt (vgl. Kap. 1/Grundbegriffe – Einleitung). Die durch psychologische Experten mit Hilfe von psychologischen Mitteln initiierten, psychodiagnostisch begleiteten und evaluierten psychischen Veränderungsprozesse zielen auf die Veränderung von psychischen Funktionen, die Reorganisation komplexer Funktionsmuster bzw. von gestörten interpersonellen Systemen ab. Der *Psychotherapiebegriff* hat sich stärker für Interventionen bei *Funktionsmustern* (Syndromen) und bei *interpersonellen Systemen* eingebürgert und weniger bei gestörten psychischen

Funktionen (vgl. Kap. 1/Grundbegriffe – Einleitung). Für die Behandlung gestörter Funktionen wird eher der Behandlungsbegriff (z.B. Behandlung einer Lernstörung) und der Begriff «Funktionstraining» (z.B. Gedächtnistraining) verwendet; beiden Begriffen ist indes der (psycho-)therapeutische Aspekt gemeinsam. Funktionstrainings und Psychotherapien können auch mit dem Ziel durchgeführt werden, körperliche Beschwerden oder Störungen zu beheben, wenn z.B. durch eine Behandlung des Eßverhaltens (event. Funktionstraining) eine Verbesserung des somatischen Befindens erwartet werden darf, oder wenn ein begründeter Verdacht auf einen Zusammenhang von psychischen Problemen mit dem physischen Befinden besteht: Erlebens- und Verhaltensmerkmale als Kodeterminanten somatischer Störungen. Umgekehrt gelangen klinisch-psychologische Behandlungs- und Therapiemethoden auch bei psychischen Störungen zur Anwendung, die aus somatischen Erkrankungen resultieren, z.B. bei der Schmerzbehandlung oder bei der Diabetesbehandlung: Psychische Probleme als Folge von organischen Störungen. Derartige Interventionen werden heute vielfach im Gebiet der *Verhaltensmedizin* (vgl. Miltner, Birbaumer & Gerber, 1986) diskutiert. Auch im Rehabilitationskontext sind mitunter Behandlungen von Funktionen und Psychotherapien angezeigt, wenn beispielsweise durch die Belastung einer chronischen Krankheit eine psychische Störung ausgelöst wird, die einer Psychotherapie bedarf.

Zur Charakterisierung klinisch-psychologischer Behandlungs- und Therapiemethoden sei schließlich ihr Status als *Regelsysteme* zur therapeutischen Beeinflussung psychischer und sozialer Störungen von ihrer *praktischen Anwendung* unterschieden. Unter *Methoden* verstehen wir zunächst Handlungsregeln und Regelsysteme, wie sie in Lehrbüchern beschrieben werden (vgl. Kap. 4/Wissenschaftstheorie: Intervention). In der Praxis werden solche Regeln angewendet. Damit unterscheiden wir die Handlungsebene von der Methoden- bzw. Regelebene.

Die psychotherapeutischen Methoden der Gegenwart stellen auf den ersten Blick eine sehr heterogene Ansammlung von Methoden dar, die – in Schulenstreitereien verwickelt – Wert auf ihre wechselseitige Abgrenzung legen. Trotz dieser Akzentuierung der jeweiligen Andersartigkeit weisen sie gemeinsame Struktur- und Prozeßmerkmale auf. Diese vermögen zwar nicht ihre ganze Wirkung zu erklären, aber durch sie können die allgemeinen Charakteristika der Psychotherapie und der speziellen Methoden besser erkannt werden. Die folgenden Kapitel sind diesen methodenübergreifenden Aspekten gewidmet.

2. Gemeinsamkeiten in der Verlaufsstruktur

2.1 Phasen der Veränderung beim Patienten

Bis eine Psychotherapie als professionelle Hilfestellung zu einer Verhaltens- und Persönlichkeitsänderung führt, bedarf es *vortherapeutischer* Veränderungsprozesse, bei denen der Patient und seine Umgebung die Hauptrolle spielen. Prochaska, DiClemente und Norcross (1992) unterscheiden für diese Etappe zwei verschieden abgrenzbare Phasen in ihrem schulenübergreifenden therapeutischen 5-Phasen-Konzept:

(1) *Präkontemplationsphase («precontemplation stage»), Phase ohne Problembewußtsein:* Die Patienten haben in dieser Phase keine Absicht, ihr Verhalten zu ändern, und oft geht ihnen auch die bewußte Einsicht in ihr Problem ab, obwohl die Umgebung die Probleme bemerkt. Zur Psychotherapie werden sie in dieser Phase mitunter von der Umgebung gezwungen, ohne gute Erfolgsaussichten. Allenfalls sind vage Wünsche für Verbesserungen erkennbar.

(2) *Kontemplationsphase («contemplation stage»), Phase des Problembewußtseins:* In dieser Phase werden die Patienten gewahr, daß Probleme vorhanden sind, ohne daß schon eine konkrete Entscheidung getroffen würde, wie sie anzugehen wären. Sie sind noch nicht für eine Veränderung bereit und wägen Vor- und Nachteile einer Therapie ab.

(3) *Vorbereitungsphase («preparation»), Phase der Entscheidung und Vorbereitung:* In dieser Phase entschließen sich die Patienten, in naher Zukunft eine Therapie zu beginnen. Hier spielt

die Umgebung oft eine große Rolle für die Entscheidungsprozesse (s. Kap. 19/Gesundheitsversorgung).

(4) *Handlungsphase, («action»):* Die Patienten investieren aktiv in die Veränderung mit Zeit, Geld und psychischem Aufwand. In dieser Phase lokalisiert sich der Ablauf des therapeutischen Prozesses (vgl. Abschnitt 2.2).

(5) *Aufrechterhaltungsphase («maintenance»):* Sie bezeichnet den Abschnitt nach der Therapie, in dem die Patienten in die Aufrechterhaltung des Erreichten investieren.

Diese Phasen kann man sowohl bei selbstinitiierten Verhaltensänderungen wie auch bei solchen, die sich mit therapeutischer Hilfe vollziehen, beobachten. Es können *vier verschiedene Verlaufstypen* unterschieden werden: (1) Stabiler Typus: Patienten verharren in einer Phase während längerer Zeit; (2) Progressiver Verlaufstypus: es kann eine lineare Bewegung von ei-

nem Stadium zum anderen festgestellt werden; (3) Regressiver Typus: Patient fällt von einem späteren Stadium in ein früheres zurück; (4) «Recycling-Typus»: Patienten ändern die Veränderungsrichtung innerhalb der Therapie mindestens zwei Mal.

2.2 Strukturähnlichkeit in der zeitlichen Organisation der Psychotherapie

Die verschiedenen psychotherapeutischen Methoden teilen weitgehend eine elementare Strukturähnlichkeit in ihrer *zeitlichen Organisation*. In allen Psychotherapien besteht nach der Indikationsabklärung die erste therapeutische Aufgabe in der Herstellung der therapeutischen Beziehung zwischen Therapeut und Patient. Auf dieser erreichten Grundlage werden dann therapeutische Lernprozesse angeregt. Die Veränderungsprozesse selber werden mehr oder weniger systematisch und kontinuierlich evaluiert, und je nach Ergebnis wird das therapeutische Handeln in Funktion dieser Evaluation korrigiert bzw. die Therapie zum Abschluß gebracht (s. **Tab. 1**). Diese therapeutischen Funktionseinheiten resultieren aus der Aufgabenstruktur, die der Psychotherapie innewohnt. Sie sind nicht nur für die Psychotherapie, sondern – teilweise mit etwas unterschiedlichem Gewicht – auch für die Behandlung gestörter Funktionen relevant. Eine Darstellung der verschiedenen Phasen aus der Perspektive des Patienten findet sich bei Huber (1991; vgl. auch Kanfer, Reinecker & Schmelzer, 1991).

Väter der Psychotherapie

Sigmund Freud
1856–1939

Iwan Petrowitsch Pawlow
1849–1936

Aaron T. Beck
* 1921

Burrhus F. Skinner
1904–1991

Emil Kraepelin
1856–1926

Carl Rogers
1902–1987

(1) *Phase der Indikation:* Klinisch-psychologische Behandlung respektive Therapie wird durch die Feststellung ihrer Indikation eingeleitet. Unter Indikationsaussagen werden Handlungsregeln verstanden, «die angeben, welche Maßnahmen unter vorgegebenen Randbedingungen (u. a. auch Ziele) optimal sind» (Baumann & von Wedel, 1981, S. 13). Damit entsprechen sie der Struktur von technologischen Regeln. Dabei sind verschiedene Entscheidungsebenen zu unterscheiden, vom «Laiensystem» (Selbstindikation) bis zum System der psychotherapeutischen Spezialisten.

Auf der Grundlage diagnostischer Prozesse (vgl. Kap. 6/Klassifikation) werden *Klassifikationsentscheidungen* bezüglich der Diagnose und *Selektionsentscheidungen* für das therapeutische Verfahren getroffen (vgl. Zielke, 1982). Theore-tisch könnte durch die sogenannte prognostische oder selektive Indikation für eine gegebene Störung – im Sinne einer optimalen Passung – die jeweils beste Methode ausgewählt werden. Die Eingangsindikation legt den groben Handlungsrahmen fest. Der Einfluß dieses diagnostischen Prozesses auf die Wahl des therapeutischen Verfahrens darf indes nicht überschätzt werden (vgl. Blaser, 1985), da Therapeuten auf Grund ihrer Ausbildung nur ein beschränktes Repertoire an therapeutischen Techniken beherrschen, fundierte Indikationsaussagen nur beschränkt vorliegen und der therapeutische Prozeß als dynamisches Geschehen die Problemlage über die Zeit verändert (vgl. Grawe, 1981a). Dies macht eine kontinuierliche Adaptation der therapeutischen Einflußnahme erforderlich, weshalb in diesem Zusam-

Tabelle 1: Ablaufstruktur von Psychotherapien (vgl. auch Kanfer & Grimm, 1980)

Phase	Ziele	Mittel
1. Indikation	• Diagnostische Abklärung • Klärung der geeigneten Therapie-methode Medizinische Intervention? Psychologische Intervention? Welche klinisch-psychologische Behandlungs- bzw. Therapie-methoden? • Aufklärung über die Therapie, Einwilligung («informed-consent»)	• Interview/Anamnese • Persönlichkeitstests und klinische Tests • u. U. neben psychologischer auch medizinische Untersuchung
2. Aufbau der therapeutischen Beziehung und Klärungsarbeit (Problemklärung/Ziele)	• Rollenstrukturierung (dem Patienten die Rolle als Patient erleichtern und erklären) • Bildung von positiven Veränderungserwartungen • Aufbau der therapeutischen Beziehung. Evtl. Vermittlung eines globalen Ätiologiekonzeptes	• Verwirklichung von Wertschät-zung und Empathie • Klärung der therapeutischen Spielregeln • Therapeutischer Kontrakt
3. Inszenierung des thera-peutischen Lernens	• Systematischer Kompetenzaufbau (Verhaltenstherapie) • Analyse und Erfahrung von Verhaltens- und Erlebensmotiven (Psychoanalyse) • Restrukturierung des Selbstbildes (Gesprächspsychotherapie)	• Einsatz spezieller psychothera-peutischer Techniken • Kontinuierliche Beobachtung und Evaluation des therapeuti-sche Verlaufs
4. Evaluation vor/nach Abschluß	• Psychodiagnostische Klärung der Therapiezielerreichung • Sicherung der Generalisierung der Therapieergebnisse • Formelle Beendigung des therapeutischen Verhältnisses	• Gespräch • Diagnostische Verfahren • Reduzierung der therapeuti-schen Kontakte • Einvernehmliche Abschluß-vereinbarung

menhang von einer *adaptiven Indikation* gesprochen wird. Die adaptive Indikation definiert den exakteren Handlungsablauf. In diesem Sinne spielt die Diagnostik in allen Phasen der Therapie eine Rolle. Zur Indikationsphase gehört auch die Aufklärung der Patienten und das Einholen der Einwilligung (Informed Consent; Dsubanko-Obermayr & Baumann, 1998).

(2) *Aufbau der therapeutischen Beziehung:* Kanfer und Grimm (1980) sprechen für die Anfangsphase von der *Rollenstrukturierung* und vom Aufbau der therapeutischen Allianz oder Strupp (1986) von der Herstellung der zwischenmenschlichen Beziehung zwischen Therapeut und Patient, die Voraussetzung für das therapeutische Lernen ist. Der Patient hat sich einerseits mit der besonderen Rolle als Patient, wie sie je nach therapeutischem Ansatz definiert ist, vertraut zu machen. Er erfährt dabei, welche Leistungen der Therapeut von ihm erwartet, welche Spielregeln für die Therapie Geltung haben. Andererseits muß in dieser Phase eine vertrauensvolle Beziehung zwischen Patient und Therapeut aufgebaut werden. Die von Rogers thematisierten Therapeutenvariablen der Echtheit, der Wärme und Wertschätzung und der Empathie erleichtern die Entwicklung einer vertrauensvollen Beziehung (vgl. Kap. 22.3/Gesprächtherapeutisch orientierte Psychotherapie). Diese Beziehung schafft die Voraussetzungen für ein angstfreies therapeutisches Lernen in den folgenden Phasen und unterstützt die Motivation und die Compliance. In der Psychoanalyse ist die Herstellung einer «Übertragungsbeziehung» wesentliche Voraussetzung für die therapeutische Arbeit. Der Aufbau der therapeutischen Beziehung und die Rollenstrukturierung, die Voraussetzung für die koorientierte therapeutische Arbeit ist («co-oriented activity»; Orlinsky & Howard, 1987), wird durch das therapeutische Setting unterstützt. Dazu gehören oberflächliche Aspekte wie die professionellen *räumlichen* Bedingungen, unter denen die Behandlung bzw. Therapie stattfindet, aber auch die therapeutischen Regeln. Der therapeutische Kontrakt zwischen Patient und Therapeut regelt u. a. die Häufigkeit und Dauer der Sitzungen pro Woche, die Verpflichtungen des Patienten und des Therapeuten, wie z. B. die Schweigepflicht. In dieser Phase wird dem Patienten oft auch schon ein erstes globales Kon-

zept zum Verständnis seiner Störung (Ätiologiekonzept) vermittelt.

(3) *Die Inszenierung therapeutischen Lernens:* Eine vertrauensvolle Patient-Therapeut-Beziehung stellt eine der grundlegenden therapeutischen Bedingungen dar, die neues Lernen erleichtern. Strupp (1986) spricht in diesem Zusammenhang vom «*therapeutischen Lernen*». In Übereinstimmung mit allgemeinen Lerndefinitionen (vgl. Bower & Hilgard, 1981) verstehen wir unter therapeutischem Lernen den Aufbau (bzw. Abbau) von relativ stabilen Verhaltensdispositionen und die Neuorganisation von kognitiven Strukturen aufgrund *therapeutischer Erfahrung,* also die Veränderung von Dispositionen zu offenem (direkt beobachtbarem) und/oder verdecktem Verhalten und Erleben, zu psychomotorischem, affektivem, kognitivem und vegetativem Verhalten, und damit einhergehend die Neustrukturierung der störungsrelevanten Kognitionen. Die *Lernziele* können variieren von elementaren Zielen, wie das Abgewöhnen eines Sprachfehlers bis zu hochkomplexen Aufgaben, wie die Veränderung der Einstellungen zu sich selbst und zu wichtigen Bezugspersonen; die *Zeit* kann wenige Stunden bis mehrere Jahre umfassen. Das therapeutische *Lernarrangement* kann hochstrukturiert sein, wie in der Verhaltenstherapie oder mehr auf selbstentdeckender Grundlage beruhen, wie in der Gesprächspsychotherapie (vgl. Strupp, 1986). Die strukturellen Bedingungen des Lernarrangements werden durch den speziellen therapeutischen Ansatz, bzw. die Methode innerhalb eines Ansatzes definiert. In der Verhaltenstherapie besteht die erste Phase der therapeutischen Arbeit in der verhaltensanalytischen Abklärung des Problems, der Zielbestimmung, der Methodenauswahl; später steht das eigentliche therapeutische Lernen im Vordergrund. In der Psychoanalyse sind es auf längere therapeutische Zeiträume ausgelegte Beziehungserfahrungen, die in der Übertragungsanalyse das Zentrum des therapeutischen Lernens darstellen. Alle psychotherapeutischen Ansätze verschaffen dem Patienten in mehr oder weniger großem Ausmaß die Möglichkeit, unter besonderen Bedingungen neue Beziehungserfahrungen machen zu können, Rückmeldung für das eigene Verhalten zu bekommen, zu irgendwelchen Formen der Realitätstestung an-

geregt zu werden und neue Kompetenzen einüben zu können (vgl. Goldfried, 1987). Auf der kognitiven Ebene bieten sie dem Patienten eine plausible – im Idealfall eine auf den Erkenntnissen der Wissenschaft beruhende – Erklärung an, die dem Patienten die Symptome verständlich werden lassen und aus denen die therapeutischen Handlungsprozeduren resultieren (vgl. Frank, 1989). Bei der Behandlung von gestörten Funktionen erfahren die erwähnten Erfahrungselemente eine unterschiedliche Akzentuierung im Vergleich zur Psychotherapie.

Das durch klinisch-psychologische Behandlungen und Therapien bereitgestellte Lernarrangement ist in der Regel zielorientiert (vgl. Perrez, 1982), wobei die Ziele kurzfristig (Zwischenziele oder phasentypische Ziele) oder längerfristig konzipiert und unterschiedlich konkret sein können (vgl. Kap. 18/Systematik der Intervention). Die den meisten Behandlungen oder Psychotherapien zugrundeliegende Zielstruktur (s. **Tab.** 2) läßt sich in (1) therapieprozeßbezogene, (2) mikroergebnisbezogene und (3) makroergebnisbezogene Ziele gliedern (vgl. Orlinsky & Howard, 1986). Die *therapieprozeßbezogenen* Ziele sind stets kurzfristig und konkret. Sie regulieren die Handlungssteuerung des Therapeuten in der Therapiesitzung, wenn er beim Patienten die Selbstexploration fördern will, einen Zusammenhang klar machen, eine

Einsicht wecken will, wenn er im Rollenspiel dem Patienten ein neues Verhalten entlocken und einüben oder eine Übung durchführen will.

(4) *Evaluation und Abschluß des therapeutischen Lernens:* In allen klinisch-psychologischen therapeutischen Interventionen wird das therapeutische Geschehen durch psychodiagnostische Prozesse begleitet. Diese können unterschiedlich organisierten und methodisierten Charakter haben. Die Funktion der *Prozeßdiagnostik* besteht in der Kontrolle des therapeutischen Verlaufs (vgl. Kanfer & Grimm, 1980). Sie überprüft, wie weit therapieprozeßorientierte Ziele jeweils schon approximiert werden. Die *Statusdiagnostik* klärt, wie weit die angestrebten Makroergebnisse erreicht sind. Für beide diagnostischen Funktionen variieren die eingesetzten Methoden von der wenig reglementierten klinischen Exploration bis zu standardisierten und empirisch normierten Testverfahren.

Die kontinuierliche, prozeßorientierte Evaluation schafft die Voraussetzungen, das therapeutische Handeln an die Gegebenheiten des Patienten zu adaptieren (adaptive Indikation), während die Abschlußevaluation ergebnisorientiert ist. Sie liefert die Grundlage für die Entscheidung, eine Therapie zum Abschluß zu bringen.

Tabelle 2: Allgemeine Zielstrukturen von Psychotherapien(vgl. Orlinsky & Howard, 1986)

Zieltyp	Beispiele
Ziele für Therapiesitzung (therapieprozeßbezogen): Konkret und kurzfristig	• Erhöhung der Selbstexploration • Verminderung der Angst beim Sprechen über tabuisierte Inhalte • Beim Rollenspiel angemessen mitspielen • Instruktionen einer Übung befolgen
Mikroergebnisse (micro-outcome/post-session): Konkret und kurzfristig	• Konkrete Alltagssituation, die bisher gemieden wurde, nicht mehr meiden (z. B. mit Vorgesetzten sprechen) • Den Zusammenhang einer konkreten sozialen Konfliktsituation besser verstehen können
Makroergebnisse (macro-outcome/post-session): Global und langfristig	• Positives Selbstbild • Angemessene Ichstärke • Angemessene Selbstwirksamkeitserwartung • Verbesserte Kommunikationsfähigkeit • Stabile und situationsgeneralisierte Kompetenzen

3. Schulenübergreifende Grundmechanismen der Veränderung in Psychotherapien

3.1 Theorienübergreifende Mechanismen und Prozesse

Eine zentrale psychologische Fragestellung besteht in den grundlegenden Veränderungsmechanismen, die an therapeutischen Veränderungen beim Patienten beteiligt sind. Welche psychologischen Mechanismen werden durch die Inszenierung des therapeutischen Lernens affiziert, deren Veränderung schließlich die Störung beheben oder mildern?

Grawe (1997) unterscheidet theorienübergreifend vier verschiedene ·*Grundmechanismen der Veränderung,* die an allem psychotherapeutischem Lernen beteiligt sind. Diese Mechanismen werden durch therapeutische Methoden aktiviert, wobei gewisse Methoden bestimmte Mechanismen nicht und andere weniger ansprechen.

Der erste Mechanismus, die *«Bewältigungskompetenz»* («mastery/coping») betrifft die Befähigung des Patienten, die störungsspezifischen fehlenden Bewältigungskompetenzen aufzubauen. Durch die Befähigung im adäquaten Umgang mit problematischen Situationen verändert der Patient auch die «sekundäre Bewertung» (vgl. Kap. 17/Streß, Coping) seiner Kompetenzen. Die Selbstwirksamkeitserwartung wird erhöht. Grawe nennt die Expositionstherapie als Beispiel für eine Methode, die diesen Mechanismus aktiviert.

Mit dem zweiten Grundmechanismus, der *«Klärung und Veränderung der Bedeutungen»* («clarification of meaning») meint Grawe die Veränderung der «primären Bewertung» im Sinne von Lazarus. Angst z.B. kann aus der Einschätzung einer Situation als bedrohend für das Wohlbefinden resultieren. Dies bewußt zu machen und zu klären, hat therapeutische Wirkung. Der therapeutische Ansatz von Greenberg, Rice und Elliott (1993) wird als Beispiel für eine Methode, die hier ansetzt, genannt.

Der dritte Mechanismus, die *«Problemaktualisierung»* besteht im Aktualisieren problematischer Erlebens- und Verhaltensmuster, um optimale Lernbedingungen gestalten zu können, statt nur auf der symbolisch vermittelten Sprachebene Veränderungsprozesse zu stimulieren. Damit wird das direkte Erfahrungslernen ermöglicht. Dies wird in Therapien wie Psychodrama, in Interaktions-Rollenspielen aber auch in der Übertragungsbeziehung und deren Aufarbeitung gewährleistet (vgl. Heigl & Triebel, 1977).

Der vierte Mechanismus, die *«Ressourcen-Aktivierung»* bezeichnet die Mobilisierung der Kräfte, die der Patient mitbringt, um seine Veränderung in Gang zu setzen und zu stabilisieren.

Eine forschungsbasierte Psychotherapie (vgl. Grawe, 1997) sollte Techniken für alle Grundmechanismen beinhalten, die – am Einzelfall gemäß der therapeutischen Prozeßphase adaptiert – anzuwenden sind. Diese Mechanismen können auch auf der Ebene eines größeren Auflösungsvermögens konzeptualisiert werden, wodurch sich ihre Anzahl vergrößert. Auch die Wahl der theoretischen Ebene ist durch den Vorschlag von Grawe nicht zwingend vorbestimmt. So sind z.B. Prozesse der Bedeutungsgenerierung oder der psychologischen Bewältigung bzw. deren Veränderung für verschiedene theoretische Konzeptualisierungen offen.

Eine weitere theorienübergreifende Konzeption stammt von Prochaska, DiClemente und Norcross (1992), die zehn verschiedene, schulenübergreifende grundlegende Veränderungsprozesse vorschlagen (s. **Tab. 3**). Veränderungsprozesse definieren sie als offene und verdeckte Aktivitäten und Erfahrungen, in die sich Individuen engagieren, wenn sie versuchen, problematisches Verhalten zu ändern. Diese Prozesse können zu verschiedenen Zeitpunkten des Veränderungsprozesses und für verschiedene Störungen resp. Therapieziele unterschiedliche Bedeutung haben. Verschiedene Methoden akzentuieren dabei unterschiedliche Veränderungsprozesse.

Im theorien- und methodenübergreifenden Modell von Prochaska, DiClemente und Norcross (1992) werden die Veränderungsphasen mit den Prozessen integriert. Das Modell geht davon aus, daß je nach Störung und Phase, in der sich PatientInnen befinden, Prozesse zu initiieren sind. Personen mit schweren Verhaltensproblemen, die sich noch in der ersten oder zweiten Phase befinden, haben eine schlechte

Tabelle 3: Prozesse und Interventionen (Prochaska, DiClemente & Norcross, 1992)

Prozesse	Ziele und psychologische Mittel zur Aktivierung der Prozesse
Selbstexploration/Selbstreflexion (consciousness raising)	Zunahme an Information über sich selber und über Probleme: Beobachtung, Konfrontation, Interpretationen/Deuten, Bibliotherapie
Selbst-Neueinschätzung (-Bewertung) (self-reevaluation)	Feststellen, wie man fühlt und über sich selbst denkt in Hinblick auf ein Problem: Klärung der Werte, Vorstellungsarbeit, korrektive emotionale Erfahrung
Selbst-Befreiung (self-liberation)	Entscheidung und Engagement für Verhaltensänderung, Stärkung des Vertrauens in die Fähigkeit für die Veränderung: Entscheidungstherapie, Logotherapeutische Technik, Motivierungstechnik
Gegenkonditionierung (counter-conditioning)	Problemverhalten durch alternatives Verhalten löschen: Relaxation, Desensibilisierung, Selbstsicherheitstraining, positive Selbst-Instruktion
Stimuluskontrolle (stimulus control)	Vermeidung oder Bekämpfung von Stimuli, die das Problemverhalten auslösen: Umgebung restrukturieren (z. B. Alkohol oder schädigende Nahrungsmittel verbannen), gefährliche Risikosituationen vermeiden
Verstärkungsprozeduren (reinforcement managment)	Selbst- oder Fremdverstärkung für erwünschtes Verhalten: Kontingenzverträge, offenes oder verdecktes Verstärken, Selbstbelohnung
Helfende Beziehungen (helping relationships)	Offensein für Probleme und Personen vertrauen, die helfen: Therapeutische Allianz, soziale Unterstützung, Selbsthilfegruppen
Gefühlserleichterung (dramatic relief)	Gewahrwerden und ausdrücken von Gefühlen bezüglich eigener Probleme und Lösungen: Psychodrama, Rollenspiel
Umgebungs-Neueinschätzung (-Bewertung) (environmental reevaluation)	Feststellen, wie eigene Probleme die Umgebung belasten: Empathie-Training
Soziale Befreiung (social liberation)	Aufbau bzw. Stärkung von konstruktivem Verhalten der Sozietät: Einsatz für die Rechte der Unterdrückten, «Empowering», politische Interventionen

Prognose, wenn man mit der vierten Phase beginnt. Sie unterscheiden zwei Formen von therapeutischen «Mismatches» von Phasen (in denen sich Patienten befinden) und therapeutischen Angeboten: (1) die Methode akzentuiert Prozesse für eine Phase, in der der Patient noch nicht ist, oder (2) Prozesse für eine Phase, die vom Patienten bereits durchlaufen ist, z. B. der Patient ist bereits für die Aktionsphase eingestellt, und die Therapie arbeitet an Prozessen, die für die «Contemplation»-Phase wichtig sind. Beides ist prognostisch ungünstig.

3.2 Psychologische Mittel und Lernprozesse in psychotherapeutischen Interventionen

Bereits im vorausgegangenen Abschnitt wurden bei Grawe (1997) und Prochaska, DiClemente und Norcross (1992) Methoden/Mittel als Beispiele genannt, die zur Aktivierung von therapeutischen Veränderungsmechanismen in verschiedenen Therapien angewendet werden.

Die Prozeßsystematisierung von Prochaska, DiClemente und Norcross (1992) orientiert sich an einer empirischen Komponentenanalyse von Patientendaten, die mit Veränderungsitems in verschiedenen Studien und während verschiedenen Prozeßphasen erhoben worden waren. Das Ergebnis der Systematisierung ist die beschreibende Unterscheidung von verschiedenen Veränderungsprozessen auf einem mittleren Abstraktionsniveau, wie es die Autoren selber einschätzen.

Im folgenden wird ein theoriebezogener Systematisierungsvorschlag skizziert, der sich am *Lernen als Grundprozeß aller psychotherapeutischen Veränderungsprozesse* orientiert. Dabei sind verschiedene Überlappungen mit den zuvor im Abschnitt 3.1 dargestellten Varianten zu erkennen. Die Klassifikation unterscheidet sieben Typen von psychologischen Mitteln und entsprechende implizierte Lernprozesse.

Die therapeutischen Veränderungsprozesse betreffen entweder stärker einzelne psychische Funktionen (beim Funktionstraining) oder das ganze psychobiologische System der Persönlichkeit, als Ensemble motivationaler, emotionaler, kognitiver, motorischer, psychophysiologischer, biochemischer und neurologischer Funktionen (bei Psychotherapien). Bestimmte Psychotherapien sprechen gewisse Funktionen stärker an als andere. So stehen bei Biofeedback-Methoden psychophysiologische und kognitive Funktionen im Vordergrund, während in der rational-emotiven Therapie mehr motivationale, kognitive und emotionale Funktionen angesprochen werden, was nicht bedeutet, daß durch die methodentypische Fokussierung gewisser Funktionen oder durch Funktionstrainings sekundär nicht auch alle anderen mitbeeinflußt würden. Ungeachtet des therapeutischen Ansatzpunktes finden im positiven Fall – wie oben bereits angesprochen – Lernprozesse statt, wenn die stabile Veränderung nicht lediglich auf biochemische oder Reifungsprozesse, sondern auf die therapeutische Lernerfahrung zurückzuführen ist.

Psychotherapeutische Methoden wie auch die Methoden zur Behandlung von Funktionsstörungen lassen sich methodenübergreifend nach den *Lernmechanismen und -mitteln* beschreiben und untersuchen, die je nach Methode einzeln oder kombiniert Anwendung finden – ungeachtet der von den Schulen selbst vorgebrachten Kausalattributionen. Diese stellen psychologische *Erklärungselemente* für die Änderungs-

prozesse dar. Diese Erklärungselemente werden in Funktion der künftigen Forschung, insbesondere der Lernforschung weitere Differenzierungen und Korrekturen erfahren. Auf Probleme der strikten Erklärung psychotherapeutischer Effekte haben u.a. Bastine (1988) oder Westmeyer und Hoffmann (1977) aufmerksam gemacht (vgl. auch Kap. 4/Wissenschaftstheorie: Intervention).

Eine psychologisch stringente *Taxonomie* der psychologischen Mittel und Lernprinzipien, die in den Psychotherapien und Behandlungen von Funktionsstörungen Anwendung finden, liegt bisher nicht vor und wird hier auch nicht zu leisten sein. Komplexere Therapieansätze bringen stets mehrere Mittel zur Anwendung, und meistens sind an einem Mittel wiederum mehrere «Sub-Mittel» zu unterscheiden, was ihre Untersuchung in der therapeutischen Praxis sehr erschwert. Dennoch liegen zu einzelnen Mitteln und damit implizierten Lernmechanismen kontrollierte Studien vor, z.B. zur Methode der differentiellen Beachtung (vgl. Ischi, 1985) oder des Biofeedback (vgl. Zeier, 1998). Die Lernprozesse sind prinzipiell verschiedenen theoretischen Rekonstruktionen zugänglich. Statt an den «klassischen» Lernprinzipien könnte die Systematik z.B. auch an Konzepten der Informationsverarbeitung orientiert sein. Der folgende Systematisierungsversuch der psychologischen Mittel orientiert sich primär – ohne Anspruch auf Vollständigkeit – an «klassischen» lernpsychologischen Gesichtspunkten (vgl. Spada, 1992).

(1) *Gewohnheitsbildung durch Übung:* Darunter verstehen wir jene Mittel, bei denen affektive, kognitive, motorische usw. Verhaltensdispositionen durch *Verhaltenswiederholung* gestärkt werden sollen. Das *mentale Training* stellt eine besondere Variante des Übens dar, bei der die Verhaltenswiederholung vorstellungsmäßig durchgeführt wird (vgl. dazu unten «(5) kognitive Mittel»). Die Übung wird durch den Therapeuten instruiert und u.U. auch modelliert. Instruktion und Modelldarbietung stehen dann als Elemente anderer Mittelgruppen im Dienste der Übung. Übung ist ein wesentlicher Aspekt bei den Entspannungstechniken, auch beim Biofeedback. Gleichermaßen spielt bei Konditionierungs- oder Dekonditionierungsprozessen die Übung bzw. die Wiederholung eine wichti-

ge Rolle, so z. B. bei der Desensibilisierung oder der Expositionstherapie. Kognitive Gewohnheiten werden u. a. bei der kognitiven Umstrukturierung durch Üben verändert.

(2) *Konfrontation mit der angstauslösenden Situation:* Verschiedene Methoden verwenden dieses Mittel zum Abbau bzw. zur Schwächung von affektiven Reaktionen. Dadurch werden psychologische Prozesse der Löschung, der Gegenkonditionierung bzw. der Habituation angeregt, an denen auch kognitive Veränderungen beteiligt sind (Fiegenbaum & Tuschen, 1996). Merkmale des Therapeuten können ebenfalls als soziales angsthemmendes Agens wirken (vgl. Martin, 1975).

(3) *Positive bzw. negative verbale und nononverbale Rückmeldung durch den Psychotherapeuten:* In jeder Psychotherapie spielt dieses Mittel eine Rolle; diese Form der Rückmeldung wird auch motivationale Rückmeldung genannt. Dadurch werden auf motivationaler Ebene *soziale Verstärkungsprozesse* in Gang gesetzt (Rückmeldung bezüglich informationaler Aspekte vgl. unten «kognitive Mittel»). Krasner (1962) hat den Versuch gemacht, den therapeutischen Interaktionsprozeß konsequent als sozialen Verstärkungsprozeß zu interpretieren und nannte den Therapeuten in diesem Zusammenhang eine «social reinforcement machine». Die Verstärkung ist an der verbalen Interaktion durch die selektive Aufmerksamkeit, durch Rückmeldung usw., aber auch beim Verfolgen konkreter Lernziele mitunter explizit – wie beim Aufbau von Verhaltensweisen bei Depressiven – oder implizit beteiligt. Durch soziale Verstärkung wird u. a. ein Teil der Wirkung der Therapeutenvariablen von Rogers erklärt. Zu diesem Mitteltyp gehört auch die gezielte Unterlassung von bestrafenden Reaktionen in der verbalen Interaktion, wenn tabuisierte Inhalte aufgearbeitet werden, was den therapeutischen Dialog u. a. vom Alltagsdialog unterscheidet. Operante Verfahren setzen Verstärker als therapeutisches Hauptmittel ein (Maercker, 1996).

(4) *Therapeut als Modell:* Als Modell angemessener menschlicher Beziehungen und angemessener Auseinandersetzung bringt der Therapeut sich selbst mit ins Spiel. Auf diese Weise können neue Verhaltensweisen durch den Patien-

ten imitiert oder unerwünschte geschwächt werden, z. B. durch den Abbau von angstbesetzten Meidetendenzen (vgl. Helm, 1980). Soweit wurde das Modellernen bereits unter den methodenübergreifenden Therapeutenvariablen besprochen. Vor allem in der Verhaltenstherapie werden darüber hinaus Modelle explizit als therapeutische Mittel eingesetzt (vgl. Bandura, 1987).

(5) *Kognitive Mittel:* Dazu gehören das Deuten, Überzeugen, informationales Rückmelden und ähnliches. Psychologisch zielen sie darauf ab, die kognitive Repräsentation und das Erwartungssystem zu beeinflussen. Repräsentationsorientierte Verfahren bzw. Interventionen lassen sich in diesem Sinne von den reaktionsorientierten Verfahren und Interventionen abheben. In der Psychotherapie wird auf weite Strecken im Gespräch mit kognitiven Repräsentationen von Situationen und Reaktionen des Patienten gearbeitet, und ein Teil der Ziele besteht in der Veränderung dieser Repräsentationen durch Information, Überzeugen usw. Für psychodynamische Kurztherapien haben McCullough et al. (1991) die Wirkungen verschiedener Interpretationstypen auf die Therapieergebnisse untersucht und haben u. a. zeigen können, daß therapeutische Interpretationen, die defensive Patientenreaktionen auslösen, negativ mit der Therapiewirkung korreliert sind. Die kognitive Psychologie hat in den letzten Jahren Modelle zur kognitiven Organisation von Repräsentationen entwickelt. Auf die Psychotherapie bezogen, wurden insbesondere die Veränderung von Aspekten der Informationsverarbeitung (Antaki & Brewin, 1982), von Erwartungen und Attributionstendenzen (vgl. Caspar, 1997; Brewin, 1988) und die Veränderung von kognitiven Schemata (Beck, Rush, Shaw & Emery, 1983; Grawe, 1987) diskutiert. Auf dem Hintergrund von «Cognitive Science»-Ansätzen wird auch der Versuch gemacht, durch Psychotherapie initiierte kognitive und emotionale Prozesse zu simulieren (vgl. Leuzinger-Bohleber & Pfeifer, 1989; Caspar, 1995).

(6) *Psychophysiologisch orientierte Methoden:* Bei diesen Methoden wird das Körpererleben auf molarer Ebene (wie in den körperbezogenen Therapieformen) oder auf der Ebene präzise

umschriebener physiologischer Rückmeldungen in den therapeutischen Prozeß explizit miteinbezogen (vgl. z.B. beim Biofeedback; Zeier, 1998). Auch bei psychophysiologischen Methoden spielen kognitive Prozesse – wie beispielsweise das Wahrnehmen der Rückmeldung, das Reattribuieren von Empfindungen usw. – und die Übung eine Rolle.

Die *therapeutische Beziehung* fungiert in verschiedenen Psychotherapien systematisch als Medium der Therapie. Am differenziertesten nutzt die Psychoanalyse durch die Übertragungsanalyse die Therapeut-Patient-Beziehung als mikro-soziales Erfahrungsmodell für das therapeutische Lernen. Bei diesem Prozeß gelangen *verschiedene Mittel,* wie z.B. die soziale Verstärkung, Modellernen oder andere kognitive Mittel zur Anwendung. Die therapeutische Beziehung als psychologisches Mittel für therapeutische Lernerfahrungen einzusetzen, bedeutet u.a., dem Patienten an Hand der mikrosozialen (künstlichen) Modellsituation die Gelegenheit zu verschaffen, sich mit angstbesetzten Inhalten ohne Bestrafungsrisiko auseinandersetzen zu können, ein angstfreies Partnermodell erleben zu können, soziale Verstärkung zu erfahren usw. In diesen Erfahrungsmöglichkeiten sind Elemente der oben beschriebenen psychologischen Mittel enthalten.

Die differentiellen Effekte verschiedener psychotherapeutischer Methoden und die Wirkungen einzelner konkreter Therapien lassen sich als das Ergebnis interpretieren, das durch das besondere Akzentuieren einzelner oder durch die Mischung von verschiedenen der oben genannten Mittel und Prozesse zustande kommt. Die Akzentuierung auf einzelne Mitteltypen bedeutet nicht, daß deswegen nicht auch andere Prozesse aktiviert würden. Auch beim Üben als einer reaktionsorientierten Methode werden z.B. kognitive Prozesse angeregt. Dennoch ist die Annahme, die verschiedenen Therapiemethoden hätten gleiche Wirkungen, auf dem Hintergrund des vorliegenden Wissensstandes unhaltbar. Einen ausgezeichneten Überblick über die differentiellen Wirkungen bzw. über die Methoden der Wahl für eine Reihe von Störungen geben Huber (1992) und Seligman (1994).

4. Methodenübergreifende Therapiewirkungen

Erfolgreiche Behandlung und Therapie ist in jedem Fall dadurch charakterisierbar, daß beim Patienten therapeutisches Lernen stattgefunden hat. Die erfolgten Lernprozesse können in Veränderungen psychischer Funktionen, von Funktionsmustern (Pattern; Greenberg, 1986), oder von interpersonalen Beziehungsmustern bestehen. Relativ *methodenübergreifende Wirkungen* der psychotherapeutischen Interaktion können wie folgt postuliert werden:

• Auf der *Prozeßebene* kann angenommen werden, daß die therapeutische Beziehung gestärkt, die Hoffnung auf konstruktive Veränderungen bei den Patienten intensiviert, die Sensibilisierung für emotionale und selbstwertbedrohliche Probleme erhöht, die Auseinandersetzung mit sich selbst (Selbstexploration) gefördert und neue Lernerfahrungen ermöglicht werden.

• Auf der *Ergebnisebene* unterscheiden Orlinsky und Howard (1986), wie oben bereits beschrieben, Mikroergebnisse («micro-outcome») und Makroergebnisse («macro-outcome»). Die *Mikroergebnisse* betreffen die kleinen Fortschritte, die durch einzelne Therapiesitzungen erreicht werden und die beim Patienten das konkrete Leben und Erleben des Alltages zwischen den Therapiesitzungen beeinflussen («postsession out-come»): Eine konkrete Belastungsepisode wird nun anders erlebt, ein Zusammenhang in der Beziehung zu einer Person besser verstanden usw. Diese kurzfristigen kleinen Effekte der Therapie bauen die *Makroergebnisse* auf, die von einer längerfristigen Bedeutung sind und die zentralere Strukturen der Person betreffen. Dazu können neue Einstellungen, Kompetenzen usw. gehören. Bei erfolgreichen Therapien darf in diesem Sinne eine Stärkung der Selbstwirksamkeitserwartung (self-efficacy) und damit zusammenhängend eine Hebung des Selbstwertgefühls angenommen werden (Bandura, 1987). Zur neuen Selbstsicht gehören auch ein kohärenteres, plausibles Verständnis der eigenen bisherigen Probleme und der eigenen Lerngeschichte. Über die neue Selbstinterpretation hinaus lernen Patienten normalerweise auch, ihre Umwelt neu zu interpretieren (vgl. Stiles,

Shapiro & Elliott, 1986). Frank (1989) spricht den therapeutischen Ritualen, Prozeduren und Mythen insgesamt eine «moral-raising function» zu. Neben diesen eher kognitiven Aspekten werden neue Kompetenzen (z.B. soziale) vermittelt.

Howard, Lueger, Maling und Martinovich (1992) haben in ihrer Studie über die Wirkungen von Psychotherapien an über 1400 Fällen drei Wirkungsgrößen unterschieden: (1) Veränderung des Wohlbefindens, (2) Symptomveränderung und (3) Veränderung der Persönlichkeitsstruktur. Die Ergebnisse zeigen, daß den Persönlichkeitsveränderungen, wenn solche überhaupt eintreffen, Veränderungen des subjektiven Wohlbefindens und der Symptomatik in der Regel *vorausgehen.*

Trotz dieser methodenübergreifenden Wirkungsdimensionen, darf nicht erwartet werden, daß die verschiedenen therapeutischen Ansätze alle die gleichen Wirkungen erzielen würden. Daß über so allgemeine und übergreifende Wirkungen hinaus methodenabhängig spezielle Effekte erzielt werden, hat Grawe (1981b) durch seine neue Zugangsweise der differentiellen Psychotherapieforschung deutlich gemacht. Die verschiedenen Therapieformen stellen spezielle Bedingungen des Lernarrangements und der Lernorganisation zur Verfügung. Wie weit diese Lernbedingungen innerhalb einer Methode in der Praxis tatsächlich homogen seien, ist umstritten (Kiesler, 1966). In den letzten Jahren ist diese Frage auch unter dem Begriff der «Treatment Integrity» diskutiert worden, die das Ausmaß bezeichnet, mit dem in der Therapie tatsächlich das gemacht wird, was von den Methoden her intendiert ist (Kazdin, 1994). Das Lernergebnis wird in allen Fällen durch das Zusammenwirken verschiedener Faktorengruppen beeinflußt. Diese werden in der Psychotherapieforschung als Therapeutenvariablen, Patientenvariablen, als Merkmale der Dyade und als sozio-kulturelle Kontextvariablen thematisiert. Unter diesen Variablen wollen wir Merkmale der Therapie verstehen, die in mehr oder weniger starker Ausprägung bei den *meisten* Therapieformen festzustellen sind. Ihr spezieller Ausprägungsgrad trägt zur binnenmethodischen Varianz und zur Individualisierung konkreter Therapien bei. *Spezifische Techniken* stellen dagegen die speziellen thera-

peutischen Handlungsschemata oder Handlungsregeln dar, die zur Erreichung umschriebener Ziele eingesetzt werden (vgl. Kap. 22.2 bis 22.5 mit der störungsübergreifenden und Kap. 25 bis 43 mit den störungsbezogenen Darstellungen). Das Handlungsschema der Expositionstherapie (vgl. Kap. 22.4/Verhaltenstherapeutisch orientierte Psychotherapie) ist z.B. in der Psychoanalyse oder Gesprächspsychotherapie nicht zu finden. In allen drei Therapiearten zeigen indes Therapeuten ein bestimmtes Ausmaß an Wertschätzung und lassen sich bestimmte Patientenerwartungen identifizieren. Ob und welche Wirkungen von den methodenübergreifenden Komponenten und den spezifischen Techniken ausgehen und wie sie untereinander interagieren, ist Gegenstand der psychotherapeutischen Prozeß- und Wirkungsforschung. Im folgenden werden wichtige Variablengruppen erörtert.

5. Methodenübergreifende Therapeutenvariablen

Unter Therapeutenvariablen werden Merkmale des Therapeuten verstanden, deren Ausprägungsgrad vermutlich in einem funktionalen Zusammenhang mit Prozeß- und Ergebnisvariablen auf Seiten des Patienten steht. Beutler, Machado und Neufeldt (1994) haben in ihrer Überblicksdarstellung ein Ordnungsschema zur Beschreibung der Therapeutenmerkmale vorgelegt, das auf der einen Achse situationsunabhängige resp. therapiesituationsspezifische Variablen und auf der anderen Achse objektive und subjektive Merkmale unterscheidet (vgl. **Abb. 1**).

• Für die Variablen Alter, Geschlecht und ethnische Zugehörigkeit (1. Quadrant) liegen keine einheitlichen Befunde vor. Es scheint aber, daß Ähnlichkeit zwischen Patient und Therapeut in diesen Variablen – wenn auch keinen zentralen, so doch einen förderlichen Einfluß auf die Therapie ausübt (vgl. Beutler, Machado & Neufeldt, 1994).

• Am intensivsten ist in den letzten Jahren jene Faktorengruppe untersucht worden, die man mit der Fähigkeit umschreiben kann, zum Patienten eine *warme, wertschätzende und angstfreie*

Beziehung aufzubauen (4. Quadrant). Die drei Rogers-Variablen «Wärme, Empathie und Echtheit» (vgl. Kap. 22.3/Gesprächstherapeutisch orientierte Psychotherapie) betreffen diesen Variablenkomplex, der für alle Psychotherapien und auch für die Behandlung gestörter Funktionen bedeutungsvoll ist. In der Sozialpsychologie des helfenden Verhaltens (Wills, 1982) und in der Psychotherapieforschung (Stiles, Shapiro & Elliott, 1986) konnte u. a. ein Zusammenhang dieser Therapeutenvariablen mit der Förderung des Selbstwertgefühls bei Patienten nachgewiesen werden, was ein übergreifender Effekt hilfreicher Beziehungen zu sein scheint. Orlinsky, Grawe und Parks (1994) fassen den gegenwärtigen Forschungsstand zu den therapeutischen Beziehungsvariablen dahingehend zusammen, daß die über 1000 einschlägigen Wirkungsergebnisse nahelegen, daß es sich bei diesem Faktor um eine zentrale Therapeutenvariable sowohl in Individual- wie Gruppentherapien handelt, die eine starke Verknüpfung zu den Wirkungen aufweist.

Als weiteres Beispiel sei die *Erwartungsvariable* genannt. Die Erwartungen und Einstellungen des Therapeuten zum Patienten (Fietkau, 1977) beeinflussen vermutlich im Sinne des Rosenthaleffektes sowohl das Therapeutenverhalten als auch den Patienten. Die einschlägigen Untersuchungen zeigen die stärksten Wirkungen, wenn Therapeuten- *und* Patientenerwartungen

positiv sind (vgl. Beutler, Machado & Neufeldt, 1994). Die Rolle der Therapeuten- und Patientenerwartung wurde u.a. im Zusammenhang der Placebo-Effekte eingehend diskutiert (vgl. Baumann, 1986).

• Eine dritte Gruppe von Therapeutenvariablen kann mit *Persönlichkeitsmerkmalen* umschrieben werden, die für die Patienten eine Modellfunktion haben können (3. Quadrant). Relativ patientenunabhängig dürften Therapeutenmerkmale wie persönliche Sicherheit, Selbstakzeptierung, Angstfreiheit oder Frustrationstoleranz, aber auch Werthaltungen und allgemeine Einstellungen Modellwirkung haben (vgl. Wills, 1982).

• Über die *Erfahrungsvariable* (2. Quadrant), die man vielleicht spontan als besonders wichtig vermuten möchte, liegen bisher keine einheitlichen Befunde vor. Während ihr Therapeuten große Bedeutung für ihre eigene therapeutische Entwicklung zuschreiben (Margraf & Baumann, 1986), ist ihr Einfluß auf den Patienten bis heute nicht klar nachgewiesen. Daß sogar *Laientherapeuten* ohne Psychologie- oder Medizinstudium, nach einem intensiven therapeutischen Training Patienten mit komplexen psychischen Beeinträchtigungen erfolgreich helfen können, hat Zielke (1979) für die Gesprächspsychotherapie nachgewiesen. Für die Einschätzung der

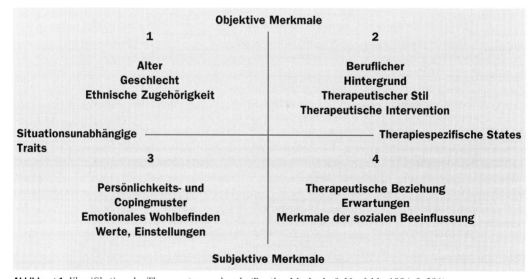

Abbildung 1: Klassifikation der Therapeutenmerkmale (Beutler, Machado & Neufeldt, 1994, S. 231)

Wirksamkeit von Laientherapeuten ist indes zu bedenken, daß die vorliegenden Studien nicht darüber informieren, wieweit Laien über längere Zeit hinweg imstande sind, ihre helfende Aktivität aufrechtzuerhalten. Therapeuten verfügen vermutlich über eine größere Frustrationstoleranz und sind durch ihre Professionalisierung besser imstande, die mitunter irritierenden Prozesse bei Patienten einordnen und verarbeiten zu können. Nach der Metaanalyse von Stein und Lambert (1984) erzielen erfahrene Therapeuten bei schwereren Störungen bessere Wirkungen als unerfahrene. Nietzel und Fisher (1981) setzen sich kritisch mit den vorhandenen Studien zum Effektivitätsvergleich von professionellen mit nicht-professionellen Therapeuten auseinander. Eine differenzierte Beurteilung, wieviel der Erfolgsvarianz von Psychotherapien auf die Ausbildung zurückführbar sei, kann nach den beiden Autoren beim gegenwärtigen Forschungsstand nicht geleistet werden. Lambert und Bergin (1994) machen darauf aufmerksam, daß die vorliegende Befundlage unklar ist, da der Laienbegriff in den verschiedenen Studien unterschiedlich definiert wird (einmal «erfahren» versus «unerfahren», oder «trainiert» versus «untrainiert» usw.). Oft wird nicht präzisiert, wie weit sogenannte Laien psychologische Methoden anwenden, deren Wirksamkeit u. U. bereits bekannt ist (vgl. Christensen & Jacobson, 1994).

6. Methodenübergreifende Patientenvariablen

Analog zu den Therapeutenvariablen können Patientenmerkmale auf ihre Bedeutung für den Therapieprozeß hin untersucht werden.

• Bereits in den sechziger Jahren hat Schofield (1964) die *Attraktivität des Patienten* als sozialpsychologischen Therapiefaktor thematisiert. Er nahm an, daß Therapeuten zu sogenannten *YAVIS-Patienten* (jung, attraktiv, verbal begabt, intelligent, erfolgreich) leichter eine positive Beziehung aufbauen würden. In dieser Allgemeinheit läßt sich diese Annahme nicht halten, da die Sympathie als dynamisches Phänomen durch die Interaktion verändert werden kann und nicht nur durch die Ähnlichkeit der

Interaktionsparter bestimmt wird (vgl. Herschbach, Kliner & Odefey, 1980, S. 133–150).

• Als methodenübergreifende Patientenvariable hat das Konstrukt der *Therapieerwartung* in der bisherigen Forschung die größte Aufmerksamkeit erfahren. Die Erwartungseffekte wurden unter verschiedenen Gesichtspunkten untersucht (vgl. Halder, 1977). Die Frage, wieweit das konkrete therapeutische Angebot des Therapeuten den Therapieerwartungen des Patienten entspricht, kann den Therapieverlauf wesentlich beeinflussen. Einen anderen Erwartungsaspekt stellt die *Erfolgserwartung* des Patienten dar. Diese wurde vor allem im Rahmen der Placebo-Studien systematisch untersucht. Wills (1982) sieht in der positiven Erwartung einen Beeinflussungsfaktor, der bei allen helfenden Beziehungen bedeutungsvoll ist. Als Erwartungsaspekt kann auch die durch den Patienten dem Therapeuten *zugeschriebene Glaubwürdigkeit und Kompetenz* interpretiert werden (Sue & Zane, 1987). Garfield (1994) macht in seiner Überblicksdarstellung darauf aufmerksam, daß die künftige Erwartungsforschung die Erwartungskonstrukte deutlicher zu differenzieren hat (z. B. Abgrenzung zu Motivation, Compliance usw.) und auch der Bezug zur Therapiephase expliziter thematisiert werden muß, da die Patientenerwartungen nicht in allen Phasen die gleichen Bedeutungen haben.

• Das *Ausmaß der Defensivität* konnte in mehreren Studien als methodenübergreifende Patientenvariable, die mit dem Commitment des Patienten korreliert ist, nachgewiesen werden (Gaston, Marmar, Thompson & Gallagher, 1988). Dieser Befund wird auch im Überblick von Orlinsky, Grawe und Parks (1994) bestätigt. Die Variable «Aufnahmebereitschaft des Patienten» kann als eine Operationalisierung des Defensivitätskonstruktes interpretiert werden. Ihren Einfluß und ihre Interaktion mit der therapeutischen Technik haben Ambühl und Grawe (1988) untersucht. «Selbstexploration» oder «self-relatedness» des Patienten stellen andere Operationalisierungen des selben Konstruktes dar. Die Reaktanz, in der Psychoanalyse als Widerstand beschrieben, kann als dynamische Konzeptualisierung der Abwehr verstanden werden (vgl. Kap. 31/Motivationsstörung).

• Andere *Persönlichkeitsmerkmale,* deren Einfluß auf den Therapieerfolg untersucht worden sind, sind u.a. Alter, Geschlecht, Ich-Stärke und Intelligenz. In der Psychoanalyse sind vor allem «Übertragung» und «Widerstand» als bedeutungsvolle dynamische Patientenprozeßvariablen thematisiert worden. Garfield (1994) macht in seinem Überblicksreferat darauf aufmerksam, daß die Ergebnisse stark von den verwendeten Untersuchungsmethoden und den Datenquellen abhängig sind, was auch für die Befunde der anderen Therapievariablen gilt. Ebenso fordert er, daß in der künftigen Forschung die Vernetzung mit anderen Variablen stärker analysiert wird, statt nur Erwartungsmerkmale mit Wirkungsvariablen in Beziehung zu setzen. Seine Einschätzung der Befundlage von 1986 ist im großen und ganzen richtig geblieben.

• Als letzte Patientenvariable, die den Therapieerfolg beeinflußt, sei die *Intensität und Form der Störung* genannt. Die Vorhersage des Therapieerfolges wird naheliegenderweise nicht zuletzt durch die Art und Intensität der Störung mitbeeinflußt.

Weder die Therapeuten- noch die Patientenvariablen sind *intraindividuell* voneinander unabhängig. Darüber hinaus stehen sie in *interindividueller* Wechselwirkung, was ihre empirische Untersuchung erschwert.

7. Methodenübergreifende Merkmale der Therapeut-Patient-Dyade

Merkmale der Therapeut-Patient-Dyade charakterisieren Aspekte der Beziehungsstruktur zwischen Helfendem und Hilfesuchendem. Sie lassen sich nicht auf Merkmale des einen oder anderen Interaktionspartners reduzieren. Für die Psychotherapie sind u.a. die folgenden Dyadenmerkmale hinsichtlich ihrer Bedeutung für den Therapieprozeß diskutiert worden.

• Die *wechselseitige interpersonelle Attraktivität* oder Sympathie bezeichnet das Ausmaß, in dem zwei Personen zueinander positiv eingestellt sind, wie weit beide für einander Belohnungswert besitzen (vgl. Mikula, 1977). Austauschpsychologische Hypothesen ermög-

lichen Vorhersagen über die Aufrechterhaltung einer therapeutischen Beziehung. In der Psychotherapieforschung ist diese Frage u.a. unter dem Aspekt der wechselseitigen Wertschätzung von Therapeut und Patient untersucht worden. Der positive Einfluß dieses Dyadenmerkmals («reciprocal affirmation») auf den Behandlungserfolg ist in verschiedenen Studien nachgewiesen worden. Orlinsky, Grawe und Parks (1994) fanden in ihrem Überblick über die einschlägigen Studien, daß 78 Prozent von 32 Resultaten signifikant positive Zusammenhänge mit den Wirkungsvariablen ergaben.

• Ein anderer Aspekt der Dyade ist die Entsprechung (die Passung) von Therapeuten- und Patientenmerkmalen im Sinne der Ähnlichkeit oder der Komplementarität von Persönlichkeitsmerkmalen. Die empirischen Befunde dazu sind uneinheitlich (Zimmer, 1983; Garfield, 1994).

• Zu den Merkmalen der Dyade gehören auch formale Merkmale der *Therapeut-Patient-Interaktion,* wie Rhythmus des Wortwechsels, Reziprozität der sozialen Verstärkung oder Bestrafung usw. Zur Erfassung einschlägiger Interaktionsmerkmale sind entsprechende Forschungsinstrumente entwickelt und erprobt worden (Benjamin, 1987), ohne daß bisher Zusammenhänge mit Ergebnisvariablen gesichert worden wären.

8. Methodenübergreifende institutionelle, soziale und sozio-kulturelle Kontextvariablen

(1) Der Behandlungs- resp. Psychotherapieprozeß findet jeweils in einem *institutionellen und organisatorischen Kontext* statt, der – wie Bastine (1988) beschrieben hat – die therapeutischen Rahmenbedingungen beeinflußt. Die ökologische und ökonomische Zugänglichkeit einer Institution hat einen Einfluß auf die *Selektion* der Patienten, die sie benützen. Räumlich entlegene Dorfbewohner, deren nächste psychologische Beratungsstelle in einer mit öffentlichen Verkehrsmitteln schwer erreichbaren Bezirkshauptstadt liegt, werden diese Institution mit

geringerer Wahrscheinlichkeit in Anspruch nehmen als die Stadtbewohner (vgl. Kupper, 1986). Eine andere Schwelle stellt das Tarifniveau der Einrichtung dar, wenn die Bezahlung durch die Patienten zu entrichten ist. Luxuskliniken ziehen ein anderes Publikum an als öffentliche psychosoziale Zentren (vgl. Kap. 19/Gesundheitsversorgung). Das Sozialprestige der Institution, das u. a. durch das Behandlungskonzept, durch beliebte und erfolgreiche Fachkapazitäten usw. mitbedingt sein kann, übt einen direkten Einfluß auf die Erfolgserwartung des Patienten aus.

(2) Der Therapieprozeß ist auch vom sozialen Umfeld, in dem der Patient lebt, abhängig. Pa-

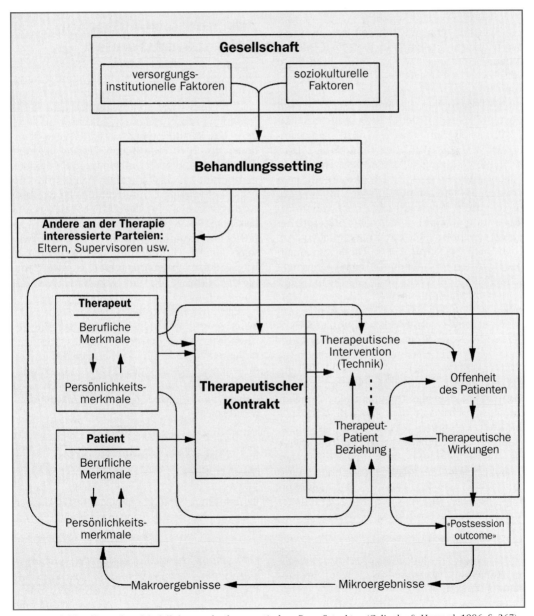

Abbildung 2: Ein allgemeines Modell der psychotherapeutischen Prozeßstruktur (Orlinsky & Howard, 1986, S. 367)

tienten, die ihre *Umwelt als unterstützend* erleben, haben, unabhängig von der Therapiemethode, bessere Prognosen (Bankoff & Howard, 1992; Gaston, Marmar, Thompson & Gallagher, 1988). Soziale Unterstützung ist – entsprechend der Pufferhypothese – bei Belastungen wirksam. Personen mit stärkerer sozialer Unterstützung erleben neben der Therapie eine zusätzliche belastungsreduzierende Einflußgröße (vgl. Kap. 17/Streß, Coping).

(3) Über den engeren Rahmen des unmittelbaren institutionellen und sozialen Umfeldes hinaus beeinflussen *sozio-kulturelle Faktoren* in verschiedener Hinsicht methodenübergreifend den Therapieprozeß. Die Krankheits- resp. Störungsvorstellungen bezüglich Ätiologie und Therapie, die ein Patient durch seine Sozialisation in seiner Subkultur erworben hat, beeinflussen u.U. die Wahl des Therapeuten. Dort wo keine Wahlmöglichkeit vorliegt, erleichtern oder erschweren sie – je nach Passung mit dem Konzept des Therapeuten – die Behandlung, die ko-orientierte therapeutische Arbeit, wie sie Orlinsky und Howard (1986) als Voraussetzung für die Psychotherapie beschrieben haben (vgl. auch Brehm & Smith, 1986). Die Erwartungen des Patienten und die dem Therapeuten zugeschriebene Kompetenz und Glaubwürdigkeit werden durch kulturelle und subkulturelle Vorgaben strukturiert. Ob von der Handauflegung des Geistheilers, vom psychoanalytischen Handeln oder vom Biofeedbacks Hilfe erwartet wird, hängt von den Gesundheitsvorstellungen («health beliefs») der Kultur oder Subkultur ab, mit der sich der Patient identifiziert. In dem Ausmaß, in dem das therapeutische Angebot inkongruent ist mit den kulturell oder subkulturell akzeptierten Formen der Hilfestellung, wird dies den Therapieprozeß belasten. Dieser Einfluß ist nicht nur bei ethnischen Minderheiten in den USA beobachtbar (vgl. Sue & Zane, 1987), sondern auch in der bäuerlichen Subkultur der Alpenländer, wo Magnetisten und Handaufleger sich guter Nachfrage erfreuen.

Orlinsky und Howard (1986) haben das dynamische Zusammenwirken wichtiger verschiedener Faktoren, die die Wirkungen psychotherapeutischer Prozesse beeinflussen, in einem Modell schematisch zusammengefaßt (s. **Abb. 2**).

Das Schema modelliert die Beeinflussungsstruktur und verdeutlicht die Komplexität der Wirkfaktoren. Es illustriert auch den Schwierigkeitsgrad, dem sich die Psychotherapieforschung ausgesetzt sieht, wenn sie das Gewicht einzelner Faktoren empirisch zu schätzen und ihr Zusammenspiel zu analysieren versucht.

9. Systematik der psychotherapeutischen Behandlungsformen

Die verschiedenen klinisch-psychologischen Behandlungs- und Therapieformen sind nicht das Ergebnis einer systematischen und kohärenten wissenschaftlichen Entwicklung, sondern das Resultat einer vielschichtigen fachlichen und berufspolitischen Geschichte. Viele Therapieansätze haben sich außerhalb der akademischen Psychologie und Psychiatrie entwickelt. Aber selbst innerhalb der Psychologie existieren bisher eher erste Ansätze als ein umfassendes Konzept eines systematischen theoretischen Grundlagen- und Interventionswissens, das den Hintergrund einer einheitlichen Interventionssystematik bilden könnte. Trotz dieser Umstände, die eine Systematisierung der Therapieformen erschweren, sollen einige Ordnungsgesichtspunkte beschrieben werden, die unter jeweils besonderer Perspektive die klinisch-psychologischen Behandlungs- und Therapiemethoden zu gliedern erlauben. Die verschiedenen Ordnungsgesichtspunkte sind weitgehend auch auf die rehabilitativen und teilweise auf die präventiven Maßnahmen anwendbar.

9.1 Einteilung nach formalen Merkmalen

Behandlungs- und Therapieverfahren können über verschiedene Ansätze hinweg nach formalen Merkmalen charakterisiert werden:

• *Anzahl der therapeutischen Interaktionspartner: Eine Person versus mehrere Personen.* Wird eine Therapie nicht als Einzeltherapie, sondern gleichzeitig mit mehreren Personen durchgeführt, so ist zu unterscheiden, ob diese Personen untereinander vernetzt sind oder nicht. Im ersteren Falle haben wir *Partner- und Familientherapien,* im letzteren *Gruppentherapien.* In Gruppentherapien variiert die Patientenzahl normalerweise zwischen 5 bis 8 Patienten. Je nach therapeutischem Ansatz kann die Zahl auch höher liegen.

• *Zeitfaktor: Langzeittherapie versus Kurztherapie.* Die Therapiedauer ist zwischen den Therapieansätzen auch für die normale Therapie sehr unterschiedlich. Eine gewöhnliche Gesprächspsychotherapie kann 10 bis 40 Sitzungen dauern, während sich eine klassische Psychoanalyse über 2 bis 4 Jahre – 2 bis 4 Sitzungen pro Woche – erstrecken kann. Die Langzeitvariante wird aber in der Praxis nur noch selten angewandt, was u.a. aus Kassenstatistiken, Expertenaussagen und Therapeutenbefragungen (Hutzli & Schneeberger, 1995) hervorgeht. Verhaltens- und kognitive Therapien haben im Durchschnitt eine Therapiedauer von 30 bis 40 Behandlungsstunden (Grawe, Caspar & Ambühl, 1990).

Kurztherapien dauern normalerweise zwischen 10 und 20 Stunden, wobei die Stundenzahl nicht das einzige Kriterium darstellt. Auch ihre Ziele sind weniger weitreichend als bei Langzeittherapien (vgl. Koss & Shiang, 1994). Die Dauer der Behandlung von gestörten Funktionen variiert in großen Breiten, je nach Art der Störung. Sprachstörungen als Folge zerebraler Defekte werden z.B. mitunter über Jahre hinweg behandelt.

• *Ort der therapeutischen Macht* (vgl. Kessler & Roth, 1980): *Direkte, intermediäre Methoden, Selbsthilfemethoden.* Bei den direkten Methoden («power to the therapist»), worunter die traditionellen therapeutischen Settings fallen, arbeiten die Therapeuten mit einzelnen Patienten, Paaren, Gruppen usw. direkt zusammen. Beim Mediatorenkonzept («power to the mediator») richtet sich die Hilfestellung nicht direkt an den Patienten, sondern an relevante Bezugspersonen. Psychotherapie durch Mediatoren versucht, durch Delegation der Expertenmacht, das unmittelbare Umfeld des Patienten therapeutisch oder hilfstherapeutisch zu qualifizieren (Perrez, 1988). Selbsthilfemethoden («power to the person») sind durch die Selbstorganisation der Hilfesuchenden und durch die Abwesenheit von Experten charakterisiert. Ex-

perten sind gegebenenfalls bei der Initiierung behilflich (Marks, 1994).

• *Beeinflussungsebene:* Es können *intrapersonelle Funktionen und Funktionsmuster, interpersonelle Systeme* unterschieden werden (vgl. Kap. 1/ Grundbegriff – Einleitung).

9.2 Einteilung nach Therapiezielen

Die inzwischen veraltete, aber dennoch gelegentlich diskutierte Unterscheidung «Einsichtstherapien» versus «Verhaltenstherapien» (London, 1964) geht davon aus, daß einzelne Therapierichtungen primär *einsichtsorientiert* sind – so die Psychoanalyse oder die Gesprächspsychotherapie – und andere eher *verhaltensorientiert.* Danach würden gewisse Therapiearten die Veränderung von Einsichten und andere die Veränderung von (offenen) Verhaltenstendenzen anstreben. Diese Dichotomisierung nach (zentralen) kognitiven versus (peripheren) Verhaltenszielen ist indes unangemessen. In der Verhaltenstherapie spielen Einsicht, Motivation usw. ebenfalls eine zentrale Rolle. Selbst bei Methoden wie der Expositionstherapie wird davon ausgegangen, daß der Patient Einsicht in die Zusammenhänge seiner Störung und der Therapie erhalten solle. Dennoch kann man Therapiemethoden grob danach ordnen, ob sie den Zugang zur Veränderung im psychologischen Regulationssystem eher repräsentations- oder aber reaktionsorientiert gestalten. Kognitive Umstrukturierung oder Psychoanalyse sind zunächst eher auf die Veränderung der kognitiven Repräsentation ausgerichtet. Letztendlich intendieren aber alle wichtigen Psychotherapiemethoden, psychische Störungen zu beheben (Greve, 1993).

9.3 Einteilung der Therapieformen nach theoretischen Ansätzen

Als letzte Einteilungsvariante soll jene erörtert werden, die meistens als Gliederungskriterium verwendet wird, nämlich die Klassifikation der psychotherapeutischen Methoden nach Schulen.

Dieses häufig verwendete Kriterium hat den Vorteil, die verschiedenen Methoden nach ih-

rem theoretischen Hintergrund zusammenzufassen, so wie er von den Proponenten des Ansatzes selbst beschrieben wird. Damit bildet nicht
eine wissenschaftliche psychologische Systematik (z.B. nach formalen Aspekten, Indikations-
kriterien, verwendeten Mitteln usw.) das Ein-
teilungskriterium, sondern die theoretischen
Ideen und Kausalattributionen, die von den
Vertretern des Ansatzes selbst vorgebracht werden, die u.U. der Alltagspsychologie näher stehen als der wissenschaftlichen Psychologie, wie
z.B. bei den bioenergetischen Methoden oder
bei der Organismischen Psychotherapie. Die Einteilung nach Schulen verzichtet auf ein einheit-
liches theoretisches wissenschaftliches Referenz-
system. Nachteilig ist die mangelnde Ökonomie
einer solchen Systematik, da die therapeutischen Schulen unterdessen Legion geworden
sind. Deshalb werden sie mitunter in schulischen Familien zusammengefaßt, z.B. tiefenpsychologische Ansätze, Verhaltens- und

Kognitionstherapeutische Ansätze und Existen-
tiell-Humanistische Ansätze (Korchin, 1976).
Tabelle 4 stellt vier verschiedene theoretische
Therapieansätze – nach einem Schema von
Karasu (1977) – in verschiedenen Kriterien ver-
gleichend gegenüber (s. **Tab. 4**). Diese Gegenüberstellung gibt die stark vereinfachte Charakterisierung der Ansätze aus der Sicht ihrer
Proponenten wieder.

Die Tabelle läßt in der schematisierten Gegenüberstellung einige Aspekte und Akzente erkennen, in denen sich diese vier Therapiegruppen
in ihrem Selbstverständnis theoretisch unterscheiden. Die verschiedenen – auch wissenschaftlich unterschiedlich elaborierten und fundierten – Selbstdarstellungen suggerieren über
Gebühr Unterschiede in den Zielsetzungen,
Wirkungen und Methoden. Daß sich die *Unterschiede zwischen* den Ansätzen und die *Homogenität innerhalb* einzelner theoretischer Konzep-

Tabelle 4: Vier Psychotherapie-Ansätze – aus der Sicht ihrer Proponenten (vgl. Karasu, 1977)

Konzepte	Tiefenpsycho-logischer Ansatz (z. B. Freud, Winnicott)	Verhaltens-therapeutischer Ansatz (z. B. Beck, Meichenbaum)	Existenziell-Humanistischer Ansatz (z. B. Rogers, Gendlin)	Kommunikations-orientierter Ansatz (z. B. Watzlawick, Minuchin)
Ätiologiekonzept	Frühkindliche Triebkonflikte, Verdrängungs-prozesse	Dysfunktionale Lerngeschichte, Person-Umwelt-Interaktion	Inkongruenz von Erfahrung und Selbstkonzept	Störungen als Ausdruck/Folge dysfunktionaler Kommunikations-strukturen
Gesundheits-konzept/ Therapieziele	Aufarbeitung von intrapsychischen Konflikten, «Wo Es war soll Ich werden», dem Patienten helfen, unbewußte Motive zu erkennen	Wiederherstellung der Verhaltens- und Erlebens-kompetenzen, Veränderung der Selbstsicht, Selbstkontrolle	Förderung der Selbstaktualisierung, «Fully functioning person»	Herstellen konstruk-tiver Kommunika-tionsstrukturen, Entdecken dysfunk-tionaler Kommu-nikationsstrukturen, Kommunika-tionsstrukturen reorganisieren helfen
Therapeutische Zeitperspektive	Gegenwart aus Vergangenheit verstehen	Gegenwartsorientiert	Gegenwartsorientiert	Gegenwartsorientiert
Psychologische Mittel	Deuten von freien Assoziationen, von Übertragungs-phänomenen, Fehlleistungen, Träumen usw., Beziehungserfahrung	Übung, Verstärkungs-lernen, Habituation, Modellernen, Kognitive Umstruk-turierung, psycho-physiologische Methoden	Zeigen von Empathie und Akzeptierung, Dialog, Encounter (teilweise Körper-erfahrung)	Instruktion/Deuten

te in der Praxis weniger deutlich akzentuieren, ist verschiedentlich belegt worden (vgl. Kiesler, 1966). Aber auch Untersuchungen bei Praktikern haben gezeigt, daß sich viele Psychotherapeuten nicht nur an *einer* Richtung orientieren, sondern unterschiedliche Konzepte verwenden (Garfield & Bergin, 1994). In der Psychotherapieforschung sind daher immer wieder Konzepte diskutiert worden, die sich nicht an Psychotherapieschulen oder Therapierichtungen orientieren und daher schulenübergreifend sind. Stichworte wie Integration, Eklektizismus, gemeinsame/unspezifische Faktoren, allgemeine Psychotherapie weisen auf schulenübergreifende Bemühungen hin:

• *Integration:* Im Vordergrund steht das Anliegen, unterschiedliche Ansätze theoretisch zu verschmelzen (Arkovitz, 1992; Märtens & Petzold, 1995). Wesentlich ist bei der Integration der Theoriebezug und die Herausarbeitung der Gemeinsamkeiten (Norcross, 1995).

• *Eklektizismus:* Beim Eklektizismus haben wir eine technologische Position, bei der wirksame Elemente – unbesehen von ihrer theoretischen Kompatibilität – herausgegriffen und kombiniert werden (Norcross, 1995).

Häufig werden die beiden Ansätze als identisch angesehen. Die Gemeinsamkeit besteht in der Abkehr von einer *einzigen* Therapieschule und in der Berücksichtigung von mehr als einer Richtung, doch unterscheiden sie sich dabei in ihrer Vorgehensweise (vgl. Huber, 1998).

Neben Integration und Eklektizismus sind als weiterer schulenübergreifender Ansatz das Konzept der *gemeinsamen, unspezifischen Faktoren* zu nennen, die in der Psychotherapieforschung häufig als übergeordnetes Konzept diskutiert worden sind. Mit Grawe, Donati und Bernauer (1994) sind wir der Meinung, daß dieser Begriff zu vielen Mißverständnissen Anlaß gegeben hat. Wir bevorzugen den Ausdruck «methodenübergreifende Variablen». Damit wird deutlicher, daß zum einen diese Faktoren (z. B. Empathie) in ihrer Auswirkung durchaus spezifisch sein können, und daß zum andern diese Faktoren nicht ohne weiteres von vornherein in Psychotherapien gleichstark realisiert werden, sondern in ihrer Ausprägung durchaus variieren können. Mit dem Konzept der gemeinsamen,

unspezifischen Faktoren verbindet sich teilweise ein abwertender Unterton, daß unspezifische Faktoren letztlich nur die Placebowirkung repräsentieren; ebenso werden die gemeinsamen Faktoren gelegentlich für mangelnde differentielle Befunde verantwortlich gemacht.

In neuerer Zeit werden unter den gemeinsamen Faktoren wesentliche Dimensionen verstanden, durch die Psychotherapie beschrieben und weiterentwickelt werden kann. Vorhandene Methoden können in einem derartigen Ansatz dargestellt und beurteilt werden, ohne daß Unterschiede in Vorgehen und Wirkung verwischt werden. Weinberger (1995) hat folgende gemeinsamen Faktoren zur Diskussion gestellt:

– Therapeutische Beziehung (Arbeitsbündnis, Übertragung);
– Erfolgserwartung. Dieser Aspekt wird in der Forschung oft als Störfaktor betrachtet und minimiert, obwohl er für die Praxis bedeutsam ist;
– Konfrontation mit dem Problem;
– Kognitive Kontrolle über das Problem;
– Erfolgs-, Mißerfolgsattribution durch den Patienten als wesentliches Element für Compliance, Abbruch, Rückfall, Erfolg; bisher ist dieser Aspekt wenig beachtet worden.

Einen etwas anderen Ansatz vertritt Grawe (1995) mit dem Konzept der *Allgemeinen Psychotherapie*. Er postuliert die in Abschnitt 3.1 angeführten Grundmechanismen als zentrale Momente der Psychotherapie: Ressourcenaktivierung, Problemaktualisierung, aktive Hilfe zur Problembewältigung und motivationale Klärung. In den Ansätzen von Weinberger und Grawe wird ein übergeordneter Diskussionsrahmen aufgestellt, in dem bestehende Psychotherapierichtungen lokalisiert und beschrieben werden können. Dadurch wird deutlich, welche Psychotherapierichtungen welche Aspekte favorisieren bzw. vernachlässigen. Für einen derartigen allgemeinen Rahmen hat Grawe den Begriff der Allgemeinen Psychotherapie vorgeschlagen. Dabei ist anzumerken, daß diese nicht durch eine spezifische oder spezielle Psychotherapie zu ergänzen ist. Vielmehr signalisiert der Begriff, daß es sich um ein übergeordnetes Verständnis von Psychotherapie handelt, wie wir es auch bei anderen Fachdisziplinen (Innere Medizin etc.) in Form von gemeinsamer Forschungs- und Berufsidentität beobachten. Dabei darf dieses Rahmenkonzept nicht mit einer umfassenden Rahmentheorie im Sinne einer Grundlagentheorie verwechselt werden. Derartige Metatheorien liegen bisher weder für die Psychotherapie noch andere Anwendungsgebiete der Psychologie und auch nicht für andere Gebiete der Psychologie vor. Ein allgemeines Rahmenkonzept darf auch nicht als Versuch gesehen werden, aus unterschiedlichen Ansätzen einen Einheitsansatz zu konstruieren. Wesentlich ist für ein derartiges Rahmenkonzept, daß es maßgebend von der Psychologie als Wissenschaft vom Erleben und Verhalten geprägt wird, da Psychotherapie als Methode durch den Ansatzpunkt im Erleben und Verhalten charakterisiert ist.

10. Schlußbemerkungen

Die Tatsache, daß viele der heute verbreiteten Psychotherapieansätze nicht durch den Wissenskorpus der Psychologie, sondern durch wissenschaftsfremde Ideen inspiriert sind, erschwert die Darstellung und Auseinandersetzung mit den klinisch-psychologischen Interventionsmethoden der Gegenwart. Im vorliegenden Lehrbuch gewähren wir daher jenen Ansätzen größere Aufmerksamkeit, die aus psychologischen Forschungszusammenhängen hervorgegangen sind. Bei jenen psychotherapeutischen Methoden, deren Vertreter einen theoretischen Hintergrund favorisieren, der in der Psychologie weniger verankert ist, wird – soweit sie hier zur Sprache kommen – der Versuch gemacht, die Bezüge zur Psychologie herzustellen. Das betrifft vor allem die psychoanalytisch orientierten Interventionen. Denn auch ihre Wirkungsweise beruht auf psychologischen Gesetzmäßigkeiten, die zu erforschen sich die Psychologie vorgenommen hat, auch wenn deren Repräsentanten teilweise andere Kausalattributionen für ihre Wirkungen bemühen mögen.

Die klinisch-psychologischen Behandlungs/Therapie-Ansätze werden in diesem Lehrbuch einerseits nach dem Kriterium gegliedert, wo sie in ihrem therapeutischen Handeln ihren primären «Interventionsort» haben. Die verschiedenen psychotherapeutischen Ansätze favori-

sieren in je eigener Art bestimmte psychologische Ansatzpunkte, um therapeutische Veränderungen zu erzielen, einige Methoden stellen die *Therapeut-Patient-Beziehung* ins Zentrum der therapeutischen Arbeit, andere die gezielte Veränderung von dysfunktionalen *Verhaltens- und Erlebensmustern* der Patienten, und wiederum andere arbeiten an der Veränderung der *Interaktionsstruktur und -qualität* zwischen Bezugspersonen. Es ist psychologisch auf der Grundlage der intra- und interindividuellen systemischen Organisiertheit des menschlichen Verhaltens und Erlebens durchaus stimmig, daß man auf verschiedenen Wegen zu ähnlichen Zielen gelangen kann, daß z. B. eine depressive Störung sowohl durch die gezielte Beeinflussung dysfunktionaler Kognitionen und Verhaltensweisen wie auch durch die Reorganisation des Selbstbildes durch eine strukturierte therapeutische Beziehungserfahrung gemildert werden kann. Die *Psychoanalyse* (Kap. 22.2) und die *Gesprächspsychotherapie* (Kap. 22.3) betrachten wir als therapeutische Ansätze, bei denen die *Therapeut-Patient-Beziehung* einen zentralen Stellenwert für die Therapie besitzt. Übertragungs- und Gegenübertragungsanalyse bzw. die Verwirklichung der therapeutischen Grundvariablen sind in diesen Therapien wesentliche Vehikel für die Inszenierung einer therapeutischen Beziehungserfahrung. In der *Verhaltenstherapie* (inkl. kognitive Ansätze; Kap. 22.4) wird direkter das *dysfunktionale Verhalten* der Patienten anvisiert, und es werden Lernarrangements geplant und durchgeführt, die den Patienten helfen, ihre Probleme angemessener zu meistern. Ein anderer Ansatzpunkt könnte die Arbeit mit dem *Körper* als Ansatzpunkt für Psychotherapie sein. Es wurde darauf verzichtet, diese Ansätze – mit Ausnahme des Biofeedbacks – im Lehrbuch darzustellen, da ihre wissenschaftlichen Grundlagen derzeit noch unzureichend sind. Eine andere Ebene stellen die *interpersonellen Systeme,* insbesondere die der Partnerschaft oder der Familie dar, die in Kap. 22.5 abgehandelt werden.

Die einheitliche Systematik der methodenorientierten Darstellung umfaßt jeweils die folgenden Teile:

– Einleitung, die auf das Gesundheits- und Krankheitskonzept und auf die Therapieziele Bezug nimmt,

– Interventionstechniken,
– Interventionsebenen,
– Wirksamkeit und Indikation, sowie
– Erklärung der Wirksamkeit für den jeweiligen Ansatz.

Es schien uns aus fachhistorischen und -politischen Gründen unumgänglich, die theoretischen Ansätze einzeln zu beschreiben, wenngleich wir die Zukunft der psychologischen Interventionsmethoden nicht in schulischen Ansätzen, sondern in Konzepten sehen, die unabhängig von ihrer Herkunft forschungsbasiert in der Psychologie verwurzelt sind. Studierende der Klinischen Psychologie müssen sich indes mit diesen heute praktizierten Verfahrensgruppen und den damit verbundenen Ideen auseinandersetzen.

Diese Ansätze waren in den letzten Jahrzehnten – wenn auch in unterschiedlichem Ausmaß – Gegenstand der empirischen Prozeß- und Wirkungsforschung. Wir gehen davon aus, daß sich die wissenschaftliche Entwicklung der klinisch-psychologischen Behandlungsmethoden künftig stärker an der Entwicklung der verschiedenen Teilgebiete der Psychologie als an einzelnen historischen Autoritäten orientieren wird. Die in vielen Störungsbereichen unklare Befundlage, die die strikte Anwendung eines differentiellen Indikationsmodells derzeit nur begrenzt erlaubt (vgl. Kap. 3 und 4 zur Wissenschaftstheorie), hat zur Folge, daß an die Psychotherapeuten ganz besondere wissenschaftliche und praktische Ansprüche zu richten sind. Eine bessere Vernetzung der Psychotherapie mit ihren wissenschaftlichen Grundlagen (vgl. Boulder-Modell; s. Kap. 19/Gesundheitsversorgung) erscheint uns unerläßlich zu sein, um eine optimale, wissenschaftlich begründete Psychotherapie zu gewährleisten.

11. Literatur

Antaki, Ch. & Brewin, Ch. (1982). *Attributions and psychological change*. London: Academic Press.

Ambühl, H. & Grawe, K. (1988). Die Wirkungen von Psychotherapie als Ergebnisse der Wechselwirkung zwischen therapeutischem Angebot und Aufnahmebereitschaft der Klient/inn/en. *Zeitschrift für Klinische Psychologie, Psychopathologie und Psychotherapie, 36*, 308–327.

Arkowitz, H. (1992). Integrative theories of therapy. In D. K. Freedheim (Ed.), *History of psychotherapy* (pp. 261–303). Washington: American Psychological Association.

Bandura, A. (1987). Perceived self-efficacy: exercise of control through self-belief. In J. P. Dauwalder, M. Perrez & V. Hobi (Eds.), *Controversial issues in behavior modification* (pp. 27–59). Amsterdam: Swets & Zeitlinger.

Bankoff, E. A. & Howard, K. I. (1992). The social network of the psychotherapy patient and effective psychotherapeutic process. *Journal of Psychotherapy Integration, 2*, 273–294.

Bastine, R. (1988). Psychotherapeutische Prozesse – von der Verlegenheit, psychotherapeutische Veränderungen zu erklären. *Zeitschrift für Klinische Psychologie, Psychopathologie und Psychotherapie, 36*, 296–307.

Baumann, U. (1986). Zum Placebo-Konzept in der Psychotherapie. In H. Hippius, K. Überla, G. Laakmann & J. Hasford (Hrsg.), *Das Placebo-Problem* (S. 97–105). Stuttgart: Fischer.

Baumann, U. (Hrsg.). (1987). Soziales Netzwerk – Soziale Unterstützung (Themenheft). *Zeitschrift für Klinische Psychologie, 16*, 4.

Baumann, U. (1996). Wissenschaftliche Psychotherapie auf der Basis der wissenschaftlichen Psychologie. *Report Psychologie, 21*, 9, 686–699.

Baumann, U. & von Wedel, B. (1981). Stellenwert der Indikationsfrage im Psychotherapiebereich. In U. Baumann (Hrsg.), *Indikation zur Psychotherapie* (S. 1–36). München: Urban & Schwarzenberg.

Beck, A. T., Rush, A. J., Shaw, B. F. & Emery, G. (1983). *Kognitive Therapie der Depression*. München: Urban & Schwarzenberg.

Beitman, B. D., Goldfried, M. R., Norcross, J. C. (1989). The movement toward integrating the psychotherapies: An overview. *American Journal of Psychiatry, 146*, 138–147.

Benjamin, L. S. (1987). Use of structural analysis of social behavior (SASB) to define and measure confrontation in psychotherapy. In W. Huber (Ed.), *Progress in psychotherapy research* (pp. 469–495). Louvain-la-Neuve: Presses Universitaires de Louvain.

Bergin A. E & Garfield S. L. (Eds.). (1994). *Handbook of psychotherapy and behavior change* (4th ed.) New York: Wiley.

Beutler, L. E., Machado, P. P. P. & Neufeldt, S. A. (1994). Therapist variables. In A. E. Bergin & S. L. Garfield (Eds.), *Handbook of psychotherapy and behavior change* (pp. 229–269). New York: Wiley.

Beutler, L. E., Williams, R. E., Wakenfield, P. J. & Entwistle, St. R. (1995). Bridging scientist and practitioner perspectives in clinical psychology. *American Psychologist, 50*, 984–994.

Blaser, A. (1985). Diagnose und Indikation in der Psychotherapie. *Zeitschrift für Klinische Psychologie, Psychopathologie und Psychotherapie, 4*, 294–304.

Bower, G. H. & Hilgard, E. R. (1981). *Theorien des Lernens I*. Stuttgart: Klett-Cotta.

Brehm, S. S. & Smith, T. W. (1986 3). Social psychological approaches to psychotherapy and behavior change. In S. L. Garfield & A. Bergin (Eds.), *Handbook of psychotherapy and behavior change* (pp. 69–116). New York: Wiley.

Brewin, C. R. (1988). *Cognitive foundations of clinical psychology*. London: Erlbaum.

Caspar, F. (1995). *Hypothesenbildungsprozesse in psychotherapeutischen Erstgesprächen. Probleme und Möglichkeiten des empirischen Zuganges* (Habilitationsschrift). Bern: Universität Bern.

Caspar, F. (1997). What goes on in a psychotherapist's mind? *Psychotherapy Research, 7,* 105–125.

Christensen, A. & Jacobson, N.S. (1994). Who (or what) can do psychoterapy: The status and challenge of nonprofessional therapies. *Psychological Science, 5,* 8–14.

Dsubanko-Obermayr, K. & Baumann, U. (1998). Informed consent in psychotherapy: demands and reality. *Psychotherapy research, 8,* 321–247.

Fiegenbaum, W. & Tuschen, B. (1996). Reizkonfrontation. In J. Margraf (Hrsg.), *Lehrbuch der Verhaltenstherapie, Bd. 1* (S. 301–313). Berlin: Springer.

Fietkau, H.-J. (1977). *Die Einstellung in der Psychotherapie.* Salzburg: Otto Müller.

Frank, J.D. (1989). Non-specific aspects of treatment: The view of a psychotherapist. In M. Shepherd & N. Sartorins (Eds.), *Non-specific aspects of treatment* (pp. 95–114). Toronto: Hans Huber Publishers.

Garfield, S.L. (1994). Research on client variables in psychotherapy. In A.E. Bergin & S.L. Garfield (Eds.), *Handbook of psychotherapy and behavior change* (pp. 190–228). New York: Wiley.

Gaston, L. Marmar. C.R., Thompson L.W. & Gallagher, D. (1988). Relation of patient pretreatment characteristics to the therapeutic alliance in diverse psychotherapies. *Journal of Consulting and Clinical Psychology, 56,* 483–489.

Goldfried, M.R. (1987). The challenge of psychotherapy integration. In W. Huber (Ed.), *Progress in psychotherapy research* (pp. 801–823). Louvain-La-Neuve: Presses Universitaires de Louvain.

Grawe, K. (1981a). Überlegungen zu möglichen Strategien der Indikationsforschung. In U. Baumann (Hrsg.), *Indikation zur Psychotherapie* (S. 221–236). München: Urban & Schwarzenberg.

Grawe, K. (1981b). Vergleichende Psychotherapieforschung. In W.-R. Minsel & R. Scheller (Hrsg.), *Psychotherapie* (S. 149–183). München: Kösel.

Grawe, K. (1987). Psychotherapie als Entwicklungsstimulation von Schemata – ein Prozeß mit nicht voraussehbarem Ausgang. In F. Caspar (Hrsg.), *Problemanalyse in der Psychotherapie* (S. 72–87). Tübingen: DGVT.

Grawe, K. (1997). Research-informed psychotherapy. *Psychotherapy Research, 7,* 1–19.

Grawe, K., Caspar, F. & Ambühl, H. (1990). Die Berner Therapievergleichsstudie. *Zeitschrift für Klinische Psychologie, 19* (4).

Greenberg, L.S. (1986). Change process research. *Journal of Consulting and Clinical Psychology, 54,* 4–9.

Greenberg, L.S., Rice, L. & Elliott, R. (1993). *Facilitating emotional change: The moment to moment process.* New York: Guilford Press.

Greve, W. (1993). Ziele therapeutischer Intervention: Probleme der Bestimmung, Ansätze der Beschreibung, Möglichkeiten der Begründung und Kritik. *Zeitschrift für Klinische Psychologie, 22,* 347–373.

Halder, P. (1977). *Verhaltenstherapie und Patientenerwartung.* Bern: Huber.

Heigl, F.S. & Triebel, A. (1977). *Lernvorgänge in psychoanalytischen Therapien. Die Technik der Bestätigung. Eine empirische Untersuchung.* Bern: Huber.

Helm, J. (1980). *Gesprächspsychotherapie.* Darmstadt: Steinkopff Verlag.

Herschbach, P., Klinger, A. & Odefey, S. (1980). *Die Therapeut-Klient-Beziehung.* Salzburg: Otto Müller.

Howald, K.I., Lueger, R.J. Maling, M.S. & Martinovich, Z. (1992). *A phase model of psychotherapy outcome: Causal mediation of change.* Paper presented at the 23rd Annual Meeting of the Society for Psychotherapy Research, Berkeley, CA

Huber, W. (1987). *La Psychologie clinique aujourd'hui.* Bruxelles: Pierre Mardaga.

Huber, W. (1992). *Probleme, Ängste, Depressionen. Beratung und Therapie bei psychischen Störungen.* Bern: Huber.

Huber, W. (1998). Entwicklung der integrativen Therapie. In W. Senf & M. Broda (Hrsg.), *Praxis der Psychotherapie. Ein integratives Lehrbuch für Psychoanalyse und Verhaltenstherapie.* (2. Aufl., S. 228–230). Stuttgart: Thieme.

Hutzli, E. & Schneeberger, E. (1995). *Die Psychotherapeutische Versorgung in der Schweiz. Eine Umfrage bei psychotherapeutisch tätigen Personen.* Unveröff. Lizentiatsarbeit. Universität Bern.

Ischi, N. (1985). *Zur Erklärung der Wirksamkeit der differentiellen Beachtung.* Unveröff. Diss., Universität, Bern.

Kanfer, F.H. & Grimm, L.G. (1980). Managing clinical change. A process model of therapy. *Behavior Modification, 4,* 419–444.

Kanfer, F.H., Reinecker, H. & Schmelzer, D. (1991). *Selbstmanagement-Therapie.* Berlin: Springer.

Karasu, T.B. (1977). Psychotherapies: An overview. *American Journal of Psychiatry, 124,* 833–874.

Kazdin, A.E. (1994). Methodology, design, and evaluation in psychotherapy research. In A.E. Bergin & S.L. Garfield (Eds.), *Handbook of psychotherapy and behavior change* (pp. 19–71). New York: Wiley.

Kessler, B.H. & Roth, W.L. (1980). Verhaltenstherapie: Strategien, Wirkfaktoren und Ergebnisse. In W. Wittling (Hrsg.) *Handbuch der Klinischen Psychologie* (Bd. 2) (S. 246–287). Hamburg: Hoffmann und Campe.

Kiesler, D.J. (1966). Some myths of psychotherapy research and the search for a paradigm. *Psychological Bulletin, 65,* 110–136.

Korchin, S. (1976). *Modern clinical psychology.* New York: Basic Books.

Koss, M.P. & Shiang, J. (1994). Research on brief psychotherapy. In A.E. Bergin & S.L. Garfield (Eds.), *Handbook of psychotherapy and behavior change* (pp. 664–700). New York: Wiley.

Krasner, L. (1962). The therapist as a social reinforcement machine. In H.H. Strupp & L. Luborsky (Eds), *Research in psychotherapy* (Vol. II) (pp. 61–94). Washington: American Psychological Association.

Kupper, Z. (1986). *Psychosoziale Versorgung (Kanton Freiburg/Schweiz).* Unveröff. Liz. Arbeit, Universität, Freiburg (Schweiz).

Lambert, M.J. & Bergin, A.E. (1994). The effectiveness of psychotherapy. In A.E. Bergin & S.L. Garfield (Eds.), *Handbook of psychotherapy and behavior change* (pp. 143–189). New York: Wiley.

Lazarus, A.A. (1984). In support of technical eclecticism. *Psychological Report, 21,* 115 116.

Leuzinger-Bohleber, M. & Pfeifer, R. (1989). Motivations- und Emotionsstörungen. Ein Cognitive Science Ansatz. Teil II: Interventionsstrategien. *Zeitschrift für Klinische Psychologie, Psychopathologie und Psychotherapie, 37*, 195–217.

London, P. (1964). *The modes and morals of psychotherapy.* New York: Holt, Rinehart & Winston.

Maercker, A. (1996). Operante Verfahren. In J. Margraf (Hrsg.), *Lehrbuch der Verhaltenstherapie, Bd. 1* (S. 401–410). Berlin: Springer.

Märtens, M. & Petzold, H. (1995). Perspektiven der Psychotheapieforschung und Ansätze für integrative Orientierungen (Psychotherapy research and integrative orientations). *Integrative Therapie, 1*, 3–7.

Margraf, J. & Baumann, V. (1986). Welche Bedeutung schreiben Psychotherapeuten der Erfahrung zu? *Zeitschrift für Klinische Psychologie, 15*, 248–253.

Marks, I. (1994). Behavior therapy as an aid to self-care. *Current Directions in Psychological Science, 3*, 19–22.

Martin, D. G. (1975). *Gesprächspsychotherapie als Lernprozeß.* Salzburg: Otto Müller.

McCullough, L., Winston, A., Farber, B. A., Porter, F., Pollack, J., Laikin, M., Vingiano, W. & Trujillo, M. (1991). The relationship of patient – therapist interaction to outcome in brief psychotherapy. *Psychotherapy, 28*, 525–533.

Mikula, G. (1977). Interpersonale Attraktion: Ein Überblick über den Forschungsgegenstand. In G. Mikula & W. Stroebe (Hrsg.), *Sympathie, Freundschaft und Ehe* (S. 13–40). Bern: Huber.

Miltner, W., Birbaumer, N. & Gerber, W. D. (Hrsg.). (1986). *Verhaltensmedizin.* Berlin: Springer.

Nietzel, M. T. & Fisher, S. G. (1981). Effectiveness of professional and paraprofessional helpers: A comment on Durlak. *Psychological Bulletin, 89*, 555–565.

Norcross, J. C. (1995). Psychotherapie-Integration in den USA. Überblick über eine Metamorphose (Psychotherapy integration in the USA: An overview of a metamorphosis). *Integrative Therapie, 1*, 45–62.

Orlinsky, D. E. & Howard, K. I. (1986 3). Process and outcome in psychotherapy. In S. L. Garfield & A. E. Bergin (Eds.), *Handbook of psychotherapy and behavior change* (pp. 311–384). New York: Wiley.

Orlinsky, D. E. & Howard, K. I. (1987). A generic model of process in psychotherapy. In W. Huber (Ed.), *Progress in psychotherapy research* (pp. 445–458). Louvain-La-Neuve: Presses Universitaires de Louvain.

Orlinsky, D. E., Grawe, K. & Parks, B. K. (1994). Process and outcome in psychotherapy – noch einmal. In A. E. Bergin & S. L. Garfield (Eds.), *Handbook of psychotherapy and behavior change* (pp. 270–329). New York: Wiley.

Perrez, M. (1982). Ziele der Psychotherapie. In R. Bastine, P. A. Fiedler, K. Grawe, S. Schmidtchen & G. Sommer (Hrsg.), *Grundbegriffe der Psychotherapie* (S. 459–463). Weinheim: Edition Psychologie.

Perrez, M. (1988). Psychologische Intervention über Mediatoren (Themenheft). *Heilpädagogische Forschung, 14* (3).

Prochaska, J. O., DiClemente, C. C. & Norcross, J. C. (1992) In search of how peoples change. *American Psychologist, 47*, 1102–1114.

Schofield, P. T. (1964). *Psychotherapy: The purchase of friendship.* New York: Prentice Hall.

Seligman, M. E. (1994). *What you can change and what you can't. The complete guide to successful self-improvement.* New York: Knopf.

Spada, H. (1992). *Lehrbuch Allgemeine Psychologie* (2. Aufl.). Bern: Huber.

Stein, D. H. & Lambert, M. J. (1984). On the relationship between therapist experience and psychotherapy outcome. *Clinical Psychology Review, 4*, 127–142.

Stiles, W. B., Shapiro, D. A. & Elliott, R. (1986). Are all psychotherapies equivalent? *American Psychologist, 41*, 165–180.

Stricker, G. (1992). The relationship of research to clinical practice. *American Psychologist, 47*, 543–549.

Strupp, H. H. (1986). Psychotherapy. Research, Practice, and public policy. *American Psychologist, 2*, 120–130.

Sue, S. & Zane, N. (1987). The role of culture and cultural techniques in psychotherapy: A critique and reformulation. *American Psychologist, 42*, 37–45.

Weinberger, J. (1995). Common factors aren't so common: the common factors dilemma. *Clinical Psychology, 2*, 45–69.

Westmeyer, H. (1987). Möglichkeiten der Begründung therapeutischer Entscheidungen. In F. Caspar (Hrsg.), *Problemanalyse in der Psychotherapie* (S. 20–31). München: dgvt.

Westmeyer, H. & Hoffmann, N. (1977). *Verhaltenstherapie. Grundlegende Texte.* Hamburg: Hoffmann & Campe.

Wills, T. A. (1982). Non-specific factors in helping relationships. In T. A. Wills (Ed.), *Basic processes in helping relationships* (pp. 381–404). New York: Academic Press.

Zeier, H. (1998). *Biofeedback. Physiologische Grundlagen–Anwendungen in der Psychotherapie.* Bern: Huber.

Zielke, M. (1979). *Laienpsychotherapeuten in der klientenzentrierten Psychotherapie.* Salzburg: Otto Müller.

Zielke, M. (Hrsg.). (1982). *Diagnostik in der Psychotherapie.* Stuttgart: Kohlhammer.

Zimmer, D. (1983). Empirische Ergebnisse der Therapieforschung zur Therapeut-Kient-Beziehung. In D. Zimmer (Hrsg.), *Die therapeutische Beziehung* (S. 12–28). Weinheim: Edition Psychologie.

22.2 Ansatzpunkt Therapeut-Patient-Beziehung: Psychoanalytisch orientierte Psychotherapie

Rainer Richter

Inhaltsverzeichnis

1. Einleitung

Seelische Krankheit wird in psychischen und körperlichen Symptomen und Störungen erkennbar, denen aktuelle Krisen seelischen Geschehens, aber auch pathologische Veränderungen psychischer Strukturen zugrunde liegen können. Psychische Strukturen werden dabei verstanden als die anlagemäßig disponierenden und lebensgeschichtlich erworbenen Grundlagen seelischen Geschehens, das direkt beobachtbar oder indirekt erschließbar ist. Auch Beziehungsstörungen können Ausdruck von Krankheit sein, wenn ihre ursächliche Verknüpfung mit einer krankhaften Veränderung des seelischen oder körperlichen Zustandes eines Menschen nachweisbar ist.

Seelische Krankheit entsteht dann, wenn unbewußte Faktoren einMinimum an emotionalem Wohlbefinden, an Selbstverwirklichung in sozialen Beziehungen und an materieller Sicherheit verhindern und sich direkt oder in Gestalt von psychophysischen Symptomen Ausdruck verschaffen (vgl. Loch,1986). Die Entstehung psychischer oder somatischer Symptome wird in der psychoanalytischen Theorie als Ergebnis eines Kompromisses zwischen verdrängten, unbewußten Triebimpulsen und diesen entgegenwirkenden Abwehrmechanismen verstanden. Entsprechend dieser Theorie wird die therapeutische Veränderung durch psychoanalytische Psychotherapie dadurch erklärt, daß diese unbewußten Konflikte zwischen Triebregungen und Abwehr mit Hilfe von Deutungen bewußt gemacht und gelöst werden, wobei sich diese Abwehrformen in der therapeutischen Beziehung als Widerstände darstellen. Hauptwiderstand in der Behandlung ist die Übertragung, wie die unbewußte Wiederholung früherer Konflikte mit elterlichen Bezugspersonen in der therapeutischen Beziehung genannt wird.

Gesundheit bedeutet nicht die vollständige Lösung von Konflikten der Vergangenheit. Neben «einem genügenden Maß von Genuß und Leistungsfähigkeit» (Freud, 1916/17, S. 476) bedeutet Gesundheit gemäß dem neueren Verständnis vor allem auch die Fähigkeit, bisher gehemmte psychische Prozesse im Hier und Jetzt der psychotherapeutischen Beziehung zu mobilisieren und neu entstehende Konflikte nach den Bedingungen und Möglichkeiten der Gegenwart zu lösen (Nedelmann, 1980; Fonagy, Moran, Edgcumbe, Kennedy & Target, 1993).

Die tiefenpsychologisch fundierte Psychotherapie umfaßt solche Therapie-Formen, mit welchen die unbewußte Psychodynamik vor allem aktuell wirksamer neurotischer Konflikte behandelt wird. Eine Konzentration des therapeutischen Prozesses wird dabei durch die Begrenzung des Behandlungszieles, durch ein vorwiegend konfliktzentriertes Vorgehen und durch Einschränkung regressiver Prozesse angestrebt. Zur tiefenpsychologisch fundierten Psychotherapie gehören auch die analytische Kurz- bzw. Fokaltherapie, die dynamische Psychotherapie, und auch niederfrequente Therapien in einer längerfristigen, haltgewährenden therapeutischen Beziehung (stützende Psychotherapie). In der *analytischen Psychotherapie* werden zusammen mit der neurotischen Symptomatik der neurotische Konflikt und die zugrundeliegende neurotische Struktur des Patienten behandelt. Im Zentrum des therapeutischen Geschehens steht dabei die Übertragungs- und Widerstandsanalyse unter Nutzung regressiver Prozesse.

Während ältere Definitionen das Ziel von psychoanalytisch begründeten Psychotherapieverfahren noch als «das Unbewußte bewußt machen», «die Autonomie des Ichs erweitern» oder «die Rigidität der Abwehrmechanismen mindern» beschrieben und sich damit weitgehend einer empirische Überprüfung entzogen, wird in neueren, etwa derjenigen von Sandler und Sandler (1994, S. 42) eine Operationalisierung versucht, deren konzeptuelle Nähe zu anderen Theorien, etwa der Lerntheorie, augenfällig ist: Psychoanalytisch begründete Psychotherapieverfahren haben das Ziel, «die notwendige psychische Veränderung zu bewirken, durch die der Patient befähigt wird, zu neuen und therapeutisch wünschenswerten Lösungen seiner zentralen Konflikte zu gelangen, statt an den alten unbefriedigenden und schmerzhaften festzuhalten».

Beiden ätiologisch orientierten Verfahrensgruppen ist gemeinsam, daß sie die unbewußte Psychodynamik neurotischer Störungen mit psychischer und/oder somatischer Symptomatik zum Gegenstand der Behandlung machen.

2. Interventionstechniken und Behandlungsregeln

2.1 Interventionsformen

Psychoanalytisch begründete Psychotherapieverfahren sind durch die drei folgenden technischen Merkmale gekennzeichnet (vgl. Kernberg, 1981):

– die Neutralität des analytischen Psychotherapeuten,
– die vorrangige Verwendung der Deutung,
– die systematische Analyse der Übertragung.

Psychoanalytisch begründete Behandlungen werden mit unterschiedlicher Behandlungsfrequenz (max. 5 Stunden proWoche, min. 1 bis 2 Stunden pro Monat), in unterschiedlichen Settings (Einzel im Sitzen oder auf der Couch, Paar, Familie, Gruppe) und mit unterschiedlicher Dauer (wenige Wochen bis mehrere Jahre) durchgeführt. Die klassische Psychoanalyse auf der Couch ist eine hochfrequente (3 bis 5 Stunden pro Woche), in der Regel mehrere Jahre dauernde Einzel-Behandlung, die psychoanalytische Kurztherapie erstreckt sich über wenige (max. 50) Stunden.

Unter den psychoanalytisch begründeten Verfahren kommen der tiefenpsychologisch fundierten Psychotherapie und der analytischen Psychotherapie deswegen eine besondere Bedeutung zu, weil sie in der psychotherapeutischen Versorgung der Bevölkerung sehr verbreitet sind. Dieses wird sicherlich dadurch gefördert, daß sie zu denjenigen psychotherapeutischen Verfahren gehören, bei denen der Patient (in der Bundesrepublik Deutschland) Anspruch auf die Kostenübernahme durch seine Krankenkasse hat (vgl. Psychotherapie-Richtlinien, 1987; Vereinbarung über die Anwendung von Psychotherapie, 1988). Aber nicht nur in Deutschland gehören die psychoanalytisch begründeten Verfahren zu den verbreitetsten (vgl. Richter & Meyer, 1992, Kächele & Richter, 1997): Auch in den USA gaben in einer Umfrage die meisten Therapeuten als ihre spezifische theoretische Orientierung die psychodynamische an (Sammons & Gravitz, 1990).

2.2 Übertragungsanalyse und Widerstandsanalyse – analytische Psychotherapie als emotionale Erfahrung

Im Unterschied zu dieser Auffassung von psychoanalytischer Therapie als mit Einsicht arbeitender Technik, wie Freud sie ursprünglich formuliert hatte, ist allen neuen Entwicklungen der psychoanalytischen Technik die mehr oder weniger deutliche, partielle oder totale Verwendung der emotionalen Erfahrung gemeinsam. Wie Cremerius (1979) ausführt, entwickelte sich aus diesen Ansätzen, die auf Ferenczi zurückgehen, eine grundsätzlich veränderte Haltung des psychoanalytischen Psychotherapeuten dem Patienten gegenüber. War bei Freud noch die Übertragung ein gewissermaßen automatisch in Gang kommender Prozeß, eine Wiederholung alter Verhaltensmuster, in Beziehung zu anderen Menschen und damit auch zum Therapeuten, wird in diesen neueren Konzepten die Bedeutung des Beziehungsangebotes durch den Therapeuten betont. «Die analytische Situation ist eine analytische Beziehung, und der Psychotherapeut ist aufs engste verwickelt in diese Beziehung» (Sandler & Sandler, 1994, S. 43). So weist etwa Winnicott (1974) darauf hin, daß ein analytischer Prozeß durchaus als Äquivalent des Reifungsvorganges beim Säugling und beim Kleinkind verstanden werden kann und der Psychotherapeut durch eine angemessene Gestaltung der Übertragung zum Gelingen dieser Reifung beiträgt. Konsequent weiter gedacht bedeutet diese psychotherapeutische Position, daß der Therapeut in dem Bemühen, seinen Patienten zu verstehen, bereit sein muß, sich verwirren zu lassen, das entstehende Chaos zu ertragen. Die moderne Psychoanalyse hat immer besser begriffen, daß der Analytiker für das Unbewußte des Patienten im Brennpunkt von Liebe und Haß, Angst und Abwehr steht. Damit bildet die Übertragung die Grundlage für alle Schwierigkeiten des Patienten, all seine Leiden und Ängste während der Behandlung (vgl. Racker, 1982), ihre Analyse den letzlich das Erleben und Verhalten verändernden Prozeß.

Das unbewußte Wiederholen alter Beziehungsmuster und das rigide Festhalten an ihnen dient oft der Abwehr schmerzlicher, peinlicher oder bedrohlicher Affekte, die ihrerseits in der Regel mit frühen lebensgeschichtlichen Konflikten verbunden sind. Widerstand kann also als unbewußte Aktivität zum Selbstschutz verstanden werden, in der sich Lösungen widerspiegeln, die der Patient im Laufe seiner Entwicklung gefunden oder erlernt hat, um sich vor überwältigend schmerzhaften und bedrohlichen affektiven Erfahrungen zu schützen. «Diese verinnerlichten Schemata stellen die subjektive Verarbeitung zwischenmenschlicher Erfahrungen und Interaktionen dar und nicht die ‹objekive Realität›. Als Kompromißbildungen könne sie auch der Abwehr dienen, wenn bestimmte Beziehungen mit unangenehmen Affekten oder Ängsten verbunden sind» (Arbeitskreis Operationalisierte Psychodynamische Diagnostik, 1996, S. 45). Da das Ziel der Therapie die Aufgabe oder Modifikation dieser Lösungen ist, die ihrerseits in der Regel zwar Leiden hervorrufen aber eben auch dem Selbstschutz dienen, ist es nicht verwunderlich, daß sich der Patient in der therapeutischen Beziehung bei aller Motivation zur Veränderung gegen diese Aufdeckung wehrt. Und so kann auch die Übertragung dazu dienen, sich nicht an traumatische Erlebnisse, d.h. in erster Linie an die damit verknüpften Emotionen und Phantasien (vs. Kognitionen oder Gedächtnisinhalte) zu erinnern. Übertragungsanalyse geht also in der analytischen Therapie Hand in Hand mit der Analyse der Widerstände gegen das *emotionale Erinnern* an früheres Leiden, Angst und Haß.

In dieser neueren technischen Konzeption wird auch die Deutung anders verstanden. Sie solle nicht wie in der ursprünglichen Freudschen Konzeption den Patienten befähigen, neue emotionale Erfahrungen nach der durch Deutung gewonnenen Einsicht in der Beziehung zum Analytiker und auch außerhalb der Analyse zu erleben, sondern diese Reihenfolge dreht sich gewissermaßen um: Am Anfang steht die neue emotionale Erfahrung am Analytiker, die erst Deutung und Einsicht ermöglicht.

Bei dieser Technik-Konzeption der neuen emotionalen Erfahrung am Analytiker bestimmt die unterschiedliche Tiefe der Regression die Technik. Darunter wird verstanden, daß man dem Patienten das emotionale Wiedererleben früher, oft infantil-abhängiger Verhaltensweisen, Wünsche und Beziehungsformen und der damit verknüpften Gefühle ermöglicht. Beides entfaltet sich in der therapeutischen Beziehung am und zum Analytiker, wobei in dieser therapeutischen Regression versucht wird, das frühere Scheitern in der (in der Regel) Mutter-Kind-Beziehung zu reparieren. Kernberg (1978) weist in diesem Zusammenhang z.B. darauf hin, daß er ausschließlich hier und jetzt arbeite, daß eine Rekonstruktion kindlicher Erfahrungen und Gefühle durch Deutung unmöglich sei und daß er durch seine Technik der Interpretation der emotionalen therapeutischen Situation eine neue Wirklichkeit schaffe. Die Regression wird durch die für die analytische Psychotherapie typische Versagung, z.B. Nicht-Erfüllen von Wünschen, Schweigen, Nicht-Beantworten von Fragen des Analytikers, begünstigt. »Das zentrale Merkmal dieser Techniken ist somit die Ermöglichung, zum anderen die manipulative Herbeiführung einer korrigierenden emotionalen Erfahrung in der therapeutischen Zweier-Beziehung« (Cremerius, 1979, S. 588). Die Ergebnisse der neueren Psychotherapie-Prozeßforschung bestätigen die besondere kausale Bedeutung der *therapeutischen Allianz* (Luborsky, 1976) zwischen Patient und Therapeut für den Therapieerfolg, auf deren Basis erst die erstrebten korrigierenden emotionalen Erfahrungen möglich werden. Interessanterweise gilt dieser Wirkzusammenhang auch für andere Psychotherapieverfahren (vgl. Henry, Strupp, Schacht & Gaston, 1994), und zwar selbst für diejenigen, die die Gestaltung der therapeutischen Beziehung weder in ihrer Theorie noch in der therapeutischen Praxis systematisch reflektieren. Vor diesem Hintergrund wird die besondere Bedeutung der fachlichen Kompetenz und psychotherapeutischen Erfahrung des Psychotherapeuten, insbesondere des psychoanalytisch orientierten deutlich, auf die Kächele (1992, S. 237) verweist, wenn er für «ein Mehr an kognitiver Unterweisung d.h. Supervision und für ein Mehr an Erfahrung» plädiert.

2.3 Methode der freien Assoziation – die psychoanalytische Grundregel

Die Spezifität der psychoanalytisch begründeten Verfahren zeigt sich bereits beim freien Assoziieren und bei der Grundregel, wonach der Patient seinem Therapeuten alle Gedanken und Gefühle mitteilen kann (und soll), die ihm in der Behandlung bewußt werden. («Versuchen Sie alles zu sagen, was Sie bewegt, was Sie fühlen und denken, das erleichtert die Therapie;» Thomä & Kächele, 1988, S. 39). Der Grund, dieses dem Patienten zu empfehlen, ist die Erfahrung, daß derartige Assoziationen auf Vorstellungen und Phantasien, Einstellungen und Erwartungen des Patienten hinweisen, die er ohne die interpretative Hilfe des Therapeuten nicht bewußt erleben würde, und die in engem, oft ursächlichem Zusammenhang mit seinen aktuellen Konflikten und Störungen stehen.

Die Methode der freien Assoziation ist keineswegs eine Entdeckung der Psychoanalyse, sondern wurde bereits unsystematisch in der Antike beschrieben. Eine der ersten wissenschaftlichen Untersuchungen dürfte diejenige von Sir Francis Galton aus dem Jahre 1879 sein, die er als psychometric experiments in der renommierten Zeitschrift BRAIN veröffentlichte. Galton berichtete darüber, welche assoziierten Gedanken ihm durch den Kopf gingen, wenn er bestimmte Gegenstände betrachtete oder an bestimmte Worte dachte. Freud gebührte dann die Entdeckung, daß dieser Prozeß nicht nur produktiver ist, wenn ein Zuhörer anwesend ist, sondern daß diese freien Assoziationen in der Zwei-Personen-Beziehung häufig auf den anwesenden Therapeuten gerichtet sind. Dieses ist insbesondere dann der Fall, wenn der Therapeut sich mit verbalen Äußerungen zurückhält, dem Patienten jedoch zugewandt zuhört und sich dabei aller Wertungen, Meinungen, Fragen, Deutungen enthält, ja selbst auf Fragen des Patienten nicht beantwortet. Diese Haltung des Therapeuten ermöglicht und fördert die *gleichschwebende Aufmerksamkeit,* bei der der Therapeut versucht, sich in gleicher Weise sowohl von den eigenen Gedanken, Phantasien als auch den Äußerungen des Patienten beeindrucken zu lassen, ohne Präferenz für das eine oder das andere. Da nicht alles gleichermaßen in der Schwebe bleiben kann, wird die Aufmerksamkeit des Therapeuten dann unwillkürlich in bestimmte Richtungen gelenkt, womit eine Auswahl unter verschiedensten Gedanken, Gefühlen, Phantasien getroffen worden ist. Die Technik der gleichschwebenden

Aufmerksamkeit führt auf diese Weise dazu, daß der Therapeut den Gefühlen, Bewertungen des Patienten folgt, sich empathisch auf dessen Welt einläßt, ohne durch eigene Wertungen, Einstellungen oder Erwartungen eine Auswahl zu treffen, und doch immer wieder einen distanzierenden, beobachtenden Standpunkt einnimmt, von dem aus er sich in einem kontinuierlichen Prozeß der Selbstüberprüfung fragt, warum seine Gedanken in diese oder jene Richtung abgewandert sind.

2.4 Deuten – analytische Psychotherapie als Einsichtstherapie

Die Wiederherstellung zerrissener Zusammenhänge (Anna Freud, 1936), d.h. die Möglichkeit, das aktuelle Erleben und Verhalten aus der individuellen Lebensgeschichte heraus zu verstehen und sinnvoll zu verknüpfen, ist ein wesentliches Behandlungselement der psychoanalytisch begründeten Psychotherapie. Der Therapeut verweist auf das Vorhandensein von Verbindungen, Zusammenhängen und Bedeutungen, erinnert den Patienten an vergessene Aussagen oder konfrontiert ihn mit einer Diskrepanz, einem Widerspruch in sich selbst, einer falschen Darstellung und einer offensichtlichen, wenn auch unerkannten Unterlassung. Auf diese Weise gelingt es dem Patienten zuweilen, die Bedeutung der Zugehörigkeit verschiedener Fragmente seines Verhaltens, seiner Gefühle, Phantasien und Erfahrungen zu verstehen. Dies alles – Einsicht, Klarifikation, Konfrontation – wird unter dem Begriff Deutung zusammengefaßt. Dabei muß hervorgehoben werden, daß Deutungen keine Orakel sind, auch nichts mit linguistischen Techniken zu tun haben, sondern im Sinne einer therapeutischen Intervention die aktive Teilnahme des Therapeuten bedeuten, mit denen er dem Patient hilft, den psychotherapeutischen Prozeß zu verstehen und zu beschleunigen. Es handelt sich also bei der Deutung weniger um eine, anderen Psychotherapieverfahren vergleichbare Technik, sondern um ein komplexes interaktionelles, somit insbesondere auch emotionales Geschehen, daß nur in Grenzen kontrolliert und vorhersagbar ist. In dem geschützten Raum der therapeutischen Beziehung kann der Patient erproben, ob neue, durch Deutungen und Einsicht gestiftete Sinnzusammenhänge vor dem Hintergrund seiner individuellen Lebensgeschichte sich als tragfähig bei der Reorganisation seiner pathogenen sozialen Beziehungen erweisen.

Angesichts der hohen Komplexität dieser spezifischen Intervention, deren Bedeutung für die therapeutische Beziehung und den Erfolg einer Behandlung in zahlreichen klinischen Falldarstellungen und Studien beschrieben wurde, ist es somit nicht verwunderlich, daß sich die empirische Psychotherapieforschung erst in den letzten zehn Jahren mit der quantitativen Analyse dieser Intervention in kontrollierten Studien befaßte. So verweisen Henry et al. (1994) in ihrer Übersicht auf die besonderen methodischen Schwierigkeiten und die Problematik, Korrelationen etwa zwischen Intervention und Therapieeffekt kausal zu interpretieren. Immerhin konnten aber doch bereits seit langer Zeit bekannte klinische Erfahrungen in diesen quantitativen Studien belegt werden: Häufige Deutungen sind kein Garant für den Therapieerfolg, Deutungen sind keine wirksame Technik zur Verbesserung einer schlechten therapeutischen Beziehung, im Gegenteil, sie können, wenn zur falschen Zeit und falschen Inhalts, die therapeutische Beziehung sogar beeinträchigen, etwa indem sie zu heftigen Abwehrreaktionen des Patienten führen. Erst in multivariaten Designs kann die kausale Abfolge von Deutung-Übertragung-therapeutischer Allianz-Effekt untersucht werden. Eine dieser seltenen multivariaten Studien (psychoanalytisch begründete Kurztherapie; Piper et al., 1993, S. 491) kommt zu dem Schluß, daß «der Einfluß der psychotherapeutischen Technik nur in Verbindung mit Patientenvariablen und Variablen der therapeutischen Beziehung verstanden werden kann». Sie belegt den starken, negativen wie positiven, Einfluß von Übertragungsdeutungen auf den Therapieerfolg, je nachdem, ob die Patienten zu stabilen Objektbeziehungen in Lage waren oder nicht.

3. Interventionsvarianten

3.1 Mediatorenansatz

Als die klassische Mediatorenbehandlung, bei der eine relevante Bezugsperson des Patienten als Vermittler zwischen Therapeut und Patient auftritt, kann wohl der Fall des kleinen Hans gelten, den Freud 1909 publizierte. Der kleine Hans weigerte sich, auf die Straße zu gehen, aus Angst ein Pferd könne ihn beißen. Im Laufe der Analyse, die Rolle des Analytikers wurde dem Vater anvertraut, zeigte sich dann, daß die Pferdephobie vor dem Hintergrund des Ödipuskomplexes verstanden werden konnte: Der kleine Hans hatte seine ödipale Angst vor dem Vater auf das Pferd verschoben. Freud selbst blieb bei der Behandlung ganz im Hintergrund, er behandelte den kleinen Hans gewissermaßen indirekt, indem er den Vater anwies und ihn über die jeweiligen Interventionen berichten ließ.

Die indirekte Behandlung von Kindern, bei der die elterlichen Bezugspersonen die therapeutischen Partner oder Co-Therapeuten waren, wurde in der Folgezeit weiterentwickelt (vgl. Burlingham & A. Freud, 1953) und auch von anderen Therapierichtungen beschrieben (Innerhofer & Warnke, 1978). In der psychoanalytischen Familientherapie (vgl. Richter, Strotzka & Willi, 1976) schließlich haben Interventionen in bezug auf ein bestimmtes Familienmitglied mitunter das Ziel, bei einem anderen Familienmitglied Einsichten zu fördern und dessen affektives Erleben zu verändern. Allerdings spricht man bei der Familientherapie angesichts der Dynamik der intrafamiliären Beziehungen nicht mehr von Mediatorenbehandlung.

Als eine andere Form des Mediatorenansatzes können die *Balintgruppen* betrachtet werden, in denen der gruppendynamische Prozeß genutzt wird, um einem Mitglied der Gruppe ein besseres Verständnis für die von ihm berichtete konflikthafte Interaktion mit einem schwierigen Patienten zu vermitteln. Das, was sich zwischen Therapeut und Patient abspielt und was als Resultat der Wechselwirkung von Übertragung und Gegenübertragung verstanden wird, stellt sich szenisch in dem gruppendynamischen Prozeß dar und kann – falls es erkannt und zutreffend gedeutet wird – zu einer Lösung des dyadischen Konfliktes beitragen.

3.2 Gruppentherapie

Wie in der analytischen Einzelpsychotherapie ist auch in der analytischen Gruppenbehandlung

die Übertragung der entscheidende dynamische Wirkfaktor. Im Gegensatz zur analytischen Einzeltherapie, in der sich die Übertragung ausschließlich auf den Therapeuten richtet, betrifft sie in der Gruppensituation nicht nur diesen, sondern auch die anderen Gruppenmitglieder bzw. die Gruppe als ganze. Entsprechend gestaltet sich auch die Gegenübertragung in der Gruppe nicht innerhalb einer Zwei-Personen-Beziehung, sondern bezieht sich auf Gefühle und Einstellungen, die der Therapeut an sich selbst oder an anderen Patienten beobachtet, die als Reaktion auf das Übertragungsangebot zu verstehen sind. Ziel der analytischen Gruppenbehandlung ist es dabei auch, unbewußte Wünsche, Vorstellungen, Phantasien bewußt zu machen, Einsicht in die unbewußten Motive zu ermöglichen und dem Patienten damit zu einer der Realität angemesseneren Funktionsweise zu verhelfen. Die Interventionen Deutung, Widerstandsanalyse, Durcharbeiten usw. entsprechen dabei denen der Einzelbehandlung.

Wie schon in der analytischen Einzeltherapie soll die Gruppensituation es dabei dem einzelnen Patienten ermöglichen, neue emotionale Erfahrungen dadurch zu erleben, daß er durch die Deutung des Analytikers Einsicht in bisher unbewußte Motive und Phantasien erlangt. Steht in der Einzeltherapie die emotionale Erfahrung am Analytiker im Vordergrund, so ist es in der Gruppe die neue emotionale Erfahrung als Gruppenmitglied, als Mitglied einer Untergruppe oder als Einzelperson der Gruppe gegenüber. Als Beispiel für diesen Forschungssektor sei die Studie von Deneke (1982) angeführt, der an einer Patientenstichprobe den Therapieprozeß und den Therapieerfolg einer analytischen Gruppenpsychotherapie mit empirisch-psychologischen Methoden untersuchte (vgl. **Kasten 1**).

4. Wirksamkeit und Indikation

In der Psychotherapieforschung unterscheidet man Prozeß- und Erfolgsforschung (Kiesler, 1977). Während bei der Prozeßforschung der psychotherapeutische Prozeß, insbesondere die sich verändernde Beziehung zwischen Patient und Therapeut untersucht werden, sind bei der Erfolgsforschung vor allem jene Veränderungen von Interesse, die nach der eigentlichen Thera-

Kasten 1
Analytische Gruppenpsychotherapiestudie (Deneke, 1982)

Fragestellung

(1) Es sollen ausgewählte Aspekte des Verhaltens und Erlebens der Patienten und des Therapeuten während der Gruppenpsychotherapie, also Komponenten des psychotherapeutischen Prozesses untersucht werden: Selbst- und Fremdwahrnehmung der Gruppenteilnehmer, Interaktionsanalyse, emotionales Erleben der jeweiligen Gruppensitzungen.

(2) Mehrere Jahre nach der Gruppenpsychotherapie wurde untersucht, welche Veränderungen seit Beginn der Gruppenpsychotherapie festgestellt werden konnten, wobei diese vom Patienten als auch vom Therapeuten eingeschätzt wurden.

(3) Die dritte Fragestellung ergibt sich aus der Verknüpfung der beiden ersten: aus welchen Merkmalen oder Merkmalskomplexen des Therapieprozesses kann ein späterer Therapieerfolg vorhergesagt werden?

Methode

• *Stichprobe:* N = 39 psychosomatische Patienten (Kontakt- und Beziehungsstörungen, Arbeits- und Lernstörungen, Angstsymptomatik, funktionelle körperliche Symptome, insbesondere Herzbeschwerden). Durchschnittsalter 32,5 Jahre, 19 Frauen. Die Patienten wurden in 4 etwa gleichgroßen Gruppen behandelt.

• *Behandlungsform:* Ambulante analytische Gruppenpsychotherapie, bei der die psychoanalytische Behandlung in der Gruppe mit der psychoanalytischen Behandlung der Gruppe kombiniert wird (Pohlen, 1972). Das Interaktionsgeschehen in der Gruppe wird insbesondere unter zwei Aspekten – Übertragung und korrigierende emotionale Erfahrungen – für relevant erachtet. Die Gesamtdauer der Therapie wird nicht festgelegt, eine durchschnittlich zwei- bis dreijährige Behandlungszeit wird erwartet. Die untersuchten Gruppen wurden ambulant von demselben Therapeuten (Gruppenanalytiker) behandelt, pro Woche eine Sitzung von 90 Minuten Dauer.

• *Untersuchungsverfahren:* Gießen-Test (Selbst- und Fremdbild), soziometrische Position, Interaktionsverhalten während einer Gruppensitzung (Kategoriensystem nach Bales), emotionales Erleben der Gruppensitzung. Nachbefragung: GießenTest, subjektive Veränderungen, retrospektive Einschätzung der Therapieerfahrungen. Während der Gruppenpsychotherapie wurden 4 Wiederholungsmessungen durchgeführt, 4,5 Jahre nach der Prozeßbeobachtungsphase wurde eine Nachbefragung der Patienten, 6 Jahre nach der Prozeßbeobachtung eine Nachbefragung des Therapeuten durchgeführt

Ergebnisse

Aufgrund ihrer Interaktionen konnten zwei typische Patienten beschrieben werden, der hilflos-ängstliche Patient, der viele Spannungszeichen signalisiert, von den Gruppenmitgliedern aber dominiert und unfreundlich behandelt wird, und der CoTherapeut, der sich freundlich und interessiert am Gruppengespräch beteiligt, für Ängste und Spannungen der anderen Gruppenmitglieder empfänglich ist, ohne dabei aber seine eigene Hilfsbedürftigkeit zu vermitteln. Dabei wähnt sich der Co-Therapeut zu Unrecht in der Position des sozial Geschätzten.

Die katamnestische Nachbefragung der behandelten Patienten ergab ein aus der Psychotherapieforschung vertrautes Ergebnis: 1/3 der Patienten erzielte gute Therapieergebnisse, 1/4 der Patienten blieb unverändert, der überwiegende Anteil der Patienten (45%) veränderte sich nur schwach in positiver Richtung. Die Korrelation von Therapieprozeßmerkmalen und Therapieerfolg ergab, daß vor allem jene Therapieerfahrungen, die den Erfahrungsbereichen Katharsis, Einsicht und Gruppenkohäsion zugeordnet werden können, mit positiven Veränderungen kovarieren, allerdings nur soweit sie als nützlich und positiv erlebt wurden. Erfolgsbegünstigt sind vor allem solche Patienten, die während der laufenden Behandlung von ihrer Gruppe sehr geschätzt werden, im Expertenurteil selbstreflektierend und leidensfähig erscheinen, die sich in der Gruppe nicht hilflos-ängstlich verhalten und fähig sind, ihre Eindruckswirkung auf andere zutreffend wahrzunehmen. Der Gegentypus des Ich-Schwachen, ausgestoßenen Patienten hat eine ungünstige Prognose. Der gute, freundliche, aber eigene Hilfsbedürftigkeit verdeckende Co-Therapeut läßt in keiner Hinsicht ein günstiges Therapieergebnis erwarten. Alter und sozioökonomischer Status haben entgegen der Erwartung keinen substantiellen Einfluß auf das Therapieergebnis (Deneke, 1982).

piephase beobachtbar sind, mithin in erster Linie Erfolg bzw. Mißerfolg der Intervention. Bei einer angemessenen Erfolgsmessung muß, so Schulte (1993), zwischen störungsspezifischen bzw. -unspezifischen und verfahrensspezifischen bzw. -unspezifischen Erfolgskriterien unterschieden werden. Zu den verfahrensspezifischen gehören u. a. Veränderungen des Selbstkonzeptes, wie Connolly und Strupp (1996) in einer Befragung von 80 Patienten nach einer psychoanalytisch begründeten Psychotherapie nachweisen konnten.

Umfangreiche Katamnesen von 1004 Patienten, die am Berliner Zentralinstitut für psychogene Erkrankungen (der späteren AOK) behandelt worden waren (Dührssen, 1962), zeigten erstmalig die Effektivität und Effizienz der analytischen Psychotherapie auf. Infolge dieser historisch wichtigen Untersuchung wurden die Neurosen als Krankheit im Sinne des Sozialrechts anerkannt und die Psychotherapie 1967 bzw. 1971 in den Leistungskatalog der gesetzlichen Krankenkassen aufgenommen. Auch in zahlreichen anderen Outcome-Studien konnte gezeigt werden, daß analytische Psychotherapie zu gewünschten und objektivierbaren Veränderungen führt (vgl. Luborsky & Singer,1975; Luborsky & Spence, 1978). Dieses gilt auch für psychoanalytische Behandlungen von Kindern, wie Fonagy et al (1994) zeigten, deren Ergebnisse darüber hinaus die höhere Wirksamkeit mehrjähriger Behandlungen bei Kindern mit dissozialen Störungen belegen. Da die Therapie-Effekte bei Outcome-Studien jedoch nicht im Vergleich zu einer anders oder unbehandelten Kontrollgruppe erhoben werden, kann aus diesen Studien nicht ohne weiteres auf die spezifische Wirksamkeit geschlossen werden, ein oft erhobener methodischer Einwand, der allerdings auch für zahlreiche andere Psychotherapiestudien gilt (vgl. Meyer, 1987).

Nach dem derzeitigen Stand der Forschung (vgl. Bachrach, Galatzer-Levy, Skolnikoff & Waldron, 1991; Grawe, Donati & Bernauer, 1994) gilt als gesichert, daß die psychoanalytisch begründeten Psychotherapieverfahren im Vergleich zu einer unbehandelten Gruppe zu zufallskritisch abgesicherten Effekten im Sinne des Therapieziels führen. Dieses gilt allerdings in erster Linie für kürzere bis mittelfristige Behandlungen; für die Wirksamkeit von Langzeitbehandlungen (mehr als 150 Stunden) liegen bislang keine kontrollierten Studien vor. Über die Wirksamkeit psychoanalytischer Kurztherapien (12 bis 40 Stunden) kommt Crits-Christoph (1992) in einer Metaanalyse zu dem Ergebnis, daß diese Behandlungsform bei Patienten mit psychischen Störungen (Depressionen, Drogenabhängigkeit, Persönlichkeitsstörungen, Posttraumatische Belastungsstörungen PTSD) im Vergleich zu Kontrollgruppen (Wartelisten) hochwirksam, aber etwa gleich wirksam wie andere psychotherapeutische (u.a. kognitiv-behaviorale) oder psychopharmakologische Behandlungen ist. Wie schon andere Autoren vor ihm, weist Crits-Christoph (1992) auf die eingeschränkte Gültigkeit seiner Beurteilung für die psychotherapeutische Versorgungspraxis hin, da die zugrundeliegenden Behandlungen unter den streng kontrollierten und standardisierten Bedingungen einer wissenschaftlichen Studie durchgeführt worden seien, Folgerungen für die Wirksamkeit unter naturalistischen Bedingungen somit nur begrenzt zulässig sind (vgl. auch Baumann, 1996). Diese Kritik gilt insbesondere für die Ergebnisse der umfangreichen Metaanalyse von Grawe et al. (1994), in der die generelle Wirksamkeit der psychoanalytisch begründeten Verfahren und Behandlungstechniken eindrücklich belegt, die Wirksamkeit bei der Behandlung psychosomatischer Erkrankungen jedoch infrage gestellt wurde (vgl. hierzu die Gegenbelege von Meyer, 1994). Für die Gesundheitsversorgung ebenso relevant sind also Studien, die in einem naturalistischem Design durchgeführt wurden, etwa in denen ehemalige Patienten bzw. Therapeuten nach Abschluß der Behandlung über die Behandlungseffekte befragt werden. Eine neuere derartige Studie bestätigt die Ergebnisse von Rudolf (1994) und der amerikanischen Consumer-Report-Studie (vgl. Seligman, 1996), wonach die große Bedeutung psychoanalytisch orientierter Verfahren im deutschen Gesundheitsversorgungssystem zu Recht besteht: Breyer et al (1997) befragten 604 Patienten durchschnittlich zwei Jahre nach Abschluß einer psychoanalytischen Langzeittherapie und -berichten nicht nur deutliche Verbesserungen des subjektiven Befindens, sondern auch «nennenswerte Rückgänge … sowohl bei den Arztbesuchen als auch bei den Krankenhausaufenthalten. Besonders bemerkenswert ist der Rückgang der Krankschreibungstage um die Hälfte.»

Zur differentiellen Indikation psychotherapeutischer Verfahren, d.h. zur Wirksamkeit bei umschriebenen Störungen, wurden bislang nur wenige kontrollierte Studien durchgeführt. Aus klinischer Sicht läßt sich jedoch festhalten, daß psychoanalytische Verfahren bei denjenigen Störungen indiziert sind, bei denen intrapsychische und/oder interpersonelle Konflikte in einem plausiblen Zusammenhang mit körperlichen wie psychischen Symptomen stehen. Dieses ist bei allen Patienten mit Neurosen aber auch bei zahlreichen Patienten mit psychosomatischen Störungen oder Persönlichkeitsstörungen der Fall. Vor diesem Hintergrund sind psychoanalytische Verfahren daher seltener bei Suchterkrankungen und Zwangsstörungen indiziert.

Hinsichtlich der Wirksamkeit stationärer analytischer Gruppentherapie kommen Strauß und Burgmeier-Lohse (1994), in weitgehender Übereinstimmung mit Deneke (1982), zum Ergebnis, daß Patienten, die von den anderen Gruppenmitgliedern besonders häufig als störend und unbeliebt bezeichnet wurden, die im Verlauf der Behandlung nur ein geringes Maß an Lernerfahrungen, eine ausgeprägte Gehemmtheit und sowie die geringste Verbundenheit mit der Gruppe zeigten, den geringsten Therapieerfolg aufwiesen. Patienten hingegen, die im Behandlungsverlauf eine große Variabi-

lität in der Beurteilung der Beziehung zum Gruppentherapeuten, eine deutliche Zunahme an reaktiver Emotionalität, Aktivität und Selbständigkeit zeigten, die sich als wenig gehemmt erlebten, erzielten die deutlichsten Behandlungserfolge.

5. Erklärung der Wirksamkeit und Prozeßmodelle

Bei den Wirkfaktoren einer Psychotherapie werden für gewöhnlich, wie in Kapitel 22.1 (Psychotherapie: Systematik) dargestellt, spezifische von unspezifischen, methodenübergreifenden unterschieden. Dabei wird die Ähnlichkeit der therapeutischen Effekte unterschiedlicher psychotherapeutischer Verfahren (s.o.) häufig als Hinweis auf die große Bedeutung der methodenübergreifenden Faktoren interpretiert. Als wichtige methodenübergreifende Faktoren werden emotionale Stabilisierung in einer therapeutischen Beziehung, das Gefühl des Akzeptiertwerdens durch den Therapeuten, dessen emotionale Zuwendung u. a. betrachtet.

Morgan, Luborsky, Crits-Christoph, Curtis und Solomon (1982) werteten die Verbatim-Protokolle von psychoanalytischen Behandlungen des bedeutenden Penn-Psychotherapie-Projektes danach aus, ob eine hilfreiche Beziehung in der Therapeut-Patient-Interaktion etabliert war. Als solche bezeichneten sie eine therapeutische Allianz, in der der Patient den Therapeuten als unterstützend und hilfreich erlebt. Die Autoren konnten zeigen, daß diese Form der hilfreichen Beziehung in der Gruppe der erfolgreich behandelten Patienten signifikant häufiger ausgebildet war als bei der erfolglos behandelten Patientengruppe.

Als spezifische Wirkfaktoren der analytischen Therapie beschreiben Thomä und Kächele (1985) u. a.: Erinnern und Rekonstruktion, Deutungen, Einsicht und Durcharbeiten und Umstrukturieren. In der Vision von Freud ging die psychoanalytische Theorie von Beginn an davon aus, daß im Seelenleben nichts, was einmal gebildet wurde, untergehen kann, daß alles irgendwie erhalten bleibt und unter geeigneten Umständen, z. B. durch eine weitreichende Regression wieder zum Vorschein gebracht werden kann (Freud, 1930, S. 426). Vor diesem Verständnis wurde der Psychoanalytiker mit einem Archäologen verglichen, der zusammen mit dem Patienten Erinnerungen freilege und damit vergangene Realität rekonstruiere. In der modernen Reinterpretation dieser frühen theoretischen Positionen wurden diese Rekonstruktionen in einem weiteren Sinn auch als das Wiedererinnern von affektiven Zuständen verstanden, ohne daß situative Details erinnert werden müßten. Wichtig dabei ist, daß Erinnern und Rekonstruktion nur dann als Wirkfaktoren für Veränderungen bedeutsam werden, wenn sie sich in der aktuellen therapeutischen Übertragungs-Beziehung ereignen. Erinnern und Rekonstruktion meint also nicht die ausschließlich kognitive Bewußtwerdung von vergangenen Ereignissen, Situationen, Verhalten oder das Ausfüllen von Gedächtnislücken, sondern bedeutet das Wiederbe- und Erleben vergangener affektiver Erfahrungen und Konflikte in einer akutellen Beziehung, nämlich der Patient-Therapeut-Beziehung. «Das entscheidende Stück der Arbeit wird geleistet, indem man im Verhältnis zum Arzt, in der Übertragung, Neuauflagen jener alten Konflikte schafft, in denen sich der Kranke benehmen möchte, wie er sich einerzeit benommen hat, während man ihn durch das Angebot aller verfügbaren seelischen Kräfte zu einer anderen Entscheidung nötigt. Die Übertragung wird also das Schlachtfeld, auf welchem sich alle miteinander ringenden Kräfte treffen sollen» (Freud, 1916).

Der wohl wichtigste Wirkfaktor der psychoanalytischen Therapie ist es, «das Unbewußte bewußt zu machen, die Widerstände zu überwinden». Wichtigstes technisches Mittel hierzu ist die Deutung, die zum Ziel hat, latente Bedeutungen von Verhaltensweisen, Affekten, Phantasien, Einstellungen dem Patienten bewußt werden zu lassen, zerrissene Sinnzusammenhänge wieder herzustellen. Insofern kann die Deutung verstanden werden als Sinnstiftung, durch die der Analytiker versucht, dem Patienten die Einsicht in verborgene, unbewußte und vor allem abgewehrte Sinnzusammenhänge von Handlungen, Phantasien, Affekten etc. zu ermöglichen. Vor diesem Hintergrund werden Widerstandsdeutungen von Übertragungsdeutungen unterschieden. Psychoanalyse bedeutet Widerstandsanalyse, d.h. die Analyse der Kraft, die sich dem Erinnern widersetzt

und bestrebt ist, die Verdrängung aufrechtzuerhalten. Speisman (1959) zeigte in einer quantitativen Studie, daß Deutungen einen systematischen Effekt auf die Antworten des Patienten haben und daß Deutungen von mittlerer Tiefe (in bezug auf die abgewehrten Affekte und Impulse) die günstigsten therapeutischen Effekte nach sich ziehen. In einer neueren Untersuchung konnten Crits-Christophet al. (1988) den in der modernen Psychotherapieforschung wiederholt berichteten Zusammenhang zwischen der Präzision und Qualität der Deutung einerseits und dem Behandlungserfolg andererseits untermauern. Je präziser sich die Deutung an dem zentralen Beziehungskonflikt, einem vor Beginn der Therapie definierten zentralen Problem des Patienten (daher auch Focus genannt) thematisch orientierte, desto höher wurde der Erfolg einer zeitbegrenzten dynamischen Psychotherapie von unabhängigen Beurteilern eingestuft. Bei der dynamischen Psychotherapie handelt es sich um ein von Luborsky und Mitarbeitern entwickeltes zeitbegrenztes analytisches Psychotherapieverfahren, das wohl am ehesten der o. e. tiefenpsychologisch fundierten Psychotherapie entspricht. Die Autoren konnten außerdem den bereits beschriebenen Zusammenhang zwischen der Qualität der therapeutischen Beziehung und dem Therapieerfolg nachweisen, wobei der Einfluß der Qualität der Deutung offensichtlich nicht mit der Qualität der therapeutischen Beziehung in einer Wechselwirkung steht, es sich nach Meinung der Autoren somit um einen spezifischen Faktor des psychotherapeutischen Prozesses handelt, aus dem der Therapieerfolg vorhergesagt werden kann.

Bechmann und Meyer (1989, S. 15) verglichen den therapeutischen Prozeß in einer psychoanalytischen Kurztherapie (PT) mit demjenigen einer klientenzentrierten Psychotherapie (CC), indem sie die vom Tonband transkribierten Therapeut-Patient-Dialoge mit inhaltsanalytischen Methoden auswerteten: «Die therapeutische Beziehung wird in CC seltener und weniger vielfältig verbalisiert als in PT. Dies gilt nicht nur für die Verbalisierung von Übertragungen und Widerstand, sondern auch für die übrigen Aspekte der Therapie und ihrer Teilnehmer». Malan (1976) berichtet, daß Übertragungsdeutungen in erfolgreichen Behandlungen zu einem frühen Zeitpunkt der analytischen Kurztherapie erfolgten, und daß Deutungen in der Therapie dazu führten, dem Patienten neue emotionale Erfahrungen zu ermöglichen.

Schon in den Anfängen der Psychoanalyse erkannte Freud, daß es nicht ausreichte, Verdrängtes dem Patienten einfach mitzuteilen, sondern daß Widerstände dagegen standen, das Verdrängte bewußt werden zu lassen, insbesondere es wieder zu erleben. Aus diesem Grunde steht bei den psychoanalytischen Techniken die Analyse und damit die Deutung von Widerständen im Vordergrund, derer sich der Patient unbewußt bedient, um schmerzliche, beschämende oder bedrohliche Erfahrungen und Erlebnisse im Unbewußten zu belassen. Bei diesem Bewußtwerden von vorher Unbewußtem bekommen psychische Inhalte häufig eine andere Bedeutung: der Patient erhält so Einsicht in ihm bis dahin unbewußte Bedeutungen von früheren Konflikten, Erlebnissen, Gefühlen. Während in den Anfängen der Psychoanalyse das «Aha-Erlebnis» noch als typische Einsicht betrachtet wurde, versteht man heute darunter einen eher mühevollen Erkenntnisprozeß, bei dem erlebnishafte und intellektuelle Phänomene integriert werden, ohne ihrer Gegensätzlichkeit und Konflikthaftigkeit entledigt zu werden. Insofern meint Einsicht im psychoanalytischen Prozeß etwas anderes als die kognitive Einsicht in neue funktionale Zusammenhänge.

Einsicht führt jedoch keineswegs regelmäßig zu Veränderungen im Erleben und Verhalten. Diese erfordern vielmehr das wiederholte, mühsame und oft langwierige Durcharbeiten, dessen Ziel es ist, Einsicht wirksam werden zu lassen. Damit läßt sich das Durcharbeiten als Lernprozeß auffassen, bei dem Veränderungen der Verstärker (-pläne) erst nach einiger Zeit zur Verhaltensmodifikation führen. Dementsprechend findet das analytische Durcharbeiten nicht nur innerhalb, sondern auch außerhalb der therapeutischen Situation statt. Im Kontext einer kognitiven Lerntheorie läßt sich das Durcharbeiten mit Einschränkungen als kognitives Umstrukturieren im Sinne einer Erhöhung der kognitiven Strukturiertheit beschreiben, wobei der Akzent beim Durcharbeiten allerdings auf der Veränderung der Affekte und Interaktionen liegt. Auch beim Durcharbeiten (bzw. schon bei der Einsicht) werden kognitive Inkongruenzen aufgelöst und kognitive Innovationen angeregt und gefördert.

Nicht nur für die Veränderung von Verhalten sondern auch für die Aufrechterhaltung von Symptomen, Beschwerden etc. lassen sich Verbindungen von psychoanalytischen zu lerntheoretischen Konstrukten aufzeigen, wie dies erstmals von Dollard und Miller (1950) vorgeschlagen wurde. Sie unternahmen den anspruchsvollen Versuch, die psychoanalytische Theorie in der Sprache einer Theorie des sozialen Lernens systematisch zu reformulieren und strebten so den Entwurf einer lerntheoretisch fundierten Theorie der Technik an, in der sie die klinisch und empirisch bewährten essentials der psychoanalytischen Therapie begrifflich neu faßten. Die Auswirkungen dieses Versuchs waren marginal: Weder übernahm die damals (und für die kommenden Jahrzehnte) streng am S-R-Modell ausgerichtete Verhaltenstherapie die von Dollard und Miller reformulierte psychoanalytische Methode des «freien Assoziierens» oder das die therapeutische Beziehung konstituierende Phänomen der «Übertragung», noch wurde ihr Versuch von psychoanalytischen Theoretikern rezipiert. Das Problem derartiger Reformulierungen liegt darin, daß sie leicht in steril wirkenden Sprachübungen steckenbleiben (Weiner, 1983). Gleichwohl wurde wiederholt versucht, konzeptuelle Gemeinsamkeiten zwischen psychoanalytischen und lerntheoretischen Konzepten und Konstrukten auch begrifflich zu verdeutlichen, so etwa von Thomä und Kächele (1985). Wenn etwa das Lernen am Modell in einem weiteren Sinne verstanden wird als das einfache Imitieren von Verhaltensweisen des Modells, und auch verinnerlichte affektive und kognitive Funktionsweisen mit einschließt, dann kommt diese Form des sozialen Lernens in die Nähe des psychoanalytischen Identifikationsprozesses, bei dem eine Person Teilfunktionen (z. B. Werthaltungen, Denkstile, Affekte) einer anderen, oft Elternperson identifikatorisch übernimmt. Der Therapeut, der auf die Mitteilung der als in höchsten Maße bedrohlich, beschämend erlebten Phantasien und Wünsche des Patienten grundsätzlich ruhig, um Verständnis bemüht reagiert, fungiert gewissermaßen als (unsystematisch) gegen konditionieren des soziales Agens; in der sicheren therapeutischen Beziehung habituieren die bedrohlichen Affekte. Überschneidungen zwischen beiden Theoriesystemen lassen sich auch für die Übertragung und insbesondere die Übertragungsanalyse aufzeigen, die nach Thomä und Kächele (1985, S. 329) Ähnlichkeiten mit einem Generalisationsprozeß aufweist: «In den verschiedenen Übertragungskonstellationen kann der Patient vergleichsweise risikoarm unterschiedliche Beziehungsmuster ausprobieren; die vom Analytiker unterstützten, verstärkten Beziehungsaktivitäten wird der Patient auf Beziehungen außerhalb der Therapie übertragen (Generalisation) und dabei natürlich die Unterschiedlichkeiten zwischen der therapeutischen Übertragungs- und Arbeitsbeziehung und den viel stärker variierenden außertherapeutischen Beziehungen feststellen (Diskrimination). Es können hierbei positive Erfahrungen gemacht werden, die verstärkend und damit stabilisierend für das veränderte kognitive Schema und für das neue Verhaltensmuster wirken.»

Empirische Untersuchungen darüber, ob psychoanalytisch und lerntheoretisch fundierte Interventionen kombinierbar und effizient sind, sind selten. Hinweise ergeben sich aus der Untersuchung von Heigl und Triebel (1977), die eine Modifikation der psychoanalytischen Technik untersuchten, in der «kleinste Lernfortschritte des Patienten» bestätigt werden. «Korrektive emotionale Erfahrungen» traten, so die Autoren, bei dieser technischen Modifikation eher ein und ließen sich auch zwei Jahre nach Ende der Therapie noch feststellen. Es besteht ein deutliches Defizit an empirischen Untersuchungen zu den Wirkfaktoren und zu den verschiedenen Interventionsformen der analytischen Psychotherapie (vgl. Luborsky & Spence, 1978; Orlinsky & Howard, 1986). Die empirischen Untersuchungen des psychoanalytischen Prozesses stehen jedoch in der Regel nicht im Widerspruch zu den theoretischen Annahmen und klinischen Erfahrungen. So wirken etwa nach psychoanalytischer Auffassung Deutungen nicht schon allein dadurch, daß sie gegeben werden. Es reicht also nicht, daß der Therapeut den Patienten richtig versteht und das Verstandene auch in eine prägnante Formulierung umsetzen kann, sondern seine Deutung muß sich vielmehr organisch in den aktuellen Behandlungsprozeß einfügen und einen für den Patienten Sinnzusammenhang aufweisen. Entsprechend konnten Deneke et al. (1988, S. 205) zeigen, daß nur diejenigen Interventionen einen Fortschritt für den Patienten bedeuten, die dadurch gekennzeichnet sind, daß sich Therapeut und Patient «in ihrem verbalen Diskurs» – bezogen z. B. auf Thema und wesentliche Erlebnisinhalte des Patienten – am »gleichen Strang« ziehen. Die Qualität (Güte) der Intervention ist demgegenüber nicht systematisch mit einem therapeutischen Gewinn für den Patienten verknüpft. Luborsky und Spence (1978) kommen in ihrer Übersicht zu der Schlußfolgerung, daß Empathie und richtige Deutung gute Prädiktoren für den Erfolg analytischer Psychotherapie seien. Dieses Ergebnis steht in Übereinstimmung mit der abschließenden Beurteilung von Orlinsky und Howard (1986), die in ihrer Übersicht über empirische Untersuchungen zur Effektivität unterschiedlichster psychotherapeutischer Verfahren ebenfalls die Bedeutung der Therapeut-Patient-Beziehung (empathische Resonanz, gegenseitige Bestätigung) und die Wirksamkeit spezifischer Interventionen, wie Deutungen und Konfrontationen betonen.

6. Literatur

Arbeitskreis Operationalisierte Psychodynamische Diagnostik (1996). *Operationalisierte Psychodynamische Diagnostik – Grundlagen und Manual*. Bern: Huber.

Bachrach, H. M., Galatzer-Levy, R., Skolnikoff, A., & Waldron, S. J. (1991). On the efficacy of psychoanalysis. *Journal of American Psychoanalytical Association. 39,* 871–916.

Baumann, U. (1996). Wie objektiv ist die Wirksamkeit der Psychotherapie. *Report Psychologie, 21,* 686–699.

Bechmann, R., & Meyer, A. E. (1990). Die Verbalisierung der therapeutischen Beziehung in der fokalpsychoanalytischen und klientenzentrierten Psychotherapie. *Psychotherapie und medizinische Psychologie, 39,* 143–150.

Breyer, F., Heinzel, R. & Klein, Th. (1997). Kosten und Nutzen ambulanter Psychoanalyse in Deutschland. *Gesundheitsökonomie & Qualitätsmanagement 2,* 59–73.

Burlingham, D., & Freud, A. (1953). Simultaneous analysis of mother and child. *The psychoanalytic study of the Child, 10,* 165.

Connolly, M. B. & Strupp, H. H. (1996) Cluster analysis of patient reported psychotherapy outcomes. *Psychotherapy research, 6,* 30–42.

Cremerius, J. (1979). Gibt es zwei psychoanalytische Techniken? *Psyche, 33,* 577–599.

Crits-Christoph, P. (1992). The Efficacy of Brief Dynamic Psychotherapy: A Meta-Analysis. *American Journal of Psychiatry, 149,* 151–158.

Crits-Christoph, P., Cooper, A., & Luborsky, L. (1988). The accuracy of therapist's interpretations and the outcome of dynamic psychotherapy. *Journal of Consulting and Clinical Psychology, 56,* 490–495.

Deneke, F.-W. (1982). *Analytische Gruppentherapie. Eine Prozeß- und Erfolgsstudie.* Göttingen: Vandenhoeck & Ruprecht.

Deneke, F.-W., Hilgenstock, B., Meyer, A.-E., & Franz, A. (1988). Analytiker-Interventionen im Kontext von Interaktion und Gesamtstunde. *Psychotherapie und medizinische Psychologie, 38,* 205–210.

Dollard, J. & Miller, N. E. (1950). *Personality and psychotherapy.* New York: McGraw-Hill.

Dührssen, A. (1962). Katamnestische Ergebnisse bei 1004 Patienten nach analytischer Psychotherapie. *Zeitschrift für psychosomatische Medizin, 8,* 94–113.

Fonagy, P., Moran, G. S., Edgcumbe, R., Kennedy, H. & Target, M. (1993). The role of mental representations and mental processes in therapeutic action. *Psychoanalytic study of the child, 48,* 9–48.

Freud A. (1936). *Das Ich und die Abwehrmechanismen.* Wien: Int. Psychoanal. Verlag.

Freud, S. (1909). *Analyse der Phobie eines fünfjährigen Knabens.* (GW VII: S. 379–463).

Freud, S. (1916/17). *Vorlesungen zur Einführung in die Psychoanalyse.* (GW Bd. 11).

Freud, S. (1930). *Das Unbehagen in der Kultur.* (GW Bd 14: S. 419–506).

Grawe, K., Donati, R., & Bernauer, F. (1994). *Psychotherapie im Wandel – Von der Konfession zur Profession.* Göttingen: Hogrefe.

Heigl, F. S., & Triebel, A. (1977). *Lernvorgänge in psychoanalytischer Therapie. Die Technik der Bestätigung. Eine empirische Untersuchung.* Bern: Huber.

Henry, W. P., Strupp, H. H., Schacht, Th. E. & Gaston, L. (1994). Psychodynamic approaches. In A. E. Bergin & S. L. Garfield (Eds.), *Handbook of psychotherapy and behavior change* (4th ed; pp. 467–508). New York: Wiley.

Innerhofer, P., & Warnke, A. (1978). *Eltern als Co- Therapeuten.* Berlin: Springer.

Kächele, H. (1992). Die Persönlichkeit des Psychotherapeuten und ihr Beitrag zum Behandlungsprozeß. *Zeitschrift für psychosomatische Medizin, 38,* 227–239.

Kächele, H. & Richter, R. (1997). Europäische Perspektiven: Deutschland und Österreich. In St. DeSchill, S. Lebovici & H. Kächele (Hrsg.), *Psychoanalyse und Psychotherapie,* (pp. 35–44). Stuttgart: Thieme.

Kernberg, O. (1981). Zur Theorie der psychoanalytischen Psychotherapie. *Psyche, 8,* 673–704.

Kernberg, O. (1978). *Borderline Störungen und pathologischer Narzißmus.* Frankfurt: Suhrkamp.

Kiesler, D.J. (1977). Die Mythen der Psychotherapieforschung und ein Ansatz für ein neues Forschungsparadigma. In F. Petermann (Hrsg.), *Psychotherapieforschung* (S. 7–50). Weinheim: Beltz.

Loch, W. (1986). *Perspektiven der Psychoanalyse.* Stuttgart: S. Hirzel.

Luborsky, L. (1976). Helping alliances in psychotherapy. In J. L. Claghorn (Ed.), *Successful psychotherapy* (pp. 92–116). New York: Brunner/Mazel.

Luborsky, L., Singer, B., & Luborsky, L. (1975). Comparative studies of psychotherapy: Is it true that «Everybody has won and all must have prizes»? *Archives of General Psychiatry, 32,* 995–1008.

Luborsky, L., & Spence, D. P. (1978). Quantitative research on psychoanalytic therapy. In S. L. Garfield & A. E. Bergin (Eds.), *Handbook of psychotherapy and behavior change: An empirical analysis* (2nd ed., pp. 331–368). New York: Wiley.

Malan, D. H. (1976b). *Toward the validation of a dynamic psychotherapy.* New York: Plenum Press.

Meyer, A.-E. (1987). Some methodological recommendations from the Hamburg Short Psychotherapy Comparison Experiment. In R.J. Daly & A. Sand (Eds.), *Psychological treatment of mental illness* (pp. 119–127). Berlin: Springer.

Meyer, A.-E. (1994). Über die Wirksamkeit psychoanalytischer Therapie bei psychosomatischen Störungen. *Psychotherapeut, 39,* 298–308.

Morgan, R. L., Luborsky, L., Crits-Christoph, P., Curtis, H., & Solomon, J. (1982). Predicting the outcomes of psychotherapy by the Penn Helping Alliance rating method. *Archives of General Psychology, 39,* 397–402.

Nedelmann, C. (1980). Behandlungsziel und Gesundheitsbegriff der Psychoanalyse. In H. Bach (Hrsg.), *Der Krankheitsbegriff in der Psychoanalyse.* Bestimmungsversuche auf einem Psychoanalytiker-Kongreß der Deutschen Gesellschaft für Psychotherapie, Psychosomatik und Tiefenpsychologie 1980 (S. 55–67). Göttingen: Vandenhoeck & Ruprecht.

Orlinsky, D. E., & Howard, K. I. (1986). The relation of process to outcome in psychotherapy. In S. L. Garfield & A. E. Bergin (Eds.), *Handbook of psychotherapy and behavior change: an empirical analysis* (2nd ed., pp. 283–329). New York: Wiley.

Piper, W. E., McCallum, M. Azim, H. F. A. & Joyce, A. S. (1993), Understanding the relationship between transference interpretation and outcome in the context of other variables. *American Journal of Psychotherapy, 47,* 479–493.

Pohlen, M. (1972). Gruppenanalyse. Göttingen: Vandenhoeck & Ruprecht.

Racker, H. (1982). *Übertragung und Gegenübertragung – Studien zur psychoanalytischen Technik.* München, Basel: Ernst Reinhardt Verlag.

Richter, H. E., Strotzka, H., & Willi, J. (1976). *Familie und seelische Gesundheit.* Reinbeck: Rowohlt.

Richter, R. & Meyer, A.-E. (1992). Befunde zur psychotherapeutischen Versorgung in der Bundesrepublik Deutschland. In U. Gerhard (Hrsg.), *Psychologische Erkenntnisse zwischen Philosophie und Empirie* (S. 206–222). Bern: Huber.

Rudolf, G., Manz, R. & Öri, Chr. (1994). Ergebnisse psychoanalytischer Therapien. *Zeitschrift für Psychosomatische Medizin, 40,* 25–40.

Sammons, M. T. & Gravitz, M. A. (1990). Theoretical orientations of professional psychologists and their former professors. *Professional Psychology: Research and Practice, 21,* 131–134.

Sandler, A.-M., & Sandler, J. (1994). Therapeutische und kontratherapeutische Faktoren in der psychoanalytischen Technik. *Bulletin der Europäischen Psychoanalytischen Föderation, 43,* 41–56.

Schulte, D. (1993). Wie soll Therapieerfolg gemessen werden? Überblicksarbeit. *Zeitschrift für Klinische Psychologie, 22,* 374–393.

Seligman, M. E. P. (1996). Die Effektivität von Psychotherapie. Die Consumer-Report-Studie. *Integrative Therapie, 2–3,* 264–287.

Speisman, J.-C. (1959). Depth of Interpretation and verbal resistance in Psychotherapy. *Journal of Consulting Psychology, 23,* 93–99.

Strauß, B. & Burgmeier-Lohse, M. (1994). Prozeß-Ergebnis-Zusammenhänge in der analytisch orientierten Gruppenpsychotherapie – Eine Erkundungsstudie im stationären Rahmen. *Psychotherapeut, 39,* 239–250.

Thomä, H., & Kächele, H. (1985). *Lehrbuch der psychoanalytischen Therapie* (Bd 1: Grundlagen). Berlin: Springer.

Thomä, H., & Kächele, H. (1988). *Lehrbuch der psychoanalytischen Therapie* (Bd 2: Praxis). Berlin: Springer.

Weiner, I. B. (1983). Theoretical foundations of clinical psychology. In M. Hersen, A. E. Kazdin & A. S. Bellak (Eds.), *The Clinical Psychology Handbook* (pp. 21–34). New York: Pergamon.

Winnicott, D. W. (1974). *Reifungsprozesse und fördernde Umwelt.* München: Kindler.

Psychotherapie: Setting Gruppentherapie

22.3 Ansatzpunkt Therapeut-Patient-Beziehung: Gesprächstherapeutisch orientierte Psychotherapie

Michael Reicherts

Inhaltsverzeichnis

1. Einleitung

Im Mittelpunkt der von Carl Ransom Rogers (1942, 1951, 1970) begründeten Gesprächspsychotherapie steht die therapeutische Beziehung, die sich durch bestimmte veränderungsfördernde Eigenschaften wie Wertschätzung, Offenheit und empathisches Verstehen auszeichnet. Die therapeutischen Interventionen zielen darauf, ein entsprechendes *Beziehungsangebot* an den Klienten heranzutragen, das dieser akzeptieren und erwidern kann. Auf dieser Grundlage entwickelt sich der therapeutische Prozeß, der Veränderungen in der psychischen Struktur und dem Erleben und Verhalten des Klienten ermöglicht. Dabei begünstigen spezifische *bearbeitungsorientierte Interventionen* z. B. zur Erlebnisvertiefung, Bedeutungsexplikation oder Konfrontation, wie sie von neueren Ansätzen vorgeschlagen werden, therapeutische Veränderungen.

Der gesprächstherapeutische Behandlungsansatz hat schon früh große Verbreitung erfahren und gehört heute zu den weltweit am meisten angewandten psychologischen Interventionsverfahren. Er wird auch als «non-directive psychotherapy», «client-centered therapy», im deutschen Sprachraum als «non-direktive», «klientenzentrierte» oder «personzentrierte Gesprächspsychotherapie» bezeichnet, wobei sich der Begriff *Gesprächspsychotherapie* (GT) durchgesetzt hat. Neuere Formen werden auch als zielorientierte oder prozeßorientierte Gesprächspsychotherapie bezeichnet.

2. Therapieziele und Störungsmodell

Die Therapieziele lassen sich im Sinne des Störungsmodells nach Rogers (1959) wie folgt charakterisieren: Das *Selbstkonzept* umfaßt wichtige stabile Annahmen der Person über sich selbst (z. B. «Ich bin ein Versager»). Es entsteht aus Erfahrungen der Person mit sich selbst und aus selbstwertbestimmenden Interaktionen mit anderen, bedeutsamen Personen (Eltern, Lehrpersonen, Peers usw.) und bildet den inneren Bezugsrahmen für neue Erfahrungen. Der Begriff der *Inkongruenz* beschreibt einen Zustand, wo bedeutsame (neue) Erfahrungen nicht in das Selbstkonzept integriert werden können. Dabei entstehen negative Gefühlszustände wie diffuse Angst, Bedrohung oder Spannung. Psychische Prozesse und die Weiterentwicklung der Person können blockiert werden.

Psychische Störungen bestehen demnach in negativen Erlebens- und Verhaltensweisen als Folge verzerrter oder fehlender Symbolisierung von Erfahrungen. Das dysfunktionale Selbstkonzept ist rigide und verhindert, daß das Bewußtsein diese Erfahrungen macht. Dagegen können von einer Person mit einem funktionalen Selbstkonzept Erfahrungen weitgehend angstfrei aufgenommen und verarbeitet werden. Rogers (1961) spricht von der «fully functioning person», die für alle Erfahrungen (sie sind bewußtseinsfähig, wenn auch nicht bewußtseinspflichtig) prinzipiell offen und flexibel ist und ein Maximum an Kommunikation und Lebenserfahrung einzubeziehen vermag.

Therapeutisches Oberziel ist folglich die Verminderung der Inkongruenz durch Restrukturierung des Selbstkonzeptes, verbunden mit erhöhter Selbstakzeptierung und Selbstaktualisierung. Voraussetzung dafür sind die beim Klienten durch die Therapie angeregte *Selbstexploration* und das «*Experiencing*», die offene und bewußte Erfahrung von emotionalen Erlebnisanteilen und Bedeutungen. Sie stellen Prozeßziele dar, die der Therapeut mit dem Klienten im konkreten therapeutischen Geschehen anstrebt.

Das *therapeutische Grundpostulat* verlangt eine Therapeut-Klient-Beziehung, die durch bedingungsfreie Akzeptierung und Wertschätzung, durch Aufrichtigkeit und durch einfühlsames Verstehen des Erlebens des Patienten in seinem (gestörten) individuellen Bezugsrahmen gekennzeichnet ist. Die therapeutischen Ziele gelten in dieser Konzeption für alle Personen, unabhängig von der psychischen Störung.

Neuerdings liegen Weiterentwicklungen dieser Konzeption vor, die auch *störungsspezifische* Annahmen enthalten (z.B. Speierer, 1994; Swildens, 1991; Schmidtchen, Speierer & Linster, 1995). In dem *differentiellen Inkongruenz-Modell*

von Speierer (1994) wird Inkongruenz als Unvereinbarkeit von persönlich relevanten Erfahrungsanteilen mit dem Selbstkonzept verstanden, in dem frühe Anteile des Selbst (i. S. des sog. organismischen Bewertungssystems), Wertintrojekte (im Zusammenhang mit Defiziten unbedingter Wertschätzung, vgl. Rogers, 1959) und schließlich die Konstrukte der Lebenserfahrung und Lebensgestaltung unterschieden werden. Die Anteile, zu denen die aktuellen Erfahrungen der Person in Widerspruch stehen, bestimmen das Inkongruenzpotential.

Inkongruenz entsteht einerseits durch bestimmte soziokommunikative Erfahrungen (z.B. frühe Defizite bedingungsfreier Wertschätzung durch die Bezugspersonen wie in Rogers' ursprünglicher Konzeption). Andererseits kann sie durch bio- oder neuropsychologische Dispositionen (z.B. bei bestimmten Formen psychotischer Störungen) oder durch exogene Faktoren (z.B. bei Alkohol-, Drogen-, Medikamentenmißbrauch) bedingt sein. Einen weiteren Ursachenbereich stellen kritische Lebensereignisse dar (z.B. Bedrohung der psychischen oder physischen Integrität). Inkongruenz kann konflikthaft (z.B. bei internalen Konflikten) oder konfliktfrei erlebt werden, wie bei kritischen Lebensereignissen.

Darüberhinaus unterscheiden sich Personen in ihrem Grundbedürfnis nach Kongruenz wie auch in ihrer Fähigkeit, Kongruenz herzustellen. Da immer wieder neue und schwierige Erfahrungen zu verarbeiten sind, ist auch bei psychisch gesunden Personen anzunehmen, daß sie – wenigstens temporär – Inkongruenz erleben; doch verfügen sie über eine gewisse Inkongruenz*toleranz* sowie über Strategien zur *Bewältigung* von Inkongruenz. Das Ausmaß der Inkongruenztoleranz und die Bewältigungs- oder Verarbeitungsformen charakterisieren auch die jeweilige Störung.

Auf dieser Grundlage werden im differentiellen Inkongruenz-Modell drei Gruppen von psychischen Störungen nach ICD-10 unterschieden:

(1) *Störungen ohne Inkongruenzerleben:* Bei diesen Patienten stimmt die Störung mit ihrem Selbstkonzept überein, z.B. bei einer Verhaltensstörung oder Störung der Impulskontrolle (ICD-10 F63), an der die Bezugspersonen, nicht aber sie selbst leiden. Auch Störungen, deren Sympto-

me sich der Wahrnehmung entziehen (z.B. unbemerkte Ausfallerscheinungen bei Alzheimerscher Krankheit), und Intelligenz- oder Wahrnehmungsmängel sowie fehlende Krankheitseinsicht sind hierzu zu rechnen.

(2) *Störungen mit kompensiertem Inkongruenzerleben:* Hier bestehen zwar Folgesymptome der Inkongruenz, doch werden sie nicht als bedrohlich erlebt, weil eine hinreichende Inkongruenztoleranz oder -bewältigung gegeben ist; z.B. bei einer Person mit einer kompensierten Angststörung, z.B. einer einfachen Phobie, die für das Selbstkonzept erträglich ist.

(3) *Störungen mit dekompensiertem Inkongruenzerleben:* Voraussetzung ist das zumindest teilweise Gewahrwerden der Inkongruenz und die Motivation, daran etwas zu verändern. Dazu gehören viele Fälle der dysthymen depressiven Störung (ICD-10 F34.1), aus der Gruppe der phobischen Störungen, Angststörungen, Zwangsstörungen, Belastungs- und Anpassungsstörungen, dissoziativen und somatoformen Störungen (ICD-10 F4). Auch psychische Einflußfaktoren körperlicher Erkrankungen (ICD-10 F54) sind hierzu zu rechnen.

Gesprächspsychotherapie ist primär für die dritte Gruppe, die Störungen mit dekompensiertem Inkongruenzerleben, indiziert (s.u. Wirksamkeit und Indikation).

3. Interventionstechniken

In der Gesprächspsychotherapie gibt es zwei große, bereits von Rogers selbst angelegte Strömungen: Ein primär philosophisch-anthropologisch orientierter Ansatz sowie ein empirischer, an der wissenschaftlichen Psychologie orientierter Ansatz, der die Fundierung und Effizienzprüfung des Interventionskonzeptes sowie eine Differenzierung des therapeutischen Inventars mit wissenschaftlichen Methoden anstrebt. Die vorliegende Darstellung basiert auf dem empirisch-wissenschaftlichen Ansatz. Flammer (1997) hat vor kurzem eine interessante Einführung zu psychologischen Aspekten des Gesprächs allgemein vorgelegt.

Gesprächspsychotherapeutische Interventionen lassen sich danach unterscheiden, ob sie primär beziehungsorientiert oder bearbeitungs- bzw. aufgabenorientiert sind.

3.1 Beziehungsorientierte Interventionen: die Basisvariablen

Für die therapeutische Beziehung hat Rogers (1957) «notwendige und hinreichende Bedingungen» formuliert: (1) Zwei Personen – Klient und Therapeut – nehmen zueinander eine Beziehung auf. (2) Der Klient ist mit sich selbst uneins, verletzlich, ängstlich («nicht kongruent»). (3) Der Therapeut dagegen ist in der Lage, sich sein gesamtes Erleben – in der Beziehung zum Klienten – zu vergegenwärtigen, und «kongruent» oder «echt» zu sein. (4) Er ist dem Klienten ohne Vorbedingung positiv zugewandt («nicht an Bedingungen geknüpfte Wertschätzung»). (5) Er ist ferner in der Lage, sich in den Klienten einzufühlen, ihn zu verstehen und ihm das Verstandene mitzuteilen («Empathie»). (6) Der Klient schließlich kann dieses Beziehungsangebot – zumindest in Ansätzen – wahrnehmen und darauf eingehen.

Wie mehrfach gezeigt wurde, sind diese Bedingungen im Einzelfall weder hinreichend noch notwendig. Sie charakterisieren das sog. «Haltungskonzept» der GT und bilden einen heuristischen Handlungsrahmen höherer Abstraktionsstufe.

Im Mittelpunkt der beziehungsorientierten Interventionen stehen die folgenden drei *Basisvariablen* (Rogers, 1957, 1972, 1973; vgl. auch Biermann-Ratjen, Eckert & Schwartz, 1995; Bommert, 1987; Tausch & Tausch 1990):

• *Einfühlendes Verstehen* oder *Empathie* (ursprünglich «reflecting of feelings», später «accurate empathic understanding» oder «accurate empathy»), auf technischer Ebene auch als Verbalisierung emotionaler Erlebnisinhalte (VEE) bezeichnet,

• *Emotionale Wärme* oder *Positive Wertschätzung* («unconditional positive regard» oder «warmth») und

• *Echtheit* oder *Kongruenz* («genuineness» oder «congruence»).

Die dadurch beschriebene beziehungsorientierte Haltung wird in einzelnen verbal-kommunikativen Handlungen, durch verbales und non-verbales Verhalten realisiert. Dabei sind zwei Perspektiven zu beachten: die des handelnden Therapeuten, einschließlich seiner intrapsychischen Vorgänge, und die des Klienten, der die realisierten Variablen wahrnimmt (oder wahrnehmen kann).

Auf der Ebene konkreten therapeutischen Handelns bedeutet Echtheit offenes, authentisches und spontanes Verhalten des Therapeuten, das nicht fassadenhaft ist: Er spricht mit dem Klienten ungezwungen und aufrichtig; unter Umständen auch über seine eigenen Gefühle und Gedanken (sog. «Selbstöffnung», s.u.).

Emotionale Wärme und bedingungsfreie, positive Wertschätzung meinen, daß der Therapeut dem Klienten ohne Vorbehalt Wertschätzung entgegenbringt, ihn akzeptiert, so wie er ist und ohne daß er ein bestimmtes Verhalten zeigen muß. Die therapeutische Wertschätzung verlangt keine Gegenleistung, auch wenn sie das Verhalten des Klienten keineswegs immer billigen oder gutheißen muß. Emotionale Wärme ist auch nicht besitzergreifend.

Das empathische Verstehen umfaßt das Erkennen, Akzeptieren *und* Mitteilen von Gefühlen oder Erlebnisinhalten in dem (inneren) Bezugsrahmen des Gegenübers. Der Therapeut versucht das vom Klienten Gesagte widerzuspiegeln («reflecting of feelings») *und* über das vom Klienten unmittelbar Ausgedrückte hinaus Erlebnisanteile in Worte zu kleiden und ihm mitzuteilen, – als etwas, was er — der Therapeut — verstanden zu haben meint. Der Therapeut kann darin auch das wiedergeben, was er hinter dem beobachtbaren Verhalten und den Äußerungen des Klienten vermutet, besonders hinsichtlich mitschwingender emotionaler oder motivationaler Bedeutungsanteile und beteiligter Kognitionen. Wie Sachse (1992) in seinen Untersuchungen zeigen konnte, sind vor allem präzise empathische Therapeutenäußerungen mit «vertiefendem» Charakter für den unmittelbaren therapeutischen Fortschritt des Klienten entscheidend. Sie gehen über das bloße Widerspiegeln und Paraphrasieren hinaus, sind aber durch den genauen thematischen Bezug auf die unmittelbar vorausgehenden Klientenäußerungen gekennzeichnet.

Differenzierungen des Empathie-Konzeptes wurden z.B. von Elliott et al. (1982) oder von Barrett-Lennard (1981) vorgelegt. Bei Barrett-Lennard basiert Empathie auf einem Drei-Phasen-Prozeß: (1) Der Therapeut erlebt Empathie, (2) teilt sie dem Klienten mit, und (3) dieser nimmt sie wahr. Die vom Klienten wahrgenommene Empathie weist den stärksten Zusammenhang zum Therapieerfolg auf.

Das Erfassen und Unterscheiden von Gefühls- und Bedeutungsanteilen in den Äußerungen des Klienten und ihre präzise Wiedergabe im laufenden Gespräch ist nicht einfach. Diese therapeutischen «skills» bedürfen intensiver Übung in der therapeutischen Ausbildung und späterer Supervision.

Der Veranschaulichung dient der Gesprächsausschnitt in **Kasten 1** (Sachse, 1996, S. 226). Andere illustrative Fallbeispiele zur differentiellen Gesprächspsychotherapie finden sich in Swildens (1991).

Um die Basisvariablen erfassen, untersuchen und trainieren zu können, wurden im Laufe der Jahre verschiedene Einschätzungsskalen entwickelt (Truax, 1961; dt. Tausch, 1973; Carkhuff, 1969; dt. Eckert, 1974, und Schwartz, 1975), die sich im allgemeinen recht gut bewährt haben. Neuerdings wurde ein Skala zum Bearbeitungsangebot vorgeschlagen (Sachse, 1992). Nach entsprechendem Training der Beobachter bzw. Rater lassen sich mit den Skalen ausreichende Übereinstimmungswerte erreichen.

Empirische Untersuchungen legen es nahe, daß konstruktive Veränderungen beim Klienten wahrscheinlicher sind, wenn der Therapeut alle drei Basisvariablen in hohem Maße realisiert (z.B. Tausch, 1973). Die Verwirklichung von Kongruenz, positiver Wertschätzung und Empathie begünstigt die *Selbstexploration* beim Klienten, die ihrerseits konstruktive Änderungen fördert, wie z.B. die Verminderung der Inkongruenzen.

Die *Klientenvariable «Selbstexploration»* ist ein komplexes Prozeß-Merkmal. Nach Schwarz (1975; Biermann-Ratjen, Eckert & Schwarz, 1995) umfaßt sie die Intensität der Auseinandersetzung mit sich selbst, die gefühlsmäßige Nähe zum eigenen Erleben bei der Schilderung, und die Haltung diesen Gefühlen gegenüber (abwehrend vs. akzeptierend). Sachse (1992) schlägt vor, die Selbstexploration durch das Konzept der Bearbeitungsweise zu ersetzen, die

Kasten 1
Ein Therapiebeispiel

Therapieausschnitt einer 37jährigen Klientin (aus Sachse, 1996, S. 226 und 241; die Äußerungen der Klientin und die therapeutischen Interventionen sind dort auch im Hinblick auf den Explikationsprozeß kommentiert).

Kl 1: Ich werde also jetzt mit meinem Partner zusammenziehen. Ihre einzige Reaktion darauf war: «Du mußt ja wissen, was Du tust.»

Th 1: Ihre Mutter steht dem ablehnend gegenüber?

Kl 2: Ja, sie hat Angst, daß ich mich übernehme und mich im Haushalt aufreibe und dann krank werde und so.

Th 2: Und so was kriegen Sie häufig von Ihrer Mutter zu hören.

Kl 3: Ja, das krieg' ich ständig zu hören. Aber es kommt überhaupt nicht die Frage, wie es mir dabei eigentlich geht, was ich eigentlich will.

Th 3: Das vermissen Sie sehr, daß sich Ihre Mutter um Ihre Bedürfnisse kümmert?

Kl 4: Ja, ich habe immer gehofft, sie würde mal anders reagieren. Und ich bin immer enttäuscht, wenn sie wieder mit dem Blödsinn anfängt ...

Th 4: Sie sind enttäuscht?

Kl 5: Ja. Andererseits sage ich mir, ich überfordere sie vielleicht auch. Sie hat selbst eine Menge Probleme am Hals, und ich sollte mich gar nicht aufregen, sie ist eine kranke Frau.

Th 5: Ja. Aber irgendwie geht das nicht, sich nicht aufzuregen. Was passiert in Ihnen, wenn Ihre Mutter sich gar nicht darum kümmert, was Ihre Bedürfnisse sind?

Kl 6: Dann werde ich unheimlich sauer. Ich könnt' dann jedesmal aus der Haut fahren. Und ich werde dann auch böse, red' nicht mehr mit ihr oder geh' einfach raus.
(...)

die Verarbeitungs»tiefe» des Klienten beschreibt. Ihr ist ein analoges Konzept auf seiten des Therapeuten gegenübergestellt: das therapeutische Bearbeitungsangebot. Für Bearbeitungsweise und therapeutisches Bearbeitungsangebot existieren analoge Einschätzungsskalen (siehe weiter unten «Explizieren»).

• *Weitere Therapeutenvariablen.* Darüber hinaus wurde eine Reihe weiterer Variablen bzw. Techniken als Einflußfaktoren erfolgreicher Gesprächspsychotherapie diskutiert und empirisch untersucht. Die *Aktivität* (z.B. Minsel, Langer, Peters & Tausch, 1973), die *innere Anteilnahme* (Schwartz, Eckert, Babel & Langer, 1978) oder die *Selbstöffnung* und *Selbsteinbringung* (Truax, Fine, Moravec & Willis, 1968) stellen Teilaspekte der Beziehungsgestaltung seitens des Therapeuten dar. Dagegen charakterisieren das *Konkretisieren*

(Truax & Carkhuff, 1964), das *Spezifizieren* (z.B. Minsel, 1974) und das *Verallgemeinern* bzw. Fazit-Ziehen (Schwarz, 1975) von Klientenäußerungen durch den Therapeuten spezifische Aspekte der Bearbeitung von Inhalten. Sie können als Erweiterung der empathischen Antwort, insbesondere der Verbalisierung emotionaler Erlebnisinhalte aufgefaßt werden. Unter dem Einfluß der kognitiven Erklärungsansätze wurden auch *Differenzieren* und *Integrieren* der emotionalen Bedeutungsgehalte diskutiert (z.B. Wexler, 1974; Reicherts & Wittig, 1984).

Die Techniken sind operationalisiert durch entsprechende Variablen (der sog. «Variablenansatz»): z.B. das Ausmaß der Selbstöffnung des Therapeuten oder der Grad der Konkretheit der Therapeutenäußerung in einzelnen Gesprächsabschnitten.

3.2 Bearbeitungs- bzw. aufgaben-orientierte Interventionen

Verschiedene Autoren weisen darauf hin, daß schon die Basisvariablen (und Zusatzvariablen) im Sinne einer differentiellen Indikation auf den Klienten (Störung und Eingangsmerkmale) und den therapeutischen Prozeß abzustimmen seien. Auch die Realisierung der o. g. Zusatzvariablen (Konkretisieren, Spezifizieren, Verallgemeinern etc.) geht über die reine Beziehungsgestaltung hinaus und zielt auf eine Ausdifferenzierung therapeutischer Handlungselemente.

Neuere Ansätze betonen neben der Beziehungsorientierung die Bearbeitungs- oder Aufgabenorientierung anhand spezifischer Interventionen. Im Rahmen des Beziehungsangebotes macht der Therapeut je nach Verlauf des therapeutischen Prozesses bestimmte Bearbeitungsangebote. Diese basieren auf spezifischen Ausprägungen der Interventionsvariablen bzw. auf weiteren, «prozeßdirektiven» Interventionsformen wie Fragenstellen, Konfrontieren, Explizieren etc., die der jeweiligen Problematik und dem aktuellen Prozeß des Klienten angepaßt sind.

Im Unterschied zu den beziehungsorientierten Interventionen, die generelle und längerfristige Ziele verfolgen (z.B. Rahmenbedingungen der therapeutischen Beziehung, interpersonaler Prozeß, mikrosoziales Erfahrungssystem), sind bearbeitungsorientierte Interventionen auf unmittelbare, kurzfristige Ziele («Aufgaben») gerichtet, die der Klient ausgehend vom gegenwärtigen therapeutischen Prozeß angehen bzw. erreichen sollte (Greenberg, Rice & Elliott, 1993). Aufgabenorientierte Intervention gehen einher mit einem veränderten Therapieverständnis: der Therapeut «folgt» nicht nur den Äußerungen des Klienten, sondern «steuert» sie auch aktiv.

Als *prozeßbezogene Interventionen* («process tasks» und Bearbeitungsangebote) beachten sie das Prinzip der Prozeß-Indikation. Sie setzen bei typischen therapeutischen Situationen oder Ereignissen ein, die durch bestimmte Merkmale («process marker») gekennzeichnet sind, und sie verfolgen bestimmte therapeutische Prozeßziele («marker-guided»). Der Therapeut nimmt eine aktive Haltung ein und macht ein bestimmtes Bearbeitungsangebot, z.B. in folgenden Fällen:

– Es taucht ein hoch bedeutsames Ereignis aus der Vergangenheit des Klienten auf, das neu durchgearbeitet und expliziert wird (Rice & Saperia, 1984);
– ein aktuelles Problem verdient eine tiefere affektive Bearbeitung zur Klärung der persönlichen Bedeutungen und Motivationen (Focusing nach Sachse, Atrops, Wilke & Maus, 1992);
– ein auftauchender (internal motivierter) Konflikt wird bearbeitet;
– es zeigen sich deutliche Widersprüche in den Äußerungen des Klienten, mit denen er konfrontiert werden sollte (Tscheulin, 1992).

Dabei kommen nicht nur genuin gesprächstherapeutische Interventionen (Äußerungen im Sinne der Basis- und Zusatzvariable), sondern auch Techniken anderer therapeutischer Ansätze zur Anwendung, z.B. die Bearbeitung von Konflikten mit dem aus der Gestalttherapie stammenden «two-chair dialogue» (Greenberg, 1984), oder die Klärung des Erlebens einer bedeutsamen Person gegenüber mit dem «empty-chair dialogue» (Paivio & Greenberg, 1995). Diese Techniken sind zum großen Teil zu expliziten Handlungsanweisungen ausgearbeitet und liegen in Form von *Therapiemanualen* vor.

• *Explizieren, Bedeutungsexplikation.* Für die therapeutische Klärungsarbeit ist es wesentlich, die Bedeutung, die ein Thema, eine Situation, eine Verhaltens- oder Erlebnisweise für den Klienten haben, im Detail gemeinsam auszuarbeiten.

Auf seiten des Klienten kann der Explizierungsprozeß verschiedene Stufen (Sachse, 1992) durchlaufen: Auf der ersten Stufe ist keine Bearbeitung persönlich relevanter Inhalte erkennbar. Auf den Stufen zwei (Intellektualisierung) und drei (Bericht) werden zwar persönlich bedeutsame Sachverhalte angesprochen, jedoch ohne daß eine Bewertung deutlich wird. Die Stufen vier (zuschreibende, externale Bewertung) und fünf (persönliche Bewertung) schließen die Bewertung von Inhalten ein. Auf den Stufe sechs und sieben (Explizierung bzw. Repräsentationsbildung) sind affektive und kognitive Bedeutungen (internale Determinanten) beteiligt, und auf Stufe acht (Integration) kommt es schließlich zur Verknüpfung von explizierten Inhalten mit anderen Aspekten (anderen Situationen, anderen Aspekten des Selbst etc.).

Analog dazu läßt sich das Bearbeitungsangebot durch den Therapeuten charakterisieren: Die Therapeuten-Äußerung kann eine Fortsetzung des Berichts anregen, sie kann eine Bewertung (in dem inneren Bezugsrahmen des Klienten) anbieten oder eine vertiefende Explizierung oder Integration von Bedeutungen vorschlagen. In empirischen Studien ließ sich zeigen, daß das Bearbeitungsangebot des Therapeuten die nachfolgenden Klienten-Äußerungen sowohl in «vertiefender» wie in «verflachender» Richtung beeinflussen kann (Sachse, 1992).

Explizierende Interventionen können allgemein als eine Weiterentwicklung des empathischen Verstehens betrachtet werden. Faßt man wie Sachse (1992, 1996) Bedeutungsexplikation als ein (mehrdimensionales) Kontinuum auf, können diverse therapeutische Äußerungen als Bedeutungsexplikation – auf unterschiedlichem Bearbeitungsniveau – gelten. Der Therapieerfolg ist größer, wenn die Explizierungsangebote des Therapeuten das (vorausgehende) Explikationsniveau des Klienten immer wieder in gewissem Maße übersteigen.

• *Konfrontieren* bezeichnet Therapeutenäußerungen, die von der aktuellen Selbstschilderung des Klienten abweichen und ihn auf Diskrepanzen hinweisen (vgl. Bommert, 1987; Anderson, 1969). Diskrepanzen können zwischen aktuellen und früheren Äußerungen des Klienten oder seinem verbalen und non- bzw. paraverbalen Verhalten bestehen (z.B. spricht der Klient unbewegt von einer starken Bedrohung). Auch Diskrepanzen zwischen der Sichtweise des Therapeuten und des Klienten oder Diskrepanzen zwischen idealem und realem Selbst des Klienten können Gegenstand einer Konfrontation sein. Einen Überblick über verschiedene Formen des Konfrontierens gibt Tscheulin (1990, 1992).

Ziel des Konfrontierens ist es, die Aufmerksamkeit des Klienten auf Phänomene zu lenken, die ihm (noch) nicht deutlich sind, und diese Phänomene einer Bearbeitung zuzuführen. Konfrontationen können dabei eine erlebnisvertiefende, didaktische oder ermutigende Funktion haben (z.B. Sachse, 1996).

Konfrontieren setzt eine gut funktionierende Therapeut-Klient-Beziehung voraus. Untersuchungen (z.B. Anderson, 1969) zeigen beispielsweise, daß Konfrontationen die Selbstexploration des Klienten begünstigten, wenn die drei Basisvariablen hoch ausgeprägt waren, ansonsten hatten sie einen reduzierenden Effekt. Therapeuten mit hohem Niveau in den Basisvariablen neigten häufiger zum Konfrontieren, wobei die Klienten dabei eher mit ihren Möglichkeiten als mit ihren Schwächen konfrontiert werden.

Tscheulin (1992) zeigt die Bedeutung der Selbstaufmerksamkeit als Klientenmerkmal auf: Konfrontieren ist bei «aktionsbezogenen» Klienten erfolgreicher, während «selbstbezogene» Klienten mehr von nicht-konfrontierendem Therapeutenverhalten profitieren.

• *Focusing* ist eine Interventionstechnik, die in den vergangenen Jahren erneut an Bedeutung gewonnen hat. Sie wurde ursprünglich von Gendlin (1981) entwickelt und betont stärker als das empathische Verstehen das flexible Verfolgen und Vertiefen der beim Klienten anklingenden emotionalen Erlebnisaspekte. Focusing beinhaltet – ausgehend von einem konkreten Problem oder Inhaltsbereich – die aktive, gezielte Lenkung der Aufmerksamkeit des Klienten auf seine aktuellen, inneren Zustände, die sich in diffusen Emotionen und Körperempfindungen manifestieren. Dem Klienten wird vorgeschlagen, sich auf das vorliegende diffuse (Körper-)Gefühl, die sog. *gefühlte Bedeutung* («felt sense») zu konzentrieren. Über mehrere Prozeßschritte soll er versuchen, dieses Gefühl zu symbolisieren, d.h. die bis dahin nur gefühlte Bedeutung explizit zu benennen. Nach einer stimmigen Symbolisierung verändert sich das diffuse Gefühl oder es verschwindet.

Wie neuere Studien zeigen (z.B. Sachse, Atrops, Wilke & Maus, 1992), ist ein erster Focusing-Durchgang vor allem dann erfolgversprechend (d.h. die Symbolisierung gelingt stimmig), wenn der Klient bereits in einer vorausgegangenen Therapiesitzung ein hohes Maß an Selbstexploration zu realisieren vermochte, insbesondere sich seinem emotionalen, auch körperlichen Erleben zuwenden konnte.

• *Fragenstellen* war in der «klassischen» Gesprächspsychotherapie verpönt; sie wurden allenfalls indirekt formuliert. Fragen bilden jedoch eine elementare Interventionsform (z. B. Sachse, 1996), die einerseits die Funktion hat, dem Therapeuten die notwendige Informationsbasis zu liefern (Informations- und Verständnisfragen) bzw. den Klienten zu einer anschaulichen Schilderung einer Situation, eines Gefühls etc. zu führen (konkretisierende Fragen). Andererseits sollen Fragen den Klienten veranlassen, seine Verarbeitungsweise zu vertiefen, z. B. von einem unbeteiligten Bericht zu einer Darstellung der persönlichen Bedeutung zu gelangen (vertiefende Fragen). Dabei ist sicherzustellen, daß der Ausgangspunkt der Frage (die impliziten Voraussetzungen und die intendierte Funktion) zutreffend ist, indem der Therapeut z. B. eine validierende empathische Aussage vorausschickt, die vom Klienten bestätigt wird. Es gilt das Prinzip «Verstehen geht vor Vertiefen».

Die geschilderten Interventionstechniken sind nur unter bestimmten Bedingungen anzuwenden, unter anderen Bedingungen sind sie unangemessen oder kontraproduktiv, z. B. das Konfrontieren eines Klienten, der sich gerade in einem Explizierungsprozeß oder in einem Focusingprozeß befindet.

Zwar liegt für aufgabenorientierte Interventionen in der Gesprächspsychotherapie noch keine verbindliche Systematik vor, doch lassen sie sich z. B. nach den Ebenen der Bearbeitung unterscheiden (vgl. auch Sachse, 1996): Auf der *Inhaltsebene* werden die konkreten Themen, Probleme und Lösungsversuche des Klienten behandelt. Auf der psychischen *Verarbeitungsebene* werden die kognitiven, affektiven und verhaltensmäßigen Verarbeitungsformen thematisiert, mit denen der Patient seine Probleme zu verarbeiten versucht (z. B. Vermeidung). Auf der *Beziehungsebene* werden die Interaktionsmuster des Klienten in der therapeutischen Beziehungsgestaltung bearbeitet; im Unterschied zum generellen Beziehungsangebot werden sie hier explizit zum Gegenstand des therapeutischen Gesprächs gemacht.

Die Ebenen sind durch spezifische Therapieziele (Prozeßziele) und Interventionen charakterisiert und hierarchisch geordnet. Ein konstruktiver therapeutischer Prozeß auf der Inhaltsebene setzt beim Klienten (überwiegend) funktionale Verarbeitungsformen voraus; therapeutischer Fortschritt auf der Verarbeitungsebene bedarf einer funktionalen Beziehungsgestaltung zwischen Klient und Therapeut.

Unterschiedliche Störungen und Eingangsmerkmale von Klienten bedingen unterschiedliche Schwerpunkte der therapeutischen Arbeit auf diesen Ebenen: Zum Beispiel werden Angststörungen und Depression schwerpunktmäßig auf der Inhaltsebene, psychosomatische Störungen auf der Verarbeitungsebene und Persönlichkeitsstörungen auf der Beziehungsebene behandelt. Selbstverständlich können die Bearbeitungsebenen im Laufe der Therapie, aber auch im Zuge einzelner therapeutischer Sequenzen wechseln.

Wie bereits angedeutet, können aufgabenorientierte Interventionen in der Gesprächspsychotherapie auch mit Techniken anderer therapeutischer Ansätze kombiniert werden: z. B. Übungen zur kognitiven Umstrukturierung, Imaginationsübungen, Hausaufgaben, Rollenspiele, gestalttherapeutische Übungen, Vignetten des Psychodramas, Körperübungen etc. bis hin zur Einbeziehung des Partners oder eines Familienmitgliedes in die Therapie. Kombinationen von gesprächspsychotherapeutischen, gestalttherapeutischen und «marker guided» Interventionen (Rice & Greenberg, 1990) wurden z. B. bei depressiven Patienten mit Erfolg empirisch erprobt (Elliott et al., 1990).

Zur Häufigkeit des Einsatzes der genannten Therapievariablen und Interventionstechniken hat Speierer (1995) Gesprächspsychotherapeuten in der Bundesrepublik Deutschland befragt. Nach ihrer eigenen Einschätzung verwenden sie in hohem Maße Wertschätzung vor Empathie und Kongruenz. Bei den Zusatzvariablen und -Interventionen werden am häufigsten Differenzieren, Konfrontieren sowie Fazit-Ziehen genannt. Auch Techniken des Focusing werden relativ häufig verwandt, seltener dagegen Selbstöffnung und Techniken anderer Provenienz.

3.3 Äußere Merkmale der Gesprächspsychotherapie

Zu den äußeren Merkmalen der Gesprächspsychotherapie gehört die *Therapiesituation* (Setting): z. B. eine gleichberechtigte Sitzposition im Gespräch, die Häufigkeit und Dauer der Kontakte (durchschnittlich eine Sitzung von ca. 45 Min pro Woche) oder die regelmäßige Aufzeichnung auf Tonband im Einvernehmen mit dem Klienten. Die *Therapiedauer* betrug in einer jüngeren, repräsentativen Untersuchung von Eckert und Wuchner (1994) im Durchschnitt 69 Sitzungen, verteilt über zwei Jahre. Dabei zeigte sich eine große Variationsbreite, u. a. in Abhängigkeit von den behandelten Störungen.

4. Ebenen der Intervention und Anwendungsfelder

Bisher wurde das Interventionskonzept der Gesprächspsychotherapie im Kontext der *therapeutischen Dyade*, der Beziehung zwischen Klient und Therapeut, beschrieben. Nun werden kurz andere Ebenen der Intervention und Anwendungsfelder vorgestellt, in denen Interventionskomponenten der Gesprächstherapie in ursprünglicher oder abgewandelter Form zur Anwendung kommen.

4.1 Gesprächspsychotherapie in Gruppen

Der Einsatz gesprächstherapeutischer Prinzipien in Gruppen wurde angeregt durch Rogers' langjährige Arbeit mit *Encounter-Gruppen*, bei denen die Begegnung von Menschen im Mittelpunkt steht (Rogers, 1970). Auf Gruppenebene wird die Bezeichnung «*personzentriert*» dem Begriff «klientzentriert» vorgezogen, da der Ansatz nicht nur für Personen mit akuten psychischen Problemen gedacht ist. Die personzentrierte Gesprächsgruppe basiert auf einer Ausweitung der förderlichen Bedingungen des Einzelgesprächs auf Gruppen. Die Haltung des *Helfers* («facilitator») in der Gruppe entspricht weitgehend der des Therapeuten im Einzelgespräch (z. B. Tausch & Tausch, 1990). Auch hier sind als Wirkfaktoren konstruktiver Änderungen die drei Basisvariablen des einfühlenden Verstehens, der Wertschätzung und der Echtheit des Helfers wesentlich. Hinzu kommen Interaktion und Kommunikation der Gruppenmitglieder untereinander, teils als spontane und

an dem Modell des Helfers erlernte Realisierungen personzentrierter Haltung, teils als Mitteilung eigener Erfahrung positiver und negativer Gefühle, Wahrnehmungen und Meinungen. Indem die Gruppenmitglieder aufeinander eingehen, können sie sich gegenseitig bei der Selbstexploration fördern, und auch Inkongruenzen zwischen Selbst- und Fremdwahrnehmung abbauen helfen.

Nach der *Zusammensetzung* der Teilnehmer und der *Zielsetzung* sind verschiedene Gruppen zu unterscheiden. Im klinischen Bereich wird der gesprächstherapeutische Ansatz sowohl bei ambulanten als auch stationären Gruppen mit psychoneurotischen, psychiatrischen, psychosomatischen oder an chronischen somatischen Erkrankungen leidenden Patienten angewendet. Daneben gibt es Gesprächsgruppen mit dem Ziel, durch Begegnung persönliche Selbstentfaltung und Weiterentwicklung zu fördern (Wachstum, «enrichment»), Gruppen zur Verbesserung des sozialen Klimas, der Solidarität und Kooperation, in (helfenden) Organisationen, oder im schulischen und sozialpädagogischen Bereich.

Es bestehen Unterschiede hinsichtlich der Häufigkeit und Dauer der Gruppengespräche und der Gruppengröße. Bei Gruppen im stationären Kontext werden eher wöchentliche Sitzungen von 90 Minuten bevorzugt, im ambulanten Kontext Sitzungen längerer Dauer bei geringerer Frequenz. Eine Variante besteht aus einer Blockveranstaltung von zwei bis drei Tagen (Wochenende) zu Beginn und einigen mehrstündigen Nachtreffen im 14-Tages-Rhythmus (vgl. die Studie von Pomrehn, Tausch & Tönnies, 1986, im Abschnitt Wirksamkeit).

Die Untergrenze der Teilnehmerzahl bei Klientengruppen liegt bei fünf, die Obergrenze bei etwa zehn Teilnehmern. Bei nicht beeinträchtigten Personen liegt die Teilnehmerzahl meist bei 10 bis 15, die Grenze ist aber nach oben hin offen. Meist arbeiten die personzentrierten Helfer in den Gruppen nicht allein, sondern mit einem Co-Helfer.

Empirische Untersuchungen zur Gruppenarbeit im psychiatrischen Bereich z. B. mit Borderline-Patienten (zum Vergleich mit psychoneurotischen Patienten s. auch Eckert & Biermann-Ratjen, 1986) und psychoneurotischen Patienten belegen deren globale Wirksamkeit recht deutlich (s. Abschnitt 5). Zur Anwendung der GT in der Psychiatrie vgl. auch Bommert (1986).

Studien, die Therapieeffekte der Gesprächspsychotherapie in Gruppen mit anderen Formen der Gruppentherapie vergleichen, liegen vor allem für den psychiatrischen Bereich vor (z. B. Eckert, Biermann, Tönnies & Wagner, 1981). Unterschiedliche Effekte personenzentrierter vs. psychoanalytischer Gruppentherapie fassen Eckert und Biermann-Ratjen (1985) folgendermaßen zusammen: Analytisch behandelte Patienten erwerben vermehrt Autonomie, Selbständigkeit und Durchstehvermögen, gesprächspsychotherapeutisch behandelte Patienten dagegen vermehrt Selbstachtung, verstärkte Beziehungsfähigkeit und Kooperationsmöglichkeiten. Verbesserungen auf Symptomebene im 9-Monats-Follow-up waren in der Gesprächspsychotherapie ausgeprägter.

4.2 Gesprächspsychotherapie in Systemen und Institutionen

Prinzipien der helfenden Beziehung und Begegnung wurden u. a. in Selbsthilfegrupen, bei alten Menschen (z.B. Radebold, 1983) oder zur Verbesserung der zwischenmenschlichen Beziehungen in Organisationen und Institutionen verwendet, so z.B. für Gefängnisinsassen und Richter (z.B. Tausch, Schiefelbein, Schwab & Dossmann, 1975). Auch in der Pädagogischen Psychologie wird das gesprächspsychotherapeutische Basiskonzept z.B. zur Förderung des Lehrerverhaltens verwendet, was positive Auswirkungen im emotionalen Bereich und den Unterrichtsbeiträgen der Schüler haben kann (Höder, Tausch & Weber, 1979). Gesprächspsychotherapeutische Interventionsansätze kommen auch *in Systemen* zur Anwendung: In der Paartherapie (z.B. Auckenthaler, 1983) und Familientherapie (z.B. Heekerens, 1985), aber auch in der Management- und Organisationsentwicklung (z.B. Seewald, 1988).

Bei der Anwendung klientenzentrierter Prinzipien auf der Ebene der Erziehung hat das Elterntraining nach Gordon (1970) große Bedeutung erlangt. Unter anderem wird das «reflektierende Sprechen» mit dem Kind als eine zentrale Variable günstigen Elternverhaltens geübt (z.B. Perez, Minsel & Wimmer, 1985). Bei

anderen Problemen erweist sich vor allem «Offenheit» und ggf. auch «Selbstöffnung» der Eltern als günstig. Daraus entwickelten sich auch Konzepte für Präventionsprogramme für Familien (z. B. Horsten & Minsel, 1987).

Auf klientenzentrierte Grundlage stützt sich auch die *kindzentrierte Spieltherapie* als Behandlungsmethode (Axline, 1947). Nach Schmidtchen (1989) sind ihre therapeutischen Zielsetzungen: a) Förderung von psychischem Wachstum, b) Verbesserung der allgemeinen Lernfähigkeit bei sozialen, emotionalen und intellektuellen Retardierungen (nicht der schulischen Leistungsfähigkeit) und c) Abbau von Verhaltensstörungen.

Auf gesprächspsychotherapeutischer Grundlage wurden auch Interventionsprogramme für Risikogruppen entwickelt.

5. Wirksamkeit und Indikation

Es ist das Verdienst von Rogers selbst, das therapeutische Geschehen als einer der ersten auf Tonband festgehalten und transparent gemacht zu haben. Dadurch war es möglich, intersubjektiv überprüfbare und trainierbare Komponenten des hilfreichen Gesprächs herauszuarbeiten. Schon von Rogers und dessen Mitarbeitern wurden auch Anstrengungen unternommen, die Wirksamkeit von Gesprächspsychotherapie zu evaluieren. In der Folgezeit wurden zahlreiche empirische Studien mit verschiedenen Zielsetzungen durchgeführt, die neben der Untersuchung des Therapieerfolges (Outcome-Forschung) auch Merkmalen des Therapieprozesses (Prozeß-Forschung) gewidmet waren, sowie der Kombination aus Prozeß- und Erfolgsmerkmalen (zum Überblick Bommert, 1987). Ein Beispiel ist folgende Untersuchung von Pomrehn, Tausch und Tönnies (1986) zur Wirksamkeit gesprächspsychotherapeutischer Gruppen (s. **Kasten 2**).

Aus jüngster Zeit liegen zwei *Metaanalysen* vor, die eine Reihe von Untersuchungen zusammenfassen, um zu generalisierten und quantifizierten Schätzungen der Wirksamkeit zu gelangen. In die Metaanalyse von Grawe, Donati und Bernauer (1994) sind insgesamt 35 kontrollier-

Kasten 2
Wirksamkeitsstudie (Pomrehn, Tausch & Tönnies, 1986)

Fragestellung

Bei welchem Anteil psychoneurotischer Klienten treten durch personzentrierte Gruppenpsychotherapie positive Veränderungen in wichtigen Symptombereichen ein? Sind diese Veränderungen über längere Zeit stabil und sind sie begleitet von Veränderungen in anderen Lebensbereichen? Mit welchen Bedingungen (Therapeutenverhalten, Prozeßmerkmalen) stehen die Veränderungen in Beziehung?

Methode

• *Stichprobe:* Teilgenommen haben 103 Patienten einer Psychologischen Beratungsstelle, Durchschnittsalter 36 Jahre (19–66); davon 59 Prozent weiblich; 41 Prozent ledig, 35 Prozent verheiratet und 24 Prozent geschieden; 62 Prozent mit Haupt/Realschulabschluß, 38 Prozent mit Abitur. Meistgeschilderte Symptome waren Selbstwert/Selbstbehauptungsschwierigkeiten, affektive Störungen und Kontaktstörungen. 78 Prozent geben körperliche Beschwerden an, die von medizinischer Seite überwiegend als psychosomatisch eingestuft wurden. 39 Prozent erhielten Medikamente, von denen sich die meisten abhängig fühlten.

• *Intervention:* Gebildet wurden Gruppen mit 8–11 Teilnehmern mit je einem sog. Haupthelfer und einem Co-Helfer (insgesamt 13 Therapeuten). Sie nahmen an einer zweieinhalbtägigen Gruppentherapie und 4 zweieinhalbstündigen Nachtreffen im Wochenabstand teil. In den Gruppengesprächen realisierten die Therapeuten die Grundvariablen Empathie, Wärme und Echtheit sowie Aktivität. Die Realisierung der Basisvariablen wurde indirekt durch Klienteneinschätzungen kontrolliert: Nach Ansicht der Klienten realisierten 75 Prozent der Helfer und 63 Prozent der Co-Helfer die Basisvariablen in hohem Maße. Der Gruppenprozeß wurde ebenfalls ex post durch die Teilnehmer eingeschätzt.

• *Versuchsplan:* Durchgeführt wurde eine Voruntersuchung (Hauptsymptomatik, Probleme in diversen Lebensbereichen (z. B. Partnerschaft, Kinder, Beruf/Arbeit, Motivation und Erwartungen), eine Nachuntersuchung 6 Wochen nach Abschluß der Therapiesitzungen und eine weitere nach einem Jahr, an der noch 87 Klienten (84%) teilnahmen. Zugrunde liegt ein Kontrollgruppenplan mit einer Wartegruppe von Klienten (N = 51), die an der gleichen Institution um Therapie nachgesucht hatten, aber aus Kapazitätsgründen noch nicht behandelt werden konnten. Therapiegruppe und Wartekontrollgruppe unterschieden sich weder im Ausmaß ihrer Ausgangsstörung noch in demographischen Merkmalen signifikant.

• *Untersuchungsverfahren:* Klienten: Die Einschätzung globaler Besserung, der Besserung in den Hauptstörungsbereichen, Veränderungen in anderen Lebensbereichen, in der Selbstkommunikation, außerdem verschiedene Selbsteinschätzungen den Gruppenprozeß betreffend (z.B. eigene Offenheit, Lernbereitschaft, Vertrauen in die Gruppe); ferner Einschätzungen der Gruppenleiter bzw. Helfer hinsichtlich der Basisvariablen Empathie, Wärme und Echtheit.

Ergebnisse

Die Teilnehmer an der Gruppentherapie schätzen das Ausmaß globaler Besserung 6 Wochen nach Abschluß deutlich höher ein als die Kontrollgruppe im gleichen Zeitraum (70% der Therapiegruppe schildern ihren Zustand als «gebessert» gegenüber 29 Prozent der Wartegruppe). Ähnliches gilt auch für günstige Veränderungen in einzelnen Lebensbereichen (z. B. Partnerschaft, Sexualität, Kinder, Beruf/Arbeit, soziales/politisches Engagement), im Umgang mit sich selbst und anderen, in psychosomatischen Beeinträchtigungen und im Substanzgebrauch, erfaßt durch Fragebögen. Auch in GT-spezifischen Testskalen zur Selbstkommunikation zeigten sich gewisse Unterschiede zugunsten der Therapiegruppe. Deutlich gebesserte Klienten schätzten sich im Anschluß an die Gespräche günstiger ein als die weniger gebesserten Klienten (z.B. offener, gefühlsmäßig stärker beteiligt, eher bereit von andern Teilnehmern zu lernen, vertrauensvoller in der Gruppe). Auch die Gruppenleiter bzw. Helfer nahmen die deutlich gebesserten Klienten in den Basisvariablen günstiger wahr. In der Nachuntersuchung nach einem Jahr gaben 72 Prozent ihren Zustand als gebessert an, davon jedoch weit mehr als nach Therapieabschluß als «deutlich gebessert». Verschlechterungen schilderten 5 Prozent. Auch ein Fremdrating durch Experten kam zu ähnlichen Ergebnissen.

Problematisch ist an der Untersuchung, daß das Therapeutenverhalten der Leiter nur indirekt, d.h. durch die Gruppenmitglieder eingeschätzt wurde; eine Analyse des Therapeutenverhaltens und des Gesprächsprozesses in der Gruppe durch externe Beurteiler anhand von Tonbandaufzeichnungen wurde nicht vorgenommen. Damit bestehen nur grobe Hinweise auf therapeutische Prozesse.

te Studien zur Wirksamkeit der Gesprächspsychotherapie an rund 2400 Personen eingegangen (Zeitraum bis 1983/84), die den Kriterien nach klinischer Relevanz und methodischer Güte genügten. Die Autoren kommen auf der Basis der Prä-Post-Vergleiche und der Kontrollgruppen-Vergleiche zu dem Schluß (S. 134), daß die Gesprächspsychotherapie eine überzeugend nachgewiesene Wirksamkeit habe; insbesondere gelte dies im Hinblick auf das breite Spektrum von Störungen, und die relativ kurze Behandlungsdauer (meist unter 20 Stunden). Auch die Anzahl und methodische Qualität dieser Wirkungsstudien ist, verglichen mit vielen anderen Behandlungsformen, beachtlich.

Beim direkten Wirkungsvergleich schneidet die Gesprächspsychotherapie weniger günstig ab: In den sechs Studien, in denen gesprächstherapeutische Behandlungsformen direkt mit anderen Therapieformen verglichen wurden, waren sie weniger wirksam als verhaltenstherapeutische Verfahren und etwa gleich wirksam wie eine psychoanalytische Behandlung.

Diesen Ergebnissen wird kritisch entgegengehalten (z.B. Eckert, 1995; Biermann-Ratjen et al., 1995), daß die Therapiedauer bei den einbezogenen Studien (meist unter 20 Stunden) nicht repräsentativ, weil zu kurz für Gesprächspsychotherapien sei. Außerdem sei bei der Gesprächspsychotherapie als einem symptomunspezifischen Verfahren mit positiven Effekten zu rechnen, die sich erst längere Zeit nach Therapieabschluß zeigen. Schließlich wird das Fehlen ansatzadäquater Evaluationsmaße beklagt, was sich nachteilig auswirke, da die

Gesprächspsychotherapie in erster Linie Struktur- und nicht Symptomveränderungen anstrebe.

Die Meta-Analyse von Greenberg, Elliott und Lietaer (1994) umfaßt insgesamt 37 Studien, davon 13 Studien zur «klassischen» Gesprächspsychotherapie (client-centered therapy). Die Studien wurden zwischen 1978 und 1992 publiziert, überlappen sich also kaum mit den von Grawe et al. analysierten Studien, denen zudem strengere Selektionskriterien zugrundeliegen.

Für die vorliegende Darstellung haben wir die Gesprächspsychotherapie-Studien separat analysiert. Bei den 13 Studien, in denen insgesamt 785 Patienten (vorwiegend neurotische Störungen) mit Gesprächspsychotherapie behandelt wurden, zeigen sich bei Therapieabschluß recht deutliche positive Veränderungen. In den Studien, wo neben der Postmessung weitere Follow-up-Maße vorliegen, nehmen die Effektgrößen mit der Zeit zu, d.h. die Patienten verbessern sich nach Abschluß der Behandlung weiter. Auch im Vergleich mit unbehandelten Patienten (acht kontrollierte Studien) bleibt ein recht deutlicher Therapieeffekt. Im direkten Vergleich zu anderen, vor allem kognitiv-verhaltenstherapeutischen Therapieformen, auf der Basis von sieben Therapievergleichsstudien schneidet die klassische Gesprächspsychotherapie etwas ungünstiger ab.

Studien, die einen experientiellen oder prozeß-direktiven Ansatz untersuchten, weisen etwas günstigere Effekte als die klassische Gesprächspsychotherapie auf. Da es sich hier nicht um direkte Vergleichstudien handelt, und die behandelten Störungen nicht mit denen der reinen GT-Studien übereinstimmen, sind diese Ergebnisse jedoch als vorläufig einzustufen.

Hinsichtlich der *Indikation* der Gesprächspsychotherapie sind drei Indikationsprobleme zu unterscheiden (z. B. Minsel, 1975; Zielke, 1979; Biermann-Ratjen et al., 1995; vgl. auch Baumann, 1981):

(1) Indikation für bestimmte Störungen i. S. *diagnostischer Kategorien.* Nach den empirischen Wirksamkeitsstudien hat die Gesprächspsychotherapie allgemein ein *breites Wirkungsspektrum.* Obwohl die Autoren der genannten Meta-Analysen der Meinung sind, daß sich eine störungsspezifische Indikation bzw. Kontraindikation der GT beim gegenwärtigen Forschungsstand empirisch noch nicht hinreichend begründen läßt (vgl. Greenberg et al., 1994; Grawe et al., 1994), zeichnen sich doch folgende Indikationsschwerpunkte ab:

Besonders geeignet scheint sie zur ambulanten Behandlung von «psychoneurotischen» Störungen (wie depressive Störungen und Angststörungen), sowohl in Einzel- wie in Gruppentherapie. Ebenso eignet sie sich zur Behandlung von interpersonalen Problemen (Kontaktstörungen, Paar- und Beziehungsstörungen), wobei Veränderungen des zwischenmenschlichen Bereichs durch das Gruppensetting begünstigt werden. Auch zur Behandlung von Alkoholabhängigkeit oder Schizophrenie und als Begleittherapie zur medikamentösen Behandlung kann sie eingesetzt werden. Zur Behandlung von (bestimmten) Persönlichkeitsstörungen bietet sie sich weniger an.

Aus dem differentiellen Inkongruenzmodell nach Speierer (1994; vgl. Abschnitt 2) lassen sich ähnliche Hinweise auf die Indikation der Gesprächspsychotherapie ableiten. Als Inkongruenzbehandlung ist sie primär bei Störungen mit dekompensiertem Inkongruenzerleben indiziert, also bei depressiven Störungen (ohne endogene Komponente), Angststörungen, dissoziativen Störungen oder psychosomatischen Störungen. Bei Störungen, wo Inkongruenzerleben zwar vorliegt, aber kompensiert ist, scheint es nicht angemessen, den Klienten durch die Behandlung zu dekompensieren, um dann die Inkongruenz zu behandeln.

Bei anderen Störungsformen ist im Einzelfall zu klären, ob Behandlungsbedarf besteht und ob die Voraussetzungen, wie die Behandlungsmotivation und die Fähigkeit für eine gesprächspsychotherapeutische Behandlung gegeben sind (siehe Klientenmerkmale).

(2) Indikation bezogen auf *Klientenmerkmale,* die den therapeutischen Prozeß beeinflussen. Unabhängig von der Art der Störung profitieren nicht alle Klienten gleichermaßen von einem gesprächspsychotherapeutischen Vorgehen. Patienten, die zu Beginn der Therapie Zugang zu ihren Gefühlen haben, verbal-affektiv ansprechbar sind bzw. zur Selbstexploration oder zum Experiencing fähig sind, profitieren in höherem Maße. Auch ihre Motivation, insbesondere zur Klärung erlebter Inkongruenz (Sachse, 1992), wirkt sich positiv aus. Weitere günstige Eingangsmerkmale des Klienten scheinen seine soziale Kompetenz, Anschlußmotivation und Selbstbehauptung zu sein (Grawe, Caspar & Ambühl, 1990).

Nach einer entsprechenden Eingangsdiagnostik kann durch eine gesprächstherapeutische Probebehandlung geklärt werden, ob die Voraussetzungen für eine Behandlung gegeben sind, und wie die Interventionen abzustimmen sind: z. B. wird während einer Sitzung die Ansprechbarkeit des Klienten auf das Beziehungsangebot und bestimmte bearbeitungsorientierte Interventionen geprüft.

(3) Wie bereits erwähnt, wird Indikation auch auf den *therapeutischen Prozeß* bezogen. Das Therapiegeschehen wird als Abfolge kleiner Interventionssequenzen verstanden. Prozeß-Indikation bezeichnet folglich die Auswahl von bestimmten therapeutischen Elementen, um umschriebene, kurzfristige Prozeßziele zu erreichen (vgl. die «process-tasks» nach Greenberg et al., 1994; prozessdirektive, zielorientierte GT nach Sachse, 1992). Hierzu liegen aus jüngster Zeit neue, empirische überprüfte Ansätze vor (s. Abschnitt Bearbeitungsorientierte Interventionen).

6. Erklärung der Wirksamkeit

Zur Erklärung der Wirkungsweise der Gesprächspsychotherapie auf der Grundlage psychologischer Theorien liegen verschiedene Modelle vor, die als Erklärungselemente in Frage kommen. Da die Intervention in der GT komplex ist, d.h. zugleich mehrere «Mittel» zur Anwendung kommen, die sich in Untersuchungen nicht eindeutig trennen lassen, sind auch mehrere dieser Erklärungselemente in kombinierter Form in Betracht zu ziehen. In einigen Fällen wurden entsprechende Ansätze skizziert, ohne daß dafür empirische Belege vorliegen. Im folgenden werden lerntheoretische und kognitive Ansätze vorgestellt.

6.1 Lerntheoretische Erklärungsmodelle

Lerntheoretische Erklärungsmodelle versuchen die beim Klienten eintretenden therapeutischen Veränderungen u.a. auf folgende Weise zu erklären (zum Überblick vgl. Bommert, 1987).

• *Verbale Bekräftigung.* Durch selektive Verstärkung läßt sich das Sprechverhalten von Personen verändern (Truax, 1966). Die verbalen und nonverbalen Verstärkungen durch den Therapeuten, der als soziale Verstärkungsquelle wirkt, sollten zu Verhaltensänderungen des Klienten (z.B. in dem Prozeßmerkmal der Selbstexploration) führen. Allerdings kann verbale Konditionierung nur dann als eigenständiger therapeutischer Wirkfaktor gelten, wenn das Verhalten des Klienten von der Therapiesituation auf sein Verhalten außerhalb der Therapie generalisiert, ebenso von seinem Sprechverhalten auf andere Verhaltensmodalitäten. Ein spezieller Aspekt der verbalen Bekräftigung bezieht sich auf die sog. Selbstkommunikation: die Verstärkung positiver selbstkommunikativer Äußerungen verändert das innere Sprechen mit sich selbst (Tönnies, 1982; Tausch & Tausch, 1990).

• *Gegenkonditionierung* (vgl. Systematische Desensibilisierung). Reize, die mit negativen Gefühlen besetzt sind, werden mit neuen Reaktionen verknüpft, die damit unvereinbar sind. Negative Gefühle des Klienten (Angst, Wut, Schuld) werden in der Gesprächspsychotherapie einerseits zur Sprache gebracht bzw. erlebbar gemacht, andererseits gehemmt durch die mit ihnen unvereinbaren positiven Gefühle,

die durch Wertschätzung und empathisches Verständnis des Therapeuten entstehen. Im Gegensatz zur Systematischen Desensibilisierung in der Verhaltenstherapie, von der dieses Erklärungsmodell stammt (Wolpe, 1958), wäre hier eher von unsystematischer Desensibilisierung zu sprechen.

Als Erklärungsproblem der beiden Ansätze ist anzumerken (vgl. Bommert, 1987), daß der Therapeut nach dem Prinzip verbaler Bekräftigung nur auf positive Äußerungen des Klienten eingehen müßte, während er nach dem Prinzip der Gegenkonditionierung sowohl auf positive wie negative Affekte eingehen müßte.

• *Diskriminationslernen.* Ein allgemeiner Lernmechanismus, der in der Gesprächspsychotherapie wirksam ist (und auch den anderen Lernmodellen inhärent), ist die Verstärkung von Reizunterscheidungen (z.B. Truax, 1966). Dazu gehört auch das Entkoppeln vermengter Erlebnis- und Bedeutungsgehalte. Dies könnte allerdings als eine kognitive Grundbedingung des Lernens auch der Differenzierung (und der Diskrimination) des kognitiven Erklärungsansatzes zugerechnet werden.

• *Konfliktmodelle.* Andere Autoren wie Martin (1975), Perrez (1975) oder Grunwald (1976) haben, orientiert an der Konflikttheorie nach Dollard und Miller (1950), die zugrundeliegende Störung und das therapeutische Agens i.S. von Konfliktmodellen zu erklären versucht. Im Mittelpunkt steht ein Annäherungs-Vermeidungs-Konflikt: Problematisches Verhalten wird aufrechterhalten, weil die Reduktion negativer Affekte wie Furcht/Angst durch Meiden sehr verstärkend wirkt und die bedrohlichen Reize so schnell gemieden werden, daß kein Umlernen stattfinden kann. Im Kontext der Gesprächspsychotherapie sind vor allem Konflikte angesprochen, die durch innere Reize im Denken, Vorstellen oder Fühlen aufrechterhalten werden (Martin, 1975). Ziel der Therapie ist die Konfliktreduktion, die durch zwei parallele Prozesse im therapeutischen Gespräch begünstigt wird: Die Annäherungstendenz wird durch positive Verstärkung (verbale, affektive Verstärkung der Wärme, des Verstehens, des Akzeptierens) erhöht. Zugleich wird die auftretende Angst durch Löschung vermindert, was einer Abschwächung der Vermeidenstendenz entspricht. Der erfolgreiche therapeutische Prozeß mäandriert dabei in der Konfliktregion in der Nähe des Schnittpunktes der jeweiligen Annäherungs-Vermeidungs-Gradienten, in Richtung zum konfliktbesetzten Ziel hin. Die Modelle sind weitgehend spekulativ geblieben.

• *Modellernen.* Nach diesem Erklärungsansatz, der auf Bandura (1969) zurückgeht, übt der Therapeut in mehrerer Hinsicht eine Modellfunktion aus, so z.B. in der Realisierung empathischen Verstehens hinsichtlich (1) der Äußerung von Gefühlen, (2) der Auseinandersetzung mit Problemen, die (bisher) nur fragmentarisch oder mit starken negativen Affekten repräsentiert wurden, und (3) einer ruhigentspannten Zuwendung zu persönlichen Problemen. Auch bestimmte Merkmale der Beziehungsgestaltung und emotionaler Zuwendung zu einer anderen Person führt der Therapeut als Modell vor, was Beziehungsfähigkeit und -bereitschaft des Klienten steigern kann.

• *Selbstwirksamkeit.* Ein weiterer Lernprozeß ist mit dem Erwerb von Selbstwirksamkeit nach Bandura (1977) angesprochen, der ein entscheidendes Meta-Prinzip vieler therapeutischer Lernvorgänge darstellt. Der Klient erfährt im Umgang mit seinen negativen Gefühlen und Kognitionen (und im Umgang mit sich selbst), daß er in der Lage ist, sich ihnen zu stellen, sie zu ertragen, und daß er selbst der Angelpunkt von Veränderungen ist.

6.2 Kognitive oder Informationsverarbeitungsmodelle

Überlegungen, den therapeutischen Prozeß als teilweise nach außen verlegten Informationsverarbeitungsprozeß des Klienten aufzufassen, in dessen Verlauf der Therapeut bestimmte Bedingungen setzt und in spezifischer Weise eingreift, wurden erstmals von Wexler (1974) angestellt. Der Therapeut ist dabei ein «surrogate information processor»: Seine empathische Antwort hat eine aufmerksamkeitslenkende Funktion (einige Bedeutungsinhalte werden betont, andere übergangen), eine organisierende Funktion (Strukturierungsangebote, die Bedeutungsgehalte genauer differenzieren oder neu integrieren) und eine evokative Funktion, die

wichtige Aspekte des Gemeinten hervorhebt und die Selbstaktualisierung (hier als Informationsverarbeitung) begünstigt. Die empathische Antwort des Therapeuten bietet eine Struktur an, welche die Bedeutungsstruktur, an der der Klient gerade arbeitet, anders repräsentiert, sie weiter differenziert und/oder integriert.

Der Klient lernt auf diesem Wege seine dysfunktionale Informationsverarbeitung zu verändern, wobei neue oder modifizierte Strukturen eine vollständigere, weniger verzerrte Symbolisierung von Erfahrungen (und seines Selbst) ermöglichen. In diesem Zusammenhang legten Reicherts und Pauls (1983) ein Verfahren zur Erfassung kognitiver Strukturmerkmale des Erlebens vor.

In dieser Linie liegt auch das kognitive Lernmodell von Toukmanian (1990). Danach besteht der zentrale therapeutische Prozeß darin, daß der Klient lernt, seine Konstruktion von Erfahrungen und persönlich relevanten Ereignissen zu modifizieren. Dies wird begünstigt durch therapeutische Interventionen, die ihn vor bestimmte Aufgaben der Informationsverarbeitung stellen.

Zu den neueren kognitiven Ansätzen kann auch das Modell zum Explikations-Prozeß von Sachse (1992; Sachse, Atrops, Wilke & Maus, 1992) gezählt werden, in dem das Zusammenspiel kognitiver und affektiver Prozesse und deren Veränderung durch spezifische Interventionen wie das Focusing ausgearbeitet wird.

7. Literatur

Axline, V. (1947). *Play therapy. The inner dynamics of childhood.* Boston: Houghton Mifflin (Dt. Ausgabe (1972): *Kinder-Spieltherapie im nicht-direktiven Verfahren.* München: Reinhardt).

Anderson (1969). Effects of confrontation by high- and low-functioning therapists an high- and low-functioning clients. *Journal of Counseling Psychology, 16,* 299–302.

Auckenthaler, A. (1983). *Klientenzentrierte Psychotherapie mit Paaren.* Stuttgart: Kohlhammer.

Bandura, A. (1969). *Principles of behavior modification.* New York: Holt, Rinehart & Winston.

Bandura, A. (1977). Self-efficacy: Toward a unifying theory of behavioral change. *Psychological Review, 84,* 191–215.

Barrett-Lennard, G. T. (1981). The empathy cycle: Refinement of a nuclear concept. *Journal of Counseling Psychology, 28,* 91–100.

Baumann, U. (1981). Differentielle Therapiestudien und Indikation. In U. Baumann (Hrsg.), *Indikation zur Psy-*

chotherapie. *Perspektiven für Forschung und Praxis* (S. 99–209). München: Urban & Schwarzenberg.

Biermann-Ratjen, E.-M., Eckert, J. & Schwartz, H.J. (1995). *Gesprächspsychotherapie. Verändern durch Verstehen* (7., überarb. u. erw. Aufl.). Stuttgart: Kohlhammer.

Bommert, H. (1978). Gesprächspsychotherapie-Forschung. In L.J. Pongratz (Hrsg.), *Handbuch der Psychologie. 8. Band, Klinische Psychologie* (S. 1319–1348). Göttingen: Hogrefe.

Bommert, H. (1986). Gesprächspsychotherapie, psychiatrische Aspekte. In K.P. Kisker, H. Lauter, J.-E. Meyer, C. Müller, E. Strömgren (Hrsg.), *Psychiatrie der Gegenwart I. Neurosen, Psychosomatische Erkrankungen, Psychotherapie* (S. 307–329). Berlin: Springer.

Bommert, H. (1987). *Grundlagen der Gesprächspsychotherapie. Theorie – Praxis – Forschung.* (4. Aufl.). Stuttgart: Kohlhammer.

Carkhuff, R.R. (1969). *Helping and human relations* (Vol. 1 and 2). New York: Holt, Rinehart & Winston.

Dollard, J. & Miller, N.E. (1950). *Personality and psychotherapy. An analysis in terms of learning, thinking, and culture.* New York: McGraw Hill.

Eckert, J. (1974). *Prozesse in der Psychotherapie.* Unveröff. Diss., Universität Hamburg.

Eckert, J. (1995). Wie effektiv ist die Gesprächspsychotherapie wirklich? Über die Bedeutung des Faktors Zeit in der Gesprächspsychotherapie. In J. Eckert (Hrsg.), *Forschung zur Klientenzentrierten Psychotherapie. Aktuelle Ansätze und Ergebnisse* (S. 185–192). Köln: GwG.

Eckert, J. & Biermann-Ratjen, E.-M. (1985). *Stationäre Gruppenpsychotherapie. Prozesse – Effekte – Vergleiche.* Berlin: Springer.

Eckert, J. & Biermann-Ratjen E.-M. (1986). Überlegungen und Erfahrungen bei der gesprächspsychotherapeutischen Behandlung von Patienten mit einer Borderline-Persönlichkeitsstörung. *Zeitschrift für personenzentrierte und Psychotherapie, 5,* 47–54.

Eckert, J., Biermann, E.-M., Tönnies, S. & Wagner, W. (1981). Heilfaktoren in der Gruppenpsychotherapie. Empirische Untersuchungen über wirksame Faktoren im Gruppenpsychotherapeutischen Prozeß. *Gruppenpsychotherapie und Gruppendynamik, 17,* 142–162.

Eckert, J. & Wuchner, M. (1994). Frequenz-Dauer-Setting in der Gesprächspsychotherapie heute. Teil 1: Einzeltherapie bei Erwachsenen. *GwG Zeitschrift, 95,* 17–20.

Elliott, R., Filipovich, H., Harrigan, L., Gaynor, J., Reimschuessel, C. & Zapadka, J.K. (1982). Measuring response empathy: The development of a multi-component rating scale. *Journal of Counseling Psychology, 29,* 379–387.

Elliott, R. Clark, C., Kemeny, V., Wexler, M.M., Mack, C. & Brinkerhoff, J. (1990). The impact of experiential therapy on depression: The first ten cases. In G. Lietaer, J. Rombauts & R. van Balen (Eds.), *Client-centered and experiential psychotherapy in the nineties* (pp. 549–577). Leuven: University Press.

Flammer, A. (1997). *Einführung in die Gesprächspsychologie.* Bern: Huber.

Gendlin, E.T. (1981). *Focusing* (2nd ed.). New York: Bantam Books (Dt. Ausgabe (1981): *Focusing. Technik der Selbsthilfe bei der Lösung persönlicher Probleme.* Salzburg: Otto Müller).

Gordon, Th. (1970). *Parent effectiveness training.* New York: Wyden. (Dt. Ausgabe (1972): *Familienkonferenz.* Hamburg: Hoffmann und Campe).

Grawe, K. (1976). *Differentielle Psychotherapie I. Indikation und spezifische Wirkung von Verhaltenstherapie und Gesprächspsychotherapie. Eine Untersuchung an phobischen Patienten.* Bern: Huber.

Grawe, K., Caspar, F. & Ambühl, H. (1990). Differentielle Therapieforschung: Vier Therapieformen im Vergleich. *Zeitschrift für Klinische Psychologie, 19,* 287–376.

Grawe, K., Donati, R. & Bernauer, F. (1994). *Psychotherapie im Wandel. Von der Konfession zur Profession.* Göttingen: Hogrefe.

Greenberg, L.S. (1984). A task analysis of intrapersonal conflict resolution. In L. Rice & L. Greenberg (Eds.), *Patterns of change.* New York: Guilford.

Greenberg, L., Elliott, R. & Lietaer, G. (1994). Research on experiential psychotherapies. In A.E. Bergin & S.L. Garfield (Eds.), *Handbook of psychotherapy and behavior change* (4th ed., pp. 509–539). New York: Wiley.

Greenberg, L.S., Rice, L. & Elliott, R. (1993). *Facilitating emotional change. The moment-to-moment process.* New York: Guilford.

Grunwald, W. (1976). *Psychotherapie und experimentelle Konfliktforschung.* München: Reinhardt.

Heekerens, P. (1985). Effektivität Klientenzentrierter Familientherapie. *Zeitschrift für personenzentrierte Psychologie und Psychotherapie, 4,* 53–70.

Horsten, A.J. & Minsel, W.R. (1987). Präventive Familienarbeit im Überblick. *Zeitschrift für personenzentrierte Psychologie und Psychotherapie, 6,* 133–140.

Joost, H. (1978). Förderliche Dimensionen des Lehrerverhaltens im Zusammenhang mit emotionalen und kognitiven Prozessen bei Schülern. *Psychologie in Erziehung und Unterricht, 25,* 69–74.

Martin, D.G. (1972). *Learning-based client-centered therapy.* Monterey, California: Brooks/Cole (Dt. Ausgabe 1975: *Gesprächspsychotherapie als Lernprozeß.* Salzburg: Otto Müller).

Minsel, W.-R.(1974). *Praxis der Gesprächspsychotherapie.* Wien: Böhlau.

Minsel, W.-R. (1975). Indikation und Kontraindikation der Gesprächspsychotherapie. In Gesellschaft für wissenschaftliche Gesprächspsychotherapie (Hrsg.), *Die klientenzentrierte Gesprächspsychotherapie* (S. 181–194). München: Kindler.

Minsel, W.R., Langer, I., Peters, U. & Tausch, R. (1973). Bedeutsame weitere Variablen des Psychotherapeutenverhaltens. *Zeitschrift für Klinische Psychologie, 2,* 197–210.

Paivio, S.C. & Greenberg, L.S. (1995). Resolving «unfinished business»: Efficacy of experiential therapy using empty-chair dialogue. *Journal of Consulting and Clinical Psychology, 63,* 419–425.

Perrez, M. (1975). Gesprächspsychotherapie als Therapie internal motivierter Konflikte. In Gesellschaft für wissenschaftliche Gesprächspsychotherapie (Hrsg.), *Die klientenzentrierte Gesprächspsychotherapie* (S. 86–97). München: Kindler.

Perrez, M. (1983). Wissenschaftstheoretische Probleme der Klinischen Psychologie. Zum Stand ihrer metatheoretischen Diskussion. In W.R. Minsel & R. Scheller (Hrsg.), *Forschungskonzepte der Klinischen Psychologie* (S. 148–163). München: Kösel.

Perrez, M., Minsel, B. & Wimmer, H. (1985). *Was Eltern wissen sollten. Eine psychologische Schule für Eltern, Lehrer und Erzieher.* Salzburg: Otto Müller.

Pomrehn, G., Tausch, R. & Tönnies, S. (1986). Personzentrierte Gruppenpsychotherapie: Prozesse und Auswirkungen nach 1 Jahr bei 87 Klienten. *Zeitschrift für Personzentrierte Psychologie und Psychotherapie, 5,* 19–31.

Radebold, H. (Hrsg.) (1983). *Gruppenpsychotherapie im Alter.* Göttingen: Hogrefe.

Reicherts, M. & Pauls, H. (1983). Kognitive Aspekte des Erlebens. Theoretische und empirische Untersuchungen zur Weiterführung des Wexler-Ansatzes in der klientzentrierten Gesprächspsychotherapie. *Zeitschrift für personenzentrierte Psychologie und Psychotherapie, 2,* 101–118.

Reicherts, M. & Wittig, R. (1984). Zur Veränderung des emotionalen Erlebens in der klientenzentrierten Psychotherapie — Eine Einzelfalldarstellung mit einem neuen Untersuchungsansatz. *Zeitschrift für personenzentrierte Psychologie und Psychotherapie, 3,* 233–250.

Rice, L. N. & Greenberg, L. S. (1990). Fundamental dimensions in experiential therapy. New directions in research. In G. Lietaer, J. Rombauts & R. Van Balen (Eds.), *Client-centered and experiential psychotherapy in the nineties.* (pp. 397–414). Leuven: Leuven University Press.

Rice, L. N. & Saperia, E. P. (1984). Task analysis and the resolution of problematic reactions In L. N. Rice & L. S. Greenberg (Eds.), *Patterns of change.* New York: Guilford.

Rogers, C. R. (1942). *Counseling and psychotherapy. Newer concepts in practice.* Boston: Houghton Mifflin (Dt. Ausgabe 1972).

Rogers, C. R. (1951). *Client-centered therapy. Its current practice, implications, and theory.* Boston: Houghton Mifflin. (Dt. Ausgabe 1973).

Rogers, C. R. (1957). The necessary and sufficient conditions of therapeutic personality change. *Journal of Consulting Psychologie, 21,* 95–103.

Rogers, C. R. (1959). A theory of therapy, personality, and interpersonal relationships, as developed in the client-centered framework. In S. Koch (Ed.), *Psychology. A study of a science. Vol III: Formulations of the person and the social context* (pp. 184–256). New York: McGraw Hill.

Rogers, C. R. (1961). *On becoming a person. A therapists's view of psychotherapy.* Boston: Houghton Mifflin.

Rogers, C. R. (1970). *Carl Rogers on encounter groups.* New York: Harper & Row.

Rogers, C. R. (1972). *Die nicht-direktive Beratung.* München: Kindler. (Übers. von 1942).

Rogers, C. R. (1973). *Die klientenbezogene Gesprächstherapie.* München: Kindler. (Übers. von 1951).

Sachse, R. (1987). Die therapeutische Beziehung in der klientenzentrierten Psychotherapie bei interaktionellen Zielen und Interaktionsproblemen des Klienten. *Zeitschrift für Klinische Psychologie, Psychopathologie und Psychotherapie, 35,* 219–230.

Sachse, R. (1992). *Zielorientierte Gesprächspsychotherapie.* Göttingen: Hogrefe.

Sachse, R. (1996). *Praxis der Zielorientierten Gesprächspsychotherapie.* Göttingen: Hogrefe.

Sachse, R., Atrops, A., Wilke, F. & Maus, C. (1992). *Focusing.* Bern: Huber.

Sander, K., Tausch, R., Bastine, R. & Nagel, K. (1969). Experimentelle Änderung des Psychotherapeutenverhaltens in psychotherapeutischen Gesprächen und Auswirkungen auf Klienten. *Zeitschrift für experimentelle und angewandte Psychologie, 16,* 334–344.

Schmidtchen, S. (1989). *Kinderpsychotherapie. Grundlagen, Ziele, Methoden.* Stuttgart: Kohlhammer.

Schmidtchen, S., Speierer, G.-W. & Linster, H. (1995). *Die Entwicklung der Person und ihre Störung, Bd.2: Theorien und Ergebnisse zur Grundlegung einer klientenzentrierten Krankheitslehre.* Köln: GwG.

Schwartz, H. J. (1975). *Zur Prozeßforschung in klientenzentrierter Psychotherapie.* Unveröff. Diss., Universität Hamburg.

Schwartz, H. J., Eckert, J., Babel, M. & Langer, I. (1978). Prozeßmerkmale in psychotherapeutischen Anfangsgesprächen. *Zeitschrift füt Klinische Psychologie, 7,* 65–71.

Seewald, C. (1988). Der personzentrierte Ansatz in der Management-Entwicklung: Was können wir tun, um morgen erfolgreich zu sein. In Gesellschaft für wissenschaftliche Gesprächspsychotherapie (Hrsg.), *Orientierung an der Person, Bd. 2: Jenseits von Psychotherapie* (S. 235–242). Köln: GwG.

Speierer, G.-W. (1994). *Das differentielle Inkongruenzmodell (DIM). Handbuch der Gesprächspsychotherapie als Inkongruenzbehandlung.* Heidelberg: Asanger.

Speierer, G.-W. (1995). Therapeutische Verhaltensweisen in der Gesprächspsychotherapie heute. *GwG-Zeitschrift, 99,* 33–41.

Swildens, H. (1991). *Prozeßorientierte Gesprächspsychotherapie. Einführung in die differenzielle Anwendung des klientenzentrierten Ansatzes bei der Behandlung psychischer Erkrankungen.* Köln: GwG-Verlag.

Tausch, A. M. & Tausch, R. (1977). *Erziehungspsychologie.* Göttingen: Hogrefe.

Tausch, A. M., Schiefelbein, M., Schwab, R. & Dossmann, A. (1975). Psychische Änderungen und Gesprächsverhalten in personenzentrierten Encounter-Gruppen mit Gefängnisinsassen, Richtern, Psychotherapieklienten und Psychologen. *Psychologie in Erziehung und Unterricht, 22,* 161–171.

Tausch, R. (1973). *Gesprächspsychotherapie* (5. Aufl.). Göttingen: Hogrefe.

Tausch, R. & Tausch, A. M. (1990). *Gesprächspsychotherapie. Hilfreiche Gruppen- und Einzelgespräche in Psychotherapie und alltäglichem Leben* (9. Aufl.). Göttingen: Hogrefe.

Tönnies, S. E. (1982). *Inventar zur Selbstkommunikation für Erwachsene (ISE). Handanweisung.* Weinheim: Beltz.

Toukmanian, S. G. (1990). A schema-based information processing perspective on client change in experiential psychotherapy. In G. Lietaer, J. Rombauts & R. Van Balen (Eds.), *Client-centered and experiential psychotherapy in the nineties* (pp. 309–326). Leuven: Leuven University Press.

Truax, Ch. B. (1961). *A scale for the measurement of accurate empathy.* The Psychiatric Institute Bulletin 1, 12, University of Wisconsin.

Truax, Ch. B. (1966). Reinforcement and non-reinforcement in Rogerian psychotherapy. *Journal of Abnormal Psychology, 71,* 1–9.

Truax, Ch. B. & Carkhuff, R. R. (1964). Concreteness a neglected variable in research in psychotherapy. *Journal of Clinical Psychology, 20,* 264–267.

Truax, Ch. B. & Carkhuff, R. R. (1965). Experimental manipulation of therapeutic conditions. *Journal of Consulting and Clinical Psychology, 29,* 119–124.

Truax, Ch. B., Fine, H., Moravec, H. A. & Millis, W. (1968). Effects of the therapist persuasive potency in individual psychotherapy. *Journal of Clinical Psychology, 24,* 359–362.

Tscheulin, D. (1990). Confrontation and non-confrontation as differential techniques in differential client-centered therapy. In G. Lietaer, J. Rombauts & R. Van Balen (Eds.), *Client-centered and experiential psychotherapy in the nineties.* (pp. 327–336). Leuven: Leuven University Press.

Tscheulin, D. (1992). *Wirkfaktoren psychotherapeutischer Intervention.* Göttingen: Hogrefe.

Wexler, D. A. (1974). A cognitive theory of experiencing, self-actualization, and therapeutic process. In L. N. Rice & D. A. Wexler (Eds.), *Innovations in client-centered therapy* (pp. 49–116). New York: Wiley.

Wolpe, J. (1958). *Psychotherapy by reciprocal inhibition.* Palo Alto: Stanford University Press.

Zielke, M. (1979). *Indikation zur Gesprächspsychotherapie.* Stuttgart: Kohlhammer.

22.4 Ansatzpunkt Erleben, Verhalten: Verhaltenstherapeutisch orientierte Psychotherapie

Hans Reinecker und Angelika Lakatos

Inhaltsverzeichnis

1. Einleitung

Eine einheitliche Definition des Begriffes Verhaltenstherapie stellt sich als schwierig heraus. Für eine allgemein anerkannte Charakterisierung wird auf Franks und Wilson (1978) verwiesen: «Die Verhaltenstherapie beinhaltet primär die Anwendung von Prinzipien, die in der Forschung der Experimental- und Sozialpsychologie entwickelt wurden; sie soll menschliches Leiden und die Einschränkung menschlicher Handlungsfähigkeit vermindern. Die Verhaltenstherapie legt Wert auf eine systematische Evaluation der Effektivität der Anwendung solcher Prinzipien. Die Verhaltenstherapie beinhaltet Veränderungen der Umwelt und der sozialen Interaktion und weniger eine direkte Veränderung körperlicher Prozesse durch biologische Vorgänge. Das Ziel ist hauptsächlich die Ausbildung und Förderung von Fähigkeiten. Die Techniken ermöglichen eine verbesserte Selbstkontrolle» (Franks & Wilson, 1978, S. 11)

Trotz ihrer kurzen Entwicklung seit den fünfziger Jahren steht die Bedeutung der Verhaltenstherapie im Rahmen des klinisch-psychologischen Ansatzes außer Frage, sowohl was den Versorgungsaspekt betrifft als auch die Psychotherapie- und Grundlagenforschung.

Das der Verhaltenstherapie zugrundeliegende Konzept psychischer Störungen geht davon aus, daß «störendes»oder «abnormes» Verhalten nach den gleichen Gesetzmäßigkeiten erklärt und auch verändert werden kann wie «normales» Verhalten. Deshalb ist die tragende Säule des verhaltenstherapeutischen Zugangs die sogenannte «funktionale Analyse», bei der es darum geht, die von einer Person vorgebrachten *Beschwerden* im Sinne psychologischer *Probleme* präzise zu beschreiben (Problemanalyse) und die *zentralen Bedingungen* zu eruieren, deren Veränderung auch zu einer Veränderung des Problems führen. Wegen der Komplexität menschlichen Verhaltens erfolgt diese Analyse auf mehreren Ebenen und aus unterschiedlichen Perspektiven d.h. von einer Mikroperspektive (im Sinne einer individuell-psychologischen Betrachtungsweise) bis hin zu einer Makroperspektive (was die Zusammenhänge im partnerschaftlichen, familiären und sozialen Bereich betrifft). Als theoretischer Orientierungsrahmen dient hierbei das System-Modell der Regulation menschlichen Verhaltens von Kanfer und Schefft (1987, s. **Abb. 1**).

Das Problemverhalten R ist eingebettet in Auslösebedingungen S (Situationen) und Konsequenzen C, die das Verhalten steuern. Modifiziert wird die Wirkung der Stimuli durch das Selbstregulationssystem des Individuums; gemeint sind damit die interen Standards, Erwartungen, physiologischen Prozesse etc. Daß es zwischen den Ebenen zu Interaktionen, Aufschaukelungsprozessen etc. kommen kann, wird im System-Modell durch den Aspekt der Rückkoppelung bzw. Antizipation angedeutet. Für eine vielschichtige Analyse von menschlichen Problemen ist dies aber noch nicht hinreichend, dazu muß man vielmehr auf biologisch-physiologische Prozesse einerseits und auf sozial-kulturelle Komponenten andererseits Bezug nehmen. Die damit verbundene Betrachtungsweise kommt in dem Begriff des bio-psycho-sozialen Modelles zum Ausdruck.

Die funktionale *Bedingungsanalyse* bildet die Grundlage für die Zielbestimmung und die Therapieplanung. Charakteristisch für die Verhaltenstherapie ist dabei ein hohes Maß an Strukturiertheit und Transparenz sowie das Bemühen um ein kontrolliertes Vorgehen. Die Ziele der Therapie werden immer gemeinsam von Therapeut und Klient erarbeitet, Interventionen nicht ohne eine explizite Festlegung zumindest vorläufiger Therapieziele durchgeführt und die kontinuierliche Überprüfung der Effektivität für die Optimierung/Korrektur der weiteren Schritte als selbstverständlich erachtet. Eine solche Evaluierung stellt sich besonders dann als schwierig heraus, wenn die Zielvorstellungen in theoretischen oder Dispositionsbegriffen beschrieben wurden (vgl. Perrez, 1976). In der Verhaltenstherapie wird deshalb verlangt, daß die Ziele der Veränderung – zumindest partiell – in *Beobachtungs*begriffen formuliert sind, wodurch eine Ziel-Evaluierung erleichtert wird.

Auf dem Weg zur Erreichung dieser individuellen Ziele ist der therapeutische Prozeß gewissermaßen als schrittweiser Problemlöseprozeß zu verstehen, an dem der Klient von Beginn an aktiv beteiligt ist und der sich flexibel an den Entwicklungsmöglichkeiten des Betreffenden

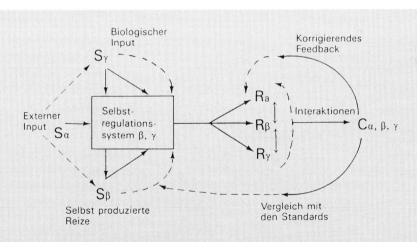

Das Selbstregulationssystem umfaßt u.a. Standards, Erwartungen und kognitive Verarbeitungsmechanismen.
Erläuterungen:
S: situationale Bedingungen
R: Reaktionsmuster der Person
C: Konsequenzen eines Verhaltens

Für jedes dieser Elemente werden folgende Ebenen unterschieden:
α: externe oder Umwelt-Bedingungen
β: Prozesse und Inhalte der Informationsverarbeitung (z.B. Kognitionen) und
γ: biologische, pysiologische und genetische Determinanten

Abbildung 1: System-Modell der Regulation menschlichen Verhaltens (Kanfer & Schefft, 1987)

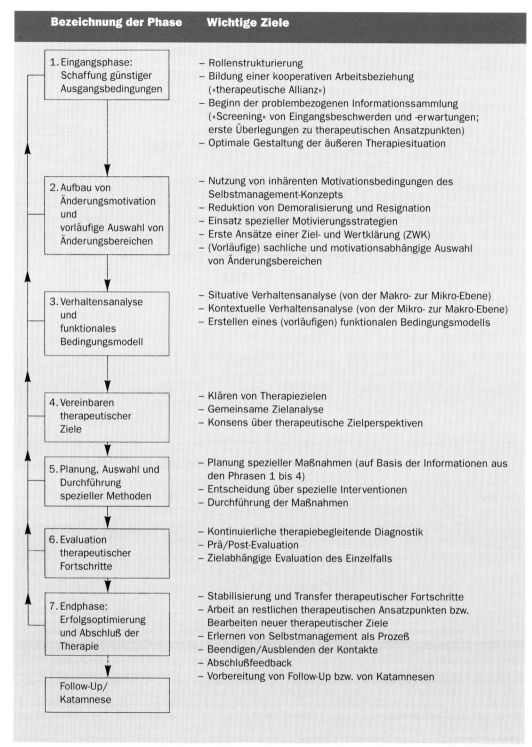

Bezeichnung der Phase   **Wichtige Ziele**

1. Eingangsphase:
Schaffung günstiger
Ausgangsbedingungen

– Rollenstrukturierung
– Bildung einer kooperativen Arbeitsbeziehung
  («therapeutische Allianz»)
– Beginn der problembezogenen Informationssammlung
  («Screening» von Eingangsbeschwerden und -erwartungen;
  erste Überlegungen zu therapeutischen Ansatzpunkten)
– Optimale Gestaltung der äußeren Therapiesituation

2. Aufbau von
Änderungsmotivation
und
vorläufige Auswahl von
Änderungsbereichen

– Nutzung von inhärenten Motivationsbedingungen des
  Selbstmanagement-Konzepts
– Reduktion von Demoralisierung und Resignation
– Einsatz spezieller Motivierungsstrategien
– Erste Ansätze einer Ziel- und Wertklärung (ZWK)
– (Vorläufige) sachliche und motivationsabhängige Auswahl
  von Änderungsbereichen

3. Verhaltensanalyse
und
funktionales
Bedingungsmodell

– Situative Verhaltensanalyse (von der Makro- zur Mikro-Ebene)
– Kontextuelle Verhaltensanalyse (von der Mikro- zur Makro-Ebene)
– Erstellen eines (vorläufigen) funktionalen Bedingungsmodells

4. Vereinbaren
therapeutischer
Ziele

– Klären von Therapiezielen
– Gemeinsame Zielanalyse
– Konsens über therapeutische Zielperspektiven

5. Planung, Auswahl und
Durchführung
spezieller Methoden

– Planung spezieller Maßnahmen (auf Basis der Informationen aus
  den Phrasen 1 bis 4)
– Entscheidung über spezielle Interventionen
– Durchführung der Maßnahmen

6. Evaluation
therapeutischer
Fortschritte

– Kontinuierliche therapiebegleitende Diagnostik
– Prä/Post-Evaluation
– Zielabhängige Evaluation des Einzelfalls

7. Endphase:
Erfolgsoptimierung
und Abschluß der
Therapie

– Stabilisierung und Transfer therapeutischer Fortschritte
– Arbeit an restlichen therapeutischen Ansatzpunkten bzw.
  Bearbeiten neuer therapeutischer Ziele
– Erlernen von Selbstmanagement als Prozeß
– Beendigen/Ausblenden der Kontakte
– Abschlußfeedback
– Vorbereitung von Follow-Up bzw. von Katamnesen

Follow-Up/
Katamnese

Abbildung 2: Das 7-Phasen-Modell für den diagnostisch-therapeutischen Prozeß (Kanfer, Reinecker & Schmelzer, 1996)

orientieren muß. Ein sehr allgemeines Raster für diesen Prozeß bildet das 7-Phasen Modell von Kanfer, Reinecker und Schmelzer (1996; vgl. **Abb. 2**).

Aus dem Prozeßmodell ist ersichtlich, daß der Einsatz von spezifischen Interventionsmethoden lediglich *eine* Teilkomponente im gesamten Therapieablauf darstellt. Es erscheint uns in diesem Zusammenhang besonders wichtig darauf hinzuweisen, daß die Durchführung spezieller Interventionsmethoden niemals mit einer umfassenden Verhaltenstherapie verwechselt oder gleichgesetzt werden darf. Auch sehr detailliert ausgearbeitete Techniken, wie es sie heute in Form von sogenannten *Therapie-manualen* für eine ganze Reihe von Störungs-

bereichen gibt (z. B. für Angststörungen, Alkoholabhängigkeit, Depression, Bulimie vgl. **Tab. 1**), können nur einen Teil der Bedingungen des Problems erfassen und angehen, nämlich den störungsspezifischen d. h. den individuell-psychologischen Anteil. Hingegen können die aufrechterhaltenden Bedingungen im sozialen Umfeld der Person klarerweise nicht berücksicht werden. Und – das ist der entscheidende Punkt – es wird vernachlässigt, daß die Ziele einer Therapie niemals nur auf der Grundlage von Problemzuständen formuliert werden. Ziele enthalten vielmehr individuelle Wertvorstellungen, persönlich bedeutsame Themen und normative Gesichtspunkte, die sich eben nicht aus der Beschreibung eines Problemzu-

Tabelle 1: Beispielhafte Auswahl von Standardprogrammen für verschiedene Störungsbilder

Depressive Störungen	– Kognitive Therapie der Depression (Beck, Rush, Shaw & Emery, 1994). – Kognitive Verhaltenstherpie bei Depressionen (Hautzinger, Stark & Treiber, 1994). – Depression bewältigen. Ein kognitiv-verhaltensth. Gruppenprogramm nach P. M. Lewinsohn (Herrle & Kühner, 1994; siehe Lehrb. S. 880).
Schizophrenie	– Gruppenarbeit mit Angehörigen schizophrener Patients (Fiedler, Niedermeier & Mundt, 1986). – Integriertes psychologisches Theapieprogramm für schizophrene Patienten IPT (Roder, Brenner, Kienzle & Hodel, 1992).
Angststörungen	– Panik: Angstanfälle und ihre Behandlung (Margraf & Schneider, 1990; siehe Lehrb. S. 922). – Platzangst: Ein Übungsprogramm für Betroffene und Angehörige (Mathews, Gelder & Johnston, 1988).
Selbstsicherheit, soziale Kompetenz	– Verhaltenstrainingsprogramm zum Aufbau sozialer Kompetenzen (Feldhege & Krauthan, 1979). – Gruppentraining sozialer Kompetenzen (GSK) (Pfingsten & Hinsch, 1991; siehe Lehrb. S. 922). – Das Assertiveness Training Programm (ATP). Einübung von Selbstvertrauen und sozialer Kompetenz (Ullrich & Ullrich de Muynck, 1976).
Partnerprobleme, Sexualprobleme	– Psychotherapie mit Ehepaaren (Bornstein & Bornstein, 1993). – Partnerschaftsprobleme: Möglichkeiten zur Bewältigung. Ein verhaltenstherapeutisches Programm für Paare (Schindler, Hahlweg & Revenstorf, 1980). – Behandlung sexueller Störungen (Hoyndorf, Reinhold & Christmann, 1995; siehe Lehrb. S. 483).
Psychophysiologische Störungen	– Gruppentraining gegen psychosomatische Störungen (Franke, 1991). – Kopfschmerztherapie (Blanchard & Andrasik, 1991). – Schmerz- und Krankheitsbewältigung bei rheumatischen Erkrankungen (Jungnitsch, 1992).
Eßstörungen	– Kognitive Verhaltenstherapie bei Anorexia und Bulimia nervosa (Jacobi, Thiel & Paul, 1996).

standes ergeben. Deshalb wurde und wird der Einsatz von Manualen ausgesprochen kontrovers diskutiert (s. dazu Caspar & Grawe, 1994; Köhlke, 1992; Lieb, 1993; Schulte, 1991, 1994.).

Das in Manualen («standardisierte») Vorgehen ist gewissermaßen ein Teil der Individualisierung: Im Manual werden diejenigen störungsspezifischen Parameter erfaßt und dargestellt, die es in der therapeutischen Umsetzung zu berücksichtigen gilt. Das Manual liefert somit entscheidende Hinweise darauf, welche Strategien sich mit einem speziellen Problembezug als hilfreich erweisen. Manuale verhindern damit auch therapeutische Irrwege und richten das Augenmerk des Anwenders auf zentrale Gesichtspunkte zum Nutzen des jeweiligen Patienten (s. Beutler, Machado & Neufeldt, 1994; Wilson, 1996). Manuale und Standardverfahren in der Verhaltenstherapie dürfen somit nicht als Gegensatz zur Individualisierung verstanden werden: Manuale beschreiben auf

der einen Seite einen effektiven Bereich störungsrelevanter Maßnahmen; ihre Umsetzung verlangt klarerweise eine Anpassung an die individuelle Situation des Patienten. Man spricht hierbei von einer strategischen vs. einer taktischen Planung: Die strategische Planung beinhaltet die Auswahl eines Änderungsprinzips und einer grundlegenden Strategie bei einem vorliegenden Problem (z. B. einer Standardtechnik oder eines Manuals). Die taktische Planung hingegen meint die konkrete Ausgestaltung dieses therapeutischen Prinzips im individuellen Fall. So ist beispielsweise die Vermittlung eines *plausiblen Modells* für die Genese des Problems auf dem Hintergrund der eigenen Lerngeschichte, aus dem sich das Therapiekonzept möglichst schlüssig ergibt, eine sehr wichtige Vorstufe des Einsatzes konkreter Techniken (vgl. Reinecker, 1994). Mit dieser Vermittlung eines plausiblen Modells und der Herleitung des therapeutischen Wirkprinzips in Zusammenarbeit mit dem Betroffenen kommt man einerseits dem *Bedürfnis*

Tabelle 2: Verfahren in der Verhaltenstherapie

Techniken der Stimuluskontrolle	Systematische Desensibilisierung (in sensu, in vivo) Graduierte Löschung Exposition und Reaktionsverhinderung Angstbewältigungstraining Reiz-Überflutungs-Verfahren Paradoxe Intervention
Techniken der Konsequenzkontrolle	Reaktionskontingente Verstärkung Operante Löschung Kontingenzmanagement Münzökonomien Bestrafungsverfahren Time-out: Response-cost
Techniken des Modellernens	Modellernen in vivo Verdecktes Modellernen Darbietung symbolischer Modelle
Techniken der Selbstkontrolle	Selbstbeobachtung Stimuluskontrolle Kontingenzkontrolle Aufstellen von Verträgen
Kognitive Verfahren	Verdecktes Konditionieren Kognitive Therapie (A.T. Beck) Rational Emotive Therapie (A. Ellis) Training in Problemlösen Selbstinstruktionstraining Streßimpfungstraining Strategien der Umattribution

des Patienten nach einer *Erklärung* seiner Probleme entgegen (Bedeutung für die Motivation im Therapieprozeß!) und andererseits schafft man damit die notwendige *Transparenz* des therapeutischen Vorgehens. Beide Aspekte, die Berücksichtigung der Bedürfnisse des Patienten und die Transparenz im Therapieprozeß bilden eine wichtige – wenn auch noch nicht hinreichende – Voraussetzung für die Übernahme von Eigenverantwortung durch den Patienten für effizientes Selbstmanagement.

Beispiel: Die Vermittlung eines plausiblen Modells an einen Patienten mit starken sozialen Ängsten beinhaltet etwa Hinweise über die mögliche Entwicklung seines Problems aufgrund sozialer Isolation, ungeeignete Modelle kompetenten sozialen Verhaltens, frühe Vermeidung und damit ein Defizit an sozialen Fertigkeiten und dergleichen. Bei der Erklärung des therapeutischen Vorgehens wird der Patient darauf hingewiesen, daß er selbst (mit entsprechender Unterstützung) in der Lage ist, selbstsicheres Sozialverhalten einzuüben und in entsprechenden sozialen Situationen auch einzusetzen.

Bei der Darstellung von Interventionstechniken kann man unterschiedliche Systematiken zugrunde legen. Unter Berücksichtigung von pragmatischen und theoretischen Gesichtspunkten werden zunächst Techniken der Stimuluskontrolle, der Konsequenzkontrolle sowie des Modellernens unterschieden. Die zweite wichtige Gruppe bilden die verschiedenen kognitiven Interventionsverfahren, nämlich Selbstkontrolle, kognitive Therapieansätze, Rational-Emotive-Therapie, Problemlöseansätze, sowie das Selbstinstruktions- und Streßimpfungstraining (s. dazu **Tab. 2**).

2. Interventionstechniken

2.1 Techniken der Stimuluskontrolle

Bei den Verfahren der Stimuluskontrolle handelt es sich um eine Gruppe von Techniken, durch die dem Patienten eine Strategie der Bewältigung im Umgang mit problematischen Situationen vermittelt wird. Ein geradezu klassisches Beispiel für Stimuluskontrolle bilden sog. *Konfrontationsverfahren* bei angstvermitteltem

Vermeidungsverhalten (vgl. Marks, 1978a, b; 1987; Rimm & Masters, 1979; Reinecker, 1986).

Wenn das Problem eines Patienten darin besteht, daß er bestimmte Situationen aufgrund (antizipierter) *Angst* nicht mehr oder nur mehr beschränkt aufsuchen kann, so besteht die Aufgabe des Therapeuten darin, den Klienten anzuleiten, sich mit der gefürchteten Situation zu konfrontieren, damit es zu einer Löschung und Bewältigung der Angst kommen kann. Das Problem des Patienten (in erster Linie das Vermeidungsverhalten) ist nach kognitiv-lerntheoretischer Auffassung deshalb so stabil in seinem Verhaltensrepertoire, weil es durch eine vollständige Vermeidung nicht zur Erfahrung der Ungefährlichkeit und damit zu keiner Extinktion kommt.

Durch das Verlassen der vermeintlich gefährlichen Situation wird die Vermeidung zusätzlich negativ verstärkt. Im Rahmen von Konfrontationsverfahren muß der Patient auf der kognitiven, Verhaltens- und physiologischen Ebene die *konkrete Erfahrung* machen, daß eine Konfrontation mit der subjektiv gefürchteten Situation nicht den erwarteten «Zusammenbruch» nach sich zieht; nach einem «Plateau» in der Erregung nimmt die Angst auf mehreren Ebenen ab, was auch zu einer Zunahme des Zutrauens in die eigenen Bewältigungsfertigkeiten führt («Self-efficacy» im Sinne von Bandura, 1977).

Die Wirksamkeit der Konfrontationsmethoden ist nach über 20 Jahren Forschung in diesem Bereich klar belegt (Übersicht der Studien bei Margraf, 1996). Sie gehören zu den wichtigsten Techniken innerhalb der Verhaltenstherapie. Zur Erklärung des Prozesses der Abnahme von Angst und Vermeidungsverhalten im Rahmen von Konfrontationsverfahren kann man sich auf eine Reihe von theoretischen Ansätzen beziehen: Ansätze der Gegenkonditionierung (Pawlow, 1927; Wolpe, 1958) lassen sich ebenso anführen, wie Gesichtspunkte der Habituation (Birbaumer, 1977) oder Theorien der Löschung (Kimble, 1961) und kognitive Theorien (Tolman, 1932).

Man muß heute sagen, daß es verfehlt wäre, *einen* einzelnen theoretischen Ansatz als völlig zutreffend herauszustellen; zur Erklärung verschiedener Ebenen und Aspekte des komplexen Geschehens bei der Bewältigung von Angst in den verschiedenen Konfrontationsverfahren

Tabelle 3: Verfahren der Angsttherapie

	in sensu	real
abgestufte Reizkonfrontation	Desensibilisierung	Desensibilisierung in vivo
nicht abgestufte Reizkonfrontation		Exposition
massierte Reizkonfrontation	Implosion	Flooding

muß man vielmehr auf mehrere Theorien zurückgreifen, um den verschiedenen Einzelaspekten gerecht zu werden. Diese *Komplexität* der zugrundeliegenden Prozesse zeigt sich auch in der *Heterogenität* der einzelnen Methoden (Techniken, Verfahren), die man den Stimuluskontrollverfahren zuordnen kann: Sie reichen von der systematischen Desensibilisierung (vgl. Wolpe, 1974) über Exposure und Response Prevention (Marks, 1978, 1987) bishin zu Überflutungstechniken (Bartling, Fiegenbaum & Krause, 1980), zu Implosionsverfahren (vgl. Stampfl & Levis, 1973) und paradoxen Interventionsansätzen (Ascher, 1980).

Ungeachtet, ob die Methoden mit Akzent auf Fremd- oder Selbstkontrolle angewendet werden, findet bei all den genannten Verfahren eine Konfrontation der Person mit der angstauslösenden Situation statt. Diese kann nach angstauslösender Intensität abgestuft und vorstellungsmäßig (Desensibilisierung in sensu) oder abgestuft und real (Desensibilisierung in vivo) realisiert werden, oder nicht abgestuft und real (Expositionstherapie), oder massiert und vorstellungsmäßig (Implosion) bzw. massiert real (Flooding) arrangiert sein (vgl. **Tab. 3**).

Im Sinne eines Selbstkontroll- und Selbstmanagementansatzes (vgl. Karoly & Kanfer, 1982; Kanfer, Reinecker & Schmelzer, 1996) wird bei der Durchführung der einzelnen therapeutischen Strategien darauf geachtet, daß die Durchführung der Therapie vom Patienten stufenweise selbst übernommen wird. Sowohl unter ethischen als auch unter reinen Effektivitäts- und unter Kosten- und Nutzen-Aspekten ist die schrittweise Übernahme von Selbstkontrolle durch den Patienten selbst von allergrößter Bedeutung (vgl. Mahoney & Thoresen, 1974; Reinecker, 1978; Marks, 1987).

2.2 Techniken der Konsequenzkontrolle

Die Steuerung menschlichen Problemverhaltens durch *Konsequenzen* ist Gegenstand von Abhandlungen, die man weitgehend der ope-

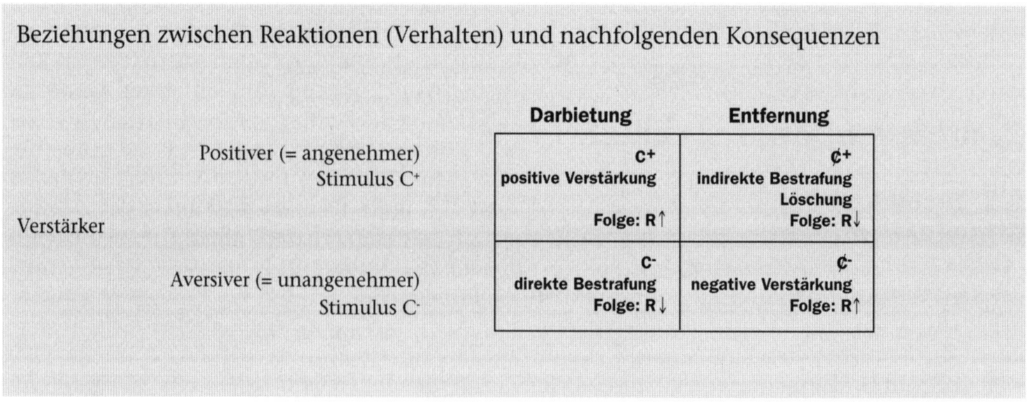

Beziehungen zwischen Reaktionen (Verhalten) und nachfolgenden Konsequenzen

		Darbietung	Entfernung
	Positiver (= angenehmer) Stimulus C⁺	C⁺ positive Verstärkung Folge: R↑	₵⁺ indirekte Bestrafung Löschung Folge: R↓
Verstärker	Aversiver (= unangenehmer) Stimulus C⁻	C⁻ direkte Bestrafung Folge: R↓	₵⁻ negative Verstärkung Folge: R↑

Abbildung 3: Schema der Grundstrategien der Konsequenzkontrolle (Reinecker, 1986, S. 46; Holland & Skinner, 1971, S. 245). R ↑ bedeutet eine Erhöhung der Auftrittswahrscheinlichkeit von Verhalten derselben operanten Klasse, R ↓ eine Senkung.

ranten (instrumentellen) Tradition zuordnen muß. Die verschiedenen Möglichkeiten der Steuerung von Verhalten durch Konsequenzen und die Folgen für die zukünftige Auftrittswahrscheinlichkeit von Verhalten lassen sich in **Abbildung 3** verdeutlichen.

Die Prozesse der Stimulus- und Konsequenzkontrolle stehen in enger Interaktion: Sie lassen sich weder theoretisch oder experimentell streng trennen (vgl. Kimble, 1961) noch ist eine solche Trennung im therapeutischen Kontext möglich oder sinnvoll. Bereits bei den obigen Ausführungen zur Stimuluskontrolle wurde kurz auf den Prozeß der negativen Verstärkung hingewiesen, um die Aufrechterhaltung des Vermeidungsverhaltens zu erklären: Angesichts einer in mehrerer Hinsicht aversiven Situation (Erregung, Angst usw.) kann eine Beendigung dieser Situation dadurch erfolgen, daß man sich dieser Situation entzieht (= Flucht) bzw. daß man sich dieser Situation bei entsprechender Hinweisreizen gar nicht mehr aussetzt (= Vermeidung). Die Beendigung einer aversiven Situation durch Vermeiden entspricht dem Prinzip der negativen Verstärkung: Alle Strategien und Verhaltensweisen, die zur Abnahme oder zum Nichteintreten einer gefürchteten aversiven Erfahrung führen, werden in Zukunft häufiger auftreten. Die Techniken, die man der *Konsequenz*kontrolle zuordnen kann, werden zumeist als operante Verfahren (vgl. Karoly & Harris, 1986) bzw. als Strategien des Kontingenzmanagements (vgl. Tharp & Wetzel, 1975; Rimm & Masters, 1979) bezeichnet. Kontingenzmanagement meint dabei, daß die Konsequenzen eines Problem- bzw. Zielverhaltens so arrangiert werden, daß dadurch die Häufigkeit des Zielverhaltens zunimmt (z. B. durch positive Verstärkung), während Problemverhaltensweisen (z. B. durch operante Löschung) seltener werden sollten. Operante Verfahren zum Aufbau von Verhalten besitzen große praktische Bedeutung (etwa bei Aufbau von Sprach- und Interaktionsfertigkeiten bei retardierten Kindern und Erwachsenen).

Der schrittweise Aufbau des Zielverhaltens ist zumeist mit einer Löschung des Problemverhaltens verbunden – mit anderen Worten: die *positiven* Konsequenzen werden nur mehr für erwünschtes Zielverhalten verabreicht und nicht mehr für das unerwünschte Problem-

verhalten (wie dies unter natürlichen Bedingungen häufig der Fall ist). Für den Bereich institutioneller Settings bezieht man sich häufig auf die Entwicklung von Token Economies (vgl. Ayllon & Azrin, 1968).

Von sehr eingeschränkter Bedeutung sind hingegen (direkte) Bestrafungsverfahren, bei denen eine Reduktion der Verhaltenshäufigkeit erzielt werden soll: Bestrafungs- und Aversionsverfahren (vgl. Reinecker, 1980, 1981) ziehen eine Reihe theoretischer, empirischer und vor allem ethischer Probleme nach sich, die eine Anwendung nur im Extremfall legitim erscheinen lassen. Bei geistig behinderten Kindern etwa sind aversive Methoden zur Beendigung schwerer Selbstverletzungen und Verstümmelungen gerechtfertigt, weil sie weniger eingreifend sind als Fixierungen oder hochgradige Sedierungen, die keine Möglichkeit lassen für die Entwicklung angemessener Verhaltensweisen (vgl. Barlow, 1978; Walters & Grusec, 1977). Bei der Betrachtung der gegenwärtigen Praxis von Verhaltenstherapeuten fällt allerdings auf, daß Verfahren zur aversiven Verhaltenskontrolle (z. B. Time-out oder Response-cost) wohl nur in seltenen Fällen angewendet werden; dies sollte unser Augenmerk jedoch nicht davon ablenken, daß selbst diese wenigen Fälle einer strengen Überprüfung bedürfen.

Ähnlich wie bei den Verfahren der Stimuluskontrolle muß man bei der Veränderung des Verhaltens durch eine Kontrolle der Konsequenzen ein Kontinuum von Fremd- und Selbstkontrolle annehmen: Die Kontrolle über das Verhalten eines Klienten durch einen Therapeuten ist üblicherweise von begrenzter Dauer, und zum Zweck der Aufrechterhaltung eines Therapieeffektes ist es höchst wünschenswert, wenn der Patient in der Lage ist, Konsequenzen seines Verhaltens selbst zu steuern (vgl. Goldstein & Kanfer, 1979). Beispiele für eine Interaktion von Fremd- und Selbstkontrolle bilden sogenannte Kontingenzverträge in der Partnertherapie, in denen die Kontingenzen für ein erwünschtes Verhalten zwischen gleichberechtigten Partnern vereinbart, festgelegt und verabreicht werden (vgl. Schindler, Hahlweg & Revenstorf, 1980).

2.3 Modellernen

Modellernen beruht auf der Tatsache, daß sich Menschen aufgrund der Beobachtung des Verhaltens anderer Personen (und der darauffolgenden Konsequenzen) dieses Verhalten aneignen bzw. eigene Verhaltensmuster in Richtung des Modellverhaltens ändern (vgl. Bandura, 1969). Im Unterschied zu anderen Formen des Lernens können selbst komplexe Verhaltensweisen und Handlungen durch Modellernen vom Beobachter relativ rasch nachgeahmt und übernommen werden.

Die Techniken des Modellernens nehmen in der Verhaltenstherapie eine Zwischenstellung zwischen sogenannten klassischen und sogenannten kognitiven Verfahren ein, weil man sich zur Erklärung des Modellernens auf eine Reihe unterschiedlicher Prozesse beziehen muß. Diese Prozesse sind auch Gegenstand der sogenannten kognitiv-sozialen Lerntheorie (vgl. Bandura, 1977; Bauer, 1979):

a) *Aufmerksamkeitsprozesse:* Die Aufnahme der Information durch den Beobachter ist ein aktiver Selektionsprozeß, bei dem die Aufmerksamkeit durch verschiedene Faktoren beeinflußt werden kann (z. B. motivationale Bedingungen; Merkmale des Modells und der Interaktion mit dem Beobachter usw.).

b) *Behaltensprozesse:* Die beobachteten Handlungen werden üblicherweise nicht umgehend nachgeahmt; dies erfordert einen Prozeß der Speicherung in Form eines bildlichen oder verbalen Repräsentationssystems. Dieser kognitive Speicherungsprozeß ist ein aktiver Vorgang, bei dem einzelne Merkmale des Modells verändert und vom Beobachter aktiv kodiert werden.

c) *Reproduktionsprozesse:* Ohne vorhandene geistige und physische Voraussetzung kann ein beobachtetes Verhalten nicht reproduziert werden; gerade komplexe (z. B. motorische) Aktivitäten setzen die Bereitstellung (zum Teil sogar erst Ausformung) von Teilen der erforderlichen Reproduktionsprozesse voraus.

d) *Motivationsprozesse:* Diese stellen eine Art übergreifender Bedingung für das Modellernen dar, weil ohne diese motivationalen Prozesse das Modellernen nicht zustandekommen kann. Für die *Ausführung* (Performanz) von früher beobachtetem Verhalten etwa sind bisherige, beobachtete oder erwartete Verstärkungsprozesse von ausschlaggebender Bedeutung.

Für den Einsatz des Modellernens in der Verhaltenstherapie lassen sich eine Reihe von Beispielen anführen: Der Erwerb komplexer sozialer Verhaltensweisen im Training adäquaten Sozialverhaltens etwa bedient sich explizit des Modellernens durch den Therapeuten und durch Mitglieder der Gruppe (s. Ullrich de Muynck & Ullrich, 1976; Hinsch & Pfingsten, 1983). Durch Modellernen können soziale Ängste ausgesprochen ökonomisch bewältigt und entsprechendes interaktionales Verhalten aufgebaut werden. Auch bei der Behandlung von Ängsten allgemeiner Art wird das Modellernen als eine Behandlungsform – häufig als Komponente eines komplexen Therapieprogramms – eingesetzt (vgl. Bauer, 1979). Ähnliches gilt für die Vermittlung sozialer Verhaltensweisen an aggressive oder gehemmte Kinder (vgl. Petermann & Petermann, 1991, 1995) bzw. für die Behandlung von Kindern im allgemeinen: Hier stellt die Vermittlung eines Zielverhaltens im Wege über das Modellernen eine wichtige Hilfe dar, weil eine rein verbale Vermittlung häufig auf Schwierigkeiten stößt. Die großen Vorzüge des Modellernens wurden u. a. von Goldstein (1973) genutzt, um Patienten aus der Unterschicht auf der ihnen adäquaten Ebene des konkreten Handelns entscheidende therapeutische Hilfestellungen zu leisten.

Einen Überblick über verschiedene Verfahren des Modellernens im Rahmen der Verhaltenstherapie liefern Perry und Furukawa (1986). Bei der Durchführung von Therapien sollte man nicht übersehen, daß der Therapeut in vielerlei Hinsicht Modellfunktion für den Patienten besitzt, wie es in Kap. 22.1 beschrieben ist; daraus erwachsen für den Verhaltenstherapeuten empirische und ethische Implikationen im Bereich der Ausbildung, der Selbsterfahrung und der Supervision.

2.4 Kognitive Verfahren

Die Entwicklung verschiedener «kognitiver Verfahren» in der Verhaltenstherapie läßt sich auch als Anerkennung der Tatsache interpretieren, daß bei menschlichen Problemen (psychische Störungen) verschiedene *Ebenen* unterschieden werden müssen; die Unterscheidung geht zum Teil auf ältere Ansätze aus der Psychologie zurück.

In der Verhaltenstherapie wird zumeist eine Differenzierung in eine kognitiv-verbale, eine physiologisch-somatische und eine Verhaltensebene vorgeschlagen (vgl. Lang, 1971). Da sich psychische Störungen üblicherweise in einem System unterschiedlicher Funktionsbereiche zeigen, sollte eine Analyse und Intervention auch die unterschiedlichen Ebenen berücksichtigen.

Implizit und in der verhaltenstherapeutischen Praxis wurden kognitive Interventionsstrategien berücksichtigt, seit es Verhaltenstherapie gibt – ein Blick in das Buch «Psychotherapy by reciprocal inhibition» von J. Wolpe aus dem Jahr 1958 zeigt dies recht deutlich. Eine explizite und damit auch theoretische Bearbeitung von diversen kognitiven Interventionsverfahren erfolgte etwa zu Beginn der siebziger Jahre – ebenso rasch wie heterogen: Während etwa die Ansätze der kognitiven Therapie von A. T. Beck vor dem problemgeschichtlichen Hintergrund der psychoanalytischen Theorie entwickelt wurden (ähnliches gilt für die Rational Emotive Therapie von A. Ellis), stammen andere Entwicklungen der kognitiven Techniken aus einer konsequenten Weiterentwicklung der Verhaltenstherapie. Dies gilt für das Problemlösetraining (D'Zurilla & Goldfried, 1971; Goldfried & Goldfried, 1975) ebenso wie für Ansätze der kognitiven Verhaltensmodifikation bei Mahoney (1974) oder Meichenbaum (1977, 1985). Kennzeichnend für die letzteren Ansätze ist insbesondere eine Berücksichtigung von Befunden aus der Grundlagenforschung in verschiedenen Bereichen der Psychologie – und hier insbesondere *kognitiver* Ansätze. Auch Strategien der Selbstkontrolle (Kanfer, 1970; Kanfer & Karoly, 1972; Mahoney & Thoresen, 1974; Hartig, 1973) und des Selbstmanagement (Karoly & Kanfer, 1982; Kanfer & Gaelick, 1986) wurden in engem Kontakt mit wissenschaftlichen und praktischen Trends der Psychologie entwickelt (vgl. Kanfer et al., 1996).

Die einzelnen kognitiven Verfahren sind hier mit allen Grundlagen und Implikationen nicht zu besprechen (vgl. Mahoney, 1974; Kendall & Hollon, 1979; Kanfer & Goldstein, 1986; Hoff-

mann, 1979; Dobson, 1988; Scott, Williams & Beck, 1989; Freeman, Simon, Beutler & Arkowitz, 1989; Freeman, Pretzer, Fleming & Simon, 1990; Hollon & Beck, 1994; vgl. dazu auch die von Kendall herausgegebene Reihe «Advances in Cognitive Behavior Therapy», seit 1982). Hier soll deshalb nur kurz auf einige zentrale theoretische und therapierelevante Annahmen eingegangen werden, die kennzeichnend für einzelne Techniken sind.

2.4.1 Ansätze der Selbstkontrolle

Die verschiedenen Modelle der Selbstkontrolle stellen eine Erweiterung klassisch-lerntheoretischer Konzeption insofern dar, als auf seiten des betroffenen Individuums die Fähigkeit zur Steuerung des eigenen Verhaltens vorausgesetzt wird. Besonders deutlich wird dies im Konzept der *Selbstregulation:* In diesem Modell unterscheidet Kanfer (1970) die Stufen der Selbstbeobachtung, der Selbstbewertung anhand bestimmter Standards und der Selbstverstärkung als Folge eines Vergleichs von Standards mit dem eigenen Verhalten.

Selbstkontrolle meint einen Spezialfall der Selbstregulation bei Vorliegen einer speziellen Konfliktsituation: Hierbei unterbricht das Individuum eine weitgehend automatisierte Verhaltenskette zum Zwecke einer genauen Analyse der Situation und des eigenen Verhaltens. Motivationale, kognitive und Verhaltensprozesse spielen dort als Grundlage der Selbstkontrolle eine entscheidende Rolle.

Bei der Erörterung von speziellen Selbstkontroll-Methoden im Rahmen der Verhaltenstherapie sollte man von einem Kontinuum von Fremd- und Selbstkontrolle ausgehen: Es macht somit wenig Sinn, die einzelnen Verfahren gegeneinander zu stellen, weil situative Kontingenzen einerseits und Prozesse der Selbstregulation andererseits bei der Kontrolle komplexen menschlichen Verhaltens in enger Interaktion stehen (s. Karoly, 1995).

Den Selbstkontrollansätzen im engeren Sinne können folgende Verfahren zugeordnet werden:

a) Methoden der *Selbstbeobachtung,* die zumeist als erste Stufe eines Änderungsprozesses dienen.

b) Methoden der *Stimuluskontrolle:* Hier kann die Person selbst zu einer Steuerung des eigenen Verhaltens beitragen, indem durch ein spezielles Arrangement der physikalischen oder sozialen Umgebung entsprechende Zielverhaltensweisen wahrscheinlicher bzw. unwahrscheinlicher werden.

c) Methoden der *Konsequenzkontrolle:* Die Person ist im Prinzip selbst in der Lage, durch Selbstverstärkung, Selbstbestrafung oder durch das Eingehen spezieller Kontrakte die Auftrittswahrscheinlichkeit des eigenen Verhaltens zu steuern.

Die verschiedenen Methoden der Selbstkontrolle bilden inzwischen einen festen Bestandteil verhaltenstherapeutischer Verfahren. Dies gilt auch angesichts der Tatsache, daß ein expliziter Effektivitätsvergleich nur sehr schwer zu führen ist, weil eine klare Trennung der einzelnen Strategien kaum möglich ist. Die einzelnen Ansätze besitzen in mehrerer Hinsicht große Relevanz:

– Selbstkontroll-Ansätze leisten einen entscheidenden Beitrag zur Transparenz des therapeutischen Vorgehens;
– Selbstkontroll-Ansätze lassen sich ferner zur Intervention bei Problemen sehr privater (intimer) Natur heranziehen;
– Selbstkontroll-Ansätze dienen als effiziente Verfahren im Bereich der Prävention einerseits und der Rückfallsprophylaxe andererseits;
– Strategien der Selbstkontrolle können vom Klienten selbst in natürlichen Situationen eingesetzt werden und bilden damit einen wichtigen Beitrag zur Effektivität therapeutischer Verfahren und damit zum Nutzen für Patienten und Gemeinschaft.

2.4.2 Kognitive Therapie von A. T. Beck

Nach der Auffassung von Beck (1976) ist die Ursache depressiver Störungen in erster Linie in einer Störung kognitiver Verarbeitungsmuster zu sehen. Der Depressive verarbeitet wichtige Erfahrungen in falscher Weise: Entscheidend sind seine Erfahrungen über sich selbst, seine Umgebung und seine Zukunft (entspricht der kognitiven Triade, vgl. Hollon &

Beck, 1979). Die verschiedenen Denkfehler werden von Beck (1976; vgl. Beck, 1979) auch verschiedenen Kategorien zugeordnet (z. B. selektive Abstraktion, willkürliche Schlußfolgerungen, Übergeneralisierung usw.). Beck (1976) betont jedoch auch, daß eine Diagnostik der bei einem Patienten vorliegenden problematischen Denkmuster nur auf der Grundlage einer individuellen Analyse geschehen kann.

Die Intervention setzt auf mehreren *Ebenen* an, die das Ziel haben, dem Patienten die Fehler in seiner Wahrnehmung und die entsprechenden Schlußfolgerungen vor Augen zu führen, damit er diese verändern kann; so ist die Analyse und Identifikation problematischer Denkmuster nur ein Schritt, um den Patienten zu einer realistischeren Sicht seiner Welt anzuleiten. Beck bedient sich zur Überzeugung des Patienten auch explizit der konkreten Erfahrung, ohne die eine kognitive Umstrukturierung kaum gelingen kann (z. B. Auftrag, kleine Aufgaben zu erledigen, durch die der Patient wieder konkret erlebt, daß er in der Lage ist, seine Umwelt zu gestalten und zu verändern).

Der Ansatz von Beck hat im vergangenen Jahrzehnt viele empirische Untersuchungen angeregt, die die Brauchbarkeit grundsätzlich unterstreichen (vgl. Rush, Beck, Kovacs & Hollon, 1977; Niebel, 1984; Beck, Freeman & Associates, 1993; Beck, Rush, Shaw & Emery, 1993; Hautzinger, Stark & Treiber, 1992). Eine strukturierte Anwendung des Ansatzes der psychischen Störungen außerhalb der depressiven Problematik wird von Vertretern der kognitiven Therapie nach Beck immer wieder propagiert (s. Beck, Emery & Greenberg, 1985). Eine spezielle Anwendung Kognitiver Therapie ist bei Persönlichkeitsstörungen gegeben, die in den vergangenen Jahren viel Beachtung gefunden haben (s. Beck, Freeman & Associates, 1993; Fiedler, 1995, Schmitz, Fydrich & Limbacher, 1996). Hier geht es nicht so sehr um die Veränderung konkreter Verhaltensweisen, sondern um die Modifikation grundlegender Muster des Denkens und der Interaktion.

2.4.3 Rational Emotive Therapie von A. Ellis

Ähnlich wie Beck entwickelte Ellis (1962) seine Rational Emotive Therapie aus einer Unzufriedenheit mit psychoanalytischen Modellen zur Behandlung emotionaler Probleme. Die zentrale Annahme bei Ellis besagt, daß nicht so sehr konkrete Ereignisse (A = activating events) zu unseren emotionalen oder Verhaltenskonsequenzen (= C, Konsequenzen, Probleme) führen, dafür ist vielmehr ein System von «Beliefs» (= B) verantwortlich, die unser Denken und Handeln bestimmen (s. Ellis & Harper, 1976; Ellis & Grieger, 1979; Dryden & Hill, 1993; Dryden, 1995).

Ellis (1984) versuchte, eine Reihe von Denkfehlern im «Belief-System» zu identifizieren; prinzipiell allerdings hält er die Liste möglicher irrationaler «Beliefs» für unbegrenzt. Es ist in therapeutischer Hinsicht Aufgabe des Therapeuten, dem Klienten diese Irrationalität der Denkmuster durch *rationale Diskussion* vor Augen zu halten und so zu einer Veränderung seiner Problematik beizutragen. Empirische Untersuchungen über die Wirksamkeit der RET brachten bei verschiedenen Störungen durchaus ermutigende Resultate (s. Keßler & Hoellen, 1982; Kendall, 1984; Kendall, Haaga, Ellis, Bernard, DiGiuseppe & Kassinove, 1995.) Die theoretischen Grundannahmen von Ellis werden von verschiedener Seite allerdings massiver Kritik unterzogen; dies betrifft vor allem den Rationalitätsbegriff sowie die von Ellis vorgeschlagene direktive Indoktrination (vgl. auch dazu die Diskussion bei Haaga & Davison, 1986).

2.4.4 Training im Problemlösen

Trainings im Problemlösen für psychische Störungen wurden insbesondere von D'Zurilla und Goldfried (1971) und D'Zurilla und Nezu (1982) entwickelt. In dem Ansatz greift man auf Befunde zurück, wonach psychiatrische Patienten eine verminderte Fähigkeit kognitiver und interpersonaler Problemlösung aufwiesen. Dabei lag es nahe, auf die aus der allgemeinen und kognitiven Psychologie (z.B. Newell & Simon, 1972) bekannten Überlegungen zurückzugreifen, wo Teilkomponenten effektiver Problemlösung ausgiebig untersucht wurden. Das Training der einzelnen Stufen des Problemlösens [(1) allgemeine Orientierung, (2) Beschreibung des Problems, (3) Erstellen von Alternativen, (4) Treffen einer Entscheidung, (5) Evaluation] sollte den Klienten in die Lage versetzen, nicht nur einzelne Verhaltensweisen einzuüben bzw. zu verändern, sondern der Klient sollte verschiedene Strategien erlernen, die zur Lösung eines breiten Bereichs von Problemen einsetzbar sind.

In der Zwischenzeit gehören Modelle des Problemlösens – sowohl als Teilkomponenten eines Therapieprogramms, als auch im Sinne eines Meta-Modells des Therapieprozesses – zum Standardrepertoire des verhaltenstherapeutischen Vorgehens (vgl. dazu Kanfer & Busemeyer, 1982; Schmelzer, 1983). Die Übertragung des Problemlösemodells auf emotionale und psychische Probleme wird allerdings auch dahingehend kritisiert, daß sich psychische Störungen eben nicht analog zu akademischen Problemen analysieren lassen. Eine Anwendung des Problemlösetrainings ergibt sich in verschiedenen Bereichen: Als Therapiebestandteil bei verschiedenen Störungen, speziell bei interpersonalen Problemen (Delinquenz, soziale Unsicherheit, aber auch bei Abhängigkeiten, siehe Shure & Spivack, 1978). So gesehen kann man das Problemlösetraining als gut evaluiert ansehen (s. D'Zurilla, 1988; Nezu & Nezu, 1989).

2.4.5 Selbstinstruktions- und Streßimpfungstraining

Beide Verfahren wurden von D. Meichenbaum zu Beginn der siebziger Jahre entwickelt (vgl. Meichenbaum & Goodman, 1971; Meichenbaum, 1977). Beim *Selbstinstruktionstraining* sollte die Sprache (schrittweise) die Kontrolle über die Handlungen der Person übernehmen. Meichenbaum bezieht sich dabei auf entwicklungspsychologische Überlegungen, wonach die Sprache bei Kleinkindern die Funktion der Verhaltenssteuerung besitzt. Diese Selbstinstruktionen werden im Laufe der Entwicklung internalisiert und fungieren als «verdeckte» Steuerung des Verhaltens. In therapeutischer Hinsicht macht man sich diese Überlegungen insofern zunutze, als bei der Ausführung komplizierter Aufgaben auf die Sprache als unterstützendes Element zurückgegriffen wird (Beispiel: Stop-Think-Go-Technik bei impulsiven Kindern, vgl. Camp & Bash, 1981).

Die Vermittlung des Selbstinstruktionstrainings an einen Patienten schafft ein Gefühl persönlicher Kontrolle, das für den Umgang mit problematischen Situationen äußerst wichtig ist, weil der Klient durch seine eigene Sprache («innere Monologe») eine gewisse Kontrolle über verschiedene Verhaltensweisen und Situationen bekommt (s. dazu auch Befunde aus der Attributionsforschung, vgl. Försterling, 1986).

Das *Streß-Impfungs-Training* SIT (Meichenbaum, 1985) bildet eine Therapiestrategie zur Bewältigung unangenehmer Streßsituationen. Meichenbaum greift hier auf die sogenannte Zwei-Faktoren-Theorie von Emotionen bei Schachter zurück (Schachter & Singer, 1962): Demnach können bei Emotionen zum einen die Komponente der unspezifischen physiologischen Erregung und zum anderen eine Komponente der kognitiven Bewertung unterschieden werden. Dieses Modell der Emotionen ist alles andere als unumstritten (vgl. dazu Reisenzein, 1983), erweist sich jedoch für die Klinische Psychologie als heuristisch ausgesprochen fruchtbar.

Meichenbaum (1985) vermittelt den Patienten aufgabenrelevante Kognitionen in drei Phasen:

(1) *Unterrichtsphase*, in der eine Problemanalyse durchgeführt und der Patient in die kognitiv-verhaltenstherapeutische Sichtweise von Emotionen und ihre Bewältigungsmöglichkeiten eingeführt wird.

(2) *Übungsphase*, in der der Patient lernt, in der therapeutischen Situation mit einem Stressor umzugehen; der Patient sollte dabei verschiedene Stufen der Konfrontation mit einem Stressor unterscheiden und Selbstverbalisationen zum Umgang mit der Situation üben.

(3) *Anwendungsphase*, in der der Patient konkrete Streßsituationen im Alltag aufsucht und die gelernten Strategien (Selbstverbalisation) zur Bewältigung erprobt.

Große Bedeutung besitzt das SIT und andere Belastungsbewältigungsansätze (vgl. Lazarus & Folkman, 1984) auch für die Verhaltensmedizin (vgl. dazu Miltner, Birbaumer & Gerber, 1986): Die Bewältigung unausweichlicher Stressoren (z.B. bevorstehende Operationen, chronische Schmerzen) stellt ein wichtiges Arbeitsgebiet in der interdisziplinären Kooperation von Medizi-

nern und Psychologen dar. Bei der Vermittlung des Streß-Impfungs-Trainings (vgl. Meichenbaum, 1991) und anderer Bewältigungsfertigkeiten im Rahmen der Verhaltensmedizin sollte man bei aller Bedeutung kognitiver Verfahren nicht aus dem Auge verlieren, daß solche Interventionsansätze eine äußerst sensible Analyse der Bedürfnisse des Patienten und seiner vorhandenen Bewältigungsmöglichkeiten voraussetzen.

3. Ebenen der Intervention

Die Anwendung von Verhaltenstherapie ist keineswegs auf die Behandlung von Individuen beschränkt. Aus einer konsequent funktionalen Analyse (vgl. Holland, 1978) folgt vielmehr, daß diejenigen unabhängigen Variablen identifiziert werden können, die einer Veränderung bedürfen. Dies legt z.B. eine familiäre Intervention bei Eßstörungen, Partnertherapie bei funktionellen Sexualstörungen oder gesellschaftlich politische Interventionen bei Alkoholismus nahe.

3.1 Verhaltenstherapie in Gruppen

Der Begriff «Gruppentherapie» kennzeichnet keinen inhaltlichen Therapieansatz, sondern lediglich eine spezielle Interventionsebene bzw. ein besonderes Setting (vgl. Kap. 22.1/Psychotherapie: Systematik).

Beispiele für die Durchführung verhaltenstherapeutischer Strategien in Gruppen finden sich von Beginn ihrer Entwicklung an. Dabei stand zunächst der Aspekt der Ökonomie im Vordergrund (speziell bei der Gruppen-Desensibilisierung, vgl. Florin & Tunner, 1975). Ein weiteres wichtiges Argument betrifft die Nutzung des Gruppen-Effektes («Soziales Lernen») zur Erreichung therapeutischer Effekte (vgl. Grawe, 1980).

In vielen ätiologischen Überlegungen zur Genese psychischer Störungen werden soziale Merkmale als Determinanten geltend gemacht. Es liegt deshalb besonders nahe, solche sozialen Komponenten als Rahmenbedingungen des therapeutischen Settings zu realisieren. In einer Gruppe wird es einem Patienten ermöglicht, neues Verhalten für komplexe Problemsituationen unter relativ kontrollierten Bedingungen einzuüben. Die einzelnen Gruppenmitglieder bieten Anregungen für neue Ziele, realistische Standards und ein lebensnahes Korrektiv, mehr als dies von einem Therapeuten allein geleistet werden könnte (vgl. dazu auch Fiedler, 1996).

3.2 Verhaltenstherapie in sozialen Systemen

Das verhaltenstherapeutische Vorgehen beinhaltet eine funktionale Analyse und gegebenenfalls Veränderung derjenigen Bedingungen, die als Determinanten eines Problems angesehen werden müssen (vgl. Holland, 1978). Da der Psychologe oder Verhaltenstherapeut üblicherweise nur indirekten Zugang zu natürlichen Bedingungssystemen besitzt, kommt der Intervention auf dem Wege über sog. Mediatoren große Bedeutung zu.

Das Modell einer indirekten Intervention in der natürlichen Umgebung – von Tharp und Wetzel (1975) als Mediatoren-Modell bezeichnet – läßt sich im Prinzip auf verschiedene soziale Systeme beziehen: Auf die Therapie bei Paaren, bei Kindern, in Familien oder in anderen sozialen Gruppen. Das Prinzip des Modells besteht darin, daß die therapeutische Funktion nicht vom Fachmann (Psychologe, Verhaltenstherapeut), sondern im wesentlichen von einer oder mehreren Personen der natürlichen Umgebung übernommen wird. Nach Tharp und Wetzel (1975) läßt sich dies gem. **Abbildung 4** verdeutlichen:

Ein wohl entscheidender Vorteil der Intervention im gegebenen Sozialfeld betrifft den Versuch einer Veränderung von problematischen Bedingungen durch Personen, die diese Bedingungen im Prinzip auch kontrollieren können; in vielen Fällen erfordert die Anwendung des Mediatorenmodells zunächst eine Schulung/Training durch den Fachmann und eine Veränderung des Verhaltens der Personen des sozialen Feldes. Wenn sich dies bewerkstelligen läßt, dann bilden Interventionen in der natürlichen Umgebung eine günstige Voraussetzung für die Stabilisierung einer therapeutischen Veränderung (s. dazu auch Perrez, Büchel, Ischi, Patry & Thommen, 1985).

3.3 Gemeindepsychologische Ansätze

Diese Ansätze lassen sich im Prinzip auf die Mental-Health-Bewegung zu Beginn des Jahrhunderts zurückführen; in der Verhaltenstherapie gelten folgende Merkmale als Prinzipien einer gemeindepsychologischen Orientierung (vgl. Keupp, 1978; Heyden, 1986):

(1) *Gemeindenähe*, d. h. die Probleme werden im Feld ihrer Entstehung und Aufrechterhaltung analysiert und gegebenenfalls behandelt.

(2) *Ambulante Hilfe* bedeutet ein Abgehen vom passiven Versorgungsgedanken; entscheidend ist dabei eine Anleitung der Betroffenen zur effizienten Selbsthilfe.

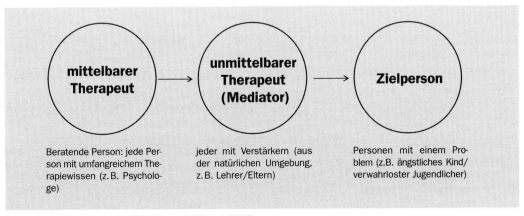

Abbildung 4: Mediatoren-Modell (Tharp & Wetzel, 1975)

(3.) *Präventive Orientierung:* Die ätiologische Analyse menschlicher Probleme verlangt konkrete Maßnahmen zur Verhinderung psychischer Störungen auf verschiedenen Ebenen.

(4) Die *Bedürfnisse* der Betroffenen und nicht so sehr die professionelle Perspektive sollte besonders in den Vordergrund gerückt werden.

Verhaltenstherapeutisch orientierte Gemeindepsychologie versteht sich weniger als «neuer» therapeutischer Ansatz, sondern vielmehr als eine konsequente Perspektive zur Lösung psychischer Probleme. Dabei ist man sich sehr wohl der Komplexität der anstehenden Aufgaben bewußt, so daß man sich über eine rasche und effiziente Lösung vieler Probleme im Bereich psychischer Störungen wohl keine überzogene Hoffnung machen sollte.

3.4 Anwendungsfelder auf der Ebene der Sozietät

Verhaltenstherapeutische Ansätze haben im Bereich der klinischen Intervention, der Erziehung und der Rehabilitation bereits eine gewisse Tradition; die Anwendung vorwiegend operanter Prinzipien auf die Veränderung gesellschaftlicher und ökologisch relevanter Bedingungen menschlichen Verhaltens liegt dabei ebenso nahe wie der engere Bereich psychischer Störungen. Interessanterweise rücken solche Anwendungsfelder gerade dann in unser Blickfeld, wenn die entsprechenden Felder einen besonderen gesellschaftlichen Stellenwert bekommen, z. B. im Bereich der Umwelt und Ökologie (s. Twardosz, 1984; Martens & Witt, 1988).

Wichtige Anwendungsfelder bilden die Veränderungen des menschlichen Umgangs mit Abfall, die Bereitschaft zum Recycling und das möglichst sparsame Verhalten im Bereich von Energie und die Anleitung zur Benutzung von Massen-Transportmittel (vgl. Kazdin, 1977).

Als Beispiel läßt sich die Studie von Winett und Nietzel (1975) anführen: Die Autoren bilden zwei Hauptgruppen bei einer Reihe von Haushalten, mit dem Ziel, elektrische Energie zu sparen. Verglichen mit Baseline-Bedingungen gelang es den Haushalten über vier Wochen lang hinweg deutlich, Energie zu sparen, wenn sie zusätzlich zur Information auch fi-

nanzielle Anreize für das Zielverhalten in Aussicht gestellt bekamen. Die Effekte zeigten sich noch deutlich zwei Wochen nach der Beendigung der Studie, allerdings nicht mehr nach acht Wochen. Bereits eine solch kleine Studie verdeutlicht die möglichen Implikationen einer Anwendung psychologischer Prinzipien auf sozial relevante Bereiche und die damit verbundenen ethischen Probleme. Die Veränderung menschlichen Verhaltens – und sei es auch zur Erreichung noch so hochstehender und sozial akzeptierter Ziele – bedeutet einen Eingriff in ein soziales System, über dessen Konsequenzen man sich klar sein sollte. Die angesprochenen Eingriffe in soziale Systeme werden auch daran deutlich, daß von Untergruppen der menschlichen Gemeinschaft durchaus kontroverse Ziele verfolgt werden: Eine deutliche Einsparung fossiler Energie oder die konsequente Benutzung von öffentlichen Verkehrsmitteln hätte Auswirkungen, die durchaus mit Problemen verbunden sind (Arbeitslosigkeit bei Tankwarten und KFZ-Reparaturwerkstätten usw.). Die Realisierung entsprechender Ziele wird damit in hohem Maße von einem Abwägen sozialer und finanzieller Kosten abhängen.

Auch eine ganze Reihe von verschiedenen Krankheiten – speziell von chronischen Störungen – hat uns vor Augen geführt, daß wir mit unserem *Verhalten* zum Auftreten dieser Störungen beitragen: Im Falle von koronaren Herzkrankheiten etwa beeinflussen wir durch unsere Ernährungsgewohnheiten und durch unseren Lebensstil ein spezielles Risiko für eine Erkrankung. Diese wenigen Beispiele eines verhaltenstherapeutischen Zugangs auf der Ebene der Sozietät sollten nur verdeutlichen, daß eine solche psychologische Analyse und Intervention durchaus im Bereich der Möglichkeiten liegt. Die Realisierung und konsequente Umsetzung solcher Strategien hängt allerdings weniger von psychologischen Gesichtspunkten, sondern eher von der sozialen Akzeptanz gesellschaftlicher Zielvorstellungen ab.

4. Wirksamkeit

Die von Grawe (1992; Grawe, Donati & Bernauer, 1994) durchgeführten Metaanalysen zum Vergleich verschiedener Therapieverfahren dokumentieren eindrucksvoll die Wirksamkeit der Verhaltenstherapie und räumen ihr einen entscheidenden Platz in der psychotherapeutischen Versorgung ein: «Die Anwendung von Verhaltenstherapie in der klinischen Praxis kann sich also auf ein breites Spektrum an Therapiemethoden mit nachgewiesener Wirksamkeit stützen. Mit deutlichem Abstand vor allen anderen Therapieformen kann daher die Verhaltenstherapie für sich in Anspruch nehmen, ihre Wirksamkeit ausreichend unter Beweis gestellt zu haben, um in der psychotherapeutischen Versorgung eine prominente Rolle zu spielen» (Grawe, 1992, S. 139).

Welchen Stellenwert die Frage der empirischen Validierung von Psychotherapie inzwischen gewonnen hat, ist auch aus der wachsenden Zahl von Beiträgen zu diesem Thema in den einschlägigen Fachzeitschriften ersichtlich (vgl. VandenBos, 1996; Hollon, 1996; Jacobson & Christensen, 1996; Sanderson & Woody; 1995).

Da verhaltenstherapeutische Ansätze bei praktisch allen klinisch relevanten Störungen mit Erfolg angewendet werden, ist eine ins Detail gehende Aufzählung der verschiedenen Interventionsmöglichkeiten einschließlich deren Evaluation in Rahmen dieses allgemeinen Kapitels nicht möglich. Einen sehr guten Überblick über die therapeutischen Verfahren und Rahmenbedingungen ebenso wie über die verschiedenen Interventionsmöglichkeiten bei einzelnen Störungen und deren Evaluation bietet das von Margraf (1996) in zwei Bänden herausgegebene «Lehrbuch der Verhaltenstherapie».

Stellvertretend wird ein Beispiel herausgegriffen, das man als charakteristisch für die Forschung zu Effektivitätsnachweisen in der Verhaltenstherapie ansehen kann. Michelson, Mavissakalian und Marchione (1985) untersuchten in ihrer Studie die differentielle Wirksamkeit verschiedener verhaltenstherapeutischer Vorgehensweisen bei der Behandlung von Agoraphobien (s. **Kasten 1**).

Kasten 1
Untersuchung zur differentiellen Wirksamkeit (Michelson, Mavissakalian & Marchione, 1985)

Fragestellung
Welche differentiellen Effekte zeigen verschiedene verhaltenstherapeutische Interventionen bei Agoraphobikern?

Methode
- *Stichprobe:* 39 Patienten mit der Diagnose «Agoraphobie mit Panikattacken»

- *Untersuchungsverfahren:* Erfassung des Zustandes auf der Verhaltens- (Therapeut, externe Rater), der subjektiven (Angstfragebögen, Beschreibung der Patienten) und der physiologischen Ebene. Messung zu Beginn, nach 6 Wochen und am Ende der Behandlung; Katamnese nach 3 Monaten.

- *Intervention:* a) Paradoxe Intention PI, b) graduierte Expositon GE, c) progressive Relaxation PR. Dauer der Behandlung: jeweils 12 Wochen. Vergleich von 3 parallelisierten Behandlungsgruppen.

Ergebnisse
Bereits zur Mitte der Behandlung (6 Wochen) wiesen die Gruppen GE und PR deutliche Besserungen auf, was für ein rasches Ansprechen der Patienten auf verhaltens- und physiologisch orientierte Behandlungen spricht. Die Anzahl der stark verbesserten Patienten betrug nach der Therapie PI 67 Prozent; GE 82 Prozent und PR 70 Prozent. Es ergaben sich keine signifikanten Unterschiede zwischen den Gruppen. Im Follow-Up zeigte sich in mehreren Maßen die graduierte Exposition GE und die progressive Relaxation PR der paradoxen Instruktion PI überlegen. Die Studie unterstreicht die Notwendigkeit einer differentiellen Erfassung von therapeutischen Effekten und die Bedeutung eines multimodalen Vorgehens bei der Behandlung von Agoraphobikern.

5. Erklärung der Wirksamkeit

Aus wissenschaftstheoretischer Sicht bedeutet die Beschreibung therapeutischer Methoden eine Darstellung auf der Ebene der Technologie. Technologien sind Maßnahmen um ein Ziel möglichst effizient zu erreichen. Deshalb ist auch nicht Wahrheit (wie bei Theorien) das entscheidende Beurteilungskriterium, sondern eben Effektivität und Effizienz (vgl. Kap. 4/ Wissenschaftstheorie: Intervention).

Mit dem Anspruch der empirischen Überprüfbarkeit der verhaltenstherapeutischen Methoden verbindet sich automatisch auch die Frage danach, wie und warum die Verfahren wirken bzw. welche Elemente eines komplexen Therapieprogramms für das Zustandekommen der Veränderung verantwortlich gemacht werden können d.h. die Frage nach den Wirkfaktoren.

Theoretische Begründungen therapeutischer Prozesse müssen – wie in Kapitel 22.1. ausgeführt – Erklärungen für menschliches Verhalten und deren Veränderung im zeitlichen Verlauf bieten d.h. in jedem Fall *Komponenten des Lernens* berücksichtigen. Die Verhaltenstherapie hat dabei den Vorteil, daß sie ursprünglich aus der Anwendung der Lerntheorien erwachsen ist und zahlreiche inhaltliche Bezüge auch zu anderen Teildisziplinen der Psychologie wie auch zu den Nachbardisziplinen aufweist (z.B. Kognitionsforschung in der Allgemeinen Psychologie, Attributionstheorien in der Sozialpsychologie, Entwicklungspsychologie, Psychophysiologie, Evolutionstheorien, Biochemie, Neurologie usw.; siehe dazu O'Donohue & Krasner, 1995). Diese besondere Nähe der Verhaltenstherapie zur wissenschaftlichen Psychologie kommt denn auch dadurch zum Ausdruck, daß einige der Methoden bereits im Titel auf die empririsch bewährten Theorien hinweisen, durch die sie inspiriert worden sind (z.B. Modellernen), auch wenn heute die Beziehung von Grundlagentheorien und Technologien differenzierter betrachtet wird (vgl. Kap. 4/ Wissenschaftstheorie: Intervention).

Auf technologischer Ebene unterscheidet man in der Therapieforschung unspezifische oder methodenübergreifende (z.B. Strategien der Gesprächsführung, der Rollenstrukturierung etc.) und spezifische (z.B. einzelne Verfahren oder Techniken) Wirkfaktoren (vgl. Kap.

22.1/Psychotherapie: Systematik). In der Praxis ist die Frage, was einen Faktor als «spezifisch», und einen anderen als «unspezifisch» kennzeichnet, alles andere als eindeutig zu beantworten. Um einer Antwort näher zu kommen, müssen in jedem Falle – neben der Beschreibung des Faktors selbst – Gesichtspunkte seiner Auswirkung und Merkmale seines theoretischen Hintergrundes herangezogen werden. Diese empirische und theoretische Einbettung von einzelnen Wirkfaktoren relativiert – zumindest für die Verhaltenstherapie – die Unterscheidung von spezifischen und unspezifischen Mechanismen doch in erheblichem Maße. Mit dem Anspruch auf Erklärung einzelner Schritte des therapeutischen Vorgehens unter Bezug auf *psychologische* Modellvorstellungen darf aber weder ein Anspruch auf Vollständigkeit noch Einzigartigkeit der Erklärung oder gar auf Letztbegründungen verbunden sein.

6. Literatur

Ascher, L.M. (1980). Paradoxical intention. In A.P. Goldstein & E.B. Foa (Eds.), *Handbook of behovioral interventions* (pp. 266–321). New York: Wiley.

Ayllon, T. & Azrin, N.H. (1968). *The token economy: A motivational system for therapy and rehabilitation.* New York: Appleton-Century-Crofts.

Bandura, A. (1969). *Principles of behavior modification.* New York: Holt.

Bandura, A. (1977). Self-efficacy: toward a unifying theory of behavior change. *Psychological Review, 84,* 191–215.

Barlow, D.H. (1978). Aversive Procedures. In W.S. Agras (Ed.), *Behavior Modification: Principles and clinical application* (pp. 86–133). Boston: Little, Brown & Company.

Bartling, G., Fiegenbaum, W. & Krause, R. (1980). *Reizüberflutung – Theorie und Praxis.* Stuttgart: Kohlhammer.

Bauer, M. (1979). *Verhaltensmodifkation durch Modelllernen.* Stuttgart: Kohlhammer.

Beck, A.T. (1976). *Cognitive therapy and emotional disorders.* New York: International University Press.

Beck, A.T., Emery, G. & Greenberg, R.L. (1985). *Anxiety disorders and phobias – A cognitive perspective.* New York: Basic Books.

Beck, A.T., Freeman, A. & Associates (1993). *Kognitive Therapie der Persönlichkeitsstörungen.* Weinheim: Psychologie Verlags Union.

Beck, A.T., Rush, A.J., Shaw, B.F. & Emery, G. (1979). *Cognitive therapy of depression.* New York: Guildford Press.

Beck, A.T., Rush, A.J., Shaw, B.F. & Emery, G. (1992). *Kognitive Therapie der Depression* (3. Aufl.). Weinheim: Psychologie Verlags Union.

Beutler, L.E., Machado, P.P. & Neufeldt, S.A. (1994). Therapist variables. In A.E. Bergin & S.L. Garfield (Eds.), *Handbook of psychotherapy and behavior change* (4th ed., pp. 229–269). New York: Wiley.

Birbaumer, N. (1977). *Psychophysiologie der Angst.* München: Urban & Schwarzenberg.

Blanchard, E. B. & Andrasik, F. (1991). *Bewältigung chronischer Kopfschmerzen.* Diagnose und Psychotherapie. Bern: Hans Huber.

Bornstein, P. H. & Bornstein M. P. (1993). *Psychotherapie mit Ehepaaren.* Ein integrativer Ansatz. Bern: Hans Huber.

Camp, B. W. & Bash, M. S. (1981). *Think Aloud. Increasing social and cognitive skills – A problem solving program for children.* Champaign, Ill.: Research Press.

Caspar, F. & Grawe, K. (1994). Was spricht für, was gegen individuelle Fallkonzeptionen? Überlegungen zu einem alten Problem aus neuer Perspektive. *Verhaltenstherapie, 4,* 186–196.

Dobson, K. S. (1988*). Handbook of Cognitive-Behavioral Therapies.* New York: Guildford Press.

Dryden, W. (Ed.) (1995). *Rational Emotive Behaviour Therapy.* London: Sage Publiations.

Dryden, W. & Hill, L. K. (Eds.). (1993*). Innovations in Rational-Emotive Therapy.* Newbury Park: Sage Publications.

D'Zurilla, T. J. (1988). Problem solving therapies. In K. S. Dobson (Ed.), *Handbook of cognitive-behavioral therapies* (pp. 85–135). New York: Guildford Press.

D'Zurilla, T. J. & Goldfried, M. R. (1971). Problem solving and behavior modification. *Journal of Abnormal Psychology, 78,* 107–126.

D'Zurilla, T. J. & Nezu, A. (1982). Social problem solving in adults. In P. C. Kendall (Ed.), *Advances in cognitive-behavioral research and therapy* (pp. 201–274). New York: Academic Press.

Ellis, A. (1962). *Reason and emotion in psychotherapy.* New York: Lyle Stuart.

Ellis, A. (1984). The essence of RET. *Journal of Rational Emotive Therapy 2,* 19–25.

Ellis, A. & Grieger, R. (Hrsg.). (1979). *Praxis der Rational-Emotiven Therapie.* München: Urban & Schwarzenberg.

Ellis, A. & Harper, R. A. (1976). *A new guide to rational living.* Hollywood: Wilshire-Edition.

Fahrenberg, J. (1984). Methodische Überlegungen zur Mehrebenen-Prozeß-Forschung. In U. Baumann (Hrsg.), *Psychotherapie: Makro/Mikroperspektive* (S. 198–222). Göttingen: Hogrefe.

Fiedler, P. A. (1987). Verhaltenstherapie in Gruppen. *Verhaltensmodifikation und Verhaltensmedizin, 8,* 111–132.

Fiedler, P. A. (1995). *Persönlichkeitsstörungen* (2. Aufl.). Weinheim: Psychologie Verlags Union.

Fiedler, P. A. (1996). *Verhaltenstherapie in und mit Gruppen. Psychologische Psychotherapie in der Praxis.* Weinheim: Psychologie Verlags Union.

Fiedler, P., Niedermeier, Th. & Mundt, Ch. (1986). *Gruppenarbeit mit Angehörigen schizophrener Patienten.* Materialien für die therapeutische Arbeit mit Angehörigen und Familien. Weinheim: Psychologie Verlagsunion.

Fliegel, S., Groeger, W. M., Künzel, R., Schulte, D. & Sorgatz, H. (1981). *Verhalenstherapeutische Standardmethoden.* Ein Übungsbuch. München: Urban & Schwarzenberg.

Florin, I. & Tunner, W. (Hrsg.). (1975). *Therapie der Angst: Systematische Desensibilisierung.* München: Urban & Schwarzenberg.

Försterling, F. (1986). *Attributionstheorie in der Klinischen Psychologie.* München: Urban & Schwarzenberg.

Franks, C. M. & Wilson, G. T. (1978). *Annual Review of behavior therapy. Theory and practice 1978.* New York: Bruner & Mazel.

Freeman, A., Simon, K. M., Beutler, L. E. & Arkowitz, H. (Eds.). (1989). *Comprehensive Handbook of Cognitive Therapy.* New York: Plenum Press.

Freeman, A., Pretzer, J., Fleming, B. & Simon, K. M. (1990). *Clinical applications of Cognitive Therapy.* New York: Plenum Press.

Gentry, W. D. (Ed.). (1984). *Handbook of behavioral medicine.* New York: Guildford Press.

Goldfried, M. R. & Goldfried, A. P. (1975). Cognitive change methods. In F. H. Kanfer & A. P. Goldstein (Eds.), *Helping people change. A textbook of methods* (pp. 89–116). New York: Pergamon Press.

Goldstein, A. P. (1973). *Structured learning therapy. Toward a psychotherapy for the poor.* New York: Academic Press.

Goldstein, A. P. & Kanfer, F. H. (1979). *Maximizing treatment gains. Transfer enhancement in psychotherapy.* New York: Academic Press.

Grawe, K. (Hrsg.). (1980). *Verhaltenstherapie in Gruppen.* München: Urban & Schwarzenberg.

Grawe, K. (1992). Psychotherapieforschung zu Beginn der neunziger Jahre. *Psychologische Rundschau, 43,* 132–162.

Grawe, K., Donati, R. & Bernauer, F. (1994). *Psychotherapie im Wandel. Von der Konfession zur Profession.* Göttingen: Hogrefe.

Haaga, D. A. & Davison, G. C. (1986). Cognitive change methods. In F. H. Kanfer & A. P. Goldstein (Eds.), *Helping People change. A textbook of methods* (pp. 97–130). New York: Pergamon Press.

Hartig, M. (1973). *Selbstkontrolle: Lerntheoretische und verhaltenstherapeutische Ansätze.* München: Urban & Schwarzenberg.

Hautzinger, M., Stark, M. & Treiber, R. (1992). *Kognitive Verhaltenstherapie bei Depressionen* (2. Aufl.). Weinheim: Psychologie Verlags Union.

Heyden, T. (1986). Verhaltenstherapie in der psychosozialen Versorgung. In Deutsche Gesellschaft für Verhaltenstherapie (Hrsg.), *Verhaltenstherapie: Theorien und Methoden.* (S. 232–245). Tübingen: DGVT-Verlag.

Hinsch, R. & Pfingsten, U. (1983). *Gruppentraining sozialer Kompetenzen.* München: Urban & Schwarzenberg.

Hoffmann, N. (1979). *Grundlagen kognitiver Therapie.* Bern: Huber.

Holland. J. G. (1978). Behaviorism: Part of the problem or part of the solution? *Journal of Applied Behavior Analysis, 11,* 163–174.

Hollon, S. D. (1996). The Efficacy and Effectiveness of Psychotherapy Relative to Medications. *American Psychologist, 51,* 1025–1030.

Hollon, S. D. & Beck, A. T. (1979). Cognitive therapy of depression. In P. C. Kendall & S. D. Hollon (Eds.), *Cognitive-behavioral interventions. Theory, research, and procedures.* New York: Academic Press.

Hollon, S. D. & Beck, A. T. (1994). Cognitive and cognitive-behavioral therapies. In A. E. Bergin & S. L. Garfield (Eds.), *Handbook of psychotherapy and behavior change* (4th ed., pp. 428–466). New York: Wiley.

Jacobi, C., Thiel, A. & Paul, T. (1996). *Kognitive Verhaltenstherapie bei Anorexia und Bulimia nervosa.* Weinheim: Psychologie Verlagsunion.

Jacobson, N. S. & Christensen, A. (1996). Studying the Effectiveness of Psychotherapy: How Well Can Clinical Trials Do the Job? *American Psychologist, 51,* 1031–1039.

Kanfer, F.H. (1970). Self-regulation: Research issues and speculations. In C. Neuringer & J.L. Michael (Eds), *Behavior modification in clinical psychology* (pp. 178–220). New York: Appleton-Century.

Kanfer, F.H. & Busemeyer, J.R. (1982). The use of problem-solving and decision making in behavior therapy. *Clinical Psychology Review, 2,* 239–266.

Kanfer, F.H. & Gaelick, L. (1986). Selfmanagement methods. In F.H. Kanfer & A.P. Goldstein (Eds.), *Helping people change. A textbook of methods* (pp. 283–345). New York: Pergamon Press.

Kanfer, F.H. & Grimm, L.G. (1981). Bewerkstelligung Klinischer Veränderungen: Ein Prozeßmodell der Therapie. *Verhaltensmodifikation, 2,* 125–132.

Kanfer, F.H. & Karoly, P. (1972). Self-control: A behavioristic excursion into the lion's den. *Behavior Therapy, 3,* 398–416.

Kanfer, F.H., Reinecker, H. & Schmelzer, D. (1996). *Selbstmanagementtherapie. Ein Lehrbuch für die klinische Praxis* (2. Aufl.). Berlin: Springer.

Kanfer, F.H. & Saslow, G. (1969). Behavioral diagnosis. In C.M. Franks (Ed.), *Behavior therapy. Appraisal and status* (pp. 417–444). New York: McGraw Hill.

Kanfer, F.H. & Schefft, B.K. (1987). *Self-management therapy in clinical practice.* Champaign, Ill.: Research Press.

Karoly, P. (1995). Self-control theory. In W. O'Donohue & L. Krasner (Eds.), *Theories of Behavior Therapy* (pp. 259–285). Washington D.C.: American Psychological Association.

Karoly, P. & Harris, A. (1986). Operant methods. In F.H. Kanfer & A.P. Goldstein (Eds.), *Helping people change. A textbook of methods* (3rd ed., pp. 210–247). New York: Pergamon Press.

Karoly, P. & Kanfer, F.H. (Eds.). (1982). *Selfmanagement and behavior change: From theory to practice.* New York: Pergamon Press.

Kazdin, A.E. (1977). Extensions of reinforcement techniques to socially and environmentally relevant behaviors. In M. Hersen, R.M. Eisler & P.M. Miller (Eds.), *Progress in Behavior Modification* (Vol. 4, pp. 39–67). New York: Academic Press.

Kazdin, A.E. (1980). *Research Design in Clinical Psychology.* New York: Harper & Row.

Kazdin, A.E. (1994). Methodology, design, and evaluation in psychotherapy research. In A.E. Bergin & S.L. Garfield (Eds.), *Handbook of psychotherapy and behavior change* (4th ed., pp. 19–71). New York: Wiley.

Kendall, P.C. (1984). Cognitive processes and procedures in behavior therapy. In G.T. Wilson, C.M. Franks, K.D. Brownell & P.C. Kendall (Eds.), *Annual review of behavior therapy: Theory and practice* (pp. 120–155). New York: Guildford Press.

Kendall, P.C. (1982–1986). *Advances in Cognitive Behavior Therapy.* New York: Academic Press.

Kendall, P.C., Haaga, D.A.F., Ellis, A., Bernard, M., Di Giuseppe, R. & Kassinove, H. (1995). Rational-emotive therapy in the 1990s and beyond: Current status, recent revisions, and research questions. *Clinical Psychology, Review, 15,* 169–185.

Kendall, P.C. & Holon, S.D. (Eds.). (1979). *Cognitive-behavioral interventions: Theory, research and procedures.* New York: Academic Press.

Kessler, B.H. & Hoellen, B. (1982). *Rational-Emotive Therapie in der Klinischen Praxis.* Weinheim: Beltz.

Keupp, H. (1978). Psychologische Tätigkeit in der psychosozialen Versorgung. Wider die Voreiligkeit programmatischer Fortschrittlichkeit. Verhaltenstherapie und psychosoziale Versorgung. *Sonderheft II der Mitteilungen der DGVT:* Tübingen: DGVT-Verlag.

Kimble, G.A. (1961). *Hilgard and Marquis' conditioning and learning.* New York: Appleton-Century.

Köhlke, H.U. (1992). Aktuelle verhaltenstherapeutische Standardprogramme: Moderner Rückschritt in die Symptomtherapie? *Verhaltenstherapie, 2,* 256–262.

Lang, P.J. (1971). The application of psychophysiological methods to the study of psychotherapy and behavior change. In A.E. Bergin & S.L. Garfield (Eds.), *Handbook of psychotherapy and behavior change:* An empirical analysis (pp. 75–125). New York: Wiley.

Lazarus, R.S. & Folkman, S. (1984). Coping and adaption. In W.D. Gentry (Eds.), *Handbook of behavioral medicine* (pp. 282–325). New York: The Guildford Press.

Lieb, H. (1993). Individualisierung oder Standardisierung der Therapie: Eine fruchtlose Alternative. *Verhaltenstherapie, 3,* 222–230.

Mahoney, M.J. (1974). *Cognition and Behavior Modification.* Cambridge, Mass.: Ballinger Publishing Comp.

Mahoney, M.J. & Thoresen, C.E. (1974). *Self-control: Power to the person.* Monterey, Calif.: Brooks-Cole.

Margraf, J. (Hrsg.). (1996). *Lehrbuch der Verhaltenstherapie,* Band 1, Band 2. Berlin: Springer.

Marks, I.M. (1978). Exposure treatments: Conceptual issues. In W.S. Agras (Ed.), *Behavior modification. Principles and clinical applications* (pp. 163–242). Boston: Little, Brown & Co.

Marks, I.M. (1986). *Benefits of behaviour modification.* Paper presented at the 16th Congress of the European Association for Behaviour Therapy. Lausanne.

Marks, I.M. (1987). *Fears, phobias, and rituals. Panic, anxiety and their disorders* New York: Oxford University Press.

Martens, B.K. & Witt, J.C. (1988). Ecological behavior analysis. In M. Hersen, R.M. Eisler & P.M. Miller (Eds.), *Progress in behavior modification* (Vol. 22, pp. 115–140). London: Sage Publications.

Meichenbaum, D.H. (1977). *Cognitive-behavior modification.* New York: Plenum Press.

Meichenbaum, D.H. (1985). *Stress inoculation training.* New York: Pergamon Press.

Meichenbaum, D.H. (1991). *Intervention bei Streß. Anwendung und Wirkung des Streßimpfungstrainigs.* Bern: Huber.

Meichenbaum, D.H. & Goodman, J. (1971). Training impulsive children to talk to themselves: A means of developing self control. *Journal of Abnormal Psychology, 77,* 115–126.

Michelson, L., Mavissakalian, M. & Marchione, K. (1985). Cognitive and behavioral treatments of agoraphobia: Clinical, behavioral, and psychophysiological outcomes. *Journal of Consulting and Clinical Psychology, 53,* 913–925.

Miltner, W., Birbaumer, N. & Gerber, W.D. (1986). *Verhaltensmedizin.* Berlin: Springer.

Newell, A. & Simon, H.A. (1972). *Human problem solving.* Englewood Clifs, N.J.: Prentice Hall.

Nezu, A.M. & Nezu, C.M. (Eds.). (1989). *Clinical decision making in behavior therapy: A problem solving perspective.* Champaign, Ill.: Research Press.

Niebel, G. (1984). Ergebnisse und Probleme vergleichender Therapieforschung bei depressiven Störungen. *Verhaltensmodifikation, 6,* 345.

O'Donohue, W. & Kransner, L. (1995). *Theories of Behavior Therapy.* Washington, D.C.: American Psychological Association.

Pawlow, I.P. (1927). *Conditioned reflexes.* London: Oxford University Press.

Perez, M. (1976). Zum Problem der Relevanzforderungen in der Klinischen Psychologie am Beispiel der Therapieziele. In A. Iseler & M. Perez (Hrsg.), *Relevanz in der Psychologie* (S. 139–154). München: Reinhardt.

Perez, M., Büchel, F., Ischi, N., Patry, J.L. & Thommen, B. (1985). *Eziehungspsychologische Beratung und Intervention.* Bern: Huber.

Perry, M.A. & Furukawa, M.J. (1986). Modeling methods. In F.H. Kanfer & A.P. Goldstein (Eds.), *Helping people change. A textbook of methods* (pp. 66–110). New York: Pergamon Press.

Petermann, F. & Petermann, U. (1991). *Training mit aggressiven Kindern* (5. Aufl.). Weinheim: Psychologie Verlags Union.

Petermann, U. & Petermann, F. (1995). *Training mit sozial unsicheren Kindern* (5. Aufl.). Weinheim: Psychologie Verlags Union.

Reinecker, H. (1978). *Selbstkontrolle: Verhaltenstheoretische und kognitive Grundlagen, Techniken und Therapiemethoden.* Salzburg: Otto Müller.

Reinecker, H. (Hrsg.). (1980). *Bestrafung. Experimente und Theorien.* Salzburg: Otto Müller.

Reinecker, H. (Hrsg.). (1981). *Aversionstherapie. Theorie und Praxis.* Salzburg: Otto Müller.

Reinecker, H. (1983). *Grundlagen und Kriterien verhaltenstherapeutischer Forschung.* Salzburg: AVM-Verlag.

Reinecker, H. (1986). Methoden der Verhaltenstherapie. In Deutsche Gesellschaft für Verhaltenstherapie (Hrsg.), *Verhaltenstherapie: Theorien und Methoden* (S. 64–178). Tübingen: DGVT-Verlag.

Reinecker, H. (1994). *Grundlagen der Verhaltenstherapie* (2. Aufl.). Weinheim: Psychologie Verlags Union.

Reinecker, H. (1996). Therapieforschung. In J. Margraf (Hrsg.), *Lehrbuch der Verhaltenstherapie* (Band 1, S. 31–48). Berlin: Springer.

Reisenzein, R. (1983). The Schachter theory of emotion: Two decades later. *Psychological Bulletin, 94,* 239–264.

Rimm, D.C. & Masters, J.C. (1979). *Behavior therapy. Techniques and empirical findings.* New York: Academic Press.

Roder, V., Brenner, H.D., Kienzle, N. & Hodel, B. (1992). *Integriertes psychologisches Therapieprogramm für schizophrene Patienten* (IPT, 2. Auflage). Weinheim: Psychologie Verlagsunion.

Rush, A.J., Beck, A.T., Kovacs, M. & Hollon, S.D. (1977). Comparative efficacy of cognitive therapy and pharmacotherapy in the treatment of depressed outpatients. *Cognitive Therapy and Research, 1,* 17–38.

Sanderson, W.C. & Woody, S. (Eds.). (1995) Manuals for empirically validated treatments. *The Clinical Psychologist, 48,* 7–11.

Schachter, S. & Singer, J.E. (1962). Cognitive, social and physiological determinants of emotional states. *Psychological Review, 69,* 379–399.

Schindler, L., Hahlweg, K. & Revenstorf, D. (1980). *Partnerschaftsprobleme. Möglichkeiten zur Bewältigung. Ein verhaltenstherapeutisches Programm für Paare.* Berlin: Springer.

Schmelzer, D. (1983). Problem- und zielorientierte Therapie: Ansätze zur Klärung der Ziele und Werte von Klienten. *Verhaltensmodifikation, 4,* 130–156.

Schmitz, B., Fydrich, T. & Limbacher, K. (Hrsg.). (1996). *Persönlichkeitsstörungen: Diagnostik und Psychotherapie.* Weinheim: Psychologie Verlags Union.

Schulte, D. (1974). *Diagnostik in der Verhaltenstherapie.* München: Urban & Schwarzenberg.

Schulte, D. (1991). *Therapeutische Entscheidungen.* Göttingen: Hogrefe.

Schulte, D. (1993). Lohnt sich eine Verhaltensanalyse? *Verhaltenstherapie, 3,* 5–13.

Schulte, D. (1995). *Therapieplanung.* Göttingen: Hogrefe.

Schwartz, G.E. (1982). Integrating psychobiology and behavior therapy: A systems perspective. In G.T. Wilson & C.M. Franks (Eds.), *Contemporary behavior therapy. Conceptual and empirical foundations* (pp. 119–141). New York: Guildford Press.

Schwartz, G.E. (1988). From behavior therapy to cognitive behavior therapy to systems therapy: Toward an integrative health science. In D. Fishman, F. Rotgers & C.M. Franks (Eds.), *Paradigms in behavior therapy* (pp. 294–320). New York: Springer.

Scott, J., Williams, J.M.G. & Beck, A.T. (Eds.). (1989). *Cognitive therapy in clinical practice.* London: Routledge.

Shure, M.B. & Spivack, G. (1978). *Problem-solving-techniques in childrearing.* San Francisco: J. Basse.

Stampfl, T.G. & Levis, D.J. (1973). *Implosive therapy: Theory and technique.* Morristown, N.J.: General Learning Press.

Tharp, R.G. & Wetzel, R.J. (1975). *Verhaltensänderungen im gegebenen Sozialfeld.* München: Urban & Schwarzenberg.

Tolman, E.C. (1932). *Purposive behavior in animals and men.* New York: Appleton Century.

Twardosz, S. (1984). Environmental organization: The physical, social, and programmatic context of behavior. In M. Hersen, R.M. Eisler & P.M. Miller (Eds.), *Progress in behavior modification* (Vol. 18, pp. 123–161). London: Sage Publication.

Ullrich de Muynck, R. & Ullrich, R. (1976). *Das Assertiveness-Trainings-Programm ATP. Einübung von Selbstvertrauen und sozialer Kompetenz.* München: Pfeiffer.

VandenBos, G.R. (1996). Outcome Assessment of Psychotherapy. *American Psychologist, 51,* 1005–1006.

Walters, G.C. & Grusec, J.E. (1977). *Punishment.* San Francisco: W.H. Freeman.

Weingartner, P. (1971). *Wissenschaftstheorie I, Einführung in die Hauptprobleme.* Stuttgart: Fromann-Holzboog.

Wilson, G.T. (1996). Manual based treatments: The clinical application of research findings. *Behaviour Research and Therapy, 34,* 295–314.

Winett, R.A. & Nietzel, M.T. (1975). Behavioral ecology: Contingency management of consumer energy use. *American Journal of Community Psychology, 3,* 123–133.

Wolpe, J. (1958). *Psychotherapy by reciprocal inhibition.* Palo Alto, Calif.: Stanford University Press.

Wolpe, J. (1974). *Praxis der Verhaltenstherapie.* Bern: Huber.

22.5 Ansatzpunkt interpersonelle Systeme: Paar- und Familientherapie

Guy Bodenmann

Inhaltsverzeichnis

1. Einleitung

Bei Verfahren mit Ansatzpunkt in der dyadischen Interaktion (paartherapeutische Ansätze) und familiären Interaktion (Familientherapie) handelt es sich um eine heterogene Vielfalt diverser Ansätze und Methoden, die auf unterschiedliche theoretische Annahmen rekurrieren und auch bezüglich Setting und Arbeitsweise häufig keinen gemeinsamen Nenner haben. Doch obgleich strukturelle, strategische, lösungsorientierte, kontextuelle, intergenerationale, kognitiv-verhaltenstherapeutische, integrative, psychodynamische, humanistische und feministisch orientierte Ansätze usw. auf unterschiedliche Theorien und Methoden zurückgreifen, haben sie eine Gemeinsamkeit: die Berücksichtigung systemischer Bezüge im therapeutischen Handeln und den Angelpunkt bei

der sozialen Interaktion. Im Gegensatz zu individualtherapeutischen Ansätzen fokussiert die Paar- und Familientherapie speziell Veränderungen in der Interaktion zwischen verschiedenen Familienmitgliedern bzw. zwischen den Partnern. Primäres Ziel der Intervention ist die Umgestaltung und Verbesserung der Interaktion und damit des Funktionsniveaus der Familie oder des Paares. Den allgemeinsten theoretischen Hintergrund zu dieser Vorgehensweise bildet die Systemtheorie. Ausgehend von der Annahme, daß unidirektionale Kausalitäten nicht existieren, sondern zirkuläre, reziproke und rekursive Beziehungsstrukturen zwischen den Partnern bzw. Familienmitgliedern vorliegen, wo jedes Verhalten des einen Agens auf das des anderen einwirkt und Ursache und Wirkung nicht mehr voneinander zu trennen sind, versteht die Systemtheorie Störungen nicht mehr individualistisch (als Problem des von der Störung direkt Betroffenen), sondern als Beziehungsphänomen. Störungen werden durch problematische Beziehungsmuster hervorgerufen, sie sind Ausdruck des dialektischen Prozesses, der gegenseitigen Einflüsse, des Systems als Ganzes. Gestört ist nicht ein Einzelner, sondern seine «Symptome» sind Ausdruck des gestörten Systems. Gestört können Strukturen des Systems (Grenzen, Koalitionen etc.) oder Interaktionsprozesse (Kommunikation) sein. Damit liegt den Ansätzen mit dem Angelpunkt dyadische oder familiäre Interaktion ein holistisches Störungsmodell zugrunde, das von einer individuumszentrierten Sicht abweicht. Der Begriff der Gesundheit oder Familiennormalität wird dabei von der klassischen systemischen Familientherapie (insbesondere der strategischen Richtung) als normatives Konstrukt in Frage gestellt, da gemäß dem kybernetischen Ansatz das System in der ihm möglichen Weise auf Probleme reagiert und eine Familie dann erfolgreich ist, wenn es ihr gelingt, die sich selber gesteckten Ziele zu erreichen (vgl. Becvar & Becvar, 1993). Dadurch wird apriori keine klare Zieldefinition möglich, und es wird angenommen, daß es genügt, Veränderungen des Systems zu ermöglichen, um eine Besserung der Symptomatik beim Indexpatienten zu bewirken. Eine direkte Intervention bei letzterem wird als überflüssig angesehen.

Von dieser Sicht unterscheiden sich strukturelle oder verhaltenstherapeutisch orientierte Therapien. Basierend auf empirischen Erkenntnissen, wonach gewisse Paar- oder Familienkompetenzen (Kommunikation, Problemlösung, affektive Responsivität, Kohäsion, Adaptabilität, klare Grenzen und ausgeglichene Machtverteilung etc.) ein angemessenes Funktionsniveau des Paares oder der Familie begünstigen (vgl. zur Übersicht Walsh, 1993), versuchen diese Ansätze eine Veränderung der Strukturen bzw. die Förderung oder Ausbildung von Kompetenzen.

Gemäß der therapeutischen Orientierung und in Abhängigkeit der Indikation und der festgelegten Ziele wird bei Verfahren mit Ansatzpunkt in der sozialen Interaktion nicht nur mit dem Paar oder mit mehreren Familienmitgliedern gearbeitet, sondern nicht selten auch im Einzelsetting (Gurman, Kniskern & Pinsof, 1986).

Das Störungsspektrum, welches mit paar- und familientherapeutischen Methoden behandelt wird, reicht über Paar- und Familienprobleme sowie die Intervention bei Ablösungs- oder Generationenkonflikten hinaus. Die Indikation wird bei Eßstörungen, Schizophrenie, Störungen im Zusammenhang mit psychotropen Substanzen, affektiven Störungen, Angststörungen, Sexualstörungen und Entwicklungsstörungen unterschiedlicher Provenienz gestellt. Bommert, Henning und Wälte (1990) weisen in ihrem Überblick allerdings darauf hin, daß die Indikation der Familientherapie bei vielen Störungsbildern kontrovers ist und in jedem Einzelfall die Favorisierung einer Intervention mit Angelpunkt soziale Interaktion gegenüber der Indiviualtherapie zu prüfen ist. Ebenso gilt es in Abhängigkeit des Störungsbildes, die Indikation nach gemischter Therapie (Individual- und Paar- oder Familientherapie) zu stellen oder bei Störungen im Kindes- und Jugendalter Mediatorenansätze zu berücksichtigen (vgl. Perrez, Büchel, Ischi, Patry & Thommen, 1985).

Während in den Anfängen der Paar- und Familientherapie auf der Basis von klinischen Erfahrungen und Einzelbeobachtungen gearbeitet wurde, hat in den letzten Jahren die Theoriebildung an Substanz gewonnen. Damit einher ging eine Verfeinerung des Methodenrepertoires und eine konsequentere Überprüfung der Effektivität von paar- und familientherapeutischen Ansätzen, während zur Frage der Wirkungsweise weiterhin Defizite bestehen und kaum empirische Untersuchungen vorliegen (vgl. Lebow & Gurman, 1995). Eine Ausnahme bilden hier kognitiv-verhaltenstherapeutische Therapien, welche zu den bestuntersuchten gehören.

Einige wichtige Methoden der Paar- und Familientherapie werden im folgenden exemplarisch dargestellt. Bei der Auswahl werden insbesondere kognitiv-verhaltenstherapeutische Methoden berücksichtigt, da diese am breitesten erforscht sind.

2. Paartherapeutische Methoden

2.1 Verhaltensaustausch und Kontingenzverträge

Paare in Krise sind meist in einer negativen Interaktionsreziprozität gefangen. Die Rate an Positivität (belohnende, verstärkende Verhaltensweisen) ist im Vergleich zu früher bzw. zu zufriedenen Paaren reduziert und die Negativitätsrate (Kritik, Sarkasmus, Abwertungen etc.) erhöht (vgl. zur Übersicht Bodenmann, 1995a; Gottman, 1994; Hahlweg, 1986). Eine normale Interaktion zwischen den Partnern ist dadurch verunmöglicht und destruktive Aufschaukelungsprozesse vorprogrammiert. Die Übungen zum Verhaltensaustausch («behavior exchange procedures») zielen vor diesem Hintergrund darauf ab, das Repertoire an verstärkendem Verhalten neu zu installieren und auszubauen. Konkret wird der Verhaltensaustausch in drei Schritten durchgeführt. In einer ersten Phase sollen die Partner Verhaltensweisen, welche dem Partner angenehm sind, auflisten. Dies können beide Partner unabhängig voneinander tun, indem sie sich überlegen, was dem anderen Freude bereiten könnte (Einnahme der Position des Partners) oder indem jeder Partner für sich eine Wunschliste aufstellt, in der er formuliert, welche Verhaltensweisen er sich vom Partner wünschen würde. In jedem Fall sollen konkrete, präzis und positiv formulierte Verhaltensweisen aufgeführt werden, die wenn möglich täglich ausgeübt werden können (Grüßen, Küssen, zärtlicher Körperkontakt, Interesse für den Partner, gemeinsame Aktivitäten etc.). Der Therapeut achtet auf eine klare Operationalisierung der Verhaltensweisen und auf ein Gleichgewicht bezüglich der Wünsche.

In einem zweiten Schritt sollen diese Verhaltensweisen ausgeführt werden. Auch hier sind mehrere Formen der Umsetzung möglich, die frei oder im Sinne von Verhaltensverträgen festgelegt werden. Während es bei der freien Handhabung den beiden Partner überlassen ist, wann sie welche Wünsche des anderen erfüllen, findet in den Verhaltensverträgen eine Festsetzung des Zeitpunkts, der Dauer und der Häufigkeit statt. Hierzu können «Good Faith Contracting» (Weiss, Birchler & Vincent, 1974) oder «Quid-pro-Quod-Verträge» (Lederer & Jackson, 1972; Stuart, 1969) eingesetzt werden. Bei den «Good Faith Verträgen» setzen beide Partner unabhängig voneinander die vom Partner gewünschten Verhaltensweisen um, ohne daß die Verhaltensweisen des einen an die des anderen gekoppelt sind. In den «Quid-pro-Quod-Verträgen» wird dagegen festgelegt, welches Verhalten des einen durch welches des anderen als Gegenleistung beantwortet werden soll usw. (Baucom, 1982). Damit dienen die positiven Verhaltensweisen des einen als Verstärkung für Veränderungen des anderen und umgekehrt.

Verhaltensaustausch ist eine Intervention, welche sich v.a. zu Beginn einer Therapie anbietet, um einerseits das Commitment der Partner zu fördern und andererseits eine tragfähige Basis für andere, weiterreichendere und häufig schwierigere Veränderungen zu schaffen. Obgleich die Methode etwas technisch wirken mag, hilft sie Paaren durch die strukturierte Vorgehensweise aus der negativen Spirale auszubrechen und neue Elemente positiven Austausches in ihrem Alltag zu installieren, die Zellen für neue Begegnungen werden und die Möglichkeit bieten, sich emotional näherzukommen und Formen eigener spontaner Positivität auszuleben. Da positives Verhalten installiert und nicht negatives Verhalten reduziert wird (was meist erst in einem späteren Stadium der Therapie möglich wird), fängt die Therapie mit einer bewältigbaren Aufgabe an. Zudem müssen nicht neue Verhaltensweisen gelernt werden, sondern bereits bestehende werden reaktiviert und in ihrer Auftretenshäufigkeit erhöht.

2.2 Kommunikationstraining

Ein zentrales Ziel von Paartherapien ist die Verbesserung der dyadischen Kommunikation. Schulenunabhängig gewichten verhaltenstherapeutische, psychoanalytische, systemische und andere Ansätze (z.B. Transaktionsanalyse) die Kommunikation in Partnerschaften vorrangig, auch wenn die therapeutische Vorgehensweise je nach theoretischem Zugang unterschiedlich ist. Verhaltensorientierte Ansätze helfen den Paaren, dysfunktionales Kommunikationsverhalten mit funktionalem zu überlernen, wobei inhaltliche Aspekte erst dann bedeutsam werden, wenn die Partner die formalen Kommunikationsregeln beherrschen. Dahinter steht die Annahme, daß erst dann über wichtige emotionale Inhalte und zentrale Aspekte der Partnerschaft gesprochen werden kann, wenn die Rahmenbedingungen dazu durch die Schaffung einer angemessenen Kommunikationskultur gegeben sind. Vor diesem Hintergrund werden im Kommunikationstraining Sprecher- und Zuhörerfertigkeiten vermittelt, welche zu einem höheren Austausch positiver Interaktionssignale und einer Reduktion negativer Kommunikationsverhaltensweisen führen sollen. Insgesamt wird eine offene, konstruktive und emotional kongruente Kommunikation angestrebt (vgl. Hahlweg & Schröder, 1993).

Zur Vermittlung und zum Training einer adäquaten Kommunikation können Videoaufnahmen des Paares dienen, anhand derer die dyadische Interaktion analysiert, problematische Verhaltensweisen dem Paar aufgezeigt und konkrete Möglichkeiten zu deren Verbesserung eingeübt werden.

Seitens des Sprechers werden v. a. der «Ich-Gebrauch» (persönliche, auf die eigene Person bezogene Äußerungen), die Eingrenzung des Themas unter Bezugnahme auf konkrete Situationen (Vermeidung von Pauschalisierungen und Verallgemeinerungen) und konkretes, einen beim Partner störendes Verhalten (Vermeidung von Charakter- und Persönlichkeitszuschreibungen) und die Selbstöffnung (emotionale Kommunikation) trainiert, unter Verzicht auf beleidigende Anklagen, Vorwürfe, defensives Verhalten, Rückzug in der Interaktion, Bloßstellungen, Sarkasmus und Verantwortungsabschiebung (s. **Tab. 1**).

Beim Zuhörer werden in Rollenspielen aktives Zuhören (positives Feedback-Channeling), zusammenfassendes Paraphrasieren dessen, was der Partner geäußert hat (Wiederholen mit eigenen Worten, auch um die Interaktionsdynamik zu bremsen) und die Klärung, ob der Inhalt des Senders richtig verstanden wurde, die Verwendung von offenen Fragen, positive Rückmeldungen («das hat mir gefallen») und die Rückmeldung eigener Gefühle (Holtzworth-Munroe & Jacobson, 1991) eingeübt (s. **Tab. 2**). Diese Kommunikationsregeln werden graduiert (von leichten hin zu konfliktträchtigen Kommunikationsthemen) in Rollenspielen unter der Anleitung des Therapeuten trainiert (s. auch Kap. 41.2/Sexual- und Beziehungsstörungen: Intervention).

2.3 Problemlösetraining

Aufbauend auf dem Kommunikationstraining werden im Problemlösetraining (vgl. auch Abschnitt 3) Strategien vermittelt, wie Probleme (Alltagsprobleme ebenso wie Partnerschaftsprobleme) effektiv bewältigt werden können. In diesem Rahmen werden die Beschreibung

Tabelle 1: Sprecherfertigkeiten im Kommunikationstraining

1. Ich-Gebrauch	Die Paare sollen von eigenen Gedanken, Gefühlen, Wünschen und Bedürfnissen sprechen und ihre Mitteilungen in Ich-Form machen. Es gilt Anklagen und Vorwürfe zu vermeiden.
2. Mitteilung von Gefühlen	Die Partner sollen versuchen, sich emotional zu öffnen und zu formulieren, was in ihnen vorgeht.
3. Konkrete Situationen	Es soll von konkreten Situationen oder Ereignissen gesprochen werden. Verallgemeinerungen («immer», «nie») sind zu vermeiden.
4. Konkretes Verhalten	Es soll konkretes Verhalten des Partners, das als störend erlebt wird, angesprochen werden, wobei negative Eigenschaftzuschreibungen («Du bist ...») zu vermeiden sind.
5. Gegenwartsbezogenheit	Die Partner sollen versuchen, beim Thema zu bleiben und das «Hier und jetzt» zu diskutieren ohne in die Vergangenheit abzuschweifen und alte Geschichten aufzuwärmen.

Tabelle 2: Zuhörerfertigkeiten im Kommunikationstraining

1. Aufnehmendes Zuhören	Bei aufnehmendem Zuhören schenkt der eine Partner dem anderen volle Aufmerksamkeit und zeigt sein Interesse durch kurze Einwürfe oder Fragen oder nonverbale Signale (Nicken, etc.).
2. Wiederholung dessen, was der Partner gesagt hat	Die Partner sollen die Feststellungen des anderen in eigenen Worten wiederholen und sich vergewissern, daß sie den anderen richtig verstanden haben.
3. Offene Fragen	Bei Unklarheiten sollen offene Fragen gestellt werden, die der Rückversicherung dienen, daß die Inhalte der gesandten Botschaft richtig verstanden wurden.
4. Positive Rückmeldung	Dem Partner soll verbal und nonverbal rückgemeldet werden, wenn einem etwas an seinen Äußerungen gefallen hat.
5. Rückmeldung eigener Gefühle	Ist der eine Partner durch Äußerungen des anderen gefühlsmäßig so betroffen, daß er nicht akzeptierend auf den anderen eingehen kann, können diese Gefühle ausgedrückt werden.

Tabelle 3: Problemlösetraining

Schritt 1: Das Problem genau beschreiben und festlegen	Im ersten Schritt soll das Paar bzw. die beiden Partner das Problem *konkretisieren* und ausführlich und genau *beschreiben*. Dabei soll zwischen der Situation, ihrer subjektiven Bedeutung und den eigenen Reaktionen unterschieden und die persönliche, emotionale Bedeutung des Problems herausgearbeitet werden.
Schritt 2: Lösungsmöglichkeiten suchen	In dieser Phase sollen möglichst viele Problemlösungsvorschläge von beiden Partnern eingebracht werden. Die Quantität kommt vor der Qualität. Das Paar soll auf eine Bewertung der Vorschläge verzichten.
Schritt 3: Die beste Lösungsmöglichkeit herausfinden	In diesem Schritt sollen die vorgeschlagenen Lösungsmöglichkeiten hinsichtlich ihrer Qualität (persönliche und soziale, kurz- und längerfristige Konsequenzen) und ihrer Durchführbarkeit bewertet werden. Es soll eine Entscheidung für die bestmögliche Lösung getroffen werden.
Schritt 4: Umsetzung der gefundenen Lösung in konkretes Verhalten	Das Paar soll versuchen, den Lösungsvorschlag konkret umzusetzen und dabei festzulegen, wer, was, wann, ab wann, wo und wie macht und welche Hindernisse zu bedenken sind.
Schritt 5: Umsetzung der gefundenen Lösung im Alltag	Zum festgelegten Zeitpunkt soll die Lösung umgesetzt werden.
Schritt 6: Bewertung des Erfolgs	Nach einer vorher festgelegten Zeit soll das Paar das Gelingen oder Mißlingen der Problemlösung evaluieren und wenn nötig neue Vorschläge erarbeiten. Bei einem Erfolg soll Bekräftigung erfolgen.

und Konkretisierung des Problems, das Sammeln von Lösungsmöglichkeiten, deren Diskussion und die anschließende Auswahl und Umsetzung des besten Lösungsversuchs mit dem Paar trainiert. Das Problemlösetraining zielt auf die Vermittlung von Strategien ab, welche es ermöglichen, eine große Bandbreite unterschiedlicher Situationen durch ein strukturiertes Vorgehen erfolgreich lösen zu können, um die Unabhängigkeit und Selbständigkeit der

KlientInnen zu fördern. Meist wird das Training in einem Sechs-Stufenprogramm durchgeführt (s. **Tab. 3**).

Die einzelnen Schritte werden im Rollenspiel mit dem Paar eingeübt, wobei der Therapeut darauf achtet, daß beide Partner in etwa gleich viel Lösungen einbringen. Besondere Hilfestellungen werden von Therapeuten bei der Planung der Durchführung (wann wird die Lösung das erste Mal umgesetzt, wo, wer macht was, welche Schwierigkeiten könnten sich ergeben etc.) gegeben. Erweist sich eine gefundene Lösung als ineffektiv, wird der Prozeß neu durchlaufen. Da für eine angemessene Problemlösung und eine sich wechselseitig akzeptierende Grundhaltung Kommunikationsfertigkeiten unerläßlich sind, baut das Problemlösetraining auf dem Kommunikationstraining auf.

2.4 Kognitive Umstrukturierung

Bei dieser Methode, die auf der kognitiven Therapie von Beck bzw. Seligman basiert, werden dysfunktionale Kognitionen und Erwartungen und negative Attributionen des Paares bearbeitet. Untersuchungen haben gezeigt, daß unzufriedene Paare ungünstiger attribuieren (z.B. indem sie negative Ausgänge auf Charaktermerkmale des Partners und nicht auf situative Gegebenheiten zurückführen) (z.B. Fincham, 1985) und häufig dysfunktionale Erwartungen an die Partnerschaft haben (z.B. Eidelson & Epstein, 1982). Der Therapeut versucht, den Partnern dysfunktionale Erwartungen aufzuzeigen, arbeitet die Probleme, die damit verbunden sind heraus und hilft durch sokratischen Dialog oder Spaltenprotokolle, realistische Erwartungen und angemessene Kognitionen und Attributionen auszubilden. Gearbeitet wird im Paar oder individuell. Gleichzeitig werden die Auswirkungen dieser negativen Denkmuster auf die Partnerschaft und den Partner aufgezeigt. Der kognitive Ansatz wird in der Paartherapie v.a. von Baucom und Epstein (1990), Baucom, Sayers und Sher (1990), Emmelkamp et al. (1988) und Halford, Sanders und Behrens (1993) vertreten. Willi, Frei und Limacher (1993) haben in theoretischer Nähe zur kognitiven Umstrukturierung die Technik der Konstruktdifferenzierung vorgeschlagen, welche darauf

abzielt, durch eine objektive Analyse der verschiedenen Erlebniswelten der Partner und deren Wertsysteme gegenseitigen Respekt und Verständnis zu schaffen.

2.5 Akzeptierungsarbeit

Jacobson (1992) hat mit dem Einbezug des Themas Akzeptanz der Paartherapie neue Impulse gegeben und speziell die Bedeutung von Intimität versus Distanz, als einem zentralen Thema der Partnerschaft, hervorgehoben. Der Autor weist darauf hin, daß im Gegensatz zur traditionellen Zielsetzung der Paartherapie, welche veränderungsorientiert ist, in vielen Fällen die Akzeptierung des anderen und eine wechselseitig konstruktive Anpassung im Sinne von Kompromissen in den Vordergrund zu stellen sei. Konflikte, welche durch Paartherapie nur schwer oder überhaupt nicht modifiziert werden können, sollen nach diesem Ansatz von beiden Partnern akzeptiert und dadurch zu einer neuen Quelle der Intimität und Nähe werden. Hierzu schlägt Jacobson (1992) mehrere Strategien vor: (1) Das Paar soll lernen, den Konflikt als einen Eindringling in die Beziehung zu sehen («problem as an it»), es als einen gemeinsamen Feind zu deklarieren und von der Sichtweise Abstand zu nehmen, der eine tue dem anderen etwas zu Leide; (2) soll die Toleranz der beiden Partner dem Verhalten des anderen gegenüber erhöht werden, indem eine Beobachterposition eingenommen bzw. die Aktualisierung des Problems in einem veränderten Kontext bewirkt wird und (3) soll die Entwicklung von mehr gegenseitiger Unabhängigkeit und die Schaffung von Freiräumen zwischen den Partnern gefördert werden. Durch eine gesunde Distanz soll die Toleranz gegenüber den Unzulänglichkeiten des Partners gefördert und die Akzeptanz gesteigert werden (s. auch Kap. 41.2/Sexual- und Beziehungsstörungen: Intervention).

2.6 Wirksamkeit und Indikation von Paartherapie

Neuere Metaanalysen belegen die Wirksamkeit von paartherapeutischen Interventionen (Dunn & Schwebel, 1995; Hahlweg & Markman, 1988;

Shadish et al., 1993). Für die Methode des Verhaltensaustausches hat z. B. Baucom (1982) nachweisen können, daß Paare, die allein mit dieser Methode behandelt wurden, eine signifikante Verbesserung gegenüber der Warteliste-Kontrollgruppe aufwiesen. Innerhalb der Verhaltensaustauschtechniken hat Jacobson (1978) zeigen können, daß das «Good Faith-Contracting» die gleiche Wirksamkeit wie «Quid-pro-Quod-Contracting» aufweist. Die bisher breiteste empirische Absicherung hat die Wirksamkeit des Kommunikationstrainings (z. B. Baucom, 1982; Gurman, Kniskern & Pinsof, 1986; Hahlweg, Revenstorf & Schindler, 1984; Jacobson & Margolin, 1979; Patterson, Hops & Weiss, 1975) und des Problemlösetrainings erfahren (z. B. Bornstein et al., 1981; Hahlweg, Revenstorf & Schindler, 1984; Jacobson, 1978; 1979; Jacobson et al., 1985). Auch die Wirksamkeit der kognitiven Umstrukturierung im Rahmen der Paartherapie konnte erfolgreich nachgewiesen werden (z. B. Baucom & Lester, 1986; Margolin & Weiss, 1978). Eine Untersuchung von Halford, Sanders und Behrens (1993) zeigt allerdings, daß die Kombination von klassischer Verhaltenstherapie bei Paaren mit kognitiver Umstrukturierung zwar wirksam, jedoch der klassischen Variante nicht überlegen ist. Obgleich die Metaanalyse von Dunn und Schwebel (1995) Hinweise darauf gibt, daß die kognitive Paartherapie längerfristig zur Veränderung der Verarbeitunsstile der Paare beitragen kann, stellt Coyne (1990) die Bedeutung von kognitiven Interventionen bei Paaren eher in Frage.

Eine direkte empirische Überprüfung der Akzeptierungsarbeit hat bisher in methodisch ausreichender Form nicht stattgefunden. Allerdings überprüften Halford et al. (1993) ein Interventionspaket, welches die Ideen von Jacobson integrierte und sich als effektiv erwies.

Psychodynamische und humanistische Ansätze haben in neueren Untersuchungen ihre Wirksamkeit ebenfalls unter Beweis gestellt (Greenberg, Ford, Alden & Johnson, 1993; Snyder, Wills & Grady-Fletcher, 1991). Wie die Übersicht von Grawe, Donati und Bernauer (1994) zeigt, liegen für andere Ansätze entweder kaum empirische Untersuchungen vor, oder sie sind methodisch unzureichend, sodaß über ihre Wirksamkeit keine zuverlässigen Aussagen gemacht werden können.

Insgesamt kann davon ausgegangen werden, daß im Durchschnitt rund 50 bis 60 Prozent der Paare, die Paartherapie in Anspruch nehmen (Range: 39–72%), eine Besserung erfahren (gegenüber 13 bis 30% der Paare ohne Intervention) (Hahlweg & Markman, 1988; Jacobson et al., 1984; Jacobson & Addis, 1993). Wird die Spontanremission abgerechnet bleibt eine Netto-Besserungsrate von ca. 40 Prozent. Wie Shadish et al. (1993) feststellten, kann in 41 Prozent der Fälle auch von einer klinisch signifikanten Verbesserung in Folge einer Paartherapie gesprochen werden. Dies bedeutet, daß in der Hälfte der Fälle Paartherapie eine Besserung bringen kann (vgl. auch Bray & Jouriles, 1995). Dennoch ist mit einer Rückfallrate von ca. 30 Prozent und einer spontanen Verschlechterung von 4 bis 11 Prozent zu rechnen (vgl. Hahlweg & Markman, 1988; Jacobson et al., 1984). Insgesamt scheint Paartherapie prognostisch am günstigsten bei jüngeren Paaren, welche emotional weniger losgelöst sind und flexiblere Rollenverständnisse haben und keine allzu gravierenden Störungen aufweisen (Jacobson & Addis, 1993). Aufgrund der relativ kurzen Dauer von Paartherapien mit im Durchschnitt 10 bis 15 Sitzungen kann die Kosten-Nutzen-Effizienz als positiv beurteilt werden (vgl. Pinsof & Wynne, 1995). Paartherapien sind bei klinischen Störungen dann indiziert, wenn ein Zusammenhang zwischen der Störung und der Partnerschaft erkannt und ein Einbezug des Partners in den therapeutischen Prozeß als günstig erachtet wird. Bei klinischen Syndromen (z. B. affektive Störungen) erwies sich die Paartherapie nur dann der Individualtherapie überlegen, wenn zusätzlich Paarprobleme vorlagen.

2.7 Erklärung der Wirksamkeit von Paartherapie

Die verhaltenstherapeutisch ausgerichteten Techniken (Verhaltensaustausch, Kommunikationstraining, Problemlösetraining etc.) zielen auf eine Durchbrechung der negativen Interaktionsspirale, eine Reaktivierung der Beziehungsressourcen und die Ausbildung spezifischer Beziehungskompetenzen (angemessene Kommunikation, reziproke Verstärkung usw.) ab. Die Wirkung des Verhaltensaustausches basiert v. a. auf dem Prinzip des veränderten Fokus (Aufmerksamkeitslenkung auf Positivität und Ressourcen und nicht auf Negativität, Fehler des Partners und Defizite), der positiven Reziprozität und wechselseitigen operanten Verstärkung, dem Aufbau der Wirksamkeitserwartung (Partner können sich gegenseitig in ihrer Positivität verstärken und selber auf die Paarbeziehung Einfluß nehmen), dem Diskriminationslernen (man entdeckt, daß es auch noch Seiten am Partner gibt, die einem entsprechen, die aber in der aktuell generalisiert negativen Sicht untergegangen sind) und dem Prinzip der Gegenkonditionierung (der Partner wird durch Koppelung mit positiver Verstärkung (klassische Konditionierung) wieder als angenehm erlebt, wodurch Gefühle der Zuneigung und Liebe aufgebaut und gefestigt werden können) usw. Im Zuge eines erfolgreichen Einsatzes des Verhaltensaustausches kommt es zu einer neuen Sicht der Beziehung, einer stärkeren Intimität und einer positiven Verstärkerspirale.

Durch das systematische Vorgehen und das Coaching des Therapeuten bei der Durchführung der Rollenspiele im Rahmen des Kommunikations- und Problemlösetrainings werden neue, positive Erfahrungen in der Kommunikation ermöglicht, wodurch eine wechselseitige operante Konditionierung stattfindet. Durch Modellernen und Üben im Rollenspiel bzw. die Technik des Shapings (Verhaltensformung durch selektive Verstärkung der Partner seitens des Therapeuten) und der direkten operanten Verstärkung (Lob, Bekräftigung) hilft der Therapeut mit, dem Paar problematische Aspekte des aktuellen Kommunikationsstils zu erkennen (mittels Videoanalysen, Konfrontationsübungen, geleitetem Entdecken), zu verändern und durch funktionale Verhaltensweisen (Kommunikationsregeln) zu ersetzen. Gleichzeitig ermöglicht die Strukturiertheit und der graduierte Aufbau des Kommunikations- und Problemlösetrainings positive Erfahrungen und das Erleben von Selbstwirksamkeit und Kontrollmöglichkeiten. Die im Problemlösetraining geforderte gemeinsame Bearbeitung des Problems dient zudem der Stärkung des «Wir-Gefühls» des Paares durch die gemeinsame Erarbeitung der Lösungen und baut eine bessere Selbstwirksamkeitserwartung und Problemstrukturierung seitens des Paares auf.

Die Wirkungsweise der kognitiven Umstrukturierung wird über Diskriminationslernen, Überlernen dysfunktionaler Kognitionen und Schemata sowie Einsichtslernen bezüglich des eigenen und des Funktionierens des Partners erwartet. Durch die Veränderung der Situationseinschätzungen und der automatisierten Interpretationen werden positive Effekte auf das Verhalten und die Paarbeziehung bewirkt. Im Rahmen der Akzeptierungsarbeit spielt v. a. die Externalisierung des Konfliktes eine große Rolle. Dadurch gewinnt das Paar neue Freiräume, hat einen gemeinsamen Gegner und findet so neue Berührungspunkte und durch die gemeinsame Bearbeitung des Problems neue emotionale Nähe und Verbundenheit (Solidarisierung). Gleichzeitig kann durch die Wegnahme oder Verringerung des Veränderungsdrucks die konstruktive Auseinandersetzung mit dem Problem gefördert und durch die wechselseitige Akzeptierung der Verhaltensweisen der beiden Partner die Motivation zur Verbesserung der Partnerschaft gesteigert werden.

3. Präventionsorientierte Interventionen bei Paaren

Die Tatsache, daß Paartherapie im Durchschnitt «nur» bei jedem zweiten Paar wirksam ist, hat in den letzten Jahren vermehrt dazu geführt, Partnerschaftsprobleme bereits präventiv aufzufangen. Während in den USA bereits seit Mitte der siebziger Jahre Präventionsprogramme für Paare auf der Grundlage der Gesprächspsychotherapie (vgl. Guerney, 1977; Miller, Nunally & Wackman, 1975) und der Verhaltenstherapie (vgl. Markman, Renick, Floyd, Stanley & Clements, 1993) zum Einsatz kamen, bestehen solche Ansätze in Europa erst seit den letzten fünf Jahren. In Deutschland haben Hahlweg und Mitarbeiter (z. B. Hahlweg et al., 1993) ein Lernprogramm für Paare (EPL) entwickelt und in einer 5-Jahres-Längsschnittuntersuchung erfolgreich überprüft. Ziel des EPL ist die Verbesserung der Kommunikations- und Problemlösekompetenzen, die Förderung realistischer Erwartungen an die Beziehung sowie die Auseinandersetzung mit dem Thema Sexualität in der Partnerschaft. Das Training wird an Wochenenden oder in Form von Abendkursen angeboten und dauert 16 Stunden. Neben theoretischen Inputs stehen v.a. praktische Übungen in Rollenspielen unter intensiver Supervision durch die Trainer im Vordergrund.

In der Schweiz entwickelte Bodenmann (1995b) das Freiburger Streßpräventions-Training für Paare, das den Hauptakzent auf eine Verbesserung des individuellen und dyadischen Umgangs mit Streß legt. Die Paare werden an Abend- oder Wochenendkursen von insgesamt 18 Stunden Dauer in verschiedene Möglichkeiten eines angemessenen Umgangs mit Streß eingeführt (Vermeidung von unnötigem Streß, Aufbau streßantagonistischer Tätigkeiten, Veränderung problematischer Situationseinschätzungen, kognitive Belastungsbewältigungsstrategien, Entspannungstechniken, angemessene Mitteilung von Streß, Wahrnehmung von Streß beim Partner, Formen des gemeinsamen Umgangs mit Streß usw.). Daneben werden Kommunikations- und Problemlösekompetenzen trainiert.

Die Zunahme von Publikationen zu Prävention im Rahmen der Partnerschaft läßt erahnen, daß dieser Zugang künftig weiter an Bedeutung gewinnen wird. Wirksamkeitsuntersuchungen zu Präventionsprogrammen für Paare zeigen, daß bei frühzeitiger Kompetenzsteigerung die Partnerschaftsqualität längerfristig nachhaltig gefördert und das Scheidungsrisiko gesenkt werden können (vgl. Hahlweg et al., 1993; Markman et al., 1993; Markman & Hahlweg, 1993; Van Widenfelt, Hosman, Schaap & Van der Staak, 1996).

Ein präventives Angebot im Sinne der tertiären Prävention stellt die Scheidungsmediation dar. Darunter versteht man ein außergerichtliches Vorgehen der Konfliktbearbeitung, in welchem das scheidungswillige Paar und seine Kinder, falls welche vorhanden sind, unterstützt von einem Mediator, eine für beide Seiten faire und würdige Regelung bezüglich der Scheidung finden, die als rechtsverbindliche Vereinbarung die Folgen der Scheidung regelt. Ziel der Mediation ist die gütliche Regelung im Geiste der Kooperations- und Dialogbereitschaft auf der Basis der Verständigung und Selbstverantwortung (vgl. Duss-von Werdt, Mähler & Mähler, 1995).

4. Familientherapie

4.1 Definition, Konzepte

Wie bei den paartherapeutischen Methoden stehen auch bei familienzentrierten Interventionen Beziehungsprozesse im Vordergrund. Unter Familientherapie verstehen wir, in einer weit gefaßten Definition, Interventionen, welche mindestens zwei Generationen einbeziehen und eine Problemveränderung durch die Arbeit im Kontext der familiären Beziehung, d.h. durch die Veränderung aktueller und vergangener Beziehungskonstellationen und -prozesse anstreben. Es handelt sich um Interventionen bei miteinander vernetzten Personen.

Basierend auf Konzepten der Kommunikationstheorie, der Kybernetik und der Systemtheorie etc. zielen die meisten Interventionsmethoden auf Beziehungsveränderungen zwischen den einzelnen Familienmitgliedern ab und streben eine Neudefinition des Gesamtsystems an. Die Annahme, daß Störungen nicht isoliert von sozialen Prozessen in der Familie, als wichtigstes Beziehungssystem, verstanden werden können, sondern direkt Ausdruck von Dysfunktionen dieses biopsychosozialen Systems per se sind, legt eine ökologische Analyse ebenso nahe wie eine familienzentrierte Intervention. Gemäß systemischem Denken liegt daher der Ansatzpunkt an den familiären Beziehungen nahe, da eine Veränderung dieser Beziehungsmuster zu einer Veränderung der Symptome und vice versa führen sollte.

Vor dem theoretischen und konzeptuellen Hintergrund der Familientherapie ist eine Diagnostik der Beziehungsmuster als Grundlage gezielter Interventionen besonders bedeutsam. Diese kann auf dem Familiengespräch, zirkulären Fragen, der klassischen Verhaltensanalyse, der systematischen Verhaltensbeobachtung, dem Genogramm, Skulpturverfahren oder anderen diagnostischen Verfahren basieren. Je nach theoretischer Ausrichtung variiert das Methodenrepertoire beachtlich, und außer der Zentrierung auf die familiären Beziehungsprozesse finden sich häufig keine gemeinsamen Nenner zwischen den unterschiedlichen familientherapeutischen Schulen. Dennoch sind schulenübergreifend einige Aspekte von Bedeutung wie z.B. das «Joining», welches in der Familientherapie besonders wichtig ist. Darunter versteht man den Aufbau des therapeutischen Arbeitsbündnisses, die Förderung einer vertrauensvollen Atmosphäre sowie die Festlegung der gemeinsamen Arbeitsregeln. Wichtig beim Joining ist im Rahmen der Familientherapie die unparteiische Grundhaltung (Neutralität und Allparteilichkeit) sowie die Vorsicht des oder der Therapeuten, sich nicht in Beziehungsmuster zu verstricken, sondern diese zu erkennen und durch therapeutische Interventionen den Familienmitgliedern sichtbar zu machen, um so zu einem erweiterten Problemverständnis beizutragen. Durch die Tatsache, daß ein Therapeut mit der Familie arbeitet, verändert sich das System und organisiert sich neu, wobei neue Koalitionen oder Triangulierungen stattfinden können. Wie in der Einleitung festgehalten wurde, kann der therapeutische Ansatzpunkt in der Veränderung der Beziehungskonstellation selber oder in der Verbesserung der familiären Kompetenzen liegen. Übergreifende Ziele von Interventionen mit Angelpunkt familiäre Interaktion sind das Verstehen, die Veränderung von Transaktionsmustern und Bedeutungen, die Veränderung von Rollen und die Förderung der Individuation und Autonomie der Familienmitglieder, die Veränderung von Familienstrukturen (Hierarchien und Grenzen) sowie die Verbesserung der Kommunikations- und Problemlösekompetenzen (s. **Tab. 4**).

Es würde den Rahmen sprengen, in diesem Beitrag das überaus breite und vielfältige Methodenrepertoire der verschiedenen familientherapeutischen Ansätze (Arbeit mit Metaphern, Reframing, Mehrgenerationengespräch, Genogramm, Skulptur, Rituale, zirkuläre Fragen, positive Konnotation etc.) darzustellen. Einen Überblick gibt das *Handbook of Family Therapy* von Gurman und Kniskern (1991), welches in regelmäßigen Abständen neu überarbeitet aufgelegt wird und die unterschiedlichen Ansätze übersichtlich darstellt (vgl. auch Jacobson & Gurman, 1986).

Je nach theoretischer Ausrichtung werden andere therapeutische Ansatzpunkte und Methoden angewendet. So arbeitet ein Therapeut des strukturellen Ansatzes v.a. an den Grenzen zwischen den einzelnen Familienmitgliedern, den einzelnen Subsystemen und dem Gesamtsystem gegen außen und versucht die Familienstruktur neu zu definieren und zu reorganisie-

ren. Psychodynamische Ansätze konzentrieren sich eher auf familiäre Bindungen, intergenerationale Aufträge und Vermächtnisse (Delegationen) und Familiengeheimnisse und versuchen diese aufzudecken und transparent zu machen. Während strukturelle Ansätze von einem normativen Bild der funktionierenden Familie und damit vom Begriff der Familiennormalität ausgehen, zielt die strategische Familientherapie direkt auf die Veränderung der aufrechterhaltenden Bedingungen des Problems ab, um durch die «Verstörung des Systems» eine Neuorganisation zu erlauben. Wichtige Hilfsmittel dabei sind die zirkuläre Befragung («Wie glauben Sie ist das für Ihre Mutter?», «Aus der Sicht Ihrer Frau, wer glauben Sie hat die engere Beziehung zu Ihrem Sohn, Ihre Frau oder Sie?») sowie paradoxe Interventionen.

4.2 Paradoxe Interventionen

Paradoxe Interventionen umfaßen Methoden wie die Symptomverschreibung, provokative Überzeichnung, Symptomsimulierung, Mißerfolgsvorhersage und Rückfallverschreibung etc. Diese basieren auf der Annahme, daß die Ätiologie der Störung nicht bekannt sein muß, sondern ausschließlich die aktuellen dysfunktionalen Beziehungsmuster störungsbedeutsam sind. Entsprechend zielen strategische Interventionen auf eine Veränderung dieser Beziehungskonstellationen ab. Paradoxe Interventionen versuchen versteckte, geheime Interaktionen, welche sich in einem Symptom ausdrücken, zu verdeutlichen und zu verändern. Innerhalb der paradoxen Intervention spielen die Umbenennung, die Symptomverschreibung und das Schrankensetzen eine zentrale Bedeutung (vgl. z. B. Boscolo, Ceccin, Hoffman & Penn, 1987).

Ziel der Umbenennung ist eine Veränderung der Problemwahrnehmung der Familie durch die Aufdeckung zugrunde liegender Motive und das Aufzeigen des funktionalen Aspekts von Verhaltensweisen (z.B. Hungern wird in Selbstaufopferung umbenannt, einer Agoraphobikerin wird Hausarrest verordnet etc.). Die Symptomverschreibung baut auf der Umbenennung auf, der Therapeut verschreibt die Umbenennung, um den Kreislauf, welcher das Symptom generiert hat, bewußt werden zu las-

Tabelle 4: Auswahl bedeutsamer Ansätze der Familientherapie

	psychodynamisch	erfahrungs-orientiert/humanistisch	multigenerational	strukturell	kommunikations-orientiert/strategisch	verhaltens-therapeutisch
Wichtige Vertreter	Boszormenyi-Nagy, Stierlin, Richter, Willi	Satir, Whitaker, Kempler	Bowen, Boszormenyi-Nagy, Stierlin, Sperling	Minuchin, Haley	Boscolo, Cecchin, Madanes, Selvini-Palazzoli, Watzlawick	Patterson, Stuart, Liberman, Hahlweg, Jacobson, Margolin
Theoretischer Hintergrund	Psychoanalyse	Existenzialismus, humanistische Psychologie, Phänomenologie	Systemtheorie	strukturelle Systemtheorie	Kommunikations-theorie, System-theorie	kognitive und soziale Lerntheorie
Therapieziele	Einsicht, Stärkung der ICH-Funktionen, Verbesserung der Objektbeziehungen	Wachstum, erfüllendere Interaktionsmuster, klarere Kommunikation, erweitertes Bewußtsein, Authentizität	Vergrößerung der Selbst-differenzierung und des Selbstwerts, «bezogene Individuation» (Stierlin)	Restrukturierung dysfunktionaler Interaktionsmuster, Reorganisation der Strukturen und Herstellung klarer Grenzen	Aufdeckung von geheimen Interaktionsmustern, Durchbrechung von «Familienspielen»	Aufbau von Kompetenzen in Kommunikation und Problemlösung
Interventions-techniken	Aufdeckung unbewußter Vorgänge, Familien-geheimnisse Mehrgenerationen-gespräche, Aufdek-kung von Delegatio-nen, Kollusionen	humanistische Grundhaltung, Authentizität und Spontaneität des Therapeuten, Hinweise auf inkongruente Kommunikation, Aufzeigen von günstiger Kommuni-kation, Arbeit mit Hoffnungen und Erwartungen	Coaching zur Aufdeckung von familiären Regeln und familiären Loyalitäten Genogramm, Familienskulptur	Aufdeckung von Machtstrukturen und Grenzen, Verteilung von Aufgaben, Schaffung von Krisen, um die Familie in ein neues Gleichgewicht zu bringen, Reframing, paradoxe Interventio-nen, Arbeit an kognitiven Struktu-ren	Verstörung des Systems durch zirkuläre Fragen, paradoxe Interventio-nen, Rituale, Umdeutungen	psychoedukative Programme, Kommunikations- und Problemlöse-training

sen und damit die Dynamik zu durchbrechen. Durch die Symptomverschreibung sollen die geheimen Regeln der Familie offengelegt und der geheime Antrieb zur Symptomproduktion hinfällig gemacht werden. Die Symptomverschreibung muß dabei a) direkt den Kernpunkt des problematischen Interaktionsgeschehens treffen wie auch b) durch die Umbenennung und Erkennung der Situation durch die Familie als unannehmbar erlebt werden. Damit kann das eigentliche Thema zugänglich gemacht und können indirekte, geheime Interaktionsregeln durchbrochen werden. Damit eine paradoxe Intervention erfolgreich sein kann, bedarf es der Festhaltung an der verschriebenen Aufgabe über mehrere Sitzungen im Sinne des Schrankensetzens und Verzögerns von voreiligen Veränderungen und des Festhaltens an der systemischen Sichtweise des Problems.

4.3 Psychoedukative Ansätze in der Familientherapie

Innerhalb der verhaltenstherapeutisch-orientierten Familientherapie nehmen v.a. das Kommunikations- und Problemlösetraining sowie psychoedukative Ansätze einen wichtigen Stellenwert ein. Letztere spielen v.a. im Rahmen der Behandlung von psychischen Störungen (z.B. Schizophrenie) eine wichtige Rolle. Psychoedukative Ansätze versuchen die Familie über die Ätiologie, den Verlauf, die Behandlung und die Prognose der psychischen Störung zu informieren, Schuldgefühle und falsche Kausalannahmen zu thematisieren und zu korrigieren, Ratschläge bei der Bewältigung der schwierigen Situation zu geben und Kommunikations- und Problemlösungskompetenzen der Familie zu steigern (vgl. Goldstein & Miklowitz, 1995). Innerhalb der psychoedukativen Ansätze hat sich insbesondere die Arbeit an den Kommunikationsmustern der Familien als bedeutsam erwiesen, da die Art und Weise, wie die Familienmitglieder emotional miteinander interagieren («expressed emotions»), hohen prädiktiven Wert für Rückfälle bei Schizophrenien und Depressionen hat. Forschungsarbeiten der letzten Jahre belegen, daß remittierte Patienten, welche in ein familiäres Klima mit hoher EE (hohe Werte in Kritik (Ausdruck von Mißbilligung, Ärger, Abneigung, Groll usw.), Feindseligkeit

(generalisierende und abwertende, persönlichkeitsbezogene Äußerungen) und mit emotionalem Überengagement (Fürsorglichkeit, Aufopferung, intrusives Verhalten usw.) seitens eines oder mehrerer Familienmitglieder zurückkehren, ein signifikant höheres Rückfallrisiko aufweisen als Personen in einem Klima mit NEE (niedriger expressed emotion). Insbesondere die non- und paraverbale Kommunikationsebene (Tonfall) ist prädiktiv für Rückfall. Vor diesem Hintergrund versuchen diese Ansätze gezielt, die problematische emotionale Kommunikation zwischen den Familienmitgliedern zu verändern. Das Ausdrücken spezifischer positiver oder negativer Gefühle, das konstruktive Mitteilen von Wünschen und Bedürfnissen sowie das aktive Zuhören werden vorgemacht und in Rollenspielen eingeübt. Manualisierte Interventionsprogramme (z.B. Fiedler, Niedermeier & Mundt, 1986; Hahlweg, Dürr & Müller, 1995) bieten dem Therapeuten einen praktischen Leitfaden und stellen wertvolle Arbeitsmaterialien zur Verfügung.

4.4 Wirksamkeit und Indikation von Familientherapie

Shadish et al. (1997) haben in einer Metaanalyse, in die 101 Studien zur Familientherapie (und 62 zu Paartherapie) eingingen, die Wirksamkeit der Familientherapie empirisch nachgewiesen. Gemäß diesen Befunden liegt die Wahrscheinlichkeit einer Besserung nach einer familientherapeutischen Behandlung bei etwa 67 Prozent. Markus, Lange und Pettigrew (1990) hatten in ihrer Metaanalyse, in die praktisch nur verhaltenstherapeutisch orientierte Familientherapien eingingen, eine Besserungsrate von 76 Prozent berichtet, die auch im 1-Jahres-Follow-up stabil blieb, jedoch nach 18 Monaten signifikant zurückging.

In allen Metaanalysen erwiesen sich familientherapeutische Interventionen in jedem Fall der Spontanremission überlegen. Innerhalb der verschiedenen behandelten Störungsbilder zeigten sich insbesondere Verbesserungen infolge von Familientherapie bei kindlichen Verhaltensstörungen, familiären Problemen, Kommunikations- und Problemlösedefiziten, Angststörungen und speziell Phobien, Schizophrenien und breiteren psychiatrischen Symptomen. Ebenfalls positive Behandlungseffekte der Familientherapie konnten bei autistischen Störungen nachgewiesen werden. Bei letzteren zeigten die Analysen allerdings, daß die Familientherapie einer Individualtherapie nicht überlegen war. Bei affektiven Störungen liegt eine unbefriedigende Evaluationslage vor (Prince & Jacobson, 1995). Keine signifikanten Erfolge oder widersprüchliche Ergebnisse wurden z. B. bei der Behandlung von Delinquenz, Alkoholismus und Substanzabhängigkeit gefunden (vgl. Pinsof & Wynne, 1995). Im Zusammenhang mit der Behandlung von Schul- und Verhaltensproblemen bei Kindern erwies sich Familientherapie individuellen Interventionsansätzen unterlegen.

Ein Vergleich der verschiedenen Therapierichtungen zeigte, daß Untersuchungen zu verhaltenstherapeutisch orientierter Familientherapie deutlich in der Mehrzahl waren, und daß dieser Ansatz den humanistischen, eklektischen und unklassifizierbaren Interventionen überlegen war, sich jedoch gleich effektiv wie systemische Interventionen erwies. Die empirische Befundlage der psychoanalytisch orientierten Familientherapien ist einerseits unbefriedigend, andererseits zeigt das gesichtete Datenmaterial nur fragliche Effekte (vgl. Grawe et al., 1994). Auch humanistische Familientherapien schneiden in den vorliegenden Metaanalysen eher negativ ab. Zusammenfassend kann festgehalten werden, daß verhaltenstherapeutische und systemische Familientherapien innerhalb der verschiedenen Ansätze am wirksamsten sind (Shadish et al., 1993; Grawe et al., 1994).

Ochs, von Schlippe und Schweitzer-Rothers (1997) verweisen allerdings darauf, daß die Evaluationsforschung zur Paar- und Familientherapie methodisch anspruchsvoll und Interpretationen häufig erst auf einer breiteren Grundlage (berücksichtigte Behandlungsgruppen, Zeitpunkt der erfaßten Studien, Forschungsdesigns, Effektivitätskriterien etc.) gemacht werden können, als dies einige Studien ermöglichen.

Störungsspezifisch fanden sich v. a. positive Effekte bei der psychoedukativen (verhaltenstherapeutisch orientierten) Behandlung von Schizophrenien und hier insbesondere in der Rückfallprophylaxe. Während Patienten der Therapiegruppe ein Rückfallrisiko von 0 bis 14 Prozent aufwiesen, zeigten sich bei den Kon-

trollgruppen Rückfallswahrscheinlichkeiten von 28 bis 55 Prozent bzw. von 20 bis 70 Prozent nach zwei Jahren (Goldstein & Miklowitz, 1995). Diese Ergebnisse werden durch Befunde von Untersuchungen aus dem Kreis der Forschergruppe um Hahlweg gestützt, die zeigten, daß familiäre Kommunikationsmuster förderlich zur Rückfallprophylaxe verändert werden können.

Eine Indikation zur Familientherapie ist häufig gegeben bei Störungen im Kindes- und Jugendalter, bei Generationenkonflikten, bei Kommunikationsstörungen in der Familie oder wenn die Symptome des Indexklienten darauf hindeuten, daß familiäre Probleme hauptsächlich für die Entstehung und Aufrechterhaltung der Störung verantwortlich sind (vgl. auch Bommert, Henning & Wälte, 1990).

4.5 Erklärung der Wirkungsweise von Familientherapie

Häufig kann der Ansatzpunkt an der sozialen Interaktion für den Therapieerfolg günstiger sein als die Arbeit mit dem Individuum. Zeigt sich aufgrund der Eingangsdiagnostik, daß problematische Beziehungsstrukturen vorliegen und diese eine wichtige Rolle für die Störung im Sinne von Performanzbedingungen spielen, ist eine Familientherapie möglicherweise indiziert. Durch den Ansatzpunkt am System können störungsaufrechterhaltende Bedingungen angegangen und verändert werden. Dabei können direkt zielorientierte Methoden (Kommunikations- und Problemlösetraining) oder indirekte Techniken wie paradoxe Interventionen, zirkuläre Befragungen, Skulpturverfahren etc. angewendet werden. Die Wirkung dürfte v. a. über ein verändertes Erleben der Beziehungsstrukturen, die Veränderung der antezedenten verhaltenswirksamen Stimuli und Konsequenzen im Rahmen der Interaktion und der dabei gemachten positiven Erfahrungen (operante Verstärkung) resultieren. Durch Modelllernen und den Aufbau einer neuen Selbstwirksamkeitserwartung wird das funktionale Verhalten installiert und in Hausaufgaben gefestigt und generalisiert.

Aus systemischer Sicht wird angenommen, daß bereits kleinste Veränderung einen Effekt auf das Gesamtsystem haben können. Durch die Aufdeckung problematischer Beziehungen können selbstregulative Prozesse (Autopoiese) ausgelöst und die Neuordnung des Systems bewirkt werden. Insgesamt sind die Wirkmechanismen im Rahmen familientherapeutischer Interventionen bisher zu wenig untersucht worden.

5. Paarzentrierte Interventionen bei Sexualstörungen

Wie im Kapitel Diagnostik und Klassifikation von Sexualstörungen gezeigt wird (s. auch Kap. 41.1/Sexual- und Beziehungsstörungen: Klassifikation, Diagnostik) ist die Palette sexueller Störungen breit und umfaßt drei Hauptkategorien: sexuelle Funktionsstörungen, Paraphilien sowie Geschlechtsidentitätsstörungen. Die therapeutischen Interventionen erfolgen in Abhängigkeit der spezifischen Problematik v. a. bei den Paraphilien und Geschlechtsidentitätsstörungen mehrheitlich im Rahmen von Individualtherapien. Bei sexuellen Funktionsstörungen hat sich jedoch bei Personen, welche einen Partner haben, eine paarzentrierte Intervention als günstig erwiesen. In diesem Kapitel wird nur auf paarbezogene Ansätze eingegangen (s. auch Kap. 41.2/Sexual- und Beziehungsstörungen: Intervention).

Die moderne Sexualtherapie wurde maßgeblich von Masters und Johnson (1970) geprägt, welche in der Behandlung von Sexualstörungen seit den siebziger Jahren neue Wege beschritten und sexuelle Probleme dyadisch zu definieren und auf der Grundlage eines systematischen Stufenprogramms zu behandeln begannen. Innerhalb der Ätiologie- und Performanzbedingungen (aufrechterhaltende Bedingungen) für sexuelle Störungen wurde die Angst zu versagen fokussiert und der Leistungsdruck im Zusammenhang mit einer erfüllenden Sexualität problematisiert. LoPiccolo und LoPiccolo (1978) entwickelten den Ansatz von Masters und Johnson weiter, fundierten ihn lerntheoretisch und systematisierten die von diesen Autoren vorgeschlagenen Verhaltensübungen weiter. Parallel dazu propagierte Kaplan (1974) ein psychodynamisch ausgerichtetes Behandlungskonzept, welches Störungen der sexuellen Lust als Ausdruck tieferliegender

Störungen annahm. Arentewicz und Schmidt (vgl. S. 1012) integrierten in ihrem Konzept beide Ansätze und strebten eine Behebung der sexuellen Lerndefizite, die Beseitigung der Selbstverstärkungsmechanismen, die Bearbeitung zugrundeliegender Paarkonflikte und die Aufarbeitung psychodynamischer Konflikte (im besonderen von Angstinhalten) an (vgl. zum Überblick, Hoyndorf, Reinhold & Christmann, 1995). Innerhalb der verschiedenen Behandlungsmethoden hat sich insbesondere das erweiterte Stufenprogramm von Masters und Johnson etabliert, das im Sensate Focus seinen Niederschlag fand.

5.1 Sensate Focus

«Charakteristisch für den paartherapeutischen Ansatz bei sexuellen Störungen ist ein schrittweises Vorgehen, das die problemaufrechterhaltenden Verhaltensmuster verhindert, die Wahrnehmung auftretender Gefühle fördert und Hilfen zur besseren sexuellen Interaktion bietet» (Hoyndorf et al., 1995). Basierend auf der Annahme, daß sexuelle Funktionsstörungen häufig mit Leistungsdruck und Versagensangst auf der einen und Lustproblemen auf der anderen Seite zusammenhängen, versucht der Therapeut im Sensate Focus schrittweise, neue lustvolle Interaktionen im Paar zu installieren, die Sensibilität für erogene Berührungen und das Körperempfinden zu steigern, automatisierte Abläufe zu durchbrechen und einen einseitigen koituszentrierten Erfolgsdruck abzubauen. Gleichzeitig soll das Paar in den Übungen eine bessere sexuelle Kommunikation lernen (Wünsche äußern, sich gegenseitig Rückmeldungen geben, was einem gefällt oder was man weniger mag etc.) und die Offenheit, für Gefühle und Empfindungen des Partners sensibler zu reagieren, ausbauen (s. auch Kap. 41.2/Sexual- und Beziehungsstörungen: Intervention).

5.2 Wirksamkeit und Indikation von paarzentrierten Interventionen bei Sexualstörungen

Grawe et al. (1994) erfaßten in ihrer Metaanalyse insgesamt 19 Katamnese-Studien zur Sexualtherapie bei Paaren, welche mehrheitlich sexuelle Funktionsstörungen (Erektionsstörungen des Mannes, Ejaculatio Praecox, weibliche Orgasmusstörungen) und Störungen der sexuellen Lust umfaßten. Die Ergebnisse dieser Prae-Post-Untersuchungen, welche sich ausschließlich auf verhaltenstherapeutisch orientierte Interventionen der oben beschriebenen Art bezogen, belegen mehrheitlich signifikante positive Veränderungen. Die Nettowirksamkeitsrate der paarzentrierten Sexualtherapien wird bei ca. 50 Prozent angegeben. Damit konnte die beeindruckende Erfolgsrate von 80 Prozent, wie sie von Masters und Johnson berichtet wurde, zwar nicht erreicht werden, doch belegen die vorliegenden empirischen Daten insgesamt die Wirksamkeit von paarorientierten Sexualtherapien.

In Untersuchungen, welche die Partnerschaftsqualität miterfaßten, zeigte sich, daß diese Variable der wichtigste prognostische Indikator für den Therapieerfolg war. Daneben erwiesen sich das Alter, die soziale Unterstützung des Partners, die Dauer der Problematik und vereinzelt die Geschlechtsrollenorientierung als bedeutsam. Indiziert ist die paarorientierte Sexualtherapie insbesondere bei sexuellen Funktionsstörungen bei Personen in fester, zufriedenstellender Partnerschaft, sofern der Partner bereit ist, in die Therapie zu kommen.

5.3 Erklärung der Wirkungsweise von paarzentrierten Interventionen bei Sexualstörungen

Die Wirkung der paarbezogenen Sexualtherapie im Sinne des Sensate Focus basiert auf der systemischen Definition des Problems und damit dem Einbezug beider Partner in die Therapie, wodurch ein besseres gegenseitiges Verständnis für den anderen, dyadische Synergien, gegenseitige Unterstützung und die Kooperation zwischen den Partnern aufgebaut und gestärkt werden können. Durch die expliziten und offenen Regeln werden implizite Erwartungen und Normen über Sexualität und Partnerverhalten zurückgebunden und eine freie, zwangslose, nicht auf den Orgasmus konzentrierte Sexualität ermöglicht. Der Wegfall von Leistungsdruck und von erzwungener Reziprozität durch die hohe Strukturiertheit (aktive und passive Rolle, Rücken- und Vorderseite des

Körpers etc.) und der graduierte Aufbau der Übungen ermöglichen erkundende, angstfreie sexuelle Erfahrungen, bei denen sensorische Empfindungen über eine orgasmusorientierte Sexualität dominieren. Durch das schrittweise Vorgehen wird auf jeder Stufe Gelegenheit zu Erfolgserlebnissen und damit zum Aufbau der Selbstwirksamkeitserwartung gegeben. Durch die Entkoppelung der Sexualität von den früher jeweils typischen Mißerfolgserlebnissen (z. B. im Falle von Ejaculatio Praecox) und durch den strukturierten Rahmen, findet ein Überlernen dieser aversiven Erfahrungen und eine neue Koppelung von sensorisch positiven Erlebnissen mit dem Partner statt. Das ausgewogene, klare Rollen zuteilende Programm ermöglicht zudem die Erfahrung der Gleichwertigkeit und reduziert Dominanz und Überforderung in der Beziehung. Durch die Aufforderung, nach der Übung gemeinsam über die Erfahrungen zu sprechen, Wünsche und intime Bedürfnisse zu thematisieren und sich Rückmeldungen zu geben, wird zudem die Paarkommunikation im Sinne der Selbstöffnung gefördert und damit der Grundstein für einen angemessenen kommunikativen Austausch in der Beziehung gelegt.

6. Literatur

Baucom, D. H. (1982). A comparison of behavioral contracting and problem-solving/communication training in behavioral marital therapy. *Behavior Therapy, 13,* 162–174.

Baucom, D. H. & Epstein, N. (1990). *Cognitive behavioral marital therapy.* New York: Brunner & Mazel.

Baucom, D. H. & Lester, G. W. (1986). The usefulness of cognitive restructuring as an adjunct to behavioral marital therapy. *Behavior Therapy, 17,* 385–403.

Baucom, D. H., Sayers, S. L. & Sher, T. G. (1990). Supplementing behavioral marital therapy with cognitive restructuring and emotional expressiveness training: An outcome investigation. *Behavior Therapy, 21,* 129–138.

Becvar, D. S. & Becvar, R. J. (1993). *Family therapy. A systemic integration.* Boston: Allyn & Bacon.

Bodenmann, G. (1995a). *Bewältigung von Streß in Partnerschaften. Der Einfluß von Belastungen auf die Qualität und Stabilität von Paarbeziehungen.* Bern: Huber.

Bodenmann, G. (1995b). Prävention bei Paaren. Ein bewältigungsorientierter Zugang. *System Familie, 9,* 74–82.

Bommert, H., Henning, T. & Wälte, D. (1990). *Indikation zur Familientherapie.* Stuttgart: Kohlhammer.

Bornstein, P. H., Anton, B., Harowski, K. J., Wetzien, R. T., McIntyre, T. J. & Hocker, J. (1981). Behavioral-communication treatment of marital discord: Positive behaviors. *Behavioral Counseling Quarterly, 1,* 189–201.

Boscolo, L., Ceccin, G., Hoffman, L. & Penn, P. (1987). *Milan systemic therapy.* New York: Basic Books.

Bray, J.H. & Jouriles, E.N. (1995). Treatment of marital conflict and prevention of divorce. *Journal of Marital and Family Therapy, 21,* 461–473.

Coyne, J.C. (1990). Concepts for understanding marriage and developing techniques of marital therapy: Cognition über alles? *Journal of Family Psychology, 4,* 185–194.

Dunn, R.L. & Schwebel, A.I. (1995). Meta-analytic review of marital therapy outcome research. *Journal of Family Psychology, 9,* 58–68.

Duss-von Werdt, J., Mähler, G. & Mähler, H.G. (1995). *Mediation: Die andere Scheidung.* Stuttgart: Klett-Cotta.

Eidelson, R.J. & Epstein, N. (1982). Cognition and relationship maladjustment: Development of a measure of dysfunctional relationship beliefs. *Journal of Consulting and Clinical Psychology, 50,* 715–720.

Emmelkamp, P.M., van Linden, G., van Den Heuvell, C., Ruphan, M., Anderman, R., Scholing, A. & Stroink, F. (1988). Cognitive and behavioral interventions: A comparative evaluation with clinically distressed couples. *Journal of Family Psychology, 1,* 365–377.

Fiedler, P., Niedermeier, T. & Mundt, C. (1986). *Gruppenarbeit mit Angehörigen schizophrener Patienten. Materialien für die therapeutische Gruppenarbeit mit Angehörigen und Familien.* München: Psychologie Verlags Union.

Fincham, F.D. (1985). Attribution processes in distressed and nondistressed couples: Responsibility for marital problems. *Journal of Abnormal Psychology, 94,* 183–190.

Goldstein, M.L. & Miklowitz, D.J. (1995). The effectiveness of psychodeucational family therapy in the treatment of schizophrenic disorders. *Journal of Marital and Family Therapy, 21,* 361–376.

Gottman, J.M. (1994). *What predicts divorce?* Hillsdale: Erlbaum.

Grawe, K., Donati, R. & Bernauer, F. (1994). *Psychotherapie im Wandel. Von der Konfession zur Profession.* Göttingen: Hogrefe.

Greenberg, L.S., Ford, C.L., Alden, L.S. & Johnson, S.M. (1993). In-session change in emotionally focused therapy. *Journal of Consulting and Clinical Psychology, 61,* 78–84.

Guerney, B.G. (1977). *Relationship enhancement.* San Francisco: Jossey-Bass.

Gurman, A.S. & Kniskern, D.P. (Eds.). (1991). *Handbook of family therapy.* New York: Brunner/Mazel.

Gurman, A.S., Kniskern, D.P. & Pinsof, W.M. (1986). Research on marital and family therapies. In S.L. Garfield & A.E. Bergin (Eds.), *Handbook of psychotherapy and behavior change* (pp. 565–624). New York: Wiley.

Hahlweg, K. (1986). *Partnerschaftliche Interaktion.* München: Röttger.

Hahlweg, K., Dürr, H. & Müller, U. (1995). *Familienbetreuung schizophrener Patienten.* München: Beltz.

Hahlweg, K. & Markman, H.J. (1988). Effectiveness of behavioral marital therapy: Empirical status of behavioral techniques in preventing and alleviating marital distress. *Journal of Consulting and Clinical Psychology, 56,* 440–447.

Hahlweg, K., Revenstorf, D. & Schindler, L. (1984). Effects of behavioral marital therapy on couple's communication and problem-solving skills. *Journal of Consulting and Clinical Psychology, 52,* 553–566.

Hahlweg, K. & Schröder, B. (1993). Kommunikationstraining. In M. Linden & M. Hautzinger (Hrsg.), *Verhaltenstherapie* (S. 193–200). Berlin: Springer.

Hahlweg, K., Thurmaier, F., Engl, J., Eckert, V. & Markman, H.J. (1993). Prävention von Beziehungsstörungen. *System Familie, 6,* 89–100.

Halford, W.K., Sanders, M.R. & Behrens, B.C. (1993). A comparison of the generalization of behavioral marital therapy and enhanced behavioral marital therapy. *Journal of Consulting and Clinical Psychology, 61,* 51–60.

Holtzworth-Munroe, A. & Jacobson, N. (1991). Behavioral marital therapy. In A.S. Gurman & D.P. Kniskern (Eds.), *Handbook of family therapy* (pp. 96–133). New York: Brunner/Mazel Publishers.

Hoyndorf, S., Reinhold, M. & Christmann, F. (1995). *Behandlung sexueller Störungen. Ätiologie, Diagnostik, Therapie: Sexuelle Dysfunktionen, Mißbrauch, Delinquenz.* Weinheim: Beltz.

Jacobson, N.S. (1978). Specific and nonspecific factors in the effectivenss of a behavioral approach to the treatment of marital discord. *Journal of Consulting and Clinical Psychology, 46,* 442–452.

Jacobson, N.S. (1979). Increasing positive behavior in severely distressed marital relationships: The effects of problem-solving training. *Behavior Therapy, 10,* 311–326.

Jacobson, N.S. (1992). Behavioral couple therapy: A new beginning. *Behavior Therapy, 23,* 493–506.

Jacobson, N.S. & Addis, M.E. (1993). Research on couples and couple therapy: What do we know? Where are we going? *Journal of Consulting and Clinical Psychology, 61,* 85–93.

Jacobson, N.S. & Gurman, A.S. (1986). *Clinical handbook of marital therapy.* New York: The Guilford Press.

Jacobson, N.S., Follette, W.C., Holtzworth-Munroe, A., Katt, J.L. & Schmaling, K.B. (1985). A component analysis of behavioral marital therapy: One-year follow-up. *Behavior Research and Therapy, 23,* 373–393.

Jacobson, N.S., Follette, W.C., Revenstorf, D., Baucon, D.H., Hahlweg, K. & Margolin, G. (1984). Variablity in outcome and clinical significance of behavioral marital therapy: A reanalysis of outcome data. *Journal of Consulting and Clinical Psychology, 52,* 497–504.

Jacobson, N.S. & Margolin, G. (1979). *Marital therapy: Strategies based on social learing and behavior exchange principles.* New York: Brunner/Mazel.

Kaplan, H.S. (1974). *The new sex therapy. Active treatment of sexual dysfunction.* London: Bailiere Tindall.

Lebow, J.L. & Gurman, A.S. (1995). Research assessing couple and family therapy. *Annual Review of Psychology, 46,* 27–57.

Lederer, W.J. & Jackson, D.D. (1972). *Ehe als Lernprozeß. Wie Partnerschaft gelingt.* München: Pfeiffer.

LoPiccolo, J. & LoPiccolo, L. (1978). *Handbook of Sex Therapy.* New York: Plenum Press.

Margolin, G. & Weiss, R.L. (1978). Comparative evaluation of therapeutic components associated with behavioral marital treatments. *Journal of Consulting and Clinical Psychology, 46,* 1476–1486.

Markman, H.J. & Hahlweg, K. (1993). The prediction and prevention of marital distress: An international perspective. *Clinical Psychology Review, 13,* 29–43.

Markman, H.J., Renick, M.J., Floyd, F.J., Stanley, S.M. & Clements, M. (1993). Preventing marital distress through communication and conflict management trainings: A 4- and 5-year follow-up. *Journal of Consulting and Clinical Psychology, 61,* 70–77.

Markus, E., Lange, A. & Pettigrew, T.F. (1990). Effectiveness of family therapy: A meta-analysis. *Journal of Family Therapy, 12,* 205–221.

Masters, W.H. & Johnson, V.E. (1970). *Human sexual inadequacy.* Boston: Little Brown.

Miller, S., Nunnally, E. & Wackman, D. (1975). Minnesota couples communication program (MCCP): Premarital and marital groups. In D.H. Olson (Ed.), *Treating relationships* (pp. 21–40). Lake Mills: Graphic.

Ochs, M., von Schlippe, A. & Schweitzer-Rothers, J. (1997). Evaluationsforschung zur systemischen Paar- und Familientherapie. Methodik, Ergebnisse und Kritik an Sekundäranalysen. *Familiendynamik, 22,* 34–63.

Patterson, G.R., Hops, H. & Weiss, R.L. (1975). Interpersonal skills training for couples in early stage of conflict. *Journal of Marriage and the Family, 37,* 295–303.

Perrez, M., Büchel, S., Ischi, N., Patry, J.L. & Thommen, B. (1985). *Erziehungspsychologische Beratung und Intervention als Hilfe zur Selbsthilfe in Familie und Schule.* Bern: Huber.

Pinsof, W.M. & Wynne, L.C. (1995). The efficacy of marital and family therapy: An empirical overview, conclusions, and recommendations. *Journal of Marital and Family Therapy, 21,* 585–613.

Prince, S.E. & Jacobson, N.S. (1995). A review and evaluation of marital and family therapy for affective disorders. *Journal of Marital and Family Therapy, 21,* 377–401.

Shadish, W.R., Montgomery, L.M., Wilson, P., Bright, I. & Okwumabua, T. (1993). The effects of family and marital psychotherapies: A meta-analysis. *Journal of Consulting and Clinical Psychology, 59,* 883–893.

Shadish, W.R., Ragsdale, K., Glaser, R.R. & Montgomery, L.M. (1997). Effektivität und Effizienz von Paar- und Familientherapie: Eine metaanalytische Perspektive. *Familiendynamik, 22,* 5–33.

Snyder, D.K., Wills, R.M. & Grady-Fletcher, A. (1991). Long-term effectiveness of behavioral versus insight-oriented marital therapy: A 4-year follow-up study. *Journal of Consulting and Clinical Psychology, 59,* 138–141.

Stuart, R.B. (1969). Operant-interpersonal treatment for marital discord. *Journal of Consulting and Clinical Psychology, 33,* 675–682.

Van Widenfelt, B., Hosman, C., Schaap, C. & Van der Staak, C. (1996). The prevention of relationship distress for couples at risk. A controlled evaluation with nine-month and two-year follow-ups. *Family Relations, 45,* 156–165.

Walsh, F. (1993). *Normal family processes.* New York: The Guilford Press.

Weiss, R.L., Birchler, G.R. & Vincent, J.P. (1974). Contractual models of negotiation training in marital dyads. *Journal of Marriage and the Family, 36,* 321–331.

Willi, J., Frei, R. & Limacher, B. (1993). Couples therapy using the technique of construct differentiation. *Family Process, 32,* 311–321.

23. Psychologische Aspekte der Rehabilitation

Johannes Zuber, Joachim Weis und Uwe Koch

Inhaltsverzeichnis

1. Das System der Rehabilitation und die Rolle der Rehabilitationspsychologie

1.1 Die Begriffe «Behinderung» und «Rehabilitation» sowie Ziele der Rehabilitation

Bintig (1980, S. 71) schlägt als Arbeitsdefinition für den Begriff *Behinderung* «das Vorliegen einer relativ schweren, lang andauernden, jedoch grundsätzlich rehabilitationsfähigen körperlichen, sinnesbezogenen, geistigen oder psychischen Schädigung, die subjektiv oder objektiv zu Lebenserschwernissen führt und die abweichendes Verhalten zur Folge haben kann» vor. Darin wird zum Ausdruck gebracht, daß nicht nur die Schädigung, sondern auch ihre Folgen, die Verarbeitung durch den Betroffenen sowie die Reaktionen des sozialen Umfelds eine Behinderung charakterisieren. Dieser weitgefaßte Begriff berücksichtigt auch die drei in der WHO-Definition von Behinderung hervorgehobenen Aspekte, nämlich den *Schaden (impairment)*, die *funktionelle Einschränkung (dis-*

ability) und die *soziale Beeinträchtigung (handicap)* (Mathesius, Jochheim, Barolin & Heinz, 1994).

Bezüglich der Klassifikation der verschiedenen Behinderungsarten gibt es unterschiedlich differenzierte Systeme (vgl. Brackhane, 1988). So unterscheidet eine Grobeinteilung der Bundesarbeitsgemeinschaft für Rehabilitation zwischen körperlicher, geistiger und seelischer Behinderung, während Jochheim (1979) unter dem Gesichtspunkt der funktionellen Einschränkung nicht weniger als achtzig verschiedene Behinderungsarten unterscheidet. Wichtige Oberkategorien bei ihm sind z. B. Verhaltenseinschränkungen, Kommunikationseinschränkungen, Einschränkungen in der Durchführung alltäglicher Funktionen, Bewegungseinschränkungen.

Unter Rehabilitation sind Bemühungen zu verstehen, zu verhindern, daß eine Krankheit oder Behinderung zu einer dauerhaften Beeinträchtigung der persönlichen, sozialen und beruflichen Lebensumstände wird und für den Fall, daß eine vollständige Rehabilitation nicht zu erreichen ist, diese Auswirkungen auf die genannten Lebensbereiche auf ein Minimum zu reduzieren.

Als ein von vielen Experten akzeptiertes Ziel der Rehabilitation wird die soziale Integration des Kranken oder Behinderten genannt (vgl. Abschnitt 2.4). Gemeint ist damit eine möglichst weitgehende Teilhabe am Leben der Gemeinschaft. Soziale Integration wird dabei nicht als die einseitige Anpassung des Behinderten an die Gesellschaft verstanden, sondern auch als Gestaltung der Umwelt in Richtung auf eine Erleichterung des Lebens der Behinderten. Soziale Integration ist häufig nur als eine relative Größe zu sehen, in vielen Fällen wird nur eine partielle soziale Teilnahme erreichbar sein.

Gemeinsames Merkmal vieler Definitionen ist es, von einer Minderung der Leistungsfähigkeit des betroffenen Individuums und deren Auswirkungen auf den gesellschaftlichen Produktionsprozeß auszugehen. Eine solche, häufig am Finalitätsprinzip orientierte Rehabilitation findet ihren Niederschlag in Schlagworten wie «Rehabilitation vor Rente» oder «Rehabilitation als Schlüssel zum Dauerarbeitsplatz» (vgl. Stegie & Koch, 1982).

1.2 Gesetzliche Grundlagen

Die gegenwärtige Rehabilitationspraxis in der Bundesrepublik Deutschland wird in starkem Maße durch eine Reihe von Rehabilitationsgesetzen bestimmt (v. a. Rehabilitationsangleichungsgesetz, Schwerbehindertengesetz, Gesetz für die Sozialversicherung der Behinderten und Bundessozialhilfegesetz), die die Zuständigkeit für die verschiedenen rehabilitativen Leistungen regeln. Die sechs Träger dieser Leistungen sind: Kranken-, Unfall- und Rentenversicherungen, die Kriegsopferversorgung, die Bundesanstalt für Arbeit sowie die Sozialhilfe. Dabei tritt die Sozialhilfe erst ein, wenn weder die behinderte Person selbst, noch einer der anderen Sozialleistungsträger für die Rehabilitationskosten aufkommen können. Das Rehabilitationsangleichungsgesetz zielt darauf, die Leistungen der verschiedenen Träger anzugleichen,

Tabelle 1: Leistungsspektrum rehabilitativer Maßnahmen

Medizinische Leistungen	U.a. ärztliche und zahnärztliche Leistungen, Arznei- und Verbandsmittel, Heilmittel einschl. Krankengymnastik, Bewegungs-, Sprach- und Beschäftigungstherapie, Körperersatzstücke;
Berufsfördernde Leistungen	U.a. Hilfen zur Erhaltung oder zur Erlangung des Arbeitsplatzes, zur Berufsfindung, zur beruflichen Anpassung;
Leistungen zur allgemeinen sozialen Eingliederung	U.a. zur angemessenen Schulbildung für Behinderte, zur Ermöglichung der Teilnahme am Leben in der Gemeinschaft;
Ergänzende Leistungen	U.a. Übergangsgeld, Beiträge zur gesetzlichen Sozialversicherung, Haushaltshilfen.

Zuständigkeiten zu regeln und ein zügiges Rehabilitationsverfahren zu ermöglichen. Für die Betroffenen ist ein Rehabilitationsgesamtplan zu erstellen. Die Behinderten unterliegen dabei einer Mitwirkungspflicht.

1.3 Das System der medizinischen, beruflichen und schulischen Rehabilitation

Die Bundesrepublik Deutschland verfügt über ein in dieser Dichte vermutlich in der Welt einzigartiges System von medizinischer, schulischer und beruflicher Rehabilitation (s. **Tab. 1**).

In der *medizinischen Rehabilitation* wird zwar zwischen stationärer, teilstationärer und ambulanter Rehabilitation unterschieden, der Großteil der Leistungen wird aber im Rahmen der stationären Rehabilitation erbracht. Zu einem geringen Teil werden stationäre medizinische Reha-Maßnahmen bereits während der Krankenhausbehandlung durchgeführt, wenn z. B. die übliche kurative Behandlung durch rehabilitative Maßnahmen wie Krankengymnastik, Bewegungstherapie oder Arbeitstherapie ergänzt wird. Meist erfolgt die Durchführung medizinischer Rehabilitation aber in Kur- und Spezialeinrichtungen. Das Angebotsspektrum der medizinischen Rehabilitationseinrichtungen reicht von den sogenannten freien offenen Badekuren mit Unterbringung der Rehabilitanden in Pensionen oder Kurheimen bis zu Angeboten in Sanatorien, Kurkliniken und Schwerpunktkliniken.

Die *berufliche Rehabilitation* bezieht sich auf Bemühungen zur beruflichen und sozialen Ein- bzw. Wiedereingliederung Behinderter und Kranker. Auf der institutionellen Ebene sind zur Erreichung dieser Ziele 49 Berufsbildungswerke zur Erstausbildung jugendlicher Behinderter und 28 Berufsförderungswerke zur Ausbildung erwachsener Behinderter geschaffen worden. Darüber hinaus gibt es 632 Werkstätten für Behinderte, die vorwiegend geistig Behinderten, zum Teil auch psychisch Kranken (vgl. Abschnitt 2.3), die nicht auf dem allgemeinen Arbeitsmarkt tätig sein können, einen geschützten Arbeitsplatz bieten. Den Berufsbildungs- und den Berufsförderungswerken sind spezielle Dienste zur medizinischen, psychologischen, pädagogischen und sozialen Betreuung ange-

schlossen. Bei der Planung von Maßnahmen zur beruflichen Wiedereingliederung bzw. Neuorientierung sind laut Gesetz Eignung, Neigung und bisherige Tätigkeit der Betroffenen angemessen zu berücksichtigen.

Die vorschulische und *schulische Rehabilitation* behinderter Kinder und Jugendlicher erfolgt in einem ebenfalls gut ausgebauten, aber vom übrigen Schulwesen getrennten System von Sondereinrichtungen, das sich im schulischen Bereich in Abhängigkeit von der Behinderungsart in zehn Schultypen gliedert. In den letzten Jahren wurden verstärke Bemühungen um eine integrative Förderung von behinderten und nichtbehinderten Kindern und Jugendlichen gefordert, nicht zuletzt, um auch auf diesem Wege zum Abbau sozialer Barrieren zwischen Behinderten und Nichtbehinderten beizutragen.

Die Leistungen im Rahmen der medizinischen, beruflichen und schulischen Rehabilitation werden von sehr unterschiedlichen Berufsgruppen erbracht. Nach einer Einteilung von Wöhrl (1988) kann man folgende sechs verschiedene Berufsgruppen in der Rehabilitation unterscheiden: Medizinisch-therapeutische, pflegerisch-versorgende, technisch-handwerkliche, psychosoziale, pädagogische sowie beratende und interessensvertretende Berufe. Als wichtige Voraussetzung für eine erfolgreiche Rehabilitation wird die Fähigkeit dieser Professionen zur Zusammenarbeit betont.

Das System der Rehabilitation ist in den letzten Jahren zunehmend kritisch im Hinblick auf seine Effektivität diskutiert worden (vgl. Koch & Haag, 1988). Darüber hinaus zielt diese Kritik darauf, daß das Individuum zwar vielfältige Hilfen erfährt, daß aber dennoch seinen subjektiven Bedürfnissen nach Hilfe nur bedingt entsprochen wird. Hauptkritikpunkte sind:

- Stark ausgeprägte Institutionalisierung des Rehabilitationswesens
- Zu spätes Einleiten von medizinischen und beruflichen Rehabilitationsmaßnahmen
- Fehlen ambulanter rehabilitativer Maßnahmen
- Unzureichend entwickelte Verbindungen zwischen der medizinischen und der beruflichen Rehabilitation
- Fehlende Evaluation der rehabilitativen Maßnahmen.

1.4 Kritik am gegenwärtigen System der medizinischen Rehabilitation

Das Krankheitsspektrum und damit die Anforderungen an die medizinische Versorgung haben sich in den vergangenen Jahrzehnten erheblich verändert. Chronische Erkrankungen nehmen vor allem aufgrund der veränderten Alterszusammensetzung der Bevölkerung und der Fortschritte in der akutmedizinischen Versorgung einen wachsenden Anteil ein. Damit steigt auch die Bedeutung medizinischer Rehabilitationsmaßnahmen, denen bislang gegenüber der akutmedizinisch-kurativen Versorgung ein eher nachrangiger Stellenwert eingeräumt wurde.

Das System der medizinischen Rehabilitation in der Bundesrepublik Deutschland hat sich getrennt von der Akutversorgung entwickelt und ist in seiner konzeptionellen Entwicklung stark durch die Rentenversicherung geprägt, die wesentliche Versorgungsaufgaben in diesem Bereich übernommen hat. Historisch hat es seine Wurzeln in den seit Ende des vergangenen Jahrhunderts bestehenden Tuberkulosekliniken und dem Kurwesen. Im System der medizinischen Rehabilitation wurde in den letzten zwei Jahrzehnten unter dem Einfluß der veränderten Aufgabenstellungen eine weitgehende Trennung von den traditionellen Heilstätten/Sanatorien und Kureinrichtungen vollzogen. Konzeptionell werden ganzheitlich orientierte Kliniken mit umfassenden integrativen und interdisziplinären Behandlungsansätzen angestrebt. Das Rehabilitationssystem der Bundesrepublik kann auch im internationalen Vergleich als ein besonders gut ausgestattetes Versorgungssystem betrachtet werden, und ohne Zweifel ist in der über hundertjährigen Geschichte ein großer Fundus an rehabilitativem Wissen entstanden. Dennoch ist in den letzten Jahren in der Bundesrepublik eine zunehmend kritischer werdende Diskussion vor allem um strukturelle Aspekte des Systems zu verzeichnen.

So ist das jetzige System der bundesdeutschen Gesundheitsversorgung geprägt durch Vorstellungen, denen zufolge eine Trennung und sequentielle Verfolgung von Aufgaben der Vorsorge, kurativen Versorgung, Rehabilitation und Pflege möglich und sinnvoll ist. Dieses Modell ist jedoch nicht auf die besonderen Charakteristika und Erfordernisse von chronischen Erkrankungen zugeschnitten. Zu diesen Charakteristika zählen der oft schleichende Beginn, dynamische Verlaufsprozesse mit wechselnder Kompensation und Aggravation, bei denen intra- und interindividuelle Unterschiede sowie zahlreiche Kontextvariablen eine Rolle spielen und eine häufige Multimorbidität. Daher sind bei chronischen Erkrankungen Versorgungsstrukturen notwendig, die frühzeitige und sehr flexibel einsetzbare rehabilitative Angebote ermöglichen. Zur Favorisierung des sequentiellen Modells im Gesundheitsversorgungssystem der Bundesrepublik kommen im wesentlichen historisch bedingte unterschiedliche Träger- und Finanzierungszuständigkeiten, segregierte Aufgaben bzw. Angebote der Versorgungseinrichtungen und entsprechende Schwerpunkte in der Kompetenz der beteiligten Akteure hinzu. Da die Problemsyndrome chronisch kranker Menschen oft «quer» zu dem nach Leistungsrecht und institutionellen Zuständigkeiten geprägten System der Versorgung verlaufen, ist eine optimale Behandlung dieser Patienten erschwert. Diese Struktureigenschaften des Systems schränken die Flexibilität ein und bedingen nach Meinung von Kritikern Reibungsverluste beim Übergang zwischen den verschiedenen Versorgungsaufgaben. Kritisiert werden in diesem Zusammenhang unter anderem die mangelnde Bedarfsorientierung und ungeklärte Fragen der Nutzungsadäquanz, Schnittstellenprobleme zwischen präventiven, kurativen, rehabilitativen und pflegerischen Maßnahmen, das stark somatisch orientierte Leistungsangebot mit Defiziten in der psychosozialen Rehabilitation, Reibungsverluste durch die verschiedenen Träger- und Finanzierungszuständigkeiten, der hohe Institutionalisierungsgrad der medizinischen Rehabilitation mit einer starken Betonung von stationären Leistungen, das Fehlen ambulanter und wohnortnaher Maßnahmen, die geringe Flexibilität der Leistungsangebote, die geringe Verzahnung zwischen den verschiedenen (insbesondere den medizinischen und beruflichen) rehabilitativen Versorgungsformen, fehlende Maßnahmen zur Überprüfung bzw. Weiterentwicklung der Qualität der Versorgung sowie die fehlende wissenschaftliche Fundierung der Rehabilitation. Die Existenz dieser Strukturdefizite wurde durch die sorgfältigen Analysen der vom Verband Deutscher Rentenversicherungsträger eingesetzten Kommision zur Weiterentwicklung der Rehabilitation in der gesetzlichen Rentenversicherung (Verband deutscher Rentenversicherungsträger, 1991) zumindest im Grundsatz bestätigt.

Ein zweiter wichtiger Hintergrund der gegenwärtigen Entwicklung ist die Begrenzung der Ressourcen im Gesundheitswesen und eine zunehmende Kosten- und Nutzenorientierung. Alle Träger medizinischer Leistungen geraten in Konkretisierung der für sie geltenden Grundsätze der Wirtschaftlichkeit und Sparsamkeit unter erheblichen Druck, Maßnahmen zur gesundheitlichen Versorgung kostengünstiger zu erbringen. Aktuelle Anforderungen wie die «Deckelung» von Etats in der ambulanten kassenärztlichen Versorgung, die sektorale Budgetierung der Krankenhausausgaben, die Einführung von Fallpauschalen in der stationären Akut-/Regelversorgung sowie aktuell Einsparungsauflagen bei den Rentenversicherungsträgern seien in diesem Zusammenhang erwähnt.

1.5 Neuere Entwicklungen in der medizinischen Rehabilitation

Im Zuge dieser Diskussion um das System der medizinischen Rehabilitation sind in den letzten Jahren von verschiedenen Seiten Veränderungsvorschläge unterbreitet worden, die vor allem einer stärkeren Bedarfs- und Ergebnisorientierung, einer stärkeren Flexibilisierung und einer Lösung der Schnittstellenprobleme durch stärkere Vernetzung dienen sollen.

Als wichtige Maßnahme zur stationären Bedarfsorientierung sind Initiativen zur Frührehabilitation anzusehen, die sich vor allem im Bereich der Neurologie und zum Teil auch der Kardiologie in konkreten Modellvorhaben niedergeschlagen haben sowie das Bemühen um die Entwicklung und Implementierung einer am Rehabilitationsbedarf orientierten Rehabilitationsdiagnostik. Die Bedarfsorientierung ist auch in engem Zusammenhang mit dem Bemühen um Flexibilisierung von Maßnahmen zu sehen, die darauf abzielen sollte, die Gewährung und Gestaltung der rehabilitativen Hilfen stärker an den Bedürfnissen des Einzelfalls zu orientieren. In diesem Zusammenhang ist eine größere Zahl von Einzelmaßnahmen zu diskutieren. Dazu gehören eine größere Variabilität in der Dauer der einzelnen Reha-Maßnahmen wie auch eine Erweiterung des medizinisch-rehabilitativen Angebotsspektrums auf nicht-stationäre Maßnahmen und die damit mögliche Vielfalt und Wahlmöglichkeit in der Nutzung dieses verbreiterten Angebotsspektrums.

Eine stärkere Ergebnis- und Nutzenorientierung wird durch die Einführung von Qualitätssicherungsprogrammen und durch die Bemühungen um rehabilitationswissenschaftliche Forschungsaktivitäten angestrebt. Von der rehabilitationswissenschaftlichen Forschung, von spezifischen Modellprogrammen (z.B. im Bereich der Rheumatologie) und von der Einführung koordinativer Instanzen (z.B. im Sinne des Case-Manager-Prinzips) werden auch Anregungen zur Verbesserung sowohl der bereits seit längerer Zeit erkannten wie auch durch die Einführung neuer Angebote zusätzlich entstehenden Schnittstellenprobleme erwartet.

1.6 Ambulante Rehabilitation

Ein Ansatzpunkt zur Verbesserung des Systems der medizinischen Rehabilitation wird im Ausbau ambulanter und teilstationärer Rehabilitationsangebote gesehen. Auf der gesetzlichen Ebene findet dies seinen Niederschlag darin, daß die bisherige Orientierung, nach der die gesetzlichen Rentenversicherungen als größter Rehabilitationsträger ihre medizinischen Leistungen zur Rehabilitation nach §15 Abs. 2 Sozialgesetzbuch VI «vor allem stationär» erbringen, durch das in Vorbereitung befindliche Sozialgesetzbuch IX abgelöst wird durch den Vorrang der ambulanten vor der stationären Rehabilitation. In diesem Sinne sind die gesetzlichen Krankenkassen bereits seit längerer Zeit verpflichtet. So hat der Gesetzgeber im Gesundheitsstrukturgesetz von 1993 den Grundsatz «ambulanter vor stationärer Rehabilitation» formuliert.

Sowohl die gesetzlichen Krankenkassen als auch die Rentenversicherungsträger werden vom Bundesminister für Arbeit und Sozialordnung nachhaltig gedrängt, im Bereich der ambulanten Rehabilitation Initiativen zu entwickeln. Ein wesentlicher Hintergrund dafür dürften vor allem Kostenüberlegungen sein.

Dabei wird unterstellt, daß ambulante Maßnahmen stationäre Leistungen zumindest bei einem Teil der bislang stationär behandelten Patienten ersetzen können, und daß ambulante Rehabilitationsleistungen kostengünstiger erbracht werden können. Gedacht ist darüber hinaus mit gleicher Zielsetzung auch an die Möglichkeit einer Verkürzung vorangehender stationärer Maßnahmen durch nachgeschaltete ambulante Maßnahmen. Daneben werden auch Aspekte der Verbesserung der rehabilitativen Versorgungssituation diskutiert, indem darauf verwiesen wird, daß ambulante Angebote aufgrund ihrer stärkeren Wohnortorientierung und ihrer stärkeren Nutzung von Selbsthilfepotentialen eher die Möglichkeit bieten, die am Ort gegebenen medizinischen, beruflichen und sozialen Hilfsmöglichkeiten zu nutzen und zu vernetzen und so das Ziel der Integration in die Gesellschaft zu erreichen. Letztlich kann mit der Einführung dieser neuen rehabilitativen Angebotsform auch erwartet werden, daß bisher mit stationären Rehabilitationsmaßnahmen nicht erreichte Versichertengruppen im Sinne einer niedrigeren Zugangsschwelle angesprochen werden.

1.7 Die psychosoziale Rehabilitation und Rehabilitationspsychologie

Im Gegensatz zur medizinischen, beruflichen und schulischen Rehabilitation verfügt die *psychosoziale Rehabilitation* nicht über ein ausgebautes Netz institutioneller Einrichtungen öffentlicher, kirchlicher und privater Träger. Denn eine von den anderen Bereichen losgelöste psychosoziale Rehabilitation erschiene wenig sinnvoll und würde einem integrierten Rehabilitationsansatz widersprechen. In den siebziger und achtziger Jahren wurden innerhalb der medizinischen, beruflichen und schulischen Rehabilitation allmählich psychologische Dienste geschaffen, deren Kapazität aber bisher für die vielfältigen Anforderungen nicht ausreicht. Dabei muß gesehen werden, daß psychosoziale Leistungen in der Rehabilitation nicht nur von Psychologen erbracht werden. Psychologisches Denken sollte jedoch in allen Bereichen der Rehabilitation Eingang finden. Auch im wissenschaftlichen Bereich hat sich in dieser Zeit die *Rehabilitationspsychologie* als Teil-

disziplin der Psychologie profiliert (vgl. Koch, Lucius-Hoene & Stegie, 1988). An einigen Universitäten wurden Professuren für Rehabilitationspsychologie geschaffen. Während auf der theoretischen Ebene das Profil einer eigenständigen Disziplin Rehabilitationspsychologie noch wenig prägnant erscheint, ergibt sich in der Praxis der Rehabilitation ein vielfältiges und breitgefächertes Aufgabenfeld für den Psychologen. Die Tätigkeit des Rehabilitationspsychologen wird von nahezu allen Teildisziplinen der Psychologie bestimmt, insbesondere von der Allgemeinen, Pädagogischen und Klinischen Psychologie sowie der Entwicklungs-, Sozial- und Arbeitspsychologie. Dabei kommt es in bestimmten Praxisfeldern der Rehabilitationspsychologie zu Überschneidungen von Aufgabenkompetenzen mit der Klinischen Psychologie und der Arbeits- bzw. Berufspsychologie. Die Hauptaufgaben der psychosozialen Rehabilitation sieht Witte (1988) in einer Regelung des Verhältnisses zwischen dem Behinderten und seiner Umwelt. Im Sinne einer Reakkomodation sind für den Behinderten durch psychologische Hilfen Selbstwertgefühl und Selbstsicherheit zu stärken und Möglichkeiten der Selbstverwirklichung zu vermitteln. Daneben sind Anstrengungen reassimilativer Art notwendig, d.h. die Umweltbedingungen sind so zu gestalten, daß sie für die Bedürfnisse und Möglichkeiten der Behinderten einen optimalen Handlungs- und Bewegungsraum darstellen.

Unterteilt man den Gesamtprozeß der Rehabilitation unter medizinischer, beruflicher und sozialer Perspektive in vier Phasen, so ergeben sich für jede Phase unterschiedliche Aufgabenschwerpunkte für den Psychologen:

In der *Akutphase* mit dem Schwerpunkt auf rehabilitationsmedizinischen Maßnahmen stellen sich psychodiagnostische Aufgaben sowie Aufgaben im Bereich psychologisch-psychotherapeutischer Gespräche, z.B. zur Linderung depressiver Reaktionen oder zur Motivierung der Patienten, Lösungsmöglichkeiten aktiv für sich zu suchen. In der Phase *Rehabilitationsvorbereitung und -findung* stehen verschiedenartige psychodiagnostische Aufgaben als Hilfe der Planung der weiteren Rehabilitationsmaßnahmen (z.B. Berufswahl) im Vordergrund. Darüber hinaus fällt in dieser Zeit häufig auch die Entscheidung über notwendige unterstützende psychotherapeutische Maßnahmen. Die Phase der *beruflichen und schulischen Rehabilitation* ist durch psychologische Maßnahmen gekennzeichnet, die der begleitenden Diagnostik, der Erleichterung des Lern- und Umschulungsprozesses und der psychischen Stützung durch Beratung und Therapie dienen. In der letzten Phase der Rehabilitation, der *sozialen und beruflichen Integration,* sollte der Psychologe Eingliederungshilfen geben, die das Zurechtfinden nach Abschluß der Rehabilitationsmaßnahmen erleichtern. Strukturelle Gegebenheiten des deutschen Rehabilitationswesens, insbesondere das Defizit an dezentral ambulanten rehabilitativen Hilfen, verhindern meist psychologische Maßnahmen in diesem Stadium.

Die Arbeitstechniken des Psychologen in der Rehabilitation – sei es nun im Bereich der psychologischen Diagnostik und Evaluation, in Beratung oder Psychotherapie – sind keineswegs spezifisch; spezifisch sind eher die Empfänger dieser Hilfen, ihre Probleme und die Bedingungen, unter denen diese Leistungen erbracht werden müssen: Behinderte und Schwerkranke, deren vielfältige Lebenseinschränkungen und der meist institutionelle Rahmen (vgl. Janzowski, 1988). Auf einige exemplarische Arbeitsfelder wird im dritten Teil des Beitrags differenzierter eingegangen.

2. Ausgewählte Probleme einzelner Zielgruppen der Rehabilitation

Die in diesem Kapitel vorgestellten Zielgruppen der Rehabilitation wurden ausgewählt, um die Verschiedenartigkeit der Reha-Felder und die Breite psychologischer Tätigkeit in der Rehabilitation deutlich zu machen. Die mit diesen Zielgruppen verbundenen unterschiedlichen Aufgabenstellungen, die Phasen und die verschiedenen Arten der Rehabilitation lassen sich an den Beispielen der Rehabilitation von behinderten Kindern, der Krankheitsverarbeitung bei chronischen Erkrankungen, der beruflichen Integration von psychisch Kranken sowie der gesellschaftlichen Integration von Körperbehinderten aufzeigen.

2.1 Frühförderung von Kindern mit angeborener Behinderung und Familien mit behinderten Kindern

2.1.1 Frühförderung

Nach Warnke beinhaltet Frühförderung «Früherkennung, Frühbehandlung, spezielle Erziehung und Integration Behinderter oder von einer Behinderung bedrohter Säuglinge und Kleinkinder» (Warnke, 1988, S. 479). Die Frühförderung findet vornehmlich in sozialpädiatrischen oder neuropädiatrischen Zentren und speziellen Beratungsstellen, teilweise auch in spezialisierten Gemeinschaftspraxen und in Erziehungsberatungsstellen statt. In den alten Bundesländern gab es 1990 knapp 700 dezentrale Frühförderstellen, die Frühförderung durchführen sowie etwa 30 sozial- oder neuropädiatrische Zentren, die vornehmlich diagnostisch und medizinisch-therapeutisch arbeiten. Dabei gilt es in der Früherkennung, nicht erst dann entwicklungsneurologische und entwicklungspsychologische Untersuchungen durchzuführen, wenn bereits Auffälligkeiten beim Kind manifest geworden sind, sondern bereits Risikowerte während der Schwangerschaft, bei und nach der Geburt zum Anlaß entsprechender Diagnostik zu nehmen. Zu diesen Risikofaktoren zählen beispielsweise ein Geburtsgewicht kleiner als 2500 g, Atemnotsyndrom bei der Geburt oder ein andauernder abnormer neurologischer Befund in der Neugeborenenperiode (vgl. Brack, 1986). Eine Schwäche des Risikokonzepts, die nicht exakte Einschätzung potentiell entwicklungsgefährdeter Kinder, kann durch Einbeziehung familiärer und psychosozialer Faktoren minimiert werden. Die Aufgabe der entwicklungspsychologischen Diagnostik ist es, Auffälligkeiten in bestimmten als bedeutsam erachteten Verhaltensbereichen festzustellen. Dafür häufig verwendete Verfahren sind der Denver-Entwicklungstest, die Münchner Funktionelle Entwicklungsdiagnostik sowie der Griffith-Test, um nur einige zu nennen. Die Verfahren sollen Informationen liefern zu Bereichen wie Sprachverständnis, Sozialverhalten, Selbständigkeitsentwicklung etc. (vgl. die Übersicht von Brack, 1986).

Die Frühbehandlung behinderter Kinder hat das Ziel, Entwicklungsstörungen zu normalisieren und bei bleibender Behinderung den Spielraum eigener Aktivität des Kindes möglichst groß zu erhalten. Dabei muß die Fördermaßnahme grundsätzlich vom individuellen Entwicklungsstand des Kindes ausgehen. Individuelle Behandlungspläne, die die Aktivitäten der verschiedenen an der Förderung beteiligten Berufsgruppen sinnvoll verbinden, sind zu erstellen. Hierbei ist die Zusammenarbeit mit den Eltern und Geschwistern des behinderten Kindes von grundlegender Bedeutung, da die Förderung – soweit möglich – im familiären Rahmen durchgeführt wird. So werden die Eltern beispielsweise bei krankengymnastischen Behandlungen auf neurophysiologischer Grundlage durch fachliche Anleitung in die Behandlung einbezogen. Eine aktive Mitarbeit der Familie erhöht die Heilungs- oder Linderungschancen für das behinderte Kind. Die verschiedenen Bereiche der Frühbehandlung sind in **Tabelle 2** stichwortartig notiert.

Insgesamt kann festgehalten werden: Je früher eine geeignete Behandlung bei behinderten Säuglingen oder Kindern eingeleitet wird, desto größer sind die Chancen entweder einer Normalisierung der Störung oder zumindest einer deutlichen Linderung der Symptomatik. In dem beschriebenen großen Aufgebot an Fachkräften verschiedenster therapeutischer Richtungen kann die wichtige Funktion der Familie

leicht übersehen werden. Basis der Frühförderung ist die Zusammenarbeit mit der Familie. Nach Lambert, Piret, Laliere und Scohy (1994) hat ein Früherziehungs- und Frühförderprogramm aber nur dann einen Sinn und seine Wirkung, wenn es die kindliche Entwicklung nicht als isoliertes Phänomen, sondern eingebettet in das gesamte familiäre Ökosystem betrachtet. Dies hat sich jedoch bis heute in den Bereichen sozialer und erzieherischer Tätigkeiten noch keineswegs durchgesetzt.

2.1.2 Die psychosoziale Adaptation des behinderten Kindes

Die psychosoziale Adaptation des behinderten Kindes ist aus rehabilitationspsychologischer Sicht ein zentraler Punkt. Psychische Störungen im Sinne einer Fehladaptation treten bei chronisch kranken und behinderten Kindern 2 bis 3 mal so häufig auf wie bei gesunden Kindern. Dies gilt insbesondere, wenn die Erkrankungen mit Hirnschädigungen verbunden sind. Steinhausen (1984) beschreibt ein Modell psychosozialer Adaptation bei chronischen Krankheiten und Behinderungen von Kindern, dessen Elemente in **Tabelle 3** kurz dargestellt werden sollen.

Tabelle 2: Bereiche der Frühbehandlung

Ärztliche Frühbetreuung:	Einleitung und Koordination der Frühförderungsmaßnahme, Vorsorgeuntersuchungen und ärztliche Behandlungen (medikamentös, chirurgisch, orthopädisch, kinderpsychiatrisch, neuropsychiatrisch etc.).
Krankengymnastik:	Förderung sensumotorischer Fähigkeiten und Behandlung cerebraler Bewegungsstörungen.
Psychologische Betreuung:	Psychotherapeutische Behandlung psychopathologischer Störungen des Kindes; Durchführung konkreter Übungen zur Motorik, zur Sprachverbesserung, zur Förderung des Sozialverhaltens; Eltern- und Familienarbeit (je nach Einzelfall Beratung, Training, Therapie); Anleitung der Eltern als Mediatoren in der psychotherapeutischen und konkret übenden Behandlung.
Sozialarbeit:	Information und Unterstützung bei sozialrechtlichen Problemen (Versicherungsschutz, Sozialhilfe, Erwerbsfähigkeit, ökonomische Unterstützungen); Hilfe bei der Vermittlung von Pflegediensten.
Logopädie:	beim hörbehinderten Kind und bei Störungen oraler Funktionen.
Heilpädagogische Übungsbehandlungen:	zur Förderung feinmotorischer Fertigkeiten, taktiler Wahrnehmung und geistig emotionaler Entwicklung.
Pädagogische Frühbetreuung:	behinderter Kinder.

2.1.3 Schwierigkeiten der Familien mit behinderten Kindern

Die erste Leistung, die die Familie zu erbringen hat, besteht in der Verarbeitung der Diagnose. In seinem umfassenden Übersichtsartikel beschreibt Stegie die Diagnosemitteilung als «Auslöser von Schocks und persönlicher Desintegration der Eltern» (Stegie, 1988, S. 121). Der sich daran anschließende Prozeß mit Phasen der Verleugnung, Schuldzuweisung, der Aggression, der Wut und der Trauer erinnert an die Verarbeitung von Diagnosen schwer- und todkranker Menschen. In der Tat nimmt Trout (1983) an, daß viele Eltern angesichts des neugeborenen behinderten Kindes um ein verlorenes Kind trauern, nämlich um das Kind, das sie sich in ihrer Phantasie immer gewünscht hatten. Trout betont die Bedeutsamkeit des Trauerprozesses, da die Eltern erst danach eine stärkere emotionale Bindung zu ihrem behinderten Kind aufbauen können. Diese sozial-emotionale Beziehung ist – wie bereits betont – eine wichtige Voraussetzung im Hinblick auf eine Reduktion der Beeinträchtigung des Kindes. Die psychosozialen Auswirkungen der Behinderung des Kindes bei den Eltern betreffen vornehmlich zwei Bereiche. Zum einen ist zu nennen die praktische Versorgung und Pflege des behinderten Kindes, die (besonders für die Mütter) häufig dazu führt, daß Beruf und Freizeit nurmehr sehr eingeschränkt möglich sind. Zusätzlich sind die häufig notwendigen medizinischen, pädagogischen und psychologischen Sondermaßnahmen mit nicht unerheblichen finanziellen Kosten verbunden. Nach Engelbert (1994) finden sich große Diskrepanzen zwischen finanziellem Bedarf und tatsächlichem Einkommen bei Familien mit behinderten Kindern. Sie haben ein deutlich geringeres durchschnittliches Einkommen als vergleichbare andere Familien. Zum zweiten hat die Behin-

Tabelle 3: Modell psychosozialer Adaptation (Steinhausen, 1984, 1988)

Allgemeine Krankheitserfahrungen	Jedes chronisch kranke und behinderte Kind muß sich mit den Erfahrungen von Krankenhausaufenthalten, Medikantenverordnungen, Operationen, Schmerzen, Einschränkungen und seinem Anderssein als gesunde Kinder auseinandersetzen; dies nicht nur zeitbegrenzt, sondern permanent.
Spezifische Krankheitsaspekte	Hier sind zu nennen der Zeitpunkt des ersten Auftretens der Beeinträchtigung (frühmanifest – spätmanifest), der Krankheitsverlauf (progredient mit letalem Ausgang – reversible oder kontrollierbare Beeinträchtigung), die Sichtbarkeit der Behinderung (Stigmatisierungsproblematik) sowie der Schweregrad der Krankheit. Dabei darf jedoch nicht vorschnell geschlossen werden, daß bei größerer somatischer Beeinträchtigung auch die psychische Situation des Kindes ungünstiger ist.
Einschränkungen gewöhnlicher Lebenserfahrungen	Der Aufbau sozialer Kontakte gestaltet sich für sinnesbehinderte Kinder aufgrund der Einschränkungen in der Kommunikation und für körperlich behinderte Kinder aufgrund ihrer eingeschränkten Mobilität als erschwert.
Stand der emotionalen, motivationalen, kognitiven und sozialen Entwicklung	Zum Verständnis der Möglichkeiten der Krankheitsverareitung des Kindes ist auf jeder Entwicklungsstufe der Stand seiner emotionalen, motivationalen, kognitiven und sozialen Entwicklung zu berücksichtigen.
Reaktionen von Eltern und Geschwistern	Die in der Familie häufig vorherrschenden Reaktionen auf die Behinderung wie Wut, Trauer, Rationalisierung, Verleugnung oder Schuldvorwürfe, die die Krankheitsbewältigung seitens der Familie darstellen können, haben großen Einfluß auf die Krankheitsverarbeitung des Kindes. Fehlt dem Kind in seiner meist schwierigen psychischen Situation die Unterstützung der Familie, wirkt sich das im allgemeinen negativ auf die Krankheitsverarbeitung aus.
Reaktion der sozialen Umwelt	Die soziale Stigmatisierung behinderter Kinder durch die Umwelt führt häufig nicht nur zur sozialen Isolation des Kindes, sondern zur sozialen Isolation der gesamten Familie.

derung des Kindes Auswirkungen auf die partnerschaftliche Beziehung, die Beziehung zwischen den Eltern und ihren nichtbehinderten Kindern sowie auf weitere soziale Kontakte. Diese Betrachtung macht deutlich, «wie psychosoziale Auswirkungen in dem einen Bereich zugleich Mediatoren für die Belastungen im anderen Bereich sind und umgekehrt» (Stegie, 1988, S. 123). Die früher postulierte These, daß Familien mit behinderten Kindern aufgrund der Belastungen dann auch zu «behinderten Familien» werden, läßt sich durch die neuere Forschung nicht belegen. Denn neben den großen Belastungen und den daraus resultierenden Schwierigkeiten für die Eltern und Geschwister werden auch Stärken und positive Erfahrungen beschrieben. Hierzu gehören z. B. Offenheit, Toleranz und Einfühlungsvermögen (vgl. Engelbert, 1994).

Die größte Belastung für die Familie besteht in den immer wiederkehrenden Krisen, den je nach Entwicklungsperiode verschiedenen Anforderungen oder der Konfrontation mit der Tatsache, daß die Behinderung nicht aufhebbar ist. Dabei werden von Eltern behinderter Kinder besonders diejenigen Abschnitte als problematisch erlebt, die bei gesunden Kindern typische Entwicklungsperioden darstellen, wie z. B. laufen oder sprechen lernen, Einschulung oder Pubertät. Ähnliche Belastungen erleben die Eltern, wenn ein jüngeres Geschwister das behinderte Kind in der Entwicklung überholt oder wenn Fragen der Schul- oder Heimunterbringung zu klären sind. In diesen Situationen sind spezifische Unterstützungen notwendig, die am individuellen Bedürfnis der Familien ausgerichtet sind (Thurmair, 1990). Eine generelle Pathologisierung von Familien mit behinderten Kindern würde allerdings einer differenzierten Sichtweise widersprechen und ist als schädlich zu betrachten.

Auch zur Rolle der Geschwister existiert eine umfangreiche Forschung. Bei älteren Schwestern und jüngeren Brüdern behinderter Kinder zeigte sich ein erhöhtes Risiko psychosozialer Störungen (bei älteren Schwestern aufgrund der anfallenden Pflegeaufgaben, bei jüngeren Brüdern aufgrund der fehlenden Aufmerksamkeit seitens der Eltern). Die Gefühle der Geschwister gegenüber ihren behinderten Geschwistern korrelierten hoch mit dem Gefühl, von den Eltern akzeptiert zu werden. Insgesamt ist die Situation der Geschwister von

behinderten Kindern häufig schwierig, da die «gesunden» Geschwister meist wenig beachtet werden («Dir fehlt ja nichts»). Die besondere soziale Belastung zeigt sich vor allem im späteren Kindes- und Jugendalter (vgl. Strasser, Wisnet, Klingshirn & Schädler, 1993).

2.2 Prozesse der Krankheitsverarbeitung bei chronisch körperlich Kranken

Durch die veränderten Lebens- und Arbeitsbedingungen in unserer westlichen Zivilisation ist epidemiologisch ein deutlicher Zuwachs an chronisch körperlichen Erkrankungen festzustellen. Chronisch körperlich Kranke sind die Hauptzielgruppe der Rehabilitation und daher auch eine wichtige Zielgruppe klinisch-psychologischer Tätigkeit. Wir unterscheiden eine Vielzahl von chronisch körperlichen Erkrankungen, die eine unterschiedliche Ätiologie, Pathogenese, Symptomatik und Prognose aufweisen. Alle diese Erkrankungen sind jedoch gekennzeichnet durch einen länger dauernden Krankheitsprozeß, wobei Heilung oder vollständige Beseitigung der Erkrankung oft nicht möglich sind und teilweise die Erkrankungen sogar degenerativ verlaufen können. Die wichtigsten chronischen Erkrankungen sind Herzinfarkt, Krebs, chronische Nierenerkrankung oder Rheuma. Für das betroffene Individuum stellt die chronisch körperliche Erkrankung eine sehr starke Belastung dar. Diese Belastungen sind je nach Art und Schwere der Erkrankung unterschiedlich ausgeprägt und entstehen durch die invasive und sich über längere Zeiträume hinziehende Behandlung oder durch die teils vorübergehenden teils bleibenden Beeinträchtigungen, die als Folge der Krankheit auftreten können. Von den Auswirkungen, die die chronische Erkrankung auf die verschiedenen praktischen Lebensbereiche hat, sind auch die Partner, Angehörigen oder das weitere soziale Umfeld des Kranken betroffen.

2.2.1 Begriffsbestimmung und Definition der Krankheitsverarbeitung

In Anlehnung an Lazarus und Folkman (1984) definiert Heim (1988) Krankheitsverarbeitung als das Bemühen, bereits bestehende oder zu erwartende Belastungen durch die Krankheit innerpsychisch (emotional-kognitiv) oder durch zielgerichtetes Handeln zu reduzieren, auszugleichen oder zu verarbeiten. Die Begriffe Krankheitsbewältigung und Krankheitsverarbeitung werden in der Literatur weitgehend synonym verwendet, wobei der englischsprachige Ausdruck «Coping» die Bewältigung belastender Ereignisse allgemein bezeichnet.

Auf der Basis der sozialen Streßtheorie entwickelten Lazarus und Folkman in den sechziger Jahren eine transaktionale Theorie der Belastung, auf die sich alle neueren Ansätze mehr oder weniger direkt beziehen (Lazarus & Launier 1978; Lazarus & Folkman 1984). Trotz der Vielfalt an Konzepten besteht eine weitgehende Übereinkunft darüber, daß die Bewältigung einer Krankheit auf verschiedenen Ebenen (kognitiv, emotional und handlungsbezogen) erfolgen kann. Ebenso spielen die Einstellungen und Haltungen im Sinne von subjektiven Krankheitstheorien (Kausalattributionen, Kontrollüberzeugungen) eine zentrale Rolle.

Die Krankheitsbewältigung insgesamt läßt sich als ein komplexer Prozeß beschreiben, der vom Zusammenwirken subjektiver und situativer Faktoren geprägt ist, wobei im Hinblick auf die Wahl der Verarbeitungsformen die individuelle Einschätzung und Bewertung der inneren oder äußeren Belastungen von zentraler Bedeutung ist (Beutel, 1988). In der Regel werden mehrere Bewältigungsstrategien simultan oder nacheinander angewandt. Die Bewältigung einer Krankheit verläuft prozeßhaft, wobei das Individuum je nach Phase und akuter Belastung unterschiedliche Verarbeitungsformen einsetzen kann. So kann es beispielsweise zu einem gewissen Zeitpunkt sinnvoll sein, Verarbeitungsstrategien im Sinne der Abwehr und Verdrängung einzusetzen, welche kurzfristig zu einer subjektiven Erleichterung führen, während eine mittel- und langfristige Adaptation eher durch Formen der aktiven Auseinandersetzung begünstigt werden. Nach neueren Arbeiten ist anzunehmen, daß weniger einzelne Verarbeitungsstrategien für sich als günstig für die Anpassung anzusehen sind, sondern vielmehr die Fähigkeit eines Individuums, ein breites Spektrum von verschiedensten Verarbeitungsformen flexibel einzusetzen. Die Bewältigungs- und Anpassungsprozesse benötigen Zeit; je

nach Art und Schweregrad der Krankheit können sich diese Prozesse über Jahre erstrecken bzw. das Individuum lebenslang begleiten.

Aufgrund der genannten Heterogenität in der Theorienbildung zeigt sich in der Erforschung der Krankheitsverarbeitung eine Reihe von Problemen. So wird die Krankheitsverarbeitung einerseits unter dem Aspekt des Prozeßgeschehens untersucht, andererseits als Kriterium einer erfolgreichen Adaptation (Beutel & Muthny, 1988) angesehen; sofern dies nicht explizit getrennt wird, entstehen als Folge oft begriffliche Unklarheiten und Konfundierungen, die eine systematische Erforschung der Krankheitsverarbeitung erschweren. Da die Ziele des Bewältigungsprozesses je nach Beurteiler (Arzt, Patient und soziales Umfeld) und je nach Zeit (kurz-, mittel- oder langfristig) unterschiedlich sein können (Heim, 1988), sollten die Kriterien zur Beurteilung des Adaptationserfolges auf verschiedenen Ebenen (Dimensionen der Lebensqualität) angesiedelt sein und unterschiedliche Beurteilungsperspektiven (Selbst- und Fremdeinschätzung) einbeziehen.

Die Krankheitsverarbeitung läßt sich auch in den neunziger Jahren als eine Forschungsrichtung kennzeichnen, deren uneinheitliche Theorienbildung und die Vielfalt an Erfassungsmethoden (vgl. Schüßler, 1993; Heim & Perrez 1994) die Produktivität eines jungen, sich in Entwicklung befindenden Forschungsbereiches wiederspiegeln. Große Fortschritte wurden in der Entwicklung von Erfassungsmethoden gemacht, wenngleich auch hier viele Fragen wie etwa die der Änderungssensivität bzw. Validität noch offen sind. Es fehlen nach wie vor noch prospektive Längsschnittstudien, von denen man sich Erkenntnisse für den direkten Umgang mit den Patienten erhofft. Von Untersuchungsansätzen, die sich einer multimodalen Erfassungsmethode verpflichtet fühlen und für die komplexen somato-psychischen Wechselwirkungen angemessen erscheinen, sind wir trotz vieler Fortschritte noch weit entfernt.

2.2.2 Krankheitsverarbeitung und Möglichkeiten psychologischer Behandlung bei Krebserkrankung

Die geschilderten Grundzüge der Krankheitsverarbeitung sollen im folgenden am Beispiel der Krebserkrankung konkretisiert und exemplarisch dargestellt werden.

Die Phase der Diagnosestellung im Vorfeld der Unsicherheit über die Bösartigkeit einer Tumorerkrankung ist für den Patienten eine Zeit der Unsicherheit und des bangen Wartens auf das endgültige Untersuchungsergebnis. Die Diagnose «Krebs» stellt für die Mehrzahl der Patienten einen schweren Schock dar, der durch schwerwiegende meist jedoch vorübergehende emotionale Störung begleitet wird.

Wie bei kaum einer anderen Erkrankung ist die Therapie der Krebserkrankung (chirurgische Therapien, Strahlentherapie und Chemotherapie mit aversiven und zum Teil lebensbedrohlichen Nebenwirkungen) mit schweren Beeinträchtigungen und Belastungen für den Patienten verbunden. Je nach Art und Verlauf der Erkrankung und der angewendeten Behandlungsverfahren ist seine Lebensqualität mehr oder weniger stark beeinträchtigt. Diese Beeinträchtigung kann vorübergehend, aber auch bleibend sein. In einzelnen Fällen kann dies eine körperliche Behinderung oder Verstümmelung darstellen (z. B. künstlicher Darmausgang), durch einen bleibenden Funktionsverlust bestimmt sein (z. B. Sterilität) oder durch den Verlust einzelner Gliedmaßen (z. B. Amputation) gekennzeichnet sein. Die Phase nach Abschluß der Primärtherapie ist je nach Art und Schwere der Erkrankung bestimmt durch das Hoffen auf die vollständige Beseitigung aller Tumorherde und die Angst vor einem möglichen Rezidiv. Die Phase der Progredienz oder die Endphase ist gekennzeichnet durch das Bemühen um eine Sinngebung, Trauerarbeit, Selbstwertgefühl, Veränderung und Verletzung (vgl. Meerwein, 1985).

Häufige psychische Reaktionen auf die Krebserkrankung sind Depressionen, starke Angstgefühle und eine allgemeine Verunsicherung, die überwiegend als Reaktionen auf schwere Belastungen und Anpassungsstörungen (F43.xx nach ICD-10 bzw. 293.89 nach DSM- IV) klassifiziert werden können. Störungen im Sinne der «Major Depression» (DSM-IV, 296.xx) sind eher selten und bedürfen neben der psychologischen einer ergänzenden psychopharmakologischen Behandlung. Die Suizidrate ist bei Krebspatienten nicht höher als in der Normalbevölkerung (Breitbart, 1989). Die Probleme in der Partnerschaft liegen vor allem im Bereich der Kommunikation und Sexualität, häufig sind jedoch auch die gesamten familiären Interaktionsstrukturen betroffen (Baider, Cooper & Kaplan De-Nour, 1996). Die Behandlungscompliance des Patienten ist aufgrund der häufig sehr invasiven Behandlungsmethoden in der Onkologie von besonderer Bedeutung und wird in engem Zusammenhang mit der Krankheitsverarbeitung diskutiert (Haubl, 1994).

Auch im Falle der Krebserkrankung verläuft die Krankheitsverarbeitung prozeßhaft und ist von einer Vielzahl von Faktoren der Krankheits- und Behandlungssituation abhängig. Als häufigster Verarbeitungsmechanismus wird die Verbindung von aktiver Auseinandersetzung und Verleugnung in der Literatur immer wieder hervorgehoben (Beutel, 1988). Im Hinblick auf die mittel- bis langfristige Anpassung an eine Erkrankung konnte in einer Metaanalyse verschiedener psychoonkologischer Evaluationsstudien aufgezeigt werden, daß geeignete Verarbeitungsmechanismen das aktive Zupacken, Zuwenden, Auflehnen oder die emotionale Entlastung sind, während fatalistisches Akzeptieren, passive Kooperation, Resignation und Selbstbeschuldigung als eher ungeeignet gelten (vgl. Heim, 1988). Insgesamt ist jedoch festzuhalten, daß die Erforschung der Effekte der verschiedenen Formen der Bewältigung bisher zu recht unterschiedlichen Ergebnissen geführt hat und daher die Frage nach dem Erfolg der verschiedenen Bewältigungsstrategien weiterhin offen bleiben muß (Greer, 1991; Buddeberg, 1992) .

Da die psychischen Probleme des Krebspatienten in der Regel durch die Bedingungen und Belastungen der Erkrankung, ihres Verlaufs und den Folgewirkungen bestimmt und seltener als Resultat einer neurotischen Fehlentwicklung anzusehen sind, zeigen die psychologischen Interventionsansätze konzeptionelle Unterschiede zur psychotherapeutischen Arbeit von Patienten mit primär psychischen Störungen (Koch, 1986). Selbst wenn für die praktische Arbeit einzelne psychotherapeutische Richtungen eine eher untergeordnete Rolle spielen, sind die Gesprächspsychotherapie, Verhaltenstherapie, systemische Familientherapie oder Hypnotherapie diejenigen Richtungen, die die psychologische Tätigkeit konzeptionell am stärksten beeinflußt haben. Natürlich bestimmt auch das therapeutische Setting (Akutklinik, Rehabilitationseinrichtung, Beratungsstelle, therapeutische Praxis, etc.) sowie die Perspektive des Patienten die Wahl der möglichen psychotherapeutischen Methoden. Psychotherapeutische Hilfestellungen erstrecken sich einerseits auf das Gebiet der supportiven Psychotherapie als auch auf problemzentrierte spezifische Interventionen bspw. in Richtung auf Umstellung von Lebensgewohnheiten, Maßnahmen zur Verbesserung der Compliance, Hilfen bei emotionaler und kognitiver Verarbeitung sowie Verfahren zum Abbau von Ängsten vor medizinischen Maßnahmen. Ergänzend hierzu werden wichtige psychologische Aufgaben im Bereich der psychosozialen Fort- und Weiterbildung des medizinischen Personals (Broda & Muthny, 1990) sowie der Supervision gesehen.

2.3 Die berufliche Integration von psychisch Kranken

Während in Abschnitt 1 die allgemeinen Rahmenbedingungen und Gesetzesgrundlagen der beruflichen Rehabilitation erörtert wurden, sollen in diesem Abschnitt spezifische Probleme der beruflichen Integration am Beispiel der Zielgruppe «psychisch Kranker» dargestellt werden.

2.3.1 Die Ausgangssituation beruflicher Integration

Wie kein anderer Bereich der Rehabilitation ist die berufliche Wiedereingliederung von Kranken und Behinderten von der allgemeinen Wirtschaftslage und den damit verbundenen Problemen der Arbeitslosigkeit abhängig. Nach der gegenwärtigen Situation auf dem Arbeitsmarkt ist davon auszugehen, daß jeder zweite stationär psychiatrisch behandelte Patient arbeitslos ist bzw. wird (Wedekind & Kuhnt, 1991). Die Chancen einer beruflichen Reintegration werden hierbei weniger durch behinderungsspezifische Faktoren bestimmt als durch eine Reihe von berufsbezogenen Variablen wie Qualifikation, Dauer der Arbeitslosigkeit, Anzahl früherer Anstellungen und Zuverlässigkeit (Schwefel, 1986). Gerade psychisch Kranke sind im besonderen Maße von diesen Problemen betroffen, da ihre Leistungsfähigkeit sehr schwankend ist, Arbeitgeber sie für weni-

ger anpassungsfähig, unehrlich sowie aggressiv halten und ihnen höhere Fehlzeiten zuschreiben (vgl. hierzu Eickelmann, 1987). Aus den Erfahrungen in der Arbeitstherapie wissen wir, daß psychisch Kranke weniger mit instrumentellen als vielmehr mit den sozioemotionalen Arbeitsanforderungen Schwierigkeiten haben (Haerlin & Kleffmann, 1994). Die je nach dem Grad der psychischen Behinderung eingeschränkte, in der Regel schwankende und schwer kalkulierbare Leistungsfähigkeit und die eingeschränkte Anpassungsfähigkeit von psychisch Kranken erschweren eine Aufnahme auf den freien Arbeitsmarkt, so daß aufgrund der vielschichtigen Probleme ein hoher Bedarf an unterschiedlichen Maßnahmen zur beruflichen Rehabilitation psychisch Kranker besteht (Wedekind & Kuhnt, 1991).

Die Situation des Arbeitsmarktes und die Probleme der Arbeitslosigkeit führen dazu, daß die Frühberentung häufig den Versuchen einer beruflichen Rehabilitation vorgezogen wird (Thom & Wulff, 1990). Statistiken des Verbandes Deutscher Rentenversicherungsträger zeigen, daß die Frühberentung infolge einer psychischen Erkrankung bei Männern nach den Herz-Kreislauf-Erkrankungen an zweiter Stelle steht; bei den Frauen liegen die psychischen Erkrankungen je nach Versichertengruppe an dritter bzw. vierter Position. Ebenso ist das Durchschnittsalter bei Frühberentung im Vergleich zu anderen Krankheitsbildern am niedrigsten (vgl. Schuntermann, 1988).

2.3.2 Institutionen der beruflichen Integration psychisch Behinderter

Betriebliche und außerbetriebliche Maßnahmen zur beruflichen Integration finden vorrangig in den Berufsbildungswerken, den Berufsförderungswerken und den Werkstätten für Behinderte statt (vgl. Tews, 1988). Die traditionellen Einrichtungen der Berufsförderung (Berufsfindung, Berufsbildung) nehmen jedoch bis auf wenige Ausnahmen keine psychisch Kranken auf. Für psychisch Kranke sind daher die psychiatrische Arbeitstherapie, die Werkstätten für Behinderte, die Firmen für psychisch Kranke und die ambulanten arbeitsbegleitenden Diensten die wichtigsten Träger der beruflichen Integration.

Die psychiatrische *Arbeitstherapie* zielt darauf ab, den psychisch Kranken bereits während der stationären Behandlung auf Arbeitsfertigkeiten zu trainieren und auf spätere beruflichen Anforderungen vorzubereiten, indem der Betroffene unter weitestgehend normalen Arbeitsbedingungen Erfahrungen sammeln kann; darüberhinaus hat die Arbeitstherapie auch eine tagesstrukturierende Funktion. Organisatorisch sind die Arbeitstherapieeinheiten teilweise im psychiatrischen Krankenhaus integriert, teilweise werden sie auch als externe ausgelagerte Abteilungen geführt, was vor allem unter Normalisierungsgesichtspunkten von großer Bedeutung ist (Reker & Eikelmann, 1993; Hohm, 1993).

Die *Werkstatt für Behinderte* (WfB), traditionell eine Einrichtung für geistig Behinderte, wurde konzeptionell seit Ende der siebziger Jahre auf die Bedürfnisse und spezifischen Probleme psychisch Kranker ausgerichtet. Ziel der Werkstatt für psychisch Behinderte liegt in der Vermittlung von speziellen Arbeitsfertigkeiten mit dem Ziel der Weitervermittlung, aber auch in der Bereitstellung von beschützten Dauerarbeitsplätzen. In der Regel werden eigene Abteilungen oder Einrichtungen für psychisch Behinderte eingerichtet, wobei der Anteil der psychisch Kranken an der gesamten WfB-Population immer noch sehr gering ist (Wedekind & Kuhnt, 1991).

Als eine spezifische Antwort auf die anwachsende Arbeitslosigkeit wurden seit Ende der siebziger Jahre und Anfang der achtziger Jahre die sogenannten *Firmen für psychisch Kranke* auf Initiative von freien Trägern bzw. Initiativen aufgebaut (Seyfried, 1990). Gemeinsames Ziel der Firmen für psychisch Kranke ist es, auf der Basis von wirtschaftlichen Unternehmen und Betrieben des freien Arbeitsmarktes psychisch Kranke in Arbeit zu integrieren. Das Spektrum der Arbeitsangebote dieser Betriebe reicht vom Bäckereibetrieb über die Druckerei und Industriefertigung bis hin zum Buchhaltungsbüro oder Restaurant, wobei dem Dienstleistungssektor die größte Bedeutung zukommt; teilweise kooperieren diese Firmen mit größeren Betrieben in Form von ausgelagerten Fertigungsbereichen. Die Firmen für psychisch Kranke stehen zwischen dem beschützten und freien Arbeitsmarkt und versuchen, in ihrem strukturellen Ausbau den Besonderheiten psychisch Kranker im Arbeitsleben Rechnung zu tragen.

Die Aufgabe von *ambulanten arbeitsbegleitenden Diensten* besteht im wesentlichen darin, Arbeitsverhältnisse für psychisch Kranke auf dem freien Arbeitsmarkt durch eine begleitende Betreuung zu erhalten sowie durch gezielte Aufklärungsarbeit in Betrieben neue Arbeitsplätze für psychisch Kranke zu schaffen. Diese arbeitsbegleitende Betreuung dient im Sinne der Prävention auch dem Ziel, eine Aussonderung von vorneherein zu verhindern. Die Betreuungsaufgaben erstrecken sich auf die Bereiche der Einzelbetreuung, Beratung, Aufklärung von Kollegen und Vorgesetzten, des Abbaus von Vorurteilen sowie der Krisenintervention (Heuser, 1992).

Die verschiedenen Initiativen und Konzeptionen zur Reintegration psychisch Kranker machen deutlich, daß die berufliche Rehabilitation nicht gleichbedeutend ist mit einer vollständigen Integration auf dem freien Arbeitsmarkt, sondern eine berufliche Integration auf unterschiedlichen Stufen (beschützte und teilgeschützte Arbeitsplätze auf dem freien oder Sonderarbeitsmarkt) über die Erreichung von Teilzielen stattfinden kann. Je nach Ausmaß der Behinderung oder Einschränkung ist das Anstreben einer beruflichen Integration auf dem freien Arbeitsmarkt nicht nur unrealistisch, sondern kann sich durch die Überforderung auch negativ auf den Krankheitsverlauf des Einzelnen auswirken. So benötigen psychisch kranke Jugendliche und junge Erwachsene ohne berufliche Vorerfahrung andersartige Arbeitsangebte als Langzeitpatienten, die durch eine langandauernde Hospitalisierung seit vielen Jahren aus dem Arbeitsleben ausgegliedert sind. Vor diesem Hintergrund sind die hier vorgestellten Arbeitsangebote als sich wechselseitig ergänzende Ansätze zu verstehen, psychisch Behinderte in unterschiedlicher Weise in das Arbeits- oder Berufsleben zu integrieren.

2.3.3 Berufliche Integration zwischen Anspruch und Wirklichkeit

Die Erforschung des Erfolgs einer beruflichen Integration zeigt trotz Heterogenität der Befunde vor allem zwei prognostisch bedeutsame Merkmale (vgl. Weis, 1989):

– Psychopathologisches Zustandsbild

– Prämorbide soziale und berufliche Integration bzw. Desintegration.

Die Verlaufsstudien machen hierbei deutlich, daß es je nach Verlaufstypen unterschiedliche Ausgänge im Sinne der Erfolgsparameter geben kann. Die Differenzierung unterschiedlicher Verlaufsgruppen erklärt oftmals auch die Heterogenität der in verschiedenen Forschungsarbeiten als valide identifizierten Prädiktoren. Gerade für die berufliche Integration muß verstärkt berücksichtigt werden, daß berufsspezifische Prognosefaktoren durch die vorhandenen kulturabhängigen Arbeitsnormen zu einem beträchtlichen Anteil als Spezifika der Arbeitssituation und weniger als typisch für die Art und den Verlauf der psychischen Erkrankung anzusehen sind.

Vor dem Hintergrund der zunehmenden Schwierigkeiten einer Integration in das Arbeitsleben wurde das Erfolgskriterium und Rehabilitationsziel «Arbeit» seit den achtziger Jahren immer mehr einer kritischen Überprüfung unterzogen. Wie oben aufgezeigt, bedeutet berufliche Rehabilitation nicht in jedem Falle die vollständige Reintegration auf dem freien Arbeitsmarkt, sondern das Ziel einer beruflichen Integration muß immer in Bezug auf die jeweilige Zielgruppe und den jeweiligen Grad individueller Beeinträchtigung gesehen werden. Gerade bei denjenigen Krankheitsgruppen, die beruflich nicht mehr voll eingegliedert werden können, unterbleiben häufig sinnvolle berufliche Fördermaßnahmen, obwohl mit Hilfe derartiger Maßnahmen eine Integration in beschützte Arbeitsformen möglich wären. Für diese Gruppen stellt sich im Sinne der Erreichung von Teilzielen die Frage nach einem ihren verbleibenden Fähigkeiten angepaßten Arbeitsplatz oder einer adäquaten Tagesstrukturierung durch Beschäftigungsangebote oder sinnvolle Freizeitgestaltung. In diesem Sinne lassen sich drei Untergruppen psychisch Kranker unterscheiden, die aufgrund der subjektiven Beeinträchtigung und Krankheitsgeschichte unterschiedliche Maßnahmen der beruflichen Integration benötigen (Schwendy, 1986):

(1) Chronisch psychisch Kranke mit Langzeithospitalisierung mit relativ starken Beeinträchtigungen der beruflichen Leistungsfähigkeit und langandauernder beruflicher Desintegration;

(2) Psychisch Kranke jüngeren Alters («new chronic patient»), in der Regel ohne Berufs- oder Schulausbildung sowie berufliche Sozialisationserfahrungen;

(3) Psychisch kranke Erwachsene mit wenigen stationären Aufenthalten von kürzerer Dauer sowie Berufsausbildung und prämorbid guter Integration und Berufserfahrung.

Gerade für die erste Gruppe kommen verstärkt die Angebote der Tagesstrukturierung oder beschützten Arbeitsplätze in Frage, da eine vollständige berufliche Integration aufgrund der Beeinträchtigung und Dauer der Desintegration schwer erreichbar erscheint. Für die zweite Gruppe sind es vorrangig Maßnahmen der Berufsfindung und Ausbildung, um die Ausgangsbedingungen für eine berufliche Reintegration herzustellen, während die dritte Gruppe mit Hilfe von entsprechenden Integrationshilfen je nach Grad der Beeinträchtigung teilgeschützte oder frei Arbeitsplätze ausfüllen kann. Diese Unterteilung ist als erste Annäherung zu verstehen, wobei die Grenzen zwischen den Gruppen fließend sind. Wie am Beispiel psychisch Kranker aufgezeigt, existieren eine Vielzahl von unterschiedlichen Möglichkeiten zur beruflichen Integration. Die diagnostische Abklärung der verbeibenden Arbeitsfähigkeiten ist hierbei von großer Bedeutung. Von einer klaren Indikationsstellung und Zuweisung zu den verschiedenen Arbeitsangeboten bzw. Beschäftigungsformen sind wir zum gegenwärtigen Zeitpunkt jedoch noch weit entfernt.

2.4 Gesellschaftliche Integration von Körper- und Sinnesbehinderten

In diesem Abschnitt soll geklärt werden, was unter gesellschaftlicher Integration behinderter Menschen zu verstehen ist, inwieweit sie verwirklicht ist und welche Möglichkeiten zur Förderung der Integration Behinderter bestehen. «Integration darf nicht als Eingliederung behinderter Menschen durch nichtbehinderte Menschen in eine Gesellschaft der Nichtbehinderten verstanden werden» (Begemann, 1993, S. 153). Häufig wird die Integration Behinderter mit der sozialen Rehabilitation gleichgesetzt. Diese Gleichsetzung verkürzt den Gedanken der Integration – denn soziale Integration ist mehr als die einseitige Anpassung und Wiedereingliederung behinderter Menschen; sie «beinhaltet ein wechselseitiges, emanzipatorisches und solidarisches Verändern des bisherigen Zustands durch Behinderte wie Nichtbehinderte» (Cloerkes, 1988, S. 92) und umfaßt somit medizinische wie auch berufliche Rehabilitationsmaßnahmen.

2.4.1 Die Realität der Integration Behinderter

Die empirische Forschung zeigt, daß große Diskrepanzen zwischen Anspruch und Wirklichkeit bestehen.

• Behindertengerechte bauliche Maßnahmen fehlen weitgehend, trotz anderslauternder Lippenbekenntnisse. Ernüchternd wirkt die nach Cloerkes (1988) zitierte Untersuchung des Arbeitskreises Planen und Bauen (1982), die exemplarisch für die Stadt Hanau zeigt, daß Rollstuhlfahrer nur in 44 Prozent der Apotheken, in 28 Prozent der Ladengeschäfte, in 15 Prozent der amtlichen Stellen, in 5 Prozent der Arztpraxen, in 2 Prozent der Gastwirtschaften und in 0 Prozent der öffentlichen Toiletten gelangen können.

• Eine zweite zentrale Barriere zur gesellschaftlichen Integration Behinderter ist durch die überdurchschnittlich hohe Arbeitslosigkeit gegeben. Zwar sieht das Schwerbehindertengesetz der BRD vor, daß bei Betrieben mit mehr als 16 Mitarbeitern 6 Prozent der Arbeitsplätze an Behinderte vergeben werden sollten, bis heute machen aber viele Betriebe und z. B. auch öffentliche Arbeitgeber von der Möglichkeit Gebrauch, sich mit Hilfe einer Ausgleichsabgabe (im Falle eines öffentlichen Arbeitgebers aus Steuergeldern) von dieser Verpflichtung freizukaufen. So berichtet Niehaus (1994), daß in der ersten gesamtdeutschen Statistik 1991 158 000 beschäftigungspflichtige Arbeitgeber gezählt wurden. 75 Prozent der Arbeitgeber stellten keinen einzigen oder anteilig zu wenig Schwerbehinderte ein. Von 1,3 Millionen Pflichtplätzen waren 1992 nur 838 000 mit Schwerbehinderten besetzt (Stadler, 1995). Von 6,3 Millionen behinderten Menschen zählten 1989 nur 1,7

Millionen zu den Erwerbstätigen. Dabei sind schwerbehinderte Frauen im Vergleich mit schwerbehinderten Männern deutlich häufiger erwerbslos. Da die Erwerbsbeteiligung Behinderter in besonderem Maße von der konjunkturellen Lage abhängt, dürfte sich bei der zur Zeit herrschenden hohen Arbeitslosigkeit in der Gesamtbevölkerung die Situation für behinderte Menschen noch ungünstiger darstellen.

• Die persönlichen Einstellungen und Verhaltensweisen von Nichtbehinderten gegenüber Behinderten stellen die wohl größte Barriere bei der Integration Behinderter dar. In einer Analyse von über 400 Einzeluntersuchungen zu diesem Themenbereich kommt Cloerkes (1980) zu der Feststellung, daß die dort berichteten Einstellungen Nichtbehinderter gegenüber Behinderten von generell negativen bis zu ausgesprochen positiven Einstellungen reichen. In den Untersuchungen zeigen sich weitgehend stabile «Beliebtheitshierarchien» der verschiedenen Behindertenarten. Diejenigen Behindertengruppen, die den sozialen Normen Nichtbehinderter noch am ehesten entsprechen (Bandscheibengeschädigte, Asthmatiker), rangieren am höchsten; Behinderte, die diesem normativen Anspruch im Urteil der Majorität nicht Folge leisten können, wie psychisch oder geistig Behinderte, nehmen die niedrigsten Plätze ein. Insgesamt treten Vorurteile gegenüber Behinderten dann verstärkt auf, wenn insgesamt die Vorurteile gegen Problemgruppen der Gesellschaft zunehmen (Markowetz, 1993).

Wie die Einstellungsforschung gezeigt hat, werden negative Einstellungen nicht notwendigerweise in diskriminierendes Verhalten umgesetzt. Nichtbehinderte befinden sich gegenüber Behinderten häufig in einem Dilemma. Auf der einen Seite existieren negative Einstellungen, die nicht zuletzt durch das von der Gesellschaft geprägte Bild der Behinderten bestimmt sind. Auf der anderen Seite existiert ein sozialer Druck, sich «behindertengerecht» zu verhalten (man denke nur an das «Jahr der Behinderten» oder an Fernsehsendungen wie «Der große Preis» für die Aktion Sorgenkind). Cloerkes (1984) spricht vom «normativen Konflikt», in dem sich der einzelne Nichtbehinderte befindet. Durch die paradoxe Konstellation, geprägt von Verhaltensunsicherheit und ambivalenten Gefühlen, wird eine natürliche und unkomplizierte Interaktion zwischen Nichtbehinderten und Behinderten deutlich erschwert. Der Versuch, solche Kontakte möglichst zu vermeiden, ist die Folge. Die daraus entstehende soziale Isolation behinderter Menschen stellt die größte Barriere bei ihrer gesellschaftlichen Integration dar. Dabei trägt die ausgrenzungsorientierte Behindertenpolitik, die zwar in vielen Bereichen Erleichterung für Behinderte und deren Angehörige schafft, dazu bei, daß das Bild behinderter Menschen sich nicht grundlegend ändern kann. Vorschulische und schulische Integration als Regelfall werden nicht gefördert (Markowetz, 1993). Nach der Klassifikation diskriminierenden Verhaltens von Pettigrew (1985) gilt neben Verbalinjurien und physischen Angriffen die Kontaktvermeidung als eine der diskriminierenden Verhaltensweisen.

2.4.2 Verbesserung der mangelnden gesellschaftlichen Integration

Zunächst ist zu betonen, daß, entgegen der Hoffnung einiger Fachleute, durch eine detaillierte Informierung der Bevölkerung Vorurteile und negative Einstellungen gegenüber Behinderten abbauen zu können (von Bracken, 1976), die Aufklärungskampagnen kaum etwas im Hinblick auf eine Einstellungsänderung bewirkten. Eine empirische Studie des IMW-Forschungsinstituts zeigte, daß die großangelegten Aufklärungskampagnen im Jahr der Behinderten bei ca. 40 Prozent der Bevölkerung ohne jeden Effekt waren (IMW, 1982). Sozialpsychologisch lassen sich hierfür Gründe benennen, die hier allerdings nur stichwortartig aufgeführt werden können:

– Bisherige negative Einstellungen werden durch selektive Wahrnehmung stabilisiert.
– Information löst möglicherweise Angst aus, die zu Abwehr und damit zu noch höherer Rigidität führen kann.

Auch die naive Annahme, man müsse zum Abbau von negativen Einstellungen gegenüber Behinderten diese nur mit Nichtbehinderten in Kontakt bringen, kann so nicht beibehalten werden. Natürlich gilt wie auch für die Informationskampagnen: Ohne Kontakt und ohne Information findet keine Einstellungsänderung statt, aber Information und Kontakt sind keine hinreichenden Bedingungen für die gesellschaftliche Integration Behinderter. Ähnlich wie beim gutgemeinten Informationsversuch kann sich auch der Kontakt zwischen Behinderten und Nichtbehinderten als Bumerang erweisen. So lehnten beispielsweise nichtbehinderte Kinder lernbehinderte Kinder bei vermehrtem Kontakt verstärkt ab (Kniel, 1979). Das hier aufgezeigte Gesamtbild ist nicht erfreulich. Ermutigend ist jedoch, daß mehrere amerikanische Untersuchungen durch eine differenziertere Betrachtungsweise der qualitativen Bedingungen des Kontakts zu positiveren Ergebnissen kommen (vgl. Sandler & Robinson, 1981).

Eine positive Einstellungsänderung gegenüber Behinderten ist am ehesten zu erwarten, wenn behinderte Menschen in der Öffentlichkeit positiv dargestellt werden. So hat 1996 z. B. erstmals die Behindertenolympiade in den gleichen Sportstätten wie die olympischen Spiele in Atlanta stattgefunden. Die entsprechenden Verbände erhielten erstmals Unterstützung durch TV-Gelder und Sponsoren. Ist die Bereitschaft zur Einstellungsänderung vorhanden, wird in der Kombination von Information und konkretem Kontakt mit Behinderten der günstigste Weg zur Verhaltensänderung gesehen.

Schließlich soll betont werden, daß sämtliche Integrationsbemühungen daran scheitern können, daß die gesellschaftliche Werte- und Normenstruktur einer Integration entgegensteht. Solange Leistungsideale, Wirtschaftswachstumsideale, Gesundheitsideale, Schönheitsideale usw. als anzustrebende Normen für ein «vollwertiges» gesellschaftliches Mitglied existieren, finden behinderte Menschen nur schwerlich ihren Platz, weil sie viele dieser Normen nicht erfüllen können. Deshalb sind für eine ernstgemeinte Integration Behinderter neben dem Abbau von Mobilitätsbarrieren für Körper- und Sinnesbehinderte, neben einer verbesserten Information und Kontaktbemühungen auch gesellschaftliche Ideale kritisch zu beleuchten und gegebenenfalls zu verändern. Übersieht man die soziokulturellen Aspekte der Integrationsfrage, wird man im Bemühen um Integration immer wieder scheitern.

3. Evaluationsforschung in der Rehabilitation

Von den US-amerikanischen Entwicklungen beeinflußt, existiert die Evaluationsforschung in der Bundesrepublik seit etwa 15 Jahren (vgl. Wittmann, 1985). Ziel der Evaluationsforschung ist die Unterstützung von Entscheidungsprozessen bei der Planung und Durchführung von Projekten im Bildungs- und Gesundheitsbereich.

Für den Bereich der Rehabilitationspsychologie ist die Evaluation von Programmen von großer Bedeutung. Dabei wird zwischen formativer und summativer sowie zwischen interner und externer Evaluation unterschieden. Während bei der summativen Evaluation bereits abgeschlossene Projekte hinsichtlich Zielsetzung und Effektivität geprüft werden, wird die formative Evaluation während der Entwicklung und der Anwendung eines Programmes durchgeführt. Bei interner Evaluation führt das Personal einer Einrichtung die Forschungsarbeit selbst durch, bei externer Evaluation besteht Unabhängigkeit zwischen dem Forschungsteam und dem Personal der zu evaluierenden Einrichtung. In der Praxis lassen sich fließende Übergänge zwischen den Evaluationsarten finden. Der Anspruch der strikten Unabhängigkeit ist bei formativer Evaluation kaum zu realisieren, da der Forscher nur in guter Zusammenarbeit mit dem Personal einer Einrichtung die für ihn notwendigen sensiblen Daten erheben kann. Bei summativer Evaluation scheint hingegen ein externes Team notwendig.

Für eine Programmevaluation sind nach Attkission und Broskowski (1978) folgende fünf Evaluationsbereiche zu untersuchen:

– materieller, zeitlicher und organisatorischer Aufwand des Programms;
– Leistung des Programms und Qualität der Durchführung des Programms;
– Angemessenheit des Programms in Bezug auf die bestehenden Bedürfnisse;
– Verhältnis von Aufwand zu Leistungen, die das Programm erbringt (Leistungsfähigkeit);
– Analyse des spezifischen Prozesses, der den Eingangsaufwand in das Ergebnis umwandelt.

Nach Coursey (1977) lassen sich sechs Teilschritte eines Evaluationsprozesses, der die obengenannten Bereiche untersucht, aufführen:

(1) Definition der Komponenten und Beschreibung des Programms;

(2) Ableitung der Bewertungskriterien, Definition der evaluativen Fragestellungen und Entwicklung einer Methodologie;

(3) Operationalisierung und Bestimmung der zu messenden Merkmale und Meßoperationen;

(4) Handhabung des Evaluationsprojekts (Finanzierung, Personal, Datensammlung);

(5) Feedback und Ergebnisse für das Programm, dessen Personal und den Auftraggeber;

(6) Bewertung des Evaluationsprojekts.

In Bezug auf die Festlegung der Standards für Programmevaluation, die das Anspruchsniveau für Evaluationsforschung festlegen, sei hier auf Bengel und Koch (1988) verwiesen, die in Auszügen die Standards der American Evaluation Research Society wiedergeben.

In der Evaluationsforschung werden vier Modelle unterschieden (vgl. Coursey, 1977) (s. **Tab. 4**).

Dabei ist das systemanalytische Modell bislang nur in Ansätzen verwirklicht und beschreibt die Idealvorstellung von Evaluation. Das kostenanalytische Modell läßt sich in Kosten-Effektivitäts-Analysen und Kosten-Nutzen-Analysen differenzieren. Während bei der Kosten-Effektivitäts-Analyse die Kosten und Wirkungen eines Programms mit Alternativprogrammen verglichen werden, müssen bei der Kosten-Nutzen-Analyse den Effekten und dem Nutzen eines Programms monetäre Werte zugeordnet werden. Diese Analysen sind gerade in Zeiten angestrebter oder bereits verwirklichter Einsparungen im Gesundheitssektor von Bedeutung und widersprechen unseres Erachtens nicht dem Ziel der Evaluation im Gesundheitsbereich, die Qualität von Behandlungsmöglichkeiten zu prüfen und zu optimieren. Beim Zielmodell werden die Ziele des Programms bei Beginn der Evaluation festgelegt und mit den

Tabelle 4: Modelle der Evaluation (Bengel & Koch, 1988, S. 327)

1. Modelle der Ergebnisevaluation	Vergleich von behandelten und nicht (bzw. alternativ) behandelten Gruppen
2. Zielmodell	Vergleich der tatsächlichen Effekte mit vorher definierten Zielen
3. Kostenanalytisches Modell	Bewertung von Kosten im Verhältnis zum Nutzen
4. Systemanalytisches Modell	Beschreibung von Struktur und zeitlichem Ablauf des Programms (Systems) mit Methoden der Systemtheorie und Bewertung nach Aufwand, Leistung, Angemessenheit, Leistungsfähigkeit und unter Prozeßgesichtspunkten

tatsächlichen Ergebnissen nach Anwendung des Programms verglichen. Damit kann der forschungsmethodischen Schwierigkeit der Kriteriendefinition begegnet werden.

In diesem Zusammenhang möchten wir auf Möglichkeiten des Mißbrauchs von Evaluationsstudien hinweisen. Auf diese Gefahren muß der Evaluationsforscher besonders dann achten, wenn es sich um typische Auftragsforschung handelt:

Eye-Wash beschreibt den Versuch, ein schlechtes Programm dadurch zu retten, daß in der Evaluation nur die positiven Aspekte berücksichtigt werden.

White-Wash stellt den Versuch dar, die Mißerfolge eines Programms zu kaschieren.

Submarine kennzeichnet den Versuch, durch einseitige Betonung von negativen Resultaten ein Programm zu Fall zu bringen.

Postponement beschreibt den Versuch, ein notwendiges Handeln aufzuschieben mit der Begründung, daß noch weitere Fakten gesammelt werden müßten.

Posture beschreibt, daß die Evaluation lediglich als Ritual durchgeführt wird, die daraus resultierenden Ergebnisse bei der Entscheidungsfindung jedoch nicht berücksichtigt werden.

Wesentliche Aufgabe der Evaluationsforschung in der Rehabilitation ist es, die Effektivität und Effizienz der verschiedenen rehabilitativen Angebote und Maßnahmen zu überprüfen und dadurch die Rehabilitation weiterzuentwickeln und wissenschaftlich zu begründen. Inhaltliche Schwerpunkte sind hierbei Fragen der Inanspruchnahme rehabilitativer Maßnahmen, Fragen des Bedarfs und der individuellen Bedürf-

tigkeit, die differentielle Indikationsstellung für stationäre, teilstationäre oder ambulante Maßnahmen sowie die Auswirkungen der Maßnahmen auf die verschiedenen Parameter der Lebensqualität, die soziale Integration und Krankheitsbewältigung. Während in früheren rehabilitationswissenschaftlichen Studien der Erfolg der Rehabilitation auf der Basis von einfachen Erfolgskriterien (wie bspw. die Wiedererlangung der Erwerbsfähigkeit) untersucht wurde, werden in neueren Forschungsarbeiten multiple Erfolgskriterien eingesetzt und der Rehabilitationsprozeß stärker in den Mittelpunkt des Forschungsinteresses gerückt. Exemplarisch sollen in **Kasten 1** einige Evaluationsstudien aus verschiedenen Bereichen der Rehabilitation kurz vorgestellt werden.

4. Literatur

Arbeitskreis Planen und Bauen für Behinderte e.V. (1982). *Unveröffentlichtes Arbeitspapier.* Hanau.

Attkisson, C.C. & Broskowski, A. (1978). Evaluation and the emerging human service concept. In C. Attkisson, W.A. Hargreaves, M.J. Horowitz & J.E. Sorensen (Eds.), *Evaluation of human service programs* (pp. 3–25). New York: Academic Press.

Badura, B., Grande, G., Janssen, H. & Schott, T. (1995). *Qualitätsforschung im Gesundheitswesen. Ein Vergleich ambulanter und stationärer kardiologischer Rehabilitation.* Weinheim: Juventa.

Baider, L., Cooper, G. & Kaplan De-Nour, A. (Eds.). (1996). *Cancer and the family.* Chichester: Wiley & Sons.

Bauer, U., Wolfram, H., Strzata, A., Neise, U. & Kühne, G.E. (1995). Langzeitkatamnesen Alkoholabhängiger über 10 bis 14 Jahre nach stationärer viermonatiger Entwöhnungsbehandlung. Erfolgsmerkmale und Mortalität. *Sucht, 41,* 384–394.

Kasten 1
Exemplarische Evaluationsstudien aus verschiedenen Bereichen der Rehabilitation

Stationäre psychosomatische Rehabilitation

Zielke (1995) führte eine umfassende multizentrische Studie zur Wirksamkeit und Wirtschaftlichkeit einer stationären Verhaltenstherapie (psychosomatische Rehabilitation) durch. Hierbei wurden nicht nur subjektive Parameter der Befindlichkeits- und Verhaltensebene erfaßt, sondern auch die medizinischen Behandlungskosten evaluiert. Zwei Jahre nach der Rehabilitation sank die Zahl der Tage, an denen die Patienten krankgeschrieben waren, um mehr als die Hälfte. Hierbei zeigte sich, daß die psychosomatische Therapie nicht nur die Krankheitsursachen und die Krankheitsfolgen weitgehend beseitigt, sondern daß sich das Krankheitsverhalten der Patienten auch langfristig veränderte. Aus den Analysen des über vierjährigen Untersuchungszeitraumes ergab sich, daß die behandelten Patienten seltener krank wurden, im Krankheitsfall die Dauer der Krankschreibung kürzer war und sich der Medikamentenkonsum deutlich verringert hat. Ferner wurden Verbesserungen der Lebensqualität festgestellt, die Patienten erlebten sich stärker belastbar und den täglichen Anforderungen besser gewachsen. Differenzierte Kosten-Nutzenberechnungen stationärer psychosomatischer Behandlungen belegen die volkswirtschaftliche Bedeutung dieser spezifischen Behandlungsansätze und weisen eine hohe Ergebnisqualität der verhaltensmedizinischen Rehabilitation nach.

Stationäre Entwöhnungsbehandlung

Bauer, Wolfram, Strzata, Neise und Kühne (1995) untersuchten den langfristigen Erfolg stationärer Entwöhnungsbehandlungen im Bereich der Sucht-Rehabilitation. In dieser Studie waren 37 Prozent der Patienten nach der stationären Behandlung durchgehend abstinent. Die Langzeitabstinenz ging mit einem guten Gesundheitszustand und einer erhöhten Lebenszufriedenheit sowie guter beruflicher und sozialer Integration einher. 15 Prozent der Patienten konnten als gebessert angesehen werden; unter den zwischenzeitlich Verstorbenen des untersuchten Kollektivs war die Anzahl der Abbrecher signifikant erhöht.

Kardiologische Rehabilitation

Badura, Grande, Janssen und Schott (1995) verglichen ambulante und stationäre kardiologische Anschlußheilbehandlungen an zwei Rehabilitations-Einrichtungen. Sie kommen zur zusammenfassenden Schlußfolgerung, daß ambulante und stationäre Anschlußheilbehandlungen Erfolge bei der Verbesserung des körperlichen Zustandes haben. Psychische Befindlichkeit und Selbstkonzeptmerkmale stabilisierten sich kontinuierlich, wenn die somatischen Krankheitsfolgen geringer waren. Nach Ansicht der Autoren wird den psychischen Faktoren in der kardiologischen Rehabilitation zu wenig Beachtung geschenkt, was sich insbesondere bei körperlich stark beeinträchtigten Patienten negativ auswirkte.

Begemann, E. (1993). Gesellschaftliche Integration «behinderter» Menschen erfordert eine solidarische Kultur. *Zeitschrift für Heilpädagogik, 44,* 153–169.

Bengel, J. & Koch, U. (1988). Evaluationsforschung im Gesundheitswesen. In U. Koch, G. Lucius-Hoene & R. Stegie (Hrsg.), *Handbuch der Rehabilitationspsychologie* (S. 321–347). Berlin: Springer.

Beutel, M. (1988). *Bewältigungsprozesse bei chronischen Erkrankungen.* Weinheim: Edition Medizin.

Beutel, M. & Muthny, F. (1988). Konzeptionalisierung und klinische Erfassung von Krankheitsverarbeitung – Hintergrundstheorien, Methodenprobleme und künftige Möglichkeiten. *Psychotherapie und Medizinische Psychologie, 38,* 19–27.

Bintig, A. (1980). *Wer ist behindert? Problematisierung der Begriffe und Definition von Behinderung in Verwaltung, Wissenschaft und Forschung.* Berlin: Bundesinstitut für Berufsbildung.

Brack, U. B. (Hrsg.). (1986). *Frühdiagnostik und Frühtherapie. Psychologische Behandlung von entwicklungs- und verhaltensgestörten Kindern.* München: Urban & Schwarzenberg.

Bracken, H. von (1976). *Vorurteile gegen behinderte Kinder, ihre Familien und Schulen.* Berlin: Marhold.

Brackhane, R. (1988). Behinderung, Rehabilitation, Rehabilitationspsychologie: Terminologische Vorbemerkungen und Begriffserklärungen. In U. Koch, G. Lucius-Hoene & R. Stegie (Hrsg.), *Handbuch der Rehabilitationspsychologie* (S. 20–34). Berlin: Springer.

Breitbart, W. (1989). Suicide. In J. Holland, J. Rowland (Eds.), *Handbook of Psychooncology* (pp. 291–299). New York: Oxford University Press.

Broda, M. & Muthny, F. (1990). *Umgang mit chronisch Kranken. Ein Lehr- und Handbuch der psychosozialen Fortbildung.* Stuttgart: Thieme.

Buddeberg, C. (1992). *Brustkrebs. Psychische Verarbeitung und somatischer Verlauf.* Stuttgart: Schattauer.

Cloerkes, G. (1980). Soziokulturelle Bedingungen für die Entstehung von Einstellungen gegenüber Behinderten. *Vierteljahresschrift für Heilpädagogik und ihre Nachbargebiete, 49,* 259–273.

Cloerkes, G. (1984). Die Problematik widersprüchlicher Normen in der sozialen Reaktion auf Behinderte. *Vierteljahresschrift für Heilpädagogik und ihre Nachbargebiete, 53,* 25–40.

Cloerkes, G. (1988). Behinderung in der Gesellschaft: Ökologische Aspekte und Integration. In U. Koch, G. Lucius-Hoene & R. Stegie (Hrsg.), *Handbuch der Rehabilitationspsychologie* (S. 86–100). Berlin: Springer.

Coursey, R.D. (1977). *Program evaluation for mental health.* New York: Grume & Stratton.

Eikelmann, B. (1987). Arbeit – ihre Bedeutung in Therapie und Rehabilitation chronisch seelisch Kranker. *Psychiatrische Praxis, 14,* 18–22.

Engelbert, A. (1994). Familien mit behinderten Kindern. 5. Familienbericht (S. 138–179). München: Verlag Deutsches Jugendinstitut.

Greer, S. (1991). Psychological response to cancer and survival. *Psychological Medicine, 21,* 43–49.

Haerling, Ch. (1991). Brücken und Sackgassen zwischen Psychiatrie und Betrieb. *Sozialpsychiatrische Informationen, 03/91,* 42–47.

Haerling, Ch. & Kleffmann, A.L. (1994). Diagnostik in der Arbeitstherapie und Rehabilitation – Mehr als nur das Ausfüllen von Checklisten. *Sozialpsychiatrische Informationen, 01/94,* 42–46.

Haubl, R. (1994). Zur Rationalität non-complianter Krankheitsbewältigung. In E. Heim, M. Perrez (Hrsg.). (1994): *Krankheitsbewältigung. Jahrbuch der Medizinischen Psychologie* (Bd. 10, S. 96–113). Göttingen: Hogrefe.

Heim, E. (1988). Coping und Adaptivität: Gibt es geeignetes oder ungeeignetes Coping? *Psychotherapie und Medizinische Psychologie, 38,* 8–18.

Heim, E. & Perrez, M. (Hrsg.). (1994). *Krankheitsbewältigung. Jahrbuch der Medizinischen Psychologie, Bd. 10.* Göttingen: Hogrefe.

Heuser, K. (1992). Psychosoziale Dienste für psychisch Behinderte am Beispiel Rheinland. *Theorie und Praxis der sozialen Arbeit, 5,* 189–193.

Hohm, H. (1993). Perspektiven der Arbeitstherapie im psychiatrischen Großkrankenhaus. *Sozialpsychiatrische Informationen, 01/93,* 29–33.

IMW-Forschungsinstitut (1982). Begleitende Untersuchungen zu Wirkungen und Erfolg des «Internationalen Jahres der Behinderten 1981». Ausgewählte Ergebnisse der Gesamtanalyse. In K.-L. Holtz (Hrsg.), *War's das? Eine Bilanz zum Jahr der Behinderten* (S. 192–207). Heidelberg: Schindele.

Janzowski, F. (1988). Psychologische Hilfen in der Rehabilitation. In U. Koch, G. Lucius-Hoene & R. Stegie (Hrsg.), *Handbuch der Rehabilitationspsychologie* (S. 280–297). Berlin: Springer.

Jochheim, K.A. (1979). The Classification of Handicaps. *International Journal of Reha Research, 3* (Suppl. 1, Vol. 2).

Kniel, A. (1979). *Die Schule für Lernbehinderte und ihre Alternativen. Eine Analyse empirischer Untersuchungen.* Rheinstetten: Schindele.

Koch, U. (1986). Verhaltensmedizin im Bereich chronischer Erkrankungen. In J.C. Brengelmann & G. Bühringer (Hrsg.), *Therapieforschung für die Praxis* (Band 6, S. 27–49). München: Röttger.

Koch, U. & Haag, G. (1988). Rehabilitation als Hilfe zur Bewältigung der Behinderung. *Praxis der Klinischen Verhaltensmedizin und Rehabilitation, 1,* 55–65.

Koch, U., Lucius-Hoene, G. & Stegie, R. (Hrsg.). (1988). *Handbuch der Rehabilitationspsychologie.* Berlin: Springer.

Lambert, J., Piret, M., Laliere, Ch. & Scohy, Ch. (1994). Früherziehung in gegensätzlichen familiären Umfeldern. *Vierteljahresschrift für Heilpädagogik und ihre Nachbargebiete, 63,* 588–603.

Lazarus, R.S. & Folkman, S. (1984). *Stress, Appraisal and Coping.* New York: Springer.

Lazarus, R.S. & Launier, R. (1978). Stress related transactions between persons and environment. In L.A. Perwiss, M. Lewis (Eds.), *Perspectives in interactional psychology,* (pp. 287–327). New York: Plenum.

Markowetz, R. (1993). Zum Bild behinderter Menschen in der Öffentlichkeit. *Selbsthilfe, 5/6,* 6–11.

Matthesius, R.G., Jochheim, K.A., Barolin, G. & Heinz, Ch. (Hrsg.). (1994). *Internationale Klassifikation der Schädigungen, Fähigkeitsstörungen und Beeinträchtigungen.* Ullstein Mosby: Wiesbaden.

Meerwein, F. (Hrsg.). (1991). *Einführung in die Psycho-Onkologie* (4. Aufl.). Bern: Huber.

Niehaus, M. (1994). Soziale Integration: Zur Teilhabe behinderter Frauen am Erwerbsleben. *Zeitschrift für Heilpädagogik, 45,* 774–780.

Nippert, I. (1988). *Die Geburt eines behinderten Kindes. Belastung und Bewältigung aus der Sicht betroffener Mütter und ihrer Familien.* Stuttgart: Enke.

Pettigrew, T.F. (1985). Vorurteil. In D. Elschenbroich (Hrsg.), *Einwanderung, Integration, ethnische Bindung. Harvard encyclopedia of American ethnic groups. Eine deutsche Auswahl* (S. 81–109). Basel: Stromfeld.

Reker, T. & Eikelmann, B. (1993). Die gegenwärtige Praxis der psychiatrischen Arbeitsrehabilitation – Ergebnisse einer repräsentativen Untersuchung in beschützten Arbeitsverhältnissen in der Region Westfalen. *Psychiatrische Praxis, 20,* 95–101.

Sandler, A. & Robinson, R. (1981). Public attitudes and community acceptance of mentally retarded persons: A review. *Education and Training of the Mentally Retarded, 16,* 97–103.

Schüssler, G.U. (1993). *Bewältigung chronischer Krankheiten. Konzepte und Ergebnisse.* Göttingen: Vandenhoek & Ruprecht.

Schuntermann, M. (1988). Die Bedeutung der psychiatrischen Krankheiten im Berentungsgeschehen wegen Berufs- oder Erwerbsunfähigkeit. In M. Zielke, J. Sturm & N. Mark (Hrsg.), *Die Entzauberung des Zauberbergs.*

Therapeutische Strategie und soziale Wirklichkeit (S. 93–122). Dortmund: Verlag Modernes Leben.

Schwefel, D. (1986). Unemployment, health and health-service in german speaking countries. *Social Science Medicine, 22/4*, 409–430.

Schwendy, A. (1986). Berufliche Förderung und Eingliederung seelisch Behinderter – Ein Überblick über die derzeitige Situation. In G. Bosch, C. Kulenkampff (Hrsg.), *Koplementäre Dienste – Wohnen und Arbeiten*. Aktion psychisch Kranke. Tagungsberichte (Bd. 11, S. 105–113). Köln: Rheinland.

Seyfried, E. (1990). Neue Formen der Arbeit für psychisch Kranke. *Psychiatrische Praxis, 17*, 71–77.

Stadler, H. (1995). Schule – und wie weiter? Zur beruflichen Integration schwerkörperbehinderter Jugendlicher – Versuch einer Standortbestimmung. *Die Rehabilitation, 34*, 81–90.

Stegie, R. (1988). Familien mit behinderten Kindern. In U. Koch, G. Lucius-Hoene & R. Stegie (Hrsg.), *Handbuch der Rehabilitationspsychologie* (S. 120–139). Berlin: Springer.

Stegie, R. & Koch, U. (1982). Rehabilitation Psychology in the Federal Republic of Germany. *The German Journal of Psychology, 6*, 221–255.

Steinhausen, H.-C. (1984). Psychische Störungen bei Behinderungen und chronischen Krankheiten. In H. Remschmidt & M.H. Schmidt (Hrsg.), *Kinder- und Jugendpsychiatrie in Klinik und Praxis* (Bd. III: Alterstypische, reaktive und neurotische Störungen, S. 322–348). Stuttgart: Thieme.

Strasser, E., Wisnet, Ch., Klingshirn, E. & Schädler, J. (1993). Dir fehlt ja nichts! Die Situation der Geschwister. *Frühförderung Interdisziplinär, 12*, 115–123.

Tews, H.P. (1988). Berufliche Rehabilitation. In U. Koch, G. Lucius-Hoene & R. Stegie (Hrsg.), *Handbuch der Rehabilitationspsychologie* (S. 186–211). Berlin: Springer.

Thom, A. & Wulff, E. (Hrsg.). (1990). *Psychiatrie im Wandel*. Bonn: Psychiatrieverlag.

Thurmair, M. (1990). Die Familie mit einem behinderten Kleinkind. *Frühförderung Interdisziplinär, 9*, 49–62.

Trout, M.D. (1983). Birth of a sick or handicapped infant: Impact on the family. *Child Welfare, 62*, 337–348.

Warnke, A. (1988). Früherkennung und Frühbehandlung. In U. Koch, G. Lucius-Hoene & R. Stegie (Hrsg.), *Handbuch der Rehabilitationspsychologie* (S. 479–498). Berlin: Springer.

Wedekind, R. & Kuhnt, S. (1991). *Psychisch krank – ohne Arbeit, ohne Ausweg – zur beruflichen und sozialen Lage entlassener psychiatrischer Krankenhauspatienten und zum Bedarf an Arbeit und beruflicher Rehabilitation*. Stuttgart: Enke.

Weis, J. (1989). *Arbeitsbelastungen und Arbeitsbewältigung bei psychisch Kranken. Eine arbeitsanalytische Studie zur Praxis der beruflichen Rehabilitation*. Weinheim: Deutscher Studienverlag.

Witte, W. (1988). *Einführung in die Rehabilitationspsychologie* (bearbeitet und herausgegeben von R. Brackhane). Bonn: Huber.

Wittmann, W. (1985). *Evaluationsforschung. Aufgaben, Probleme und Anwendungen*. Berlin: Springer.

Wöhrl, H.G. (1988). Berufsgruppen in der Rehabilitation: Funktionen und Kooperationsmodelle. In U. Koch, G. Lucius-Hoene & R. Stegie (Hrsg.), *Handbuch der Rehabilitationspsychologie* (S. 212–249). Berlin: Springer.

Zielke, M. (1995). Veränderung der Arbeits- und Erwerbsfähigkeit als Kriterium zur Beurteilung der Wirksamkeit und Wirtschaftlichkeit stationärer Verhaltenstherapie. *Praxis der klinischen Verhaltensmedizin und Rehabilitation, 7*, 104–130.

24. Psychopharmakotherapie

René Spiegel

Inhaltsverzeichnis

1. Einleitung

Das folgende Kapitel unterscheidet sich von den übrigen Teilen dieses Lehrbuchs insofern, als PsychologInnen, welche nicht auch Ärzte sind, die hier vorgestellten Interventionsmittel – Psychopharmaka – nicht selber anwenden dürfen. Auf therapeutische Empfehlungen und praktische Anweisungen werden wir also verzichten. Andererseits haben Klinische PsychologInnen häufig mit Klienten und Patienten zu tun, die Psychopharmaka einnehmen; sie sollten deshalb die wichtigsten Vertreter dieser Medikamentengruppe kennen, d.h. über ihre

therapeutischen Anwendungen (Indikationen), Wirkungen und Nebenwirkungen Bescheid wissen und auch die Möglichkeiten psychopharmakologischer Interventionen – im Vergleich mit nicht-medikamentösen Ansätzen – realistisch einschätzen können.

Das Kapitel konzentriert sich auf die folgenden Fragen:

– Was sind Psychopharmaka, in welche wichtigsten Klassen werden sie eingeteilt; welche Wirkungen und Nebenwirkungen sind von Vertretern der einzelnen Klassen zu erwarten?

– Wie werden Psychopharmaka verwendet: vorbeugend, als Dauertherapie oder im Sinne kurzfristiger Interventionen? Wie stehen medikamentöse und nicht-pharmakotherapeutische Interventionen zueinander?
– Wie verändern Psychopharmaka das Empfinden, Verhalten oder gar die Persönlichkeit eines Klienten oder Patienten? Welche Verfälschungen sind bei der diagnostischen Beurteilung medikamentös behandelter Patienten zu befürchten?

Die Erörterung weiterer wesentlicher Themen (Wirkmechanismen, psycho-physiologische Zusammenhänge, Suchtprobleme) bleibt aus Platzgründen knapp oder entfällt ganz. Interessierte LeserInnen seien deshalb auf drei weiterführende Werke verwiesen: Ein sechsbändiges deutschsprachiges Standardwerk von Riederer, Laux und Pöldinger (1992–1995); ein vor allem für Psychologen verfaßtes Lehrbuch von Spiegel (1995); ein englischsprachiges umfassendes Handbuch von Bloom und Kupfer (1995).

2. Einteilung der Psychopharmaka

Psychopharmaka sind Medikamente, die auf das Erleben und Verhalten des Menschen wirken und dieser «psychotropen» Wirkungen wegen therapeutisch eingesetzt werden. Weitere psychotrop wirkende Substanzen wie Alkohol, Nikotin, Kokain, Exstasy, Heroin, usw. werden je nach Autor und Zusammenhang als Genuß- oder Suchtmittel bezeichnet und finden in der Schulmedizin keine anerkannten therapeutischen Anwendungen. Auch Schmerzmittel, Antiepileptika und Vertreter weiterer Medikamentenklassen haben direkte oder indirekte Wirkungen auf das Erleben und Verhalten, zählen aber nicht zu den Psychopharmaka, da sie nicht primär ihrer psychotropen Wirkungen wegen angewendet werden.

Man unterscheidet heute folgende *Klassen von Psychopharmaka:*

• *Neuroleptika* zur Behandlung von Schizophrenien und von Unruhezuständen im Rahmen anderer psychischer Störungen; sie werden gelegentlich auch als Antipsychotika bezeichnet.

• *Antidepressiva* zur Behandlung von Depressionen; weitere Bezeichnungen sind Thymoleptika (= Stimmungsausgleicher) bzw. Thymeretika (= Stimmungsanreger) für eine Gruppe von stärker stimulierenden Antidepressiva. Zu den antidepressiv wirksamen Medikamenten wird auch *Lithium* gezählt.

• *Tranquilizers* (Synonym Anxiolytika) zur Behandlung von Angststörungen und Spannungszuständen verschiedener Genese; im englischen Sprachraum findet sich auch die Bezeichnung *minor tranquilizers*. Die meisten heute gebräuchlichen *Schlafmittel* (Hypnotika) sind mit den Tranquilizers chemisch und pharmakologisch eng verwandt.

• *Stimulantien* sind antriebs- und leistungssteigernde Medikamente, die auch als Psychostimulantien oder seltener Analeptika bezeichnet werden. Als *Nootropika* bezeichnet man eine Gruppe von Substanzen, die bei älteren Menschen eine günstige Wirkung auf kognitive Funktionen haben können, ohne allgemein stimulierend zu wirken.

Die hier verwendeten Klassenbezeichnungen – Neuroleptika, Antidepressiva, Tranquilizers, Stimulantien und Nootropika – sind sprachlich uneinheitlich, da sie teilweise die klinische Anwendung (Antidepressiva, d.h. gegen Depressionen gerichtete Medikamente), teilweise einen vermuteten Wirkmechanismus (Neuroleptika, d.h. Nervenfesthalter), teilweise aber eine Beschreibung der Wirkung (Tranquilizer = Beruhiger, Stimulans = Anreger) enthalten. Trotz ihrer Uneinheitlichkeit finden diese Bezeichnungen allgemein Verwendung.

3. Neuroleptika

3.1 Klinische Wirkungen und Anwendungen

Neuroleptika sind dämpfende Medikamente, die gegen starke Angst und innere Unruhe, psychomotorische Erregung und schwere Schlaflosigkeit eingesetzt werden. Solche Zustände können auftreten im Rahmen von

– Schizophrenien, vor allem Paranoide (ICD-10: F20.0) und Katatone Schizophrenie (ICD-

10 F20.2), aber auch Hebephrenie (ICD-10 F20.1) und nicht näher bezeichnete Schizophrenie (ICD-10 F20.9) sowie akute schizophreniforme psychotische Störungen (ICD-10 F23.2) und ähnliche Zustandsbilder.

– Manien (ICD-10 F30.1 bis 30.9, F31.1 und F31.2).

– Psychotischen Syndromen als Folgen hirnorganischer Störungen, z.B. Wahnhafte Störungen (ICD-10 F22.0), wie sie bei Alterspatienten beobachtet werden.

– Depressionen, vor allem solche mit angstbetonter, agitierter Symptomatik (Schwere depressive Episoden ohne oder mit psychotischen Symptomen: ICD-10 F32.2 oder F32.3).

Von den behandelten Patienten werden Neuroleptika als starke Beruhigungsmittel wahrgenommen, die sich von anderen dämpfenden Medikamenten – Tranquilizers und Schlafmitteln – in zwei wesentlichen Punkten abheben: Im Unterschied zu den Tranquilizers wirken sie nicht muskelrelaxierend und, anders als Schlafmittel, auch in höheren Dosen nicht narkotisch. Auch haben sie neben ihrer allgemein beruhigenden Wirkung spezifische Wirkungen auf psychotische Symptome (deshalb der Ausdruck Antipsychotika). Dieser Effekt der Neuroleptika kommt in der Regel nicht nach den ersten Dosen, sondern erst nach mehreren Behandlungstagen oder -wochen zum Ausdruck: Wahn und Verfolgungsideen treten zurück, verlieren ihren bedrängenden Charakter teilweise oder ganz, drohende und fordernde Stimmen werden leiser oder verstummen, die Patienten können sich wieder in sinnvoller und besser einfühlbarer Weise mit ihrer Umgebung auseinandersetzen.

3.2 Die bekanntesten Neuroleptika

In den deutschsprachigen Ländern sind zur Zeit über 40 Neuroleptika im Handel; die bekanntesten Präparate sind in **Tabelle 1** zusammengestellt.

Bezüglich der Terminologie ist folgendes zu beachten (gilt für Tabellen 1–4):

• *Markennamen:* Sie werden von den Herstellerfirmen festgelegt und sind als Markenzeichen geschützt, können aber von Land zu Land variieren. So wird die Substanz Laevomepromazin in der Schweiz und in Osterreich unter dem Markennamen Nozinan®, in der BRD aber als Neurocil® verkauft. Im klinischen Gebrauch werden Medikamente meist mit den Markennamen bezeichnet.

• *Freinamen oder generic names:* Sie geben in verkürzter Form Hinweise auf die chemische Struktur eines Medikamentes und dienen, da sie in allen Ländern gleich lauten, der internationalen Verständigung besser als die Markennamen.

Tabelle 1: Bekannte Neuroleptika (vollständige Liste: Dietmaier & Laux, 1992)

Markenamen	Freinamen	übliche Tagesdosen (mg)
Ciatyl®, Sordinol®,	Clopenthixol	20–300
Dapotum®, Lyogen®, Omca®	Fluphenazin	3–20
Dipiperon®	Floropipamid	80–360
Dogmatil®	Sulpirid	100–600
Fluanxol®	Flupenthixol	1–10
Haldol®	Haloperidol	1–20
Largactil®, Megaphen®	Chlorpromazin	50–600
Leponex®	Clozapin	12,5–600
Melleril®	Thioridazin	75–700
Neuleptil®, Aolept®	Periciazin	20–150
Neurocil®, Nozinan®	Laevomepromazin	50–600
Orap®	Pimozid	3–10
Prazine®, Protactyl®	Promazin	50–1000
Risperdal®	Risperidon	4–8
Sedalande®	Fluanison	5–80
Truxal®, Taractan®	Chlorprothixen	50–600
Zyprexa®	Olanzapin	5–20

Im klinischen Alltag wird der generic name dagegen selten gebraucht.

• *Übliche Tagesdosen:* Die niedrigsten und die höchsten empfohlenen Tagesdosen des gleichen Medikamentes können um einen Faktor 5 bis 50 auseinander liegen. Diese weiten Dosisspannen sind darauf zurückzuführen, daß Neuroleptika in verschiedenen Indikationen angewendet werden und daß die Wirksamkeit und Verträglichkeit dieser Medikamente von Patient zu Patient stark variieren. So werden Alterspatienten mit möglichst niedrigen Dosen behandelt, während bei jungen, akut psychotischen Patienten hohe Dosen notwendig sein können.

3.3 Unterschiede zwischen verschiedenen Neuroleptika

Angesichts der Vielzahl von Neuroleptika drängt sich die Frage auf, ob eigentlich so viele Medikamente der gleichen Klasse benötigt werden, bzw. worin sich die verschiedenen Präparate im klinischen Gebrauch unterscheiden. Bei der Antwort sind wirtschaftliche und wissenschaftliche Aspekte auseinanderzuhalten: Ein wirtschaftliches Interesse an den verschiedenen Präparaten besteht von seiten der Pharma-Firmen, die Neuroleptika im Markt haben oder neu entwickeln, um sich einen Anteil am entsprechenden Markt zu sichern. Folgerichtig werden sie die Vorteile der eigenen Medikamente in den Vordergrund stellen, auch wenn die Unterschiede zwischen manchen Präparaten klinisch wenig bedeutend sind. Unter den wissenschaftlichen Aspekt fallen die tatsächlichen Differenzen zwischen den Präparaten in bezug auf pharmakokinetische und -dynamische Eigenschaften.

• *Pharmakokinetik* (= Studium der Bewegung des Pharmakons). Neuroleptika und andere Medikamente werden, abhängig von ihrer chemischen Struktur, der galenischen Zubereitung (Kapsel, Tablette, Spritze) und von den Verhältnissen im Körper des Patienten, unterschiedlich aufgenommen, verteilt, abgebaut und ausgeschieden. Der Übertritt eines Medikaments vom Blut ins Hirngewebe durch die sogenannte Blut-Hirnschranke, seine Bindung und Wir-

kung an den relevanten Strukturen im Gehirn, den Rezeptoren, sind von physikalisch-chemischen Eigenschaften seiner Moleküle abhängig. Das Zusammenspiel dieser und weiterer Faktoren erklärt, warum Neuroleptika unterschiedlicher chemischer Struktur Milligramm für Milligramm ungleich stark wirksam sind (**Tab. 1**; 3. Kolonne) und sich auch in bezug auf zeitliche Wirkungsmerkmale unterscheiden (Buclin & Baumann, 1992).

• *Pharmakodynamik.* Neuroleptika (und andere Medikamente) unterscheiden sich auch in bezug auf ihre Pharmakodynamik, d.h. ihr pharmakologisches und klinisches Wirkungsprofil. Man unterscheidet grob zwischen stark dämpfenden, initial schlafanstoßenden Neuroleptika (Beispiele: Clopenthixol, Laevomepromazin) und anderen Präparaten, deren schlafanstoßende Wirkung schwächer ist (z.B. Fluphenazin, Haloperidol). Stark dämpfende Neuroleptika werden bei Zuständen heftiger innerer und äußerer Unruhe, oft verbunden mit gestörtem Schlaf, verabreicht, wenig dämpfende Neuroleptika bei Patienten, die unter Wahn und Halluzinationen leiden, bei denen aber eine starke Sedation nicht erwünscht ist. Den vor allem zu Beginn einer Behandlung unterschiedlichen Wirkungsbildern stark und schwach dämpfender Neuroleptika entsprechen in der Regel auch unterschiedliche Nebenwirkungen: Allgemein führen stark dämpfende, initial schlaf-anstoßende Präparate vor allem in hohen Dosen zu vegetativen Störungen wie Blutdruckabfall, Veränderungen der Herzmuskeltätigkeit (EKG-Veränderungen), Schwitzen, Mundtrockenheit und Störungen der Sexualfunktionen (Impotenz, Anorgasmie). Dagegen kommt es unter stärker antipsychotisch wirksamen Neuroleptika häufig zu Störungen der Motorik, sog. Dyskinesien (Fehlbewegungen), medikamentösem Parkinsonoid und, nach langdauernder Verabreichung, zu Spätdyskinesien. Unabhängig vom Wirktypus können Neuroleptika auch unerwünschte hormonelle Veränderungen (Prolactinspiegel-Erhöhung und als Folge davon oft Amenorrhoe und vorübergehende Sterilität, Brustvergrößerung, Milchfluß) auslösen.

In den letzten Jahren ist viel von sog. *atypischen Neuroleptika* die Rede, d.h. von Medikamenten mit starker antipsychotischer Wirkung, eventuell auch Wirksamkeit bei therapieresistenten Patienten, aber ohne die für stark antipsychotisch wirksame Neuroleptika bisher als typisch angesehenen motorischen Nebenwirkungen. Prototyp der atypischen Neuroleptika ist Clozapin, das neben einer überlegenen antipsychotischen Wirkung auch bei sog. Minus-Symptomen chronisch Schizophrener günstige Effekte zeigt, dessen Anwendung aber infolge einer seltenen, potentiell tödlichen Nebenwirkung (Agranulozytose) besonderen Einschränkungen unterliegt. Auch Risperidon und Olanzapin, die in niedrigen Dosen eine deutliche antipsychotische Wirkung ohne wesentliche extrapyramidale Nebenwirkungen zeigen, werden zu den atypischen Neuroleptika gezählt.

Angesichts der Vielfalt und des Schweregrades der Nebenwirkungen sind Nutzen und Risiken einer Behandlung mit Neuroleptika im Einzelfall sorgfältig gegeneinander abzuwägen; eine unkritische Verschreibung dieser Medikamente ist ebenso wenig angebracht wie die völlige Medikamenten-Abstinenz. Da es zu den Neuroleptika keine medikamentöse Alternative gibt, stellen sich ähnliche Fragen nach Risiko und Nutzen auch beim Absetzen einer neuroleptischen Therapie nach dem Abklingen akut psychotischer Syndrome (s. Abschnitt 7.1).

3.4 Wirkmechanismen der Neuroleptika

Neuroleptika haben vielerlei Wirkungen, die sich in geeigneten Testmodellen mit biochemischen, elektrophysiologischen, ethologischen und weiteren pharmakologischen Methoden darstellen lassen. Nach heutiger Auffassung kommen die klinisch relevanten Effekte der Neuroleptika vor allem durch postsynaptische Blockade der Wirkungen des Neurotransmitters Dopamin zustande. Dopamin spielt in jenen Hirnstrukturen eine wichtige Rolle, die affektive, motorische und gewisse hormonelle Prozesse vermitteln. So wird der antidopaminerge Effekt der Neuroleptika im Corpus striatum für die extrapyramidal-motorischen (Neben-)Wirkungen verantwortlich gemacht, während die hormonellen Veränderungen unter Neuroleptika-Behandlung auf die Blockierung tuberoinfundibulärer dopaminerger Bahnen zurückgeführt werden. Umstritten ist jedoch gerade der Mechanismus, welcher der antipsychotischen Wirkung der Neuroleptika zugrundeliegt: Gemäß der sogenannten Dopamin-Hypothese der Schizophrenie besteht in limbischen und corticalen Hirnstrukturen schizophrener Patienten eine (vorübergehende?, dauernde?) Überfunktion dopaminerger Neuronen, die durch Neuroleptika in den Normbereich zurückgeführt wird. Andererseits gibt es zahlreiche pharmakologische und klinische Befunde, die der Dopamin-Hypothese in dieser einfachsten Fassung widersprechen und zu pathophysiologischen Modellen geführt haben, die mehr als nur ein Transmitter-System umfassen (Markstein, 1994). Entsprechend sind die neueren Neuroleptika nicht mehr als Dopamin-Antagonisten schlechthin zu charakterisieren; sie wirken nach heutiger Auffassung auf Untergruppen von dopaminergen und serotoninergen Rezeptoren (Beispiele: Risperidon und Olanzapin) oder in ausgewogener Weise auf eine Vielzahl von Transmittersystemen und Rezeptoren, darunter auch auf Dopamin D-1 Rezeptoren (Beispiel: Clozapin).

4. Antidepressiva

4.1 Klinische Wirkungen und Anwendungen

Antidepressiva sind Medikamente, die gegen Depressionen, d.h. gegen wochen- und monatelang anhaltende Zustände schwerer Niedergeschlagenheit, Verzweiflung und Antriebslosigkeit, eingesetzt werden. Der Ausdruck «Depression» bezeichnet keine einheitliche Krankheit, sondern ein Syndrom, das anhand der vorherrschenden Symptomatik und unter Berücksichtigung der Vorgeschichte des Patienten genauer zu differenzieren ist. Klinisch-deskriptiv unterscheidet man zwischen gehemmten und agitierten Formen der Depression; als vegetative, somatisierte oder auch larvierte Depressionen werden Zustände bezeichnet, die sich fast ausschließlich in Form von körperlichen Beschwerden und Symptomen äußern.

Antidepressiva werden ihrer stimmungsaufhellenden Wirkung wegen verschrieben, die sich in der Regel nach mehreren Verabreichungstagen, oft erst nach Wochen der Behandlung, einstellt. Bei nicht-depressiven Probanden haben Antidepressiva keine stimmungsverbessernde oder gar euphorisierende Wirkung – insofern kann ihr therapeutischer Effekt als krankheitsspezifisch bezeichnet werden; ein relevantes Mißbrauchs- oder gar Suchtrisiko besteht bei diesen Medikamenten nicht.

Eine anschauliche Darstellung der Wirkung des ersten Antidepressivums Imipramin findet sich bei seinem Entdecker Kuhn (1957); sie lautet kurz zusammengefaßt: Die Mimik der Patienten löst sich und gewinnt ihre Ausdrucksfähigkeit zurück. Die Patienten werden lebhafter, freundlicher und umgänglicher, sie sprechen mehr und mit lauterer Stimme. Ihr Jammern, Weinen und Klagen hört auf, Bemerkungen über körperliche Beschwerden werden seltener. Die Patienten stehen am Morgen spontan auf, nehmen von sich aus Aktivitäten auf, ihr verlangsamtes Lebenstempo normalisiert sich. Die Patienten nehmen die Besserung auch selbst wahr, Schweregefühle und depressive Wahnideen verschwinden, suizidale Ideen und Impulse treten zurück. Schlafstörungen und schwere Träume werden seltener; Tagesschwankungen, Appetitmangel und Obstipation bessern sich.

4.2 Die bekanntesten Antidepressiva

In den deutschsprachigen Ländern sind zur Zeit rund 30 Antidepressiva im Handel, die sich – ähnlich wie die Neuroleptika – in bezug auf pharmakokinetische und -dynamische Merkmale unterscheiden. Die bekanntesten Präparate sind auf **Tabelle 2** aufgeführt.

Klinisch und pharmakologisch unterscheidet man zwischen initial dämpfenden, antriebsneutralen und antriebssteigernden Antidepressiva, die sich auch durch ihr Spektrum von Nebenwirkungen unterscheiden. Initial dämpfende Antidepressiva (z.B. Amitriptylin, Doxepin) werden vor allem bei Depressionen mit ängstlich-agitierter Symptomatik verabreicht und wirken zunächst beruhigend und schlaffördernd; ihren stimmungsaufhellenden Effekt entfalten sie später. Schwach dämpfende oder gar antriebssteigernde Antidepressiva (z.B. Nortriptylin, Desimipramin, Fluoxetin) werden dann verschrieben, wenn eine Sedierung des Patienten nicht angezeigt oder unerwünscht ist (Laux, König & Hebenstreit, 1993).

Die häufigsten Nebenwirkungen der älteren Antidepressiva, besonders jener vom sedierenden Wirktypus, sind vegetativer Art: Mundtrockenheit, Akkommodationsstörungen der Augen, Verstopfung, Potenzstörungen bei Männern gehören dazu; ferner können Schwindel, vermehrtes Schwitzen und Herzklopfen auftreten. Medizinisch bedeutsamer, vor allem bei älteren Patienten, sind Blutdruckabfall bis zum orthostatischen Kollaps, Delirien bei Überdosierung und Störungen der Herzfunktion. Neuere Antidepressiva mit spezifischerem Wirk-

Tabelle 2: Antidepressiva (vollständige Liste: Dietmaier & Laux, 1993)

Markenamen	Freinamen	übliche Tagesdosen (mg)
Agedal®	Noxiptilin	75–450
Anafranil®	Chlorimipramin	50–300
Aurorix®	Moclobemid	150–600
Fluctin®, Fluctine®	Fluoxetin	10–60
Insidon®	Opipramol	150–300
Ludiomil®	Maprotilin	75–200
Nortrilen®	Nortriptylin	30–100
Noveril®	Dibenzepin	120–720
Pertofran®	Desimipramin	50–300
Seropram®	Citalopram	20–60
Seroxat®	Paroxetin	20–60
Sinequan®	Doxepin	75–300
Stangyl®, Surmontil®	Trimipramin	50–400
Tofranil®	Imipramin	75–200
Tolvin®, Tolvon®	Mianserin	10–60
Trittico®, Thombran®	Trazodon	75–200
Tryptizol®, Laroxyl®	Amitriptylin	75–300
Vivalan®	Viloxazin	150–200

mechanismus, sog. SSRIs (s. unten) wie Citalopram, Fluoxetin, Paroxetin und andere, rufen oft Übelkeit, Appetitlosigkeit und Kopfschmerzen hervor, sind aber bei Überdosierung weniger toxisch und damit «sicherer» als Amitriptylin, Imipramin etc. Die zum Teil sehr unangenehmen Nebenwirkungen der Antidepressiva verleiten Patienten oft dazu, von sich aus die Therapie zu unterbrechen oder die Dosis der Medikamente zu reduzieren; diese durch Nebenwirkungen bedingte Nicht-compliance birgt angesichts der hohen Rückfallquote und der Selbstmordgefahr bei Depressionen ein hohes Risiko.

4.3 Wirkmechanismen der Antidepressiva

Fast alle antidepressiv wirksamen Präparate erhöhen das Angebot an funktionell verfügbaren biogenen Aminen (Noradrenalin, Serotonin, Dopamin) im Gehirn; die meisten älteren Antidepressiva wirken zentral und peripher anticholinerg, und einige haben zentral antiserotoninerge Effekte (Delini-Stula, 1993; Riederer, 1993). Angesichts der vielfältigen pharmakologischen Wirkungen der Antidepressiva erstaunt es nicht, daß für den Wirkmechanismus dieser Medikamente mehrere Hypothesen aufgestellt worden sind, die sich bisher nicht zu einer einheitlichen Theorie verschmelzen ließen (Katecholamin-, Serotonin-, umgekehrte Katecholamin-, Gleichgewichts-Hypothesen usw.; vgl. Spiegel, 1995).

Eine Gruppe von neueren Antidepressiva, die sog. SSRIs (selective serotonin reuptake inhibitors = selektive Serotonin-Wiederaufnahmehemmer) wurde aufgrund der vor rund 30 Jahren formulierten Serotoninmangel-Hypothese entwickelt. Ihr gegenüber den älteren Antidepressiva spezifischerer Wirkmechanismus kommt klinisch in Form eines anderen Spektrums von Nebenwirkungen (s. oben), vor allem aber in einer geringeren Toxizität, zum Ausdruck. Ihre Wirksamkeit entspricht im wesentlichen jener der älteren Präparate (Burke & Preskorn, 1995).

Als schwierig hat es sich erwiesen, den stimmungsaufhellenden Effekt der Antidepressiva, der in der Regel erst nach 1 bis 2 Wochen eintritt, mit pharmakologischen Befunden und Modellen zu erklären, die vorwiegend aus Experimenten mit einmaliger oder kurzfristiger Verabreichung der Medikamente stammen. Eine sehr allgemeine und nicht in allen Aspekten bestätigte Hypothese würde wohl lauten, daß Antidepressiva in funktionell gestörten monoaminergen Systemen durch wiederholte akute Einwirkungen synaptische Gegenregulationen und Anpassungsvorgänge auslösen und so, auf höherem Niveau, zu einem neuen Gleichgewicht der neuronalen Übertragung führen (Maes & Meltzer, 1995; Schatzberg & Schildkraut, 1995).

4.4 Lithium

Lithium wird sowohl gegen Manien als auch zur sekundären Prophylaxe von depressiven Episoden im Rahmen bipolarer affektiver Störungen (ICD-10 F31) eingesetzt. Bei regelmäßiger Einnahme von Lithium werden die Intervalle zwischen den depressiven Episoden länger, die depressiven Phasen werden abgeschwächt oder bleiben ganz aus. Lithium ist besser verträglich als viele Antidepressiva, aber auch nicht völlig frei von Nebenwirkungen (Kaschka, 1993): Ein feiner Tremor tritt vor allem zu Beginn der Behandlung auf; Übelkeit, Völlegefühl, Durst und vermehrte Urinausscheidung werden nicht selten beschrieben. Gewichtszunahme ist häufig und vor allem aus ästhetischen Gründen unerwünscht, wogegen das Präparat nicht zu physischer oder psychischer Abhängigkeit führt. Der Wirkmechanismus von Lithium ist auch heute noch weitgehend unbekannt (Belmaker, Bersudsky, Agam, Levine & Kofman, 1996).

5. Tranquilizers und Schlafmittel

5.1 Klinische Wirkungen und Anwendungen

Tranquilizers sind Medikamente mit beruhigender, entspannender, angstlösender (anxiolytischer) Wirkung, die bei Unruhe-, Angst- und Spannungszuständen aller Art angewendet werden. Die heute verwendeten Tranquilizers stammen vorwiegend aus der Gruppe der *Benzodiazepine* und zeichnen sich durch geringe Toxizität und allgemein recht gute Verträglichkeit aus. Während Neuroleptika und Antidepressiva ihre wichtigsten Anwendungen in der Behandlung von Schizophrenien und Depressionen haben, ist die Verschreibung von Tranquilizers vor allem in der Allgemeinen Medizin und in verschiedenen medizinischen Spezialgebieten häufig: Sie werden bei neurotischen, vegetativen und psycho-somatischen Störungen eingesetzt, ferner in der Rheumatologie (Benzodiazepine wirken muskelrelaxierend) und gegen bestimmte Formen der Epilepsie. Begünstigt wird dieser vielfältige Einsatz durch die Tatsache, daß Benzodiazepine fast ausschließlich zentral wirken, daß also vegetative Wirkungen wie Mundtrockenheit, Schwitzen, Sehstörungen und Verstopfung praktisch fehlen (Roy-Byrne, Wingerson, Cowley & Dager, 1993).

Auch die meisten heute verwendeten *Schlafmittel* oder Hypnotika stammen aus der Klasse der Benzodiazepine. Von den Tranquilizers unterscheiden sie sich hauptsächlich in bezug auf ihre zeitlichen Wirkungsmerkmale: Der Effekt von Schlafmitteln setzt in der Regel rasch ein, sollte aber nach wenigen Stunden abklingen, so daß am folgenden Morgen keine Nachwirkungen auftreten. Gegenüber den früher als Schlafmitteln verwendeten Barbituraten zeichnen sich die heutigen Hypnotika durch höhere Sicherheit aus; erfolgreich verlaufende Suizidversuche mit Benzodiazepin-Derivaten allein sind sehr selten.

5.2 Die bekanntesten Präparate

Zur Zeit sind rund 20 als Tranquilizers oder Schlafmittel verwendbare Benzodiazepine im Handel; die bekanntesten Präparate sind auf **Tabelle 3** zusammengestellt. Qualitativ bestehen zwischen verschiedenen Benzodiazepin-Derivaten kaum Unterschiede, doch machen mehrere Zeit-Wirkungsmerkmale – Wirkungseintritt, Wirkungsmaximum und Wirkungsdauer – den Einsatz verschiedener Präparate für unterschiedliche Anwendungen sinnvoll. Das Präparat Buspiron (Buspar®) ist kein Benzodiazepin-Derivat; es hat einen anderen Wirkmechanismus und führt, soweit die bisherige klinische Erfahrung reicht, nicht zu Abhängigkeit.

5.3 Abhängigkeit von Benzodiazepinen

Mit ihrer geringen Toxizität, der fast ausschließlich auf das ZNS konzentrierten Wirkung und weiteren praktischen Vorteilen (nur wenige metabolische Interaktionen mit anderen Medikamenten) stellen Tranquilizers und Schlafmittel aus der Benzodiazepin-Reihe scheinbar fast ideale Medikamente dar. Gerade die gute Ver-

Tabelle 3: Bekannte Tranquilizers, Schlafmittel (vollständige Liste: Dietmaier & Laux, 1995)

Markenamen	Freinamen	Dosis (mg)	Verwendung
Adumbran®, Seresta®	Oxazepam	20–150	Tranquilizer
Buspar®	Buspiron	15–30	Tranquilizer
Dalmadorm®	Flurazepam	15–30	Schlafmittel
Frisium®, Urbanyl®	Clobazam	20–60	Tranquilizer
Halcion®	Triazolam	0,25–1,0	Schlafmittel
Lexotanil®	Bromazepam	3–24	Tranquilizer
Librium®	Chlordiazepoxid	5–150	Tranquilizer
Mogadon®, Mogadan®	Nitrazepam	5–15	Schlafmittel
Noctamid®	Lormetazepam	0,5–2,0	Schlafmittel
Rohypnol®	Flunitrazepam	2–6	Schlafmittel
Tavor®, Temesta®	Lorazepam	2–10	Tranquilizer
Tranxilium®	Dikalium clorazepat	10–60	Tranquilizer
Valium®	Diazepam	5–60	Tranquilizer
Xanax®	Alprazolam	0,5–4	Tranquilizer

träglichkeit, das Fehlen auch subjektiv unangenehmer Nebenwirkungen, bildet aber einen Risikofaktor: Während kaum je ein Patient versucht sein wird, die mit mancherlei Nebenwirkungen behafteten Neuroleptika und Antidepressiva ohne klinische Notwendigkeit einzunehmen, besteht bei Tranquilizers eine gewisse Mißbrauchs-Tendenz. Benzodiazepine wirken entspannend und beruhigend, die Welt erscheint freundlicher und harmonischer – die eigenen realen Probleme verlieren ihre Dringlichkeit. Andererseits kehren Unruhe, Ängstlichkeit und Bedrängnis beim *Absetzen* dieser Medikamente rasch und oft verstärkt wieder, so daß es schwierig ist, den einmal zur Gewohnheit gewordenen Griff zur Tranquilizerpackung aufzugeben. Länger anhaltender, regelmäßiger Gebrauch von Benzodiazepinen und verwandten Stoffen führt, auch in den empfohlenen Dosen, zu psychischer Abhängigkeit; einem monate- oder jahrelangen regelmäßigen Konsum folgen beim Absetzen häufig Entzugssymptome (Unruhe, Schlafstörungen, Muskelzuckungen, Wahrnehmungsstörungen u. a.), die für eine «körperliche Abhängigkeit» sprechen (Schöpf, 1985).

5.4 Wirkmechanismus der Benzodiazepine

Die beruhigende, entspannende Wirkung der Tranquilizers wird auf die Wirkung der Benzodiazepin-Moleküle an GABAergen Rezeptoren zurückgeführt. GABA (Gamma-Aminobuttersäure) ist der beim Menschen mengenmäßig vorherrschende und weitestverbreitete erregungshemmende Neurotransmitter. Benzodiazepine und verwandte Präparate erhöhen die Empfindlichkeit postsynaptischer GABA-Rezeptoren, so daß der präsynaptisch freigesetzte Transmitter eine stärkere bzw. länger anhaltende postsynaptische Hemmung auslöst (Paul, 1995). Die besondere Anordnung der GABAergen Neuronen in praktisch allen Teilen des ZNS wird dafür verantwortlich gemacht, daß Benzodiazepine vor allem exzessive Erregung dämpfen und daß die Dämpfung ein bestimmtes Maß nicht übersteigen kann (Haefely, 1991). Da sich GABAerge Zellen praktisch nur im ZNS finden, wird auch verständlich, daß Benzodiazepine keine peripheren Effekte, die klinisch als vegetative Nebenwirkungen in Erscheinung treten, auslösen.

6. Stimulantien und Nootropika

6.1 Klinische Wirkungen und Anwendungen der Stimulantien

Stimulantien sind anregende Medikamente, mit denen Erschöpfungszustände und Gefühle der Müdigkeit verhindert oder vorübergehend unterdrückt werden können (s. **Tab. 4**). Aufmerksamkeit, Konzentration und Unternehmungslust werden durch Stimulantien gefördert, und es kann sich ein Gefühl ausgeprägten Wohlbefindens oder, nach höheren Dosen, ein Zustand der Euphorie einstellen. Trotz diesen erfreulichen Wirkungen genießen Stimulantien (zu denen hinsichtlich chemischer Struktur und pharmakologischer Effekte auch einige sog. Designerdrogen zu zählen sind) einen schlechten Ruf und werden in Europa heute nur sehr selten verordnet. Grund dafür ist der *Mißbrauch* dieser ursprünglich für therapeutische Zwecke entwickelten Medikamente im Sport (Doping) und im Drogenmilieu (z. B. intravenös verabreichte Amphetamin- Präparate: «Speed» usw.). Ein wesentlicher Nachteil der heute bekannten Stimulantien ist die Tachyphylaxie: Die Präparate verlieren bei wiederholtem Gebrauch rasch ihre Wirkung. So ist der Dauerkonsument gezwungen, die Dosis konsequent zu steigern, und beim Versuch, das Stimulans abzusetzen, wird er – je nach Einnahmedauer und Dosis – ein *Entzugssyndrom* in Form von unüberwindlicher Schläfrigkeit, Lethargie oder auch Depression durchzumachen haben.

Therapeutisch eingesetzt werden Stimulantien beim hyperkinetischen Syndrom von Kindern und bei der Narkolepsie. *Hyperkinetische Kinder* (ICD-10 F90) fallen auf durch besondere Unaufmerksamkeit, motorische Unruhe, Lernstörungen, Impulsivität und Affektinkontinenz. Interessanterweise führen Stimulantien bei solchen Kindern nicht zu nochmals gesteigerter Unruhe, sondern zu höherer Aufmerksamkeit, längerem Verweilen bei der gleichen Tätigkeit, verbesserter affektiver Kontrolle und erleichtern damit die Anpassung in der Schule und zuhause (Wilens & Biedermann, 1992). Beim hyperkinetischen Syndrom erschöpft sich die Wirkung von Stimulantien bei richtiger Dosierung auch längerfristig nicht; trotzdem ist die Anwendung dieser Medikamente in Mitteleuropa, im Unterschied zu den Gebräuchen in den USA, nicht sehr verbreitet.

Narkolepsie (lCD-10 G47.4) oder Schlafsucht ist eine schwere Vigilanzstörung, die sich in Form von plötzlichem und unwiderstehlichem Schlafbedürfnis tagsüber, sogenannten Schlafanfällen, äußert. Je nach Schweregrad der Krankheit nicken die Patienten alle paar Minuten oder Stunden ein, auch wenn sie sich Tätigkeiten hingeben, an denen sie Interesse und Freude haben. Narkoleptische Syndrome werden heute mit Antidepressiva und Stimulantien, häufig auch in Kombination miteinander, behandelt (Aldrich, 1990).

6.2 Wirkungsmechanismus der Stimulantien

Die Wirkung von Amphetamin und ähnlichen Stimulantien kommt durch Verstärkung der katecholaminergen Neurotransmission, durch ein vorübergehendes Mehrangebot von Noradrenalin und Dopamin an den entsprechenden Synapsen, zustande. Nach der Gabe von Amphetamin-artigen Verbindungen werden Noradrenalin und Dopamin aus präsynaptischen Speichern vermehrt in die Synapsen freigesetzt – ein Mechanismus, der normalerweise einer raschen Erschöpfung unterliegt. Für Methylphenidat, das heute bevorzugte Stimulans, wird neben der präsynaptischen Freisetzung eine Hemmung der Wiederaufnahme der freigesetzten Katecholamine angenommen, d.h. ein Wirkmechanismus, der auch von gewissen Antidepressiva bekannt ist (Willner, 1995).

6.3 Wirkungen und Anwendungen von Nootropika

Der Ausdruck *Nootropika* hat sich als Bezeichnung der auf **Tabelle 4** aufgeführten Medikamente nicht in allen Ländern durchgesetzt. Nootropika bilden eine chemisch und pharmakologisch heterogene Gruppe von Substanzen, die zur Behandlung von Aufmerksamkeits-, Gedächtnis- und anderen kognitiven Störungen bei alten Menschen verwendet werden. Während eine gewisse Verlangsamung sensorischer, kognitiver und motorischer Vorgänge und Vollzüge als normale Begleiterscheinung des Alterns angesehen wird, so spricht man, wenn sich die Leistungseinbußen auf den Alltag der alten Person wesentlich auswirken, je nach Ausmaß der Störung von beginnenden oder fortgeschrittenen Demenzen. Den meisten Demenzen liegen neurodegenerative oder cerebrovaskuläre Störungen, oft auch eine Kombination dieser beiden Faktoren, zugrunde.

Eine Pharmakotherapie fortgeschrittener Demenzen (ICD-10 F00-F03), die sich durch schwere Gedächtnisstörungen, Desorientiertheit und Persönlichkeits-Veränderungen kennzeichnen, gibt es noch nicht; hingegen können leichte Symptome im kognitiven und affektiven Bereich

Tabelle 4: Stimulantien, Nootropika

Markenamen	Freinamen	Dosis (mg)	Verwendung
Benzedrin®	dl-Amphetamin	10–30	Stimulans
Cyclospasmol®	Cyclandelat	600–2000	Nootropikum (?)
Dexedrin®	d-Amphetamin	5–20	Stimulans
Duvadilan®, Suprilent®, Vasoplex®	Isoxsuprin	30–80	Nootropikum (?)
Hydergin®	Co-dergocrin Mesylat	3–9	Nootropikum
Lucidril®	Meclofenoxat	600–2000	Nootropikum
Normabrain®, Nootropil®	Piracetam	2400–40 000	Nootropikum
Pervincamin®, Cetal®	Vincamin	30 - 60	Nootropikum
Pervitin®	Methamphetamin	3 - 6	Stimulans
Praxilen®, Dusodril®	Naftidrofuryl	300–600	Nootropikum
Ritalin®	Methylphenidat	5–15	Stimulans
Sermion®	Nicergolin	15–30	Nootropikum
Stimul®, Tradon®	Pemolin	20–40	Stimulans
Stugeron®	Cinnarizin	75–225	Nootropikum (?)
Trental®	Pentoxifyllin	300–1200	Nootropikum (?)

Anmerkung: (?) = Präparate mit zweifelhafter Wirkung als Nootropika

durch Nootropika günstig beeinflußt werden. Die Wirkungen dieser Substanzen sind medizinisch und sozial dann von Bedeutung, wenn sie dazu beitragen, daß Alterspatienten länger unabhängig und in ihrer gewohnten häuslichen Umgebung bleiben können (Orgogozo & Spiegel, 1987). Nootropika sind im allgemeinen gut verträgliche Medikamente; schwere Nebenwirkungen oder Abhängigkeit sind für keines dieser Präparate beschrieben worden.

Eine neuere Entwicklung stellt der Einsatz von cholinergen Substanzen bei Patienten mit Demenz vom Alzheimer Typ (DAT: ICD-10 F00) dar. Der klinischen Symptomatik der DAT liegt nach heutiger Auffassung eine durch Neurodegeneration bedingte Unterfunktion vorwiegend cholinerger Synapsen im ZNS zugrunde, die man mit Hemmern der Azetylcholin-esterase (Lamy, 1994) oder mit postsynaptisch wirksamen muscarinischen Agonisten (Marin & Davis, 1995) zu behandeln versucht. Die nächsten Jahre werden zeigen, ob zwei vor kurzem eingeführte Medikamente (Aricept® = Donepezil; Exelon® = Rivastigmin) und weitere cholinerge Verbindungen hinsichtlich Wirksamkeit und Verträglichkeit die in sie gesetzten Hoffnungen auch längerfristig erfüllen.

7. Psychopharmakotherapie und Psychotherapie

Das Verhältnis von Psychopharmakotherapie und Psychotherapie ist an anderer Stelle (Spiegel, 1995) für Schizophrenien, Depressionen, Angststörungen etc. ausführlich analysiert und kommentiert worden. Eine große Zahl von empirischen Studien zeigt klar, daß sich pharmako- und psychotherapeutische Einsätze, auch beim gleichen Patienten, nicht ausschließen oder ungünstig beeinflussen müssen, sondern daß sie sich, je nach Indikation und Stand des therapeutischen Prozesses, gegenseitig fördern können.

7.1 Neuroleptika und die Behandlung der Schizophrenien

Patienten in akuten Phasen schizophrener Psychosen sind für psychotherapeutische Bemü-

hungen oft nicht zugänglich. Als Folge einer Behandlung mit Neuroleptika können sich viele Patienten beruhigen, von ihren tiefen Ängsten und manchmal auch von ihren Wahnvorstellungen so weit lösen, daß sie für verschiedene sozial- und individual-psychotherapeutische Interventionen empfänglich werden (Katschnig, Konieczna & Etzersdorfer, 1992; vgl. auch Kap. 35.3/Schizophrenie: Intervention). Diese nicht-pharmakotherapeutischen Interventionen sind begleitet von regelmäßiger Medikamenteneinnahme unter ärztlicher Aufsicht: Mit dem Neuroleptikum soll eine affektive Abschirmung und Stabilisierung, ein anhaltender Schutz vor überschießenden emotionalen Reaktionen gewährleistet werden.

Aus dieser Formulierung wird die Stellung der Neuroleptika im Therapieplan der Schizophrenien deutlicher: «Antipsychotische» Medikamente heilen nicht die Krankheit, sie dämpfen – bildlich gesprochen – ein aus dem Gleichgewicht geratenes System und stabilisieren es in der Folge so weit, daß andere therapeutische Verfahren und Selbstheilungskräfte wirksam werden können. Später in der Behandlung stellt sich, auch angesichts der oft belastenden Nebenwirkungen und des Risikos von Spätdyskinesien, die Frage, wie lange ein Neuroleptikum angewendet werden soll und aufgrund welcher Kriterien es im Einzelfall abzusetzen ist. Heute ist es üblich, die neuroleptische Medikation nach Remission einer Ersterkrankung während mindestens 12 Monaten weiterzuführen und dann allmählich «auszuschleichen». Hat ein Patient bereits mehrere schizophrene Schübe erlitten, so gehen die Empfehlungen dahin, ihn trotz allen Nachteilen der Neuroleptika und unabhängig von allfälligen psychotherapeutischen Maßnahmen jahre-, je nach Situation sogar lebenslang mit solchen Medikamenten zu behandeln (Gilbert, Jackuelyn, Harris, McAdams & Jeste, 1995).

7.2 Antidepressiva und die Behandlung Affektiver Störungen

Bilden Neuroleptika das Rückgrat der Schizophreniebehandlung, so ist das therapeutische Vorgehen bei Affektiven Störungen weniger einheitlich, da diese nach Ätiologie, Symptomatik, Schweregrad und Verlauf eine sehr heterogene Gruppe darstellen. Depressive Episoden im Rahmen unipolarer und bipolarer affektiver Störungen haben eine starke Tendenz zur Spontanremission; mit Antidepressiva wird hier die Phasendauer verkürzt, nicht aber die Grundkrankheit geheilt, da weitere depressive Episoden Monate oder Jahre später auftreten können. Aus Sicherheitsgründen wird deshalb empfohlen, die Pharmakotherapie nach dem Abklingen einer depressiven Episode während mindestens 6 Monaten fortzusetzen. Treten depressive Episoden beim gleichen Patienten wiederholt auf, so rät man heute zu einer jahrelangen sekundären Prävention mit Lithium, in Fällen von Unverträglichkeit oder ungenügender Wirksamkeit des Lithiums zu einer Dauerbehandlung mit Tegretol® (Carbamazepin). Auch die langzeitige Verabreichung von Antidepressiva hat sich in der sekundären Prävention gewisser affektiver Störungen bewährt (Kupfer, Frank & Perel, 1992).

Die Behandlung Affektiver Störungen erfolgt nach Möglichkeit ambulant; hospitalisiert werden fast nur schwer depressive und suizidgefährdete sowie allein lebende Patienten. Sowohl ambulant als auch stationär werden Pharmako- und Psychotherapie kombiniert, wobei sich die Art der psychotherapeutischen Interventionen je nach Patient (und seinen Wünschen) und mehr noch nach den lokal gegebenen Möglichkeiten stark unterscheiden. Vor allem in den USA sind in den letzten 20 Jahren zahlreiche Vergleichsuntersuchungen zwischen pharmako- und psychotherapeutischen Verfahren in der Behandlung von Depressionen durchgeführt worden. Insgesamt lassen diese Studien den Schluß zu, daß medikamentöse und psychotherapeutische Interventionen bei leichten bis mittelschweren depressiven Störungen vergleichbare Erfolgsraten aufweisen. In Fällen schwerer Depression ist eine mehrmonatige Pharmakotherapie mit Antidepressiva in der Regel wirksamer (Elkin, Shea & Watkins, 1989; Klein & Ross, 1993). Kombinierte Pharmako- und Psychotherapien haben sich in mehreren Studien als besonders wirksam erwiesen; empirische Hinweise, daß sich diese beiden Therapieansätze ungünstig beeinflussen könnten, gibt es nicht. Auch bei schweren depressiven Störungen (Melancholien), wo ein Erfolg psychotherapeutischer Bemühungen kaum je unmittelbar sichtbar wird, empfiehlt sich eine Kombination

von Pharmako- und Psychotherapie (vgl. Persons, Thase & Crits-Christoph, 1996).

Insgesamt spielen psychotherapeutische Interventionen verschiedener Art in der Behandlung von Depressionen eine wichtige Rolle; bei der Erstellung von Therapieplänen ist die Erkenntnis wichtig, daß Pharmako- und Psychotherapie personell in verschiedenen Händen liegen können. Sogenannte reaktive Depressionen und neurotische Störungen mit depressiver Prägung (ICD F32.0 und F34) sollten nach Möglichkeit psychotherapeutisch und höchstens vorübergehend medikamentös behandelt werden (s. Abschnitt 9).

7.3 Tranquilizers und die Behandlung von Angststörungen

Die Vielfalt der Anwendungen von Tranquilizers in der organischen Medizin und Psychiatrie macht eine umfassende Darstellung ihrer Vor- und Nachteile im Vergleich mit nichtmedikamentösen Interventionen im Rahmen des vorliegenden Kapitels unmöglich. Welcher therapeutische Zugang im Einzelfall gewählt wird, hängt oft stärker von ökonomischen Faktoren, von den Vorstellungen und Wünschen des Patienten und von der Ausrichtung des Arztes oder Psychologen ab als von der zu behandelnden Störung (Schweizer, Rickels & Uhlenhuth, 1995).

Publizierte Ergebnisse von Vergleichsuntersuchungen zwischen Tranquilizer- und nichtmedikamentösen Behandlungen bei Angststörungen sprechen für eine insgesamt höhere Wirksamkeit medikamentöser Therapien, doch müssen hier zwei Einschränkungen gemacht werden. Erstens sind die meisten Vergleichsstudien älteren Datums und basierten auf diagnostischen Kategorien, die mit jenen der ICD-10 nicht übereinstimmen, und zweitens dürfte die Anlage einiger Studien die Pharmakotherapie begünstigt haben: Die Untersuchungen dauerten meist nur wenige Monate, was einen Teil der nicht-medikamentösen Therapieansätze vermutlich benachteiligte. Da aber Tranquilizers vom Benzodiazepin-Typ als Folge des Abhängigkeitsrisikos nicht über mehrere Monate regelmäßig angewendet werden sollten, ist es schwierig, auf diesem Gebiet brauchbare Vergleichsstudien durchzuführen.

Trotz diesen Einschränkungen zeigen mehrere kontrollierte Untersuchungen, daß kombinierte pharmako- und psychotherapeutische Interventionen in verschiedenen Indikationen die besten Ergebnisse erzielten (Übersicht bei Spiegel, 1995). Demgegenüber ergab eine Meta-Analyse von 43 kontrollierten Studien, daß kognitiv-verhaltenstherapeutische Verfahren bei Panikstörungen etwas bessere Ergebnisse erzielten als medikamentöse oder kombinierte Behandlungen (Gould, Otto & Pollack, 1995). Eine interessante Beobachtung in zahlreichen Studien war die relativ große Zahl von Placebo-Reaktionen bzw. von Spontanbesserungen.

Insgesamt ist die Abgrenzung der Indikationen für Pharmako- und Psychotherapien im Falle der Angststörungen und einiger funktionell-körperlicher Syndrome weniger klar als auf anderen Gebieten (s. **Tab. 5**), was aber in der Praxis durchaus von Vorteil sein kann: sowohl Patienten als auch Therapeuten haben eine gewisse Wahlfreiheit; bei Versagen eines gewählten Ansatzes bleiben weitere therapeutische Möglichkeiten offen.

7.4 Stimulantien und die Behandlung des Hyperkinetischen Syndroms; Nootropika

Die Anwendung von Stimulantien bei hyperkinetischen Kindern erfolgt nicht isoliert, sondern in Verbindung mit fortgesetzter Beratung der Eltern, mit verhaltensorientierten Interventionen, schulischen Maßnahmen usw. Das grundsätzliche Mißtrauen, das sich gegen Stimulantien allgemein und in Europa gegen ihren Einsatz bei Kindern im besonderen richtet, hat die Entwicklung nicht-medikamentöser und kombinierter Therapieformen beim hyperkinetischen Syndrom und ähnlichen Störungen gefördert (s. Abschnitt 6.1). Auch hier dienen Medikamente eher der symptomatischen Therapie und sollten günstige Voraussetzungen schaffen für psycho- und soziotherapeutische Interventionen, die auf dauerhafte Veränderungen abzielen. Beim hyperkinetischen Syndrom ist überdies mit spontan erfolgenden Reifungs- und Entwicklungsvorgängen zu rechnen.

Über klinisch relevante therapeutische Erfolge mit *Nootropika* bei Alterspatienten mit fortgeschrittenen Demenzsyndromen gibt es bisher keine Berichte, wohl aber über günstige Resultate bei leichteren intellektuellen Ausfällen im höheren Alter, die oft mit reaktiv depressiven Symptomen verbunden sind. In begrenztem Maße können in solchen Fällen auch nicht-pharmakotherapeutische Interventionen – Gedächtnistraining, spielerisches Hirntraining – wirksam sein, obwohl sich die erzielten Erfolge eher im sozialen als im kognitiven Bereich manifestieren. Weitere Fortschritte in der Pharmakotherapie der Demenzen sind in den nächsten Jahren als Resultat der auf diesem Gebiet besonders intensiven präklinischen und klinischen Forschung zu erwarten (vgl. Abschnitt 6.3).

Tabelle 5: Therapieformen bei Angstsyndromen

	Ausprägung von körperlichen Symptomen	
	Starke Symptome	**Schwache Symptome**
Syndrome mit starkem «kognitivem» Anteil	Panikstörungen	Generalisierte Angststörung
	Tranquilizers, Psychotherapie (verschiedene Methoden) Antidepressiva v. a. bei schweren Fällen	*Psychotherapie* Tranquilizers (zu Beginn der Behandlung)
Syndrome mit geringem «kognitivem» Anteil	Vegetative Symptome z. B. Lampenfieber	Vorübergehende Unruhezustände
	Betablocker Psychotherapie (Verhaltenstherapie)	*Beratung, Beruhigung* Evtl. Tranquilizers

8. Zum Einfluß von Psychopharmaka auf das Erleben, Verhalten und die Persönlichkeit

Da Psychopharmaka auf das Erleben und Verhalten wirken, stellt sich für Klinische PsychologInnen die wichtige Frage nach der Gültigkeit von diagnostischen Ergebnissen, die bei Patienten unter Psychopharmakotherapie erhoben werden. Konkret gefragt: Welche für die diagnostische Beurteilung wesentlichen psychischen Funktionen oder Bereiche werden durch Psychopharmaka vorübergehend oder dauernd verändert? Versuche an gesunden Probanden zeigen, daß «höhere Funktionen» wie Intelligenzleistungen, Problemlösen oder auch Parameter von Persönlichkeitstests durch Psychopharmaka wenig tangiert werden. Diese Aussage gilt für Dosen, die nicht allgemein zu einer massiven und auch vom Probanden wahrgenommenen Veränderung führen (Spiegel, 1995). Neuroleptika, sedierende Antidepressiva und Tranquilizers beeinträchtigen vor allem einfache motorische Aufmerksamkeits- und Merkfähigkeitsleistungen, d. h. Bereiche, die mit dem Wachheitsgrad eng korrelieren. Einige neuere Studien zeigen, daß Benzodiazepine amnestische Wirkungen haben können, die über den Grad der allgemeinen Sedierung hinausgehen – eine Erkenntnis, die vor allem bei der diagnostischen Abklärung älterer Patienten in Rechnung zu stellen ist. Im allgemeinen stimmt aber eine subjektiv wahrgenommene Müdigkeit oder Unkonzentriertheit recht gut mit objektiven Leistungseinbußen überein, weshalb es in jedem Fall angezeigt ist, den Patienten oder Klienten nach den zur Zeit eingenommenen Medikamenten und allfällig verspürten (Neben-)Wirkungen zu befragen.

Unabhängig davon sollte der Psychologe/die Psychologin beim *behandelnden Arzt* zuverlässige Informationen zum Medikamenten-Status seiner Klienten oder Patienten einholen, um diagnostische Fehlurteile zu vermeiden. Vor allem dann, wenn ein Patient in der Testsituation unaufmerksam, gleichgültig oder schläfrig wirkt, oder wenn er in gewissen Tests Organizitäts-Merkmale aufweist, ohne daß dies aus dem Zusammenhang der Krankheit oder aus der Vorgeschichte verständlich wird, sind Fragen an den Arzt/die Ärztin nach allfälligen zentral wirksamen Medikamenten unerläßlich. *Chemische Blut- und Urinuntersuchungen* sind angezeigt, wenn ein Patient über seine Medikation keine Auskunft geben kann oder will und auch sonst keine zuverlässigen Angaben zu erhalten sind. – Werden die hier genannten Vorkehrungen getroffen, dann ist eine grobe Verfälschung von diagnostischen Ergebnissen durch Psychopharmaka nicht wahrscheinlich.

9. Schlußbetrachtung

Die Entdeckung der Neuroleptika und Antidepressiva zwischen 1950 und 1960 und die Einführung der Tranquilizers und modernen Schlafmittel in den folgenden Jahren haben die stationäre wie auch die ambulante Psychiatrie grundlegend verändert. Viele schizophrene Patienten, die früher Jahre oder gar ein ganzes Leben hinter Mauern verbringen mußten, können heute, nach Abklingen akuter Phasen ihrer Krankheit, in der Gemeinschaft leben und arbeiten. Depressive Patienten werden mit intensiver Pharmakotherapie rasch aus tiefer Verzweiflung und Schwermut befreit, und auch Angst, Unruhe und Gespanntheit bei nichtpsychotischen Erkrankungen können mit entsprechenden Medikamenten in Schach gehalten werden. Die Irrenanstalten von einst sind zu ruhigen Krankenhäusern ohne Umfriedungsmauern geworden und verfügen über ein meist breites Angebot an pharmako-, psycho- und soziotherapeutischen Maßnahmen. Neuroleptika und Antidepressiva mit neuartigen oder spezifischeren Wirkmechanismen, die in den letzten 10 Jahren eingeführt worden sind, haben weitere Verbesserungen hinsichtlich Medikamenten-Sicherheit und Verträglichkeit gebracht.

PsychologInnen wie auch ÄrzteInnen neigen gelegentlich dazu, Pharmako- und Psychotherapie in einem Ausschließungs- oder Konkurrenzverhältnis zu sehen und den Einsatz von Psychopharmaka mit Skepsis zu betrachten. Die Erfahrung von über 40 Jahren zeigt, daß Neuroleptika, Antidepressiva, Tranquilizers usw. zwar sehr wirksame Interventions-, aber nur selten Heilmittel sind und daß sie, besonders bei langzeitigem Gebrauch, ihrerseits zu körperlichen und psychischen Schädigungen führen können. Psychopharmaka sind deshalb kritisch und immer im Rahmen eines Gesamt-Therapieplans zu verwenden, in dem auch psycho- und soziotherapeutische Maßnahmen ihren festen Platz haben. Die Erstellung, Durchführung, Überwachung und allfällige Korrektur solcher Therapiepläne ist eine gemeinsame Aufgabe von Ärzten, Pflegepersonal, Sozialarbeitern und Klinischen PsychologenInnen. Je mehr PsychologenInnen über die Möglichkeiten und Grenzen medikamentöser Interventionsmittel, die sie selbst nicht verschreiben dürfen, wissen, desto wesentlicher wird ihr Beitrag an die gemeinsame Arbeit sein.

10. Literatur

Aldrich, M.S. (1990). Narcolepsy. *New England Journal of Medicine, 323,* 389–394.

Belmaker, R.H., Bersudsky, Y., Agam, G., Levine, J. & Kofman, O. (1996). How does lithium work on manic depression? Clinical and psychological correlates of the inositol theory. *Annual Reviews of Medicine 47,* 47–56.

Bloom, F.E. & Kupfer, D. (Eds.) (1995). *Psychopharmacology – The fourth generation of progress.* New York: Raven.

Buclin, T. & Baumann, P. (1992). Allgemeine Grundlagen der Pharmakokinetik und Pharmako-dynamik. In P. Riederer, G. Laux & W. Pöldinger (Hrsg.), *Neuro-Psychopharmaka. Bd. 1 Allgemeine Grundlagen der Pharmakopsychiatrie* (S. 273–321). Wien: Springer.

Burke, M.J. & Preskorn, S.H. (1995). Short-term treatment of mood disorders with standard antidepressants. In F.E. Bloom & D.J. Kupfer (Eds.), *Psychopharmacology: The Fourth Generation of Progress* (pp. 1053–1065). New York: Raven.

Delini-Stula, A. (1993). Neurobiochemie, Wirkmechanismus (der Antidepressiva). In P. Riederer, G. Laux & W. Pöldinger (Hrsg.), *Neuro-Psychopharmaka. Bd. 3: Antidepressiva und Phasen-Prophylaktika* (S. 26–32). Wien: Springer.

Dietmaier, O. & Laux, G. (1992). Übersichtstabellen Neuroleptika. In P. Riederer, G. Laux & W. Pöldinger (Hrsg.), *Neuro-Psychopharmaka. Bd. 4: Neuroleptika* (S. 197–215). Wien: Springer.

Dietmaier, O. & Laux, G. (1993). Übersichtstabellen Antidepressiva. In P. Riederer, G. Laux & W. Pöldinger, (Hrsg.), *Neuro-Psychopharmaka. Bd. 3 : Antidepressiva und Phasenprophylaktika* (S. 579–600). Wien: Springer.

Dietmaier, O. & Laux, G. (1995). Übersichtstabellen Tranquilizer und Hypnotika. In P. Riederer, G. Laux & W. Pöldinger (Hrsg.), *Neuro-Psychopharmaka. Bd. 2: Tranquilizer und Hypnotika* (S. 379–407). Wien: Springer.

Elkin, I., Shea, T., Watkins, J.T. et al. (1989). National Institute of Mental Health treatment of depression collaborative research program. *Archives of General Psychiatry 46,* 971–982.

Gilbert, P.L., Jackuelyn Harris, M., McAdams, L.A. & Jeste, D.V. (1995). Neuroleptic withdrawal in schizophrenic patients – a review of the literature. *Archives of General Psychiatry 52,* 173–188.

Gould, R.A., Otto, M.W. & Pollack, M.H. (1995). A meta-analysis of treatment outcome for panic disorder. *Clinical Psychology Review 15,* 819–844.

Haefely, W. (1991). Psychopharmacology of anxiety. *European Neuropsychopharmacology 1,* 89–95.

Kaschka, W.P.: Lithium – Klinik (1993). In P. Riederer, G. Laux & W. Pöldinger (Hrsg.), *Neuro-Psychopharmaka. Bd. 3 : Antidepressiva und Phasenprophylaktika* (S. 493–523). Wien: Springer.

Katschnig, H., Konieczna, I. & Etzersdorfer, E. (1992). Psychosoziale Maßnahmen und Neuroleptika-Langzeitmedikation. In P. Riederer, G. Laux & W. Pöldinger (Hrsg.), *Neuro-Psychopharmaka. Bd. 4: Neuroleptika* (S. 169–183). Wien: Springer.

Klein, D.F. & Ross, D.C. (1993). Reanalysis of the National Institute of Mental Health treatment of depression collaborative research program general effectiveness report. *Neuropsycho-pharmacology 8,* 241–251.

Kuhn, R. (1957). Über die Behandlung depressiver Zustände mit einem Iminodibenzylderivat (G 22355). *Schweizerische medizinische Wochenschrift, 87,* 1135-1140.

Kupfer, D.J., Frank, E., Perel, J.M. et al. (1992). Five-year outcome for maintenance therapies in recurrent depression. *Archives of General Psychiatry 49,* 769–773.

Lamy, P.P. (1994). The role of cholinesterase inhibitors in Alzheimer's disease. *CNS Drugs 1,* 146–165.

Laux, G., König, W. & Hebenstreit, G. (1993). Praktische Durchführung, allgemeine Behandlungsrichtlinien (für Antidepressiva-Therapien). In P. Riederer, G. Laux & W. Pöldinger (Hrsg.), *Neuro-Psychopharmaka. Bd. 3 : Antidepressiva und Phasenprophylaktika* (S. 87–103). Wien: Springer.

Maes, M. & Meltzer, H.Y. (1995). The serotonin hypothesis of major depression. In F.E. Bloom & D.J. Kupfer (Eds.), *Psychopharmacology: The Fourth Generation of Progress* (pp.933–944). New York: Raven.

Marin, D.B. & Davis, K.L. (1995). Experimental therapeutics. In F.E. Bloom & D.J. Kupfer (Eds.), *Psychopharmacology: The Fourth Generation of Progress* (pp. 1417–1426). New York: Raven.

Markstein, R. (1994). Bedeutung neuer Dopaminrezeptoren für die Wirkung von Clozapin. In D. Naber & F. Müller-Spahn (Hrsg.), *Clozapin. Pharmakologie und Klinik eines atypischen Neuroleptikums* (S. 5–15). Berlin: Springer.

Orgogozo, J.M. & Spiegel, R. (1987). Critical review of clinical trials in senile dementia. *Postgraduate Medical Journal, 63,* 237-240; 337-343.

Paul, S.M. (1995). GABA and glycine. In F.E. Bloom & D.J. Kupfer (Eds.), *Psychopharmacology: The Fourth Generation of Progress* (pp. 87–94). New York: Raven.

Persons, J.B., Thase, M.E. & Crits-Christoph, P. (1996). The role of psychotherapy in the treatment of depression: Review of two practice guidelines. *Archives of General Psychiatry 53,* 283–290.

Riederer, P. (1993). Neurobiochemie, Wirkmechanismus (der Antidepressiva). In P. Riederer, G. Laux & W. Pöldinger (Hrsg.), *Neuro-Psychopharmaka. Bd. 3 : Antidepressiva und Phasen-prophylaktika* (S. 32–43). Wien: Springer.

Riederer, P., Laux, G. & Pöldinger, W. (Hrsg.) (1992–1995), *Neuro-Psychopharmaka* (Bd. 1–6.). Wien: Springer.

Roy-Byrne, P., Wingerson, D., Cowley, D. & Dager, S. (1993). Psychopharmacologic treatment of panic, generalized anxiety disorder, and social phobia. *Psychiatric Clinics of North America 16,* 719–735.

Schatzberg, A. F. & Schildkraut, J.J. (1995). Recent studies on norepinephrine systems in mood disorders. In D.J Kupfer & F.E. Bloom (Eds.), *Psychopharmacology: The Fourth Generation of Progress* (pp. 911–920). New York: Raven.

Schöpf, J. (1985). Physische Abhängigkeit bei Benzodiazepin-Langzeitbehandlung. *Nervenarzt 56,* 585-592.

Schweizer, E., Rickels, K. & Uhlenhuth, E.H. (1995). Issues in the long-term treatment of anxiety disorders. In D.J. Kupfer & F.E. Bloom (Eds.), *Psychopharmacology: The Fourth Generation of Progress* (pp. 1349–1359). New York: Raven.

Spiegel, R. (1995). *Einführung in die Psychopharmakologie* (2. Aufl.). Bern: Huber.

Wilens, T.E. & Biederman, J. (1992). The stimulants. *Psychiatric Clinics of North America 15,* 191–222.

Willner, P. (1995). Dopaminergic mechanisms in depression and mania. In D.J Kupfer & F.E. Bloom (Eds.), *Psychopharmacology: The Fourth Generation of Progress* (pp. 921–931). New York: Raven.

B. Störungsbezogener Teil

Teil VI
Störungen von psychischen Funktionen

25. Motorische Störungen
25.1 Klassifikation und Diagnostik

Norbert Mai, Thomas Schenk und Herbert Heuer

Inhaltsverzeichnis

1. Klassifikation

Bewegungsstörungen können als Folge pathologischer Veränderungen im Muskel-, Skelett- oder Nervensystem auftreten. Bei dem Versuch, motorische Störungen zu klassifizieren, wird schnell deutlich, daß eine Störung nur durch eine Beschreibung auf mehreren Ebenen ausreichend charakterisiert werden kann. Nach dem Vorschlag der WHO (1980) dienen pathophysiologische Merkmale (impairments) zur Beschreibung einer Schädigung. Beispiele sind Lähmungen oder Einschränkungen der Sensibilität z. B. nach einem Schlaganfall. Allein für Schädigungen des zentralen Nervensystems ist eine fast unüberschaubare Zahl von motorischen Störungen beschrieben worden (Freund, 1986; Kurlan, 1995). Ein traditioneller Ansatz, die Vielfalt der möglichen Störungen zu ordnen, ist die Unterscheidung negativer und positiver Symptome. Unter negativen Symptomen werden solche zusammengefaßt, bei denen eine normale Leistung ausfällt, z. B. ein Ausfall der normalen Beweglichkeit bei Lähmungen, oder eine Einschränkung der Bewegungskoordination bei einer Schädigung des Kleinhirns. Als positive Symptome werden abnorme Bewegungen wie Hyperkinesen (pathologisch gesteigerte Motorik, zum Teil mit unwillkürlich ablaufenden Bewegungen), Myoklonien (ruckartige Zuckungen einzelner Muskeln), Tics (meist unwillkürlich auftretende Abfolgen koordinierter Bewegungen) oder auch Veränderungen des Muskeltonus wie beim Rigor (pathologisch erhöhte Muskelspannung) zusammengefaßt.

In DSM-IV werden einige Störungen aufgelistet, in denen motorische Störungen einen wesentlichen Bestandteil darstellen. Dies sind das Stottern (DSM-IV 307.0), die Hyperaktivitätsstörung (DSM-IV 314.xx), die Tourette-Störung (DSM-IV 307.23), der vokale Tic (DSM-IV 307.22), der vorübergehende Tic (DSM-IV 307.21), der nicht näher bezeichnete Tic (DSM-IV 307.20) und die stereotype Bewegungsstörung (DSM-IV 307.3). Diese Störungen stellen jedoch nur einen kleinen und willkürlichen Ausschnitt aus der Gesamtheit der motorischen Störungen dar.

Angaben über pathophysiologische Merkmale erlauben in vielen Fällen nur sehr vage Vorhersagen, welche motorischen Leistungen tatsächlich noch ausgeführt werden können. Eine

---

Der Titel dieses Kapitels lautete in der ersten Auflage «Psychomotorische Störungen: Klassifikation und Diagnostik». Der Begriff der psychomotorischen Störung wird jedoch sehr uneinheitlich verwendet und kann Stottern, motorische Störungen bei der Parkinsonschen Erkrankung, Störungen der Mimik oder auch Aufmerksamkeitsstörungen bezeichnen. Wir haben uns daher entschieden, den klar definierten Begriff der motorischen Störung zu verwenden.

direkte Prüfung funktioneller Leistungen, z. B. des Gehens oder Greifens, ist daher unabding- bar. Der Verlust oder die Einschränkung funk- tionaler Leistungen werden nach dem Vor- schlag der WHO als disabilities bezeichnet. Die Schwierigkeit, motorische Störungen auf der Ebene der Funktionseinschränkungen zu be- schreiben, liegt in der unüberschaubaren Zahl möglicher Funktionsprüfungen. Eine akzeptier- te Taxonomie motorischer Leistungen existiert bis heute nicht. Bei den zerebral bedingten mo- torischen Störungen ist oft versucht worden, aus Modellvorstellungen über die zerebrale Kontrolle von Bewegungen eine Ordnung mo- torischer Leistungen abzuleiten (z. B. Brooks, 1990, und das Kap. 26).

Zur Beurteilung einer Funktionseinschrän- kung reicht der Vergleich der Leistungen mit Normwerten aus. Wenn allerdings die indi- viduelle Behinderung (handicap) beschrieben werden soll, müssen die persönlichen Lebens- umstände eines Patienten berücksichtigt wer- den. Die tatsächliche Beeinträchtigung beruf- licher und alltäglicher Aktivitäten ist die entscheidende Konsequenz einer Bewegungs- störung, und die läßt sich nur durch die Beob- achtung eines Patienten in seiner Umgebung oder durch Fragebogen erfassen. Um die inter- individuelle Vergleichbarkeit zu erhöhen, ist vielfach versucht worden, standardisierte Alltagsaufgaben zu entwickeln. Kann z. B. ein Patient eine Strecke von 10 m ohne Hilfsmittel gehen? Kann ein Patient sich selber anziehen? Wegen der Spannbreite möglicher Störungen wird die Auswahl der zu prüfenden Alltagsauf- gaben immer willkürlich erscheinen. Die Be- schreibung einer motorischen Störung ist ohne Angaben über die individuelle Behinderung be- stenfalls unvollständig. Der Verlust des kleinen Fingers würde viele Menschen kaum behin- dern, für einen Pianisten wäre dies das Ende der Berufsausübung.

Motorische Störungen lassen sich nach der Art ihrer Genese in primär-organische und psy- chogene Bewegungsstörungen einteilen. Bei primär-organischen Bewegungsstörungen lie- gen pathologische Veränderungen im Muskel-, Skelett- oder Nervensystem vor, bei psychoge- nen Bewegungsstörungen lassen sich derartige Veränderungen nicht nachweisen. Der fehlen- de Nachweis einer organischen Störung allein erlaubt noch nicht den Schluß auf eine psychi-

sche Verursachung der Bewegungsstörung. Hierfür ist zu zeigen, daß psychologische bzw. psychiatrische Faktoren das Auftreten und die Ausprägung der Bewegungsstörung maßgeblich beeinflussen. Da auch bei vielen organischen Bewegungsstörungen (z. B. Dystonie, essentiel- ler Tremor, Morbus Parkinson) die Diagnose nur aufgrund des klinischen Erscheinungsbildes ge- troffen werden kann, kommt der klinischen Be- obachtung bei der Abgrenzung von organi- schen und psychogenen Bewegungsstörungen eine besondere Bedeutung zu (Factor et al., 1995; Marsden, 1995). Williams et al. (1995) schlagen vor, den psychogenen Ursprung einer Bewegungsstörung nur dann als etabliert anzu- sehen, wenn eine Heilung der Bewegungs- störung durch Psychotherapie erreicht wird oder aber die Bewegungsstörung sich im Ver- lauf häufig wandelt, ihr Erscheinungsbild mit jenem bekannter organischer Bewegungs- störungen nicht vereinbar ist und darüber hin- aus Anzeichen für das Vorliegen einer psychi- schen Störung bestehen (vgl. **Tabelle 1**).

Wir unterscheiden noch eine dritte Klasse von Bewegungsstörungen, nämlich Störungen, die durch Fehlkompensationen entstehen (Mai, 1996). Was damit gemeint ist, soll am Beispiel der Entstehung eines Schreibkrampfs erläutert werden. Eine zunächst organisch bedingte Ein- schränkung der Handfunktion (z. B. Sehnen- scheidenentzündung, reduzierte taktile Emp- findlichkeit in den Fingern) führt dazu, daß die Schreibbewegungen unflüssiger werden und möglicherweise sogar die Lesbarkeit der Schrift abnimmt. Der Patient reagiert darauf mit Ände- rungen in Stift-, Hand- und Armhaltung. Kurz- fristig wird dadurch eine erhöhte Lesbarkeit der Schrift erreicht. Längerfristig wird jedoch das hochüberlernte Bewegungsprogramm, welches bislang beim Schreiben eingesetzt wurde, durch neue und meist außerordentlich unergono- mische Bewegungsabläufe ersetzt. Das Schrei- ben wird zunehmend mühevoller und kann schließlich ganz unmöglich werden. Korrigiert man diese neu erlernten Fehlhaltungen, so kann häufig eine drastische Verbesserung der Schreibleistung erzielt werden (Mai und Mar- quardt, 1994).

Fehlkompensationen treten im Rahmen vie- ler primär-organisch bedingter Bewegungsstö- rungen auf und können eine zunächst milde in eine ausgeprägte Funktionseinschränkung verwandeln. Zudem können die Effekte der Fehlkompensation fortbestehen, nachdem die organische Erkrankung bereits abgeklungen ist. Da eine Behandlung der Fehlkompensation möglich ist, auch wenn die organische Grunderkrankung kaum behandelt werden kann (z. B. Schreibstörung bei Patienten mit Multipler Sklerose, vgl. Schenk et al., in Vorbereitung), ist es sinnvoll, die Aspekte einer Bewegungsstörung, die auf eine Fehlkompensation zurückzuführen sind, von den organisch-bedingten Aspekten abzugrenzen. Im Unterschied zu psychogenen Störungen ist bei durch Fehlkompensationen bedingten Bewegungsstörungen eine Korrektur der «unergonomischen» Haltungen und Bewegungsabläufe durch ein geeignetes Trainingsprogramm erforderlich – eine Psychotherapie hilft hier wenig (Mai und Marquardt, 1995). Fehlkompensationen führen zudem zu Bewegungsstörungen, deren Erscheinungsbild durch hohe zeitliche Konsistenz gekennzeichnet ist, und sind in der Regel nicht von psychiatrischen Störungen begleitet.

2. Diagnostik

Motorische Störungen werden meist von Patienten direkt benannt und sind in der Regel klinisch leicht beobachtbar. Deswegen ist verständlich, daß in der Diagnostik überwiegend klinische Beurteilungsskalen eingesetzt werden. Beispiele sind Skalen zur Unterscheidung von Paresegraden einzelner Muskeln oder Muskelgruppen (z. B. Daun, 1970), Vorschläge zur Untersuchung spezieller Funktionen, wie z. B. der Handfunktionen (Hermsdörfer et al., 1994) oder Skalen zur Einschätzung der Behinderung (Modifizierter Barthel Index). Eine sehr informative Sammlung klinischer Beurteilungsskalen hat Masur (1995) zusammengestellt.

Tabelle 1: Klinische Kennzeichen psychogener Bewegungsstörungen

- Plötzlicher Beginn ausgelöst von einem eindeutig identifizierbaren Ereignis

- Gemeinsames Auftreten mehrerer Bewegungsstörungen

- Die Symptome der Bewegungsstörung sind variabel und fluktuieren sogar innerhalb einer Untersuchungssitzung

- Die Zeichen der Bewegungsstörung entsprechen nicht den Symptomkomplexen, die von den organisch bedingten Bewegungsstörungen bekannt sind

- Die Bewegungsstörungen nehmen zu, wenn die Konzentration des Untersuchers auf den betroffenen Körperteil gerichtet ist

- Die Bewegungsstörungen nehmen ab oder verschwinden, wenn sie nicht im Zentrum der Aufmerksamkeit stehen oder wenn der Patient Aufgaben ausführt, die seine Konzentration erfordern

- Besonders ausgeprägte Schreckreaktion

- Durch Suggestion oder Placebo-Behandlung kann die Ausprägung der Bewegungsstörung beeinflußt werden

- Die «neurologischen Ausfälle» der Patienten stimmen nicht mit dem Muster neurologischer Ausfälle bei bekannten neurologischen Erkrankungen überein

- Die Patienten weisen zusätzlich psychische Störungen auf

- Die Bewegungsstörung ist nicht mehr vorhanden, wenn der Patient unbemerkt beobachtet wird

- Die Bewegungsstörung kann durch Psychotherapie erfolgreich behandelt werden

Liegen mehrere der oben genannten Kennzeichen vor, so spricht dies für eine psychogene Bewegungsstörung. Die Tabelle wurde in abgewandelter Form von Williams, Ford und Fahn (1995) übernommen.

Ergänzend werden häufig motorische Leistungstests eingesetzt, die eine quantitative Bestimmung motorischer Leistungen erlauben sollen. Viele dieser Tests beruhen auf den faktorenanalytischen Untersuchungen von Fleishman und seinen Mitarbeitern. Fleishman (1972) unterscheidet 11 Fähigkeiten (Faktoren) mit deren Hilfe motorische Leistungen möglichst sparsam beschreibbar sein sollen. Jedoch wurde bereits in den dreißiger und vierziger Jahren unseres Jahrhunderts gezeigt, daß durch die Messung spezifischer motorischer Fähigkeiten die Leistung in komplexeren Aufgaben nicht vorhergesagt werden kann (Seashore, 1930; Seashore et al., 1940). Auch wenn man von den üblichen Einwänden gegen das faktorenanalytische Vorgehen absieht, bleibt es daher unwahrscheinlich, daß durch die Messung sogenannter motorischer Grundkomponenten Aussagen über die Leistung in alltagsrelevanten Aufgaben möglich werden (Keele und Hawkins, 1982; Ritter, 1983). Die Anwendung solcher Leistungstests auf die klinische Untersuchungssituation wird noch erschwert durch die Tatsache, daß die zugrundeliegenden faktorenanalytischen Untersuchungen zur Entwicklung von Ausleseverfahren für die Selektion von Piloten durchgeführt wurden und nicht zur differenzierten Erfassung motorischer Störungen. Bei der *Motorischen Leistungsserie* (MLS) nach Schoppe (1974), die in Anlehnung an die Fleishman-Faktoren entwickelt wurde, ist es beispielsweise nicht möglich, die einzelnen Aufgabenparameter zu variieren oder den Schwierigkeitsgrad den Patienten anzupassen. Viele Aufgaben sind daher für Patienten mit ausgeprägten Bewegungsstörungen nicht durchführbar. Zudem werden wichtige Aspekte der Bewegungssteuerung (z.B. visuelles Feedback) nicht differentiell beurteilt. Häufig bleibt daher als einziges Ergebnis der Testung, daß der Patient motorisch gestört ist. Diese Aussage erhält man in der Regel schneller, indem man den Patienten befragt.

Doch auch die klinische Beobachtung reicht zur detaillierten Analyse motorischer Störungen oft nicht aus. Viele Bewegungen sind zu schnell, um sie mit den Augen genau zu verfolgen. Die Augen können nur Bewegungen bis etwa 1,5 Hz kontinuierlich verfolgen, während z.B. routinierte Schreibbewegungen bei etwa 5 Hz liegen. Durch die technische Entwicklung der letzten Jahre ist es aber inzwischen relativ einfach, Bewegungen mit hoher Präzision zu registrieren und ihre Kinematik (Geschwindigkeit und Beschleunigung) zu analysieren. Zur Aufzeichnung von Schreibbewegungen können z.B. graphische Tabletts eingesetzt werden, mit deren Hilfe die Position der Stiftspitze fortlaufend registriert wird. Aus den Positionsdaten können dann kinematische Variable berechnet werden (Marquardt und Mai, 1994). Zur Aufzeichnung dreidimensionaler Bewegungen stehen inzwischen zahlreiche Systeme zur Verfügung, bei denen entweder passive Marker in einer Videoaufzeichnung verfolgt oder aktive Marker von Positionsdetektoren lokalisiert werden. Relativ preisgünstig sind akustische Systeme, die mit kleinen Ultraschallsendern arbeiten, die z.B. an der Hand oder dem Arm befestigt werden. Aus den unterschiedlichen Laufzeiten des Ultraschalls zu fest montierten Mikrophonen kann der Ort der Schallquellen berechnet werden. (Hermsdörfer et al., 1996)

Die Registrierung und kinematische Analyse von Bewegungen erlaubt nicht nur eine präzisere Abgrenzung gestörter und nicht gestörter Bewegungskomponenten, sondern ermöglicht vor allem eine experimentelle Analyse. Manchmal können selbst geringfügige Änderungen der Untersuchungssituation eine drastische Reduktion der motorischen Störung bewirken. Ein Beispiel für die Modulation motorischer Störungen zeigt die **Abbildung 1**, in der die dreidimensionale Aufzeichnung der Greifbewegung eines Patienten unter zwei Bedingungen wiedergegeben wird. Diese Untersuchung wurde bei einem Patienten 4,5 Jahre nach einem schweren Schädel-Hirn-Trauma durchgeführt. Zum Zeitpunkt der Untersuchung litt der Patient unter einer ausgeprägten Ataxie beider oberer Extremitäten, die es ihm z.B. unmöglich machte, selbständig zu essen.

Dieses schwere Handikap verdeutlicht die Aufzeichnung seiner Versuche, eine vor ihm stehende Glasflasche zu greifen (**Abb. 1a**). Der Patient bewegte nach der Startaufforderung seine Hand mit weit ausgestreckten Fingern auf die Flasche zu, ergriff diese aber nicht, sondern führte unmittelbar vor der Flasche oszillierende Bewegungen aus, die erst nach 4–6 s mit einem sehr impulsiven Zugreifen beendet wurden. Die hohe Beschleunigung beim Zugreifen machte eine Kontrolle der Greifbewegung nahezu unmöglich, und bei einem Versuch flog die Flasche sogar in hohem Bogen durch den Raum. Wurde in einem unmittelbar anschließenden Versuch die Glasflasche durch eine Plastikflasche ersetzt, wurde diese ohne Zögern ergriffen (**Abb. 1b**). Die oszillierenden Bewegungen vor der Flasche blieben aus, und die Geschwindigkeitsprofile zeigten einen fast normalen glatten Verlauf. In diesem Fall liegt die Vermutung nahe, daß die erwarteten Konsequenzen der intendierten Handlung das Ausmaß der ataktischen Bewegungsstörung beeinflussen: Sie wird unter Bedingungen deutlich, unter denen die Annäherung an das zu greifende Objekt normalerweise langsam erfolgt, weil es zerbrechlich ist, aber nicht unter den Bedingungen schneller Annäherung an ein unzerbrechliches Objekt (Marteniuk et al., 1987). Die erstaunlich guten Greifleistungen des Patienten in der «ungefährlichen» Situation zeigen seine prinzipielle motorische Kompetenz und damit das Potential für therapeutische Interventionen.

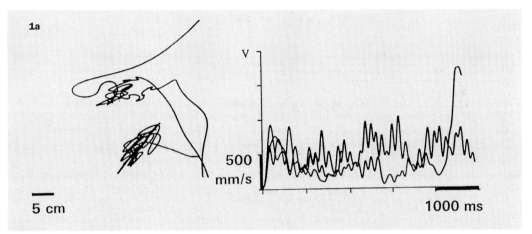

Abbildung 1a: Greifbewegungen eines Patienten mit einer ataktischen Bewegungsstörung nach einer Glasflasche, die vor ihm auf dem Tisch stand. Links die Bewegungspfade des Handgelenks in sagittaler Sicht, rechts die zugehörigen Geschwindigkeitskurven. Dabei wurde die Hand zunächst auf die Flasche zubewegt und führte dann für mehrere Sekunden oszillierende Bewegungen aus, bevor die Flasche ergriffen wurde.

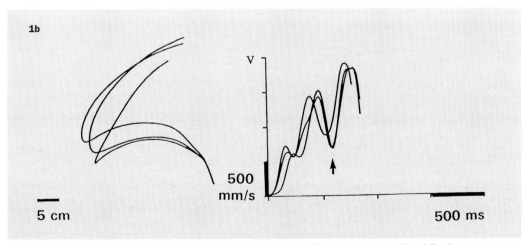

Abbildung 1b: Wurde die Glasflasche in einem unmittelbar folgenden Versuch durch eine Plastikflasche ersetzt, waren die Greifbewegungen deutlich besser. Weitere Erläuterungen im Text. (aus Mai et al., 1995)

3. Literatur

Brooks, V. B. (1990). Limbic assistance in task-related use of motor skills. In J. C. Eccles & O. Creutzfeldt (Eds.). *The Principles of Design and Operation of the Brain* (S. 343–364). Heidelberg: Springer.

Daun, H. (1970) Die Pareseskala. Ein einfaches Hilfsmittel bei der Untersuchung von Paresen. *Medizinische Welt, 35,* 1515–1516.

Factor, S. A., Podskalny, G. D. & Molho, E. S. (1995). Psychogenic movement disorders: frequency, clinical profile, and characteristics. *Journal of Neurology, Neurosurgery, and Psychiatry,* 59, 406–412.

Fleishman, E. A. (1972). Structure and measurement of psychomotor abilities. In R. N. Singer (Ed.), *The psychomotor domain* (pp. 78–169). Philadelphia: Lea & Febiger.

Freund, H. J. (1987). Abnormalities of motor behavior after cortical lesions in humans. In V. B. Mountcastle (Ed.) *Handbook of Physiology, Vol. 5* (pp. 763–810). Bethesda, Md: American Physiology Society.

Hermsdörfer, J., Mai, N., Rudroff, G. & Münßinger, M. (1994). *Untersuchung zerebraler Handfunktionsstörungen.* Dortmund: Borgmann Publishing.

Hermsdörfer, J., Marquardt, C., Wack, S. & Mai, N. (1996). Bewegungsanalyse bei Handfunktionsstörungen. *praxis ergotherapie, 9,* 84–94.

Keele, S. W. & Hawkins, H. L. (1982). Explorations of individual differences relevant to high level skills. *Journal of Motor Behavior, 14,* 3–23.

Kurlan, R. (Ed) (1995) *Treatment of Movement Disorders.* Philadelphia: Lippincott.

Mai, N. (1996). Kompensation der Kompensationsmechanismen: Ein Ansatz zur Behandlung motorischer Störungen. In G. Gross-Selbeck (Hrsg.), *Aktuelle Neuropädiatrie.* Wehr: Ciba-Geigy Verlag.

Mai, N., Marquardt, C. (1995). Analyse und Therapie motorischer Schreibstörungen. *Psychologische Beiträge, 37,* 538–582.

Mai, N., Marquardt, C. (1994). Treatment of writer's cramp. In C. Faure, P. Keuss, G. Lorette & A. Vinter (Eds.), *Advances in handwriting and drawing. A multidisciplinary approach.* Paris: Télécom.

Mai, N., Przywara, S., Hermsdörfer, J. & Marquardt, C. (1995). Behandlung der posttraumatischen Ataxie. In Kuratorium ZNS (Hrsg.), *Forschung und Praxis der Neurologischen Rehabilitation – 10 Jahre Kuratorium ZNS.* Hamburg: In-Transfer (S. 241–256).

Marquardt, C. & Mai, N. (1994). A computational procedure for movement analysis in handwriting. *Journal of Neuroscience Methods, 52,* 39–45.

Marsden, C. D. (1995). Psychogenic problems associated with dystonia. *Advances of Neurology, 65,* 319–326.

Marteniuk, R. G., MacKenzie, C. L., Jeannerod, M., Athenes, S. & Dugas, C. (1987). Constraints on human arm movement trajectories. *Canadian Journal of Psychology, 41,* 365–378

Masur, H. (1995). *Skalen und Scores in der Neurologie.* Stuttgart: Thieme.

Ritter, M. (1983). Diagnostik sensorischer und motorischer Funktionen. In K. J. Groffmann & L. Michel (Hrsg.), *Intelligenz und Leistungdiagnostik* (S. 387–413). Göttingen: Hogrefe.

Schenk, T., Mai, N., Walther, E. & Hohlfeld, R. (in Vorbereitung). *Preserved writing competence in patients with writing disorders suffering from multiple sclerosis.*

Schoppe, K. J. (1974). Das MLS-Gerät: Ein neuer Testapparat zur Messung feinmotorischer Leistungen. *Diagnostica, 20,* 43–46.

Seashore, R. H. (1930). Individual differences in motor skills. *Journal of General Psychology, 3,* 38–65.

Seashore, R. H., Buxton, C. E. & McCollom, I. N. (1940). Multiple factorial analysis of fine motor skills. *American Journal of Psychology, 53,* 251–259.

Williams, D. T., Ford, B., Fahn, S. (1995). Phenomenology and Psychopathology related to psychogenic movement disorders. Behavioral Neurology of Movement Disorders. *Advances in Neurology, 65,* 231–257.

25.2 Motorische Störungen: Ätiologie/ Bedingungsanalyse

Herbert Heuer, Thomas Schenk und Norbert Mai

Inhaltsverzeichnis

1. Funktionen bei der Bewegungssteuerung

In diesem Kapitel steht die funktionelle Beschreibung von Störungen der menschlichen Motorik im Vordergrund, und die organischen Grundlagen werden in starkem Maße vernachlässigt. Die leitende Frage ist also: Welche Funktionen bei der Bewegungssteuerung lassen sich sinnvoll unterscheiden, und welche Erscheinungsformen haben Störungen dieser Funktionen?

Für die Darstellung motorischer Störungen reicht ein relativ grober begrifflicher Rahmen aus, so daß nicht nur aus Platzgründen der hier skizzierte Überblick über Funktionen bei der Bewegungssteuerung recht kurzgefaßt ist; eine ausführlichere einführende Darstellung findet sich zum Beispiel bei Heuer (1992), eine vertiefende Darstellung bei Heuer und Keele (1994). In diesem Kapitel wird zwischen Störungen der Initiierung von Bewegungen und ihrer Ausführung unterschieden. Bei der Bewegungsausführung wird weiterhin differenziert zwischen Störungen der Programm-Steuerung, der Regelung und der Koordination. Dieser begriffliche Rahmen soll zunächst kurz erläutert werden.

Ein zentrales Merkmal der Bewegungssteuerung ist die Integration von *Regelprozessen,* mit deren Hilfe Bewegungen mehr oder weniger kontinuierlich an die Umwelt angepaßt werden, und autonomen Prozessen, die meist als *Steuerung durch ein Bewegungsprogramm* begrifflich gefaßt werden (vgl. Cruse, Dean, Heuer & Schmidt, 1990). Die Existenz von Regelprozessen zeigt sich zum Beispiel in den Bewegungsstörungen, die auftreten, wenn sensorische Rückmeldungen verzerrt werden. Ein bekanntes Beispiel sind die stotter-ähnlichen Störungen des Sprechens bei verzögerter akustischer Rückmeldung. Die Existenz autonomer Prozesse, die unabhängig von den sensorischen Rückmeldungen aus der Körperperipherie sind, zeigt sich in den erhaltenen Bewegungsmöglichkeiten bei Ausschaltung von Rückmeldungen, zum Beispiel der Möglichkeit des Sprechens ohne Hören der eigenen Stimme. Vor allem zeigt sie sich aber in der Möglichkeit von Bewegungen bei Fehlen aller sensorischen Rückmeldungen einschließlich derjenigen von Sinnesorganen in den Muskeln und Gelenken (vgl. Sanes et al., 1985).

Bewegungssteuerung hat zunächst einen «distalen Bezug» (vgl. Prinz, 1992). Objekte werden im Raum lokalisiert, und die Abweichung der Hand vom gewünschten Objekt wird als räumliche Distanz registriert. Letzten Endes aber müssen Muskeln kontrahiert werden, und zwar so, daß ein gewünschtes Ergebnis, nämlich eine gewünschte Bewegung, resultiert. Die Beziehung zwischen den motorischen Kommandos an die Muskeln und der resultierenden Bewegung kann man als Körper-Transformation (Heuer, 1983, S. 18–40) kennzeichnen; für eine erfolgreiche Bewegungssteuerung muß sie invertiert werden, und in aller Regel ist die Lösung nicht eindeutig. Wenn wir etwa auf einer bestimmten Bahn nach einem Objekt greifen wollen, können die verschiedenen Muskeln des Arms auf unterschiedliche Weise innerviert werden, ohne daß sich das Ergebnis verändert; wenn wir die Lippen für das Sprechen eines bestimmten Lautes öffnen, können Kiefer, Ober- und Unterlippe daran in variabler Weise beteiligt sein. Störungen bei der Beherrschung der Körper-Transformation treten in der Regel als Störungen der *Koordination* in Erscheinung: die verschiedenen Muskeln kontrahieren nicht mit den richtigen Zeit- und/oder Kraftverhältnissen.

Störungen der skizzierten drei Funktionen bei der Bewegungsausführung lassen sich solchen bei der Bewegungsinitiierung gegenüberstellen. Funktionell gesehen beginnt eine Bewegung nämlich nicht erst in dem Augenblick, in dem sich ein Muskel zusammenzieht oder entspannt. Mit Hilfe physiologischer und psychologischer Methoden lassen sich Prozesse der Bewegungsvorbereitung nachweisen, die zumeist als «Programmierung» bezeichnet werden: Ein vorher gelerntes Bewegungsprogramm muß bereitgestellt werden, und seine Parameter sind an die Bewegungsanforderungen anzupassen. Störungen dabei zeigen sich manchmal erst bei der Ausführung und lassen sich dann zum Beispiel als Störungen der Programm-Steuerung charakterisieren. Daneben aber gibt es Störungen, die den prinzipiellen Zugriff auf Bewegungsprogramme betreffen.

2. Störungen des Aufrufs motorischer Programme

Einer willkürlichen Bewegung geht in der Regel eine entsprechende Intention oder Absicht vor-

aus. Funktionell gesehen kann man eine Absicht als eine Initiierungsregel charakterisieren (Heuer & Prinz, 1987), die den Aufruf eines Bewegungsprogramms an Handlungskriterien anknüpft. Bei den Handlungskriterien kann es sich um Ereignisse in der Umwelt handeln, etwa die Farbe einer Ampel, aber auch um «innere Ereignisse», etwa beim Klopfen eines bestimmten Rhythmus. Nicht immer geht die Etablierung von Initiierungsregeln mit einer Bewegungsabsicht einher. Manche Initiierungsregeln existieren mehr oder weniger dauerhaft. Am deutlichsten ist das bei Reflexen. Obwohl Initiierungsregeln bei Menschen im Prinzip beliebig flexibel sind, gibt es doch Unterschiede im Hinblick auf die Schnelligkeit und Sicherheit des Zugriffs auf motorische Programme. Ein sehr schneller und sehr sicherer Zugriff ergibt sich zum Beispiel dann, wenn die Handlungskriterien räumlichen oder anderen Merkmalen der zugeordneten Bewegungen entsprechen. In solchen Fällen kann es auch im Alltagsleben zu unwillkürlichen Bewegungen kommen, die als «ideomotorische Phänomene» bezeichnet werden (Überblick bei Prinz, 1987).

2.1 Unzugängliche Programme

Die programmgesteuerte Ausführung einer Bewegung setzt voraus, daß ein gespeichertes Bewegungsprogramm aus dem Gedächtnis abgerufen wird. Ähnlich wie bei einer Störung des Zugriffs auf semantische Inhalte – der betroffene Patient kann zum Beispiel im Gesprächsfluß Namen von Gegenständen korrekt verwenden, diese Gegenstände auf Aufforderung jedoch nicht benennen, – wäre im Fall einer motorischen Zugriffsstörung zu erwarten, daß ein Patient eine Bewegung spontan, aber nicht nach Aufforderung ausführen kann. Dieses Störungsbild findet sich bei der Apraxie. Bei der Apraxie liegt eine Störung in der Ausführung motorischer Fertigkeiten vor, wobei elementare motorische (z. B. Muskelschwäche, Hyperkinesen) oder sensible Defizite ausgeschlossen sein müssen. Die Apraxie ist in der Regel durch eine Schädigung der linken Hirnhemisphäre verursacht. Ist die Hirnschädigung auf den Balken, der die beiden Hemisphären verbindet, beschränkt, so betrifft die apraktische Störung meist nur die linke Hand (Goldenberg et al., 1985; Watson und Heilman, 1983). Anhand dieser Fälle wird besonders deutlich, daß die Schwierigkeiten beim Befolgen einer Bewegungsaufforderung nicht auf Störungen des Sprachverständnisses zurückgehen.

Neuere Arbeiten stellen die Interpretation der Apraxie als einer motorischen Zugriffsstörung in Frage. Goldenberg (1995) forderte apraktische Patienten auf, vom Untersucher vorgeführte Bewegungen an einer Puppe nachzuahmen. Obwohl Bewegungen, die an einer Puppe nachgeahmt werden, völlig verschieden sind von Bewegungen, die am eigenen Körper imitiert werden, zeigten sich in beiden Situationen sehr ähnliche apraktische Fehler. Goldenberg schließt hieraus, daß nicht der Aufruf von Bewegungsprogrammen, sondern die Repräsentation der geforderten Positionen des zu bewegenden Körpergliedes bei apraktischen Patienten gestört ist. Zu einem ähnlichen Schluß gelangen auch Hermsdörfer et al. (1996) aufgrund ihrer detaillierten Bewegungsanalysen bei apraktischen Patienten.

2.2 Unwillkürlicher Aufruf von Programmen

Der Unterschied zwischen Reflexen und Willkürbewegungen ist graduell. Wenn Initiierungsregeln für bestimmte Bewegungsmuster mehr oder weniger dauerhaft vorhanden sind, können auch normalerweise willkürliche Bewegungen unwillkürlich oder «reflexhaft» auftreten. In gehäufter Weise findet sich das bei Tics, wobei der Anlaß – das Handlungskriterium – unklar bleibt.

Tics (oder Ticks) sind unwillkürlich ausgeführte Bewegungen unterschiedlicher Art, die keinen offensichtlichen Zweck erkennen lassen. Meist handelt es sich um kurze Zuckungen einzelner Muskelgruppen, gelegentlich aber auch um langsame Kontraktionen oder kompliziertere Bewegungen bis hin zu verbalen Äußerungen. Eine seltene Form ist das Gilles de la Tourette-Syndrom, das vokale Tics – oft obszöne Äußerungen – einschließt (Caine et al., 1988).

Tics gelten als weitgehend unwillkürliche und automatische Bewegungen, und sie unterscheiden sich entsprechend von ihren willkürlichen Nachahmungen (Obeso, Rothwell & Marsden, 1981). Insbesondere fehlt bei Tics das für spontane willkürliche Bewegungen charakteristische Bereitschaftspotential im Elektroencephalogramm (EEG), eine langsam wachsende Negativierung, die etwa 0,5 bis 1,0 s vor Beginn der Bewegung einsetzt. Dennoch scheint der unwillkürlichen Bewegung ein «Drang zum Tic» vorauszugehen, wie er von Bliss (1980) aus dem eigenen Erleben eines Tourette-Syndroms beschrieben wird. Leckman et al. (1993) fanden, daß 93 Prozent der von ihnen befragten Patienten diesen Drang verspürten und die Tic-Reaktion als willkürliche Antwort auf diesen Drang empfanden. Auch können die meisten Patienten Tics willkürlich für gewisse Zeit unterdrücken. Dies wird für verhaltenstherapeutische Behandlungsansätze verwendet (Süss-Burghart, 1996). Tics nehmen also eine Zwischenstellung zwischen Reflexen und Willkürbewegungen ein (Lee, 1989).

2.3 Nicht-selektiver Aufruf von Programmen

Wenn wir verschiedene Dinge gleichzeitig auszuführen haben, kann es einen motorischen Engpaß geben(vgl. Heuer, 1996). Im trivialen Fall besteht er darin, daß ein Körperglied sich zu einem Zeitpunkt nur an einem Ort befinden kann. Für eine wirkungsvolle Handlungssteuerung wird daher eine selektive Wahrnehmung benötigt (vgl. Neumann, 1987), so daß potentielle Handlungskriterien unwirksam bleiben können, obwohl sie durch unsere Sinnesorgane erfaßt werden. Die Aufmerksamkeit muß zeitweilig auf den unmittelbar handlungsrelevanten Ausschnitt der Umwelt gerichtet sein, so daß nicht fortlaufend neue Initiierungsregeln angesprochen werden; eine Ausnahme sollten nur solche Reize in der Umwelt darstellen, die zum Beispiel potentielle Gefahren signalisieren. Störungen des Schutzes ablaufender Handlungen gegen Unterbrechungen durch neue Aufrufe lassen sich zum einen als Störungen der selektiven Aufmerksamkeit beschreiben. Zum anderen können sie als Überaktivität und fehlende Ausdauer in Erscheinung treten, aber auch als unkontrollierte Auslösung spezieller Bewegungen durch Umweltreize.

Hyperaktivität und Aufmerksamkeitsstörungen zählen zu den Hauptsymptomen der *hyper-*

kinetischen Störungen im Kindesalter (Überblick z. B. bei Baxter, 1995). Angesichts des Zusammenhangs zwischen Aufmerksamkeit und Handlungssteuerung erscheint die Frage sinnlos, ob es sich dabei primär um eine motorische Störung handelt oder aber um eine Störung der Aufmerksamkeit. Ruhelosigkeit, fehlende Ausdauer und Überaktivität – auch in Verbindung mit Störungen des Sozialverhaltens – sind in der Regel die Merkmale, welche die Kinder in Kindergarten oder Schule auffällig werden lassen. Über verschiedene Situationen hinweg kann der Grad der Aktivität allerdings erheblich variieren, und oft lassen sich Situationen finden, in denen die Kinder ruhig sind. Die Hyperaktivität nimmt mit zunehmendem Alter ab, wie ja das Aktivitätsniveau von Kindern generell.

Für die hyperkinetischen Störungen im Kindesalter werden gelegentlich monokausale Erklärungen vorgetragen. Heilman et al. (1991) vertreten die Auffassung, daß eine Dysfunktion der rechten Hirnhemisphäre der hyperkinetischen Störung zugrundeliegt. Dies ist jedoch allenfalls für eine Subgruppe der hyperkinetischen Kinder eine zutreffende Erklärung (Baxter, 1995). Auffällig ist die günstige und paradox erscheinende Reaktion auf Stimulantien. Die Gabe solcher Stimulantien wird gelegentlich als die Behandlung der Wahl angesehen (Brown, 1991). Eine solche Behandlung zeigt jedoch nur kurzfristige Effekte (Baxter, 1995). Zudem gibt es keinen Hinweis darauf, daß solche Medikamente eine ursächliche Behandlung darstellen (Conners & Wells, 1986, S. 97–98). Genetische Faktoren scheinen eine Rolle bei der Entstehung der hyperkinetischen Störung zu spielen. Der Erbgang ist jedoch noch unbekannt (Hechtman, 1994). Wie bei vielen funktionellen Störungen des Zentralnervensystems ist es wahrscheinlich auch hier nicht möglich, die Störung auf eine einzelne Ursache zurückzuführen.

Dramatische Beispiele von komplexen Bewegungen, die ohne Bezug auf ein intentionales Handlungsziel durch Umweltbedingungen ausgelöst werden, können bei Patienten mit Schädigungen von Strukturen des Frontalhirns beobachtet werden. Lhermite (1986) beschreibt einen Patienten, der geradezu zwanghaft Bewegungen, die vom Untersucher vorgeführt wurden, nachahmte und Werkzeuge, die in Griff-

nähe waren, unabhängig vom Handlungskontext gebrauchte. Lhermite nannte dieses Verhalten *Imitations-* bzw. *Utilisationsverhalten.* Im Fall der sogenannten «*alien hand*» sind die Bewegungen der betroffenen Hand häufig sogar den eigentlichen Handlungszielen des Patienten entgegengesetzt (Della Sala et al., 1991). So konnten wir beispielsweise einen Patienten beobachten, der sich mit der gesunden Hand eine Zigarette ansteckte, die er mit seiner «fremden Hand» aus dem Mund riß und im Aschenbecher zerdrückte. Der Patient konnte sich im Alltag vor Übergriffen seiner fremden Hand nur schützen, indem er sich auf die betroffene Hand setzte (Prosiegel und Schenk, persönliche Mitteilung).

Goldberg und Bloom (1990) nehmen zur Erklärung dieser bizarren Störungen ein duales System des Aufrufs motorischer Programme an. Das laterale prämotorische System empfängt sensorische Informationen und stößt Bewegungen in Reaktion auf Umwelteinflüsse an. Das mediale prämotorische System ist dagegen Teil eines Systems zur Handlungsplanung und kontrolliert das laterale System. Wird durch eine Hirnschädigung die Funktion des medialen Systems gestört, so kommt es zu Störungen in der intentionalen Kontrolle von Bewegungen: Bewegungen werden unabhängig von der Absicht des Patienten durch Umweltstimuli in stereotyper Weise ausgelöst.

3. Störungen der Bewegungsausführung

Bei den Störungen der Bewegungsausführung lassen sich Störungen der Programm-Steuerung, der Regelung und der Koordination voneinander unterscheiden. Im folgenden sollen Beispiele für derartige Funktionsstörungen beschrieben werden.

3.1 Störungen der Programm-Steuerung

Benecke (1989) unterscheidet zwischen Bewegungsprogrammen und Bewegungsplänen. Bewegungsprogramme sind in dieser Terminologie stereotype zentralnervöse Befehlsabfolgen, die den Ablauf der verschiedenen Muskelinnervationen bestimmen. Bewegungspläne koordinieren verschiedene Bewegungsprogramme und passen die Bewegungsprogramme an die geforderten Bedingungen der Bewegungen an. Das Bewegungsprogramm für eine einfache Vorwärtsbewegung des Armes sieht eine festgelegte Abfolge in der Aktivierung von Agonist und Antagonist vor, die sich im EMG (Elektromyogramm) als charakteristisches triphasisches Muster ableiten läßt (Benecke et al., 1985). Eine solche Folge von Muskelaktivierungen führt zu einer flüssigen Bewegung, die durch ein einziges Geschwindigkeitsmaximum gekennzeichnet ist. Durch Änderungen im zeitlichen Abstand zwischen Agonist- und Antagonist-Aktivierung und Modulationen in der Höhe der einzelnen Muskelaktivierungen können bei gleichem Bewegungsprogramm Bewegungen unterschiedlicher Geschwindigkeit und Amplitude erzielt werden (Berardelli et al., 1996, Plamondon, 1995a, b). Diese Anpassung der Bewegungsprogramme an verschiedene Bedingungen wird als Parametrisierung bezeichnet.

Eine Störung der Parametrisierung von Bewegungsprogrammen findet sich beispielsweise beim *Parkinson Syndrom.* Das Parkinson-Syndrom ist eine Störung der willkürlichen und unwillkürlichen Bewegungen mit Verlangsamung der Spontan- und Willkürbewegungen *(Bradykinese)* und ist begleitet von Rigor und Ruhe-Tremor (Scholz und Oertel, 1993). Parkinson Patienten fallen durch ihren maskenhaften Gesichtsausdruck, ihre einförmige Sprechweise und einen schlurfenden, kleinschrittigen Gang auf. Die EMG Analyse zeigt, daß auch bei Parkinson Patienten einfache Armbewegungen durch ein triphasisches Muster gekennzeichnet sind. Bei der Durchführung von Zielbewegungen zu unterschiedlich weit entfernten Zielen zeigt sich aber, daß die einzelnen EMG Komponenten nicht adäquat an die geforderte Bewegungsweite angepaßt werden. Hieraus resultieren langsame und zu kurze Zielbewegungen (Berardelli et al., 1986). Das Bewegungsprogramm ist also noch erhalten, kann jedoch beim Parkinson Patienten verschiedenen Bedingungen nicht in angemessener Weise angepaßt werden. Daneben kommt es bei Parkinson Patienten noch zu Störungen in der Koordination verschiedener Bewegungsprogramme (s. **Kasten 1**).

3.2 Störungen der Regelung

Bewegungen werden in den meisten Fällen mit Hilfe des Sehens an die Umwelt angepaßt. Diese visu-motorische Koordination erscheint uns normalerweise als eine selbstverständliche und triviale Leistung. Sie ist aber in ihrer Entwicklung an das Vorhandensein bestimmter Bedingungen gebunden (vgl. Heuer, 1983, S. 26–29), und sie kann gestört sein. Die Selbstverständlichkeit bestimmter Funktionen wie der visu-motorischen Koordination bedeutet offensichtlich nicht, daß das System, das diese Funktionen realisiert, einfach und robust ist, sondern nur, daß seine Aktivität nicht mit bewußtem Erleben einhergeht.

Eine sehr spezifische visu-motorische Entkopplung findet sich bei der *optischen Ataxie,* die in der Regel auf eine Verletzung im hinteren Bereich des Parietallappens zurückgeht (Newcombe & Ratcliff, 1989). Die Patienten sind nicht in der Lage, mit der Hand nach einem Objekt zu greifen. Diese Störung kann je nach Verteilung der Hirnschädigung nur eine Hand, nur eine Gesichtsfeldhälfte oder nur eine spezifische Kombination von Hand und Gesichtsfeldhälfte betreffen (Rondot et al., 1977).

Die optische Ataxie ist keine motorische Störung im engeren Sinne. Im Gegensatz zur gliedkinetischen Ataxie sind die Bewegungen selbst flüssig und ungestört (Jakobson et al., 1991). Es ist auch keine richtige Wahrnehmungsstörung, denn die Patienten sind sehr wohl in der Lage, Form, Ort und Identität des Greifobjekts zu beschreiben (Jeannerod, 1988). Der visuelle Input und die motorische Kompetenz stehen zur Verfügung, doch offenkundig kann die visuelle Information nicht für die motorische Steuerung eingesetzt werden.

Interessanterweise findet sich auch das umgekehrte Phänomen: Goodale und Milner (1992) berichten von einer Patientin mit einer temporooccipitalen Hirnschädigung, die die Größe und Form eines Objektes nicht erkennen konnte, jedoch beim Greifen nach dem Objekt ihre Handöffnung optimal der Objektform und -größe anpassen konnte. In Anlehnung an Ungerleider und Mishkin (1982), die zwei anatomisch getrennte visuelle Systeme im Hirn unterscheiden, schlagen Goodale und Milner (1992) eine Aufteilung des visuellen Systems in ein Wahrnehmungs- und ein Aktionssystem vor. Das temporookzipitale System dient der Identifizierung von Objekten. Das parietale System stellt hingegen visuelle Informationen zur Steuerung von Bewegungen zur Verfügung. Im Fall der optischen Ataxie liegt demnach eine selektive Störung des parietalen Systems vor.

3.3 Störungen der Koordination

An der Realisierung eines bestimmten Bewegungsverlaufs sind meist eine Reihe von Muskeln beteiligt, die in bestimmter Reihenfolge und mit bestimmter Intensität kontrahiert werden müssen. Dabei existieren Fehlertoleranzen, da meist dasselbe Bewegungsergebnis durch unterschiedliche Kontraktionsmuster erreicht werden kann, aber es gibt natürlich Grenzen, außerhalb derer die Bewegung mißlingt.

Die Leistungen, die bei der Beherrschung der Körper-Transformation verlangt werden, kann man sich am Beispiel des Schreibens verdeutlichen. Das gewünschte Bewegungsergebnis ist durch eine bestimmte Form der Bewegung definiert, zum Beispiel einen bestimmten Schreibstrich. Dabei hat man es nur mit zwei Dimensionen des Raums zu tun (unter Vernachlässigung des Anhebens des Stiftes). Bei den beteiligten Gelenken wird die Zahl aber schon größer. Ihre Bewegungen sind klein und schnell und der Selbstbeobachtung kaum noch zugänglich. Die Koordination der beteiligten Muskeln schließlich entzieht sich unserem Erleben vollständig. Es ist zumindest plausibel, daß ein derartiges System mit vielen Komponenten, von denen ein relativ präzises Zusammenarbeiten verlangt wird, störanfällig ist. Bei Kindern oder auch beim Schreiben mit der nicht-dominanten Hand läßt sich übrigens eine Vereinfachung der Körper-Transformation beobachten und damit eine Vereinfachung der Koordination: Die distalen Fingergelenke oder auch noch das Handgelenk werden versteift und das Schreiben geschieht mit Hilfe der eher proximalen Gelenke.

Eine einfache Form der Störung der Koordination kann aus einer Art von «Aktivitäts-Überflutung» bestehen, so daß statt des fein abgestimmten Zusammenarbeitens der verschiedenen Muskeln die Muskelspannung insgesamt erhöht wird und dann auf einem hohen Niveau nur noch schwer zu modulieren

---

Kasten 1
Gestörte Koordination von Bewegungsprogrammen bei Parkinson Patienten

Wenn wir einen Gegenstand vom Boden nehmen und in ein entferntes Regal stellen, müssen wir aus gekrümmter Haltung in aufrechte Haltung kommen, einige Schritte zurücklegen und den Arm heben, um den Gegenstand auf Höhe des Regalbretts zu bringen. In dieser Bewegung sind eine Aufrichtungsbewegung (P), eine horizontale Fortbewegung (L) und eine Armhebebewegung (M) miteinander verknüpft (**Abb. 1**).

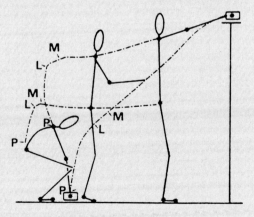

Abbildung 1: Illustration der Bewegungsaufgabe. Erläuterungen im Text (Modifiziert nach Ingvarsson et al., 1986).

Um die Koordination dieser komplexen Bewegung zu analysieren, haben Ingvarsson et al. (1986) die Bewegungen mit einem speziellen Videosystem gefilmt und anschließend die Bewegungsbahnen und Geschwindigkeitsverläufe des Gegenstands und der beteiligten Gelenke berechnet. **Abbildung 2** zeigt den Hebewinkel des Arms (ALFA) und die horizontale (Vx) und vertikale Geschwindigkeit (Vy) des Gegenstands im Verlauf der Bewegung.

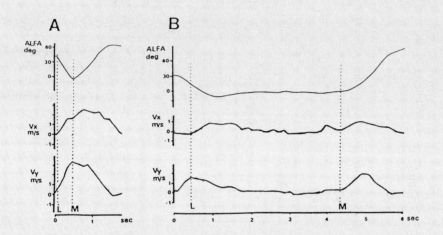

Abbildung 2: Vergleich des Bewegungsablaufs zwischen einer gesunden Versuchsperson (A) und einem Parkinson Patienten (B). Erläuterungen im Text (Modifiziert nach Ingvarsson et al., 1986).

Abbildung 2A zeigt den Verlauf bei einer gesunden Versuchsperson. Zunächst bleibt der Hebewinkel und die horizontale Objektgeschwindigkeit konstant. Das Objekt bewegt sich nur in vertikaler Richtung. In dieser Phase findet ausschließlich eine teilweise Aufrichtungsbewegung aus der Hüfte (P) statt. Schon nach wenigen Millisekunden beginnt die Gangbewegung (L). Der Start dieser Bewegung ist durch ein «L» gekennzeichnet. Die Horizontal- und Vertikalbewegung zeigen einen annähernd parallelen Verlauf. Noch bevor die Gangbewegung ihr Geschwindigkeitsmaximum erreicht hat beginnt bereits die Armhebebewegung (M). Der Verlauf der drei Bewegungskomponenten ist auch in **Abbildung 1** zu erkennen. Die gestrichelten Linien geben die Bewegungsbahnen der Schulter, Hüfte und des Objekts wieder. Bei gesunden Versuchspersonen werden die drei Bewegungen mit kurzer Latenz nacheinander gestartet und über weite Strecken der Gesamtbewegung parallel ausgeführt. Als Ergebnis dieser wohlabgestimmten Koordination der drei Bewegungen wird das Objekt auf einer glatten und nahezu perfekt linearen Bewegungsbahn vom Ausgangspunkt zum Zielort transportiert. Völlig anders sieht die Bewegung bei Parkinson Patienten aus (**Abb. 2B**). Hier beginnt die Gangbewegung (Vx) erst nachdem die Aufrichtungsbewegung (Vy) schon nahezu abgeschlossen ist. Auch die Armhebebewegung (M) beginnt erst nach Beendigung der Gangbewegung. Die drei Bewegungskomponenten sind bei Parkinson Patienten nahezu vollständig entkoppelt. Das Resultat ist eine deutlich verlängerte Bewegungsdauer. Ein wesentlicher Aspekt der Bewegungsstörung von Parkinson Patienten ist also darin zu sehen, daß die Koordination einzelner Bewegungsprogramme bei der Ausführung komplexer Bewegungen gestört ist.

ist. Typisch dabei ist die gleichzeitige Kontraktion von gegeneinander arbeitenden Muskeln. Ein solches Erscheinungsbild findet sich beim *Schreibkrampf.*

Schreibkrampf oder Graphospasmus ist eine Bewegungsstörung, bei der Schreibbewegungen durch eine übermäßige Anspannung der Finger-, Hand- und Armmuskeln gekennzeichnet sind. Viele Patienten setzen zum Schreiben ungewöhnliche Hand- und Armpositionen ein, wenden erhebliche Kräfte zum Halten des Schreibstifts auf und üben starken Druck auf die Schreibunterlage aus. Während des Schreibens nimmt die Muskelspannung meist noch zu, und manche Patienten können schon nach ein paar Wörtern nicht mehr weiterschreiben. Auffällig ist, daß sich bei dieser seltenen Störung die Schwierigkeiten meist auf das Schreiben beschränken. Windgassen und Ludolph (1991) berichten von einem Chirurgen mit einem schweren Schreibkrampf, der nicht einmal mehr einen kurzen Satz schreiben konnte, aber komplexe chirurgische Eingriffe ohne Schwierigkeiten ausführte.

Umstritten ist, wie es zu dieser hochspezifischen Störung kommt. Mehrheitlich wird heute angenommen, daß es sich um eine organische Störung handelt, deren pathophysiologische Grundlage noch unbekannt ist (Sheehy & Marsden, 1982; Ludolph und Windgassen, 1992). Eine detaillierte Analyse der Bewegungen bei Schreibkrampf Patienten zeigt jedoch, daß bei allen Patienten neben eindeutig gestörten Bewegungen auch erhaltene Bewegungen zu finden sind (Mai et al., 1996). Mit geeigneten Trainingsverfahren lassen sich zudem erhebliche Verbesserungen der Schreibleistung erzielen (Mai et al., 1994). Zusammengenommen lassen die beiden Befunde vermuten, daß es sich beim Schreibkrampf um eine «erlernte» und nicht um eine organische Bewegungsstörung handelt (Vgl. Kap. 25.1).

Ein weiteres Beispiel einer Koordinationsstörung ist die gliedkinetische Ataxie (Störung von Zielbewegungen). Ataktische Patienten verfehlen bei Zielbewegungen das Ziel, die Bewegungsinitiierung ist verzögert, der Bewegungsablauf ist gestört: statt einer flüssigen Bewegung, finden sich viele kurze Teilbewegungen (vgl. **Abb. 1**, Kap. 25.1). Kennzeichnend für die gliedkinetische Ataxie ist der sogenannte Intentionstremor. Dies ist ein niederfrequen-

ter, unregelmäßiger Tremor, der sich am Ende einer zielgerichteten Bewegung findet. Einen Überblick über die verschiedenen Störungen bei der Ataxie geben Diener und Dichgans (1992). Ataktische Störungen treten meist im Zusammenhang mit einer Schädigung des Kleinhirns auf. Aus diesem Grund ist die Interpretation der ataktischen Störung eng an die Entwicklung von Theorien über die Funktion des Kleinhirns gebunden.

In der Geschichte der Kleinhirnforschung kreiste die Auseinandersetzung um die Frage, ob das Kleinhirn für die Modulation einfacher oder die Koordination komplexer Bewegungen zuständig ist. Flourens (1824) schloß aus seinen Versuchen an Tauben, daß das Kleinhirn Sitz der Bewegungskoordination sei. Luciani (1915) verwarf Flourens Theorie, nachdem er einen Hund beobachtet hatte, der nach Entfernung einer Kleinhirnhälfte perfekt koordinierte Schwimmbewegungen ausführte. Im Gefolge von Luciani entwickelte sich die Auffassung, das Kleinhirn hätte lediglich einen modulierenden Einfluß auf die Motorik. Eine wesentliche Funktion des Kleinhirns sah man in der Dämpfung der Aktivität innerhalb von Reflexschaltkreisen. Es wurde angenommen, daß eine Störung dieser Dämpfung verantwortlich sei für den ataktischen Tremor, der als Effekt sich aufschaukelnder Oszillationen in Reflexbögen gesehen wurde (Glaser & Higgins, 1966). Es stellt sich jedoch die Frage, warum ein derart komplexes Organ wie das Kleinhirn, welches mehr Neurone enthält als das restliche Gehirn, erforderlich ist, um eine Funktion wahrzunehmen, die in elektrischen Schaltkreisen von einfachen Widerstands-Bauteilen erfüllt wird.

Thach, Goodkin und Keating (1992) schlagen ein Modell der Kleinhirnfunktion vor, welches der Komplexität dieses Organs gerecht wird und auch neuere Ergebnisse zur Kleinhirnanatomie und -physiologie berücksichtigt. Demnach regelt das Kleinhirn das aufgabenspezifische Zusammenspiel der verschiedenen an einer Bewegung beteiligten Muskeln (sogenannte Synergien) und führt eine aufgabenspezifische Modulation der Reflexe durch. Eine Schädigung des Kleinhirns führt zum teilweisen Verlust dieser Synergien und beeinträchtigt ihren Neuerwerb. In Kombination mit der beeinträchtigten differentiellen Modulation von Reflexen erklären sich so die Koordinationsstörungen und der Tremor, der im Rahmen der Ataxie zu beobachten ist. Auch im Fall der Ataxie gilt jedoch, daß das klinische Bild oft nur durch die zusätzliche Berücksichtigung der Konsequenzen sekundärer Anpassungsprozesse vollständig verstanden werden kann. Anders wäre der progrediente Verlauf mancher posttraumatischen Ataxien und die Tatsache, daß bei manchen Patienten die Ausprägung der Ataxie mit der «Gefährlichkeit» der Situation variiert, kaum zu erklären (vgl. **Abb. 1**, Kap. 25.1; Mai et al., 1995).

4. Literatur

Baxter, P.S. (1995). Attention-deficit hyperactivity disorder in children. *Current Opinion in Pediatry, 7*, 381–386.

Benecke, R. (1989). The pathophysiology of Parkinson's Disease. In N.P. Quinn & P.G. Jenner (Hrsg.), *Disorders of Movement. Clinical Pharmacological and physiological aspects*. London: Academic Press, 59–72.

Benecke, R., Meinck, H.M. & Conrad, B. (1985). Rapid goal-directed elbow flexion movements: limitations of the speed control system due to neural constraints. *Experimental Brain Research, 59*, 470–477.

Berardelli, A., Dick, J.P., Rothwell, J.C., Day, B.L. & Marsden, C.D. (1986). Scaling of the size of first agonist EMG burst during rapid wrist movements in patients with Parkinson's disease. *Journal of Neurology, Neurosurgery and Psychiatry, 49*, 1273–1279.

Berardclli, A. Hallett, M., Rothwell, J.C., Agostino, R., Manfredi, M., Thompson, P.D. & Marsden, C.D. (1996). Single-joint rapid arm movements in normal subjects and in patients with motor disorders. *Brain, 119*, 661–674.

Bliss, J. (1980). Sensory experiences in Gilles de la Tourette syndrome. *Archives of General Psychiatry, 37*, 1343–1347.

Brown, C.S. (1991). Treatment of attention deficit hyperactivity disorder: a critical review. *Developments in clinical pharmacology, 25*, 1207–13.

Caine, E.D., McBride, M.C., Chiverton, P., Bamford, K.A., Rediess, S. & Shiao, J. (1988). Tourette's syndrom in Monroe county school children. *Neurology, 38*, 472–475.

Churchland, P.M. (1984). *Matter and conscious experience*. Cambridge, Mass.: MIT Press.

Conners, C.K. & Wells, K.C. (1986). *Hyperkinetic children. A neuropsychosocial approach*. London: Sage.

Crisp, A.H. & Moldofsky, H. (1965). A psychosomatic study of writer's cramp. *British Journal of Psychiatry, 111*, 841–858.

Cruse, H., Dean, J., Heuer, H., & Schmidt, R.A. (1990). Utilization of sensory information for motor control. In O. Neumann & W. Prinz (Eds.), *Relationships between perception and action. Current approaches* (pp. 43–79). Berlin: Springer.

Della Sala, S., Marchett, C. & Spinnler, H. (1994). The anarchic hand: a fronto-mesial sign. In F. Boller & J.

Grafman (Hrsg.), *Handbook of Neuropsychology*, (Vol. 9, pp. 33–255). Amsterdam: Elsevier.

Diener, H.C. & Dichgans, J. (1992). Pathophysiology of cerebellar ataxia. *Movement Disorders, 7*, 95–109.

Flourens, P. (1824). *Recherches experimentales sur les propriétés et les fonctions du système nerveux, dans les animaux vertébres*. Paris: Crevot.

Glaser, G.H., Higgins, D.C. (1966). Motor stability, stretch responses, and the cerebellum. In R. Granit (Eds.) *Muscular Afferents and Motor Control. Proc. Nobel Symp.*, (Vol. 1, pp. 121–138). Stockholm: Almquist & Wiksell.

Goldberg, G. & Bloom, K. (1990). The alien hand sign: localization, lateralization and recovery. *American Journal of Physical Medical Rehabilitation, 69*, 228–238.

Goldenberg, G. (1995). Imitating gestures and manipulating a mannikin – the representation of the human body in ideomotor apraxia. *Neuropsychologia, 33*, 63–72.

Goldenberg, G., Wimmer, A., Holzner, F. & Wessely, P. (1985). Apraxia of the left limbs in a case of callosal disconnection: the contribution of medial frontal lobe damage. *Cortex, 21*, 135–148.

Goodale, M.A. & Milner, A.D. Separate visual pathways for perception and action. *Trends in Neuroscience, 15*, 20–25.

Hechtman, L. (1994). Genetic and neurobiological aspects of attention deficit hyperactive disorder: a review. *Journal of Psychiatry and Neuroscience, 19*, 193–201.

Heilman, K.M., Voeller, K.K. & Nadeau, S.E. (1991). A possible pathophysiologic substrate of attention deficit hyperactivity disorder. *Journal of Child Neurology, 6*, 76–81.

Hermsdörfer, J., Mai, N., Spatt, J., Marquardt, C., Veltkamp, R. & Goldenberg, G. (1996). Kinematic analysis of movement imitation in apraxia. *Brain, 119*, 1575–1586.

Heuer, H. (1983) *Bewegungslernen*. Stuttgart: Kohlhammer.

Heuer, H. (1992). Psychomotorik. In H. Spada (Hrsg.), *Lehrbuch Allgemeine Psychologie* (2. Auflage, S. 495–559). Bern: Huber.

Heuer, H. (1996) Doppeltätigkeiten. In O. Neumann & A.F. Sanders (Hrsg.), *Enzyklopädie der Psychologie C II 2: Aufmerksamkeit* (S. 163–218). Göttingen: Hogrefe.

Heuer, H. & Keele, S.W. (Hrsg.) (1994), *Enzyklopädie der Psychologie C II 3: Psychomotorik*. Göttingen: Hogrefe.

Heuer, H. & Prinz, W. (1987). Initiierung und Steuerung von Handlungen und Bewegungen. In M. Amelang (Hrsg.), *Bericht über den 35. Kongreß der Deutschen Gesellschaft für Psychologie in Heidelberg 1986* (S. 289–295). Göttingen: Hogrefe.

Ingvarsson, P., Johnels, B., Lund, S. & Steg, G. (1986). Coordination of manual, postural, and locomotor movements during simple goal-directed motor tasks in parkinsonian off and on states. *Advances in Neurology, 45*, 375–382.

Jakobson, L.S., Archibald, Y.M., Carey, D.P. & Goodale, M.A. (1991). A kinematic analysis of reaching and grasping movements in a patient recovering from optic ataxia. *Neuropsychologia, 29*, 803–809.

Jeannerod, M. (1988). *The Neural and Behavioural Organization of Goal-Directed Movements*. Oxford: Oxford University Press.

Leckman, J.F., Walker, D.E. & Cohen, D.J. (1993). Premonitory urges in Tourette's syndrome. *American Journal of Psychiatry, 150,* 98–102.

Lee, A.J. (1989). Tics. In N.P. Quinn & P.G. Jenner (Eds.), *Disorders of Movement. Clinical Pharmacological and physiological aspects* (pp. 495–504). London: Academic Press.

Lhermitte, F. (1986). Human autonomy and the frontal lobes. Part II: Patient behavior in complex and social situations: the «environmental dependency syndrome». *Annals of Neurology, 19,* 335–343.

Luciani, L. (1915). The hindbrain. In F.A. Welby (Übersetzer): *Human Physiology.* 467. London: Macmillan.

Ludolph, A.C. & Windgassen, K. (1992). Klinische Untersuchungen zum Schreibkrampf bei 30 Patienten. *Nervenarzt, 63,* 229–243.

Mai, N., Marquardt, C. (1994). Treatment of writer's cramp. In C. Faure, P. Keuss, G. Lorette & A. Vinter (Eds.), *Advances in handwriting and drawing. A multidisciplinary approach.* Paris: Télécom.

Mai, N., Marquardt, C. (1995). Analyse und Therapie motorischer Schreibstörungen. *Psychologische Beiträge, 37,* 538–582.

Mai, N., Przywara, S., Hermsdörfer, J. & Marquardt, C. (1995). Behandlung der posttraumatischen Ataxie. In Kuratorium ZNS (Hrsg.) *Forschung und Praxis der Neurologischen Rehabilitation – 10 Jahre Kuratorium ZNS.* Hamburg: In-Transfer (S. 241–256).

Newcombe, F. & Ratcliff, G. (1989). Disorders of visuospatial analysis. In F. Boller & J. Grafman (Eds.), *Handbook of Neuropsychology* (Vol. 9, pp. 333–356). Amsterdam: Elsevier.

Neumann, O. (1987). Beyond capacity: A functional view of attention. In H. Heuer & A.F. Sanders (Eds.), *Perspectives on perception and action* (pp. 361–394). Hillsdale,N.J.: Erlbaum.

Obeso, J.A., Rothwell, J.C. & Marsden, C.D. (1981). Simple tics in Gilles de la Tourette's syndrome are not prefaced by a normal premovement EEG potential. *Journal of Neurology, Neurosurgery, and Psychiatry, 44,* 735–738.

Plamondon, R. (1995a) A kinematic theory of rapid human movements: 1. Movement representation and generation. *Biological Cybernetics, 72,* 295–307.

Plamondon, R. (1995b) A kinematic theory of rapid human movements: 2. Movement time and control. *Biological Cybernetics, 72,* 309–320.

Prinz, W. (1987). Ideo-motor action. In H. Heuer & A.F. Sanders (Eds.), *Perspectives on perception and action* (pp. 47–76). Hillsdale, N.J.: Erlbaum.

Prinz, W. (1992). Why don't we perceive our brain states? *European Journal of Cognitive Psychology, 4,* 1–20.

Rondot, P., de Recondo, J. & Ribadeau Dumas, J.L. (1977). Visuo-motor ataxia. *Brain, 100,* 355–376.

Sanes, J.N., Mauritz, K.-H., Dalakas; M.C. & Evarts; E.V. (1985). Motor control in humans with large-fibre sensory neuropathy. *Human Neurobiology, 4,* 101–114.

Scholz, E. & Oertel, W.H. (1993). Parkinson-Syndrome. In T. Brandt, J. Dichgans & H.C. Diener (Hrsg.), *Therapie und Verlauf neurologischer Erkrankungen* (2. Aufl., S. 927–968). Stuttgart: Kohlhammer.

Sheehy, M.P. & Marsden, C.D. (1982). Writer's cramp – a focal dystonia. *Brain, 105,* 461–480.

Süss-Burghart, H. (1996). Verhaltenstherapie mit einem 11 Jahre alten Jungen mit der Diagnose Gilles-de-la-Tourette-Syndrom – ein Fallbericht. *Verhaltenstherapie, 6,* 100–106.

Thach, W.T., Goodkin, H.P. & Keating, J.G. (1992). The cerebellum and the adaptive coordination of movement. *Annual Review of Neuroscience, 15,* 403–442.

Watson, R.T. & Heilman, K.M. (1983). Callosal Apraxia. *Brain, 106,* 391–403.

Ungerleider, L.G. and Mishkin, M. (1982). Analysis of Visual Behavior. In D.J. Ingle, M.A. Goodale & R.J. Mansfield (Eds.), *Analysis of visual behaviour* (pp. 549–586). Cambridge, M.A.: MIT Press.

Windgassen, K. & Ludolph, A. (1991). Psychiatric aspects of writer's cramp. *European Archives of Psychiatry and Clinical Neuroscience, 241,* 170–176.

25.3 Motorische Störungen: Intervention

Thomas Schenk, Norbert Mai und Herbert Heuer

Inhaltsverzeichnis

1. Einleitung

In der Behandlung der meisten motorischen Störungen steht die Pharmakotherapie im Vordergrund (vgl. Brandt, Dichgans & Diener, 1993; Bressman & Greene, 1990). In Fällen, in denen die medikamentöse Behandlung keine wesentliche Symptomverbesserung erzielen kann, werden auch stereotaktische Eingriffe vorgenommen, bei denen spezifische Hirnstrukturen selektiv zerstört bzw. entfernt werden. Beide Formen der Behandlung sind mit teilweise erheblichen Risiken für die Patienten verbunden. Die eingesetzten Medikamente können massive psychische Veränderungen hervorrufen und auch selbst zur Entstehung neuer Bewegungsstörungen beitragen. Stereotaktische Eingriffe sind hingegen mit den üblichen Risiken jeder Operation verbunden und mit der zusätzlichen Gefahr, daß durch den Eingriff neurologische Ausfälle hervorgerufen werden. Der Entwicklung alternativer, nicht-invasiver Behandlungsverfahren kommt daher in der klinischen Motorikforschung eine besondere Bedeutung zu. In diesem Kapitel werden drei Trainingsverfahren besprochen: Physiothera-

pie, verhaltenstherapeutische Ansätze und ein neuer Ansatz, der die teils sehr ungünstige Wirkung sekundärer Anpassungsprozesse zu reduzieren versucht. Daneben werden noch eine Zahl weiterer Verfahren in der Behandlung von Bewegungsstörungen erprobt (z.B. mentales Training, Hypnose und Biofeedback), deren Effizienz jedoch noch umstritten ist und die daher im klinischen Alltag derzeit nur eine geringe Rolle spielen.

2. Physiotherapeutische Ansätze

Physiotherapeutische Ansätze kommen insbesondere in der Rehabilitation von Patienten mit einer Halbseitenschwäche *(Hemiparese)*, die häufig als Folge eines Schlaganfalls oder einer traumatischen Hirnverletzung auftritt, zum Einsatz. Für die physiotherapeutische Behandlung dieser Störung wurden verschiedenste Ansätze vorgeschlagen. Die verschiedenen Ansätze werden nicht komplementär verwendet, sondern haben zur Ausbildung konkurrierender «Schulen» geführt. Tatsächlich konnten jedoch vergleichende Studien keine Überlegenheit irgendeines Verfahrens nachweisen (s. **Kasten 1**). Die neurophysiologischen Grundlagen der verschiedenen Übungsbehandlungen wurden zudem durch neuere Untersuchungen teilweise in Frage gestellt (Hummelsheim & Mauritz, 1993).

In der Methode nach *Bobath* – die insbesondere in Deutschland häufig eingesetzt wird – wird beispielsweise die Minderung der Spastizität als vordringliche Aufgabe der physiotherapeutischen Behandlung angesehen. Als Spastik bezeichnet man eine Erhöhung der Muskelspannung *(Tonus)* als Antwort auf eine Bewegung im benachbarten Gelenk. Dieses Phänomen findet sich häufig bei Patienten mit zentralen Hemiparesen. Nach Bobath ist die spastisch bedingte Tonuserhöhung im Antagonisten und nicht die Schwäche des Agonisten verantwortlich für die beobachtbare Bewegungseinschränkung. Gowland und Mitarbeiter (1992) haben die Behauptung an einer Gruppe von Patienten mit einer Halbseitenlähmung überprüft. Die Patienten führten sechs Bewegungsaufgaben aus, wobei elektromyographische Aktivität (EMG) in Agonist und Antagonist gemessen wurde. Die Ergebnisse zeigten, daß entgegen der Behauptung von Bobath die mangelnde Aktivität im Agonisten und nicht die erhöhte Spannung im Antagonisten die Ausführung der gewünschten Bewegung verhindert. Die Autoren schlagen deswegen vor, den Schwerpunkt in der krankengymnastischen Behandlung auf Übungen zu legen, die zu einer Erhöhung der Muskelaktivität im Agonisten führen. Ein entsprechendes Übungsprogramm wurde von Butefisch und Mitarbeitern (1995) an einer Gruppe von hemiparetischen Patienten durchgeführt. Die Patienten führten mehrmals täglich repetitive Beugebewegungen von Hand und Fingern aus. Die Messung von Kraft und Beweglichkeit in der beübten Hand zeigte, daß diese Patienten eine deutliche Leistungsverbesserung erzielten, während bei Bobath-therapierten Patienten im gleichen Zeitraum keine Besserung beobachtet werden konnte.

Mathiowetz und Bass Haugen (1994) kritisieren an den derzeit verbreiteten krankengymnastischen Verfahren, daß sie auf veralteten, reflexorientierten Modellen der Bewegungskontrolle beruhen. Bei diesen Verfahren stehe die Hemmung abnormer Reflexe und die Bahnung normaler Bewegungsmuster durch peripher applizierte Reize (z.B. Bestreichen der Haut, Wärme oder Kältereizung) im Mittelpunkt der Therapie. Stattdessen würden moderne Modelle der Bewegungskontrolle das Üben spezifischer Aufgaben favorisieren. Dieser funktionelle Ansatz der Physiotherapie ist derzeit noch nicht ausgearbeitet, so daß auch noch keine Studien zur Effektivität dieser Behandlung vorliegen. Hingegen hat sich der sogenannte «erzwungene Gebrauch» als Therapiemaßnahme bei hemiparetischen Patienten bereits bewährt. Bei dieser Maßnahme wird der gesunde Arm des Patient mit einer Armschlinge fixiert. Der Patient ist gezwungen, seine paretische Hand bzw. seinen paretischen Arm für die Bewältigung der Alltagsaufgaben einzusetzen. Wolf et al. (1989) fanden, daß mit dieser Maßnahme bereits nach zwei Wochen eine deutliche Verbesserung in der Funktionalität des betroffenen Arms erzielt werden kann.

Durch physiotherapeutische Maßnahmen kann die Behinderung eines hemiparetischen Patienten also deutlich reduziert werden. Die dargestellten Befunde machen jedoch deutlich, daß eine Weiterentwicklung der bisherigen krankengymnastischen Verfahren dringend erforderlich ist.

3. Verhaltenstherapeutische Ansätze

Verhaltenstherapeutische Maßnahmen kommen bei solchen Bewegungsstörungen zum Einsatz, bei denen psychische oder soziale Faktoren das Auftreten oder die Ausprägung der Störung beeinflussen. Dies trifft insbesondere auf Tics, Hyperaktivität und psychogene Bewegungsstörungen zu. Daneben werden verhaltenstherapeutische Maßnahmen auch eingesetzt, um die Compliance verhaltensauffälliger Patienten für die Teilnahme an notwendigen physiotherapeutischen Maßnahmen zu erreichen (Lalli et al., 1994). In den folgenden drei Abschnitten werden spezifische verhaltenstherapeutische Maßnahmen besprochen, die bei Tics, Hyperaktivität und psychogenen Bewegungsstörungen zum Einsatz kommen.

Kasten 1
Vergleich zweier physiotherapeutischer Verfahren (Wagenaar et al., 1990)

Fragestellung

Es wurden zwei der wichtigsten physiotherapeutischen Verfahren zur Behandlung von Patienten mit einer Halbseitenlähmung direkt miteinander verglichen. Die Brunnstrom-Methode betont, daß die «assoziierten Reaktionen», die in der betroffenen Seite durch Bewegung der nicht-gelähmten Extremitäten ausgelöst werden, ein Zeichen motorischer Besserung sind. Das Auftreten assoziierter Reaktionen soll daher durch den Therapeuten gefördert werden. Die Bobath-Methode sieht assoziierte Reaktionen als Zeichen einer pathologischen Bewegung. Folglich ist es Aufgabe des Bobath-Therapeuten das Auftreten assoziierter Reaktionen zu verhindern. Offenkundig kann nur eines der beiden Verfahren richtig sein, ist also auch nur einer der beiden Ansätze therapeutisch wirksam?

Methode

• *Stichprobe:* Sieben Patienten, die infolge eines Schlaganfalls unter einer Halbseitenlähmung leiden, nahmen an der Studie teil. Da Schlaganfallpatienten eine sehr heterogene Population bilden, ist die Zusammenstellung vergleichbarer Gruppen nahezu unmöglich. Aus diesem Grund wurde in dieser Studie ein Einzelfalldesign eingesetzt.

• *Intervention:* Jeder Patient erhielt beide Behandlungsverfahren. Jede Behandlung wurde für jeweils fünf Wochen angewandt. Dann wurde die andere Behandlung eingesetzt. Insgesamt wurden die Patienten 20 Wochen mit den beiden Verfahren behandelt.

• *Untersuchungsverfahren:* Der Behandlungserfolg wurde mit verschiedenen Skalen zur Erfassung der Alltagsbehinderung und durch Messung der Ganggeschwindigkeit bestimmt.

Ergebnisse

Alle Patienten zeigten eine deutliche Besserung im Verlauf der 20 Wochen. Wurde dieser interventionsübergreifende Trend in der Analyse berücksichtigt, so ergaben die Untersuchungsergebnisse keine signifikanten Unterschiede zwischen den beiden Interventionsansätzen. Kritisch könnte man anmerken, daß in dieser Studie durch die Begrenzung auf kurze Intervalle (5 Wochen) die Behandlung nicht den jeweiligen Standards entsprach. Aber auch andere Studien, die eines der beiden Verfahren mit alternativen physiotherapeutischen Verfahren verglichen, konnten keine Unterschiede finden. Dies legt nahe, daß die kritischen Faktoren, die über Erfolg oder Mißerfolg einer physiotherapeutischen Behandlung entscheiden, noch nicht identifiziert sind.

3.1 Verhaltenstherapie bei Tics

Tics können gelegentlich als Eigenarten betrachtet werden, die so unbedeutend sind, daß sie keine Intervention erfordern. Oft aber sind sie sozial auffällig und daher belastend für die Betroffenen. Schwere Tics wie das Gilles de la Tourette-Syndrom führen häufig zu Problemen in der schulischen oder beruflichen Ausbildung und können in Folge der mit den Tics verbundenen sozialen Ächtung psychische Störungen verursachen. Infolgedessen ist bei der Mehrzahl der Betroffenen eine Behandlung erforderlich,

die meist auf medikamentösem Wege erfolgt (Goetz, 1986).

Auftreten und Ausprägung der Tics werden in offenkundiger Weise von der sozialen Situation beeinflußt. In Anwesenheit des Arztes oder in der Schule können die Tics unterdrückt werden, treten aber gehäuft in entspannten Situationen auf. Diese Beobachtung hat die Entwicklung verhaltenstherapeutischer Ansätze zur Behandlung von Tics veranlaßt.

Eine spezielle Methode zur Behandlung von Tics wurde von Azrin und Nunn (1973) vorgeschlagen und wird als «habit reversal» bezeich-

Kasten 2
Einzelfallstudie: Verhaltenstherapie bei einem Jungen mit Gilles-de-la-Tourette-Syndrom (Süss-Burghart, 1996)

Diagnostik

Problemverhalten: multiple motorische und verbale Tics (z.B.: Blinzeln, Kopfzucken, Aufbäumen im Sitzen und Stehen, Arme und Beine schleudern, Grunzen, Schimpfwörter ausstoßen).

Verhaltensanalyse: Tics traten in der Interaktion mit den Eltern und in Anwesenheit älterer Damen häufig auf und waren bei ruhiger, konzentrierter Beschäftigung selten. Die Tics hatten teilweise instrumentellen Charakter (z.B. beim Brettspiel: ausfahrende Armbewegungen mit Umstoßen der Spielfiguren, wenn der Patient am Verlieren war). Bestimmte Körperstellungen begünstigten das Auftreten der Tics (z.B. Kopfzuckungen bei schräger Kopfhaltung, Beinzuckungen bei überschlagenen Beinen).

Intervention

(1) Der Patient wurde gefilmt. Durch die gemeinsame Analyse der Filme wurde dem Patienten vermittelt, unter welchen Bedingungen und bei welchen Körperhaltungen die Tic-Häufigkeit zunimmt.

(2) Einüben von Körperhaltung und Bewegungen, bei denen Tics seltener auftreten.

(3) Supervision und Bewertung der Selbstkontrollmaßnahmen in kontrollierten und weniger strukturierten Alltagssituationen. Als Sanktionen kamen Time-out-Maßnahmen und die Vergabe bzw. der Abzug von Punkten, die gegen Verstärker eingetauscht werden konnten, zum Einsatz.

(4) Transfer der Selbstkontrollmaßnahmen auf die Familiensituation.

Ergebnis

Nach ca. acht Wochen traten die auffälligeren Tics nicht mehr auf; nur noch vergleichsweise harmlose Tics (Blinzeln, Mundgrimassen) kamen gelegentlich vor. Dieser Zustand bestand auch noch ca. 1 Jahr nach Abschluß der Behandlung.

---

net. Die erste Komponente der Methode ist die Übung einer mit dem Tic inkompatiblen Reaktion. Dabei handelt es sich meist um isometrische Muskelkontraktionen, die sozial unauffällig sind. Die inkompatible Reaktion wird gegebenenfalls mit Hilfe eines Spiegels geübt. Azrin und Nunn (1973) verwendeten unter anderem folgende Kontraktionsmuster:

– isometrische Kontraktion der Nackenmuskeln (u.U. gleichzeitig Kinn nach vorn und unten drücken) bei Zuckungen des Kopfes;
– Schulter isometrisch nach unten drücken bei Zuckungen der Schulter nach oben;
– Hände nach unten halten und gegen eine Stuhllehne oder gegen die eigenen Beine drücken bei Zuckungen der Schulter nach vorn.

Die zweite Komponente der Methode sind Übungen zur Verbesserung der Wahrnehmung des eigenen Tics. Der Klient beschreibt seinen Tic, gegebenenfalls wieder mit Hilfe eines Spiegels; er beschreibt die Situationen, in denen Tics besonders häufig sind; er führt seinen Tic willkürlich aus und versucht, das Auftreten bereits vorher zu bemerken. Auf unbemerkte Tics wird er hingewiesen. Das Ziel dieser Maßnahmen ist es, den Klienten dazu zu führen, seine Tics möglichst alle zu bemerken, und das möglichst schon vor ihrer eigentlichen Ausführung.

Die dritte und kritische Komponente der Methode ist dann die Verknüpfung der geübten inkompatiblen Reaktion mit der Initiierungsregel für den Tic. Jedesmal, wenn der Klient das Nahen oder die Ausführung eines Tics registriert, führt er die inkompatible Reaktion für die Dauer von 3 Minuten aus. Die drei zentralen Komponenten der Methode werden durch motivierende Maßnahmen (z. B. Besprechung der Lästigkeit des Tics; Einbeziehung von Familienmitgliedern) sowie Entspannungsübungen ergänzt.

Die Wirksamkeit dieses Verfahrens in der Behandlung von Tics wurde in mehreren Studien belegt (Azrin, Nunn & Frantz, 1980; Finney, Rapoff, Hall und Christophersen, 1983). Eine kürzlich erschienene Einzelfallstudie (Süss-Burghart, 1996) zeigt, daß bereits durch eine detaillierte Verhaltensanalyse und ein geeignetes Kontingenzmanagment eine drastische Besserung erreicht werden kann (s. **Kasten 2**).

3.2 Verhaltenstherapie bei hyperaktiven Kindern

Bei Hyperaktivität liegt, wie bei Tics, eine Störung der Initiierung von Handlungen vor, die aber von anderer Art ist. Die Aufmerksamkeit wird während einer Handlung nicht hinreichend eingeschränkt, so daß die Handlungsbedingungen weiterer Initiierungsregeln erfüllt werden können. Das Ziel der Intervention ist hier eine Einengung der Aufmerksamkeit im Dienste der Handlungssteuerung.

Die häufig empfohlene und wenig aufwendige Methode zur Besserung der Hyperaktivität ist die medikamentöse Behandlung mit Stimulantien. Allerdings sprechen nicht alle Kinder darauf an, die langfristigen Wirkungen sind nicht hinreichend bekannt, und kognitive Leistungen können bei höherer Dosis beeinträchtigt sein. Empfehlenswert erscheint daher nur eine zeitlich begrenzte medikamentöse Behandlung mit möglichst geringen Dosen, die von einem Kanon verhaltenstherapeutischer und pädagogischer Maßnahmen begleitet wird (Altherr und Becht, 1996).

Verhaltenstherapeutische Maßnahmen bei Hyperaktivität sind zum Teil wenig spezifisch für die spezielle Form der psychomotorischen Störung. Zumeist handelt es sich um Varianten des «Kontingenz-Management» (vgl. Kap. 22.4), also um gezielte Belohnungen ruhigen Verhaltens (anfangs für sehr kurze Perioden von z.B. einer Minute) und gezieltem Entzug von Belohnungen bei hyperaktivem Verhalten in Schule und/oder Elternhaus. Die medikamen-

töse Behandlung unterstützt ein solches Vorgehen, da sie ruhiges Verhalten fördert und damit die Belohnungshäufigkeit erhöht. Bei vielen hyperaktiven Kindern gibt es spezielle Situationen, in denen sie eher ruhig sind; solche Situationen können ebenfalls ausgenutzt werden, um die Häufigkeit von Belohnungen zu erhöhen.

Eine speziellere Maßnahme zur Einengung der Aufmerksamkeit im Dienste der Handlungssteuerung ist die Einschränkung bzw. Verarmung der Umwelt des Kindes. Zum Beispiel können die Schularbeiten in einer Umgebung angefertigt werden, in der keine anderen möglichen Beschäftigungen in Sicht sind, also zum Beispiel keine Spielzeuge. Eine solche Maßnahme hat natürlich keine unmittelbaren Folgen für die Aufmerksamkeitssteuerung des Kindes, sondern die Hyperaktivität wird einfach durch das Fehlen von Gelegenheiten vermindert. Es kann aber die Erfolgswahrscheinlichkeit etwa bei den Schularbeiten erhöht werden und dadurch auch deren Attraktivität; die Einengung der Aufmerksamkeit auf die eher attraktive Aufgabe sollte dann leichter fallen.

Eine zweite spezifische Intervention bei Überaktivität oder anderen Formen inadäquater Handlungsinitiierung kann in der Etablierung zusätzlicher Handlungskriterien bestehen. Es wird zum Beispiel geübt, zwischen die Erfüllung der ursprünglichen Handlungskriterien und die Ausführung gewissermaßen ein «Stop! Überlege erst!» einzufügen, so daß die Handlung erst begonnen wird, wenn ein weiteres (kognitives) Kriterium erfüllt ist. Statt durch Verarmung der Umwelt soll die inadäquate Handlungsinitiierung also durch zusätzliche Hürden verhindert werden.

Eine dritte Art der Intervention schließlich besteht in der Bereitstellung zusätzlicher Signale für das gewünschte Verhalten. Die Methode ist als Selbstinstruktionstraining bekannt (s. Kap. 22.4). Mit Hilfe eines Modells zum Beispiel wird das Kind dazu gebracht, die Ausführung einer bestimmten Aufgabe verbal zu begleiten und sich selbst zu instruieren, was jeweils als nächstes zu tun sei. Dadurch werden nicht nur zusätzliche Handlungskriterien für die nächsten Schritte bereitgestellt, sondern gleichzeitig wird die Aufmerksamkeit auf die Aufgabe konzentriert. Im Verlauf des Trainings kann das laute Sprechen durch Flüstern und schließlich durch «inneres Sprechen» ersetzt werden.

Vergleichende Evaluationsstudien stehen derzeit noch aus, mit denen eine Entscheidung darüber, welches Verfahren eingesetzt werden sollte, begründet werden könnte. Vielleicht werden auch deshalb in der Praxis häufig Kombinationen verschiedener Verfahren eingesetzt. Eine ausführliche Darstellung verhaltenstherapeutischer Verfahren zur Behandlung hyperaktiver Kinder findet sich bei Eisert (1993).

3.3 Verhaltenstherapie bei psychogenen Störungen

Als psychogen bezeichnet man Bewegungsstörungen, für die keine organischen Ursachen nachweisbar sind und die in ihrem klinischen Erscheinungsbild mit keiner bekannten organischen Bewegungsstörung übereinstimmen. Es müssen zudem Anhaltspunkte dafür bestehen, daß psychische bzw. soziale Faktoren das Auftreten und die Ausprägung der Bewegungsstörung maßgeblich beeinflussen. Psychogene Bewegungstörungen sind relativ selten, stellen die behandelnden Ärzten jedoch häufig vor besondere Schwierigkeiten, da ihre Diagnose schwierig ist und für ihre Behandlung keine etablierten Verfahren vorliegen (Factor et al., 1995; Marsden, 1995; Williams et al., 1995).

Eine explizite psychotherapeutische Intervention ist häufig nicht möglich, da die Patienten in der Regel jegliche Beteiligung psychischer Faktoren an der Entstehung ihrer Störung ablehnen und entsprechende Hinweise von Seiten der Behandelnden meist zu vermehrten körperlichen Beschwerden und zum Abbruch der Behandlung führen. Mit Erfolg werden hingegen *implizite* verhaltenstherapeutische Maßnahmen angewandt. Hierbei wird der Patient in dem Glauben gelassen, daß seine Störung organischer Natur ist, aber bei geeigneter Behandlung eine vollständige Remission erfolgen kann. Durch physiotherapeutische Maßnahmen wird eine graduelle Besserung der Bewegungseinschränkung angestrebt. Jeglicher Fortschritt wird verstärkt; es wird darauf geachtet, daß Anzeichen von Behinderung keine verstärkende Reaktion erfahren (Teasell & Shapiro, 1993). Dieses Verfahren führt jedoch in einigen Fällen zu keiner wesentlichen Besserung. Für diese Patienten schlagen Teasell und Shapiro (1994) eine Behandlung vor, die «strategische» und verhaltenstherapeutische Elemente verbindet (s. **Kasten 3**).

Das strategische Element der Behandlung besteht darin, daß die Patienten in ein Dilemma gebracht werden. Es wird ihnen erklärt, daß ihre Erkrankung entweder psychogen ist und daher kein Fortschritt erzielt wird oder durch eine starke Erschöpfung bedingt ist. Sollte die zweite Erklärung zutreffen, so wäre bei Berücksichtigung angemessener Ruhephasen mit einem raschen Fortschritt zu rechnen. Die Patienten stehen vor der Wahl ihre Symptome zu «behalten» und dadurch als «psychologisch» zu entlarven oder die Symptome «aufzugeben». Durch die «Entlarvung» würden sie die soziale Zuwendung gefährden, die bislang mit ihrer Erkrankung einherging. In dieser Entscheidungssituation scheinen sich die meisten Patienten, für eine Aufgabe der Symptome zu entscheiden. Ein ähnliches Verfahren wurde mit Erfolg bei sieben weiteren Patienten angewandt (Teasell & Shapiro, 1994).

4. Kompensation der Kompensations-mechanismen

Üblicherweise wird davon ausgegangen, daß die sekundären Kompensationsprozesse (organische Reorganisationsprozesse oder Verhaltensanpassungen), die als Reaktion auf das Auftreten einer funktionellen Störung stattfinden, die Auswirkung dieser Störung mindern. Tatsächlich finden sich jedoch auch Beispiele dafür, daß solche Kompensationsmechanismen zu einer Vergrößerung des Handikaps führen können. Die unangemessene «Schonhaltung» als Reaktion auf Schmerzen kann zu Abnutzungserscheinungen und unphysiologischen Bewegungsmustern führen. Eine Abgrenzung sekundär bedingter Störungen hätte eine direkte therapeutische Relevanz, da solche Störungen leichter modifizierbar sein müßten als die primären Konsequenzen einer organischen Schädigung. Am Beispiel motorischer Schreibstörungen sollen die spezifische Diagnostik, die für eine solche Abgrenzung erforderlich ist, und die therapeutischen Möglichkeiten, die aus die-

Kasten 3
Einzelfallstudie: «Strategische» Verhaltenstherapie bei einer Patientin mit einer psychogenen Bewegungsstörung (Teasell & Shapiro, 1994)

Patientin

Die Patientin litt seit ihrem 18. Lebensjahr unter Schmerzen und einer Bewegungsschwäche aller vier Gliedmaßen. Zunächst wurde die Störung als atypische juvenile rheumatische Arthritis diagnostiziert, später als chronisch progrediente Multiple Sklerose. Mit 21 kam sie in ein Pflegeheim. Im Verlauf unterzog sie sich verschiedener chirurgischer Eingriffe zur Linderung von Symptomen, die im Zusammenhang mit ihrer «Multiplen Sklerose» gesehen wurden.

Diagnostik

Bei einer ausführlichen neurologischen Untersuchung fiel auf, daß die Symptome inkonsistent waren, und zu keinem bekannten neurologischen Krankheitsbild paßten. In Laboruntersuchungen, elektrophysiologischen Tests und Untersuchungen mit bildgebenden Verfahren ergab sich keinerlei Anhaltspunkt für eine Multiple Sklerose. Die Störung wurde als psychogen eingestuft und eine entsprechende Behandlung wurde eingeleitet.

Intervention

Zum Zeitpunkt des Behandlungsbeginns war die Patientin 28 Jahre alt. Sie schien an allen vier Gliedmaßen gelähmt zu sein. Sie war vollständig pflegebedürftig, benötigte für Transfers zwei Hilfspersonen und erhielt aufgrund einer «Schluckstörung» die Nahrung teilweise über eine Magensonde. Eine implizite verhaltenstherapeutische Maßnahme erbrachte im Verlauf von zwei Monaten nur geringe funktionelle Verbesserungen. Daraufhin wurde ihr von ihrem behandelnden Arzt mitgeteilt, daß die geringen Fortschritte nur drei Erklärungen zulassen würden. Entweder seien die Störungen «psychologischer Natur» – in diesem Fall könne nur eine längere psychiatrische Behandlung helfen – oder die Patientin wäre nicht genügend motiviert, so daß eine sofortige Entlassung einzuleiten wäre oder aber die Störung sei die Folge exzessiver Überstimulation und Erschöpfung. Die Patientin entschied sich für die letzte Erklärung. Schwierigkeiten beim Erreichen der einzelnen Therapieziele wurden folglich als Anzeichen von Erschöpfung interpretiert. Für diese Situationen wurde vereinbart, daß sich die Patientin zurückziehen solle, um mehrere Stunden in völliger Ruhe zu verbringen. Der Patientin wurde mitgeteilt, daß bei strikter Einhaltung dieses Behandlungsplans eine rasche Besserung der Symptomatik zu erwarten sei. Trete diese nicht ein, so wäre daraus zu schließen, daß eine der ersten beiden Erklärungen (psychologische bzw. motivationale Probleme) zutrifft. Innerhalb weniger Wochen wurden dramatische Fortschritte erzielt. Nach zwei Monaten war die Patientin nicht mehr länger pflegebedürftig und wurde entlassen.

ser Abgrenzung resultieren, dargestellt werden. Eine ausführliche Darstellung findet sich bei Mai (1996).

Bei Schreibbewegungen verfügen wir über ein eindeutiges Kriterium zur Unterscheidung von «normaler» und gestörter Bewegung. Hierzu ist es jedoch erforderlich, Schreibbewegungen mittels technischer Hilfsmittel aufzuzeichnen, um Geschwindigkeits- und Beschleunigungsverlauf einzelner Bewegungskomponenten analysieren zu können (vgl. Kap. 25.1). Trotz der Vielfalt individueller Handschriften zeigt eine solche *kinematische Analyse* der Schreibbewegungen überraschende Gleichförmigkeiten bei verschiedenen routinierten Schreibern. Betrachtet man als kleinste Analyseeinheit einen einzelnen Auf- oder Abstrich, hat die zugehörige Geschwindigkeitskurve bei routinierten Schreibern eine charakteristische Form. Die Geschwindigkeitskurve ist glatt, symmetrisch und hat nur ein Maximum (**Abb. 1A**). Solche Bewegungen werden als *automatisiert* bezeichnet.

Im Gegensatz dazu sind die Geschwindigkeitskurven bei Patienten mit Schreibstörungen durch zahlreiche unregelmäßige Richtungswechsel gekennzeichnet (**Abb. 2A, B**), und die Bewegungen werden deswegen *nicht-automatisiert* genannt (Mai & Marquardt, 1995a). Zeigt ein Patient unregelmäßige Geschwindigkeitskurven, kann daraus allein noch nicht der Schluß abgeleitet werden, daß eine Störung der Bewegungsausführung die Ursache ist. Denn unter bestimmten Bedingungen finden sich auch bei routinierten Schreibern nicht-automatisierte Bewegungen. Fordert man einen routinierten Schreiber auf, einen Buchstaben nachzuzeichnen, oder bittet ihn, seine Aufmerksamkeit auf bestimmte Details des Bewegungsablaufs zu richten, so wird auch dieser Schreiber nicht-automatisierte Bewegungen ausführen (**Abb. 1B**). Es scheint so zu sein, daß der Versuch, das Schreibergebnis oder den Bewegungsablauf genauer zu kontrollieren, zur Aktivierung von Kontrollstrategien führen, welche die Automatik des Bewegungsablaufs stören.

Solche Kontrollstrategien können darin bestehen, durch die Stabilisierung von Gelenken die

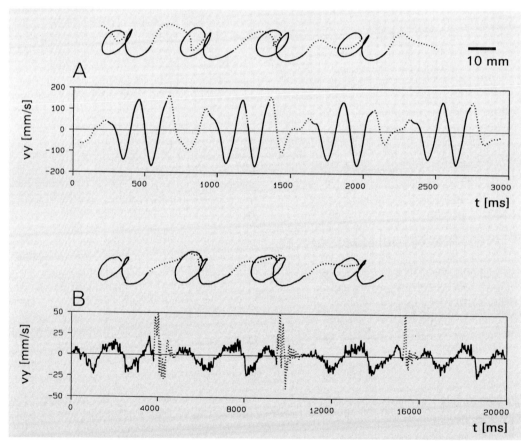

Abbildung 1: Unterschied zwischen automatisierten und nicht-automatisierten Schreibbewegungen. Dargestellt sind die Schriftproben und die zugehörigen Geschwindigkeitsdiagramme. Die gepunkteten Linien zeigen die Bewegungen in der Luft. Die durchgezogenen Linien zeigen die Bewegungen auf dem Papier. (A) Die Versuchsperson wurde aufgefordert, eine Zeile mit «a»'s zu schreiben. Die obere Zeile zeigt das Schriftbild; das Diagramm darunter gibt den zugehörigen Geschwindigkeitsverlauf wieder. Die Geschwindigkeitskurven sind glatt und für jeden Aufstrich findet sich stets genau ein Maximum. (B) Die gleiche Versuchsperson soll nun die zuvor geschriebenen «a»'s nachzeichnen. Das Schriftbild ist ähnlich wie bei (A). Der Geschwindigkeitsverlauf unterscheidet sich jedoch drastisch. Anstelle des glatten Geschwindigkeitsverlaufs in (A) findet sich beim Nachzeichnen ein ständiger Wechsel zwischen Beschleunigen und Abbremsen (aus Mai & Marquardt, 1996).

Freiheitsgrade in der Bewegung zu reduzieren oder durch eine Bewegungsverlangsamung eine genauere visuelle Kontrolle zu ermöglichen. Der Einsatz dieser Kontrollstrategien bei neuen Aufgaben oder bei Unsicherheiten ist ein Phänomen, das sich bei allen Personen zeigt. Bei Patienten kann es in Folge der primären Schädigung dazu kommen, daß Verunsicherungen auch bei bislang vertrauten Bewegungen auftreten, so daß nun auch bei einfachen und hochüberlernten Bewegungen eine kontrollierte Bewegungsausführung gewählt wird. Um nachzuweisen, daß diese Erklärung zutreffend ist, ist zu zeigen, daß unter Bedingungen mit geringerer Kontrollanforderung automatisierte Bewegungen zu finden sind. Wir sprechen in diesem Fall von *erhaltenen Leistungen*. **Abbildung 2C** zeigt ein Beispiel einer erhaltenen Leistung. Der Patient litt nach einer Kleinhirnschädigung unter einer motorischen Schreibstörung, die sich bereits bei der Ausführung einfacher Buchstabenkombinationen deutlich zeigt (s. **Abb. 2B**).

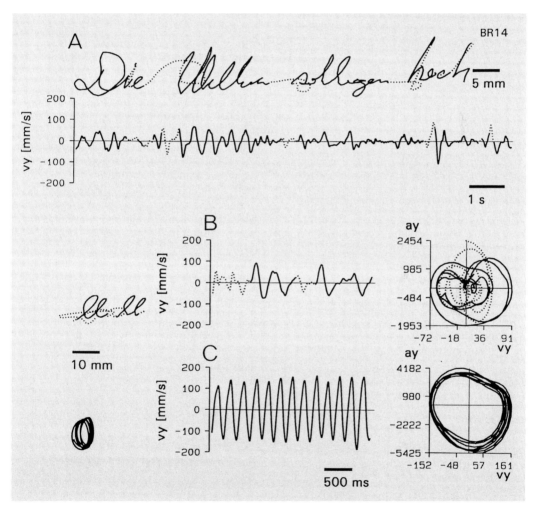

Abbildung 2: Schriftprobe eines Patienten 20 Monate nach einem Kleinhirninfarkt. Die gepunkteten Linien zeigen die Bewegungen in der Luft. Die durchgezogenen Linien zeigen die Bewegungen auf dem Papier. (A) Beim Schreiben eines Satzes zeigt die zugehörige Geschwindigkeitskurve (vy) auffällige Unregelmäßigen, und (B) selbst bei der Wiederholung einfacher Buchstaben waren die Bewegungen nicht automatisiert. (C) Im Unterschied dazu konnte der Patient «Kringel» mit perfekt automatisierten Bewegungen schreiben (C). Dies zeigen besonders deutlich die Phasendiagramme (rechts), in denen für aufeinanderfolgende Zeitpunkte die jeweilige Geschwindigkeit (vy) und Beschleunigung (ay) aufgetragen wurden (aus Mai & Marquardt, 1996).

Er konnte aber perfekt automatisierte Bewegungen ausführen, wenn er aufgefordert wurde, einfach nur «Kringel» zu produzieren (**Abb. 2C**).

Auch die Produktion von Kringeln erfordert die präzise Koordination von Finger- und Handgelenksbewegungen. Es erscheint daher unplausibel, die Schwierigkeiten beim Schreiben von Buchstaben als eine Koordinationsstörung in Folge der Kleinhirnschädigung zu betrachten. Uns erschien es plausibler, die Schreibschwierigkeiten als Folge erhöhter Kontrollbemühungen zu sehen. Nach 15 Trainingsstunden konnten die Schreibleistungen des Patienten deutlich verbessert werden. Dieser Befund bestätigt unsere Erklärung.

Die Entdeckung erhaltener Leistungen erlaubt jedoch nicht nur die Abgrenzung sekundär bedingter Störungen, sondern bietet direkte Ansatzpunkte für eine Übungstherapie zur Reduktion der motorischen Störung. Zum einen kann versucht werden, durch schrittweise Modifikation die Bedingungen auszuweiten, die ungestörte Bewegungen gerade noch zulassen. Erhaltene Leistungen stehen außerdem dem Patienten als «Referenzbewegungen» zur Verfügung, an denen er sich orientieren kann, wenn er sich bemüht, auch unter anderen Bedingungen automatisierte Bewegungen auszuführen. Zudem ist damit ein systematisches Vergleichen zwischen gestörten und ungestörten Bewegungen möglich. Fehler (z.B. bestimmte Gelenkstellung, Körper- oder Stifthaltung), die mit der Störung assoziiert sind, können dann identifiziert und im Training korrigiert werden. Aufbauend auf diesen Prinzipien wurde ein Schreibtraining entwickelt und auch bereits mit Erfolg bei Patienten mit Schreibstörungen, die im Rahmen unterschiedlichster Erkrankungen aufgetreten sind, angewandt (Mai & Marquardt, 1995b).

Erhaltene Leistungen finden sich auch bei anderen Bewegungsstörungen. In Kap. 25.1 (Abb. 1) haben wir die Bewegungsaufzeichnungen eines ataktischen Patienten gezeigt. Im ersten Versuch griff der Patient nach einer Glasflasche. Die Greifbewegung wies alle Kennzeichen einer ataktischen Bewegung auf. Im zweiten Versuch griff er nach einer Plastikflasche. Die Greifbewegung erfolgte flüssig und ruhig und wirkte weitgehend ungestört (Mai et al., 1995). Das Bemühen, die Bewegungen in der «gefährlicheren» Situation mit der Glasflasche besser zu kontrollieren, führt zu deutlich gestörten Bewegungen. Auch in diesem Fall bewirken Kompensationsmechanismen offenbar keine Verminderung, sondern eine Ausweitung des Handikaps.

Diese Beobachtungen haben unsere diagnostischen und therapeutischen Strategien grundlegend verändert. Ausgangspunkt ist die Hypothese, daß alle Bewegungsstörungen, die wir beobachten, durch primäre Schädigungen und sekundäre Kompensationsmechanismen bedingt sind. Der Anteil der Kompensationsmechanismen kann dabei sehr unterschiedlich sein, z.B. bei einer kompletten Lähmung sehr gering, während er bei einer Störung ohne nachweisbare organische Schädigung die Hauptursache ausmachen kann. In jedem Fall sollten die Störungen, die auf eine sekundäre Kompensation zurückgeführt werden können, durch therapeutische Übungen leichter beeinflußbar sein als organisch bedingte Störungen. Die Abgrenzung von Störungen, die eine Konsequenz sekundärer Kompensationsmechanismen darstellen, erfordert eine einschneidende Änderung der diagnostischen Strategien. Statt, wie bisher üblich, nur die Defizite eines Patienten zu dokumentieren, müßte systematisch nach erhaltenen Leistungen gesucht werden. Dies ist nur durch eine experimentelle Diagnostik gewährleistet, in der die Untersuchungsbedingungen (hypothesengeleitet) variiert werden. Können bei einem Patienten Bedingungen identifiziert werden, unter denen ansonsten gestörte Bewegungen relativ ungestört ablaufen, sind die therapeutischen Implikationen offensichtlich. Damit öffnet sich für experimentell ausgerichtete Psychologen ein weites und erfolgversprechendes Feld in der Behandlung motorischer Störungen.

5. Bewertung der verschiedenen Interventionsansätze

Eine Bewertung von Interventionsansätzen soll zwei Fragen beantworten. Erstens, ist eine bestimmte Intervention wirksam, zweitens ist diese Intervention besser als alternative Ansätze. Für alle aufgeführten Interventionsansätze wurde in Studien gezeigt, daß durch ihren Einsatz eine Besserung der Bewegungsstörung erzielt werden kann. Der methodische Aufbau dieser Studien ist recht unterschiedlich und umfaßt Einzelfalluntersuchungen und Gruppenstudien mit unterschiedlichen Stichprobengrößen. Das «ideale» Untersuchungsdesign, das eine Therapie- und eine Kontrollgruppe umfaßt, die Patienten randomisiert den Gruppen zuordnet und umfangreiche Stichproben verwendet, ist in diesen Studien bisher nicht realisiert worden. Ethische und praktische Gründe machen ein solches Unterfangen oft unmöglich. Auch eine Therapiestudie ohne Kontrollgruppe und mit einer kleinen Stichprobe kann jedoch aussagekräftig sein, wenn die Störung unbehandelt stabil bleibt und der Behandlungserfolg eindeutig gemessen werden kann. Diese Charakterisierung trifft für die meisten in diesem Kapitel aufgeführten Störungen zu. Solche Studien können zeigen, daß die untersuchte Intervention prinzipiell zu einer Besserung führen kann, doch erlauben sie keine ausreichende Einschätzung der Wirksamkeit. Ein Vergleich konkurrierender Interventionsansätze ist auf dieser Datenbasis nicht möglich und ein direkter Vergleich verschiedener Interventionsansätze wurde bislang nur in Ausnahmefällen vorgenommen (vgl. **Kasten 1**).

6. Literatur

Altherr, P. & Becht, W. (1996). Verhaltenstherapie: Selbstmanagement in einer Kinder und Jugendpsychiatrie bei Personal und Patienten. In H.S. Reinecker & D. Schmelzer (Hrsg.), *Verhaltenstherapie, Selbstregulation, Selbstmanagement* (S. 405–415). Göttingen: Hogrefe.

Azrin, N. H. & Nunn, R. G. (1973). Habit reversal: A method of eliminating nervous habits and tics. *Behavior Research and Therapy, 11,* 619–628.

Azrin, N. H., Nunn, R. G. & Frantz, S. E. (1980). Habit reversal vs. negative practice treatment of nervous tics. *Behavior Therapy, 11,* 169–178.

Brandt, T., Dichgans, J., Diener, H. C. (1993). *Therapie und Verlauf neurologischer Erkrankungen* (2. Aufl.). Stuttgart: Kohlhammer.

Bressman, S. B. & Greene, P. E. (1990). Treatment of hyperkinetic movement disorders. *Clinical Neuropharmacology, 8,* 51–75.

Butefisch, C., Hummelsheim, H., Denzler, P. & Mauritz, K. H. (1995). Repetitive training of isolated movements improves the outcome of motor rehabilitation of the centrally paretic hand. *Journal of Neurological Science, 130,* 59–68.

Eisert, H.-G. (1993). Hyperkinetische Störungen. In H.-C. Steinhausen & M. von Aster (Hrsg.), *Handbuch Verhaltenstherapie und Verhaltensmedizin bei Kindern und Jugendlichen.* Weinheim: Beltz Psychologie Verlags Union.

Factor, S. A., Podskalny, G. D. & Molho, E. S. (1995). Psychogenic movment disorders: frequency, clinical profile, and characteristics. *Journal of Neurology, Neurosurgery, and Psychiatry, 59,* 406–412.

Finney, J. W., Rapoff, M. A., Hall, C. L. & Christophersen, E. R. (1983). Replication and social validation of habit reversal treatment for tics. *Behavior Therapy, 14,* 116-126.

Goetz, C. G. (1986) Tics: Gilles de la Tourette syndrome. In P. J. Vinken, G. W. Bruyn & H. L. Klawans (Eds.), *Handbook of Clinical Neurology, 5, Extrapyramidal Disorders* (pp. 627–639). New York: Elsevier.

Gowland, C., deBruin, H., Basmajian, J. V., Plews, N. & Burcea, I. (1992). Agonist and antagonist activity during voluntary upper-limb movement in patients with stroke. *Physical Therapy, 72,* 624–633.

Hummelsheim, H. & Mauritz, K.-H. (1993). Neurophysiologische Grundlagen krankengymnastischer Übungsbehandlung bei Patienten mit zentralen Hemiparesen. *Fortschritte in Neurologie und Psychiatrie, 61,* 208–216.

Lalli, J. S., Mauk, J. E., Goh, H. & Merlino, J. (1994). Successful behavioral intervention to treat children who are reluctant to ambulate. *Developmental Medicine and Child Neurology, 36,* 625–629.

Mai, N. (1996). Kompensation der Kompensationsmechanismen: Ein Ansatz zur Behandlung motorischer Störungen. In G. Gross-Selbeck (Hrsg.), *Aktuelle Neuropädiatrie* (S. 186–198). Wehr: Ciba-Geigy Verlag.

Mai, N., Marquardt, C. (1995a). Analyse und Therapie motorischer Schreibstörungen. *Psychologische Beiträge, 37,* 538–582.

Mai, N., Marquardt, C. (1995b). *Schreibtraining in der neurologischen Rehabilitation. EKN–Materialien für die Rehabilitation.* (Hrsg.: N. Mai, W. Ziegler, G. Kerhoff, N. Troppmann). Dortmund: Borgmann Publishing.

Mai, N., Marquardt, C. (1996). Das vernachlässigte Verhalten: Kinematische Analysen der Schreibbewegungen beim Schreibkrampf. In H. S. Reinecker & D. Schmelzer, (Hrsg.), *Verhaltenstherapie, Selbstregulation, Selbstmanagement* (S. 307–328). Göttingen. Hogrefe.

Mai, N., Przywara, S., Hermsdörfer, J. & Marquardt, C. (1995). Behandlung der posttraumatischen Ataxie. In Kuratorium ZNS (Hrsg.) *Forschung und Praxis der Neurologischen Rehabilitation– 10 Jahre Kuratorium ZNS* (S. 241–256). Hamburg: In-Transfer.

Marsden, C. D. (1995). Psychogenic problems associated with dystonia. *Advances in Neurology, 65,* 319–326.

Mathiowetz, V. & Bass Haugen, J. (1994) Motor behavior research: implications for therapeutic approaches to central nervous system dysfunction. *The American Journal of Occupational Therapy, 8,* 733–745.

Süss-Burghart, H. (1996). Verhaltenstherapie mit einem 11 Jahre alten Jungen mit der Diagnose Gilles-de-la-Tourette-Syndrom – ein Fallbericht. *Verhaltenstherapie, 6,* 100–106.

Teasell, R. W. & Shapiro, A. P. (1993). Rehabilitation of chronic motor conversion disorders. *Critical Review of Physical Rehabilitation, 5,* 1013.

Teasell, R. W. & Shapiro, A. P. (1994). Strategic-behavioral intervention in the treatment of chronic nonorganic motor disorders. *American Journal of Physical Medicine & Rehabilitation, 73,* 44–50.

Wagenaar, R.C., Meijer, O.G., Wieringen, P.C.W., Kuik, D.J., Hazenberg, G.J., Lindeboom, J., Wichers, F. & Rijswijk, H. (1990). The functional recovery of stroke: a comparison between neuro-developmental treatment and the Brunnstrom method. *Scandinavian Journal of Rehabilitation Medicine. 22,* 1–8.

Williams, D.T., Ford, B., Fahn, S. (1995). Phenomenology and Psychopathology related to psychogenic movement disorders. Behavioral Neurology of Movement Disorders. *Advances in Neurology, 65,* 231–257.

Wolf, S.L., Lecraw, D.E., Barton, L.A. & Jann, B.B. (1989). Forced use of hemiplegic upper extremities to reverse the effect of learned nonuse among chronic stroke and head injurec patients. *Experimental Neurology, 104,* 125–132.

26. Wahrnehmungsstörungen
26.1 Klassifikation und Diagnostik

Josef Zihl

Inhaltsverzeichnis

1. Bedeutung der Wahrnehmung

Die Wahrnehmung bildet die entscheidende Voraussetzung für die Analyse und das Erkennen der Umwelt und die Steuerung und Kontrolle des Verhaltens; sie beeinflußt zudem Gefühle und Stimmungen (für eine Übersicht, siehe Lindsay & Norman, 1981). Wahrnehmungsleistungen lassen sich hinsichtlich ihrer Modalität und ihrer Komplexität unterteilen, wobei gilt, daß komplexe Leistungen (z.B. visuelles Erkennen) zwar das Vorhandensein ausreichend intakter Teilleistungen (z.B. Sehschärfe, Farb- und Formsehen) voraussetzen, aber durch sie nicht ausreichend erklärbar sind und somit, auf einer höheren Ebene, eigenständige Leistungen darstellen. Die Wahrnehmung setzt zusätzlich verschiedene andere psychische Leistungen und Funktionen voraus, z.B. Aufmerksamkeit und Motivation zur Informationsbeschaffung (Neugierde). Zusätzlich spielt auch die Fähigkeit zur langfristigen Speicherung des Wahrgenommenen eine wichtige Rolle; ohne sie wären etwa die Wiedererkennung und Bildung von Erfahrung als Grundlage für die Verhaltenssteuerung nicht denkbar. Andererseits ist die «Güte» der Gedächtnisinhalte von der Qualität der Verarbeitung und Kodierung von Informationen entscheidend abhängig. Auch die Steuerung der Motorik erfolgt wesentlich unter Zuhilfenahme von Wahrnehmungsfunktionen bzw. -leistungen. Schließlich bildet die Wahrnehmung auch die Grundlage für subjektives Wohlbefinden: Wahrgenommenes löst im Zentralnervensystem (ZNS) häufig auch (begleitende) Gefühle aus, erzeugt Stimmungen und beeinflußt sie, wobei die sog. affektive Komponente selbst als Information dienen kann. Wahrnehmungsstörungen können somit (indirekt) zu einer Beeinträchtigung anderer kognitiver Leistungen (z.B. Gedächtnis und Planen) oder zur Veränderung von Gefühlen und Stimmungen führen.

2. Klassifikation

Wahrnehmungsstörungen lassen sich hinsichtlich ihrer Modalität und ihrer Komplexität klassifizieren (Übersicht in **Tab. 1**). Bezüglich der Komplexität gilt, daß die Untersuchung der an dieser Leistung beteiligten Teilleistungen einen wesentlichen Bestandteil der Differentialdiagnostik darstellt, da Störungen elementarer Wahrnehmungsleistungen komplexe Leistungen beeinträchtigen können.

In dieser Übersicht sollen die nach Erkrankungen des ZNS bzw. bei psychiatrischen Erkrankungen auftretenden, klinisch relevanten Wahrnehmungsstörungen dargestellt werden; ausführliche Beschreibungen der Störungen bei peripherer Ätiologie finden sich z. B. bei Hollwich (1982) für den Sehbereich, bei Pascher und Bauer (1984) für den Hörbereich, und bei Poeck (1992) für die Bereiche Sensibilität und Geruch und Geschmack.

2.1 Sehen

Homonyme, d. h. korrespondierende Bereiche des *Gesichtsfelds* beider Augen betreffende Ausfälle des Sehens werden nach ihrer Lage und Ausdehnung in Hemianopsie (Halbseitenblindheit), Quadrantenanopsie (Verlust des Sehens in einem oberen oder unteren Viertel des Gesichtsfelds), und parazentrales Skotom (kleiner, blinder Bereich in der Nähe der Fovea) einge-

Tabelle 1: Übersicht über die wichtigsten elementaren und komplexen Wahrnehmungsleistungen in den verschiedenen Modalitäten.

Bereich	Wahrnehmungsleistungen
Sehen	
Elementare Leistungen	Gesichtsfeld, Sehschärfe, Farbsehen, Formsehen, Stereopsis; Wahrnehmung von Position, Entfernung und Richtung
Komplexe Leistungen	Erkennen (Objekte, Gesichter, Orte, usw.) Lesen Räumliche Orientierung
Hören	
Elementare Leistungen	Wahrnehmen/Unterscheiden von Tonhöhe und Lautstärke Richtungshören
Komplexe Leistungen	Musikwahrnehmung Erkennen (Geräusche, Signale, Sprache)
Tasten	
Elementare Leistungen	Oberflächensensibilität (Wahrnehmung von Druck, Temperatur, Schmerz; Lokalisation) Tiefensensibilität (Wahrnehmung von Lage und Bewegung) Unterscheidung von Objektmerkmalen (z.B. Größe, Form; Qualität der Oberfläche)
Komplexe Leistungen	Erkennen Raumorientierung (Stellung des Körpers bzw. von Gliedmaßen im Raum und zueinander)
Riechen	
Elementare Leistungen	Wahrnehmen/Unterscheiden von Gerüchen Lokalisation
Komplexe Leistungen	Erkennen
Schmecken	
Elementare Leistungen	Wahrnehmen/Unterscheiden von Geschmacksqualitäten
Komplexe Leistungen	Erkennen

teilt. Eine Herabsetzung der *Sehschärfe* tritt typischerweise nur nach bilateraler postchiasmatischer Schädigung auf. Störungen der *Farbwahrnehmung* finden sich entweder in einem Halbfeld (Hemiachromatopsie) oder im gesamten Gesichtsfeld (Achromatopsie). Die foveale Farbtonunterscheidung kann im ersten Fall ebenfalls mitbetroffen sein. Störungen der *Stereopsis* führen zu einem Verlust des plastischen Sehens bzw. der binokulär vermittelten Tiefenwahrnehmung. Störungen der visuellen *Raumwahrnehmung* betreffen u. a. die Veränderung der Hauptraumrichtungen (Vertikale, Horizontale, Geradeaus-Richtung). Typischerweise erfolgt die Verschiebung in Gegenrichtung zur Seite der Hirnschädigung. Außerdem können die Lokalisation von Objekten und die Einschätzung von Entfernungen beeinträchtigt sein. Die visuell-räumliche Orientierungsstörung besteht im Verlust der Orientierung während der Betrachtung von Reizvorlagen oder Bildern oder beim Lesen (Verlust der Zeile). Störungen des visuellen Erkennens werden als visuelle Agnosien («Seelenblindheit») bezeichnet. Diagnostische Kriterien für eine Agnosie sind: ausreichende Wahrnehmungsleistungen, keine kognitiven oder sprachlichen Einbußen, die das Erkennen bzw. den Report behindern können, und Erhalt des Erkennens in einer anderen Wahrnehmungsmodalität. In der Regel sind visuell-agnostische Störungen mit visuellen Teilleistungsstörungen assoziiert, so daß eine sichere Differentialdiagnose oft schwierig ist. Störungen des visuellen Erkennens können folgende Kategorien betreffen: Objekte (Objektagnosie), Gesichter (Prosopagnosie), Orte (topographische Agnosie), Wege und Gegenden (geographische Agnosie) (Grüsser & Landis, 1991).

Zu den «subjektiven» Sehstörungen zählen *Illusionen* und *Halluzinationen*. Unter einer visuellen Illusion wird die verzerrte Wahrnehmung eines realen Gegenstandes verstanden. Die Verzerrung kann sich auf die räumlichen Verhältnisse (Länge, Größe, Lage; Metamorphopsien), die Farbe (Veränderung des Farbtons; Dyschromatopsien), oder die Anzahl von Objekten (Mehrfachsehen ohne Doppelbilder; Diplopie bzw. Polyopie) beziehen. Die Persistenz oder das wiederholte Auftreten der Wahrnehmung eines optischen Reizes nach dessen Entfernung wird als visuelle Perseveration (Palinopsie) bezeichnet. Halluzinationen beziehen sich auf die «Wahrnehmung» von einfachen optischen Reizen (Punkte, Linien, Muster, Farben; sog. einfache visuelle Halluzinationen), Objekten oder Szenen (sog. komplexe visuelle Halluzinationen) ohne reale Existenz. Sind Patienten in der Lage zu erkennen, daß es sich dabei um irreale Wahrnehmungsinhalte handelt, von denen sie sich bei Befragen distanzieren, so spricht man von Pseudohalluzinationen. Bei Patienten, die eine Hirnschädigung erlitten haben, ist diese Distanzierung sehr viel häufiger zu beobachten als bei Patienten mit einer schizophrenen Störung (vgl. Kap. 35/ Schizophrenie) oder mit einem deliranten Syndrom.

2.2 Hören

Zu den Wahrnehmungsdefiziten im Hörbereich zählen Störungen der Wahrnehmung von Lautheit, Tonhöhe, Klang und Tempo (Rhythmus); dadurch bedingt kann auch die Wahrnehmung von Geräuschen, Musik und Sprache beeinträchtigt oder zumindest verändert sein. Die Wahrnehmung von Musik kann aber auch ausgeprägter gestört sein als die beteiligten Teilleistungen. Manchmal ist die affektive Komponente der Musikwahrnehmung betroffen; bisher besonders bevorzugte Musikstücke «sagen» dem Patienten «nichts mehr» oder klingen «fremdartig». Agnostische Störungen der Hörwahrnehmung betreffen das Identifizieren bzw. Wiedererkennen von Geräuschen und Signalen (z.B. Klingeln des Telefons; auditive Agnosie) oder von Wörtern (Worttaubheit). Es existiert auch das Phänomen der auditorischen Vernachlässigung; Patienten mit dieser Störung beachten akustische Reize im Halbraum kontralateral zur Seite der Hirnschädigung nicht.

Auditorische Illusionen beziehen sich auf die Lautstärke (lauter; Hyperakusis), die Entfernung zur Schallquelle (näher oder entfernter; Parakusis), den Rhythmus, den Klang und die Qualität akustischer Reize. Ähnlich wie im visuellen können auch im auditorischen Bereich Perseverationen auftreten.

Auditorische Halluzinationen werden eingeteilt in einfache (Murmeln, tropfendes Wasser, Flüstern, Ticken einer Uhr, Schritte, Händeklatschen) und komplexe Formen (Melodien; Musik; Stimmen). Hinsichtlich der Unterscheidung

Pseudo- vs. echte Halluzinationen gelten die gleichen Kriterien wie in der visuellen Modalität.

Eine besondere Form subjektiver Hörempfindung ohne externen Reiz ist der Tinnitus. Darunter werden unterschiedliche Ohrgeräusche, die manchmal als im Ohr, manchmal aber auch diffus im Kopf lokalisiert wahrgenommen werden, zusammengefaßt. Die meisten Patienten erleben diese Geräusche als sehr belastend und störend, vor allem in Ruhe und nachts; sie reagieren häufig depressiv, teilweise sogar suizidal. Der Schlaf ist häufig gestört; zusätzlich können Konzentrationsstörungen auftreten.

2.3 Tasten

Störungen der Tastwahrnehmung betreffen vor allem die Beeinträchtigung der Lokalisation von Reizen am Körper, der Wahrnehmung von Druck, Temperatur, Feuchtigkeit, Schmerz sowie der taktilen Unterscheidung von Oberflächenmerkmalen (Größe, Form, Textur) eines Objekts. Sensibilitätseinbußen (meist im Sinne von Schwellenerhöhungen) werden unter dem Begriff der Hypästhesie zusammengefaßt. Daneben gibt es Störungen der eigenen Körperwahrnehmung hinsichtlich der Position («Autotopagnosie»; diese Bezeichnung wird jedoch nicht mehr verwendet) bzw. Lage und Bewegung von Gliedern (z. B. Bein, Arm, Hand, Finger). Der Verlust des taktilen Erkennens bzw. Wiedererkennens von Gegenständen wird als Astereognosie bezeichnet.

Sensible Illusionen betreffen die Sensibilität (z. B. Berührung als Schmerz; Dysästhesie; Parästhesie), die Wahrnehmung von Größe, Form und Lage von Gliedmaßen (körperliche Transformationen), Bewegungen (Bewegungsillusionen; Phantombewegungen), sowie die Zugehörigkeit eines Körperteils (Hand) zum eigenen Körper (sog. alien hand syndrome). Zu den sensiblen Halluzinationen zählen Reduplikationsphänomene von Körperteilen (Phantomglieder), des gesamten Körpers («zweites Ich»; «Doppelgänger»; Autoskopie) und des Körpers anderer Personen.

2.4 Riechen und Schmecken

Zu den Störungen des Riechens und Schmeckens gehören der teilweise (Hyposmie; Hypogeusie) oder vollständige (Anosmie; Ageusie) Verlust der Geruchs- oder Geschmackswahrnehmung. Die Beeinträchtigung besteht in der Regel in einer (pathologischen) Erhöhung der Wahrnehmungsschwellen und einer damit assoziierten Herabsetzung der Unterscheidungsfähigkeit für Geruchs- oder Geschmacksqualitäten. Agnostische Störungen sind bisher nicht eindeutig nachgewiesen worden; der Verlust der Assoziation zwischen einem bestimmten Geruch oder Geschmack und einem dafür typischen Objekt (z. B. Blume oder Speise) könnte jedoch auf die Existenz solcher Störungen hinweisen. Die Veränderung bzw. der Verlust der affektiven Komponente wird von den Patienten gerade in diesen Wahrnehmungsbereichen als sehr unangenehm erlebt. Vertraute, bisher als sehr angenehm empfundene Gerüche werden als negativ, sogar abstoßend (Kakosmie), der Geschmack z. B. der Lieblingsspeise als ekelhaft (Dysgeusie) beurteilt; die Folge können Geruchs- bzw. Geschmacksaversionen sein. Geruchs- bzw. Geschmacksillusionen zeigen sich in Form gesteigerter Wahrnehmungsintensität (Hyperosmie bzw. Hypergeusie); es kann aber auch zu einer illusionären Veränderung der Wahrnehmungsqualitäten kommen (Parageusie). Geruchswahrnehmungen ohne Vorhandensein von Riechstoffen werden als Geruchshalluzinationen (Phantasosmien) bezeichnet.

3. Diagnostik

Der erste Schritt einer Wahrnehmungsdiagnostik sollte immer eine gezielte, leistungs- bzw. störungsspezifische Anamnese sein, wobei das Ausmaß der Erfahr- und Mitteilbarkeit der Störung durch den Patienten im Alltag zu berücksichtigen ist. Dies gilt natürlich in besonderem Maße für die sog. subjektiven Wahrnehmungsstörungen (Illusionen und Halluzinationen) aber auch für affektive Komponenten der Wahrnehmung. Standardisierte Anamnesebögen finden sich z. B. bei von Cramon, Mai und Ziegler (1993) (s. **Tab. 2**).

In **Tabelle 2** sind die wesentlichen Untersuchungsverfahren zusammengefaßt (für eine ausführliche Darstellung und Würdigung der einzelnen Verfahren siehe von Cramon, Mai & Ziegler, 1993; Heilman & Valenstein, 1993;

Lezak, 1995). Für eine Reihe von Teilleistungen stehen standardisierte Untersuchungsverfahren zur Verfügung, die in der Routinediagnostik seit langem im klinischen Einsatz sind (z. B. Gesichtsfeldprüfung; Sehschärfetests; Audiogramme und dichotische Hörtests; Sensibilitätsprüfungen). Für andere Bereiche wurden erst in letzter Zeit Untersuchungsmethoden entwickelt. Das Programm VS (Visual Spatial Performance) für visuell-räumliche Wahrnehmungsleistungen (Kerkhoff & Marquardt, 1993;

Kerkhoff, Genzel & Marquardt, 1994) ermöglicht die Messung der subjektiven visuellen Vertikalen und Horizontalen, der Schätzung von Orientierung, Länge, Distanz und Position. Der *Münchener Geruchstest* (MGT; Kruggel, 1993) umfaßt die Bestimmung von Geruchsschwellen, die Erfassung der Unterscheidung von Gerüchen, die Geruchserkennung und -bewertung (angenehm – unangenehm) und olfaktorische Gedächtnisleistungen. Der *Seashore Test* prüft die Unterschiedsempfindlichkeit für Tonhöhe,

Tabelle 2: Übersicht über gebräuchliche Untersuchungsverfahren für Wahrnehmungsstörungen (für Details, siehe Text)

Bereich/Teilleistung	Untersuchungsverfahren
Sehen	
Gesichtsfeld	Perimetrie
Sehschärfe	Sehproben
Farbsehen	Ishihara-Farbtafeln; Farnworth-Munsell-100-hue-Test
Stereopsis	Titmus-Test; TNO test for stereoscopic vision
Raumsehen	Standardisierte Analyse visuell-räumlicher Wahrnehmungsleistungen (VS)
Objekterkennen	
Gesichtererkennen	Facial-Recognition-Test; Famous-Faces-Test
Hören	
Entdecken/Unterscheiden nicht-sprachlicher u. sprachlicher Reize	Ton- bzw. Sprachaudiogramm
Zeitliche Hörschwelle	Zeitliche Fusionsschwelle
Musikwahrnehmung	Seashore-Test
Binaurale Integration	Dichotische Hörtests
Bedeutungserkennung nicht-sprachlicher u. sprachlicher Reize	Zuordnung Reiz – Bild
Richtungshören	Ortung einer Schallquelle
Auditives Erkennen	
Tasten	
Berührungsempfindung	
Lokalisationsvermögen	
Temperaturempfindung	
Lagewahrnehmung	
Wahrnehmung geführter Bewegungen	
Taktiles Erkennen	
Riechen und Schmecken	
Entdeckung/Erkennung; Qualitätsunterscheidung; Identifikation	Münchener Geruchstest (MGT)

Kasten 1
Diagnostisches Vorgehen bei zwei Patienten mit einer Lesestörung nach Hirnschädigung nach linksokzipitaler Hirnschädigung

Untersuchungen
– Gesichtsfeldüberprüfung
– Bestimmung der Sehschärfe
– Überprüfung des Erkennens von Buchstaben
– Überprüfung der Identifikation von Buchstaben und Wörtern

Ergebnisse
• *Patient 1:* Dieser Patient weist eine rechtsseitige Hemianopsie (Halbseitenblindheit) auf; das Restgesichtsfeld beträgt 2 Grad. Die Sehschärfe ist nicht reduziert. Einzelbuchstaben und sehr kurze Wörter (bis 3 Buchstaben) können korrekt gelesen werden. Bei längeren Wörtern zeigt dieser Patient jedoch erhebliche Schwierigkeiten: er liest die erste Silbe, bleibt dann jedoch «hängen», wiederholt die erste Silbe wieder, überspringt den Rest des Wortes usw. Vertikal dargebotene Wörter gleicher Länge werden hingegen korrekt gelesen.
Diagnose: Lesestörung aufgrund des rechtsseitigen Gesichtsfeldausfalls (sog. Hemianope Lesestörung).

• *Patient 2:* Dieser Patient weist ebenfalls eine rechtsseitige Hemianopsie mit einem Restgesichtsfeld von 2 Sehwinkelgrad auf. Die Sehschärfe ist normal. Sein Lesen ist dadurch gekennzeichnet, daß er Wörter buchstabiert («letter-by-letter reading»), wobei er einzelne Buchstaben falsch identifiziert. Auffallend ist der insgesamt hohe Zeitbedarf, da die einzelnen Buchstaben alphabetisch identifiziert werden müssen. Bei korrekter Erkennung der einzelnen Buchstaben werden die meisten Wörter jedoch korrekt wiedergegeben. Die vertikale Darbietung von Buchstaben erleichtert das Lesen nicht.
Diagnose: Alexie. Da keine zusätzliche Sprachstörung vorliegt, handelt es sich um eine sog. reine Alexie.

• *Kommentar:* Im Falle des ersten Patienten ist die Lesestörung durch einen Wegfall des rechten parafovealen Gesichtsfelds bedingt, während das Erkennen von Buchstaben intakt geblieben ist. Bei vertikaler Darbietung kann dieser Patient deshalb auch längere Wörter korrekt und ohne Schwierigkeiten lesen. Der zweite Patient hingegen kann bereits Einzelbuchstaben nicht richtig erkennen; die vertikale Darbietung bringt keine Besserung. In diesem Fall ist die Lesefähigkeit durch eine Störung des Identifizierens von Buchstaben und Wörtern, d. h. durch eine spezifische Störung des visuellen Erkennens beeinträchtigt.

Klangfarbe, Rhythmus usw. sowie die Behaltensleistung für tonales Material.

Für einige Wahrnehmungsleistungen (z. B. visuelles und auditives Erkennen) existieren leider noch keine für den klinischen Gebrauch ausreichend überprüfte Verfahren. Wertvolle weiterführende Hinweise finden sich ebenfalls bei von Cramon, Mai und Ziegler (1993), Hartje und Poeck (1997) und bei Heilman und Valenstein (1993).

Es ist wichtig darauf hinzuweisen, daß assoziierte kognitive Störungen (etwa in den Bereichen Aufmerksamkeit oder Gedächtnis) sowie Beeinträchtigungen der Sprache oder der Handmotorik die Untersuchbarkeit entsprechend ihrem Schweregrad beeinträchtigen und die Testergebnisse zum Teil erheblich beeinflussen können.

Für die Diagnostik komplexer Wahrnehmungsstörungen (z.B. Lesen, Objekterkennung) kann grundsätzlich empfohlen werden, die kritischen (Teil-)Leistungen zuerst zu untersuchen, um primär bedingte von sekundär bedingten Störungen abgrenzen zu können. Diese Form des diagnostischen Vorgehens ist exemplarisch für zwei Formen von Lesestörungen (hemianopische Lesestörung und Alexie) in **Kasten 1** dargestellt.

4. Literatur

Cramon, D. von, Mai, N. & Ziegler, W. (Hrsg.). (1993). *Neuropsychologische Diagnostik*. Weinheim: VCH Verlagsgesellschaft.

Grüsser, O.-J. & Landis, T. (1991). *Visual agnosias and other disturbances of visual perception and cognition*. Boca Raton: CRC Press.

Hartje, W. & Poeck, K. (Hrsg.) (1997). *Klinische Neuropsychologie* (3. Aufl.). Stuttgart: Thieme.

Heilman, K.M. & Valenstein, E. (Eds.). (1993). *Clinical Neuropsychology*. New York: Oxford University Press.

Hollwich, F. (1982). *Augenheilkunde*. Stuttgart: Thieme.

Kerkhoff, G., Genzel, S. & Marquardt, C. (1994). Standardisierte Analyse visuell-räumlicher Wahrnehmungsleistungen. Untersuchungen zur Objektivität, Reliabilität und Validität. *Nervenarzt, 65,* 689–695.

Kerkhoff, G. & Marquardt, C. (1993). Standardisierte Analyse visuell-räumlicher Wahrnehmungsleistungen (VS). Konstruktion des Verfahrens und Anwendungen. *Nervenarzt, 64,* 511–516.

Kruggel, F. (1993). Riechen und Schmecken. In D. von Cramon, N. Mai & W. Ziegler (Hrsg.), *Neuropsychologische Diagnostik* (S. 53–63). Weinheim: VCH Verlagsgesellschaft.

Lezak, M.D. (1995). *Neuropsychological Assessment* (3rd ed.). New York: Oxford University Press.

Lindsay, P.H. & Norman, D.A. (1981). *Einführung in die Psychologie*. Berlin: Springer-Verlag.

Pascher, W. & Bauer, H. (1984). *Differentialdiagnose von Sprach-, Stimm- und Hörstörungen*. Stuttgart: Thieme.

Poeck, K. (1992). *Neurologie*. Berlin: Springer.

Funktionstraining: Das Kind muß die Formen ohne Zuhilfenahme der Augen auf spielerische Weise durch das Betasten der Formen erkennen. Durch das taktile Wahrnehmungstraining wird u.a. die räumliche Vorstellungsfähigkeit gefördert.

26.2 Wahrnehmungsstörungen: Ätiologie/Bedingungsanalyse

Josef Zihl

Inhaltsverzeichnis

1. Einleitung

In der klinischen Praxis spielen Wahrnehmungsstörungen aufgrund ihrer Häufigkeit, ihrer direkten Auswirkungen auf Verhalten und Erleben, und ihrer indirekten Beeinträchtigung kognitiver Fähigkeiten und Leistungen eine wichtige Rolle. So weisen etwa 20 Prozent der Patienten mit erworbener Hirnschädigung eine Störung visueller Wahrnehmungsleistungen auf, wobei Störungen elementarer Sehleistungen (z.B. Gesichtsfeldeinbußen) sehr viel häufiger vorkommen als solche komplexer visueller Wahrnehmungsleistungen (z.B. visuelles Erkennen) (Zihl, 1997). Die Aufnahme von Reizen erfolgt über Sinnesorgane, die bereits eine gewisse Vorverarbeitung leisten. Über Faserverbindungen werden die Informationen zu subkortikalen und kortikalen Strukturen des Zentralnervensystems weitergeleitet und verarbeitet. Die frühen Analyse- und Kodierungsschritte erfolgen in den entsprechenden primären Rindenfeldern. In den sog. Assoziationsfeldern werden komplexe Komponenten der Informa-

tion (Gesichter; Melodien; Bewegungen) verarbeitet und kodiert. Es gilt inzwischen als gesichert, daß die Großhirnrinde funktionell spezialisiert ist, d.h. daß einzelne Regionen bzw. Areale bevorzugt eine Stimulusdimension (z.B. Farbe) oder -kategorie (z.B. Gesichter) analysieren und kodieren (Übersichten zu den neurobiologischen Grundlagen der Wahrnehmung siehe bei Birbaumer & Schmidt, 1990; Kolb & Whishaw, 1996). Zwischen den einzelnen Arealen der Großhirnrinde erfolgt über vielfältige, zum Großteil reziproke Faserverbindungen ein intensiver Informationsaustausch; dieser ist erforderlich, um ein kohärentes Wahrnehmungsergebnis zu gewährleisten. Somit kann nicht nur eine Schädigung kortikaler Gebiete zu einer Funktionseinbuße führen, sondern auch eine Unterbrechung der Faserverbindungen. Diese Unterbrechung führt nicht nur zur Beeinträchtigung von «bottom-up» Prozessen, weil Informationen nicht mehr weitergeleitet werden, sondern auch von «top-down» Prozessen, die für die Steuerung von Aktivitäten (z.B. Aufmerksamkeit, Intention) wichtig sind. Da die meisten zerebralen Noxen nicht auf ein Areal oder eine Region allein beschränkt bleiben, sondern gleichzeitig mehrere Areale und zusätzlich Faserverbindungen schädigen können, sind als Resultat assoziierte Funktionsstörungen zu erwarten. Die Art der Schädigung kann entweder fokal, wie z. B. nach einem Infarkt, oder verteilt bzw. diffus sein, wie z. B. nach einem Schädelhirntrauma oder einer Hypoxie. Unter diesen Schädigungsbedingungen sind zusätzlich auch kognitive Einbußen zu erwarten, die die Aufmerksamkeit, das Gedächtnis, Sprache und Sprechen, Planen und Problemlösen, sowie den Antrieb und die Affektsteuerung betreffen können.

Komplexe Wahrnehmungsstörungen können dadurch bedingt sein, daß entweder diese Leistung selbst beeinträchtigt ist oder weil wesentliche Voraussetzungen für das Zustandekommen dieser Leistung gestört sind. Dieser Sachverhalt läßt sich am Beispiel der Lesefähigkeit veranschaulichen. Nach erworbener Hirnschädigung kann das Erkennen von Buchstaben bzw. Wörtern gestört sein (Alexie), während die visuellen Voraussetzungen für das Lesen unbeeinträchtigt sind. Im Gegensatz dazu können auch Gesichtsfeldeinbußen und Störungen der Sehschärfe zu einer Lesebehinderung führen, obwohl in diesem Fall die Lesefähigkeit selbst nicht betroffen ist. Die differentialdiagnostische Vorgehensweise bei der Untersuchung von Lesestörungen bei Patienten mit erworbener Hirnschädigung ist im Kasten 1 im Kapitel Klassifikation/Diagnostik (26.1) zusammengefaßt.

Für das Auftreten von Wahrnehmungsstörungen spielen der Ort und das Ausmaß der Hirnschädigung bzw. des pathophysiologischen Geschehens ebenso eine Rolle wie die Ätiologie. Die nächsten beiden Abschnitte befassen sich deshalb näher mit diesen Faktoren.

2. Wahrnehmungsstörungen in Abhängigkeit vom Ort der Schädigung

Die bereits erwähnte funktionelle Spezialisierung des Zentralnervensystems (ZNS) bringt es mit sich, daß die verschiedenen Modalitäten der Wahrnehmung in unterschiedlichen Berei-

chen der Großhirnrinde repräsentiert sind, wobei innerhalb der modalitätsspezifischen Hirnregionen eine zusätzliche funktionelle Spezialisierung gegeben ist. Eine strukturelle Schädigung oder pathophysiologische Veränderung dieser Gebiete hat eine Beeinträchtigung oder den Ausfall von Wahrnehmungsleistungen in der jeweiligen Modalität zur Folge, für die die betroffene Region kritisch ist. In diesem Abschnitt sollen deshalb die Schädigungsorte, im nächsten die verschiedenen Ätiologien als Störungsbedingungen dargestellt werden. Weiterführende pathoanatomische Darstellungen finden sich bei Hartje und Poeck, (1997), Heilman und Valenstein (1993), Kolb und Whishaw (1996) und Rhawn (1990).

2.1 Visuelle Wahrnehmungsleistungen

Die für die visuelle Wahrnehmung kritischen kortikalen Regionen finden sich im Okzipitallappen und in den hinteren Bereichen des Temporal- und des Parietallappens. Gesichtsfeldstörungen treten nach einer Schädigung der (subkortikal gelegenen) Sehstrahlung und des striären Kortex (Area 17) auf, wobei eine einseitige Schädigung zu einem Verlust des Sehens in der kontralateral gelegenen Gesichtsfeldhälfte führt. Schädigungen entlang der okzipito-temporalen Verarbeitungsroute sind mit Einbußen der Farb-, Objekt- und Gesichterwahrnehmung assoziiert, während okzipito-parietale Läsionen zu einer Beeinträchtigung von Leistungen der visuellen Raumwahrnehmung, einschließlich der visuellen Orientierung, führen.

2.2 Hören

Störungen auditiver Leistungen finden sich nach einer Schädigung der Hörstrahlung sowie nach einer Läsion im Bereich des vorderen Temporallappens, wobei sich unilaterale Beeinträchtigungen selten als Defizit bemerkbar machen. Bei Rechtshändern führt eine linkstemporale Schädigung zu einer Verschlechterung des Erkennens der Bedeutung von sprachlichen Reizen, während eine rechtsseitige temporale Schädigung die Diskrimination komplexer akustischer Reize und die Musikwahrnehmung beeinträchtigen kann. Für die übrigen Teilleistungen des Hörens finden sich keine sicheren Hemisphärenunterschiede. Zu ergänzen ist, daß Hörstörungen auch nach Hirnstamm- und Mittelhirnschädigungen auftreten können.

2.3 Tasten

Beeinträchtigungen des Tastsinns finden sich bei Schädigung der sensiblen Afferenzen, des Thalamus und des somatosensorischen Kortex, der im gyrus postcentralis (vorderer Parietallappen) liegt und eine topographische Repräsentation der Körperoberfläche enthält. Kleine, fokale Läsionen können somit zu einer sensiblen Störung in einem sehr begrenzten Gebiet des Körpers (z.B. Hand oder Gesicht) führen, wobei die Wahrnehmungsstörung immer auf der der Läsion gegenüberliegenden Seite auftritt. Bei größeren Läsionen, die den gyrus postcentralis einseitig in größerem Umfang geschädigt haben, kann die gesamte gegenüberliegende Körperhälfte betroffen sein.

2.4 Riechen und Schmecken

Das zentrale olfaktorische System umfaßt den bulbus und den tractus olfactorius sowie das Riechhirn, zu dem auch ein Teil des Mandelkerns gehört, und das Verbindungen zum orbifrontalen Neokortex sowie zum Hypothalamus (affektive Komponente) aufweist. Die zentrale Verarbeitung von Geschmacksreizen erfolgt hingegen über Verbindungen der Geschmacksnerven zum Thalamus und von hier zum gyrus postcentralis im Bereich der somatosensorischen Repräsentation der Zunge. Zusätzlich bestehen auch Verbindungen zum limbischen System und zum Hypothalamus (affektive Komponente). Je nach Schädigungsort sind mehr die Wahrnehmungsleistungen oder die affektiven Komponenten betroffen.

3. Wahrnehmungsstörungen in Abhängigkeit von der Ätiologie

3.1 Zerebrovaskuläre Erkrankungen

Da die für die visuelle Wahrnehmung relevanten kortikalen Areale in den hinteren Hirnabschnitten liegen, sind Störungen in dieser Modalität vor allem nach einem Infarkt oder einer Blutung im Versorgungsgebiet der hinteren Hirnarterie, aber auch im Versorgungsgebiet der temporalen und parietalen Äste der mittleren Hirnarterie zu erwarten. Ein Infarkt im Versorgungsgebiet beider hinterer Hirnarterien kann zu völliger Blindheit («kortikale Blindheit» oder «Rindenblindheit») führen. Die mittlere Hirnarterie versorgt die kortikalen Gebiete, die für die Hörwahrnehmung (Temporallappen) und für die Sensibilität und Bewegungsempfindung (parietale Regionen hinter dem sulcus centralis) wichtig sind. Störungen des Geruchs- und Geschmackssinns können z.B. bei unilateralen Infarkten im Versorgungsgebiet der vorderen Hirnarterie auftreten; da die Ausfälle jedoch auf die kontralaterale Seite begrenzt bleiben, fallen sie als Defizit kaum auf. Zusammenfassend kann festgehalten werden, daß nach zerebrovaskulären Noxen praktisch alle beschriebenen Wahrnehmungsstörungen beobachtet werden.

3.2 Traumatische Läsionen

Beim schweren Schädelhirntrauma, der wohl häufigsten Form einer traumatischen Hirnschädigung, sind für das Zustandekommen von Wahrnehmungsstörungen vor allem umschriebene traumatische Gewebsläsionen (Hirnkontusionen) verantwortlich. Ein häufiger Schädigungsort ist der Temporallappen; Störungen auditiver Wahrnehmungsleistungen sind daher nicht selten. Da Aufmerksamkeitsleistungen nach Schädelhirntrauma häufig betroffen sind, können Wahrnehmungsleistungen sekundär im Sinne eines erhöhten Zeitbedarfs («kognitive Verlangsamung») beeinträchtigt sein. Störungen des Geschmacks- und vor allem des Geruchsinns sind nach Schädelhirntrauma aufgrund der Häufigkeit von Verletzungen im Bereich des Gesichtsschädels besonders oft zu beobachten, und sollten deshalb routinemäßig untersucht werden. Dabei ist zu berücksichtigen, daß regelmäßiger Alkohol- und Nikotinkonsum die Geruchs- und Geschmacksempfindung beeinträchtigen kann.

3.3 Zerebrale Hypoxie

Bei der zerebralen Hypoxie handelt es sich um einen globalen Sauerstoffmangel des Gehirns, also um eine Form diffuser Hirnschädigung. Der Okzipitallappen gehört zu den Gebieten, deren Nervenzellen besonders vulnerabel auf Sauerstoffmangel reagieren. Bei den resultierenden Sehstörungen handelt es sich meist um eine Kombination von Sehverlusten im zentralen Gesichtsfeld oder in beiden unteren Quadranten, einer hochgradigen Verminderung der Sehschärfe und der räumlichen Kontrastauflösung, dem Verlust visuell-räumlicher Leistungen (vor allem der Lokalisation und der Orientierung) sowie um visuelle Erkennungsstörungen. Die Farbwahrnehmung ist im Gegensatz dazu meist gut erhalten.

3.4 Hirntumoren

Je nach Lokalisation der Tumoren kommt es zu Wahrnehmungsstörungen, die den Ausfällen bei anderen Ätiologien aber gleichem Läsionsort sehr ähnlich sind. Okzipital und temporal gelegene Tumoren verursachen Seh-, seltener Hörstörungen; parietal gelegene Tumoren Sensibilitätsstörungen. Tumoren im Bereich des olfaktorischen Nervs und Hypophysentumoren können den Geruchssinn beeinträchtigen bzw. sogar zum Ausfall führen; Tumoren des Hirnstamms führen zu Störungen der Geschmackswahrnehmung. Der Zeitpunkt des Auftretens von Symptomen bei Tumoren hängt von der Geschwindigkeit des Wachstums und dem Ausmaß der Raumforderung ab; entsprechende Störungen sind deshalb häufig erst spät zu beobachten. Eine Ausnahme bilden Tumoren im Bereich der Sehnervenkreuzung (z.B. Hypophysenadenome), da bereits kleinere Tumoren auf den Sehnerv «drücken» und damit Gesichtsfeldeinbußen bedingen können. Nach erfolgreicher operativer Entfernung eines Tumors kann sich auch die Wahrnehmungsstörung zurückbilden.

3.5 Degenerative Erkrankungen

Bei Patienten mit einer vaskulären oder degenerativen Demenz (z.B. vom Alzheimer-Typ) stehen Wahrnehmungsstörungen nicht im Vordergrund. Bei Mitbeteiligung der primär-sensorischen kortikalen Areale oder der kortikalen Assoziationsfelder können jedoch Störungen des Erkennens bzw. Wiedererkennens sowie der Orientierung im Raum und am eigenen Körper auftreten (Chui, 1989). Unter differentialdiagnostischem Gesichtspunkt ist es oft schwierig zu entscheiden, ob es sich dabei um «echte» agnostische Störungen handelt oder um Störungen im Rahmen der allgemeinen Einbuße intellektueller Leistungen. Im Gegensatz zu diesen eher globalen Abbauprozessen gibt es auch fokale Atrophien vor allem in den hinteren Hirnabschnitten (posteriore kortikale Atrophie), die zu entsprechenden visuellen Wahrnehmungsstörungen führen können. Solche Patienten können homonyme Gesichtsfeldeinbußen, visuell-agnostische Störungen für Objekte und Gesichter und eine Beeinträchtigung der visuellen Orientierung aufweisen. Diese Wahrnehmungsstörungen sind, solange der atrophische Prozeß lokal begrenzt bleibt, nicht mit zusätzlichen kognitiven Einbußen assoziiert (vgl. Zihl, 1996).

3.6 Schizophrenie und affektive Störungen

Neben den beschriebenen strukturellen Formen der Hirnschädigung können auch pathophysiologische Prozesse und Zustände im ZNS, wie sie schizophrenen und affektiven Störungen zugrundeliegen, zu Wahrnehmungsstörungen bzw. -veränderungen führen. Zwar besteht noch keine ausreichende Sicherheit darüber, welche zentralnervösen Strukturen betroffen sind, doch scheint kein Zweifel darüber zu bestehen, daß die primäre Ursache für die bei diesen Patienten auftretenden Beeinträchtigungen der Wahrnehmung und der Kognition in Funktionsstörungen des ZNS zu suchen ist (Joyce, 1992; Reveley, 1989). Die in den nachfolgenden Abschnitten beschriebenen Wahrnehmungsstörungen lassen sich differentialdiagnostisch nur schwer von Störungen der Aufmerksamkeit abgrenzen (siehe Zihl, 1996). Die Reduzierung der Informationskapazität kann, je nach Sichtweise, als Wahrnehmungsstörung oder als Aufmerksamkeitsstörung interpretiert werden. Eine strikte Trennung zwischen Aufmerksamkeit und Wahrnehmung dürfte kaum möglich sein; Aufmerksamkeit stellt nicht nur eine wesentliche Komponente der Informationsverarbeitung im allgemeinen Sinne dar, sondern spielt auch bei der aktiven Steuerung von Wahrnehmungsprozessen eine entscheidende Rolle (vgl. Cohen & Sparling-Cohen, 1993; O'Donnell & Cohen, 1993). Beispiele dafür sind die Selektion von Information, die räumliche Verlagerung von Wahrnehmungsaktivitäten vor allem in der visuellen Modalität, die gleichzeitige Berücksichtigung mehrerer Informationen (geteilte Aufmerksamkeit) und schließlich auch die fortlaufende Kontrolle von Wahrnehmungsprozessen. Bei Patienten mit Störungen von Aufmerksamkeitsfunktionen im Rahmen einer Schädigung zentralnervöser Strukturen sind somit auch assoziierte Wahrnehmungsstörungen in Form von Beeinträchtigungen der Informationsverarbeitungsgeschwindigkeit- und -kapazität, der Informationsselektion, und der Steuerung und Kontrolle von Wahrnehmungsprozessen beschrieben worden (vgl. Beck, 1972; Cohen & O'Donnell, 1993a, b; Süllwold, 1995). Unter diagnostischen Aspekten sollte deshalb unterschieden werden zwischen primären Wahrnehmungsstörungen und Beeinträchtigungen von Wahrnehmungsprozessen, die durch Aufmerksamkeitsstörungen bedingt sind. Störungen der Aufmerksamkeit stellen das kognitive Kardinalsymptom bei schizophrener und affektiver Symptomatik dar (Nuechterlein & Dawson, 1984; Hartlage, Alloy, Vazquez & Dykman, 1993). Die bei diesen Patientengruppen berichteten Wahrnehmungsstörungen sollten somit vorrangig auf dem Hintergrund der Kopplung von Wahrnehmung und Aufmerksamkeit betrachtet werden.

Ein weiterer Aspekt betrifft die Unterscheidung zwischen primären Wahrnehmungsstörungen und einer Veränderung der Bewertung des Wahrgenommenen. Dies betrifft vor allem Aspekte der «sozialen» Wahrnehmung, z.B. die Bewertung des Gesichtsausdrucks oder der Stimme eines Menschen hinsichtlich der affektiven Komponente. Da sowohl Patienten mit schizophrenen als auch mit affektiven Störungen veränderte Emotionen aufweisen (vgl. Kap.

30.2/Emotionsstörungen: Ätiologie/Bedingungsanalyse), ist auch eine entsprechend von Gesunden abweichende emotionale Bewertung von Wahrnehmungsinhalten zu erwarten. Daraus resultierende Verzerrungen der Wahrnehmung, wie es z.B. für die Depression bekannt ist (Sackeim & Steif, 1988), sollte nach unserer Einschätzung jedoch nicht als Wahrnehmungsstörung gedeutet werden.

Bei schizophrenen Patienten sind Störungen der Informationsselektion, der gleichzeitigen Verarbeitung mehrerer Informationen, visuell-räumlicher Wahrnehmungsprozesse, und eine Beeinträchtigung der korrekten Unterscheidung bzw. Deutung des mimischen Ausdrucks beschrieben worden (Grüsser & Landis, 1993; Hemsley, 1993). Patienten mit depressiver Symptomatik zeigen eine Erhöhung von Wahrnehmungsschwellen, die als verminderte Sensitivität, aber auch als Folge eines sehr «konservativen» (im Sinne eines übertrieben sicheren) Antwortkriteriums gedeutet werden kann. Für die affektive Komponente im Gesichtsausdruck (Freude, Trauer) besteht eine verminderte Unterschiedsempfindlichkeit, verbunden mit einer insgesamt stärker ausgeprägten negativen Einstellung (Gur, Erwin, Gur, Zwil, Heimberg & Kraemer, 1992; Sackeim & Steif, 1988).

3.7 Zur Ätiologie subjektiver Wahrnehmungssymptome

Illusionen und Halluzinationen kommen sowohl nach struktureller Schädigung als auch bei pathophysiologischen Zuständen des ZNS vor. Ihre Pathogenese ist noch nicht endgültig geklärt; es scheint jedoch gesichert, daß die in den einzelnen Modalitäten beschriebenen Illusionen und Halluzinationen ihren Entstehungsort in den Strukturen und Regionen des ZNS haben, in denen auch die Verarbeitung und Kodierung stattfindet. Es wird vermutet, daß zerebrale Irritationsphänomene für ihr Entstehen verantwortlich sind, entweder in Form lokaler pathophysiologischer Prozesse (z.B. Veränderungen der regionalen Durchblutung, raumfordernde Wirkung und toxische Substanzen bei Tumoren, epileptische Herde) oder infolge des Verlusts der afferenten Informationszufuhr aufgrund einer Schädigung der peripheren Anteile eines Wahrnehmungssystems (vergleichbar mit einer sensorischen Deprivation). Beispiele dafür sind das Auftreten visueller Halluzinationen nach Erblindung, auditorische Halluzinationen nach Eintreten von Taubheit, und Phantomgefühle bzw. -schmerzen nach Deafferentierung von Gliedmaßen (z.B. nach Amputation). Als weiterer Faktor, der für das Entstehen von Halluzinationen etwa bei Patienten mit schizophrener Erkrankung diskutiert wird, ist die Verselbständigung neuronaler Aktivität zu nennen, so daß visuelle Vorstellungen, Stimmen usw. von zentralnervösen Mechanis-

men produziert werden, die auch im Normalfall diese Funktionen übernehmen (z.B. Broca-Region für die Sprachproduktion) (McGuire, Shah & Murray, 1993; Shedlack, McDonald, Laskowitz & Krishnan, 1994). Vermutlich aufgrund fehlender «höherer» Kontrollprozesse werden diese «Produktionen» als real interpretiert und gewinnen damit Verhaltenswirksamkeit, wobei diese Realität über die «echte» dominieren oder mit ihr konkurrieren kann. Die fehlenden bzw. gestörten Kontrollprozesse könnten ein persistierendes latentes oder manifestes Ungleichgewicht zwischen konzeptua-

Tabelle 1: Übersicht über die wichtigsten Wahrnehmungsleistungen und die Bereiche, auf die sich Störungen der Wahrnehmung auswirken können

Wahrnehmungsleistungen	Bereiche
Sehen	
Gesichtsfeld	Überblick, visuelle Orientierung, Lesen
Sehschärfe	Formunterscheidung; Objekt- und Gesichtererkennung
Farbsehen	Objekterkennung
Raumwahrnehmung	Abstands- und Entfernungsschätzung;
	Greifen, Gehen; geometrisches Konstruieren
Erkennen	Erkennen/Wiedererkennen und Benützung von Objekten
	Erkennen/Wiedererkennen von Gesichtern; Identifizieren von Gesichts- merkmalen (Alter, Geschlecht, Mimik)
	Erkennen/Wiedererkennen von Orten, Wegen und Gegenden
Hören	
Tonhöhen- und Lautstärkeunter- scheidung	Verstehen von Sprache; Sprechen
Richtungshören	Lokalisation einer Schallquelle
Musikwahrnehmung	Wahrnehmen und Erkennen/Wiedererkennen von Musikstücken
Erkennen	Identifizieren von Geräuschen, Signalen und Sprache
Tasten	
Oberflächensensibilität	Lokalisation, Druck-, Temperatur- und Schmerzempfinden
	Unterscheidung von taktilen Objektmerkmalen
Tiefensensibilität	Wahrnehmung von Lage und Bewegung;
	Handfunktionen (Greifen, Hantieren)
Körperorientierung	Körperpflege; Anziehen
Erkennen	taktile Objekterkennung und -benennung
Riechen	
Wahrnehmen/Unterscheiden	Entdecken/Lokalisieren von Gefahrenquellen (z.B. Gas)
Erkennen	Identifizieren von Gerüchen
Schmecken	
Wahrnehmen/Unterscheiden	Unterscheidung von Speisen und Gewürzen
Erkennen	Identifizieren von Geschmacksqualitäten (Speisen, Gewürze)

lisierenden und korrigierenden Komponenten bedingen, das dann unter anderem auch zu einer veränderten Wahrnehmung bzw. Deutung und Bewertung von Sinneseindrücken führt (Emrich, 1988; Frith, Friston, Liddle & Frackowiak, 1991).

Hinsichtlich der Interpretation von Illusionen und Halluzinationen als «pathologische» Phänomene sollte berücksichtigt werden, daß subjektive Veränderungen der Wahrnehmung, vor allem im Bereich der Körperwahrnehmung, auch in der (gesunden) Normalpopulation zumindest vorübergehend auftreten können, und daher nicht in jedem Fall als pathologisch einzustufen sind (Hufford, 1992; Ross & Joshi, 1992).

Die unter dem Begriff des Tinnitus zusammengefaßten subjektiven Geräuschempfindungen weisen sehr unterschiedliche Ursachen auf. Neben degenerativen und infektiösen Affektionen des Innenohrs können Stoffwechsel- und Durchblutungsstörungen, Tumoren, Intoxikationen sowie traumatische Schädigungen (z. B. Hörsturz, Lärmtrauma) im Bereich des Innenohrs bzw. des Hirnstamms Ursachen für das Auftreten von Tinnitus sein. Tinnitus kann schließlich auch medikamentös induziert sein (Büttner, 1993).

4. Die Bedeutung von Wahrnehmungsstörungen für Erleben und Verhalten

Wahrnehmungsstörungen können das Erleben und Verhalten auf unterschiedliche Art und Weise beeinträchtigen. Die Verarbeitung und Kodierung von Reizen kann gestört werden, wenn bestimmte Informationsanteile im ZNS nicht mehr vollständig, korrekt und zuverlässig analysiert, weitergeleitet oder repräsentiert werden, oder weil Informationen modifiziert (Illusionen) bzw. Wahrnehmungen ohne Entsprechung in der Realität produziert werden (Halluzinationen). Als mögliche Folgen sind eine unvollständige Repräsentation der (aktuellen) Außenwelt und eingeschränkte oder veränderte Abgleichprozesse mit bisherigen Wahrnehmungserfahrungen und somit fehlerhafte Grundlagen für die Steuerung der Verhaltensanteile zu erwarten, für die die betroffen

(Teil-) Leistungen kritisch erforderlich sind. Die Überprüfung von Wahrnehmungsinhalten bzw. -erlebnissen und selbst «produzierten» Vorstellungen über die Außenwelt oder den eigenen Körper über die eigene Wahrnehmung (z. B. Halluzinationen) kann ebenfalls beeinträchtigt sein. Auch das Erleben des Wahrgenommenen kann direkt in Mitleidenschaft gezogen werden, etwa bei Verlust der affektiven Komponente. Der nichtssagende Anblick einer Landschaft, die bisher immer eine Augenweide war, der Verlust der Stimmung beim Hören eines besonderen Musikstücks, die unangenehme Veränderung des eigenen Körpergefühls, der abstoßend wirkende Duft des Parfüms oder der Haut eines geliebten Menschen, der ekelhafte Geschmack der Lieblingsspeise: solche und ähnliche Phänomene können die eigene Lebensqualität in nachvollziehbarer Weise beeinträchtigen.

Tabelle 1 zeigt eine Übersicht über die wesentlichen Wahrnehmungsleistungen und Auswirkungen ihrer Störungen in verschiedenen Funktionsbereichen. Aus dieser Übersicht wird deutlich, wie sehr sich Störungen der Wahrnehmung nicht nur innerhalb der gleichen Modalität, sondern auch auf andere Leistungsbereiche auswirken können. Einbußen von Teilleistungen beeinträchtigen komplexe Wahrnehmungsleistungen, obwohl die an diesen Leistungen beteiligten kognitiven Komponenten nicht in Mitleidenschaft gezogen sind; sie können allerdings die gestörte Wahrnehmungsleistung auch nicht ersetzen. Eine Hemianopsie kann z. B. das Lesen empfindlich beeinträchtigen, obwohl das Wissen, wie man liest, und das Lesesinnverständnis nicht betroffen sind. Es ist in diesem Fall der Verlust des parafovealen Gesichtsfelds, der eine ganzheitliche Erfassung von Wörtern und die Steuerung der Lesebewegungen behindert. Störungen des Erkennens bedingen typischerweise immer auch Störungen des Benennens; dies ist besonders im Rahmen der diagnostischen Abklärung zu berücksichtigen, wenn verbale Antworten als Leistungsmaß verwendet werden. Besonders hervorzuheben ist, daß viele Patienten nach Hirnschädigung Mehrfachstörungen aufweisen, die auch mehrere Modalitäten umfassen können. Die Störung sensibler Funktionen der Hand kann durch ein intaktes Sehen weitestgehend kompensiert werden; ist jedoch das Sehen zusätzlich beeinträchtigt, wird die resultierende Beeinträchtigung deutlich größer sein. Wahrnehmungsstörungen sind meist von kognitiven Einbußen begleitet; in Abhängigkeit vom Ausprägungsgrad dieser kognitiven Störungen wird sich die durch die Wahrnehmung verursachte Behinderung in Alltag und Beruf erschwerend auswirken.

5. Literatur

Beck, A. T. (1972). *Depression.* Philadelphia: University of Pennsylvania Press.

Birbaumer, N. & Schmidt, R. F. (1990). *Biologische Psychologie.* Berlin: Springer.

Büttner, U. (1993). Tinnitus. In Th. Brandt, J. Dichgans & H. Ch. Diener (Hrsg.), *Therapie und Verlauf neurologischer Erkrankungen* (2. Aufl., S. 130–133). Stuttgart: Kohlhammer.

Chui, H. C. (1989). Dementia. A review emphasizing clinicopathologic correlation and brain-behavior relationships. *Archives of Neurology, 46,* 806–814.

Cohen, R. A., Sparling-Cohen, Y. A. (1993). Response selection and the executive control of attention. In R. A. Cohen (Ed.), *The Neuropsychology of Attention* (pp. 49–73). New York: Plenum Press.

Cohen, R. A. & O'Donnell, B.F. (1993a). Disturbances of attention. Neurological disease. In R. A. Cohen (Ed.), *The Neuropsychology of Attention* (pp. 255–274). New York: Plenum Press.

Cohen, R. A. & O'Donnell, B.F. (1993b). Attentional dysfunction associated with psychiatric illness. In R. A. Cohen (Ed.), *The Neuropsychology of Attention* (pp. 275–305). New York: Plenum Press.

Emrich, H. M. (1988). Zur Entwicklung einer Systemtheorie produktiver Psychosen. *Nervenarzt, 59,* 456–464.

Frith, C. D., Friston, K. J., Liddle, P. F. & Frackowiak, R. S. J. (1991). Willed action and the prefrontal cortex in man: a study with PET. *Proceedings of the Royal Society London, 244,* 241–246.

Grüsser, O.-J. & Landis, T. (1991). *Visual agnosias and other disturbances of visual perception and cognition.* Boca Raton: CRC Press.

Gur, R. C., Erwin, R. J., Gur, R. E., Zwil, A. S. Heimberg, C. & Kraemer, H. C. (1992). Facial emotion discrimination. II. Behavioral findings in depression. *Psychiatry Research, 42,* 241–251.

Hartje, W. & Poeck, K. (Hrsg.) (1997). *Klinische Neuropsychologie* (3. Aufl.). Stuttgart: Thieme.

Hartlage, S., Alloy, L. B., Vazquez, C., Dykman, B. (1993). Automatic and effortful processing in depression. *Psychological Bulletin, 113,* 247–278.

Heilman, K. M. & Valenstein, E. (1993). *Clinical Neuropsychology.* New York: Oxford University Press.

Hemsley, D. R. (1993). Perception and cognition in schizophrenia. In R. L. Cromwell & C. R. Snyder (Eds.), *Schizophrenia. Origins, Processes, Treatment, and Outcome* (pp. 135–150). New York: Oxford University Press.

Hufford, D. J. (1992). Paranormal experiences in the general population. *Journal of Nervous and Mental Diseases, 180,* 362–368.

Joyce, E. M. (1992). The relevance to psychiatry of recent advances in functional imaging. *Journal of Neurology, Neurosurgery, and Psychiatry, 55,* 427–430.

Kolb, B. & Whishaw, I. Q. (1996). *Neuropsychologie* (2. Aufl.). Heidelberg: Spektrum Akademischer Verlag.

McGuire, P. K., Shah, G. M. S. & Murray, R. M. (1993). Increased blood flow in Broca's area during auditory hallucinations in schizophrenia. *Lancet, 342,* 703–706.

Nuechterlein, K. H. & Dawson, M. E. (1984). Information processing and attentional functioning in the developmental course of schizophrenic disorders. *Schizophrenia Bulletin, 10,* 160–200.

O'Donnell, B. F. & Cohen, R. A. (1993). Attention. A component of information processing. In R. A. Cohen (Ed.), *The Neuropsychology of Attention* (pp. 11–48). New York: Plenum Press.

Reveley, M. A. (1989). The brain in schizophrenia. In E. H. Reynolds & M. R. Trimble (Eds.), *The Bridge between Neurology and Psychiatry* (pp. 209–230). Edinburgh: Churchill Livingstone.

Rhawn J. (1990) *Neuropsychology, Neuropsychiatry, and Behavioral Neurology.* New York: Plenum Press.

Ross, C. A. & Joshi, S. (1992). Paranormal experiences in the general population. *Journal of Nervous and Mental Diseases, 180,* 356–360.

Sackeim, H. A. & Steif, B. L. (1988). Neuropsychology of depression and mania. In A. R. Georgitas & R. Cancro (Eds.), *Depression and Mania* (pp. 265–289). Amsterdam: Elsevier.

Shedlack, K., McDonald, W. M., Laskowitz, D. T. & Krishnan K. R. R. (1994). Geniculocalcarine hyperintensities on brain magnetic resonance imaging associated with visual hallucinations in the elderly. *Psychiatry Research, 54,* 283–293.

Süllwold, L. (1995). *Schizophrenie* (3. Aufl.). Stuttgart: Kohlhammer.

Zihl, J. (1996). Der Beitrag der Neuropsychologie zur Psychiatrie. *Fortschritte der Neurologie·Psychiatrie, 64,* 403–417.

Zihl, J. (1997) Zerebrale Sehstörungen. In H. Markowitsch (Hrsg.), *Enzyklopädie der Psychologie, C/I/Bd.2: Klinische Neuropsychologie* (S. 209–294). Göttingen: Hogrefe.

26.3 Wahrnehmungsstörungen: Intervention

Josef Zihl

Inhaltsverzeichnis

1. Einleitung

Die Auswirkung von Wahrnehmungsstörungen im Sinne einer Behinderung wurde früh erkannt und bildet seit dem Beginn der Förderung behinderter Menschen einen wichtigen Teilbereich der Behindertenpädagogik (vgl. Bleidick & Hagemeister, 1986). Im Rahmen der rehabilitativen Versorgung von Soldaten mit okzipitalen Kopfschußverletzungen im ersten Weltkrieg wurden erstmals von Poppelreuter (1917/1990) Verfahren zur Behandlung zerebral bedingter Sehstörungen entwickelt und eingesetzt. Seither gehören die Feststellung von betroffenen *und* erhaltenen Leistungen (sog. positives und negatives Leistungsbild) sowie die Erfassung von Restleistungen, die eventuell als Ausgangspunkt für eine Behandlung dienen können, und die Überprüfung der «Auswirkung» des Therapieeffekts auf die Reduzierung einer Behinderung im Alltag, zu den Grundprinzipien neuropsychologischer Rehabilitation (Zihl, 1988a).

Im Gegensatz zu anderen Leistungsbereichen wie z. B. Aufmerksamkeit, Gedächtnis oder Sprache existieren für die Behandlung von Wahrnehmungsstörungen erst seit jüngerer Zeit Therapieverfahren, die wissenschaftlich fundiert und auf ihre (spezifische) Wirksamkeit hin ausreichend überprüft sind. «Therapeutische Wirksamkeit» bedeutet in diesem Zusammenhang eine Abnahme der durch die jeweilige Wahrnehmungsstörung bedingten Behinderung in Alltag und Beruf. Die bisher entwickelten und an größeren Patientengruppen überprüften Verfahren beziehen sich im wesentlichen auf die Behandlung visueller Wahrnehmungsstörungen. Die Behandlung von Patienten mit Gesichtsfeldstörungen nimmt dabei einen prominenten Platz ein, da diese Einbußen den Überblick, die visuelle Orientierung und vor allem das Lesen beeinträchtigen können. In anderen Bereichen von Wahrnehmungsstörungen, in denen es keine Behandlungsverfahren gibt, ist eine entsprechende Aufklärung und Beratung des Patienten und seiner Angehörigen hilfreich und wichtig.

2. Komponenten der Behandlung von Wahrnehmungsstörungen

Übergeordnetes Ziel jeder Behandlung ist die Abnahme der durch eine funktionelle Beeinträchtigung bedingten Behinderung und ihrer Auswirkungen auf die Leistungen und Fertigkeiten, die für das Management der Anforderungen im Alltag und im Beruf unumgänglich sind, und zudem eine kritische Voraussetzung für den Wiedergewinn einer ausreichenden Lebensqualität darstellen. Unter diesem Gesichtspunkt ist nicht nur der diagnostische Nachweis von Defiziten der Wahrnehmung relevant, sondern auch die Erfassung ihrer Auswirkungen als Behinderung (sog. ökologische Validität). Grundsätzlich gibt es zwei Möglichkeiten der Reduzierung einer Behinderung: die Verbesserung der beeinträchtigen Leistung selbst (Restitution) oder der Ersatz dieser Leistung durch eine andere Leistung oder durch ein externes Hilfsmittel (Substitution) (Zihl, 1988a). Ein Beispiel mag dies verdeutlichen. Patienten mit foveanahen Gesichtsfeldeinbußen weisen typischerweise eine deutlich ausgeprägte Lesestörung auf, weil sie Wörter nicht mehr ganzheitlich erfassen können; das Lesen ist somit auf der Wahrnehmungsebene gestört. Da in den meisten Fällen keine ausreichende Restitution des Gesichtsfelds zu erwarten ist, bietet sich die Kompensation des verlorenen Gesichtsfelds durch

Augenbewegungen an. Die Anpassung der Augenbewegungen führt in vielen Fällen zu einer Normalisierung der Leseleistung; die Okulomotorik kann also das Gesichtsfeld effizient ersetzen. In diesem Fall verwendet der Patient eigene Mittel (seine Augenbewegungen) zur Substitution einer für das Lesen wesentlichen visuellen Voraussetzung. Solche Substitutionen gibt es auch zwischen Modalitäten: eine gestörte Sensibilität der rechten Hand, die ein sicheres Ergreifen und Festhalten von Gegenständen deutlich behindern kann, läßt sich durch eine entsprechende visuelle Kontrolle der Hand- und Fingerbewegungen oft gut kompensieren. Nicht in allen Fällen reichen eigene Mittel zum Ersatz der betroffenen Wahrnehmungsleistung aus. Patienten mit einer Beeinträchtigung der visuellen Orientierung haben Schwierigkeiten, sich auf einer Textseite nicht zu verirren, d.h. die aktuelle Zeile zu halten. Bei solchen Patienten hat sich die Verwendung eines Leselineals als hilfreich erwiesen, das jeweils unter die aktuelle Textzeile gelegt wird und so die Orientierung ersetzt oder zumindest erleichtert. In diesem Fall wird ein fremdes Mittel (Lesehilfe) verwendet, um eine Leistung zu ersetzen, de-

Tabelle 1: Übersicht über die Behandlungsmöglichkeiten von zentralen Wahrnehmungsstörungen

Wahrnehmungsbereiche	Behandlungsmöglichkeit
Sehen	
Gesichtsfeldeinbußen	Kompensation durch Augen- und Kopfbewegungen
Hemianope Lesestörung	Kompensation durch Augenbewegungen
Raumsehen	Verbesserung von Teilleistungen
	Kompensation über Motorik (z. B. Greifen)
Erkennen	Verbesserung der Merkmalselektion und -benützung für das Identifizieren von Objekten, Gesichtern usw.
Hören	
Hyper-, Hypoakusis	Beratung/Vermittlung von Coping-Strategien
Erkennen	Beratung
Tasten	
Oberflächensensibilität	Ergotherapeutische Behandlungsverfahren
Tiefensensibilität	
Körperorientierung	Substitution durch Sehen
Erkennen	
Riechen/Schmecken	
alle Funktionen	Beratung/Copingstrategien

ren Verlust durch eigene Mittel nicht kompensiert werden kann.

Wenn Wahrnehmungsstörungen durch Aufmerksamkeitseinbußen bedingt sind, wie z. B. bei schizophrenen und affektiven Störungen (vgl. Kap. 26.2/ Wahrnehmungsstörungen: Ätiologie/Bedingungsanalyse), so wird der Wiedergewinn von Aufmerksamkeitsleistungen im Vordergrund der Behandlung stehen, um die für eine effiziente Wahrnehmungstätigkeit erforderlichen Voraussetzungen zu schaffen (vgl. z. B. das Behandlungsprogramm von Brenner, Stramke, Mewes, Liese & Seeger, 1988).

3. Therapeutische Möglichkeiten zur Behandlung von Wahrnehmungsstörungen

Wie in der Einleitung bereits erwähnt, existieren derzeit eigentlich nur für den Patienten mit zerebralen Sehstörungen überprüfte Behandlungsverfahren. Die Behandlung von Störungen der Sensibilität und der Orientierung am Körper fallen in das Tätigkeitsfeld der Ergotherapie. **Tabelle 1** faßt die therapeutischen Möglichkeiten für einige Wahrnehmungsstörungen zusammen.

Bei zentralen Hörstörungen sowie Störungen des Riechens und Schmeckens bieten sich derzeit als therapeutische Möglichkeiten im wesentlichen eine ausführliche Aufklärung und die Vermittlung von Copingstrategien an, die natürlich auch die Umwelt miteinbeziehen sollen. Bei einer Hyper- oder Hypoakusis ist es z. B. sinnvoll, wenn Familienmitglieder und Freunde in der Unterhaltung auf die Lautstärke achten; gleiches gilt für die Benützung von Radio und Fernseher. Für den Tinnitus ist derzeit keine gesicherte und akzeptable Therapie bekannt. Der Tinnitus verschwindet nicht selten spontan nach Wochen oder Monaten; allerdings kann er bei Übermüdung und Streß wieder auftreten. Viele Patienten mit Tinnitus empfinden die Maskierung ihres Ohrgeräuschs durch äußere Lautquellen (z. B. Radiomusik abends vor dem Einschlafen) als wesentliche Erleichterung. Manche Patienten profitieren von einem «Tinnitusmasker», der ähnlich wie ein Hörgerät konstruiert ist und Geräuschsignale abgibt, die

zu einer zumindest zeitweisen Tinnitusunterdrückung führen können. Psychotherapeutische Maßnahmen haben sich bei vielen Patienten als sehr günstig erwiesen; diese reichen von Aufklärungsgesprächen über gezielte Entspannungsübungen bis hin zu verhaltenstherapeutischen Elementen (Lindberg, Scott, Melin & Lyttkeus, 1989; Büttner, 1993).

Bei Verlust des Geruchsinns sind vor allem Gefahrenquellen sicher auszuschließen, z. B. durch Austausch eines Gasherds gegen einen Elektroherd. Eine Beratung ist auch dringend angezeigt, wenn die affektive Komponente von Gerüchen betroffen ist und dadurch der Umgang mit anderen Menschen beeinträchtigt ist. Störungen des Geschmackssinns können entsprechende Auswirkungen auf die Lebensqualität (z. B. hinsichtlich Essen und Trinken) haben; sie führen typischerweise und mitunter zu erheblichen Schwierigkeiten bei der Zubereitung von Speisen, da das Würzen nicht mehr über den Geschmackssinn kontrolliert werden kann. Auch in diesem Falle ist die Entwicklung von Copingstrategien (z. B. Herstellen von «Würzeinheiten» für bestimmte Speisen mit Hilfe einer im Kochen erfahrenen Person) sehr hilfreich. Weiterführende Hinweise finden sich z. B. in von Cramon und Zihl (1988).

Für die Behandlung visueller Wahrnehmungsstörungen stehen einige empirisch überprüfte und evaluierte Behandlungsverfahren zur Verfügung; diese betreffen vor allem die Therapie von Lesestörungen bzw. Störungen der visuellen Exploration bei Patienten mit Gesichtsfeldeinbußen (Kerkhoff, Münßinger, Eberle-Strauss & Stögerer, 1992a, b; Zihl, 1988b, 1990, 1995a, b) sowie von Störungen der visuellen Raumwahrnehmung (Kerkhoff, 1988; Lütgehetmann & Stäbler, 1992).

In **Tabelle 2** findet sich eine Zusammenstellung der Sehstörungen, die zu einer Beeinträchtigung des Lesens führen können sowie die entsprechenden Behandlungsmaßnahmen. Diese reichen vom Erwerb einer neuen Lesestrategie durch die Anpassung der Lesebewegungen an den Gesichtsfeldausfall bis hin zu externen Hilfsmitteln (z. B. entsprechende Vergrößerung des Drucks). Die Vorgehensweise beim Erwerb einer Kompensationsstrategie soll am Beispiel der durch einen Gesichtsfeldverlust bedingten

Tabelle 2: Übersicht über einige zentrale Sehstörungen, die zu einer Behinderung der Lesefähigkeit führen können

Art der Sehstörung	Auswirkung	Behandlungsmöglichkeit
parafovealer Gesichtsfeldverlust	ganzheitliche Worterfassung beeinträchtigt	okulomotorische Kompensation
Visuseinbuße	normaler Druck unzureichend; eventuell auch Buchstaben-erkennung erschwert	z.B. Großdruck
visuelle Orientierungsstörung	Verlust der Orientierung auf einer Seite bzw. innerhalb einer Zeile	z.B. Leselineal
visuelle Agnosie (reine Alexie)	Identifizieren von Buchstaben erschwert; ganzheitliches Lesen beeinträchtigt	Wiedergewinn der Buchstaben-unterscheidung und -erkennung und des ganzheitlichen Lesens

Beeinträchtigung des Lesens näher dargestellt werden (siehe **Kasten 1**).

Dabei ist zu beachten, daß Patienten mit links-seitigem Gesichtsfeldausfall Schwierigkeiten ha-ben, den Anfang der Zeile bzw. eines neuen Wortes zu finden, während Patienten mit rechtsseitigem Ausfall das Ende des Wortes oder der Zeile «übersehen» bzw. ihren Blick nicht kontinuierlich nach rechts weiterbewegen. Nach einer entsprechenden Eingangsdiagnostik, die natürlich auch das Leseinnverständnis ein-schließt, erfolgt die Behandlung, die im wesent-lichen darauf beruht, daß der Patient seine Aufmerksamkeit und seine Fixation in Abhän-gigkeit von der Seite des Gesichtsfeldausfalls steuert. Patienten mit linksseitigem Ausfall wer-den instruiert, ihren Blick ganz bewußt zuerst immer auf den Anfang einer neuen Zeile bzw. eines neuen Wortes zu richten, das jeweilige Wort ganz zu erfassen und es erst dann zu lesen (auszusprechen), in dieser Zeit aber den Blick bereits zum Anfang des nächsten Wortes zu führen. Patienten mit rechtsseitigem Ausfall werden gebeten, ihren Blick immer bis zum Wortende zu führen, und das Wort erst dann zu lesen. Durch dieses therapeutische Vorgehen wird der Aufmerksamkeits- und Blickwechsel zur betroffenen Seite hin gefördert und soll zur neuen Routine werden, ohne daß der Wortan-fang oder das Wortende zu diesem Zeitpunkt schon sichtbar sind. Dadurch gewinnen die Pa-tienten wieder ein ausreichend ganzheitliches

Lesen, weil die Lesegeschwindigkeit deutlich zunimmt, während die Fehler abnehmen. Der selbständige Einsatz der neuen Strategie im All-tag führt meist zu einer erfolgreichen «Auto-matisierung» der erworbenen Lesestrategie, ver-bunden mit einem erneuten Leistungszuwachs (s. **Kasten 1**). Bei fehlenden zusätzlichen Wahr-nehmungseinbußen oder kognitiven Beein-trächtigungen ist der Behandlungsaufwand ver-gleichsweise niedrig; er beträgt durchschnittlich 26 Sitzungen (Dauer: 30 bis 45 Minuten) bei Patienten mit linksseitigem, und 30 Sitzungen bei Patienten mit rechtsseitigem Ausfall (Zihl, 1990). Der Unterschied im Trainingsumfang ist dadurch zu erklären, daß ein rechtsseitiger Aus-fall die Weiterführung der Lesebewegungen in der gewohnten Leserichtung (links→rechts) be-sonders erschwert. Die ausreichende Verbesse-rung der Leseleistung ist für die meisten Patienten eine kritische Voraussetzung für die berufliche Wiedereingliederung; wieder ein spannendes Buch lesen zu können, wird aber auch als ein deutlicher Zugewinn an Lebensqualität erlebt. Die gefundene Steigerung der Leseleistung konnte nicht durch Spontanrückbildung, Va-riabilität der Messungen oder durch die Wir-kung unspezifischer therapeutischer Maßnah-men erklärt werden, sondern war abhängig von der spezifischen Behandlungsmaßnahme. Ver-laufsuntersuchungen zeigten außerdem, daß die wiedergewonnene Leseleistung auf dem er-reichten Niveau erhalten bleibt (Kerkhoff et al., 1992a; Zihl, 1990).

Kasten 1
Behandlung der hemianopischen Lesestörung und Auswirkungen auf die Leseleistung bei Patienten mit links- bzw. rechtsseitiger homonymer Hemianopsie (modifiziert nach Zihl, 1990)

Fragestellung
Intervention bei Beeinträchtigung des Lesens: Patienten mit linksseitigem oder rechtsseitigem Gesichtsfeldausfall

Methode
• *Stichprobe:* Patienten mit linksseitiger Hemianopsie (LH, n = 43), Patienten mit rechtsseitiger Hemianopsie (RH, n = 37).

• *Intervention:* s. Text.

• *Untersuchungsverfahren:*
– Vor Behandlung: Bestimmung des Gesichtsfelds, Bestimmung der Sehschärfe, Untersuchung der Erkennung von Buchstaben und Wörtern (Ausschluß einer Alexie), evtl. Überprüfung des Leseinnverständnisses bei Verdacht auf Vorliegen einer aphasischen

Lesestörung (vgl. Huber, 1989), Bestimmung der Leseleistung für einen standardisierten Text
– Behandlungsphase: s.Text.
– Nach Behandlung: Bestimmung der Leseleistung mit Hilfe eines Paralleltests, Feststellung des Transfers auf das Lesen von Zeitungen, Büchern etc.
– Verlaufskontrolle (z. B. nach 4–6 Wochen)

Ergebnisse
Lesegeschwindigkeit (für lautes Lesen) in Wörter/Minute (WpM; Mittelwerte und Bereichsangaben). Die altersentsprechenden WpM-Werte für eine Gruppe von 20 Normalpersonen beträgt 160 (134–218). K: Kontrollwerte 6 Wochen nach Abschluß der Behandlung.

Gruppe	vor Behandlung	nach Behandlung	K
LH (n = 43)			
WpM	41 (26–92)	104 (56–186)	140 (96–174)
Fehler	16,3 (6–32)	3,5 (1–14)	1,6 (0–3)
RH (n = 37)			
WpM	35 (16–96)	77 (42–160)	131 (72–159)
Fehler	18,7 (8–37)	4,7 (0–16)	1,8 (0,5)

Die Behandlung führte in beiden Gruppen zu einer deutlichen Verbesserung der Leseleistung (Zunahme der Lesegeschwindigkeit, Abnahme der Lesefehler). Die am Behandlungsende erreichte Leseleistung hat sechs Wochen später weiter zugenommen, was auf die Benützung der wieder erworbenen Lesefähigkeit durch die Patienten zurückzuführen ist und auf den gelungenen Transfer auf den Alltag hinweist.

4. Ausblick

Am Beispiel der Behandlung der durch einen Gesichtsfeldverlust bedingten Lesestörung wird klar, daß die störungsspezifische Therapie einer Wahrnehmungsstörung eine genaue Analyse der zugrundeliegenden Faktoren voraussetzt. Gerade für komplexe Wahrnehmungsleistungen gilt, daß alle wesentlichen Teilleistungen in der Diagnostik berücksichtigt werden. Es bleibt jedoch festzuhalten, daß es nach wie vor ein deutliches Defizit an überprüften Therapieverfahren auch in diesem Bereich gibt. Der hohe Aufwand von der Analyse einer Funktionsstörung bis zur Entwicklung und Evaluation von Therapieverfahren mag einer der Gründe dafür sein. Hinzu kommt, daß eine Homogenisierung von Patientengruppen besonders hinsichtlich der kritischen Einflußgröße «Hirnschädigung», die eine wesentliche methodische Voraussetzung für Gruppenuntersuchungen und -vergleiche ist, kaum zufriedenstellend zu erreichen ist. Schließlich muß darauf hingewiesen werden, daß ein Versuchsplan, nach dem Patienten mit ihrer Einwilligung nach einem Zufallsprinzip der Gruppe der Behandelten bzw. nicht Behandelten zugeordnet werden, kaum realisierbar ist (vgl. Zihl & Mai, 1988). Die bisher unzureichende wissenschaftstheoretische Begründung der neuropsychologischen Therapieforschung und die damit verbundene Schwierigkeit, geeignete Versuchspläne zur Erfassung des therapeutischen Interventionseffekts bzw. zur eindeutigen Abgrenzung gegenüber anderen Einflußfaktoren sollten jedoch weder Grund für einen therapeutischen Nihilismus sein noch dazu führen, daß man sich mit unüberprüften, aus der persönlichen Erfahrung abgeleiteten «Therapien» zufrieden gibt. Gerade im Bereich der Therapieforschung und -evaluation liegt ein wichtiges zukünftiges Betätigungsfeld der klinischen Neuropsychologie. Dies gilt auch für die Behandlung von Störungen der Informationsverarbeitung bei Patienten mit schizophrenen oder affektiven Störungen (vgl. Zihl, 1996). Ausreichende Wahrnehmungsleistungen sind und bleiben eine wichtige Voraussetzung für eine erfolgreiche Alltagsbewältigung für neurologische und psychiatrische Patienten.

5. Literatur

Bleidick U. & Hagemeister, U. (Hrsg.) (1986). *Einführung in die Behindertenpädagogik.* Stuttgart: Kohlhammer.

Brenner, H.-D., Stramke, W.G., Mewes, J., Liese, F., Seeger, G. (1988). Erfahrungen mit einem spezifischen Therapieprogramm zum Training kognitiver und kommunikativer Fähigkeiten in der Rehabilitation chronisch schizophrener Patienten. *Nervenarzt, 51,* 106–112.

Büttner, U. (1993). Tinnitus. In Th. Brandt, J. Dichgans, H.C. Diener (Hrsg.), *Therapie und Verlauf neurologischer Erkrankungen* (2. Aufl., S. 130–133). Stuttgart: Kohlhammer.

Cramon, D. von & Zihl, J. (Hrsg.) (1988). *Neuropsychologische Rehabilitation.* Berlin: Springer.

Huber, W. (1989). Alexie und Agraphie. In K. Poeck (Hrsg.), *Klinische Neuropsychologie* (S. 164–188). Stuttgart: Thieme.

Kerkhoff, G. (1988). Visuelle Raumwahrnehmung und Raumoperationen. In D. von Cramon & J. Zihl (Hrsg.), *Neuropsychologische Rehabilitation* (S. 197–214). Heidelberg: Springer.

Kerkhoff, G., Münßinger, U., Eberle-Strauss, G., Stögerer E. (1992a). Rehabilitation of hemianopic alexia in patients with postgeniculate visual field disorders. *Neuropsychological Rehabilitation, 2,* 21–42.

Kerkhoff, G., Münßinger, U., Eberle-Strauss, G., Stögerer E. (1992b). Rehabilitation of homonymous scotomata in patients with postgeniculate damage to the visual system: saccade compensation training. *Restorative Neurology and Neuroscience, 4,* 245–254.

Lindberg, P., Scott, B., Melin, L., Lyttkeus, L. (1989). The psychological treatment of tinnitus: an experimental evaluation. *Behavior Research and Therapy, 27,* 593–603.

Lütgehetmann, R., Stäbler, M. (1992). Visuelle Raumwahrnehmungsstörungen bei hirngeschädigten Patienten: Diagnostik und Therapie. *Zeitschrift für Neuropsychologie, 3,* 130–142.

Poppelreuter, W. (1917). *Die psychischen Schädigungen durch Kopfschuß im Kriege 1914/16. Bd. I. Die Störungen der niederen und höheren Sehleistungen durch Verletzungen des Okzipitalhirns.* Leipzig: L. Voss. (Engl. Übersetzung J. Zihl & L. Weiskrantz, 1990, *Disturbances of lower and higher visual capacities caused by occipital damage.* Oxford: Clarendon Press).

Zihl, J. (1988a). Methodische Voraussetzungen der neuropsychologischen Rehabilitation. In D. von Cramon & J. Zihl (Hrsg.), *Neuropsychologische Rehabilitation* (S. 1–20). Berlin: Springer.

Zihl, J. (1988b). Sehen. In D. von Cramon & J. Zihl (Hrsg.), *Neuropsychologische Rehabilitation* (S. 105–131). Heidelberg: Springer.

Zihl, J. (1990). Zur Behandlung von Patienten mit homonymen Gesichtsfeldstörungen. *Zeitschrift für Neuropsychologie, 2,* 95–101.

Zihl, J. (1995a). Visual scanning behavior in patients with homonymous hemianopia. *Neuropsychologia, 33,* 287–303.

Zihl, J. (1995b). Eye movement patterns in hemianopic dyslexia. *Brain, 118,* 891–912.

Zihl, J. (1996). Der Beitrag der Neuropsychologie zur Psychiatrie. *Fortschritte Neurologie Psychiatrie, 64,* 403–417.

Zihl, J. & Mai, N. (1988). Therapeutische Möglichkeiten der klinischen Neuropsychologie. *Praxis der Klinischen Verhaltensmedizin und Rehabilitation, 1,* 251–256.

27. Gedächtnisstörungen
27.1 Klassifikation und Diagnostik

Wolfgang Klimesch

Inhaltsverzeichnis

1. Einleitung: Was ist Gedächtnis?

Der rasche Fortschritt der kognitiven Neurowissenschaften (vgl. z.B. die Übersicht in Gazzaniga, 1995; Tulving, 1995; Squire, Knowlton & Musen, 1993) läßt es sinnvoll erscheinen, bereits bei der Klassifikation von Gedächtnisprozessen nicht nur kognitionspsychologische, sondern auch neuroanatomische Aspekte zu berücksichtigen. Das in **Abbildung 1** dargestellte Modell soll eine möglichst einfache Veranschaulichung beider Aspekte gewährleisten.

Das gezielte Einspeichern und willentliche Abrufen von Information sind zweifellos die augenscheinlichsten Funktionen des menschlichen Gedächtnisses. Allerdings setzt diese für uns so alltägliche Funktion das Zusammenspiel einer Reihe unterschiedlicher Gedächtnisprozesse und Systeme voraus, wie das folgende Beispiel zeigen soll. Nehmen wir an, jemand hört eine 9stellige Telefonnummer, die ohne Zuhilfenahme einer schriftlichen Notiz gemerkt werden soll. Ob dies gelingt, ist – wenn man von spezifischen Lern- oder Merktechniken absieht – zunächst eine Frage der Kapazität des Kurzzeitgedächtnisses (KZG).

Das KZG ist aber nicht nur mengenmäßig (mit ca. 7 plus oder minus 2 Informationsmengen), sondern auch von der Speicherdauer (von Sekunden bis mehreren Minuten) in seiner Kapazität stark begrenzt. Eine längerfristige Speicherung ist daher nur möglich, wenn die zu merkende Information konsolidiert und dabei in das Langzeitgedächtnis (LZG) übertragen werden kann, das bezüglich Informationsmenge und Speicherdauer praktisch unbegrenzte Kapazität aufweist. Konsolidierung ist ein physiologischer Vorgang der Festigung eines KZG-Codes, der durch gezieltes Lernen (z.B. durch die laufende Wiederholung der zu merkenden Telefonnummer) initiiert bzw. beschleunigt werden kann.

Dieses klassische Bild der Klassifikation von Gedächtnisprozessen hat zwar heute noch Gültigkeit, ist aber in einigen sehr wichtigen Punkten ergänzungsbedürftig, die im folgenden stichwortartig angeführt sind:

a) Codierungsabfolge zwischen KZG und LZG. Im Gegensatz zu älteren Vorstellungen weist die Sequenz der Encodierungsvorgänge folgende Reihenfolge auf: Wahrnehmung – LZG – KZG – LZG. Der wichtigste Grund für diese Annahme liegt in der Tatsache begründet, daß für die Identifizierung von Wahrnehmungsinhal-

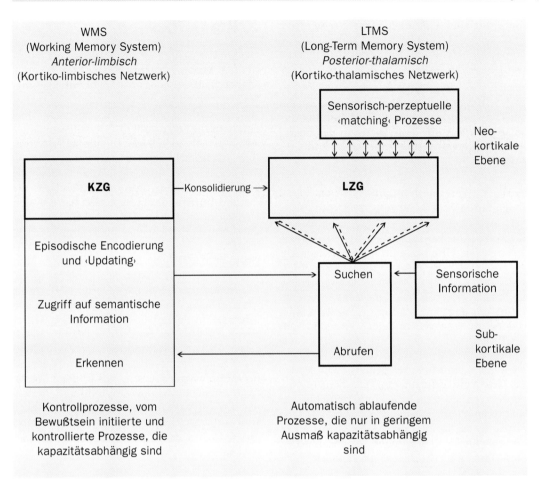

WMS
(Working Memory System)
Anterior-limbisch
(Kortiko-limbisches Netzwerk)

LTMS
(Long-Term Memory System)
Posterior-thalamisch
(Kortiko-thalamisches Netzwerk)

Sensorisch-perzeptuelle
‹matching› Prozesse

Neo-
kortikale
Ebene

KZG ──Konsolidierung→ **LZG**

Episodische Encodierung
und ‹Updating›

Zugriff auf semantische
Information

Erkennen

Suchen ← Sensorische
Information

Abrufen

Sub-
kortikale
Ebene

Kontrollprozesse, vom
Bewußtsein initiierte und
kontrollierte Prozesse, die
kapazitätsabhängig sind

Automatisch ablaufende
Prozesse, die nur in geringem
Ausmaß kapazitätsabhängig
sind

Abbildung 1: Es wird von zwei übergeordneten Gedächtnissystemen, einem anterior-limbischen und einem posterior-thalamischen System ausgegangen. In beiden Systemen erfolgt die Speicherung der Information auf kortikaler Ebene. Das anterior-limbische System repräsentiert das working memory system (WMS). Es ist darüber hinaus auch für die Initiierung eines Zugriffs auf und die Einspeicherung in das long-term memory system (LTMS) zuständig. Das posterior-thalamische System repräsentiert das Langzeitgedächtnis, wobei angenommen wird, daß Such- und Abrufvorgänge über das thalamo-kortikale Netzwerk abgewickelt werden.

ten Information aus dem LZG zur Verfügung stehen muß.

b) Interaktion zwischen KZG und LZG. Die Encodierungsabfolge ist nicht im Sinne eines linearen Ablaufs, sondern als interaktiver Prozeß zwischen den beteiligten Prozeßkomponenten zu verstehen. Die Identifizierung von Wahrnehmungsinhalten erfolgt auf der Grundlage von Vergleichsprozessen, die allgemein als «matching» Prozesse bezeichnet werden und unserem Bewußtsein nicht zugänglich sind. Jene Vorgän-

ge hingegen, die in der Folge zum Aufbau eines KZG-Codes führen und unter der Kontrolle des Bewußtseins stehen, werden «Kontrollprozesse» genannt.

c) Die Rolle der Aufmerksamkeit. Es wird allgemein davon ausgegangen, daß im KZG durch den steuernden Einfluß selektiver Aufmerksamkeit komplexe Codes aus verschiedenen Informationskomponenten (oder «features») aufgebaut werden. Je mehr Aufmerksamkeit einem Ereignis gewidmet wird, desto komplexer, informationsreicher aber auch vernetzter wird der resultierende KZG-Code sein. Je komplexer und vernetzter KZG-Codes sind, desto langsamer werden sie vergessen.

d) Das KZG ist ein multimodales System mit verschiedenen Funktionen. Zur Betonung dieses Aspektes wurde von Baddeley der Begriff «working memory»bzw. Arbeitsgedächtnis geprägt.

e) Semantisches und episodisches (oder autobiographisches) Gedächtnis. Die Notwendigkeit, neue Information zu erlernen, um eine Konsolidierung bzw. Einspeicherung in das LZG zu erreichen, gilt primär für semantische, nicht aber für episodische Information (vgl. Kap. 27.2/ Gedächtnisstörungen: Ätiologie/Bedingungsanalyse): Die Telefonnummer, die semantische Information darstellt, wird ohne Wiederholung (oder Zuhilfenahme anderer Lerntechniken) rasch vergessen werden, nicht aber episodische Information (wie z. B. Information darüber, von wem die Telfonnummer genannt wurde, wo und wann dies geschah, etc.). Diese auf Tulving zurückgehende Unterscheidung zwischen semantischer und episodischer Information ist fundamental, da Amnesien primär (jedoch nicht ausschließlich) als Störungen des episodischen Gedächtnisses beschrieben werden können.

f) Deklaratives (explizites) und nicht deklaratives (implizites) Gedächtnis. Semantisches und episodisches Gedächtnis werden unter dem Begriff des «deklarativen Gedächtnisses» zusammengefaßt. Im Gegensatz zum nicht deklarativen oder impliziten Gedächtnis, das z. B. motorisch-sensorische Fähigkeiten, Gewohnheiten und konditionierte Verhaltensweisen umfaßt, wird für das deklarative oder explizite Gedächtnis ein propositionales Encodierungsformat angenommen. Alle bisher beschriebenen Gedächtnisstrukturen (vgl. **Abb. 1**) gelten nur für das deklarative Gedächtnis.

g) Die wichtigsten derzeit bekannten neuroanatomischen Korrelate des deklarativen Gedächtnisses sind der Hippocampus, anschließende Regionen im medialen Temporallappen und verschiedene Kerngebiete des Thalamus (vgl. **Abb. 1**).

2. Klassifikation

Die auf der Grundlage des in **Abbildung 1** dargestellten Modells beschriebenen Prozesse (vgl. Klimesch, 1994) liefern wichtige Anhaltspunkte dafür, wie Störungen des Gedächtnisses klassifiziert werden können. Entscheidend ist dabei einerseits die Erkenntnis, daß sowohl umgangssprachlich als auch in der traditionellen kognitionspsychologischen Forschung «Gedächtnis» mit deklarativem (bzw. explizitem) Gedächtnis gleichgesetzt wurde, und daß andererseits die jüngere Amnesieforschung gezeigt hat, daß sich Gedächtnisstörungen fast ausschließlich auf das deklarative, nicht aber auf das implizite Gedächtnis beziehen (vgl. Kap. 27.2/Gedächtnisstörungen: Ätiologie/Bedingungsanalyse und Kap. 27.3/Gedächtnisstörungen: Intervention). Es erscheint daher sinnvoll, unter Gedächtnis jenes Speichersystem zu verstehen, in das neue Information eingespeichert und *gezielt* wieder abgerufen werden kann. Diese Definition soll zeigen, daß a) Gedächtnisleistungen aktive Vorgänge sind, die selektive Aufmerksamkeit und Bewußtsein voraussetzen, daß b) der Vorgang der Einspeicherung und des Abrufens, die zwei wichtigsten Aspekte aktiver Gedächtnisleistung sind und daß es c) andere Speichersysteme gibt, die nicht mit dem traditionellen Begriff «Gedächtnis» gleichzusetzen sind. Zu diesen gehören das implizite (bzw. nicht deklarative) Gedächtnis sowie jene im Gehirn gespeicherten Strukturen, die elementare Encodierungsprozesse wie z. B. sensorische und sprachliche Encodierungen ermöglichen (vgl. dazu vor allem die «matching» Prozesse in **Abb. 1**).

Weitere wichtige Klassifizierungsgesichtspunkte betreffen die Unterscheidung von Störungen des KZG und LZG, Störungen des semantischen und episodischen Gedächtnisses aber auch Störungen in der Aktivierungsausbreitung beim Abrufen von Information aus dem LZG. Aus der umfangreichen Amnesieforschung ergeben sich weitere wichtige Klassifizierungsgesichtspunkte. Dabei steht die Tatsache im Vordergrund, daß nicht alle Gedächtnisformen im gleichen Ausmaß vulnerabel sind und daß es überraschenderweise sehr spezifische Faktoren sind, die zu einer erhöhten Störanfälligkeit führen. Der Zeitpunkt der Einspeicherung neuer Information, die Art der gemerkten Information (episodische, semanti-

Tabelle 1: Zur Klassifikation von zwei Gruppen von Gedächtnisstörungen auf der Basis wichtiger Leistungskomponenten des Gedächtnisses.

	Leistungskomponenten		
	Einspeichern	Suchen	Vernetzen
Art der Leistung	Genauigkeit der Abspeicherung in KZG und LZG	Effizienz von Suchprozessen in KZG und LZG	Vernetzung und Assoziation zwischen Codes im LZG
Testmethoden	Wiedererkennungstests	Freie Reproduktionstests	(Paar-) Assoziationstests
Vergessen	*Verlust* von Information durch Zerfall, Kapazitätsüberschreitung oder mangelnde Aufmerksamkeit	*Suchfehler* verursacht durch Hemmungsprozesse, z. B. durch Pro- und Retroaktive Hemmung	*Dissoziation* Beispiel: «Tip of the Tongue» (TOT-) Phänomen
Störungen	«Typ A» Degenerative Amnesien sowie unfall- oder cerebro-vaskulär bedingte Amnesien		«Typ B» Dissoziative Amnesien, hervorgerufen durch z.B. emotions-, schock- oder drogenbedingte Hemmungsvorgänge

sche, motorische Information, etc.) und die Art der Gedächtnisprüfung spielen dabei eine wichtige Rolle. Besonders störanfällig ist die Abspeicherung von Information im zeitlichen Übergang vom Kurz- zum Langzeitgedächtnis, die Abspeicherung episodischer Information und die freie Reproduktionsleistung. Auf die möglichen Ursachen dieser Störanfälligkeit und auf den besonderen Stellenwert episodischer Information werden wir in Kapitel «Gedächtnis: Ätiologie/Bedingungsanalyse» näher eingehen. In diesem Abschnitt soll aber auf den für die Diagnostik wichtigen Umstand aufmerksam gemacht werden, daß über die Definition der wesentlichsten Leistungskomponenten des Gedächtnisses eine erste umfassende Klassifikation von Gedächtnisstörungen erreicht werden kann.

2.1 Leistungskomponenten und ihre Störungen

Jede Gedächtnisleistung kann – unabhängig davon, ob es sich z.B. um das KZG oder LZG, das visuelle, semantische oder episodische Gedächtnis handelt – auf drei Komponenten zurückgeführt werden (s. **Tab. 1**). Es handelt sich dabei um die Genauigkeit der Einspeicherung bzw. Encodierung, die Effizienz von Suchprozessen und um strukturell-funktionale Eigenschaften (wie z. B. die Art der Vernetzung und Aktivierung), die zwischen den Codes wirksam sind. Oder einfacher ausgedrückt: Speichern, Suchen und Vernetzen sind die drei wichtigsten Leistungsdimensionen des menschlichen Gedächtnisses (vgl. die drei Spalten von **Tab. 1**). Es ist daher nicht überraschend, daß sich diese Dreiteilung auch bei der Klassifikation der verschiedenen Testmethoden zur Erfassung der Leistungsfähigkeit des Gedächtnisses wiederfindet (vgl. dazu Zeile 2 in **Tab. 1** und den nachfolgenden Abschnitt zur Diagnostik). Jede der drei Komponenten kann durch spezifische Faktoren in ihrer Leistungsfähigkeit herabgesetzt werden. Wenn es sich bei diesen Faktoren um normalpsychologische oder «alltägliche» Phänomene handelt, spricht man von «Vergessen». Handelt es sich aber um krankheitsbedingte Einflüsse wie z. B. um Vergiftungen, stoffwechselbedingte Veränderungen, Schockzustände oder dementiellen Abbau, dann ist es gerechtfertigt den Begriff «Gedächtnisstörung» zu verwenden.

Im wesentlichen können zwei Arten von Vergessen und Gedächtnisstörungen unterschieden werden: Solche, die auf den (vermutlichen) Verlust gespeicherter Information und solche, die (wahrscheinlich) auf Suchfehler oder dissoziative Prozesse zurückzuführen sind. Der Einfachheit halber werden wir den ersten Fall als Vergessen oder Gedächtnisstörung des «Typs A», den zweiten Fall als Vergessen oder Störung des «Typs B»bezeichnen. Ein gutes Beispiel für Vergessen vom Typ A ist ein über lange Zeiträume wirkender gradueller Verlust von Information, etwa das Vergessen von Namen. Zu den Gedächtnisstörungen vom Typ A zählen Amnesien, die im Rahmen eines dementiellen Abbaus entstehen, oder auch Amnesien, die auf eine langanhaltende chronische Intoxikation zurückzuführen sind (wie z. B. die Korsakow-Amnesie; vgl. Markowitsch, 1995). In beiden Fällen kann man annehmen, daß degenerative Prozesse die Basis für die Speicherung von Information zumindest teilweise zerstören. Es ist klar, daß Suchprozesse ihre Bedeutung verlieren, wenn die gesuchte Information nicht mehr im Gedächtnis gespeichert ist. Aus diesem Grund wurde bei der Klassifikation der beiden Amnesieformen in **Tabelle 1** nicht mehr zwischen den Kriterien «Genauigkeit der Speicherung» und «Effizienz der Suchprozesse» unterschieden. Um eine völlig andere Gruppe von Gedächtnisphänomenen handelt es sich bei Störungen vom Typ B. Hier gilt es als wahrscheinlich, daß die gesuchte Information noch im Gedächtnis gespeichert ist, aber – zumindest vorübergehend – nicht mehr abgerufen werden kann. Ein gutes Beispiel für Vergessen und Gedächtnisstörungen vom Typ B ist das «Tip of the Tongue» -Phänomen. Es besteht darin, daß jemand zunächst vergeblich versucht, sich z. B. an einen Namen zu erinnern, von dem er aber genau weiß, daß er ihn wiedererkennen würde und auch zu einem späteren Zeitpunkt reproduzieren kann. Zu den Gedächtnisstörungen vom Typ B gehören Amnesien mit sehr heterogenen Symptomen, die häufig in engem Zusammenhang mit psychiatrischen oder neurotischen Krankheitsbildern stehen (vgl. Kihlstrom & Evans, 1979). Beispiele dafür sind alle Arten von hysterischen Amnesien, Posthypnotische Amnesien, Déjà-vu Erlebnisse sowie Amnesien im Rahmen multipler Persönlichkeitsstörungen. Es gilt als durchaus

wahrscheinlich, daß es sich bei diesen Amnesien um funktionelle Störungen handelt, die generell auf (z. B. schock- oder emotionsbedingte) Hemmungsvorgänge zurückgeführt werden können.

2.2 Wichtige Beispiele für Amnesien des Typs A und B

Bei den meisten psychischen Störungen treten Gedächtnis- bzw. amnestische Störungen auf, wobei zwischen retro- und anterograden Symptomen zu unterscheiden ist. Eine Amnesie wird als retrograd bezeichnet, wenn sich die amnestische Lücke auf jenen Zeitraum bezieht, der dem traumatischen Ereignis vorangeht. Das typische Symptom einer anterograden Amnesie besteht hingegen darin, daß ab dem traumatischen Ereignis neue Information nicht mehr längerfristig gemerkt bzw. eingespeichert werden kann. Retrograde Amnesien treten z. B. als Folge eines Schädel-Hirn-Traumas oder eines traumatischen Dämmerzustandes auf. Anterograde Amnesien sind typischerweise nach bilateralen Läsionen in der hippokampalen Formation, nach chronischen Vergiftungen (die bekannteste Form ist die Korsakow-Amnesie), oder aber auch z. B. im Rahmen dementieller Erkrankungen zu beobachten.

Der Begriff «global transitorische» Amnesie (GTA) wird für plötzlich auftretende, zumeist nur relativ kurz (wenige Stunden) andauernde amnestische Episoden verwendet, die durch primär anterograde Gedächtnisausfälle gekennzeichnet sind. Die GTA ist wahrscheinlich auf eine vorübergehende Mangeldurchblutung der Hippokampusregion zurückzuführen.

Im Gegensatz zu den bisher erläuterten Amnesieformen des Typs A, steht die heterogene Gruppe der dissoziativen Amnesien des Typs B, die vermutlich weder auf die *physischen* Folgen eines Traumas (wie z. B. die retrograde Amnesie) noch auf neurologisch faßbare Ursachen (wie z. B. die GTA oder die anterograde Amnesie) oder auf degenerative Prozesse (wie z. B. dementielle Amnesien) zurückzuführen sind (vgl. Kihlstrom & Evans, 1979).

Als besonders dramatisch erscheinen Amnesien, die im Rahmen multipler Persönlichkeitsstörungen auftreten. Posthypnotische und hysterische Amnesien sind weitere Beispiele für dissoziative Prozesse im deklarativen Gedächtnis. Ursprünglich von Janet beschrieben, bezeichnen hysterische Amnesien einen durch Schock ausgelösten Zustand von Verwirrtheit, über den nach Abklingen der Symptome vollständige Amnesie besteht.

Déjà-vu Erlebnisse werden häufig von psychiatrischen Patienten berichtet. Sie sind dadurch gekennzeichnet, daß der Patient überzeugt ist, ein bestimmtes Ereignis schon einmal erlebt zu haben, ohne aber angeben zu können, wann und wo sich dieses Ereignis zum erstenmal zugetragen hat. Bedenkt man, daß dissoziative Amnesien dadurch erklärt werden können, daß Vernetzungen zwischen bestimmten Gedächtnisinhalten «blockiert» oder funktional gestört sind, dann ist klar, daß Assoziationen zwischen diesen Inhalten nicht mehr möglich sind. So gesehen kann auch der – von seiner theoretischen Fundierung umstrittene – Begriff der «Verdrängung» im Kontext dieser Erklärung gesehen und als spezielle Art einer Amnesie vom Typ B aufgefaßt werden (vgl. dazu die Zusammenfassung in **Tab. 2**).

3. Diagnostik

Die verschiedenen Arten von Gedächtnistests spiegeln die im vorangegangenen Abschnitt besprochenen Leistungsdimensionen wider (vgl. **Tab. 1**). Methoden zur Prüfung der Gedächtnisleistung lassen sich im wesentlichen in drei Gruppen einteilen, in Wiedererkennungs-, Reproduktions- und Assoziationstests. Wiedererkennungstests prüfen primär die Genauigkeit der Speicherung, Reproduktionstests primär die Effizienz von Suchprozessen und Assoziationstests primär die Vernetzung zwischen Gedächtnisinhalten.

Wiedererkennungs- und Reproduktionstests unterscheiden sich durch die Art der Testung der zu merkenden Items (= Targets). Von einem Probanden kann entweder verlangt werden, die Targets zu reproduzieren oder sie aus einer Menge anderer Items (= Distraktoren) wiederzuerkennen. Im ersten Fall spricht man von Reproduktions- (Recall-) Leistung, im zweiten von Wiedererkennungs- (Recognition-) Leistung. Es ist eine alt bekannte Tatsache, daß die Wiedererkennung leichter ist als die Reproduktion. Beim Wiedererkennen ist in Form der vorgelegten Items – die entweder Distraktoren oder Targets sind – eine wesentliche Hilfe für den Suchprozeß gegeben, die bei der Reproduktion fehlt. In Reproduktionstests wird daher weniger die Genauigkeit der Speicherung, sondern primär die Leistungsfähigkeit von Suchprozessen oder Suchstrategien getestet. Allerdings ist zu berücksichtigen, daß der Schwierigkeitsgrad eines Gedächtnistests auch von einer Reihe zusätzlicher Faktoren abhängig ist. Ein Wiedererkennungstest kann z. B. dann sehr schwierig sein, wenn die Distraktoren den Targets sehr ähnlich sind. Umgekehrt wird ein Reproduktionstest leichter, wenn Erinnerungshilfen (z. B. durch Nennung von Kategorien oder Oberbegriffen, in die sich die gelernten Items gliedern lassen) genannt werden. Sind Erinnerungshilfen vorhanden, spricht man von «Cued Recall» (Cue im

Tabelle 2: Beispiele für Amnesien von Typ A und B

	Amnesien vom Typ A	Amnesien vom Typ B
Wahrscheinliche Ursache	Verlust von Information bei der Einspeicherung von KZG-Information in das LZG	Suchfehler; Verursacht durch funktional bedingte Hemmungen der Vernetzung zwischen Codes
Dominante Symptomatik	Primär anterograder, teilweise auch retrograder Verlust von Information	Dissoziation zwischen Gedächtnisinhalten
Beispiele	Antero- und «Retrograde» Amnesien, «global transitorische» Amnesie GTA, Traumat. Dämmerzustand, Korsakow-Amnesie, dementielle Amnesien	Hysterische Amnesie, Posthypnotische Amnesie, Déjà-vu, Amnesien im Rahmen multipler Persönlichkeitsstörungen, Verdrängung

Sinne eines Anhaltspunktes für den Suchpro-zeß), andernfalls von «Free Recall» bzw. freier Reproduktion.

Assoziationstests stellen eine sehr heterogene Gruppe von Gedächtnistests dar. Ihr gemeinsa-mes Merkmal ist, daß Vernetzungseigenschaf-ten zwischen Gedächtnisinhalten geprüft wer-den. Das historisch älteste Beispiel sind Paar-assoziationsaufgaben, die auch als eine Art Mischform zwischen Reproduktions- und Wie-

---

Kasten 1
Subtests der Wechsler Memory Scale (WMS), Subtests des Rivermead Behavioral Memory (RBM) Test

WMS	**RBM**
I Personal and Current Information Items sind z.B.: Wie alt sind Sie? Wer ist der-zeit Bundespräsident?	*Merken von Namen* Vorgabe von Foto und Namen. Am Ende der Untersuchung muß bei Vorlage des Bildes Vor- und Nachname reproduziert werden.
II Orientation Items sind z.B.: Welches Jahr haben wir? Wo sind Sie her?	*Erinnern versteckter Objekte* Der Versuchsleiter versteckt Alltagsgegen-stände des Probanden, die am Ende der Un-tersuchung aufgefunden werden müssen.
III Mental Control Von 20 bis 1 rückwärts zählen; Alphabet auf-sagen; in Dreierschritten bis 40 zählen.	*Erinnern einer Vereinbarung* Dem Proband wird eine Vereinbarung ge-nannt, an die er sich später erinnern muß.
IV Logical Memory Nacherzählen einer Geschichte.	*Wiedererkennung von Bildern* Wiedererkennung von 10 Strichzeichnungen bekannter Objekte aus 20 Vorlagen
V Memory Span Vom Testleiter genannte Zahlenreihen müs-sen aus dem Gedächtnis vorwärts und rück-wärts reproduziert werden.	*Reproduktion von Textinformation* Freie Reproduktion einer kurzen Geschichte, die aus 21 Informationskomponenten be-steht.
VI Visual Reproduction Freie Reproduktion sinnfreier geometrischer Figuren.	*Wiedererkennen von Gesichtern* Fünf Fotos werden für je 5 Sek. dargeboten. Die Wiedererkennungsleistung aus 10 Vor-lagen wird nach Subtest 8 geprüft.
VII Associate Learning Paarassoziationsaufgabe, in der Begriffspaare wie z.B. Gold-Silber zu lernen sind.	*Erinnern eines kurzen Weges* Nachgehen einer aus 5 Abschnitten be-stehenden Wegstrecke im Untersuchungs-raum.
	Erinnern an die Überbringung einer Nachricht.
	Orientierung (ähnlich wie Untertest WMS)

Anmerkung. Der WMS-R enthält drei neue figurale Subtests sowie Subtests zur Testung der mittel-fristigen Behaltensleistung.

dererkennungsaufgaben angesehen werden können. Hier haben die Probanden die Aufgabe, sich Paare von Items zu merken. Bei der Testung wird der Proband gebeten, auf Nennung eines Items das zugehörige zweite Item zu reproduzieren bzw. zu assoziieren. Mit Hilfe von Paarassoziationsaufgaben versucht man die Vernetzungs- bzw. Assoziationsstärke zwischen zwei Items zu erfassen. Zu dieser Gruppe von Tests zählen aber auch semantische Kongruenz- und Entscheidungsaufgaben, sowie Tests, die Primingprozesse erfassen.

Zur Prüfung der verschiedenen Arten von Gedächtnisformen und Leistungen steht eine Vielzahl diagnostischer Verfahren zur Verfügung, die in einer Reihe ausgezeichneter Übersichtsartikel detailliert beschrieben wurden (vgl. z. B. Schuri, Keller, & M. von Cramon, 1994; Markowitsch, 1992). Stellvertretend für andere Verfahren soll hier nur auf einige der bekanntesten Tests etwas näher eingegangen werden. Dabei wird das Ziel verfolgt, anhand der oben erläuterten Kriterien den Bezug zu wesentlichen Aspekten der gedächtnispsychologischen Grundlagenforschung herzustellen. Dieses Anliegen scheint auch deswegen gerechtfertigt, da die meisten Gedächtnistests eher nach pragmatischen als nach theoriegeleiteten Gesichtspunkten konstruiert wurden.

Zu den am häufigsten verwendeten Gedächtnistests zählt die *Wechsler Memory Scale* (WMS; Wechsler, 1945), die inzwischen in einer deutschsprachigen Version (Böcher, 1963) als auch in einer revidierten englischen Version (WMS-R; Wechsler, 1987) zur Verfügung steht. Wie **Kasten 1** zeigt, finden wir im Wechsler Test eine Reihe der eingangs besprochenen Kriterien wieder. So gibt es (primär) episodische (Subtest I und II) und einen rein semantischen Gedächtnistest (III). Dem multimodalen Charakter des working memory entsprechen z. B. Tests zur Prüfung des visuellen (Subtest VI) und verbalen Gedächtnisses (Subtest VII). Auch Aspekte der KZG- und LZG-Leistung werden – wenn auch in sehr eingeschränkter Form – geprüft (vgl. Subtest V und III). Darüber hinaus zeigt sich, daß bis auf das Paarassoziationsparadigma von Subtest VII ausnahmslos die Methode der freien Reproduktion angewendet wird.

Ein ebenfalls aus dem angloamerikanischen Raum stammender Test, der weite Verbreitung gefunden hat ist der *Rivermead Behavioral Memory Test* (RBMT; Wilson, Cockburn & Baddeley, 1985; Wilson, Cockburn, Baddeley & Hiorns, 1989). Dieser Test, der – etwas modifiziert – inzwischen auch in einer deutschsprachigen Version zur Verfügung steht (Hempel, Deisinger, Markowitsch & Hoffmann, 1994) ist vor allem zur Untersuchung von Gedächtnisstörungen in Alltagssituationen geeignet. Wiedererkennungs-, Freie Reproduktions-, und Paarassoziationstests kommen zur Anwendung (vgl. dazu **Kasten 1**).

Bei Gedächtnistests ist unabhängig von den hier diskutierten Kriterien zu berücksichtigen, ob klinische oder Normalpopulationen untersucht werden sollen. Die Wechsler Memory Scale, der LuriaTest, das DCS und der Memory for Design Test sind primär für klinische Stichproben konstruiert worden und weisen einen für Normalpopulationen meist zu geringen Schwierigkeitsgrad auf. Im Gegensatz dazu stehen z. B. die entsprechenden Gedächtnis-Subskalen von Intelligenztests (z. B. Subtest 9 des IST 70 und Subtest 3 des HAWIE) und vor allem der LGT 3 von Bäumler (1974), der besonders gut für eine feinere Differenzierung im höheren Schwierigkeitsbereich geeignet ist.

4. Literatur

Bäumler, G. (1974). *Lern- und Gedächtnistest LGT-3.* Göttingen: Hogrefe.

Böcher, W. (1963). Erfahrungen mit dem Wechslerschen Gedächtnistest (Wechsler Memory Scale) bei einer deutschen Versuchsgruppe mit normalen Vpn. *Diagnostica, 9,* 56–68.

Gazzaniga, M. S. (Ed.). (1995). *The cognitive neurosciences.* Cambridge, MA: MIT Press.

Hempel, U., Deisinger, K., Markowitsch, H., Kessler, J. & Hoffmann, E. (1994). *Alltagsgedächtnis.* Weinheim: Beltz.

Kihlstrom, J. F., & Evans, F. J. (1979). *Functional disorders of memory.* Hillsdale, N. J.: Lawrence Erlbaum.

Klimesch, W. (1994). *The structure of long-term memory: A connectivity model of semantic processing.* Hillsdale, N. J.: Lawrence Erlbaum.

Markowitsch, H. J. (1992). Das gestörte Altersgedächtnis: Diagnoseverfahren bei Hirngeschädigten. *Rehabilitation, 31,* 11–19.

Markowitsch, H. J. (1995). Anatomical basis of memory disorders. In M. S. Gazzaniga (Ed.), *The cognitive neurosciences* (pp. 765–780). Cambridge, MA: MIT Press.

Schuri, U., Keller, I., & Matthes-von Cramon, G. (1994). Leistungsdiagnostik aus neuropsychologischer Sicht.

In R. D. Stieglitz & U. Baumann (Hrsg.), *Psychodiagnostik psychischer Störungen* (S. 138–148). Stuttgart: Enke.

Squire, L. R., Knowlton, B., & Musen, G. (1993). The structure and organization of memory. *Annual Review of Psychology, 44,* 453–495

Tulving, E. (1995). Organization of memory: Quo vadis? In M. S. Gazzaniga (Ed.), *The cognitive neurosciences* (pp. 839–847). Cambridge, MA: MIT Press.

Wechsler, D. (1945). A standardised memory scale for clinical use. *Journa! of Psychology, 19,* 87–95.

Wechsler, D. (1987). *Wechsler memory skale – revised (manual).* San Antonio: The Psychological Corporation.

Wilson, B., Cockburn, J., & Baddeley, A. (1985). *The rivermead behavioural memory test.* Reading: Thames Valley Test Company.

Wilson, B., Cockburn, J., Baddeley, A., & Hiorns, R. (1989). The developement and validation of a test battery for detecting and monitoring everyday memory problems. *Journal of Clinical & Experimental Neuropsychology, 11,* 855–870.

27.2 Gedächtnisstörungen: Ätiologie/Bedingungsanalyse

Wolfgang Klimesch

Inhaltsverzeichnis

1. Einleitung: Gedächtnisstörungen und Vergessen

Einspeichern, Suchen und Vernetzen sind wichtige Leistungen des menschlichen Gedächtnisses. Wir haben bereits im Kapitel «Gedächtnis: Klassifikation und Diagnostik» darauf hingewiesen, daß Beeinträchtigungen dieser Leistungen zu Vergessen und/oder Gedächtnisstörungen führen. Da es sich in beiden Fällen um die Beeinträchtigung ähnlicher Leistungskomponenten handelt, könnte man die Auffassung vertreten, daß zwischen Vergessen und Gedächtnisstörungen nur ein gradueller Unterschied in der Stärke der Symptome besteht. Diese Auffassung ist jedoch nur sehr bedingt gültig und trifft nur für bestimmte Formen degenerativer Amnesien vom Typ A zu, wie sich im vorliegenden Kapitel zeigen wird.

Generell stellt sich jedoch zunächst die grundsätzliche Frage, ab wann eine Mangelleistung des Gedächtnisses nicht mehr normal oder «alltäglich», sondern pathologisch ist? Die Ergebnisse von Gedächtnistests liefern wichtige Anhaltspunkte (vgl. Kapitel 27.1/Gedächtnisstörungen: Klassifikation, Diagnostik). Ein anderer wichtiger Aspekt bei der Beantwortung dieser Frage betrifft aber die Kenntnis der Ursachen normalen Vergessens.

2. Unterschiedliche Bedeutungen und Ursachen für Vergessen

In der Umgangssprache weist der Begriff «Vergessen» sehr unterschiedliche Bedeutungsvarianten auf, die unter den folgenden vier Aspekten zusammengefaßt werden können: Der erste Aspekt bezieht sich auf den Umstand, daß relevante Information nicht rechtzeitig abgerufen wird, obwohl sie im Gedächtnis vorhanden ist. Man spricht z. B. davon, daß jemand einen

Termin «übersehen» oder «vergessen» hat. In dieser Bedeutung hat Vergessen mehr mit fehlender Konzentration bzw. selektiver Aufmerksamkeit als mit Mangelleistungen des Gedächtnisses zu tun. Ein zweiter Aspekt betrifft Suchfehler bzw. eine vorübergehende «Blockierung» gespeicherter Information. Aus der Alltagserfahrung wissen wir, daß uns z.B. ein Name «entfallen» sein kann, obwohl wir uns zu einem späteren Zeitpunkt mühelos an ihn erinnern können. In diesem Fall nimmt man an, daß Suchfehler (Retrieval-Fehler) für den mißglückten Erinnerungsversuch verantwortlich sind (vgl. dazu auch das TOT Phänomen, Tab. 1 im Kap. 27.1/Gedächtnisstörungen: Klassifikation, Diagnostik). Eine dritte Bedeutungsvariante von «Vergessen» bezeichnet einen Zustand der Kapazitätsüberschreitung. Man vergißt deswegen, weil zu viel Information in zu kurzer Zeit verarbeitet werden muß. Eine vierte Bedeutungsvariante betrifft schließlich einen sehr langsamen und graduellen Verlust bereits langfristig gespeicherter Information. Wenn z.B. jemand gefragt wird, was er genau vor einer Woche, vor einem Jahr und vor zehn Jahren gemacht hat, dann ist zu erwarten, daß die erste Frage, leicht, die zweite kaum und die dritte gar nicht beantwortet werden kann.

Die Gegenüberstellung der vier Bedeutungsvarianten zeigt sehr klar, daß mit Vergessen entweder der Verlust von Information (Bedeutungsvarianten 3 und 4) oder die Schwierigkeit, gespeicherte Information aufzufinden bzw. abzurufen (Bedeutungsvarianten 1 und 2), bezeichnet wird. Diese Gegenüberstellung kennzeichnet gleichzeitig die Positionen der beiden großen Gruppen von Vergessenstheorien, der Zerfalls- und Interferenztheorien (vgl. dazu die Übersicht in Klimesch, 1994). Zerfallstheorien gehen davon aus, daß Vergessen durch einen autonomen und zeitbedingten Prozeß verursacht wird, der den zunehmenden Verlust gespeicherter Information zur Folge hat. Im Gegensatz dazu nehmen Interferenztheorien an, daß Hemmungsprozesse das Auffinden oder Einspeichern von Information erschweren oder unterbinden. Hemmungsvorgänge können z.B. auf pro- und retroaktive Interferenzen zwischen neu erworbenen Gedächtnisinhalten, auf eine länger anhaltende Nichtverwendung (Unlearning) gespeicherter Codes oder auch auf Kontexteffekte zurückgeführt werden.

Obwohl eine Vielzahl einschlägiger Experimente durchgeführt wurde, war es bisher nicht möglich, eine der beiden konkurrierenden Theorien zu bestätigen. Das prinzipielle Dilemma, das sich hier zeigt, bezieht sich auf die experimentell kaum prüfbare Hypothese eines endgültigen Verlustes von Information. Es gibt zwar genügend Beispiele, die dokumentieren, daß mit zunehmender Zeit auch mehr vergessen wird, die Annahme eines autonomen und zeitbedingten Verlustes von Information – so plausibel sie auch erscheinen mag – kann dadurch keineswegs zwingend bestätigt werden. Es wird immer möglich sein zu argumentieren, daß vergessene Information – bedingt durch Suchfehler – doch noch zu einem späteren Zeitpunkt erinnert werden kann. Die experimentell gut dokumentierten Fälle von Hypermnesie belegen die Gültigkeit dieses Einwandes (vgl. dazu die Übersicht in Klimesch, 1994).

Eine interessante Erklärung für Vergessen ergibt sich im Rahmen von Netzwerktheorien, die ein vernetztes Codierungsformat postulieren. Besteht jeder Code aus vernetzten Komponenten und wird angenommen, daß die Komponenten in Abhängigkeit von ihrem Vernetzungsgrad einem autonomen zeitbedingten Zerfall unterliegen, dann ergibt sich die plausible Hypothese, daß mit zunehmendem Vernetzungsgrad die Zerfallsneigung abnimmt. Da der Vernetzungsgrad das Ausmaß der Differenziertheit und Integration der Wissensrepräsentation widerspiegelt, bedeutet dies, daß differenziertes und integriertes Wissen besonders resistent gegen Vergessen ist. Im Gegensatz dazu wird nur wenig Differenziertes bzw. Vernetztes rasch zerfallen.

3. Die Ursachen von Gedächtnisstörungen

Es ist wichtig, darauf hinzuweisen, daß die meisten psychischen Störungen mit Gedächtnisstörungen einhergehen (Depression und Schizophrenie sind nur besonders bekannte Beispiele). Diese Beobachtung ist aber keineswegs überraschend, wenn man bedenkt, daß es praktisch keinen psychischen Vorgang im Wach- oder auch Schlafbewußtsein gibt, der nicht in irgendeiner Form auf Gedächtnisfunktionen beruht. Wie das im Kapitel zur Klassifikation und Diagnostik (Kap. 27. 1) im Rahmen von Abbildung 1 besprochene Schema von Gedächtnisfunktionen zeigt, ist z.B. ein so fundamentaler Vorgang wie das Erkennen sensorischer Information ohne Gedächtnis unmöglich. In ähnlicher Weise sind Aufmerksamkeit und Emotion (über die Funktion des episodischen oder autobiographischen Gedächtnisses) unlösbar mit Gedächtnisfunktionen verbunden. Es ist daher klar, daß die Beeinträchtigung anderer psychischer Funktionen (Störungen der Aufmerksamkeit, im emotionalen Bereich, oder Störungen wie sie z.B. bei Depressionen oder Schizophrenien auftreten) unmittelbare Auswirkungen auf das Gedächtnis haben müssen (vgl. dazu auch **Tab. 1** in Abschnitt 4).

Die Frage, um die es hier geht, ist jedoch nicht die, inwieweit andere psychische Störungen mit mehr oder minder spezifischen Gedächtnisstörungen einhergehen. Es geht vielmehr darum, ob spezifische Ursachen für jene «klassischen» Gedächtnisstörungen vorliegen, die unter dem Begriff der Amnesien zusammengefaßt sind. Dabei werden wir sehen, daß nicht nur für den Verlust von Information, sondern auch für Hemmungsvorgänge andere Faktoren verantwortlich sind als bei normalem Vergessen. Zur Veranschaulichung dieser Behauptung werden wir mit der Diskussion eines Fallbeispiels beginnen, das für nicht degenerative Amnesien vom Typ A typisch ist.

3.1 Fallbeispiele zur anterograden Amnesie

Patient H. M. ist zweifellos der bekannteste aller bisher untersuchten Amnesiepatienten. Seine Krankengeschichte zeigt besonders eindrucksvoll, wie spezifisch die Ausfallserscheinungen einer Amnesie sind, die nach Parkin (1984) wie folgt definiert werden kann: Es muß a) das prämorbide Intelligenzniveau erhalten sein, es darf b) die KZG-Spanne nicht betroffen sein, c) der anterograde Aspekt der Gedächtnisstörung muß dominieren und d) eine längerfristige Merkleistung ist primär für nicht episodische Information möglich. Nach dieser Definition ist unter Amnesie eine umschriebene Gedächtnisstörung zu verstehen, die nicht mit diffusen Abbauprozessen in Zusammenhang gebracht

werden darf, wie sie vor allem bei den verschiedenen Demenzformen und zum Teil auch bei schweren chronischen Vergiftungen (z.B. bei Alkoholabusus) beobachtet werden können.

Patient H. M. wurden zur Eindämmung einer schweren Epilepsie mediale Teile des Temporallappens – mit der hippokampalen Formation und den Mandelkernen – in beiden Hemisphären entfernt. Unmittelbar nach der Operation konnte zwar ein deutlicher Rückgang epileptischer Anfälle, ein nahezu unverändert hoher IQ (vorher: 104, nachher: 118), aber eine schwere anterograde Amnesie festgestellt werden (Scoville & Milner, 1957, vgl. dazu aber auch die ausgezeichete Übersicht in Markowitsch & Pritzel, 1985). Die Spanne des Kurzzeitgedächtnisses lag im Normbereich, der Patient konnte einwandfrei sprechen und verstand Sätze, er war aber offensichtlich nicht imstande, sich neue Information mittel- oder längerfristig zu merken. So wird z.B. berichtet, daß er auch nach 6monatiger Tätigkeit in einem Rehabilitationszentrum nicht sagen konnte, welche Tätigkeit er dort täglich auszuführen hatte. Auch die Ergebnisse konventioneller Gedächtnistests zeigten, daß offensichtlich keine Information vom KZG in das LZG eingespeichert werden konnte.

3.2 Der Stellenwert episodischer Information

Es wird allgemein von der Hypothese ausgegangen, daß im Rahmen amnestischer Erkrankungen primär die Encodierung kontextueller bzw. episodischer (oder autobiographischer) Information gestört ist. Episodisches und autobiographisches Gedächtnis sind weitgehend synonyme Begriffe, deren Bedeutung sich leicht am Beispiel eines einfachen Gedächtnistests erläutern läßt, indem eine Reihe gebräuchlicher Wörter zu merken sind. Die semantische Bedeutung dieser Wörter ist den Probanden seit ihrem Spracherwerb bekannt, sie braucht nicht neu erlernt werden. Das, was sich die Probanden merken müssen, ist, welche Wörter im Kontext des Gedächtnistests dargeboten wurden. Ohne die explizite Einspeicherung dieser kontextuellen Information – die im weiteren Sinne auch autobiographisch ist – kann kein Wiedererkennungs- oder Reproduktionstest gelöst werden.

Bedenkt man, daß jede bewußt wahrgenommene Information immer vor dem Hintergrund ihrer autobiographischen und zeitlich kontextuellen Information erkannt wird (vgl. Kap. 27.1 Gedächtnisstörungen: Klassifikation, Diagnostik), dann zeigt sich, daß episodische Information laufend neu eingespeichert und konsolidiert werden muß. Eine vergleichbare Notwendigkeit gilt für semantische Information nicht. Ihr wichtigstes Merkmal ist, daß sie sich auf kontext- und zeitunabhängige Information bezieht. Sie umfaßt das, was wir schlechthin als unser «Wissen» (z.B. sprachliches oder mathematisches Wissen) bezeichnen.

3.3 Der Unterschied zwischen Erinnern (remembering) und Wissen (knowing) und das Fallbeispiel von Patient K. C.

Tulving hat darauf hingewiesen, daß sich der Unterschied zwischen episodischem und semantischem Gedächtnis auch im alltäglichen

---

Kasten 1
Das Fallbeispiel von Patient K. C. (nach Tulving, 1989).

Am 30. Oktober 1980 erlitt Patient K.C. im Alter von 30 Jahren einen schweren Motorradunfall, der sein Leben veränderte. Die Folgen des Unfalls waren ein schweres Schädel-Hirn Trauma mit ausgedehnten Läsionen in beiden Hemisphären (links frontal-parietal und rechts parietal-occipital) und wahrscheinlich anderen Regionen des Gehirns. Als Patient K.C. aus einem mehrtägigen Koma erwachte, zeigten sich schwere amnestische Störungen, die allerdings eine bis dahin noch nie dokumentierte Selektivität aufwiesen. Patient K.C. verfügte zwar über ein weitgehend intaktes semantisches Gedächtnis, es war ihm allerdings unmöglich, sich auch an nur ein einziges persönliches Ereignis zu erinnern. Untersuchungen in den nachfolgenden Jahren haben ergeben, daß diese selektive episodische Gedächtnisstörung nicht nur retrograd, sondern auch anterograd wirksam ist. Testpsychologische Befunde zeigen, daß Patient K.C. einen IQ im Normbereich aufweist, und daß seine Kurzzeitgedächtnisspanne nicht beeinträchtigt ist. Er kann einwandfrei lesen und schreiben, und seine intellektuellen Fähigkeiten scheinen ebenso intakt zu sein, wie sein Wissen z.B. in Geographie, Geschichte, Politik oder anderen Bereichen (vgl. die ausführlichen Fallbeschreibungen in Tulving, Schacter, McLachlan & Moscovitch, 1988; Tulving, Hayman & Macdonald, 1991).

Die erstaunliche *Selektivität der episodischen Gedächtnisstörung* läßt sich durch folgende Beispiele anschaulich dokumentieren:

• Patient K.C. weiß, daß seine Familie ein Wochenendhaus besitzt, und daß er sich dort selbst oft aufgehalten hat. Er weiß, wie es aussieht, wie man hinfindet und kann die genaue Lage des Hauses auf einer Karte einzeichnen. Es ist ihm allerdings unmöglich, sich an ein einziges Ereignis zu erinnern, das sich im Wochenendhaus zugetragen hat oder anzugeben, wann er selbst dort war.

• Patient K.C. ist auch nach seinem Unfall ein guter Schachspieler. Allerdings kann er nicht sagen, mit wem er Schach gespielt hat. Nur weil er weiß, daß auch sein Vater ein guter Schachspieler ist, vermutet er, daß er häufig mit seinem Vater gespielt hat.

• Patient K. verfügt durchaus über biographische Information. Er weiß, daß er einen Bruder hat, der unter tragischen Umständen gestorben ist. Er kann sich jedoch nicht erinnern, wann dies geschah. Sein biographisches Wissen ist nicht Ich-bezogen, es gleicht dem Wissen eines unbeteiligten Beobachters.

Sprachgebrauch widerspiegelt (z. B. Tulving, 1989). Obwohl «Erinnern» synonym zu «Wissen» verwendet werden kann, so steht die typische Verwendung des Begriffs «Erinnern» eher in einem episodischen, «Wissen» hingegen eher in einem semantischen Kontext. So wissen wir z. B., wie wir eine Gleichung lösen können oder wie unsere Wohnung aussieht, aber wir erinnern uns nicht daran, wann wir eine Gleichung gelöst haben oder wann wir zuletzt in der Wohnung waren. Dieser Unterscheidung hätte man wohl nie besondere Aufmerksamkeit geschenkt, wenn es Tulving nicht gelungen wäre zu zeigen, daß es amnestische Störungen gibt, die selektiv das episodische Gedächtnis betreffen, wie das in **Kasten 1** beschriebene Fallbeispiel demonstriert.

3.4 Amnestische Störungen und die Wechselwirkung zwischen episodischem und semantischem Gedächtnis

Amnestische Störungen verdeutlichen den sensiblen und vulnerablen Stellenwert episodischer Information im Rahmen von Gedächtnisstörungen und führen zu einer neuen Interpretation amnestischer Symptome. Nehmen wir als Beispiel einen Wiedererkennungstest, in dem einfache Wörter dargeboten werden. Das, was ein Item zu einem Distraktor oder Target macht, ist nur der unterschiedliche Kontext der Darbietung und somit episodische Information. Das semantische Wissen über ein Item ist dabei nicht unmittelbar von Bedeutung. Wenn wir nun annehmen, daß das Spezifische einer anterograden Amnesie darin besteht, daß neue Items bzw. neue Information zwar eingespeichert, der Kontext ihrer Darbietung aber nicht mehr konsolidiert werden kann, dann wird es unmöglich sein, z. B. einen Wiedererkennungstest durchzuführen, weil es kein Kriterium gibt, zwischen einem Target und einem Distraktor zu unterscheiden. Diese spezifische Bedeutung episodischer Information wird durch das in **Kasten 1** angeführte Fallbeispiel besonders anschaulich gemacht. Der amnestische Patient weiß zwar z. B., wie das Wochenendhaus seiner Familie aussieht und wo es liegt, ihm ist es aber nicht möglich, auch nur eine einzige Episode zu nennen, die sich dort zugetragen hat, obwohl er genau weiß, daß er sich selbst häufig in diesem Haus aufgehalten hat.

3.5 Amnestische Störungen und die Bedeutung des expliziten und impliziten Gedächtnisses

Das gezielte und willentliche Abrufen episodischer Information setzt die explizite Encodierung kontextueller Information voraus. Untersuchungen an amnestischen Patienten haben jedoch gezeigt, daß implizite Gedächtnisleistung nachgewiesen werden kann, wenn die Merkleistung indirekt und unter Umgehung des expliziten Aufrufens episodischer Information geprüft wird. Dies ist beispielsweise dann möglich, wenn die Probanden bzw. Patienten *nicht* darüber instruiert werden, daß sie an einem Gedächtnistest teilnehmen. Bekannte Methoden der indirekten Merkleistungsprüfung sind Wortergänzungsaufgaben oder Tests in denen unter erschwerten Bedingungen (z. B. tachistoskopische Darbietung, Verwendung «degradierter» bzw. «verrauschter» Items) Identifikationsleistungen durchgeführt werden müssen. Eine Übersicht zu einschlägigen Methoden der Testung und Ergebnissen zum Themenbereich «explizites-implizites» Gedächtnis sind z. B. in Graf und Masson (1994) zu finden.

In einer inzwischen klassischen aber bezüglich ihrer Ergebnisse nach wie vor aktuellen Untersuchung von Graf, Squire und Mandler (1984) wurde ein Wortergänzungstest zur Messung der impliziten Gedächtnisleistung verwendet. Die Befunde zu dieser Untersuchung sind in **Kasten 2** schematisch dargestellt. Sie zeigen, daß amnestische Probanden – im Gegensatz zur Kontrollgruppe – nicht imstande sind, die Cues für die Wortreproduktion zu nutzen, obwohl sie über eine ebenso gute implizite Gedächtnisleistung verfügen wie nicht amnestische Probanden.

Ähnliche Ergebnisse fanden auch McAndrews, Glisky und Schacter (1987). Sie verwendeten Satzrätsel zur Überprüfung der impliziten Gedächtnisleistung. Zu jedem Satz (z. B. «Der Heuhaufen war wichtig, weil das Tuch zerriß.») mußte ein Schlüsselwort gefunden werden, das dem Satz erst Sinn verlieh (hier: «Fallschirm»). Drei Gruppen von Vpn wurden untersucht, ei-

Kasten 2
Explizite und implizite Gedächtnisleistung bei Amnesie-Patienten
(vereinfacht dargestellt nach Graf, Squire & Mandler, 1984)

Fragestellung
Überprüfung des Zusammenhangs zwischen expliziter und impliziter Merkleistung bei amnestischen und gesunden Versuchspersonen.

Methode
• *Stimuli:* Wortlisten. Die ersten drei Buchstaben jedes Wortes definieren den «Wortstamm». Die Auswahl der Stimuli erfolgte so, daß einerseits jedes Wort der Liste einen *anderen* Stamm (z. B. DEFend, MARket …) hat, und daß andererseits zu jedem Wort der Liste mindestens 10 andere gleich gebräuchliche Wörter existieren, die den *selben* Stamm aufweisen (z. B. DEFine, zu DEFend und MARy zu MARket).

• *Versuchspersonen:* Amnestische Patienten unterschiedlicher Ätiologie (Korsakow, Anoxie) und Kontrollgruppen.

• *Versuchsbedingungen:*
(1) RECOGNITION: Die Probanden müssen die gezeigten Wörter (= Targets, z. B. Market) von ähnlichen Wörtern (= Distraktoren, z. B. Mary, Marble) unterscheiden können.

(2) FREE RECALL: Freie Reproduktion der Targets.
(3) CUED RECALL: Bei der Reproduktion wird jeweils ein CUE vorgegeben, der den Wortstamm eines Targets bezeichnet (z. B. MAR und DEF). Der Proband wird explizit instruiert zum vorgegebenen CUE das entsprechende Target zu reproduzieren.
(4) COMPLETION: Es werden die selben Targets und CUES wie unter (3) verwendet. Die Probanden werden aber instruiert ein *beliebiges* Wort zu nennen.
In den Bedingungen (1)–(3) wird die explizite, in Bedingung (4) hingegen die implizite Gedächtnisleistung geprüft.

Ergebnisse
Amnestische Patienten schneiden unter den Versuchsbedingungen (1), (2) und (3) hochsignifikant schlechter ab als nicht amnestische Personen. Im COMPLETION Test hingegen gibt es keinen Unterschied zwischen amnestischen und nicht amnestischen Personen. In diesem Test nannten amnestische Patienten in ca. 50 Prozent der Fälle die richtigen Targets, obwohl die Baseline- bzw. Zufallstrefferquote nur 9,5 Prozent beträgt.

ne Gruppe schwer amnestischer, eine Gruppe leicht amnestischer und eine Gruppe gesunder Vpn. Alle Probanden hatten vergleichbares Alter und einen vergleichbar hohen IQ (vgl. dazu das weiter oben unter a) angeführte Definitionskriterien einer Amnesie von Parkin, 1984). Die amnestischen Probanden hatten im Vergleich zu den gesunden jedoch eine deutlich schlechtere Testleistung in der Wechsler Memory Scale. Zwischen den amnestischen Probanden gab es ebenfalls deutliche Unterschiede. Nach einer halben Stunde war es den schwer – im Gegensatz zu den leicht – amnestischen Patienten weder möglich, sich an irgendein Item des Wechsler Tests, noch an die Testdurchführung selbst zu erinnern. Eine Reihe von Targetsätzen wurde den Probanden in einer ersten Sitzung zur Lösung dargeboten. Wenn die Lösung nicht innerhalb einer Minute gefunden wurde, nannte der Versuchsleiter die richtige Antwort. Der Prozentsatz richtiger Antworten war in dieser ersten Sitzung für alle Probanden gleich hoch und lag bei 12 bis 13 Prozent. In späteren Sitzungen (nach einem Behaltensintervall von bis zu einer Woche) wurden alle Targetsätze wiederholt, aber mit jeweils neuen Distraktorsätzen randomisiert dargeboten. Hier hatten die Probanden nach jedem Lösungsversuch für jeden Satz zusätzlich auch ein Wiedererkennungsurteil abzugeben. In den späteren Sitzungen zeigten sich deutliche Unterschiede zwischen den Gruppen. Schwer amnestische Patienten hatten eine gleichbleibende Trefferquote von 50 bis 60 Prozent, die weder in Abhängigkeit von der Anzahl an Wiederholungen noch von der Länge des Behaltensintervalls variierte. Da diese Trefferquote von ca. 55 Prozent signifikant höher ist als die Baselinequote von 13 Prozent, konnte somit auch für schwer amnestische Patienten ein durchaus beachtenswertes Ausmaß an implizitem Gedächtnis nachgewiesen werden. Im Gegensatz dazu stieg die implizite Gedächtnisleistung leicht amnestischer Patienten nach der 5. Darbietung bis auf 92 Prozent an. Der entsprechende Wert gesunder Probanden lag bei 100 Prozent. Besonders interessant ist der Vergleich zwischen der impliziten und der expliziten Gedächtnisleistung, die im vorliegenden Versuch durch die Trefferquote richtig wiedererkannter Targetsätze erfaßt wurde. Hier zeigte sich – von einer Ausnahme abgesehen – daß schwer amnestische Patienten auch nach fünfmaliger Darbietung nicht imstande waren, sich (explizit) an irgendeinen Targetsatz zu erinnern, obwohl ihre implizite Gedächtnisleistung in signifikantem Ausmaß nachweisbar war. In der Gruppe leicht amnestischer Probanden fand sich nach der 5. Darbietung eine hochsignifikante Wiedererkennungsleistung von 83 Prozent. Gesunde Probanden machten keine Fehler.

Faßt man die Ergebnisse aller einschlägigen Experimente zusammen, dann zeigt sich eine deutlich ausgeprägte Dissoziation zwischen impliziter und expliziter Gedächtnisleistung für (schwer) amnestische Patienten (vgl. Weiskrantz, 1982). Bei der Interpretation dieses Befundes kann davon ausgegangen werden, daß neue Information zwar bis zu einem gewissen Ausmaß eingespeichert werden kann, daß aber die episodische «Markierung» der eingespeicherten Information besonders massiv gestört ist, und daher für den Suchprozeß keine expliziten Anhaltspunkte darüber vorliegen, ob ein gesuchter Inhalt tatsächlich im Gedächtnis gespeichert ist oder nicht. Dieser Sachverhalt kann anhand von Abbildung 1 aus dem Kapitel zur Klassifikation, Diagnostik von Gedächtnisstörungen (Kap. 27.1) dargestellten hypothetischen Encodierungsstruktur so erklärt werden, daß bei einer amnestischen Erkrankung die Repräsentation episodischer Information (in der Abbildung strichliert dargestellt) entweder ganz oder teilweise unterbleibt (vgl. dazu auch das unter d) angeführte Definitionskriterium einer Amnesie von Parkin, 1984).

4. Gedächtnisstörungen als Ursache für andere psychische Erkrankungen?

Die Diskussion der Bedingungsanalyse von Gedächtnisstörungen des Typs A hat uns überraschenderweise gezeigt, daß die klassischen, im Rahmen neurologischer Krankheitsbilder beschriebenen Amnesien (= Gedächtnisstörungen vom Typ A) relativ spezifische Ausfallserscheinungen sind. Die Störung der expliziten Encodierung episodischer Information ist das mit Abstand auffallendste Symptom. Der großen Gruppe dissoziativer Amnesien (= Gedächtnisstörungen vom Typ B) liegen hingegen aller Wahrscheinlichkeit nach völlig andere Ursachen zugrunde. Ein Vergleich der beiden Amnesieformen zeigt zunächst zwei auffallende Unterschiede: Zum einen ist es die Tatsache, daß Amnesien vom Typ A durch sehr spezifische und hochselektive Ausfallserscheinungen charakterisiert sind, wohingegen für Amnesien vom Typ B nicht nur sehr diffuse, sondern auch sehr heterogene Ursachen (Schock, emotionale Veränderungen, Drogeneinwirkungen, Hypnose, multiple Persönlichkeitsstörungen, Psychosen) anzunehmen sind. Zum anderen ist es die Beobachtung, daß Amnesien vom Typ A einen zentralen Stellenwert im Rahmen neurologischer Symptome einnehmen, wohingegen Amnesien vom Typ B primär im Rahmen psychischer Störungen eine Rolle spielen. Es ist deswegen auch nicht überraschend, daß massive Persönlichkeitsveränderungen primär bei Amnesien vom Typ B – nicht aber bei Amnesien vom Typ A – zu beobachten sind. Die folgenden Überlegungen sollen zeigen, daß der Zusammenhang zwischen Amnesien vom Typ B und psychischen Störungen durchaus plausibel ist, wenn man Ergebnisse von Untersuchungen berücksichtigt, die darauf hinweisen, daß die Ursachen dissoziativer Amnesien mit Störungen der Aktivierungsausbreitung im Kortex (und damit auch im Langzeitgedächtnis) zusammenhängen (vgl. vor allem die ausführliche Übersicht in Swerdlow & Koob, 1987). Es ist wichtig, dabei auf die Tatsache aufmerksam zu machen, daß alle Netzwerkmodelle zum LZG von der grundsätzlichen Annahme ausgehen, daß der Vorgang des Auffindens von Information durch Prozesse der Aktivierungsausbreitung beschrieben werden kann (vgl. z.B. Anderson, 1985; Klimesch, 1994). Diese scheinbar so plausible Annahme führt aber zu einem für jede Gedächtnistheorie grundlegenden Problem: Wie soll erklärt werden, daß ein Aktivierungsprozeß nicht «ausufert»? Oder provokanter formuliert: Welche Faktoren verhindern, daß ein Aktivierungsprozeß einen «epileptischen Anfall» im Gedächtnis auslöst? Eine mögliche Lösung dieses Problems besteht in der Annahme, daß die für einen Such- bzw. Aktivierungsprozeß irrelevanten Netzwerkteile aktiv gehemmt werden (vgl. die ausführliche Diskussion dazu in Klimesch, 1996). Anhand der Faktoren «Ausbreitungsgeschwindigkeit eines Aktivierungs- bzw. Suchprozesses» und «Ausmaß von Hemmung» zur Ausfilterung irrelevanter Information, soll nun versucht werden, Klassifikationsmerkmale für Störungen des LZG zu gewinnen. Das Ergebnis dieses Versuches ist in **Tabelle 1** wiedergegeben.

Wenn die Geschwindigkeit der Aktivierungsausbreitung zu gering und gleichzeitig das Hemmungsausmaß zu hoch ist, dann wird es unmöglich sein, relevante Information im Gedächtnis aufzufinden. Extreme «Vergeßlichkeit» und massive Perseveration – wie sie z.B. im Rahmen von Depressionen beobachtet werden können – sind die Folge (Kästchen 1a und 2a). Bei hoher Ausbreitungsgeschwindigkeit und gleichzeitig zu geringer Hemmung zur Ausfilterung irrelevanter Information kommt es zu extrem rasch aufeinanderfolgenden und ausufernden Assoziationen (Kästchen 3c und 2c), wie sie z.B. für manische Episoden kennzeich-

nend sind. Die besprochenen Fälle 1a und 3c ergeben sich aus der Kombination extremer Ausprägungen der beiden Faktoren Aktivierungsausbreitung und Hemmung. Es ist aber zu berücksichtigen, daß sich ähnliche – aber nicht so stark ausgeprägte – Symptome auch in anderen Kombinationen bzw. Kästchen finden (vgl. z.B. Kästchen 1b und 3b).

Der vorliegende Erklärungsversuch wird durch eine Reihe empirisch gut abgesicherter Befunde gestützt, die zeigen, daß die kortikale Aktivierungsstärke einerseits, sowie die Ausfilterung irrelevanter Information andererseits mit der Verfügbarkeit von Transmittern zu tun haben, die in engem Zusammenhang mit psychischen Störungen stehen. Vor allem Dopamin, aber auch Acetylcholin und Gaba spielen dabei eine zentrale Rolle (vgl. Swerdlow & Koob, 1987; Hasselmo & Bower, 1993).

5. Die Ätiologie von Gedächtnisstörungen aus neuropsychologischer Sicht

5.1 Amnesien vom Typ A

Es gilt als unbestritten, daß bilaterale und gleichzeitig auftretende Läsionen in der hippokampalen Formation für die Symptomatik einer anterograden Amnesie verantwortlich sind (vgl. Gazzaniga, 1995; Squire, 1992; Squire, Knowlton, & Musen, 1993). Nicht nur Befunde aus dem humanmedizinischen (vgl. dazu die

Tabelle 1: Der hypothetische Zusammenhang zwischen Leistungsparametern des LZG und depressiven bzw. psychotischen Symptomen

Hemmungsausmaß	Geschwindigkeit der Aktivierungsausbreitung		
	(1) zu gering	(2) normal	(3) zu hoch
a) zu hoch	1a massive Perseveration	2a Perseveration	3a rigides Denken, Gedankenabbruch
b) normal	1b verlangsamtes Denken	2b normal	3b rasche Assoziationen
c) zu gering	1c Konfabulation	2c Neigung zu: Gedanken- jagen, Gedankenflucht	3c extremes Gedanken- jagen, Gedankenflucht

klassischen Befunde zu Patient H. M. in Scoville & Millner,1957 und die Übersicht in Markowitsch, 1995), sondern auch aus dem tierexperimentellen Bereich (Mishkin, 1982) sprechen für diese Auffassung. Dies bedeutet nicht, daß nicht auch andere Regionen des Gehirns (wie z. B. Teile des Frontallappens oder auch andere Teile des Temporallappens) für Gedächtnisprozesse von besonderer Bedeutung sind. Das hier in den Vordergrund gestellte Argument ist, daß bestimmte Regionen des limbischen Systems – vor allem die hippokampale Formation – mit großer Wahrscheinlichkeit für die relativ spezifischen Störungen einer anterograden Amnesie verantwortlich sind. So sind beispielsweise Amnesien, die im Rahmen schwerer dementieller Erkrankungen auftreten, eher auf den (teilweisen) Verlust kortikaler Substanz, als auf eine selektive Beeinträchtigung des limbischen Systems zurückzuführen. Dementielle Amnesien sind demgegenüber aber nicht nur durch Störungen des episodischen, sondern auch durch Störungen des semantischen und des Kurzzeit-Gedächtnisses gekennzeichnet.

Besonders anschaulich und für den derzeitigen Wissensstand kennzeichnend ist die «hippocampal memory indexing» Theorie von Teyler und DiScenna (1986), die als neuropsychologisches Analogon der Tulvingschen Theorie des episodischen Gedächtnisses bezeichnet werden kann (für eine ähnliche Version dieser Auffassung vgl. auch Miller, 1991). Im Rahmen der Indexing Theorie wird zunächst davon ausgegangen, daß die Aktivierung distribuierter kortikaler Module die Grundlage für die Einspeicherung neuer Information ist (vgl. dazu die ausführliche Übersicht in Klimesch, 1996). Die Darbietung ähnlicher Information führt zur Aktivierung ähnlicher Module und erlaubt somit die Abschätzung des Bekanntheitsgrades neu encodierter Information im Sinne einer impliziten Gedächtnisleistung. Für die explizite Beurteilung, wann und wo bestimmte Information im Kortex abgespeichert ist, wird ein «Index» benötigt, der für das gezielte Abrufen von Information unumgänglich ist. Die Bereitstellung und Speicherung des Index ist Aufgabe der hippokampalen Formation, die somit eine wichtige Kontroll- oder «Monitor-»Funktion erfüllt. Läsionen des Hippokampus führen demnach zu einer Störung des expliziten Gedächtnisses, da die «Indizierung» bzw. die «Wegwei-ser» zum Auffinden der gesuchten Information nicht, oder nicht in ausreichendem Umfang zur Verfügung stehen. Zwischen den Begriffen «Index» und «episodischer Information» besteht ein enger Zusammenhang. In beiden Fällen handelt es sich um notwendige Orientierungshilfen für Suchprozesse im Gedächtnis.

5.2 Amnesien vom Typ B

Die im Rahmen der «Indexing Theorie» gefundenen Ergebnisse demonstrieren anschaulich, daß die selektiven und umschriebenen Störungen von (anterograden) Amnesien des Typs A mit der Fehlfunktion einer vergleichsweise umschriebenen und keineswegs diffusen Gehirnstruktur in Zusammenhang stehen. Im Gegensatz dazu scheinen bei Amnesien vom Typ B – zumindest vom derzeitigen Wissensstand her gesehen – eher diffuse und sehr komplexe neurophysiologische Störungen vorzuliegen. Für diese Auffassung spricht u. a. die im Rahmen von **Tabelle 1** diskutierte Vermutung, daß das Gleichgewicht zwischen Aktivierung relevanter und Hemmung irrelevanter Information wie ein Filter wirkt, und daß funktional bedingte Verschiebungen dieses Gleichgewichtes das Auffinden der gesuchten Information verhindern oder erschweren. Dies deswegen, weil anzunehmen ist, daß die Aufrechterhaltung des Aktivierungsgleichgewichtes beim Aufsuchen relevanter Information eine um vieles komplexere Leistung ist als die «explizite» episodische «Markierung» oder «Indexbildung» für neu eingespeicherte Information.

Diese Überlegungen haben zunächst zweifellos nur hypothetischen Charakter. Allerdings muß betont werden, daß sich auch aus neuropsychologischer Sicht gesehen, einige interessante Parallelen bezüglich der Frage ergeben, wie Information im Gehirn gespeichert ist, und wie Aktivierungsvorgänge im Kortex ablaufen und gesteuert werden. Da man allgemein davon ausgeht, daß die Speicherung von Information ein höchst aufwendiger Prozeß ist, der noch um wesentliches stärker distribuiert ist, als es Wahrnehmungsvorgänge sind, muß auch angenommen werden, daß Suchprozesse sehr komplexe Vorgänge sind, die einen beträchtlichen Aufwand an Steuerungs- und Kontrollprozessen benötigen. So gesehen wird klar, daß die neuropsychologische Frage nach der Steuerung von Suchprozessen im Gedächtnis in engstem Zusammenhang mit der generellen Frage steht, wie kortikale Aktivierungen kontrolliert und gesteuert werden. Es ist bekannt, daß longitudinale Strukturen – wie z. B. das retikuläre System, thalamo-korticale Verbindungen (vgl. z. B. Steriade & Llinas, 1988) sowie Verbindungen zwischen dem limbischen System und dem Kortex (die teilweise auch über thalamische Kerne vermittelt werden) – kortikale Aktivierungsvorgänge massiv beeinflussen oder steuern können (vgl. dazu auch Swerdlow & Koob, 1987). Da die funktionale Bedeutung dieser longitudinalen Strukturen in engem Zusammenhang mit Arousal, Aufmerksamkeit und Emotion steht, kann angenommen werden, daß Veränderungen dieser vitalen Funktionen unmittelbare Auswirkungen auf die kortikale Aktivierungsstruktur haben. Daher ist zu vermuten, daß dissoziative Vorgänge – wie sie z. B. im Rahmen von Amnesien des Typs B beobachtet werden können – Ausdruck einer Verschiebung des kortikalen Aktivierungs-Hemmungsgleichgewichtes sind, die durch Einwirkungen longitudinaler Strukturen verursacht werden. Im Rahmen dieses Erklärungsversuches zeigt sich aber auch, daß dissoziative Prozesse mit Persönlichkeitsveränderungen korrelieren müssen. Pathologische Veränderungen im Bereich longitudinaler Strukturen führen nicht nur zu einer Beeinträchtigung vitaler Funktionen (wie z. B. zu einer Verschiebung im emotionalen Gleichgewicht oder in der Arousal- oder Aufmerksamkeitslage), sondern auch zu einer Veränderung der kortikalen Aktivierbarkeit, die ihrerseits wieder zu fehlgesteuerten Suchprozessen und zu dissoziativen Prozessen führt. Es ist daher zu erwarten, daß ein besseres Verständnis für die Ursachen dissoziativer Prozesse sehr wesentlich von einem besseren Verständnis für die Interaktion zwischen longitudinalen und kortikalen Strukturen abhängig ist.

6. Literatur

Anderson, J. R. (1985). *Cognitive psychology and its implications*. San Francisco: W.H. Freeman.

Gazzaniga, M. S. (Ed.). (1995). *The cognitive neurosciences*. Cambridge, MA: MIT Press.

Graf, P., Squire, L. R., & Mandler, G. (1984). The information that amnesic patients do not forget. *Journal of Experimental Psychology: Learning Memory and Cognition, 10,* 164–178.

Hasselmo, M., & Bower, J. (1993). Acetylcholine and memory. *Trends in Neuroscience,* 16, 218–222.

Klimesch, W. (1994). *The structure of long-term memory: A connectivity model of semantic processing.* Hillsdale, N.J.: Lawrence Erlbaum.

Klimesch, W. (1996). Memory processes brain oscillations and EEG synchronization. *International Journal of Psychophysiology, 24,* 61–100.

Markowitsch, H.J., & Pritzel, M. (1985). The Neuropathology of amnesia. *Progress in Neurobiology, 9,* 1–95.

Markowitsch, H.J. (1995). Anatomical basis of memory disorders. In M. S. Gazzaniga (Ed.), *The cognitive neurosciences* (p. 765–780). Cambridge, MA: MIT Press.

McAndrews, M. P., Glisky, E. L., & Schacter, D. L. (1987). When priming persists: Long-lasting implicit memory for a single episode in amnesic patients. *Neuropsychologia, 25,* 497–506.

Mishkin, M. (1982). A memory system in monkeys. *Philosophical Transactions of the Royal Society London, B, 298,* 85–95.

Miller, R. (1991). *Cortico-hippocampal interplay and the representation of contexts in the brain.* Berlin: Springer.

Parkin, A.J. (1984). Amnesic syndrome. A lesion specific disorder. *Cortex, 20,* 479–508.

Scoville, W. B. & Milner, B. (1957). Loss of recent memory after bilateral hippocampal lesions. *Journal of Neurology, Neurosurgery* and *Psychiatry, 20,* 11–21.

Squire, L. R. (1992). Memory and the hippocampus: A synthesis from findings with rats, monkeys, and humans. *Psychological Review, 99,* 195–231.

Squire, L.R., Knowlton, B., & Musen, G. (1993). The structure and organization of memory. *Annual Review of Psychology, 44,* 453–495

Steriade, M., & Llinas, R.R. (1988). The functional states of the thalamus and the associated neuronal interplay. *Physiological Reviews, 68,* 649–742.

Swerdlow, N. R., & Koob, G. F. (1987). Dopamine, schizophrenia, mania and depression. Toward a unified hypothesis of cortico-striato-pallido-thalamic function. *Behavioral and Brain Sciences, 10,* 197–245.

Teyler, T.J., & DiScenna, P. (1986). The hippocampal memory indexing theory. *Behavioral Neuroscience, 100,* 147–154.

Tulving, E. (1989). Remembering and knowing in the past. *American Scientist, 77,* 361–367

Tulving, E., Schacter, D., McLachlan, R., & Moscovitch, M. (1988). Priming of semantic autobiographic knowledge: A case study of retrograde amnesia. *Brain and Cognition, 8,* 3–20.

Tulving, E., Hayman, C., & Macdonald, C. (1991). Long-lasting perceptual priming and semantic learning in amnesia: A case experiment. *Journal of Experimental Psychology: Learning, Memory, and Cognition, 17,* 595–617.

Weiskrantz, L. (1982). Some aspects of the neuropsychology of memory in humans and animals. In J. Orbach (Ed.), *Neuropsychology after Lashley* (pp. 297–314). Hillsdale, N.J.: Lawrence Erlbaum.

27.3 Gedächtnisstörungen: Intervention

Uwe Schuri

Inhaltsverzeichnis

1. Einleitung

Störungen von Lern- und Gedächtnisleistungen zählen zu den häufigsten Folgen von Hirnschäden unterschiedlicher Ätiologie und Lokalisation (vgl. Goldstein & Levin, 1995; Markowitsch, 1992; Parkin & Leng, 1993). Sie können erhebliche Behinderungen im Alltag bedingen, bis hin zum völligen Verlust der selbständigen Lebensführung. Im Rahmen der neuropsychologischen Rehabilitationsforschung ist der Entwicklung und Überprüfung effizienter psychologischer Interventionsstrategien in diesem Problembereich in den vergangenen 20 Jahren besondere Aufmerksamkeit gewidmet worden, wobei die wichtigsten Impulse aus der kognitiven Psychologie und der Verhaltenspsychologie kamen. Zunächst wurde vorwiegend versucht, die beeinträchtigten Gedächtnisleistungen amnestischer Patienten mit Hilfe solcher Methoden zu verbessern, deren gedächtnisfördernde Wirkung bei gesunden Menschen bekannt ist. Seit Mitte der achtziger Jahre versucht man darüber hinaus Erkenntnisse der klinischen Forschung über erhaltengebliebene Gedächtniskomponenten amnestischer Patienten thera-

peutisch zu nutzen. Ferner ist ein deutlich zunehmendes Bemühen um Steigerung der Alltagsrelevanz der Therapie erkennbar.

Im folgenden Kapitel sollen die zur Zeit diskutierten psychologischen Interventionsmethoden bei der Therapie von Lern- und Gedächtnisstörungen, die durch eine Hirnschädigung bedingt sind, dargestellt werden. Zu pharmakologischen Therapieansätzen bei solchen organischen Amnesien vgl. Kopelman (1992) oder Müller und von Cramon (1995) und zu Fragen der Therapieorganisation Wilson (1995).

Das zentrale Merkmal organischer Amnesien ist die Schwierigkeit, neue Information zu erlernen bzw. zu behalten (anterograde Gedächtnisstörung; s. Kap. 27.1/Gedächtnisstörungen: Klassifikation, Diagnostik). In den meisten Fällen liegt darüber hinaus aber auch eine «retrograde Gedächtnistörung» vor, d.h. eine Beeinträchtigung der Erinnerungsleistung für Information, die vor Eintritt der Schädigung aufgenommen wurde. Dieses Störungsmuster unterscheidet sich von dem dissoziativer Amnesien, wie sie z.B. durch emotions- oder schockbedingte Hemmungsprozesse hervorgerufen werden. Bei diesen funktionellen Störungen, die primär im Rahmen psychischer Störungen beobachtbar sind, besteht die Schwierigkeit im Auffinden bzw. Abrufen bereits gespeicherter (v. a. autobiographischer) Information, ohne daß eine relevante anterograde Gedächtnisstörung vorliegt (Störungen vom «Typ B» nach Klimesch; s. Kap. 27.1/Gedächtnisstörungen: Klassifikation, Diagnostik). In vielen Fällen kehrt die Erinnerung ohne spezifische Intervention innerhalb weniger Tage zurück, in anderen können Methoden wie Hypnose oder freies Assoziieren helfen, «blockierte» Gedächtnisinhalte wieder bewußt zu machen. Dissoziative Amnesien sind im Vergleich zu organischen Gedächtnisstörungen sehr selten. Auf sie soll hier daher nicht weiter eingegangen werden (nähere Informationen finden sich z. B. bei Kihlstrom & Schacter, 1995).

Gedächtnisstörungen treten auch bei psychischen Störungen auf, die primär durch andere Symptome gekennzeichnet sind, wie z. B. bei Depressionen oder Schizophrenien (zu charakteristischen Merkmalen solcher Gedächtnisstörungen vgl. McKenna, Clare & Baddeley, 1995; Watts, 1995). Die Anwendung psychologischer Interventionsmethoden (wie sie im Rahmen der neuropsychologischen Rehabilitationsforschung entwickelt wurden) bei diesen Gedächtnisstörungen erscheint aus heutiger Sicht als begleitende Maßnahme prinzipiell möglich und sinnvoll. Die Entwicklung entsprechender krankheitsspezifischer Therapiemodelle steckt gegenwärtig jedoch noch in den Kinderschuhen und wird in diesem Kapitel nicht näher diskutiert (vgl. z. B. Green, 1993; Watts, 1995).

2. Interventionsziele

Menschen, die nach einer Hirnschädigung unter Gedächtnisstörungen leiden, und ihre Angehörigen erwarten von der Therapie im allgemeinen eine Unterstützung des Vorgangs der Wiederherstellung ursprünglicher Fähigkeiten *(Restitution)*. Die Praxis zeigt jedoch, daß dies bestenfalls in sehr begrenztem Umfang möglich ist. Das Forschungsinteresse konzentrierte sich in Folge dessen bis Mitte der achtziger Jahre auf die *Kompensation gestörter Gedächtnisleistungen durch Einsatz zuvor nicht benutzter Strategien der Informationsverarbeitung*. Probleme der

Anwendung und Generalisierung erlernter kognitiver Strategien im Alltag haben einige Autoren dazu bewogen, das Ziel tiefer anzusetzen und sich in der Therapie ganz auf den *Erwerb spezifischen Wissens* (wie z. B. die Bedienung eines Computers, vgl. Abschnitt 3.5) zu konzentrieren (Schacter & Glisky, 1986), ohne dabei eine allgemeine Steigerung der Lern- und Merkfähigkeit anzustreben. Das Ziel anderer Therapieansätze (vgl. z. B. Schuri, Wilson & Hodges, 1996; Wilson, 1987, 1995) ist ein *möglichst störungsfreier Alltagsablauf unter Nutzung aller verfügbaren Ressourcen*. Dabei nehmen therapeutische Veränderungen der Umwelt, Verhaltensmodifikation und der systematische Einsatz externer Gedächtnishilfen, wie Terminkalender oder Erledigungslisten, eine zentrale Stellung ein. Darüber hinaus wird den früher vernachlässigten (aber besonders alltagsrelevanten) prospektiven d. h. auf die Zukunft gerichteten Gedächtnisleistungen besondere Beachtung geschenkt (vgl. Brandimonte, Einstein & McDaniel, 1996; Sohlberg & Mateer, 1989a).

Gedächtnisstörungen treten je nach Ausmaß und Ort der Schädigung gedächtnisrelevanter Hirnstrukturen in unterschiedlichen Schweregraden auf. Diese reichen von minimalen Leistungseinbußen, die sich testmäßig nur schwer objektivieren lassen, bis hin zu schwersten Störungen, wie sie beim sog. amnestischen Syndrom (vgl. z. B. Parkin & Leng, 1993) beobachtbar sind. Entsprechend vielfältig sind auch die möglichen alltagsbezogenen Interventionsziele; sie reichen von der Verbesserung basaler Orientierungsleistungen (vgl. z. B. Kaschel, Zaiser-Kaschel, Shiel & Mayer, 1995; Moffat, 1984) bis hin zur Bewältigung spezifischer beruflicher Anforderungen. Die meisten Patienten mit organischen Amnesien weisen neben Gedächtnisstörungen andere neuropsychologische Defizite (wie Störungen der Wahrnehmung, der Aufmerksamkeit, der Sprache oder des Denkens) auf, die für die Gedächtnistherapie relevant sind. Eine Schlüsselvariable für die realistische Zielsetzung stellt dabei die Fähigkeit des Patienten zur Einsicht in vorhandene Störungen und zur adäquaten Bewertung ihrer Auswirkungen im Alltag dar. Patienten, denen relevante Beeinträchtigungen ihrer Lern- und Gedächtnisleistungen nicht bewußt sind, zeigen nur eine geringe Therapiemotivation und setzen kompensatorische Gedächtnisstrategien im Alltag nicht systematisch ein. Die *Verbesserung meta-kognitiven Wissens* stellt daher ein wichtiges Ziel alltagsorientierter Therapieansätze dar (vgl. z. B. Schuri, 1996; Unverhau, 1994).

Bei der *Definition individueller Therapieziele* liefert eine funktionsorientierte Diagnostik (vgl. Kap. 27.1/Gedächtnisstörungen: Klassifikation, Diagnostik; Schuri, 1993) primär Hinweise auf verfügbare Ressourcen und vermittelt dem Therapeuten ein «Verständnis» des kognitiven Leistungsbildes. Eine alltagsorientierte Therapie setzt darüber hinaus jedoch differenziertes Wissen über Gedächtnisanforderungen und -probleme im täglichen Leben des Patienten voraus sowie über seine Bewältigungsstrategien. Die testpsychologische Diagnostik muß daher durch verhaltenspsychologische Meßtechniken (wie Interviews, Gedächtnistagebücher, Verhaltensbeobachtungen in Alltagssituationen, Checklisten u.a.) ergänzt werden (vgl. z.B. Kaschel, 1994; Wilson, 1987).

3. Interventionsmethoden

3.1 Klassifikation der Methoden

Die in der Therapie bei Gedächtnisstörungen nach Hirnschädigung eingesetzten spezifischen Interventionsmethoden lassen sich grob klassifizieren in:

– Methoden, die der Reduktion von Anforderungen an das Gedächtnis dienen,

– Methoden die auf eine Verbesserung von Gedächtniskomponenten abzielen und
– Methoden, mit denen metakognitives Wissen und Aspekte des Problemlösens verbessert werden sollen.

Die folgende Darstellung von Interventionsmethoden orientiert sich an diesem Schema. Nicht eingegangen wird auf wichtige, aber weniger gedächtnisspezifische Merkmale von Rehabilitationsprogrammen, wie psychotherapeutische Maßnahmen (z. B. zur Stützung des Selbstkonzeptes) sowie die Einbeziehung und Beratung enger Bezugspersonen (vgl. z. B. Prigatano, 1995; Schuri, 1996; Wilson, 1995).

3.2 Veränderungen der Umwelt und externe Gedächtnishilfen

Eine der naheliegendsten Möglichkeiten, gedächtnisbedingte Probleme im Alltag zu vermeiden, besteht darin, die Anforderungen an das Gedächtnis zu reduzieren und somit dem verminderten Leistungsniveau anzupassen (s. **Abb. 1**). Dabei sind zunächst Situationen zu erfassen, in denen aufgrund zu hoher Gedächtnisanforderungen ein Versagen bzw. deutliche Mißerfolgserlebnisse absehbar sind. Wenn möglich, sollten solche Situationen gemieden werden.

Eine andere Methode der Reduktion von Gedächtnisanforderungen ist die optimale Gestaltung der Umwelt des Patienten. Beispiele hier-

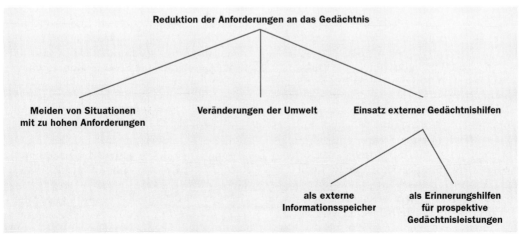

Abbildung 1: Strategien und Methoden zur Entlastung des Gedächtnisses

für sind die Aufbewahrung von Dingen an festgelegten Orten (möglichst dort, wo sie auch gebraucht werden) sowie das Anbringen von Aufschriften und Hinweisschildern. Auch das verbale Verhalten Gedächtnisgestörten gegenüber ist in diesem Zusammenhang zu beachten. Es kann z. B. durch zu hohe Informationsfülle eine Überforderung entstehen.

Eine weitere Möglichkeit der Reduktion von Gedächtnisanforderungen im Alltag besteht im Einsatz externer Gedächtnishilfen zur kurz- und längerfristigen Speicherung von Information sowie als Erinnerungshilfen für Vornamen (vgl. Kapur, 1995). Als kurzfristiger *externer Informationsspeicher* sind sie bei Störungen des Arbeitsgedächtnisses (bei Problemen des gleichzeitigen Haltens und Verarbeitens von Informationen) von Bedeutung. Hier geht es darum, Zwischenschritte von Handlungs- bzw. Arbeitsabläufen festzuhalten (z. B. bei komplexen Rechnungen), die sonst durch zwischengeschaltete Aktivitäten vergessen würden. Sie dienen ferner dazu, Informationen im Überblick zu behalten, die bei der Bearbeitung einer Aufgabe berücksichtigt werden sollen oder die Grundlage eines Entscheidungsprozesses sind.

Längerfristig werden Informationen in Form von Erledigungslisten, Gesprächsnotizen, Skizzen etc. extern gespeichert, um bei Bedarf einen sicheren Zugriff auf sie zu haben. Diese Hilfen sind bei Störungen der Aufnahme, des längerfristigen Behaltens bzw. des Abrufs neuer Information sowie des Altgedächtnisses unverzichtbar. Von praktischer Bedeutung sind in diesem Zusammenhang z. B. die systematische Zusammenstellung berufsrelevanten Wissens (Fachausdrücke, Arbeitsabläufe etc.) oder biographischer Ereignisse (wie der Krankengeschichte) bei Störungen domänspezifischen Wissens bzw. des autobiographischen Gedächtnisses.

Besondere Bedeutung haben externe Hilfen als *Erinnerungshilfen bei prospektiven Gedächtnisleistungen* wie dem Erinnern von Terminen und Vornahmen. Dem Gesunden liefern sie dabei in der Regel nur einen Hinweis auf intern gespeicherte Information. Gedächtnisgestörte Patienten vergessen dagegen zumeist nicht nur, daß sie etwas tun wollten, sondern auch *was* sie sich vorgenommen haben. Welche Kriterien für wirksame externe Hilfen gibt es? Zunächst einmal sollten sie so einfach wie möglich zu handhaben sein und dennoch einen

hohen Grad an Sicherheit bieten. Dies bedeutet, daß sie sowohl auf das Leistungsprofil des Patienten als auch auf seine spezifischen Gedächtnisanforderungen im Alltag abgestimmt sein müssen. Nach Harris (1984a, b) sind für externe Hilfen zum Erinnern an Termine und Vornahmen u. a. die folgenden Merkmale wünschenswert:

– Sie sollten «aktiv» (wie das Alarmzeichen einer Uhr) und nicht «passiv» (z. B. Notiz auf einem Zettel) sein.
– Die Erinnerung sollte möglichst unmittelbar vor dem Zeitpunkt erfolgen, zu dem eine Handlung erforderlich ist.
– Schließlich sollte die Hilfe möglichst spezifisch sein.

Der Knoten im Taschentuch, welcher bei seinem zufälligen Auffinden nicht preisgibt, woran er uns erinnern soll, berücksichtigt keines dieser Kriterien. Die Benutzung eines akustischen Alarmzeichens in Kombination mit einer spezifischen schriftlichen Information in einem Heft, stellt dagegen eine gute Kombination dar.

Im Handel erhältliche elektronische Organisations- und Erinnerungshilfen ermöglichen es heute, große Mengen relevanter Information (wie Erledigungslisten, Ideen oder Absprachen) sicher verfügbar zu haben. Einige Geräte können so programmiert werden, daß sie zu verschiedenen Zeitpunkten in der näheren und ferneren Zukunft zuverlässig an Termine erinnern. Viele dieser elektronischen Hilfen sind für den Einsatz in der Rehabilitation Hirngeschädigter jedoch nur eingeschränkt geeignet, da sie zu hohe Anforderungen an den Benutzer stellen (für eine ausführliche Diskussion relevanter Gerätemerkmale vgl. Kapur, 1995). Besonders patientengerecht erscheinen neue Systeme, die Nachrichten über Funk zu jedem gewünschten Zeitpunkt zustellen. Bei einem dieser Systeme («NeuroPage»; Hersh & Treadgold, 1994) werden die individuellen Erinnerungshilfen computergesteuert via Modem an eine Funkstation und von dort an den Patienten übermittelt.

Externe Gedächtnishilfen sind in der Literatur über lange Zeit zugunsten interner Strategien vernachlässigt worden. Dies geschah völlig zu Unrecht, da sie relativ sichere Methoden zur

Vermeidung gedächtnisbedingter Probleme im Alltag darstellen. Voraussetzung hierfür ist allerdings, daß geeignete Methoden ausgesucht werden und ihre Anwendung systematisch trainiert wird. Als ein gutes Beispiel für ein solches Training kann der Fallbericht von Sohlberg und Mateer (1989b; vgl. auch Sohlberg & Mateer, 1989a) gelten (vgl. **Kasten 1**).

Externe Hilfen sind im gesamten Spektrum der Störungsgrade anwendbar, wobei ihre relative Bedeutung jedoch mit ansteigendem Schweregrad der Gedächtnisstörung zunimmt. Sie können, wie unser Fallbeispiel zeigte, auch bei schwersten Gedächtnisstörungen ein hohes Maß an Autonomie im Alltag gewährleisten.

Externe Hilfen stoßen jedoch häufig auf Widerstand der Patienten (und ihrer Angehörigen), die anstelle solcher «Prothesen» eine Wiederherstellung der früheren Gedächtniskapazitäten wünschen (vgl. Abschnitt 2). Sie möchten ihr Gedächtnis nicht durch lästige, in ihren Augen demnächst wieder entbehrliche Strategien entlasten, sondern den vermeindlich fortdauernden Gesundungsprozeß durch mentale Übungen unterstützen. Die Bereitschaft zum Einsatz externer Hilfen nimmt erst dann deutlich zu, wenn ein persistierendes Restdefizit zu wiederholten «Gedächtnispannen» im Alltag geführt hat (vgl. Wilson, 1991). Es ist daher in den frühen Phasen wichtig, den Patienten klar-

---

Kasten 1
Training des Gebrauchs eines «Gedächtnisbuches» (Sohlberg & Mateer, 1989b)

Fragestellung
Implementierung eines Gedächtnisbuches bei Vorliegen schwerer kognitiver Defizite.

Patient
Trainiert wurde ein 19jähriger Patient, der 1 Jahr nach einem Schädelhirntrauma unter schweren Gedächtnisstörungen und anderen kognitiven Defiziten (Störungen der Aufmerksamkeit, unterdurchschnittliche Intelligenz) litt. Er war völlig abhängig von seiner Familie und bedurfte einer ganztägigen Supervision.

Intervention
Das täglich durchgeführte Training, das in ein umfassendes Rehabilitationsprogramm eingebettet war, bestand aus einem 3stufigen hierarchischen Programm:

- In einer *Akquisitionsphase* erlernte der Patient zunächst die Bedeutung der einzelnen Sektionen seines Buches (Orientierung, Gedächtnis-Tagebuch, Kalender, Erledigungen, Transport) sowie das Abfassen von Eintragungen.

- In der sich anschließenden *Applikationsphase* lernte er (u.a. im Rollenspiel), wann und wo Eintragungen ins Buch zu machen waren.

- In der abschließenden *Adaptationsphase* wurde der selbständige Einsatz des Buches im Alltag trainiert und geprüft.

Während des Trainings erhielt der Patient ein unmittelbares Feedback über seine Leistungen und abgestufte Hilfen. Für jeden der 3 Trainingsabschnitte wurden spezifische Leistungsziele unter Berücksichtigung von Güte- und Stabilitätskriterien operational definiert, nach deren Erreichen zur nächsten Phase übergegangen wurde.

Ergebnisse
Nach insgesamt 6 Monaten war der Patient in der Lage, das Gedächtnisbuch systematisch und selbständig einzusetzen. Die testpsychologisch ermittelten kognitiven Leistungen hatten sich in diesem Zeitraum mit Ausnahme leicht verbesserter Aufmerksamkeitsleistungen nicht wesentlich verändert. Der Patient führte jedoch ein weitgehend selbständiges Leben. Die Autoren vermuten, daß die erworbene Fertigkeit hierfür eine entscheidende Rolle spielte (Sohlberg & Mateer, 1989a). Das Buch wurde auch 6 Monate nach Beendigung des Trainings noch systematisch eingesetzt.

zumachen, daß es keine Belege dafür gibt, daß die Benutzung externer Hilfen die Normalisierung ihrer Gedächtnisfunktionen behindert.

Wichtige Voraussetzungen für den erfolgreichen Einsatz externer Hilfen sind somit neben der Störungseinsicht des Patienten die Akzeptanz dieser Methoden durch den Patienten und seine Angehörigen, die Auswahl geeigneter Hilfen sowie das systematische Training ihres Einsatzes.

3.3 Stimulation

Das Training von Gedächtnisfunktionen mit Hilfe von Spielen (z.B. «Memory») und einfachen Übungsaufgaben (wie das Reproduzieren von Wortlisten und kurzen Texten) gehört zu den im klinischen Alltag üblichen Therapiemethoden (Überblick: s. **Abb. 2**). Auch die heute sehr in Mode gekommenen computergestützten Trainingsprogramme gehören zum großen Teil dieser Kategorie an. Die Möglichkeit einer allgemeinen Verbesserung des Gedächtnisses (v. a. eine Rückbildung der anterograden Amnesie) mit Hilfe solcher Methoden muß aufgrund vorliegender empirischer Befunde (z.B. Prigatano, Fordyce, Zeiner, Roueche, Pepping & Wood, 1984; Berg, Koning-Haanstra & Deelman, 1991) sehr skeptisch beurteilt werden. Die Vorstel-

lung, das Gedächtnis sei «wie ein Muskel» trainierbar, scheint zu optimistisch. Neuere Untersuchungen (vgl. Sohlberg, White, Evans & Mateer, 1992) deuten jedoch die Möglichkeit an, daß ein gezieltes Training prospektiver Gedächtnisleistungen zu einer Verbesserung sowohl dieser als auch retrospektiver Gedächtnisleistungen führen kann. In weiteren empirischen Arbeiten wird man daher dem Typ der Übungsaufgaben (retrospektive oder prospektive Leistungen) besondere Beachtung schenken müssen. Für die Wirksamkeit eines Stimulationsansatzes könnte auch der Zeitpunkt der Durchführung bedeutsam sein: Es erscheint nach eigenen Erfahrungen denkbar, daß in frühen Stadien nach einer Hirnschädigung durch Stimulation Gedächtnisverbesserungen erzielt werden können, die über die spontane Rückbildung hinausgehen. Bei der Beurteilung solcher Effekte ist allerdings auch die mögliche Wirkung eines gleichzeitigen (unspezifischen) Trainings von Aufmerksamkeitsfunktionen zu berücksichtigen. Unzureichende Aufmerksamkeitsleistungen können auch in späteren Rehabilitationsstadien eine Ursache für Gedächtnisprobleme sein. Einige Autoren empfehlen daher ein spezifisches Aufmerksamkeitstraining als festen Bestandteil der Therapie bei Gedächtnisstörungen (z.B. Sohlberg & Mateer, 1989).

Abbildung 2: Ziele und Methoden beim Versuch der Verbesserung von Gedächtniskomponenten

3.4 Training von Strategien der Informationsverarbeitung

Wir wissen, daß es gesunden Personen möglich ist, ihre Gedächtnisleistungen durch die Anwendung bestimmter Strategien der Aufnahme und des Abrufs von Information zu verbessern (vgl. Wippich, 1984). Der Versuch, die erhaltenen Kapazitäten gedächtnisgestörter Patienten mit Hilfe solcher oder abgewandelter (auf ihre speziellen Bedürfnisse zugeschnittener) Techniken optimal zu nutzen, stellt einen Schwerpunkt traditioneller Therapieforschung dar (für eine genaue Beschreibung solcher «internen» Gedächtnishilfen vgl. z.B. Moffat, 1984; Wilson, 1995).

Angewendet werden diese Strategien hauptsächlich in zwei Bereichen: Zum einen beim Lernen und Erinnern von (vorwiegend verbalen) Einzelinformationen und zum anderen bei der Verarbeitung von Texten. Als theoretischer Bezugsrahmen bieten sich dabei gedächtnispsychologische Modelle an, welche die Bedeutung von Verarbeitungsprozessen betonen, wie der «levels of processing»-Ansatz (Craik & Lockhart, 1972), dem zufolge eine «tiefe» semantische und elaborierte Verarbeitung zu besonders guten Gedächtnisleistungen führt. Ausgehend von solchen Theorien läßt sich einerseits prüfen, ob ineffiziente Strategien eingesetzt werden bzw. ob ein optimaler Umgang mit dem Material zu verbesserten Gedächtnisleistungen führt sowie andererseits, ob diese effizienteren Strategien erlernt und im Alltag eingesetzt werden.

Amnesien wurden in älteren Theorien als Folge von Störungen der Informationsaufnahme (Enkodierung), der Speicherung (Konsolidierung) oder des Abrufs von Information («retrieval») betrachtet. In der Folgezeit sind jedoch die Interaktionen zwischen diesen Prozessen der Informationsverarbeitung hervorgehoben geworden (vgl. z.B. Salmon & Butters, 1987). Amnestische Patienten haben besondere Probleme beim Behalten episodischer Information. Dabei handelt es sich um persönliche Erlebnisse und ihre zeitlich-kontextuelle Einordnung (vgl. Kap. 27.2/Gedächtnisstörungen: Ätiologie/Bedingungsanalyse). Im Gegensatz zu Gesunden wird die zeitlich-kontextuelle Information bei ihnen gemäß der «Kontext-Hypothese» nicht automatisch mit abgespeichert. Dadurch ergeben sich Probleme beim Erinnern des Erlebten, weil es nicht über Kontextmarkierungen abgerufen werden kann. Diese Zusammenhänge sind auch beim Training zu berücksichtigen: In der Lernsituation sollte der Patient die für den Abruf benötigte Kontextinformation bewußt mitlernen. Darüber hinaus erscheint es sinnvoll, neue Information in möglichst vielfältiger Weise mit vorhandenem Wissen zu verknüpfen. Je stärker diese Vernetzung ist, umso schneller und sicherer sollte vor dem Hintergrund von Netzwerkmodellen (vgl. Klimesch, 1994) der Abruf gelingen.

In einer Reihe von Forschungsarbeiten ist der gedächtnisfördernde Effekt *verbaler Strategien* bei gedächtnisgestörten Patienten erprobt worden. Zu den Techniken, die zum Einprägen/Erinnern mehrerer isoliert nebeneinanderstehender Informationen herangezogen werden, zählen

- die Organisation nach klanglichen oder semantischen Gesichtspunkten («cluster»Bildung, z.B. Ordnen einer Einkaufsliste nach Obst, Molkereiprodukten etc.)
- ihre Einbindung in Sätze, Reime oder Geschichten
- die Verknüpfung zweier Wörter durch einen verbalen «Mediator» (z.B. Benutzung der «Brücke» Hand beim Lernen des Paares Uhr – Handschuh) sowie
- der Gebrauch von Anfangsbuchstaben und Abkürzungen als Abrufhilfe (sind z.B. die Initialen von Namen bewußt mitgelernt worden, so kann bei später auftretenden Abrufproblemen das Alphabet systematisch nach diesen Erinnerungshilfen abgesucht werden. Abkürzungen wie «BAFÖG» (*B*undes-*A*usbildungs-*F*örderungsgesetz) können die Erinnerung an komplexe Sachverhalte erleichtern).

Teilweise werden verbale Strategien auch mit visuellen Vorstellungen kombiniert.

Von verschiedenen Autoren wurden einander sich ähnelnde Techniken zur Verbesserung der Gedächtnisleistungen für Textinformation beschrieben. Es handelt sich um Varianten der PQRST-Technik von Robinson (1970). Danach verschafft man sich zunächst einen Überblick (*Preview*), formuliert daraufhin Fragen zum Text (*Question*), liest ihn anschließend sorgfältig

(*Read*), wiederholt den Inhalt (*State*) und überprüft sich schließlich anhand der gestellten Fragen (*Test*). Der erste Literaturbericht über die erfolgreiche Anwendung dieser Technik bei Gedächtnisgestörten stammt von Glasgow, Zeiss, Barrera und Lewinsohn (1977; vgl. **Kasten 2**). Wilson (1987) konnte nachweisen, daß der gedächtnisfördernde Effekt der Methode nicht allein durch eine erhöhte Bearbeitungszeit bedingt ist.

Wenn das einfache Wiederholen neuer Information in den gerade zitierten Arbeiten auch nur geringe Effekte bewirkte, so kann ein systematisches Wiederholen nach einem optimalen zeitlichen Ablauf doch eine durchaus wirksame zusätzliche Hilfe beim Lernen darstellen (Schacter, Rich & Stampp, 1985).

Die überwiegende Zahl älterer Therapiestudien untersucht den Effekt bildhafter Vorstellungen *(visual imagery)* auf Lern- und Gedächtnisleistungen. Paivios *duale Kodierungstheorie* dient dabei als theoretische Grundlage (Paivio, 1971, 1986). Durch das Training einer «doppelten» Abspeicherung (verbal und bildhaft) können die Vorzüge bildhafter Repräsentation genutzt werden. Hieraus ergeben sich auch zusätzliche Möglichkeiten für den Informationsabruf. Einzelinformationen können in ein Bild integriert und dadurch überschaubar gemacht werden. Sie lassen sich auch in eine Bilderreihe bringen, und erleichtern dadurch das Erinnern einer Abfolge. Dies Prinzip wird beispielsweise in der «Loci-Methode» (Methode der Orte) angewandt, bei der die zu erlernenden Informationen an genau festgelegten Punkten entlang eines mental repräsentierten bekannten Weges (z. B. dem Weg zur Arbeit) «abgelegt» werden. Bildhafte Vorstellungen werden auch beim Lernen von Gesichter–Namen-Assoziationen angewandt. Dabei wird zunächst der Name in ein Bild transponiert (z. B. Herr Vogel: Bild eines Vogels), das anschließend mit einem charakteristischen Aussehensmerkmal der Person (z. B. buschige Augenbrauen) imaginativ verknüpft wird (ein Vogel mit buschigen Augenbrauen). An diesem Beispiel werden schon Schwierigkeiten der Methode deutlich: Nicht jeder Name ist leicht in ein Bild umzusetzen und nicht jedes Gesicht weist hervorstechende Merkmale auf.

Geht man davon aus, daß eine duale Kodierung (verbal und bildhaft) zu verbesserten Gedächtnisleistungen führt, so stellt sich die Frage, ob das Gedächtnis von der Hinzunahme weiterer Kodierungsformen profitiert. Untersuchungen und Modelle der allgemeinen Psychologie sowie der Entwicklungspsychologie des höheren Lebensalters zur *multiplen Kodierung* (vgl. z. B. Engelkamp, 1990) zeigen, daß sich die (verbalen) Gedächtnisleistungen gesunder Personen durch die Aktivierung von Handlungsprogrammen verbessern lassen. Besonders gut ist dieser Handlungseffekt beim Lernen von Aktionsphrasen, wie «die Fahrkarte abstempeln», untersucht. Das Ausführen einer entsprechenden Handlung in der Encodierungsphase verbessert dabei die Gedächtnisleistung. Erste systematische Untersuchungen an amnestischen Patienten deuten an, daß auch sie diesen gedächtnisfördernden Effekt der Handlungsausführung zeigen (Schuri & Vorleuter, 1993).

Die Ergebnisse der Therapieforschung belegen, daß amnestische Patienten (zumindest die mit mittelgradigen und leichten Störungen) in der Regel in der Lage sind, effektive Strategien der Informationsverarbeitung in der Therapiesituation gewinnbringend einzusetzen, auch wenn sie dabei nur selten ein der Norm entsprechendes Leistungsniveau erreichen. Es gibt jedoch gegenwärtig keine sicheren Belege dafür, daß ein Strategietraining überdauernde signifikante Verbesserungen von Gedächtnisleistungen bewirkt. In einer Studie von Berg, Koning-Haanstra und Deelman (1991; vgl. **Kasten 3**) zeigte sich zwar ein spezifischer Interventionseffekt in Gedächtnistests, der auch 4 Monate nach Therapieende noch nachweisbar war; beim Follow-up nach 4 Jahren konnte er jedoch nicht mehr beobachtet werden (Milders, Berg & Deelman, 1995). Unklar ist in fast allen Studien auch, ob die in der Therapie erworbenen Strategien im Alltag eingesetzt werden. Zu den Ausnahmen gehören Einzelfallanalysen von Kaschel (1994), in denen signifikante Effekte im Alltag beobachtbar waren. Die Gründe für Generalisierungsprobleme sind vielschichtig: So lassen sich z. B. nur wenige der klassischen mnemotechnischen Strategien sinnvoll in typischen Problemsituationen des Alltags anwenden (geringe ökologische Validität). Ferner erfordern die meisten der Techniken ein hohes Maß an mentaler Anstrengung und Verarbeitungskapazität sowie Kreativität. Aufgrund assoziierter Hirnleistungsstörungen (z. B. kognitive Verlangsamung, reduzierter Ideenfluß und Reduktion spontan generierten Verhaltens) bringen viele

Kasten 2
Fallbeispiel zur Anwendung der PQRST-Technik (Glasgow, Zeiss, Barrera & Lewinsohn, 1977)

Fragestellung

Können die Behaltensleistungen für Textinformation durch Einsatz von Strategien verbessert werden? In einer Einzelfallstudie wurde eine modifizierte PQRST-Technik mit einer «rehearsal»-Strategie verglichen.

Patientin

Eine 22jährige Studentin litt dreieinhalb Jahre nach einem schweren Schädelhirntrauma (bei hoher Intelligenz im Wechsler-Test) unter Schwierigkeiten, sich Unterrichtsstoff zu merken. Ihr zentrales Problem lag im längerfristigen Behalten (unmittelbar nach Darbietung kurzer Texte wurden 88 Prozent, am Ende der Sitzung 54 Prozent und nach einer Woche nur noch 8 Prozent der Hauptgesichtspunkte frei erinnert).

Untersuchungsverfahren

In einer zweiwöchigen Baseline-Periode wurden die Behaltensleistungen für kurze gehörte und gelesene Texte ermittelt. Bewertet wurde dabei die freie Reproduktion von Hauptgesichtspunkten und wichtigen Details sowie die Beantwortung textbezogener multiple-choice Fragen (Rekognition). Die Tests erfolgten unmittelbar nach Darbietung, am Ende der Sitzung, nach 24 Stunden sowie nach einer Woche.

Intervention

Nach dieser Testphase wurde die Wirkung zweier Behandlungsstrategien untersucht. Eine bestand im mehrfachen Wiederholen der Information («rehearsal») bei der anderen handelte es sich um eine leicht modifizierte PQRST-Technik (die P- und Q-Phase wurden kombiniert; es wurden Standardfragen vorgegeben). In 4 Sitzungen wurden je 3 Texte bearbeitet, wobei die Strategien in balancierter Abfolge zur Anwendung kamen. Unter den abhängigen Variablen befand sich neben den Kennwerten der Baseline-Periode auch die Bearbeitungszeit. Im Anschluß an diese Therapiephase wurde die Anwendung der PQRST-Technik beim Lesen von Zeitungsartikeln außerhalb der Klinik untersucht. Als abhängige Variable diente hier die Selbsteinschätzung der erzielten Leistung.

Ergebnisse

Die PQRST-Technik erwies sich dem «rehearsal» als deutlich überlegen und dieses wiederum der in der Baseline-Periode benutzten Strategie. Auch außerhalb der Klinik zeigte sich der gedächtnisfördernde Effekt der PQRST-Methode. Die Autoren weisen allerdings auf den erhöhten Zeitbedarf dieser Strategie hin.

Patienten schlechte Voraussetzungen für ihren Einsatz mit.

Erwähnenswert ist auch die häufig nur geringe Alltagsrelevanz benutzter Therapiematerialien und die fehlende systematische Erprobung der erlernten Techniken in klinischen und außerklinischen Alltagssituationen im Rahmen der Therapie (vgl. Baddeley, 1984).

3.5 Techniken zum Erwerb neuen Wissens

Bei schweren Amnesien sind dem therapeutischen Bemühen um eine Verbesserung der Fähigkeit, neue Informationen (generell oder nur bestimmte Klassen, wie Texte oder Namen) aufzunehmen und zu erinnern, deutliche Grenzen gesetzt. Das bedeutet jedoch nicht, daß diese Patienten völlig unfähig wären, etwas Neues zu erlernen. Beim Versuch, wenige relevante Informationen einzuspeichern (z.B. einige neue Namen) können zum einen die in Abschnitt 3.4 diskutierten Strategien herangezogen werden (vgl. z.B. Wilson 1987). Zum anderen versucht man, erhalten gebliebene implizite Gedächtnisleistungen (vgl. Kap. 27/2/Gedächtnisstörungen: Ätiologie/Bedingungsanalyse) zu nutzen. Die Methode der *vanishing cues* (Glisky, Schacter & Tulving, 1986) stellt einen solchen Versuch

Kasten 3
Gruppenstudie zum Effekt eines Strategie-Trainings (Berg, Koning-Haanstra & Deelman, 1991)

Fragestellung

Untersucht wurde, ob Patienten mit Gedächtnisstörungen nach Schädelhirntrauma (SHT) von einem strategieorientierten, alltagsnahen Rehabilitationsprogramm profitieren.

Methode

• *Stichprobe:* An der Untersuchung nahmen 39 Patienten teil, die nach einem schweren gedeckten SHT, welches im Mittel mehr als 5 Jahre zurücklag, über Gedächtnisbeschwerden im Alltag klagten (alle lebten selbständig), objektivierbare Gedächtnisdefizite aufwiesen, jedoch keine schwerwiegenden anderen kognitiven und psychischen Auffälligkeiten zeigten.

• *Versuchsplan:* Ein Strategie-Training wurde mit einer auf «drill and practice» basierenden Therapie (als «Pseudorehabilitation» bezeichnet) und einer «no-treatment»-Bedingung, bei der lediglich Kontrolltestungen vorgenommen wurden, verglichen. Die Studie folgte einem Kontrollgruppen-Plan mit Messungen vor Beginn der Intervention, nach der Hälfte der Therapiezeit sowie unmittelbar und 4 Monate nach Abschluß der Behandlung. Die Patientengruppen unterschieden sich nicht hinsichtlich der Variablen Alter, Ausbildung, Intelligenz, Dauer der posttraumatischen Amnesie, Zeit seit der Hirnschädigung sowie ihrer Aufmerksamkeits- und Gedächtnisleistungen vor Therapiebeginn.

• *Intervention:* Das Strategietraining bestand aus 18 einstündigen Einzelsitzungen, die sich über 6 Wochen erstreckten. Eine Reihe einfacher Regeln (zum Beispiel «wenn möglich benutzen Sie externe Hilfen», «nehmen Sie sich mehr Zeit», «bilden Sie Assoziationen», «verknüpfen Sie Aufnahme- und Abrufsituationen»), die in einem Heft erklärt waren, wurden in der Therapie diskutiert und demonstriert. Ferner wurden Verbindungen zum Alltag erarbeitet. Die Strategien wurden im Verlauf auf spezifische Alltagsprobleme (z. B. Personennamen vergessen), die vom Patienten ausgewählt wurden, angewandt.

• *Untersuchungsverfahren:* Selbsteinschätzungen und zwei Gruppen objektiver Tests (Gedächtnistests, auf welche die erarbeiteten Strategien anwendbar waren (Lernen und Behalten von Wortlisten und Gesichter-Namen-Assoziationen) und Reaktionszeitmessungen, bei denen keine Strategieeffekte erwartet wurden).

Ergebnisse

Die Patienten beider Therapiegruppen (Strategie-Training und «drill and practice») zeigten sich sehr zufrieden mit der Behandlung und bewerteten deren Nutzen für den Alltag in gleicher Weise als positiv. Nur das Strategie-Training bewirkte jedoch im Vergleich zur Kontrollgruppe signifikante Verbesserungen in den durchgeführten Gedächtnistests. Dieser Effekt war am stärksten beim Follow-up nach 4 Monaten. Keine der beiden Behandlungsformen bewirkte signifikante Effekte auf Reaktionszeiten.

dar. Ziel der Autoren war es, einigen schwer amnestischen Patienten ein Grundvokabular der Computersprache zu vermitteln. Dazu wurden von einem zu erlernenden Begriff zunächst so viele Buchstaben vorgegeben wie zur Identifikation notwendig waren. Anschließend wurden diese *cues* schrittweise systematisch reduziert. Die Methode, die zwischenzeitlich auch auf andere Wissensinhalte angewandt wurde (vgl. Glisky, 1995), bewirkt einen zwar stabilen aber nur sehr langsamen Lernzuwachs. Ein weiteres Problem scheint die geringe Flexibilität des so erworbenen Wissens zu sein, das im wesentlichen nur unter den Bedingungen der ursprünglichen Lernsituation abrufbar ist und damit als «hyperspezifisch» charakterisiert werden muß.

Eine mögliche Erklärung für den geringen Lernfortschritt mit der vanishing cues Technik könnte darin bestehen, daß es amnestischen Patienten schwerfällt, die beim Lernen auftretenden Fehler wieder zu eliminieren. Neuere Untersuchungen, denen diese Hypothese zugrunde liegt, deuten an, daß Personen mit organischen Gedächtnisstörungen von Lernprozeduren profitieren, bei denen Fehler vermieden werden («*errorless learning*»; Baddeley & Wilson, 1994; Wilson, Baddeley, Evans & Shield, 1994).

3.6 Förderung von metakognitivem Wissen und Aspekten des Problemlösens

Eine Schlüsselvariable für den Rehabilitationserfolg ist, wie bereits in Abschnitt 2 erwähnt, die realistische Selbsteinschätzung der Patienten. Es erscheint daher sinnvoll, einen Schwerpunkt der Therapie auf die bewußte und aktive Auseinandersetzung mit den eigenen Gedächtnisleistungen zu legen (vgl. z.B. Schuri, 1996; Unverhau, 1994). Der Patient lernt dabei nicht nur «kritische» Anforderungen seines Alltags (zu er)kennen, sondern ebenso seine individuellen Bewältigungsmöglichkeiten. Dazu werden u.a. Alltagssituationen hinsichtlich ihrer Gedächtnisanforderungen analysiert, Kompetenzen des Patienten durch ihn selbst eingeschätzt und geprüft und adäquate Bewältigungsstrategien gesucht und erprobt. Nach den bisher vorliegenden Erfahrungen erscheint es dabei wichtig, dem Patienten eine möglichst aktive Rolle zuzuweisen (vgl. z.B. Parente & Stapleton, 1993).

4. Schwerpunkte zukünftiger Forschung

Unter Experten besteht heute weitgehend Einigkeit darüber, daß am ehesten eine streng auf den Alltag ausgerichtete Therapie Erfolg hat. Die Meinungen zur Wirksamkeit verschiedener Interventionsmethoden haben jedoch gegenwärtig nur eine dünne empirische Basis. Es fehlt ein gut erprobtes Repertoire geeigneter Strategien zur selbständigen Bewältigung alltäglicher Anforderungen (z.B. Behalten aktueller Nachrichten der Medien) und zum Vermitteln neuer Information (mit welcher Methode lernt ein schwer amnestischer Patient z.B. am besten einen neuen Weg?), auf die Therapeuten bei Bedarf zurückgreifen können. Auch die hinsichtlich des Generalisierungsproblems diskutierten kritischen Variablen benötigen eine genauere Abklärung, z.B. die Bedeutung verschiedener Komponenten des Trainings von metakognitivem Wissen. Die Entwicklung therapeutischer Standards ist jedoch sowohl inhaltlich als auch methodisch nicht einfach, da neben den beeinträchtigten und erhaltenen Gedächtnisfähigkeiten eine Vielzahl relevanter Einflußgrößen berücksichtigt werden muß, wie assoziierte Hirnleistungsstörungen, persönliche Einstellungen und Präferenzen des Patienten und seines sozialen Umfeldes u.a. (für eine kritische Diskussion von Forschungsmethoden vgl. Kaschel, 1994).

Es besteht auch ein Bedarf an Studien über das Verhalten und die Leistungen amnestischer Patienten in typischen Alltagssituationen. Ihre Ergebnisse können als Grundlage für die Entwicklung verbesserter Bewältigungsstrategien herangezogen werden. In diesem Zusammenhang sollten auch die Erkenntnisse über ätiologie- und lokalisationsspezifische Störungsmuster mehr Berücksichtigung finden (vgl. z.B. Markowitsch, 1992; Parkin & Leng, 1993). Die psychologische Rehabilitation von Gedächtnisstörungen hat sich vorwiegend auf Methoden zur Förderung von Gedächtnisleistungen konzentriert. In den letzten Jahren hat man im Rahmen der Untersuchungen zum «errorless learning» (vgl. Abschnitt 3.5.) darüber hinaus begonnen, sich mit Bedingungen zu beschäftigen, die Gedächtnisleistungen erschweren. Dieser Ansatz einer Förderung durch Beachtung bzw. Ausschaltung behindernder Faktoren erscheint ebenfalls als attraktives Feld zukünftiger Rehabilitationsforschung.

5. Literatur

Baddeley, A.D. (1984). Memory theory and memory therapy. In B. Wilson & N. Moffat (Eds.), *Clinical management of memory problems* (pp. 5–27). London: Croom Helm.

Baddeley, A.D. & Wilson, B.A. (1994). When implicit learning fails: amnesia and the problem of error elimination. *Neuropsychologia, 32,* 53–68.

Berg, I. J., Koning-Haanstra, M. & Deelman, B. G. (1991). Long-term effects of memory rehabilitation: A controlled study. *Neuropsychological Rehabilitation, 1,* 97–111.

Brandimonte, M., Einstein, G. O. & McDaniel, M. A. (Eds.), (1996). *Prospective memory: Theory and applications.* Mahwah, New Jersey: Lawrence Erlbaum Associates.

Craik, F. I. M. & Lockhart, R. S. (1972). Levels of processing: A framework for memory research. *Journal of Verbal Learning and Verbal Behavior, 11,* 671–684.

Engelkamp, J. (1990). *Das menschliche Gedächtnis.* Göttingen: Hogrefe.

Glasgow, R. E., Zeiss, R. A., Barrera, M. & Lewinsohn, P. M. (1977). Case studies on remediating memory deficits in brain damaged individuals. *Journal of Clinical Psychology, 33,* 1049–1054.

Glisky, E. L. (1995). Computers in memory rehabilitation. In A. D. Baddeley, B. A. Wilson & F. N. Watts (Eds.), *Handbook of memory disorders* (pp. 557–575). Chichester: John Wiley & Sons.

Glisky, E. L., Schacter, D. L. & Tulving, E. (1986). Learning and retention of computer-related vocabulary in memory-impaired patients: Method of vanishing cues. *Journal of Clinical and Experimental Neuropsychology, 8,* 292–312.

Goldstein, F. C. & Levin, H. S. (1995). Post-traumatic and anterograde amnesia following closed head injury. In A. D. Baddeley, B. A. Wilson & F. N. Watts (Eds.), *Handbook of memory disorders* (pp. 187–209). Chichester: John Wiley & Sons.

Green, M. F. (1993). Cognitive remediation in schizophrenia: Is it time yet? *American Journal of Psychiatry, 150,* 178–187.

Harris, J. (1984a). Methods of improving memory. In B. Wilson & N. Moffat (Eds.), *Clinical management of memory problems* (pp. 46–62). London: Croom Helm.

Harris, J. E. (1984b). Remembering to do things: a forgotten topic. In J. E. Harris & P. E. Morris (Eds.) *Everyday memory actions and absent-mindedness* (pp. 71–92). London: Academic Press.

Hersh, N. A. & Treadgold, L. G. (1994). NeuroPage: The rehabilitation of memory dysfunction by prosthetic memory and cueing. *Neuropsychological Rehabilitation, 4,* 187–197.

Kapur, N. (1995). Memory aids in the rehabilitation of memory disordered patients. In A. D. Baddeley, B. A. Wilson & F. N. Watts (Eds.), *Handbook of memory disorders* (pp. 533–556). Chichester: John Wiley & Sons.

Kaschel, R. (1994). *Neuropsychologische Rehabilitation von Gedächtnisleistungen.* Weinheim: Beltz, Psychologie Verlags Union.

Kaschel, R., Zaiser-Kaschel, H., Shiel, A. & Mayer, K. (1995). Reality orientation training in an amnesic: A controlled single-case study (n = 572 days). *Brain Injury, 9,* 619–633.

Kihlstrom, J. F. & Schacter, D. L. (1995). Functional disorders of autobiographical memory. In A. D. Baddeley, B. A. Wilson & F. N. Watts (Eds.), *Handbook of memory disorders* (pp. 338–364). Chichester: John Wiley & Sons.

Klimesch, W. (1994). *The structure of long-term memory: A connectivity model of semantic processing.* Hillsdale, N. J.: Lawrence Erlbaum.

Kopelman, M. D. (1992). The psychopharmacology of human memory disorders. In B. A. Wilson & N. Moffat (Eds.) *Clinical management of memory problems* (2nd ed.; pp. 189–215). London: Chapman & Hall.

Markowitsch, H. (1992). *Neuropsychologie des Gedächtnisses.* Göttingen: Hogrefe.

McKenna, P., Clare, L. & Baddeley, A. D. (1995). Schizophrenia. In A. D. Baddeley, B. A. Wilson & F. N. Watts (Eds.), *Handbook of memory disorders* (pp. 271–292). Chichester: John Wiley & Sons.

Milders, M. V., Berg, I. J. & Deelman, B. G. (1995). Four-year follow-up of a controlled memory training study in closed head injured patients. *Neuropsychological Rehabilitation, 5,* 223–238.

Moffat, N. (1984). Strategies of memory therapy. In B. Wilson & N. Moffat (Eds.), *Clinical management of memory problems* (pp. 63–88). London: Croom Helm.

Müller, U. & von Cramon, D. Y. (1995). Stellenwert von Neuropsychopharmaka in der Neurorehabilitation. *Nervenheilkunde, 14,* 327–232.

Paivio, A. (1971). *Imagery and verbal processes.* New York: Holt, Rinehart and Winston.

Paivio, A. (1986). *Mental representations: A dual coding approach.* New York: Oxford University Press.

Parente, R. & Stapleton, M. 1993). An empowerment model of memory training. *Applied Cognitive Psychology, 7,* 585–602.

Parkin, A. J. & Leng, R. C. (1993). *Neuropsychology of the amnesic syndrome.* Hove: Lawrence Erlbaum Associates.

Prigatano, G. P., Fordyce, D. J., Zeiner, H. K., Roueche, J. R., Pepping, M. & Wood, B. C. (1984). Neuropsychological rehabilitation after closed head injury in young adults. *Journal of Neurology, Neurosurgery and Psychiatry, 47,* 505–513.

Robinson, F. P. (1970). *Effective study.* New York: Harper & Row.

Salmon, D. P. & Butters, N. (1987).Recent developments in learning and memory: implications for the rehabilitation of the amnesic patient. In M. J. Meier & L. Diller (Eds.), *Neuropsychological Rehabilitation* (pp. 280–293). Edinburgh: Churchill Livingstone.

Schacter, D. L. & Glisky, E. L. (1986). Memory remediation: Restoration, alleviation, and the acquisition of domain specific knowledge. In B. Uzzell & Y. Gross (Eds.), *Clinical neuropsychology of intervention* (pp. 257–282). Boston: Nijhoff.

Schacter, D. L., Rich, S. A. & Stampp, M. S. (1985). Remediation of memory disorders: Experimental evaluation of the spaced retrieval technique. *Journal of Clinical and Experimental Neuropsychology, 7,* 79–96.

Schuri, U. (1993). Gedächtnis. In D. Y. von Cramon, N. Mai & W. Ziegler (Hrsg.), *Neuropsychologische Diagnostik* (S. 91–122). Weinheim: Chemie.

Schuri, U. (1996). Alltagsorientierte Therapie bei Gedächtnisstörungen nach Hirnschädigung. *Praxis Ergotherapie, 9,* 12–15.

Schuri, U. & Vorleuter, H. (1993). Enacting: A neglected mnemonic aid for patients with organic memory disorders. In F. J. Stachowiak, R. DeBleser, G. Deloche, R. Kaschel, H. Kremin, P. North, L. Pizzamiglio, I. Robertson & B. Wilson (Eds.), *Developments in the assessment and rehabilitation of brain-damaged patients* (pp. 177–182). Tübingen: Gunter Narr.

Schuri, U., Wilson, B. A. & Hodges, J. (1996). Memory disorders. In T. Brandt, L. Caplan, J. Dichgans, H.-C. Diener & C. Kennard (Eds.) *Neurological disorders: Course and treatment* (pp. 223–230). San Diego: Academic Press.

Sohlberg, M. M. & Mateer, C. A. (1989a). *Introduction to cognitive rehabilitation. Theory and practice.* New York: Guilford Press.

Sohlberg, M. M. & Mateer, C. A. (1989b). Training use of compensatory memory books: A three stage behavioral approach. *Journal of Clinical and Experimental Neuropsychology, 11,* 871–891.

Sohlberg, M. M., White, O., Evans, E. & Mateer, C. (1992). An investigation of the effects of prospective memory training. *Brain Injury, 6,* 139–154.

Unverhau, S. (1994). Strategien der Gedächtnistherapie bei neurologischen Erkrankungen. In M. Haupts, H. Durwen, W. Gehlen & H. J. Markowitsch (Hrsg.), *Neurologie und Gedächtnis* (S. 106–120). Bern: Huber.

Watts, F. N. (1995). Depression and anxiety. In A. D. Baddeley, B. A. Wilson & F. N. Watts (Eds.), *Handbook of memory disorders* (pp. 293–317). Chichester: John Wiley & Sons.

Wilson, B. A. (1987). *Rehabilitation of memory.* New York: Guilford Press.

Wilson, B. A. (1991). Long-term prognosis of patients with severe memory disorders. *Neuropsychological Rehabilitation, 1,* 117–134.

Wilson, B. A. (1995). Management and remediation of memory problems in brain-injured adults. In A. D. Baddeley, B. A. Wilson & F. N. Watts (Eds.), *Handbook of memory disorders* (pp. 451–479). Chichester: John Wiley & Sons.

Wilson, B. A., Baddeley, A. D., Evans, J. & Shiel, A. (1994). Errorless learning in the rehabilitation of memory-impaired people. *Neuropsychological Rehabilitation, 4,* 307–326.

Wippich, W. (1984). *Lehrbuch der angewandten Gedächtnispsychologie.* Stuttgart: Kohlhammer.

28. Lernstörungen
28.1 Klassifikation und Diagnostik

Gerhard Lauth

Inhaltsverzeichnis

1. Klassifikation

Lernen bezeichnet den Erwerb eines überdauernden Verhaltens aufgrund von Erfahrungen,
wie zum Beispiel Übung oder Beobachtung. Das
zu erlernende Verhalten kann unterschiedlich
komplex sein, so daß man verschiedene Lernarten, die auch in den Anforderungen an den
Lerner differieren (zum Teil spricht man sogar
von niedrigerem und höherem Lernen), unterscheidet. Das klassische Konditionieren beispielsweise erfordert «nur» die Verknüpfung von
Reiz und Reaktion, während das Beobachtungslernen Aufmerksamkeitsfokussierungen sowie
Diskriminations- und komplexe Gedächtnisleistungen voraussetzt (Hallisch, 1990; Spada,
Ernst & Ketterer, 1990).

Die oben genannte Definition macht bereits
deutlich, daß Lernen auch an der Entwicklung
von psychischen Störungen beteiligt ist. Wichtige Lernarten hierfür sind zweifelsohne das
klassische und operante Konditionieren sowie
das Beobachtungslernen. Das Lernen geschieht
dabei zumeist nicht absichtlich, sondern in aller Regel nebenbei und unbeabsichtigt (inzi-
dentell). Andere Lernvorgänge (zum Beispiel in
Schule und Studium) sind dagegen mit dezi-
dierten Zielen (z.B. Schulabschlüsse, Erlernen
von Kulturtechniken) verbunden, werden bewußt gestaltet und verlaufen absichtsvoll (in-
tentional). Hier können sich Lernstörungen insofern einstellen, als wünschenswerte Lernziele
nicht erreicht werden und Störungen im Bereich des «höheren Lernens» (etwa Begriffs- und
Regellernen, Wissenserwerb und -nutzung) sowie in der Gestaltung der eigenen Lernvorgänge
vermutet werden.

Folglich ist in diesem Kapitel von zwei verschiedenen Formen von Lernstörungen die Rede:

– Lernstörungen aufgrund individuell abnormer Lernvoraussetzungen (etwa niedrige
  Konditionierbarkeit, verzögerte Habituation),
  wobei – bevorzugt im Rahmen des unbeabsichtigten Lernens – emotionale oder soziale
  Fehlanpassungen (zum Beispiel Ängste, reaktive Depression, Kriminalität) erlernt werden.
– Lernstörungen als Aneignungsbeeinträchtigungen, wobei – bevorzugt im Rahmen des
  absichtlichen Lernens – gewünschtes Verhalten, Können, Wissen (zum Beispiel in Schule,
  Studium, Beruf) nicht in ausreichender Qualität erlernt wird.

Einen Überblick über Lernstörungen bei einzelnen psychischen Störungen gibt **Tabelle 1**. Im
folgenden Text werden jeweils Beispiele für psychische Störungen angeführt, die vollständige
Auflistung (inkl. DSM-IV Code) erfolgt in der
Tabelle 1.

1.1 Lernstörungen aufgrund abnormer individueller Lernvoraussetzungen

Individuell abnorme Lernvoraussetzungen werden zumeist erst bei der detaillierten Analyse von Lernprozessen deutlich; sie beziehen sich vor allem auf das klassische und operante Konditionieren und äußern sich im Ausmaß der Konditionierbarkeit sowie in der Habituationsbereitschaft einer Person. Eine erhöhte Konditionierbarkeit bedeutet, daß beim klassischen Konditionieren Reiz-Reaktionsverbindungen und beim operanten Lernen instrumentelle Reaktionen (z. B. Vermeidungsverhalten) schneller ausgebildet werden. Oft ist mit dieser erhöhten Konditionierbarkeit auch eine größere Generalisierungsbereitschaft verbunden, so daß bspw. Ängste auch bei reizähnlichen Gegebenheiten auftreten (zum Beispiel Autofahren, Radfahren). Im Falle einer geringen bzw. verzögerten Habituation werden (physiologische) Reaktionen unverhältnismäßig lange und oft unnötigerweise aufrecht erhalten (erhöhte Löschungsresistenz). Als Folge tritt eine erhöhte Sensibilität für reizähnliche Gegebenheiten ein. Erhöhte Konditionierbarkeit bzw. verzögerte Habituation sind vor allem bei Angststörungen (z. B. Panikstörung mit Agoraphobie, spezifische Phobie) sowie bei Zwangsstörungen zu verzeichnen.

Eine niedrige Konditionierbarkeit wirkt sich dagegen so aus, daß Lernergebnisse beim einfachen Reiz-Reaktionslernen und dem Erlernen von Vermeidungsreaktionen weniger schnell erreicht werden. Reiz-Reaktions-Verknüpfungen und instrumentelle Reaktionen werden mithin erst aufgrund vermehrter Lerndurchgänge aus-

Tabelle 1: Lernstörungen bei einzelnen psychischen Beeinträchtigungen (DSM-IV mit ICD-9-CM Code)

Lernstörung	Psychische Beeinträchtigungen
Erhöhte Konditionierbarkeit Reduzierte Habituation	Panikstörung mit Agoraphobie (DSM-IV 300.21)
	Generalisierte Angststörung (DSM-IV 300.02)
	Spezifische Phobie (DSM-IV 300.29)
	Zwangsstörung (DSM-IV 300.3)
Niedrige Konditionierbarkeit Erhöhte Habituation	Antisoziale Persönlichkeitsstörung (DSM-IV 301.7)
	Aufmerksamkeitsdefizit-/Hyperaktivitätsstörung (DSM-IV 314)
Inhaltsspezifische Lernbeeinträchtigungen	Lesestörung (DSM-IV 315.00) Störung des schriftlichen Ausdrucks (DSM-IV 315.1)
	Rechenschwächen (DSM-IV 315.10) Expressive Sprachstörung (DSM-IV 315.31)
Allgemeine Lernbeeinträchtigungen	Geistige Behinderung (DSM-IV 317–319) Demenz (DSM-IV 290.xx–294.0)
	Autistische Störung (DSM-IV 299.00)
Lernstörungen aufgrund defizitärer Basisfertigkeiten	Schizophrenie (DSM-IV 295–298)
	Akoholinduzierte psychotische Störung (DSM 291.x)
	Frontalhirnsyndrom (DSM-IV 310.1)

gebildet. Ferner erfolgt eine schnellere Habituation an Reizgegebenheiten und damit eine schnellere Löschung von gelernten Verhaltensweisen. Eine niedrige Konditionierbarkeit und schnelle Habituation sind bei soziopathischen Störungen (Antisoziale Persönlichkeitsstörung) sowie der Aufmerksamkeitsdefizit-/Hyperaktivitätsstörung festzustellen. Diese Lernunterschiede werden durch zugrundeliegende zentralnervöse Aktivierungsprozesse erklärt.

1.2 Lernstörung als Aneignungsbeeinträchtigung

Die zweite Gruppe von Lernstörungen besteht in Aneignungsbeeinträchtigungen. Ein Beispiel hierfür sind die *umschriebenen Entwicklungsrückstände,* die durch eine isolierte, thematisch begrenzte Aneignungsbeeinträchtigung sowie ihren frühen Beginn (typischerweise im Kleinkindalter, Kindheit oder Adoleszenz) gekennzeichnet sind. Ein Beispiel dafür ist die Lese-Rechtschreibschwäche, deren differentialdiagnostisches Merkmal eine deutliche Minderleistung beim Lesen und Rechtschreiben ist, während in den sonstigen Unterrichtsfächern eine gute Lernfähigkeit bzw. ein mittleres Intelligenzniveau vorliegt. Solche umschriebenen Störungen werden auch bei anderen Inhalten (zum Beispiel Rechenschwächen; Expressive Sprachstörung) diagnostiziert.

Eine zweite Gruppe zeichnet sich dagegen durch umfangreichere und langandauernde Lernbeeinträchtigungen aus, was vor allem für die *geistige Behinderung* gilt. Bei dieser Störung ist von einer deutlich eingeschränkten Lern- und Entwicklungsfähigkeit auszugehen, wobei vor allem das Diskriminations-, Begriffs- und Regellernen sowie das Beobachtungslernen beeinträchtigt sind. Bei autistischen Störungen ist vor allem das soziale Lernen erschwert; die Betroffenen zeigen ein eingeschränktes Interesse an ihrer sozialen Umwelt, reagieren weit weniger auf soziale Anregungen und erlernen soziale Verhaltensweisen (etwa Sprechen, Sprachverständnis, soziale Interaktionsabläufe) in weit geringerem Maße als unauffällige Personen. Infolgedessen können sie soziale Entwicklungsanregungen weit weniger nutzen, so daß sich im Verlaufe der Zeit ein deutlicher allgemeiner Entwicklungsrückstand einstellt.

Lernstörungen finden sich auch als Begleitmerkmale von *organischen Psychosen,* etwa bei der Demenz und der Alkoholpsychose. Die Lernstörungen stellen sich dabei aufgrund einer defizitären Informationsaufnahme und -verarbeitung sowie aufgrund von Gedächtnisbeeinträchtigungen ein. Charakteristische Lernstörungen finden sich auch bei den Schizophrenien, wobei vor allem die zugrundeliegenden Denkstörungen eine sachlogische Verarbeitung des Lernmaterials verunmöglichen. Lernstörungen bei Hirnläsionen entstehen aufgrund von Beeinträchtigungen des Antriebs, eines eintretenden Konzentrationsmangels (z.B. Frontalhirnsyndrom) sowie Gedächtnisbeeinträchtigungen und erhöhter Irritierbarkeit (z.B. Kontusio).

2. Diagnostik

Bei der Diagnostik von Aneignungsbeeinträchtigungen kommt es vor allem darauf an, das Ausmaß der Lernstörungen und der zukünftig zu erwartenden Lernfähigkeit festzustellen. Die Diagnostik bezieht sich deshalb auf

– die Überprüfung der *Lernvoraussetzungen* in Wissenstests sowie in Funktionsüberprüfungen (etwa Gedächtnisfähigkeit, Konzentrationsvermögen).
– die *Einschätzung der potentiellen Lernfähigkeit* in sogenannten dynamischen Testverfahren. Hierzu werden Intelligenz- und Leistungstestungen so abgewandelt, daß eine erste Testung unter Standardbedingungen erfolgt und eine zweite Testung erst nach einer spezifischen Intervention (z.B. Wissensvermittlung, Vermittlung von Arbeitsstrategien) erfolgt. Die Verbesserung der Testleistung von der ersten zur zweiten Testung ist ein vergleichsweise sicherer Hinweis für die prinzipielle Lernfähigkeit klinischer Patienten (z.B. Geriatriepatienten, Schizophrene, hirnorganisch Geschädigte; vgl. Wiedl & Guthke, 1996).
– die Erfassung der *bisherigen Lernergebnisse* vor allem in Schulleistungs- und beruflichen Wissenstests (Feststellung des inhaltsspezifischen Kenntnisstandes) sowie in komplexeren Beurteilungsverfahren (z.B. soziale Selbständigkeit, lebenspraktische Fähigkeiten bei geistig Behinderten).

Tabelle 2 gibt einen Überblick über verschiedene Verfahren. Nicht angeführt werden experimentelle Ansätze zur Konditionierung und Habituationsbereitschaft, da diese nur in der Forschung, nicht aber in der Praxis Verwendung finden und sich keine Normen ergeben.

Individuell abnorme Lernvoraussetzungen werden in experimentellen Untersuchungen ermittelt. Hierbei geht es vor allem darum, die Konditionierbarkeit und Habituation festzustellen und zu bewerten (vgl. Birbaumer & Schmidt, 1996, S. 568 f.; Schandry, 1989) . Dies geschieht in experimentellen Anordnungen.

Tabelle 2: Diagnostik von Lernstörungen

Verfahren/Autor	Gegenstandsbereich	Kurzbeschreibung	Auswertung	Gütekriterien
Verbalgedächtnistest (Hänsgen & Rosenfeld, 1989)	Erfassung begrifflich-verbaler Gedächtniskapazität als eine mögliche Lernvoraussetzung (Erwachsene)	Die Testdurchführung erfolgt computergesteuert. In zwei Durchgängen werden zunächst Wortlisten gelernt. Dieses Lernergebnis wird in einem dritten Testdurchgang durch eine interferente Wortliste destabilisiert, um im vierten Testdurchgang die Erinnerungsstabilität zu ermitteln.	Automatisierte Ermittlung der unmittelbaren Merkfähigkeit, der Behaltensstabilität bzw. Irritierbarkeit und der Art der Fehler (etwa Synonymfehler).	Interne Reliabilität (Korrelation Testdurchgang 1 und 2): .79\n\nDiskriminante Validität liegt vor\n\nMittelwerte, Standardabweichungen und Normierung für Gesunde sowie Patienten mit Leistungsstörungen (N = 382)
Allgemeiner Schulleistungstest für 3. Klassen (Fippinger, 1991)	Erfassung schulischer Lernergebnisse in den wichtigsten Themenbereichen	Bearbeitung von Aufgaben etwa zum Rechnen, Sachkunde, Textaufgaben	Auswertung per Schablone nach Lerngebieten	Split-half-Reliabilität: .94\nNormierung an 1785 Schülern (T-Werte und Prozentränge)
Diagnostischer Rechtschreibtest für 4. Klassen (Grund, Haug & Naumann, 1994)	Erfassung der Rechtschreibfähigkeit\n\nErfassung von Rechtschreibschwäche	42 Wörter werden nach Diktat in Lückentexte eingetragen	Die Anzahl der Schreibfehler und die Art der Fehler (etwa Doppelung, Dehnung) werden ermittelt	Split-half-Reliabilität: .92 bzw. .93\n\nbefriedigende kriterienbezogene Validität mit Schreibfehlern\n\nNormierung an 2148 Schülern (T-Werte und Prozentrangnomen)
Fragebogen zur Erfassung der praktischen und sozialen Selbständigkeit 4- bis 6jähriger Kinder (Duhm & Huss, 1979)	Erfassung von Entwicklungsergebnissen etwa in den Bereichen Waschen, Anziehen, manuelle Geschicklichkeit, Kontakt zu anderen Menschen	Eltern bzw. Erzieher beurteilen den Entwicklungsstand des Kindes anhand eines Fragebogens (47 Items; 5stufige Häufigkeitsbeurteilung von Selbständigkeitsverhalten).	Auswertung nach der Häufigkeit des Selbständigkeitsverhaltens (etwa in den Bereichen praktische Selbständigkeit, Umgang mit Werkzeug und Materialien, Einstellung auf schwierige Situationen)	faktorielle Validität ist gegeben\n\nals Normen werden prozentuale Häufigkeiten für die Verhaltensrealisierung bei drei Altersklassen (4–5; 5–6; 6–7 Jahre) angegeben (Stichprobe N = 373)

3. Literatur

Birbaumer, N. & Schmidt, R. F. (1996). *Biologische Psychologie* (3. Aufl.). Berlin: Springer.

Duhm, E. & Huss, K. (1979). *Fragebogen zur Erfassung der praktischen und sozialen Selbständigkeit 4- bis 6jähriger Kinder*. Braunschweig: Westermann.

Fippinger, F. (1991). *Allgemeiner Schulleistungstest für 3. Klassen*. Weinheim: Beltz Testverlag.

Grund, M. , Haug, G. & Naumann, C. L. (1994). *Diagnostischer Rechtschreibtest für 4. Klassen*. Weinheim: Beltz.

Hallisch, F. (1990). Beobachtungslernen und die Wirkung von Vorbildern. In E. Spada (Hrsg.), *Lehrbuch Allgemeine Psychologie* (S. 373–402). Bern: Huber.

Hänsgen, K.-D. & Rosenfeld, B. (1995). In K.-D. Hänsgen & T. Mersten, (Hrsg.), *Leistungsdiagnostisches Labor*. Göttingen: Hogrefe.

Schandry, R. (1989). *Lehrbuch Psychophysiologie*. München: Psychologie Verlags Union.

Spada, H., Ernst, A. M. & Ketterer, W. (1990). Klassische und operante Konditionierung. In H. Spada (Hrsg.), *Lehrbuch Allgemeine Psychologie* (S. 323–372). Bern: Huber.

Wiedl, K. H. & Guthke, J. (1996). *Dynamisches Testen*. Göttingen: Hogrefe.

28.2 Lernstörungen: Ätiologie/Bedingungsanalyse

Gerhard Lauth

Inhaltsverzeichnis

1. Einleitung

Lernstörungen werden sowohl beim absichtsvollen als auch beim unbeabsichtigten (inzidentellen) Lernen beobachtet. Besonders auffällig sind die Störungen des *absichtsvollen Lernens* bspw. in Schule, Ausbildung und Studium: Schüler, Studenten, Auszubildende und Betriebsangehörige erreichen nicht die gewünschten Lernergebnisse, so daß ihnen mehr oder weniger umfangreiche Lernbeeinträchtigungen zugeschrieben werden (z.B. Lese-Rechtschreibschwäche, Lern- und Studienschwierigkeiten, Lernschwäche). Andere Lernstörungen treten als überdauernde Beeinträchtigung der Lern-*fähigkeit* (z.B. mentale Retardierungen) auf. In diesem Falle sind vor allem das Beobachtungslernen, Begriffs- und Regellernen sowie das Problemlösen gestört.

Daneben treten Lernstörungen in Verhaltensbereichen auf, die nicht explizit gelehrt werden und mit denen sich eine Person nicht notwendigerweise zielgerichtet auseinandersetzt (Störungen des *inzidentellen Lernens*). Diese Störungen erschweren die Anpassung des Lernenden an seine Umwelt, weil notwendige Orientierungen entweder nicht erworben (z.B. soziale Kompetenzdefizite bei Beeinträchtigungen des Modell-Lernens) oder direkte Fehlanpassungen (z.B. dysfunktionale Ängste und Zwänge) erlernt werden.

Wir behandeln im nachfolgenden Lernstörungen unter zwei Oberbegriffen, die assoziativ mit dem absichtsvollen bzw. inzidentellen Lernen verknüpft sind:

– Lernstörungen als *Aneignungsbeeinträchtigung*. Diese Lernstörungen behandeln den unzureichenden Erwerb förderlicher Umweltgegebenheiten (z.B. schulisches Wissen, soziale Orientierung). Sie beziehen sich in erster Linie auf Störungen des absichtsvollen Lernens.
– Erlernen von Störungen aufgrund *abnormer individueller Voraussetzungen*. Diese Lernstörungen behandeln den Erwerb von direkten Störungen; sie beziehen sich vor allem auf differentielle Aspekte des unbeabsichtigten Lernens.

Kasten 1
Lese- und Schreibstörung (Legasthenie) als Beispiel für eine umschriebene Lernstörung

Eine Lesestörung und Störung des Schriftlichen Ausdrucks (DSM-IV Nr. 315.00 und 315.2) tritt als erwartungswidriger und *umschriebener Entwicklungsrückstand* im Bereich des Lesens und Rechtschreibens auf. Dabei handelt es sich um eine *spezifische Lernstörung,* die durch das Mißverhältnis zwischen der unterdurchschnittlichen Lese- und/oder Rechtschreibleistung und dem zumindest durchschnittlichen allgemeinen Schulleistungsniveau bei gleichzeitiger ausreichender Intelligenz definiert ist. Sie kann per definitionem nicht durch eine verminderte Intelligenz oder allgemeine Lernschwäche erklärt werden. Bei der Legasthenie werden beobachtet: a) quantitative Minderleistung beim Lesen und Rechtschreiben, b) qualitative Besonderheiten beim Lesen (z.B. Auslassungen, Verdrehen von Wörtern) und beim Rechtschreiben (z.B. Buchstabenumstellungen, Verwechselung optisch ähnlicher Buchstaben, wie b–p, n–q), c) emotionale und verhaltensbezogene Folgeerscheinungen (z.B. Mißerfolgsneigung, Anstrengungsmeidung.

Manifestation der Legasthenie bei einem 10jährigen Grundschüler:

Der Schüler besitzt einen IQ von 102, seine Rechtschreibleistung im Allgemeinen Schulleistungstest (AST 4) beläuft sich auf einem Prozentrang 4; die Leseleistung auf PR 42. Das Arbeits- und Sozialverhalten sind im hohen Maße gestört (Aggression, Schulunlust, Schulangst).

2. Aneignungs-
beeinträchtigungen

Die zahlreichen Aneignungsbeeinträchtigungen (Studienschwierigkeiten, Rechenschwäche, Lese-Rechtschreibschwäche, umschriebener Rückstand in der Sprach- und Sprechentwicklung, Lernbehinderung, Formen mentaler Retardierung) umfassen unterschiedlich weitreichende Störungen, deren «Schweregrad» man durch die Störungsdauer (passager vs. persistierend) sowie ihren Umfang (thematisch begrenzt vs. allgemein) beschreiben kann. Die *Lese-Rechtschreibschwäche* (siehe **Kasten 1**) stellt beispielsweise eine persistierende und thematisch begrenzte

Tabelle 1: Allgemeine Lernfähigkeit und Entwicklungserwartungen bei einzelnen Schweregraden Geistiger Behinderung (American Psychiatric Association, 1996).

	IQ	Umschreibung	Verbreitung	Allgemeine Lernfähigkeiten im		
				Vorschulalter	Schulalter	Erwachsenenalter
Leichte Geistige Behinderung DSM-IV 317	50–55 bis 70	unauffällige soziale Anpassung	80% der Gesamtgruppe Geistigbehinderter	Erlernen sozialer und kommunikativer Fertigkeiten; minimale sensomotorische Behinderungen	Schulkenntnisse bis zur 6. Klasse	Soziale und berufliche Bildung möglich, die zur Selbsterhaltung ausreichen; soziale Anpassung, die einige Unabhängigkeit in der Gemeinde erlaubt; Anleitung und Hilfe bei größeren sozialen und ökonomischen Belastungen
Mittelschwere Geistige Behinderung DSM-IV 318.00	35–40 bis 50–55	trainierbar	12% der Gesamtgruppe Geistigbehinderter	Sprachfähigkeit, wenig Sinn für soziale Konventionen	Erwerb sozialer und beruflicher Fertigkeiten; Kenntnisse bis zum Niveau der 2. Klasse; Eingeschränkter Erwerb alltagspraktischer Fertigkeiten	Einfache Arbeiten in beschützenden Werkstätten; Aufsicht bei leichter sozialer und ökonomischer Belastung notwendig
Schwere Geistige Behinderung DSM-IV 318.10	20–25 bis 35–40	eingeschränkt trainierbar	7% der Gesamtgruppe Geistigbehinderter	Entwicklung massiv eingeschränkt; minimale Sprachfähigkeit	Erwerb eingeschränkter Kommunikationsfähigkeit; Training elementarer Hygienefertigkeiten	Ausführung von einfachen Arbeiten unter Aufsicht; Erwerb sozialer Anpassung im Haus und in der unmittelbaren Umgebung
Schwerste Geistige Behinderung DSM-IV 318.20	unter 20–25	völlig abhängig	Weniger als 1% der Gesamtgruppe Geistigbehinderter	Geringe Leistung bei sensomotorischen Aufgaben, ständige Aufsicht notwendig	Motorische Weiterentwicklung möglich; minimales Training möglich	Unfähigkeit, prinzipielle Selbstversorgungsfertigkeiten zu erlernen; völlige Hilfe und Aufsicht über die gesamte Lebensspanne

Aneignungsbeeinträchtigung dar, wohingegen die *geistige Behinderung* die wohl wichtigste persisitierende und allgemeine Lernstörung ist. Ihr Kennzeichen ist eine deutlich unterdurchschnittliche Allgemeinintelligenz, mit deutlichen Einschränkungen der allgemeinen Anpassungs- und Lernfähigkeit im sozialen, sprachlichen, motorischen, kognitiven, motivationalen und Leistungsbereich. Innerhalb des Formenkreises der geistigen Behinderung werden insgesamt vier Beeinträchtigungsgrade unterschieden, die von einer niedrigen Intelligenz bis zu sehr schweren geistigen Behinderungen reichen und nach definierten IQ-Grenzwerten bestimmt werden. Die Entwicklungserwartungen, die von den so betroffenen Personen erfüllt werden können, werden in **Tabelle 1** wiedergegeben.

Der Anteil geistig behinderter Menschen wird laut DSM IV (American Psychiatric Assoziation, 1996) auf circa 1 Prozent geschätzt; Männer sind im Verhältnis 1,5 zu 1 stärker von dieser Behinderung betroffen. Zur Ätiologie ist bekannt, daß genetische Störungen (etwa 5%; z. B. Chromosomenanomalien), frühe Störungen der Embryonalentwicklung (30%; z. B. Infektionen), Schwangerschafts- und pränatale Probleme (10%; z. B. Mangelernährung), körperliche Erkrankungen während der Kindheit (etwa 5%; z. B. Trauma) sowie Umwelteinflüsse und psychische Störungen (etwa 15 bis 20%; z. B. mangelnde Entwicklungsanregung) als Entstehungsursachen in Frage kommen. Bei einem größeren Teil (30 bis 40 %) ist jedoch von einer unklaren Ätiologie auszugehen.

2.1 Bestimmungselemente: Metakognitive Vermittlungen und Lernstrategien

Seit etwa 15 Jahren erweist es sich als fruchtbar, Lernstörungen durch handlungsinterne Bestimmungselemente zu erklären. Dabei nimmt

---

Kasten 2
Handlungsnahe Analyse einer Lernstörung

Fragestellung
Ein Beispiel für die Bedeutung des strategisch-metakognitiven Handelns ist die Auseinandersetzung leseschwacher Kinder mit einem vorgegebenen Lernstoff, die Klicpera (1983) beobachtete. Erfaßt werden sollte das Encodierungsverhalten bzw. die Merkfähigkeit dieser Kinder.

Methode
• *Stichprobe:* Klicpera verglich hierzu leseschwache Kinder mit unauffälligen Kindern (Alter 11 bis 14 Jahre). Die leseschwachen Kinder besuchten eine Sonderschule, wiesen durchschnittliche Intelligenz auf und waren weder im Verhalten noch sensorisch oder neurologisch gestört.

• *Aufgabe:* Ihre Aufgabe bestand darin, a) zunächst eine komplexe Figur von einer Vorlage abzuzeichnen, b) diese Figur kurzzeitig später und c) nach zwanzig Minuten erneut aus dem Gedächtnis zu reproduzieren.

Ergebnisse
Die leseschwachen Kinder legten bereits beim Kopieren der Zeichnung ein weniger planvolles und ineffektiveres Vorgehen an den Tag, indem sie schnell dazu übergingen, die Details der Zeichnung einzutragen und darauf verzichteten, zuerst die Grobstruktur der Figur zu Papier zu bringen. Dadurch schnitten sie bereits beim Abzeichnen schlechter ab und beim anschließenden Reproduzieren der gleichen Figur aus dem Gedächtnis unterliefen ihnen häufiger Fehler. Die unauffälligen Kindern legten dagegen von Anfang an ein planvolleres Vorgehen an den Tag: Sie zeichneten zuerst die Gesamtstruktur der Figur und fügten erst dann die Details ein. Ihre aktive Strukturierung des Lernmaterials dürfte ihnen sowohl die Gedächtnisspeicherung als auch die erneute Reproduktion der Figur erleichtert haben, weil sie in beiden Fällen der gleichen übergeordneten Struktur folgen konnten.

man eine eher beschreibende Analyse vor und fragt beispielsweise, worin sich gute und schlechte Lerner unterscheiden, welche gedanklichen Prozesse bei weniger guten Lernern ablaufen und was Lernbeeinträchtigte zum besseren Lernen befähigt (s. **Kasten 2**).

Diese Untersuchungen werden von der Handlungstheorie, der kognitiven Psychologie und Befunden zur Wirkung von Selbstinstruktionen angeregt; sie gehen hypothesengeleitet vor, ohne aber letztendliche Ätiologiefaktoren bestimmen zu wollen. Für die Klinische Psychologie erweisen sich diese Untersuchungen und ihre Ergebnisse als besonders bedeutsam, weil sie geradezu Anleitungen für Interventionen bereitstellen. Daneben gibt es eine Untersuchungstradition, die «fundamentalere» Erklärungen sucht (etwa Teilleistungsstörungen, cerebrale Verarbeitungsgeschwindigkeit, Gedächtniskapzität).

Im nachfolgenden werden vor allem Erklärungsmomente der ersten Provinienz dargestellt, die um fundamentalere Bedingungsmomente ergänzt werden.

Aneignungsbeeinträchtigungen lassen sich vor allem durch Defizite im Bereich der Strategiebefolgung erklären. Dabei geht man davon aus, daß das absichtsvolle Lernen eine zielgerichtete, komplexe Handlung ist, die Planungen und Reflexivität erfordert, und in deren Vollzug sich verschiedene Hindernisse ergeben können. Folglich gehen Aspekte des Denkens und des Problemlösens zumindest dann in das Lernen ein, wenn es komplex und schwierig wird. Spätestens dann wird das eigene Lernverhalten bewußt gesteuert, überdacht und selbstreflexiv geplant; spätestens dann muß man nachdenken, den Fortschritt verfolgen und die Ergebnisse auf Vollständigkeit und Richtigkeit überprüfen. Diese Vorgänge beruhen auf *metakognitiven Vermittlungen,* wie die Nutzung von Strategien und die Steuerung der eigenen Denkakte (oft mittels Selbstanweisungen).

Neuere Untersuchungen stimmen darin überein, daß Lernstörungen mit der mangelnden Nutzung metakognitiver Prozesse einhergehen (etwa Meltzer, Solomon, Fenton & Levine, 1989). Lerngestörte Personen (z. B. Legastheniker, Lernschwache, Mental Retardierte) greifen demnach in geringerem Maße als unauffällige Personen auf folgende Strategien zurück:

– Strategien der *Informationsentnahme und -verarbeitung* (z. B. bei der Speicherung von Wissen, der Bildung von Bedeutungsassoziationen, beim Rückgriff auf Vorerfahrungen);
– Strategien der *Handlungsorganisation* (z. B. Zeitplanung, Anordnung der Handlungsschritte im Lernverlauf, Vorausplanen von Tätigkeiten, Antizipation problematischer Handlungsschritte);
– verbale *Handlungsanleitung* (z. B. Nutzung verbaler Vermittler, an sich selbst gerichtete – metakognitive – Fragen)
– Strategien der *Handlungskontrolle* (z. B. handlungsbegleitende Prüfprozesse, emotionale und motivationale Selbstregulation)

Dieser Sachverhalt wurde in der Vergangenheit mit dem Schlagwort *inaktiver Lerner* (Torgeson, 1982) bzw. *Produktionsdefizit* erklärt. Beide Begriffe bringen zum Ausdruck, daß die Lernstrategien nicht spontan, sondern im wesentlichen nur auf eine ausdrückliche Aufforderung hin eingesetzt werden. Neuere Bedingungsmodelle ergänzen dieses Bedingungsmodell dadurch, daß sie das absichtsvolle Lernen als eine Form der Selbstoptimierung interpretieren: Ein Lernender beginnt sein Lernen mit vorläufigen, bereichsspezifischen Taktiken, beobachtet seine Lernfortschritte (z. B. Überprüfung der Lernergebnisse, Überwachung des Lernweges) und ändert sein Lernverhalten nach Maßgabe der Rückmeldungen, indem er bei Schwierigkeiten auf höherwertige Strategien zurückgreift (vgl. Good-strategy-user-modell in Abschnitt 2.2).

Eine unzureichende metakognitive Vermittlung des Lernverhaltens läßt sich vor allem für Personen mit allgemeinen Lernstörungen feststellen (lernschwache Schüler, Lernbehinderte – IQ 70 bis 85; Geistig Behinderte). Die Analyse ihres Lernverhaltens zeigt, daß ihr Lernen durch den verzögerten bzw. unzureichenden Erwerb eines förderlichen *Lernverhaltens* (Nutzung von Strategien, metakognitive Vermittlung der Lernhandlung, Strukturierung des Lernmaterials, Entwicklung von Lernaktivitäten) gekennzeichnet ist. Sie begleiten ihr Lernen kaum durch sprachliche Vermittler (etwa Selbstanweisungen, Selbstabfragesysteme), überwachen die Lernhandlungen nur unzureichend und optimieren kaum ihr Lernen. Verallgemeinernd kann man sagen, daß Lerngestörte das Lernen in einem geringeren Maße überblicken, den Lerngegenstand seltener analysieren, sich weniger Rechenschaft über die Ziele ihres Handelns geben, weniger interne Kontrolle ausüben bzw. Kontrollaktivitäten auf nur wenige, isolierte Momente im Lernverlauf richten und deshalb auch in geringerem Maße feststellen, ob ihr Handeln noch mit den Zielsetzungen übereinstimmt. Diese Inaktivität erstreckt sich auch auf die Reflexion der eigenen Lernerfahrungen (z. B. den Lernvorgang im Nachhinein überdenken, verallgemeinerbare Regeln ableiten, Schlüsse für ähnliche Lernsituationen ziehen, förderliche Vorgehensweisen bestimmen), so daß kaum verallgemeinerbare Einsichten und Vorgehensweisen erzeugt werden und Lerngestörte eher periphere, situationsbezogene Erfahrungen machen. Dadurch entwickeln sie ihr strategisches Handeln auch kaum weiter und verharren stattdessen auf dem Niveau eines inkompetenten Lerners (vgl. Klauer & Lauth, 1996) (s. **Kasten 3**).

Diese Zusammenhänge sind auch bei Erwachsenen anzutreffen (z. B. bei Teilnehmern von Weiterbildungsprogrammen, Studierenden), wobei sich weniger angepaßte Studenten durch größere Leistungsängstlichkeit und ein weniger strukturierendes und weniger konsistentes Studienverhalten auszeichnen; ihre akademische Leistungsfähigkeit korreliert eng mit der Verfügbarkeit von Lernstrategien (Brackney & Karabenick, 1995).

Kasten 3
Komplexeres Lernen bei neurologisch vulnerablen und unauffälligen Kindern (Fritz, Galley & Goetzner, 1992)

Fragestellung
Lassen sich charakteristische Unterschiede beim Lernen von unauffälligen und neurologisch auffälligen Personen feststellen?

Methode
• *Stichprobe:* Die Autoren wählten aus insgesamt 20 Grundschulklassen solche Schüler aus, die von ihren Lehrern als besonders auffällig (unruhig, überaktiv, unaufmerksam, impulsiv) bzw. als unauffällig (durchschnittlich intelligent und leistungsfähig) beurteilt wurden. Die Lehrer konnten pro Klasse zwei derart auffällige und zwei so unauffällige Kinder benennen. Alle Kinder wurden anhand von neurophysiologischen (EEG), neuropsychologischen (etwa Wiener Reaktionstest) und testpsychologischen (Untersuchung einzelner Teilleistungsbereiche) Verfahren untersucht. Die Kinder, die in diesen Bereichen um mehr als zwei Standardabweichungen von der Altersnorm abwichen, wurden als neurologisch vulnerabel definiert. Auf diese Weise wurden 31 «hirnfunktionsgestörte» Probanden ausgewählt. Diese wurden mit 25 unauffälligen Kindern (Alter 8,5 bis 9,5 Jahre) verglichen.

• *Untersuchungsverfahren:* Die Kinder bearbeiteten zweimal nacheinander Raven-Testaufgaben; ihre Blickbewegungen (Sakkadengeschwindigkeit), ihre Leistungen und ihre Leistungsvorhersagen wurden festgestellt. Die Lernergebnisse und das Lernverhalten der beiden Gruppen wurden miteinander verglichen.

Ergebnisse
Die unauffälligen Kinder legen das optimalste Verhalten an den Tag. Sie schätzen ihre Leistungsfähigkeit realistisch ein, verbessern sich im Verlaufe der Untersuchung in ihrer Leistung und passen ihre Blickbewegungen der Aufgabenschwierigkeit an. Anders die vulnerablen Kinder, die ihre Leistungsfähigkeit zunächst überschätzen und es weniger gut verstehen, ihre Blickbewegungen der Aufgabenschwierigkeit anzupassen. Aber auch sie verbessern sich im zweiten Durchgang deutlich und nähern sich überwiegend dem Verhalten der unauffälligen Kinder an. Offensichtlich besitzen sie also ungünstigere Ausgangsbedingungen für die anstehende Leistung und brauchen mehr Zeit, um sich an die gegebenen Lernbedingungen anzupassen.

Strategiebedingte Lernstörungen lassen sich auch beim *Erlernen sozialer Anforderungen* bestätigen. Hier wird festgestellt, daß mental Retardierten (ab IQ 75) das Beobachtungslernen schlechter gelingt. Die Gründe hierfür sind vielfältig und bestehen in: a) unzureichenden Begriffs- und Regelsystemen; b) eingeschränkter sozialer Responsivität; c) Überselektivität (die Aufmerksamkeit wird nur auf Teilaspekte des Modell-Verhaltens gerichtet, so daß oft nur periphere Momente – etwa Tonfall, Gestik, Mimik – daraus entnommen werden; d) mangelnder verbaler Selbstregulation, so daß nur vorübergehende Lerngewinne zustande kommen und generalisierbare soziale Kompetenzen nur in begrenztem Umfang erworben werden (vgl. Gumpel, 1994; Whitman, 1990).

2.2 Ergänzende Bestimmungselemente

Die bisher genannten metakognitiven Bestimmungselemente sind um weitere Erklärungsansätze zu ergänzen

• *Unzureichende Orientierungs- und Klassifizierungsprozesse.* Sie bestehen darin, daß eine Reizkonstellation wegen Unter- oder Überselektivität bzw. Unaufmerkamkeit nur unzureichend wahrgenommen wird. Vor allem geistig Behinderte neigen zu einer sogenannten Überselektivität. Damit ist gemeint, daß sie bei komplexen Reizen viel weniger und eher zufällige Einzelheiten wahrnehmen. Ähnliches wird bei autistischen Störungen vermutet.

• *Unzureichendes Wissen.* Lernen setzt neben strategisch-verfahrensbezogenen Handlungsstrukturen auch Wissen (etwa Rechen-, Vokabelkenntnisse) voraus. Der Lernerfolg (etwa in einzelnen Schulfächern) hängt folglich entscheidend von den inhaltsspezifischen Vorkenntnissen ab (Sander, 1986). Infolgedessen gehen Lernschwierigkeiten immer auch mit Wissensdefiziten einher, die zumeist auf wenige Inhaltsbereiche begrenzt sind. Bei mental Retardierten reichen diese Wissensdefizite hingegen weiter, so daß man von einer «reduzierten Lernbasis» spricht. Damit ist gemeint, daß mental Retardierten die notwendigen Konzepte und Ankerbegriffe fehlen, um neue Lernerfahrungen ein-

zuordnen und den weiteren Erfahrungserwerb zu strukturieren. Neben dem inhaltlichen Wissen spricht man auch von *metakognitivem Wissen* (Kenntnis über das eigene kognitive System). In nahezu allen vorliegenden Untersuchungen bestätigt sich, daß Lerngestörte weniger über ihr eigenes kognitives System wissen (Feldman, Levine und Fenton, 1986). Dieser Sachverhalt verweist darauf, daß Lerngestörte aufgrund ihres eingeschränkten metakognitiven Wissens oft keine Notwendigkeit sehen, eine Strategieplanung oder eine metakognitive Vermittlung ihres Lernens (z. B. aktives Memorieren, sprachliche Selbstanleitung) vorzunehmen.

• *Motivation/Emotionale Besetzung von Lernhandlungen.* Personen mit Aneignungsbeeinträchtigungen erleben gehäuft Mißerfolge, was ihre Motivation, ihr Begabungsselbstbild und ihre Kontrollerwartungen beeinträchtigt. Langfristig verdichten sich die Versagenserlebnisse zu einem negativen Begabungsselbstbild, das motivierte Handlungen in den mißerfolgsbesetzten Bereichen immer weniger wahrscheinlich werden läßt, so daß Lernanforderungen bis zum völligen Anstrengungsverzicht gemieden werden. In dieser Perspektive erscheint die Strategienutzung als Folge motivationaler Prozesse (O'Neill & Douglas, 1991).

Aus dieser Bedingungsanalyse wird deutlich, daß sich Lernbeeinträchtigungen im wesentlichen durch Strategien, metakognitive und selbstregulatorische Fertigkeiten, Wissen und die emotionale Besetzung von Lernhandlungen erklären lassen. Zwischen diesen Bestimmungselementen bestehen erhebliche Überschneidungen und wechselseitige Abhängigkeiten, die in einem sogenannten Good-strategy-user-model zum Ausdruck gebracht werden. Dieses Modell besagt, daß Lernen die effektive Nutzung von Strategien voraussetzt und sich gute Lerner diese Strategien quasi selbständig bzw. aufgrund allgemeiner sozialer Anregungen aneignen, während das den Lernbeeinträchtigten aus vielfältigen Gründen (etwa Motivationsmangel, mangelnde Gedächtniskapazität, Fehlen sprachlicher Vermittler) nicht gelingt. Als Ansatzpunkt für die Intervention empfiehlt sich deshalb die Vermittlung von Lernstrategien (Stichwort «lernen zu lernen»).

2.3 Somatische Determinanten

Die Lernfähigkeit wird von *neurologischen Momenten* begrenzt. So tragen defizitäre Aufmerksamkeits- und Gedächtnisprozesse, die neurobiologische Voraussetzungen haben (vgl. Lieb, Merklin, Rieth & Schuttler, 1994) und als Grund- oder Basisstörung interpretiert (Roder, Brenner, Krenzle & Hodel, 1992) werden, zu einem ungünstigeren Lern- und Adaptationsverhalten bei schizophrenen Patienten bei; und die bisherige Intoxikation schränkt die Lernfähigkeit von Alkoholikern ein (etwa Saarnio, 1992). Genauere Vergleiche zwischen neurologisch vulnerablen (z. B. Teilleistungsstörungen, neurophysiologische Auffälligkeit) und unauffälligen Personen belegen aber auch, daß somatische Beeinträchtigungen ein eher unspezifisches Risiko darstellen und durchaus kompensiert werden können (vgl. **Kasten 3**).

Im Zusammenhang mit somatischen Faktoren wird oft auch das Konzept der *Teilleistungsstörungen* angeführt, wobei Teilleistungen als Glieder einer komplexen Handlungskette definiert sind. Das Konzept selbst geht davon aus, daß es dem Lerner aufgrund zerebraler Störungen nicht gelingt, einzelne Glieder einer komplexen Handlungskette angemessen auszuführen, so daß der Lernvorgang insgesamt scheitert. In der vorwiegend medizinisch-pädiatrischen Literatur werden vor allem psychologische Funktionen (etwa visuelle Wahrnehmung, Aufmerksamkeit, Störungen bei der Decodierung und Vernetzung von Reizen) als Teilleistungsstörungen genannt. Das Konzept selbst ist kaum empirisch fundiert, wenig fruchtbar und in sich widersprüchlich (zusammenfassend Burgmayer, 1993); es wird neuerdings in der Neuropsychologie unter dem Gesichtspunkt der Anforderungsanalyse (welche Leistungen muß der Lernende bei seiner Anforderungsbewältigung erbringen?) erneut aufgegriffen, ohne daß ihm noch ein eigener Erklärungswert zugebilligt wird.

3. Erlernen von Störungen aufgrund abnormer individueller Lernvoraussetzungen

Um die Genese von *Phobien* (DSM-IV 300.xx), Generalisierten Angststörungen (DSM-IV 300.02), Zwangsstörungen (DSM-IV 300.3), psychosexuellen Störungen (z. B. Fetischismus – DSM IV 302.81, Exhibitionismus – DSM IV 302.4) und von antisozialen Persönlichkeitsstörungen (DSM-IV 301.7) zu erklären, werden zumeist lerntheoretische Bedingungsmodelle (z. B. Zwei-Prozeß-Theorie, Preparedness-Theorie, lerntheoretische Konfliktmodelle) herangezogen. Diese Modelle benennen Bedingungen, die den Erwerb und die Aufrechterhaltung der Störungen allgemein begünstigen; sie lassen aber differentialpsychologische Fragen («Warum erwerben manche Menschen diese Störung und andere nicht?») unbeantwortet. Um diese Frage zu klären, ging man von einer Art individuellen Störungsbereitschaft aus. Eysenck (1976) unterschied beispielsweise bereits früh zwei Arten von Störungen, denen er unterschiedliche Lernbereitschaften zuordnete: a) Dysthymische Störungen (z. B. neurotische Störungen, Angstsyndrome, reaktive Depressionen, Zwänge), die auf einer erhöhten Konditionierbarkeit und verringerter Spontanremission (Habituation) beruhen, und b) psycho- bzw. soziopathische Störungen (z. B. Kriminalität, Hysterie), denen eine niedrige Konditionierbarkeit und rasche Habituation zugrunde liegt. Die jeweilige Lernbereitschaft beschrieb Eysenck in Form von übergreifenden Persönlichkeitsdimensionen (Neurotizismus, Introversion — Extraversion, Psychotizismus) — ein Versuch, der mittlerweile als allzu vereinfachend gesehen werden muß (vgl. Amelang, 1986; Fahrenberg, 1995). Fruchtbarer erweisen sich demgegenüber Modelle, die sich auf das Zusammenspiel von zentralnervösen Steuerungsinstanzen beziehen. Gray (1982) geht beispielsweise von Instanzen aus, die Annäherung, Verhaltenshemmung und Kampf-Fluchtverhalten regeln. Dabei ist von individuellen Unterschieden bei der Inhibitionskontrolle auszugehen und anzunehmen, daß extroversive Verhaltensstörungen (z. B. Aufmerksamkeits-/Hyperaktivitätsstörungen, Störungen des Sozialverhaltens, psychopathologisches Verhalten, Hysterie) mit reduzierter, introversive Störungen (Ängste, Zwänge) dagegen mit erhöhter Inhibitionskontrolle einhergehen (Harnishfeger & Bjorklund, 1994).

3.1 Erhöhte Konditionierbarkeit

Erhöhte Konditionierbarkeit wird durch eine vermehrte autonome Reaktionsbereitschaft und eine erhöhte kortikale Aktivierung begünstigt. Beide Aktivierungsparameter stellen biologische Grundlagen des Lernens dar, die entweder direkt in psychophysischen Maßen (etwa Ruhepuls, Aktivierung im cardiovaskulären System, Temperatur, Cortisol) oder in Sekundärdimensionen (z. B. Neurotizismus als erhöhte autonome Reagibilität und Emotionalität; Introversion – Extraversion als Manifestation kortikaler Erregung; persönlichkeitsspezifische Angstbereitschaft als erhöhte autonome Aktivität, Nervosität, aktualisierte Triebstärke) erfaßt werden. Für einzelne Patientengruppen (Angststörungen, Depression, Posttraumatisches Syndrom) läßt sich eine derart erhöhte Aktivierung und – unter bestimmten Bedingungen – eine raschere und stabilere Konditionierung belegen. Dies gilt insbesondere für Angststörungen, bei denen eine erhöhte Konditionierbarkeit den raschen Erwerb fehlangepaßter Reiz-Reaktionsverbindungen begünstigt und eine verzögerte bzw. ausbleibende Habituation eine stabile Reiz-Reaktionsverbindung entstehen läßt (vgl. auch die Zwei-Prozeß-Theorie der Angstentstehung von Mowrer, 1947).

In experimentellen Untersuchungen zeigt sich jedoch nicht durchgängig, daß Personen mit erhöhter autonomer Reaktionsbereitschaft schneller und dauerhafter zu konditionieren sind. Beispielsweise bildeten neurotisch-instabile Versuchspersonen in einer Untersuchung von Khumar und Kaur (1993) rascher eine operante Konditionierung als unauffällig-stabile Personen aus, während Frederickson und Georgiades (1992) dies nur für introversive, aber nicht für neurotische Versuchspersonen bestätigen. Diese uneinheitlichen Ergebnisse weisen auf die Bedeutung kognitiver Zwischenvariablen hin, die die Konditionierbarkeit vermitteln. Beispielsweise neigen Ängstliche in komplexeren Angstsituationen (z. B. soziale Phobie) dazu, ihre *Aufmerksamkeit* eher auf die ängstigenden Inhalte zu fokussieren und drohende Angstsituationen stärker und plastischer zu antizipieren als Nichtängstliche. Dadurch tritt eine größere Ängstlichkeit und Aktivierung ein, wodurch wiederum eine erhöhte Konditionierbarkeit und verzögerte Habituation begün-

stigt werden, weil die Angst länger und intensiver erlebt wird. Dem entspricht physiologisch, daß der Angstreiz bei fortbestehender Konditionierung in zunehmend größeren Arealen des sensorischen Systemes repräsentiert wird (vgl. Birbaumer & Schmidt, 1996). Bei Ängstlichen stellt sich infolge dessen eine Art «Aufmerksamkeitsfehler» (attentional bias) ein, der dazu führt, daß vergleichsweise unspezifische (körperliche; introspektive) Reize angstbezogene, kognitive Schemata auslösen (Harvey, Richards, Dziadosz & Swindeell, 1993; Eysenck, MacLeod & Mathews, 1987). Nicht zuletzt auch aufgrund dieser Interpretationsmuster stellt sich bei Angststörungen eine erhöhte adrenerge Reaktionsbereitschaft bei der Konfrontation mit Angstreizen ein (Birbaumer & Schmidt, 1996, S. 657). In ähnlicher Weise begünstigt die Fokussierung der Aufmerksamkeit auf interne Gedanken und Emotionen sowie die Erinnerung an negative Erlebnisse, die im Langzeitgedächtnis gespeichert sind, semantische Konditionierungsprozesse bei der Entstehung der Depressivität (Major Depression; vgl. Rothbart, Posner & Rosicky, 1994).

Neben der oben genannten dispositionellen Aktivierung tragen auch *situative Bedingungen* zu einer erhöhten Konditionierbarkeit bei (z. B. Reaktionshemmung, Verlust von Situationskontrolle, große Intensität des UCS, konflikthafte Verstärkersituation).

3.2 Verzögerte Habituation

Reaktionen klingen dann ab, wenn man einer Person ein auslösendes Ereignis wiederholt darbietet: Es tritt eine Habituation ein und aufgrund eines Gewöhnungsprozesses bleibt eine unnötig gewordene (physiologische) Reaktion aus. Dieser Habituationsprozeß verläuft umso langsamer, je stärker eine Person aktiviert ist. Deshalb ist die verzögerte Habituation ein Ausdruck für die Bereitschaft einer Person, auf wenig bedeutsame Reize zu reagieren und eine psychophysiologische Aktivierung (unverhältnismäßig) lange aufrecht zu erhalten. Lader und Mathews (1968) zeigen, daß Angstpatienten (Agoraphobiker, Sozialphobiker) ein erhöhtes tonisches Aktivierungsniveau besitzen und sich nur verzögert an neutrale sowie wiederholt dargebotene Akustikreize habituieren. Sie leiten daraus folgendes Genesemodell für die Agora- bzw. soziale Phobie ab: Danach weisen diese Angstpatienten eine chronisch erhöhte physiologische Aktivierung auf. Ihre Überaktivierung führt dazu, daß bereits mäßig stimulierende Wiederholungsreize das Aktivierungsniveau und die Angstreaktionen bis zur Panikattacke steigern. Die Panikattacke ist dann die Folge einer *chronischen Überaktivierung,* die sich durch die mehrmalige Konfrontation mit mäßig aktivierenden Reizen noch weiter aufschaukelt. Mathews, Gelder und Johnston (1981) haben dieses Modell zu einem umfassenden Bedingungsmodell erweitert, das weiteres Lernen (Verstärkung von Selbständigkeit und Angstmeidung), kognitive Momente, Bedrohungszuweisung, sowie Sozialisations- und Persönlichkeitsmomente mit einbezieht. Nach diesen Überlegungen hat die Therapie vor allem das allgemeine Erregungsniveau abzusenken, um eine Habituation zu ermöglichen. Bei Phobikern wird von anderen Untersuchern auch eine verzögerte Habituation im Bereich der Defensivreaktionen (Darbietung von abstoßenden bzw. erschreckenden Bildern) belegt. Experimentelle Vergleichsuntersuchungen bestätigen jedoch keineswegs durchgängig, daß ängstliche Personen zu einer verzögerten Habituation und erhöhter Konditionierbarkeit neigen.

Eine erhöhte Konditionierbarkeit bzw. eine verzögerte Habituation an wiederholt dargebotene Angstreize kann auch für die Genese von Zwängen angenommen werden: Hier kommt noch hinzu, daß die Angstkonditionierung auf weitere neutrale Reize im Gefolge eines Konditionierungsprozesses höherer Ordnung generalisiert, so daß eine Vielzahl von konkreten Objekten angstauslösend wird. Der Zwangspatient kann wegen seiner kognitiven Struktur und der Vielzahl der CS diese Angstreize nicht mehr meiden, sondern entwickelt ein aktives angstreduzierendes Verhalten (das Zwangsverhalten) als gewissermaßen ein gegen viele Angstreize gerichtetes, generalisiertes und ritualisiertes Vermeidungsverhalten. Eine erhöhte Konditionierung und verzögerte Habituation kann folglich recht konsistent mit der Genese von Ängsten und Zwängen in Verbindung gebracht werden. Dagegen ist für depressive Patienten eine rasche Habituation (gemessen in elektrodermaler Aktivität, evozierten Potentialen) typisch (Giedke, 1988). Ihre kontingente

negative Variation spricht für eine allgemein verminderte kortikale Informationsaufnahme und -verarbeitung, bei Kontingenzänderungen (z.B. eine erwartete Belohnung bleibt aus) und Hilflosigkeit tritt jedoch eine verstärkte kortikale Reagilität ein, die bei anhedonistischen und akut depressiven Patienten besonders deutlich ist (Birbaumer & Schmidt, 1996, S. 663ff.).

In diesem Zusammenhang ist auch daran zu erinnern, daß Habituation eng mit Intelligenzleistungen und dem Intelligenzstatus verknüpft ist, wobei sich beispielsweise die Habituationsfähigkeit im Kindesalter als Prädiktor für spätere Intelligenz erweist, aber auch intelligentere Personen eher zur Habituation in der Lage sind (vgl. Harnishfeger & Bjorklund, 1994). Habituation wäre dementsprechend auch ein Ausdruck von Verhaltensintelligenz.

3.3 Niedrige Konditionierbarkeit

Insbesondere für *antisoziale Persönlichkeitsstörungen* (DSM-IV 301.xx), die sich u.a. durch eine Häufung von sozialen Regelverstößen (z.B. Delinquenz, Vandalismus), Reizbarkeit/Agressivität, Unstetigkeit und geringe Verantwortungsübernahme auszeichnen, wird eine niedrigere Konditionierbarkeit festgestellt. Bespielsweise erlernen die betroffenen Personen in geringerem Maße, Angst vor einem Warnsignal für einen Elektroschock zu haben, bilden Vermeidungsreaktionen auf Strafreize (Elektroschock) weniger zuverlässig aus (z.B. Schmauck, 1970), sind weniger durch aversive Reize zu beeindrucken (Birbaumer & Schmidt, 1996) und behalten beim instrumentellen Konditionieren ungeeignete Reaktionen länger bei (Newman, Paterson & Kosson, 1987). Ähnliche Ergebnisse werden auch für Personen mit Aufmerksamkeitsdefizit- und Hyperaktivitätstörungen, Störung des Sozialverhaltens, Hysterie, früher Alkoholismus und psychopathologischen Beeinträchtigungen berichtet (zusammenfassend Patterson & Newman, 1993). Das Lernen dieser Personen ist mithin deutlich unterschiedlich, was durch drei – teils eng miteinander zusammenhängende – Ansätze erklärt werden kann:

(1) *Kortikale und autonome Untererregung.* Da die Fähigkeit zum konditionierten Lernen und die Sensibilität für Strafreize sowie Verstärkerkon-

tingenzen von der zentralnervösen Erregung abhängt, werden im Falle einer dominierenden Unteraktivierung weniger stabile und weniger zuverlässige Reiz-Reaktionsverbindungen bzw. operante Verhaltensweisen erworben. Die klassische Konditionierung läßt beispielsweise einzelne Reizkonstellationen nicht zu konditionierten aversiven Stimuli (CS) werden. Aversive (bestrafte) Reizkonstellationen werden folglich nicht gemieden und das bestrafte Verhalten bleibt trotz der bestehenden Sanktionen bestehen. Möglicherweise – so die Erweiterung dieses Erklärungsansatzes – erlangen die aversiven Reizkonstellationen im Sinne von belohnungs- bzw. sensationssuchendem Verhalten (sensation seeking) sogar Belohnungswert und werden eher aufgesucht als gemieden. Infolgedessen erhöht sich die Wahrscheinlichkeit für Regelverletzungen und soziale Konflikte. Deutliche Hinweise auf eine derart erniedrigte Konditionierbarkeit mit den entsprechenden Verhaltensfolgen liegen auch für *Kinder mit Aufmerksamkeitsdefizit- und Hyperaktivitätsstörung* vor, wobei die zentralnervöse Untererregung als hervorstechendes Bedingungsmoment gilt (zusammenfassend Birbaumer & Schmidt, 1996).

(2) *Mangelnde Inhibitionssysteme.* Hierzu wird die Wirksamkeit eines BIS «Behaviorales Inhibitions System» (Gray, 1982) angenommen. Es besagt, daß sich während der Sozialisation konditionierte Reize für Bestrafung bzw. das Ausbleiben von Belohnung entwickeln, die zur Löschung von Verhaltensweisen bzw. zu passiver Vermeidung führen. Bei soziopathischen Patienten geht man von einem schwach entwickelten Inhibitionssystem aus, was mit einer verringerten Funktionsfähigkeit des Frontallappens aufgrund von erworbenen oder angeborenen Mängeln, einer verminderten Funktionsfähigkeit der Amygdala sowie mit einer verringerten Kapazität des Arbeitsgedächtnisses, verminderter Strategie- und Wissensnutzung (Harnishfeger & Bjorklund, 1994) und der Einnahme von psychotropen Substanzen mit enthemmender Wirkung (Alkohol, Barbiturate) erklärt wird (Birbaumer & Schmidt, 1996). Als Resultat hiervon stellt sich – so die Annahme – eine Unfähigkeit ein, bestraftes oder nicht belohntes Verhalten zu unterdrücken. Diese Schwäche erhöht das verstärkungssuchende Verhalten (z.B. impulsives Handeln) und redu-

ziert die Fähigkeit, durch Bestrafung/Nicht-Belohnung Vermeidungsverhalten zu entwickeln oder ungeeignetes Verhalten zu löschen.

Einen wichtigen Indikator für die Effizienz des BIS stellt die Messung des Schreckreflexes dar (Birbaumer & Schmidt, 1996): Diese Reaktion wird als galvanische Hautreaktion auf überraschende Reize (z.B. extrem laute Töne, neutrale oder negative Dias) gemessen. Soziopathische Patienten zeichnen sich im Vergleich zu unauffälligen Personen durch einen erniedrigten Schreckreflex etwa auf negative Dias aus (Birbaumer & Schmidt, 1996).

(3) *Dominanz vorherrschender Reaktionstendenzen.* Die Bedeutung dieses Erklärungsansatzes läßt sich am besten anhand der bereits erwähnten Untersuchung von Newman, Patterson und Kosson (1987) erläutern. Sie untersuchten die Fähigkeit, vormals verstärkte Reaktionen aufzugeben, um einer Bestrafung zu entgehen. Dazu nahmen psychopathische und nicht-psychopathische männliche Gefangene an einem Computerspiel, das die Wahrscheinlichkeit für Gewinn (Geldgewinn) bzw. Bestrafung (Geldverlust) variierte, teil. Die Reaktion der Versuchspersonen wurde anfänglich mit einer sehr hohen Wahrscheinlichkeit belohnt, diese Verstärkungsrate wurde graduell vermindert, bis zuletzt eine Verstärkungsquote von Null erreicht war. Die psychopathischen Personen waren weniger in der Lage, ihre Reaktionen den tatsächlichen Verstärkerkontingenzen anzugleichen, obwohl sie den Wandel der Verstärkungsquoten durchaus erkannten. Dieses Ergebnis wird durch die Unfähigkeit psychopathischer Personen zur automatischen Aufmerksamkeitszentrierung und die Dominanz einer bestehenden Reaktionstendenz erklärt (Newman & Wallace, 1993). Psychopathische Personen sind demnach nicht in der Lage, ihre Aufmerksamkeit quasi automatisch den impliziten Hinweisreizen, die sich aus ihrem Handeln ergeben, zuzuwenden und ihr Verhalten prozeßhaft zu regulieren.

3.4 Verlust von Verstärkerwirksamkeit

Eines der Hauptmerkmale der Depression besteht in einer drastisch reduzierten Verhaltenshäufigkeit (u.a. geringe Anteilnahme am sozialen Leben, geringe Kommunikation, verminderte sexuelle Aktivität, Appetitlosigkeit, psychomotorische Retardierung, Vernachlässigung der körperlichen Erscheinung) und einem allgemeinen Verlust von Interesse. Das Entstehen der Depression kann folglich sehr schnell mit der mangelnden Wirksamkeit von Verstärkern in Verbindung gebracht werden. Multifaktorielle Ätiologiemodelle (vgl. Hautzinger, Stark & Treiber, 1992) führen dies auf die Unterbrechung von Handlungsroutinen durch kritische und streßreiche Lebensereignisse sowie auf die begleitenden bzw. vorausgehenden kritischen Lebensereignisse (etwa vorangegangene Verluste, ungünstige familiäre Erfahrungen) zurück. Dadurch wird ein Teufelskreis in Gang gesetzt, der automatisierte negative Interpretationsmuster, eine Zunahme der Selbstaufmerksamkeit und eine Abnahme dysphorischer Stimmungen beinhaltet. In dieser Lageorientierung werden immer weniger positive Erfahrungen gemacht; die betroffene Person «lernt» faktisch, ihre soziale Wirklichkeit als wenig befriedigend und verstärkend wahrzunehmen.

Ein anderer Typus mangelnder Verstärkerwirksamkeit ist bei engen Interaktionspartnern (Ehepartner, Eltern – Kind) zu beobachten, wenn sie sich durch negative Verstärkungsmuster wechselseitig zu Wohlverhalten zu zwingen versuchen. Obwohl sie (normalerweise) zuvor eine Quelle für wechselseitige positive Verstärkung waren, verliert der Partner dabei seine Verstärkerqualität durch den Verlust seiner positiven Valenz. Solche Interaktionen sind dadurch gekennzeichnet, daß ein Interaktionspartner Wünsche und Aufforderungen immer nachdrücklicher äußert und sie gegebenenfalls mit Drohungen durchzusetzen versucht, während der andere Interaktionspartner diese Aufforderungen ignoriert oder nur unzureichend erfüllt. Beide Interaktionspartner wenden jeweils Bestrafungen an, um zu ihrem Ziel zu kommen und lernen den Interaktionspartner als Quelle von negativer Verstärkung einzuschätzen. Patterson (1982) hat dies als «coercion theory» beschrieben und gezeigt, daß Aggressivität und oppositionelles Trotzverhalten mit solchen Interaktionsmustern einhergeht.

4. Literatur

Amelang, M. (1986). Fragebogen-Tests und experimentalpsychologische Variablen als Korrelate der Persönlichkeitsdimension Extraversion/Introversion (E/I) und Neurotizismus. In M. Amelang (Hrsg.), *Bericht über den 35. Kongreß der Deutschen Gesellschaft für Psychologie in Heidelberg 1986* (Bd. 2, 403–416). Göttingen: Hogrefe.

American Psychiatric Association. (1996). *Diagnostisches und statistisches Manual psychischer Störungen – DSM-IV* (Deutsche Bearbeitung und Einleitung: Saß, H., Wittchen, H.U., Zaudig, M.). Göttingen: Hogrefe.

Birbaumer, N. & Schmidt, R.F. (1996). *Biologische Psychologie* (3. Aufl.). Berlin: Springer.

Brackney, B. & Karabenick, S.A. (995). Psychopathology and academic performance: The role of motivation and learning strategies. *Journal of Counseling Psychology; 42*, 456–465.

Burgmayer, S. (1993). Die Verwendung des Teilleistungsmodells. In U. Brack, (Hrsg.), *Frühdiagnostik und Frühtherapie* (S. 113–121). Weinheim: Psychologie Verlags Union.

Eysenck, H.J. (1976). The learning theory model of neurosis. A new approach. *Behavior Research and Therapy, 14*, 251–267.

Eysenck, H.J., MacLeod, C. & Mathews, A. (1987). Cognitive functioning and anxiety. *Psychological Research, 49*, 189–195.

Fahrenberg, J. (1995). Biopsychologische Unterschiede. In M. Amelang (Hrsg.), *Verhaltens- und Leistungsunterschiede* (Enzyklopädie der Psychologie, Themenbereich C, Serie VIII, Bd. 2, S. 139–194). Göttingen: Hogrefe.

Feldman, H., Levine, M. & Fenton, T. (1986). Estimating personal performance: A problem for children with school dysfunction. *Journal of Developmental and Behavioral Pediatrics, 7*, 281–287.

Frederikson, M. & Georgiades, A. (1992). Personality dimensions and classical conditioning of automatic nervous system reactions. *Personality and Individual Differences, 13*, 1013–1020.

Fritz, A., Galley, N. & Goetzner, C. (1992). Zum Zusammenhang von Leistung, Aktivierung und Motivation bei Kindern mit unterschiedlichen Hirnfunktionsstörungen. *Zeitschrift für Neuropsychologie, 1*, 79–92.

Giedke, H. (1988). Physiologische Korrelate affektiver Störungen. In D.v. Zerssen & H.J. Möller (Hrsg.), *Affektive Störungen*. Berlin: Springer.

Gray, G. (1982). *Neuropsychology and anxiety*. Oxford: Oxford University Press.

Gumpel, T. (1994). Social competence and social skills training for persons with mental retardation: An expansion of a behavioral paradigm. *Education and Training in Mental Retardation and Developmental Disabilities, 29*, 194–201.

Harnishfeger, K.K. & Bjorklund, D.F. (1994). A developmental perspective on individual differences in inhibition. Special Issue: Developmental perspectives on individual differences in learning and memory. *Learning and Individual Differences, 6*, 331–355.

Harvey, J.M., Richards, J.C., Dziadosz, T. & Swindell, A. (1993). Misinterpretation of ambiguous stimuli in panic disorder. *Cognitve Therapy and Research, 17*, 235–248.

Hautzinger, M., Stark, W. & Treiber, R. (1992). *Kognitive Verhaltenstherapie bei Depression*. Weinheim: Psychologie Verlags Union.

Khumar, S.S. & Kaur, P. (1993). Neuroticism on conditionability of various pronouns. *Psycho Lingua, 23*, 57–64.

Klauer, K.J. & Lauth, G.W. (1996, im Druck). Lernbehinderungen und Leistungsschwierigkeiten bei Schülern. In F.E. Weinert (Hrsg.), *Psychologie des Lernens und der Instruktion, Band II. Enzyklopädie der Psychologie*. Göttingen: Hogrefe.

Klicpera, C. (1983). Poor planning as a characteristic of problem-solving behavior in dyslexic children. *Acta Paedopsychiatrica, 49*, 73–82.

Lader, M.H. & Mathews, A.M. (1968). A physisiological model of phobic anxiety and desensitization. *Behavior Research and Therapy, 6*, 411–421.

Lieb, K., Merklin, G., Rieth, C. & Schuttler, R. (1994). Preattentive information processing in schizophrenia. *Schizophrenia Research, 14*, 47–56.

Mathews, A.M., Gelder, M. & Johnston, D. (1981). *Agoraphobia. Nature and treatment*. London: Tavistock.

Meltzer, L.J., Solomon, B., Fenton, T. & Levine, M.D. (1989). A developmental study of problem-solving strategies in children with and without learning difficulties. *Journal of Applied Developmental Psychology, 10*, 171–193.

Mowrer, O.H. (1947). On the dual nature of learning – A reinterpretation of «conditioning» and «problem-solving». *Harvard Educational Review, 17*, 102–148.

Newman, J.P., Patterson, C.M. & Kosson, D.S. (1987). Response perseveration in psychopaths. *Journal of Abnormal Psychology, 96*, 145–148.

Newman, J.P. & Wallace, J.F. (1993). Diverse pathways to deficient self-regulation: Implications for disinhibitory psychopathology in childhood. *Clinical Psychology Review, 13*, 699–720.

O'Neill, M.E. & Douglas, V.I. (1991). Study strategies and story recall in attention deficit disorder and reading disability. *Journal of Abnormal Child Psychology, 19*, 671–692.

Patterson, G.R. (1982). *A social learning approach to family intervention. Coersive family processes*. Eugen, Oregon: Castalia.

Patterson, C.M. & Newman, J.P. (1993). Reflectivity and learning from aversive events: Toward a psychological mechanism for the syndromes of disinhibition. *Psychological-Review, 100*, 716–736.

Roder, V., Brenner, H.O., Kienzle, N. & Hodel, B. (1992). *Integriertes psychologisches Trainingsprogramm für schizophrene Patienten (IPT)*. Weinheim: Psychologie Verlags Union.

Rothbart, M.K., Posner, M.I. & Rosicky, J. (1994). *Orienting in normal and pathological development. Development and Psychopathology, 6*, 635–652.

Saarnio, P. (1992). Measuring the learning potential of abstinent alcoholics. *Drug and Alkohol Dependence, 30*, 199–207.

Sander, E. (1986). *Lernhierachien und kognitive Lernförderung*. Göttingen: Hogrefe.

Schmauck, F.J. (1970). Punishment, arousal, and avoidance learning in sociopaths. *Journal of Abnormal Psychology, 76*, 325 – 335.

Torgeson, J.K. (1982). The learning disabled child as an inactive learner. *Topics in Learning and Learning Disabilities, 2*, 45–52.

Whithman, T.L. (1990). Self-regulation and mental retardation. *American Journal on Mental Retardation, 94*, 347–362.

28.3 Lernstörungen: Intervention

Gerhard Lauth

Inhaltsverzeichnis

Lernstörungen äußern sich als Aneignungs-beeinträchtigungen (z.B. Lern- und Studienprobleme) sowie im Erwerb dysfunktionaler, sozial-emotionaler Verhaltensweisen (z.B. Ängstlichkeit) aufgrund abnormer individueller Lernvoraussetzungen. Für beide Störungsformen sind unterschiedliche Interventionsstrategien angezeigt.

1. Interventionen bei Aneignungsbeeinträchtigungen

1.1 Interventionsziele

Aneignungsbeeinträchtigungen werden durch ein modifiziertes Good-user-strategy-model erklärt; deshalb konzentrieren sich die Interventionen auf vier Zielbereiche:

(1) Die Vermittlung grundlegender *Lern- und Aneignungsstrategien*, z.B. a) sich den Ausgangs-punkt der Lernfähigkeit sowie das Lernziel verdeutlichen; b) Vorgehensweisen und Planungen entwickeln, um ein Lernziel zu erreichen (z.B. Reflektion der eigenen Kenntnisse, Lernplanung; c) die Lernplanung umsetzen und die erreichten Lernergebnisse überprüfen sowie ggf. das Lernverhalten modifizieren. Dieses Interventionsziel ist besonders bei komplexen, störanfälligen und relativ frei gestaltbaren Lernleistungen (z.B. berufliche Weiterbildung, Studienprobleme) sowie allgemeinen Lernstörungen bedeutsam.

(2) Die Vermittlung von *metakognitiven Fertigkeiten,* u.a. a) Erwerb und Nutzung von inhaltsspezifischen Lernstrategien (z.B. aktives Memorieren und die Bildung von Bedeutungsassoziationen zur Gedächtnisoptimierung, Bildung von Oberbegriffen zur Wissensintegration, Informationsaufnahmestrategien zur Textanalyse); b) Erwerb reflexiven Lernverhaltens (z.B. Analogieschlüsse ziehen, eigenes

Vorwissen durch Selbstabfragestrategien aktivieren, Veranschaulichungen vornehmen), c) flexible und zieladaptive Regulation der Lernfähigkeit sowie Überwachung der eigenen kognitiven Tätigkeit (z.B. Handlungsteuerung durch Selbstinstruktionen, Abfragesysteme bei Erkenntnisschwierigkeiten). Dieses Interventionsziel ist besonders dann angebracht, wenn eine allgemeine Lernkompetenz und selbstverantwortliche Lernprozesse angeregt werden sollen.

(3) Die *Vermittlung von bereichsspezifischem Wissen* (z.B. Buchstabenkenntnisse bei Legasthenie, Vermittlung von Rechenoperationen). Dieses Interventionsziel ist besonders bei umschriebenen Lernstörungen (z.B. Lese-Rechtschreibschwäche, Rechenschwäche) bedeutsam.

(4) Die *Stabilisierung der psychischen Befindlichkeit des Lernenden* (z.B. Abbau von Mißerfolgsorientierungen, Verbesserung des Begabungsselbstbildes, Entwicklung eines verbesserten Kompetenzbewußtseins). Dieses Interventionsziel ist besonders bei langandauernden und umfangreichen Lernstörungen (z.B. Lernversagen in der Schule, persistierende Studienprobleme) relevant.

Diese Interventionsziele werden zumeist in sogenannten multimodalen Interventionsprogrammen umgesetzt; Interventionen also, die mehrere dieser Ziele gleichzeitig oder der Reihe nach zu erreichen versuchen. Für die Entwicklung dieser Programme sind zwei übergeordnete Gesichtspunkte zu berücksichtigen:

• *Die Schwere der Aneignungsstörung.* Bei allgemeinen und persistierenden Störungen (z.B. Lernversagen in der Schule, massive Studienprobleme) ist die explizite und möglichst integrierte Vermittlung von grundlegenden Strategien, prinzipiellen metakognitiven Fertigkeiten, bereichsspezifischem Wissen und motivationalen Kompetenzen von Nöten, während sich die Intervention bei eingegrenzteren Lernbeeinträchtigungen auf einzelne Momente beschränken kann.

• *Entwicklungsrelevanz der Interventionen.* Die Interventionen sollen letztlich «das Lernen lehren». Dadurch erhalten die strategischen und metakognitiven Komponenten eine besondere Bedeutung; denn sie veranschaulichen, «wie man lernt» und vermitteln übergreifende Vorgehensweisen, die für eine Vielzahl von Lernsituationen günstig sind. Diese sogenannte konzeptuelle Interventionsgestaltung begünstigt den Transfer und die Stabilität der Interventionserfolge.

1.2 Interventionsansätze

Dominierende psychologische Interventionsmethoden bei Aneignungsstörungen sind:

• *Kognitiv-behaviorale Interventionsansätze sensu Meichenbaum (1979).* Sie streben eine Förderung der Lernkompetenz an und bedienen sich dabei des Selbstinstruktionstrainings sowie des kognitiven Modellierens. Mit diesen didaktisch-therapeutischen Methoden können sowohl die offenen als auch die verdeckten als Denken ablaufenden Lernprozesse und -strategien vermittelt werden (vgl. **Tab. 1**). Gleichzeitig wird dem Klienten ein alternativer affektiver Umgang mit seinen Lernschwierigkeiten nahegebracht, indem sein interner Dialog zugunsten eines bewältigungsorientierten Vorgehens umstrukturiert wird (z.B. «Ich komme damit im Moment nicht zurecht, aber ich lasse mich davon nicht nervös machen. Ich beginne nochmals von vorn!»). Dieser interne Dialog wird mit den handlungsnotwendigen Operatoren (Strategien, metakognitiven Fertigkeiten) und inhaltsspezifischen Kenntnissen verknüpft.

• *Aktivierung von Lernstrategien durch heuristische Erkenntnisdialoge* (z.B. *Brown & Palincsar, 1987*). Hierbei wird die Bedeutung der exekutiven Metakognitionen (z.B. Ausgangs- und Zielanalyse, Regulation der Lerntätigkeit) und die Entwicklungslogik des Lernens betont. In der Intervention werden den Klienten mittelschwere Aufgaben, die ihrem Lernvermögen angemessen sind, gestellt; ein Experte (z.B. Mitschüler, Tutor) strukturiert ihr Lernverhalten durch Erklärungen, Modelldemonstrationen sowie Erkenntnisdialoge und bildet dabei die relevanten Lernstrategien aus (z.B. beim Leseverständnis: Zusammenfassen, Fragen formulieren, Mehrdeutigkeiten klären, Textstellen vorhersagen). Diese Interventionsmethode beruht auf pädagogisch-entwicklungspsychologischen Theorien.

Tabelle 1: Kognitives Modellieren im Rahmen der kognitiven Verhaltensmodifikation

Die kognitive Verhaltensmodifikation greift in hohem Maße auf sogenannte modellierende Interventionsmethoden (Modelldemonstrationen, Selbstinstruktionstraining) zurück. Anhand dieser Methoden können Ausführungsfertigkeiten einerseits und handlungssteuernde Selbstanweisungen andererseits vermittelt werden, ohne daß den Klienten allzu viele Fehler beim Verhaltenserwerb unterlaufen. Dabei werden sog. kognitive Modelle eingesetzt, die das erfolgreiche Verhalten demonstrieren und gleichzeitig in Form von Selbstverbalisierungen, die Prinzipien, Regeln und Strategien darlegen, durch die sie sich leiten lassen. Auf diese Weise werden etwa Lernstrategien, Selbstanweisungen oder Problemlöseschritte vermittelt. Ein Beispiel dafür ist folgende Strategie für das Lösen von Textaufgaben (vgl. Montogue & Bos, 1986): das Problem laut lesen; es laut beschreiben und visualisieren; das Problem formulieren; die Zahl der notwendigen Arbeitsschritte einschätzen; sich die benötigten kognitiven Operationen vor Augen führen; den	«Lösungsraum» schätzen; die Aufgabe rechnen und überprüfen. Im Selbstinstruktionstraining (Meichenbaum 1979) werden solche Modelldemonstrationen über die vier folgenden Stufen eingesetzt: a) externe Steuerung: das Klientenverhalten wird durch die verbale Anleitung des Therapeuten gesteuert, b) offene Selbststeuerung: der Klient begleitet sein Verhalten durch Selbstverbalisierungen, c) ausgeblendete Selbstinstruierung: der Klient instruiert sich flüsternd bzw. bruchstückhaft, d) verdeckte Selbstinstruierung: der Klient memoriert die Selbstinstruierungen als Analogie zum Denken. Auf diese Weise sollen verhaltensbestimmende Kognitionen (z.B. Selbstverbalisierungen, Zielbestimmung, Handlungsregulation) für das offene Verhalten steuernd werden. Diese Interventionsmethode wird in der Therapie von Verhaltensstörungen mit kognitiven Anteilen (z.B. Impulsivität, Aufmerksamkeitsstörungen, Lernschwierigkeiten) eingesetzt.

- *Vermittlung grundlegender Denkfähigkeiten* (z.B. Klauer, 1989, 1991), wobei in verschiedenen Trainingsprogrammen sogenanntes induktives Denken (Erkennen, Erfassen, Herausfinden von Regelhaftigkeiten) vermittelt wird. Diese Interventionen sind vor allem präventiv orientiert, weil sie die Entstehung von Lernstörungen verhindern. Die Probanden sollen in den Interventionen lernen, rasch und sicher scheinbar Ungeordnetes auf Regelhaftigkeiten hin zu analysieren sowie Abweichungen bei scheinbar Regelhaftem festzustellen (Klauer, 1989). Der Trainingstheorie zufolge wird dies durch das Erkennen von Gemeinsamkeiten oder Unterschieden bzw. durch das Erkennen gleichzeitiger Gemeinsamkeiten und Unterschiede geschult. Infolgedessen werden die Adressaten im Training angehalten, Unterschiede bzw. Gemeinsamkeiten in Bezug auf Objektmerkmale (z.B. Größenunterschiede) oder Relationen (z.B. a: b wie c: x) zu erkennen. Diese Erkenntnisfähigkeit führt letztlich, so die Trainingstheorie, dazu, daß u.a. Generalisierungs-, Diskriminationsleistungen sowie Systembildungen erlernt werden. Im Training bearbeiten die Probanden in Gruppen oder Klassen insgesamt 120 Bildkarten mit Aufgaben folgender Art: Klassen bilden, Unpassendes streichen, Folgen ergänzen, Matrizen ergänzen, Analogien herstellen. In der Regel werden 10 Trainingssitzungen durchgeführt, in denen jeweils verschiedene Aufgaben-

klassen bearbeitet werden. Die Kinder werden durch heuristische Fragen (z.B. Was ist gesucht? Was ist gegeben?) und durch Aufforderungen (z.B. Begründen, Erklären) zu einem systematisch-analytischen Arbeiten angehalten. Schwächeren Probanden wird das Vorgehen im Rahmen des kognitiven Modellierens nahegebracht. Es liegen Trainingsprogramme für 5- bis 7jährige (Denktraining I); 9- bis 11jährige (Denktraining II) und 14- bis 16jährige (Denktraining III) vor, die alle vom gleichen Autor entwickelt und evaluiert wurden. Das Training (Denktraining I) wurde zunächst in 30 Untersuchungen evaluiert, wobei in bezug auf Intelligenztestleistungen eine durchschnittliche Effektstärke von d = 0,47 (Klauer, 1989, S. 42) zu verzeichnen ist. Über die Bewertung der Trainingsergebnisse wird gegenwärtig eine umfangreiche Debatte geführt (zusammenfassend Hager, 1995), wobei vor allem darauf hingewiesen wird, daß das Training nicht nur induktive Denkleistungen fördert und andere Trainings teilweise zu ähnlichen Ergebnissen gelangen. Eine Evaluation bei insgesamt 240 niederländischen Schülern ermittelte drei Monate nach Trainingsende jedoch eine große Effektstärke (d = 1,17; Resing, 1996). In bezug auf die direkte Verbesserung schulischen Lernens erweist sich die Kombination des Denktrainings mit der Vermittlung geeigneter Lernstrategien als effektiv (Effektstärke d = 1,8; Klauer, 1996); jedoch erweist sich auch die Vermittlung der Denk-fertigkeiten als leistungssteigernd. Neuerdings wird der Einsatz dieser Programme bei alters-geriatrischen Patienten mit überraschendem Erfolg erprobt.

• *Instruktionspsychologische Vermittlung von Lern-strategien.* Diese Interventionsform geht von ei-ner psychologischen Analyse von Lerndefiziten bzw. Lernkompetenzen aus und bildet das för-derliche Lernverhalten über Instruktionen (z.B. Illustrationen, Texte, Vorträge) sowie Lern-gestaltungen (z.B. Aufgabenauswahl, systema-tisches Üben) aus. Dabei wird sowohl Aufga-ben- als auch Strategiewissen vermittelt. Diese Interventionen verbinden die Vermittlung von inhaltsspezifischen Strategien mit der Anre-gung allgemeiner Denkfertigkeiten. Sie werden vor allem zur Förderung von Lesefertigkeiten, Textverständnis, Anfertigung von Notizen, Ge-dächtnisaktivierung, Aufsatzschreiben und ef-fektivem Prüfungsverhalten angewandt (zu-sammenfassend Scruggs & Mastropieri; 1993, Lenz, 1992). Mittlerweile liegen kantamne-stische Untersuchungen zur Effektivität dieser Interventionen vor, die bei 900 Schülern (4. bis 7. Klasse) und drei Jahre nach der Intervention befriedigende Wirksamkeit konstatieren (Mul-cahy, 1991). Folglich setzt sich die Forderung nach einer «integrativen Strategie-Vermittlung» (Ellis, 1993), die auch den Klassenunterricht mit einbezieht, immer mehr durch.

• *Motivationale Beeinflussung.* Die Eingangs-hürde für aktives Lernverhalten stellt die Situa-tions- und Komplexitätseinschätzung dar. Lern-schwache schätzen Aufgaben als komplex und kaum lösbar ein, so daß sie die Aufgabe mit eher ungeeigneten Taktiken zu lösen suchen und im Falle des Mißlingens kaum auf überge-ordnete Strategien bzw. Pläne zurückgreifen. Demnach ist es günstig, motivationale Kompo-nenten bei der Intervention explizit zu berück-sichtigen. Die Erfahrungen zeigen jedoch, daß die Verbesserung motivationaler Komponenten alleine noch wenig bewirkt, sondern moti-vationale Prozesse mit einer direkten Ver-haltensänderung (z.B. Anbahnung von Lern-aktivitäten, Anwendung von Lernstrategien) verbessert werden sollten (Rheinberg & Schliep, 1985, Rheinberg. & Krug, 1993). Hierbei stehen im Vordergrund:

– die Anregung von selbstverantworteten Ziel- und Anspruchsniveausetzungen: etwa mittel-schwere Aufgaben, die gelingen und mißlin-gen können, auswählen.

– die Anregung von übergeordneter Selbst-verantwortlichkeit (etwa im Sinne des Verur-sachertrainings von DeCharms, 1976).

– explizite operante Verstärkung für Lernaktivi-täten durch Bezugspersonen (Lob, Zuwen-dung, milde Bestrafung).

1.3 Interventionen bei umschriebenen Lernstörungen (z.B. Lese-Rechtschreibschwäche)

Bei umschriebenen Lernstörungen (z.B. Leg-asthenie, schulische Lernschwierigkeiten, Stu-dienschwierigkeiten) ist die Aneignungsbeein-trächtigung auf einen eher engen Themenbereich begrenzt. Dies ist so zu interpretieren, daß auf der Ebene der allgemeinen Lernstrategien, Wis-sensbestandteile und taktischen Lernvorausset-zungen (Grundfertigkeiten) keine Defizite be-stehe; solche Defizite treten aber in einzelnen Inhaltsbereichen (z.B. Lesen) zu Tage. Die In-terventionen bei umschriebenen Lernstörun-gen können sich deshalb vor allem auf die Vermittlung inhaltsspezifischer Momente (In-haltswissen und inhaltsspezifische Strategien) konzentrieren (z.B. Hasselhorn & Körkel, 1983; **Kasten 1**). Die derzeit bestehenden Interventio-nen zur *Lese-Rechtschreibschwäche* versuchen, über Instruktionen und das Durcharbeiten von Übungsmaterialien einen inhaltsspezifischen Wissenserwerb, sowie eine emotionale Stabili-sierung der Schüler (z.B. durch Ermutigung, Re-flexion des eigenen Lernens und die Entlastung von Leistungsanforderungen) zu erreichen.

Hierzu werden Übungsmaterialien eingesetzt, die systematisch Lese- und Rechtschreibkennt-nisse vermitteln. Ferner werden die Eltern mit einbezogen und mittels einer allgemeinen Be-ratung zur Reflexion ihres Erziehungsverhaltens angehalten (etwa Betz & Breuninger 1987). Die-se Programme führen durchaus zu bedeut-samen Lernfortschritten, die im Sinne des Good-strategy-user-Modells vor allem darauf zurückzuführen sind, daß die Aufgaben als weniger komplex und als potentiell zu bewälti-gen eingeschätzt werden und sich die Klienten die notwendigen Lernstrategien aufgrund des

Kasten 1
Ein Beispiel für ein Training zur Verbesserung des Lernens (Hasselhorn & Körkel 1983)

Fragestellung
Welchen Effekt hat ein operativ-strategisches Lesetraining?

Methode
• *Stichprobe:* 48 Kindern einer 6. Klasse/Hauptschule (Altersdurchschnitt 12,9 Jahre)

• *Behandlungsformen:*
(1) Behandlungsgruppe. Das Training knüpft an einer Defizitdiagnose der Textverarbeitungskompetenzen von lernschwachen Schülern an, es verläuft in drei Phasen: a) Das systematische Einüben *grundlegender Fertigkeiten* zum Verstehen und Behalten von Textinformationen über das Selbstinstruktionstraining (u. a. Antizipieren möglicher Textinhalte, Überprüfen des eigenen Textverständnisses, systematisches Entwickeln von Schlußfolgerungen). b) Der Aufbau eines reflexiven und problemorientierten *Verhaltens* beim Umgang mit Schwierigkeiten (z. B. logische Textwidersprüche erkennen). Hierzu wird eine Selbstbefragungstechnik vermittelt, mit deren Hilfe folgende 4 Problemlöseschritte initiiert werden: Bestimmung des auftretenden Problems, Sammeln möglicher Lösungswege, Entscheidung für eine Lösungsmöglichkeit und deren konkrete Umsetzung, sowie Beurteilung der Lösungsqualität. c) Das Vermitteln einer verallgemeinerbaren *problemlöseorientierten Heuristik* für ein planvolles und selbstgesteuertes Textlernen (Modell zum reflexiven und selbststeuernden Textverarbeiten).
(2) Kontrollgruppe. Die Kontrollgruppe erhält ein traditionelles Lesetraining (z. B. deutliches, betontes Lesen von Texten; Bestimmung grammatikalischer Bestandteile; ausführliche Diskussion der Inhalte).

• *Zeitplan:* Training in Dreiergruppen in 10 Unterrichtsstunden innerhalb von 15 Tagen.

• *Untersuchungsverfahren:* Erhebung der Wissenskompetenz (Verfügbarkeit textverarbeitungsbezogenen Aufgaben-, Strategie- und Interaktionswissens, reflexive Zugänglichkeit der verarbeiteten Informationen), der operativen Kompetenz (Klären von Verstehensschwierigkeiten, Analyse- und Überwachungsprozesse beim Lesen, allgemeine Bewertungsprozesse) sowie von Lern- und Gedächtnisleistungen (Verstehens- und Behaltensleistung). Messungen vor und nach dem Training.

Ergebnisse
Es zeigt sich, daß beide Trainingsvarianten zu bedeutsamen Steigerungen der Verstehens- und Behaltensleistungen führen. Das strategische Training erweist sich jedoch im Vergleich zur Kontrollgruppe als wirkungsvoller (u. a. Verbesserung der Behaltensleistung um 83%, der Verstehensleistung um 71%). Darüber hinaus verändert das Strategietraining die kognitive Struktur der Kinder, so daß sie sich die unbekannten Texte qualitativ anders erschließen. Das Beispiel zeigt, daß die Vermittlung strategisch-metakognitiven Verhaltens zusammen mit inhaltsspezifischer Grundfertigkeiten Lernprozesse optimiert und eine Generalisierung sowie eine Stabilisierung des (veränderten) Lernverhaltens begünstigt. Ferner wird die kognitive Entwicklung durch diese Intervention angeregt.

---

erworbenen Wissens und ihrer emotionalen Stabilisierung selbst ableiten.

In letzter Zeit werden zunehmend computergestützte Interventionsprogramme eingesetzt, die sich ausschließlich auf die Vermittlung von inhaltsspezifischen Kenntnissen beziehen. Diese Programme erfüllen die Prinzipien effektiven Lernens (mittelschwere Aufgaben vorgeben, Fehler beim Antworten vermeiden bzw. ausschließen, sofortiges Feedback, Aufgaben mit ansteigender Schwierigkeit stellen) nahezu perfekt. Erste Erprobungen dämpfen jedoch allzu euphorische Erwartungen und belegen teils geringe Effektstärken im Vergleich zwischen Computerlerngruppen und einer anders geschulten Kontrollgruppe (Masendorf, 1995; Vaughn 1993); teils aber auch große Effektstärken im Vergleich zu einer unbehandelten Kontrollgruppe (Masendorf, 1995). Offensichtlich ist die computergesteuerte Wissensvermittlung anderer Instruktionsformen also nicht von vornherein überlegen, dabei muß man aber auch berücksichtigen, daß die vorliegenden Lernprogramme oft noch didaktische oder programmiertechnische (Layout) Unzulänglichkeiten aufweisen.

Die Vermittlung von Lern- bzw. Arbeitsstrategien sowie emotionsregulierenden Selbstverbalisierungen erweist sich auch bei Erwachsenen mit *Studienschwierigkeiten* bzw. Leistungsängstlichkeit als förderlich. Studierenden werden bspw. über modellhafte Videofilme bewältigungsorientierte Selbstverbalisierungen und förderliche Lernstrategien, sowie adäquates Lern- bzw. Arbeitsverhalten vermittelt. Wichtig ist dabei, daß die vermittelten Lernstrategien den sozialökologischen Gegebenheiten und dem Erwachsenenstatus Rechnung tragen: Hierzu zählt vor allem die Entwicklung von persönlichen Lernzielen, Koordination des Lernens mit konkurrierenden Tätigkeiten (z. B. Zeitplanung, antizipierende Lernorganisation) sowie der Umgang mit direkten Lernproblemen (z. B. Textanalyse, Lerndiagnose, Selbstabfragesysteme) und der Erwerb von Arbeitstechniken (z. B. Notizen anfertigen).

Bei Aneignungsstörungen, die mit *somatisch-neurologischen Auffälligkeiten* einhergehen, sind Verbesserungen des Aneignungsverhaltens möglich. Oft müssen jedoch einzelne Auffälligkeiten als Teilleistungsschwächen aufgefaßt werden und bedürfen eines kompensatorischen Funktionstrainings (z. B. der Wahrnehmung). Gegebenenfalls werden lernrelevante Strategien erst nach einem derartigen Funktionstraining vermittelt.

1.4 Interventionen bei allgemeinen Lernstörungen

Interventionen bei allgemeinen Lernstörungen zeichnen sich durch zwei Bedingungen aus: Weil die Beeinträchtigung allgemein ist, 1) vermitteln sie grundlegende Prozesse (z. B. Memorierungsstrategien), die gleichsam die Basis zum möglichst eigenständigen Lernen bilden, 2) die Interventionen sind umfassender angelegt und beziehen sich auf das Vermitteln allgemeiner Strategien (z. B. Problemlösestrategien) sowie auf die Befähigung der Adressaten, diese Fertigkeiten auch bei Schwierigkeiten und divergenten Anforderungen einzusetzen (z. B. Anleitung

zur Selbstanweisung, Transferanbahnung). Konsequenterweise stellen moderne Interventionen weniger die Einübung von Detailfertigkeiten in den Mittelpunkt, sondern versuchen, weiterreichende Entwicklungen anzubahnen.

• *Vermittlung grundlegender Lernvoraussetzungen.* Brown, Campione und Barclay (1979) vermittelten geistig Behinderten (7,2 bis 11,7 Jahre; IQ 55–81) Memorierungsstrategien (aktive Selbstwiederholung – rehearsal bzw. Antizipation des Folgewortes) sowie Selbstüberprüfungsstrategien für das Erlernen von Wortlisten. Die Vermittlung dieser metakognitiven Prozesse führte zu einer weitreichenden Optimierung des Lernens: a) Die Kinder verbesserten ihre Erinnerungsleistungen, b) ältere Kinder wandten die erlernten Strategien auch noch nach einem Jahr an und übertrugen sie auch auf die Informationsentnahme bei einem Prosatext; das Lernverhalten wird qualitativ verändert, indem die Kinder mehr Zeit zum Lernen aufwenden und mehr Informationen entnehmen. Die mental retardierten Kinder haben also nicht nur gelernt, eine Wörterliste auswendig zu lernen (dies wäre eine allzu isolierte und unpraktische Lernleistung), sondern ihr Lernverhalten so geändert, daß sie anders an Lerninhalte herangehen (s. auch **Kasten 2**). Ähnliche Effekte werden bei lernschwachen Jugendlichen, denen Gedächtnisstrategien (Assoziationsbildungen) vermittelt wurden, festgestellt. Auch hier weisen die vermittelten Strategien generalisierende Wirksamkeit auf (Fulk, Mastropieri & Scruggs, 1992).

• *Soziales Lernen.* Vor allem bei retardierten, autistischen bzw. schizophrenen Kindern und Erwachsenen wird eine Verbesserung des sozialen Lernens über operante Verstärkung bzw. die Anbahnung von Imitationsverhalten angestrebt. Ein Beispiel dafür ist die Intensivtherapie mit autistischen Kindern (Lovaas, 1987; Lovaas & Smith, 1990), in der operante Verstärkungen gezielt und umfassend eingesetzt werden, um die soziale Reaktionsfähigkeit autistischer Kinder zu verbessern. Die Verstärkungen werden im wesentlichen durch die Eltern verabreicht, die dafür umfassend geschult werden; die Interventionsbedingungen werden 40 Stunden pro Woche eingehalten. Dabei wird operante Verstärkung ganz gezielt eingesetzt, um sozia-

Kasten 2
Ein Interventionsprogramm zur Vermittlung allgemeiner Problemlösestrategien und metakognitiver Fertigkeiten bei lernbeeinträchtigten Grundschülern (Lauth, 1996)

Fragestellung

Welchen Effekt hat die Vermittlung allgemeiner Problemlösestrategien, metakognitiver Fertigkeiten (z.B. selbstreflexives Verhalten) sowie eines alternativen emotionalen Bewältigungsverhaltens bei lernschwachen Kindern?

Methode

• *Stichprobe:* 55 lernschwache Kinder aus insgesamt 23 verschiedenen Schulklassen (2. und 3. Schulklasse) (Altersdurchschnitt 8,62 Jahre).

• *Behandlungsformen:*
(1) Behandlungsgruppe 1. Den Kindern werden allgemeine Problemlösestrategien, metakognitive Fertigkeiten (z.B. selbstreflexives Verhalten, adaptive Regulation der Handlung durch Selbstinstruktion, abstrahierende Analyse der eigenen kognitiven Tätigkeit) sowie ein alternatives affektivmotivationales Bewältigungsverhalten bei Handlungsschwierigkeiten (z.B. Reaktionsverzögerung, selbstermutigende Selbstanweisungen) vermittelt. Damit sollen verallgemeinerbare Strategien und metakognitive Fertigkeiten, die in unterschiedlichen Inhaltsbereichen (z.B. schulisches Lernen, soziales Verhalten) umgesetzt werden können, vermittelt werden. Dazu wurden verschiedene Interventionsmethoden eingesetzt: a) über das kognitive Modellieren wurden förderliche Bewältigungsstrategien demonstriert; b) diese Vorgehensweisen wurden über das Selbstinstruktionstraining allmählich in das Reaktionsrepertoire der Klienten überführt; c) es wurden verschiedene Aufgabenarten, die nach transfertheoretischen Gesichtspunkten zusammengestellt waren und ansteigende Schwierigkeit besaßen, eingeführt. Dadurch sollen strategisch-metakognitive Vorgehensweisen bei unterschiedlichen Materialien eingeübt werden.
(2) Behandlungsgruppe 2. Hier wurde mit den Kindern das gleiche Interventionsprogramm durchgeführt; zusätzlich nahmen ihre Eltern an einem Mediatorentraining teil, in dem ihnen die wesentlichen Prinzipien des Interventionsprogrammes für die Kinder vermittelt wurden und sie durch Instruktionen und Selbsterprobung angeleitet wurden, die Aktivitäten der Kinder im Alltag zu unterstützen (etwa Probleme definieren, Ziele bestimmen).
(3) Kontrollgruppe. Bearbeitung der gleichen Materialien in Kleingruppen ohne Strategie- und Metakognitionsvermittlung. Eltern und Lehrern galt diese Gruppe ebenfalls als (unspezifische) Intervention.
Trainingsmethode: Kognitives Modellieren, Selbstinstruktions-Training und Bearbeitung divergenter Anforderungen, Diskussion.

• *Zeitplan:* Training in Gruppen von 2 bis 4 Kindern über insgesamt 8 wöchentliche Sitzungen.

• *Untersuchungsverfahren:* Erhebung schulrelevanter Problemlösereflexivität beim Problemlösen (Antwortlatenz, metakognitive Vermittlung), Transfer auf trainingsdivergente Aufgaben (Intelligenzstatus, Lehrer- und Elterneinschätzung, Schulleistung). Messung vor und nach dem Training, Kontrollgruppe.

Ergebnisse

Die Intervention verbessert die Problemlösereflexivität, die metakognitive Vermittlung den Intelligenzstatus und die Schulkenntnisse; die Klassenlehrer schreiben den Kindern größere Sorgfalt und Bedachtheit zu. Dabei sind die behandelten Kinder den Kindern aus der Kontrollgruppe signifikant überlegen (mittlere Effektstärke 1,3). Die Einbeziehung der Eltern erhöht die Wirksamkeit der Intervention um eine durchschnittliche Effektstärke von 0,24, was einem prozentualen Trainingsgewinn von 16% entspricht. Das Interventionsprogramm stellt offensichtlich eine geeignete Hilfe für lernschwache Grundschüler dar.

les Verhalten (weniger aggressives Verhalten, Kooperationsbereitschaft, Gesprächskontakte, Kontaktaufnahme, spielen mit anderen Kindern) zu fördern. Diese Therapie führt dazu, daß von insgesamt 19 Kindern 12 einen normalen Intelligenzstatus erreichten und 9 von ihnen die zweite Klasse einer öffentlichen Schule besuchen konnten (in der Kontrollgruppe weniger intensiv therapierter Kinder waren dies 2 bzw. 1 von 40 Kindern). Ein anderer Interventionsansatz besteht im systematischen Imitationstraining, wobei operante Verstärkungen eingesetzt werden, um Geistig Behinderte oder Autisten zur Nachahmung des Verhaltens Erwachsener (etwa motorische, sprachliche Imitation) anzuleiten. Die Arbeitsgruppe um Lovaas zeigte bereits früh (1967), daß mit einem gestuften Imitationstraining (die Nachahmung von sprachlichen Äußerungen, etwa Silben, Wörter, Sätze, wird systematisch verstärkt; abträgliche Verhaltensweisen wie Autoaggressionen oder Ablenkbarkeit mittels Reaktionskontrolle unterbunden) umfassendere Sprachleistungen bei autistischen Kindern ausgebildet werden können. Dieses Vorgehen wird auch zum Aufbau komplexen nonverbalen Verhaltens (z. B. Körperpflege, Spielen, Malen, Sozialverhalten) verwendet. Die Intervention hängt dabei stark vom Alter bzw. dem Entwicklungsstand der Adressaten ab. Bei Babys und Kleinkindern werden die Eltern dazu angehalten, Gestik und Mimik ihrer Kinder zu imitieren, um ein generalisiertes Imitationsverhalten anzubahnen, deren Nachahmungsverhalten wird systematisch verstärkt (vgl. Brack, 1993). Diese Interventionsansätze werden auch allgemein auf *Mediatoren* (etwa Lehrer, Erzieher, Klinikpersonal) übertragen, die retardierte Kinder bzw. Erwachsene zum Modell-Lernen anleiten (z.B. durch Verstärkung des imitativen Verhaltens, Zentrierung der Aufmerksamkeit des Lernenden auf relevante Modellaspekte, spezifische Gestaltung von Modelldemonstrationen). Streneman und Huskens (1996) haben darüberhinaus kürzlich in Training zur Verbesserung der sozialen Kognitionen für autistische Kinder vorgelegt und in einer ersten Pilotstudie an 10 Kindern mit gutem Erfolg erprobt.

Bei größeren Kindern und Erwachsenen werden Modelldemonstrationen (Videofilm) eingesetzt, um generalisierbare soziale Fertigkeiten (etwa selbständigeres Verhalten, Einkaufen) auszubilden (Haring, Breen, Weiner & Kennedy, 1995). Andere Ansätze (Duckan, 1986) erweitern diese operanten Interventionen um Konzepte der sozialen Intervention (Feinabstimmung des Interaktionspartners, Konsensbildung über Ziele und Inhalte der sozialen Interaktion).

1.5 Interventione bei Lernstörungen von älteren Menschen mit psychischen Störungen

Für ältere Patienten mit psychischen Störungen wird eine beträchtliche allgemeine Veränderbarkeit ihres Lern- und Leistungsverhaltens belegt. Selbst die Lernleistung von Patienten mit psychotischen Störungen (z. B. Demenzen, Schizophrenie, Depression) läßt sich durch spezifische Interventionen (z. B. Problemverbalisation, gezieltes Feedback, Veranschaulichung der Handlungsziele, kognitive Differenzierung, Vermittlung von Begriffssystemen) beträchtlich steigern. Die derzeitigen Interventionen beziehen sich auf:

- Die Ausbildung einer kognitiven Differenzierung, Erarbeitung von verbalen Kommunikationstrukturen und die Einschätzung sozialer Situationen bis hin zum interpersonellen Problemlösen bei schizophrenen Patienten (Roder, Brenner, Kienzle & Hodel, 1992).
- Die Vermittlung allgemeiner Denkfertigkeiten (induktives Denken; siehe Kapitel 1.2 in diesem Beitrag).
- Die Umweltstrukturierung und gezielte Einübung, beispielsweise in *realitätsorientierten Therapien* für Patienten mit Gedächtnisverlusten, Desorientierung und Verwirrtheit.
- Weckung von Aufmerksamkeit, Interesse und Selbständigkeit (vgl. Scholz & Haisch, 1986).
- Unterstützung von Aufmerksamkeits- und Gedächtnisprozessen (etwa «Gehirn-Jogging»). Zum Teil werden diese Übungen auch mit medikamentöser Behandlung (Nootropika) gekoppelt (vgl. Fleischmann, 1992; Knopf, 1992).

Diese Programme wirken sich über die Verbesserung der Motivation, der Selbständigkeit, der sozialen Integration und der allgemeinen Aktivierung indirekt auf die Lernleistung aus.

2. Interventionen bei abnormen individuellen Lernvoraussetzungen

2.1 Löschung und Habituation bei erhöhter Konditionierbarkeit

Eine erhöhte Konditionierbarkeit wird vor allem Angst- und Zwangspatienten zugeschrieben. Sie zeichnen sich im Wesentlichen dadurch aus, daß sie dysfunktionale Angstreaktionen schnell erlernen, diese Reaktionen aber nicht auf gleichsam natürlichem Wege verlernen. Zur Intervention bei erhöhter Konditionierbarkeit eignen sich verschiedene Maßnahmen: a) die direkte Verminderung der dysfunktionalen Angstreaktion durch Löschungs- und Habituationsprozesse; b) eine allgemeine Stabilisierung der Person u.a. durch Kompetenztraining und c) die Gestaltung der Umwelt zugunsten geringerer Konflikthaftigkeit. Diese Maßnahmen unterscheiden sich deutlich im Ausmaß ihres Symptombezuges; sie werden zumeist als Interventionsstrategie miteinander kombiniert. Dabei richten sich die meisten der derzeitigen Interventionsprogramme an Angst- sowie Zwangspatienten, wobei sie zunächst direkte Löschungs- und Habituationsprozesse zu erreichen versuchen.

2.1.1 Löschungs- und Habituationsprozesse

Die direkte Verminderung eines phobischen Vermeidungsverhaltens erfolgt durch eine *forcierte Löschung,* die die Ausführung des Vermeidungsverhaltens (z.B. Flucht) verhindert. Dabei macht der Klient die Erfahrung, daß die erwartete negative Konsequenz (der unkonditionierte aversive Reiz) ausbleibt und er die Angstsituation bewältigen kann. Eine derartige Löschung wird mit den *Reizkonfrontationsverfahren* angestrebt. Dabei werden die Angstpatienten mit den aversiven Reizen (z.B. Höhen, offene Plätze, Tiere) konfrontiert, ohne daß der unkonditionierte Reiz (z.B. Schreckerlebnis) präsent ist. Diese Reizkonfrontation kann auch als *Habituationstraining* erfolgen. Dabei wird der Klient real (in vivo) und allmählich mit der Angstsituation konfrontiert (z.B. ein Agoraphobiker nähert sich allmählich einer belebten

Fußgängerzone und hält sich eine Zeitlang darin auf). Eine sehr stark angstauslösende Situation wird dabei so in Teilschritte zerlegt, daß die Teilschritte insgesamt eine Bewältigung der angstauslösenden Situation darstellen. Der Klient nähert sich (oft mit dem Therapeuten) schrittweise der Angstsituation an, wobei die Annäherung bis zur Bewältigung der sehr angstauslösenden Situation (z.B. Aufenthalt in der Fußgängerzone) erfolgt. Die Teilschritte der Angstbewältigung sind dabei so gewählt, daß sie für den Klienten keine zu große Angststeigerung erzeugen. Der Klient erhält gegebenenfalls Hilfen durch den Therapeuten, um sich der ängstigenden Situation anzunähern. Der Effekt der gestuften in vivo Reizkonfrontation geht sehr deutlich aus den derzeitigen Übersichtsarbeiten hervor, die in den Nachuntersuchungen zumeist auch eine befriedigende Behandlungsstabilität belegen (vgl. Margraf, 1990). Die Reizkonfrontation ist auch für die Behandlung von *Zwangsvorstellung und -handlungen* geeignet.

2.1.2 Systematische Desensibilisierung

Ein zweites prominentes Verfahren zur Angsttherapie ist die *systematische Desensibilisierung.* Ihre Wirkungsweise wird zurückgeführt auf: reziproke Hemmung der Angstreaktion, Habituation, Löschung oder kognitive Umstrukturierung. Erklärungen, die von einem Habituationseffekt ausgehen, postulieren, daß die systematische Desensibilisierung das spezifische Aktivierungsniveau durch die Entspannung und die wiederholte Darbietung der Angstreize des Klienten so absenkt, daß eine Habituation und damit eine Angstreduktion eintreten kann. Im Falle einer allgemeinen chronischen Überaktivierung, die z.B. für das Entstehen schwerer Angststörungen, wie Agoraphobie und soziale Phobie angenommen wird, werden Maßnahmen empfohlen, um eine allgemeine chronische Überaktivierung durch Medikamente oder *Pharmaka* zu vermindern (Lader & Wing, 1968). So kann durch anxiolytische oder sedierende Medikamente (z.B. Benzodiazepine) eine verzögerte Habituation «normalisiert» und infolge dessen die Extinktion von angstrelevanten Konditionierungen begünstigt werden. Aus psychologischer Sicht ist diesem Einsatz von

Pharmaka jedoch der Versuch vorzuziehen, eine chronische Überaktivierung durch eine Stabilisierung der Person (z. B. Kompetenztraining, Streßbewältigung) sowie eine Verbesserung ihrer Lebensumstände (z. B. Reduzierung von Konflikthaftigkeit) zu begegnen. Zumindest sollten solche Interventionen eine notwendige Medikamentisierung begleiten. Wolpe (1989) fordert zudem, die Intervention nicht als «Standardtherapie» durchzuführen, sondern zuvor eine sorgfältige Problemanalyse vorzunehmen, um die spezifischen Konditionierungsbedingungen sowie die reizspezifische Konditionierung zu erfassen.

2.1.3 Stabilisierung der Person

Interventionen, die die Selbständigkeit und Bewältigungskompetenzen einer Person verbessern, tragen indirekt zu einer Verminderung erhöhter Konditionierbarkeit bei. Beide Maßnahmen sollen die Person zu verbesserten Problemlösungen, zur Wahrnehmung erhöhter Selbsteffizienz und zu einer tatsächlich verbesserten Umweltkontrolle befähigen. Diese Momente stehen einer ängstlich-meidenden Erwartungshaltung und einer oft damit verbundenen höheren Konditionierbarkeit entgegen. In diesen Interventionen werden die Klienten bspw. in Angst-, Schmerz- und Streßbewältigungstrainings zum Differenzierungslernen angeleitet. Sie lernen dabei, a) die Differenzierung von Hinweisreizen (z. B. Hinweisreize nutzen, um geeignete Bewältigungsmaßnahmen einzuleiten), bestimmte Signale sollen dabei zu Hinweisreizen für ein entstehendes Problemverhalten werden (z. B. physiologische Anzeichen für Angst, Hinweisreize für soziale Konflikte) und Verhaltensweisen ergriffen werden, die eine Problemeskalation verhindern; b) die *Differenzierung von Reaktionen,* um mit dem nunmehr adäquat eingeschätzten Angstereignis besser umgehen zu können (z. B. präventive Lösungen anstreben, Entspannung oder Ablenkung praktizieren). Dadurch wird eine ängstliche, angespannte Erwartungshaltung verringert. Indirekt wird der erhöhten Konditionierbarkeit durch die Verminderung der Aktivierung begegnet.

2.1.4 Gestaltung der Umwelt

Eine erhöhte Konditionierbarkeit wird auch durch konflikthafte, hoch emotionale Situationen begünstigt. Folglich besteht eine umweltbezogene Intervention darin, den belastenden Charakter solcher Situationen zu reduzieren. Dies kann ermöglicht werden durch: Erhöhung der Umweltkontrolle, (z. B. Verminderung von Anforderungen), Reduzierung konflikthafter Momente (z. B. klarere Regelungen, klarere Rollendefinitionen in Beruf und Familie), und die Stärkung von Bewältigungskompetenzen (z. B. Kommunikations- und Problemlösefertigkeit).

2.2 Interventionen bei niedriger Konditionierbarkeit

Die Beobachtung, daß Personen mit niedriger Konditionierbarkeit unter aktivierenden Bedingungen besser lernen, hat zu mehreren Behandlungsansätzen geführt, die zunächst ihr kortikales oder autonomes Aktivierungsniveau mittels Pharmakotherapie erhöhen. Dies gilt bspw. für Kinder mit *Aufmerksamkeitsdefizit-/ Hyperaktivitätsstörungen,* die mittels Psychostimulantien behandelt werden und in der Regel gut auf diese Medikamentation ansprechen. Dabei werden u. a. Methylphenidat, Amphetamine, Dextroamphetamine und Dopamin verabreicht. Neuere Metaanalysen (Saile, 1996) zeigen, daß die Medikation unspezifischen psychologischen Behandlungsmaßnahmen (kognitiv-verhaltenstherapeutische Behandlungspakete) mit einer mittleren Effektstärke von 0,24 vs. 0,19 überlegen, den spezifischen Interventionsmaßnahmen (operante Techniken) mit einer Effektstärke von 0,59 vs. 0,29 jedoch unterlegen ist. Man muß jedoch hinzufügen, daß die positiven Effekte der psychologischen Intervention mit der Zeit geringer werden; ferner zeigt sich in einzelnen Effizienzkriterien eine unterschiedliche Wirksamkeit von Medikation und psychologischer Intervention: Die Medikation verbessert vor allem die Einschätzung der Selbstkontrolle und des Verhaltens durch Eltern und Lehrer (aber kaum das beobachtbare Verhalten), während die psychologische Intervention vor allem die Leistung der Kinder verbessert. Überraschenderweise erweisen sich Kombinationsbehandlungen aber als nicht sonderlich effektiv, was gegebenenfalls darauf zurückzuführen ist, daß sich die Therapieeffekte aufgrund der konkreten Durchführungsbedingungen und mangelnder Behandlungskoordination eher aufheben als positiv addieren. Hier sind sicherlich weitere Optimierungen von Nöten.

In spekulativer Weise kann die Effizenz des kognitiv verhaltensbezogenen Trainings mit der *Inhibitionstheorie* in Verbindung gebracht werden. Sie besagt, daß sich kortikal untererregte Personen aufgrund einer Schwäche, unbelohntes oder bestraftes Verhalten zu unterdrücken, weniger verstärkungskontingent verhalten. Die Vermittlung selbstregulatorischer Fertigkeiten sowie die Anleitung zur verbalen Handlungsregulation kann deshalb als Verbesserung des Inhibitionssystems interpretiert werden.

2.3 Aufbau von Verstärkerwirksamkeit

In der *Depressionstherapie* werden Einzeltechniken angewandt, die auf den Aufbau positiver Aktivitäten gerichtet sind (vgl. Hautzinger, Stark & Treiber, 1992). Dies geht von der Beobachtung aus, daß der depressive Patient aufgrund von kritischen Lebensereignissen zumeist einen überdurchschnittlichen Rückgang an positiver Verstärkung erlebt hat, was eine deutliche Aktivitätseinschränkung (etwa Rückzug, unsicheres Auftreten) zur Folge hat und die Chance, positive Verstärkungen zu erhalten, deutlich reduziert. Ein sehr niedriges Niveau positiver Aktivitäten verschlechtert die Stimmung und macht die betroffene Person deprimiert; wer deprimierter Stimmung ist, neigt dazu, wenig aktiv zu sein und verringert die Wahrscheinlichkeit für positive Erlebnisse. Der Erhöhung positiver Aktivitäten kommt deshalb eine große Bedeutung zu, weil der Patient dadurch die Möglichkeit erhält, positive Verstärkung zu erlangen und den eingefahrenen Teufelskreis zu unterbrechen. Positive Aktivitäten bestehen beispielsweise in geplanten Aktivitäten (z.B. Essen, einen Freund treffen). In der Therapie kommt es nun darauf an, ein ausgewogenes Verhältnis zwischen neutralen und gegebenenfalls auch unangenehmen Tätigkeiten («Pflichten») und positiv-angenehmen Tä-

tigkeiten herzustellen. Außerdem soll der Patient depressogene Verhaltensweisen (etwa Grübeln, sich zurückziehen, automatisierte negative Interpretationsmuster, irrationale Überzeugungen) aufgeben. In der Therapie werden positive Aktivitäten zunächst gezielt und möglichst exakt geplant (etwa Tages- und Wochenpläne aufstellen) sowie anschließend nach Schwierigkeitsgraden gestuft ausgeführt. Die Erfahrungen, die der Patient dabei macht, werden nach verhaltenstherapeutischen Grundsätzen besprochen und vor dem Hintergrund einer kognitiven Depressionstheorie analysiert. Dabei kommt es darauf an, die depressionsfördernden Verhaltensweisen zu bestimmen und allmählich besser kontrollieren zu lernen. Der Aktivitätsaufbau kann durch ein Training sozialer Fertigkeiten (etwa Wünsche äußern, Kritik annehmen, Kontakt aufnehmen) unterstützt werden.

3. Schlußfolgerung

Die Interventionen bei Aneignungsbeeinträchtigungen unterliegen derzeit einem deutlichen Wandel, in dem sich zunehmend die Erkenntnis durchsetzt, daß das eigentliche Ziel dieser Maßnahmen in einer Entwicklungsanregung besteht. Für das konkrete Therapieziel bedeutet dies, ‹das Lernen zu lehren›. Damit erlangen strategisch-metakognitive Interventionsinhalte eine besondere Bedeutung. Anerkanntermaßen ist diese Entwicklungsanregung besonders bei allgemeinen Aneignungsstörungen (z.B. kognitiver Retardierung) angezeigt. Hierfür stehen erste Interventionskonzepte bzw. -programme zur Verfügung, die sich klinisch-psychologischer Vorgehensweisen bedienen und gleichzeitig Grundlagen der Kognitionstheorie oder Wissenspsychologie berücksichtigen. Leider liegen für Aneigungsbeeinträchtigungen, die im Zuge des Anstiegs geronto-psychiatrischer Störungen auftreten, kaum erprobte Programme vor, so daß hier, auch angesichts der demoskopischen Entwicklung, noch weitreichender Handlungsbedarf besteht.

Die Interventionen bei abnormalen individuellen Lernvoraussetzungen sind zum Großteil in der traditionellen verhaltenstherapeutischen Angsttherapie sowie in der Depressionstherapie begründet.

4. Literatur

Betz, D. & Breuninger, H. (1987). *Teufelskreis Lernstörungen. Theoretische Grundlegung und Standardprogramm.* München: Urban & Schwarzenberg.

Biran, M. & Wilson, G. T. (1981). Treatment of phobic disorders using cognitive and exposure models: A self efficacy analysis. *Journal of Consulting and Clinical Psychology, 49,* 886–899.

Brack, M. (1993) (Hrsg.). *Frühdiagnostik und Frühtherapie.* Weinheim: Psychologie Verlags Union.

Brown, A.L., Campione, J.C. & Barclay, C.R. (1979). Training self-checking routines for estimating test readiness: Generalization from list learning to prose recall. *Child Development, 50,* 501–512.

Brown, A.L. & Palincsar, A.S. (1987). Reciprocal teaching of comprehension strategies: A natural history of one program for enhancing learning. In J.D. Day & J.G. Borkowski (Eds.), *Intelligence and exceptionality: New directions for theory, assessment, instructional pratices* (pp. 81–132). Norwood, New Jersey: Ablex.

DeCharms, R. (1976). *Enhancing motivation: Chance in the classroom.* New York: Irvington.

Duckan, J.F. (1986). Language intervention through sensemaking and finetuning. In R. Schiefelbusch (Ed.), *Communicative competence: Assessment and language intervention* (pp. 187–212). Baltimore: Universitiy Park Press.

Ellis, E.S. (1993). Integrative strategy instruction: A potential modell for teaching content area subjects to adolescents with learning disabilities. *Journal of Learning Disabilities, 26,* 358–383.

Fleischmann, U.M. (1992). Kognitives Training im höheren Lebensalter unter besonderer Berücksichtigung von Gedächtnisleistungen. In K.J. Klauer (Hrsg.), *Kognitives Training* (S. 343–360). Göttingen: Hogrefe.

Fulk, B.M., Mastropieri, M.A. & Scruggs, T.E. (1992). Mnemonic generalization training with learning disabled adolescents. *Learning disabilities Research and Practice, 7,* 2–10.

Hager, W. (1995, Hrsg.). *Programme zur Förderung des Denkens bei Kindern.* Göttingen: Hogrefe.

Haring, T.G., Breen, C.G., Weiner, J., Kennedy, C.H. (1995). Using videotape modeling to facilitate generalized purchasing skills. *Journal of Behavioral Education, 5,* 29–53.

Hasselhorn, M. & Körkel, J. (1983). Gezielte Förderung der Lernkompetenz am Beispiel der Textverarbeitung. *Unterrichtswissenschaft, 11,* 370–382.

Hautzinger, M., Stark, W. & Treiber, R. (1992). *Kognitive Verhaltenstherapie bei Depression.* Weinheim: Psychologie Verlags Union.

Klauer, K.J. (1989). *Denktraining I. Ein Programm zur intellektuellen Förderung.* Göttingen: Hogrefe.

Klauer, K.J. (1991). *Denktraining II. Ein Programm zur intellektuellen Förderung.* Göttingen: Hogrefe.

Klauer, K.J. (1996). Denktraining oder Lesetraining? Über die Auswirkungen eines Trainings zum induktiven Denken sowie eines Lesetrainings auf Leseverständnis und induktives Denken. *Zeitschrift für Entwicklungspsychologie und Pädagogische Psychologie, 28,* 67 –89.

Knopf, M. (1992). Gedächtnistraining im Alter. Müssen ältere Menschen besser lernen können oder ihr Können besser kennenlernen? In K.J. Klauer (Hrsg.), *Kognitives Training* (S. 319–342). Göttingen: Hogrefe.

Lader, M.H. & Wing, A.M. (1968). A physiological model of phobic anxiety and dessitization. *Behavior Research and Therapy, 6,* 411–421.

Lauth, G.W. (1996). Effizienz eines metakognitive-strategischen Trainings bei lern- und aufmerksamkeitsgestörten Grundschülern. *Zeitschrift für Klinische Psychologie, 25,* 21–31.

Lenz, B.K. (1992). Self-managed learning strategy systems for children and youth. *School Psychology, Review, 21,* 211–228.

Lovaas, O.I., Freitas, L., Nelson, K. & Whalen, C. (1967). The establishment of imitation and its use for the development of complex behavior in schizophrenic children. *Behavior Research and Therapy, 5,* 171–181.

Lovaas, O.I. (1987). Behavioral treatment and normal educational and intellectual functioning in young autistic children. *Journal of Consulting and Clinical Psychology, 55,* 705–707.

Lovaas, O.I. & Smith, T. (1990). A comprehensive behavioral theory of autistic children: Paradigm for research and treatment. *Journal of Behavioral Therapy and Experimental Psychiatry, 20,* 17–20.

Margraf, J. (1990). Behavior therapy for panic and agoraphobia. In A.S. Bellak & M. Hersen (Eds.), *Comparative handbook of treatments for adult disorders.* New York: Wiley.

Masendorf, F. (1995). Evaluierung computergestützter Lehrprogramme. In H.P. Langfeldt & R. Lutz (1995), *Sein, Sollen, Handeln, Festschrift für Lothar Tent.* Göttingen: Hogrefe.

Meichenbaum, D. (1979). *Kognitive Verhaltensmodifikation.* München: Urban & Schwarzenberg.

Montague, M. & Bos, C.S. (1986). The effect of cognitive strategy training on verbal math problem solving performance of learning disabled adolescents. *Journal of Learning Disabilities, 19,* 26–33.

Mulcahy, R.F. (1991). Developing autonomous learners. *Alberta Journal of Educational Research, 37,* 385–397.

Resing, W.C.M. (1996). Untersuchung zur Lernfähigkeit bei Kindern: Die Auswirkungen eines metakognitiven induktiven Denktrainings. *Zeitschrift für Entwicklungspsychologie und Pädagogische Psychologie, 28,* 33–53.

Rheinberg, F. & Krug, S. (1993). *Motivationstraining im Schulalltag.* Göttingen: Hogrefe.

Rheinberg, F. & Schliep, M. (1985). Ein kombiniertes Trainingsprogramm zur Förderung der Rechtschreibkompetenz älterer Schüler. *Heilpädagogische Forschung, 12,* 277–294.

Roder, V., Brenner, H.D., Kienzle, N. & Hodel, B. (1992). *Integriertes psychologisches Therapieprogramm für schizophrene Patienten.* Weinheim: Psychologie Verlags Union.

Saile, H. (1996). Metaanalyse zur Effektivität psychologischer Behandlung hyperaktiver Kinder. *Zeitschrift für Klinische Psychologie, 25,* 190–207.

Scholz, O.B. & Haisch, I. (1986). Aktivierung gerontopsychiatrischer Langzeitpatienten. *Zeitschrift für Klinische Psychologie, 15,* 47–56.

Scruggs, T.E. & Mastropieri, M.A. (1993). Special Education for the twenty-first century: Integrating learning strategies and thinking skills. *Journal of Learning Disabilities, 26,* 392 –398.

Sterneman, P. & Huskens, B. (1996). Die Entwicklung eines sozialen Kognitionstrainings für autistische Kinder. *Psychologie in Erziehung und Unterricht, 43,* 291–301.

Vaughn, S., Schumm, J.S. & Gordon, J. (1993). Which motoric condition is most effective for teaching spelling to students with and without learning disabilities? *Journal of Learning Disabilities, 26,* 191–198.

Wolpe, J. (1989). The derailment of behavior therapy: A tale of conceptual misdorection. *Scandinavian Journal of Behavior Therapy, 19,* 1–19.

29. Störungen des Denkens, Problemlösens
29.1 Klassifikation und Diagnostik

Gerhard Lauth

Inhaltsverzeichnis

1. Klassifikation

1.1 Überblick

Denken und Problemlösen sind eng aufeinander bezogene Prozesse. Das Denken betrifft im wesentlichen die Informationsverarbeitung, wobei der Mensch entweder von allgemeinen Prämissen ausgeht und daraus Schlüsse zieht (deduktives Denken) oder Einzelerfahrungen auf ihre Regelhaftigkeit hin analysiert (induktives Denken). Das Lösen von Problemen beruht auf solchen Denkakten und ist als «längere Kette geistiger Operationen» definiert, die auf die Veränderung eines unbefriedigenden Ausgangszustandes hinauslaufen und folgende Grundprozesse umfassen (vgl. Lüer & Spada, 1990, S. 255f.):

(1) Den Aufbau einer internen Repräsentation der Umwelt gleichsam als Abbild des vorliegenden Problems (*Problemraum*).

(2) Individuelle Interpretations- und Selektionsprozesse, die in den Aufbau des Problemraumes eingehen, und zu Fehlern/Verfälschungen bei der Problemwahrnehmung führen können (*Problemrepräsentation*).

(3) Elementare *Änderungsmöglichkeiten* (Operatoren), die mit der subjektiven Problemrepräsentation in Verbindung gebracht werden. Mögliche Lösungswege, die mit den erkannten Problemeigenschaften in Verbindung gebracht werden und anhand derer zielgerichtete Änderungen gesucht werden (*Suchraum, Lösungsraum*). Beim Mißlingen dieser Lösungswege wird entweder eine veränderte Problemsicht erzeugt oder die Lösung abgebrochen.

(4) Auf dem Weg zur Problemlösung können neue Probleme auftauchen, deren Bearbeitung erneute Lösungsversuche (siehe Punkt 1 bis 4) erfordert.

Ein Problem ist also vor allem durch drei Momente gekennzeichnet, a) jemand nimmt Eigenschaften in seiner Umwelt wahr und repräsentiert sie in einem Problemraum, b) er erkennt, daß das innere Abbild unbefriedigende Lücken (*Barrieren* zwischen dem erkannten Ist-Zustand und dem erstrebten Ziel) enthält; c) er unternimmt zielgerichtete Denk- und Handlungsschritte, um die erkannten Barrieren zu überwinden. Bei kognitiv-intellektuellen Problemen («Aufgaben») treten folgende Barrieren auf (vgl. Lüer & Spada, 1990, S. 257):

• *Schwierigkeiten im Aufbau des Problemraumes* (unzureichendes Problemverstehen), etwa: den problematischen Ausgangszustand nicht erkennen können, den gewünschten Zielzustand nicht bestimmen können, die Problemzusammenhänge nicht angemessen abbilden können. Die ist besonders bei schlecht definierten, intransparenten und komplexen Problemen (s.u.) bedeutsam.

• *Schwierigkeiten in bezug auf die Lösungsmöglichkeiten* (Operatoren), etwa den Weg zur Lösung des Problems ist unbekannt, die notwendigen Operatoren sind nicht verfügbar, die Ausführung der Operatoren bereitet Schwierigkeiten. Dies ist besonders bei ungewohnten, neuen Problemen bedeutsam.

• *Defizite im Wissensaufbau und der Wissensanwendung.* Das lösungsrelevante Wissen (Vorwissen, Expertenwissen, Wissen um die Welt) ist nicht verfügbar bzw. kann nicht aktiviert respektive genutzt werden. Dies ist bei uneindeutigen und neuen Problemen bedeutsam.

Beim sozialen, alltagsbezogenen Problemlösen (z. B. ein schwieriges Gespräch mit einem Kollegen führen) kommen weitere Barrieren hinzu, die sich aus der größeren Komplexität der Problemsituation ergeben:

• *Negative Problemwahrnehmung/unzureichende Emotionsregulierung.* Aufgrund von Voreinstellungen und Emotionen (z. B. Ärger, Frustration) wird das anstehende Problem mit persönlichen Anteilen angereichert und eine angemessene Lösung erschwert.

• *Emotionale Verstricktheit* in das anliegende Problem. Aufgrund der eigenen Involviertheit fällt es dem Problemlöser schwer, Distanz zum Problem zu wahren, die Ausgangssituation unvoreingenommen zu verstehen und gezielte Überlegungen zur Lösung anzustellen.

• *Fertigkeitsdefizite,* die die Ausführung der Lösung beeinträchtigen.

Diese Barrieren stellen gleichzeitig wesentliche Bedingungsmomente für Problemlösestörungen dar. Einen Überblick über Denk- und Problemlösestörungen bei einzelnen psychischen Störungen gibt **Tabelle 1**. Im folgenden Text werden jeweils Beispiele für psychische Störungen angeführt, die vollständige Auflistung (inkl. DSM-IV Code) erfolgt in der **Tabelle 1**.

1.2 Denkstörungen

Das Denken eines Menschen kann aufgrund mehrerer Momente gestört sein, wobei jeweils die logische Verarbeitung von Informationen beeinträchtigt ist:

• *Kognitive Grundstörungen* beeinträchtigen das Denken dadurch, daß grundlegende Informationsverarbeitungsprozesse (etwa Aufmerksamkeitsfokussierung, Gedächtnis, Begriffsbildung) nicht angemessen gelingen. Dadurch werden komplexere Informationsverarbeitungen beeinträchtigt und charakteristische Denkstörungen (Realitätsverkennungen, Halluzinationen) angebahnt. Dies ist vor allem bei Schizophrenie, Geistiger Behinderung, Autismus und Demenz der Fall.

• *Formale Denkstörungen* beziehen sich auf Schlußfolgerungen im deduktiven Denken und äußern sich darin, daß die Denkakte unorganisiert oder formal unlogisch sind (z. B. Inkohärenz des Denkens, Zerfahrenheit, assoziatives Denken, Perservation, Neologismus), was fehlerhafte, verzerrte Ergebnisse (z. B. Situationsverkennungen, unlogische Schlußfolgerungen) zur Folge hat. Solche Denkstörungen treten bei der Mehrzahl der schizophrenen Patienten sowie bei den schweren Formen der geistigen Behinderung auf. Gedankliche Desorganisation tritt ferner nach tiefgreifenden, erschütternden Umweltereignissen auf (z. B. kurze psychotische Störung, posttraumatische Belastungsstörungen, akute Belastungsstörungen). Hier können Inkohärenz und Assoziationslockerungen eintreten, die kurzzeitig denen der Schizophrenie ähneln. Beeinträchtigungen des Denkens sind vor allem auch bei dementiellen Erkrankungen zu verzeichnen, wobei u. a. die intellektuellen Fähigkeiten, das abstrakte Denken (z.B. Schwierigkeiten, Worte zu definieren), das Urteilsvermögen und höhere kortikale Funktionen (z. B. Sprache) beeinträchtigt sind.

• *Inhaltliche Denkstörungen* beziehen sich vor allem auf das induktive Denken (Verallgemeinerung von Einzelerfahrungen). Sie ergeben sich daraus, daß das Denken von falschen, «überwertigen» Prämissen ausgeht und zu entsprechend falschen Schlußfolgerungen gelangt. Gestört ist mithin die Kategorisierung und Er-

Tabelle 1: Denk- und Problemlösestörungen bei einzelnen psychischen Störungen (DSM-IV; American Psychiatric Association, 1996; ICD-9-CM Code)

Störung des Denkens/ Problemlösen	Psychische Störungen
Kognitive Grundstörungen	Schizophrenie (DSM-IV 295) Geistige Behinderung (DSM-IV 317–319) Autismus (DSM-IV 299.00) Demenz (DSM-IV 290–294)
Formale Denkstörungen	Schizophrenie (DSM-IV 295) Alkoholinduzierte psychotische Störung (DSM-IV 291.x) Schwere geistige Behinderung (DSM-IV 318.2) Demente Erkrankungen (DSM-IV 290–294) Wahnhafte Störung (DSM-IV 297.1)
Inhaltliche Denkstörung	Schizophrenie (DSM-IV 295) Demenz (DSM-IV 290–294) Hirnorganisches Psychosyndrom (DSM-IV 291.3) Major Depression (DSM-IV 296.34) Kurze psychotische Störung (DSM-IV 298.8)
Mangelnde Systemsteuerung/Metakognition	Leichte Geistige Behinderung (DSM-IV 317) Lesestörung (DSM-IV 315.00) Rechenstörung (DSM-IV 315.1) Schwierigkeiten in Schule und Studium (DSM-IV V 62.3) Grenzbereich der intellektuellen Leistungsfähigkeit (DSM-IV 309.81) Posttraumatische Belastungsstörung (DSM-IV 309.81) Akute Belastungsstörung (DSM-IV 308.3)
Unzureichende Konzeptbildung/ mangelnde kognitive Strukturiertheit	Major Depression (DSM-IV 296.xx) Störung des Sozialverhaltens (DSM-IV 312.8) antisoziales Verhalten (DSM-IV V71.01) Alkoholabhängigkeit (DSM-IV 303.90)
Unzureichende Emotionsregulierung	Major Depression (DSM-IV 296.xx) akute Belastungsstörung (DSM-IV 309.81)
Unzureichendes Problemverstehen	Aufmerksamkeitsdefizit-/Hyperaktivitätsstörung (DSM-IV 314.xx) Störung des Sozialverhaltens (DSM-IV 312.8) antisoziales Verhalten (DSM-IV V71.01) Substanzabhängigkeit (DSM-IV 303.x, 304.x)
Mangelnde Lösungskompetenz	Alkoholabhängigkeit (DSM-IV 303.90) Störung des Sozialverhaltens (DSM-IV 312.8) antisoziales Verhalten (DSM-IV V71.01) Major Depression (DSM-IV 296.xx) Aufmerksamkeitsdefizit-/Hyperaktivitätsstörung (DSM-IV 314.xx) Berufsprobleme (DSM-IV V62.2)
Defizite im Wissensaufbau/-nutzung	Geistige Behinderung (DSM-IV 317-319) Schizophrenie (DSM-IV 295) Störung des Sozialverhaltens (DSM-IV V71.01) Major Depression (DSM-IV 296.xx) Schwierigkeiten in Schule und Beruf (DSM-IV V62.3)

klärung von Umweltereignissen. Im Falle von psychischen Erkrankungen wird die Umwelt in bizarrer und ungewöhnlicher Weise wahrgenommen (Halluzinationen oder Wahnphänomene). Von dieser inhaltlichen Denkstörung sind vor allem Schizophrenie, dementielle Erkrankungen, hirnorganische Psychosyndrome, Major Depression und kurze psychotische Störungen betroffen.

• *Mangelnde Systemsteuerung/Metakognition* bezieht sich auf die systemsteuernden und -kontrollierenden Momente des Denkens (etwa Analyse und Synthese von Informationen, Planung von Denkakten). Dabei erweist es sich als günstig, wenn jemand auf regelhafte Vorerfahrungen (Strategien) zurückgreifen kann oder eine metakognitive Vermittlung vornimmt (etwa Selbstanweisungen, an sich selbst gerichtete Fragen). Personen, die dies nicht ausreichend tun, erreichen dagegen ungünstigere Resultate beim Denken und Problemlösen. Dies trifft vor allem für Personen mit geringeren intellektuellen Fähigkeiten (z. B. Leseschwächen, Rechenstörung) sowie für emotional hoch belastete Personen (Posttraumatisches Syndrom, Depressivität) zu.

• *Unzureichende Konzeptbildung/mangelnde kognitive Strukturiertheit.* Konzeptbildung beschreibt den Sachverhalt, daß man Umweltereignisse wahrnimmt, kategorisiert, speichert und zur Grundlage des eigenen Handelns (Wissen, Vorerfahrung, Bewertungen) macht. Diese Konzepte sind mitentscheidend dafür, wie differenziert und realitätsangemessen jemand seine Umwelt wahrnimmt und handelt. Qualität und Niveau der Konzepte lassen sich anhand von Dimensionen der kognitiven Strukturiertheit beschreiben, wobei man eine niedrige und hohe Strukturiertheit unterscheidet. Ein niedriges konzeptionelles Niveau findet sich vor allem bei: Major Depression, Störungen des Sozialverhaltens, antisoziales Verhalten und Alkoholabhängigkeit.

Qualität und Differenziertheit des Denkens beeinflussen das Problemlösen in hohem Maße, denn das Lösen von Problemen erfordert adäquate Verarbeitungen der relevanten Informationen (z. B. bewerten, schlußfolgern, abstrahieren). Folglich führen Denkstörungen

zwangsläufig zu Problemlösestörungen. Umgekehrt gelingt es Menschen mit guten Denkvoraussetzungen (etwa differenzierte Wissensbasis, rasche Informationsverarbeitung) besser, Problemsituationen zu erfassen, alternative Sichtweisen zu erzeugen oder Lösungen zu finden.

1.3 Störungen beim Problemlösen

Störungen beim Problemlösen können sich über die bereits genannten Denkvoraussetzungen aus insgesamt vier Momenten ergeben:

• *Negative Problemwahrnehmung/unzureichende Emotionsregulierung.* Hierbei wird das Problem mit negativen, subjektiven Beurteilungen (etwa geringe Kontrollerwartung, Ärger) angereichert, wodurch die Komplexität und Intransparenz des Problems zunimmt und der «Problemlöseaufwand» steigt. Die Bestimmung, was das eigentliche Problem ist und welche Ziele vorrangig verfolgt werden sollten, wird erschwert und die Neigung zu überstürzten, ungeeigneten Reaktionen wächst. Dies gilt vor allem für Depressivität (DSM-IV Nr. 300.4) und Personen in Krisen (akute Belastungsstörung, DSM-IV Nr. 309.81).

• *Unzureichendes Problemverstehen.* Soziale und alltagsbezogene Probleme sind in der Regel offen und mehrdeutig, erfordern mithin ein aktives Bemühen, um das anstehende Problem zu verstehen und einen «geeigneten Problemraum zu erzeugen». Personen mit psychischen Störungen neigen jedoch zu unkontrollierten, impulsiven Schlußfolgerungen, mangelnder Informationsbeachtung und störungsspezifischen Urteilstendenzen. Dies gilt vor allem für Aufmerksamkeitsdefizit-, Hyperaktivitätsstörungen, Störungen des Sozialverhaltens, antisoziales Verhalten und Substanzabhängigkeit.

• *Mangelnde Lösungskompetenz.* Im Verlaufe des Problemlösens werden verschiedene Lösungsmöglichkeiten entwickelt, auf ihre möglichen Folgen hin analysiert und eine Entscheidung zugunsten einer geeigneten Lösung getroffen. Letztlich gilt es, die gewählte Lösung zielflexibel und rückmeldungsgesteuert auszuführen. Psychisch gestörte Menschen haben in diesem Stadium oft die Schwierigkeit, daß ihnen keine angemessenen Lösungen einfallen bzw. ihnen die Ausführung einer Lösung aufgrund von Fertigkeitsdefiziten mißlingt. Dies ist vor allem der Fall bei: Alkoholabhängigkeit, Störung des Sozialverhaltens, antisozialem Verhalten, Major Depression, Aufmerksamkeitsdefizit-, Hyperaktivitätsstörungen und bei Berufsproblemen. Dabei mangelt es Personen mit expansiven Störungen (antisoziales Verhalten) an prosozialen bzw. sozial erwünschten Fertigkeiten, Patienten mit introversiven Störungen dagegen an motivationalen und selbstbehauptenden Fähigkeiten.

• *Defizite im Wissensaufbau und der Wissensnutzung.* Das Problemlösen setzt differenziertes Wissen, welches zum Problemverstehen und zur Lösungsfindung unabdingbar ist (Problem- bzw. Suchraum), voraus. Unzureichendes Wissen (etwa aufgrund mangelnder Vorerfahrungen und kognitiver Einschränkungen) sowie eine mangelnde Wissensnutzung (etwa bei großer emotionaler Belastung) führen folglich rasch zu Beeinträchtigungen beim Problemlösen. Dies ist vor allem bei Geistig Behinderten, schizophrenen Patienten, Personen mit gestörtem Sozialverhalten, mit Major Depression und Schwierigkeiten in Schule und Beruf der Fall.

Kasten 1
Diagnostische Inventar Problemlösefähigkeit

Name, Autor
Diagnostische Inventar Problemlösefähigkeit von Dirksmeier (1991).

Gegenstandsbereich
Ein auch für klinische Fragestellungen gut geeignetes Instrument zur Erfassung des Problemlöseverhaltens.

Struktur des Verfahrens
Das Verfahren beruht auf der Problemlösetheorie von D'Zurilla und Goldfried (1971) und erfaßt anhand von insgesamt 66 Items Lebensbereiche, in denen Probleme auftreten («Womit habe ich Schwierigkeiten bzw. Probleme?») sowie das Lösungsverhalten aus der Sicht des Befragten: (1) die Neigung zum Analysieren des Problems (z. B. «Wenn ich ein Problem habe, überlege ich, was alles damit zusammenhängt»), (2) zur Reflexion des Zieles (z. B. «Ich überlege mir, welche Folgen es haben wird, wenn ich mein Ziel erreiche»), (3) zum Abwägen zwischen verschiedenen Lösungsmöglichkeiten (Mittelanalyse, z. B. «Ich überlege, wie ich die Lösung konkret umsetzen kann») und (4) zur Handlungsausführung (z. B. «Mir fällt es leicht, meine Ideen in die Tat umzusetzen») erfaßt werden. Der Fragebogen wurde in verschiedenen Durchgängen bei insgesamt 441 Probanden erprobt.

Gütekriterien
• *Reliabilität:* Er besitzt eine befriedigende interne (.77–.89 in den Subskalen, .93 im Gesamttest) und Retest Reliabilität (.91 nach sechs Monaten).

• *Validität:* In bezug auf die kriterienorientierte Validität ergeben sich aussagefähige Korrelationen zur Frankfurter Selbstkonzeptskala zur allgemeinen Problembewältigung. Ferner differenziert das Verfahren zwischen psychisch beeinträchtigten (stationär behandelten Patienten einer psychosomatischen Klinik) und unauffälligen Personen.

• *Normen:* Für die einzelnen Subskalen sowie den Gesamttest werden undifferenzierte Mittelwerte und Standardabweichungen angegeben. Es liegen aber keine differenzierten Normen vor, die sich auf umfangreichere Stichproben stützen.

• *Bewertung:* Das Verfahren ist theoretisch gut fundiert; die Itemstruktur erweist sich in verschiedenen Überprüfungen (Item-, Cluster- und Faktorenanalyse) als stimmig. Allerdings wurde das Verfahren bei teilweise sehr kleinen Stichproben erprobt. Im klinischen Einsatz können jedoch differenzierte Informationen, die das Ausmaß der bestehenden Probleme und die vorherrschenden Arten der Problembewältigung erhellen, erhoben werden.

Tabelle 2: Diagnostik des Denkens/Problemlösens

Verfahren/Autor	Gegenstandsbereich	Kurzbeschreibung	Auswertung	Gütekriterien
Interpersonelles Problemlösen (Kemmler & Borgat, 1982)	Erfassung des zielerreichenden Verhaltens bei sozialen Problemen (Erwachsene)	Vorgabe von 10 Problemgeschichten, wobei jeweils der Ausgangs- und Zielzustand eines interpersonellen Problems dargestellt wird, das Mittelstück soll ergänzt werden. Der Klient soll möglichst viele Lösungen darstellen.	Inhaltsanalytische Auswertung nach Kategorien (etwa relevante Lösungen, irrelevante Lösungen, Berücksichtigung von Handlungshindernissen)	Interrater Übereinstimmung .90. Interne Reliabilität .58. Diskriminante und faktorielle Validität. Mittelwerte und Standardabweichungen für N = 132 Personen.
Inventar zur Erfassung interpersonaler Probleme (Horowitz, Strauß & Kordy, 1994)	Erfassung von sozialen Problemen im Klinischen Bereich sowie von dominierenden Fehlreaktionen (Erwachsene)	Fragebogen zur Selbsteinschätzung von problematischen Verhaltensbereichen und überschüssigen sozialen Verhaltensweisen	Auswertung per Schablone nach acht Skalen (etwa zu autokratisch/dominant; zu introvertiert/sozial meidend)	Retest Reliabilität .81–.90. Faktorielle und diskriminante Validität liegt vor. Normierung an Psychotherapiepatienten (N = 506), Rehabilitanten (N = 368) und Studenten (N = 461).
Konfliktinventar (Hank, Hahlweg & Klann, 1990)	Erfassung von Konfliktlösungen bei Paaren	Fragebogen zum Auftreten und zur Bewältigung von Konflikten	Auswertung per Schablone nach den Dimensionen konstruktive Lösungsstrategie, Aggression, Rückzug	Durchführungs- und Auswertungsobjektivität ist gegeben. Interne Konsistenz .82–.85. Diskriminante Validität liegt vor. Normierung: Mittelwerte und Standardabweichungen für insgesamt 142 Personen.
Diagnostisches Inventar Problemlösefähigkeit (Dirksmeier, 1991)	Erfassung von Problembereichen sowie der individuellen, alltagsbezogenen Problemlösefähigkeit nach D'Zurilla und Goldfried (1971); (Erwachsene)	Fragebogen mit 66 Items zu dominierenden Problembereichen; Ermittlung des (selbsteingeschätzten) Problemlöseverhaltens (etwa Tendenz zur und Art der Problem-, Ziel- und Mittelanalyse)	Auswertung nach Art der bestehenden Probleme sowie deren Bewältigung (etwa Zielanalyse, Problemanalyse, Lösungsverhalten)	Retest Reliabilität: .93. Befriedigende kriterienbezogene und diskriminante Validität. Angabe von Mittelwerten und Standardabweichungen für die Gesamtskala (Insgesamt N = 441).
Fragebogen zum Problemlösen (König, Liepmann, Hollmann & Otto, 1985)	Erfassung des Problemlösens und -erlebens bei Jugendlichen und Erwachsenen	Fragebogen mit 50 Items (fünfstufige Beantwortung «trifft nie zu» bis «trifft meistens zu» Subskalen, u.a.: Problemerleben, Problemverleugnung, Problembearbeitung	Auswertung per Schablone nach Art des Problemerlebens und der Problemlösungen (etwa Problemverleugnung, Neigung zu unkonventionellen Problemlösungen)	Retest Reliabilität: .61–.78, Cronbach's Alpha: .69–.90. befriedigende faktorielle und kriterienbezogene Validität (z.B. mit Entscheidungssicherheit r = .48). Keine Normierung.

Verfahren/Autor	Gegenstandsbereich	Kurzbeschreibung	Auswertung	Gütekriterien
Postkorb: Assessment Center-Technik (Strunz, 1994)	Erfassung der praktischen Problemlöse- und Planungsfähigkeit (Erwachsene)	Der Proband erhält einen Postkorb mit Briefen/Rechnungen etc., die er so rasch und ökonomisch wie möglich bearbeiten soll. Das Testmaterial umfaßt: Szenario, Briefe/Rechnungen und Spielanweisung.	Inhaltsanalytische Auswertung der Arbeitsergebnisse	Fragliche Durchführungs- und Auswertungsobjektivität. Befriedigende kriterienbezogene Validität. Keine Normierung.
Stratos-OO: Ein PC-gestütztes Erhebungsinstrument zum «integralen Problem-Management» (Hirsig & de With, 1992)	Erfassung des Problemverhaltens bei offenen und komplexen Problemen (Jugendliche und Erwachsene)	Problemlösen in der Computersimulation mit anschließender Nachbefragung des Probanden	Auswertung nach Bearbeitungsparametern (etwa Zeit, Aufmerksamkeitszuwendung, konzeptuelle Erfassung der zugrundeliegenden Zusammenhänge)	Durchführungs- und Auswertungsobjektivität liegen vor. Keine Reliabilitätsuntersuchungen. Das Verfahren beansprucht Augenscheinvalidität. Erste Vergleichswerte von Führungskräften der Industrie liegen vor.
Zoospiel: Zur Analyse der Planungsfähigkeit bei Kindern (Fritz & Hussy, 1995)	Erfassung von Planungsfähigkeiten bei 6- bis 10jährigen Kindern.	Die Kinder sollen nach vorgegebenen Regeln einen «Zooumzug» bewerkstelligen	Die «Fahrten» beim Umzug werden registriert und nach Problemlösegüte (etwa Regelverstöße, Anzahl der Fahrten) und Planungsverhalten (etwa verwirklichte Strategie) ausgewertet sowie die Leistungsergebnisse (etwa Erreichung von Teilzielen, optimale Realisierung) ermittelt	Ausführliche Beschreibung der Durchführung und Auswertung. Keine Daten zur Reliabilität. Mäßige kriterienbezogene Validität (Korrelation mit Intelligenztestdaten). Angabe von Mittelwerten und Standardabweichungen zu den einzelnen Auswertungsvariablen.
Osnabrücker Turm von Hanoi (Gediga & Schöttke, 1994)	Erfassung von Planungs- und Problemlösefähigkeit (Erwachsene)	Computergesteuerte Durchführung einer Problemlöseaufgabe (einen aus Scheiben bestehenden Turm nach vorgegebenen Regeln versetzen)	PC-gesteuerte Auswertung nach Anzahl der Züge, Zeit pro Zug, Anzahl der Regelverstöße	Reliabilität .81–.87. Konstrukt- und diskriminante Validität liegen vor. Normierung an insgesamt 251 Personen.

2. Diagnostik

Denk- und Problemlösestörungen werden im Wesentlichen anhand von Selbstberichten (Fragebogenverfahren; s. **Kasten 1**) sowie durch die Analyse von Handlungsergebnissen diagnostiziert. Dabei werden die Denkakte und Problemlöseschritte entweder direkt ermittelt (z. B. durch Befragung, Testverfahren, Verbalberichte) oder ausgewählte Probleme bearbeitet und deren Bewältigung bzw. Ergebnis konstruktorientiert erfaßt (Performanzbeobachtung bzw. -analyse).

Eine weitere Möglichkeit zur Erfassung besteht in der Einschätzung der Problemlösefähigkeit aufgrund eines klinischen Interviews (etwa Skala zur globalen Beurteilung des Funktionsniveaus; vgl. DSM IV; American Psychiatric Association, 1996). Hierbei wird das allgemeine Funktionsniveau auf einer operationalisierten Skala von 0 bis 100 bewertet. **Tabelle 2** gibt einen Überblick über die wichtigsten Untersuchungsverfahren.

3. Literatur

American Psychiatric Association.(1996). *Diagnostisches und statistisches Manual psychischer Störungen – DSM-IV* (Deutsche Bearbeitung und Einleitung: Saß, H., Wittchen, H. U., Zaudig, M.). Göttingen: Hogrefe.

Dirksmeier, C. (1991). *Erfassung von Problemlösefähigkeit. Konstruktion und erste Validierung eines diagnostischen Inventars.* Münster: Waxmann. (Das Verfahren ist in einer kopierfähigen Vorlage vollständig abgedruckt bei Dirksmeier; 1991, Anhang S. XXXVI–XLVI).

D'Zurilla, T. J. & Goldfried, M. R. (1971). Problem-solving and behavior modification. *Journal of Abnormal Psychology.* 78, 107–126.

Fritz, A. & Hussy, W. (1995). «Zoo-Spiel»: Zur Analyse der Planungsfähigkeit bei Kindern. In J. Funke & A. M. Fritz (Hrsg.), *Neue Konzepte und Instrumente zur Planungsdiagnostik* (S. 228–258). Bonn: Deutscher Psychologen Verlag.

Gediga, G. & Schöttke, H. (1994). Turm von Hanoi. In K. D. Hänsgen & T. Merten (Hrsg.), *Leila – leistungsdiagnostisches Labor* (S. 42–52). Göttingen: Hogrefe.

Hank, G.; Hahlweg, K., Klann, N. (1990). *Konfliktinventar – deutsche Fassung des Conflict Inventory von Margolin. Diagnostische Verfahren für Berater. Materialien zur Diagnostik und Therapie in Ehe-, Familien- und Lebensberatung* (Fragebogenvorlage in Hank, Hahlweg und Klann; 1990, S. 125–127). Weinheim: Beltz.

Hirsig, R. & With, de A. E. (1992). Ein PC-gestütztes Erhebungsinstrument zum integralen Problem-Management. In U. Imoberdorf, R. Käser & R. Zihlmann (Hrsg.), *Psychodiagnostik heute. Beiträge aus Theorie und Praxis* (S. 105–123). Stuttgart: Hirzel.

Horowitz, L. M., Strauß, B. & Kordy H. (1994). *Inventar zur Erfassung interpersonaler Probleme.* Göttingen: Hogrefe.

Kemmler, L. & Borgart, J. (1982). Interpersonelles Problemlösen – Zu einer deutschen Fassung des Mittel-Ziel-Pl-Verfahrens. *Diagnostica, 28,* 307–325.

König, F., Liepmann, D. , Holling, H. & Otto, J. (1985). Entwicklung eines Fragebogens zum Problemlösen (PLF). *Zeitschrift für Klinische Psychologie, Psychopathologie und Psychotherapie, 33,* 5–19.

Lüer, G. & Spada, H. (1990). Denken und Problemlösen. In H. Spada (Hrsg.), *Lehrbuch der allgemeinen Psychologie* (S. 189–280). Göttingen: Hogrefe.

Strunz, C. M. (1994, unveröffentlicht). *Assessment Center Technik. Postkorb (Berufsfindungsassessment).* (Bezug über Dr. Christoph Strunz, Parkstraße 28, D-80339 München).

29.2 Störungen des Denkens, Problemlösens: Ätiologie/Bedingungsanalyse

Gerhard Lauth

Inhaltsverzeichnis

1. Problemlösen

Problemlösen bezieht sich auf das Erkennen eines unbefriedigenden Ausgangszustandes und auf dessen zielgerichtete Veränderung (vgl. Lüer & Spada, 1990), es setzt Denkakte in Form einer «längeren Kette geistiger Operationen» voraus. Beim Lösen von Problemen nimmt jemand Eigenschaften in der Umwelt wahr und repräsentiert sie in einem Problemraum; er erkennt, daß das innere Abbild unbefriedigende Lücken (Barrieren) zwischen dem erkannten Ist-Zustand und dem erstrebten Ziel enthält und unternimmt zielgerichtete Aktivitäten, um die erkannten Barrieren zu überwinden (etwa Informationen suchen, die Ausgangssituation analysieren). (s. **Tab. 1**).

Beim Problemlösen muß man von unterschiedlich komplexen Problemen ausgehen (Dörner, 1979; Lüer & Spada, 1992):

(1) *Kognitiv-intellektuelle Probleme* (z.B. eine Rechenaufgabe lösen, einen Ablaufplan entwikkeln) sind vergleichsweise gut definiert. Ihre Schwierigkeit hängt davon ab, wie viele Barrie-

ren jemand überwinden muß, um eine Lösung zu finden. Im einfachsten Falle sind sowohl das Lösungsziel als auch die Lösungsmöglichkeiten bekannt, so daß es nur auf die richtige Kombination der Lösungsmittel ankommt (z.B. eine Bahnfahrt planen). Im komplexesten Fall müssen sowohl der Ausgangspunkt des Problemes als auch das Ziel, das erreicht werden soll, bestimmt und die Lösungsmöglichkeiten abgeleitet werden (z.B. Umgang mit komplexen Systemen).

(2) *Soziale Probleme* beziehen sich auf schwierige soziale und persönliche Situationen (z.B. Konflikte mit Freunden, Arbeitsplatzprobleme, Kontaktschwierigkeiten). Sie sind komplex, mehrschichtig und offen. Um sie zu lösen, muß man Interaktionen mit anderen Personen aufnehmen (z.B. Gespräche, gemeinsames Handeln; s. unten).

Von besonderer Bedeutung für die Klinische Psychologie sind soziale und alltagsbezogene Probleme (z.B. einen unbefriedigenden Arbeitsplatz aufgeben, familiäre Probleme lösen). Sie zu lösen ist schwierig, weil (1) das Problem wegen seiner Mehrschichtigkeit, Komplexität und

Tabelle 1: Bedingungsmomente gestörten Problemlösens (in Anlehnung an D'Zurilla & Goldfried, 1971; Lüer & Spada, 1990)

Relevante Hintergrundstheorie	Bedingungsmomente	Einzelmomente
Handlungs-/Lageorientierung (Kuhl, 1994)	Negative Problemwahrnehmung, unzureichende Emotionsregulierung	Das Problem mit negativen Vorstellungen befrachten; unzureichende Lösungsversuche
Aufbau des subjektiven Problemraumes «Problemraum»-Theorie Vorwissen/Kognitive Strukturiertheit (Schroder et al., 1976)	Unzureichendes Problemverständnis	mangelnde Informationssuche Wissensdefizite/mangelnde kognitive Strukturierung ungeeignetes Vorwissen
Heuristische Struktur (Dörner, 1979) Suchraum	mangelnde Lösungskompetenz	unzureichendes Mittel-Ziel-Denken Wissensdefizite unzureichende Vorausplanung
Ausführungskompetenzen		Fertigkeitsdefizite Wissensdefizite
Inertes Wissen (Renkl, 1996) Actional control theory (Andersom, 1983) Epistemische Struktur (Dörner, 1979)	Defizite im Wissensaufbau Defizite in der Wissensnutzung	unzureichendes Wissen mangelnde Nutzbarkeit

Intransparenz schwer zu fassen, (2) die «richtige» Lösung infolgedessen nur schwer zu finden und (3) das Ziel höchst klärungsbedürftig ist. Deshalb handelt es sich bei Alltagsproblemen in aller Regel um sogenannte *schlecht definierte, offene und mehrschichtige Probleme* (vgl. Dörner, Kreuzig, Reither, & Stäudel, 1983; Kämmerer, 1983; Putz-Osterloh, 1995), was besonders damit zusammenhängt, daß:

– Alltagsprobleme *komplex* sind, weil objektive, soziale, persönliche und emotionale Problemanteile gleichzeitig existieren (z. B. Schwierigkeiten am Arbeitsplatz, familiäre Probleme, Alkoholkonsum, persönliches Unbehagen).
– einzelne Problembereiche oft *zirkulär* miteinander zusammen hängen, (z. B. Arbeitskonflikte erhöhen die Depressivität und diese führt zu vermehrten Arbeitskonflikten).
– *Änderungsziele* erst bestimmt werden müssen, wobei die einzelnen Handlungspartner kaum die gleichen Ziele verfolgen. Ferner sind Ziele nicht eindeutig positiv oder negativ, sondern haben ganz unterschiedliche Folgewirkungen, die oft auch nicht genau vorwegzuneh-

men sind (z. B. positive und negative Folgen einer Diät).
– Entscheidungen oft *mehrere Ziele* gleichzeitig optimieren bzw. kurz-, mittel- und langfristig positiv sein sollen. Dies erfordert die Abschätzung komplexer Folgewirkungen.
– *soziale Interaktionen* erforderlich sind, um die Ausgangssituation zu klären und günstige Lösungen herauszufinden. Ferner sind an der Definition eines Problems zumeist weitere Personen (z. B. Familienmitglieder, Arbeitskollegen) mit eigenen Interessen und Sichtweisen beteiligt, was die Komplexität und Mehrschichtigkeit des Problems enorm vergrößern kann.

Diese Momente stellen also zusätzliche Barrieren dar und machen vermehrte Anstrengungen («erhöhter Definitions- und Abwägungsbedarf») notwendig. Mit einem Wort, der Problemlöser ist gezwungen, ein *schlecht definiertes Problem* in ein gut definiertes zu «übersetzen». Zudem erfordert ihre Lösung, daß man mit anderen Personen interagieren muß (z. B. Gespräche, gemeinsames Handeln).

2. Störungen des Denkens

Beim Denken werden Informationen aufgenommen und schlußfolgernd, hypothesenbildend miteinander vernetzt. Dies kann auf deduktivem (von allgemeinen Prämissen ausgehend) oder induktivem Wege (vom Einzelfall ausgehende Ableitung, Überprüfung und Veränderung von Hypothesen; Lüer & Spada, 1990) erfolgen. Damit dies gelingt, müssen mehrere, naheliegende Voraussetzungen erfüllt sein: (1) die bedeutsamen Informationen müssen angemessen aufgenommen und verarbeitet werden, (2) die Denkakte müssen einer formal korrekten Logik entsprechen, (3) die Denkinhalte müssen den allgemeinen Erfahrungsgrundlagen entsprechend ausgewertet werden, (4) die Denkverläufe müssen im Sinne einer Systemsteuerung überwacht und organisiert werden und letztlich (5) die Denkakte müssen auf einen hinreichend differenzierten Erfahrungshintergrund zurückgreifen können. Klienten können in diesen fünf Bereichen nachdrücklich beeinträchtigt sein.

2.1 Kognitive Grundstörungen

Denken ist als Informationsverarbeitung zu sehen, die auf Symbole, Regeln, Gedächtnis, Operationen zurückgreift und systemsteuernde bzw. -kontrollierende Instanzen voraussetzt (s. Lüer & Spada, 1990). Wenn einzelne Komponenten dieses Systemes (z. B. Gedächtnis) beeinträchtigt sind, leidet auch die Qualität des Denkens. Solche Beeinträchtigungen werden bei verschiedenen psychischen Störungen festgestellt (Autismus, mentale Retardierung, Schizophrenie, Demenzen) und als kognitive Grundstörungen beschrieben. Die Grundstörungen erschweren das Denken und Problemlösen, weil grundlegende Informationsverarbeitungen (etwa: Aufmerksamkeitsfocussierung, Begriffslernen, Gedächtnisspeicherung, Assoziationsbildung) teilweise deutlich beeinträchtigt sind (vgl. Rumsey, 1985; Swanson, 1988; Lieb, Merklin, Rieth, Schüttler & Hess, 1994; s. auch Kap. 28.2/ Lernstörungen: Ätiologie/Bedingungsanalyse). Zumeist haben diese Beeinträchtigungen neurophysiologische Ursachen; Schädigungen der Temporalregionen beeinträchtigen beispielsweise das Langzeitgedächtnis, die Kontexterinnerung sowie die Organisation und Kategorisierung von Reizen. Ferner tragen zelluläre Veränderungen (Plaques-Bildung bei Alzheimer-Krankheit, Zelldegenerierung bei Parkinson-Krankheit, Überaktivität bzw. Störung einzelner Kortexregionen bei Schizophrenie) zur mangelnden Verfügbarkeit einzelner Grundfertigkeiten bei.

2.2 Formale Denkstörungen

Formale Denkstörungen liegen vor allem bei Psychosen (etwa Schizophrenie, demente Erkrankungen) vor; sie äußern sich hauptsächlich beim formalen Schlußfolgern (deduktives Denken). Die Ordnung der Denkinhalte sowie ihre interne Logik sind beeinträchtigt; infolge dessen mißlingen Informationsverarbeitungen und realitätsangemessene Schlußfolgerungen. Solche formalen Denkstörungen äußern sich bei der Schizophrenie beispielsweise in einer Inkohärenz des Denkens (zentrale Gedanken, Vorstellungen und Fragmente des Denkens sind nicht miteinander verknüpft), einer Zerfahrenheit des Denkens (eine gedankliche Stringenz kann nur zeitweilig eingehalten werden, der Patient läßt sich bspw. von Assoziationen leiten), sowie einem assoziativen Denkverlauf (das Denken folgt keiner innneren Struktur, sondern pheripheren Merkmalen, wie z. B. Klangähnlichkeiten). Diese Denkstörungen lassen sich – vor allem bei schizophrenen Erkrankungen – auf die Überaktivität bzw. Störung einzelner Kortexregionen zurückführen (Birbaumer & Schmidt, 1996); sie führen offensichtlich dazu, daß die Denkverläufe in entscheidenden und grundlegenden Teilbereichen beeinträchtigt werden (s. Abschnitt 2.1).

2.3 Inhaltliche Denkstörungen

Inhaltliche Denkstörungen ergeben sich daraus, daß das Denken von falschen, «überwertigen» Prämissen ausgeht und zu entsprechend falschen Schlußfolgerungen und Konzeptbildungen gelangt (etwa bei Wahnphänomenen, Halluzinationen, Realitätsverkennungen). Gestört ist mithin weniger der Denkverlauf an sich, als vielmehr die Kategorisierung und Erklärung von Umweltereignissen; infolge dessen wird die Umwelt in bizarrer, ungewöhnlicher und nur schwer nachvollziehbarer Weise wahrgenommen. Hierzu tragen vor allem die bereits beschriebenen kognitiven Grundstörungen bei, die über die Lockerung assoziativer Verbindungen zwischen sprachlich-konzeptuellen Zellverbänden und die mangelnde Selektion von Umweltreizen infolge einer Schwäche des Aufnahmesystems bei gleichzeitig erhöhter Aktivität des dopaminergen Anreizsystems zur Aufnahme irrelevanter Informationen in das Kurzzeitgedächtnis führen. Infolge dessen wird Ereignissen und Gedächtisinhalten eine überstarke Bedeutung verliehen (etwa das Flüstern in einer Gruppe wird als Verschwörung wahrgenommen; vgl. Birbaumer & Schmidt, 1996).

2.4 Mangelnde Systemsteuerung, Metakognition

Denken wird als Informationsverarbeitung definiert, wofür (neben anderen Komponenten) auch systemsteuernde und -kontrollierende Instanzen von Nöten sind. Komplexe Denkakte und Problemlösevorgänge setzen das Befolgen eines übergeordneten Planes voraus, wobei die Situationen, Ziele, Lösungswege etc. in unterschiedlicher Konkretheit analysiert und reflektiert werden. Diese Prozesse verlaufen äußerst verzweigt und differenziert: z.B. gleichzeitige Bearbeitung mehrerer Problemaspekte, Einholen von Informationen, Koordination der Einzelschritte. Um hierbei den Überblick zu behalten, sind also metakognitive Vermittlungen notwendig (etwa: Selbstanweisungen, an sich selbst gerichtete Fragen – «Wie weit bin ich jetzt?», «Was habe ich noch nicht berücksichtigt?»). Diese metakognitiven Überlegungen verbessern die Lösungssuche, indem sie zur Erkenntnisgewinnung beitragen und den Lösungsprozeß steuern. Personen, die ihre Handlungen in komplexen, offenen und konflikthaften Situationen kaum durch metakognitive Prozesse steuern, gelangen folglich auch rascher zu ungünstigeren Lösungen. Eine mangelnde Systemsteuerung kann durch Läsionen des Frontallappens (etwa aufgrund eines ischämischen Insults, Tumor, Enzephalitis, Trauma) bedingt sein. Sie führen zu Beeinträchtigungen des divergenten Denkens, ungünstiger Reaktionskontrolle, mangelnder Selbststeuerung, Beeinträchtigungen beim assoziativen Lernen und

Beeinträchtigungen der Aufmerksamkeit sowie mangelnden Diskriminationsleistungen (Birbaumer & Schmidt, 1996). In diesem Zusammenhang ist auch daran zu denken, daß das intellektuelle Vermögen des Problemlösers Einfluß auf das Problemlösen hat (vgl. Meltzer, Solomon, Fenton & Levine, 1989). Es existieren zahlreiche Befunde dafür, daß diese Systemsteuerung bei hoher emotionaler Belastung kaum noch gelingt (s. Kuhl, 1994) und bei intellektueller Minderbegabung eingeschränkt ist. Ferner tragen Alltagsbeeinträchtigungen, die sich aus situativen Überforderungen oder Verkennungen (etwa aufgrund von Streß, Nervosität) ergeben, zu einer Beeinträchtigung bei.

2.5 Unzureichende Konzeptbildung, Mangelnde kognitive Strukturiertheit

Konzeptbildung beschreibt den Sachverhalt, daß man Umweltereignisse wahrnimmt, kategorisiert, speichert und zur Grundlage des eigenen Handelns (Wissen, Vorerfahrung) macht. Erworbene Konzepte steuern das Handeln, indem neue Eindrücke anhand bestehender Erfahrungen eingeordnet und entsprechende Problemräume (subjektive Problemrepräsentationen) eröffnet werden. Die Konzeptbildung ist vor allem eine Frage des induktiven Denkens, also der von Einzelereignissen ausgehenden Schlußfolgerungen. Je differenzierter die erworbenen Konzepte sind, desto differenziertere Grundlagen werden mithin auch für das weitere Handeln bereitgestellt. Schroder, Driver und Streufert (1967) bezeichnen diesen Sachverhalt als *kognitive Strukturiertheit,* die sie anhand von drei Merkmalen näher beschreiben:

(1) Differenziertheit als *Anzahl* der Dimensionen, auf denen eine Person Inhaltsaspekte wahrnimmt und einordnet (kodiert).

(2) Diskriminiertheit als *Einheit,* mit der eine Person Inhaltsaspekte auf einer Dimension unterscheidet. Dies steht im engen Zusammenhang mit der vorgenommenen Abstrahierung.

(3) Integriertheit als *Vernetztheit* der Dimensionen. Dies ist gleichzeitig für die Komplexität der Kodierung kennzeichnend.

Eine hohe kognitive Strukturiertheit bedeutet, daß eine Person Umweltaspekte anhand von zahlreichen Grundelementen wahrnimmt und sie durch Schemata oder Regeln miteinander verknüpft. Die erworbenen Konzepte (Wissen, Vorerfahrungen) sind also differenziert und vernetzt gespeichert. Dadurch können neue Umweltereignisse wie auf einem feinkörnigen Filmträger differenziert und zugleich integriert abgebildet werden. Die Folge hiervon ist, daß der Betreffende differenziert wahrnehmen, eher neue Sichtweisen entwickeln (z.B. alternative Sichtweisen einnehmen, Mehrdeutigkeit tolerieren) und selbstverantwortlicher handeln kann. Eine niedrige kognitive Strukturiertheit äußert sich dagegen u.a. in kategorischem Schwarz-Weiß-Denken, geringerer Bereitschaft, Konflikte und Mehrdeutigkeiten hinzunehmen, vergrößerter Abhängigkeit des eigenen Handelns von äußeren Bedingungen, erhöhter Generalisierung der Wahrnehmungsinhalte sowie einer abrupten oder isolierten Veränderung von Denkinhalten und stellt eine Art kognitiver Vulnerabilität (Myers, 1995) dar, die die Entstehung von psychischen Störungen beeinträchtigt. Eine derartige, niedrige kognitive Strukturiertheit ist bei verschiedenen psychischen Störungen festzustellen, u.a.: *Depressivität* (dichotome Denkmuster führen zu Wahrnehmungsverzerrungen und negativen Selbstbewertungen; Gara, Woolfolk, Cohen & Goldston, 1993, Myers, 1995); *Alkoholismus* (Alkoholpatienten zeigen ein geringeres konzeptionelles Niveau; Beatty, Katzung, Nixon & Moreland, 1993); *Aggressivität und antisoziales Verhalten* (Mehrdeutigkeit und Konflikthaftigkeit des Handelns werden nicht toleriert und vorschnelle, konfliktreiche Problemlösungen verwirklicht; vgl. Dodge, 1985). Mit dem Ansatz der differenzierten Konzeptbildung wird deutlich, warum Interventionen auch die Wissensstruktur des Patienten berücksichtigen und zugunsten einer größeren Differenzierung verändern.

Des weiteren sprechen die bereits genannten Störungskategorien (kognitive Grundstörungen, mangelnde Systemsteuerung, Metakognition) auch Erklärungsmomente für Denkstörungen an. Unzureichend beherrschte Grundfertigkeiten der Informationsaufnahme, -speicherung und -verarbeitung sowie die mangelnde Überwachung bzw. Steuerung der Denkakte (etwa aufgrund intellektueller Minderbegabung, man-

gelnder Vorerfahrung) sind demnach auch Gründe, die eine Denkstörung entstehen lassen und aufrecht erhalten. Dies ist insbesondere für den Bereich der kognitiven Grundstörungen belegt.

3. Störungen beim Problemlösen

Beim Problemlösen geht es darum, einen unbefriedigenden Ausgangszustand so zu verändern, daß ein befriedigenderes Ziel erreicht wird (z.B. die konfliktreiche Beziehung zu einem Arbeitskollegen verbessern). Dazu ist eine längere Kette geistiger Operationen notwendig; bei alltagsbezogenen, sozialen Problemen treten ferner Barrieren hinzu, die in der Person des Problemlösers und in seinen sozialen Handlungsmöglichkeiten begründet sind. Die nachstehenden Bedingungsmomente behandeln die wichtigsten Schwierigkeiten beim sozialen Problemlösen. Kritisch ist hierbei anzumerken, daß die Problemlösestörung nicht nur in einem Bedingungsmoment (etwa negative Problemwahrnehmung) lokalisiert werden kann, sondern meist mehrere Stadien/Phasen des Problemlöseprozesses gestört sind. Ferner beeinträchtigen Denkstörungen (s. Abschnitt 2) die Ausführung der geistigen Operationen und damit qua definitionem das Lösen von Problemen.

3.1 Unzureichende Emotionsregulierung

Als günstige Voraussetzung zur Problembearbeitung gilt eine distanzierte und eher «kühle» Wahrnehmung der Problemsituation (ein anstehendes Problem relativ frühzeitig wahrnehmen, Probleme als normal sehen, Probleme als lösbar einschätzen, Probleme nicht überstürzt lösen; D'Zurilla & Goldfried, 1971). Empirische Studien belegen denn auch eine enge Verbindung zwischen einer hohen Kontrollerwartung, niedrigen Streßbelastung und psychischer Gesundheit (Savada & Pak, 1993; Blalock, De Vellis & Giorgina, 1995). Psychisch gestörte Personen zeichnen sich hingegen durch ein dysfunktionales Muster von niedrigen Kontrollerwartungen, hoher Streßbelastung und negativer Selbstwahrnehmung aus. Dieses Muster wird deutlich, wenn man beispielsweise das Streß- und Copingverhalten von depressiven Patienten (Diagnose Major Depression) und unauffälligen Kontrollpersonen miteinander vergleicht (Perrez & Reicherts, 1992, Reicherts, Käslin, Scheurer, Fleischhauer & Perrez, 1992): Die depressiven Patienten schätzen Alltagsstressoren (etwa vom Partner kritisiert werden) als belastender und weniger kontrollierbar ein; sie sehen weniger Änderungsmöglichkeiten und neigen statt dessen zu einer passiv – intrapsychischen Bewältigung (etwa Emotionsregulierung, Selbstbeschuldigung); Verlustereignisse (etwa ein Freund zieht weg) erklären sie eher internal.

Ungünstige Situations- und Selbstwahrnehmungen erschweren ein differenziertes Lösungssuchen im Sinne des Problemlösens, weil das anstehende Problem durch die Anteile der Person emotional besetzt, gleichzeitig komplexer und weniger durchschaubar (intransparent) wird. Die betroffene Person kann sich weit weniger vom anstehenden Problem distanzieren. Ihr fällt es infolgedessen schwer zu bestimmen, was das eigentliche Problem ist, welches Ziel verfolgt werden sollte, welche Lösung möglich wäre und eine Lösung in die Tat umzusetzen. Statt dessen steigt die Neigung, daß sie eine ungeeignete Lösung unternimmt (etwa aktive Lösungsversuche unterlassen, das Problem übergehen, das Problem überstürzt angehen). Diese Dynamik wird in motivationalen Theorien (Lageorientierung, Kontrollerwartung, Selbstaufmerksamkeit) angesprochen und spielt eine große Rolle für die Erklärung der Depressivität (s. auch Kuyken & Brewin, 1994; Davila, Hammen, Paley & Berge, 1995). Darüber hinaus hat die Grundlagenforschung auch den Einfluß anderer appraisal Prozesse (z.B. Kausalattribuierung; siehe Scherer, 1988, Sweeney, Anderson & Bailey, 1986) auf die Emotionsregulierung belegt.

• *Unstrukturierte Lösungsversuche.* Unter dem Eindruck negativer Gefühle sowie bei mangelnder Kontrolle über die Problemsituation wird ein überstürztes Problemlösen begünstigt. Aus den Untersuchungen von Dörner, Kreuzig, Reither und Stäudel (1983) ist bekannt, daß mit dem *Kontrollverlust* sogenannte «Notfallreaktionen» einhergehen, die das anstehende Problem nicht lösen, aber den bestehenden Handlungsdrang befriedigen.

Ferner gefährden starke negative Emotionen (z.B. Verzweiflung, Ängste) den Lösungsprozeß, weil Emotionsregulierungen in den Vordergrund treten (z.B. sich ablenken, die negativen Emotionen verringern). Dies vermindert die Differenziertheit der Lösungsbemühungen (z.B. aufgrund von Informationseinschränkungen, undifferenzierten Lösungsversuchen), erhöht die Problemschwierigkeit (z.B. aufgrund der emotionalen Anreicherung der Problemsituation) und vermindert die Koordination der Lösungsschritte (z.B. das Denken zerfällt in unkoordinierte Einzelmomente, dreht sich im Kreise, ist eher situations- als zielorientiert bzw. rigidisiert und planlos). Die Gleichzeitigkeit des emotionsregulierenden und des problemlösenden Verhaltens überfordert dabei die Verarbeitungskapazität des Problemlösers. Dies führt dazu, daß Informationen verkürzt bzw. unzureichend beschafft und verarbeitet sowie informationsgenerierende und informationsreduzierende Phasen nicht sachgerecht getrennt werden. Emotionen mit mittlerer bzw. geringerer Intensität erweisen sich dagegen als durchaus förderlich, weil sie Wertungen und Erwartungen auslösen, die die Problemsensitivität erhöhen und die Problembestimmung erleichtern. Dies ist insbesondere bei Krisen und dynamisch-eskalierenden Problemen der Fall.

3.2 Unzureichendes Problemverständnis

Soziale und alltagsbezogene Probleme sind in der Regel offen und mehrdeutig. Infolge dessen ist ein oft erheblicher Aufwand und ein aktives Bemühen notwendig, um das Problem zu verstehen (redefinieren) – also zu bestimmen, worin ein vorliegendes Problem konkret besteht und welche Ziele angemessen wären. Dabei ist davon auszugehen, daß das Problemlösen ein aktiv-konstruktiver Prozeß ist. Hier wird der «Raum» hergestellt, in dem das Problem lokalisiert ist und in dem Lösungen gesucht werden. Die Bedeutung dieser Problemrepräsentation wächst mit der Komplexität, Vernetztheit und Intransparenz der Problemsituation. Schlecht definierte sowie offene und komplexe Probleme erfordern besondere Verstehensanstrengungen und setzen entsprechendes Wissen und Vorerfahrungen auf Seiten des Problemlösers voraus (s. **Kasten 1**).

• *Mangelnde Informationssuche.* Insbesondere bei expansiven psychischen Störungen (etwa Aggressivität, antisoziales Verhalten, Delinquenz), aber auch bei introversiven Störungen (Depressivität) sind Mängel im Problemverständnis zu beobachten, die sich aus impulsiven/vorschnellen Schlußfolgerungen, mangelnder Informationsbeachtung (Überselektivität) und persönlichen oder störungsspezifischen Urteilstendenzen ergeben. Dies ist vor allem der Fall bei: *Aufmerksamkeitsdefizit-; Hyperaktivitätsstörungen* (Robins, 1992) und *Aggressivität* (Dodge, 1985). Bei beiden Beeinträchtigungen läßt sich immer wieder feststellen, daß die Betroffenen weniger Zeit und Energie für das Problemverständnis bzw. die Umgestaltung (Transformation) des anstehenden Problems aufwenden (etwa Rollenempathie, Entschlüsselung mehrdeutiger Hinweisreize, aktive Rekonstruktionsprozesse) und statt dessen zu verkürzten Wahrnehmungsphasen und rigidisierten Deutungsmustern (etwa ein Verhalten als feindselig interpretieren, sich angegriffen fühlen) neigen.

• *Wissensdefizite.* Das unzureichende Problemverständnis geht mit spezifischen Wissensdefiziten einher. Das Problemverstehen ergibt sich aus Informationen, die entweder als Wissen aus dem Langzeitgedächtnis abgerufen oder von anderen erfragt werden. Dafür ist wiederum eine differenzierte Wissensbasis erforderlich, auf der der Problemlöser zurückgreifen kann (s. Abschnitt 3.3; kognitive Strukturiertheit). Dies läßt sich an folgendem Beispiel verdeutlichen: Im Bereich introversiver Störungen *(Depressivität)* liegt eine selbstkritische Aufmerksamkeitsfocussierung und Lageorientierung vor, die relativ stabile sowie handlungsbehindernde Emotionen und Situationswahrnehmungen hervorbringt (zusammenfassend Hautzinger, Stark & Treiber, 1992). Depressive neigen aufgrund eines geschlossenen und inflexiblen Denksystemes zu negativen Problemrepräsentationen (z.B. negatives Selbstbild, eigenes Verschulden) und entsprechenden «Lösungen» (z.B. Vermeidung, Interessenverlust, Inaktivität).

• *Mangelnde Problemsensitivität* (Spivack, Platt & Shure, 1976). Damit ist gemeint, daß man sich anbahnende Probleme frühzeitig erkennen sollte, was besonders bei dynamischen Problemen wichtig ist. Bei Beeinträchtigungen (etwa Depressivität, Aggressivität, antisoziales Verhalten) findet man häufig eine geringere derartige Sensibilität, was dazu führt, daß Probleme eher eskalieren und umso schwieriger zu bewältigen sind. Dies kann darin begründet sein, daß es den Betroffenen an den notwendigen Vorerfahrungen fehlt, um die Relevanz von Hinweis-

---

Kasten 1
Beispiel zum Aufbau eines Problemraumes

Proband
Herr G., 34 Jahre alt, geschieden, fällt nach der Trennung von seiner Frau mehrfach durch exzessive Gewalt gegen Personen, Drogenkonsum, Alkoholmißbrauch und äußerst risikoreiches Verhalten im Straßenverkehr auf.

Problemraum
Um dieses Problem zu verstehen, wird folgender Prozeß durchlaufen: Das Problem wird gleichzeitig auf der abstrakten Ebene (z.B. soziale Desintegration) und in seiner konkreten Manifestation (z.B. Anzahl der Personen, die soziale Unterstützung gewähren) definiert *(Hierarchisches Wissen)*; es werden mehrere alternative Erklärungsansätze (z.B. Alkoholstörung, Aggressivität) gleichzeitig formuliert *(Konkurrierende Formulierungen)*; vorläufige Problemdefinitionen (z.B. Alkoholstörung) werden in verschiedenen Situationen zu validieren versucht (z.B. Trinkverhalten in der Freizeit, am Arbeitsplatz, bei Freunden) *(Multiple Problemräume)*; zwischen den einzelnen Problemaspekten werden funktionale (wenn/dann) Beziehungen hergestellt *(Entwicklung funktionaler Beziehungen)*.
Es ist leicht ersichtlich, daß eine geringe Vorerfahrung bzw. geringes Vorwissen bereits das Problemverstehen weitreichend beeinträchtigen.

reizen einzuschätzen, aber auch darin, daß erkannte Problemanzeichen aufgrund geringer Kontrollerwartung nicht in geeigneten Lösungsbemühungen resultieren.

3.3 Mangelnde Lösungskompetenz

Im Verlauf des Problemlöseprozesses werden verschiedene Lösungsmöglichkeiten entwickelt und nach Abwägen ihrer möglichen Folgen wird eine Alternative ausgeführt. Bedingungsmomente für eine mangelnde Lösungskompetenz bestehen in:

• *Unzureichendem Mittel-Ziel-Denken.* Eine mangelnde Lösungskompetenz zeigt sich zunächst darin, daß jemandem keine geeigneten Lösungsmöglichkeiten einfallen. Spivack et al. (1976) haben dies als Mittel-Ziel-Denken beschrieben, womit die Fähigkeit, zu gegebenen Problemsituationen Lösungen (Mittel) zu finden, gemeint ist. Eine derart geringere Lösungsfähigkeit wird beispielsweise *Alkoholabhängigen* (aus Landeskrankenhäusern) attestiert, denen weniger Lösungen für soziale Probleme einfallen, als unauffälligen, akut erkrankten Krankenhauspatienten (Kemmler & Bogart, 1982; Beatty, Katzung, Nixon & Moreland, 1993; ähnlich auch Dirksmeier, 1991; Hellewell, Connell & Deakin, 1994). Dieses Ergebnis ist nicht unabhängig von Vorerfahrungen und Wissen, was sich vor allem in Längsschnittstudien bestätigt (Rönkä & Pulkinnen, 1995; Compas, 1988).

• *Fertigkeitsdefizite.* Bei der Ausführung der Lösung sind mangelnde Ausführungskompetenzen von Belang, was auch die zielflexible, rückmeldungsgesteuerte und konsequente Ausführung beinhaltet. Derartige mangelnde Ausführungskompetenzen des Handelnden sind vor allem für sozial unsichere, aggressive, depressive und antisoziale Personen belegt, bei denen ein Mangel an selbstbehauptendem, prosozialem und aktivem Verhalten besteht.

• *Unzureichende Vorausplanung.* Ein Moment der Lösungskompetenz ist die Auswahl einer günstigen Lösung aufgrund von Vorausplanungen, in denen die möglichen Folgen einer Lösung überdacht werden (z. B. kurz- und langfristige Konsequenzen, die Lösung im Detail

planen, eigene Normen in die Zielfindung mit einbeziehen). Insbesondere bei expansiven Störungen (Aggressivität, Delinquenz, antisoziales Verhalten, Aufmerksamkeitsdefizit-/Hyperaktivitätsstörung) verläuft diese Entscheidungsfindung verkürzt und unreflektiert. Gründe hierfür sind etwa mangelnde Vorerfahrung, Zielunsicherheit und subjektiver Handlungsdruck. Beispielsweise ist bekannt, daß es sozial ängstlichen bzw. unsicheren Personen aufgrund von Zielunsicherheiten schwer fällt, erstrebenswerte Ziele und damit korrespondierende Lösungshandlungen abzuleiten.

• *Defizite im Wissen und der Wissensnutzung.* Problemlösen als «längere Kette geistiger Operationen» setzt in bezug auf das Problemverständnis und die Lösungsfindung die Verfügbarkeit eines differenzierten Wissens voraus, das sowohl den Problem- als auch den Suchraum für Lösungen strukturiert. Dies wurde in der Vergangenheit als epistemische Struktur (Dörner, 1979) bezeichnet. Mangelndes oder sogenanntes träges (inertes) Wissen führt demzufolge auch zu Defiziten in diesen Bereichen und zu entsprechenden Störungen des Problemlösens. Man kann zwei Arten wissensbezogener Einschränkungen unterscheiden: (1) *Unzureichendes Wissen*, was insbesondere durch mangelnde Vorerfahrungen (etwa infolge milieuspezifischer Sozialisierung, mangelnder Selbständigkeitserfahrungen) und kognitive Einschränkungen (etwa Lernbeeinträchtigungen, mentale Retardierung, Psychosen) hervorgebracht wird. (2) *Mangelnde Nutzbarkeit.* Hier verfügt der Problemlöser zwar über das notwendige Wissen, kann es aber in Problemsituationen nicht aktivieren (nutzen). Dies kann durch die Qualität des Wissens (träges, inertes Wissen; vgl. Renkl, 1996), aber auch durch die «Befragung» des Wissensspeichers bedingt sein. Im ersten Fall ist das Wissen situationsfremd erworben und gespeichert worden, so daß es zwar im Prinzip, nicht aber in seiner flexiblen Transformierbarkeit vorhanden ist (z. B. theoretisches Wissen). Bei der unzureichenden «Befragung» des Wissensspeichers spielt die emotionale Erregung eine große Rolle. Sie vermindert die Nutzung des vorhandenen Wissens, weil das emotionale über das kognitive Kontrollsystem dominiert und insbesondere das Arbeitsgedächtnis überlastet wird, so daß Informationen aus dem Langzeitgedächtnis nur noch unzureichend abgerufen werden können (vgl. Spies & Hess, 1989). Beide Wissenseinschränkungen findet man gehäuft bei psychisch gestörten Personen. Hierbei wird in den störungsspezifischen Bedingungsanalysen die Rolle der Selbständigkeitserziehung (etwa bei Aggressivität, Depressivität), die Bedeutung kognitiver Grundstörungen (etwa bei Schizophrenie, mentaler Retardierung) und das hohe Erregungsniveau von Patienten (etwa Angstpatienten, Patienten in Krisen) hervorgehoben.

4. Schlußüberlegung

Problemlösestörungen sind eng mit der Entwicklung und sicher mehr noch mit der Aufrechterhaltung von psychischen Störungen verknüpft. Bei psychisch gestörten Menschen finden sich denn auch häufiger Störungen beim Lösen von Problemen, sei es, daß Probleme verschleppt und nicht frühzeitig angegangen oder ungünstige Lösungen verwirklicht werden bzw. Lösungsversuche scheitern. Man kann darüber streiten, ob diese Problemlösestörungen ein eigenständiges Störungsmoment sind oder eher Ausdruck einer allgemeinen psychischen Instabilität (eine Frage, die momentan aber kaum so gestellt wird). Ganz gleich aber, zu welchem Schluß man bei der Diskussion dieser Frage kommen würde, ist es sicher, daß Problemlösestörungen ganz deutlich zum Fortbestehen einer einmal vorliegenden psychischen Beeinträchtigung beitragen und die Verbesserung der Denk- und Problemlösefertigkeiten auch die das psychische Wohlbefinden sowie die Gesundheit der Patienten verbessern. Infolgedessen ist es angebracht, wenn man die Fähigkeit von Patienten zum Lösen von neuen und ungewohnten Problemen verbessert.

Problemlösestörungen kommen deshalb zustande, weil das Denken beeinträchtigt ist, förderliche Wege beim Lösen nicht beschritten oder einzelne Lösungsphasen nicht bedacht und nicht unvoreingenommen genug absolviert werden. Hierzu tragen die Situationen, mit denen sich die betroffene Person auseinandersetzen muß, bei. Aber auch die Fähigkeit der Person, bedacht sein zu können und Abstand zur Sache, um die es geht, wahren zu können. Aufgrund von Problemlösetheorien, Denkorgani-

sation und Emotionstheorie lassen sich hier detaillierte Störungsmomente bestimmen, die entweder direkt in Interventionsmaßnahmen überführt werden können oder einen Erklärungsrahmen für unspezifischere Interventionen (z. B. Gesprächspsychotherapie) liefern.

5. Literatur

Anderson, J. R. (1983). *The architecture of cognition*. Cambridge: Havard University Press.

Beatty, W. W., Katzung, V. M., Nixon, S. J. & Moreland, V. J. (1993). Problem-solving deficits in alcoholism: Evidence from the California Card Sorting Test. *Journals of Studies on Alcohol, 54*, 687–692.

Birbaumer, N. & Schmidt, R. F. (1996). *Biologische Psychologie*. Berlin: Springer.

Blalock, S. J., DeVellis, B. M. & Giorgino, K. B. (1995). The relationship between coping and psychological well-being among people with osteoarthritis: A problem-specific approach. *Annals of Behavioral Medicine, 17*, 107–115.

Compas, B. E. (1988). Coping with stress during childhood and adolescence. *Annual Progress in Child Psychiatry and Child Development*, 211–237.

Davila, J., Hammen, C., Paley, B. & Daley, S. E. (1995). Poor interpersonal problem solving as a mechanism of stress generation in depression among adolscent women. *Journal of Abnormal Psychology, 104*, 592–600.

Dirksmeier, C. (1991). *Erfassung von Problemlösefähigkeit. Konstruktion und erste Validierung eines diagnostischen Inventars*. Münster: Waxmann.

Dodge, K. A. (1985). Attributional bias in aggressive children. In P. C. Kendall (Ed.), *Advances in cognitive behavioral research and theTherapy* (Vol. 4; pp. 73–110). Orlando: Academic Press.

Dörner, D. (1979). *Problemlösen als Informationsverarbeitung*. Stuttgart: Kohlhammer.

Dörner, D., Kreuzig, H. W., Reither, F. & Stäudel, T. (Hrsg.). (1983). *Lohhausen. Vom Umgang mit Unbestimmtheit und Komplexität*. Bern: Huber.

D'Zurilla, T. J. & Goldfried, M. R. (1971). Problem-solving and behavior modification. *Journal of Abnormal Psychology, 78*, 107–126.

Gara, M. A., Woolfolk, R. L., Cohen, B. D., Goldston, R., B. et-al (1993). Perception of self and other in major depression. *Journal-of-Abnormal-Psychology, 102*, 93–100.

Hautzinger, M., Stark, W. & Treiber, R. (1992). *Kognitive Verhaltenstherapie bei Depressionen*. Weinheim: Psychologie Verlags Union.

Hellewell, J. S. E., Connell, J. & Deakin, J. F. W. (1994). Affect judgement and facial recognition memory in schizophrenia. *Psychopathology, 27*, 255–261.

Kämmerer, A. (1983). *Die therapeutische Strategie Problemlösens*. Münster: Aschendorff.

Kemmler, L. & Bogart, J. (1982). Interpersonelles Problemlösen – Zu einer deutschen Fassung des Mittel-Ziel-Pl-Verfahrens. *Diagnostica, 28*, 307–325.

Kuhl, J. (1994). (Ed.). *Volition and personality: Action versus state orientation*. Seattle: Hogrefe & Huber.

Kuyken, W. & Brewin, C. R. (1994). Stress and coping in depressed women. *Cognitive Therapy and Research, 18,* 403–412.

Lieb, K., Merklin, G., Rieth, C., Schüttler, R. & Hess, R. (1994). Preattentive information processing in schizophrenia. *Schizophrenia Research, 14,* 47–56.

Lüer, G. & Spada, H. (1990). Denken und Problemlösen. In H. Spada (Hrsg.), *Lehrbuch der allgemeinen Psychologie* (S. 189–280). Göttingen: Hogrefe.

Meltzer: L. J., Solomon, B., Fenton, T. & Levine, M. D. (1989). A developmental study of problemsolving strategies in children with and without learning difficulties. *Journal of Applied Developmental Psychology, 10,* 171–193.

Myers, L. B. (1995). Onset vulnerability to depression. *Journal of Genetic Psychology, 156,* 503–504.

Perez, M. & Reicherts, M. (1992). Depressed people coping with aversive situations. In: M. Perez & M. Reicherts (Eds.), *Stress, coping, and health. A situation-behavior approach theory, methods, applications* (pp. 103–111). Göttingen: Hogrefe.

Putz-Osterloh, W. (1995). Komplexes Problemlösen. In M. Amelang (Hrsg.), *Verhaltens- und Leistungsunterschiede.* Enzyklopädie der Psychologie, Themenbereich C (Serie VIII, Bd. 2, S. 403–434). Göttingen: Hogrefe.

Reicherts, M., Käslin, S., Scheurer, F., Fleischhauer, J. & Perez, M. (1992). Depressed people coping with loss and failure. In M. Perez & M. Reicherts (Eds.), *Stress, coping, and health. A situation-behavior approach theory, methods, applications* (pp. 113–123). Göttingen: Hogrefe.

Renkl, A. (1996). Träges Wissen: Wenn Erlerntes nicht genutzt wird. *Psychologische Rundschau, 47,* 78–92.

Robins, P. M. (1992). A comparison of behavioral and attentional functioning in children diagnosed as hyperactive or learning disabled. *Journal of Abnormal Child Psychology, 20,* 65–82.

Rönkä, A. & Pulkinnen, L. (1995). Accumulation of problems in social functioning in young adulthood: A developmental approach. *Journal of Personality and Social Psychology, 69,* 381–391.

Rumsey, J. M. (1985). Conceptual problem-solving in highly verbal, nonretarded autistic men. *Journal of Autism and Developmental Disorders, 15,* 23–36

Savada, S. W. & Pak, A. W. (1993). Stress-related problem drinking and alcohol problems: A longitudinal study and extension of Marlatt's model. *Canadian Journal of Behavioural Science, 25,* 446–464.

Scherer, K. R. (1988). Criteria for emotion-antezedent appraisal: A review. In V. Hamilton, G. H. Bower & N. H. Frijda (Eds.), *Cognitive perspectives on emotion and motivation* (pp. 89–126). Dordrecht: Kluwer.

Schroder, H. M., Driver, M. J. & Streufert, S. (1967). *Human information processing.* New York: Rinehart & Winston.

Spies, K. & Hesse, F. W. (1986). Interaktion von Emotion und Kognition. *Psychologische Rundschau, 37,* 75–90.

Spivack, G., Platt, J. J. & Shure, M. B. (1976). *The problem-solving approach to adjustment.* San Francisco: Jossey-Bass.

Swanson, H. L. (1988). Learning disabled children's problem solving: Identifying mental processes underlying intelligent performance. *Intelligence, 12,* 261–278.

Sweeney, P., Anderson, K. & Bailey, S. (1986). Attributional style in depression: A meta-analytic review. *Journal of Personality and Social Psychology, 50,* 774–791.

29.3 Störungen des Denkens, Problemlösens: Intervention

Gerhard Lauth

Inhaltsverzeichnis

1. Einleitung

Während unauffällige Personen erst bei schwierigen (weil komplexen, vernetzten und intransparenten) Problemen Schwierigkeiten beim Problemlösen haben, stoßen psychisch belastete Personen oft schon beim Lösen vergleichsweise einfacher Probleme an ihre Grenzen. Folglich ist es günstig, wenn man ihre Problemlösefähigkeiten so verbessert, daß die gängigen Probleme und die damit verknüpften Belastungen angemessen bewältigt werden können. Mit diesen Interventionen (sogenannten Problemlösetherapien bzw. Problemlösetrainings) ist die Hoffnung verbunden, daß sich bestehende Beeinträchtigungen verringern und potentiellen Beeinträchtigungen vorgebeugt wird. Diese Hoffnung erscheint nicht unbegründet, besitzen diese Interventionen doch mehrere Vorteile:

(1) Die Problemlösestruktur legt einzelne Bewältigungsschritte fest, die flexibel auf unterschiedlichste Störungsbereiche, Problemsituationen und Personengruppen übertragen werden können (*Allgemeinheitsgrad*).

(2) Chaotische, unzusammenhängende, stark verallgemeinerte und vielschichtige Klientenprobleme werden durch die Problemlösestruktur schrittweise bearbeitbar (*Strukturierung*).

(3) Der Klient leitet aus der Analyse der bestehenden Probleme zielgerichtete Änderungsmöglichkeiten für die bestehenden Schwierigkeiten ab (*Ableitung von konkreten Bewältigungshandlungen*).

(4) Der Klient erlernt förderliche Herangehensweisen, die ihn zur Selbsthilfe in einer Vielzahl von Situationen befähigen (*Erwerb einer allgemeinen Strategie*).

2. Interventionsformen

Störungen des alltagsbezogenen Problemlösens sind auf fünf übergeordnete Gründe zurückzuführen: Defizite beim Denken und in der Informationsverarbeitung, negative Problemwahrnehmung/unzureichende Emotionsregulierung, unzureichendes Problemverständnis, mangelnde Lösungskompetenz sowie Defizite im Wissensaufbau bzw. der Wissensanwendung. Die Interventionen setzen an diesen Bedingungsmomenten an und streben vor allem die nachstehenden Interventionsziele an:

- Optimierung von Denkprozessen (etwa durch Training des divergenten bzw. deduktiven Denkens, Training kognitiver Grundvoraussetzungen).
- Emotionsregulierung durch die Anleitung des Klienten zur Problemdistanzierung und die Vermittlung von Kontrollerwartungen.
- Verbesserung des Problemverständnisses durch Informationen zum anstehenden Problembereich (problemrelevantes Wissen) und Förderung von sozialen Wahrnehmungsprozessen.
- Vermittlung von Problemlösekompetenzen durch direktes Training von (sozialen) Problemlösefertigkeiten.
- Optimierung von Wissensaufbau und -nutzung durch eine Schulung von Gedächtnisprozessen und eine Anleitung zu vernetzteren Wissensabspeicherungen (etwa Assoziationsbildungen).

Diese Interventionsmöglichkeiten stellen in ihrer Reichweite begrenzte Therapiemodule dar, die durch weitere therapeutische Maßnahmen ergänzt werden können.

2.1 Optimierung von Denkprozessen

Eine solche Förderung liegt vor allem für mental Retardierte, neurologisch Geschädigte sowie altersgeriatrische und Psychiatriepatienten sowie bei Alkoholabhängigkeit nahe. Die Interventionen beziehen sich auf die Vermittlung grundlegender Fertigkeiten zur Informationsaufnahme und -verarbeitung; sie können ein wesentliches Therapiemodul im Rahmen komplexerer Therapien sein und beispielsweise einem sozialen Problemlösetraining oder einer umfassenderen Rehabilitationsmaßnahme vorausgehen. Im einzelnen kommen dafür folgende Maßnahmen in Betracht:

• *Induktives Denktraining* (Klauer, 1989, 1991). Für mental retardierte und altersgeriatrische Patienten wird ein Training des schlußfolgernden (induktiven) Denkens vorgeschlagen, das die

Adressaten zum raschen Erfassen und Einordnen von Umweltereignissen anhält. Das Training wird üblicherweise innerhalb von 10 Sitzungen durchgeführt, in denen jeweils Aufgaben mit verschiedenen kognitiven Anforderungen (etwa Klassen bilden, Folgen ergänzen, Unpassendes bestimmen) bearbeitet werden (vgl. Kap. 28.3/Lernstörungen: Interventionen).

• *Restitutionstraining.* Godde und Tent (1989) sowie Roder, Brenner, Kienzle und Hodel (1982) schlagen für schizophrene Patienten ein Training kognitiver Grundvoraussetzungen vor, das die Patienten zur Informationsaufnahme (verbale Begriffssysteme, soziale Wahrnehmung) anleitet sowie Wissen und sprachliche Fertigkeiten (sich bedanken, Anerkennung äußern, eine Auskunft einholen etc.) vermittelt. Ähnliche Vorgehensweisen werden bei Schädel-Hirn-Trauma-Patienten praktiziert, denen vor allem kognitive Grundfertigkeiten (Konzentration, Begriffsbildung, visuelle und auditive Wahrnehmung) vermittelt werden (Lehner & Eich, 1995).

• *Vermittlung von Strategien zur Bewältigung kognitiver Anforderungen.* Hierbei werden vor allem Klienten mit kognitiven Defiziten (wie Lernschwache, mental Retardierte) Strategien zur Bewältigung kognitiver Anforderungen vermittelt. Dazu werden zunächst einfache Aufgaben (Rätsel, Puzzle, Bilderkarten ordnen etc.) eingesetzt, an denen Strategien zur Bewältigung kognitiver Anforderungen (etwa die Ausgangssituation bestimmen, das Ziel benennen, den Lösungsweg und die Anzahl der notwendigen Lösungsschritte abschätzen, das eigene Handeln mittels Selbstanweisung steuern und prozeßbezogen überwachen) eingeübt werden. Bei einzelnen Klientengruppen (etwa impulsive, aufmerksamkeitsgestörte Kinder, psychiatrische Langzeitpatienten) werden zunächst verallgemeinerbare kognitive Strategien ausgebildet, die dann auf soziale und alltagsrelevante Probleme (z.B. soziale Konflikte lösen) übertragen werden (Lauth & Schlottke, 1997).

• *Training des divergenten Denkens (Kreativität),* das sich vor allem auf die Generierung von Lösungsvorschlägen (brainstorming) bezieht und Phasen der Produktion von Ideen von deren Bewertung trennt sowie aktivierende Gruppenprozesse (etwa über ungewöhnliche Lösungen wetteifern, divergentes Denken verstärken) miteinbezieht (zusammenfassend Hany, 1990). Dieses Training wendet sich nicht direkt an klinisch relevante Gruppen, kann aber sehr wohl die Problemlösefähigkeit auch psychisch Beeinträchtigter innerhalb komplexerer Problemlösetrainings verbessern.

• *Verbesserung der Systemssteuerung.* Denken wird oft als Informationsverabeitung bezeichnet, wozu (neben anderen Komponenten) auch systemsteuernde und überwachende Instanzen von Nöten sind. Infolgedessen erweist es sich als günstig, Klienten Selbstinstruktionen (z. B. *Selbstinstruktionstraining,* vgl. Kapitel Verhaltenstherapie) zu vermitteln, die das Denken strukturieren. Hierzu können Selbstanweisungen (etwa «Was ist das Problem?» «Welche Aspekte habe ich noch nicht beachtet?») sowie Selbstabfragesysteme und heuristische Vorgehensweisen (Problem-, Ziel-, Materialanalyse) vermittelt werden. Dieser Interventionsschwerpunkt ergänzt die Vermittlung von kognitiven Strategien (siehe oben).

2.2 Emotionsregulierung

In der Bewältigungsforschung unterscheidet man emotionsregulierende (palliative) und problemlösende (instrumentelle) Bewältigungsformen (Lazarus & Folkman, 1987; Laux & Weber, 1990). Während das instrumentelle Coping im wesentlichen auf die Veränderung oder das Verständnis eines Streßereignisses gerichtet ist, zentriert sich das emotionsregulierende Bewältigungsverhalten auf die Stabilisierung der Person und ihre Selbstberuhigung. Eine palliative Bewältigung ist vor allem dann angebracht, wenn das Streßereignis nur unzureichend kontrolliert werden kann und starke (negative) Emotionen auslöst (etwa chronisch-progrediente Erkrankungen). Die Emotionsregulierung ist dann die Voraussetzung für zielgerichtete, instrumentelle Bewältigungsversuche. Denn starke (negative) Emotionen können die Problemlösefertigkeiten beeinträchtigen, weil sie ablaufende Problemlöseprozesse unterbrechen, das bestehende Problem durch personelle, negative Anteile anreichern, die Problemschwierigkeit vergrößern und unbedachte Problemlösungen begünsti-

gen. Die Interventionen unterstützen den Klienten deshalb in der Regulierung seiner Emotionen mit dem Ziel, eine Problemdistanzierung zu erreichen und reflektierte Lösungen zu ermöglichen. Ein Beispiel dafür sind *Kriseninterventionen:* denn unter dem Eindruck krisenhafter Ereignisse tritt in aller Regel eine Verschlechterung der aktuellen Problemlösefähigkeiten auf, gewohnte Problemlösungen gelingen nicht mehr, die Wirklichkeit erscheint kaum bewältigbar, es zeigen sich Unfähigkeiten beim Planen und Denken sowie bei aktiven Lösungsversuchen. In diesem Stadium der Krisenentwicklung werden folgende Maßnahmen ergriffen:

(1) *Gefühlsklärung:* Der Therapeut geht zunächst auf die Gefühle des Betroffenen ein, versucht, Empfindungen zu klären und Gefühle «zum Ausdruck» kommen zu lassen. Hier ist geradezu ein karthatisches Verhalten beabsichtigt. Die klinische Erfahrung lehrt, daß problemangemessene Lösungen ohne diese Emotionsregulierung kaum möglich sind.

(2) *Redefinition des Problems:* Der Therapeut versucht hier, zusammen mit dem Betroffenen das Krisenereignis und die eingetretene Situation anhand objektivierender Kriterien zu bewerten, um eine kognitive Verarbeitung zu ermöglichen.

(3) *Verhaltensplanungen für die aktuelle Situation:* Förderliche Orientierungen für die eingetretene Situation und damit übereinstimmendes Verhalten werden entwickelt sowie allmählich in Handlungen umgesetzt.

(4) *Ziele übergreifender Art:* Hier steht die Ableitung und Diskussion langfristiger – oft sinnstiftender – Orientierungen im Mittelpunkt. Dies soll dazu führen, daß der Klient auf einer höheren Ebene Zielsicherheit erreicht und damit übereinstimmendes Verhalten entwickelt.

Solche Interventionsabfolgen werden vor allem beim posttraumatischen Syndrom und bei krisenhaften Ereignissen (etwa Verlust von Bezugspersonen, Eintritt einer schweren Erkrankung, negativen Scheidungsfolgen) realisiert. In diesem Zusammenhang ist auch die Gesprächspsychotherapie wirksam: Über die Verbalisierung emotionaler Erlebnisinhalte und das Angebot einer unbedingten Wertschätzung durch den Therapeuten wird eine Regulierung (negativer) Emotionen erreicht; die Unterstützung einer explorativen Selbstreflexion des Klienten fördert die Redefinition vorliegender Problemsituationen und das Lernen höherer kognitiver Strukturiertheit. In diesem Sinne führt die Gesprächspsychotherapie zu einer Differenzierung des Erlebens und zur Entwicklung neuer kognitiver Schemata. Die Gesprächspsychotherapie kann demzufolge als ein Vorgehen interpretiert werden, das die Explikation impliziter Bedeutungen (Sachse, 1992) zum Inhalt hat und dem Klienten hilft, sich über die Bedeutung seines Erlebens und Verhaltens im Hinblick auf seine Ziele und Werte klarer zu werden (Grawe, 1994). Klärung, Differenzierung und Entwicklung einer «höheren» kognitiven Strukturiertheit stehen folglich im Vordergrund; dadurch wird es dem Klienten ermöglicht, eine veränderte Problemsicht zu erlangen und gegebenenfalls Problemlösungen zu suchen.

Interventionen mit direkt emotionsregulierendem Charakter regen die Klienten zu einer *Problemdistanzierung* an, um ungünstigen «Problemlösungen» (etwa Aggression bei Konflikten, Rückzug bei Schwierigkeiten) vorzubeugen. Hierbei werden die Klienten dazu angeleitet, nicht dem ersten Impuls zu folgen, sondern a) zunächst eine Phase der Reaktionsverzögerung einzuhalten, b) zusätzliche Informationen einzuholen und c) auf das übergeordnete Regelsystem «Problemlösen» zurückzugreifen. Im einfachsten Fall geschieht dies dadurch, daß dem Klienten Selbstanweisungen in Form eines Regelsystems vermittelt werden; etwa a) Handele nicht voreilig aus dem ersten Impuls heraus! b) Verschaffe Dir einen Überblick über die Situation! c) Frage Dich, ob der Partner das Problem genau wie Du siehst! d) Wie könnte der andere das Problem stattdessen sehen? e) Formuliere das Problem sprachlich genau! f) Benutze alle vorhandenen Informationen zu dem gegebenen Problembereich! Diese Maßnahmen erhöhen die Chance, zu reflektierten Problemlösungen zu gelangen und die einzelnen Phasen des Problemlöseprozesses sequentiell «abzuarbeiten». Vielen Interventionen geht der direkten Vermittlung von Problemlösefertigkeiten eine derartige Anleitung zur Problemdistanzierung voraus.

2.3 Verbesserung des Problemverständnisses

Inwieweit jemand Probleme sachgerecht versteht und Lösungsmöglichkeiten ableiten kann, hängt ganz wesentlich von der Differenziertheit und flexiblen Nutzung des problemrelevanten Wissens ab. Diesem Sachverhalt tragen Interventionen Rechnung, indem sie das Wissens- und Überzeugungssystem des Klienten zugunsten einer größeren Differenzierung beeinflussen (etwa Vermittlung von Krankheitswissen, Veränderung sozialer Einstellungen, Differenzierung sozialer Wahrnehmung, Diskussion von Selbstwirksamkeitserwartungen). Negative und abträgliche Überzeugungen (etwa depressogene Grundannahmen wie überperfektes Verhalten, feindselige Wahrnehmung) sollen aufgegeben und differenzierte Einstellungen (etwa Selbstwirksamkeitserwartungen, differenzierte soziale Einstellungen) erworben werden. Dies geschieht insbesondere bei der Rational-Emotiven Therapie und im Rahmen der kognitiven Verhaltenstherapie bzw. Verhaltensmedizin. Dabei erfolgt eine *direkte Wissensvermittlung* mit dem Ziel, die Problemwahrnehmung zu differenzieren. Dies geschieht vor allem im Streßimpfungs- und Schmerzbewältigungstraining, aber auch in den meisten der Problemlösetrainings. Dieser Therapieabschnitt wird oft als «psychoedukative» Phase bezeichnet, die dazu führen soll, daß das anstehende Problem (z.B. Alltagsstreß) anders und konstruktiver wahrgenommen wird. Damit wird die Wissensdifferenzierung zum Ausgangspunkt für neue Lösungsversuche; sie ist die Grundlage dafür, daß Problemlösungen einvernehmlich auf der Basis geteilten Wissen mit dem Klienten zusammen erarbeitet werden können.

Interventionen aus dem Bereich des sozialen Problemlösens versuchen, den Patienten zu einer *vertieften Problemrepräsentation* (z.B. Rollenempathie, Informationssuche, das Problem vom Standpunkt des Partners sehen) zu befähigen. Hierbei wird dem Klienten nahegebracht, die Einzelanteile eines Problems und ihre Verknüpfung zu erkennen, die Fakten in eine sachlogische Abfolge zu bringen und relevante sowie irrelevante Faktoren zu unterscheiden. Hierzu ist es notwendig, automatisierte, rigidisierte Handlungstendenzen (z.B. starke aggressive Neigungen, Fluchtverhalten, Jähzorn, Suchtverhalten, habituelle Impulsivität) zu unterbrechen. Als Interventionstechnik wird hier ein sogenannter Reaktionsstopp verwendet, wozu dem Klienten entweder handlungssteuernde Selbstanweisungen (z.B. Stop, look, listen and think!) oder die Nutzung selbstadministrierter Hinweisreize (etwa ein Gummiband, das um das Handgelenk getragen wird, zuschnappen lassen) vermittelt werden. Bei jüngeren und kognitiv weniger entwickelten Personen werden bildhaft-anschauliche (sogenannte ikonische) Vorstellungen eingesetzt, um eine Selbststeuerung in die Wege zu leiten. Hier ist die «Schildkröten-Technik», die von Schneider und Robin (1976) ausgeht, bekannt geworden. Aggressiv-expansive Kinder werden angeregt, in Problemsituationen das Verhalten einer Schildkröte in der Vorstellung zu imitieren: Sie lernen, «sich in den Panzer der Schildkröte zurückzuziehen», wenn sie die Kontrolle über die Situation zu verlieren glauben. Durch diese proaktive Hemmung wird es den Kindern ermöglicht, verschiedene Sichtweisen zu entwickeln sowie verschiedene Lösungsmöglichkeiten in Betracht zu ziehen und zu bewerten. Andere Umsetzungen konfrontieren Erwachsene und Kinder mit provozierenden Situationen (etwa gehänselt werden, herausgefordert werden) und leiten sie dazu an, mittels geeigneter Selbstinstruktionen, Entspannungstechniken, Ablenkungen oder Imaginationen voreilige und unbedachte Reaktionstendenzen zu kontrollieren (Lochman, 1992, Novaco, 1993).

2.4 Vermittlung von Problemlösekompetenzen

Bei der Vermittlung von Problemlösekompetenzen geht es hauptsächlich darum, den Klienten eine Strategie zur Lösung aktueller Probleme an die Hand zu geben (vgl. **Tab. 1**). Die Interventionen können sowohl präventiv als auch therapeutisch orientiert sein.

Die Ansätze zur Problemlösetherapie wurden in den siebziger Jahren gelegt und gehen vor allem auf D'Zurilla und Goldfried (1971) sowie Platt, Spivack und Swift (1975) zurück, die allgemeinpsychologische Erkenntnisse auf die klinische Psychologie übertrugen. Beide Ansätze sind gewissermaßen paradigmatisch; sie fin-

den sich in zahlreichen Problemlösetherapien und Problemlösetrainings wieder, wobei verfahrenstechnische Erweiterungen, inhaltliche Veränderungen und institutionelle Anpassungen vorgenommen wurden.

• *Die therapeutische Umsetzung der Problemlösestruktur bei D'Zurilla und Goldfried.* Der erste direkte Versuch, die Vermittlung von Problemlösefertigkeiten innerhalb der Klinischen Psychologie zu verankern, wurde von D'Zurilla und Goldfried (1971) unternommen. Sie schlagen ein einfaches lineares Problemlösemodell vor. Es sieht vor, daß der Klient anstehende Probleme unter ausdrücklicher Anleitung eines Therapeuten in der nachfolgenden Sequenz behandelt:

(1) Er nimmt eine *allgemein förderliche* Haltung zum anstehenden Problem ein, d.h. a) er akzeptiert, daß Probleme im menschlichen Leben normal und lösbar sind, b) er übergeht Problemsituationen nicht, sondern nimmt sie wahr, c) er unterdrückt die Tendenz, vorschnell zu handeln bzw. nichts zu tun. Diese allgemein förderliche Orientierung wird über Erklärungen und Diskussionen mit dem Therapeuten ausgebildet. Ferner wird der Klient in der Therapie angehalten, Alltagsprobleme zu identifizieren und sein eigenes Verhalten im Alltag zu beobachten.

(2) Er *definiert das Problem* verhaltensorientiert. Der Klient soll die Problemanteile so formulieren, daß relevante und irrelevante Informationen unterscheidbar sind. Ferner sollen wichtige Ziele und Konflikte deutlich werden. Dies wird dadurch zu erreichen versucht, daß der Klient seine anstehenden Probleme gemeinsam mit dem Therapeuten redefiniert.

(3) Er entwickelt möglichst viele *alternative Lösungen,* ohne sie zunächst zu bewerten. Zu dem nunmehr gut definierten Problem werden vom Klienten möglichst viele Alternativlösungen entwickelt.

(4) Er *entscheidet* sich für die bestmögliche Lösung, wobei der Klient vor allem auch die eigenen Bedürfnisse sowie den zu erwartenden Erfolg bedenkt. Der Klient wird hier vom Therapeuten angeleitet, die Handlungskonsequenzen zu bedenken; ungünstige Lösungsalternativen werden sukzessive ausgeschlossen,

Tabelle 1: Beispiel für ein präventives Problemlösetraining zum Streßmanagement (in Anlehnung an D'Zurilla, 1990b).

Ziele	Äußere Struktur	Sitzungen
Das Training ist auf den langfristigen Abbau von Alltagsstreß gerichtet. Dazu werden den Klienten vier Fertigkeiten vermittelt: – Probleme aktiv definieren und abschließend formulieren. Hierzu gehört es, die relevanten Informationen zu sammeln, das Problem tiefgreifend zu verstehen und sich realistische Ziele zu setzen. – sich zu einem erkannten/definierten Problem möglichst viele alternative Lösungsmöglichkeiten auszudenken. Um sicher sein zu können, daß die beste Lösung gefunden wird, kommt es darauf an, möglichst viele Lösungsmöglichkeiten zu entwickeln. – sich nach Maßgabe der Tauglichkeit und Übereinstimmung mit dem eigenen Wertsystemen für eine Lösungsmöglichkeit entscheiden. Dies erfordert das Durchdenken der Lösungsfolgen und eine Reflektion des eigenen Standpunktes. – die Lösung Schritt für Schritt im Alltag verwirklichen, die Lösungsrealisierung handlungsbegleitend überprüfen, ob die Lösungsergebnisse mit dem eigentlichen Lösungsziel übereinstimmen.	Die Klienten arbeiten in Kleingruppen (8 bis 12 Personen) mit einem Trainer zusammen. Die Gruppendiskussionen werden in Form von Erkenntnisdialogen (sokratischer Dialog) gestaltet. Als direkte Trainingstechniken werden Instruktionen, direkte Hilfen (prompts), Problemlösebeispiele bzw. Demonstrationen (Modellierung), Problemlöseübungen in der Gruppe, Hausaufgaben, gezielte Rückmeldungen (performance feedback), positive Verstärkung in der Gruppe und für das Umsetzen von Lösungsversuchen im Alltag sowie letztlich verhaltensmodellierende Strategien (shaping) eingesetzt. Insgesamt wird ein «geführtes Problemlösen» realisiert, bei dem der Therapeut den Klienten schrittweise dazu anleitet, spezifische Alltagsprobleme zu lösen. Als Materialien werden vor allen Dingen Fragebögen, Selbstbeobachtungsbögen, Protokollbögen sowie schriftliche Ausarbeitungen (oft auch in Form von Manualen) ausgehändigt. Das Training selbst umfaßt insgesamt acht Trainingseinheiten mit teilweise bis zu drei Sitzungen. Dadurch kommt eine Gesamttrainingsdauer von 10 bis 17 Sitzungen zustande.	– *Einführung:* Bekanntgabe der Ziele, der Vorgehensweise und der Struktur des Trainings. Das transaktionale Streßmodell wird vorgestellt und allgemeine gesundheitförderliche Ziele und Lebensstile propagiert. – *Problemorientierung:* Der Therapeut vermittelt, wie man Probleme anhand eigener Gefühle und fehlschlagender Lösungsversuche erkennt. Positive und negative Orientierungsmodelle für das eigene Problemlösen werden mit den Klienten diskutiert. – *Emotionen beim Problemlösen kontrollieren:* Die Bedeutung von Emotionen für das Bewältigungsverhalten wird diskutiert. Den Klienten werden Selbstinstruierungen zur Anleitung ihrer Lösungsschritte, Entspannungstechniken und Möglichkeiten der kognitiven Restrukturierung vermittelt. – *Problemdefinition und -reformulierung:* Den Klienten wird vermittelt, objektive Informationen zu sammeln und keine voreiligen Schlüsse auf der Basis unzureichender Informationen zu ziehen. Hierbei soll eine vertiefte Problemsicht erzeugt werden. Hierzu gehört es auch, interne und externe Situationserfordernisse sowie mögliche Hindernisse, die sich beim Problemlösen einstellen können, zu berücksichtigen. Unrealistische Zielsetzungen sollen vermieden werden. – *Entwicklung von möglichst vielen alternativen Lösungsvorschlägen* in einem brain-storming analogen Prozeß. – *Eine Entscheidung zugunsten einer Lösungsmöglichkeit treffen:* Als beste Lösung gilt diejenige, mit der sich die anvisierten Lösungsziele am ehesten erreichen lassen und die positiven Effekte maximiert sowie die negativen minimiert werden. – *Die Lösung im Alltag realisieren:* Dazu gehören die Umsetzung der Lösungsalternative, die Überwachung des eigenen Lösungsverhaltens sowie die Bewertung der Lösungsergebnisse und Selbstverstärkung. Diese Schritte werden in der Gruppe angeleitet und vorgeplant, jedoch vom Klienten eigenständig realisiert. – *Beibehaltung und Generalisierung des Problemlöseverhaltens:* Die erreichte Problemlösekompetenz soll auf zukünftige Probleme übertragen werden. Dazu werden die gelungenen Problemlöseschritte verstärkt und der Klient auf zukünftige Probleme hingewiesen. Es werden positive Strategien entwickelt, um mit zukünftigen Problemen umzugehen.

gute Lösungen dagegen weiter verfolgt und detaillierter geplant.

(5) Er führt die *Lösungshandlung* letztlich durch und bewertet die Folgen der Handlung. Hierzu erhält er Unterstützung, Ermutigung und Anleitung durch den Therapeuten.

Diese Abfolge wird in späteren Interventionsgestaltungen – oft angereichert durch weitere Bestimmungselemente des sozialen Problemlösens (etwa Streßbewältigung, Kommunikationsfertigkeiten, Rollenspiel, Entspannungsverfahren) – verwendet: Dabei wird das so eben geschilderte Problemlösetraining durch informierende Phasen sowie durch effektstabilisierende (Stabilisierung, Generalisierung) booster sessions ergänzt (vgl. D'Zurilla, 1986, 1990a). Ferner werden Selbstbeobachtungsmethoden (Fragebögen, Tagebücher) eingesetzt, um Alltagsprobleme zu erfassen.

• *Das Training sozialer Problemlösefertigkeiten* nach Spivack, Platt und Shure *(1976)* ist eine weit verbreitete, grundlegende Intervention zur Vermittlung interpersoneller Problemlösefertigkeiten. Dabei werden den Klienten innerhalb von 19 Gruppensitzungen sowohl Problemlösefertigkeiten als auch allgemeine Kommunikationsformen und soziale Haltungen vermittelt. Das Ziel der Interventionen besteht darin, gute Problemlösungen im Alltag zu erreichen. Hierzu soll der Problemlöser seinen gewohnten Handlungsablauf zunächst unterbrechen: stop, look, listen, ask, don't rush, think! Unter dem Stichwort «think» soll er sich Fragen stellen, die gleichzeitig die Grundfertigkeiten des Problemlösens verdeutlichen, z.B. (1) Was ist das Problem? (2) Was sind die relevanten Tatsachen? (3) Wie sieht der Handlungspartner das Problem? (4) Welches Ziel wäre angebracht? (5) Was könnte ich tun? (6) Welche Folgen würden diese Lösungsmöglichkeiten haben? (7) Was könnte als nächstes geschehen? Insgesamt sollen durch das Training vermittelt werden:

(1) *Problemsensitivität* für interpersonelle Probleme (Erkennen sozialer Probleme, Bereitschaft, an deren Verbesserung zu arbeiten).

(2) *kausales Denken* (sehen, daß das eigene Fühlen und Handeln mit dem Verhalten anderer Menschen in Beziehung steht).

(3) *Denken in Lösungsalternativen* (Entwicklung alternativer Lösungen, keine vorzeitige Festlegung auf die «bestmögliche» Lösung).

(4) *die Antizipation von Konsequenzen* (Durchdenken der Lösungsfolgen).

(5) *Mittel-Ziel-Denken* (Entwicklung von Plänen zur Zielerreichung).

Die Intervention besteht aus zwei verschiedenen Teilen; wobei sich der erste Teil mit den Voraussetzungen des Problemlösens beschäftigt (etwa Selbstverantwortlichkeit, Tatsachen und Meinungen unterscheiden, Gefühle erkennen und mitteilen, Gedächtnistraining) und der zweite Teil den eigentlichen Problemlösefertigkeiten gewidmet ist (etwa Lösungsalternativen entwickeln, Folgen durchdenken, Schritt für Schritt vorgehen).

Die Teilnehmer treffen sich dabei unter der Leitung eines Gruppenleiters und arbeiten nach einem Trainingsmanual. Die einzelnen Sitzungen sind jeweils sehr ähnlich aufgebaut; sie vermitteln zunächst eine alltagssprachliche Einführung in die Thematik und geben die Lernziele der jeweiligen Sitzung bekannt. Sodann werden Aufgaben angeboten und Verarbeitungen angeregt (Übungen, Diskussionen, Rollenspiel, Problembearbeitung); zwischen den einzelnen Gruppensitzungen bearbeiten die Teilnehmer Hausaufgaben. Diese Therapie wird u.a. bei Suchtabhängigen (Platt, Taube, Metzger & Duome 1988, Platt & Hermalin, 1989), Schizophrenen (Roder, Brenner, Kienzle & Hodel, 1992) und Eltern mit Familien- bzw. Erziehungsschwierigkeiten (Shure & Spivack, 1979) durchgeführt, wobei der Schwerpunkt der Intervention oft auf einzelnen Therapiezielen (etwa Mittel-Ziel-Denken) liegt.

• *Erweiternde Interventionsgestaltungen.* Problemlösetrainings wurden bei verschiedenen Adressatengruppen (z.B. Psychiatriepatienten, Schizophrenie, reaktive Depression, Selbstunsicherheit, Alkoholabhängigkeit, Erziehungsschwierigkeiten von Eltern) angewandt. Neuere Anwendungsbeispiele ergeben sich derzeit in der Beratung von Scheidungsfamilien (Trennungsberatung, Mediation), der Therapie von trennungsgeschädigten Scheidungskindern sowie in der Anleitung zur Bewältigung chronischer Erkrankungen (z.B. Schmerzpatienten, Fry & Wong,

1991). Über ein reines Problemlösetraining hinaus werden dabei weitere therapeutische Hilfen realisiert, vor allem: (1) das Gruppengeschehen wird stärker miteinbezogen (interaktionelle Problemlösegruppen, Grawe, Dziewas & Wedel, 1980), (2) therapeutische Entscheidungs- und Strukturierungshilfen werden für alternative Handlungen und Zielorganisationen gegeben (Kämmerer, 1983), (3) stationäre und institutionsbezogene Anpassungen vorgenommen (Zielke & Sturm, 1993) sowie (4) kognitive Grundvoraussetzungen im Sinne eines Restitutionstrainings vorgeschaltet (z. B. bei Alkoholpatienten, Schizophrenen, altersgeriatrischen Patienten – siehe Abschnitt 2.1). Die dargestellte Problemlösestruktur wird dabei zwar als Leitfaden genutzt, jedoch flexibel ausgestaltet und um eine größere Zahl weiterer Therapiemodule erweitert. Liberman und Corrigan (1993) schlagen beispielsweise ein soziales Problemlösetraining für schizophrene Patienten vor, das sich an dem Diathese-Streß-Vulnerabilitätsmodell orientiert und spezifische Fertigkeiten sowie deren Voraussetzungen (etwa Reduzierung externer Stressoren, Wahrnehmung sozialer Sachverhalte, Verarbeitung dieser Information, soziale Ausführungsfertigkeiten) ausbildet. Das Training ist als Modularsystem angelegt und geht auf folgende Themenbereiche ein: Umgang mit Medikamenten, Symptommanagement, Freizeitverhalten, Konversationsfertigkeiten, Selbstversorgung und Körperpflege. Um sicherzustellen, daß diese Inhalte verstanden, eingeordnet und auch in schwierigeren Situationen angewandt werden können, wird ein sehr hierarchisiertes Vorgehen (etwa kognitive Defizite abbauen, Wissen vermitteln, Modellverhalten in strukturierter Weise analysieren) verwirklicht. Das Problemlösen spielt dabei insofern eine Rolle, als mit den Patienten geübt wird, wie sie die vermittelten Fertigkeiten auch in schwierigen Situationen umsetzen können bzw. mit Komplikationen, die sich bei der Ausführung ergeben, umgehen können. Patienten, die dieses Training durchliefen, erlangten eine größere soziale Kompetenz. Follow up Untersuchungen zeigen jedoch, daß Auffrischsitzungen wesentlich sind, um dauerhaftere Verbesserungen zu erreichen.

• *Stationäre Umsetzungen.* Besondere Hoffnungen bestehen darin, die Problemlösestruktur zum Leitfaden stationärer und institutioneller Programme zu machen. Beispielsweise werden Patienten von psychosomatischen Kliniken zu regelmäßigen Gruppentreffen eingeladen, die unter Leitung eines Bezugstherapeuten stattfinden. Die Patienten werden dazu angeleitet, alternative Problemlösungen in Betracht zu ziehen und das Spektrum ihrer Lösungsmöglichkeiten zu erweitern. Das interpersonale Gruppengeschehen und auftretende zwischenmenschliche Beziehungsstörungen werden dabei ausdrücklich in das Therapiegeschehen mit einbezogen (Zielke & Sturm, 1993). Offensichtlich haben diese stationären Programme auch eine positive Rückwirkung auf die institutionellen Arbeitsbedingungen, denn an solchen Programmen beteiligte Akoholpatienten reduzierten nicht nur ihre Trinkprobleme, sondern beteiligten sich auch mehr an den Therapiesitzungen (bspw. aktive Teilnahme am Fertigkeitstraining und an Rollenspielen) als andere Patienten, die an einer interaktionalen Gruppentherapie teilnahmen (Getter, Litt, Kadden & Cooney, 1992).

• *Beeinflussung von Systemen.* Bei Problemen in Familien, Berufsgruppen, Schulklassen etc. wird immer wieder die Verbesserung der Problemlösefähigkeit einzelner Gruppenmitglieder (z. B. Ehepartner, Eltern, Lehrer) zum Interventionsziel erhoben. Ein Beispiel hierfür sind Programme, die sich an die Familien schizophrener Patienten wenden und neben direkten Problemlösefähigkeiten Informationen zur Schizophrenie, Beteiligung an der therapeutischen Zielsetzung sowie kommunikative Fertigkeiten und Krisenbewältigung zum Gegenstand haben (Goldstein, 1994). Diese integrierten Behandlungsprogramme sind deutlich vorteilhafter als Problemlösetherapien, die sich nur an die betroffenen (schizophrenen) Patienten wenden (Bradshaw, 1993). Ihr Erfolg hängt offensichtlich davon ab, daß auch familiäre Kommunikationsmuster und Problemlöseprozesse verändert werden. Dieses Ziel wird auch in der Therapie von Paaren verfolgt, wobei gleichzeitig versucht wird, befriedigendere Interaktionskonsequenzen zu erreichen (z. B. Witkins & Cayner, 1980).

In einem anderen Interventionsbereich wurden Problemlösestrategien an professionelle Erzie-

Kasten 1
Vermittlung von sozialen Problemlösefertigkeiten über Mediatoren (Shure & Spivack, 1981).

Fragestellung

Welchen Effekt hat es, wenn Eltern (Mütter) dazu angeleitet werden, ihren Vorschulkindern Problemlösefertigkeiten nahezubringen?

Methode

• *Stichprobe:*

Die Teilnehmerinnen wurden unter 80 schwarzen Müttern ausgewählt, deren Kinder (4 bis 5 Jahre) im Kindergarten überwiegend als verhaltensauffällig (impulsiv, gehemmt, geringe soziale Problemlösefertigkeiten) auffielen. Die Teilnahme an der Untersuchung wurde honoriert. 20 Mütter wurden der Behandlungsgruppe und 20 der Kontrollgruppe zugewiesen.

Beide Gruppen wurden im Hinblick auf die Problemlösefertigkeit der Mütter, die soziale Anpassung der Kinder im Kindergarten, die Problemlösefähigkeiten sowie Geschlecht und Alter der Kinder parallelisiert.

• *Behandlungsformen:*

Mediatorentraining: Die Mütter wurden in zehn je dreistündigen Sitzungen (je eine pro Woche) angeleitet, ihren Kindern in spielerischen Sitzungen zu Hause soziale Problemlösefertigkeiten zu vermitteln. Das Interventionsprogramm umfaßt drei Teile: (1) Die Vermittlung der notwendigen begrifflichen bzw. kognitiven Voraussetzungen zum Problemlösen an die Kinder (z. B. Gefühle erkennen, Motive anderer erkennen, auf Gefühle anderer achten, Konsequenzen des eigenen Verhaltens bedenken). (2) Übungen zur Ausbildung von Problemlösefertigkeiten bei den Kindern (z. B. Alternativlösungen entwickeln, Kriterien für angemessenes soziales Verhalten). (3) Übungen zur Ausbildung von Problemlösefertigkeiten bei den Eltern selbst (z. B. Methoden der Informationsgewinnung, Lösungsalternativen generieren, Gesprächstechniken, um zusammen mit dem Kind schwierige soziale Situationen zu durchdenken).

Kontrollgruppe: Die Mütter in der Kontrollgruppe erhielten kein Training.

• *Untersuchungsverfahren:*

Spielerische Erfassung der Fähigkeit, alternative Problemlösungen zu finden und die Konsequenzen gefundener Problemlösungen vorherzusagen bei den Kindern.

Interviews mit den Müttern zum lösungsorientierten Erziehungsstil; Test zur Überprüfung der Fähigkeit zum Zweck-Mittel-Denken in Problemsituationen bei Problemen mit ihren Kindern. Es wurden ein Vor- und Nachtest durchgeführt.

Ergebnisse

Die Kinder der trainierten Mütter verbesserten ihre Problemlösefertigkeiten, indem sie eher Alternativlösungen entwickelten und Konsequenzen besser vorhersehen konnten. Allerdings wurden keine Fortschritte in der Fertigkeit, die interpersonelle Dimension von Problemen wahrzunehmen, erreicht. Diese Fortschritte im Problemlösen gingen mit einer verbesserten sozialen Anpassung im Kindergarten einher. Am Ende des Trainings wurden 71 Prozent der Kinder als sozial angepaßt diagnostiziert (unbehandelte Kontrollgruppe 31%). Die trainierten Mütter verbesserten ihr Erziehungsverhalten sowie ihre eigene Problemlösefertigkeit. Die Intervention belegt den Nutzen dieser Intervention im Sinne einer sekundären Prävention.

her vermittelt (Cunningham, Davis, Bremner, Dunn & Rzasa, 1993), wobei sich die möglichst eigenständige Ableitung von Lösungsalternativen für problematische berufliche Alltagssituationen als effektiv erwies. Daß diese Arbeit mit Mediatoren durchaus erfolgversprechend sein kann, zeigt sich in einer frühen Untersuchung von Shure und Spivack (1981; s. **Kasten 1**).

2.5 Optimierung von Wissensaufbau und der -nutzung

Diese Interventionen werden vor allem im rehabilitativen Bereich angewandt; sie stellen Therapiemodule bereit, die durch weitere Maßnahmen (etwa Sprachtraining, Einbeziehung von Angehörigen) ergänzt werden. Dabei werden vor allem zwei Maßnahmen realisiert:

• *Gedächtnisoptimierung.* Hierbei werden den Klienten Techniken zur verbesserten Speicherung und Abrufbarkeit von Informationen vermittelt; etwa: das äußere und innere Sprechen (rehearsal), Assoziationsbildungen, Überlernen der Gedächtnisinhalte und Selbstüberprüfung (vgl. Kaschel, 1994; Hasselhorn, 1987). Adressaten dieser Programme sind neurologisch geschädigte Psychiatrie- und altersgeriatrische Patienten sowie mental Retardierte.

• *Wissensaktivierung.* Hierbei werden die Klienten angeregt, zu einer vorgegebenen Aufgaben- oder Anforderungssituation Analogien zu entwickeln, die die Abrufbarkeit und Lebhaftigkeit der Informationsaufnahme erhöhen. Dabei können beispielsweise persönliche (eine «Innensicht» entwickeln), direkte (Übertragung von Erkenntnissen auf andere Teilbereiche), symbolische (ein Problem verbal bezeichnen) oder Phantasie-Analogien (etwa Wunschvorstellungen) gebildet werden (zusammenfassend Hany, 1990). Dieses Training ist besonders bei Berufs- und Leistungsproblemen (etwa Lern-, Studienschwierigkeiten) angezeigt; es kann einer umfassenderen Intervention vorausgehen.

3. Wirksamkeit und Wirksamkeitsfaktoren

In einer zusammenfassenden Bewertung charakterisieren Grawe, Donati und Bernauer (1994) Problemlösetherapien als eine Intervention, die innerhalb eines breiten Anwendungsbereiches wirksam ist und mit großer Zuverlässigkeit positive Veränderungen bewirkt. Metaanalytische Untersuchungen weisen die Wirksamkeit u.a. bei Aufmerksamkeits- und Hyperaktivitätsstörungen (Saile, 1996; Baer & Nietzel, 1991), internalisierenden Verhaltensstörungen (Grossman & Hughes, 1992), Streßmanagement (Schulink, Gerards & Bouter, 1988), Depressivität (Marx, Williams & Claridge, 1994) sowie rheumatischen Beeinträchtigungen (McCracken, 1991) nach. Einzelne Untersuchungen belegen positive Behandlungseffekte in so unterschiedlichen Störungen wie Suizidalität, antisoziales Verhalten, Leistungsbeeinträchtigungen, Alkoholabhängigkeit, Suchtverhalten, psychische Ängste, Neurosen, Selbstunsicherheit, Alltags- und Eheprobleme (vgl. D'Zurilla, 1986, 1990; Salkovskis, Atha & Storer, 1990; Kazdin, Bass, Spiegel & Thomas, 1989; Nezu, Nezu & Areau, 1991; Grawe, Donati & Bernauer, 1994).

Während die Wirksamkeit der Problemlösetherapie gut belegt ist, fällt es weit schwerer die Faktoren anzugeben, die die Wirksamkeit hervorbringen. Dies liegt vor allem daran, daß die Problemlösetherapien fast immer mit weiteren Behandlungsmaßnahmen (etwa Selbstinstruktionstraining, Informationsvermittlung, soziales Kompetenztraining, Entspannungstraining, Kommunikationsschulung) kombiniert werden. Das Problemlösen kommt jedoch als Orientierungsraster des Therapeuten zum Tragen und ist gleichzeitig das Instrument, das der Klient ergreifen soll, um seine Alltagsschwierigkeiten zu lösen. Letztlich – so die Therapiekonstruktion – soll der Klient per Anleitung durch den Therapeuten das Instrumentarium des Problemlösens als nützlich erleben und auf seine eigene Alltagssituation anwenden. Er – der Klient – soll letztlich in der Lage sein, vielschichtige, komplexe, offene und intransparente Alltagsschwierigkeiten möglichst selbständig Schritt für Schritt zu lösen. Die Wirksamkeitsfaktoren sind deshalb zunächst auf der Prozeßebene zu beschreiben; die Therapie erweist sich dann als effektiv, wenn

- die Klienten eine *Prozeßorientierung* einnehmen lernen (etwa Schritt für Schritt vorgehen, ein Problem zuerst präzise definieren, sich viele Lösungsvarianten ausdenken; vgl. Berardi, Buyer & Dominowski, 1995; D'Zurilla & Nezu, 1980),
- die Klienten *weiterreichende Einsichten* und Orientierungen erwerben (etwa ein Problem aktiv lösen, strategisch denken; vgl. Cunningham, Davis, Bremner, Dunn & Rzasa, 1993).

Um dies zu erreichen, muß der Therapeut zwei komplementäre Anforderungen erfüllen: (1) Ein strukturierendes Vorgehen, Modellwirksamkeit und klare Zielbezogenheit bzw. sogar Zieleinschränkung. Offensichtlich verfolgen diese Therapeuten längerfristige Ziele und sind in ihrem Verhalten transparenter (vgl. Luborsky, McLellan, Woody, O'Brien & Auerbach, 1985, Schulte, Künzel, Pepping & Schulte-Bahrenberg, 1991). Sogenannte Behandlungspakete erweisen sich deshalb als weniger wirksam (vgl. Saile, 1996), wohl weil die Therapieschwerpunkte vom Klienten nicht mehr genau genug wahrgenommen werden. (2) Der Erwerb weiterreichender Einsichten und Orientierungen hängt dagegen vom Ausmaß der (gelenkten) Eigenaktivität der Klienten ab, was im Therapieverlauf durch Hausaufgaben, Transferphasen, Erkenntnisdialoge und Gruppendiskussionen gesteuert wird.

Ferner ist bekannt, daß die Einbeziehung sozioökologischer Gegebenheiten (etwa Einbeziehung von Angehörigen, Veränderung von Kommunikationsstrukturen und institutionellen Bedingungen) die Wirksamkeit deutlich verbessert (siehe oben Beeinflussung von Systemen).

Da bei jüngeren, intelligenzschwächeren und weniger gebildeten Klienten in der Regel eine geringere Wirksamkeit im Vergleich mit Gruppen, die in diesen Variablen besser dastehen, beobachtet wird, ist bei diesen Gruppen eine längere Behandlungsdauer und gestuftes Vorgehen angezeigt.

4. Literatur

Baer, R. A. & Nietzel, M. T. (1991). Cognitive and behavioral treatment of impulsivity in children: A meta-analytic review of the outcome literature. *Journal of Clinical Child Psychology, 20*, 400–412.

Berardi, C. B., Buyer, L. S., Dominowski, R. L. & Rellinger, E. R. (1995). Metacognition and problem solving: A process-oriented approach. *Journal of Experimental Psychology Learning, Memory and Cognition, 21*, 205–223.

Bradshaw, W. H. (1993). Coping-skills training versus a problem-solving approach with schizophrenic patients. *Hospital and Community Psychiatry, 44*, 1102–1104.

Cunningham, C. E., Davis, J. R., Bremner, R., Dunn, K. W. & Rzasa, T. (1993). Coping modeling problem solving versus mastery modeling: Effects on adherence, in-session process, and skill acquisition in a residental parent-training program. *Journal of Consulting and Clinical Psychology, 61*, 871–877.

D'Zurilla, T. J. & Goldfried, M. R. (1971). Problem-solving and behavior modification. *Journal of Abnormal Psychology, 27*, 107–126.

D'Zurilla, T. J. & Goldfried, M. R. (1971). Problem-solving and behavior modification. *Journal of Abnormal Psychology, 27*, 107–126.

D'Zurilla, T. J. & Nezu, A. (1980). A study of generation-of-alternatives-process in social problem-solving. *Cognitive Therapy and Research, 4*, 57–72.

D'Zurilla, T. J. (1986). *Problem-solving therapy: A social competence approach to clinical intervention.* New York: Springer.

D'Zurilla, T. J. (1990a). *Problem-solving therapy: A social competence approach to clinical intervention.* New York: Springer.

D'Zurilla, T. J. (1990b). Problem-solving training for effective stress management and prevention. *Journal of Cognitive Psychotherapy, 4*, 372–354.

Fry, P. S. & Wong, P. T. (1991). Pain management training in the elderly: Matching interventions with subjects' coping styles. *Stress-Medicine; 7*, 93–98.

Getter, H., Litt, M. D., Kadden, R. M. & Cooney, N. L. (1992). Measuring treatment process in coping skills and interactional group therapies for alcoholism. *International Journal of Group Psychotherapy, 42*, 419–430.

Godde, T. & Tent, L. (1989). Über die Wirksamkeit eines psychologischen Trainingsprogrammes für hirngeschädigte Alkoholiker. *Zeitschrift für Klinische Psychologie, Forschung und Praxis, 18*, 215–229.

Goldstein, M. J. (1994). Psychoeducational and family therapy in relapse prevention. Lundbeck Symposium: The role of compliance in the treatment of schizophrenia. *Acta Psychiatrica Scandinavica, 89*, 54–57.

Grawe, K. (1994). Psychotherapie ohne Grenzen. *Verhaltenstherapie und psychosoziale Praxis, 3*, 357–370.

Grawe, K., Donati, R. & Bernauer, F. (1994). *Psychotherapie im Wandel. Von der Konfession zur Profession.* Göttingen: Hogrefe.

Grawe, K., Dziewas, H. & Wedel, S. (1980). Interaktionelle Problemlösegruppen – ein verhaltenstherapeutisches Gruppenkonzept. In K. Grawe (Hrsg.), *Verhaltenstherapie in Gruppen* (S. 266–306). München: Urban & Schwarzenberg.

Grossman, P. B. & Hughes, J. N. (1992). Self-control interventions with internalizing disorders: A review and analysis. *School Psychology Review, 21*, 229–245.

Hany, E. A. (1990). Kreativitätstraining: Positionen, Probleme, Perspektiven. In K. J. Klauer (Hrsg.), *Kognitives Training* (S.189–216). Göttingen: Hogrefe.

Hasselhorn, M. (1987). Lern- und Gedächtnisförderung bei Kindern: Ein systematischer Überblick über die experimentelle Trainingsforschung. *Zeitschrift für Entwicklungspsychologie und Pädagogische Psychologie, 19*, 116–142.

Kämmerer, A. (1983). *Die therapeutische Strategie «Problemlösen» – Theoretische und empirische Perspektiven ihrer Anwendung in der Kognitiven Psychotherapie*. Münster: Aschendorff.

Kaschel, R. (1994). *Neurologische Rehabilitation von Gedächtnisleistungen*. Weinheim: Psychologie Verlags Union.

Kazdin, A.E., Bass, D., Siegel, T. & Thomas, C. (1989). Cognitive-behavioral therapy and relationship therapy in the treatment of children referred for antisocial behavior. *Journal of Consulting and Clinical psychology, 57*, 522–535.

Klauer, K.J (1989). *Denktraining I. Ein Programm zur intellektuellen Förderung*. Göttingen: Hogrefe.

Klauer, K.J (1989) *Denktraining II. Ein Programm zur intellektuellen Förderung*. Göttingen: Hogrefe.

Lauth, G.W. & Schlottke, P.F. (1996). *Training mit aufmerksamkeitsgestörten Kindern* (3. Auflage). Weinheim: Psychologie Verlags Union.

Laux, L. & Weber, H. (1990). Bewältigung von Emotionen. In K.R. Scherer (Hrsg.), *Psychologie der Emotionen. Enzyklopädie der Psychologie* (Themenbereich C, Serie IV, Bd. 3, S. 560–629). Göttingen: Hogrefe.

Lazarus, R.S. & Folkman, S. (1987). Transactional theory and research on emotions and coping. *European Journal of Personality, 1* (Special Issue; No. 3).

Lehner, B. & Eich, F.X. 81990). *Neurologisches Funktionstraining für hirnverletzte Patienten*. Weinheim: Psychologie Verlags Union.

Liberman, R.P. & Corrigan, P.W. (1993). Designing new psychosocial treatments for schizophrenia. *Psychiatry Interpersonal and Biological Processes, 56*, 238–249.

Lochman, J.E. (1992). Cognitive-behavioral intervention with aggressive boys: three year follow-up and preventive effects. *Journal of Consulting and Clinical Psychology, 60*, 426–432.

Luborsky, L., McLellan, A.T., Woody, G.E., O'Brien, C.P. & Auerbach, A. (1985). Therapists success and ist determinants. *Archives of General Psychiatriy, 42*, 602–611.

Marx, E.M., Williams, J.M. & Claridge, G.C (1994). Social problem-solving in depression. Special Issue: Facets of social intelligence. *European Review of Applied Psychology, 44*, 271–279.

McCracken, L.M. (1991). Cognitive-behavioral treatment of rheumatoid arthritis: A preliminary review of efficacy and methodology. *Annals of Behavioral Medicine, 13*, 57–65.

Nezu, C.M., Nezu, A.M. & Arean, P. (1991). Assertiveness and problem-solving training for mildly mentally retarded persons with dual diagnoses. *Research in Developmental Disabilities, 12*, 371–386.

Novaco, R.W. (1993). Streßimpfung. In. M. Linden & M. Hautzinger (Hrsg.), *Verhaltenstherapie* (S. 295–299). Berlin: Springer.

Platt, J.J. & Hermalin, J.A. (1989). Social skill deficit interventions for substance abusers. Special Issue: Society of Psychologists in Addictive Behaviors comes of age. *Addictive-Behaviors, 3*, 114–133.

Platt, J.J., Taube, D. Metzger, D.& Duome (1988). Training in interpersonal problem solving (TIPS). *Journal of Cognitive Psychotherapy: An international Quarterly, 2*, 5–34.

Platt, J.J., Spivack, G. & Swift, M.S. (1975*). Interpersonal problem-solving group therapy*. Unveröff. Trainingsmanual, Hahnemann Medical College & Hospital, Philadelphia, 314 North Board Street, Pa. 19102.

Roder, V., Brenner, H.D., Kienzle, N. & Hodel, B. (1992). *Integriertes psychologisches Therapieprogramm für schizophrene Patienten*. Weinheim: Psychologie Verlags Union.

Sachse, R. (1992). *Zielorientierte Gesprächspsychotherapie*. Göttingen: Hogrefe.

Saile, H. (1996). Zur Indikation psychologischer Behandlung bei Kindern mit Aktivitäts- und Aufmerksamkeitsstörungen. *Kindheit und Entwicklung, 5*, 112–117.

Salkovskis, P.M., Atha, C. & Storer, D. (1990). Cognitive-behavioural problem solving in the treatment of patients who repeatedly attempt suicide: A controlled trial. *British Journal of Psychiatry, 157*, 871–876.

Schneider, M. & Robin, A. (1976). The turtle technique: A method for the self control of impulsive behavior. In J. Krumholtz & C. Thoresen (Eds.), *Counseling methods*. New York: Holt, Rinehart & Winston.

Schulink, E.J., Gerards, F.M. & Bouter, L.M. (1988). Het effect van stress-educatie: Een oversicht van de literatuur. *Pedagogische-Studien, 65*, 425–436.

Schulte, D., Künzel, R., Pepping, G. & Schulte-Bahrenberg, T. (1991). Maßgeschneiderte Psychotherapie versus Standardtherapie bei der Behandlung von Phobikern. In D. Schulte (Hrsg.), *Therapeutische Entscheidungen* (S. 15–42). Göttingen: Hogrefe.

Shure, M.B. & Spivack, G. (1979).Interperonal cognitive problem solving and primary intervention. *Journal of Clinical Child Psychology, 8*, 89–94.

Shure, M.B. & Spivack, G. (1981). *Probleme lösen im Gespräch*. Stuttgart: Klett-Cotta.

Spivack, G., Platt, J.J. & Shure, M.B. (1976).*The problem-solving approach to adjustment*. San Francisco: Joessey-Bass.

Witkins, L. & Cayner, J.J. (1980). Communication and problem-solving skills training for couples: A case study. In S.D. Rose (Ed.), *A case book for group therapy* (pp. 219–248). Englewood Cliffs: Erlbaum.

Zielke, M. & Sturm, J. (1993). *Indikation zur stationären Verhaltenstherapie*. Weinheim: Psychologie Verlags Union.

30. Emotionsstörungen
30.1 Klassifikation und Diagnostik

Reinhard Pekrun

Inhaltsverzeichnis

1. Der Begriff Emotion

Der Emotionsbegriff wird unterschiedlich verwendet. Typisch sind Mehr-Komponenten-Definitionen, die Emotionen mehrere oder alle der folgenden Bestandteile zuschreiben (vgl. Kleinginna & Kleinginna, 1981; Schmidt-Atzert, 1996): (1) Subjektive Gefühlszustände (z. B. Anspannung und innere Unruhe bei Angst). (2) Kognitive Situationseinschätzungen (z. B. Einschätzungen einer Situation als bedrohlich und unkontrollierbar). (3) Physiologische Veränderungen (z. B. erhöhte Herzrate, Schweißsekretion). (4) Motivationale Tendenzen (z. B. Wünsche, aus der Sutiation zu fliehen). (5) Ausdrucksverhalten (z. B. ängstlicher Gesichtsausdruck). (6) Instrumentelles Verhalten (z. B. Flucht). In der Regel bleibt dabei unklar, welche und wieviele dieser – empirisch meist nur mäßig korrelierten – Komponenten vorliegen müssen, damit von einer Emotion gesprochen werden kann. Zudem ergeben sich Abgrenzungsprobleme zu verwandten Phänomenen (wie z. B. Motivation; s. Kap. 31/Motivationsstörungen).

In den letzten Jahren werden deshalb häufig engere Emotionsbegriffe bevorzugt, die Emotionen auf Komponenten subjektiven Erlebens eingrenzen, also z. B. auf a) affektive Komponenten (Gefühlserleben im engeren Sinne); b) kognitive Komponenten (z. B. Sich-Sorgen-Ma-chen bei Angst); und c) körperperzeptive Komponenten (Wahrnehmungen von physiologischen Veränderungen und Ausdrucksmotorik; allgemein zur Problematik des Emotionsbegriffs Pekrun, 1988).

Üblicherweise werden unterschiedliche Primäremotionen differenziert, denen jeweils ein spezifisches Ausdrucksverhalten zugeordnet ist (insbesondere Freude, Traurigkeit, Angst, Ärger, Ekel, Scham, Überraschung). Andere Emotionen werden dann als Mischungen oder als kognitive Differenzierungen von Primäremotionen aufgefaßt (z. B. Stolz als Freude, deren kognitive Komponente eine internale Kausalattribution eines positiven Ereignisses beinhaltet).

2. Klassifikation

Zu unterscheiden sind a) Emotionsstörungen als solche (beispielsweise ein Zuviel an depressiven Emotionen wie Traurigkeit, Angst und Ärger); b) Emotionsstörungen als Komponenten komplexerer klinischer Syndrome (z. B. exzessive Traurigkeit als Komponente von Depression); und c) emotionsabhängige Störungen in anderen psychischen Bereichen (z. B. Probleme im Arbeitsverhalten als Folge chronischer Prüfungsangst). Emotionsstörungen bestehen darin, daß Inhalte, Häufigkeit, Intensität oder Dauer bestimmter Emotionen nach gesellschaftlicher, klinischer oder subjektiver Einschätzung unangemessen sind (z. B. bei exzessiv häufiger, intensiver und langanhaltender Traurigkeit, die sich auf vermeintlich negative Merkmale von eigener Person und Lebenssituation bezieht und subjektiv als störend erlebt wird).

Emotionale Störungen können u. a. gemäß der folgenden Beschreibungsdimensionen von Emotionen *klassifiziert* werden (vgl. Larsen & Diener, 1987; Pekrun, 1988; Ulich & Mayring, 1992):

• *Inhalte.* Im Sinne dieses Kriteriums sind im Erlebensinhalt separierbare Emotionen (z. B. die «Primäremotionen» Freude, Traurigkeit, Angst usw.) zu unterscheiden. Darüber hinaus kann bei vielen Emotionen – insbesondere bei Primäremotionen – zwischen kognitiv unspezifischen, nicht an bestimmte Sachverhalte (Objekte, Situationen, Aktivitäten) geknüpften Emotionen einerseits und kognitiv spezifischen, auf bestimmte Sachverhalte gerichteten Emotionen andererseits unterschieden werden. Ein prototypisches Beispiel ist die Unterscheidung von eher unspezifischen «Panikattacken» einerseits und auf spezifische Sachverhalte gerichteter Angst («Phobie») andererseits (vgl. die Klassifikation von Angststörungen in DSM-IV).

• *Frequenz, Intensität und Persistenz.* Einzelne Emotionen können unterschiedlich häufig, intensiv und langandauernd (persistent) auftreten. Neben Intensität und Persistenz können weitere Verlaufsparameter eine Rolle spielen (z. B. das Tempo des Anstiegs der Emotionsintensität bei jähen Attacken von Angst oder Ärger). Störungen bestehen typischerweise in Exzessen von Frequenz, Intensität und/oder Dauer negativer Emotionen und Defiziten von Frequenz, Intensität oder Dauer positiver Emotionen. Daneben können Störungen sich auch auf abgeleitete Parameter höherer Ordnung beziehen. Hierzu zählt insbesondere die Frequenz von Emotionsumschwüngen (emotionale «Labilität»; z. B. in «gemischten Episoden» gemäß DSM-IV).

• *Reflektivität und Realitätsbezug.* Emotionen können von kognitiven Abläufen abhängen, die mehr oder weniger differenziert und mehr

oder weniger bewußt sein können. So kann Angst durch elaborierte Erwartungen zu einer Prüfung entstehen, während sie in anderen Fällen eher spontan auftritt. Daneben können Emotionen – insbesondere ihre kognitiven Komponenten – mehr oder weniger realitätsangemessen sein. Als nicht realitätsangemessen kann z. B. mit negativen Selbsteinschätzungen einhergehende depressive Traurigkeit angesehen werden, wenn diese Selbsteinschätzungen nach gesellschaftlich üblichen Kriterien als unangemessen anzusehen sind. Hohe Reflektivität bei unangemessenem Realitätsbezug dürfte vergleichsweise gute Chancen für kognitiv orientierte Formen der Emotionstherapie bieten (s. Kap. 30.3/Emotionsstörungen: Intervention).

• *Emotionsstörungen als Komponenten von Syndromen.* In klinisch üblichen Klassifikationen tauchen Emotionsstörungen sowohl als selbständige Kategorie wie auch als Komponenten komplexerer Syndrome auf. Störungen, die in exzessiver Angst bestehen (z. B. Panikstörungen und Phobien), werden üblicherweise in einer oder mehreren selbständigen Kategorien zusammengefaßt (so z. B. im DSM-IV). Exzessive Traurigkeit hingegen wird vor allem als Komponente depressiver und bipolarer Störungen angesehen (DSM IV: Affektive Störungen). *Depressive Zustände* umfassen neben a) exzessiven depressiven Emotionen (einschließlich entsprechender kognitiver Anteile) b) motivationale Störungen (Antriebslosigkeit, Aktivitätshemmung; s. Kap. 31.1/Motivationsstörungen: Klassifikation, Diagnostik) und c) somatische Symptome (Schlaflosigkeit, Appetit- und Gewichtsverlust). *Manische Episoden* sind u.a. gekennzeichnet durch a) exzessive euphorische Emotionen (oder auch durch exzessiven Ärger und Reizbarkeit), b) motivationale Störungen in Gestalt von Übermotivation, Impulsivität und Hyperaktivität, sowie c) reduziertes Schlafbedürfnis.

In vorliegenden Klassifikationen zuwenig systematisch berücksichtigt werden exzessiver Ärger sowie Defizite im Bereich positiver Emotionen.

3. Diagnostik

Bei Emotionen handelt es sich um person-interne, psychische Phänomene. Infolgedessen ist eine direkte Diagnostik emotionaler Störungen auf Selbstauskünfte des Klienten angewiesen. Antezedenzien von Emotionsstörungen (Lebensverhältnisse, Verhalten der Umwelt, neurohormonale Störungen) und Konsequenzen (Ausdrucksverhalten, instrumentelles Verhalten, physiologische Veränderungen) dagegen können auch mit anderen Methoden diagnostiziert werden.

• *Interview.* Eine zentrale Informationsquelle ist die direkte Befragung bzw. aktive Selbstbeschreibung des Klienten im klinischen Interview. Zur emotionsbezogenen Strukturierung des Interviews bzw. seiner Einschätzungsresultate sind durch den Interviewer auszufüllende *Ratingskalen* entwickelt worden (insbesondere für Angst und depressive Emotionen; Collegium Internationale Psychiatriae Scalarum, 1996; Bech, Kastrup & Rafaelsen, 1991).

• *Fragebögen.* Zur Erfassung von Einzelemotionen und von Emotionen als Persönlichkeitsbestandteilen liegt eine größere Zahl von stan-

dardisierten Fragebogenverfahren vor (vgl. Mittenecker, 1982). Beispiele sind das *State-Trait-Angst-Inventar* (STAI; Laux, Glanzmann, Schaffner & Spielberger, 1981; s. Kasten), das *State-Trait-Ärgerausdrucks-Inventar* (STAXI; Schwenkmezger, Hodapp & Spielberger, 1992) oder die *Eigenschaftswörterliste* (EWL; Janke & Debus, 1978) (s. **Kasten 1**).

• *Nicht-reaktive Testverfahren.* Vereinzelt sind zur Emotionsdiagnostik auch projektive und weitere nicht-reaktive Testverfahren entwickelt worden, deren klinische Einsetzbarkeit allerdings zum Teil fragwürdig ist (insbesondere aus Gründen problematischer Validität).

• *Andere Methoden.* Zur Diagnostik emotionsspezifischen Ausdrucksverhaltens liegen präzise Verfahren vor (Ekman & Friesen, 1978; Bänninger-Huber & v. Salisch, 1994), deren Einsetzbarkeit in der klinischen Praxis allerdings ebenfalls fraglich ist (aus untersuchungsökonomischen Gründen und wegen der nicht hinreichend geklärten Diagnostizität für zugrun-

---

Kasten 1
State-Trait-Angst-Inventar (STAI)

Name, Autor
State-Trait-Angst-Inventar (STAI) von Laux et al. (1981).

Gegenstands-, Geltungsbereich
STAI dient der ökonomischen Erfassung von aktueller Zustandsangst (state-Angst) einerseits und habitueller Angst (trait-Angst) andererseits bei Erwachsenen.

Struktur des Verfahrens
Das STAI ist ein Selbstbeurteilungsverfahren mit 40 Items, die vierstufig beantwortet werden. Die state-Skala (20 Items) ist mit einer zustandsorientierten Instruktion versehen; zu beschreiben ist der augenblickliche Gefühlszustand. (Item-Beispiel: «Ich bin aufgeregt») Die Instruktion zur trait-Skala (20 Items) hingegen fordert zu einer Beschreibung der habituellen Befindlichkeit auf. Pro Skala wird jeweils ein Gesamtwert ermittelt.

Gütekriterien
• *Reliabilität:* Die an der Eichstichprobe (N = 2.385) ermittelten Konsistenzkoeffizienten liegen um .90, die Retestreliabilitäten für die Trait-Skala zwischen .68 und .96 (bei Zeitintervallen zwischen einer Stunde und 73 Tagen).

• *Validität:* Die theoriebezogene Konstruktvalidität der Skalen zeigt sich insbesondere daran, daß in verschiedenen Untersuchungen Werte auf der state-Skala in situationsabhängiger Weise variierten (z. B. in Form erhöhter Werte bei Klausursituationen), während Werte auf der trait-Skala eher zeitstabil sind. Problematisch ist u. a. der Mangel an inhaltlicher Validität (so wird nicht nur nach Angst i. e. S., sondern auch nach anderen negativen Emotionen und nach Abwesenheit von positiven Emotionen gefragt).

• *Normen:* Altersspezifische Normen liegen getrennt für Männer und Frauen vor.

deliegende Emotionen). Ähnliches gilt für die apparative Diagnostik physiologischer Veränderungen (vgl. Katkin, Dermit & Wine, 1993). Eine beobachtende und beschreibende Diagnostik vorauslaufender und nachfolgender Lebensumwelt- und Verhaltensvariablen (vgl. Schaller & Schmidtke, 1983) schließlich ist entscheidend für die funktionale Analyse emotionaler Störungen, läßt aber keine direkten Schlüsse auf die betreffenden Emotionen zu (so kann z. B. sozial zurückhaltendes Verhalten auf soziale Angst, aber auch auf einen Mangel an Motivation oder auf Kompetenzdefizite zurückgehen).

4. Literatur

Collegium Internationale Psychiatriae Scalarum (CIPS). (1996). *Internationale Skalen für Psychiatrie* (4. Aufl.). Weinheim: Beltz.

Bänninger-Huber, E. & v. Salisch, M. (1994). Die Untersuchung des mimischen Affektausdrucks in face-to-face-Interaktionen. *Psychologische Rundschau, 45*, 79–98.

Bech, P., Kastrup, M. C. & Rafaelsen, O. J. (1991). *Minikompendium psychiatrischer Ratingskalen für Angst, Depression, Manie und Schizophrenie mit den entsprechenden DSM III-R-Syndromen.* Berlin: Springer.

Ekman, P. & Friesen, W. V. (1978). *Facial action coding system.* Palo Alto, CA: Consulting Psychologists Press.

Janke, W. & Debus, G. (1978). *Die Eigenschaftswörterliste EWL.* Göttingen: Hogrefe.

Katkin, E. S., Dermit, S. & Wine, S. K. F. (1993). Psychophysiological assessment of stress. In L. Goldberger & S. Breznitz (Eds.), *Handbook of stress: Theoretical and clinical aspects* (pp. 142–157). New York: Free Press.

Kleiginna, P. R. & Kleiginna, A. M. (1981). A categorized list of emotion definitions, with suggestions for a consensual definition. *Motivation and Emotion, 5*, 345–379.

Larsen, R. J. & Diener, E. (1987). Affect intensity as an individual difference characteristic: A review. *Journal of Research in Personality, 21*, 1–39.

Laux, L., Glanzmann, P., Schaffner, P. & Spielberger, C. D. 1981). *Das State-Trait-Angst-Inventar STAI.* Weinheim: Beltz.

Mittenecker, E. (1982). Subjektive Tests zur Messung der Persönlichkeit. In K. J. Groffmann & L. Michel (Hrsg.), *Enzyklopädie der Psychologie, Serie Psychologische Diagnostik* (Bd. 3, Persönlichkeitsdiagnostik, S. 57–131). Göttingen: Hogrefe.

Pekrun, R. (1988). *Emotion, Motivation und Persönlichkeit.* München: Psychologie Verlags Union.

Schaller, S. & Schmidtke, A. (1983). Verhaltensdiagnostik. In K. M. Groffmann & L. Michel (Hrsg.), *Enzyklopädie der Psychologie, Serie Psychologische Diagnostik* (Bd. 4, Verhaltensdiagnostik, S. 489–701). Göttingen: Hogrefe.

Schmidt-Atzert, L. (1996). *Lehrbuch der Emotionspsychologie.* Stuttgart: Kohlhammer.

Schwenkmezger, P., Hodapp, V. & Spielberger, C. (1982). *Das State-Trait-Ärgerausdrucks-Inventar STAXI.* Bern: Huber.

Ulich, D. & Mayring, P. (1992). *Psychologie der Emotionen.* Stuttgart: Kohlhammer.

Emotionen

30.2 Emotionsstörungen: Ätiologie/Bedingungsanalyse

Reinhard Pekrun

Inhaltsverzeichnis

1. Beschreibung von Emotionsstörungen

Seit der «kognitiven Wende» dominieren in der Psychologie Erklärungen menschlicher Emotionen, die kognitiven Persönlichkeitsstrukturen und aktuellen Kognitionen eine zentrale Position bei der Entstehung von Emotionen und Emotionsstörungen zusprechen. Die ersten Ansätzen zu solchen Modellen wurden bereits in den sechziger und siebziger Jahren formuliert. Seitdem sind sie differenziert und empirischen Bestätigungsversuchen unterzogen worden. Auch in den neunziger Jahren sind bahnbrechende weitere Fortschritte der Emotionspsychologie kaum zu verzeichnen, so daß sich die Situation in diesem Forschungsfeld in den letzten acht Jahren (seit der 1. Auflage) wenig verändert hat.

Emotionen sind als komplexe Reaktionsmuster anzusehen, wobei Komponenten subjektiven Erlebens ein entscheidender Platz zukommt. Zu solchen Erlebensanteilen zählen a) affektive Komponenten (Gefühlskomponenten im engeren Sinne); b) kognitive Komponenten (Gedanken, Vorstellungen, Phantasien etc.); und c) körperperzeptive Komponenten (Wahrnehmungen von physiologischen Veränderungen und eigenem Ausdrucksverhalten). Störungen emotionalen Erlebens bestehen vor allem darin, daß negative Emotionen exzessiv häufig, intensiv oder langandauernd auftreten und/oder Defizite positiver Emotionen erlebt werden. Hinzutreten kann unangemessen spontane (irreflektive) und der Realität nicht angemessene Auslösung von Emotionen (insbesondere bei negativen Emotionen sowie manischer Euphorie; s.u.). Im folgenden wird das typische Erscheinungsbild gestörten emotionalen Erlebens für einige wichtige Emotionen kurz beschrieben.

1.1 Angst

Die affektive Komponente von Angst besteht aus spezifischen, unlustvollen Gefühlen von Anspannung und innerer Unruhe. Diese Gefühle sind meist eng verknüpft mit Wahrnehmungen physiologischer Aktivierung (erhöhte Herzrate, beschleunigte Atmung, vermehrte Schweißsekretion etc.). Die kognitive Komponente von Angst kann alle Arten von Kognitionen umfassen, die sich auf die jeweils bedrohlichen Objekte, Situationen oder Ereignisse richten. Typisch sind a) Gedanken an die bedrohlichen Sachverhalte selber (situationsbezogene Kognitionen; z.B. Gedanken an drohende Prüfungsmißerfolge) und b) Gedanken an die mangelnde Kontrollierbarkeit dieser Sachverhalte, also insbesondere Zweifel an den eigenen Bewältigungskompetenzen (selbst- und handlungsbezogene Kognitionen; z.B. Zweifel an eigenen prüfungsbezogenen Fähigkeiten).

Normalerweise ist Angst nicht so intensiv, daß sie alle anderen Erlebnisinhalte überlagert, und sie vergeht nach einigen Minuten oder spätestens Stunden wieder (Scherer, Wallbott & Summerfield, 1986). Zur Störung wird Angst, wenn sie intensiver und häufiger auftritt und eventuell auch chronisch erlebt wird. Intensive episodische Angst kann realitätsangemessen sein (bei Naturkatastrophen, Krankheiten, dem bevorstehenden Tod eines Angehörigen usw.). Von Störung im klinischen Sinne ist erst dann zu sprechen, wenn episodische Angst in objektiv ungefährlichen Situationen auftritt, also in nicht der Realität angemessener Weise. Dies ist u.a. typisch für *Panikattacken.* Persistierende, chronische Angst, die relitätsunangemessen ist, ist u.a. zentrales Kennzeichen von *Phobien* (zur Klassifikation von Angststörungen, s. Kap. 37.1/ Angststörungen: Klassifikation, Diagnostik).

1.2 Traurigkeit

Die affektiven Komponenten von Traurigkeit sind jedem aus eigener Erfahrung bekannt, wenn auch mit Worten kaum greifbar. Die körperperzeptiven Komponenten sind häufig weniger intensiv im Erleben, als dies bei Aktivierungsemotionen wie Angst oder Wut der Fall ist. Typisch sind körperliche Unruhe oder auch Schlaffheit; das Gefühl, einen Kloß im Hals zu haben; und Weinen (oder das Gefühl, weinen zu müssen). Mögliche kognitive Komponenten sind vor allem a) Gedanken an zurückliegende negative Ereignisse (wie z.B. den Verlust einer geliebten Person); b) Gedanken an negative gegenwärtige Sachverhalte (insbesondere negative Merkmale der eigenen Person und der eigenen Lebenssituation); und c) Gedanken an zukünftige, subjektiv wahrscheinliche negative Ereignisse.

Auch Traurigkeit wird klinisch vor allem dann zum Problem, wenn sie *persistierend* und *realitätsunangemessen* ist. Dabei hängst allerdings die Frage der Realitätsangemessenheit gerade hier stark von kulturellen Bewertungen ab. So wird in unserer Gesellschaft typischerweise eine intensive Trauerreaktion auf den Verlust eines Angehörigen als angemessen bewertet, wenn sie einige Wochen oder Monate dauert, aber nicht mehr dann, wenn sie Jahrzehnte währt. Persistierende, intensive und realitätsunangemessene Traurigkeit ist ein zentrales Symptom von Depression (s.u.).

1.3 Ärger und weitere negative Emotionen

Angst, Traurigkeit und Ärger (bzw. in der Steigerungsform «Wut») sind als die «großen drei» negativen Emotionen des Menschen anzusehen, welche die Schattenseiten des Gefühlslebens dominieren. Während aber Angst und Traurigkeit zentrale Themen der klinischen Literatur sind, sucht man nach den Stichworten Ärger und Wut in klinischen Handbüchern häufig vergeblich. Diese geringe Beachtung mag damit zusammenhängen, daß Ärger – im Unterschied zu Angst und Traurigkeit – eine bewältigungsorientierte Emotion ist, die meist angesichts von Handlungsbarrieren erlebt wird, denen man sich grundsätzlich gewachsen fühlt.

Ärger und Wut sind dementsprechend als Gefühle anzusehen, die trotz ihres negativen Erlebensinhalts oft nicht als problematisch erlebt werden, da sie – anders als Angst und Traurigkeit – häufig in nach außen gerichtete Handlungen umgesetzt werden können. Dementsprechend können ihre Folgen zwar durchaus für den Betreffenden störend sein (z. B. in Gestalt koronarer Erkrankungen), häufiger aber leidet die soziale Umwelt (Untergebene, schwächere Familienangehörige etc.), denen selten Macht über den Einsatz klinischer Diagnostik und Intervention zukommt.

Ärger ist im Normalbereich eine eher rasch wieder abklingende Emotion (vgl. Scherer, Wallbott & Summerfield, 1986). Zum Problem wird Ärger, wenn er häufig und sehr intensiv auftritt (Ausbrüche von «Jähzorn»; vgl. Hodapp & Schwenkmezger, 1993), oder auch, wenn er – dann meist in abgeschwächter Form – über längere Zeitabschnitte persistiert (z. B. als Komponente von Depressionen).

Schließlich spielen auch weitere negative Emotionen eine klinische Rolle. Dies gilt u. a. für *Scham* und für *Schuldgefühle*. Quälend intensive und persistente, gleichzeitig aber nach üblichen Bewertungen unangemessene Schuldgefühle können u. a. als Komponente von Depressionen auftreten (s. Kap. 36/Depressive Störungen).

Zu beachten ist, daß nicht nur Exzesse, sondern auch ein starker Mangel an negativen Emotionen bzw. die Folgen eines solchen Mangels zum Problem werden können. Dies gilt z. B. dann, wenn der Betreffende in objektiv gefährlichen Situationen keine Angst hat (insbesondere bei manischen Zuständen), oder wenn er keine Scham- und Schuldgefühle kennt, die sein Verhalten kontrollieren können (z. B. bei antisozialen Persönlichkeits- und Verhaltensstörungen).

1.4 Freude und andere positive Emotionen

Freude ist als die grundlegende positive Primäremotion des Menschen anzusehen. Viele andere positive Emotionen können als kognitive Differenzierungen von Freude aufgefaßt werden (so besteht Stolz aus Freude, die eine Kausalattribution eines positiven Ereignisses

auf die eigene Person einschließt; ein Gefühl der Dankbarkeit aus Freude, die in spezifischer Weise auf andere Personen gerichtet ist; usw.). Exzessive Freude («Euphorie») kann zum Problem werden, wenn sie realitätsunangemessen ist, also in Situationen auftritt, die objektiv gefährlich sind, und dann zu realitätsunangemessenem, selbstschädigendem Verhalten führt. Dies ist typisch für manische Störungen (s. u.). Im übrigen bestehen Störungen im Bereich positiver Emotionen eher darin, daß solche Emotionen defizitär sind, also zu selten, zu wenig intensiv und zu kurzlebig auftreten. Dies ist vor allem bei depressiven Zuständen der Fall (s. Kap. 36/Depressive Störungen).

2. Bedingungen und Konsequenzen von Emotionsstörungen

2.1 Bedingungen von Emotionsstörungen: Allgemeine Aspekte

Störungen im emotionalen Haushalt können auf vielfältige Ursachen zurückgehen, die drei Bedingungsgruppen zuzuordnen sind: Situationsbedingungen, Persönlichkeitsbedingungen und interne Auslöseprozesse.

2.1.1 Situationsbedingungen

• *Proximale Situationsbedingungen.* Menschliche Emotionen können von äußeren, situativen Ereignissen oder von Ereignissen innerer Art (z. B. Gedanken und Phantasien) ausgelöst werden. Die jeweilige Lebenssituation bestimmt in der Regel auch einen Großteil des Bewußtseinsstroms einer Person, also ihrer inneren, gedanklichen Ereignisse. Soweit sie wahrgenommen und entsprechend interpretiert werden, können Situationsfaktoren deshalb eine zentrale Rolle bei der Auslösung und Aufrechterhaltung emotionaler Störungen spielen. Dies wurde vor allem von behavioristischen Emotionstheorien und – in jüngerer Zeit – von der Streß- und Lebensereignis-Forschung analysiert (vgl. Lazarus, 1991a).

• *Distale Situationsbedingungen* sind jene externen Bedingungen, welche die äußere Lebenssituation und damit – indirekt – ebenfalls den Emotionshaushalt beeinflussen. Hierzu zählen epochale, kulturelle, gesellschaftliche, wirtschaftliche und politische Rahmenbedingungen individueller Lebenssituationen.

2.1.2 Persönlichkeitsbedingungen

Auf der Personseite sind überdauernde individuelle Strukturen für die Entstehung und Aufrechterhaltung von Emotionsstörungen entscheidend. Solche Strukturen liegen zusammen mit Situationsbedingungen der Emotionsbildung zugrunde. Häufig werden sie deshalb als *Dispositionen* zu emotionalen Prozessen angesehen. Inhaltlich handelt es sich ähnlich wie in anderen Bereichen um zwei Arten individueller Strukturen:

• *Körperliche Strukturen,* die für Emotionsstörungen entscheidend sind, bestehen zum einen in emotionsbezogenen, individuellen neuronalen und sonstigen phänotypischen anatomischen Strukturen (s. Abschnitt 2.2). Wesentlich sind u.a. das limbische System und alle Organe, die zentraler und peripherer Aktivation und dem neurohormonalen Stoffwechsel zugrunde liegen. Die neuropsychologische Evidenz zeigt, daß dabei vor allem die Amygdala eine zentrale Rolle spielen (LeDoux, 1995). Zum anderen handelt es sich um die emotionsrelevanten Bestandteile der genetischen Ausstattung. Für interindividuelle Unterschiede in Häufigkeit und Intensität negativer Primäremotionen (also vor allem Angst, Traurigkeit und Ärger) ist heute bekannt, daß sie in gewissem Maße auf genetische Personenunterschiede zurückgehen (vgl. Fulker, 1981).

• *Kognitive Strukturen* bestehen aus den Gedächtnisinhalten einer Person. Sie liegen der Interpretation von Situationsereignissen und dem aktuellen Bewußtseinsstrom zugrunde. Auf einige Typen solcher Strukturen wird unten näher eingegangen.

Emotionsstörungen sind häufig enger an zugrundeliegende Personbedingungen als an äußere Situationen geknüpft: Situationen kann man meiden oder verändern; der eigene Körper und die eigenen Gedächtnisinhalte hingegen

sind permanent vorhanden. Soweit nicht in erster Linie an objektiv negativen Situationsbedingungen (wie Arbeitslosigkeit, Armut etc.) anzusetzen ist, müssen therapeutische Maßnahmen deshalb an einer Veränderung überdauernder, für die jeweilige Störung verantwortlicher Persönlichkeitsstrukturen interessiert sein.

2.1.3 Interne Auslöseprozesse und Verhalten

Situative Ereignisse können erst in wahrgenommener Form emotionswirksam werden, und Gedächtnisinhalte oder andere Personstrukturen nehmen erst dann Einfluß, wenn sie aktiviert werden. Als kausal direkte Bedingungen von Emotionen sind also interne Auslöseprozesse anzusehen, die unmittelbar der Emotionsbildung zugrunde liegen.

• *Somatische Prozesse.* Emotionen sind eng mit dem neurohormonalen Haushalt verflochten. Bisher ist allerdings kaum geklärt, ob bzw. unter welchen Bedingungen Stoffwechselprozesse im Gehirn als Auslöser, Randbedingungen, modulierende Faktoren oder Konsequenzen von Emotionen anzusehen sind. Für periphere physiologische Prozesse (insbesondere periphere Aktivierung) und für motorische Prozesse des Emotionsausdrucks in Gesicht und Körpermuskulatur hingegen ist anzunehmen, daß sie im Regelfall eher als Konsequenzen denn als Auslöser von Emotionen anzusehen sind (Reisenzein, 1983).

• *Wahrnehmungen und Kognitionen.* Kognitive Prozesse werden heute als zentral für Emotionen und ihre Störungen angesehen. Auf perzeptive und kognitive Bedingungen wird deshalb gesondert ausführlicher eingegangen (s. Abschnitt 2.3).

• *Andere Emotionen.* Der jeweils vorangehenden Stimmungslage kommt eine modulierende Funktion bei der aktuellen Emotionsbildung zu (vgl. Pekrun, 1988). Dabei gilt insbesondere für positive Emotionen einerseits und negative Emotionen andererseits, daß sie im Regelfall nicht miteinander verträglich sind. Hieraus folgt u.a., daß bei vorherrschender positiver, entspannter Stimmungslage die Entstehung von Angst oder Ärger erschwert ist (zu therapeutischen Konsequenzen; s. Kap. 30.3/Emotionsstörungen: Intervention).

• *Motivation und Verhalten.* Motivation kann mit Hoffnungen einhergehen, Ziele zu erreichen und mit Befürchtungen, sie zu verfehlen. Konflikte zwischen verschiedenen motivationalen Tendenzen sind deshalb häufig auch mit emotionalen Konflikten – Konflikten zwischen Furcht und Hoffnung – verknüpft. Verhalten kann unmittelbar Emotionen produzieren, die an die jeweilige Tätigkeit geknüpft sind (so kann z. B. körperliche Betätigung unmittelbar zum Empfinden von Lust oder Unlust führen). Darüber hinaus haben Verhalten und seine Folgen dann Emotionen zur Folge, wenn sie subjektiv bewertet werden.

Dysfunktionale Motivation (z. B. Motivationsmangel) und dysfunktionales Verhalten können dabei negative Verhaltensfolgen (z. B. Mißerfolge in Leistungssituationen) oder ein Ausbleiben positiver Folgen (beispielsweise Defizite an sozialer Anerkennung) nach sich ziehen. Ersteres produziert negative Emotionen, letzteres darüber hinaus Defizite an positiven Emotionen.

Die Rolle von Verhalten und seinen Folgen bei der Entstehung von Emotionsstörungen wird u. a. von Lewinsohns Verstärkerverlust-Theorie der Depression betont. In dieser Theorie wird postuliert, daß psychisch bedingte Depression primär auf einen Mangel an Verstärkern, also an positiven Lebensereignissen, zurückzuführen. ist. Verstärkermangel wird dabei u. a. als eine Konsequenz von Verhaltensdefiziten angesehen (Lewinsohn, 1974).

2.2 Perzeptive und kognitive Bedingungen von Emotionsstörungen

In Abschnitt 2.1 wurden zwei Gruppen perzeptiv-kognitiver Emotionsbedingungen unterschieden: individuelle kognitive *Strukturen* (überdauernde Gedächtnisinhalte) und aktuelle perzeptive und kognitive *Prozesse.* Die im folgenden exemplarisch zu besprechenden Struktur- und Prozeßbereiche sind jeweils einer dieser beiden Kategorien (oder auch beiden) zuzuordnen. Dabei handelt es sich um a) Wahr-

nehmungsprozesse, b) Prozesse kognitiver Informationsverarbeitung, c) Selbstkonzepte, d) überdauernde und aktuelle Kausalattributionen, e) überdauernde und aktuelle Erwartungen und Valenzen und f) Abwehrmechanismen und verdrängte Gedächtnisinhalte.

Überdauernde kognitive Strukturen sind als Dispositionen aufzufassen, die von aktuellen situativen Stressoren aktiviert werden können. Soweit noch keine Emotionsstörung vorliegt, handelt es sich bei ihnen also zunächst um Faktoren individueller emotionaler *Vulnerabilität.* In den letzten zwanzig Jahren wurden theoretische Ansätze entwickelt, die das Zusammenwirken von kognitiven Strukturen und situativen Stressoren in der Entstehung von Emotionsstörungen thematisieren (sog. Diathese-Streß-Modelle; vgl. Abramson, Metalsky & Alloy, 1989; Lazarus, 1991a; Metalsky, Joiner, Hardin & Abramson, 1993; Pekrun, 1988, 1992a).

2.2.1 Wahrnehmungsprozesse

Von kognitiven Emotionstheorien wurde häufig angenommen, daß Emotionen nicht direkt von Situationswahrnehmungen ausgelöst werden, sondern daß erst kognitive Bewertungen des jeweiligen Sachverhaltes stattfinden müssen (vgl. Lazarus, 1982, 1991b). Demgegenüber ist anzunehmen, daß in Wirklichkeit mindestens drei Formen von direkt wahrnehmungsgesteuerter, irreflektiver Emotionsbildung eine wichtige Rolle spielen:

a) *Angeborene wahrnehmungsgesteuerte Emotionsauslösung.* Angeborene Formen der Emotionsbildung sind vor allem in frühen Lebensabschnitten wesentlich. Bei ihnen werden bestimmte Stimuli in genetisch vorgeprägter Weise mit bestimmten Primäremotionen verknüpft (Beispiel: Furcht bei Tiefenwahrnehmungen). Genetisch bedingte Anteile können aber auch bei komplexerer Emotionsgenese und im späteren Leben eine Rolle spielen. Dies gilt z. B. für die vermutlich genetisch gesteuerte «Vorbereitetheit» des Menschen, Phobien auf bestimmte Objektklassen zu richten (Spinnen, Schlangen etc.), nicht aber auf andere (wie z. B. Kaninchen; vgl. McNally, 1987). Ein spezifisches Beispiel ist auch die individuelle Anfälligkeit für spontane (irreflektive, unmittelbar wahrnehmungsgesteuerte) Fremdenangst, die wesentlich zu sozialer Angst und Schüchternheit beiträgt (Asendorpf, 1989).

b) *Wahrnehmungsgesteuerte Emotionsauslösung aufgrund früher Konditionierung.* Bei lebensgeschichtlich frühem Lernen von Emotionen spielen Konditionierungsvorgänge, die nicht von deklarativen Kognitionen vermittelt werden und nicht bewußt erinnerbar sind, möglicherweise eine große Rolle (vgl. Jacobs & Nadel, 1985; LeDoux, 1995). Solche Konditionierungen könnten zur Folge haben, daß Wahrnehmungen bestimmter Stimuli unmittelbar emotionsauslösend werden und dies möglicherweise über das gesamte Leben hinweg bleiben (solange nicht effektive inhibierende Mechanismen gelernt werden). Als somatische Grundlage könnten u. a. direkte Projektionen von den sensorischen Verarbeitungsarealen im Thalamus zu den Amygdala dienen, die eine Emotionsauslösung unterhalb der Ebene kortikaler Verarbeitung erlauben (LeDoux, 1995). Aus neuropsychologisch fundierten Annahmen zur Nicht-Erinnerbarkeit entsprechender früher, emotionaler Gedächtnisinhalte (z. B. frühkindlicher traumatischer Erfahrungen) folgt, daß Erinnerungen aufdeckende therapeutische Strategien bei der Modifikation solcher Emotionsauslösung vermutlich wenig erfolgversprechend sind. Therapeutisch muß es dann eher darum gehen, den Erwerb von Mechanismen zu fördern, welche solche Arten von Emotionsauslösung hemmen können.

c) *Habitualisierte wahrnehmungsgesteuerte Emotionsauslösung.* Habitualisierte Emotionsbildung dürfte bei alltäglichen Emotionen und vielen Emotionsstörungen häufig sein. Sie entwickelt sich aus kognitiv vermittelter Emotionsbildung, wenn diese – auf der Basis wiederholter Situationen – in immer wieder gleichförmiger Weise abläuft. Dies führt zu einer zunehmenden Automatisierung und Verkürzung und letztlich zum Wegfall vermittelnder kognitiver Einschätzungsprozesse, bis schließlich Wahrnehmung und Emotion «kurzgeschlossen» sind (vgl. Pekrun, 1988). So wird z. B. ein Schüler zu Beginn seiner Erfahrungen mit einem bestimmten Lehrer und einem bestimmten Fach zunächst seine Chancen abschätzen und erst dann – im negativen Fall – Angst vor den möglichen Resultaten bekommen. Hat er aber bereits eine längere Geschichte einschlägiger Mißerfolgserfahrungen hinter sich, so wird schon unmittelbar bei der Ankündigung einer Arbeit ein Angstgefühl in ihm hochsteigen.

Habitualisierte, irreflektive Emotionsbildung kann wieder kognitiv (re-)differenziert werden, wenn die jeweiligen Situationsabläufe sich ändern. Gestörte Emotionsbildung aber ist häufig dadurch gekennzeichnet, daß sie nach Habitualisierung erstarrt und kaum noch natürlichen Veränderungsprozessen unterliegt. Dem kann zugrundeliegen, daß der Betreffende neue situative Erfahrungen ignoriert oder Möglichkeiten zu solchen Erfahrungen gleich ganz aus dem Wege geht (z. B. bei Phobien). Wesentliches Ziel von Therapie muß es dann sein, Erfahrungen zu ermöglichen, die zu neuen Situations- und Bewältigungseinschätzungen, damit zu kognitiver Redifferenzierung der Emotionsbildung und auf diese Weise schließlich zum Abbau exzessiver negativer Emotionen führen (Foa & Kozak, 1986; Pekrun, 1988).

2.2.2 Prozesse kognitiver Informationsverarbeitung

Die kognitiv orientierte Forschung zu Emotionsstörungen hat sich mit unterschiedlichen Typen von Kognitionen (Kausalattributionen, Erwartungen etc.) beschäftigt, die Emotionsstörungen zugrundeliegen. Den Prozessen der Informationsverarbeitung hingegen, die zu solchen Kognitionen führen, wurde relativ wenig Aufmerksamkeit geschenkt. Zu den Ausnahmen zählt die Depressionstheorie von Beck (1967; Beck & Clark, 1991). Beck nimmt an, daß die kognitive Trias aus negativen Bewertungen von eigener Person, Umwelt und Zukunft zu depressiver Traurigkeit führt. Solche negativen Bewertungen führt er auf bestimmte systematische Fehler in der Verarbeitung selbst- und zukunftsrelevanter Informationen zurück. Hierzu zählen die folgenden, sich zum Teil überlappenden Kategorien von Denkfehlern:

a) *Willkürliche Schlüsse* aus vorhandener Information (Beispiel: negative Selbstbewertung, da der Fußballverein des Heimatortes verloren hat). b) *Selektive Abstraktion* von Einzelinformationen unter Mißachtung anderer Informationen. Hiervon kaum zu trennen ist c) *Übergeneralisierung* vorliegender Informationen (Beispiel: negative Einschätzung eigener Leistungsfähigkeit, wenn die Leistungen in nur einem Teilgebiet schlecht ausfallen). d) *Maximierung und Minimierung:* Überschätzung oder Unterschätzung, z. B. des eigenen Status in der Freundesgruppe. e) *Personalisierung* liegt dann vor, wenn der Betreffende negative Ereignisse (z. B. Bemerkungen anderer) gleich auf seine Person bezieht. f) *Verabsolutierendes Denken* schließlich besteht in einem Denken in Schwarz-Weiß-Kategorien: Entweder man ist absolut gut, oder, wenn dies nicht eindeutig der Fall ist, absolut schlecht.

Für die Intensität und Persistenz von Emotionen dürfte darüber hinaus auch ganz entscheidend sein, in welchem Maße die vorhandenen Kognitionen gedanklich elaboriert werden (vgl. Singer, 1978). So dürfte z. B. Angst vor allem dann intensiv und langandauernd sein, wenn negative Erwartungen als visuelle, bildhafte Vorstellungen («Imagination») ausdifferenziert werden. Solche Phantasietätigkeit kann dann beispielsweise dazu führen, daß eine bevorstehende Prüfung in allen negativen Einzelheiten ausgemalt wird; damit wird Angst konserviert (umgekehrt können über positive Imaginationen negative Emotionen reduziert werden).

2.2.3 Selbstkonzepte

Selbstkonzepte umfassen selbstbezogene Informationen, die im Gedächtnis gespeichert sind. Es handelt sich also um überdauernde, selbstbezogene kognitive Repräsentationen. In aktivierter Form bestimmen sie über die Verarbeitung selbstbezogener Informationen, die von außen kommen, und über die aktive Eigenproduktion solcher Informationen. Sie beeinflussen damit aktuelle Einschätzungen der eigenen Person, ihrer Vergangenheit, ihrer gegenwärtigen Lebenssituation, ihrer zukünftigen Handlungsmöglichkeiten etc. Selbstkonzepte können deshalb alle Emotionen beeinflussen, die sich auf die eigene Person in Vergangenheit, Gegenwart oder Zukunft beziehen.

Eine Reihe von kognitiven Emotionstheorien tragen dieser Tatsache Rechnung. Prominent sind die bereits skizzierte Depressionstheorie

von Beck (1967) und die Selbstkonzeptdiskrepanz-Theorie von Higgins (Higgins, Klein & Straumann, 1985; Higgins, Roney, Crowe & Hymes, 1994). Beck nimmt an, daß negative Selbstkonzepte (Einschätzungen von eigener Person und Zukunft) für depressive Störungen zentral sind (s. o.). Tatsächlich zeigt die empirische Evidenz, daß das Ausmaß aktueller Depressivität in studentischen Stichproben negativ mit Selbstkonzeptwerten korreliert, und daß klinisch diagnostizierte Depression ebenfalls mit vergleichsweise negativen Selbstkonzepten und negativem allgemeinem Selbstwertgefühl einhergeht (z. B. Dent & Teasdale, 1988).

Die Selbstkonzeptdiskrepanz-Theorie von Higgins und Mitarbeitern geht über den Ansatz von Beck hinaus, indem sie die Rolle unterschiedlicher Selbstkonzeptstrukturen für unterschiedliche Emotionen thematisiert. Unterschieden werden u. a. drei Typen von Selbstkonzepten: das Real-Selbstkonzept (Einschätzung des Ist-Zustands der eigenen Person), das Ideal-Selbstkonzept (Einschätzung, wie man als Person selber gerne sein möchte), und das Soll-Selbstkonzept (Einschätzungen, wie man sein sollte). Behauptet wird u. a., daß Diskrepanzen von Ideal- und Real-Selbstkonzept zu depressiver Emotion führen, Diskrepanzen von Soll- und Real-Selbstkonzept hingegen zu Angst. Die vorliegenden Befunde bestätigen diese Annahmen, obschon weder die vermittelnden Mechanismen noch die Richtung des kausalen Zusammenhangs hinreichend geklärt sind (vgl. Higgins, Bond, Klein & Straumann, 1986).

Es läßt sich allerdings argumentieren, daß nicht nur niedrige, sondern auch hohe Selbstkonzepte problematisch werden können. Dies gilt z. B. möglicherweise dann, wenn ein hohes Selbstwertgefühl durch negative Informationen von außen unter Bedrohung gerät und hierauf mit Ärger und Aggression reagiert wird. In Mechanismen dieser Art könnte eine wesentliche Quelle von Ärger und resultierenden Gewalthandlungen liegen (Baumeister, Smart & Boden, 1996).

2.2.4 Kausalattribution

In den letzten fünfzehn Jahren wurden eine Reihe von Ansätzen entwickelt, die Kausalattributionen von persönlich wichtigen Ereignissen eine zentrale Rolle für die Emotionsbildung zusprechen. Ein allgemeiner, die Entstehung unterschiedlicher Emotionen thematisierender Ansatz dieser Art wurde von Weiner vorgelegt (vgl. Weiner, 1985). Im klinischen Bereich bekannter geworden ist die reformulierte Theorie zu Hilflosigkeit und Depression, die von Seligman und Mitarbeitern entwickelt wurde (Abramson, Seligman & Teasdale, 1978). Diese Theorie führt depressive Traurigkeit u.a. auf negative handlungsbezogene Erwartungen zurück, die ihrerseits als Folge internaler, globaler und stabiler Kausalattributionen zurückliegender, negativer Ereignisse erklärt werden. Die vorliegende empirische Evidenz bestätigt, daß ungünstige Kausalattributionen einerseits und Depression andererseits tatsächlich positiv korreliert sind (vgl. Robins, 1988). Da Seligmans Theorie auch die Motivations- und Handlungsdefizite zu erklären versucht, die für Depression typisch sind, wird sie im Kapitel Motivation näher besprochen.

2.2.5 Erwartungen und Valenzen

Für die Entstehung zukunftsgerichteter Emotionen sind Erwartungen zukünftiger Ereignisse zentral. Erwartungen werden deshalb von vielen kognitiven Emotionstheorien als wichtige Emotionsbedingungen angesehen. Ein mittlerweile klassisches Beispiel ist der Ansatz von Lazarus (1966, 1991a). Lazarus nimmt an, daß auf der Basis von aktueller Situation und Persönlichkeitsbedingungen zukunftsbezogene Einschätzungen vorgenommen werden, die zur Auslösung entsprechender Emotionen führen. Dabei wird in einer ersten Einschätzung («primary appraisal») zunächst beurteilt, inwieweit aus der jeweiligen Situation Bedrohungen zu erwarten sind (Beispiel: ein Schüler erwartet, daß er eine Klassenarbeit nicht bestehen wird, wenn er keine Gegenmaßnahmen ergreift). Wird die Situation als bedrohlich eingeschätzt, so werden in einer zweiten Stufe («secondary appraisal») die eigenen Bewältigungsmöglichkeiten geprüft.

Werden bei einer als bedrohlich eingestuften Situation Bewältigungsmöglichkeiten wahrgenommen und als hinreichend eingeschätzt, so kommt es zu Ärger und Angriffsverhalten; werden sie als nicht hinreichend eingeschätzt, zu

Furcht und Flucht. Werden keine Bewältigungsmöglichkeiten wahrgenommen, resultieren Angst und anschließende Maßnahmen der Angstbewältigung (z.B. Aufmerksamkeitsumlenkung weg von der betreffenden Situation). Beispiel: Der betreffende Schüler sieht keine Maßnahmen zur Vermeidung des drohenden Mißerfolgs; er bekommt infolgedessen Angst und versucht, Gedanken an die Klassenarbeit aus dem Wege zu gehen. Im Anschluß an die jeweiligen Bewältigungsmaßnahmen wird eine Neubewertung («reappraisal») der Situation vorgenommen, und die Kausalkette kann – je nach Bewertungsresultat – von neuem durchlaufen werden.

Die Theorie von Lazarus hat sich als heuristisch sehr fruchtbar erwiesen. Zu kritisieren ist aber u.a., daß sie nicht-kognitiven Formen der Emotionsentstehung keinen Raum läßt. Ein Versuch, solchen Kritikpunkten gerecht zu werden und gleichzeitig Annahmen unterschiedlicher Emotionstheorien untereinander und mit motivationspsychologischen Ansätzen zu integrieren, wurde vom Autor vorgelegt (Zeit-Wert-Distanz-Modell; Pekrun, 1988, 1992a). Kernstück ist ein Erwartungs-Wert-Modell der Genese zukunftsbezogener Emotionen.

Angenommen wird in diesem Modell, daß kognitive Emotionsentstehung nur eine unter mehreren Möglichkeiten der Aktualgenese von Emotionen darstellt. Als wichtig werden daneben u.a. angeborene und gelernte Formen wahrnehmungsgesteuerter Emotionsgenese angesehen. Für die kognitiv vermittelte Entstehung zukunftsgerichteter Emotionen wird postuliert, daß sie von Erwartungen und subjektiven Valenzen zukünftiger Ereignisse abhängt. So wird z.B. für kognitive Angstgenese behauptet, daß zwei Arten kognitiver Einschätzungen notwendig sind, damit Angst entsteht: Erwartungen negativer Ereignisse (die ihrerseits auf situationsbezogenen Erwartungen einerseits und Bewältigungserwartungen andererseits beruhen); und eine hinreichend hohe persönliche Wichtigkeit («Valenz») dieser Ereignisse. In diesem Sinne hat man z.B. Angst vor einer Prüfung dann, wenn a) ein Mißerfolg möglich oder wahrscheinlich ist und b) einem das Ergebnis der Prüfung nicht gleichgültig ist.

Schließlich wird von diesem Modell auch spezifiziert, worin emotionsbegünstigende Persönlichkeitseigenschaften bestehen. Als zentral für die Entstehung zukunftsbezogener Emotionen werden generalisierte, im Gedächtnis gespeicherte Erwartungs- und Valenzüberzeugungen zu zukünftigen Ereignissen angesehen.

Empirisch hat sich in den letzten Jahren u. a. gezeigt, daß negative Erwartungen einerseits und Prüfungsangst, soziale Angst sowie Depression andererseits tatsächlich miteinander korrelieren (vgl. Bandura, 1986; Pekrun, 1992a). Hingegen mangelt es an Evidenz zur Rolle von subjektiven Ereignisvalenzen, und es mangelt an Studien, die über querschnittliche Korrelationen hinaus auch den Stellenwert solcher Variablen als vorauslaufende *Bedingungen* zukunftsgerichteter Emotionen analysieren (zu den Ausnahmen zählen Studien wie Krampen, 1988). Unklar bleibt damit vorläufig auch, welcher relative Stellenwert Erwartungen und Valenzkognitionen im Gesamtgefüge möglicher Emotionsbedingungen tatsächlich zukommt.

2.2.6 Abwehrmechanismen und verdrängte Gedächtnisinhalte

Bei Abwehrmechanismen handelt es sich um kognitive Mechanismen, die angstinduzierende Affekte, Emotionen und die damit verknüpften Informationen so transformieren, daß sie ertragbar werden. Die potentiell große Rolle solcher Mechanismen für Emotionsstörungen wurde bisher vor allem von psychoanalytischen Autoren thematisiert. Ein prototypisches Beispiel ist die zweite Angsttheorie von Freud (1926; «Signaltheorie» der Angst). Diese Theorie versuchte, gleichzeitig eine Erklärung für Phobien und ein allgemeines Fundament psychoanalytischer Neurosenlehre zu liefern. Freud nimmt an, daß Phobien Verschiebungen von Ängsten beinhalten, die aus sexuellen oder aggressionsbezogenen Konflikten stammen; sie dienen der Vermeidung einer Auseinandersetzung mit diesen Konflikten. Die Psychoanalyse hat zur Untermauerung solcher Annahmen vor allem klinische Fallberichte vorgelegt (exemplarisch ist der von Freud, 1909, geschilderte Fall des «kleinen Hans»). Bei der psychoanalytischen Interpretation solcher Fallberichte aber stellen sich eine Reihe von Problemen. Zu kritisieren ist vor allem, daß eine Bedingungskette wie die von Freud unterstellte unter mangelnder empirischer Überprüfbarkeit leidet. Partiell beobacht-

bar sind nur die Endpunkte der skizzierten Bedingungskette: sexuelle und aggressive Regungen gegenüber Mutter bzw. Vater einerseits; die jeweilige Phobie andererseits. Abwehrmechanismen und (von Freud als eher unbewußt angenommene) Kastrationsängste hingegen entziehen sich der unmittelbaren klinischen Beobachtung. Freuds Erklärung phobischer Angststörungen ist damit in der vorgelegten Form kaum beweisbar, gleichzeitig aber auch kaum widerlegbar. Ähnliches gilt für neuere psychoanalytische Theorien zu Emotionsstörungen (z. B. Arieti, 1979).

Um so bedauerlicher ist es, daß systematische Analysen zu Abwehrmechanismen von kognitionspsychologischer Seite vorläufig noch in den Anfängen stehen (z. B. Erdelyi, 1985). Allerdings wurden schon seit den fünfziger Jahren empirische Untersuchungen zu momentanen und habituellen Prozessen der Wahrnehmungsabwehr durchgeführt (vgl. Krohne & Rogner, 1982; Krohne, 1996). Nachgewiesen wurde in den letzten Jahren u. a., daß unangenehme Lebenserfahrungen auch bei Speicherung im Gedächtnis nachträglich verdrängt werden können (was sich in reduzierter Zugänglichkeit des jeweiligen Gedächtnismaterials äußert; Davis & Schwartz, 1987).

2.2.7 Nachbemerkung

Die oben skizzierte Forschung der letzten Jahre hat gezeigt, daß eine Reihe kognitiver Strukturen und Prozesse mit Emotionsstörungen korreliert sind. Drei kritische Fragen hingegen sind vorläufig nicht hinreichend geklärt: a) Häufig sind kognitive Variablen (z. B. negative Selbstkonzepte) mit unterschiedlichen Störungen (z. B. Angst und Depression) in ähnlicher Weise korreliert. Die Forschung zu differentiellen kognitiven Bedingungen unterschiedlicher Störungen aber steht erst am Beginn (z. B. Higgins, Klein & Straumann, 1985). b) Korrelationen geben über zugrundeliegende Bedingungsbeziehungen nur unzureichend Aufschluß. Bisher aber liegen – über Querschnittstudien hinaus – nur wenige prospektive, bedingungsanalytische Längsschnittstudien vor (vgl. Metalsky, Joiner, Hardin & Abramson, 1993). Weitgehend unklar ist also vorläufig, unter welchen Randbedingungen kognitive Faktoren jeweils als Bedingungen, Komponenten oder Konsequenzen von Emotionsstörungen anzusehen sind. c) Meist wurden von einzelnen Studien jeweils nur einzelne Kognitionsarten untersucht, und selten wurden gleichzeitig auch nicht-kognitive Bedingungen einbezogen. Über die relative Wichtigkeit unterschiedlicher kognitiver Variablen läßt sich deshalb vorläufig wenig aussagen (hierzu auch Crocker, Alloy & Kayne, 1988). Auch die kritische Frage, welche Rolle kognitive Bedingungen im Gesamtgefüge unterschiedlicher Störungsursachen spielen, ist damit gegenwärtig kaum beantwortbar.

2.3 Konsequenzen von Emotionsstörungen

• *Emotionswirkungen auf somatische Prozesse.* Emotionen nehmen Einfluß auf neurochemische und periphere physiologische Prozesse (wie z. B. periphere Aktivierung) und auf das Ausdrucksverhalten. Funktion solcher Einflüsse ist u. a., den Organismus in einen physiologischen Bereitschaftszustand zur Ausführung motorischen Verhaltens zu versetzen (insbesondere bei Angst und Ärger) oder solches Verhalten zu hemmen (bei Traurigkeit).

• *Emotionswirkungen auf Wahrnehmungen und Kognitionen.* Emotionen haben zur Folge, daß emotionskongruente Wahrnehmungen und Kognitionen begünstigt werden: Emotionen erleichtern die Aktivierung von Gedächtnisstrukturen, die zu ihnen kongruent sind (vgl. Johnson & Magaro, 1987). So begünstigt z. B. depressive Traurigkeit die Aktivierung negativer gespeicherter Selbstbewertungen, erschwert hingegen eine Aktivierung positiver Bewertungen. Da Wahrnehmungen und Kognitionen entscheidend an der Entstehung und Aufrechterhaltung von Emotionsstörungen beteiligt sind (s. o.), beinhaltet dies, daß Emotionen über Aktivierungen zugeordneter Gedächtnisinhalte aufrechterhaltend auf sich selber zurückwirken. Dies erklärt einen Teil der Persistenz von Emotionsstörungen.

Darüber hinaus beanspruchen Emotionen Aufmerksamkeit (dies gilt insbesondere für ihre kognitiven Komponenten). Sie reduzieren damit die verfügbare Kapazität des Arbeitsgedächtnisses und nehmen infolgedessen negativen Einfluß auf Denk- und Problemlöseprozesse, die solche Kapazität beanspruchen, also vor allem auf kontrollierte Denkprozesse zu schwierigen und komplexen Aufgabenstellungen. Dies erklärt u. a. einen Teil des negativen Einflusses von Angst und depressiver Traurigkeit auf intellektuelle Leistungen und komplexes Sozialverhalten (vgl. Ellis & Ashbrook, 1988; Sarason, 1980). Solchen Effekten können sich allerdings Emotionseffekte auf leistungsbezogene Motivationen überlagern, so daß die Gesamteffekte auf Leistungen von der Konstellation einer Reihe von Einzelbedingungen abhängen (hierzu Pekrun, 1992b). Die Leistungseffekte von intensiver Angst und Traurigkeit sind insgesamt meist negativ.

• *Emotionswirkungen auf Motivation und Verhalten.* Emotionen gehören zu den wichtigsten motivationsstiftenden Kräften. Sie verleihen Situationen, Handlungen und ihren Folgen emotionale Wertigkeiten (Valenzen) positiver und negativer Art. Damit liegen sie wesentlich der Bildung von Handlungswünschen und Absichten zugrunde.

Wichtig für die Motivationsbildung sind vor allem zukunftsgerichtete Emotionen. In der Regel führt Angst zu Flucht- und Vermeidungsmotivation, Ärger zu Angriffsmotivation, Traurigkeit zu einer Reduktion von Annäherungsmotivation und zukunftsgerichtete Freude (Hoffnung, Vorfreude) zu einer Stärkung von Annäherungsmotivation. Im einzelnen können solche Effekte allerdings sehr komplex sein (Pekrun, 1992b). So kann z. B. Angst, die auf die Vermeidung eines Mißerfolgs gerichtet ist, unter bestimmten Siutuationsbedingungen Aufgabenmotivation reduzieren, unter anderen Bedingungen hingegen Motivation zu mißerfolgsmeidendem Aufgabenverhalten erhöhen. Hinzu kommt, daß intensive und persistente negative Emotionen Motivation zur Emotionsbewältigung erzeugen (s. u.; vgl. Morris & Reilly, 1987), so daß z. B. auch Traurigkeit sekundär zu Motivation führen kann, Probleme aktiv anzugehen (evtl. auch in Gestalt negativer, z. B. suizidaler Lösungen). Über ihre Motivations- und Verhaltenseffekte wirken Emotionen schließlich auch auf die *Umwelt* der Person ein.

• *Emotionsbewältigung.* Emotionen können also in vielfältiger Weise andere psychische und physische Teilsysteme des Menschen direkt beeinflussen. Bei Emotionen, die als störend erlebt werden, können Emotionswirkungen aber auch durch Absichten vermittelt werden, die betreffende Emotion zu reduzieren. Absichtlich durchgeführte Maßnahmen zur Emotionsreduktion werden häufig als «Emotionsbewältigung» (emotionsbezogenes «Coping») bezeichnet (vgl. Krohne, 1996). Emotionen können reduziert werden, indem die emotionsauslösenden Umstände verändert werden, oder indem versucht wird, die Emotion direkt zu beeinflussen. Unterschieden wird deshalb üblicherweise zwischen *problemorientierten* und *emotionsorientierten* Formen der Bewältigung (vgl. Lazarus, 1991a).

Bei beiden Arten von Bewältigungsformen kann es sich um kognitive, verhaltensmäßige oder körperbezogene Maßnahmen handeln. Beispiele für problemorientierte Bewältigung sind Maßnahmen zur Veränderungen der eigenen Umwelt, eine Steigerung eigener Kompetenzen oder die Suche nach problembezogener sozialer Unterstützung. Um emotionsorientierte Bewältigungsversuche handelt es sich z. B. bei gedanklicher Umbewertung der Situation, Umlenkung der Aufmerksamkeit weg von bedrohlichen Reizen, Suche nach emotionsbezogener sozialer Unterstützung (wie Trost), Maßnahmen zur Entspannung und der Einnahme von Pharmaka oder Drogen. In diesem Sinne können auch die oben (s. Abschnitt 2.2.6) thematisierten kognitiven Abwehrmechanismen im Dienste einer emotionsorientierten Bewältigung stehen (eine differenzierte Darstellung zu den Problemen des Begriffs «Bewältigung» und unterschiedlichen Bewältigungsformen findet sich in Krohne, 1996).

Vergleicht man diese Liste möglicher Wirkungen mit den oben diskutierten möglichen Bedingungen von Emotionsstörungen, so fällt auf, daß Bedingungen und Wirkungen großteils denselben Kategorien angehören. Tatsächlich ist anzunehmen, daß Bedingungen/Wirkungen einerseits und Emotionen andererseits in wechselseitigen Verflechtungen stehen, Emotionen also in der Regel auf Ihre Bedingungen zurückwirken (vgl. **Abb. 1**). Es handelt sich hier – systemtheoretisch gesprochen – um aktualgenetische Rückkopplungsprozesse (Pekrun, 1988). Solche Rückkopplungen sind großteils positiv, da Emotionen meist aufrechterhaltend auf ihre Bedingungen einwirken (dies gilt z. B. – wie oben diskutiert – für Kognitionen einerseits und Emotionen andererseits). Die Folge ist, daß vor allem intensive Emotionen dann, wenn sie einmal ausgelöst worden sind, zu einer Selbstperpetuierung neigen.

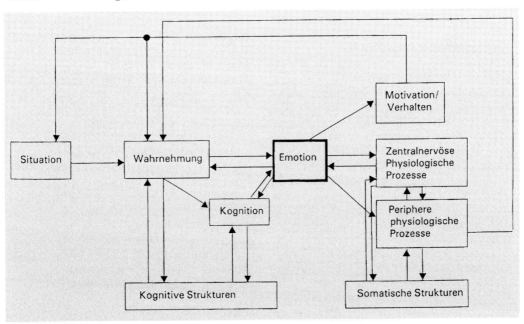

Abbildung 1: Bedingungen und Wirkungen von Emotionsstörungen (vereinfacht)

Aufrechterhaltende Rückkopplungen sind als Kern vor allem solcher Emotionsstörungen anzusehen, die aus langanhaltenden negativen Emotionen bestehen (im folgenden wird dies für einige klinische Störungen diskutiert). Kritisch ist deshalb die Frage, wie solche Kreisprozesse aufgebrochen werden können. Normalerweise geschieht dies vor allem als Folge externer Situationsänderungen oder auf der Basis von Motivation zur Emotionsbewältigung. In klinischen Fällen aber greifen solche Mechanismen nicht mehr, und es muß therapeutisch interveniert werden.

3. Emotionsstörungen und klinische Syndrome

Emotionsstörungen stehen im Zentrum vieler psychopathologischer Syndrome, stellen also zentrale Komponenten komplexerer Störungen dar. Dabei stehen sie normalerweise nicht isoliert neben anderen Komponenten, sondern stehen mit ihnen in Bedingungsverflechtungen: Sie beeinflussen andere Symptome und werden von ihnen ihrerseits beeinflußt. Im folgenden wird kurz der Stellenwert von emotionalen Störungen für einige wesentliche Kategorien klinischer Syndrome geschildert.

3.1 Phobische Störungen

Phobische Störungen umfassen objektspezifische persistierende Angst und zugeordnetes Vermeidungsverhalten. Dabei ist anzunehmen, daß Angst für das jeweilige Vermeidungsverhalten kausal verantwortlich ist: Angst vor einem Objekt (z.B. Schlangen) oder einer Situation (z.B. Prüfungen) führt zu Motivation, dieses Objekt bzw. die betreffende Situation zu vermeiden. Vermeidungsverhalten aber wirkt seinerseits aufrechterhaltend auf die jeweilige Angst zurück: Da der Konfrontation mit der gefürchteten Situation aus dem Wege gegangen wird, besteht kaum eine Chance, daß die angstproduzierenden Erwartungen und Valenzen abgebaut werden. Durch Therapie, die auf Gewinnung realistischer Erfahrungen mit dem Angstobjekt und damit auf den Abbau negativer Erwartungen und Valenzen zielt, kann die-

ser Teufelskreis durchbrochen werden (Foa & Cozak, 1986).

3.2 Zwangsstörungen

Zwangsstörungen können, aber müssen nicht mit exzessiver Angst und Traurigkeit einhergehen. Die Rolle von Angst und Traurigkeit scheint dabei vor allem in folgendem zu bestehen:

a) Zwangsverhalten (z.B. hundertfaches Händewaschen am Tag) kann subjektiv der Vermeidung von Ereignissen dienen, vor denen Angst besteht (also z.B. Angst, sich anzustecken). Solches Verhalten dient dann sowohl zur Vermeidung der betreffenden Ereignisse wie zur Reduktion erlebter Angst (bei angstbedingtem Zwangsverhalten bestehen offensichtliche Parallelen zwischen Zwangsstörungen und Phobie). Grundlage dürften in solchen Fällen realitätsunangemessene Ereigniserwartungen, Ereignisvalenzen und Überzeugungen zur Effizienz von Vermeidungsverhalten sein (s. Kap. 31.2/ Motivationsstörungen: Ätiologie/Bedingungsanalyse).

b) Für exzessive Traurigkeit hingegen ist zu vermuten, daß sie vor allem als *Folge* von Zwangsgedanken und -handlungen zu erklären ist: Sind solche Gedanken und Handlungen so übergreifend, daß sie die täglichen Lebensvollzüge beeinträchtigen, so kommt es sekundär zu einem Verlust an positiven Lebensereignissen (Verstärkern), der Traurigkeit bewirkt.

3.3 Affektive Störungen

Traurigkeit ist eines der Leitsymptome von *Depression* (vgl. Kap. 36/Depressive Störungen). Dabei wird depressive Traurigkeit häufig als qualitativ verschieden von normaler Traurigkeit erlebt. Hinzutreten können andere negative Emotionen (Angst, Ärger, Schuldgefühle) sowie Defizite positiver Emotionen. Aus der Perspektive kognitiver Emotionspsychologie können depressive Emotionen vor allem in folgenden Funktionszusammenhängen stehen:

a) Negative kognitive Einschätzungen vergangener, gegenwärtiger und zukünftiger Ereignisse führen zu Traurigkeit, die ihrerseits aus gedächtnispsychologischen Gründen (s. o.) negative Kognitionen begünstigt. Kognitionen und Traurigkeit sind also kausal wechselseitig miteinander verflochten. Von der empirischen Forschung wird bestätigt, daß klinisch diagnostizierte Depression meist mit negativen Kognitionen einhergeht, obschon die zugrundeliegenden Bedingungszusammenhänge bisher kaum geklärt sind (s. **Kasten 1**; vgl. auch Metalsky, Halberstadt & Abramson, 1987; Metalsky, Joiner, Hardin & Abramson, 1993).

b) Defizite positiver Emotionen, die normalerweise in emotional belohnender Weise an bestimmte Handlungen und Handlungsfolgen geknüpft sind, beinhalten einen Verlust positiver Situations- und Handlungsvalenzen. Valenzverlust aber führt zur Reduktion von Motivation (s. Kap. 31/Motivationsstörungen). An-

---

Kasten 1
Depression und Kognitionen (Hedlund & Rude, 1995)

Fragestellung
Ziel der Untersuchung war es, depressionstypische kognitive Schemata und aktuelle Kognitionen bei Personen mit akuter Depression, mit vorausgegangener Depression und depressionsfreien Personen zu vergleichen. Im Sinne der Depressionstheorie von Beck wurde angenommen, daß nur Personen in einer akuten depressiven Phase depressionstypische aktuelle Kognitionen zeigen, überdauernde negative Selbstschemata aber auch bei Personen mit vorausgegangener Depression nachweisbar sind.

Methode
• *Stichprobe:* Die Stichprobe bestand aus Personen in einer akuten depressiven Phase (N = 20), Personen mit einer vorausgegangenen depressiven Phase (N = 15) und Personen, die nie zuvor depressiv waren (N = 18).

• *Untersuchungsverfahren:* Anhand von Fragebögen und experimentellen Verfahren wurde eine größere Zahl kognitiver Variablen erhoben. Bei den Fragebögen wurden u. a. verwendet:
Dysfunctional Attitudes Scale (DAS; vgl. Cane, Olinger, Gotlib & Kuiper, 1986); auf der Grundlage der Depressionstheorie von Beck werden dysfunktionale, negative selbstbezogene Einstellungen erhoben (Itembeispiel: «Wenn ich nicht so viel leiste wie andere, bedeutet dies, daß ich als Mensch weniger wert bin»).

Automatic Thoughts Questionnaire (ATQ; Hollon & Kendall, 1980); erfaßt wird die Häufigkeit negativer, «automatischer» Kognitionen während der jeweils vorangegangenen Woche.
Scrambled Sentences Test (Wenzlaff, 1993), ein Verfahren zur Erfassung depressionsrelevanter Selbstschemata. Aus positiv oder negativ interpretierbaren Wortreihen wie «winner born I am loser a» sind syntaktisch korrekte Sätze zu bilden. Die Anzahl gebildeter negativer Sätze dient als Indikator für das Vorliegen überdauernder negativer Selbstschemata.

Ergebnisse
Die Ergebnisse zeigten für aktuell depressive Personen deutlich höhere DAS- und ATQ-Werte, während sich diese Werte für frühere Depressive und depressionsfreie Personen so gut wie nicht unterschieden. Hieraus läßt sich folgern, daß bewußte, aktuelle depressionstypische Kognitionen tatsächlich nur für akut vorliegende Depression charakteristisch sind. Im Scrambled-Sentences-Test hingegen waren die Werte nicht nur bei den akut Depressiven, sondern auch bei den Personen mit vorausgegangener Depression signifikant höher als bei nicht-depressiven Personen. Dies bestätigt empirisch die Unterscheidung von überdauernden kognitiven Strukturen, die als Vulnerabilitätsfaktoren für Emotionsstörungen anzusehen sind, einerseits und aktuellen, unmittelbar Depression auslösenden bzw. aufrechterhaltenden Kognitionen andererseits.

schließende Handlungseinschränkung kann negative Ereignisse (z. B. Verlust des Arbeitsplatzes) und ein Ausbleiben positiver Ereignisse zur Folge haben, was wiederum negative Emotionen auslöst und positive reduziert.

Negative Kognitionen, exzessive negative Emotionen, Defizite positiver Emotionen, reduzierte Motivation und reduziertes Handeln sind bei Depression also typischerweise so miteinander verflochten, daß sie sich gegenseitig aufschaukeln und zum Persistieren des depressiven Zustands führen. Ein Aufbrechen eines solchen Kreislaufs dürfte – außerhalb von Therapie – vor allem a) Änderungen im emotionsbedingenden neurochemischen Stoffwechsel, b) externe Situationsänderungen oder c) eigene Maßnahmen zur Depressionsbewältigung (Morris & Reilly, 1987) voraussetzen. Im extremen Negativfall wird die Depression bewältigt, indem Selbstmord begangen wird.

Anders ist die Situation bei *manischen Zuständen*, die durch Euphorie (oder auch durch Reizbarkeit) und Hyperaktivität gekennzeichnet sind. Euphorische Freude ist hier als eine wesentliche Grundlage exzessiver Motivationsbildung anzusehen, die ihrerseits zu hektischer, meist wenig koordinierter Aktivität führt. Trotz des häufigen Ausbleibens positiver Handlungsresultate aber wird die euphorische Stimmung während manischer Phasen meist beibehalten, da auch negative Handlungsresultate positiv interpretiert werden und sich während solcher Phasen kaum in reduzierten Einschätzungen zukünftiger Handlungsmöglichkeiten niederschlagen. Kognition und Realität sind also entkoppelt, woraus folgt, daß auch die betreffenden Emotionen kaum der Realität angemessen sind.

3.4 Schizophrene Störungen

Anders als bei anderen klinischen Störungen findet sich in der Gruppe der Schizophrenien keine einheitliche emotionale Symptomatik (vgl. Kap. 35/Schizophrenie). Häufig sind vor allem drei Aspekte zu beobachten:

a) Defizite positiver wie negativer Emotionen, also ein insgesamt «flaches» Emotionserleben (z. B. beim «desorganisierten Typus» der Schizophrenie).

b) Intensive, plötzlich einsetzende und häufig wechselnde Emotionen, die nach üblichen Maßstäben oft situationsinadäquat sind (z.B. Lachen, wenn ein Angehöriger gestorben ist).

In beiden Fällen ist der Emotionshaushalt großteils realitätsunangemessen (dies gilt auch für defizitäre Emotionen, da Schizophrene der erstgenannten Kategorie auch bei einschneidenden Ereignissen in ihrer Umwelt häufig emotional nicht reagieren). Zudem sind in beiden Fällen vorhandenes bzw. fehlendes Emotionserleben häufig nicht in nachvollziehbarer Weise an vorliegende Situationseinschätzungen oder andere Kognitionen gekoppelt. Psychoanalytische, verhaltenstheoretische und kognitive Emotionserklärungen aber setzen durchwegs ein Minimum an Kohärenz von Lebenssituationen und Kognitionen einerseits und Emotionen andererseits voraus.

Sie sind deshalb auch durchwegs kaum in der Lage, diese beiden Typen schizophrener Emotionsstörungen zu erklären. Im übrigen gilt für die erstgenannte Kategorie, daß Emotionsdefizite hier entscheidend zu Motivations- und Handlungsdefiziten beitragen dürften (s. Kap. 31.3/Motivationsstörungen: Ätiologie, Bedingungsanalyse).

c) Etwas anders ist die Situation bei paranoider Schizophrenie. Sie ist häufig durch Verfolgungs- oder Eifersuchtswahn gekennzeichnet, der in alltags- und emotionspsychologisch nachvollziehbarer Weise zu Angst und/oder Ärger bzw. Wut führt: Verfolgungswahn schließt Kognitionen drohender Schädigung durch Verfolger ein (Analoges gilt für Eifersuchtswahn). Solche Kognitionen führen – je nach Überwiegen von Nichtbewältigungs- oder Bewältigungseinschätzungen – zu Angst vor Verfolgung oder zu Ärger und Wut auf die Verfolger. Konsequenz solcher Emotionen kann entsprechende Vermeidungs- oder Gegenwehrmotivation sein, die zu ausgebauten Handlungssystemen führen kann, die das gesamte sonstige Dasein überschatten.

3.5 Körperliche Krankheiten, mitbedingt durch psychologische Faktoren

Bei diversen körperlichen Erkrankungen finden wir psychische Faktoren als Verursacher und

Mitverursacher (vgl. den Begriff «psychosomatische Störungen»). Eine wesentliche Gruppe solcher Faktoren sind negative Emotionen; sie spielen bei diversen Erkrankungen eine zentrale Rolle. Erst ansatzweise ist allerdings geklärt, welche Mechanismen dafür verantwortlich sind, daß Emotionen zu körperlichen Störungen führen. Drei wichtige Mechanismen dürften darin bestehen, daß Emotionen (1) auf das Immunsystem (z.B. Weisse, 1992), (2) auf den Hormonhaushalt und (3) auf periphere physiologische Aktivation (z.B. Herzrate und Blutdruck) Einfluß nehmen. Vor allem die folgenden Emotionen scheinen eine Rolle zu spielen:

a) Wichtig für die Entstehung eines *Ulcus* (Magen- bzw. Zwölffingerdarm-Geschwür) sind neben bakteriellen Infektionen offenbar Emotionen, die angesichts nur unzureichend kontrollierbarer Situationen entstehen: Angst und Gefühle von Hilflosigkeit und Überforderung.

b) Bewältigungsorientierter Ärger hingegen scheint zentral zu sein für die Entstehung von *essentieller Hypertonie* (Bluthochdruck) und damit auch für *Angina pectoris* und *Herzinfarkt*. Ärger und Feindseligkeit gehören zu denjenigen Komponenten der «Typ A»-Persönlichkeit, in denen deutliche Unterschiede zwischen Personen mit und ohne kardiovaskulären Störungen bestehen (Matthews, 1988; Hodapp & Schwenkmezger, 1993).

c) Für andere Störungen (wie z.B. Asthma, Hautkrankheiten etc.) hingegen ist weniger klar, welchen Emotionen jeweils ein zentraler Stellenwert zukommt.

4. Literatur

Abramson, L.Y., Metalsky, G.I. & Alloy, L.B. (1989). Hopelessness depression: A theory-based subtype of depression. *Psychological Review, 96*, 358–372.

Abramson, L.Y., Seligman, M.E.P. & Teasdale, J.D. (1978). Learned helplessness in humans: Critique and reformulation. *Journal of Abnormal Psychology, 87*, 49–74.

Arieti, S. (1979). New views on the psychodynamics of phobias. *American Journal of Psychotherapy, 33*, 82–95.

Asendorpf, J. (1989). Shyness as a common final pathway for two different kinds of inhibition. *Journal of Personality and Social Psychology, 57*, 481–492.

Bandura, A. (1986). *Social foundations of thougt and action.* Englewood Cliffs, NJ: Prentice-Hall.

Baumeister, R.F., Smart, L. & Boden, J.M. (1996). Relation of threatened egotism to violence and aggression: The dark side of high self-esteem. *Psychological Review, 103*, 5–33.

Beck, A.T. (1967). *Depression.* New York: Harper & Row.

Beck, A.T. & Clark, D.A. (1991). Anxiety and depression: An information processing perspective. In R. Schwarzer & R.A. Wicklund (Eds.), *Anxiety and self-focused attention (pp. 41–54).* New York: Harwood.

Cane, D.B., Olinger, L.J., Gotlib, I.H. & Kuiper, N.A. (1986). Factor structure of the Dysfunctional Attitude Scale in a student population. *Journal of Clinical Psychology, 42*, 307–309.

Crocker, J., Alloy, L.B. & Kayne, N.T. (1988). Attributional style, depression, and perception of consensus for events. *Journal of Personality and Social Psychology, 54*, 840–846.

Davis, P.J. & Schwartz, G.E. (1987). Repression and the inaccessibility of affective memories. *Journal of Personality and Social Psychology, 52*, 155–162.

Dent, J. & Teasdale, J.D. (1988). Negative cognition and the persistence of depression. *Journal of Abnormal Psychology, 97*, 29–34.

Dobson, K.S. & Shaw, B.F. (1986). Cognitive assessment with major depressive disorders. *Cognitive Therapy and Research, 10*, 13–29.

Ellis, H.C. & Ashbrook, P.W. (1988). Resource allocation model of the effect of depressed mood states on memory. In K. Fiedler & J. Forgas (Eds.), *Affect, cognition, and social behavior (pp.25–43).* Toronto: Hogrefe.

Erdelyi, H. (1985). *Psychoanalysis: Freud's cognitive psychology.* New York: Freeman.

Foa, E.B. & Kozak, M.J. (1986). Emotional processing of fear: Exposure to corrective information. *Psychological Bulletin, 99*, 20–35.

Freud, S. (1909). *Analyse der Phobie eines fünfjährigen Knaben.* (Gesammelte Werke Bd.7, 1940–1942). London: Imago.

Freud, S. (1926). *Hemmung, Symptom und Angst.* (Gesammelte Werke Bd. 14, 1940–1942). London: Imago.

Fulker, D.W. (1981). The genetic and environmental architecture of psychoticism, extraversion, and neuroticism. In H.J. Eysenck (Ed.), *A model for personality (pp. 88–122).* Berlin: Springer.

Hedlund, S. & Rude, S.S. (1995). Evidence of latent depressive schemas in formerly depressed individuals. *Journal of Abnormal Psychology, 104*, 517–525.

Higgins, E.T., Bond, R.N., Klein, R. & Straumann, T. (1986). Self-discrepancy and emotional vulnerability: How magnitude, accessibility, and type of discrepancy infuence affect. *Journal of Personality and Social Psychology, 51*, 5–15.

Higgins, E.T., Klein, R. & Straumann, T. (1985). Self-concept discrepancy theory: A psychological model for distinguishing among different aspects of depression and anxiety. *Social Cognition, 3*, 51–76.

Higgins, E.T., Roney, C.J.R., Crowe, E. & Hymes, C. (1994). Ideal versus ought predilections for approach and avoidance distinct self-regulatory systems. *Journal of Personality and Social Psychology, 66*, 276–286.

Hodapp, V. & Schwenkmezger, P. (Hrsg.). (1993). *Ärger und Ärgerausdruck.* Bern: Huber.

Hollon, S.D. & Kendall, P.C. (1980). Cognitive self-statements in depression: Development of an automatic thoughts questionnaire. *Cognitive Therapy and Research, 4,* 383–395.

Jacobs, W.J. & Nadel, L. (1985). Stress-induced recovery of fears and phobias. *Psychological Review, 92,* 512–531.

Johnson, M.H. & Magaro, P.A. (1987). Effects of mood and severity on memory processes in depression and mania. *Psychological Bulletin, 101,* 22–40.

Krampen, G. (1988). Competence and control orientations as predictors of test anxiety in students: Longitudinal results. *Anxiety Research, 1,* 185–197.

Krohne, H.W. (1996). *Angst und Angstbewältigung.* Stuttgart: Kohlhammer.

Krohne, H.W. & Rogner, J. (1982). Repression-sensitization as a central construct in coping research. In H.W. Krohne & L. Laux (Eds.), *Achievement, stress and anxiety* (S. 167–193). Washington: Hemisphere.

Lazarus, R.S. (1966). *Psychological stress and the coping process.* New York: McGraw-Hill.

Lazarus, R.S. (1982). Thoughts on the relation between emotion and cognition. *American Psychologist, 37,* 1019–1024.

Lazarus, R.S. (1991a). *Emotion and adaptation.* New York: Oxford University Press.

Lazarus, R.S. (1991b). Cognition and motivation in emotion. *American Psychologist, 46,* 352–367.

LeDoux, J.E. (1995). Emotion: Clues from the brain. *Annual Review of Psychology, 46,* 209–235.

Lewinsohn, P.H. (1974). A behavioral approach to depression. In R.J. Friedmann & M.M. Katz (Eds.), *The psychology of depression: Contemporary theory and research* (pp. 157–186). Washington, DC: Winston.

Matthews, K.A. (1988). Coronary hart disease and type A behaviors. *Psychological Bulletin, 104,* 373–380.

McNally, R.J. (1987). Preparedness and phobias: A review. *Psychological Bulletin, 101,* 283–303.

Metalsky, G.I., Joiner, T.E., Hardin, T.S. & Abramson, L.Y. (1993). Depressive reactions to failure in a naturalistic setting: A test of the hopelessness and self-esteem theories of depression. *Journal of Abnormal Psychology, 102,* 101–109.

Morris, W.N. & Reilly, N.P. (1987). Toward the self-regulation of mood: Theory and research. *Motivation and Emotion, 11,* 215–249.

Pekrun, R. (1988). *Emotion, Motivation und Persönlichkeit.* München: Psychologie Verlags Union.

Pekrun, R. (1992a). Expectancy-value theory of anxiety: Overview and implications. In D.G. Forgays, T. Sosnowski & K. Wrzewsniewski (Eds.), *Anxiety: Recent trends in self-appraisal, psychophysiological and health research* (pp. 23–41). Washington, DC: Hemisphere.

Pekrun, R. (1992b). The impact of emotions on learning and achievement: Towards a theory of cognitive/motivational mediators. *Applied Psychology: An International Review, 41,* 359–376.

Reisenzein, R. (1983). The Schachter theory of emotion: Two decades later. *Psychological Bulletin, 94,* 239–264.

Robins, C.J. (1988). Attributions and depression: Why is the literature so inconsistent? *Journal of Personality and Social Psychology, 54,* 880–889.

Sarason, I.G. (Ed.). (1980). *Test anxiety.* Hillsdale, NJ: Erlbaum.

Scherer, K.R., Wallbott, H.G. & Summerfield, A.B. (1986). *Experiencing emotion: A cross-cultural study.* Cambridge: Cambridge University Press.

Singer, J. (1978). *Fantasie und Tagtraum.* München: Pfeiffer.

Weiner, B. (1985). An attributional theory of achievement motivation and emotion. *Psychological Review, 92,* 548–573.

Weisse, C.S. (1992). Depression and immunocompetence: A review of the literature. *Psychological Bulletin, 111,* 475–489.

Wenzlaff, R.M. (1993). The mental control of depression: Psychological obstacles to emotional well-being. In D.M. Wegner & J.W. Pennebaker (Eds.), *Handbook of mental control* (pp. 239–257). Englewood Cliffs, NJ: Prentice Hall.

30.3 Emotionsstörungen: Intervention

Christoph Kraiker und Reinhard Pekrun

Inhaltsverzeichnis

1. Einleitung

Von emotionalen Störungen spricht man dann, wenn Inhalte, Häufigkeit, Intensität und Dauer bestimmter Emotionen nach gesellschaftlicher, klinischer oder subjektiver Einschätzung unangemessen sind (vgl. Kap. 30.1/Emotionsstörungen: Klassifikation/Diagnostik). Daraus folgt, daß die therapeutische Beeinflussung gestörter Emotionen diese erwähnten Eigenschaften zu ändern hat. Allerdings ist es schwierig, Emotionen direkt zu beeinflussen. Wenn man eine Funktion nicht unmittelbar ändern kann, dann wird man versuchen, dies über eine Modifikation ihrer Antezedenzbedingungen zu tun. Die Antezedenzbedingungen emotionalen Verhaltens sind dispositionelle Eigenschaften des Organismus auf der einen Seite und aktuell auslösende Prozesse auf der anderen Seite. Auslösende Prozesse können dem Organismus zustoßen (etwa externe Stimuli) oder sie können selbstgeneriert sein. Selbstgenerierte Auslöser sind kognitive Prozesse wie imaginative Repräsentationen, d. h. Vorstellungen und Erin-

nerungen von realen oder möglichen Ereignissen, Bewertungen, Attributionen und anderes. Die alte Kontroverse, ob Bewertungen immer einer Emotion vorausgehen, wie R.S. Lazarus mit Nachdruck betont (z.B. 1984) oder ob sie auch ohne kognitive Vermittlung ausgelöst werden können (Zajonc, 1984; LeDoux, 1995; Kap. 30.2/Emotionsstörungen: Ätiologie, Bedingungsanalyse) löst sich möglicherweise insofern auf, als selbst Lazarus seit einiger Zeit die Existenz automatischer und unbewußter Bewertungen (appraisals) annimmt (1991a; 1991b). Der Begriff der Bewertung umfaßt dann so ziemlich alles vom abwägenden Nachdenken bis hin zum vollautomatischen Reizfilter.

Das Ziel therapeutischer Maßnahmen ist prinzipiell die Änderung der Reaktions-Dispositionen; man möchte z.B., daß die Phobikerin wie andere Menschen keine oder nur geringe Angst entwickelt in für sie bislang kritischen Situationen. Man würde es nur unter speziellen Bedingungen als eine akzeptable Notlösung empfinden, wenn man ihr zeigte, wie sie solche Situationen erfolgreicher als bisher vermeiden kann; und man würde es auch nur als Notlösung empfinden, wenn etwa die Ängste im Moment ihrer Entstehung lediglich unterdrückt würden, etwa durch Medikamente, Atemübungen, Entspannung, oder ähnliches. Dispositionen sind keine Handlungen, und man kann sich nicht einfach entschließen, andere zu haben als die, die man hat. Dispositionen, jedenfalls psychische, ändern sich im Verlauf länger andauernder Prozesse durch die Einwirkung bestimmter Ereignisse. Das Auftreten von Emotionen wird beim Vorliegen entsprechender Dispositionen kontrolliert durch:

– die Wahrnehmung von emotionsrelevanten Ereignisse oder Handlungen (von einfachen unkonditionierten oder konditionierten Stimuli bis hin zu komplexen sozialen Situationen);
– die Repräsentation solcher Ereignisse oder Handlungen in der Erinnerung oder der imaginativen Antizipation;
– die Bewertung dieser Ereignisse auf verschiedenen Dimensionen, wobei in allen Modellen primäre und sekundäre Bewertungen unterschieden werden, die Unterscheidungen aber unterschiedlich konzeptualisiert werden (vgl. Lazarus, 1991; Kap. 30.2/Emotionsstörungen: Ätiologie/Bedingungsanalyse). Symptomstreß in der Rational-Emotiven Therapie dagegen bedeutet eine negative Reaktion auf das emotionale Geschehen wie z. B. Niedergeschlagenheit als Folge von Prüfungsangst oder Selbstabwertung als Konsequenz eines Wutanfalles (Walen, DiGiuseppe & Wessler, 1980), wobei sowohl die auslösenden Emotionen wie auch die konsekutiven durch (wenn auch unterschiedliche) Kognitionen veranlasst werden;
– die Bewertung der eigenen Fähigkeiten, den Anforderungen dieser Ereignisse gerecht zu werden (sog. Coping);
– somatische Faktoren wie z. B. Drogeneinflüsse.

Die verschiedenen Konzepte wollen wir hier nicht im einzelnen beleuchten. Generell soll festgehalten werden, daß unter bestimmten Umständen mehrere (perzeptive, kognitive, reflexhafte) Dispositionen sich in einer Reihe entsprechender aktueller Prozesse (z. B. physiologische Aktivierung, automatische Gedanken, Phantasieren) manifestieren, die ihrerseits die emotionale Antwort auslösen und aufrechterhalten, so daß die Modifikation der Emotion zunächst den Umweg über die Modifikation jener Dispositionen nehmen muß, die zu kausal relevanten Antezedenzbedingungen der Emotionsentstehung führen.

In einer geringfügigen Erweiterung des Schemas von Pekrun (vgl. Kap. 30.2/Emotionsstörungen: Ätiologie/Bedingungsanalyse) seien diese Dispositionen hier aufgelistet:

– Empfänglichkeit für die Wirkung von unbedingten und bedingten Reflexen.
– Wahrnehmungsstil
– Informationsverarbeitung
– Kausalattribution
– Selbstkonzept und Kompetenzerwartung
– Ereigniserwartungen und Valenzen
– somatische Dispositionen.

Diese Kategorien sind eine Elaboration der vorher genannten Aspekte, überschneiden sich jedoch teilweise, so wie die eingesetzten Modifikationstechniken fast immer übergreifende Auswirkungen haben. Im folgenden sollen nun einige Techniken der Änderung entsprechender Dispositionen vorgestellt werden.

2. Beeinflussung durch Konditionierung und Löschung

Bedingte und unbedingte Reflexe können durch Umkonditionierung geändert werden. Im Falle unbedingter Reflexe kann dies durch die Etablierung inkompatibler positiver oder aversiver Reflexe geschehen (selten!), bei bedingten Reflexen durch Löschung, sei es stellvertretend in der Imagination (Prinzip der funktionalen Ähnlichkeit von Imagination und Wahrnehmung), sei es in der Realität. Da reine Reflexe (welcher Art auch immer) im Bereich des emotionalen Geschehens bei Menschen kaum isolierbar sein dürften (außer vielleicht bei Säuglingen), da immer komplexe Interaktionen mit kognitiven Vorgängen, Suggestionen usw. vorliegen, sind auch die angewandten Umkonditionierungstechniken komplexer und schwerer zu interpretieren, als es meist dargestellt wird. Am nächsten kommt einem solchen Verfahren die sog. Systematische Desensibilisierung (Wolpe, 1958), bei der in der (realen oder imaginativ vermittelten) Gegenwart angstauslösender Reize Maßnahmen gesetzt werden, die Entspannung bewirken. Lerntheoretisch läßt sich dies am ehesten als Löschung und Löschungsgeneralisierung unter optimierten Bedingungen oder als reziproke Hemmung (Wolpes Auffassung) bzw. als Umkonditionierung (Entspannungsreaktionen treten an Stelle von Angstreaktionen) interpretieren. Tatsächlich ist der Wirkmechanismus aber unbekannt, da es sich auch um ein implizites Bewältigungstraining handeln könnte, oder um kognitive Umstrukturierungen im Verlauf therapeutischer Gespräche (der Klient lernt zum Beispiel, daß viele andere Personen ähnliche Angstprobleme haben, daß er nicht verrückt ist, daß der Therapeut ihn trotzdem respektiert usw.).

Damit wird deutlich, daß selbst bei engumschriebenen Interventionstechniken vielerlei Prozesse in Gang gesetzt werden können. Dies gilt mutatis mutandis auch für eine weitere Umkonditionierungstechnik, die sog. Reizüberflutung (flooding), bei der Klienten wiederholt den angstauslösenden Stimuli über längere Zeit (meist ein bis zwei Stunden) ausgesetzt werden (Marks, 1969). So konnten etwa van Hout, Emmelkamp und Scholing (1994) feststellen, daß in einer Expositionstherapie bei Panikstörung mit Agoraphobie die Anzahl der negativen Selbstaussagen der beste Prädiktor für den therapeutischen Erfolg war. Sie leiten daraus den Vorschlag ab, die Therapie nicht nur so lange fortzusetzen, bis die subjektive und physiologische Erregung abgeklungen sei, sondern auch bis zum Verschwinden der negativen Selbstaussagen.

Bei der Untersuchung der neurophysiologischen Basis von Ängsten kam LeDoux zu dem Ergebnis, daß die Amygdala im Limbischen System eine zentrale Rolle spiele. Ihr Input kann direkt vom Thalamus kommen oder über einen thalamo-kortikalen Pfad. «The thalamic pathway is sufficient for the rapid triggering of emotion by simple stimulus features (as in simple conditioning), whereas the cortical pathway appears to be needed for emotional reactions coupled to perceptually complex stimulus objects (as in differential conditioning» (1995, S. 213). Danach könne eine emotionale Reaktion auch ohne Input von kognitiven Systemen entstehen; so seien etwa sehr frühe Traumatisie-

rungen im deklarativen, bewußten Gedächtnis nicht enthalten, da zum Zeitpunkt ihres Entstehens die dazu notwendigen Strukturen des Hippocampus noch nicht ausgereift sind. Daraus folgt, wie Pekrun (vgl. Kapitel 30.2/ Emotionsstörungen: Ätiologie/Bedingungsanalyse) herausstellt, daß in solchen Fällen Erinnerungen aufdeckende Therapien wahrscheinlich wenig erfolgversprechend sind. Von der Amygdala vermittelte emotionale Erinnerungen seien auch nicht eliminierbar, sondern könnten lediglich kortikal gehemmt werden. Er folgert: «The role of therapy may be to allow the cortex to establish more effective and efficient links with the amygdala (a. a. O. S. 229). Die Frage ist natürlich, wie man das macht. Unmittelbare Hinweise für eine differentielle Therapieindikation ergeben sich daraus nicht. So lassen sich etwa sehr gute Erfolge bei Bulimie und Agoraphobie durch einfache Reizüberflutung erzielen, obwohl diese Störungen spät im Leben entstehen und massiv durch kognitive Prozesse beeinflußt werden (Jansen, Broekmate & Heymans, 1992; Emmelkamp, 1994).

3. Beeinflussung durch Wahrnehmungsveränderung

Unbeschadet der Tatsache, daß sich jedenfalls beim Menschen die «reine» Wahrnehmung von der Interpretation des Wahrgenommenen nicht säuberlich trennen läßt, zielen einige Interventionen primär auf die Wahrnehmungsinhalte. So kann trainiert werden, die Wahrnehmung externer Realität überhaupt aufrechtzuerhalten, statt den Fokus auf angstmachende propriozeptive Körperempfindungen oder negative imaginative Abläufe zu richten. Ferner kann trainiert werden, in komplexen Situationen (z. B. Prüfungssituationen oder öffentliches Auftreten) die Wahrnehmung nicht auf beunruhigende Aspekte zu lenken (vgl. **Kasten 1**), sondern auf die förderlichen und Sicherheit gebenden (also nicht auf die gelangweilten Zuhörer, sondern auf die interessiert und freundlich dreinschauenden), wobei auch erotische bzw. andere angenehme Stimuli häufig als angsthemmend eingesetzt werden können.

In diesem Zusammenhang ist ein Verhalten von Bedeutung, das man «phobisches Oszillieren» nennen könnte: das ständige Schwanken zwischen Zuwendung zum und Abwendung vom angstauslösenden Reiz. Man stelle sich eine Spinnenphobikerin vor, die sowohl die Augen umherschweifen läßt, um Spinnen zu erkennen, die sie aber angewidert und entsetzt schließt, sobald sie eine Spinne sieht. Der Mechanismus ist gerade hier unmittelbar nachvollziehbar: die angstmachende Situation ist ein Problem, dem man sich zuwenden muß, um es lösen zu können, von dem man sich aber auch abwenden muß, da es große Angst macht. Die mögliche Konsequenz ist ein sich ständig wiederholender Zirkel: Man kann das Problem nicht auf sich beruhen lassen, da es ungelöst ist, und man kann es nicht lösen, da man sich immer wieder davon abwendet. In der psychohygienischen Alltagspragmatik kann eine Förderung der Wahrnehmungsvermeidung (eine Art proximaler Stimuluskontrolle) durchaus von Nutzen sein: «Schau nicht nach unten», sagt man dem Bergsteiger oder dem Dachdecker. Während es aber in der psychologischen Intervention durchaus Fälle geben mag, bei denen ähnliches sinnvoll ist (etwa das oben erwähnte Beispiel öffentlichen Redens), wird dort normalerweise gerade die gezielte Wahrnehmung, das «ins Auge fassen» gefördert werden, denn nur so kann eine Bewältigung (sei es durch «coping», Löschen oder ähnliches) erreicht werden.

Eine besondere Form der Wahrnehmungsverzerrung ist die Abwendung von den eigenen Gefühlen (und Bedürfnissen), wenn diese negativ bewertet werden, deshalb aversiv sind und so Vermeidungsverhalten auslösen, nämlich Vermeidung der Wahrnehmung des eigenen Zustandes. Die Aufhebung einer solchen Ver-zerrung ist ein zentrales Anliegen psychoanalytischer Therapie, und so ist auch ihre zentrale Technik die Deutung, das heißt das Zeigen auf etwas, was man noch nicht wahrgenommen hat. Direkte Techniken zur Aufhebung dieses Verlustes des Kontaktes zur eigenen Person hat insbesondere die Gestalttherapie entwickelt, die dazu eine Reihe von Awareness-Übungen bereitstellt wie etwa das Prinzip des Hier und Jetzt, Verwendung der Ich-Sprache, Verstärkung des emotionalen Ausdruckes, Übertreibungsspiele, imaginatives Durchleben affektiv getönten Erfahrungen. Wir sind hier konfrontiert mit dem eigenartigen Phänomen, daß fundamentale Prinzipien der Intervention sich zu widersprechen scheinen. So steht das Prinzip der emotionalen Hemmung gegen das Prinzip, den Emotionsausdruck zu fördern; die Forderung, die Wahrnehmung nach außen zu richten statt auf den eigenen Zustand steht gegen das gestalttherapeutische Prinzip, Awareness der eigenen Person zu verstärken und zu pflegen. Obwohl natürlich bei Störungen exzessiver Emotionalität das Ziel der Intervention letztlich immer eine Reduktion der Intensität dieser Emotion ist, so gibt es offenbar doch verschiedene Wege, die zu diesem Ziel führen. Konfrontation mit dem Auslöser dieser Emotion ist immer erforderlich (auch wenn dies in verschiedenen Therapieformen unterschiedlich gehandhabt und konzeptualisiert wird), und wenn der Auslöser für eine Emotion eine andere Emotion ist, so muß eben diese konfrontiert, das heißt wahrgenommen und akzeptiert werden. Daß die Gestalttherapie mit dieser Vorgehensweise Erfolg haben kann, zeigen die Metaanalysen von Grawe, Donati und Bernauer (1994) sowie von Bretz, Heekerens und Schmitz (1994), auch

---

Kasten 1
Beispiel für Wahrnehmungsbeeinflussung

Ein Beispiel (im Zusammenhang mit anderen Interventionen): Der Therapeut geht mit einem Mann, der agoraphobische Ängste hat, in einem belebten Park spazieren und gibt dabei folgende Instruktionen: «Gehen Sie ganz ruhig, ganz gelassen, ganz entspannt. Lassen Sie Ihre Arme schwerer werden, lassen Sie die Schultern entspannt herabsinken und gehen Sie mit erhobenem Kopf. Sagen Sie sich im-mer wieder im Inneren: Laufen ist gut für meinen Körper, die Anspannung kann ich ertragen. Und jetzt schauen Sie sich um, schauen Sie, wo Sie sind, betrachten Sie Ihre Umgebung. Beschreiben Sie mir, wie die Wiese aussieht (P. tut es) … beschreiben Sie mir, was für Bäume es hier gibt … beschreiben Sie mir den kleinen Tempel …»

wenn die Fragen nach der differentiellen Therapie-indikation und der Dauerhaftigkeit des Effektes noch nicht beantwortbar sind.

Ähnliche Überlegungen tauchen auch in der Verhaltenstherapie auf, die ja normalerweise eine Kontrolle negativer Emotionen anstrebt. Das kann aber auch u. U. als (aktives) Vermeidungsverhalten angesehen werden, welches die Konfrontation verhindert. Ein anderer Weg ist das Akzeptieren. Forsyth und Eifert (1996) beschreiben dies so: «Whereas nonacceptance generally refers to an unwillingness to experience unpleasant thoughts, feelings, and other private events believed to be the primary problem for the client, acceptance involves allowing thoughts and feelings to occur without any attempt to control them, that is, acceptance entails giving up or letting go of the struggle to change or to control». Auf vergleichbarer Grundlage beruht das Prinzip der «Paradoxen Intention» , die Anweisung, das Erscheinen der gefürchteten Emotion herbeizuwünschen (Frankl, 1975) und anderer paradoxer, d. h. symptom-provozierender Techniken.

4. Beeinflussung durch Änderung der Informationsverarbeitung

Ein wesentlicher Aspekt dieses umfangreichen Gebietes ist das imaginativ-antizipatorische Probehandeln. Von besonderer Bedeutung im klinisch-psychologischen Bereich sind hier Katastrophenphantasien und Versagensphantasien, eine Art Vorangst, die Kehrseite der Vorfreude. Den meisten vertraut ist das «Nicht-Abschalten-Können» (eben der Gedanken und Phantasien), etwa wenn nachts der antizipierte Schrecken des kommenden Tages den Menschen am Einschlafen hindert. Unspezifische Beeinflussungsmöglichkeiten sind auch der Alltagspsychologie vertraut: Das Sich-Beschäftigen mit etwas Einfachem und Vertrautem, das ihn so weit absorbiert, daß die herumvagabundierende Phantasietätigkeit zur Ruhe kommt. Zu solchen Techniken gehören Mantras (die ständige Wiederholung bestimmter sinnloser oder auch sinnvoller Laute), das Sprechen immer wiederholter Gebete (z. B. Rosenkranz oder Litaneien), und auch die Formeln des autogenen Trainings können eine derartige Wirkung haben. Spezielle Maßnahmen aus dem klinisch-psychologischen Bereich zielen kaum direkt auf die Phantasien ab, sondern auf die durch sie repräsentierten Bedrohungen. Hier kommen dann auch alle jene Strategien des Vermittelns von Fertigkeiten der Realitätsprüfung und des Umgangs mit eben jenen Bedrohungen zum Einsatz, die unten beschrieben werden.

Daneben sind von Interesse eher formale Defekte der Informationsverarbeitung, jene «logischen Fehler», die Aaron Beck mit verantwortlich macht für das Entstehen depressiver Verstimmung und der damit assoziierten Ängste. Wir haben es hier mit Defekten des induktiven Schließens zu tun. Beck und Greenberg (1979) beschreiben fünf Typen (vgl. Kap. 30.2/ Emotionsstörungen: Ätiologie/Bedingungsanalyse): Willkürliche Schlußfolgerungen, selektive Abstraktion, Übergeneralisierung, Magnifizierung (negativer Aspekte der Realität) und Minimisierung (positiver Aspekte) und Personalisierung.

Solche falschen Schlußfolgerungsstrategien können nicht nur depressive Stimmungen und Verhaltensweisen verursachen, sondern auch Angst, Wut, Ärger und andere emotionale Zustände. Die entsprechende Therapie ist eine rational-aufklärende: «Der Therapeut nimmt jedoch nicht von Anfang an an, daß die Schlußfolgerung des Patienten falsch sei, noch versucht er ihn auf Grund seiner eigenen Wahrnehmung der Tatsachen davon zu überzeugen, daß er Unrecht hat. Er gebraucht eher die «sokratische» Methode der Fragestellung (ein kleines Beispiel findet sich im Kap. 31.3/Motivationsstörungen: Intervention), um dem Patienten selber Äußerungen von Tatsachen zu entlocken, die zu genaueren Schlußfolgerungen führen» (Beck &Greenberg, 1979).

Die Ergebnisse mehrerer Studien zeigen, daß mit verhaltensorientierter wie kognitiver Therapie auch bei geringer Sitzungsanzahl eine drastische Reduktion depressiver Störungen erzielt werden kann. Unterschiedliche Effektivität von Verhaltensmodifikation einerseits und kognitiver Therapie andererseits sind nicht klar nachgewiesen (vgl. **Kasten 2**).

Dieser letzte Befund allerdings ist kritisch zu sehen. Für eine Verallgemeinerung sind nämlich in vielen Studien die Stichproben zu klein.

Darüber hinaus wurden die Therapien teilweise von den Untersuchern selbst durchgeführt (z. B. bei Wilson, Goldin & Charbonneau-Powis, 1983); grundlegende Prinzipien kontrollierter klinischer Studien sind damit verletzt (vgl. Kap. 20/Methodik der Interventionsforschung).

Schließlich ist zu bedenken, daß auch verhaltensorientierte Behandlungen meistens kognitive Interventionselemente enthalten. Das Verhalten des Klienten wird im Verlauf der Sitzungen normalerweise ausführlich diskutiert. In der Studie von Wilson et al. (1983) (s. **Kasten 2**)

Kasten 2

Eine Untersuchung zur relativen Effektivität von kognitiver Therapie und Verhaltensmodifikation (Wilson, Goldin & Charbonneau-Powis, 1983)

Fragestellung

Die AutorInnen gingen der Frage nach, ob kognitive Therapie oder Verhaltensmodifikation erfolgreicher bei der Therapie depressiver Störungen ist. Hintergrund war eine Kritik an älteren Vergleichsstudien, in denen die jeweiligen Behandlungsbedingungen für kognitive und verhaltensorientierte Therapie nicht vergleichbar waren, da sich z. B. Therapieintensität oder Format der Behandlung (Gruppen- vs. Einzeltherapie) unterschieden. Dementsprechend sollte versucht werden, außer dem Behandlungsinhalt alle anderen erfolgsrelevanten Faktoren konstant zu halten.

Methode

• *Stichprobe:* Die Stichprobe bestand aus 25 erwachsenen Einwohnern Sidneys mit unipolarer Depression, die sich auf Ankündigungen eines Therapieprogramms hin gemeldet hatten. 8 von ihnen wurden mit kognitiver Therapie behandelt, 8 mit Verhaltensmodifikation, und 9 wurden einer Warteliste zugeordnet und dienten damit als Kontrollgruppe.

• *Intervention:* Die kognitive Therapie bestand aus acht Einzelsitzungen, in denen im Sinne der Therapie von Beck et al. (1979) negative Stile der Informationsverarbeitung zunächst identifiziert und dann kritisch diskutiert wurden. Gleichzeitig sollten die Klienten ihre Gedanken und Stimmungen täglich anhand entsprechender Häufigkeitslisten aufzeichnen und sich dabei des Zusammenhangs von Denken und Emotionen bewußt werden. In der ebenfalls aus acht Einzelsitzungen bestehenden Verhaltenstherapie wurden a) typische Verhaltensweisen des Klienten diskutiert, und

b) von Sitzung zu Sitzung die Aufgabe gegeben, spezifizierte, als angenehm eingestufte Aktivitäten auszuführen (z. B. einen Freund anzurufen). Außerdem hatten die Klienten c) ähnlich wie in der kognitiven Therapie täglich ihre Stimmungen, daneben aber statt ihrer Kognitionen die jeweils ausgeführten Tätigkeiten aufzuzeichnen.

• *Untersuchungsverfahren:* Als Maße für den Therapieerfolg dienten das Depressionsinventar von Beck (1978); ein Fragebogen zu irrationalen Überzeugungen; ein Stimmungsfragebogen; sowie Einschätzungen von Häufigkeit und positiver bzw. negativer Wertigkeit von Alltagsereignissen und Gedanken. Diese Maße wurden kurz vor und nach der Behandlung (Prä- und Posttest) sowie bei einer Nachuntersuchung fünf Monate nach Therapieende erhoben.

Ergebnisse

Zwischen Prätest und Posttest zeigte sich in beiden Behandlungsgruppen eine wesentliche, größtenteils auch signifikante Reduktion der Werte für irrationale Überzeugungen, negative Ereignisse, negative Gedanken und Gesamtausmaß von Depression sowie ein Anstieg der Werte für positive Ereignisse und positive Gedanken. Die Depressionswerte lagen auch sechs Monate nach Behandlungsende deutlich unter den Prätestwerten. Diese Veränderungen zeigten sich jeweils nur für die beiden Behandlungsgruppen, nicht aber für die Kontrollgruppe; zwischen den beiden Behandlungsgruppen zeigten sich kaum Unterschiede im Therapieerfolg.

hatte der Patient die Aufgabe, Zusammenhänge von Verhalten und Stimmungen kognitiv durchzuarbeiten (s. o.). Verglichen wurden in dieser Studie in mancher Hinsicht eher zwei Varianten kognitiver Therapie, von denen eine Stimmung primär in Relation zu Kognitionen, die andere zu Verhalten setzte. Angesichts der engen funktionalen Verknüpfung von Kognition, Emotion und Verhalten ist dabei anzunehmen, daß ein Fokussieren auf zwei dieser Größen die jeweilige dritte Größe ebenfalls in die Aufmerksamkeit des Klienten rückt; es ist anzunehmen, das *beide* Behandlungsvarianten Verknüpfungen von Kognitionen, Emotionen und Verhalten restrukturieren.

5. Beeinflussung durch Umattribuierung

Ausgangspunkt ist die Analyse der Attributionsstile in Zusammenhang mit der neuformulierten Theorie der erlernten Hilflosigkeit (vgl. Kap. 30.2/Emotionsstörungen: Ätiologie/Bedingungsanalyse). Trainingsprogramme zielen darauf, Kausalattributionen von negativen Ereignissen in eine nicht pathogene Richtung hin zu verändern, also von internen zu externen, von stabilen zu vorübergehenden, von globalen zu spezifischen Ursachen. Dies kann durch spezielle Übungen geschehen, in denen die Patienten angeleitet werden, jede Woche einige Beispiele emotionaler Fehlreaktionen zu analysieren, dafür andere Ursachen zu suchen als die bisher angenommenen und diese schriftlich festzuhalten (z. B. Beck et al., 1979). Umattribuierung (reattribution) richtet sich gegen Selbstabwertung des Klienten, aber auch gegen einseitige Interpretationen der Handlungsweisen anderer, die für Ärger, Zorn, Eifersucht und ähnliches verantwortlich sein können.

Ein wichtiger Gegenstand der Umattribuierung ist die Intervention bei dem schon erwähnten sog. «Symptomstreß» (Ellis, 1979), dem Leiden an den eigenen Symptomen. Viele Patienten machen z. B. «Verrücktsein» für phobische Reaktionen verantwortlich (eine interne, globale, stabile Attribution), was das Leiden noch verstärkt. Im Verlauf einer Umattribuierung würde man zeigen, daß die Symptome Konsequenzen einer bestimmten Lebensge-schichte mit bestimmten Erfahrungen sind (externe Ursachen), daß die Symptome kein Zeichen von weitergehender Psychopathologie sind (spezifische Ursachen), und daß sie durch geeignete Maßnahmen geändert werden können (vorübergehende Ursachen).

Als Beispiel für das therapeutische Vorgehen der Umattribuierung (und ähnlicher Maßnahmen) ist die deutsche Fassung eines kurzen Fallberichts in **Kasten 3** beschrieben.

Der Begriff der Umattribuierung wird auch verwendet im Zusammenhang mit Clarks (1986, 1988) kognitivem Modell der Panik. Die falsche Attribuierung betrachtet die körperlichen und subjektiven Symptome von Angst als Anzeichen für eine bevorstehende Katastrophe wie Kontrollverlust, Atemstillstand, Ohnmacht, oder Tod durch Herzversagen. Durch Reattributionstraining lernen die Patienten, diese Symptome als sozusagen normale Begleiterscheinungen von starker Angst und Erregung zu betrachten, die wieder vergehen und keine Vorboten drohenden Desasters sind. Beispiele für Reattribuierung körperlicher Empfindungen in der Einzeltherapie schildern Salkovskis, Clark und Hackmann (1991), für Reattribuierung affektiver Reaktionen in der Gruppentherapie Belfer, Munoz, Schachter und Levendusky (1995).

6. Beeinflussung durch Änderung von Selbstkonzept und Kompetenzerwartung

Von zentraler Bedeutung ist der Begriff der «self-efficacy-expectations» von Bandura (1977, 1986) und seinen Mitarbeitern, der die Überzeugungen einer Person bezüglich der eigenen Handlungskompetenz, der eigenen Fähigkeit zur Realisierung von schwierigen Handlungen bezeichnet (verwandt mit dem Begriff des «Selbstvertrauens» bei Alfred Adler). Unfähigkeitsvermutungen können deshalb in entsprechenden Situationen zu Angst, aber auch zu Ärger, Wut, Verzweiflung usw. führen.

Die Art der Intervention wird auch davon abhängen, ob die Kompetenz tatsächlich fehlt, oder ob sie zwar existiert, aber fälschlicherweise als nicht vorhanden eingeschätzt wird. Im ersten Fall können verschiedene Formen des verhaltensorientierten «Bewältigungstrainings»

Kasten 3
Umattribuieren: Fallbeispiel

Ein Bankmanager von 51 Jahren war in einem Zustand tiefer Niedergeschlagenheit, da er sich in seiner Arbeit für inkompetent hielt. Hier ein Ausschnitt aus der Therapiesitzung:

P: Sie machen sich keine Vorstellung, was für einen Mist ich gebaut habe. Ich habe wieder einen so großen Fehler gemacht, daß mich die Bank eigentlich entlassen müßte.

T: Was für ein Fehler war das?

P: Ich habe einen Kreditantrag akzeptiert, der sich als ein Desaster erwies.

T: Wie kam es denn dazu?

P: Ja, es sah eigentlich alles gut aus; gute Referenzen, hohe Kreditwürdigkeit, aber ich hätte wissen müssen, daß es Probleme geben würde.

T: Hatten Sie alle relevanten Informationen, als Sie den Kreditantrag prüften?

P: Damals nicht, aber sechs Wochen später. Ich verdiene mein Geld, um gewinnbringende Entscheidungen zu treffen, nicht, um das Geld der Bank zu verschleudern.

T: Ich verstehe diese Haltung, aber ich möchte mit Ihnen jetzt die Informationen durchgehen, die Sie zum Zeitpunkt der Entscheidung hatten, nicht was Sie sechs Wochen später wußten.

Die gemeinsame Analyse der Entscheidungsgrundlagen machte dem Patienten deutlich, daß er sich aufgrund solider Prinzipien für den Kreditantrag entschieden hatte. Er erinnerte sich sogar, den finanziellen Hintergrund des Kunden gründlich untersucht zu haben, eine Tatsache, die ihm entfallen war (Beck et al., 1979, eigene Übers.). Diese Art der Umattribuierung verlagert die Ursachen eines Desasters nach außen und stellt so das Gefühl eigener Kompetenz wieder her.

(Coping) eingesetzt werden, z. B. Streßimpfung (Meichenbaum, 1977), Selbstsicherheitstraining (Ullrich de Muynck & Forster, 1974; Lange & Jakubowski, 1976), Training bei Prüfungsangst (Florin & Rosenstil, 1976) etc. Dies wäre auch im zweiten Fall möglich, wäre aber meist unnötig aufwendig, so daß man hier in direkter kognitiver Umstrukturierung in Form von systematischer Reflexion (Vergegenwärtigen von Situationen, in denen man das Problem schon bewältigt hat, Selbstinstruktionstraining etc.) arbeiten könnte (vgl. Goldfried, Linehan & Smith, 1978; Biran & Wilson, 1981; Bandura, 1986).

Es ist deutlich, daß starke Überschneidungen zwischen den verschiedenen theoretischen Formulierungen bestehen. Seligmans Attributionstheorie (Seligman, Abramson, Semmel & von Baeyer, 1979) und Banduras Begriff der Self-Efficacy beschäftigen sich beide mit den subjektiven Einschätzungen der eigenen Handlungskompetenz bzw. -inkompetenz, und auch Becks

Formulierung des negativen Selbstbildes (die Überzeugung, daß man wertlos und inkompetent sei) als Teil der kognitiven Triade beschäftigt sich mit dem gleichen Thema. Dementsprechend sind die daraus abgeleiteten therapeutischen Maßnahmen, nämlich verhaltensorientiertes «Coping» und kognitive Umstrukturierung, sehr ähnlich.

Um nicht allzu übermütig zu werden, sei hier noch der «depressive Realismus» erwähnt, die Auffassung, daß Depressive ihr Ausmaß an Kontrolle und ihr Sozialverhalten realistischer einschätzen als Normale, denen eine Tendenz zu optimistischer Verzerrung der Wahrnehmung nachgesagt wird. Gründe für diese Annahme und die empirische Basis werden diskutiert etwa von Alloy und Abramson (1979, 1988) sowie Lewinsohn, Mischel, Chaplin und Barton (1980); dagen spricht die Arbeit von Janning, Klingberg und Engerding (1993). Wie so oft, ist hier das letzte Wort noch nicht gesprochen.

7. Beeinflussung durch Änderung von Ergebnis-erwartungen und Valenzen

Erwartungen beziehen sich auf die subjektiven Wahrscheinlichkeiten, mit denen bestimmte Ereignisse unter bestimmten Bedingungen Realität werden, *Valenzen* auf die Bewertung dieser Ereignisse. Aversive Emotionen können entstehen, wenn Ereignissen eine unrealistisch hohe Auftretenswahrscheinlichkeit zugeordnet wird und gleichzeitig eine unangemessen negative Bewertung (vgl. Kap. 30.2/Emotionsstörungen: Ätiologie/Bedingungsanalyse). Die Intervention kann wiederum kognitiv oder konkret erfolgen: Man kann mit dem Flugphobiker argumentieren und ihm zeigen, daß er angstfrei Auto fährt und dies objektiv viel gefährlicher ist als zu fliegen. Man kann den Patienten aber auch immer wieder in die gefürchtete Situation hineinführen und ihm so die Erfahrung vermitteln, daß die gefürchteten Konsequenzen nicht auftreten oder nicht so schlimm sind wie angenommen. Dies kann in abgestufter Form geschehen («in vivo» Desensibilisierung) oder in massierter, langandauernder Konfrontation (Reizüberflutung), wie im Zusammenhang mit Umkonditionierungstechniken bereits geschildert wurde. Es handelt sich um die gleiche Strategie wie dort, aber ihr Wirkmechanismus wird anders interpretiert (nämlich kognitiv).

Hier wird eine allgemeine Problematik der Verwendung kognitivistischer Terminologie deutlich: ihre Schlüsselbegriffe sind primär auf denkende Wesen anwendbar und legen daher logisch-sprachliche Argumentationen als geeignete Intervention nahe, obgleich doch Einstellungen, Überzeugungen, Selbstkonzepte und ähnliches auch modifizierbar sind durch direkte Erfahrung, d.h. ohne diskursive Reflexionsprozesse. Tatsächlich gehören ja auch Verhaltensübungen zum Standardrepertoire kognitiv arbeitender Therapeuten (Beck, Ellis, Seligman). Das ist pragmatisch durchaus vernünftig, erschwert aber die Abschätzung der relativen Wirksamkeit kognitiver Arbeit im engeren Sinne verglichen mit der verhaltensorientierten.

8. Beeinflussung durch Änderung somatischer Faktoren

Man wird wohl annehmen müssen, daß eine somatische Prädisposition zu starker emotionaler Erregung förderlich ist für das Entstehen von emotionalen Störungen, z.B. für den Faktor emotionale Labilität bzw. «Neurotizismus» im Sinne Eysencks (Eysenck, 1957). Wir haben es hier mit Dispositionen zweiter Ordnung zu tun (Kraiker, 1980), d.h. mit der Bereitschaft, relativ leicht und schnell eine Disposition zu konditionierten Angstreaktionen zu entwickeln.

Die von Seligman (1971) vorgelegten Argumente, die für die Existenz einer vergleichbaren, von ihm «preparedness» genannten Prädisposition im Zusammenhang mit der Entstehung bestimmter Phobien sprachen, konnten wohl nur in einer vom Behaviorismus geprägten Umgebung so viel Aufsehen erregen, wie sie es getan haben. Es ist kein Mittel bekannt, um solche Prädispositionen auf sinnvolle Weise zu ändern, aber man kann die unspezifischen Auswirkungen modifizieren, die emotionale Erregtheit, die sich in Ärger, Wut, Aggressivität, Angst und schließlich auch in den physiologischen und morphologischen Konsequenzen zeigt. Der Wirkmechanismus solcher Maßnahmen ist letztendlich unbekannt, aber es gibt eine Reihe von pragmatisch bewährten Techniken der Dämpfung somatischer Erregung, die entweder allein oder im Kontext weitergehender psychotherapeutischer Maßnahmen eingesetzt werden können. Dazu gehören das Autogene Training (Vaitl, 1993), die Progressive Muskelentspannung (Ohm, 1992; Hamm, 1993), sowie Medikamente wie z.B. Benzodiazepine, wobei komplexe und wenig durchschaubare Interaktionseffekte entstehen (Telch, Agras, Taylor, Roth & Gallen, 1985).

Einerseits können direkte Auswirkungen vorliegen, die im Zusammenhang gesehen werden können mit jenen Emotionstheorien, die der unspezifischen Erregung oder Aktivierung (arousal) eine kausal relevante Rolle (z.B. Zajonc, 1980) oder sogar eine notwendige Funktion bei der Emotionsgenese zusprechen (z.B. Schachter & Singer, 1962). Eine Reduktion dieser Erregung wird daher mit großer Wahrscheinlichkeit auch eine Reduktion der Emotionsintensität bewirken. Andererseits könnten auf diese Weise günstige Bedingungen für die Entfaltung anderer Prozesse hergestellt werden, z.B. das Entstehen von größerem Mut zur Durchführung weitergehender Therapie, oder eine Art unsystematischer Immunisierung gegenüber Katastrophenphantasien (d.h., daß mehr oder weniger automatisch auftretende, angstmachende Vorstellungen durch Assoziation mit Entspannung ihre aufregende Wirkung verlieren; Goleman, 1971; Kirsch & Henry, 1979), oder einfach die Herstellung jenes Minimums an Konzentration, das für Imaginationsarbeit im Sinne der systematischen Desensibilisierung oder für das Wirksamwerden von Selbstinstruktionen notwendig ist.

Auf unspezifische somatische Erregungsprozesse zielende Maßnahmen medikamentöser und nichtmedikamentöser Natur bringen allein keine dauerhaften Erfolge im Sinne einer überdauernden Dispositionsänderung, jedenfalls wurden sie bisher nicht nachgewiesen. In Interaktion mit anderen Maßnahmen können sie jedoch eine wichtige und manchmal unverzichtbare Rolle spielen, wobei nicht ausgeschlossen werden kann, daß zu solchen zusätzlichen Maßnahmen auch spontan entstehende Bewältigungsstrategien des Patienten gehören, die vom Therapeuten weder geplant noch explizit eingeführt wurden.

Ob sich die Hoffnung von LeDoux erfüllen wird, daß auf der Basis des oben geschilderten Modells der Angstentstehung selektive medikamentöse Therapien entwickelt werden können (1995) wird sich zeigen. Bisher sind möglicherweise sinnvoll einsetzbare Medikamente eher zufällig gefunden worden (z.B. Imipramin bei Panikstörungen und Clomipramin bei Zwangsstörungen), und Metaanalysen zeigen durchweg, daß sie verhaltensorientierten Therapien unterlegen sind (Gould, Otto & Pollak, 1995; van Blakom, van Oppen, Vermeulen & van Dyck, 1994).

9. Schlußbemerkungen

Es ist deutlich geworden, wie sehr sich die verschiedenen Typen von Antezedenzbedingungen emotionaler Reaktionen und dementsprechend auch die dazugehörigen Interventionsmöglichkeiten überschneiden. Wenn wir das oben formulierte Schema aufgreifen und noch einmal versuchen, es unter einen etwas anderen Blickwinkel zu betrachten, dann können wir die verschiedenen kausal relevanten Faktoren den entsprechenden Interventionsmöglichkeiten gegenüberstellen (s. **Tab. 1**).

10. Literatur

Alloy, L. B. & Abramson, L. Y. (1979). Judgement of contingency in depressed and nondepressed students: Sadder but wiser? *Journal of Experimental Psychology: General, 108,* 441–485.

Alloy, L. B., Abramson, L. Y., Metalsky, G. I. & Hartlage, S. (1988). The hopelessness theory of depression: Attributional aspects. *British Journal of Clinical Psychology, 27,* 5–21.

Bandura, A. (1977). Self efficacy: toward a unifying theory of behavior change. *Psychological Review, 84,* 191–215.

Tabelle 1: Interventionsmethoden und ihre Indikation

Faktor	Intervention
(1) Situationsrepräsentationen (A) in der Wahrnehmung (B) in der Phantasie	Stimuluskontrolle (distal und proximal) Ablenkung (z.B. autogene Formeln)
(2) Situationsbewertung (A) als konditionierte Reaktion (B) kognitiv vermittelt	Umkonditionieren, Löschen Korrektur falscher Schlußfolgerungen, Realitätsprüfung
(3) Hilflosigkeitskognitionen	Bewältigungstraining, Umattribuierung
(4) Unspezifische Erregung (arousal)	Entspannungstraining, Medikamente

Bandura, A. (1986). Fearful expectations and avoidant actions as coeffects of personal self-inefficacy. *American Psychologist, 41,* 1389–1391.

Beck, A.T. (1978). *Depression Inventory.* Philadelphia: Center for Cognitive Therapy.

Beck, A.T. & Greenberg, R. (1979). Kognitive Therapie bei der Behandlung von Depressionen. In N. Hoffmann (Hrsg.), *Grundlagen kognitiver Therapie* (S. 177–203). Bern: Huber.

Beck, A.T., Rush, A.J., Shaw, B.F. & Emery, G. (1979). *Cognitive Therapy of Depression.* New York: Guilford Press.

Belfer, P.L., Munoz, L.S., Schachter, J. & Levendusky, P.G. (1995). Cognitive-behavioral group psychotherapy for agoraphobia and panic disorder. *International Journal of Group Psychotherapy, 45,* 185–206.

Biran, M. & Wilson, G.T. (1981). Treatment of phobic disorders using cognitive and exposure methods. *Journal of Consulting and Clinical Psychology, 48,* 886–887.

Bretz, H.J., Heekerens, H.P. & Schmitz, B. (1994). Eine Metaanalyse der Wirksamkeit von Gestalttherapie. *Zeitschrift für Klinische Psychologie, Psychotherapie und Psychosomatik, 42,* 241–260.

Clark, D.M. (1986). A cognitive approach to panic. *Behaviour Research and Therapy, 24,* 461–470.

Clark, D.M. (1988). A cognitive model of panic attacks. In S. Rachman, & J.D. Maser (Eds.), *Panic: Psychological Perspectives* (pp. 71–90). Hillsdale, N.J.: Erlbaum.

Ellis, A. (1979). *Theoretical and Empirical Foundations of Rational-Emotive Therapy.* Monterey/Cal.: Brooks/Cole.

Emmelkamp, P.M. (1994). Behavior therapy with adults. In A.E. Bergin, & S.L. Garfield (Hrsg.), *Handbook of psychotherapy and behavior change* (4th ed., pp. 379–427). New York: Wiley.

Eysenck, H.J. (1957). *The dynamics of anxiety and hysteria.* London: Routledge.

Florin, I. & Rosenstiel, Lv. (1976). *Leistungsstörungen und Prüfungsangst.* München: Goldmann.

Forsyth, J.P. & Eifert, G.H. (1996). The language of feeling and the feeling of anxiety: Contributions of the behaviorisms toward understanding the function-altering effects of language. *The Psychological Record, 46,* 607–649.

Frankl, V. (1975). Paradoxical intention and dereflection. *Psychotherapy: Theory, Research and Practice, 12,* 226–237.

Goldfried, M.R., Linehan, M.M. & Smith, J.L. (1978). Reduction of test anxiety through cognitive restructuring. *Journal of Consulting and Clinical Psychology, 46,* 32–39.

Goleman, D. (1971). Meditation as meta-therapy: Hypotheses toward a proposed fifth state of consciousness. *Journal of Transpersonal Psychology, 3,* 1–25.

Gould, R.A., Otto, M.W. & Pollack, M.H. (1995). A meta-analysis of treatment outcome for panic disorder. *Clinical Psychology Review, 15,* 819–844.

Grawe, K., Donati, R. & Bernauer, F. (1994). *Psychotherapie im Wandel – Von der Konfession zur Profession.* Göttingen: Hogrefe.

Hamm, A. (1993). Progressive Muskelentspannung. In D. Vaitl, & F. Petermann (Hrsg.), *Handbuch der Entspannungsverfahren* (Band I: Grundlagen und Methoden, S. 245–271). Weinheim: Psychologie Verlags Union.

Janning, M., Klingberg, S. & Engerding, M. (1993). Bewertung eigenen und fremden Sozialverhaltens: Depressiv = Realistisch? *Zeitschrift für Klinische Psychologie, 22,* 39–48.

Jansen, A., Broekmate, J. & Heymans, M. (1992). Cue-exposure vs self-control in the treatment of bunge eating: a pilot study. *Behaviour Research and Therapy, 30,* 235–241.

Kirsch, I. & Henry, D. (1979). Self-desensitization and meditation in the reduction of public speaking anxiety. *Journal of Consulting and Clinical Psychology, 47,* 536–541.

Kraiker, C. (1980). *Psychoanalyse, Behaviourismus, Handlungstheorie.* München: Kindler.

Lange, A.J. & Jakubowski, P. (1976). *Responsible assertive behavior.* Champaign, Ill.: Research Press.

Lazarus, R.S. (1984). On the primacy of cognition. *American Psychologist, 39,* 124–129.

Lazarus, R.S. (1991a). Cognition and motivation in emotion. *American Psychologist, 46,* 352–367.

Lazarus, R.S. (1991b). Progress on a cognitive-motivational-relational theory of emotion. *American Psychologist, 46,* 819–834.

LeDoux, J.E. (1995). Emotion: Clues from the brain. *Annual Review of Psychology, 46,* 209–235.

Lewinsohn, P.M., Mischel, W., Chaplin, W. & Barton, R. (1980). Social competence and depression: The role of illusory self-perceptions. *Journal of Abnormal Psychology, 89,* 203–212.

Marks, I.M. (1969). *Fears and phobias.* New York: Academic Press.

Meichenbaum, D.H. (1977). *Cognitive-behavior modification – An integrative approach.* New York: Plenum.

Ohm, D. (1992). *Progressive Relaxation – Einführung und Übungen.* Stuttgart: Trias.

Salkovskis, P.M., Clark, D.M. & Hackmann, A. (1991). treatment of panic attacks using cognitive therapy without exposure or breathing retraining. *Behaviour Research and Therapy, 29,* 161–166.

Schachter, S. & Singer, J.E. (1962). Cognitive, social and physiological determinants of emotional state. *Psychological Review, 69,* 379–399.

Seligman, M.E.P. (1971). Phobias and preparedness. *Behavior Therapy, 2,* 307–320.

Seligman, M.E.P. (1975). *Helplessness: On depression, development, and death.* San Francisco: Freeman.

Seligman, M.E.P., Abramson, L.Y., Semmel, A. & von Baeyer, C. (1979). Depressive attributional style. *Journal of Abnormal Psychology, 87,* 165–179.

Telch, M.J., Agras, W.S., Taylor, C.B., Roth, W.T. & Gallen, C.C. (1985). Combined pharmacological and behavioral treatment for agoraphobia. *Behavior Research and Therapy, 23,* 325–335.

Ullrich de Muynck, R. & Forster, T. (1974). Selbstsicherheitstraining. In Ch. Kraiker (Hrsg.), *Handbuch der Verhaltenstherapie* (S. 351–368). München: Kindler.

Vaitl, D. (1993). Autogenes Training. In D. Vaitl, & F. Petermann (Hrsg.), *Handbuch der Entspannungsverfahren* (Band I: Grundlagen und Methoden, S. 169–206). Weinheim: Psychologie Verlags Union.

van Blakom, A.J., van Oppen, P., Vermeulen, A.W. & van Dyck, R. (1994). A meta-analysis on the treatment of obsessive compulsive disorder: a comparison of antidepressants, behavior, and cognitive therapy. *Clinical Psychology Review, 14,* 359–381.

van Hout, W. J., Emmelkamp, P. M. & Scholing, A. (1994). The role of negative self-statements during exposure in vivo. *Behavior Modification, 18,* 389–410.

Walen, R. S., DiGuiseppe, R. & Wessler, R. L. (1980). *A practioner's guide to Rational-Emotive Therapy.* Oxford: Oxford University Press.

Wilson, P. H., Goldin, J. C. & Charbonneau-Powis, M. (1983). Comparative efficacy of behavioral and cogni-tive treatments of depression. *Cognitive Therapy and Research, 7,* 111–124.

Wolpe, J. (1959). *Psychotherapy by reciprocal inhibition.* Stanford: Stanford University Press.

Zajonc, R. B. (1984). On the primacy of affect. *American Psychologist, 39,* 117–123.

Zajonc, R.B. (1980). Feeling and thinking: Preferences need no inferences. *American Psychologist, 35,* 151–175.

31. Motivationsstörungen
31.1 Klassifikation und Diagnostik

Reinhard Pekrun

Inhaltsverzeichnis

1. Der Begriff Motivation

Motivation wurde traditionell als psychische «Kraft» definiert, die der Zielrichtung, Intensität und Persistenz von Verhalten zugrunde liegt (Heckhausen, 1989). Im Zuge kognitiver Reinterpretationen ist dieser hypothetisch-abstrakte Motivationsbegriff in den letzten Jahren konkretisiert worden. Diesen Reinterpretationen zufolge besteht Motivation aus bestimmten handlungsvorbereitenden Kognitionen, und zwar insbesondere Handlungswünschen und Handlungsabsichten (Gollwitzer, 1996; Pekrun, 1988). Zusätzlich in Betracht zu ziehen ist die Möglichkeit nichtbewußter Aktivierungen von Verhaltensprogrammen (die z. B. dem eher unabsichtlich-spontanen Wechsel des Gesprächsthemas bei einer zwanglosen Unterhaltung zugrunde liegen können; vgl. Norman & Shallice, 1986; Sokolowski, 1996). Zu unterscheiden ist in diesem Sinne zwischen *deklarativer* Motivation (Handlungswünsche, Absichten) und *prozeduraler* Motivation (aktivierter Zustand von im Gedächtnis gespeicherten Verhaltensprogrammen).

Allerdings wird der Motivationsbegriff heute im deutschen Sprachraum häufig in eingeengter Weise verwendet, indem kognitive Prozesse der Bildung von Handlungsabsichten als «Motivation» bezeichnet werden, Absichten und die Kontrolle ihrer Realisierung hingegen als «Volition» («Wollen»; vgl. Kuhl & Heckhausen, 1996).

Inhaltlich unterscheidbare Motivationsarten richten sich auf unterschiedliche Handlungen bzw. Ziele von Handlungen. Wichtig sind vor allem vier große, sich zum Teil überlappende Inhaltsklassen menschlicher Motivation: a) Bedürfnisbezogene Motivation (Motivation, die auf die Befriedigung körperlich begründeter Bedürfnisse wie Hunger, Durst, Schlafbedürfnis etc. zielt). b) Soziale Motivation (z. B. Motivation zu Intimität, Machtausübung, Aggression oder prosozialem Verhalten). c) Leistungsbezogene Motivation. d) Selbstbezogene Motivation (z. B. Motivation zur Realisierung von Identitätszielen). Daneben können weitere Motivationsarten eine Rolle spielen (z. B. religiöse Motivation).

2. Klassifikation

Ähnlich wie im Emotionsbereich sind a) Motivationsstörungen selber zu unterscheiden von b) Motivationsstörungen als Komponenten komplexerer Syndrome sowie c) als Ursachen anderer Störungen (also z. B. a) unzureichender Abbau «degenerierter», nicht ausführbarer Absichten, b) persistierende degenerierte Intentionen als Bestandteil von Depression, und c) ein Persistieren solcher Intentionen als Ursache von Handlungslähmung). Motivationsstörungen bestehen darin, daß Inhalte, Frequenzen oder weitere Parameter (s. u.) von Motivation unangemessen sind, da sie selber oder ihre Folgen als störend eingeschätzt werden. Motivationsstörungen können nach unterschiedlichen Dimensionen klassifiziert werden.

• *Inhalte.* Motivationsstörungen lassen sich zunächst nach den Inhalten der jeweiligen Motivation (und damit auch nach den Inhalten resultierender Handlungen) ordnen. Als inhaltlich störend können insbesondere Motivationsarten einzuschätzen sein, die auf Handlungen zielen, die a) gesellschaftlich tabuiert sind (z. B. im Bereich sexueller Perversionen) und/oder b) andere Personen oder die eigene Person schädigen (also z. B. im Bereich aggressiver Motivation).

• *Frequenz, Intensität und Persistenz.* Motivation aller Arten kann dann störend sein, wenn sie so häufig, intensiv und jeweils langandauernd auftritt, daß andere Motivations- und Handlungsbereiche zu kurz kommen (Beispiel: Drogensucht mit der Folge selbstschädigender Vernachlässigung grundlegender körperlicher und sozialer Handlungsnotwendigkeiten). Neben solchen Exzessen motivationaler Frequenz, Intensität und Persistenz können Störungen auch in Defiziten dieser Paramter bestehen (z. B. Antriebslosigkeit im Leistungsbereich).

• *Parameter der Verlaufsqualität.* Motivationsstörungen können in qualitativen Defiziten von Parametern der Wunsch- und Absichtsbildung und der Absichtsrealisierung bestehen. Entscheidend sind vor allem die (partiell voneinander abhängigen) Parameter der Reflektivität (kognitive Vermitteltheit, Überlegtheit), der subjektiven Rationalität und der Kontrolle der Bildung und Realisierung von Wünschen und Absichten (Motivationskontrolle; Erklärungen in Kap. 31.2/Motivationsstörungen: Ätiologie/Bedingungsanalyse). Zwei typische Störungsmöglichkeiten sind (a) mangelnde Reflektivität bei gleichzeitig mangelnder Wunsch-, Absichts- und Handlungskontrolle («Impulsivität»); und (b) zu hohe Reflektivität bei mangelnder Wunsch-, Absichts- und Handlungskontrolle (exzessive «Lageorientierung»; vgl. Kuhl & Beckmann, 1994). Aus exzessiver oder defizitärer Reflektivität und Motivationskontrolle lassen sich Störungsparameter höherer Ordnung ableiten

(z. B. die Frequenz von Motivations- und Aktivitätswechseln, die in exzessiver Form ebenfalls Bestandteil von «Impulsivität» ist).

• *Motivationsstörungen als Komponenten von Syndromen.* Fast alle psychopathologisch wesentlichen Syndrome gehen mit motivationalen Störungen einher. Beispiele sind Depression (exzessive Lageorientierung; mangelnde Wunschbildung; fehlende Wunsch-, Absichts- und Handlungskontrolle); Manie (irreflektive, irrational-realitätsunangemessene Motivationsbildung; exzessive Wunschbildung bei mangelnder Umsetzung in persistentes, zielführendes Handeln); Zwangsstörung und Sucht (jeweils gekennzeichnet durch irreflektive Motivationsbildung sowie exzessive, selbstschädigende Frequenz spezifischer Motivations- und Handlungsmuster) sowie Persönlichkeits- und Verhaltensstörungen nach bestimmten Hirnverletzungen (z. B. im präfrontalen Kortex oder Hippocampus; vgl. Goschke, 1996; Kuhl, 1996).

Daneben finden sich in psychiatrischen Klassifikationen auch eigenständige Kategorien für bestimmte Motivationsstörungen. Ein Beispiel ist die Kategorie «Störungen der Impulskontrolle» im DSM-IV (sie umfaßt u.a. Spielsucht, Kleptomanie und Pyromanie).

3. Diagnostik

Ähnlich wie im Emotionsbereich ist eine direkte Motivationsdiagnostik auf Selbstauskünfte des Klienten angewiesen. Wesentlich sind die folgenden Methoden:

• *Interview und Fragebogen.* Zentrale Informationsquelle ist zunächst das klinische Interview. Für eine Reihe von Motivationsarten (u.a. Leistungsmotivation und Aggressionsmotivation) sind darüber hinaus Fragebogenverfahren entwickelt worden (z. B. Petermann & Petermann, 1980). Schließlich sind Motivations- und Handlungskonstrukte Bestandteil fast aller umfassenderen Persönlichkeitsfragebögen.

• *Projektive Verfahren.* Die Diagnostik überdauernder, individualtypischer Motive greift großteils auf projektive Verfahren zurück, die zunächst für den Bereich der Leistungsmotivation

Name, Autor
LM-Gitter von Schmalt (1976a).

Gegenstands-, Geltungsbereich
Diagnose von Leistungsmotiven in Form von
«Hoffnung auf Erfolg» und «Furcht vor Mißer-
folg» bei Kindern ab dem 3. Schuljahr.

Struktur des Verfahrens
Strukturiertes projektives Verfahren. Im Test-
heft werden in Gestalt eines Situations-
Reaktions-Formats 18 leistungsthematische Situationen dargeboten (Beispiel: Ein Schüler
beim Vorlesen vor der Klasse). Auf jede dieser
Situationen sind 18 Aussagen bezogen (Beispiel: «Er glaubt, daß er es schaffen wird»),
deren Zutreffen für die jeweilige Situation anzugeben ist.

Gütekriterien
• *Reliabilität:* Es liegen Retestreliabilitätskoeffi-
zienten für unterschiedliche Motivkennwerte
vor zwischen .60 und .93 (bei Intervallen zwischen 2 und 8 Wochen), Konsistenzkoeffizienten um .90.

• *Validität:* Angegeben werden günstige Kenn-
wert-Interkorrelationen und Koeffizienten divergenter Validität (schwache Korrelationen
mit Werten einer Lügenskala). Die Koeffizienten für Kriteriums- und theoriebezogene Konstruktvalidität hingegen liegen zum Teil problematisch niedrig (Schmalt, 1976b).

• *Normen:* liegen vor für Kinder der 3. bis 5.
Klasse (N = 498).

(s. **Kasten 1**), dann aber auch für andere Bereiche
entwickelt wurden (vgl. Heckhausen, 1989;
Burkhardt, Zumkley & Kornadt, 1987). Vorteil
dieser Verfahren ist die Verdecktheit des Test-
ziels und damit eine Reduktion von Tendenzen
zum Antworten im Sinne sozialer Erwünschtheit, Nachteil die kontrovers diskutierte Validität der Projektionsannahme, auf denen diese
Verfahren basieren (vgl. Asendorpf, 1994; King,
1995).

• *Andere Methoden.* Indirekte Aufschlüsse über
motivationale Störungen können auch weitere
diagnostische Methoden liefern. Dies gilt insbesondere für Verhaltensbeobachtungen. Allerdings ist bei Schlüssen von Verhaltensexzessen
oder -defiziten (z. B. beobachtbaren Störungen
im Sozialverhalten) auf zugrundeliegende Motivation zu beachten, daß Verhaltensstörungen
nicht auf Motivationsstörungen basieren müssen. sondern z. B. auch auf Kompetenzdefizite
(bei intaktem Motivationshaushalt) zurückgehen können. Aus Verhaltensdaten lassen sich
also in der Regel nur bei Vorliegen weiterer Informationen Schlüsse auf Motivationsstörungen ziehen.

4. Literatur

Asendorpf, J. (1994). Zur Mehrdeutigkeit projektiver
Testergebnisse: Motiv-Projektion oder Thema-Sensiti-
vität? *Zeitschrift für Differentielle und Diagnostische Psychologie, 15,* 155–165.

Burkhardt, K., Zumkley, H. & Kornadt, H.-J. (1987). Das
Aggressions-Motiv-Gitter: Konstruktion und erste Ergebnisse. *Diagnostica, 33,* 339–353.

Gollwitzer, P. (1996). Das Rubikonmodell der Hand-
lungsphasen. In J. Kuhl & H. Heckhausen (Hrsg.), *Motivation, Volition und Handlung* (Enzyklopädie der Psychologie, Serie Motivation und Emotion, Bd. 4, S.
531–582). Göttingen: Hogrefe.

Goschke, T. (1996). Wille und Kognition: Zur funktionalen Architektur der intentionalen Handlungssteuerung. In J. Kuhl & H. Heckhausen (Hrsg.), *Motivation, Volition und Handlung* (Enzyklopädie der
Psychologie, Serie Motivation und Emotion, Bd. 4, S.
583–663). Göttingen: Hogrefe.

Heckhausen, H. (1989). *Motivation und Handeln* (2. Aufl.).
Berlin: Springer.

King, L. A. (1995). Wishes, motives, goals, and personal
memories: Relations of measures of human motivation. *Journal of Personality, 63,* 985–1007.

Kuhl, J. (1996). Wille und Freiheitserleben: Formen der
Selbststeuerung. In J. Kuhl & H. Heckhausen (Hrsg.),
Motivation, Volition und Handlung (Enzyklopädie der
Psychologie, Serie Motivation und Emotion, Bd. 4; S.
665–765). Göttingen: Hogrefe.

Kuhl, J. & Beckmann, J. (Eds.). (1994). *Volition and personality: action versus state orientation.* Göttingen: Hogrefe.

Kuhl, J. & Heckhausen, H. (Hrsg.). (1996). *Motivation, Volition und Handlung* (Enzyklopädie der Psychologie, Serie Motivation und Emotion, Bd. 4). Göttingen: Hogrefe.

Norman, D. A. & Shallice, T. (1986). Attention to action. Willed and automatic control auf behavior. In R. J. Davidson, G. E. Schwarz & D. Shapiro (Eds.), *Consciousness and self-regulation. Advances in research and theory* (Vol. 4; pp. 1–18). New York: Plenum.

Pekrun, R. (1988). *Emotion, Motivation und Persönlichkeit.* München: Psychologie Verlags Union.

Petermann, F. & Petermann, U. (1980). *Erfassungsbogen für aggressives Verhalten in konkreten Situationen (EAS).* Braunschweig: Westermann.

Schmalt, H. D. (1976a). *Das LM-Gitter.* Göttingen: Hogrefe.

Schmalt, H. D. (1976b). *Die Messung des Leistungsmotivs.* Göttingen: Hogrefe.

Sokolowski, K. (1996). Wille und Bewußtheit. In J. Kuhl & H. Heckhausen (Hrsg.), *Motivation, Volition und Handlung* (Enzyklopädie der Psychologie, Serie Motivation und Emotion, Bd. 4, S. 485–530). Göttingen: Hogrefe.

31.2 Motivationsstörungen: Ätiologie/Bedingungsanalyse

Reinhard Pekrun

Inhaltsverzeichnis

1. Grundbegriffe

Unter «Motivation» werden heute meist handlungsvorbereitende und handlungsstiftende Kognitionen verstanden, und zwar insbesondere Handlungswünsche und Handlungsabsichten (Kuhl & Heckhausen, 1996). Absichten zeichnen sich gegenüber Handlungswünschen in der Regel durch differenzierte Ziel- und Handlungsvorstellungen und einen höheren Grad subjektiver Verbindlichkeit aus. Handlungswünsche sind gleichzeitig als Motivation aufzufassen, die der Wahl zwischen Handlungsalternativen zugrunde liegt (*Wahlmotivation*, «Selektionsmotivation»; Kuhl, 1983), Absichten als Motivation, die der Ausführung von Handlungen zugrunde liegt (*Volition*, «Realisationsmotivation»; Kuhl, 1983; Pekrun, 1988; Gollwitzer, 1996). Verhalten muß allerdings nicht auf solcher *deklarativen* Motivation beruhen. Es kann vermutlich auch durch *prozedurale* Motivation, d.h. nichtbewußte, aktivierte Zustände von im Gedächtnis gespeicherten Verhaltensprogrammen ausgelöst werden (vgl. auch Sokolowski, 1996).

Ein weiterer grundlegender Begriff ist das Konzept der *Metamotivation*. Dabei handelt es sich um übergeordnete Motivation, die eigenen Motivations- und Entscheidungsprozesse zu steuern. Sie spielt insbesondere bei Störungen von Motivationsabläufen eine Rolle (s.u.).

Ähnlich wie bei anderen psychischen Prozessen sind auch im Motivationsbereich drei Gruppen von Bedingungen normaler und gestörter Abläufe zu unterscheiden: Situation, Persönlichkeit und interne Auslöseprozesse.

(1) *Situationsbedingungen.* Die jeweilige externe Situation stellt Handlungsanreize und Handlungsmöglichkeiten bereit. Auf ihrer Basis bilden sich Einschätzungen von Handlungsspielräumen, Wahrscheinlichkeiten der Zielerreichung, möglichen Nebenwirkungen usw. Vor allem gleichförmig sich wiederholende Situationen können auch für weniger reflektierte Formen der Verhaltensaktivierung sorgen. Situationsbedingungen können damit – in Abhängigkeit von ihrer Konstanz – Störungen aufrechterhalten bzw. auf- oder abbauen.

(2) *Persönlichkeitsbedingungen.* Hierbei handelt es sich um überdauernde individuelle Strukturen, die auf der Personseite der Motivationsbildung zugrunde liegen. Sie können als individuelle *Dispositionen* zu normaler oder gestörter Motivationsbildung aufgefaßt werden. Zu unterscheiden sind körperliche Strukturen einerseits und kognitive Strukturen (im Gedächtnis gespeicherte Wissens-, Überzeugungs- und Handlungssysteme) andererseits.

Für die Entstehung von Handlungswünschen sind überdauernde, gespeicherte Ziel-, Erwartungs- und Valenzüberzeugungen wesentlich. Sie liegen auf der Persönlichkeitsseite motivationsstiftender Ziel-, Erwartungs- und Valenzbildung zugrunde. Auch Selbstkonzepte (z.B. zu eigenen Handlungsfähigkeiten) und Kausalüberzeugungen (z.B. zur Verursachung von Handlungsresultaten) können dabei eine Rolle spielen. Für die Entstehung von Handlungsabsichten sind darüber hinaus gespeicherte Heuristiken und Pläne zu Entscheidungsfindung und Absichtsbildung wichtig (vgl. Kuhl, 1983; Pekrun, 1988; Goschke, 1996). Eine spezielle Rolle schließlich kommt überdauernden Vorsätzen zu, also gespeicherten Absichten, die bisher nicht ausgeführt wurden und durch Wahrnehmungen geeigneter Situationsbedingungen als aktuelle Absichten reaktiviert werden können (Gollwitzer & Malzacher, 1996).

(3) *Aktuelle interne Auslöseprozesse.* Auf der Basis von Situation und Persönlichkeit können der aktuellen Motivationsbildung die folgenden Typen vorauslaufender interner Prozesse zugrunde liegen:

• *Kognitionen.* Deklarative Motivation kann auf mehr oder minder differenzierten gedanklichen Erwägungen zu Zielen und Handlungen beruhen, die dann zur Bildung von Handlungswünschen und -absichten führen. Motivationsbildung, die auf Kognitionen beruht, kann als *reflektiv* bezeichnet werden, nicht-kognitive Motivationsgenese als *irreflektiv.*

• *Wahrnehmungen.* Deklarative Motivation kann in vielen Fällen auch direkt von Situationswahrnehmungen aktiviert werden. Dem kann u. a. zugrunde liegen, daß reflektive Motivationsbildung bei gleichförmigen Situationsabläufen habitualisiert (Automatisierung und anschließende Verkürzung kognitiver, motivationsstiftender Abläufe, bis schließlich Situationswahrnehmung und Handlungswunsch bzw. Absicht kurzgeschlossen sind; z.B. dann, wenn immer beim Anblick eines bestimmten Bekannten unmittelbar der Wunsch hochsteigt, zur anderen Straßenseite zu wechseln). Auch für prozedurale Motivation gilt, daß sie häufig durch Wahrnehmungen ausgelöst wird (Beispiel: der gedankenlose Griff nach der Zigarette, die sich dem Auge gerade darbietet, auf der Basis einer Aktivierung des Verhaltensprogramms «Rauchen»).

• *Gefühle.* Emotionen (Angst, Ärger, Freude etc.) und nicht-emotionale Gefühle (wie Schmerz, Hunger, Durst) können zum einen zur Anregung reflektiver Motivationsbildung beitragen (s. u.). Zum anderen können sie vermutlich – ähnlich wie Wahrnehmungen – nach Habitualisierung oder auf angeborener Basis auch direkt zu Motivation führen.

• *Physiologische Prozesse.* Auch für neurohormonale und andere physiologische Abläufe ist anzunehmen, daß sie Einfluß auf durchschnittliche und gestörte Motivation nehmen, obschon die Forschung hier erst am Anfang steht (vgl. Boller & Grafman, 1993; Tucker & Williamson, 1984).

Schließlich gilt, daß Motivation zu Verhalten führen kann, dieses aber seinerseits auf die Motivationsbildung zurückwirkt: Verhalten und seine Resultate werden wahrgenommen und interpretiert; dies führt zu neuen motivationsstiftenden Erwartungen und Valenzeinschätzungen, die erneuter Motivationsbildung zugrunde liegen. Auch hier ist also – ähnlich wie im Emotionsbereich – von Wechselbeziehungen zwischen vorauslaufenden Größen, Motivation und ihren Konsequenzen auszugehen (Pekrun, 1988).

2. Motivations- und Handlungsstörungen: Aktualgenetische Beschreibung und Erklärung

Motivations- und Handlungsstörungen gehen darauf zurück, daß der motivationale Prozeß an einer oder mehreren Stellen gestört ist. Ein Verständnis motivationaler Störungen setzt also ein Verständnis motivationaler Teilprozesse voraus. Im folgenden wird zunächst auf normalen und gestörten Ablauf von deklarativer und prozeduraler Motivation eingegangen. Dies führt zu einer summarischen Kategorisierung einzelner motivationaler Störungsformen. Exemplarisch für vorliegende, meist sehr grobmaschige Ansätze zu Motivationsstörungen wird dann Seligmans revidierte Theorie gelernter Hilflosigkeit und Depression diskutiert.

2.1 Motivationale Teilprozesse und Möglichkeiten ihrer Störung

Prozesse deklarativer Motivation lassen sich grob in fünf Phasen gliedern: (1) Anregung motivationaler Kognitionen; (2) Bildung von Handlungswünschen; (3) Entscheidung zwischen Handlungswünschen und Absichtsbildung; (4) Absichtsdifferenzierung, Handlungsbeginn und Handlungsdurchführung; (5) nachfolgende Handlungs- und Folgenbewertung (vgl. auch Gollwitzer, 1996). Prozesse und Störungen in diesen fünf Phasen deklarativer Motivation werden im folgenden skizziert. Abschließend wird kurz auf den Stellenwert prozeduraler Motivation eingegangen.

2.1.1 Anregungsphase: Ziele, Erwartungen, Valenzen

Dem Abwägen und Durchsetzen von Handlungsalternativen geht typischerweise eine Anregung handlungsbezogener Kognitionen voraus. Dabei handelt es sich um Vorstellungen zu Handlungen, mit ihnen erreichbaren Zielen,

Nebenwirkungen und handlungsgünstigen Situationen (also um Ziel-, Situations-, Handlungs- und Folgenkognitionen). Im Sinne von Erwartungs-Wert-Theorien beinhalten solche Kognitionen vor allem Vorstellungen zu Verknüpfungen und subjektiven Wahrscheinlichkeiten der jeweiligen Ereignisse sowie zur subjektiven Wichtigkeit («Valenz») dieser Ereignisse (vgl. Heckhausen, 1989). Es handelt sich also großteils um *Erwartungen* und *Valenzkognitionen*. Wichtig für die Stärke der Anregung sind sich wiederholende Wahrnehmungen situativer Anreize («Anreizaufschaukelung»; Kuhl, 1983) und die gedankliche Elaboration der Handlung und ihrer Ziele in bildlichen Vorstellungen («Imagination»). Störungen dieser Phase können sich auf die Prozesse und die Inhalte angeregter Kognitionen beziehen.

• *Prozeßstörungen* können hier zum einen darin bestehen, daß der Prozeß nicht richtig in Gang kommt und nicht hinreichend differenziert abläuft – mit dem Resultat, daß keine klaren Ziel-, Erwartungs- und Valenzvorstellungen ausgebildet werden *(Verarmung* der Anregungsphase). Ursache können Emotionsdefizite sein. Daneben kann eine fehlende Anregung neuer Motivationsprozesse auch darauf zurückgehen, daß unrealistische, nicht ausführbare Absichten («degenerierte Intentionen»; Kuhl, 1983) nicht aufgegeben werden, sondern weiterexistieren und immer wieder ins Bewußtsein drängen. Der Extremfall sieht so aus, daß es phasenweise überhaupt nicht mehr zur Anregung motivationaler Kognitionen kommt (z.B. bei bestimmten depressiven oder schizophrenen Zuständen).

Eine zweite wichtige Störungsmöglichkeit ist, daß motivationale Kognitionen angeregt und dann hin- und hergewälzt werden, dieser Prozeß aber verzögert oder gar nicht abgeschlossen wird. Dies ist ein Bestandteil exzessiver *Lageorientierung* (Kuhl, 1983, 1996; Kuhl & Beckmann, 1994). Unter «Lageorientierung» ist eine gedankliche Konzentration auf situative Gegebenheiten und Möglichkeiten zuungunsten einer Konzentration auf Handlungsbeginn und Handlungsausführung («Handlungsorientierung») zu verstehen.

• *Inhaltliche Störungen* können auf der Erwartungsseite u.a. darin bestehen, daß *negative Er-*

wartungen vorliegen (der Betreffende also z.B. glaubt, daß wichtige Ziele nicht erreichbar sind). Ursachen hierfür können in negativen Interpretationen von vergangenen Erfahrungen und gegenwärtiger Situation liegen, die ihrerseits u. a. auf negative Fähigkeits-Selbstkonzepte und internale Kausalattributionen negativer Ereignisse zurückgehen können (s. u.).

Zum anderen können in der Anregungsphase *Valenzdefizite* und *Valenzexzesse* auftreten. Im defizitären Fall ist alles gleichgültig; wichtige Ziele werden nicht gesehen. Zu den unmittelbaren Ursachen gehören vor allem Defizite von positiven Gefühlen, die normalerweise an Handlung bzw. Zielerreichung geknüpft sind. Eine zweite unmittelbare Ursache kann in unzureichender Elaboration von Valenzen bestehen, also vor allem zu schwacher und zu wenig detaillierter sinnlicher Vorstellung von Handlung und angestrebter Zielerreichung. Weiter zurückliegende Ursachen können u. a. in allgemeinen Problemen der Entwicklung von Identität und persönlichen Zielen liegen (Brunstein & Maier, 1996). Auch exzessiv hohe Valenzen aber können problematisch werden. Dies gilt für exzessive positive Valenzen (wenn z. B. sehr viele Handlungen und Ziele gleichzeitig als überaus wichtig erlebt werden); es gilt aber auch für exzessive negative Valenzen (die vor allem aus Antizipation negativer Emotionen bestehen und zur Vermeidungsmotivation führen).

2.1.2 Bildung von Handlungswünschen (Wahlmotivation)

Auf der Basis von Erwartung- und Valenzinformationen bilden sich mehr oder minder intensive Wünsche, die betreffende Handlung auszuführen (Heckhausen & Kuhl, 1985). Von Erwartungs-Wert-Theorien wird unterstellt, daß dieser Prozeß subjektiv zweckrational abläuft: Eine Handlung wird dann angestrebt, wenn sie mit positiven Zielerwartungen und positiven Handlungs- und Zielvalenzen verknüpft ist; und sie wird um so intensiver angestrebt, je höher Erwartungen und Valenzen jeweils sind.

• *Prozeßstörungen.* Auch hier wieder kann es zum vorzeitigen Abbruch oder zu exzessiver, lageorientierter Ausdehnung entsprechender Teilprozesse kommen. In beiden Fällen kann

negative Metamotivation die Ursache sein. Bei angstbesetzten Handlungsalternativen zielt solche Metamotivation im Sinne von Angstvermeidung entweder darauf, einem näheren Nachdenken über die betreffenden Handlungen aus dem Wege zu gehen, oder sie ist darauf gerichtet, sich anbahnende Entscheidungen nach Möglichkeit hinauszuzögern.

• *Wunschdefizite und Wunschexzesse.* Wunschdefizite können auf Valenzdefizite, auf negative Erwartungen oder auf fehlenden Abschluß der Anregungsphase (s.o.) zurückgehen (Beispiel: depressives Unglücklichsein ohne Handlungswünsche, das darauf beruht, daß Handlungen zur Situationsverbesserung nicht vorstellbar sind). Exzessive Handlungswünsche können sich u. a. aus exzessiven Valenzvorstellungen ergeben (Bsp.: Sucht).

• *Unrealistische und irrationale Wunschbildung.* Wünsche können unrealistische Erwartungen der Zielerreichung beinhalten; spätere Probleme sind damit programmiert. Daneben ist es möglich, daß subjektiv vorliegende Erwartungs- und Valenzinformationen nicht angemessen gegeneinander abgewogen werden und resultierende Wünsche subjektiv irrational sind (Pekrun, 1988). Insbesondere dürfte es häufig sein, daß Gedanken an ambivalente Handlungen und Ziele aus Gründen vorhandener negativer Valenzen (z. B. Besetzung mit Angst) vermieden werden (negative Metamotivation; s.o.). Dies kann zu subjektiv eigentlich nicht erwünschter, vorzeitiger Zielaufgabe führen.

2.1.3 Entscheidung zwischen Handlungswünschen: Absichtsbildung

Wenn ein Handlungswunsch gebildet worden ist, muß der «Rubikon überschritten werden» (Gollwitzer, 1996): Es muß entschieden werden, ob er in eine subjektiv verbindliche Absicht umgesetzt wird oder nicht. Dabei steht er häufig in Konkurrenz zu anderen Wünschen, die nicht gleichzeitig realisierbar sind *(Wunschkonflikte).* Erwartungs-Wert-Theorien nehmen üblicherweise an, daß solche Konflikte so gelöst werden, daß nur der Wunsch mit der höchsten Erwartungs-Wert-Kombination sich durchsetzt. Es gibt allerdings auch andere Möglichkeiten (vgl. auch Heckhausen &

Kuhl, 1985). So kann z.B. die Realisierung bestimmter Wünsche zunächst aufgeschoben werden (Absichtsbildung und Speicherung der Absicht als Vorsatz; Gollwitzer & Malzacher, 1996). In dieser kritischen Phase können sich u.a. die folgenden Probleme ergeben:

• *Prozeßstörungen.* Sie können zum einen darin bestehen, daß die Absichtsbildung unangemessen rasch und irreflektiv verläuft. Dies kann schwache, zu wenig differenzierte oder auch unrealistische Absichten zur Folge haben («Impulsivität»). Zum anderen gibt es auch hier die oben bereits skizzierte Möglichkeit exzessiven Perseverierens (exzessive Lageorientierung).

• *Absichtsdefizite und -exzesse.* Sie können zunächst darauf beruhen, daß bereits die jeweiligen Handlungswünsche defizitär oder exzessiv sind. Defizite können darüber hinaus aber auch dann entstehen, wenn vorhandene Wünsche aufgrund exzessiver Lageorientierung nicht in Absichten umgesetzt werden. Ein klinisch relevanter Bestandteil solcher Lageorientierung ist der Zustand der Entscheidungsunfähigkeit angesichts unvereinbarer Handlungswünsche (Wunschkonflikte).

Klassische Beispiele hierfür sind einfacher und doppelter Annäherungs-Vermeidungs-Konflikt (Lewin, 1938; Miller, 1959): Bei einem einfachen Konflikt dieser Art wird eine Situation bzw. Handlung aufgrund gleichzeitiger positiver und negativer Valenzen einerseits angestrebt, andererseits aber gefürchtet (Beispiel: erste Verabredungen mit dem anderen Geschlecht bei einem sozial ängstlichen Jugendlichen). Bei einem doppelten Annäherungs-Vermeidungs-Konflikt kann man sich zwischen zwei Handlungsalternativen (z.B. zwei möglichen Berufspositionen) nicht entscheiden, da beide vergleichbare Vorzüge und Nachteile besitzen, also etwa gleich stark positiv und negativ valent sind und damit in etwa gleichem Maße Hoffnungen und Befürchtungen wecken. Eine ähnliche Rolle spielen einfache Annäherungs-Annäherungs-Konflikte (Beispiel: der Buridansche Esel, der verhungert, da er sich nicht zwischen zwei gleich weit entfernten Heuhaufen entscheiden kann) und einfache Vermeidungs-Vermeidungs-Konflikte.

Bei Entscheidungsschwierigkeiten kann Metamotivation eingreifen, hier also Motivation,

den Entscheidungsprozeß zu beeinflussen (wozu als Mittel z.B. das Einholen zusätzlicher Informationen über die jeweiligen Handlungsalternativen dienen kann). Im günstigen Fall führt dies dann zu Entscheidungen innerhalb noch angemessener Zeit. Im ungünstigen Fall liegt negative Metamotivation vor und es kommt zu Verzögerungen der Entscheidung und damit zu einem Defizit der Umsetzung von Wünschen in Absichten (Entscheidungsvermeidung).

• *Unrealistische und irrationale Absichten.* Werden unrealistische Handlungswünsche in Absichten umgesetzt, so sind auch diese Absichten meist *unrealistisch* (dies gilt vor allem für falsche Vorstellungen zu situativen Handlungsmöglichkeiten und wahrscheinlichen Handlungsfolgen). Daneben gibt es die Möglichkeit, daß schwache, eher unwichtige Handlungswünsche in subjektiv *irrationaler,* zielschädigender Weise gegenüber wichtigeren Handlungsnotwendigkeiten bevorzugt werden, weil diese wichtigeren Handlungen als ambivalent erlebt werden (weil also diesen Handlungen bzw. ihren Folgen nicht nur positive, sondern auch negative Valenz zukommt). Dies führt im Extremfall dazu, daß man sich mit unwichtigen Nebenbeschäftigungen von der Verfolgung seiner Lebensziele abhält.

2.1.4 Ausführung von Absichten: Handlungskontrolle und Handlung

Aufgabe dieser Phase ist es, Absichten in Handlungen umzusetzen. Dies setzt u.a. folgendes voraus: a) Eine hinreichende Differenzierung der Absicht in konkrete, ausführbare Handlungspläne. b) Eine Abschirmung der Absicht gegen nachdrängende neue (oder alte) Handlungswünsche. Mittel für eine solche Abschirmung sind z.B. eine Konzentration der Aufmerksamkeit auf die Absicht und ihre Ausführung sowie eine subjektive Betonung und Steigerung positiver Valenzen bzw. ein Ausblenden oder eine Reduktion negativer Valenzen (Gollwitzer, 1996).

• *Prozeßstörungen* können in dieser Phase u.a. in mangelnder Differenzierung und Abschirmung von Absichten bestehen. Bei mangelnder Abschirmung wird die jeweilige Absicht vorzeitig zugunsten nachdrängender anderer

Absichten aufgegeben, so daß es nicht zur Handlung bzw. zu vorzeitigem Handlungsabbruch kommt. Auch dies ist ein Bestandteil des traditionellen Begriffs der «Impulsivität». Ein möglicher Grund ist die Reduktion subjektiver Handlungsvalenzen während des Handlungsablaufs (wenn z. B. jede Aktivität schnell anfängt zu langweilen).

• *Handlungsdefizite und -exzesse* können auf defizitäre bzw. exzessive Absichtsbildung zurückgehen. Eine zweite Möglichkeit für die Entstehung von Handlungsdefiziten ist, daß vorhandene Absichten aufgrund mangelnder Abschirmung nicht in Handlungen umgesetzt werden oder Handlungen zwar begonnen, aber nicht bis zur Zielerreichung durchgeführt werden.

Auch für exzessives Handeln gilt, daß es nicht auf exzessive Absichten zurückgehen muß, sondern auch auf qualitativen Störungen von Absichten beruhen kann. Hierzu zählt insbesondere eine mangelnde Präzisierung der Zielzustände, die eine Beendigung der Handlung erlauben. Zu den Folgen können exzessives Persevieren oder ständige Wiederholung einer Aktivität zählen (z. B. bei Zwangsstörungen).

• *Unrealistische und irrationale Handlungen* schließlich können aus unrealistischen und subjektiv irrationalen Absichten resultieren. Sie führen dazu, daß die jeweiligen Ziele nicht erreicht werden bzw. anstelle wichtiger Ziele (z. B.: ein Vorstellungsgespräch zu absolvieren) eher nebensächliche Ziele erreicht werden (z. B.: die Tageszeitung gelesen zu haben).

2.1.5 Handlungsbewertung und Motivationswechsel

Ist die Handlung abgeschlossen, so findet eine Bewertung ihrer Resultate statt (notwendig ist dies allerdings nur bei wichtigen oder neuartigen Handlungen und Handlungsresultaten). Wichtig ist hier eine realistische Neubewertung von Handlungsmöglichkeiten und ihren Folgen, die zu einer Aufgabe bzw. Modifikation unrealistischer Absichten führt. Werden hingegen unrealistische Absichten beibehalten, also Absichten, die nicht in Handlungen bzw. Handlungsresultate umsetzbar sind, so belastet dies die Kapazitäten von motivationalem Langzeit- und Arbeitsgedächtnis und behindert damit neue Motivationsbildungen. Klinischer Prototyp einer unrealistischen Absicht ist eine Absicht, die grundsätzlich nicht mehr ausführbar ist, da die Möglichkeit ihrer Ausführungen an bereits vergangene Situationen gekoppelt war (Beispiel: Absichten, sich an einer verstorbenen Person zu rächen).

2.1.6 Irreflektive und prozedurale Motivation

Für Alltagsabläufe ist es im Sinne kognitiver Ökonomie entscheidend, daß reflektiv-deklarative Motivation der oben beschriebenen Art für wichtige und neue Handlungen reserviert bleibt, alltägliches Routineverhalten hingegen von habitualisierter, rascher und irreflektiver Absichtsbildung bzw. von prozeduraler Motivation (direkte Aktivierung von Verhaltensprogrammen) gelenkt wird (vgl. Kuhl, 1996; Libet, 1985; Norman & Shallice, 1986; Sokolowski, 1996).

Störend vor allem in kritischen Situationen kann irreflektive und prozedurale Motivation werden, wenn sie sich in reflektive Absichtsbildung einmischt und sie überspielt. Dies kann ein Grund für impulsiven Motivationswechsel und Handlungsabbruch sein. Schließlich kann unangemessen spontane, irreflektive Motivation- und Handlungsbildung auch zu Handlungen führen, die in einer Weise, die mit den eigenen Zielen eigentlich nicht vereinbar ist, zu selbst- oder fremdschädigendem Verhalten führt (z. B. bei impulsivem Mord).

2.2 Schlußfolgerungen: Arten von Motivationsstörungen

Aus der obigen Analyse ergibt sich, daß Probleme im Motivationsbereich vor allem in qualitativen Motivations- und Handlungsstörungen einerseits und in quantitativen Defiziten oder Exzessen andererseits bestehen können. Qualitative Störungen führen dabei typischerweise auch zu quantitativen Störungen. In diesem Sinne können die folgenden, sich zum Teil überlappenden Gruppen von Störungen unterschieden werden:

• *Exzessive negative Metamotivation* besteht vor allem in Motivation, Entscheidungen hinauszuzögern. Sie trägt damit zu Absichts- und Handlungsdefiziten bei.

• *Exzessive Wunschkonflikte* sehen so aus, daß zwei oder mehrere gleichstarke, aber unvereinbare Wünsche simultan vorhanden sind und persistieren, ohne daß zwischen ihnen entschieden wird (exzessiver Entscheidungsaufschub). Dies führt zu einer exzessiven Lageorientierung in der Phase der Absichtsbildung und damit ebenfalls zu Defiziten von Absichten und Handlungen.

• *Exzessive Lageorientierung* besteht in einem unangemessen langen Perseverieren innerhalb der Anregungs-, Wunsch-, Absichts- und Bewertungsphasen und trägt damit allgemein zu Motivations- und Handlungsdefiziten bei (s. **Kasten 1**). Wesentliche Ursachen können negative Emotionen (vgl. Kuhl, 1996), negative Metamotivation und exzessive Wunschkonflikte sein.

• *Exzessive Impulsivität* liegt dann vor, wenn a) Anregungsphase sowie Wunsch- und Absichtsbildung unangemessen verkürzt ablaufen, oder b) ganz durch irreflektive und prozedurale Mo-

---

Kasten 1
Eine Untersuchung zur Lage- vs. Handlungsorientierung (Kuhl, 1983)

Fragestellung
Es sollte die Hypothese überprüft werden, ob sich Lageorientierte in stärkerem Maße als Handlungsorientierte auf ihre postoperative körperliche Befindlichkeit konzentrieren und in geringerem Maße neue Handlungen initiieren.

Methode
• *Stichprobe:* Es wurden 40 erwachsene Patienten nach einer Leistenbruchoperation untersucht.

• *Untersuchungsverfahren:* Untersucht wurden Gefühls- und Handlungsmuster. Am zweiten Tag nach der Operation wurde zunächst ein Fragebogen zur relativen Lage- vs. Handlungsorientierung nach negativen Ereignissen vorgegeben (Itembsp.: «Wenn ich schon mehrmals vergeblich versucht habe, ein Problem zu lösen, a) geht mir die Sache lange Zeit nicht aus dem Sinn, b) denke ich nicht mehr daran und wende mich anderen Dingen zu»). Am zweiten und am siebten Tag wurde anhand einer siebenstufigen Einschätzungsskala die Intensität des postoperativen Schmerzes erhoben. Zusätzlich wurde aus den Unterlagen der Stationsleitung der individuelle Schmerzmittelverbrauch ermittelt. Am siebten Tag

wurden anhand eines Kurzfragebogens die Häufigkeiten unterschiedlicher lage- und handlungsorientierter Aktivitäten erfaßt.

Ergebnisse
Den Hypothesen entsprechend ergaben die Befunde, daß eher lageorientierte Patienten im Vergleich zu stärker handlungsorientierten Patienten stärkere Schmerzen empfanden und fast doppelt so viele Schmerzmittel verbrauchten. Dies spricht allgemein dafür, daß eine gedankliche Konzentration auf die gegenwärtige Situation auch zu einer Intensivierung lagebezogener Gefühle führen kann. Darüber hinaus zeigte sich, daß Lageorientierte in sehr viel geringerem Maße zu bewältigungs- und veränderungsorientiertem Handeln schritten. Sie konzentrierten sich eher darauf, ihre Wunde zu betrachten und nachzudenken, machten hingegen weniger Pläne für die Zeit nach der Entlassung, beschäftigten sich weniger mit Lesen und Fernsehen, gingen weniger auf der Station spazieren und führten in geringerem Maße gezielte Bewegungsübungen durch. Dies kann allgemein so interpretiert werden, daß eine exzessive Lageorientierung Motivationsbildung sowie Planung und Initiierung neuer und bewältigungsorientierter Handlungen behindert.

tivation ersetzt werden, obwohl dies situativ nicht angemessen ist (also z. B. bei neuen und wichtigen Handlungen), oder c) Handlungen vorzeitig abgebrochen werden (aufgrund von Motivationsreduktion und/oder nachdrängender anderer Motivation); woraus d) exzessiv häufiger Motivations- und Handlungswechsel folgen kann. Insgesamt kann dies zu Handlungen führen, die unrealistisch und subjektiv irrational sind.

• *Motivations- und Handlungsdefizite* bestehen darin, daß zielführende Motivationen und Handlungen zu selten, zu schwach oder zu wenig persistent sind (z. B. bei Depression). *Motivations- und Handlungsexzesse* liegen dann vor, wenn bestimmte Motivations- und Handlungsarten in unangemessener Weise häufig, intensiv oder langandauernd auftreten (Prototyp: Suchtverhalten).

• *Unrealistische Motivationen und Handlungen* sind Wünsche, Absichten und Handlungen, die nicht ausführbar sind oder nicht zur Erreichung eines angestrebten Ziels führen können. Ein Persistieren solcher Motivation trägt zu Handlungsdefiziten bzw. Defiziten der Zielerreichung bei.

• *Irrationale Motivationen und Handlungen* schließlich beinhalten, daß weniger zielführende bzw. wichtigen Zielen abträgliche Handlungen gegenüber zielführenden oder weniger schädlichen Handlungen präferiert werden. Dies behindert die Erreichung von Handlungs- und Lebenszielen.

Die meisten dieser Störungen sind bisher kaum angemessen beschrieben, geschweige denn erklärt worden. Anders als z. B. die Psychopathologie menschlicher Emotionen steht die Klinische Psychologie von Motivations- und Handlungsstörungen erst am Beginn systematischer Forschung. Bisherige theoretische Ansätze und empirische Untersuchungen in diesem Bereich haben sich häufig darauf beschränkt, dem Motivationsprozeß zugrundeliegende situative, organische oder kognitive Bedingungen mit resultierenden Handlungsdefiziten oder -exzessen in Beziehung zu setzen. Die vermittelnden Prozesse aber wurden vernachlässigt. Ein prominentes Beispiel im Störungsbereich ist die Theorie gelernter Hilflosigkeit von Seligman und Mitarbeitern, deren «reformulierte» Version (vgl. Abramson, Seligman & Teasdale, 1978; Robins & Block, 1989; Metalsky, Joiner, Hardin & Abramson, 1993) im folgenden exemplarisch diskutiert wird.

2.3 Orthodoxe Modelle zu Motivationsstörungen: Die reformulierte Theorie gelernter Hilflosigkeit

Seligmans reformulierte Theorie gelernter Hilflosigkeit und Depression (Abramson, Seligman & Teasdale, 1978; vgl. auch Buchanan & Seligman, 1995) basiert auf einem älteren, verhaltenstheoretischen Modell (Seligman, 1975). In der älteren Theorieversion wurde angenommen, daß Motivations- und Verhaltensdefizite auf mangelnde Kontrollierbarkeit von negati-

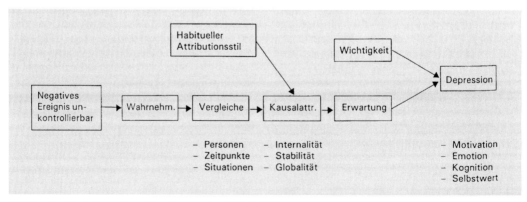

Abbildung 1: Die Reformulierte Theorie gelernter Hilflosigkeit-

ven Verhaltenskonsequenzen zurückzuführen sind (wobei unter «Unkontrollierbarkeit» Nichtkontingenz von Verhalten und Konsequenzen verstanden wurde). In der reformulierten Version hingegen wird im Sinne einer kognitiv orientierten Reinterpretation postuliert, daß Unkontrollierbarkeit als solche weniger entscheidend ist als die subjektive Interpretation ihrer Ursachen (s. **Abb. 1**).

Wird die Lage so eingeschätzt, daß anderen Personen entsprechende negative Ereignisse kaum widerfahren, einem selber aber in vielen Situationen und wiederholt, so werden die Ereignisse auf Ursachen zurückgeführt, die in der eigenen Person liegen, in vielen Situationen wirken («global» sind) und über die Zeit hinweg stabil sind. Solche Attributionen auf internale, globale und stabile Ursachen führen zu Erwartungen, daß auch in der Zukunft Ereignisse der betreffenden Kategorie in unkontrollierbarer Weise eintreten werden. Unkontrollierbarkeits-Erwartungen ihrerseits aber produzieren dann, wenn die erwarteten Ereignisse subjektiv hinreichend wichtig sind, Depression.

Es handelt sich hier mithin nicht nur um eine attributionale Theorie der Depression, sondern gleichzeitig auch um eine Erwartungs-Wert-Theorie. Depression umfaßt dabei Motivationsdefizite, negatives Selbstwertgefühl, weitere negative Kognitionen sowie depressive Emotion. Für besonders depressionsanfällig werden Personen gehalten, die zu depressivem Attributionsstil neigen, also negative Ereignisse in habitueller Weise internal, global und stabil attribuieren.

Diese Theorie hat zu einer Vielzahl empirischer Überprüfungen angeregt (vgl. Buchanan & Seligman, 1995; Peterson & Seligman, 1984; Metalsky, Joiner, Hardin & Abramson, 1993; Sweeney, Anderson & Bailey, 1986; Robins, 1988; Robins & Block, 1989). Die meisten von ihnen sind querschnittlicher Art und zeigen, daß zwischen Kausalattributionen und Depression Zusammenhänge bestehen. Das Zustandekommen dieser Zusammenhänge ist damit noch nicht geklärt. In den letzten Jahren wurden deshalb eine Reihe von längsschnittlichen und experimentellen Untersuchungen durchgeführt, die dieser Frage nachgehen (z. B. Mikulincer, 1988; Sacks & Bugental, 1987; s. **Kasten 2**). Sie belegen, das Kausalattributionen tatsächlich zur Entstehung depressiver Zustände beitragen können.

Angesichts einer Reihe von theoretischen und methodischen Problemen bleibt vorläufig allerdings ungeklärt, wie wichtig Kausalattributionen im Gesamtgefüge möglicher Bedingungen von «Hilflosigkeit» tatsächlich sind (Pekrun, 1988; vgl. auch Buchanan & Seligman, 1995; Metalsky, Joiner, Hardin & Abramson, 1993; Smith, Haynes, Lazarus & Pope, 1993). Generell ist zu konstatieren, daß Seligmans Theorie nur einen Teilbereich der Ursachen von Motivations- und Handlungsdefiziten thematisiert. Sie ist reduziert auf Ursachen, deren Entstehung in der Anregungsphase zu lokalisieren ist (negative Erwartungen und ihre kognitiven Bedingungen), aber vernachlässigt Faktoren, die im späteren Verlauf von Motivationsprozessen zum Tragen kommen (also z. B. chronifizierte Wunschkonflikte oder Störungen der Handlungskontrolle; vgl. auch Kuhl, 1981, 1983). Darüber hinaus ist auch anzunehmen, daß psychische Depressionsentstehung nicht in jedem Fall so kognitiv abläuft, wie dies von Seligman unterstellt wird: Insbesondere bei gleichförmigen Situationswiederholungen ist zu vermuten, daß Motivations- und Handlungsdefizite habitualisieren und Mutlosigkeit unmittelbar beim Anblick einer bestimmten Situation entstehen kann, ohne daß lange nachgedacht werden muß (Pekrun, 1988).

3. Motivationsstörungen und klinische Syndrome

Für Motivations- und Handlungsstörungen gilt in ähnlicher Weise wie für emotionale Störungen, daß sie für die meisten klinischen Syndrome zentral sind. Dies wird im folgenden für einige wichtige Kategorien von Syndromen beispielhaft diskutiert. Systematische empirische Forschung zu Motivations- und Volitionsabläufen liegt allerdings nur für wenige klinische Störungsgruppen vor. Bei den folgenden Überlegungen handelt es sich deshalb großteils um theoretisch-motivationspsychologische Interpretationen klinisch bekannter Erscheinungsbilder.

Kasten 2
Auswirkungen von Attributionsstil auf Stimmung und Sozialverhalten (Sacks & Bugental, 1987)

Fragestellung

In diesem Experiment sollten die Wirkungen eines negativen Attributionsstils auf Stimmung und Sozialverhalten untersucht werden. Der reformulierten Hilflosigkeitstheorie entsprechend wurde erwartet, daß ein negativer Attributionsstil unter ungünstigen sozialen Situationsbedingungen – also bei negativen sozialen Ereignissen – zu depressiver Stimmung und reduziertem Sozialverhalten führt.

Methode

• *Stichprobe:* Als Versuchspersonen dienten 80 Psychologiestudentinnen, von denen 40 der hier interessierenden experimentellen Prozedur unterzogen wurden.

• *Versuchsplan:* Nach der Eingangsuntersuchung wurde jede der Studentinnen mit einer ihr fremden, mit den Untersuchern verbündeten Interaktionspartnerin zusammengebracht und aufgefordert, sich mit ihr bekanntzumachen. Bei der einen Hälfte der Gruppe (n = 20) verhielt sich diese Partnerin abweisend, bei der anderen Hälfte (ebenfalls n = 20) freundlich und zuvorkommend. Nach der Erhebung der Stimmung wurden die Vpn in eine zweite, analog angekündigte Interaktionssituation gestellt, in der diesmal eine zufällig ausgewählte Person aus der zweiten Hälfte der achtzig Versuchspersonen als Partnerin diente.

• *Untersuchungsverfahren:* Eingangs wurde u. a. der habituelle Attributionsstil (Attributional Style Questionnaire, ASQ; Seligman u.a., 1979), zwischen den beiden Interaktionssituationen die Stimmung erhoben (Multiple Affect Adjective Check List, MAACL; Zuckerman & Lubin, 1965).
Alle Interaktionen wurden per Video aufgezeichnet und von Beurteilern bezüglich verbaler und nonverbaler Dimensionen des Sozialverhaltens eingeschätzt.

Ergebnisse

Die Ergebnisse zeigten, daß die Stimmung bei denjenigen Studentinnen erheblich reduziert war, die durch ungünstigen Attributionsstil (also insbesondere eine Neigung zu internalen, globalen und stabilen Attributionen negativer Ereignisse) gekennzeichnet waren *und* auf eine nicht-responsive Interaktionspartnerin gestoßen waren. Die Stimmung der anderen Teilgruppen unterschied sich nicht signifikant voneinander. Darüber hinaus zeigten sich auch auf bestimmten Verhaltensdimensionen Effekte. So hatten Studentinnen mit ungünstigem Attributionsstil in der Interaktion mit einer abweisenden Partnerin eine gespannte Stimme, und in der nachfolgenden zweiten Interaktion traten Personen dieser Teilgruppe der zweiten Partnerin gegenüber unfreundlicher auf.

Insgesamt belegen die Ergebnisse der Studie, daß Attributionsstile zur Vorhersage von Stimmungs- und Verhaltensdefiziten beitragen können. Problematisch und typisch auch für andere Studien ist u. a., daß die von der Theorie thematisierten Mechanismen der Vermittlung solcher Effekte nicht geprüft wurden (also insbesondere nicht erhoben wurde, wie das Verhalten der ersten Interaktionspartnerin tatsächlich kausal attribuiert wurde). Weitgehend offen bleibt auch die Übertragbarkeit auf klinische Stichproben.

3.1 Phobische Störungen

Aus klinischen Fallberichten läßt sich schließen, daß bei Phobien typischerweise der folgende motivationale Prozeß abläuft (vgl. auch Kap. 37/Angststörungen):

a) Es wird Angst vor einem bestimmten Objekt (bzw. bestimmten Situationen oder Ereignissen) erlebt. Damit ist das betreffende Objekt emotional negativ valent. Dies führt unmittelbar zu Motivation, das Objekt bzw. die Situation zu vermeiden.

b) Im Falle räumlich verteilter Objekte (Plätze, Menschenansammlungen, bestimmte Tierarten etc.) wird darüber hinaus häufig die (realistische) Erwartung ausgebildet, das betreffende Angstobjekt nur dann völlig vermeiden zu können, wenn man zu Hause bleibt oder z.B. nur bestimmte Wege geht. Damit tritt die Vermeidungsmotivation in Konflikt mit positiven Motivationen unterschiedlicher anderer Arten, die nur realisierbar sind, wenn – beispielsweise – die Wohnung verlassen wird. Die Folge sind quälende Motivationskonflikte (präziser: Handlungswunsch-Konflikte) zwischen Annäherung und Vermeidung. Ähnliche Konflikte entstehen typischerweise auch bei Phobien, die auf bestimmte Kategorien von Ereignissen gerichtet sind (z.B. Prüfungen bei Prüfungsphobie; soziale Verabredungen bei sozialer Phobie). Häufig werden solche Ereignisse ebenfalls nicht nur gefürchtet, sondern wegen erwünschter Folgen gleichzeitig auch angestrebt (vgl. Asendorpf, 1989; Mosher & White, 1981).

c) Bei starker Phobie setzt sich die Vermeidungsseite solcher Konflikte durch. Die Folge ist selbstschädigendes Vermeidungsverhalten, das alltägliche Lebensvollzüge, Beruf und soziale Beziehungen gefährdet. Gleichzeitige Folge ist ein Mangel an realistischen Erfahrungen mit dem jeweiligen Angstobjekt. Dies führt zu einer Konservierung der Angst und der ihr zugrundeliegenden negativen Überzeugungen.

3.2 Zwangsstörungen

Anzunehmen ist, daß Zwangsverhalten häufig motiviert ist und ihm Ziele zugrunde liegen (auch wenn diese möglicherweise nicht bewußt sind). Halbwegs klar ist aber nur der motivationale Mechanismus von zwanghaften Verhaltensweisen, die zur Reduktion von Angstspannung führen. Zugrunde liegt hier – aktualgenetisch gesehen – Angst vor einem unerwünschten Ereignis (also z.B. Angst vor Ansteckung). Diese Angst führt, da sie massiv ist, zu dem Wunsch, das betreffende Ereignis um jeden Preis und so vollständig wie möglich zu vermeiden. Typischerweise sind allerdings Ereignisse der von Personen mit Zwangsstörungen befürchteten Art nicht mit absoluter Sicherheit vermeidbar. Dementsprechend wird eine Angst vor Ansteckung z.B. durch tausend soziale Situationen ohne Ansteckung nicht entkräftet, durch eine einzige Grippeinfektion aber bestätigt. Die Folge ist, daß entsprechende Handlungswünsche in Absichten mit unzureichend präzisierter Zielkomponente umgesetzt werden, also in Absichten mit unzureichender Spezifikation der Bedingungen, die vorliegen müssen, damit das Ziel als erreicht gilt und die Handlung beendet werden kann.

Solche Absichten können nur durch endlos persistierendes oder ständig wiederholtes Verhalten (also z.B. hundertfache tägliche Körperreinigung) befriedigt werden, und dies ist typisches Zwangsverhalten. Im ungünstigen Fall haben solche Handlungsexzesse Defizite in allen anderen zentralen Handlungsbereichen zur Folge. Anzunehmen ist darüber hinaus, daß ein solcher motivationaler Mechanismus habitualisiert und schließlich auf prozeduraler Basis weitgehend irreflektiv abläuft. Dies mag auch die Schwierigkeiten erklären, denen sich therapeutische Eingriffe gegenübersehen (vgl. nächstes Kap. 31.3/Motivationsstörungen: Intervention).

3.3 Depressive Störungen

Reduzierte Motivation und resultierende Handlungsdefizite gehören zu den Kernsymptomen von Depression (vgl. Kap. 36/Depressive Störungen). Dabei können Handlungsdefizite auf Störungen in jeder Teilphase des Motivationsprozesses beruhen:

a) Da Depression durch exzessive Traurigkeit und Defizite positiver Emotionen gekennzeichnet ist, liegen in der Regel auch Exzesse negativer und/oder Defizite positiver Handlungs-valenzen vor. Hinzu kommen typischerweise negative Handlungs- und zukunftsbezogene Erwartungen (Beck, 1967) sowie persistierende unrealistische, nicht ausführbare ältere Absichten (Kuhl, 1981, 1983). Mithin kommt es in vielen Fällen gar nicht erst zur Anregung eines (neuen) motivationalen Prozesses.

b) Kommt es dennoch zu motivationaler Anregung, so ist bei Depression in allen Phasen des Motivationsprozesses exzessive Lageorientierung typisch, also ein extendiertes Grübeln vor der Entschlußbildung.

c) Entscheidend hierfür dürften vorhandene negative Handlungsvalenzen und mithin Annäherungs-Vermeidungs-Konflikte und negative Metamotivation sein. Kommt es trotz dieser Probleme zu Absichten, so ist häufig aufgrund mangelnder Konzentrationsfähigkeit im depressiven Zustand ihre Umsetzung in Handlungen gestört, indem Handlungen gar nicht erst begonnen oder nicht intensiv und persistent durchgeführt werden.

d) Das Resultat ist, daß grundlegende Lebens-vollzüge und die Verfolgung persönlicher Ziele zu kurz kommen, generell also Verstärker ausbleiben. Dies bekräftigt negative Handlungs-valenzen und -erwartungen, und der Betreffende ist in einem negativen, defizitären Motivations-kreislauf gefangen.

Depressive Emotionen (Traurigkeit, Angst usw.), defiziente Motivationskreisläufe der beschriebenen Art und das resultierende Ausbleiben positiver Lebensereignisse können zusammen einen massiven Leidensdruck erzeugen, der seinerseits zu Versuchen motivieren kann, den depressiven Zustand zu ändern (sekundäre Motivation zu Emotions-, Motivations- und Handlungskontrolle). Gelingt eine solche Situationsänderung auf anderem Wege nicht, so können letzte Konsequenzen von Motivation zur Depressionsbewältigung Suizid bzw. Suizidversuch sein (zu Motivationsformen, die einem Suizid zugrunde liegen können, Mintz, 1968).

3.4 Schizophrene Störungen

Ähnlich wie Kognitions- und Emotionsstörungen können auch Motivationsstörungen bei Schizophrenie die unterschiedlichsten Formen annehmen (vgl. Kap. 35/ Schizophrenie). Bei *hebephrener* Schizophrenie (desorganisierter Typus der Schizophrenie im DSM IV) kann es zu extremen Motivations- und Handlungsdefiziten kommen. Denkbar ist, daß ihnen häufig allgemeine emotionale Verflachung und damit Valenzverluste zugrunde liegen. Andererseits finden sich auch stereotype, ritualisiert wiederkehrende Verhaltensweisen sowie rasche Wechsel zwischen unterschiedlichem Verhalten (z. B. Lachen und traurigem Gesichtsausdruck). Soweit absichtsvoll gehandelt wird, ist dieses Handeln wenig kohärent, wenig persistent und großteils unrealistisch, also nicht zielführend. Wesentliche Ursache dürfte die insgesamt mangelnde Kohärenz im Denken sein, die reflektive, realitätsangemessene Motivations- und Handlungsbildung erschwert. Die Folge kann im untherapierten Verlauf allgemeine Verwahrlosung sein. Ähnliches gilt auch für katatone Schizophrenie. Motivationspsychologisch etwas besser nachvollziehbar sind Motivations- und Handlungsmuster bei paranoider Schizophrenie. Wahnsysteme wie Verfolgungs- oder Eifersuchtswahn lösen hier Angst und/oder Ärger aus, die ihrerseits zu vermeidungsorientiertem Rückzugsverhalten und/oder feindseligem Sozialverhalten führen.

3.5 Störungen durch psychotrope Substanzen

Entgegen manchen traditionellen Auffassungen sind Störungen durch psychotrope Substanzen in erster Linie Motivations- und Handlungsstörungen (vgl. auch Cox & Klinger, 1988) (vgl. Kap. 34/Störungen durch Psychotrope Substanzen). Sie bestehen in exzessiver Motivation und exzessivem Handeln, die meist auf die Einnahme einer bestimmten Substanz bzw. die Folgen dieser Einnahme gerichtet sind. Motivieren können dabei u. a. die folgenden Dinge:

a) *Substanzinduzierte Emotionen* (z. B. Induktion von Entspannung und positiven Emotionen durch Alkohol).

b) Die *Prozedur der Einnahme,* die z. B. in Streßsituationen Ablenkung verschaffen kann.

c) *Soziale Anerkennung* als Folge des Substanzgebrauchs (z. B. bei Jugendlichen, wenn der Status innerhalb einer Gruppe von Nikotin-, Alko-
hol- oder anderem Drogenkonsum abhängt).

d) *Performanzsteigerung* (z. B. kompetenteres Sozialverhalten) durch Hemmungsreduktion und
positive Emotionen (motivationstheoretisch handelt es sich hier vor allem um die Lösung von
Annäherungs-Vermeidungs-Konflikten durch
eine Reduktion angstbedingter Vermeidungsmotivation).

e) *Selbstwertsteigerung* als Folge substanzinduzierter positiver Emotionen wie auch als Folge
von resultierender sozialer Anerkennung und
Performanzsteigerung (vgl. Silbereisen & Reitzle, 1987).

f) *Vermeidung von Entzugserscheinungen* (wenn
es zu körperlicher Abhängigkeit gekommen ist).

Es gibt also eine große Zahl möglicher Gründe,
süchtig nach der Einnahme bestimmter Substanzen zu werden – die hohe Häufigkeit von
Suchtstörungen nimmt damit nicht wunder. Je
nach Schwere der Sucht aber kommt es zu negativen Auswirkungen auf andere Motivations-
und Handlungssysteme. Sie bestehen zum einen darin, daß Mittel zur Befriedigung von
Suchtmotiven nur über Exzesse in anderen Bereichen bereitgestellt werden können (Beispiel:
Beschaffungskriminalität). Zum weiten bestehen sie darin, daß das betreffende Suchtverhalten und ihm zugeordnete Motivationssysteme
– je nach Grad der Abhängigkeit – zu massiver,
selbstschädigender Reduktion in sämtlichen
anderen Motivations- und Handlungsbereichen
führen können. Auf diese Weise können z. B.
schwer Alkohol- und Heroinsüchtige ihr gesamtes Berufs- und Sozialleben ruinieren.

4. Literatur

Abramson, L. Y., Seligman, M. E. P. & Teasdale, J. D. (1978).
 Learned helplessness in humans: Critique and reformulation. *Journal of Abnormal Psychology, 87,* 49–74.
Asendorpf, J. (1989). *Soziale Gehemmtheit und ihre Entwicklung.* Berlin: Springer.

Beck, A. T. (1967). *Depression.* New York: Harper & Row.
Boller, F. & Grafman, J. (Eds.). (1993). *Handbook of neuropsychology.* Amsterdam: Elsevier.
Brunstein, J. C. & Maier, G. W. (1996). Persönliche Ziele:
 Ein Überblick zum Stand der Forschung. *Psychologische Rundschau, 47,* 146–160.
Buchanan, G. B. & Seligman, M. E. P. (Eds.). (1995). *Explanatory style.* Hillsdale, NJ: Erlbaum.
Cox, W. M. & Klinger, E. (1988). A motivational model
 of alcohol use. *Journal of Abnormal Psychology, 97,* 168–
 180.
Gollwitzer, P. (1996). Das Rubikonmodell der Hand-
 lungsphasen. In J. Kuhl & H. Heckhausen (Hrsg.), *Motivation, Volition und Handlung* (Enzyklopädie der Psychologie, Serie Motivation und Emotion, Bd. 4, S.
 531–582). Göttingen: Hogrefe.
Gollwitzer, P. M. & Malzacher, J. T. (1996). Absichten und
 Vorsätze. In J. Kuhl & H. Heckhausen (Hrsg.), *Motivation, Volition und Handlung* (Enzyklopädie der Psychologie, Serie Motivation und Emotion, Bd. 4, S. 427–
 468). Göttingen: Hogrefe.
Goschke, T. (1996). Wille und Kognition: Zur funktionalen Architektur der intentionalen Handlungssteuerung. In J. Kuhl & H. Heckhausen (Hrsg.), *Motivation,
 Volition und Handlung* (Enzyklopädie der Psychologie,
 Serie Motivation und Emotion, Bd. 4, S. 583–663).
 Göttingen: Hogrefe.
Heckhausen, H. (1989). *Motivation und Handeln* (2. Aufl.).
 Berlin: Springer.
Heckhausen, H. & Kuhl, J. (1985). From wishes to actions: The dead ends and short cuts on the long way
 to action. In M. Frese & J. Sabini (Eds.), *Goal-directed
 behavior: The concept of action in psychology* (pp. 134–
 159). Hillsdale, NJ: Erlbaum.
Kuhl, J. (1981). Motivational and functional helpless-
 ness. The moderating effect of state versus action
 orientation. *Journal of Personality and Social Psychology,
 40,* 155–170.
Kuhl, J. (1983). *Motivation, Konflikt und Handlungskontrolle.* Berlin: Springer.
Kuhl, J. (1996). Wille und Freiheitserleben: Formen der
 Selbststeuerung. In J. Kuhl & H. Heckhausen (Hrsg.),
 Motivation, Volition und Handlung (Enzyklopädie der
 Psychologie, Serie Motivation und Emotion, Bd. 4, S.
 665–765). Göttingen: Hogrefe.
Kuhl, J. & Beckmann, J. (Eds.). (1994). *Volition and person-
 ality. Action versus state orientation.* Göttingen: Hogrefe.
Kuhl, J. & Heckhausen, H. (Hrsg.). (1996). *Motivation,
 Volition und Handlung* (Enzyklopädie der Psychologie,
 Serie Motivation und Emotion, Bd. 4). Göttingen:
 Hogrefe.
Lewin, K. (1938). *The conceptual representation and the
 measurement of psychological forces.* Durham, NC: Duke
 University Press.
Libet, B. (1985). Unconscious cerebral initiative and the
 role of conscious will in voluntary action. *The Be-
 havioral and Brain Sciences, 8,* 529–566.
Metalsky, G. I., Joiner, T. E., Hardin, T. S. & Abramson,
 L. Y. (1993). Depressive reactions to failure in a natu-
 ralistic setting: A test of the hopelessness and self-
 esteem theories of depression. *Journal of Abnormal
 Psychology, 102,* 101–109.
Mikulincer, M. (1988). A case study of three theories of
 learned helplessness: The role of test importance. *Motivation and Emotion, 12,* 371–383.

Miller, N. E. (1959). Liberalization of basic S-R-concepts: Extensions to conflict behavior, motivation, and social learning. In S. Koch (Ed.), *Psychology: A study of a science* (Vol. 2). New York: McGraw-Hill.

Mintz, R. S. (1968). Psychotherapy of the suicidal patient. In H. L. P. Resnick (Ed.), *Suicidal behaviors* (pp. 271–296). Boston: Little & Brown.

Mosher, D. L. & White, B. B. (1981). On differentiating shame and shyness. *Motivation and Emotion, 5,* 61–74.

Norman, D. A. & Shallice, T. (1986). Attention to action. Willed and automatic control of behavior. In R. J. Davidson, G. E. Schwarz & D. Shapiro (Eds.), *Consciousness and self-regulation. Advances in research and theory* (Vol. 4, pp. 1–18). New York: Plenum Press.

Pekrun, R. (1988). *Emotion, Motivation und Persönlichkeit.* München: Psychologie Verlags Union.

Peterson, C. & Seligman, M. E. P. (1984). Causal explanations as a risk factor for depression: Theory and evidence. *Psychological Review, 91,* 347–374.

Robins, C. J. (1988). Attributions and depression: Why is the literature so inconsistent? *Journal of Personality and Social Psychology, 54,* 880–889.

Robins, C. J. & Block, P. (1989). Cognitive theories of depression viewed from a diathesis-stress perspective: Evaluations of the models of Beck and of Abramson, Seligman and Teasdale. *Cognitive Therapy and Research, 13,* 297–313.

Sacks, C. H. & Bugental, D. B. (1987). Attributions as moderators of affective and behavioral response to failure. *Journal of Personality and Social Psychology, 53,* 939–947.

Seligman, M. E. P. (1975). *On depression, development and death.* San Francisco: Freeman.

Seligman, M. E. P., Abramson, L. Y., Semmel, A. & von Baeyer, C. (1979). Depressive attributional style. *Journal of Abnormal Psychology, 88,* 242–247.

Silbereisen, R. K. & Reitzle, M. (1978). Selbstwertgefühl, Freizeitpräferenzen und Drogenmißbrauch im Jugendalter. In H. P. Frey & K. Hauer (Hrsg.), *Identität* (S. 125–138). Suttgart: Enke.

Smith, C. A., Haynes, K. N., Lazarus, R. S. & Pope, L. K. (1993). In search of «hot» cognitions: Attributions, appraisals, and their relation to emotion. *Journal of Personality and Social Psychology, 65,* 916–929.

Sokolowski, K. (1996). Wille und Bewußtheit. In J. Kuhl & H. Heckhausen (Hrsg.), *Motivation, Volition und Handlung* (Enzyklopädie der Psychologie, Serie Motivation und Emotion, Bd. 4, S. 485–530). Göttingen: Hogrefe.

Sweeny, P. D., Anderson, K. & Bailey, S. (1986). Attributional style in depression: A meta-analytic review. *Journal of Personality and Social Psychology, 50,* 947–991.

Tucker, D. M. & Williamson, P. A. (1984). Asymmetric neural control systems in human self-regulation. *Psychological Review, 91,* 185–215.

Zuckerman, M. & Lubin, B. (1965). *Manual for the Multiple Affect Adjective Check List.* San Diego, CA: Educational Testing Service.

31.3 Motivationsstörungen: Intervention

Christoph Kraiker und Reinhard Pekrun

Inhaltsverzeichnis

1. Aspekte motivierten Verhaltens

Im Sinne von Erwartungs-Wert-Theorien der Motivation (vgl. Kap 31.2/Motivationsstörungen: Ätiologie, Bedingungsanalyse) können folgende Aspekte motivierten Verhaltens als wesentlich angesehen werden:

(1) bestimmte Ereignisse oder Zustände besitzen positive oder negative Valenz (Wertigkeit) für den Organismus;

(2) diese Tatsache ist im Organismus repräsentiert;

(3) der Organismus besitzt ein System von Erwartungen zu den möglichen Konsequenzen verschiedener Handlungen;

(4) der Organismus hat bestimmte Überzeugungen bezüglich seiner Fähigkeiten (oder Unfähigkeiten), Handlungen vom einen oder anderen Typ tatsächlich durchzuführen.

Die Motivation zu einer Handlung besteht in Wünschen und Absichten, bestimmte Ereignisse oder Zustände zu verwirklichen oder zu vermeiden, da sie für das handelnde Individuum einen positiven oder negativen Wert besitzen. Die Wertigkeit eines Zustandes wird subjektiv typischerweise als (angenehme oder unangenehme, positive oder negative) Emotion erfahren bzw. antizipiert. Anders gesagt: ohne Emotionen in der Regel keine Valenzen, ohne Valenzen keine Handlungsmotivation. Und natürlich gibt es auch Rückwirkungen: Valenzen machen es möglich, daß Ereignisse als zielfrustrierend oder zielförderlich bewertet werden können, und dies wiederum verursacht negative bzw. positive Emotionen (Lazarus, 1991).

Die Aufgabe der psychotherapeutischen Intervention bei motivationalen Störungen besteht dementsprechend u.a. darin, dysfunktionale Wertigkeiten und Erwartungen zu ändern. Da motiviertes Verhalten durch die Interaktion verschiedener Prozesse entsteht, sind damit auch die emotionalen Aspekte und deren Beeinflussung als integraler Bestandteil der Beeinflussung von Motivation zu berücksichtigen.

2. Beeinflussungs-möglichkeiten motivationaler Störungen

Was die Motivation beeinflußt, beeinflußt auch Emotion und Verhalten; komplex sind nicht nur die einschlägigen klinisch-psychologischen Interventionen, komplex sind auch ihre Konsequenzen. Wir werden im folgenden Interventionen, die direkt oder indirekt auf motivationale Störungen zielen, nach den relevanten Antezedenzbedingungen einteilen. Zum Schluß greifen wir die spezielle Problematik der Therapiemotivation auf.

Eine Beschreibung relevanter Antezedenzbedingungen für normale und gestörte Motivationsbildung findet sich im Kapitel 31.2/ Motivationsstörungen: Ätiologie/Bedingungsanalyse. Wir fassen sie noch einmal kurz zusammen: (1) Persönlichkeitsbedingungen als individuelle Dispositionen in Form von konstitutionellen Faktoren und überdauernden kognitiven Strukturen, (2) Situationsbedingungen und (3) aktuelle innere Auslöse- und Steuerungsprozesse.

3. Persönlichkeits-bedingungen: Beeinflussung von konstitutionellen Faktoren?

Körperliche Konstitutionen sind nicht psychologisch veränderbar; änderbar sind vermittelnde, konstitutionsabhängige physiologische Prozesse, z.B. durch Medikamente oder chirurgische Eingriffe in das Zentralnervensystem. Dies ist hier nicht unser Thema. Wir müssen uns aber fragen, ob bei bestimmten, möglicherweise konstitutionell begründeten Motivationslagen sinnvoll interveniert werden kann. So hat z.B. Farley (1986) eine «Big T» genannte Persönlichkeit identifiziert («T» steht hier für «thrill-seeking», also etwa «erregungssuchend»), die Ähnlichkeiten aufweist mit Charakterisierungen der sog. antisozialen Persönlichkeit, auch in dem Sinn, daß viele jugendliche Delinquenten diesen Persönlichkeitstyp zeigen.

Farley nahm an, daß diese Eigenschaft angeboren ist, und er stellte sich die Frage, welche Maßnahmen für diese Jugendlichen hilfreich sein könnten. Er verglich zwei verschiedene Strategien, die wir kontra-konstitutionell bzw. ko-konstitutionell nennen möchten. Bei der ersten wurden die Jugendlichen einem strikten, aktivitätsstrukturierenden Erziehungssystem unterworfen, um eine Annäherung an die durchschnittliche Motivationslage zu erreichen. Dies schien jedoch wenig Erfolg zu haben. Ko-konstitutionelle Maßnahmen hingegen (ein Programm, das abenteuerliche Aktivitäten und aufregende Erlebnisweisen förderte) hatte mehr Erfolg; die Motivationsstruktur wurde nicht bekämpft, sondern in konstruktive Bahnen geleitet. Inwieweit das möglich ist, hängt sicher auch von den sonstigen Begabungen einer Person ab. Lothar-Günther Buchheim zum Beispiel charakterisiert sich selbst auf eine Weise, die dem «Big T» fast perfekt entspricht. Er schreibt. «Ich fühle mich wie früher, wenn in Chemnitz irgendwo ‹was los› war. Die Schupopfeifen oder die Feuerwehrhörner waren dann für mich Alarmsignale. Ich mußte einfach dabei sein. «Katastrophenfanatiker» haben sie mich in der Penne deshalb genannt. *Jetzt* ist da vorne der Teufel los, und ich komme vor Ungeduld bald um» (Buchheim, 1995). Buchheim konnte diesen Charakterzug offensichtlich in bemerkenswerte Leistungen transformieren, aber dazu bedarf es mannigfacher Begabungen.

Ähnlich ist das Konzept der «sensation-seeking-personality», definiert als überdauernde Bereitschaft, physische und soziale Risiken auf sich zu nehmen, um ständig neue und aufregende Erfahrungen machen zu können (Zuckerman, 1979). Ihr Zusammenhang mit bestimmten Formen von Drogenmißbrauch, riskantem Sexualverhalten und anderen risikoreichen Verhaltensweisen, insbesondere bei Jugendlichen, konnte in mehreren Untersuchungen bestätigt werden (zusammenfassend Simon, T., Stacy, A., Sussman, S. & Dent, C., 1994). Die biologische Basis dieser Persönlichkeitseigenschaft scheint außer Frage zu stehen (Shekim, Bylund, Franke & Alexson, 1990; Brocke, Beauducel & Tasche, 1996). Obwohl hier der Behandlungsbedarf offenkundig ist, scheint es keine bewährten psychotherapeutische Interventionen zu geben, sondern lediglich Ansätze zur medikamentösen Behandlung mittels dopaminerger Medikamente (Netter & Rammsayer, 1991).

Es sei hier auch erinnert an die schon seit langem bekannten schlechten therapeutischen Prognosen für antisoziale Persönlichkeitsstörungen (Yates, 1970; Gabbard & Coyne 1987; Manuzza, Klein, Bessler, Malloy & LaPadula, 1993). Der übliche Rahmen der Psychotherapie und auch die von Eysenck (1964) vorgeschlagenen Interventionsstrategien müssen in diesen Fällen als typisch kontra-konstitutionell angesehen werden. Offenbar ist das bei diesem Störungsbild nicht sehr sinnvoll. Von dieser Einschätzung abweichende Daten diskutiert Fiedler (1994).

Etwas anders ist die Situation bei der sog. Typ A Persönlichkeit (Rosenman, Brand, Jenkins, Friedman, Straus & Wurm, 1975; Glass, 1977; Harrell, 1980), die als ehrgeizig, feindselig, ungeduldig, arbeitswütig und unter Zeitdruck stehend geschildert wird. Wenn wir davon ausgehen, daß dieser Typ deutliche Gesundheitsrisiken aufweist (Koronare Herzerkrankungen, Bluthochdruck), was inzwischen gut belegt zu sein scheint, dann stellt sich die Frage nach der Beeinflussung dieser «überspannten» Motivationslage. Durch kontra-konstitutionelles Training konnte Typ-A-Verhalten tatsächlich reduziert werden (Friedman et al., 1984; Mendes de Leon, Powell & Kaplan, 1991; Thoresen & Powell 1992), und dies scheint auch positive Auswirkungen auf die Erkrankungshäufigkeiten zu haben, jedenfalls im Rahmen sekundärer Prävention (zum Stand der Typ A Forschung s. Köhler, 1995).

4. Persönlichkeitsbedingungen: Beeinflussung von kognitiven Strukturen

• *Kausalattribution:* Die in Zusammenhang mit der reformulierten Theorie der erlernten Hilflosigkeit (Seligman, Abramson, Semmel & Baeyer, 1979) entwickelten Konzepte dienen zur Interpretation von Motivations- und Handlungsdefiziten. Bestimmte Attributionsstile werden verantwortlich gemacht für eine generelle Aktivitätsreduzierung, welche durch Umgebungsvariable nicht ausreichend erklärbar zu sein scheint. Der entscheidende Punkt ist, wel-

che Ursachen für Mißerfolg und Versagen verantwortlich gemacht werden. Die relevanten Dimensionen sind: intern vs. extern, global vs. spezifisch, stabil vs. vorübergehend.

Beispielhaft angewendet im Zusammenhang von Arbeitshemmungen lassen sich die entsprechenden Attributionen durch folgende Selbstaussagen illustrieren: «Ich verstehe das Buch nicht» (intern), «Das Buch ist unverständlich geschrieben» (extern); Ich bin nicht intelligent genug» (global), «Ich habe kein Talent für Statistik» (spezifisch); «Ich habe keine Ausdauer» (stabil), «Ich bin zu müde» (vorübergehend).

Wenn Fehlschläge intern, global und stabil attribuiert werden (d.h. wenn man eigene, dauerhafte und umfassende Schwächen dafür verantwortlich macht), dann besteht wenig Hoffnung auf Besserung, und anhaltende Motivationsdefizite sind das Resultat. Therapeutisch kann man z.B. so vorgehen, daß man Fehlschläge (bzw. das, was der Patient dafür hält) notieren und alle denkbaren externen, spezifischen und vorübergehenden Ursachen dafür suchen läßt. Das ergibt wahrscheinlich nur dann einen Sinn, wenn solche Ursachen tatsächlich existieren. Statt zu sagen: «Ich bin nicht ausreichend begabt, ich habe das Referat nicht verstanden», kann man sagen «Das Referat war wirklich konfus und miserabel aufgebaut; die anderen haben es auch nicht kapiert». Durch systematisches Umattribuieren soll der Patient eine realistischere Sicht der Ursachen von Schwierigkeiten entwickeln und damit von seiner negativen Selbsteinschätzung und daraus resultierenden Motivationsschwächen befreit werden (vgl. Antaki & Bewin, 1982).

• *Kompetenzerwartungen.* Mit diesen Überlegungen verwandt ist Banduras These, daß die Entwicklung von Kompetenzerwartungen (self-efficacy-expectations) ein entscheidendes Element erfolgreicher Therapie sei. Kompetenzvertrauen in diesem Sinn gehört zu dem verhaltensdeterminierenden Komplex von Erwartungen (neben den Ergebniserwartungen), die als Angriffspunkt therapeutischer Bemühungen besonders wichtig seien. Allerdings beschreibt er dafür keine besondere Technik, sondern interpretiert den Wirkmechanismus schon vorliegender Therapieformen, insbesondere der Systematischen Desensibilisierung, als positive Änderung von Kompetenzvertrauen. Die Interpretation der systematischen Desensibilisierung als «Psychotherapie durch Gegenkonditionierung» (Wolpe, 1958) wird demnach durch die Interpretation als eine Form von Kompetenztraining ersetzt oder zumindest ergänzt (Bandura, 1977; 1982; Bandura & Adams, 1977; Biran & Wilson, 1981).

• *Demotivierende Überzeugungen.* Ellis (Ellis, 1962; Ellis & Grieger, 1977) hat als Hauptursachen von emotionalen und motivationalen Schwierigkeiten sog. «irrationale Überzeugungen» definiert. Besonders ängstigend und damit aktivitätshemmend ist die Überzeugung: «Ich tauge nichts, wenn ich nicht immer perfekt, kompetent und leistungsfähig bin, oder wenigstens fast immer in den wichtigsten Bereichen». Diese Überzeugung ist häufig verbunden mit starker Versagensangst, geringer Risikobereitschaft und Leistungsvermeidung. Wir alle kennen wahrscheinlich Personen, die nach jahrelangem Studium keine Abschlußprüfung machen, weil sie Angst vor dem Versagen haben. Ersetzt werden soll die erwähnte irrationale Überzeugung durch eine rationale, z. B. «Ich bin ein unvollkommenes Geschöpf mit Grenzen und Fehlern. Es ist besser, Dinge überhaupt zu tun, als sie auf perfekte Art tun zu müssen». Zu den eingesetzten Techniken gehören der sog. «Sokratische Dialog» und «Disputationen». Beides sind verbal orientierte Indoktrinationsstrategien (allerdings häufig verbunden mit imaginativen Methoden und fast immer mit praktischen «Hausaufgaben»). Der Therapeut kann sich dabei auch als Modell anbieten, wie etwa im Dialog, der in Kasten 1 wiedergegeben ist.

Es war seit jeher umstritten, ob solche selbstentmutigenden, selbstabwertenden und auf diese Weise demotivierenden Grundannahmen und daraus resultierenden automatischen Gedanken verschiedener Art überhaupt zu den Ursachen der Depression gerechnet werden können. Es könnten ja auch Folgen der Depression sein, oder kausal irrelevante Epiphänomene. Die Gründe für solchen Skeptizismus sind vielfältig, es scheint sich jedenfalls immer klarer herauszustellen, daß solche demotivierende Kognitionen in den gesunden Lebensphasen von depressiven Patienten nicht häufiger nachzuweisen sind als bei nicht depressiven Personen (zusammenfassend Miranda, Persons & Byers, 1990). Ein interessanter Erklärungsversuch für dieses Ergebnis ist die Hypothese, daß diese Kognitionen bei depressionsanfälligen Menschen zwar normalerweise latent (und damit nicht meßbar) seien, daß sie aber in Zuständen der Verstimmung oder sonstiger emotionaler Belastung aktiviert werden und dann im nächsten Schritt die Entwicklung einer massiven Depression initiieren. Dieser Prozeß wird *mood priming* genannt und ist inzwischen mehrfach untersucht worden. Segal und Ingram (1994) halten dieses Phänomen aufgrund der von Ihnen diskutierten Datenlage für unbezweifelbar. In jüngster Zeit konnte die Stimmungsabhängigkeit von Erinnerungen (Watkins, Vache, Verney, Muller & Mathews, 1996)

Kasten 1
Therapeut als Modell: Dialogbeispiel (Walen et al., 1980, S. 119)

T: Darf man sich denn nicht irren oder Fehler machen? Du liebe Zeit, ich habe Hunderte von Fehlern gemacht. Nun, wenn Ihnen das passiert, halten Sie sich nicht für einen Deppen?

P: Genau!

T: Und wenn das mir passierte, wäre ich dann ein Depp?

P: Nein!

T: Es gibt also zwei verschiedene Regeln in der Welt; wer hat diese Regeln denn gemacht?

P: Ich nehme an ich selbst.

T: Dann können Sie jetzt auch andere Regeln einführen, Regeln, die Ihnen gegenüber fair sind, damit Sie so leben können wie der Rest der Menschheit.

und von negativistischer Kognitionen (Roberts & Kassel, 1996) erneut bestätigt werden. Damit ist die Frage nach den Ursache-Wirkungs-verhältnissen allerdings immer noch nicht gelöst, ebensowenig die praktische Frage, an welchem Punkt Interventionsstrategien am besten einsetzen sollten. Wir werden später darauf noch einmal zurückkommen.

• *Die Selbstverifikationstheorie der Depression.* Zu den auffälligen und therapieerschwerenden Phänomenen gehört die Tendenz depressiver Patienten, ihre negativen Selbstbewertungen hartnäckig zu verteidigen und immer wieder Beweise für ihre Wertlosigkeit zu suchen und vorzulegen. Diese Tendenz zur Selbstverifikation wurde in mehreren Untersuchungen festgestellt. Giesler, Joseph und Swann (1996), die einen Überblick über die relevante Forschung geben, führen dies auf eine übergreifende Motivation zur Herstellung von Kongruenz zwischen Selbstbild und Erfahrung zurück. Diese Kongruenz soll Vorhersagbarkeit und Kontrolle in intra- und interpersonalen Bereichen sicherstellen. Die erfolgreiche «Befriedigung» dieses Motives führe jedoch immer tiefer in die Depression. Um so erstaunlicher, daß die Rate der Spontanerholungen bei depressiven Patienten so hoch ist – allerdings ist dies erstaunlich in jedem Modell. Wir fassen dies als ein weiteres Indiz dafür auf, daß die Wirkmechanismen der Entstehung und Therapie von Depression noch nicht restlos aufgeklärt sind.

• *Handlungsmotivation und Normenerwartung.* Zum besseren Verständnis von AIDS-bezogenem Risikoverhalten haben insbesondere J.D. Fisher und W.A. Fisher drei Typen von Determinanten analysiert, nämlich das Vorhandensein bzw. Fehlen von Information, Motivation und Verhaltensfertigkeiten (behavioral skills). Nachdem in mehreren Untersuchungen korrelative Zusammenhänge bestätigt werden konnten (Fisher & Fisher, 1992; Fisher, Fisher, Williams & Malloy 1994) wurden für jede dieser Komponenten spezielle Interventionsverfahren entwickelt und ihre Wirksamkeit zur Änderung risikoreichen Sexualverhaltens überprüft (Fisher, Fisher, Misovich, Kimble & Malloy, 1996). Motivation umfasst hier zwei Aspekte: die eigene Einstellung zu Verhaltensweisen, die das Risiko von AIDS-Infektionen reduzieren

sollen (im wesentlichen der Gebrauch von Kondomen) sowie die vermuteten Einstellungen und Normen der relevanten Bezugsgruppe. Die auf diese Einstellungen gerichtete Intervention umfasste drei Komponenten:

(1) Kleingruppendiskussionen, in denen ablehnende Einstellungen offen ausgesprochen und erörtert wurden, mit dem Ziel, positive Alternativen zu entwickeln (z.B. Verwendung von Kondomen, die die Empfindung möglichst wenig einschränken; Vergegenwärtigung der Tatsache, daß die Verwendung von Kondomen ein größeres Zeichen von Zuneigung ist als der Verzicht darauf.)

(2) Diskussionen in großen Gruppen, in denen die Kleingruppen ihre Vorschläge darstellen und propagieren konnten. Auf diese Weise sollte deutlich werden, daß das Ideal risikovermeidenden Sexualverhaltens die Zustimmung weiter Kreise von Gleichgesinnten gefunden hatte.

(3) Das Anschauen eines professionell hergestellten Videofilmes «Leute wie wir», in dem sechs mit den Betrachtern vergleichbare Personen auftraten, die sich bereits mit HIV infiziert hatten. Diese «… social comparison others in the video attempt to influence attitudes toward safer behaviors by stressing that the discomforts of condom use are miniscule compared with the real-life catastrophes they have experienced with HIV and AIDS, and also suggest that it is becoming progressively more normative and expected to practice safer sex» (Fisher et al., 1996, S. 118).

Die Autoren berichten über signifikante Erfolge bei zwei Nachuntersuchungen. Allerdings können die relativen Beiträge der drei Interventionskomponenten nicht auseinandergehalten werden.

5. Situationsbedingungen

• *Stimuluskontrolle.* Ein typisches Anwendungsgebiet der Stimuluskontrolle sind eingeschliffene Gewohnheiten im Zusammenhang mit Sucht, suchtartigem Verhalten und sozial unakzeptabler Impulsivität. Es geht bei Stimuluskontrolle darum, die Auslöser solcher größtenteils automatisiert ablaufenden Prozesse bzw. die dazu notwendigen Objekte zu vermeiden (eine andere Strategie ist, den Prozeß, nachdem er mal in Gang gekommen ist, zu unterbrechen): Beispiele dafür sind:

– *Bei Alkoholproblemen:* Keine alkoholischen Getränke zu Hause, kein Besuch von Kneipen, Vermeidung von Alkoholwerbung so weit wie möglich;
– *Bei übermäßigem Essen:* Nur die jeweils notwendigen Lebensmittel im Kühlschrank, kein Studium von Kochbüchern oder Rezepten in Zeitschriften;
– *Bei Studienproblemen:* Keine spannenden Romane im Arbeitszimmer, keine Zeitung, keine Zeitschrift, kein Fernsehen, Arbeiten an Plätzen, wo man nichts anderes tun kann und andere auch arbeiten (z.B. Bibliotheken), kein Telefon beantworten;
– *Bei Abhängigkeiten von psychotropen Substanzen:* kein Aufsuchen der «Szene», Wechsel des Lebensraumes;
– *Bei Nikotinabhängigkeit:* Zigaretten u.ä. nur zu bestimmten Zeiten verfügbar machen oder ganz aus der Umgebung verbannen, nicht mit Rauchern zusammen sein, wegschauen, wenn der Held im Fernsehen eine Zigarette raucht.

Als Beispiel für Stimuluskontrolle sei ein Programm beschrieben, das zur Reduktion einer bestimmten Form von Typ A Verhalten, nämlich Essen unter Zeitdruck, eingesetzt wurde. Es wurden im Rahmen einer ambulanten Intervention sechs Verhaltensregeln festgelegt, die nicht nur zu einer Verlängerung der Essens- und Erholungszeiten führten, sondern auch zu einer klinisch bedeutsamen Besserung von psychosomatischen Beschwerden. Die sechs Regeln waren:

a) Legen Sie für jede Mahlzeit eine bestimmte Dauer (in Minuten) für das Essen/Entspannen fest.
b) Essen Sie an einem Tisch, und nur dort.
c) Lesen und arbeiten Sie nicht während der Mahlzeit.
d) Arbeiten Sie nach dem Essen nicht, sondern entspannen Sie sich für eine festgelegte Zeit.
e) Entspannen Sie sich nicht am Arbeitsplatz, sondern woanders.
f) Arbeiten Sie nicht während der Entspannungszeit und denken Sie auch nicht über die Arbeit nach (Nakano, 1996).

• *Verstärkungskontingenzen.* Motivationen verschwinden, wenn das entsprechende Handeln nicht zum Erfolg führt, d.h. wenn es nicht verstärkt wird, wenn keine kontingente Beziehung zwischen Handlungen und Ereignissen besteht. Schwierigkeiten können hier auftreten, wenn (1) solche Kontingenzen tatsächlich nicht oder nur in sehr reduzierter Form bestehen (z.B. in verarmten Umgebungen wie Altersheimen oder nach dem Verlust des Arbeitsplatzes oder nahestehender Personen; vgl. dazu Lewinsohns (1974) Interpretation depressiver Demotiviertheit), oder wenn (2) die Kontingenzen zwar bestehen, aber nicht wirksam werden (siehe **Kasten 2**). Das ist z.B. dann der Fall, wenn Verstärker für Personen eine unüblich geringe Valenz besitzen oder sogar aversiv sind (wie etwa die Nahrung im Falle der Anorexia Nervosa), oder bei solchen gestörten Individuen, für die selbst normale Kontingenzbedingungen zu wenig Struktur besitzen und deshalb keine angemessene, motivationssteuernde Wirkung haben, z.B. bei bestimmten Formen von Retardierung oder Psychosen. In diesem Fall kann es sich als sinnvoll erweisen, eine artifiziell hochstrukturierte Kontingenzumgebung zu schaffen. Eine Möglichkeit, die gesamte Klinikroutine derartig zu strukturieren, sind die sog. «Token Economies», bei denen explizit festgelegt ist, welche erwünschten Verhaltensweisen mit Tokens (d.h. Punkten oder Spielmünzen, die nach einem bestimmten System gegen substantielle Verstärker eingetauscht werden können) verstärkt und welche ignoriert werden. Dieses sehr aufwendige Verfahren besitzt wenigstens zwei Komponenten: Anleitung durch präzise Regeln und Steuerung durch präzise Kontingenzen (vgl. Skinner, 1969; Diskussion von kontingenzgesteuerten und regelgeleiteten Verhaltensweisen). Wie fast überall, lassen sich auch hier die verschiedenen Aspekte einer Intervention nicht klar isolieren (Florin & Meyer-Osterkamp, 1974; Paul & Lentz, 1977). Hochstrukturierte Kontingenzbedingungen können auch lediglich für bestimmte Zeiten eingeführt werden (Trainingsstunden), um die Motivation zu bestimmten Handlungen, die für den Erwerb von Basisfertigkeiten notwendig sind, zu erhöhen. Dies gilt für Trainingsprogramme zum Aufbau von Sprache bei autistischen Kindern, oder von selbständigem Essen, Anziehen oder Toilettenbesuch. Um die komplexe Handlung zu erleichtern, wird sie in kleine Schritte zerlegt, und jeder Schritt unmittelbar verstärkt, meist nach vorhergehender Deprivation und mit Hilfe von Modellernen (Garcia et al., 1973; Watson & Uzzell, 1981).

Darüber hinaus kann man die Motivation zu einem bestimmten Verhalten (z. B. Nahrungs-

aufnahme im Fall einer Anorexie) dadurch erhöhen, daß die Zugänglichkeit von Verstärkern mit hoher Valenz (z. B. sozialer Kontakt) von diesem Verhalten abhängig gemacht wird, wobei sich die Valenz der neueingeführten Verstärker durch vorhergehende Deprivation erhöhen läßt (Hsu, 1986) (s. **Kasten 2**).

Kasten 2
Modifikation einer depressiven Motivationsstörung (Hamilton & Waldman, 1983)

Hamilton und Waldman beschreiben eine Fallstudie, in der depressiver Verlust von Interesse, Motivation und aktivem Handeln u. a. mit Techniken von Stimuluskontrolle, Aufbau von Verhaltenskontingenzen und bewältigungsorientierter Selbstinstruktion therapiert wurde.

Patient
Es handelt sich um den 20jährigen Studenten Al, der über eine seit vier Jahren währende, nicht-zyklische Depression berichtet. Hauptsymptome sind u. a. Verlust von Interesse und Motivation, Müdigkeit, Konzentrationsschwierigkeiten, sozialer Rückzug, negative Stimmung und selbstdestruktives Grübeln. Dieses Grübeln wird von den Autoren als entscheidende Ursache der anderen Symptome gesehen. Darüber hinaus berichtet Al, daß er während dieser Zeit die Scheidung seiner Eltern, starken familiären Streß und ständige Kritik seitens seiner Mutter erlebte.

Intervention
Die Fallstudie der Behandlung von Al hatte folgenden Ablauf: a) eine 18tägige Erhebung der Basisrate negativer Gedanken; b) eine 14tägige verhaltensorientierte Behandlung; c) eine sich anschließende, 70tägige kognitiv orientierte Behandlungsphase; und d) eine Nachuntersuchung sechs Monate nach Behandlungsende. Während der verhaltensorientierten Interventionsphase wurde ein Kontingenzprogramm durchgeführt, in dem Al Punkte («tokens») gewinnen konnte, wenn er Aktivitäten ausführte, die sich auf sein Studium und auf Alltagsroutinen bezogen (studienbezogene Informationen einholen, tägliche Lernziele verfolgen, Verabredungen einhalten etc.). Anhand eines Tokensystems konnte Al

die gewonnenen Punkte gegen angenehme Aktivitäten mit Verstärkungswert eintauschen. In der zweiten Behandlungsphase wurde dieses Verhaltensprogramm ersetzt durch einen kognitiv orientierten Kontrakt, in dem Al sich verpflichtete, a) jeden Anfall von Grübeln sofort kognitiv zu restrukturieren, indem er Auslöseereignisse, Gefühle, Gedanken und seine rationale Reinterpretation des Ereignisses notierte; b) sich täglich positive Selbstverstärkungen zu verabreichen, die u. a. im Lesen positiver selbstbezogener Äußerungen bestanden; und c) sich in selbstinstruierender Weise in entspanntem Zustand die Bewältigung unterschiedlicher Streßsituationen vorzustellen.

Untersuchungsverfahren
Im Vor- und Nachtest wurden Häufigkeit und Intensität negativer Gedanken, depressive Affekte und das Gesamtausmaß an Depression (anhand des Depressionsinventars von Beck, 1978) erhoben. Gedankenintensität und -frequenz wurden darüber hinaus täglich auch während der Behandlungsphase von Al notiert, und Affekte sowie Depression wurden nicht nur als Selbstbericht, sondern auch als Fremdeinschätzung durch seinen Zimmergenossen erfaßt.

Ergebnisse
Während der (relativ kurzen) Phase verhaltensorientierter Behandlung zeigte sich noch keine signifikante Reduktion von Häufigkeit und Intensität negativer Gedanken; danach aber nahmen die Werte für depressives Grübeln drastisch ab. Insbesondere für den Intensitätsparameter blieb dieser Fortschritt auch nach sechs Monaten erhalten. Daneben zeigte sich für depressive, ängstliche und

feindselige Stimmung wie auch für Depression insgesamt eine deutliche Reduktion vom Prätest zum Follow-up. Dies galt sowohl für Als Selbstberichte wie für die Fremdeinschätzungen.

Diskussion: Ausgedehntes Grübeln läßt sich als Bestandteil exzessiver Lageorientierung auffassen, mit der Folge reduzierter Motivationsentfaltung und entsprechenden, von Al ja auch berichteten Handlungsdefiziten. Dieser Fallbericht zeigt, daß sich solche Lageorientierung anhand von Techniken behavioral-kognitiver Gedanken- und Verstärkungs-kontrolle therapieren läßt, mit günstigen Folgen für das gesamte depressive Symptombild. Kritisch ist allerdings zu vermerken, daß die zu vermutenden Motivations- und Verhaltensfolgen der Therapie hier nicht in differenzierter Weise direkt erfaßt wurden, sondern nur anhand des globalen Depressionsinventars von Beck. Darüber hinaus ist anzumerken, daß die von Al berichtete familiäre Problematik in diesem Forschungsbericht zwar erwähnt, aber offensichtlich weder näher untersucht noch in die Behandlung einbezogen worden ist. Unklar bleibt in diesem Fall damit auch die Gefahr familiär bedingter depressiver Rückfälle.

6. Beeinflussung aktueller interner Steuerungs- und Auslöseprozesse

• *Selbstinstruktionstraining.* Störungen der internen Steuerung finden sich z. B. bei Störungen der Impulskontrolle (vgl. Kap. 31.2/Motivationsstörungen: Ätiologie/Bedingungsanalyse). Meichenbaum und Goodman (1971) beschrieben ein Programm zur Verbesserung der Selbststeuerungsfähigkeiten bei Kindern mit einer Aufmerksamkeits- und Hyperaktivitätsstörung. Komplexe Handlungsabläufe wurden durch gleichzeitig ablaufende Selbstanweisungen gesteuert. Der Therapeut führte das Verhalten zunächst selber vor und sprach die entsprechenden Selbstinstruktionen laut aus, so daß auch das Kind sie hören konnte. Dann mußte das Kind die Handlungen zu den laut ausgesprochenen Instruktionen des Therapeuten ausführen, in einem weiteren Schritt sprach das Kind selbst die Anweisungen mit lauter Stimme und handelte entsprechend, schließlich sprach es leise, und zum Schluß unhörbar. Ähnliche Verfahren wurden eingesetzt bei mangelnder Impulskontrolle im Zusammenhang mit Essen (Bulimia) (vgl. Kirkley et al., 1985; Ordman & Kirschenbaum, 1985).

Noch nicht befriedigend geklärt ist die Wirksamkeit des sog. Gedankenstopps zur Unterbrechung automatisch ablaufender Kognitionen bei der unmittelbaren Vorbereitung von Handlungen, z. B. Zwangssymptomen (Marks, 1981). Die Unterbrechung hochautomatisierter Verhaltensketten (z. B. beim Rauchen) ist dennoch eine häufig gebrauchte Strategie.

• *Physiologische Prozesse.* Die Zusammenhänge zwischen Motivationslage und neurobiochemischen Prozessen sind nur unvollkommen geklärt. Erfolgreiche Medikamente werden meist zufällig gefunden. Kurz erwähnt seien hier nur die stimmungsaufhellenden trizyklischen Antidepressiva sowie die antriebssteigernden Monoaminoxydase-Hemmer (MAO-Hemmer), wobei letztere wegen potentiell schwerer Nebenwirkungen nur unter besonderen Bedingungen (spezielle Diät) eingesetzt werden.

Der scheinbar naheliegende Einsatz von Sexualhormonen zur Steigerung sexueller Motivation hat sich nicht bewährt, so wie überhaupt die Korrelation zwischen Hormonpegel und sexuellem Verhalten sehr niedrig ist (Bourne, Ekstrand & Dunn, 1988). Auch Hormonbehandlungen nach operativen Geschlechtsänderungen bei Transsexualismus werden eher wegen der morphologischen Effekte als wegen ihres Einflusses auf die Motivationslage durchgeführt (Hunt & Hampson, 1980).

Wie komplex die Zusammenhänge tatsächlich sind, zeigt z. B. die paradox erscheinende Tatsache, daß hyperaktive, impulsive Kinder durch Gaben von Tranquillizern noch gestörter werden, als sie es ohnehin schon sind, während die Gabe von stimulierenden Medikamenten die Hyperaktivität dämpft und bestimmte Schulleistungen verbessert (Pelham, Bender, Caddell, Booth & Moorer, 1985).

Gegenwärtig scheint man sich besonders für den Einsatz von Serotonin-Wiederaufnahme-Hemmern bei Panikstörungen, Zwangsstörungen und Störungen der Impulskontrolle zu interessieren. Eine langfristige Überlegenheit im Vergleich mit den bewährten psychotherapeutischen Interventionen konnte bislang nicht festgestellt werden.

• *Wahrnehmungs- und Phantasieprozesse.* Die Anregung sexuellen Interesses durch die Betrachtung entsprechender Bilder oder Filme sowie durch selbst- oder fremderzeugte Vorstellungen (Bücher) ist normaler Bestandteil unserer Kultur. Dies kann auch ins Gegenteil gewendet werden: Die Wahrnehmung oder Vorstellung aversiver Konsequenzen (z. B. Tod durch Lungenkrebs oder im Leberkoma) ist verhaltenshemmend. Ein Beispiel für die Etablierung unmittelbarer aversiver Reaktionen bei der Initiierung unerwünschter Verhaltensweisen ist die Schnellrauchtechnik: Der Klient wird angehalten, sehr schnell und sehr viel zu rauchen, bis bereits beim Anzünden einer Zigarette Übelkeit entsteht (Lando, 1977). Damit vergleichbar ist die heute bei sexuellen Problemen aus ethischen Gründen nicht mehr eingesetzte Technik, sozial mißbilligte Auslöser sexueller Erregung (z. B. bei Fetischismus) mit aversiven Stimulationen zu koppeln, etwa elektrischen Schlägen oder übelkeitserregenden Mitteln (Harbison, McAllister, Quinn & Graham, 1974). Auf der Vorstellungsebene gehören hierher die sog. verdeckte Sensibilisierung (Cautela, 1966, 1967; Gold & Neufeld, 1965), bei der problematisches Verhalten und Konsequenzen lediglich in der Vorstellung repräsentiert werden.

Ins Positive gewendet werden aktuell ablaufende Wahrnehmungen und Phantasien bei der direkten Sexualtherapie von Masters und Johnson (1970). Insbesondere ist hier «Sensate Focus» zu nennen, eine Konzentration der Wahrnehmung auf aktive und passive erotische Stimulationen, was sowohl die Aktivität mit angenehmen Empfindungen assoziiert wie den demotivierenden Effekt besorgter Phantasien reduziert.

Was sind die entscheidenden Elemente der Intervention? Falls bestimmte kognitive Struk-

turen und Prozesse eine notwendige Bedingung depressiven Motivationsmangels sind, dann müßte sich dieser durch deren Modifikation ebenfalls beheben lassen, was zutrifft. Allerdings gelingt dies auch verhaltensorientierten, interpersonalen und medikamentösen Therapien (Elkin, 1994). Kognitionen können sich wohl auch durch direkte Erfahrung ändern, also ohne daß sie explizit bearbeitet werden. Jacobson et al. (1996) gingen in einer äußerst sorgfältig geplanten Untersuchung der Frage nach, wie bedeutsam die drei Komponenten einer kognitiven Therapie sind. Diese drei Komponenten sind (1) Verhaltensaktivierung; (2) Analyse und Modifikation dysfunktionaler, also selbstentwertender und demotivierender Gedanken; (3) Identifikation und Motivation zugrundeliegender kognitiver Strukturen oder Schemata.

150 Patienten mit der Diagnose Major Depression wurden in drei Gruppen behandelt. Die erste Gruppe erhielt Verhaltensaktivierung, die zweite Verhaltensaktivierung zusammen mit Arbeit an dysfunktionalen Gedanken, die dritte das ganze Paket, also einschließlich der Arbeit an kognitiven Schemata. Es wurde angenommen, daß die Wirkung dieser drei Komponenten additiv sei. Tatsächlich aber zeigte sich nach der Therapie und bei einer Nachuntersuchung (6 Monate nach Therapieende – weitere Nachuntersuchungen sind geplant), daß zwar alle drei Strategien sehr wirksam waren, daß aber zwischen ihnen kein Unterschied in der Wirksamkeit bestand. In anderen Worten: die kognitiven Komponenten der Therapie waren überflüssig. Damit ist das zugrundeliegende ätiologische Modell zwar nicht widerlegt, aber es zeigt, daß sich aus ätiologischen Modellen nicht automatisch optimale Interventionen ableiten lassen.

7. Beeinflussung der Therapiemotivation

Neben der Unterscheidung von internen und externen Antezedenzbedingungen (relativ zum Klienten) müssen hier auch noch Faktoren betrachtet werden, die vom Therapeuten bzw. der therapeutischen Situation abhängen. Wenn wir mit letzterem beginnen, sollten wir Skinners

Mahnung beherzigen (1953), daß Therapie Zeit brauche, und daß der Therapeut dafür sorgen muß, daß diese Zeit zur Verfügung steht, daß der Patient also die Therapie nicht vorzeitig abbricht. Das bedeutet, der Therapeut soll sich nicht bestrafend verhalten (wobei der Begriff der Bestrafung hier lerntheoretisch zu verstehen ist, nicht moralisch oder pädagogisch). Am ehesten läßt sich diese Fähigkeit in persönlicher Supervision des Therapeuten einüben, denn der Ausdruck von Kritik, Geringschätzung, Langeweile oder Desinteresse ist ja nicht ohne weiteres kontrollierbar.

Der Therapeut hat ferner bei konfrontativen Verfahren dafür zu sorgen, daß das Ausmaß der Konfrontation für den Klienten bewältigbar bleibt, damit er nicht zur Notbremse exzessiver Vermeidung in Form von Therapieabbrüchen greift. Hier sind die üblichen Maßnahmen anwendbar, wie sukzessive Approximation oder die Bereitschaft des Therapeuten, als Modell für schwierige Aufgaben zu dienen. Die bisherigen Untersuchungen zur Frage der Therapieabbrüche haben unseres Wissens jedoch das Therapeutenverhalten kaum betrachtet, sondern sich vor allem mit Patientenvariablen beschäftigt. Hier scheint die «soziale Schicht» diejenige Variable zu sein, die mit Therapieabbruch am engsten korreliert, in dem Sinne, daß Klienten mit niedrigem sozialen Status und niedrigem Bildungsniveau Therapien häufiger abbrechen als solche mit hohem Status und hohem Bildungsniveau (vgl. Garfield 1994, der hervorhebt, daß gerade auch die therapierenden Personen und das sog. therapeutische Setting für vorzeitige Abbrüche verantwortlich sein können). Diese Variable ist zwar kaum vom Therapeuten zu beeinflussen, aber es steht in seiner Macht, Kommunikationsschwierigkeiten zu überwinden und ausführliche, relevante und verständliche Informationen über den Therapieablauf zu geben. Von hoher Bedeutung ist auf Seiten des Therapeuten reaktanzreduzierendes Verhalten. Reaktanz ist sozusagen das sozialpsychologische Pendant zum innerpsychischen «Widerstand», wobei jedoch Reaktanz sozial erzeugt wird (Brehm & Brehm, 1981). Unter Reaktanz faßt man alle jene Reaktionen eines Menschen zusammen, die er zeigt, wenn die Freiheitsgrade seines Handelns beschnitten werden, und die dazu dienen, diese Freiheitsgrade wiederherzustellen, etwa in Form von

Verweigerung (keine «Hausaufgaben» machen), indirekter Sabotage oder Ad-absurdum-Führen der vorgeschlagenen Maßnahmen. Reaktanzerzeugende Kommunikationen sind direktiv und autoritär, reaktanzreduzierende Kommunikationen sind möglichst freiheitsgewährend, etwa durch Anbieten von Alternativen, das Aufgreifen von Vorschlägen des Klienten, Selbstbestimmung in Bezug auf den zeitlichen Ablauf bestimmter Maßnahmen und Ähnliches.

Therapieexterne Bedingungen der Therapiemotivation des Patienten sind zunächst «sekundäre Krankheitsgewinne», lerntheoretisch gesprochen, Verstärkungen für die Symptomatik (Rosenhan & Seligman, 1989). Die können offensichtlich sein, z.B. eine Berentung als Folge von Berufsunfähigkeit, weniger offensichtlich, etwa in Form der sozialen Kontrolle über Familienangehörige, die in Richtung Unterstützung oder sogar Pflege manipuliert werden, oder schließlich ziemlich verborgen, in dem Sinn, daß durch die Symptomatik ein «erfülltes» Leben entsteht, wo sonst nur Leere wäre (was macht z.B. ein Zwangsneurotiker mit seiner Zeit, wenn ein achtstündiges Ritual verschwindet?). Therapien müssen erreichen, daß der Klient ohne sekundären Krankheitsgewinn auskommt, wenn dieser eine große Rolle bei der Aufrechterhaltung der Störung spielt, sonst ist sie mit großer Wahrscheinlichkeit zum Scheitern verurteilt. Ferner von Bedeutung ist die Rolle, die der Patient mit seiner Störung in seinem sozialen Umfeld spielt, insbesondere im familiären Kontext. Ein gestörtes Familienmitglied kann die Familie eben nicht nur in Krisen führen, sondern sie auch zusammenhalten; erfolgreiche Therapie würde dann diesen Zusammenhalt gefährden. In ähnlicher Weise kann die durch therapeutische Maßnahmen gewonnene Freiheit und Unabhängigkeit für Eltern oder Partner bedrohlich werden, weil sie den Verlust der bisher gut kontrollierbaren Person fürchten. Eine mögliche Konsequenz in all diesen Fällen ist die Sabotage therapeutischer Bemühungen durch wichtige Bezugspersonen des Klienten, was diesen schließlich seinerseits zur Sabotage der Therapie oder ihren Abbruch veranlassen kann. Das Abfangen solcher Tendenzen durch Einbeziehen des Partners oder der Familie ist ein Hauptanliegen der sog. systemorientierten Paar- oder Familientherapie (Satir, 1973; Stierlin, 1975; Haley, 1977; Hoffmann,

1982), die die Bedürfnisse des «Gesamtsystems» als Gegenstand der Intervention definiert. Wenn der Klient ohne eigene Initiative nur auf Druck der Umwelt um Therapie nachfragt, im Extremfall aufgrund eines Gerichtsurteils (z. B. bei sexuellem Mißbrauch von Kindern, Drogenabhängigkeit oder, wie es früher in manchen Ländern möglich war, bei männlicher Homosexualität), dann ist der Therapieerfolg gefährdet, wenn es nicht gleich zu Beginn gelingt, Therapiemotivation herzustellen. Eine Möglichkeit ist die Durchführung einer Kosten-Nutzen-Analyse (cost-benefit analysis), bei der tabellarisch die verschiedenen Handlungsalternativen und die jeweils zu erwartenden Vor- und Nachteile eingetragen werden, um dem Patienten klar vor Augen zu führen, was ihn im Falle einer Behandlung oder Nicht-Behandlung erewartet. Dieses Verfahren ist generell anwendbar (Meichenbaum & Turk, 1994) und wurde z. B. von Horvath (1993) im Zusammenhang mit der Behandlung von Suchtverhalten detailliert beschrieben. Und nachdem alles gesagt und getan ist, sollte man vielleicht auch das von Vereycken (1988) aufgestellte Prinzip beherzigen : «Angst is geen schlechte raadgever». Er zeigte Alkoholikern schreckenerregende Filme über das, was ihnen bevorsteht, wenn sie sich keiner Behandlung unterziehen – anscheinend mit gutem Erfolg.

Motivationsprobleme haben nicht nur die Patienten, sondern Therapeuten und Therapeutinnen ebenfalls. Meichenbaum und Turk (1994) diskutieren einige Faktoren: negative Einstellung gegenüber den Patienten, geringe Kompetenzerwartung, mangelhafte Dokumentation des Therapieprozesses und daraus entstehende Erinnerungsfehler, und schließlich Trägheit. Der erste Schritt zur Selbstmotivierung besteht in der Anerkennung, daß es ein Motivationsproblem gibt. Der zweite ist die Anwendung dessen, was wir gelernt haben, auf uns selbst.

8. Schlußbemerkungen

Wir müssen noch einmal darauf hinweisen, daß die enge Verzahnung des Motivationsbegriffes innerhalb des nomologischen Netzes psychologischer Theoriebildung eine isolierte Betrachtung von Motivation kaum zuläßt. Was die Motivation beeinflußt, beeinflußt auch Emotion, Wahrnehmung und Verhalten, und umgekehrt. Streng genommen gibt es überhaupt keine Beeinflussung der Motivation per se; sie spielt in der gesamten Psychotherapie eine Rolle. Überschneidungen mit anderen Gebieten, insbesondere dem Kapitel «Beeinflussung von Emotion», sind unvermeidbar.

9. Literatur

Antaki, C. & Bewin, C. R. (1982). *Attributions and psychological change: Applications of attributional theories to clinical and educational practice.* London: Academic Press.

Bandura, A. (1977). Self efficacy: toward a unifying theory of behavior change. *Psychological Review, 84,* 191–215.

Bandura, A. (1982). Self-efficacy mechanism in human agency. *American Psychologist, 37,* 122–147.

Bandura, A. & Adams, N. E. (1977). Analysis of self-efficacy theory of behavior changes. *Cognitive Therapy and Research, 41,* 287–310.

Beck, A. T. (1978). *Depression Inventory.* Philadelphia: Center for Cognitive Therapy.

Biran, M. & Wilson, G. T. (1981). Treatment of phobic disorders using cognitive and exposure methods. *Journal of Consulting and Clinical Psychology, 48,* 886–887.

Bourne, L. E., Ekstrand, B. R. & Dunn, W. L. S. (1988). *Psychology.* New York: Holt, Rinehart and Winston.

Brehm, S. S. & Brehm, J. W. (1981). *Psychological reactance: A theory of freedom and control.* New York: Academic Press.

Brocke, B., Beauducel, B. & Tasche, K. (1996). *Biopsychologische Grundlagen und Verhaltenskorrelate von sensation seeking: Zur crossmodalen Validierung eines biopsychologischen Traits (AG)* (Vortrag auf dem 40. Kongreß der Deutschen Gesellschaft für Psychologie 22.–26. September). München.

Buchheim, L. G. (1995). *Die Festung.* Hamburg: Hoffmann & Campe.

Cautela, J. R. (1966). Treatment of compulsive behavior by covert sensitization. *Psychological Record, 16,* 33–41.

Cautela, J. R. (1967). Covert sensitization. *Psychological Reports, 20,* 459–468.

Elkin, I. (1994). The NIMH treatment of depression collaborative research program: Where we began and where we are. In A. E. Bergin, & S. L. Garfield (Eds.), *Handbook of psychotherapy and behavior change* (4th ed., pp. 114–139). New York: Wiley.

Ellis, A. (1962). *Reason and Emotion in Psychotherapy.* New York: Lyle Stuart.

Ellis, A. & Grieger, R. (Eds.). (1977). *A Handbook of Rational-Emotive Therapy.* New York: Springer.

Eysenck, H. J. (1964). *Crime and Personality.* London: Routledge and Kegan Paul.

Farley, F. (1986). The Big T in personality. *Psychology Today,* 44–50.

Fiedler, P. (1994). *Persönlichkeitsstörungen.* Weinheim: Beltz.

Fisher, J.D. & Fisher, W.A. (1992). Changing AIDS-Risk Behavior. *Psychological Bulletin, 111,* 455–474.

Fisher, J.D., Fisher, W.A., Misovich, S.J., Kimble, D.L. & Malloy, T.E. (1996). Changing AIDS risk behavior: Effects on an intervention emphasizing AIDS risk reduction information, motivation, and behavioral skills in a college student population. *Health Psychology, 15,* 114–123.

Fisher, J.D., Fisher, W.A., Williams, S.S. & Malloy, T.E. (1994). Empirical Tests of an information-motivation-behavioral skills model of AIDS-preventive behavior with gay men and heterosexual university students. *Health Psychology, 13,* 238–250.

Florin, I. & Meyer-Osterkamp, S. (1974). Ansätze zur Verhaltenstherapie bei Schizophrenen. In C. Kraiker (Hrsg.), *Handbuch der Verhaltenstherapie* (S. 465–486). München: Kindler.

Friedman, M., Thoresen, C.E., Gill, J.J., Powell, L.H., Ulmer, D., Thompson, L., Price, V.A., Rabin, D.D., Breall, W.S., Dixon, T., Levy, R. & Bourg, E. (1984). Alteration of Type A behavior and reduction in cardiac recurrances in postmyocardial infarction patients. *American Heart Journal, 108,* 237–248.

Gabbard, G.O. & Coyne, L. (1987). Predictors of response of antisocial patients to hospital treatment. *Hospital and Community Psychiatry, 38,* 1181–1185.

Garcia, E., Guess, D. & Brynes, J. (1973). Development of syntax in a retarded girl using procedures of imitation, reinforcement, and modelling. *Journal of Applied Behavior Analysis, 6,* 299–310.

Garfield, S.L. (1994). Research on client variables in psychotherapy. In A.E. Bergin, & S.L. Garfield (Eds.), *Handbook of psychotherapy and behavior change* (4th ed., pp. 190–228). New York: Wiley.

Giesler, R.B., Josephs, R.A. & Swann, W.B. (1996). Self-verification in clinical depression: The desire for negative evaluation. *Journal of Abnormal Psychology, 105,* 358–368.

Glass, D.C. (1977). *Behavior patterns, stress, and coronary disease.* Hillsdale, N.J.: L. Erlbaum.

Gold, S. & Neufeld, I. (1965). A learning theory approach to the treatment of homosexuality. *Behavior Research and Therapy, 2,* 201–204.

Haley, J. (1977). *Direktive Familientherapie: Strategien für die Lösung von Problemen.* München: Pfeiffer.

Hamilton, S.B. & Waldman, D.A. (1983). Self-modification of depression via cognitive-behavioral intervention strategies: A time series analysis. *Cognitive Therapy and Research, 7,* 99–106.

Harbison, J.J., McAllister, H., Quinn, J.T. & Graham, P.J. (1974). Verhaltensmodifikation sexueller Störungen. In Ch. Kraiker (Hrsg.), *Handbuch der Verhaltenstherapie* (S. 425–444). München: Kindler.

Harrell, J.P. (1980). Psychological factors and hypertension. *Psychological Bulletin, 87,* 483–501.

Hoffmann, L. (1982). *Grundlagen der Familientherapie.* Hamburg: Isko-Press.

Horvath, A.T. (1993). Enhancing motivation for the treatment of addictive behavior: Guidelines for the psychotherapist. *Psychotherapy, 30,* 473–480.

Hsu, L.K.G. (1986). The treatment of anorexia nervosa. *American Journal of Psychiatry, 143,* 5.

Hunt, D.D. & Hampson, J.L. (1980). Transsexualism: A standardized psychosocial rating format for the evaluation of results of sex reassignment surgery. *Archives of sexual behavior, 9,* 225–236.

Jacobson, N.S., Dobson, K.S., Truax, P.A., Addis, M.E., Koerner, K., Gollan, J., Gortner, E. & Prince, S.E. (1996). A component analysis of cognitive-behavioral treatment for depression. *Journal of Consulting and Clinical Psychology, 64,* 295–304.

Kirkley, B.G., Schneider, J.A., Agras, W.S. & Bachman, J.A. (1985). Comparison of two group treatments for bulimia. *Journal of Consulting and Clinical Psychology, 53,* 43–48.

Köhler, T. (1995). *Psychosomatische Krankheiten* (3.Aufl.). Stuttgart: Kohlhammer.

Lando, H.A. (1977). Successful treatment of smokers with a broad-spectrum behavioral approach. *Journal of Consulting and Clinical Psychology, 45,* 361–366.

Lazarus, R.S. (1991). Progress on a cognitive-motivational-relational theory of emotion. *American Psychologist, 46,* 819–834.

Lewinsohn, P.H. (1974). A behavioral approach to depression. In R.J. Friedman, & M.M. Katz (Eds.), *The psychology of depression: Contemporary theory and research.* Washington, D.C.: Winston/Wiley.

Manuzza, S., Klein, R.G., Bessler, A., Malloy, P. & La-Padula, M. (1993). Adult outcome of hyperactive boys. *Archives of General Psychology, 50,* 565–576.

Marks, I.M. (1981). Review of behavioral psychotherapy: I. Obsessive-compulsive disorders. *American Journal of Psychiatry, 138,* 584–592.

Masters, W.H. & Johnson, V.E. (1970). *Human sexual inadequacy.* Boston: Little, Brown.

Meichenbaum, D. & Turk, D.C. (1994). *Therapiemotivation des Patienten.* Bern: Huber. (Engl.Originaltitel: Facilitating treatment adherence)

Meichenbaum, D.H. & Goodman, J. (1971). Training impulsive children to talk to themselves. A means of developing self-control. *Journal of Abnormal Psychology, 77,* 115–126.

Mendes de Leon, C.F., Powell, L.H. & Kaplan, B.H. (1991). Change in coronary-prone behaviors in the recurrent coronary prevention project. *Psychosomatic Medicine, 53,* 469–479.

Miranda, J., Persons, J.B. & Byers, C.N. (1990). Endorsement of dysfunctional beliefs depends od current mood state. *Journal of Abnormal Psychology, 999,* 237–241.

Nakano, K. (1996). Application of self-control procedures to modifying type A behavior. *The Psychological Record, 46,* 595–606.

Netter, P. & Rammsayer, T. (1991). Reactivity to dopaminergic drugs and aggression related personality traits. *Personality and Individual Differences, 12,* 1009–1017.

Ordman, A.M. & Kirschenbaum D.S. (1985). Cognitive behavioral therapy for bulimia: An initial outcome study. *Journal of Consulting and Clinical Psychology, 53,* 305–313.

Paul, G.L. & Lentz, R.J. (1977). *Psychosocial treatment of chronic mental patients: Milieu versus social learning programs.* Cambridge, Mass.: Harvard University Press.

Pelham, W.E., Bender, M.E., Caddell, J., Booth, S. & Moorer, S.H. (1985). Methylphenidate and children with attention deficit disorder. *Archives of General Psychiatry, 42,* 948–952.

Roberts, J.E. & Kassel, J.D. (1996). Mood-state dependence in cognitive vulnerability to depression: the roles of positive and negative affect. *Cognitive Therapy and Research, 20,* 1–12.

Rosenhan, D. L. & Seligman, M. E. P. (1989). *Abnormal Psychology.* New York: W. W. Norton.

Rosenman, R. H., Brand, R. J., Jenkins, C. D., Friedman, M., Straus, R. & Wurm, M. (1975). Coronary heart disease in the Western Collaborative Group Study: Final follow-up experience of 8 years. *Journal of the American Medical Association, 233,* 872–877.

Satir, V. (1973). *Familienbehandlung.* Freiburg: Lambertus.

Segal, Z. V. & Ingram, R. E. (1994). Mood priming and construct activation in tests of cognitive vulnerability to unipolar depression. *Clinical Psychology Review, 14,* 663–695.

Seligman, M. E. P., Abramson, L. Y., Semmel, A. & Baeyer, C. v. (1979). Depressive attributional style. *Journal of Abnormal Psychology, 88,* 242–247.

Shekim, W. O., Bylund, D. B., Frankel, F., Alexson, J. & et al. (1990). Platelet alpha-sub-2-adrenergic receptor binding to -sup-3H-yohimbine and personality variations in normals. *Psychiatry research, 32,* 125–134.

Simon, T. R., Stacy, A. W., Sussman, S. & Dent, C. W. (1994). Sensation seeking and drug use among high risk Latino and Anglo adolescents. *Personality and Individual Differences, 17,* 665–672.

Skinner, B. F. (1953). *Science and Human Behavior.* New York: Free Press.

Skinner, B. F. (1969). *Contingencies of reinforcement.* New York: Appleton Century Crofts.

Stierlin, H. (1975). *Von der Psychoanalyse zur Familientherapie.* Stuttgart: Klett-Cotta.

Thoresen, C. E. & Powell, L. H. (1992). Type A behavior pattern: New perspectives on theory, assessment and intervention. *Journal of Consulting and Clinical Psychology, 60,* 595–604.

Vereycken, J. (1988). Angst is geen schlechte raadgever: Verandering van de negatieve aanvangsmotivatie voor een behandeling bij alcoholisten. *Tijdschrift voor Psychiatrie, 30,* 238–245.

Walen, S. R., DiGiuseppe, R. & Wessler, R. L. (1980). *A practitioner's guide to Rational-Emotive Therapy.* New York/Oxford: Oxford University Press.

Watkins, P. C., Vache, K., Verney, S. P., Muller, S. & Mathews, A. (1996). Unconscious mood-congruent memory bias in depression. *Journal of Abnormal Psychology, 105,* 34–41.

Watson, L. S. & Uzzell, R. (1981). *Handbook of behavior modification with the mentally retarded.* New York: Plenum.

Wolpe, J. (1958). *Psychotherapy by reciprocal inhibition.* Stanford: Stanford University Press.

Yates, A. J. (1970). *Behavior Therapy.* New York: Wiley.

Zuckerman, M. (1979). *Sensation Seeking: Beyond the optimal level of arousal.* Hillsdale, N. J.: Erlbaum.

32. Schlafstörungen
32.1 Klassifikation und Diagnostik

Inge Strauch

Inhaltsverzeichnis

1. Klassifikation

In der klinischen Praxis werden Schlafbeschwerden gewöhnlich beschreibend unterteilt in Einschlafstörungen, Schlafunterbrechungen und frühzeitiges Aufwachen am Morgen. Während diese Störungen mit einem Schlafdefizit einhergehen, wird aber auch ihr Gegenteil, der exzessive Schlaf, als Symptom gewertet.

Wie sehr die intensive Schlafforschung der letzten vier Jahrzehnte das Wissen über Schlafstörungen erweitert hat, zeigt die ständig wachsende Zahl der Publikationen (z.B. Dressing & Riemann, 1994; Knab, 1989; Kryger, Roth & Dement, 1989; Morin, 1993), die zu Revisionen der bisherigen Klassifikationen geführt hat. In einem umfangreichen Klassifikationssystem, das von der American Sleep Disorders Association in Zusammenarbeit mit Research Societies in Europa, Japan und Lateinamerika herausgegeben wurde (ISCD – The International Classification of Sleep Disorders, 1990) ist das gesamte derzeitige Wissen über alle Formen von Schlafstörungen niedergelegt. Die Taxonomie, die soweit als möglich von pathophysiologischen Kriterien ausgeht, ist in vier Hauptgruppen eingeteilt: Dyssomnien, Parasomnien, Schlafstörungen in Verbindung mit medizinisch/psychiatrischen Erkrankungen und «vorgeschlagene», d.h. noch nicht eindeutig bestimm-te Schlafstörungen. Für 88 Arten von Schlafstörungen werden die wesentlichen Merkmale sowie Kriterien der Schwere, der Dauer und der differentialdiagnostischen Abgrenzung beschrieben. Die Einordnung des Beschwerdebilds erfolgt auf drei Achsen, auf denen die schlafbezogene Diagnose, die angewandten diagnostischen Verfahren und andere somatische Erkrankungen aufgeführt werden.

Eine vereinfachte Version wurde für das DSM-IV (American Psychiatric Association, 1996) ausgearbeitet; sie ist in **Tabelle 1** aufgeführt. Unter dem Oberbegriff der Dyssomnien werden zunächst die Insomnien gegenüber den Hypersomnien abgegrenzt. Die Narkolepsie und atmungsgebundene Schlafstörungen werden hier als weitere Untergruppen aufgenommen, ebenso die Störungen im Schlaf–Wachrhythmus, die z.B. bei Schichtarbeit oder Transatlantikflügen auftreten. In der zweiten Hauptgruppe, den Parasomnien, werden abnorme Ereignisse erfaßt, die während des Schlafs auftreten. Die beiden letzten Gruppen tragen der Tatsache Rechnung, daß Schlafstörungen häufig in Zusammenhang mit einer psychischen oder körperlichen Erkrankung als sekundäres Symptom auftreten. **Tabelle 2** zeigt die Kriterien, nach denen beispielsweise eine primäre Insomnie diagnostiziert werden kann. Im Gegensatz zum ISCD beschränkt sich das DSM-IV

Tabelle 1: Die Hauptgruppen der Schlafstörungen im DSM-IV (ICD-9-CM, ICD-10)

Dyssomnien
- Primäre Insomnie (307.42; F51.0)
- Primäre Hypersomnie (307.44; F51.1)
- Narkolepsie (347; G47.4)
- Atmungsgebundene Schlafstörung (780.59; G47.3)
- Schlafstörung mit Störung des zirkadianen Rhythmus (307.45; F51.2)
- nicht näher bezeichnete Dyssomnie (307.47; F51.9)

Parasomnien
- Schlafstörungen mit Angstträumen (307.47; F51.5)
- Pavor nocturnus (307.46; F51.4)
- Schlafstörung mit Schlafwandeln (307.46; F51.3)
- nicht näher bezeichnete Parasomnien (307.47; F51.8)

Schlafstörungen in Zusammenhang mit einer anderen psychischen Störung
- Insomnie in Zusammenhang mit einer anderen psychischen Störung (307.42; F51.0)
- Hypersomnie in Zusammenhang mit einer anderen psychischen Störung (307.44; F51.1)

Andere Schlafstörungen
- Schlafstörung aufgrund eines medizinischen Krankheitsfaktors (780.xx; G47.x)
- Substanzinduzierte Schlafstörung (–; F1x.8)

Tabelle 2: DSM IV – Diagnostische Kriterien für eine primäre Insomnie (DSM-IV, S. 634)

A. Die im Vordergrund stehende Beschwerde besteht in Einschlaf- und Durchschlafschwierigkeiten oder in nicht erholsamem Schlaf seit mindestens einem Monat.

B. Die Schlafstörung (oder die damit verbundene Tagesmüdigkeit) verursacht in klinisch bedeutsamer Weise Leiden oder Beeinträchtigungen in sozialen, beruflichen oder anderen wichtigen Funktionsbereichen.

C. Das Störungsbild tritt nicht ausschließlich im Verlauf einer Narkolepsie, einer atmungsgebundenen Schlafstörung, einer Schlafstörung mit Störung des Zirkadianen Rhythmus oder einer Parasomnie auf.

D. Das Störungsbild tritt nicht ausschließlich im Verlauf einer anderen psychischen Störung auf (z. B. Major Depression, Generalisierte Angststörung, Delir).

E. Das Störungsbild geht nicht auf die direkte körperliche Wirkung einer Substanz (z. B. Droge, Medikament) oder eines medizinischen Krankheitsfaktors zurück.

auf subjektive Angaben und fordert keine physiologische Schlafmessung.

Im ICD-10 werden weiterhin nur die psychogenen Schlafstörungen als eigene Gruppe klassifiziert, während die übrigen Schlafstörungen anderen Sektionen zugeordnet wurden, so z. B. die Schlafapnoe den Atmungserkrankungen.

Schramm, Hohagen, Grasshoff, Riemann und Berger (1991) haben die verschiedenen Klassifikationssysteme von Schlafstörungen kritisch bewertet und festgestellt, daß es derzeit noch kein Klassifikationssystem gibt, das gleichermaßen bei Schlafforschern, Klinikern und Psychologen Anerkennung gefunden hat. Die Schlafspezialisten favorisieren das ISCD-System, weil es dem Stand der Forschung und der multivariaten diagnostischen Abklärung entspricht, während die Kliniker ihre Diagnosen unabhängig von einem Schlaflabor stellen möchten.

2. Diagnostik

Die Differenzierung der Klassifikationssysteme macht deutlich, daß die Abklärung von Schlafproblemen eine umfassende multivariate Diagnostik erfordert. Schwerpunkte der klinischen Urteilsbildung sind folgende Fragen:

(1) Ist eine Schlafstörung als vorübergehend oder als chronisch zu definieren?

(2) Tritt eine Schlafstörung im Kontext von somatischen Symptomen und psychiatrischen Erkrankungen auf oder ist sie als primäre Störung anzusehen?

(3) Stellt sich eine Schlafstörung nur im Erleben des Betroffenen dar oder wird sie durch physiologische Messungen bestätigt?

Tabelle 3 zeigt die verschiedenen Schritte bei der Abklärung von nicht-organischen Schlafproblemen (Strauch, 1985). Im Gespräch werden zunächst die notwendigen Informationen über die individuelle Ausprägung der Störung im Kontext der Lebenssituation eingeholt. Von Anfang an wird der Klient gebeten, kontinuierlich ein *Schlaftagebuch* zu führen, in dem er jeweils am Morgen die vorangegangene Nacht bewertet. Solche Schlaftagebücher stellen eine wichtige Information dar, weil sie die Variation der Störung im zeitlichen Verlauf zeigen. Die parallel durchgeführte Messung der *motorischen Aktivität* mit einem am Handgelenk getragenen Monitor (Borbély, Neuhaus, Mattmann & Waser, 1981) erfaßt über einen langen Zeitraum die Ruhe- und Aktivitätsphasen. Sie erlaubt einen ersten Vergleich mit den subjektiven Einschätzungen von Ruhezeiten, Schlafqualität und Schlafgewohnheiten. Auch wenn motorische Ruhe nicht mit Schlaf gleichgesetzt werden kann, so stimmt sie doch mehrheitlich mit der im Labor gemessenen Schlafdauer überein (Hauri & Wisbey, 1992).

Die *Labormessung* des Schlafs stellt den letzten Schritt der Abklärung dar. Schlafstruktur und Schlafverlauf werden differenziert erfaßt. Von der Altersnorm abweichende Merkmale der physiologischen Meßwerte, sowie der Vergleich mit den subjektiven Einschätzungen des Schlafs ermöglichen die Klassifikation des vorliegenden Schlafproblems. In manchen Fällen kann es außerdem aufschlußreich sein, die Fähigkeit tagsüber einzuschlafen im Abstand von jeweils 2 Stunden mit dem Multiple Sleep Latency Test (MSLT) physiologisch zu untersuchen (Carskadon & Dement, 1982). Nicht in jedem Fall sind sämtliche Abklärungsschritte erforderlich. Hauri (1982) hält eine polygraphische Abklärung im Schlaflabor nur dann für notwendig, wenn es sich um eine chronische Schlafstörung handelt, die Leistung und Befinden ernsthaft beeinträchtigt, wenn es sich außerdem um eine primäre Störung handelt und wenn Schlafhygieneberatung und Anweisungen zur Entspannung keine Besserung der Beschwerden brachten.

Tabelle 3: Diagnostische Abklärungsschritte von Insomnien

Methode	Information/Daten	Ziele
Halbstrukturiertes Interview	Emotion, Kognition und Verhalten in bezug auf die Störung und ihre Folgen Schlafanamnese Einstellung zum Schlaf Lebenssituation	Analyse von auslösenden und aufrechterhaltenden Bedingungen
Schlaftagebuch	Im Bett verbrachte Zeit Einschlaf- und Aufwachzeiten Schlafunterbrechungen Schlafqualität und Erholungsgefühl Medikamente	Differenzierung von generalisierten Aussagen über den Schlaf
Messung der Motorik	Kontinuierliche Aufzeichnung der Armbewegung Summierte Werte über jeweils 7,5 Minuten	Vergleich von Ruhe/Aktivitätsphasen mit den subjektiven Angaben
Polygraphische Messungen	EEG, EOG (Augenbewegungen), EMG (Kinnmuskel), Atmung, Puls, 2–3 Labornächte	Diagnose von Schlafstruktur und Schlafverlauf

3. Literatur

American Psychiatric Association.(1996). *Diagnostisches und statistisches Manual psychischer Störungen – DSM-IV* (Deutsche Bearbeitung und Einleitung: Saß, H., Wittchen, H.U., Zaudig, M.). Göttingen: Hogrefe.

Borbély, A., Neuhaus, H., Mattmann, P. & Waser, P. (1981). Langzeitregistrierung der Bewegungsaktivität: Anwendungen in Forschung und Klinik. *Schweizer Medizinische Wochenschrift, 111,* 730–735.

Carskadon, M.A. & Dement, W.C. (1982). The multiple sleep latency test: What does it measure? *Sleep, 5 (Suppl. 2),* 67–72.

Dressing, H. & Riemann, D. (1994). *Diagnostik und Therapie von Schlafstörungen.* Stuttgart: Fischer.

Hauri, P. (1982). Evaluating disorders of initiating and maintaining sleep (DIMS). In C. Guilleminault (Ed.), *Sleeping and Waking Disorders: Indications and Techniques* (pp. 225–244). Menlo Park: Addison-Wesley.

Hauri, P. & Wisbey, J. (1992). Wrist actigraphy in insomnia. *Sleep, 15, 293–301.*

ISCD – *International classification of sleep disorders: Diagnostic and coding manual.* (1990). Diagnostic Classification Steering Committee, Thorpy, M.J., Chairman. Rochester, Minnesota: American Sleep Disorders Association.

Knab, B. (1989). *Schlafstörungen.* Stuttgart: Kohlhammer.

Kryger, M.H., Roth, T. & Dement, W.C. (1995). *Principles and practice of sleep medicine* (2nd edition). Philadelphia: Saunders.

Morin, C.M. (1993). *Insomnia. Psychological assessment and management.* New York: Guilford.

Schramm, E., Hohagen, F., Grasshoff, U., Riemann, D. & Berger, M. (1991). Diagnostische Systeme zur Klassifikation von Schlafstörungen. *Praxis der klinischen Verhaltensmedizin und Rehabilitation, 4,* 167–176.

Strauch, I. (1985). Grundlagen und Differentialdiagnose primärer Schlafstörungen. *Schweizerische Rundschau Medizische Praxis, 74,* 1296–1300.

32.2 Schlafstörungen: Ätiologie/Bedingungsanalyse

Inge Strauch

Inhaltsverzeichnis

1. Einleitung

Das diagnostische Klassifikationssystem der Schlafstörungen hat verdeutlicht, daß diese Symptome sowohl mit körperlichen als auch mit psychischen Bedingungen verknüpft sein können. In den Kompetenzbereich des klinischen Psychologen fallen in erster Linie die primären Dyssomnien, die Parasomnien und die Schlafstörungen in Zusammenhang mit einer anderen psychischen Störung, weil hier in der Bedingungsanalyse die psychologischen Faktoren einen großen Stellenwert haben. Das schließt aber keineswegs aus, daß auch bei organisch bedingten Schlafstörungen die Symptome durch das Erleben und Verhalten zusätzlich verstärkt werden können.

Welche Merkmale kennzeichnen einen gestörten Schlaf? Verlängerte Einschlafzeiten, häufiges Erwachen mit verzögertem Wiedereinschlafen und eine daraus resultierende herabgesetzte Schlafeffizienz (= prozentualer Anteil des Schlafs von der im Bett verbrachten Zeit) gelten als Hauptmerkmale eines gestörten Schlafs. Hinzu kommen schlafinterne Indikatoren, wie z. B. vermehrter Wechsel der Schlafstadien, geringe Schlafvertiefung oder motorische Unruhe. Selbsteinschätzungen des Schläfers müssen diese meßbaren Merkmale ergänzen in bezug auf die erlebten Einschlaf- und Aufwachzeiten, die Schlafqualität, das Erholungsgefühl am Morgen und die Tagesmüdigkeit. In **Kasten 1** wird ein Beispiel für Schlafstörungen vorgestellt.

In zahlreichen Laborstudien sind die Unterschiede zwischen gutem und gestörtem Schlaf untersucht worden. Karacan, Williams, Littell und Salis (1973) registrierten jeweils 8 aufeinanderfolgende Nächte den Schlafverlauf von 11 guten und 11 schlechten männlichen Schläfern. Sie fanden, daß schlechte Schläfer über die bekannten Störmerkmale hinaus ein «unberechenbares» Schlafverhalten zeigten, da bei ihnen von Nacht zu Nacht nicht nur die Bett-

Kasten 1
Fallbeispiel für Schlafstörungen

Beschreibung der Patientin

Frau A., 50 Jahre alt, Geschäftsführerin eines größeren Betriebs, leidet seit zwei Jahren an Schlafstörungen. Sie klagt über chronische Einschlaf- und Durchschlafstörungen, wobei die unerwünschten Wachzeiten mit Grübeln und körperlicher Anspannung einhergehen. Handelt es sich hier um eine Schlafstörung, auf die die oben beschriebenen Merkmale zutreffen? Die erste Woche des Schlaftagebuchs präzisiert die subjektiven Beschwerden. Frau A. berichtet Einschlafzeiten zwischen 60 und 150 Minuten und nächtliches Aufwachen, das in Häufigkeit und Länge stark variiert. Ihre

Schlafdauer schwankt zwischen 4 und 6 Stunden. Da sie durchschnittlich 8 Stunden im Bett verbringt, ist ihre Schlafeffizienz stark reduziert, obwohl sie an sechs Abenden ein Schlafmittel eingenommen hat. Besonders auffallend ist aber, daß sie sich nach dem Schlaf immer gut gelaunt und mit Ausnahme von zwei Nächten eher ausgeruht fühlt. Kann man daher vermuten, daß Frau A. ihre Schlafzeiten unterschätzt? Abbildung 1 zeigt Frau A.'s Schlafverlauf in der zweiten Labornacht (s. **Abb. 1b**) im Vergleich zu einer gleichaltrigen guten Schläferin.

EEG Stadium

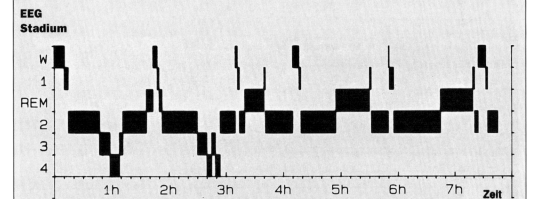

Abbildung 1a: Typisches Schlafprofil für die Altersgruppe 50 bis 59jähriger Frauen.

EEG Stadium

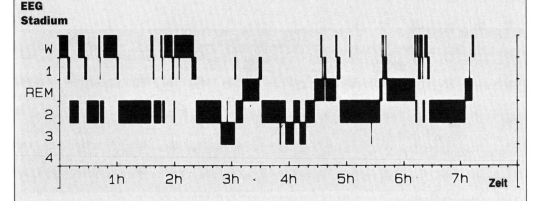

Abbildung 1b: Schlafprofil von Frau A. in der 2. Labornacht. In der Senkrechten sind die kodierten EEG-Stadien (w = wach) abgetragen.

Die Störungsmerkmale sind eindeutig: Der Schlaf von Frau A. war insgesamt 28 mal unterbrochen, nachdem sie zum ersten Mal innerhalb von 10 Minuten das Schlafstadium 2 erreicht hatte. Das häufige Aufwachen führt in den ersten beiden Stunden zu einer labilen Schlafperiode ohne Tiefschlafphasen. Danach schläft sie 130 Minuten ohne aufzuwachen, doch in den letzten 2 1/2 Stunden nehmen kurzfristige Schlafunterbrechungen und damit auch das Übergangsstadium 1 wieder zu. Frau A. hat insgesamt zwar 6 Stunden geschlafen (Schlafeffizienz = 82%), doch weit weniger kontinuierlich als eine normale Schläferin dieser Altersgruppe. Daher ist es kaum erstaunlich, daß ihre Bewertung dieser Nacht von den physiologischen Daten abweicht. Sie gibt an, sie sei erst nach 170 Minuten eingeschlafen und nach 3 1/2 Stunden Schlaf endgültig aufgewacht. Wir sehen in diesem Fall eine physiologische Störung des Schlafs, die durch die subjektive Bewertung allerdings noch erheblich verstärkt wird.

Testbefund

In dem Freiburger Persönlichkeitsinventar (FPI) zeigte sie auf den Dimensionen «Erregbarkeit», «Gehemmtheit» und «Emotionale Labilität» erhöhte, aber nicht extreme Werte.

Auslösende und aufrechterhaltende Bedingungen

Da keine tiefenpsychologisch orientierte Abklärung durchgeführt wurde, ist die Frage von möglichen internalisierten Konflikten nicht zu beantworten, aber auch nicht auszuschließen. Aufgrund ihrer Schilderung des Problems wurde deutlich, daß ein wesentlicher Auslöser in ihrer Arbeitssituation lag. Sie reagierte auf eine in den letzten Jahren angestiegene berufliche Belastung mit gesteigerter Verspannung, Erregung und Unzufriedenheit. Sie fühlte sich wie in einem Gefängnis und wünschte sich mehr Freiraum, um «leben» zu können. In der Vorschlafsituation kam sie nicht los von Gedanken an liegengebliebene oder bevorstehende Arbeiten, auch wenn ein freier Tag bevorstand. Die Angst vor einer Überforderung dehnte sich nach Verfestigung der Störung dann auf die Angst vor Schlaflosigkeit aus. Frau A. griff zu Schlafmitteln, um am nächsten Tag den Aufgaben gewachsen zu sein. Andere Versuche der Bewältigung, wie z. B. eine Reduktion der Arbeitszeit, brachten keine Besserung, weil ihr grüblerisches Denken auch in der Freizeit fortbestand. So entwickelte sich das typische Bild einer psychophysiologischen Schlafstörung.

und Aufstehzeiten, sondern auch die physiologischen Merkmale, wie z. B. Schlafeffizienz, Schlafstadienanteil und -wechsel eine große Schwankungsbreite aufwiesen. Auch chronisch gestörte Schläfer, die in ihrer häuslichen Umgebung untersucht wurden, zeigten im Vergleich mit guten Schläfern in weit mehr als der Hälfte der 25 Schlafvariablen eine erhöhte inter- und intraindividuelle Varianz. (Coates, Killen, George, Marchini, Silverman, Hamilton & Thoresen, 1982).

Das Ausmaß der Kovariation zwischen Schlafmessung und subjektiver Schlafeinschätzung ist 1976 zum ersten Mal an einer größeren Stichprobe (N = 122) bestimmt worden (Carskadon, Dement, Mitler, Guilleminault, Zarcone & Spiegel, 1976). Sie verglichen die mit dem EEG gemessene Einschlafzeit und Schlafdauer mit den am Morgen geschätzten Angaben der Proban-

den. Obwohl objektive und subjektive Werte signifikant korrelierten, waren die Verschätzungen beträchtlich: die im Labor registrierte Einschlafdauer betrug durchschnittlich 26 Minuten gegenüber einer mittleren Schätzung von 62 Minuten. 45 Prozent der Probanden lagen mit ihren Angaben im Bereich von +/- 15 Minuten richtig, 50 Prozent dagegen überschätzten ihre Einschlafzeit um mehr als 15 Minuten (jeder fünfte dieser Gruppe sogar um mehr als eine Stunde), und nur 5 Prozent gaben eine kürzere Zeit als die gemessene an. In bezug auf die Schlafdauer ergaben sich vergleichbare Befunde, indem jeder Dritte sie um mehr als eine Stunde unterschätzte. Edinger und Fins (1995) konnten jedoch zeigen, daß das Ausmaß der Verschätzung von der Art der Schlafstörung abhängt: bei primären Insomnien und depressiven Schlafstörungen wird die Schlafdauer häufiger unterschätzt als beispielsweise bei atmungsgebundenen Störungen.

2. Ein deskriptives Modell zur Einordnung von Schlafstörungen

Engel und Knab (1985) haben ein Zwei-Komponenten-Modell vorgeschlagen, das die subjektiven und objektiven Merkmale von Schlafstörungen berücksichtigt. Sie gehen von folgender Annahme aus: «das klinische Bild des chronisch ‹schlechten› Schlafs kommt dann und nur dann zustande, wenn eine somatische Dysregulation des Schlaf-Wach-Rhythmus mit einer erhöhten neurotischen Klagsamkeit zusammenfällt» (S. 129).

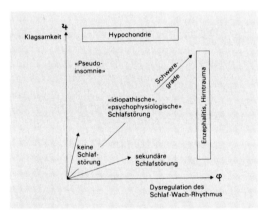

Abbildung 2: Ein Zwei-Komponentenmodell zur Einordnung von Schlafstörungen (nach Engel & Knab, 1985; S. 133).

Aus **Abbildung 2** ist zu ersehen, daß in der Waagerechten die Stärke der physiologischen Dysregulation (operationalisiert durch die Schlafeffizienz) und in der Senkrechten das Ausmaß der Klagsamkeit (bestimmt aufgrund von psychologischen Testwerten) aufgetragen wird. Nach Auffassung der Autoren kann die klinische Bedeutsamkeit einer Schlafstörung am größeren Abstand vom Achsenschnittpunkt abgelesen werden. Auch ist ihr Modell nicht nur statisch zu verstehen, da sie eine dynamische Wechselwirkung zwischen den beiden Komponenten annehmen. Einmal kann eine zunächst organisch bedingte Schlaf-Wach-Dysregulation verstärkte Selbstbeobachtung mit erhöhter

Klagsamkeit hervorrufen, die auch dann weiterbestehen bleibt, wenn der Schlaf-Rhythmus sich wieder normalisiert hat. Zum anderen kann ein externer oder psychischer Konflikt Anspannung und Erregung hervorrufen, die sich auf den Schlafverlauf negativ auswirken, wobei der nun gestörte Schlaf wiederum eine negative Rückwirkung auf das psychische Befinden hat.

Die von Engel und Knab vorgeschlagene Definition der Achsen sollte allerdings noch erweitert werden. Auf der psychischen Dimension wären Defizite in der Streßverarbeitung einzubeziehen, die nicht notwendigerweise neurotischer Natur sein müßten. Auf der somatischen Dimension gäbe es neben der Schlafeffizienz noch andere Indikatoren für eine Dysregulation, wie z. B. häufige kurzzeitige Arousals, die nach dem üblichen Kodiersystem der EEG-Stadien nicht als Wachzeiten erfaßt werden und daher nicht in die Berechnung der Schlafdauer eingehen. Um die Schlafstörung von Frau A. (s. **Kasten 1**) in dieses Modell einordnen zu können, brauchen wir noch Angaben über das Ausmaß ihrer «Klagsamkeit». Ihr Beschwerdenbild wäre im oberen Bereich der psychophysiologischen Schlafstörung anzusiedeln, da ihre psychosomatische Dysregulation auf beiden Achsen des Modells im mittleren Bereich liegt.

3. Auslösende Bedingungen von Schlafstörungen

Angesichts der quantitativ und qualitativ unterschiedlichen Ausprägung der Beschwerden ist davon auszugehen, daß bei der Ätiologie primärer Schlafstörungen verschiedene, sich gegenseitig beeinflussende Bedingungen eine Rolle spielen.

3.1 Biologische Bedingungen

Gibt es im Laufe der Entwicklung besondere Phasen, in denen aufgrund von nicht-krankhaften Veränderungen des Schlaf-Wachrhythmus die Anfälligkeit für Schlafstörungen erhöht ist? Solche Phasen liegen in der frühen Kindheit, in der Adoleszenz und im höheren Alter.

In den ersten Lebensjahren entwickelt sich aus einer zunächst polyphasischen Schlafstruktur unter Abnahme der Schlafdauer ein zweiphasiger Schlaf-Zyklus, der anschließend für die meisten Erwachsenen unseres Kulturbereichs in einen monophasischen Zyklus übergeht. In der Adoleszenz findet eine weitere Schlafzeitreduktion statt. Im höheren Alter dagegen vermindern sich Schlaftiefe und Stabilität des Schlafverlaufs, und tagsüber treten wieder vermehrt Schlafperioden auf (Borbély, 1984). Solche Veränderungen im Schlaf-Wachrhythmus können mit Anpassungsproblemen einhergehen, die Schlafstörungen hervorrufen.

Allerdings kann man davon ausgehen, daß die meisten frühkindlichen Schlafstörungen nicht chronisch werden. Klackenberg (1982) kommt aufgrund einer Längsschnittuntersuchung zu dem Ergebnis, daß nur 5 bis 10 Prozent der Schlafstörungen, die im Alter von 8 bis 16 Jahren auftreten, bereits im Alter von 4 Jahren vorhanden waren. Hauri und Olmstead (1980) konnten zeigen, daß Schlafstörungen, die von Kindheit an bestehen bleiben, mit leichten neurologischen Schädigungen verbunden sind, also auf organische Ursachen zurückzuführen sind.

Auch in der Adoleszenz verfestigen sich Schlafprobleme nur in sehr wenigen Fällen. In einer Ausgangsgruppe von 10- bis 14jährigen Schülern, die wir im Abstand von zwei Jahren sechsmal über ihre Schlafgewohnheiten befragt haben, befand sich kein einziger, der jedesmal Schlafprobleme angab. Allerdings hatten über die zehn Jahre hinweg nur 41% der Probanden einen ungestörten Schlaf. Die Mehrzahl der Jugendlichen erlebte phasenweise Einschlafstörungen, die situativ mit unregelmäßigen Schlafgewohnheiten und aktuellen Problemen verbunden waren (Strauch, Meier & Steiger, 1987).

Im höheren Alter können das vermehrte Aufwachen und die Verflachung des Schlafs Anlaß zu Schlafbeschwerden sein, ohne daß zusätzliche psychische Faktoren beteiligt sind (Spiegel 1981).

Neben diesen entwicklungsbedingten Grundlagen von Insomnien sind auch konstitutionelle Faktoren anzuführen. Auf dem Hintergrund einer vegetativen Labilität kann ein erhöhtes physiologisches Aktivierungsniveau die Schlafqualität beeinträchtigen. Eine solche erhöhte Aktivierung während des Schlafs hat Monroe 1967 erstmals bei schlechten Schläfern nachgewiesen.

3.2 Psychodynamische Bedingungen

Gehen Schlafstörungen auf unverarbeitete, unbewußte psychische Konflikte zurück? Hoffmann (1975) hat in Anlehnung an die Strukturtheorie von Freud ein ätiologisches Modell für Insomnien vorgeschlagen. Er unterscheidet chronische neurotische Schlafstörungen mit internalisierten und mit nach außen gerichteten Konflikten. In der ersten Gruppe kann der Schlaf beispielsweise beeinträchtigt werden durch eine Sühnethematik des Überichs («Ich darf mich nicht erholen»), eine Angst vor der mit dem Schlaf verbundenen Ich-Regression oder durch aufgestaute, nicht mit dem Ich zu vereinbarende Triebimpulse. In der zweiten Gruppe führt die Schlafstörung zu einem sekundären Krankheitsgewinn, indem ein unreifes Ich seine Wünsche konflikthaft an die Umwelt heranträgt.

Es ist weiterhin eine bekannte Tatsache, daß belastende Lebensereignisse Schlafstörungen hervorrufen können. Die überwiegende Mehrzahl chronisch schlafgestörter Patienten führt die Beschwerden auf ihre Lebenssituation zurück, wobei persönliche Probleme am häufigsten genannt werden (Hohagen, Grasshoff, Schramm, Ellringmann, Riemann, Weyerer & Berger, 1991). Altersspezifische psychosoziale Konflikte, nach dem Entwicklungsmodell von Erikson operationalisiert, haben Wagner, Lorion und Shipley (1983) bei Schlafgestörten aufgezeigt. Bei jungen Erwachsenen stand die Schlafstörung in Zusammenhang mit Identitätsproblemen, bei alten Menschen mit Lebensunzufriedenheit, Todesangst und einer negativen Einstellung zum Alter.

Eine Unterstützung der Konflikthypothese wird in den zahlreichen Untersuchungen gesehen, die einen Zusammenhang zwischen Schlafstörungen und in Persönlichkeitstests gemessenen Neurotizismuswerten nachgewiesen haben. Erhöhte Werte finden sich bei vielen – aber keineswegs bei allen – schlafgestörten Patienten, beispielsweise im MMPI in den klinischen Skalen «Depression», «Psychasthenie», «Hysterie» und «Hypochondrie» (Kales, Caldwell, Soldatos, Bixler & Kales, 1983). Allerdings ist dieses Syndrom kein spezifischer Indikator von Schlafstörungen, da es auch bei anderen psychischen Störungen anzutreffen ist. Nach

Piccione, Tallarigo, Zorick, Wittig und Roth (1981) unterscheiden sich schlafgestörte Patienten im Vergleich zu Gruppen mit anderen psychischen Störungen vor allem durch besonders hohe Werte auf der Skala «Psychasthenie», die ängstliches Grübeln und Anspannung anzeigt.

3.3 Kognitive und verhaltensorientierte Bedingungen

Kognitive Erklärungen von Schlafstörungen gehen davon aus, daß eine im Umfeld des Schlafs stattfindende grüblerische Gedankentätigkeit schlafhindernd wirkt. Dabei ist insbesondere die Fixierung der Gedanken auf den ausbleibenden Schlaf problemverstärkend, zumal, wenn sie mit einer überbesorgten Einstellung zum Schlaf einhergeht.

Befragungen von schlafgestörten Menschen über ihre Einschlafphasen haben gezeigt, daß von mehr als der Hälfte störende Gedankenabläufe angegeben werden. Jeder Dritte erlebt sowohl kognitive als auch körperliche Aktivierung, und nur 5 Prozent verspüren ausschließlich körperliche Anspannung (Lichstein & Rosenthal, 1980). Auch Heyden, Schmeck-Kessler und Schreiber (1984) fanden, daß chronisch Schlafgestörte vermehrtes zwanghaftes Grübeln und eine Fokussierung des Denkens auf den Schlaf berichten. In diesem Zusammenhang ist eine Untersuchung von Haynes, Adams und Franzen (1981) interessant, in der sich zeigte, daß einschlafgestörte Probanden in der Laborsituation auf einen Stressor, der aus leichten Rechenaufgaben bestand, mit kürzeren Einschlafzeiten reagierten als gute Schläfer, vermutlich, weil durch die Aufgabe ihre schlafhindernde Gedankentätigkeit unterbrochen wurde.

Eine mögliche Erklärung für Schlafstörungen haben Bootzin und Nicassio (1978) aufgrund eines operanten Lernprinzips formuliert. Wenn sich in der Schlafsituation schlafinkompatible, aktivierende Gewohnheiten einschleifen, wie z.B. Fernsehen, Essen im Bett, verliert die Umwelt ihre schlaffördernde Funktion. Unterstützung findet diese Hypothese durch die Beobachtung, daß schlafgestörte Menschen in einer neuen Umgebung, beispielsweise im Labor, zunächst besser schlafen als zu Hause. Allerdings

stellten Schindler, Hohenberger und Müller (1984) in ihrer Untersuchung fest, daß gute Schläfer, nicht aber schlechte Schläfer, häufiger schlaf-inkompatible Verhaltensweisen angaben. Diese Arbeit ist auch deshalb interessant, weil hier zum ersten Mal eine differenziertere Verhaltensanalyse von guten und schlechten Schläfern vorgenommen wurde. Schlafgestörte Probanden, mit ihrem Leben insgesamt unzufriedener, gaben ein höheres Ausmaß an Belastung in verschiedenen Lebensbereichen an, auf die sie mit erhöhter Verspannung reagierten. Diese Ergebnisse weisen darauf hin, daß die subjektive Bewertung von Streß und ein Defizit an Bewältigungsstrategien wesentliche Faktoren bei der Aufrechterhaltung von Schlafstörungen sein können.

Erhöhte Anspannung ist jedoch nicht für alle schlafgestörte Probanden kennzeichnend, wie Marchini, Coates, Magistad und Waldum (1983) zeigen konnten. Sie überprüften stichprobenhaft das Tagesverhalten von 10 schlechten und 11 guten Schläfern. Der Schlaf dieser beiden Gruppen wurde einige Monate früher polygraphisch gemessen, wobei die schlechten Schläfer eine psychophysiologische Störung zeigten. Die Probanden trugen an drei Arbeitstagen und an zwei freien Tagen einen Zeitgeber auf sich. Durch ihn wurden sie mittels eines akustischen Signals in unregelmäßigen Abständen aufgefordert, ihre augenblicklichen Tätigkeiten, Gedanken, Stimmungen und Befindlichkeiten einzustufen. Die schlafgestörten Probanden erwiesen sich im Vergleich zu der Kontrollgruppe als weniger aktiv. Sie verbrachten mehr Zeit mit Einkaufsbummel, Fernsehen oder Ausruhen, während die guten Schläfer häufiger mit Arbeiten beschäftigt waren oder Kontakte mit anderen Menschen hatten. Entsprechend waren die schlechten Schläfer in ihren Gedanken mehr mit sich selbst oder der unpersönlichen Umwelt beschäftigt. In Stimmung und Befinden stuften sie sich häufiger als ruhig, entspannt und unbeteiligt ein. Auch wenn die Stichprobe klein ist, das Ergebnis ist interessant, weil diese Probanden keine erhöhten Depressionswerte im MMPI aufwiesen.

Die in dieser Untersuchung gefundene geringe Tagesaktivierung von schlafgestörten Probanden steht in Gegensatz zu den Befunden, die bei Schlafstörungen ein allgemein erhöhtes Aktivierungsniveau aufgezeigt haben. De la Pena

(1978) hat in einem psychophysiologischen Erklärungsmodell für Insomnien diesen Widerspruch aufgegriffen, indem er postuliert, daß jede Abweichung von einem optimalen Aktivierungsniveau, d.h. erhöhte wie erniedrigte Informationsverarbeitung, Störungen des Schlaf-Wach-Rhythmus bewirken kann.

4. Aufrechterhaltende Bedingungen von Schlafstörungen

Die Wechselwirkung zwischen auslösenden und aufrechterhaltenden Faktoren wurde bisher am besten für die psychophysiologische Schlafstörung beschrieben. Ausgangspunkt ist eine chronisch ängstliche Anspannung, die oft nicht als Angst erlebt, sondern in Form von Unruhe und Verkrampfung somatisiert wird. Die aufgrund dieser Aktivierung einsetzende Schlaflosigkeit kann durch interne und externe Faktoren verstärkt werden. Ein interner Faktor ist die Angst, keinen Schlaf finden zu können, am nächsten Morgen nicht genügend ausgeruht zu sein. Diese Angst ruft vermehrte Anstrengungen hervor, den gewünschten Zustand willkürlich herbeizuführen, die aber fruchtlos bleiben müssen, weil dadurch die Aktivierung nur aufrechterhalten wird. Im Kontext dieses Teufelskreises können sich dann externe Faktoren der Schlafumgebung mit der Störung verknüpfen und zu ihrer Aufrechterhaltung beitragen. Es gibt aber noch eine Reihe von zusätzlichen Faktoren, die Schlafstörungen verstärken können: die subjektiven Bewertungen des Schlafs, das Schlafverhalten und der Schlafmittelgebrauch.

Viele Patienten stellen falsche Erwartungen an den Schlaf. Sie wissen zum Beispiel nicht, daß der Schlaf mit zunehmendem Alter störungsanfälliger wird, und deuten erste Anzeichen als Gefahrensignale. Sie können etwa auch der Meinung sein, man müsse eine bestimmte Zeit ununterbrochen schlafen, um ausgeruht zu sein, unabhängig davon, ob ihr individuelles Schlafbedürfnis solchen Normvorstellungen entspricht. Die vielfach beobachtete Unterschätzung der tatsächlichen Schlafzeit trägt ebenfalls zu einer erhöhten Erwartungsangst gegenüber Schlafstörungen bei.

Durch das Schlafverhalten kann das Symptom dann aufrechterhalten werden, wenn keine regelmäßigen Wach-Schlafzeiten eingehalten werden. Viele Menschen versuchen, nach einer schlechten Nacht tagsüber den Schlaf nachzuholen, haben dann aber die unangemessene Erwartung, am Abend zur üblichen Zeit wieder einschlafen zu können.

Durch einen chronischen Schlafmittelgebrauch verändern sich Schlafstruktur und Schlafqualität. Vielen Patienten gelingt ein Absetzen des Medikaments deshalb nicht, weil nach einem solchen Versuch die Schlafstörung zunächst heftiger auftritt. Dadurch wird das Bedürfnis verstärkt, die Schlafmittel weiterhin zu nehmen.

Der Schlafforscher Morin hat kürzlich ein mikroanalytisches Modell beschrieben, das die Interaktion zwischen unangepaßten Schlafgewohnheiten, störenden Kognitionen und psychophysiologischer Aktivierung umfaßt (Morin, 1993).

In **Kasten 1** finden sich Überlegungen zu den auslösenden und aufrechterhaltenden Bedingungen der Schlafprobleme von Frau A.

5. Gestörter Schlaf als Bedingung für andere psychische Störungen

In den neueren Klassifikationssystemen für psychische Störungen werden Schlafstörungen in Zusammenhang mit anderen psychischen Erkrankungen gesondert aufgeführt, wobei beeinträchtigter Schlaf vor allem in den Gruppen der affektiven Störungen und der Angstsyndrome als wichtiges Symptom hervorgehoben wird.

Die experimentelle Schlafforschung hat in den letzten zehn Jahren vor allem den Schlaf bei der Major Depression intensiv untersucht, weil sich die Hinweise mehrten, daß eine gestörte Schlaffunktion bei der depressiven Erkrankung eine wesentliche Rolle spielt. Dabei wurde das Forschungsinteresse stimuliert durch zwei scheinbar widersprüchliche Befunde: der Schlaf depressiv Erkrankter ist einerseits häufig massiv gestört, andererseits kann aber ein totaler oder partieller Schlafentzug zu einer markanten Besserung der depressiven Symptomatik führen. Der gestörte Schlaf äußert sich bei der

Mehrzahl depressiver Patienten in folgenden Merkmalen (Reynolds & Kupfer, 1987):

– Einschlaf- und Durchschlafstörungen mit zu frühem Erwachen
– Verminderung des Tiefschlafs (langsame Wellen, Stadien 3/4) vor allem im ersten Schlafzyklus
– Verkürzung der ersten Nicht-REM Schlafperiode (Stadien 2 bis 4), die zu einem vorzeitigen Einsetzen der ersten REM-Phase (verkürzte REM-Latenz) führt
– Gleichmäßigere Verteilung des REM-Schlafs innerhalb des gesamten Schlafs

Allerdings ist zu betonen, daß diese abnormen Schlafmerkmale nicht allein spezifisch für depressive Erkrankungen sind, da sie auch bei anderen psychischen Störungen (z.B. Angstneurosen, Schizophrenien), bei gesunden Menschen in höherem Alter und bei jungen Probanden, die tagsüber inaktiv bleiben mußten, beobachtet werden konnten (Berger & Riemann, 1993). Das Merkmal einer verkürzten REM-Latenz erwies sich allerdings als besonders spezifisch, da es auch bei depressiven Patienten auftrat, die in einer akuten Phase vermehrt schliefen (Gillin & Borbély, 1985).

Der antidepressive Effekt eines totalen oder partiellen Schlafentzugs ist in zahlreichen Experimenten nachgewiesen worden. Gillin (1983), der diese Studien evaluiert hat, berichtet, daß die Wirkung eines totalen Schlafentzugs bisher am eindrücklichsten bei Major Depressionen nachgewiesen worden ist. Es zeigte sich, daß bei 60 Prozent der Patienten, die eine Nacht lang wachgehalten wurden, eine deutliche Besserung der depressiven Symptome auftrat. Eine solche Besserung setzte bevorzugt am Ende der Deprivationsphase zwischen 3 und 6 Uhr mogens ein. Sie war jedoch meistens nicht von langer Dauer, da sie bestenfalls nur einige Tage anhielt, wobei häufig nach erneutem Schlaf wieder ein Rückfall stattfand. Eine antidepressive Wirkung ist ebenfalls nach Schlafentzug in der zweiten Nachthälfte und nach selektivem REM-Schlafentzug beobachtet worden, doch wurden diese Formen der Schlafmanipulation noch nicht so intensiv untersucht wie der totale Schlafentzug.

Warum kann Schlafentzug, oder anders ausgedrückt, ein verlängertes Wachsein, eine akute depressive Symptomatik bessern? Die zugrundeliegenden Wirkmechanismen sind heute zwar noch nicht bekannt, doch haben die interessanten Befunde die Hypothesenbildung über den Zusammenhang zwischen Schlaf und depressiver Erkrankung angeregt.

5.1 Ein Zwei- Prozeß Modell der Schlafregulation

Das Modell von Borbély und Wirz-Justice (Borbély, 1987); (s. **Abb. 3**) postuliert zwei biologische Prozesse, die den Schlaf regulieren. Prozeß S bestimmt die Schlafbereitschaft und die Schlafintensität in Abhängigkeit von dem Schlaf-Wach-Rhythmus. Er steigt während des Wachseins an, und sein Niveau senkt sich wieder im Verlauf des Schlafs. Prozeß S wird operationalisiert durch die im EEG aufgezeichneten langsamen Wellen, die ein Maß für die Schlaftiefe darstellen. Prozeß C dagegen wird unabhängig vom individuellen Schlaf-Wachverhalten durch die übergreifende zirkadiane Tagesperiodik bestimmt, die ihrerseits fördernde und hemmende Zeitpunkte für die Schlafbereitschaft festlegt, d.h. die Schlafneigung ist groß in den frühen Morgenstunden und am niedrigsten am Nachmittag.

Dieses allgemeine Modell wurde mit Hilfe von zwei Zusatzannahmen auf die depressive Schlafstörung angewandt. Es wird postuliert, daß bei einer depressiven Erkrankung der Prozeß S, d.h. die «Schlaffähigkeit» defizient ist und daß diese Beeinträchtigung depressives Befinden bewirkt. Die **Abbildung 3** zeigt, wie aufgrund dieses Mo-

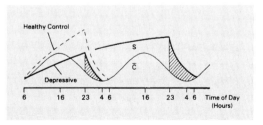

Abbildung 3: Zwei-Prozeß-Modell der Schlafregulation (aus Borbély, 1987, S. 23). Schlafprozesse S und C bei einer gesunden Kontrollperson (gestrichelte Kurve) und einem depressiven Patienten (durchgezogene Kurve). Links ist ein gewöhnlicher Schlaf-Wach-Zyklus eingezeichnet, rechts der Verlauf bei Schlafdeprivation. Die Schlafperioden des depressiven Patienten sind schraffiert.

dells sowohl die bei Depressiven gefundene Schlafstörung als auch die Wirkung des Schlafentzugs erklärt werden kann. Da sich Prozeß S im Wachen nicht genügend aufbaut, ist der nachfolgende Schlaf in seiner Qualität und Intensität gestört. Das verlängerte Wachsein in der Deprivationsphase führt zu einer Stärkung des Prozesses S und zu einer Besserung des Befindens und des anschließenden Schlafs. Da in dem auf die Deprivation folgendem Schlaf Prozeß S wieder absinkt, kann aber die Wirkung des Schlafentzugs nur kurzfristig sein.

Die Annahme, daß die depressive Symptomatik ursächlich mit einem erniedrigten Niveau des Prozesses S verbunden ist, läßt allerdings offen, welche biologische Faktoren diesem Prozeß zugrundeliegen könnten. Borbély spricht hier noch allgemein von einem schlafwachabhängigem Erholungsprozeß.

5.2 Die chronobiologische «Phase-advance» Hypothese

Ausgangspunkt dieser Hypothese sind die tagesperiodischen (zirkadianen) Rhythmen, die für die meisten psychophysiologischen Funktionen nachgewiesen worden sind. Diese Rhythmen werden von einer inneren «biologischen Uhr» gesteuert, und sie sind unter normalen Bedingungen aufgrund von Umweltfaktoren, wie Licht und sozialen Zeitgebern, synchronisiert (Wirz-Justice, 1987). Störungen der gewohnten Schlaf-Wach-Rhythmen, die z.B. durch Schichtarbeit oder durch Transatlantikflüge hervorgerufen werden, führen zu einer Desynchronisation der biologischen Rhythmen. Eine solche Desynchronisation kann zu psychophysischen Beschwerden führen, bis der Organismus sich an die neuen Bedingungen wieder angepaßt hat.

Ein bekanntes Merkmal depressiver Erkrankungen sind die Tagesschwankungen im Befinden, die auf einen Einfluß zirkadianer Faktoren verweisen. Die chronobiologische Forschung untersucht daher die Frage, ob und inwieweit das zirkadiane System bei affektiven Erkrankungen gestört ist.

Die «Phase-advance Hypothese» geht davon aus, daß der Schlaf von zwei zirkadianen Oszillatoren reguliert wird. Der eine, stärkere Oszillator kontrolliert den REM-Schlaf, die Körper-

temperatur und die Cortisolausschüttung, der andere den Schlaf-Wachzyklus. In der depressiven Erkrankung findet eine Phasenverschiebung statt, wobei der REM-Schlaf Oszillator vorverschoben ist. Die normabweichenden REM-Schlafmerkmale, die bei Depressiven gefunden wurden, werden als Beleg für diese Phasenverschiebung angesehen (Wehr & Wirz-Justice, 1981).

Wehr und Wirz-Justice haben weiterhin gezeigt, daß durch Vorverlegen der Schlafzeit um 6 Stunden depressive Symptome gebessert werden konnten. Sie nehmen an, daß durch die Schlafzeitverschiebung die beiden Oszillatoren wieder synchronisiert werden. Darüberhinaus vermuten sie, daß im zirkadianen System die frühen Morgenstunden eine kritische Phase darstellen, die depressive Symptome verstärkt, wenn zu dieser Zeit geschlafen wird. Durch Schlafdeprivation in der zweiten Nachthälfte sowie durch die Vorverlegung des Schlafs kann ein solch «depressogener» Einfluß umgangen werden.

Diese beiden biologischen Modelle stellen interessante Ansätze dar in Zusammenhang mit der Frage, ob Störungen der Schlaffunktion als Bedingung für psychische Störungen angesehen werden können. Ein Vorteil dieser Modelle ist, daß sie experimentell überprüfbar sind.

Methodische Probleme entstehen bei einer Überprüfung allerdings dadurch, daß die vielfältigen Einflußfaktoren kontrolliert werden müssen, die bei einer Schlaf-Wach-Manipulation beteiligt sein können, wie zum Beispiel die Interaktion mit einer medikamentösen Behandlung, die unterschiedliche Schlafdauer oder auch die mit einer Schlafverschiebung verbundenen Veränderungen der Essenszeiten und der sozialen Aktivitäten.

Die bisher vorliegenden Ergebnisse zur Überprüfung der beiden Modelle haben einerseits Bestätigungen, anderseits aber auch widersprechende Befunde gebracht. Dabei ist am schwierigsten der Nachweis zu erbringen, daß ein gestörter Schlaf in ursächlichem Zusammenhang mit einer depressiven Symptomatik steht. Schon allein der große Prozentsatz von Depressiven, die nicht auf die Schlafdeprivation ansprechen, zeigt, daß eine einzige biologische Erklärung nicht ausreichend sein kann, um die komplexen Bedingungen aufzuklären, die einer depressiven Erkrankung zugrundeliegen.

6. Abschließende Bemerkungen

Den Ansätzen zur Ätiologie von primären Schlafstörungen liegen einerseits unterschiedliche Modelle über die Entstehung psychophysiologischer Störungen zugrunde, andererseits schließen diese sich nicht gegenseitig aus, da bei einer individuellen Schlafstörung durchaus eine Wechselwirkung zwischen internalisierten Konflikten, psychosomatisierter Anspannung, unangemessenen Kognitionen und abträglichen Schlafgewohnheiten vorliegen könnte.

Für die diagnostische Abklärung von Schlafstörungen sind daher zwei Leitlinien zu beachten:

– Jede individuelle Schlafstörung muß möglichst umfassend in ihrem physiologischen und psychologischen Bezugssystem analysiert werden
– Das Schlafproblem sollte nicht isoliert vom Tagesgeschehen und von der Lebenssituation verstanden und behandelt werden.

Der Schlaf ist zwar ein grundlegender psychophysiologischer Prozeß, doch gibt es heute noch keine einheitliche Vorstellung über seine spezifischen Funktionen. Dies ist wohl der wesentlichste Grund dafür, daß seine Bedeutung für die Entstehung und Aufrechterhaltung von psychischen Störungen nicht eindeutig zu bestimmen ist. Da der Schlaf nur den einen Aspekt im übergreifenden Schlaf-Wach-Rhythmus darstellt, ist darüberhinaus anzunehmen, daß erst eine komplementäre Sichtweise, die die psychophysiologische Wechselwirkung zwischen Wachen und Schlaf auf den verschiedenen Ebenen berücksichtigt, seinen Stellenwert in Zusammenhang mit psychischen Störungen erfassen kann.

7. Literatur

Berger, M. & Riemann, D. (1993). REM sleep in depression – an overview. *Journal of Sleep Research, 2,* 211–223.

Bootzin, R. R. & Nicassio, P. M. (1978). Behavioral treatments for insomnia. In M. Hersen, R. Eisler & M. Miller (Eds.), *Progress in Behavior Modification, 6* (pp. 1–45). New York: Academic Press.

Borbély, A. A. (1984). *Das Geheimnis des Schlafs.* Stuttgart: Deutsche Verlagsanstalt.

Borbély, A. A. (1987). The S-deficiency hypothesis of depression and the two-process model of sleep regulation. *Pharmacopsychiatry, 20,* 23–29.

Carskadon, M. A., Dement, W. C., Mitler, M. M., Guilleminault, C., Zarcone, V. P. & Spiegel, R. (1976). Self-reports versus sleep laboratory findings in 122 drug-free subjects with complaints of chronic insomnia. *American Journal of Psychiatry, 133,* 1382–1388.

Coates, T. J., Killen, J. D., George, J., Marchini, E., Silverman, S., Hamilton, S. & Thoresen, C. E. (1982). Discriminating good sleepers from insomniacs using all-night polysomnograms conducted at home. *Journal of Nervous & Mental Disease, 170,* 224–230.

de la Pena, A. (1978). Toward a psychophysiologic conceptualization of insomnia. In R. L. Williams & I. Karacan (Eds.), *Sleep Disorders Diagnosis and Treatment* (pp. 101–143). New York: Wiley & Sons.

Edinger, J. D. & Fins, A. I. (1995). The distribution and clinical significance of sleep time misperceptions among insomniacs. *Sleep, 18,* 232–239.

Engel, R. R. & Knab, B. (1985). Theoretische Vorstellungen zur Genese von Schlafstörungen. In D. Vaitl, T. W. Knapp & N. Birbaumer (Hrsg.), *Psychophysiologische Merkmale klinischer Symptome* (Bd. I, S. 128–142). Weinheim: Beltz.

Gillin, J. C. (1983). The sleep therapies of depression. *Progress of Neuropharmacology & Biological Psychiatry, 7,* 351–364.

Gillin, J. C. & Borbély, A. A. (1985). Sleep: A neurobiological window on affective disorders. *Trends in Neuroscience, 8,* 537–543.

Hauri, P. & Olmstead, E. (1980). Childhood-onset insomnia. *Sleep, 3,* 59–65.

Haynes, S. N., Fitzgerald, S. G., Shute, G. & O'Meary, M. (1985). Responses of psychophysiologic and subjective insomniacs to auditory stimuli during sleep: A replication and extension. *Journal of abnormal Psychology, 94,* 338–345.

Heyden, T., Schmeck-Kessler, K. & Schreiber, H. J. (1984). Spezifische Persönlichkeitsmerkmale von Schlafgestörten. *Zeitschrift für klinische Psychologie, 13,* 288–299.

Hoffmann, S. O. (1975). Zum psychoanalytischen Verständnis von Schlafstörungen. Entwurf einer strukturtheoretischen Klassifizierung. *Psychotherapie und Medizinische Psychologie, 25,* 51–58.

Hohagen, F., Grasshoff, U., Schramm, E., Ellringmann, D., Riemann, D., Weyerer, S. & Berger, M. (1991). Häufigkeit von Schlafstörungen in der allgemeinärztlichen Praxis. *Praxis der klinischen Verhaltensmedizin und Rehabilitation, 4,* 177–182.

Kales, A., Caldwell, A. B., Soldatos, C. R., Bixler, E. O. & Kales, J. D. (1983). Biopsychobehavioral correlates of insomnia. II. Pattern specifity and consistency with the Minnesota Multiphasic Personality Inventory. *Psychosomatic Medicine, 45,* 341–356.

Karacan, I., Williams, R. L., Littell, R. C. & Salis, P. J. (1973). Insomniacs: Unpredictable and idiosyncratic sleepers. In W. A. Koella & P. Levin (Eds.), *Sleep. Physiology, Biochemistry, Psychology, Pharmacology, Clinical Implications* (pp. 120–132). Basel: Karger.

Klackenberg, G. (1982). Sleep behavior studied longitudinally. Data from 4–16 years on duration, night-awakening and bedsharing. *Acta Paediatrica Scandinavia, 71*, 501–506.

Lichstein, K. L. & Rosenthal, T. L. (1980). Insomniacs' perceptions of cognitive versus somatic determinants of sleep disturbance. *Journal of abnormal Psychology, 89*, 105–107.

Marchini, E. J., Coates, T. J., Magistad, J. G. & Waldum, S. J. (1983). What do insomniacs do, think, and feel during the day? A preliminary study. *Sleep, 6*, 147–155.

Monroe, L. J. (1967). Psychological and physiological differences between good and poor sleepers. *Journal of abnormal Psychology, 72*, 255–264.

Morin, C. M. (1993). *Insomnia. Psychological assessment and management.* New York: Guilford.

Piccione, P., Tallarigo, R., Zorick, F. Wittig, R. & Roth, T. (1981). Personality differences between insomniac and non-insomniac psychiatry outpatients. *Journal of clinical Psychiatry, 42*, 261–263.

Reynolds, C. F. & Kupfer, D. J. (1987). Sleep research in affective illness: State of the art circa 1987. *Sleep, 10*, 199–215.

Schindler, L., Hohenberger, E. & Müller, G. (1984). Der Vergleich von guten und schlechten Schläfern. *Praxis Psychotherapie und Psychosomatik, 29*, 145–153.

Spiegel, R. (1981). *Sleep and Sleeplessness in Advanced Age.* New York: Spectrum.

Strauch, I., Meier, B. & Steiger, B. (1987). Einschlafstörungen in der Adoleszenz – Ergebnisse einer Längsschnittbefragung. *Schweizerische Zeitschrift für Psychologie, 46*, 115–121.

Wagner, K. D. Lorion, R. P. & Shipley, T. E. (1983). Insomnia and psychosocial crisis: Two studies of Erikson's developmental theory. *Journal of consulting and clinical Psychology, 51*, 595–603.

Wehr, T. A. & Wirz-Justice, A. (1981). Internal coincidence model for sleep deprivation and depression. In W. P. Koella (Ed.), *Sleep 1980* (pp. 26–33). Basel: Karger.

Wirz-Justice, A. & Lund, R. (1987). Das zirkadiane System. In H. Hippius, E. Rüther & M. Schmauss (Hrsg.), *Schlaf-Wach-Funktionen* (S. 5–10). Berlin: Springer.

32.3 Schlafstörungen: Intervention

Inge Strauch

Inhaltsverzeichnis

1. Einleitung

Schlafstörungen sind in der Bevölkerung weit verbreitet, doch sind sie bis heute nur für sehr wenige Menschen Anlaß, einen Klinischen Psychologen aufzusuchen. Aus einer Schweizer Repräsentativerhebung geht hervor, daß 45,6 Prozent der Befragten gegen ihre Schlafprobleme gar nichts unternehmen. Wird fachliche Hilfe gesucht, dann in erster Linie bei einem Arzt, jeder Vierte nimmt rezeptpflichtige Medikamente ein. Außerdem wird im Sinne der Selbstmedikation und Selbsthilfe versucht, mit frei erhältlichen Medikamenten (11%), Hausmitteln (18%) oder durch Veränderung der Lebens-weise (8%) eine Besserung zu erzielen (Hornung & Gutscher 1986).

Dabei besteht für die Behandlung von Schlafstörungen ein breites, offensichtlich bisher noch wenig in Anspruch genommenes Angebot von psychologischen Methoden. Sie stammen aus verschiedenen therapeutischen Richtungen, und sie stützen sich auf die verschiedenen Annahmen, die in bezug auf die Ätiologie von Schlafstörungen formuliert worden sind.

Tabelle 1 gibt einen Überblick über die Interventionen, die bisher am häufigsten eingesetzt und auf ihre Wirksamkeit untersucht worden sind.

Tabelle 1: Methoden zur Therapie von Schlafstörungen

A. Symptomorientierte Interventionen	B. Persönlichkeitsorientierte Interventionen
1. Medikamente	1. psychodynamisch orientiert
2. Entspannungsverfahren	2. kognitiv/verhaltensorientiert
3. Stimulus- und Bettzeitkontrolle	
4. Paradoxe Intention	

2. Medikamente

Nach Borbély (1986) gibt es nicht das «ideale» Schlafmittel ohne Nebeneffekte und Nachwirkungen. Auch wenn ein Schlafmittel zuverlässig wirkt, so besteht immer die Gefahr einer Überdosierung und einer psychischen Abhängigkeit. Nebenwirkungen können sich in Veränderungen der Schlafstruktur, Verwirrtheitszuständen bei nächtlichem Aufstehen und Benommenheit am nächsten Tag zeigen. Eine Folge chronischer Einnahme ist zudem eine verstärkte Insomnie, die nach Absetzen des Medikaments zu beobachten ist und die eine Entwöhnung erschwert.

Ein gelegentlich eingenommenes Schlafmittel hat vor allen Dingen bei massiven Schlafstörungen den Vorteil, eine Nacht mit ungestörterem Schlaf einzuleiten, wodurch die wachsende Frustration der Schlaflosigkeit zumindest kurzfristig gehemmt werden kann.

Der Pharmakologe Borbély kommt allerdings in seinem kritischen Artikel zu dem Schluß, daß es keine Art von Schlafstörung gibt, die eine Verschreibung von Hypnotika als zwingend erscheinen läßt. Werden sie verordnet, so empfiehlt er die kleinste wirksame Dosis mit der kürzest erforderlichen Dauer, wobei in jedem Fall andere therapeutische Maßnahmen begleitend hinzukommen müßten.

Auch wenn diese Empfehlungen bisher erst wenig Eingang in die medizinische Praxis gefunden haben, so verstärken sie doch die Bedeutung, die den psychologischen Maßnahmen zukommt. Zudem konnten Morin, Gautier, Barry und Kowatch (1992) zeigen, daß gute wie schlechte Schläfer psychologische Behandlungen von Schlafstörungen für geeigneter halten als eine Medikamenteneinnahme.

3. Entspannungsverfahren

Unter den symptomorientierten psychologischen Verfahren wurden verschiedene Formen des Entspannungstrainings am häufigsten angewandt. Progressive Entspannung, Autogenes Training, Hypnose, Meditation – alle diese Verfahren gehen davon aus, daß eine Schlafstörung durch erhöhte psychophysiologische Aktivierung hervorgerufen wird, die positiv beeinflußt werden kann, wenn es gelingt, einen optimalen Entspannungszustand herbeizuführen. Je nach Verfahren steht stärker die körperliche oder die kognitive Entspannung im Vordergrund. Gemeinsam ist ihnen aber, daß der Klient im Anschluß an eine gezielte Anleitung angehalten wird, zu Hause die Entspannung in der Vorschlafsituation oder während der nächtlichen Wachzeiten zu praktizieren.

Die Wirksamkeit von Entspannungsverfahren ist bisher auch am eingehendsten in kontrollierten Studien untersucht worden. Allerdings wurden in den meisten Untersuchungen nur subjektive Einschätzungen des Schlafs herangezogen. So hat z.B. Borkovec (1979) mit seiner Gruppe zahlreiche Experimente über mögliche Wirkfaktoren von verschiedenen Entspannungsmethoden durchgeführt. Der von ihm gegebene Überblick läßt folgende Schlußfolgerungen zu:

– Entspannungsmethoden können im Vergleich zu Placebobedingungen oder keiner Behandlung subjektive Einschlafstörungen erheblich verbessern.
– Die progressive Relaxation hat gegenüber einfacher Entspannung mehrfach bessere Ergebnisse gezeigt, einschließlich einer objektiven Verkürzung der Einschlaflatenz bei psychophysiologischen Insomnien.
– Es ist jedoch nicht nachgewiesen, daß eine Besserung der Beschwerden mit einer meßbaren Reduktion der körperlichen Anspannung verbunden ist. Ein wichtiger Faktor der Entspannung scheint demnach darin zu bestehen, daß durch die Aufmerksamkeit, die den Körperprozessen zugewandt wird, das Grübeln über die Schlafstörung unterbrochen wird.

Auch Biofeedback- Methoden sind für die Behandlung von Schlafstörungen eingesetzt worden. Ein Training zur Kontrolle des Frontalis-Muskels wurde in einer Untersuchung von Nicassio, Boylan und McCabe (1982) mit progressiver Entspannung und einem Pseudo-Feedback verglichen. Gegenüber der Placeco-Bedingung verbesserten sich subjektive Einschlafzeiten nach beiden Behandlungsarten, obwohl die im Anschluß an jede Sitzung gemessenen EMG Werte keine erfolgreiche Entspannung anzeigten. Hauri (1978) fand ebenfalls, daß ein Frontalis-Feedback nur die subjektive und nicht die im Labor gemessene Einschlaflatenz verbesserte. Er setzte außerdem ein Feedback zur Erhöhung von 12 bis 14 Hz EEG-Rhythmen ein, die vom sensomotorischen Cortex abgeleitet werden und die während des Schlafs als Schlafspindeln in Erscheinung treten. Hier stellte sich nicht nur eine subjektive, sondern auch eine objektive Verbesserung der Schlafqualität heraus. Dieses Ergebnis ist insofern erstaunlich, als die Rückmeldung der Hirnstromaktivität an den Probanden nicht von körperlichen Empfindungen begleitet ist.

Hauri hat zudem zeigen können, wie wichtig bei solchen Therapieexperimenten die Ausgangswerte sind. Seine Probanden wurden, wie dies üblich ist, zufällig einer der beiden Bedingungen zugeteilt. In einer post-hoc Analyse zeigte sich aber, daß von einem EMG Feedback diejenigen Probanden am meisten profitiert hatten, die vor Beginn der Therapie ängstlich und körperlich angespannt waren, d.h. hier war die eingesetzte Therapiemethode der Ausgangslage angemessen.

4. Stimulus- und Bettzeitkontrolle

Die von Bootzin (1980) vorgeschlagene Standardinstruktion zur Stimuluskontrolle von Schlafstörungen ist in **Tabelle 2** dargestellt.

Seine Verhaltensregeln haben einerseits das Ziel, schlafinkompatible Gewohnheiten und Gedanken, die sich im Umfeld der Schlafumgebung verfestigt haben, zu unterbinden, damit das «Bett» wieder seine schlaffördernde Funktion erhält, und sie versuchen andererseits, die zeitliche Abfolge des Schlaf-Wach-Rhythmus zu stabilisieren.

Das Stimulus-Kontrollprogramm ist vorwiegend bei der Behandlung von Einschlafstörungen erfolgreich eingesetzt worden (Bootzin & Nicassio, 1978), doch stellt sich die Frage, ob es den richtigen Namen trägt. Zwart und Lisman (1979) haben nämlich die Auswirkung verschiedener Komponenten des Programms untersucht. 41 Studenten mit mittelschweren Einschlafproblemen wurden zufällig fünf Bedingungen zugeteilt: Stimuluskontrolle, nicht-kontingente Kontrolle (mehrfaches vorher festgesetztes Aufstehen), zeitliche Kontrolle (lediglich Regulierung der Bettzeiten), Gegenkontrolle (bei Nichteinschlafenkönnen im Bett lesen, essen oder fernsehen) und Wartegruppe. Den Probanden wurde außerdem versichert, daß eine Besserung erst nach der vierten Sitzung zu erwarten sei, um Erwartungseffekte zu kontrollieren. Die auf Schlaftagebuchdaten basierenden Ergebnisse zeigten am Ende der dritten Woche nur unter den Bedingungen der Stimulus-Kontrolle und der Gegenkontrolle signifikante Verminderungen der Einschlafzeiten. Allerdings waren diese Ergebnisse nicht mehr spezifisch am Ende der Behandlung, weil hier mit Ausnahme der Wartegruppe unter allen Bedingungen eine Besserung eingetreten war. Zwart und Lisman werten ihre Ergebnisse als Hinweis darauf, daß die Unterbrechung des auf die Schlafstörung bezo-

Tabelle 2: Instruktion zur Stimuluskontrolle von Schlafstörungen (nach Bootzin, 1980)

– Gehen Sie nur zu Bett, wenn Sie müde sind

– Benützen Sie das Bett nur zum Schlafen, d.h. nicht zum Lesen, Trinken, Rauchen, Fernsehen (Sex ausgenommen)

– Wenn Sie nach 10 Minuten noch wach sind, stehen Sie auf und gehen Sie in ein anderes Zimmer. Gehen Sie erst wieder ins Bett, wenn Sie sich müde fühlen

– Wenn Sie dann immer noch nicht einschlafen können, wiederholen Sie den vorhergehenden Schritt

– Stehen Sie jeden Morgen zur gleichen Zeit auf

– Schlafen Sie nicht tagsüber

genen Denkens eine größere Wirkung ausübt als die im Bett ausgeführten Aktivitäten.

Offensichtlich ist das Stimulus-Kontroll-Paradigma bisher zu vereinfacht auf der Verhaltensebene formuliert worden, denn auch Haynes, Adams, West, Kamens und Safranek (1982) fanden keinen Zusammenhang zwischen der Häufigkeit von schlafinkompatiblem Verhalten und gemessenen sowie geschätzten Einschlafzeiten. Die Wirksamkeit der Stimulus-Kontrolle wird nicht nur mit der Unterbrechung des symptom-orientierten Grübelns erklärt, sondern auch damit, daß die Instruktion Aufzustehen als aversiv erlebt wird oder daß aufgrund des mehrfachen Aufstehens eine Schlafdeprivation auftritt, die den nachfolgenden Schlaf verbessert.

Aber auch eine Bettzeitkontrolle allein kann schon den Schlaf verbessern. Spielman, Sasky und Thorpy (1987) gingen von der einleuchtenden Überlegung aus, daß vor allem die schlaflos im Bett verbrachte Zeit das Beschwerdenbild der Schlafstörung aufrechterhält. Sie grenzten daher bei ihren Probanden die Bettzeit auf die jeweils subjektiv erlebte Schlafdauer ein. Hatte z.B. ein schlafgestörter Proband in seinem Tagebuch angegeben, daß er durchschnittlich 8 Stunden im Bett verbringt, aber nur 5 Stunden dieser Zeit schlafen kann, wurde seine Bettzeit solange auf 5 Stunden reduziert, bis er 5 Nächte lang durchschnittlich 90 Prozent dieser Zeit schlafen konnte. Erst dann wurde die Bettzeit um 15 Minuten verlängert, wiederum so lange, bis er diese Zeit überwiegend als Schlaf erlebte. Sank innnerhalb dieser schrittweisen Verlängerung die Schlafeffizienz wieder ab, wurde auch die Bettzeit wieder verkürzt.

Bei 35 Probanden, die seit 15 Jahren chronische Schlafstörungen hatten, wurde diese Bettzeitreduktion 8 Wochen lang mit Erfolg durchgeführt. Ihre Schlafeffizienz war auch noch 9 Monate später deutlich gegenüber der Ausgangslage verbessert. Die Schlafdauer zeigte allerdings nur einen geringfügigen Anstieg. Es gab aber auch Schwierigkeiten, die Probanden für diese Maßnahme zu motivieren. Viele beklagten sich, sie seien zu müde, um solange aufzubleiben oder sie wüßten nicht, was sie in dieser Zeit Sinnvolles tun könnten. Auch fürchteten sie, die Bettzeitreduktion könne ihre Leistung und ihr Befinden noch mehr verschlechtern.

5. Paradoxe Intention

Den kognitiven Hypothesen zur Erklärung von Schlafstörungen entspricht die Methode der paradoxen Intention, die von V. E. Frankl im Rahmen seiner Logotherapie entwickelt worden ist (Frankl, 1960). Es handelt sich um eine Selbstkontrolltechnik, bei der das Symptom explizit verschrieben wird. Ein Klient mit Schlafstörungen wird angewiesen, den Versuch des Einschlafens zu unterlassen. Stattdessen soll er sich bemühen, so lange wie möglich wachzubleiben und mit offenen Augen seine Körperreaktionen zu beobachten.

Der paradoxen Intention liegt der Gedanke zugrunde, daß der Leistungsdruck «einschlafen zu wollen» sekundäre Angst hervorruft, die das Symptom verstärkt. Durch die gegenteilige Absicht wird das kognitive Denkschema verändert und das Grübeln unterbrochen.

Auch dieses Verfahren kann wie die anderen verhaltenstherapeutischen Interventionen seine Erfolge aufweisen. Turner und Ascher (1979) haben beispielsweise jeweils 10 chronisch schlafgestörte Patienten im Alter von 24 bis 79 Jahren einer Behandlung mit paradoxer Intention, Stimulus-Kontrolle oder progressiver Entspannung zugewiesen. Außerdem gab es eine Placebo- und eine Wartegruppe. Bei allen Therapiegruppen besserten sich subjektive Schlafbeurteilung und Schlafmittelgebrauch.

Die paradoxe Intention lenkt direkt von symptombezogenen Gedanken ab. Diese Wirkung kann aber ebenso mit indirekteren Instruktionen erreicht werden. Woolfolk und McNulty (1983) konnten zeigen, daß die Aktivierung neutraler oder angenehmer Vorstellungen ohne zusätzliche Entspannung Einschlafstörungen verbessert. Ein solches Imaginationstraining hat sich auch für die Besserung von Durchschlafstörungen bewährt (Morin & Azrin, 1987).

6. Psychodynamisch orientierte Interventionen

Schlafstörungen, die im Kontext neurotischer Erkrankungen auftreten, sind natürlich schon immer in psychotherapeutischen Behandlungen der verschiedenen Richtungen berücksichtigt worden, es gibt hier aber kein funktionsspezifisches therapeutisches Vorgehen. Vielmehr geht man von der Annahme aus, daß nach einer Verarbeitung der psychischen Konflikte das sekundäre Symptom der Schlafstörung verschwindet.

Systematische Wirksamkeitsstudien liegen in bezug auf Schlafstörungen nicht vor. Es entspräche auch nicht dem persönlichkeitsorientierten Konzept dieser psychotherapeutischen Richtungen, ein einzelnes Symptom zum Gegenstand einer Untersuchung zu machen. Engel-Sittenfeld, Engel, Huber und Zangl (1980) haben die Auswirkung von 15 Stunden Gesprächspsychotherapie im Vergleich zu autogenem Training und Biofeedback bei Patienten mit chronischen Schlafstörungen untersucht. Die drei Verfahren unterschieden sich nicht in ihrer insgesamt nur bescheidenen Wirkung, wobei interessanterweise die Abbruchsquote bei der Gesprächspsychotherapie am höchsten war.

Hier ist ein Problem angesprochen, das sich nicht selten bei der Behandlung primärer Schlafstörungen stellt. Auch wenn der Schlafstörung ein psychischer Konflikt zugrundeliegt, so sind viele Klienten sehr symptomorientiert, d. h. sie erwarten in erster Linie eine Behandlung ihrer Schlafprobleme und zeigen keine Motivation, ihre psychische Situation aufzudecken. Das ist insbesondere dann der Fall, wenn sie keinen Zusammenhang zwischen der Schlafstörung und ihrem Erleben sehen, wie das in **Kasten 1** dargestellte Beispiel verdeutlicht.

Kales, Soldatos und Kales (1982), die in ihrer Klinik eine große Zahl von Schlafstörungen diagnostisch abgeklärt und behandelt haben, empfehlen bei Insomnien, die auf psychischen Konflikten beruhen, ein aktiveres Angehen dieser Konflikte, als dies bei einem psychoanalytischen Vorgehen üblich ist, um dem Patienten den Zusammenhang zwischen Symptom und Konflikt bewußt zu machen.

Auch für eine besondere Form der Schlafstörung, das Erwachen aus angstbesetzten Träumen, das mit erhöhter physiologischer Aktivierung einhergeht, ist die Indikation einer konflikt-orientierten Therapie einleuchtend (Strauch & Meier, 1992). Allerdings sind solche Angstträume auch schon erfolgreich mit einer systematischen Desensibilisierung behandelt worden (Cellucci & Lawrence, 1978).

7. Kognitiv-verhaltensorientierte Interventionen

Ein gutes Beispiel für eine nicht nur auf das Symptom beschränkte Verhaltenstherapie ist das Breitbandprogramm von Hohenberger und Schindler (1984). **Tabelle 3** zeigt die einzelnen Bausteine des Therapieprogramms, das aus 11 halbstandardisierten Sitzungen besteht. Aufgrund der Erkenntnis, daß Wachen und Schlaf in einer engen Wechselwirkung stehen, sollen

---

Kasten 1
Schlafstörung aus psychodynamischer Sicht: Fallbeispiel

Herr B., ein 45jähriger Oberstudiendirektor, leidet seit 20 Jahren an massiven, mit Angstzuständen einhergehenden Einschlaf- und Durchschlafstörungen, die aufgrund der Abklärung objektiviert werden können. Dabei fällt vor allem eine große Schwankungsbreite der Symptome auf. Herr B. sieht seine Schlafstörung als einzige Ursache an für seine Selbstwert- und Beziehungsprobleme, die ihm in seinem Alltagsleben stark zu schaffen machen. «Der Schlaf bewirkt, daß ich diese Probleme nicht lösen kann.» Er erlebt die Beeinträchti-

gung des Schlafs als eine ichfremde, nicht kontrollierbare Störung. Herr B. kann sich zunächst nicht vorstellen, daß die Schlafstörung eine Reaktion auf seine psychischen Konflikte sein könnte. Erst als er sein Schlaftagebuch ergänzt durch Aufzeichnungen von Ereignissen des vorangegangenen Tages, wird ihm allmählich klar, daß die Stärke seiner Schlafstörung variiert mit dem Ausmaß der Aktualisierung seiner Konflikte. Herr B. war daraufhin motiviert, in einer psychoanalytischen Therapie eine Lösung seiner Probleme zu suchen.

hier nicht nur das Schlafverhalten und die Einstellung zum Schlaf, sondern auch der Lebensstil des Klienten, insbesondere der Umgang mit Belastungssituationen verändert werden.

Die Autoren betonen die Notwendigkeit, die Therapieziele aufgrund einer individuellen Verhaltensanalyse zu formulieren, indem die funktionalen Zusammenhänge zwischen Tages- und Abendsituation detailliert erarbeitet werden. Wichtige Bausteine sind neben den therapeutischen Verfahren Informationen über den Schlaf und eine schlafhygienische Beratung, da viele schlafgestörte Menschen sich an Schlafnormen orientieren und beispielsweise nicht wissen, daß sich der Schlaf im Alter verschlechtert. Auch ist ihnen meist nicht bewußt, daß

regelmäßige Schlafgewohnheiten die Schlafqualität fördern können.

Eine erste empirische Untersuchung über die Wirksamkeit dieses Programms wurde mit 24 chronisch schlafgestörten Klienten durchgeführt, die zu Beginn der Therapie medikamentenfrei waren. 11 Klienten durchliefen das Programm in der Abfolge A–B, bei 12 Klienten wurde die Therapiephase B zuerst angeboten. Die Verhaltensanalysen wurden individuell durchgeführt, während die anschließenden Therapiesitzungen von zwei Therapeuten in Kleingruppen geleitet wurden. Ausgewertet wurden die täglichen Angaben über den Schlaf, sowie Skalen über Tagesbefinden, Belastung, Entspannungsfähigkeit bei Belastung und Depressivität, die vor und nach der Therapie, sowie 6 Mo-

Tabelle 3: Breitbandprogramm zur Therapie von Schlafstörungen (aus Hohenberger & Schindler, 1984, S.59)

Verhaltensanalyse	1. Sitzung:	Erstgespräch Überblick über die Symptomatik; Information über die Therapie
	2. Sitzung:	Schlafverhalten Ätiologie; Funktionale Analyse der momentanen Beschwerden
	3. Sitzung:	Lebenssituation Systematische Analyse der verschiedenen Lebensbereiche nach Belastungskomponenten; Diskrepanzen zwischen Ist- und Sollzustand; Zielplanung
Therapiephase A	4. Sitzung:	Entspannungstraining Vermittlung von Informationen über Schlaf; Training in körperlicher Entspannung nach Jacobson
	5. Sitzung:	Tagestrukturierung Entspannungstraining; Erarbeitung und Festlegung eines geeigneten Schlaf-Wach-Rhythmus
	6. Sitzung:	Kognitive Kontrolle Entspannungstraining; Training in gedanklicher Kontrolle (Gedankenstopp, kognitives Umstrukturieren)
	7. Sitzung:	Imaginationstraining Entspannungstraining; Training in Entspannungsbildern (positive imagery)
Therapiephase B	8. Sitzung:	Training in sozialer Kompetenz Durchsetzen berechtigter Forderungen; Gesprächsführung
	9. Sitzung:	Ausbau von Freizeitaktivitäten Erarbeiten von Selbstkontrollprogrammen
	10. Sitzung:	Umgang mit Belastung Problemlösefertigkeiten; Konfliktlösung
	11. Sitzung:	Fading Erstellen weiterer SK-Programme; Therapieabschluß

nate später ausgefüllt wurden. Gegenüber einer Wartegruppe verbesserten sich bei den behandelten Klienten Einschlafzeit, Schlafdauer und Schlafgewohnheiten, nicht aber die nächtlichen Wachzeiten und die Einstellung zum Schlaf. In den sekundären Zielvariablen veränderten sich nicht das Tagesbefinden und das Ausmaß der Belastung, wohl aber in positiver Richtung der Umgang mit Belastung und Depressivität. Die auf den Schlaf bezogenen Verbesserungen waren auch noch bei der Nachkontrolle vorhanden, während die Reaktion auf Belastung und Depressivität hier eine Tendenz zur Verschlechterung zeigte. In der Verlaufsanalyse der Schlafparameter war der Erfolg bei denjenigen Klienten stabiler, die zuerst in bezug auf ihre akuten Schlafprobleme behandelt wurden. Diese Abfolge des Programms kommt offensichtlich der Therapieerwartung des Klienten stärker entgegen.

Bei Frau A., deren psychophysiologische Schlafstörung im Kapitel zur Ätiologie, Bedingungsanalyse von Schlafstörungen (Kap. 32.2) ausführlich dargestellt wurde, wurden ebenfalls mehrere therapeutische Interventionen eingesetzt. In bezug auf den Schlaf wären Entspannungsanweisungen allein wenig aussichtsreich gewesen, weil ihre Schlafstörung nicht durch körperliche Verkrampfung, sondern durch exzessives Grübeln aufrechterhalten wurde. Hingegen konnten durch ein Training, bei dem die belastenden Gedanken durch angenehme Vorstellungsbilder ersetzt wurden, die Einschlaf- und Aufwachzeiten herabgesetzt werden. Dies war allerdings nur möglich, weil Frau A. parallel dazu im Sinne einer kognitiven Umstrukturierung gelernt hatte, mit ihrer Belastung im Alltag gelassener umzugehen. Weiterhin trug ein Ausbau ihrer Freizeitaktivitäten zu einem stabileren Schlafverhalten und zu einer Verbesserung ihres Befindens bei. Die Stabilität des Erfolgs wurde nicht zuletzt gestützt durch eine drastische Reduktion der Schlafmittel.

8. Abschließende Bemerkungen

Wie sind die Wirksamkeitsstudien zur Behandlung von Schlafstörungen zusammenfassend zu beurteilen und welchen Beitrag leisten sie für eine individuelle Therapieindikation? Die Wirksamkeit der symptomorientierten psychologischen Verfahren wird insgesamt als bescheiden bezeichnet (Schindler & Hohenberger, 1982). Im Hinblick auf die klinische Praxis ist außerdem einschränkend festzustellen, daß bis vor kurzem häufig nur Studenten mit mäßigen Einschlafproblemen kontrolliert behandelt wurden. Die Mehrzahl der Studien läßt darüberhinaus in methodischer Hinsicht zu wünschen übrig. Neben Schwächen in der Versuchsplanung wurden bisher bei der Auswahl von Probanden zu wenig die psychophysiologischen Unterschiede im Beschwerdenbild berücksichtigt. Die meisten Studien beziehen sich zudem nur auf subjektive Angaben der Probanden. Auch wenn für einen Klienten die subjektive Besserung entscheidend ist, so müßte die Wirksamkeit einer bestimmten Therapie auch in bezug auf objektive Veränderungen erfaßt werden. Kürzlich haben Morin, Culbert und Schwartz (1993) eine Meta-Analyse von 59 Studien publiziert, in denen die Wirksamkeit verschiedener psychologischer Behandlungen von chronischen Einschlaf- und Durchschlafstörungen untersucht wurde. Als Kriterien wurden subjektiv eingeschätzte Einschlaflatenzen, nächtliche Wachzeiten und Schlafdauer herangezogen. Die Erfolgsquote lag zwischen 26 und 66 Prozent, wobei die Bettzeitkontrolle und Biofeedbackverfahren am besten abschnitten.

Turner, DiTomasso und Giles (1983) führen Mißerfolge bei der Behandlung von Schlafstörungen in erster Linie auf unzureichende Differentialdiagnosen zurück, bei denen die auslösenden und aufrechterhaltenden Bedingungen nicht spezifisch berücksichtigt wurden. Diese Beobachtung verweist einmal mehr auf die Bedeutung, die einer umfassenden diagnostischen Abklärung zukommen sollte. Interessant ist in diesem Zusammenhang eine Zusammenstellung von Fallstudien, in der verschiedene ‹Schlaftherapeuten› über erfolgreiche und mißlungene Behandlungen berichten (Hauri, 1991).

Eine wichtige Schlußfolgerung aus den Ergebnissen der psychophysiologischen Schlafforschung ist, daß Schlafstörungen auf vielfältige Ursachen zurückgehen können. Deshalb gibt es auch kein Patentrezept für die Behandlung von Schlafstörungen, weil in jedem individuellen Fall im Sinne einer adaptativen Indikation die Verfahren ausgewählt werden sollten, die sowohl der psychophysiologischen

Ausprägung des Beschwerdenbilds als auch der psychischen Situation in der Wachsituation angemessen sind.

Informationen über Schlaf und Schlafhygieneregeln, wie sie beispielsweise von den bekannten Schlafforschern Oswald und Adams (1984) publiziert worden sind, können zur Prophylaxe von Schlafstörungen durchaus beitragen, zumal Monk, Petrie, Hayes und Kupfer (1994) zeigen konnten, daß regelmäßige Lebensgewohnheiten mit guter Schlafqualität verbunden sind. Auch das verhaltenstherapeutische Selbsthilfeprogramm von Coates und Thoresen (1982) mag manchen Menschen bei leichten Schlafproblemen helfen. Doch ist durchaus Skepsis angebracht, ob solche Informationen eine effiziente Selbsthilfe aktivieren. Lacks und Rotert (1986) konnten nämlich zeigen, daß Probanden mit chronischen Schlafstörungen zwar mehr über Schlafhygiene wußten als gute Schläfer, daß sie aber diese Regeln weniger häufig einhielten.

Man muß davon ausgehen, daß für eine nicht geringe Zahl von chronischen schweren Schlafstörungen eine fachspezifische Abklärung und Behandlung erforderlich und wünschenswert ist. In den USA wurde 1975 die Association of Sleep Disorders Centers gegründet. Es ist das Anliegen dieser Gesellschaft, die interdisziplinäre Forschung und die Ausbildung von «Schlafspezialisten» zu fördern. Inzwischen gibt es im angloamerikanischen Bereich bereits mehr als 200 akkreditierte Kliniken, in denen alle Formen von Schlafstörungen diagnostiziert und behandelt werden. Auch in den europäischen Ländern sind inzwischen solche Institutionen vermehrt gegründet worden, obwohl hier noch ein großer Nachholbedarf besteht.

9. Literatur

Bootzin, R.R. (1980). *Verhaltenstherapeutische Behandlung von Schlafstörungen*. München: Pfeiffer.

Bootzin, R.R. & Nicassio, P.M. (1978). Behavioral treatments for insomnia. In M. Hersen, R. Eisler & M. Miller (Eds.), *Progress in Behavior Modification , 6* (pp. 1–45). New York: Academic Press.

Borbély, A.A. (1986). Schlafmittel und Schlaf: Übersicht und therapeutische Richtlinien. *Therapeutische Umschau, 43,* 509–519.

Borkovec, T.D. (1979). Pseudo(experiential)-insomnia and idiopathic(objective)insomnia: Theoretical and therapeutical issues. *Advances in Behavior Research & Therapy, 2,* 27–55.

Cellucci, A.J. & Lawrence, P.S. (1978). The efficacy of systematic desensitization in reducing nightmares. *Journal of Behavior Therapy & Experimental Psychiatry, 9,* 109–114.

Coates, T.J. & Thoresen, C.E. (1982). *Endlich wieder schlafen können*. Salzburg: Otto Müller.

Engel-Sittenfeld, P., Engel, R.R., Huber, H.P. & Zangl, K. (1980). Wirkmechanismen psychologischer Therapieverfahren bei der Behandlung chronischer Schlafstörungen. *Zeitschrift für klinische Psychologie, 9,* 34–52.

Frankl, V.E. (1960). Paradoxical intention: A logotherapeutic technique. *American Journal of Psychotherapy, 14,* 520–535.

Hauri, P. (1978). Biofeedback techniques in the treatment of chronic insomnia. In R.L. Williams & I. Karacan (Eds.), *Sleep Disorders: Diagnosis and Treatment* (pp. 145–159). New York: John Wiley & Sons.

Hauri, P. (1991). *Case studies in insomnia*. New York: Plenum.

Haynes, S.N., Adams, A.E., West, S., Kamens, L. & Safranek, R. (1982). The stimulus control paradigm in sleep-onset insomnia: A multimethod assessment. *Journal of Psychosomatic Research, 26,* 333–339.

Hohenberger, E. & Schindler, L. (1984). Ein verhaltenstherapeutisches Programm zur Behandlung von Schlafstörungen. In J. Brengelmann & G. Bühringer (Hrsg.), *Therapieforschung für die Praxis* (S. 55–71). München: Röttger.

Hornung, R. & Gutscher, H. (1986). Beschwerden, Ratsuch- und Behandlungsstrategien. In H. Gutscher, R. Hornung, U. May & H. Schär (Hrsg), *Medikamentenkonsum und Medikationsrisiken* (S. 11–36). Bern: Huber.

Kales, J., Soldatos, C. & Kales, A. (1982). Diagnosis and treatment of sleep disorders. In J. Greist, J. Jefferson & R. Spitzer (Eds.), *Treatment of Mental Disorders* (pp. 473–500). New York: Oxford University.

Lacks, P. & Robert, M. (1986). Knowledge and practice of sleep hygiene techniques in insomniacs and good sleepers. *Behavior Research & Therapy, 24,* 365–368.

Monk, T.H., Petrie, S.R., Hayes, A.J. & Kupfer, D.J. (1994). Regularity of daily life in relation to personality, age, gender, sleep quality, and circadian rhythms. *Journal of Sleep Research, 3,* 196–205.

Morin, C.M. & Azrin, N.H. (1987). Stimulus control and imagery training in treating sleep maintenance insomnia. *Journal of Consulting and Clinical Psychology, 55,* 260–262.

Morin, C.M., Culbert, J.P. & Schwartz, S.M (1994). Nonpharmacological interventions for insomnia: A meta-analysis of treatment efficacy. *American Journal of Psychiatry, 151,* 1172–1180.

Morin, C.M., Gaulier, B., Barry, T. & Kowatch, R.A. (1992). Patient's acceptance of psychological and pharmacological therapies for insomnia. *Sleep, 15,* 302–305.

Nicassio, P.M., Boylan, M.B. & McCabe, T.G. (1982). Progressive relaxation, EMG biofeedback and biofeedback placebo in the treatment of sleep-onset insomnia. *British Journal of medical Psychology, 55,* 159–166.

Oswald, I. & Adam, K. (1984). *So schlafen Sie besser*. Wien: Orac.

Schindler, L. & Hohenberger, E. (1982). Die verhaltenstherapeutische Behandlung von Schlafstörungen: Status und Perspektiven. *Psychologische Beiträge, 24,* 549–582.

Spielman, A.J., Saskin, P. & Thorpy, M.J. (1987). Treatment of chronic insomnia by restriction of time in bed. *Sleep, 10,* 45–56.

Strauch, I. & Meier, B. (1992). *Den Träumen auf der Spur.* Bern: Huber.

Turner, R.M. & Ascher, L.M. (1979). Controlled comparison of progressive relaxation, stimulus control, and paradoxical intention therapies for insomnia. *Journal of Consulting Clinical Psychology, 47,* 500–508.

Turner, R.M., DiTomasso, R. & Giles, T. (1983). Failures in the treatment of insomnia: A plea for differential diagnosis. In E.B. Foa & P.G.M. Emmelkamp (Eds.), *Failures in behavior therapy* (pp. 289–310). New York: John Wiley & Sons.

Woolfolk, R.L. & McNulty, T.F. (1983). Relaxation treatment for insomnia: A component analysis. *Journal of Consulting Clinical Psychology, 51,* 495–503.

Zwart, C.A. & Lisman, S.A. (1979). Analysis of stimulus control treatment of sleep-onset insomnia. *Journal of Consulting Clinical Psychology, 47,* 113–118.

33. Eßstörungen
33.1 Klassifikation und Diagnostik

Brunna Tuschen-Caffier und Irmela Florin

Inhaltsverzeichnis

1. Einleitung

Das Diagnostische und Statistische Manual psychischer Störungen (DSM-IV; American Psychiatric Association, 1994) sieht für die Klassifikation von Eßstörungen im Erwachsenenalter drei Kategorien vor: Anorexia Nervosa, Bulimia Nervosa und als Restkategorie die nicht näher bezeichneten Eßstörungen (Eating disorders not otherwise specified). Übergewicht stellt entsprechend dem DSM-IV keine psychische Störung von Krankheitswert dar. Neben den Eßstörungen des Erwachsenenalters sieht das DSM-IV drei Kategorien zur Klassifikation von Eßproblemen im Kindes- und Jugendalter vor.

Der folgende Beitrag konzentriert sich auf Eßstörungen des Erwachsenenalters. Neben der Anorexia und Bulimia Nervosa wird aus der Restkategorie der nicht näher bezeichneten Eßstörungen die «Binge-Eating»-Störung abgehandelt, soweit dazu empirische Befunde vorliegen.

2. Symptomatik und Klassifikation

2.1 Anorexia Nervosa

Die von dieser Eßstörung Betroffenen streben danach, extrem dünn zu sein, und sie haben eine krankhafte Angst vor Gewichtszunahme, obwohl sie untergewichtig sind. Als Richtwert zur Bestimmung von Normal- bzw. Untergewicht wird häufig der sogenannte *Body Mass Index* (BMI) herangezogen, bei dem das Körpergewicht durch das Quadrat der Körpergröße dividiert wird (BMI = K/L^2; K = Körpergewicht in kg, L = Körpergröße in m). Meist wird bei einem BMI < 17,5 von Untergewicht gesprochen (DSM-IV). Als Folge des Gewichtsverlustes und der Mangelernährung kommt es zu einer Reihe biologischer Veränderungen und gravierender medizinischer Probleme (Laessle, Schweiger, Tuschl & Pirke, 1991; Goldbloom & Kennedy, 1995). Trotz des kritischen Gesundheitszustandes leugnen viele Anorektikerinnen[1] über lange Zeit die Schwere ihrer Störung und stehen einer Therapie ablehnend gegenüber.

Nach den diagnostischen Richtlinien des DSM-IV müssen für die Diagnose der Anorexia Nervosa vier Kriterien erfüllt sein (s. **Tab. 1**).

---

[1] Da es sich bei den an Eßstörungen erkrankten Personen überwiegend um Frauen handelt, wird in unserem Beitrag zu Eßstörungen ausschließlich von Patientinnen die Rede sein. Da Eßstörungen bei Männern bisher kaum erforscht wurden, kann beim derzeitigen Forschungsstand nicht beurteilt werden, inwiefern die Befunde gleichermaßen auf Männer zutreffen.

Tabelle 1: Diagnostische Kriterien für die Anorexia Nervosa (307.1; F50.01) entsprechend den DSM-IV-Kriterien (American Psychiatric Association, 1996, S. 619,620)

A. Weigerung, das Minimum des für das Alter und Körpergröße normalen Körpergewichts zu halten (z. B. Gewichtsverlust führt dauerhaft zu einem Körpergewicht von weniger als 85% des zu erwartenden Gewichts; oder das Ausbleiben einer während der Wachstumperiode zu erwartenden Gewichtszunahme führt zu einem Körpergewicht von weniger als 85% des zu erwartenden Gewichts).

B. Ausgeprägte Ängste vor einer Gewichtszunahme oder davor, dick zu werden, trotz bestehenden Untergewichts.

C. Störung in der Wahrnehmung der eigenen Figur und des Körpergewichts, übertriebener Einfluß des Körpergewichts oder der Figur auf die Selbstbewertung, oder Leugnen des Schweregrades des gegenwärtigen geringen Körpergewichts.

D. Bei postmenarchalen Frauen das Vorliegen einer Amenorrhoe, d. h. das Ausbleiben von mindestens drei aufeinanderfolgenden Menstruationszyklen (Amenorrhoe wird auch dann angenommen, wenn bei einer Frau die Periode nur nach Verabreichung von Hormonen, z. B. Östrogen, eintritt).

Bestimme den Typus

Restriktiver Typus (F50.00): Während der aktuellen Episode der Anorexia Nervosa hat die Person keine regelmäßigen «Freßanfälle» gehabt oder hat kein «Purging»-Verhalten (z. B. das heißt selbstinduziertes Erbrechen oder Mißbrauch von Laxantien, Laxantien oder Klistieren) gezeigt.

*«Binge-Eating/Purging»- Typus (F50.01)***:** Während der aktuellen Episode der Anorexia Nervosa hat die Person regelmäßig «Freßanfälle» gehabt und hat «Purging»-Verhalten (z. B. das heißt selbstinduziertes Erbrechen oder Mißbrauch von Laxantien, Laxantien oder Klistieren) gezeigt.

Die diagnostischen Leitlinien der Internationalen Klassifikation psychischer Störungen (ICD-10; Dilling, Mombour & Schmidt, 1993) der Weltgesundheitsorganisation entsprechen weitgehend den DSM-IV Kriterien. Im Unterschied zum DSM-IV wird im ICD-10 als weiteres Diagnosekriterium berücksichtigt, daß es zu Entwicklungsverzögerungen (Wachstumsstopp; fehlende Brustentwicklung) kommt, wenn die Erkrankung vor der Pubertät beginnt. Ein weiterer Unterschied ist, daß im ICD-10 nicht zwischen zwei verschiedenen Untergruppen der Anorexia nervosa (Restricted type; binge-eating/purging type) unterschieden wird.

Es gibt Hinweise darauf, daß es sinnvoll ist, zwischen den beiden Formen der Anorexia Nervosa (Restriktiver Typus; «Binge-Eating/Purging»-Typus) zu unterscheiden. So kommen Verhaltensweisen mit eingeschränkter Impulskontrolle wie Diebstähle, Alkohol- und Drogenmißbrauch bei dem «bulimischen» Typ («Binge-Eating/Purging»-Typus) häufiger vor als bei dem restriktiven Typus (DaCosta & Halmi, 1992)

Differentialdiagnostisch sind körperliche Ursachen des Gewichtsverlustes (z. B. infolge von Hirntumoren, Erkrankungen des Magen- Darmtraktes, Diabetes mellitus) sowie Gewichtsverlust im Zusammenhang mit anderen psychischen Störungen (z. B. depressive Störungen) von der Anorexia Nervosa abzugrenzen. Bei diesen Erkrankungen fehlen die für die Anorexia Nervosa typischen Körperschemastörungen und Ängste vor einer Gewichtszunahme. Ferner können bei der Schizophrenie bizarre Eßgewohnheiten vorkommen; allerdings sind zentrale Merkmale der Schizophrenie (z. B. die typischen Störungen im Affekt und im Denken) bei der Anorexia Nervosa nicht gegeben.

Untergewicht und Mangelernährung können zu einer Vielzahl medizinischer Folgeprobleme führen. So kann es zu hormonellen Veränderungen und Blutbildveränderungen kommen. Wenn es sich um eine Form der Anorexia Nervosa handelt, bei der auch regelmäßig Eß-Brech-Episoden vorkommen («Binge-Eating/Purging»-Typus), kann es zu Störungen des Elektrolythaushaltes (z. B. Kaliummangel) mit negativen Folgen für die Herz- und Nierenfunktion kommen. Schließlich kann bei starkem Untergewicht aufgrund des geringen Körperfettanteils der Betroffenen nicht genug Östrogen gebildet werden, so daß es zur Osteoporose kommen kann, die zur frühzeitigen Krümmung des Rückens führt und mit starken Schmerzzuständen verbunden ist.

2.2 Bulimia Nervosa

Entsprechend den Richtlinien des DSM-IV müssen fünf Kriterien erfüllt sein, um die Diagnose Bulimia Nervosa stellen zu können (vgl. **Tab. 2**).

Die Klassifikationskriterien für Bulimia Nervosa nach dem ICD-10 der Weltgesundheitsorganisation (Dilling, Mombour & Schmidt, 1993) entsprechen weitgehend denen des DSM-IV. Nach dem Klassifikationssystem des ICD-10 stellt allerdings der Kontrollverlust kein diagnostisches Kriterium für Bulimia Nervosa dar, und es werden im ICD-10 keine operationalen Kriterien (Häufigkeit, Zeitdauer) dafür angegeben, ab wann von einem Eßanfall gesprochen werden soll bzw. wie häufig Eßanfälle und kompensatorische Gegenmaßnahmen vorkommen müssen, damit von einer Eßstörung im Sinne der Bulimia Nervosa gesprochen werden kann. Auch die Unterscheidung unterschiedlicher Subgruppen von Bulimikerinnen («Purging»-Typus vs. «Nicht-Purging»-Typus) fehlt im ICD-10.

Im Unterschied zum DSM-IV wird im ICD-10 darauf hingewiesen, daß sich bei Bulimikerinnen in der Vorgeschichte häufig Episoden einer Anorexia nervosa nachweisen lassen.

Empirischen Befunden zufolge sind Bulimikerinnen, die entsprechend der Unterscheidung nach dem DSM-IV dem «Purging»-Typus zuzuordnen sind, jünger, haben ein geringeres Körpergewicht und zeigen mehr psychopathologische Auffälligkeiten (z. B. selbstverletzendes Verhalten, Suizidversuche) als Bulimikerinnen des zweiten Typs (Mitchell, 1992).

Differentialdiagnostisch ist die Bulimia Nervosa abzugrenzen gegenüber anderen psychischen Störungen (z. B. der Major Depression und den Schizophrenien) und bestimmten neurologischen Erkrankungen (z. B. Tumore des ZNS; Kleine-Levin-Syndrom), bei denen ebenfalls ungewöhnliche Eßgewohnheiten bis hin zu Eßanfällen vorkommen können, ohne daß sich jedoch die spezifischen dysfunktionalen Einstellungen gegenüber der Figur und dem Gewicht nachweisen lassen.

Infolge der bulimischen Symptome kann es zu einer Reihe medizinischer Probleme kommen, die zum Teil gravierend sind. So kann das häufige Erbrechen dazu führen, daß der Ka-

Tabelle 2: Diagnostische Kriterien für die Bulimia Nervosa (307.51; F50.2) entsprechend den DSM-IV-Kriterien (American Psychiatric Association, 1996, S. 625)

A. Wiederholte Episoden von «Freßattacken». Eine «Freßattacken»-Episode ist gekennzeichnet durch beide der folgenden Merkmale:
   (1) Verzehr einer Nahrungsmenge in einem bestimmten Zeitraum (z. B. innerhalb eines Zeitraums von 2 Stunden), wobei diese Nahrungsmenge erheblich größer ist, als die Menge, die die meisten Menschen in einem vergleichbaren Zeitraum und unter vergleichbaren Bedingungen essen würden.
   (2) Das Gefühl, während der Episode die Kontrolle über das Eßverhalten zu verlieren (z. B. das Gefühl, weder mit dem Essen aufhören zu können, noch Kontrolle über Art und Menge der Nahrung zu haben).

B. Wiederholte Anwendung von unangemessenen, einer Gewichtszunahme gegensteuernden Maßnahmen, wie z. B. selbstinduziertes Erbrechen, Mißbrauch von Laxantien, Diuretika, Klistieren oder anderen Arzneimitteln, Fasten oder übermäßige körperliche Betätigung.

C. Die «Freßattacken» und das unangemessene Kompensationsverhalten kommen drei Monate lang im Durchschnitt mindestens zweimal pro Woche vor.

D. Figur und Körpergewicht haben einen übermäßigen Einfluß auf die Selbstbewertung.

E. Die Störung tritt nicht ausschließlich im Verlauf von Episoden einer Anorexia Nervosa auf.

Bestimme den Typus

«Purging»-Typus: Die Person induziert während der aktuellen Episode der Bulimia Nervosa regelmäßig Erbrechen oder mißbraucht Laxantien, Diuretika oder Klistiere.

«Nicht-Purging»-Typus: Die Person hat während der aktuellen Episode der Bulimia Nervosa andere unangemessene, einer Gewichtszunahme gegensteuernde Maßnahmen gezeigt wie beispielsweise Fasten oder übermäßige körperliche Betätigung, hat aber nicht regelmäßig Erbrechen induziert oder Laxantien, Diuretika oder Klistiere mißbraucht.

liumspiegel im Blut sinkt und der Säure-Basen-Haushalt chronisch verändert ist. Infolge dessen kann es zu Herzrhytmusstörungen bis hin zu Herzstillstand sowie chronischem Nierenversagen kommen.

2.3 «Binge-Eating»-Störung

Charakteristisch für die «Binge-Eating»-Störung ist, daß die betreffenden Personen an immer wiederkehrenden Eßanfällen leiden, ohne daß sie die übrigen Kriterien der Bulimia Nervosa erfüllen. Vor der Verabschiedung und Veröffentlichung der Diagnosekriterien des DSM-IV wurde diese Störung in der englischsprachigen Literatur als «non-purging bulimia» oder «compulsive overeating» beschrieben. Da bisher noch zu wenig empirisch fundierte Befunde zu dieser Störung vorliegen, wird die «Binge-Eating»-Störung im DSM-IV als Forschungsdiagnose in die Restkategorie der nicht näher bezeichneten Eßstörungen (Eating disorders not otherwise specified) eingeordnet (Walsh, 1992).

Im DSM-IV werden die in **Tabelle 3** beschriebenen Forschungskriterien zur Diagnose der «Binge-Eating»-Störung vorgeschlagen.

Den bisherigen Erkenntnissen zufolge kommen bei bis zu einem Drittel der Personen, die an Gewichtsreduktionsprogrammen teilnehmen, regelmäßig Eßanfälle vor, die auf eine «Binge-Eating»-Störung hindeuten (Agras, 1995; Devlin, Walsh, Spitzer & Hasin, 1992). Es ergeben sich ferner Hinweise darauf, daß die «Binge-Eating»-Störung um so häufiger vorkommt, je stärker das Übergewicht bei der betreffenden Personengruppe ausgeprägt ist (Spitzer, Devlin, Walsh et al., 1992). Darüber hinaus scheinen Personen mit einer «Binge-Eating»-Störung häufig auch an anderen psychischen Störungen, wie Depressionen, Ängststörungen, und Persönlichkeitsstörungen zu leiden (Yanovski, Nelson und Dubbert, in press).

3. Diagnostik

Für die psychologische Diagnostik von Eßstörungen und die Evaluation von Therapieeffekten sind verschiedene Verfahren wie Tagebücher zur Erfassung des Eßstils, Eßanfallstagebücher, Fragebögen zur Erfassung dysfunktionaler Einstellungen gegenüber der Figur und dem Gewicht, Fragebögen zur Diagnostik psychopathologischer Begleitsymptome von Eßstörungen und Interviewleitfäden zur Diagnosestellung entwickelt worden. In **Tabelle 4** werden einige der gebräuchlichsten Verfahren im Überblick dargestellt.

Zur Erfassung der psychologischen Merkmale von Eßstörungen wird häufig das *Eating Disorder Inventory* (EDI; Garner, Olmstedt & Polivy, 1983; deutsche Version Thiel & Paul, 1988; s. **Kasten 1**). eingesetzt. Der Fragebogen hat sich im Hinblick auf gruppenbezogene Auswertungen bewährt. Inwiefern der Fragebogen auch bei der Einzelfalldiagnostik eingesetzt werden kann, ist bisher allerdings noch ungeklärt.

Tabelle 3: Forschungskriterien für die «Binge-Eating»-Störung entsprechend dem DSM-IV (1996)

- Wiederholt auftretende Eßanfälle mit dem Erleben von Kontrollverlust.

- Die Eßanfälle erfüllen mindestens drei der folgenden Kriterien:
    wesentlich schnelleres Essen als normalerweise;
    es wird bis zu einem unangenehmen Sättigungsgefühl gegessen;
    Essen großer Nahrungsmengen ohne Hungergefühl;
    allein essen aufgrund von Verlegenheits- bzw. Schamgefühlen;
    wegen der Eßanfälle erleben die Betroffenen Ekelgefühle, Depressionen oder ein schlechtes Gewissen.

- Ausgeprägter Leidensdruck wegen der Eßanfälle.

- Die Eßanfälle treten im Durchschnitt seit sechs Monaten an mindestens zwei Tagen pro Woche auf.

- Auf die Eßanfälle folgen *nicht* regelmäßig kompensatorische Maßnahmen zur Gewichtskontrolle (z.B. Erbrechen), und die Eßanfälle treten nicht ausschließlich während einer Episode einer Anorexia oder Bulimia Nervosa auf.

Tabelle 4: Diagnostische Verfahren

Kurzbezeichnung der diagnostischen Verfahren	Bezeichnung der Verfahren	Kurzbeschreibung der Verfahren
EDI	Eating Disorder Inventory (Garner, Olmstedt & Polivy, 1983; deutsche Version Thiel & Paul, 1988)	64 Items; acht Skalen, z. B. Schlankheitsdrang, Körperzufriedenheit, Perfektionismus
FFB	Fragebogen zum Figurbewußtsein (Cooper, Taylor, Cooper & Fairburn, 1987; deutsche Übersetzung Waadt, Laessle & Pirke, 1992)	36 Items; negative Kognitionen und Gefühle im Umgang mit der eigenen Figur
DEBQ	Dutch Eating Behavior Questionnaire (van Strien, Frijters, Bergers & Defares, 1986; Grunert, 1989)	30 Items; extern bestimmtes, «gezügeltes» Eßverhalten (restrained eating) und gefühlsinduziertes Eßverhalten
FEV	Fragebogen zum Eßverhalten (Pudel & Westenhöfer, 1989)	74 Items; «gezügeltes» Eßverhalten (restrained eating), Störbarkeit des Eßverhaltens; erlebte Hungergefühle; flexible und rigide Kontrolle des Eßverhaltens
EDE	Eating Disorder Examination (Fairburn & Cooper, 1993)	Interviewleitfaden zur Diagnosestellung der Anorexia und Bulimia Nervosa
Eßanfallstagebuch	Marburger Eßanfallstagebuch (Tuschen & Florin, in Druck)	Tagebuch zur Erfassung von Ereignissen, Stimmungen und Gedanken, die den Eßanfällen vorausgehen bzw. folgen
Ernährungstagebuch	Marburger Ernährungstagebuch (Tuschen & Florin, in Druck)	Tagebuch zur Erfassung der täglich gegessenen Nahrungsmittel, der erlebten Ängste vor Gewichtszunahme, der eingesetzten kompensatorischen Maßnahmen

Inzwischen wurde auch eine neuere Version des EDI entwickelt, die um die drei Skalen Askese, Impulsregulation und Soziale Unsicherheit ergänzt wurde (Garner, 1991). Allerdings liegt für den deutschsprachigen Raum bisher noch keine standardisierte Form vor.

Als Interviewleitfaden zur Diagnosestellung der Bulimia und Anorexia Nervosa entsprechend den DSM-IV-Kriterien ist der Interviewleitfaden des *Eating Disorder Examination* (EDE) von Fairburn und Cooper (1993) brauchbar. Anhand des Interviews kann zwischen sogenannten objektiven und subjektiven Eßanfällen unterschieden werden, und es wird differenziert erfaßt, welche Methoden der Gewichtskontrolle die Patientinnen einsetzen. Darüber hinaus werden das Ausmaß an «gezügeltem» Eßverhalten (restrained eating), Einstellungen und Gefühle gegenüber der Figur bzw. dem Gewicht sowie auf das Essen bezoge-

ne Einstellungen und Gefühle (z. B. Angst vor Kontrollverlust, Schuldgefühle in Bezug auf das Essen) erhoben.

4. Literatur

Agras, S. (1995). The nature and treatment of binge eating disorder. In B. Tuschen & I. Florin (Eds.), *Current Research in Eating Disorders* (pp.1–15). Münster: Verlag für Psychotherapie.

American Psychiatric Association (1994). *Diagnostic and statistical manual of mental disorders. Fourth Edition.* Washington D.C.: American Psychiatric Association.

American Psychiatric Association.(1996). *Diagnostisches und statistisches Manual psychischer Störungen – DSM-IV* (Deutsche Bearbeitung und Einleitung: Saß, H., Wittchen, H.U., Zaudig, M.). Göttingen: Hogrefe.

Cooper, P.J., Taylor, M.J., Cooper, Z. & Fairburn, C.G. (1987). The development and validation of the body shape questionnaire. *International Journal of Eating Disorders, 6,* 485–494.

Kasten 1
Sub-Skalen des Fragebogens Eating Disorder Inventory (EDI; Garner, Olmstedt & Polivy, 1983; deutsche Version: Thiel & Paul, 1988)

Sub-Skalen	Itembeispiele
Streben nach Dünnsein	7 Items; z. B. «Ich denke über Diäten nach»
Bulimische Symptome	7 Items; z. B. «Ich beschäftige mich gedanklich mit Eßanfällen»
Unzufriedenheit mit der Figur	9 Items; z. B. «Ich empfinde meinen Bauch als zu dick»
Ineffektivität	10 Items; z. B. «Ich fühle mich unfähig als Mensch»
Angst vor dem Erwachsenwerden	8 Items; z. B. «Ich wünschte, ich wäre jünger»
Perfektionismus	6 Items; z. B. «Ich hasse es, nicht der/die Beste zu sein»
Zwischenmenschliches Mißtrauen	7 Items; z. B. «Ich habe Schwierigkeiten, anderen meine Gefühle zu zeigen»
Interozeption	10 Items; z. B. «Ich kann meine Gefühle klar voneinander unterscheiden»

DaCosta, M. & Halmi, K. A. (1992). Classification of anorexia nervosa: Question of subtypes. *International Journal of Eating Disorders, 11, 305–313.*

Devlin, M. J., Walsh, B. T., Spitzer, R. L. & Hasin, D. (1992). Is there another binge eating disorder? A review of the literature on overeating in the absence of bulimia nervosa. *International Journal of Eating Disorders, 11, 333–340.*

Dilling, H., Mombour, W. & Schmidt, M. H. (1993). *Internationale Klassifikation psychischer Störungen. ICD-10 Kapitel V (F). Klinisch-diagnostische Leitlinien (2. Auflage).* Bern: Huber.

Fairburn, C. G. & Cooper, Z. (1993). The Eating Disorder Examination (12th edition). In C. G. Fairburn & G. T. Wilson (Eds.), *Binge eating. Nature, assesment, and treatment* (pp. 317–360). New York: The Guilford Press.

Garner, D. M. (1991). *Eating Disorder Inventory – 2. Professional Manual.* Odessa: Psychological Assessment Resources.

Garner, D. M, Olmstedt, M. P. & Polivy, J. (1983). Development and validation of a mulidimensional eating disorder inventory for anorexia nervosa and bulimia. *International Journal of Eating Disorders, 2, 15–34.*

Goldbloom, D. S. & Kennedy, S. H. (1995). Medical complications of anorexia nervosa. In K. D. Brownell & C. G. Fairburn (Eds.), *Eating disorders and obesity. A comprehensive handbook* (pp. 266–270). New York: The Guilford Press.

Grunert, S. C. (1989). Ein Inventar zur Erfassung von Selbstaussagen zum Ernährungsverhalten. *Diagnostica, 35, 167–179.*

Laessle, R. G., Schweiger, U., Tuschl, R. J. & Pirke, K. M. (1991). Psychobiologische Aspekte bei Eßstörungen.

In C. Jacobi & Th. Paul (Hrsg.), *Bulimia und Anorexia nervosa. Ursachen und Therapie* (S. 55–68). Berlin: Springer.

Mitchell, J. E. (1992). Subtyping of bulimia nervosa. *International Journal of Eating Disorders, 11, 327–332.*

Pudel, V. & Westenhöfer, J. (1989). *Fragebogen zum Eßverhalten (FEV) – Handanweisung.* Göttingen: Hogrefe.

Spitzer, R. L., Devlin, M., Walsh, B. T., Hasin, D., Wing, R., Marcus, M., Stunkard, A. J. & Wadden, T., Yanovski, S., Agras, W. S., Mitchell, J. & Nonas, C. (1992). Binge eating disorder: A multisite field trial of the diagnostic criteria. *International Journal of Eating Disorder, 11, 191–203.*

Thiel, A. & Paul, T. (1988). Entwicklung einer deutschsprachigen Version des Eating-Disorder-Inventory (EDI). *Zeitschrift für Differentielle und Diagnostische Psychologie, 9, 267–278.*

Tuschen, B. & Florin, I. (in Druck). *Teufelskreis Bulimie. Ein Manual zur psychologischen Therapie.* Münster: Verlag für Psychotherapie.

van Strien, T., Frijters, J. E., Bergers, G. P. & Defares, P. B. (1986). The Dutch Eating Behavior Questionnaire (DEBQ) for assessment of restrained, emotional, and external eating behavior. *International Journal of Eating Disorders, 5, 295–315.*

Waadt, S., Laessle, R. G. & Pirke, K. M. (1992). *Bulimie. Ursachen und Therapie.* Berlin: Springer-Verlag.

Walsh, B. T. (1992). Diagnostic criteria for eating disorders in DSM-IV: Work in progress. *International Journal of Eating Disorders, 11, 301–303.*

Yanovski, S. Z., Nelson, J. E. & Dubbert, B. K. (in press). Binge eating disorder is associated with psychiatric comorbidity in the obese. *American Journal of Psychiatry.*

33.2 Eßstörungen: Ätiologie/Bedingungsanalyse

Irmela Florin und Brunna Tuschen-Caffier

Inhaltsverzeichnis

1. Einleitung: Epidemiologische Befunde

Eßstörungen treten bevorzugt in industrialisierten Ländern auf, und die Anorexia Nervosa und die Bulimia Nervosa sind dort in den höheren sozioökonomischen Schichten häufiger anzutreffen als in den niedrigeren (Mitchell, Hatsukami, Eckert & Pyle, 1985). Außerdem treten Anorexia und Bulimia Nervosa bevorzugt bei Frauen auf. Bei der Anorexia Nervosa sind weniger als 10 Prozent, bei der Bulimia Nervosa maximal 15 Prozent der Betroffenen Männer (Leon, Carroll, Chernyk & Finn, 1985). Erste Erhebungen zur «Binge-Eating»-Störung lassen vermuten, daß diese Störung bei Frauen etwa eineinhalbmal so häufig auftritt wie bei Männern (Spitzer, Devlin, Walsh, Hasin et al., 1992).

Da es sich bei den an einer Eßstörung erkrankten Personen überwiegend um Frauen handelt, wird in diesem Beitrag ausschließlich von Patientinnen die Rede sein. Inwiefern die Befunde auch auf Männer zutreffen, ist beim derzeitigen Forschungsstand nicht beantwortbar, da die Forschung überwiegend an Frauen durchgeführt wurde.

Die Prävalenzschätzungen liegen bei jugendlichen Mädchen und jungen Frauen in den industrialisierten Ländern für die Anorexia Nervosa meist zwischen 0,4 und 1 Prozent (z.B. Bruce & Agras, 1995) und für die Bulimie/Bulimia Nervosa (je nach den erfaßten Altersstufen, der sozialen Schicht, den verwendeten Diagnosekriterien und der Art der Befragung) zwischen 0,9 und 4 Prozent (z.B. Westenhöfer, 1991; American Psychiatric Association, 1994; Bruce & Agras, 1995). Sowohl Anorexia Nervosa als auch Bulimia Nervosa haben in der letzten Zeit offenbar leicht zugenommen (Hoek, 1993). Zur «Binge-Eating»-Störung liegen erst wenige epidemiologische Untersuchungen vor. In Norwegen fand man in der weiblichen Allgemeinbevölkerung eine Lebenszeitprävalenz von 3,2 Prozent (Götestam & Agras, 1995), in Kalifornien eine Punkt-Prävalenz von 1,8 Prozent (Bruce & Agras, 1992).

Interessanterweise paßt sich bei Einwanderern aus Ländern, in denen Eßstörungen selten sind, die Auftretenshäufigkeit derjenigen des Einwanderungslandes an. Dies spricht dafür, daß soziokulturelle und/oder behaviorale Faktoren bei der Ausbildung von Eßstörungen eine bedeutsame Rolle spielen.

Die Eßstörungen nehmen in aller Regel im Jugend- oder jungen Erwachsenenalter ihren Anfang, nur selten treten sie schon vor der Pubertät auf. Bei der Anorexia Nervosa liegt der Beginn durchschnittlich bei 17 Jahren mit Verteilungsgipfeln bei 14 und 18 Jahren (American Psychiatric Association, 1994). Die Bulimia Nervosa tritt im allgemeinen einige Jahre später auf, im Durchschnitt sind die Betroffenen bei Krankheitsbeginn 22 Jahre alt. Auch die «Binge-Eating»-Störung beginnt meist in der späten Adoleszenz oder im frühen Erwachsenenalter.

2. Genetische Prädisposition

Es ist möglich, daß eine genetische Prädisposition die Anfälligkeit für Anorexia und Bulimia Nervosa erhöht. So haben z. B. Schwestern bzw. weibliche Angehörige ersten Grades von Patientinnen mit Anorexia Nervosa ein größeres Risiko ebenfalls an einer Eßstörung zu erkranken. (Strober, Morrell, Burroughs, Salkin & Jacobs, 1990). Zudem fand man bei eineiigen Zwillingen (die genetisch identisch sind) im Fall der Anorexie Konkordanzraten von 56 bis 68 Prozent, bei zweieiigen Zwillingen (die sich genetisch nicht ähnlicher sind als andere Geschwister) betrugen die Konkordanzraten dagegen nur 7 bis 8 Prozent (Holland, Sicotte & Treasure, 1988).

Bei Patientinnen mit Bulimia Nervosa sind die Ergebnisse weit weniger einheitlich. In einigen Studien ergaben sich für monozygote Zwillinge Konkordanzraten von ca. 23 bis 35 Prozent, für dizygote von ca. 9 bis 29 Prozent. Dies spräche für eine sehr viel geringere Beteiligung genetischer Faktoren als bei der Anorexia Nervosa. In einer deutschen Studie fand sich dagegen eine Relation von 88,3 zu 33,3 Prozent (Fichter & Noegel, 1989). Möglicherweise wird das Bild klarer, wenn in künftigen Studien anhand der Kriterien des DSM-IV homogenere Untergruppen gebildet werden können und wenn im Fall der Bulimia Nervosa auch differenzierend berücksichtigt wird, ob eine Anorexia Nervosa in der Vorgeschichte gegeben war.

Bei der Bewertung der Zwillingsstudien ist auch zu bedenken, daß die Differenz der Konkordanzraten für solche monozygoten und dizygoten Zwillinge, die zusammen aufgewachsen sind, nicht nur eine genetische Prädisposition widerspiegelt. Sie kann vielmehr auch davon mitbeeinflußt werden, daß monozygote Zwillinge aufgrund der genetisch bedingten Ähnlichkeit möglicherweise von ihrer Umwelt ähnlicher behandelt werden als dizygote.

Vermutlich prädisponieren genetische Faktoren nicht direkt für eine bestimmte Eßstörung. Sie sind aber verantwortlich für bestimmte körperliche Bedingungen – z. B. Bildung von Körperfett bei Mädchen in der Pubertät, eine füllige Figur oder ein geringer Energieverbrauch –, die unter speziellen soziokulturellen Bedingungen – insbesondere unter dem Druck eines gesellschaftlich propagierten Schlankheitsideals – das Risiko für die Entstehung von Eßstörungen erhöhen. Frauen mit Eßstörungen waren häufig pummelige Kinder. Dasselbe trifft auch auf Mädchen und Frauen zu, die ihren Nahrungskonsum bewußt zügeln, um nicht dick zu werden. Diese sogenannten Restrained Eaters (s. u.) haben einen geringeren Energieverbrauch als Frauen mit nicht-gezügeltem Eßstil. Dies führt dazu, daß sie auch als Erwachsene einen höheren Body Mass Index (BMI = K/L^2; K = Körpergewicht in kg, L = Körpergröße in m) haben als Vergleichspersonen, obwohl sie weniger essen (Pirke & Laessle, 1993).

3. Physiologische und behaviorale Faktoren

Viele Betroffene berichten, daß ihre Eßstörung erstmals nach einer längeren Fastenzeit oder Phase des Diäthaltens auftrat. Zudem zeigte sich in einer Längsschnittstudie, daß das Risiko für eine Eßstörung bei adoleszenten Mädchen, die Diäten durchführten, um ein Vielfaches höher war als bei Mädchen, die nicht Diät hielten (Patton, Johnson-Sabine, Wood, Mann & Wakeling, 1990). Und schließlich ist die Prävalenz von Eßstörungen auch in Berufsgruppen und Sportdisziplinen, bei denen Gewicht und Figur von zentraler Bedeutung sind, erhöht.

Inzwischen gilt es als gesichert, daß das Diäthalten nicht nur in korrelativem Zusammenhang mit den Eßanfällen steht , sondern daß es die Eßanfälle auch mit bedingt (Wardle & Bales, 1988). In der Regel werden bei den Diäten wichtige Nährstoffe ausgespart, insbesondere Kohlenhydrate und Fette, mit der Folge, daß der Körper intensiv nach den entbehrten Nährstoffen verlangt und die Gedanken entsprechend um das Essen kreisen.

Experimentelle Untersuchungen an Frauen mit einem sogenannten gezügelten Eßstil (restrained eating; Herman & Mack, 1975) zeigen, daß unter einer Reihe von Bedingungen die kognitive Kontrolle über das Eßverhalten leicht verlorengeht. Insbesondere nach Vorab-Mahlzeiten oder dem Geruch oder Anblick von Speisen, Streßbelastungen unterschiedlicher Art und unter dem Einfluß negativer aber auch positiver Stimmungen kommt es bei vielen Menschen mit gezügeltem Eßstil zu einer Enthemmung des Eßverhaltens (Herman & Polivy, 1980; Cools, Schotte & McNally, 1992; Heatherton, Herman & Polivy, 1991; Tuschen, Florin & Baucke, 1993): Während Menschen mit nicht-gezügeltem Eßstil (unrestrained eaters) unter diesen Bedingungen eher weniger essen, essen Menschen mit gezügeltem Eßstil eher mehr. Dieses Phänomen der Gegenregulation (counterregulation) wird als experimentelles Analogon zu den Eßanfällen angesehen, die Kernmerkmale der Bulimia Nervosa, der Anorexie («Binge-Eating/Purging»-Typus) und der «Binge-Eating»-Störung sind. Interessant ist, daß die Kontrolle über das Eßverhalten im Fall dieser Störungen unter den gleichen Bedingungen verlorengeht wie bei Menschen mit gezügeltem Eßverhalten.

Schon in den achtziger Jahren wurde beobachtet, daß Menschen z. B. auf den Geruch und Anblick von Essen mit antizipatorischen Reaktionen antworten: Speichelfluß, Insulinanstiege mit anschließendem Abfall des Blutzuckerspiegels, Mobilisierung freier Fettsäuren, vermehrte Magenmotilität etc. bereiten den Organismus auf die Aufnahme der erwarteten Nahrung vor. Es erschien plausibel, daß diese antizipatorischen Reaktionen (auch cephalic phase responses genannt) bei nahrungsdeprivierten Menschen besonders stark ausgeprägt seien, weil sie den Energieverbrauch kompensieren müssen. Es zeigte sich jedoch, daß Patientinnen mit Anorexia Nervosa (Restriktiver Typus), die eine strenge Diät konsequent einhalten und entsprechend stark nahrungsdepriviert sind, entgegen der Erwartung auf Essens-Stimuli mit einer deutlich geringeren Speichelsekretion reagieren

als Frauen mit Bulimia Nervosa, deren Diätverhalten starken Schwankungen unterworfen ist (LeGoff, Leichner & Spigelman, 1988). Das klassische Konditionierungsmodell von Jansen (1995) kann diese Befunde erklären. Nach diesem Modell löst die aufgenommene Nahrung als unkonditionierter Stimulus unkonditionierte Stoffwechselprozesse aus. Wenn auf den Anblick oder Geruch von Speisen oft reichliche Nahrungsaufnahme folgt, können sie zu konditionierten Stimuli werden und ihrerseits die geschilderten physiologischen Reaktionen (cephalic phase responses) auslösen, ohne daß zuvor eine Nahrungsaufnahme erfolgt. Auch beliebige andere externale oder internale Stimuli (allein vor dem Fernseher; Aufregung, depressive Stimmung, Leistungsdruck) können zu konditionierten Reizen für antizipatorische, auf Nahrungsaufnahme ausgerichtete, physiologische Reaktionen werden, wenn ihnen regelmäßig eine Nahrungsaufnahme folgt. Bei Anorektikerinnen (Restriktiver Typus) sind dagegen die Chancen für solche Konditionierungsprozesse gering. Sie setzen sich immer wieder Essensreizen aus, indem sie Kochrezepte studieren, verlockende Speisen für andere zubereiten und sich dabei mit dem Anblick, Geruch und gelegentlich auch Geschmack des Essens konfrontieren, in der Regel jedoch ohne daß eine nennenswerte Nahrungsaufnahme folgt. Die Anorektikerinnen etablieren damit gewissermaßen ein Extinktionsprogramm für ihre antizipatorischen, physiologischen Reaktionen und schaffen damit günstige Voraussetzungen, um ihre Diät weiterhin durchzuhalten. Patientinnen mit Bulimia Nervosa dagegen und Menschen mit einer «Binge-Eating»-Störung wechseln zwischen Diät- oder Fastenphasen und Phasen, in denen sie reichlich essen. Das Überessen geschieht oft abends, wenn sie allein sind und oft auch, wenn sie sich unter Streß fühlen. So können diese externen und internen Bedingungen leicht die Funktion konditionierter Stimuli für die antizipatorischen, physiologischen Reaktionen erlangen. Auch in den Diät- und Fastenphasen ist die Verhaltensstrategie eine andere als bei den Anorektikerinnen: Menschen mit Bulimia Nervosa und einer «Binge-Eating»-Störung sind in diesen Zeiten zwar auch ständig mit dem Gedanken an Essen beschäftigt; die Gedanken kreisen aber eher um die Frage, wie die Konfrontation mit Nahrung vermieden werden kann, oder sie sind auf die Bereitstellung von Essen für einen späteren Eßanfall ausgerichtet.

Auch erste experimentelle Ergebnisse sprechen für die Beteiligung von Konditionierungsprozessen an den Eßanfällen. So wurde z.B. bei Frauen mit Bulimia Nervosa als Reaktion auf verschiedene Stressoren ein Abfall des Blutzuckerspiegels gefunden, und dieser stand wiederum in Zusammenhang mit dem Bedürfnis, sich zu überessen (Both-Ortmann, 1994).

4. Sozialisation

Verschiedentlich wurde beobachtet, daß die Interaktionsmuster in Familien von Patientinnen mit Anorexia Nervosa durch Merkmale wie Rigidität, geringe Konfliktbewältigung, Überfürsorglichkeit o. ä. gekennzeichnet sind (z.B. Minuchin, 1978). Zudem berichteten Mütter von Töchtern mit gestörtem Eßverhalten über eine geringere Familienkohäsion als Mütter von nicht eßgestörten Töchtern (Pike & Rodin, 1991). Der Rückschluß, daß diese Auffälligkeiten für die Entwicklung von Eßstörungen mit verantwortlich seien, ist jedoch problematisch, da es sich ebensogut um Folgen der Eßstörung handeln kann. Allerdings können ungünstige innerfamiliäre Beziehungen, unabhängig davon, ob sie primärer oder sekundärer Art sind, zu einer Quelle starker Belastung werden und dadurch zur Aufrechterhaltung der Störung beitragen.

Bruch (1980) postuliert, in den Familien von eßgestörten Personen seien ungünstige Bedingungen für die Entwicklung von Autonomie und positivem Selbstwertgefühl gegeben. Während es zutrifft, daß Patientinnen mit Eßstörungen oft ein geringes Selbstwertgefühl haben, ist nicht geklärt, welchen Beitrag die innerfamiliären Beziehungen hierzu leisten. Eine erste Prospektivstudie zur Entwicklung von Eßproblemen spricht eher gegen deren hohe ätiologische Relevanz (Attie & Brooks-Gunn, 1986).

Möglicherweise kommt aber speziell dem essenbezogenen Verhalten der Mütter und ihrer Einstellung gegenüber Figur und Gewicht besondere Bedeutung zu. Mütter von Töchtern mit gestörtem Eßverhalten zeigen nämlich oft auch selbst mehr gestörtes Eßverhalten und ha-

ben eine problematischere Einstellung gegenüber der Figur und dem Gewicht ihrer Töchter (Pike & Rodin, 1991). Mögliche Modell-Effekte zeigen sich sogar schon bei den Töchtern gezügelt essender Mütter: Diese Mädchen haben stärkere Angst vor dem Dickwerden als Vergleichskinder, und im Labor treten bei ihnen nach einer Vorab-Mahlzeit bereits die gleichen Enthemmungseffekte auf wie bei Erwachsenen mit einem gezügelten Eßstil (Franzen & Florin, 1995). Damit ist wahrscheinlich, daß sie ein erhöhtes Risiko für die Entwicklung einer Eßstörung haben.

5. Soziokulturelle Aspekte

In den westlichen Industriegesellschaften besteht ein überaus vielfältiges, über die Grenzen des Appetits hinaus verlockendes Angebot an Nahrung. Zudem hat variationsreiches und reichliches Essen bei geselligen Anlässen einen hohen Stellenwert. Gleichzeitig aber wird ein extremes Schlankheitsideal vermittelt, das einen dünnen, flachen Körper favorisiert. Insbesondere auf den Frauen lastet ein starker normativer Druck, diesem Schlankheitsideal zu entsprechen. Sie lernen schon als junge Mädchen weit mehr als die Jungen, daß positive Bewertung und Zuwendung stark von ihrem Aussehen abhängig sind (Striegel-Moore, Silberstein & Rodin, 1986), und ihr Selbstgefühl weist einen deutlichen Zusammenhang mit der Bewertung ihrer Figur auf (Guyot, Fairchild & Hill, 1981). Viele von ihnen sorgen sich schon als Kinder um Gewicht und Aussehen und versuchen, die Nahrungsaufnahme einzuschränken. Das Problem verschärft sich in der Pubertät, wenn sich der Fettanteil des Körpers bei den Mädchen genetisch bedingt vervielfacht; der Anteil derer, die zu Diäten Zuflucht suchen, steigt dementprechend an (z. B. Thelen, Powell, Lawrence & Kuhnert, 1992). Sehr viele Frauen sind auch als junge Erwachsene mit ihrer Figur extrem unzufrieden und halten sich für zu dick. So führen in Deutschland etwa 20 Prozent der Frauen regelmäßig Schlankheitsdiäten durch, ca. 6 Prozent halten aus Sorge um ihre Figur ständig Diät (Westenhöfer, Pudel, Maus & Schlaf, 1987). In manchen Berufen ist der Druck, schlank zu sein, besonders stark ausgeprägt, z.B. bei Fotomodellen, im Schauspielberuf und bei

---

Kasten 1: Eine empirische Studie zum Streben nach Schlankheit und der Entwicklung von Eßstörungssymptomen (Killen et al, 1994)

Fragestellung

In der Studie wurde untersucht, inwiefern psychische Faktoren wie die übermäßige Beschäftigung mit der Figur und dem Gewicht an der Entstehung von Eßstörungssymptomen beteiligt sind.

Methode

• *Stichprobe:* 887 Mädchen wurden untersucht. Alter bei Beginn der Studie: M = 12.4; SD 0.7.

• *Zeitraster:* dreijährige Längsschnittstudie.

• *Untersuchungsverfahren:* Die Probandinnen bearbeiteten zu Beginn der Studie sowie drei Jahre später u. a. eine Reihe von Fragebögen zum Eßverhalten, zu Einstellungen gegenüber der Figur/dem Gewicht, zu persönlichen Kompetenzen und problematischen Verhaltensweisen. Darüber hinaus wurde das Ausmaß der Beschäftigung mit der Figur/dem Gewicht

(weight concerns) mit einer von den Autoren entwickelten Skala erfaßt. Die Fragen bezogen sich darauf, inwiefern sich die Probandinnen Sorgen um ihre Figur machten und Ängste vor Gewichtszunahmen hatten, wie wichtig die Figur/das Gewicht im Leben der Probandinnen war und wie schlank bzw. dick die Probandinnen ihren Körper bzw. ihre Figur wahrnahmen.

Ergebnisse

Diejenigen Probandinnen, die im Verlauf des dreijährigen Erhebungszeitraumes Eßstörungssymtome entwickelten (N = 32), hatten im Unterschied zu der Restpopulation bereits beim ersten Erhebungszeitpunkt auffällige Werte in der *weight concern*-Skala. Die übermäßige Beschäftigung mit der Figur bzw. dem Gewicht scheint demnach eine wichtige Prädiktorvariable in Bezug auf die Entstehung von Eßstörungssymptomen zu sein.

Tänzerinnen und Tänzern. Ähnlich ist auch in manchen Sportarten ein niedriges Körpergewicht essentiell, z. B. bei Marathonläufern. So verwundert es nicht, daß hier das Diäthalten besonders verbreitet ist. In einer neueren prospektiven Studie (Killen et al., 1994) hat sich ferner gezeigt, daß die übermäßige Beschäftigung mit der Figur bzw. dem Gewicht ein wichtiger Faktor bei der Entstehung von Eßstörungen ist (s. **Kasten 1**).

Die übermäßige Beschäftigung mit der Figur, Sorge um Gewicht und Aussehen und das Bemühen um Nahrungsrestriktion sind auch kennzeichnend für Eßstörungen wie die Anorexia Nervosa oder die Bulimia Nervosa. Es wird angenommen, daß es ein Kontinuum gibt von einer akzeptierenden Haltung gegenüber der Figur mit einem an internalen Signalen orientierten Ernährungsverhalten, über eine starke Besorgnis um die Figur mit bewußter Einschränkung der Nahrungsaufnahme, bis hin zu klinischen Eßstörungen (Rodin, Silberstein & Striegel-Moore, 1985; Heatherton & Polivy, 1992).

6. Belastungsfaktoren

Gelegentlich wurde die These vertreten, traumatische sexuelle Erlebnisse, insbesondere im Kindes- oder Jugendalter, erhöhten die Vulnerabilität speziell für Eßstörungen. Eine ätiologische Verbindung erschien plausibel, da Patientinnen mit Eßstörungen häufig Merkmale aufweisen, die sich oft auch bei Opfern sexueller Gewalt finden, z. B. eine ablehnende Einstellung dem eigenen Körper gegenüber, ein durch Schuld und Scham belastetes Selbstgefühl sowie eine ablehnende Haltung gegenüber der Sexualität. Die Spezifitätshypothese wurde jedoch in methodisch sorgfältig durchgeführten Untersuchungen nicht bestätigt (Welch & Fairburn, 1994). Einige Untersuchungen legen nahe, daß sich Frauen mit Eßstörungen bezüglich der Häufigkeit sexueller Traumata vor Krankheitsbeginn nicht von Frauen ohne Eßstörungen unterscheiden (Pope, Mangweth, Negrao & Hudson, 1994). In anderen Untersuchungen fanden sich zwar bedeutsame Unterschiede zwischen Patientinnen mit psychischen

Störungen (DSM-III-R, Achse I) und gesunden Kontrollpersonen, nicht aber zwischen Frauen mit Eßstörungen und solchen mit anderen psychischen Störungen der Achse I (Welch & Fairburn, 1994). Letztgenannte Befunde sprechen dafür, daß sexuelle Traumata das Risiko für die Entwicklung psychischer Störungen generell erhöhen und damit auch zur Entwicklung von Eßstörungen beitragen können, daß sie aber keinen spezifischen Risikofaktor für Eßstörungen darstellen. In Übereinstimmung mit dieser Sichtweise ist auch die Wahrscheinlichkeit früherer sexueller Traumata bei eßgestörten Patientinnen mit mehreren zusätzlichen Störungen der Achse I (Roty, Yager & Rossotto, 1994) oder mit komorbider Persönlichkeitsstörung (McClelland, Mynors-Wallis Fahy & Treasure, 1991) höher als wenn eine entsprechende Komorbidität nicht vorliegt.

7. Schlußbemerkungen

Die Ergebnisse der Forschung sprechen dafür, daß an der Ätiologie von Eßstörungen genetische Faktoren beteiligt sein können, daß aber dem gesellschaftlichen Normendruck in Richtung Schlankheit und biobehavioralen Faktoren, z.B. Fasten oder Durchführung von Reduktionsdiäten mit der Folge einer Mangelernährung, eine besonders große Bedeutung zukommt. Um der Entstehung von Eßstörungen entgegenzuwirken, sind daher Präventionsprogramme angezeigt, durch die Jugendliche über die Folgen von Restriktionsdiäten aufgeklärt und zu gesundheitsförderlicher Ernährung angeleitet werden. Ferner erscheint es sinnvoll, bereits Kinder und Jugendliche darin zu bestärken, daß sie sich weniger von normativen Vorstellungen bezüglich der körperlichen Attraktivität beeinflussen lassen und ihren Wert als Person weniger stark von ihrem Körpergewicht und ihrer Figur abhängig machen.

8. Literatur

American Psychiatric Association (1994). *Diagnostic and statistical manual of mental disorders. Fourth Edition.* Washington, D. C.: American Psychiatric Association.

Andersen, A.E. & Hay, A. (1985). Racial and socioeconomic influences in anorexia and bulimia. *International Journal of Eating Disorders, 4,* 479–488.

Both-Ortmann, B. (1994). *Psychoendokrinologische Auslöser von Eßanfällen bei Bulimia nervosa.* Dissertation, Marburg: Philipps-Universität, Fachbereich Psychologie.

Bruce, B. & Agras, S. (1992). Binge eating in females: A population-based investigation. *International Journal of Eating Disorders, 12,* 365–373.

Bruch, H. (1980). *Der goldene Käfig: Das Rätsel der Magersucht.* Frankfurt: Fischer.

Cools, J., Schotte, D.E. & McNally, R.J. (1992). Emotional arousal and overeating in restrained eaters. *Journal of Abnormal Psychology, 101,* 348–351.

Fichter, M.M. & Noegel, R. (1990). Concordance for bulimia nervosa twins. *International Journal of Eating Disorders, 9,* 255–263.

Franzen, S. & Florin I. (1995). Familiale Transmission von gezügeltem Eßverhalten. *Zeitschrift für Klinische Psychologie, 24,* 65–69.

Goldbloom, D.S. & Garfinkel, P.E. (1990). The serotonin hypothesis of bulimia nervosa: Theory and evidence. *Canadian Journal of Psychiatry, 35,* 741–744.

Götestam, K.G. & Agras, S. (1995). A general population based epidemiological study of eating disorders in Norway. *International Journal of Eating Disorders, 18,* 119–126.

Guyot, G.W., Fairchild, L. & Hill, M. (1981). Physical fitness, sport participation, body build, and self-concept of elementary school children. *International Journal of Sport Psychology, 12,* 105–116.

Heatherton, T.F., Herman, C.P. & Polivy, J. (1991). Effects of physical threat and ego threat on eating behavior. *Journal of Personality and Social Psychology, 60,* 138–143.

Heatherton, T.F. & Polivy, J. (1992). Chronic dieting and eating disorders: A spiral model. In J.H. Crowther, D.L. Tennenbaum, S.E. Hobfoll & M.A.P Stephens (Eds.), *The etiology of bulimia nervosa. The individual and familial context* (pp. 133–155). Washington DC: Hemisphere Publishing Corporation.

Herman, C.P. & Mack, D. (1975). Restrained and unrestrained eating. *Journal of Personality, 43,* 647–660.

Herman, C.P. & Polivy, J. (1980). Restrained eating. In A.J. Stunkard (Ed.), *Obesity* (pp. 208–225). Philadelphia: Saunders.

Herman, C.P. & Polivy, J. (1988). Restraint and excess in dieters and bulimics. In K.M. Pirke, W. Vandereycken & D. Plog (Eds.), *The psychobiology of bulimia nervosa* (pp. 33–41). Heidelberg: Springer.

Hoek, H.W. (1993). Review of the epidemiological studies of eating disorders. *International Review of Psychiatry, 5,* 61–74.

Holland, A.J., Sicotte, N. & Treasure, J. (1988). Anorexia nervosa: Evidence for a genetic basis. *Journal of Psychosomatic Research, 32,* 561–571.

Hsu, L.K., Chesler, B.E. & Santhouse, R. (1990). Bulimia nervosa in eleven sets of twins: A clinical report. *International Journal of Eating Disorders, 9,* 275–282.

Jansen, A. (1994). The learned nature of binge eating. In C.R. Legg & D.A. Booth (Eds.), *Appetite. Neural bases and behavioural bases* (pp. 193–211). Oxford Science Publications, European Brain and Behaviour Society Series. Oxford: Oxford University Press.

Killen, J.D., Taylor, C.B., Hayward, C., Wilson, D.M., Haydel, K.F., Hammer, L., Simmonds, B., Robinson, T.N., Litt, I., Varady, A. & Kraemer, H. (1994). Pursuit of thinness and onset of eating disorder symptoms in a community sample of adolescent girls: A three-year prospective analysis. *International Journal of Eating Disorders, 16,* 227–238.

Leon, G.R., Carroll, K., Chernyk, B. & Finn, S. (1985). Binge eating and associated habit patterns within college student and identified bulimic populations. *International Journal of Eating Disorders, 4,* 43–57.

McClelland. L., Mynors-Wallis, L. Fahy, T. & Treasure, J. (1991). Sexual abuse, disordered personality and eating disorders. *British Journal of Psychiatry, 158 (Suppl. 10),* 63–68.

Minuchin, S., Rosman, B. & Baker, L. (1978). *Psychosomatic families: Anorexia nervosa in context.* Cambridge, MA.: Harvard University Press.

Mitchell, J.E., Hatsukami, D., Eckert, R.D. & Pyle, R.E. (1985). Characteristics of 275 patients with bulimia. *American Journal of Psychiatry, 142,* 482–485.

Mitchell, J.E. & Eckert, E.D. (1987). Scope and significance of eating disorders. *Journal of Consulting and Clinical Psychology, 55,* 628–634.

Patton, G., Johnson-Sabine, E., Wood, K., Mann, A. & Wakeling, A. (1990). Abnormal eating attitudes in London school girls – a prospective epidemiological study; outcome at twelve month follow-up. *Psychological Medicine, 20,* 383–394.

Pike, K.M. & Rodin, J. (1991). Mothers, daughters, and disordered eating. *Journal of Abnormal Psychology, 100,* 198–204.

Pirke, K.M. & Laessle, R.G. (1993). Restrained eating. In A.J. Stunkard und T.A. Wadden (Eds.), *Obesity: Theory and Therapy* (Second Edition, pp. 151–162). New York: Raven.

Pope, H.G., Mangweth, B., Negrao, A.B., Hudson J.L., et al. (1994). Childhood sexual abuse and bulimia nervosa: A comparison of American, Austrian, and Brazilian women. *American Journal of Psychiatry, 151,* 732–737.

Rodin, J., Silberstein, L. & Striegel-Moore, R. (1985). Women and weight: A normative discontent. In T.B. Sonderegger (Ed.), *Nebraska symposium on motivation. Vol. 32: Psychology and gender* (pp. 267–307). Lincoln: University of Nebraska Press.

Roty, M., Yager, J. & Rossotto, E. (1994). Childhood sexual, physical and psychological abuse and their relationship to comorbid psychopathology in bulimia nervosa. *International Journal of Eating Disorders, 16,* 317–334.

Spitzer, R.L., Devlin, M., Walsh, B.T., Hasin, D., Wing, R., Marcus, M., Stunkard, A.J., Wadden, T., Yanovski, S., Agras, W.S., Mitchell, J. & Nonas, C. (1992). Binge eating disorder: A multisite field trial of the diagnostic criteria. *International Journal of Eating Disorders, 11,* 191–203.

Stein, D.M. & Brinza, S.R. (1989). Bulimia: Prevalence estimates in female junior high and high school students. *Journal of Clinical Child Psychology, 18,* 206–213.

Striegel-Moore, R.H., Silberstein, L.R. & Rodin, J. (1986). Toward an understanding of risk factors for bulimia. *American Psychologist, 41,* 246–263.

Strober, M., Lampert, C., Morrell, W., Burroughs, J., Salkin, B. & Jacobs, C. (1985). A controlled family study of anorexia nervosa. *Journal of Psychiatric Research, 19,* 239–246.

Strober M., Lampert, C., Morrell, W., Burroughs, J. & Jacobs, C. (1990). A controlled family study of anorexia nervosa. Evidence of familial aggregation and lack of shared transmission with affective disorders. *International Journal of Eating Disorders, 9,* 239–253.

Thelen, M., Powell, A., Lawrence, C. & Kuhnert, M. (1992). Eating and body image concerns among children. *Journal of Clinical Psychology, 21,* 41–46.

Tuschen, B., Florin, I. & Baucke, R. (1993). Beeinflußt die Stimmung den Appetit? *Zeitschrift für Klinische Psychologie, 3,* 315–321.

Wardle, J. & Bales, S. (1988). Control and loss of control over eating. An experimental investigation. *Journal of Abnormal Psychology, 97,* 35–40.

Welch, S.L. & Fairburn, C.G. (1994). Sexual abuse and bulimia nervosa: Three integrated case control comparisons. *American Journal of Psychiatry, 151,* 402–407.

Westenhöfer, J. (1991). *Gezügeltes Essen und Störbarkeit des Eßverhaltens.* Göttingen: Hogrefe.

33.3 Eßstörungen: Intervention

Brunna Tuschen-Caffier und Irmela Florin

Inhaltsverzeichnis

1. Einleitung

Für die Psychotherapie von Eßstörungen werden insbesondere drei Behandlungsbausteine eingesetzt, die an den für die Störungen charakteristischen Auffälligkeiten ansetzen: Ernährungsumstellung, Veränderung von Körperschemastörungen und negativen Gefühlen gegenüber der Figur; Veränderung des funktionalen Zusammenhangs zwischen Belastungen und Eßverhalten (z.B. Beumont & Touyz, 1995; Fairburn, Marcus & Wilson, 1993; Laessle, Beumont, Butow et al., 1991; Rosen, 1995; Tuschen & Bents, 1995; Tuschen & Florin, in Druck). Bei den meisten Therapieprogrammen werden zudem kognitive Strategien eingesetzt, um die Patientinnen anzuregen, ihre Sichtweisen und Überzeugungen zu überprüfen und ggf. zu neuen Denkweisen und Gefühlsmustern zu gelangen, die der Realität angemessen und für das Wohlbefinden förderlich sind.

Neben den symptomorientierten, kognitiv-behavioralen Therapieansätzen, wird bei der Bulimia Nervosa und bei der «Binge-Eating»-Störung auch die interpersonelle Therapie erfolgversprechend eingesetzt. Dieser therapeutische Ansatz konzentriert sich auf die Veränderung aktueller, interpersoneller Probleme und Konflikte und damit auf die Verbesserung der Beziehungsfähigkeit (Fairburn 1993; Fairburn, Jones, Peveler et al., 1991, 1993; Fairburn, Norman, Welch et al., 1995).

Darüber hinaus werden Eßstörungen auch pharmakologisch zu beeinflussen versucht. Dabei werden insbesondere Antidepressiva eingesetzt.

2. Kognitive-behaviorale Behandlungskonzepte

2.1 Ernährungsumstellung

Um der Mangelernährung und den damit einhergehenden psychobiologischen Folgeerschei-

Da es sich bei den an Eßstörungen erkrankten Personen überwiegend um Mädchen bzw. Frauen handelt, wird in diesem Beitrag ausschließlich von Patientinnen gesprochen. Inwiefern die Befunde auch auf männliche Patienten übertragbar sind, ist aufgrund der überwiegend an Frauen durchgeführten Forschungsstudien derzeit nicht einschätzbar.

nungen (z. B. Heißhungergefühle; depressive Verstimmungen; ständige gedankliche Beschäftigung mit Essen) entgegenzuwirken, werden eßgestörte Patientinnen angeleitet, täglich drei Hauptmahlzeiten und zwei kleinere Zwischenmahlzeiten zu sich zu nehmen. Entsprechend den Empfehlungen der Deutschen Gesellschaft für Ernährung sollten sich die täglich aufgenommenen Nährstoffe zu mehr als 50 Prozent aus Kohlenhydraten, zu 25 bis 30 Prozent aus Fett und zu 9 bis 12 Prozent aus Einweiß zusammensetzen (Deutsche Gesellschaft für Ernährung [DGE], 1995). Die täglich benötigte Kalorienaufnahme liegt nach den DGE-Richtlinien bei Mädchen/Frauen im Alter von 15 bis 19 Jahren, die überwiegend leichte bzw. sitzende Tätigkeiten ausführen, bei ca. 2400 Kilokalorien (kcal) pro Tag. Bei Frauen im Alter von 19 bis 25 Jahren senkt sich der tägliche Bedarf auf ca. 2200 kcal und bei Frauen im Alter von 25 bis 51 Jahren auf ca. 2000 kcal pro Tag.

Bei der Anorexia Nervosa stellt zu Beginn der Therapie zudem die Gewichtssteigerung ein zentrales Ziel der Ernährungsumstellung dar. In der Regel wird mit einer Kalorienaufnahme von 1500 Kilokalorien pro Tag begonnen. Nach einer kurzen Gewöhnungsphase wird die tägliche Kalorienzufuhr bei Bedarf auf bis zu 3500 Kilokalorien heraufgesetzt (Beumont & Touyz, 1995). Um die Gewichtssteigerungen von ca. 1 bis 1,5 Kilogramm in der Woche zu begünstigen, kann die reguläre Ernährung übergangsweise durch hochkalorische Nahrungsmittel ergänzt werden, die die Patientinnen zwischen den Mahlzeiten zu sich nehmen (z. B. kalorienreiche Getränke; Energieriegel). Um die Selbstverantwortung und Selbstkontrolle beim Aufbau eines gesunden Eßstils zu fördern, wird in neuerer Zeit auch überwiegend darauf verzichtet, Anorektikerinnen künstlich zu ernähren. Wenn allerdings akute Lebensgefahr aufgrund des Untergewichtes besteht, kann eine künstliche Ernährung indiziert sein, die in einem stationärem Behandlungssetting unter medizinischer Betreuung erfolgt.

Neben der Ernährung hat das Aktivitätsniveau der Patientinnen entscheidenden Einfluß darauf, inwiefern die beabsichtigten Gewichtssteigerungen erreicht werden. Die Patientinnen werden daher angeregt, exzessives Sporttreiben zu vermeiden sowie bei alltäglichen Erledigungen ihr Aktivitätsniveau zu senken (z. B. mit

dem Aufzug fahren anstelle von Treppensteigen). In schweren Fällen müssen die Patientinnen Bettruhe einhalten. Um die Compliance der Patientinnen zu erhöhen sind spezielle Strategien der Gesprächsführung empfehlenswert (Fiegenbaum & Tuschen, 1996; Tuschen & Fiegenbaum, 1996).

Im Unterschied zu Bulimikerinnen, die überwiegend ambulant behandelt werden können, ist bei vielen Anorektikerinnen zunächst eine stationäre Behandlung erforderlich, bevor sie von einer ambulanten Therapie profitieren können. Nach Einschätzung von Experten ist ein stationärer Aufenthalt dann erforderlich, wenn die Patientinnen ein sehr niedriges Körpergewicht haben (Body Mass Index <13), wenn schwere körperliche Komplikationen auftreten (z. B. Anämie, Ödeme, Kachexie) und wenn akute Suizidgefahr besteht (Fairburn, Marcus & Wilson, 1993; Fichter, 1995). Darüber hinaus kann eine stationäre Therapie dann erforderlich werden, wenn die Patientinnen im Rahmen einer ambulanten Therapie nicht an Gewicht zunehmen. Generell sollten für Anorektikerinnen stationäre und ambulante Behandlungssettings aufeinander abgestimmt werden, da Anorektikerinnen nach Einschätzung von Experten auch nach Abschluß einer stationären Therapie häufig eine weitere therapeutische Betreuung benötigen (z. B. Fichter, 1995).

Patientinnen mit einer «Binge-Eating»-Störung werden den bisherigen klinischen Erfahrungen zufolge überwiegend ambulant behandelt. Es ergeben sich Hinweise darauf, daß diese Patientinnen einen «chaotischen» Eßstil (z. B. ständig etwas essen, unregelmäßige Mahlzeiten) aufweisen und häufig zu Übergewicht neigen (Agras, 1995; Yanovski & Sebring, 1994). Die psychologischen Interventionen zur Ernährungsumstellung zielen daher bei diesen Patientinnen darauf ab, ein geregeltes Eßverhalten zu lernen und einer übermäßigen Kalorienaufnahme entgegenzuwirken (Agras, 1995).

Eßgestörte Patientinnen werden im Rahmen des Therapiebausteins zur Ernährungsumstellung auch angeleitet, einen Eßstil zu lernen, den sie langfristig beibehalten können, ohne sich psychisch oder biologisch depriviert zu fühlen und ohne phobische Ängste gegenüber bestimmten Nahrungsmitteln zu erleben, denn diese können ein Risikofaktor für Rückfälle sein.

In den Ernährungsplan werden daher von Beginn der Therapie an sogenannte verbotene Nahrungsmittel aufgenommen, die die Patientinnen in moderaten Mengen essen lernen. Dies sind in der Regel Nahrungsmittel mit hohem Kaloriengehalt (z. B. Schokolade; Kuchen). Die Exposition mit den entsprechenden Lebensmitteln führt dazu, daß die Patientinnen allmählich ihre Ängste davor überwinden, und daß sie neue Überzeugungen bezüglich der Wahrscheinlichkeit und Bedeutung von Gewichtsschwankungen gewinnen.

2.2 Therapie von Körperschemastörungen

Zur Veränderung der negativen emotionalen Reaktionen gegenüber dem Körper sowie zur Erweiterung der Beurteilungskriterien gegenüber der äußeren Erscheinung und Attraktivität sind Expositionsübungen anhand von Videoaufnahmen oder Spiegeln sowie Bewegungsübungen sinnvoll, die den Patientinnen erlauben, sich systematisch mit ihrer körperlichen Erscheinung und ihrem Körpererleben auseinanderzusetzen (z. B. Meermann, 1991; Paul & Jacobi, 1991; Tuschen & Bents, 1995; Tuschen & Florin, in Druck; Vandereycken, 1989). So werden Bulimikerinnen bei der Figurexposition systematisch angeleitet, ihre äußere Erscheinung differenzierter als nach dick-dünn-Maßstäben wahrzunehmen (Tuschen & Florin, in Druck; s. **Tab. 1**).

Im Verlauf der Übungen gewöhnen sich die Patientinnen allmählich an den Anblick ihres Körpers, sie lernen ihre Bewertungskriterien hinsichtlich ihrer körperlichen Attraktivität zu erweitern sowie negative Merkmale ihrer äußeren Erscheinung zu akzeptieren, ohne sie in ihrer Gesamtbedeutung allzu sehr zu akzentuieren.

2.3 Therapie von Belastungsreaktionen

Viele eßgestörte Patientinnen zeigen dann ein gestörtes Eßverhalten, wenn sie streßvollen und belastenden Situationen ausgesetzt sind. So hat sich in experimentellen Studien gezeigt, daß Bulimikerinnen auf mentale Stressoren, bei denen es um interpersonelle Inhalte ging, mit einem deutlichen Anstieg ihres Eßbedürfnisses reagierten (Cattanach, Malley & Rodin, 1988; Tuschen, Vögele, Kuhnhardt & Cleve-Prinz, 1995). Klinische Beobachtungen legen ferner nahe, daß eßgestörte Patientinnen auf zahlreiche andere Belastungssituationen (z. B. Alleinsein; Langeweile; Leistungsstreß) mit Eßanfällen reagieren.

Die Art der therapeutischen Interventionen, die zur Veränderung des funktionalen Zusammenhangs zwischen Belastungen und Eßverhalten sinnvoll sind, hängt maßgeblich davon ab, ob die Patientinnen Fertigkeitsdefizite haben (z. B. Defizite in Problemlöse- und Streßbewältigungsstrategien), oder ob sie übermäßig

Tabelle 1: Vorgehen bei der Figurexposition (nach Tuschen & Florin, in Druck)

- Zeitlich ausgedehnte Konfrontation mit der Figur bzw. der äußeren Erscheinung anhand von Videoaufnahmen und Spiegeln, die eine Ganzkörperbetrachtung erlauben.

- Durchführung der Übungen zu unterschiedlichen Tageszeiten (z. B. vor und nach einer Mahlzeit) und in unterschiedlichen Stimmungslagen.

- Die Patientinnen werden angeregt, bei den Übungen unterschiedliche Kleidung zu tragen (elegante, körperbetonte, sportliche Kleidung; Gymnastik-Anzug).

- Es werden Strategien der Gesprächsführung eingesetzt, die den Patientinnen helfen, ihre körperliche Erscheinung genau zu beschreiben sowie Gedanken und Gefühle zu verbalisieren, die sie beim Anblick ihres Körpers erleben.

- Die Therapeutin/der Therapeut achtet darauf, daß sich die Patientinnen nicht durch Vermeidungsstrategien ablenken (z. B. den Blick abwenden, über andere Themen reden).

- Die Übungen werden erst dann beendet, wenn die negativen Gefühle deutlich zurückgegangen sind.

starke emotionale Reaktionen auf Belastungen zeigen bzw. eine zu geringe Toleranzschwelle gegenüber aversiven Situationen und Gefühlslagen haben. Wenn Fertigkeitsdefizite im Hinblick auf Problemlöse- oder Streßbewältigungsstrategien vorliegen, ist ein Training zur Verbesserung der Kompetenzen im Umgang mit Problemen bzw. zur Bewältigung von Streßsituationen sinnvoll (z.B. Fairburn, Marcus & Wilson, 1993; Waadt, Laessle & Pirke, 1992).

• *Problemlösetraining.* Beim Problemlösetraining beschreiben und definieren die Patientinnen zunächst, was sie als Problem erleben. Anschließend benennen sie möglichst unzensiert alle potentiellen Lösungsmöglichkeiten, die ihnen einfallen und beurteilen jede der Lösungsalternativen im Hinblick auf deren Effizienz zur Bewältigung des Problems. In den nächsten Phasen des Problemlösetrainings werden die Patientinnen angeregt, eine Lösungsmöglichkeit (oder auch eine Kombination von Lösungsalternativen) auszuwählen und schließlich zu erproben. Nach der Erprobungsphase bewerten die Patientinnen die Lösungsalternative(n) dahingehend, wie erfolgreich sie die Lösungsstrategie umsetzen konnten und inwiefern sie damit ihr Problem erfolgreich lösen konnten. Wenn das Ergebnis unbefriedigend ausfällt, suchen die Therapeutin/der Therapeut gemeinsam mit den Patientinnen nach einer plausiblen Erklärung für das ungünstige Problemlöseergeb-nis. Anschließend folgt entweder eine erneute Erprobungsphase mit der bereits eingesetzten Lösungsalternative, oder es wird eine andere Lösungsmöglichkeit ausgewählt und erprobt.

• *Streßbewältigungstraining.* Beim Streßbewältigungstraining werden die Patientinnen zunächst angeleitet, die Belastungsbedingungen und ihre Belastungsreaktionen zu beobachten, die mit dem problematischen Eßverhalten im Zusammenhang stehen. Anschließend werden geeignete Streßbewältigungsstrategien erarbeitet und eingeübt. Für die Behandlung der Bulimia Nervosa haben Waadt, Laessle und Pirke (1992) auf der Basis von Behandlungsprogrammen, die sich bereits bei unterschiedlichen psychischen Störungen bewährt haben (z.B. D'Zurilla, 1986; Feldhege & Krauthan, 1978; Meichenbaum, 1985), ein Streßmanagement-Programm entwickelt und erprobt. In Anlehnung an das Verhaltensanalyse-Schema von Kanfer und Saslow (1965) wird den Patientinnen zunächst das SORK-Schema vermittelt, anhand dessen die Patientinnen die Belastungen, die den Eßanfällen vorausgehen, sowie die Bedingungen, die den Eßanfällen folgen, erkennen und protokollieren sollen. Auf der Basis dieser Verhaltensanalysen werden geeignete Streßbewältigungsstrategien erarbeitet und erprobt. Dabei lernen die Patientinnen sowohl kurzfristig wirkende Strategien (z.B. Entspannungstechniken; Selbstermutigung; innere und äußere Ablenkung; Gedankenstopp), als auch Strategien, die langfristig zur Streßreduktion beitragen sollen (z.B. Einstellungsänderungen; Gesprächsfertigkeiten und Selbstsicherheit; systematisches Planen und Problemlösen).

• *Expositionstherapie.* Wenn die Patientinnen übermäßig starke emotionale Reaktionen auf Belastungen zeigen oder eine zu geringe Toleranzschwelle gegenüber aversiven Situationen und Gefühlslagen haben, ist eine Expositionstherapie erfolgversprechend, während derer sie den aversiven Situationen und Gefühlslagen ausgesetzt werden, ohne daß sie ihr problematisches Eßverhalten zeigen können (zur Vertiefung vgl. Tuschen & Florin, in Druck). So werden Bulimikerinnen oder Patientinnen mit einer «Binge-Eating»-Störung anhand verschiedener therapeutischer Techniken (z.B. Video- oder Audioplayback; spezielle Strategien der Gesprächsführung) in genau die Situationen und Gefühlslagen hineingeführt (z.B. negative Erinnerungen an eine gescheiterte Beziehung; nicht erreichte Lebensziele), die gewöhnlich bei ihnen zu Eßanfällen führen. Gleichzeitig werden sie mit all den Lebensmitteln konfrontiert, die sie üblicherweise während eines Eßanfalls zu sich nehmen. Sie werden immer wieder aufgefordert, die Nahrungsmittel genau zu beschreiben, daran zu riechen, den Geruch zu benennen sowie kleine Bissen zu essen, um den Geschmack der Nahrungsmittel identifizieren zu können. Im Verlauf der zeitlich ausgedehnten Expositionsübungen klingt die anfangs oft starke emotionale Erregung allmählich ab, und es werden vermutlich die antizipierten, physiologischen Heißhungerreaktionen gelöscht (cephalic phase responses; vgl. Kap. 33.2), so daß das Bedürfnis zu essen allmählich zurückgeht.

• *Kognitive Interventionen.* Die meisten verhaltensorientierten Behandlungsprogramme werden durch spezielle kognitive Strategien ergänzt, anhand derer die Patientinnen zu neuen Denk- bzw. Interpretationsmustern angeregt werden. So orientieren sich Fairburn, Marcus und Wilson (1993) bei der Veränderung dysfunktionaler Kognitionen von eßgestörten Patientinnen an dem von Beck und Mitarbeitern (z. B. Beck & Emery, 1981; Beck, Rush, Shaw & Emery, 1981) entwickelten Vorgehen der kognitiven Umstrukturierung (s. **Tab. 2**).

Die kognitiven Interventionen im Rahmen des Behandlungskonzepts von Tuschen und Florin (in Druck) basieren überwiegend auf systemimmanenten Strategien der Gesprächsführung (Fiegenbaum & Tuschen, 1996; Tuschen & Fiegenbaum, 1996). Die Therapeutin/der Therapeut versetzt sich in die Denk- und Gefühlswelt der Patientinnen und nimmt zentrale Befürchtungen, Werte, Gefühlsreaktionen, Konflikte etc. der Patientinnen vorweg (z. B. «Ich kann mir gut vorstellen, daß Sie jetzt starke Ängste haben, an Gewicht zuzunehmen, wenn Sie den Teller leer essen. Am liebsten würden Sie wahrscheinlich mit dem Essen aufhören»). Gleichzeitig läßt die Therapeutin/der Therapeut mehr oder weniger beiläufig wissenschaftlich fundierte Informationen einfließen (z. B. über psychobiologische Folgeprobleme eines kalorienreduzierten Eßstils), ohne die Patientinnen jedoch zu einer Entscheidung zu drängen. Die Aufgabe der Therapeutin/des Therapeuten wird demnach darin gesehen, den Patientinnen zu helfen, sich der jeweiligen Vor- und Nachteile ihrer Zielvorstellungen bzw. Verhaltensweisen

bewußt zu werden und sich unter Abwägung aller Aspekte (z. B. Gefahren für die Gesundheit versus Gefährdungen hinsichtlich zentraler Attraktivitätsvorstellungen) selbstbestimmt und selbstverantwortlich für die eine oder andere Alternative zu entscheiden.

3. Interpersonelle Therapie

Die interpersonelle Therapie zur Behandlung der Bulimia Nervosa konzentriert sich auf die Veränderung der interpersonellen Belastungen, die zur Aufrechterhaltung der bulimischen Symptomatik beitragen (Fairburn, 1993). Das therapeutische Vorgehen orientiert sich an dem Konzept der interpersonellen Therapie, das zur Behandlung von Depressionen entwickelt wurde (Klerman, Weissman, Rounsaville & Chevron, 1984). Zu Beginn der Therapie werden zentrale interpersonelle Probleme diagnostiziert, die vermutlich mit der Eßstörung im Zusammenhang stehen. Hierfür werden drei diagnostische Zugänge gewählt: eine ausführliche Erfassung lebensgeschichtlicher Bedingungen; die diagnostische Abklärung der Qualität aktueller Beziehungen (z. B. Häufigkeit der Kontakte; Vertrautheit; Zufriedenheit; Reziprozität) und die Identifikation interpersoneller Probleme. Während der Therapie werden die Sichtweisen, Erwartungen und Gefühle der Patientinnen im Hinblick auf die betreffenden Problembereiche detailliert herausgearbeitet. Es werden Ansätze zur Veränderung der Probleme erarbeitet, und die Patientinnen werden angeregt, die Denkanstöße selbständig in ihrem sozialen Umfeld umzusetzen.

Tabelle 2: Vorgehen bei der kognitiven Umstrukturierung

• Im ersten Schritt werden die Patientinnen gebeten, einen dysfunktionalen Gedanken bzw. eine dysfunktionale Überzeugung zu identifizieren und aufzuschreiben (z. B. «Wenn ich ein Kilo zunehme, sehe ich häßlich aus.»).

• Dann werden sie aufgefordert, nach Evidenzen zu suchen, die für die Plausibilität dieses Gedankens sprechen.

• Im nächsten Schritt suchen die Patientinnen nach Argumenten und Evidenzen, die die Plausibiliät der betreffenden dysfunktionalen Überzeugung in Frage stellen.

• Schließlich werden die Patientinnen angeleitet, die Pro- und Contra-Argumente sorgfältig gegeneinander abzuwägen, um zu einer Neueinschätzung zu gelangen, die zukünftig ihr Denken und Verhalten leiten kann.

4. Wirksamkeit der Psychotherapie

Im Unterschied zur Bulimia Nervosa fehlt es bei der Anorexia Nervosa an kontrolliert und methodisch gut durchgeführten Therapiestudien. Als Behandlungsmethoden werden überwiegend psychotherapeutische Methoden – selten medizinisch-internistische oder pharmakotherapeutische Maßnahmen – eingesetzt. Die psychotherapeutischen Behandlungsprogramme setzen sich häufig aus Methoden zusammen, die aus unterschiedlichen theoretischen Richtungen stammen (z. B. psychoanalytische und verhaltenstherapeutische Interventionen). Selten wurden einzelne Therapiemaßnahmen isoliert eingesetzt und evaluiert. Vor dem Hintergrund der bisherigen empirischen Befunde erreicht ca. die Hälfte der Anorektikerinnen, die an einer psychotherapeutischen Behandlung teilgenommen haben, ein normales Körpergewicht, eine weitgehende Normalisierung des Eßverhaltens und des Menstruationszyklus. Legt man die klassische Einteilung von Krankheitsverläufen im Sinne der Heilung, Besserung und Chronifizierung zugrunde, so ist bei ca. der Hälfte der Patientinnen mit einer Heilung, bei etwa 30 Prozent mit einer Besserung und bei ungefähr 20 Prozent mit einer Chronifizierung der Störung zu rechnen (Steinhausen, 1991; Steinhausen, Rauss-Mason & Seidel, 1991).

Bei der Bulimia Nervosa sind vor allem symptomorientierte kognitiv-verhaltenstherapeutische Interventionen systematisch evaluiert worden. Die Behandlungsprogramme beinhalten – mit unterschiedlichen Schwerpunktsetzungen – vor allem die oben beschriebenen Interventionen und führen bei der Bulimia Nervosa zur Normalisierung des Eßstils, zur Veränderung dysfunktionaler Einstellungen gegenüber der Figur und dem Gewicht und zum Aufbau von Coping-Skills, um Eßanfällen bzw. Eß-Brech-Episoden zu widerstehen (Wilson & Fairburn, 1993; Wilson, Fairburn & Agras, in press).

So deuten erste empirische Befunde einer Pilotstudie darauf hin, daß die Expositionstherapie eine erfolgversprechende Strategie sein kann, um den funktionalen Zusammenhang zwischen Belastungsreaktionen und Eßanfällen zu reduzieren (Jansen, Broekmate & Heymanns, 1992).

In einer anderen Studie wurde die Wirksamkeit der Ernährungsmanagement-Therapie im Vergleich zum Streßbewältigungstraining überprüft (Laessle, Beumont, Butow et al., 1991). Es zeigte sich, daß das Ernährungsmanagement zu einem schnelleren Rückgang der Eßanfälle und zu einer höheren Abstinenzrate hinsichtlich der Eßanfälle führte. Das Streßbewältigungstraining hatte dagegen günstigere Effekte im Hinblick auf die Veränderung psychopathologischer Begleitsymptome der Bulimia Nervosa (z. B. Veränderung von Insuffizienzgefühlen, Mißtrauen in interpersonellen Beziehungen, Angst). Demzufolge scheint es sinnvoll zu sein, beide Therapiekomponenten bei der Behandlung der Bulimia Nervosa zu nutzen.

Im Hinblick auf das Ernährungstraining hat sich in einer vergleichenden Therapiestudie ferner gezeigt, daß eine kognitiv-behaviorale Therapie, die sowohl auf das Eßverhalten, als auch auf die Veränderung dysfunktionaler Einstellungen und Gefühle (z. B. gegenüber der Figur bzw. dem Gewicht) gerichtet ist, dem reinen Ernährungstraining überlegen ist. Als weitere Vergleichsgruppe wurde die interpersonelle Therapie berücksichtigt. Unmittelbar nach Therapieende zeigte sich, daß die kognitiv-behaviorale Therapie auch der interpersonellen Therapie überlegen war (s. **Kasten 1**).

Im Verlauf der Katamnesen vier, acht und zwölf Monate sowie fünf Jahre nach Therapieende unterschieden sich allerdings die kognitiv-behaviorale und die interpersonelle Therapie nicht mehr hinsichtlich der Effizienz zur Reduktion der bulimischen Symptome (Fairburn, Jones, Peveler, Hope & O'Connor, 1993; Fairburn, Norman, Welch, O'Connor, Doll & Peveler, 1995).

Die interpersonelle Therapie wurde auch an Patientinnen mit einer «Binge-Eating»-Störung (Wifley, Agras, Telch et al., 1993) überprüft. Es zeigte sich, daß die kognitiv-behaviorale und die interpersonell orientierte Gruppentherapie zu einer vergleichbaren Reduktion der Eßanfälle beitrugen.

In neuerer Zeit wurden auch einige Meta-Analysen durchgeführt, anhand derer sich abschätzen läßt, wie effizient die Bulimia Nervosa behandelt werden kann. So zeigte sich z. B. in

Kasten 1
Ernährungstraining, kognitiv-behaviorale Therapie und interpersonelle Therapie: eine vergleichende Therapiestudie (Fairburn, Jones, Peveler et al., 1991)

Fragestellungen

(1) Sind ausschließlich kognitiv-behaviorale Interventionen bei Bulimia Nervosa wirksam oder sind unspezifische, nicht auf die Symptome bezogene Interventionen ebenfalls wirksam? (2) Ist das vollständige kognitiv-behaviorale Programm erforderlich oder reicht ein Baustein?

Methode

• *Stichprobe:* An jeder der drei Behandlungsgruppen nahmen 25 Bulimikerinnen teil. Die Mehrzahl (88 Prozent) erfüllte die DSM-III-R Kriterien für Bulimia Nervosa.

• *Intervention:*

Behandlungsgruppe: Die kognitiv-behaviorale Therapie beinhaltete ein Ernährungstraining zum Aufbau eines gesunden Eßstils. Darüber hinaus wurden Strategien der kognitiven Umstrukturierung eingesetzt, um dysfunktionale Einstellungen in Bezug auf die Figur und das Gewicht sowie Selbstwertprobleme und ein übermäßiges Streben nach Perfektion zu ändern.
Kontrollgruppen: Eine Gruppe erhielt ausschließlich ein Ernährungstraining. Die zweite Gruppe erhielt eine interpersonelle Therapie zur Reduktion interpersoneller Belastungen.

• *Untersuchungsverfahren:* Es wurden bulimische Symptome (z. B. Eßanfälle, Erbrechen, Laxantienabusus, «gezügelter» Eßstil, Einstellungen gegenüber der Figur) sowie psychologische Begleitprobleme (z. B. Depression, soziale Anpassung) erfaßt. Es wurden Messungen vor und nach den Therapien; Katamnesen vier, acht und zwölf Monate nach Therapieende durchgeführt.

Ergebnisse

Die kognitiv-behaviorale Therapie führte im Vergleich zu den beiden anderen Therapieformen zu stärkeren Veränderungen dysfunktionaler Einstellungen gegenüber der Figur und dem Gewicht und zu einer deutlicheren Reduktion des gezügelten Eßstils. Sie war ferner der interpersonellen Therapie – nicht aber dem Ernährungstraining – überlegen hinsichtlich der Reduktion der Häufigkeit des Erbrechens. Die Katamnesedaten zeigten dagegen, daß die kognitiv-behaviorale und die interpersonelle Therapie zu einer vergleichbaren Reduktion der bulimischen Symptome führten (Fairburn et al. 1993).

---

einer Meta-Analyse, daß im Durchschnitt 57 Prozent der Bulimikerinnen unmittelbar nach Therapieende und 46 Prozent zum Katamnesezeitraum nach einer kognitv-behavioralen Therapie frei von Eßanfällen waren. Beim Erbrechen lagen die Abstinenzraten nach Therapieende bei 82 Prozent und zum Katamnesezeitraum bei 54 Prozent. Eine deutliche Reduktion der Heißhungeranfälle erreichten 76 Prozent der Patientinnen (bzw. 75 Prozent zum Katamnesezeitraum) (Jacobi, Dahme & Rustenbach, in Druck).

In einer weiteren Meta-Analyse wurde gezeigt, daß der Erfolg von Gruppentherapien gesteigert werden kann, wenn die Patientinnen zusätzlich eine Einzelbehandlung erhalten. Ferner erwies es sich als günstig, wenn die Patientinnen pro Woche ein größeres Kontingent an Therapiestunden erhielten (Fettes & Peters, 1992).

Zusammenfassend kann gesagt werden, daß bei einem Großteil der Patientinnen mit Bulimia Nervosa durch kognitiv-behaviorale Interventionsmethoden (z. B. Ernährungstraining; kognitive Therapie zur Veränderung dysfunktionaler Einstellungen; Expositionstherapie; Streßreduktionstraining) deutliche Verbesserungen in der Symptomatik erreicht werden. Bei ca. der Hälfte der Patientinnen wird eine völlige Symptomfreiheit erzielt. Auch die interpersonelle Therapie hat langfristig betrachtet gute Effekte, aber die Veränderungen setzen zeitlich später ein als bei kognitiv-behavioralen Interventionen.

Ein wichtiges Ziel für die weitere Forschung ist, die Behandlungsprogramme dahingehend zu modifizieren, daß auch Patientinnen dadurch erfolgreich therapiert werden können, die bisher von den Therapieansätzen nicht oder kaum profitiert haben.

Bezüglich der Anorexia Nervosa sind Therapiestudien erforderlich, anhand derer die Wirksamkeit der einzelnen Therapiekomponenten systematisch überprüft wird. Im Hinblick auf die «Binge-Eating»-Störung liegen bisher zu wenig empirische Studien vor, um fundierte Aussagen zur Behandlungseffizienz machen zu können.

5. Wirksamkeit der Pharmakotherapie

Dem Einsatz von Medikamenten bei der Therapie von Eßstörungen liegen verschiedene Annahmen und Zielsetzungen zugrunde. So wurden bei der Anorexia Nervosa in den sechziger Jahren vor allem Neuroleptika eingesetzt, um das erhöhte Aktivitätsniveau der Patientinnen zu senken und damit zur Gewichtssteigerung beizutragen. Es wurde ferner vermutet, daß bei Anorektikerinnen biologische Mechanismen der Hunger- und Sättigungsregulation gestört sein könnten; folglich wurden appetitsteigernde Medikamente eingesetzt.

Heutzutage werden bei Eßstörungen vor allem Antidepressiva eingesetzt. Die Indikation wird u.a. damit begründet, daß die für Eßstörungen erhöhte Prävalenz depressiver Störungen darauf hindeuten könnte, daß die den Eßstörungen zugrundeliegende Störung eine depressive Erkrankung ist. In anderen Behandlungsansätzen wird durch Antidepressiva versucht, die depressiven Begleitsymptome zu beeinflussen, ohne daß damit ein bestimmtes Ätiologieverständnis von Eßstörungen nahegelegt wird.

Die bisher durchgeführten (wenigen) Studien zur medikamentösen Beeinflussung der Anorexia Nervosa konnten allerdings weder kurz- noch langfristig zufriedenstellende Effekte bei der Veränderung der anorektischen Symptomatik nachweisen (zum Überblick vgl. Fichter,

1993; Jacobi, 1994; Michell & de Zwaan, 1993). Inwiefern durch die Kombination einer pharmakologischen und psychotherapeutischen Behandlung bessere Effekte erzielt werden können als durch eine der beiden Behandlungsformen allein, kann beim derzeitigen Forschungsstand nicht beurteilt werden.

Bei der Bulimia Nervosa werden überwiegend trizyklische Antidepressiva (z.B. Imipramin, Desipramin, Amitriptylin), MAO-Hemmer (z.B. Phenelzine) und in neuerer Zeit die selektiven Serotonin-Wiederaufnahmehemmer (z.B. Fluoxetin) eingesetzt. Es hat sich gezeigt, daß die Antidepressiva in fast allen Studien zu einer Reduktion der bulimischen Symptomatik beitragen (vgl. Fichter, 1993; Jacobi, 1994). In einer neueren Meta-Analyse (Jacobi, Dahme & Rustenbach, in Druck) lagen bei Therapieende die Reduktionsraten für Heißhungeranfälle bei ca. 60 bis 73 Prozent, für das Erbrechen bei 47 bis 56 Prozent. Die Abstinenzraten für Heißhungeranfälle lagen dieser Meta-Analyse zufolge bei 23 bis 39 Prozent. Für das Erbechen ergab sich eine Reduktionsrate von 39 bis 45 Prozent. Im Vergleich zur Effizienz psychologischer Therapien schneiden die medikamentösen Behandlungen deutlich schlechter ab (Jacobi, Dahme & Rustenbach, 1994; Laessle, Zoettl & Pirke, 1987).

Die Frage, ob durch die Kombination von Pharmakotherapie und Psychotherapie eine Steigerung der Behandlungseffizienz erreicht werden kann, läßt sich derzeit nicht zufriedenstellend beurteilen, da bisher nur wenige Kombinationsstudien durchgeführt wurden.

In den bisherigen (wenigen) Kombinationsstudien wurde keine weitere Steigerung der Besserungsraten erzielt, die durch Psychotherapie allein bewirkt werden (Agras, Rossiter, Arnow et al., 1992; Fichter, Leibl, Rief et al., 1991; Mitchell, Pyle, Eckert et al., 1990).

6. Schlußbemerkungen

Die bisherige Therapieforschung hat dazu beigetragen, daß plausible Konzepte zur Behandlung von Eßstörungen entwickelt und evaluiert wurden, die bei vielen eßgestörten Patientinnen zu einer Heilung bzw. Besserung der Eßstörung – sowie der damit verbundenen Begleit- und Folgeprobleme – führen.

Trotz dieser Erfolge sind immer noch zahlreiche Fragen ungeklärt. Wenn z. B. eine auf interpersonelle Konflikte abzielende Therapie bei der Bulimia Nervosa gleichermaßen erfolgreich ist wie die kognitiv-behaviorale Therapie, stellt sich die Frage nach den Wirkmechanismen der Behandlungskonzepte.

Darüber hinaus ist zu bedenken, daß ein gewisser Anteil eßgestörter Patientinnen von den bisherigen Behandlungsprogrammen nicht oder nur kaum profitiert. Die weitere Forschung sollte sich daher gerade auch dieser Gruppe von Patientinnen zuwenden, um für diese Personengruppe angemessene Behandlungszugänge zu entwickeln.

7. Literatur

Agras, S. (1995). The nature and treatment of binge eating disorder. In B. Tuschen & I. Florin (Eds.), *Current Research in Eating Disorders* (pp. 1–15). Münster: Verlag für Psychotherapie.

Agras, W. S., Rossiter, E. M., Arnow, B., Schneider, J. A., Telch, C. F., Raeburn, S. D., Bruce, B., Perl, M. & Koran, L. M. (1992). Pharmacologic and cognitive-behavioral treatment for bulimia nervosa: A controlled comparison. *American Journal of Psychiatry, 149*, 82–87.

American Psychiatric Association (1994). *Diagnostic and statistical manual of mental disorders. Fourth Edition.* Washington D.C.: American Psychiatric Association.

Beck, A. T. (1981). *Kognitive Therapie bei Angst und Phobien.* Tübingen: DGVT.

Beck, A. T., Rush, A. J., Shaw, B. F. & Emery, G. (1981). *Kognitive Therapie der Depression.* München: Urban und Schwarzenberg.

Beumont, P. J. V. & Touyz, S. W. (1995). The nutritional management of anorexia and bulimia nervosa. In K. D. Brownell & C. G. Fairburn (Eds.), *Eating disorders and obesity. A comprehensive handbook* (pp. 306–312). New York: The Guilford Press.

Cattanach, L., Malley, R. & Rodin, J. (1988). Psychologic and physiologic reactivity to stressors in eating disordered individuals. *Psychosomatic Medicine, 50*, 591–599.

D'Zurilla, T. (1986). *Problem-solving therapy: A social competence approach to clinical intervention.* New York: Springer.

Deutsche Gesellschaft für Ernährung (1995). *Empfehlungen für die Nährstoffzufuhr* (2. korrigierter Nachdruck). Frankfurt: Umschau Verlag.

Fairburn, C. G. (1993). Interpersonal psychotherapy for bulimia nervosa. In G. L. Klerman & M. M. Weissman (Eds.), *New applications of interpersonal psychotherapy* (pp. 353–378). Washington: American Psychiatric Press.

Fairburn, C. G. & Beglin, S. J. (1990). Studies of the epidemiology of bulimia nervosa. *American Journal of Psychiatry, 147*, 401–408.

Fairburn, C. G., Jones, R., Peveler, R. C., Carr, S., Solomon, R., O'Connor, M., Burton, J. & Hope, R. C. (1991). Three psychological treatments for bulimia nervosa. A comparative trial. *Archives of General Psychiatry, 48*, 463–469.

Fairburn, C. G., Jones, R., Peveler, R. C. Hope, R. A. & O'Connor, M. (1993). Psychotherapy and bulimia nervosa. Long-term effects of interpersonal psychotherapy, behavior therapy, and cognitive behavior therapy. *Archives of General Psychiatry, 50*, 419–428.

Fairburn, C. G., Marcus, M. D. & Wilson, G. T. (1993). Cognitive-behavioral therapy for binge eating and bulimia nervosa: A comprehensive treatment manual. In C. G. Fairburn & G. T. Wilson (Eds.), *Binge eating. Nature, assesment, and treatment* (pp. 361–404). New York: The Guilford Press.

Fairburn, C. G., Norman, P. A., Welch, S. L., O'Connor, M. E., Doll, H. A. & Peveler, R. C. (1995). A prospective study of outcome in bulimia nervosa and the long-term effects of three psychological treatments. *Archives of General Psychiatry, 52*, 304–312.

Feldhege, F. J. & Krauthan, G. (1978). *Verhaltenstrainingprogramm zum Aufbau sozialer Kompetenz.* Berlin: Springer.

Fettes, P. A.. & Peters, J. M. (1992). A meta-analysis of group treatments for bulimia nervosa. *International Journal of Eating Disorders, 11*, 97–110.

Fichter, M. M. (1993). Die medikamentöse Behandlung von Anorexia und Bulimia nervosa. *Nervenarzt, 64*, 21–35.

Fichter, M. M. (1995). Inpatient treatment of anorexia nervosa. In K. D. Brownell & C. G. Fairburn (Eds.), *Eating disorders and obesity. A comprehensive handbook* (pp. 336–343). New York: The Guilford Press.

Fichter, M. M., Leibl, K., Rief, W., Brunner, E., Schmidt-Auberger, Engel, R. R. (1991). Fluoxetine versus placebo: A double-blind study with bulimic inpatients undergoing intensive psychotherapy. *Pharmacopsychiatry, 24*, 1–7.

Fiegenbaum, W. & Tuschen, B. (1996). Reizkonfrontation. In J. Margraf (Hrsg.), *Lehrbuch der Verhaltenstherapie* (Bd. 1). Berlin: Springer-Verlag.

Garner, D. M. (1995). Measurement of eating disorder psychopathology. In K. D. Brownell & C. G. Fairburn (Eds.), *Eating disorders and obesity. A comprehensive handbook* (pp. 117–121). New York: The Guilford Press.

Jacobi, C. (1994). Pharmakotherapie und Verhaltenstherapie bei Anorexia und Bulimia nervosa. *Verhaltenstherapie, 4*, 162–171.

Jacobi, C., Dahme, B. & Rustenbach, S. (in Druck). Vergleich kontrollierter psycho- und pharmakologischer Studien bei Bulimia Nervosa und Anorexia Nervosa. *Psychotherapie, Psychosomatik, Medizinische Psychologie.*

Jansen, A., Broekmate, J. & Heymanns, M. (1992). Cue-exposure vs. self-control in the treatment of binge eating: A pilot study. *Behavior Research und Therapy, 30*, 235–241.

Kanfer, F. H. & Saslow, G. (1965). Behavioral diagnosis. In C. M. Franks (Eds.), *Behavior therapy: Appraisal and status* (pp. 417–443). New York: McGraw-Hill.

Klerman, G. L., Weissman, M. M., Rounsaville, B. J. & Chevron, E. S. (1984). *Interpersonal psychotherapy of depression.* New York: Basic Books.

Klever, U. (1993/94). *Klevers Kalorien-Joule Kompaß*. München: Gräfe und Unzen.

Laessle, R.G., Beumont, P.J.V., Butow, P., Lennerts, W., O'Connor, M., Pirke, K.M., Touyz, S.W. & Waadt, S. (1991). A comparison of nutritional management with stress management in the treatment of bulimia nervosa. *British Journal of Psychiatry, 159*, 250–261.

Laessle, R.G., Schweiger, U. & Pirke, K.M. (1988). Depression as a correlate of starvation in patients with eating disorders. *Biological Psychiatry, 23*, 719–725.

Laessle, R.G., Zoettl, C. & Pirke, K.M. (1987). Meta-analysis of treatment studies for bulimia. *International Journal of Eating Disorders, 6*, 647–653

Meermann, R. (1991). Body-image Störungen bei Anorexia und Bulimia nervosa und ihre Relevanz für die Therapie. In C. Jacobi & Th. Paul (Hrsg.), *Bulimia und Anorexia nervosa. Ursachen und Therapie* (S. 69–85). Berlin: Springer-Verlag.

Meichenbaum, D. (1985). *Stress inoculation training*. New York: Pergamon Press.

Mitchell, J.E., Pyle, R.L., Eckert, E.E., Hatsukami, D., Pomeroy, C. & Zimmermann, R. (1990). A comparison study of antidepressants and structured intensive group psychotherapy in the treatment of bulimia nervosa. *Archives of General Psychiatry, 47*, 149–157.

Mitchell, J.E. & de Zwaan, M. (1993). Pharmacological treatments of binge eating. In C.G. Fairburn & G.T. (Eds.), *Binge-eating. Nature, assesment, and treatment* (pp. 250–269). New York: The Guilford Press.

Paul, Th. & Jacobi, C. (1991). Psychomotorische Therapie bei Anorexia und Bulimia nervosa. In C. Jacobi & Th. Paul (Hrsg.), *Bulimia und Anorexia nerviosa. Ursachen und Therapie* (S. 103–110). Berlin: Springer-Verlag.

Rosen, J.C. (1995). Assessment and treatment of body image disturbance. In K.D. Brownell & C.G. Fairburn (Eds.), *Eating disorders and obesity. A comprehensive handbook* (pp. 369–373). New York: The Guilford Press.

Steinhausen, H.C. (1991). *Ergebnisse der Verlaufsforschung zur Anorexia nervosa*. In C. Jacobi & Th. Paul (Hrsg.), Bulimia und Anorexia nervosa (S. 217–226). Berlin: Springer.

Steinhausen, H.C., Rauss-Mason, C. & Seidel, R. (1991). Follow-up studies of anorexia nervosa: A review of four decades of outcome research. *Psychological Medicine, 21*, 447–454.

Tuschen, B. & Bents, H. (1995). Intensive brief inpatient treatment of bulimia nervosa. In K.D. Brownell & C.G. Fairburn (Eds.), *Eating disorders and obesity. A comprehensive handbook* (pp. 354–360). New York: The Guilford Press.

Tuschen, B. & Fiegenbaum, W. (1996). Kognitive Verfahren. In J. Margraf (Hrsg.), *Lehrbuch der Verhaltenstherapie* (Bd. 1, S. 387–400). Berlin: Springer.

Tuschen, B. & Florin, I. (in Druck). *Teufelskreis Bulimie: Ein Manual zur psychologischen Therapie*. Münster: Verlag für Psychotherapie.

Tuschen, B., Vögele, C., Kuhnhardt, K. & Cleve-Prinz, W. (1995). Steigern psychische Belastungen das Eßbedürfnis? Eine experimentelle Studie an Bulimikerinnen. *Zeitschrift für Klinische Psychologie, 24*, 344–351.

Vandereycken, W. (1989). Körperschemastörungen und ihre Relevanz für die Behandlung der Bulimia. In M.M. Fichter (Hrsg.), *Bulimia nervosa* (S. 274–283). Stuttgart: Enke.

Waadt, S., Laessle, R.G. & Pirke, K.M. (1992). *Bulimie. Ursachen und Therapie*. Berlin: Springer.

Wilfley, D., Agras, W.S., Telch, C.F., Rossiter, E.M., Schneider, J.A., Cole, A.G., Sifford, L.A. & Raeburn, S.D. (1993). Group cognitive-behavioral therapy and group interpersonal psychotherapy for the non-purging bulimic individual: A controlled comparison. *Journal of Consulting and Clinical Psychology, 61*, 296–305.

Wilson, G.T. (1993). Assessment of Binge eating. In C.G. Fairburn & G.T. Wilson (Eds.), *Binge eating. Nature, assesment, and treatment* (pp. 227–249). New York: The Guilford Press.

Wilson, C.T. & Fairburn, C.G. (1993). Cognitive treatments for eating disorders. *Journal of Consulting and Clinical Psychology, 61*, 261–269.

Wilson, G.T., Fairburn, C.G. & Agras, W.S. (in press). Cognitive-behavioral therapy for bulimia nervosa. In D.M. Garner & P.E. Garfinkel (Eds.), *Handbook for eating disorders*. New York: Guilford Press.

Yanovski, S.Z. & Sebring, N.G. (1994). Recorded food intake of obese women with binge eating disorder before and after weight loss. *International Journal of Eating Disorders, 15*, 135–150.

B. Störungsbezogener Teil

Teil VII
Störungen von
Funktionsmustern

34. Störungen durch psychotrope Substanzen
34.1 Klassifikation und Diagnostik

Roman Ferstl

Inhaltsverzeichnis

1. Klassifikation

Die entscheidenden Definitionskriterien dieser Störungsgruppe sind der Mißbrauch und die Abhängigkeit von Substanzen, die eine direkte Wirkung auf die Funktion des zentralen Nervensystems ausüben (vgl. Wanke, 1986). Die beiden internationalen Klassifikationssysteme ICD-10 der WHO und das DSM-IV der amerikanischen Gesellschaft für Psychiatrie, die erstmals in ihren Codes direkt aufeinander bezogen werden können, unterscheiden bei allen denkbaren Störungen, die durch den Gebrauch psychotroper Substanzen entstehen, zwischen diesen beiden Grundtypen:

Substanzmißbrauch liegt gemäß DSM-IV – sofern Abhängigkeit ausgeschlossen ist – bei Auftreten eines oder mehrerer der folgenden Merkmale innerhalb der letzten zwölf Monate vor:

(1) Der wiederholte Substanzgebrauch führt zur Beeinträchtigung der Verpflichtungen am Arbeitsplatz, in der Schule oder zu Hause.

(2) Wiederholter Gebrauch der Substanzen in Situationen, in denen der Gebrauch eine körperliche Gefährdung darstellt.

(3) Wiederholte substanzbedingte Rechtsverstöße.

(4) Obwohl durchgehende oder wiederholt auftretende soziale oder interpersonelle Probleme durch die Substanz verursacht oder verstärkt werden, wird diese fortdauernd eingenommen.

Substanzabhängigkeit wird nach den in **Tabelle 1** angeführten Kriterien gestellt. Ausgenommen wird von dieser Einteilung die Coffeinabhängigkeit, da der Kaffeekonsum im allgemeinen keine psychischen Beschwerden oder Beeinträchtigungen hervorruft und bei einem Wechsel auf coffeinarmen Kaffee bzw. Kaffee-Ersatz keine Entzugsprobleme auftreten. Häufig als Suchtform angesprochen, jedoch klar aus dieser Substanzklasse auszugliedern ist die Spielsucht, da sie als Störung der Impulskontrolle definiert ist.

Die Kodierung von Mißbrauch oder Abhängigkeit erfolgt im DSM-IV und ICD nach unterschiedlichen Codes, die jedoch über Vergleichstabellen ineinander überführbar sind. **Tabelle 2** führt die unterschiedlichen Substanzklassen auf.

Polytoxikomane Patienten (Abhängigkeit oder Mißbrauch von mehreren Substanzen) werden durch die entsprechenden Mehrfachdiagnosen auf Achse I beschrieben. Die hirnorganischen Begleiterscheinungen der Intoxikation oder des Entzugs von einer der Substanzen werden im

Tabelle 1: Diagnostische Kriterien der Substanzabhängigkeit (F1x.2; x. Substanzklasse) nach DSM-IV (American Psychiatric Association, 1996, S. 227, 228)

Für eine Diagnose müssen mindestens drei der folgenden Kriterien in demselben 12-Monats-Zeitraum auftreten:

(1) Toleranzentwicklung definiert durch eines der folgenden Kriterien:
   a) Verlangen nach ausgeprägter Dosissteigerung, um einen Intoxikationszustand oder erwünschten Effekt herbeizuführen,
   b) deutlich verminderte Wirkung bei fortgesetzter Einnahme derselben Dosis.

(2) Entzugssymptome, die sich durch eines der folgenden Kriterien äußern:
   a) charakteristisches Entzugssyndrom der jeweiligen Substanz (siehe Kriterien A und B der Kriterien für Entzug von den spezifischen Substanzen),
   b) dieselbe (oder eine sehr ähnliche) Substanz wird eingenommen, um Entzugssymptome zu lindern oder zu vermeiden.

(3) Die Substanz wird in größeren Mengen oder länger als beabsichtigt eingenommen.

(4) Anhaltender Wunsch oder erfolglose Versuche, den Substanzgebrauch zu verringern oder zu kontrollieren.

(5) Viel Zeit für Aktivitäten, um die Substanz zu beschaffen (z.B. Besuch verschiedener Ärzte oder Fahrt langer Strecken), sie zu sich zu nehmen (z.B. Kettenrauchen) oder sich von ihren Wirkungen zu erholen.

(6) Wichtige soziale, berufliche oder Freizeitaktivitäten werden aufgrund des Substanzmißbrauchs aufgegeben oder eingeschränkt.

(7) Fortgesetzter Substanzmißbrauch trotz Kenntnis eines anhaltenden oder wiederkehrenden sozialen, psychischen oder körperlichen Problems, das wahrscheinlich durch den Substanzmißbrauch verursacht oder verstärkt wurde (z.B. fortgesetzter Kokainmißbrauch trotz des Erkennens kokaininduzierter Depressionen oder trotz des Erkennens, daß sich ein Ulcus durch Alkoholkonsum verschlechtert).

Tabelle 2: Substanzklassen und ihre Kodierung im DSM-IV (mit der entsprechenden ICD-9-CM und ICD-10-Kodierung; American Psychiatric Association, 1996).

Substanzklasse	Abhängigkeit x: Zusatzkodierung	Mißbrauch
Alkohol	303.90/F10.2x	305.00/F10.1
Amphetamin	304.40/F15.2x	305.70/F15.1
Cannabis	304.30/F12.2x	305.20/F12.1
Halluzinogene	304.50/F16.2x	305.30/F16.1
Inhalantien	304.60/F18.2x	305.50/F18.1
Kokain	304.20/F14.2x	305.90/F14.1
Opiate	304.00/F11.2x	305.50/F11.1
Phencyclidin	304.90/F19.2x	305.90/F19.1
Sedativa-, Hypnotika-, anxiolytikaähnl. Substanz	304.10/F13.2x	305.40/F13.1
Polytoxikomanie	304.80/F19.2x	–
Nikotin	305.10/F17.2x	–

DSM-IV als organisch bedingte psychische Störungen beschrieben und auf Achse I als zusätzliche Diagnose gestellt. Medizinische Komplikationen, die sich in der Folge des chronischen Alkoholismus (Korsten & Lieber, 1985) oder einer langanhaltenden Drogenabhängigkeit einstellen, werden hingegen auf Achse III kodiert.

Im DSM-IV werden für die einzelnen Substanzklassen keine spezifizierten Diagnosekriterien für den Fall der Abhängigkeit oder des Mißbrauchs angegeben, es findet sich jedoch für jede Substanzklasse spezifiziert, die Angabe zu den Intoxikationskriterien (Bsp. s. **Tab. 3**) und den Entzugssymptomen (Bsp. s. **Tab. 4**).

Tabelle 3: Diagnostische Kriterien nach DSM-IV für Amphetaminintoxikation (292.89; F15.0x) (American Psychiatric Association, 1996, S. 256)

A. Kurz zurückliegender Konsum von Amphetamin oder einer verwandten Substanz (z. B. Methylphenidat).

B. Klinisch bedeutsame unangepaßte Verhaltens- oder psychische Veränderungen (z. B. Euphorie oder affektive Verflachung; Veränderungen in der Geselligkeit; Hypervigilanz; zwischenmenschliche Empfindlichkeit; Angst, Anspannung oder Aggressivität; stereotypes Verhalten; vermindertes Urteilsvermögen; oder verminderte soziale und berufliche Funktionstüchtigkeit), die sich während oder kurz nach dem Konsum von Amphetamin oder verwandten Substanzen entwickeln.

C. Mindestens 2 der folgenden Symptome, die sich während oder kurz nach dem Konsum von Amphetamin oder verwandten Substanzen entwickeln:
(1) Tachykardie oder Bradykardie,
(2) Mydriasis (Pupillenerweiterung),
(3) Erhöhter oder erniedrigter Blutdruck,
(4) Schwitzen oder Frösteln,
(5) Übelkeit oder Erbrechen,
(6) Anzeichen für Gewichtsverlust,
(7) Psychomotorische Agitiertheit oder Verlangsamung,
(8) Muskelschwäche, Atemdepression, thorakale Schmerzen oder kardiale Arrhythmien,
(9) Verwirrtheit, Krampfanfälle, Dyskinesien, Dystonien oder Koma.

D. Die Symptome gehen nicht auf einen medizinischen Krankheitsfaktor zurück und können nicht durch eine andere psychische Störung besser erklärt werden.

Tabelle 4: Diagnostische Kriterien nach DSM-IV für Kokainentzug (292.0; F14.3) (American Psychiatric Association, 1996, S. 289)

A. Beendigung (oder Reduktion) von übermäßigem und langandauerndem Kokainkonsums.

B. Dysphorische Stimmung und mindestens zwei der folgenden physiologischen Veränderungen, die sich innerhalb weniger Stunden oder Tage gemäß Kriterium A entwickeln:
(1) Müdigkeit,
(2) lebhafte, unangenehme Träume,
(3) Schlaflosigkeit oder Hypersomnie,
(4) gesteigerter Appetit,
(5) psychomotorische Unruhe oder Verlangsamung.

C. Die Symptome von Kriterium B verursachen in klinisch bedeutsamer Weise Leiden oder Beeinträchtigungen in sozialen, beruflichen oder anderen wichtigen Funktionsbereichen.

D. Die Symptome gehen nicht auf einen medizinischen Krankheitsfaktor zurück und können nicht durch eine andere psychische Störung besser erklärt werden.

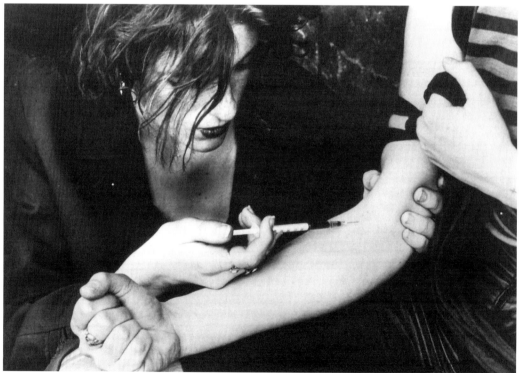

Abbildungen aus dem AIDS-Prospekt des Bundesamtes für Gesundheitswesen

2. Diagnostik

Während die Diagnose Abhängigkeit objektiv über das Auftreten von Entzugserscheinungen bzw. einen pharmakologischen Toleranztest gestellt werden kann, muß bei der Mißbrauchdiagnose auf anamnestische und Selbstbeurteilungsinformationen rekuriert werden. Die wichtigsten Daten betreffen die Dauer des Substanzmißbrauchs, das Alter zu Beginn des Mißbrauchs, bisherige Behandlung(en), Suizidversuche sowie eine möglichst genaue Erhebung der Menge und der örtlichen und zeitlichen Konsumgewohnheiten einschließlich der kognitiven Bedingungen wie Einstellungen und Erwartungen bezüglich des Substanzkonsums. Die Angaben darüber, ob der Patient den Leistungsanforderungen am Arbeitsplatz gewachsen ist oder nicht sowie der Befund seiner sozialen Anamnese (Familie, Sozialkontakte, Kommunikationsschwierigkeiten) sollten nach Möglichkeit durch Fremdbeurteilungen validiert werden.

Einen Überblick über die wichtigsten deutschsprachigen Testverfahren im Bereich der Alkoholismusdiagnostik, ihre inhaltliche Zielsetzung und ihre methodische Charakteristika gibt **Tabelle 5**; die international verwendeten Verfahren sind in Freyberger und Stieglitz (1996) dargestellt. Leider fehlen für die Bereiche Medikamenten- und Drogenabhängigkeit bislang vergleichbare Instrumente. Beispielhaft wird im **Kasten 1** der *Münchener Alkoholismustest* (MALT; Feuerlein, Küfner, Ringer & Antons, 1979) als das am häufigsten eingesetzte Verfahren genauer beschrieben.

3. Literatur

American Psychiatric Association.(1996). *Diagnostisches und statistisches Manual psychischer Störungen – DSM-IV* (Deutsche Bearbeitung und Einleitung: Saß, H., Wittchen, H.U., Zaudig, M.). Göttingen: Hogrefe.

Auerbach, P. & Melchertsen, K. (1981). Zur Häufigkeit des Alkoholismus stationär behandelter Patienten aus Lübeck. *Schleswig-Holsteinische Ärzteblatt, 5,* 223–227.

Feuerlein, W., Küfner, H., Ringer, Ch. & Antons, K. (1976). Kurzfragebogen für Alkoholgefärdete (KFA). Eine empirische Analyse. *Archiv für Psychiatrie und Nervenkrankheiten, 222,* 139–152.

Feuerlein, W., Küfner, H., Ringer, Ch. & Antons, K. (1979). *Münchner Alkoholismustest.* Weinheim: Beltz

Tabelle 5: Die gebräuchlichsten psychodiagnostischen Verfahren im Bereich der Alkoholismusdiagnostik (S = Selbstbeurteilungsverfahren, F = Fremdbeurteilungsverfahren)

Verfahren	Inhaltliche Zielsetzung	Methodische Charakteristika
Münchener Alkoholismustest, MALT (Feuerlein et al., 1979) S + F	Diagnose der Alkoholabhängigkeit	Fragebogentest für die Selbstbeurteilung (24 Items) und Fremdbeurteilung (7 Items)
Kurzfragebogen für Alkoholgefährdete, KFA (Feuerlein et al., 1976) S	Frühdiagnostik der Alkoholgefährdung	Fragebogen (23 Items) zu den Bereichen physische Abhängigkeit, psychische und soziale Beeinträchtigung, abhängiges Trinkverhalten und Motivation bzw. Einsicht in die eigene Hilfsbedürftigkeit
Göttinger Abhängigkeitsskala, GABS (Jakobi et al., 1987) S	Erfassung der Schwere der Abhängigkeit	Der 20 Items umfassende Fragebogen erhebt 5 Faktoren (1) Unwiderstehliches Verlangen und exzessives Trinken, (2) Körperliche Entzugssymptome I, (3) Psychische Entzugssymptome, (4) Trinkmenge, (5) Körperliche Entzugssymptome II
Trierer Alkoholismusinventar TAI (Funke et al., 1987) S	Erfassung verschiedener Aspekte alkoholabhängigen Erlebens und Verhaltens zur differentiellen Indikation psychotherapeutische Maßnahmen	Der Fragebogen mit 90 Items hat 7 Subskalen: (1) Schweregrad, (2) soziales Trinken, (3) süchtiges Trinken, (4) Motive, (5) Schädigung, (6) Partnerpobleme wegen Trinken, (7) Trinken wegen Partnerproblemen

---

Kasten 1
Kurzbeschreibung des Münchner Alkoholismustests (MALT)

Name, Autor
Münchener Alkoholismustest, MALT (Feuerlein et al., 1979).

Gegenstandsbereich
Statusdiagnostik der Alkoholabhängigkeit

Struktur des Verfahrens
Mit Hilfe dieses in einen Fremd- und einen Selbstbeurteilungstest getrennten Verfahrens wird eine kurze ärztliche Beurteilung (7 Items) und die Einschätzung des Patienten über die, im Zusammenhang mit dem Alkoholkonsum aufgetretenen Beschwerden und Probleme (24 Items) zu einem Gesamtscore zusammengefaßt. Bei den Beschwerden und Problemen werden drei relevante Bereiche erfaßt: (1) Trinkverhalten und Einstellung zum Trinken (z.B. «Ich habe schon einmal versucht, Zittern oder morgendlichen Brechreiz mit Alkohol zu kurieren»). (2) Alkoholbedingte psychische und soziale Beeinträchtigung (z.B. «Ich denke häufig an Alkohol»). (3) Somatische Störungen (z.B. «In der letzten Zeit leide ich

häufiger an Zittern der Hände»). Das Ergebnis wird einer von drei diagnostischen Kategorien zugeordnet: unauffällig, Verdacht auf Alkoholismus oder Alkoholabhängigkeit. Das Testergebnis enthält keine Informationen für eine differentielle Indikationsstellung bezüglich entsprechender therapeutischer Maßnahmen. Dafür ist nach wie vor die Information des Anamnesegesprächs bzw. einzelner problemspezifischer Fragebogen (z.B. zum Sozialverhalten) erforderlich.

Gütekriterien
Der am Außenkriterium der klinische Diagnose Alkoholismus nach den Kriterien der klassischen Testtheorie konstruierte und an einer Stichprobe von 429 Patienten normierte Test weist eine hohe Spezifität von über 95% auf, das heißt, es werden unter 5% falsch positive Diagnosen gestellt. Die Reliabilität für den Selbstbeurteilungsteil liegt bei r = .94, für den Fremdbeurteilungsteil bei r = .72 (Auerbach und Melchertsen, 1981).

Freyberger, H.J. & Stieglitz, R.D. (Eds.). (1996). Diagnostic instruments and assessment of addiction (Special topic section). *European addiction research, 2* (3).

Funke, W. (1987). Hat der typologische Ansatz im Alkoholismusbereich eine Zukunft? *Ernährungs-Umschau, 34,* 303–307.

Funke, W., Funke, J., Klein, M. & Scheller, R. (1987). *Trierer Alkoholismusinventar* (TAI). Göttingen: Hogrefe.

Jacobi, C., Brand-Jacobi, J. & Marquardt, F. (1987). Die Göttinger Abhängigkeitsskala (GABS): Ein Verfahren

zur differentiellen Erfassung der Schwere der Alkoholabhängigkeit. *Suchtgefahren, 33,* 23–36.

Korsten, M.A. & Lieber, Ch.S. (1985). Medical complications of alcoholism. In J.H. Mendelson & N.K. Mello (Eds.). *The diagnosis and treatment of alcoholism* (pp. 74–92). New York: McGraw Hill.

Wanke, K. (1986). Definition und Nomenklatur. In W. Feuerlein (Hrsg.), *Theorie der Sucht* (S. 180–192). Heidelberg: Springer.

34.2 Störungen durch psychotrope Substanzen: Ätiologie/Bedingungsanalyse

Roman Ferstl

Inhaltsverzeichnis

1. Einleitung

Nach den jüngsten veröffentlichten Zahlen gibt es in der Bundesrepublik Deutschland schätzungsweise 2 500 000 Alkoholkranke, 800 000 bis 1 200 000 Medikamentenabhängige sowie 100 000 bis 120 000 Drogenabhängige (Hüllinghorst, 1994) dazu kommen Schätzungen von einem Raucheranteil von 29 Prozent an der Bevölkerung über 15 Jahre, wobei 37 Prozent der Männer und 21 Prozent der Frauen rauchen (Junge, 1994). Diese Zahlen und die Tatsache, daß bei der Behandlung dieser Abhängigkeiten nach wie vor ein sehr hoher Prozentsatz der Patienten bzw. Klienten rückfällig wird (McLellan et al., 1994) bzw. eine Vielzahl körperlicher Folgeerkrankungen zeigt, weisen auf die schwerwiegenden volkswirtschaftlichen Konsequenzen und den Bedarf verstärkter Forschungsbemühungen zur Aufklärung von Genesefaktoren und zur Entwicklung verbesserter Therapiekonzepte hin. Edwards, Arif und Hodgson (1981) definierten für die WHO Abhängigkeit als ein Cluster von physiologischen, Verhaltens- und kognitiven Phänomenen, in dem die Einnahme einer oder mehrerer Substanzen (Polytoxikomanie) gegenüber anderen Verhaltensweisen, die früher hohen Wert für die Person besaßen, eine höhere Priorität einnimmt. Eine zentrale deskriptive Charakteristik des Abhängigkeitssyndroms ist das unüberwindbare Verlangen nach Drogen, Alkohol oder Nikotin. Dieses wird als psychische Abhängigkeit im Gegensatz zur physischen Abhängigkeit definiert, die durch die körperlichen Entzugssymptome gekennzeichnet ist. In den allermeisten Fällen führt der Weg in die Abhängigkeit von einer Substanz über den Mißbrauch derselben.

Die 10 Substanzklassen, die vom DSM-IV genannt werden, lassen sich nach ihrer Wirkung auf das ZNS in drei Kategorien einteilen:

– Substanzen, die eine sedierende Wirkung auf die ZNS-Aktivität ausüben (Alkohol, Opiate und Sedativa).
– Drogen, die die ZNS-Aktivität stimulieren (Koffein, Kokain, Amphetamine, Inhalantien und Nikotin).
– Halluzinogene wie LSD, Meskalin, Psilocybin, MMDA (3-Methoxy-4,5-Methylen-Dioxyphenyl-Isopropyl-Amin, Ecstasy), DOM (Dimethoxybromamphetamin) DMT (Dimethyltriptamin) und PCP (Phencyclidin, angel dust).

Eine Zwischenstellung nehmen die Cannabis-Drogen ein, da sie sowohl halluzinogene wie auch sedierende und stimulierende Wirkungen besitzen.

Nach den drei unterschiedlichen Wirkungsweisen wäre prinzipiell zu erwarten, daß sich zumindest für diese Hauptkategorien geltende *spezifische Genesemodelle* beschreiben lassen. Sedierende Substanzen sollten ja eher bei jenen Menschen zu Abhängigkeiten führen, die diese häufig zur Dämpfung von starken Streßreaktionen oder Schmerzen einnehmen, die mit Beruhigungsmitteln ihre Angst bekämpfen oder ihren hohen Erregungsgrad vor dem Einschlafen reduzieren. Aktivierende oder stimulierende Substanzen müßten bei denjenigen Personen Abhängigkeiten induzieren, die diese im Übermaß als Aufputschmittel oder aufgrund ihrer konzentrationssteigernden Wirkung benutzen. Schließlich sollten Halluzinogene, die zum Großteil die Wahrnehmung verändern und dadurch neuartige Empfindungen erzeugen, am ehesten von Menschen konsumiert werden, die eine starke Tendenz zum sensation seeking aufweisen, zu schizoiden Persönlichkeitsstörungen tendieren oder eine Neigung zur Bewußtseinserweiterung zeigen.

Die einschlägige Fachliteratur zu psychologischen Erklärungsmodellen der Entstehung von Süchten weist jedoch eine unübersehbare Vielfalt von Genesemodellen auf, die je nach dem gewählten Forschungsansatz (psychobiologisch, entwicklungspsychologisch, behavioristisch, persönlichkeitspsychologisch, sozialpsychologisch, tiefenpsychologisch etc.), je nach der betrachteten Substanz oder Substanzklasse

und abhängig von der untersuchten Teilpopulation formuliert wurden. Die traditionell am längsten untersuchte Abhängigkeit, nämlich der Alkoholismus, steht mit Abstand an erster Stelle, wenn man die Anzahl der dazu existierenden Theorien betrachtet. Abhängigkeiten, die durch neu auf dem Drogenmarkt erschienenen Substanzen wie z.B. Ecstasy entstehen, sind trotz ihrer mittlerweile weiten Verbreitung bei Disco-Besuchern kaum erforscht. Eine Genesetheorie für eine entsprechende Abhängigkeit ist zur Zeit nicht bekannt. Alleine diese Tatsache zeigt, daß ein generelles oder auch für jeweils eine der drei Hauptkategorien von Substanzen geltendes Genesemodell nur sehr schwer zu formulieren ist. Daher versucht man heute unter den Begriffen eines *multifaktoriellen Geschehens* oder eines *polykausalen Bedingungsgefüges* ohne den Anspruch einer vollständigen Theorienbildung diejenigen Befunde zu einer vorläufigen Hypothese für die Entstehung von Süchten zu integrieren, die aus der genetischen, neurobiologischen und pharmakologischen Forschung einerseits und aus den epidemiologischen, soziologischen und psychologischen Untersuchungen andererseits vorliegen.

2. Genetische Bedingungen der Entstehung von Süchten

Wie bei fast allen anderen psychischen Störungen geht man heute bei der Entstehung von Abhängigkeiten von einem allgemeinen Diathese-Streß-Modell aus (Comer, 1995). Dabei wird als Diathese der durch eine genetisch bedingte Veranlagung begründete Vulnerabilitätsfaktor definiert. Genauer gesagt, wird dabei die Mutation eines bzw. in den meisten Fällen mehrerer Genorte als kausale bzw. risikomodifizierende Größe betrachtet. Seit langem ist aus Familienuntersuchungen, Zwillings- und Adoptionsstudien bekannt, daß es ein phänotypisch definiertes genetisches Risiko für die Entwicklung von Alkoholismus gibt. Daher liegen für die substanzinduzierten Abhängigkeiten heute vor allem im Bereich der Alkoholismusforschung zahlreiche Studien vor, die für eine Beteiligung von genetischen Faktoren sprechen (Maier, 1995), die allerdings nicht spezifisch nur für die Abhängigkeiten von psychotropen

Substanzen, sondern wahrscheinlich auch für einige weitere psychische Störungen kennzeichnend sind (Devor, 1994) (vgl. **Kasten 1**).

3. Biologisch-psychologische Konzepte

3.1 Biochemische Aspekte von Süchten

Prinzipiell handelt es sich bei abhängigkeitsinduzierenden Substanzen um Stoffe, die Gehirn- und Körperfunktionen, das Befinden und das Verhalten verändern. Obwohl unterschiedliche Drogen in ihrer Wirkung stark variieren können, hängt ihre Wirksamkeit und ihre Wirkdosis von gemeinsamen Charakteristika ab: (1) von der Art der Einnahme, (2) von der Leichtigkeit, mit der sie das Gehirn erreichen,

(3) wie gut sie mit Rezeptoren des ZNS interagieren und schließlich (4) wie schnell sie im Körper wieder abgebaut werden.

Um über den Einfluß auf das Gehirn eine subjektive Wirkung zu erzeugen, müssen alle psychoaktiven Substanzen über den Blutkreislauf dorthin gelangen. Von der Art der Einnahme (Inhalation, Schnupfen, orale oder intravenöse Applikation) hängt das zeitliche Delay zwischen Administration und subjektiver Wirkung ab. Oral eingenommene Substanzen brauchen dafür deutlich längere Zeit als inhalierte oder intravenös applizierte. Ein zusätzlicher entscheidender Faktor besteht darin, daß alle Drogen mehrere Barrieren überwinden müssen, bevor sie in das Gehirn gelangen. Dazu gehören die Schleimhäute des Mundes und Rachenraumes, des Magen- und Darmtraktes, die Kapillaren der Lunge, aber vor allem die Blut-Hirnschranke. Ob und wie schnell eine Droge das ZNS erreicht, ist maßgeblich von ihrer Fett-

---

Kasten 1
Auf der Suche nach den Abhängigkeitsgenen

Die beiden wichtigsten Forschungsstrategien für die Aufdeckung genetischer Marker sind die Kopplungs- oder Linkage-Studien und sogenannte Assoziationsstudien. Die *Linkage-Analysen* haben sich in den Fällen als besonders erfolgreich erwiesen, in denen DNS-Marker für bestimmte Erkrankungen innerhalb von Familien bei den erkrankten Mitgliedern nachweisbar sind. Standardmarker der Genetik wie Blutgruppen, Serumproteine oder sogenannte Restriktionsfragmentlängenpolymorphismen (RFLP) aber auch für einige Krankheiten, werden von einem einzigen Locus repräsentiert. RFLPs basieren auf Längenunterschieden in den DNS-Sequenzen, die durch eine Schnittstelle für ein Restriktionsenzym entstehen oder wegfallen. Liegt ein RFLP vor, erzeugt das Restriktionsenzym von beiden Allelen Abschnitte verschiedener Länge. Diese Fragmente lassen sich elektrophoretisch auftrennen und danach mit spezifischen DNS-Sonden (meist radioaktiv markierten Antikörpern) sichtbar machen. Ist eine solche Region der DNS mit einem bekannten Genort eng benachbart (gekoppelt), kann die Vererbung die-

ses Gens indirekt anhand des Erbganges des entsprechenden Musters der Restriktionsfragmente mitverfolgt werden (Greenspan, Kandel & Jessel, 1995). Sind Standardmarker bekannt, kann mit Hilfe von LOD-Scores die genetische Determination bestimmt werden. Der LOD-Score beschreibt den Logarithmus der Basis 10 des Verhältnisses der Wahrscheinlichkeit des Auftretens zweier gemeinsamer vererbter Eigenschaften in den betroffenen Familien, zu der Wahrscheinlichkeit des nicht gemeinsamen Auftretens. LOD-Scores von 3.0 und höheren Werten sprechen für eine Kopplung bei einem Fehler erster Art von 5% (Risch, 1992). Die bisher gefundenen LOD-Scores für genetisch bedingte Erkrankungen wie Chorea Huntington oder zystische Fibrose lagen bei 5.0 und weit höheren Werten. Für diese Störungen ist aber auch ein einzelnes voll durchschlagendes Gen verantwortlich. Linkage Analysen komplexer psychischer Störungen wie bei Alkoholismus, Depression oder Schizophrenie waren bisher von sehr wechselhaftem Erfolg beschieden. Die dafür gefundenen LOD-Scores liegen bei Werten unter 3.0.

Der zweite Ansatz in der genetischen Erforschung potentieller Marker wird durch *Assoziationsstudien* verfolgt. Auch dabei liegt das Ziel in der Identifikation und Lokalisation von Genorten (Allelen), die für bestimmte Erkrankungen verantwortlich sind. Der statistische Test erfolgt über die Häufigkeit des Auftretens dieser Kandidatengene bei nicht verwandten Phänotypusvertretern (Merkmalsträgern) verglichen mit der Häufigkeit desselben Allels in der Bevölkerung. Bislang wurden nach Devor (1994) für den Alkoholismus drei mögliche Kandidatengene identifiziert: das Dopamin 2-Rezeptorgen (DRD2), das Aldehyddehydrogenase-Gen (ALDH2) und die Monoaminoxidase B Aktivität.

Die von Blum et al. (1990) erstmals beschriebene Assozation eines RFLP in der DRD2-Region mit Fällen von schwerem Alkoholismus hatte eine Reihe von Replikationsstudien zur Folge, deren Ergebnisse nur zum Teil positiv waren. Dennoch kommen Uhl et al. (1993) in ihrer Metaanalyse dieser Studien zu dem Schluß, daß der DRD2-Locus zumindest den Schweregrad des Alkoholismus determiniert.

Im Alkoholstoffwechsel wird durch das Enzym Acetaldehydrogenase (ALDH) Acetaldehyd zu Essigsäure abgebaut. ALDH wird in vier unterschiedlichen Isoenzymen exprimiert, denen die genetischen Polymorphismen I–IV entsprechen. Eine bestimmte, dominant vererbte Mutante wirkt in dem Sinne protektiv als die Träger dieses Gens schon bei kleinen Mengen von Alkohol Flushing-Reaktionen (Blutvolumensanstieg im Kopfbereich), Übelkeit, Palpitationen und Schwindel aufweisen. Daher läßt sich erwarten, daß das ALDH2-Gen bei Alkoholikern eine niedrigere Frequenz aufweist: Dies konnte vor allem in Studien in Japan (Harada et al., 1982) bzw. in Studien an in den USA lebenden Asiaten (Tu & Israel, 1995) gut nachgewiesen werden, da die Genotypenfrequenz für ALDH2 in fernöstlichen Ländern relativ hoch ist (vgl. auch Propping et al., 1994).

Eine verringerte Monoaminoxydase B (MAOB)/ Aktivität wurde häufig mit Affektiven Störungen, aber auch mit Schizophrenie in Verbindung gebracht (Sullivan, Stanfield & Dackis, 1977). Daß sie auch als biologischer Marker für Subtypen von Alkoholikern herangezogen werden kann, wurde erstmals von Knorring et al. (1985) berichtet. Devor et al. (1994) diskutieren die verringerte MAOB Aktivität bei Alkoholikern im Zusammenhang mit der Komorbidität von antisozialer Persönlichkeitsstörung, Drogenabhängigkeit, Phobien und anderen Angststörungen in den untersuchten Alkoholikerfamilien. Möglicherweise liegt aber hier wie bei dem DRD2-Gen ein genetischer Marker vor, der eine allgemeine Bedeutung für die Entwicklung einer ganzen Reihe von Störungen hat.

löslichkeit abhängig. Während Morphium relativ schlecht fettlöslich ist, hat das daraus gewonnene Heroin eine weitaus bessere Fettlöslichkeit. Dies erklärt möglicherweise, warum von Drogenabhängigen Heroin gegenüber Morphium bevorzugt wird, weil es nämlich das Gehirn wesentlich schneller und in höherer Konzentration erreicht.

3.2 Neurophysiologische Wirkung von Drogen

Im ZNS angelangt, können die verschiedenen Drogen auf unterschiedlichste Weise in die synaptischen Übertragungsmechansimen des Nervensystems eingreifen (vgl. **Abb. 1**). Bei einem wiederholten Gebrauch der Substanz kommt es zum Phänomen der Neuroadaptation, d. h. daß der spezifische Drogeneffekt (z. B. die Konzentrationserhöhung bestimmter Neurotransmittersubstanzen) durch homöostatische Mechanismen kompensiert wird. Eine Form dieser Adaptation ist die Toleranzentwicklung. Toleranz wird als die reduzierte Reaktion auf eine Droge nach ihrem ersten oder wiederholten Gebrauch definiert. Dadurch muß bei fortschreitendem Drogengebrauch eine zunehmend höhere Dosis eingenommen werden, um den selben Effekt zu erreichen. Toleranz kann aber muß nicht notwendigerweise zur körperlichen Abhängigkeit führen. Das Kennzeichen der körperlichen Abhängigkeit ist das Auftreten von Entzugssymptomen beim Absetzen der Substanz oder im Umkehrschluß das für ein normales «Funktionieren» notwendige Vorhandensein der Substanz. Entzugserscheinungen sind überlicherweise über relativ gut beobachtbare physiologische Veränderungen erkennbar: erhöhte Körpertemperatur und Pulsrate, Tremor, Übelkeit und Schwitzen, in manchen Fällen auch Krampfzustände. Die Entzugssymptome werden durch die erneute Zufuhr der Substanz beendet.

3.3 Neurophysiologische Verstärkungswirkungen von Drogen

Zahlreiche tierexperimentelle Arbeiten zur Selbstreizung verschiedener Hirnstrukturen weisen darauf hin, daß nahezu alle psychoaktiven Substanzen positive Verstärkereigenschaften besitzen. Bereits 1969 beschrieben Deneau, Yanagita und Seevers, daß sich auch Primaten eine Reihe dieser Substanzen selbst zuführen, wenn ihnen dazu Gelegenheit geboten wird: Amphetamin, Ethanol, Koffein, Kodein, Kokain, Morphin und Pentobarbital. Interessanterweise war in diesen Versuchen die physische Abhängigkeit nicht die Voraussetzung für die Substanzzufuhr. Nachfolgende Untersuchungen haben diese Beobachtungen bestätigt, und immer wieder zeigen können, daß Versuchstiere bei limitierter Dosis ein stabiles Konsummuster für selbstzugeführte Substanzen entwickeln, ohne Anzeichen einer körperlichen Abhängigkeit zu entwickeln. Jaffe (1985) schloß daraus, daß ein anfänglicher Drogenkonsum auch ohne psychopathologische Vorbedingungen oder andere Vulnerabilitätsfaktoren entstehen kann. Diese Selbstadministrationsversuche waren für die weitere Untersuchung der an den Verstärkungswirkungen von Drogen beteiligten Gehirnarealen besonders hilfreich.

Bereits wenige Jahre nach Jaffe veröffentlichten Koob und Bloom (1988) in Science eine Arbeit, in der sie in wegweisender Form die an den Abhängigkeiten im wesentlichen beteiligten molekularen und zellulären Mechanismen beschrieben. Darin konnten sie zeigen, daß eine Reihe von Hirnarealen, deren Funktion bei operanten Verstärkungsmechanismen bekannt ist (Olds, 1977), auch an der Vermittlung der Verstärkungseffekte von Drogen beteiligt sind. Und zwar gilt dies sowohl für Opioide wie auch für Alkohol und für Psychostimulatien (Otto, Rommelspacher & Schmidt, 1989). Eine zentrale Stellung nimmt dafür der Dopamin produzierende nucleus accumbens im Hirnstamm mit seinen dopaminergen Verbindungen zum Limbischen System und das mittlere Vorderhirn-

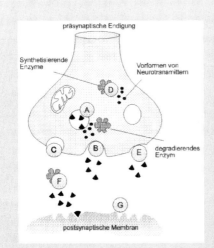

A. Drogen können zur Entleerung von Vestikeln innerhalb der präsynaptischen Endigung führen,

B. die Transmitterkonzentration vor der präsynaptischen Membran erhöhen,

C. sie können den Transmitterausstoß in den synaptischen Spalt blockieren,

D. Drogen können Enzyme inhibieren, die Transmitter synthetisieren,

E. den Reuptake von Neurotransmittern hemmen,

F. sie können Enzyme blockieren, die Neurotransmitter im synaptischen Spalt abbauen,

G. Drogen können auf Grund ihrer chemischen Ähnlichkeit an postsynaptische Rezeptoren binden und dadurch die natürlichen Transmitter ersetzen oder deren Wirkung blockieren.

Abbildung 1: Synaptische Zielorte psychoaktiver Substanzen (nach Snyder, 1986)

bündel mit seinen dopaminergen, noradrenergen und serotonergen neuronalen Projektionen ein (Böning, 1989). Da sich – auch im Sinne des Opponenten-Prozeß-Modells (siehe unten) – belohnende Drogenwirkungen mit externen und internen Hinweisreizen koppeln können, sind mit jeder Form des Drogengebrauchs assoziative Lernprozesse zu erwarten, die sich sowohl in der Einnahme – wie auch in der Entzugsphase ausbilden. Abhängig von der Art der Drogeneinnahme und von der zeitlichen Entwicklung der Drogenwirkung im Organismus zeigen sie eine unterschiedlich starke Löschungsresistenz bzw. Vergessenskurve. Beispielhaft seien hierfür das sog. «needle-freak»-Phänomen, bei dem ehemalige Fixer alleine durch das Einstechen einer Nadel eine kurzfristige, drogenähnliche Wirkung erreichen können oder die von O'Brien, Childress, McLellan und Ehrman (1992) berichteten Beobachtungen genannt, wonach in Therapie befindliche Patienten, wenn sie in einer Laboruntersuchung mit konditionierten Hinweisreizen (z. B. Drogenbegriffen) konfrontiert wurden, deutliche Anzeichen physiologischer Erregung und ein starkes Drogenverlangen entwickelten. Vermutlich lösen der Geruch von Zigarettenrauch beim ehemaligen Raucher oder der Anblick einer Weinhandlung bzw. des vorher oft besuchten Getränkemarkts beim Alkoholiker auf physiologischer und subjektiver Ebene ähnliche Assoziationen aus.

3.4 Das Opponenten-Prozeß-Modell

Auf motivationaler Ebene bildet das Opponenten-Prozeß-Modell von Solomon und Corbit (1974) am besten die neurophysiologischen bzw. -pharmakologischen Vorgänge bei der Suchtentstehung ab (vgl. **Abb. 2**). Obwohl ursprünglich als allgemeines Motivationsmodell formuliert, das auf negativen Verstärkungsprinzipien aufbaut, wird seine Relevanz für die substanzinduzierten Abhängigkeiten in jüngerer Zeit besonders betont (Elbert & Rockstroh, 1990; Rosenhan & Seligman, 1995; Koob & LeMoal, 1997). Es basiert in seinen Annahmen auf drei Phänomenen, die bei der Suchtentwicklung eine entscheidende Rolle spielt: a) auf dem hedonischen Zustand, der durch die ersten Substanzeinnahmen erzeugt wird und trotz unterschiedlicher subjektiver Drogenerfahrungen als allgemein *positiver Primäraffekt* beschrieben werden kann. b) auf der mit dem wiederholten Gebrauch der Substanz eintretenden *affektiven Toleranz*. Das heißt, daß mit der mehrmaligen Drogeneinnahme auch die sub-

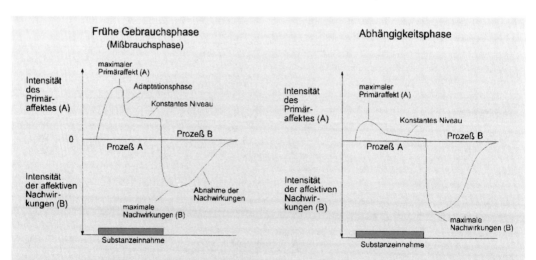

Im linken Teil der Abbildung wird der Verlauf einer einzelnen frühen Drogengebrauchsepisode dargestellt, in der der Wirkungsverlauf unkonditioniert ist. Rechts ist der Primäreffekt bereits habituiert und Prozeß B stark ausgeprägt. In der Abhängigkeitsphase wird die Drogeneinnahme durch die konditionierte Motivation initiiert, Prozeß A herzustellen und Prozeß B zu reduzieren oder zu vermeiden.

Abbildung 2: Opponenten Prozeß-Theorie (nach Solomon & Corbit, 1974)

jektiven Wirkungen bei gleicher Dosis abnehmen. Um den ursprünglichen Effekt wieder zu erreichen, wird in der Folge die Dosis gesteigert. c) In Verbindung mit dieser Toleranzentwicklung steht das *affektive Entzugsphänomen*. Es wird als die negative hedonische Komponente (also als Opponent) einer einzelnen Drogengebrauchsepisode definiert, die in der zweiten Phase (parallel zum metabolischen Abbau der Substanz) während des Entzugs auftritt. Als Entzug verstehen die Autoren hier die Abnahme der Drogenwirkung nach dem einzelnen Gebrauch. Solomon und Corbit unterscheiden zwei Phasen: Die in der anfänglichen Phase des Substanzgebrauchs auftretende positive emotionale Drogenwirkung wird als Prozeß A beschrieben. Dies hängt von der Dosis, der Dauer einer Gebrauchsperiode und der Art der Einnahme ab. Prozeß A initiiert als kompensatorische Reaktion (Nacheffekte) den Prozeß B. Eine solche kompensatorische Reaktion kann z. B. darin bestehen, daß nach mehrmaligem Drogengebrauch postsynaptische Rezeptoren in ihrer Anzahl vermehrt oder «sensitiver» werden. Beim Absetzen der Droge oder bei der durch die metabolische Aktivität eintretenden Konzentrationsabnahme hält die relativ hohe Feuerungsrate der Nervenzellen an und erzeugt auf diese Weise die Nachwirkungen der Substanzeinnahme. Da der Prozeß B mit wiederholter Drogeneinnahme früher einsetzt, stärker ausgeprägt ist und länger anhält, kann er bereits bei der Antizipation der Abfolge A – B auftreten oder an konditionierte Hinweisreize gekoppelt werden. Diese konditionierten diskriminativen Reize können in der Folge den Primäraffekt und/oder den Nacheffekt (Prozeß B) auslösen. Obwohl die Opponenten-Prozeß-Theorie sehr gut mit den an der Abhängigkeitsentwicklung beteiligten Faktoren in analoger Form übereinstimmt, erklärt sie weder die Motivation für den ersten oder anfänglichen Substanzgebrauch noch den häufig (etwa bei Alkohol) beobachteten kontrollierten Gebrauch in weiten Teilen der Bevölkerung.

3.5 Ein psychophysiologischer Indikator für Alkoholismus

Auffällig ist die relativ einheitliche Befundlage im Rahmen der Untersuchung eines bestimmten psychophysiologischen Indikators, nämlich der sogenannten P300 (vgl. **Kasten 2**). Diese im evozierten EEG-Potential als endogene Komponente bekannte Reizantwort tritt sowohl bei Alkoholikern wie auch bei einem Großteil von noch nicht erkrankten Kindern von Alkoholikern mit einer signifikant verringerten Amplitude auf (Begleiter et al., 1984; Steinhauer & Hill, 1993). Ob damit ein psychophysiologischer Vulnerabilitätsmarker im Bereich der Untersuchung der selektiven Aufmerksamkeit gefunden wurde, der spezifisch nur für die Alkoholabhängigkeit gilt oder auch andere Störungen betrifft, ist umstritten. Die Ergebnisse einer Metaanalyse der bisher dazu vorliegenden 22 Studien sprechen zwar dafür, daß die Variation der P300-Amplitude interindividuelle Differenzen kognitiver und psychopathologischer Faktoren abbildet, die mit der Vererbung von Alkoholismus gekoppelt sein können. Gleichzeitig weisen die Autoren aber darauf hin, daß verringerte P300-Amplituden auch bei einer Reihe von anderen Störungen auftreten, die auf Achse I oder Achse II des DSM-Systems kodiert sind (Polich, Pollock & Bloom, 1994).

4. Lerntheoretische Konzepte der Entwicklung und Aufrechterhaltung substanzinduzierter Abhängigkeiten

Neben theoretischen Ausführungen zur Modellwirkung der alkohol- oder drogenkonsumierenden sozialen Bezugsgruppe Jugendlicher und den damit in Verbindung stehenden Modellernprozessen, die vor allem auf Wikler (1965) zurückgehen, konzentrieren sich die aktuellen lerntheoretischen Konzepte vor allem auf die Mechanismen, die die Substanzabhängigkeit aufrechterhalten (Bühringer, 1994). Als entscheidende auslösende Bedingungen für den ersten Substanzkonsum und alle weiteren Substanzeinnahmen werden Neugierde, sozialer Druck, aversive Situationen, Entzugserscheinungen und ein allgemeines Verlangen nach der Substanz genannt. Im Sinne eines Zwei-Faktoren-Lerngeschehens wirken als positive Ver-

Kasten 2
Psychophysiologischer Marker für Alkoholismus (Begleiter et al., 1984)

Fragestellung

EEG-Untersuchungen an chronischen Alkoholikern haben eine Reihe von auffälligen Defiziten gezeigt. In der vorliegenden Studie sollte die Frage geprüft werden, ob männliche Jugendliche mit einem hohen Risiko für eine Alkoholismusentwicklung spezifische Veränderungen in ihrer gehirnelektrischen Aktivität während der Bearbeitung einer selektiven Aufmerksamkeitsaufgabe aufweisen.

Methode

• *Stichprobe:* In dem Experiment wurde die P300 Komponente im evozierten EEG-Potential von 25 Söhnen von Alkoholikern (Alter: M = 11,9, SD = 2,1) mit jenen von 25 Kontroll-personen im gleichen Alter (Alter: M = 12,5, SD = 2,4) in einer psychophysiologischen Untersuchung verglichen.

• *Untersuchungsmethode:* Die Signal-detection-Aufgabe der Versuchspersonen bestand darin, ein für 25 msec auf dem Bildschirm präsentiertes Kopfsymbol in der Form eines O's in vier rotierten Positionen von einem einfachen O zu unterscheiden. Der 160 mal präsentierte non-target-Reiz oder Distraktor war das nicht zu beachtende einfache O. Die zufällig eingespielten Zielreize, auf die jeweils mit dem linken oder rechten Zeigefinger eine Taste zu drücken – abhängig vom sichtbaren Ohr – war, sahen folgendermaßen aus:

«leichte» Aufgaben

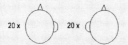

«schwierige» Aufgaben

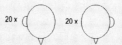

In der als «leicht» definierten Versuchsbedingung sah der Kopf nach oben, die Reaktionstaste mußte also jeweils nach der «Ohrlage» gedrückt werden. In der «schwierigen» Bedingung blickte der Kopf auf dem Bildschirm nach unten, die korrekte Reaktionstaste war also seitenverkehrt zu drücken.

Ergebnisse

Die über parietal-zentral abgeleiteten und gemittelten augenbewegungskorrigierten Potentiale zeigten sowohl in der «leichten» wie in der «schwierigen» Versuchsbedingung signifikant höhere Amplituden in der Kontrollgruppe aus den nicht alkoholbelasteten Familien (siehe unten). Die Autoren interpretierten dieses Ergebnis als ein deutliches Zeichen für ein Arbeitsgedächtnisdefizit bei den Söhnen von Alkoholikern. Dies zeigte sich unter beiden Bedingungen auch in signifikant höheren Fehlerraten der Alkoholikersöhne. Die Reaktionszeiten der beiden Versuchsgruppen unterschieden sich nicht voneinander.

A «leichte» Aufgaben

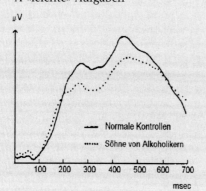

B «schwierige» Aufgaben

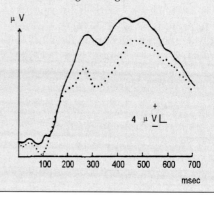

stärker die euphorisierende Drogenwirkung, die erlangte soziale Akzeptanz und das vor allem bei Alkoholikern häufig beobachtete verbesserte soziale und emotionale Reaktionsvermögen während der Alkoholwirkung. Im Sinne der negativen Verstärkung wird der Substanzgebrauch durch die Beendigung von Entzugserscheinungen, die analgetischen Effekte vieler Drogen aber auch durch die Reduktion von Spannungen, Hemmungen, Minderwertigkeitsgefühlen, Langeweile oder Angst aufrecht erhalten.

Eng im Zusammenhang mit lerntheoretischen Überlegungen steht die *Spannungsreduktionshypothese*. Mit ihr wird die mangelnde Angst- und Streßbewältigung indirekt für die Entstehung einer Reihe von Abhängigkeiten verantwortlich gemacht. Psychoaktive Substanzen wie Alkohol, Opiate, Sedativa, Cannabis aber auch Nikotin, haben zum Teil angstlösende und spannungsreduzierende Wirkungen. Die subjektiven Effekte von Stimulantien können, obwohl sie physiologisch allgemein das Erregungsniveau erhöhen, durch ihre euphorisierende Wirkung ebenfalls Angst und Spannung verringern. Aufbauend auf diesen Überlegungen fußen tierexperimentelle Untersuchungen von Conger (1950), der die spannungsreduzierende Wirkung von Alkohol anhand der verringerten Vermeidungsreaktionsfrequenzen nachgewiesen hat. Sher und Levenson (1982) berichten ähnliche Effekte aus Analogiestudien an sozialen Trinkern. Einschränkend muß aber angemerkt werden, daß die untersuchten Personen keine Alkoholiker waren und aus diesem Grund die beobachtete Spannungsreduktion möglicherweise nur für diese Teilpopulation gilt. Die kritische Frage nach der zeitlichen Sequenz der Substanzeinnahme, nämlich ob sie vor oder nach einem belastenden Ereignis erfolgt, also ein antizipatorisches Verhalten darstellt oder in der Folge von Belastungen eintritt, wurde von Sayette und Wilson (1991) geprüft. Es zeigte sich, daß – gemessen an der registrierten Herzfrequenz – bei den untersuchten Personen lediglich die vor einer sozialen Streßsituation eingenommene Alkoholdosis einen dämpfenden Effekt hatte. Die Alkoholeinnahme nach dem Belastungsereignis führte zu einer ausgeprägten, durch Alkohol induzierten Herzratenakzeleration. Hingegen unterschieden sich die subjektiven Angstratings in den beiden Bedingungen nicht. Daher bleibt offen,

ob die Spannungsreduktionshypothese lediglich für den physiologischen Bereich Gültigkeit hat, oder ob sie eher auf kognitive Effekte zurückzuführen ist. Denn die von Marlatt und Gordon (1985) durchgeführten Experimente zur sogenannten «Wirkungserwartung» zeigen, daß in den allermeisten Fällen unter der Erwartung, daß ein eingenommenes Getränk Alkohol enthält, auch subjektive Entspannungseffekte berichtet werden.

Heute läßt sich sagen, daß die über lange Zeit stark favorisierte Streßreduktionshypothese nur mehr im eingeschränkten Maße in Zusammenhang mit dem Risikofaktor mangelnde Streßbewältigung als vermittelnde Größe bei der Entstehung von Abhängigkeiten betrachtet werden kann.

5. Sozialisationseinflüsse

Unabhängig von ihrem theoretischen Hintergrund gehen die meisten Ätiologiemodelle für die verschiedenen Suchtformen davon aus, daß Einflüsse der sozialen Umwelt, seien sie durch Familienmitglieder oder das weitere soziale Umfeld bzw. Milieu bedingt, die Ausprägung von Risikofaktoren für die Entwicklung einer Abhängigkeit fördern. Dabei spielen die klassischen Konzepte frühkindlicher konflikthafter Entwicklungen in der Sozialisation, wie sie von tiefenpsychologischen bzw. pychoanalytischen Theorien formuliert wurden, lediglich eine historische Rolle. Im Vordergrund stehen gegenwärtig die Untersuchungen zu psychologischen Typologien, zu prä- und komorbiden psychischen Störungen und zu entwicklungspsychologischen Analysen des Familieneinflusses.

5.1 Milieu- vs familiärbedingter Alkoholismus

In den letzten 10 Jahren entwickelten sich Forschungsansätze, die verschiedene biologische Bedingungsfaktoren in Verbindung mit psychologischen Typologien von Alkoholikern brachten. Alkoholikersubtypen wurden zwar schon früh von Bowman und Jellinek (1941) beschrieben, aber erst Anfang der achtziger Jahre hat vor allem der Einsatz multivariater statistischer Methoden es erstmals ermöglicht, umfangreiche Datensätze auf Alkoholismustypologien hin zu untersuchen (Babor, 1994). In diesen Analysen wurden die familiäre Prädisposition, prämorbide Persönlichkeitseigenschaften, die aktuelle Symptomatik, das Trinkverhaltensmuster, der Schweregrad der Abhängigkeit, die komorbide Psychopathologie, das Alter zu Beginn des problematischen Trinkverhaltens, die zeitliche Dynamik der Abhängigkeitsentwicklung und der Schweregrad der durch den Alkoholismus bedingten sozialen und beruflichen Beeinträchtigung mit berücksichtigt.

Unter einer Reihe relativ ähnlicher Studien (Morey & Skinner, 1986; Zucker, 1987; Babor et al., 1992) wurde das Modell von Cloninger (1987) am bekanntesten. Er unterscheidet zwei Typen von Alkoholikern: Den Typ I- oder auch milieubeeinflußten und den auf Männer eingeschränkten Typ II-Alkoholismus. Unter Milieu wird dabei das weitere soziale Umfeld einer Person definiert, das sich aus Verwandten, Freunden, Bekannten und Arbeitskollegen zusammensetzt. Im Vergleich zu Kindern aus Kontrollfamilien ohne Alkoholismusdiagnose besitzen Kinder von Typ I-Alkoholikern ein doppelt so hohes Risiko selbst Alkoholismus zu entwikkeln. Adoptierte Söhne von Typ II-Alkoholikern tragen ein neunfach höheres Risiko, während adoptierte Töchter von Typ II-Alkoholikern kaum ein Risiko aufweisen. Typ I-Alkoholiker entwickeln ihre Abhängigkeit nach dem 25. Lebensjahr, zeigen kaum ein spontan auftauchendes Bedürfnis nach Alkohol und sind nur selten physisch aggressiv oder mit dem Gesetz in Konflikt. Hingegen zeigen sie häufig eine psychische Abhängigkeit von Alkohol und Kontrollverlust, aber auch Schuldgefühle und Angst vor dem Alkoholismus. Während ihre Persönlichkeitstendenz, sich zu aktivieren und sich neuen Situationen auszusetzen (novelty seeking), gering ausgeprägt ist, zeigen sie eine hohe Tendenz, aversive Ereignisse zu vermeiden und eine starke Abhängigkeit von (sozialer) Belohnung. Typ I-Alkoholiker weisen häufiger Lebererkrankungen auf als Typ II-Alkoholiker, die relativ wenige körperliche Erkrankungen erleiden, hingegen deutlich mehr soziale und berufliche Probleme entwickeln. Typ II-Alkoholiker entwickeln ihre Abhängigkeit sehr früh (vor dem 25. Lebensjahr), haben häufig ein spontanes Verlangen nach Alkohol, eine hohe Bereitschaft zu physischer Aggression und sind

häufiger mit dem Gesetz in Konflikt. Ihre psychische Abhängigkeit von Alkohol und ihr Schuldbewußtsein hinsichtlich des Trinkens sind gering ausgeprägt. Sie suchen gerne neue Situationen und greifen stimulierende Aktivitäten auf (behavioral activation). Ihre Tendenz, aversive Ereignisse oder Erlebnisse zu vermeiden, aber auch ihre Abhängigkeit von (sozialer) Belohnung ist gering.

Besonders interessant an Cloningers Theorie der «Neurogenetisch adaptiven Mechanismen des Alkoholismus» ist, daß er die beiden mit einem unterschiedlich stark ausgeprägten Risiko behafteten Alkoholismus-Typen dem Überwiegen verschiedener Verhaltensregulationssysteme im Gehirn zuschreibt. Danach werden die Persönlichkeitseigenschaften des Typ I-Alkoholikers überwiegend durch die Aktivität der serotonerg und noradrenerg arbeitenden Hirnregionen des Verhaltensinhibitionssystems und des verhaltensaufrechterhaltenden Belohnungssystems vermittelt. Die Verhaltenseigenschaften des Typ II-Alkoholikers werden hingegen überwiegend vom dopaminerg arbeitenden Verhaltensaktivierungssystem gesteuert.

Nachfolgende Untersuchungen zu einzelnen Aspekten dieser und ihr verwandter Typologien (Babor et al., 1994) zeigen nach der Einschätzung von Meyer (1994) zwar relativ hohe Übereinstimmung, jedoch sind sie bezüglich ihrer Reliabilität noch unbefriedigend. Dennoch vermittelt die jüngste Forschung zu den familiär bedingten unterschiedlichen Alkoholismusformen den Eindruck einer sehr integrativen, an Diathese-Streß-Konzepten orientierten Theorienformulierung.

5.2 Vermittelnde Persönlichkeitsfaktoren

Die Suche nach den vermittelnden Faktoren, die bei der Übertragung des Risikos von den Eltern auf die Kinder beteiligt sind, hat sich neben den genetischen Markern im wesentlichen auf die Erhebung des komorbiden Psychopathologiebefundes sowie auf die Erfassung von Persönlichkeitseigenschaften, kognitiven Funktionen und psychophysiologischen Auffälligkeiten konzentriert (vgl. Lachner & Wittchen, 1995).

Im Bereich psychopathologischer Auffälligkeiten weisen Personen aus belasteten Familien vor ihrem Alkohol- oder Drogenmißbrauch deutlich vermehrte Diagnosen von Angst und Depression auf (Chassin, Pillow, Curran, Molina & Barrera, 1993), wobei jedoch diskutiert wird, ob die im Zusammenhang mit dem Alkoholismus der Eltern häufig beobachteten Partnerschaftsschwierigkeiten oder psychopathologische Auffälligkeiten eines Elternteils als Ursache für diese Entwicklungen zu betrachten sind. In der zeitlichen Abfolge würde dies bedeuten, daß Risikopersonen vor ihrer Sucht eine Angst- oder affektive Störung entwickeln, die durch das abnorme Verhalten der Eltern bedingt ist.

Im Rahmen der Persönlichkeitsuntersuchungen sind vor allem zwei Merkmale bei Risikoprobanden aus Alkoholikerfamilien beschrieben worden: zum einen die sogenannte antisoziale Persönlichkeitsstörung (Harford & Parker, 1994) und die Hyperaktivität und Impulsivität (Tarter, McBride, Bounpane & Schneider, 1977).

Inwieweit risikobehaftete Kinder aus Alkoholikerfamilien durchgängig mit kognitiven Defiziten belastet sind, ist umstritten. Die Untersuchung verschiedener Intelligenzfaktoren wie Abstraktionsfähigkeit, Lern- und Gedächtnisleistung, Problemlösefähigkeit oder logisches Denken ergab bisher keine durchgängig einheitliche Befundlage (vgl. Lachner & Wittchen, 1995).

Wenn in den Beschreibungen der Drogen- und Alkoholproblematik Jugendlicher als eine wesentliche Determinante häufig die broken-home-Situation genannt wird, so resultiert diese zum großen Teil aus Familien, die durch eine Inkonsistenz in normativen Anforderungen, eine geringe Konventionalität, wenig Aufsicht und Herausforderung sowie durch eine geringe Einflußnahme und wenig Unterstützung gekennzeichnet sind (Baumrind, 1991). Hingegen kommen Jugendliche, die wenige oder keine Probleme mit Alkohol oder Drogen aufweisen aus Familien, die Wärme und Zuwendung mit klaren Erwartungen verbinden und dadurch die Entwicklung kognitiver und sozialer Kompetenzen fördern (Silbereisen, 1996). Im letztgenannten Fall ist der familiäre Erziehungsstil ein entscheidender protektiver Faktor für die Verhinderung jugendlicher Drogen- und Alkoholkarrieren.

6. Soziologische Bedingungsfaktoren

Historisch betrachtet gab es zu allen Zeiten und in allen Kulturen psychotrope Substanzen. Zahlreiche Berichte aus der Antike und Berichte über den Drogengebrauch bei nord- und mittelamerikanischen Indianerstämmen sowie die uralte Tradition des Opiumanbaus in den fernöstlichen Ländern zeugen von der langen Tradition im Gebrauch dieser Substanzen. Der seit Jahrtausenden betriebene Weinbau, aber auch der bei den amerikanischen Ureinwohnern bekannte Tabakanbau seien als weitere Beispiele genannt. Bedingt durch die geographische Lage einer Region, durch kulturell definierte Gebrauchsformen aber auch eingeschränkt über religiöse Tabus oder Prohibition, war der Zugang zu suchterzeugenden Substanzen nur in reduzierter Form oder gar nicht möglich. Durch den Fortschritt der Zivilisation und die Entdeckung Amerikas wurde zum Beispiel Tabak durch den Ausbau der Handelswege erst im 16. Jahrhundert nach Europa gebracht. Davor war der Nikotingenuß hier unbekannt. Ein weiteres Beispiel aus unserem Jahrhundert ist die in den siebziger Jahren erstmals stark auftretende Verbreitung von illegalen Drogen. Durch die «Konjunktur» von Drogenkartellen und dem damit verbundenen illegalen Drogenhandel kam es zur weitverbreiteten Verfügbarkeit von Opiaten. Schließlich darf an dieser Stelle nicht unerwähnt bleiben, daß erst nach der Entdeckung und pharmazeutischen Entwicklung der Barbiturate und Benzodiazepine ihr Mißbrauch und die entsprechenden Abhängigkeiten entstanden. So trivial das Argument zunächst klingen mag, aber ohne die jeweilige Substanz gibt es keine entsprechende Abhängigkeit. Daß die Verfügbarkeit einer Droge immer die entscheidende Voraussetzung für das Entstehen einer Sucht ist, wurde bereits früh von Lindesmith (1947) und Ausubel (1961) und in jüngerer Zeit von Bühringer (1990) und Silbereisen, Robins und Rutter (1995) diskutiert. In der Entwicklung der Drogenpolitik vieler Länder wird dieses Argument leider allzuschnell vergessen oder gar nicht ernst genommen (MacCoun & Reuter, 1997).

7. Sozialprotektive Bedingungsfaktoren

Der am besten dokumentierte psychologisch protektiv wirksame Faktor besteht in der Vermittlung und Förderung sozialer Kompetenzen. Ausgehend von der Überlegung, daß der schwache Widerstand gegen negative peer-Gruppeneinflüsse im wesentlichen auf mangelnde soziale Fertigkeiten und Problemlösungsfähigkeiten zurückzuführen ist, haben mehrere prospektiv angelegte Primärpräventionsstudien versucht, durch frühzeitig in den Schulen vermittelte Programme Alkohol-, Tabak- und Drogenkonsum zu verhindern, bzw. zu reduzieren. Die neben der Aufklärung über Suchtmittel wesentlichen Übungs- und Trainingsinhalte betrafen das frühzeitige Erkennen von sozialem Druck Drogen zu nehmen, die Vermittlung und Übung von Aussagen gegen pro-Drogenargumente, das Training im Nein-Sagen-Können bei Drogenangeboten, das Sammeln von positiven Argumenten für eine Drogenfreiheit und das Erkennen der Vorteile einer selbstgelebten Drogenfreiheit. Die Berichte über die effektive Wirksamkeit solcher Programme im primärpräventiven Bereich (Ellickson & Bell, 1990; Botvin, Baker, Dusenbury, Tortu & Botvin, 1990) unterstützen die These, daß gut entwickelte soziale Fertigkeiten den besten Schutz gegen den Alkohol- und Tabakkonsum, aber auch gegen das Probieren von Cannabis oder anderen Drogen darstellen.

8. Ausblick

Aus den dargestellten Ergebnissen zu den biologischen und psychologischen Erklärungsansätzen der Substanzabhängigkeitsgenese ergeben sich nur bruchstückhaft Teile einer umfassenden Theorie der Entstehung von Süchten. Unklar ist nach wie vor, ob sich die weitestgehend im Bereich der Alkoholismusforschung erarbeiteten Störungsmodelle auf andere Abhängigkeiten übertragen lassen und inwieweit die bislang beschriebenen Bedingungsfaktoren auch in die Konzepte für Prävention und Therapie erfolgreich übertragen werden können. Auffällig ist vor allem, daß zu der am stärksten verbreiteten Abhängigkeit,

nämlich dem Rauchen, in der psychologischen Literatur äußerst wenige Arbeiten existieren, die sich mit den ätiologischen Faktoren beschäftigen. Dazu kommt, daß auch in den Lehrbüchern zu genetischen und biologisch-psychologischen Konzepten dieser Sucht nur äußerst dürftige Informationen vorliegen. Hier liegt eindeutig ein Defizit in der Erforschung einer spezifischen substanzinduzierten Abhängigkeit vor. Ähnliches trifft auch für Modedrogen wie Ecstasy oder angel dust zu. Hier müssen vor allem zukünftige klinisch-psychologische Forschungsansätze eine stark interdisziplinären Perspektive anstreben, die vor allem kognitions-, entwicklungs- und sozialpsychologische Hypothesen integriert. Persönlichkeits-, lern- und motivationspsychologische Ansätze dürfen dabei keinesfalls wieder vernachlässigt werden.

9. Literatur

Ausubel, D. P. (1961). Causes and types of narcotic addiction: A psychosocial view. *Psychiatric Quarterly, 35*, 523–531.

Babor, Th. F. (1994). Introduction. Method and theory in the classification of alcoholics. *Annals of the New York Academy of Sciences, 708*, 1–6.

Babor, Th. F., Hesselbrock, V., Meyer, R. E. & Shoemaker, W. (Eds.). (1994). Types of alcoholics. *Annals of the New York Academy of Sciences, Bd. 708.*

Babor, Th. F., Hofmann, M., Delboca, F., Hesselbrock, V., Meyer, R., Dlinsky, Z. S. & Rounsaville, B. (1992). Types of alcoholics: 1. Evidence for an empirically derived typology based on indicators of vulnerability and severity. *Archives of General Psychiatry, 49*, 599–608.

Baumrind, D. (1991). The influence of parenting style on adolescent competence and substance use. *Journal of Early Adolescence, 11*, 56–95.

Begleiter, H., Porjesz, B., Bihari, B. & Kissin, B. (1984). Eventrelated brain potentials in boys at risk for alcoholism. *Science, 225*, 1493–1496.

Blum, K. Noble, E. P., Sheridan, P. J. Montgomerry, A., Ritchie, T., Jagadeeswaran, P., Nogami, H., Briggs, A. H. & Cohn, J. B. (1990). Allelic association of human D_2-dopamine receptor gene in alcoholism. *Journal of the American Medical Association, 263*, 2055–2060.

Böning, J. (1991). Zur Neurobiologie und Psychopathologie süchtigen Verhaltens. In K. Wanke, G & Bühringer (Hrsg.), *Grundstörungen der Sucht.* Heidelberg: Springer.

Botvin, G. J., Baker, E., Dusenbury, L., Tortu, S. & Botvin, E. M. (1990). Preventing adolescent drug abuse through a multimodal cognitive-behavioral approach: Results of a 3-year study. *Journal of Consulting and Clinical Psychology, 58*, 437–446.

Bowman, K. M. & Jellinek E. M. (1941). Alcohol addiction and its treatment. *Quarterly Journal for Studies on Alcohol, 2*, 98–176.

Bühringer, G. (1994). Mißbrauch und Abhängigkeit von illegalen Drogen und Medikamenten. In H. Reinecker (Hrsg.), *Lehrbuch der Klinischen Psychologie* (S. 146–221). Göttingen: Hogrefe.

Chassin, L., Pillow, D. R., Curran, P. J., Molina, B. S. G. & Barrera, M. (1993). Relation of parental alcoholism to early adolescent substance use: a test of three mediating mechanisms. *Journal of Abnormal Psychology, 102,* 3–19.

Cloninger, C. R. (1987). Neurogenetic adaptive mechanisms in alcoholism. *Science, 236,* 410–416.

Comer, R. J. (1995). *Klinische Psychologie.* Heidelberg: Spektrum-Verlag.

Conger, J. J. (1951). The effects of alcohol on conflict behavior in albino rat. *Quarterly Journal of Studies on Alcohol, 12,* 350–367.

Deneau, G., Yanagita, T. & Seevers, M. H. (1969). Self-administration of psychoactive substances by the monkey. *Psychopharmacologia, 16,* 30–48.

Devor, E. J. (1994). A Developmental-Genetic Model of Alcoholism: Implications for Genetic Research. *Journal of Consulting and Clinical Psychology, 62,* 1108–1115.

Devor, E. J., Greed, W. A., Hoffman, P. L., Tabakoff, B. & Cloninger, C. R. (1994). Platelet MAO Activity in Type I and Type II Alcoholism. *Annals of the New York Academy of Sciences, 708,* 119–128.

Edwards, G., Arif, A. & Hodgson, R. (1981). Nomenclature and classification of drug- and alcohol-related problems: A WHO memorandum. *Bulletin of the World Health Organization, 59,* 225–242.

Elbert, Th. & Rockstroh, B. (1990). *Psychopharmakologie.* Berlin: Springer.

Ellickson, Ph. L. & Bell. R. M. (1990). Drug Prevention in Junior High: A Multi-Site Longitudinal Test. *Science, 247,* 1299–1305.

Greenspan, R., Kandel, E. R. & Jessel, Th. M. (1995). Gene und Verhalten. In E. R. Kandel, J. H. Schwartz & Th. M. Jessel (Hrsg.), *Neurowissenschaften* (S. 567–590). Heidelberg: Spektrum.

Harada, S. Agarwal, D. P., Goedde, H., Togzki, S. & Ishikawa, B. (1982). Possible protective role against alcoholism for aldehyde dehydrogenase isozyme deficiency in Japan. *Lancet, 2,* 827.

Harford, T. C. & Parker, D. A. (1994). Antisocial behavior, family history, and alcohol dependence symptoms. *Alcoholism: Clinical and Experimental Research, 18,* 265–268.

Hüllinghorst, R. (1994). Zur Versorgung der Suchtkranken in Deutschland. In Deutsche Hauptstelle gegen die Suchtgefahren (Hrsg.), *Jahrbuch Sucht 95* (S. 153–162). Gesthacht: Neuland.

Jaffe, J. H. (1985). Drug addiction and drug abuse. In A. J. Goodman & L. S. Gilman (Eds.), *The pharmacological basis of therapeutics* (pp. 88–105). New York: Macmillan.

Junge, B. (1994). Tabak. In Deutsche Hauptstelle gegen die Suchtgefahren (Hrsg.), *Jahrbuch Sucht 95* (S. 9–30). Gesthacht: Neuland.

Knorring, A.-L. von, Bohman, M., Knorring, L. von & Oreland, L. (1985). Platelet MAO activity as a biological marker in subgroups of alcoholism. *Acta Psychiatrica Scandinavica, 72,* 51–58.

Koob, G. F. & Bloom, F. (1988). Cellular and molecular mechanisms of drug dependence. *Science, 242,* 715–722.

Koob, G. F. & Le Moal, M. (1997). Drug Abuse: Hedonic Homeostatic Dysregulation, *Science, 278,* 52–58.

Lachner, G. & Wittchen, H.-U. (1995). Familiär übertragene Vulnurabilitätsmerkmale für Alkoholmißbrauch und -abhängigkeit. *Zeitschrift für Klinische Psychologie, 24,* 118–126.

Lindesmith, A. R., (1947). *Opiate addiction.* Bloomington, Indiana: Principia Press.

Maier, W. (1995). Mechanismen der familiären Übertragung von Alkoholabhängigkeit und Alkoholabusus. *Zeitschrift für Klinische Psychologie, 24,* 147–158.

Marlatt, G. A. & Gordon, J. R. (Eds.). (1985). *Relapse prevention. Maintainance strategies in the treatment of addictive behaviors.* New York: Guilford.

Mac Coun, R. & Reuter, P. (1997). Interpreting Dutch Cannabis Policy: Reasoning bei Analogy in the Legalization Debate. *Science, 278,* 47–52.

McLellan, A. Th., Alterman, A. T., Metzger, D. S., Grissom, G. R., Woody, G. E., Luborsky, L. & O'Brian, Ch. P. (1994). Similarity of Outcome Predictors Across Opiate, Cocain, and Alcohol Treatments: Role of Treatment Services. *Journal of Consulting and Clinical Psychology, 62,* 1141–1158.

Meyer, R. E. (1994). Toward a Comprehensive Theory of Alcoholism. *Annals of the New York Academy of Sciences, 708, 238–250.*

Morey, L. C. & Skinner, H. A. (1986). Empirically derived classification of alcohol-related problems. In M. Galanter (Ed.), *Recent Developments in Alcoholism* (pp. 45–168). New York: Plenum.

O'Brien, C. P., Childress, A. R., McLellan, A. T. & Ehrman, R. (1992). A learningmodel of addiction. In C. P. O'Brien & J. H. Jaffe (Eds.), *Addictive states* (pp. 400–415). New York: Raven.

Olds, J. (Ed.). (1977). *Drives and Reinforcements. Behavioral Studies of the Hypothalamic Functions.* New York: Raven.

Otto, M., Rommelspacher, H. & Schmidt, L. G. (1991). Neurobiologische Befunde bei Opioidabhänigen. In K. Wanke & G. Bühringer (Hrsg.), *Grundstörungen der Sucht.* Heidelberg: Springer.

Polich, J., Pollock, V. E. & Bloom, F. E. (1994). Meta-analysis of P300 amplitude from males at risk for alcoholism. *Psychological Bulletin, 115,* 55–73.

Propping, P., Nöthen, M. H., Körner, J., Rietschel, M. & Maier, W. (1994). Assoziationsuntersuchungen bei psychiatrischen Erkrankungen. Konzepte und Befunde. *Nervenarzt, 65,* 725–740.

Risch, N. (1992). Genetic Linkage: Interpreting Lod Scores. *Science, 255,* 803–804.

Rosenhan, D. L. & Seligman, M. E. P.(1995). *Abnormal Psychology.* New York: Norton.

Sayette, M. A. & Wilson, G. T. (1991). Intoxication and exposure to stress: Effects of temporal patterning. *Journal of Abnormal Psychology, 100,* 56–62.

Sher, K. J. & Levenson, R. W. (1982). Risk for alcoholism and individual differences in the stress-response-dampening effects of alcohol. *Journal of Abnormal Psychology, 91,* 350–367.

Silbereisen, R. K. (1996). Entwicklungspsychologische Aspekte von Alkohol- und Drogengebrauch. In R. Oerter & L. Montada (Hrsg.), *Entwicklungspsychologie* (S. 171–184). Weinheim: Psychologische Verlags Union.

Silbereisen, R.K., Robins, L. & Rutter, M. (1995). Secular Trends in Substance Use: Concepts and Data on the Impact of Social Change on Alkohol and Drug Abuse. In M. Rutter & D.J. Smith (Eds.), *Psychosocial Disorders in Young People* (pp. 490–543). Chichester: Wiley.

Snyder, S.H. (1986). *Drugs and the brain*. New York: Scientific American Library.

Solomon, R.L. & Corbit, J.D. (1974). An opponent process theory of motivation. *Psychological Reviews, 81,* 119–145.

Steinhauer, S.R. & Hill, S.Y. (1993). Auditory event-related potentials in children at high risk for alcoholism. *Journal of Studies on Alcohol, 54,* 408–421.

Sullivan, J.L., Stanfield, C.S. & Dackis, C. (1977). Platelet monoamine oxidase in schizophrenia and other psychiatric illnesses. *American Journal of Psychiatry, 134,* 1098–1103.

Tarter, R.E., McBride, H., Bounpane, N. & Schneider, D.U. (1977). Differentiation of alcoholics. Childhood history of minimal brain disfunction, familiy history, and drinking pattern. *Archives of General Psychiatry, 34,* 761–768.

Tu, G.-Ch. & Israel, Y. (1995). Alcohol consumption of Orientals in North America is predicted largely by a single gene. *Behavior Genetics, 25,* 59–65.

Uhl, G., Blum, K., Noble, E. & Smith, S. (1993). Substance abuse vulnerability and D_2-receptor genes. *Trends in Neuroscience, 16,* 83–88.

Wikler, A. (1965). Conditioning factors in opiate addiction and relapse. In D.M. Wilner & G.G. Kassebaum (Eds.), *Narcotics* (pp. 85–100). New York: McGraw Hill.

Zucker, R.A. (1987). The four alcoholisms: A developmental account of the etiologic process. In P.C. Rivers (Ed.), *Alcohol and Addictive Behavior* (pp. 27–83). Lincoln: University of Nebraska Press.

34.3 Störungen durch psychotrope Substanzen: Intervention

Gerhard Bühringer und Roman Ferstl

Inhaltsverzeichnis

1. Einführung

Auf den ersten Blick ist das Erscheinungsbild von Personen mit einem Mißbrauch psycho-aktiver Substanzen sehr unterschiedlich. Zum Beispiel ist ein «typischer» Alkoholabhängiger, wenn er erstmals in Behandlung kommt, in der Regel über 35 Jahre alt, hat seine Schul- und Berufsausbildung abgeschlossen und ist häufig noch in die Familie, in die Arbeitswelt und in einen Freundeskreis integriert. Dem gegenüber steht ein Drogenabhängiger, der zum Zeitpunkt der ersten Behandlung etwa 20 bis 25 Jahre alt ist, keine abgeschlossene Schul- und Berufsaus-bildung vorweisen kann, sozial verwahrlost ist und ohne emotionale Bindung an Partner und Freunde lebt. Eine weitere Gruppe bilden Er-wachsene im mittleren Alter mit einem Kokain-mißbrauch, überwiegend männlich, aus «krea-tiven» Berufen, die sozial integriert und beruflich erfolgreich sind. Jahrelang wurden diese Unterschiede stark betont und erst in jün-gerer Zeit werden die gemeinsamen Symptome und Funktionsstörungen aller Substanzabhän-gigkeiten wieder stärker in den Vordergrund ge-rückt.

2. Gemeinsame Merkmale der Symptomatik und Behandlung aller Klassen der Substanzabhängigkeit

2.1 Symptomatik

Die internationalen Klassifikationssysteme DSM-IV (APA, 1994) und ICD-10 (Dilling, Mombour & Schmidt, 1991) berücksichtigen bei ihren dia-gnostischen Leitlinien für die Klassifikation der Störungen durch psychotrope Substanzen – ne-ben körperlichen und psychischen Folgen von Intoxikationen vor allem «schädlicher Ge-brauch» und «Abhängigkeit» – nur das Auftreten von wenigen Kriterien aus einer Liste von sieben bis acht Symptomen. Aus Vereinfachungsgründen wird im folgenden «Mißbrauch» als Überbegriff für beide Ausprägungen und «Substanzen» bzw. «Substanzgebrauch» als gemeinsame Begriffe für alle psychoaktiven Substanzen verwendet. Edwards, Arif und Hadgson (1981) haben das Konzept des Abhängigkeitssyndroms durch verschiedene Merkmale operationalisiert, die heute als gemeinsame Verständigungsebene überwiegend akzeptiert werden (s. auch Kap. 34.1/Klassifikation, Diagnostik). Diese Symptome sind für Verständigungs- und Klassifikationszwecke ausreichend, müssen aber für die Behandlungsplanung auf drei Ebenen ausdifferenziert werden (in Klammern sind jeweils nur einige Beispiele angegeben):

(1) *Behandlung der körperlichen Auswirkungen:* Körperliche Abhängigkeit von einer Hauptsubstanz (Toleranz, Entzug); Zusätzlicher Mißbrauch anderer psychoaktiver Substanzen; Körperliche Begleit- und Folgeerkrankungen (z.B. Magen und Darmerkrankungen, Lebererkrankungen, Haut- und Geschlechtskrankheiten, Krankheiten durch Fehl- und Unterernährung, Polyneuropathien, Infektionskrankheiten wie AIDS und Hepatitis).

(2) *Behandlung der psychischen Funktionsstörungen:* Wahrnehmungsstörungen (zahlreiche ursprünglich neutrale interne und externe Reize wirken als konditionierte Stimuli für abhängigkeitsbezogenes Erleben und Verhalten, wie z.B. Entzugserscheinungen oder Wunsch nach Drogen); Gedächtnisstörungen (starke Konzentrationsstörungen); Denkstörungen/Problemlösungsstörungen (langdauernde Perioden zwanghaft eingeschränkter Gedanken über Rauscherlebnisse, über erneuten Konsum und geeignete Wege zur Beschaffung); Sprachstörungen (eingeschränktes Sprachrepertoire für emotionale Äußerungen, szenebezogenes Sprachrepertoire bei jungen Drogenabhängigen); emotionale Störungen (unausgeglichenes und situationsunangepaßtes impulsives Verhalten, schnell wechselnde Stimmungen); Motivationsstörungen (geringe Kompromißfähigkeit, geringe Fähigkeit zur Bewältigung schwieriger Situationen und langwieriger Aufgaben, geringe Toleranz gegenüber verzögerten Erfolgserlebnissen); Störungen der Psychomotorik (stark ver-

langsamte oder agitierte Psychomotorik je nach pharmakologischer Wirkung der Substanzen).

(3) *Behandlung der Entwicklungsstörungen im Bereich der Lebensführung* (Beginn des Substanzmißbrauchs bereits während der Pubertät oder im Jugendalter; vor allem bei Drogenabhängigen): fehlende Fähigkeit zu einer selbständigen Lebensführung; fehlende oder abgebrochene Schul- und Berufsausbildung; fehlende oder lediglich drogenkonsumierende Bezugsgruppe; fehlende Lebensperspektiven.

Innerhalb einer Substanzklasse ist die Form und Intensität der Symptome bei den Betroffenen nicht so einheitlich, wie dies früher angenommen wurde. Vielmehr bestehen individuelle Unterschiede, die im Rahmen der Diagnostik erfaßt werden müssen. So können Auslöser für Rückfälle z.B. in Umgebungsreizen liegen, wie einem Gespräch mit einem drogenkonsumierenden Freund oder dem Angebot von Alkohol, oder in internen Signalen, wie depressiven Stimmungen oder Schmerzen, aber auch emotionalem Wohlbefinden. Für die Behandlungsplanung sind solche individuellen Unterschiede, im Gegensatz zu der früher praktizierten einheitlichen Behandlung für jeden Klienten, zu beachten.

2.2 Motivation zur Behandlung

Ein erstes gemeinsames Problem bei allen Abhängigen stellt die geringe Motivation zur Behandlung dar. Motivation wird hier operationalisiert als Grad der Veränderungsbereitschaft in Hinblick auf (1) den Beginn einer Behandlung, (2) die aktive Mitwirkung an der Erreichung der Therapieziele während der Behandlung bis zum planmäßigen Abschluß und (3) die Vermeidung von Rückfällen nach Ende der Behandlung. Alle drei Aspekte sind im Gegensatz zu den meisten psychischen Störungen, bei denen der Klient ein aktives Interesse am Beginn und am Erfolg einer Behandlung hat, bei einem Mißbrauchsverhalten extrem problematisch. Die körperliche Abhängigkeit und das ständige Verlangen (*Craving*) führen zu einem starken Zwang, immer wieder die benötigte Substanz einzunehmen, so daß die Motivation zur Veränderung des Verhaltens gering ist. Erst im Laufe mehrerer Jahre, wenn allmählich die negativen Konsequenzen des Konsums stärker als die positiven werden, ist ein Abhängiger zum Beginn einer Behandlung bereit. Zunehmende körperliche Erkrankungen, soziale Isolation durch Verlust des Arbeitsplatzes und des Bekanntenkreises sowie die zunehmende Kriminalisierung bei Konsum von illegalen Drogen und die damit verbundenen Folgen spielen hierbei eine Rolle.

Da der äußere Druck in den ersten Wochen der Behandlung schnell wieder in den Hintergrund tritt (Beendigung der polizeilichen Verfolgung, Abklingen der Krankheitssymptome) und die Erinnerungen an positive Erlebnisse im Zusammenhang mit dem Substanzgebrauch bald wieder überwiegen, ist auch die Motivation zur Fortführung und planmäßigen Beendigung einer Behandlung instabil. Die Bereitschaft zur Veränderung muß im Einzelfall für die Behandlungsplanung sorgfältig analysiert werden. Es kann zum Beispiel sein, daß ein Klient lediglich die Folgeerkrankungen behandelt haben möchte, aber zu keiner Änderung seines Konsumverhaltens bereit ist. Oder ein Anderer

erlebt erste negative Konsequenzen des Substanzgebrauchs und beginnt in einem Abwägungsprozeß die Vor- und Nachteile des Konsums zu reflektieren. In einem solchen Fall sofort auf Entgiftung und anschließende Behandlung zur Abstinenz zu drängen, wäre ein Fehler. Ziel müßte zunächst sein, den Klienten in seinem Abwägungsprozeß zu unterstützen und ihm dabei vor allem die negativen Folgen des weiteren Konsums sowie die langfristigen positiven Folgen einer Behandlung bewußt zu machen. Prochaska und DiClemente (1986) haben in Untersuchungen mehrere Phasen der Veränderungsbereitschaft gefunden (s. **Abb. 1**). Ein Abhängiger durchläuft in der Regel mehrmals diesen Zyklus, da er immer wieder rückfällig wird. Dabei werden im Laufe der Jahre die Rückfallzeiten kürzer und die erfolgreichen Phasen länger. Für die Behandlungsplanung bedeuten diese Ergebnisse, daß die jeweilige Phase im Einzelfall erfaßt werden muß und daß die motivationsfördernden und therapeutischen Maßnahmen den jeweiligen Zielen entsprechen müssen (s. **Tab. 1**; für eine ausführliche Darstellung des Themas vgl. Petry, 1993a).

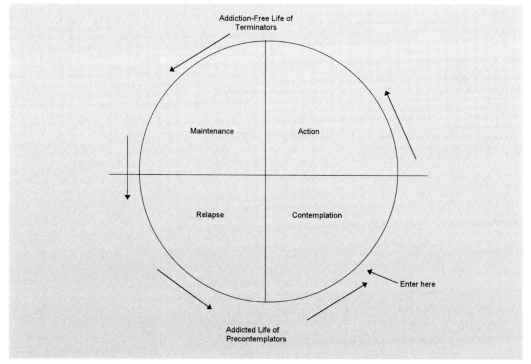

Abbildung 1: Phasen der Veränderungsbereitschaft bei Abhängigen (Prochaska & DiClemente, 1986).

Tabelle 1: Phasen der Veränderungsbereitschaft bei Abhängigen (Prochaska & DiClemente, 1992)

Phasen	Therapeutische Strategien
1. Fehlendes Problembewußtsein («precontemplation») • keine Einsicht • keine Veränderungsbereitschaft	• geringe therapeutische Einflußmöglichkeit • Einfluß durch Umweltfaktoren (z.B. Verlust des Arbeitsplatzes; polizeiliche Verfolgung) und durch innere Faktoren (emotionale und körperliche Schäden)
2. Aufbau eines Problembewußtseins («contemplation») • Selbstbeobachtung • Abwägen der Vor- und Nachteile des Drogenkonsums • Beobachtung der Reaktion von Dritten auf den eigenen Drogenkonsum	• Förderung der Selbstbeobachtung • Betonung der negativen Konsequenzen des Konsums und der positiven Konsequenzen einer Veränderung • Förderung der Entscheidungsbildung • Aufbau einer therapeutischen Allianz • Vereinbarung individueller Ziele
3. Beginn einer Behandlung («action») • Bereitschaft zur Veränderung	• Vermittlung von Kompetenzen zur Führung eines Lebens ohne Abhängigkeit (z.B. Entspannung, Selbstbehauptung, Konfliktlösung) • Zukunftsplanung (Lebensgestaltung; Zeitstruktur)
4. Aufrechterhaltung der Behandlungsziele («maintenance») • Bereitschaft zur Aufrechterhaltung der Veränderungen	• Kompetenzen zur Verminderung des Rückfallrisikos (Beobachtung und Vermeidung kritischer Situationen, Ablehnungstraining) • Kompetenzen zur Bewältigung von Rückfällen
5. Rückfall («relapse») • längere Phasen erneuten Mißbrauchs oder erneuter Abhängigkeit	• geringe therapeutische Einflußmöglichkeit

2.3 Rückfall und Rückfallprävention

Das zweite gemeinsame Problem liegt in der hohen Rückfallquote. Etwa 40 bis 80 Prozent aller behandelten Abhängigen (je nach Substanz und Behandlungssetting) werden spätestens zwei bis drei Jahre nach Ende einer Behandlung rückfällig. Langzeitverläufe zeigen, daß eine «Abhängigkeitskarriere» häufig 10 bis 20 Jahre dauert. Dabei werden während dieser Zeit zahlreiche therapeutische Behandlungen sowie Selbstheilungsversuche durchgeführt. Rückfälle treten in dieser Zeit bei fast allen Abhängigen auf, auch bei solchen mit einer günstigen Entwicklung, wobei der Schweregrad des Rückfalls sowie dessen Häufigkeit im Verlauf der Jahre sehr variiert.

Früher spielte der Rückfall und seine vorausgehenden und nachfolgenden Bedingungen weder in der Forschung noch in der Praxis eine große Rolle. Dies hat sich seit einiger Zeit, vor allem durch die Untersuchungen in der Folge der einflußreichen Publikation von Marlatt und Gordon (1985) geändert. Die Autoren gehen davon aus, daß jedem Rückfall eine Reihe von kognitiven, emotionalen und motorischen Bedingungen vorangehen. Eine Risikosituation, für die keine adäquaten Bewältigungsstrategien zur Verfügung stehen, führt in ihrem Modell (s. **Abb. 2**) zu einer verminderten Bewertung der Selbst-Effektivität im Sinne Banduras und gleichzeitig zu einer positiven Erwartung für die Substanzeinnahme. Beides erhöht die Wahrscheinlichkeit eines ersten erneuten Konsums der Substanz und bedingt damit das Abstinenzverletzungssyndrom, das im Sinne einer sich selbsterfüllenden Prophezeiung eine längere Rückfallepisode einleitet.

Die diagnostischen und therapeutischen Verfahren, die im Rahmen der als Rückfallprävention konzipierten Therapie eingesetzt wer-

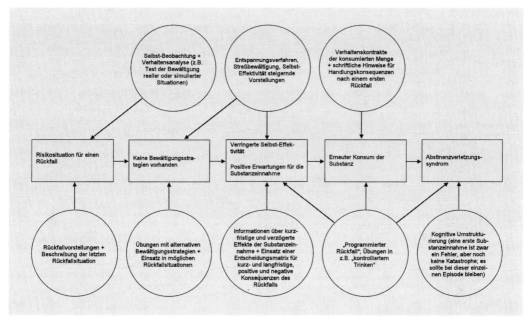

Abbildung 2: Rückfallprävention und ihre spezifischen Interventionsstrategien (nach Marlatt & Gordon, 1985).

den, stammen dabei aus dem verhaltenstherapeutischen Methodeninventar: z.B. Verständnis des Rückfallkonzeptes, Zusammenstellung
der individuellen kritischen Situationen, Vermeidung kritischer Situationen und Aufbau inkompatibler Verhaltensweisen.

Wissenschaftlich umstritten ist der Stellenwert der konkurrierenden Modelle auf der Basis
klassischer und operanter Konditionierungen
(konditionale Entzugserscheinungen als diskriminative Stimuli für Rückfall) bzw. auf der Basis der beschriebenen kognitiven Prozesse (vgl.
dazu z.B. Childress, McLellan, Ehrman &
O'Brien, 1988; Heather & Stallard, 1989; Powell,
Bradley & Gray, 1992). Je nach Konzept ergeben
sich unterschiedliche Maßnahmen zur Rückfallprävention (für eine ausführliche Darstellung vgl. Körkel, 1988, 1991).

2.4 Therapeutische Versorgungsstruktur

Seit Anfang dieses Jahrhunderts gibt es die ersten spezialisierten Einrichtungen für Alkoholabhängige und seit etwa 1970 auch für Drogenabhängige. Traditionell ist es üblich, daß
nach einem ersten Kontakt mit einer ambulan-

ten Einrichtung und vorbereitenden therapeutischen Gesprächen die «eigentliche» Therapie
in stationären Spezialeinrichtungen durchgeführt wird. Erst in jüngster Zeit werden vor allem Alkoholabhängige mehr und mehr ambulant behandelt, was in anderen Ländern wie
etwa in den USA schon immer der Fall war. Die
therapeutischen Einrichtungen unterscheiden
sich in Konzeption, Kapazität, Art und Dauer
der Therapie erheblich, doch gibt es einige Gemeinsamkeiten. Die in **Tabelle 2** dargestellte
«klassische» Versorgungsstruktur wurde in den
letzten Jahren durch zahlreiche neue Angebote
vor allem für Drogenabhängige ergänzt, um
mehr Personen als bisher zu einer Behandlung
zu motivieren.

Der Hintergrund für diese Erweiterung des The-
rapieangebotes sind zum einen die gravierenden Folgeschäden wie etwa eine HIV-Infektion
bei Drogenabhängigen (Gsellhofer & Bühringer, 1995), darüber hinaus die zunehmende Erkenntnis über den hohen gesellschaftlichen
Schaden, etwa des Mißbrauchsverhaltens von
Alkohol (Bühringer & Simon, 1992; Bühringer,
1996a). Im folgenden werden einige Beispiele
herausgegriffen:

Tabelle 2: Einrichtungen für die abstinenzorientierte Behandlung von Abhängigen

Phase	Therapievorbereitung	Entgiftungs-behandlung	Entwöhnungs-behandlung	Nachsorge-behandlung
Organisationsform	Ambulant	In der Regel stationär	In der Regel stationär, zunehmend auch ambulant	In der Regel ambulant, zunehmend auch teil-stationär
Durchführende Institutionen	Alkohol- und Drogen-beratungsstellen, psychosoziale Beratungsstellen	Allgemeinkrankenhaus (internistische Stationen), spezielle Drogenkliniken, Abteilungen psychiatrischer Krankenhäuser	Psycho- und soziotherapeutisch orientierte Therapie-einrichtungen, weiterführende Stufen von Suchtkliniken, Abteilungen psychiatrischer Krankenhäuser	(Therapeutische) Wohngemeinschaften, Nachsorgeein-richtungen, Drogen-beratungsstellen
Behandlungsziele	Beratung/Motivation, Diagnosenstellung, Erstellung des Behandlungsplans, Vorbereitung auf die stationäre Behandlung, Überbrückungsbe-handlung bei Wartezeiten	Körperliche Entgiftung, Diagnose und Therapie somatischer Begleiterkrankungen, Vorbereitung auf Entwöhnungs-behandlung, erste psychotherapeutische Maßnahmen	Behandlung psychischer Störungen, Rückfallprophylaxe, Aufbau von Alternativen in wichtigen Lebensbereichen, Vorbereitung auf die Entlassung	Bewältigung von Krisen im Alltag, evtl. Weiterbehandlung mit Therapieinhalten aus der Entwöhnungs-phase
Behandlungsdauer	ca. 2–10 Wochen, zunehmend nur einige Tage («Therapie sofort»)	1–3 Wochen (soweit keine somatischen Begleiterkrankungen vorliegen)	1,5–6 Monate (Alkohol) bzw. 3–9 Monate (Drogen)	3–12 Monate
Vertretene Berufe	Vorwiegend Sozialar-beiter und Diplom-Psychologen, konsiliarisch tätige niedergelassene Ärzte	Vorwiegend Ärzte und Pflegepersonal, begleitende Betreuung durch Mitarbeiter der Beratungsstellen	Sozialarbeiter und Diplom-Psychologen, Arbeits-, Beschäftigungs- und Sporttherapeuten	Teilstationär: Sozialarbeiter und Dipl.-Psychologen; ambulant: siehe Beratungsstelle

- *Notschlafstellen:* Vor allem im Drogenbereich wurden «niederigschwellige» Angebote geschaffen, die primär lebenspraktische Hilfen wie Möglichkeiten zum Aufenthalt und zur Übernachtung, zum Spritzentausch und für Gespräche über die Lösung akuter Probleme anbieten, ohne die Abstinenzverpflichtung zur Bedingung des therapeutischen Kontaktes zu machen.

- *Qualifizierter Entzug:* Ein ähnliches Konzept wird zunehmend bei Entgiftungseinrichtungen verfolgt, in dem die Schwellen für die Behandlung ganz oder teilweise abgebaut und zusätzlich zur Entgiftung verschiedene Maßnahmen zur Motivierung für eine weitere Behandlung,

bzw., zumindest für risikoreduzierende Verhaltensänderungen wie Spritzentausch durchgeführt werden.

- *Methadon-Substitution:* Der rasche Ausbau der Substitution mit Methadon in Deutschland erfolgte unter der gleichen therapeutischen Zielsetzung des Abbaus von Schwellen, vor allem durch die Einbeziehung von Arztpraxen und durch die Gründung von Substitutionsambulanzen (für die Durchführung und Bewertung verschiedener Projekte zur Verbesserung der Versorgungsstruktur siehe u. a. Bühringer, Künzel & Spies, 1995 sowie ein Schwerpunktheft der Zeitschrift Sucht mit zahlreichen Einzelbeiträgen: Sucht, 1995).

2.5 Therapeutische Konzepte und Maßnahmen

Die Zahl der therapeutischen Konzepte für die Behandlung einer Abhängigkeit ist nahezu unübersehbar. Neben professionellen Therapieangeboten spielen die Selbsthilfegruppen ehemaliger Abhängiger eine große Rolle. Versucht man, die therapeutischen Konzepte zu ordnen, so gibt es drei globale Ansätze (s. **Tab. 3**; für eine umfassende Übersicht vgl. Platt, 1995, a, b).

2.5.1 Medikamentöse Behandlung

Neben der Behandlung der Begleit- und Folgeerkrankungen spielen einige Medikamentengruppen, die nach der Entgiftung zur Reduzierung des Rückfallrisikos über längere Zeit eingenommen werden, eine wichtige Rolle. Es handelt sich dabei um alkoholsensibilisierende Medikamente, die den Klienten zur Abstinenz motivieren, da erneuter Alkoholkonsum bei regelmäßiger Einnahme dieses Medikaments mit Übelkeit und Erbrechen verbunden ist. Zu dieser Behandlungsstrategie gehört auch die Gabe von Opiatantagonisten (z. B. Naltrexon), die die Opiatrezeptoren im Körper blockieren, so daß bei erneuter Einnahme von Opiaten kein Effekt auftritt. Mit beiden Medikamentengruppen sollen die euphorischen Folgen des Konsums negativ sanktioniert, langfristig gelöscht werden. Nur hochmotivierte und sozial integrierte Klienten sind für diese Behandlungsformen geeignet. In jüngster Zeit werden zunehmend Anti-Craving-Substanzen für Alkoholabhängige erprobt, die ebenfalls das Rückfallrisiko reduzieren sollen.

Opiatantagonisten spielen auch beim sogenannten «Turbo-Entzug» eine entscheidende Rolle. Drogenabhängigen wird dabei zur Entgiftung Naltrexon gegeben. Um die auftretenden extremen Entzugserscheinungen ertragen zu können, erfolgt die Behandlung unter mehrstündiger Narkose im Tiefschlaf. Das Verfahren wurde erst 1995/96 in der breiten Öffentlichkeit bekannt, wird aber seit fast 20 Jahren immer wieder erprobt (vgl. z. B. Resnick, Kestenbaum, Washton & Poole, 1977; Legarda & Gossop, 1994). Es ist unter Fachleuten umstritten (vgl. z. B. Pfab, Hirtl, Hibler, Felgenhauer, Chlistalla & Zilker, 1996; Tretter, 1996), da nach der Entgiftung die kritische Zeit der Rückfälle nach wie vor fortbesteht. Der wissenschaftliche Kenntnisstand ist für ein vorläufiges Urteil noch zu gering.

Eine zunehmend wichtigere medikamentöse Behandlungsstrategie für Opiatabhängige stellt die Substitution mit Methadon dar (etwa 30 000 Klienten pro Jahr in Deutschland). Methadon ist ein synthetisches Opiat, das den Vorteil hat, daß es oral eingenommen werden kann (Vermeidung von injektionsbedingten Infektionen) und über einen Zeitraum von zumindest 24 Stunden wirkt, im Gegensatz zu Heroin (4 bis 8 Stunden). Weiterhin hat es eine analgetische

---

Tabelle 3: Allgemeine Ansätze zur Behandlung von Abhängigen

Medikamentöse Behandlung
- Unterstützung bei der Entgiftung (z. B. Beruhigung, Schmerzlinderung)
- Behandlung der Begleit- und Folgeerkrankungen
- Methadon-Substitution bei Drogenabhängigen (Behandlung mit legalen Ersatzstoffen illegaler Substanzen)
- Opiatantagonisten
- Alkoholsensibilisierende Medikamente (z. B. Disulfiram)
- Anti-Craving-Substanzen bei Alkoholabhängigen (z. B. Acamprosat)

Psychotherapeutische Behandlung
- Verhaltenstherapie
- Tiefenpsychologische Therapieformen
- Gesprächspsychotherapie
- Eklektische Ansätze

Sozialtherapeutische Behandlung
- Therapeutische Wohn- und Lebensgemeinschaft mit ehemaligen Abhängigen als «Personal»
- Therapeutische Gemeinschaft mit professionellen Therapeuten (Fachklinik)
- Ambulante Selbsthilfegruppen (z. B. AA, Blaukreuz, Guttempler)

(Beendigung der Entzugserscheinungen), aber keine euphorisierende Wirkung, so daß der Drogenabhängige arbeits- und kontaktfähig wird. Bei entsprechend hoher Dosierung (60 bis 100 mg pro Tag) hat die Einnahme zusätzlicher Opiate keine Wirkung, Klienten werden dadurch wesentlich länger in der Behandlung gehalten als in einer drogenfreien Behandlung.

Die hohe Haltequote ist gleichzeitig eines der Probleme der Methadon-Substitution. Die positiven Effekte (Reduzierung des Heroinkonsums und der kriminellen Verhaltensweisen, Verbesserung des Gesundheitszustandes) können in aller Regel nur gehalten werden, solange die Klienten substituiert werden. Ein zweites Problem liegt in dem unerlaubten Nebenkonsum von illegalen Opiaten bzw. von anderen psychoaktiven Substanzen, wie Barbituraten, Benzodiazepinen, Kokain und Alkohol. Teilweise führt dieser zu einem erheblichen Gesundheitsrisiko einschließlich Todesfällen, teilweise wird dadurch auch die angestrebte Distanzierung von der Drogenszene nicht erreicht. Als spezifisches Problem für Deutschland kommt noch hinzu, daß die Substitution überwiegend in Arztpraxen erfolgt, und damit die aufgrund von Studienergebnissen notwendigen psychotherapeutischen Maßnahmen und sozialen Hilfen kaum gewährleistet sind bzw. völlig fehlen (für eine ausführliche Darstellung der Situation in Deutschland vgl. Bühringer, Künzel & Spies, 1995; für eine internationale Zusammenstellung der wissenschaftlichen Untersuchungen vgl. Ward, Mattick & Hall, 1992). Kritisch ist in Deutschland weiterhin die in sehr hohem Umfang durchgeführte Substitution mit Codein-Produkten (etwa 20 000 Klienten pro Jahr), da hier die Regeln der Betäubungsmittelverschreibungsverordnung (BtMVV) für die Indikation, Vergabe der Substanz, Kontrolle des Nebenkonsums sowie die Auflage zur psychotherapeutischen Behandlung nicht gelten.

2.5.2 Psychotherapeutische Behandlung

Im Vordergrund der derzeitigen therapeutischen Versorgung stehen eklektische Ansätze, in denen verschiedene therapeutische Verfahren kombiniert werden, ohne daß es dafür eine theoretische oder empirische Grundlage gibt. Bei den tiefenpsychologischen Therapien spielen vor allem gruppenanalytische Verfahren eine Rolle, während die psychoanalytische Einzeltherapie kontraindiziert ist. Gesprächspsychotherapeutische Verfahren sind in der Regel dann nützlich, wenn der Klient in der Phase der Urteilsbildung ist, in der er die Vor- und Nachteile eines weiteren Drogenkonsums abwägt. Für die weiteren Therapieziele, insbesondere im Bereich der Lebensgestaltung, der Ablehnung von Drogenangeboten, der Selbstbehauptung und der Entspannung, sind sie jedoch weniger geeignet. Am differenziertesten ausgearbeitet sind verhaltenstherapeutische Programme, die sowohl die emotionalen und kognitiven Probleme als auch die notwendigen Änderungen der Lebensführung einbeziehen (s. **Tab. 4**) für die Darstellung der Funktions- und Entwicklungsstörungen; für eine ausführliche Übersicht zur Verhaltenstherapie vgl. Onken, Blaine & Boren, 1993; Beck, Wright, Newman & Liese, 1993; Bühringer, 1996b; Petry, 1993b).

2.5.3 Soziotherapeutische Behandlung

Hier spielen Selbsthilfeansätze eine große Rolle, so daß der Begriff «Behandlung» kaum zutreffend ist. Gerade bei Abhängigen von illegalen Drogen hat die therapeutische Wohn- oder Lebensgemeinschaft eine große Bedeutung, vor allem in den USA spielt sie eine wichtige Rolle. Die Einrichtungen sind u. a. gekennzeichnet durch das Fehlen professioneller Mitarbeiter, durch die gemeinsame Verantwortung für die Finanzierung des Lebensunterhaltes und der Wohngebäude, die Betonung eigenständiger Arbeit sowie häufig durch eine starke Hierarchie der Mitbewohner, wobei langjährige ehemalige Abhängige eine entscheidende Rolle spielen (vgl. z. B. Yablonsky, 1975, 1990; Fredersdorf, 1995). Überwiegend im Umkreis Alkoholabhängiger sind Selbsthilfegruppen zu finden, in denen sich Ehemalige regelmäßig treffen. Teilweise dienen diese Gruppen auch als Ersatz für eine professionelle Behandlung, teilweise sind sie Teil der Nachsorge nach einer professionellen Behandlung.

Eine Kombination zwischen einer selbstgeleiteten therapeutischen Wohngemeinschaft und einer professionell geführten Klinik stellen stationäre therapeutische Gemeinschaften und Fachkliniken für Abhängigkeitserkrankungen

Tabelle 4: Funktions- und Entwicklungsstörungen bei Abhängigen und verhaltenstherapeutische Maßnahmen

Störungen	Maßnahmen
(1) Psychische Funktionstörungen **(1.1) Wahrnehmungsstörungen** • zahlreiche ursprünglich neutrale interne und externe Reize wirken als konditionierte Stimuli für abhängigkeitsbezogenes Verhalten (z.B. Entzugserscheinungen, Wunsch nach Drogen, Beschäftigung, Konsum)	• Sammlung individueller Stimuli • Tagesprotokolle • Gedankenstopp • Koverantenkontrolle • verdeckte Sensibilisierung • kognitive Proben • Ablehnungstraining im Rollenspiel
(1.2) Gedächtnisstörungen • starke Konzentrationsstörungen	• Aufgabenschwierigkeit steigern (mit Kontrakten)
(1.3) Denkstörungen/Problemlösungsstörungen • langandauernde Perioden zwanghaft eingeschränkter Gedanken über Rauscherlebnisse, über erneuten Konsum und dessen positive Konsequenzen, über geeignete Wege zur Beschaffung der Drogen • Problemlösung durch erneute Drogeneinnahme	• Gedankenstopp • Verhaltensalternativen üben • Problemanlayse und Entscheidungstraining • Modifikation falscher drogenbezogener Überzeugungen (beliefs)
(1.4) Sprachstörungen • eingeschränktes Sprachrepertoire für emotionale Äußerungen • abhängigkeitsbezogenes Sprachrepertoire (bei jungen Drogenabhängigen auch mit subkulturellen Begriffen)	• Löschung drogenbezogener Begriffe • Selbstkontrollverfahren
(1.5) Emotionale Störungen • unausgeglichenes und situationsinadäquates impulsives Verhalten (verbal und körperlich aggressives Verhalten, Rückzugstendenzen, depressives Verhalten) • schnell wechselnde Stimmung	• Selbstbeobachtung • Kommunikationsübungen • Rollenspiele • Aufbau eines positiven Selbstkonzepts
(1.6) Motivationsstörungen • geringe Kompromißfähigkeit • geringe Fähigkeit zur Bewältigung schwieriger Situationen und langwieriger Aufgaben • geringe Toleranz gegenüber verzögerten Erfolgserlebnissen • geringe Fähigkeit im Umgang mit Mißerfolgen	• Zusammenstellung schwieriger Situationen • Kontrakte mit abgestufter Schwierigkeit • Reattribution der Verantwortung • Zeitprojektionen • Rollenspiele
(1.7) Störungen der Psychomotorik • stark verlangsamte oder agitierte Psychomotorik je nach pharmakologischer Wirkung der Substanzen	• Symptomatik verschwindet nach längerer Abstinenz • Aktivierungsübungen • Entspannungstraining
(2) Entwicklungsstörungen im Bereich der Lebensführung (Beginn des Substanzmißbrauchs bereits während der Pubertät oder im Jugendalter) • altersunangepaßtes «kindisches» Verhalten (z.B. keine Übernahme von Verantwortung) • fehlende Fähigkeit zu einer selbständigen Lebensführung • fehlende oder abgebrochene Schul- und Berufsausbildung • mangelnde Freizeitgestaltung • fehlende oder lediglich drogenkonsumierende Bezugsgruppe • fehlende Partnerschaften (oder nur zweckbezogen auf Drogenerwerb); häufig mit Partnerschafts- und Sexualstörungen verbunden	• Kontrakte (z.B. Verantwortung übernehmen) • Sammlung von Interessen (Beruf, Freizeit), Rollenspielübungen (Bewerbungsgespräche, Kommunikation, Selbstsicherheit) • abgestufte Dauer täglicher Arbeit (mit Punktesystemen) • Problemlösungs- und Entscheidungstraining • Zeitprojektionen • Partnerschafts- und Sexualtherapie

dar (die Begriffe sind nicht konsistent). In ihnen wird versucht, Aspekte der therapeutischen Wohngemeinschaft (Umstrukturierung und therapeutische Gestaltung des gesamten Tagesablaufes, Verantwortung für die Organisation der Einrichtung) mit Prinzipien professioneller Behandlung (Weisungsrecht der Mitarbeiter, extern gesetzte Hausregeln) zu kombinieren.

3. Behandlung von Alkoholabhängigen

3.1 Therapeutische Maßnahmen und Programme

Stellvertretend für eine verhaltenstherapeutische Behandlung von Alkoholabhängigen (für ein Fallbeispiel s. **Kasten 1**) soll zunächst ein stationäres verhaltenstherapeutisches Programm vorgestellt werden, das sehr ausführlich doku-

mentiert ist (Schneider, 1982). Allgemeine Therapieziele bei diesem Programm sind:

– Einsicht in die Notwendigkeit einer langfristigen Abstinenz,
– Vermeidung von Rückfällen in kritischen Situationen,
– Adäquates Verhalten nach Rückfällen,
– Verbesserungen in belastenden Lebensbereichen (z. B. Arbeitsbereich)
– Beseitigung bzw. Reduzierung individueller Störungen (z. B. Sexual- oder Partnerschaftsstörungen)

Aus Kostengründen werden in allen Kliniken gruppentherapeutische Maßnahmen durchgeführt, die zumindest in der Struktur weitgehend standardisiert sind. Um auf die individuellen Probleme und Unterschiede eingehen zu können, werden je nach Problemanalyse zusätzlich indikative Gruppen und Einzeltherapie durchgeführt (s. **Tab. 5**). Die stationäre Behandlung

Tabelle 5: Ziele und Maßnahmen einer stationären Behandlung von Alkoholabhängigen (Schneider, 1982)

Standardmaßnahmen:

- *Funktionale Verhaltensanalyse:* Sie soll den Patienten befähigen, seinen Suchtmittelkonsum als eine Handlung innerhalb eines komplexen Bedingungsgefüges zu verstehen, die einer fehlgeschlagenen Problemlösung gleicht, welche nun selbst das Problem darstellt. Es wird gezeigt, daß die Beseitigung der «ursächlichen» Probleme und die Aufarbeitung von Verhaltensdefiziten nicht die weitere Gefährdung durch Suchtmittel auflösen kann, so daß der Patient weiterhin abstinent leben und ein entsprechendes Selbstkonzept aufbauen muß.

- *Entspannungstraining:* Das Ziel ist hier die Minderung des physiologischen Anteils der Emotionen in belastenden Situationen und der Aufbau einer Alternative zur pharmakologischen Wirkung des Suchtmittels.

- *Selbstkontrolltechniken/Ablehnungstraining:* Aufbau von selbsterzeugtem gedanklichem Widerstand bei Wünschen und Versuchungen bezüglich Suchtmitteln (Selbstkontrolltechniken). Aufbau von effektivem Verhalten in Situationen, in denen Suchtmittel angeboten bzw. aufgedrängt werden (Ablehnungstraining).

- *Einübung von Selbstsicherheit:* Ein Kernpunkt der Gruppentherapie besteht in der Einübung von Selbstsicherheit, d. h. im Wissen, was Selbstsicherheit ist und welche Vorteile sie hat im Erkennen und Wahrnehmen der persönlichen Rechte und der Einsicht, warum man so häufig anders handelt. Übungsbereiche sind dabei Situationen, die Fertigkeiten in Selbstbehauptung, Umgang mit Belastungen, Kommunikation und Kontakt verlangen. Besondere Beachtung finden dabei die auftretenden Gefühle als Indikatoren für verhaltensrelevante, irrationale Einstellungen.

- *Kognitive Umstrukturierung:* Im Rahmen des Belastungstrainings findet deshalb eine Einführung in die kognitive Umstrukturierung statt, die den Patienten seine Gefühle als weitgehend steuerbar erleben läßt, wobei unangenehme Gefühle größtenteils als durch negative Selbstverbalisationen und unrealistische Erwartungen hervorgerufen angesehen werden.

- Anleitung zur sinnvollen Freizeitgestaltung, Wiederherstellung körperlicher und geistiger Leistungsfähigkeit in der Sport- und Beschäftigungstherapie.

- *Selbstorganisation:* Der Bereich der Selbstorganisation wird in kleinen Schritten erarbeitet. Die Maßnahmen gehen von der anfänglichen Tagesplanung bis zur Zukunftsplanung in verschiedenen Lebensbereichen.

Individuelle Maßnahmen: Je nach Indikation, zum Beispiel Partnerschafts- oder Sexualtherapie.

Kasten 1
Fallgeschichte: Ambulante Behandlung einer Alkoholabhängigkeit

Anlaß der Kontaktaufnahme

Frau Z. ist 44 Jahre alt, verheiratet, hat zwei Kinder (15 und 11 Jahre). Anlaß der Kontaktaufnahme war die vom Ehemann angedrohte Scheidung einschließlich des Sorgerechtsentzugs für die Kinder. Frau Z. hat eine über 25jährige Geschichte des Mißbrauchs psychoaktiver Substanzen, zuerst mit illegalen Drogen, in den letzten Jahren überwiegend mit Alkohol, aber auch gelegentlich mit Medikamenten. Der ständige Alkoholmißbrauch hat bereits zu verschiedenen Verwahrlosungserscheinungen geführt (Kleidung, Haushaltsführung). Darüber hinaus gibt es erhebliche Probleme in der Ehe und in der Beziehung mit den Kindern, so daß der Ehemann aufgrund des letzten Rückfalls vor einem Jahr, der zu einer dauerhaften Fortführung des Mißbrauchsverhaltens führte, die Scheidung und Sorgerechtsentziehung angedroht hat. Der Alkoholkonsum liegt bei 4 bis 6 Litern am Tag. Ein Bruder in der Familie hat ebenfalls Alkoholprobleme.

Anamnese

Die Anamnese ergibt, daß emotional sehr wichtige Bezugspersonen (Vater und Oma) starben, als sie 10 bzw. 12 Jahre alt war, daß sie eine extrem strenge und kontrollierte Erziehung durch ihre Mutter hatte (häufige Sanktionen wie Hausarrest, Liebesentzug und körperliche Bestrafung). Mit 15 raucht sie zum ersten Mal Haschisch und fühlt sich emotional in ihrer neuen Clique sehr wohl (positive soziale Verstärkung des Kontakts mit der Gruppe und der behandlungsbedürftigen Symptome, indirekt des Drogenkonsums). Eine weitere, sehr belastende emotionale Situation war der Tod ihres Freundes aufgrund einer Überdosierung mit Heroin, als sie 16 Jahre alt war. Es zeigten sich zunehmend Anzeichen depressiver Stimmungen und Verhaltensweisen, sie unternimmt kurz hintereinander drei Suizidversuche.

Behandlungsbedürftige Symptome

Die wichtigsten behandlungsbedürftigen Symptome sind (1) extensives Trinken, (2) depressive Verstimmungen und (3) Ehe- und Familienprobleme, die in ihrem Bedingungsgefüge eng miteinander zusammenhängen. Hypothetisch kann formuliert werden, daß die Verarbeitung der drei Todesfälle wichtiger Bezugspersonen nicht adäquat erfolgte. Die sich daraus entwickelnden depressiven Verstimmungen, einschließlich der in der gesamten Kindheit bestehenden sozialen und emotionalen Defizite wurden durch den Drogenkonsum und die damit verbundene soziale Akzeptanz und das Kennenlernen von Partnern reduziert (negative und positive Verstärkung des Mißbrauchsverhaltens durch Beendigung der unangenehm erlebten Situationen und durch die positiven Erlebnisse in der Bezugsgruppe). Dieses Verhalten wurde über Jahre fortgesetzt und führte nach der Heirat auch zu zunehmenden Ehe- und Familienproblemen einschließlich erster Verwahrlosungserscheinungen in der Haushaltsführung.

Problemanalyse

Die aktuelle Problemanalyse zeigt, daß Frau Z. nahezu täglich trinkt, verteilt über den ganzen Tag, daß derzeit nur noch negative Verstärkungsprozesse eine Rolle spielen (kurzfristige Beendigung der Schuldgefühle, der Einsamkeit, der Angespanntheit) und daß die negativen Konsequenzen des Trinkverhaltens zunehmend größer werden (schlechtes Gewissen gegenüber der Familie, Ärger mit dem Ehemann, Probleme im Haushalt). Pathologische, neurologische oder internistische Befunde liegen nicht vor. Selbstkontrollfähigkeiten sind gering ausgeprägt; auf Trinkkonsum wird vor allem dann verzichtet, wenn Frau Z. «gebraucht wird» (Krankheit der Kinder oder in der Nachbarschaft), das heißt, die emotional arme Situation unterbrochen wird. Darüber hinaus kommen Trinkpausen aufgrund von Erbrechen, Übelkeit und Erschöpfung nach drei bis vier Wochen exzessiven Konsums in der Länge von etwa zwei bis drei Tagen vor. Insgesamt stellt das exzessive Trinken einen inadäquaten Selbstheilungsversuch dar, die negativen Gefühlszustände (Einsamkeit, Langeweile, depressive Stimmungen) zumindest zeitweise zu beenden. Dies wird kurzfristig erreicht, die Klientin fühlt sich wohl, langfristig nehmen jedoch die negativen körperlichen, emotionalen und sozialen Probleme zu. Eine zentrale Rolle spielen dabei Schuldgefühle über ihre mißlungene Lebensgestaltung, verbunden mit depressiven Verstimmungen, was wiederum dazu führt, daß immer zu Alkohol als kurzfristigem «Lösungsmittel» gegriffen wird.

Diagnose

Als Diagnose (ICD-10) wird ein Alkohol-Abhängigkeitssyndrom (F 10.25) und gelegentlicher schädlicher Gebrauch von psychoaktiven Medikamenten, vor allem Sedativa, (F 13.1) festgehalten, darüber hinaus ausgeprägte depressive Verstimmungen (F 32.1), die aufgrund des Beckschen Depressionsinventars eindeutig klinisch relevant sind. Dazu kommen erhebliche familiäre und partnerschaftliche Konflikte.

Ziele

Als therapeutische Ziele werden die Aufgabe des Alkoholkonsums, eine stabile Abstinenzmotivation sowie Selbstkontrolltechniken zur Vermeidung von Rückfällen formuliert, darüber hinaus Abbau der inneren Anspannung und Unruhe sowie der depressiven Verstimmungen und Schuldgefühle als Auslöser für Rückfälle. Weiterhin soll versucht werden, eine positive Selbstbewertung sowie die Bearbeitung von Konflikten in der Ehe und Familie zu erreichen. Langfristiges Ziel ist schließlich der Versuch, daß die Klientin ein positives Lebensgefühl und Lebensziele entwickelt, die gleichzeitig ihr Selbstwertgefühl verbessern.

Intervention

Der Ehemann wird in die *Therapie* einbezogen und erklärt sich – sehr skeptisch – zu einer begrenzten Zusammenarbeit bereit.

Nach wenigen Tagen stationärer Entgiftung werden zunächst in sehr intensiver Form (vier Einzelkontakte pro Woche) kognitive und übende Verfahren zur Rückfallprävention eingesetzt. Dazu gehören die Zusammenstellung einer Entscheidungsmatrix über Vor- und Nachteile des Konsums und der Abstinenz, die Zusammenstellung von kritischen Situationen für Rückfälle (Exploration, Selbstbeobachtung, Tagesprotokolle), Erklärung des Rückfallkonzepts von Marlatt; Aufbau kompatibler kognitiver (z.B. kognitive Proben) und motorischer (z.B. Rollenspiele) Alternativreaktionen in kritischen Situationen. Das erfolgt zunächst in der Therapiestunde, nach vier Wochen auch in der Wohnung der Familie während besonders kritischer Tageszeiten bzw. Familiensituationen. Zwei kurzzeitige Rückfälle können aufgefangen werden; dennoch wird zusätzlich das adäquate Verhalten nach Rückfällen besprochen und in der Vorstellung geübt (kognitive Proben).

Die therapeutischen Fortschritte sind für die Klientin und ihren Partner bereits als solche motivierend, die Ehe fortzuführen; dennoch wird nach drei Monaten Therapiezeit eine Partnerschaftstherapie begonnen (jetzt mit reduzierter Therapieintensität). Ziele sind vor allem der Aufbau eines Verhaltensrepertoires zum Aussprechen von Wünschen und Konflikten sowie Problemlösungsstrategien. Zuvor wird noch eine Entscheidungsmatrix über die Vor- bzw. Nachteile der Fortführung oder Beendigung der Ehe durchgeführt.

Parallel zur Partnerschaftstherapie werden die depressiven Verstimmungen bearbeitet, jetzt unabhängig von ihrer kritischen Funktion für Rückfälle. Die verschiedenen Auslöser für die depressiven Phasen (Alleinsein, Entzug nach Rückfällen, Minderwertigkeitsgefühle, Vorhaltungen des Ehemanns) sowie die damit verbundenen Verhaltensweisen (Rückzug ins Schlafzimmer, Grübeln, kein Kontakt zur Familie, Schlafprobleme, Reduzierung der Motorik und Mobilität) werden zusammengestellt und verschiedene Verfahren auf der kognitiven und motorischen Ebene geübt (kognitive Erprobung von Gedankenstopp und alternativen gedanklichen und verhaltensmäßigen Reaktionen auf kritische Situationen; Planung des Tages- und Wochenablaufs mit häufigeren interessanten Tätigkeiten als bisher, Vermeidung kritischer Situationen, Selbstverstärkung bei Verhaltensfortschritten und Bewältigung kritischer Auslöser).

Nach sieben Monaten wird die Therapie beendet. In den bisherigen 15 Monaten Nachbeobachtungszeit kommt es dreimal zu einem erneuten kurzen Trinkkonsum, der aber selbständig und mit Hilfe des Ehemanns beendet werden kann.

dauert ungefähr vier Monate, andere Programme im deutschsprachigen Raum variieren zwischen zwei und sechs Monaten. In den USA ist die stationäre Behandlungsdauer wesentlich kürzer und umfaßt in der Regel zwei bis sechs Wochen.

Die ambulante Behandlung von Alkoholabhängigen wurde in den letzten Jahren in Deutschland erheblich ausgeweitet. Man kann davon ausgehen, daß pro Jahr in den etwa 1050 ambulanten Spezialeinrichtungen etwa 143 000 Alkoholabhängige behandelt werden, davon mehr als 80 Prozent ausschließlich ambulant (Hochrechnung aus den Daten des ambulanten Dokumentationssystems EBIS; vgl. Tauscher, Simon, Bühringer, Helas, Schmidtobreick & Hüllinghorst, 1996). Demgegenüber ist die wissenschaftliche Auswertung und Aufbereitung der dabei eingesetzten fachlichen Konzepte und einzelnen Therapieverfahren gering. Ausgearbeitete therapeutische Konzepte liegen im deutschsprachigen Raum kaum vor, vor allem nicht aus jüngerer Zeit. Ein frühes Beispiel stellt das Programm von Vollmer, Kraemer, Schneider, Feldhege, Schulze und Krauthahn (1982) dar. Auch in diesem Programm werden standardisierte Teile mit individuellen Maßnahmen kombiniert (s. **Tab. 6**). Das Programm dauert etwa fünf Monate mit je etwa 25 Einzel- und Gruppentherapiesitzungen. Eine Besonderheit des Programms liegt darin, daß nach einer dreiwöchigen Reduktionsphase (allmähliche Aufgabe des Alkoholkonsums) und einer achtwöchigen alkoholfreien Phase Klient und Therapeut gemeinsam entscheiden, welche weiteren Therapieziele, ob entweder Abstinenz oder kontrolliertes Trinken, verfolgt werden sollen. Der Hintergrund zum Therapieziel «kontrolliertes Trinken» liegt in amerikanischen Untersuchungen, die gezeigt haben, daß dieses Therapieziel insbesondere bei jüngeren Personen mit einem noch gering ausgeprägten Mißbrauchsverhalten eher akzeptiert wird und zumindest zu gleich guten Ergebnissen führt. Bei Personen mit einem ausgebildeten Abhängigkeitssyndrom ist das kontrollierte Trinken als Therapieziel nicht geeignet.

Aus neuerer Zeit liegen vor allem Übersichten über einzelne Therapieverfahren vor, die sich nicht auf spezifische Settings beziehen, unter anderem mit Schwerpunkt Behandlungsmotivation (Petry, 1993a, b), Rückfallprophylaxe (Arend, 1994) sowie eine hervorragende internationale Übersicht von Hester und Miller (1995). Diese Autoren haben die wichtigsten konzeptionellen Modelle für die Behandlung zusammengestellt (s. **Tab. 7**) und die internationale Literatur zum Behandlungserfolg methodisch analysiert und ausgewertet (s. Abschnitt 3.2).

Tabelle 6: Ziele und Maßnahmen einer ambulanten Behandlung von Alkoholabhängigen (Vollmer et al., 1982)

Verhaltensbereich	Ziele	Maßnahmen
Alkoholkonsum	Alkoholfreiheit oder kontrolliertes Trinken	Selbstkontrollverfahren (Verdeckte Sensibilisierung, Coverant-Kontrolle u. a.) Verträge Ablehnungstraining Entspannungstraining
Sozialverhalten	Adäquate Kommunikation Kontaktfähigkeit Selbstsicherheit Belastungsfähigkeit	Sozialtraining (Gruppe) In-vivo-Übungen Partnertherapie Entspannungstraining
Freizeitverhalten	Freizeit selbständig gestalten	Strukturierte Freizeitplanung Freizeitaktivität mit Therapiehelfer
Arbeitsverhalten	Wahl einer Arbeits- oder Ausbildungsstelle Regelmäßige Arbeit	Individuelle Maßnahmen
Sonstige Verhaltensbereiche	Individuelle Ziele und Maßnahmen	

Tabelle 7: Modelle für die Entstehung und Behandlung von Alkoholproblemen
(Hester & Miller, 1995, S. 7; eigene Übersetzung)

Modell	Zentrale ursächliche Faktoren	Beispiele für Interventionen
• Moral	• Persönliche Verantwortung, Selbst-Kontrolle	• Moralisierendes Gespräch, soziale und legale Sanktionen
• Abstinenz	• Alkohol	• Ermahnung, «sag einfach nein», Angebotskontrolle
• Spirituelles Konzept	• Spirituelles Defizit	• Spirituelle Entwicklung, Predigt, AA
• Anlagebedingte Erkrankung	• Irreversible konstitutionelle Abnormalität des Individuums	• Identifizierung der Alkoholabhängigen, Konfrontation, lebenslange Abstinenz
• Erziehung	• Mangel an Wissen und Motivation	• Erziehung
• Charakter	• Persönlichkeitszüge, Abwehrmechanismen	• Psychotherapie
• Konditionierungsprozesse	• Klassische und operante Konditionierung	• Gegenkonditionierung, Löschung, Modifizierung der Kontingenzen
• Soziales Lernen	• Modellernen, defizitäre Fertigkeiten	• Training von Fertigkeiten, geeignete Verhaltensmodelle
• Kognitive Abläufe	• Erwartungen, Überzeugungen	• Kognitive Therapie, kognitive Umstrukturierung
• Sozio-kulturelle Einflüsse	• Umweltfaktoren, kulturelle Normen	• Sozialpolitik, Preis- und Verteilungskontrolle
• Systemischer Ansatz	• Regeln und Grenzen, familiäre Dysfunktion	• Familientherapie, Transaktionsanalyse
• Biologische Prozesse	• Vererbung, Physiologie des Gehirns	• Risikoidentifikation, genetische Beratung, medizinische Behandlung
• Öffentliche Gesundheit	• Interaktion von Substanz, Konsument und Umwelt	• Interdisziplinäre Interventionen auf mehreren Ebenen

3.2 Ergebnisse

In Deutschland wurden vor allem Untersuchungen zu den Ergebnissen komplexer Therapieprogramme durchgeführt: In dem beschriebenen stationären Programm von Schneider sind vier Jahre nach Ende der Behandlung 41 Prozent aller aufgenommenen bzw. 50 Prozent aller planmäßig entlassenen Patienten erfolgreich oder gebessert (Jung & Bühringer, 1989; alle in der Katamnese nicht erreichten Klienten wurden als Mißerfolg gewertet, was die Ergebnisse verschlechterte). In einer Untersuchung über das ambulante Programm von Vollmer et al. (1982) waren zwei Jahre nach Ende der Behandlung 40 Prozent der Klienten erfolgreich oder gebessert, wobei der Wert für die Untergruppe der Klienten mit dem Therapieziel «Abstinenz» bei 25 Prozent und der für die Gruppe «kontrolliertes Trinken» bei 45 Prozent lag. Aufgrund der zeitlich aufwendigen therapeutischen Programme gab es um 1980 außer für einzelne therapeutische Verfahren zunächst kaum kontrollierte Experimente mit Zufallszuweisung zu den therapeutischen Interventionen. Als Alternative wurden in den USA und in Deutschland in den achziger Jahren multizentrische Feldstudien durchgeführt, in denen Klienten verschiedener therapeutischer Versorgungseinrichtungen mit einheitlichen Meßinstrumenten untersucht wurden (s. **Tab. 8**). Problematisch ist bei solchen Untersuchungen, daß die Vergleichbarkeit der Klientel in den verschiedenen Kliniken nur begrenzt überprüft werden kann.

Im Mittelpunkt stehen seit etwa 1990 kontrollierte Untersuchungen einzelner therapeutischer Verfahren sowie Meta-Analysen. Süß (1995) untersucht in einer Meta-Analyse die Wirksamkeit verschiedener Verfahren bei Alkoholabhängigen: eklektische Standardtherapie, verhaltenstheoretisch orientierte Breitbandtherapie, Paar- und Familientherapie sowie Disulfiram-Therapie. Die Analyse basiert auf 23 experimentellen und 21 nicht-experimentellen prospektiven Studien in Deutschland und in

Tabelle 8: Ergebnisse umfassender Behandlungsansätze für Alkoholabhängige

Rand-Report (Polich et al., 1981): 4 Jahre nach Behandlungsende (N = 600)

Verstorben	Lebend		
	Abstinent	Gebessert	Ungebessert
	(6 Monate vor Katamnese)		
15%	28%	18%	54%

Münchner Alkoholismus-Studie (Küfner, Feuerlein & Huber, 1988; Küfner & Feuerlein, 1989): 1,5 Jahre nach Behandlungsende (N = 1410 aus 21 Kliniken)

Verstorben	Lebend		
	Abstinent	Gebessert	Ungebessert
	(6 Monate vor Katamnese)		
3%	53%	9%	38%

Münchner Alkoholismus-Studie: 4 Jahre nach Behandlungsende (N = 1068)

Verstorben	Lebend		
	Abstinent	Gebessert	Ungebessert
	(6 Monate vor Katamnese)		
7%	66%	4%	30%

Verhaltenstherapeutisches Programm (Jung & Bühringer, 1989): 4 Jahre nach Behandlungsende (N = 491)

Verstorben	Lebend		
	Abstinent	Gebessert	Ungebessert
	(gesamter Katamnese-Zeitraum)		
7%	41%	16%	43%

anderen Ländern. Als generelle Erfolgskriterien wurden dauerhafte Abstinenz im gesamten Katamnesezeitraum und erhebliche Besserung festgelegt. Für die experimentellen Untersuchungen wurden zusätzlich alle Effektstärken berechnet, die für Meßzeitpunkte, Kriterien und Gruppenvergleiche bestimmbar waren.

Die Ergebnisse zeigen, daß der Gesamtmittelwert der Abstinenzraten über alle Meßzeitpunkte und Behandlungsgruppen zwischen 34 und 48 Prozent streut, so daß die pessimistische Schätzung der generellen Wirksamkeit über der «Ein-Drittel-Quote» liegt. Die differentiellen Vergleiche legen einen deutlichen, jedoch sta-

tistisch nicht signifikanten Trend für die Überlegenheit der verhaltenstheoretisch orientierten Breitbandtherapie gegenüber eklektischer Standardtherapie nahe. Die Resultate der experimentellen Studien signalisieren ebenfalls die Überlegenheit von verhaltenstherapeutischer Breitbandtherapie gegenüber der eklektischen Standardtherapie. Dabei variieren die Effektstärken zwischen .58 und .88, was mittleren bis starken Effekten entspricht. Die Effektstärken für den Vergleich von eklektischer Standardtherapie und Minimaltherapie streuen zwischen -.01 und .89, wobei den relativ hohen Effektstärken nur wenige Ergebnisse zugrunde liegen. Die mittlere Effektstärke für die Wirksamkeit von Disulfiram beträgt .32. Auch dieses Ergebnis beruht auf sehr wenigen Studien (drei). Die Beurteilung der Therapieeffektivität ist recht schwierig, solange uneinheitliche Erfolgskriterien und deren Operationalisierungen vorliegen. Deshalb fordert Süß eine Vereinheitlichung dieser Kriterien und der in der Publikation mitzuteilenden Effekte.

Die in Abschnitt 3.1 dargestellte Übersicht von Hester und Miller (1995) hat in ihrem empirischen Teil eine ähnliche Zielsetzung wie Süß. Sie untersuchen und beurteilen die methodische Qualität und die Ergebnisse von 219 Therapiestudien (!) mit einem Kontrollgruppendesign nach 12 Kriterien in einer sehr ausführlichen, auch methodisch interessanten Form (z.B. Rating durch mehrere Beurteiler). Sie bildeten dazu «Methodological Quality Scores (MQS)». Zum Beispiel haben nur 37 Prozent der Studien neben den Selbstangaben der Patienten zusätzliche Angaben Dritter zur Kontrolle der Ergebnisse, nur 42 Prozent setzten unabhängige Interviewer ein, aber immerhin 85 Prozent hatten bei ihren Berechnungen Therapieabbrecher berücksichtigt. Für die Therapieergebnisse jeder Behandlungsmodalität berechneten sie «Cumulative Evidence Scores (CES)». Die methodische Qualität der Studien (MQS-Index) und der Schweregrad der Patienten wurde dabei berücksichtigt. Unter Einbeziehung dieser «Qualitätsscores» erzielen kurze Interventionen sowie Breitband-Fertigkeitstrainings sehr gute Ergebnisse. Doch auch die Familien- bzw. Paartherapie, kognitiv-behaviorale Ansätze sowie die medikamentöse Behandlung der Alkoholstörungen sind nach Angaben der Autoren sehr effektiv. Weniger bedeutsam für die erfolgreiche Therapie scheinen dagegen die Aversionstherapie, die Hypnose, die Video-Selbstkonfrontation sowie die pharmakologische Behandlung mit Anxiolytika und Psychedelika.

4. Behandlung von Drogenabhängigen

4.1 Therapeutische Maßnahmen und Programme

Die (ambulante) Substitution mit Methadon und die stationäre therapeutische Wohngemeinschaft (Selbsthilfegruppen wie z. B. Synanon) stehen im Vordergrund des Behandlungsangebotes in den USA und in zahlreichen westeuropäischen Ländern; in Deutschland überwogen bis etwa 1990 die professionell geführten Fachkliniken, mit einem abstinenzorientierten Ansatz, seither hat die Substitution mit Methadon bzw. Codeinprodukten stark zugenommen. Die stationären Einrichtungen sind in der Regel hochstrukturiert (therapeu-

tische Phasen, Arbeits- und Beschäftigungstherapie, zahlreiche Verhaltensregeln), während Einzel- und Gruppentherapie entweder fehlen oder eher eklektizistisch zusammengestellt sind. Ein frühes Beispiel für ein sowohl im psychotherapeutischen wie im sozialtherapeutischen Bereich durchstrukturiertes Programm wurde von Bühringer und De Jong (1980) entwickelt. Das Programm für eine stationäre Einrichtung dauert etwa sechs Monate, wobei je nach individuellem Fortschritt der Aufenthalt zwischen drei und zehn Monaten variieren kann. Neben einem standardisierten Rahmen für den Aufenthalt in der Einrichtung (Hausregeln, Arbeitstherapie) wird das Programm aufgrund der Problemanalyse möglichst individuell geplant und durchgeführt (s. **Tab. 9**). Neuere Beschreibungen umfassender Programme sowie ambulante drogenfreie Konzepte für Drogenabhängige gibt es kaum für den deutschsprachigen Raum (für eine Pilotstudie vgl. Spies, Böhmer & Bühringer, 1992). Die therapeutischen Maßnahmen haben sich jedoch erheblich weiterentwickelt, insbesondere im Bereich der kognitiven Verfahren (Beck, Wright, New-

Tabelle 9: Ziele und Maßnahmen für ein Programm zur stationären Behandlung von Drogenabhängigen (Bühringer & De Jong, 1980)

Zielbereiche	Allgemeine Ziele (und Maßnahmen)
Verhaltensbereich I Drogenverhalten	• Aufbau neuer Verhaltensalternativen in ehemals kritischen Auslösersituationen (Rollenspiel, Reizkontrollschritte zur Einengung diskriminativer Stimuli für Drogenmißbrauch) • Selbstkontrollmaßnahmen (Koverantenkontrolle, Gedankenstopptraining, verdeckte Sensibilisierung)
Verhaltensbereich II Freizeitverhalten	• Aufbau neuer bzw. Förderung bestehender Freizeitinteressen (gestuftes Verstärkerprogramm)
Verhaltensbereich III Arbeitsverhalten	• Aufbau von Verhaltensweisen, die als Voraussetzung geregelten Arbeits- und Ausbildungslebens gelten (Punktegramm) • Vorbereitung auf die Wiedereingliederung in das Berufs- bzw. Schulleben (Lerntraining, Entscheidungstraining, Rollenspielübungen)
Verhaltensbereich IV Sozialverhalten	• Aufbau neuer Kontakte, Aufbau sozialer Sicherheit und eines effektiven Verstärkeraustausches in sozialen Beziehungen (Training zur Förderung sozialer Kompetenz, ATP) • Verbesserung von Kommunikationsfähigkeiten (ATP, Kommunikationsübungen)
Verhaltensbereich V Selbstorganisation	• Aufbau von Verhaltensweisen, die ein selbständiges Leben ermöglichen bzw. erleichtern (Kontrakte, Rollenspiele)
Verhaltensbereich VI Problemlöse- und Entscheidungsverhalten	• Aktive Problembewältigung, überlegtes Entscheidungsverhalten (Problemanalyse und Entscheidungstraining)

man & Liese, 1993). Aktuelle Übersichten über die insgesamt eingesetzten Verfahren und Merkmale therapeutischer Programme liegen für Deutschland unter anderem von Küfner, Denis, Roch, Arzt und Rug (1994) vor, international unter anderem von Onken, Blaine und Boren (1993); Jarvis, Tebbutt und Mattick (1995).

Die für die drogenfreie stationäre Behandlung beschriebenen therapeutischen Maßnahmen können grundsätzlich auch im Rahmen der Substitution durchgeführt werden. Problematisch ist, daß bis auf wenige Substitutionsambulanzen die medizinischen Maßnahmen einschließlich der Substitution von niedergelassenen Ärzten durchgeführt werden, die sonstigen Maßnahmen jedoch von Suchtambulanzen. Es fehlt dadurch an einheitlichen Ansätzen für die Diagnostik, Therapieplanung und -durchführung, in den meisten Fällen fehlen psychologische oder psychosoziale Maßnahmen völlig. Amerikanische Untersuchungen haben gezeigt (vgl. u. a. Ball & Ross, 1991; für eine Übersicht Platt, 1995b), daß zu den zentralen Wirkfaktoren für eine erfolgreiche Einrichtung neben einer ausreichend hohen Dosierung des Methadons vor allem gut ausgebildete Mitarbeiter und ein gut ausgebautes psychotherapeutisches und soziales Angebot gehören. Bühringer, Künzel und Spies (1995) haben in einer Übersichtsarbeit die wichtigsten Durchführungskonzepte und Untersuchungen zur Substitution in Europa mit Schwerpunkt Deutschland zusammengestellt. Von Raschke (1994) liegt eine Beschreibung der Vorgehensweise für Hamburg vor, von Uchtenhagen (1994) bzw. Uchtenhagen, Gützwiller und Dobler-Nikola (1997) die Darstellung einer in der Schweiz laufenden Untersuchung, mit anderen Betäubungsmitteln für die Substitution als Methadon (z. B. Heroinvergabe).

4.2 Ergebnisse

Zwei Jahre nach Ende der Behandlung sind 32 Prozent der Klienten, die mit dem oben beschriebenen Programm (Bühringer & De Jong, 1980) behandelt worden sind, drogenfrei (unter Einbeziehung der nichterreichten Personen), bei den planmäßig entlassenen sind es 80

Prozent. Für die Behandlung von Drogenabhängigen gibt es kaum Studien mit Zufallszuweisung zu verschiedenen Programmen, so daß Vergleiche problematisch sind. In der großen multizentrischen Drug Abuse Reporting Program (DARP)-Studie (Simpson, 1982) aus den USA zeigen sich 5 bis 7 Jahre nach Behandlungsbeginn folgende Ergebnisse für die verschiedenen Behandlungsmodalitäten (zitiert nach Platt, 1995b):

– Methadon-Substitution: 27 Prozent erfolgreich, 41 Prozent gebessert.
– Stationäre Einrichtung: 28 Prozent erfolgreich, 40 Prozent gebessert.
– Ambulante drogenfreie Behandlung (Abstinenz): 24 Prozent erfolgreich, 33 Prozent gebessert.
– Nur Entgiftung: 15 Prozent erfolgreich, 27 Prozent gebessert.
– Nur Aufnahme (eine Art Kontrollgruppe): 14 Prozent erfolgreich, 27 Prozent gebessert.

Es ist schwierig, Methadon-Substitution und drogenfreie Behandlung zu vergleichen, da sie eine sehr unterschiedliche Behandlungslänge und Behandlungsintensität haben. Bei der oben genannten Übersicht ist ein Teil der Klienten immer noch in der Substitution, während die drogenfreien Behandlungen nach 5 bis 7 Jahren längst abgeschlossen wurden. Die Ergebnisse sehen deutlich anders aus, wenn man tatsächlich zu einem bestimmten Zeitpunkt nach Beginn der Behandlung nur die Personen als erfolgreich einstuft, die auch von Methadon drogenfrei und sozial integriert sind. Maddux und Desmond (1992) haben die wenigen Studien zur Substitution und drogenfreien Behandlung analysiert, die 5 bis 10 Jahre nach Behandlungsbeginn den Anteil der nach der obigen Definition erfolgreichen Klienten erfassen:

– nach Methadon-Substitution: 15 bis 20 Prozent (1 bis 3 Monate Abstinenz vor Katamnese-Zeitpunkt) bzw. 10 Prozent (1 bis 4 Jahre Abstinenz vor Katamnese-Zeitpunkt);

– nach drogenfreier stationärer Behandlung: 10 bis 20 Prozent bei Katamnese-Zeiträumen von 3 bis 10 Jahren.

Insgesamt zeigen die Ergebnisse, daß bei Drogenabhängigen entgegen zahlreicher Vermutungen, auch bei Langzeitkatamnesen, zumindest für eine Größenordnung von 20 bis 30 Prozent gute therapeutische Ergebnisse erreicht werden.

5. Ausblick

Die gesundheitlichen und sozialen Risiken eines fortgesetzten Drogenkonsums, wie z. B. die HIV-Infektion, haben in den letzten Jahren zu einer intensiven Diskussion über die Wahl der «richtigen» Therapieziele und der für den Behandlungsbeginn gesetzten Schwellen geführt. «Harm reduction», «akzeptierende Drogenarbeit», «suchtbegleitende Ansätze» und «niedrigschwellige Angebote» sind Schlagworte für unterschiedliche Facetten des gleichen Themas, nämlich die Diskussion über die Notwendigkeit alternativer Therapieziele. Vereinfacht ausgedrückt geht es um die Frage, ob nur wenige, eher hochmotivierte Klienten, mit hoher therapeutischer Intensität erfolgreich im Hinblick auf die Abstinenz und soziale Integration behandelt werden sollen, oder ob das Ziel nicht vielmehr in der Reduzierung der riskanten Auswirkungen für eine möglichst große Gruppe von Abhängigen liegt. Der Streit über die Vor- und Nachteile der verschiedenen Strategien wird in den nächsten Jahren fortgeführt werden, und ist auch vor dem Hintergrund einer allgemeinen gesundheitspolitischen Diskussion über die Frage einer Entkriminalisierung oder Legalisierung illegaler Drogen zu sehen (vgl. zu dieser Thematik Bühringer, Künzel-Böhmer, Lehnitzk, Jürgensmeyer & Schumann, 1993).

Die Therapie von Alkoholabhängigen wird sich in den nächsten Jahren mit folgenden Themen beschäftigen: (1) Ausbau der ambulanten Behandlung, (2) frühzeitigere Behandlung als bisher durch die Förderung sekundärpräventiver Maßnahmen bei Personen mit einem Mißbrauchsverhalten im Betrieb und im Straßenverkehr und (3) die Berücksichtigung neuerer Erkenntnisse zur medikamentösen Behandlung mit Anti-Craving-Substanzen (Mann & Mundle, 1996). Gesundheitspolitisch muß die Diskussion geführt werden, wie der extrem hohe durchschnittliche Konsum von Alkohol in Deutschland reduziert werden kann (vgl. dazu Bühringer, 1996a; Edwards et al., 1994).

Ein weiteres Thema für die Zukunft ist der hohe Bedarf an Maßnahmen zur Qualitätskontrolle und Qualitätsförderung in der Suchtkrankenhilfe. Über lange Jahre waren professionelle Standards eher gering bis nicht vorhanden, und jede Einrichtung und jeder therapeutische Mitarbeiter konnte die Behandlung völlig eigenständig planen und durchführen. Erste Hinweise für eine Änderung in diesem Bereich sind neben den Qualitätsanforderungen der Rentenversicherungsträger z. B. die Dokumentationsstandards der Deutschen Gesellschaft für Suchtforschung und Suchttherapie e. V. (1992) oder die Methadon-Standards für die Behandlung von Drogenabhängigen unter Einbeziehung einer Substitution (Bühringer et al., 1995). Beide Gruppen von Standards wurden unter Beteiligung von Wissenschaftlern und Praktikern aus deutschsprachigen Ländern entwickelt. Die Dokumentationsstandards gelten für die Praxis wie für wissenschaftliche Untersuchungen, wobei je nach Themenschwerpunkt die jeweils relevanten Regelungen ausgewählt werden müssen. Zu diesem Zweck werden die Standards zusätzlich zur Papierversion auch auf einer Diskette für folgende Bereiche geliefert: Therapieaufnahme (91 Standards), Therapieverlauf (13), Therapieende (24), Katamnese (103), Beschreibung von Therapieeinrichtung und Programm (24), Bewertung und Publikation der Ergebnisse (10).

Die Methadon-Standards sollen insbesondere die Kooperation der zumeist in verschiedenen Einrichtungen arbeitenden Berufsgruppen (Ärzte für Substitution; Psychologen und Sozialarbeiter für die psychotherapeutischen und sozialen Maßnahmen) verbessern. Die Standards umfassen folgende Bereiche und gelten in weiten Teilen auch für eine Behandlung ohne Substitution: Allgemeine Behandlungsgrundsätze (6 Standards), Organisatorische und personelle Voraussetzungen (15), Diagnostik (7), Indikation und Behandlungsziele (6), Durchführung der Substitution (20), Weitere Maßnahmen (10), Dokumentation (1), Substitution mit sonstigen Substanzen (6).

6. Literatur

American Psychiatric Association (Hrsg.). (1994). *Diagnostic and statistical manual of mental disorders* (4th ed.). Washington, D.C.: APA Press.

Arend, H. (1994). *Alkoholismus – Ambulante Therapie und Rückfallprophylaxe.* Weinheim: Beltz.

Ball, J.C. & Ross, A.R. (1991). *The effectiveness of methadone maintenance treatment: Patients, programs, services, and outcome.* New York: Springer.

Beck, A.T., Wright, F.D., Newman, C.F. & Liese, B.S. (1993). *Cognitive therapy of substance abuse.* New York: The Guilford Press.

Bühringer, G. (1996a). Folgen des schädlichen Gebrauchs von alkoholischen Getränken. In Deutsche Hauptstelle gegen die Suchtgefahren (Hrsg.), *Alkohol – Konsum und Mißbrauch. Alkoholismus – Therapie und Hilfe* (S. 31–60). Freiburg im Breisgau: Lambertus.

Bühringer, G. (1996b). Schädlicher Gebrauch und Abhängigkeit von psychoaktiven Substanzen. In J. Margraf (Hrsg.), *Lehrbuch der Verhaltenstherapie* (Band 2, S. 215–243). Berlin: Springer.

Bühringer, G. & De Jong, R. (1980). Manual für stationäre Behandlung von Drogenabhängigen. In S. Kraemer & R. De Jong (Hrsg.), *Therapiemanual für ein verhaltenstherapeutisches Stufenprogramm zur stationären Behandlung von Drogenabhängigen* (S. 97–207). München: Gerhard Röttger.

Bühringer, G., Gastpar, M., Heinz, W., Kovar, K.-A., Ladewig, D., Naber, D., Täschner, K.-L., Uchtenhagen, A. & Wanke, K. (1995). *Methadon-Standards. Vorschläge zur Qualitätssicherung bei der Methadon-Substitution im Rahmen der Behandlung von Drogenabhängigen.* Stuttgart: Enke.

Bühringer, G., Künzel, J. & Spies, G. (1995). *Methadon-Expertise. Expertise zum Einsatz von Methadon bei der Behandlung von Drogenabhängigen in Deutschland* (Schriftenreihe des Bundesministeriums für Gesundheit, Band 55). Baden-Baden: Nomos.

Bühringer, G., Künzel-Böhmer, J., Lehnitzk, C., Jürgensmeyer, S. & Schumann, J. (1993). *Expertise zur Liberalisierung des Umgangs mit illegalen Drogen* (IFT-Berichte Bd. 65). München: IFT Institut für Therapieforschung.

Bühringer, G. & Simon, R. (1992). Die gefährlichste psychoaktive Substanz. Epidemiologie zum Konsum und Mißbrauch von Alkohol. *psycho, 3,* 156/14–162/18.

Childress, A.R., McLellan, A.T., Ehrman, R., & O'Brien, C.B. (1988). Classically conditioned responses in opioid and cocaine dependence: A role in relapse? In B.A. Ray (Ed.), *Learning factors in substance abuse* (NIDA Research Monograph 84) (pp. 25–43). Rockville: US Department of Health and Human Services.

Deutsche Gesellschaft für Suchtforschung und Suchttherapie e.V. (Hrsg.).(1992). *Dokumentationsstandards 2 für die Behandlung von Abhängigen.* Freiburg im Breisgau: Lambertus.

Dilling, H., Mombour, W. & Schmidt, M.H. (Hrsg.). (1991). *Internationale Klassifikation psychischer Störungen. ICD-10 Kapitel V (F). Klinisch-diagnostische Leitlinien, Weltgesundheitsorganisation.* Bern: Huber.

Edwards, G., Arif, A. & Hadgson, R. (1981). Nomenclature and classification of drugs- and alcohol-related problems: A WHO memorandum. *Bulletin of the World Health Organization, 59,* 225–242.

Edwards, G., Anderson, P., Babor, T.F., Casswell, S., Ferrence, R., Giesbrecht, N., Godfrey, C., Holder, H.D., Lemmens, P., Mäkelä, K., Midanik, L.T., Norström, T., Österberg, E., Romelsjö, A., Room, R., Simpura, J. & Skog, O.-J. (1994). *Alcohol policy and the public good.* Oxford: Oxford University Press (dt. Übersetzung Bühringer et al. (1997). *Alkoholkonsum und Gemeinwohl. Strategien zur Reduzierung des schädlichen Gebrauchs in der Bevölkerung.* Stuttgart: Enke).

Fredersdorf, F. (1995). *Leben ohne Drogen. Zwei Jahrzehnte Synanon* (2. Aufl.). Weinheim: Deutscher Studien Verlag.

Gsellhofer, B. & Bühringer, G. (1995). HIV-Infektion bei Drogenabhängigen: Aktuelle Situation und zukünftige präventive Maßnahmen. *Sucht, 41,* 355–361.

Heather, N. & Stallard, A. (1989). Does the Marlatt model underestimate the importance of conditioned craving in the relapse process? In M. Gossop (Ed.), *Relapse and addictive behaviour* (pp. 180–208). London: Tavistock/Routledge.

Hester, R.K. & Miller, W.R. (1995). *Handbook of alcoholism treatment approaches* (2nd ed.). Boston: Allyn and Bacon.

Jarvis, T.J., Tebbutt, J. & Mattick, R.P. (1995). *Treatment approaches for alcohol and drug dependence.* Chichester: John Wiley.

Jung, U. & Bühringer, G. (1989). Ergebnisse stationärer Verhaltenstherapie Alkoholabhängiger, 4 Jahre nach Entlassung. In I. Hand & H.-U. Wittchen (Hrsg.), *Verhaltenstherapie in der Medizin* (S. 358–375). Berlin: Springer.

Körkel, J. (Hrsg.). (1988). *Der Rückfall des Suchtkranken. Flucht in die Sucht?* Berlin: Springer.

Körkel, J. (Hrsg.). (1991). *Praxis der Rückfallbehandlung. Ein Leitfaden für Berater, Therapeuten und ehrenamtliche Helfer.* Wuppertal, Bern: Blaukreuz.

Küfner, H. & Feuerlein, W. (1989). *In-patient treatment for alcoholism. A multi-centre evluation study.* Berlin: Springer.

Küfner, H., Feuerlein, W. & Huber, M. (1988). Die stationäre Behandlung von Alkoholabhängigen: Ergebnisse der 4-Jahreskatamnesen, mögliche Konsequenzen für Indikationsstellung und Behandlung. *Suchtgefahren, 34,* 157–272.

Küfner, H. Denis, A., Roch, I., Arzt, J. & Rug, U. (1994). *Stationäre Krisenintervention bei Drogenabhängigen. Ergebnisse der wissenschaftlichen Begleitung des Modellprogramms* (Schriftenreihe des Bundesministeriums für Gesundheit Band 17). Baden-Baden: Nomos.

Legarda, J.J. & Gossop, M. (1994). A 24-h inpatient detoxification treatment for heroin addicts: A preliminary investigation. *Drug and Alcohol Dependence, 35,* 91–93.

Maddux, J.F. & Desmond, D.P. (1992). Methadone maintenance and recovery from opioid dependence. *American Journal of Substance Abuse Treatment, 8,* 195–201.

Mann, K. & Mundle, G. (1996). Die pharmakologische Rückfallprophylaxe bei Alkoholabhängigen – Bedarf und Möglichkeiten. In K. Mann & G. Buchkremer (Hrsg.), *Sucht – Grundlagen, Diagnostik, Therapie* (S. 317–321). Stuttgart: G. Fischer.

Marlatt, G.A. & Gordon, J.R. (Eds.). (1985). *Relapse prevention. Maintainance strategies in the treatment of addictive behaviors.* New York: The Guilford Press.

Onken, L.S., Blaine, J.D. & Boren, J.J. (Eds.). (1993). *Behavioral treatments for drug abuse and dependence* (NIDA-Research Monograph 137). Rockville: US Department of Health and Human Services.

Petry, J. (1993a). *Behandlungsmotivation. Grundlagen und Anwendung in der Suchttherapie.* Weinheim: Beltz.

Petry, J. (1993b). *Alkoholismustherapie.* Weinheim: Beltz.

Pfab, R., Hirtl, C., Hibler, A., Felgenhauer, N., Chlistalla, J. & Zilker, T. (1996). *Der Antagonistinduzierte Narkosegestützte Opiat-Schnellentzug (AINOS): Riskant und Vorteile nicht bewiesen.* MMW 138/47, 781–786.

Platt, J.J. (1995a). *Heroin addiction. Theory, research and treatment. The addict the treatment process and social control* (Vol. 2). Malabar, Florida: Krieger.

Platt, J.J. (1995b). *Heroin addiction. Theory, research and treatment. Treatment advances and Aids* (Vol. 3). Malabar, Florida: Krieger.

Polich, J.M., Armor, D.J. & Braiker, H.B. (1981). *The course of alcoholism. Four years after treatment.* New York: John Wiley & Sons.

Powell, J., Bradley, B. & Gray, J. (1992). Classical conditioning and cognitive determinants of subjective craving for opiates: An investigation of their relative contributions. *British Journal of Addiction, 87,* 1133–1144.

Prochaska, J.O. & DiClemente, C.C. (1986). Towards a comprehensive model of change. In W.E. Miller & N. Heather (Eds.), *Treating addictive behaviors. Processes of change* (pp. 3–27). New York: Plenum Press.

Prochaska, J.O. & DiClemente, C.C. (1992). Stages of change in the modification of problem behaviors. In M. Hersen, R.M. Eisler & P.M. Miller (Eds.), *Progress in behavior modification* (pp. 184–214). Sycamore: Sycamore.

Raschke, P. (1994). *Substitutionstherapie – Ergebnisse langfristiger Behandlung von Opiatabhängigen.* Freiburg im Breisgau: Lambertus.

Resnick, R.B., Kestenbaum, R.S. Washton, M.A. & Poole, D. (1977). Naloxone precipitated withdrawal: A method for rapid induction onto naltrexone. *Clinical Pharmacology and Therapeutics, 21,* 409–413.

Schneider, R. (Hrsg.) (1982). *Stationäre Behandlung von Alkoholabhängigen.* München: Röttger.

Simpson, D.D. (1982). National treatment system evaluation based on the drug abuse reporting program (DARP). Follow-up research. In F.M. Tims & J.P. Ludford (Eds.), *Drug abuse treatment evaluation: Strategies, progress, and prospects* (pp. 29–41). NIDA Research Monograph 51. Rockville, MD: NIDA.

Spies, G., Böhmer, M. & Bühringer, G. (1992). Evaluation of a drug-free outpatient treatment program for drug addicts. In G. Bühringer & J.J. Platt (Eds.), *Drug addiction treatment research. German and American perspectives* (pp. 323–332). Malabar, Florida: Krieger.

Sucht (1995). Modellprogramme (Schwerpunktthema). *Sucht, 41* (2).

Süß, H-M. (1995). Zur Wirksamkeit der Therapie bei Alkoholabhängigen: Ergebnisse einer Meta-Analyse. *Psychologische Rundschau, 46,* 248–266.

Tauscher, M., Simon, R., Bühringer, G., Helas, I., Schmidtobreick, B. & Hüllinghorst, R. (1996). *Jahresstatistik 1995 der ambulanten Beratungs- und Behandlungsstellen für Suchtkranke in der Bundesrepublik Deutschland. Berichtszeitraum: 1.1.1995 –31.12.1995* (EBIS-Berichte, Band 23). Hamm: EBIS-AG bei der DHS.

Tretter, F. (1996). Von der Phantasie, die Sucht auszuschlafen. *Münchner Medizinische Wochenschriften, 138,* 76–77.

Uchtenhagen, A. (1994). Verschreibung von Betäubungsmitteln an Heroinabhängige. Ziele und Programme der Pilotversuche in der Schweiz. *Sucht, 40,* 342–349.

Uchtenhagen, A., Gutzwiller, F. & Dobler-Mikola, A. (Hrsg.). (1997). *Versuche für eine ärztliche Verschreibung von Betäubungsmitteln.* Abschlußbericht der Forschungsbeauftragten. Universität Zürich.

Vollmer, H., Kraemer, S., Schneider, R., Feldhege, F.J., Schulze, B. & Krauthahn, G. (1982). Ein verhaltenstherapeutisches Programm zur Behandlung junger Alkoholabhängiger. In H. Vollmer & S. Kraemer (Hrsg.), *Ambulante Behandlung junger Alkoholabhängiger* (S. 45–78). München: Röttger.

Ward, J., Mattick, R.P. & Hall, W. (1992). *Key issues in methadone maintenance treatment.* Kensington (Australia): New South Wales University Press.

Yablonsky, L. (1975). *Synanon. Selbsthilfe der Süchtigen und Kriminellen.* Stuttgart: Klett.

Yablonsky, L. (1990). *Die Therapeutische Gemeinschaft. Ein erfolgreicher Weg aus der Drogenabhängigkeit.* Weinheim: Beltz.

35. Schizophrenie
35.1 Klassifikation und Diagnostik

Hans Watzl und Rudolf Cohen

Inhaltsverzeichnis

1. Klassifikation

Unter dem Begriff «Schizophrenie» wird eine psychopathologisch und vermutlich auch ätiologisch heterogene Gruppe von Störungen zusammengefaßt, die allerdings spätestens seit der Einführung von DSM-III (1980) mit etwa derselben Reliabilität diagnostiziert werden kann, wie andere psychische Störungen. Die Gemeinsamkeit von Patienten mit der Diagnose einer schizophrenen Störung liegt in einem drastischen Abfall des psychosozialen Funktionsniveaus (Schule/Beruf, Freundschaften, Selbstversorgung) im frühen oder mittleren Erwachsenenalter, ohne daß dafür gravierende Ursachen (z. B. traumatische Erlebnisse, zerebraler Insult) erkennbar wären.

Wohl keine diagnostische Kategorie wurde aber so oft diskutiert und revidiert, wie jene der «schizophrenen Störung». Ein Grund dafür liegt im Fehlen eines psychopathologischen Merkmals oder einer Konfiguration von Merkmalen, die für diese Diagnose als spezifisch oder notwendig anzusehen wären. Die häufigsten Positiv-Symptome (Wahngedanken) treten bei höchstens 75 Prozent der schizophrenen Patienten und auch dann nur zeitweilig auf; selbst die diagnostisch unspezifischen Negativ-Symptome sind keineswegs bei allen zu beobachten. Während die Klassifikation affektiver Stö-rungen bei Stimmungs- und Antriebsauslenkungen ansetzen kann, oder die Diagnose des Substanzmißbrauchs vom Konsum der Suchtmittel ausgeht, bestand niemals Konsens über die schizophrene Leitsymptomatik. Dies führte zu divergierenden diagnostischen Kriterien bei verschiedenen Autoren, wobei es sich teils um qualitative Unterschiede handelte, teils um unterschiedlich strenge Kriterien, wieviele Merkmale aus Listen von Grundstörungen und Sekundärsymptomen gegeben sein müssen, um von einer schizophrenen Störung sprechen zu können.

Solche Unterschiede, wie sie vor der Einführung von DSM-III etwa bei einem Vergleich der Diagnosen in England und den USA festgestellt wurden, erschweren den Vergleich von Ergebnissen aus verschiedenen Epochen, Regionen oder gar Kliniken. Ohne eine verbindliche Definition «schizophrener Störungen», ohne Systematisierung und Ausdifferenzierung dieser diagnostischen Kategorie erscheint aber die Suche nach ätiologischen Faktoren wenig erfolgversprechend, und das Ziel einer Verbesserung von Prävention und Behandlung weit entfernt. In den letzten beiden Jahrzehnten stand daher die Vereinheitlichung der Klassifikation im Zentrum wissenschaftlichen Bemühens. Die letzten Revisionen der beiden am häufigsten verwendeten Verfahren ICD und DSM wurden weitgehend aneinander angeglichen. Unterschiede liegen noch in der nach DSM-IV erforderlichen Störungsdauer von sechs Monaten gegenüber einer einmonatigen akut-psychotischen Phase nach ICD-10 sowie in differierenden Entscheidungsregeln für die Zuordnung von Mischbildern mit sowohl psychotischer als auch affektiver Symptomatik. Diese Regeln zur Trennung affektiver und schizophrener Störungen wurden zuletzt in jeder neuen Version der Klassifikationssysteme geändert (s. **Tab. 1, 2**).

Probleme mit der Differentialdiagnose, der Reliabilität und der Stabilität der Diagnosen ergeben sich vor allem gegenüber «benachbarten», d. h. hinsichtlich charakteristischer Symptome ähnlichen Störungen. Sie werden im DSM-IV teils als Persönlichkeitsstörungen geführt, sofern zeitlich stabil (Paranoide, Schizoide, Schizotypische), teils als andere psychotische Störungen klassifiziert (Schizoaffektive, Schizophreniforme, Wahnhafte, Kurze Psychotische). Die Problematik der Entscheidungsregeln hängt wesentlich mit dem deskriptiven und kategorialen Diagnosemodell zusammen, beruht aber auch auf inkonsistenten Klassifikations-Regeln (Clark, Watson & Reynolds, 1995). So sind schizophrene und affektive Störungen als sich ausschließende Kategorien auf Achse I konzipiert, wogegen Doppeldiagnosen mit Persönlichkeits-

störungen (auf Achse II) und mit Störungen durch psychotrope Substanzen (Achse I) akzeptiert sind und häufig berichtet werden. Nach der Epidemiologic Catchment Area Study hatten 91 Prozent der Personen mit einer Lebenszeit-Diagnose Schizophrenie mindestens eine weitere klinisch relevante Störung (z.B. 47% Substanzmißbrauch) (Smith & Hucker, 1994). Schließlich wird der deskriptive Ansatz bei Störungen mit ähnlicher, psychotischer Symptomatik aufgegeben, sofern eine klare Ursache der Störung angegeben werden kann. Definierte ätiologische Faktoren wie hirnorganische Störungen, aktueller oder anhaltender Substanzgebrauch und Substanzentzug sind ein Ausschlußkriterium für schizophrene Störungen.

Nicht nur in der Symptomatik sondern auch im Krankheitsverlauf unterscheiden sich Patienten mit der Diagnose einer schizophrenen Störung erheblich. Seit Kraepelin hat man immer wieder versucht, über die Bildung symptomatisch homogener Untergruppen ätiologische Faktoren zu identifizieren und die Vorhersagbarkeit des Verlaufs zu verbessern. In beider Hinsicht sind die Erfolge bislang wenig eindrucksvoll. Die in DSM-IV und ICD-10 angeführten Untergruppen entsprechen jenen von Kraepelin weitgehend: (1) *Hebephrene Schizophrenie* bzw. *Desorganisierter Typus* mit ausgeprägter Denkzerfahrenheit, flachem oder inad-

Tabelle 1: Klassifikation schizophrener und anderer psychotischer Störungen nach ICD-10 und DSM-IV (mit ICD-9-CM-Code)

ICD-10		DSM-IV (mit ICD-9-CM-Code)	
F20	Schizophrenie	295	Schizophrenie
F20.0	paranoide Schizophrenie	295.30	Paranoider Typus
F20.1	hebephrene Schizophrenie	295.10	Desorganisierter Typus
F20.2	katatone Schizophrenie	295.20	Katatoner Typus
F20.3	undifferenzierte Schizophrenie	295.90	Undifferenzierter Typus
F20.5	schizophrenes Residuum	295.60	Residualer Typus
F20.6	Schizophrenia simplex	——	
F21	schizotype Störung	301.22	Schizotypische Persönlichkeitsstörung
F22	anhaltende wahnhafte Störungen	297.1	Wahnhafte Störungen
F23	vorübergehende akute psychotische Störungen		
F23.0	akute polymorphe psychotische Störung ohne Symptome einer Schizophrenie	——	
F23.1	akute polymorphe psychotische Störung mit Symptomen einer Schizophrenie	——	
F23.2	akute schizophreniforme psychotische Störung	295.40	Schizophreniforme Störung
		295.8	Kurze psychotische Störung
——		295.70	Schizoaffektive Störung
F25	schizoaffektive Störung		
F25.0	schizoaffektive Störung, gegenwärtig manisch	——	
F25.1	schizoaffektive Störung, gegenwärtig depressiv	——	
F25.2	gemischte schizoaffektive Störung	——	

Tabelle 2: Diagnostische Kriterien für schizophrene Störungen nach ICD-10 Forschungskriterien (gekürzt nach Dilling et al., 1994, S. 85,86) und DSM-IV (gekürzt nach American Psychiatric Association, 1996, S. 340, 341)

	ICD-10	DSM-IV
Charakteristische Symptome	1. Gedankenlautwerden, Gedankeneingebung oder Gedankenentzug, Gedankenausbreitung	A1. Wahn
		A2. Halluzinationen
	2. Kontrollwahn, Beeinflußungswahn, Gefühl des Gemachten deutlich bezogen auf Körper- oder Gliederbewegungen oder bestimmte Gedanken, Tätigkeiten oder Empfindungen; Wahnwahrnehmungen.	A3. desorganisierte Sprechweise (z. B. häufiges Entgleisen oder Zerfahrenheit)
	3. Kommentierende oder dialogische Stimmen, die über die Patienten reden oder andere Stimmen, die aus bestimmten Körperteilen kommen.	A4. grob desorganisiertes oder katatones Verhalten
	4. Anhaltender, kulturell unangemessener, bizarrer Wahn, wie z. B. das Wetter kontrollieren zu können oder mit Außerirdischen in Verbindung zu stehen.	A5. negative Symptome, d. h. flacher Affekt, Alogie oder Willensschwäche
	5. Anhaltende Halluzinationen jeder Sinnesmodalität, täglich während mindestens eines Monats, begleitet von flüchtigen oder undeutlich ausgebildeten Wahngedanken ohne deutliche affektive Beteiligung oder begleitet von anhaltenden überwertigen Ideen.	B. Soziale/berufliche Leistungseinbußen: die Leistungen in Bereichen wie Arbeit, soziale Beziehungen und Selbständigkeit sind deutlich unter dem Niveau, das vor Beginn der Störung erreicht wurde.
	6. Neologismen, Gedankenabreißen oder Einschiebungen in den Gedankenfluß, was zu Zerfahrenheit oder Danebenreden führt.	
	7. Katatone Symptome wie Erregung, Haltungsstereotypien oder wächserne Biegsamkeit, Negativismus, Mutismus und Stupor.	
	8. «Negative» Symptome wie auffällige Apathie, Sprachverarmung, verflachte oder inadäquate Affekte. (Es muß sichergestellt sein, daß diese Symptome nicht durch eine Depression oder eine neuroleptische Medikation verursacht werden).	
Erforderliche Anzahl	von 1. bis 4. mindestens ein eindeutiges Symptom (zwei oder mehr, wenn weniger eindeutig) oder mindestens zwei Symptome von 5. bis 8.	mindestens 2 A-Symptome oder nur eines, wenn es sich um bizarren Wahn, um eine kommentierende oder um dialogische Stimmen handelt
Erforderliche Zeitdauer	fast ständig während eines Monats oder länger	mindestens 6 Monate kontinuierliche Störungen (einschließlich Prodromal- und Residualsymptomatik) mit mindestens 1 Monat mit A-Symptomen
Differentialdiagnose zu affektiven Störungen	– Schizophrene Störung: wenn schiz. Symptome zeitlich vor affektiven Symptomen auftreten – Schizoaffektive Störung: wenn sich schiz. und affektive Symptome gleichzeitig entwickeln und in etwa gleicher Intensität auftreten – ansonsten Diagnose einer affektiven Störung	Schizophrene Störung: nur wenn affektive Symptome zeitgleich mit akutpychotischen Symptomen auftreten und von kürzerer Dauer als die akute und residuale Phase sind.

äquatem Affekt und desorganisiertem Verhalten, (2) die in Industriestaaten seltene *Katatone Schizophrenie* mit eindrucksvollen Störungen der Psychomotorik und (3) die *Paranoide Schizophrenie* mit dominierenden Wahngedanken oder akustischen Halluzinationen. Die Differenzierung zwischen hebephrenem und paranoiden Typus geht mit deutlichen Unterschieden in den psychosozialen Beeinträchtigungen einher; beim hebephrenen Typus sind die Beeinträchtigungen meist schwerer und der Verlauf ungünstiger (McGlashan & Fenton, 1991).

Größere Bedeutung für Modellbildung und Forschung gewannen in den letzten beiden Jahrzehnten Versuche, etwa mit Hilfe von Faktorenanalysen unterschiedliche Symptome zu Syndromen oder Störungsdimensionen zusammenzufassen, die zumindest während akutpsychotischer Phasen miteinander korrelieren. Zunächst ging man von einer Zweiteilung in ein defizitäres Syndrom *(Negativ-Symptomatik)* und ein akut-psychotisches Syndrom *(Positiv-Symptomatik)* aus. Neuere Arbeiten sprechen eher für eine Dreiteilung mit einem zusätzlichen Faktor aus inadäquatem Affekt, desorganisiertem Denken und Verhalten (Andreasen, Arndt, Alliger, Miller & Flaum, 1995) (s. **Tab. 3**).

2. Diagnostik

Während den Selbstbeurteilungs-Verfahren bei anderen Diagnosen, besonders bei Angststörungen und Depression, große Bedeutung zukommt, ist ihr Nutzen bei schizophrenen Störungen begrenzt. Gerade in akut-psychotischen Phasen aber auch bei chronischen Defektzuständen sind die Patienten kaum in der Lage, verlässliche Auskünfte über psychotische Erlebnisse oder Veränderungen ihres Denkens, Erlebens und Verhaltens zu geben. Diese Veränderungen sind ohnehin sprachlich nur schwer beschreibbar. Zum anderen belegen viele Untersuchungen einen für diese Patienten charakteristischen Mangel an Einsicht in ihre Erkrankung und die damit verbundenen Beeinträchtigungen. Die Interpretation von Fragebogendaten erfordert daher die Berücksichtigung der jeweiligen Krankheitsphase und eine Einschätzung der Krankheitsverleugnung, wie es v. Zerssen mit seiner *Paranoid-Depressivitäts-Skala PDS* versucht. Größere Bedeutung kommt Selbstbeurteilungs-Verfahren in den Residualphasen bei der Erfassung subjektiv erlebter Defizite und Störungen zu.

Die Dokumentation der Psychopathologie basiert daher wesentlich auf Fremdbeurteilungs-Verfahren (s. **Tab. 4**). Hier sind zwei Entwicklungslinien festzustellen. Die erste bezieht sich auf die Ergänzung diagnosen-übergreifender Verfahren durch Skalen, die auf die Erfassung der für schizophrene Störungen charakteristischen Positiv- und Negativ-Syndrome zielen (s. **Kasten 1**). Da sich diese Verfahren auf die Psychopathologie oder Krankheitssyndrome im engeren Sinne beschränken, sind zur Einschätzung der sozialen und beruflichen Beeinträchtigungen zusätzliche Beurteilungsverfahren erforderlich, wie der von der WHO entwickelten *Disability Schedule DAS* (deutsche Fas-

Tabelle 3: Faktorenstruktur nach Varimax-Rotation schizophrener Symptome

	Faktoren		
Symptome	**Negativ**	**Desorganisiert**	**Psychotisch**
Antriebsmangel	.83	.13	.17
Anhedonie	.82	.18	.11
Affektverflachung	.81	-.11	.04
inadäquater Affekt	.06	.80	-.11
Denkstörungen	-.05	.75	.27
bizarres Verhalten	.43	.60	.25
Wahn	.07	.18	.82
Halluzinationen	.17	.01	.75
erklärte Varianz	28%	21%	18%

Anmerkung. Datenbasis: Globale Einstufung auf der *Scale for the Assessment of Negative Symptoms SANS* und der *Scale for the Assessment of Positive Symptoms SAPS* über 243 konsekutiv aufgenommene Patienten mit schizophrener oder schizophreniformer Störung (nach Andreasen et al., 1995).

Tabelle 4: Beispiele für Selbst- (S) und Fremdbeurteilungsverfahren (F) bei schizophrenen Störungen

Verfahren	Zielsetzung	Methodik
BPRS Brief Psychiatric Rating Scale (F) (Lukoff et al., 1987)	Erfassung von 5 Störungs- dimensionen bei stationären Psychiatrie-Patienten	18 Items, die nach einem klini- schen Interview beurteilt werden
NOSIE Nurses Observation Scale for Inpatient Evaluation (F) (Honigfeld et al., 1996)	Verhaltensbeurteilung stationärer Patienten durch Pflegepersonal und Betreuer auf 7 Faktoren	30 Items zur Beurteilung des Verhaltens während der letzten 3 Tage
SANS Scale for the Assessment of Negative Symptoms (F, S) (Dieterle et al., 1986)	Erfassung schizophrener Minus- Symptomatik auf 5 Dimensionen (Affektverflachung, Alogie, Apathie, Aufmerksamkeit, Anhedonie)	Verhaltensbeobachtung und Selbsteinschätzung während eines klinischen Interviews (30 Items)
PANSS Positive and Negative Syndrome Scale (F) (Kay et al., 1987)	Erfassung schizophrener Positiv- und Negativ-Symptomatik sowie allgemeiner Psychopathologie	Bewertung anhand eines klinischen Interviews und des Verhaltens in den letzten 7 Tagen (30 Items)
PD-S Paranoid-Depressivitäts-Skala (S) (v. Zerssen, 1976)	Erfassung subjektiver Beeinträchti- gung durch (1) depressiv-ängstliche Verstimmtheit und (2) paranoide Tendenzen sowie (3) Krankheits- verleugnung	Fragebogen mit 43 Items
InSka IntentionalitätsSkala (F) (Mundt et al., 1985)	Erfassung schizophrener Residualsymptomatik (Gesamtscore)	60 Items zur Symptombeurteilung aufgrund des Verhaltens in den letzten zwei Wochen
FBF Frankfurter Beschwerde- Fragebogen (S) (Süllwold, 1991)	Selbsteinschätzung subjektiv erlebter Beeinträchtigungen und Defizite (Basissymptome) in 10 Kategorien	Fragebogen oder Interview mit 98 Items

sung Jung, Krumm, Biehl, Maurer & Bauer-Schubart, 1989) oder der im DSM enthaltenen *Global Assessment of Functioning Scale GAF.* Die zweite Entwicklungslinie ergab sich aus der ursprünglich unbefriedigenden Übereinstimmung bei der klinischen Einschätzung einzelner Symptome. Zunächst wurden mit Hilfe von Manualen oder Glossaren die psychopathologischen Merkmale einheitlich definiert (z. B. AMDP-System, BPRS). Es folgte die zunehmende Standardisierung der Beobachtungsbedingungen durch die Festlegung bestimmter Fragen und Antwort- bzw. Beobachtungskategorien wie in der *Present State Examination PSE* von Wing, Cooper und Sartorius (1982). Der Spielraum bei der Exploration wird bei allen standardisierten Interviews zunehmend eingeschränkt (z. B. Composite International Diagnostic Interview CIDI, Structured Clinical Interview for DSM-III-R SCID), um ein Maximum an Inter-Rater-Reliabilität zu gewährleisten (Wittchen & Unland, 1991). Dabei tritt das Bestreben nach einer möglichst individuum-spezifischen Dokumentation des psychopathologischen Befundes gegenüber dem Ziel einer «kriterienorientierten» Klassifikation des Störungsbildes in den Hintergrund. Zu den standardisierten Interviews liegen Programme zur «Umrechnung» der erfaßten Einzelmerkmale in Diagnosen vor. Mit diesen standardisierten Verfahren werden für die Hauptdiagnose «schizophrene Störung» bei wissenschaftlichen Untersuchungen hohe Beurteiler-Übereinstimmungen erzielt. Allerdings wird in den letzten Jahren vermehrt die Sorge geäußert, daß mit der Betonung des Aspekts der Reliabilität die Frage nach der Validität der Beurteilungen im Hinblick auf ätiologisch einheitliche Krankheitsbilder in den Hintergrund treten könnte.

Kasten 1
Kurzbeschreibung der Positive and Negative Syndrome Scale PANSS (Kay et al. 1987, 1988, 1990)

Name, Autor
Positive and Negative Syndrome Scale PANSS
(Kay et al. 1987, 1988, 1990)

Gegenstandsbereich
Erfassung schizophrener Positiv- und Negativ-
symptomatik sowie allgemeiner Psychopathologie.

Struktur des Verfahrens
• Grundlage der Beurteilung ist ein Interview
sowie das Verhalten in den letzten 7 Tagen. Es
handelt sich um ein Fremdbeurteilungsverfahren mit 30 Items (Item-Skalierung 1–7; 1 =
nicht vorhanden, 2 = fraglich pathologisch, 3
= leicht, 4 = mäßig … 7= extrem).

• *Positiv Skala P* (7 Items): Wahnideen, forma-
le Denkstörungen, Halluzinationen, Erregung,
Größenideen, Mißtrauen/Verfolgungsideen,
Feindseligkeit.

• *Negativ Skala N* (7 Items): Affektverflachung,
emotionaler Rückzug, mangelnder affektiver
Rapport, soziale Passivität und Apathie,
Schwierigkeiten beim abstrakten Denken,
Mangel an Spontaneität und Flüssigkeit der
Sprache, stereotype Gedanken.

• *Allgemeine Psychopathologie G* (16 Items): z. B.
Sorge um Gesundheit, Angst, Schuldgefühle,
Depression, Manierismen, Desorientiertheit,
mangelnde Aufmerksamkeit.

• *Beispiel für Item-Skalierung mit «Anker» für*
N1 Affektverflachung:
leicht (3): Die Änderungen der Mimik und die
wenigen ausdrucksvollen Gesten erscheinen
geschraubt, gezwungen und künstlich oder sie
entbehren der Modulation.
mäßig schwer (5): Der Affekt ist generell
«flach», mit nur gelegentlichen Änderungen
der Mimik und einer geringen Anzahl sprechender Gesten.
extrem (7): Änderungen der Mimik und er-
sichtliche sprechende Gestik sind praktisch
nicht vorhanden.

Gütekriterien
• *Reliabilität:* Interne Konsistenz (Cronbach α):
Positiv Skala .73, Negativ Skala .83, Allgem.
Psychopathologie .79. Test-Retest-Reliablität
(Pearson r.) für *6* Monate: Positiv Skala. .80,
Negativ Skala .68, Allgem. Psychopathologie
.60; für *24* Monate: Positiv Skala .24, Negativ
Skala -.13, Allgem. Psychopathologie -.18

• *Validität:* Korrelationen mit ähnlichen Rating-
Skalen:
Positiv Skala/Scale for Assessing Positive Sym-
ptoms (SAPS): .77
Negativ Skala/Scale for Assessing Negative
Symptoms (SANS): .77
Allgem. Psychopathologie/Clinical Global Im-
pressions Scale (CGI): .52

3. Literatur

American Psychiatric Association.(1996). *Diagnostisches und statistisches Manual psychischer Störungen – DSM-IV* (Deutsche Bearbeitung und Einleitung: Saß, H., Wittchen, H.U., Zaudig, M.). Göttingen: Hogrefe.

Andreasen, N.C., Arndt, S., Alliger, R., Miller, D. & Flaum, M. (1995). Symptoms of schizophrenia: Methods, meanings, and mechanisms. *Archives of General Psychiatry, 52,* 341–351.

Clark, L.A., Watson, D. & Reynolds, S. (1995). Diagnosis and classification of psychopathology: Challenges to the current system and future directions. *Annual Review of Psychology, 46,* 121–153.

Dieterle, D.M., Albus, M.I., Eben, E., Ackenheil, M. & Rockstroh, W. (1986). Preliminary experiences and results with the Munich version of the Andreasen Scale. *Pharmacopsychiatry, 19,* 96–100.

Dilling, H., Mombour, W., Schmidt, M.H. & Schulte-Markwort, E. (Hrsg.).(1994). *Internationale Klassifikation psychischer Störungen ICD-10 Kapitel V(F). Forschungskriterien.* Bern: Huber.

Honigfeld, G., Gillis, R.D. & Klett, C.J. (1996). NOSIE-Nurses Observation Scale for Inpatient Evaluation. In CIPS (Hrsg.), *Internationale Skalen für Psychiatrie* (4. Aufl.). Göttingen: Hogrefe.

Jung, E., Krumm, B., Biehl, H., Maurer, K. & Bauer-Schubart, C. (1989). *DAS-Mannheimer Skalen zur Einschätzung sozialer Behinderung.* Weinheim: Beltz.

Kay, S.R. (1990). Significance of the positive-negative distinction in schizophrenia. *Schizophrenia Bulletin, 16,* 635–652.

Kay, S.R., Fiszbein, A. & Opler, L.A. (1987). The Positive and Negative Syndrome Scale (PANSS) for schizophrenia. *Schizophrenia Bulletin, 13,* 261–275.

Kay, S.R., Opler, L.A. & Lindenmayer, J.P. (1988). Reliability and validity of the Positive and Negative Syndrome Scale for schizophrenics. *Psychiatry Research, 23,* 99–110.

Lukoff, D., Nuechterlein, K.H. & Ventura, J. (1987). Manual for expanded Brief Psychiatric Rating Scales (BPRS). *Schizophrenia Bulletin, 12,* 594–602.

McGlashan, T.H. & Fenton, W.S. (1991). Classical subtypes for schizophrenia: Literature review for DSM-IV. *Schizophrenia Bulletin, 17,* 609–632.

Mundt, Ch., Fiedler, P., Pracht, B. & Rettig, R. (1985). InSKa (Intentionalitäts Skala) – ein neues psychopathometrisches Instrument zur quantitativen Erfassung der schizophrenen Residualsymptomatik. *Nervenarzt, 56,* 146–149.

Smith, J. & Hucker, S. (1994). Schizophrenia and substance abuse. *British Journal of Psychiatry, 165,* 13–21.

Süllwold, L. (1991). *Manual zum Frankfurter Beschwerde-Fragebogen (FBF).* Berlin: Springer.

Wing, J.K., Cooper, J.E. & Sartorius, N. (1982). *Die Erfassung und Klassifikation psychiatrischer Symptome.* Weinheim: Beltz.

Wittchen, H.U. & Unland, H. (1991). Neue Ansätze zur Symptomerfassung und Diagnosestellung nach ICD-10 und DSM-III-R: Strukturierte und standardisierte Interviews. *Zeitschrift für Klinische Psychologie, 20,* 321–342.

Zerssen, D.v. (1976). *Klinische Selbstbeurteilungs-Skala aus dem Münchner Psychiatrischen Informations-System: Paranoid-Depressivitäts-Skalen.* Weinheim: Beltz.

35.2 Schizophrenie: Ätiologie/Bedingungsanalyse

Fred Rist, Hans Watzl und Rudolf Cohen

Inhaltsverzeichnis

1. Epidemiologische Befunde

Die Suche nach Ursachen einer Störung beginnt mit Zusammenhängen zwischen dem Auftreten der Erkrankung und dem Vorhandensein bzw. der Abwesenheit bestimmter Merkmale. Solche Merkmale können sich auf das Individuum oder auf seine Umwelt beziehen, sie können sozialer, psychologischer oder biologischer Art sein. Zwar wurden zahlreiche Untersuchungen zur Inzidenz und zur Prävalenz von Schizophrenie durchgeführt, aber erst eine Studie in den siebziger Jahren erfüllte die methodischen Voraussetzungen für valide Schätzungen. In dieser «WHO Collaborative Study of Determinants of Outcome of Severe Mental Disorders» (Jablensky, Sartorius, Ernberg et al., 1992) wurden in neun psychiatrischen Zentren in Europa, Amerika, Afrika und Asien über ein Jahr alle Patienten standardisiert untersucht, die erstmalig mit psychotischen Erkrankungen aufgenommen wurden. Dabei wurden sowohl enge, auf akut psychotischen Kernsymptomen basierende Diagnosen und weite, am damals üblichen klinischen Gebrauch orientierte Diagnosen erstellt. Mit der

weiten Schizophreniedefinition unterschieden sich die Inzidenzraten der neun Zentren beträchtlich. Mit der engen Schizophreniedefinition lagen die Inzidenzraten dagegen durchwegs nahe bei etwa 10/100 000.

Unterschiede in der klinischen Vergabe von Diagnosen erklären somit einen erheblichen Teil der Unterschiede, die man zuvor beim Vergleich verschiedener Kulturen zu erkennen geglaubt hatte. Auch bei der Betrachtung im Längsschnitt bleibt die Inzidenz schizophrener Störungen unverändert: In Krankenhausstatistiken, bei denen jahrzehntelang ähnliche Kriterien der Schizophreniediagnose verwendet wurden, fanden sich keine langfristigen Zunahmen oder Abnahmen der Häufigkeit. Auch das Geschlecht hat keinen Einfluß auf die Inzidenz: Männer und Frauen haben dasselbe Lebenszeitrisiko für schizophrene Erkrankungen. Seit Kraepelin ist jedoch bekannt, daß die Erkrankung bei Frauen später als bei Männern beginnt. Häfner und seine Arbeitsgruppe konnten diesen Unterschied in einer Untersuchung von im Rhein-Neckar-Raum erstmalig aufgenommenen schizophrenen Patienten bestätigen: 62 Prozent der schizophrenen Männer, aber nur 47 Prozent der schizophrenen Frauen erkrankten vor dem Alter von 25 Jahren (Häfner, 1995).

Welche Konsequenzen haben diese epidemiologischen Befunde für ätiologische Überlegungen? Die Konstanz der Inzidenzraten über verschiedene Regionen, Zeitperioden und beide Geschlechter hinweg ist im Vergleich zu anderen Erkrankungen überraschend. Weder ökonomische, kulturelle noch ethnische Faktoren scheinen Einfluß auf das Krankheitsrisiko zu haben. Dies verweist auf eine starke Bedeutung biologischer, vor allem genetischer Faktoren in der Entstehung der Schizophrenie.

2. Genetik

Die Beteiligung genetischer Faktoren an der Entstehung schizophrener Erkrankungen gehört zu den am besten abgesicherten Aussagen der Ätiologieforschung (vgl. auch Kap. 10/Genetische Faktoren). Auch das Ausmaß der Beteiligung solcher Faktoren an der Entstehung läßt sich recht genau abschätzen. Maßgeblich dafür waren Untersuchungen über Verwandtschaftsgrad und Erkrankungshäufigkeit, Zwillingsstudien und Adoptionsuntersuchungen. Bei den biologischen Verwandten von Schizophrenen wurde ein erhöhtes und nach dem Verwandtschaftsgrad abgestuftes Morbiditätsrisiko gefunden. Gottesmann hat dazu wiederholt kumulative Analysen einer großen Zahl von Studien aus der Zeit von 1920 bis 1987 durchgeführt (vgl. McGue & Gottesman, 1989). Als Lebenszeitmorbiditätsrisiko ausgedrückt haben demnach eineiige Zwillingspartner eines schizophrenen Patienten und die Kinder zweier schizophrener Elternteile das höchste Risiko (48% bzw. 46%), die Kinder eines Elternteils noch ein Risiko von 13 Prozent.

Bei Zwillingsuntersuchungen hängt die Höhe der Konkordanzraten für eineiige und für zweieiige Zwillingspaare u.a. von den diagnostischen Kriterien, dem Verfahren zur Bestimmung der Zygosität und der Selektion der Zwillingspaare ab. Bemerkenswert ist jedoch, daß der Unterschied zwischen den beiden Konkordanzraten immer in dieselbe Richtung zeigt und über Studien hinweg sogar recht konstant ist. Methodisch solide Ermittlungen der Konkordanzraten bei eineiigen Zwillingen überschrei-

ten jedoch die Rate von 50 Prozent. Sind besondere Entwicklungsbedingungen eineiiger Zwillinge maßgeblich für die Konkordanz? Dagegen spricht, daß Zwillinge im Vergleich zur übrigen Bevölkerung nicht häufiger an Schizophrenie erkranken.

Bei Adoptionsstudien sind Vergleiche zwischen genetisch belasteten und unbelasteten Adoptierten umso aussagekräftiger, je länger diese Kinder über die Lebenszeit hinweg beobachtet werden können. Bislang haben die Risikogruppen in mehreren methodisch anspruchsvollen Adoptionsstudien noch zu kurze Abschnitte des Risikoalters durchlaufen, um differenziertere Hypothesen prüfen zu können. Die vorhandenen Studien (vgl. Kendler & Diehl, 1993) zeigen jedoch bei den wegadoptierten Kindern schizophrener Mütter übereinstimmend eine erhöhte Häufigkeit von Schizophrenie und auch von Störungen, die dem schizophrenen Spektrum zugerechnet werden. Während die meisten dieser Studien die Bedeutung des genetischen Risikos herausstellen, konnten in der Adoptionsstudie von Tienari (1991) auch Aussagen über nichtgenetische krankheitsfördernde Faktoren gemacht werden. In dieser Studie wurden ausführliche Erhebungen zur psychischen Gesundheit der Adoptiveltern vorgenommen. Teilt man die Familien danach auf, ob sie «gesund» oder «gestört» waren, so entwickeln die risikobehafteten Adoptivkinder in gesunden Familien seltener eine schizophrene Störung als in gestörten Familien. Allerdings ist dieser Einfluß der Umgebung nicht spezifisch für Schizophrenie, denn auch andere, als neurotisch eingestufte, Störungen der Adoptivkinder waren in gestörten Familien häufiger.

Die Befunde der genetischen Epidemiologie, der Zwillings- und der Adoptionsuntersuchungen belegen eine genetisch übertragene Disposition zur Entwicklung einer schizophrenen Erkrankung. Aber auch bei eineiigen Zwillingen, von denen einer an Schizophrenie erkrankt ist und deren genetische Ausstattung völlig identisch ist, beträgt das Risiko des anderen, ebenfalls an Schizophrenie zu erkranken, nicht mehr als 50 Prozent. Es müssen also bestimmte, nicht-genetische Umstände hinzutreten, welche die Wahrscheinlichkeit erhöhen, daß aus der Disposition eine manifeste Erkrankung wird.

3. Biologische Faktoren

3.1 Biochemische Faktoren

Eine Reihe von Befunden belegt, daß mit den Akutsymptomen einer Schizophrenie, wie Halluzinationen und Wahnideen, eine gesteigerte Aktivität dopaminerger Neurone einhergeht (allgemeine Hinweise s. Kap. 11/Biochemische Aspekte). Evidenz dafür liefert die Wirkungsweise antipsychotischer neuroleptischer Medikamente, die posytsynaptische Dopaminrezeptoren blockieren, dadurch die Rate der Neurotransmission an den Synapsen absenken und das Abklingen akuter Symptome bewirken. Umgekehrt können Substanzen wie Amphetamin, die die dopaminerge Aktivität erhöhen, zu Akutsymptomen führen. Direkte Evidenz für eine Störung des Dopamintransmittersystems stammt aus Untersuchungen, in denen erhöhte Konzentrationen des Dopaminmetaboliten Homovanillinsäure im Liquor und im Plasma gefunden wurden. Allerdings ist dieses Transmittersystem komplex, unterschiedliche Rezeptoren sind unterschiedlich dicht in verschiedenen Teilen des Hirns lokalisiert. So sind die Rezeptoren vom Typ D1 vorwiegend frontal, die Rezeptoren vom Typ D2 vorwiegend in den Basalganglien vorhanden. Auf welche Weise eine Störung dieses Systems die Vielfalt schizophrener Symptome bedingen kann, ist im Einzelnen gegenwärtig nicht geklärt. In einer erweiterten Form der Dopaminhypothese wird angenommen, daß eine dopaminerge Unterfunktion im mesokortico-präfrontalen System mit negativen Symptomen einhergeht. Die dadurch verminderte Hemmung efferenter Neurone im präfrontalen Cortex steigert die dopaminerge Aktivität im mesolimbischen System, die für die Entwicklung der positiven Symptome wesentlich ist (vgl. Liebermann & Koreen, 1993).

Die Suche nach hirnanatomischen Veränderungen bei schizophrenen Patienten bildet seit Kraepelin einen Schwerpunkt der ätiologischen Forschung. Interessanterweise sind bereits damals Strukturveränderungen in temporalen und frontalen Bereichen vermutet worden. Die verbesserten Möglichkeiten bildgebender Verfahren der Neuroradiologie erlauben es heute, Volumenänderungen einzelner Hirnbereiche differenzierter zu erfassen. Entsprechend hat die Zahl der einschlägigen Untersuchungen in den letzten Jahren sprunghaft zugenommen. Der häufigste Befund ist die Vergrößerung der Seitenventrikel; einige Berichte verweisen auch auf eine Vergrößerung des dritten und vierten Ventrikels. Die Anwendung der Magnetresonanztechnik hat diese Befunde um genauere Volumenbestimmungen einzelner Strukturen ergänzt; so wurden auch Volumenverringerungen im Temporallappen berichtet (vgl. Übersicht von Cannon & Marco, 1994).

Da nur in wenigen Arbeiten Messungen verschiedener Areale gleichzeitig durchgeführt wurden, ist es kaum möglich, systematische Zusammenhänge zwischen diesen multiplen Auffälligkeiten zu erkennen. Wo solche Zusammenhänge ermittelt wurden, scheinen die atrophischen Zeichen weitgehend unabhängig voneinander. Bestimmt man den Anteil von Probanden mit Anzeichen hirnstruktureller Veränderungen, so finden sich atrophische Veränderungen unterschiedlicher Art und unterschiedlichen Ausmaßes gewöhnlich bei etwa einem Drittel der schizophrenen Patienten (vgl. Gattaz, Kohlmeyer & Gasser, 1991). Patienten mit hirnmorphologischen Veränderungen unterscheiden sich von den diesbezüglich unauffälligen schizophrenen Patienten tendenziell durch ausgeprägtere Negativsymptomatik und durch einen ungünstigeren Verlauf. Die hirnorganischen Auffälligkeiten nehmen jedoch nicht im Verlauf der Erkrankung zu.

Wenn diese organischen Veränderungen also nicht progressiv sind, dann müssen sie bereits vor Ausbruch der Störung bestanden haben. Es liegt nahe, darin einen Faktor zu sehen, der das Risiko zur Entwicklung einer Schizophrenie erhöht. In diesem Falle müßten bei gleichem genetischen Risiko jene Individuen eher von einer zerebralen Veränderung betroffen sein, die an Schizophrenie erkrankt sind. Eine Gegenhypothese ist jedoch, daß morphologische Hirnveränderungen in einer vorwiegend exogen verursachten Form der Schizophrenie eine Rolle spielen, im Unterschied zu einer vorwiegend genetisch bedingten Subgruppe Schizophrener. Schließlich können strukturelle Hirnveränderungen bei Schizophrenen und Nichtschizophrenen auf dieselben unspezifischen Ursachen zurückgehen, wie z.B. Geburtskomplikationen. Treffen sie als «Ko-Faktor» mit Schizophrenie zusammen, so haben sie einen ungünstigen Einfluß auf die Schwere und den Verlauf der Störung, stehen aber nicht in kausalem Zusammenhang mit deren Auslösung (Häfner, 1995). Die Qualität der bislang zu diesen Fragen vorliegenden Studien erlaubt es gegenwärtig nicht, zwischen diesen Hypothesen zu unterscheiden.

Immunologische Hypothesen zur Ätiologie der Schizophrenie wurden wiederholt aufgestellt. Mehrere Berichte fanden eine geringfügige Erhöhung der Geburtsraten Schizophrener nach Grippeepidemien und auch in der winterlichen gegenüber der sommerlichen Jahreszeit. Diese Befunde werden als Grundlage für Spekulationen über eine Schädigung des sich pränatal entwickelnden ZNS durch Viren benutzt.

Ein anderer Befund, der systematische Unterschiede zwar nicht in der Inzidenz, aber im Zeitpunkt des Auftretens der Erkrankung beschreibt, bezog sich auf Geschlechtsunterschiede. Es wurde bereits darauf hingewiesen, daß zwar das Erkrankungsrisiko für Männer und Frauen gleich ist, daß die Störung bei Frauen aber in der Regel später beginnt als bei Männern. Häufig wurde diese Diskrepanz auf eine größere Toleranz der Umwelt gegenüber psychischen Störungen bei Frauen zurückgeführt. Mit einer standardisierten retrospektiven Befragung schizophrener Patienten und ihrer Angehörigen fanden Häfner und seine Arbeitsgruppe jedoch, daß die ersten Anzeichen einer Störung im Mittel bereits 4,5 Jahre vor der Erstaufnahme und wiederum bei Männern früher als bei Frauen auftraten (vgl. Häfner, 1995). Damit ist ausgeschlossen, daß Unterschiede in der Reaktion der sozialen Umwelt, oder symptomatisch unterschiedliche Verläufe für die späteren Erstaufnahmen der Frauen verantwortlich sind. Häfner vermutet, daß diese Verzögerung des Krankheitsausbruchs auf die tierexperimentell nachgewiesene, antidopaminerge Wirkung von Östrogen zurückgeht. Das Erliegen der Östrogenproduktion in der Menopause müßte demzufolge zu einer Zunahme der Vulnerabilität führen; tatsächlich überwogen in der Mannheimer Erhebung Spätschizophrenien bei Frauen. Demnach scheinen Frauen durch ihre Östrogenproduktion einen Schutz gegen die Umsetzung eines genetischen Risikos in eine manifeste Erkrankung zu haben, d.h., Östrogen bewirkt eine Anhebung der Vulnerabilitätsschwelle.

3.2 Psychophysiologische Faktoren

Veränderungen psychophysiologischer Reaktionsmuster und Funktionsabläufe bei schizophrenen Patienten sind häufig berichtet worden (s. auch Kap. 13/Psychophysiologische Aspekte). Interessant sind solche Befunde besonders, wenn sie in Versuchsanordnungen gefunden werden, die keine besondere Anstrengung von Seiten der Probanden verlangen, sodaß sie nicht lediglich Begleiterscheinungen eines allgemein verminderten Leistungsniveaus darstellen. So werden bei der Untersuchung von Orientierungsreaktionen die Probanden instruiert, nicht weiter auf eine Serie von Tönen zu achten, die im Abstand von ca. einer halben Minute dargeboten werden. Gesunde reagieren auf einen Ton üblicherweise mit einer Orientierungsreaktion, die sich leicht anhand einer Hautwiderstandsänderung nachweisen läßt. Diese Orientierungsreaktion wird bei mehrmaliger Wiederholung des Tones kleiner bzw. seltener und habituiert also. Dagegen reagiert ein großer Teil der schizophrenen Patienten auf solche Reize nicht (ca. 30 bis 60%). Diese Unterschiede zwischen Gesunden und schizophrenen Patienten verschwinden, wenn die Töne durch Instruktion zu Signalen für eine motorische Reaktion gemacht werden. Anscheinend werden bei schizophrenen Patienten die Reize anders auf ihre Bedeutung hin geprüft als bei Gesunden, mit dem Ergebnis, daß ohne Reaktionsanforderung keine zentrale Verarbeitungskapazität zur Verfügung gestellt wird (vgl. Übersicht bei Straube & Oades, 1992).

Veränderungen hirnelektrischer Reaktionsmuster wurden in Untersuchungen ereigniskorrelierter Potentiale an der Schädeloberfläche abgeleitet. Eine häufig verwendete, sehr einfache Aufgabe ist das sogenannte «odd ball paradigm», bei dem zwei Töne unterschiedlicher Höhe in zufälliger Folge dargeboten werden. Dabei wird ein Ton als «selten» deklariert und z. B. nur in 10 Prozent der Durchgänge angeboten, der andere Ton entsprechend häufiger. Werden Probanden instruiert, nur auf den seltenen Ton zu achten (z. B. durch Zählen), so zeigt sich in den hirnelektrischen Potentialen nach seltenen Tönen eine positive Komponente (P300). In den meisten Untersuchungen zeigen Schizophrene jedoch eine gegenüber Gesunden erheblich reduzierte P300 nach seltenen Reizen. Da diese Komponente als Indikator kontrollierter Prozesse der Aufmerksamkeit und der Reizbewertung gilt, wird die Reduktion bei schizophrenen Patienten oft als direkter Hinweis auf Störungen solcher Prozesse interpretiert. Grillon, Ameli, Chourchesne und Braff (1991) zeigen jedoch anhand dieses Indikators auch, daß die Aufmerksamkeit schizophrener Patienten sich ähnlich stark auf relevante und irrelevante Reize verteilt, im Unterschied zu der deutlichen Fokussierung auf relevante Reize bei Gesunden. So finden Grillon et al. (1991) zwar wie üblich bei schizophrenen Patienten im Vergleich zu Gesunden eine kleinere P300 auf seltene Reize, dafür aber eine größere P300 auf die nachfolgenden irrelevanten Reize.

Sowohl das Fehlen von Orientierungsreaktionen wie auch die verminderte Kovariation hirnelektrischer Signale mit der Reizbedeutung verweisen auf umfassende Störungen der Informationsverarbeitung. Jedoch ist gegenwärtig ungeklärt, inwieweit es sich dabei um bereits prämorbid bestehende Auffälligkeiten handelt, die funktional mit der Entwicklung positiver oder negativer Symptomatik zusammenhängen.

4. Neurokognitive Defizite

Bereits Bleuler und Kraepelin führten positive Symptome wie formale Denkstörungen und Halluzinationen trotz ihrer vielfältigen inhaltlichen Ausgestaltung auf einige wenige grundlegende Störungen mentaler und psychischer Funktionen zurück. Eine solche Grundstörung war für Bleuler z. B. der Verlust «assoziativer Bindungen»; Kraepelin erklärte die Störungen des Denkablaufs durch defizitäre Aufmerksamkeitsfunktionen. Auch die Klagen von schizophrenen Patienten über Schwierigkeiten, Unterhaltungen zu folgen, leichte Ablenkbarkeit und Mühe bei konzentrativen Daueranforderungen verweisen auf die Bedeutung von Störungen der Informationsverarbeitung und der Aufmerksamkeit im Verlauf schizophrener Störungen.

Die erhöhte Ablenkbarkeit schizophrener Patienten wurde in einer Vielzahl von Untersuchungen gezeigt. So wurde z. B. das Kurzzeitgedächtnis und die Leistung beim dichotischen Hören unter verschiedenen Ablenkungsbedingungen geprüft (vgl. Straube & Oades, 1992).

Broadbent hatte 1958 als Instanz der selektiven Aufmerksamkeit einen Filter postuliert, der irrelevante Reize in einem frühen Stadium der Informationsverarbeitung zurückweist. Eine Beeinträchtigung dieser Filterfunktion könnte dazu führen, daß nachfolgende Stadien der Informationsverarbeitung zuviel an Informationen zu bewältigen haben. Üblicherweise fehlerfrei ablaufende Prozesse des Denkens und der Verhaltenssteuerung würden zusammenbrechen, Halluzinationen und Denkstörungen könnten auftreten. Das Konzept des defekten Filters hat eine intuitive Plausibilität und schien anfänglich experimentell gut bestätigt. Mit der Modifizierung dieses einfachen Modells der Informationsverarbeitung in der allgemeinen Psychologie mußte jedoch diese Vorstellung aufgegeben werden. So konnten in einer Untersuchung von Harris, Benedict und Leek (1990) zum dichotischen Hören schizophrene Patienten die Zielreize entgegen der Vorstellung des defekten Filters gut wiedergeben, solange Zielreizdarbietung (Silben) und Ablenkung (gesprochene Texte) in verschiedenen Ohren erfolgen. Erst als die Darbietung von Zielreizen und Ablenkung gemeinsam erfolgte, der Kontext also nur aufgrund seines semantischen Inhalts zurückgewiesen werden konnte und somit eine Reizverarbeitung höherer Ordnung verlangt wurde, sank die Leistung schizophrener Patienten gegenüber der Leistung manischer Patienten beträchtlich ab. Eine erhöhte Ablenkbarkeit schizophrener Patienten ist vor allem während der akuten Phase der Störung ausgeprägt und nimmt unter neuroleptischer Medikation ab. Unter ätiologischem Gesichtspunkt ist hervorzuheben, daß auch remittierte Patienten und besonders vulnerable Individuen, nämlich die Kinder schizophrener Eltern in «High Risk»-Untersuchungen, ähnliche Beeinträchtigungen zeigen. Dies gilt sowohl für die beschriebenen Versuchsanordnungen zur selektiven Aufmerksamkeit wie auch für die Prüfung von Vigilanz im «Continuos Performance Test». Dabei sind bei sequentieller Darbietung einzelner Reize bestimmte Zielreize oder Zielsequenzen zu identifizieren (Cornblatt & Keilp, 1994). Die Auswirkungen von Aufmerksamkeitsstörungen sind auch beim Vergleich des Einflusses ständig wechselnder bzw. konstant gehaltener Abstände zwischen Warnsignal und Reaktionszeitsignal in einfachen Reaktionszeitaufgaben deutlich: Schizophrene Patienten profitieren weniger von konstanten Vorintervallen und sind bei unregelmäßigen Intervallen stärker vom jeweils vorangehenden Reiz beeinflußt als Vergleichsprobanden. Auch dieser Effekt scheint bei den Blutsverwandten von schizophrenen Patienten ausgeprägter zu sein als bei nicht genetisch belasteten Probanden (vgl. Rist & Cohen, 1991).

Zum zweiten großen Thema der experimentalpsychologischen Schizophrenieforschung, den Denkstörungen, wurden in den letzten Jahren unter dem Aspekt der assoziativen Netzwerke aufschlußreiche Studien unternommen. In zahlreichen Assoziationsuntersuchungen, die bis in die dreißiger Jahre zurückgehen, nannten schizophrene Probanden im Vergleich zu Gesunden seltener das übliche Wort, wenn ihnen ein Reizwort genannt wurde. Bei Wiederholungsuntersuchungen wechselten die Assoziationen auch häufiger als bei Gesunden. Im Rahmen von Netzwerkansätzen werden diese Befunde als Hinweis auf das Fehlen hemmender Einflüsse auf die Assoziationsbildung interpretiert. Mithilfe der Wortentscheidungsaufgaben («lexical decision tasks») der Psycholinguistik ließen sich in den letzten Jahren die Beschränkungen von Assoziationsstudien überwinden. In der Grundanordnung müssen tachistoskopisch dargebotene Worte von Nichtworten, d. h. Buchstabenfolgen, unterschieden werden. Zur Prüfung von Hemmungs- und Bahnungsvorgängen im semantischen Netzwerk werden vor dem Zielwort Wörter mit unterschiedlicher assoziativer Beziehung dazu dargeboten. Im Vergleich zur Darbietung eines nicht verwandten Wortes beschleunigt die Darbietung eines semantisch verwandten Wortes das Erkennen des Zielwortes. Dabei zeigte sich, daß speziell denkgestörte Patienten, die in leistungsdiagnostischen Verfahren generell eher schlecht abschneiden, in solchen Experimenten einen vermehrten semantischen Bahnungseffekt zeigen. Auch die Darbietung von Wörtern, die nur über ein Zwischenglied mit dem Zielwort verbunden sind, führt bei denkgestörten Patienten bereits zu einem Bahnungseffekt (vgl. Spitzer, 1993).

Diese Befunde zu andersartigen Aktivierungs- und Hemmungsprozessen bei schizophrenen Patienten wurden von Cohen und Servan-Schreiber (1992) auf Störungen der dopaminer-gen Modulation neuronaler Netzwerke im Frontallappen zurückgeführt. Zur Organisation zielgerichteter Verhaltensweisen ist die Hemmung konkurrierender, nach dem gegebenen situativen Kontext nicht zielführender Reaktionen nötig. Diese Leistung wird dem Frontallappen zugeschrieben. Aus tierexperimentellen Untersuchungen ist bekannt, daß dieses Hirnareal an der Hemmung reflektorisch ausgeführter Verhaltensweisen wesentlich beteiligt ist. Entsprechend der erweiterten Dopaminhypothese der Schizophrenie (s.o.) nehmen auch diese Autoren eine verminderte Dopaminfreisetzung im frontalen Cortex an. In ihrem Modell hat Dopamin jedoch die Funktion eines Neuromodulators, der die Funktionsweise gesamter neuronaler Netzwerke beeinflußt. Eine verminderte dopaminerge Aktivität im Frontallappen kann in diesem Modell sowohl die Befunde der verminderten Kontextabhängigkeit wie der vermehrten semantischen Bahnung erklären.

Untersuchungen neurokognitiver Faktoren liefern konzeptuelle und empirische Beiträge zum Verständnis des klinischen Bildes der Störung, wie etwa die Rückführung formaler Denkstörungen auf Prozesse der semantischen Aktivierung. Sofern sich solche Untersuchungen auf den Vergleich schizophrener Patienten mit Kontrollprobanden beschränken, ist nicht zu entscheiden, ob die gefundene Auffälligkeit nur Begleiterscheinung der akuten Erkrankung ist oder tatsächlich einen Hinweis auf eine Grundstörung darstellt. Dazu müßten Auffälligkeiten idealerweise bereits vor Beginn der Erkrankung nachgewiesen werden. Da diese jedoch, wie die Arbeitsgruppe von Häfner gezeigt hat, oft Jahre zuvor mit unspezifischen Symptomen beginnt, ist dieser Nachweis direkt nicht zu führen. Als Alternativen bieten sich drei Strategien an: Die Untersuchung von Patienten im Zustand der Remission, die Untersuchung von Nachkommen schizophrener Eltern und die Untersuchung schizotypischer Persönlichkeiten. Störungen von Aufmerksamkeitsprozessen zeichnen sich auch in solchen Untersuchungen ab. Das Ziel ist jedoch, kognitive Verarbeitungsweisen zu identifizieren, die die verschiedenen Schritte im Zusammenwirken von genetischem Risiko und zusätzlichen Belastungen biologischer und psychosozialer Art bei der Ausbildung manifester schizophrener Störungen verständlich machen.

5. Psychosoziale Faktoren

5.1 Prämorbide Sozialisationsbedingungen

Retrospektive Befragungen besonderer Entwicklungsbedingungen später an Schizophrenie erkrankter Menschen sind von beschränktem Wert, da sie durch eine Reihe von Faktoren verzerrt sein können (zur Sozialisation s. auch Kap. 14). Zuverlässigere Informationen über die familiäre Situation später schizophrener Patienten stammen aus Berichten, die vor dem Erkrankungszeitpunkt erstellt wurden. In der bereits erwähnten Langzeituntersuchung der Kinder schizophrener Mütter in Dänemark wurden während der Schulzeit Beurteilungen des Verhaltens durch die Lehrer vorgenommen. Bei später als schizophren diagnostizierten Jungen wurden mehr Verstöße gegen die Schuldisziplin festgetellt; sie wurden aber auch als ängstlicher und zurückgezogen beurteilt (John, Mednick & Schulsinger, 1982). Informationen über Kinder, die später als schizophren diagnostiziert wurden, liegen auch aus den Aufzeichnungen der Erziehungsberatungsstellen in Boston und St. Louis vor (vgl. Straube & Oades, 1992). Als Besonderheiten der prämorbiden Persönlichkeit der späteren schizophrenen Patienten wurde in der Bostoner Studie sozialer Rückzug, geringe Impulskontrolle und eine Tendenz zu bizarren Verhaltensweisen herausgestellt. In St. Louis dagegen fielen vor allem antisoziales und neurotisches Verhalten auf. Gerade diese unterschiedliche Charakterisierung der prämorbiden Persönlichkeit verweist auf eine entscheidende Einschränkung dieser Studien: Nur ein geringer Teil schizophrener Patienten wurde jemals einer Erziehungsberatungsstelle vorgestellt, sodaß nicht abzuschätzen ist, inwieweit diese Gruppe repräsentativ ist.

In der Kopenhagener Risikogruppen-Untersuchung (Mednick & Silverton, 1988) wurden die Mütter jener Kinder, die später an Schizophrenie erkrankten, als weniger verantwortungsbewußt und weniger emotional stabil eingeschätzt als die Mütter jener Kinder, die später unauffällig waren oder eine schizotypische Persönlichkeitsstörung entwickelten. Von psychoanalytischer Seite wurde schon früh versucht, Auffälligkeiten der Beziehung zwischen Eltern und Kind zu identifizieren, die für den Ausbruch einer schizophrenen Erkrankung im späteren Leben verantwortlich sind. Bekannt geworden ist das Konzept des «double bind» (Bateson, Jackson, Haley & Weakland, 1956), das eine besonders ungünstige Form der Kommunikation zwischen Eltern und Kindern herausstellt. Kennzeichen einer Kommunikation nach dem Muster des «double bind» ist die Übermittlung entgegengesetzter Botschaften wie z.B. Zuneigung im verbalen Ausdruck bei gleichzeitig nonverbal ausgedrückter Ablehnung. Dieser Gedanke wurde in zahlreichen Abhandlungen aufgegriffen; die wenigen emprischen Arbeiten dazu belegen jedoch weder, daß solche Kommunikationsweisen mit hinreichender Zuverlässigkeit identifiziert werden können, noch, daß sie bei den Müttern schizophrener Patienten gehäuft anzutreffen sind (vgl. Angermeyer, 1978; Hirsch, 1979).

Leichter zu prüfen als das Konzept des «double bind» war die Überlegung, daß Familien mit einem schizophrenen Patienten durch einen Mangel an Klarheit ihrer Kommunikation gekennzeichnet seien. So ermittelte die Arbeitsgruppe von Wynne und Singer deutliche Unterschiede im Kommunikationsverhalten der Eltern schizophrener Patienten und der Eltern unauffälliger Kinder. Diese Unterschiede wurden durch die Aufgabe, mehrdeutige Testvorlagen zu beschreiben, provoziert. Sie waren so ausgeprägt, daß allein anhand der Protokolle ein Großteil der untersuchten Familien richtig klassifiziert wurde. Solche Untersuchungen des Denk- und Sprachstils der Eltern schizophrener Patienten haben zwar die Vorstellung davon, was Komponenten einer gestörten Kommunikation sein könnten, präzisiert. Es ist jedoch nicht gelungen, anzugeben, welche Bedeutung solche Störungen für die Entwicklung einer Schizophrenie haben. Das Problem liegt zum einen darin, daß solche Störungen auch als Folge der psychischen Erkrankung eines Familienmitglieds auftreten können, zum anderen darin, daß die direkte Kommunikation zwischen Familienmitgliedern und Patient selten untersucht wurde.

Beide Einwände gelten nicht für eine prospektive Studie von Goldstein (1985). Diese Längsschnittuntersuchung erfaßte Eltern von 50 Kindern, die wegen Erziehungsschwierigkeiten zu einer Beratungsstelle kamen. Mit einer ähnlichen Methode wie bei Wynne und Singer wurde das Vorhandensein von Denk- und Sprachstörungen beurteilt. Anhand von Äußerungen der Eltern über ihr Kind wurde der «affektive Stil» der Eltern eingeschätzt. Die damals in der Beratungsstelle vorgestellten Kinder wurden als Erwachsene nachuntersucht. Die Eltern, deren Kinder jetzt an einer psychischen Störung litten, waren damals häufiger als kommunikationsgestört eingestuft worden als die Eltern der später unauffälligen Kinder. Merkmale der direkten Interaktion hatten dabei den größten Vorhersagewert. Allerdings beruhte die diagnostische Kategorisierung auf dem weitgefaßten Begriff des «Schizophrenie-Spektrums». Nach dieser Untersuchung erscheint die Kombination aus Kommunikationsstörung und ablehnendem affektiven Stil als Besonderheit der Eltern von Probanden, die als Erwachsene eine schizophrenieähnliche Störung ausbilden.

5.2 Psychosoziale Belastungen

Die ersten empirischen Studien zu Zusammenhängen zwischen psychosozialen Stressoren und dem Erkrankungsrisiko konzentrierten sich auf die Zugehörigkeit zu einer sozialen Schicht (s. dazu auch Kap. 16/Soziologische Aspekte und Kap. 17/Streß und Coping). Faris und Dunham (1939) fanden die höchsten Prävalenzraten für Schizophrenie in Wohngebieten der Innenstadt Chicagos, die vorwiegend von Unterschichtangehörigen bewohnt wurden. Beim Übergang in bessergestellte Wohngebiete nahm die Häufigkeit systematisch ab. Dieser grundlegenden Arbeit folgten zahlreiche andere Studien, die durchwegs einen ähnlichen Zusammenhang zwischen der Erkrankungshäufigkeit und dem sozioökonomischen Status fanden. Bei der üblichen Dreiteilung in Unter-, Mittel- und Oberschicht differieren die Raten für Ober- und Unterschicht im Verhältnis 1:3 (vgl. Eaton, Day & Kramer, 1988). Allerdings ist der Zusammenhang zwischen Schicht und Erkrankungsraten nur bei Großstadtbewohnern deutlich, er ist in mittleren Städten schwächer und in ländlichen Gebieten nicht nachzuweisen.

Zwei Erklärungsansätze wurden traditionell für diese Befunde angeführt: Der «social stress» oder «social causation» Hypothese zufolge ist das Leben unter psychosozial schwierigen Bedingungen für die erhöhte Schizophrenierate verantwortlich. Eine nichtätiologische Erklärung dagegen bietet die «social drift» oder «social selection» Hypothese: Bereits im Vorfeld der eigentlichen Erkrankung könnten Schizophrene wegen der Beeinträchtigung ihrer Fähigkeiten der Rollenerfüllung in untere Sozialschichten absinken («drift»), beziehungsweise an dem sonst in der Aufeinanderfolge der Generationen üblichen Aufstieg in bessere Lebensumstände nicht teilhaben («selection»). Bereits in den sechziger Jahren legte der Vergleich des sozioökonomischen Status schizophrener Patienten und ihrer Väter diese Erklärung nahe. Einen neuen methodischen Zugang fanden Dohrenwend, Levav und Shrout et al. (1992) durch den Vergleich eingewanderter, aber unterschiedlich privilegierter ethnischer Gruppen in einer Studie in Israel. Nach der «social selection» Hypothese war zu erwarten, daß die generell besser ausgebildeten, aufstiegsorientierten europäischen Juden höhere Schichten erreichen, während schizophren Gestörte in der Unterschicht verbleiben. Tatsächlich wurde bei Unterschichtsangehörigen dieser Gruppe eine höhere Prävalenz schizophrener Störungen als bei einer Vergleichsgruppe aus Nordafrika eingewanderter unterprivilegierter Juden gefunden.

Anhand klinischer Beobachtungen wurde die Hypothese formuliert, daß lebensverändernde Ereignisse als psychosoziale Stressoren an der Ätiologie schizophrener Erkrankungen beteiligt sein können. Zur Überprüfung eines solchen Zusammenhanges müßte das Auftreten lebensverändernder Ereignisse vor dem Beginn einer schizophrenen Erkrankung registriert werden. Da dies nur retrospektiv untersucht wurde, ist oft nicht klar zu entscheiden, welche Ereignisse eine Folge störungsbedingter Verhaltensänderungen des Patienten waren, welche unabhängig davon aufgetreten sind und in welchem Maße Erinnerungsverfälschungen vorhanden sind. Deshalb wird zur Kontrolle entweder die Anzahl der lebensverändernden Ereignisse vor Ausbruch der Psychose mit den Häufigkeiten bei einer Kontrollgruppe oder mit einem anderen Zeitabschnitt im Leben derselben Patienten verglichen. In einer Reihe von Studien wurde eine Häufung lebensverändernder Ereignisse vor Erkrankungsbeginn berichtet, die auch dann noch galt, wenn nach möglicherweise störungsbedingten und störungsunabhängigen

Ereignissen unterschieden wurde (Brown & Birley, 1968; Day, Nielsen & Korten et al., 1987). Aufgrund ihrer retrospektiven Anlage und mangelhaften Kontrollbedingungen haben diese Studien jedoch durchwegs solche Mängel, daß eine schizophreniespezifische ätiologische Bedeutung solcher Ereignisse unklar bleibt. Ihr Einfluß auf die Entstehung der Störung scheint jedoch deutlich geringer als bei affektiven Störungen.

Besser belegt ist der Zusammenhang zwischen lebensverändernden Ereignissen und einem «Rückfall», d.h., dem erneuten Auftreten akuter Symptome nach der Ersterkrankung. Ventura, Nuechterlein, Lukhoff und Hardesty (1989) untersuchten prospektiv eine Gruppe von erstmalig aufgenommenen Patienten monatlich im ersten Jahr nach der Entlassung. Die rückfälligen Patienten hatten im Monat vor der Wiederaufnahme mehr Belastungen erlebt als in den Monaten zuvor und mehr als die nicht-rückfälligen Patienten in den Vergleichsmonaten. Diese und weitere prospektive Untersuchungen (z.B. Malla, Cortese, Shaw & Ginsberg, 1990; s. **Kasten 1**) geben Hinweise auf den Zusammenhang zwischen Rückfallrisiko und psychosozialen Belastungen. Bei Patienten, die bei ihren Angehörigen leben, ist der Einfluß des emotionalen Klimas auf das Rückfallrisiko nachgewiesen. Die einschlägigen Arbeiten über «expressed emotion» zeigen ein geringes Rückfallrisiko bei Patienten, deren Angehörige eine tolerante und akzeptierende Einstellung haben und ein höheres Rückfallrisiko, wenn die Angehörigen zu Kritik oder Überfürsorglichkeit neigen. Diese Arbeiten werden wegen ihrer therapeutischen Implikationen im Kapitel «Behandlung schizophrener Psychosen» dargestellt.

6. Ausblick

Zum Risiko schizophrener Erkrankungen scheinen nach den angeführten Befunden genetische Faktoren, Hirnschädigungen und psychosoziale Belastungen beizutragen. Die genetischen Mo-

---

Kasten 1
Untersuchung zum Rückfallrisiko bei schizophrenen Patienten (Malla et al., 1990)

Fragestellung
Erhöhen lebensverändernde Ereignisse (LVE) das Risiko eines Rückfalls bei schizophrenen Patienten?
Die folgenden Überlegungen sollen bei der Untersuchung des Zusammenhangs berücksichtigt werden:

a) Es muß sichergestellt werden, daß die erfaßten Stressoren selbst nicht symptomabhängig, d.h. die Folge einer verstärkten psychotischen Symptomatik sind.

b) LVE können wegen Erinnerungsverzerrungen nicht retrospektiv erfaßt werden, die Untersuchung muß also prospektiv angelegt werden.

Methode
• *Stichprobe:* 21 schizophrene Patienten (DSM III-R) wurden nach der Entlassung aus der stationären Behandlung ein Jahr lang mindestens alle zwei Wochen gesehen.

• *Untersuchungsverfahren:* Bei jedem Termin wurde standardisiert erhoben: LVE, kleinere Belastungen, psychotische Symptomatik. LVE und Belastungen wurden in symptomunabhängig und symptomabhängig eingeteilt. Dazu wurde jedes registrierte Ereignis daraufhin beurteilt, ob es durch eine psychotische Symptomatik bedingt sein konnte (abhängige Ereignisse, z.B. Verlust eines Arbeitsplatzes) oder ob es davon vermutlich unabhängig war (z.B. ein Diebstahl).

• *Rückfalldefinition:* Wiederauftreten positiver Symptome während mindestens einer Woche.

Ergebnisse
Im Gruppenvergleich hatten rückfällige Patienten mehr LVE als Patienten ohne Rückfall (s. **Tab. 1**). Dabei handelte es sich nicht um Folgen des Wiederauftretens der Symptome, sondern um unabhängige Ereignisse. Der zusätzliche Vergleich von Drei-Monats-Perioden zeigte eine Häufung von Ereignissen in der

Zeit vor dem Rückfall, sowohl im Vergleich zu anderen Zeitabschnitten bei rückfälligen Patienten wie auch im Vergleich zu Kontrollzeitabschnitten bei den stabilen Patienten (s. **Tab. 2**). Besonders wichtig scheinen dabei Ereignisse in familiären bzw. allgemein sozialen Beziehungen zu sein. Stellt man die geringe statistische Power der Studie in Rechnung, so sprechen diese Effekte deutlich für den Einfluß von psychosozialen Belastungen auf das Rückfallrisiko.

Tabelle 1: Mittlere Anzahl LVE bei rückfälligen (N = 7) und stabilen Patienten (N = 14), bezogen auf ein Jahr. Größere und kleinere Ereignisse wurden zusammengefaßt.

	Rückfällig	Stabil	
Unabhängige Ereignisse	6,2	3,5	$p < ,05$
Abhängige Ereignisse	1,6	2,5	n.s.
Alle Ereignisse zusammen	7,3	5,8	n.s.

Tabelle 2: Mittlere Anzahl lebensverändernder Ereignisse a) in den drei Monaten vor einem Rückfall, b) in drei anderen Monaten nicht vor einem Rückfall, c) in drei Vergleichsmonaten bei den stabilen Patienten.

	Rückfällige Patienten a) Vor Rückfall	b) Vergleichszeit	Stabile Patienten c) Vergleichszeit
Größere Ereignisse	1,1	0,6	0,6
Kleinere Belastungen	0,8	0,5	0,3
Alle Ereignisse	1,9 vs	1,1[1]	0,9

[1] $p < .06$

delle des Risikos sind zwar weit entwickelt, können aber die Entstehung einer Schizophrenie nur teilweise aufklären. Dies wird offensichtlich durch die Diskordanz bei Zwillingen mit identischer Erbanlage. Befunde über strukturelle Veränderungen des Gehirns sind uneinheitlich und treffen immer nur bei einem Teil der schizophrenen Patienten zu. Gegenwärtig besteht keine Evidenz dafür, daß eine bestimmte Hirnveränderung zwingend mit der Entstehung einer Schizophrenie verbunden ist. Aber diese Befunde verweisen auf nichtgenetische Umweltfaktoren, u.a. Schwangerschafts- und Geburtskomplikationen, welche hirnpathologische Veränderungen und in der Folge auch Verhaltensauffälligkeiten bewirken können. Die Berücksichtigung von Untergruppen schizophrener Störungen hat hinsichtlich der Ätiologie noch nicht zu klaren Aussagen geführt, wie z.B. beim Zusammenhang zwischen hirnstrukturellen Veränderungen und Negativsymptomatik

zu sehen war. Andererseits legt die Unterschiedlichkeit der Verläufe und der Symptomatik einzelner, jedoch nicht immer mit der konventionellen psychiatrischen Untergruppenbildung übereinstimmender, Teilgruppen schizophrener Patienten unterschiedliche ätiologische Modell nahe.

Wenig systematische Erkenntnisse liegen zum Einfluß psychosozialer Belastungsfaktoren auf die Entstehung einer Schizophrenie vor. Dieser Mangel ist umso überraschender, als bei bereits Erkrankten ein deutlicher Zusammenhang zwischen der Rückfallgefährdung und lebensverändernden Ereignissen sowie der akzeptierenden bzw. ablehnenden Haltung von Angehörigen nachzuweisen ist. Andererseits ist ein psychosozialer Risikofaktor schwerer zu erfassen als genetische oder hirnstrukturelle Belastungen, da solche Faktoren selten zeitstabil auftreten, in ihrer Wirkung schwer aus einem Komplex anderer Variablen zu lösen sind und in ihrer Bedeutung individuell schwanken. Aber deutlich ist, daß psychosoziale Faktoren genausowenig wie genetische Merkmale oder Hirnanomalien alleine eine schizophrene Erkrankung auslösen können. Anscheinend wirken mehrere Risikofaktoren bei der Entstehung einer schizophrenen Störung zusammen. Die verschiedenen Formen dieser Störung sind jedoch nicht einfach durch die Dominanz von Risikofaktoren aus jeweils einem dieser Bereiche zu erklären. Plausibler scheint, daß die Vielfalt möglicher Interaktionen zwischen den Risikofaktoren auch unterschiedliche Krankheitsbilder, prämorbide Auffälligkeiten und längerfristige Verläufe bestimmt.

7. Literatur

Angermeyer, M. (1978). 20 Jahre Double Bind: Versuch einer Bilanz. *Psychiatrische Praxis, 5,* 106–117.

Bateson, G., Jackson, D.D., Haley, J. & Weakland, J.W. (1956). Towards a theory of schizophrenia. *Behavioral Science, 1,* 251–264.

Brown, G.W. & Birley, J. (1968). Crises and live changes in the onset of schizophrenia. *Journal of Health and Social Behavior, 9,* 217–244.

Cannon, T.D. & Marco, E. (1994). Structural brain abnormalities as indicators of vulnerability to schizophrenia. *Schizophrenia Bulletin, 20,* 89–101.

Cohen, J.D. & Servan-Schreiber, D. (1992). Context, cortex, and dopamine: A connectionist approach to behavior and biology in schizophrenia. *Psychological Review, 99,* 45–77

Cornblatt, B.A. & Keilp, J.G. (1994). Impaired attention, genetics, and the pathophysiology of schizophrenia. *Schizophrenia Bulletin, 20,* 31–46.

Day, R., Nielsen, J., Korten, A. et al. (1987). Stressful life events preceding the acute onset of schizophrenia: A cross-national study from the World Health Organization. *Culture, Medicine and Psychiatry, 11,* 123–205.

Dohrenwend, B.P., Levav, I., Shrout, P.E. et al. (1992). Socioeconomic status and psychiatric disorders: The causation-selection issue. *Science, 255,* 946–952.

Eaton, W.W., Day, R. & Kramer, M. (1988). The use of epidemiology for risk factor research in schizophrenia: An overview and methodologic critique. In M.T. Tsuang & C. Simpson (Eds.), *Handbook of Schizophrenia (Vol. 3): Nosology, Epidemiology, and Genetics* (pp. 169–204). Amsterdam: Elsevier.

Faris, R.E.L. & Dunham, H.W. (1939). *Mental disorders in urban areas: An ecological study of schizophrenia and other psychoses.* Chicago: University of Chicago Press.

Gattaz, W.F., Kohlmeyer, K. & Gasser, T. (1991). Computer tomographic studies in schizophrenia. In H. Häfner, W.F. Gattaz & W. Janzarik (Eds.), *Search for the Causes of Schizophrenia* (Vol. I., pp. 242–256). Heidelberg: Springer.

Goldstein, M.J. (1985). Family factors that antedate the onset of schizophrenia and related disorders: The re-

sults of a fifteen year prospective longitudinal study. *Acta Psychiatrica Scandinavica, 71,* 263–275.

Gottesman, I.I. (1991). *Schizophrenia genesis: The origins of madness.* New York: Freeman.

Grillon, CH., Ameli, R., Chourchesne, E., Braff, D.L. (1991) Effects of task relevance and attention on P3 in schizophrenic patients. *Schizophrenia Research, 4,* 11–21.

Häfner, H. (1995). Was ist Schizophrenie? In H. Häfner (Hrsg.), *Was ist Schizophrenie?* (S. 1–56). Stuttgart: Fischer.

Harris, A.E., Benedict, R.H.B. & Leek, M.R. (1990). Consideration of pigeon-holing and filtering as dysfunctional attention strategies in schizophrenia. *British Journal of Clinical Psychology, 29,* 23–35.

Hirsch, S.R. (1979). Eltern als Verursacher der Schizophrenie: Der wissenschaftliche Stand einer Theorie. *Nervenarzt, 30,* 337–345.

Jablensky, A., Sartorius, N., Ernberg, G. et al. (1992). Schizophrenia: Manifestations, incidence and course in different cultures. *Psychological Medicine, Suppl. 20.*

John, R.S., Mednick, S.A. & Schulsinger, F. (1982). Teacher reports as a predictor of schizophrenia and borderline schizophrenia: A Bayesian decision analysis. *Journal of Abnormal Psychology, 91,* 399–413.

Kendler, K.S. & Diehl, S.R. (1993). The genetics of schizophrenia. *Schizophrenia Bulletin, 19,* 261–285.

Liebermann, J.A. & Koreen A.R. (1993). Neurochemistry and neuroendocrinology of schizophrenia: A selective review. *Schizophrenia Bulletin, 19,* 371–429.

Malla, A.K., Cortese, L., Shaw, T.S. & Ginsberg, B. (1990). Life events and relapse in schizophrenia: A one year prospective study. *Social Psychiatry and Psychiatric Epidemiology, 25,* 221–224.

McGue, M. & Gottesman, I.I. (1989). Genetic linkage in schizophrenia: Perspectives from genetic epidemiology. *Schizophrenia Bulletin, 15,* 453–464.

Mednick, S.A. & Silverton, L. (1988). High-risk studies of the aetiology of schizophrenia. In M.T. Tsuang & J.C. Simpson (Eds.), *Handbook of Schizophrenia (Vol. 3.): Nosology, Epidemiology, and Genetics* (pp. 543–562). Amsterdam: Elsevier.

Meehl, P.E. (1989). Schizotaxia revisited. *Archives of General Psychiatry, 50,* 707–714.

Rist, F. & Cohen, R. (1991). Sequential effects in the reaction times of schizophrenics: Crossover and modality shift effects. In S.R. Steinhauer, J.H. Gruzelier & J. Zubin (Eds.), *Handbook of Schizophrenia (Vol. 5): Neuropsychology, Psychophysiology and Information Processing* (pp. 241–272). Amsterdam: Elevier.

Spitzer, M. (1993). Assoziative Netzwerke, formale Denkstörungen und Schizophrenie. *Nervenarzt, 64,* 147–159.

Straube, E.R. & Oades, R.D. (1992). *Schizophrenia. Empirical research and findings.* San Diego: Academic Press.

Tienari, P. (1991). Interaction between genetic vulnerability and family environment: The Finnish adoptive family study of schizophrenia. *Acta Psychiatrica Scandinavica, 84,* 460–465.

Ventura, J., Nuechterlein, K.H., Lukhoff, D. & Hardesty, J.P. (1989). A prospective study of stressful life events and schizophrenic relapse. *Journal of Abnormal Psychology, 98,* 407–411.

35.3 Schizophrenie: Intervention

Hans Watzl und Rudolf Cohen

Inhaltsverzeichnis

1. Behandlungsansätze im Verlauf schizophrener Erkrankungen

Bevor auf die Behandlung schizophrener Psychosen eingegangen werden kann, muß daran erinnert werden, wie unterschiedlich Symptome, Behinderungen und Probleme bei den einzelnen Betroffenen sein können. Sowohl biologisch-somatische Faktoren als auch psychosoziale Faktoren beeinflußen Symptomatik und Verlauf in kaum entwirrbaren Interaktionen. In Abhängigkeit von dem sich zeitlich wandelnden und interindividuell sehr unterschiedlichen Zustandsbild bestehen verschiedene Ansatzpunkte für notwendige oder mögliche Therapiemaßnahmen.

Ausgehend von Faktorenanalysen wird in den letzten Jahren meist zwischen drei Syndromen oder Störungsdimensionen unterschieden, die in jeglicher Mischung auftreten können (Andreasen, Arndt, Alliger, Miller & Flaum, 1995a; Andreasen, Roy & Flaum, 1995b). Die sogenannte Positiv-Symptomatik ist charakte-

risiert durch Halluzinationen, Wahnerlebnisse und Ich-Störungen. Sie tritt vor allem in akuten Krankheitsphasen auf. Die sogenannten Negativ-Symptome entwickeln sich zeitlich häufig vor den ersten Positiv-Symptomen und bleiben nach deren Abklingen teilweise lange bestehen. Sie sind von schlechter prämorbider Anpassung oder den Folgen längerer Hospitalisierung nicht zu unterscheiden. Der dritte Faktor umfaßt desorganisiertes Verhalten, Denkstörungen und inadäquaten Affekt, und trägt damit auch zu den sozialen Anpassungsproblemen der Betroffenen bei.

Neben diesen Syndromen ist für die Behandlung bedeutsam, daß ein Teil der Patienten weitere Störungen aufweist. So hat im letzten Jahrzehnt in den Industrieländern die Zahl der Patienten mit zusätzlichem Mißbrauch psychotroper Substanzen deutlich zugenommen. Nach Berichten aus den USA erfüllen bis zu 60 Prozent der Patienten sowohl die diagnostischen Kriterien für schizophrene Störungen wie für aktuellen Substanzmißbrauch (Alkohol und illegale Drogen). Zur Erklärung dieser Komorbidität werden unterschiedliche Hypothesen diskutiert: (1) Substanzmißbrauch kann generell oder nur bei vulnerablen Personen schizophrene Störungen auslösen; (2) Substanzmißbrauch entsteht aus dem Versuch der Selbstmedikation oder Bewältigung schizophrener Störungen; (3) es handelt sich um eine Koinzidenz ätiologisch völlig unabhängiger Störungen (vgl. Smith & Hucker, 1994; Hambrecht & Häfner, 1996).

Die Betrachtung der Krankheitsverläufe zeigt eine Reihe weiterer Zustände, die jeweils unterschiedliche therapeutische Maßnahmen erfordern. So sind zwischen den akuten Störungen und dem wieder voll angepaßten, gesunden Zustand häufig depressive Übergangsphasen zu beobachten, die teils auf die vorangegangene pharmakologische und institutionelle Behandlung zurückzuführen sind, teils als psychische Reaktion auf die überwundene Störung aufgefaßt werden. Zwischen den eher seltenen Fällen mit einer «restitutio ad integrum» und den glücklicherweise ähnlich seltenen Fällen mit jahrelanger, oft sogar progredienter Störung liegt ein weiter, symptomatisch vielfältiger Zwischenbereich. Zum Teil handelt es sich dabei um die Negativ-Symptome, zum Teil um neurasthenische Zustände, um Konzentrations- und Denkstörungen, oder auch um Verschrobenheiten mit unterschiedlich belastenden sozialen Konsequenzen. Schließlich bleibt bei allen Betroffenen nach Besserung der akuten Symptomatik das erhebliche Risiko eines erneuten Rückfalls, was für Patienten und Angehörige eine schwere Bedrohung darstellen kann. Nimmt man hinzu, daß die psychosoziale Entwicklung vor dem erstmaligen Auftreten einer Psychose – besonders bei früherkrankten, männlichen Schizophrenen – oft beträchtliche Defizite im beruflichen, sozialen und sexuellen Bereich aufweist, wird die enorme Breite des Spektrums möglicherweise notwendiger Interventionen bei schizophrenen Psychosen deutlich (vgl. Mueser & Bellack, 1995; Scott & Dixon, 1995a).

Wir werden in unserem Beitrag zunächst auf die Behandlung akut psychotischer Episoden eingehen, wobei auch die Grundfragen pharmakotherapeutischer Maßnahmen besprochen werden. Den zweiten großen Bereich bilden langfristige Behandlungsverfahren, entweder bei chronischer Symptomatik oder zur Rückfallprophylaxe. Die Darstellung erfolgt jeweils anhand einiger typischer Therapiestudien.

2. Behandlung akut psychotischer Episoden

Sieht man von seltenen Ausnahmen ab, so führt das erstmalige Auftreten einer akuten schizophrenen Psychose zur Aufnahme in ein psychiatrisches Krankenhaus. Spätere psychotische Rückfälle können hingegen auch ohne Klinikeinweisung behandelt werden, sofern Betroffene und Angehörige mit den Störungen vertraut sind und ein gewisses Verständnis der Erkrankung sowie Vertrauen in die professionellen Hilfsmöglichkeiten erworben haben. Die gegenwärtig üblichen Behandlungsverfahren akuter schizophrener Psychosen weisen als Schwerpunkte Pharmakotherapie und psychosoziale Betreuung auf. Es handelt sich dabei nicht um alternative Maßnahmen, sondern um sich wechselweise ergänzende Vorgehensweisen.

2.1 Antipsychotische Medikation

Die Einführung der «neuroleptischen» Behandlung Schizophrener in den fünfziger Jahren war vor allem in der Anfangszeit von einem außergewöhnlichen Enthusiasmus der Behandelnden getragen. Erst in den folgenden Jahren beschäftigten sich zahlreiche systematische Untersuchungen mit der Aufklärung der wichtigsten therapeutischen Fragen: (1) Erfolgsraten; (2) Abgrenzung der pharmakologischen Wirkung gegen Placebo-Effekte (z. B. Erwartungen von Klinikpersonal und Patienten); (3) Abgrenzung der spezifisch antipsychotischen Wirkung gegenüber unspezifischer Sedierung; (4) Erfassung von Art und Häufigkeit unerwünschter, schädlicher Nebenwirkungen. Zu diesen Fragen liegen recht konsistente Befunde aus verschiedenen kontrollierten Studien vor (vgl. Kane, 1987; Hirsch & Barnes, 1995). Aufgrund der mittlerweile nachgewiesenen Wirksamkeit der Neuroleptika in der Akutbehandlung sind Placebo-kontrollierte Studien ethisch nicht mehr vertretbar. Zur Darstellung von Untersuchungsmethodik und Hauptbefunden muß deshalb auf eine als klassisch angesehene und in ihren Ergebnissen repräsentative ältere Studie eingegangen werden (s. **Kasten 1**). Die von Cole (1964) veröffentlichte Untersuchung des National In-

Kasten 1
Neuroleptika in der Behandlung akuter Schizophrenien (NIMH: COLE, 1964)

Fragestellung
Therapievergleich von 3 Neuroleptika mit Placebo.

Methode
• *Gruppeneinteilung:*
Neuroleptika:(1) Chlorpromazin (Standardpräparat), (2) Thioridazin, (niederpotent), (3) Fluphenazin (hochpotent); (4) Placebo. Zufallszuweisung; Doppel-Blind-Verfahren

• *Applikation:* Kapseln oder Injektionen (Maximal- und Minimaldosis vorgeschrieben); 6 Wochen Behandlungsdauer.

• *Stichprobe:* 417 akut psychotische Patienten in neun psychiatrischen Kliniken; ausgewählt nach eher weiten diagnostischen Kriterien; Durchschnittsalter 28 J.; 60% Erstaufnahmen.

• *Drop-Out* (getrennt nach Neuroleptika- und Placebo-Bedingungen):

	Neuroleptika (n = 296)		Placebo (n = 111)	
aufgrund rascher Besserung	9	(3%)	1	(1%)
wegen starker Nebenwirkungen	11	(4%)	0	
wegen Versagens der Behandlg.	7	(2%)	36	(32%)
Untersuchung abgeschlossen	269		74	

• *Untersuchungsverfahren:* Globaleinschätzung der Veränderung, Inpatient Multidimensional Psychiatric Scale (IMPS; 14 Subskalen), Burduck Ward Behavior Rating Scale (WBRS; 7 Subskalen).

Ergebnisse
• *Global-Einschätzung der Veränderungen* (Ende – Anfang):
a) keine Unterschiede zwischen den 3 Neuroleptika

b) Unterschied Neuroleptika gegenüber Placebo

	Placebo	Neuroleptika (zusammen)
verschlechtert	25%	0
unverändert	20%	5%
leicht gebessert	25%	20%
deutlich gebessert	30%	75%

• *Global-Einschätzung (Zustand) nach 6-wöchiger Behandlung:*
a) keine Unterschiede zwischen den 3 Neuroleptika

b) Unterschied Neuroleptika gegenüber Placebo

	Placebo	Neuroleptika (zusammen)
normal	5%	16%
borderline	10%	30%
leicht gestört	15%	16%
mäßig gestört	20%	20%
deutlich gestört	50%	18%

• *Inpatient Multidimensional Psychiatric Scale (IMPS) Burduck Ward Behavior Rating Scale (WBRS):*
a) keine Unterschiede zwischen den 3 Neuroleptika

b) signifikant größere Verbesserungen unter Neuroleptika (zusammengefaßt) als unter Placebo in 13 der 21 Skalen (WBRS: Teilnahmslosigkeit, Konfusion, Vernachlässigung, Irritierbarkeit; IMPS: hebephrene Symptomatik, Agitiertheit, Inkohärenz, Sprachverlangsamung, Gleichgültigkeit, Feindseligkeit, akustische Halluzinationen, Verfolgungswahn, Desorientiertheit)

stitute of Mental Health (NIMH) der USA belegt eindrucksvoll die Effizienz der neuroleptischen Behandlung akut-psychotischer Zustände. Die Befunde sind noch eindrucksvoller, wenn man bedenkt, daß die erheblich höhere Drop-out-Rate unter Placebo zu einer Verringerung der Unterschiede zwischen Neuroleptika und Placebo in der Abschlußerhebung führt. Die Wirkung der Medikamente geht dabei offenkundig über eine unspezifische Sedierung hinaus, da sie auch akustische Halluzinationen, inkohärente Sprachäußerungen, hebephrene Symptome, Feindseligkeit und Verfolgungsideen betrifft. Nicht erfaßt wurden in dieser Studie «Negativ-Symptomatik» sowie soziale und berufliche Anpassung, die häufig oder gar regelhaft von Neuroleptika unbeeinflußt bleiben.

Die Befunde der NIMH-Studie stimmen mit den bisher vorliegenden etwa 100 Doppelblind-Vergleichen konventioneller Neuroleptika mit Placebo weitgehend überein (Davis, Barter & Kane,1989; Dixon, Lehman & Levine, 1995): Im Mittel waren 75 Prozent der mit Neuroleptika behandelten Patienten nach sechs Wochen deutlich gebessert, während dies unter Placebo-Bedingungen weniger als 25 Prozent waren. Antipsychotische Medikation führt also zu Besserungen, die unzweifelhaft über die Wirkungen der nicht-medikamentösen Klinikbehandlung hinausgehen. Es zeigt sich aber auch, daß nach sechswöchiger Anwendung von Neuroleptika ein Teil der akut schizophrenen Patienten noch erheblich gestört ist, und daß einige Patienten auch ohne Medikation eine deutliche Besserung erreichen.

Die anti-psychotische Wirkung der Neuroleptika muß abgewogen werden gegen unerwünschte und schädliche Nebenwirkungen. Medizinische Komplikationen sind in der Akut-

behandlung selten, zwingen aber zu internistischen und neurologischen Kontrollen. Lediglich bei 3 Prozent der mit Neuroleptika behandelten Patienten von Cole (1964) führten Nebenwirkungen zum Behandlungsabbruch. Über unterschiedliche Beschwerden und Störungen klagt hingegen eine erheblich höhere Zahl der Patienten zumindest zeitweise (Übersicht Tornatore, Sramek, Okeya & Pi, 1991). Einige der als typische Nebenwirkungen erachteten Symptome wie Ruhelosigkeit, Tremor, Rigor werden auch bei medikamentenfreien Patienten beobachtet (Cole, 1964); in der Regel sind die Beschwerden aber unter antipsychotischer Medikation ausgeprägter. Sogenannte Spätdyskinesien treten bei Langzeitbehandlung mit Neuroleptika auf (siehe unten). Die hier erwähnten Nebenwirkungen betreffen die sog. klassischen Neuroleptika wie Haloperidol oder Fluphenazin. Neben diesen werden sog. atypische Neuroleptika wie Clozapin, Olanzapin und Risperidon, die andere Nebenwirkungen und Risiken aufweisen, in den letzten Jahren wieder häufiger angewandt und untersucht (Buchanan, 1995; Umbricht & Kane, 1995).

Bei der Abwägung von Nutzen und Schaden der neuroleptischen Behandlung akuter schizophrener Störungen überwiegen im Regelfall die Vorteile, wobei der erheblichen Verkürzung der stationären Behandlung und der rascheren Zugänglichkeit für psychosoziale und psychotherapeutische Maßnahmen besonderes Gewicht zukommt. Eine solche Abwägung kann jedoch zu einem anderen Ergebnis führen, wenn über die längerfristige Anwendung von Neuroleptika zu entscheiden ist. Erstaunlicherweise wurden die Ansichten der Patienten über die Vor- und Nachteile nur selten untersucht (z.B. Linden, 1987; Windgassen, 1989; Weiden, Dixon, Frances, Appelbaum, Haas & Rapkin, 1991).

2.2 Psychosoziale Maßnahmen

Die nachgewiesene Effizienz der Neuroleptika in der Akutbehandlung kann den fälschlichen Eindruck erwecken, daß den nicht-pharmakologischen Behandlungsbedingungen keine oder nur eine geringe Bedeutung zukomme. Dabei wird leicht übersehen, daß es auch darum geht, belastende Bedingungen, die auf den Patienten einwirken, zu verringern und für übersichtliche, klare Strukturen zu sorgen. Neben den Bedingungen, die möglicherweise die Psychose ausgelöst und zur stationären Behandlung geführt haben, sollten behandlungsbedingte Belastungen wie durch unruhige Aufnahmeabteilungen, Zwangsmaßnahmen oder völlig verändertes Körpererleben infolge der medikamentösen Nebenwirkungen nicht übersehen werden. Im Bestreben nach Vereinfachung der von außen zugeführten Information für akut gestörte Patienten, stellte Ciompi (1986), die in **Tabelle 1** verkürzt wiedergegebenen therapeutischen Grundregeln auf, die für Pflegepersonal und Behandelnde auch heute noch als Leitlinien dienen können.

Während üblicherweise in der Akutbehandlung das Augenmerk der Pharmakotherapie gilt, versuchte Ciompi in einer kleinen Behandlungseinrichtung (Soteria Bern) die Priorität auf die psychosozialen Bedingungen zu legen. Das Vorbild lieferte ein früheres amerikanisches Modellprojekt (Matthews, Roper, Mosher & Menn, 1979). Dabei wurde auf ein möglichst beruhigendes Behandlungsmilieu mit einer konstant verfügbaren Betreuungsperson geachtet; antipsychotische Medikation sollte allenfalls zeitweise verwendet werden. Die Überprüfung der Effekte dieses Vorgehens über einen zweijährigen Verlaufszeitraum erfolgte anhand von 22 Patienten und einer gleich großen, parallelisierten Kontrollgruppe aus mehreren anderen Kliniken (Ciompi et al., 1993). Es fanden sich zwischen den beiden Gruppen keine bedeutsamen Unterschiede in Rückfallhäufigkeit, psychopathologischem Zustandsbild, Arbeitsfähigkeit und Wohnsituation. Wie angestrebt, hatten die Patienten der Modelleinrichtung über den gesamten Zeitraum eine um 60 Prozent geringere Dosis Neuroleptika erhalten als die Kontrollgruppe; die Dauer der stationären Behandlungen war allerdings mit durchschnittlich 185 Tagen etwa doppelt so lange wie in den anderen Kliniken. Die Studie zeigt u. E., daß (1) eine völlig medikamentenfreie Behandlung auch unter günstigen psychosozialen Bedingungen in der Regel nicht zu verwirklichen ist, (2) deutlich niedrigere Neuroleptikadosen, als gegenwärtig oft angewandt, häufig ausreichen, und (3) die Vorteile einer geringeren Medikation gegen die Nachteile einer längeren Hospitalisierung abzuwägen sind.

Weitgehend unklar ist, welche nicht-medikamentösen Behandlungsbedingungen günstige oder ungünstige Auswirkungen auf die akutpsychotische Symptomatik haben. Zwar werden hierzu vielerlei Überzeugungen geäußert, aber es finden sich kaum gesicherte empirische

---

Tabelle 1: Therapeutische Grundregeln bei Schizophrenie (Ciompi, 1986).

(1) Ein möglichst entspannendes, übersichtliches, reizarmes Behandlungsmilieu mit konstantem Personal;

(2) personelle und konzeptuelle Kontinuität mit konstanter zentraler Bezugsperson und längerfristiger Koordination der Behandlungsmaßnahmen;

(3) eindeutige, klare und affektiv-kognitiv kongruente Kommunikation;

(4) möglichst einheitliche Informationen und Ansichten bei Patient, Angehörigen, stationären und ambulanten Betreuern über die Störung, die konkreten Ziele der Behandlung und die Prognose;

(5) Erarbeitung gemeinsamer, möglichst realistisch-positiver Zukunftserwartungen;

(6) Vermeidung von Über- und Unterstimulation;

(7) Kombination von Sozio- und Pharmakotherapie.

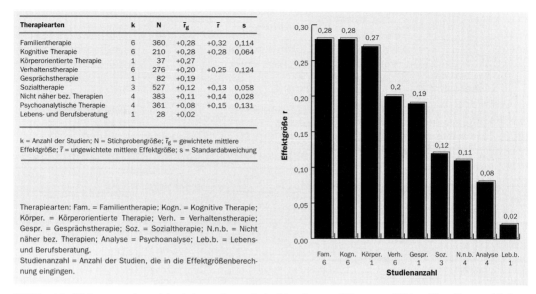

Therapiearten	k	N	$\bar{r}_g$	$\bar{r}$	s
Familientherapie	6	360	+0,28	+0,32	0,114
Kognitive Therapie	6	210	+0,28	+0,28	0,064
Körperorientierte Therapie	1	37	+0,27		
Verhaltenstherapie	6	276	+0,20	+0,25	0,124
Gesprächstherapie	1	82	+0,19		
Sozialtherapie	3	527	+0,12	+0,13	0,058
Nicht näher bez. Therapien	4	383	+0,11	+0,14	0,028
Psychoanalytische Therapie	4	361	+0,08	+0,15	0,131
Lebens- und Berufsberatung	1	28	+0,02		

k = Anzahl der Studien; N = Stichprobengröße; $\bar{r}_g$ = gewichtete mittlere Effektgröße; $\bar{r}$ = ungewichtete mittlere Effektgröße; s = Standardabweichung

Therapiearten: Fam. = Familientherapie; Kogn. = Kognitive Therapie; Körper. = Körperorientierte Therapie; Verh. = Verhaltenstherapie; Gespr. = Gesprächstherapie; Soz. = Sozialtherapie; N.n.b. = Nicht näher bez. Therapien; Analyse = Psychoanalyse; Leb.b. = Lebens- und Berufsberatung. Studienanzahl = Anzahl der Studien, die in die Effektgrößenberechnung eingingen.

Abbildung 1: Wirkung psychosozialer Interventionen bei schizophrenen Störungen: Effektgrößen für verschiedene Therapiearten nach Wunderlich et al. (1996).

Befunde. Eine solche Studie ist bezeichnenderweise bereits 30 Jahre alt, aber dennoch für die heutigen Verhältnisse aussagekräftig. Kellam, Goldberg, Schooler, Berman und Shmelzer (1967) verglichen mit Daten von 27 Aufnahme-Abteilungen der bereits genannten NIMH-Studie (Cole, 1964) den Einfluß des «Stationsklimas» auf den Verlauf der Symptomatik. Eine deutlichere Abnahme psychotischer Symptomatik wurde vor allem in jenen Abteilungen festgestellt, in denen nur relativ wenige Mitpatienten aggressives und irritierendes Verhalten zeigten und häufigere soziale Kontakte stattfanden. Besonders ungünstig wirkten sich schwerer gestörte Mitpatienten dann aus, wenn ein Patient keine Neuroleptika erhielt. Im Sinne der Grundregel einer «optimalen Stimulation» überlegen Schooler und Spohn (1982) anhand solcher Daten, daß es für akut gestörte Schizophrene besser sein kann, zeitweise nicht nur von aufdringlichen Mitpatienten in Ruhe gelassen zu werden, sondern auch von wohlmeinenden aber bedrängend erlebten Kontaktversuchen des Behandlungspersonals.

Es fällt auf, daß in Ciompi's Grundregeln das Wort «Psychotherapie» unerwähnt bleibt. Seit den sechziger Jahren beschäftigten sich mehrere Studien mit der Frage, ob sich Pharmakotherapie und stationäre Routine-Behandlung durch zusätzliche psychotherapeutische Maßnahmen verbessern lassen (Übersichten bei Stanton et al., 1984; Scott & Dixon, 1995b). Anzumerken ist, daß unter «Psychotherapie» zunächst entweder tiefenpsychologisch fundierte Einzeltherapie («Ego supportive therapy») oder auf aktuelle Probleme bezogene, an Verhaltenstherapie orientierte Behandlungsverfahren («reality oriented») verstanden wurden (z.B. Gunderson et al., 1984). Das Spektrum der Therapieansätze hat sich seitdem erweitert. Eine aktuelle Metaanalyse (Wunderlich, Wiedemann & Buchkremer, 1996) erfaßte immerhin 31 experimentelle Therapiestudien über die zu folgenden Gruppen zusammengefaßten Behandlungsverfahren: Familienbetreuung (am Expressed Emotion-Konzept orientiert, s.u.), Kognitive Therapie (vorwiegend nach den Programmen von Brenner, s.u.), Körperorientierte Therapie, Verhaltenstherapie (soziales Kompetenztraining, operantes Konditionieren), Gesprächstherapie, Sozialtherapie, nicht näher bezeichnete Psychotherapie, Psychoanalyse, Lebens- und Berufsberatung. Die Kontrollgruppen erhielten gewöhnliche Klinikbehandlung, was trotz der abwertend klingenden Bezeichnung meist ein recht umfassendes Angebot aus pflegerischen Maßnahmen, Beschäftigungs- und Arbeitstherapie, Sport, Beratung durch Sozialarbeiter, stützenden Gesprächen umfaßte. Geprüft wurde der Einfluß der spezifischen psychotherapeutischen und psychosozialen Interventionen (im Vergleich zu den Kontrollgruppen) auf Veränderungen der Psychopathologie, auf Rückfallhäufigkeit, Arbeitsverhalten u. ä. Die gewichtete mittlere Effektgröße lag in dieser Metaanalyse deutlich niedriger als in vergleichbaren Arbeiten über generelle Psychotherapieeffekte, in die vorwiegend Therapiestudien über Störungen mit größeren Besserungschancen, z. B. Phobien, affektive Störungen, eingingen. Dennoch stellten Wunderlich et al. bei den spezifisch behandelten Experimentalgruppen Besserung bei 59 Prozent der schizophrenen Patienten fest, während es unter den Kontrollbedingungen nur 41 Prozent waren. Wurden die oben aufgezählten Therapieverfahren getrennt betrachtet, so erzielten Familienbetreuung, Kognitive Therapie und Körperorientierte Therapie (mit allerdings nur einer Studie) die günstigsten, nahezu identischen Effektgrößen. Die geringsten Effekte wurden bei psychoanalytisch orientierter Behandlung sowie Lebens- und Berufsberatung festgestellt (s. **Abb. 1**).

3. Längerfristige Behandlungsmaßnahmen für schizophrene Patienten

Nach den übereinstimmenden Ergebnissen mehrerer Untersuchungen des Langzeitverlaufs (Übersichten: An der Heiden 1996; Möller & von Zerssen, 1995), klingen schizophrene Störungen bei rund einem Viertel der Betroffenen relativ rasch ab, ohne schwere psychische und soziale Beeinträchtigungen zu hinterlassen. In etwa gleicher Häufigkeit führt die Erkrankung zu dauerhaften, gravierenden Folgen im Sinne einer chronisch produktiven oder ausgeprägten Negativ-Symptomatik, wobei allerdings langfristig eher eine Tendenz zur Besserung als zur Verschlechterung besteht. Bei gut der Hälfte der Patienten ist der Langzeitverlauf dagegen instabil und gekennzeichnet durch mehr oder weniger häufige Rezidive akut psychotischer Zustände. In der beruflichen und sozialen Anpassung finden Langzeitstudien bei der Mehrzahl früherer Erkrankter auch nach Jahrzehnten noch deutliche Beeinträchtigungen (An der Heiden et al., 1995; Harding, Brooks, Ashikaga, Strauss & Breier, 1987).

Von diesen Befunden ausgehend, bestehen die wichtigsten langfristigen therapeutischen Aufgaben zum einen in der Rückfall-Prävention, zum anderen in der Behandlung persistierender Defizite und Störungen. Auf die enorme Bedeutung, die hierbei gesundheitspolitischen, sozialpsychiatrischen und berufsfördernden Maßnahmen (Lehman, 1995) zukommt, kann leider nicht eingegangen werden.

3.1 Pharmakotherapie

Bis heute wurden in mindestens 44 Doppel-Blind-Studien die Häufigkeit psychotischer Rückfälle unter antipsychotischer Medikation und unter Placebo nach Abklingen einer schizophrenen Störung verglichen. In einjährigen Beobachtungszeiträumen erlitten unter Placebo im Mittel 70 Prozent der Patienten ein Rezidiv, unter Neuroleptika nur 23 Prozent (Dixon, Lehman & Levine, 1995). Es gibt aber bislang weder verläßliche Prädiktoren, bei welchen Patienten es trotz der Neuroleptika zu Rückfällen kommt, noch bei welchen Patienten die Medikation nach längerer Symptomfreiheit wieder risikolos abgesetzt werden kann. In mehreren kontrollierten Absetzversuchen wurden über Zeiträume von 6 bis 24 Monaten erschreckend hohe Rückfallraten um 75 Prozent festgestellt (Hirsch & Barnes, 1995, S. 458). Obwohl die medikamentöse Rückfallprophylaxe mit erheblich niedrigerer Dosierung als die Akutbehandlung erfolgt, sind auch hier mögliche gravierende Nebenwirkungen zu beachten. Die bei chronischen Patienten zumeist vorrangige Negativ-Symptomatik kann im Zusammenhang mit Depressivität und der sozialen Stigmatisierung als einer Person, die Medikamente benötigt, noch verstärkt werden. Besonders schwerwiegend ist das Risiko manchmal irreversibler Dauerfolgen neuroleptischer Langzeitmedikation, der Spätdyskinesien. Dieses Syndrom umfaßt qualitativ abnorme, oft stereotype unwillkürliche Bewegungen, vor allem von Zunge, Mund und Gesicht. Es tritt bei etwa 15 Prozent langjährig behandelter Patienten auf und gilt bei 1 Prozent als irreversibel (Kissling, 1991; Jeste & Caliguri, 1993). Wenngleich Spätdyskinesien eigenartigerweise den betroffenen Patienten subjektiv kaum Beschwerden zu bereiten scheinen, wirken sie auf andere Personen so irritierend, daß damit die soziale Integration außerhalb von Institutionen zusätzlich erschwert ist.

Mit dem Bestreben, das Risiko von Nebenwirkungen zu verringern, wurden im letzten Jahrzehnt mehrere Studien durchgeführt, in denen die Effekte neuroleptischer Dauermedikation mit intermittierenden oder Intervall-Behandlungen verglichen wurden (Zusammenfassung Hirsch & Barnes, 1995). Das naheliegende Vorgehen bei Intervallbehandlungen besteht darin, die Medikation nach Erreichen eines stabilen, symptomfreien Zustandes abzusetzen und erst beim Auftreten von Frühwarnzeichen oder Prodromalsymptomen (z.B. Unruhe, Schlafstörungen, Beziehungsideen; Überblick: Herz & Lamberti, 1995; Norman & Malla, 1995) wieder damit zu beginnen. Trotz relativ engmaschiger Betreuung war aber die Rückfallhäufigkeit bei Intervallbehandlungen meist doppelt so hoch als unter Dauermedikation (Jolley & Hirsch, 1990; Schooler, 1991; Hahlweg, Dürr & Müller, 1995). Die Ersparnis an Medikamenten gegenüber der Dauermedikation war geringer als erhofft, da nach Rückfällen wieder eine deutlich höhere Neuroleptika-Dosis erforderlich ist. Auch in der sozialen Anpassung und in der Einschätzung der Nebenwirkungen waren keine eindeutigen Vorteile nachweisbar.

3.2 Psychosoziale Maßnahmen

Eugen Bleuler (1923) beginnt den Abschnitt über die Behandlung der Schizophrenien mit einer auch heute noch treffenden Stellungnahme. «Die meisten Schizophrenen sind gar nicht oder doch außerhalb der Anstalten zu behandeln. In Anstalten gehören sie nur auf spezielle Indikationen hin, die allerdings häufig eintreten, z.B. in akuten Anfällen, wegen störenden Benehmens, Gewalttätigkeit, Selbstmordgefahr, und dann namentlich zur vorübergehenden Erziehung. So bald als möglich sind sie wieder zu entlassen, da man sie später viel weniger leicht hinausbringt; denn nicht nur die Patienten, sondern vielleicht noch mehr die Verwandten gewöhnen sich zu rasch an die Sequestration.»

3.2.1 Stationäre Behandlung chronisch schizophrener Patienten

Obwohl der Krankheitsverlauf in den ersten Dekaden dieses Jahrhunderts einer Metaanalyse zufolge nicht drastisch ungünstiger als in den letzten Jahrzehnten war (Hegarty, Baldessarini, Tohen, Waternaux & Oepen, 1994), verblieben bis in die dreißiger Jahre dieses Jahrhunderts etwa zwei Drittel der an Schizophrenie Erkrankten dauerhaft in psychiatrischen Anstalten (Wing, 1982). In Folge verbesserter psychiatrischer Versorgung, gesundheitspolitischer Reformen und finanzieller Fürsorge hat sich dieser Anteil auf 5 bis 10 Prozent vermindert. Dennoch werden Schizophrene auch künftig einen erheblichen Anteil der chronischen Patienten in psychiatrischen Institutionen bilden, wofür der Mangel an geeigneten Lebensräumen außerhalb der Anstalten mindestens ebenso verantwortlich sein dürfte wie die Symptomatik. Konzepte zur Langzeitbehandlung dieser Patienten sind von großer Bedeutung, da Schizophrene wohl am stärksten durch den Mangel an Anregungen und das morbide Klima chronischer Abteilungen geprägt werden und andererseits mehr als alle anderen Patienten selbst zu diesem Klima beitragen. In einer klassischen Studie über Klinikmilieu und Symptomatik schizophrener Langzeitpatienten (Wing & Brown, 1970) konnte gezeigt werden, daß (1) auf Abteilungen mit wenig sozialen Anregungen und Anforderungen die Negativ-Symptomatik ausgeprägter war, und (2) das Ausmaß dieser Symptomatik mit der Aufenthaltsdauer auf solchen Abteilungen korrelierte. Auf einigen Abteilungen waren – über Jahre hinweg – Besserungen der äußeren Bedingungen (Außenkontakte, Anregungen und Beschäftigungen, Einstellungen des Pflegepersonals) parallel zu Abnahmen der Negativ-Symptomatik und Fortschritten im Sozialverhalten festzustellen. Umgekehrt ging ein ärmer werdendes soziales Milieu (in Folge von Kosteneinsparungen) auf einigen anderen Abteilungen mit vermehrtem Rückzug und Apathie der Patienten einher. Der Schaden, den Schizophrene durch wenig anregende Lebensbedingungen erleiden, liegt also nicht nur im Ausbleiben von Fortschritten und Besserungen, sondern in einer zunehmenden Verschlechterung des Zustandsbildes durch vermehrte Negativ-Symptomatik.

Die naheliegenden Schlußfolgerungen aus solchen Beobachtungen lösen periodisch Betroffenheit und Reformen aus. Schooler und Spohn (1982) beschreiben einen solchen Versuch, chronischen Patienten möglichst viele der ihnen offenbar lange vorenthaltenen Anregungen und Annehmlichkeiten zukommen zu lassen. Die vorherige Lebensweise der Patienten konnte kaum trostloser sein: im Durchschnitt acht Jahre lang hospitalisiert, zuletzt auf einer geschlossenen Abteilung, nach Angaben der bisher Behandelnden kaum Chancen auf eine Besserung, nur 3 Prozent der Zeit wurden mit irgendwelchen sozialen Interaktionen zugebracht, aber 19 Prozent mit pathologischen, unfunktionalen Verhaltensweisen. Der Behandlungsversuch war überaus engagiert: zweimal täglich Gruppengespräche; Gruppenaktivitäten wie Spiele, Sport, Einkaufen gehen, Theaterbesuche; Übernahme von Pflichten und Aufgaben; Individualisierung von Kleidung und Zimmereinrichtung. Das Personal erhielt Supervision, um den Optimismus, daß Symptome beseitigt werden können, zu stärken. Nach zwei Jahren wurde erneut das Verhalten mit systematischen Beobachtungsverfahren und psychologischen Tests erfaßt und auf Unterschiede zwischen den 41 Patienten der Modellstation und 34 Vergleichspersonen einer anderen Abteilung geprüft. Die intensiven therapeutischen Bemühungen hatten zwar einen positiven Effekt auf das Ausmaß sozialer Interaktionen; sie hatten aber einen negativen Einfluß auf das psychopathologische Zustandsbild: die akut psychotische Symptomatik nahm zu! In den Entlassungsraten bestanden keine Unterschiede zwischen den beiden Abteilungen. Nicht nur mangelnde Anregungen oder Unterstimulation können schädliche Effekte in Form verstärkter Negativ-Symptomatik haben; Überstimulation durch intensives Engagement in Rehabilitationsversuchen erhöht bei gestörteren Patienten das Risiko vermehrter Positiv-Symptomatik.

Paul und Lentz (1977) führten eine eindrucksvolle Therapiestudie mit 84 lang hospitalisierten (M = 17 Jahre) schizophrenen Männer und Frauen durch. Sie wurden alle als so beeinträchtigt eingeschätzt, daß die Klinik keinerlei Entlassungschancen sah. Je ein Drittel dieser Patienten, parallelisiert nach einer Vielzahl therapeutisch relevant erscheinender Kriterien, wurden auf einer üblichen Klinik-Station oder auf zwei neu eingerichteten Abteilungen behandelt. Diese beiden neuen Abteilungen entsprachen sich nicht nur räumlich, sondern wurden auch vom gleichen Personal versorgt. Nach detailliert ausgearbeiteten Anweisungen bestand der eine Behandlungsansatz in einem «Sozialen-Lern-Programm» mit einem Münzverstärkungssystem, der andere dagegen in einem «Milieu-Programm», geleitet nach den Prinzipien einer Therapeutischen Gemeinschaft. Die beiden neuen Behandlungsabteilungen zeigten sich bereits in den ersten Monaten der üblichen Klinikbehandlung überlegen. Die Verbesserung war unter dem «Sozialen-Lern-Programm» ausgeprägter als bei dem «Milieu-Ansatz», der vor allem auf aggressives Verhalten keinen positiven Einfluß hatte. Nach viereinhalb Jahren lebten sogar drei Patienten des Lernprogramms und zwei des Milieu-Programms selbständig außerhalb der Klinik; weitere 24 aus dem Lernprogramm, 16 aus der Therapeutischen Gemeinschaft und 13 aus der Routine-Abteilung hatten in Heime entlassen werden können. Während Gesunden die mechanistisch wirkenden Maßnahmen eines Verstärkungs-Systems oft abschreckend erscheinen, könnte auf chronisch Schizophrene gerade die Vorhersagbarkeit und einfache Überschaubarkeit der sozialen Interaktionen heilsam wirken (vgl. Cohen, Florin, Grusche, Meyer-Osterkamp & Sell, 1973). Bei dem Milieu-Ansatz dürfte eine vergleichbare Vereinheitlichung und Überschaubarkeit ähnlich schwer zu erreichen gewesen sein, wie bei dem vorher zitierten, erheblich kürzeren Behandlungsprogramm von Schooler und Spohn. Zu warnen ist allerdings vor dem Eindruck, bei solchen Verstärkungs-Systemen handle es sich um sehr einfach durchführbare Behandlungsverfahren. Ständige und verbindliche Absprachen über das, was als belohnungswürdig gelten soll, und wie man auf störendes Verhalten reagieren will, sind oft nur schwer zu erreichen, für die Wirksamkeit des Systems aber unerläßlich.

3.2.2 Maßnahmen gegen Rückfälle und Chronifizierung

Je länger die stationäre Behandlung, umso größer die Gefahr zunehmender Negativ-Symptomatik, lautete ein Fazit der Arbeiten von Wing und Brown. Andererseits sind rehabilitative Maßnahmen mit dem Ziel, Defizite in Sozial- oder Arbeitsverhalten zu mindern und so das Rückfallrisiko zu senken, nicht in kurzer Zeit durchführbar. Eine Lösung aus diesem Dilemma besteht in der möglichst raschen Entlassung bei Abnahme der Akutsymptomatik und der Fortsetzung der Behandlung auf außerklinischer Basis. Neben Behandlungsmaßnahmen, die am Verhalten des Patienten ansetzen, besteht oft die Notwendigkeit, auf das soziale Umfeld einzuwirken.

Das theoretische Konzept dafür liefert das von Zubin (z. B. 1990) formulierte Vulnerabilitäts-Streß-Modell. Psychotische Rezidive sind demnach das Resultat einer individuell variierenden Anfälligkeit und bestimmter psychosozialer Streß-Faktoren. Vor allem über zwei Arten solcher Faktoren wurden zahlreiche Untersuchungen durchgeführt: lebensverändernde Ereignisse («life events») (Zusammenfassung Bebbington, Bowen, Hirsch & Kuipers, 1995) und «expressed emotion» (EE) enger Bezugspersonen. Von direkter therapeutischer Relevanz ist das von George Brown entwickelte EE-Konzept (Zusammenfassung Kavanagh, 1992). Anhand von Interviews mit Familienangehörigen bei Behandlungsbeginn vermochte man recht gut zwischen Patienten mit und ohne psychotischem Rückfall nach Behandlungsende zu trennen. Eine Zusammenfassung der Daten von 25 Studien mit 1346 Patienten ermittelte die Rückfallhäufigkeiten in den ersten 9 bis 12 Monaten nach der Entlassung (Bebbington & Kuipers, 1994). Sie betrugen 21 Prozent, wenn die Angehörigen wenig Kritik äußerten und nur ein geringes Maß an «emotionalem Überengage-

ment» wie Überbesorgtheit und Bevormundung zeigten (niedrig EE). In Familien mit hoher Emotionalität (EE) hing das Rückfallrisiko (insgesamt 50%) noch davon ab, wieviel Zeit Angehörige und Patient in direktem Kontakt verbrachten. Es kann derzeit nur spekuliert werden, ob diese Befunde durch eine höhere Belastung von Patienten mit hoch-EE Angehörigen, durch ein protektive Wirkung von niedrig-EE Familien oder durch eine Wechselwirkung von Patienten-Eigenschaften mit familiären Reaktionen bedingt sind. Auf diesen Befunden basieren mittlerweile aber zahlreiche Behandlungsmaßnahmen bei denen die Angehörigen in die Therapie schizophrener Patienten einbezogen werden (z. B. Hornung, Holle, Schulze-Mönking, Klingberg & Buchkremer, 1995; Übersicht: De Jesus Mari & Streiner, 1994; Dixon & Lehman, 1995; Wiedemann & Buchkremer, 1996). Über die Ergebnisse der bekanntesten Studie informiert **Tabelle 2**. Die erste kontrollierte Studie von Leff, Kuipers, Berkowitz, Eberlein-Vries und Sturgeon (1982) ist beispielhaft für diese Ansätze und die Überprüfung ihrer Effekte (s. **Kasten 2**).

Angesichts der Fülle an Veröffentlichungen über «EE» könnte der Eindruck entstehen, daß sich der Schwerpunkt der psychosozialen Interventionen nach Abklingen der akuten Episode vom Schizophrenen auf seine Familie verschoben hat. Alleine aufgrund der großen Zahl Schizophrener, die nicht mit Angehörigen zusammen leben, wäre dies verhängnisvoll. Eine Vielzahl therapeutischer Verfahren, auf die hier nicht im einzelnen eingegangen werden kann, setzt an der Problematik des Patienten an (vgl.

Tabelle 2: Rückfallraten unter Familienbetreuung versus Routine- oder Einzelbehandlung von Patienten aus hoch-EE Familien bei 9- und 24monatiger Katamnese (Kavanagh, 1992).

	0–9 Monate		0–24 Monate	
	Familien-betreuung	Routine-, Einzeltherapie	Familien-betreuung	Routine-, Einzeltherapie
Leff et al.(1982, 1985)	8%	50%	50%	75%
Falloon et al. (1982, 1985)	6%	44%	17%	83%
Köttgen et al. (1984)	33%	50%	–	–
Hogarty et al. (1986, 1987)	19%	28%	32%	66%
Tarrier et al. (1988, 1989)	12%	48%	33%	59%
Leff et al.(1989, 1990)	8%	–	33%	–
Median	10%	48%	33%	71%

Kasten 2
Soziale Intervention bei Familien mit schizophrenen Patienten (LEFF et al., 1982)

Fragestellung
Vergleich von Familienintervention mit Routinebehandlung.

Methode
• *Intervention*: zusätzlich zu Depot-Neuroleptika und Terminen in out-patient-clinics, 9 Monate Behandlungsdauer; zufällige Aufteilung der Familien in Behandlungs- oder Kontrollbedingung.
(1) *Familienintervention* (vier Informationssitzungen über Schizophrenie, Angehörigen-Gruppen in zweiwöchigem Abstand, durchschnittlich sechs Hausbesuche) Ziele:

Verringerung des Direktkontaktes mit dem Patienten; Änderung kritischer und überinvolvierter Einstellungen
(2) *Kontrollbedingung*: in Einzelfällen Gespräche mit Psychiater oder Sozialarbeiter

• *Stichprobe*: 24 Patienten aus Familien mit hoher Emotionalität (EE) und intensivem Zusammenleben; Schizophrenie-Diagnose nach Catego-System, 8 Ersterkrankte, Durchschnittsalter 30 J.

• *Untersuchungsverfahren*: CFI (Camberwell Family Interview)

Ergebnisse

	Familien-intervention	Kontroll-gruppe
Kritische Äußerungen im CFI vorher (M)	15,8	12,0
Kritische Äußerungen im CFI nach 9 Mo. (M)	6,8	10,7
Überengagement im CFI vorher (M)	4,0	4,0
Überengagement im CFI nach 9 Mo. (M)	2,4	3,7
psychot. Rückfälle während der 9 Mo.	1 (9%)	6 (50%)

Die Studie belegt deutlich den Erfolg der Familienintervention, indem die problematischen Werte im CFI reduziert und die Rückfallquote gesenkt wurde.

Tab. 3). Da jeweils nur ein Teil der Patienten einer Klinikabteilung oder eines ambulanten Therapieprogramms bestimmte Defizite oder Störungen aufweist, müssen Untergruppen nach Indikationsregeln zusammengestellt werden. Sowohl die dafür erforderlichen diagnostischen Vorgehensweisen, wie die Effektivitätskontrollen der Therapieverfahren sind bislang nur in Ansätzen entwickelt worden. Die umfangreichsten Erfahrungen liegen derzeit über die «Social Skills Trainings» vor, weshalb zwei Studien aus diesem Bereich eingehender vorgestellt werden.

In einer langen Tradition verhaltenstherapeutischer Bemühungen steht eine Reihe von Programmen «soziale Fertigkeiten» zu trainieren,

«ein soziales Netzwerk aufzubauen und den Streß in zwischenmenschlichen Kontakten zu vermindern» (vgl. Halford & Hayes, 1992). Zwar findet man häufig spezifische Steigerungen im geübten Verhalten, ein bedeutsamer Einfluß auf die Rückfallraten war bislang aber nicht belegt. In letzter Zeit wurden diese Programme daher stärker in den Lebensraum der Patienten eingebunden. Wallace und Liberman (1985) berichten über eine solche Erweiterung eines Trainings sozialer Fertigkeiten (zwei Stunden täglich, neun Wochen lang) durch wöchentliche Treffen mit den Familienmitgliedern bei 28 Patienten aus Familien mit hohem EE. Bei diesen Treffen sollten die neu erworbenen Verhaltensweisen in der Kommunikation mit den Angehörigen und in gemeinsamen «Pro-

Tabelle 3: Spezifische Behandlungsverfahren bei Störungen und Defiziten schizophrener Patienten

Zielverhalten	Behandlungsmaßnahmen	Literatur
Soziale Fähigkeiten und Kommunikation	Social Skills Training	Halford & Hayes (1992)
Berufliche Eingliederung	Berufl. Rehabilitationsprogramme	Lehman (1995)
Lebenspraktische Fähigkeiten	Life Skills Training	Glynn & MacKain (1992)
Krankheitsverständnis und -bewältigung		Thurm et al. (1991)
Kognitive Leistungen	Kognitive Trainingsprogramme	Brenner et al. (1990)
Körperwahrnehmung, Ich-Empfinden	Leiborientierte Therapie	Scharfetter (1982)
Verringerung von Halluzinationen und Wahn	Kognitive Verhaltenstherapie	Vauth & Stieglitz (1994)

blem-Lösungs-Strategien» eingesetzt werden. Die Kontrollbedingung bildete eine sogenannte «holistic health therapy» mit Yoga, Jogging, Meditation sowie Gruppengesprächen über Streßvermeidung und Lebensziele, ebenfalls ergänzt durch Familiensitzungen. Die beiden Behandlungsbedingungen entsprachen sich im Ausmaß therapeutischer Kontakte und in der Pharmakotherapie. Die Ergebnisse neun Monate nach der Behandlung zeigen eine Überlegenheit des Trainings sozialer Fertigkeiten, wobei die Autoren allerdings anmerken, daß bei zwei Patienten mit ausgeprägten Denkstörungen und Halluzinationen kein Lerneffekt festzustellen war. Das Sozialverhalten der gezielt behandelten Gruppe wurde als weniger feindselig, mißtrauisch, gehemmt und unterwürfig eingeschätzt. Nur 3 Patienten (21%) des Sozialen-Trainings-Programms gegenüber 7 (50%) der Kontrollbedingung wurden innerhalb von neun Monaten rückfällig.

Unklar war, in welchem Ausmaß das Sozialtraining und das Familienprogramm zur Rückfallverhütung beitragen. Dies versuchten Hogarty und Anderson (1986) in einer umfangreichen Therapiestudie zu klären. 88 Patienten unter neuroleptischer Standard-Medikation aus Familien mit hoher Emotionalität (EE) wurden nach Zufall vier Behandlungsverfahren zugewiesen: (1) eine Kontrollbedingung (n = 28) aus Einzelsitzungen mit erfahrenem Pflegepersonal; (2) ein Training sozialer Fertigkeiten (n = 19) (s.

Tab. 4); (3) ein familientherapeutischer Ansatz (n = 21) (s. **Tab. 5**); (4) die Kombination aus Sozial-Training und Familientherapie (n = 20). Ähnlich wie bei Wallace und Liberman, wurde im Training sozialer Fertigkeiten versucht, auf Probleme hinzuführen, die im Kontext der Familie auftraten oder sich im beruflichen Bereich manifestierten. Der familientherapeutische Ansatz zielte darauf ab, über die Angehörigen das häusliche Klima zu verbessern und «fein abgestimmte Erwartungen an die Leistungen des Patienten aufzubauen». Während in der Kontrollgruppe 33 Prozent innerhalb eines Jahres einen Rückfall hatten, traf dies nur bei 19 Prozent aus der Gruppe mit Familientherapie, und bei 21 Prozent aus der Gruppe mit Sozial-Training zu. Kein einziger Patient mit der Kombination von Familientherapie und Sozial-Training hatte in dieser Zeit einen Rückfall.

4. Ausblick

Hogarty's und Andersons' Arbeit belegt die derzeit als wichtig geltenden Bestandteile der Behandlung Schizophrener: Pharmakotherapie, Förderung von Krankheitsverständnis (Bäuml, 1994; Kieserg & Hornung, 1994), Bewältigungsbemühungen und Medikamenten-Compliance in Einzel- und Gruppentherapie , Einbindung der therapeutischen Maßnahmen wie Sozialtraining oder kognitives Training in den

Tabelle 4: Training sozialer Fertigkeiten (Hogarty & Anderson, 1986)

Phasen	Ziele	Techniken
Phase 1: Stabilisierung und Beurteilung	Therapeutische Allianz herstellen. Soziales Handeln und Wahrnehmungsfähigkeit beurteilen. Beurteilung von Verhaltensweisen, die hohe EE hervorrufen.	Empathie und Beziehungsherstellung. Rollenspiel in 14 Szenen. Selbst- und Familienberichte über soziales Handeln.
Phase 2: Positive Äußerungen (in der Familie)	Bereitstellen alternativer Antworten auf Feindseligkeit: Komplimente, Wertschätzung, Interesse am anderen.	Instruktion Modellvorgabe Rollenspiel Feedback Hausaufgaben
Phase 3: Soziales Handeln (in der Familie)	Lösung von Konflikten via verbessertes verbales und nonverbales Verhalten.	Üben: Vorlieben, Verweigerungen, Kritik ausdrücken und darauf reagieren. Via: Redelatenz, Lautstärke, Blick, Gestik, Gesichtsausdruck
Phase 4: Soziale Wahrnehmung (in der Familie)	Korrektes Identifizieren von Inhalt, Kontext und Bedeutung einer Mitteilung.	Vermittlung durch Therapeut: Mitteilungen verstehen; Gedanken benennen; Absichten, Antworten und Antwortverhalten zusammenfassen
Phase 5: Beziehungen außerhalb der Familie	Verbesserung der Sozialisierungsfertigkeiten. Verbesserung der vorberuflichen und beruflichen Fertigkeiten.	Beurteilung von Fähigkeiten, Bedürfnissen und Netzwerk. Sozialisierung: Konversation und Zuhören-Können, Verabredungen-Treffen, Freizeit-Aktivität. Beruf: Aufmerksamkeit, Konzentration, Gedächtnis, Karrierevorstellungen, Bewerbungsgespräche, Arbeitsgewohnheiten, Verhalten gegenüber Vorgesetzten

Lebensraum der Patienten (Freizeit, berufliche Tätigkeiten, Familie), ein längerfristiges Behandlungskonzept mit langsam wachsenden Anforderungen, Stützung der Angehörigen und Förderung realistischer Erwartungen. Parallel dazu ist der weitere Ausbau von rehabilitativen Hilfsangeboten in den Bereichen Wohnen, Freizeitgestaltung, soziale Integration, berufliche Eingliederung und Tagesstrukturierung erforderlich (Häfner, 1988). Das Spektrum dieser Angebote muß die individuell unterschiedlichen Beeinträchtigungen ebenso berücksichtigen, wie flexible Anpassungen bei psychotischen Rückfällen oder bei Besserungen des Zustandsbildes vorsehen. Eine wirksame Hilfe bei schizophrenen Erkrankungen ist offenkundig nicht einfach und billig zu haben. Spektakuläre Erfolge durch einzelne Therapiemaßnahmen sind kaum zu erwarten, wohl aber eine allmähliche Verbesserung der Effizienz breit angelegter Behandlungskonzepte durch systematische Forschung. Das Grauen der Erkrankung für Patienten und Angehörige läßt dabei einen hohen Einsatz angebracht erscheinen.

5. Literatur

An der Heiden, W. (1996). Der Langzeitverlauf schizophrener Psychosen – Eine Literaturübersicht. *Zeitschrift für Medizinische Psychologie, 5*, 8–21.

An der Heiden, W., Krumm, B., Müller, S., Weber, J., Biehl, H. & Schäfer, M. (1995). Mannheimer Langzeitstudie der Schizophrenie: Erste Ergebnisse zum Verlauf der Erkrankung über 14 Jahre nach stationärer Erstbehandlung. *Nervenarzt, 66*, 820–827.

Andreasen, N.C., Arndt, S., Alliger, R., Miller, D. & Flaum, M. (1995a). Symptoms of schizophrenia: Methods, meanings, and mechanisms. *Archives of General Psychiatry, 52*, 341–351.

Andreasen, N.C., Roy, M.A. & Flaum, M. (1995b). Positive and negative symptoms. In S.R. Hirsch & D.R. Weinberger (Eds.), *Schizophrenia* (pp. 28–45). Oxford: Blackwell Science.

Bäuml, J. (1994). Psychosen aus dem schizophrenen Formenkreis. *Ein Ratgeber für Patienten und Angehörige.* Berlin: Springer.

Tabelle 5: Das familientherapeutische Programm von Hogarty & Anderson (1986)

Phasen	Ziele	Techniken
Phase 1: Kontaktaufnahme	Kontakt mit der Familie aufnehmen und zur Kooperation mit dem Programm gewinnen. Verminderung von Schuld, Emotionalität, negativen Reaktionen auf die Krankheit.	Behandlungskontrakt abschließen, Diskussion der Krisengeschichte und der Gefühle dem Patienten und der Krankheit gegenüber. Spezifische praktische Vorschläge, auf welche hin Besorgnis in Bewältigungsmechanismen umgesetzt werden kann.
Phase 2: Workshop zum Training von Fertigkeiten, die einen Rückfall verhindern helfen	Erhöhtes Verständnis für die Krankheit und die Bedürfnisse des Patienten. Soziale Kontakte, Erweiterung des sozialen Netzes.	Multiple Familien-Unterrichtung und Diskussion. Konkrete Daten über Schizophrenie. Konkrete Management-Vorschläge. Grundlegende Kommunikationsfertigkeiten.
Phase 3: Wiedereintritt und Anwendung	Den Patienten in der Gemeinschaft halten. Stärken der ehelichen/elterlichen Koalition. Erhöhte familiäre Toleranz für dysfunktionale Verhaltensweisen auf niedrigem Niveau. Verminderte und graduelle Wiederaufnahme von Verantwortung durch den Patienten.	Stärken der Grenzen zwischen Personen und Generationen. Liste von Aufgaben. Lösung einfacher Probleme.
Phase 4: Aufrechterhaltung	Reintegration in normale Rollen in der Gemeinde (Arbeit, Schule). Erhöhte Effizienz der generellen Familienprozesse.	Unregelmäßige Sitzungen. Traditionelle und explorative Familientherapie-Techniken.

Bebbington, P.E. & Kuipers, E.A. (1994). The predictive utility of expressed emotion in schizophrenia: An aggregate analysis. *Psychological Medicine, 24,* 707–718.

Bebbington, P.E., Bowen, J., Hirsch, S.R. & Kuipers, E.A. (1995). Schizophrenia and psychosocial stress. In S.R. Hirsch & D.R. Weinberger (Eds.), *Schizophrenia* (pp. 587–604). Oxford: Blackwell Science.

Bleuler, E. (1923). *Lehrbuch der Psychiatrie* (4. Aufl.). Berlin: Springer.

Brenner, H.D., Kraemer, S., Hermanutz, M. & Hodel, B. (1990). Cognitive treatment in schizophrenia. In E.R. Straube & K. Hahlweg (Eds.), *Schizophrenia:Concepts, vulnerability, and intervention* (pp. 161–191). Heidelberg: Springer.

Buchanan, R.W. (1995). Clozapine: Efficacy and safety. *Schizophrenia Bulletin, 21,* 579–591.

Ciompi, L. (1986). Auf dem Weg zu einem kohärenten multidimensionalen Krankheits- und Therapieverständnis der Schizophrenie: konvergierende neue Konzepte. In W. Böker & H.D. Brenner (Hrsg.), *Bewältigung der Schizophrenie* (S. 47–61). Bern: Verlag Hans Huber.

Ciompi, L., Kupper, Z., Aebi, E., Dauwalder, H.P., Hubschmid, T., Trütsch, K. & Rutishauser, C. (1993). Das Pilotprojekt «Soteria Bern» zur Behandlung akut Schizophrener. II. Ergebnisse einer vergleichenden prospektiven Verlaufsstudie über 2 Jahre. *Nervenarzt, 64,* 440–450.

Cohen, R., Florin, I., Grusche, A., Meyer-Osterkamp, S. & Sell, H. (1973). Dreijährige Erfahrungen mit einem Münzsystem auf einer Station für extrem inaktive, chronisch schizophrene Patienten. *Zeitschrift für Klinische Psychologie, 2,* 243–277.

Cole, J.O. (1964). Phenothiazine treatment in acute schizophrenia. *Archives of General Psychiatry, 10,* 246–261.

Davis, J.M., Barter, J.T. & Kane, J.M. (1989). Antipsychotic drugs. In Kaplan, H.I. & Sadock, B.J. (Eds.), *Comprehensive Textbook of Psychiatry* (Vol. 5, pp. 1591–1626). Baltimore: Williams & Wilkins.

De Jesus Mari, J. & Streiner, D.L. (1994). An overview of family interventions and relapse in schizophrenia: Meta-analysis of research findings. *Psychological Medicine, 24,* 565–578.

Dixon, L.B. & Lehman, A.F. (1995). Family interventions for schizophrenia. *Schizophrenia Bulletin, 21,* 631–643.

Dixon, L.B., Lehman, A.F. & Levine, J. (1995). Conventional antipsychotic medication for schizophrenia. *Schizophrenia Bulletin, 21,* 567–577.

Glynn, S.M. & MacKain, S. (1992). Training life skills. In Kavanagh, D.J. (Ed.), *Schizophrenia: An overview and practical handbook* (pp. 393–406). London: Chapman & Hall.

Gunderson, J.G., Frank, A.F., Katz, H.M., Vannicelli, M.L., Frosch, J.P. & Knapp, P.H. (1984). Effects of psychotherapy in schizophrenia: II. Comparative outcome of two forms of treatment. *Schizophrenia Bulletin, 10,* 564–598.

Häfner, H. (1988). Rehabilitation Schizophrener: Ergebnisse eigener Studien und selektiver Überblick. *Zeitschrift für Klinische Psychologie, 17,* 187–209.

Hahlweg, K., Dürr, H. & Müller, U. (1995). *Familienbetreuung schizophrener Patienten.* Weinheim: Beltz.

Halford, W. K. & Hayes, R. L. (1992). Social skills training with schizophrenic patients. In D. J. Kavanagh (Ed.), *Schizophrenia: An overview and practical handbook* (pp. 375–392). London: Chapman & Hall.

Hambrecht, M. & Häfner, H. (1996). Führen Alkohol- oder Drogenmißbrauch zu Schizophrenie? *Nervenarzt, 67,* 36–45.

Harding, C. M., Brooks, G. W., Ashikaga, T. Strauss, J. S. & Breier, A. (1987). The Vermont longitudinal study of persons with severe mental illness: I. Methodology, study sample, and overall status 32 years later. *American Journal of Psychiatry, 144,* 718–726.

Hegarty, J. D., Baldessarini, R. J., Tohen, M., Waternaux, C. & Oepen, G. (1994). One hundred years of schizophrenia: A meta-analysis of the outcome literature. *American Journal of Psychiatry, 151,* 1409–1416.

Herz, M. I. & Lamberti, J. S. (1995). Prodromal symptoms and relapse prevention in schizophrenia. *Schizophrenia Bulletin, 21,* 541–551.

Hirsch, S. R. & Barnes, T. R. E. (1995). The clinical treatment of schizophrenia with antipsychotic medication. In S. R. Hirsch & D. R. Weinberger (Eds.), *Schizophrenia* (pp. 443–468). Oxford: Blackwell Science.

Hogarty, G. E. & Anderson, C. (1986). Eine kontrollierte Studie über Familientherapie, Training sozialer Fertigkeiten und unterstützender Chemotherapie in der Nachbehandlung Schizophrener. In W. Böker & H. D. Brenner (Hrsg.), *Bewältigung der Schizophrenie* (S. 72–86). Bern: Hans Huber.

Hornung, W. P., Holle, R., Schulze Mönking, H., Klingberg, S. & Buchkremer, G. (1995). Psychoedukativ-psychotherapeutische Behandlung schizophrener Patienten und ihrer Bezugspersonen. *Nervenarzt, 66,* 828–834.

Jeste, D. V. & Caligiuri, M. P. (1993). Tardive dyskinesia. *Schizophrenia Bulletin, 19,* 303–315.

Jolley, A. G. & Hirsch, S. R. (1990). Intermittierende und niedrigdosierte Neuroleptika-Therapie: Prophylaktische Strategien bei der Schizophrenie. In R. Olbrich (Hrsg.), *Therapie der Schizophrenie* (S. 53–63). Stuttgart: Kohlhammer.

Kane, J. M. (1987). Treatment of schizophrenia. *Schizophrenia Bulletin, 13,* 133–156.

Kavanagh, D. J. (1992). Recent developments in Expressed Emotion and schizophrenia. *British Journal of Psychiatry, 160,* 601–620.

Kellam, S. G., Goldberg, S. C., Schooler, N. R., Berman, A. & Shmelzer, J. L. (1967). Ward atmosphere and outcome of treatment of acute schizophrenia. *Journal of Psychiatric Research, 5,* 145–163.

Kieserg, A. & Hornung, W. P. (1994). *Psychoedukatives Training für schizophrene Patienten: Ein verhaltenstherapeutisches Behandlungsprogramm zur Rezidivprophylaxe.* Tübingen: DGVT–Verlag.

Kissling, W. (1991). The current unsatisfactory state of relapse prevention in schizophrenic psychosis: Suggestions for improvement. *Clinical Neuropharmacology, 14,* 33–44.

Leff, J., Kuipers, L., Berkowitz, R., Eberlein-Vries, R. & Sturgeon, D. (1982). A controlled trial of social intervention in the families of schizophrenic patients. *British Journal of Psychiatry, 141,* 121–134.

Lehman, A. F. (1995). Vocational rehabilitation in schizophrenia. *Schizophrenia Bulletin, 21,* 645–656.

Linden, M. (1987). Negative vs. positive Therapieerwartungen und Compliance vs. Non-Compliance. *Psychiatrische Praxis, 14,* 132–136.

Matthews, S. M., Roper, M. T., Mosher, L. R. & Menn, A. Z. (1979). A non-neuroleptic treatment for schizophrenia: Analysis of the two-year postdischarge risk of relapse. *Schizophrenia Bulletin, 5,* 322–333.

Möller, H. J. & von Zerssen, D. (1995). Course and outcome of schizophrenia. In S. R. Hirsch & D. R. Weinberger (Eds.), *Schizophrenia* (pp. 106–127). Oxford: Blackwell Science.

Mueser, K. T. & Bellack, A. S. (1995). Psychotherapy of schizophrenia. In S. R. Hirsch & D. R. Weinberger (Eds.), *Schizophrenia* (pp. 626–648). Oxford: Blackwell Science.

Norman, R. M. G. & Malla, A. K. (1995). Prodromal symptoms of relapse in schizophrenia: A review. *Schizophrenia Bulletin, 21,* 527–539.

Paul, G. L. & Lentz, R. J. (1977). *Psychosocial treatment of chronic mental patients: milieu versus social-learning programs.* Cambridge, MA: Harvard University Press.

Scharfetter, C. (1982). Leiborientierte Therapie schizophrener Ich-Störungen. In H. Helmchen, M. Linden & U. Rüger (Hrsg.), *Psychotherapie in der Psychiatrie* (S. 70–76). Heidelberg: Springer.

Schooler, C. & Spohn, H. E. (1982). Social dysfunction and treatment failure in schizophrenia. *Schizophrenia Bulletin, 8,* 85–98.

Schooler, N. R. (1991). Maintenance medication for schizophrenia: Strategies for dose reduction. *Schizophrenia Bulletin, 17,* 311–324.

Scott, J. E. & Dixon, L. B. (1995a). Assertive community treatment and case management for schizophrenia. *Schizophrenia Bulletin, 21,* 657–668.

Scott, J. E. & Dixon, L. B. (1995b). Psychological interventions for schizophrenia. *Schizophrenia Bulletin, 21,* 621–630.

Smith, J. & Hucker, S. (1994). Schizophrenia and substance abuse. *British Journal of Psychiatry, 165,* 13–21.

Stanton, A. H., Gunderson, J. G., Knapp, P. H., Frank, A. F., Vannicelli, M. L., Schnitzer, R. & Rosenthal, R. (1984). Effects of psychotherapy in schizophrenia: I. Design and implementation of a controlled study. *Schizophrenia Bulletin, 10,* 520–562.

Thurm-Mussgay, I., Galle, K. & Häfner, H. (1991). Krankheitsbewältigung Schizophrener: Ein theoretisches Konzept zu ihrer Erfassung und erste Erfahrungen mit einem neuen Meßinstrument. *Verhaltenstherapie, 1,* 293–300.

Tornatore, F. L., Sramek, J. J., Okeya, B. L. & Pi, E. H. (1991). *Unerwünschte Wirkungen von Psychopharmaka.* Stuttgart: Thieme.

Umbricht, D. & Kane, J. M. (1995). Risperidone: Efficacy and safety. *Schizophrenia Bulletin, 21,* 593–606.

Vauth, R. & Stieglitz, R. D. (1994). Verhaltenstherapeutische Interventionen bei persistierender halluzinatorischer und wahnhafter Symptomatik schizophrener Patienten. *Verhaltenstherapie, 4,* 177–185.

Wallace, C. J. & Liberman, R. P. (1985). Social skills training for patients with schizophrenia: a controlled clinical trial. *Psychiatry Research, 15,* 239–247.

Weiden, P. J., Dixon, L., Frances, A., Appelbaum, P., Haas, G. & Rapkin, B. (1991). Neuroleptic noncompliance in schizophrenia. In Tamminga, C. A. & Schulz, S. C. (Eds.), *Advances in neuropsychiatry and psychopharmacology.* Vol.I: Schizophrenia research (pp. 285–296). New York: Raven Press.

Wiedemann, G. & Buchkremer, G. (1996). Familientherapie und Angehörigenarbeit bei verschiedenen psychiatrischen Erkrankungen. *Nervenarzt, 67,* 524–544.

Windgassen, K. (1989). *Schizophreniebehandlung aus der Sicht des Patienten.* Berlin: Springer.

Wing, J. K. (1982). Course and prognosis of schizophrenia. In J. K. Wing & L. Wing (Eds.), *Handbook of Psychiatry 3: Psychoses of uncertain aetiology* (pp. 33–41). Cambridge: Cambridge University Press.

Wing, J. K. & Brown, G. W. (1970). *Institutionalism and schizophrenia: a comparative study of three mental hospitals 1960–1968.* London: Cambridge University Press.

Wunderlich, U., Wiedemann, G. & Buchkremer, G. (1996). Sind psychosoziale Interventionen bei schizophrenen Patienten wirksam? Eine Metaanalyse. *Verhaltenstherapie, 6,* 4–13.

Zubin, J. (1990). Ursprünge der Vulnerabilitätstheorie. In R. Olbrich (Hrsg.), *Therapie der Schizophrenie* (S. 42–52). Stuttgart: Klett.

36. Depressive Störungen
36.1 Klassifikation und Diagnostik

Lilian Blöschl

Inhaltsverzeichnis

1. Klassifikation

Sowohl auf der phänomenologischen Ebene als auch auf der ätiologischen Ebene wird die Multidimensionalität depressiver Störungsbilder heute allgemein anerkannt und unterstrichen. Diese Vielfalt der Erscheinungsweisen und der potentiellen Bedingungsfaktoren bringt allerdings in bezug auf die Begriffsbestimmung und die Klassifikation von Depressionen erhebliche Schwierigkeiten mit sich. Global formuliert wird unter Depression als Symptom eine traurig-gedrückte Stimmungslage verstanden, die manchmal auch ängstliche oder gereizte Züge miteinschließen kann; der Begriff der Depression im Sinn eines klinischen Syndroms umfaßt neben diesen emotionalen Störungszeichen eine Reihe von Symptomen im kognitiv-motivationalen Bereich (negative Selbsteinschätzung, Konzentrationsstörungen, Interessenverlust, u.a.), im Verhaltensbereich (passiv-gehemmtes oder ängstlich-agitiertes Verhalten, Reduktion des Sozialkontakts, u.a.) und im somatischen Bereich (Schlaf- und Appetitstörungen, rasche Ermüdbarkeit, u.a.). Die Frage, ob zwischen depressiven Verstimmungszuständen subklinischer Ausprägung und klinisch depressiven Störungsbildern fließende Übergänge bestehen, wird nach wie vor lebhaft diskutiert. (Grove & Andreasen, 1992; Costello, 1993.)

Versuche zur Unterscheidung von Subtypen depressiver Störungen sind seit langem in großer Anzahl und auf der Basis sehr heterogener Einteilungskriterien – unter ätiologischen, symptomatologischen, verlaufsbezogenen und anderen Gesichtspunkten – unternommen worden (Fritze, 1988; Grove & Andreasen, 1992). Multiple Klassifikationsansätze stehen dabei neben Klassifikationsansätzen dichotomer Art; insbesondere haben die Dichotomien «endogen versus neurotisch-reaktiv» (stärker biologisch bedingte versus stärker umweltbedingte depressive Störungen), «primär versus sekundär» (reine Depressionen versus Depressionen im Kontext anderer psychischer und somatischer Störungsbilder) und «unipolar versus bipolar» (nur depressive Episoden versus depressive und manische Episoden) die klassifikatorischen Usancen der letzten Jahrzehnte wesentlich mitgeprägt. Trotz der neuen Terminologie in den Klassifikationssystemen ICD-10 und DSM-IV werden die Gruppierungen «endogen versus neurotisch/reaktiv» und «primär versus sekundär» derzeit zum Teil noch in der Forschung verwendet. Dem Verlaufsmerkmal «unipolar versus bipolar» kommt in spezifizierter Form auch im Rahmen von ICD-10 und DSM-III-R/DSM-IV eine prominente Stelle zu.

In den heute gängigen Ansätzen zur Klassifikation von Depressionen nach ICD-10 bzw.

DSM-IV beruht die Bestimmung der Subtypen weitgehend, wenngleich nicht ausschließlich, auf deskriptiven operational definierten Unterscheidungsmerkmalen. Die Hauptkategorien depressiver Störungen sind jeweils in der Gruppe der «Affektiven Störungen» angesiedelt; daneben finden sich aber auch in anderen Störungsgruppen Kategorien, die unter dem Depressionsaspekt relevant sind. Aufgrund der zahlreichen Zusatzspezifikationen (im Hinblick auf Schweregrad, Symptommuster und Verlaufsmuster) bietet sich dabei in beiden Systemen ein recht komplexes Bild; die klassifikatorische Zuordnung nach ICD-10 ist mit jener nach DSM-IV annähernd, aber nicht vollständig kompatibel. Generell läßt sich festhalten, daß die neueren Klassifikationsansätze zwar sicherlich Fortschritte in Richtung einer Präzisierung und Vereinheitlichung erbracht haben, daß jedoch auf diesem Gebiet nach wie vor noch viel Klärungsarbeit zu leisten bleibt. In **Tabelle 1** und **Tabelle 2** sind die wichtigsten depressionsrelevanten Kategorien der ICD-10 bzw. des DSM-IV überblickshaft dargestellt (für ICD-10 ist diese Auflistung noch um die Möglichkeit des Auftretens affektiver Verstimmungszustände im Rahmen organisch bedingter bzw.

substanzinduzierter psychischer Störungen – F0, F1 – zu ergänzen). **Tabelle 3** informiert in kurzgefaßter Form über die diagnostischen Kriterien für eine Episode einer Major Depression nach DSM-IV; nach ICD-10 entspricht dieses Störungsbild in etwa dem einer mittelgradigen bzw. schweren depressiven Episode.

2. Diagnostik

Hand in Hand mit den Veränderungen, die in letzter Zeit auf der klassifikatorischen Ebene vor sich gegangen sind, haben sich auch die Schwerpunkte der diagnostischen Usancen im Depressionsbereich merklich verlagert, d. h. daß der Einsatz von (mehr oder weniger stark strukturierten) Interviewverfahren, wie sie zur Erstellung von Diagnosen nach ICD-10 bzw. DSM-III-R/DSM-IV herangezogen werden, zunehmend in den Vordergrund getreten ist. Daneben spielen freilich auch weiterhin psychodiagnostische Verfahren anderer methodischer Art und anderer inhaltlicher Zielsetzung eine wichtige Rolle; dies gilt insbesondere für das breite Spektrum der Fremdbeurteilungs-Skalen und Selbstbeurteilungs-Fragebögen, mittels de-

Tabelle 1: ICD-10-Kategorien, die für die Klassifikation depressiver Zustandsbilder von Bedeutung sind (kurzgefaßter Überblick)

Affektive Störungen		Schizophrenie, schizotype und wahnhafte Störungen		Neurotische-, Belastungs- und somatoforme Störungen		Verhaltens- und emotionale Störungen mit Beginn in der Kindheit und Jugend	
F31	bipolare affektive Störung	F20.4	postschizophrene Depression	F41.2	Angst und depressive Störung, gemischt	F92.0	Störung des Sozialverhaltens mit depressiver Störung
F32	depressive Episode	F25	schizoaffektive Störungen				
F33	rezidivierende depressive Störungen	F25.1	schizodepressive Störung	F43.2	Anpassungsstörungen		
F34	anhaltende affektive Störungen	F25.2	gemischte schizoaffektive Störung	F43.20	kurze depressive Reaktion		
F34.0	Zyklothymia			F43.21	verlängerte depressive Reaktion		
F34.1	Dysthymia						
F38	sonstige affektive Störungen			F43.22	Angst und depressive Reaktion, gemischt		
F38.10	rezidivierende kurze depressive Störung						
F39	nicht näher bezeichnete affektive Störungen						

Tabelle 2: DSM-IV-Kategorien, die für die Klassifikation depressiver Zustandsbilder von Bedeutung sind (kurzgefaßter Überblick; ICD-9-CM-Ziffern jeweils links, ICD-10 jeweils rechts)

Affektive Störungen		Schizophrenie und andere Psychotische Störungen		Anpassungsstörungen	
	Depressive Störungen:	295.70	Schizoaffektive Störung (F 25.x)	309.0	Anpassungsstörung mit Depressiver Stimmung (F 43.20)
296.2x	Major Depression, Einzelne Episode (F 32.x)				
296.3x	Major Depression, Rezidivierend (F 33.x)			309.28	Anpassungsstörung mit Angst und Depressiver Stimmung, Gemischt (F 43.22)
300.4	Dysthyme Störung (F 34.1)				
311	Nicht näher bezeichnete Depressive Störung (F 32.9, F 33.9)				
	Bipolare Störungen:				
296.xx	Bipolar I Störung (F 31.xx)				
296.89	Bipolar II Störung (F 31.0, F 31.8)				
301.13	Zyklothyme Störung (F 34.0)				
296.80	Nicht näher bezeichnete Bipolare Störung (F 31.9, F 31.8)				
	Andere affektive Störungen:				
293.83	Affektive Störung aufgrund eines Medizinischen Krankheitsfaktors (F 06.3x)				
–.–	Substanzinduzierte Affektive Störung (F 1x.8)				
296.90	Nicht näher bezeichnete Affektive Störung (F 39, F 38.xx)				

rer in der Regel nicht eine kategoriale Zuordnung getroffen, sondern der Schweregrad der depressiven Symptomatik quantitativ erfaßt werden soll. (Vgl. zum testmethodischen Hintergrund und zu den Möglichkeiten und Grenzen der verschiedenen diagnostischen Zugangswege Wittchen, Unland & Knäuper, 1994; Katz, Shaw, Vallis & Kaiser, 1995). **Tabelle 4** gibt einen Überblick über einige derzeit gebräuchliche Instrumente zur dimensionalen Depressionsdiagnostik, die in deutscher Sprache verfügbar sind (die Adaptation der diversen Interviewverfahren an DSM-IV ist demnächst zu erwarten); nicht angeführt sind die Interviewverfahren (z.B. CIDI, DIPS) und Checklisten, die neben den verschiedenen anderen Diagnosen auch die Depressionsdiagnostik ermöglichen (s. Kap. 6/Klassifikation). Beispielhaft wird in **Kasten 1** mit dem *Beck-Depressions-Inventar BDI* ein einschlägiger Selbstbeurteilungs-Fragebogen, der besonders häufig verwendet wird, kurz beschrieben.

Die bisher angeführten diagnostischen Zugänge richten sich, wie oben hervorgehoben, auf die Erfassung des Vorhandenseins bzw. des Schweregrads depressiver Syndrome; darüber hinaus liegt jedoch auch eine Vielzahl von diagnostischen Verfahren vor, die zur Messung bestimmter Aspekte depressiver Störungen eingesetzt werden, wenngleich ihre Anwendung nicht nur auf den Depressionsbereich beschränkt ist. Eine Zusammenstellung entsprechender Fragebogenmethoden kognitiver und interpersoneller Provenienz findet sich bei Röhrle (1988); neuere Beispiele aus dem deutschsprachigen Raum sind etwa der *Fragebogen zum Umgang mit Belastungen im Verlauf UBV* (Reicherts & Perrez, 1993) sowie die *Skalen zur Hoffnungslosigkeit (H-Skalen)*, die von Krampen (1994) auf der Basis der «Hopelessness Scale» von Beck und Mitarbeitern entwickelt worden sind (Beck, Weissman, Lester & Trexler, 1974). Auf die heterogenen Ansätze zur Erhebung von nonverbalen und/oder verbalen Depressionsindikatoren mittels systematischer Verhaltensbeobachtung kann hier aus Platzgründen nur verwiesen werden (Ellgring, 1989; Blöschl, 1993); dasselbe gilt für das weite Feld der biologischen – biochemischen, neuroendokrinologischen und neurophysiologischen – Ansätze in der Depressionsdiagnostik (Kupfer, 1991; den Boer & Sitsen, 1994).

Tabelle 3: Diagnostische Kriterien für eine Episode einer Major Depression nach DSM-IV (American Psychiatric Association, 1996, S. 387, 388)

A. Mindestens fünf der folgenden Symptome bestehen während derselben Zwei-Wochen-Periode und stellen eine Änderung gegenüber der vorher bestehenden Leistungsfähigkeit dar; mindestens eines der Symptome ist entweder (1) Depressive Verstimmung oder (2) Verlust an Interesse oder Freude.
Beachte: Auszuschließen sind Symptome, die eindeutig durch einen medizinischen Krankheitsfaktor, stimmungsinkongruenten Wahn oder Halluzinationen bedingt sind.

1. Depressive Verstimmung an fast allen Tagen, für die meiste Zeit des Tages, vom Betroffenen selbst berichtet z. B. fühlt sich traurig oder leer) oder von anderen beobachtet (z. B. erscheint den Tränen nahe). (Beachte: Kann bei Kindern und Jugendlichen auch reizbare Verstimmung sein).
2. Deutlich vermindertes Interesse oder Freude an allen oder fast allen Aktivitäten, an fast allen Tagen, für die meiste Zeit des Tages (entweder nach subjektivem Ermessen oder von anderen beobachtet).
3. Deutlicher Gewichtsverlust ohne Diät; oder Gewichtszunahme (mehr als 5% des Körpergewichtes in einem Monat); oder verminderter oder gesteigerter Appetit an fast allen Tagen. Beachte: Bei Kindern ist das Ausbleiben der zu erwartenden Gewichtszunahme zu berücksichtigen.
4. Schlaflosigkeit oder vermehrter Schlaf an fast allen Tagen.
5. Psychomotorische Unruhe oder Verlangsamung an fast allen Tagen (durch andere beobachtbar, nicht nur das subjektive Gefühl von Ratlosigkeit oder Verlangsamung).
6. Müdigkeit oder Energieverlust an fast allen Tagen.
7. Gefühle von Wertlosigkeit oder übermäßige oder unangemessene Schuldgefühle (die auch wahnhaftes Ausmaß annehmen können) an fast allen Tagen (nicht nur Selbstvorwürfe oder Schuldgefühle wegen des Krankseins).
8. Verminderte Fähigkeit zu denken oder sich zu konzentrieren oder verringerte Entscheidungsfähigkeit an fast allen Tagen (entweder nach subjektivem Ermessen oder von anderen beobachtet).
9. Wiederkehrende Gedanken an den Tod (nicht nur Angst vor dem Sterben), wiederkehrende Suizidvorstellungen ohne genauen Plan, tatsächlicher Suizidversuch oder genaue Planung eines Suizids.

B. Die Symptome erfüllen nicht die Kriterien einer Gemischten Episode.

C. Die Symptome verursachen in klinisch bedeutsamer Weise Leider oder Beeinträchtigungen in sozialen, beruflichen oder anderen wichtigen Funktionsbereichen.

D. Die Symptome gehen nicht auf die direkte körperliche Wirkung einer Substanz (z. B. Droge, Medikament) oder eines medizinischen Krankheitsfaktors (z. B. Hypothyreose) zurück.

E. Die Symptome können nicht besser durch Einfache Trauer erklärt werden, d. h. nach dem Verlust einer geliebten Person dauern die Symptome länger als zwei Monate an oder sie sind durch deutliche Funktionsbeeinträchtigungen, krankhafte Wertlosigkeitsvorstellungen, Suizidgedanken, psychotische Symptome oder psychomotorische Verlangsamung charakterisiert.

Tabelle 4: Einige Verfahren zur dimensionalen Depressionsdiagnostik (in deutscher Sprache vorliegend)

Verfahren	Methodische Charakteristik	Inhaltliche Zielsetzung
Hamilton-Depression-Scale HAMD (Collegium Internationale Psychiatriae Scalarum, 1996)	Fremdbeurteilungs-Skala (Basis: Interview)	
Montgomery Asberg Depression Scale – MADRS (Collegium Internationale Psychiatriae Scalarum, 1996)	Fremdbeurteilungs-Skala) (Basis: Interview)	Bestimmung des Schweregrads depressiver Symptomatik
Beck-Depressions-Inventar BDI (Beck et al., 1961; Hautzinger et al., 1994)	Selbstbeurteilungs-Fragebogen	
Allgemeine-Depressions-Skala-ADS (Hautzinger & Bailer, 1993)	Selbstbeurteilungs-Fragebogen	

Kasten 1
Kurzbeschreibung des Beck-Depressions-Inventars BDI

Name, Autor
Beck Depressions Inventar BDI (Beck, A.T., Ward, C.H., Mendelson, M., Mock, J. & Erbaugh, J., 1961; Bearbeiter der deutschen Ausgabe: Hautzinger, M., Bailer, M., Worall, H. & Keller, F., 1994).

Gegenstands- und Geltungsbereich
Bestimmung des Schweregrads depressiver Symptomatik in klinischen Populationen bei Erwachsenen (häufig jedoch auch in nicht-klinischen Populationen bzw. bei Jugendlichen eingesetzt).

Struktur des Verfahrens
• Das BDI ist ein Selbstbeurteilungs-Fragebogen, der Aussagen zum jeweiligen Ausprägungsgrad von 21 Depressionssymptomen enthält: Traurigkeit, Pessimismus, Versagen, Unzufriedenheit, Schuldgefühle, Strafwünsche, Selbsthaß, Selbstanklagen, Suizidimpulse, Weinen, Reizbarkeit, Soziale Isolation, Entschlußunfähigkeit, Negatives Körperbild, Arbeitsunfähigkeit, Schlafstörungen, Ermüdbarkeit, Appetitverlust, Gewichtsverlust, Hypochondrie, Libidoverlust.

• Auswertung: Dem vom Probanden jeweils als zutreffend beurteilten Ausprägungsgrad wird ein Punktwert von 0 bis 3 zugeordnet; der durch Addition gebildete Gesamtwert gilt als Index für die Schwere einer Depression. – Richtlinien zur klinischen Relevanz: Summenwerte zwischen 11 bis 17 Punkten werden als Hinweise auf eine milde bis mäßige Ausprägung, Summenwerte von 18 Punkten und darüber als Hinweise auf eine klinisch relevante Ausprägung depressiver Symptome aufgefaßt.

Gütekriterien
Zahlreiche Studien aus dem englischsprachigen und dem deutschsprachigen Raum haben die gute Reliabilität und Validität des BDI insgesamt deutlich bestätigt.

• *Reliabilität:* In den Untersuchungen von Hautzinger et al. (1994) ergibt sich ein mittlerer Innerer Konsistenzwert (Cronbach's alpha) von .88.

• *Validität:* Die Korrelationen mit anderen einschlägigen Selbstbeurteilungs-Fragebögen liegt zwischen .71 bis .89, mit einschlägigen Fremdbeurteilungs-Skalen zwischen .34 bis .61; die Veränderungssensibilität und diskriminative Validität ist zufriedenstellend.

Eine bemerkenswert rasche Expansion hat in jüngster Zeit die Entwicklung von diagnostischen Methoden erfahren, die speziell auf die Erfassung depressiver Störungen bei Kindern und Jugendlichen zugeschnitten sind (Rossmann, 1991; Reynolds & Johnston, 1994); in bezug auf die Diagnostik von Depressionen bei alten Menschen sind analoge Bestrebungen im Gange (Geiger-Kabisch & Weyerer, 1991; Knäuper, 1994).

3. Literatur

American Psychiatric Association.(1996). *Diagnostisches und statistisches Manual psychischer Störungen – DSM-IV* (Deutsche Bearbeitung und Einleitung: Saß, H., Wittchen, H.U., Zaudig, M.). Göttingen: Hogrefe.

Beck, A.T., Ward, C.H., Mendelson, M., Mock, J. & Erbaugh, J. (1961). An inventory for measuring depression. *Archives of General Psychiatry, 4,* 561–571.

Beck, A.T., Weissman, A., Lester, D. & Trexler, L. (1974). The measurement of pessimism: The Hopelessness Scale. *Journal of Consulting and Clinical Psychology, 42,* 861–865.

Blöschl, L. (1993). Interpersonelles Verhalten und Depression: Befunde, Probleme, Perspektiven. In L. Montada (Hrsg.), *Bericht über den 38. Kongreß der Deutschen Gesellschaft für Psychologie in Trier 1992* (Bd. 2) (S. 134–140). Göttingen: Hogrefe.

Collegium Internationale Psychiatriae Scalarum CIPS (Hrsg.). (1996). *Internationale Skalen für Psychiatrie* (4., überarb. u. erw. Aufl.). Göttingen: Beltz-Test.

Costello, C.G. (Ed.). (1993). *Symptoms of depression.* New York: Wiley.

den Boer, J.A. & Sitsen, J.M.A. (Eds.). (1994). *Handbook of depression and anxiety. A biological approach.* New York: Marcel Dekker.

Ellgring, H. (1989). *Nonverbal communication in depression.* Cambridge: Cambridge University Press.

Fritze, M. (1988). *Klassifikatorische Aspekte depressiver Störungen.* Frankfurt/Main: Peter Lang.

Geiger-Kabisch, C. & Weyerer, S. (1991). Zur Reliabilität und Validität von Screening-Instrumenten zur Erfassung von Depression bei älteren Menschen: Ein Überblick. *Zeitschrift für Gerontopsychologie und -psychiatrie, 4,* 75–89.

Grove, W. M. & Andreasen, N. C. (1992). Concepts, diagnosis and classification. In E. S. Paykel (Ed.), *Handbook of affective disorders* (2nd ed.,pp. 25–41). Edinburgh: Churchill Livingstone.

Hautzinger, M. & Bailer, M. (1993). *Allgemeine Depressionsskala ADS.* Weinheim: Beltz.

Hautzinger, M., Bailer, M., Worall, H. & Keller, F. (Hrsg.). (1994). *Beck-Depressions-Inventar BDI.* Bern: Huber.

Katz, R., Shaw, B. F., Vallis, T. M. & Kaiser, A. S. (1995). The assessment of severity and symptom patterns in depression. In E. E. Beckham & W. R. Leber (Eds.), *Handbook of depression* (2nd ed., pp. 61–85). New York: Guilford.

Knäuper, B. (1994). *Depressionsdiagnostik im Alter. Verständnis und Verständlichkeit standardisierter diagnostischer Interviewfragen.* Regensburg: S. Roderer.

Krampen, G. (1994). *Skalen zur Erfassung von Hoffnungslosigkeit (H-Skalen).* Göttingen: Hogrefe.

Kupfer, D. J. (1991). Biological markers of depression. In J. P. Feighner & W. F. Boyer (Eds.), *The diagnosis of depression* (pp. 79–98). Chichester: Wiley.

Reicherts, M. & Perrez, M. (1993). *Fragebogen zum Umgang mit Belastungen im Verlauf UBV.* Bern: Huber.

Reynolds, W. M. & Johnston, H. F. (Eds.). (1994). *Handbook of depression in children and adolescents.* New York: Plenum.

Röhrle, B. (1988). *Fragebogen zur verhaltenstherapeutischen Diagnostik depressiver Störungen. Ein Kompendium.* Tübingen: Deutsche Gesellschaft für Verhaltenstherapie.

Rossmann, P. (1991). *Depressionsdiagnostik im Kindesalter. Grundlagen, Klassifikation, Erfassungsmethoden.* Bern: Huber.

Wittchen, H.-U., Unland, H. & Knäuper, B. (1994). Interview. In R.-D. Stieglitz & U. Baumann (Hrsg.), *Psychodiagnostik psychischer Störungen* (S. 107–125). Stuttgart: Enke.

36.2 Depressive Störungen: Ätiologie/Bedingungsanalyse

Lilian Blöschl

Inhaltsverzeichnis

1. Einleitung

Daß die Entstehung von Depressionen multikausal bedingt ist – daß ein breites Spektrum von biologischen, umweltspezifischen und psychologischen Faktoren zur Genese depressiver Störungen beitragen kann –, wird in der neueren Forschung allgemein anerkannt. Von zahlreichen unterschiedlichen Ansatzpunkten her ist in den letzten beiden Jahrzehnten der Rolle solcher Einflußfaktoren auf verschiedenen Ebenen nachgegangen worden. Dabei hat es von Anfang an nicht an Versuchen gefehlt, die einzelnen Forschungslinien miteinander zu verbinden und sie in einen größeren theoretischen Rahmen einzuordnen; in jüngster Zeit sind diese Bemühungen jedoch deutlich intensiviert worden, d.h. daß gegenwärtig ein ausgesprochener Trend zur Entwicklung von integrativen «biopsychosozialen» Depressionsmodellen zu verzeichnen ist (Whybrow, Akiskal & McKinney, 1984; Gilbert, 1992; Hautzinger & de Jong-Meyer, 1994; u.a.). Wenngleich die betreffenden Modellansätze in ihren Details erheblich variieren, so kommt doch Annahmen in bezug auf die Wechselwirkungsprozesse zwischen belastenden Umwelteinflüssen und prädisponierenden Personmerkmalen – Streß-Diathese-Hypothesen – darin in der Regel eine prominente Stelle zu. In **Abbildung 1** ist ein solches biopsychosoziales Modell der Genese depressiver Störungen überblickshaft dargestellt; es umfaßt (ohne Anspruch auf Vollständigkeit) die wichtigsten potentiellen Einflußgrößen, die derzeit diskutiert werden, und verweist zudem auf die vielfältigen Zusammenhänge, die – nicht nur unter interaktiven Aspekten, sondern auch unter additiven und kausalen Aspekten – zwischen den Komponenten dieses Bedingungsgefüges bestehen können. Daß auch die Variablen innerhalb der einzelnen Schwerpunktbereiche in vielfacher Hinsicht miteinander verknüpft sind, versteht sich von selbst.

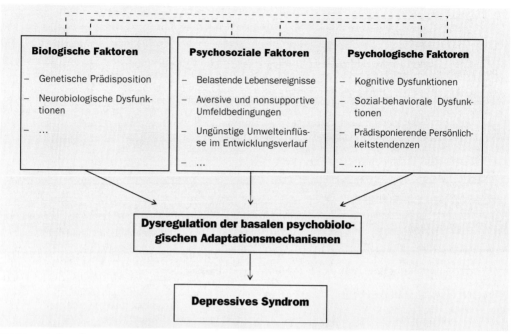

Abbildung 1: Grundzüge eines biopsychosozialen Modells der Genese von depressiven Störungen

Der aktuelle Trend in Richtung integrativer ätiologischer Konzepte darf allerdings nicht darüber hinwegtäuschen, daß wir von der Beantwortung der Frage nach den Ursachen depressiver Störungen heute noch weit entfernt sind. Als vorläufige Ordnungs- und Strukturierungsversuche haben Modelle dieser Art eine wichtige heuristische Funktion. Die detaillierte empirische Erfassung der postulierten Einflußfaktoren und ihrer Wirkmechanismen hat sich jedoch auf allen Ebenen als weit schwieriger erwiesen als ursprünglich angenommen, d.h. daß die breitgefächerte Forschungsentwicklung der letzten Jahre zwar eine Reihe von beachtenswerten Befunden erbracht, zugleich aber zahlreiche Fragen offen gelassen bzw. neue bedeutsame Fragen aufgeworfen hat. Angesichts der großen versuchs- und erhebungsmethodischen Probleme, die mit der Durchführung einschlägiger Studien verbunden sind, wird dieser Ergebnisstand freilich nicht verwundern.

Im folgenden soll ein kurzer struktureller Überblick über dieses komplexe Forschungsfeld gegeben werden, das in seinen Einzelbeiträgen kaum mehr überschaubar ist. Im Mittelpunkt steht die Bezugnahme auf die Ansätze psychosozialer und psychologischer Provenienz; auf

die Entwicklungen im Bereich der biologischen Depressionsforschung kann eingangs nur ganz knapp verwiesen werden (vgl. dazu auch die entsprechenden Kapitel in diesem Band). Abschließend werden einige ergänzende Aspekte von allgemeinem – bereichsübergreifendem – Interesse aufgezeigt. Daß sich die folgenden Ausführungen primär auf depressive Störungen bei Erwachsenen beziehen, sei dabei vorausgeschickt (vgl. zur Thematik der Depressionen des Kindes- und Jugendalters: Reynolds & Johnston, 1994).

2. Biologische Faktoren

2.1 Genetische Ansätze

Daß am Zustandekommen affektiver Störungen bzw. bestimmter Formen affektiver Störungen genetische Faktoren beteiligt sein können, wird durch eine größere Anzahl von empirischen Ergebnissen aus verschiedenen methodischen Forschungszugängen – aus der Familienforschung, der Adoptionsforschung und der Zwillingsforschung – nahegelegt (Propping, 1989; Tsuang & Faraone, 1990; Nurnberger & Gershon, 1992; vgl. auch Kap. 10/Genetische Faktoren). Der Einfluß prädisponierender hereditärer Faktoren scheint je nach der Art und der Schwere der untersuchten Störungsformen zu variieren. So zeichnet sich beispielsweise in den Zwillingsstudien ab, daß die Konkordanzraten bei eineiigen Zwillingen für psychotische unipolare Depressionen (gem. ICD-9) im Mittel etwa 50 Prozent, für nichtpsychotische unipolare Depressionen (gem. ICD-9) etwa 40 Prozent betragen; für bipolare affektive Störungen liegen die entsprechenden Werte merklich höher (die Konkordanzraten bei zweieiigen Zwillingen sind für unipolare Depressionen wie für bipolare affektive Störungen jeweils etwa bei 15 bis 20 Prozent angesiedelt). Hinsichtlich der Rolle genetischer Einflüsse bei leichteren depressiven Störungen (gem. ICD-9: neurotische und reaktive Depressionen bzw. bei Dysthymen Störungen) bieten die Ergebnisse ein inkonsistentes Bild; sie scheint aber jedenfalls geringer ausgeprägt zu sein als dies bei den oben angeführten Störungsformen der Fall ist. Über den Modus des möglichen Erbgangs bei affektiven Störungen gehen die Auffassungen derzeit noch auseinander (vgl. Propping, 1989).

2.2 Neurobiologische Ansätze

Untersuchungen zum Stellenwert neurobiologischer Dysfunktionen im Kontext depressiver Störungen sind in den letzten Jahren in bezug auf eine Fülle von biochemischen, neuroendokrinologischen und neurophysiologischen Indikatoren durchgeführt worden. Insbesondere nehmen Ansätze zur Erfassung von Dysregulationen im Neurotransmitter-Haushalt, von Dysfunktionen der Cortisolsekretion und der Sekretion des Schilddrüsen- und des Wachstumshormons sowie von chronobiologischen Abweichungen, wie sie unter anderem in schlafpolygraphischen Studien erhoben werden, dabei breiten Raum ein (Fritze et al., 1992; Thase & Howland, 1995; Schreiber, Lauer, Holsboer & Krieg, 1996; vgl. auch zur Ätiologie, Bedingungsanalyse die Kap. 11/Biochemische Aspekte, Kap. 12/Neurophysiologische Aspekte, Kap. 13/Psychophysiologische Aspekte). Zwar sind im Rahmen aller dieser Forschungsansätze noch zahlreiche Probleme ungeklärt; daß neurobiologische Störungszeichen unter-

schiedlicher Provenienz bei Depressiven – in der Regel bei Patienten in einer Episode einer Major Depression – häufig in signifikanter Ausprägung zu finden sind, wird durch den Ergebnisstand insgesamt jedoch deutlich bestätigt. Empirische Hinweise darauf, daß sich die betreffenden Störungszeichen auch nach dem Abklingen des depressiven Zustands bzw. auch bei depressionsanfälligen Personen feststellen lassen, liegen dagegen erst spärlich vor, d. h. daß der schlüssige Nachweis von neurobiologischen Dysfunktionen, die im Sinn einer genetisch bedingten oder entwicklungsgeschichtlich erworbenen Prädisposition ätiologisch von Relevanz sein könnten, trotz einiger einschlägiger Befundtendenzen bisher noch aussteht. Generell richtet sich die Suche nach solchen biologischen Risiko– bzw. Vulnerabilitätsfaktoren – nach Abweichungen, die nicht nur als «state marker», sondern auch als «trait marker» der Depression fungieren – heute mehr und mehr auf die Erfassung von gestörten Interaktionsmustern (von komplexen Dysbalancen) zwischen verschiedenen neuronalen Systemen.

3. Psychosoziale Faktoren

3.1 Kritische Lebensereignisse

Dem Einfluß von kritischen Lebensereignissen – speziell, wenngleich nicht ausschließlich, von belastenden Ereignissen im sozialen Feld – wird in so gut wie allen neueren Modellen zur Depressionsgenese Bedeutung zuerkannt. Daß die Auftretenshäufigkeit belastender Lebensereignisse im Vorfeld depressiver Störungen signifikant erhöht ist, geht aus zahlreichen Befunden aus retrospektiven und prospektiven Studien hervor; sowohl auf der Basis von Selbstberichtdaten als auch auf der Basis von objektiven Belastungsindikatoren kann dieser Zusammenhang als empirisch gut gestützt gelten (Smith & Allred, 1989; Paykel & Cooper, 1992; Dohrenwend, Shrout, Link, Skodol & Stueve, 1995). Von verschiedenen Seiten ist dabei dem Auftreten interpersoneller Verlust- und Separationsereignisse im Vorfeld von Depressionen ein besonderer Stellenwert zugeschrieben worden; eine andere wiederholt vertretene Annahme bezieht sich auf den besonderen Stellenwert von sozialen Rang- und Rollenverlusten, wie sie etwa in den evolutionsbiologisch-evolutionspsychologischen Depressionskonzepten thematisiert werden (Gilbert, 1992). Beide Annahmen bedürfen jedoch noch einer breiten empirischen Fundierung.

Daß belastende Lebensereignisse zwar oft, aber keineswegs immer mit dem Auftreten einer depressiven Störung assoziiert sind, wirft naheliegenderweise die Frage nach den Variablen auf, die die Auswirkungen solcher Stressoren mitbestimmen. Im Sinn der einleitend erwähnten Streß-Diathese-Hypothesen wird derzeit meist davon ausgegangen, daß die Wechselwirkungseffekte zwischen belastenden Umweltgegebenheiten und personspezifischen Vulnerabilitätsfaktoren – prädisponierenden Merkmalen biologischer und/oder psychologischer Natur – als wesentliches Element der Depressionsgenese zu betrachten sind. Zugleich wird auch die Rolle von «sozialen Vulnerabilitätsfaktoren» (insbesondere von mangelhafter sozialer Unterstützung, aber auch von aversiven Umwelteinflüssen in der Kindheit) in vielen Ansätzen mit in Rechnung gestellt. Die Ergebnisse der empirischen Arbeiten, die bisher zur Überprüfung solcher interaktiver Annahmen durchgeführt worden sind, sind allerdings sehr heterogen; ihre auch nur einigermaßen detaillierte Darstellung würde über den Rahmen dieses Artikels weit hinausgehen (vgl. Brown, 1989; Kendler et al., 1995; Blöschl, 1997). Generell läßt sich festhalten, daß die interaktiven Hypothesen des Streß-Diathese-Konzepts zwar durch eine Reihe von empirischen Resultaten gestützt werden, daß es jedoch auch Resultate gibt, die eher für das additive Zusammenwirken verschiedener ungünstiger Faktoren in der Entwicklung depressiver Störungen sprechen bzw. die Möglichkeit auch anderer Zusammenhangsmuster zwischen den involvierten Faktoren nahelegen.

3.2 Belastende und defizitäre Umfeldbedingungen

Neben dem Einfluß akuter Stressoren ist in letzter Zeit auch der potentielle Einfluß von chronischen psychosozialen Stressoren – von Belastungen oft nur alltäglicher, aber langandauernder Art – im Bedingungsgefüge von Depressionen zunehmend in den Blickpunkt

gerückt. Besondere Aufmerksamkeit haben dabei die Beziehungen Depressiver in Partnerschaft und Familie gefunden; daß diese Beziehungen häufig dysfunktionalen – gespannt-konflikthaften – Charakter haben, wird durch zahlreiche empirische Ergebnisse auf verschiedenen Datenebenen bestätigt (Feldman & Gotlib, 1993; Blöschl, 1994). Zudem ist in mehreren Studien ein erhöhtes Ausmaß an Belastungen am Arbeitsplatz bei Depressiven nachgewiesen worden (Lowman, 1993). Eine wichtige Ergänzung dieser Ergebnisse kommt aus den Forschungsbeiträgen zur Thematik der sozialen Unterstützung, die oben bereits angeklungen ist; insgesamt gesehen zeichnet sich darin deutlich ab, daß das soziale Umfeld Depressiver meist nicht nur durch ausgeprägte aversive Bedingungen, sondern auch durch ausgeprägte Defizite an hilfreichen und fördernden Kontakten charakterisiert ist (Henderson, 1992; Paykel & Cooper, 1992). Die Frage, ob diese aversiven und nicht unterstützenden Lebensumstände als Antezedentien oder als Folgen der depressiven Entwicklung fungieren, läßt sich freilich nicht einheitlich beantworten. Während ein Teil der Befunde aus den einschlägig angelegten Untersuchungen dafür spricht, daß solche Probleme und Defizite der depressiven Störung vorausgehen, weisen andere Befunde auf Zusammenhänge in der entgegengesetzten Richtung hin. Die Rolle von bidirektionalen Effekten bzw. von Wechselwirkungsprozessen zwischen ungünstigen sozialen Umfeldbedingungen und depressiven Verhaltensmustern muß dem gegenwärtigen Befundstand zufolge jedenfalls grundsätzlich mit in Erwägung gezogen werden. In Abschnitt 4.2 wird auf diese interaktionellen Gesichtspunkte nocheinmal zurückzukommen sein.

3.3 Ungünstige Umwelteinflüsse im Entwicklungsverlauf

Die beiden eben umrissenen Forschungslinien beziehen sich auf ungünstige Umwelteinflüsse im unmittelbaren Vorfeld der depressiven Störung, d.h. in den letzten Monaten oder den letzten Jahren vor dem Auftreten der Depression. Darüber hinaus wird jedoch, wie ebenfalls bereits erwähnt, auch der Möglichkeit, daß ungünstige Lebensereignisse und Lebensumstände in der Kindheit eine Prädisposition für das Auftreten von Depressionen im Erwachsenenalter schaffen könnten, in zahlreichen Modellansätzen Beachtung gewidmet. Verluste und Deprivationen im familiären Milieu stehen in diesen Ansätzen verständlicherweise im Mittelpunkt; speziell in jüngster Zeit werden die theoretischen Querverbindungen, die sich von hier aus zu Konzepten aus der Attachment-Forschung ergeben, zunehmend hervorgehoben (Gotlib & Hammen, 1992; Parker, 1992; Harrington, 1993; vgl. auch Jones, 1996). In einer Fülle von retrospektiven empirischen Studien ist den postulierten Zusammenhängen unter verschiedenen methodischen und inhaltlichen Aspekten nachgegangen worden. Dabei haben sich die Ergebnisse in bezug auf den Zusammenhang zwischen einschneidenden Verlust- und Separationsereignissen im Kindesalter und der Manifestation depressiver Störungen in späteren Lebensperioden generell als wenig konsistent herausgestellt; Versuche zur Erfassung von moderierenden Zusatzbedingungen treten dementsprechend im Rahmen der einschlägigen Forschungsbemühungen neuerdings mehr und mehr in den Vordergrund. Daß erwachsene Depressive überzufällig häufig über ein ungünstiges familiäres Klima in ihrer Kindheit – vor allem über einen Mangel an adäquater emotionaler Zuwendung von seiten der Eltern – berichten, ist dagegen empirisch relativ breit belegt; die Annahme, daß solche Tendenzen auch unabhängig vom depressiven Zustand selbst nachweisbar sind, hat sich zwar nicht durchgehend, aber mehrheitlich bestätigen lassen. Prospektive Studien zur Thematik liegen bisher erst vereinzelt vor; die Intensivierung von Untersuchungen dieser Art ist jedoch angesichts des wachsenden Interesses an entwicklungspsychopathologischen Fragen, das gegenwärtig zu verzeichnen ist, in nächster Zeit zu erwarten.

4. Psychologische Faktoren

4.1 Kognitiv-psychologische Ansätze

Unter den Ansätzen, die sich mit dem Beitrag prädisponierender personspezifischer Merkmale psychologischer Provenienz zur Entstehung von Depressionen befassen, haben sich die ko-gnitiven und kognitiv orientierten Modelle als besonders einflußreich erwiesen; insbesondere haben die Ansätze von Beck und von Seligman die Forschungsentwicklung der letzten beiden Jahrzehnte in theoretischer und in empirischer Hinsicht wesentlich mitgeprägt. Global formuliert wird in diesen Modellen dysfunktionalen Denk- und Einstellungsmustern – dysfunktionalen Prozessen der Informationsverarbeitung – eine substantielle Rolle im Bedingungsgefüge depressiver Störungen zugemessen; in der Regel wird dabei auf das Zusammenwirken solcher kognitiver Vulnerabilitätsfaktoren mit externalen Belastungsfaktoren im Sinn der Streß-Diathese-Hypothesen Bezug genommen.

4.1.1 Die Ansätze von Beck und von Seligman

Beck (1970) geht in seiner Theorie der «kognitiven Schemata» davon aus, daß als Basis depressiver Störungsbilder dysfunktionale kognitive Grundmuster zu betrachten sind, die sich primär in drei Bereichen manifestieren: in den negativen Einstellungen depressiver bzw. depressionsanfälliger Personen zu sich selbst, zu ihrer Umwelt und zu ihrer Zukunft. Diese negativen kognitiven Schemata haben ihren Ursprung in frühen ungünstigen Umwelterfahrungen und können später speziell durch belastende Ereignisse analoger Art reaktiviert werden; sie determinieren die Strukturierung der Umweltreize durch das Individuum und führen in der Folge zur Herausbildung der anderen Störungszeichen, die für das depressive Syndrom charakteristisch sind (vgl. zu den Weiterentwicklungen dieser Konzeption sowie zu ihren gewichtigen therapeutischen Implikationen Beck, Rush, Shaw & Emery, 1994).

Die Theorie der «erlernten Hilflosigkeit» von Seligman (1974) besagt in ihrer ursprünglichen Form, daß aus der wiederholten Erfahrung mangelnder Kontrolle über wichtige Umweltaspekte, vor allem über solche aversiver Natur, eine generalisierte Erwartung von Unkontrollierbarkeit und im weiteren Verlauf das Auftreten depressiver Reaktionsmuster resultieren kann. In der Reformulierung des Hilflosigkeitskonzepts von Abramson, Seligman und Teasdale (1978) sind diese Hypothesen durch attributionstheoretische Annahmen ergänzt und spezifiziert worden; die Entstehung generalisierter Hilflosigkeit und damit der Basis für depressive Reaktionen hängt dem revidierten Modell zufolge davon ab, welche Ursachen den erlebten Kontrollverlusten zugeschrieben werden. Insbesondere wird die Tendenz, negative Umweltereignisse auf internale, stabile und globale Ursachen zurückzuführen – das Vorhandensein eines «pessimistischen Attributionsstils» oder, wie seit neuerem meist formuliert wird, eines «pessimistischen Explanationsstils» – , als Risikofaktor für die Genese von Depressionen aufgefaßt (Buchanan & Seligman, 1995).

Die Ergebnisse der umfangreichen empirischen Forschungstätigkeit, die von den eben skizzierten Konzepten angeregt worden ist, haben das gehäufte Vorkommen von dysfunktionalen Einstellungen und negativen Attributionsstilen ebenso wie das von kognitiven Auffälligkeiten anderer Art bei Depressiven im großen und ganzen bestätigt. Dagegen haben sich die Annahmen zur prädisponierenden Rolle kognitiver Dysfunktionen zwar in einigen der sequentiell angelegten Untersuchungen, aber keineswegs durchgehend stützen lassen; vielmehr liegt eine beachtliche Anzahl von Studien vor, deren Ergebnisse dafür sprechen, daß es sich bei den festgestellten Abweichungen um Korrelate bzw. Konsequenzen der depressiven Störung handelt (Engel & DeRubeis, 1993; Robins & Hayes, 1995; Blöschl, 1997). Auf dem Hintergrund dieser Daten wird heute auch im kognitiven Bereich die Möglichkeit von reziproken Zusammenhängen – von Wechselwirkungsbeziehungen zwischen negativen Kognitionsmustern und depressiver Verstimmung – zunehmend unterstrichen; zugleich wird versucht, der Komplexität kognitiver Einflüsse im depressiven Geschehen durch die Entwicklung von zunehmend differenzierteren theoretischen Modellvorstellungen Rechnung zu tragen.

4.1.2 Andere kognitiv orientierte Ansätze

Von den zahlreichen anderen kognitiv orientierten Konzepten zur Depressionsgenese seien hier nur einige wenige exemplarisch angeführt. Im Anschluß an das revidierte Hilflosigkeitskonzept haben Abramson, Metalsky und Alloy (1989) das Modell der «Hoffnungslosigkeitsdepression» vorgelegt; negativen Kognitionsmustern zukunftsbezogener Art wird im Rahmen dieses Modells eine zentrale Rolle in der Entstehung einer bestimmten Subform depressiver Störungen zuerkannt. Schon seit längerem ist von verschiedenen Autoren der bedeutsame Einfluß dysfunktionaler Selbstkontroll- und Selbstregulationsprozesse im Bedingungsgefüge von Depressionen hervorgehoben worden (Rehm, 1977; Pyszczynski & Greenberg, 1992; vgl. auch den kognitiv-motivationalen Ansatz von Kuhl & Helle, 1994). In der «Hypothese der differentiellen Aktivierung» von Teasdale (1988) wird von einer Modifikation des Begriffs der kognitiven Vulnerabilität ausgegangen, die in jüngster Zeit generell rasch wachsende Aufmerksamkeit gefunden hat; im Mittelpunkt steht dabei die Annahme, daß die Tendenz zur Aktivierung spezifischer negativer Kognitionen in Zuständen leichter depressiver Gestimmtheit als prädisponierender Faktor für die Entstehung klinisch depressiver Störungsbilder aufzufassen ist (vgl. Blöschl, 1997). Die systematische empirische Fundierung aller dieser – durchweg integrativ angelegter und entsprechend komplexer – Modellansätze bleibt abzuwarten.

4.2 Verhaltenspsychologisch-interpersonelle Ansätze

Wie die Annahmen zum Stellenwert kognitiver Dysfunktionen in der Depressionsentwicklung haben auch die Annahmen zum prädisponierenden Einfluß dysfunktionaler sozialer Verhaltensmuster bereits eine lange Tradition; sie haben vor allem von den frühen lernpsychologisch-verstärkungspsychologischen Beiträgen von Lewinsohn (1974) maßgebliche Impulse erhalten. Dabei wird im Konzept von Lewinsohn in seiner ursprünglichen Fassung postuliert, daß massive Reduktionen von positiv verstärkenden Umweltrückmeldungen dem Auftreten der depressiven Symptomatik zugrundeliegen; am Zustandekommen solcher Verstärkerverluste können sowohl ungünstige Umweltgegebenheiten als auch ungünstige Verhaltensmerkmale – mangelhafte soziale Fertigkeiten und soziale Kompetenzen – der betroffenen Personen beteiligt sein. In den folgenden Jahren ist dieses Konzept in Richtung eines umfassenden integrativen Modells verändert worden (Lewinsohn, Hoberman, Teri & Hautzinger, 1985); die Hypothese von den interpersonellen Verhaltensdefiziten depressionsanfälliger Personen wird jedoch nach wie vor in einer Reihe von theoretischen Ansätzen vertreten und hat zudem die Gestaltung der neueren psychologischen Therapiezugänge explizite und implizite in vielfacher Hinsicht mitbestimmt.

Daß Mängel im Bereich sozialer Fertigkeiten und sozialer Kompetenz bei Depressiven häufig in überzufälliger Ausprägung nachweisbar sind, wird durch ein breites Spektrum von empirischen Befunden belegt; desgleichen hat die Annahme, daß das interpersonelle Verhalten Depressiver negative Reaktionen von seiten der Kontaktpersonen hervorruft und damit im Sinn interaktioneller Depressionsmodelle zur Entwicklung und Aufrechterhaltung von ungünstigen Kreisprozessen zwischen dem Individuum und seiner Umwelt beitragen kann, ein erhebliches Maß an empirischer Evidenz für sich (Blöschl, 1993; Coyne, Burchill & Stiles, 1991; Segrin & Abramson, 1994; vgl. auch Abschnitt 3.2). Dagegen steht unser Wissen in bezug auf den Beitrag problematischer interpersoneller Verhaltensmuster zur Genese depressiver Störungen derzeit noch in den Anfängen. Sequentiell angelegte Studien zu dieser Thematik sind im Vergleich zu den einschlägigen Studien aus der kognitiv-psychologischen Depressionsforschung erst in relativ geringer Anzahl und in wenig systematischer Weise durchgeführt worden; die Annahme von der möglichen Vorfeldfunktion mangelhafter sozialer Fertigkeiten und sozialer Kompetenzen findet durch die bisher vorliegenden empirischen Daten allenfalls partiell Unterstützung.

4.3 Persönlichkeitsorientierte Ansätze

Auf das weite Feld der persönlichkeitsorientierten Ansätze zur Rolle prädispositioneller Faktoren in der Ätiologie depressiver Störungen kann aus Platzgründen nur ganz kurz Bezug genommen werden; globale Konzeptionen im Sinn des Begriffs der «prädepressiven Persönlichkeit» stehen dabei neben einer Vielzahl von Konzepten, in denen der Beitrag einzelner Persönlichkeitsmerkmale zur Entwicklung von Depressio-

nen in spezifischer Weise hervorgehoben wird. Generell gilt auch für dieses Forschungsgebiet, daß sich die Unterscheidung zwischen Antezedentien und Symptomen bzw. Folgen der depressiven Störung als schwieriges Unterfangen herausgestellt hat; der empirische Befundstand bietet dementsprechend noch ein sehr vorläufiges Bild (Möller & v. Zerssen, 1987; Klein, Kupfer & Shea, 1993; Mundt & Fiedler, 1996; u.a.). Zu den Variablen, die in diesem Zusammenhang besonderes Interesse auf sich gezogen haben, gehören u.a. das Merkmal der erhöhten interpersonellen Dependenz und das Merkmal der reduzierten bzw. labilen Selbstwertschätzung; empirische Belege dafür, daß solche Tendenzen dem Auftreten der depressiven Störung vorausgehen, sind allerdings bisher in bezug auf die Variable Dependenz nur spärlich, in bezug auf die Variable Selbstwertschätzung zwar mehrfach, aber nicht durchgehend erbracht worden (Birtchnell, 1991; Bernet, Ingram & Johnson, 1993). Auch die gleichfalls wiederholt vertretene Annahme von den erhöhten Neurotizismuswerten depressionsanfälliger Personen bedarf trotz einer Reihe von stützenden Ergebnissen noch der weiteren empirischen Absicherung (Hirschfeld & Shea, 1992).

Eine interessante Frage spezieller Art betrifft die potentielle Prädiktorfunktion subklinischer depressiver Tendenzen für das Auftreten von Depressionen klinischen Schweregrads; entsprechende Zusammenhänge sind im Rahmen persönlichkeits- bzw. temperamentsbezogener Modellvorstellungen – auf konstitutionellem Hintergrund – seit längerem postuliert und in den letzten Jahren im psychobiologischen Ansatz von Akiskal (1991) spezifiziert worden. Daß subsyndromale depressive Symptome einen Risikofaktor für die Manifestation von klinisch diagnostizierbaren depressiven Störungsbildern – auch für die Erstmanifestation einer Major Depression – darstellen, wird durch die Ergebnisse mehrerer prospektiver Untersuchungen neueren Datums belegt (Lewinsohn, Hoberman & Rosenbaum, 1988; Horwath, Johnson, Klerman & Weissman, 1994). Ob es sich dabei in der Tat um den Ausdruck langfristig prädisponierender Persönlichkeitscharakteristika handelt, bleibt freilich zu klären; grundsätzlich verdienen diese Ergebnisse im Kontext des vieldiskutierten Kontinuitätsproblems aber jedenfalls sorgfältige Aufmerksamkeit.

5. Ergänzende Aspekte: Komorbidität, demographische Merkmale

Ergänzend seien schließlich noch einige empirische Befundtrends hervorgehoben, die zwar nicht unmittelbar von ätiologischer Relevanz sind, wohl aber beachtenswerte Hinweise auf die möglichen Hintergrundbedingungen depressiver Entwicklungen enthalten. Wie aus einer Reihe von epidemiologischen Studien zur Komorbiditätsthematik hervorgeht, ist mit einer erhöhten Auftretenswahrscheinlichkeit von Depressionen im Gefolge von Angststörungen zu rechnen; Verläufe in der entgegengesetzten Richtung sind zwar ebenfalls zu beobachten, scheinen aber doch merklich seltener zu sein (Wacker, 1995). Angesichts der Bedeutung, die der Sequenz Angst – Depression seit langem von verschiedenen Seiten in der theoretischen Diskussion und in der therapeutischen Praxis zugemessen worden ist, kommt diesen Ergebnissen beträchtliches Interesse zu (vgl. Wolpe, 1971; 1990; u.a.). Andere relevante Hintergrundinformationen resultieren aus den demographischen Risikofaktoren, die in den einschlägigen epidemiologischen Untersuchungen erarbeitet worden sind. Daß die Prävalenzraten depressiver Störungen bei Frauen fast durchgehend wesentlich höher sind als bei Männern, wirft naheliegenderweise auch unter ätiologischen Aspekten bedeutsame Fragen auf (Nolen-Hoeksema, 1990); dasselbe gilt für die diversen altersspezifischen Prävalenzunterschiede, so etwa in bezug auf die erhöhte Auftretenshäufigkeit depressiver Störungen in der Altersgruppe der jüngeren Erwachsenen sowie in bezug auf den deutlichen Anstieg der Häufigkeit von Depressionen nach der Pubertät, der neuerdings mehrfach nachgewiesen worden ist (Wittchen, 1994; Harrington, 1993). Auf längere Sicht wird im Rahmen integrativer Depressionsmodelle auch auf die Erklärung solcher Befundtrends vermehrt Bedacht zu nehmen sein.

6. Schlußbemerkungen

Fassen wir an dieser Stelle nocheinmal kurz zusammen. Wie sich zeigt, zeichnen sich heute auf verschiedenen Ebenen Faktoren ab, deren Rolle als potentielle Einflußgrößen in der Depressionsgenese – als Wirkfaktoren belastender bzw. prädisponierender Natur – empirisch teilweise gut und teilweise jedenfalls in gewissem Ausmaß gestützt erscheint. Zugleich zeigt sich aber auch unmißverständlich, daß die ätiologische Depressionsforschung derzeit noch in ihrer Pionierphase steht. Sowohl auf der biologischen als auch auf der psychosozialen und der psychologischen Ebene haben sich die involvierten Prozesse als wesentlich komplexer herausgestellt als in den Ausgangshypothesen der siebziger und achtziger Jahre angenommen; die differenziertere konzeptuelle und empirische Analyse dieser Prozesse und erst recht der Verknüpfungen, die zwischen ihnen bestehen, hat eben erst begonnen. Zieht man ferner in Betracht, daß auch in bezug auf das Spezifitätsproblem noch zahlreiche Fragen ungelöst sind – daß für einen erheblichen Teil der oben angeführten potentiellen Einflußvariablen gilt, daß sie nicht nur im Vorfeld von Depressionen, sondern auch im Vorfeld anderer psychischer Störungsbilder von Relevanz zu sein scheinen –, so wird klar, wieviel Forschungsarbeit zukünftig noch zu leisten bleibt.

Daß sich der Versuch, zu einem umfassenden Verständnis des multidimensionalen Bedingungsgefüges depressiver Störungen zu gelangen, nur in kleinen Schritten realisieren läßt, bedarf auf diesem Hintergrund keiner näheren Erläuterung. Offensichtlich werden sich die einschlägigen Forschungsaktivitäten in der nächsten Zeit auf die systematische empirische Überprüfung von integrativen Modellvorstellungen kurzer bis mittlerer Reichweite konzentrieren müssen, d.h. daß von der Erfassung einzelner Risikofaktoren allmählich zur Erfassung von bestimmten «Risikokonstellationen» der Depressionsgenese übergegangen werden muß. Ansätze in dieser Richtung nehmen, wie oben hervorgehoben, bereits jetzt im Kontext der Streß-Diathese-Thematik einen wichtigen Platz ein; sie sollten in den kommenden Jahren unter zunehmender Berücksichtigung auch anderer spezifischer Zusammenhangsmuster zwischen bestimmten Einflußvariablen fortgeführt und intensiviert werden. Die Erarbeitung solcher Risikokonstellationen stellt als Zwischenziel auf dem langen Weg zu einer Synopsis im Sinn der großen biopsychosozialen Depressionsmodelle nicht nur im Interesse theoretischer Erkenntnisfortschritte ein substantielles Anliegen dar; sie wäre auch unter angewandt-klinischen Aspekten dringend zu wünschen.

7. Literatur

Abramson, L. Y., Metalsky, G. I. & Alloy, L. B. (1989). Hopelessness depression: A theory-based subtype of depression. *Psychological Review, 96,* 358–372.

Abramson, L. Y., Seligman, M. E. P. & Teasdale, J. D. (1978). Learned helplessness in humans: Critique and reformulation. *Journal of Abnormal Psychology, 87,* 49–74.

Akiskal, H. S. (1991). An integrative perspective on recurrent mood disorders: The mediating role of personality. In J. Becker & A. Kleinman (Eds.), *Psychosocial aspects of depression* (pp. 215–235). Hillsdale, New Jersey: Lawrence Erlbaum.

Beck, A. T. (1970). *Depression. Causes and treatment.* Philadelphia: University of Pennsylvania Press.

Beck, A. T., Rush, A. J., Shaw, B. F. & Emery, G. (1994). *Kognitive Therapie der Depression* (4. Aufl.). Weinheim: Psychologie Verlags Union.

Bernet, C. Z., Ingram, R. E. & Johnson, B. R. (1993). Self-esteem. In C. G. Costello (Ed.), *Symptoms of depression* (pp. 141–159). New York: Wiley.

Birtchnell, J. (1991). Redefining dependence: A reply to Cadbury's critique. *British Journal of Medical Psychology, 64,* 253–261.

Blöschl, L. (1993). Interpersonelles Verhalten und Depression: Befunde, Probleme, Perspektiven. In L. Montada (Hrsg.), *Bericht über den 38. Kongreß der Deutschen Gesellschaft für Psychologie in Trier 1992* (Bd. 2, S. 134–140). Göttingen: Hogrefe.

Blöschl, L. (1994). Zur Rolle hostiler Tendenzen in der Depression: Verhaltensdiagnostische Aspekte. In D. Bartussek & M. Amelang (Hrsg.), *Fortschritte der Differentiellen Psychologie und Psychologischen Diagnostik* (S. 259–267). Göttingen: Hogrefe.

Blöschl, L. (1997). Neuere Entwicklungen der psychologischen Depressionsforschung: Ätiologische Aspekte. In H. Mandl (Hrsg.), *Bericht über den 40. Kongreß der Deutschen Gesellschaft für Psychologie in München 1996 (S. 19–24).* Göttingen: Hogrefe.

Brown, G. W. (1989). Depression: a radical social perspective. In K. R. Herbst & E. S. Paykel (Eds.), *Depression. An integrative approach* (pp. 21–44). Oxford: Heinemann.

Buchanan, G. M. & Seligman, M. E. P. (Eds.). (1995). *Explanatory style.* Hillsdale, New Jersey: Lawrence Erlbaum.

Coyne, J. C., Burchill, S. A. L. & Stiles, W. B. (1991). An interactional perspective on depression. In C. R. Snyder & D. R. Forsyth (Eds.), *Handbook of social and clinical psychology. The health perspective* (pp. 327–349). New York: Pergamon.

Dohrenwend, B. B., Shrout, P. E., Link, B. G., Skodol, A. E. & Stueve, A. (1995). Life events and other possible psychosocial risk factors for episodes of schizophrenia and major depression: A case-control study. In C. M. Mazure (Ed.), *Does stress cause psychiatric illness?* (pp. 43–65). Washington, DC: American Psychiatric Press.

Engel, R. A. & DeRubeis, R. J. (1993). The role of cognition in depression. In K. S. Dobson & P. C. Kendall (Eds.), *Psychopathology and cognition* (pp. 83–119). San Diego: Academic Press.

Feldman, L. A. & Gotlib, I. H. (1993). Social dysfunction. In C. G. Costello (Ed.), *Symptoms of depression* (pp. 85–112). New York: Wiley.

Fritze, J., Deckert, J., Lanczik, M., Strik, W., Struck, M. & Wodarz, N. (1992). Zum Stand der Aminhypothesen depressiver Erkrankungen. *Nervenarzt, 63,* 3–13.

Gilbert, P. (1992). *Depression. The evolution of powerlessness.* Hove: Lawrence Erlbaum.

Gotlib, I. H. & Hammen, C. L. (1992). *Psychological aspects of depression. Toward a cognitive-interpersonal integration.* Chichester: Wiley.

Harrington, R. (1993). *Depressive disorder in childhood and adolescence.* Chichester: Wiley.

Hautzinger, M. & de Jong-Meyer, R. (1994). Depressionen. In H. Reinecker (Hrsg.), *Lehrbuch der Klinischen Psychologie. Modelle psychischer Störungen* (2., überarb. u. erw. Aufl., S. 177–218). Göttingen: Hogrefe.

Henderson, A. S. (1992). Social support and depression. In H. O. F. Veiel & U. Baumann (Eds.), *The meaning and measurement of social support* (pp. 85–92). New York: Hemisphere.

Hirschfeld, R. M. A. & Shea, M. T. (1992). Personality. In E. S. Paykel (Ed.), *Handbook of affective disorders* (2nd ed., pp. 185–194). Edinburgh: Churchill Livingstone.

Horwath, E., Johnson, J., Klerman, G. L. & Weissman, M. M. (1994). What are the public health implications of subclinical depressive symptoms? *Psychiatric Quarterly, 65,* 323–337.

Jones, E. E. (1996). Introduction to the special section on attachment and psychopathology: Part 1. *Journal of Consulting and Clinical Psychology, 64,* 5–7.

Kendler, K. S., Kessler, R. C., Walters, E. E., MacLean, C., Neale, M. C., Heath, A. C. & Eaves, L. J. (1995). Stressful life events, genetic liability, and onset of an episode of major depression in women. *American Journal of Psychiatry, 152,* 833–842.

Klein, M. H., Kupfer, D. J. & Shea, M. T. (Eds.). (1993). *Personality and depression. A current view.* New York: Guilford.

Kuhl, J. & Helle, P. (1994). Motivational and volitional determinants of depression: The degenerated-intention hypothesis. In J. Kuhl & J. Beckmann (Eds.), *Volition and personality. Action versus state orientation* (pp. 283–296). Seattle: Hogrefe & Huber.

Lewinsohn, P. M. (1974). A behavioral approach to depression. In R. J. Friedman & M. M. Katz (Eds.), *The psychology of depression: Contemporary theory and research* (pp. 157–185). New York: Wiley.

Lewinsohn, P. M., Hoberman, H. M. & Rosenbaum, M. (1988). A prospective study of risk factors for unipolar depression. *Journal of Abnormal Psychology, 97,* 251–264.

Lewinsohn, P. M., Hoberman, H., Teri, L. & Hautzinger, M. (1985). An integrative theory of depression. In S. Reiss & R. R. Bootzin (Eds.), *Theoretical issues in behavior therapy* (pp. 331–359). Orlando, Florida: Academic Press.

Lowman, R. L. (1993). *Counseling and psychotherapy of work dysfunctions.* Washington, DC: American Psychological Association.

Möller, H.-J. & Zerssen, D. v. (1987). Prämorbide Persönlichkeit von Patienten mit affektiven Psychosen. In K. P. Kisker, H. Lauter, J.-E. Meyer, C. Müller & E. Strömgren (Hrsg.), *Affektive Psychosen* (Psychiatrie der Gegenwart Band 5; 3. Aufl., S. 165–179). Berlin: Springer.

Mundt, C. & Fiedler, P. (1996). Konzepte psychosozialer Vulnerabilität für affektive Erkrankungen. In H.-J. Möller & A. Deister (Hrsg.), *Vulnerabilität für affektive und schizophrene Erkrankungen* (S. 1–9). Wien: Springer.

Nolen-Hoeksema, S. (1990). *Sex differences in depression.* Stanford, California: Stanford University Press.

Nurnberger, J. I., Jr. & Gershon, E. S. (1992). Genetics. In E. S. Paykel (Ed.), *Handbook of affective disorders* (2nd ed.) (pp. 131–148). Edinburgh: Churchill Livingstone.

Parker, G. (1992). Early environment. In E. S. Paykel (Ed.), *Handbook of affective disorders* (2nd ed., pp. 171–183). Edinburgh: Churchill Livingstone.

Paykel, E. S. & Cooper, Z. (1992). Life events and social stress. In E. S. Paykel (Ed.), *Handbook of affective disorders* (2nd ed., pp. 149–170). Edinburgh: Churchill Livingstone.

Propping, P. (1989). *Psychiatrische Genetik. Befunde und Konzepte.* Berlin: Springer.

Pyszczynski, T. & Greenberg, J. (1992). *Hanging on and letting go. Understanding the onset, progression, and remission of depression.* New York: Springer.

Rehm, L. P. (1977). A self-control model of depression. *Behavior Therapy, 8,* 787–804.

Reynolds, W. M. & Johnston, H. F. (Eds.). (1984). *Handbook of depression in children and adolescents.* New York: Plenum.

Robins, C. J. & Hayes, A. M. (1995). The role of causal attributions in the prediction of depression. In G. M. Buchanan & M. E. P. Seligman (Eds.), *Explanatory style* (pp. 71–97). Hillsdale, New Jersey: Lawrence Erlbaum.

Schreiber, W., Lauer, C. J., Holsboer, F. & Krieg, J.-C. (1996). Neurobiologische Vulnerabilitätsmarker für psychiatrische Erkrankungen. Ergebnisse einer Familienstudie bei Angehörigen affektiv erkrankter Patienten. In H.-J. Möller & A. Deister (Hrsg.), *Vulnerabilität für affektive und schizophrene Erkrankungen* (S. 43–49). Wien: Springer.

Segrin, C. & Abramson, L. Y. (1994). Negative reactions to depressive behaviors: A communication theories analysis. *Journal of Abnormal Psychology, 103,* 655–668.

Seligman, M. E. P. (1974). Depression and learned helplessness. In R. J. Friedman & M. M. Katz (Eds.), *The psychology of depression: Contemporary theory and research* (pp. 83–125). New York: Wiley.

Smith, T. W. & Allred, K. D. (1989). Major life events in anxiety and depression. In P. C. Kendall & D. Watson (Eds.), *Anxiety and depression. Distinctive and overlapping features* (pp. 205–223). San Diego, California: Academic Press.

Teasdale, J. D. (1988). Cognitive vulnerability to persistent depression. *Cognition and Emotion, 2,* 247–274.

Thase, M. E. & Howland, R. H. (1995). Biological processes in depression: An updated review and integration. In E. E. Beckham & W. R. Leber (Eds.), *Handbook of depression* (2nd ed., pp. 213–279). New York: Guilford.

Tsuang, M. T. & Faraone, S. V. (1990). *The genetics of mood disorders.* Baltimore: The John Hopkins University Press.

Wacker, H.-R. (1995). *Angst und Depression. Eine epidemiologische Untersuchung.* Bern: Huber.

Whybrow, P. C., Akiskal, H. S. & McKinney, W. T., Jr. (1984). *Mood disorders. Toward a new psychobiology.* New York: Plenum.

Wittchen, H.-U. (1994). Wie häufig sind depressive Erkrankungen? Diagnostik und Hinweise auf eine Zunahme depressiver Störungen. In M. Hautzinger (Hrsg.), *Verhaltenstherapie bei Depressionen* (S. 10–24). Baltmannsweiler: Röttger-Schneider.

Wolpe, J. (1971). Neurotic depression: Experimental analog, clinical syndromes, and treatment. *American Journal of Psychotherapy, 25,* 362–368.

Wolpe, J. (1990). *The practice of behavior therapy* (4th ed.). New York: Pergamon.

36.3 Depressive Störungen: Intervention

Lilian Blöschl

Inhaltsverzeichnis

1. Einleitung

Der multidimensionalen Natur depressiver Zustandsbilder entsprechend haben in der Therapie depressiver Störungen sowohl somatische als auch psychologische Behandlungszugänge ihren Platz. Auf beiden Ebenen liegt heute ein breites Spektrum von einschlägigen Verfahren sowie eine kaum mehr überschaubare Fülle von empirischen Forschungsbeiträgen vor. Über die somatotherapeutischen Methoden zur Depressionsbehandlung, unter denen medikamentöse Verfahren an erster Stelle stehen, informieren van den Hoofdakker und van Berkestijn (1993; Fava & Rosenbaum, 1995); vgl. auch Kap. 24/ Psychopharmaka).

Im folgenden soll ein kurzgefaßter Überblick über die neueren psychologischen Zugänge zur Behandlung depressiver Störungen gegeben werden; in Abschnitt 6 wird im Rahmen der Evaluationsthematik auch auf die Wirkvergleiche zwischen psychologischen und medi-

kamentösen Depressionstherapien und auf die Versuche zur Kombination beider Therapiemodalitäten Bezug zu nehmen sein.

Wenngleich dem Depressionsproblem in der Psychotherapie lange Zeit hindurch im Vergleich zu anderen Störungsformen verhältnismäßig wenig Aufmerksamkeit gewidmet worden ist, so sind doch entsprechende Interventionsansätze in so gut wie allen psychotherapeutischen Schulen vertreten (vgl. Sulz 1986; Paykel, 1992; speziell zu den Prinzipien psychoanalytisch-psychodynamischer Depressionstherapie Bemporad, 1992; sowie Kapitel 22.2/Psychoanalytische Ansätze). Der deutliche Anstieg des Interesses an Fragen der psychologischen Depressionsbehandlung, der etwa seit 1970 zu verzeichnen ist, geht vor allem auf zwei Entwicklungslinien zurück: auf die Entwicklung der verhaltenspsychologischen Ansätze zum Depressionsproblem und auf die Entwicklung der kognitiv-psychologischen Ansätze zum Depressionsproblem. Die Impulse, die von diesen Richtungen ausgegangen sind, haben die Therapieforschung und die Therapiepraxis der letzten beiden Jahrzehnte wesentlich mitgeprägt. Daneben hat sich mit der Interpersonellen Psychotherapie nach Klerman und Weissman eine weitere bedeutsame Interventionsform herausgebildet, die in den letzten Jahren rasche Verbreitung gefunden hat. In methodischer Hinsicht ist allen diesen Therapieformen gemeinsam, daß sie sich grundsätzlich um die Herstellung von Querverbindungen zu verschiedenen Gebieten der psychologischen Grundlagenforschung und um die systematische empirische Kontrolle der erzielten Behandlungseffekte bemühen. In inhaltlicher Hinsicht ist ihnen gemeinsam, daß sie primär

nicht die Veränderung von basalen Merkmalen der Persönlichkeitsstruktur auf dem Weg der Aufdeckung und Bearbeitung frühkindlicher Konflikte anstreben, wie dies in den psychoanalytisch orientierten Therapien der Fall ist; vielmehr steht die Vermittlung von adäquaten Bewältigungsstrategien, die dem Patienten einen konstruktiven Umgang mit aktuellen und habituellen Lebensproblemen ermöglichen sollen, im Vordergrund.

In **Tabelle 1** sind die wichtigsten neueren Therapieansätze psychologischer Provenienz sowie die spezifischen Therapieziele, von denen aus das generelle Ziel der Behebung unipolar depressiver Störungsbilder erreicht werden soll,

Tabelle 1: Psychologische Ansätze zur Therapie depressiver Störungen

Therapieansatz	Spezifisches Therapieziel	Therapieelemente
Verhaltensorientierte Ansätze		
sensu Lewinsohn	Veränderung von inadäquaten Verhaltens-Verstärker-Kontingenzen	Kontingenzmodifikatorische Partner- und Familientherapie, Training sozialer Skills; Aktivitätspläne ...
sensu Wolpe	Veränderung von negativen emotionalen Reaktionsmustern	Systematische Desensibilisierung; Assertionstraining ...
Kognitiv orientierte Ansätze		
sensu Beck	Veränderung von negativen kognitiven Schemata	Identifikation «automatischer» Gedanken und genereller Einstellungsverzerrungen, gelenktes Fragen; Hausaufgaben; Gedanken- und Aktivitätsprotokolle ...
sensu Seligman	Veränderung von negativen Kontrolleinstellungen und Attributionstendenzen	Reattributionstraining ...
Selbstkontroll- und Streßbewältigungsansätze		
sensu Rehm	Veränderung von inadäquaten Selbstkontrollprozessen	Training von Selbstbeobachtung, Selbstbewertung und Selbstverstärkung ...
sensu McLean	Veränderung von inadäquaten Problembewältigungsstrategien, speziell im sozialen Bereich	Kommunikationstraining, Problemlösetraining ...
Interpersonell orientierte Ansätze		
sensu Klerman und Weissman	Veränderung von inadäquaten Problembewältigungsstrategien im sozialen Bereich	Identifikation problemrelevanter Emotionen und Kognitionen, Verbesserung inadäquater Kommunikationsmuster ...

überblickshaft dargestellt; zugleich werden jeweils exemplarisch einige wichtige Therapieelemente angeführt. Daß sich die einzelnen Ansätze einander im Lauf der letzten Jahre mehr und mehr in Richtung multimodaler Sicht- und Vorgehensweisen angenähert haben, sei dabei vorausgeschickt; die vorgenommene Unterscheidung zwischen verhaltensorientierten, kognitiv orientierten und interpersonell orientierten Zugängen ist dementsprechend unter theoretischen wie unter praktisch-therapeutischen Aspekten primär im Sinn einer Schwerpunktsetzung zu verstehen. Die in der Gruppe der Selbstkontroll- und Streßbewältigungsansätze zusammengefaßten Verfahren – die Verfahren der «zweiten Generation» – sind explizit auf einer kombinierten kognitiv-behavioralen Basis entwickelt worden.

Die Patienten, die in die betreffenden Interventionsprogramme einbezogen werden, sind überwiegend solche mit mäßig bis mittelschweren depressiven Episoden (im Sinne ICD-10), wie sie in der ambulanten Behandlung dominieren, doch liegt bereits auch eine Reihe von Therapiestudien an Patienten mit schwerer Störungsausprägung bzw. an stationär aufgenommenen depressiven Patienten vor (Thase, 1994; Hautzinger & de Jong-Meyer, 1996). In der großen Mehrzahl der Fälle handelt es sich um erwachsene Depressive im Alter zwischen 20 und 60 Jahren (Ansätze für depressive Kinder und Jugendliche s. Reynolds & Johnston, 1994; für Personen im höheren Lebensalter s. Cappeliez, 1993). Die Dauer der Therapien, die teilweise als Einzelbehandlungen, teilweise als Gruppenbehandlungen durchgeführt werden, beträgt in der Regel (bei beträchtlichen Schwankungen) einige Monate bei ein bis zwei Sitzungen in der Woche. Der Stellenwert einer positiven und kooperativen Beziehung zwischen dem Patienten und dem Therapeuten wird durchgehend unterstrichen.

2. Verhaltensorientierte Ansätze in der Depressionstherapie

Der Ausgangsposition der verhaltenstherapeutischen Ansätze im allgemeinen entsprechend (vgl. Kap. 22.4/Verhaltenstherapeutische Ansätze) steht am Beginn der verhaltenstherapeutischen Zugänge zum Depressionsproblem der Versuch, Konzepte und Befunde aus der experimentellen Lernforschung mit der Genese und der Behebung von Depressionen in Beziehung zu bringen. Besonders einflußreich ist in diesem Zusammenhang der verstärkungspsychologische Ansatz von Lewinsohn geworden; daneben kommt auch dem angstorientierten Ansatz von Wolpe, obwohl er in den letzten Jahren eher sporadisch Beachtung gefunden hat, grundsätzlich eine bedeutsame Rolle zu.

2.1 Der Ansatz von Lewinsohn

• *Theoretischer Hintergrund.* Den Anknüpfungspunkt der verstärkungspsychologischen Konzepte auf der symptomatologischen Ebene bildet die ausgeprägte Verhaltensreduktion in der Depression, die in der klinischen Beschreibung depressiver Zustandsbilder in Merkmalen wie Passivität, Interessenverlust und Antriebsmangel zum Ausdruck kommt. Diese Verhaltensreduktion wird hypothetisch mit dem Wegfall oder der Verringerung reaktionskontingenter positiver Rückmeldungen von seiten der Umwelt – mit dem Wegfall oder der Verringerung von positiven Verstärkern, speziell solchen sozialer Art – in Zusammenhang gebracht; d.h. es wird angenommen, daß massive Verstärkerverluste und Verstärkerdefizite auf der Basis von Extinktionsprozessen im Sinn operanter Lernprinzipien zu den herabgesetzten Verhaltenshäufigkeiten führen und zugleich in respondenter (unkonditionierter) Weise das Auftreten der emotionalen, kognitiven und somatischen Depressionssymptome bewirken (Lewinsohn, 1975). In den folgenden Jahren sind diese ätiologischen Modellvorstellungen in Richtung eines multifaktoriellen–behavioral-kognitiven Konzepts der Depressionsgenese erweitert worden (Lewinsohn, Hoberman, Teri & Hautzinger, 1985; Lewinsohn & Gotlib, 1995); der Reduktion positiv verstärkender Umweltrückmeldungen wird jedoch auch im Rahmen des revidierten Modells eine wichtige Funktion in der Entwicklung und Aufrechterhaltung depressiver Störungsbilder zuerkannt.

• *Therapeutische Vorgehensweisen.* In therapeutischer Hinsicht wird im Sinn der skizzierten

Grundannahmen primär die Beeinflussung depressiver Verhaltensmuster durch die Veränderung inadäquater Verstärkungsbedingungen angestrebt, und zwar sowohl durch die Modifikation von ungünstigen Umweltgegebenheiten als auch durch die Modifikation bestimmter Verhaltensweisen des Patienten, die eine Nutzung potentiell vorhandener Verstärker verhindern. Voraussetzung dafür ist eine detaillierte Verhaltensanalyse, in die neben Methoden der unmittelbaren Verhaltensbeobachtung auch diagnostische Methoden anderer Art, z. B. Fragebögen zur Erfassung verstärkender Ereignisse und Aktivitäten, miteinbezogen werden. Zu den basalen Interventionsstrategien, die bereits in den frühen Arbeiten von Lewinsohn verwendet wurden, gehören a) die Veränderung ungünstiger Verstärkungsbedingungen in den Interaktionen des Patienten mit dem Partner bzw. den Familienangehörigen, etwa mittels kontingenzmodifikatorischer Verfahren, b) das generelle Training sozialer Fertigkeiten, die es dem Patienten ermöglichen sollen, von potentiellen Verstärkern in wirksamerer Weise Gebrauch zu machen, und c) die Erhöhung der Frequenz positiv verstärkender Aktivitäten nicht nur im sozialen Bereich, sondern auch im nonsozialen Bereich, etwa auf der Leistungs- und Freizeitebene. Aktivitätspläne, gestufte Aufgaben und die Führung von Tagesprotokollen stellen dabei wichtige Hilfsmittel dar. Der oben aufgezeigten Entwicklung entsprechend werden diese grundlegenden Strategien im Therapieansatz von Lewinsohn heute in der Regel durch eine Reihe von anderen Strategien ergänzt (Lewinsohn & Gotlib, 1995); Entspannungstechniken zur Angstreduktion haben in den neueren verstärkungsorientierten Therapieprogrammen ebenso ihren Platz wie verschiedene kognitive Interventionsmethoden, die auf die Veränderung der internalen Verarbeitung von Umweltreizen gerichtet sind. Ein kognitiv-verhaltenstherapeutisches Gruppenprogramm zur Behandlung und zur Rückfallprophylaxe von Depressionen, das an den «Coping with Depression Course» von Lewinsohn, Antonuccio, Steinmetz und Teri (1984) anschließt, ist kürzlich in deutscher Sprache von Herrle und Kühner (1994) vorgelegt worden.

2.2 Der Ansatz von Wolpe

• *Theoretischer Hintergrund.* Im Unterschied zum Ansatz von Lewinsohn stellt der verhaltenstherapeutische Ansatz von Wolpe die Rolle emotionaler Konditionierungsprozesse im Depressionsproblem in den Vordergrund (Wolpe, 1971; 1990). Dabei wird in ätiologischer Hinsicht die Annahme vertreten, daß sich bestimmte (neurotische) Formen depressiver Störungen auf der Basis von massiven und langandauernden Ängsten, vor allem im sozialen Bereich, entwickeln; zur theoretischen Einordnung der postulierten Sequenzen wird unter anderem auf das Konzept der «Schutzhemmung» zurückgegriffen.

• *Therapeutische Vorgehensweisen.* Im Sinn dieser Hypothesen zielt das therapeutische Vorgehen nach Wolpe darauf ab, die sozialen Basisängste des depressiven Patienten mittels verschiedener Dekonditionierungsmethoden – mittels Verfahren der Systematischen Desensibilisierung und des Selbstsicherheitstrainings – zu beheben (vgl. u.a. Wolpe, 1990). In den letzten Jahren ist die Methode der Systematischen Desensibilisierung in der Therapie depressiver Störungen nur gelegentlich eingesetzt worden; dagegen nehmen assertive Trainingsverfahren in den neueren multimodalen Depressionstherapien nach wie vor einen wichtigen Platz ein, wenngleich ihre Wirkungsweise nicht immer unter Bezugnahme auf das Konzept von Wolpe interpretiert wird. Daß das gehäufte Auftreten von Angststörungen im Vorfeld von Depressionen in jüngster Zeit empirisch mehrfach bestätigt worden ist – daß das Vorhandensein einer Angststörung in der Tat als Risikofaktor für das Auftreten einer Depression zu fungieren scheint –, soll an dieser Stelle nicht unerwähnt bleiben (z. B. Wakker, 1995).

3. Kognitiv orientierte Ansätze in der Depressionstherapie

Die Grundannahme der kognitiven Ansätze zum Depressionsproblem besagt, daß Störungen im Bereich der Wahrnehmungs-, Denk- und Einstellungsprozesse in der Entwicklung depressiver Zustandsbilder eine substantielle Rolle spielen; unter therapeutischen Aspekten steht demzufolge die Veränderung solcher dysfunktionaler Prozesse der Informationsverarbeitung im Mittelpunkt. Von den zahlreichen kognitiven Modellansätzen hat der Beitrag von Beck auf der theoretischen wie auf der praktisch-therapeutischen Ebene spezielle Bedeutung erlangt. Der Beitrag von Seligman – der Ansatz der erlernten Hilflosigkeit – ist schwerpunktmäßig eher im Gebiet der Grundlagenforschung anzusiedeln, obwohl auch von diesem Modell fruchtbare Impulse für die psychologische Behandlung depressiver Störungen ausgegangen sind.

3.1 Der Ansatz von Beck

• *Theoretischer Hintergrund.* Im Konzept von Beck (1970) wird die Auffassung vertreten, daß als Basis depressiver Störungsbilder dysfunktionale kognitive Grundmuster – negative kognitive Schemata – zu betrachten sind, die sich primär in drei Bereichen manifestieren: in der negativen Einstellung depressiver bzw. depressionsanfälliger Personen zu sich selbst, zur Umwelt und zur Zukunft («kognitive Triade»). Diese negativen kognitiven Schemata haben ihren Ursprung in frühen ungünstigen Umwelterfahrungen und werden später durch oft nur geringfügige belastende Ereignisse ähnlicher Art reaktiviert; sie determinieren die Strukturierung der Umweltreize durch das Individuum und führen in der Folge zur Herausbildung der anderen Störungszeichen, die für das depressive Syndrom charakteristisch sind. In den neueren Formulierungen des Konzepts (z. B. Beck, Rush, Shaw & Emery, 1994) wird zwar die Grundhypothese, d. h. die Hypothese vom substantiellen Stellenwert dysfunktionaler Kognitionen in der Entwicklung depressiver Störungen, beibehalten, doch wird die Vielfalt potentieller Einflußfaktoren in der Depressionsgenese in zunehmendem Ausmaß unterstrichen.

• *Therapeutische Vorgehensweisen.* Das spezifische Ziel des therapeutischen Vorgehens nach Beck besteht darin, die negativen kognitiven Schemata des Klienten zu identifizieren und zu verändern, wobei zu diesem Zweck sowohl kognitive als auch verhaltensorientierte Strategien

herangezogen werden (Beck et al., 1994; Hautzinger, Stark & Treiber, 1994). In der Regel wird mit verhaltensorientierten Strategien begonnen, die anhand von Hausaufgaben (gestuften Aufgaben) und Verhaltensaufzeichnungen zu konkreten positiven Aktivitäten anleiten. Die dysfunktionalen Denkabläufe und Einstellungen werden dann im therapeutischen Gespräch unter Bezugnahme auf die Vorgänge zwischen den Sitzungen aufgezeigt, an der Realität getestet und auf dem Hintergrund der vom Patienten gewonnenen Erfahrungen durch weniger irrationale Alternativ-Erklärungen und Alternativ-Einstellungen zu ersetzen gesucht. Die Identifikation und Veränderung von negativen «automatischen Gedanken» – von unmittelbaren negativen Selbstverbalisationen – stellt auf dem Weg zur Identifikation und Veränderung der grundlegenden negativen Schemata einen bedeutsamen Zwischenschritt dar. Zu den wichtigsten kognitiven Einzeltechniken, die im Zug dieser Umstrukturierungsprozesse zum Einsatz kommen, gehören Methoden des gelenkten Fragens, mittels derer logische Fehler im Denken und Urteilen der Patienten sichtbar gemacht werden, Methoden zur Veränderung von dysfunktionalen Attributionstendenzen, die Anleitung zur Führung von Gedankenprotokollen u. a.; zu den wichtigsten verhaltensorientierten Einzeltechniken gehören neben den bereits erwähnten Methoden zur Förderung positiver Aktivitäten auch Rollenspiel-Verfahren und andere Verfahren zum Training sozial-kommunikativer Fertigkeiten, wie sie in den verstärkungspsychologischen Ansätzen zur Depressionsbehandlung verwendet werden.

3.2 Der Ansatz von Seligman

• *Theoretischer Hintergrund.* In der ursprünglichen Form des Modells der erlernten Hilflosigkeit von Seligman (1974; 1992) wird davon ausgegangen, daß wiederholte Erfahrungen des Kontrollverlusts – speziell im Sinn der Unfähigkeit, aversive Situationen zu beenden – am Anfang reaktiv-depressiver Prozesse stehen. Auf der Grundlage solcher Erfahrungen entwickelt sich die Einstellung, daß zwischen den eigenen Handlungen und wichtigen Umweltereignissen kein Zusammenhang besteht, d. h. es entwickelt sich eine generalisierte Erwartung von

Unkontrollierbarkeit, die die Basis der motivationalen, emotionalen und behavioralen Depressionssymptome bildet. In der Revision des Konzepts von Abramson, Seligman und Teasdale (1978) ist die Hypothese des Kontrollverlusts um attributionstheoretische Annahmen erweitert worden; die Entwicklung generalisierter Hilflosigkeitseinstellungen und damit der Basis für depressive Reaktionsmuster hängt diesen Annahmen zufolge davon ab, welche Ursachen den erlebten Kontrollverlusten zugeschrieben werden. Insbesondere wird die Tendenz, negative Ereignisse auf internale, globale und stabile Ursachen zurückzuführen – das Vorhandensein eines «pessimistischen Attributionsstils» oder, wie heute meist formuliert wird, eines «pessimistischen Explanationsstils» –, als Risikofaktor für die Genese von Depressionen aufgefaßt (Buchanan & Seligman, 1995).

• *Therapeutische Vorgehensweisen.* Eine eigene Therapierichtung im engeren Sinn des Wortes hat sich auf diesem Hintergrund bisher nicht konstituiert, doch sind bestimmte therapeutische Einzelstrategien entwickelt worden, die an zentrale Annahmen aus dem Konzept der erlernten Hilflosigkeit anknüpfen. In Übereinstimmung mit der revidierten Fassung des Modells wird vor allem darauf abgezielt, dysfunktionale Attributionstendenzen in bezug auf Situationen des Kontrollverlusts, speziell dysfunktionale Tendenzen zur internalen Kausalattribution bei Mißerfolgen, zu verändern. Reattribuierungsstrategien dieser Art finden als Zusatzmethoden in zahlreichen kognitivbehavioralen Therapieprogrammen zur Behandlung depressiver Störungen Verwendung (vgl. Beck et al., 1994; Hautzinger, Stark & Treiber, 1994).

4. Selbstkontroll- und Streßbewältigungsansätze in der Depressionstherapie

Wie eingangs erwähnt, ist im Zug der Entwicklung der neueren psychologischen Depressionstherapien eine Reihe von Zugängen von vornherein auf der Basis von kombinierten behavioral-kognitiven Modellvorstellungen konzipiert worden. Von diesen Ansätzen der

«zweiten Generation» seien hier der Selbstkontrollansatz von Rehm und der Streßbewältigungsansatz von McLean näher dargestellt.

4.1 Der Ansatz von Rehm

• *Theoretischer Hintergrund.* Rehm (1977, 1988) geht in seinem Modell von Auffälligkeiten des depressiven Verhaltens und Erlebens aus, wie sie u. a. in der Setzung unangemessener Leistungsstandards und in der geringen Häufigkeit von Selbstbelohnungen zum Ausdruck kommen; unter Bezugnahme auf den theoretischen Ansatz von Kanfer (1971) werden diese Tendenzen als Indikatoren eines Selbstkontrolldefizits interpretiert. Personen mit basalen Selbstkontrolldefiziten können nach dieser Annahme im Fall von externalen Verstärkerverlusten nicht auf ausreichende internale Regulationsmechanismen zurückgreifen, wie sie zur Überbrückung und Bewältigung der externalen Verluste notwendig wären; sie sind daher für die Entwicklung depressiver Störungen besonders anfällig.

• *Therapeutische Vorgehensweisen.* Im Sinn dieser Ausgangshypothesen zielt das therapeutische Vorgehen grundsätzlich darauf ab, die Selbstkontrollprozesse des Patienten dahingehend zu modifizieren, daß ein höheres Ausmaß an Unabhängigkeit von externalen Verstärkern bzw. generell ein höheres Ausmaß an Selbststeuerung erreicht wird. Im Verlauf der Therapie werden in systematischer Weise entsprechende Veränderungen in den verschiedenen Phasen des Selbstkontrollvorgangs angestrebt (Phase der Selbstbeobachtung: Modifikation selektiver Wahrnehmungs- und Erinnerungstendenzen; Phase der Selbstbewertung: Erstellung von angemessenen Verhaltenszielen und Modifikation von dysfunktionalen Attributionen; Phase der Selbstverstärkung: Erstellung und Anwendung von Selbstbelohnungsplänen auf der materiellen und der verbal-internalen Ebene). Diverse behaviorale und kognitive Strategien, wie sie in den vorhergehenden Abschnitten skizziert wurden, kommen im Rahmen der Behandlung in kontinuierlicher Abstimmung aufeinander zum Einsatz (vgl. Rehm, Kaslow & Rabin, 1987).

4.2 Der Ansatz von McLean

• *Theoretischer Hintergrund.* Der behavioral-kognitive Ansatz von McLean (1981) weist ebenfalls zahlreiche Querverbindungen zu den verstärkungspsychologischen Ansätzen auf; er hebt jedoch die interpersonellen Aspekte depressiver Störungen noch deutlicher hervor als dies bei Lewinsohn und Rehm der Fall ist und nimmt zugleich explizite auf Konzepte und Befunde aus der Streßforschung Bezug. Auf dieser Basis wird die Auffassung vertreten, daß die Entwicklung depressiver Zustandsbilder als Resultat ineffizienter Bewältigungsstrategien im Umgang mit belastenden Lebenssituationen und Lebensereignissen, speziell mit solchen sozialer Natur, zu betrachten ist.

• *Therapeutische Vorgehensweisen.* Zur Veränderung der inadäquaten Streßbewältigungsstrategien des Patienten findet ein multimodales Therapieprogramm Verwendung, in dessen Verlauf mittels verschiedener behavioraler und kognitiver Verfahren die Behebung von Defiziten in folgenden Bereichen angestrebt wird: Kommunikation, Verhaltensproduktivität (auch im Sinn der Setzung von angemessenen Verhaltenszielen), Soziale Interaktion, Selbstbehauptung, Entscheidungsfindung und Problemlösung, Kognitive Selbstkontrolle (vgl. McLean & Hakstian, 1979; 1990). Die therapeutischen Prozeduren werden schwerpunktmäßig auf die Gegebenheiten im Einzelfall zugeschnitten; wann immer möglich, wird der Ehepartner/die Ehepartnerin in die Behandlung miteinbezogen.

5. Interpersonell orientierte Ansätze in der Depressionstherapie: Ansatz von Klerman und Weissman

Wie die bisherigen Ausführungen erkennen lassen, ist den sozialen Umweltbeziehungen des Patienten in den behavioralen und kognitiv-behavioralen Depressionstherapien von Anfang an ein erheblicher Stellenwert zugemessen worden. Daneben sind jedoch in den letzten Jahren zunehmend Behandlungsansätze in den Vordergrund getreten, die sich in besonderer Weise auf die Rolle interpersoneller Probleme und Defizite im Kontext depressiver Störungsbilder konzentrieren (vgl. Becker, Heimberg & Bellack, 1987; speziell zur verhaltensorientierten Familien- und Partnertherapie Gotlib & Colby, 1987; Beach, 1996). Das Streßbewältigungskonzept von McLean kann diesbezüglich als ein wichtiger Vorläufer gelten. Die meisten dieser Ansätze schließen in theoretischer wie in praktisch-therapeutischer Hinsicht mehr oder weniger unmittelbar an die oben beschriebenen Zugänge an. Dagegen weist die Interpersonelle Psychotherapie depressiver Störungen nach Klerman und Weissman zwar in bezug auf Zielsetzung und praktisches Vorgehen zahlreiche Ähnlichkeiten mit den kognitiv-verhaltenstherapeutischen Interventionsprogrammen auf; sie beruht aber auf anderen konzeptuellen Ausgangspositionen:

• *Theoretischer Hintergrund.* Klerman und Weissman (1982; 1993) knüpfen in ihren Hypothesen zur Depressionsgenese nicht an lernpsychologische oder kognitionspsychologische Modellvorstellungen, sondern an Konzepte aus der älteren und neueren sozialpsychiatrischen Forschung unter Einbeziehung entwicklungspsychologischer und sozialpsychologischer Konzepte an; dabei wird insbesondere auf die Ansätze der Attachment-Forschung und der Unterstützungsforschung Bezug genommen. Auf diesem Hintergrund wird postuliert, a) daß engen interpersonellen Beziehungen in der Prävention von Depressionen eine wichtige Funktion zukommt, und b) daß Verluste und Probleme auf der interpersonellen Ebene für die Entwicklung bzw. die Aufrechterhaltung von Depressionen von wesentlicher Bedeutung sind.

• *Therapeutische Vorgehensweisen.* Das zentrale Anliegen des therapeutischen Vorgehens besteht ähnlich wie bei McLean darin, mit dem Patienten Strategien zur effizienteren Bewältigung der aktuellen Lebensprobleme und Lebensschwierigkeiten zu erarbeiten; daß es in der Regel notwendig ist, den Depressiven zunächst durch angemessen stützende Informationen hinsichtlich Art und Prognose der Störung symptomatisch zu entlasten, wird ausdrücklich hervorgehoben. In der eigentlichen Therapiephase wird vorerst gemeinsam mit dem Patienten geklärt, mit welchem von vier als basal erachteten interpersonellen Themenkreisen–Trauer, Interpersonelle Konflikte, Rollenveränderungen und Interpersonelle Defizite – der Beginn der depressiven Entwicklung assoziiert ist. Die Behandlung konzentriert sich dann in erster Linie auf den betreffenden Problemkreis, wobei die Identifizierung und Veränderung problemrelevanter Emotionen und Kognitionen im therapeutischen Gespräch im Mittelpunkt steht; zugleich stellen die Verbesserung inadäquater Kommunikationsmuster und die Aufnahme positiver Kontakte und Aktivitäten wichtige Teilziele dar. Im Unterschied zu den kognitiv-behavioralen Therapien werden diese Ziele allerdings primär durch die Vermittlung genereller Leitlinien zu erreichen gesucht, während spezifische Trainingsverfahren nur von Fall zu Fall in flankierender Weise zum Einsatz kommen. Einen Überblick über das breite Spektrum der Anwendungsmöglichkeiten Interpersoneller Psychotherapie im Bereich depressiver Störungen geben Klerman und Weissman (1993; vgl. aus dem deutschsprachigen Raum Wahl,1994).

Kasten 1
Therapeutische Fallstudie (Blöschl, 1986)

Problemstellung
Frau A., eine unverheiratete 24jährige Sachbearbeiterin in einem großen Unternehmen, bis dahin klinisch unauffällig, mit guten Sozialkontakten und beruflich sehr ambitioniert und erfolgreich, litt seit eineinhalb Jahren unter ausgeprägter depressiver Symptomatik; medikamentöse Behandlungsversuche ambulanter und stationärer Art waren ohne anhaltenden Erfolg geblieben (Beck-Score zu Beginn der Verhaltenstherapie 31). Die verhaltensorientierte diagnostische Analyse ergab, daß es im Jahr vor dem Auftreten der Symptomatik im Anschluß an eine extern bedingte Veränderung am Arbeitsplatz (Versetzung an eine auch objektiv deutlich ungünstigere Position innerhalb der Firma) sukzessive zu massiven Verstärkerreduktionen in mehreren für Frau A. zentralen Lebensbereichen gekommen war (unbefriedigende Arbeitssituation, zunehmende Spannungen in der Beziehung zum Freund, Verringerung der Freizeitkontakte im Bekanntenkreis).

Therapiedurchführung
Zum Wiederaufbau des Verstärkernetzes von Frau A. wurden folgende therapeutische Strategien herangezogen: a) graduelle Wiederaufnahme der Freizeitkontakte anhand von Aktivitätsplänen, b) graduelle Veränderung der ungünstigen beruflichen Situation anhand von gestuften Aufgaben, und c) Verbesserung der Partnerbeziehung durch Problemlösungstraining und Verhaltenskontrakte. Gleichzeitig wurden anhand der von Frau A. geführten täglichen Aktivitäts- und Stimmungsprotokolle kognitive Umstrukturierungsprozesse unter folgenden Aspekten initiiert: a) Herstellung eines Zusammenhangs zwischen verstärkenden Aktivitäten und Stimmung, und b) Verständnis der eigenen Verstärkerhierarchien und der Bedeutung von einigermaßen ausbalancierten Verstärkergewichtungen. Die Sitzungen wurden, da die Patientin auswärts wohnte, alle 14 Tage je zwei Stunden abgehalten; Gesamtdauer der Therapie inklusive der diagnostischen Phase ein Jahr.

Ergebnisse
Am Ende der Therapie war die depressive Symptomatik behoben (Beck-Score 5); Frau A. war wie vor Beginn der Störung sozial und beruflich wieder gut integriert. Eine Nachkontrolle nach einem Jahr ergab ein Anhalten des Erfolgs (Beck-Score 10).

6. Zur praktischen Durchführung und zur Effizienz der neueren psychologischen Depressionstherapien

Im folgenden seien exemplarisch eine Fallstudie (vgl. **Kasten 1**) und eine empirische Gruppenstudie (vgl. **Kasten 2**) aus dem Feld kognitiv-verhaltenstherapeutischer Depressionsbehandlung referiert. Die Fallstudie von Blöschl (1986) berichtet über die behavioral-kognitive – verstärkungsorientierte – Therapie einer Patientin mit reaktiver Depression (im Sinne von ICD-9). In der Untersuchung von Hollon et al. (1992) wurden die Effekte einer Kognitiven Therapie nach Beck bei Patienten mit der Diagnose einer Major Depression («Major depressive disorder, nonbipolar, nonpsychotic») empirisch überprüft, wobei als Vergleichsgruppen eine Gruppe mit medikamentöser Behandlung sowie eine Gruppe mit kombinierter kognitiv-medikamentöser Behandlung herangezogen wurden.

Kasten 2
Therapeutische Gruppenstudie (Hollon et al., 1992)

Fragestellung
Vergleichende Überprüfung der Wirksamkeit kognitiver Therapie, medikamentöser Therapie und kombinierter kognitiv-medikamentöser Therapie bei Patienten mit Major Depression (DSM-IV) in ambulanter Behandlung.

Methode
• *Patientenstichprobe und Gruppenzuordnung:* 107 Patienten mit der Diagnose «Major depressive disorder, nonbipolar, nonpsychotic»; Erstellung der Diagnose und Bestimmung des Schweregrads der depressiven Symptomatik mittels Interview- und Testverfahren; Zuordnung der Patienten zu drei Therapiegruppen: kognitive Therapie, medikamentöse Therapie und kombinierte kognitiv-medikamentöse Therapie.

• *Behandlungsform und -dauer:* Kognitive Therapie: Einzelbehandlung sensu Beck; 20 Sitzungen von je 50 Minuten Dauer über 12 Wochen verteilt; die Behandlungen wurden von vier erfahrenen Psychotherapeuten durchgeführt. Medikamentöse Therapie: Imipramin-Behandlung über 12 Wochen; einmal wöchenlich Arztkontakte (Kontrolle der Medikation und stützende Gespräche); Dauer der Kontakte anfangs je etwa 50 Minuten, später je etwa 30 Minuten; die Behandlungen wurden von vier erfahrenen Psychiatern durchgeführt. Kombinierte kognitiv-medikamentöse Therapie: beide Modalitäten wie oben beschrieben.

• *Untersuchungsverfahren:* Mehrere standardisierte Selbst- und Fremdeinschätzungsmaße zur Erfassung der depressiven Symptomatik, darunter das Beck-Depressions-Inventar (BDI) und die Hamilton Rating Scale for Depression (HRSD). Erhebung der Variablen in jeder der drei Therapiegruppen zu drei Meßzeitpunkten: Beginn der Behandlung; sechs Wochen nach Behandlungsbeginn; zwölf Wochen nach Behandlungsbeginn (Ende der Therapie). Vergleich der Veränderungen in den drei Therapiegruppen über die verschiedenen Meßzeitpunkte hinweg.

Ergebnisse
Am Ende der Behandlung erwiesen sich alle drei Therapiegruppen als in sehr signifikantem Ausmaß gebessert; zwischen den Gruppen waren keine überzufälligen Unterschiede im Ausmaß der erzielten Symptomreduktionen festzustellen, wenngleich eine nicht-signifikante Tendenz zum besseren Abschneiden der Kombinationsgruppe gegenüber den beiden anderen Gruppen zu verzeichnen war. Zur klinischen Signifikanz: Für die insgesamt 64 Patienten, die das vollständige Behandlungsprogramm absolviert hatten, ergaben sich nach dem Kriterium eines BDI-Werts von 9 und weniger Punkten (remittiert bzw. weitgehend remittiert) am Ende der Therapie folgende Responder-Raten: kognitive Therapiegruppe 62%, medikamentöse Therapiegruppe 56%, kombinierte Therapiegruppe 69% (Unterschiede nicht signifikant).

Die Durchführung von empirischen Gruppenvergleichen zur Wirksamkeit psychologischer Intervention bei Depressionen ist in letzter Zeit rasch intensiviert worden; sowohl für die Kognitive Therapie sensu Beck und für verschiedene behavioral-kognitive Programme als auch für die Interpersonelle Psychotherapie sensu Klerman und Weissman liegen solche Kontrolluntersuchungen heute bereits in größerer Anzahl vor. Dabei standen in der Anfangsphase Vergleiche mit unbehandelten Kontrollgruppen, nichtspezifischen Gesprächs- und Kontakttherapien und einsichtsorientierten psychotherapeutischen Kurzzeitverfahren im Vordergrund; seit einigen Jahren nehmen Vergleiche mit pharmakotherapeutischen Behandlungsmethoden, insbesondere mit der Anwendung trizyklischer Antidepressiva, im Zug dieser Bemühungen breiten Raum ein (vgl. **Kasten 2**).

Eine auch nur annähernd detaillierte Darstellung dieses ebenso umfangreichen wie komplexen Forschungsfelds würde über den Rahmen des vorliegenden Artikels weit hinausgehen; vgl. dazu Hautzinger (1993); Grawe, Donati und Bernauer (1994); Jarrett (1995); sowie die Beiträge des Themenhefts von Hautzinger und de Jong-Meyer (1996). Global formuliert spricht die empirische Befundlage trotz zahlreicher noch offener Fragen deutlich dafür, daß mit den neueren psychologischen Therapiezugängen wirksame Möglichkeiten zur Behandlung von depressiven Störungen zur Verfügung stehen; in den modalitätsübergreifenden Studien haben sich die Wirkungen dieser Therapien überwiegend als jenen einer Antidepressiva-Therapie vergleichbar erwiesen, d. h. daß die psychologischen Interventionsverfahren als effiziente Alternativen zu den psychiatrisch-medikamentösen Standardverfahren in Betracht zu ziehen sind. Am breitesten fundiert ist bislang die Kognitive Therapie nach Beck; auch die Wirksamkeit der Interpersonellen Psychotherapie nach Klerman und Weissman ist jedoch empirisch bereits relativ gut gestützt; desgleichen gilt für die behavioral-kognitiven Interventionsprogramme, daß ihre Effekte ausreichend belegt sind, um ihnen im Repertoire potentieller Behandlungszugänge einen Platz zuzumessen. Daß die derzeit verfügbaren psychologischen Methoden zur Depressionsbehandlung ebensowenig wie die derzeit verfügbaren somatotherapeutischen Methoden

ein Allheilmittel darstellen, ist dabei allerdings ebenfalls nachdrücklich festzuhalten. Sowohl auf medikamentösem Weg als auch mittels Kognitiver Verhaltenstherapie und mittels Interpersoneller Psychotherapie lassen sich zwar jeweils für eine größere Gruppe von depressiven Patienten, aber keineswegs für alle von ihnen klinisch relevante Besserungen erreichen. Die berichteten Responder-Raten am Behandlungsende sind für jede dieser Interventionsformen im Durchschnitt (bei erheblicher Schwankungsbreite) etwa bei 60 bis 70 Prozent angesiedelt, d. h. daß auf diesem Gebiet nach wie vor noch viel kontinuierliche Forschungsarbeit zu leisten bleibt.

Die Hoffnungen, die in den letzten Jahren auf die möglichen Vorteile einer Kombination von psychologischen und medikamentösen Verfahren zur Depressionsbehandlung gesetzt worden sind, haben sich bisher nur in recht eingeschränktem Umfang erfüllt; entgegen der Erwartung zeigt sich in den empirischen Vergleichsstudien, daß die Wirkungen der Kombinationstherapien am Ende der Behandlung häufig jenen der beiden Einzelmodalitäten äquivalent oder ihnen nur partiell überlegen sind (vgl. **Kasten 2**). Eine bedeutsame Befundtendenz zeichnet sich in bezug auf die Erfolgsquoten in den Nachkontrollen ab; Ergebnisse, die für ein besseres Abschneiden kognitiv-verhaltenstherapeutisch behandelter bzw. kombiniert behandelter Patienten gegenüber rein medikamentös behandelten Patienten speziell in den Langzeiteffekten sprechen, sind in mehreren Untersuchungen mitgeteilt worden (Evans et al., 1992; Hautzinger & de Jong-Meyer, 1996). Wenngleich diese Befunde noch einer breiten empirischen Absicherung bedürfen, so verdienen sie doch angesichts des hohen Rückfall- bzw. Rezidivrisikos depressiver Störungen sorgfältige Aufmerksamkeit (vgl. Frank, Johnson & Kupfer, 1992; Jarrett, 1995).

7. Abschließende Bemerkungen

Von den aktuellen Entwicklungslinien und Aufgabenschwerpunkten im Bereich der psychologischen Intervention bei Depressionen sind einige schon hervorgehoben worden; einige weitere seien hier ergänzend angeführt. Besonderes Augenmerk wird gegenwärtig der Adaptation kognitiv-behavioraler und interpersonell-therapeutischer Verfahren zur Behandlung von depressiven Störungen im Kindes- und Jugendalter gewidmet (Reynolds & Johnston, 1994); desgleichen wird in wachsendem Ausmaß versucht, das therapeutische Potential dieser Verfahren für die Behandlung von chronischen und von therapieresistenten Depressionen fruchtbar zu machen (Mason, Markowitz & Klerman, 1993; Zimmer, 1995). Im Hinblick auf die Anliegen der Rückfall- und Rezidivprophylaxe sind neuerdings Versuche zur Fortführung der psychologischen Interventionsprogramme über einen gewissen Zeitraum nach Abklingen der depressiven Symptomatik hinweg bzw. zur vorbeugenden Anwendung solcher Programme bei ehemals depressiven Patienten zunehmend in den Vordergrund getreten (Frank, Johnson & Kupfer, 1992; Herrle & Kühner, 1994). Über die aktuellen Bestrebungen, kognitiv-behaviorale Strategien zur Primärprophylaxe – zur Prävention bei Personen mit erhöhtem Depressionsrisiko – heranzuziehen, informieren Munoz und Ying (1993).

Nicht weniger vielfältig als die Probleme, die unter diesen und anderen angewandt-klinischen Aspekten zur Bearbeitung anstehen, sind freilich auch die Probleme, denen sich die therapeutische Grundlagenforschung gegenübersieht. Wie ist es zu erklären, daß die Effekte unterschiedlicher psychologischer Verfahren zur Depressionsbehandlung ebenso wie die Effekte medikamentöser Behandlung einander im großen und ganzen bemerkenswert ähnlich sind? Wie ist es zu erklären, daß die Vorteile kombinierter psychologisch-medikamentöser Therapiezugänge offensichtlich geringer ausgeprägt sind als eigentlich zu erwarten? Auf der ätiologischen Ebene wird im Sinn des «final common pathway»-Konzepts (Whybrow, Akiskal & McKinney, 1984) heute weitgehend anerkannt, daß depressive Zustandsbilder das Resultat einer Entwicklung darstellen, die von verschiedenen psychologisch-psychosozialen und physiologischen Ausgangspunkten her eingeleitet werden kann; die oben umrissenen Befundtrends scheinen für unipolare Depressionen bzw. für bestimmte Formen unipolarer Depressionen in ähnlicher Weise die Annahme einer «gemeinsamen therapeutischen Endstrecke» nahezulegen. In bezug auf die Wege, die zu dieser gemeinsamen Endstrecke führen – in bezug auf die spezifischen und/oder generellen Wirkfaktoren und Wirkprozesse, die den erzielten Effekten zugrundeliegen –, steht unser Wissen zur Zeit jedoch noch in den Anfängen; die einschlägigen empirischen Detailanalysen haben bisher erst sehr vorläufige und inkonsistente Ergebnisse erbracht (Rehm, 1995; Blöschl, 1996). Im Interesse theoretischer Erkenntnisfortschritte und längerfristig auch im praktisch-therapeutischen Interesse werden vermehrte Forschungsbemühungen in dieser Richtung in den nächsten Jahren unerläßlich sein.

8. Literatur

Abramson, L. Y., Seligman, M. E. P. & Teasdale, J. D. (1978). Learned helplessness in humans: Critique and reformulation. *Journal of Abnormal Psychology, 87*, 49–74.

Beach, S. R. H. (1996). Marital therapy in the treatment of depression. In C. Mundt, M. J. Goldstein, K. Hahlweg & P. Fiedler (Eds.), *Interpersonal factors in the origin and course of affective disorders* (pp. 341–361). London: Gaskell.

Beck, A. T. (1970). *Depression. Causes and treatment.* Philadelphia: University of Pennsylvania Press.

Beck, A. T., Rush, A. J., Shaw, B. F. & Emery, G. (1994). *Kognitive Therapie der Depression* (4. Aufl.). Weinheim: Psychologie Verlags Union.

Becker, R. E., Heimberg, R. G. & Bellack, A. S. (1987). *Social skills training treatment for depression.* New York: Pergamon.

Bemporad, J. R. (1992). Psychoanalytically orientated psychotherapy. In E. S. Paykel (Ed.), *Handbook of affective disorders* (2nd ed., pp. 465–473). Edinburgh: Churchill Livingstone.

Blöschl, L. (1986). Verhaltenstherapie. In S. K. D. Sulz (Hrsg.), *Verständnis und Therapie der Depression* (S. 105–121). München: Reinhardt.

Blöschl, L. (1996). Zum Vergleich und zur Kombination psychologischer und medikamentöser Depressionsbehandlung: Zwischenbilanz und Ausblick. Editorial. *Zeitschrift für Klinische Psychologie, 25*, 79–82.

Buchanan, G. M. & Seligman, M. E. P. (Eds.). (1995). *Explanatory style.* Hillsdale, New Jersey: Lawrence Erlbaum.

Cappeliez, P. (1993). Depression in elderly persons: Prevalence, predictors, and psychological intervention. In P. Cappeliez & R. J. Flynn (Eds.), *Depression and the social environment. Research and intervention with neglected populations* (pp. 332–368). Montreal & Kingston: McGill-Queen's University Press.

Evans, M. D., Hollon, S. D., DeRubeis, R. J., Piasecki, J. M., Grove, W. M., Garvey, M. J. & Tuason, V. B. (1992). Differential relapse following cognitive therapy and pharmacotherapy for depression. *Archives of General Psychiatry, 49*, 802–808.

Fava, M. & Rosenbaum, J. F. (1995). Pharmacotherapy and somatic therapies. In E. E. Beckham & W. R. Leber (Eds.), *Handbook of depression* (2nd ed., pp. 280–301). New York: Guilford.

Frank, E., Johnson, S. & Kupfer, D. J. (1992). Psychological treatments in prevention of relapse. In S. A. Montgomery & F. Rouillon (Eds.), *Long-term treatment of depression* (pp. 197–228). Chichester: Wiley.

Gotlib, I. H. & Colby, C. A. (1987). *Treatment of depression. An interpersonal systems approach.* New York: Pergamon.

Grawe, K., Donati, R. & Bernauer, F. (1994). *Psychotherapie im Wandel. Von der Konfession zur Profession.* Göttingen: Hogrefe.

Hautzinger, M. (1993). Kognitive Verhaltenstherapie und Pharmakotherapie bei Depressionen: Überblick und Vergleich. *Verhaltenstherapie, 3,* 26–34.

Hautzinger, M. & de Jong-Meyer, R. (Hrsg.). (1996). Depression (Themenheft). *Zeitschrift für Klinische Psychologie, 25* (2).

Hautzinger, M., Stark, W. & Treiber, R. (1994). *Kognitive Verhaltenstherapie bei Depressionen. Behandlungsanleitungen und Materialien* (3. Aufl.). Weinheim: Psychologie Verlags Union.

Herrle, J. & Kühner, C. (Hrsg.). (1994). *Depression bewältigen. Ein kognitiv-verhaltenstherapeutisches Gruppenprogramm nach P. M. Lewinsohn.* Weinheim: Psychologie Verlags Union.

Hollon, S. D., DeRubeis, R. J. & Evans, M. D., Wiemer, M. J., Garvey, M. J., Grove, W. M. & Tuason, V. B. (1992). Cognitive therapy and pharmacotherapy for depression. Singly and in combination. *Archives of General Psychiatry, 49,* 774–781.

Hoofdakker van den, R. & Berkestijn van, J. (1993). Biologische Behandlung. In F. A. Albersnagel, P. M. G. Emmelkamp & R. van den Hoofdakker (Hrsg.), *Depression. Theorie, Diagnostik und Behandlung* (S. 145–190). Göttingen: Verlag für Angewandte Psychologie.

Jarrett, R. B. (1995). Comparing and combining short-term psychotherapy and pharmacotherapy for depression. In E. E. Beckham & W. R. Leber (Eds.), *Handbook of depression* (2nd ed., pp. 435–464). New York: Guilford.

Kanfer, F. H. (1971). The maintenance of behavior by self-generated stimuli and reinforcement. In A. Jacobs & L. B. Sachs (Eds.), *The psychology of private events* (pp. 39–59). New York: Academic Press.

Klerman, G. L. & Weissman, M. M. (1982). Interpersonal psychotherapy: Theory and research. In A. J. Rush (Ed.), *Short-term psychotherapies for depression* (pp. 88–106). Chichester: Wiley.

Klerman, G. L. & Weissman, M. M. (Eds.). (1993). *New applications of interpersonal psychotherapy.* Washington, DC: American Psychiatric Press.

Lewinsohn, P. M. (1975). The behavioral study and treatment of depression. In M. Hersen, R. M. Eisler & P. M. Miller (Eds.), *Progress in behavior modification* (Vol. 1, pp. 19–64). New York: Academic Press.

Lewinsohn, P. M., Antonuccio, D. O., Steinmetz, J. L. & Teri, L. (1984). *The Coping with Depression Course. A psychoeducational intervention for unipolar depression.* Eugene, Oregon: Castalia Publishing Company.

Lewinsohn, P. M. & Gotlib, I. H. (1995). Behavioral theory and treatment of depression. In E. E. Beckham &

W. R. Leber (Eds.), *Handbook of depression* (2nd ed., pp. 352–375). New York: Guilford.

Lewinsohn, P. M., Hoberman, H., Teri, L. & Hautzinger, M. (1985). An integrative theory of depression. In S. Reiss & R. R. Bootzin (Eds.), *Theoretical issues in behavior therapy* (pp. 331–359). Orlando, Florida: Academic Press.

Mason, B. J., Markowitz, J. C. & Klerman, G. L. (1993). Interpersonal psychotherapy for dysthymic disorders. In G. L. Klerman & M. M. Weissman (Eds.), *New applications of interpersonal psychotherapy* (pp. 225–264). Washington, DC: American Psychiatric Press.

McLean, P. (1981). Remediation of skills and performance deficits in depression. Clinical steps and research findings. In J. F. Clarkin & H. I. Glazer (Eds.), *Depression. Behavioral and directive intervention strategies* (pp. 179–204). New York: Garland.

McLean, P. D. & Hakstian, A. R. (1979). Clinical depression: Comparative efficacy of outpatient treatments. *Journal of Consulting and Clinical Psychology, 47,* 818–836.

McLean, P. D. & Hakstian, A. R. (1990). Relative endurance of unipolar depression treatment effects: Longitudinal follow-up. *Journal of Consulting and Clinical Psychology, 58,* 482–488.

Munoz, R. F. & Ying, Y.-W. (1993). *The prevention of depression. Research and practice.* Baltimore: The Johns Hopkins University Press.

Paykel, E. S. (Ed.). (1992). *Handbook of affective disorders* (2nd ed.). Edinburgh: Churchill Livingstone.

Rehm, L. P. (1977). A self-control model of depression. *Behavior Therapy, 8,* 787–804.

Rehm, L. P. (1988). Self-management and cognitive processes in depression. In L. B. Alloy (Ed.), *Cognitive processes in depression* (pp. 143–176). New York: Guilford.

Rehm, L. P. (1995). Psychotherapies for depression. In K. D. Craig & K. S. Dobson (Eds.), *Anxiety and depression in adults and children* (pp. 183–208). Thousand Oaks, Calif.: Sage.

Rehm, L. P., Kaslow, N. J. & Rabin, A. S. (1987). Cognitive and behavioral targets in a self-control therapy program for depression. *Journal of Consulting and Clinical Psychology, 55,* 60–67.

Reynolds, W. M. & Johnston, H. F. (Eds.). (1994). *Handbook of depression in children and adolescents.* New York: Plenum.

Seligman, M. E. P. (1974). Depression and learned helplessness. In R. J. Friedman & M. M. Katz (Eds.), *The psychology of depression: Contemporary theory and research* (pp. 83–113). New York: Wiley.

Seligman, M. E. P. (1992). *Erlernte Hilflosigkeit* (4., erw. Aufl.). Weinheim: Psychologie Verlags Union.

Sulz, S. K. D. (Hrsg.). (1986). *Verständnis und Therapie der Depression.* München: Reinhardt.

Thase, M. E. (1994). Cognitive-behavioral therapy of severe unipolar depression. In L. Grunhaus & J. F. Greden (Eds.), *Severe depressive disorders* (pp. 269–296). Washington, DC: American Psychiatric Press.

Wacker, H.-R. (1995). *Angst und Depression. Eine epidemiologische Untersuchung.* Bern: Huber.

Wahl, R. (1994). *Kurzpsychotherapie bei Depressionen. Interpersonelle Psychotherapie und kognitive Therapie im Vergleich.* Opladen: Westdeutscher Verlag.

Whybrow, P. C., Akiskal, H. S. & McKinney, W. T., Jr. (1984). *Mood disorders. Toward a new psychobiology.* New York: Plenum.

Wolpe, J. (1971). Neurotic depression: Experimental analog, clinical syndromes, and treatment. *American Journal of Psychotherapy, 25,* 362–368.

Wolpe, J. (1990). *The practice of behavior therapy* (4th ed). New York: Pergamon Press.

Zimmer, F.T. (1995). Forschungsstand und Strategien kognitiver Verhaltenstherapie bei chronischen und therapieresistenten Depressionen. In G. Lenz & P. Fischer (Hrsg.), *Behandlungsstrategien bei therapieresistenter Depression* (S. 93–101). Stuttgart: Thieme.

37. Angststörungen
37.1 Klassifikation und Diagnostik

Roselind Lieb und Hans-Ulrich Wittchen

Inhaltsverzeichnis

1. Normale und pathologische Angst

Eine wesentliche Voraussetzung für die spezifische Indikationsstellung einer Angststörung ist die möglichst trennscharfe Differenzierung von *Angst als Primäremotion* mit ihren affektiven, körperlichen und kognitiven Komponenten, *Ängstlichkeit* als Persönlichkeitsmerkmal, die differentialdiagnostische Unterscheidung verschiedener Formen *pathologischer Angst* untereinander, und die Abgrenzung pathologischer Angst von anderen Formen psychischer Störungen. Übergreifende Merkmale pathologischer Angst sind: (1) Die Angstreaktionen und das Vermeidungsverhalten werden von den Betroffenen als eigentlich unbegründet, unangemessen stark und unangemessen häufig erlebt, (2) die betroffene Person beginnt zu vermeiden und verliert die Kontrolle über die Angst, (3) die Angstreaktionen treten konsistent und überdauernd auf und (4) es kommt zu ausgeprägtem Leiden sowie Beeinträchtigungen der Lebensqualität. Pathologische Angst ist das Leitsymptom der Angststörungen. Sie kann jedoch auch bei anderen psychischen Störungen (z.B. Depression) und bei körperlichen Erkrankungen (z.B. endokrine Störungen) vorkommen. Besonders häufig zeigen sich Angstzustände bei akuten schwergradigen affektiven Störungen (Depressionen und bipolare Störungen), psychotischen Erkrankungen (z.B. Schizophrenie) und progredienten Stadien der Substanzabhängigkeiten (z.B. während des Entzugssyndroms). Eine sorgfältige differentialdiagnostische Abklärung ist daher bei der Diagnosestellung einer Angststörung von größter Bedeutung.

Die Abgrenzung normaler Angst und Ängstlichkeit von verschiedenen Formen pathologischer Angst wurde in den letzten Jahren erheblich durch die Einführung expliziter diagnostischer Kriterien sowie operationalisierter Diagnosealgorithmen erleichtert. Die zwei im wesentlichen gut übereinstimmenden, Klassifikationssysteme für Forschung und Praxis sind die ICD-10 (World Health Organization, 1992), zusammen mit ihren eindeutiger formulierten diagnostischen Forschungskriterien (World Health Organization, 1993), und die auf der Merkmalsebene wesentlich differenziertere 4. Revision des DSM (DSM-IV; American Psychiatric Association, 1994, 1996). **Tabelle 1** zeigt die klassifikatorische Struktur dieser beiden

Systeme im Bereich der Angststörungen und einige Anmerkungen zu ihren Unterschieden. Da das DSM-IV wesentlich ausführlicher als die ICD-10 die Störungsbilder beschreibt, werden wir uns in den folgenden Ausführungen immer auf die DSM-IV Kategorien beziehen. Die entsprechenden F-Nummern der ICD-10 werden jeweils in Klammern angegeben.

Tabelle 1: Die Klassifikation von Angststörungen in der ICD-10 und im DSM-IV

ICD-10 Klassifikation	DSM-IV Klassifikation	Hauptunterschiede
F4 Neurotische, Belastungs- und somatoforme Störungen	**Angststörungen**	im DSM-IV mit Ausnahme der Klammerdiagnosen unter Angststörungen klassifiziert
F40 Phobische Störungen		
F40.0 Agoraphobie		– Im DSM-IV ausführlichere
.00 ohne Panikstörung	Agoraphobie ohne Panikstörung	Kriterien und mehr differential-
.01 mit Panikstörung	Panikstörung mit Agoraphobie	diagnostische Hinweise
F40.1 Soziale Phobien	Soziale Phobie	– Im DSM-IV mehr Subtypen,
F40.2 Spezifische (isolierte Phobien)	Spezifische Phobie	insbesondere bei Phobien
F40.8 Sonstige phobische Störungen	Nicht näher bez. Angststörung	
F40.9 Nicht näher bez. phob. Störungen	Nicht näher bez. Angststörung	
F41 Sonstige Angststörungen		
F41.0 Panikstörung	Panikstörung ohne Agoraphobie	– Wenn Agoraphobie und Panik-
.00 mittelgradig	–	störung erfüllt sind, wird das
.01 schwer	–	Symptombild in der ICD-10 als Agoraphobie, im DSM als Panikstörung klassifiziert
F41.1 Generalisierte Angststörung	Generalisierte Angststörung	
F41.2 Angst u. depressive Störung, gemischt	(Angst-depress.-Störung, gemischt)	– Mischformen fehlen im DSM
F41.3 Sonstige gemischte Angststörung	–	
F41.8 Sonstige näher bez. Angststörung	Nicht näher bez. Angststörung	
F41.9 Nicht näher bez. Angststörungen	Nicht näher bez. Angststörung	
F42 Zwangsstörungen		
F42.0 Zwangsgedanken/Grübelzwang	Zwangsstörung	– Keine Unterteilung im DSM
F42.1 Zwangshandlungen/-rituale	–	– statt dessen im DSM Subtypen nach Einsichtsfähigkeit
F42.2 Zwangsgedanken/-handlungen gemischt	–	
F42.8 Sonstige Zwangsstörungen	Nicht näher bez. Angststörung	
F42.9 Nicht näher bez. Zwangsstörung	Nicht näher bez. Angststörung	
F43 Reaktionen auf schwere Belastungen und Anpassungsstörungen		
F43.0 Akute Belastungsreaktion	Akute Belastungsstörung	– Anpassungsstörungen sind im
F43.1 Posttraumat. Belastungsstörung	Posttraumatische Belastungsstörung	DSM eine eigene Störungsgruppe außerhalb der Angst-
F43.2 Anpassungsstörungen	(Anpassungsstörung)	störungen
F43.8 Sonstige Reaktion auf schwere Belastung	(–)	– DSM hat nur eine Residualkategorie Angststörung NNB
F43.9 Nicht näher bez. Reaktion auf schwere Belastung	(–)	

2. Klassifikation

Sowohl die ICD-10 als auch das DSM-IV betonen die Notwendigkeit, spezifische Angststörungen wesentlich differenzierter als in der Vergangenheit sowohl für den Querschnitt als auch für die gesamte Lebensspanne zu erfassen. Wann immer notwendig, sollen mehr als eine Diagnose aus dem Kapitel Angststörungen und auch Diagnosen aus anderen Störungskapiteln vergeben werden (= Komorbidität). Damit wird neueren Forschungserkenntnissen Rechnung getragen, die zeigten, daß früh (z.B. in der Kindheit) auftretende phobische Störungen anderen psychischen Störungen vorausgehen und sowohl den Krankheitsverlauf wie auch die Auswahl geeigneter Behandlungsstrategien beeinflussen können. Beide Systeme gehen primär deskriptiv phänomenologisch vor. Für jedes Störungsbild werden dabei detailliert diejenigen Merkmale beschrieben bzw. vorgegeben, die vorliegen müssen, um eine Diagnose vergeben zu können. Traditionelle ätiologische Modellüberlegungen, wie z.B. das Neurosenkonzept, werden weitgehend aufgegeben.

Die Aufsplittung der alten breiten Kategorien «Angstneurose» und «Phobie» in verschiedene Einzeldiagnosen wird begründet mit vielfältigen Befunden aus der Grundlagen- und Anwendungsforschung, die z.B. im Falle der Differenzierung Generalisierte Angststörung und Panikstörung (früher zusammengefaßt unter Angstneurose) grundlegende Unterschiede hinsichtlich Ätiologie, Pathogenese, Prognose und Ansprechen auf Therapie erbracht haben (vgl. Kap. zur Ätiologie und zur Therapie).

Als einige relevante Unterschiede zwischen der ICD-10 und dem DSM-IV sind zu nennen:

(1) Das DSM-IV faßt Angststörungen wesentlich weiter als die ICD-10, da hier auch die Zwangsstörung, die Posttraumatische Belastungsstörung und die Angststörungen im Kindes- und Jugendalter als Angststörungen klassifiziert werden.

(2) In der ICD-10 wird die Agoraphobie hierarchisch höher eingestuft als die Panikstörung. In der Praxis bedeutet dies, daß nach dem DSM-IV mehr Panikstörungen diagnostiziert werden, die nach der ICD-10 als Agoraphobie mit Panikstörung eingeordnet werden.

(3) Die Generalisierte Angsterkrankung wird in der ICD-10 über eine lange Liste von 22 Symptomen definiert, von denen mindestens vier, davon zumindest ein vegetatives Symptom, erfüllt sein müssen. Das DSM-IV verlangt zur Diagnosestellung drei von sechs vorgegebenen Symptomen. Hier sind nach der ICD-10 häufiger Diagnosenstellungen als nach dem DSM-IV zu erwarten.

(4) Im Gegensatz zum DSM-IV verzichtet die ICD-10 weitestgehend auf spezifische psychosoziale Einschränkungskriterien und schlägt statt dessen oft die unscharfe Formulierung «klinisch» bedeutsam vor.

(5) Die ICD-10 betont verschiedene, unscharf definierte Mischdiagnosen (z.B. Angst-Depression, gemischt), die im DSM-IV nur im Anhang als Forschungskategorien aufgeführt sind. Hier sollen Zustandsbilder diagnostiziert werden, die nie bei den Betroffenen die vollen Kriterien einer spezifischen Angststörung oder einer Depression erfüllten, aber trotzdem zu klinisch bedeutsame Leiden führten.

(6) Das DSM-IV betont die Bedeutung von organisch- und substanzbedingten Angstsyndromen und gibt der expliziten Differentialdiagnostik substanzinduzierter bzw. auf einen medizinischen Krankheitsfaktor zurückgehender Angststörungen wesentlich mehr Raum als die ICD-10.

Jede einzelne Angststörung wird in beiden Klassifikationssystemen anhand relativ eindeutig beschriebener Kriterien und einem darauf aufbauenden diagnostischen Algorithmus operationalisiert (**Tab. 2**). Auch diese Operationalisierung ist im DSM-IV sehr viel ausführlicher als in den vergleichbaren Forschungskriterien der ICD-10. Im folgenden soll für jede der im DSM-IV angeführten Angststörungen eine kurze Charakterisierung gegeben werden.

2.1 Die phobischen Störungen

• *Agoraphobie (F40.0)*. Als Agoraphobie wird die Angst vor oder das Vermeiden von Plätzen oder Situationen bezeichnet, in denen eine Flucht beim Auftreten stark beeinträchtigender, panik-

Tabelle 2: DSM-IV Kriterien für Panikattacke, Panikstörung und Soziale Phobie (American Psychiatric Association, 1996, S. 455, 456, 463, 479, 480)

Kriterien für Panikattacke

Beachte! Eine Panikattacke ist keine kodierbare Störung. Kodiert wird die spezifische Diagnose, innerhalb der die Panikattacken auftreten (z. B. F40.01, Panikstörung mit Agoraphobie).

Eine klar abgrenzbare Episode intensiver Angst und Unwohlseins, bei der mindestens 4 der nachfolgend genannten Symptome abrupt auftraten und innerhalb von 10 Minuten einen Gipfel erreichten:
(1) Palpitationen, Herzklopfen oder beschleunigter Herzschlag
(2) Schwitzen
(3) Zittern oder Beben
(4) Gefühl der Kurzatmigkeit oder Atemnot
(5) Erstickungsgefühle
(6) Schmerzen oder Beklemmungsgefühle in der Brust
(7) Übelkeit oder Magen-Darm-Beschwerden
(8) Schwindel, Unsicherheit, Benommenheit oder der Ohnmacht nahe sein
(9) Derealisation (Gefühl der Unwirklichkeit) oder Depersonalisation (sich losgelöst fühlen)
(10) Angst, die Kontrolle zu verlieren oder verrückt zu werden
(11) Angst zu sterben
(12) Parästhesien (Taubheit oder Kribbelgefühle)
(13) Hitzewallungen oder Kälteschauer

Diagnostische Kriterien (F40.01) Panikstörung mit Agoraphobie

A. Sowohl (1) wiederkehrende unerwartete Panikattacken wie auch (2) auf mindestens eine der Attacken folgte mindestens ein Monat mit mindestens einem der nachfolgend genannten Symptome: a) anhaltende Besorgnis über das Auftreten weiterer Panikattacken , b) Sorgen über die Bedeutung der Attacke oder ihrer Konsequenzen (z. B. die Kontrolle zu verlieren, einen Herzinfarkt zu erleiden, verrückt zu werden, c) deutliche Verhaltensänderung infolge der Attacken.

B. Es liegt eine Agoraphobie vor.

C. Die Panikattacken gehen nicht auf die direkte körperliche Wirkung einer Substanz (z. B. Droge, Medikament) oder eines medizinischen Krankheitsfaktors (z. B. Hyperthyreose) zurück.

D. Die Panikattacken werden nicht durch eine andere psychische Störung besser erklärt, wie z. B. Soziale Phobie (z. B. Panikattacken nur bei Konfrontation mit gefürchteten sozialen Situationen), Spezifische Phobie (z. B. Panikattacken nur bei Konfrontation mit spezifischer phobischer Situation), Zwangsstörung (z. B. Panikattacken nur bei Konfrontation mit Schmutz bei zwanghafter Angst vor Kontamination), Posttraumatische Belastungsstörung (z. B. Panikattacken nur als Reaktion auf Reize, die mit einer schweren, belastenden Situation assoziiert sind) oder Störung mit Trennungsangst (z. B. Panikattacken als Reaktion auf die Abwesenheit von zu Hause oder von engen Angehörigen)

Diagnostische Kriterien (F40.1) Soziale Phobie

A. Eine ausgeprägte und ständige Angst vor einer oder mehreren sozialen Leistungssituationen, in denen die Person mit unbekannten Personen konfrontiert ist oder von anderen Personen beurteilt werden könnte. Die Person befürchtet, ein Verhalten (oder Angstsymptome) zu zeigen, das demütigend oder peinlich sein könnte. Beachte: Bei Kindern muß gewährleistet sein, daß das Kind im Umgang mit bekannten Personen über die altersentsprechende soziale Kompetenz verfügt und die Angst muß gegenüber Gleichaltrigen und nicht nur in der Interaktion mit Erwachsenen auftreten.

B. Die Konfrontation mit der gefürchteten sozialen Situation ruft fast immer eine unmittelbare Angstreaktion hervor, die das Erscheinungsbild einer situationsgebundenen oder einer situationsbegünstigten Panikattacke annehmen kann. Beachte: Bei Kindern kann sich die Angst durch Weinen, Wutanfälle, Gelähmtsein oder Zurückweichen ausdrücken.

C. Die Person erkennt, daß die Angst übertrieben oder unbegründet ist. Beachte: Bei Kindern darf dieses Kriterium fehlen.

D. Die gefürchteten sozialen oder Leistungssituationen werden vermieden oder nur unter intensiver Angst ertragen.

E. Das Vermeidungsverhalten, die ängstliche Erwartungshaltung oder das starke Unbehagen in den gefürchteten sozialen oder Leistungssituationen beeinträchtigen deutlich die normale Lebensführung der Person, ihre berufliche (oder akademische) Leistung oder soziale Aktivitäten oder Beziehungen, oder die Phobie verursacht erhebliches Leiden.

F. Bei Personen unter 18 Jahren hält die Phobie über mindestens 6 Monate an.

G. Die Angst oder Vermeidung geht nicht auf die direkte körperliche Wirkung einer Substanz (z.B. Droge, Medikament) oder eines medizinischen Krankheitsfaktors zurück und kann nicht besser durch eine andere psychische Störung (z.B. Panikstörung mit oder ohne Agoraphobie, Störung mit Trennungsangst, Körperdysmorphe Störung, Tiefgreifende Entwicklungsstörung oder Schizoide Persönlichkeitsstörung) erklärt werden.

H. Falls ein medizinischer Krankheitsfaktor oder eine andere psychische Störung vorliegen, so stehen diese nicht in Zusammenhang mit der unter Kriterium A beschriebenen Angst, z.B. nicht Angst vor Stottern, Zittern bei Parkinson'scher Erkrankung oder davor, ein abnormes Eßverhalten bei Anorexia Nervosa oder Bulimia Nervosa zu zeigen.

ähnlicher oder extrem peinlicher Symptome schwer möglich oder keine Hilfe zu erwarten wäre. In der ICD-10 wird die Agoraphobie danach unterschieden, ob sie mit (F40.00) oder ohne Panikstörung (F40.01) auftritt. Dem gegenüber wird im DSM-IV die Diagnosenkombination Agoraphobie und Panikstörung als Panikstörung mit Agoraphobie diagnostiziert.

• *Spezifische Phobie (F40.2)*. Als Spezifische Phobie werden konsistent auftretende, klinisch bedeutsame Angstreaktionen beschrieben, die durch die tatsächliche oder befürchtete Konfrontation mit einem bestimmten gefürchteten Objekt oder einer bestimmten Situation ausgelöst werden und häufig zu Vermeidungsverhalten führen. Die Person erkennt dabei die Unangemessenheit.

• *Soziale Phobie (F40.3)*. Soziale Phobie bezeichnet klinisch bedeutsame, konsistente Angstreaktionen, die durch die tatsächliche oder befürchtete Konfrontation mit sozialen- oder Leistungssituationen ausgelöst werden und in der Regel zu Vermeidungsverhalten führen (s. **Tab. 2**).

2.2 Panikstörung und Generalisierte Angststörung

• *Panikattacke*. Die Panikattacke ist zwar keine kodierbare Störung, allerdings als zentrales psychopathologisches Syndrom von großer differentialdiagnostischer Bedeutung und wird deshalb im DSM-IV ausführlich diskutiert. Als Panikattacke wird ein abgrenzbarer Zeitraum bezeichnet, in dem starke und überwältigende Angst, Besorgnis oder Schrecken plötzlich einsetzen und häufig mit dem Gefühl drohenden Unheils einhergehen. Während dieser Attacken treten Symptome, wie z.B. Kurzatmigkeit, Palpitationen, Brustschmerzen oder körperliches Unbehagen, Erstickungsgefühle, Atemnot, die Angst, verrückt zu werden oder die Kontrolle zu verlieren, auf.

• *Panikstörung (F41.0)*. Hauptmerkmal der Panikstörung sind wiederkehrende, unerwartete und für die Betroffenen nicht erklärbare Angst- bzw. Panikattacken. Mit den Panikattacken sind in der Folge die dauerhafte Sorge vor dem Auftreten solcher Anfälle und den damit verbundenen Konsequenzen verbunden. Panikattacken sind plötzlich, d.h. unerwartet, auftretende Zustände intensiv erlebter Angst, die begleitet werden von einer Vielzahl körperlicher und psychischer Symptome und dem Gefühl andauernder Bedrohung. Panikanfälle steigern sich innerhalb von Minuten zu einem Höhepunkt und dauern im Mittel 20 bis 30 Minuten an. Sie können jedoch auch erheblich kürzer oder erheblich länger andauern. Die meisten Angstanfälle treten spontan und unerwartet auf (wie aus heiterem Himmel). Sie entstehen zumeist ohne für die Betroffenen erkennbare Ursachen und sind nicht immer an bestimmte Situationen gebunden. Ohne konsequente Behandlung kommt es in der Folge meistens zu Vermeidungsverhalten, im Rahmen dessen die

Brückenphobie: Durch das konsequente Meiden des gefürchteten Objektes beraubt sich der Phobiker der Möglichkeit, seine Angst zu löschen bzw. zu bewältigen.

Betroffenen ihren Lebensstil einschränken und Orte oder Situationen meiden, in denen Angstanfälle auftreten könnten.

• *Generalisierte Angststörung (F41.1).* Die Generalisierte Angststörung ist durch monatelang (nach den DSM-IV mindestens 6 Monate) anhaltende, übertriebene und unrealistische Ängste und Sorgen gekennzeichnet. Diese beziehen sich in der Regel auf Alltagssituationen und alltägliche Probleme. Dabei tritt ein charakteristisches Cluster von muskulären, autonomen und kognitiven Symptomen auf.

2.3 Weitere Angststörungen

Neben den oben erwähnten Angststörungen definiert das DSM-IV neben Mischbildern (Angst-Depression, gemischt, vgl. DSM-IV; American Psychiatric Association, 1996) noch weitere Angststörungen, die in der ICD-10 in anderen Kapiteln abgehandelt werden.

• *Organische (F06.4) und substanzinduzierte Angststörungen (F1x.8).* Unter diese Störungsbilder faßt das DSM-IV «Angststörungen aufgrund eines medizinischen Krankheitsfaktors», bei denen charakteristisch vorherrschende Angstsymptome auftreten, welche eindeutig als direkte körperliche Folge eines medizinischen Krankheitsfaktors angesehen werden können, und «Substanzinduzierte Angststörungen», die als direkte körperliche Folge einer Droge, eines Medikaments oder einer toxischen Exposition auftreten.

• *Zwangsstörungen (F42).* Hauptmerkmale dieser Störungsbilder sind wiederkehrende Zwangsgedanken oder Zwangshandlungen, die sehr zeitaufwendig sind (mehr als 1 Stunde/Tag) oder ausgeprägte Belastung oder deutliche Beeinträchtigung verursachen. Die Person erkennt, daß die Zwangsgedanken oder Zwangshandlungen übertrieben oder unbegründet sind. Zwangsgedanken sind anhaltende Ideen, Gedanken, Impulse oder Vorstellungen, die als aufdringlich und unangemessen wahrgenommen werden und ausgeprägte Angst oder Leiden verursachen. Zwangshandlungen sind sich wiederholende Verhaltensweisen (z.B. Händewaschen, Ordnen, Prüfen) oder geistige Handlungen (z.B. Beten, Zählen, Wörter leise wiederholen), deren Ziel es ist, Angst oder Unwohlsein zu verhindern oder zu reduzieren und nicht, Wohlbefinden oder Befriedigung hervorzurufen. In den meisten Fällen fühlt sich die Person gezwungen, die Zwangshandlung auszuführen, um das Unwohlsein, das die Zwangsgedanken begleitet, zu reduzieren oder die befürchteten Ereignisse oder Situationen zu verhindern. Per Definition sind Zwangshandlungen entweder deutlich übertrieben oder stehen in keinem sinnvollen Zusammenhang zu dem, was sie zu neutralisieren oder zu verhindern versuchen. Widersteht die Person der Zwangshandlung, so hat sie das Gefühl wachsender Angst oder Anspannung. Dies nimmt wieder ab, wenn der Zwangshandlung nachgegeben wird. Die Zwangsstörungen werden in der ICD-10–ungleich dem DSM-IV–nicht den Angststörungen zugeordnet.

• *Posttraumatische Belastungsstörung (F43.1).* Die Posttraumatische Belastungsstörung (PTSD) ist durch das Wiedererleben einer traumatischen Erfahrung gekennzeichnet. Das Trauma führt initial zu massiver emotioneller Belastung, die über viele Monate andauert, und zwar in Form von vielfältigen Symptomen eines erhöhten Arousals, des Wiedererlebens und der Vermeidung von Reizen, die mit dem Trauma assoziiert sind.

3. Diagnostik

3.1 Differentialdiagnostik

Im Rahmen der differentialdiagnostischen Abklärung einer berichteten Angstsymptomatik muß zunächst abgeklärt werden, ob eine Angststörung vorliegt und falls ja, welche. Diese Abklärung stellt eine *komplexe* Aufgabe dar, so daß das Heranziehen der DSM-IV-Entscheidungsbäume (vgl. **Abb. 1**) und der Gebrauch diagnostischer Interviews für eine reliable und valide Befunderhebung und Differentialdiagnose anzuraten ist.

Zur standardisierten Befunderhebung nach dem DSM-IV liegen derzeit folgende Verfahren vor: das *Diagnostische Expertensystem für Psychische Störungen* (DIA-X, Wittchen & Pfister, 1997), das *Strukturierte Klinische Interview für DSM-IV* (SKID, Wittchen, Wunderlich, Gruschwitz & Zaudig, 1997), das *Composite International Diagnostic Interview* (CIDI, Wittchen, Pfister & Garczynski, 1998) oder das *Diagnostische Interview bei psychischen Störungen* (F-DIPS, Margraf, Schneider, Soeder, Neumer & Becker, 1996).

3.2 Selbst- und Fremdbeurteilungsverfahren

Zur Objektivierung und Quantifizierung von Angstmerkmalen (nicht Angstdiagnosen) sind eine Vielzahl von Angstskalen (Selbst- wie Fremdbeurteilungsverfahren, vgl. **Tab. 3**) entwickelt worden (s. auch Margraf & Bandelow, 1997). Ihre Reliabilität und Validität sind allerdings – insbesondere in Bezug auf die oben genannten neuen Störungsgruppen der ICD-10 und des DSM-IV – zumeist nur unzureichend gesichert. Die meisten Skalen wurden noch an den älteren Störungskategorien «Angstneurose» und «Phobie» validiert. Zu unterscheiden ist zwischen Breitbandverfahren, die konstruktbezogen mehrere Aspekte psychischer Probleme abdecken (z.B. die Subskalen Unsicherheit, phobische Angst und Ängstlichkeit in der SCL-90, Franke, 1995) und störungsspezifischen Fragebögen, die Informationen zu ganz spezifischen Störungsbildern erfassen wollen (z.B. der Fragebogen zur sozialen Angst; Fydrich, Kasten & Scheurich, 1995). Die Mehrzahl der angegebenen Verfahren, wie z.B. die *Fear Survey Schedule* (Schulte, 1976), sind als Selbstbeurteilungsverfahren einzustufen. Fremdbeurteilungsverfahren werden, mit Ausnahme der *Hamilton Angst Skala* (HAM-A; CIPS, 1996), eher selten eingesetzt. Die meisten dieser Verfahren werden zur Erfassung diagnoserelevanter Informationen und zur Veränderungs- und Erfolgsmessung eingesetzt. Aufgrund des Fehlens von Parallelversionen ist der Einsatz dieser Instrumente zur Veränderungsmessung jedoch als methodisch unbefriedigend zu beurteilen.

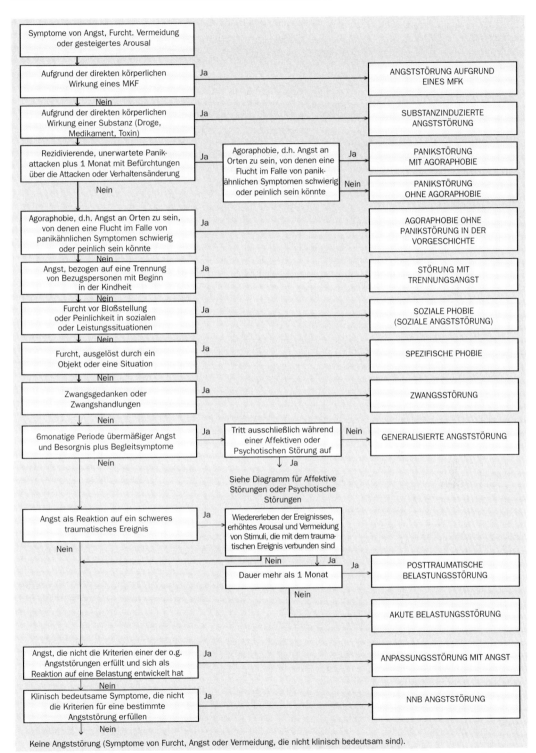

Abbildung 1: Differentialdiagnose der Angststörungen – Entscheidungsbaum – nach DSM-IV (American Psychiatric Association, 1996, S. 786–787).

Tabelle 3: Selbstbeurteilungs- und Fremdbeurteilungsverfahren (nur HAMA)

Verfahren	Beschreibung	Altersbereich	Zeitaufwand
Allgemeine Psychopathologie			
SCL-90-R Symptom-Checkliste von Derogatis (deutsche Version Franke, 1995)	90 Items; Somatisierung, Zwanghaftigkeit, Unsicherheit im Sozialkontakt, Depressivität, Ängstlichkeit, Aggressivität, phobische Angst, Psychotizismus, paranoides Denken	ab 14 Jahren	20 Min.
FBL-R Freiburger Beschwerdeliste (Fahrenberg, 1994)	80 Items; aktuelle, situative und chronisch habituelle psychische, somatische und psychovegetative Beschwerden	ab 16 Jahren	10 Min.
BAI Beck Anxiety Inventory (Beck & Steer, 1993)	21 Items; Ausmaß unterkognitiver und physiologischer Angstsymptome	ab 17 Jahren	5–10 Min.
HAMA Hamilton Angst Skala (CIPS, 1996)	14 Items; psychische und somatische Auswirkungen der Angst	ab 14 Jahren	15 Min.
Störungsspezifische Psychopathologie Paniksyndrom/Agoraphobie			
ACQ Fragebogen zu angstbezogenen Kognitionen (Ehlers, Margraf & Chambless, 1993)	14 Items; Ausmaß angstbezogener Kognitionen wie körperliche Krisen, Kontrollverlust, Vermeidung	ab 16 Jahren	5 Min.
BSQ Fragebogen zur Angst vor körperlichen Symptomen (Ehlers, Margraf & Chambless, 1993)	17 Items; Ausmaß der Angst vor der Angst und der Angst vor körperlichen Symptomen	ab 16 Jahren	5 Min.
MI Mobilitätsinventar (Ehlers, Margraf & Chambless, 1993)	27 Items; Ausmaß agoraphobischen Vermeidungsverhaltens; Einschätzung einmal mit und einmal ohne Begleitung	ab 16 Jahren	5 Min.
Sozialphobie			
UFB Unsicherheitsfragebogen (Ullrich de Muynck & Ullrich, 1977)	65 Items; Erfassung sozialer Ängste und Fertigkeiten	ab 16 Jahren	15 Min.
SPAI Fragebogen zur sozialen Angst (deutsche Übersetzung von Fydrich, Kasten & Scheurich, 1995)	32 Items; kognitive, somatische und behaviorale Dimensionen der Angst	ab 16 Jahren	10 Min.
Spezifische Phobie/Phobien			
FSS III Fear Survey Schedule (Wolpe & Lang, 1964; deutsche Version in Schulte, 1967)	76 Items; Angst vor tierischen nichtmenschlichen Organismen; soziale Angst; Angst vor medizinisch-diagnostischen Maßnahmen	ab 16 Jahren	20 Min.
Zwangsstörung			
MOC Maudsley Zwangsinventar (Hodgson & Rachman, 1977; deutsche Version in Reinecker, 1991)	30 Items; Waschen/Reinigen, Kontrollieren, Langsamkeit, Zweifeln	ab 16 Jahren	10 Min.

HZI	Hamburger Zwangsinventar (Zaworka et al., 1993)	118 Items; Kontrollhandlungen, Gedanken-zwänge, Ordnen, Zählen, Waschen	ab 16 Jahren	20 Min.
HZI-K	Hamburger Zwangsinventar – Kurzform (Klepsch et al., 1993)	72 Items; Kontrollhandlungen, Gedanken-zwänge, Ordnen, Zählen, Waschen	ab 16 Jahren	15 bis 20 Min.
Posttraumatische Belastungsreaktion				
IES	Impact of Event Scale (Horowitz, Wilner & Alvarz, 1979; deutsche Bearbeitung Ferring & Filipp, 1994)	16 Items; belastende Erinnerungen, Gedanken- und Situationsvermeidung	ab 18 Jahren	5 Min.
Angst (bei Kindern)				
K-A-T	Kinder-Angst-Test (Thurner & Tewes, 1975)	19 Items; allgemeine Ängstlichkeit als überdauerndes Persönlichkeitsmerkmal	9–15 Jahre	15–30 Min.
Phobien (bei Kindern)				
FSS-FC	Fear Schedule for Children (Scherer & Nakamura, 1968; deutsche Übersetzung in Schulte, 1976)	80 Items; Angst vor Versagen und Kritik, Unbekanntem, Gefahren und Tod, Verletzungen und kleinen Tieren, Krankheiten und Ärzten	9–12 Jahre	20 Min.
AFS	Angstfragebogen für Schüler (Wieczerkowski, Nickel, Janowski, Fittkau & Rauer, 1981)	50 Items; allgemeine (manifeste) Angst, Schulunlust, soziale Erwünschtheit, Prüfungsangst	9–16/17 Jahre	10–25 Min.

3.3 Tagebücher

Eine kontinuierliche und detaillierte Analyse des Problemverhaltens ist von entscheidender Bedeutung für Therapieplanung, -durchführung und Rückfallprophylaxe. Zur Erfassung von störungsspezifischem Problemverhalten hat sich in den letzten Jahren der Einsatz von Tagebüchern entscheidend durchgesetzt (siehe Übersicht Schneider & Margraf, 1996). Hier werden, je nach Art des Tagebuchs, Beschwerdenstärke und -häufigkeit, Angstauslöser, Gedanken und Gefühle und Konsequenzen in übersichtlicher Form täglich von der Person registriert und schriftlich festgehalten. Diese Informationen werden mit als Grundlage für die Therapieindikation herangezogen. Zusätzlich bieten sie therapeutische Ansatzpunkte in der sich anschließenden therapeutischen Intervention (z.B. in der kognitiven Therapie). Derzeit sind zur Erfassung von Angststörungen folgende Tagebücher unterschiedlicher Komplexität gebräuchlich: Marburger Angst-Tagebuch, Marburger Aktivitäts-Tagebuch (Margraf & Schneider, 1990), das Generalisierte Angsttagebuch (Wittchen, Schuster & Vossen, 1997) und das Angsttagebuch für Panikstörungen (in Boerner et al., 1997).

4. Schlußbemerkungen

Die Diagnostik von Angststörungen nach den operationalisierten Kriterien des DSM-IV bzw. der ICD-10 erfordert den Einsatz strukturierter oder standardisierter diagnostischer Interviews. Diese sind der erste Baustein einer umfassenden psychologischen Diagnostik von Störungsverhalten. Im Rahmen einer therapieorientierten Diagnostik sind die Interviews aus strategischen Überlegungen zu Beginn der diagnostischen Phase, z.B. im Erstgespräch oder in der Anamneseerhebung, und nicht erst im weiteren Verlauf einzusetzen. Diagnostische Interviews erlauben die effiziente Bestimmung psychopathologischer Zielbereiche der Therapie, eine erste Indikationsstellung sowie die Ermittlung grober psychopathologischer Ausschlußkriterien einer psychologischen Behandlung (vgl. Kapitel Therapie). Besondere Beachtung sollte bei der Diagnostik einer differenzierten Beurteilung der Komorbidität geschenkt werden, das heißt der Frage, welche Diagnosen bei den Patienten im Lebensverlauf diagnostiziert werden können und in welcher Reihenfolge die psychopathologischen Phänomene auftreten (Wittchen & Vossen, 1996). Zusätzliche wesentliche störungs- und therapierelevante Informationen können anschließend in der Problemanalyse und während der Behandlung mit den erwähnten Fremd- und Selbstbeschreibungsverfahren erhoben werden. Diese Verfahren erlauben, die während einer Therapie erreichten Änderungen kontinuierlich zu erfassen und als Verlauf darzustellen.

5. Literatur

American Psychiatric Association.(1994). *Diagnostic and Statistical Manual of Mental Disorders* (4th ed.). Washington D.C.: American Psychiatric Association.

American Psychiatric Association.(1996). *Diagnostisches und statistisches Manual psychischer Störungen – DSM-IV* (Deutsche Bearbeitung und Einleitung: Saß, H., Wittchen, H. U., Zaudig, M.). Göttingen: Hogrefe.

Beck, A. T. & Steer, R. A. (1993). *Beck Anxiety Inventory.* San Antonio: The Psychological Cooperation.

Boerner, R. J., Gülsdorff, B., Margraf, J., Osterheider, M., Philipp, M. & Wittchen, H.-U. (1997). *Die Panikstörung – Diagnose und Behandlung.* Stuttgart: Schattauer.

CIPS. (1996). *Internationale Skalen für Psychiatrie* (4. überarbeitete und erweiterte Aufl.). Weinheim: Beltz.

Ehlers, A., Margraf, J. & Chambless, D. (Hrsg.). (1993). *Fragebogen zu körperbezogenen Ängsten, Kognitionen und Vermeidung (AKV).* Weinheim: Beltz.

Fahrenberg, J. (1994). *Die Freiburger Beschwerdenliste.* Göttingen: Hogrefe

Ferring, D. & Filipp, S.-H. (1994). Teststatistische Überprüfung der Impact of Event-Skala: Befunde zur Reliabilität und Stabilität. *Diagnostica, 40,* 344–362.

Franke, G. (1995). *SCL-90-R. Die Symptomcheckliste von Derogatis. Deutsche Version.* Göttingen: Testzentrale.

Fydrich, T., Kasten, E. & Scheurich, A. (1995). *Fragebogen zur sozialen Angst.* Psychologisches Institut der Universität Heidelberg.

Hodgson, R. J. & Rachman, S. J. (1977). Obsessional-compulsive complaints. *Behaviour Research and Therapy, 15,* 389–395.

Horowitz, M. J., Wilner, N. & Alvarz, W. (1979). Impact of Event Scale: A measure of subjective stress. *Psychosomatic Medicine, 41,* 209–218.

Klepsch, R., Zaworka, W., Hand, I., Lünenschloß, K. & Jauernig, G. (1993). *Hamburger Zwangsinventar – Kurzform (HZI-K).* Weinheim: Beltz.

Margraf, J. & Bandelow, B. (1997). Empfehlungen von Meßinstrumenten in der klinischen Angstforschung. *Zeitschrift für Klinische Psychologie, 26,* 150–156.

Margraf, J. & Schneider, S. (1990). *Panik. Angstanfälle und ihre Behandlung* (2. überarbeitete Aufl.). Berlin: Springer.

Margraf, J., Schneider, S., Soeder, U., Neumer, S. & Becker, E. S. (1996). *Diagnostisches Interview bei psychischen Störungen–Forschungsversion. F-DIPS.* Dresden: Technische Universität, Klinische Psychologie und Psychotherapie.

Reinecker, H. S. (1991). *Zwänge: Diagnose, Theorien und Behandlung.* Bern: Huber.

Scherer, M. & Nakamura, C. Y. (1968). A fear survey schedula for children (FSS-FC): A factor analytic comparison with manifest anxiety (MAS). *Behaviour Research and Therapy, 6,* 173-182.

Schneider, S. & Margraf, J. (1996). Fragebogen, Ratingskalen und Tagebücher für die verhaltenstherapeutische Praxis. In J. Margraf (Hrsg.), *Lehrbuch der Verhaltenstherapie* (Bd. 2, S. 189–200). Berlin: Springer.

Schulte, D. (Hrsg.). (1976). *Diagnostik in der Verhaltenstherapie* (2. Aufl.). München: Urban & Schwarzenberg.

Thurner, F. & Tewes, U. (1975). *Der Kinder-Angst-Test (KAT)* (3. Aufl.). Göttingen: Hogrefe.

Ullrich de Muynck, R. & Ullrich, R. (1977). *Unsicherheitsfragebogen (UFB).* Göttingen: Hogrefe.

Wieczerkowski, W., Nickel, H., Janowski, A., Fittkau, B. & Rauer, W. (1981). *Angstfragebogen für Schüler (AFS)* (6. Aufl.). Göttingen: Hogrefe.

Wittchen, H.-U., & Vossen, A. (1996). Komorbiditätsstrukturen bei Angststörungen. Häufigkeit und mögliche Implikationen. In J. Margraf (Hrsg.), *Lehrbuch der Verhaltenstherapie* (Bd. 1, S. 217–233). Berlin: Springer.

Wittchen, H.-U., Pfister, H. & Garczynski, E. (1998). *Composite International Diagnostic Interview (CIDI).* Göttingen: Hogrefe.

Wittchen, H.-U., Schuster, P. & Vossen, A. (1997). *Generalisierte Angst – Ihr Therapieratgeber.* Bristol-Myers Squibb, ZNS-Service. München: Mosaik.

Wittchen, H.-U., Wunderlich, U., Gruschwitz, S. & Zaudig, M. (1997). *Strukturiertes Klinisches Interview für DSM-IV (SKID).* Göttingen: Hogrefe.

Wolpe, J. & Lang, P.J. (1964). A fear survey schedule for use in behavior therapy. *Behaviour Research and Therapy, 2,* 27–30.

World Health Organization. (1992). *The ICD-10 classification of mental and behavioral disorders. Clinical descriptions and diagnostic guidelines.* Geneva: World Health Organization.

World Health Organization. (1993). *Tenth revision of the international classification of diseases, chapter V: Mental and behavioral disorders. Diagnostic criteria for research.* Geneva: World Health Organization.

Zaworka, W., Hand, I., Jauernig, G. & Lünenschloß, K. (1983). *Hamburger Zwangsinventar (HZI).* Weinheim: Beltz.

37.2 Angststörungen: Ätiologie/Bedingungsanalyse

Roselind Lieb und Hans-Ulrich Wittchen

Inhaltsverzeichnis

1. Ätiologie von Angststörungen

Die Frage, welche Ursachen den Angststörungen zugrundeliegen oder *warum* eine Angststörung entsteht (Ätiologie), kann bislang weniger gut beantwortet werden als die Frage, *wie* es zu dem Vollbild einer klinisch bedeutsamen und behandlungsbedürftigen Angststörung kommt (Pathogenese). Bisherige Ansätze zur Erklärung von Angststörungen sind primär pathogenetische Modelle. Sie sind multifaktoriell und nehmen nicht nur ein komplexes Zusammenspiel von verschiedenen personeninternen und externen Faktoren an, sondern betonen darüber hinaus, daß a) nicht nur die pathogenetischen Variablen auf das Individuum, sondern umgekehrt auch das Individuum auf diese Variablen einwirkt, und daß b) die pathogenetischen Variablen nicht als Konstanten, sondern als in einem dynamischen Prozeß *veränderliche* Variablen aufgefaßt werden. Solche methodisch schwer zu überprüfenden, komplexen Wechselwirkungsmodelle, die die Entstehung und Aufrechterhaltung einer Störung erklären wollen, werden als sogenannte dynamische *Diathese-Streß-Modelle* bezeichnet. Sie gehen allgemein davon aus, daß Angststörungen durch aktuelle und chronische Belastungen (= Streß) unterschiedlichster Art (soziale, psychologische, biologische) vor dem Hintergrund der Veranlagung des Betroffenen (= Diathese) entstehen. Als Diathese (auch Prädisposition, Vulnerabilität, Anfälligkeit) werden biologische, genetische, familiengenetische, kognitive (z.B. früh erworbene Denkstile, Störungen der Informationsverarbeitung, usw.) und umweltbezogene Faktoren angenommen. Es wird dann versucht, eine Störung über die zeitlich dynamische Interaktion prädisponierender, auslösender und aufrechterhaltender Faktoren zu erklären. Angenommen wird, daß beim Erwerb der Prädispositionen und bei der Entwicklung und Aufrechterhaltung der Störung operante und klassische Konditionierungsprozesse sowie Modellernen eine entscheidende Rolle spielen.

Das Wissen über derartige *störungsspezifische* Diathese-Streß-Modelle ist eine wesentliche Grundvoraussetzung für die Bedingungsanalyse des Störungsgeschehens und der Therapie, da durch sie die essentiellen Such- und Frageaspekte vorgegeben werden, die im Einzelfall zu beachten sind. In der Bedingungsanalyse wird versucht, diejenigen Variablen zu identifizieren, welche die Störung behavioral bzw. kognitiv bedingen und aufrechterhalten. Sie stellt das strategische Bindeglied zwischen Störungswissen auf der einen und Interventionsplanung und Interventionsdurchführung auf der anderen Seite dar. Klassifikatorische Diagnostik – im Sinne der Zuordnung von kodifizierten Störungskategorien – ist damit *eine* essentielle Voraussetzung für die Auswahl von indizierten Therapiestrategien. Die strategische und konkrete Therapieplanung bzw. Therapiedurchführung muß sich anschließend an der von Patient zu Patient durchaus unterschiedlich ausfallenden individuellen Bedingungsanalyse orientieren.

Die Angstforschung hat in den letzten Jahren überzeugende Belege für recht unterschiedliche pathogenetische Mechanismen bei den verschiedenen Formen von Angsterkrankungen erbracht. Im folgenden werden wir solche pathogenetischen Mechanismen für zwei besonders schwerwiegende und klinisch besonders relevante Störungen, nämlich zum einen die Panikstörung und die mit ihr häufig vergesellschaftete Agoraphobie, und zum anderen die Generalisierte Angststörung, darstellen. Nur am Rande werden wir auf andere Angststörungen, wie z.B. die Soziale Phobie, eingehen.

2. Panikstörung und Agoraphobie

2.1 Phänomenologie und Differentialdiagnose

• *Panikstörung.* Die Panikstörung – inkorrekterweise auch häufig mit den Begriffen frei flottierende Angst oder Herzneurose belegt – stellt in der klinischen Praxis eine relativ häufig auftretende, schwere Form der Angststörung dar. Gekennzeichnet ist sie durch wiederholt auftretende, unerwartete Panikattacken, in deren Folge langandauernde Sorgen und Befürchtungen über das Auftreten weiterer Attacken und deren Konsequenzen und Implikationen bestehen. Als Panikstörung mit Agoraphobie wird das häufig gemeinsame Vorliegen von Panikattacken und Agoraphobie bezeichnet. Der Verlauf kann durch eine sekundäre Depression und/oder Substanzmißbrauch (Komorbidität) verkompliziert werden. Im Rahmen der Differentialdiagnostik sollte geprüft werden, ob organische Ursachen (z.B. Hypoglykäme oder Hyperthyreose) ausgeschlossen werden können. Weiter sollte festgestellt werden, ob die Symptomatik nicht ausschließlich im Rahmen eines Substanzmittelentzuges oder einer anderen psychischen Störung (z.B. schwerwiegende Major Depression oder Panikattacken bei einer spezifischen Phobie) auftritt.

Ätiologie und Krankheitsmodell der Panikstörung und somit auch das diesbezügliche Krankheitsmodell sind in den letzten Jahren einem konzeptionellen Wandel unterlegen, was bedeutsam ist für die Erfassung, Diagnose und daraus abzuleitende Therapie von Panikstörungen. Für die *klinische Betrachtung* und die daraus resultierenden therapeutischen Konsequenzen sind insbesondere die psychophysiologische und kognitiv-lerntheoretische Konzeptualisierung von Bedeutung. Eine empirische Fundierung erhalten diese Konzeptualisierungen zusätzlich durch kausal-epidemiologische Studien.

• *Agoraphobie.* Die Agoraphobie ist durch die Angst vor oder das Vermeiden von Plätzen oder Situationen gekennzeichnet, in denen beim Auftreten körperlicher Symptome (z.B. einer Panikattacke) eine Flucht schwer möglich (oder peinlich) oder keine Hilfe zu erwarten wäre. Differentialdiagnostisch grenzt sich die Agoraphobie ohne Panikstörung von derjenigen mit Panikstörung dadurch ab, daß bei der Agoraphobie ohne Panikstörung die Angst vor dem Auftreten plötzlicher, *panikähnlicher* Symptome im Vordergrund steht. Auch hier müssen analog zur Panikstörung organische Faktoren und andere psychische Störungen als Ursachen für die Symptomatik ausgeschlossen werden.

2.2 Biologische Ansätze zur Entstehung und Aufrechterhaltung der Panikstörung

Auf unterschiedlichen Ebenen (Neuropsychologie, Neurobiochemie, Genetik und Neuroendokrinologie) konnte eine Reihe von Faktoren eines gestörten Regelkreises identifiziert werden, die in der Ätiologie und Pathogenese der Panikstörung bedeutsam sind. Für die Agoraphobie liegen in dieser Hinsicht keine spezifischen Erkenntnisse vor, da biologische Ansätze dieses Störungsbild als ein Nebenphänomen der Panikstörung ansehen (s.w.u.). Auslösend

für diese Forschung war zunächst die klinische, allerdings experimentell nicht konsistent bestätigte Arbeitshypothese von Klein und Fink (1962), welche behauptet hatte, daß das trizyklische Antidepressivum Imipramin sich zur Therapie anfallsartiger Angstzustände und weniger zur Therapie sogenannter Generalisierter Angstsyndrome eignen würde. Die Ausgangshypothese dieses Modells sieht initiale spontane (unerwartete) Panikattacken als Ausdruck einer neurobiologisch determinierten Funktionsstörung. Treten diese wiederholt auf, kommt es zu einer Panikstörung und in der Folge zu agoraphobischem Vermeidungsverhalten (Agoraphobie), inadäquatem Bewältigungsverhalten (Alkohol- und Beruhigungsmittelmißbrauch) und Demoralisation (Depression). Indirekte Hinweise auf die Beteiligung unterschiedlicher *zentralnervöser neurochemischer Prozesse* können zur Unterstützung dieser Annahme aus der gut belegten Wirksamkeit pharmakologischer Substanzen gewonnen werden, die auf das noradrenerge und serotonerge System des Zentralnervensystems einwirken. **Abbildung 1** zeigt dieses Modell in einer erweiterten Fassung nach Wittchen (1996).

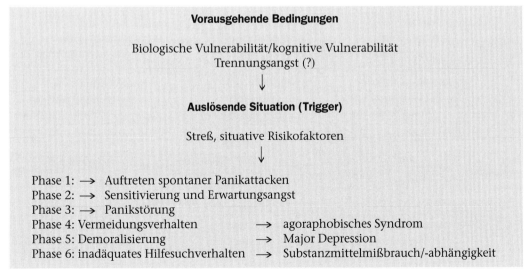

Abbildung 1: Das Modell der Panik nach Klein erweitert nach Wittchen (1996).

Eine zu diesem Modell formulierte Hypothese bezieht sich auf die *noradrenerge Hyperaktivität*, die sich insbesondere in den vermehrten Feuerungsraten noradrenerger Neuronen, die verdichtet im Nucleus Coeruleus lokalisiert sind, zeigt. Experimentell konnte nachgewiesen werden, daß Substanzen wie Imipramin, die primär auf das noradrenerge System zielen, zu einer Down-Regulation dieses Systems führen. Für die besondere *Bedeutung des serotonergen Systems* spricht der Befund, daß Serotonin-Reuptake-Hemmer (SSRI) klinisch zu einer eindeutigen Minderung von Panikattacken und agoraphobischem Vermeidungsverhalten führen. Das serotonerge System, das durch unterschiedliche Rezeptoren (z.B. 5HT-1A, 5HT-1B) prä- und postsynaptisch in unterschiedlichen ZNS-Arealen repräsentiert ist, wird durch diese Substanzen offensichtlich gezielt in seiner Funktionslage verändert. Die Regulationsmechanismen dieses Systems sind komplex und bisher nur annäherungsweise erforscht. Die Wirkung pharmakologischer Substanzen kann aber indirekte Hinweise auf mögliche Pathomechanismen liefern. Die ursprüngliche Hypothese, daß die 5HT-Rezeptoren hypersensitiv bei der Panikstörung sind, wird durch die Hypothese der Stimulation inhibitorischer 5HT-Rezeptoren, insbesondere im septohypocampalen System, ergänzt. Die Interaktion zwischen noradrenergen und serotonergen Systemen bei der Panikstörung ist noch kaum untersucht. Studien zur Posttraumatischen Belastungsstörung weisen jedoch darauf hin, daß diese Systeme miteinander interagieren. Durch die Gabe von SSRI kommt es möglicherweise zu einer Down-Regulation des noradrenergen Systems. Für die Beteiligung des *GABA-Systems* spricht die Wirksamkeit hochpotenter Benzodiazepine, die an GABA-Rezeptoren des ZNS binden. Auch das *Cholecystokinin (CCK)-System* spielt in der Pathophysiologie der Panikstörung eine Rolle. Die orale Gabe von CCK führt bei Panikpatienten zu panikähnlicher Symptomatik und kann durch einen spezifischen Antagonisten blockiert werden.

Ein weiterer Forschungsansatz zur Überprüfung dieser Hypothese ist die *experimentelle Panikprovokation* mit unterschiedlichen Substanzen (z.B. Koffein, Laktatinfusionen, CO_2-Beatmung). Insbesondere die Arbeiten zu CO_2-Inhalation aus den letzten Jahren zeigten übereinstimmend, daß Personen mit Panikstörungen im Vergleich zu Normalpersonen bei der Inhalation unterschiedlicher CO_2-Grade signifikant häufiger panikartige Angstsymptome herausbilden. Diese Befunde führten zu der Annahme einer endogenen CO_2-Rezeptor-Hypersitivität bei Panikpatienten. Nach dieser Annahme aktivieren schon unterschwellige Reize dieses System und rufen in der Folge Hyperventilation und panikähnliche Sensationen hervor. Andere Studien bestätigten, daß ein großer Teil der Panikbetroffenen chronisch leichte Hyperventilation aufweist. Interessant auch zur Erklärung

der Wirksamkeit pharmakologischer Substanzen sind Befunde, die zeigen, daß Imipramin, Alprazolam und Clonazepam die CO_2-Rezeptor-Sensitivität herunterregulieren und in der Lage sind, CO_2-induzierte Panikattacken zu blocken. Allerdings sind die Folgerungen dieser und ähnlicher Panikprovokations-Experimente, daß nämlich die provozierten Panikattacken als Nachweis eines neurobiologischen Defekts angesehen werden können, insbesondere aus psychophysiologischer und kognitiver Perspektive in Frage gestellt worden (s.w.u.).

Aus *neuropsychologischer Sicht* stellt sich die Anfallsangst (Panikstörung) nicht anders dar als sonstige aus dem Situationskontext herausgerissene Verhaltensstereotypien (Strian, 1995). Solche komplexen Erlebens- und Verhaltensbruchstücke treten bei abnormen Erregungen in bestimmten Hirnstrukturen auf, können aber auch durch direkte Reizung dieser Hirnregionen provoziert werden. Die auf diese Weise entstandene Angst hat gleichzeitig alle Merkmale der Panikanfälle, einschließlich der begleitenden psychovegetativen Symptome. Es besteht daher wenig Zweifel, daß auch die Panikanfälle mit Funktionsänderungen dieser Hirnstrukturen verbunden sind, auch wenn die Mechanismen noch im Dunkeln liegen und sicherlich andere Vorgänge als bei epileptischen Angstanfällen ausschlaggebend sind (Strian, 1995).

Darüber hinaus wiesen *genetische* Studien nach, daß die Panikstörung vermutlich auch eine genetisch mitbedingte Erkrankung ist, da sich bei eineiigen Zwillingen überzufällige Häufigkeiten des Auftretens von Panikstörungen zeigten. Eine familiäre Anhäufung wurde auch über familiengenetische Untersuchungen bestätigt, wobei bei der familiären Weitergabe einer Panikstörung psychologische Transmissionsaspekte (Erziehung, Sozialisation) eine sehr große Bedeutung haben (Schneider, 1995).

2.3 Psychologische Ansätze

2.3.1 Zur Entstehung und Aufrechterhaltung der Panikstörung

In jüngerer Zeit wurden mehrere psychologische Modellvorstellungen zur Erklärung der Panikstörung vorgelegt. Clark betonte bereits 1986 die Rolle katastrophisierender Bewertungen von körperlichen Empfindungen bei Panikattacken. Nach diesem Modell entsteht ein Panikanfall dadurch, daß zunächst internale oder externale Reize – aufgrund in diesem Modell noch nicht beschriebener Determinaten – als bedrohlich wahrgenommen werden. Auf diese bedrohliche Wahrnehmung reagiert die Person mit Furcht und körperlichen Veränderungen, die schließlich als gefährlich und lebensbedrohlich bewertet werden. Die Interpretation von Körperempfindungen als Anzeichen einer körperlichen Katastrophe produziert ihrerseits weitere körperliche Symptome, die wiederum als Hinweis auf eine körperliche Bedrohung gewertet werden, usw. Schaukelt sich dieser Prozeß immer weiter hoch, kommt es zu einem Panikanfall. Nach dem komplexeren Erklärungsmodell von Barlow (1988) kommt es bei der Entstehung einer Panikstörung zuerst zu einer falschen Alarmreaktion auf Streß. Eine falsche Alarmreaktion beinhaltet dabei – im Gegensatz zu den phylogenetisch sinnvollen Alarmreaktionen – eine dysfunktionale Fluchtreaktion. Durch eine Assoziation dieser falschen Alarmreaktion mit internalen Reizen können in der Folge interne Reize selbst wiederum eine – nun gelernte – Alarm- bzw. Panikreaktion auslösen. Eine klinische Panikstörung entwickelt sich nach Barlow (1988), wenn eine Person eine Erwartungsangst gegenüber weiteren Panikreak-

tionen aufbaut. Durch diese Erwartungsangst kommt es zu einer gesteigerten Vigilanz und Sensitivität gegenüber internalen Reizen, was die Schwelle für eine weitere Alarm- oder Panikreaktion senkt.

Besonders gut belegt ist das psychophysiologische Modell von Ehlers und Margraf (1989; s. auch Margraf & Schneider, 1996), das ebenfalls die Rolle internaler Reize für die Herausbildung eines Panikanfalls betont. **Abbildung 2** zeigt eine graphische Darstellung dieses Modells.

Als Folge höchst unterschiedlicher möglicher Auslöser (Erregung, Koffein, Hitze) beginnt typischerweise ein Panikanfall mit physiologischen (z. B. Herzklopfen, Schwindel) oder psychischen (z. B. Gedankenrasen, Konzentrationsschwierigkeiten) Veränderungen. Nimmt die betreffende Person diese Veränderungen wahr und assoziiert sie diese mit unmittelbarer massiver Gefahr und Bedrohung, so reagiert sie mit Angst. Durch die Angst werden weitere körperliche und kognitive Veränderungen ausgelöst. Wird auch diese Symptomeskalation wieder wahrgenommen und mit Gefahr verbunden, kommt es zu einer weiteren Angststeigerung. Diese Rückkopplung zwischen Veränderungen, Wahrnehmung, Assoziation mit Gefahr und Angstreaktion kann mehrmals eintreten, so daß es zu einem Aufschaukelungsprozeß kommen

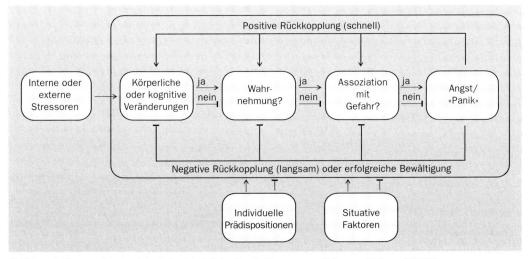

Abbildung 2: Das psychophysiologische Modell der Panikstörung nach Ehlers und Margraf (1989).

kann (spitze Pfeile). Die gegenseitige Aufschaukelung kann schließlich zu einem Panikanfall führen. Ehlers und Margraf (1989) bezeichnen diesen Aufschaukelungsprozeß als psychophysiologischen Teufelskreis; in **Abbildung 2** stellt er den inneren Teil des Modells dar. Die Trennung zwischen den internen Reizen einerseits und ihrer Wahrnehmung andererseits ist nach Ehlers und Margraf (1989) notwendig, da keine direkte Zuordnung besteht. So kann eine Person, z. B. liegend, einen beschleunigten Herzschlag im Ruhezustand alleine deswegen empfinden, weil diese Körperposition die Wahrnehmung des Herzschlages verbessert. Die positive Rückmeldung wird in diesem Beispiel also nicht bei einer Veränderung des Herzschlages, sondern bei dessen Wahrnehmung beginnen. Diese Wahrnehmung könnte nun mit Gefahr assoziiert werden, wobei assoziatve Verbindungen interozeptive Konditionierungsprozesse bis bewußte Interpretationsvorgänge beinhalten.

Ein Panikanfall kann nach dem psychophysiologischen Modell auf zwei Arten beendet werden (Reduktion der Angst): durch die Wahrnehmung von Bewältigungsmöglichkeiten und durch automatisch einsetzende negative Rückkopplungsprozesse (stumpfe Pfeile). Beispiele für negative Rückkopplungsprozesse wären z. B. Habituation, Ermüdung oder respiratorische Reflexe bei Hyperventilation. Als kurzfristig angstreduzierende Bewältigungsmöglichkeiten können Hilfesuch- und Vermeidungsverhalten genannt werden. Weitere Verhaltensweisen, die zu einer Angstreduktion führen können, wären etwa eine Veränderung der Atmung, Ablenkung auf externe Reize oder die Reattribution von Körperempfindungen. Schlagen diese Bewältigungsversuche fehl, kann es zu einem weiteren Angstanstieg kommen.

Auf diese Rückkopplungsprozesse können mehrere Faktoren einen modulierenden Einfluß nehmen. In **Abbildung 2** werden diese Faktoren außerhalb des zentralen Modellteils angeführt. So können sich momentane psychische und körperliche Zustände (z. B. generelles Angstniveau, intensive affektive Zustände, körperliche Erschöpfung, hormonelle Schwankungen) wie auch momentane situative Faktoren (z. B. Angsterleben bei körperlicher Aktivität, exzessiver Nikotin- oder Koffeingebrauch, bestimmte Medikamente und Drogen) kurzfristig auf den Aufschaukelungs-

prozeß auswirken. Eher langfristig wirken hingegen relativ überdauernde situative Einflüsse (z. B. lang anhaltende schwierige Lebenssituationen) und individuelle Prädispositionen der Person. Als Beispiele für individuelle Prädispositionen nennen Ehlers und Margraf (1989) eine Aufmerksamkeitszuwendung auf Gefahrenreize, eine bessere Fähigkeit, Körperempfindungen wahrzunehmen, und lerngeschichtlich erworbene Symptomdeutungen (z. B. kognitive Stile/Schemata über die Bedeutung interner Reize). Die Sorge, daß weitere Panikanfälle auftreten könnten, kann zusätzlich zu einem tonisch erhöhten Angst- und Erregungsniveau führen.

Für das psychophysiologische Modell liegt zwischenzeitlich eine Vielzahl von Belegen vor (Margraf & Schneider, 1996). So konnte z. B. bestätigt werden, daß Panikanfälle häufig mit der Wahrnehmung körperlicher Empfindungen beginnen und Panikpatienten dazu neigen, Körperempfindungen mit Gefahr zu assoziieren. Ferner konnte gezeigt werden, daß es Panikpatienten im Vergleich zu angstfreien Kontrollpersonen oder Personen mit anderen Angststörungen für wahrscheinlicher halten, daß physiologische Reaktionen Schaden anrichten können. Es konnte auch gezeigt werden, daß Panikpatienten eine selektive Aufmerksamkeitszuwendung auf Reize zeigen, die auf eine körperliche Gefahr hindeuten könnten. Auch die positive Rückkopplung von wahrgenommenen Körpersymptomen und Angstreaktionen konnte über eine falsche Rückmeldung der Herzfrequenz nachgewiesen werden. Nicht klären kann das Modell jedoch die Frage, warum es überhaupt zu einem allerersten Panikanfall kommt. Ob eine spezifische genetische Transmission hierbei von Bedeutung ist, kann aus der oben diskutierten familiären Häufung nicht hinreichend überzeugend abgeleitet werden. Möglicherweise wird nur eine unspezifische Vulnerabilität weitergegeben, während die Ausformung des spezifischen Störungsbildes eher durch Umweltfaktoren beeinflußt wird (Andrews, Stewart, Allen & Henderson, 1990; Kendler, Neale, Kessler, Heath & Eaves, 1992). Hinweise darauf, wie eine psychologische Transmission der Panikstörung aussehen könnte, können den Studien von Ehlers (1993) und Schneider (1995) entnommen werden. Grob zusammengefaßt verweisen deren Befunde darauf, daß zur Herausbildung einer Panikstörung spezifische Erfahrungen in der Kindheit und Jugend bedeutsam sein könnten. Speziell der elterliche Umgang mit panikrelevanten Symptomen könnte ein wichtiger Umweltfaktor für die Herausbildung einer Panikstörung sein. Als Vermittlungsweg scheint nach bisherigen Erkenntnissen das Modelllernen für die Transmission bedeutsam zu sein.

Eine weitere wesentliche Theorie, die lange Zeit viel Beachtung fand, ist die Hyperventilationstheorie (Ley, 1987). Diese Theorie nimmt an, daß Hyperventilation die Ursache für die Entwicklung einer Panikstörung sei. Die zentralen Annahmen der Theorie konnten allerdings empirisch nicht bestätigt werden. Weder chronische noch akute Hyperventilationen zeigen sich regelmäßig bei Panikfällen. Kognitive Faktoren scheinen hingegen eine wesentlich größere Rolle zu spielen. So konnte gezeigt werden, daß durch entsprechende Instruktionen bei Hyperventilation subjektive und physiologische Angstreaktionen hervorgerufen oder beseitigt werden können. Margraf und Schneider (1996) weisen darauf hin, daß Hyperventilation heute weniger als ätiologische Theorie, sondern vielmehr als therapeutischer Ansatzpunkt von Bedeutung sein könnte. Hyperventilation kann benutzt werden, um bei Personen mit einer Panikstörung die gefürchteten körperlichen Symptome zu provozieren, die dann im Rahmen einer Reattributionsübung bearbeitet werden können.

Verschiedene andere Autoren (z. B. Beck & Emery, 1985) sehen hingegen im Rahmen ähnlicher Annahmen kognitive Faktoren (kognitiv-lerntheoretische Konzeption) als entscheidend für Entstehung und Entwicklung einer Panikstörung an. Ungefährliche Situationen werden nach dieser Konzeption inadäquat umgedeutet und als gefahrvoll interpretiert. Als spezielle Faktoren für agoraphobe Vermeidensweisen werden latente Ängste vor Situationen genannt, die auch tatsächlich bedrohlich sein können (enge, geschlossene Räume, überfüllte Geschäfte, bestimmte soziale Situationen usw.). Unter situativen Belastungen sei es für die Betroffenen dann häufig schwierig, ihre gefühlsmäßigen Reaktionen auf die Situation einzustimmen und die entstehenden (i. d. R. übertriebenen) Ängste auf ihren Sinngehalt hin zu überprüfen.

2.3.2 Erklärungsansätze bei der Agoraphobie

Innerhalb der lerntheoretischen Konzeptualisierung von allen Phobien – so auch der Agoraphobie – war die sogenannte Zwei-Faktoren-Theorie zunächst ein einflußreicher theoretischer Ansatz. Bei der heutigen Behandlung des agoraphoben Vermeidungsverhaltens dient diese Theorie häufig noch als Grundlage für die Indikationsstellung entsprechender verhaltenstherapeutischer Verfahren. Die Zwei-Faktoren-Theorie (Mowrer, 1960) nimmt an, daß bei Phobien ursprünglich neutrale Reize aufgrund traumatischer Ereignisse mit einem zentralen motivationalen Angstzustand assoziiert werden (klassische Konditionierung) und die darauffolgende Vermeidung dieser – nun aversiven – Reize durch den Abbau dieses unangenehmen Angstzustands verstärkt wird (operante Konditionierung). Trotz guter Übereinstimmung mit tierexperimentellen Befunden erwies sich diese Theorie jedoch als nicht hinreichend zur Erklärung klinischer Phobien und Agoraphobien. Weder können sich viele phobische Personen an entsprechende traumatische Ereignisse zu Beginn der Störung erinnern, noch waren die Versuche erfolgreich, Phobien bei Menschen entsprechend zu konditionieren (vgl. Nicht-Replikation des Experimentes mit dem kleinen Albert von Watson & Rayner, 1920).

In ihren Überlegungen zur Entstehung der Agoraphobie unterscheiden Goldstein und Chambless (1978) in einer überarbeiteten Version dieser Theorie zwei Formen der Agoraphobie: die einfache, an traumatische Ereignisse gebundene Agoraphobie und die weitaus häufigere und komplexe Form der Agoraphobie, die sich zumeist primär durch Angst vor der Angst auszeichnet. Die hierbei zu beobachtende Neigung, Körperempfindungen als Hinweis auf Bedrohung und Krankheit zu werten und hierauf mit Angst zu reagieren, wurde auch als Angstsensitivität (Reiss & McNally, 1985) beschrieben. Goldstein und Chambless betonten ebenfalls die Rolle interozeptiver Konditionierung. Körperempfindungen, wie schneller Herzschlag, werden dadurch zu konditionierten Reizen für Panikanfälle, welche selbst wiederum mit externen Situationen durch Konditionierung höherer Ordnung gekoppelt werden können. Obwohl viele Aspekte dieser Überlegungen inzwischen als belegt gelten können, sind die Annahmen zu den spezifischen Prädispositionen und Auslösern nach wie vor fraglich. Faktoren wie erhöhte Ängstlichkeit, Selbstunsicherheit, Abhängigkeit und die Unfähigkeit, Auslöser unangenehmer Emotionen adäquat zu identifizieren, können durchaus prädisponierend wirken, liegen jedoch nicht bei der Mehrzahl der Patienten und Patientinnen mit dieser Diagnose vor. Auch die Vermutung, die Panikstörung würde überwiegend in interpersonalen Konfliktsituationen ausgelöst werden, konnte nicht bestätigt werden. Obwohl nicht alle Modellkomponenten empirisch bestätigt werden konnten, bleibt die modifizierte Zwei-Faktoren-Theorie aber immer noch als vereinfachtes patientenorientiertes Erklärungsmodell für die Ableitung konfrontativer Interventionsmethoden von großer Bedeutung für die Agoraphobiebehandlung (vgl. Margraf & Schneider, 1996).

Angesichts dieser Erkenntnislage bleibt die ursprüngliche neurobiologische Hypothese, daß initiale unerwartete Panikattacken eine entscheidend ursächliche Bedeutung für die Entwicklung einer Agoraphobie besitzen, eine wichtige Hypothese, die nicht im Widerspruch zu lerntheoretisch-kognitiven Ansätzen sowie epidemiologischen Befunden steht (Wittchen & Vossen, 1996).

2.4 Ätiologische Aussagen aus epidemiologischen Befunden

In einer Vielzahl von methodisch aufwendigen deskriptiv-epidemiologischen Untersuchungen in verschiedenen Ländern der Welt (vgl. Wittchen & Perkonigg, 1996) konnte gezeigt werden, daß die Lebenszeitprävalenz für die Panikstörung relativ konsistent zwischen 2,5 und 3,2 Prozent beträgt. Für die Agoraphobie wurden aufgrund der wechselnden diagnostischen Kriterien wesentlich größere Schwankungsbreiten von 2,1 bis 10,9 Prozent ermittelt. Die bislang vorliegenden Studien zu den DSM-IV-Kriterien (Reed, Nelson & Wittchen, in Druck) berechnen für die Agoraphobie (unabhängig davon, ob sie mit oder ohne Panikattacken auftritt) eine Lebenszeitprävalenz von 7 Prozent. Panikanfälle ohne die Entwicklung eines Vollbilds sind jedoch wesentlich häufiger und liegen je nach Untersuchung und Definition eines

Panikanfalls zwischen Werten von 9 bis 15 Prozent. Bezüglich soziodemographischer Risikofaktoren ergibt sich konsistent in allen Studien, daß Frauen fast doppelt so häufig wie Männer von der Panikstörung betroffen werden. Darüber hinaus lassen sich jedoch keine konsistenten soziologischen Risikovariablen bestätigen. Panikattacken und Panikstörungen treten zumeist in der Kindheit bis ins frühe Erwachsenenalter erstmals auf. Für Männer zeigt sich jedoch eine zweigipfelige Verteilung mit einem zweiten Ersterkrankungs-Peak jenseits des 40. Lebensjahres. Dem gegenüber liegt das Alter des ersten Auftretens von Agoraphobien zumeist im Mittel zwei Jahre später, mit einem Median des Ersterkrankungsalters von 28 Jahren. Besondere Aufmerksamkeit hat in kausal-epidemiologischen Studien speziell die Überprüfung der Hypothese gefunden, daß Panikattacken eine Schlüsselbedeutung nicht nur für den Ausbruch von späteren Panikstörungen, sondern auch für Agoraphobien und anderer Angstformen haben könnten (Klein, 1980). Die hierzu vorliegenden epidemiologischen Befunde (Eaton, Kessler, Wittchen & Magee, 1994) kommen zu dem Ergebnis, daß diese Modelle durchaus *einen* möglichen Kausalmechanismus aufzeigen, der jedoch nur für eine Teilgruppe agoraphober und anderer Störungen plausibel ist. So ist nach einer initialen Panikattacke ein statistisch erhöhtes Risiko zu konstatieren, daß sich eine Panikstörung, Agoraphobie oder andere Angststörung entwickelt. Überraschenderweise ist dieses Risiko jedoch diagnostisch relativ unspezifisch, da Panikattacken auch mit affektiven, psychotischen, somatoformen sowie Substanzmißbrauch-Störungen in der weiteren Folge assoziiert sein können (Perkonigg & Wittchen, 1993). Diese Befunde unterstreichen einerseits die generelle Bedeutung der Panikattacke als möglicher kritischer Vulnerabilitätsmarker für verschiedene Formen psychischer Störungen, unterstützen jedoch auch das Symptomprogressionsmodell, das Panikattacken eine zentrale pathogenetische Bedeutung für die Entwicklung von Agoraphobie und Panikstörungen zuweist. Ungeklärt ist auch der epidemiologische Befund, daß bei der Mehrzahl von Agoraphobikern keine Panikattacken zu explorieren sind (Reed et al., in Druck), während klinische Studien fast immer panikähnliche Symptome bei Agoraphobikern nachweisen können (Goisman et al., 1995).

Epidemiologische Studien konnten auch zeigen, daß Panikattacken und Panikstörungen extrem häufig mit anderen manifesten Formen psychischer Störungen assoziiert sind. Für die Panikstörung gilt dabei, daß hohe Assoziationen mit anderen Angststörungen (besonders der generalisierten Angst), Depressionen und Substanzstörungen zu finden sind. So ist das relative Risiko von Personen mit Panikstörungen, im weiteren Verlauf eine depressive Erkrankung zu entwickeln, 15,8fach im Vergleich zu Personen ohne Panikstörung erhöht. Bezüglich Substanzstörungen, und zwar insbesondere Alkoholmißbrauch und Alkoholabhängigkeit, ist das Risiko sogar 21fach erhöht. Ähnliche Befunde konnten auch in klinischen Studien (Ambulanzen, stationäre Behandlungseinrichtungen) bestätigt werden. In diesem Zusammenhang ist auch auf eine Reihe von Langzeitstudien hinzuweisen, die zeigten, daß Personen mit Panikstörungen einem wachsenden Risiko ausgesetzt sind, massivere psychosoziale Beeinträchtigungen zu entwickeln. Dabei spielen Probleme im Beziehungsbereich, erhöhte finanzielle Abhängigkeit und Probleme im Arbeits- und Freizeitbereich eine entscheidende Rolle (Markowitz, Weissmann, Quellette, Lish & Klerman, 1989; Wittchen & Essau, 1993). Im Vergleich zu anderen Angstpatienten ist sowohl das Ausmaß psychosozialer Beeinträchtigungen, wie auch der körperliche Gesundheitszustand von Panikstörungen gravierend schlechter. Dies gilt umso mehr, wenn zusätzliche depressive Störungen (Komorbidität) hinzukommen (Wittchen & Vossen, 1996). Massivste behandlungsbedürftige psychosoziale Einschränkungen ließen sich in den Untersuchungen von Magee, Eaton, Wittchen, McGonagle und Kessler (1996) für 67,2 Prozent aller reinen Panikstörungen, die nicht durch andere psychische Störungen kompliziert wurden, und für 85,2 Prozent aller komorbiden Panikstörungen nachweisen.

Typisch für die Panikstörung und die Agoraphobie mit Panikattacken ist nach den epidemiologischen Studien ebenfalls ein extrem erhöhtes Hilfesuchverhalten der Betroffenen bei verschiedensten, insbesondere ärztlichen, Gesundheitsberufen. Fast jede zweite Person mit einer Panikstörung (auf die Allgemeinbevölkerung bezogen) hat aufgrund ihrer Problematik bereits fachspezifische Behandlungen erfahren. Bei komorbiden Fällen sind es sogar 62,3 Prozent. Die Behandlung besteht zumeist in Form von Medikamenten (81,3%), während die erfolgversprechenden Therapien, nämlich die kognitiven und die behavioralen Verfahren, nur selten angeboten werden. Wittchen und Vossen (1996) spekulieren, daß möglicherweise dem medizinischen Krankheitsverhalten dieser Patientengruppe eine kritische pathogenetische Bedeutung zukommt. Das initiale Auftreten einer dramatischen Panikattacke ist fast immer mit sofortigem Hilfesuchverhalten beim Arzt verbunden. Die Assoziation der Betroffenen, daß ihre Symptome eine realistische Gefahrenquelle darstellen, wird vermutlich durch das medikamentöse und instrumentelle labortechnische Untersuchungsverhalten der Ärzte verstärkt, so daß es zu einer Chronifizierung des Krankheitsverhaltens kommen kann.

2.5 Schlußfolgerungen

Ätiologie und Pathogenese der Agoraphobie und der Panikstörung mit und ohne Agoraphobie sind von einer vollständigen Aufklärung noch entfernt. Wenn auch die erhöhte Zwillingsbelastung zwar für die Mitbeteiligung eines genetischen Faktors spricht, ist dennoch unklar, was genetisch vermittelt wird und welchen Anteil der vermutete genetische Faktor am Zustandekommen der Störung hat. Nach dem derzeitigen Erkenntnisstand sind die Panikstörung und die Agoraphobie auf psychologische und auf biologische Einflußfaktoren zurückzuführen. Eine Verstärkung der Problematik durch situative Auslösefaktoren, Streß und aktuelle Konflikte ist fast immer zu beobachten. Nach heutigem Wissen entstehen diese beiden Angststörungen somit durch ein ganzes Faktorenbündel, wobei spezifische Faktoren für bestimmte Störungsausformungen von besonderer Bedeutung sind. Die mehrfaktorielle Entstehung der beiden Störungen legt eine an der individuellen Störungsausformung orientierte Auswahl klinisch-psychologischer Behandlungsmethoden nahe. Eine genaue Differentialdiagnose, die Beachtung der Komorbidität und eine sorgfältige individuelle Bestimmung der therapeutischen Zielsetzung sind unerläßlich für eine erfolgreiche Therapie der Panikstörung und der Agoraphobie.

3. Generalisierte Angststörung (GAS)

3.1 Phänomenologie

Auch die Generalisierte Angststörung, früher auch mit den Begriffen Generalisiertes Angstsyndrom, Angstneurose, Angstreaktion, Angstzustand, frei flottierende Angst benannt, stellt in der klinischen Praxis eine häufig auftretende schwere Form der Angststörung dar. Nach einer Studie der WHO leiden fast 10 Prozent aller Allgemeinarztpatienten unter derartigen psychischen Beschwerden (Üstün & Sartorius, 1995). Hauptmerkmale generalisierter Angstsyndrome sind nach den Kriterien der ICD-10 länger andauernde, generalisierte, frei flottierende Ängste, Sorgen und Befürchtungen, die begleitet werden von einer Vielzahl psychomotorischer, vegetativer und psychischer Symptome und dem Gefühl drohenden Unheils. Die ängstliche Besorgnis richtet sich zumeist auf Alltagssituationen und alltägliche Probleme, wird als unangemessen und übertrieben, aber als nicht kontrollierbar von den Betroffenen erkannt. Die Generalisierte Angststörung (abgekürzt GAS, ICD-10 F41.1), als prototypischer Fall generalisierter Angstsyndrome, ist durch das monatelange Persistieren der Symptomatik gekennzeichnet. Patienten mit deutlich kürzeren (z.B. nur wochenlangen) Krankheitsepisoden können als sonstige Angstzustände (ICD-10 F41.8) diagnostiziert werden. Die GAS entsteht zumeist ohne für den Patienten erkennbare Ursachen und ist nicht, wie Phobien, regelmäßig an bestimmte Situationen gebunden. Die GAS ist auch nicht durch unerwartete Panikattacken gekennzeichnet (Beachte: Panikpatienten können aber sehr wohl starke Erwartungsängste vor der nächsten Attacke entwickeln, die der Generalisierten Angst ähneln). Ohne Behandlung kommt es in der Folge meist zu ausgeprägtem Leiden sowie zu Vermeidungsverhalten. Dies schränkt die Patienten hinsichtlich Lebensstil, Beruf, Hausarbeit, sozialen und familiären Beziehungen zunehmend ein. Typische Begleiterscheinungen einer GAS sind Demoralisierung, die Entwicklung einer sekundären Depression und das Auftreten von Mißbrauch und Abhängigkeit von sedierenden Substanzen (Alkohol, Anxiolytika, Tranquilizer und Hypnotika).

3.2 Biologische Ansätze

Auch bei der GAS spielen sowohl psychologische wie auch biologische Vulnerabilitäts- und Einflußfaktoren, u.a. im Zusammenhang mit komplexen Abläufen des serotonergen Transmittersystems, eine entscheidende Rolle bei der Entstehung und Aufrechterhaltung dieser Störung. Unabhängig von der Bedeutung neurobiologischer Prozesse ist aber deutlicher bzw. offensichtlicher als bei der Panikstörung eine Verstärkung der Problematik durch situative Auslösefaktoren, körperliche Erkrankungen oder Beschwerden, Streß und aktuelle Konflikte zu beobachten. Bislang sind noch keine spezifischen biologischen Marker identifiziert. Familiengenetische und Zwillingsuntersuchungen legen nahe, daß zumindest bestimmte Schlüsselmerkmale der GAS genetisch vermittelt sein könnten (Kendler et al., 1992). So konnte gezeigt werden, daß ängstlich-nervöse Eigenschaften – wie sie für die GAS typisch sind – familiär gehäuft auftreten. In Tierversuchen ist es möglich, besonders vulnerable Nachkommen mit ängstlichen Zügen und Verhaltenseigenschaften zu züchten. Ferner konnte gezeigt werden, daß ängstliche Persönlichkeitseigenschaften hoch bei monozygoten Zwillingen korrelieren. Bei dizygoten Zwillingen zeigen sich diese Korrelationen nicht. Ähnliche Korrelationen konnten auch in psychophysiologischen Maßen bestätigt werden. Da die spezifischen diagnostischen Kriterien für die Generalisierte Angststörung erheblichen Wandel in den letzten Jahrzehnten erfahren haben, ist die empirische Befundlage jedoch insgesamt als unbefriedigend einzuschätzen. Die Interpretation dieser Befunde legt nahe, daß eine Disposition im Sinne einer Angststörungsanfälligkeit genetisch vermittelt wird.

Eine kaum mehr überschaubare Vielzahl an Studien hat in den letzten Jahren verdeutlicht, daß in der Neurobiologie der Angst verschiedene Neurotransmittersysteme eine Schlüsselrolle spielen. Hierzu gehören das BZD-, das GABA-erge, das noradrenerge sowie vor allem das serotonerge System (s. nachfolgende Ausführungen). Ob Besonderheiten in diesen Systemen spezifisch für die GAS sind, oder auch für andere Angststörungen oder auch die Depression zutreffen, kann allerdings noch nicht hinreichend befriedigend beantwortet werden.

• *Beteiligung des Benzodiazepin (BZD)- und GABA-ergen Rezeptorsystems:* Mittels verschiedener Liganden konnten verschiedene neuronale Bindungsstellen mit hoher Affinität für Benzodiazepine identifiziert werden. Diese neuronalen Bindungsstellen können als pharmakologische Rezeptoren im engeren Sinne des Wortes angesehen werden. Die Aktivierung der Benzodiazepinrezeptoren ist mit anxiolytischer Wirkung korreliert. Die Verteilung dieser Rezeptoren im zentralnervösen System ist offensichtlich u.a. am ausgeprägtesten im Cortex, dem Zerebellum, dem Hippokampus und der substantia nigra. Ferner fand sich eine gute Übereinstimmung zwischen Tier-und Humanversuchen hinsichtlich der Affinität von Benzodiazepinen zu ihren Rezeptoren, der anxiolytischen Potenz, sowie hinsichtlich der therapeutisch wirksamen durchschnittlichen Tagesdosis. Die Wirkung der BZD auf ihre Rezeptoren kann aber auch offensichtlich über andere Neurotransmittersysteme vermittelt werden. So konnte z.B. gezeigt werden, daß BZD-Rezeptoren Teil eines größeren Rezeptorkomplexes darstellen, dem GABA-ergen Rezeptorkomplex. BZD können die Wirkung von GABA durch Affinität für GABA Rezeptoren erhöhen sowie die Rezeptorwirkung potenzieren. Zusammenfassend muß aber festgestellt werden, daß die natürliche physiologische Rolle der BZD-Rezeptoren noch unbekannt ist.

• *Beteiligung des neuroadrenergen Systems:* Die neurobiologische Forschung hat verdeutlicht, daß auch das noradrenerge System eine wichtige Rolle in der Neurobiologie von Arousal, Angst und generalisierter Angst spielt. Eine pharmakologisch manipulierte Erhöhung der neuroadrenergen Feuerungsrate induziert Angst, während eine Senkung anxiolytische Effekte bedingt. Streßreiche Situationen erhöhen den Noradrenalinpegel im Plasma, der wiederum bei Patienten mit einer GAS erhöht ist. Die Beteiligung des noradrenergen Systems macht auch verständlich, warum Patienten mit generalisierten Angstsyndromen häufig auf klassische Antidepressiva ansprechen.

• *Schlüsselrolle des serotonergen Systems:* Die komplexe Anatomie des serotonergen Systems spielt offensichtlich eine Schlüsselrolle in der Neurobiologie verschiedenster physiologischer Funktionen, einschließlich der Streßregulation, der Regulation von Stimmungsveränderungen, insbesondere aber in der Pathogenese generalisierter Angstsyndrome. Hierfür spricht, daß a) bestimmte Serotonin-Reuptake-Hemmer (SSRI) klinisch zu einer eindeutigen Minderung klinischer Angstsyndrome führen, und daß b) klassische Antidepressiva meist nicht nur das noradrenerge, sondern auch das serotonerge System beeinflussen. Daß das serotonerge System sogar wichtiger sein könnte als das noradrenerge, wird durch verschiedene klinische Arbeiten gestützt (Den Boer & Westenberg, 1988), und auch durch präklinische tierexperimentelle Studien (conditioned inhibition studies, animal separation protest responses, serotonin modulation of respiration) untermauert (Coplan, Gorman & Klein, 1992).

Die Schlußfolgerungen aus diesen Untersuchungen sind jedoch durchaus vielgestaltig und scheinbar widersprüchlich, denn sowohl bei Verminderung als auch bei Erhöhung des serotonergen Niveaus können sich anxiolytische Effekte ergeben. Der Effekt der selektiven Serotonin-Wiederaufnahmehemmer wird von einigen Autoren (Gorman et al., 1987; Kahn, Wetzler, van Praag, Asnis, & Strauman, 1988a) biphasisch gesehen: Die *erste Phase* käme durch die Stimulation hypersensitiver postsynaptischer 5-HT-Rezeptoren zustande (hierfür gibt es auch neuroendokrinologische Hinweise, z. B. Kahn, Asnis, Wetzler & van Praag, 1988b), die *zweite Phase* durch die kompensatorische Down-Regulation der postsynaptischen 5-HT-Rezeptoren, resultierend aus der chronischen Stimulation durch die erhöhte Serotonin-Konzentration im synaptischen Spalt. Im Zusammenhang mit generalisierten Angstsyndromen ist unter den neueren serotonergen Substanzen vor allem *Buspirone – ein 5-HT-1A-Agonist –* wohl am besten neurobiologisch und klinisch untersucht. Buspirone wurde in vielen Studien bei Patienten mit generalisierten Angstsyndromen mit gutem Erfolg untersucht (vgl. Volz, Möller & Sturm, 1994). Zwei Erklärungsmöglichkeiten der Wirksamkeit werden dabei vorrangig diskutiert: (1) Buspiron hemmt die Serotonin-Freisetzung durch Wechselwirkung mit den präsynaptischen Autorezeptoren, gleichzeitig allerdings aktiviert Buspiron auch postsynaptisch 5-HT-1A-Rezeptoren und (2) eine adaptive Subsensitivität der Serotonin-Autorezeptoren während der chronischen Applikation der Substanz. Dieser Befund wird durch das langsame Einsetzen des anxiolytischen Effektes gestützt.

3.3 Psychologische Ansätze

Wie die neurobiologischen Modelle sind auch die psychologischen Modelle eher als Funktionsmodelle und weniger als Entstehungsmodelle zu bezeichnen. Sie erklären gut die Determinanten bei der Aufrechterhaltung generalisierter Angst, können aber kaum die spezifischen und entscheidenden Determinanten bei deren Entstehung erklären. Auch in diesem Störungsbereich können die vorliegenden psychologischen Ansätze als Diathese-Streß- (bzw. Vulnerabilitäts-Streß-) Modelle bezeichnet werden. Je nach Modell werden unterschiedliche neurobiologische, psychophysiologische oder kognitive Vulnerabilitäten postuliert. Kognitive und neurobiologische Prozesse entscheiden dann im Rahmen der individuellen Lerngeschichte über das Entstehen und Persistieren von generalisierter Angst. Wie auch bei den biologischen Modellen wird eine – allerdings umstrittene und nicht konsistent bestätigte – familiengenetisch vermittelte dispositionell-angeborene Angstbereitschaft angenommen, die vereinzelt sowohl auf psychophysiologischer Ebene (erhöhtes Arousal, Nervosität; vgl. hierzu Barlow, 1988; Hoehn-Saric, Hazlett & McLeod, 1994), auf neurobiologischer Ebene (Cortisolspiegel, GABA-erge Rezeptorstörung), wie auch auf kognitiver Ebene (Mathews, 1990) vermutet wird.

Im Mittelpunkt von Barlows Modell der ängstlichen Erwartung (Barlow, 1988) steht – vor dem Hintergrund einer angeborenen und/oder erworbenen Vulnerabilität – die Entwicklung einer konsistenten *ängstlichen Erwartung,* die charakterisiert wird durch: a) eine erhöhte Erregung (Vigilanz), b) die Annahme der Betroffenen, daß zukünftige Ereignisse nicht kontrollierbar und vorhersehbar seien, und c) eine durch Lernprozesse (klassische und operante Konditionierung, Modellernen, Generalisierung) veränderte Aufmerksamkeitsrichtung auf innere Vorgänge. Durch diese veränderten Aufmerksamkeits- und Beurteilungsprozesse (kognitive Prozesse) wird ein Teufelskreis in Gang gesetzt: die autonome Erregung erhöht sich weiter, die Aufmerksamkeit wird weiter eingeengt, das Individuum wird hypervigilant auf alle möglichen Gefahrenquellen. Bei starker Intensität dieser allgemeinen diffusen ängstlichen Erwartung kommt es zum Zusammenbruch der normalen alltäglichen Konzentration, die Person kann nicht mehr adäquat auf Alltagsanforderungen reagieren und vermeidet sicherheitshalber verschiedenste Situationen.

Dieser Verarbeitungsprozeß findet sich in etwas veränderter Form bei allen Angststörungen mit einem für die jeweilige Angststörung spezifischen Fokus der ängstlichen Besorgtheit. Differentialdiagnostisch grenzt sich die GAS von anderen Angststörungen dadurch ab, daß bei ihr der Fokus der Sorgen auf breitere, schlechter beschriebene Reize gerichtet wird. Die Erwartungsangst könnte Folge von früheren Lebenserfahrungen sein, insbesondere von solchen, in denen entscheidende Aspekte der Umwelt als unkontrollierbar wahrgenommen wurden. Während solche Lebensereignisse konsistent nicht für Panikstörungen nachgewiesen werden konnten, gibt es einige Hinweise, daß bei Generalisierten Angststörungen dies tatsächlich ausschlaggebend sein könnte. Blazer, Hughes und George (1987) fanden, daß die Wahrscheinlichkeit für eine Generalisierte Angststörung bei Männern (nicht aber bei Frauen), die im vergangenen Jahr vier oder mehr *belastende kritische Lebensereignisse* erlebt hatten, signifikant erhöht ist. Ebenso erhöht war die Wahrschein-

lichkeit, wenn sie mindestens ein belastendes negatives und sehr wichtiges Ereignis erlebt hatten. In neueren Studien an Studierenden mit einer GAS konnte auch ermittelt werden, daß diese von mehr traumatischen Ereignissen berichten als Studierende ohne GAS (Roemer, Borkovec, Posa & Lyonfields, 1991). Nach diesen Ergebnissen erscheint es denkbar, daß traumatische bzw. belastende Erlebnisse dazu führen, die Welt als bedrohlich oder gefährlich zu erleben. Da die Angaben jedoch retrospektiv erhoben wurden, sollte bei der Interpretation der Befunde in Betracht gezogen werden, daß sich ängstliche Personen möglicherweise eher an belastende Erlebnisse erinnern und der Unterschied zu nichtängstlichen Personen dadurch zu erklären ist (Turowsky & Barlow, 1996).

Eysencks (1992) Modell der GAS nimmt eine *rein kognitive,* durch Lernprozesse determinierte Vulnerabilität an. Die Störung selbst wird dann durch kritische Lebensereignisse ausgelöst. Nach dem Modell entwickeln Personen mit hoher Trait-Angst unter Belastung leichter als Personen *ohne* hohe Trait-Angst überdauernde Veränderungen ihrer Aufmerksamkeit, die als kognitive Vulnerabilität postuliert werden. Das ausschlaggebende Charakteristikum ist eine daraus resultierende Hypervigilanz, welche bedingt, daß Ereignisse und Umweltveränderungen generell als gefährlich und bedrohlich wahrgenommen werden. Diese Auffassung konnte allerdings nicht konsistent experimentell belegt werden.

Ein weiteres neues, heuristisch wie auch experimentell wertvolles Modell geben Borkovec, Shadick und Hopkins (1991). Sie haben ein Modell vorgeschlagen, in dem Sorgen als eine Form geistiger Vermeidung konzipiert werden. Der Prozeß des sich Sorgens dient dazu, bildhafte Vorstellungen zu vermeiden und physiologischvegetative Begleitreaktionen zu unterdrücken. Die Sorgen selbst werden dadurch wiederum negativ verstärkt. In einer Reihe von Studien konnten experimentell die Annahmen dieses Modells bestätigt werden. So konnte gezeigt werden, daß Patienten mit Generalisierten Angststörungen eher zu verbal-linguistischen Repräsentationen einer Situation neigen als zu bildhaften Vorstellungen. Ferner führt die Konfrontation mit bildlichen Vorstellungen einer gefürchteten Situation bei Generalisierten Angststörungen zu einer höheren psychophysiologischen Aktivierung als die Konfrontation mit verbalen Artikulationsinhalten. Hieraus folgern die Autoren, daß gedankliche Aktivitäten in Form von Sorgen und Besorgtsein eine wirksame Methode ist, um somatische Aktivierung direkt oder indirekt zu unterdrücken bzw. zu vermeiden. In **Abbildung 3** werden die genannten störungsspezifischen Komponenten in einem von Turowsky und Barlow (1996) vorgelegten Modell graphisch dargestellt.

Aus einer Perspektive der Informationsverarbeitung heraus betrachtet ist bei der Vermeidung eines Reizes das assoziative Netzwerk oder die bedrohliche Bedeutung, die diesen Reiz umgibt, nicht zugänglich und kann deswegen auch nicht mit korrigierender Information verändert werden. Deshalb kann es sein, daß die

fortwährenden Sorgen die Verarbeitung stören, die sonst zur Beseitigung der Angst geführt hätten. Denkbar ist, daß dies den Kreislauf der Besorgnis/Vermeidung/Besorgnis aufrecht erhält.

3.4 Ätiologische Aussagen aus epidemiologische Studien

Aufgrund neuerer deskriptiv-epidemiologischer Studien kann eine Lebenszeitprävalenzrate für die Generalisierte Angststörung von 5,1 Prozent angenommen werden (Wittchen, Zhao, Kessler & Eaton, 1994). Diese Zahlen sind bemerkenswert höher als die Prävalenzraten für die Panikstörung. Die GAS ist also nicht nur in Arztpraxen eine häufig vorkommende Angsterkrankung.

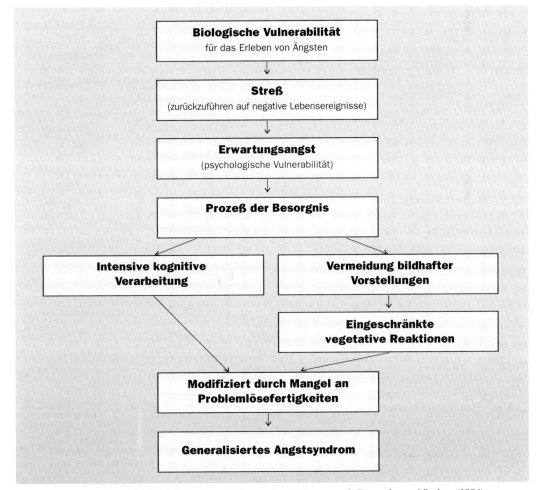

Abbildung 3: Ein umfassendes Modell der Generalisierten Angststörung nach Turowsky und Barlow (1996).

Auch bei dieser Angststörung ist die Prävalenz bei Frauen höher als bei Männern, jedoch ist das Geschlechterverhältnis nicht derart ausgeprägt wie bei der Panikstörung. Die GAS ist die einzige Angststörung, die gehäuft erst im höheren Lebensalter auftritt (Lebenszeitprävalenz bei 14 bis 24jährigen: 0,8%, bei 55jährigen und älter: 6,2%). Aber es ist darauf hinzuweisen, daß manche Patienten berichten, Symptome schon seit ihrer Kindheit gehabt zu haben. Dies entspricht der noch manchmal vertretenen, aber nicht erwiesenen Sichtweise von GAS als Ausdruck einer zeitstabilen Erkrankung, die möglicherweise Ausdruck einer Persönlichkeitsstörung sei. Patienten mit einer GAS schildern das Erstauftreten ihrer Erkrankung zumeist als allmählich und langsam. Deswegen ist es durchaus möglich, daß diese Erkrankung eine allgemeine charakteristische Eigenschaft der Person darstellen könnte, sich Sorgen zu machen und dazu zu neigen, starke Angst zu erleben. Denkbar wäre, daß sich diese Neigung zu Sorgen und Angst unter bestimmten Umständen verstärkt. Dies könnte auch die erhöhten Befundraten hinsichtlich kritischer Lebensereignisse erklären. In eigenen Untersuchungen stellten wir allerdings in der Altersgruppe 15 bis 24jähriger die niedrigsten Prävalenzraten fest. Eine genauere Detailanalyse läßt es als wahrscheinlich erscheinen, daß junge Menschen häufiger kürzere generalisierte Angstepisoden haben, wohingegen ältere Menschen eher unter überdauernden Generalisierten Angststörungen leiden (Wittchen et al., 1994).

Die psychosozialen Risikofaktoren für die Generalisierte Angststörung ähneln denen der Panikstörung. Gleichzeitig finden wir jedoch bei der Generalisierten Angststörung im Gegensatz zur Panikstörung und der Agoraphobie auch signifikante Schicht- und Ausbildungseffekte. Danach sind Generalisierte Angststörungen in den unteren Einkommensschichten häufiger als in den höheren. Die psychosozialen Einschränkungen der Generalisierten Angststörungen weisen insgesamt eine wesentlich höhere Streuung auf als bei den Panikstörungen. Schwerste Verläufe werden zumeist nur dann beobachtet, wenn es gleichzeitig auch eine massive Komorbidität mit depressiven Störungen gibt. Auch das Hilfesuch-Verhalten ist weniger ausgeprägt als bei den Panikstörungen. Nur wenig mehr als 10 Pro-

zent aller Personen mit Generalisierten Angststörungen haben im Verlauf der Krankheit eine fachspezifische Behandlung aufgenommen. Bezüglich der Komorbidität ergibt sich ein noch wesentlich ausgeprägteres Komorbiditätsmuster als bei der Panikstörung. Fast 90 Prozent aller Personen mit einer Generalisierten Angststörung weisen zumindest eine weitere psychische Störung auf, wobei vor allen Dingen die Komorbidität mit depressiven Störungen beeindruckt (70%). Dieser Befund hat für die therapeutische Indikationsstellung und den Behandlungsplan wichtige Implikationen (s.w.u.).

4. Soziale Phobie

4.1 Phänomenologie und Differentialdiagnose

Im folgenden soll an dieser Stelle noch auf die Soziale Phobie eingegangen werden, da sie in den letzten Jahren verstärkt in der Grundlagen- und Anwendungsforschung Gegenstand von Untersuchungen war (bezüglich der verschiedenen Formen spezifischer Phobien – z.B. Tierphobien, Blut-Spritzen-Verletzungs-Phobie, Höhen und Umweltphobien – verweisen wir auf einschlägige Übersichtsreferate, z.B. Öst, 1996). Hauptcharakteristikum der *Sozialen Phobie* ist eine anhaltende Angst vor bzw. Vermeidung von sozialen oder Leistungssituationen. Die Konfrontation mit der Situation ruft nahezu immer unmittelbar die Angstreaktion hervor, weshalb die Situationen meist vermieden oder aber unter großer Angst ertragen werden. Differentialdiagnostisch sollte besonders auf die Abgrenzung zu Ängsten bei Eßstörungen und chronischen psychischen Erkrankungen geachtet werden.

4.2 Entstehungsmodelle bei der Sozialen Phobie

Zur Erklärung der Entstehung und Aufrechterhaltung der Sozialen Phobie sind eine Reihe von kognitiv-behavioralen Modellen entwickelt worden. Besondere Bedeutung im Hinblick auf Behandlungsziele und Strategien haben dabei das *Selbstdarstellungsmodell* von Schlenker und Leary (1982) sowie das Modell der *kognitiven*

Vulnerabilität von Beck und Emery (1985). Im ersten Modell spielt eine entscheidende Rolle, daß die Person ein Ziel haben muß, auf andere einen besonderen Eindruck zu machen, und daß die Person ihre Fähigkeiten bezweifelt, dies auch zu erreichen. Soziale Phobie entsteht also aus der Erwartung bzw. dem Erleben sozialer Bewertung in wirklichen und vorgestellten Situationen in Verbindung mit der Motivation, Eindruck zu machen, sowie der Wahrnehmung mangelnder Selbstwirksamkeit. In späteren Weiterentwicklungen dieses Modells werden zusätzliche spezifische Situations- und Dispositionsfaktoren – wie etwa wahrgenommene oder wirkliche Defizite der sozialen Kompetenz oder ein niedriges Selbstwertgefühl – ergänzend angeführt, welche die Motivation wie auch die Wahrnehmung der Selbstwirksamkeit beeinflussen können. Beck's und Emery's Ansatz (1985) basiert auf dem Modell der *kognitiven Schemata,* womit grundlegende kognitive Strukturen gemeint sind, die die Informationsverarbeitung wahrgenommener Objekte/Ereignisse leiten. Kognitive Schemata helfen, sich an Situationen anzupassen, selektiv relevante Informationen abzurufen und relevante Aspekte der laufenden Situation auszuwählen. Mehrere derartige Schemata werden weiter in *Verarbeitungsmodi* zusammengefaßt. Nach der Theorie von Beck und Emery handeln Personen mit Angststörungen in dem folgenden Vulnerabilitätsmodus: sie nehmen an, unkontrollierbaren internen und externen Gefahren ausgesetzt zu sein. Dies führt zu Verunsicherung und einem Mangel an Selbstsicherheit. Die Person lenkt ihre Aufmerksamkeit auf eigene Schwächen oder auf Erlebnisse früheren Versagens. Sozial-ängstliche Personen schätzen im Ereignisstrom permanent das Ausmaß der potentiellen Bedrohung und die kalkulierten Möglichkeiten zur Bewältigung dieser Situationen ein. Kognitive Verzerrungen in Form von unlogischen und negativen Gedanken über soziale Situationen hinweg hindern die Person, die Bedrohung und eigene Selbstwirksamkeit richtig einzuschätzen. Ein besonderes Merkmal sozialer Phobie ist, daß die Furcht vor bestimmten Ereignissen, z. B. bei einem Gespräch rot zu werden und nichts zu sagen zu haben, im Sinne einer selbsterfüllenden Prophezeiung die Angst hervorrufen kann. Die Furcht bzw. die antizipierten negativen Erfahrungen halten ängstliche Personen von sozia-

len Interaktionen fern und verstärken damit die verzerrten Überzeugungen des Vulnerabilitätsmodus.

Beide Modelle sind nur in einzelnen Komponenten experimentell überprüft. Sie können gut soziale Unsicherheit erklären, weniger gut läßt sich aus ihnen entnehmen, warum Personen ein Vollbild der Sozialen Phobie entwickeln. Hierfür wurde kürzlich von der Arbeitsgruppe um Heimberg ein integriertes Diathese-Streß-Modell vorgelegt (dargestellt in Juster, Brown & Heimberg, 1996). Komponenten dieses Modells finden sich in **Tabelle 1**.

Für die Entwicklung einer Sozialen Phobie scheint eine genetische Prädisposition zu bestehen (Fyer, Mannuzza, Chapman, Liebowitz & Klein, 1993). Ein weiterer wesentlicher Faktor für die Herausbildung dieses Störungsbildes scheint nach Juster et al. (1996) zusätzlich eine Sensibilisierung durch Umwelteinflüsse (Lernprozesse) darzustellen. Sozial ängstliche Eltern können zum Beispiel durch ihr eigenes Verhalten bei Kindern die soziale Angst fördern, indem sie diesen ihre Ängste mitteilen oder sie von bestimmten sozialen Situationen fernhalten. Als weitere Sensibilisierungsfaktoren können negative Erfahrungen mit der Bezugsgruppe (peer group) oder mit gegengeschlechtlichen Partnern genannt werden. Auf der Grundlage dieser Erfahrungen entwickeln Betroffene den Glauben, daß soziale Situationen als eine Bedrohung des Selbstwertgefühls oder der eigenen sozialen Stellung zu sehen sind. Diese Problematik glauben sie durch perfektes Verhalten lösen zu können, was gleichzeitig aber nicht machbar ist. Folglich erwarten sie, daß die Art und Weise, wie sie sich verhalten, in Erniedrigung, Verlegenheit, Zurückweisung und Statusverlust enden wird (Stopa & Clark, 1993). Diese subjektiven Überzeugungen und Vorhersagen erhöhen wiederum die Wahrscheinlichkeit, daß sich die Personen sozialen Situationen besorgt nähern oder sie vermeiden. Zusätzlich wird ihre Erwartungshaltung hinsichtlich potentieller bedrohlicher Ereignisse weiter sensibilisiert. Die Folgen sind, daß Personen mit Sozialer Phobie eine Flut negativer Gedanken über ihre Unzulänglichkeit und die hieraus folgende Unfähigkeit, mit möglichen Gefahren umzugehen, entwickeln. Die dabei auftretende physiologische Erregung in sozialen Situationen dient als wei-

Tabelle 1: Komponenten eines kognitiv-behavioralen Modells der Sozialphobie nach Juster, Brown und Heimberg (1996)

Komponenten	Beispiele
Genetische und Umgebungsfaktoren	– genetische Einflüsse – Ängstlichkeit der Eltern – elterliche Einstellungen gegenüber Kindererziehung – negative Erfahrungen mit Peers und/oder gegengeschlechtl. Partnern
Überzeugungen bezüglich sozialer Situationen	– Soziale Situationen sind potentiell gefährlich – Man muß sich in sozialen Situationen perfekt verhalten, um Gefahren zu vermeiden – Die Fähigkeiten, die nötig sind, um sich in der gewünschten Weise zu verhalten, fehlen mir
Vorhersagen bezüglich sozialer Situationen	Soziale Situationen führen unausweichlich zu: – Peinlichkeit – Zurückweisung – Erniedrigung – Statusverlust
Angstsymptome	– ängstliche Erwartung sozialer Situationen – Einengung der Aufmerksamkeit und Fokussierung auf sozial bedrohliche Reize – negative Gedanken über sich selbst, das eigene Auftreten und die Bewertung durch andere – erhöhte physiologische Erregung – starke Befürchtungen bezüglich der Sichtbarkeit von Angstsymptomen
Konsequenzen der Angst	– wirkliche oder wahrgenommene Störungen im Verhalten – Bewertung des wahrgenommenen eigenen Verhaltens nach perfektionistischen Maßstäben – Beurteilung des eigenen Verhaltens als inadäquat – Fokussierung auf die wahrgenommenen negativen Konsequenzen des inadäquaten Verhaltens

tere Bestätigung der Gefahr und der Schwierigkeit, die Situationen zu meistern. Die Sorge, daß die Angst von anderen wahrgenommen und negativ bewertet werden könnte, führt zu verstärkter Vermeidung sozialer Situationen, und in der Folge kommt es zu einer negativen Verstärkung des Vermeidungsverhaltens. Da diese Angstkonstellation vor allen Dingen in der frühen Jugend bzw. Adoleszenz auftritt, kann es zu einer weiteren Anhäufung echter sozialer Defizite kommen, was die Problematik zusätzlich verstärkt. Bislang liegen einige empirische Befunde vor, die Teilaspekte des Modells stützen (vgl. Juster, Brown & Heimberg, 1996). Das Modell als Ganzes konnte jedoch noch nicht vollständig empirisch bestätigt werden. Der Wert dieser Überlegungen besteht derzeit vor allen Dingen darin, eine Leitstrategie für weitere experimentelle Prüfungen zu bieten, wie auch heuristisch wertvolle Anregungen für entsprechende kognitiv-behaviorale Therapiekomponenten zu geben.

4.3 Ätiologische Aussagen aus epidemiologischen Studien

Magee et al. (1996) konnten in der US-amerikanischen NCS Studie zeigen, daß das Lebenszeitrisiko für Spezifische Phobien bei 11,5 Prozent und für Soziale Phobien bei 13,3 Prozent liegt. Ähnliche, wenn auch für die Soziale Phobie niedrigere, Prävalenzangaben konnten auch für Deutschland bestätigt werden (Wittchen & Perkonigg, 1996). Die Querschnittsprävalenz (1-Monatsprävalenz) liegt allerdings mit 5,5 Prozent für die Spezifische Phobie und 4,5 Prozent für die Soziale Phobie deutlich niedriger. Das Verhältnis von hoher Lebenszeit- zu relativ niedriger Querschnittsprävalenz kann als ein Hinweis dafür gewertet werden, daß diese Phobien offensichtlich entweder häufig spontan remittieren, oder aber – was aufgrund von Langzeitstudien wahrscheinlicher erscheint – häufig einen fluktuierenden Verlauf aufweisen.

Dabei scheinen sich offensichtlich im Lebensverlauf Betroffener häufig Phasen symptomreicher, schwerwiegender Einschränkungen mit solchen relativer Symptom- und Einschränkungsarmut abzuwechseln. Beide Formen phobischer Störungen treten üblicherweise (bei mehr als 80 Prozent) erstmals in der Adoleszenz und dem frühen Erwachsenenalter auf, während der Beginn sozialer und spezifischer Phobien jenseits des 25. Lebensalters, im Gegensatz zu Panik- und generalisierten Angststörungen, sehr selten ist. Frauen sind zwei- bis dreimal häufiger als Männer von Spezifischen Phobien betroffen, bei der Sozialen Phobie zeigt sich demgegenüber nur ein leichtes Überwiegen von Frauen (15,5 Prozent) zu Männern (11,1 Prozent). Spezifische und Soziale Phobien sind mit einem bedeutsamen Risiko verbunden, im weiteren Langzeitverlauf auch weitere psychische Störungen zu entwickeln: Spezifische und Soziale Phobien sind besonders häufig mit der zeitlich sekundären Entwicklung anderer Angststörungen (5,8- bis 8,5fach höheres Risiko als Personen ohne Phobie), depressiven Störungen (3,7- bis 5,6fach höheres Risiko) sowie Substanzmißbrauch und -abhängigkeit assoziiert (2fach erhöhtes Risiko). Dabei ist zu beachten, daß die Entwicklung von Komorbidität mit einem erheblichen Anstieg von symptombezogenen Einschränkungen im Alltagsleben und Beruf verbunden ist. Ebenso erhöht sich die Wahrscheinlichkeit, Hilfe bei Ärzten/Ärztinnen und Psychologen/Psychologinnen zu suchen (Magee et al., 1996).

5. Schlußbemerkungen

Wie oben bereits angeführt wurde, werden im DSM-IV auch die Zwangsstörung und die Posttraumatische Belastungsstörung unter die Angststörungen gefaßt. Da eine detaillierte Abhandlung dieser beiden Störungsbilder den Rahmen dieses Kapitels sprengen würde, wollen wir an dieser Stelle lediglich darauf hinweisen, daß – vergleichbar zu den eben aufgegriffenen Angststörungen – sowohl für die Zwangsstörungen als auch für die Posttraumatische Belastungsstörung verschiedene Modelle unterschiedlicher Komplexität vorgelegt wurden, die die Entstehung dieser beiden Störungsbilder zu erklären versuchen. Zusammenfassende Darstellungen solcher Modellvorstellungen und Überblicke über derzeit diskutierte Risikofaktoren finden sich für die Zwangsstörung in Reinecker (1991) und Salkovskis und Kirk (1996) und für die Posttraumatische Belastungsstörung in Saigh (1995) und van der Kolk, McFarlane und Weisaeth (1996). Für die Zwangsstörung und die Posttraumatische Belastungsreaktion gilt ebenfalls, daß ihre Ätiologie und Pathogenese längst noch nicht vollständig aufgeklärt sind. Obwohl auch die einzelnen Modellvorstellungen in ihrer vollständigen Formulierung noch nicht als hinreichend abgesichert betrachtet werden können, können auf ihrer Grundlage dennoch wertvolle Ansatzpunkte für therapeutische Interventionen abgeleitet werden.

6. Literatur

Andrews, G., Stewart, G., Allen, R. & Henderson, A.S. (1990). The genetics of six neurotic disorders: A twin study. *Journal of Affective Disorders, 19*, 23–29.

Barlow, D.H. (1988). *Anxiety and it's disorders.* New York: Guilford.

Beck, A.T. & Emery, G. (1985). *Anxiety disorders and phobias: A cognitive perspective.* New York: Basic Books.

Blazer, D., Hughes, D. & George, L.K. (1987). Stressful life events and the onset of a generalized anxiety syndrome. *American Journal of Psychiatry, 144*, 1178–1183.

Borkovec, T.D., Shadick, R.N. & Hopkins, M. (1991). The nature of normal and pathological worry. In R.M. Rapee & D.H. Barlow (Eds.), *Chronic anxiety: Generalized anxiety disorder and mixed anxiety depression* (pp. 29–51). New York: Guilford.

Clark, D.M. (1986). A cognitive approach to panic. *Behaviour Research and Therapy, 24*, 461–470.

Coplan, J.D., Gorman, J.M. & Klein, D.F. (1992). Serotonin related functions in panic-anxiety: A critical review. *Neuropsychopharmacology, 6*, 189–200.

Den Boer, J.A. & Westenberg, H.G.M. (1988). Effects of serotonin and noradrenaln uptake inhibitor in panic disorder, a double-blind comparative study with fluvoxamine and maprotiline. *International Clinical Psychopharmacology, 3*, 59-74.

Eaton, W.W., Kessler, R.C., Wittchen, H.-U. & Magee, W.J. (1994). Panic and panic disorders in the United States. *American Journal of Psychiatry, 151*, 413–420.

Ehlers, A. (1993). Somatic sympoms and panic attacks: A retrospective study of learning experiences. *Behaviour Research and Therapy, 3*, 269–278.

Ehlers, A. & Margraf, J. (1989). The psychophysiological model of panic. In P.M.G. Emmelkamp, W. Everaerd, F. Kraaimaat & M. van Son (Eds.), *Fresh perspectives on anxiety disorders* (pp. 1–29). Amsterdam: Swets.

Eysenck, M.W. (1992). *Anxiety: The cognitive perspective.* Hillsdale: Lawrence Erlbaum Associates.

Fyer, A.J., Mannuzza, S., Chapman, T.F., Liebowitz, M.R. & Klein, D.F. (1993). A direct interview family study of social phobia. *Archives of General Psychiatry, 50,* 286–293.

Goisman, R.M., Warshaw, M.G., Steketee, G.S., Fierman, E.J., Rogers, M.P., Goldenberg, I., Weinshenker, N.J., Vasile, R.G. & Keller, M.B. (1995). DSM-IV and the appearance of agoraphobia. Without a history of panic disorder: New data on a controversial diagnosis. *American Journal of Psychiatry, 152,* 1438–1443.

Goldstein, A.J. & Chambless, D.L. (1978). A reanalysis of agoraphobia. *Behavior Therapy, 9,* 47–59.

Gorman, J.M., Liebowitz, M.R., Fyer, A.J., Goetz, D., Campeas, R.B., Fyer, M.R., Davies, S.I. & Klein, D.F. (1987). An open trial of fluoxetine and the treatment of panic attacks. *Journal of Clinical Psychopharmacology, 7,* 329–332.

Hoehn-Saric, R., Hazlett, L. & McLeod, D.R. (1994). Generalized anxiety disorder with early and late onset of symptoms. *Comprehensive Psychiatry, 34,* 291–294.

Juster, H.R., Brown, E.J. & Heimberg, R.G. (1996). Sozialphobie. In J. Margraf (Hrsg.), *Lehrbuch der Verhaltenstherapie* (Bd. 2, S. 43–59). Berlin: Springer.

Kahn, R., Asnis, G.M., Wetzler, S. & van Praag, H.M. (1988b). Neuroendocrine evidence for serotonin receptor hypersensitivity in panic disorder. *Psychopharmacology, 96,* 360–364.

Kahn, R., Wetzler, S., van Praag, H.M., Asnis, G.M. & Strauman, T. (1988a). Behavioural indication of serotonergic supersensitivity in panic disorder. *Psychiatry Research, 25,* 101–104.

Kendler, K.S., Neale, M.C., Kessler, R.C., Heath, A.C. & Eaves, L.J. (1992). Generalized anxiety disorders in women. A population-based twin study. *Archives of General Psychiatry, 49,* 267–272.

Klein, D.F. (1980). Anxiety reconceptualized. *Comprehensive Psychiatry, 21,* 411–427.

Klein, D.F. & Fink, M. (1962). Psychiatric reaction patterns to imipramine. *American Journal of Psychiatry, 119,* 432–438.

Ley, R. (1987). Panic disorder: A hyperventilation interpretation. In L. Michelson & M. Ascher (Eds.), *Cognitive-behavioral assessment and treatment of anxiety disorders* (pp. 191–212). New York: Guilford.

Magee, W.J., Eaton, W.W., Wittchen, H.-U., McGonagle, K.A. & Kessler, R.C. (1996). Agoraphobia, simple phobia, and social phobia in the National Comorbidity Survey. *Archives of General Psychiatry, 53,* 159–168.

Margraf, J. & Schneider, S. (1996). Paniksyndrom und Agoraphobie. In J. Margraf (Hrsg.), *Lehrbuch der Verhaltenstherapie* (Bd. 2, S. 1–27). Berlin: Springer.

Markowitz, J.S., Weissman, M.M., Quellette, R., Lish, J. & Klerman, G.L. (1989). Quality of life in panic disorder. *Archives of General Psychiatry, 46,* 984–992.

Mathews, A. (1990). Why worry? The cognitive function of anxiety. *Behaviour Research & Therapy, 28,* 455–468.

Mowrer, O.H. (1960). *Learning theory and behavior.* New York: Wiley.

Öst, L.-G. (1996). Spezifische Phobien. In J. Margraf (Hrsg.), *Lehrbuch der Verhaltenstherapie* (Bd. 2, S. 30–42). Berlin: Springer.

Perkonigg, A. & Wittchen, H.-U. (1993). Wie wirksam ist das Fortbildungsprogramm Patientenseminar Angst? – Ein erster Erfahrungsbericht. *Verhaltenstherapie, 3,* 325–332.

Reed, V., Nelson, C.B. & Wittchen, H.-U. (in Druck). Panic attacks, panic disorder and agoraphobia in adolescence: Prevalence, onset and comorbidity. *Journal of Psychiatric Research.*

Reinecker, H. (1991). *Zwänge. Diagnose, Theorien und Behandlung.* Bern: Huber.

Reiss, S. & McNally, R.J. (1985). Expectancy model of fear. In S. Reiss & R.R. Bootzin (Eds.), *Theoretical issues in behavior therapy* (pp. 107–121). New York: Academic Press.

Roemer, L., Borkovec, T.D., Posa, S. & Lyonfields, J.D. (1991). *Generalized anxiety disorder in an analogue population: The role of past trauma.* Paper presented at the 25th annual convention of the association for the advancement of behavior therapy. New York, NY.

Saigh, P.A. (1995). *Posttraumatische Belastungsstörung. Diagnose und Behandlung psychischer Störungen bei Opfern von Gewalttaten und Katastrophen.* Bern: Huber.

Salkovskis, P. & Kirk, J. (1996). Zwangssyndrome. In J. Margraf (Hrsg.), *Lehrbuch der Verhaltenstherapie* (Bd. 2, S. 61–85). Berlin: Springer.

Schlenker, B.R. & Leary, M.R. (1982). Social anxiety and self-presentation: A conceptualization and model. *Psychological Bulletin, 92,* 641–669.

Schneider, S. (1995). *Psychologische Transmission des Paniksyndroms.* Donauwörth: Auer & Schwarzenberg.

Stopa, L., & Clark, D.M. (1993). Cognitive processes in social phobia. *Behaviour Research and Therapy, 31,* 255–267.

Strian, F. (1995). *Angst und Angsterkrankungen.* München: Beck.

Turowsky, J. & Barlow, D.H. (1996). Generalisiertes Angstsyndrom. In J. Margraf (Hrsg.), *Lehrbuch der Verhaltensstherapie* (Bd. 2, S. 87–105). Berlin: Springer.

Üstün, T.B. & Sartorius, N. (Eds.). (1995). *Mental illness in General Health Care. An International Study.* Chichester: Wiley.

Van der Kolk, B.A., McFarlane, A.C. & Weisaeth, L. (1996). *Traumatic stress. The effects of overwhelming experience on mind, body, and society.* New York: Guilford.

Volz, H.P., Möller, H.J. & Sturm, Y. (1994). Generalisierte Angsterkrankungen. Übersicht über Behandlungsmöglichkeiten mit Nichtbenzodiazepinen. *Psychopharmakotherapie, 1,* 101–106.

Watson, J.B. & Rayner, R. (1920). Conditioned emotional responses. *Journal of Experimental Psychology, 3,* 1–4.

Wittchen, H.-U. (1996). Critical issues in the evaluation of comorbidity. *British Journal of Psychiatry, 168* (Suppl. 30), 9–16.

Wittchen, H.-U. & Essau, C.A. (1993). Epidemiology of panic disorder: Progress and unresolved issues. *Journal of Psychiatric Research, 27* (Suppl. 1), 47–68.

Wittchen, H.-U. & Perkonigg, A. (1996). Epidemiologie psychischer Störungen. Grundlagen, Häufigkeit, Risikofaktoren und Konsequenzen. In A. Ehlers & K. Hahlweg (Hrsg.), *Enzyklopädie der Psychologie, Themenbereich D Praxisgebiete. Band 1, Grundlagen der Klinischen Psychologie* (S. 69–144). Göttingen: Hogrefe.

Wittchen, H.-U., & Vossen, A. (1996). Komorbiditätsstrukturen bei Angststörungen. Häufigkeit und mögliche Implikationen. In J. Margraf (Hrsg.), *Lehrbuch der Verhaltenstherapie* (Bd. 1, S. 217–233). Berlin: Springer.

Wittchen, H.-U., Zhao, S., Kessler, R. & Eaton, W.W. (1994). DSM-III-R generalized anxiety disorder in the National Comorbidity Survey. *Archives of General Psychiatry, 51,* 355–364.

37.3 Angststörungen: Interventionen

Roselind Lieb und Hans-Ulrich Wittchen

Inhaltsverzeichnis

1. Allgemeine verhaltenstherapeutische Interventionsstrategien bei Angststörungen

Da nur die Effizienz von verhaltenstherapeutischen Verfahren in der psychotherapeutischen Behandlung von Angststörungen empirisch abgesichert ist (vgl. hierzu umfassend Grawe, Donati & Bernauer, 1994), wollen wir uns im folgenden auf die Darstellung dieses therapeutischen Ansatzes beschränken. Es sollen zunächst einige diagnoseübergreifende Interventionsaspekte dargestellt werden, bevor dann exemplarisch für die Panikstörung, die Agoraphobie und die Generalisierte Angststörung das konkrete störungsspezifische Vorgehen näher erläutert wird.

Bezüglich der ätiologischen und pathogenetischen Modelle von Angsterkrankungen beziehen sich verhaltenstherapeutische Verfahren zumeist auf experimentell überprüfte, komplexere psychobiologische Konzepte, bei denen Störungen im Ablauf kognitiver und psychophysiologischer Prozesse als entscheidend bei der Entstehung und Aufrechterhaltung von Angststörungen identifiziert wurden (s. o.). Verhaltenstherapie im engeren Sinne kann somit nicht als eine einfache Sammlung einzelner Techniken und Vorgehensweisen angesehen werden, sondern ist vielmehr ein umfassendes Interventions- oder Behandlungsmodell, das die *störungsspezifische* Beachtung relevanter psychobiologischer Grundlagenerkenntnisse ebenso erfordert wie die Kenntnis *störungsspezifischer* und *-übergreifender* diagnostischer und therapeutischer Vorgehensweisen.

Grundsätzlich können bei Panikstörungen, Generalisierten Angststörungen und phobischen Störungen eine Vielzahl von unterschiedlichen Strategien und Techniken zum Einsatz kommen, deren Auswahl auf der Grundlage operationalisierten Diagnostik, der Problemanalyse, der individuellen Problem- und Krankheitsgeschichte sowie der konkreten Behandlungssituation (ambulante oder stationäre Behandlung) zu entscheiden ist. Hierzu gehören in erster Linie – bezugnehmend auf die oben dargestellten Angststörungsmodelle – verschiedene Varianten der sogenannten *Konfrontationsverfahren* (Systematische Desensibilisierung, Konfrontation in sensu und in vivo, Exposure-Verfahren, Angstmanagement; vgl. hierzu Fiegenbaum & Tuschen, 1996; Maercker, 1996a), *kognitive Verfahren* (rational-emotive Therapie, kognitive Reattribuierungsverfahren; vgl. hierzu Tuschen & Fiegenbaum, 1996) und komplexere *Entspannungsverfahren* (Progressive Muskelentspannung, Applied Relaxation; vgl. Maercker, 1996b), wie auch ergänzende Verfahren zur Verbesserung der individuellen Problemlösungskompetenzen (vgl. Pfingsten, 1996).

Die Vielzahl verhaltenstherapeutischer Strategien, ihre Kombinationsmöglichkeiten auch mit Psychopharmaka, und die vielfältigen patientenorientierten technischen Ergänzungen sind zum Teil selbst für erfahrene Therapeuten/Therapeutinnen kaum mehr überschaubar. Um die konkrete Durchführung verhaltenstherapeutischer Verfahren in der Forschung und Praxis zu erleichtern, sie aber auch für den Patienten selbst besser durchschaubar zu machen, hat sich in den letzten 20 Jahren der Einsatz von *verhaltenstherapeutischen Manualen* (s. **Tab. 1**) durchgesetzt. Diese legen detailliert in schriftlicher Form fest, wie konkret diagnostisch und therapeutisch bei einer spezifischen Störungsdiagnose vorzugehen ist. Derartige Manuale gibt es zwischenzeitlich nicht nur mit verschiedenen inhaltlichen Akzentsetzungen für den Therapeuten oder die Therapeutin (z. B. Margraf & Schneider, 1990, für die Panikstörung oder Wilke & Hand, 1988, für die Agoraphobie), sondern auch für die *Betroffenen und ihre Angehörigen* (vgl. Hand & Wilke, 1988, für

Tabelle 1: Therapie-Manuale (T) und Selbsthilferatgeber (S) zur Behandlung von Angststörungen

Störungsbereich	Manual
Angststörungen allgemein	Ängste verstehen und bewältigen (Marks, 1993a) (S) Das Große Handbuch der Seelischen Gesundheit (Wittchen, 1996) (T) Ratgeber – Wenn Angst krank macht (Wittchen, 1997) (S) Angststörungen (Deuchert & Petermann, 1994) (T)
Panikstörung	Panik – Angstanfälle und ihre Behandlung (Margraf & Schneider, 1990) (T) Die Panikstörung – Diagnose und Behandlung (Boerner et al., 1997) (T) Panik – Ratgeber (Wittchen, Benkert, Boerner et al., 1997) (S)
Agoraphobie (s. a. Panikstörung)	Agoraphobie. Eine Anleitung zur Durchführung einer Exposition in vivo unter Einsatz eines Selbsthilfemanuals (Wilke & Hand, 1988) (T) Platzangst – Ein Übungsprogramm für Betroffene und Angehörige (Hand & Wilke, 1988, Hand & Fisser-Wilke, 1995) (S)
Generalisierte Angststörung	Generalisierte Angst – Ihr Therapieratgeber (Wittchen, Schuster & Vossen, 1997) (S)
Soziale Phobie Soziale Ängstlichkeit	Das Assertiveness-Training-Programm (Ullrich de Muynck & Ullrich, 1976) (T, S) Gruppentraining sozialer Kompetenzen (Pfingsten & Hinsch, 1991) (T) Soziale Phobie. Eine Anleitung zur Durchführung einer Exposition in vivo (Wlazo, 1995) (S) Wege aus der Sozialen Phobie (Wittchen, Beloch & Garczynski, 1997) (S) Social Phobia – An educational program (World Psychiatric Association, 1995) (T)
Spezifische Phobie (Flugangst)	Flugangst bewältigen (Kinnunen, 1996) (T/S)
Zwangsstörung	Wenn Zwänge das Leben einengen (Hoffmann, 1990) (S)
Soziale Ängstlichkeit bei Kindern	Training mit sozial unsicheren Kindern (Petermann & Petermann, 1996) (T)

Anmerkung. Hervorragende praxisnahe Darstellungen verhaltenstherapeutischer Vorgehensweisen bei Angststörungen finden sich zusätzlich bei Margraf (1996).

die Agoraphobie oder Wittchen, Beloch & Garczynski, 1997, für die Soziale Phobie). Sie erleichtern nicht nur das Lernen neuer Therapieverfahren und helfen oft schon im Sinne einer Selbsttherapie den Betroffenen selbst, sondern scheinen über die Standardisierung als Qualitätssicherungsmaßnahmen auch besseren Therapieerfolg als individualisierte Therapiestrategien zu versprechen (Schulte, 1992).

Die Entwicklung von Therapie-Manualen hat die Beurteilung von Therapieeffekten in der vergleichenden empirischen Therapieforschung erheblich gefördert. Ziel der evaluativen Therapieforschung ist herauszufinden, welche therapeutischen Interventionen und Prozesse entscheidend für den Verlauf der Therapie sind (Grawe, 1982) und wie z. B. die Effektivität verhaltenstherapeutischer Verfahren im Vergleich zu pharmakologischen Standardstrategien ist. Die Untersuchung der vergleichenden Effektivität pharmakologischer und verhaltenstherapeutischer Strategien bei Angststörungen, speziell Panikstörungen und Agoraphobien, war in den letzten Jahren ein Forschungsschwerpunkt in den USA, aber auch in Deutschland, wobei unter anderen besonders die Arbeiten von Hand (1989), Fiegenbaum (1990), Margraf und Ehlers (1986), Margraf und Schneider (1990) sowie Schulte (1992) zu nennen sind.

Besonders aufschlußreich ist in diesem Zusammenhang eine Übersichtsarbeit und Metaanalyse von Michelson und Marchione (1991). Obwohl Metaanalysen von Therapiestudien mit einer Reihe grundsätzlicher, methodischer Probleme behaftet sind, bieten sie doch unwidersprochen zumindest die Möglichkeit, einen groben Gesamtüberblick über die Wirksamkeit verschiedener Verfahren zu bekommen, der sich bei Sichtung von vielen Einzelbefunden oft nicht einfach erschließt.

Michelson und Marchione berücksichtigen in ihrer Arbeit bis 1988 publizierte Therapiestudien, die im Rahmen eines randomisierten klinischen Vergleichs verschiedene medikamentöse Therapien (Beta-Blocker, Benzodiazepine, Monoamin-Oxidase-(MAO) Hemmer und trizyklische Antidepressiva) sowie psychologische Verfahren geprüft haben. Unter den psychologischen Verfahren wurden neben speziellen Entspannungsverfahren vor allem kognitiv-behaviorale und Konfrontationsansätze berücksichtigt. Dabei ist besonders hervorzuheben, daß auch Kombinationsbehandlungen mit trizyklischen Antidepressiva Berücksichtigung fanden.

Zu den im deutschen Sprachraum weniger bekannten Verfahren gehören die «Programmierte Praxis» sowie die «Applied Relaxation». Die «Programmierte Praxis» ist ein kombiniertes Verfahren, bei dem der Patient selbständig mit Unterstützung eines Co-Therapeuten nach einem schriftlich festgelegten Programm eine gestufte, in ihrer Schwierigkeit ansteigende Konfrontation mit den angstauslösenden Stimuli durchführt (Mavissakalian & Michelson, 1986). Zu dieser Methode liegen derzeit vier Studien vor, die belegen, daß die therapeutengeleitete Konfrontationsbehandlung der selbständigen, vom Patienten durchgeführten, deutlich überlegen ist. Eine neue Technik, die sogenannte «Applied Relaxation» (Öst, 1987, dargestellt in Deuchert & Petermann, 1994), ist eine modifizierte Form eines Entspannungsprogramms, das gezielt auf die körperliche Komponente des Panikerlebens abzielt und dabei schrittweise der betroffenen Person Bewältigungsstrategien vermittelt. Dieses Vorgehen wurde bis 1991 in insgesamt fünf Studien untersucht und hat sich bislang als erfolgversprechende Alternative erwiesen. Am häufigsten wurden nach der Übersichtsarbeit inzwischen aber sogenannte kognitiv-behaviorale Verfahren allein oder in Kombination mit Antidepressiva untersucht. Dabei unterscheiden Michelson und Marchione zwischen graduierten und nicht-graduierten Vorgehensweisen.

In ihrer Metaanalyse berücksichtigen Michelson und Marchione unterschiedliche Erfolgskriterien, von denen hier nur einige diskutiert werden sollen:

(1) Drop-Out-Rate: Hier wird angegeben, wieviel Prozent der Patienten oder Patientinnen in der jeweiligen Studie vor Ende der Studie die Behandlung abgebrochen haben.

(2) Klinische Besserung: Jede der eingeschlossenen Studien benutzte zum Teil unterschiedliche Definitionen für klinische Besserungen; diese Angaben wurden zur Kennzeichnung des Prozentsatzes klinisch Gebesserter verwendet.

(3) Rückfälle: Da einige der eingeschlossenen Studien auch eine Follow-up-Untersuchung enthielten, wurde ebenfalls angegeben, welcher Prozentsatz der Fälle sechs Monate nach Ende der Behandlung als Rückfall zu werten war.

(4) Effektivitätsindex: Darüber hinaus wurde aus diesen Indikatoren ein Gesamtindex berechnet, der zwischen 1 (geringste Effektivität) und 100 (optimale Effektivität) variiert.

Bei den Ergebnissen der Metaanalyse in **Tabelle 2** muß einschränkend darauf hingewiesen werden, daß lediglich ein grober Überblick über die Wirksamkeit verschiedener Methoden gegeben wird. Auf Grundsatzprobleme der Methodik, insbesondere auf die Möglichkeit von systematischen Verzerrungen durch die unterschiedliche Patientenselektion der berücksichtigten Studien, können wir nicht eingehen (vgl. hierzu Michelson & Marchione, 1991). Die Personen wurden zwar nach Diagnosen parallelisiert und die Auswertung dementsprechend kontrolliert, aber z. B. der Schweregrad der Erkrankung ging nicht in die metaanalytische Auswertung ein. In **Tabelle 2** sind die Prozentsätze für Drop-outs (Personen mit Therapieabbruch), gebesserte Personen, Personen mit Rückfällen sowie der Gesamteffektivitätsindex angegeben. Die Angaben gelten für den hypothetischen Fall, daß jede Behandlungsgruppe einer Kohorte von N = 100 entspricht. Damit sind die Zahlenwerte z. B. für hochpotente Benzodiazepine wie folgt zu lesen: In den Studien mit dieser Behandlungsstrategie ergaben sich im Mittel 15 Prozent Personen mit Therapieabbruch, 60 Prozent waren am Ende der Therapie gebessert, allerdings weisen die wenigen Lang-

zeit-Follow-up-Untersuchungen darauf hin, daß 90 Prozent der Patient/innen einen Rückfall erleiden. Der Gesamt-Effektivitätsindex ist deswegen mit 5 außerordentlich niedrig.

Beim Vergleich medikamentöser mit psychologischen Therapien kann man zunächst feststellen, daß mit Ausnahme von niedrig- und hochpotenten Benzodiazepinen die Drop-out-Raten bei pharmakologischen Strategien etwas höher sind. Erwartungsgemäß sind sie bei den nebenwirkungsintensiveren trizyklischen Antidepressiva und MAO-Hemmern am höchsten. Dieser Effekt zeigt sich übrigens auch dann noch, wenn in der jeweiligen Studie versucht wurde, mit kognitiven Methoden die Problematik der unangenehmen Nebenwirkungen zu

Tabelle 2: Ergebnisse einer hypothetischen Stichprobe von 100 Patienten mit Panikstörung und Agoraphobie nach einer Metaanalyse von Michelson und Marchione (1991, entnommen aus Unland & Wittchen, 1994)

Treatment		% Drop-Outs n Therapie beendet	%, n Klinisch gebessert[1]	% Rückfälle n ohne Rückfälle[2]	Gesamt Effektivitäts-Index
Beta-Blocker	%	20	10	90	1
	n	(80)	(8)	(1)	
niedrig-potente Benzodiazepine	%	15	15	85	2
	n	(85)	(13)	(2)	
hoch-potente Benzodiazepine	%	15	60	90	5
	n	(85)	(51)	(5)	
MAO-Hemmer	%	35	45	40	17
	n	(65)	(29)	(17)	
trizyklische Antidepressiva	%	25	60	35	29
	n	(75)	(45)	(29)	
Programmierte Praxis	%	15	25	15	18
	n	(85)	(21)	(18)	
Entspannung	%	15	55	15	40
	n	(85)	(47)	(40)	
graduierte Exposure	%	15	65	15	47
	n	(85)	(55)	(47)	
Imipramin + grad. Exposure	%	25	70	25	39
	n	(75)	(53)	(39)	
kogn. Therapie + grad. Exposure	%	15	87	10	67
	n	(85)	(74)	(67)	
kogn. Verhaltenstherapie v. Panikstörung ohne Agoraphobie	%	5	90	5	81
	n	(95)	(86)	(81)	

Anmerkungen. [1] Bezogen auf Therapie beendet. [2] Bezogen auf klinisch gebessert.

reduzieren (vgl. Imipramin mit graduierten Exposure). Die klinischen Besserungsraten liegen am höchsten für kognitive Therapieverfahren und am niedrigsten für Beta-Blocker, niedrigpotente Benzodiazepine und die Programmierte Praxis. Die Rückfallraten sind mit Ausnahme der trizyklischen Antidepressiva bei allen pharmakologischen Strategien sehr hoch, bei psychologischen Strategien sehr niedrig. Insgesamt kann es so nicht überraschen, daß im Effektivitätsindex die Überlegenheit der kognitiv-behavioralen Verfahren und das Exposure-Verfahren deutlich überragt. Zusammenfassend ergibt sich aus dem globalen Effektivitätsindex der Autoren, der einer Zusammenfassung aller Effektivitätsaspekte entspricht, eine eindeutige Überlegenheit der kognitiv-behavioralen Exposure-Verfahren gegenüber allen anderen Therapiestrategien. Interessant ist dabei der Befund, daß graduierte Exposure-Verfahren, die wohl am häufigsten in der Routinepraxis angewendet werden, mit 47 eine nur geringe Gesamteffektivität aufweisen.

Was kennzeichnet die im Vergleich zu pharmakologischen Verfahren offensichtlich erfolgreicheren psychologischen und vor allem die kognitiv-behavioralen Strategien?

(1) Alle verhaltenstherapeutischen Strategien beziehen sich auf das sog. *Drei-Komponenten-Modell der Angst* (vgl. Lang, 1985). Dieses geht davon aus, daß Angst sich immer auf drei Ebenen manifestiert, der körperlichen, der kognitiv-emotionalen und der verhaltensmäßigen bzw. interaktionalen. Erst bei Berücksichtigung der Wechselwirkungen zwischen diesen Aspekten ist ein adäquates Verständnis der Angst und eine sinnvolle Interventionsplanung möglich. Dabei wird die Angstreaktion als grundsätzlich normale, aber übersteigerte bzw. fehlgesteuerte Alarmreaktion betrachtet, ähnlich einer dysfunktionalen Streßreaktion. Diese Annahme nimmt Bezug auf die Erkenntnis von Angst als einer «normalen», d.h. im Organismus biologisch verankerten Reaktionsform (vgl. Holsboer & Phillip, 1993), die im Falle einer Angststörung lediglich in «krankhafter» Weise stark bzw. dysfunktional ausgeprägt ist. Vielfach wird auch davon ausgegangen, daß ein generell tonisch erhöhtes Anspannungsniveau, z.B. im Sinne einer Erwartungsangst vor dem nächsten Anfall oder im Rahmen einer situationalen Konditionierung, dafür verantwortlich sein könnte, daß Angstpatienten bereits bei alltäglichen Stressoren Angstreaktionen erleben.

(2) Alle erfolgreichen Therapiestrategien – pharmakologischer wie psychologischer Art – versuchen auf unterschiedlichen Wegen, den *«Teufelskreis»* der Angst zu unterbrechen. Dieser besteht darin, daß bestimmte Körpersignale zu körperlichen Veränderungen (z.B. Herzschlag oder Schwitzen) führen, die wiederum wahrgenommen oder bewertet werden, womit ein Kreislauf geschlossen ist, der zu einem Anstieg des Angstsyndroms führt. Das Teufelskreis-Modell bezieht zudem explizit biologische Faktoren wie auch Umwelt- und Verhaltensfaktoren aktueller und dispositioneller Art mit ein. Der Aufschaukelungsprozeß der Angst kann an vielen Stellen vorübergehend unterbrochen werden: durch den sedierenden Anteil bestimmter Medikamente (z.B. Benzodiazepine) oder durch Entspannungsverfahren oder aber durch kognitive Techniken, bei denen der Patient lernt, vermeintlich bedrohliche Symptome anders zu bewerten.

(3) Dauerhaft wirksam wird der Teufelskreis im Alltagsleben allerdings erst dann unterbrochen, wenn der *behaviorale* Anteil der Angst, nämlich die Vermeidung der angstauslösenden Situation (z.B. Vermeidung von öffentlichen Verkehrsmitteln, Einnahme von Beruhigungsmitteln oder Alkohol), *unterbunden* wird. Genau dies ist das Ziel von Konfrontationsverfahren, deren Durchführung das Erlernen einer Umbewertung der als «bedrohlich» bewerteten Reize zum Ziel hat. Die befürchteten Konsequenzen (z.B. das Herz könnte stehenbleiben oder man könnte sterben) bleiben aus und der Betroffene braucht die Situation nicht länger aus Angst vor den Folgen zu vermeiden.

(4) Alle verhaltenstherapeutischen Verfahren enthalten neben der Wissensvermittlung und Aufklärung *praktische Übungen*, in denen der Umgang mit akuten Angstsituationen erlernt wird. Dies geschieht sowohl im therapeutischen Setting zusammen mit dem Therapeuten, als auch alleine zu Hause als Hausaufgabe für den Patienten. Je nach Art der behavioralen oder kognitiven Therapie liegt der Behandlungsschwerpunkt mehr auf der Veränderung

von Einstellungen oder auf der Veränderung von sichtbaren Verhaltensweisen, d. h. auf der Konfrontation mit der Situation und den eigenen körperlichen Aspekten der Angst in der auslösenden Situation.

2. Verhaltenstherapeutisches Vorgehen bei der Panikstörung und Agoraphobie

2.1 Diagnostik

Am Beginn einer Verhaltenstherapie steht immer eine umfassende Diagnostik. Sie beschränkt sich jedoch nicht nur auf die am Anfang der Exploration stehende Erfassung der Symptome und Beschwerden zur Stellung einer Diagnose nach der IDC-10 oder dem DSM-IV, sondern versucht darüber hinaus im Rahmen der darauf aufbauenden Problem- und Bedingungsanalyse eine detaillierte Aufklärung der derzeitigen und vergangenen Einflußfaktoren, die das Störungsbild bei der Entstehung und Aufrechterhaltung beeinflußt haben. Darüber hinaus werden diejenigen durchführungstechnischen Aspekte beurteilt, die für oder gegen den Einsatz verschiedener therapeutischer Vorgehensweisen sprechen (Wittchen & Unland, 1993). Zur Optimierung dieses diagnostischen Prozesses werden vielfach die in Kap. 37/ 1 (Klassifikation und Diagnostik) angeführten Verfahren herangezogen, die es z. B. erlauben, die Störung selbst, die Störungsgeschichte und sekundäre Komplikationen strukturiert zu erfassen und zu beurteilen (z. B. Auftreten der ersten Panikattacke, sukzessive Entwicklung agoraphoben Vermeidungsverhaltens und Entwicklung einer sekundären Depression). Die Ergebnisse einer solchen umfassenden Diagnostik münden in ein individuell angepaßtes diagnosespezifisches Bedingungsmodell, das die Bestimmung der Therapiestrategie (z. B. Panikbehandlung nach Margraf & Schneider, 1990) sowie patientenspezifischer Ergänzungen ermöglicht (Einbeziehung des Ehegatten, Begleitbehandlung einer Depression usw.). In dieser Stufe fällt gegebenenfalls auch die Entscheidung über weitere Therapiekomponenten, wie z. B. die Behandlung einer sekundären Medikamenten- oder Alkoholabhängigkeit, die bei vielen Angstpatienten das Störungsbild verkomplizieren kann.

2.2 Aufklärung über das therapeutische Vorgehen

Sobald die Diagnose gesichert erscheint, beginnt die Therapie mit einer umfassenden Aufklärung über Angst und Angststörungen. Hierbei soll der Patient oder die Patientin aufgeklärt werden über die Diagnose, Modelle der Angst (u. a. Drei-Komponenten-Modell, Angst als eine übersteigerte normale biologische Reaktion), die kritische Rolle von Gedanken und Gefühlen bei der Angstreaktion und über den Teufelskreis von Angst und Vermeidung. Die Aufklärung sollte sich an den individuell bestehenden Problemsituationen orientieren und Gelegenheit zur Aussprache und Erklärung bieten. Hierzu werden in der Regel praktische Hilfen in Form von Informationsbroschüren mitgegeben, so daß sich die in der Therapiesitzung mündlich gegebenen Erläuterungen nachlesen lassen (z. B. Hand & Wilke, 1988; Margraf & Schneider, 1990; Wittchen et al., 1993).

2.3 Kognitive Phase

Die Informationen sollen dem Patienten eine Veränderung seiner Einstellungen (Attributionen) erleichtern und die in der Therapie angestrebte Attributionsänderung vorbereiten. Der Patient lernt in der zweiten Stufe, die Ursachen seiner Angst nicht länger ausschließlich in äußeren Bedingungen (Umwelt und Situationen), oder, wie im Falle einer Panikstörung, in einer krankhaften biologischen Dysfunktion zu sehen, sondern in der Art und Weise, wie er bestimmte Reize gedanklich verarbeitet. Dabei beginnt er auch zu erkennen, wie er sie in Zukunft gedanklich verarbeiten kann, ohne daß es wiederum zu einem Teufelskreis der Angst kommt. Die kognitive Veränderung wird jedoch nicht alleine im *Gespräch* bewirkt, sondern zum Teil auch durch sog. *Verhaltenstests,* wie z. B. dem Hyperventilationstest (vgl. Spinhoven, Onstein, Sterk & Lehaen-Versteijnen, 1992), oder durch kleinere praktische Übungen in angstauslösenden Situationen. Neben der Attributionsänderung gehört die Identifikation und Veränderung sog. «dysfunktionaler Kognitionen» zu den kognitiven Therapiestrategien. Als «dysfunktionale Kognitionen» werden das Katastrophisieren, absolute Forderungen und das sogenannte «Muß-Denken» gezählt. Es werden darüber hinaus Fehlinterpretationen von Körper- oder Umweltreizen korrigiert und logische Fehler im Denken aufgedeckt und durch rationale Denkweisen ersetzt. Auch das sogenannte Selbstinstruktionstraining (Meichenbaum, 1977) zählt zu den kognitiven Techniken und kommt z.B. im Rahmen des Programms von Margraf und Schneider zur Anwendung. Dabei lernt der Patient, wie er unmittelbar vor und in einer Angstsituation dieselbe gedanklich durch positive Instruktionen und rationale Gedanken bewältigen kann.

2.4 Planung und Durchführung von Übungssituationen (Exposure)

Mit dem Vorliegen eines dem Patienten als plausibel erscheinenden hypothetischen Bedingungsmodells seiner Angstreaktionen, der Vorbereitung durch die kognitive Therapiephase und der Akzeptanz des Patienten, sich Situationen konkret auszusetzen, kann mit den praktischen Konfrontationsübungen begonnen werden. Dabei können die detaillierten Therapievorschläge aus den Angstmanualen eine gute Hilfe für den Therapeuten oder die Therapeutin darstellen. Die praktischen Übungen werden im Sinne der konfrontativen Verfahren bzw. Exposure-Methoden (vgl. Bartling, Fiegenbaum & Krause, 1980) durchgeführt. Nach bestimmten Regeln soll der Patient durch sein aktives Verhalten einerseits den Teufelskreis von Angst und Vermeidung durchbrechen, andererseits über Hilfestellungen (wie z.B. die vorangehenden kognitiven Übungen) die Erfahrung der Ungefährlichkeit der bis dahin als bedrohlich erlebten Situation machen. Damit wird bei zwei der zentralen Aspekte des Angstproblems «ganzheitlich», d.h. körperlich, gedanklich und verhaltensmäßig, interveniert und so ein Neulernen ermöglicht. Das konfrontative Vorgehen in der Therapie kann man mit dem Vorgehen eines experimentellen Wissenschaftlers vergleichen. Dabei werden zunächst situationsgebundene Hypothesen über das Eintreten bestimmter Konsequenzen aufgestellt und diese dann

Expositionstherapie: Der Patient exponiert sich in vivo den äußeren gefürchteten Reizbedingungen, u.U. anfänglich in Begleitung des Therapeuten, der ihn beruhigt und ermutigt. Die Aufhebung des Meideverhaltens bewirkt eine Angstreduktion.

im Experiment, d.h. hier in der Konfrontationsübung, auf ihren Wahrheitsgehalt hin überprüft.

Die vorliegenden störungsspezifischen Ansätze unterscheiden sich bezüglich der konfrontativen Übungen zum Teil bedeutsam in ihren strategischen Vorgehensweisen, ohne daß allerdings eindeutige empirische Belege für die Überlegenheit einer Strategie vorliegen. Einige Gruppen legen den Schwerpunkt mehr auf die Bearbeitung der kognitiven Elemente in der Therapiesitzung und üben die konkrete Konfrontation in nur einigen wenigen Standardsituationen. Den eigentlichen Übungsteil überlassen sie weitgehend dem Patienten alleine im Sinne von standardisierten und individualisierten Hausaufgaben. Das Vorgehen dieser Gruppe ist am eindeutigsten in dem Manual von Margraf und Schneider (1990) beschrieben. Es setzt implizit voraus, daß der Patient seine

«Hausaufgaben» macht, d. h. sich lang und intensiv genug und entsprechend der vereinbarten Richtlinien den Angstsituationen auch außerhalb der Therapiesituationen aussetzt. Dieses Vorgehen ist, da es innerhalb einer 45- bis 90minütigen Sitzung realisiert werden kann, an der psychotherapeutischen Routinepraxis orientiert.

Andere, wie z. B. Wilke und Hand (1988) oder Fiegenbaum (1990), heben stärker die Bedeutung der praktischen Konfrontation in individuell vorbereiteten oder standardisierten Übungssituationen unter Begleitung eines Therapeuten oder Co-Therapeuten hervor, ohne allerdings größere Unterschiede in den Prinzipien bezüglich des Patientenverhaltens bei der Exposition aufzuweisen. Die Expositionssitzungen, bei denen sich der Patient hauptsächlich in Begleitung in die befürchteten Situationen begibt, dauern meistens mehrere Stunden an. Manchmal erstrecken sie sich aber auch über Tage, was oft für die Routinepraxis eine sicherlich nur schwer umsetzbare Therapiestrategie darstellen dürfte. Die große Zeitdauer von Exposure-Übungen kann damit begründet werden, daß der Patient die erfolgreiche Bewältigung seiner Angstreaktionen in möglichst vielen unterschiedlichen Situationen körperlich, gedanklich und verhaltensmäßig erfahren muß, was erfahrungsgemäß mehr als eine Therapiestunde andauert. Fiegenbaum geht im Rahmen seiner Therapiedurchführung sogar von einer einwöchigen Intensiv-Konfrontationsübung aus, die u. a. Flugreisen ins Ausland, lange Zugreisen und U-Bahnfahrten in fremden Städten umfassen. Hier wird erwartet, daß durch die praktische Übungskomponente und durch die konsequente Unterbindung des Vermeidungsverhaltens schneller und umfassender der Angstteufelskreis durchbrochen werden kann. Implizit wird auch erwartet, daß sich die Kognition des Patienten mitverändert, da sich durch die Erfahrung, auch «unglaublich schwierige» Übungssituationen zu bewältigen, sukzessive die Bewertungsmaßstäbe verschieben und so ein neues Einstellungsgefüge gegenüber Angstphänomenen entwickeln kann. Eine Patientenaussage mag dies gut verdeutlichen: «Wenn ich das problemlos geschafft habe, werden mir die Alltagsprobleme leichter fallen!» Weitere Modifikationen der vorgestellten Vorgehensweisen bestehen darin, daß manche

Therapeuten graduiert, das heißt mit wachsendem Schwierigkeitsgrad bei der Konfrontation, vorgehen (etwa Systematische Desensibilisierung, vgl. hierzu Maercker, 1996a), während andere gleich mit dem höchsten Schwierigkeitsgrad (Reizkonfrontation, vgl. hierzu Fiegenbaum & Tuschen, 1996) beginnen.

2.5 Praktische Umsetzung und Ergänzungen

Ist der Konfrontationsübungsteil der Behandlung abgeschlossen, soll der Patient sukzessive sein Angst- und Vermeidungsverhalten im Alltag verändern. Hier kann es zusätzlich notwendig sein, z. B. bei chronifizierten Fällen, ein allgemeines Problemlöse-Training (Kaiser & Hahlweg, 1996) oder ein Training sozialer Fertigkeiten (z. B. Pfingsten & Hinsch, 1991) anzuschließen. Insgesamt wird in dieser Phase eine Generalisierung der gemachten Erfahrungen angestrebt.

2.6 Rückfallprophylaxe

Ein impliziter Bestandteil verhaltenstherapeutischer Angstbehandlung ist schließlich auch der Einsatz gezielter Maßnahmen zur Rückfallprävention sowie das Üben von Verhaltensweisen im Umgang mit Rückfällen.

2.7 Perspektiven und offene Fragen

Zusammenfassend können wir feststellen, daß sowohl pharmakologische als auch verschiedene verhaltenstherapeutische Methoden in der Angstbehandlung wirksam sind. Die zum Teil für einzelne Verfahrensgruppen noch nicht ganz befriedigenden Erfolgsraten rufen dazu auf, weiter in Richtung einer differentiellen Indikation zu speziellen Therapiemaßnahmen zu suchen und insbesondere auch der in der Metaanalyse als durchaus problematisch beurteilten Effektivität von Kombinationsbehandlungen mit Antidepressiva und anderen Pharmakastrategien genauer nachzugehen. Die wenig beeindruckenden Ergebnisse von Kombinationsbehandlungen sprechen zum jetzigen Zeitpunkt eher dafür, daß ein «mehr an Therapie oder die Addition einzelner effektiver Therapieformen» nicht zwangsläufig zu besseren, sondern vielleicht sogar zu schlechteren Ergebnissen führt.

Weitere zukünftige Forschungsarbeiten werden zeigen, ob die in der oben angeführten Metaanalyse so eindrucksvoll angedeutete Überlegenheit kognitiv-behavioraler Therapieverfahren tatsächlich in diesem Ausmaß Bestätigung findet. Kritisch könnte angemerkt werden, daß die kognitiv-behaviorale Therapie immer explizit eine kognitive Umstrukturierung beinhaltet, d. h. die Patienten werden gezielt trainiert, ihren Zustand anders zu bewerten. Dies könnte sich möglicherweise auf das Antwortverhalten der Patienten in den Fragebögen auswirken, die zur Effektivitätsbeurteilung eingesetzt werden. Die Überlegenheit der kognitiv-behavioralen Therapieverfahren kann jedoch auch dadurch erklärt werden, daß alle untersuchten verhaltenstherapeutischen Therapien eine Stabilisierungsphase enthalten. In dieser Phase werden nach einem schriftlich festgelegten Programm in Form eines Manuals Übungen durchgeführt, so daß der Patient in den sechs, zwölf oder achtzehn Monaten nach Therapieende implizit weiter «therapeutisch behandelt» wird. Ferner werden Übungen mit dem Lebenspartner einbezogen, Hilfen vermittelt, wie mit depressiven Gefühlen und Abhängigkeitsproblemen (von Alkohol oder Medikamenten) umgegangen werden kann und es werden spezielle Hinweise für den Umgang mit Risikosituationen gegeben. Diese Faktoren zusammen könnten ebenfalls gut die Überlegenheit der psychologischen Therapiemaßnahmen bei Angststörungen, insbesondere bei den Follow-up-Untersuchungen, erklären. Keiner dieser Faktoren invalidiert allerdings die Hauptbefunde: Der grundsätzliche Effektivitätsnachweis und die erheblichen Erkenntnisfortschritte, die durch die verhaltenstherapeutischen Methoden in der Angstbehandlung erzielt wurden, bleiben unwidersprochen. Zudem ist darauf hinzuweisen, daß die Metaanalyse von Michelson und Marchione nicht die Ergebnisse deutschsprachiger Studien einbezog, die ebenfalls auf eine Überlegenheit der kognitiv-behavioralen Therapieansätze hindeuten.

Unsere Ausführungen haben deutlich gemacht, daß verhaltenstherapeutische Behandlungen bei Panikstörungen und Agoraphobie außerordentlich komplex sind und trotz scheinbar einfacher Grundprinzipien (z. B. «sich den angstbesetzten Situationen und Wahrnehmungen aussetzen!») ein erhebliches Ausmaß von fachlicher Kompetenz und praktischer Erfahrung erfordern. Trotzdem ist eine verhaltenstherapeutische Behandlung in der Regel keine Langzeit-Behandlung. Nach dem Manual von Margraf und Schneider dauert eine solche Therapie etwa 15 Doppelstunden, zuzüglich einer längerfristigen Nachbehandlungsphase mit seltenen Therapiekontakten. Diese Erfahrungen von etwa 30 bis 40 Sitzungen decken sich mit denen anderer erfahrener Verhaltenstherapeuten, wie z. B. der Gruppe um Iver Hand. Bei diesen Schätzungen muß allerdings berücksichtigt werden, daß diese Gruppen mit Therapiemanualen arbeiten, die den Ablauf der Therapie erheblich ökonomisieren. Bei einer stärkeren Individualisierung, die häufig aufgrund des Störungsverhaltens eines konkreten Patienten für notwendig erachtet wird, ist zumeist eine erheblich längere Behandlungszeit zu erwarten. Wie Schulte und seine Arbeitsgruppe sowie verschiedene andere Arbeitsgruppen (Fiegenbaum, Freitag & Frank, 1992; Margraf, 1992; Marks, 1993b; Reinecker, 1992; Schulte, 1992) in einer Debatte zum Thema «Exposure-Therapie» in der Zeitschrift Verhaltenstherapie hingewiesen haben, ist allerdings die Gleichsetzung «individualisierte Verhaltenstherapie = bessere Therapie!» nicht haltbar (Schulte, 1992). Neben der Therapiedauer sind folgende weiteren Vorteile der verhaltenstherapeutischen Angstbehandlung mit Manualen zu nennen: a) die Durchführung der Therapie ist rational nachvollziehbar und leichter von «Anfängern» erlernbar und überprüfbar; b) da es in der Angstbehandlung vor allem darauf ankommt, die aktuell aufrechterhaltenden Bedingungen therapeutisch anzugehen, ist eine erfolgreiche Behandlung auch dann möglich, wenn die ursprünglich auslösenden Bedingungen, die vielleicht sehr weit zurückliegen und nicht mehr erinnert werden können, nicht in die Therapie einbezogen werden; c) die manualisierten Angsttherapien weisen auch im Vergleich mit pharmakologischen Therapien eine zumindest gleich hohe, wenn nicht höhere Effizienz auf.

Zum Schluß noch ein Hinweis auf die in der Exposure-Behandlung immanenten Probleme in ethischer Hinsicht. Von vielen Kritikern dieses therapeutischen Vorgehens wird häufig übersehen, daß Angstbehandlungen auf der Grundlage von Konfrontationsverfahren in besonderem Maße einer guten und vertrauensvollen therapeutischen Beziehung bedürfen (zur Beziehungsgestaltung vgl. Margraf, 1996; Margraf & Brengelmann, 1992; Schulz, 1993). Es ist unabdingbare Voraussetzung einer jeden Expositionstherapie, daß der Patient voll dem Therapeuten vertraut und nichts in der Therapie ohne eine explizite Aufklärung seitens des Therapeuten und Einwilligung des Patienten erfolgt. Auf Seiten des Therapeuten wird vorausgesetzt, daß er beurteilen kann, wo der Patient im Verlauf des therapeutischen Prozesses steht, z. B. wann die Attribuierungsänderung erfolgreich zu einem Abschluß gekommen ist, und er dem somit gut vorbereiteten Patienten eine Konfrontation mit seinen Ängsten zumuten kann. Die manualisierte Therapie setzt hier besonders hohe und kritische Standards, die leicht bei einem unkritischen Verhaltenstherapieverständnis vernachlässigt werden könnten.

3. Verhaltenstherapeutisches Vorgehen bei der Generalisierten Angststörung (GAS)

Im Vergleich zur Panikstörung oder Agoraphobie liegen für die verhaltenstherapeutische Behandlung der Generalisierten Angsterkrankung ungleich weniger störungsspezifische Strategien vor, die spezifisch auf die Besonderheiten dieses Störungsbildes hin entwickelt wurden. Mit Turowsky und Barlow (1996) kann gesagt werden, daß solche speziellen Behandlungsmethoden überhaupt erst in der Entstehung begriffen sind.

In der Vergangenheit wurden als verhaltenstherapeutische Methoden hauptsächlich behaviorale und kognitiv-behaviorale Behandlungsstrategien, wie sie bei der Behandlung der übrigen Angststörungen eingesetzt werden, angewendet. Studien, die diese Vorgehensweisen evaluierten, berichten eher von bescheidenen Effekten dieser Methoden in der Behandlung der GAS (vgl. Becker, 1995). Spekuliert werden könnte, daß mit diesen Vorgehensweisen deswegen keine besseren Effekte erzielt werden

konnten, weil sie nicht explizit das «Sich-Sorgen», ein zentrales Charakteristikum der GAS, therapeutisch bearbeiten. Wie im Ätiologiekapitel im Rahmen des Modells von Borkovec et al. (1991) angeführt wurde, können diesen Sorgen eine spezielle Funktion im Rahmen des Störungsbildes zugesprochen werden. Sie scheinen ein Vermeidungsverhalten in der Hinsicht darzustellen, daß sie physiologisch-vegetative Reaktionen, die bei einer bildhaften Vorstellung der gefürchteten Situation als Begleitphänomene auftreten würden, unterdrücken. Analog zu Angststörungen, wie z. B. der Panikstörung, könnte hieraus der Schluß gezogen werden, daß als spezifisches therapeutisches Vorgehen die Konfrontation mit diesen bildhaften Vorstellungen indiziert wäre. Als erste haben Brown, O'Leary und Barlow (1993) einen Behandlungsansatz vorgelegt, in dem speziell die Sorgen-Komponente therapeutisch bearbeitet wird. Im folgenden soll ein Ansatz zur Behandlung der GAS vorgestellt werden, wie er von Turowsky und Barlow (1996; ein ähnlicher Therapieansatz wurde deutschsprachig von Wittchen, Schuster & Vossen, 1997, konzipiert) vorgelegt wurde. Auch dieser Ansatz enthält als spezielle Therapiekomponente die spezielle Bearbeitung der GAS-typischen Sorgen.

Folgende Behandlungskomponenten werden in ihrem Ansatz formuliert:

(1) *Information und Selbstbeobachtung.* Analog zum Vorgehen bei der Panikstörung steht zunächst im Vordergrund die Psychoedukation: was ist Angst, wie äußert sie sich? Es werden die drei Ebenen der Angst (physiologisch, kognitiv, behavioral) in Zusammenhang mit dem Kernproblem der GAS «Sorgen und Befürchtungen» vorgestellt und die spezifische Problematik des Teufelskreises wird anhand dieses Modells veranschaulicht. Zusätzlich werden spezielle Informationen über die Entstehung und Aufrechterhaltung der GAS gegeben. Im Rahmen der Selbstbeobachtung soll der/die Patient/in erfahren, daß die übertriebenen Sorgen und Befürchtungen von bestimmten internen oder externen Reizen ausgelöst werden und nicht einfach schicksalshaft auftreten. Selbstbeobachtungsprotokolle dienen dazu, die Angst, die körperlichen Beschwerden und die spezifischen Auslöser täglich zu registrieren. Dies ermög-

licht, bedingungsanalytisch Ansätze zur Veränderung vorzubereiten. Zusätzlich werden die «Sorgen-Themen» festgehalten. Die Information aus der Selbstbeobachtung dient im weiteren Verlauf zur Beurteilung und Demonstration von Veränderungen der Problematik.

(2) *Entspannungstraining.* Im Rahmen der Therapie wird ein Entspannungstraining bereits in den ersten Stunden der Therapie eingeführt, um dem Patienten/der Patientin eine Methode an die Hand zu geben, mit der die physiologische Ebene der Angst kontrolliert werden kann. Speziell wird hierbei die Progressive Muskelrelaxation und ein Diskriminationstraining durchgeführt. Die Progressive Muskelrelaxation wird als Methode angewendet, um aktiv eine Entspannung herbeiführen zu können. Um auf frühe Anzeichen von Anspannung reagieren zu können, wird mittels des Diskriminationstrainings die Sensibilität für körperliche Anzeichen von Anspannung erhöht.

(3) *Kognitive Therapie.* Mittels der klassischen Beck'schen Vorgehensweise der Identifikation automatischer Gedanken, Einschätzung kognitiver Verzerrungen und Veränderung der dysfunktionalen Kognitionen (vgl. hierzu Beck, Rush, Shaw & Emery, 1992) wird dann erarbeitet, welche Gedanken mit dem Auftreten der akuten Sorgen und Befürchtungen unmittelbar verbunden sind, welche kognitiven Verzerrungen speziell dem Teufelskreis der Sorgen, Befürchtungen, körperlichen Angst und Vermeidungsverhalten zugrundeliegen und wie diese inadäquaten Gedanken verändert bzw. durch adäquatere ersetzt werden können. Als Behandlungskomponente, die speziell auf die GAS zugeschnitten ist, wird hier auch die Konfrontation mit den störungstypischen Sorgen eingeführt. Zunächst wird in dieser Phase die Imaginationsfähigkeit trainiert, das heißt die Fähigkeit, sich detaillierte bildhafte Vorstellungen machen zu können. Anschließend werden die von der betreffenden Person berichteten Sorgen vorgegeben, und sie soll sich für jede Sorge den schlimmstmöglichen Ausgang vorstellen. Turowsky und Barlow (1996) schlagen hierbei ein graduelles Vorgehen vor, d. h., es wird mit derjenigen Sorge begonnen, die am wenigsten angstbesetzt ist. Die Vorstellung des schlimmsten Ausganges wird über eine bestimmte Zeit festgehalten und anschließend alternative Vorstellungen/Gedanken dafür entwickelt. Die Konfrontation soll solange beibehalten werden, bis der Gedanke weniger Angst hervorruft. Im Laufe der Therapie wird die Person gebeten, diese Konfrontationsübungen auch außerhalb des therapeutischen Settings durchzuführen.

(4) *«Prävention» von Sorgeverhalten.* Wie auch bei anderen Angststörung werden bei der GAS von den Betroffenen häufig dysfunktionale Verhaltensweisen gezeigt, die die Angst scheinbar reduzieren. Es handelt sich hierbei um Vermeidungsverhalten, das durch die Angstreduktion negativ verstärkt wird. Typische solche Verhaltensweisen wären etwa die Suche nach Rückversicherung oder die Vermeidung von Aktivitäten, die Sorgen auslösen könnten. Als ein Behandlungsziel wird das Unterlassen dieser Verhaltensweisen angestrebt. Auch hier wird ein hierarchisches Vorgehen vorgeschlagen: es soll dasjenige Verhalten zuerst beendet werden, dessen Aufgabe am wenigsten bedrohlich erscheint. Erst wenn dies gelingt, werden Verhaltensweisen angegangen, deren Unterlassung in der Bedrohlichkeitshierarchie höher eingestuft werden.

4. Schlußbemerkungen

Auch für die Behandlung der Zwangsstörung und der Posttraumatischen Belastungsstörung werden verhaltenstherapeutische Interventionsmethoden eingesetzt; auf eine detaillierte Darstellung der konkreten Vorgehensweisen kann aus Platzgründen nicht eingegangen werden. Angedeutet sei nur, daß auch bei diesen beiden Angststörungen primär kognitive Verfahren und Konfrontationsverfahren herangezogen werden. Ausführliche Beschreibungen der konkreten Vorgehensweisen wurden für die Zwangsstörung von Hoffmann (1990) und Salkovskis und Kirk (1996) und für die Posttraumatische Belastungsstörung von Rothbaum und Foa (1995) vorgelegt.

5. Literatur

Bartling, G., Fiegenbaum, W. & Krause, R. (1980). *Reizüberflutung. Theorie und Praxis.* Stuttgart: Kohlhammer.

Beck, A.T., Rush, A.J., Shaw, B.F. & Emery, G. (1992). *Kognitive Therapie der Depression* (3. Aufl.). Weinheim: Psychologie Verlags Union.

Becker, E. (1995). Ätiologie und Therapie des Generalisierten Angstsyndroms. *Verhaltenstherapie, 5,* 207–215.

Boerner, R.J. Gülsdorff, B., Margraf, J., Osterheider, M., Philipp, M. & Wittchen, H.-U. (1997). *Die Panikstörung – Diagnose und Behandlung:* Stuttgart: Schattauer.

Borkovec, T.D., Shadick, R.N. & Hopkins, M. (1991). The nature of normal and pathological worry. In R. M. Rapee & D. H. Barlow (Eds.), *Chronic anxiety: Generalized anxiety disorder and mixed anxiety depression* (pp. 29–51). New York: Guilford.

Brown, T.A., O'Leary, T.A. & Barlow, D.H. (1993). Generalized anxiety disorder. In D.H. Barlow (Ed.), *Clinical handbook of psychological disorders* (pp. 137–188). New York: Guilford.

Deuchert, M. & Petermann, U. (1994). Angststörungen. In F. Petermann & D. Vaitl (Hrsg.), *Handbuch der Entspannungsverfahren* (Bd. 2, S. 19–56). Weinheim: Beltz.

Fiegenbaum, W. (1990). Langzeiteffektivität von nichtgraduierter versus graduierter massierter Konfrontation bei Agoraphobikern. In W. Fiegenbaum & J.C. Brengelmann (Hrsg.), *Angststörungen. Diagnose und Therapie* (S. 113–130). München: Röttger.

Fiegenbaum, W. & Tuschen, B. (1996). Reizkonfrontation. In J. Margraf (Hrsg.), *Lehrbuch der Verhaltenstherapie* (Bd. 1, S. 301–313). Berlin: Springer.

Fiegenbaum, W., Freitag, M. & Frank, B. (1992). Konfrontative Behandlung: Erfolg ohne Akzeptanz in *Verhaltenstherapie, 2,* 339–340.

Grawe, K. (1982). Psychotherapieforschung. In R. Bastine, P.A. Fiedler, K. Grawe, S. Schmidtchen & G. Sommer (Hrsg.), *Grundbegriffe der Psychotherapie* (S. 323–331). Weinheim: Edition Psychologie.

Grawe, K., Donati, R. & Bernauer, F. (1994). *Psychotherapie im Wandel. Von der Konfession zur Profession.* Göttingen: Hogrefe.

Hand, I. (1989). Verhaltenstherapie bei schweren Phobien und Panik – psychologische und medizinische Aspekte. In I. Hand & H.-U. Wittchen (Hrsg.), *Verhaltenstherapie in der Medizin* (S. 42–61). Berlin: Springer.

Hand, I. & Wilke, C. (1988). *Platzangst. Ein Übungsprogramm für Betroffene und Angehörige.* Berlin: Springer.

Hand, I. & Fisser-Wilke, C. (1995). *Platzangst. Ein Übungsprogramm für Betroffene und Angehörige* (2. überarb. Aufl.). Basel: Karger.

Holsboer, F. & Philipp, M. (1993). Angststörungen. Pathogenese-Diagnostik--Therapie. Gräfelfing: SM-Verlag.

Hoffmann, N. (1990). *Wenn Zwänge das Leben einengen – Zwangsgedanken und Zwangshandlungen, Ursachen, Behandlungsmethoden und Möglichkeiten der Selbsthilfe.* Mannheim: PAL.

Kaiser, A. & Hahlweg, K. (1996). Kommunikations- und Problemlösetraining. In J. Margraf (Hrsg.), *Lehrbuch der Verhaltenstherapie* (Bd. 1, S. 371–385). Berlin: Springer.

Kinnunen, P. (1996). *Flugangst bewältigen. Informationen zur Entstehung und Behandlung für Betroffene und Therapeuten.* Weinheim: Psychologie Verlags Union.

Lang, P.J. (1985). The cognitive psychophysiology of emotion: Fears and anxiety. In A. H. Tuma & J. D. Maser (Eds.), *Anxiety and the anxiety disorders* (pp. 131–170). Hillsdale, N.J.: Lawrence Erlbaum.

Maercker, A. (1996a). Systematische Sensibilisierung. In J. Margraf (Hrsg.), *Lehrbuch der Verhaltenstherapie* (Bd. 1, S. 293–300). Berlin: Springer.

Maercker, A. (1996b). Entspannungsverfahren. In J. Margraf (Hrsg.), *Lehrbuch der Verhaltenstherapie* (Bd. 1, S. 285–292). Berlin: Springer.

Margraf, J. (1992). Reizüberflutung: In der Forschung gut belegt, in der Praxis nicht angewandt? Teil I. *Verhaltenstherapie, 2* (4), 334.

Margraf, J. (Hrsg.). (1996). *Lehrbuch der Verhaltenstherapie* Band 1 und 2. Berlin: Springer.

Margraf, J. & Brengelmann, J.C. (Hrsg.). (1992). *Die Therapeut-Patient-Beziehung in der Verhaltenstherapie.* München: Röttger.

Margraf, J. & Ehlers, A. (1986). Erkennung und Behandlung von akuten Angstfällen. In J.C. Brengelmann & G. Bühringer (Hrsg.), *Therapieforschung für die Praxis 6* (S. 69–98). München: Röttger.

Margraf, J. & Schneider, S. (1990). *Panik. Angstanfälle und ihre Behandlung* (2. überarbeitete Aufl.). Berlin: Springer.

Margraf, J. & Schneider, S. (1996). Paniksyndrom und Agoraphobie. In J. Margraf (Hrsg.), *Lehrbuch der Verhaltenstherapie* (Bd. 2, S. 1–27). Berlin: Springer.

Marks, I. (1993a). *Ängste verstehen und bewältigen* (2. Aufl.). Berlin: Springer

Marks, M. (1993b). Gegenwärtiger Stand von Reizkonfrontation (Exposure) und Reizüberflutung (Flooding). *Verhaltenstherapie, 3 ,* 53–55.

Mavissakalian, M. & Michelson, L. (1986). Two-year follow-up of exposure and imipramine treatment of agoraphobia. *American Journal of Psychiatry, 143,* 1106–1112.

Meichenbaum, D.H. (1977). *Cognitive-behavior modification.* New York: Plenum Press.

Michelson, L.K. & Marchione, K. (1991). Behavioral, cognitive, and pharmacological treatments of panic disorder with agoraphobia: Critique and synthesis. *Journal of Consulting and Clinical Psychology, 59 ,* 100–114.

Öst, L.-G. (1987). Age of onset in different phobias. *Journal of Abnormal Psychology, 96,* 223–229.

Petermann, F. & Petermann, U. (1996). *Training mit sozial unsicheren Kindern* (6. überarb. Aufl.). Weinheim: Psychologie Verlags Union.

Pfingsten, U. (1996). Training sozialer Kompetenz. In J. Margraf (Hrsg.), *Lehrbuch der Verhaltenstherapie* (Bd. 1, S. 361–369). Berlin: Springer.

Pfingsten, U. & Hinsch, R. (1991). *Gruppentraining sozialer Kompetenzen (GSK)* (2. überarbeitete Aufl.). Weinheim: PVU.

Reinecker, H. (1992). Exposition und Reaktionsverhinderung: Ausgewählte Aspekte bei der Behandlung von Zwängen. *Verhaltenstherapie, 2 ,* 341–345.

Rothbaum, B.O. & Foa, E.B. (1995). Kognitiv-behaviorale Behandlung der Posttraumatischen Belastungsstörung. In P.A. Saigh (Hrsg.), *Posttraumatische Belastungsstörung. Diagnose und Behandlung psychischer Störungen bei Opfern von Gewalttaten und Katastrophen* (S. 102–129). Bern: Huber.

Salkovskis, P. & Kirk, J. (1996). Zwangssyndrome. In J. Margraf (Hrsg.), *Lehrbuch der Verhaltenstherapie* (Bd. 2, S. 61–85). Berlin: Springer.

Schulte, D. (1992). Reizkonfrontation: Standardtherapie nur für Standardpatienten? *Verhaltenstherapie, 2,* 335–338.

Schulz, W. (1993). Therapeut-Patient-Beziehung. In M. Linden & M. Hautzinger (Hrsg.), *Verhaltenstherapie* (S. 15–20). Berlin: Springer.

Spinhoven, P., Onstein, E.J., Sterk, P.J. & Lehaen-Versteijnen, D. (1992). The hyperventilation provocation test in panic disorder. *Behaviour Research and Therapy, 30,* 453–461.

Turowsky, J. & Barlow, D.H. (1996). Generalisiertes Angstsyndrom. In J. Margraf (Hrsg.), *Lehrbuch der Verhaltstherapie* (Bd. 2, S. 87–105). Berlin: Springer.

Tuschen, B. & Fiegenbaum, W. (1996). Kognitive Verfahren. In J. Margraf (Hrsg.), *Lehrbuch der Verhaltenstherapie* (Bd. 2). Berlin. Springer.

Ullrich de Muynck, R. & Ullrich, R. (1976). *Das Assertiveness-Training-Programm.* München: Pfeifer.

Unland, H. & Wittchen, H.-U. (1994). Psychotherapie bei Panikstörung und Agoraphobie: Sind kognitiv-behaviorale Verfahren tatsächlich überlegen? *Report Psychologie, 19,* 18–31.

Wilke, C. & Hand, I. (1988). *Agoraphobia. Eine Anleitung zur Durchführung einer Exposition-in-Vivo unter Einsatz eines Selbsthilfemanuals* (dtsch. Bearbeitung von Mathews, A., Gelder, M., Johnston, D.). Berlin: Springer.

Wittchen, H.-U. (1996). *Das Große Handbuch der seelischen Gesundheit.* Weinheim: Beltz.

Wittchen. H.-U. (1997). *Ratgeber – Wenn Angst krank macht.* München: Mosaik.

Wittchen, H.-U., Beloch, E. & Garczynski, E. (1997). *Wege aus der Sozialen Phobie.* München: Mosaik.

Wittchen, H.-U., Benkert, O, Boerner, R., Gülsdorff, B., Philipp, M. & Szegedi, A. (1997). *Panik Ratgeber. Was Sie schon immer über die Behandlung von Panikstörungen wissen wollten.* Basel: Karger.

Wittchen, H.-U., Bullinger-Naber, M., Hand, I., Kasper, S., Katschnig, H., Linden, M., Margraf, J., Möller, H.-J., Naber, D. & Pöldinger, W. (1993). *Ratgeber Angst. Was Sie schon immer über Angst wissen wollten.* Basel: Karger.

Wittchen, H.-U., Schuster, P. & Vossen, A. (1997). *Generalisierte Angst – Ihr Therapieratgeber.* Bristol-Myers Squibb, ZNS-Service. München: Mosaik.

Wittchen, H.-U. & Unland, H. (1993). Klinische Diagnostik. In A. Schorr (Hrsg.), *Handwörterbuch der Angewandten Psychologie. Die angewandte Psychologie in Schlüsselbegriffen* (S. 378–384). Bonn: DPV.

Wlazlo, Z. (1995). Soziale Phobie. *Eine Anleitung zur Durchführung einer Exposition in vivo:* Basel: Karger.

World Psychiatric Assoziation (1995). *Social phobia – An educational program.* World Psychiatric Association.

38. Somatoforme und dissoziative Störungen (Konversionsstörungen)
38.1 Klassifikation und Diagnostik

Winfried Rief

Inhaltsverzeichnis

1. Psychosomatik, Somatisierung, somatoforme Störungen: Historische Aspekte und Begriffsbestimmung

Das Erkennen eines Zusammenhangs zwischen psychischen Prozessen und körperlichen Beschwerden geht zurück bis zu den frühen medizinischen Schriften des Altertums. So wurde angenommen, daß ein unerfüllter Kinderwunsch bei Frauen zu Bewegungen der Gebärmutter führt, die mit Unterleibsschmerzen verbunden sind. Dieses Krankheitsbild wurde Hysterie genannt. Demgegenüber wurde für die Hypochondrie angenommen, daß es sich um eine organische Erkrankung handelt, die ihre Ursache im «Hypochondrium» hat (Brust-/Bauchbereich). Es war ein Verdienst des französischen Arztes Paul Briquet (1859), der in der Mitte des letzten Jahrhunderts die Notwendigkeit unterstrich, sich den Krankheitsbildern mehr deskriptiv zu nähern und sie wissenschaftlichen Erhebungen zugänglich zu machen, anstatt aufgrund weniger Beobachtungen komplexe Theorien aufzustellen.

Neben diesen Konzepten wurde in der Neuzeit der Begriff «Psychosomatik» für die Lehre des Zusammenhangs körperlicher Krankheiten und seelischer Prozesse geprägt. Dieser Begriff wurde immer mehr ausgeweitet, und psychosomatische Aspekte wurden zum Teil für alle Krankheitsbilder als relevant angesehen («Psychosomatik als Weltbild»). Als Gegenbewegung zu dem alle Krankheiten umfassenden Psychosomatikbegriff wurde von anderen Autoren versucht, nur spezifische Krankheitsbilder unter dem Begriff Psychosomatik zu subsumieren. Diese Krankheitsbilder wurden zum Teil auch «psychophysiologische Störungen» genannt (z. B. Asthma bronchiale, essentielle Hypertonie, Ulcus pepticum, u. a.). Jedoch führte auch diese Begriffsdefinition, wie sie z. B. DSM-II verwendete, nicht zu einem einheitlichen Verständnis des «Psychosomatik-Begriffes». Bei den psychophysiologischen Störungen zeigte sich eine große Bandbreite an Entstehungsmöglichkeiten, die je nach individuellem Fall von rein organisch-biologisch bis hin zu stark psychisch beeinflußt reichten. Begleitend zu dieser Entwicklung setzte sich in der klinischen Praxis oftmals auch ein Verständnis von Psychosomatik durch, das primär körperliche Beschwerden ohne eindeutiges organisches Substrat umfaßte. Bei einer solchen Definition werden somit die historisch unter dem Begriff Hysterie gefaßten Krankheitsbilder ebenfalls subsumiert. Nicht zuletzt aufgrund dieser Begriffsunklarheiten wurde eine präzisere, deskriptive Diagnostik und Definition notwendig.

In Anlehnung an Kellner (1994) werden auch heute noch unter psychosomatischen Störungen vor allem körperliche Krankheiten verstanden, bei denen psychologischen Prozessen in der Ätiologie zumindest bei einem Teil der Patienten eine wesentliche Rolle zukommt. Diese «klassischen» psychosomatischen Krankheiten werden nach den neuen Klassifikationskriterien primär unter den organischen Krankheiten diagnostiziert. Werden psychologischen Prozessen bei der Entstehung und Aufrechterhaltung dieser Krankheiten wesentliche Bedeutung zugeschrieben, so wird als psychische Zusatzdiagnose bei ICD-10 die Nummer *F54 (psychische Faktoren oder Verhaltenseinflüsse bei andernorts klassifizierten Krankheiten)* bzw. nach DSM-IV die Nummer *316 (spezifische psychische Faktoren, die eine körperliche Krankheit beeinflussen)* verwendet.

Körperliche Symptome, die nicht ausreichend auf organische Krankheiten zurückzuführen sind und auch nicht Sekundärfolgen einer bereits beschriebenen anderen psychischen Problematik sind (z.B. Panikstörungen oder Depressionen), werden seit der Einführung des amerikanischen Klassifikationssystems DSM-III 1980 «somatoforme Störungen» genannt. Im medizinischen Bereich wird dafür oftmals der Begriff «funktionelle körperliche Beschwerden» verwendet, jedoch auch andere Begriffe sind häufig (Rief & Hiller, 1992). Mit dem Begriff «Somatisierung» wird in der Regel die Vorstellung verbunden, daß Personen die mit psychosozialen und emotionalen Problemen verbundenen Belastungen in erster Linie durch körperliche Symptome ausdrücken. Zwar stehen oftmals nur wenige Symptome im aktuellen Mittelpunkt der Aufmerksamkeit bei Patienten, jedoch finden sich in der Anamnese oftmals zahlreiche weitere körperliche Beschwerden.

Trotz dieses Versuchs der Unterscheidung von psychosomatischen Beschwerden als körperliche Erkrankungen mit signifikanten psychischen Einflußvariablen auf der einen Seite

und somatoformen Störungen auf der anderen Seite muß von einem großen Überlappungsbereich ausgegangen werden. Für beide Störungsgruppen sind sowohl psychische als auch körperliche Prozesse anzunehmen, die den Krankheitsprozeß aufrechterhalten. Auch bleibt bei vielen Störungsbildern unklar, zu welcher der beiden Obergruppen sie zu zählen sind. Dies gilt insbesondere für Krankheitsbilder wie funktionelle Dyspepsie (unklare Magenbeschwerden), Colon irritabile (unklare Darmbeschwerden, oftmals mit Durchfall oder Verstopfung), chronisches Erschöpfungssyndrom (chronic fatigue syndrome) oder viele Schmerzsyndrome (z.B. Fibromyalgie).

2. Klassifikation

2.1 Klassifikation nach DSM-IV

Somatoforme Störungen umfassen in erster Linie Krankheitsbilder, bei denen körperliche Beschwerden ohne eindeutig organische Ursache im Vordergrund stehen oder bei denen Ängste um die körperliche Gesundheit von krankhaftem Ausmaß sind. Im amerikanischen System DSM-IV (American Psychiatric Association, 1996) werden 7 Untergruppen unterschieden (s. **Tab. 1**).

Tabelle 1: Somatoforme Störungen nach DSM-IV (mit ICD-9-CM-Code und ICD-10-Code)

- Somatisierungsstörung (300.81; F45.0)
- Undifferenzierte somatoforme Störung (300.81; F45.1)
- Konversionsstörung (300.11; F44.xx)
- Schmerzstörung (307.xx; F45.4)
- Hypochondrie (300.7; F 45.2)
- Körperdysmorphe Störung (300.7; F45.2)
- Nicht näher bezeichnete somatoforme Störung (300.81; F45.9)

Als eine der häufigsten Gruppen bei somatoformen Störungen vor allem im medizinischen Bereich sind Patienten mit *multiplen* körperlichen Beschwerden ohne organische Ursache zu nennen. Die schwerste Form dieses Störungsbildes ist die *Somatisierungsstörung*. Die Kriterien nach dem amerikanischen Klassifikationssystem DSM-IV sind in **Tabelle 2** aufgeführt. Während DSM-III und DSM-III-R eine Mindest-

Tabelle 2: Diagnostische Kriterien für Somatisierungsstörung nach DSM-IV (300.81; American Psychiatric Association, 1996, S. 514; (...) Detailerläuterungen sind ausgelassen)

A. Eine Vorgeschichte mit vielen körperlichen Beschwerden, die vor dem 30. Lebensjahr begann und über mehrere Jahre auftraten und zum Aufsuchen einer Behandlung führten oder zu deutlichen Beeinträchtigungen in sozialen, beruflichen oder anderen wichtigen Funktionsbereichen.

B. Jedes der folgenden Kriterien muß erfüllt gewesen sein, wobei die einzelnen Symptome irgendwann im Verlauf der Störung aufgetreten sein müssen:
   (1) vier Schmerzsymptome (...)
   (2) zwei gastrointestinale Symptome (...)
   (3) ein sexuelles Symptom (...)
   (4) ein pseudoneurologisches Symptom (...)

C. Entweder (1) oder (2):
   (1) Nach adäquater Untersuchung kann keines der Symptome von Kriterium B vollständig durch einen bekannten medizinischen Krankheitsfaktor oder durch die direkte Wirkung einer Substanz (z.B. Droge, Medikament) erklärt werden.
   (2) Falls das Symptom mit einem medizinischen Krankheitsfaktor in Verbindung steht, so gehen die körperlichen Beschwerden oder daraus resultierende soziale oder berufliche Beeinträchtigungen über das hinaus, was aufgrund von Anamnese, körperlicher Untersuchung oder den Laborbefunden zu erwarten wäre.

D. Die Symptome sind nicht absichtlich erzeugt oder vorgetäuscht (wie bei der Vorgetäuschten Störung oder Simulation).

---

anzahl von Symptomen aus einer Symptomliste forderten, ist nach dem Klassifikationssystem DSM-IV auch die Berücksichtigung verschiedener Organsysteme/Beschwerdenbereiche notwendig. Im DSM-IV werden für die einzelnen Beschwerdenbereiche zwar Beispiele für Symptome angegeben, es wird jedoch betont, daß der kulturelle Hintergrund zu berücksichtigen ist und deshalb Variationen in den zu berücksichtigenden Symptomlisten möglich sind.

Die Kriterien für die Somatisierungsstörung sind sehr streng gefaßt. Deshalb fallen die meisten Patienten mit multiplen körperlichen Beschwerden unter die Gruppe der «undifferenzierten somatoformen Störung». Sind die Symptome in erster Linie im Bereich der Willkürmotorik oder der sensorischen Funktionen angesiedelt, so daß der Verdacht auf eine neurologische Erkrankung besteht, der sich jedoch nicht bestätigt («pseudoneurologische Symptome»), so ist auch die Diagnose einer *Konversionsstörung* in Erwägung zu ziehen. Typische Beispiele für Konversionsstörungen sind Personen mit psychogenen Krampfanfällen, Lähmungserscheinungen oder sensorischen

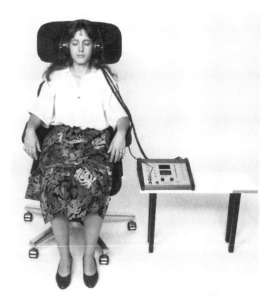

Biofeedback: Physiologische Funktionen, die man normalerweise nicht wahrnimmt, wie z.B. die Gespanntheit der Körpermuskulatur oder der Blutdruck, werden durch technische Hilfsmittel in seh- und hörbare Signale umgeformt und dem Patienten angezeigt. Mit solcher Rückmeldung (Feedback) kann er lernen, die Körperfunktionen in Grenzen willkürlich zu beeinflussen (vgl. Zeier, 1990).

Störungen. Stehen demgegenüber Schmerz-symptome im Vordergrund der Erkrankung, so ist an eine *Schmerzstörung* nach DSM-IV zu denken. Bei der Schmerzstörung ist zu unterscheiden, ob sie eindeutig mit psychischen Faktoren in Verbindung steht (DSM-IV 307.80) oder ob sowohl psychische als auch körperliche Aspekte die Schmerzstörung beeinflussen (DSM-IV 307.89).

Bei der *Hypochondrie* (DSM-IV 300.7) werden zwar ebenfalls meist körperliche Beschwerden vom Patienten genannt, im Vordergrund stehen jedoch die Ängste vor einer körperlichen Erkrankung oder die Überzeugung, körperlich krank zu sein. Trotz medizinischer Rückversicherung über die Unbedenklichkeit der Beschwerden bleiben die Überzeugungen oder Ängste beim Patienten bestehen. Schließlich wird die *körperdysmorphe Störung* (früher: «Dysmorphophobie») ebenfalls zu den somatoformen Störungen gezählt. Hierbei empfindet der Patient bestimmte Körperteile von sich als schwer mißgestaltet, obwohl keine offensichtliche Mißbildung vorliegt. Dieses Störungsbild muß von den wahnhaften Erkrankungen sowie von anderen Körperschemastörungen z.B. im Rahmen einer Anorexia nervosa unterschieden werden.

2.2 Klassifikation nach ICD-10

Das Klassifikationssystem ICD-10 (Dilling, Mombour & Schmidt, 1993; Dilling, Mombour, Schmidt & Schulte-Markwort, 1994) unterscheidet im Gegensatz zum amerikanischen Klassifikationssystem DSM-IV die Hauptgruppen dissoziative Störungen (Konversionsstörungen) (F44) von den somatoformen Störungen (F45) (s. dazu **Tab. 1**). Das Kennzeichen der dissoziativen Störungen/Konversionsstörungen ist – wie in DSM-IV – das Vorliegen von sogenannten «pseudoneurologischen Symptomen». Die Untergruppen und genauen Kriterien für die dissoziativen Störungen (Konversionsstörungen) gem. ICD-10 sind in **Tabelle 3** aufgeführt.

Bei den somatoformen Störungen wird in ICD-10 als ausgeprägteste Form ebenfalls die Somatisierungsstörung angenommen (F45.0). Ähnlich wie in DSM-IV werden auch hier zahlreiche Symptome aus verschiedenen Organbereichen und Beschwerdebereichen genannt, von denen mindesten sechs vorliegen mußten (s. **Tab. 4**). Differentialdiagnostisch ist auszuschließen, daß die Symptome ausschließlich während einer Schizophrenie oder verwandten Störung, einer affektiven Störung oder einer Panikstörung auf-

---

Tabelle 3: Diagnostische Kriterien für Dissoziative Störungen (Konversionsstörungen) nach ICD-10 (F44: Dilling et al., 1994, S. 126; (...) Detailerläuterungen sind ausgelassen) und Syndrome der Kategorie F44

G1. Kein Nachweis einer körperlichen Krankheit, welche die für diese Störung charakteristischen Symptome erklären könnte (...).
G2. Überzeugender zeitlicher Zusammenhang zwischen den dissoziativen Symptomen und belastenden Ereignissen, Problemen oder Bedürfnissen.

Im speziellen werden folgende Syndrome genannt:
– F44.0 dissoziative Amnesie
– F44.1 dissoziative Fugue (unerwartetes Durchführen von Reisen, für die anschließend eine teilweise oder vollständige Amnesie besteht)
– F44.2 dissoziativer Stupor (Bewegungsreduktion oder Sprachreduktion bei Erhalt einer normalen Muskeltonus sowie der aufrechten Haltung und der Atmung)
– F44.3 Trance- und Besessenheitszustände (Hierbei sind vor allem die Ausschlußkriterien einer Schizophrenie oder verwandten Störung mit Wahngedanken zu überprüfen)
– F44.4 dissoziative Bewegungsstörung
– F44.5 dissoziative Krampfanfälle
– F44.6 dissoziative Sensibilität- und Empfindungsstörung
– F44.7 dissoziative Störungen (Konversionsstörungen), gemischt
– F44.8 sonstige dissoziative Störungen (Konversionsstörung) (z.B. Ganser-Syndrom, multiple Persönlichkeitsstörung, u.a.)

getreten sind. DSM-IV und ICD-10 führen in der Klassifikation der Somatisierungsstörung zu deutlichen Diskrepanzen, wie in empirischen Studien gezeigt werden konnte (Riefet al., 1996).

Tabelle 4: Körperliche Symptome einer Somatisierungsstörung (F45.0) nach ICD-10 (Dilling et al., 1994, S. 131)

Gastro-intestinale Symptome
(1) Bauchschmerzen
(2) Übelkeit
(3) Gefühl von Überblähung
(4) Schlechter Geschmack im Mund oder extrem belegte Zunge
(5) Klagen über Erbrechen oder Regurgitation von Speisen
(6) Klagen über häufigen Durchfall oder Austreten von Flüssigkeit aus dem Anus

Kardio-vaskuläre Symptome
(7) Atemlosigkeit ohne Anstrengung
(8) Brustschmerzen

Urogenitale Symptome
(9) Dysurie oder Klagen über die Miktionshäufigkeit
(10) Unangenehme Empfindungen im oder um den Genitalbereich
(11) Klagen über ungewöhnlichen oder verstärkten vaginalen Ausfluß

Haut- und Schmerzsymptome
(12) Klagen über Fleckigkeit oder Farbveränderungen der Haut
(13) Schmerzen in den Gliedern, Extremitäten oder Gelenken
(14) Unangenehme Taubheit oder Kribbelgefühl

Einen gravierenden Unterschied zur Diagnostik von multiplen somatoformen Symptomen zwischen ICD-10 und DSM-IV stellt die Einführung der somatoformen autonomen Funktionsstörung (F45.3) in ICD-10 dar. Liegen multiple somatoforme Symptome vor, deren Schwerpunkt jedoch bei Symptomen der autonomen (vegetativen) Erregung liegt, so soll die *somatoforme autonome Funktionsstörung* diagnostiziert werden und nicht die Somatisierungsstörung. Beispiele für mögliche Symptome sind: Palpitationen (Mißempfindungen im Herzbereich), Schweißausbrüche (heiß oder kalt), Mundtrockenheit, Hitzewallungen oder Erröten, Druckgefühl im Epigastrium, Kribbeln oder Unruhe im Bauch. Auch bei der somatoformen autonomen Funktionsstörung gilt, daß die Symptome nicht ausschließlich während Pa-

nikattacken oder anderen phobischen Störungen auftreten dürfen.

Die hypochondrische Störung wird in ICD-10 in Grundzügen ähnlich definiert wie in DSM-IV, jedoch wird die körperdysmorphe Störung als eine Untergruppe der Hypochondrie aufgeführt und nicht als eigene Gruppe wie bei DSM-IV. Es sei noch darauf hingewiesen, daß ICD-10 auch bei anderen Krankheitsgruppen somatoforme Symptome berücksichtigt. So wird die Diagnosegruppe der Neurasthenie aufgeführt (F48.0), wobei das Krankheitsbild in erster Linie durch eine erhöhte Erschöpfbarkeit in Verbindung mit Muskelschmerzen, Benommenheit, Kopfschmerzen, Schlafstörungen oder Reizbarkeit gekennzeichnet wird.

2.3 Weiterentwicklungen bei klassifikatorischen Ansätzen

Während einerseits Personen mit multiplen somatoformen Symptomen sehr häufig vertreten sind, erreichen andererseits die wenigsten dieser Patienten die Kriterien für das Vollbild einer Somatisierungsstörung. Daraus ergibt sich die Schwierigkeit, daß eine der größten Gruppen im Gesundheitssystem unter den Restkategorien «undifferenzierte somatoforme Störung» oder «nicht näher bezeichnete somatoforme Störung» zu diagnostizieren sind. Aus diesem Grund wurde wiederholt gefordert, daß entweder die Kriterien für eine Somatisierungsstörung deutlich weiter gefaßt werden oder die Diagnose eines «multiplen somatoformen Syndroms» eingeführt wird. Kennzeichen dieses Somatisierungssyndroms sollte das Vorliegen multipler körperlicher Beschwerden ohne ausreichende organische Ursache sein, wobei vier bis sechs körperliche Symptome ausreichen sollten (Rief, 1995).

3. Diagnostik

Zur psychologischen Diagnostik bei somatoformen Störungen bieten sich in erster Linie die verschiedenen Beschwerdelisten an (Übersicht s. Rief, 1995: Beschwerdeliste BL; Freiburger Persönlichkeitsinventar FPI-R, Skala körperliche Beschwerden; Freiburger Beschwerdenliste FBL; Gießener Beschwerdebogen; Symptom-

Check-List SCL-90-R; MMPI Subskala «Hypochondrie»; Screening für Somatoforme Störungen – SOMS; Whiteley Index WI; Hypochondrie-Hysterie-Inventar HHI; Illness Behaviour Questionnaire – IBQ; Illness Attitude Scales IAS). Außer der Skala SOMS ist bislang keine der Skalen an dem Konzept der somatoformen Störungen validiert. Für die SCL-90-R ist jedoch nachgewiesen, daß eine gewisse Korrelation zwischen der Symptomanzahl an Somatisierungssymptomen nach DSM-III-R sowie dem Ausmaß in der Skala «Somatisierung» besteht. Für den SOMS konnte belegt werden, daß er in befriedigendem Ausmaß ermöglicht, eine Vorselektion von Patienten mit somatoformen Störungen vorzunehmen. Ansonsten liegt bei den Somatisierungssyndromen oftmals Komorbidität mit anderen psychischen Störungen vor (z.B. Depressionen, Ängsten), so daß auch diese Bereiche psychometrisch erfaßt und für die Therapieevaluation berücksichtigt werden sollten (s. **Kasten 1**).

Sind bei Patienten Schmerzsymptome im Vordergrund, so können auch die verschiedenen Verfahren zur psychologischen Schmerzdiagnostik eingesetzt werden (Übersicht s. Redegeld et al., 1995; Glier, 1995; Nilges et al., 1995). Die *Schmerzempfindungsskala* (Geissner, 1996) erfaßt über 5 Dimensionen verschiedene sensorische und affektive Komponenten des Schmerzerlebens. Mit dem *Fragebogen zur Erfassung schmerzbezogener Kontrollüberzeugungen FSK* von Flor (1991) werden die Dimensionen Hilflosigkeit und Kontrollierbarkeit im Umgang mit den Beschwerden erfaßt. Für die Erfassung des Ausmaßes der Behinderung bietet sich demgegenüber der *Pain Disability Index* als ökonomi-

---

Kasten 1
Fragebogen «Screening für Somatoforme Störungen SOMS»

Name, Autor
Screening für Somatoforme Störungen SOMS (Rief, Hiller & Heuser, 1997).

Gegenstandsbereich, Geltungsbereich
Somatisierungssyndrom sowohl bei nichtklinischen als auch klinischen Gruppen.

Struktur des Verfahrens
Es handelt sich um ein ökonomisches Selektionsverfahren in Form von Selbstbeurteilung. Die erste Fassung (Rief et al., 1992) erfragte die 35 Beschwerden, die für eine Somatisierungsstörung nach DSM-III-R relevant waren. Zwischenzeitlich wurde das Verfahren modifiziert und berücksichtigt die Kriterien für somatoforme Störungen nach DSM-IV und ICD-10, was zu einer Erweiterung auf insgesamt 68 Items geführt hat. Neben den möglichen körperlichen Beschwerden werden auch zahlreiche Verlaufskriterien, Ein- und Ausschlußvariablen in dieser Selbstbeurteilungsskala erfragt. Es existiert eine Version zur Statusdiagnostik, die das Auftreten der Beschwerden in den letzten 2 Jahren erfragt, sowie eine Version zur Verlaufsdiagnostik, die die Beschwerden der letzten 7 Tage erfragt.

• *Auswertung:* Es werden Summenscores gebildet, die sich an die verschiedenen Symptomlisten der Klassifikationsansätze anlehnen. Daneben wird auch ein Gesamt-Beschwerdenindex berechnet über alle Symptomlisten hinweg.

Gütekriterien
• *Reliabilität:* Der Beschwerdenindex (Summe aller positiv beantworteten Beschwerdenitems) zeigt eine Retest-Korrelation von $r_{tt}=0,87$ (Zeitintervall 72 h).

• *Validität:* Für das Somatisierungssyndrom wurde eine positive prädiktive Power von 0,73 gefunden, eine negative prädiktive Power von 0,97 (Rief, 1995). Ähnliche Validitätshinweise liegen auch für die Somatisierungsstörung nach ICD-10 oder DSM-IV vor.

sches Verfahren an (Dillmann, Nilges, Saile & Gerbershagen, 1994).

Ein anderer Ansatz zur Erfassung des Beschwerdeerlebens sowie von relevanten Verhaltensweisen ist der Einsatz von Tagebüchern. Diese erleichtern oftmals das Erstellen einer Verhaltens- und Bedingungsanalyse, die zu Behandlungsbeginn sowie zur Evaluation sinnvoll ist. Warwick (1995) stellt anhand einer ausgezeichneten Übersicht am Beispiel der Hypochondrie zusammen, welche Informationen im Rahmen einer Verhaltens- und Bedingungsanalyse zu Behandlungsbeginn erhoben werden sollen und wie diese Informationen in funktionale Zusammenhänge gebracht werden. Neben anamnestischen Angaben sowie aktuellen Informationen zu Verhaltensweisen und kognitiven Aspekten betont die Autorin, auch das Verhalten von Angehörigen sowie Verhaltenstests mit den Patienten mit einzubeziehen.

4. Literatur

American Psychiatric Association. (1996). *Diagnostisches und statistisches Manual psychischer Störungen – DSM-IV* (Deutsche Bearbeitung und Einleitung: Saß, H., Wittchen, H. U., Zaudig, M.). Göttingen: Hogrefe.

Briquet, P. (1859). *Traité clinique et thérapeutique de l'hystérie.* Paris : Baillière et fils.

Dilling, H., Mombour, W., Schmidt, M. H. & Schulte-Markwort, E. (Hrsg.). (1994). *Internationale Klassifikation psychischer Störungen ICD–10 Kapitel V(F). Forschungskriterien.* Bern: Huber.

Dilling, H., Mombour, W. & Schmidt, M. H. (Hrsg.). (1993). *Internationale Klassifikation psychischer Störungen ICD–10 Kapitel V(F). Klinisch-diagnostische Leitlinien* (2. Aufl.). Bern: Huber.

Dillmann, U., Nilges, P., Saile, H.& Gerbershagen, H. U. (1994). Behinderungseinschätzung bei chronischen Schmerzpatienten. *Der Schmerz, 8,* 100.

Flor, H. (1991). *Psychobiologie des Schmerzes.* Bern: Huber.

Geissner, E. (1996). *Die Schmerzempfindungsskala SES.* Manual. Göttingen: Hogrefe.

Glier, B. (1995). Qualitätssicherung in der Therapie chronischen Schmerzes. Ergebnisse einer Arbeitsgruppe der DGSS zur psychologischen Schmerzdiagnostik. V. Verfahren zur Erfassung kognitiver Schmerzverarbeitung (Schmerzkognitionen) und Schmerzbewältigung (Coping). *Der Schmerz, 9,* 206–211.

Kellner, R. (1994). Psychosomatic syndromes, somatization, and somatoform disorders. *Psychotherapy & Psychosomatics, 61,* 4–24.

Nilges, P., Kröner-Herwig, B., Denecke, H., Glier, B., Klinger, R., Redegeld, M.& Weiß, L. (1995). Qualitätssicherung in der Therapie chronischen Schmerzes. Ergebnisse einer Arbeitsgruppe der DGSS zur psychologischen Schmerzdiagnostik. VI. Verfahren zur Erfassung der Behinderung/Beeinträchtigung. VII. Verfahren zur Erfassung schmerzrelevanter interaktioneller Aspekte in Familie und Partnerschaft. *Der Schmerz, 9,* 242–247.

Redegeld, M., Weiß, L., Deneke, H., Glier, B., Klinger, R., Kröner-Herwig, B.& Nilges, P. (1995). Qualitätssicherung in der Therapie chronischen Schmerzes. Ergebnisse einer Arbeitsgruppe der DGSS zur psychologischen Schmerzdiagnostik. II. Verfahren zur Erfassung des Schmerzerlebens. III. Verfahren zur Erfassung des Schmerzverhaltens. IV. Verfahren zur Erfassung der Schmerzintensität und Schmerztagebücher. *Der Schmerz, 9,* 151–158.

Rief, W. (1995). *Multiple somatoforme Symptome und Hypochondrie. Empirische Beiträge zur Diagnostik und Behandlung.* Bern: Huber.

Rief, W. & Hiller, W. (1992). *Somatoforme Störungen. Körperliche Symptome ohne organische Ursache.* Bern: Huber.

Rief, W., Hiller, W. & Heuser, J.(1997). *Das Screening für Somatoforme Störungen SOMS.* Testmanual. Bern: Huber.

Rief, W., Heuser, J., Mayrhuber, E., Stelzer, I., Hiller, W.& Fichter, M.M. (1996). The classification of multiple somatoform symptoms. *The Journal of Nervous and Mental Disease, 184,* 680–687.

Warwick, H.M.C. (1995). Assessment of hypochondriasis. *Behaviour Research and Therapy, 33,* 845–853.

38.2 Somatoforme und dissoziative Störungen (Konversionsstörungen): Ätiologie/Bedingungsanalyse

Winfried Rief

Inhaltsverzeichnis

Nach dem aktuellen Stand der Forschung muß davon ausgegangen werden, daß es keine uniformen Prozesse gibt, die zu einer somatoformen Störung führen. Vielmehr scheinen verschiedene Risikofaktoren vorzuliegen, die im individuellen Fall in unterschiedlicher Gewichtung zur Entststehung somatoformer Störungen beitragen können.

1. Genetische Aspekte

Wie bei den meisten anderen psychischen Störungen ist auch bei somatoformen Störungen von einer genetischen Disposition auszugehen, die die Wahrscheinlichkeit des Auftretens somatoformer Symptome beeinflussen kann. In einer Studie von Torgersen (1986) wurde entsprechend gefunden, daß monozygote Zwillinge (N = 14) zu 29 Prozent bezüglich der Diagnose somatoforme Störung konkordant waren, während diese Rate bei dizygoten Zwillingen

(N = 21) nur bei 10 Prozent lag. Die Stichprobengröße war in dieser Studie jedoch so klein, daß die Aussagekraft beschränkt ist. Als interessantes Zusatzergebnis sei noch erwähnt, daß bei keinem der untersuchten Zwillingspaare identische Untergruppen von somatoformen Störungen diagnostiziert wurden.

In einer größeren Stichprobe von über 800 schwedischen Frauen, die bereits früh von den Eltern getrennt leben mußten und von anderen Familien adoptiert wurden, zeigten sich ebenfalls genetische Risikofaktoren. So findet sich bei den biologischen Vätern eine erhöhte Rate an Personen mit Alkoholproblemen sowie soziopathischen Verhaltensweisen (Bohman, Cloninger, Knorring & Sigvardsson, 1984). Unter Umständen können hier auch Verbindungen bestehen zu frühen Gewalterfahrungen, die weiter unten im Kapitel als mögliche Risikofaktoren diskutiert werden. Somit gibt es, wie bereits Guze (1993) zusammenfaßt, Indizien für eine genetische Komponente, die jedoch nicht spezifisch für Somatisierungsstörung ist, sondern antisoziales Verhalten sowie Alkoholprobleme mit einschließt und schwächer ausgeprägt ist als bei manchen anderen psychischen Störungen (z. B. Schizophrenie).

2. Biologische Aspekte zur Ätiologie somatoformer Störungen

2.1 Biochemische Aspekte

Zentralnervöse, jedoch auch endokrine und immunologische Prozesse beeinflußen die Wahrnehmung körperlicher Empfindungen. So konnte Fehm-Wolfsdorf (1994) zeigen, daß eine experimentelle Beeinflussung der Cortisol-Konzentration zu einer Veränderung in der Wahrnehmung von Schmerzreizen führt. Entsprechend wurden auch gerade für Cortisol immer wieder Besonderheiten bei Somatisierungssyndromen gefunden, wenn auch die Richtung der Besonderheit bisher unklar ist. Es liegen mehrere Studien vor, die beim chronischen Erschöpfungssyndrom («chronic fatigue syndrome») erniedrigte Cortisolspiegel finden. Ähnliches konnte auch für Frauen mit chronischen Unterbauchbeschwerden gezeigt werden (Ehlert, Locher & Hanker, 1994). Andererseits wurde in einer eigenen Studie, in der Patienten mit chronifizierten multiplen körperlichen Beschwerden untersucht wurden, erhöhte Morgencortisolspiegel gefunden. Da bei Depressiven ebenfalls erhöhte Morgencortisol-Spiegel vorliegen, betont dieses Ergebnis die Parallele zwischen Somatisierungssyndrom und depressiven Erkrankungen.

2.2 Neurophysiologische Aspekte

Bei der Verteilung somatoformer Symptome bezüglich bestimmter Körperregionen scheint es eine gewisse Bevorzugung für die linke Körperhälfte zu geben (55% der unilateralen Symptome sind linksseitig, 45% sind rechtsseitig). Diese Befunde lassen auch Zusammenhänge zur Hemisphärenspezialisierung des Gehirns vermuten. So zeigte sich bei der Bearbeitung visuospatialer Aufgaben (die vor allem eine rechts-

hemisphärische Aktivierung nach sich ziehen) im regionalen cerebralen Blutfluß eine deutlichere rechtshemisphärische Aktivierung bei Somatisierungspatienten als bei Kontrollpersonen (James et al., 1987). Flor-Henry, Fromm-Auch, Tapper und Schopflocher (1981) untersuchten Patienten mit multiplen körperlichen Beschwerden mittels einer neuropsychologischen Testbatterie und interpretieren ihre Ergebnisse sowohl im Sinne von Defiziten der Funktionsabläufe in der dominanten als auch in der nicht-dominanten Hirnhemisphäre.

Auch in anderen Untersuchungen zu zentralnervösen Prozessen zeigten sich Besonderheiten bei Somatisierungspatienten. Gordon, Kraiuhin, Kelly, Meares und Howson (1986) fanden ausgeprägtere N1-Amplituden im evozierten Potential als bei Gesunden, was als Störung in der Reizfilterung bzw. Aufmerksamkeitsfokussierung auf relevante Reizmerkmale interpretiert werden kann. Genauso zeigen Personen mit Somatisierungsstörungen vor allem zentral und parietal (Hinterhaupt-Region) eine geringere «mismatch negativity» (James, Gordon, Kraiuhin, Howson & Meares, 1990), was ebenfalls als eine Schwierigkeit in der Aufmerksamkeitsfokussierung auf relevante Reize gewertet wird. Eine Bestätigung von Besonderheiten der Hemisphärenspezialisierung, im Besonderen im rechtshemisphärischen Bereich, stammt auch von einer Studie von Wittling, Roschmann und Schweiger (1992). Untersucht wurden Personen mit hohen und niedrigen Belastungen durch «psychosomatische Beschwerden». Bei emotional belastenden, aversiven Reizen traten bei einem Zeitraum von 700 bis 900 Millisekunden nach Reizdarbietung signifikante Unterschiede rechtshemisphärisch zwischen den Gruppen auf. In anderen Studien der gleichen Arbeitsgruppe wurde festgestellt, daß diese Hirnareale während Cortisolausschüttungen besondere Aktivitäten aufweisen. Deshalb kann es sich bei diesem Befund um ein Verbindungsglied zwischen endokrinen und immunologischen Prozessen einerseits sowie neurophysiologischen Prozessen andererseits handeln.

Wenn auch die Untersuchung von neurophysiologischen Prozessen bei Somatisierungspatienten noch eine junge Geschichte hat, so zeigt sich zusammenfassend ein gewisser Trend in Richtung Besonderheiten im rechtshemisphärischen Hirnbereich. Im speziellen scheinen Besonderheiten vor allem dann aufzutreten, wenn selektive Aufmerksamkeitsprozesse oder intensive emotionale Reize bei der Untersuchung von Relevanz sind.

2.3 Psychophysiologische Aspekte

In verschiedenen Arbeiten konnten Anhaltspunkte für ein erhöhtes psychophysiologisches Aktivierungsniveau gefunden werden. Ein erhöhtes physiologisches Aktivierungsniveau kann dazu beitragen, daß körperliche Signale verzerrt wahrgenommen werden und somit auch leicht als krankhaft fehlinterpretiert werden (Hanback & Revelle, 1978; Pennebaker, 1982). Mit einem erhöhten Aktivierungsniveau gehen oftmals eine erhöhte physiologische Reaktionsbereitschaft sowie eine fehlende oder reduzierte Fähigkeit zur Habituation einher.

Neben diesen allgemeinen psychophysiologischen Besonderheiten des Störungsbildes kann davon ausgegangen werden, daß auch mit Einzelsymptomen spezifische physiologische Veränderungen einhergehen. So können über Schmerzarealen thermische Veränderungen, Durchblutungsänderungen und muskuläre Spannungen auftreten. Auch chronische Hyperventilation oder sonstige Fehlatmungsmuster führen zu physiologischen Veränderungen, die mit Einzelsymptomen verbunden sind oder solche verstärken. Für Symptome im Gastrointestinalbereich wurde mehrfach belegt, daß Besonderheiten in der Magen- und Darmmotilität vorliegen können. Insgesamt sollten somatoforme Symptome somit nicht als rein psychisches Bewertungsphänomen verstanden werden, sondern es müssen auch die psychophysiologischen Korrelate des Störungsbildes Berücksichtigung finden.

3. Umweltkonzepte

3.1 Sozialisation

Bei Somatisierungspatienten wurde gehäuft gefunden, daß in der Kindheit Kranksein ein wichtiges Familienthema war, da z. B. ein Elternteil oder ein Geschwister eine schwere Krankheit hatte. Dies läßt vermuten, daß die Art des Umgangs mit Körpersignalen, ihre Be-

wertung sowie Verhaltenskonsequenzen über eigene Erfahrungen oder über Modelle gelernt werden kann (Craig, Boardman, Mills, Daly-Jones & Drake, 1993). So konnten Livingston, Witt und Smith (1995) nachweisen, daß Kinder von Somatisierungspatienten ebenfalls bereits deutlich erhöhte Fehlzeiten in der Schule oder Arztbesuche aus vorsorglichen Gründen aufwiesen als Kinder von Personen, die keine Somatisierungsstörung aufwiesen.

Aus diesem Grund wurde der Begriff «chronisches Krankheitsverhalten» (abnormal illness behaviour) geprägt. Er charakterisiert Verhaltensmerkmale wie gehäuftes Aufsuchen von ärztlicher Diagnostik und Behandlung, Selbstmedikation, Ausstellenlassen von Krankheitsunfähigkeitsbescheinigungen, u.a. Diese Verhaltensweisen können von der Umwelt des Betroffenen (Familie, Arbeitsplatz, Gesundheitssystem) verstärkt werden. Auch eine vorzeitige Berentung kann eine solche Gratifikation für Krankheitsverhalten darstellen.

3.2 Sozialpsychologische Konzepte

Typische Einstellungen prägen die Art und Weise, wie Körperempfindungen bewertet werden und welche Verhaltenskonsequenzen ihnen folgen (s. **Tab. 1**). Barsky, Coeytaux, Sarnie und Cleary (1993) können in einer Studie zeigen, daß hypochondrische Patienten sich dadurch auszeichnen, daß sie einen zu eng gefaßten Begriff von Gesundheit haben. Körperliche Mißempfindungen sind ein tägliches Phänomen bei allen Personen, die jedoch in der Regel keine besondere Aufmerksamkeit erfahren. Somatisierungspatienten neigen demgegenüber bereits bei Bagatellempfindungen dazu, diese als mögliche Krankheitszeichen zu bewerten.

Auch für den deutschsprachigen Raum konnte in eigenen Untersuchungen gezeigt werden, daß Somatisierungspatienten dazu neigen, bereits leichte körperliche Mißempfindungen als Krankheitssignale zu bewerten. Dies geht oftmals einher mit einer geringen Toleranz für körperliche Belastung. Es wird vermieden, sich körperlicher Belastung zu stellen, da diese gegebenenfalls die Mißempfindungen erhöhen könnte oder vermeintliche Krankheitsprozesse beschleunigen könnte. Auf der Ebene des Selbst-

Tabelle 1: Typische Einstellungen von Somatisierungspatienten

---

(1) Katastrophisierende Bewertung körperlicher Empfindungen, z. B.
– Hinter Übelkeit steckt häufig ein nicht-erkanntes Magengeschwür.
– Plötzlich auftretende Gelenkschmerzen können eine Lähmung ankündigen.
– Fühle ich mich körperlich schlapp, hat dies oft etwas schlimmes zu bedeuten.

(2) Intoleranz gegenüber körperlichen Beschwerden, z. B.
– Ich kann Schmerzen nur schwer aushalten.
– Bei körperlichen Beschwerden hole ich möglichst sofort ärztlichen Rat ein.

(3) Körperliche Schwäche, z. B.
– Größere Anstrengungen muß ich vermeiden, um meine Kräfte zu schonen.
– Wenn ich schwitze wird mir klar, daß mein Organismus einfach nicht belastbar ist.

---

bildes dominieren entsprechend Einstellungen wie «ich bin schwach und wenig belastbar; ich muß meinen Körper schonen» und andere.

3.3 Belastungen/Streß

Zwischenzeitlich gibt es eine Serie von Belegen, daß traumatische Lebensereignisse oftmals die Entwicklung von Somatisierungssymptomen sowie chronischem Krankheitsverhalten nach sich ziehen. Aus den beiden Weltkriegen genauso wie von neueren Kriegsschauplätzen werden zahlreiche «Konversionsphänomene» beschrieben. Auch Opfer von Gewalttaten und sexuellen Übergriffen weisen eine erhöhte Somatisierungsrate auf. Diese Ergebnisse sind um so bedeutender, da belegt werden konnte, daß bei Somatisierungspatienten die Rate an traumatischen Lebensereignissen nicht nur höher als bei Gesunden ist, sondern auch höher als bei anderen klinischen Gruppen (z. B. Barsky, Wool, Barnett & Cleary, 1994; Morrison, 1989; Pribor, Yutzy, Dean & Wetzel, 1993; Walker, Katon, Hansom, Harrop-Griffiths, Holm, Jones, Hickok & Jemelka, 1992; s. **Kasten 1**).

In jüngerer Zeit wurden gerade sexuelle Übergriffe als mögliche Risikofaktoren häufig untersucht. Es kann davon ausgegangen werden, daß diese Ergebnisse auch auf andere aggressive Handlungen mit Körperbedrohung ausgeweitet werden können. Während sexuellen traumatischen Erfahrungen sowohl für das Somatisierungssyndrom als auch für die Hypochondrie bereits eine wichtige Bedeutung zukommt, scheint der Einfluß bei dissoziativen Störungen noch ausgeprägter. Es werden zum Teil Studien

berichtet, die bei allen untersuchten Patienten mit dissoziativen Störungen Hinweise auf massive sexuelle Übergriffe fanden (Saxe, van der Kolk, Berkowitz, Chinman, Hall, Lieberg & Schwartz, 1993).

An dieser Stelle sei auf die Querverbindung zwischen verschiedenen Risikofaktoren bei Somatisierungspatienten hingewiesen. So finden sich im familiären Umfeld von Somatisierungspatienten gehäuft Personen mit Alkoholproblemen, so daß die Wahrscheinlichkeit für Gewalterfahrungen erhöht ist.

3.4 Soziologische Aspekte

Das Vollbild einer Somatisierungsstörung ist deutlich häufiger bei Frauen als bei Männern anzutreffen. Das läßt vermuten, daß auch soziologischen Aspekten in der Entstehung somatoformer Störungen eine gewisse Bedeutung zukommt. Das häufigere Auftreten bei Frauen kann sicherlich zum Teil darauf zurückgeführt werden, daß diese von den beschriebenen Risikofaktoren häufiger betroffen sind. Inwiefern auch Unterschiede bei genetischen und biologischen Variablen von Bedeutung sind, ist bislang ungeklärt. Das asymmetrische Geschlechtsverhältnis scheint jedoch auch etwas mit den strengen und eng gefaßten Kriterien der Somatisierungsstörung zusammenzuhängen. Werden demgegenüber weiter gefaßte Kriterien für ein multiples somatoformes Syndrom herangezogen, so nähert man sich immer mehr einer Gleichverteilung zwischen den Geschlechtern (ca. 60% Frauen zu 40% Männern).

Das typische Alter bei Erstauftreten der Symptome liegt im Bereich von 15 bis 25 Jahren.

Kasten 1
Kindheitserinnerungen bei Personen mit Hypochondrie:
Studie von Barsky et al. (1994)

Fragestellung
Unterscheiden sich Personen mit Hypochondrie von Patienten mit anderen Erkrankungen bezüglich berichteter Erinnerungen an körperliche Gewalt, sexuellen Übergriffen und anderen Merkmalen des Elternhauses?

Methode
• *Stichprobe:* 2 Gruppen von Patienten (60 mit Hypochondrie – 72% Frauen; 60 mit anderen Erkrankungen außer Hypochondrie – 65% Frauen).

• *Untersuchungsverfahren:* Die Patienten wurden mittels strukturierter Interviews diagnostiziert und anschließend mit einem Fragebogen untersucht.

Ergebnisse
Die Ergebnisse in der Tabelle 2 zeigen, daß Patienten mit Hypochondrie mehr belastende Ereignisse berichten als andere Patienten.

Tabelle 2: Anzahl an berichteten belastenden Ereignissen

	Patienten mit Hypochondrie	Patienten mit anderen Krankheiten, ohne Hypochondrie
Traumatischer sexueller Kontakt vor 17. Lebensjahr	29%	7%
Körperliche Gewalterfahrung (nicht sexueller Art) vor 17. Lebensjahr	32%	7%
Beträchtliche Konflikte unter den Eltern	29%	9%
Häufig in der Schule wegen Krankheiten gefehlt	53%	17%

Jedoch sowohl im Kindesalter als auch im späteren Lebensalter können erstmals Symptome einer somatoformen Störung auftreten. Nach dem amerikanischen Diagnosesystem DSM-IV werden jedoch Somatisierungsstörungen nicht mehr diagnostiziert, wenn die ersten Symptome erst nach dem 30. Lebensjahr auftreten.

Zum Teil liegen Hinweise darauf vor, daß Personen aus unteren sozialen Schichten, die in städtischen Gegenden leben, häufiger somatoforme Symptome entwickeln als Personen aus ländlichen Gegenden und mit höherem sozioökonomischen Status. Inwiefern diese Befunde auf den deutschsprachigen Raum zutreffen, ist jedoch noch unklar. Auch muß bei diesen Risikofaktoren wieder berücksichtigt werden, daß sie mit anderen Risikobedingungen konfundiert sind. So leben Personen mit Somatisierungssyndrom – wie bereits erwähnt – häufiger mit Partnern zusammen, die einen erhöhten Alkoholkonsum aufweisen bzw. Alkoholprobleme haben (Rief, 1996). Dies ist mit einem erhöhten Risiko für ein soziales Abgleiten verbunden. Unter solchen familiären Bedingungen treten wiederum vermehrt Gewalterfahrungen auf, die ebenfalls einen Risikofaktor darstellen (s. o.).

4. Persönlichkeitskonzepte

Barsky und Wyshak (1990) beschreiben als wichtigstes Merkmal von Somatisierungspersonen die «somatosensory amplification» (somatosensorische Verstärkung). Sie meinen damit ein stabiles Persönlichkeitsmerkmal, körperliche Symptome verstärkt zu beachten, eine Aufmerksamkeitsfokussierung vorzunehmen, wodurch sich die subjektive Empfindung der körperlichen Sensationen verstärkt und die Gefahr erhöht, daß diese körperlichen Mißempfindungen als krankhaft fehlbewertet werden. Die Autoren entwickelten eine psychometrische Skala zur Messung dieser Persönlichkeitseigenschaft und konnten zeigen, daß Personen mit Hypochondrie deutlich erhöhte Werte auf diesem Faktor «somatosensorische Verstärkung» haben.

Vor allem von psychoanalytischer Seite wurde häufig vermutet, daß «Alexithymie» einen ätiologisch bedeutsamen Faktor darstellen könnte. Unter Alexithymie wird die Unfähigkeit verstanden, Emotionen korrekt wahrzunehmen und verbal auszudrücken. Jedoch auch ein konkreter, realitätsorientierter Denkstil, eine reduzierte Fähigkeit zu Tagträumereien und eine Phantasiearmut werden als mögliche Merkmale der Alexithymie aufgeführt (Rief & Hiller, 1992). Können Personen ihre eigenen Emotionen nur schwer exakt erkennen und benennen, so besteht nach dieser Theorie eine erhöhte Wahrscheinlichkeit, daß die körperlichen Äquivalente von Emotionen zwar wahrgenommen, jedoch fehlbewertet werden und eine krankheitsbezogene Bedeutung erhalten. Dadurch könne es vermehrt zu Somatisierungssymptomen kommen.

Während das Konzept der Alexithymie schnell an Popularität gewann, konnte es in seiner Bedeutung als Risikofaktor für Somatisierungssymptome bislang nicht ausreichend belegt werden. Dies lag zum Teil jedoch auch an unzulänglichen Erhebungsinstrumenten. Ende der achtziger Jahre wurde die Toronto Alexithymie Skala veröffentlicht, für die relativ gute Testgütekriterien angenommen wurden. Es konnte gezeigt werden, daß Personen, die körperlich bedrohliche Zustände oder damit verbundene Ängste erlebt haben, erhöhte Werte auf dieser Alexithymie-Skala haben (z. B. Vergewaltigungsopfer, Personen mit schwerer körperlicher Krankheit, Panikpatienten, Personen mit Anorexia nervosa). Es mußte jedoch auch kritisch festgestellt werden, daß solche Ergebnisse unter Umständen eher durch einen allgemeinen Depressivitäts- oder Demoralisierungsaspekt entstehen, der sich eng mit den Fragebogenwerten korreliert zeigte (Rief et al., 1996). Auch zeigen diese Ergebnisse, daß erhöhte Alexithymie-Werte nicht für Somatisierung oder psychosomatische Krankheiten spezifisch sind, was ursprünglich angenommen wurde. Nach dem bisherigen Stand der Wissenschaft ist es eher unwahrscheinlich, daß Alexithymie einen spezifischen Risikofaktor für Somatisierung darstellt; gegebenenfalls kann es sich jedoch um einen allgemeinen Risikofaktor

für die Entstehung psychischer Krankheiten handeln oder um eine Folge von anderen Risikofaktoren (Vingerhoets, Van Heck, Grim & Bermond, 1995).

In neuerer Zeit wurde das Persönlichkeitsmodell «the big five» eingeführt und diskutiert (Extraversion, Freundlichkeit, Charakterstärke, Emotionalität, Reflexivität/Offenheit). In einer Arbeit von Kirmayer, Robbins und Paris (1994) wird herausgearbeitet, wie diese neu definierten Persönlichkeitsfaktoren mit der Entstehung und Aufrechterhaltung zum einen von somatoformen Störungen, zum anderen jedoch auch bezüglich des Hilfesuch-Verhaltens sich ausdrücken können. So diskutieren die Autoren als mögliche direkte Risikofaktoren repressive Persönlichkeitsmerkmale, einen somatisch orientierten Attributionsstil und Alexithymie. Negative Affektivität als ausgeprägtes Persönlichkeitsmerkmal kann zu höheren Belastungen sowohl somatischer als auch emotionaler Art führen. Andere Persönlichkeitsmerkmale (z. B. Liebenswürdigkeit [agreeableness] oder Intellektualisierung) beeinflussen demgegenüber mehr das Interaktionsverhalten zwischen Patient und Arzt, so daß auch dieses symptomerhaltend wirken kann.

5. Die «somatisierte Depression» und andere psychische Störungen als Risikofaktoren für die Entwicklung von Somatisierungssyndromen

Von psychiatrischer Seite aus wurde immer wieder vermutet, daß es sich bei der Somatisierung auch um das körperliche Äquivalent von Depressionen handeln kann, deren affektive Komponenten eher im Hintergrund stehen («somatisierte Depression», «larvierte Depression»). Als Indiz für diese Vermutung kann die hohe Komorbidität zwischen Somatisierungssyndromen und Depression gewertet werden (Katon, Lin, von Korff, Russo, Lipscomb & Bush, 1991; Rief, 1995). Untersucht man jedoch die beiden Störungsbilder, so zeigt sich, daß sowohl Somatisierung als auch Depression unabhängig voneinander auftreten können. In retrospektiven

Befragungen wurde auch gefunden, daß im Falle von Komorbidität zwischen Somatisierung und Depression häufig die Somatisierungssymptomatik früher auftritt und der Zeitabstand zum Erstauftreten von depressiven Syndromen mehrere Jahre betragen kann (Rief, Schaefer, Hiller & Fichter, 1992; Wittchen, Essau, Rief & Fichter, 1993). Auch fehlt bis heute die wissenschaftliche Basis, daß beide Störungsbilder auf identische Prozesse zurückzuführen sind (z.B. auf gemeinsame biologische Veränderungen).

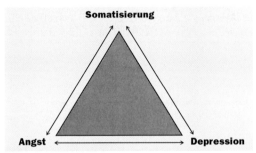

Abbildung 1: Somatisierung, Angst und Depression als gegenseitige Risikofaktoren

Trotz der gut belegten hohen Komorbidität zwischen Depression und Somatisierung muß auch die ebenfalls deutlich erhöhte Komorbidität zwischen Somatisierung und Angststörungen berücksichtigt werden. Am wahrscheinlichsten erscheint es zum heutigen Zeitpunkt, daß die genannten psychischen Störungen als gegenseitige Risikofaktoren zu betrachten sind. Personen mit Somatisierung schränken oftmals ihren Lebensradius ein, was die Entwicklung von Depressionen und Angstzuständen fördern kann. Depressive Personen neigen zu verzerrter Körperwahrnehmung sowie einer negativen Bewertung von Körpervorgängen, was die Entwicklung von Somatisierung als auch von Panikstörungen fördern kann. Personen mit Angsterkrankungen schränken ihren Lebensradius ein und neigen zur erhöhten körperlichen Selbstbeobachtung, was die Entwicklung von Depressionen und Somatisierungssyndromen fördern kann (s. **Abb. 1**).

6. Interozeption und externale Stimulierung

Pennebaker (1982) hat in verschiedenen experimentalpsychologisch gestützten Studien aus-

geführt, daß vor allem zwei Faktoren die Wahrnehmung und Bewertung körperlicher Mißempfindungen beeinflussen: zum einen die Signalstärke des interozeptiven Reizes (z.B. Stärke des Herzklopfens, Stärke der Atmungsgeräusche, Ausmaß der muskulären Verspannung, u.ä.), zum zweiten jedoch auch in reziprokem Zusammenhang das Ausmaß der externalen Stimulation (z.B. monotone Umgebung versus interessante, stimulierende Umgebungsbedingungen). Die internalen Signale können somit zum einen verstärkt wahrgenommen werden, wenn ein erhöhtes Ausmaß an interozeptiven Fähigkeiten vorliegt. Zum anderen läßt sich vermuten, daß bei monotonen Umgebungsbedingungen ebenfalls die Wahrscheinlichkeit zur Wahrnehmung und Fehlbewertung körperlicher Vorgänge erhöht ist. Jedoch sind bisher die Aspekte der Interozeption sowie der externalen Stimulierung bei Somatisierung noch unzureichend wissenschaftlich überprüft. Im Gegensatz zur Panikstörung, wo unter Umständen spezifische Besonderheiten der Interozeption bezüglich des kardiovaskulären Systems vorliegen können, wäre beim Somatisierungssyndrom von einer allgemeinen Interozeptionsstörung auszugehen.

7. Verhaltensmerkmale bei somatoformen Störungen

Verhaltensmerkmale bei Somatisierungspatienten haben vermutlich seltener die Funktion eines Risikofaktors für die Entstehung, sind jedoch in aller Regel für die Aufrechterhaltung der Störung von Bedeutung. Vor allem die zwei Merkmale Schonverhalten/Vermeidungsverhalten sowie Kontrollverhaltensweisen («checking behaviour») spielen eine große Rolle. Das ausgeprägte Schonverhalten führt zum einen dazu, daß der körperliche Trainingszustand sich weiter reduziert, was als Folge hat, daß körperliche und psychische Belastungsmomente zu stärker wahrnehmbaren körperlichen Veränderungen führen. Dies ist für betroffene Patienten oftmals eine Bestätigung ihres persönlichen Krankheitskonzeptes. Schonverhalten führt jedoch auch dazu, daß vermehrt reizarme Umgebungsbedingungen aufgesucht werden (sozialer Rückzug, passive Freizeitgestaltung), was entsprechend der Ausführungen im vorangegangenen Absatz ebenfalls das Risiko erhöht, internale Signale verstärkt wahrzunehmen und fehlzubewerten.

Viele Patienten mit somatoformen Störungen, vor allem in Zusammenhang mit hypochondrischen Ängsten, neigen auch dazu, ihren Körper ständig zu kontrollieren. Die Angst vor körperlicher Krankheit wird dadurch kurzfristig reduziert, daß Körperstellen abgetastet werden, daß mental der Körper durchgegangen wird und auf mögliche Krankheitsaspekte überprüft wird («scanning») oder daß bestimmte Verhaltensweisen mehrfach wiederholt werden (z. B. Schlucken bei Angst vor Kehlkopfkrebs). Diese Verhaltensweisen führen zu einer kurzfri-

stigen Angstreduktion und werden dadurch im lernpsychologischen Sinne verstärkt. Sie verhindern jedoch eine langfristige Bewältigung der Ängste, die den Kontrollverhaltensweisen zugrunde liegen (Salkovskis, 1996).

8. Zusammenwirken möglicher Risikofaktoren bei somatoformen Störungen

In **Abbildung 2** ist dargestellt, wie verschiedene Risikofaktoren zur Entstehung und Aufrecht-

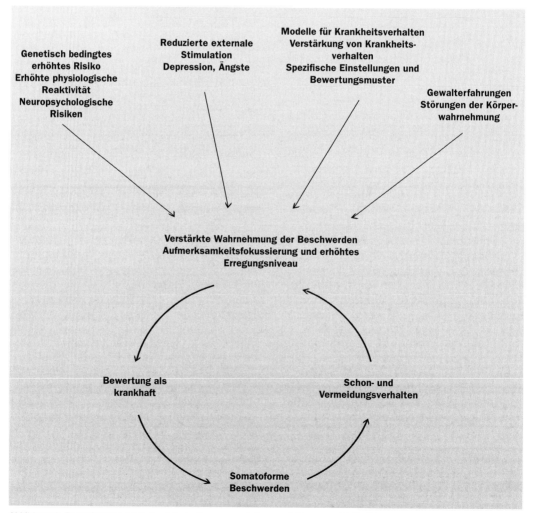

Abbildung 2: Entstehung und Aufrechterhaltung somatoformer Störungen: Risikofaktoren.

erhaltung somatoformer Störungen beitragen können. Es soll jedoch grundsätzlich erwähnt werden, daß solche Modelle Verallgemeinerungen und Verkürzungen darstellen, so daß am Einzelfall jeweils Abweichungen möglich sind.

Zentrales Merkmal dieses Modells ist ein Regelkreis von perzeptiven Prozessen (z. B. Wahrnehmung körperlicher Mißempfindungen), kognitiven Bewertungsprozessen (z. B. «Dies sind Zeichen einer möglichen Krankheit oder meiner allgemeinen körperlichen Schwäche»), und Verhaltensweisen (reduzierte körperliche Belastung, Rückzug aus sozialen Verpflichtungen, Aufsuchen von Einrichtungen des Gesundheitssystems). Diese Verhaltensweisen tragen wiederum dazu bei, daß sich die Aufmerksamkeitsfokussierung auf körperliche Prozesse erhöht, was wiederum deren Wahrnehmung und damit die Einschätzung als etwas «nicht normales» beeinflußt.

Zur Entstehung und Aufrechterhaltung dieses Regelkreises können nun zeitstabilere Faktoren beitragen. Biologische Aspekte, psychische Dispositionen und Umweltfaktoren können beeinflußen, ob der oben beschriebene Regelkreis überhaupt in Gang gesetzt wird bzw. wie lange er aufrecht erhalten bleibt.

9. Literatur

Barsky, A.J. & Wyshak, G.L. (1990). Hypochondriasis and somatosensory amplification. *British Journal of Psychiatry, 157,* 404–409.

Barsky, A.J., Coeytaux, R.R., Sarnie, M.K. & Cleary, P.D. (1993). Hypochondriacal patient's beliefs about good health. *American Journal of Psychiatry, 150,* 1085–1089.

Barsky, A.J., Wool, C., Barnett, M.C. & Cleary, P.D. (1994). Histories of childhood trauma in adult hypochondriacal patients. *American Journal of Psychiatry, 151,* 397–401.

Bohmann, M., Cloninger, R., Knorring von, A.-L. & Sigvardsson, S. (1984). An adoption study of somatoform disorders. Cross-fostering analysis and genetic relationship to alcoholism and criminality. *Archives of General Psychiatry, 41,* 872–878.

Craig, T.K.J., Boardman, A.P., Mills, K., Daly-Jones, O. & Drake, H. (1993). The south London somatisation study I: Longitudinal course and the influence of early life experiences. *British Journal of Psychiatry, 163,* 579–588.

Ehlert, U., Locher, P. & Hanker, J. (1994). Psychoendokrinologische Untersuchung an Patientinnen mit chronischen Unterbauchbeschwerden. In H. Kentenich, M. Rauchfuß & P. Diedrichs (Hrsg.), *Psychosomatische Gynäkologie und Geburtshilfe 1993/94* (S. 202–212). Berlin : Springer.

Fehm-Wolfsdorf, G. (1994). *Streß und Wahrnehmung. Psychobiologie der Glucocorticoide.* Bern: Huber.

Flor-Henry, P., Fromm-Auch, D., Tapper, M. & Schopflocher, D. (1981). A neuropsychological study of the stable syndrome of hysteria. *Biological Psychiatry, 16,* 601–626.

Gordon, E., Kraiuhin, C., Kelly, P., Meares, R. & Howson, A. (1986). A neurophysiological study of somatization disorder. *Comprehensive Psychiatry, 27,* 295–301.

Guze, S.B. (1993). Genetics of Briquet's syndrome and somatization disorder. A review of family, adoption, and twin studies. *Annals of Clinical Psychiatry, 5,* 225–230.

Hanback, J.W. & Revelle, W. (1978). Arousal and perceptual sensitivity in hypochondriacs. *Journal of Abnormal Psychology, 87,* 523–530.

James, L., Gordon, E., Kraiuhin, C., Howson, A. & Meares, R. (1990). Augmentation of auditory evoked potentials in somatization disorder. *Journal of Psychiatric Research, 24,* 155–163.

James, L., Singer, A., Zurynski, Y., Gordon, E., Kraiuhin, C., Harris, A., Howson, et al. (1987). Evoked response potentials and regional cerebral blood flow in somatization disorder. *Psychotherapy & Psychosomatics, 47,* 190–196.

Katon, W., Lin, E., von Korff, M., Russo, J., Lipscomb, P. & Bush, T. (1991). Somatization : a spectrum of severity. *American Journal of Psychiatry, 148,* 34–40.

Kirmayer, L.J., Robbins, J.M. & Paris, J. (1994). Somatoform disorders: personality and the social matrix of somatic distress. *Journal of Abnormal Psychology, 103,* 125–136.

Livingston, R., Witt, A. & Smith, G.R. (1995). Families who somatize. *Developmental and Behavioral Pediatrics, 16,* 42–46.

Morrison, J. (1989). Childhood sexual histories of women with somatization disorder. *The American Journal of Psychiatry, 146,* 239–241.

Pennebaker, J.W. (1982). *The Psychology of Physical Symptoms.* New York : Springer.

Pribor, E.F., Yutzy, S.H., Dean, T. & Wetzel, R.D. (1993). Briquet's syndrome, dissociation, and abuse. *American Journal of Psychiatry, 150,* 1507–1511.

Rief, W. (1996). Somatoforme Störungen – Großes unbekanntes Land zwischen Psychologie und Medizin. *Zeitschrift für Klinische Psychologie, 25,* 173–189.

Rief, W. (1995). *Multiple somatoforme Symptome und Hypochondrie. Empirische Beiträge zur Diagnostik und Behandlung.* Bern: Huber.

Rief, W. & Hiller, W. (1992). *Somatoforme Störungen. Körperliche Symptome ohne organische Ursache.* Bern: Huber.

Rief, W., Heuser, J. & Fichter, M.M. (1996). What does the Toronto Alexithymia Scale TAS-R measure? *Journal of Clinical Psychology, 52,* 423–429.

Rief, W., Heuser, J., Mayrhuber, E., Stelzer, I., Hiller, W. & Fichter, M.M. (1996). The classification of multiple somatoform symptoms. *The Journal of Nervous and Mental Disease, 184,* 680–687.

Rief, W., Schaefer, S., Hiller, W. & Fichter, M.M. (1992). Lifetime diagnoses in patients with somatoform disorders: which came first? *European Archives of Psychiatry and Clinical Neuroscience, 241,* 236–240.

Salkovskis, P.M. (1996). Somatoforme Störungen. In J. Margraf (Hrsg.), *Lehrbuch der Verhaltenstherapie* (Bd. 2, S. 163–189). Berlin: Springer.

Saxe, G.N., van der Kolk, B.A., Berkowitz, R., Chinman, G., Hall, K., Lieberg, G. & Schwartz, J. (1993). Dissociative disorders in psychiatric inpatients. *American Journal of Psychiatry, 150*, 1037–1042.

Torgersen, S. (1986). Genetics of somatoform disorders. *Archives of General Psychiatry, 43*, 502–505.

Vingerhoets, A.J.J.M., Van Heck, G.L., Grim, R. & Bermond, B. (1995), Alexithymia: A further exploration of ist nomological network. *Psychotherapy & Psychosomatics, 64*, 32–42.

Walker, E.A., Katon, W.J., Hansom, J., Harrop-Griffiths, J., Holm, L., Jones, M.L., Hickok, L.& Jemelka, R.P. (1992). Medical and psychiatric symptoms in women with childhood sexual abuse. *Psychosomatic Medicine, 54*, 658–664.

Wittchen, H.U., Essau, C.A., Rief, W. & Fichter, M.M. (1993). Assessment of somatoform disorders and comorbidity patterns with the CIDI-findings in psychosomatic inpatients. *International Journal of Methods in Psychiatry Research, 3*, 87–99.

Wittling, W., Roschmann, R. & Schweiger, E. (1993). Topographic brain mapping of emotion-related hemiphere activity and susceptibility to psychosomatic disorders. In K. Maurer (Ed.), *Imaging of the brain in psychiatry and related fields* (pp. 271–276). Berlin: Springer.

38.3 Somatoforme und dissoziative Störungen (Konversionsstörungen): Intervention

Winfried Rief und Wolfgang Hiller

Inhaltsverzeichnis

Aufgrund der jungen Geschichte des Begriffes «somatoforme Störung» sowie der damit verbundenen klassifikatorischen Ansätze ist die empirische Basis für das psychologisch-psychotherapeutische Vorgehen als auch für das psychopharmakologische Vorgehen in diesem Bereich gering. Zwar liegen durchaus zahlreiche Fallberichte und Verlaufsbeschreibungen vor, die jedoch selten einer strengen wissenschaftlichen Kritik standhalten können und bei denen es oftmals unklar bleibt, ob die untersuchten Patienten den heutigen Klassifikationsmerkmalen von «somatoformen Störungen» entsprechen. So wurde in vielen dieser Studien einfach die Behandlerdiagnose herangezogen, die jedoch als wenig valide und reliabel anzusehen ist (z. B. «Hysterie», Konversion, funktionelle Störungen, etc.).

Gerade für die psychodynamischen und psychoanalytischen Ansätze hatte das Konzept der Hysterie große historische Bedeutung. Zur Hypochondrie oder zu somatoformen Störungen liegen den Autoren jedoch keine bekannten kontrollierten Therapiestudien dieser Psychotherapie-Richtungen vor. Frühere Arbeiten (z. B. Ladee, 1966) sprechen für wenig bis keine Effektivität psychodynamischer Ansätze bei diesem Störungsbild. Auch Rudolf (1992) beschreibt, daß Personen mit hypochondrischen Ängsten und somatoformen Symptomen aufgrund ihrer Körpersymptomatik oftmals für psychodynamische oder psychoanalytische Ansätze nicht aufgeschlossen sind.

Trotz der genannten Kritik erlaubt der aktuelle Forschungsstand bereits Aussagen, ob ein psychologischer Ansatz sinnvoll ist und wie dieser gestaltet sein könnte. Diese Ansätze zur psychologischen Behandlung gründen zum einen auf die Befunde zur Entstehung und Aufrechterhaltung (s. Kap. 38.2/Somatoforme Störungen und dissoziative Störungen: Ätiologie, Bedingungsanalyse) zum anderen auf einige wenige präzise durchgeführte Therapie- und Verlaufsstudien.

1. Empirische Basis klinisch-psychologischer Interventionen bei somatoformen Störungen und dissoziativen Störungen

Zur Untergruppe der Hypochondrie liegen etwas mehr Vorschläge zu klinisch-psychologischen Interventionen vor als zu multiplen somatoformen Syndromen. Deshalb sollen im folgenden zuerst die Vorschläge zur Hypochondrie-Behandlung aufgegriffen werden, bevor Anwendungsmöglichkeiten allgemein zu somatoformen Störungen herausgestellt werden. Abschließend wird noch auf die Besonderheiten bei Konversionsstörungen/dissoziativen Störungen eingegangen. Die geringe Anzahl an empirisch-wissenschaftlichen Therapiestudien läßt bislang sogenannte Meta-Analysen als nicht sinnvoll erscheinen, so daß im folgenden beispielhaft Einzelbefunde diskutiert werden.

Kellner (1983) untersuchte den Verlauf von psychotherapeutisch behandelten Personen, wobei das Behandlungsprogramm eher «natürlichen» Bedingungen entsprach und nicht standardisiert war. Zentrales Merkmal der Personen waren hypochondrische Ängste, die jedoch in vielen Fällen mit somatoformen Symptomen einhergingen. Als zentrale inhaltliche Behandlungsmerkmale beschreibt der Autor eine ausführliche Information über das Entstehen der Symptomatik durch psychophysiologische Prozesse, Herausarbeiten der Bedeutung von selektiver Wahrnehmung auf Körperempfindungen, weitere Maßnahmen zur Angstbewältigung sowie zur Depressionsbewältigung. Kellner konnte belegen, daß es durch seinen Behandlungsansatz gelang, nicht nur die hypochondrischen Ängste zu reduzieren, sondern auch begleitende somatische Symptome sowie Angst und Depression. Als Prädiktor für einen erfolgreichen Therapieverlauf zeigte sich eine kürzere Erkrankungsdauer (unter drei Jahren), während das zusätzliche Vorliegen einer Persönlichkeitsstörung mit schlechteren Therapieverläufen einher ging.

Visser und Bouman (1992) stellen einen Therapieansatz vor, der sich stark an die Angstbehandlung anlehnt. Sechs Patienten mit Hypochondrie erhielten sowohl eine Phase verhaltensthera-peutischer Maßnahmen (Expositionssitzungen in vivo und response prevention in Situationen, in denen hypochondrische Ängste auftreten) als auch eine Phase kognitiver Therapie (Ableitung angstauslösender Kognitionen, Beurteilung deren Glaubwürdigkeit, Erarbeiten von Alternativerklärungen über die Methode des sokratischen Dialogs und weitere Förderung nicht-katastrophisierender Bewertungsprozesse). Der Abbau hypochondrischer Ängste ging während der Phasen mit Expositionstherapie schneller voran als während der rein kognitiven Therapie. Stern und Fernandez (1991) stellen ein Gruppenprogramm zur Behandlung hypochondrischer Patienten vor, in dem zum einen die symptomaufrechterhaltende Funktion des Suchens nach Rückversicherung bei medizinischem Personal oder bei Familienangehörigen herausgegriffen wird, zum anderen ebenfalls die Funktion der Aufmerksamkeitsfokussierung auf körperliche Prozesse demonstriert wird. Bei einer Gruppe von sechs Personen konnten sie zeigen, daß sich nach der Behandlungsphase die Anzahl von Arztbesuchen und die Häufigkeit der Gedankenfokussierung auf mögliche Krankheiten reduziert hatten.

Die beschriebenen Studien für Hypochondrie sind wegen der genannten kleinen Stichprobengrößen sowie fehlendem experimentellen Design kaum aussagekräftig. Deshalb hat eine Studie von Salkovskis (1995) besondere Bedeutung, da bei ihr Patienten mit Hypochondrie nach dem Randomisierungsprinzip drei Gruppen zugeordnet wurden. In Gruppe 1 erhielten die Patienten eine kognitive Verhaltenstherapie, in der die irrationalen Annahmen der Patienten erarbeitet wurden und über die Techniken des sokratischen Dialogs, verbunden mit Verhaltensexperimenten, einer Modifikation unterzogen wurden. Gruppe 2 erhielt ein Programm zum Streßmanagement, das somit mehr auf die Bewältigung von möglichen Auslösesituationen abzielte. Beide Treatments waren im Vergleich zu einer Wartegruppe ausgesprochen erfolgreich, wobei der Erfolg auch noch in der Katamnese erhalten blieb.

Ein gemeinsames Merkmal der psychologischen Therapieansätze bei Hypochondrie ist somit die Betonung des Prozesses der Umattribution der Bewertung körperlicher Empfindungen. Auch wird von den meisten Autoren als wichtig angesehen, zwar in der Anfangsphase der Erkrankung ausführlich und adäquate Informationen zu geben, später jedoch das permanente Wiederholen von Beruhigungen für den Patienten zu unterlassen, um seinem Bedürfnis nach externer Rückversicherung über die Unbedenklichkeit der Beschwerden nicht entgegenzukommen, so daß der Patient selbständige Strategien zur Beruhigung entwickeln kann. Salkovskis (1989) betont daneben noch den Einsatz von Verhaltensexperimenten, die den Patienten darin unterstützen können, alternative Erklärungsmuster für das Entstehen körperlicher Beschwerden zu entwickeln. Visser und Bouman (1992) führen zusätzlich Expositionstherapie in Situationen durch, die beim Patienten hypochondrische Ängste auslösen. Unterstützt durch den Habituationsprozeß in der Exposition können Patienten in realen Belastungssituationen neue Bewältigungsmöglichkeiten erarbeiten. Stern und Fernandez (1991) betonen in ihrem Ansatz, daß inadäquate Rückversicherung und Beruhigung nicht nur durch medizinisches Personal, sondern auch oftmals durch Familienangehörige und Freunde gegeben wird. Deshalb schlagen sie in einem gruppentherapeutischen Ansatz vor, auch Familienmitglieder wenigstens indirekt in die Therapie miteinzubeziehen.

Auch Warwick (1989) betont die Funktion von Vermeidungsverhalten, was bezüglich der Behandlung ebenfalls an Expositionstherapie denken läßt. Daneben greift sie auch die krankheitserhaltende Funktion von Kontrollverhaltensweisen (checking behaviour) auf. Neben den genannten Arbeitsgruppen kann im speziellen der Arbeitsgruppe um Arthur Barsky große Erfahrung in der Untersuchung von Ursachen und Behandlungsmöglichkeiten von Hypochondrie bestätigt werden. Barsky, Geringer und Wool (1988) schlagen vier Interventionsebenen bei Hypochondrie vor:

(1) *Aufmerksamkeitsfokussierung und Entspannung:* Beipiele für verstärkenden Effekt der Aufmerksamkeitsfokussierung erarbeiten, Übungen zur Entspannung und Aufmerksamkeitslenkung als mögliche Coping-Strategien

(2) *Kognitionen und Symptomattribution:* Einfluß persönlicher Ursachenmodelle auf die Wahrnehmung und Bewertung körperlicher Mißempfindungen, Unterscheidung zwischen angst-

reduzierender Bewertung und katastrophisierender Bewertung körperlicher Symptome, Mechanismen der selbsterfüllenden Prophezeiung, Bedeutung von Streß und Coping

(3) *Situative Aspekte:* Abhängigkeit der Wahrnehmungs- und Bewertungsprozesse vom situativen Kontext und mit dem Kontext verbundenen Erwartungen

(4) *Dysphorischer Affekt:* Körperliches Unwohlsein wird durch negative Stimmung verschlechtert; Erarbeitung aktiver Maßnahmen zur Selbstverstärkung und Stimmungsaufhellung

Die bisherigen Ansätze zielten darauf ab, vor allem hypochondrische Ängste zu behandeln. Demgegenüber ist gesundheitspolitisch sicherlich die weitaus größere Gruppe durch somatoforme Symptome gekennzeichnet, die nicht (mehr) mit hypochondrischen Ängsten einhergehen. In vielen Lehrbüchern wird das multiple somatoforme Syndrom als zur Chronifizierung neigend und veränderungsresistent beschrieben. In einer eigenen Studie (Rief, Hiller, Geissner & Fichter, 1995) konnte demgegenüber gezeigt werden, daß durch einen psychotherapeutischen Ansatz (in diesem Fall stationäre verhaltensmedizinische Behandlung) selbst bei einer hoch chronifizierten Stichprobe eine Verbesserung sowohl in der somatoformen Symptomatik als auch bei komorbiden Erkrankungen (Depression, Angstprobleme, etc.) möglich ist. Diese positive Veränderung war auch zwei Jahre nach Behandlung belegbar. Als negativer Prädiktor für den Therapieverlauf zeigte sich in dieser Studie jedoch Komorbidität. Besteht zusätzlich zur somatoformen Symptomatik eine Depression, so ist die Wahrscheinlichkeit einer Remission der Symptomatik deutlich geringer.

Um Chronifizierungsprozesse zu verhindern, stellt sich auch die Aufgabe der Sekundärprävention im Rahmen der Primärversorgung. Diesem Ansatz widmete sich eine Studie von Smith, Rost und Kashner (1995), die niedergelassenen Ärzten einen Leitfaden zum Umgang mit Personen mit somatoformen Störungen gaben. Darin wurde festgehalten, daß die grundsätzlichen Informationen zum Verlauf somatoformer Störungen (geringe Mortalität, Neigung zu chronischen Verläufen) dem Patienten gegeben werden sollten, daß eine regelmäßige ärztliche Behandlung in festen Zeitabständen realisiert werden soll (zum Beispiel alle 4 bis 6 Wochen), während Arztbesuche «bei Bedarf» vermieden werden sollten. Stationäre Einweisungen, Laboruntersuchungen oder operative Eingriffe sollten ebenfalls nach Möglichkeit unterbleiben. Die Autoren konnten zeigen, daß allein durch diese Anweisungen erreicht werden konnte, daß Somatisierungspatienten sich in ihrer körperlichen Funktionsfähigkeit als verbessert erlebten (erfaßt über Selbsteinschätz-

Skalen ein Jahr später) und daß sich die medizinischen Behandlungskosten reduzieren.

Von der gleichen Arbeitsgruppe wurde in einem zweiten Durchgang Patienten mit Somatisierungsstörungen auch ein Kurzzeit-Gruppentherapieprogramm angeboten (**Kasten 1**). Durch diese aus acht Sitzungen bestehende Gruppentherapie war es möglich, daß sich ein Großteil der Patienten in ihrer körperlichen und psychischen Befindlichkeit weiter verbesserten und diese Verbesserung auch ein Jahr nach Gruppentherapie noch andauerte. Die Behandlungs-

---

Kasten 1
Therapiestudie zur Behandlung von Personen mit Somatisierungsstörung von Kashner et al. (1995)

Fragestellung

Läßt sich durch ein Kurzzeit-Gruppenprogramm die seelische und körperliche Gesundheit von Personen mit Somatisierungsstörung verbessern?

Methode

• *Stichprobe:* 70 PatientInnen mit Somatisierungsstörung.

• *Versuchsplanung:* PatientInnen wurden randomisiert einer Experimentalgruppe und einer Kontrollgruppe zugeordnet.

• *Intervention:* In der Experimental- und der Kontrollgruppe erhielten die behandelnden ambulanten Ärzte einen Richtlinienführer zur Betreuung ihrer Patienten. Die Teilnehmer der Experimentalgruppe erhielten zusätzlich das Angebot, an einer Gruppentherapie teilzunehmen (8 Sizungen à 2 h). Inhalte der Gruppentherapie: Festlegung der Gruppenregeln und -ziele, Förderung und Optimierung bisheriger Bewältigungsstrategien der Betroffenen im Umgang mit körperlichen Beschwerden, Kommunikationsübungen zum Umgang mit Ärzten, persönliche Möglichkeiten zur Verbesserung der Lebensqualität, strukturiertes Problemlösen, u. a.

Ergebnisse

Etwa die Hälfte der Personen der Experimentalgruppe nahmen das Angebot zur Gruppentherapie an; trotzdem wurden auch die Nichtteilnehmer in der Experimentalgruppe für die Analyse belassen, um den Gesamteffekt zu beurteilen. Trotz dieser erschwerten Bedingungen zum Nachweis positiver Effekte zeigte die Gesamt-Experimentalgruppe ein Jahr nach Behandlung deutliche Verbesserungen im Bereich körperliche und psychische Gesundheit (gemessen mit den RAND-Selbsteinschätz-Skalen). Die Behandlungskosten reduzierten sich in der Experimentalgruppe um durchschnittlich $513 pro Jahr. In der Kontrollgruppe, in der ausschließlich die behandelnden Ärzte Ratschläge zum Umgang mit den Patienten bekamen, reduzierten sich die jährlichen Behandlungskosten durchschnittlich um nur $295.

• *Kommentar:* Vorteile dieser Studie sind das naturalistische Design und die Berücksichtigung monetärer Aspekte. Aus dem heutigen Kenntnisstand heraus läßt sich jedoch hoffen, daß das Gruppenprogramm noch weiter optimiert werden kann (z.B. direkte Vermittlung von Bewältigungsmöglichkeiten, aktive Förderung von Reattributionsprozessen, Reduktion von Vermeidungs- und Schonverhalten

kosten reduzierten sich auf die Hälfte. Da in dieser Studie langjährig chronifizierte Patienten mit dem Vollbild einer Somatisierungsstörung behandelt wurden, zeigt sich somit auch für diese schwerste Ausprägung des Somatisierungssyndroms, daß Verbesserung durch psychotherapeutische Ansätze möglich ist. Die Autoren planten ihr Behandlungsprogramm jedoch bereits Mitte der achtziger Jahre, als noch wenig Vorschläge zur symptomorientierten Therapie vorlagen. Deshalb kann davon ausgegangen werden, daß diese Behandlungsprogramme noch weiter optimiert werden können.

Für Konversions- bzw. dissoziative Störungen läßt sich in der Literatur eine gewisse Einigkeit feststellen, daß traumatischen Erfahrungen eine wichtige Rolle in der Entstehung und psychologischen Behandlung zukommt. In einzelnen Fallberichten wird aufgeführt, wie sich nach Bearbeitung traumatischer Vorerfahrungen Symptomreduktionen ergaben (z. B. LaBarbera & Dozier, 1980). Deshalb läßt sich vermuten, daß Interventionsansätze, wie sie für die posttraumatische Belastungsstörung von Relevanz sind, auch hier zum Zuge kommen könnten. Aber auch hierzu steht der wissenschaftliche Beleg noch aus.

2. Empirische Basis psychopharmakologischer Interventionen

Ähnlich den klinisch-psychologischen Ansätzen ist auch die empirische Basis für psychopharmakologische Ansätze gering. In der Praxis wird oftmals zuerst symptomatisch vorgegangen. Dies impliziert die Verschreibung zum Beispiel von β-Rezeptorenblocker bei Herzbeschwerden, Muskelrelaxantien bei Schmerzsyndromen oder Calcium-Präparaten bei Kribbeln in den Beinen. Von psychiatrischer Seite aus wird demgegenüber vorgeschlagen, psychopharmakologische Medikamente einzusetzen. Eine im deutschsprachigen Raum zu findende Spezialität ist der hohe Einsatz von niedrigpotenten Neuroleptika, allen voran das Fluspirilen. Die empirische Basis hierfür ist jedoch unbefriedigend und die Gefahr von Langzeitschäden (z. B. Spätdyskinesien) ist bis dato unklar.

Ebenfalls häufig eingesetzt werden Tranquilizer zum Beispiel vom Benzodiazepin-Typus. Hierbei besteht die Gefahr der körperlichen und psychischen Abhängigkeit. Deshalb wird zur Zeit am ehesten psychopharmakologisch zum Einsatz von Antidepressiva geraten, was mit der hohen Komorbidität zu depressiven Erkrankungen begründet wird. Jedoch auch hierfür liegen kaum wissenschaftlich befriedigende Belege vor (s. Übersicht von Volz, Stieglitz, Menges & Möller, 1994).

3. Ein Therapiemodell zur psychologischen Behandlung beim Somatisierungssyndrom

Die verschiedenen Erkenntnisse aus der Grundlagenforschung zum Somatisierungssyndrom sowie die Vorschläge von entsprechend ausgewiesenen Forschungsabteilungen zur Behandlung als auch die im vorhergehenden Absatz skizzierten empirischen Befunde sollen nachfolgend zu einer Synopsis zusammengefaßt werden. Diese Synopsis ist Grundlage einer Interventionsstudie, die zur Zeit realisiert wird. Der Therapieleitfaden (ausführlich s. Rief & Hiller, 1998) zur psychologischen Behandlung von Patienten mit somatoformen Störungen umfaßt folgende Aspekte:

3.1 Beziehungsaufbau und diagnostische Maßnahmen

Die psychologische Behandlung von Patienten mit somatoformen Störungen galt lange Zeit als sehr schwierig, da ein therapeutisches Bündnis mit dem Patienten oftmals nicht aufzubauen war. Auf der Behandlerseite mögen Hilflosigkeit und Unwissen über das Störungsbild zu dieser Problematik genauso beigetragen haben wie auf Patientenseite eine erhöhte Klagsamkeit sowie negative Beziehungserwartungen aufgrund zahlreicher enttäuschender Behandlungsversuche in der Vorgeschichte. Warwick (1995) führt folgende vier Bereiche aus, in denen oftmals auf Patientenseite Unzufriedenheit entsteht:

(1) In der Regel haben Patienten mit Hypochondrie und Somatisierung zahlreiche medi-

zinische Untersuchungen über sich ergehen lassen, deren Fokus darauf lag, zu erklären, was das Problem *nicht* ist (Ausschlußdiagnostik). Erklärungen für die Beschwerden wurden selten gefunden. Deshalb sollte in der Diagnostikphase immer wieder betont werden, daß eine zufriedenstellende und verständliche Erklärung der Probleme gesucht wird.

(2) Patienten mit Hypochondrie und Somatisierungssyndrom nehmen nach der Untersuchung oder Behandlung oft eine selektive Interpretation der Aussagen des Fachmannes vor, auch von (vermeintlich) versteckten Bedeutungen. Um diesem negativen Bewertungsprozeß entgegenzusteuern, schlägt Warwick (1995) vor, daß die Patienten grundsätzlich eine Zusammenfassung der Therapiesitzungen mündlich und schriftlich geben, so daß dem Therapeuten transparent wird, wie der Patient die Information verarbeitet.

(3) Patienten verlassen oftmals die Arztpraxen mit dem Eindruck, sie seien Simulanten und lästig. Deshalb kommen viele Patienten mit einer entsprechend negativen Erwartungshaltung in psychologische Behandlung, und sie reagieren sensibel auf Situationen, in denen sie sich nicht ausreichend ernstgenommen fühlen. Auch aus diesem Grund ist es unumgänglich, dem Patienten immer wieder die Glaubhaftigkeit seiner Beschwerden zu vermitteln.

(4) Patienten beginnen die Behandlung oftmals fremdmotiviert. So mag der Patient von anderen zur Aufnahme der psychologischen Behandlung gedrängt worden sein und hofft nun, möglichst bald die psychologische Behandlung zu beenden, um zu belegen, daß er nicht «verrückt» ist. Psychologische Diagnostik und Behandlung ist für viele Patienten ein geheimnisvolles Unternehmen, so daß der Therapeut hier ausreichend Informationen geben muß. Es ist in vielen Fällen unumgänglich, in der Anfangsphase der Behandlung die Ängste und Erwartungen an eine psychologische Therapie beim Patienten zu thematisieren.

Einen breiten Stellenwert in der Diagnostikphase wird die Erhebung der Anamnese sowie des Beschwerdebildes des Patienten einnehmen. Unter Umständen kann diese Phase bereits genutzt werden, um auch neben der Informa-

tionsgewinnung psychische Faktoren mitanzusprechen (z. B. Enttäuschung nach erfolglosen medizinischen Eingriffen verbalisieren). Der Patient wird in der Regel erst dann eine vertrauensvolle therapeutische Beziehung aufbauen können, wenn er zu der Einschätzung kommt, daß sein Behandler alle körperlichen Beschwerden und Behandlungsversuche ausreichend kennt.

Einen wichtigen Stellenwert nimmt auch die Exploration der subjektiven Krankheitsattributionen des Patienten ein. Der betroffene Patient hatte und hat bestimmte Vorstellungen, welche Ursachen seine Erkrankung haben könnte; diese Vorstellungen prägten sein weiteres Verhalten sowie den Umgang mit der Erkrankung. Neben dem Krankheitsbild sollte jedoch auch der Gesundheitsbegriff des Patienten exploriert werden. Liegen zu eng gefaßte Vorstellungen von Gesundheit vor, so wirken diese krankheitsaufrechterhaltend (Barksy, Coeytaux, Sarnie & Cleary, 1993).

Für die weitere psychologische Behandlung ist es von Relevanz, auch weitere Komponenten und Konsequenzen der Erkrankung zu erfahren. Dazu zählen körperliches Schonverhalten, einschließlich möglicher Kontrollverhaltensweisen («checking behaviour»), weitere Verhaltensmerkmale im Umgang mit der Erkrankung, Einstellungen und Verhaltensweisen von Personen des sozialen Umfeldes, Selbstbild des Patienten, hypochondrische Ängste, Bedürfnis nach Rückversicherung über Unbedenklichkeit der Beschwerden. Jedoch auch weitere Stärken und Schwächen auf Seiten des Patienten als auch seines sozialen Umfeldes können von Relevanz für die Therapieplanung sein (Kommunikationsverhalten, soziales Stützsystem, schwierige Bedingungen am Arbeitsplatz, u. a.).

Ein wichtiges Hilfsmittel in der Diagnostikphase ist das Durchführen von «Symptomtagebüchern» (Warwick, 1995). Die Patienten schätzen hierzu ihr körperliches Wohlbefinden über den Tagesverlauf ein, beschreiben typische Aktivitäten des Tages, die emotionale Befindlichkeit sowie Gedanken, die sie an diesem Tag beschäftigt haben. Dadurch gelingt es dem Behandler einerseits, Informationen über den typischen Tagesverlauf des Patienten zu erhalten. Andererseits lassen sich daraus störungsrelevante Informationen gewinnen (z. B. Bewältigungsversuche, Schonverhalten, soziales

Stützsystem, Verhalten von Angehörigen). Ein Beispiel für ein solches Symptomtagebuch ist in Rief, Hiller und Heuser (1997) dargestellt.

3.2 Zieldefinition

Gerade bei langjährigen Verläufen ist vielen Betroffenen eine realistische Vorstellung von erreichbaren Zielen abhanden gekommen. Überzogene Zielerwartungen (möglichst schnell nie wieder körperliche Beschwerden haben) können sich bei ein und derselben Person mit pessimistischen Zielerwartungen abwechseln («es ist ja doch nichts zu ändern, alles ist ganz furchtbar»). Aufgabe der Therapie ist es, realistische Zieldefinitionen vorzunehmen, die sowohl verschiedene Lebensbereiche als auch verschiedene Abstufungen umfassen (Wooley, Blackwell & Winget, 1978).

3.3 Umattribution des organischen Krankheitsmodells des Patienten

Bei der Erarbeitung des Krankheitsmodells des Patienten wird in der Regel festzustellen sein, daß dieser von einer organischen Ursache ausgeht und ggf. auch in erster Linie organisch-orientierte Behandlung wünscht. Deshalb empfiehlt sich, dieses Krankheitsmodell als eine der häufigsten Krankheitsvorstellungen zu bestätigen, den Patienten jedoch zu motivieren, dieses Krankheitsmodell kritisch zu hinterfragen und mögliche weitere Krankheitsmodelle zu überprüfen (Salkovskis, 1989). Zu einem psychosomatischen Krankheitsverständnis ist zu zählen, daß körperliche Symptome durchaus auch nicht krankheitsbedingt auftreten können (z. B. durch Anspannung, Streß, Ängste, Atmungsveränderungen, etc.). Selbst bei organisch verursachten Beschwerden ist es individuell sehr unterschiedlich, wie intensiv die Beschwerden wahrgenommen werden und welchen Einfluß sie auf die weitere Lebensführung haben. Mit bestimmten Emotionen sind körperliche Veränderungen verbunden oder werden körperliche Vorgänge verändert wahrgenommen. Die bereits erfragten Folgen der Erkrankung im psychosozialen Bereich (z. B. Aufgabe von persönlichen Interessen, sozialer Rückzug) haben Rückwirkungen auf das sub-

jektive Krankheitserleben, so daß auch sie Teil eines individuellen Krankheitsmodells sein können (s. **Abb. 1**).

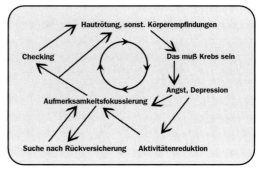

Abbildung 1: Psychologische Behandlung somatoformer Störungen.

Über verschiedene Techniken ist es möglich, Einfluß auf das organische Krankheitsverständnis zu nehmen. Das bereits erwähnte Symptomtagebuch veranschaulicht in aller Regel deutlich, daß die Beschwerden zum einen nicht immer gleich schlimm sind, zum anderen mit emotionaler Befindlichkeit oftmals einhergehen. Auch sind verschiedene Verhaltensexperimente sinnvoll, um Zusammenhänge zwischen einfachen Verhaltensänderungen, Aufmerksamkeitsfokussierung, emotionalen Prozessen und körperlichen Mißempfindungen zu verdeutlichen. Durch möglichst viele Beispiele soll der Patient zu der Einsicht gelangen, wieviel und wie häufig körperliche Empfindungen entstehen, die kein schweres Krankheitszeichen sind und auch kein Zeichen einer anderweitigen körperlichen Erkrankung. So können durch Hyperventilation (hochfrequentes Atmen) die Symptome von Panikattacken simuliert werden. Die Fokussierung der Aufmerksamkeit auf einfache Körperbelastungen (z. B. Heben eines Gegenstandes) kann verdeutlichen, um wieviel schwieriger solche einfachen Vorgänge werden können, wenn Aufmerksamkeit darauf fokussiert wird im Vergleich zu Ablenkung (z. B. durch Imaginationen). Die Fokussierung der Aufmerksamkeit auf körperinnere Prozesse (z. B. zwei Minuten auf Kehlkopf fokussieren) kann ebenfalls dazu führen, daß danach die Gesundheit dieser Vorgänge und Organe angezweifelt wird. Jedoch existieren auch viele Beispiele aus dem Alltag, die den suggestiven Einfluß von Körpermißempfindungen verdeutlichen können (z. B. Kratzimpuls bei der ausführlichen Schilderung von Flöhen, Läusen oder Hautkrätze).

Eine wichtige Hilfe zur Veranschaulichung psychophysiologischer Zusammenhänge kann auch das Durchführen von Biofeedback-Sitzungen sein. Beim Biofeedback werden körperliche Signale (z. B. Herzrate, Muskelspannung, Hautleitfähigkeit, u. a.) dem Patienten zurückgemeldet, so daß er z. B. am Computer direkt Veränderungen dieser körperlichen Vorgänge wahrnehmen kann. Anschließend werden einfache Provokationstests durchgeführt (z. B. Entspannungsinduktion, mentale Belastung durch Kopfrechnen, emotionale Belastung durch Vorstellung einer schwierigen familiären Situation). Der Patient erkennt, wie solche psychologischen Prozesse direkten Einfluß auf körperliche Vorgänge haben (Rief, Heuser & Fichter, 1996).

3.4 Verhaltensänderungen

Ein typisches Verhaltensmerkmal der Erkrankung ist das Durchführen von häufigen Arztbesuchen und das Veranlassen von medizinischen und paramedizinischen Untersuchungen. Andererseits besteht bei häufigen Arztkontakten die Gefahr, daß diese das zum Teil eher organische Krankheitsverständnis der Patienten immer wieder aktivieren und somit einer selbstän-

digen Krankheitsbewältigung entgegenlaufen. Soweit dies medizinisch verantwortbar ist, kann deshalb ein sinnvolles Ziel sein, vorerst auf Arztbesuche zu verzichten. Soweit der Patient jedoch die Arztbesuche als weiterhin zwingend notwendig ansieht, sollte wenigstens darauf hingewirkt werden, daß Arztbesuche «zeitkontingent» durchgeführt werden. Dies bedeutet, daß der Patient zwar weiterhin Arztkonsultationen wahrnimmt, diese jedoch nach einem festen Zeitplan erfolgen und nicht von der subjektiven Symptomatik auf Patientenseite abhängig gemacht werden. Die Zeit zwischen den Arztkontakten kann der Patient somit nutzen, selbständige Bewältigungsstrategien zu entwikkeln (Gordon, 1987).

Eine weitere Verhaltenskomponente, vor allem bei hypochondrischen Ängsten kann das permanente Erfragen von Rückversicherungen über die Unbedenklichkeit der Beschwerden darstellen. Auch für dieses Verhalten sollte dem Patienten deutlich werden, daß es verhindert, effektive selbständige Bewältigungsstrategien zu entwickeln. Deshalb sollte das soziale Umfeld, einschließlich der Behandler, nicht das Bedürfnis nach Rückversicherung erfüllen, sondern bei entsprechenden Fragen des Patienten mit ihm selbständige Bewältigungsmöglichkeiten besprechen (Warwick & Salkovskis, 1989).

Bei unangemessenem Kontrollverhalten («checking behaviour») fällt es Patienten oft-

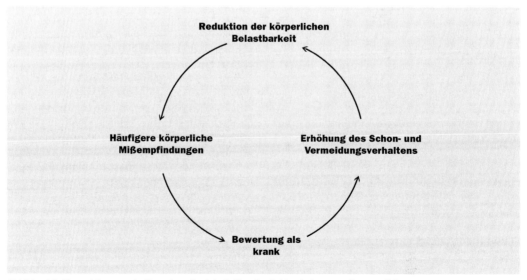

Abbildung 2: Vermeidungsverhalten als aufrechterhaltender Faktor bei somatoformen Störungen.

mals sehr schwer, darauf zu verzichten. Deshalb kann es sinnvoll sein, nicht zu früh auf eine Reduktion dieser Kontrollverhaltensweisen zu drängen, sondern einleitend eher ein «Mehr» an Kontrollverhalten anzustreben. Wird die Haut bewußt mehr abgetastet, wird bewußt häufiger geschluckt oder wird der Bauch noch mehr abgetastet als es aufgrund von Krebsängsten bisher durchgeführt wurde, so kann der Patient leichter erkennen, daß diese Kontrollverhaltensweisen zu einer Veränderung der körperlichen Empfindungen führen. Durch diesen kleinen Umweg kann leichter erreicht werden, Patienten zur Reduktion oder Aufgabe von Kontrollverhaltensweisen zu motivieren.

Bevor Verhaltensänderungen angestrebt werden, sollte eine Phase der kognitiven Vorbereitung und Herstellen der motivationalen Voraussetzungen erfolgen. Hierzu ist es oftmals sinnvoll, den Kreislauf aufzeigen, der zum Beispiel aus den Komponenten Bewertung als krank – Erhöhung von Schonverhalten – Reduktion der körperlichen Belastbarkeit – erhöhte Neigung zum Erleben körperlicher Mißempfindungen bestehen kann (s. **Abb. 2**). Patienten gehen davon aus, daß sie eine körperliche Erkrankung haben, deswegen sich mehr schonen müssen, daß diese besser ausheilen kann. Das Schonverhalten führt zu einer Reduktion des körperlichen Leistungszustandes, so daß bei erneuter Belastung die körperlichen Folgebeschwerden erhöht sein werden. Werden solche Kreisläufe mit den Patienten erarbeitet, so wird für den Betroffenen die Notwendigkeit der langsamen Leistungssteigerung auch im körperlichen Bereich transparent und es kann entsprechend ein Aufbautraining beginnen (s. **Kasten 2**).

3.5 Weitere Maßnahmen zur psychischen Stabilisierung

Somatisierung wurde auch oftmals verstanden als ein Versuch der Kommunikation von seelischen Konflikten über körperliche Symptome (Lipowski, 1986). Wenn auch die ätiologische Bedeutung von Kommunikationsbesonderheiten noch unklar ist, so können Kommunikationsprobleme zumindest zur Aufrechterhaltung der Störung beitragen. In solchen Fällen ist es von Bedeutung, daß die Patienten eigene Bedürfnisse oder Emotionen direkt mitteilen können, ohne den «Umweg» über Somatisierungssymptome zu nehmen. Dazu bieten sich verschiedene Verfahren der Kommunikationstherapie an sowie Verfahren zum Erwerb von sozialer Kompetenz (z. B. Geissner, Gonzales, Rief & Fichter, 1995; Pfingsten & Hintsch, 1991; Ullrich & Ullrich de Muynck, 1976). Da zusätzlich viele Patienten während der Krankheitsphasen ihr soziales Umfeld reduzierten, Kontakte zu Mitmenschen abgebrochen sind und auch die Beteiligung an öffentlichen Veranstaltungen sich reduzierte, kann ein soziales Kompetenztraining den Aufbau eines adäquaten sozialen Stützsystems fördern.

Wie bereits im Kapitel zur Ätiologie/Bedingungsanalyse somatoformer und dissoziativer Störungen (Kap. 38.2) erwähnt, sind sowohl bei Konversionsstörungen/dissoziativen Störungen, bei anderen Somatisierungssyndromen als auch bei Hypochondrie oftmals traumatische Erlebnisse in der Krankheitsvorgeschichte zu finden. Ziel der Bearbeitung von traumatischen Erfahrungen ist zum einen, daß belastende Erinnerungen in der Intensität als auch der Häufigkeit des Sich-Aufdrängens reduziert werden, zum anderen sollten auch mögliche Generalisierungsphänomene verringert werden. Zum Abbau der situativen Generalisierung haben sich verschiedentlich bereits Verfahren bewährt, die an das Expositionsverfahren erinnern (Calhoun & Resick, 1993).

4. Literatur

Barsky, A.J., Coeytaux, R.R., Sarnie, M.K. & Cleary, P.D. (1993). Hypochondriacal patient's beliefs about good health. *American Journal of Psychiatry, 150*, 1085–1089.

Barsky, A.J., Geringer, E. & Wool, C.A. (1988). A cognitive-educational treatment for hypochondriasis. *General Hospital Psychiatry, 10*, 322–327.

Calhoun, K.S. & Resick, P.A. (1993). Post-traumatic stress disorder. In D.H. Barlow (Ed.). *Clinical Handbook of Psychological Disorders* (2nd edition, pp. 48–98). New York : Guilford Press.

Geissner, E., Gonzales, E., Rief, W. & Fichter, M.M. (1995). Selbstsicherheitstrainings in der verhaltenstherapeutischen Psychosomatik. In J. Margraf & K. Rudolf (Hrsg), *Soziale Kompetenz* (S. 170–191). Hohengeren: Schneider.

Goldberg, D.P. (1992). The management of medical outpatients with non-organic disorders: the reattribution model. In F. Creed, R. Mayou & A. Hopkins (Eds.), *Medical Symptoms not Explained by Organic Disease* (pp. 53–59). London: Royal College of Psychiatrists.

Kasten 2
Fallbeispiel «Somatoforme Störung»

Patient

Ein 32jähriger Patient wird zur stationären Behandlung in einer psychosomatischen Klinik aufgenommen und schildert beim Erstgespräch, daß er wegen häufigen Magenbeschwerden, Erbrechen, Schweißausbrüchen und Schwindelgefühlen Behandlung benötige. Er befürchtet, eine unerkannte Erkrankung zu haben, die seinen Körper schwächt. Die ersten starken Beschwerden traten vor 7 Jahren im Rahmen einer Ehekrise auf. Aber bereits in der Kindheit und Jugend sei er eher «schwächlich» gewesen, öfters krank und schonungsbedürftig. Die Eltern wären sehr um seine körperliche Gesundheit besorgt gewesen.

Intervention

Mit dem Patienten wurde daraufhin eine 8wöchige Behandlung durchgeführt, die aus 12 psychotherapeutischen Einzelgesprächen, 9 Gruppensitzungen zum Erlernen der progressiven Muskelentspannung, einem 8 Sitzungen umfassenden Gruppenkurs «Soziale Kompetenz», einem körperlichen Aufbautraining und weiteren unterstützenden Maßnahmen bestand. Erstes Therapieziel war der Aufbau von Motivation zur psychologischen Behandlung. Über ein Symptomtagebuch konnte der Patient erkennen, daß sein körperliches Wohlbefinden Schwankungen unterworfen ist, die mit psychischem Wohlbefinden einhergehen. So führten Konflikte in der Familie oder ausbleibende Anerkennung von anderen zu einer Wahrnehmung von Symptomverschlechterung. Danach wurde das negative Selbstbild des Patienten als schwache, nicht-belastbare Person im Sinne der kognitiven Therapie bearbeitet (z.B. Pros und Kontras dieses Selbstbildes). Damit einher ging auch die kognitive Arbeit bezüglich des Gesundheitsbegriffes. Sobald körperliche Mißempfindungen vorlagen, bewertete sich der Patient als krank und zog sich zurück. Unterstützt durch Verhaltensexperimente erkannte der Patient, daß Gesundheit auch vorliegen kann, wenn er körperlich nicht voll beschwerdefrei ist. Es wurde erarbeitet, was realistische Belastbarkeit des Körpers beinhalten kann und welche Vorteile es haben kann, nicht wegen allen körperlichen Beschwerden sich zurückziehen zu müssen. Daraufhin wurde auf der Verhaltensebene ein Aufbautraining begonnen. In der letzten Therapiephase wurde nochmals aufgegriffen, daß interaktionelle Probleme sowohl in der Familie als auch am Arbeitsplatz eine Symptomverschlechterung nach sich zogen. Deshalb wurde abschließend ein Training zur Steigerung der sozialen Kompetenz durchgeführt.

Gordon, G.H. (1987). Treating somatizing patients. *The Western Journal of Medicine, 147*, 88–91.

Kellner, R. (1983). Prognosis of treated hypochondriasis. *Acta Psychiatrica Scandinavica, 67*, 69–79.

LaBarbera, J.D. & Dozier, J.E. (1980). Hysterical seizures: the role of sexual exploitation. *Psychosomatics, 21*, 897–903.

Ladee, G.A. (1966). *Hypochondrical Syndromes*. New York: Elsvier.

Lipowski, Z.J. (1986). Somatization: A borderland between medicine and psychiatry. *Canadian Medical Association Journal, 135*, 609–614.

Pfingsten, U. & Hinsch, R. (1991). *Gruppentraining sozialer Kompetenz (GSK)*. Weinheim: Psychologie Verlags-Union.

Rief, W. (1996). Erfolg und Mißerfolg in der Behandlung von Personen mit somatoformen Störungen. In H. Bents, R. Frank & E.R. Rey (Hrsg.), *Erfolg und Mißerfolg in der Psychotherapie* (S. 98–105). Regensburg: Roderer.

Rief, W., Heuser, J. & Fichter, M.M. (1996). Biofeedback – ein therapeutischer Ansatz zwischen Begeisterung und Ablehnung. *Verhaltenstherapie, 6*, 43–50.

Rief, W. & Hiller, W. (1998). *Somatisierungsstörung und Hypochondrie*. Göttingen: Hogrefe.

Rief, W., Hiller, W. & Heuser, J. (1997). *Das Screening für somatoforme Störungen, SOMS*. Bern: Huber.

Rief, W., Hiller, W., Geissner, E. & Fichter, M.M. (1995). A two-year follow-up study of patients with somatoform disorders. *Psychosomatics, 36*, 376–386.

Rudolf, G. (1992). Körpersymptomatik als Schwierigkeit der Psychotherapie. *Praxis der Psychotherapie und Psychosomatik, 37*, 11–23.

Salkovskis, P.M. (1989). Somatic problems. In K. Hawton, P.M. Salkovskis, J. Kirk & D.M. Clark (Eds.), *Cognitive Behaviour Therapy for Psychiatric Problems* (pp. 235–276). Oxford: University Press.

Salkovskis, P.M. (1995). *Effective treatment of severe health anxiety* (Hypochondriasis). Kopenhagen: World Congress of Behavioral & Cognitive Therapies.

Smith, G.R., Rost, K. & Kashner, M. (1995). A trial of the effect of a standardized psychiatric consultation on health outcomes and costs in somatizing patients. *Archives of General Psychiatry, 52*, 238–243.

Stern, R. & Fernandez, M. (1991). Group cognitive and behavioural treatment for hypochondriasis. *British Medical Journal, 303,* 1229–1231.

Ullrich, R. & Ullrich de Muynck, R. (1976). *Das Assertiveness Training Programm.* München : Pfeiffer.

Visser, S. & Bouman, T. K. (1992). Cognitive-behavioural approaches in the treatment of hypochondriasis: six single case cross-over studies. *Behaviour Research and Therapy, 30,* 301–306.

Volz, H. P., Stieglitz, R. D., Menges, K. & Möller, H. J. (1994). Somatoform disorders – diagnostic concepts, controlled clinical trials, and methodological issues. *Pharmacopsychiatry, 27,* 231–237.

Warwick, H. M. C. (1989). A cognitive-behavioural approach to hypochondriasis and health anxiety. *Journal of Psychosomatic Research, 33,* 705–710.

Warwick, H. M. C. (1995). Assessment of hypochondriasis. *Behaviour Research & Therapy, 33,* 845–853.

Warwick, H. M. C. & Salkovskis, P. M. (1989). Hypochondriasis. In J. Scott, J. M. G. Williams, & A. T. Beck, (Eds.), *Cognitive Therapy in Clinical Practice.* London: Routledge.

Wooley, S. C., Blackwell, B. & Winget, C. (1978). A learning theory model of chronic illness behavior: theory, treatment, and research. *Psychosomatic Medicine, 40,* 378–401.

39. Verhaltens- und Entwicklungsstörungen bei Kindern und Jugendlichen
39.1 Klassifikation und Diagnostik

Franz Petermann

Inhaltsverzeichnis

1. Einleitung

Störungen bei Kindern und Jugendlichen lassen sich in «Verhaltensstörungen» und «Entwicklungsstörungen» unterteilen. Diese durchaus sinnvolle Unterteilung stellt sich in der Praxis allerdings oft als schwierig dar, da beide Erscheinungsbilder sich oft erheblich überlagern und sich häufig wechselseitig bedingen. Es wird derzeit noch immer ungenügend spezifiziert, welche «Entwicklungsstörungen» im Sinne eines Entwicklungsrückstandes oder einer -veränderung zu umgrenzten entwicklungsspezifischen Verhaltensstörungen führen. Auch den hier dargestellten, zur Zeit verfügbaren Klassifikationssystemen gelingt eine solche Differenzierung nur unzureichend.

Speziell für die Klassifikation von Störungen im Kindes- und Jugendalter wurde das *Multiaxiale Klassifikationsschema MAS* (Remschmidt & Schmidt, 1994) entwickelt. Das MAS basiert auf der ICD-10 und besteht aus sechs Achsen: (1) klinisch-psychiatrische Syndrome, (2) umschriebene Entwicklungsrückstände, (3) Intelligenzniveau, (4) Körperliche Symptomatik, (5) abnorme psychosoziale Umstände, (6) globale Beurteilung der psychosozialen Anpassung. Das System ist so konzipiert, daß lediglich eine Beschreibung aktueller Aspekte erfolgen kann, und Aussagen zur Ätiologie und zum Verlauf

ausgeklammert werden. Es mangelt dem MAS an einer systematischen Beschreibung der Phänomene im Kindes- und Jugendalter, einer darauf basierenden expliziten Operationalisierung der Einzelstörungen und einer gesicherten Differentialdiagnostik. Dagegen stellt die 1996 auch in deutscher Sprache erschienene Version des Diagnostischen und Statistischen Manuals psychischer Störungen DSM-IV (American Psychiatric Association, 1996) eine gute Erweiterung des DSM-III-R dar, vor allem durch die konsequente Orientierung an den Ergebnissen der Entwicklungspsychopathologie. Der Entwicklungsverlauf vieler Störungen, wie z. B. der Lese- und Rechenstörung (Warnke, 1998), wird ausführlich und detailliert dargestellt, und Ergebnisse klinischer Verlaufs- und Komorbiditätsstudien werden berücksichtigt (vgl. Kusch & Petermann, 1998). Obwohl sich die ICD-10 und das DSM-IV sehr aneinander angeglichen haben und bei vielen Störungsbildern sogar identische Diagnosekriterien vorliegen, zeichnet sich das DSM-IV besonders dadurch aus, daß es umfangreicher ist und auch kulturelle Aspekte, Alters- und Geschlechtsmerkmale, Prävalenzen, Verlauf und familiäre Häufung ausführlich einbezieht. Im DSM-IV werden kindliche Störungen in der Kategorie: «Störungen, die gewöhnlich zuerst im Kleinkindalter, der Kindheit oder der Adoleszenz diagnostiziert werden» verzeichnet. Die hier darzustellenden Störungsbilder werden in Anlehnung an das DSM-IV beschrieben und lassen sich in *Verhaltensstörungen* und *Störungen des Entwicklungsverlaufes* untergliedern.

2. Klassifikation

2.1 Klassifikation von Verhaltensstörungen

Personen mit Verhaltensstörungen erkennt man daran, daß sie wiederholt auftretende, stabile Verhaltensmuster zeigen, die die Rechte eines anderen beschneiden oder die eigene Entwicklung einschränken. Im Gegensatz zu Personen mit einer Entwicklungsstörung, bei denen eine Handlungskompetenz erst aufgebaut werden muß, und im Gegensatz zu Personen mit sozialer Kompetenz, die über viele Handlungsalternativen verfügen, zeichnen sich Personen mit einer Verhaltensstörung entweder

– durch fehlende Handlungsalternativen und/oder
– durch übermäßig stark ausgebildete, jedoch unangemessene Handlungsalternativen aus.

Im DSM-IV werden die im DSM-III-R als «expansiv» bezeichneten Verhaltensstörungen, wie Aufmerksamkeitsstörungen und Aggression, nun unter der Gruppenbezeichnung «Störungen der Aufmerksamkeit, der Aktivität und des Sozialverhaltens» zusammengefaßt. Diesen Störungen, die durch unterkontrolliertes Verhalten gekennzeichnet sind, lassen sich Störungen mit überkontrolliertem Verhalten (z.B. Angststörungen) gegenüberstellen. Weitere Verhaltensstörungen sind den «Fütter- und Eßstörungen im Säuglings- oder Kleinkindalter», den «Ticstörungen» (z.B. die Tourette-Störung, eine Störung multipler Tics) oder den «Störungen der Ausscheidung» zuzuordnen (vgl. **Tab. 1**).

• *Aufmerksamkeitsstörungen.* Im deutschen Sprachraum spricht man bei Aufmerksamkeitsstörungen, die sich in der Motorik, in Lernstörungen und neuropsychologischen Funktionsstörungen äußern, auch von dem «Hyperkinetischen Syndrom» (vgl. Döpfner, 1998). Die Störung zeichnet sich durch eine entwicklungsunangemessene Aufmerksamkeitsstörung, Impulsivität, Hyperaktivität und eine erhöhte Erregbarkeit aus. Ein Großteil der Kinder mit

Tabelle 1: Übersicht über ausgewählte Verhaltensstörungen im Kindes- und Jugendalter gem. DSM-IV (American Psychiatric Association, 1996; ICD-9-CM Code; ICD-10 Code)

(1) *Störungen der Aufmerksamkeit, der Aktivität und des Sozialverhaltens*
– Aufmerksamkeitsdefizit/Hyperaktivitätsstörung (314.xx;–)
  Mischtypus (314.01; F90.0)
  Vorwiegend Unaufmerksamer Typus (314.00; F98.8)
  Vorwiegend Hyperaktiver-Impulsiver Typus (314.01; F90.1)
– Störung des Sozialverhaltens (u.a. Aggressives Verhalten) (312.8; F91.8)
– Störung mit Oppositionellem Trotzverhalten (313.81; F91.3)

(2) *Fütter- und Eßstörung im Säuglings- oder Kleinkindalter*
– Fütterstörung im Säuglings- oder Kleinkindalter (307.59; F98.2)

(3) *Störungen der Ausscheidung*
– Enkopresis (787.6 bzw. 307.7; F98.1)
– Enuresis (307.6; F98.0)

(4) *Ticstörungen*
– Tourette-Störung (307.23; F95.2)

(5) *Andere Störungen im Kleinkindalter, in der Kindheit oder der Adoleszenz*
– Störung mit Trennungsangst (309.21; F93.0)
– Selektiver Mutismus (313.23; F94.0) (DSM-III-R: Elektiver Mutismus)

(6) *Nicht kindheitsspezifische Angststörungen*
– Soziale Phobie (300.23; F40.1)
– Generalisierte Angststörung (300.02; F41.1)

Aufmerksamkeitsdefiziten weist Lernstörungen und entsprechende Entwicklungsverzögerungen auf.

• *Aggression* bildet aus der Gruppe der Störungen des Sozialverhaltens, unter denen die Umwelt subjektiv am stärksten zu leiden scheint, die am eindeutigsten erkennbare Verhaltensstörung. Von Aggression spricht man gemäß der diagnostischen Kriterien des DSM-IV, wenn das problematische Verhalten mindestens über einen Zeitraum von sechs Monaten stabil auftritt. Aggression ist durch verbales und nonverbales Verhalten gekennzeichnet. Es kann gegen Menschen oder Tiere gerichtet sein oder die Zerstörung von Eigentum sowie Betrug, Diebstahl oder schwere Regelverstöße umfassen. Das DSM-IV unterscheidet Störungen des Sozialverhaltens mit Beginn in der Kindheit (vor dem 10. Lebensjahr) und mit Beginn in der Adoleszenz (ab dem 10. Lebensjahr). Das Phänomen der Jugenddelinquenz soll dabei von kindlicher Aggression abgegrenzt werden. Typische Delikte, die bei Kindern und Jugendlichen mit Delinquenz umschrieben werden, sind Vandalismus, Brandstiftung, Streunen, Diebstahl, Raub, Einbruch, ständiges Schulschwänzen, Drogen- und Alkoholmißbrauch und Prostitution (vgl. Petermann & Petermann, 1996a). In neueren Studien lassen sich hoch aggressive Kinder vor allem durch folgende Merkmale beschreiben (vgl. Petermann & Petermann, 1997):

– es bestehen keine stabilen Freundschaften zu Gleichaltrigen,
– egoistisch motivierte Handlungen dominieren,
– Schuld- und Reuegefühle fehlen,
– Bereiche positiven Sozialverhaltens sind nicht ausgeprägt (soziale Unterstützung, Kooperation und angemessene Selbstbehauptung),
– eine verzerrte Wahrnehmung sozialer Interaktionen,
– mangelhafte Selbstkontrolle im Sinne der Fähigkeit, eigene aggressive Impulse zu verzögern und zu überdenken sowie
– unzureichendes Eindenken und Einfühlen in andere.

Hinzu kommen Überlappungen zu Aufmerksamkeitsstörungen, was vermutlich in erster Linie durch die unzureichend ausgebildete Fähigkeit bedingt ist, motorische Ruhe und Entspannung zu realisieren. Differentialdiagnostisch lassen sich Aufmerksamkeitsstörungen von Aggression vor allem aufgrund der unterschiedlichen Intentionen abgrenzen, die dem Verhalten zugrunde liegen. So versteht man unter «Aggression» eine zielgerichtet schädigende Verhaltensweise, die das Ziel verfolgt, eigene Interessen egoistisch durchzusetzen. Aufmerksamkeitsgestörte Kinder leiden dagegen oft unter dem Unvermögen, ihr Verhalten gezielt zu steuern. Von dem gezielt schädigendem Verhalten aggressiver Kinder kann man auch Trotzanfälle (vor allem in der frühen Kindheit) abgrenzen, die durch oppositionelles Verhalten gegenüber Eltern oder anderen Bezugspersonen gekennzeichnet sind, diese jedoch nicht schädigen sollen.

• *Angststörungen.* Vergleichsweise «heimliche» Auffälligkeiten, unter denen das betroffene Kind und seine Familie mehr zu leiden haben als die weitere Umgebung, sind dagegen Angststörungen. Im DSM-IV wird nur die Trennungsangst als spezifische Angst in der Kindheit oder Adoleszenz aufgeführt, während die Störung mit Kontaktvermeidung und die Störung mit Überängstlichkeit als kindheitsspezifische Ängste aufgegeben und den Störungen: «Soziale Phobie» und «Generalisierte Angststörung», die auch für Erwachsene gelten, zugeordnet wurden. Grund hierfür ist, daß für beide Angststörungen keine andersartigen, nur für das Kindesalter geltenden Ausprägungen auffindbar sind, so daß die Unterscheidung zu Störungen im Erwachsenenalter sinnlos scheint.

Gemäß DSM-IV spricht man von einer *Störung mit Trennungsangst,* wenn ein Kind (unter 18 Jahren) mindestens vier Wochen unter folgenden Symptomen leidet: übermäßigem Kummer bei einer möglichen oder tatsächlichen Trennung von einer wichtigen Bezugsperson; der Verweigerung des Schulbesuchs sowie Klagen über körperliche Beschwerden bei einer bevorstehenden Trennung.

Bei *Störungen mit Überängstlichkeit (Generalisierte Angststörung)* machen sich Kinder über zukünftige Ereignisse große Sorgen. Bei solchen Ängsten kann man keine angstauslösenden Ereignisse festmachen, sondern es stehen generalisierte Ängste, die auch nicht auf eine Trennung bezogen sind, im Mittelpunkt. Als zusätzliche psychosomatische Beschwerden können Atemnot, Übelkeit oder Einschlafstörungen auftreten. Störungen mit Überängstlichkeit lassen sich vorwiegend als soziale Ängste auffassen, die durch Leistungsängste und eine mangelnde soziale Sicherheit geprägt sind (vgl. Petermann & Petermann, 1996b).

Die zu diesem Bereich gehörenden *Störungen mit Kontaktvermeidung (Soziale Phobie)* können auch als soziale Unsicherheit umschrieben werden (Petermann & Petermann, 1996b). Sozial unsichere Kinder sind bei ihnen nicht vertrauten Personen scheu, schüchtern und sozial zurückgezogen; sie verweigern die Aufforderung, mit Freunden zu interagieren. Bei massiver sozialer Angst sind diese Kinder zudem «selektiv mutistisch» oder sie «stottern», sind passiv und ohne Selbstvertrauen. Es bestehen Übergänge zur Störung mit Trennungsangst, und eine differentialdiagnostische Unterscheidung von schweren Formen der Kontaktvermeidung und leichten Fällen der Autistischen Störungen kann unter Umständen problematisch sein. Eine Klärung der Entwicklungsgeschichte des Kindes ist in solchen Fällen unabdingbar.

• *Selektiver Mutismus.* Diese Störung ist durch eine Vielzahl gut erkennbarer Symptome gekennzeichnet: Vordergründig handelt es sich um eine Sprach- und Sprechstörung, die in der Kommunikation mit einigen Partnern des Kin-des zu einer völligen «Verstummung» führt. Mit anderen Partnern, in der Regel den engeren Familienmitgliedern, erfolgt ein altersgemäßer Austausch. Die Sprechverweigerung ist zwar auf viele soziale Situationen bezogen, dennoch verstehen diese Kinder Gesprochenes und besitzen ausreichende Sprachfertigkeiten. Mutistische Kinder äußern sich meist nur mit einem Kopfnicken und kurzen, monotonen Äußerungen. Manchmal treten durch den mangelnden Sprachgebrauch Sprachentwicklungsverzögerungen auf. Es sind zudem weitere Verhaltensauffälligkeiten festzustellen: Die Kinder sind übermäßig schüchtern, sozial isoliert, abgekapselt, anhänglich und verweigern oft den Schulbesuch. Bei nachhaltigen Anforderungen treten vor allem im häuslichen Bereich totale Verweigerung und/oder Wutausbrüche auf.

2.2 Klassifikation von Entwicklungsstörungen

Man unterscheidet die geistige Behinderung von tiefgreifenden Entwicklungsstörungen und speziellen Entwicklungsstörungen, wie Lernstörungen, Störungen motorischer Fertigkeiten und Kommunikationsstörungen, wie **Tabelle 2** illustriert. Besonders bekannt ist die Autistische Störung, die man bis zur Revision des DSM-III als frühkindlichen Autismus bezeichnete. Da sich diese umfassende Störung definitions-

Tabelle 2: Übersicht über ausgewählte Entwicklungsstörungen im Kindes- und Jugendalter gem. DSM-IV (American Psychiatric Association, 1996; ICD-9-CM Code; ICD-10 Code)

(1) *Geistige Behinderung*
– Schwere geistige Behinderung (318.1; F72.9)

(2) *Tiefgreifende Entwicklungsstörungen*
– Autistische Störung (299.00; F84.0)
– Rett-Störung (299.80; F84.2)
– Asperger-Störung (299.80; F84.5)

(3) *Lernstörungen*
– Lesestörung (315.00; F81.0)
– Rechenstörung (315.1; F81.2)
– Störung des schriftlichen Ausdrucks (315.2; F81.8)

(4) *Störung der motorischen Fertigkeiten*
– Entwicklungsbezogene Koordinationsstörungen (315.4; F82)

(5) *Kommunikationsstörungen*
– Expressive Sprachstörung (315.31; F80.1)
– Stottern (307.0; F98.5)

gemäß in den ersten drei Lebensjahren manifestiert, wurde der Begriff zugunsten der «Autistischen Störung» fallengelassen.

Die *Autistische Störung* ist nach DSM-IV durch Beeinträchtigungen (1) der sozialen Interaktion, (2) des Einsatzes verbalen und nonverbalen Verhaltens und (3) des Spielverhaltens gekennzeichnet, von denen zumindest in einem Bereich, Auffälligkeiten vor Ende des dritten Lebensjahres vorliegen (vgl. **Tab. 3**).

Einige Experten gehen heute von einer Spektrumsstörung Autismus aus (vgl. Cohen, Donellan & Paul, 1987). Das Spektrum reicht von Kindern, mit einer zusätzlichen geistigen Behinderung, bis zu normalintelligenten Kindern mit leichten autistischen Zügen.

Sehr viel häufiger als die Autistische Störung sind spezielle Entwicklungsstörungen, wie die Sprach- und Sprechstörungen, Störungen schulischer und motorischer Fertigkeiten, die nicht Thema dieses Beitrags sind. Solche Störungsbilder werden traditionell in Handbüchern der Pädagogischen Psychologie oder der Heilpädagogik abgehandelt.

2.3 Verhaltens- versus Entwicklungsstörungen

In der Praxis wird immer wieder deutlich, wie stark sich Verhaltens- und Entwicklungsstörungen überlappen. Aufgrund praktischer und theoretischer Hinweise wird es zukünftig zunehmend erforderlich, eine genaue Spezifizierung der entwicklungs- und lernbedingten Anteile von Entwicklungs- oder Verhaltensstörungen anzugeben. Da jedoch im klinischen Erschei-

nungsbild oft Ursache und Folgen schwer zu trennen sind, ist für den Bereich der Störungen im Vorschulalter folgendes Vorgehen zu empfehlen:

– Eine Verhaltensstörung ist generell wahrscheinlich, wenn das chronologische Alter mit dem Entwicklungsalter übereinstimmt. Nach einer solchen Prüfung sollten die verschiedenen Vorgehensweisen der Verhaltensanalyse (s. unten) durchgeführt werden.

– Eine Entwicklungsstörung ist immer dann wahrscheinlich, wenn chronologisches und Entwicklungsalter allgemein oder in spezifischen Entwicklungsbereichen nicht übereinstimmen. Dementsprechend prüft man nach einer globalen Feststellung des Entwicklungsstandes spezifische Entwicklungsbereiche (vgl. Steinhausen, 1993).

– In vielen Fällen wird eine spezifische Entwicklungsstörung mit einer Verhaltensstörung verbunden auftreten. Hier wird zu prüfen sein, inwiefern aus vorliegenden Entwicklungsstörungen Verhaltensstörungen resultieren (kann eine Aufmerksamkeitsstörung Folge eines kognitiven Entwicklungsdefizits sein und in spezifischen Anforderungssituationen beobachtet werden). Bei vorliegenden Verhaltensstörungen wird es jedoch auch notwendig sein, die prognostischen Auswirkungen auf zukünftige Entwicklungsschritte zu überprüfen. So kann zum Beispiel eine Aufmerksamkeitsstörung (bei altersgerechter Entwicklung) zu zukünftigen sozialen oder kognitiven Entwicklungsrückständen führen (wenn eine anfänglich situationsspezifische Aufmerksamkeitsstörung sich immer mehr im schulischen Bereich auswirkt).

Tabelle 3: Charakteristische Auffälligkeiten autistischer Kinder

- Beeinträchtigungen im Gebrauch nonverbaler Verhaltensweisen wie Blickkontakt, Gesichtsausdruck, Körperhaltung, Gestik;
- kein Sprechen oder charakteristische Auffälligkeiten im Sprachgebrauch (z.B. Echolalie);
- Unfähigkeit, Beziehungen zu Gleichaltrigen aufzubauen;
- mangelndes Bewußtsein für die Existenz oder Gefühle anderer;
- kein Interesse, anderen etwas zu zeigen oder Erfolge mit ihnen zu teilen;
- kein oder beeinträchtigtes Nachahmungsverhalten;
- abnormes, stereotypes und nicht phantasievolles Spielverhalten;
- beharrliches, oft nicht funktionales Beschäftigen mit Teilen von Objekten (z.B. Beschnüffeln oder Beriechen, Herumdrehen) und
- stereotype Körperbewegungen.

3. Diagnostik

Verhaltensstörungen kann man auf mehreren Ebenen feststellen. Wichtige Informationen beziehen sich auf die Einschätzungen, die das Kind, die Eltern und andere Bezugspersonen (z.B. Kindergärtnerin, Lehrer) abgeben. Da Verhaltensstörungen nicht auf alle Bereiche des Zusammenlebens generalisieren, es also z.B. nicht «das» aggressive Kind gibt, müssen diagnostische Informationen situationsbezogen erhoben werden. Dies bedeutet, daß die Handlungszusammenhänge konkret in der Interaktionssequenz analysiert werden.

Hierfür bieten sich an: Elternexplorationen, die die Entwicklung des Kindes und die aktuellen Bedingungen erhellen; verhaltensbezogene Daten (z.B. mit Hilfe von Videoanalysen typischer Problemsituationen) und situationsbezogene Testverfahren, die die Einschätzung des Kindes erfragen (Überblick s. **Tab. 5**).

• *Aggression.* Zunächst wird man die Eltern ausführlich explorieren, um die Bereiche abzuklären, die in **Tabelle 4** aufgeführt sind. In einem nächsten Schritt wird man über mehrere Zeitpunkte (z.B. eine Woche täglich) in der Schule oder einer stationären Einrichtung z.B. das aggressive Verhalten beobachten. Besonders interessant ist es dabei, wie das Kind mit Anforderungssituationen (verbalen Angriffen, Mißerfolgen) umgeht. Ein solches Vorgehen ermöglicht der *Beobachtungsbogen für aggressives*

Verhalten (BAV; Petermann & Petermann, 1997). Es handelt sich bei diesem Verfahren um eine therapiebezogene Interaktionsdiagnostik, die als teilnehmende Beobachtung oder Videoanalyse durchgeführt wird und relevante Dimensionen aggressiven Verhaltens erfaßt (z.B. verbal/nonverbal, offen/verdeckt, aktiv/passiv). Es wäre zudem wünschenswert, den Klassenlehrer um systematische Urteile zu bitten, die auf das konkrete Unterrichtsgeschehen bezogen sind. Die *Beurteilungshilfen für Lehrer* (BFL; Janowski, Fittkau & Rauer, 1981) ermöglichen es, anhand situationsspezifscher und im Schulalltag beobachtbarer Schülerverhaltensweisen, Aussagen über 16 lernzielorientierte Verhaltensmerkmale zu treffen. Es werden zusätzlich spezifische Fördermöglichkeiten angeboten.

In einem dritten Schritt wird man mit situationsbezogenen Testverfahren versuchen, die Bedingungen (Elternhaus, Schule etc.) genau herauszufinden, unter denen eine spezifische Form von Aggression auftritt (hinterhältiges Verhalten). Für eine solche Erhebung eignet sich der *Erfassungsbogen für aggressives Verhalten in konkreten Situationen* (EAS; Petermann & Petermann, 1996c). Hier wird das kindspezifische Reaktionsprofil beim Umgang mit Konfliktsituationen erhoben.

• *Angststörungen.* Für die Diagnostik von Angststörungen bietet sich der *Beobachtungsbogen für sozial unsicheres Verhalten* (BSU; Petermann & Petermann, 1996b) an, der eine systematische

Tabelle 4: Elternexploration zur Erfassung von Verhaltensstörungen (vgl. Petermann & Petermann, 1997, S. 45–55)

Wichtige Bereiche der Exploration
1. Körperliche Entwicklung des Kindes
2. Entwicklung sozialer Beziehungen (Kindergarten, Schule, Familienverband)
3. Verhaltensanalyse des familiären Geschehens
4. Feststellung positiver Ressourcen beim Kind bzw. der Familie
5. Informationen bezüglich des schulischen Verhaltens
6. Einschätzungen über die Beziehungen zu Geschwistern und Gleichaltrigen
7. Informationen über familiäre Aktivitäten (z.B. in der Freizeit)
8. Daten zur Eltern-Kind-Beziehung (Unterstützung, Anerkennung, Grenzsetzung)
9. Soziale Belastbarkeit des Kindes (therapiespezifische Daten)

Tabelle 5: Übersicht über einige spezifische Erhebungsverfahren zur Diagnostik von Verhaltensstörungen

---

(1) *Aufmerksamkeitsstörungen*
– Test d2 Aufmerksamkeits-Belastungs-Test (Brickenkamp, 1994)
– Fragebogen zum Hyperkinetischen Syndrom und Therapieleitfaden HKS (Klein, 1993)

(2) *Aggression*
– Beobachtungsbogen für aggressives Verhalten BAV (Petermann & Petermann, 1997)
– Beurteilungshilfen für Lehrer (Janowski et al., 1981)
– Erfassungsbogen für aggressives Verhalten in konkreten Situationen EAS (Petermann & Petermann, 1996c)

(3) *Angststörungen*
– Beobachtungsbogen für sozial unsicheres Verhalten BSU (Petermann & Petermann, 1996b)
– Angstfragebogen für Schüler AFS (Wieczerkowski et al., 1980)

Verhaltensanalyse in zwölf Kategorien (u. a. Sprachäußerungen, Körpersprache, Sozialkontakt) möglich macht. Sowohl für Einzel- als auch für Gruppenuntersuchungen kann der *Angstfragebogen für Schüler* (AFS; Wieczerkowski et al., 1980) eingesetzt werden. Der AFS ist ein mehrfaktorieller Fragebogen, der das Ausmaß von Prüfungsangst, manifester Angst und Schulunlust erfaßt. Zusätzlich liegen Einschätzskalen für die Fremdbeurteilung durch die Lehrer vor.

• *Aufmerksamkeitsstörungen.* Diese können ökonomisch und zuverlässig mit dem *Aufmerksamkeits-Belastungs-Test* d2 (Brickenkamp, 1994) erhoben werden. Bei diesem Durchstreichtest werden Tempo und Sorgfalt bei der Unterscheidung ähnlicher visueller Reize gemessen. Der *Fragebogen zum Hyperkinetischen Syndrom* (HKS; Klein, 1993) ermöglicht es, hyperkinetische Kinder nicht nur zu diagnostizieren, sondern daneben eine auf das Störungsbild abgestimmte Therapie zu planen und durchzuführen.

Die hier beschriebenen und in **Tabelle 5** aufgeführten gängigen Verfahren zur Diagnostik von Verhaltensstörungen verdeutlichen eine Wende, die zu einem weitgehenden Verzicht auf die klassischen Ansätze der Persönlichkeitsdiagnostik beiträgt.

Ähnliche Tendenzen zeichnen sich auch in der *Entwicklungsdiagnostik* ab (s. **Tab. 6** mit Auswahl spezifischer Erhebungsverfahren). Am Beispiel der Diagnostik autistischer Störungen soll dies erläutert werden.

• *Autismus.* Neuere Forschungsergebnisse legen es nahe, die Beeinträchtigungen verschiedener Entwicklungsbereiche bei autistischen Kindern in Verbindung miteinander zu untersuchen. Es wird dabei das Ziel verfolgt, Profile der kommunikativen und kognitiv-sozialen Fähigkeiten zu erstellen (vgl. Kusch & Petermann, 1990). Da sich autistische Kinder vor allem in der Qualität ihres sozialen Verhaltens, wie der Initiierung von Kommunikation und ihrer Reaktion auf Aufmerksamkeitslenkung signifikant von

Tabelle 6: Übersicht über einige spezifische Erhebungsverfahren zur Diagnostik von Entwicklungsstörungen

---

(1) *Autismus*
– Childhood Autism Rating Scale CARS (Schopler et al., 1988)
– Entwicklungs- und Verhaltensprofil P.E.P. (Schopler & Reichler, 1981)
– Autism Diagnostic Observation Schedule ADOS (Lord et al., 1989)

(2) *Lese- und Schreibstörung*
– Diagnostischer Rechtschreibtest für 1./2./3./4./5. Klassen DRT-1-5 (Müller, 1990)
– Diagnostischer Lesetest zur Frühdiagnose von Lesestörungen DLF-1-2 (Müller, 1984)

(3) *Sprachstörungen*
– Aktiver Wortschatztest für 3–6jährige Kinder AWST 3-6 (Kiese & Kozielski, 1996)
– Heidelberger Sprachentwicklungstest HSET (Grimm & Schöler, 1991)

---

sehr jungen normalen oder geistig behinderten Kindern unterscheiden, wird eine Videoanalyse zur Interaktionsdiagnostik eingesetzt. Neue Studien belegen, daß eine sorgfältige videogestützte Analyse der natürlichen Mutter-Kind-Interaktion die typischen sozial-kommunikativen Auffälligkeiten dieser Kinder schon vor dem vierten Lebensjahr aufdecken kann und diese Kinder so einer frühen Förderung zugänglich gemacht werden können (Cordes, 1995). Zur Durchführung einer Interaktionsdiagnostik im Kindes- und Jugendalter kann man die spezifischen Verhaltensaspekte der *Childhood Autism Rating Scale* (CARS) von Schopler, Reichler und Renner (1988, deutsch: Steinhausen, 1993) heranziehen. Dieses Verfahren verwendet Daten aus einer strukturierten Verhaltensbeobachtung und erlaubt, anhand von 15 Ratingskalen, autistische und geistig behinderte Kinder zu differenzieren sowie mittelgradig beeinträchtigte Autisten und kommunikationsgestörte Kinder ohne Autismus zu unterscheiden. Zur differenzierten Beurteilung des Autismus sind weiterhin Entwicklungs- und Intelligenzprofile von zentraler Bedeutung. Das *Entwicklungs- und Verhaltensprofil P.E.P.* von Schopler und Reichler (1981) ist ein speziell für autistische Kinder konzipiertes Testverfahren, das die Fähigkeiten in den verschiedenen Entwicklungsbereichen sowie psychopathologische Auffälligkeiten erhebt. Der *Autism Diagnostic Observation Schedule* (ADOS; Lord et al., 1989) ist ein differenziertes Beobachtungssystem, das Module für nichtsprechende, wenig-sprechende und Kinder, mit altersgemäßer Sprachfähigkeit enthält und für verschiedene Altersstufen anwendbar ist.

• *Lese- und Schreibstörungen.* Bei dem *Diagnostischen Rechtschreibtest* (Müller, 1990) handelt es sich um ein differenziertes System, das sowohl zur Früherkennung von Rechtschreibschwächen (ab 1. Klasse) als auch zur Bestimmung der Schulleistung (3. bis 5. Klassen) eingesetzt werden kann. Neben einer quantitativen Einstufung der Rechtschreibleistung, erlauben qualitative Analysen die Bestimmung der Fehlerschwerpunkte, was als Grundlage für gezielte Förderung dient. Um differenziert und sehr umfassend sprachliche Fähigkeiten von Kindern zwischen dem dritten und neunten Lebensjahr zu erheben, kann der *Heidelberger Sprachentwicklungstest* (HSET, Grimm & Schöler,

1991) eingesetzt werden. Der Test besteht aus 13 Untertests, die neben dem beobachtbaren Sprachverhalten, Aussagen über die dem Verhalten zugrundeliegenden Wissensvoraussetzungen (z. B. Bildung von Ableitungsmorphemen) und Verarbeitungsmechanismen (z. B. Enkodierung, Rekodierung) treffen.

4. Literatur

American Psychiatric Association. (1996). *Diagnostisches und statistisches Manual psychischer Störungen – DSM-IV* (Deutsche Bearbeitung und Einleitung: Saß, H., Wittchen, H. U., Zaudig, M.). Göttingen: Hogrefe.

Brickenkamp, R. (1994). *Test d2 Aufmerksamkeits-Belastungs-Test* (8. erw. Auflage). Göttingen: Hogrefe.

Cohen, D. J., Donnellan, A. M. & Paul, R. (Eds.). (1987). *Handbook of autism and pervasive developmental disorders.* New York: Wiley.

Cordes, R. (1995). *Soziale Interaktion autistischer Kleinkinder.* Videogestützte Analyse der Kommunikation zwischen Mutter und Kind. Weinheim: Deutscher Studien Verlag.

Döpfner, M. (1998). Hyperkinetische Störungen. In F. Petermann (Hrsg.), *Lehrbuch der Klinischen Kinderpsychologie* (3. korr. Aufl., S. 165–217). Göttingen: Hogrefe.

Grimm, H. & Schöler, H. (1991). *Heidelberger Sprachentwicklungstest (HSET)* (2. verbesserte Aufl.). Göttingen: Hogrefe.

Janowski, A., Fittkau, B. & Rauer, W. (1981). *Beurteilungshilfen für Lehrer.* Braunschweig: Westermann.

Kiese, C. & Kozielski, P. M. (1996). *Akitver Wortschatztest für 3–6jährige Kinder (AWST 3–6)* (2. Aufl.). Weinheim: Beltz.

Klein, L. (1993). *HKS. Diagnostik und Therapie beim Hyperkinetischen Syndrom.* Fragebogen zum Hyperkinetischen Syndrom und Therapieleitfaden. Weinheim: Beltz.

Kusch, M. & Petermann, F. (1990). Sozialverhalten autistischer Kinder. *Zeitschrift für Klinische Psychologie, Psychopathologie und Psychotherapie, 38,* 206–224.

Kusch, M. & Petermann, F. (1998). Konzepte und Ergebnisse der Entwicklungspsychopathologie. In F. Petermann (Hrsg.), *Lehrbuch der Klinischen Kinderpsychologie* (3. korr. Aufl., S. 53–93). Göttingen: Hogrefe.

Lord, C., Rutter, M., Goode, S., Heembsbergen, J., Jordan, H., Mahwood, L. & Schopler, E. (1989). Autism Diagnostic Observation Schedule: A standardized observation of communicative and social behavior. *Journal of Autism and Developmental Disorders, 19,* 186–212.

Müller, R. (1984). *Diagnostischer Lesetest zur Frühdiagnose von Lesestörungen (DLF 1–2).* Weinheim: Beltz.

Müller, R. (1990). *Diagnostischer Rechtschreibtest für 1. Klassen (DRT 1).* Weinheim: Beltz.

Petermann, F., Lehmkuhl, G., Petermann, U. & Döpfner, M. (1995). Klassifikation psychischer Störungen im Kindes- und Jugendalter nach DSM-IV – Ein Vergleich mit DSM-III-R und ICD-10. *Kindheit und Entwicklung, 14,* 171–182.

Petermann, F. & Petermann, U. (1996a). *Training mit Jugendlichen: Förderung von Arbeits- und Sozialverhalten* (5. überarbeitete Aufl.). Weinheim: Psychologie Verlags Union.

Petermann, U. & Petermann, F. (1996b). *Training mit sozial unsicheren Kindern* (6. erw. Aufl.). Weinheim: Psychologie Verlags Union.

Petermann, F. & Petermann, U. (1996c). *Erfassungsbogen für aggressives Verhalten in konkreten Situationen (EAS-J; EAS-M)* (3. korr. Aufl.). Göttingen: Hogrefe.

Petermann, F. & Petermann, U. (1997). *Training mit aggressiven Kindern* (8. erg. Aufl.). Weinheim: Psychologie Verlags Union.

Remschmidt H. & Schmidt, M. (Hrsg.). (1994). *Multiaxiales Klassifikationsschema für psychische Störungen des Kindes- und Jugendalters nach ICD-10 der WHO.* (3. rev. Auflage). Bern: Huber.

Schopler, E. & Reichler, R.J. (1981). *Entwicklungs- und Verhaltensprofil. P.E.P.* Dortmund: Verlag modernes lernen.

Schopler, E., Reichler, R.J. & Renner, B.R. (1988). *The Childhood Autism Rating Scale (CARS).* Los Angeles: Western Psychological Services.

Steinhausen, H.-Ch. (1993). *Psychische Störungen im Kindes- und Jugendalter* (2. Aufl.). München: Urban & Schwarzenberg.

Warnke, A. (1998). Umschriebene Lese-Rechtschreibstörung. In F. Petermann (Hrsg.), *Lehrbuch der Klinischen Kinderpsychologie* (3. korr. Aufl., S. 287–323). Göttingen: Hogrefe.

Wieczerkowski, W., Nickel, H., Janowski, A., Fittkau, B. & Rauer, W. (1980). *Angstfragebogen für Schüler (AFS)* (6. Aufl.). Braunschweig: Westermann.

39.2 Verhaltens- und Entwicklungsstörungen bei Kindern und Jugendlichen: Intervention

Franz Petermann

Inhaltsverzeichnis

1. Einleitung

Neueren Studien aus den USA zufolge leiden heute etwa 12 bis 17 Prozent der Kinder und Jugendlichen an emotionalen oder Verhaltensstörungen (Kazdin, 1991). Ähnliche Ergebnisse werden auch für den deutschsprachigen Raum berichtet. In einer großangelegten prospektiven Längsschnittsstudie von Esser et al. (1992) wiesen 16 bis 18 Prozent der 8- bis 18jährigen psychische Störungen auf, von denen etwa ein Viertel (das entspricht etwa 200 000 Kindern in den alten Bundesländern) dringend behandlungsbedürftig waren. Viele der Störungen wiesen einen chronischen Verlauf auf, dauerten also bis ins Erwachsenenalter an. Nach Tuma (1989) erhalten aber nur 1 Prozent der Behand-

lungsbedürftigen stationäre, 5 Prozent ambulante, jedoch 80 Prozent nie eine professionelle Hilfe! Die therapeutischen Angebote umfassen zumeist medizinische, pharmakologische, psychologische und ernährungsbezogene Maßnahmen. Von diesen sind nur wenige empirisch gut abgesichert; Wirksamkeitsnachweise erbringen vor allem pharmakologische und kognitiv-verhaltenstherapeutische Vorgehensweisen (Schmidt & Brink, 1995). Weisz, Weiss, Han, Granger und Morton fanden in ihrer neuen Metaanalyse von 150 Therapievergleichsstudien, deutlich höhere Effektstärken für verhaltenstherapeutische verglichen mit nicht-behavioralen (wie klientenzentrierten und psychodynamischen) Therapieformen (Weisz, Weiss, Han, Granger & Morton, 1995). Besonders durch die systematische Desensibilisierung, operante Methoden sowie das Modellernen und Methodenkombinationen konnten positive Effekte erzielt werden. Unter den nicht-behavioralen Therapieformen weisen personenzentrierte Ansätze die vergleichsweise höhere Wirksamkeit auf, wobei die Effektstärke insgesamt aber als gering einzuschätzen ist (vgl. Döpfner, 1997). Trotz dieser Befunde werden heute noch immer eine Vielzahl nicht überprüfter oder aber nur gering wirksamer Therapieformen in der Arbeit mit Kindern und Jugendlichen angewandt. Folgenschwer sind jedoch auch andere Zustände: So fallen der Störungsausbruch und der Behandlungsbeginn vielfach weit auseinander: Die meisten Autistischen Störungen beginnen z. B. vor dem zweiten Lebensjahr, werden jedoch erst zwischen dem vierten und fünften Lebensjahr identifiziert. Die frühe Behandlung antisozialen Verhaltens bei Grundschulkindern kann eine Chronifizierung und die Entwicklung schwerer aggressiver Störungen im Jugendalter verhindern (Tolan, Guerra & Kendall, 1995). Prävention und Früherkennung psychischer Entwicklungsrisiken spielen im deutschsprachigen Raum dennoch leider noch immer eine untergeordnete Rolle.

Bei der Behandlung von Verhaltens- und Entwicklungsstörungen haben sich seit Mitte der achtziger Jahre einschneidende Veränderungen ergeben. Psychologische Fördermaßnahmen beziehen sich immer häufiger sowohl auf das auffällige Kind selbst als auch auf die Familie und seine weitere soziale Umgebung (Kindergarten, Schule). Will man eine breitangelegte Maßnahme durchführen und gezielt vorhersagbare Effekte erzielen, benötigt man nach Patterson, Reid und Dishion (1990) Therapie- bzw. Trainingspakete, aufgrund derer das Kind und seine Familie in verschiedenen Bereichen neues Verhalten lernen können. Solche Pakete beinhalten differenziert ausgearbeitete Bausteine, die auf den Entwicklungsstand des Kindes abgestellt werden. Diese Sichtweise hat den isolierten Einsatz von Einzelverfahren, wie Problemlöse- oder Selbstkontrollansätze, weitgehend verdrängt. Neu ist auch, daß klinische Störungen bei Kindern und Jugendlichen in ihrem Entwicklungsverlauf und in Abhängigkeit von den Entwicklungsaufgaben betrachtet werden (Kusch & Petermann, 1998). Die Entwicklungspsychopathologie beschäftigt sich so z. B. mit der entwicklungsbedingten Verschiebung von Hyperaktivität zur Aggression und späteren Delinquenz (Warschburger & Petermann, 1997). Auch Studien über das gemeinsame Auftreten verschiedener Störungen, sog. Komorbiditätsstudien, gewinnen zunehmend an Bedeutung. Empirische Analysen zeigen z. B., daß bei den Autistischen Störungen 70 Prozent der Betroffenen zusätzlich geistig behindert sind und im Jugendalter bei einem Drittel Epilepsie auftritt (vgl. Kusch & Petermann, 1991). Etwa 36 Prozent der ängstlichen Kinder weisen mindestens zwei verschiedene Angststörungen auf, etwa 15 Prozent sind zusätzlich depressiv (Essau & Petermann, 1998). In solchen Fällen sind die erwähnten komplexen Behandlungspakete für eine erfolgreiche Förderung notwendig.

Im weiteren werden wir lediglich zu einigen ausgewählten Störungen die Grundlagen, Ziele und konkreten Vorgehensweisen einer psychologischen Behandlung ausführen. Wir beschränken uns auf drei Verhaltensstörungen (Aggression, Hyperaktivität/Unaufmerksamkeit, Soziale Unsicherheit) und eine Entwicklungsstörung (Autismus). Daran schließen sich Überlegungen zu folgenden Themen an: Prävention und Mediatorenansatz, familienbezogene Interventionen, Pharmakotherapie und Generalisierung der Ergebnisse.

2. Aggression

2.1 Grundlagen und Ziele

Bei aggressiven Kinder ist in der Regel eine verzerrte und unangemessene Informationsverarbeitung beobachtbar, die gerade die Interpretation sozialer Situationen beeinträchtigt (vgl. Petermann & Petermann, 1997; Petermann & Warschburger, 1998). Typisch für die soziale Wahrnehmung dieser Kinder ist, daß sie über weniger alternative Lösungen für interpersonelle Probleme verfügen, sich stärker auf Ziele konzentrieren als auf Mittel und Wege, diese zu erreichen und unsensibel für Konfliktsituationen sind. Ihre Selbst- und Fremdwahrnehmung ist oft verzerrt und sie weisen deutliche Defizite im Umgang mit Problemen und Frustrationen, auf (Petermann & Warschburger, 1998). Zentrale Aufgabe bei der Planung einer «Aggressionsbehandlung» ist es daher, aggressiven Kindern neue soziale Fertigkeiten zu vermitteln, die Aggression als Mittel der zwischenmenschlichen Kontaktgestaltung überflüssig machen und eine Verbesserung ihrer sozialen Wahrnehmung beinhalten.

2.2 Konkretes Vorgehen

Viele Studien belegen, wie schwer es ist, langfristige, stabile Verhaltensänderungen bei aggressiven Kindern zu erreichen, was u.a. auch mit der mangelnden Therapiebereitschaft, dem oft späten Therapiebeginn und der Vielzahl der betroffenen Lebensbereiche zusammenhängt (vgl. Petermann & Warschburger, 1998). Komplexe, verhaltenstherapeutische Programme, die möglichst frühzeitig beginnen, können dabei die besten Erfolge erlangen (Petermann & Petermann, 1997, 1996a). Im folgenden sollen diese Verfahren daher im Vordergrund stehen.

Ein interessantes Vorgehen entwickelten Feindler und Ecton (1986), mit dem aggressive Kinder lernen sollten, mit negativen Gefühlen (Ärger, Wut) umzugehen. Bei dem Ärger-Kontroll-Training gehen die Autoren davon aus, daß Aggression erheblich von Ärger und Wut beeinflußt wird. Konsequenterweise versuchen sie, diese Gefühle im Vorfeld eines aggressiven Konfliktes zu kanalisieren. Der «Ärger/Wut-Aggression-Automatismus» kann nach Feindler und Ecton (1986) durch drei Schritte durchbrochen werden: Erstens, indem aggressive Kinder alternatives Verhalten suchen und wahrnehmen, zweitens einüben und über die Zeit festigen und drittens auch unter erschwerten Bedingungen (Ärger/Wut) realisieren.

Diese Schritte werden mit Hilfe von Rollenspielen umgesetzt, wobei aggressive Kinder die Situation, die bislang mit Aggression verknüpft war, neu zu bewerten lernen.

Ein komplexes Kindertraining legt die Arbeitsgruppe von A.P. Goldstein vor. Die Autoren gehen davon aus, daß aggressives Verhalten einer charakteristischen Verhaltensfolge entspricht: zunächst wird dabei ein Ereignis vom Kind als aversiv interpretiert, dies führt zu einer erhöhten affektiven Erregung; da dem aggressiven Kind die verschiedenen kommunikativen und prosozialen Fertigkeiten im Umgang mit solchen Ereignissen fehlen, kommt es zum aggressiven Verhalten. Goldstein und Keller (1987) nennen sechs Sequenzen, die darüber entscheiden, ob es zum aggressiven Verhalten kommt oder nicht. Auf jede dieser Sequenzen sind konkrete Vorgehensweisen abgestimmt (vgl. **Tab. 1**).

Neben dem schon beschriebenen Ärger-Kontroll-Training (Feindler & Ecton, 1986) können Entspannungsverfahren, vor allem zum Vermindern motorischer Unruhe und des Erregungsniveaus aggressiver Kinder, eingesetzt werden. Goldstein und Keller (1987) empfehlen hier die Methode der progressiven Muskelentspannung nach Jacobson. Petermann und Petermann (1997) entwickelten speziell für jüngere Kinder eine bildgetragene Kurzentspannung, in die Grundübungen des autogenen Trainings eingebettet sind («Kapitän-Nemo-Geschichten»).

Camp und Bash (1985) und Kendall und Braswell (1985) empfehlen, die Problemlösefertigkeiten aggressiver Kinder zu verbessern. Ein solches Training möchte die dem unangemes-

Tabelle 1: Sequenzen der Verhaltensmodifikation (Goldstein & Keller, 1987)

Sequenzabfolge	Konkretes Vorgehen
(1) Übersteigerter Ärger bei Alltagserlebnissen	(1) Ärger-Kontroll-Training
(2) Erhöhte affektive Erregung	(2) Entspannungstraining
(3) Gestörte Kommunikation	(3) Kommunikationstraining/Verhaltensabsprachen
(4) Unzureichende Kontrolle von Kontingenzen	(4) Kontingenz-Management-Training
(5) Mangelnde prosoziale Fertigkeiten	(5) Training prosozialer Fertigkeiten
(6) Defizite in der Einschätzung prosozialen Verhaltens	(6) Training prosozialer Einschätzungen

senen Verhalten zugrunde liegenden kognitiven Informationsverarbeitungsprozesse modifizieren, d.h. Wahrnehmungsabläufe, Attributionsleistungen, Selbstgespräche, Erwartungen, Problemlösestrategien u.ä. der Kinder verändern. Ziel ist es, den Kindern alternatives Verhalten in Problemsituationen zu ermöglichen. Zu diesem Zweck wird darauf Bezug genommen, wie ein Kind ein Ereignis in einer Situation wahrnimmt und bewertet. Dem Kind werden Methoden nahegebracht, mit denen es die Probleme schrittweise lösen kann; so werden beispielsweise Selbstinstruktionen und Selbstmanagement eingesetzt. Das Training enthält strukturierende Anforderungen in Spielform und kognitive Aufgaben, die allmählich den Alltagsproblemen des Kindes angeglichen werden. Der Therapeut übernimmt im Training eine aktive Rolle, indem er dem Kind Selbstinstruktionsstrategien vormacht. Verschiedene verhaltenstherapeutische Verfahren werden eingesetzt, um dem Kind eine Übernahme und Internalisierung der Problemlösestrategien zu ermöglichen (z.B. Modellernen, Rollenspielverfahren, Hausaufgaben).

Petermann und Petermann (1997) verbinden einzelne wirksame Trainingsstrategien und Trainings zu einem Paket. Dieses Trainingspaket geht über eine kindbezogene Strategie hinaus und kombiniert ein Einzel- und Gruppentraining für aggressive Kinder mit einer systematischen Elternarbeit. Folgende Ziele sollen durch das Training erreicht werden:

– Verändern der Wahrnehmungsgewohnheiten durch eine differenzierte Selbst- und Fremdbeobachtung,
– Einüben angemessener Selbstbehauptung als positive Alternative zu Aggression sowie Kooperation und Hilfeleistung als Alternativverhalten,
– Verringern der Gewohnheitsstärke für aggressives Verhalten aufgrund neuer Problemlösungen, die das Kind im Rollenspiel erfahren hat,
– Verstärken der Hemmungspotentiale durch Einfühlungsvermögen, das gegenüber dem Opfer einer aggressiven Handlung gezeigt wird
– Aufbau von Selbstkontrolle, und
– Neubewerten möglicher Folgen durch die Reflexion des Verlaufs eines Rollenspiels und der Erfahrung mit neuerworbenem Verhalten im Alltag.

Das Training wurde für 7- bis maximal 13jährige Kinder entwickelt und wird über einen Zeitraum von ungefähr sechs Monaten bei wöchentlich stattfindenden Sitzungen durchgeführt. Für aggressive/delinquente Jugendliche liegt ein entsprechend weiterentwickeltes Programm vor (Petermann & Petermann, 1996a). Die Kontrolle der therapeutischen Wirksamkeit belegt stabile kurz- und längerfristige Effekte (Petermann, 1987), die sich sowohl in einer Reduktion aggressiven Verhaltens als auch in einem Anstieg prosozialer Fertigkeiten zeigen. Während bei jüngeren Kindern vor allem die Mitarbeit der Eltern für den Erfolg des Trainings wichtig ist, hängt dieser mit steigendem Alter der Kinder stärker davon ab, ob es gelingt, das soziale Umfeld – vor allem Gleichaltrige – in das Training mit einzubeziehen.

Die Effektivität von kognitiv-verhaltenstherapeutischen Verfahren und Problemlösetrainings ist bisher in einer Reihe von Therapiestudien nachgewiesen worden (Kendall & Braswell, 1985; Lochman, 1992). Auch langfristig kann aggressives Verhalten vermindert werden (vgl. Übersicht von Döpfner, 1997). Es werden positive Effekte hinsichtlich der Selbstkontrolle, dem Verhalten in der Schule und im Elternhaus sowie der Selbstachtung berichtet. Kinder und Jugendliche, die solche Trainings durchliefen neigten später weniger zum Substanzmißbrauch oder delinquentem Verhalten (Etscheidt, 1991; Lochman, 1992). Allerdings eignen sich diese Verfahren nach einer Meta-Analyse von Durlak, Fuhrman und Lampman (1991) vor allem für Kinder ab dem elften Lebensjahr. Jüngere Kinder profitieren insgesamt weniger von kognitiv-behavioralen Verfahren.

3. Aufmerksamkeits- und Hyperaktivitätsstörungen

3.1 Grundlagen und Ziele

Aufmerksamkeits- und Hyperaktivitätsstörungen stellen neuen Ergebnissen der entwicklungsorientierten Psychopathologieforschung zufolge eine nicht nur vorübergehende Beeinträchtigung, sondern vielmehr ein oft lebenslang andauerndes Problem dar (Kusch & Petermann, 1998). Chronische Beeinträchtigungen sind einer Überblicksarbeit von Naumann (1996) zufolge bis in die späte Adoleszenz zu beobachten. Während etwa 26 Prozent ehemals hyperaktiver Kinder im Jugendalter antisoziales und aggressives Verhalten entwickeln (Naumann, 1996), wird sogar bei 60 Prozent im Verlauf ihrer Jugend eine Verhaltensstörung diagnostiziert (Barkley, Fischer, Edelbrock & Smallish, 1990). Zu den Langzeitfolgen der kindlichen Hyperaktivität zählen auch der signifikant erhöhte Alkohol- und Drogenmißbrauch, innere Rastlosigkeit und Unruhe, häufiger Arbeitsplatzwechsel, Verkehrsunfälle und Eheprobleme sowie eine erhöhte Suizidgefahr (Henker & Wahlen, 1989). Prognostisch ungünstig wirkt sich die Kombination von Aufmerksamkeits- und Hyperaktivitätsstörungen sowie Aggression und/oder Lernstörungen aus, die aber bei etwa 50 Prozent der Kinder beobachtet wird (Barkley, Fischer, Edelbrock & Smallish, 1990).

Um eine Intervention zu planen, muß man zunächst die Zusammenhänge zwischen Aggression, Hyperaktivität und Lernstörungen klären und die genaue Störungsentwicklung betrachten. Liegt die ungünstige und für delinquentes Verhalten im Jugendalter prädisponierende Kombination von Aggression und Hyperaktivität vor, sind zunächst die im letzten Kapitel beschriebenen Interventionsmethoden für aggressive Kinder angezeigt.

3.2 Konkretes Vorgehen

In der Therapie aufmerksamkeitsgestörter Kinder haben sich vor allem verhaltenstherapeutische Techniken, Selbstinstruktionstrainings, Entspannungsverfahren und die medikamentöse Therapie (s. Abschnitt 8) bewährt. In Anbetracht der großen Anzahl beeinträchtigter Funktionsbereiche werden heute multimodale Vorgehensweisen, wie Kombinationen von Pharmakotherapie, Verhaltenstherapie und Eltern- und Schulberatung als notwendig erachtet (Döpfner, Lehmkuhl & Roth, 1996).

Das *Selbstinstruktionstraining* ist eine kognitiv-verhaltenstherapeutische Intervention, die in den siebziger Jahren entwickelt wurde (Meichenbaum & Asarnow, 1979). Ziel dieser Interventionsformen ist es, die Selbstkontrollfähigkeiten und reflexiven Problemlösestrategien des Kindes zu verbessern, um so seine Verhaltenssteuerung zu erhöhen. Das Kind soll lernen, seine Aufmerksamkeit zu zentrieren, Impulse zu kontrollieren und Handlungspläne zur Aufgabenbewältigung zu entwickeln. Am Modell des «laut denkenden» Therapeuten lernt das Kind, wie dieser Probleme schrittweise löst. Folgende Schritte der Aufgabenbewältigung werden dabei von der Modellperson hervorgehoben, damit das Kind sie als innere Verbalisationen übernimmt:

– Die Bedeutung einer Problemdefinition *(Was geht hier vor?)*.
– Die Ausrichtung der Aufmerksamkeit auf Problemaspekte *(Womit habe ich Probleme?)*.
– Das Überlegen und Abwägen verschiedener Lösungsmöglichkeiten *(Was kann ich tun?)*.
– Die Richtigkeit der Lösung und Korrektur von Fehlern *(Was ist mir gelungen, was nicht? Was muß ich noch tun?)*.
– Die Bestätigung für den eigenen Erfolg *(Das habe ich gut gemacht!)*.

Leider konnte bislang die klinische Wirksamkeit von Selbstinstruktionsverfahren empirisch nicht überzeugend nachgewiesen werden. Die kognitiven Leistungen konnten nicht erhöht, Schulleistungen nicht verbessert und hyperaktives Verhalten oft nur kurzfristig reduziert werden (Döpfner, 1998). Nach der Metaanalyse von Saile (1996) sind Erfolge vor allem in Bereichen, die den trainierten Inhalten sehr nahe liegen, zu verzeichnen. Stabile Verbesserungen in Denk- und Problemlöseaufgaben treten auf, wenn die Umgebung des Kindes (Elternhaus, Schule) instruiert ist und die Umsetzung der Trainingsziele in den Alltag unterstützt. Selbstinstruktionsstrategien scheinen dann effektiv zu sein, wenn die Techniken nicht nur bei einfachen Denk- und Problemlöseaufgaben geübt, sondern schrittweise auch auf eine Vielzahl sozialer, schulrelevanter und für das Kind bedeutsamer Problemsituationen übertragen werden (Saile, 1996).

Für den deutschen Sprachraum legen Döpfner et al. (1998) ein umfassendes Trainingspaket vor, das auch andere Elemente (vgl. Eltern-Kind-Training) einbezieht. Das Training besteht aus drei Komponenten, deren Methoden in **Tabelle 2** dargestellt werden.

Für Kinder im Vorschulalter, einem Alter, in dem die Störung sehr oft beginnt, liegt ein kindspezifisches Behandlungskonzept von Döpfner und Sattel (1992) vor (vgl. zusammenfassend Döpfner, 1998). Das Behandlungskonzept zur Steigerung von Spiel- und Beschäftigungsintensität und Ausdauer unterteilt sich in fünf Phasen: Die Grundlage bildet die Gestaltung einer positiven und tragfähigen Beziehung zum Kind. Um Ansatzpunkte für die Intervention zu bestimmen, wird das Kind in der zweiten Phase in unterschiedlich strukturierten Spielsituationen beobachtet. Auf Basis dieser Beobachtungen wird dann mittels verhaltenstherapeutischer Techniken und Elementen des Selbstinstruktionstrainings gezielt konzentriertes Beschäftigungsverhalten aufgebaut, das in der vierten Phase stabilisiert und in der fünften Phase auf zunehmend schwierigere Alltagssituationen übertragen wird. Einzelfallanalysen konnten die Wirksamkeit einzelner Behandlungskomponenten belegen (Döpfner & Sattel, 1992).

Um stabile, auf verschiedene Situationen generalisierte Effekte zu erreichen, müssen Trainingsprogramme mit hyperaktiven Kindern länger andauern, ein Elterntraining umfassen und an verschiedenen für das Kind bedeutsamen Situationen anknüpfen. Es muß sich dabei um natürlich auftretende Anforderungen handeln (vgl. Henker & Wahlen, 1989; Saile, 1996). Die vorliegenden Therapiestudien weisen leider viele Mängel auf. So beziehen bislang nur wenige Therapiestudien Trainingspakete ein, die den individuellen Bedürfnissen unterschiedlich entwickelter bzw. alter Kinder entsprechen. Hyperaktive und unaufmerksame Kinder zeigen bei der Therapie die verschiedensten Probleme, von denen nicht alle primär mit ihrer Störung zusammenhängen, sondern mit den Anforderungen, die kognitive Trainings an Kinder stellen. Häufig müssen erst die Fertigkeiten aufgebaut werden, die notwendig sind, um von Selbstkontrollansätzen zu profitieren. Oft handelt es sich um soziale Fertigkeitsmängel, die sich aus der einleitend dargestellten Komorbidität zwischen Aggression und Hyperaktivität ergeben. Hier werden in jüngster Zeit die Möglichkeiten der Pharmakotherapie diskutiert (Döpfner et al., 1996; Schmidt & Brink, 1995), auf die wir im Abschnitt 8 ausführlich eingehen werden.

4. Soziale Unsicherheit und Angststörungen

4.1 Grundlagen und Ziele

Angststörungen in der Kindheit und Jugend umfassen solche, bei denen sich die Angst auf spezifische Situationen erstreckt (= Störungen mit Trennungsangst und Kontaktvermeidung)

Tabelle 2: Therapieprogramm für Kinder mit hyperkinetischem und oppositionellem Problemverhalten, THOP (Döpfner et al., 1988)

Zielgruppe
- Kinder im Alter von drei bis zwölf Jahren mit hyperkinetischen Störungen oder mit oppositionellen Verhaltensstörungen

Komponenten
- Eltern-Kind-Programm mit familienzentrierten Interventionen (die sich hauptsächlich an die Eltern richten) und mit kindzentrierten Interventionen (die sich hauptsächlich an das Kind richten)
- Interventionen im Kindergarten/in der Schule
- Kombination mit pharmakologischer Behandlung bei hyperkinetischen Störungen möglich

Eltern-Kind-Programm
20 Bausteine, die entsprechend der individuellen Problematik miteinander kombiniert werden und die in sechs Themenkomplexe zusammengefaßt sind:
- Problemdefinition, Entwicklung eines Störungskonzeptes und Behandlungsplanung
- Förderung positiver Eltern-Kind-Interaktionen und Eltern-Kind-Beziehungen
- Pädagogisch-therapeutische Interventionen zur Verminderung von impulsivem und oppositionellem Verhalten
- Tokensysteme, Response-Cost und Auszeit
- Interventionen bei spezifischen Verhaltensproblemen (z.B. Spieltraining, Hausaufgabentraining, Selbstinstruktionstraining, Selbstmanagement-Ansatz)
- Stabilisierung der Effekte

---

sowie solche, bei denen sich die Angst auf ganz unterschiedliche Situationen bezieht, wie die Störung mit Überängstlichkeit. Wir beschränken uns hier vorwiegend auf Störungen mit Überängstlichkeit, da bei ihnen auch die übrigen spezifischen Angstformen mitbeteiligt sind und sie die größten Anforderungen an die therapeutischen Bemühungen stellen. Kinder mit dieser Störung werden auch als sozial unsicher bezeichnet, da sie oft besonders in sozialen und Leistungssituationen überängstlich reagieren. Es ist aus diagnostischen und therapeutischen Gründen wichtig zwischen Kindern mit sozialen Ängsten, die aus einem Mangel an sozialen Fertigkeiten entstehen, und ängstlichen Kindern mit guten sozialen Fertigkeiten, bei denen lediglich Lerndefizite vorliegen, zu unterscheiden (Odem & Deklyen, 1989; Petermann & Petermann, 1996b). Bei der ersten Form handelt es sich um eine Entwicklungs- und bei der zweiten um eine Verhaltensstörung.

Im weiteren beschränken wir uns auf die Verhaltensstörung, also auf unsichere Kinder, die entsprechende Fertigkeiten entwickelt haben und auch den Wunsch nach Sozialkontakt besteht, aber Ängste aufgrund einer Reihe unangenehmer, schmerzlicher Erfahrungen mit Gleichaltrigen entwickelt haben. In der Folge können dann soziale Defizite auftreten, die wiederum zu einer starken sozialen Isolierung führen können. Soziale Defizite, Isolierung und Ängste sind in manchen Fällen mit Schulängsten gekoppelt, da schulische Situationen, wie Aufgerufenwerden oder Prüfungen, durch die öffentliche Bewertung zu angstauslösenden sozialen Situationen werden. Dies kann in Lernprobleme und Leistungsdefizite münden. Die meisten psychologischen Maßnahmen für sozial unsichere Kindern bestehen daher aus komplexen sozialen Fertigkeitstrainings (vgl. Petermann & Petermann, 1996b). Die Kinder sollen durch das Training generelle Prinzipien der sozialen Interaktion lernen, anhand derer sie sich in einer Vielzahl von Situationen sozial akzeptabel verhalten können (Asher & Hymel, 1986).

4.2 Konkretes Vorgehen

Stabile Veränderungen können auch in diesem Bereich nur über Trainingspakete erzielt werden, wie eine Analyse von Michelson und Mannarino (1986) belegt. Ein solches Vorgehen verändert Interaktionsabläufe, indem neue Verhaltensweisen in Rollenspielen eingeübt und wiederholt sowie die Umsetzung in den Alltag bekräftigt werden. Die Trainingspakete schließen die Arbeit in der Gleichaltrigengruppe und im Elternhaus ein; durch ihre Breite sind sie nicht nur am Symptom orientiert, sondern können auch flexibel den Problemen des Kindes gerecht werden. Petermann und Petermann (1996b) haben ein Trainingspaket entwickelt, das eine Vielzahl von Zielen in einer Kombination aus Einzel- und Gruppentraining verwirklicht (s. **Tab. 3**). Das Training ist für sozial unsichere Vor- und Grundschulkinder konzipiert und kann sowohl präventiv als auch

Tabelle 3: Ziele des Einzel- und Gruppentrainings mit sozial unsicheren Kindern (Petermann & Petermann, 1996b)

Einzeltraining	Gruppentraining
• Bewußtmachen von sozialer Angst und Unsicherheit	• Positive Gefühle und Freude zeigen
• Sensibilisierung der Wahrnehmung für Interaktionsabläufe	• Durchsetzen eigener Ansprüche und erkennen der Ansprüche anderer
• Reflexion von Erwartungen an das Verhalten anderer	• Kontakt aufnehmen können; Kritik annehmen und angemessen verarbeiten
• Reflexion eigener sozialer Ängste/sozialer Unsicherheit	• Sich angemessen selbstbehaupten
• Entwickeln von Kriterien zur Beurteilung von Sozialverhalten	• Umgang mit sozialer Hervorhebung
• Entwickeln von Verhaltensalternativen	• Negative Gefühle zeigen und Kritik äußern

therapeutisch eingesetzt werden. Langzeitstudien über zwei Jahre belegen die Stabilität der Effekte (vgl. Petermann & Walter, 1989); dies trifft auch auf mehrfach beeinträchtigte Kinder (z. B. Sprachbehinderte) zu.

Asher und Hymel (1986) verwenden sogenannte Coachingstrategien, die aus drei Schritten bestehen. Zunächst instruiert ein Trainer (Lehrer) ein Kind, wie es z. B. mit anderen kooperieren kann; danach übt das Kind in einer Spielsitzung mit einem Klassenkameraden das Verhalten ein. In einer dritten Sitzung wird in einer natürlichen Situation mit Gleichaltrigen das Verhalten praktiziert; der Trainer (Lehrer) bespricht und beurteilt, wie das Verhalten umgesetzt wurde. Neben Kooperation ließen Asher und Hymel (1986) Partizipation, Kommunikation und Suche nach Hilfestellung in der Schulklasse auf diese Weise einüben. Sie wählten dazu Kinder aus, die aufgrund ihres soziometrischen Status und ihres gezeigten Verhaltens am stärksten von ihren Klassenkameraden abgelehnt wurden. Das Prinzip der sozialen Coachingstrategien basiert auf drei Elementen des sozialen Lernens:

– Durch verbale Instruktionen werden Verhaltensstrategien vermittelt und durch Rollenspiele umgesetzt,
– es wird die Möglichkeit angeboten, mit Gleichaltrigen in einem *Gruppentraining* die neu erworbenen Fertigkeiten zu üben, und
– es besteht der Auftrag, diese Fertigkeiten im Alltag einzusetzen, wobei die Erfahrung mit dem Trainer (Lehrer) ausgewertet werden.

Allerdings ist dieses Training mit fünf 30minütigen Übungssitzungen nur relativ kurz, vor allem bei der Behandlung massiv auffälliger Kinder. Bei dem Vorgehen von Odem und Deklyen (1989) werden Erwachsene als Verstärker eingesetzt, die loben und einem Kind besondere Aufmerksamkeit schenken, wenn es einen sozialen Austausch vollzogen hat. Die Erwachsenen konzentrieren sich dabei auf bestimmte soziale Aspekte, wie Blickkontakt, Lächeln usw. und bekräftigen dieses Verhalten gezielt. Es ist dabei notwendig, die Ausübung des Verhaltens in Sequenzen zu untergliedern; so kann man systematisch zu Beginn, während oder am Ende einer sozialen Interaktion verstärken. Ebenso nehmen in dem Vorgehen von Odem und Deklyen (1989) Gleichaltrige als Mediatoren eine wichtige Rolle ein. Dazu werden sozial kompetente Kinder angehalten, das Sozialverhalten ihrer unsicheren Mitschüler zu fördern oder sie sollen ihr Verhalten auf die unsicheren Kinder ausrichten und oft mit ihnen interagieren.

5. Autismus

5.1 Grundlagen und Ziele

Die Behandlung Autistischer Störungen gestaltet sich u. a. deshalb schwierig, da 70 bis 80 Prozent aller autistischen Kinder zusätzlich geistig behindert sind, d. h. neben autismusspezifischen Veränderungen auch die Entwicklung insgesamt verzögert ist. Eine neurologische Störung des Zentralnervensystems ist bei fast allen autistischen Kindern wahrscheinlich, was sich auch am frühen Beginn der Störung, meist schon vor dem zweiten Lebensjahr, zeigt. Für die Behandlung autistischer Kinder bedeutet dies:

– Es müssen Konzepte für den Umgang mit autistischen Kindern vorliegen, die die typischen qualitativen Veränderungen in der Entwicklung berücksichtigen (vgl. Kusch & Petermann, 1991).
– Die Förderung muß so früh und intensiv wie möglich einsetzen, um Beeinträchtigungen zu kompensieren (Rogers, 1996).

Vor allem die mangelnde Generalisationsfähigkeit der Kinder macht eine Förderung besonders schwer. Obwohl viele Studien belegen, daß autistische Kinder von einer Verhaltenstherapie profitieren, bleibt das neugelernte Verhalten fast immer von bestimmten Aspekten der Lernsituation abhängig (Koegel & Koegel, 1987). Man spricht in diesem Zusammenhang von einer mangelnden *Dekontextualisierung*, d. h. der Unfähigkeit, Neuerworbenes unabhängig von dem sozialen Kontext einzusetzen (vgl. Kusch & Petermann, 1991). Für die therapeutische Arbeit mit autistischen Kindern ergeben sich daraus drei Konsequenzen:

(1) Da das Verhalten autistischer Kinder nicht über verschiedene Reizgegebenheiten generalisiert (= Reizgeneralisierung), muß die therapeu-

tische Situation so konzipiert sein, daß das Kind Neuerworbenes unabhängig vom Kontext anzuwenden lernt. Reize, von denen Neuerworbenes häufig abhängt, sind der Therapeut, sein Interaktionsstil, die Verstärkung selbst und die therapeutische Situation. Manche autistischen Kinder zeigen neuerworbenes Verhalten nur dann, wenn der Therapeut anwesend ist; andere nur, wenn sie sich in einem bestimmten Raum befinden oder eine spezielle Handlung erfolgt.

(2) Autistische Kinder scheinen ihre neuerworbenen Reaktionen nicht auf andere Verhaltensweisen zu übertragen (= Reaktionsgeneralisierung). Jedes Verhalten muß daher getrennt gefördert werden. Lernt ein autistisches Kind z. B., eine Person anzuschauen, dann bedeutet dies nicht unbedingt auch, daß es zugleich lernt, den Kopf in die Richtung der Person zu wenden. Wenn das Kind aber Verhaltensweisen in einem für es sinnvollen Kontext lernt, diese Verhaltensweisen für das Kind verständlich sind und die Reaktionen spontan erfolgen, gelingen auch autistischen Kindern vielfältige Reaktionen und Neuerworbenes kann auf verschiedene Verhaltensbereiche übertragen werden (vgl. Duchan, 1987).

(3) Um längerandauernde therapeutische Effekte zu erzielen, müssen schrittweise möglichst viele Umwelten des Kindes mit einbezogen werden. Eltern, Lehrern, Geschwistern müssen gezielt im Umgang mit dem Kind angeleitet und unterstützt werden. Die Arbeit in der natürlichen Umgebung des Kindes ist besonders geeignet, korrekte Reaktionen hervorzurufen. Es wird dadurch die Wahrscheinlichkeit der spontanen Generalisierung auf ähnliches Verhalten und ähnliche Situationen erhöht. Der Reizgebundenheit der Kinder wird begegnet, indem man natürliche Materialien und Verstärker von Personen aus dem Alltag des Kindes einsetzt (Koegel & Koegel, 1987).

5.2 Konkretes Vorgehen

Koegel et al. (1987) stellten ein Training zur Förderung der natürlichen Sprache autistischer Kinder vor (s. **Tab. 4**). Die Autoren verglichen dabei verschiedene Techniken. In Einzelfallstudien wurden zunächst die traditionellen Lerntechniken eingesetzt und später durch das natürliche Sprachtraining ersetzt. Die beiden Kinder, die an der Studie teilnahmen, waren zu Beginn 4,5 und 5,8 Jahre alt. Beide Kinder waren sprachunfähig und zeigten lediglich lautliche Äußerungen. Auch in den übrigen autismusspezifischen Störungsbereichen lagen bei beiden Kindern beträchtliche Behinderungen vor. In der sozialen Entwicklung befanden sie sich auf dem Niveau 1,6- bzw. 2,8jähriger.

Tabelle 4: Gegenüberstellung einer traditionellen und natürlichen Förderung autistischer Kinder (Koegel et al., 1987)

Merkmale	Traditionelle Bedingung	Natürliche Bedingung
Reiz	(a) Vom Therapeut gewählt (b) Der Reiz wird wiederholt, bis das Kriterium (z. B. korrekte Antwort) erreicht ist. (c) Reiz ist phonologisch leicht zu produzieren und steht nicht in einem funktionalen Bezug (z. B. zu einem Wunsch des Kindes.)	(a) Vom Kind gewählt (b) Nach jedem Probedurchgang wird der Reiz variiert. (c) Der Reiz ist ein altersgerechtes Objekt, das in der natürlichen Umwelt des Kindes auftritt (z. B. ein Ball, eine Banane).
Hilfestellung	Manuell (z. B. Lippenberührungen).	Therapeut wiederholt die Bezeichnung des Objektes.
Interaktion	Der Therapeut hält das Objekt aufrecht; er besitzt keinen Bezug zur Interaktion.	Therapeut und Kind spielen mit dem Objekt. Das Objekt besitzt einen funktionalen Bezug zur Interaktion.
Reaktion	Korrekte Reaktion oder schrittweise Annäherung	Lockere Annäherung; jeder Versuch, eine Reaktion zu zeigen, wird betont.
Konsequenz	Eßbare zusammen mit sozialen Verstärkern.	Natürliche Verstärker, wie z. B. die Möglichkeit, mit dem Objekt zu spielen, und natürliche Verstärker.

Die jeweils zweistündige Behandlung wurde zweimal wöchentlich in einem kleinen Raum durchgeführt. Zunächst wurde bei beiden Kindern traditionell verfahren, daran anschließend wurden natürliche Bedingungen der Behandlung zugrunde gelegt. Es zeigte sich, daß die Kinder unter natürlichen Bedingungen mehr Äußerungen imitierten als unter traditionellen Bedingungen. Eine Generalisierung auf spontane Äußerungen erfolgte nur unter natürlichen Bedingungen; ebenso verhielt es sich mit der Generalisierung auf Situationen außerhalb der therapeutischen Situation. Die Behandlungsdauer hatte ebenfalls einen interessanten Einfluß: unter der traditionellen Bedingung konnte selbst nach 19 Monaten kein Anstieg der Lerneffekte erzielt werden, während die natürlichen Bedingungen relativ schnell zu therapeutischen Effekten führten. So konnte die Studie von Koegel et al. (1987) eindeutig bestätigen, daß eine stärkere Orientierung verhaltenstherapeutischer Verfahren an natürlichen, entwicklungsbezogenen Vorgehensweisen in der Autismusbehandlung angemessener ist als traditionelle verhaltenstherapeutische Verfahren.

Das wohl bekannteste verhaltenstherapeutische Programm in der Arbeit mit autistischen Menschen TEACCH *(Treatment and Education of Autistic and Related Communication Handicapped Children)* wird seit den siebziger Jahren im amerikanischen Bundesstaat North-Carolina von der Forschungsgruppe um Schopler und Mesibov durchgeführt (Schopler & Olley, 1981). Wesentlich in dem sich ständig weiterentwickelnden Programm ist die spezifisch auf das Kind abgestimmte Therapieplanung, die auf einer umfassenden Diagnostik beruht sowie die Orientierung an den Entwicklungszielen des Kindes und die Durchführung der Förderung durch spezialisierte Fachleute und die Eltern. Im Rahmen dieses Programms werden autistische Kinder einerseits schulisch durch spezielle Förderprogramme in Sonderklassen zum anderen durch die speziell trainierten Eltern zu Hause gezielt in ihrer Entwicklung gefördert.

Anlaß zu Optimismus geben die großen Erfolge des «Young Autism Project», einem ähnlich arbeitenden, speziellen Frühförderprogramm für autistische Kinder, das von Lovaas und seinen Mitarbeitern an der UCLA in Los Angeles entwickelt wurde (Lovaas, 1987). In diesem Projekt werden autistische Kinder unter vier Jahren mit Hilfe eines intensiven verhaltenstherapeutischen Programms über einen Zeitraum von mindestens zwei Jahren behandelt. Folgende Elemente werden als wirkungsvoll angesehen:

– Der Beginn vor dem vierten Lebensjahr,
– der systematische Einsatz verhaltenstherapeutischer Techniken,
– die hohe Intensität von mindestens 40 Stunden wöchentlich,
– die individuell auf das Kind abgestimmte Therapieplanung,
– die regelmäßige Zieldiskussion und Supervision durch ein Spezialisten-Team,
– die Durchführung in der natürlichen Umgebung des Kindes in Anwesenheit eines Elternteils sowie
– der aktive Einbezug der Eltern durch ein intensives Elterntraining.

Parallel zum Aufbau von entwicklungsangemessenen Fähigkeiten wird stereotypes, selbststimulierendes oder aggressives Verhalten abgebaut. Lovaas belegte die Wirksamkeit dieses Programms indem er eine Gruppe autistischer Kinder in zwei parallelisierte Gruppen unterteilte (Lovaas, 1987). Während die Experimentalgruppe intensiv, also mehr als 40 Stunden wöchentlich, behandelt wurde, erhielt die Kontrollgruppe lediglich 10 Stunden gleichen Trainingsinhalts. Die erzielten Effekte der therapeutischen Bemühungen sprechen eindeutig für eine möglichst frühzeitig beginnende, intensive, verhaltentherapeutische Förderung autistischer Kinder: 47 Prozent der Kinder mit intensiver Einzeltherapie erreichten während der mehrjährigen Behandlung ein normales kognitives und soziales Funktionsniveau, das auch bei Nachfolgeuntersuchungen im durchschnittlichen Alter der Kinder von 13 Jahren Bestand hatte (McEachlin, Smith, & Lovaas, 1993)! Dagegen profitierten lediglich 2 Prozent der Kinder der Kontrollgruppe in dieser Weise von der «Minimalbehandlung»! In Deutschland führt das «Bremer Projekt» ein Frühförderprogramm durch, das auf den therapeutischen Grundlagen des «Young Autism Project» von Lovaas basiert (Cordes & Dzikowski, 1991).

6. Prävention und Mediatorenansatz

6.1 Grundlagen und Ziele

Der Mediatorenansatz umfaßt psychologische Interventionen, die sich nicht direkt an die unterstützungsbedürftigen Kinder, sondern an deren soziale Umwelt richten (Perrez, 1988). Im Rahmen der primären Prävention psychischer Störungen werden vor allem Familien mit Risikokindern gefördert. Risiken können dabei sowohl auf Seiten des Kindes, der Eltern oder der sozialen Situation vorliegen. Die Eltern erwerben im Rahmen des Mediatorenansatzes grundlegende Erziehungskompetenzen, die sie in die Lage versetzen, auch zukünftige Problemsituationen selbständig zu bewältigen. Störungen können so im Vorfeld verhindert werden (Weissbourd & Kagan, 1989) und Frühförderung wird kostengünstig und familiennah möglich. Price, Cowen, Lorion und Ramos-McKay (1989) belegen, daß von 14 effektiven Präventionsprogrammen fünf Mediatoren einsetzten. Solche Programme verhindern dabei nicht nur Störungen, sondern beeinflussen die familiäre Situation und die Entwicklung des Kindes über längere Zeit hinweg positiv. Neben Eltern können auch Lehrer, Gleichaltrige oder Geschwister als Mediatoren eingesetzt werden (vgl. Odem & Deklyen, 1989, in Abschnitt 4.2 dieses Beitrages).

6.2 Konkretes Vorgehen

Die Bezugspersonen lernen durch das Mediatorentraining,

- kindliches Verhalten vorurteilsfreier wahrzunehmen,
- durch gezieltes Verstärken kindliches Verhalten zu unterstützen,
- kindliche Verhaltensdefizite durch gezielte Hilfestellungen abzubauen und
- Problemverhalten als lösbare Aufgabe einzuschätzen.

Neben der Sensibilisierung für kindliches Verhalten werden neue Strategien durch Verhaltensübungen, z. B. in Form von Rollenspielen, ergänzt.

Anhand einer Studie von Lowry und Whitman (1989) soll ein Elterntraining zur primären Prävention von Entwicklungsverzögerungen bei Kleinstkindern vorgestellt werden (s. **Kasten 1**). In einem Frühförderungsprogramm wurden Mütter über Verstärkungsprinzipien informiert und in ihrem Einsatz geschult. Die Prinzipien wurden an einer konkreten Spielsituation eingeübt, wobei ein Trainer ausschließlich das Interaktionsverhalten der Mutter über gezielte Strategien (verbale Instruktion, Modellernen, Feedback, Generalisationsübungen) optimierte.

Forehand und Long (1988) arbeiteten mit Eltern als Mediatoren, um Kinder zu einer besseren Mitarbeit zu motivieren, die sich durchgängig verweigerten. Da ein solches Verweigerungsverhalten ein Vorbote von aggressivem Verhalten sein kann (vgl. Petermann & Petermann, 1997), hat auch dieses Vorgehen einen eindeutig präventiven Charakter. Zunächst werden mit den Eltern zusammen die problematischen Situationen bestimmt; für die ausgewählten Problemsituationen wurde mit einem Elternteil neues Verhalten eingeübt. In den Trainingssituationen bekamen die Mutter/der Vater verdeckt, d. h. über Kopfhörer, Informationen, wie sie/er sich verhalten soll. Das Training bestand aus zwei Phasen: Zunächst wurden effektive Verstärkungsstrategien und dann Techniken (z. B. Time-out-Verfahren) erlernt, wie man das Verweigerungsverhalten reduzieren kann. Vielversprechend ist auch das seit einigen Jahren vorwiegend in den Niederlanden, zunehmend aber auch in Deutschland angewandte «Video-Home-Training» (Gens & Heimbürger, 1994), das sowohl für Risikokinder als auch speziell belasteten Eltern angeboten wird. Trainer zeichnen hier natürliche Interaktionssequenzen in den Familien auf und analysieren diese gemeinsam mit den Eltern. Gezielt werden die Eltern für kindliche Signale sensibilisiert. Positive Interaktionsansätze werden herausgearbeitet und sollen wiederholt werden. Die Eltern erwerben so zunehmend die Kompetenz, gelungene Interaktionen mit ihrem Kind aufzubauen und zu erweitern. Erste Ergebnisse deuten an, daß dieses früh einsetzende Training spätere Verhaltensauffälligkeiten verhindern und somit präventiv eingesetzt werden kann.

Kasten 1
Ein Frühförderprogramm zur Generalisierung der Erziehungsfertigkeiten (Lowry & Whitman, 1989)

Fragestellung

Aneignung von Erziehungsfertigkeiten durch ein Interventionsprogramm und Überprüfung der Generalisierung des Verhaltens.

Methode

• *Stichprobe:* Es wurden fünf Mütter mit 15 bis 34 Monate alten, entwicklungsverzögerten Kindern trainiert.

• *Untersuchungsmethode:* Die Beobachtungs- und Trainingssitzungen fanden bei den Teilnehmerinnen zu Hause statt und wurden mit Video aufgezeichnet. Das Verhalten der Mutter wurde wie folgt kategorisiert: (1) Aktivitätsbezogene Hilfestellungen, (2) andere angemessene Hilfestellungen, (3) Belohnungen, (4) reaktionskontingente Belohnungen, (5) Bestrafung und (6) andere Verbalisationen. Das Verhalten des Kindes wurde in angemessene und unangemessene spielzeugbezogene Aktivitäten bzw. keine Interaktion mit dem Material oder der Mutter untergliedert.

• *Intervention:* Es wurden fünf Einzelfallanalysen anhand eines multiplen Baselinedesigns (vgl. Petermann, 1996) durchgeführt. Nach einer 15minütigen Baselinebeobachtung wurde die Mutter im angemessenen Einsatz von Verstärkung und Hilfestellung geschult. Anfänglich modellierte der Trainer das Verhalten. Dann sollte die Mutter, unter verbalem Feedback des Trainers, das Verhalten an denselben Spielmaterialien mit ihrem Kind einüben. Nachdem solche Sitzungen mehrmals stattfanden, schlossen sich drei Generalisierungstreffen (à 20 Minuten) an. Der Trainer zeigte hierzu der Mutter an einer völlig neuartigen Spielsituation, wie man Belohnungen und Hilfestellungen einsetzen kann.

Ergebnisse

Die Einzelfallanalysen belegten bei allen Müttern einen deutlichen Anstieg des Einsatzes von positivem Feedback und Hilfestellung gegenüber der Baselinephase. Obwohl mit den Müttern nur der Umgang mit einem bestimmten Spielzeug eingeübt wurde, konnte das neuerworbene Verhalten auch bei Interaktionen eingesetzt werden, die mit anderen Spielmaterialien erfolgten. Das Generalisationstraining führte in den meisten Fällen nochmals zu einem Anstieg des angemessenen Verhaltens der Mütter.

---

7. Familienbezogene Intervention

7.1 Grundlagen und Ziele

Wir haben in dieser Übersicht schon mehrfach erwähnt, daß komplexe Therapie- bzw. Trainingspakete besonders erfolgreich in der Behandlung von Verhaltens- und Entwicklungsstörungen sind. In einem solchen Paket nimmt die familienbezogene Intervention einen zentralen Stellenwert ein; ja, von vielen Anhängern der Familientherapie wird eine familienbezogene Maßnahme alleine als völlig ausreichend, eine (zusätzliche) kindbezogene hingegen als überflüssig, wenn nicht gar schädlich angesehen. Die damit aufgeworfenen Fragen werden sich erst dann sinnvoll besprechen lassen, wenn die Effektivität familientherapeutischer Maßnahmen besser geklärt ist. Derzeit steckt deren Evaluation noch in den Anfängen (vgl. Heekerens, 1993, 1997). Wir begrenzen uns daher auf zwei Ansätze der familienbezogenen Intervention, zu denen ausreichend Belege über deren Effektivität vorliegen:

– das Parent-Management-Training der Arbeitsgruppe um G. R. Patterson und
– die funktionale Familientherapie der Arbeitsgruppe um I. F. Alexander.

Die Ziele dieser familienbezogenen Intervention beziehen sich im wesentlichen darauf, die Bedingungen des familiären Umfeldes so zu verändern, daß Trainings/Therapieeffekte, die man mit dem Kind kurzfristig erreichen konnte, auch längerfristig Bestand haben. Eine familienbezogene Intervention, als begleitendes oder zentrales Vorgehen im Rahmen der Behandlung eines Kindes, ist allein schon deshalb angezeigt, da ein Großteil der Ursachen kindlicher Verhaltens- und Entwicklungsstörungen nur aus dem familiären Kontext erklärbar ist bzw. aus den familiären Bedingungen resultiert oder durch diese aufrechterhalten wird.

Verschiedene Aspekte der familienbezogenen Arbeit sind nicht neu. So wurde in den vorliegenden Ausführungen schon mehrmals darauf hingewiesen, daß Lehrer oder Familienmitglieder als «Therapiehelfer» (Co-Trainer oder Co-Therapeuten) in Techniken der Verhaltenstherapie unterwiesen werden. Übungen mit dem Kind sollen so auf den Alltag übertragen werden, um die erzielten Erfolge über die Zeit und in verschiedenen Alltagsbereichen zu stabilisieren. Im Gegensatz dazu möchte eine familienbezogene Intervention unmittelbar komplexe Beziehungen in der Familie verändern, indem sie die wechselseitigen Einflüsse der Familienmitglieder aufdeckt.

7.2 Konkretes Vorgehen

7.2.1 Parent-Management-Training der Arbeitsgruppe um G.R. Patterson

Diese Arbeitsgruppe möchte beide Elternteile darin schulen, mit ihrem aggressiven Kind anders umzugehen. Das Training geht davon aus, daß sich das aggressive Verhalten eines Kindes unterschwellig entwickelt hat und durch die unangemessene Eltern-Kind-Interaktion aufrechterhalten wird (vgl. Patterson et al., 1990). Besonders kennzeichnend im Umgang mit aggressiven Kindern sind nach Patterson die folgenden Interaktionsstile:

– direkte Verstärkung aggressiven Verhaltens,
– häufiges Kommandieren des Kindes,
– ungerechtfertigte und harte Bestrafung und
– fehlendes Beachten angemessenen Verhaltens.

Die Autorengruppe um G. R. Patterson fand in Familien mit aggressiven Kindern «erpresserische» Interaktionsmuster, die Aggression begünstigen. Die Eltern verstärken das aggressive Verhalten ihres Kindes «ungewollt», wenn sie es mit (Gegen)-Druck beantworten. Durch dieses Elternverhalten wird zwar die kindliche Aggression momentan beendet, jedoch längerfristig die Wahrscheinlichkeit aggressiven Verhaltens erhöht. Der momentane Erfolg wirkt auch auf die Eltern verstärkend und damit spielt sich eine Interaktion ein, in der Kind und Eltern zum aggressiven Verhalten genötigt werden. Das Elterntraining von Patterson et al. (1990) versucht, dieses wechselseitig aggressive Verhalten durch unterstützendes (prosoziales) Verhalten zu ersetzen. Hierzu üben die Eltern verschiedene Verhaltensweisen ein:

– Einführen von Regeln, an die sich das Kind zu halten hat,
– Bereitstellen von positiven Verstärkern für angemessenes Kindverhalten,
– Anwenden milderer, angemessener Strafen und
– Fördern von Kompromißbereitschaft.

Die Eltern werden zunächst in systematischer Verhaltensbeobachtung geschult, und anschließend sollen sie direkt in der Interaktion mit dem Kind die eingeübten Verhaltensweisen anwenden. Zum Elterntraining werden vor allem Prinzipien des sozialen Lernens, wie das Rollenspiel und Modellernen, herangezogen. Beträchtlichen Umfang nimmt das Einüben von Techniken der positiven Verstärkung von milden Strafformen (z. B. Verstärkerentzug), von Diskussionsformen und des Umganges mit Kontingenzen ein. Den Eltern wird die Möglichkeit geboten, auch zwischen den Trainingssitzungen durch Telefonkontakte auftretende Probleme zu klären. Das Vorgehen ist vor allem für Eltern geeignet, deren schwierige Kinder drei bis zwölf Jahren alt sind. Das Parent-Management-Training von Patterson et al. (1990) wurde in den achtziger Jahren entwickelt und zeigte sich in allen empirischen Studien seit

1982 einer traditionellen Familientherapie weit überlegen; dies sowohl hinsichtlich der kurz als auch langfristigen Effekte. Im einzelnen liegen zu dem Vorgehen sehr detaillierte Ergebnisse vor. So zeigen sich Effekte sowohl in der Eltern- und Lehrerbeurteilung als auch der direkten Verhaltensbeobachtung in der Schule und zu Hause. Die Effekte sind dabei schon während des Trainings deutlich erkennbar (vgl. Kazdin, 1988); sie sind ein Jahr nach Trainingsende noch beobachtbar und konnten selbst nach 4,5 bis 10,5 Jahren belegt werden (vgl. Patterson et al., 1990). Neben dem aggressiven Verhalten der Kinder lindert das Parent-Management-Training auch psychische Probleme der Eltern (Depression), besitzt positive Auswirkungen auf andere Familienmitglieder und verändert auch andere Auffälligkeiten beim Problemkind.

7.2.2 Funktionale Familientherapie der Arbeitsgruppe um I. F. Alexander

Dieses Vorgehen basiert auf einer lern- und kommunikationstheoretischen Sichtweise von Familienproblemen. Die Arbeitsgruppe geht von der Annahme aus, daß das offensichtliche Problemverhalten eines Kindes den einzigen Weg darstellt, die interpersonalen Funktionen (Nähe, Distanz, Unterstützung) zwischen den Familienmitgliedern aufrechtzuerhalten (Morris, Alexander & Wandron, 1988). So kann die soziale Unsicherheit des Kindes in einem Familiensystem die Funktion besitzen, den Wunsch der Mutter nach Nähe zu ihrem Kind zu befriedigen. Ziel der funktionalen Familientherapie ist eine Veränderung der Interaktions- und Kommunikationsmuster in der Familie, um angemessenere Beziehungen zu fördern. So kann die soziale Unsicherheit bei einem Kind dadurch abgebaut werden, daß sich die Beziehung der Eltern verbessert und auf diese Weise die Mutter dem Kind mehr Freiraum und Verantwortung läßt. Nicht in jedem Fall geht man das offensichtliche Verhalten an, um therapeutisch auf eine Familie einzuwirken. Bei der Planung einer Intervention stehen die komplexen familiären Verknüpfungen im Mittelpunkt, wobei die spezifischen Behandlungsstrategien aus lerntheoretischen Studien zur Familieninteraktion und deren Beeinflußbarkeit abgeleitet wurden (vgl. Patterson et al., 1990).

Die funktionale Familientherapie erfordert es, daß die gesamte Familie die Funktionen erkennt, die ein Verhaltensproblem innerhalb der Familie aufrechterhalten. Der Therapeut hebt dabei die Wechselwirkungen und Kontingenzen zwischen den Familienmitgliedern in ihrem täglichen Umgang miteinander hervor. Er berücksichtigt jedoch immer das Problem besonders, das den Anlaß zur Therapie bildet. Wenn die Familie alternative Wege in der Betrachtung des Problems gefunden hat, wird ein konstruktiver Umgang mit ihm möglich. Ein verbesserter Austausch zwischen den Familienmitgliedern und eine häufigere wechselseitige positive Verstärkung sind grundlegende Ziele; weiterhin werden

– klarere Kommunikationsmuster in der Familie angestrebt,
– das Äußern von Bedürfnissen gefordert,
– konstruktive Gespräche gefördert und
– Alternativen und Lösungen für Verhaltensprobleme erarbeitet.

Empirische Studien belegen, daß der Erfolg einer funktionalen Familientherapie von der Strukturiertheit des Vorgehens und der Beziehung des Therapeuten abhängt, die er zu den Familienmitgliedern aufbaut (vgl. Morris et al., 1988). In einem Therapievergleich zeigt sich das Vorgehen klientenzentrierten und psychodynamischen Verfahren als überlegen (vgl. Kazdin, 1988).

8. Pharmakotherapie

8.1 Grundlagen und Ziele

Der Einsatz von Pharmakotherapie zur Behandlung von Verhaltensstörungen wurde lange Zeit vor allem wegen der oft nur kurzfristigen, individuell oft verschiedenen Wirkweisen ohne vorhersagbare Langzeiteffekte, kritisiert (vgl. Henker & Wahlen, 1989). Folgende gravierende Nachteile der pharmakologischen Behandlung von Kindern werden genannt:

– die massive Suchtgefahr, bzw. das Streben, Verhaltensprobleme mit Medikamenten lösen zu wollen;
– die gravierenden Probleme der Therapiemitarbeit (bis zu Zweidrittel der Kinder neh-

men Medikamente nur unregelmäßig ein, vgl. Henker & Wahlen, 1989; Perrez & Burckhardt, 1987) und
– das häufigere Auftreten paradoxer Effekte als bei Erwachsenen.

Eine medikamentöse Behandlung von Kindern und Jugendlichen sollte daher sorgfältig geplant und immer verbunden mit einer psychotherapeutischen Maßnahme (z. B. einer Kinderverhaltenstherapie) eingesetzt werden. Eine solche Kombination verhaltenstherapeutischer Maßnahmen mit der Pharmakotherapie kann die therapeutische Wirksamkeit maximieren. Nach Schmidt und Brink (1995) dient die zusätzliche Pharmakotherapie in vielen Fällen der Vorbereitung einer Verhaltenstherapie, ihrer Unterstützung oder der Stabilisierung ihrer Effekte (s. **Tab. 5**). So kann beispielsweise ein an besonders ausgeprägter Trennungsangst leidendes Kind durch eine medikamentöse Behandlung zur Angst- und Spannungsreduktion auf den Einsatz systematischer Desensibilisierung und Selbstkontrolltechniken vorbereitet werden. Um die Wirksamkeit verhaltenstherapeutischer Programme bei autistischen Kindern zu unterstützen, können Medikamente zur Verminderung stark autoaggressiven oder stereotypen Verhaltens eingesetzt werden. Langfristig können Therapieerfolge bei hyperaktiven Kindern stabilisiert werden, indem das Ausmaß der Selbstkontrolle und -wirksamkeit durch die Kombination kognitiver Verfahren mit der Stimulantientherapie erhöht wird.

Die meisten Erfahrungen in der Pharmakotherapie liegen bei der Behandlung hyper-

aktiver und autistischer Kinder vor, auf die wir uns im weiteren deshalb auch beschränken wollen.

Besonders bei hyperaktiven Kindern wird in einer Übersicht von Döpfner, Lehmkuhl und Roth (1996) von großen Behandlungserfolgen berichtet. Bei aggressiven und sozial unsicheren Kindern zeigen Studien bisher oft widersprüchliche und kurzfristige Effekte (vgl. Campbell & Spencer, 1988; Essau & Petermann, 1998). Behandlungserfolge werden bei Kindern berichtet, die sowohl aggressiv als auch hyperaktiv sind und bei denen psychologische Maßnahmen ohne Erfolg angewandt wurden (vgl. Speltz, Varley, Peterson & Beilke, 1988). Der Einsatz pharmakologischer Wirkstoffe sollte verstärkt in einem neurologisch-psychologischen Begründungszusammenhang betrachtet werden. Die Behandlung mit chemischen Wirkstoffen erscheint nur dort angebracht, wo
– ausgehend von einer spezifischen neurologischen Hypothese – identifizierbare psychische Effekte erzielt werden können. Für den Bereich der Hyperaktivität und des Autismus gibt **Tabelle 6** neurologische Hypothesen, chemische Wirkstoffe und psychische Effekte an.

Bei der Hyperaktivität vermutet man eine Übertragungsstörung von neurologischen Informationen an Synapsen (= Fehlregulation des Neurotransmitter-Systems), wobei diese Übertragung über bestimmte Substanzen, sogenannte biogene Amine, erfolgt. Man glaubt durch eine (Über)-Stimulation dieser Schaltstellen auch die Schulleistungen und das Sozialverhalten hyperaktiver Kinder verbessern zu können. Eine ähnliche Annahme liegt auch der pharmakolo-

Tabelle 5: Übersicht über die Wirkmechanismen kombinierter Verhaltens- und Pharmakotherapie (mod. nach Schmidt & Brink, 1995)

Vorbereitung von Verhaltenstherapie	Unterstützung von Verhaltenstherapie	Stabilisierung verhaltenstherapeutischer Effekte
• Verminderung der Verhaltensintensität	• Verminderung der Verhaltensintensität	• Verbesserung der Verhaltenssteuerung und Selbstkontrolle
• Verbesserung der Verhaltenssteuerung und Selbstkontrolle	• Verminderung der Verhaltensfrequenz	• Verminderung der Verhaltensfrequenz/Rückfallprophylaxe
• Angst- oder Spannungsreduktion	• Angst- oder Spannungsreduktion	• Stärkung der Selbstwirksamkeit

gischen Behandlung autistischer Kinder zugrunde, wobei man zwei Ziele unterscheiden muß:

– die Reduktion der primären, autismusspezifischen Symptomatik, die vor allem in einer Förderung des sozialen und sprachlichen Bereiches besteht; und
– die Behandlung der sekundären Symptomatik, wie z.B. der Epilepsien, Stereotypien und Autoaggression.

Man geht auch hier von einer neurologischen Übertragungsstörung aus, die durch biogene Amine (eine erhöhte dopaminerge Funktion) entsteht. Durch Neuroleptika, vor allem Haloperidol, erwartet man entscheidende Effekte auf die Primär- und Sekundärsymptomatik des Autismus.

8.2 Konkretes Vorgehen

8.2.1 Pharmakologische Hyperaktivitätsbehandlung

Schon seit den sechziger Jahren ist bekannt, daß Psychostimulantien, also das Zentralnervensystem aktivierende Substanzen, eine paradoxe Wirkung auf Verhaltensstörungen besitzen. *Paradox* nennt man den Effekt deshalb, weil Stimulantien (z.B. hauptsächlich Methylphenidat, Handelsname: Ritalin) entgegen ihrer eigentlichen Wirkung bei hyperaktiven Kindern einen beruhigenden Effekt ausüben. Neueren Studien zufolge sprechen etwa 70 bis 90 Prozent der Jugendlichen auf die Behandlung mit Stimulantien positiv an, wobei vor allem die Kernsymptome wie motorische Unru-

he und Aufmerksamkeitsstörungen vermindert werden konnten. Rapport et al. (1994) berichten sogar über eine Normalisierung der Aufmerksamkeit und des Verhaltens in der Schule bei 78 Prozent der behandelten Kinder. Bei Kindern unter fünf Jahren liegt die Responder-Rate bei etwa 50 Prozent. Eine umfassende Übersicht über die Ergebnisse finden sich bei Barkley (1990) sowie Döpfner, Lehmkuhl und Roth (1996). Über das Ausmaß der Nebenwirkungen gibt es kontroverse Annahmen: Während Perrez und Burkhard (1987) nachdrücklich vor den Nebenwirkungen, wie Schlafstörungen, Appetitverlust und Kopfschmerzen, die vor allem bei Dauermedikation und hohen Dosen auftreten können, warnen, sind diese nach Döpfner et al. (1996) eher als gering zu beurteilen. Das Vorliegen einer Tic-Störung, die durch die Stimulantiengabe verschlimmert werden kann, sollte eine Kontraindikation darstellen. Bedenkenswert in diesem Zusammenhang ist auch ein Ergebnis von Brown, Borden, Wynne, Spunt und Clingerman (1987), nach dem man bei einer Pharmakotherapie von einer viel geringeren Therapiebereitschaft des Kindes ausgehen muß als man sie bei psychologischen Maßnahmen aufgrund des intensiven persönlichen Kontaktes zwischen Therapeut und Kind erwarten kann.

Als positive Effekte der Pharmakotherapie werden vor allem die Verbesserung der Konzentrationsfähigkeit, die Verminderung der Impulsivität aber auch die Verbesserung schulischer Leistungen und die Verminderung hyperkinetischen und impulsiven Verhaltens sowie die verbesserte soziale Interaktionen genannt (Henker & Wahlen, 1989; Rapport, Denney, DuPaul & Gardner, 1994).

Vergleichsstudien zwischen Pharmakotherapie und psychologischen Maßnahmen bei Hyper-

Tabelle 6: Grundlagen und Ziele der Pharmakotherapie bei hyperaktiven und autistischen Kindern

	Hyperaktivität	Autismus
Neurologische Hypothese	Fehlregulation des monoaminen Neurotransmitter-Systems	Erhöhte dopaminerge Funktion
Chemische Wirkstoffe	Psychostimulantien (Methylphenidat, Dextroamphetamine)	Neuroleptika (Haloperidol)
Psychologische Effekte	Verminderung hyperkinetischen Verhaltens in Schule und Familie; Verbesserungen in Schulleistungen und Sozialverhalten	Primäre Symptomatik (Entwicklungsstörung) und sekundäre Symptome (Epilepsie, Stereotypien, Autoaggression)

aktivität zeigen, daß die Schulleistung nicht verbessert werden, aber günstige Voraussetzungen für verbesserte Lernleistung geschaffen werden, indem sich Ausdauer und Genauigkeit erhöhen (vgl. Douglas, 1989). Stimulantien beeinflussen einige grundlegende kognitive Prozesse, wie die Aufmerksamkeit und Gedächtnisleistung, sie verändern jedoch weder kurz- noch langfristig die Motivation und Einstellung zum Lernen und können fehlende Fertigkeiten nicht kompensieren (Henker & Wahlen, 1989). So ist die Pharmakotherapie bei hyperaktiven Kindern zwar wirksam, problematisch ist aber, daß die erzielten Effekte eher kurzfristig sind; so z. B. 30 Minuten bis maximal 5 Stunden nach der Gabe einer geringen Dosis Methylphenidat.

Daher werden heute von der multimodalen Behandlung also der Kombination der Stimulantien – mit der Verhaltenstherapie große Behandlungserfolge erwartet. In mehreren Studien konnte aber eine gegenüber der ausschließlichen Stimulantientherapie nur geringfügig erhöhte Wirksamkeit multimodaler Intervention nachgewiesen werden (Gittelman-Klein & Abikoff, 1989; Ialongo et al., 1993). Betrachtet man die Langzeitwirksamkeit, zeichnet sich allerdings eine Überlegenheit einer multimodalen Intervention ab. Döpfner (1998) schlägt vor, in Zukunft verschiedene Therapiestrategien sukzessiv, dem Einzelfall entsprechend einzusetzen, um so die therapeutische Wirksamkeit zu maximieren. Je nachdem, wie stark das Problemverhalten des Kindes generalisiert ist, ob es auch in der Familie auftritt und wie rasch eine Symptomminderung erzielt werden muß, um z. B. den Schulbesuch nicht zu gefährden, sollen Selbstinstruktionstraining, Stimulantientherapie und/oder Elterntraining differentiell eingesetzt werden. Eine primäre Stimulantientherapie ist nach Döpfner et al. (1996) indiziert, wenn eine massive, situationsübergreifende Symptomatik vorliegt und die Umstände eine möglichst rasche Symptomverminderung erfordern. Stabile Verhaltensänderungen sind aber nur dann zu bewirken, wenn zusätzlich neues Verhalten beim Kind aufgebaut, fehlende Fertigkeiten trainiert und die Umgebungsbedingungen im Elternhaus und der Schule verändert werden. Bei Vorschulkindern sollen Elterntrainings, Interventionen im Kindergarten und Spieltrainings im Vordergrund der Behandlung stehen (Döpfner

et al., 1996). Eine medikamentöse Therapie sollte nur erwogen werden, wenn sich diese Verfahren als nicht wirksam erweisen.

8.2.2 Pharmakologische Autismusbehandlung

25 Prozent aller autistischen Kinder sowie 75 Prozent der autistischen Jugendlichen werden einer Übersichtsarbeit von Kusch und Petermann (1991) zufolge pharmakologisch behandelt, wobei die verschiedenartigsten Medikamente zur Anwendung kommen. Aufgrund der Komplexität der Störung, der großen individuellen Unterschiede der Kinder und ihrer multiplen neurologischen Beeinträchtigung gibt es nur ausgesprochen wenig Medikamente, die erfolgreich in der Behandlung autistischer Kinder eingesetzt werden können. Einen Überblick über den neuesten Erkenntnisstand bietet die Arbeit von McDougle, Price und Volkmar (1994). Während die Behandlung mit Sedativa, Stimulantien, Antidepressiva und bestimmten Vitaminen nicht wirksam, paradox oder nur bei sehr wenigen Kindern wirksam ist, scheint vor allem die Behandlung mit Neuroleptika und Serotoninblockern (wie Clomipramine und Fluvoxamin) vielversprechend (vgl. Lewis, 1996; McDougle, Price & Volkmar, 1994).

Oft können nur einzelne Symptome und nur bei Untergruppen von autistischen Kinder wirksam behandelt werden. So kann mit Serotoninblockern vor allem das zwanghafte und stereotype Verhalten der Kinder vermindert werden. Autistische Erwachsene, die mit dem selektiven Serotoninblocker Fluvoxamine behandelt wurden, zeigten einer neuen Studie zufolge weniger aggressives, impulsives und stereotypes Verhalten (Sheman, 1995). Die Hoffnung, durch die Behandlung mit Opiatantagonisten wie Naltrexon erfolgreich das selbstverletzende Verhalten der Kinder reduzieren zu können, hat sich neueren Befunden zu folge nicht bestätigt (Lewis, 1996). Neuroleptika zeichnen sich dadurch aus, daß sie zugleich auf mehrere «psychotische» Symptome einwirken, ohne allerdings deren Ursachen zu beeinflussen (vgl. Holm & Varley, 1989; Kusch & Petermann, 1991). So verändert das Neuroleptika Haloperidol zwei wichtige Symptome Autistischer Störungen, nämlich die Zurückgezogenheit und

Stereotypien. Eine Kombination von Haloperidol und einem verhaltenstherapeutischen Training zur Behandlung der Echolalie, der Kommunikationsstörung und der reduzierten sprachlichen Aktivität autistischer Kinder war effektiver als Verhaltenstherapie oder Pharmakotherapie jeweils alleine (vgl. Campbell & Spencer, 1988). Bei Langzeitmedikation mit Haloperidol treten positive Effekte in der Leistung im Intelligenztest ein. Allerdings muß man, um negative Effekte wie Dyskenisien bei einer Langzeitbehandlung zu vermeiden, die Dosierung gering halten.

Experimentelle Studien zur Indikation von Neuroleptika zeigen, daß autistische Kinder mit Symptomen wie Hyperaktivität, Aggression, geringer Frustrationstoleranz und kurzer Aufmerksamkeitsspanne besonders gut auf Haloperidol ansprechen (vgl. Kusch & Petermann, 1991). Am günstigsten sind kombinierte Behandlungen aus medikamentöser und Verhaltenstherapie, wie Campbell und Spencer (1988) herausfanden. Leider sind kontrollierte Studien zu Wirksamkeit von Psychopharmaka und ihrer Interaktion mit therapeutischen Maßnahmen für die Behandlung autistischer Kinder rar!

9. Generalisierung der Ergebnisse

• *Probleme der Autismusbehandlung.* Bereits im Abschnitt Autismus gingen wir auf die grundlegenden Generalisierungsprobleme ein. Bei den besonders großen Schwierigkeiten im Rahmen der Autismusbehandlung wurden die Begriffe Reizgeneralisierung (= Übertragung auf andere, therapiefremde Situationen) und die Stabilität der Ergebnisse diskutiert. Die Wirksamkeit einer Behandlung läßt sich danach beurteilen, in welchem Umfang sich ein neuerworbenes Verhalten in verschiedenen Umweltbedingungen und Verhaltenszusammenhängen zeigt und ob es stabil bleibt. Koegel und Koegel (1987) empfehlen u.a. zwei Wege, wie man die Generalisierung erhöhen kann:

• *Sequentielle Modifikation.* In diesem Fall wird gezielt an den Verhaltensweisen angesetzt, bei denen bislang keine Generalisierung erfolgte. Geübt wird dann in möglichst allen Umweltbereichen des Kindes und so lange, bis es zur spontanen Generalisierung kommt. Bei einem solchen Vorgehen werden wichtige Bezugspersonen des autistischen Kindes als Co-Trainer eingesetzt.

• *Training in der natürlichen Umgebung.* Es wird angenommen, daß die natürliche Umwelt des Kindes geeignet ist, korrekte Reaktionen hervorzurufen und dadurch die Wahrscheinlichkeit der spontanen Generalisierung auf ähnliches Verhalten und ähnliche Situationen erhöht wird. Der Reizgebundenheit des autistischen Kindes wird dadurch begegnet, daß man natürliche Verstärker verwendet, die die unmittelbaren Bezugspersonen des Kindes einsetzen.

• *Schritte zur verbesserten Generalisierung.* Selbstverständlich liegen bei jedem kindlichen Problemverhalten spezifische Gründe vor, warum die Generalisierung der Ergebnisse erschwert ist. Goldstein und Keller (1987) geben diesbezüglich praktische Hilfen für psychologische Maßnahmen mit aggressiven Kindern. Goetz und Sailor (1988) gelang es darüber hinaus, allgemeine Richtlinien anzugeben (s. **Tab. 7**).

Goetz und Sailor (1988) entwickeln auch konkrete Schritte, wie man Kinder dazu motiviert, neues Verhalten zu erlernen, einzusetzen und längerfristig beizubehalten. Sie gehen aufgrund von entwicklungspsychologischen Annahmen davon aus, daß dann Fertigkeiten generalisieren, wenn sie für das Kind erkennbar nützlich sind. Die zu erlernende Verhaltensweise sollte erwünscht sein und in einem sozialen Kontext erworben werden, der sich aus einer Interaktion zwischen Personen bildet. Eine Fertigkeit ist in einem aktuellen Kontext zu vermitteln, der diese Fertigkeit vom Kind verlangt (z.B. Kochen in der Küche). Das Kind muß die Fertigkeit häufig benötigen; sie sollte entwicklungs- und altersentsprechend sein sowie das Kind unabhängiger machen. Die Fertigkeit muß adaptierbar sein, d.h. konkret genug, um als solche erkannt zu werden, allgemein genug, um an unterschiedliche Anforderungen angepaßt werden zu können.

Tabelle 7: Schritte zur verbesserten Generalisierung

- Unterstützung von Verhaltensweisen, die in der natürlichen Umgebung erforderlich und erwünscht sind sowie gefördert werden;

- Lockeres Training unter verschiedenen Bedingungen;

- Einbezug verschiedener Bezugspersonen und der dazugehörenden Umgebung (Schule, Elternhaus);

- Ausblenden von therapeutisch induzierten Konsequenzen zugunsten natürlicherweise auftretender Konsequenzen;

- Verstärkung von Selbstbewertungen, die angemessenes Verhalten zur Folge haben;

- Unterstützung neuer angemessener Verhaltensweisen und

- Einbezug von Gleichaltrigen als realistische Modelle.

10. Literatur

Asher, S. R. & Hymel, S. (1986). Coaching in social skills for children who lack friends in school. *Social Works in Education, 8,* 205–218.

Barkley, R. A. (1990). *Attention deficit hyperactivity disorder. A handbook for diagnosis and treatment.* Hove, East Sussex: Guilford.

Barkley, R. A., Fischer, M., Edelbrock, C. S. & Smallish, L. (1990). The adolescent outcome of hyperactive children diagnosed by research criteria: an 8-year prospective follow-up study. *Journal of the American Academy of Child and Adolescent Psychiatry, 29,* 546–557.

Brown, R. T., Borden, K. A., Wynne, M. E., Spunt, A. L. & Clingerman, S. R. (1987). Compliance with pharmacological and cognitive treatments for attention deficit disorders. *Journal of Academy of Child and Adolescent Psychiatry, 26,* 521–526.

Camp, B. W. & Bash, M. A. S. (1985). *Think aloud: Increasing social and cognitive skills – A problem solving program for children.* Champaign, IL: Research Press.

Campbell, M., Anderson, L. T. & Green, W. H. (1983). Behavior disordered and aggressive children: New advances in pharmacotherapy. *Journal of Development Behavioral Pediatrics, 4,* 265–271.

Campbell, M. & Spencer, E. M. (1988). Psychopharmacology in child and adolescent psychiatry: A review of the past five years. *Journal of American Academy of Child and Adolescent Psychiatry, 27,* 269–279.

Cordes, H. & Dzikowski, S. (1991). *Frühförderung autistischer Kinder.* Bremen: Hilfe für das autistische Kind.

Döpfner, M. (1997). Verhaltenstherapie mit Kindern und Jugendlichen – Konzepte, Ergebnisse und Perspektiven der Therapieforschung. In F. Petermann (Hrsg.), *Kinderverhaltenstherapie, Grundlagen und Anwendungen* (S. 331–366). Baltmannsweiler: Schneider.

Döpfner, M. (1998). Hyperkinetische Störungen. In F. Petermann (Hrsg.), *Lehrbuch der Klinischen Kinderpsychologie (3. korr. Aufl.,* S. 165–217). Göttingen: Hogrefe.

Döpfner, M., Lehmkuhl, G. & Roth, N. (1996). Kombinationstherapien. *Kindheit und Entwicklung, 5,* 118–123.

Döpfner, M. & Sattel, H. (1992). Verhaltenstherapeutische Interventionen bei hyperkinetischen Störungen im Vorschulalter. *Zeitschrift für Kinder- und Jugendpsychiatrie, 19,* 254–262.

Döpfner, M., Schürmann, S. & Frölich, J. (1998). *Das Therapieprogramm für Kinder mit hyperkinetischem und oppositionellem Problemverhalten (THOP)* (2. korrigierte Auflage). Weinheim: Psychologie Verlags Union.

Douglas, V. I. (1988). Cognitive deficits in children with attention deficit disorder with hyperactivity. In L. M. Bloomingdale & J. A. Sergeant (Eds.), *Hyperactive children. The social ecology of identification and treatment* (pp. 283–318). New York: Academic Press.

Duchan, J. F. (1987). Special education for the handicapped: How to interact with those who are different. In P. Knobloch (Ed.), *Book on special education* (pp. 127–149). New York: Wiley.

Durlak, J. A., Fuhrman, T. & Lampman, C. (1991). Effectiveness of cognitve-behavior therapy for maladapting children: A meta-analysis. *Psychological Bulletin, 110,* 204–214.

Essau, C. A. & Petermann, U. (1998). Angststörungen. In F. Petermann (Hrsg.), *Lehrbuch der Klinischen Kinderpsychologie* (3. korr. Aufl., S. 219–240). Göttingen: Hogrefe.

Esser, G., Schmidt, M. H., Blanz, B., Fätkenheuer, B., Fritz, A., Koppe, T., Laucht, M., Rensch, B. & Rothenberger, W. (1992). Prävalenz und Verlauf psychischer Störungen im Kindes- und Jugendalter. *Zeitschrift für Kinder- und Jugendpsychiatrie, 20,* 232–242.

Etscheidt, S. (1991). Reducing aggressive behavior and improving self-control: a cognitive-behavioral training program for behaviorally disorderd adolescents. *Behavioral Disorders, 16,* 107–115.

Feindler, E. & Ecton, R. (1986). *Anger control training.* New York: Pergamon.

Forehand, R. & Long, N. (1988), Outpatient treatment of the acting out child.: Procedures, long term follow-up data and clinical problems. *Advances of Behavior Research and Therapy, 10,* 129–177.

Gadow, K. D. (1985). Relative efficacy of pharmalogical, behavioral and combination treatments for enhancing academic performance. *Clinical Psychology Review, 5,* 513–533.

Gens, H. & Heimbürger, U. (1994). *Video-Home-Training Reader 1: Grundlagen zu Theorie und Praxis.* Düsseldorf: SPIN Deutschland.

Gittelman-Klein, R. & Abikoff, H. (1989). The role of psychostimulants and psychosocial tratments in hyperkinesis. In T. Saagvolden & T. Archer (Eds.), *Attention deficit disorder* (pp. 167–180). Hillsdale: Erlbaum.

Goetz, L. & Sailor, W. (1988). New Directions: Communication development in persons with severe disabilities. *Topics in Language Disorders, 8,* 41–54.

Goldstein, A. P. & Keller, H. (1987). *Aggressive behavior. Assessment and intervention.* New York: Pergamon.

Heekerens, H. P. (1993). Behavioral-systemische Ansätze bei der Behandlung von Verhaltensstörungen. In F. & U. Petermann (Hrsg.), *Angst und Aggression bei Kindern und Jugendlichen* (S. 77–90). München: Quintessenz.

Heekerens, H. P. (1997). Elterntraining und Familientherapie – Gemeinsamkeiten trotz Unterschiedlichkeit. *Kindheit und Entwicklung, 6,* 84–89.

Henker, B. & Wahlen, C. K. (1989). Hyperactivity and attention deficits. *American Psychologist, 44,* 216–223.

Holm, V. A. & Varley, C. K. (1989). Pharmacological treatment of autistic children. In: G. Dawson (Ed.), *Autism. Nature, diagnosis and treatment* (pp. 386–404). New York: Guilford Press.

Ialongo, N. S., Horn, W. F., Pascoe, J. M., Greenberg, G., Packard, T., Lopez, M., Wagner, A. & Puttler, L. (1993). The effect of a multimodal intervention with attention-deficit hyperactivity disorder in children: A 9-month follow-up. *Journal of the American Academy of Child and Adolescent Psychiatry, 32,* 182–189.

Kazdin, A. E. (1988). *Effective child psychotherapy.* New York: Pergamon.

Kazdin, A. E. (1991). Effectiveness of psychotherapy with children and adolescents. *Journal of Consulting and Clinical Psychology, 59,* 785–798.

Kendall, P. C. & Braswell, L. (1985). *Cognitive-behavioral therapy for impulsive children.* New York: Guilford Press.

Koegel, R. L. & Koegel, K. L. (1987). Generalization issues in the treatment of autism. *Seminars in Speech Language, 8,* 241–256.

Koegel, R. L., O'Dell, M. C. & Koegel, K. L. (1987). A natural language teaching paradigm for nonverbal autistic children. *Journal of Autism and Developmental Disorders, 17,* 187–200.

Kusch, M. & Petermann, F. (1991). *Entwicklung autistischer Störungen* (2. erw. Aufl.). Bern: Hans Huber.

Kusch, M. & Petermann, F. (1998). Tiefgreifende Entwicklungsstörungen. In F. Petermann (Hrsg.), *Lehrbuch der Klinischen Kinderpsychologie* (3. korr. Aufl., S. 325–350). Göttingen: Hogrefe.

Lewis, M. H. (1996). Psychopharmacology of autism spectrum disorders. *Journal of Autism and Developmental Disorders, 26, 2,* 231–235.

Lochman, J. E. (1992). Cognitiv-behavioral intervention with aggressive boys: Three-year follow-up and prevention effects. *Journal of Consulting and Clinical Psychology, 60,* 426–432.

Lovaas, O. I. (1987). Behavioral treatment and non-educational and intellectual functioning in young autistic children. *Journal of Consulting and Clinical Psychology, 55,* 3–9.

Lowry, M. A. & Whitman, T. L. (1989). Generalization of parent skills: An early intervention program. *Child and Family Therapy, 2,* 45–65.

McDougle, C. J., Price, L. H. & Volkmar, F. R. (1994). Recent advances in the pharmacotherapy of autism and related conditions. *Child and Adolescent Psychiatric Clinics of North America, 3,* 71–89.

McEachin, J. J., Smith, T. & Lovaas, O. I. (1993). Long-term outcome for children with autism who received early intensive behavioral treatment. *American Journal on Mental Retardation, 97,* 359–372.

Meichenbaum, D. H. & Asarnow, J. (1979). Cognitive-behavioral modification and metacognitive development: Implications for the classroom. In P. Kendall & S. Hoolon (Eds.), *Cognitive-behavioral interventions: Theory, research and procedures* (pp. 11–35). New York: Academic Press.

Michelson, L. & Mannarino, A. (1986). Social skills trainings with children: Research and clinical application. In P. S. Strain, M. J. Guralnik & H. M. Walker (Eds.), *Children's social behavior* (pp. 373–406). New York: Academic Press.

Morris, S. B., Alexander, I. F. & Wandron, H. (1988). Functional family therapy: Issues in clinical practice. In R. H. Falloon (Ed.), *Handbook of behavioral family therapy* (pp. 107–127). London: Hutchinson.

Naumann, K. (1996). Verlaufsuntersuchungen und kovarierende Störungsbilder. *Kindheit und Entwicklung, 5,* 118–123.

Odem, S. L. & Deklyen, M. (1989). Social withdrawal and depression in childhood. In G. Adams (Ed.), *Children's behavior disorders* (pp. 127–151). Engelwood Cliffs: Prentice-Hall.

Patterson, G. R., Reid, I. B. & Dishion, T. J. (1990). *Antisocial boys.* Eugene, O.R.: Castalia.

Perrez, M. (1988). Psychologische Intervention über Mediatoren. Einführung in den Themenschwerpunkt. *Heilpädagogische Forschung, 14,* 133–134.

Perrez, M. & Burckhardt, R. (1987). Gebrauch und Mißbrauch von Psychopharmaka bei Kindern. In A. Kormann (Hrsg.), *Beurteilen und Fördern in der Erziehung* (S. 263–284). Salzburg: Otto Müller.

Petermann, F. (1987) Behavioral assessment and reduction of children's aggression. *Journal of Human behavior and Learning, 4,* 48–54.

Petermann, F. (Hrsg.). (1996). *Einzelfallanalyse* (3. Aufl.). München: Oldenbourg.

Petermann, F. (Hrsg.). (1997). *Kinderverhaltenstherapie, Grundlagen und Anwendungen.* Baltmannsweiler: Schneider.

Petermann, F. & Petermann, U. (1996a). *Training mit Jugendlichen. Förderung von Arbeits- und Sozialverhalten* (5. völlig veränd. Aufl.). Weinheim: Psychologie Verlags Union.

Petermann, U. & Petermann, F. (1996b). *Training mit sozial unsicheren Kindern* (6. erw. Aufl.). Weinheim: Psychologie Verlags Union.

Petermann, F. & Petermann, U. (1997). *Training mit aggressiven Kindern* (8. erg. Aufl.). Weinheim: Psychologie Verlags Union.

Petermann, F. & Walter, H. J. (1989). Wirkungsanalyse eines Verhaltenstrainings mit sozial unsicheren mehrfach beeinträchtigten Kindern. *Praxis der Kinderpsychologie und Kinderpsychiatrie, 38,* 118–125.

Petermann, F. & Warschburger, P. (1998). Aggression. In F. Petermann (Hrsg.), *Lehrbuch der Klinischen Kinderpsychologie* (3. korr. Aufl.). Göttingen: Hogrefe.

Price, R. H., Cowen, E. L., Lorion, R. P. & Ramos-McKay, J. (1989). The search of effective prevention programs. What we learned along the way. *American Journal of Orthopsychiatry, 59,* 49–58.

Rapport, M. D., Denney, C., DuPaul, G. & Gardner, M. J. (1994). Attention deficit disorder and methylphenidate: Normalization rates, clinical effectiveness, and response prediction in 76 children. *Journal of the American Academy of Child and Adolescent Psychiatry, 33,* 882–893.

Rogers, S. (1996). Early intervention in autism. *Journal of Autism and Developmental Disorders, 26,* 2, 243–246.

Saile, H. (1996). Zur Indikation von psychologischer Behandlung bei Kindern mit Aktivitäts- und Aufmerksamkeitsstörungen. *Kindheit und Entwicklung, 5,* 112–117.

Schmidt, M. H. & Brink, A. (1995). Verhaltenstherapie und Pharmakotherapie. *Kindheit und Entwicklung, 4,* 236–239.

Schopler, E. & Olley, J. G. (1981). Comprehensive educational services for autistic children: The TEACCH model. In C. Reynolds & T. Guthins (Eds.), *Handbook for school psychology* (pp. 113–156). New York: Wiley.

Sheman, C. (1995). Fluvoxamine improves adult autism's core effects. *Clinical Psychiatry News, 8,* 13–15.

Shore, D. L., Silva, P. A. & Adler, C. J. (1987). Factors associated with reading plus spelling retardation and specific spelling retardation. *Development in Medicine Child Neurology, 29,* 72–84.

Speltz, M. L., Varley, C. K., Peterson, K. & Beilke, R. L. (1988). Effects of Dextroamphetamine und contin-

gency management on a preschooler with ADHD an oppositional defiant disorder. *Journal of American Academy of Child and Adolescent Psychiatry, 27,* 175–178.

Tolan, P., Guerra, N. & Kendall, P. (1995). A developmental-ecological perspective on antisocial behavior in children and adolescents: Toward a unified risk and intervention framework. *Journal of Consulting and Clinical Psychology, 63,* 579–584.

Tuma, J. M. (1989). Mental health services for children. The state of the art. *American Psychologist, 44,* 188–199.

Warschburger, P. & Petermann, F. (1997). Kinderverhaltenstherapie: Neue Trends am Beispiel der aggressiven Störung. In F. Petermann (Hrsg.), *Kinderverhaltenstherapie, Grundlagen und Anwendungen* (S. 86–126). Baltmannsweiler: Schneider.

Weissbourd, B. & Kagan, S. L. (1989). Family support programs: Catalysts for change. *American Journal of Orthopsychiatry, 59,* 20–31.

Weisz, J. R., Weiss, B., Han, S. S., Granger, D. A. & Morton, T. (1995). Effects of psychotherapy with children and adolescents revisited: A meta-analysis of treatment outcome studies. *Psychological Bulletin, 117,* 450–468.

40. Störungen im Alter
40.1 Klassifikation und Diagnostik

Andreas Kruse

Inhaltsverzeichnis

1. Klassifikation

Zu den bedeutendsten psychischen Störungen im Alter gehören die verschiedenen Formen der Demenz (vor allem Alzheimer-Demenz und Vaskuläre Demenz), Depressionen, Angst- und Somatisierungsstörungen.

(1) *Demenzen* (ICD-10: F00-F03). Diese lassen sich untergliedern in:

– Demenz bei Alzheimer-Krankheit (ICD-10: F00; DSM-IV: 290.xx),
– vaskuläre Demenz (ICD-10: F01; DSM-IV: 290.xx),
– Mischformen dieser beiden Demenzformen (ICD-10: F00.2; DSM-IV: Kodierung der spezifischen Ätiologien),
– Demenz bei anderen Ursachen als dem Morbus Alzheimer oder einer zerebrovaskulären Erkrankung (ICD-10: F02; DSM-IV: 294.1),
– metabolische Demenzen, Demenzen infolge von Vitaminmangelzuständen, Demenzen infolge von chronischen Intoxikationen (ICD-10: F02.8; DSM-IV: Kodierung der spezifischen Substanzen).

Die Demenz bei *Alzheimer*-Krankheit ist mit 50 Prozent aller Demenzerkrankungen die häufig-ste Form der Demenz. Sie kann bereits im mittleren Erwachsenenalter auftreten *(früher* Beginn; ICD-10: F00.0), doch in den meisten Fällen zeigt sie sich erst nach dem 65. Lebensjahr *(später* Beginn; ICD-10: F00.1), vor allem im neunten und zehnten Lebensjahrzehnt (Cooper, 1989). Die Alzheimer-Demenz verläuft fortschreitend und irreversibel. Sie beginnt mit Lern-, Gedächtnis- und Denkstörungen sowie mit leichteren Veränderungen der Persönlichkeit (vor allem im Affektbereich). Allmählich nehmen die kognitiven Einbußen zu, räumlich-zeitliche Desorientierung und Umherirren treten auf, die Persönlichkeit verändert sich immer stärker im Sinne von Antriebsverlust, Passivität und Desinteresse. Der Patient büßt allmählich seine Selbständigkeit ein. Die Zeit von Erkrankungsbeginn bis zum Tode beträgt etwa sieben bis neun Jahre (Häfner, 1992).

Die *vaskuläre Demenz* ist eher von einem fluktuierenden Verlauf bestimmt; die kognitiven Ausfälle sind – je nach geschädigter Hirnregion – inselförmig. Auch bei dieser Form der Demenz finden sich als Hauptsymptome Störungen des Gedächtnisses, der Urteilsfähigkeit, des abstrakten Denkens sowie der Persönlichkeit. Das Auftreten einer vaskulären Demenz läßt sich durch Prävention – und zwar im Sinne der Vermeidung oben genannter Risikofaktoren – erheblich beeinflussen. Allerdings sind die Möglichkeiten therapeutischer Intervention sehr begrenzt.

Abzugrenzen von den verschiedenen Formen der Demenz sind *Pseudodemenzen,* die in ihren Symptomen zwar einer Demenz ähneln, die jedoch keine wirkliche Demenz darstellen. Vor allem bei schweren, chronischen Depressionen können Defizite im Denkvermögen, im Antrieb sowie in der Selbständigkeit auftreten, die zunächst an eine Demenz denken lassen. Erst eine genauere Untersuchung weist auf Depressionen als Ursache dieser Symptome hin.

Die *Verwirrtheitszustände,* die sich nur über Stunden oder wenige Tage erstrecken, sind vor allem durch verringerte Sauerstoffversorgung des Gehirns (die ihrerseits auf Herz-Kreislauf-Erkrankungen sowie cerebrale Gefäßprozesse zurückgehen) verursacht. Des weiteren können sie durch hohe psychische Belastungen ausgelöst werden.

(2) *Depressive Störungen* (ICD-10: F32-F33; DSM-IV: 296.xx, 300.4, 311; zur Klassifikation s. Kap. 36.1/Depressive Störungen: Klassifikation, Diagnostik). Neben Demenzen stellen Depressionen die häufigsten psychischen Störungen im Alter dar (Radebold, 1992). Vor allem nach Verlust des Ehepartners und anderer nahestehender Menschen, bei chronischer Erkrankung sowie bei Hilfsbedürftigkeit oder Pflegebedürftigkeit ist mit dem Auftreten von depressiven Episoden zu rechnen. Depressionen im Alter variieren erheblich in ihrer Intensität; sie reichen von einer leichten bis zu einer sehr schweren depressiven Episode. Bei den schweren Depressionen können neben Veränderungen der Stimmung, des Lebensgefühls und der Aktivität Defizite in kognitiven Funktionen und in der Selbständigkeit auftreten, die Ähnlichkeit mit Symptomen einer Demenz (Pseudodemenz) haben. Patienten, die an einer Demenz erkrankt sind, leiden in ca. 30 Prozent der Fälle an depressiven Störungen. Da sich Demenzen und Depressionen zum Teil in ihrer Symptomatik ähneln können und da diese beiden psychischen Störungen nicht selten gleichzeitig auftreten, ist eine Differentialdiagnostik hier besonders wichtig (vgl. Oesterreich, 1993).

(3) *Angststörungen* (ICD-10: F40-F41; DSM-IV: 300.xx; zur Klassifikation s. Kap. 37.1/Angststörungen: Klassifikation, Diagnostik). Diese treten auch bei älteren Menschen häufig zusammen mit Depressionen auf (ICD-10: F 41.2). Dabei sind spezifische Phobien und soziale Phobien etwas stärker vertreten als generalisierte Angststörungen. Von Angststörungen – vor allem von Phobien – sind primär jene älteren Menschen betroffen, bei denen soziale Isolation besteht. Bei Patienten, die an einer Demenz erkrankt sind, führt die Bewußtwerdung der Krankheit und ihrer Folgen nicht selten zu Panikstörungen (Lauter & Kurz, 1989).

(4) *Somatisierungsstörungen* (ICD-10: F45.0; DSM-IV: 300.81). Diese finden sich hauptsächlich bei älteren Menschen, die eine negative Einstellung zu ihrem eigenen Altern zeigen und bei denen die Überzeugung besteht, keine Aufgabe mehr zu haben und von anderen nicht mehr gebraucht zu werden, oder die mit einer Kumulation von Belastungen konfrontiert werden, die sie nicht verarbeiten können (dieses Risiko besteht vor allem im hohen Alter) (Kruse, 1989; Radebold, 1992). Bei Verlustereignissen (sei es der Verlust des Ehepartners oder sei es die als Verlust erlebte Berufsaufgabe) gehen Somatisierungsstörungen nicht selten aus den zunächst im Vordergrund stehenden Anpassungsstörungen hervor. Neben den Somatisierungsstörungen sind hypochondrische Störungen erkennbar.

2. Diagnostik

2.1 Testverfahren zur Bestimmung der kognitiven Leistungsfähigkeit

Die Bestimmung der kognitiven Leistungsfähigkeit im Alter ist zunächst mit Hilfe jener Intelligenz- und Leistungstests möglich, die auch in der Untersuchung von jüngeren Altersgruppen angewendet werden. Der *Hamburg-Wechsler-Intelligenztest für Erwachsene* (HAWIE-R) ist an Personen bis zu einem Alter von 74 Jahren, der Kurztest für allgemeine Basisgrößen der Informationsverarbeitung (KAI; Lehrl, Gallwitz, Blaha & Fischer, 1992) für Personen bis zu einem Alter von 65 Jahren normiert. Ebenso wie die *Progressiven Matrizen* von Raven können diese Verfahren aber auch noch bei älteren Personen eingesetzt werden. Das *Leistungsprüfsystem* für 50- bis 90jährige und der *Alterskonzentra-*

tionstest (AKT) sind auch für das hohe Alter normiert.

Eine speziell für ältere Menschen entwickelte Testbatterie (mit der zusätzlich subjektive Bewertungen des Alters gemessen werden können) liegt mit dem *Nürnberger Altersinventar* vor (Oswald & Fleischmann, 1994; s. **Kasten 1**) vor. Mit diesem läßt sich auch im Falle einer deutlich verminderten kognitiven Leistungsfähigkeit und Kompetenz eine differenzierte Diagnostik vornehmen.

Der *Mini-Mental-Status-Test* (MMST; Folstein, Folstein & McHugh, 1990) ist ein einfaches standardisiertes Verfahren zur quantitativen Erfassung kognitiver Leistungseinbußen bei dementiellen Erkrankungen. Dieser Test gehört zu den gängigsten Verfahren. Eine formal analoge, inhaltlich aber unterschiedliche Testform

liegt mit der Zürcher Variante vor (Noser, Schönenberger & Wettstein, 1988).

Eine besondere Form kognitiver Diagnostik bilden spezifische Demenzskalen. Das *Functional Assessment Staging* (FAST; Ihl & Fröhlich, 1991) ist aus der *Brief Cognitive Rating Scale* (BCRS; Weyerer, Platz, Eichhorn, Man, Ames & Graham, 1988) hervorgegangen. Während die BCRS eine Schweregradeinstufung von kognitiven Beeinträchtigungen ermöglicht, bezieht sich das FAST vorwiegend auf die Beurteilung der Alltagskompetenz und der selbständigen Versorgung der Person; mit der *Nurses' Observation Scale for Geriatric Patients* (Brunner & Spiegel, 1990) liegt auch ein Beobachtungsinstrument für das Pflegepersonal vor.

Mit der *Alzheimer's Disease Assessment Scale* (ADAS; Ihl & Weyerer, 1993) soll der Schweregrad dementieller Symptome im kognitiven

---

Kasten 1
Elemente des Nürnberger Altersinventars (Oswald & Fleischmann, 1994)

I. Kognitive Tempotests
(1) Zahlen-Verbindungs-Test ZVT-G
(2) Labyrinth-Test LT-G
(3) Zahlen-Symbol-Test ZS-G
(4) Farb-Wort-Test FWT

II. Gedächtnistests
(5) Zahlennachsprechen ZN-G
(6) Satznachsprechen SN
(7a) Wortliste WLFR
(7b) Wortliste WLWE
(8) Bildertest BT
(9) Wortpaare WP
(10) Figurentest FT
(11) Latentes Lernen LL

III. Fremdbeurteilungsskalen
(12) Nürnberger-Alters-Rating NAR
(13) Nürnberger-Alters-Beobachtungs-Skala NAB

IV. Selbstbeurteilungsskalen
(14) Nürnberger-Alters-Selbstbeurteilungs-Skala NAS
(15) Nürnberger-Selbsteinschätzungs-Liste NSL
(16) Nürnberger-Alters-Alltagsaktivitäten-Skala NAA
(17) Nürnberger-Alters-Fragebogen NAF
(18) Nürnberger-Lebensqualitäts-Fragebogen NLQ

Zusatz
(19) Schematik zur Demenzdiagnostik

und nicht kognitiven Bereich eingeschätzt werden. Sie beinhaltet einen Testteil, ein Interview und eine Verhaltensbeobachtung. Eine Differentialdiagnose zwischen Alzheimer-Demenz und Multiinfarktdemenz kann durch die *Hachinski Ischemic Scale* (HIS; Lehrl, Grässel, Cameron, Fischer, Wölk & Hübner, 1990) erleichtert werden, die internistische, neurologische und psychopathologische Verlaufs- und Querschnittssymptome umfaßt. Des weiteren liegen strukturierte Interviews vor. Zu nennen sind hier vor allem SIDAM (Strukturiertes Interview für die Diagnose der Demenz vom Alzheimer-Typ, der Multi-Infarkt-Demenz und von Demenzen anderer Ätiologie nach DSM-III-R, DSM-IV und ICD 10; Zaudig & Hiller, 1996) und BAI (Brief Assessment Interview zur Erfassung von Demenz und Depression; Weyerer et al., 1988).

2.2 Testverfahren zur Diagnostik depressiver Symptomatik

Je nachdem, ob größere Bevölkerungsgruppen oder spezifische (klinische) Populationen untersucht werden sollen, können unterschiedliche Skalen zur Erfassung von Depression eingesetzt werden, so z. B. die *Allgemeine Depressionsskala* ADS, die *Carrol-Rating-Scale* (dt. Fassung s. Merten, 1990), das *Beck-Depressions-Inventar* BDI (s. Kap. 36.1/Depressive Störungen: Klassifikation, Diagnostik). Die *Hospital Anxiety and Depression Scale* HAD-Skala (zur dt. Fassung s. Herrmann & Buss 1994) ist eher für klinische Populationen entwickelt worden. Hier liegen auch Skalen für Einschätzungen durch das Pflegepersonal vor. Speziell für geriatrische Patienten ist der *Cornell*-Fragebogen (Volk, Wurtz, Sommerfeldt, Kändler & Pflug, 1993) geeignet.

Kasten 2
Fragebogen zur Erfassung psychischer und somatischer Beschwerden bei älteren Menschen (Hautzinger, 1984)

Name, Autor
Fragebogen zur Erfassung psychischer und somatischer Beschwerden bei älteren Menschen (Hautzinger, 1984)

Gegenstandsbereich, Geltungsbereich
Psychische und somatische Beschwerden bei älteren Menschen. Geeignet für epidemiologische Untersuchungen an älteren Menschen ebenso wie im klinischen Bereich.

Struktur des Verfahrens
Es handelt sich um ein Selbstbeurteilungsfragebogen; sofern er von älteren Patienten nicht selbst bearbeitet werden kann, können die formulierten Fragen als Interviewvorlage benutzt werden. In 46 Items werden verschiedene seelische, soziale und körperliche Probleme thematisiert. Die Fragen sollen bejaht oder verneint werden. Beispiele: «Ich fühlte mich niedergeschlagen»; «Ich fühlte mich einsam»; «Ich war den ganzen Tag wie benommen»; Ich fühlte mich verspannt, verkrampft»; «Ich hatte Probleme, meine Gedanken zusammenzuhalten». Der Fragebogen mißt in 8 Faktoren die folgenden Bereiche: (1) Depression, (2) Angst, (3) kognitive Beeinträchtigung, (4) körperliche Beschwerden, (5) soziale Probleme, (6) Schlafprobleme, (7) psychotische Erlebnisse, (8) Sexuelle Beeinträchtigungen.

Gütekriterien
• *Reliabilität:* Die Werte für die Innere Konsistenz der 8 Faktoren liegen zwischen .73 (soziale Probleme) und .87 (Depression).

• *Validität:* Die Grundlage für die Entwicklung des Fragebogens bildeten drei vielgebrauchte und gut evaluierte Meßverfahren: Die Depressionsskala des Center for Epidemiology des National Institute of Mental Health (CES-D); das Inventar psychischer und somatischer Beschwerden (IPSC); eine Kurzform der Hopkins-Symptomliste (BSI).

• *Normen.* Die Standardisierung erfolgte an einer Eichstichprobe von 2419 älteren Menschen (mittleres Alter 61,8 Jahre; Standardabweichung 7,7 Jahre).

Das Verfahren beinhaltet insgesamt 19 Items, die fünf Bereichen zugeordnet sind: Stimmungsassoziierte Zeichen; Störungen im Verhalten; vegetative Störungen; Störungen der circadianen Rhythmik; andere Störungen.

2.3 Testverfahren zur Bestimmung von Persönlichkeit, Kontrollüberzeugungen und Lebenszufriedenheit

In der Diagnostik jüngerer Menschen bewährte Persönlichkeitsinventare sind in der Regel höchstens bis zu einem Alter von 65 Jahren normiert, werden aber dennoch über diese Altersgrenze hinaus eingesetzt; von daher ist die entsprechende Interpretation mit Vorsicht vorzunehmen. Daneben gibt es für das Alter spezifische Verfahren wie die im *Nürnberger Altersinventar* (Oswald & Fleischmann, 1994) enthaltenen Selbstbewertungsskalen.

Einen spezifischen Aspekt der Persönlichkeit, dem in der Gerontologie besondere Bedeutung beigemessen wird, bilden *Kontrollüberzeugungen*. Die heute gängigen Verfahren erfassen zum Teil generalisierte Kompetenz- und Kontingenzerwartungen (z. B. *Fragebogen zu Kompetenz- und Kontrollüberzeugungen* FKK; Krampen, 1991), zum Teil eher bereichsspezifische Kontrollüberzeugungen (z. B. die *Multidimensional Health Locus of Control Scales* MHLC für gesundheitsbezogene Kontrollüberzeugungen; Muthny & Tausch, 1994).

Ein gut eingeführtes und bewährtes Instrument zur Bestimmung der *Lebenszufriedenheit* ist die *Philadelphia Geriatric Center Morale Scale* (PGC; Lawton, 1975; erweiterte Fassung s. Closs & Kempe, 1986). «Morale» im Deutschen eher Kampfgeist, Einsatzbereitschaft, positive Stimmung als Moral, wird als multidimensionales Konzept verstanden. Hohe Skalenausprägung im Alter bedeutet insbesondere Zufriedenheit mit sich selbst, das Gefühl, im Leben etwas erreicht zu haben, nützlich zu sein, als Person bestehen zu können, die subjektive Übereinstimmung zwischen persönlichen Bedürfnissen und Angeboten aus der Umgebung, das Sich-Abfinden mit dem Unabänderlichen, wie z. B. alt zu sein (Lawton, 1972). Speziell für die Erfassung der Lebenszufriedenheit älterer Menschen wurde die *Lebenszufriedenheits-Skala* LZ-Skala entwickelt (Löhr & Walter, 1974; zur Lebenszufriedenheit s. Bullinger, 1996) entwikkelt. Das momentane innere Erleben und Empfinden eines Individuums kann mit Befindlichkeitsfragebögen erfaßt werden.

2.4 Skalen zur Erfassung von psychischen und somatoformen Störungen

Als nicht altersspezifische Verfahren (die sich jedoch in der Diagnostik älterer Menschen sehr bewährt haben) finden Verwendung: *Befindlichkeitsskala* (v. Zerssen), *Freiburger Beschwerden-Liste* (Fahrenberg), *Streßverarbeitungsfragebogen* (Jahnke) *Fragebogen zur Abschätzung Psychosomatischen Krankheitsgeschehens* (Koch). Ein *altersspezifisches Verfahren* liegt mit dem *Fragebogen psychischer und somatischer Beschwerden bei älteren Menschen* (Hautzinger, 1984) vor (s. **Kasten 2**).

3. Literatur

Brunner, C. & Spiegel, R. (1990). Eine Validierungsstudie mit der NOSGER (Nurses' Observation Scale for Geriatric Patients), einem neuen Beurteilungsinstrument für die Psychogeriatrie. *Zeitschrift für Klinische Psychologie, 19*, 211–229.

Bullinger, M. (1996). Lebensqualität – ein Ziel- und Bewertungskriterium medizinischen Handelns. In H.J. Möller, R.R. Engel & P. Hoff (Hrsg.). *Befunderhebung in der Psychiatrie: Lebensqualität, Negativsymptomatik und andere aktuelle Entwicklungen* (S. 13–29) Berlin: Springer.

Closs, Ch. & Kempe, P. (1986). Eine differenzierende Betrachtung und Validierung des Konstruktes Lebenszufriedenheit. *Zeitschrift für Gerontologie, 19*, 47–55.

Cooper, B. (1989). Epidemiologie psychischer Erkrankungen im Alter. In D. Platt & K. Oesterreich (Hrsg.), *Handbuch der Gerontologie* (Band V: Neurologie, Psychiatrie, S. 73–90). Stuttgart: Fischer.

Folstein, M.F., Folstein, S.E. & McHugh, P.R. (1990). *MMST. Mini-Mental-Status-Test* (Deutschsprachige Fassung von J. Kessler, S.E. Folstein, P. Denzler). Weinheim: Beltz.

Häfner, H. (1992). Psychiatrie des höheren Lebensalters. In P.B. Baltes & J. Mittelstraß (Hrsg.), *Zukunft des Alterns und gesellschaftliche Entwicklung* (S. 151–179). Berlin: de Gruyter.

Hautzinger, M. (1984). Ein Fragebogen zur Erfassung psychischer und somatischer Beschwerden bei älteren Menschen. *Zeitschrift für Gerontologie, 17*, 223–226.

Herrmann, C. & Buss, U. (1994). Vorstellung und Validierung einer deutschen Version der «Hospital Anxiety and Depression Scale» (HAD-Skala). *Diagnostica, 40*, 143–154.

Ihl, R. & Weyerer, G. (1993). *Alzheimer's Disease Assessment Scale (ADAS).* (deutschsprachige Bearbeitung der Alzheimer's Disease Assessment Scale von Richard Mohs et al.). Testmappe. Weinheim: Beltz.

Kraak, B. & Nord-Rüdiger, D. (1989). *Der Fragebogen zu Lebenszielen und zur Lebenszufriedenheit (FLL).* Handanweisung. Göttingen: Hogrefe.

Krampen, G. (1991). *Fragebogen zu Kompetenz- und Kontrollüberzeugungen (FKK).* Göttingen: Hogrefe.

Kruse, A. (1989a). Psychologie des Alters. In K. P. Kisker, H. Lauter, J. E. Meyer, C. Müller & E. Strömgren (Hrsg.), *Psychiatrie der Gegenwart, Band 8: Alterspsychiatrie* (S. 1–58). Heidelberg: Springer.

Lawton, M. P. (1975). The Philadelphia Geriatric Center Morale Scale: A revision. *Journal of Gerontology, 30,* 85–89.

Lawton, M. P. (1972). The dimensions of morale. In D. Kent, R. Kastenbaum & S. Sherwood (Eds.), *Research, planning, and action for the elderly* (pp. 144–165). New York: Behavioral Publications.

Lehrl, S., Gallwitz, A., Blaha, L. & Fischer, B. (1992). *Theorie und Messung der biologischen Intelligenz mit dem Kurztest KAI.* Ebersberg: Vless.

Lehrl, S., Grässel, E., Cameron, S., Fischer, B., Wölk, H. & Hübner, R. (1990). Ist eine klinische Differenzierung der Multiinfarktdemenz (MID) und der Demenz vom Alzheimer-Typ (DAT) möglich? *Geriatrie & Rehabilitation, 3,* 21–34.

Löhr, G. & Walter, A. (1974) Die LZ-Skala. Zur Erfassung der subjektiven Lebenszufriedenheit im Alter. *Diagnostica, 20,* 80–91.

Merten, T. (1990). Die Carroll Rating Scale for Depression – deutsche Fassung und Validierung. *Psychiatrie, Neurologie und Medizinische Psychologie, 42,* 340–347.

Muthny, F. A. & Tausch, B. (1994). Adaptation der Multidimensional Health Locus of Control Scales (MHLC) für den deutschen Sprachraum. *Zeitschrift für Differentielle und Diagnostische Psychologie, 15,* 3–15.

Noser, A., Schönenberger, P. M. & Wettstein, A. (1988). Vergleichsuntersuchung zwischen dem «Mini-Mental-State» nach Folstein und dessen Zürcher Variante bei dementen und nicht dementen Patienten. *Schweizer Archiv für Neurologie und Psychiatrie, 139,* 69–77.

Oesterreich, K. (1993). *Gerontopsychiatrie.* Berlin: Quintessenz.

Oswald, W. D. & Fleischmann, U. M. (1994). *Nürnberger Altersinventar (NAI).* Bern: Huber.

Radebold, H. (1992). *Psychodynamik und Psychotherapie Älterer.* Heidelberg: Springer.

Reisberg, B., Ferris, S. H., DeLeon, M. J. & Crook, T. (1982). *Die Reisberg-Skalen (GDS, BCRS, FAST).* Göttingen: Hogrefe.

Volk, S., Wurtz, R., Sommerfeldt, D., Kändler, S. & Pflug, B. (1993). Depressivität und kognitive Beeinträchtigung im höheren Lebensalter – Die standardisierte Erfassung des depressiven Syndroms mit dem Cornell-Fragebogen. *Zeitschrift für Gerontopsychologie und -psychiatrie, 6,* 167–173.

Weyerer, S., Platz, S., Eichhorn, S., Mann, A., Ames, D. & Graham, N. (1988). Die deutsche Version des Brief Assessment Interviews (BAI): Ein Instrument zur Erfassung von Demenz und Depression. *Zeitschrift für Gerontopsychologie und -psychiatrie, 1,* 147–152.

Zaudig, M. & Hiller, W. (1996). *SIDAM – Strukturiertes Interview für die Diagnose der Demenz vom Alzheimer-Typ, der Multi-Infarkt-Demenz und Demenzen anderer Ätiologie nach dem DSM-III-R, DSM-IV und ICD-10.* Bern: Huber.

40.2 Störungen im Alter: Intervention

Andreas Kruse

Inhaltsverzeichnis

1. Eine veränderte Sichtweise des Alters: Stärken und Schwächen im Alter

Die öffentliche Diskussion über das Alter war lange Zeit von der Annahme bestimmt, daß im höheren Lebensalter in allen Bereichen der Person Verluste aufträten und daß diese Verluste bei allen älteren Menschen in gleichem Maße erkennbar seien. Die in dieser Annahme zum Ausdruck kommenden «Defizit-Modelle» bildeten den Kern eines negativen Altersstereotyps, das von einem altersbedingten «Abbau» der Person, ihrer physischen wie kognitiven Leistungsfähigkeit sowie ihrer Anpassungsfähigkeit an neuartige Situationen ausging. Diese negativen Verallgemeinerungen sind empirisch genauso wenig gestützt wie die positiven Verallgemeinerungen, die mit dem Alter eine bei allen Menschen zu beobachtende Zunahme an Erfahrung, Weisheit und Gelassenheit annehmen (vgl. Lehr, 1996; Thomae, 1983).

An die Stelle von Defizit-Modellen tritt allmählich eine differenziertere Sicht des Alters, die sowohl von Stärken als auch von Schwächen in diesem Lebensabschnitt ausgeht. Das gleichzeitige Auftreten von Stärken und Verlusten läßt sich besser verstehen, wenn die Mehrdimensionalität der Entwicklung im Alter ausreichend berücksichtigt wird (vgl. Baltes, 1990).

Unter *physiologischem Altern* werden Veränderungen der Vitalkapazität, der Adaptations- und Kompensationsreserven des Organismus, der einzelnen Organsysteme und der sensorischen Funktionen verstanden. Auch wenn sich die verschiedenen Lebensalter durch Altersnormen für die genannten Merkmale charakterisieren lassen, so sind doch die individuellen Abweichungen von diesen Normen sehr hoch; dies gilt auch für alte und sehr alte Menschen (vgl. Abschnitt 2.1). Das physiologische Alter ist – verglichen mit früheren Lebensaltern – stärker von Schwächen bestimmt, wobei jedoch zu berücksichtigen ist, daß sich ältere Menschen in deren Ausmaß erheblich voneinander unterscheiden (vgl. Steinhagen-Thiessen, Gerok & Borchelt, 1992).

Unter *psychologischem Altern* wird die Entwicklung von Fähigkeiten und Fertigkeiten des

Menschen im kognitiven, alltagspraktischen und sozialem Bereich verstanden. Die Besonderheit der psychischen Entwicklung im Alter ist im gleichzeitigen Auftreten von Stärken und Schwächen zu sehen (vgl. Abschnitt 2.2). Stärken sind eher in erfahrungs- und wissensgebundenen Bereichen (wie kristalline und praktische Intelligenz) erkennbar, Schwächen hingegen in jenen Bereichen, die in höherem Maße an neurophysiologische Funktionen und Prozesse gebunden sind (wie fluide Intelligenz und Arbeitsgedächtnis). Psychologisches Altern umfaßt weiterhin spezifische Entwicklungsaufgaben des Alters. Entwicklungsaufgaben werden dabei als Resultat der Wechselwirkung von a) biologischer Entwicklung, b) gesellschaftlichen Normen und Leitbildern («Welche Erwartungen richtet die Gesellschaft an die einzelnen Lebensalter?») und c) individuellen Bedürfnissen und Anliegen verstanden (Havighurst, 1972). Dieses Verständnis macht deutlich, daß psychologisches Altern einerseits biologischen und sozialen Einflüssen unterliegt, andererseits aber von den Werten des einzelnen Menschen und seinen (auch biologisch und sozial mitbestimmten) Möglichkeiten zur Verwirklichung dieser Werte beeinflußt ist.

Ergebnisse medizinischer und psychologischer Forschung weisen auf die große Bedeutung der Entwicklungsprozesse in jüngeren Lebensjahren für physiologisches und psychologisches Altern hin. Das Ausmaß der Stärken und Schwächen im Alter ist auch davon abhängig, welche Fähigkeiten und Fertigkeiten Menschen in jüngeren Lebensjahren ausgebildet haben. Ebenso ist die Lebenseinstellung des Menschen sowie seine Fähigkeit und Bereitschaft, sich mit Entwicklungsaufgaben im Alter bewußt und verantwortlich auseinanderzusetzen, von seiner biographischen Entwicklung beeinflußt. Aus diesem Grunde wird heute eine Sicht des Alters gefordert, die eine lebenslauforientierte mit einer situationsorientierten Perspektive verbindet, Alter also sowohl im Kontext biographischer Entwicklung als auch im Kontext situativer Anforderungen betrachtet (vgl. Kruse, 1995). Ein Beispiel für dieses Verständnis von Altern – das in gleichem Maße für die Grundlagenforschung und die angewandte Gerontologie bedeutsam ist – findet sich in **Tabelle 1**.

Unter *sozialem Altern* werden Veränderungen in den sozial definierten Rollen und Funktionen verstanden, die mit Erreichen eines be-

Tabelle 1: Einflüsse auf das Alter aus lebenslauf- und situationsorientierter Sicht

A. *Entwicklung im Lebenslauf*
– Bildungsstand, Bildungsgewohnheiten und -bedürfnisse
– Fähigkeiten und Fertigkeiten, die im Lebenslauf entwickelt wurden
– Lebensstile und Gewohnheiten, die sich im Lebenslauf entwickelt haben
– Interessen, die im Lebenslauf entwickelt wurden
– soziale Aktivität und soziales Engagement im Lebenslauf

B. *Psychische Situation in der Gegenwart*
– Motivation zur Verwirklichung von Interessen und Ausübung von Tätigkeiten
– subjektive Bewertung eigener Fähigkeiten und Fertigkeiten (Selbstbild)
– Anwendung und Training von Fertigkeiten in der Gegenwart
– Grad der Zufriedenheit mit der Situation
– Ausmaß erlebter Belastungen in der Situation
– erlebte Kongruenz zwischen Erwartetem und Erreichtem
– wahrgenommene und genutzte Anregungen in der Situation

C. *Zukunftsperspektive*
– erlebte Veränderbarkeit und Gestaltbarkeit der Situation (Überzeugungen)
– Einstellung zur persönlichen Zukunft

D. *Subjektiver und objektiver Gesundheitszustand*
– objektiver Gesundheitszustand (körperliche und psychische Erkrankungen)
– Art und Grad der Behinderung(en)
– subjektiver Gesundheitszustand
– Gesundheitsverhalten (was tut die Person für ihre Gesundheit?)

stimmten Lebensalters einsetzen. Die Gesellschaft richtet an jedes einzelne Lebensalter bestimmte Erwartungen hinsichtlich spezifischer Fähigkeiten und Fertigkeiten sowie besonderer Lebensformen. Im herkömmlichen gesellschaftlichen Bild vom Alter dominieren Abbauprozesse und Defizite: Es wird angenommen, daß Alter primär Krankheit und Hilfsbedürftigkeit bedeutet und ältere Menschen antiquierte Einstellungen zeigen, die den gesellschaftlichen Fortschritt behindern. Allmählich verändern sich jedoch die Anschauungen: Zum einen kann nicht übersehen werden, daß der Großteil der älteren Menschen ein selbständiges Leben führt. Weiterhin wird zunehmend anerkannt, daß die im Lebenslauf entwickelten Fähigkeiten und Fertigkeiten sowie die Erfahrungen älterer Menschen auch für die Gesellschaft fruchtbar gemacht werden können. Beispiele für dieses veränderte Altersbild sind die stärkere politische Partizipation, zu der ältere Menschen angeregt werden, oder die öffentliche Diskussion ehrenamtlicher Potentiale im Alter (Kohli, 1992; Rosenmayr, 1990).

2. Notwendigkeit eines mehrdimensionalen Interventionsansatzes

Bei der Entwicklung eines Interventionsansatzes ist die Mehrdimensionalität der Entwicklung im Alter zu beachten. Die drei genannten Dimensionen – physisches, psychisches und soziales Altern – werden im folgenden unter dem Gesichtspunkt notwendiger Interventionsstrategien dargestellt.

2.1 Physiologisches Altern

«Unsere Daten weisen darauf hin, daß Altern ein individueller Prozeß ist. Obwohl Querschnittuntersuchungen einen signifikanten Rückgang in zahlreichen physiologischen Variablen über den gesamten Lebenslauf zeigen, sind die interindividuellen Unterschiede doch sehr groß. In einigen Variablen erbringen manche Achtzigjährige genauso gute Leistungen wie der Durchschnitt der Fünfzigjährigen. Der Prozeß des Alterns verläuft nicht nur hochspezi-

fisch für jeden Menschen, sondern auch für die verschiedenen Organsysteme desselben Menschen» (Shock, Greulich, Andres & Costa, 1984, S. 327). Dieses Zitat beschreibt ein zentrales Ergebnis der *Baltimore Längsschnittstudie über normales Altern*. Es lassen sich zwar alterstypische Verluste in einzelnen physiologischen und biochemischen Variablen beobachten (zum Beispiel verringerte Funktionsreserve der Organe, abnehmende Vitalkapazität, zunehmender Blutdruck, erhöhte Cholesterinkonzentration, verminderte Glucosetoleranz, Veränderungen der Muskulatur, Abnahme des Mineralgehaltes des Skeletts, Trübung der Augenlinse, Verlust des Hörvermögens für hohe Frequenzen), doch finden sich zugleich stark individuell ausgeprägte Varianten dieser Prozesse. Der Umfang alterstypischer Verluste ist also von Person zu Person sehr verschieden. Diese hohe interindividuelle Variabilität läßt sich auf drei Faktoren zurückführen, von denen zwei auf die Aufgaben der Intervention – und zwar der Prävention und der Rehabilitation – deuten:

(1) Unterschiedliche genetische Information;

(2) Anzahl, Art und Dauer von Risikofaktoren und Erkrankungen in früheren Lebensphasen und im Alter;

(3) Art und Ausmaß körperlicher Aktivität in jüngeren Jahren und im Alter.

Der zweite und dritte Einflußfaktor weisen darauf hin, wie wichtig der Lebensstil in früheren Lebensjahren für die Gesundheit im Alter ist. Die daraus ableitbaren Folgerungen für die Prävention betreffen auch *gesundheitspsychologische Interventionsansätze*, zu denen vor allem gehören:

– Vermittlung einer «lebenslauforientierten Sicht» von Entwicklung, die auf die persönliche Verantwortung für Gesundheit und Selbständigkeit im Alter hinweist;
– Aufklärung über Risikofaktoren und Steigerung der Motivation zur Vermeidung von Risikofaktoren;
– Training und Verstärkung gesundheitsbewußten Verhaltens.

Die Erhaltung und Förderung der Gesundheit sowie der Selbständigkeit im Alter ist auch eine

Aufgabe der *Rehabilitation.* Angesichts der Tatsache, daß das Risiko der Hilfsbedürftigkeit oder der Pflegebedürftigkeit vor allem im hohen Alter deutlich zunimmt, gewinnt die Rehabilitation im Kontext der Versorgung älterer Menschen besondere Bedeutung. Ergebnisse einer für die Bundesrepublik Deutschland repräsentativen Untersuchung von über 20 000 Haushalten (Infratest, 1993) weisen auf dieses Risiko hin. Von den über 85jährigen Personen waren 28 Prozent hilfsbedürftig. Diese Personen wiesen Einschränkungen in einer größeren Zahl von instrumentellen Aktivitäten, die komplexere sensomotorische Funktionen voraussetzen, auf. Weitere 26 Prozent der über 85jährigen Personen waren pflegebedürftig. Diese Personen hatten auch in der Ausführung basaler Aktivitäten erhebliche Schwierigkeiten und waren im Alltag auf umfassende Unterstützung durch andere Personen angewiesen.

Die (stationäre oder ambulante) Rehabilitation umfaßt zahlreiche Leistungen, von denen einzelne in das Gebiet der Neuropsychologie, der Klinischen Psychologie und der Ökopsychologie fallen. Dem *geriatrischen Team* gehören in der Regel Diplom-PsychologInnen an, die über Erfahrungen auf den drei folgenden Gebieten verfügen müssen:

(1) Zu den neuropsychologischen Aufgaben zählen a) die Diagnostik von kognitiven Störungen, von Störungen sensomotorischer Funktionsabläufe, von Sprach- und Sprech- sowie von Gesichtsfeld- und Werkzeugstörungen und b) die Mitarbeit bei der Entwicklung von Therapieprogrammen (in Kooperation mit Ergotherapeuten, Physiotherapeuten und Logopäden).

(2) Die *klinisch-psychologischen* Aufgaben umfassen einzel- und gruppentherapeutische Angebote mit dem Ziel, die Verarbeitung eingetretener Erkrankungen und Funktionsstörungen zu fördern. Weiterhin ist die Beratung der Angehörigen notwendig, um diese für eine selbständigkeitsfördernde und motivierende Unterstützung des Patienten zu sensibilisieren.

(3) *Ökopsychologische* Aufgaben betreffen die Gestaltung der räumlichen Umwelt in Übereinstimmung mit der Struktur alltagspraktischer, kognitiver und sozialer Fertigkeiten des Patien-

ten. In diesem Zusammenhang ist auf das breite Spektrum technischer Hilfen hinzuweisen, durch deren Nutzung ein selbständiges Leben auch bei bestehenden Einbußen erheblich gefördert wird (Kruse, 1992).

2.2 Psychologisches Altern

2.2.1 Chancen des Alters

Zu den Entwicklungsaufgaben des Alters (vgl. Abschnitt 1) gehören in unserer Gesellschaft vor allem die Wahrnehmung neuer Rollen nach Austritt aus dem Beruf sowie die vermehrte Beschäftigung mit außerberuflichen Interessen und Tätigkeiten. Die Ausübung einer anregenden Aufgabe, die Verwirklichung persönlich bedeutsamer Interessen und die Überzeugung, von anderen Menschen gebraucht zu werden, bilden eine zentrale Grundlage für die positive Lebenseinstellung im Alter. Diese Altersform ist nicht nur an soziokulturelle Bedingungen (wie zum Beispiel bestehende soziale Netzwerke, kulturelle und soziale Angebote für ältere Menschen) geknüpft, sondern auch an die Fähigkeit und Bereitschaft des Menschen, sich von einzelnen, früher wahrgenommenen Aufgaben (im beruflichen, zum Teil auch im familiären Bereich) zu lösen und den veränderten Alltag in verantwortlicher Weise zu gestalten. Damit sind *Chancen* angesprochen, die das Alter bietet – ein Aspekt, der im gesellschaftlichen (und zum Teil im wissenschaftlichen) Altersbild nicht immer ausreichend Beachtung findet. Die Suche nach einer persönlich bedeutsamen und sozial anerkannten Aufgabe stellt eine psychologische Grundlage für das soziale Engagement vieler älterer Menschen dar. Dieses kommt in ehrenamtlichen Initiativen sowie in vielfältigen Formen der Unterstützung anderer Menschen zum Ausdruck (Baltes & Montada, 1996; Borscheid, 1995).

Ausgehend von der Fähigkeit und Bereitschaft, sich im Alter von einzelnen Aufgaben zu lösen und den veränderten Alltag verantwortlich zu gestalten, lassen sich zwei zentrale Merkmale der Kompetenz definieren, die für das Verständnis der psychischen Situation älterer Menschen wichtig sind: zum einen die Fähigkeit zur Aufrechterhaltung eines selbstverantwortlichen Lebens, zum anderen die

Fähigkeit zur Aufrechterhaltung eines persönlich zufriedenstellenden Lebens.

2.2.2 Risiken des Alters

Die beiden genannten Fähigkeiten sind nicht nur für die Verwirklichung der Chancen des Alters relevant, sondern in gleichem Maße für die Verarbeitung der Belastungen in dieser Lebensphase. Zu jenen Belastungen, die im Alter an Gewicht gewinnen, gehören Einbußen in den sensorischen Funktionen, eingeschränkte Beweglichkeit sowie chronische Schmerzen (vor allem bei degenerativen Erkrankungen). Hinzu kommen Verluste in der sozialen Umwelt, die das Lebensgefühl im Alter nachhaltig beeinflussen können. Hier sind schwere Erkrankungen oder der Tod nahestehender Menschen zu nennen, durch die das soziale Netzwerk verkleinert und die emotionale wie instrumentelle Unterstützung reduziert wird. Nicht übersehen werden dürfen zudem jene psychischen Belastungen, die aus der Bewußtwerdung der Endgültigkeit und der Begrenztheit des Lebens erwachsen können (s. dazu Schmitz-Scherzer, 1992).

Die Konfrontation mit derartigen Belastungen stellt hohe Anforderungen an die psychischen Ressourcen eines Menschen. Dabei zeigen ältere Menschen nicht selten ausgeprägte Fähigkeiten zur psychischen Verarbeitung dieser Belastungen. In der Literatur wird zwischen handlungsorientierten und kognitiv-emotionalen Techniken der Verarbeitung differenziert und hervorgehoben, daß aufgrund der zunehmenden Endgültigkeit von Einbußen und Verlusten im Alter kognitiv-emotionale Techniken an Bedeutung gewinnen (Brandtstädter & Renner, 1990; Thomae, 1996).

Unter *handlungsorientierten* Techniken werden Versuche des Menschen verstanden, durch eigenes Handeln Verbesserungen oder Erleichterungen der Situation herbeizuführen. Die Inanspruchnahme medizinischer und rehabilitativer Angebote, die Nutzung von Seh-, Hör- und Gehhilfen sowie die Ausstattung der Wohnung mit technischen Hilfsmitteln sind Beispiele für solche Verbesserungen und Erleichterungen bei chronischen Erkrankungen. Die Intensivierung von Kontakten mit Angehörigen und Freunden, der Besuch von Selbsthilfegruppen oder der selbstbestimmte Umzug in ein Alten-(wohn)heim sind Beispiele für die handlungsorientierte Auseinandersetzung mit dem Verlust nahestehender Menschen.

Unter *kognitiv-emotionalen* Techniken werden Versuche des Menschen verstanden, zu einer veränderten Bewertung der bestehenden Situation zu gelangen. In der Bonner Gerontologischen Längsschnittstudie (Thomae, 1996), in der auch die Verarbeitung belastender Situationen im Alter ausführlich analysiert wurde, fanden sich zahlreiche Beispiele für kognitiv-emotionale Techniken. Zu diesen gehören:

a) die positive Deutung der Situation («es gibt auch schöne Dinge in meinem Leben; meine Situation ist doch gar nicht so schlecht, wie dies auf den ersten Blick erscheinen mag»),

b) der Vergleich der eigenen Situation mit der anderer Menschen («wenn ich sehe, wie es anderen Menschen ergeht, dann brauche ich nicht zu klagen, da geht es mir vergleichsweise gut»),

c) die Identifikation mit dem Schicksal der Kinder und Enkelkinder («ich habe viel Freude daran, wie sich meine Kinder und Enkelkinder entwickeln; das hilft mir auch dabei, schwere Stunden besser zu ertragen»),

d) Veränderungen des eigenen Anspruchsniveaus («wenn man ein so hohes Alter erreicht hat, dann muß man mit bestimmten Veränderungen rechnen und diese akzeptieren»).

Im Alter tritt deutlich häufiger als in früheren Lebensjahren eine *Kumulation von Belastungen* auf. Diese Kumulation kann zum einen auf unabhängig voneinander eintretende Einbußen und Verluste zurückgehen (Bsp.: physische Einbußen einerseits, Verlust nahestehender Menschen andererseits), zum anderen auf Folgen, die durch bestimmte Einbußen und Veluste bedingt sind (Bsp.: physische Einbußen, daraus hervorgehende Einschränkungen der Mobilität, dadurch verursachter, unvorhergesehener Einzug in ein Heim). Gerade bei der Kumulation von Belastungen besteht die Gefahr, daß die psychischen Ressourcen des Menschen überfordert werden und die Verarbeitung dieser Belastungen auch langfristig nicht gelingt. Psychische und somatoforme Störungen im Alter sind nicht selten Folge einer psychischen Überforderung des Menschen sowie der nicht gelungenen Verarbeitung von Belastungen.

Im Zusammenhang mit diesen psychischen Überforderungen steht auch die Tatsache, daß sich im Alter das *Verhältnis von Suizidversuchen zu vollendeten Suiziden* deutlich verändert: Dieses beträgt für Frauen der Altersgruppe 15 bis 19 Jahre *59:1* und für Männer der gleichen Altersgruppe *12:1*, hingegen für Frauen der Altersgruppe 70 bis 74 Jahre nur noch *1,8:1* und für Männer dieser Altersgruppe nur noch *1,4:1* (Erlemeier, 1998; Häfner, 1992). Für das veränderte Verhältnis von Suizidversuchen zu vollendeten Suiziden sind zwei Faktoren verantwortlich zu machen:

a) Das Risiko des tödlichen Ausgangs schwerer Verletzungen oder Vergiftungen und damit auch von Suizidversuchen steigt im Alter deutlich an.

b) Bei älteren Menschen ist der Entschluß zum suizidalen Handeln meistens ernsthaft, auch wenn er ungleich seltener gefaßt wird. Aus diesem Grunde überwiegen bei den Suizidhandlungen «harte Methoden», wie Erhängen, Erschießen und Ertränken. Die häufigsten Motive für Suzidhandlungen im Alter sind schwere chronische (vor allem lebensbedrohliche) Erkrankungen, der Tod des Ehepartners sowie Einsamkeitsgefühle (Häfner, 1992; Schmitz-Scherzer, 1992). Die Selbstmordrate liegt bei verwitweten alten Menschen deutlich höher als bei verheirateten alten Menschen; sie ist doppelt so hoch für alleinstehende wie für verheiratete Männer (Cooper, 1989).

2.2.3 Möglichkeiten psychotherapeutischer Intervention

In bezug auf die *psychologische Intervention* werden mehrere Therapieverfahren und Interventionsstrategien zur Stärkung der psychischen Ressourcen, zur Linderung von Einsamkeitsgefühlen und zur Förderung der alltagspraktischen Kompetenz (vor allem bei Männern, deren Selbständigkeit nach dem Tod ihrer Ehefrau gefährdet ist) vorgeschlagen (s. dazu z. B. Junkers, 1995; Radebold, 1992).

Die Stärkung psychischer Ressourcen sowie die Entwicklung einer tragfähigen Zukunftsperspektive durch die Aktualisierung von Wachstumspotentialen steht bei den *gesprächspsychotherapeutischen Verfahren* im Vordergrund. Deren zentrale Annahme, daß durch Akzeptanz und Wertschätzung, durch Echtsein und reales Zugegensein sowie durch einfühlendes Verstehen Wachstumspotentiale aktualisiert werden (Rogers, 1983), ist für die Gerontologie in zweifacher Hinsicht von Interesse: Zum einen wird von Potentialen des Alters ausgegangen, die unter anderem in der Fähigkeit des Menschen gesehen werden, bestehende Grenzen zu akzeptieren, die Situation neu zu bewerten und das eigene Anspruchsniveau zu verändern (Brandtstädter & Renner, 1990; Kruse, 1990). Zum anderen wird betont, daß die reflektierte Auseinandersetzung mit der Biographie eine Voraussetzung für die Akzeptanz des eigenen Alters bildet, wobei diese Auseinandersetzung durch den Dialog mit anderen Menschen gefördert wird. Die Methode des Lebensrückblicks (in Einzel- oder Gruppengesprächen) baut zum Teil auf Prinzipien der klientenzentrierten Psychotherapie auf (Birren & Deutchman, 1991).

Die Stärkung psychischer Ressourcen sowie die Entwicklung angemessener Formen der Konfliktbewältigung durch die Bewußtmachung a) aktuell erlebter Bedrohungen und b) der Einflüsse biographischer Erlebnisse und Erfahrungen auf das aktuelle Erleben bilden den Kern *psychoanalytischer Verfahren* (Junkers, 1995; Radebold, 1992). Aufgrund der spezifischen Risiken des Alters (chronische Krankheitsverläufe, Multimorbidität und Polypathie, stärkere Konfrontation mit der Endgültigkeit und der Endlichkeit des Lebens) wird zu Modifikationen bei der psychoanalytischen Behandlung geraten, unter denen besonders hervorzuheben sind: a) Geringere Behandlungsintensität und Behandlungsdauer, b) stärkere Konzentration auf die Gegenwart und Zukunft, c) höherer Aktivitätsgrad des Therapeuten. Radebold (1992) empfiehlt einen Behandlungszeitraum von einem halben Jahr bis zu zwei Jahren mit ein bis zwei Behandlungen pro Woche. Weiterhin werden Besonderheiten in der therapeutischen Beziehung betont: Diese liegen zum einen darin, daß der Klient in der Regel deutlich älter ist als der Therapeut, woraus sich Besonderheiten in der Übertragung-Gegenübertragungs-Situation ergeben können (nicht selten übertragen Therapeuten auf die Patienten ihr eigenes «Elternbild») und zudem Widerstände des Patienten verstärkt werden können (nicht selten betonen Patienten, daß sie aufgrund ihres hohen Alters über Lebenserfahrungen verfügen, auf die jüngere Menschen noch nicht blicken können). Zum anderen ist das Leben älterer Menschen (vor allem hochbetagter Menschen) in stärkerem Maße von gesundheitlichen und sozialen Risiken bedroht, die sich auch auf die Inhalte der Therapie (ständige Beschäftigung mit körperlichen Prozessen oder mit Verlusten im sozialen Netzwerk) sowie auf die äußeren Bedingungen der Therapie (erhöhte Wahrscheinlichkeit, daß Sitzungen häufiger ausfallen müssen oder die Therapie längere Zeit unterbrochen werden muß) auswirken können. Doch sprechen diese Modifikationen im therapeutischen Ansatz sowie die Besonderheiten in der therapeutischen Beziehung keinesfalls gegen eine psychoanalytische Therapie im Alter. Des weiteren ist auch bei älteren Patienten ein ausreichendes Maß an psychischer Veränderbarkeit («Plastizität») erkennbar, das eine psychoanalytische Therapie rechtfertigt.

Bei akuten psychischen und psychosomatischen Krisen werden auch psychoanalytisch orientierte *Kurzpsychotherapien* angeboten, die sich auf die Bearbeitung eines spezifischen Konflikts konzentrieren. Diese umfassen in der Regel 5 bis 20 Sitzungen (s. dazu: Heuft, Kruse, Nehen & Radebold, 1995).

Die Förderung alltagspraktischer und sozialer Fertigkeiten älterer Menschen bilden ein zentrales Ziel *verhaltenstherapeutischer Verfahren.* Durch verhaltenstherapeutische Intervention wurde zum Beispiel in mehreren Studien eine Stärkung selbständigkeitsorientierten Verhaltens von Heimbewohnern erzielt (Baltes & Wahl, 1989). Kognitiv-verhaltenstherapeutische Programme erwiesen sich als erfolgreich bei der Förderung von Kontrollüberzeugungen und effektiven Bewältigungsstrategien (Rodin, 1980). Mit Hilfe dieser Programme ließ sich bei älteren Menschen auch eine bessere Bewältigung von chronischen Schmerzen erzielen. a) Durch das Führen von Schmerztagebüchern, b) durch die Förderung der Sensibilität für Situationen, in denen Schmerzen stärker oder schwächer empfunden werden, sowie c) durch die Vermittlung von Techniken, mit denen die Konzentra-

tion auf Schmerzen verringert wird (so daß diese in geringerem Maße als früher störend wirken), werden Kontrollüberzeugungen gefördert, die dem Menschen das Gefühl geben, seine Situation besser beeinflussen zu können.

2.2.4 Ressourcen trotz eingetretener Verluste im Alter: Möglichkeiten kognitiver Intervention

Das Training kognitiver Fertigkeiten (Intelligenz, Lernen, Gedächtnis) bildet mittlerweile eine bedeutende Komponente der Interventionsgerontologie. Zur richtigen Einschätzung der Möglichkeiten und Grenzen des kognitiven Trainings sind sowohl die alterskorrelierten Verluste als auch die bestehenden kognitiven Ressourcen zu berücksichtigen. Die alterskorrelierten *Verluste* sind in jenen Leistungsbereichen erkennbar, die in stärkerem Maße an neurophysiologische Funktionen und Prozesse gebunden sind («Mechanik» kognitiver Leistungen). Es handelt sich dabei vor allem um die folgenden fünf Bereiche:

• *Fluide Intelligenz:* Die Fähigkeit zur Lösung neuartiger kognitiver Probleme geht zurück.

• *Geschwindigkeit der Informationsverarbeitung:* Kognitive Prozesse laufen mit geringerer Geschwindigkeit ab.

• *Arbeitsgedächtnis:* Es bestehen größere Probleme bei der Organisation und Verschlüsselung des Lernmaterials vor seiner Übertragung in das Langzeitgedächtnis.

• *Aufmerksamkeit:* Die Kontrolle von Lernvorgängen durch Aufmerksamkeitsprozesse geht zurück, dadurch wird das Lernen störanfälliger.

• *Erinnern:* Es bestehen Probleme beim Abrufen von Inhalten aus dem Langzeitgedächtnis.

In jenen Leistungsbereichen, die primär auf Erfahrungen, Wissen und erworbenen kognitiven Strategien aufbauen, sind hingegen *keine* oder nur *geringfügige Verluste* erkennbar. Dies ist vor allem in folgenden drei Bereichen der Fall:

• *Erfahrungsgebundene (kristalline) Intelligenz:* In jenen Bereichen, in denen Menschen eine umfassende Wissensbasis («Expertise») ausgebildet haben, zeigen sie auch im Alter gute Leistungen.

• *Alltagspraktische Intelligenz:* In jenen alltagspraktischen Bereichen, in denen Menschen effektive Strategien entwickelt und vielfältige Erfahrungen gewonnen haben (zum Beispiel im beruflichen Bereich), zeigen sie auch im Alter gute Leistungen. Zudem sind ältere Menschen in diesen Bereichen nicht selten jüngeren Menschen überlegen, da diese noch nicht über entsprechende Strategien und Erfahrungen verfügen.

• *Anwendung von vertrauten kognitiven Strategien:* Kognitive Strategien, die in jüngeren Jahren entwickelt und kontinuierlich eingesetzt worden sind, sind auch im Alter prinzipiell verfügbar.

Trotz bestehender Einbußen in neurophysiologischen Funktionen und Prozessen bleibt auch im Alter die kognitive Leistungstüchtigkeit bestehen. Dies ist vor allem darauf zurückzuführen, daß in jüngeren Jahren auf bestimmten Gebieten eine umfassende Wissensbasis entwickelt wurde («bereichsspezifisches Wissen»), auf die auch im Alter zurückgegriffen

---

Kasten 1
Interventionsstudie «Bedingungen der Erhaltung und Förderung von Selbständigkeit im höheren Lebensalter» (Oswald & Rödel, 1994)

Fragestellung
Inwieweit führen im höheren Lebensalter unterschiedliche Interventionen zur Förderung der Selbstständigkeit zu unterschiedlichen Ergebnissen

Methode
• *Stichprobe:* 375 Personen im Alter von 75 bis 93 Jahren (M = 79.5; s = 3.5) bei Trainingsbeginn. 272 Personen wurden 5 Interventionsgruppen, 103 Personen einer Kontrollgruppe zugeteilt. Der Beobachtungszeitraum betrug 9 Monate.

• *Interventionen:*
(1) Kompetenztraining: mit dem Ziel der Vermittlung allgemeiner Strategien der Bewältigung von alternsbedingten Veränderungen und Alltagsproblemen.
(2) Gedächtnistraining: aufbauend auf einem Mehrspeichermodell des Gedächtnisses.
(3) Psychomotorisches Training zur Förderung der Bewegungskoordination und -sicherheit.
(4) Kombination aus Kompetenztraining und psychomotorischem Training.
(5) Kombination aus Gedächtnistraining und psychomotorischem Training.

Ergebnisse
• *Gedächtnistraining:* Die Teilnehmer erzielten eine Verbesserung (z-Werte) von .40, in der Kontrollgruppe von .01. 98 Prozent der Teilnehmer der Interventionsgruppe gegenüber 52 Prozent der Kontrollgruppe konnten ihren Ausgangsbefund verbessern.

• *Kompetenztraining:* 66 Prozent der Interventionsgruppe gegenüber 53 Prozent der Kontrollgruppe erzielten Verbesserungen in der Alltagsbewältigung.

• *Psychomotorisches Training:* Verbesserungen konnten in der Anpassungsfähigkeit und der Umstellungsfähigkeit nachgewiesen werden.

• *Psychomotorische Traning mit Kompetenztraining bzw. mit Gedächtnistraining:* Beide Kombinationen führten zu günstigen Haupteffekten auf den psychomotorischen Status.

• *Kombination von Gedächtnistraining und psychomotorischem Training:* Der psychopathologische Status wurde durch die Intervention hochsignifikant positiv beeinflußt (Verbesserung um .45 z-Werte).

werden kann (Weinert, 1995). Mit dem Begriff Wissensbasis ist zum einen das reichhaltige und gut organisierte Wissen, zum anderen das Bestehen effektiver Erinnerungs- und Lernstrategien angesprochen, die den Menschen in die Lage versetzen, vorhandenes Wissen aus dem Langzeitgedächtnis abzurufen und neue Wissensinhalte im Langzeitgedächtnis zu speichern.

Für die kognitiven Ressourcen im Alter spricht jedoch nicht nur die Wissensbasis, sondern auch die Fähigkeit, kognitive Strategien zur Lösung neuartiger Probleme zu erwerben. In Laboruntersuchungen, in denen spezielle Gedächtnisstrategien für das freie Erinnern von Wörtern oder Zahlen vermittelt wurden, zeigten ältere Teilnehmer nach dem Gedächtnistraining deutlich bessere Leistungen. Sie waren in der Lage, selbst lange Wort- und Zahlenreihen zu erinnern (Kliegl, Smith & Baltes, 1989). Allerdings sind die kognitiven Ressourcen im Alter geringer als in jüngeren Lebensjahren: Denn erfolgt das Training unter erschwerten Bedingungen (längere Trainingsprogramme, schnellere Darbietungsraten), dann sind bei Äl-

teren deutlich geringere Gewinne als bei Jüngeren erkennbar. Die in Laboruntersuchungen gewonnenen Befunde, die für die Lernfähigkeit im Alter sprechen, zeigten sich auch bei ökologisch validen Aufgabenstellungen. Als Beispiel seien Ergebnisse aus der Interventionsstudie Bedingungen der Erhaltung und Förderung von Selbständigkeit im höheren Lebensalter angeführt (Oswald & Rödel, 1994) (s. **Kasten 1**).

2.3 Soziales Altern

Für das Verständnis der Zufriedenheit, Leistungsfähigkeit und Selbständigkeit im Alter sind auch soziokulturelle Einflüsse wichtig. Zum einen bietet (oder verwehrt) die soziale Umwelt Möglichkeiten der kreativen Nutzung von Erfahrungen und Fertigkeiten und trägt auf diese Weise zur Erhaltung (oder zur Abnahme) der Zufriedenheit und Leistungsfähigkeit bei. Zum anderen hat die soziale, räumliche und institutionelle Umwelt (letztere umfaßt die organisierten Dienste für ältere Menschen) anregende wie unterstützende Funktion, die für die

Tabelle 2: Einflußfaktoren der Umwelt auf Zufriedenheit, Leistungsfähigkeit und Selbständigkeit im Alter

Soziale Umwelt
– Grad der sozialen Integration (innerhalb und außerhalb der Familie)
– Erreichbarkeit von Angehörigen, Freunden und Nachbarn
– Haushaltsform (Anzahl der Personen und Generationen im Haushalt, Pro-Kopf-Einkommen)
– Art und Umfang aktueller Verpflichtungen innerhalb und außerhalb der Familie
– Art und Umfang der Unterstützung durch Angehörige, Freunde und Nachbarn
– Einstellung und Verhalten der Bezugspersonen gegenüber dem älteren Menschen
– Einstellung der Gesellschaft zum Alter (gesellschaftliches Altersbild)

Räumliche Umwelt
– Verfügbarkeit von Wohnraum
– Wohnungsqualität
– Größe der Wohnung, Nutzung der einzelnen Räume, Wohnungsdichte
– Wohnungsausstattung (zum Beispiel sanitäre Ausstattung, Barrieren, Hilfsmittel)
– Wohnlage (Anbindung an Verkehrsnetz, Nähe zu Geschäften und Behörden)
– Verkehrsgestaltung (zum Beispiel Anpassung an gesundheitliche Risiken des Alters)
– Ökologische Faktoren (zum Beispiel Schadstoffe, Hygiene, klimatische Faktoren)

Infrastrukturelle Umwelt
– Umfang und Qualität kultureller und sozialer Angebote in der näheren Umgebung
– Umfang und Qualität der ärztlichen Betreuung
– Umfang und Qualität der Pflege
– Umfang und Qualität der Unterstützung durch mobile Dienste (zum Beispiel Hauswirtschaftshilfen, fahrbarer Mittagstisch)
– Umfang und Qualität teilstationärer und stationärer Angebote
– Berücksichtigung der Bedürfnisse älterer Menschen bei der Planung und Verabschiedung von Gesetzen («rechtliche Umwelt»)
– Vertretung der älteren Menschen in Gesellschaft und Politik (zum Beispiel durch Beiräte)

Erhaltung der Zufriedenheit und Leistungsfähigkeit, vor allem aber der Selbständigkeit im Alter bedeutsam ist. In **Tabelle 2** sind Umweltfaktoren aufgeführt, die Einfluß auf Zufriedenheit, Leistungsfähigkeit und Selbständigkeit im Alter ausüben.

Die Intervention beschränkt sich aus diesem Grunde nicht nur auf die Person, sondern sie umfaßt auch Prozesse in ihrer (sozialen, räumlichen, institutionellen) Umwelt, ein Aspekt, der bei der Entwicklung eines *mehrdimensionalen Interventionsansatzes* zu beachten ist. Die soziokulturellen Einflüsse lassen sich in vier Bereiche untergliedern:

• *Altersbilder der Gesellschaft.* Damit sind zum einen die gesellschaftlichen Leitbilder des Alters angesprochen, zum anderen die Möglichkeiten sozialer Partizipation im Alter. Wenn Menschen aufgrund ihres fortgeschrittenen Alters Diskriminierungen ausgesetzt sind, so erschwert dies die Akzeptanz des eigenen Älterwerdens. Ein Beispiel für diese Diskriminierung ist die in der Öffentlichkeit nicht selten vertretene Annahme, daß ältere Menschen keine verantwortlichen Aufgaben übernehmen sollten, da sie «krank», «hilfsbedürftig» und «rigide» seien.

• *Sozialer Status.* Dieser beschreibt die sozialen Ressourcen des Menschen, zu denen vor allem a) Einkommen, Ersparnisse und Besitz, b) Bildungsstand (auch des Ehepartners), c) Dauer der Berufstätigkeit und Art des ausgeübten Berufs und d) Wohnqualität (Austattung und Lage der Wohnung) gehören. Soziales Altern wird auf dem Hintergrund dieser Merkmale als Prozeß zunehmender sozialer Differenzierung verstanden. Jene Menschen, die in ihrer Biographie ausreichende soziale Ressourcen erworben haben, sind im Alter eher in der Lage, Einbußen zu kompensieren. Unter Einbußen werden zum einen materielle Verluste verstanden (diese zeigen sich vor allem bei verwitweten Frauen, die nicht berufstätig gewesen sind), zum anderen gesundheitliche Belastungen sowie eingeschränkte Selbständigkeit. Ausreichender Besitz und Vermögen (im Sinne der individuellen Vorsorge), ein mittlerer oder höherer Bildungsstand sowie gute Wohnbedingungen (die ohne größere Schwierigkeiten um prothetische

Hilfen erweitert werden können) erleichtern die Kompensation der Einbußen erheblich. Fehlende soziale Ressourcen können hingegen im Alter soziale Ungleichheit weiter verschärfen.

• *Institutionelle Angebote und Dienste.* Darunter werden zum einen kulturelle Angebote (zum Beispiel im Bereich der Bildung), zum anderen ambulante und mobile Dienste sowie stationäre und teilstationäre Angebote zusammengefaßt. In dem Maße, in dem eine Gesellschaft solche institutionellen Angebote und Dienste entwickelt, trägt sie zur Zufriedenheit und Selbständigkeit im Alter bei.

• *Politische Rahmenbedingungen.* Damit sind vor allem jene gesetzlichen Regelungen angesprochen, die sich unmittelbar auf die Lebensführung im Alter auswirken. Beispiele dafür sind die gesetzlichen Grundlagen der Renten- und Sozialversicherung oder (in der Bundesrepublik Deutschland) der ersten und zweiten Stufe der Pflegeversicherung, durch die Familien bei der Pflege entlastet werden sollen (erste Stufe) und Kommunen nicht mehr in dem Maße wie früher Sozialhilfeleistungen für Heimbewohner erbringen müssen (zweite Stufe). Mit der Pflegeversicherung soll die finanzielle Abhängigkeit hilfs- oder pflegebedürftiger Menschen verringert werden.

Die *soziale Intervention* konzentriert sich vor allem auf die Nutzung bestehender Angebote und Dienste durch ältere Menschen und ihre Familien. Sie schließt zum einen die Identifikation von Risiken oder bereits eingetretenen Einschränkungen ein, die eine Unterstützung durch ambulante oder stationäre Institutionen notwendig machen, zum anderen die *Aufklärung* älterer Menschen und ihrer Angehörigen über bestehende Angebote und Dienste. In diesem Kontext ist auch die Vielfalt organisierter Veranstaltungen zu nennen, durch die zur Erhaltung und Förderung der kognitiven und physischen Leistungsfähigkeit sowie der sozialen Integration im Alter beigetragen wird. Volkshochschulen, Vereine, Akademien und Universitäten haben sich mittlerweile auf die spezifischen Bildungsbedürfnisse Älterer eingestellt. Die Motivation zur Nutzung dieser Angebote bildet eine bedeutende Komponente der sozialen Intervention.

3. Möglichkeiten und Grenzen psychotherapeutischer Intervention im Alter

Die Bedeutung psychotherapeutischer Verfahren für die Behandlung psychisch kranker älterer Menschen war wegen einer vor allem unter Psychoanalytikern verbreiteten Skepsis gegenüber Veränderungsmöglichkeiten oder gar Heilungschancen bei älteren Menschen lange Zeit sehr gering. Hinzu kamen unzureichende Krankheitskonzepte, insbesondere die Annahme, psychische Störungen im Alter beruhten stets auf «involutiven Veränderungen» des Gehirns oder auf anderen organischen Ursachen, die psychotherapeutisch nicht beeinflußbar seien. Heute besteht hingegen dahingehend Konsens, daß psychische Störungen älterer Menschen zwar eine alterstypische Akzentuierung spezifischer Symptome aufweisen können, sich ansonsten aber weder psychopathologisch noch ätiologisch von psychischen Störungen in jüngeren Lebensaltern unterscheiden. Die Zielsetzungen der psychotherapeutischen Behandlung im gerontologischen Bereich liegen vor allem in der Veränderung dysfunktionaler Verhaltensweisen, dem Ausgleich von Kompetenzdefiziten, der Hilfe bei der Bewältigung von äußeren Lebensschwierigkeiten und in der Auseinandersetzung mit dem heranrückenden Lebensende.

Da Depressionen neben Demenzen die bedeutendsten psychischen Störungen im Alter darstellen (Myers et al., 1984), wird im folgenden vor allem auf die Evaluation psychotherapeutischer Behandlungsversuche bei diesen Störungen eingegangen.

Depressive Störungen im Alter werden häufig durch einen chronifizierten Verlauf, durch eine lange Patientenkarriere und durch eine Häufung ungünstiger Lebensumstände und -ereignisse kompliziert. Dennoch ist die Prognose depressiver Störungen im Alter nicht ungünstiger (Brodaty, Harris et al., 1993). Die psychotherapeutische Behandlung findet bei älteren Patienten in der Regel mehr Ansatzpunkte als bei jüngeren (vgl. auch Kurz & Fuchs, 1998). Je nach Verfahren werden unterschiedliche Schwerpunkte gesetzt. So konzentriert sich etwa die *kognitive Therapie* auf die Veränderung von Schemata des Denkens und

Wertens. Sie ist besonders geeignet, negativen Autostereotypen durch eine Modifikation der Erwartungs- und Bewertungsmuster entgegenzuwirken (Fuchs & Zimmer 1992). Während die Erfolge kognitiver Einzel- und Gruppentherapie in der Akutbehandlung gut belegt sind und die kognitive Therapie bei mittelgradiger Ausprägung der Störung eine vollwertige Alternative zur medikamentösen Therapie zu bilden scheint (Thompson, Gallagher & Steinmetz-Breckenridgs, 1987), ist ein prophylaktischer Effekt noch nicht ausreichend belegt. Dieser wäre um so wichtiger, als eine prophylaktische Pharmakotherapie bei älteren Menschen häufig nicht durchführbar ist.

Zur Effektivität der *Verhaltenstherapie* bei älteren depressiven Menschen (Hautzinger, 1992) liegen, im Gegensatz zur kognitiven Therapie, nur wenige Untersuchungen vor. Vergleichende Untersuchungen zeigen, daß die Effekte der verhaltenstherapeutischen Behandlung bei leichten bis mittelgradigen depressiven Störungen mit den Erfolgen der kognitiven Therapie vergleichbar sind.

Die zentralen Themenbereiche der in Deutschland nur wenig verbreiteten *Interpersonellen Therapie* (Klerman, Weissman, Rounsaville & Chevron, 1984, Weissman & Markowitz, 1994) sind Rollenwandel und Rollenkonflikte sowie übersteigerte Trauerreaktionen und interpersonelle Schwierigkeiten. Damit erscheint diese Therapie für die Behandlung depressiver Störungen – für die Akutbehandlung ebenso wie für die Rückfallprophylaxe – besonders geeignet. Es ist zusätzlich von Vorteil, daß die Interpersonelle Therapie auch bei Patienten mit leichten kognitiven Störungen durchführbar ist. Bei jüngeren Patienten ist die Effektivität gut belegt, wobei der Behandlungseffekt häufig länger anhält als bei anderen Therapieformen. Zur Effektivität der Interpersonellen Therapie mit älteren Menschen in Kombination mit Pharmakotherapie liegen Ergebnisse einer kontrollierten Untersuchung vor. Mit 79 Prozent lag die Vollremissionsrate deutlich über der Erfolgsquote von 50 bis 60 Prozent einer rein pharmakologischen Behandlung (Reynolds et al., 1992).

Psychodynamische Kurztherapien haben sich vor allem auf die Auseinandersetzung mit Endlichkeit und Tod konzentriert. Sie belegen die Notwendigkeit einer nachgeholten Trauerarbeit bei chronifizierten Depressionen. Eine ähnliche Thematik ist mit der *Erinnerungstherapie* angesprochen, die aus der Life Review Konzeption von Butler (1963) abgeleitet ist. Elemente dieser Therapieform findet man häufiger in gerontologischen Behandlungsprogrammen, vor allem in Gruppentherapien. Ein erwähnenswerter Nebeneffekt besteht in der Möglichkeit, Lebenserfahrung und Lebensweisheit an andere Patienten weiterzugeben (Kurz & Fuchs, 1997). Eine systematische Evaluation steht aber – ebenso wie im Falle psychodynamischer Kurztherapien – noch aus.

Relativ neu ist auch die *Einbeziehung von Angehörigen* depressiver Patienten in die Psychotherapie. Dies ist um so überraschender, als ein Zusammenhang zwischen familiären Konflikten und der Wahrscheinlichkeit eines Rückfalls belegt ist (Hinrichsen & Hernandez, 1993). Erste Hinweise auf eine sinkende Rückfallwahrscheinlichkeit bei Einbeziehung der Familie in die psychotherapeutische Behandlung liegen vor (O'Leary & Beach, 1990).

Die Möglichkeiten psychotherapeutischer Intervention bei Depressionen (ebenso wie bei Angstsyndromen, Phobien und somatoformen Störungen) sind nach heutigem theoretischen und praktischen Kenntnisstand nicht in Frage zu stellen. Die These mangelnder Reflexions-, Kritik- und Umstellungsfähigkeit im Alter läßt sich nicht aufrechterhalten. Allerdings sind *Modifikationen* der psychotherapeutischen Intervention zu berücksichtigen. Diese ergeben sich aus der Besonderheit des Alters auf der physischen Dimension (höhere Krankheitsanfälligkeit), auf der psychischen Dimension (bei einem Teil der älteren Menschen bestehen psychische Störungen bereits seit vielen Jahren oder sogar seit mehreren Jahrzehnten) und auf der sozialen Dimension (erhöhte Wahrscheinlichkeit des Verlusts nahestehender Menschen und dadurch bedingte Zunahme der Vulnerabilität).

Die Modifikationen betreffen zum einen die psychotherapeutische *Methode:* Beispiele dafür sind die stärkere Konzentration auf akute psychische Krisen und Konflikte oder die stärkere Vernetzung der psychotherapeutischen Intervention mit der medizinischen und sozialen Intervention. Die Modifikationen betreffen zum anderen die psychotherapeutischen *Inhalte:* Es ist damit zu rechnen, daß Krisen im Alter

akute psychische Störungen hervorrufen oder chronifizierte Störungen verstärken. Vor allem chronische und lebensbedrohliche Erkrankungen, chronische Schmerzen, Einbußen der Selbständigkeit und der Verlust nahestehender Menschen sind auslösende Momente für Krisen im Alter. Da diese im Erleben des Menschen dominieren, bestimmen sie auch die Inhalte der Psychotherapie wesentlich mit. Die Modifikationen betreffen schließlich die psychotherapeutischen *Ziele:* Bei chronifizierten Störungen sollte nicht die vollständige Heilung des Patienten als Ziel definiert werden, sondern eher die Stabilisierung der psychischen Ressourcen, durch die die bessere Verarbeitung akuter psychischer Krisen im Alter gefördert wird.

Hervorzuheben sind an dieser Stelle auch die Möglichkeiten und Grenzen der Intervention bei jenen Störungen, die auf *Gehirnerkrankungen* zurückgehen. Auf den ersten Blick legen diese Erkrankungen (vor allem die verschiedenen Formen der Demenz oder hirnorganische Psychosyndrome) die Annahme nahe, daß die psychotherapeutische Intervention zu keinen Erfolgen führen könne. Bei tiefergehender Analyse sind jedoch auch hier Möglichkeiten der Intervention erkennbar, wobei allerdings Veränderungen in den Erfolgskriterien sowie Erweiterungen im Spektrum der Interventionsansätze berücksichtigt werden müssen (vgl. Oesterreich, 1993):

a) *Erfolgskriterien:* Bei einem Patienten, der an einer Alzheimer-Demenz leidet, kann durch kognitives Training und Selbständigkeitstraining im frühen und mittleren Stadium der Erkrankung dazu beigetragen werden, daß die Verluste in der kognitiven und alltagspraktischen Kompetenz nicht so rasch fortschreiten, wie dies ohne Intervention der Fall wäre. Bei einem Patienten, der an einer Multi-Infarkt-Demenz leidet (die bei adäquater internistischer und nervenärztlicher Behandlung nicht progredient verlaufen muß, sondern durchaus stagnieren kann), wird durch die beiden genannten Formen der Intervention zur Erhaltung der bestehenden Ressourcen im kognitiven und alltagspraktischen Bereich beigetragen. Die Intervention mit dem Ziel einer zeitlich begrenzten oder dauernden Linderung von Verlusten sowie einer Stabilisierung der Kompetenz auch auf eingeschränktem Niveau sollte stärker als bisher als eine Aufgabe klinisch-psychologischer Tätigkeit verstanden werden.

b) *Erweitertes Spektrum der Interventionsansätze:* Patienten, die an Gehirnerkrankungen leiden, benötigen in vielen Fällen psychotherapeutische Unterstützung, die sie in die Lage versetzt, die eingetretenen Verluste psychisch besser zu verarbeiten. Es ist hervorzuheben, daß viele Patienten die eingetretenen Verluste im kognitiven und alltagspraktischen Bereich sowie in ihrer Persönlichkeit wahrnehmen und auf diese nicht selten mit extremer Angst oder Panik antworten. Die psychotherapeutische Unterstützung verfolgt hier das Ziel, diese psychischen Reaktionen zu lindern. – Darüber hinaus ist zu beachten, daß durch kognitives Training (zum Beispiel Denk- und Gedächtnistraining) sowie durch Selbständigkeitstraining (selbständige Ausübung einzelner Aktivitäten des täglichen Lebens) dazu beigetragen werden kann, daß die bestehenden kognitiven und alltagspraktischen Ressourcen möglichst lange genutzt und Kontrollüberzeugungen gestärkt werden. Diese Möglichkeiten der Kompetenzförderung sollten im Kontext psychologischer Intervention stärker berücksichtigt werden.

4. Literatur

Baltes, P. B (1990). Entwicklungspsychologie der Lebensspanne: Theoretische Leitsätze. *Psychologische Rundschau, 41*, 1–24.

Baltes, M. M. & Montada, L. (Hrsg.). (1996). *Produktives Leben im Alter.* Frankfurt: Campus.

Baltes, M. M. & Wahl, H. W. (1989). The behavioral and social world of the institutionalized elderly: Implications for health and optimal development. In M. Ory & R. Abeles (Eds.), *Aging, health, and behavior* (pp. 102–121). Baltimore: John Hopkins Press.

Birren, J. E. & Deutchman, D. E. (1991). *Guiding autobiography groups for older adults. Exploring the fabric of life.* Baltimore: The John Hopkins University Press.

Borscheid, P. (Hrsg.) (1995). *Alter und Gesellschaft.* Stuttgart: Hirzel – Wissenschaftliche Verlagsgesellschaft.

Brandtstädter, J. & Renner, G. (1990). Tenacious goal pursuit and flexible goal adjustment: Explication and age-related analysis of assimilative and accomodative strategies of coping. *Psychology and Aging, 8*, 58–67.

Brodaty, H., Harris, L., Peters, K., Wilhelm, K., Hickie, I., Boyce, P., Mitchell, P., Parker, G. & Eyers, K. (1993). Prognosis of depression in the elderly. A comparison with younger patients. *British Journal of Psychiatry, 163*, 589–596.

Butler, R. N. (1963). The life review. An interpretation of reminiscence in old age. *Psychiatry, 26*, 65–76.

Cooper, B. (1989). Epidemiologie psychischer Erkrankungen im Alter. In D. Platt & K. Oesterreich (Hrsg.), *Handbuch der Gerontologie* (Band V: Neurologie, Psychiatrie, S. 73–90). Stuttgart: Fischer.

Erlemeier, N. (1998). Suizidalität im Alter. In A. Kruse (Hrsg.), *Jahrbuch der medizinischen Psychologie: Gerontologie – Anwendung und Intervention.* Göttingen: Hogrefe.

Fuchs, T. & Zimmer, E. T. (1992): Verhaltenstherapeutische und psychodynamische Therapieansätze bei Altersdepressionen. *Verhaltenstherapie, 2*, 244–250.

Häfner, H. (1992). Psychiatrie des höheren Lebensalters. In P. B. Baltes, J. Mittelstraß (Hrsg.), *Zukunft des Alterns und gesellschaftliche Entwicklung* (S. 151–179). Berlin: de Gruyter.

Hautzinger, M. (1992). Verhaltenstherapie bei Depression im Alter. *Verhaltenstherapie, 2*, 217–221.

Havighurst, R. (1972). *Developmental tasks and education.* New York: McKay.

Heuft, G., Kruse, A., Nehen, G. & Radebold, H. (Hrsg.) (1995). *Interdisziplinäre Gerontopsychosomatik.* München: Medizinischer Verlag.

Hinrichsen, G. A. & Hernandez, N. A. (1993). Factors associated with recovery from and relapse into major depressive disorder in the elderly. *American Journal of Psychiatry, 150*, 1820–1825.

Infratest (1993). *Hilfe- und Pflegebedürftige in Privathaushalten.* Bericht zur Repräsentativerhebung im Forschungsprojekt «Möglichkeiten und Grenzen selbständiger Lebensführung». Schriftenreihe des Bundesministerium für Familie und Senioren. Stuttgart: Kohlhammer.

Junkers, G. (1995). *Klinische Psychologie und Psychosomatik des Alterns.* Stuttgart: Schattauer.

Klerman, G. L., Weissman, M. M., Rounsaville, B. J. & Chevron, E. S. (1984). *Interpersonal Psychotherapy of Depression.* New York: Basic Books.

Kliegl, R., Smith, J. & Baltes, P. (1989). Testing-the-limits and the study of adult age differences in cognitive plasticity and of mnemonic skill. *Developmental Psychology, 25*, 247–256.

Kohli, M. (1992). Altern in soziologischer Perspektive. In P. B. Baltes & J. Mittelstraß (Hrsg.), *Zukunft des Alterns und gesellschaftliche Entwicklung* (S. 231–259). Berlin: de Gruyter.

Kruse, A. (1990). Potentiale im Alter. *Zeitschrift für Gerontologie, 23*, 235–245.

Kruse, A. (1992). Altersfreundliche Umwelten: Der Beitrag der Technik. In P. B. Baltes & J. Mittelstraß (Hrsg.), *Zukunft des Alterns und gesellschaftliche Entwicklung* (S. 668–694). Berlin: de Gruyter.

Kruse, A. (1995). Entwicklungspotentialität im Alter. Eine lebenslauf- und situationsorientierte Sicht psychischer Entwicklung. In P. Borscheid (Hrsg.), *Alter und Gesellschaft* (S. 63–86). Stuttgart: Hirzel – Wissenschaftliche Verlagsgesellschaft.

Kurz, A. & Fuchs, T. (1998). Psychotherapie als Bestandteil der gerontopsychiatrischen Behandlung. In A. Kruse (Hrsg.), *Jahrbuch der medizinischen Psychologie: Gerontologie – Anwendung und Intervention.* (S. 219–231). Göttingen: Hogrefe.

Lehr, U. (1996). *Psychologie des Alterns* (8. Auflage). Heidelberg: Quelle & Meyer.

Lehr, U. & Thomae, H. (1991). *Alltagspsychologie. Aufgaben, Methoden, Ergebnisse.* Darmstadt: Wissenschaftliche Buchgesellschaft.

Myers, J.K., Weissman, M.M., Tischler, G.L., Holzer, D.E., Leaf, P.J., Orvaschel, H., Anthony, J.C., Boyd, J.H., Burke, J.D., Kramer, M. & Stoltzman, R. (1984): Six-month prevalence of psychiatric disorders in three communities. 1980 to 1982. *Archives of General Psychiatrie, 41, 959–967.*

Oesterreich, K. (1993). *Gerontopsychiatrie.* Berlin: Quintessenz.

O'Leary, K.D. & Beach, S.R.H. (1990). Marital therapy: a viable treatment for depression and marital discord. *American Journal of Psychiatry, 147,* 183–186.

Oswald, W.D. & Rödel, G. (Hrsg.). (1994). *Gedächtnistraining.* Göttingen: Hogrefe.

Radebold, H. (1992). *Psychodynamik und Psychotherapie Älterer.* Heidelberg: Springer.

Reynolds, C.F., Frank, E., Perel, J.M., Imber, S.D., Cornes, C., Morycz, R.K., Mazumdar, S., Miller, M.D., Pollok, B.G., Rifai, A.H., Stack, J.A., George, C.J., Houck, P.R. & Kupfer, D.J. (1992). Combined pharmacotherapy in the acute and continuation treatment of elderly patients with recurrent major depression: a preliminary report. *American Journal of Psychiatry, 149,* 1687–1692.

Rodin, J. (1980). Managing the stress of aging: The role of control and coping. In S. Levine & H. Ursini (Eds.), *Coping and health* (pp. 35–68). New York: Plenum Press.

Rogers, C. (1983). Die klientenbezogene Psychotherapie. In R.J. Corsini (Hrsg.), *Handbuch der Psychotherapie* (S. 471–512). Weinheim: Beltz.

Rosenmayr, L. (1990). *Die Kräfte des Alters.* Wien: Verlag Atelier.

Schmitz-Scherzer, R. (1992). Sterben und Tod. In P.B. Baltes, J. Mittelstraß (Hrsg.), *Zukunft des Alterns und gesellschaftliche Entwicklung* (S. 544–562). Berlin: de Gruyter

Shock, N.W., Greulich, C.R., Andres, R. & Costa, P.T. (1984). *Normal human aging: The Baltimore Longitudinal Study on Aging.* Wahington, D.C.: National Institutes of Health (Publications No 84-2450).

Steinhagen-Thiessen, E., Gerok, W. & Borchelt, M. (1992). Innere Medizin und Geriatrie. In P.B. Baltes & J. Mittelstraß (Hrsg.), *Zukunft des Alterns und gesellschaftliche Entwicklung* (S. 124–150). Berlin: de Gruyter.

Thomae, H. (1983). *Alternsstile und Altersschicksale.* Bern: Huber.

Thomae, H. (1996). *Das Individuum und seine Welt* (3., neu bearbeitete Aufl.). Göttingen: Hogrefe.

Thompson, L.W., Gallagher, D. & Steinmetz-Breckenridgs, J. (1987). Comparative effectiveness of psychotherapies for depressed elders. *Journal of Consulting Clinical Psychology, 55,* 385–390.

Weinert, F.E. (1995). Gedächtnisdefizite und Lernpotentiale: Diskrepanzen, Differenzen und Determinanten geistigen Alterns. In A. Kruse & R. Schmitz-Scherzer (Hrsg.), *Psychologie der Lebensalter* (S. 156–166). Darmstadt: Steinkopff.

Weissman, M.M & Markowitz, J.C. (1994). Interpersonal psychotherapy. Current status. *Archives of General Psychiatry, 51,* 599–606.

Teil VIII
Störungen von inter-
personellen Systemen

41. Beziehungs- und Sexualstörungen
41.1 Klassifikation und Diagnostik

Dirk Revenstorf und Elsbeth Freudenfeld

Inhaltsverzeichnis

1. Einleitung

Von vielen Autoren wird die Auffassung vertreten, daß Beziehungsstörungen und funktionelle Sexualstörungen zwei Seiten derselben Medaille seien und daher gemeinsam behandelt werden sollten (Arentewicz & Schmidt, 1980). Eine strikte psychophysische Parallelität scheint jedoch zwischen diesen Bereichen nicht vorzuherrschen, sondern manche Paare tragen ihre Konflikte mehr auf der verbalen, andere mehr auf der sexuellen Ebene aus. Es ist immer nötig, in der Paartherapie frühzeitig nach der sexuellen Beziehung zu fragen. Und es ist immer sinnvoll, in der Sexualtherapie die nicht-sexuelle Kommunikation zu durchleuchten, sofern ein Partner vorhanden ist. Die Störungsbilder werden im folgenden nach drei Rubriken geordnet: Paar-Beziehung, Sexualität und Familie.

2. Klassifikation

2.1 Beziehungsstörungen

Wenn individuelle Charaktere und ihre Störungen schon vielgestaltig sind, so wird die Vielzahl der Beziehungstypen mit deren möglichen Störungen fast unübersehbar. Reiter (1983) katalogisiert etwa 30 Ansätze zur Klassifikation von Beziehungen und deren Störungen, wobei die Anzahl der Typen innerhalb der Ansätze zwischen 2 und 20 schwankt.

Es gibt Störungen, die auf *individuelle Persönlickeitssmerkmale* und die entsprechende *neurotische Partnerwahl* zurückgehen, wie beispielsweise bei depressiven, hysterischen oder auch sadistischen Zügen eines Partners. Willi (1975) spricht in diesem Zusammenhang von *Kollusionen,* die er auf Fixierungen in psychosexuellen Phasen (narzistisch, oral, anal und phallisch) zurückführt. Dabei unterscheidet er eine regressive und eine progressive Form der Fixierung, die sich in der Paarbeziehung komplementär ergänzen. Etwa wird in der analen Fixierung das Thema der Kontrolle zur Kollusion, indem der eine Partner den anderen dominiert und dieser sich unterwirft. Oder der oral regressive und oral progressive Partner ergänzen sich, indem sich der eine versorgen läßt und der andere versorgt. Es finden sich auch andere komplexe Formen der Komplementarität zwischen den Merkmalen beider Partner: so etwa beim Sadismus und Masochismus oder beim Zwangscharakter und hysterischen Charakter. Für Einzelheiten darf auf Reiter (1983) verwiesen werden.

Zusätzlich können Beziehungsstörungen in Bezug auf ihre zeitliche Entwicklung betrachtet werden: so können Beziehungen problematisch werden, wenn sie sich im Laufe der Zeit nicht weiterentwickeln. Sie können auch dann problematisch werden, wenn einer der Partner einen individuellen Entwicklungsschritt im Sinne seiner *Individuation* vollzieht, oder sie können durch eine zunehmende Verhärtung eines zugrundeliegenden *neurotischen Konflikts* beider Partner kritisch werden *(Verklammerung),* der – in beiden Persönlichkeitsstrukturen angelegt – durch gegenseitige Passung bei mangelnder Flexibilität zur Eskalation tendiert (vgl. Revenstorf, 1985).

Nach mehreren Langzeitstudien, in denen die Interaktion von Paaren beobachtet und ausgewertet wurde, entwickelte Gottman (1993b) eine *Balance-Theorie,* nach der die Stabilität oder Auflösung von Beziehungen anhand zweier Variablen vorausgesagt werden kann: das Überwiegen von positiven Gesprächsreaktionen (Interesse, positive Zuwendung usw.) oder von negativen Gesprächsreaktionen (Kritik, Abwertung, abwehrendes Verhalten usw.). Nach dieser Theorie stellt sich für jedes Paar ein spezifisches Verhältnis zwischen Positivität und Negativität ein, das prognostische Aussagen zuläßt. Danach erhalten die Beziehungen die beste Prognose, in denen das Verhältnis zwischen positiven und negativen Interaktionen bei 5:1 liegt, während instabile Ehen ein Verhältnis von kleiner als 1:1 aufweisen. Jedoch erwiesen sich nicht alle negativen Reaktionen als gleich schädigend für die Beziehung: Wut und Ärger weisen nicht auf eine zukünftige Trennung hin, während kritisierendes Verhalten der Ehefrau, Verachtung und Abwehr bei beiden Partnern und «Abschotten» des Ehemannes die größte prognostische Validität für eine spätere Scheidung haben. Eine weitere Typologie findet sich bei Fitzpatrick (1988).

Auf der Balance-Theorie basiert eine Beziehungstypologie, die fünf Arten von Paaren anhand ihres Sprecher- und Zuhörerverhaltens unterscheidet (Gottman, 1993a), wobei sich die ersten drei Gruppen als stabil und die anderen beiden als instabil erwiesen:

(1) *Impulsive Paare* zeichnen sich durch emotionale Expressivität aus, und zwar in positive wie in negative Richtung. Streit und lebhafte Auseinandersetzungen nehmen in diesen Beziehungen viel Raum ein, gehen aber immer auch mit dem Ausdruck von Humor, Interesse und Zuneigung einher.

(2) *Sich bestätigende Paare* bewältigen ihre Konflikte in Diskussionen, in denen sie unterstützend und respektvoll miteinander umgehen und kooperativ an einer Lösung arbeiten, die beide Seiten befriedigt. Emotionen kommen nur gemäßigt zum Ausdruck.

(3) *Konfliktvermeidende Paare* betonen ihre Gemeinsamkeiten, während sie den Unterschieden nur geringe Bedeutung beimessen. Konflikthafte Themen werden am liebsten ignoriert oder nur kurz diskutiert, um möglichst schnell die Harmonie wiederherzustellen.

(4) *Feindselige Paare* sind in Konfliktsituationen zwar engagiert, verhalten sich dabei aber anklagend und abwehrend. Typisch für deren Auseinandersetzungen sind «Gedankenlesen», gegenseitige negative Unterstellungen («Das machst du nur, weil …») und verallgemeinernde Anklagen («Du bist immer/nie …»).

(5) *Feindselig-distanzierte Paare* wirken im Umgang miteinander emotional gleichgültig, können aber über triviale Themen in kurze, heftige Auseinandersetzungen geraten, wobei ein Partner attackiert, während der andere abwehrt und sich zurückzieht.

Interessant an dieser Typologie sind vor allem die erste und die dritte Gruppe, die zwei häufig angenommene Hypothesen für Dysfunktionalität in der Ehe widerlegen: nämlich daß sowohl emotionale Eskalation als auch Konfliktvermeidung zur Verschlechterung von Beziehungen beitragen. Das Geheimnis der Stabilität dieser Beziehungen scheint demnach darin zu liegen, daß die Partner sich gegenseitig und die Beziehung überwiegend positiv einschätzen, was sich in ihrer Interaktion in einer günstigen Balance zwischen konstruktiven und destruktiven Reaktionen ausdrückt.

Viele der Typologien, wie die von Gottman, haben eine systematische Basis, andere wiederum entstammen der klinischen Beobachtung. Doch keiner von ihnen kann man ohne weiteres den Vorzug klinischer Praktikabilität geben. So interessant sie im einzelnen erscheinen mögen, die Frage nach der Indikation läßt sich anhand solcher Kategorien meist nicht beantworten.

Der Therapeut muß entscheiden, ob der Schwerpunkt der Therapie a) im sexuellen Bereich liegt, oder b) in der verbalen Kommunikation oder c) im Austausch auf der Handlungsebene. Sollen d) individuelle neurotische Anteile – die sich eventuell ergänzen – betrachtet werden, oder soll e) die Beziehung zu den Eltern oder zu den Kindern mit einbezogen werden? Diese diagnostischen Fragen klären sich meist erst im Verlauf der Therapie: einerseits anhand des Interventionsrepertoires des Therapeuten, zum anderen durch das Angebot der Klienten. Hilfreich erscheint auch die Unterscheidung von Stufen der Intervention, die auf Amendt (zitiert nach Wendt, 1979) zurückgeht: die «Limitierte Intervention», die «Spezifische Suggestion» und die «Intensive Therapie» (LI-SS-IT).

In DSM-IV bzw. ICD-10 finden wir Zusatzkategorien, mit denen Beziehungsstörungen codiert werden können:

– DSM-IV: andere klinisch relevante Probleme (Achse I), Bereich menschliche Probleme: Partnerschaftsprobleme (ICD-9-CM: V61.1), zwischenmenschliche Probleme im Zusammenhang mit einer psychischen Störung oder einem medizinischem Krankheitsfaktor (V61.9).
– ICD-10: Faktoren, die den Gesundheitszustand beeinflussen und zur Inanspruchnahme von Gesundheitsdiensten führen (Kap. XXI [Z]): Z63.0 Probleme in der Beziehung zum (Ehe)partner.

2.2 Sexualstörungen

Unter Sexualstörungen werden unterschiedliche Störungen subsumiert. Zu unterscheiden sind sexuelle Funktionsstörungen (ICD 10: F52), Störungen der Geschlechtsidentität (F64; z. B. Transvestismus unter Beibehaltung beider Geschlechtsrollen) und Störungen der Sexualpräferenz (F65; z. B. Pädophilie). Im folgenden wird nur auf die Funktionsstörungen eingegangen.

Die früher üblichen Bezeichnungen «Impotenz» und «Frigidität» bei männlichen oder weiblichen Sexualstörungen haben sich als zu global und zudem als diskriminierend erwiesen. Um Störungen der Sexualität zu differenzieren, wird im DSM-IV zwischen vier Phasen des sexuellen Erlebens unterschieden: einer Appetenz-, einer Erregungs-, einer Orgasmus- und einer Resolutions-Phase.

Für die *Appetenzphase* werden sexuelle Aversion und Mangel oder Verlust des sexuellen Verlangens als Störungen genannt. In ICD-10 wird zusätzlich gesteigertes sexuelles Verlangen klassifiziert.

In der *Erregungsphase* können für Mann und Frau gleichermaßen eine Erregungsschwäche oder ein Erregungsverlust vorliegen, die in der mangelhaften Blutfülle und geringen Schwellung des Penis beim Mann, bzw. der Schamlippen und der Scheidenumgebung bei der Frau, zum Ausdruck kommen. Diese Phase geht bei der Frau mit der Lubrikation der Scheide einher, die vermindert sein kann. Analog kann beim Mann eine Erektionsschwäche vorliegen.

Beim männlichen *Orgasmus* läßt sich die Emission von der Ejakulation unterscheiden. Während mit der Ejakulation die Beförderung des Ejakulats durch die Harnröhre nach außen gemeint ist, die durch die quergestreifte Muskulatur der Penisbasis bewirkt wird, stellt die Emission die Kontraktion der inneren Geschlechtsorgane dar (Samenblase, Prostata und Samenleiter). Hierdurch wird das Ejakulat in den hinteren Teil der Harnröhre befördert. Diese Phase wird vom Mann als Unvermeidlichkeit der Ejakulation wahrgenommen. Beim weiblichen Orgasmus wurde früher zwischen klitoralem und vaginalem Orgasmus unterschieden, was heute als unzutreffend angesehen wird. Der weibliche Orgasmus wird als ein einheitlicher Reflex klonischer Kontraktionen bestimmter Muskelgruppen angesehen, der gleichermaßen entweder durch Reizung der Klitoris oder der vaginalen Schleimhaut ausgelöst werden kann. Eine anatomische Struktur an der Vaginaoberfläche, durch deren Reizung der Orgasmus besonders leicht veranlaßt wird (der sog. Grafenbergpunkt), hat sich ebensowenig bestätigen lassen, wie die Absonderung einer Flüssigkeit während des Orgasmus, analog zum Prostatasekret des Mannes (Ladas, Whipples & Perry, 1983; Masters & Johnson, 1993). *Orgasmusstörungen* bestehen darin, daß der Orgasmus gar nicht oder nur stark verzögert eintritt und können sowohl beim Mann wie auch bei der Frau auftreten. Der früher für die weibliche Orgasmusstörung übliche Begriff Anorgasmie erscheint zu ausschließlich und wird nicht mehr verwendet. Als Störung der männlichen Orgasmusphase kann eine verfrühte Ejakulation *(Ejaculatio praecox)* auftreten, die einen befriedigenden Geschlechtsverkehr für beide Partner verhindert. Als speziell weibliche Reaktionen werden zwei *Schmerzstörungen* beschrieben. Beim *Vaginismus* kommt es zu einer reflexartigen Verkrampfung der Scheidenmuskulatur beim Versuch der Penetration. Als *Dyspareunie* werden Beschwerden während des Geschlechtsverkehrs, wie Jucken, Schmerzen oder Brennen beschrieben.

Für die *Resolutionsphase* zählt Zimmer (1985) zudem Mißempfindungen nach dem Geschlechtsverkehr zu den Sexualstörungen (Schmerzen, Erschöpfung, depressive oder aggressive Verstimmungen).

Sexualstörungen werden als primär bezeichnet, wenn Erregung oder Orgasmus noch nie stattgefunden haben; sie werden sekundär genannt, wenn sie nur in bestimmten Situationen vorkommen oder zu einem anderen Zeitpunkt abwesend waren. Bevor eine Differenzierung der funktionellen Sexualstörungen vorgenommen werden kann, sind *organische Störungen* der Sexualität abzuklären. Organische Befunde, die einer sexuellen Störung zugrunde liegen können, sind bei der Frau beispielsweise eine mißlungene Dammnaht nach der Geburt oder beim Mann die Verengung der Vorhaut (Phimose). Außerdem können Mißbildungen der äußeren Geschlechtsorgane sowie Hymenreste zu Störungen des sexuellen Erlebens führen.

Sexuelle Probleme treten häufig unter *Drogeneinfluß* auf. So finden sich bei Alkoholikern oftmals Appetenzverlust, Erektionsschwäche oder ejaculatio praecox, während es bei Drogenabhängigkeit zum Ejakulationsverlust kommen kann. Des weiteren wirken sich viele Neuroleptika, Antidepressiva, Sedativa, Antiepileptika, Beta-Blocker und andere Pharmaka negativ auf die sexuelle Appetenz und Erregung sowie die Orgasmusfähigkeit aus. **Tabelle 1** enthält zusammenfassend die wichtigsten Störungen. Nicht eingegangen wird hier auf Mißbrauch und sexuelle Abweichungen (vgl. ICD-10: F65): Fetischismus, fetischistischer Transvestismus, Exhibitionismus, Voyeurismus, Pädophilie und Sadomasochismus. Ihre Behandlung würde den Rahmen dieses Kapitels sprengen.

Tabelle 1: Psychosexuelle Funktionsstörungen im Überblick (DSM-IV mit ICD-9-CM und ICD-10 Code)

Phase	Frau	Mann
Appetenz – Hemmung – Exzess – Aversion	Störung mit verminderter sexueller Appetenz (302.71; F52.0) (ICD: gesteigertes sexuelles Verlangen; F52.7) Störung mit sexueller Aversion (302.79;F52.10)	Störung mit verminderter sexueller Appetenz (302.71; F52.0) (ICD: gesteigertes sexuelles Verlangen; F52.7) Störung mit sexueller Aversion (302.79; F52.10)
Erregung	Störung der sexuellen Erregung (302.72; F52.2) Vaginismus (306.51; F52.5) Dyspareunie (302.76; F52.6)	Störung der sexuellen Erregung (302.72; F52.2)
Orgasmus	Weibliche Orgasmusstörung (302.73; F52.3)	Männliche Orgasmusstörung (302.74; F52.3) Ejaculatio Praecox (302.75; F52.4)

2.3 Störungen des Familiensystems

Systemische Ansätze der Familientherapie gehen von der regulativen Funktion individueller Symptome aus. Das heißt, der Symptomträger (Indexpatient) leistet mit seinem Problemverhalten einen meist unbewußten Beitrag zur Erhaltung der Familiengemeinschaft. Etwa kann dem wiederholten Prüfungsversagen des jüngsten Kindes die Funktion zugeschrieben werden, die Eltern vor der Krise des «leeren Nestes» zu bewahren. In der komplexen Struktur der Familie kann sich die Störung in unterschiedlichen Aspekten des Systems äußern. Entsprechende Ausführungen finden sich in der psychodynamisch orientierten (Boszormenyi-Nagy & Spark, 1981; Stierlin, 1992), strukturellen (Minuchin, Rosman & Baker, 1981) sowie strategischen Familientherapie (Haley, 1977; Selvini-Palazzoli, Boscolo, Cecchin & Prata, 1977; Madanes, 1982). Zusammengefaßt ergeben sich folgende Möglichkeiten, wie sich eine Störung im Familiensystem äußern kann:

(1) *Entwicklungsstufe:* Jede Familie durchläuft unterschiedliche Phasen, die in der Regel mit Übergangskrisen verbunden sind. Zum Beispiel bringt die Geburt eines Kindes häufig eine Aufmerksamkeitsverlagerung bei der Frau vom Ehemann auf den Säugling mit sich. Das kann zu Störungen führen, wenn der Ehemann dies als Kränkung erlebt und sich vermehrt Ersatzobjekten zuwendet (Beruf, Alkohol u. a.).

(2) *Struktur:* Innerhalb der Familie existieren funktionelle Subsysteme, z. B. das der Eltern, das der Kinder oder der Großeltern. Wenn die Grenzen zwischen den Generationen unklar werden, etwa durch transgenerationelle Koalitionen, kommt es zu einer Störung der natürlichen Hierarchie. Ein Beispiel hierfür wäre das parentifizierte Kind, das für einen schwachen Elternteil sorgt.

(3) *Regeln* haben die Funktion, die Homöostase in Systemen aufrechtzuerhalten. Symptomatische Familien fallen meist dadurch auf, daß sie an rigiden Mustern und – häufig unausgesprochenen – Regeln festhalten, die eine Weiterentwicklung auf systemischer oder individueller Ebene verhindern. Zum Beispiel könnte die Regel «Bei uns halten alle zusammen.» erschweren, daß ein pubertierendes Kind sich aus der Familie löst und dazu führen, daß Symptome entwickelt werden, die es ermöglichen, ohne offene Konfrontation die Regel zu unterlaufen.

(4) *Sequenzen:* Störungen in der Familie zeigen sich u. U. in wiederkehrenden markanten Kommunikationsformen und Verhaltenssequenzen. Etwa streitet die Mutter mit dem Vater, wenn die anorektische Tochter das Essen verweigert.

(5) *Familienidentität:* Wenn es den Kindern (unbewußt) übertragen wird, bestimmte Lebensziele zu erreichen, an denen die Eltern gehindert waren (gesellschaftlicher Status, Berufswahl, persönliche Freiheiten), spricht man von Delegation. Solche Vermächtnisse können destruktiver Natur sein, indem die Eltern Kritik oder Verwünschungen weitergeben, die sie selbst in ihrer Kindheit erlitten haben. Solche Aufträge haben die Tendenz, die Entwicklungsfreiheit der Kinder einzuschränken. Zur Identität der Familie können auch die sogen. Familienmythen beisteuern, die im Sinne eines über die Generationen weitergegebenen «Schicksals» bestimmte Verhaltensweisen tradieren und günstigere Entwicklungen behindern.

Die wohl allgemeinste Klassifikation von Beziehungsstörungen haben Olson, Sprenkle und Russel (1979) herausgearbeitet. Danach lassen sich Konflikte auf den beiden Dimensionen der *Kohäsion* und der *Adaptibilität* lokalisieren. Es gibt einerseits Familien (und Ehepaare), in denen die einzelnen Partner nebeneinander *isoliert* leben (geringe Kohäsion), zum anderen solche, wo es keine persönlichen Freiräume mehr gibt und das Maß an Intimität überzogen ist *(Verstrickung).* Außerdem kann die Adaptibilität des Verhaltens innerhalb des Systems sehr *rigide* sein und unverändert über lange Zeiten festgehalten werden, oder es gibt überhaupt keine Regeln bzw. sie werden ständig verändert, so daß das Zusammenleben *chaotisch* erscheint. Die extremen Kombinationen wie chaotisch-isoliert, chaotisch-verstrickt, rigide-verstrickt und rigide-isoliert sind angeblich besonders anfällig für Beziehungsstörungen (vgl. hierzu auch Reiter & Steiner, 1982). Ist der Konflikt der Familie oder des Paares mehr auf der Dimension Nähe-Distanz angesiedelt, so wird sich die Intervention auf die Regelung der Distanz beziehen (s. auch Christensen & Shenk, 1991); liegt der Konflikt eher auf der Dimension der Adaptibilität, so wird es bei der Intervention um die Veränderung der Einflußnahme einzelner Personen und um die Revision von Regeln innerhalb der Familie gehen.

Nebem dem am besten bekannten Circumplex-Modell von Olson et al. (1979) finden sich in der Literatur diverse weitere Modelle, welche eine umfassende Klassifikation und Diagnostik von Familiensystemen erlauben (Überblick s. Walsh, 1993). Als Beispiele seien genannt: Beavers-System (Dimensionen Grenzen, Autonomie, Macht, Intimität, positive Resourcen, Problemlösung, familiäre Werte, kontextuelle Klarheit, familiäre Orientierung); McMasters Modell (Dimensionen: Problemlösung, Kommunikation, Rollenorientierung, affektiver Austausch, affektive Mitteilung, Verhaltenskontrolle).

3. Diagnostik

• *Beziehungsstörungen.* Es gibt eine Reihe von Instrumenten zur Messung von Beziehungsstörungen und deren Ausmaß. Am aufwendigsten sind Interaktionsbeobachtungen (vgl. Gottman, 1993b), am einfachsten ist die Anwendung von Selbstbeurteilungsfragebögen. Als *Fragebögen* zu nennen sind u. a. *Marital Adjustment Scale* MAS, *Dyadic Adjustment Scale* DAS, *Fragebogen zur Kommunikation und Partnerschaft, Marital Satisfaction Inventory* MSI, *Marital Communication Inventory* MCI, *Communication Patterns Questionnaire* (s. Hank, Hahlweg & Klann, 1990; Scholz, 1987; Westhoff, 1993). Als Beispiel sei hier der *Partnerschaftsbogen* von Hahlweg angeführt, der die drei faktorenanalytisch gefundene Aspekte «Streit», «Zärtlichkeit» und «Kommunikation» erfaßt (s. **Kasten 1**; Hahlweg, Schindler & Revenstorf, 1982). Der Gesamtwert kann 90 erreichen und beträgt im Mittel bei unauffälligen Paaren 65 und bei Paaren in Therapie 40. Die Retestzuverlässigkeit wurde über sechs Wochen ermittelt.

Neben den Fragebögen hat sich in der Partnerschafts-Diagnostik insbesondere die *systematische Verhaltensbeobachtung* etabliert. Als Verfahren seien u. a. genannt: *Marital Interaction Coding System* MICS-III, *Couples Interaction Scoring System* CISS (s. Grotevant & Carlson, 1987); *Kategoriensystem für partnerschaftliche Interaktionen* (Hahlweg, Feinstein & Müller, 1988); *System zur Erfassung dyadischem Coping* (Bodenmann, 1995).

• *Sexualstörungen.* Zur Erfassung sexueller Störungen sei auf zwei Fragebögen hingewiesen. Der *Leitfaden zur Anamnese Sexueller Störungen* LASS von Arentewicz und Schmidt (1980) ist als Fremdbeurteilungsverfahren konzipiert und kann daher der Exploration zugrundegelegt werden. Die *Tübinger Skalen zur Sexualtherapie* TSST von Zimmer (1989) enthalten sechs Skalen, die das Störungsausmaß, die Einflußverteilung in der Beziehung, Selbstbefriedigung (Intensität, Frequenz und Zufriedenheit), Achtung und Respekt (von Seiten des Partners), Körperwahrnehmung und kommunikative Ängste (z. B. vor dem Äußern von Wünschen) erfassen.

• *Störung des Familiensystems.* Eine Vielzahl an Verfahren liegt zur Familiendiagnostik vor. Zu nennen sind Fragebögen (z. B. *Family Adaptibility and Cohesion Evaluation Scale* FACES von Olson; *Familienklimaskalen* von Moos; s. oben), Verhaltensbeobachtung in experimentellen Situationen, Skulpturverfahren, projektive Verfahren (s. Cierpka, 1988, 1996; Hank et al., 1990; Touliatos, Perlmutter & Strauss, 1989).

Zur Diagnose von Paar- und Familiensystemen (s. Cierpka, 1988; 1996) kann man die oben genannten fünf Betrachtungsebenen durchgehen, um pathologische Muster, Strukturen und Regeln zu analysieren und geeignete Ansatzpunkte für die Intervention zu finden. Wenn die Störung des Indexpatienten als Beitrag zur Erhaltung der Familie diagnostiziert wird, ist der Indexpatient zwar meist entlastet, aber man muß darauf achten, daß dadurch andere Personen (etwa die Eltern) nicht beschuldigt werden. Vielmehr geht es darum, die Funktion des Symptomes durch andere Regulative zu ersetzen. Die störungsbezogene Diagnostik ist zweckmäßigerweise durch Interaktionsdiagnostik zu ergänzen. Dazu gehört es festzustellen, wie flexibel die Familie auf Veränderungen reagiert und welche Vorerfahrungen hierfür aktiviert werden können. Interessen, Besonderhei-

Kasten 1
Partnerschaftsfragebogen (PFB) (Hahlweg, 1996)

	nie/sehr selten	selten	oft	sehr oft
1. Er/sie wirft mir Fehler vor, die ich in der Vergangenheit gemacht habe.	0	1	2	3
2. Er/sie streichelt mich während des Vorspiels so, daß ich sexuell erregt werde.	0	1	2	3
3. Ich merke, daß er/sie mich körperlich attraktiv findet.	0	1	2	3
4. Er/sie sagt mir, daß er/sie zufrieden ist, wenn er/sie mit mir zusammen ist.	0	1	2	3
5. Vor dem Einschlafen schmiegen wir uns im Bett aneinander.	0	1	2	3
6. Er/sie bricht über eine Kleinigkeit einen Streit vom Zaun.	0	1	2	3
7. Er/sie teilt mir seine/ihre Gedanken und Gefühle offen mit.	0	1	2	3
8. Wenn wir uns streiten, beschimpft er/sie mich.	0	1	2	3
9. Er/sie reagiert positiv auf meine sexuellen Wünsche.	0	1	2	3
10. Wir schmieden gemeinsam Zukunftspläne.	0	1	2	3
11. Wenn er/sie etwas aus seiner/ihrer Arbeitswelt erzählt, so möchte er/sie meine Meinung dazu hören.	0	1	2	3
12. Wir planen gemeinsam, wie wir das Wochenende verbringen wollen.	0	1	2	3
13. Er/sie berührt mich zärtlich und ich empfinde es als angenehm.	0	1	2	3
14. Er/sie macht mir ein ernstgemeintes Kompliment über mein Aussehen.	0	1	2	3
15. Er/sie bespricht Dinge aus seinem/ihren Berufsleben mit mir.	0	1	2	3
16. Er/sie bemüht sich, sich meine Wünsche zu merken, und erfüllt sie bei passender Gelegenheit.	0	1	2	3
17. Er/sie kritisiert mich in einer sarkastischen Art und Weise.	0	1	2	3
18. Er/sie äußert sich abfällig über eine von mir geäußerte Meinung.	0	1	2	3
19. Wenn er/sie mich offensichtlich falsch behandelt hat, entschuldigt er/sie sich später dafür bei mir.	0	1	2	3
20. Wir unterhalten uns am Abend normalerweise mindestens eine Stunde miteinander.	0	1	2	3
21. Wenn wir uns streiten, können wir nie ein Ende finden.	0	1	2	3
22. Er/sie gibt mir die Schuld, wenn etwas schief gegangen ist.	0	1	2	3
23. Er/sie nimmt mich in den Arm.	0	1	2	3
24. Während eines Streites schreit er/sie mich an.	0	1	2	3
25. Er/sie fragt mich abends, was ich den Tag über gemacht habe.	0	1	2	3
26. Wenn wir uns streiten, verdreht er/sie meine Aussage ins Gegenteil.	0	1	2	3
27. Er/sie spricht mit mir über seine/ihre sexuellen Wünsche.	0	1	2	3
28. Er/sie streichelt mich zärtlich.	0	1	2	3
29. Er/sie sagt mir, daß er/sie mich gern hat.	0	1	2	3
30. Er /sie schränkt mich in meiner persönlichen Freiheit ein.	0	1	2	3

Anmerkungen:
Skala ‹Streitverhalten› enthält Items: 1, 6, 8, 17, 18, 21, 22, 24, 26, 30; Reliabilität: .68 (Retest), .93 (Splithalf)
Skala ‹Zärtlichkeit› enthält Items: 2, 3, 4, 5, 9, 13, 14, 23, 27, 28; Reliabilität: .74 (Retest), .91 (Splithalf)
Skala ‹Gemeinsamkeit/Kommunikation› enthält Items: 7, 10, 11, 12, 15, 16; Reliabilität: .83 (Retest), .88 (Splithalf)

ten und Fertigkeiten stellen wichtige Motivationsquellen dar, die für die Kooperation genutzt werden können. Wenn etwa das Konkurrenzgefühl in der Familie besonders ausgeprägt ist, kann die Veränderung in Form eines Wettstreites eingeführt werden («Wer hört zuerst auf zu rauchen?»)

4. Literatur

Arentewicz, C.Z. & Schmidt, G. (Hrsg.). (1980). *Sexuell gestörte Beziehungen.* Berlin: Springer.

Bodenmann, G. (1995). Die Erfassung von dyadischem Coping: der FDCT-2 Fragebogen. *Zeitschrift für Familienforschung, 7,* 119–148.

Boszormenyi-Nagy, I. & Spark, G. (1981). *Unsichtbare Bindungen. Die Dynamik familiärer Systeme.* Stuttgart: Klett-Cotta.

Christensen, A. & Shenk, J.L. (1991). Comunication, conflict and psychological distance in nondistressed clinical and divorcing couples. *Journal of Consulting and Clinical Psychology, 59,* 458–463.

Cierpka, M. (Hrsg.). (1988). *Familiendiagnostik.* Berlin: Springer.

Cierpka, M. (Hrsg.). (1996). *Handbuch der Familiendiagnostik.* Berlin: Springer.

Fitzpatrick, M.A. (1988). A typological approach to marital interaction. In P. Noller & M.A. Fitzpatrick (Eds.), *Perspectives on marital interaction* (pp. 98–120). Clevendon: Multilingual Matters Ltd.

Gottman, J.M. (1993a). The roles of conflict engagement, escalation and avoidance in marital interaction: A longitudinal view of five types of couples. *Journal of Consulting and Clinical Psychology, 61,* 6–15.

Gottman, J.M. (1993b). A Theory of Marital Dissolution and Stability. *Journal of Family Psychology, 7,* 57–75.

Grotevant, H.D. & Carlson, C.I. (1987). Family interaction coding systems: a descriptive review. *Famliy Process, 26,* 49–74.

Hahlweg, K., Feinstein, E. & Müller, U. (1988). Analyse familiärer und partnerschaftlicher Kommunikation. In M. Cierpka (Hrsg.), *Familiendiagnostik* (S. 153–169). Berlin: Springer.

Hahlweg, K., Schindler, L. & Revenstorf, D. (1982). *Partnerschaftsprobleme.* Berlin: Springer.

Haley, J. (1977). *Direktive Familientherapie. Strategien für die Lösung von Problemen.* München: Pfeiffer.

Hank, G., Hahlweg, K. & Klann, N. (1990). *Diagnostische Verfahren für Berater. Materialien zur Diagnostik und Therapie in Ehe-, Familien- und Lebensberatung.* Weinheim: Beltz.

Ladas, A.K., Whipple, B. & Perry, J.D. (1983). *Der G-Punkt.* München: Pfeiffer.

Madanes, C. (1982). *Strategic family therapy.* San Francisco: Jossey Bass.

Masters, W.H., Johnson, V.E. & Kolodny, R.C. (1993). *Liebe und Sexualität.* Berlin: Ullstein.

Minuchin, S., Rosman, B.L. & Baker, L. (1981). *Psychosomatische Krankheiten in der Familie.* Stuttgart: Klett-Cotta.

Olson, D.H., Sprenkle, D.H. & Russel, C.S. (1979). Circumplex model of marital- and-family systems. *Family process, 18,* 3–28.

Reiter, L. (1983). *Gestörte Paarbeziehungen: theoretische und empirische Untersuchung zur Ehepaardiagnostik.* Göttingen: Vandenhoeck & Ruprecht.

Reiter, L. & Steiner, R. (1982). Gruppentherapie mit nachfolgender Selbsthilfegruppen. *Partnerberatung, 19,* 133–144.

Revenstorf, D. (1985). *Psychotherapeutische Verfahren, Bd. IV.* Stuttgart: Kohlhammer.

Scholz, O.B. (1987). *Ehe- und Partnerschaftsstörungen.* Stuttgart: Kohlhammer.

Selvini-Palazzoli, M.S., Boscolo, L., Cecchin, G. & Prata, G. (1977). *Paradoxon und Gegenparadoxon.* Stuttgart: Klett-Cotta.

Stierlin, H. (1992). *Von der Psychoanalyse zur Familientherapie.* München: dtv.

Touliatos, J., Perlmutter, B.F. & Strauss, M.A. (1989). *Handbook of familiy maesurment techniques.* Newbury Park: Sage Publ.

Walsh, F. (1993). *Normal familiy processes.* New York: Guilford.

Wendt, H. (1979). *Integrative Sexualtherapie.* München: Pfeiffer.

Westhoff, G. (Hrsg.). (1993). *Handbuch psychosozialer Meßinstrumente.* Göttingen: Hogrefe.

Willi, J. (1975). *Die Zweierbeziehung.* Reinbek: Rowohlt.

Zimmer, D. (1985). *Sexualität und Partnerschaft.* München: Urban & Schwarzenberg.

Zimmer, D. (1989). *Fragebogen zur Sexualität und Partnerschaft* (2. Aufl.). Tübingen: Deutsche Gesellschaft für Verhaltenstherapie.

41.2 Beziehungs- und Sexualstörungen: Intervention

Dirk Revenstorf und Elsbeth Freudenfeld

Inhaltsverzeichnis

1. Einleitung

Psychische Störungen lassen sich als Dysfunktion psychischer Mechanismen auffassen. Die einzelnen Therapieschulen haben meist einige dieser Mechanismen in den Mittelpunkt ihrer Betrachtung gestellt, während in diesem Buch eine gesamtpsychologische Sichtweise zugrundegelegt wird. Solche separaten Prozesse sind etwa der Energiehaushalt (in der Psychoanalyse), Kontakt (in der Gestalttherapie), kognitive Prozesse (in der rational-emotiven Therapie), Lernmechanismen (in der Verhaltenstherapie) oder die Sinnfindung (in der Logotherapie). Darüberhinaus lassen psychische Störungen sich als Beziehungsstörungen auffassen – entweder in der freigewählten Partnerschaft (Paartherapie) oder innerhalb der Primärfamilie (Familientherapie). Da sich die meisten Therapieschulen in der Metaanalyse als effizient erweisen (Grawe, Donati & Bernauer, 1994), erscheint es sinnvoll, die verschiedenen psychischen Mechanismen gemeinsam zu betrachten. Damit gelangen die Therapieschulen aus der Konkurrenzsituation in eine ergänzende

Betrachtungsweise. An dem in **Kasten 1** dargestellten Fall soll dies verdeutlicht werden.

Diese unterschiedlichen Betrachtungsweisen sind im Sinne eines Zwiebel-Modells zu verstehen, bei dem die äußeren Schalen die inneren implizieren. Die Familieninteraktion kann sich nur verändern, wenn auch einzelne Beziehungen darin sich ändern. Dies impliziert veränderte Handlungsweisen (Kommunikation), die wiederum einen veränderten kognitiv-emotionalen Prozeß mit sich bringen.

Paartherapie nimmt aus dieser Sicht eine Sonderstellung ein, indem sie weder als Einzeltherapie noch als Familientherapie zu verstehen ist. Vielmehr geht es um aufeinander bezogenes Verhalten von Individuen, die sich frei gewählt haben und sowohl bei der Partnerwahl als auch bei der Gestaltung der Beziehung und schließlich im Konflikt von ihrer individuellen Lerngeschichte beeinflußt werden. Paartherapie hat daher systemische und auch entwicklungsgeschichtliche Aspekte – die man wiederum hinsichtlich der Ursprungsfamilie systemisch analysieren kann. Darüber hinaus werden Paar-

Kasten 1
Unterschiedliche Betrachtungebenen

• *Ebene der Primärfamilie:* Eine dreißigjährige verheiratete Frau, Mutter eines zehn- und eines achtjährigen Jungen, hat seit der Geburt des letzten Kindes eine Agoraphobie mit Panikattacken entwickelt. Sie konnte das Haus zunehmend weniger verlassen – zum Schluß nur noch in der Begleitung ihres Mannes. Sie hatte oft die Befürchtung, eine Herzattacke zu erleiden, und die eintretende Angst veranlaßte sie zur Hyperventilation, so daß die Klientin in manchen Fällen mit dem Rettungswagen ins Krankenhaus gebracht werden mußte. Funktionell kann man diesen Fall unterschiedlich einordnen, je nachdem welchen psychischen Prozeß man zur Betrachtung heranzieht.

• *Existentielle Ebene:* Die existentielle Krise der Frau resultiert daraus, daß sie gerade eine Schwelle im Lebenszyklus überschreitet und sie sich mit ihren eigenen Interessen auseinandersetzen oder eine neue Beziehung eingehen und ihrem Leben einen neuen Sinn geben könnte. Das Symptom ist eine Lösung, die sie von der Verantwortung oder der persönlichen Weiterentwicklung entlastet und gleichzeitig die Beziehung zum Mann stärkt, der Mann sich gern um sie sorgt.

• *Emotionale Ebene:* Das Ohnmachtsgefühl, das mit dem Gedanken «Ich habe keinen Einfluß» verknüpft ist, kann als Folge der Überprotektion durch Mutter verstanden werden. Als Kind hatte die Klientin wenig Gelegenheit Erkundungsverhalten zu lernen und für Neugier belohnt zu werden, noch fand sie Gelegenheit, Bedrohung erfolgreich zu begegnen (s. Abschnitt 3).

• *Kognitive Ebene:* Das Gedankengebäude, das die Entwicklung des Symptoms begleitet, enthält einerseits die Katastrophisierung des möglichen Kollapses, zum anderen die Überzeugung der eigenen Ohnmacht. Selbstkommentare wie: «Ich werde es nicht durchstehen», umschreiben sowohl den mütterlichen Einfluß

(«Ich kann nichts; sie tut ja alles für mich.») als auch traumatische Erfahrungen mit dem Erstickungstod einer Tante («Man kann plötzlich umfallen und ersticken.»). Beides sind irrationale Gedanken.

• *Handlungsebene:* Verschiedene Handlungen wie Einkaufen, Fahrstuhl- oder Autofahren werden gemieden, und diese Vermeidung wird durch Schutz und Schonung belohnt (positive Verstärkung), denn der Mann nimmt der Frau viel ab und erspart ihr dadurch viele Unannehmlichkeiten.

• *Ebene der Paarbeziehung:* Der fürsorgliche und Sicherheit vermittelnde Ehemann stellt praktisch die Fortsetzung der mütterlichen Fürsorge dar. Zugleich trägt er Züge eines «Wunschvaters», nämlich schützend, aber gütig und nicht streng wie die Mutter zu sein. Die Klientin muß auch fürchten, daß sie bei zuviel Eigeninitiative mit ihrem Mann in Konkurrenz treten und damit die Beziehung gefährden könnte. Gleichzeitig hat sie mit ihrem Symptom auch eine gewisse Macht, indem sie Einfluß auf die Unternehmungen der Familie ausübt. Da das Symptom geeignet ist, die Beziehung zu stabilisieren – der Mann wird in seiner dominanten Rolle bestätigt, die Frau kann sich mit Schutzforderungen ihrerseits durchsetzen – könnte man nach einem günstigeren Mechanismus suchen, der die homöostatische Funktion übernimmt und aber gleichzeitig der Klientin mehr eigenen Handlungsspielraum ermöglicht.

• *Ebene des sozio-kulturellen Kontextes:* Hier könnte man der Klientin provokativ vermitteln, daß sie sich eben in der typischen Rolle der Frau befände. Die Klientin kann sich dann mit dieser Rolle abfinden, gewissermaßen als besonders ausgeprägter Fall einer traditionellen Ehe. Sie könnte sich aber auch mit Frauenthemen auseinandersetzen und diese in einer Gruppe ähnlich interessierter und betroffener Frauen bearbeiten.

konflikte mehr oder weniger unter Einbeziehung der Kinder ausgetragen *(Triangulierung)* und haben daher häufig einen *sekundären familientherapeutischen* Aspekt. Dennoch kann man das aufeinander bezogene Verhalten zweier Menschen, die in selbstgewählter Gemeinschaft zusammenleben, auch als *geschlossenes Subsystem* betrachten – ohne die Kinder oder die Eltern des Paares miteinzubeziehen.

Die Indikation für eine bestimmte Interventionsebene ergibt sich zunächst aus dem Therapieauftrag (Einzeltherapie, Paartherapie, Familientherapie). Der Therapeut wird im Sinne des «joinings» den Auftrag annehmen, aber wenn nötig z. B. die «Kooperation» des Ehemannes anfordern und so die Paarebene in den Therapieprozeß einbeziehen.

2. Aspekte der familiären Bindung

Obwohl es sehr verschiedene Typen von Liebesbeziehungen gibt – so unterscheidet Sager (1976) einen romantischen, einen egalitären, einen kameradschaftlichen und einen «Eltern-Kind»-Typ –, scheint das zentrale Moment jeder Zweierbeziehung eine affektive Bindung zu sein. Es sind die Emotionen beider Partner, die über die Qualität und Funktion der Interaktion entscheiden, und diese sind gegenseitig gut eingeübt. Bei Kelley et al. (1983) wird zwischen Liebe (love) und Verbindlichkeit (commitment) unterschieden, ähnlich wie Hatfield und Rapson (1992) zwischen «passionate» und «companionate love» unterscheiden, während Tennov (1981) von der Liebe zudem die Verliebtheit (limerance) als heftige, aber möglicherweise nur kurzfristige Bindung abgrenzt. Empirische Untersuchungen haben faktorenanalytisch fünf deutlich getrennte Aspekte intimer Bindung ergeben: *Sehnsucht, körperliche Zuwendung, Sorge, Vertrauen und Toleranz.* Die von Kelley (1983) unterschiedenen drei Typen von Liebe – nämlich die leidenschaftliche, die pragmatische und die altruistische Liebe – lassen sich in diesen fünf Aspekten wiedererkennen, wie in **Tabelle 1** deutlich wird.

Als vergleichbare deskriptive Aspekte von Liebesbeziehungen werden häufig *Leidenschaft, Verbindlichkeit (commitment)* und *Nähe (intimacy)* genannt. Für die Leidenschaftskomponente wird entsprechend der Zwei-Prozeß-Theorie von Solomon angenommen, daß sich einem hedonischen Verlauf eine anhedonische Phase anschließt. Während die erstere mit der Gewöhnung abflacht, behält die anhedonische ihre Amplitude bei und verlängert sich in ihrer Dauer. In diesem Zusammenhang – insbesondere bezüglich der Intimität – ist auch die Emotionstheorie von Interesse. Gefühle entstehen ihr zufolge durch die Unterbrechung eingeübter Handlungsabläufe, und intime Partner verfügen über besonders wirksame Möglichkeiten, sich gegenseitig zu unterbrechen – im positiven wie im negativen Sinn. Für die Therapie ist es daher angezeigt, den funktionellen Wert aufeinander bezogenen Verhaltens und die individuelle Entwicklung von Verhaltensmustern klarer zu machen.

3. Affektentwicklung und Bindungsverhalten

Bowlbys Bindungstheorie (1975) (s. auch Kap. 14/Sozialisiation) beschreibt die Entwicklung

Tabelle 1: Liebesfaktoren

	Leidenschaftliche Liebe	Pragmatische Liebe	Altruistische Liebe
Sehnsucht	x		
Körperliche Zuwendung	x	x	
Sorge	x	x	x
Vertrauen		x	x
Toleranz			x

Anmerkung: Leidenschaftliche, pragmatische und altruistische Liebe als Kombination von fünf Faktoren (Sehnsucht, körperliche Zuwendung, Sorge, Vertrauen und Toleranz)

und Differenzierung der Affekte in ihrer sozialen Funktion; zum anderen erklärt sie, wie die affektive Bindung zwischen Erwachsenen im Zusammenhang mit der kindlichen Entwicklung des emotionalen Repertoires zu sehen ist. Diese Entwicklung wird in drei aufeinanderfolgende Phasen eingeteilt, in denen *Bindungsverhalten*, *Erkundungsverhalten* und *Reproduktionsverhalten* gelernt werden. Für das letztere sind die Emotionen der Sehnsucht, der Leidenschaft sowie der Sorge und Toleranz – wie in **Tabelle 1** zusammengefaßt – entscheidend.

Eine zentrale These dieses Ansatzes besteht darin, daß intime Beziehungen in dieser dritten erwachsenen Phase nur dann unbeeinträchtigt entstehen und weitergeführt werden können, wenn in der ersten Phase eine vertrauensvolle Bindung möglich war und in der zweiten Phase Erkundungsverhalten entwickelt werden konnte. War dies nicht der Fall, ist die Person in ihrem Bindungsverhalten verunsichert, wobei Bowlby – je nach Art der Entwicklungsstörung – die *Angstbindung,* das *zwanghafte Unabhängigkeitsstreben,* die *Überfürsorglichkeit* und die *emotional isolierte* Person unterscheidet. Derartige Verhaltensmuster werden besonders von komplementär passenden Partnern ausgelöst. Dies führt zum *Kollusionskonzept* von Willi (1975). Es besagt im wesentlichen, daß sich Partner aufgrund gegenseitig entsprechender emotionaler Profile wählen, die sich zunächst auf das wechselseitige Geben und (vgl. das Diagnostik-Kapitel weiter oben) Nehmen positiv auswirken, die Beziehung jedoch auf Dauer konflikthaft machen können. Während im günstigen Fall eine Art Bedürfniskomplementarität besteht, können die jeweiligen Erwartungen im Konfliktfall einen oder beide Partner überfordern.

Als Beispiel sei das eheliche System der depressiven Persönlichkeit geschildert (Feldmann, 1976). Es kann beispielsweise dem Depressiven ein Partner in der Helferrolle gegenübergestellt sein, dessen Hilfeleistung jedoch das Gefühl der Hilflosigkeit im Depressiven verstärkt. Dieser versucht daraufhin durch passiv-aggressives Verhalten den Helfer zu entwerten, worauf dieser seinerseits durch Kritik den labilen Selbstwert des Depressiven weiter unterminiert, so daß von ihm erneut Hilfsappelle kommen. Ähnliches trifft auf den Fall der agoraphobischen Frau zu (Hafner, 1977). Ihr steht der unerschütterliche Mann gegenüber, der in seiner Beschützerrolle unentbehrlich erscheint. Dadurch hält er jedoch die Ängstlichkeit der Frau aufrecht und hemmt ihre Eigeninitiative, während sie ihrerseits sich darauf beschränkt, Kontrolle durch ihre Symptomatik auszuüben. Bei beiden Beziehungstypen wird die zirkuläre Kausalität in der Verknüpfung der Verhaltensweisen beider Parner deutlich.

Empirisch sind Typen komplementärer Partnerwahl oft und mit meist negativem Ergebnis untersucht worden. Einfache Komplementaritäten wie Dominanz/Submissivität scheinen nicht zu existieren. Allerdings ist fraglich, ob es sich dabei um für Fragebögen zugängliche – weil unbewußte – Bedürfnisstrukturen handelt und ob solche Komplementaritäten in bestimmten Lebensphasen wirksamer sind als in anderen. So etwa postulieren Kerkhoff und Davis (1962), daß am Anfang einer Beziehung eher Homogamie in Bezug auf Interessen und soziale Herkunft eine Rolle spielt, und daß Bedürfniskomplementaritäten erst später bedeutsam werden. Mittelt man jedoch über alle Altersstufen, so resultieren nur schwache Zusammenhänge. Die Vielzahl von Beziehungstypologien aus der klinischen Kasuistik, die komplementären Charakter haben, wurde von Reiter (1983) zusammenfassend diskutiert. Auf sie kann hier im einzelnen jedoch nicht eingegangen werden.

4. Interventionen in Beziehungssystemen

4.1 Existentielle Ebene

Identität ist etwas, das im Verlauf der Adoleszenz bewußt wird. Allerdings kann diese Identität in Krisensituationen immer wieder infrage gestellt, aber auch neu erworben werden. Wenn beispielsweise ein Partner sich in der Ehe einen zeitlichen und finanziellen Freiraum für seine persönlichen Neigungen zu schaffen sucht, wenn ein Partner sich durch den Karriere-Erfolg des anderen in seinem Selbstwert erschüttert sieht, oder wenn er bei einer schweren Krankheit des Partners von der Angst erfaßt wird, den anderen zu überleben –, so wird auch für den Außenstehenden erkennbar, daß hier Situationen und Ereignisse eingetreten sind, die

die Identität und den Lebenssinn der betroffenen Person bedrohen. In dauerhaften Beziehungen definiert sich die Identität zu einem gewissen Teil über diese Beziehung – entweder in Abgrenzung vom anderen oder in der Gemeinsamkeit mit ihm.

Man kann als dritter dieses Selbstwertgefühl nur indirekt zu restaurieren helfen, da dieser fehlende Teil nicht vollständig kommunizierbar ist. Denn Identität ist ja gerade die Schnittmenge aller Erfahrungen, die in dieser spezifischen Kombination niemand außer dem betreffenden Individuum gemacht hat, wie Percy (1983) scharfsinnig bemerkt. Möglicherweise kann jedoch ein Vorgehen wie Farellys und Brandsmas (1986) therapeutische Provokation hierzu einen Beitrag leisten. Die *provokative Technik* besteht darin, entweder das Symptom umzudeuten und als kluge Lebenslösung zu preisen oder das Unglück des Betroffenen als Katastrophe zu übertreiben. In beiden Fällen dient die Überzeichnung dazu, den Widerspruch des Klienten zu provozieren, so daß er häufig mit einer eigenen Sinndeutung aufwartet und auf diese Weise einen Beitrag zu seiner Identität liefert. (vgl. dazu Kap. 22.5/Paar-, Familientherapie). So beschreibt Frankl (1975) einen depressiven Klienten, dessen Frau zwei Jahre zuvor gestorben war und deren Verlust er nicht überwinden konnte. Auf die Frage, was denn gewesen wäre, wenn er zuerst gestorben wäre, antwortet der Klient: «Das wäre schrecklich – wie würde sie gelitten haben!» Darauf entgegnet Frankl: «Sehen Sie, dieses Leiden haben Sie ihr erspart. Aber jetzt müssen Sie dafür zahlen, indem Sie weiterleben und Ihre Frau betrauern.» Damit gewann das Leiden für den überlebenden Ehemann wieder einen Sinn.

4.2 Physiologische Ebene

Daß physiologische Erscheinungen einen bedeutsamen Aspekt des Wohlbefindens darstellen, muß hier nicht belegt werden; die Psychophysiologie und Psychosomatik befassen sich mit diesen Vorgängen. Von Interesse ist jedoch die Tatsache, daß sich Beziehungsaspekte in physiologischen Parametern niederschlagen können. Es ist hinlänglich bekannt, daß Asthmaanfälle, Hautreaktionen, Migräne, Magen-Darmdysfunktionen u.ä. unmittelbar im Zusammenhang von Beziehungsstörungen auftreten können.

Minuchin, Rosman und Baker (1981) haben den Sachverhalt einer akuten physiologischen Korrespondenz dokumentiert – und zwar als Veränderung der Blutspiegelwerte bei einem diabetischen Kind, das seine streitenden Eltern beobachtete. Ein anderer quantitativ erhobener Befund ist der Zusammenhang zwischen dem Erregungsniveau beim Ehestreit und den Ausmaß der ehelichen Zufriedenheit (Levenson & Gottman, 1983). Nicht nur, daß die physiologische Erregung der Partner im Streitgespräch bei unzufriedenen Paaren stärker korreliert war als bei zufriedenen Paaren. Zudem fanden die Autoren bei einer dreijährigen Nachkontrolle, daß Verschlechterungen in der ehelichen Zufriedenheit zu einem Varianzanteil von 80 Prozent aus dem Erregungsniveau während des Streitgesprächs drei Jahre zuvor vorhersagbar waren. Offenbar gelingt es zufriedenen Paaren besser, die Eskalation im Streit zu vermeiden. Revenstorf, Hahlweg und Schindler (1982) haben für diese Erregungseskalation im Streit ein Drei-Komponenten-Modell vorgeschlagen, wonach die biologisch angelegte Alarmreaktion von einer instrumentellen Komponente aus der kindlichen Entwicklungsgeschichte überlagert wird. Daraus ergibt sich ein individuelles Emotionsmuster, das in der Paarbeziehung durch eine dritte Komponente verstärkt wird, die aus der emotionalen Interaktion der Partner resultiert. Während die erste, biologische Komponente funktional ist, können die zweite und dritte – die nach dem lerntheoretischen Gesichtspunkt der gegenseitigen positiven und negativen Verstärkung zur eigentlichen Eskalation führen – abgebaut werden. Hierfür kommen Methoden der Umstrukturierung (siehe unten) und der Stimuluskontrolle (siehe Kommunikationstherapie weiter unten) infrage. Ebenso kann durch direktes Biofeedback die Erregung der Partner im Streitgespräch kontrolliert werden (z. B. Herzraten-Rückmeldung). Gottman (1993) schlägt eine Methode der physiologischen Beruhigung vor, bei der das Paar die Diskussion unterbricht, sobald die Herzrate sich im Verlauf des Streits um mehr als 10 Schläge pro Minute erhöht. Während der Unterbrechung bauen die Partner ihre Erregung mit Hilfe beruhigender Tätigkeiten oder Selbstverbalisierungen ab, wobei als Idealfall angestrebt wird, daß die Partner lernen, sich gegenseitig zu besänftigen.

4.3 Emotionale Ebene

Daß Bindungen von Emotionen getragen werden, wurde eingangs erwähnt. Emotionen haben eine Lerngeschichte, die das biologische Spektrum mit individueller Gewichtung versieht. Solche Emotionsprofile sind von mehreren Autoren als Circumplex beschrieben worden (Leary, 1957). Dabei paßt auf bestimmte Ausprägungen im Profil eines Individuums jeweils eine emotionsökologische Nische im Profil des Partners besonders gut und bestimmt vermutlich die Partnerwahl für die Paarbeziehung mit. Diese Art der Kollusion «Komplementarität» zu nennen, ist deshalb ungünstig, weil dies ein eindimensionales Konzept von Passung suggeriert (etwa dominant/submissiv oder extravertiert/introvertiert). Emotionen – und in der Folge automatisierte emotionale Reaktionen (Temperament/Charakter) – haben nach funktionalistischer Auffassung einen Orientierungs- und einen Kommunikationsaspekt und treten als von der Vernunft getrennte, wenn auch interdependente Urteilsfunktion auf.

Nach Auffassung der Gestalttherapie werden emotionale Muster häufig überformt, d. h. z. B. eine Ärgerreaktion wird bei entsprechender Lernerfahrung gewohnheitsmäßig von Angst überlagert. Die so geformten emotionalen Reaktionsmuster engen den Handlungsspielraum der Person in ihren Beziehungen ein (indem z. B. der Ausdruck von Ärger unmöglich wird). Der Therapeut wird auf der Suche nach emotionalen Ressourcen, die den Handlungsspielraum erweitern (und nonverbal noch andeutungsweise zum Ausruck kommen), diese Anteile in das Bewußtsein der Person heben. Er wird spürbar machen, daß diese Emotionen nicht nur ungefährlich sind, sondern sogar hilfreich sein können, und daß die Person mit ihrer Hilfe zu neuen Handlungsentwürfen gelangen kann. In Gesprächen zwischen intimen Partnern kann man eine beiderseits verhärtete Interaktion dadurch auflösen, daß man ein für die Beziehung relevantes Gefühl lebendig werden läßt und verhindert, daß der Partner in gewohnter Weise reagieren kann. Der Thera-

peut bedient sich dabei der sogenannten *Prozeßfragen* (Perls, Hefferline & Goodman, 1951). Er verwendet nicht Fragen wie «Warum können Sie nicht auf Ihren Mann zugehen?», sondern fragt stattdessen nach Wahrnehmung (1), Fühlen (2), Denken (3) und dem Handlungsentwurf (4 und 5).

(1) «Was nehmen Sie wahr?» «Woran merken Sie, daß Sie blockiert sind?»
(2) «Was fühlen Sie in diesem Moment?»
(3) «Was denken Sie jetzt?»
(4) «Was wünschen Sie sich in diesem Moment?»
(5) «Was hindert Sie daran, etwas bestimmtes zu tun?»

Katalytisch wirken oft auch Satzangebote, die der Klient in Ich-Form wiederholt. Auf diese Weise kann er emotionale Bedeutung leichter überprüfen. So könnte man einem äußerlich gefühlsarmen und leistungsorientierten Ehemann, der sich im Krisenfall zurückzieht, vorschlagen, seiner Partnerin zu sagen: «Ich fühle mich dir unterlegen», (evtl. alternierend mit der Umkehrung des Satzes:«Ich fühle mich dir überlegen»), um ihm klar werden zu lassen, daß er möglicherweise Hilfe von seiner Frau braucht. In vielen Fällen führt eine solch konfrontative Vorgehensweise zu einem Bereich der Beziehung, der bisher nicht angetastet wurde. Das heißt, das bisherige Schema der negativen Interaktion wird durchbrochen und es wird vom Partner eine neue Reaktionsweise gefordert. Johnson und Greenberg (1984) haben die Wirksamkeit eines emotional orientierten Vorgehens in der Paartherapie überprüft und gefunden, daß dies mindestens so effektiv ist wie ein verhaltenstherapeutisches Vorgehen.

4.4 Kognitive Ebene

Von vielen Autoren ist der Einfluß des rationalen Denkens und bestimmter Erwartungen auf unser Gefühlsleben, unsere Situationsbewertung und damit Entscheidungsfindung betont worden. Es wird dabei die Fähigkeit des Menschen hervorgehoben, destruktive Gefühle und Verhaltensmuster durch Reflexion zu unterbrechen. Ellis hebt hervor, daß *übersteigerte Erwartungen* und *irrationale Gedanken* für mangelndes Wohlbefinden und Neurosen verantwortlich sind. Für intime Beziehungen sind das insbesondere folgende Erwartungen (Ellis & Harper, 1961):

– vom anderen total geliebt zu werden,
– vom anderen in jeder Hinsicht anerkannt zu werden,
– daß der andere sich so verhält, wie man es erwartet,
– daß Streit furchtbar ist,
– daß die Beziehung ewig halten muß,
– daß Unverträglichkeiten unerträglich sind.

Epstein und Eidelson (1981) fanden darüberhinaus in gestörten Beziehungen folgende irrationale Gedanken:

– der Partner oder die Qualität der Beziehung kann unmöglich verändert werden,
– der Partner soll in der Lage sein, ohne Worte zu wissen, was der andere von ihm will.

Derartige Erwartungen können irrational genannt werden, weil sie nicht vernünftig begründbar sind und weil die Fakten gegen sie sprechen. Allerdings wäre es seltsam, wenn man zwei Menschen, die verliebt sind, nicht ein gewisses Maß an Irrationalität zugestehen würde. Wenn sie nicht eine extrem optimistische Vorstellung von ihrer Beziehung hätten – würden sie sich dann je auf eine auf Dauer angelegte Lebensgemeinschaft einlassen? Dieser angeborene Optimismus, so vermutet Beck, erhöht die Überlebenschancen – oder zumindest die Chancen der Reproduktion. Es sollte also nicht darum gehen, das irrationale Element aus intimen Beziehungen zu verbannen und stoischen Gleichmut einziehen zu lassen, wie Ellis es manchmal nahezulegen scheint. Vielmehr geht es darum, irrationale Überzeugungen dann zu entkräften, wenn sie sich auf die Beziehung destruktiv auswirken (für weitere Ausführungen s. Kap. 22.5/Paar-, Familientherapie und Kap. 22.4/Verhaltenstherapeutisch orientierte Psychotherapie).

Von Interesse ist auch die Attribution dessen, was aktuell zwischen zwei Personen geschieht. Eine wichtige Funktion von kausalen Attributionen besteht darin, unsere komplizierte Welt berechenbarer und damit einfacher zu gestalten. Diese Vereinfachung entsteht daraus, daß wir aus wiederholten Erfahrungen bestimmte

Erwartungen und Vorhersagen ableiten, die in ähnlichen Situationen eine schnellere und automatisierte Informationsverarbeitung ermöglichen und daher einen erneuten Attributionsprozeß überflüssig machen. Das heißt, daß in neuen, unerwarteten oder schwierigen Situationen nach kausalen Erklärungen gesucht wird, um in Zukunft darauf vorbereitet zu sein, insbesondere auch, um negative Ereignisse verhindern zu können. Auf intime Beziehungen übertragen heißt das, daß die Attributionsaktivität am Beginn der Beziehung besonders ausgeprägt ist, bis sich stabile Erwartungen bezüglich des Charakters und des Verhaltens des Partners herausgebildet haben, die in den späteren Stadien der Beziehung als weitgehend automatischer Prozeß ablaufen. Erst wenn Konflikte auftauchen, beginnen die Partner wieder verstärkt nach ursächlichen Erklärungen dafür zu suchen, daß die Beziehung und das Verhalten des Partners nicht mehr ihren Erwartungen entspricht.

Jacobson hat die Attributionsstile zufriedener und unzufriedener Paare untersucht und in Übereinstimmung mit oben genannten Annahmen gefunden, daß unerfreuliche Ereignisse (z. B. Partnerverhalten) in der Beziehung mehr Attributionsaktivität hervorrufen als angenehme (siehe Holtzworth-Munroe & Jacobson, 1985; Berley & Jacobson, 1988; Bradbury & Fincham, 1992). Im Vergleich der Paare zeigt sich, daß in gestörten Beziehungen zwar das *negative Verhalten* des Partners attribuiert wird, aber nicht das ebenfalls auftretende *positive Verhalten*. Dadurch entsteht der in der Paartherapie häufig zu beobachtende Effekt, daß die Partner die unangenehmen Verhaltensweisen des jeweils anderen in den Vordergrund stellen, während sie das positive Verhalten ignorieren oder herunterspielen, indem sie es äußeren Umständen zuschreiben oder dem Partner unterstellen, unabsichtlich gehandelt zu haben – d. h. sie schreiben erwünschtes Partnerverhalten unstabilen, externen und spezifischen Faktoren zu. Im Gegensatz dazu wird die Bedeutsamkeit des negativen Verhaltens maximiert, indem es überdauernden Charakteristika des Partners zugeschrieben und als von ihm beabsichtigt ausgelegt wird – d. h. es wird als global, stabil und internal beurteilt. Das Attributionsmuster glücklicher Paare verhält sich genau komplementär dazu. Bei ihnen wird das positive Partnerverhalten besonders hoch bewertet und auf stabile Partnereigenschaften und beabsichtigtes Handeln zurückgeführt, während der Einfluß des negativen Verhaltens minimiert wird, indem es externen und variablen Umständen zugeschrieben wird.

Für die Paartherapie implizieren diese Ergebnisse, daß es nicht ausreicht, positive Verhaltensweisen zu fördern (s. unten), da dieser Therapieerfolg durch das Attributionsmuster des Partners unterminiert werden kann («Er ist nur nett zu mir, weil der Therapeut es ihm aufgetragen hat.»). Um dies zu verhindern ist es nötig, destruktive Attributionsprozesse und irrationale Überzeugungen, die eine positive Entwicklung der Beziehung blockieren, aufzulösen und beziehungsfördernde, konstruktive kognitive Muster durch kognitive Umstrukturierung (vgl. Kap. 22.5/Paar-, Familientherapie und Kap. 22.4/Verhaltenstherapeutisch orientierte Psychotherapie). In **Tabelle 2** werden zehn Umstrukturierungsstrategien beschrieben und auf das Beispiel «Zahnpastatube» angewandt (vgl. Revenstorf, 1985, 1987).

4.5 Handlungsebene

Paare würden sich nicht finden und zusammenbleiben, wenn nicht – zumindest zu Beginn der Beziehung – das Verhalten des jeweils einen Partners zum Glück des jeweils anderen beitrüge. In verhaltenstheoretische Begriffe gefaßt heißt das, daß sich solche Partner anziehen, die in der Lage sind, sich gegenseitig mit attraktiven Verstärkern zu versorgen und daß die Aussicht auf den zukünftigen Erhalt dieser Verstärker die Entscheidung, eine dauerhafte Beziehung einzugehen, beeinflußt. Der Wert, den dabei ein bestimmter Verstärker für eine bestimmte Person hat, ergibt sich aus ihrer persönlichen Lerngeschichte und ihren genetischen Prädispositionen. Die Bereicherung, die für den einzelnen aus der Verstärkung resultiert, kann sowohl einen externalen Fokus haben – wie Zuwachs an Status und Prestige –, als auch einen internalen – wie emotionale Unterstützung, sich verstanden fühlen, sexuelles Vergnügen.

Tabelle 2: Zehn Umstrukturierungsstrategien für Selbstkommentare

- *Abwertung des Anderen:* «Reg dich nicht auf. Er ist völlig unfähig, systematisch zu denken» (Verachtung).

- *Ablenkung:* «Es gibt im Moment wichtigeres zu tun, als den Standort der Zahncreme zu diskutieren» (Gleichgültigkeit).

- *Distanzierung:* «Wenn ich in 20 Jahren an diesen Tag und diesen Vorfall denke, werde ich darüber lachen und es unwichtig finden» (Gleichgültigkeit).

- *Toleranzerhöhung:* «Es ist völlig absurd anzunehmen, daß zwei Menschen gegenseitig ihren Erwartungen in jeder Kleinigkeit entsprechen» (Wohlwollen).

- *Herausforderung:* «Wir streiten uns oft über Kleinigkeiten wie diese. Ich will ihm vergeblich etwas begriflich machen. Vielleicht versuche ich es mal anders. Ich verstecke das nächste Mal die Zahncreme» (Neugier).

- *Selbstaufwertung:* «Es gibt viele Gelegenheiten, bei denen er mir in anderer Weise zeigt, daß er mich liebt» (Zuwendung).

- *Positive Umdeutung:* «Indirekt will er mir zeigen, daß er mich braucht» (Zufriedenheit).

- *Eigene Verantwortung:* «Ich bin schon besonders pedantisch und es ist nicht ganz einfach, es mir recht zu machen» (Nachsicht).

- *Perspektive des Anderen:* «Er hat oft Schwierigkeiten, mir gerecht zu werden, wahrscheinlich bringt ihn das ganz durcheinander» (Verständnis).

- *Helferposition:* «Er möchte vielleicht auch diesen Streit vermeiden, aber er kann nicht über seinen Schatten springen. Vielleicht komme ich ihm ein bißchen entgegen» (Unterstützung).

Warum bleiben Paare nicht einfach in diesem glücklichen Zustand, in dem sie sich gegenseitig das geben, was ihnen wertvoll und erstrebenswert erscheint? Christensen, Jacobson und Babcock (1995) beschreiben vier Prozesse, die zur Entwicklung von Beziehungsstörungen beitragen.

Zum ersten verlieren auch die schönsten Dinge im Leben durch ständige Wiederholung an Attraktivität. Das, was am Beginn der Liebe neu und aufregend war, verwandelt sich durch zunehmende Habituation in alltägliche Routine, und wenn ein Paar nur über eine begrenzte Auswahl an Verstärkern verfügt und dieses Repertoire auch nicht erweitert, besteht die Gefahr, daß die Beziehung als nicht mehr befriedigend erlebt wird. Zweitens treten – egal wie gut zwei Menschen zusammenpassen – spätestens im ständigen Zusammenleben Gegensätze zwischen den Partnern zutage, die in der Phase der Verliebtheit nicht wahrgenommen oder als unwichtig betrachtet wurden, im täglichen Kontakt aber durchaus über Zündkraft verfügen. Drittens gibt es Gegensätze oder Unvereinbarkeiten zwischen den Partnern, die erst durch gemeinsame Lebenserfahrungen entstehen. So kann ein Paar sich einig sein, daß sie Kinder haben wollen und ähnliche Vorstellungen bezüglich deren Erziehung teilen. Sind die Kinder aber einmal da, kann dies in beiden Partnern unvorhersehbare psychische Prozesse auslösen, die möglicherweise in unterschiedlichen Vorstellungen und Wünschen resultieren. Als Viertes wird das Entstehen von Gegensätzlichkeit durch die jeweils individuelle Entwicklung der Partner beschrieben, wie es z. B. stattfindet, wenn eine Frau sich im Laufe der Ehe mehr ihrer Karriere und weniger der Familie widmen möchte.

Jeder dieser vier Prozesse bedeutet für mindestens einen der Partner Verstärkerentzug oder sogar Bestrafung. Und da kein Mensch gerne freiwillig auf angenehme Dinge verzichtet, beginnt meist an diesem Punkt ein Kreislauf von *aversiver Kontrolle*, wie Patterson (1982) es für die Kommunikation in gestörten Familien beschreibt. In Situationen der Unvereinbarkeit beginnen Partner mehr oder weniger Druck oder Zwang auf den anderen auszuüben, um ihn zum Nachgeben zu bewegen. Beispiele für Maßnahmen der aversiven Kontrolle sind Rückzug, Weinen, Liebesentzug, Wecken von Schuld-

gefühlen bis hin zu körperlicher Gewalt. Wenn einer der Partner tatsächlich nachgibt, bedeutet dies für beide Partner eine Verstärkung – für den Nachgebenden eine negative und für den «Gewinner» eine positive –, womit die Wahrscheinlichkeit groß ist, daß dieses Muster wiederholt wird. Dennoch wird der nachgebende Partner vermutlich nicht immer in dieser Rolle bleiben wollen und seinerseits Möglichkeiten finden, den anderen unter Druck zu setzen. So entsteht ein Zustand gegenseitiger aversiver Kontrolle, und in der Regel verfügen beide Partner über ein äußerst wirksames Repertoire an Techniken, um den anderen an seinen schwachen Punkten zu treffen.

Dieser Ablauf läßt sich auch in der Kommunikation beobachten, wo Kontrolle meist durch Kritik oder Desinteresse am Gesprächspartner ausgeübt wird. So kann man aus dem Gesprächsverhalten eines Paares Rückschlüsse auf die Machtverteilung in der Beziehung ziehen (Whisman & Jacobson, 1990). Hierbei kann sich die Dominanz eines Partners auf zwei Arten ausdrücken: entweder im *Reden*, indem er die meiste Redezeit beansprucht, ohne sich für den anderen zu interessieren, oder im *Nicht-Zuhören*, indem er sich nicht für das interessiert, was der andere erzählt, aber auch nichts von sich selbst mitteilt.

Singer, Wynne und Toohey (1978) berichten, daß in Familien mit gestörten Beziehungen eine bestimmte Art der *Kommunikationsdevianz* besteht, die in tangentialer Bezugnahme auf den Partner und und einem Mangel an gegenseitiger Validierung zum Ausdruck kommt. Viele Autoren haben festgestellt, daß gestörte Beziehungen durch die Unfähigkeit, Probleme und Konflikte konstruktiv zu lösen, gekennzeichnet sind. Um Veränderungen in gestörten Beziehungen herbeizuführen, greift die traditionelle verhaltensorientierte Paartherapie im wesentlichen auf zwei Hauptstrategien zurück: Austausch gegenseitig verstärkender Verhaltensweisen (AV) und Kommunikations- und Problemlösetraining (KPT).

Beim *Austausch gegenseitig verstärkender Verhaltensweisen (AV)* wird das Ziel verfolgt, möglichst schnell eine emotionale Entlastung für das Paar zu erreichen, indem die Häufigkeit positiven, d. h. verstärkten und verstärkenden Verhaltens gesteigert und gleichzeitig das Auftreten negativen, d. h. strafenden Verhaltens reduziert wird.

Erreicht wird dies, indem der Therapeut zunächst gemeinsam mit den Klienten die betreffenden Handlungen und Verhaltensweisen identifiziert und – weil es leichter ist, die Häufigkeit von Belohnung zu erhöhen als die von Bestrafung zu senken – vor allem nach den Ressourcen des Paares sucht, d. h. nach den Dingen, die von mindestens einem der Partner als befriedigend, schön oder genußvoll empfunden werden und die der andere ihm auch geben kann, z. B. Komplimente, Anerkennung, Zärtlichkeit, liebevolle Gesten. Diese Ressourcen werden in einem relativ direktiven Vorgehen aktiviert, bis sich der Austausch erwünschter Verhaltensweisen in einem Prozeß positiver Rückkopplung durch die gegenseitige Verstärkung selbst aufrechterhält. Um dies zu erreichen, schlagen Christensen, Jacobson und Babcock (1995) drei Schritte vor:

(1) *Wunschliste:* zunächst richtet jeder seinen Fokus darauf, was der Partner braucht, um sich in der Beziehung wohler zu fühlen und was er selbst dazu beitragen kann. Dadurch wird der Klient aus der Rolle des sich Klägers in die Rolle dessen gebracht, der über Kompetenzen verfügt, die Entwicklung der Beziehung positiv zu beeinflussen.

(2) *Umsetzung:* Im zweiten Schritt geht es darum, die Wunschlisten in konkretes Handeln umzusetzen. Gleichzeitig können die Partner nun auch Wünsche direkt aussprechen. Doch sollte es in jedem Fall dem Gebenden überlassen bleiben, welche Wünsche er erfüllt und wann er dies tut. Diese Freiwilligkeit hat günstige Auswirkungen auf die Compliance und erhöht andererseits die Wahrscheinlichkeit, daß das gezeigte Verhalten vom Empfänger positiv aufgenommen wird.

(3) *Verstärkung:* Die Partner werden in ihren Bemühungen, dem anderen etwas Gutes zu tun, schnell nachlassen, wenn sie damit keine positiven Reaktionen beim Empfänger hervorrufen. Daher ist darauf zu achten, daß die gutgemeinten Handlungen gewürdigt und damit auch verstärkt werden, um den positiven Austausch dauerhaft aufrechterhalten.

AV arbeitet zielorientiert darauf hin, dem Paar möglichst schnell ermutigende Erfolgserlebnisse zu vermitteln und es so für eine weitere Bemühung um die Verbesserung der Beziehung zu motivieren. Die Aufgaben, die der Therapeut dem Paar gibt, werden hauptsächlich zwischen den Sitzungen zu Hause geübt (s. **Tab. 3**) und anschließend mit dem Therapeuten besprochen. Bleibt es in der Therapie bei dieser einen Komponente, stellt sich zwar eine rasche Verbesserung ein, die aber eine hohe Rückfallquote in sich birgt, da keine grundlegenden Problemlösestrategien vermittelt wurden.

Daher beinhaltet die behaviorale Paartherapie als zweite Komponente ein *Kommunikations- und Problemlösetraining KPT* (vgl. Kap. 22.5/Paar-, Familientherapie) das während der Therapiesitzungen durchgeführt wird und im Unterschied zum AV einen eher prozeßorientierten Charakter hat. Dieses Üben von grundlegenden Fähigkeiten zieht langsamere Veränderungen nach sich, hat aber einen hohen *Präventionswert.*

Um Paaren die Fähigkeit zu vermitteln, ihre Konflikte und Probleme konstruktiv zu lösen, sind zahlreiche Programme zur Förderung der Kommunikationsfertigkeiten entwickelt und überprüft worden (vgl. Hahlweg, Schindler & Revenstorf, 1981).

Als hilfreich hat sich das sog. *aktive Zuhören* erwiesen (Schindler, Hahlweg & Revenstorf, 1980), das darin besteht, daß die Gesprächspartner im Rollentausch üben, sich zuzuhören, um später erst – davon getrennt – Stellung zu beziehen. Dieses Zuhören ist durch ein Zusam-

Tabelle 3: Handlungsorientierte Hausaufgaben

- Beobachtung angenehmer Verhaltensweisen des anderen
- Verwöhnung des anderen (einen Tag pro Woche, geplant)
- Gemeinsame Konfliktlösung (nach dem Schema des gelenkten Dialogs)
- Aktivierung gemeinsamer Ressourcen (Freizeit, Sport, Kultur, Spiele, Beziehungen)
- Gestufte Übungen zur Zärtlichkeit: zum Zweck der Differenzierung der Sexualität (sensate focus)

menfassen dessen gekennzeichnet, was vom anderen verstanden wurde. Dadurch hat der Sprecher Gelegenheit zu überprüfen, ob das, was er ausdrücken wollte, wirklich ankam. Formell ergibt sich folgende Sequenz:

(1) Partner A – Mitteilung
(2) Partner B – Zusammenfassung
(3) Partner A – Korrektur (wenn nötig)
(4) Partner B – Mitteilung
　　　　　　　　 (z. B. Stellungnahme zu 1)
(5) Partner A – Zusammenfassung
(6) Partner B – Korrektur (wenn nötig)

Nach diesem Schema wird es möglich, Absicht und Wirkung einer Mitteilung zu vergleichen (1/2 bzw. 4/5). Auch lernt der Zuhörer zwischen *Verstehen* und *Reagieren* zu unterscheiden (2 und 4). Erfahrungsgemäß entstehen Streiteskalationen dadurch, daß der Sprecher sich unverstanden fühlt und daher seine Argumentation verschärft. Der Zuhörer dagegen fühlt sich angegriffen und versucht, durch Verteidigung und Rechtfertigung die Aussage des anderen abzuwerten. Dies wird durch obiges Vorgehen vermieden.

Eine zweite Kommunikationsfertgkeit betrifft die Äußerung von nichtanklagender Kritik. Streitpunkte beinhalten im allgemeinen Kritik, doch wird diese häufig so vorgebracht, als handle es sich um objektive Einwände dem anderen gegenüber. Zum Beispiel: «Morgens deine Kippen vom Vorabend wegzuräumen, ist eine Zumutung.» Hilfreich erweist sich hier das Training von sogenannten Ich-Botschaften. Etwa: «Ich fühle mich erniedrigt, wenn ich deine Kippen vom Abend wegräumen muß, denn ich komme mir dabei vor wie deine Putzfrau.»

Aktives Zuhören und nichtanklagende Kritik – ebenso wie das Vorbringen von konkreten Wünschen statt genereller Forderungen — können in einem *gelenkten Dialog* kombiniert werden, der auf Konfliktlösung abzielt. Dieser Dialog gliedert sich in sieben Phasen:

(1) Problemdarstellung gemäß des Schemas des aktiven Zuhörens und der nichtanklagenden Kritik.
(2) Wunschdarstellung gemäß des Schemas aktiven Zuhörens.
(3) Lösungsmöglichkeiten suchen (Brainstorming).

(4) Konkretisierung (Ort, Umfang, Zeit usw.).
(5) Aushandeln gegenseitiger Leistungen und Wünsche – eventuell mit Kontrakt.
(6) Belohnung (gegenseitig oder voneinander unabhängig; kann auch wegfallen).
(7) Überprüfung der Abmachung (eventuell Revision).

Der Therapeut strukturiert den Dialog und achtet darauf, daß keiner der beiden Gesprächspartner überfordert wird, daß beide zu ihrem Recht kommen, daß Gefühlsinhalte angesprochen werden, Abmachungen aussichtsreich erscheinen und daß der behandelte Gegenstand für die betroffene Person relevant bleibt. Es gibt eine Reihe von Manövern, die über eventuell auftretende Schwierigkeiten in dieser Dialogführung hinweghelfen können, unter anderem folgende in **Tabelle 4** aufgeführte Techniken.

Die Wirksamkeit der beiden Komponenten ist vielfach nachgewiesen worden (vgl. Hahlweg, Schindler & Revenstorf, 1981; Jacobson, 1984). Es hat sich gezeigt, daß die Kombination beider Verfahren der Anwendung nur einer der beiden Komponenten überlegen ist.

Sowohl AV als auch das KPT zielen auf *Veränderung* ab und stehen daher mit der Fähigkeit der Paare, sich anzupassen, Kompromisse zu schließen und zu kooperieren, in Beziehung. Ausgehend von der Beobachtung, daß die Anpassungsfähigkeit und Veränderungsbereitschaft in den meisten Beziehungen begrenzt ist, schlagen Christensen, Jacobson und Babcock (1995) die Integration einer dritten Komponente vor, die sie als *Akzeptanz* bezeichnen. Dieser neue Ansatz zielt darauf ab, solche Konflikte, die sich auch mit therapeutischer Unterstützung nicht lösen lassen, zu akzeptieren, indem der sich beklagende Partner damit aufhört, den anderen ändern zu wollen. Um diesen Prozeß zu fördern, haben die Autoren vier Strategien entwickelt:

(1) Die Entwicklung eines *empathischen Diskussionsstils*, der das Problem als gemeinsamen Feind behandelt, unter dem beide zu leiden haben. Wenn das gelingt, können die Partner über ihre Schwierigkeiten sprechen, ohne sich gegenseitig anzuklagen und können sich nach dem Prinzip «Geteiltes Leid ist halbes Leid» im Gespräch über das Problem näher kommen

Tabelle 4: Therapeutische Manöver im gelenkten Dialog

A. *Direkte Verhaltens-Vorschläge*

- *Regelverweis* (aktives Zuhören, nicht-anklagende Kritik)
- *Bilanzierung:* Beide Partner werden gebeten zu überprüfen, wie weit die Diskussion sie im Moment gebracht hat.
- *Stützmaßnahmen:* Nonverbal durch die Veränderung der Sitzposition dem einen der beiden Partner Unterstützung signalisieren; verbal Zuspruch oder Kritik üben.
- *Doppeln* der Formulierung (suggerieren).
- *Satzangebote* machen, die den emotionalen Ausdruck pointieren. Den einen fragen, welche Hilfe er vom anderen braucht, um eine bestimmte Forderung zu erfüllen.

B. *Distanzierungs-Manöver*

- *Rollenwechsel:* Der eine Partner soll darstellen, wie der andere sich verhalten soll.
- *Triangulierung:* Die Unterhaltung bei Eskalationsgefahr über den Therapeuten abwickeln.
- *Pause,* Unterbrechung. Die Stühle der Betroffenen umstellen und so den *Blickkontakt unterbrechen,* so daß sie nur noch verbal aufeinander eingehen können. Aufforderung zu einer *Bildbeschreibung* oder szenischen Darstellung dessen, wie die Beziehung im Augenblick von dem einen und dem anderen empfunden wird.

C. *Paradoxe Manöver*

- Die Sitzung unterbrechen und zu einer früheren Übung *zurückgehen* («zu schnell vorgegangen»).
- *Katastrophisieren* des Problems, damit die Beteiligten es entdramatisieren.
- *Umdeuten* des Streits als Interesse o. ä.
- *Selbstabwertung* des Therapeuten: Humorvolles Eingeständnis der Überforderung.
- *Trennungsphantasie:* Beide werden bei umgedrehten Stühlen gebeten, sich vorzustellen, sie hätten sich gerade getrennt und sollen das in der Phantasie durchleben: einen Tag danach, einen Monat danach, ein Jahr danach, 20 Jahre danach – um dann, mit einer Rückschau kurz vor dem eigenen Tod herauszufinden, ob eine jetzige Trennung einen sinnvollen Zusammenhang mit ihrem Leben ergäbe.

---

und sich empathisch verbünden. Insofern wird der Konfliktstoff, der ursprünglich zwischen dem Paar stand und es emotional trennte, zur Quelle neuer Intimität.

(2) *Innere Distanzierung* von dem Problem, z. B. durch Humor oder durch eine objektive Analyse des typischen Ablaufs einer Problemsituation. Dadurch lernt das Paar, destruktive Interaktionssequenzen gewissermaßen aus der Beobachterposition wahrzunehmen und in schwierigen Situationen emotional gelassener zu bleiben, wodurch der Konflikt noch weiter externalisiert und entschärft wird.

(3) *Erhöhung der Toleranz* gegenüber dem negativen Verhalten des Partners. Dies kann geschehen, indem in der Therapie auf die positiven Seiten des Problems hingewiesen wird oder indem der Kontext, in dem das negative Verhalten normalerweise auftritt, geändert wird. Um das zu erreichen, kann der Therapeut das Paar auffordern, das Problemverhalten und die Reaktion darauf in einer neutralen Situation zu «spielen», wodurch es in der Regel als weniger schwerwiegend empfunden wird.

(4) Die Entwicklung von mehr *Unabhängigkeit,* indem die Partner lernen, besser für sich selbst zu sorgen. Wenn eine Person ihre Bedürfnisse auch unabhängig von ihrem Partner befriedigen kann, fühlt sie sich weniger auf ihn angewiesen und wird daher seine Unzulänglichkeiten leichter akteptieren können.

Therapeutisch interessant ist an diesem Ansatz die aus der Gestalttherapie bekannte Paradoxie der Veränderung: Denn obwohl die Strategien darauf abzielen, daß der Partner so akzeptiert wird, wie er ist, entsteht in den meisten Fällen gerade dadurch, daß man es aufgibt, den Partner verändern zu wollen, die Bereitschaft zu positiver Veränderung. Außerdem setzt Akzeptanz eine Veränderung auf kognitiver Ebene voraus: Das, was nicht geändert werden kann, wird akzeptiert, indem sich die Art zu denken und das Problem zu beurteilen ändert.

Die beschriebenen Interventionen haben auch dann eine positive Wirkung auf bestehende Beziehungen, wenn sie mit einzelnen Klienten durchgeführt werden, denn im Prinzip handelt es sich um Fertigkeiten des Individuums. Sie können sowohl zwischen Ehepartnern, als auch zwischen Eltern und Kind oder zwischen Kindern ab einer gewissen Altersstufe eingesetzt werden. Sie sind also nicht spezifisch für die Paartherapie, wenngleich sie dort die häufigste Verwendung finden.

4.6 Sexuelle Ebene

Sexualverhalten ist im Menschen als natürliche Funktion angelegt und wird zum großen Teil durch reflexartige Reaktionen des Körpers gesteuert (s. Kap. 41.1/Klassifikation, Diagnostik). Jedoch kann diese natürliche Sexualfunktion von vielerlei Faktoren gestört oder gehemmt werden, die z. B. physiologischer, psychischer, zwischenmenschlicher, kultureller oder auch einfach nur situativer Art sind. Da die sexuelle Reaktion als solche biologisch vorgegeben ist, geht es in der Behandlung sexueller Störungen weniger um das Erlernen einer gewünschten Reaktion, sondern vielmehr um das Erkennen und Auflösen von Einschränkungen und Blockierungen, damit sich das natürliche Verhalten von selbst entfalten kann. Auf der individuellen Ebene sind dies vor allem Leistungsängste, Schuldgefühle, Wertvorstellungen, Angst vor Kontrollverlust, überhöhte Erwartungen und Minderwertigkeitsgefühle. Auf der Paarebene kommen Schuldzuweisungen, Mißverständnisse aufgrund mangelhafter Kommunikation, und Unwissenheit über die Sexualität des anderen

Geschlechts hinzu. Auf kultureller Ebene sind Normen, Mythen und moralisch begründete Schamgefühle zu nennen (vgl. auch Barbach, 1982; Zilbergeld, 1968).

Die Behandlung sexueller Störungen kann mit Einzelpersonen oder mit Paaren durchgeführt werden. Bei Bestehen einer Beziehung wird die Arbeit mit dem Paar gegenüber der Arbeit mit dem Individuum bevorzugt, auch wenn nur einer der Partner der Verursacher der sexuellen Probleme zu sein scheint. Dem liegt die Annahme zugrunde, daß es in einer intimen Beziehung keinen unbeteiligten Partner gibt, sondern immer beide betroffen sind.

Sexualtherapie wird von zeitgenössischen Autoren (Masters, Johnson & Kolodny, 1993) als Psychotherapie mit edukativen, übenden und kommunikativen Komponenten verstanden. Um den Einfluß psychischer Störgrößen auf die Sexualität des Paares abzuklären, wird ein großer Teil der Zeit in den Therapiesitzungen darauf verwandt, die Verarbeitung von Frustration und Ärger in der Beziehung und die Bedeutung der oben genannten Hemmungen und Blockaden zu klären. Darüber hinaus werden die Partner dazu angeleitet, die durch die Übungen vermittelten Erfahrungen im Gespräch miteinander auszutauschen, was besonders wichtig ist, wenn das Paar in der Kommunikation über intime Themen bislang gehemmt war.

Die Basistechnik der Sexualtherapie sind die *Gefühlskonzentrationsübungen* (Sensate Focus), die je nach Störung variiert werden. Zu Beginn der Behandlung wird das Paar in der Regel instruiert, direkte Sexualkontakte sowie genitale Berührungen zu unterlassen. Durch diese Anweisung sollen Leistungsorientierung und Versagensängste ausgeschaltet werden. Dann werden dem Paar gestufte Übungen verschrieben, die zwischen den Sitzungen zu Hause durchgeführt werden, die darauf abzielen, die Spielarten der Zärtlichkeit zu erweitern und die Orgasmusfixierung abzubauen (vgl. Kap. 22.5/ Paar-, Familientherapie). Für einzelne Störungen werden zusätzlich spezifische Techniken eingesetzt:

- *Erektionsstörung:* Vorrangig ist hier der Abbau von Leistungsdruck, indem ein spielerischer, nicht auf ein Ziel orientierter Umgang mit Sexualität vermittelt wird. Dabei sind die oben genannten Übungen sinnvoll. Zusätzlich kann die Partnerin darin instruiert werden, durch fraktionierte Masturbation ein wiederholtes Entstehen und Abklingen der Erektion herbeizuführen. Da sich der Mann in der passiven Rolle befindet, kann er dabei Vertrauen in diesen natürlichen und ohne sein willentliches Zutun funktionierenden Prozeß gewinnen.

• *Ejaculatio praecox:* Eine Technik bei der Behandlung von vorzeitigem Samenerguß besteht darin, daß die Frau den Penis des Partners bis kurz vor die Ejakulation manuell stimuliert und dann sofort unterbricht. Wenn der Ejakulationsdrang nachgelassen hat, wird die Stimulation fortgeführt. Dieser «Stopp-Start»-Zyklus wird mehrfach wiederholt und endet nach hinreichend langer Verzögerung schließlich mit der Ejakulation. Diese Übung kann auch auf den Geschlechtsverkehr ausgedehnt werden, indem sich der Mann passiv in der unteren Position befindet, während die Frau auf ihm sitzend aktiv die koitale Stimulation kontrolliert.

Als weitere Methode der Ejakulationskontrolle hat sich die «Quetschtechnik» bewährt. Während der koitalen Stimulation übt die Frau in gewissen Abständen manuellen Druck an der Peniswurzel oder unterhalb der Eichel aus, um die Ejakulation zu verhindern.

• *Orgasmusstörungen,* nämlich daß der Orgasmus verzögert oder gar nicht eintritt, sind bei Frauen häufiger (früher Anorgasmie genannt) als bei Männern (ejaculatio retardata). Barbach (1982) spricht in diesem Zusammenhang von «prä-orgasmischen» Frauen, da 93 Prozent der Teilnehmerinnen des von ihr konzipierten Trainings anschließend orgasmisch waren. Die fünfwöchige Behandlung stellt eine Verbindung aus Gruppendiskussion, physiologischen Informationen über weibliche Anatomie und Sexualität, Heimübungen und Individualunterricht dar. Zu den Heimübungen gehören die Erforschung und das Vertrautwerden mit dem eigenen Körper, Training der Beckenmuskulatur («Kegelübungen»), unterstützende sexuelle Phantasien und gestufte Masturbation. Wird später der Partner einbezogen, so kann der Übergang zum Geschlechtsverkehr dadurch erleichtert werden, daß dabei die manuelle Stimulation durch den Mann oder die Frau als «Brükke» beibehalten wird.

• *Vaginismus:* Die reflexartige Verspannung der Vaginalmuskulatur (vor Einführung der Penis) wird mit einem Training zur Anspannung und Entspannung dieses Bereichs begonnen. Als nächstes erhält die Frau eine Reihe von Dilatatoren mit zunehmendem Umfang, die behutsam unter Verwendung eines Gleitmittels eingeführt werden und zur täglichen Übung dienen. Für den Übergang zum Geschlechtsverkehr ist es wichtig, daß die Frau anfänglich den Penis des Mannes selbst einführt, damit sie das Gefühl hat, den Vorgang selbst zu steuern.

4.7 Paar-Ebene

Hier liegt der Schwerpunkt nicht mehr auf dem handelnden Individuum, sondern es geht um die Beziehung der Partner zueinander. Es gilt die Annahme, daß auf systemischer Ebene – also der Ebene der Paar- und Familienbeziehung – Regulative existieren, die zwar mit Disposition und Intention der Individuen in Einklang stehen, sich aber nicht vollständig daraus ableiten lassen. In den Naturwissenschaften gibt es dafür mehrere Modelle. Die Denkweise entspricht dem Popperschen *Emergenz-Prinzip* (Popper & Eccles, 1977), welches besagt, daß beispielsweise in der Chemie Reaktionen auftreten, die zwar mit dem physikalischen Atomaufbau vereinbar, jedoch nicht in allen Einzelheiten aus ihm vorhersagbar sind. Dasselbe tritt auf biologischer Ebene in Erscheinung, so etwa bei evolutionären Entwicklungen, die aus der Biochemie nicht im einzelnen vorhersagbar sind. Extrapoliert man dieses Prinzip auf psychische Reaktionen, kann beispielsweise das Phänomen der sogenannten freien Entscheidung plausibel gemacht werden. So können zwei jeweils für sich stabile Persönlichkeiten eine Bindung eingehen, in der sich eine neurotische Rollenverteilung etwa vom Typ der Willi'schen Kollusion (Willi, 1975) einspielt (s. **Kasten 2**).

Nach Sager (1976) bestand zwischen den Partnern eine Eltern-Kind-Bindung mit einem impliziten Vertrag der Nichtaggression und Fürsorglichkeit und den Erwartungen, immer füreinander da zu sein und den anderen niemals zu verlassen. Als Intervention ist hierfür eine Bewußtmachung dieser Erwartungen und

Ein Mann von 45 Jahren litt an Wochenenden häufig unter depressiven Phasen. In der Anamnese stellte sich heraus, daß er seinen Vater nie gekannt hatte (der war im Krieg vor seiner Geburt gefallen) und seine Mutter ihn für die ersten vier Lebensjahre im Waisenhaus untergebracht hatte, da sie selbst zu diesem Zeitpunkt psychisch krank war. Das nie befriedigte Bedürfnis nach einer fürsorglichen und stabilen Bezugsperson war im späteren Leben durch eine ungewöhnlich liebevolle und sorgende Ehefrau kompensiert worden. Zwischen den beiden bestand eine harmonische Beziehung, in der es nie einen offenen Streit und seit zwanzig Jahren keine Sexualität gegeben hatte. Die Kollusion kann darin gesehen werden, daß die Ehefrau die Rolle einer treusorgenden und verläßlichen Mutter und der Ehemann die eines braven Jungen übernommen hatten. Die bei dem Mann zuerst auftretende Unzufriedenheit mit der Beziehung drückte sich in depressiven Verstimmungen und dem körperlichen Symptom «schwerer Beine» aus, die ihn bewegungsunfähig machten und ihn so symbolisch daran hinderten, die Partnerin auch nur vorübergehend zu verlassen – ein Angebundensein analog zu dem des kleinen Kindes im Waisenhaus.

eine Neuverhandlung des Vertrages vorgesehen. Dazu könnte eine vorübergehende Trennung mit hinreichender Absicherung der Fortsetzung der Beziehung und Nichtverletzung des anderen gehören, um die fehlende Erfahrung eines als ungefährlich erlebten Verlassens des Partners zu ermöglichen. Sager unterscheidet gemäß der Erwartungen der Partner aneinander fünf Bindungstypen:

(1) Romantische Bindung (Nähe, Kontrolle und traditionelle Verteilung der Geschlechterrollen)

(2) Eltern-Kind-Bindung (einer übernimmt die progressive Rolle eines Elterteils, während der andere eine regressive Kindrolle einnimmt)

(3) Egalitäre Bindung (Auffassung von gleichen Rechten und Freiheiten beider Partner)

(4) Kameradschafliche Bindung (wenig Leidenschaft, aber hinreichend Intimität und Vertrauen)

(5) Pragmatische Bindung (praktische und ökonomische Gründe überwiegen bei der Partnerwahl)

Die neu zu verhandelnden Erwartungen des Paares betreffen Themen wie: Treue, ewiges Glück, unauflösliche Bindung, Partner als Erziehungs- und Inspirationsobjekt, Ehe als sicherer Herd, Familie als Klan u.a.

In dem an Margret Mahler angelehnten Entwicklungsmodell von Bader und Pearson (1988) wird zwischen Symbiose, Differenzierung und Konsolidierung in der Ehe-Beziehung unterschieden. Für jede dieser Phasen sind unterschiedliche Interventionen vorgesehen (s. **Tab. 5**). Das oben beschriebene Paar würde als in der symbiotischen Phase fixiert angesehen werden – in einer harmonischen Verstrickung, von der eine aggressive Verstrickung zu unterscheiden ist. Letztere ist gegeben, wenn sich die Partner immer wieder mit Kritik und Schuldzuweisung gegenseitig abwerten, ohne sich aber trennen zu können. Für den beschriebenen Fall käme als Intervention zur Auflösung der harmonischen Verstrickung eine Einübung in nicht verletzenden Formen der aggressiven Auseinanderandersetzung infrage (s. Bach & Weyden, 1968).

4.8 Familien-Ebene

Bei der systemischen Betrachtungsweise werden im allgemeinen drei Gesichtspunkte hinzugezogen: der Zugewinn an Freiheitsgraden auf höherer Ebene (Emergenz-Prinzip, Popper & Eccles, 1977, s. oben), die spontane Selbstorganisation von komplexen Systemen und ihren restriktiven Randbedingungen (Synergetik, Haken, 1981) sowie die kybernetische Betrachtungsweise von Regelmechanismen (Bertalanffy, 1968).

Tabelle 5: Auf spezifische Entwicklungsphasen bezogene Interventionen

---

Auflösung symbiotischer Verstrickung:
- Exposition gegenseitiger Aggression
- Streitverschreibungen
- Förderung der gegenseitigen Abgrenzung
- Rekapitulation symbiotischer Prägung
- Ablösungsrituale bezüglich der Primärfamilie

Auflösung feindseliger Verstrickung:
- Umdeutung der Aggression
- Triangulieren des Gesprächs über den Therapeuten
- Unterbrechung nonverbaler Kommunikation
- Streitregeln und Verletzungsgrenzen
- Verzeihen-Lernen
- Kontrollierte Streitverschreibungen
- Kognitive Umstrukturierung und Humor
- Rekapitulation von Übertragungssituationen

Förderung der Autonomie:
- Getrennte und gemeinsame Aktivitäten
- Trennungs-Phantasie
- Konstruktive Trennung
- Problemlöse-Training
- Förderung gemeinsamer Aussenkontakte

Zur *Selbstorganisation* findet sich ein Beispiel in **Kasten 3.** Haken (1981) hat solche Formen der Selbstorganisation auf allen Ebenen der Physik, Chemie, Biologie, Soziologie usw. nachzuweisen versucht und hat für dieses systemische Verhalten den Ausdruck «Synergetik» geprägt. Ge-mäß dieser Betrachtungsweise versklavt ein Teil als «Ordner» den anderen – hier im Beispiel das Kind mit seinem Symptom die Eltern, die in der Folge ihr Verhalten zum großen Teil nach dem Kind richten. Dabei hat das Kind sein Symptom mutmaßlich nur im Zusammenhang mit dem elterlichen Verhalten entwickelt. Es entstehen höchst unwahrscheinliche Organisations- oder Lebensformen, die im familiären Kontext zum Teil als bizarre Symptome auffallen. Die Formen der Selbstorganisation haben meist neben der *Unwahrscheinlichkeit* ihrer Konfiguration noch ein Element der *Unvorhersagbarkeit,* indem nicht sicher ist, welches spezielle Verhalten der Symptomträger entwickeln wird. Um andere Lösungen für solchen komplexen Systeme zu finden («Attraktoren», Prigogine & Stengers, 1986), müssen bestimmte Parameter verändert werden, so daß eine neue Entscheidung möglich wird («Bifurkation-Punkte»). Die Parameter, die die Interaktion in Familien regeln und bei solchen Organisationsprozessen Berücksichtigung finden, lassen sich häufig auf die Dimensionen *Intimität* (Nähe/Distanz) und *Kontrolle* (Rigidität/Chaos) zurückführen, die auch miteinander verquickt sein können (vgl. Olson, Sprenkle & Russel, 1979). Die Intervention wird also darauf abzielen, das Ausmaß einer dieser beiden Dimensionen in der Familie zu verändern.

Kasten 3
Selbstorganisation

Der 28jährige Sohn ist das letzte Kind zweier Eltern in fortgeschrittenem Alter (Mutter 65 und Vater 70). Seit mehreren Jahren verzögert der Sohn den Studienabschluß als Bibliothekar durch Versagen oder Rücktritt von der Prüfung. Die Eltern sind seit Jahren zerstritten und der Vater hat in der Vergangenheit mehrfach seine Frau betrogen, die sich ganz auf die Erziehung und die Förderung des Sohnes verlegt hat. Obwohl alle Beteiligten Interesse am Studienabschluß des Sohnes bezeugen und dieser hinreichend intelligent und gut vorbereitet erscheint, mißlingt er immer wieder. Sowohl die Rollenverteilung beim Ehepaar, als auch das Studienversagen des Kindes kann man als *funktionell* ansehen. Alle lösen ein Problem unter gegebenen Rahmenbedingungen mit geringstem Aufwand und Reibungsverlust. Das beunruhigende Verhalten des Sohnes ermöglicht es der Mutter die Konfrontation mit dem beziehungsflüchtigen Ehemann aus dem Wege zu gehen, die vermutlich zum Konflikt zwischen den Ehepartnern führen kann. Die Eltern sehen sich veranlaßt, sich gemeinsam mit dem Sohn zu beschäftigen, der so unbewußt ihre mögliche Trennung verhindert. Dies ist allerdings nicht so zu verstehen, daß das Kind sich bewußt opfert. Vielmehr entstehen unter bestimmten restriktiven Rahmenbedingungen plötzlich neue Formen der Selbstorganisation – etwa so wie sich Wirbel in einer glatten Strömung bilden, wenn bestimmte Hindernisse sich ihr entgegenstellen.

• *Morphostase.* Welche Ansatzpunkte liefert die Kybernetik für die systemischen Interventionen? In der Kybernetik werden Regelkreise beschrieben, die der Aufrechterhaltung bestimmter Soll-Niveaus dienen (Homöostase). Dies geschieht durch *negative Rückkoppelung,* d. h. durch Gegensteuerung. Wenn beispielsweise durch zu viel Gemeinsamkeit die optimale Distanz für das Wohlbefinden eines Familienmitgliedes unterschritten ist, wird dieses Familienmitglied gereizt sein und vielleicht einen Streit in Kauf nehmen und so wieder mehr Distanz gewinnen. Oder ein mit formalen Kontrollmöglichkeiten (sozialer Einfluß, materielle Ressourcen) gering ausgestatteter Partner entwickelt ein körperliches Symptom und erreicht auf diese Weise Schonung oder nimmt darüberhinaus Einfluß auf bestimmte Unternehmungen (verhindert z. B. einen Theaterbesuch). Über die psychophysiologische Schnittstelle solch hypothetischer Mechanismen ist bisher wenig bekannt. Denkbar wäre neben der symptomspezifischen Vulnerabilität auch eine immunsuppressive Wirkung bestimmter Hormone unter Streß.

Im Unterschied zur Warmwasserheizung, die gern als Beispiel eines Regelkreises herangezogen wird, gibt es in biologischen Systemen neben der homöostatischen eine zweite, gegenläufige Tendenz: die des *Wachstums* und der *Differenzierung* von Organismen. Im zwischenmenschlichen Bereich der Familie sind Phasen des Umbruchs einerseits unvorhergesehen (so etwa bei Krankheit, dem Tod eines Familienmitgliedes oder Arbeitslosigkeit), andererseits treten sie in jeder Familie mit Regelmäßigkeit im Verlauf des Lebenszyklus auf. Der system-

theoretischen These zufolge treten Krisen dann auf, wenn Wachstum oder Differenzierung durch die Umstände gefordert werden, das System aber an seinem alten Regelmodell homöostatisch festhält.

• *Morphogenese.* Neben der negativen Rückkoppelung ist eine *positive Rückkoppelung* in der Familienkommunikation zu beobachten, etwa bei der symmetrischen Streiteskalation, wenn die gegenseitigen Angriffe massiver werden und unter Umständen zu Tätlichkeiten führen. Wenn in solchen Fällen keine übergeordnete Gegenregulation vorhanden ist, tritt bei der positiven Rückkoppelung leicht eine Schädigung ein, etwa die körperliche Verletzung des Organismus. Gegenseitige erotische Stimulation ist hingegen ein «positives» Beispiel für positive Rückkoppelung. Positive Art der Rückkoppelung kann auch therapeutisch genutzt werden, um ein stabiles dysfunktionales System beweglich zu machen und zu einer neuen Form der Interaktion zu veranlassen (s. **Kasten 4**).

Die *Systemische Therapie* zielt darauf ab, die Familie zur Auflösung einer überholten oder schlecht funktionierenden Regel (hoher Energieaufwand und Reibungsverlust) und zur Adaptation an geänderte Bedingungen zu bringen. Im Grunde entspricht diese Veränderung der Familie dem Übergang von der Assimilation zur Akkomodation, wie ihn Piaget für die intrapsychische Entwicklung kognitiver Leistungen beschrieben hat. Dysfunktional gewordene Regelung betreffen den Informationsfluß in der Familie, die zusammen verbrachte Zeit, die Glaubwürdigkeit einzelner Familienmitglie-

---

Kasten 4
Positive Rückkoppelung

Watzlawick, Weakland und Fisch (1974) beschreiben ein von den Eltern überversorgtes junges Ehepaar. Die Eltern kommen zum Rasenmähen, Abwaschen, Kochen; sie bringen ungefragt Lebensmittel mit usw. Das junge Paar wehrt sich gewöhnlich durch höfliche Zurückweisung dagegen, die aber als Bescheidenheit ausgelegt wird. Erst der Rat, die Hilfsbereitschaft mit Unverschämtheit zu kontern, half, das übertriebene Versorgungsmuster aufzulösen. Das junge Ehepaar wies die Unterstützung nicht mehr zurück, sondern forderte sie ein: seit einer Woche sei nicht mehr abgewaschen worden, der Rasen müsse gemäht werden und der Kühlschrank sei völlig leer. Die Eltern kamen noch einmal und dann nicht wieder zu Hilfe («Die Kinder müssen endlich erwachsen werden!»).

der, das Maß an Selbstöffnung, Vertrauen und Toleranz, die Verteilung von Verantwortung und Ressourcen u. a.

Diese Kommunikations- und Verhaltensaspekte kommen in *strukturellen Merkmalen* der Familie zum Ausdruck, die von den sogenannten strukturellen Familientherapeuten (Minuchin, 1977) an den Grenzen der Subsysteme festgemacht werden. Darunter sind die Grenzen zwischen Großeltern, Eltern und Kindern sowie der Familie nach außen zu verstehen. Sind die Grenzen innerhalb eines Subsystems undurchlässiger als zwischen den Subsystemen, so kann diese Regelung funktional sein, bis der Lebenszyklus oder äußere Umstände eine Veränderung erforderlich machen. Drei Beispiele solcher Grenzüberschreitungen sind in **Abbildung 1** dargestellt.

a) Zwei distanzierte Eltern, wobei die Mutter sich dem Kind zuwendet und der Vater seinem Beruf. Der Lebenszyklus erfordert, daß das Kind zur Schule kommt und für die Mutter nicht mehr den ganzen Tag erreichbar ist.

b) Die Eltern streiten sich über die meisten Dinge des Alltags und der Vater klagt seiner Tochter zu häufig sein Leid. Als die Tochter in die Pubertät kommt, wird einerseits die Intimität zwischen Vater und Tochter problematisch, zum anderen erzeugt sie eine rivalisierende Beziehung zur Mutter.

c) Der geschiedene Vater überläßt seiner Mutter die Erziehung des Kindes und will wieder neu heiraten. Die zweite Frau findet keinen Zugang zu dem Kind und fühlt sich von der Schwiegermutter herabgesetzt.

Geprägt werden solche Strukturen häufig von entwicklungsgeschichtlichen Dispositionen, die zu Bindungsscheu, Überfürsorglichkeit oder

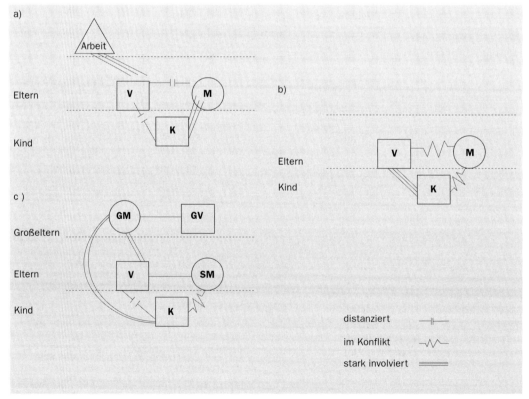

Abbildung 1: Drei Beispiele von Subsystemen mit unterschiedlich dichten Subsystemgrenzen und Koalitionen.

Verlustangst führen können. Die daraus unter Umständen resultierende Polarität der bereits erwähnten Dimensionen «Intimität» und «Kontrolle» ist nicht per se dysfunktional, sondern wird dies erst unter bestimmten Umständen. Zum Beispiel kann die Isolation einzelner Familienmitglieder, wie Minuchin sie für farbige Unterschichtenfamilien beschrieben hat, durchaus einen Grad von Autonomie fördern, der zum Überleben in diesem speziellen Kontext wichtig ist. Stark verstrickte Familien wiederum können den einzelnen Mitgliedern sehr viel Unterstützung gewähren. Rigide Kontrolle durch feste Regeln kann bei externer Bedrohung das System am (Über)leben erhalten, und eher chaotische Familien können unter Umständen sehr kreativ zu Zeiten des Wandels sein.

Bei den systemischen Interventionen wird zwischen strukturellen und strategischen Maßnahmen unterschieden. *Strukturelle* Maßnahmen zielen darauf ab, Beziehungsmuster direkt und aktiv umzugestalten. Colapinto (1991) nennt drei Typen:

• *Rekomposition:* Es werden in einem Kommunikationsprozeß Personen eliminiert (etwa das triangulierte Kind) oder neue Personen hinzugefügt (z. B. der distanzierte Vater).

• *Symptomveränderung:* Umbenennen, Herunterspielen, auf ein neues Symptom Hinarbeiten usw.

• *Strukturelle Modifikation:* Kommunikation in bestimmten Kanälen unterbrechen oder zu fördern, Verhalten verschreiben, Verhalten verstärken, Konflikt induzieren, Koalition auflösen, Kommunikationsfertigkeiten einüben.

Strukturelle Interventionen scheinen angezeigt zu sein, wenn sich das System in einem instabilen dysfunktionalen Zustand, zum Beispiel in einer Krise, befindet. Kann der Zustand dagegen eher als stabil und dysfunktional beschrieben werden, so ist mit großer Trägheit des Systems gegenüber Veränderungen zu rechnen. Der Appell der Familie an den Therapeuten wird im wesentlichen den Wunsch beinhalten, das Symptom zu beseitigen, im übrigen jedoch alles andere beim alten zu lassen. In diesem Fall erscheinen strategische Maßnahmen zweckmäßig.

Strategische Interventionen sind vor allem die sogenannten *paradoxen Interventionen* (oftmals verbunden mit einer sogenannten rituellen Verschreibung), wie sie besonders Selvini-Palazzoli, Boscolo, Czecin und Prat (1977) berichten. Am häufigsten finden sich darunter folgende typische Strategien, wobei meist eine Form der Umdeutung mit einer Form der Symptomverschreibung einhergeht. Umdeutungen betonen meist die positive Intention der Familie, die Homöostase aufrecht zu erhalten. Zu beachten ist, daß die positive Umdeutung des Verhaltens des Symptomträgers allein (etwa des Kindes), leicht zu Schuldattributionen auf die restlichen Familienmitglieder (etwa der Eltern) führt. Die Umdeutung soll wohlwollend und toxisch zugleich sein (Dell, 1981) und der Therapeut benutzt den Rapport zur Familie als Schlupfloch, um die dysfunktionale Balance von innen her zu stören (Seltzer, 1986).

• *Positive Umdeutung* einer negativen Interaktion («Streit zeigt die investierte Energie von seiten des Beteiligten»).

• *Provokative Überzeichnung* oder *Bagatellisierung* des Symptoms, um seine Bedeutung in unerwarteter Weise zu ändern.

• *Symptomsimulation* und *Verschreibung* («damit Sie Gelegenheit haben, genauer herauszufinden, warum dieses Verhalten für Sie wichtig ist»).

• *Mißerfolgsvorhersage* und Warnung vor zu schnellem Fortschritt, um Enttäuschungen zu vermeiden und um die *eigene Verantwortung* für das Verhalten anzustacheln.

• *Rückfallverschreibung.*

Mit den paradoxen Verschreibungen werden unterschiedliche Ziele verfolgt. Es wird der Angst vor Veränderung Rechnung getragen. Es kann aber andererseits auch Widerstand gegen die Umdeutung oder Verschreibung erzeugt werden, woraus eine Verminderung des Symptoms resultiert. Bei einer katastrophalen Überzeichnung des Symptoms kann die Eigeninitiative zu einer weniger dramatischen Darstellung und entsprechender Symptomminderung angeregt werden. Die Verschreibung von Symptomen oder von deren Simulation kann ebenfalls dazu führen, daß die Familienmitglieder ihr bisheriges Verhalten aufgeben. Es kann sich auch ein Bedeutungswandel einstellen, indem bei Ausführung der Verschreibung über das Symptom Kontrolle ausgeübt wird. Auch wird dadurch der Übergang von Fremdkontrolle (durch den Therapeuten) zur Selbstkontrolle erleichtert. Schließlich werden die Familienmitglieder dadurch, daß das Symptom und seine Akteure in den Mittelpunkt der Aufmerksamkeit gerückt werden, aufeinander aufmerksam gemacht. Der Zweck der paradoxen Intervention kann aber auch wie in dem Beispiel oben darin liegen, durch Eskalation durch Überschreitung der bisherigen Randbedingungen eine Veränderung zu provozieren. Durch heruntergeschraubte Erwartungen wird ebenfalls die Eigeninitiative gefördert, und eine Rückfallverschreibung kann die negativen Affekte einer vorübergehend eintretenden Verschlechterung und ihre Katastrophisierung verhindern.

Derartige Interventionen müssen spezifisch auf den individuellen Kontext der Familie bezogen sein und setzen voraus, daß der Rapport zwischen Therapeut und Familienmitgliedern gegeben ist. Diese Maßnahmen sollen dysfunktionale, aber stabile Regelungen auflösen. *Kontraindiziert* sind paradoxe Verschreibungen nach Meinung von Todd (1986) in aktuellen Verlustsituationen, bei drohender Dekompensation, Gewaltanwendung oder Suizid, unerwünschter Schwangerschaft, Arbeitsplatzverlust und ähnlich akuten Krisen. Es gibt unterschiedliche Schulen strategischer und struktureller Familientherapie, die sich teils in der Sprache, zum Teil auch in der Mischung struktureller und strategischer Elemente unterscheiden. Differenzen bestehen auch in den Empfehlungen zur Einzel- oder Co-Therapie, zur Rolle der Supervision und der Nutzung der therapeutischen Autorität. Allen gemeinsam ist offenbar die Überzeugung, daß es nicht unbedingt gewinnbringend sei, wenn die Bedeutung der therapeutischen Intervention den Familienmitgliedern mitgeteilt wird. Auf Einzelheiten der verschiedenen Therapieschulen kann hier nicht eingegangen werden; es wird dazu auf die Originalliteratur verwiesen (Übersichten vgl. Madanes, 1982, 1991; Weeks & L'Abate, 1979 1982; Seltzer, 1986; Todd, 1986).

5. Schlußbemerkungen

Die Familientherapie wird in ihrem Ergebnis als vielversprechend eingeschätzt (Gurman & Kniskern,1981). Dabei ist in Rechnung zu stellen, daß es keine einheitliche Familientherapie gibt. Über alle Studien hinweg wird die durchschnittliche Verbesserungsrate für Familien in familientherapeutischer Behandlung auf 73 Prozent eingeschätzt (verglichen mit 61% in der Paartherapie). Die verhaltenstherapeutische Paartherapie ist vor allem bei mittleren Störungen der Beziehung erfolgreich, wobei die Verbesserung der Kommunikation eine entscheidende Komponente zu sein scheint. Bei schweren Störungen scheint das rein operante Vorgehen kontraindiziert zu sein, während operante Methoden besonders erfolgreich bei aggressiven Problemen zwischen Eltern und Kindern eingesetzt worden sind (Patterson, 1975). Des weiteren ist Familientherapie bei psychosomatischen Problemen der Adoleszenz und bei Drogenabusus angezeigt. Interessant ist in diesem Zusammenhang die Tatsache, daß die Einzeltherapie von Beziehungsstörungen im Ergebnis als eher ungünstig eingeschätzt wird.

Insgesamt mangelt es an kontrollierten Studien, da Kontrollgruppen von vielen Familientherapeuten als unzumutbar abgelehnt werden. Eine Alternative ist die sogenannte «Treatment on Demand»-Kontrollgruppe (TOD; s. Gurman & Kniskern, 1981), bei der den Teilnehmern der Kontrollgruppe eine minimale Behandlung als Krisenintervention gewährt wird, sofern sie von der Familie gewünscht wird (zur Evaluation s. auch Kap. 22.5/Paar-, Familientherapie).

6. Literatur

Bach, G. R. & Wyden, P. (1968). *The intimate enemy. How to fight fair in love and marriage.* New York: Avon.

Bader, E. & Pearson, P. T. (1988). *In quest of the mythical mate.* New York: Brunner/Mazel.

Barbach, L. G. (1982). *For Yourself: Die Erfüllung weiblicher Sexualität.* Frankfurt/M.: Ullstein.

Berley, R. A. & Jacobson, N. S. (1988). Causal attribution in intimate relationships. In P. Kendall (Ed.), *Advances in cognitive behavioral research and therapy* (pp. 1–90). New York: Academic Press.

Bertalanffy, L. V. (1968). *General systems theory: Foundations, development, applications* (collected papers). New York: Braziller.

Bowlby, J. (1975). *Bindung. Eine Analyse der Mutter Kind-Beziehung.* München: Kindler.

Bradbury, T. N. & Fincham, F. D. (1992). Attributions and Behavior in Marital Interaction. *Journal of Personality and Social Psychology, 63,* 4, 613–628.

Christensen, A., Jacobson, N. & Babcock, J.C. (1995). Integrative Behavioral Couple Therapy. In N.S. Jacobson & A.S. Gurman (Eds.), *Clinical Handbook of Couple Therapy* (pp. 31–64). New York: Guilford.

Colapinto, J. (1991). Structural family therapy. In A.S. Gurman & D.P. Kniskern (Eds.), *Handbook of Family Therapy* (pp. 417–443). New York: Brunner/Mazel.

Dell, P.F. (1981). Paradox redux. *Journal of Marital and Family Therapy, 7,* 127–134.

Ellis, A. & Harper, R. (1961). *A guide to successful marriage.* Hollywood: Wilshire.

Epstein, N. & Eidelson, R J. (1981). Unrealistic beliefs of clinical couples. *The American Journal of Family Therapy, 9,* 13–22.

Farelly, E. & Brandsma, M. (1986). *Provokative Therapie.* München: Jungfermann.

Feldmann, L.B. (1976). Depression and marital interaction. *Family Process, 15,* 389–395.

Frankl, V.E. (1975). *Theorie und Therapie der Neurosen.* München: UTB 457.

Gottman, J.M. (1993). A Theorie of Marital Dissolution and Stability. *Journal of Family Psychology, 7,* 57–75.

Grawe, K., Donati, R. & Bernauer, F. (1994). *Psychotherapie im Wandel: Von der Konfession zur Profession.* Göttingen: Hogrefe.

Gurman, A.S. & Kniskern, D.P. (Eds.). (1981*). Handbook of Family Therapy.* New York: Brunner/Mazel.

Hafner, R.J. (1977). The husbands of agoraphobic women: Assortative mating or pathogenic interaction? *British Journal of Psychiatry, 30,* 233–239.

Hahlweg, K., Schindler, L. & Revenstorf, D. (1981). *Partnerschaftsprogramme: Möglichkeiten zur Bewältigung.* Heidelberg: Springer.

Haken, H. (1981). *Erfolgsgeheimnisse der Natur.* Frankfurt: Ullstein.

Hatfield, E. & Rapson, R.L. (1992). Similarity and attraction in close relationships. *Communication Monographs, 59,* 209–212.

Holtzworth-Munroe, A. & Jacobson, N.S. (1985). Causal attributions of married couples. *Journal of Personality and Social Psychology, 48,* 1398–1412.

Jacobson, N.S. (1984). Marital therapy and the cognitive behavioral treatment of depression. *Behavior Therapist, 7,* 143–147.

Johnson, S.M. & Greenberg, L.S. (1984). The differential effects of experimental and problem solving interventions in resolving marital conflict. *Journal of Counseling and Clinical Psychology, 53,* 175–189.

Kelley, H.H. (1983). Love and commitment. In H.H. Kelley, E. Berscheid, A. Christensen, J.H. Harvey, T.L. Husten, G. Levinger, E. McClintock, E. Peplau & D.R. Peterson (Eds.), *Close relationships* (pp. 265–314). New York: Freeman.

Kelley, H.H., Berscheid, E., Christensen, A., Harvey, J.H., Husten, T.L., Levinger, G., McClintock, E., Peplau, E. & Peterson, D.R. (Eds.). (1983). *Close relationships.* New York: Freeman.

Kerckhof, A.C. & Davis, K. (1962). Value consensus and need complementary in mate selection. *American Sociological Review, 27,* 295–303.

Leary, T. (1957). *Interpersonal diagnosis of personality.* New York: Ronald Press.

Levenson, R. W. & Gottman, J.M. (1983). Marital interaction: Physiological linkage and affective exchange. *Journal of Personality and Social Psychology, 45,* 587–597.

Madanes, C. (1982). *Strategic Family Therapy.* San Francisco: Jossey-Bass.

Madanes, C. (1991). Strategic Family Therapy. In A.S. Gurman & D.P. Kniskern (Eds.), *Handbook of Family Therapy* (pp. 396–416). New York: Brunner/Mazel.

Masters, W.H., Johnson, V.E. & Kolodny, R.C. (1993). *Liebe und Sexualität.* Frankfurt/M.: Ullstein.

Minuchin, S. (1977). *Familien und Familientherapie.* Freiburg: Lambertus.

Minuchin, S., Rosman, B.L. & Baker, L. (1981). *Psychosomatische Krankheiten in der Familie.* Stuttgart: Klett.

Olson, D.H., Sprenkle, D.H. & Russel, C.S. (1979). Circumplex model of marital and family systems. Cohesion and adaptability dimensions, family types and clinical applications. *Family Process, 18,* 3–28.

Patterson, G.R. (1975). *Families: Applications of social learning to family life.* Champaign: University Press.

Patterson, G.R. (1982). *Coercive family process.* Eugene/Oregon: Castilia Publishing Comp.

Percy, W. (1983). *The Last Self-Help Book Lost in the Cosmos.* New York: Farrer, Straus & Giroux.

Perls, E.S., Hefferline, R.E & Goodman, R (1951). *Gestalttherapie, Teil I und Teil 11.* Stuttgart: Klett Cotta.

Popper, K.R. & Eccles, R. (1977). *The self and its brain.* New York: Springer.

Prigogine, I. & Stengers, I. (1986). *Dialog mit der Natur.* München: Piper.

Reiter, L. (1983). *Gestörte Paarbeziehungen.* Göttingen: Vandenhoeck & Ruprecht.

Revenstorf, D. (1985). *Psychotherapeutische Verfahren. Gruppen-, Paar- und Familientherapie (Bd. IV).* Stuttgart: Kohlhammer.

Revenstorf, D. (1987). Der kognitive Trend in der Verhaltenstherapie bei Paaren. *Hypnose und Kognition, 4* (2).

Revenstorf, D., Hahlweg, K. & Schindler, L. (1982). Streit in der Ehe. Aggression und Interaktion. *Partnerschaftsberatung, 18,* 90–108.

Sager, C.J. (1976). *Marriage contracts and couple therapy.* New York: Brunner & Mazel.

Schindler, L., Hahlweg, K. & Revenstorf, D. (1980). *Partnerschaftsprobleme: Möglichkeiten zur Bewältigung.* Berlin: Springer.

Seltzer, L.E (1986). *Paradoxical strategies in psychotherapy.* New York: Wiley.

Selvini-Palazzoli, M.S., Boscolo, L., Czecin, G. & Prat; G. (1977). *Paradoxon und Gegenparadoxon.* Stuttgart: Klett.

Singer, M.T., Wynne, L.C. & Toohey, M.C. (1978). Communication disorders and the families of schizophrenics. In L.C. Wynne, R. Cromwell & S. Maghysse (Eds.), *The nature of schizophrenia* (pp. 243–256). New York: Wiley.

Tennov, D. (1981). *Limerenz. Über die Liebe und das Verliebtsein.* München: Pfeiffer.

Todd, T. (1986). Structural-Strategic Marital Therapy. In N. Jacobson & A.S. Gurman (Eds.), *Clinical Handbook of Marital Therapy* (pp. 71–106). New York: Brunner & Mazel.

Watzlawick, P., Weakland, J.H. & Fisch, R. (1974). *Lösungen.* Bern: Huber.

Weeks, G.R. & L'Abate, L. (1979). A compilation of paradoxical methods. *American Journal of Family Therapy, 7,* 61–76.

Weeks, G. R. & L'Abate, L. (1982). *Paradoxical psychotherapy.* New York: Bruner & Mazel.

Whisman, M. A. & Jacobson, N. S. (1990). Brief marital therapy. In R. A. Wells & V. J. Gianetti (Eds.), *Handbook of brief psychotherapies. Applied clinical psychology* (pp. 325–349). New York: Plenum Press.

Willi, J. (1975). *Die Zweierbeziehung.* Reinbek: Rowohlt.

Zilbergeld; B. (1968). *Männliche Sexualität.* Tübingen: DGVT.

42. Störungen der Schule
42.1 Klassifikation und Diagnostik

Günter L. Huber und Ewald Johannes Brunner

Inhaltsverzeichnis

1. Einleitung: Die Schule als soziales System

Analysen von Schulproblemen und Interventionsvorschlägen werden seit Beginn der neunziger Jahre immer häufiger aus «systemischer» Perspektive entwickelt. Häufig konzentrieren sich diese Ansätze auf allgemeine curriculare und schulorganisatorische Bedingungen, ohne konkrete Veränderungen im Sub-System der Schulklasse und ihre sozialen Interaktionen zu kontrollieren (Smylie, 1994). Andererseits wird im Sinne eines multikausalen Störungsmodells weiterhin oft das «gestörte» Individuum in den Fokus gerückt, doch mit weiterer Optik als üblich auch das soziale Umfeld «Schule» mit erfaßt (vgl. Vinovskis, 1996). Grundsätzlich können wir an Schule wie an andere soziale Systeme auch herangehen; allerdings unterscheidet sich das System Schule in einem wichtigen Aspekt, der einseitige Abhängigkeiten zwischen Subsystemen schafft, wechselseitigen Austausch behindert und selbstreferentielle Prozesse (Maturana, 1982) stört: es ist stark bürokratisch-hierarchisch strukturiert. Die unilateralen Einwirkungsmöglichkeiten von höheren zu niedrigeren Ebenen entsprechen zwar gesellschaftlichem Ordnungsbestreben, widersprechen aber den Grundmerkmalen offener Systeme (vgl. Guttmann, 1985). Dementspre-

chend sind die Merkmale professionellen Handelns weniger ausgeprägt als wünschenswert. Dornbusch, Glasgow und Lin (1996) sprechen daher von Schule als professioneller Bürokratie – wobei sie Probleme beider Systeme in der Schule vereint sehen: Handeln nach professionellen Standards ist einerseits bürokratisch begrenzt, andererseits aber mit bürokratischen Mitteln nicht zu garantieren. Die Linearisierung der Prozesse zwischen schulischen Subsystemen ist rigider als z. B. im sozialen System der Familie, deren Mitglieder nach Alter, Erfahrung, Fertigkeiten etc. auch auf unterschiedlichen Niveaus stehen, während ihre wechselseitige Abhängigkeit und Beeinflussung aber nicht durch organisatorische Rahmenbedingungen bestimmt sind.

Für die weiteren Überlegungen konzentrieren wir uns auf das Subsystem Schulklasse und berücksichtigen einerseits, daß es in – wenn auch recht einseitigen – Beziehungen zu übergeordneten Systemen steht, andererseits selbst komplexe Subsysteme umfaßt: Lehrer und Schüler mit den Netzwerken der Lehrer-Schüler- und der Schüler-Schüler-Relationen. Diese Subsysteme stehen zusätzlich in – nicht institutionalisiert-hierarchischem – Austausch mit anderen sozialen Systemen, vor allem ihren Familien. Wo lassen sich in diesen komplexen Zusammenhängen schulsystem-spezifische Konflikte und Störungen ausmachen?

2. Klassifikation systemspezifischer Konflikte und Störungen

Zwei unterschiedliche Zugänge zeichnen sich für unsere Problemstellung ab. Man kann einmal kritische Systemmerkmale aufgrund individueller Störungen zu rekonstruieren versuchen; d. h. man erschließt unter Konzentration auf Individuen als Störungsträger Bedingungen in der «black box» der Klasse. Andererseits kann man versuchen, von einer (system-)theoretisch gestützten Analyse zentraler Systemregeln aus das Potential für Konflikte und Störungen zu ermitteln. Der zweite Ansatz erscheint fruchtbarer, denn er eröffnet neben Hinweisen zur Intervention bei manifesten Störungen auch Möglichkeiten zur Prävention. Gleichzeitig bietet dieser Ansatz den Vorzug einer theoriegestützten, apriorischen Klassifikation (vgl. Stapf, Herrmann, Stapf & Häcker, 1972), deren empirische Absicherung jedoch erst noch zu leisten ist. Wir gehen von einer zentralen systemtheoretischen These aus: Im Widerspruch zwischen institutionell linearisierten Einflußstrukturen und den für das soziale System funktionsnotwendigen Interdependenzen seiner Mitglieder liegt das bedeutsamste Konfliktpotential der Schule.

Seit den klassischen Untersuchungen von Lewin, Lippit und White (1939) haben zahlreiche Studien (zusammenfassend z. B. Tausch & Tausch, 1991) in vergleichbarer Weise belegt, daß ein Klima emotionaler Wärme sowie ein ermutigendes, die Selbstverantwortlichkeit der Schüler förderndes Ausmaß an Strukturierung und Lenkung die Systemfunktionen der Schule fördern. Dysfunktional erweisen sich aus systemischer Sicht insbesondere folgende Ausprägungen des Erziehungsstils:

• *Distanziertes vs. undistanziertes Lehrerverhalten.* Wie Minuchin (1983) für Familien aufgezeigt hat, ist die Art der Abgrenzung zwischen den Subsystemen ein wichtiger Indikator für die Funktionalität eines Systems. Wenn in der Schulklasse die hierarchische Abgrenzung überbetont wird, behindern übermäßig starre Grenzen die Transaktionen zwischen Lehrern und Schülern. In diesem Zustand können individuelle Schwierigkeiten erheblichen Ausmaßes auf-

treten, ohne daß vom System aus stützende Maßnahmen in Gang kommen. Dies gilt für Schüler im System der Klasse wie für Lehrer im System des Kollegiums. Rosenholtz (1991) zeigte auf, daß die bürokratische Organisation der Schule wechselseitige Abgrenzung im Kollegium fördert, so daß Lehrern häufig persönliche Erfahrung mit der im Klassenzimmer erwünschten Interdependenz mangelt. Bei klaren Grenzen dagegen üben Lehrer ihre Lenkungsfunktionen aus, sind aber gleichzeitig offen für die Wirkungen ihres Handelns und die Bedürfnisse ihrer Schüler. Seltener beobachtet man das Symptom der Verstrickung, bei dem die Grenzen der Subsysteme sich diffus auflösen, meist als Reaktion einzelner Lehrer gegen die Linearisierungsforderungen, insbesondere gegen starre Einbindung in die bürokratischen Regelungen des übergeordneten Systems. Wenn die Grenzen zwischen Lehrern und Schülern verschwimmen, wird das Gesamtsystem Schulklasse auch durch kleine Störungen schon übermäßig belastet, so daß die Ressourcen aufgezehrt werden, die zur Förderung fachspezifischen und sozio-emotionalen Lernens sowie zunehmender Autonomie der Schüler erforderlich wären.

• *Manipulierendes Lehrerverhalten.* Unilaterale Kontrolle, die in hierarchischen Systemen als Form des Umgangs mit Autorität und Macht formal festgelegt ist, beeinträchtigt erheblich die Fähigkeit des Systems, die ständig notwendigen Anpassungsleistungen zu erbringen, insbesondere mit Störungen funktional umzugehen (vgl. L'Abate, 1985): Schüler lernen Konzepte der Unkontrollierbarkeit anstatt der Selbstkontrolle, der Nicht-Verantwortlichkeit für die Abläufe, schließlich der Unverständlichkeit. Konflikte können in diesem Systemkontext von den Betroffenen weder rational erklärt noch rational bearbeitet werden.

• *Starres Lehrerverhalten.* Die Schulklasse als selbstreferentielles System müßte die von allen Beteiligten subjektiv konstruierten Bedeutungen (des Geschehens und der Akteure im Unterricht) zwischen allen Subsystemen austauschen können; dann erst könnten in Bezug auf diese subjektiven Zuschreibungen neue Interpretationen so entwickelt werden, daß sie die notwendigen Anpassungsleistungen des Systems begünstigten. Sind Kommunikation und Beziehungen aber starr definiert, bleiben Schülern oft nur störende Verhaltensweisen, um ihre Bedeutungszuschreibungen in die Lehrer-Schüler-Beziehung einzubringen.

Die unerwünschten Folgen der Linearisierung von Einfluß werden nicht nur im Verhalten von Schülern als Individuen sichtbar, sondern besonders in der sozialen Dynamik der Schulklasse. Für diesen Ausschnitt systemischer Zusammenhänge in der Schule liegen seit langem wichtige Befunde der Gruppendynamik vor. Sie umfaßt die Wissenschaft von den Gruppenphänomenen und die Methodik der Intervention in Gruppen und mit Hilfe von Gruppen (s. Brocher & Kutter, 1985). Gerade unter letzterem Aspekt steht sie systemischem Denken sehr nahe. Zwei Folgen der Linearisierung auf der Ebene der Schulklasse seien herausgestellt:

– *Unkontrollierte Klassen.* Je stärker Lehrer sich auf die formelle Strukturierung der Beziehungen nach den Mustern der Beeinflussungshierarchie stützen, desto mehr tendieren Schulklas-

sen dazu, die internen Beziehungen des (Sub-) Systems nach ihren unbeachteten Bedürfnissen und Deutungen informell zu strukturieren. In der Dynamik der Schülerbeziehungen bilden sich spezifische Rollen (Stars, Mitläufer, Unbeachtete, Außenseiter etc.) und Normen heraus, die aus dem formellen Blickwinkel des Lehrers lange unbemerkt und unkontrolliert bleiben. Meist fallen erst problematische Manifestationen wie Cliquenbildung oder oppositionelle Fraktionen unter den Schülern auf.

– *Negativistische Klassen.* Im Falle besonders rigider Linearisierung der Systemabläufe bei gleichzeitig lückenhafter Kontrolle der Auswirkungen kann es dazu kommen, daß Schüler darauf verzichten müssen, ihre Sichtweisen in die Interaktion mit dem Lehrer einzubringen. Auf der Systemebene der Schüler entwickeln sich dann «Gegen»-Regeln, die zwar wenig helfen, den subjektiven Deutungen Berücksichtigung zu verschaffen, jedoch in der Negation der externen Beeinflussung eine erste Form der Selbstorganisation ermöglichen. Auf der Systemebene der Lehrer erhalten diese Lösungsversu-

Gewalt auf dem Pausenplatz (aus: Olweus, Gewalt in der Schule. Huber, Bern 1995. © S. & R. Greenhill 1995).

che den Stellenwert schwerer Probleme; die Klassen gelten als äußerst schwer kontrollierbar.

Insgesamt tendieren hierarchisch strukturierte Klassen dazu, Konflikte zu produzieren; sie sind gekennzeichnet durch mangelnde Sensibilität für Problementwicklung, a-rationalen Umgang mit Problemen und Blockierung selbstreferentieller Regelungsformen, d.h. Formen der Auseinandersetzung mit dem Problem, in denen die Klasse sich selbst als System mit seiner inneren Dynamik untersuchen würde. Beharrt das System dagegen beispielsweise darauf, die «Störer» (Symptomträger) mit den Störungsursachen gleichzusetzen, bleiben die Funktion der Störung im System und die dysfunktionalen Systemmerkmale unerkannt.

3. Diagnostik

Voraussetzung und erster Schritt von Systeminterventionen ist die Sensibilisierung der Beteiligten. Dies erfordert differenzierte systemdiagnostische Ansätze, die jedoch noch Probleme aufwerfen (vgl. Brunner, 1986). Steht der Lehrer im Fokus, wie bei den drei erstgenannten Systemdysfunktionalitäten, könnte man an typologische oder dimensionsanalytische Verfahren zur Einschätzung des Erziehungsstils bzw. an Beobachtungsverfahren als Diagnostikum denken. Abgesehen von spezifischen Problemen dieser Verfahren (vgl. Süllwold, 1983) muß unter systemischer Perspektive diskutiert werden, ob damit der transaktionale Charakter der Beziehungen hinreichend erfaßt wird. Zugang zu wechselseitigen interpersonellen Beziehungen erhält man mit Verfahren der Soziometrie, die für die beiden letztgenannten Störungen zumindest im Ansatz geeignet erscheinen. Zu bedenken ist, daß die üblichen soziometrischen Verfahren den Lehrer als wichtiges Element des Klassensystems jedoch nicht in die Analyse einbeziehen.

Berücksichtigt man die Überlegungen von Hennig und Knödler (1985; s.a. Brunner, Serra & Schuker, 1988), sollte man Diagnose auf der Individualebene (z.B. Leistungsaspekte, Persönlichkeitsmerkmale von Schülern und Lehrern) auf der Interaktionsebene (z.B. Lehrer-Schüler- und Schüler-Schüler-Beziehungen) und auf der

Systemebene (z.B. soziales Klima der Schulklasse) unterscheiden. Für Diagnostik auf der ersten Ebene kann man auf die klassischen Verfahren und Instrumente (z.B. Fragebogen, Ratingskalen, Tests) zurückgreifen, die am Individuum als Merkmale aufscheinende Ergebnisse der Interaktion mit dem umgreifenden sozialen System erfassen. Bei den meisten diagnostischen Anlässen ist man aber unter systemischer Perspektive an Information über das schulische Interaktionssystem interessiert, und zwar sowohl an sozialen Beziehungen zwischen einzelnen Beteiligten (z.B. zwischen Problemschülern und Lehrern) als auch dem Beziehungsgefüge bzw. dem sozialen Klima in der ganzen Klasse.

Als Beispiele flexibler diagnostischer Verfahren, die sowohl auf kleine Gruppen von Schülern wie ganze Klassen unter Einbeziehung von Lehrern angewendet werden können, werden im folgenden ein auf Unterrichtsmerkmale zentriertes Beobachtungsinstrument sowie ein auf das soziale Beziehungsgefüge zentriertes Beobachtungs- und Ratingverfahren skizziert.

Zur Erfassung der Spielräume für aktives, selbstreguliertes Lernen der Schüler wurde für eine vergleichende Studie der OECD (Stern & Huber, 1997) ein Protokoll für systematische Beobachtung im Unterricht entwickelt (s. **Kasten 1**).

Als soziometrisches Instrument erscheint SYMLOG (Bales, Cohen & Williamson, 1982) für systemische Untersuchungsansätze geeignet. Aus Beobachtungen individuellen Verhaltens in der sozialen Interaktion wird die soziale Situation rekonstruiert. Die Daten werden dabei entweder als «Interaktionssignierungen», d.h. Einordnung beobachteten Verhaltens in definierte Kategorien (Richtungskomponenten; z.B. «Aufwärts», d.h. einflußnehmend) gewonnen oder als retrospektive Einschätzungen (Rating-Methode) mit Hilfe von Adjektivlisten. Bei letzterer Variante wird jedes Gruppenmitglied mit Hilfe von 26 Items auf einer fünfstufigen Skala (nie – selten – manchmal – häufig – immer) eingeschätzt. Beispielsweise ist die «Aufwärts»-Kategorie durch das Item «aktiv, dominant, spricht viel» repräsentiert, die «Positiv»-Kategorie durch das Item «freundlich, partnerschaftlich».

Kasten 1
Beobachtungssystem für den Unterricht

Das Beobachtungssystem sieht die Berücksichtigung von sechs Oberkategorien mit insgesamt 210 Ereignissen der unterrichtsspezifischen Interaktion von Lehrern und Schülern vor. Beobachtet werden folgende Aspekte:

– Beteiligung von Schülern an Zielsetzungen (z.B. Lehrer erklärt Zweck einer geplanten Aktivität; Schüler erklären den Zweck der Aktivität).
– Struktur zu bearbeitender Aufgaben (z.B. gleiche Aufgabe für alle Schüler; unterschiedlich schwierige Aufgaben für unterschiedliche Schüler).
– Zugang zu Information (z.B. Lehrer vermittelt Information).

– Arbeits- und Lernprozesse (z.B. Schüler kooperieren in Kleingruppen).
– Verwendung der Ergebnisse (z.B. keine weitere Nutzung möglich).
– Bewertung der Ergebnisse und der Lernprozesse (z.B. Noten durch den Lehrer; Selbstevaluation).

Aus den Beobachtungsdaten lassen sich sechs Indizes zur Kennzeichnung der generellen Lernsituation gewinnen: Schüler als individuelle Lerner, Schüler als autonome kooperative Lerner, Lehrerkontrolle, lehrerkontrolliertes individuelles Lernen, lehrerkontrolliertes Arbeiten in Kleingruppen, Offenheit der Lehrer für Anregungen durch Schüler.

4. Literatur

Bales, R.F., Cohen, S.P., & Williamson, S.A. (1982). SYMLOG. *Ein System für die mehrstufige Beobachtung von Gruppen.* Stuttgart: Klett-Cotta.

Brocher, T., & Kutter, P. (Hrsg.). (1985). *Entwicklung der Gruppendynamik.* Darmstadt: Wissenschaftliche Buchgesellschaft.

Brunner, E.J. (1986). *Grundfragen der Familientherapie. Systemische Theorie und Methodologie.* Berlin: Springer.

Brunner, E.J., Serra, E., & Schuker, W. (1988). *Schulleistungen und familialer Hintergrund. Systemische Analysen einer empirischen Untersuchung.* Bericht Nr. 20 aus der Abteilung Pädagogische Psychologie des Instituts für Erziehungswissenschaft der Universität Tübingen.

Dornbusch, S.M., Glasgow, K.L. & Lin, I. (1996). The social structure of schooling. *Annual Review of Psychology, 47,* 401–429.

Guttman, H.A. (1985). Epistemologie, Systemtheorien und die Theorie der Familientherapie. *Zeitschrift für systemische Therapie, 3,* 13–20.

Hennig, C., & Knödler, A. (1985). *Problemschüler – Problemfamilien. Praxis des systemischen Arbeitens mit schulschwierigen Kindern.* München: Psychologie Verlags Union.

L'Abate, L. (1985). Über Paradoxa hinaus: Aspekte der Kontrolle. *Zeitschrift für systemische Therapie, 3,* 60–68.

Lewin, K., Lippitt, R., & White, R.K. (1939). Patterns of aggressive behavior in experimentally created social climates. *Journal of Social Psychology, 10,* 271–299.

Maturana, H. (1982). Biologie der Sprache: Die Epistemologie der Realität. In H. Maturana (Hrsg.), *Erkennen: Die Organisation und Verkörperung von Wirklichkeit.* (S. 236–271). Braunschweig: Vieweg.

Minuchin, S. (1983). *Familie und Familientherapie. Theorie und Praxis struktureller Familientherapie.* (5. Aufl.). Freiburg: Lambertus.

Rosenholtz, S.J. (1991). *Teachers' workplace: The social organization of schools.* New York: Teachers' College Press.

Smylie, M.A. (1994). Redesigning teacher's work: Connections to the classroom. In L. Darling-Hammond (Ed.), *Review of research in education* (Vol. 20, pp. 129–177). Washington: AERA.

Stapf, K.H., Herrmann, Th., Stapf, A., & K.H. Häcker (1972). *Psychologie des elterlichen Erziehungsstils.* Bern: Huber.

Stern, D., & Huber, G.L. (Eds.) (1997). *Active learning for students and teachers.* Frankfurt: Peter Lang.

Süllwold, F. (1983). Pädagogische Diagnostik. In K.-J. Groffmann, & L. Michel (Hrsg.), *Intelligenz- und Leistungsdiagnostik. Enzyklopädie der Psychologie* (B/II/2, S. 307–386). Göttingen: Hogrefe.

Tausch, R., & Tausch, A.-M. (1991). *Erziehungspsychologie* (10. Aufl.). Göttingen: Hogrefe.

Vinovskis, M.A. (1996). An analysis of the concept and uses of systemic educational reform. *American Educational Research Journal, 33,* 53–85.

42.2 Störungen der Schule: Intervention

Ewald Johannes Brunner und Günter L. Huber

Inhaltsverzeichnis

Bevor wir die einzelnen Interventionsmöglichkeiten auf der Basis systembezogener Analyseschemata erörtern, scheint uns eine generelle Anmerkung zur gewählten Orientierung angebracht: Der systemtheoretische Rahmen stellt sich auf der einen Seite zunächst als eine Metatheorie dar, die es ermöglicht, ein jeweils umfassendes Bild von Störungen in der Schule zu erhalten. In diesem Sinne bleibt der systembezogene Ansatz beschreibend und sagt noch nichts über die Ursachen einer schulischen Störung aus. Sollen die beobachteten Phänomene hinsichtlich ihrer Ursachenzusammenhänge erklärt werden, so ist es erforderlich, diejenigen psychologischen Theorieansätze zu Rate zu ziehen, die für die Erklärung einer Schulstörung zur Verfügung stehen. Neben die klassischen Theoriekonzepte (Tiefenpsychologie; Verhaltenstherapie; Gesprächspsychotherapie) tritt dabei neuerdings auch die systemische Therapie.

Eine zweite Vorbemerkung erscheint uns unerläßlich: In der systembezogenen Analyse wie in anderen psychologischen Ansätzen besteht die Gefahr, die psychologischen Konstrukte bzw. die Aussagen, die mit Hilfe dieser Konstrukte gewonnen werden, als real vorhandene Sachverhalte mißzuverstehen. Tatsächlich handelt es sich aber lediglich um Abstraktionen von Beobachtungen, nicht um verdinglichte Eigenschaften.

1. Definition und Beschreibung der Probleme

Der Erfolg einer Systemintervention hängt in starkem Maße davon ab, wie gut zuvor das Problemsystem analysiert worden ist. Bei schulischen Störungen ist es daher angezeigt, die jeweiligen Systemzusammenhänge möglichst präzise zu beschreiben. Zunächst ist zu klären, wie das Problemsystem zu definieren ist: Welche Personen gehören dazu? In welcher Beziehung stehen diese Personen zueinander? Welche Kommunikationsmuster lassen sich beobachten? Welche Systemebenen sind in die Analyse mit einzubeziehen (Schulverwaltung; Schulleitung; Lehrerkollegium; Lehrer-Schüler-Systeme; Lehrer-Eltern-Systeme; etc.)? Dazu ein Beispiel:

> **Mehrere Lehrer einer Schule klagen wiederholt über eine unerträgliche Schulklasse. Der Unterricht sei erschwert durch eine erhebliche Unruhe im Klassenzimmer, durch mangelhafte Konzentration und durch ständige Reibereien zwischen den Schülern. Ein Schulpsychologe wird zu Rate gezogen. Die Lehrer erwarten von ihm Ratschläge für den Umgang mit der Klasse.**

Für die Systemanalyse sind mit dieser knappen Skizze bereits mehrere Sachverhalte angesprochen, die aber noch ergänzungsbedürftig erscheinen: Zum einen ist es eine bestimmte Gruppe von Lehrern, die eine dritte, unbeteiligte Person zu Rate zieht. Zum anderen wird das Problem von den Lehrern so definiert, daß sie die betreffende Klasse als «Störenfried» deklarieren. Der Auftrag der Lehrer an den Psychologen lautet: «Wir möchten, daß Sie uns helfen, den Nervenkrieg mit der Klasse zu beenden». Eine adäquate Systembeschreibung schließt jedoch noch weitere Perspektiven in die Analyse ein (s. **Tab. 1**).

Es kommt uns hier nicht auf eine vollständige Schilderung aller möglichen Systemzusammenhänge an. Vielmehr soll herausgestellt werden, daß es unerläßlich ist, die Definition, die die Beteiligten vom Problem geben, kritisch zu prü-

fen und ggfs. zu erweitern. Auch die Neutralität des zu Rate gezogenen Schulpsychologen ist gegebenenfalls zu hinterfragen. Es spielt eine nicht zu unterschätzende Rolle, in wessen Auftrag der Systemanalytiker und -therapeut handelt.

2. Ansätze für die Intervention

Ein System ist – allgemein gesprochen – bestimmbar als ein Ensemble von Elementen und den Relata zwischen diesen Elementen. Eine systemische Betrachtungsweise folgt dabei dem aristotelischen Grundsatz, daß das Ganze mehr ist als die Summe seiner Teile. Analyse und Intervention bei sozialen Systemen erfordern daher sowohl die Berücksichtigung a) des jeweiligen Systemganzen, b) der Systemelemente und c) ihrer Relationen (Brunner, 1986). Durch solch eine Sichtweise werden wir davor bewahrt, ein schulisches Problem auf einen einzelnen Systembereich einzugrenzen. Dies soll am oben skizzierten Beispiel verdeutlicht werden:

Der gegebene Fall einer Schulklasse, die von einigen Lehrern als sehr schwierig bezeichnet wird (vgl. «negativistische Klasse»; Kap. 42.1/ Klassifikation, Diagnostik), kann in einer eingeengten Perspektive auf die Art und Weise angegangen werden, daß der Fokus für die Analyse dieser Schulstörungen nur bei der betreffenden Schülergruppe liegt. Die Schüler der Klasse werden als problematisch und behandlungsbedürftig hingestellt. Neben therapeutischen Maßnahmen oder Sanktionen werden in solch

Tabelle 1: Systembeschreibung

- Die Lehrer begrenzen das Problem auf die Klasse; die Analyse des Interaktionssystems schließt jedoch meist die «betroffenen» Lehrer ein.

- Die Analyse sollte gegebenenfalls das System «Lehrerkollegium» in Bezug auf die zum Problem erklärte Schulklasse berücksichtigen.

- Unter Umständen sind weitere Systemeinheiten des Suprasystems derjenigen Schule, an der die Störungen auftreten, mit in die Analyse einzubeziehen (Rektor; weitere Schulklassen; etc.).

- Tritt der Konflikt an einer bestimmten Schule in einem speziellen Schuldistrikt, etwa mit einem besonderen Einzugsgebiet, auf, so kann die Frage der Wechselwirkung zwischen externen Störfaktoren mit schulinternen Faktoren erörtert werden (Einfluß der Eltern; ökosystemische Bedingungen der Schulumwelt).

einem Fall auch gelegentlich schuladministrative Regelungen bemüht, von denen sich die Lehrer Abhilfe für ihr Problem mit den Schülern versprechen. Es ist auch denkbar, daß ein von außen kommender Fachmann den betroffenen Lehrern empfiehlt, doch ihr Lehr- und Erziehungsverhalten einer kritischen Analyse zu unterwerfen und zu diesem Zweck an einem Lehrertraining teilzunehmen.

Beide Sicht- und Vorgehensweisen – der alleinige Ansatz bei den Schülern oder der bei den Lehrern – sind dann als reduktionistisch zu bezeichnen, wenn sie die mögliche systemische Vernetzung mehrerer Ursachenfaktoren nicht in Rechnung stellen, die im Sinn einer zirkulären Kausalität wechselseitig miteinander zusammenwirken. Eine systemische Sicht- und Arbeitsweise dagegen berücksichtigt sowohl das Prinzip der Ganzheit als auch das der zirkularen Kausalität.

Der Akzent in der gewählten Interventionsstrategie kann recht verschieden gesetzt werden. Man muß lediglich gewährleisten, daß nicht der Blick für das Ganze und die wechselseitige Abhängigkeit verloren geht. Die Zusammenstellung in **Tabelle 2** stellt – nicht erschöpfend – die möglichen Analyseebenen (Schule; Schulleiter/Kollegium; Lehrer-Schüler-Systeme; etc.) in einen Zusammenhang mit Interventionsformen, die auf diesen Systemebenen akzentuierend zur Anwendung kommen können (Intervention in Bezug auf das Systemganze, auf die Systemmitglieder für sich genommen und auf die Relata zwischen den Systemmitgliedern).

Für die Intervention in Bezug auf das Systemganze werden in der schulischen Praxis diejenigen Interventionsformen immer bedeutsamer, die analog zu systemtherapeutischen Vorgehensweisen entwickelt worden sind. Wir werden für den Fall der Behandlung von gestörten Lehrer-Schüler-Systemen ausführlicher auf solche Interventionsstrategien eingehen (s. dazu Abschnitt 3). Schulische Gruppierungen höherer hierarchischer Ordnung (z. B. Schulleitung und/oder Lehrerkollegium) werden neuerdings ebenfalls zunehmend im Sinne eines systemtherapeutischen Vorgehens als Behandlungseinheiten angesehen (Fisher, 1986; Meidinger, 1991; Connemann, 1993). Diese Perspektive deckt sich mit dem organisationstheoretischen Ansatz, der die einzelne Schule in ganzheitlicher Weise als «lernende Organisation» versteht (vgl. dazu z. B. das Konzept der «Schulentwicklung»; Dalin, 1991; Horster, 1991, Rolff, 1991). Interventionsformen, die sich auf das Schulganze beziehen, sollten von daher auch die organisationspsychologischen Forschungsergebnisse mitberücksichtigen, die sich auf Organisationsformen von Schulen beziehen (Lee, Dedrick & Smith, 1991; Rowan, Raudenbush & Kang, 1991; Palardy, 1992).

Der Fokus in diesem Buchbeitrag liegt auf Interventionsformen, die sich auf die Relationen zwischen den Systemmitgliedern beziehen. Diese Interventionsmöglichkeiten werden im folgenden Abschnitt am Beispiel der Kommunikations- und Interaktionstrainings dargestellt.

Tabelle 2: Systematisierung von Interventionen

| Systemebene | Intervention in Bezug auf | | |
	das Systemganze	die Systemmitglieder	die Relationen zwischen den Systemmitgliedern
Schule	schulpolitische Maßnahmen	administrative Maßnahmen	Systemberatung
Schulleitung/ Lehrerkollegium	Systemberatung	Führungstraining/ Lehrertraining	Organisationstraining
Schulklasse einschließlich Lehrer	systemische Intervention in Analogie zum systemtherapeutischen Vorgehen	Kontrakt-Training (Verträge zwischen Lehrer und Schulklasse)	Kommunikations- und Interaktionstraining
Schüler eines Klassenverbandes	Soziometrie/Gruppendynamik	Verhaltensmodifikation	Kommunikations- und Interaktionstraining

3. Interventions-möglichkeiten

Die im Kap. 42.1/Klassifikation, Diagnostik geschilderten Schulstörungen stellen sich im Sinne einer systemischen Analyse als Symptome für dysfunktionale Systemstrukturen bzw. -prozesse dar. Eine fundierte Systemanalyse bewahrt vor vorschnellen Rückschlüssen auf bestimmte Störungsursachen und damit auch vor reduktionistisch ansetzenden Interventionen.

Im folgenden werden wir Interventionsmöglichkeiten beschreiben, die nach bereichsspezifischen Gesichtspunkten geordnet sind. Wir beginnen mit einer Darstellung der Interventionsformen, die sich – analog zur systemtherapeutischen Vorgehensweise – auf die Strukturen und Prozesse im Systemganzen, hier die Klasse mit ihren Lehrern, konzentrieren (s. Abschnitt 3.1). Dem schließen sich Darstellungen von Interventionen an, die bei den Systemmitgliedern ansetzen, und zwar wieder bei Schulklassen einschließlich Lehrern (s. Abschnitt 3.2) sowie bei Schulleitung und Lehrerkollegium (im Sinne von Lehrertrainings; s. Abschnitt 3.3). Die mögliche Zusammenarbeit von Elternhaus und Schule im Falle von Schulstörungen ist Thema von Abschnitt 3.4.

3.1 Intervention in Bezug auf das Systemganze: Systemische Intervention in Lehrer-Schüler-Beziehungen

3.1.1 Lehrer-Schüler-Beziehungen unter systemtherapeutischer Perspektive

Konzepte und Arbeitstechniken der Familien- bzw. Systemtherapie (vgl. Kap. 22.5/Paar-, Familientherapie) finden zunehmend auch im schulischen Bereich Anwendung (Curonici & McCulloch, 1994). Systemtherapeutisch orientierte Praktiker, die an Schulen arbeiten, versuchen, die in der Familientherapie erprobten Interventionsstrategien auf schulische soziale Systeme zu übertragen. Familientherapie läßt sich – zusammenfassend gesehen – als Therapiekonzept verstehen, dessen theoretische und epistemologische Grundlagen sich auf die Systemtheorie zurückführen lassen (Brunner,

1986). Wir orientieren uns in der Darstellung der folgenden Abschnitte an folgenden Fragen:

- Wie läßt sich die Lehrer-Schüler-Kommunikation systemtheoretisch beschreiben?
- Welche Parallelen lassen sich zwischen Lehrer-Schüler-Systemen und Familiensystemen aufzeigen?
- Wie kann man die Interaktions- und Kommunikationsstrukturen in Lehrer-Schüler-Systemen verändern? Wie sieht ein systemtheoretisch orientiertes Training der Lehrer-Schüler-Interaktion aus?

Im Sinne der oben skizzierten Systemdefinition bilden Lehrer und Schüler im Unterricht zusammen ein Systemganzes. Wir können uns das leicht vor Augen führen, wenn wir an die Abhängigkeit der Schüler vom Lehrerverhalten und an die gleichzeitig gegebene Abhängigkeit des Lehrers vom Schülerverhalten denken. Aufeinander bezogenes Lehrerverhalten und Schülerverhalten bilden also eine Einheit. Dieses Systemganze wird besonders gut sichtbar an den *Kommunikationsmustern*, die sich in einem Lehrer-Schüler-System herausbilden. Sofern eine systemische Intervention, die sich auf das Systemganze konzentriert, nicht schulorganisatorische oder unterrichtsspezifische Rahmenbedingungen direkt angeht, bezieht sie sich beispielsweise eben auf diese – an den Kommunikationsmustern erkenntlichen – zwischenmenschlichen Aspekte eines spezifischen Lehrer-Schüler-Systems. Hier können dann Interventionsformen zur Anwendung kommen, wie sie in der systemischen Therapie in der Arbeit mit Familien entwickelt worden sind.

3.1.2 Systemtherapeutische Interventionsformen in der Schule

Die Intervention kann sich je nach Ansatz eher auf strukturelle Komponenten im System (Minuchin, 1983), auf typische Kommunikationsmuster (Selvini Palazzoli et al., 1984) oder auf Kommunikationsformen in Bezug zur Wertschätzung der eigenen Person (Satir, 1985) konzentrieren.

• *Strukturzentrierte Intervention:* Sofern Schulstörungen aus einer zu starren oder zu verwaschenen Lehrer-Schüler-Relation resultieren, legt sich eine Interventionsform nahe, die sich am Vorgehen von Minuchin orientiert. Der intervenierende Schulpsychologe könnte beispielsweise durch strukturierende Verhaltensvorgaben eine Änderung eines Lehrer-Schüler-Systems induzieren, das dadurch gekennzeichnet ist, daß die Generationsgrenze nicht in funktionaler Weise beachtet wird (so etwa, wenn der Lehrer einzelne Schüler in eine Erwachsenenposition bringt, indem er sie Aufsicht über die übrigen Schüler führen läßt).

• *Kommunikationszentrierte Intervention:* Betrachtet man ein Lehrer-Schüler-System oder ein Schüler-Schüler-System dagegen vor allem unter dem Aspekt, welche funktionalen vs. dysfunktionalen Kommunikationsmuster in ihm zum Tragen kommen, so konzentriert sich der Blick bei der Systemintervention vor allem auf zirkulär ablaufende, stets wiederkehrende Transaktionsmodi. Ein Beispiel sind die (für ein so-

ziales System bedeutsamen) Divergenzen in der Ursachenzuschreibung für Störungen. Eine solche divergierende Interpunktion von Ereignisfolgen wäre etwa das Kommunikationsmuster: Schüler stören den Unterricht; der Lehrer droht; Schüler fahren fort, den Unterricht zu stören; der Lehrer droht erneut; etc. Da die Kommunikationspartner in solch einer verfahrenen Situation oftmals nicht bereit oder nicht in der Lage sind, ihre Wahrnehmungs- und Deutungsmuster zu modifizieren, mithin sich ein Lehrer-Schüler-System einer Systemänderung widersetzt, kann es bei Interventionsstrategien in diesem Fall indiziert sein, den «Widerstand» ernst zu nehmen, das dysfunktionale Verhalten positiv zu konnotieren und im Sinne einer paradoxen Intervention das störende Verhalten zu verschreiben (Molnar & Lindquist, 1984).

Selvini Palazzoli et al. (1978) weisen auf den Umstand hin, daß eine erfolgreiche Intervention in einem dysfunktionalen schulischen System sich auf wenige Systemmitglieder bzw.

Tabelle 3: Zielformulierung für Systemintervention (Brunner et al., 1978)

Als Ziel des Kommunikationstrainings der Lehrer-Schüler-Interaktion wurde u. a. formuliert, daß Lehrer und Schüler lernen können:

– sich selbst als Partner innerhalb eines Kommunikationssystems so bewußt zu werden, daß nicht nur der eigene jeweilige Standort klar ist, sondern auch die eigenen Anteile am System deutlicher werden;

– sich über den Beziehungsaspekt von Äußerungen klar zu werden, was einer Einübung in Metakommunikation gleich kommt;

– Störungen in der Interaktion (z.B. divergierende Beziehungsdefinitionen) wahrzunehmen und anzusprechen, Mißverständnisse als solche zu erkennen;

– sich einer klaren, d.h. unmißverständlichen und weniger wertenden Sprache zu bedienen, so, daß sich der Partner angesprochen und akzeptiert fühlt, und so, daß er nicht in seinem Selbstwertgefühl verletzt wird;

– aktiv zuzuhören und adäquat auf den Partner einzugehen;

– der Situation angemessen ein Feedback zu geben und ggfs. um eines zu bitten;

– sich intensiver und genauer gegenseitig wahrzunehmen;

– auf eigene Gefühle und auf Gefühlsäußerungen beim Kommunikationspartner zu achten;

– über eigene Gefühle zu sprechen, Gefühlsäußerungen beim Partner anzusprechen;

– eigene Bedürfnisse und Wünsche klar zu artikulieren;

– zu differenzieren zwischen «einen Wunsch haben» und «den Wunsch realisieren»;

– zwischen divergierenden Interessen zu unterscheiden;

– gemeinsam eine Lösung zu finden, die von jedem Beteiligten akzeptiert werden kann.

Subsysteme konzentrieren kann. Das Wirken «im kleinen» bewirke mit der Zeit größere Veränderungen als der ehrgeizige Versuch, sofort ein großes Umfeld zu beackern. So könne man beispielsweise erreichen, daß zwei Mitglieder eines Subsystems sich nicht weiter in die gegenseitige Rivalität steigern, was sich dann in günstiger Weise auf das betroffene Gesamtsystem auswirke.

Im Sinne der familientherapeutischen Arbeit von Satir (1985) können Interventionen im Lehrer-Schüler- oder im Schüler-Schüler-System auch an den Kommunikationsformen ansetzen. Auch hier werden – der systemischen Orientierung gemäß – alle Personen in das Kommunikationstraining einbezogen, die am Konflikt beteiligt sind. Grundbestandteile dieser Form systemischer Intervention sind die Sensibilisierung der Wahrnehmung der Interagierenden füreinander und die Einübung in kongruentes Kommunikationsverhalten. Auf die Notwendigkeit, vermeintlich «verstandene» Kommunikationsinhalte zu «verifizieren», wird mit Nachdruck hingewiesen. Als Beispiel für eine solche Form der Systemintervention kann das von Brunner (1981) entwickelte Kommunikationstraining der Lehrer-Schüler-Interaktion angeführt werden, dessen Vorgehensweise am Beispiel der Zielformulierungen des Trainings verdeutlicht wird (s. **Tab. 3**).

3.1.3 Grenzen systemtherapeutischer Intervention in der Schule

Die analoge Anwendung systemischer Interventionsformen aus der Arbeit mit Familien wirft die Frage auf, ob denn die Systeme «Familie» und «Lehrer – Schulklasse» in gleicher Weise angegangen werden können. Der bloße Verweis auf die analoge Bedeutung der Generationengrenze genügt dabei nicht. Wenn familientherapeutische Methoden in den Schulbereich transferiert werden, ist kritisch zu prüfen, inwieweit sich beispielsweise das System «Lehrer – Schüler» parallel zum System «Familie» sehen läßt.

Lehrer-Schüler-Systeme unterscheiden sich von Familiensystemen im Ausmaß der wechselseitigen Abhängigkeit der Systemmitglieder und in der Intimität der Beziehungen der Systemmitglieder: das schulische System kennzeichnet sich eher durch diskontinuierliche Zusammengehörigkeit aus. Wir können uns dies nicht nur in zeitlicher Hinsicht denken, sondern auch in räumlicher. Kantor und Lehr (1975) postulieren, daß der Energiehaushalt und der Informationsfluß im System Familie durch einen je (familien-)spezifischen Umgang mit den Dimensionen Raum und Zeit reguliert werden. Diese Prozesse werden mit dem Begriff «Distanzregulierung» bezeichnet.

Für die Distanzregulierung im Schulunterricht liegen spezifische Regelungen vor, die durch Konventionen einerseits und durch Verwaltungsvorschriften andererseits bestimmt sind. Zwar kann ein experimentierfreudiger Lehrer (vor allem im Grundschulbereich) durch kluges Aufteilen des Klassenzimmers und geschicktes Zusammenstellen von Arbeitstischen, Lesenischen, etc. eine günstige und möglichst flexible Distanzregulierung ermöglichen, die sich vermutlich in besseren Lehrer-Schüler- und Schüler-Schüler-Beziehungen niederschlagen wird. Aber verglichen mit den Möglichkeiten der Gestaltung, die Familien haben, ist die Variationsbreite gering. Schulische Interventionsmöglichkeiten müssen sich daher vor allem auf den zwischenmenschlichen Bereich konzentrieren.

Durch den divergierenden Intensitätsgrad sind familiale und schulische Interaktionsstrukturen kaum vergleichbar. Dies wird sich vermutlich in verschieden starken Ausprägungen von Kommunikationsstörungen widerspiegeln. Gleichwohl können die in der Systemtherapie erprobten Interventionsstrategien, so können wir resümierend zusammenfassen, für den schulischen Bereich fruchtbar gemacht werden.

3.2 Intervention in Bezug auf Systemmitglieder: Schulklasse und Lehrer

Auch an Problemen des Lehrens und Lernens in Schulklassen lassen sich Notwendigkeit und Nutzen systemischer Intervention sehr gut demonstrieren. Zunächst einmal ist hier die Gefahr reduktionistischer Sichtweisen und Ursachenzuschreibungen groß: Lehrer beklagen mangelnden Unterrichtserfolg – und sehen Lernschwierigkeiten bei den Schülern. Schüler erzielen wiederholt schlechte Leistungen; sie oder ihre Eltern suchen die Ursachen in unverständlichem oder unsystematischem Unterricht, also in Mängeln beim Lehrer, besonders wenn die Klassenleistung im Vergleich zu Parallelklassen zu wünschen übrig läßt.

Natürlich liegt die Verantwortung für die Organisation von Unterricht beim Lehrer – lernen aber müssen die Schüler selbst. Bei individuumzentrierter Intervention würde man entweder an didaktisch-methodische Fortbildung des Lehrers oder an remediales Lernen für Schüler denken. Beide Überlegungen sind nicht falsch, aber wahrscheinlich einseitig und deshalb wenig ertragreich. Es empfiehlt sich, Lehr- und Lernschwierigkeiten in Schulen als Symptome für dysfunktionale Systembedingungen anzusehen. Dazu ein Beispiel, für das wir auf eine im Kap. 42.1/Klassifikation, Diagnostik beschriebene Folge mangelnden Austauschs zwischen Lehrern und Schülern aufgrund unilateraler Beeinflussungsmuster («unkontrollierte Klassen») zurückgreifen (s. **Kasten 1**).

Gehen wir einmal hypothetisch davon aus, daß in dieser Klasse neben den formellen Normen, die die Lehrer vertreten, informelle Normen entstanden sind. Wahrscheinlich betreffen einige dieser konkurrierenden Normen die Mitarbeit beim Biologielehrer. Offensichtlich besteht eine besondere Schwierigkeit darin, daß in Untergruppen unterschiedliche Normen für die gleiche Situation bestehen. Ohne Kenntnis dieser informellen Normen und sozialen Strukturen bleiben pädagogische Maßnahmen wirkungslos – oder bewirken das Gegenteil des Erwünschten: Die Argumentation des Klassenlehrers mit den Lernerfolgen eines Teils der Schüler könnte zusätzlich soziale Probleme zwischen den Schülern schaffen oder verstärken.

Es ist deutlich geworden, daß in einer derartigen Situation weder didaktische Veränderungen beim Lehrer noch Einwirkungen auf die Schüler je für sich allein viel bewirken. Die notwendigen Veränderungen müssen alle Mitglieder des Systems einbeziehen. Die Intervention hat darauf abzuzielen, daß die Beteiligten über ihre subjektive Perspektive hinaus den transaktionalen Charakter ihrer Schwierigkeiten erkennen und daher auch die notwendigen Änderungen gemeinsam vereinbaren und durchführen.

Der kritische Punkt der Intervention ist dabei die Definition der Rolle des Beraters im System. Üblicherweise streben die Systemmitglieder – Lehrer wie Schüler – an, daß die Situation bereinigt wird, sie selbst aber – bildlich gesprochen – dabei nicht naß werden. Da es kein sicheres Rezept gibt, wie man die Subsysteme bei Verletzung dieser Erwartung daran hindert, dem Berater die Untauglichkeit seiner Ratschläge zu «beweisen», empfiehlt sich ein problemzentriertes strategisches Vorgehen in Anlehnung an die Strukturierungsvorschläge von Selvini Palazzoli (1978):

– Beschränkung auf das Subsystem «Klasse und Lehrer»;
– Erfassung der subjektiven Sichtweisen von Lehrern und Schülern: Worin sehen die Beteiligten das Problem?

Kasten 1
Unilaterales Beeinflussungsmuster (unkontrollierte Klasse)

Ein Fachlehrer für Biologie hat mit einer Klasse des 7. Schülerjahrgangs große Probleme. Wiederholt hat er sich beim Klassenlehrer darüber beschwert, daß die Mehrzahl der Schüler kaum mitarbeitet, bei Übungen sehr nachlässig ist, im Unterricht anderen Beschäftigungen nachgeht. Allerdings gibt es einige Schüler, mit denen erfolgreiche Unterrichtsarbeit in Biologie möglich ist. Der Klassenlehrer hat die Klasse schon mehrmals ermahnt, zuletzt streng getadelt und Strafen angedroht. Einwänden der Klasse, die die Qualität des Unterrichts betrafen (langweilig; alles so schwierig; Herr M. kann nichts erklären), begegnete der Klassenlehrer mit dem Hinweis, daß einige Mitschüler, die durchaus keine Genies seien, offenbar keine Probleme im Biologieunterricht hätten. Die Klasse sei also keineswegs überfordert. Seither hat die Situation sich eher verschlechtert.

– Klärung bisheriger Lösungsversuche: Was hat der Lehrer, was haben die Schüler im Hinblick auf die Schwierigkeiten schon unternommen?
– Verpflichtung zu aktiver Beteiligung an der Lösung: Zu welchen Aktivitäten sind die Beteiligten bereit?

Je nach Schwere des Problems sollten diese Fragen zunächst im Subsystem «Schüler» bzw. «Lehrer» der Klasse erörtert werden, ehe der Berater mit den Beteiligten die Perspektiven aufeinander bezieht. Wichtig ist, daß dabei der Berater den eigenen Standpunkt mit einbringt. Dies gibt ihm die Möglichkeit, problematische Verhaltensweisen aller Beteiligten positiv umzudeuten. Durch derartige neue Interpretationen werden die wechselseitig das Problem stabilisierenden Sichtweisen am ehesten aufgebrochen und neue Handlungsmöglichkeiten sichtbar (vgl. Molnar & Lindquist, 1984). Der Abgleich der Perspektiven in einem ausführlichen Konfliktgespräch umreißt den Raum für mögliche Lösungen.

Schließlich müssen sich die Beteiligten wechselseitig nicht nur auf Handlungsweisen einigen, die ihnen gemeinsam als Lösungen, zumindest als Lösungswege tauglich erscheinen, sondern sie müssen ihre Entschlüsse als klare Vertragsregeln festlegen. Dieser strategische Schritt ist keine nebensächliche, für manche der Beteiligten vielleicht befremdliche Formalität. Vielmehr stellt er einen wichtigen Beitrag

zur Systemveränderung dar. Die Prozeduren der Vertragsvereinbarung und der Kontrolle ihrer Einhaltung lösen linearisierte Beeinflussungsformen wenigstens im Subsystem «Klasse mit Lehrer» auf und machen die Beteiligten mit ihren Erwartungen und Absichten einander sichtbar und im eigenen Handeln besser einkalkulierbar (s. **Tab. 4**).

3.3 Intervention in Bezug auf Systemmitglieder: Schulleitung und Lehrer

Am Beispiel einer Trainings-Intervention, die die Systemebene der Schulleitung und Lehrer erfaßt, greifen wir auf die Symptomatik einer «negativistischen Klasse» zurück. Das Interventionsziel besteht darin, die Zirkel positiver Rückkopplung aufzulösen, in denen Lehrer wie Schüler gefangen sind, und funktionale Transaktionsprozesse wiederherzustellen. Für sich selbst haben die Beteiligten kaum eine Chance, diese Kreisläufe aufzubrechen, denn je intensiver man sich durch aktives Negieren von etwas absetzt, desto penetranter drängt sich das Negierte auf (Watzlawick, 1981).

Es erscheint zweckmäßig, den Zugang bei den Systemmitgliedern zu versuchen, die die Änderungsnotwendigkeiten am deutlichsten erleben; das dürften die Lehrer sein. Allerdings sehen sie selten, daß auch sie selbst sich ändern müßten. Für diesen Sachverhalt bieten kogni-

Tabelle 4: Vertragsvereinbarung (vgl. Wahl, Weinert & Huber, 1984; Redlich & Schley, 1978)

Bei der Abfassung von Kontrakten in Schulklassen ist zu beachten:

– alle am Problem Beteiligten auch am Vertragsabschluß zu beteiligen;

– sich auf wenige Vereinbarungen für Lehrer und für Schüler zu beschränken;

– nur bedeutsame Verhaltensweisen zu regeln;

– auf die Überprüfbarkeit der Vereinbarungen zu achten;

– altersgemäße Formulierungen zu wählen;

– positiv zu formulieren, damit die Beachtung eines erwünschten Verhaltens thematisiert wird (im Unterschied zum Verbot unerwünschten Verhaltens);

– positive Konsequenzen der Vertragserfüllung festzulegen;

– regelmäßig unter Mitverantwortung der Schüler die Einhaltung zu kontrollieren und zu belohnen.

tionspsychologische Modelle der Sozialpsychologie Ansätze zur Erklärung und Beeinflussung. So wurde als Ergebnis zahlreicher Studien über kognitive Prozesse bei den Partnern sozialer Interaktionen herausgestellt (Aronoff & Wilson, 1985), daß die Interaktion von Persönlichkeitsmerkmalen und kognitiven Prozessen wesentlich für jedes soziale Handeln ist. Voraussetzungen bei den handelnden Personen, seien es spezifische Modi der Informationsverarbeitung (kognitive Stile; z.B. Goldstein & Blackman, 1978) oder spezifische Erwartungs-Bewertungsmuster (implizite oder «subjektive» Theorien über soziale Zusammenhänge; z.B. Hofer & Dobrick, 1981; Krampen, 1986), strukturieren, d.h. aber auch beschränken die kognitiven Orientierungs-, Verarbeitungs-, Entscheidungsprozesse beim Umgang mit anderen. Intervention muß zunächst dort ansetzen, wo solche einschränkenden Bedingungen für weiterreichende Veränderungen selbst verändert werden können.

Ein erfolgversprechender Ansatz besteht nun darin, nicht die Lehrer und ihre bisherigen Maßnahmen mit psychologisch begründeten Alternativvorschlägen zu konfrontieren, sondern die Aktionen der Lehrer als Versuche zur Verbesserung der Situation zu werten und weitere systematische Suche nach Handlungsmöglichkeiten im Lehrerkollegium einschließlich der Schulleitung anzuregen. Aus dem Verständnis von Transaktion als dem Prozeß, in dem aufgrund subjektiver Interpretation wechselseitige Beeinflussungen so stattfinden, daß gemeinsame Definitionen der Situation, Sachverhalte, Beziehungen entstehen und Handeln sowie Handlungsergebnisse auf dieser Basis wieder subjektiv gedeutet werden, ergibt sich ein Leitfaden für die Intervention. Sie muß von den internen, handlungssteuernden Prozessen ausgehen, d.h. von Erwartungen, Alltagstheorien, Rollenzuschreibungen usw., um schließlich Veränderungen der interaktiven Muster im System zu bewirken. Wenn solche Veränderungen dauerhaft sein sollen, muß man versuchen, die selbstreferentielle Dynamik auf der ausgewählten Systemebene zu nutzen und gleichzeitig so zu verändern, daß bei den Bemühungen um neue Interaktionsmuster die erwünschten und unerwünschten Folgen genau registriert und im Hinblick auf weitere Veränderungsanstrengungen gedeutet werden. Folgende Teil-

schritte sind zu empfehlen (Wahl, Weinert & Huber, 1984):

– Austausch von subjektiven Erklärungsmodellen und Alltagstheorien unter Lehrern im Kollegium. Auf diese Weise können sie das Problem in der Sprache ihres Systems wiedergeben und sich darüber klar werden, wie sie die Schüler zu beeinflussen versuchen.
– Suche nach Alternativhypothesen. Aus der Diskussion unterschiedlicher subjektiver Deutungen wird einerseits klar, welche Bedeutung die negativistischen Symptome für das Kollegium haben, andererseits kann man genau so herausfinden, welche Appelle und Selbstoffenbarungen die bisherigen Maßnahmen den Schülern vermitteln (vgl. Schulz v. Thun, 1977). Darüber werden die Funktionen der Symptome im Kontext der Beziehungen zwischen Kollegium und Schülern zugänglich. Die gewohnten Deutungen können nun durch alternative Interpretationen ergänzt werden. Dabei müssen die Lehrer sich darauf einlassen, auch die subjektiven Situationsbedeutungen ihrer Schüler zu berücksichtigen (vgl. Hanke, Huber & Mandl, 1984).
– Möglichkeiten der Hypothesenprüfung. Gerade bei diesem Schritt ist es wichtig, daß die Alternativhypothesen, die als Ergebnis der Transaktion im Kollegium (einschließlich Schulleiter) gefunden wurden, nicht durch die altgewohnten Deutungsmuster sofort widerlegt werden.
– Vereinbarung und Erprobung alternativer Handlungsmöglichkeiten. Im Überschneidungsfeld der Wahrnehmungen der Handelnden und Beobachter lassen sich mit größter Wahrscheinlichkeit Ansätze für Handlungsalternativen finden, die dann nicht dem System «von außen» verordnet werden müssen. Oft ist nun spezifisches Verhaltenstraining nützlich, z.B. in Form von Rollenspielen mit den Kollegen; dabei können eigene Schwierigkeiten mit den neuen Verhaltensweisen sowie die Wirkungen auf die anderen genau untersucht werden, bis die Lehrer sich sicher sind, daß sie sich der schwierigen Situation im Klassenzimmer gegenüber anders als bisher zu verhalten wagen.
– Sicherung realistischer Rückmeldung. Aus vielen Gründen (gesteigerte Selbstaufmerksamkeit, Zeitdruck, Verunsicherung der Schü-

ler usw.) ist es naheliegend, daß die Lehrer trotz bester Absichten auf die ihnen subjektiv Sicherheit bietenden Handlungsroutinen zurückgreifen und neuartiges Handeln schon bei ersten Hinweisen auf Schwierigkeiten als erfolglos und ungeeignet aufgeben. Wir empfehlen deshalb für diese kritische Phase der Übertragung von Ergebnissen kollegialer Transaktion auf die Transaktionsprozesse im System der Schulklasse die Unterstützung durch Supervision von Kollegen.

3.4 Elternhaus und Schule

Die bisherige Darstellung konzentrierte sich auf Systemzusammenhänge im internen Bereich der Schule. Lehrer-Schüler-Systeme und Schüler-Schüler-Systeme stehen jedoch auch mit außerschulischen Systemen in Transaktion, wobei die Familien der Schüler das bedeutendste externe System darstellen.

Die Systeme Schule und Elternhaus sind auf verschiedene Weise miteinander vernetzt: Beide sind Sozialisations»agenturen«, die sich die Erziehungsaufgaben miteinander teilen. Wie Parsons (1973) feststellt, lebt das Kind im Schulalter zwar weiterhin im Elternhaushalt und bleibt «emotional und instrumental» sehr stark von den Eltern abhängig. Es verbringt jedoch nun täglich mehrere Stunden außerhalb des Elternhauses, wo es einer Disziplin und einem Belohnungssystem eigener Art (Peers) unterworfen ist.

Kommt es zu Diskrepanzen zwischen Eltern und Lehrern, so können – im Fall eines Konflikts – die Schüler die Leidtragenden sein, da über sie die Spannungen ausgetragen werden. Diese (in der systemischen Therapie mit «Triangulation» bezeichnete) Verschiebung eines Konflikts zweier Systeme auf ein drittes wird oftmals dadurch verschleiert, daß dieses dritte System ein gemeinsames Problem liefert (Simon & Stierling, 1984). In einer Familie kann dies beispielsweise ein Kind von zerstrittenen Eltern sein, in der Schule eine Schulklasse oder eine Gruppe von bestimmten Schülern.

In solchen Fällen sollten Interventionsstrategien den Blick vom Sündenbock weg auf die eigentlichen Konfliktpartner lenken und versuchen, eine Vermittlung auf dieser Ebene in Gang zu bringen. Auch hier gilt der weiter oben

schon erwähnte Hinweis von Selvini Palazzoli et al. (1978), daß sich eine erfolgreiche Intervention auf wenige Systemmitglieder bzw. Subsysteme konzentrieren kann. So könnte bereits eine gemeinsame Aktion einiger betroffener Lehrer und Eltern die Situation entschärfen.

Die Vernetzung zwischen Elternhaus und Schule betrifft in Konfliktfällen oft das Einzelsystem eines Lehrers und eines bestimmten Schülers. Kommt ein Lehrer mit einem Schüler nicht zurecht, so kann (im Sinne der eben erwähnten Möglichkeit der Triangulation) ein möglicherweise verdeckter Konflikt zwischen diesem Lehrer und den Eltern des Schülers bestehen. Als Beispiel läßt sich ein Fall denken, in dem überzogene Leistungserwartungen der Eltern folgenden circulus vitiosus in Gang setzen: der Schüler kann den überzogenen Erwartungen nicht gerecht werden, die Eltern sind unzufrieden mit ihrem Kind und beschuldigen den Lehrer, dieser wehrt sich gegen die Kränkung durch die Eltern mit der Ablehnung des Schülers, die gestörte Lehrer-Schüler-Beziehung manifestiert sich in weiteren Leistungsstörungen des Schülers, die Eltern beschuldigen den Lehrer erneut etc.

In einem solchen Fall ist eine sinnvolle Intervention nur über eine dritte neutrale Person möglich. Systemtherapeuten haben eine ganze Reihe von Strategien erprobt, die im Sinn einer Systemintervention zum Tragen kommen können. Ein Systemtherapeut kann versuchen, den betroffenen Lehrer und die Eltern (gegebenenfalls unter Einbeziehung des Schülers) zu gemeinsamen Gesprächen zu bewegen mit dem Ziel, eine Konfliktlösung zu finden, die nicht auf Kosten eines Systemmitglieds erfolgt (Foster, 1984; Christian, 1990; Widerman & Widerman, 1995).

Gegebenenfalls kann es in einem Lehrer-Schüler-Eltern-Konflikt auch ratsam sein, daß der Systemtherapeut eine dysfunktionale Lehrer-Eltern-Beziehung auf die Art und Weise angeht, daß er – mit Zustimmung der Betroffenen – separat Kontakt mit dem Familiensystem und dem Lehrer aufnimmt; die gestörte Eltern-Lehrer-Beziehung wird dabei für eine bestimmten Zeitabschnitt (ebenfalls mit Zustimmung der Beteiligten) unterbrochen. Nach Klärung des Eltern-Kind-Konflikts wird der Eltern-Lehrer-Kontakt wieder in die Wege geleitet (Lusterman, 1985). Dabei sind die kontextuellen Barrieren zu beachten, die sich einer Eltern-Lehrer-Kooperation in den Weg stellen (Ware, 1994).

4. Evaluation systemthera-peutischer Maßnahmen in der Schule

Die in der Familientherapie bzw. systemischen Therapie erprobten Interventionsmethoden sind – mit wenigen Ausnahmen – bisher kaum evaluiert worden, wenngleich sie sich als wirksam erwiesen haben (Grawe, 1992). In entsprechender Weise gibt es auch für den in diesem Buchkapitel bearbeiteten Bereich systemischer Interventionen in der Schule noch keine Evaluationsstudien.

Dies liegt nur zum geringen Teil daran, daß therapeutisches Vorgehen in der Schule, das Lehrer, Lehrerkollegium und/oder Schulleitung einschließt, in gewisser Weise tabuisiert ist. Die weitaus größeren Schwierigkeiten sind methodologischer Natur: Soziale Systeme wie z. B. Lehrer-Schüler-Systeme sind hochkomplex; dysfunktionale Kommunikationsmuster beispielsweise, die ein außenstehender Beobachter wahrnehmen kann und an deren Veränderung gearbeitet werden kann, sind schwer mit den herkömmlichen Methoden der Psychodiagnostik erfaßbar. Dies zeigt sich bereits beim Versuch der Erfassung dyadischer Kommunikation. Kommunikationsstudien, die mehr als zwei Personen in ihre Analysen einbeziehen, erfordern die Überwindung noch höherer methodischer Hürden. Bei der Lehrer-Schüler-Interaktion geht es nicht nur um die Analyse des verbalen und non-verbalen kommunikativen Austauschs einzelner Systemmitglieder untereinander, sondern um die wechselseitige Beeinflussung auf mehreren Systemebenen.

Eine weitere methodologische Hürde bereitet Schwierigkeiten: Die systemische Sichtweise macht es erforderlich, Prozesse rekursiver Kausalität (z. B. positive Rückkopplungsschleifen) zu analysieren. Dadurch ergibt sich die Notwendigkeit, in der entsprechenden Evaluationsforschung prozeß-orientiert und nicht nur produkt-orientiert vorzugehen.

Die genannten Schwierigkeiten zusammengenommen erklären zwar, daß bisher keine Effektivitätsstudien systemischer Intervention in

der Schule vorliegen; sie sind jedoch dringend erforderlich (vgl. Brunner & Huber, 1989).

5. Literatur

Aronoff, J. & Wilson, J. P. (1985). *Personality in the social process*. Hillsdale: Erlbaum.

Brunner, E. J. (1981). *Akzeptieren und Verstehen. Ein Übungsbuch für Lehrer und Schüler*. München: Kösel.

Brunner, E. J. (1986). *Grundfragen der Familientherapie. Systemische Theorie und Methodologie*. Berlin: Springer.

Brunner, E. J. & Huber, G. L. (1989). *Interaktion und Erziehung*. Weinheim: Psychologie Verlags Union.

Brunner, E. J., Rauschenbach, T. & Steinhilber, H. (1978). *Gestörte Kommunikation in der Schule. Analysen und Konzept eines Interaktionstrainings*. München: Juventa.

Christian, H. (1990). Das Lehrer-Schüler-Eltern-Gespräch in der systemorientierten Schulpsychologie. *Psychologie in Erziehung und Unterricht*, 37, 207–216.

Connemann, R. (1993) Methoden in Supervisions- und Fallbesprechungsgruppen mit Lehrern. *Psychologie in Erziehung und Unterricht*, 40, 53–62.

Curonici, Ch. & McCulloch, P. (1994) Approche systemique et école: utilisation des ressources de l'école pour resoudre les difficultés scolaires. *Therapie familiale, 15*, 49–62.

Dalin, P. (1991) Das Institutionelle Schulentwicklungsprogramm. *Schul-Management, 22,* 12–18.

Fisher, L. (1986). System-based consultation with schools. In L. C. Wynne, S. H. McDaniel & T. T. Weber (Eds.), *Systems consultation: A new perspective for family therapy* (pp. 342–356). New York: Guilford.

Foster, M. A. (1984). Schools. In M. Berger et al. (Eds.) *Practicing family therapy in diverse settings. New approaches to the connections among families, therapists, and treatment settings* (pp. 110–141). San Francisco: Jossey-Bass.

Goldstein, K. M. & Blackman, S. (1978). *Cognitive style*. New York: Wiley.

Grawe, K. (1992). Psychotherapieforschung zu Beginn der neunziger Jahre. *Psychologische Rundschau, 43,* 132–162.

Hanke, B., Huber, G. L. & Mandl, H. (1984). *Aggressiv und unaufmerksam. Die Aufgaben des Lehrers bei Schulschwierigkeiten*. (3. Aufl.). Weinheim: Beltz.

Hofer, M. & Dobrick, M. (1981). Naive Ursachenzuschreibung und Lehrerverhalten. In M. Hofer (Hrsg.), *Informationsverarbeitung und Entscheidungsverhalten von Lehrern* (S. 109–156). München: Urban & Schwarzenberg.

Horster, L. (1991) Wie Schulen lernen können. *Schul-Management, 22,* 19–26.

Kantor, D. & Lehr, W. (1975). *Inside the family. Toward a theory of family process*. San Francisco: Jossey-Bass.

Krampen, G. (1986). *Handlungsleitende Kognitionen von Lehrern*. Göttingen: Hogrefe.

Lee, V. E., Dedrick, R. F. & Smith, J. B. (1991). The effect of the social organization of schools on teachers' efficacy and satisfaction. *Sociology of Education, 64,* 190–208.

Lusterman, D.-D. (1985). An ecosystemic approach to family – school problems. *The Journal of Family Therapy, 31,* 22–30.

Meidinger, H. (1991) «Schulhausinterne Supervision» – ein Beispiel systembezogener Beratung in der Schule. *Psychologie in Erziehung und Unterricht, 38,* 292–297.

Minuchin, S. (1983). *Familie und Familientherapie. Theorie und Praxis struktureller Familientherapie.* (5. Aufl.). Freiburg: Lambertus.

Molnar, A., Lindquist, B. (1984). Erkenntnisse über Verhalten und Strukturen verbinden – Ein systemischer Ansatz, die Leistungsfähigkeit der Schule zu erhöhen. *Zeitschrift für systemische Therapie, 2,* 2–16.

Palardy. J. M. (1992) «Tall» school organization: A negative factor in teacher/principal empowerment. *Journal of Instructional Psychology, 19,* 185–187.

Parsons, T. (1973). Die Schulklasse als soziales System: Einige ihrer Funktionen in der amerikanischen Gesellschaft. In C. F. Graumann & H. Heckhausen (Hrsg.), *Pädagogische Psychologie. Reader zum Funk-Kolleg* (Bd 1, S. 348–375). Frankfurt: Fischer.

Redlich, A. & Schley, W. (1978). *Kooperative Verhaltensmodifikation.* München: Urban & Schwarzenberg.

Rolff, H.-G. (1991). Schule als soziale Organisation. *Schul-Management, 22,* 26–30.

Rowan, B., Raudenbush, S. W. & Kang, S. J. (1991). Organizational design in high schools: A multilevel analysis. *American Journal of Education, 99,* 238–266.

Satir, V. (1985). *Familienbehandlung. Kommunikation und Beziehung in Theorie, Erleben und Therapie.* (5. Aufl.). Freiburg: Lambertus.

Schulz von Thun, F. (1977). Psychologische Vorgänge in der zwischenmenschlichen Kommunikation. In B. Fittkau, H.-M. Müller-Wolf & F. Schulz von Thun (Hrsg.), *Kommunizieren lernen (und umlernen)* (S. 9–100). Braunschweig: Westermann.

Selvini Palazzoli, M., Cirillo, S., D'Ettorre, L., Garbellini, M., Ghezzi, D.. Lerma, M., Lucchini. M., Martino, C., Mazzoni, G., Mazzucchelli, F. & Nichele, M. (1978). *Der entzauberte Magier. Zur paradoxen Situation des Schulpsychologen.* Stuttgart: Klett-Cotta.

Selvini Palazzoli, M. Anolli, L., Di Blasio, P., Giossi, L., Pisano, J., Ricci, C., Sacchi, M., Ugazio, V. (1984). *Hinter den Kulissen der Organisation.* Stuttgart: Klett-Cotta.

Simon, F. B., Stierlin, H. (1984). *Die Sprache der Familientherapie: Ein Vokabular; Überblick, Kritik und Integration systemtherapeutischer Begriffe, Konzepte und Methoden.* Stuttgart: Klett-Cotta.

Wahl, D., Weinert, F. E. & Huber, G. L. (1984). *Psychologie für die Schulpraxis.* München: Kösel.

Ware, L. P. (1994). Contextual barriers to collaboration. *Journal of Educational and Psychological Consultation, 5,* 339–357.

Watzlawick, P. (1981). Bausteine ideologischer «Wirklichkeiten». In P. Watzlawick (Hrsg.), *Die erfundene Wirklichkeit* (S. 192–228). München: Piper.

Widerman, J. L. & Widerman, E. (1995) Family systems-oriented school counseling. *School-Counselor, 43,* 66–73.

43. Störungen betrieblicher Organisationen
43.1 Klassifikation und Diagnostik

Siegfried Greif und Karl Heinz Wiedl

Inhaltsverzeichnis

1. Betriebliche Organisationen als Systeme

Der Begriff «Organisation» wird pragmatisch als Oberbegriff für alle sozialen Gebilde gebraucht, die größer als Kleingruppen und kleiner als die gesamte Gesellschaft sind. Hierzu zählen nicht nur Industriebetriebe, sondern auch Behörden, Schulen, Krankenhäuser, Vereine und Gefängnisse. Allgemein können Organisationen als «Systeme von Menschen, Aufgaben und Regeln» definiert werden (Greif, 1994).

Aufgaben beschreiben, *was* getan werden soll (Input, Strukturen und Output werden dabei als Teil der Aufgabe verstanden). Regeln geben an, *wie* die Aufgaben durchgeführt werden sollen (z. B. welche Qualitätskriterien oder Verhaltensstandards eingehalten werden müssen). Störungen betrieblicher Organisationen, die aus klinisch-psychologischer Sicht von Bedeutung sind, lassen sich nach dieser Definition als Störungen in den Beziehungen zwischen Menschen, Aufgaben und Regeln darstellen. So kann in einer Organisation Streß durch quantitative Überforderung entstehen, wenn die Mitarbeiter(innen) eine größere Menge von Aufgaben erledigen sollen, als sie bewältigen können (Beziehung Aufgabenmenge ⇔ Personen). Konflikte (Personen ⇔ Regeln) können aus unter-

schiedlichen Auffassungen über Qualitätskriterien resultieren (z. B. darüber was eine «gute» Leistung ist), durch Übertreten ungeschriebener Spielregeln (wenn z. B. Mitarbeiter bei einem Chef, der keinen Widerspruch hören möchte, gegen zuviel Arbeit protestieren), bei unklaren Regeln der Zusammenarbeit zwischen zwei Abteilungen (wenn Fehler auftreten, versucht man, sie der anderen Abteilung zuzuschieben) oder wenn Aufgaben und Regeln nicht konfliktlos umgesetzt werden können (Aufgaben ⇔ Regeln, Beispiele: Behinderung der Durchführung der Arbeitsaufgaben bei Einhaltung aller Sicherheitsbestimmungen oder unterschiedliche Erwartungen verschiedener Vorgesetzter/Bereiche an dieselben Mitarbeiter).

2. Klassifikation

2.1 Arbeit und Gesundheit

Die Untersuchung der Zusammenhänge zwischen Arbeit und Gesundheit ist ein interdisziplinäres Forschungsfeld der Arbeitswissenschaft, an dem Disziplinen wie Ingenieurwissenschaften, Arbeitsmedizin, Psychologie, Industriesoziologie usw. beteiligt sind (Luczak & Volpert, 1997). Wichtige Schwerpunkte der Arbeits- und Organisationspsychologie in diesem Gebiet sind die Erforschung der Auswirkungen von Belastungen oder Streß am Arbeitsplatz (Greif, Bamberg, & Semmer, 1991), von belastenden organisationalen Faktoren (z. B. Konflikten zwischen Abteilungen und Hierarchieebenen) und der Erwerbslosigkeit auf die psychische Gesundheit (engl. «Mental Health») sowie der Wechselwirkungen zwischen Arbeit und anderen Lebensbereichen (z. B. Schichtarbeit ⇔ Arbeit u. Familie, insbesondere bei erwerbstätigen Frauen).

Das Problemfeld im Grenzbereich zwischen Arbeits- und Organisationspsychologie und Klinischer Psychologie, das sich mit der Diagnose und Intervention bei psychischen oder psychosomatischen Störungen sowie der Förderung des Gesundheitsverhaltens im Kontext von Arbeit und Organisationen beschäftigt, wird auch als *Klinische Organisationspsychologie* («Industrial Clinical Psychology») bezeichnet. Interventionsprogramme zum Gesundheitsverhalten behandeln z. B. Alkohol am Arbeitsplatz, Tablettenkonsum, Rauchen oder Übergewicht. Im Unterschied zur psychotherapeutischen oder medizinischen Behandlung beschränken sich die Interventionen der Klinischen Organisationspsychologie auf präventive oder korrektive Maßnahmen, die nicht unter den Heilkundebegriff fallen (s. Kap. 43.2/Intervention). In der Praxis werden Interventionsprogramme jedoch meistens erst nach bereits eingetretenen Leistungsstörungen durchgeführt.

Miner (1992) systematisiert die diagnostisch relevanten Störungen in Organisationen und unterscheidet dabei drei Ebenen: (1) Individuum am Arbeitsplatz, (2) Gruppe und (3) Organisation und Kontext (s. **Tab. 1**). «Störungen» werden in Miners Modell auf Leistungs- oder Verhaltensdefizite beim Bewältigen von Aufgaben und beim Einhalten von Regeln der Organisation sowie auf Abweichungen von Rollenanforderungen zurückgeführt. Praktische Bedeutung erhalten diese Störungen für die Organisation zunächst einmal durch ihre Häufigkeit und die erwarteten kurz- und langfristigen *betrieblichen* oder *gesellschaftlichen Kosten*. Wenn beispielsweise in einem Unternehmen oder Bereich Alkoholprobleme allgemein häufig auftreten und als Folge Leistungsprobleme, Konflikte und Arbeitsausfälle, nimmt die Bereitschaft der Unternehmensleitung zu, eigenständig oder in Kooperation mit Krankenkassen

Analysen und Interventionsmaßnahmen zur Reduktion des Problems zu finanzieren.

Die Klassifikation nach Miner (1992) beruht im Kern auf der einfachen Annahme, daß Störungen durch Defizite in spezifizierbaren Merkmalsbereichen entstehen, die sich Individuen, Gruppen oder Organisationen mit Kontextbedingungen zuordnen lassen. Derartige Modelle können daher als *Defizitmodelle* bezeichnet werden. Defizitmodelle sind in diesem Gebiet sehr gebräuchlich.

Warr (1987) hat auf empirischer Grundlage unter der Bezeichnung «Vitamin-Modell» ein etwas differenzierteres Modell zur Systematisierung der Zusammenhänge zwischen Arbeit, Erwerbslosigkeit und psychischer Gesundheit entwickelt. Analog zur Wirkung verschiedener Gruppen von Vitaminen unterscheidet er gesundheitsförderliche Arbeitsumweltmerkmale, die konstant zunehmende positive Auswirkungen auf die psychische Gesundheit haben (physische Sicherheit, Verfügung über Geld, sozialer Status) von Merkmalen, bei denen die positive Wirkung anfangs ansteigt, bei größerer Ausprägung aber abflacht oder sogar geringer wird (Kontrollmöglichkeiten, Möglichkeiten zur Anwendung von Fähigkeiten, extern gesetzte Ziele, Abwechslungsreichtum, Klarheit über die Umwelt, Zahl der sozialen Kontakte). Bei dieser zweiten Gruppe werden nur für die unteren Ausprägungsgrade der Merkmale Wirkungen nach einem Defizitmodell angenommen. Warr geht wie Miner davon aus, daß es möglich ist, die Wirkung einzelner Merkmale auf Individuen isoliert zu betrachten. In komplexen und dynamischen Problemsituationen, wenn sich beispielsweise Unternehmensbereiche in vielen Merkmalen grundlegend ändern, ist dies jedoch schwierig. In wirtschaftlichen Krisensituationen können durch die erforderlichen raschen Entscheidungen regelrechte «Desperadoprozesse» mit chaotischen Veränderungen der Aufgaben, Regeln und Personalzuordnungen entstehen. Um komplexe Wechselwirkungen und Dynamiken in ihren pathogenen Wirkungen analysieren zu können, sind systemische Ansätze erforderlich.

2.2 Systemische Imbalancen

Systemische Analysen pathologischer *organisationaler* Bedingungen gibt es bisher kaum.

Tabelle 1: Klassifikation diagnostisch relevanter Störungen (modifiziert nach Miner, 1992)

---

(1) Ebene Individuum am Arbeitsplatz

(1.1) *Fähigkeiten, Wissen und Kompetenzen*
Defizite in anforderungsrelevanten Einzelbereichen (z. B.: intellektuelle Fähigkeiten, soziale Kompetenzen, spezielles Fach und Erfahrungswissen).

(1.2) *Individuelle Motivation*
Frustration wichtiger Motive (z. B. Mißerfolgsvermeidung, Erfolg, soziale Kontakte), Konflikte zwischen Motiven und Regeln, auffällig niedrige Leistungsstandards, geringe allgemeine Leistungsmotivation.

(1.3) *Gefahren und Unfallrisiken*
Unfälle und Gefährdungen (z. B. durch technische Mängel, Gefahrstoffe, zu geringes Gefahrenbewußtsein und riskantes Verhalten).

(1.4) *Streß, Emotionen, Befindens- und Persönlichkeitsstörungen*
Stressoren am Arbeitsplatz (schwierige Aufgaben und Regeln, Zeitdruck, ständige kleine Ärgernisse, Schichtarbeit, Umgebungsbelastungen wie Lärm, Handlungsunterbrechungen, usw.), Befindensbeeinträchtigungen, häufige Ärgerausbrüche, Ängste (z. B. durch komplexe Fehlersituationen und Suche nach Schuldigen, Veränderungen der Aufgaben und Regeln, zunehmendes Änderungstempo, Erwerbslosigkeitsrisiken), psychosomatische Beschwerden (Schlafstörungen, Kopfschmerzen, Herz-Kreislaufbeschwerden usw.), Alkohol- und Drogenabhängigkeit, Burnout (Gefühl, durch die Arbeit ausgebrannt oder ausgelaugt zu sein), Arbeitssucht, streßanfälliger Persönlichkeitstypus (Typ A/Hektiker, Friedman, 1969; Streßtypen nach Brengelmann, 1988, A: Übererregungstyp; B: Erfolgstyp; C Streßtyp; D: Untererregungstyp), Persönlichkeitsstörungen, Psychosen.

(1.5) *Körperliche Merkmale und Behinderungen*
Dysfunktionale körperliche Merkmale (z. B. Übergewicht bei Tätigkeiten in engen Räumen), unzureichende sensorische oder motorische Fähigkeiten, Behinderungen (soweit für die Ausführung der Arbeit erforderlich und nicht kompensierbar), Arbeitsabwesenheit durch häufige Krankheit.

(1.6) *Entlassungen und Erwerbslosigkeit*
Psychische und somatische Folgen, beruflicher oder sozialer Abstieg, Armut.

(2) Ebene Gruppe

(2.1) *Arbeitsgruppen*
Negative Auswirkungen von Gruppenkohäsion (z. B. niedrige Leistungsnormen in der Arbeitsgruppe, Sanktionen gegenüber Normabweichlern) Gewalt am Arbeitsplatz, sexuelle Übergriffe, Mobbing (feindseliges Verhalten gegenüber einzelnen Personen), ineffektives Management, unangemessenes Führungsverhalten (z. B. unklare Formulierung von Aufgaben und Regeln, Führung durch Angst).

(2.2) *Arbeit, Freizeit und Familie*
Übertragung von Arbeitsstreß in die Freizeit oder Familie (z. B. Gereiztheit gegenüber Familienmitgliedern), Leistungseinbrüche oder Verhaltensstörungen durch Familienkrisen oder Trennungen, Priorität von außerberuflichen Beschäftigungen.

(3) Ebene Organisation und Kontext

(3.1) *Organisation*
Unzureichende organisationale Maßnahmen (Desorganisation, Mißmanagement, usw.), Fehlentscheidungen bei Stellenbesetzungen, unangemessene Regeln (z. B. überzogene Leistungsstandards), zu große Kontrollspanne (zu große Anzahl von Mitarbeitern pro Führungskraft).

(3.2) *Gesellschaftlicher und wirtschaftlicher Kontext*
Ungünstige ökonomische Bedingungen (schwierige wirtschaftliche Situation des Unternehmens), Sanktionen als Folge von Rechtsbrüchen im Unternehmen (Kundenverluste oder Gefängnisstrafen für Geschäftsführer), Verletzung sozialer Werte (z. B. unethisches Verhalten aus Kundensicht), Konflikte zwischen Anforderungen in der Arbeit und gesellschaftlichen Werten (z. B. Umweltverschmutzung durch problematischen Umgang im Unternehmen mit Schadstoffen), negative Auswirkungen der geographischen Lage oder regionalen Kultur (Entfernung zur Familie, interkulturelle Konflikte, usw.).

Argyris (1957) beschreibt die Merkmale traditioneller, hierarchischer und arbeitsteiliger Organisationsstrukturen als pathologische Organisationsdimensionen, Palazzoli et al. (1984) untersuchen typische widersprüchliche und paradoxe Kommunikationsprozesse in Organisationen als pathogene systemische Strukturen.

Im folgenden Modell zur Analyse komplexer Ursachen- und Wirkungszusammenhänge verwenden wir den Begriff der systemischen Imbalance. Aus der Balance gerät ein System (z. B. eine Person, Gruppe oder Organisation) in der Regel nicht sofort, wenn sich einzelne Faktoren verändern (z. B. durch spezifische Qualifikationsdefizite, wie in Defizitmodellen angenommen wird). Soziale Systeme sind im allgemeinen in der Lage, spezifische Defizite selbstorganisiert auszugleichen (Qualifikationsdefizite z. B. durch Lernen in der Arbeit oder durch Veränderungen der Zuständigkeiten für die Aufgaben) oder ein «dynamisches Gleichgewicht» aufrecht zu halten. Von systemischen Imbalancen sprechen wir erst, wenn ein System nach allen ihm möglichen eigenaktiven Versuchen aus dem Zustand dynamischen Gleichgewichts gerät. Mit dem Imbalance-Begriff können wir demnach multiple relationale Wechselwirkungen zwischen hypothetischen Ursachen und Wirkungen unter Berücksichtigung eigenaktiver und selbstorganisierter Ausgleichshandlungen beschreiben. Diese Auffassung von Störungen ist angelehnt an das auf v. Uexküll und v. Weizsäcker zurückgehende Modell des existentiellen Funktionskreises, das ebenfalls von einer – in Grenzen – gegebenen Selbstregulationsfähigkeit von Person-Umwelt-Systemen ausgeht und sich als konzeptuelle Grundlage für verschiedene andere psychologische Anwendungsbereiche bewährt hat (z. B. Rehabilitation, vgl. Kobbert, 1978). Störungen in Organisationen werden analog dazu auf unterschiedliche Arten von *Imbalancen systemischer Beziehungen* zwischen Menschen, Aufgaben und Regeln zurückgeführt.

Prinzipiell wäre es möglich, zwischen kurz- und langfristigen Imbalance-Zuständen zu unterscheiden. In den meisten Imbalance-Modellen – insbesondere in der Streßforschung – wird jedoch angenommen, daß mit Ausnahme von Arbeitsunfällen nur eine langfristige Exposition zu nicht mehr reversiblen gesundheitlichen Schädigungen und Minderungen der Erwerbs-

fähigkeit führt. Im folgenden verwenden wir daher die Dauer der Imbalance nicht als Klassifikationsmerkmal.

Wichtiger erscheint die Unterscheidung zwischen (1) *stabilen* und (2) *dynamischen Imbalance-Zuständen*. Als stabil bezeichnen wir Ungleichgewichtszustände, die innerhalb des betrachteten Systems (Individuum am Arbeitsplatz, Arbeitsgruppe, betriebliche Organisation) zumindest eine zeitlang konstant oder beständig wiederkehrend durch eine bestimmte Relation charakterisiert sind (Bsp.: ständige Überstunden, zu wenig Erholzeit und als langfristige Folge zunehmende Gereiztheit oder auf der Ebene der Organisation periodisch auftretende nicht lösbare Konflikte zwischen Produktion und Verwaltung). *Dynamische Imbalancen* sind Ungleichgewichtszustände mit einer Relation, die sich (kontinuierlich oder diskontinuierlich) ändert (Bsp.: Zeitdruck und Qualifikationsdefizite führen zur Aufschaukelung von Fehlern und Streßreaktionen bis zum Zusammenbruch des Arbeitssystems).

Zur Klassifikation organisationaler Imbalancen werden drei hierarchische Systemebenen unterschieden (die höheren Ebenen schließen die unteren ein):

(1) Beziehungen zwischen Individuen, Aufgaben und Regeln *(individuelle Ebene).*

(2) Beziehungen zwischen mehreren Personen oder Gruppen, Aufgaben und Regeln *(Gruppenebene).*

(3) Beziehungen zwischen den Aufgaben und Regeln aller Organisationsmitglieder eines Bereichs oder Beziehungen zum Kontext der Organisation *(Ebene Organisation und Kontext).*

Tabelle 2 beschreibt das resultierende Klassifikationssystem und die sechs Arten von Imbalancen (A bis F). Die einzelnen Imbalancetypen spezifizieren dabei Merkmale der Personen oder Anforderungen durch Aufgaben und Regeln, welche die arbeitenden Menschen aus einem als ideal oder optimal unterstellten dynamischen Gleichgewicht bringen können. Dabei wird im allgemeinen angenommen, daß das Risiko für das Auftreten von Befindensbeeinträchtigungen oder psychischer Störungen der Organisationsmitglieder durch diese Imbalance

Tabelle 2: Verschiedene Arten systemischer Imbalance in Organisationen

Systemebene	Stabilität der Imbalance	
	stabile Imbalance	dynamische Imbalance
Individuum	A erhöhter Streß an einem Arbeitsplatz und stabile individuelle Fehlzeiten	B beschleunigte technologische Änderungen an einem Arbeitsplatz und progressiver Anstieg der Fehlzeiten
Gruppe	C konstante Konflikte zwischen Abteilungen und Produktivitätseinbußen	D Ständige Reorganisation der Aufgaben in Arbeitsgruppen und ständig zunehmende Fluktuation
Organisation u. Kontext	E allgemein hoher organisationaler Streß und erhöhter Krankenstand in allen Abteilungen	F dynamische Marktveränderungen, Schließung von Abteilungen/Betrieben oder Produktionsverlagerungen mit Entlassungswellen und zunehmende Angst vor Erwerbslosigkeit

entsteht. Beeinträchtigungen und psychische Störungen in betrieblichen Organisationen werden somit relational definiert.

Es ist zweifellos methodisch komplexer, nicht-konstante Relationen zu untersuchen, in denen sich entweder die handelnden Personen oder ihre Aufgaben, Ressourcen und Regeln oder alle Relationen dynamisch verändern. Wir nehmen jedoch an, daß gerade die dynamischen Imbalancen eine besondere Relevanz für die klinische Organisationspsychologie haben.

Unternehmensberater empfehlen, die Lernfähigkeit der Organisation durch eine Transformationen von Strukturen und Prozessen so grundlegend zu verbessern, daß sie jederzeit dynamisch und erfolgreich auf externe und interne Änderungen reagieren kann. Die «lernende Organisation» soll im Ideal das Potential entwickeln, beliebige System-Umwelt-Imbalancen selbstorganisiert auszugleichen. Beispiele wären die Einführung flexibler Teamarbeit in Verbindung mit einem umfassenden, kundenorientierten Qualitätsmanagement oder «offene», gemeindenahe Reformmodelle psychiatrischer Krankenhäuser (Büssing, 1992). Sicher ist, daß grundlegende Transformationen von Organisationen zunächst einmal auf allen Ebenen zu systemischen Imbalancen führen. Wenn die Umstrukturierung abgeschlossen ist, kann sich in der Organisation ein neues dynamisches Gleichgewicht herausbilden. Ob aber das Ideal einer lernenden Organisation, die beliebige ex-terne und interne Veränderungen selbständig ausgleichen kann, jemals erreicht werden kann, ist zu bezweifeln.

3. Diagnostik

Nach Miner (1992) dient die klinische Diagnostik in der Industrie in ihrem praktischen Kern der Erfassung nicht akzeptierter Leistungs- und Verhaltensdefizite und der Analyse ihrer Ursachen und Folgen, um angemessene präventive und korrektive Maßnahmen einleiten zu können (für Interventionskonzepte s. Kap. 43.2). Der diagnostische Prozeß ähnelt dabei dem Vorgehen von Klinischen Psycholog(inn)en bei Einzelfalldiagnosen zu emotionalen oder psychosomatischen Befindensbeeinträchtigungen.

Weil es im Prinzip möglich ist, ohne vorherige diagnostische Untersuchungen ungeeigneten Mitarbeiter(innen) zu kündigen, meinen viele, daß es in der Industrie für differenzierte klinisch-psychologische Diagnostik keinen praktischen Bedarf gibt. Miner (1992) diskutiert die Kündigung als Lösungsversuch unter Berücksichtigung empirischer Untersuchungen. Wie sich zeigt, werden beabsichtigte Entlassungen aufgrund schwacher Leistungen oft nicht umgesetzt, weil sie aus rechtlichen Gründen schwierig sind oder weil sie von einzelnen Führungskräften, Mitarbeiter(inne)n oder von der gewerkschaftlichen Interessenvertretung verhindert werden. Durch erfolglose Kündigungsversuche können wiederum hohe sekundäre Kosten, anhaltende Konflikte und Mißtrauen unter den Mitarbeiter(innen) mit leistungsbeeinträchtigenden Folgen entstehen. Die prinzipielle Kündigungsmöglichkeit liefert deshalb kein stichhaltiges Argument gegen den Einsatz psychodiagnostischer Untersuchungsmethoden.

Wir unterscheiden drei diagnostische Fragestellungen:

(1) *Untersuchung der angestrebten Leistungs- und Verhaltensstandards, Ausgleich von Imbalancen.*

– Welche Leistungen werden gefordert?
– Welche Standards (z. B. Qualitätskriterien) müssen eingehalten werden?
– Welche Anforderungen (Fähigkeiten, Wissen, Kompetenzen und Fertigkeiten) sind zur Bewältigung der Aufgaben erforderlich?
– Wie sollen sich die Mitarbeiter(innen) gegenüber anderen (Kunden, Vorgesetzten, Mitarbeiterinnen und Mitarbeitern) verhalten?
– Welches Verhalten wird erwartet, wenn Störungen oder Imbalancen auftreten?

In vielen Organisationen werden heute die Standards und Leistungsziele durch Verfahren der Leistungsbeurteilung oder durch Zielvereinbarungsgespräche mit Individuen oder Arbeitsgruppen schriftlich festgelegt. Zur Analyse der Anforderungen können standardisierte psychologische Befragungs- und Beobachtungsinstrumente eingesetzt werden (vgl. Dunckel, 1998).

(2) *Festlegung und Erfassung der nicht akzeptierten Abweichungen/Imbalancen.*

– Welche Abweichungen/Imbalancen werden nicht akzeptiert?
– Wie werden nicht-akzeptierte Abweichungen/Imbalancen erfaßt?

Nicht akzeptierte Leistungsabweichungen und Qualifikationsdefizite können im Rahmen von Feedbackgesprächen zur Leistungsbeurteilung oder nach nicht erreichten Zielen schriftlich festgehalten werden. Für die Definition und Erfassung anderer nicht akzeptierter Verhaltensdefizite oder komplexer Imbalancen fehlen geeignete Verfahren. Mit Interviews können wichtige ungeschriebene Regeln kaum vollständig im Vorhinein erfaßt werden. Oft werden sie erst im Konfliktfall nachträglich von den Beteiligten als gravierende Regelverletzung reklamiert.

(3) *Analyse hypothetischer Ursachen und Folgen.*

– Wie können hypothetische Ursachen oder intervenierende Variablen gefunden und erfaßt werden?
– Wie können klinisch-psychologisch relevante Folgen erhoben und analysiert werden?

Zur Analyse hypothetischer Ursachen (z. B. Arbeitsstreß), intervenierender Variablen (z. B. fehlende soziale Unterstützung durch die Arbeitskollegen) und Folgen (z. B. Gereiztheit oder psychosomatische Beschwerden) von Imbalancen in Organisationen sind wir im allgemeinen auf kasuistische Analysen (Interviews und anfallende Daten) angewiesen. Es gibt aber auch standardisierte Instrumente, die für die klinisch-psychologische Diagnostik empfohlen werden können.

In **Tabelle 3** werden ausgewählte Merkmale und Instrumente zur Analyse der drei angesprochenen Fragestellungen zusammengestellt. Sie sind für die Einzelfallanalyse geeignet und können sehr einfach (auch ergänzend zur Anamnese in der therapeutischen Praxis) eingesetzt werden.

In **Kasten 1** wird ein Verfahren zur streßbezogenen Arbeitsplatzanalyse vorgestellt. Bezüglich Belastungsanalysen zeigte Büssing (1992), wie man standardisierte «streßbezogene Tätigkeitsanalysen» an allen Arbeitsplätzen verschiedener Abteilungen der Organisation durchführen und in Verbindung mit qualitativen Daten aggregieren kann; damit können gesundheitsbezogene Analysen der Imbalance von Organisationsstrukturen auf der Grundlage individueller Tätigkeitsanalysen erstellt werden. In Querschnittserhebungen kann seine Untersuchungsstrategie für die Erfassung stabiler organisationaler Imbalancen, in Längsschnittuntersuchungen aber auch für dynamische Imbalancen verwendet werden.

Klinisch-psychologische Einzelfallanalysen und -diagnosen dürfen aus rechtlichen Gründen nur im Auftrag der betreffenden Mitarbeiter(innen) durchgeführt werden und unterliegen der

Tabelle 3: Auswahl standardisierter diagnostischer Instrumente

Diagnose von	
Hypothetische Ursachen/intervenierende Variablen	**Hypothetische individuelle Folgen**
1. Individuum	
• Fähigkeiten, Wissen u. Kompetenzen (Dunckel, 1998)	• Arbeits- und Lebenszufriedenheit (Neuberger & Allerbeck, 1978; Semmer et al., 1990)
• Streß am Arbeitsplatz, geringer Handlungsspielraum und geringe Soziale Unterstützung (Dunckel, 1998)	• Gereiztheit/Belastetheit (Mohr, 1986)
• Arbeitssicherheit u. Gefahrenbewußtsein (Hoyos & Ruppert, 1993)	• Psychosomatische Beschwerden (Mohr, 1986)
• Typ A (Friedman, 1969; Streßtyp nach Brengelmann, 1988)	• Somatische Erkrankungen
• Arbeitsplatzunsicherheit und Erwerbslosigkeit (Mohr, 1997)	• Abwesenheits- und Fluktuationsrate (Nicholson, 1989)
2. Gruppe	• Unfallrate (Hoyos & Ruppert, 1993)
	• Alkoholismus, Tablettenabhängigkeit
• Gewalt am Arbeitsplatz (Wynne et al., 1995)	• Maslach Burnout Inventory (Büssing & Perrar, 1992)
• Mobbing (Leymann, 1993)	
3. Organisation u. Kontext	
• Streßbezogene Tätigkeitsanalysen in psychiatrischen Krankenhäusern (Büssing & Glaser, 1996).	

Anmerkungen. Zwischen Ursachen/intervenierenden Variablen und den Folgen, die in der gleichen Zeile der Tabelle stehen, besteht keine direkte Zuordnung. Die Folgen in der rechten Spalte können bei verschiedenen Ursachen auftreten.

Schweigepflicht. In Auftrag von Unternehmen werden die beschriebenen Untersuchungsinstrumente in der Regel nur in größeren Personenstichproben eingesetzt und anonym ausgewertet, um kritische Probleme (z. B. Kostenanstieg durch Fehlzeiten) in bestimmten Arbeitsbereichen als Grundlage für Interventionen zu identifizieren. Unternehmen haben in der Regel kaum Interesse an Erhebungen, deren Ergebnisse das Unternehmen in einem schlechten Licht erscheinen lassen könnten. Probleme wie Arbeitsstreß, Alkoholismus oder Gewalt am Arbeitsplatz sind zweifellos diagnostisch relevante Problemstellungen für die Klinische Psychologie. Sie werden aber fast ausschließlich in betriebsübergreifenden Fragebogenerhebungen untersucht.

Klinische PsychologInnen sollten die Möglichkeit in Betracht ziehen, daß klinisch-psychologisch relevante Symptomatiken durch systemische Imbalancen in der Arbeitswelt zu-

mindest mitbedingt sein können. Ein aktuelles Beispiel für dynamische Imbalancen auf Gruppenebene mit destabilisierenden individuellen Auswirkungen hat Leymann (1993) bei Erhebungen in Schweden über die psychischen Auswirkungen sozialer Konflikte am Arbeitsplatz gefunden. Er hat dafür den Begriff *Mobbing* eingeführt und bezeichnet damit ständiges feindseliges oder schikanöses Verhalten gegenüber einzelnen Organisationsmitgliedern. Kritische Auswirkungen erwartet er, wenn «Mobbing-Handlungen» häufig (mindestens 1x pro Woche) und über einen längeren Zeitraum (mindestens 6 Monate) erlebt werden. Leymann hat einen Fragebogen *Leymann Inventory for Psychological Terrorization LIPT* entwickelt, mit dem die Betroffenen die Auftretenshäufigkeiten einer Liste von 45 feindseligen Handlungen einschätzen können (Bsp.: Ständige Unterbrechung, abwertende Blicke oder Gesten, man wird wie Luft behandelt, ständige Kritik an der Arbeit).

Er nimmt an, daß selten erkannt wird, daß die eigentliche Störungsursache bei vielen in therapeutischer Behandlung befindlichen Patienten mit generalisierten Angststörungen oder depressiven Störungen in Mobbing-Erlebnissen am Arbeitsplatz liegen (vgl. Knorz & Zapf, 1996). Die Dunkelziffer für die allgemeine Suizidrate nach Mobbing schätzt er höher ein, als die Unfallrate während der Arbeit. Leymanns verallgemeinernde Schätzungen und Folgerungen zur Bedeutung von Mobbing sind kontrovers und bisher nicht durch repräsentative Erhebungen abgesichert.

Für die Untersuchung von dynamische Imbalancen ist der dynamische Testansatz geeignet. Bei diesem Ansatz wird das psychodiagnostische Vorgehen durch gezielte «Mini-Interventionen» erweitert (z. B. ein Training der untersuchten Fähigkeiten). Die dabei resultierenden Veränderungen in der Testperformanz werden registriert und diagnostisch interpretiert. Wenn Effekte ausbleiben, indiziert dies eine transsituationale Stabilität des Merkmals. Performanzveränderungen können auf Lernfähigkeit oder Veränderungspotential hinweisen, wenn sich bei den verwendeten Tests Reliabilitätsmängel ausschließen lassen. Verfahren speziell für betriebliche Anwendungen sind die sog. «Trainability Tests» zur Untersuchung der Trainierbarkeit spezifischer beruflicher Fertigkeiten oder «dynamische Assessment Center» zur Erfassung der Lernfähigkeiten im Bereich sozialer Kompetenzen (vgl. Guthke & Wiedl, 1996). Im Unterschied zu konventionellen Testverfahren ist es mit dynamischen Tests grundsätzlich möglich, die Anpassungsfähigkeit des Individuums auf Imbalancen durch gezielte Imbalance-Interventionen abzuschätzen und zu analysieren. Für die Diagnostik von klinisch-psychologisch relevanten Adaptationsstörungen fehlen aber geeignete Instrumente bislang.

Dynamische Imbalancen auf organisationaler Ebene können so komplex und einzigartig sein, daß sie sich kaum durch standardisierte Methoden erfassen lassen. Zur qualitativen Einzelfallanalyse des Zustands einer Organisation gibt es immer quantitative Daten, wie z. B. Veränderungen der Produktivitätskennzahlen oder Umsätze in Relation zu Beschäftigtenzahlen, Kundenreklamationen, Arbeitsplatzwechsel, Unfälle, Fehlzeiten und Mitarbeiterfluktuation und eventuell Ergebnisse aus Mitarbeiterbefragungen sowie eine Fülle anfallender Materialien, die qualitativ ausgewertet werden können, wie Fortbildungswünsche und Seminarthemen, Protokolle von Mitarbeitergesprächen oder Problemlösegruppen, kritische Stellungnahmen im Bericht des Betriebsrats auf Betriebsversammlungen, Rundschreiben und Memos von Führungskräften oder auch betriebstypische Anekdoten und Graffiti. Unternehmensberatungen verwenden anfallende betriebswirtschaftliche Daten und Dokumente oder führen Befragungen durch und erstellen auf dieser Grundlage Gutachten mit Ist-Analysen und Empfehlungen für Veränderungen. Eine Zukunftsvision für die Klinische Organisationspsychologie wäre, daß es einmal genauso selbstverständlich wird, Störungen und organisationale Imbalancen aus psychologischer Sicht zu begutachten und Interventionsprogramme vorzuschlagen. Einzelfallanalysen von Organisationen – ob sie von Betriebswirten oder Psychologen durchgeführt werden – sind immer methodisch angreifbar, aber wir brauchen sie.

4. Literatur

Argyris, C. (1957). *Personality and Organization.* New York: Harper & Brothers.

Brengelmann, J. C. (1988). Messung und Theorie individueller Streß- und Bewältigungsreaktionen. In J. C. Brengelmann (Hrsg.), *Streßbewältigungstraining I: Entwicklung* (S. 123–151). Frankfurt: Peter Lang.

Büssing, A. (1992). *Organisationsstruktur, Tätigkeit und Individuum. Untersuchungen am Beispiel der Pflegetätigkeit.* Bern: Huber.

Büssing, A. & Glaser, J. (1996). *Tätigkeits- und Arbeitsanalyseverfahren für das Krankenhaus (TAA-KH-S).* Bern: Huber.

Büssing, A. & Perrar, K. M. (1992). Die Messung von Burnout. Untersuchung einer deutschen Fassung des Maslach Burnout Inventory. *Diagnostica, 38, 4,* 328–353.

Dunckel, H. (Hrsg.). (1998) *Handbuch psychologischer Arbeitsanalyseverfahren.* Bern: Huber.

Friedman, M. (1969). *Pathogenesis of Coronary Artery Disease.* New York: McGraw Hill.

Greif, S. (1994). Gegenstand und Aufgabenfelder der Arbeits- und Organisationspsychologie. In S. Greif & E. Bamberg (Hrsg.), *Die Arbeits- und Organisationspsychologie. – Gegenstand und Aufgabenfelder – Lehre und Forschung – Fort- und Weiterbildung* (S. 17–28). Göttingen: Hogrefe.

Greif, S., Bamberg, E. & Semmer, N. (Hrsg., 1991). *Psychischer Streß am Arbeitsplatz.* Göttingen: Hogrefe.

Guthke, J. & Wiedl., K. H. (1996). *Dynamisches Testen. Zur Psychodiagnostik der intraindividuellen Variabilität.* Göttingen: Hogrefe.

Hoyos, C. Graf & Ruppert, F. (1993). *Der Fragebogen zur Sicherheits-Diagnose. FSD.* Bern: Huber.

Knorz, C. & Zapf, D. (1996). Mobbing – eine extreme Form sozialer Stressoren am Arbeitsplatz. *Zeitschrift für Arbeits- und Organisationspsychologie,* 40, 12–21.

Kobbert, M. J. (1978). Der Gegenstandsbereich der Rehabilitationspsychologie in allgemeinpsychologischer Sicht. *Heilpädagogische Forschung, 7,* 277–303.

Leymann, H. (1993). *Mobbing.* Reinbek: rororo.

Luczak, H. & Volpert, W. (Hrsg.). (1997). *Handbuch Arbeitswissenschaft.* Stuttgart: Schäeffer-Poeschel.

Miner, J. B. (1992). *Industrial-Organizational Psychology.* New York: McGraww Hill.

Mohr, G. (1986). *Die Erfassung psychischer Befindensbeeinträchtigungen bei Industriearbeitern.* Frankfurt/M.: Peter Lang.

Mohr, G. (1997). *Erwerbslosigkeit, Arbeitsplatzunsicherheit und psychische Befindlichkeit.* Frankfurt: Peter Lang.

Neuberger, O. & Allerbeck, M. (1978). *Messung und Analyse von Arbeitszufriedenheit. Erfahrungen mit dem «Arbeitsbeschreibungs-Bogen (ABB)»*. Bern: Huber.

Nicholson, N. (1989). Arbeitsabwesenheit und Fluktuation. In S. Greif, H. Holling & N. Nicholson (Hrsg.), *Arbeits- und Organisationspsychologie*. Internationales Handbuch in Schlüsselbegriffen (S. 94–97). München: Psychologie Verlags Union.

Palazzoli, M.S., Anolli, L., Di Blasio, P., Glossi, L., Pisano, J., Ricci, C., Sacchi, M. & Ugazio, V. (1984). *Hinter den Kulissen der Organisation*. Stuttgart: Klett.

Semmer, N. Baillod, J. & Ruch, L. (1990). Das Modell verschiedener Formen von Arbeitszufriedenheit: Nach 15 Jahren kein Grund zur Resignation. In D. Frey (Hrsg.), *Bericht über den 37. Kongreß der DGPs in Kiel 1990* (Band 1, S. 648–649). Göttingen: Hogrefe.

Semmer, N., Zapf, D. & Dunckel, H. (1995). *ISTA – Instrument zur stressbezogenen Arbeitsanalyse. Version 5.1*. Bern, Konstanz, Berlin (unveröff. Manuskript).

Semmer, N., Zapf, D. & Dunckel, H. (1998). Instrument zur streßbezogenen Tätigkeitsanalyse. In H. Dunckel (Hrsg.), *Handbuch psychologischer Arbeitsanalyseverfahren*. Zürich: vdf Hochschulverlag.

Warr, P. (1987). *Work, unemployment and mental health*. Oxford: Clarendon Press.

43.2 Störungen betrieblicher Organisationen: Intervention

Karl Heinz Wiedl und Siegfried Greif

Inhaltsverzeichnis

1. Inhaltliche Beschreibung von Ungleichgewichtszuständen

An welchen «Störungen» betrieblicher Organisationen können klinisch-psychologisch akzentuierte Interventionen ansetzen? Wir haben im vorherigen Kapitel vorgeschlagen, den Störungsbegriff relational zu definieren und an systemischen Imbalancen der Beziehungen zwischen Menschen, Aufgaben und Regeln in Organisationen festzumachen. Zur Klassifikation organisationaler Imbalancen haben wir (1) stabile und (2) dynamische Imbalance-Zuständen unterschieden. Ferner unterscheiden wir drei hierarchische Systemebenen:

(1) Individuelle Ebene (2) Gruppenebene (3) Organisation und Kontext

Das auf dieser Struktur beruhende Klassifikationsschema (s. Kap. 43.1) dient im folgenden als Grundlage für die Systematisierung klinisch-psychologischer Interventionen in betrieblichen Organisationen.

Ungleichgewichte auf den beschriebenen Beziehungsebenen können nach unterschiedlichen Gesichtspunkten analysiert werden. Zum einen kann das Verhältnis von Risikofaktoren (individueller Vulnerabilität oder «Streßempfindlichkeit» und äußeren Stressoren) zu den inneren und äußeren Ressourcen betrachtet werden, das in unterschiedlichen Bedingungsmodellen körperlicher und psychischer Störungen und Erkrankungen thematisiert wird. In diesem Zusammenhang ist unter organisationalen Gesichtspunkten v.a. auf bestimmte Formen gesundheitsgefährdenden Verhaltens (z.B. Rauchen, Problemtrinken, Bewegungsmangel) und körperliche Veränderungen (z. B. Alternsprozesse, Bluthochdruck, etc.) als Komponenten von Vulnerabilität hinzuweisen. Hierzu wurden bereits in der Anfangsphase klinisch- und gesundheitspsychologischer Interventionen in Betrieben Programme entwickelt (vgl. Manuso, 1986; Liepmann, 1990). Praktische Ansatzpunkte zur Förderung der Gesundheit am Arbeitsplatz finden sich v. a. in der arbeitswissenschaftlichen Streßforschung (vgl. z. B. Greif, Bamberg & Semmer, 1991; Luczak & Volpert, 1997).

Ideal wären Interventionsprogramme, die dazu führen, daß die Organisationsmitglieder Ressourcen zur selbstorganisierten Bewältigung systemischer Imbalancen aufbauen. Nach Richter (1996) können wir als Ressourcen unterscheiden zwischen organisationalen (z. B. Beteiligung an gesundheitsförderlicher Arbeitsgestaltung), sozialen (z. B. Ausbau der Unterstützung durch Kollegen, Lebenspartner) und personalen Hilfsquellen (z. B. Förderung von aktivem Gesundheitsverhalten). Allerdings zeigen neuere Analysen jedoch auch, daß aus Hilfsquellen Belastungen werden können so kann die soziale Unterstützung durch Lebenspartner z. B. bei beruflichen oder sonstigen Belastungen umschlagen und Konflikte oder negative «Spillover-Effekte» mit neuen Beanspruchungsmustern hervorrufen (Jonas & Fletcher, 1994). Dies macht wiederum Interventionskonzepte erforderlich, die Arbeit, Familie bzw. Partnerschaft und Freizeit gleichermaßen und in ihrem Zusammenhang thematisieren (vgl. Wiedl & Wiedl, 1995).

In Anlehnung an das transaktionale Streßmodell von Lazarus (1996) können weiterhin systemische Imbalancen in Organisationen als Ergebnis wechselseitiger Beeinflussung und Veränderung von Personen und ihrer Umgebung betrachtet werden. Durch Umgebungsbedingungen (wie z. B. Lärm), Arbeitsaufgaben, Regeln, Organisation und andere Organisationsmitglieder sowie die übrige soziale Umwelt und nichtmenschliche Objekte wird das Individuum beeinflußt; durch sein Handeln übt es andererseits aber zugleich selbst Einfluß auf diese und andere Bedingungen aus. Zustände der Balance oder Imbalance sind danach immer solche, die in konkreten Handlungsvollzügen der beteiligten Personen manifest werden. Dabei spielen Prozesse der subjektiven Wahrnehmung und Bewertung dieser Bedingungen und Mög-

lichkeiten der Personen (innere Ressourcen, personeigene Vulnerabilität oder «Belastbarkeit») eine zentrale, den Interaktionsprozeß steuernde Rolle. Die Bedeutung dieser für die klinisch-psychologische Betrachtung besonders wichtigen subjektiven Seite von Person-Umwelt-Relationen wird im «Person-Environment-Fit»-Modell (PE-Fit) nach French (1978) spezifiziert.

Nach diesem Modell sind nicht nur «objektiv» bestimmbare «Misfits» von Personen und Umwelt kritisch. Entscheidend ist auch die subjektive Wahrnehmung oder inwieweit es unterschiedliche Grade der Veridikalität oder Verläßlichkeit der Wahrnehmung und Bewertung von (1) Fähigkeiten, Fertigkeiten und Bedürfnissen der Person einerseits und (2) Anforderungen, Möglichkeiten und Ressourcen der Umwelt andererseits gibt. Während beim Vorliegen objektiver «Misfits» in der Relation Individuum-Umwelt eher konventionelle Maßnahmen der personbezogenen Intervention (Qualifizierung, Plazierungsentscheidungen) oder aber der Arbeitsplatzgestaltung, Organisationsveränderung und Netzwerkentwicklung angezeigt sind, verlangen «Misfits», die auf eine geringe Veridikalität von Umwelt- und/oder Selbstwahrnehmung rückführbar sind, anders geartete Interventionsmethoden. Hier ist z. B. an erfahrungserweiternde Beratung und Gesprächstechniken, Techniken der Beobachtung und Verhaltensregistrierung, o. ä., zu denken. Beispiele sind Methoden der Selbstüberwachung, die zu einer Verbesserung der Selbstkenntnis und Einschätzung der eigenen Handlungsfolgen (vgl. Perrez & Gebert, 1995) genutzt werden können. Explizit für den betrieblichen Bereich sind Coaching-Modelle entwickelt worden, die u. a. eine Überprüfung und Revision von Wahrnehmungs- und Beurteilungstendenzen zum Gegenstand haben (z. B. Hauser, 1993; vgl. hierzu Rauen, 1996). Auch die Korrektur irrationaler, berufsbezogener Mythen, wie sie vor allem im Rahmen der burn-out-Problematik als vermittelnde Größen für Wahrnehmungs- und Bewertungsprozesse offenkundig werden, durch betriebsinterne kognitiv-verhaltenstherapeutische Programme gehört hierher (vgl. Burisch, 1989).

Zur inhaltlichen Eingrenzung weiterer Imbalancen können schließlich auch Unterscheidungen herangezogen werden, die sich aus Arbeitsplatzanalysen auf der Grundlage der Handlungsregulationstheorie ergeben (Richter, 1996). Semmer (1984) unterscheidet drei grundlegende Arten von «Regulationsproblemen» bei Arbeitstätigkeiten: (1) Probleme des Regulationsaufwandes (2) Probleme der Regulationsunsicherheit und (3) Probleme der Zielunsicherheit.

Probleme des Regulationsaufwandes resultieren aus zu knappen Zeitvorgaben bei an sich gegebenen Arbeitskompetenzen, aus Umgebungsbelastungen, insbesondere Lärm und aus Handlungsunterbrechungen (z.B. Wartezeiten am Bildschirm). Regulationsunsicherheit liegt vor, wenn Arbeitsziele bekannt, die Mittel und Wege jedoch unsicher und unbekannt oder zu zahlreich bzw. zu komplex sind oder aber wenn die Arbeitstätigkeit mit unklaren oder widersprüchlichen Rollenerwartungen verbunden ist. Untersuchungen zeigen, daß diese Probleme zu Erschwernissen auf psychologischer (z.B. Aufmerksamkeitsbeanspruchung) und physiologischer Ebene (abnorme Höhe oder Dauer von Aktivierung) führen und u.a. mit psychosomatischen Beeinträchtigungen einhergehen. Notwendigkeit und Ansatzpunkte für korrektive – und noch besser – präventive Interventionen sind somit evident.

Konkrete Ansatzpunkte für Interventionen ergeben sich bei genauer Untersuchung der Beziehungen zwischen diesen Regulationsproblemen und Ressourcen. Verschiedene, teilweise durch subjektive Parameter vermittelte Formen von «Misfits» im Verhältnis von betrieblicher Umwelt und Individuum und schließlich die

aufgeführten Regulationsprobleme bieten sich für Interventionen an. Diese Interventionen werden insofern zu systembezogenen Maßnahmen, als die angezielten Störgrößen für die Systeme relevant sind und die Interventionen in Form von Programmen organisiert werden, die in das betriebliche System als Subsysteme eingegliedert sind (vgl. hierzu Abschnitt 4). Zusammenfassende Hinweise auf beispielhafte betriebliche Interventionen finden sich in **Tabelle 1**.

2. Interventionsstrategien und ihre Klassifikation

Ziel der klinisch-psychologischen Intervention bei systemischen Imbalancen ist die Wiederherstellung und Aufrechterhaltung eines dynamisch-selbstorganisierten Gleichgewichtszustands der behandelten Systemebene (Individuum, Gruppe oder Organisation und Kontext). Im vorangegangene Kapitel wurden auf der Grundlage unseres systemischen Störungsbegriffs und der Einführung spezifischer theoretischer Konzepte die inhaltlichen Ansatzpunkte klinisch orientierter betrieblicher Interventionen aufgefächert. In diesem Abschnitt werden zunächst allgemeine Interventionsstrategien diskutiert und klassifiziert, die sich aus der Betrachtung der Zielrichtung dieser Interventionen, ihrer Systemebene innerhalb der Organisation sowie aus der Unterscheidung stabiler vs. dynamischer Ungleichgewichtszustände ergeben.

Tabelle 1: Ansatzpunkte und Beispiele betrieblicher Interventionen

Ansatzpunkte	Beispielhafte Interventionen
Regulationsprobleme	• Gestaltung von Arbeitstätigkeiten in der Produktion (Ulich, 1994) • Analyse von Regulationsbehinderungen in der Büroarbeit (Leitner et al., 1993)
Verhältnis Risikofaktoren/Ressourcen	• «Stay-Well» Programme (Manuso, 1984) • Spezifische Gesundheitsförderung im Betrieb (Murza & Laaser, 1994) • Reduzierung von Fehlzeiten und Burnout durch Erhöhung von Autonomie und Partizipation (Burisch, 1989, S. 131)
objektive und subjektive Aspekte von Person-Environment-Fit	• Entwicklung eines realistischen Selbstbildes durch Coaching-Ansätze (Huck, 1995) • Seminarkonzepte auf der Grundlage des rational-emotiven Ansatzes (Schelp et al., 1990)

2.1 Korrektive und präventive Intervention

Ulich (1994, S.146) unterscheidet drei grundlegende Strategien der Arbeitsgestaltung:

- Korrektive Arbeitsgestaltung mit dem Ziel der Korrektur erkannter Mängel.
- Präventive Arbeitsgestaltung mit dem Ziel der vorwegzunehmenden Vermeidung gesundheitlicher Schädigungen und Beeinträchtigungen.
- Prospektive Arbeitsgestaltung mit dem Ziel der Schaffung von Möglichkeiten der Persönlichkeitsentwicklung.

Bei korrektiven Strategien wird erst im nachhinein interveniert, wenn im Arbeitssystem gesundheitliche Beeinträchtigungen oder Schädigungen, verbunden mit sichtbaren Kosten für die Organisation, bereits aufgetreten sind. Ein Beispiel ist die Einführung von Hebehilfen für körperlich schwere Hebeaufgaben nach einer Zunahme des Krankenstands durch Rückenbeschwerden. Werden dagegen bereits im Stadium des Entwurfs von Arbeitssystemen mögliche Schädigungen oder Beeinträchtigungen der Gesundheit durch entsprechende Gestaltungsmaßnahmen vermieden werden, wäre dies eine «präventive Arbeitsgestaltung». Ein Beispiel wären Hebehilfen und Hebeübungen, die bereits in der Planungsphase bei der ersten Einrichtung des Arbeitsplatzes vorgesehen und eingeführt werden, um dadurch das Entstehen von Rückenbeschwerden zu verhindern. Geht es nicht nur um die Verminderung oder Vermeidung von Krankheiten und psychosozialen Schädigungen oder Beeinträchtigungen, sondern weitergehend um die positive Förderung der Persönlichkeitsentwicklung etwa durch Schaffung von Handlungsspielräumen, spricht Ulich auch von «prospektiver Arbeitsgestaltung».

Die zentrale Bedeutung der Merkmale der Arbeitstätigkeit (Handlungsspielraum, Belastungen, Ressourcen) für die Aufrechterhaltung der Effizienz betrieblicher Organisationen setzt klinisch-psychologisch motivierten Interventionen enge Grenzen – insbesondere der präventiven Intervention. Es wird eher die Ausnahme als die Regel sein, wenn klinisch-psychologische Beratung und Intervention direkt zu Verringerung beispielsweise des Zeitdrucks am Arbeitsplatz führt. Eher sind personzentrierte Maßnahmen zu erwarten, die nach erfolgter Schädigung (z.B. durch Herzinfarkt) auf eine Veränderung des Leistungseinsatzes abzielen oder aber die in präventiver Weise die Bewältigungskompetenzen von Mitarbeitern gegenüber «unveränderbaren» Arbeitsanforderungen verbessern sollen. Streßmanagement und Entspannungstraining (z.B. Brengelmann, 1988), unter anderem auch für bestimmte Zielgruppen wie beim «Relocation Counceling» zur Streßminimierung bei Pendlern, sind typische Beispiele für die Umsetzung dieses Konzepts. Auch tertiäre Prävention nach erfolgter Schädigung durch rehabilitative Arbeitsgestaltung (Ansatzpunkt Arbeitsplatz) oder unterstützende Sozio- und Psychotherapie (Ansatzpunkt Individuum; vgl. Richter, 1996) dürften eher selten sein.

In der zitierten Fachliteratur finden sich Beispiele für korrektive und präventive Interventionen auf der Ebene des individuellen Arbeitsplatzes. Die Ebene Gruppe oder Organisation und Kontext werden bestenfalls tendenziell als Ansatzpunkte für korrektive und präventive Maßnahmen behandelt. Hier werden überindividuelle Reorganisationsmaßnahmen, Humanisierung und Gesundheitsförderung als integrale Bestandteile des gesamten Management-Systems begriffen und Gesundheit als Wettbewerbsfaktor gesehen (Roth, 1996; s.a. Murza & Laaser, 1994). Auch mehren sich Hinweise, daß die langfristige Rentabilität derartiger auf Gesundheit und Wohlbefinden gerichteter systemischer Investitionen unter Kosten-Nutzen-Gesichtspunkten zunehmend erkannt und von Unternehmen berücksichtigt wird.

2.2 Hilfesysteme

Im Rahmen der präventiven wie korrektiven Intervention kommt für die Einflußnahme auf Systemebene der Einrichtung von Hilfesystemen große Bedeutung zu. Vor dem Hintergrund des systemischen Therapie- und Beratungsansatzes unterscheidet Ludewig (1992) vier Arten von Hilfesystemen:

(1) Anleitung (Hilfe beim Erweitern von Möglichkeiten durch Zurverfügungstellen von Wissen).

(2) Beratung (Hilfe beim Nutzen der vorhandenen Möglichkeiten durch Förderung der Nutzung vorhandenen Strukturen).

(3) Begleitung (Hilfe, die Lage durch eine Stabilisierung des Systems besser zu ertragen).

(4) Therapie (Hilfe, das Leiden durch einen Beitrag zur Lösung des Problemsystems zu beenden).

Je nach Auftragskonstellation können unterschiedliche Hilfesysteme für die Intervention angemessen sein. Im Prinzip ideal erscheint hier zweifellos die «Therapie», weil nur durch sie das Problemsystem gelöst wird.

Von Schlippe und Schweitzer (1996, S. 114 f.) ergänzen ein fünftes Hilfesystem:

(5) Selbstentdeckung (Hilfe zur Selbsterkennung durch Bereitstellung therapeutischer Kompetenz).

Ein «Selbstentdeckungskontrakt» erfordert nicht unbedingt ein konkret zu lösendes Problem. Auch ohne akuten Problemdruck kann ein Hilfeauftrag durch das Bedürfnis motiviert sein, über sich selbst zu reflektieren.

In der klinisch-psychologischen Intervention in der Industrie hat die fachliche Beratung und Anleitung einen wesentlich höheren Stellenwert als in der Psychotherapie. Ratsuchende aus der Industrie greifen oft erst sehr spät in akuten existentiellen Krisensituationen auf psychologische Hilfe zurück. Die gesamte berufliche Existenz der Hilfesuchenden kann in der Krise von schnellen fachliche Analysen, Ratschlägen und Entscheidungen abhängig sein. Erst danach eröffnen sich Möglichkeiten für weitergehende therapeutische Hilfen. Zumindest in den Anfangsphasen im Beratungsprozeß bilden fachliche und psychologische Beratung, Anleitung und Begleitung durch den Berater, Analysen und fachliche Problemlösungen durch die Ratsuchenden eine eng verkoppelte Einheit. Erst im Verlauf des Prozesses können erfahrungsgemäß partiell auch therapieähnliche Hilfeprozesse entstehen, vermittelt durch Selbstentdeckungs- oder Selbstreflektionsprozesse, die durch Fragen zur Selbstbeobachtung, Selbsteinschätzung und Zielklärung gefördert werden können. Angemessener erschiene es hier jedoch

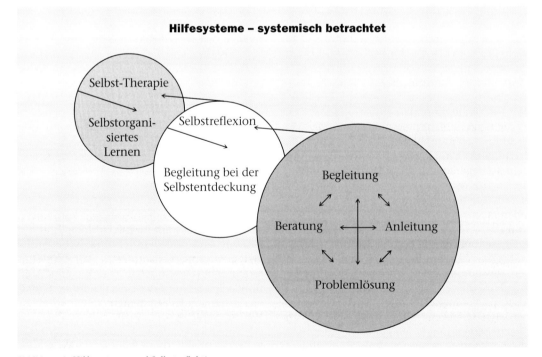

Abbildung 1: Hilfesysteme und Selbstreflektion

von einer Förderung von «Selbsttherapie» oder «selbstorganisiertem Lernen» (vgl. Greif & Kurtz, 1996) zu sprechen. Dies wird der aktiven, zielorientierten Problemlöserrolle der Klientele in der Industrie eher gerecht. **Abbildung 1** skizziert die systemischen Zusammenhänge.

Für einen praxisnahen «Brückenschlag» zwischen Interventionsmethoden der Klinischen Psychologie und der Arbeits- und Organisationspsychologie bieten sich Konzepte der systemische Therapie und Beratung an wie sie bei von Schlippe und Schweitzer (1996) dargestellt werden. Hier finden wir viele nützliche Hinweise über Grundhaltungen von Berater(inne)n, Kontrakte und Gesprächsbeginn, Analyse- und Fragetechniken sowie Schlußinterventionen, die in Seminaren und unter Supervision erlernt werden können.

2.3 Vom Defizitausgleich zur dynamischen Intervention und selbstlernenden Organisation

Miner (1992) hat ein klinisch-psychologisches Modell zur Diagnose und Intervention in der Industrie entwickelt, das im Kern auf der Annahme beruht, daß Störungen als Abweichungen von etablierten organisationalen Standards oder Leistungsdefizite entstehen. Werden solche Abweichungen identifiziert, erfolgt nach der Diagnose zur Ermittlung der Ursachen die Einleitung angemessener korrektiver Maßnahmen. Als korrektive Interventionen führt er Beispiele (1) zur organisationsinternen oder externen *Einzelberatung* von Führungskräften mit persönlichen Problemen, Ausscheiden aus dem Arbeitsleben, Alkohol- und Drogenproblemen sowie (2) «*Employee Assistance Programs (EAPs)*» an, in denen die Mitarbeiter(innen) im Betrieb professionelle Beratung bei einem Spektrum von Problemen (Alkohol, Drogen, persönliche Schwierigkeiten, Konflikte mit der Familie, finanzielle Situation und rechtliche Unterstützung) in Anspruch nehmen können. Diese Maßnahmen zielen lediglich darauf ab, die beobachteten konkreten Leistungsdefizite zu korrigieren. Die einfache Interventionsstrategie, spezifische Leistungsdefizite oder andere stabile Imbalancen durch spezielle professionelle Beratung auszugleichen, bezeichnen wir des-

halb als «*Defizitausgleich*». Der Schwerpunkt der Maßnahmen liegt dabei nach Miner (1992) in der individuellen Beratung unter Anwendung nondirektiver Beratungstechniken.

Störungen, die auf Ungleichgewichtszuständen beruhen, deren Relationen sich verändern, haben wir dynamische Imbalancen genannt. Beispiele auf individueller Ebene sind Aufschaukelungsprozesse in persönlichen Krisensituationen, auf Gruppenebene Eskalationen von Konflikten und auf der Ebene Organisation und Kontext Beschleunigung des Innovationstempos. Durch Einmalaktionen zum Ausgleich konkreter Defizite wären sie kaum erfolgreich zu behandeln. In unterschiedlichen Phasen einer persönlichen Krise können ganz verschiedene Maßnahmen angemessen sein. Ein Konflikt kann in der Arbeitsgruppe anfangs noch durch ein «klärendes» Gespräch bearbeitet werden. Ist er zu gegenseitigen persönlichen Beleidigungen eskaliert, hilft oft nur noch eine Trennung der Gruppenmitglieder. Unternehmen versuchen, das erhöhte Innovationstempo durch flexibel selbstorganisiert lernende Arbeitsbereiche zu bewältigen. Interventionsstrategien, die sich an veränderliche Entwicklungen dynamischer Imbalancen anpassen, bezeichnen wir als «*dynamische Entwicklungen*». Wie die aufgeführten Beispiele zeigen, ordnen wir hier nicht nur professionelle Hilfen ein, die an die Veränderungsdynamik des Problemsystems angepaßt werden, sondern auch Maßnahmen zur Förderung der (Selbst-)Entwicklung oder flexibel selbstlernender Organisationen (s. u.).

Wenn durch die Maßnahmen zur Arbeitsgestaltung eine dynamische Entwicklung der Lernmöglichkeiten am Arbeitsplatz gefördert wird (z. B. mit dynamisch an die Entwicklung praktischer Erfahrungen angepaßten, qualitativ unterscheidbaren Lern- und Entwicklungsstufen bei der Aufgabenbearbeitung), wäre dies eine dynamische Intervention. Hierzu gehört auch eine Veränderung der flexiblen oder dynamischen Anpassung an Aufgabenänderungen (vgl. Nicholson & West, 1988) oder an systematisch schwankende Belastungen (z. B. Einsatz spezieller Bewältigungsstrategien in periodisch auftretenden Stoßzeiten).

2.4 Zusammenfassende Klassifikation der Interventionsstrategien

Abbildung 2 zeigt zusammenfassend die Klassifikation der Interventionsstrategien. An der linken Seite des Würfels finden sich die Systemebenen Individuum (bzw. einzelner Arbeitsplatz), Gruppe, Organisation (und Kontext). An der unteren Kante ist die Unterscheidung zwischen stabilen und dynamischen Imbalancen aufgeführt. In der Kombination ergeben sich analog zu unserer Unterscheidung von Arten systemischer Imbalancen in Organisationen sechs verschiedene Interventionsstrategien auf der Vorderseite des Würfels. In Anlehnung an Ulich (1994) können Strategien zur Verringerung von Beeinträchtigungen oder Krankheiten jeweils entweder korrektiv oder präventiv angelegt sein, wie die Unterscheidung links oben am Würfel wiedergibt. Insgesamt ergeben sich danach zwölf verschiedene Strategien.

3. Der Umgang mit stabilen und dynamischen Imbalancen

Die Einführung neuer Technologien, der immer raschere technologische Wandel und die damit verbundenen tiefgreifenden strukturellen Organisationsveränderungen sowie Anforderungen an die Flexibilität der Organisationsmitglieder (Nicholson & West, 1988) verstärken die Notwendigkeit, dynamische Interventionsstrategien auf den Ebenen Individuum, Gruppe oder Organisation und Kontext einzusetzen. Nach einer kurzen Erörterung von Maßnahmen zum Defizitausgleich und zur Förderung dynamischer (Selbst-)Entwicklung soll daher ein spezifischer, in vielen Unternehmen mittlerweile etablierter Ansatz zur Bearbeitung dynamischer Imbalancen für Individuen und Gruppen ausführlicher dargestellt werden. Diese Beziehungsebenen wurden gewählt, weil hier wesentliche Tätigkeitsfelder auch für klinisch-psychologische Intervention liegen.

3.1 Ausgleich stabiler Defizite

Die meisten Methoden der korrektiven und präventiven Veränderung von Arbeitssystemen setzen an der Veränderung konkreter Gestaltungsmerkmale auf der *Ebene individueller Arbeitsplätze* oder der Arbeitsaufgaben von *Arbeitsgruppen* an. Die wichtigsten Merkmale sind die Belastungs- oder Streßfaktoren (wie Lärm, Hitze und andere Umgebungsfaktoren, Konzentrationsanforde-

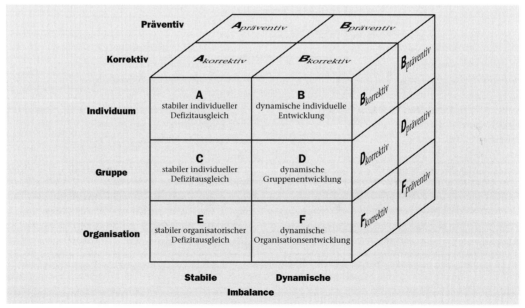

Abbildung 2: Klassifikation der Interventionsstrategien.

rungen und Zeitdruck, Ärger und Konflikte). Hierher gehören aber auch entwicklungsfördernde Arbeitsinhaltsmerkmale und soziale Ressourcen, wie Arbeitskomplexität, Abwechslungsreichtum, Autonomie, Ganzheitlichkeit, Lernmöglichkeiten, Kooperation und soziale Unterstützung. Maßnahmen zur Veränderung der Personenseite zielen auf Qualifizierung im weitesten Sinne sowie auf die Vermittlung spezifischer Kompetenzen (z. B. Streßverarbeitung, soziale Kompetenzen etc.).

Die Veränderung von Merkmalen auf der *Ebene Organisation und Kontext* betrachtet vor allem Merkmale des Organisationsaufbaus, wie Hierarchie («Steilheit» oder Höhe der Pyramide) und Zentralisierung vs. Dezentralisierung, Formalisierungs- und Standardisierungsgrad der Aufgaben, Ausmaß der Spezialisierung und Rollendifferenzierung sowie Merkmale der Ablauforganisation, z. B. Informationssysteme, Methoden der Leistungs- und Qualitätskontrolle, Bezahlungssysteme, Beförderungen, Aus- und Weiterbildung, Planungsinstrumente sowie Führungsstile und unternehmenspolitische Verhaltensgrundsätze (Verhalten gegenüber Kunden, Tarifpartnern, Umwelt, Kapitalgebern oder Lieferanten, etc.).

Klinisch-psychologisch relevante Imbalancen auf organisationaler Ebene werden nur von wenigen Autoren behandelt. Büssing (1992) analysiert die strukturellen Imbalancen in psychiatrischen Krankenhäusern durch «streßbezogene Tätigkeitsanalysen» und ihre psychosomatischen Auswirkungen auf das Pflegepersonal. Er vergleicht dabei verschiedene (traditionelle und offene) Organisationsformen. Seine Untersuchungen sind u. E. beispielhaft für einen systemischen und gleichzeitig konkret individuumbezogenen Ansatz und ließen sich auch auf betriebliche Organisationen übertragen.

3.2 Ansatzpunkte zur Förderung dynamischer Selbstentwicklung

Es gibt nur wenige konzeptuelle Beschreibungen in der Arbeits- und Organisationspsychologie, die explizit auf dynamische Imbalancen Rücksicht nehmen. Zu den Ausnahmen gehört das Prinzip der «dynamischen Arbeitsgestaltung» nach Ulich (1978). Damit meint er eine Gestaltung von Arbeitssystemen, die der Persönlichkeitsentwicklung des Menschen durch

Erweiterung bestehender oder Schaffung neuer Arbeitssysteme und durch die Möglichkeit des Wechsels zwischen verschiedenen Arbeitssystemen Rechnung trägt. Hoffs (1985) Konzept zur Beratung in der beruflichen Entwicklung nimmt ebenfalls explizit auf dynamische Veränderungen der Person und der Berufstätigkeit Rücksicht. Eine Weiterentwicklung dieses Konzepts im «Coaching-Ansatz» wird unten noch ausführlich dargestellt.

Auf der *Systemebene der Organisation* behandelt Gebert (1978) verschiedene Formen der Bewältigung von Umweltkomplexität und Dynamik und die Förderung der Innovativität und Flexibilität von Organisationen. Das Projekt «Fördertraining» der Bildungsabteilung von Daimler Benz wäre ebenfalls hier einzuordnen. In diesem Projekt erhalten Führungskräfte eine intensive individuelle Beratung über einen längeren Zeitraum (inzwischen 10 Jahre) und kommen regelmäßig in Förderkreisen zusammen, um die Balance zwischen Anforderungen und Kompetenzen, aber auch Arbeit und Freizeit immer wieder neu zu finden und um sich auf die zu erwartenden Veränderungen einzustellen (vgl. Gottschall, 1987).

3.3 Coaching von Individuen und Gruppen als dynamisches Hilfesystem

Coaching stellt einen populärwissenschaftlichen Sammelbegriff dar, der häufig unreflektiert auf eine Vielzahl von Formen der betrieblichen Einflußnahme auf Personen angewandt wird. Coaching erscheint hierbei oft als Allheilmittel und dem Coach wächst dementsprechend – in Analogie zur Psychotherapieszene – leicht die Rolle eines «Guru» zu.

Hiervon sind Ansätze zu unterscheiden, Coaching definitorisch einzugrenzen, einen inhaltlichen und prozessualen Rahmen zu etablieren und Indikationsstellungen für die Nutzung dieses Konzepts im Rahmen der Organisationsentwicklung festzulegen. Coaching stellt danach eine auf die Erhaltung oder Verbesserung der Handlungsfähigkeit gerichtete betriebliche Interventionsform dar, die aus einer Kombination aus unterschiedlicher, unterstützender Problembewältigung und persönlicher Beratung auf Prozeßebene für ein breites Spektrum beruflicher und privater Probleme besteht (Rauen, 1996). Hilfe zur Selbsthilfe bzw. Selbstverantwortlichkeit steht stets im Zentrum der Bemühungen. Dies macht Coaching im vorliegenden Kontext adaptiver Interventionsformen so bedeutsam. In der Praxis zeigt sich zudem eine gewisse Breitenwirkung dadurch, daß Coaching mittlerweile auf den verschiedenen hierarchischen Ebenen von Institutionen eingesetzt wird.

Im Rahmen dieser definitorischen Festlegung können fünf formale Settings für Coaching unterschieden werden:

– Einzel-Coaching durch einen externen Berater,
– «Vorgesetzten-Coaching» als entwicklungsorientierte Führung von Mitarbeitern durch Vorgesetzte,
– Gruppen-Coaching von mehreren Personen ohne festgelegten Funktionszusammenhang,
– System-Coaching als Gruppen-Coaching von Personen in einem festgefügten Systemzusammenhang (z. B. eine Abteilung),
– Projekt-Coaching als Sonderfall von System-Coaching (z. B. Einführung eines neuen Teams).

Aus klinisch-psychologischer Sicht ist das Einzel-Coaching durch einen externen Berater wegen seiner Nähe zu klinischen Interventionsverfahren von besonderem Interesse. Gleichzeitig stellt es die verbreitetste Form des Coaching dar. Wir werden uns daher im folgenden darauf beschränken.

Die Nähe des Coaching zu klinischen Verfahren zeigt sich bei den Inhalten bzw. Anlässen, bei den Beziehungsmustern und bei den verwendeten Methoden. Als Anlässe werden genannt Probleme mit der Organisationsstruktur (z. B. Neuordnung von Kompetenzen, Karrierestillstand, Strukturwandel), Organisationskultur und Führungsstil (z. B. Förderung übergreifender Teamarbeit, Einführung neuer Konzepte für Arbeitsgruppen) und der persönliche Bereich. Hierunter fallen (nach Rauen, 1996):

– Mangelnde soziale Kompetenzen (Wie redet man mit Mitarbeitern? Wie geht man mit Konflikten um? Wie motiviert man Mitarbeiter? Wie bleibt man unter Streß gelassen?)
– Leistungs- und Motivationsblockaden
– Umgang mit komplexen Strukturen (Komplexitätsmanagement)
– Verhaltens- und Wahrnehmungsblockaden

– Persönliche Krisen («der Karren steckt im Dreck»)
– Überprüfung der Lebens- und Karriereplanung (Wie soll es weitergehen im Leben?)
– Bedürfnis nach echtem Feedback und einem kompetenten Gesprächspartner
– Kritische Reflexion der Berufsrolle und konfliktträchtiger Interaktions- und Führungssituationen

Anlässe aus dem persönlichen Bereich stellen mit über 70% den größten Anteil dar. Für Coaching als Interventionsform für Systeme werden jedoch auch diese in ihrer Beziehung zu beruflichen bzw. organisationalen Gegebenheiten betrachtet.

Das Beziehungsmuster des Einzel-Coaching ist dadurch gekennzeichnet, daß eine Person sich im Rahmen einer Zweierinteraktion exklusiv beraten läßt und dabei auch problematische berufliche und persönliche Themen bearbeitet werden können. Coaching-Beziehungen sind daher in der Regel längerfristiger Natur (Richtgröße 5 Monate bis 4 Jahre). Sie benötigen angesichts der zu bearbeitenden Probleme ein hohes Maß an Offenheit und setzen daher Freiwilligkeit, Vertrauen und Neutralität (externer Coach) voraus. Das Ziel der Förderung von Selbsthilfe und Eigenständigkeit verlangt (wie die zumindest zu Beginn der Coaching-Entwicklung vorherrschende Zielgruppe hochrangiger Führungskräfte) Gleichwertigkeit der Position von Coach und «Gecoachtem». Letzterer Terminus widerspricht bereits – wie die Bezeichnung «Coachee» – der geforderten Gleichrangigkeit, so daß zunehmend die Bezeichnung «Klient» präferiert wird. Zwischen Klient und Coach kommt es zu einem Arbeitsbündnis mit festen Regeln. Als Aufgabe des Coach wird v. a. die Funktion einer Steuerung und Optimierung von Prozessen herausgestellt. Andere Charakterisierungen akzentuieren den Aspekt der helfenden Beziehung in einer lernenden Organisation, der unter dem Aspekt der Limitierung und Einengung persönlicher Kontakte auf den unterschiedlichen Organisationsebenen, insbesondere jedoch im gehobenen Management, besonders bedeutsam sein dürfte. Dem Klienten kommt dabei eine aktiv partizipierende Rolle zu. In **Kasten 1** wird anhand eines von Hauser (1993) konzipierten Prozeßmodells der Ablauf einer Coaching-Sitzung illustriert.

Eine Übersicht über die Methodik dieser Form von Beratung zeigt, daß konzeptuell Anleihen bei den unterschiedlichsten psychologischen Therapieformen, deren Wirksamkeit in unterschiedlichem Ausmaß gesichert ist, gemacht werden. Beispiele sind eine verhaltenstherapeutische Ausrichtung bei Huck (1989), ein humanistisch-klientzentrierter Ansatz bei Schmidt (1993), die Nutzung von Psychodrama und gestalttherapeutischen Techniken bei Schreyögg (1995) oder von Techniken der neurolinguistischen Programmierung (NLP; Weiß, 1993) sowie eklektische Kombinationen bei den meisten Autoren (z.B. Rückle, 1992; vgl. zusammenfassend die angegebenen Referenzen bei Rauen, 1998). In jedem Falle bedarf wirkungsvolles Coaching einer fundierten Kenntnis klinisch-psychologischer Interventionstechniken.

Angesichts der berichteten inhaltlichen, die Beziehung betreffenden sowie methodischen Überschneidungen stellt sich die Frage nach einer Abgrenzung zur Psychotherapie. Dies wird in **Tabelle 2** illustriert.

Entscheidend für die Differenzierung ist, daß der Coach wie der Klient immer die berufliche Rolle und damit betriebliche Zielstellungen

---

Kasten 1
Schematischer Ablauf eines Coaching-Gesprächs nach der «RAFAEL»-Methode (Hauser, 1993)

Dieses Vorgehen ist v.a. insofern hilfreich, als es dem «Gecoachten» genügend Raum zur Selbstexploration gibt (vgl. auch Rauen, 1996).

R	Report
A	Alternativen
F	Feedback
A	Austausch
E	Erarbeitung von
L	Lösungsschritten

Report «Wie haben Sie die Situation erlebt?
Zunächst läßt man den Klienten berichten, um seine Wahrnehmung und Bewertung der Situation und seines Verhaltens zu erkunden. Der Coach erhält hier wichtige Informationen für sein weiteres Vorgehen. Je nachdem, ob die Selbstwahrnehmung des Gecoachten mit den eigenen Beobachtungen übereinstimmt oder nicht, kann sich der Coach für eine behutsamere oder forschere Vorgehensweise entscheiden.

Alternativen «Was würden Sie beim nächsten Mal anders machen?»
Der Klient wird ermutigt, nach Alternativen zu suchen, die ihn seinem Ziel näherbringen. Selbstveränderungskräfte können so mobilisiert werden und Verhaltensmodifikation initiieren.

Feedback «So habe ich Sie erlebt»
Der Coach gibt nun Feedback; er achtet darauf, daß die Rückmeldungen auch «ankommen» und richtig verstanden werden. Er unterstützt die positiven Ansätze und benennt sie explizit, scheut sich aber auch nicht, negative Punkte zu thematisieren. Letzteres ist für ein realistisches Feedback unerläßlich, weil alleiniges Loben als plumpe «Schönfärberei» angesehen wird.

Austausch «Welche Dinge sehen wir verschieden?»
Hier werden vom Coach die Diskrepanzen zwischen Selbstwahrnehmung (Report) und Fremdwahrnehmung (Feedback) angesprochen. Die unterschiedlichen Sichtweisen werden benannt, und gemeinsam werden die Gründe für diese Abweichungen analysiert. Hieraus ergeben sich oft wesentliche neue Erkenntnisse für den Gecoachten.

Erarbeitung von Lösungsschritten «Was ist als Nächstes zu tun?»
Zum Abschluß des Gespräches werden die Konsequenzen aus dieser Sitzung besprochen. Die nächsten Schritte, die auf dem Weg zur Zielerreichung weiterführen sollten, werden konkretisiert.

(Umgang mit systemischen Imbalancen) im Auge haben sollen. Ein indikatives Kriterium ist weiterhin die Fähigkeit zur Selbstregulation. Ist diese beeinträchtigt bzw. selektiv aufgehoben (Beispiel Vorliegen einer sozialen Phobie), so empfiehlt der Coach die Aufnahme einer Psychotherapie. Ansonsten ist Coaching wohl am ehesten als ressourcenorientierte adaptive Form der Prävention einzustufen.

Überschneidungen ergeben sich auch zu einem weiteren klinisch-psychologischen Instrumentarium, der Supervision. Supervision ist dem Coaching sehr ähnlich, wesentlicher Unterschied ist ihr Bezug zu Personen, deren Arbeit wesentlich durch die Gestaltung von Beziehungen bestimmt ist (Sozialarbeitern, Psychotherapeuten). Coaching dagegen ist nicht ohne die Spezifika der profitorientierten bzw. dienstleistungsorientierten Zielstellungen der jeweiligen Organisationen zu sehen.

Abschließend ist anzumerken, daß aktuelle Übersichten zu Coaching (Rauen, 1996) ein weites Spektrum an theoretischen Schwer- punktsetzungen aufzeigen, in dem auch stärker «klinische» Varianten ihren Platz finden. Dies eröffnet Perspektiven für Klinische Psychologen, allerdings mit der Einschränkung, daß die für dieses Berufsfeld in hohem Maße erforderlichen Qualifikationen im wirtschaftswissenschaftlichen und organisationspsychologischen Bereich erfüllt sind.

4. Interventionsprogramme mit klinisch-psychologischer Zielsetzung

Wie oben gezeigt, lassen sich Möglichkeiten klinisch-psychologischer Intervention im Betrieb auf der Grundlage geeigneter theoretischer Konzepte strukturieren und entwickeln. Einflüsse auf die Auswahl und konkrete Ausgestaltung solcher Interventionen erwachsen jedoch auch – und bisher in erster Linie – aus der betrieblichen Praxis selbst. Als erstes sind hier die

Tabelle 2: Gemeinsamkeiten und Unterschiede zwischen Coaching in der Personalentwicklung und Psychotherapie (mod. nach Rauen, 1996)

	Coaching in der PE	Psychotherapie
Gemeinsamkeiten:	Verwendung psychotherapeutischer Methoden und Interventionen Analyse der Wahrnehmung der Aufgaben und der Gestaltung der Rolle Die Rolle des Beraters als Zuhörer und Gesprächspartner Beschäftigung mit den Erlebnissen des Klienten Reflektierende Verfahren Beziehungsaufnahme und -gestaltung als Ziel Hauptsächlich praktiziert durch externe Berater Verhaltenserweiterung bzw. -flexibilisierung beim Klienten	
Unterschiede:	Im Vordergrund steht die berufliche Rolle bzw. damit zusammenhängende aktuelle Angelegenheiten des Klienten (Schwerpunkte: Leistung und Führung). Ein konkreter Bezug zur Unternehmenswirklichkeit (z. B. Personalentwicklung) ist i. d. R. gegeben. Die Selbstwirksamkeits- und Selbstregulationsfähigkeiten müssen noch funktionstüchtig sein. Meist geringe emotionale Tiefe der thematisierten Probleme. Für schwerwiegende psychische Probleme ungeeignet. (Betriebs-)Wirtschaftliche Fachkompetenz und Unternehmenserfahrung des Beraters ist notwendig. Zielorientierte Bearbeitung von Problemen, Erreichen eines Soll-Zustandes.	Bearbeitung tiefgehender privater und persönlicher (psychischer) Probleme unter Berücksichtigung der individuellen Lebensgeschichte. Die thematisierten Probleme können auch weiter zurückliegen. Der Mangel an diesen Fähigkeiten macht i. d. R. eine Psychotherapie notwendig. Oftmals werden tiefgehende emotionale Probleme thematisiert. Explizite Ausrichtung auch auf schwere psychische Probleme. Derartige Kompetenzen sind für die Durchführung von Psychotherapie keine notwendigen Voraussetzungen. Oftmals ursachenorientiertes Analysieren von Problemen.

konkret im Betrieb auftretenden Probleme sowie spezifische Interessenlagen – insbesondere
der Unternehmensleitung – zu nennen. Als
zweites ist zu berücksichtigen, daß Position und
Tätigkeit des Psychologen ja selbst Bestandteile
des betrieblichen Systems sind bzw. im Verlauf
der Intervention dazu werden und somit nicht
losgelöst von dessen Gesetzmäßigkeiten und
Regeln gesehen werden dürfen. Letzterer Punkt
betrifft insbesondere die rechtlichen Rahmenbedingungen psychologischer Tätigkeit. Weiterhin ist für die Form der organisatorischen
Umsetzung im Betrieb zu beachten, daß sie Auswirkungen auf Verlauf, Ergebnisse und Nebeneffekte hat. Im folgenden sollen diese Punkte
weiter erörtert werden. Die Vorgehensweise bei
der Programmentwicklung soll sodann exemplarisch anhand eines aktuellen Themas –
Mobbing – verdeutlicht werden.

4.1 Implementationsmodelle

Psychologische Leistungen für Betriebe und
andere Institutionen generell und klinisch-
psychologische Programme im speziellen können grundsätzlich nach drei Modellen organisiert werden als betriebsinterne Programme, als
Programme einer unabhängigen vermittelnden
Beratungseinrichtung («Service Center Programs») und als Angebot öffentlicher bzw.
psychosozialer Stellen.

Betriebsinterne Programme beinhalten die
Aufgabe der Problemidentifikation und -defini-
tion, der Erschließung interner und externer
Interventionsressourcen und der Vermittlung,
Koordination und ggf. direkten Durchführung
von Maßnahmen. Vorteile sind v. a. die intime
Kenntnis der Organisation sowie eine erleichterte Kommunikation und verbesserte Identifikation mit den Programmen. Nachteile liegen
im Problem der Vertraulichkeit, in Rollen- und
Abteilungskonflikten sowie den hohen Anforderungen an innerbetriebliche personale Ressourcen.

Beim «Service Center-Modell» wird die Identifikation und Definition von Problemen, die
subsequente Vermittlung von Behandlungsres-
sourcen und ggf. die Durchführung kurzfristiger Interventionsmaßnahmen (z. B. Beratung,
Krisenintervention) einem unabhängigen,
betriebsexternen Dienstleister übertragen. Die-

ser fungiert als Verbindungsstelle zwischen Betrieb und Programmträger (bei längerfristigen
Programmen). Das Modell hat die Vorteile der
Kostenersparnis für kleinere Unternehmen, einer leichter herzustellenden Vertraulichkeit, einer vermutlich besseren Identifikation und
Ausnutzung externer Ressourcen, einer größeren Streubreite erreichbarer Mitarbeiter, einer
besseren Kommunikation mit den Fachleuten
und den externen Einrichtungen und gewöhnlich auch eines stärker diversifizierten und pro-
fessionelleren Personals.

Nachteile können in einer abnehmenden
Kompetenz für Beratung und sonstige Interventionen innerhalb des Betriebes, dem Mangel an
Identifikation mit den Programmen, der Etablierung von «outsider» Rollen, einem Mangel
an Wissen über die Organisation beim Service
Center und den externen Trägern und in er-
schwerter Kommunikation liegen. Manche der
möglichen Nachteile des Modells können
durch Modifikationen behoben werden, beispielsweise durch Entwicklung von Ressourcen
für die Durchführung bestimmter Funktionen
innerhalb des Betriebes selbst sowie durch längerfristige Kontakte zwischen Betrieb und externer Einrichtung.

Angebote öffentlicher Dienste und Institutionen (Industrie- und Handelskammern, Gewerkschaften, Stiftungen, konfessionelle, städtische
oder von Vereinen getragene Einrichtungen)
werden von Betrieben unmittelbar wahrgenommen, die keine internen Dienste und keinen Zugang zu vermittelnden Einrichtungen
haben. Vorteile eines solchen Programms sind
die hohe Glaubwürdigkeit für die Mitarbeiter,
die der Trägerorganisation nahestehen (z. B. Ge-
werkschaftsmitglieder), hohe Vertraulichkeit
sowie Kostengünstigkeit. Nachteile liegen darin, daß Nicht-Mitglieder oft nicht teilnehmen
können, Mißtrauen zwischen der Firma und
dem Programmträger entstehen kann und u. a.
auch nur limitierte professionelle Kompetenzen sowohl innerhalb des Betriebes als auch innerhalb der Trägerorganisation zur Verfügung
stehen.

Je nach Problemlage und Abwägung der Vor-
und Nachteile wird die eine oder andere Form
dieser Grundmodelle oder ihre Verbindung im
Rahmen eines Vernetzungskonzepts zu präfe-
rieren sein. Dies wird weiter unten anhand eines
konkreten Beispiels noch weiter verdeutlicht.

4.2 Programmentwicklungen

Interventionen auf der Grundlage des dargestellten Balance/Imbalance-Rahmenmodells und nach Maßgabe der soeben konkretisierten Ansatzpunkte lassen sich sowohl als individuelle als auch kollektive Maßnahmen organisieren. Interventionen im betrieblichen Rahmen sind in der Regel kollektive Maßnahmen. Sie werden als Programme realisiert, deren Ziel es ist, für bestimmte Mitarbeitergruppen oder für die gesamte Belegschaft eines Betriebes Veränderungen in den o. g. Komponenten herbeizuführen. Bisherige Programme sind weitgehend personorientiert, beinhalten also die Erhöhung innerer Ressourcen und die Verringerung von Aspekten der Vulnerabilität. Die Funktion des Klinischen Psychologen im Betrieb liegt in der Problemanalyse, der Programmentwicklung und in ihrer effektiven Implementation und Evaluation (s. Abschnitt 5.1).

Grundsätzlich lassen sich zwei Klassen von Programmen unterscheiden. Bei ersterer werden *Beratungs- und Trainingsverfahren als spezifische präventive oder korrektive strukturelle Maßnahmen* vorgesehen, mit deren Hilfe jeweils bestimmte aktuelle Problemsituationen in der betrieblichen Organisation beseitigt werden sollen. Derartige Ansätze reichen von den für die klinische Betriebspsychologie paradigmatischen Alkoholismusprogrammen über Angebote für die Bearbeitung von Problemen, wie sie bei Arbeitswechsel (Umsetzung) und spezifischen Arbeitsanforderungen, Auflösung von Arbeitsplätzen, Entlassung, Versetzung, Pensionierung entstehen bis zur Behandlung von familiären und interpersonellen Schwierigkeiten, Scheidungsproblemen, finanziellen Konflikten und gruppenspezifischen Arbeits- und Führungsproblemen (z.B. Vermittlung von Assertivität bei Frauen im Betrieb).

Die zweite, historisch jüngere Klasse von Programmen zielt auf die *Vermittlung oder auch Wiederherstellung von Grundkomponenten psychischer und auch körperlicher Gesundheit* auf breiter Front. Konkrete Ansatzpunkte sind Streß-Management (Regulationskompetenzen), Gesundheitsverhalten (Vulnerabilitätskomponenten), Führungsverhalten (Vermittlung angemessener Kompetenzen im Sinne eines optimalen PE-Fit) und die Entwicklung und Nutzung von Selbsthilfegruppen und anderen Formen sozialer Unterstützung (externe Ressourcen). Ein Beispiel für letzteren Ansatz würde die Entwicklung eines sozialen Netzwerkes für weibliche Führungskräfte darstellen. Insgesamt handelt es sich hier um eher unspezifische Maßnahmen der primären oder sekundären Prävention.

Bei allen Programmen zeigt sich eine pragmatische Verwendung unterschiedlicher therapeutischer bzw. Interventionstechniken nach Maßgabe der jeweiligen Zielsetzung. Kennzeichnend für diese Programmentwicklung ist ferner die Annahme, daß psychische und körperliche Gesundheit und betriebliche Effizienz in einem Wechselwirkungsprozeß stehen. Eine Übersicht über historische wie aktuelle Formen und Ergebnisse solcher Programmentwicklungen geben Liepmann (1990) und Schorr und Jilski (1987).

4.3 Ein aktuelles Beispiel Programmentwicklung bei Mobbing

«Mobbing» stellt einen Modebegriff dar, der «eine extreme Form sozialer Stressoren am Arbeitsplatz» umschreibt (Knorz & Zapf, 1996). Formal wird von Mobbing gesprochen, wenn eine Person systematisch mindestens einmal pro Woche über einen Zeitraum von mindestens einem halben Jahr von folgenden Handlungen betroffen ist:

– Angriffen auf die Möglichkeit, sich mitzuteilen (z.B. ständige Kritik),
– Angriffen auf die sozialen Beziehungen (z.B. räumliche oder soziale Isolierung),
– Angriffen auf das soziale Ansehen (z.B. Gerüchte),
– Angriffen auf die Qualität der Arbeit (z.B. Zuweisung kränkender Arbeiten),
– Angriffen auf die Gesundheit (z.B. Zwang zu gesundheitsschädigenden Arbeiten).

Nach Leymann (1993) entwickelt sich Mobbing meist auf der Grundlage konflikthafter betrieblicher Situationen. Für den weiteren Verlauf wird ein Phasenmodell vorgeschlagen, nach dem auf schlechte Konfliktverarbeitung und erste Angriffe (Phase 1) systematische und verdichtete feindselige Maßnahmen folgen (Phase 2, eigentliches Mobbing). Hier kommt es auch zu einer Verschlechterung der psychischen und physischen Verfassung der Betroffenen. Dem schließt sich eine Phase der Rechts- und Machtübergriffe an (3), in der die beeinträchtigte Verfassung der Betroffenen oft als Anlaß für Sanktionen dient. Ärztliche und psychologische Fehldiagnosen wirken auf diesen Prozeß zurück und verkomplizieren ihn zusätzlich. Ein Teufelskreis etabliert sich. Am Ende steht der Ausschluß der Betroffenen aus dem Betrieb oder der Arbeitswelt, verbunden mit Krankschreibungen, Frührente, etc. (4).

Andere Verläufe sind denkbar (vgl. Knorz & Zapf, 1996), insgesamt stellt Mobbing nach seiner interaktiven, Wechselwirkungen und Transaktionen beinhaltenden Charakteristik ein typisches Beispiel für ein dynamisches Ungleichgewicht dar. Es wird in Zusammenhang gebracht mit der zunehmenden Konflikthaftigkeit und existentiellen Bedrohung von Arbeitsplätzen, konstituiert für Unternehmen oder Behörden einen beträchtlichen Schaden und führt für die Betroffenen zu psychischen und körperlichen Beeinträchtigungen, gefährdet deren Erwerb des Lebensunterhalts, bedroht in der Konsequenz Lebensperspektive, Lebenssinn und Tagesstruktur, belastet zusätzlich das außerberufliche soziale Umfeld und erschöpft ggf. dessen Ressourcen. Intervention ist angezeigt, nach dem vorliegenden Stand der vorliegenden Forschung wie Theorienbildung gibt es allerdings keine «wahren» oder «falschen» Ansätze (vgl. Neuberger, 1994); vielmehr legen unterschiedliche theoretische Zugänge jeweils unterschiedliche Vorgehensweisen nahe. Mobbing stellt somit eine Problem dar, das für die gegenwärtige gesellschaftliche und wirtschaftliche Situation, in der stets neue und nur schwer beurteilbare Ungleichgewichte in der Folge spezifischer Entwicklungen wirksam werden (z. B. Globalisierung, lean management, technologische Entwicklungssprünge, etc.) typisch ist. Es bedarf eines möglichst umfassenden Programmansatzes, der den unterschiedlichen Facetten des Problems gerecht wird. Folgende Eckpunkte sind bedeutsam

Das oben dargestellte Phasenmodell (und auch andere denkbare Verläufe) legt nahe, verschiedene Formen der Intervention bzw. Prävention vorzusehen. Oben wurde eine Unterscheidung zwischen primärer (prospektiver Arbeitsgestaltung), sekundärer (korrektiver Arbeitsgestaltung) und tertiärer Prävention (reha

bilitative Arbeitsgestaltung) vorgeschlagen. Den hierfür erforderlichen Maßnahmen der inner und außerbetrieblichen Aufklärung und Kompetenzvermittlung im Vorfeld, des Umgangs mit Risikosituationen (betrieblichen Konflikten) und der unterstützenden sozio- wie psychotherapeutischen Maßnahmen und weiteren beratenden Interventionen wird am ehesten eine innovative Kontakt- und Vernetzungsstelle im Sinne des o. g. Service-Center-Modells gerecht, wie sie bereits in einigen Regionen entwickelt wurde. Ihre Funktion ist wie in **Abbildung 3** dargestellt beschreibbar.

Die Mobbing-Kontaktstelle ist, unterstützt von verschiedenen Trägern, mit hauptamtlichen Mitarbeitern ausgestattet. Sie leistet erste Hilfe, versucht die Öffentlichkeit zu sensibilisieren und trägt dadurch beispielsweise zur Vermeidung der häufig genannten Fehldiagnosen bei Arzt- oder Psychologenkontakten bei; Bildungsarbeit dient der primär-präventiven Qualifizierung und ein Netzwerk wird aufgebaut, das jeweils die Hilfen leisten kann, die zum Durchbrechen des Teufelskreises Mobbing in den verschiedenen Phasen seiner Entwicklung beitragen können. Hierzu können dann innerbetriebliche Maßnahmen wie die eines verbesserten Konfliktmanagements oder Programme zur Förderung adäquater Coping-Strategien in Mobbing-Situationen (vgl. Knorz & Zapf, 1996) ebenso beitragen wie die Vermittlung von Psychotherapie oder sozialarbeiterischer oder juristischer Beratung oder die Organisation eines Gesprächs- bzw. Selbsthilfekreises für Betroffene.

4.4 Rahmenbedingungen psychologischer Tätigkeit im Betrieb

Alle Publikationen zur klinischen Betriebspsychologie betonen die Notwendigkeit einer Berücksichtigung der *Machtverhältnisse,* insbesondere zwischen Arbeitgeber- und Arbeitnehmervertretern (vgl. Lippmann, 1985; Schorr & Jilski, 1987). Wenngleich verläßliche empirische Belege bislang nicht vorliegen, ist evident, daß es beispielsweise für die Durchführung eines Programms zur Alkoholismusprävention nicht gleichgültig ist, ob dieses in der Abteilung für Personalentwicklung, beim Betriebs

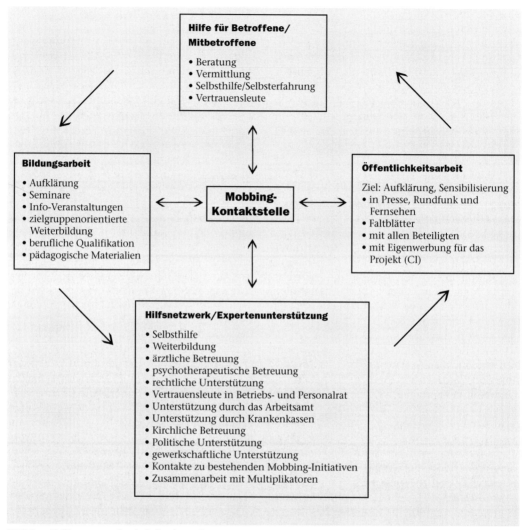

Abbildung 3: Vernetzung der Aufgabenbereiche eines Mobbing-Kontaktes.

rat, bei der Gewerkschaft, in der betriebsärztlichen Abteilung oder im Rahmen eines unabhängigen Modellprojekts angesiedelt ist. Je nach Lokalisation im Kraftfeld des betrieblichen Systems werden Interventionsprogramme unterschiedliche Akzente des Inhalts und der Zielsetzung aufweisen, unterschiedlichen Einflüssen ausgesetzt sein, von den verschiedenen Gruppen der Organisation unterschiedlich perzipiert und letztlich von den Zielgruppen auch unterschiedlich rezipiert werden. Für den

klinischen Psychologen im Betrieb gilt es, seine eigene Lokalisation im betrieblichen Kraftfeld zu analysieren und ggf. so auf deren Veränderung hinzuwirken, daß seine Handlungsmöglichkeiten dadurch optimiert werden.

Eine zweite Rahmenbedingung wird durch die gegebenen *gesetzlichen Regelungen* konstituiert. Diese sind beispielsweise in Deutschland im Betriebsverfassungsgesetz (BetrVG) und im Arbeitssicherheitsgesetz (ASiG) festgeschrieben. Hier ist als erstes Paragraph 75 der BetrVG zu nennen, der Arbeitgebern und Personalrat eine Verpflichtung zum Schutz der freien Persönlichkeitsentfaltung der Mitarbeiter auferlegt. Weiterhin das Arbeitssicherheitsgesetz, das u. a. die Neutralität bestimmter Berufsgruppen vorschreibt (Betriebsärzte, Fachkräfte für Arbeitssicherheit) und in seiner revidierten Form auch eine Verpflichtung zur Gefährdungsbeurteilung, zur Durchführung von Maßnahmen zur Gefährdungsbeseitigung und zur Dokumentation des Ergebnisses dieser Maßnahmen enthält (§6). Wichtig in unserem Zusammenhang ist, daß bei der Ausarbeitung gefährdender betrieblicher Situationen auch auf psychologische Faktoren eingegangen wird. Dies schafft einen gesetzlichen Rahmen beispielsweise für Maßnahmen zur Streßminimierung oder zur Unterbindung von Mobbing-Situationen. Da psychologische Programme in Anbindung an bzw. in Abstimmung mit den genannten Instanzen durchgeführt werden oder aber die gesetzlichen Regelungen unter bestimmten Bedingungen auch für Psychologen unmittelbar gültig sein können (vgl. Lippmann, 1985), ergibt sich hieraus eine Verpflichtung auf ein Rollenverständnis, das durch die Begriffe Persönlichkeitsschutz, Neutralität und Schutz bzw. Vorbeugung bezüglich unterschiedlicher, auch psychischer Gefährdungen gekennzeichnet ist. Die Art und Weise wie mit diesen Rollenerwartungen umgegangen wird, dürfte in unmittelbarer Relation zu dem Erfolg betrieblicher Intervention stehen. In diesem Zusammenhang ist zu erwähnen, daß die geforderte Weisungsfreiheit und Unabhängigkeit der Betriebsärzte und Fachkräfte für Arbeitssicherheit vom ASiG, sofern Psychologen diesem unterliegen, auch gewährleistet wird (Par. 9). Die standespolitische Forderung betrieblich tätiger Klinischer Psychologen geht dementsprechend auch dahin, das ASiG für Psychologen/innen ohne Einschränkungen in Anwendung zu bringen.

Die gegebenen rechtlichen Rahmenbedingungen lassen darüberhinaus auch einige Ansatzpunkte für präventive und korrektive Maßnahmen bezüglich vorhersehbarer gesundheitlicher und psychosozialer Störungen erkennen. So gibt das deutsche Betriebsverfassungsgesetz in Paragraph 91 dem Betriebsrat ein Mitbestimmungsrecht bei Veränderungen der Arbeitsplätze, des Arbeitsablaufs oder der Arbeitsumgebung, die den gesicherten arbeits-

wissenschaftlichen Erkenntnissen über die menschengerechte Gestaltung der Arbeit offensichtlich widersprechen. Wenn Psychologen den Betriebsrat sachkundig auf der Grundlage arbeits- und organisationspsychologischer Erkenntnisse beraten, kann dieser «angemessene Maßnahmen zur Abwendung, Milderung oder zum Ausgleich der Belastung verlangen». Gemeint sind nach der gängigen Rechtsprechung dabei in der Regel Fälle mit hohem Belastungsgrad und damit verbundener Gesundheitsgefahr, die auf Dauer bestehen. «Außerdem müssen die Belastungen für jeden, der eine ausreichende Sachkunde über gesicherte arbeitswissenschaftliche Erkenntnisse zur menschengerechten Gestaltung der Arbeit besitzt, deutlich erkennbar, offensichtlich sein» (Fitting, Auffahrt & Kaiser, 1981). Im Unterschied zu den vorhersehbaren Risiken sind wir bei nicht vorhersehbaren, durch die Arbeitssysteme bedingten Beeinträchtigungen oder Schädigungen auf eine wirksame Früherkennungsdiagnostik und möglichst rasche korrektive Arbeitsgestaltung angewiesen. Aus sozialmedizinischer Sicht wird von daher die Forderung nach regelmäßigen betrieblichen Reihenuntersuchungen und regelmäßigen Erhebungen zur Erstellung eines «Belastungskatasters» (nach Betrieben und Arbeitsplätzen klassifizierte Belastungsskalierungen) gestellt. Psychologische Untersuchungsinstrumente zur Erfassung psychosomatischer Beeinträchtigungen und psychischer Störungen dürfen aus psychologischer Sicht bei derartigen Reihenuntersuchungen nicht fehlen. Beispielsweise wären standardisierte Instrumente der streßbezogenen Tätigkeitsanalyse zweifellos für solche «Belastungskataster» besonders geeignet. Damit könnte auch aus psychologischer Sicht ein erster Schritt einer Frühdiagnostik und frühzeitigen Intervention erfolgen. Wenn derartige Daten in epidemiologischen Längsschnittuntersuchungen regelmäßig im Betrieb erhoben werden, können daraus auch Erkenntnisse zur präventiven Intervention abgeleitet werden.

Auf praktisch-methodischer Ebene beinhalten die o. g. Gesetze jedoch auch Einschränkungen für die psychologische Tätigkeit. So bedarf der Einsatz von Fragebogenverfahren der Zustimmung des Betriebsrates (Paragraph 94 des BetrVG). Fragen nach persönlichen Problemen sind nach einschlägigen Kommentaren zur Rechtsprechung weitgehend unzulässig (Fitting, Auffahrt & Kaiser, 1981). Wenngleich diese auf Persönlichkeitsschutz abzielenden Regelungen prinzipiell wünschenswert und unverzichtbar sind, bedeuten sie jedoch in der Praxis eine Erschwernis psychologischer Tätigkeit sowohl für die Erarbeitung von Indikationsstellungen für Programme als auch für deren Evaluation. Klinische Psychologen in betrieblichen Organisationen müssen diese Erschwernisse auf sich nehmen; sie müssen jedoch auch versuchen, im Sinne einer möglichst effizienten Gestaltung ihrer Tätigkeit für die Beschäftigten die im Rahmen der Gesetze gegebenen Möglichkeiten zur Erhebung relevanter Daten zu nutzen.

Lokalisation im betrieblichen Kraftfeld, Rollendefinitionen und rechtliche Vorgaben bestimmen somit den Rahmen, der für klinisch-psychologische Interventionsprogramme im Betrieb gegeben ist. Um effektiv arbeiten zu können, muß der Psychologe diese Bedingungen erkennen und prinzipiell akzeptieren, sie aktiv – beispielsweise bezüglich seiner eigenen Rolle – mitgestalten und Handlungsspielräume ausloten. Diese Aufgabe wird nur über eine enge Kooperation der Psychologen mit allen relevanten Repräsentanten der betrieblichen Organisation und der Gesellschaft realisierbar sein.

5. Evaluationsprobleme und Zukunftsperspektiven

In unseren vorangegangenen Ausführungen haben wir versucht, das weite Feld klinisch-psychologisch akzentuierter betrieblicher Interventionen zu strukturieren und vorliegende Interventionsansätze in diese Struktur einzuordnen. Wünschenswert wäre es, wenn zu den einzelnen Ansätzen – ähnlich wie zu den Routineverfahren klinisch-psychologischer Intervention im Einzelfall – Bewährungsdaten vorlägen, die eine reflektierte Implementation und Weiterentwicklung der Verfahren ermöglichen würden. Dies ist, mit wenigen Ausnahmen, nicht der Fall. Wohl existieren punktuelle Überprüfungen, beispielsweise für die betriebliche Gesundheitsförderung (vgl. Murza & Laaser,

1994) oder zu modellhaft durchgeführten Interventionen im Rahmen von Pilotprojekten (beispielsweise zum Burnout-Syndrom; vgl. Burisch, 1989), jedoch existieren unseres Wissens keine Metaanalysen, die beispielsweise eine zuverlässige Effektstärkenabschätzung einzelner Interventionsansätze gestatten würden. Nicht von ungefähr wird in unterschiedlichen Überblicksdarstellungen als Beleg für eine gut evaluierte betriebliche Interventionsstudie immer noch das bereits vor über zehn Jahren durchgeführte «Live for Life»-Projekt, eine gesundheitspsychologische betriebliche Intervention, aufgeführt (Dlugosch & Wottawa, 1994). Dieses Projekt ist insofern beispielhaft, als dort auf Verhaltens- wie struktureller Ebene interveniert und evaluiert wurde. Ähnlich positiv ist ein von Murza und Laaser (vgl. 1994) berichtetes Projekt zur betrieblichen Gesundheitsförderung einzuschätzen.

Schwierigkeiten der Planung und Umsetzung von Evaluationsstudien dürften v.a. damit zusammenhängen, daß klinisch-psychologische Intervention in Betrieben in aller Regel in Form von Programmen organisiert ist (s.o.), die naturgemäß als Subsysteme Eingriffe in bestehende betriebliche Systeme bedeuten. Somit ist eine Vielfalt von teilweise unterschiedlichen Interessen und Zielsetzungen davon tangiert. Evaluation setzt daher eine intensive Vorausplanung und die Herstellung eines Konsenses über Ziele, Erfassungskriterien und die Bewertung von Nutzenaspekten bereits vor Beginn eines Evaluationsprojektes voraus. Derartiges wird sich wiederum im Rahmen bestimmter, partizipierender und offener Formen von Unternehmenskultur eher realisieren lassen. Evaluation setzt somit ihrerseits wieder Maßnahmen von Organisationsentwicklung voraus. Derzeit könnten die novellierten Inhalte v.a. des Arbeitssicherheitsgesetzes (s. Abschnitt 5.) als Anschub wirken, die u.a. ja auch eine Dokumentation der Gefährdungsbeseitigung – auch hinsichtlich psychologischer Belastungsfaktoren – vorschreiben. Fördernd zumindest hinsichtlich der Evaluation von Projekten zur Gesundheitsförderung im Betrieb dürfte auch die mittlerweile vorangeschrittene Entwicklung routinemäßig einsetzbarer gesundheitspsychologischer Meßverfahren sein. Letztlich ist darauf zu verweisen, daß die Träger von gesundheitsfördernden Maßnahmen im Betrieb in letzter Zeit ein immer stärkeres Interesse an Evaluation erkennen lassen mit dem Ziel, die Wirkkomponenten spezifischer Programme zu isolieren und Instrumente für die Steuerung von Programmabläufen zu entwickeln (vgl. Dlugosch & Wottawa, 1994).

Schritte in Richtung auf eine umfassende, sowohl Ergebnisse wie Prozesse beinhaltende Evaluation sind um so bedeutsamer, als die Anforderungen an betriebliche Interventionsprogramme eher ansteigen werden. Mehrfach haben wir in den vorangegangenen Ausführungen auf den raschen Wandel der technologischen und wirtschaftsökologischen Rahmenbedingungen und dessen Rückwirkung auf wirtschaftliche und sozialpolitische Bedingungen sowie auf die Betriebe selbst und letztlich die Arbeitsplätze verwiesen. Die Bewältigung dynamischer Imbalancen scheint daher die Aufgabe der Zukunft zu sein. Ein Problem für die Entwicklung angemessener Strategien stellt die Einschätzung und konzeptuelle Bearbeitung derartiger rasanter Entwicklungen dar. Richter (1996) weist darauf hin, daß hierfür geeignete Modelle zur Vorhersage von Störungen erst noch entwickelt werden müssen, ehe wirksame Prävention geplant werden kann. Die Untersuchung der «Beeinträchtigungsfreiheit» und «Gesundheits- und Persönlichkeitsförderlichkeit» ist jedenfalls eine hiermit verbundene wichtige Aufgabe.

In einem weiteren Rahmen betrachtet ist allerdings die Frage zu stellen, welches die Folgen dieser Veränderungen in der Gesellschaft überhaupt sein werden. Arbeit und Arbeitslosigkeit, Erfolg und Scheitern, interindividuell stark variierende Lebensperspektiven, Lebenszufriedenheit und Enttäuschung, gesellschaftlicher Status und die Bildung neuer Schichten und letztlich epidemiologisch manifest werdende Veränderungen psychischer und physischer Gesundheit sind Phänomene, die hiervon betroffen sein können. Die Beantwortung der Frage, ob und inwieweit diese Probleme mit der Entwicklung betrieblicher Interventionen erfolgreich bearbeitet werden können und was gegebenenfalls die neuen Ansätze sein könnten, ist eine der großen Herausforderungen der nächsten Zukunft.

6. Literatur

Brengelmann, J. C. (1988). Messung und Theorie individueller Streß- und Bewältigungsreaktionen. In J. C. Brengelmann (Hrsg.), *Streßbewältigungstraining I Entwicklung* (S. 123–151). Frankfurt: Peter Lang.

Burisch, M. (1989). *Das Burnout-Syndrom. Theorie der inneren Erschöpfung:* Berlin: Springer.

Büssing, A. (1992). *Organisationsstruktur, Tätigkeit und Individuum. Untersuchungen am Beispiel der Pflegetätigkeit.* Bern: Huber.

Dlugosch, G. & Wottawa, H. (1994). Evaluation in der Gesundheitspsychologie. In P. Schwenkmezger & L. R. Schmidt (Hrsg.), *Lehrbuch der Gesundheitspsychologie* (S. 147–168). Stuttgart: Enke.

Fitting, K., Auffahrt, , F. & Kaiser, H. (1981). *Betriebsverfassungsgesetz. Handkommentar* (11. Aufl.). München: Vahlen.

French, J. R. P., Jr. (1978). Person-Umwelt-Übereinstimmung und Rollenstreß. In M. Frese, S. Greif & N. Semmer (Hsg.), *Industrielle Psychopathologie* (S. 42–51). Bern: Huber.

Gebert, D. (1978). *Organisation und Umwelt.* Stuttgart Kohlhammer.

Gottschall, D. (1987). Lernen ohne Zwang und Streß. *Manager Magazin, 7,* 166–179.

Greif, S. & Kurtz, H.-J. (1996) (Hrsg.). *Handbuch Selbstorganisiertes Lernen.* Göttingen: Verlag für Angewandte Psychologie.

Greif, S., Bamberg, E. & Semmer, N. (Hrsg.), 1991). *Psychischer Streß am Arbeitsplatz.* Göttingen: Hogrefe.

Hauser, E. (1993). Coaching von Mitarbeitern. In L. v. Rosenstiel, E. Regnet & M. Domsch (Hrsg.), *Führung von Mitarbeitern – Handbuch für erfolgreiches Personalmanagement* (2. Aufl., S. 223–236). (USW.-Schriften für Führungskräfte, Band 20). Stuttgart: Schaefer.

Hoff, E. (1985). Berufliche Entwicklung und Entwicklungsberatung. In J. Brandstädter & H. Gräser (Hrsg.), *Entwicklungsberatung unter dem Aspekt der Lebensspanne* (S. 133–149). Göttingen: Hogrefe.

Huck, H. H. (1989). Coaching. In H. Strutz (Hrsg.), *Handbuch Personalmarketing* (S. 413–420). Wiesbaden Gabler.

Jonas, F. & Fletcher, B. C. (1994). Transmission of occupational stress. A study of daily fluctuations in work stressors and strains and their impact on merital partners. In H. Schröder, K. Reschke, M. Johnston & S. Maes (Eds.), *Health Psychology – Potential in Diversity* (pp. 328–338). Regensburg: Roderer.

Knorz, C. & Zapf, D. (1996). Mobbing – eine extreme Form sozialer Stressoren am Arbeitsplatz. *Zeitschrift für Arbeits- und Organisationspsychologie, 40,* 12–21.

Lazarus, R. S. (1996). *Psychological stress and the coping process.* New York: McGraw Hill.

Leitner, K., Lüders, E., Greiner, N., Ducky, A., Niedermeier, R. & Volkert, W. (1993). *Analyse psychischer Anforderungen und Belastungen in der Büroarbeit. Das RHIA-VCRA-Büro-Verfahren.* Göttingen: Hogrefe.

Leymann, H. (1993). *Mobbing.* Reinbek: rororo.

Liepmann, D. (1990). Entwicklung von Gesundheitsprogrammen in Organisationen. In R. Schwarzer (Hrsg.), *Gesundheitspsychologie* (S. 447–460). Göttingen: Hogrefe.

Lippmann, C. (1985). Klinische Betriebspsychologie: sozialpolitische und arbeitstechnische Dimensionen. In

F. H. Hehl, V. Ebel & W. Rück (Hrsg.), *Diagnostik und Evaluation bei betrieblichen, politischen und juristischen Entscheidungen* (S. 290–298). Bonn: Deutscher Psychologen Verlag.

Ludewig, K. (1992). *Systemische Therapie. Grundlagen klinischer Therapie und Praxis.* Stuttgart: Klett.

Manuso, J. S. J. (Ed.) (1986). *Occupational Clinical Psychology.* New York: Praeger Publisher.

Miner, J. B. (1992). *Industrial-Organizational Psychology.* New York: McGraww Hill.

Murza, G. & Laaser, U. (1994). Gesundheitsprogramme in Betrieben und Organisationen. In P. Schwenkmezger & L. R. Schmidt (Hrsg.), *Lehrbuch der Gesundheitspsychologie* (S. 234–245). Stuttgart: Enke.

Neuberger, O. & Allerbeck, M. (1978). *Messung und Analyse von Arbeitszufriedenheit. Erfahrungen mit dem «Arbeitsbeschreibungs-Bogen (ABB).* Bern: Huber.

Nicholson, N. & West, M. (1988). *Managerial Job Change Men and Women in Transition.* Cambridge: Cambridge University Press.

Perrez, M. & Gebert, S. (1995). Veränderung gesundheitsbezogenen Risikoverhaltens: primäre und sekundäre Prävention. In P. Schwenkmezger & L. R. Schmidt (Hrsg.), *Lehrbuch der Gesundheitspsychologie* (S. 168–187). Stuttgart: Enke.

Rauen, Chr. (1998). *Coaching – Bestandsaufnahme eines neuen Personalentwicklungskonzeptes.* Osnabrück: Fachbereich Psychologie der Universität (Diplomarbeit). Göttingen: Verlag für angewandte Psychologie.

Richter, P. (1996). Beitrag der Arbeitspsychologie zur Gesundheitsförderung im Betrieb. In U. Brandenburg, K. Kuhn, B. Marschall & C. Verhoyen (Hrsg.), *Gesundheitsförderung im Betrieb* (S. 107–120). Dortmund: Bundesanstalt für Arbeitsschutz.

Roth, S. (1996). Lean management, Arbeitsgestaltung und Gesundheit. In U. Brandenburg, K. Kuhn, B. Marschall & C. Verhoyen (Hrsg.), *Gesundheitsförderung im Betrieb* (S. 259–290). Dortmund: Bundesanstalt für Arbeitsschutz.

Rückle, H. (1992). *Coaching.* Düsseldorf: Econ.

Schelp, Th., Maluck, D., Gravemeier, R. & Mensling, U. (1990). *Ratinal-emotive Therapie als Gruppentraining gegen Streß.* Bern: Huber.

Schlippe, A. von & Schweitzer, J. (1996). *Lehrbuch der systemischen Therapie und Beratung (2. Aufl.).* Zürich: Vandenhoeck & Ruprecht

Schmidt, G. (1993). *Business Coaching Mehr Erfolg als Mensch und Macher.* Wiesbaden: Gabler.

Schorr, A. & Jilski, C. (1987). Klinische Betriebspsychologie oder Klinische Psychologie im Betrieb? Versuch einer Standortbestimmung. *Zeitschrift für Arbeits- und Organisationspsychologie, 31,* 68–76.

Schreyögg, A. (1995). Coaching. *Eine Einführung für Praxis und Ausbildung.* Frankfurt: Campus.

Semmer, N. (1984). *Streßbezogene Tätigkeitsanalyse.* Weinheim: Beltz.

Ulich, E. (1978). Über das Prinzip der differentiellen Arbeitsgestaltung . *Industrielle Organisation, 47,* 566–568.

Ulich, E. (1994). *Arbeitspsychologie (3. Aufl.).* Stuttgart: Poeschel.

Weiß, J. (1993). *Selbst-Coaching. Persönliche Power und Kompetenz gewinnen.* (4. Aufl.). Paderborn: Junfermann.

Wiedl, K. H. & Wiedl, A. (1995). Konflikte im Bereich Arbeit, Freizeit und Familie. In S. Greif & Chr. Rauen (Hrsg.), *Aktiv und selbstorganisiert lernen* (S. 157–172). Hannover: IG Chemie-Papier-Keramik.

Personenregister

Sachregister

Konkurrenzlos.
13. Auflage!

Dieses umfassende psychologische Wörterbuch ist ein unentbehrlicher Schlüssel zum Verständnis der Psychologie als Wissenschaft und Praxis. Die große Zahl der Stichwörter – inzwischen sind es annähernd 12 000 –, die Vielseitigkeit der Begriffserklärungen und die Kompetenz der Stichwort-Autoren garantieren einen hohen Nutzen in Studium, Beruf und Alltag. Für die 13. Auflage wurden der gesamte Text überprüft und überarbeitet, und es wurden neue Stichwörter hinzugefügt. Damit erlaubt das Wörterbuch eine schnelle, effektive und aktuelle Orientierung – nicht nur in der Psychologie selbst, sondern zugleich in wichtigen angrenzenden Wissensgebieten und Praxisbereichen. Neben kurzen Begriffsdefinitionen sind – nach bewährtem Muster – sowohl Stichwörter mit ausführlichen Erläuterungen als auch Übersichtsdarstellungen zu finden. Ein ebenfalls aktualisiertes Verzeichnis psychologischer Tests sowie eine Liste wichtiger weiterführender Literatur vervollständigt das Informationsangebot. Für das Studium der Psychologie ist der "Dorsch" ein grundlegendes Hilfsmittel; er ist darüber hinaus ein kompaktes Nachschlagewerk für den Bereich der Psychologie in sehr vielen Berufen. Das Wörterbuch wird gerne benutzt auch von jenen, die sich für Psychologie allgemein interessieren.

Dorsch
Psychologisches
Wörterbuch

13.
überarbeitete und
erweiterte Auflage

Herausgeber:
Hartmut Häcker
Kurt H. Stapf

Verlag
Hans Huber

H. Häcker / K.-H. Stapf (Hrsg.)
Dorsch Psychologisches Wörterbuch
13. überarbeitete und erweiterte
Auflage 1998, X + 1174 Seiten, Abb., Tab.,
geb. Fr 85,-/DM 98,-/öS 715,-

Verlag
Hans Huber